I0606237

EL LIBRO DE URANTIA

EL LIBRO
DE
URANTIA

URANTIA FOUNDATION

533 WEST DIVERSEY PARKWAY
CHICAGO, ILLINOIS 60614
U.S.A.

EL LIBRO DE URANTIA

2024

Número de identi icación en el texto: **UF-SPA-419-1993-2**
Esta es la undecima impresión de la cuarta edición
(23,5cm x 16 cm)

ISBN: 978-1-883395-21-6 *(tapa dura)*
ISBN: 978-1-883395-02-5 *(tapa rústica)*

Diseño del libro y de la portada: Fundación Urantia, © 2015.
Reservados todos los derechos.

URANTIA FOUNDATION
533 W. Diversey Parkway / Chicago / Illinois / 60614 / EE.UU.A
1-773-525-3319

Para obtener más información sobre *El libro de Urantia* y la Fundación Urantia, visiten
www.urantia.org/es

TRADUCCIONES DISPONIBLES

Alemán —*Das Urantia Buch*
Búlgaro —*Книгата Урантия*
Checo —*Kniha Urantia*
Coreano —유란시아 서
Danés —*Urantia Bogen*
Estonio —*Urantia raamat*
Finlandés —*Urantia-kirja*
Francés —*Le Livre d'Urantia*
Griego —*To Βιβλίο της Ουράντια*
Hebreo —*הספר של אורנטיה*
Holandés —*Het Urantia Boek*
Húngaro —*Az Urantia könyv*
Indonesio —*Buku Urantia*
Inglés —*The Urantia Book*
Italiano —*Il Libro di Urantia*
Japonés —ウランティア・ブック
Lituano —*Urantijos Knyga*
Polaco —*Księga Urantii*
Portugués —*O Livro de Urântia*
Rumano —*Cartea Urantia*
Ruso —*Книга Урантии*
Sueco —*Urantiaboken*
Turco —*Urantia'nın Kitabı*

EDICIONES DIGITALES DEL LIBRO

Lectores: Amazon Kindle, Apple iBook
Descarga gratis de *El libro de Urantia* y de sus traducciones para iPad y iPhone y Android en:
urantia.org/es/el-libro-de-urantia/comprar

Cursos en línea gratis en español: ubis.urantia.org

Encuentren grupos de estudio de *El libro de Urantia* en: urantiastudygroup.org

El libro de Urantia es una traducción de *The Urantia Book*, una obra que la Fundación Urantia publicó en inglés en 1955. Esta es fundamentalmente una traducción fiel del contenido de la versión inglesa. Puesto que *El libro de Urantia* es producto del esfuerzo humano y por tanto imperfecto, debería consultarse el texto en inglés en caso de duda. La Fundación Urantia podría decidir refinar y mejorar esta traducción en ediciones posteriores.

Las partes del libro

PARTE I.

EL UNIVERSO CENTRAL Y LOS SUPERUNIVERSOS

Auspiciada por un Cuerpo de Personalidades Superuniversales de Uversa que actúan por la autoridad de los Ancianos de los Días de Orvonton.

PARTE II.

EL UNIVERSO LOCAL

Auspiciada por un Cuerpo de Personalidades del Universo Local de Nebadon que actúan por autoridad de Gabriel de Salvington.

PARTE III.

LA HISTORIA DE URANTIA

Estos documentos fueron auspiciados por un Cuerpo de Personalidades del Universo Local que actúan por autoridad de Gabriel de Salvington.

PARTE IV.

LA VIDA Y LAS ENSEÑANZAS DE JESÚS

Esta colección de documentos fue auspiciada por una comisión de doce seres intermedios de Urantia que actúan bajo la supervisión de un director Melquisedek de revelación. La base de esta narrativa provino de un ser intermedio secundario a quien cierta vez fue encomendada la vigilancia y custodia superhumana de el Apóstol Andrés.

Los títulos de los documentos

PARTE II EL UNIVERSO LOCAL

PARTE III LA HISTORIA DE URANTIA

PARTE IV LA VIDA Y LAS ENSEÑANZAS DE JESUS

Contenido del libro

PÁGINA

Página

PÁGINA

Página

PÁGINA

PÁGINA

PARTE II EL UNIVERSO LOCAL

PÁGINA

Página

PÁGINA

PARTE III LA HISTORIA DE URANTIA

Página

Página

Página

Página

PÁGINA

PÁGINA

PÁGINA

PRÓLOGO

EN LA MENTE de los mortales de Urantia —siendo éste el nombre de vuestro mundo— existe gran confusión en cuanto al significado de términos tales como Dios, divinidad y deidad. Los seres humanos están aún más confundidos e inciertos acerca de las relaciones de las personalidades divinas designadas por estos numerosos apelativos. Debido a esta pobreza conceptual asociada con tal confusión ideacional, se me ha exhortado a que formule esta declaración introductoria como explicación de los significados que deben corresponder a ciertos símbolos verbales que, de aquí en adelante, serán utilizados en estos documentos, que el cuerpo de Orvonton de reveladores de la verdad ha sido autorizado a traducir al idioma inglés de Urantia.

En nuestro intento de ampliar la conciencia cósmica y elevar la percepción espiritual, nos es extremadamente difícil presentar conceptos ampliados y una verdad superior, estando, como lo estamos, restringidos en el uso de un idioma circunscrito del reino. Pero nuestro mandato nos obliga a hacer todo esfuerzo posible para transmitir nuestro objetivo, utilizando símbolos verbales del idioma inglés. Se nos ha instruido que introduzcamos nuevos términos sólo cuando para el concepto que se debe describir no existe terminología alguna en inglés que pueda ser empleada para transmitir dicho concepto nuevo ya sea parcialmente o aun con una mayor o menor distorsión de significado.

Con la esperanza de facilitar la comprensión y de prevenir la confusión de todo mortal que pueda leer estos documentos, consideramos aconsejable presentar en esta declaración inicial un bosquejo de los significados que deben ser asignados a numerosas palabras inglesas que serán empleadas para designar la Deidad y ciertos conceptos asociados de las cosas, significados y valores de la realidad universal.

Pero para formular este Prólogo de definiciones y limitaciones de la terminología, es necesario anticipar el uso de estos términos en las presentaciones subsiguientes. Este Prólogo no es, por lo tanto, una declaración completa en sí misma; tan sólo constituye una guía definitiva designada para asistir a aquellos que leerán los documentos acompañantes que tratan de la Deidad y del universo de los universos, formulados por una comisión de Orvonton enviada a Urantia con este propósito.

Vuestro mundo, Urantia, es uno de muchos planetas habitados similares que juntos comprenden el universo local de *Nebadon*. Este universo, juntamente con otras creaciones similares, forma el superuniverso de *Orvonton*, desde cuya capital, Uversa, proviene nuestra comisión. Orvonton es uno de los siete superuniversos evolucionarios del tiempo y del espacio que rodean la creación de la perfección divina que no posee ni principio ni fin —el universo central de *Havona*. En el corazón de este universo central y eterno está la Isla estacionaria del Paraíso, el centro geográfico de la infinidad y la morada del Dios eterno.

Nos referimos comúnmente a los siete superuniversos en evolución asociados con el universo central y divino con el nombre de *gran universo*; éstos constituyen ahora las creaciones organizadas y habitadas. Todos ellos son parte del *universo maestro*, que comprende también los universos del espacio exterior no habitados, pero en movilización.

I. LA DEIDAD Y LA DIVINIDAD

El universo de los universos presenta fenómenos que pertenecen a las actividades de la deidad en diversos niveles de realidades cósmicas, significados de la mente y valores del espíritu, pero todas estas ministraciones —personales u otros— están divinamente coordinadas.

La DEIDAD es personalizable como Dios, es prepersonal y superpersonal de maneras no plenamente comprensibles para el hombre. La Deidad se caracteriza por la cualidad de la unidad —actual (real) o potencial— en todos los niveles supermateriales de la realidad; y las criaturas comprenden mejor como divinidad esta cualidad unificadora.

La Deidad funciona en niveles personales, prepersonales y superpersonales. La Deidad Total es funcional en los siete niveles siguientes:

1. *Estático* —Deidad autocontenida y autoexistente.
2. *Potencial* —Deidad autovolitiva y con autopropósito.
3. *Asociativo* —Deidad autopersonalizada y divinamente fraternal.
4. *Creador* —Deidad autodistributiva y divinamente revelada.
5. *Evolutivo* —Deidad autoexpansiva e identificada con la criatura.
6. *Supremo* —Deidad autoexperiencial y unificadora de criatura-Creador. Deidad que funciona en el primer nivel de identificación con la criatura como supercontroladores espacio-temporales del gran universo, a veces designada la Supremacía de la Deidad.
7. *Último* —Deidad autoproyectada y que trasciende el tiempo y el espacio. Deidad omnipotente, omnisciente, y omnipresente. Deidad que funciona en el segundo nivel de expresión de la divinidad unificadora como supercontroladores eficaces y sostenedores absonitos del universo maestro. En comparación con el ministerio de las Deidades con el gran universo, esta función absonita en el universo maestro es equivalente al supercontrol y supersostén universal, a veces denominado la Ultimidad de la Deidad.

El nivel finito de la realidad se caracteriza por la vida de la criatura y las limitaciones espacio-temporales. Las realidades finitas pueden no tener fin, pero siempre tienen un comienzo —son creadas. El nivel de Deidad de la Supremacía puede ser concebido como una función relacionada con las existencias finitas.

El nivel absonito de la realidad se caracteriza por cosas y seres sin comienzos ni fines y por la trascendencia del tiempo y del espacio. Los absonitos no son creados; son eventuados: simplemente son. El nivel de Deidad de la Ultimidad connota una función en relación con las realidades absonitas. Sea donde fuere en el universo maestro, cuando se trasciende el tiempo y el espacio, dicho fenómeno absonito es un acto de la Ultimidad de la Deidad.

El nivel absoluto se manifiesta sin comienzo, sin fin, sin tiempo y sin espacio. Por ejemplo, no existen en el Paraíso el tiempo y el espacio; el estatus espacio-temporal del Paraíso es absoluto. Existencialmente las Deidades del Paraíso logran este nivel mediante la Trinidad, pero este tercer nivel de la expresión de la Deidad unificadora no está plenamente unificado experiencialmente. Dondequiera, cuandoquiera y comoquiera que funcione el nivel absoluto de la Deidad, se manifiestan valores y significados paraíso-absolutos.

La Deidad puede ser existencial, como en el Hijo Eterno; experiencial, como en el Ser Supremo; asociativa, como en Dios el Séptuple; no dividida como en la Trinidad Paradisiaca.

La Deidad es la fuente de todo lo que es divino. La Deidad es característica e invariablemente divina, pero todo lo que es divino no es necesariamente Deidad, aunque será coordinado con la Deidad y tenderá hacia alguna fase de unidad con la Deidad —espiritual, mental o personal.

La DIVINIDAD es la cualidad característica, unificadora y coordinadora de la Deidad.

La Divinidad es comprensible por la criatura como verdad, belleza y bondad; está correlacionada en personalidad como amor, misericordia y ministerio; revelada en niveles impersonales como justicia, poder y soberanía.

La Divinidad puede ser perfecta —completa— como en los niveles existenciales y creadores de la perfección paradisiaca; puede ser imperfecta, como en los niveles experienciales y los de las criaturas, ambos de evolución espacio-temporal; o puede ser relativa, ni perfecta ni imperfecta, tal como sucede en ciertos niveles de Havona de relaciones existenciales-experienciales.

Cuando intentamos concebir la perfección en todas las fases y formas de la relatividad, hallamos siete tipos concebibles:

1. Perfección absoluta en todos los aspectos.
2. Perfección absoluta en algunas fases y perfección relativa en todos los demás aspectos.
3. Aspectos absolutos, relativos e imperfectos en asociaciones variadas.
4. Perfección absoluta en algunos respectos, imperfección en todos los demás.
5. Perfección absoluta en ninguna dirección, perfección relativa en todas las manifestaciones.
6. Perfección absoluta en ninguna fase, relativa en algunas, imperfecta en otras.
7. Perfección absoluta en ningún atributo, imperfección en todos.

II. DIOS

Las criaturas mortales evolutivas experimentan un impulso irresistible de simbolizar sus conceptos finitos de Dios. La conciencia del hombre acerca del deber moral y su idealismo espiritual representan un nivel de valores —una realidad experiencial— que es difícil de simbolizar.

La conciencia cósmica implica el reconocimiento de una Primera Causa, la única realidad no causada. Dios, el Padre Universal, funciona en tres niveles de personalidad de la Deidad de la expresión subfinita de valor y de la expresión relativa de divinidad:

1. *Prepersonal*: como en el ministerio de los fragmentos del Padre, tales como los Ajustadores del Pensamiento.
2. *Personal*: como en la experiencia evolucionaria de los seres creados y procreados.

3. *Superpersonal*: como en las existencias eventuadas de ciertos seres absonitos y otros seres asociados.

DIOS es el símbolo verbal que designa a todas las personalizaciones de la Deidad. El término requiere una definición diferente en cada nivel personal de la función de Deidad, y debe ser redefinido ulteriormente dentro de cada uno de estos niveles, porque este término se puede usar para designar las diversas personalizaciones coordinadas y subordinadas de la Deidad; por ejemplo: los Hijos Creadores Paradisiacos —los padres de los universos locales.

El término Dios, tal como lo utilizamos, puede entenderse como:

Por designación: Dios el Padre.

Por su contexto: cuando se lo utiliza al hablar de un nivel o asociación de la Deidad. Cuando haya dudas sobre la interpretación exacta de la palabra Dios, es aconsejable referirla a la persona del Padre Universal.

La palabra Dios siempre denota *personalidad*. La Deidad puede referirse o no a las personalidades de divinidad.

La palabra DIOS se utiliza en estos documentos con los siguientes significados:

1. *Dios el Padre*: Creador, Controlador y Sostenedor. El Padre Universal, la Primera Persona de la Deidad.

2. *Dios el Hijo*: Creador Coordinado, Controlador de Espíritu y Administrador Espiritual. El Hijo Eterno, la Segunda Persona de la Deidad.

3. *Dios el Espíritu*: el Actor Conjunto, Integrador Universal y Dotador de Mente. El Espíritu Infinito, la Tercera Persona de la Deidad.

4. *Dios el Supremo*: el Dios del tiempo y del espacio en autoactualización y en autoevolución. La Deidad Personal que se realiza en forma asociativa mediante el logro experiencial espacio-temporal de la identidad de la criatura-Creador. El Ser Supremo está experimentando personalmente el logro de la unidad de la Deidad como el Dios, evolutivo y experiencial de las criaturas evolucionarias del tiempo y del espacio.

5. *Dios el Séptuple*: la personalidad de la Deidad dondequiera que ésta funcione realmente en el tiempo y en el espacio. Las Deidades personales Paradisiacas y sus asociados creativos que funcionan dentro de los límites del universo central y más allá de estos y que están poder-personalizándose como el Ser Supremo en el primer nivel de las criaturas de revelación de la Deidad unificante en el tiempo y en el espacio. Este nivel, el gran universo, es la esfera del descenso espacio-temporal de las personalidades paradisiacas en asociación recíproca con la ascensión espacio-temporal de las criaturas evolucionarias.

6. *Dios el Último*: el Dios que eventúa del supertiempo y del espacio trascendido. El segundo nivel experiencial de la manifestación de la Deidad unificante. Dios el Último implica la realización lograda de los valores absonito-superpersonales sintetizados, trascendidos el tiempo y el espacio y eventuado-experienciales, coordinados en los niveles creativos finales de la realidad de la Deidad.

7. *Dios el Absoluto*: el Dios experiencializante de los valores superpersonales y los significados de divinidad trascendidos, que presentemente es existencial como el *Absoluto de Deidad*. Este es el tercer nivel de la expresión y expansión de Deidad unificante. En este nivel supercreativo, la Deidad experimenta el agotamiento del potencial personalizable, encuentra el cumplimiento de la divinidad y sufre la terminación de la capacidad de autorrevelación a sucesivos y progresivos niveles de

personalización en algo otro. Ahora la Deidad se encuentra con el *Absoluto No Cualificado*, se inmiscuye en él y experimenta la identidad con éste.

III. LA PRIMERA FUENTE Y CENTRO

La realidad infinita, total es existencial en siete fases y como siete Absolutos coordinados:

1. La Primera Fuente y Centro.
2. La Segunda Fuente y Centro.
3. La Tercera Fuente y Centro.
4. La Isla del Paraíso.
5. El Absoluto de Deidad.
6. El Absoluto Universal.
7. El Absoluto No Cualificado

Dios, como Primera Fuente y Centro, es primario en relación con la realidad total —no cualificadamente. La Primera Fuente y Centro es tan infinita como eterna y por lo tanto está limitada y condicionada tan sólo por la volición.

Dios —el Padre Universal— es la personalidad de la Primera Fuente y Centro y como tal mantiene relaciones personales de control infinito sobre todas las fuentes y centros coordinados y subordinados. Dicho control es personal e infinito en *potencia*, aunque pueda que en la actualidad no funcione jamás, debido a la perfección de la función de dichas fuentes y centros y personalidades coordinadas y subordinadas.

La Primera Fuente y Centro es por lo tanto, primaria en todos los dominios: el deificado o el no deificado, el personal o el impersonal, el actual (real) o el potencial, el finito o el infinito. Ninguna cosa, ni ser, ninguna relatividad ni finalidad existen, excepto en relación directa o indirecta con la primacía de la Primera Fuente y Centro y dependiendo de ella.

La Primera Fuente y Centro está relacionada con el universo de las maneras siguientes:

1. Las fuerzas de la gravedad de los universos materiales convergen en el centro de gravedad del Paraíso bajo. Ese es el motivo por el cual la ubicación geográfica de su persona está eternamente fijada en relación absoluta con el centro de fuerza-energía del plano bajo o material del Paraíso. Pero la personalidad absoluta de la Deidad existe en el plano superior o espiritual del Paraíso.

2. Las fuerzas de la mente convergen en el Espíritu Infinito; la mente cósmica diferencial y divergente, en los Siete Espíritus Rectores; la mente en proceso de hacerse un hecho, del Supremo, como experiencia espacio-temporal, en Majestón.

3. Las fuerzas de espíritu del universo convergen en el Hijo Eterno.

4. La capacidad ilimitada para acción de la deidad reside en el Absoluto de Deidad.

5. La capacidad ilimitada para respuesta de infinidad existe en el Absoluto No Cualificado.

6. Los dos Absolutos —Cualificado y No Cualificado— son coordinados y unificados en y por el Absoluto Universal.

7. La personalidad potencial de un ser moral evolucionario o de cualquier otro ser moral está centrada en la personalidad del Padre Universal.

La REALIDAD, tal como la comprenden los seres finitos, es parcial, relativa y nebulosa. La máxima realidad de la Deidad plenamente comprensible por las criaturas finitas evolucionarias está comprendida dentro del Ser Supremo. Sin embargo, existen realidades antecedentes y eternas, realidades superfinitas, que son ancestrales a esta Deidad Suprema de las criaturas evolucionarias del tiempo y del espacio. Al intentar describir el origen y la naturaleza de la realidad universal nos vemos forzados a emplear la técnica del razonamiento espacio-temporal para alcanzar el nivel de la mente finita. Por lo tanto, debemos presentar muchos eventos simultáneos de la eternidad como transacciones secuenciales.

Como lo percibiese una criatura espacio-temporal, el origen y la diferenciación de la Realidad, el eterno e infinito YO SOY logró la liberación de la Deidad a partir de las cadenas de la infinidad no cualificada mediante el ejercicio del libre albedrío inherente y eterno, y este divorcio desde la infinidad no cualificada produjo la primera *tensión absoluta de la divinidad*. Esta tensión de diferencial en infinidad se resuelve en el Absoluto Universal, que funciona para unificar y coordinar la infinidad dinámica de la Deidad Total y la infinidad estática del Absoluto No Cualificado.

En esta transacción original, el YO SOY teórico alcanzó la realización de la personalidad volviéndose el Padre Eterno del Hijo Original, a la vez que simultáneamente se volvía la Fuente Eterna de la Isla de Paraíso. En coexistencia con la diferenciación del Hijo respecto del Padre, y en presencia del Paraíso, apareció la persona del Espíritu Infinito y el universo central de Havona. Con la aparición de la Deidad personal coexistente, el Hijo Eterno y el Espíritu Infinito, el Padre escapó, como personalidad, de la difusión, que de otra manera hubiera sido inevitable, por todo el potencial de la Deidad Total. De allí en adelante, es tan sólo en asociación de Trinidad con sus dos iguales en la Deidad, en que el Padre llena todo el potencial de Deidad, mientras que la Deidad experiencial se actualiza cada vez más en los niveles de divinidad de la Supremacía, la Ultimidad y la Absolutez.

El concepto del YO SOY es una concesión filosófica que hacemos a la mente finita del hombre, atada al tiempo y encadenada al espacio, a la imposibilidad de la comprensión por la criatura de las existencias en la eternidad —realidades y relaciones sin comienzo y sin fin. Para la criatura espacio-temporal, todas las cosas han de tener un comienzo, excepto sólo la ÚNICA SIN CAUSA: la causa primordial de las causas. Por lo tanto, conceptualizamos este nivel filosófico de valor como el YO SOY, instruyendo al mismo tiempo a todas las criaturas de que el Hijo Eterno y el Espíritu Infinito son coeternos con el YO SOY; en otras palabras, que no hubo nunca un momento en que el YO SOY no fuera el *Padre* del Hijo y, con él, del Espíritu.

El Infinito se utiliza para denotar la plenitud —la finalidad— que corresponde a la primacía de la Primera Fuente y Centro. El YO SOY *teórico* es una extensión de la filosofía de la criatura de la «infinidad de la voluntad», pero el Infinito es un nivel *actual (real)* de valor que representa la eternidad-intensión de la infinidad verdadera del libre albedrío absoluto y desencadenado del Padre Universal. Este concepto a veces se designa el Padre-Infinito.

Gran parte de la confusión que se difunde en todas las órdenes de seres, altos y bajos, en sus esfuerzos por descubrir al Padre-Infinito, es inherente a sus limitaciones de comprensión. La primacía absoluta del Padre Universal no es aparente en los niveles subinfinitos; por lo tanto es probable que tan sólo el Hijo Eterno y el Espíritu Infinito conozcan verdaderamente al Padre como infinidad; para todas las demás personalidades, dicho concepto representa el ejercicio de la fe.

IV. LA REALIDAD DEL UNIVERSO

La realidad se actualiza diferencialmente en diversos niveles de universo; la realidad se origina en y por la volición infinita del Padre Universal y es realizable en tres fases primarias en muchos niveles diferentes de actualización del universo:

1. *La realidad no deificada* que va desde los dominios de la energía de lo no personal hasta los reinos de la realidad de los valores no personalizables de la existencia universal, aun hasta la presencia del Absoluto No Cualificado.

2. *La realidad deificada* abarca el todos los potenciales infinitos de la Deidad que van hacia arriba a través de todos los reinos de la personalidad desde el finito más bajo hasta el infinito más elevado, abarcando así el dominio de todo lo que es personalizable y más —aun hasta la presencia del Absoluto de Deidad.

3. *La realidad interasociada.* La realidad del universo supuestamente es deificada o no deificada, pero para los seres subdeificados existe un vasto dominio de realidad interasociada, potencial y en actualización que es difícil de identificar. Gran parte de esta realidad coordinada está comprendida dentro de los reinos del Absoluto Universal.

Éste es el concepto primario de la realidad original: el Padre inicia y mantiene la Realidad. Los *diferenciales* primarios de la realidad son lo deificado y lo no deificado —el Absoluto de Deidad y el Absoluto No Cualificado. La *relación* primaria es la tensión entre ellos. Esta tensión-divinidad iniciada por el Padre se resuelve perfectamente en el Absoluto Universal y se eterniza como éste.

Desde el punto de vista del tiempo y del espacio se puede dividir la realidad además como sigue:

1. *Actual (Real) y Potencial.* Son las realidades que existen en la plenitud de la expresión en contraste con aquellas que llevan una capacidad no revelada para el crecimiento. El Hijo Eterno es una actualidad espiritual absoluta; el hombre mortal es en gran parte una potencialidad espiritual no realizada.

2. *Absoluto y Subabsoluto.*Las realidades absolutas son existencias de la eternidad. Las realidades subabsolutas se proyectan en dos niveles: Absonitas —realidades que son relativas respecto tanto del tiempo como de la eternidad. Finitas —realidades que están proyectadas en el espacio y actualizadas en el tiempo.

3. *Existencial y Experiencial.* La Deidad Paradisiaca es existencial, pero el Supremo y el Último que están surgiendo son experienciales.

4. *Personal e Impersonal.* La ampliación de Deidad, la expresión de la personalidad y la evolución del universo están por siempre condicionadas por la acción de libre albedrío del Padre, que por siempre separó los significados y valores mente-espíritu-personales que pertenecen a la actualidad y la potencialidad, centradas en el Hijo Eterno, de aquellas cosas que están centradas en la Isla eterna del Paraíso y que son inherentes a ésta.

EL PARAISO es un término que incluye los Absolutos enfocados personales y no personales de todas las fases de la realidad del universo. El Paraíso, apropiadamente cualificado, puede indicar todas y cada una de las formas de la realidad, la Deidad, la divinidad, la personalidad y la energía —espiritual, mental o material. Todos comparten el Paraíso como lugar de origen, función y destino en cuanto se refiere a los valores, los significados y la existencia real.

La Isla del Paraíso —Paraíso no cualificado de otra manera— es el Absoluto del control de gravedad material por la Primera Fuente y Centro. El Paraíso es inmóvil, siendo la única cosa estacionaria en el universo de los universos. La Isla de Paraíso tiene una ubicación universal pero no tiene posición en el espacio. Esta Isla eterna es la fuente auténtica de los universos físicos —pasados, presentes y futuros. La nuclear Isla de la Luz es un derivativo de la Deidad, pero es a duras penas la Deidad; tampoco son parte de la Deidad las creaciones materiales, son una consecuencia.

El Paraíso no es creador; es un controlador único de muchas actividades en el universo, mucho más controlador que reactor. En todos los universos materiales, el Paraíso influye sobre las reacciones y la conducta de todos los seres que tienen que ver con la fuerza, la energía y el poder, pero el Paraíso mismo es único, exclusivo y aislado en los universos. El Paraíso no representa nada, y nada representa al Paraíso. No es una fuerza ni una presencia; es tan sólo *el Paraíso*.

V. LAS REALIDADES DE LA PERSONALIDAD

La personalidad es un nivel de la realidad deificada y se encuentra desde el nivel mortal y el de los seres intermedios de la activación más elevada de la mente de adoración y sabiduría a través del nivel morontial y espiritual hasta el logro de la finalidad del estado de personalidad. Esa es la ascensión evolucionaria de la personalidad de las criaturas mortales y la personalidad semejante, pero existen numerosas otras órdenes de personalidades del universo.

La realidad está sujeta a la expansión universal, la personalidad a la diversificación infinita, y ambas son capaces de coordinación casi ilimitada con la Deidad y de estabilización eterna. Aunque se limita definitivamente la gama metamórfica de la realidad no personal, no conocemos limitación alguna en la evolución progresiva de las realidades de la personalidad.

En los niveles experienciales logrados, todas las órdenes o valores de la personalidad son asociables y aun cocreacionales. Aún Dios y el hombre pueden coexistir en una personalidad unificada, tal como está demostrado tan exquisitamente en el estado presente de Cristo Micael —Hijo del Hombre e Hijo de Dios.

Todas las órdenes y fases subinfinitas de la personalidad son asociativas alcanzables y potencialmente cocreacionales. Lo prepersonal, lo personal y lo superpersonal están vinculados por un potencial mutuo de logro coordinado, alcance progresivo y capacidad cocreacional. Pero lo impersonal no se transforma nunca directamente en personal. La personalidad no es nunca espontánea; es el don del Padre del Paraíso. La personalidad está superimpuesta sobre la energía, y está asociada solamente con los sistemas vivientes de energía; la identidad puede estar asociada con esquemas no vivientes de energía.

El Padre Universal es el secreto tanto de la realidad de la personalidad, como del otorgamiento de la personalidad y del destino de la personalidad. El Hijo Eterno es la personalidad absoluta, el secreto de la energía espiritual, de los espíritus morontiales y de los espíritus perfeccionados. El Actor Conjunto es la personalidad espíritumente, la fuente de la inteligencia, la razón y la mente universal. Pero la Isla del Paraíso es no personal y extraespiritual, siendo la esencia del cuerpo universal, la fuente y centro de la materia física y el modelo maestro absoluto de la realidad material universal.

Estas cualidades de la realidad universal se manifiestan en la experiencia humana en Urantia en los siguientes niveles:

1. *Cuerpo*. El organismo material o físico del hombre. El mecanismo electroquímico viviente de naturaleza y origen animal.

2. *Mente.* El mecanismo del organismo humano que piensa, percibe y siente. El total de la experiencia consciente e inconsciente. La inteligencia, asociada con la vida emocional, que va hacia arriba, mediante la adoración y la sabiduría, hasta el nivel del espíritu.

3. *Espíritu.* El espíritu divino que reside en la mente del hombre —el Ajustador del Pensamiento. Este espíritu inmortal es prepersonal— no es una personalidad, aunque está destinado a volverse parte de la personalidad de la criatura mortal sobreviviente.

4. *Alma.* El alma del hombre es una adquisición experiencial. A medida que la criatura mortal elige «hacer la voluntad del Padre en el cielo», el espíritu residente se vuelve padre de una *nueva realidad* en la experiencia humana. La mente mortal y material es la madre de esta misma realidad que surge. La sustancia de esta nueva realidad no es material ni espiritual —es *morontial.* Ésta es el alma inmortal naciente destinada a sobrevivir la muerte mortal y comenzar la ascensión al Paraíso.

Personalidad. La personalidad del hombre mortal no es ni cuerpo, ni mente, ni espíritu; tampoco es el alma. La personalidad es la única realidad invariable en una experiencia por otra parte constantemente cambiante de la criatura; y une todos los demás factores asociados de la individualidad. La personalidad es el don único que el Padre Universal hace a las energías vivientes y asociadas de materia, mente y espíritu, y que sobrevive con la supervivencia del alma morontial.

Morontia es un término que designa un vasto nivel entre lo material y lo espiritual. Puede designar realidades personales o impersonales, energías vivientes o no vivientes. El telar de morontia es espiritual, su tejido es físico.

VI. LA ENERGÍA Y EL MODELO ORIGINAL

Todas las cosas que responden al circuito de personalidad del Padre, las denominamos personales. Todas las cosas que responden al circuito espiritual del Hijo las denominamos espíritu. Todo lo que responde al circuito mental del Actor Conjunto lo denominamos mente, mente como atributo del Espíritu Infinito —mente en todas sus fases. Todo lo que responde al circuito de la gravedad material que está centrado en el Paraíso bajo, lo llamamos materia —materia-energía en todos sus estados metamórficos.

ENERGÍA es un término que utilizamos en sentido amplio, comprendiendo los reinos espirituales, mentales y materiales. *Fuerza* es también un término utilizado en forma amplia. *Poder* generalmente se limita a la designación del nivel electrónico de la materia material, es decir, la materia sensible a la gravedad lineal en el gran universo. También se emplea `poder' para designar la soberanía. No podemos atarnos a vuestras definiciones generalmente aceptadas de fuerza, energía y poder. Existe tal pobreza de lenguaje, que debemos asignar múltiples significados a estos términos.

Energía física es un término que denota todas las fases y formas del movimiento, la acción y lo potencial fenomenales.

Al hablar de manifestaciones de la energía física, generalmente utilizamos los términos de fuerza cósmica, energía emergente y poder del universo. Estos términos frecuentemente se emplean como sigue:

1. *La fuerza cósmica* comprende todas las energías que derivan del Absoluto No Cualificado pero que hasta el momento no responden a la gravedad paradisiaca.

2. *La energía emergente*. Abarca aquellas energías que responden a la gravedad Paradisiaca pero aún no responden a la gravedad local o lineal. Éste es el nivel preelectrónico de la materia-energía.

3. *El poder del universo* incluye todas las formas de energía que, aunque todavía responden a la gravedad paradisiaca, responden directamente a la gravedad lineal. Éste es el nivel electrónico de la materia-energía y de todas sus evoluciones subsiguientes.

La mente es un fenómeno que connota la actividad presencia del *ministerio viviente*, además de variados sistemas de energía; y esto es así en todos los niveles de la inteligencia. En la personalidad, la mente interviene constantemente entre el espíritu y la materia; por lo tanto tres tipos de luz iluminan el universo: la luz material, el discernimiento intelectual y la luminosidad del espíritu.

La luz —la luminosidad del espíritu— es un símbolo verbal, una expresión en sentido figurado que connota la manifestación de la personalidad característica de los seres del espíritu de diversas órdenes. Esta emanación luminosa no está en ningún sentido relacionada, ni con el discernimiento intelectual, ni con las manifestaciones de la luz física.

El MODELO ORIGINAL puede ser proyectado como material, espiritual o mental o cualquier combinación de estas energías. Puede penetrar personalidades, identidades, entidades o materia no viviente. Pero el modelo es modelo y sigue siendo el modelo; tan sólo las *copias* se multiplican.

El modelo puede configurar la energía, pero no la controla. La gravedad es el único control de la materia-energía. Ni el espacio ni el modelo responden a la gravedad, pero no existe relación entre el espacio y el modelo; el espacio no es ni modelo ni modelo potencial. El modelo es una configuración de la realidad que ya ha pagado toda deuda de la gravedad; la *realidad* de todo modelo consiste en sus energías, sus componentes mentales, espirituales o materiales.

En contraste con el aspecto de lo *total*, el modelo revela el aspecto *individual* de la energía y de la personalidad. Las formas de la personalidad o de la identidad son modelos resultantes de la energía (física, espiritual o mental) pero no son inherentes a la misma. Esa cualidad de la energía o de la personalidad, en virtud de la cual se causa que el modelo se aparece, puede ser atribuida a Dios —Deidad— a la dote paradisiaca de fuerza, a la coexistencia de personalidad y poder.

El modelo es el diseño maestro del cual se hacen las copias. El Paraíso Eterno es el absoluto de los modelos; el Hijo Eterno es la personalidad modelo; el Padre Universal es la fuente anterior directa de ambos. Pero el Paraíso no otorga modelos, y el Hijo no puede otorgar personalidad.

VII. EL SER SUPREMO

El mecanismo de la Deidad del universo maestro es dual en cuanto se refiere a las relaciones de la eternidad. Dios el Padre, Dios el Hijo y Dios el Espíritu son eternos —son seres existenciales— mientras que Dios el Supremo, Dios el Último y Dios el Absoluto son personalidades de Deidad que están *actualizándose* y que corresponden a las épocas post-Havona en el tiempo y en el espacio y a las esferas en la trascendencia del espacio y el tiempo de la expansión evolucionaria del universo maestro. Estas personalidades de la Deidad que se actualizan son eternos futuros desde el momento cuando y como se poder-personalizan en los universos crecientes mediante la técnica de la actualización experiencial de los potenciales creativo-asociativos de las Deidades eternas del Paraíso.

La Deidad es, por lo tanto, dual en su presencia:

1. *Existencial* —seres de existencia eterna, pasada, presente y futura.

2. *Experiencial* —seres que se actualizan en el presente post-Havona pero cuya existencia no tiene fin a lo largo de la eternidad futura.

El Padre, el Hijo y el Espíritu son existenciales —existenciales en actualidad (aunque todos los potenciales son supuestamente experienciales). El Supremo y el Último son totalmente experienciales. El Absoluto de Deidad es experiencial en actualización pero existencial en potencialidad. La esencia de la Deidad es eterna, pero sólo las tres personas originales de la Deidad son no cualificadamente eternas. Todas las demás personalidades de la Deidad tienen un origen, pero son eternas en cuanto al destino.

Habiendo alcanzado la expresión existencial de Deidad de sí mismo en el Hijo y en el Espíritu, el Padre está ahora alcanzando la expresión experiencial en niveles hasta ahora impersonales y no revelados de deidad como Dios el Supremo, Dios el Último y Dios el Absoluto; pero estas deidades experienciales no son ahora plenamente existentes; están en proceso de actualización.

Dios el Supremo en Havona es el reflejo espiritual personal de la Deidad triuna del Paraíso. Esta relación asociativa de Deidad está ahora expandiéndose creativamente hacia afuera en Dios el Séptuplo y se está sintetizando en el poder experiencial del Supremo Todopoderoso en el gran universo. La Deidad en el Paraíso, existencial como tres personas, está de este modo evolucionando experiencialmente en dos fases de la Supremacía, mientras que estas fases duales están poder-personalidad-unificándose como un Señor único, el Ser Supremo.

El Padre Universal alcanza la liberación volitiva de los vínculos de la infinidad y de las cadenas de la eternidad mediante la técnica de la trinidización, la personalización triple de Deidad. El Ser Supremo está aún en este momento evolucionando como una unificación subeterna de personalidad de la manifestación séptuple de la Deidad en los segmentos espacio-temporales del gran universo.

El Ser Supremo no es un creador directo, excepto que es el padre de Majeston, pero es un coordinador sintético de todas las actividades en el universo de criatura-Creador. El Ser Supremo, actualizándose ahora en los universos evolucionarios, es el correlacionador y sintetizador, en forma de la Deidad, de la divinidad espacio-temporal, la Deidad triuna Paradisiaca en asociación experiencial con los Creadores Supremos del tiempo y del espacio. Cuando finalmente se haya actualizado, esta Deidad evolucionaria constituirá la fusión eterna de lo finito y lo infinito —la unión sempiterna e indisoluble del poder experiencial y de la personalidad del espíritu.

Toda realidad finita del tiempo y del espacio, bajo el impulso directivo del Ser Supremo evolutivo, se está ocupando de una movilización constante de ascensión y una unificación (síntesis de poder-personalidad) cada vez más perfecta de todas las fases y valores de la realidad finita, en asociación con diversas fases de la realidad Paradisiaca, con el fin y propósito de embarcarse posteriormente en el intento de alcanzar los niveles absonitos de logro supercriatura.

VIII. DIOS EL SÉPTUPLO

Para compensar el estado de finitud y las limitaciones de concepto de la criatura, el Padre Uniersal ha establecido el acercamiento séptuplo de la criatura evolucionaria a la Deidad:

1. Los Hijos Creadores Paradisiacos.
2. Los Ancianos de los Días.
3. Los Siete Espíritus Rectores.
4. El Ser Supremo.
5. Dios el Espíritu.
6. Dios el Hijo.
7. Dios el Padre.

Esta personalización séptuple de la Deidad en el tiempo y en el espacio y para los siete superuniversos permite al hombre mortal lograr la presencia de Dios, quien es espíritu. Esta Deidad séptuple, que para las criaturas finitas del tiempo-espacio a veces se poder-personaliza en el Ser Supremo, es la Deidad funcional de las criaturas evolucionarias mortales de carrera de ascensión al Paraíso. Tal carrera de descubrimiento experiencial en la comprensión de Dios comienza con el reconocimiento de la divinidad del Hijo Creador del universo local y asciende a través de los Ancianos de los Días del superuniverso y por el camino de la persona de uno de los Siete Espíritus Rectores hasta lograr el descubrimiento y reconocimiento de la personalidad divina del Padre Universal en el Paraíso.

El gran universo es el dominio triple de Deidad de la Trinidad de Supremacía, Dios el Séptuplo y el Ser Supremo. Dios el Supremo es potencial en la Trinidad del Paraíso, de la cual deriva su personalidad y sus atributos de espíritu; pero se está ahora actualizando en los Hijos Creadores, los Ancianos de los Días y los Espíritus Rectores, de los cuales deriva su poder como el Todopoderoso para los superuniversos del tiempo y del espacio. Esta manifestación de poder del Dios inmediato de las criaturas evolucionarias actualmente evoluciona en el tiempo y en el espacio concomitantemente con ellas. El Supremo Todopoderoso, que evoluciona en el nivel de valor de las actividades no personales, y la persona de espíritu de Dios el Supremo son *una realidad* —el Ser Supremo.

Los Hijos Creadores en la asociación de Deidad de Dios el Séptuplo, proveen el mecanismo por el cual el mortal se vuelve inmortal y el finito alcanza el abarcamiento de lo infinito. El Ser Supremo provee la técnica para la movilización de poder-personalidad, la síntesis divina de *todas* estas transacciones múltiples, permitiendo así que el finito logre lo absonito y, a través de otras actualizaciones posibles en el futuro, intente el logro del Último. Los Hijos Creadores y sus Ministras Divinas asociadas son participantes en esta movilización suprema, pero los Ancianos de los Días y los Siete Espíritus Rectores están probablemente eternamente asignados como administradores permanentes en el gran universo.

La función de Dios el Séptuplo data de la organización de los siete superuniversos, y probablemente se ampliará en relación con la evolución futura de las creaciones del espacio exterior. La organización de estos universos futuros de los niveles primario, secundario, terciario y cuaternario del espacio de evolución progresiva indudablemente presenciará la inauguración del acercamiento trascendental y absonito a la Deidad.

IX. DIOS EL ULTIMO

Así como el Ser Supremo evoluciona progresivamente a partir de la dote precedente de divinidad del potencial abarcado de energía y personalidad del gran universo, del mismo modo Dios el Último se eventúa de los potenciales de divinidad que residen en los dominios del espacio y tiempo trascendidos del universo maestro. La actualización de la Deidad Última señala la unificación absonita de la primera Trinidad experiencial y significa la expansión unificante de la Deidad en el segundo nivel de la autorrealización creativa. Esto constituye el equivalente de personalidad-poder de la actualización en el universo de la Deidad experiencial de las realidades absonitas paradisiacas en los niveles que eventúan los valores espacio-temporales trascendidos. La finalización de dicho desenvolvimiento experiencial está diseñada para permitir un destino último de servicio a todas las criaturas espacio-temporales que hayan logrado los niveles absonitos a través de la realización completada del Ser Supremo y por el ministerio de Dios el Séptuplo.

Dios el Último designa la Deidad personal que funciona en los niveles de divinidad de lo absonito y en las esferas del universo del supertiempo y del espacio trascendido. El Último es un estado eventual supersupremo de Deidad. El Supremo es la unificación Trinitaria comprendida por los seres finitos; el Último es la unificación de la Trinidad Paradisiaca comprendida por los seres absonitos.

El Padre Universal, a través del mecanismo de la Deidad evolucionaria, se ocupa en realidad del extraordinario y sorprendente *acto* de focalización de la personalidad y de la movilización del poder, en sus respectivos niveles de significado en el universo, de los valores divinos de la realidad de lo finito, lo absonito y aun lo absoluto.

Las primeras tres Deidades pasado-eternas del Paraíso —el Padre Universal, el Hijo Eterno y el Espíritu Infinito— serán, en el futuro eterno, complementadas en personalidad por la actualización experiencial de las Deidades evolucionarias asociadas —Dios el Supremo, Dios el Último y posiblemente Dios el Absoluto.

Dios el Supremo y Dios el Último, que ahora están evolucionando en los universos experienciales, no son existenciales —no pasado-eternos, tan sólo futuro-eternos, eternos temporo-espacialmente condicionados y trascendental-condicionados. Son Deidades de dotes supremas, últimas y posiblemente supremas-últimas, pero tienen la experiencia de origen universal histórico. No tendrán jamás fin, pero sí tienen un comienzo de la personalidad. Son en efecto actualizaciones de los potenciales eternos e infinitos de la Deidad, pero ellas mismas no son ni incondicionalmente eternas ni infinitas.

X. DIOS EL ABSOLUTO

Existen muchas características de la realidad eterna del *Absoluto de Deidad* que no se le pueden explicar plenamente a la mente finita espacio-temporal, pero la actualización de *Dios el Absoluto* sería a consecuencia de la unificación de la segunda Trinidad experiencial, la Trinidad Absoluta. Esto constituiría la realización experiencial de la divinidad absoluta, la unificación de significados absolutos en niveles absolutos; pero no estamos seguros en cuanto al envolvimiento de todos los valores absolutos, puesto que no se nos ha informado en ningún momento de que el Absoluto Cualificado sea equivalente al Infinito. Destinos superúltimos están involucrados en significados absolutos y espiritualidad infinita, y sin estas dos realidades no logradas no podemos establecer valores absolutos.

Dios el Absoluto es la meta del logro-realización de todos los seres superabsonitos, pero el potencial de poder y personalidad de la Deidad Absoluta trasciende nuestro concepto, y titubeamos al hablar de aquellas realidades que están tan enormemente alejadas de la actualización experiencial.

XI. LOS TRES ABSOLUTOS

Cuando el pensamiento combinado del Padre Universal y del Hijo Eterno, funcionando en el Dios de la Acción, constituyó la creación del universo divino y central, el Padre siguió la expresión de su pensamiento en la palabra de su Hijo y el acto de su Ejecutivo Conjunto al diferenciar su presencia Havonal de los potenciales de la infinidad. Y estos potenciales de infinidad no revelados permanecen espacio-ocultados en el Absoluto No Cualificado y divinamente envueltos en el Absoluto de Deidad, mientras que estos dos se vuelven uno al funcionar en el Absoluto Universal, la unidad-infinidad no revelada del Padre del Paraíso.

Tanto la potencia de la fuerza cósmica como la potencia de la fuerza del espíritu están en proceso de revelación-realización progresiva a medida que se va enriqueciendo toda realidad mediante el crecimiento experiencial y a través de la correlación de lo experiencial con lo existencial por parte del Absoluto Universal. En virtud de la presencia equilibradora del Absoluto Universal, la Primera Fuente y Centro realiza una extensión del poder experiencial, disfruta de la identificación con sus criaturas evolucionarias, y logra la expansión de la Deidad experiencial en los niveles de Supremacía, Ultimidad y Absolutez.

Cuando no es posible distinguir plenamente el Absoluto de Deidad del Absoluto No Cualificado, su función supuestamente combinada o su presencia coordinada se denomina la acción del Absoluto Universal.

1. *El Absoluto de Deidad* parece ser el activador omnipotente, mientras que el Absoluto No Cualificado parece ser el mecanizador totalmente eficiente del universo de los universos supremamente unificado y últimamente coordinado, aun de los universos y más universos ya hechos, en proceso de formación y aún por hacerse.

El Absoluto de Deidad no puede reaccionar a una situación en el universo en una forma subabsoluta, o por lo menos no lo hace. Toda respuesta de este Absoluto a una situación dada parece hacerse en términos del bienestar de la entera creación de cosas y seres, no sólo en su estado presente de existencia, sino también en vista de las posibilidades infinitas de toda la eternidad futura.

El Absoluto de Deidad es ese potencial que fue segregado de la realidad total e infinita por la elección del libre albedrío del Padre Universal, y dentro del cual todas las actividades de la divinidad —existenciales y experienciales— toman lugar. Este es el Absoluto *Cualificado* en contradistinción del Absoluto *No Cualificado*; pero el Absoluto Universal es superaditivo a ambos en cuanto a la inclusión de todo el potencial absoluto.

2. *El Absoluto No Cualificado* es no personal, extradivino y no deificado. El Absoluto No Cualificado, por lo tanto, carece de personalidad, divinidad y de todas las prerrogativas de creador. Ni los hechos ni la verdad, ni la experiencia ni la revelación, ni la filosofía ni la absonitud son capaces de penetrar la naturaleza y el carácter de este Absoluto sin cualificación en el universo.

Aclaremos que el Absoluto No Cualificado es una *realidad positiva* que impregna, ocupa, el gran universo y, aparentemente, se extiende con igual presencia espacial hacia afuera en las actividades de fuerza y las evoluciones premateriales de las asombrosas extensiones de las regiones espaciales más allá de los siete superuniversos.

El Absoluto No Cualificado no es un mero negativismo del concepto filosófico basado en las suposiciones de sofismas metafísicos relativos a la universalidad, dominación y primacía de lo incondicionado y de lo no cualificado. El Absoluto No Cualificado es un supercontrol universal positivo en la infinidad; este supercontrol no está limitado por la fuerza del espacio pero está definitivamente condicionado por la presencia de la vida, la mente, el espíritu y la personalidad, y está ulteriormente condicionado por las reacciones volitivas y los mandatos llenos de propósito de la Trinidad Paradisiaca.

Estamos convencidos de que el Absoluto No Cualificado no es una influencia no diferenciada y todopenetrando, no es comparable ni a los conceptos panteístas de la metafísica ni a la antigua hipótesis de la ciencia sobre el éter. El Absoluto No Cualificado es ilimitado respecto a la fuerza y condicionado respecto a la Deidad, pero no percibimos plenamente la relación de este Absoluto con las realidades espirituales de los universos.

3. *El Absoluto Universal*, deducimos lógicamente, era inevitable en el acto del libre albedrío absoluto del Padre Universal al diferenciar las realidades del universo en valores deificados y no deificados —personalizables y no personalizables. El Absoluto Universal es el fenómeno de la Deidad indicativo de la resolución de la tensión creada por la acción volitiva de diferenciar de este modo la realidad universal, y funciona como coordinador asociativo de estas sumas totales de las potencialidades existenciales.

La presencia-tensión del Absoluto Universal significa el ajuste de la diferencia entre la realidad de deidad y la realidad no deificada inherente en la separación entre la dinámica de la divinidad con libre albedrío y lo estático de la infinidad no cualificada.

Recordad siempre: la infinidad potencial es absoluta e inseparable de la eternidad. La infinidad actual —es decir: no potencial— en el tiempo no puede ser jamás sino parcial, y por lo tanto debe ser no absoluta; tampoco puede la infinidad de la personalidad actual, no potencial, ser absoluta, excepto en la Deidad no cualificada. Y es el diferencial de potencial de infinidad en el Absoluto No Cualificado y el Absoluto de Deidad que eterniza el Absoluto Universal, que hace por lo tanto cósmicamente posible tener universos materiales en el espacio y espiritualmente posible tener personalidades finitas en el tiempo.

Lo finito puede coexistir en el cosmos juntamente con el Infinito tan sólo debido a que la presencia asociativa del Absoluto Universal equilibra tan perfectamente las tensiones entre tiempo y eternidad, finidad e infinidad, potencial de realidad y actualidad de realidad, Paraíso y espacio, hombre y Dios. Asociativamente, el Absoluto Universal constituye la identificación de la zona de realidad evolutiva progresiva existente en el tiempo-espacio y en el tiempo-espacio trascendido, universos de manifestación subinfinita de Deidad.

El Absoluto Universal es el potencial de la Deidad estático-dinámica funcionalmente realizable en los niveles de tiempo-eternidad como valores finito-absolutos y como posible del acceso experiencial-existencial. Este aspecto incomprensible de la Deidad puede ser estático, potencial y asociativo pero no es experiencialmente creativo ni evolutivo en cuanto se refiere a las personalidades inteligentes quienes ahora funcionan en el universo maestro.

El Absoluto. Los dos Absolutos —cualificado y no cualificado— aunque tan aparentemente divergentes en función en cuanto pueden ser observados por las criaturas con mente, están perfecta y divinamente unificados en y por el Absoluto Universal. En último análisis y en la comprensión final, los tres son un solo Absoluto. En niveles subinfinitos son diferenciados funcionalmente, pero en la infinidad ellos son UNO.

No utilizamos jamás el término de Absoluto como negación de nada ni como rechazo de ninguna cosa. Tampoco consideramos el Absoluto Universal como autodeterminativo, una especie de Deidad impersonal y panteística. El Absoluto, en todo cuanto se relaciona a la personalidad universal, está estrictamente limitado por la Trinidad y dominado por la Deidad.

XII. LAS TRINIDADES

La Trinidad del Paraíso original y eterna es existencial y era inevitable. Esta Trinidad sin principio era inherente en el hecho de la diferenciación de lo personal y lo no personal por la libre voluntad del Padre y se factualizó, se hizo realidad, cuando su voluntad personal coordinó estas realidades duales por medio de la mente. Las Trinidades post-Havona son experienciales —son inherentes en la creación de dos niveles subabsolutos y evolucionales de manifestación poder-personalidad en el universo maestro.

La Trinidad Paradisiaca —la eterna unión de Deidad del Padre Universal, el Hijo Eterno y el Espíritu Infinito —es existencial en actualidad, pero todos los potenciales son experienciales. Por lo tanto, esta Trinidad constituye la única realidad de Deidad que abarca la infinidad, y por lo tanto ocurren así los fenómenos del universo de la actualización de Dios el Supremo, Dios el Último y Dios el Absoluto.

La primera y la segunda Trinidad experiencial, las Trinidades post-Havona, no pueden ser infinitas porque comprenden *Deidades derivadas*, Deidades evolucionadas por la actualización experiencial de realidades creadas o eventuadas por la Trinidad existencial del Paraíso. La infinidad de la divinidad está siendo constantemente enriquecida, cuando no ampliada, por la finitud y la absonitud de la experiencia de la criatura y el Creador.

Las Trinidades son verdades de relación y hechos de la manifestación coordinada de Deidad. Las funciones de la Trinidad envuelven realidades de Deidad, y las realidades de Deidad siempre buscan realizarse y manifestarse en la personalización. Dios el Supremo, Dios el Último, y aun Dios el Absoluto, son por lo tanto inevitabilidades divinas. Estas tres Deidades experienciales eran potenciales en la Trinidad existencial, la Trinidad del Paraíso, pero su aparición en el universo como personalidades de poder depende en parte de su propio funcionamiento experiencial en los universos de poder y personalidad, y en parte, de los logros experienciales de los Creadores y Trinidades post-Havona.

Las dos Trinidades post-Havona, la Trinidad Ultima y la Trinidad Absoluta experienciales, no se hallan por ahora plenamente manifiestas; están en proceso de realización en el universo. Estas asociaciones de Deidad se pueden describir como sigue:

1. *La Trinidad Última*, presentemente en evolución, finalmente consistirá en el Ser Supremo, las Personalidades Supremas Creadoras y los Arquitectos absonitos del Universo Maestro, los planificadores del universo singulares que no son creadores ni criaturas. Dios el Último, final e inevitablemente adquirirá poder y se personalizará como consecuencia de Deidad de la unificación de esta Trinidad Última experiencial en el escenario expansivo del universo maestro casi ilimitado.

2. *La Trinidad Absoluta* —la segunda Trinidad experiencial— ahora en proceso de actualización, consistirá en Dios el Supremo, Dios el Último y el no revelado Consumador del Destino-Universo. Esta Trinidad funciona tanto en los niveles personales como en los superpersonales, aun hasta los límites de lo no personal, y su unificación en la universalidad haría experiencial la Deidad Absoluta.

La Trinidad Última se está unificando experiencialmente en cumplimiento, pero verdaderamente dudamos de la posibilidad de dicha unificación plena de la Trinidad

Absoluta. Nuestro concepto, sin embargo, de la Trinidad eterna del Paraíso es un recuerdo constantemente presente de que la trinidización de Deidad puede lograr lo que es de otra manera inalcanzable; de allí que postulemos la aparición en el futuro del *Supremo-Último* y la posible trinidización-factualización de Dios el Absoluto.

Los filósofos de los universos postulan una *Trinidad de Trinidades*, una Infinita Trinidad existencial-experiencial, pero no pueden visualizar su personalización; posiblemente equivaldría a la persona del Padre Universal en el nivel conceptual del YO SOY. Pero aparte de todo esto, la Trinidad original del Paraíso es potencialmente infinita puesto que el Padre Universal verdaderamente es infinito.

RECONOCIMIENTO

Al formular las presentaciones subsiguientes, que tienen que ver con la descripción del carácter del Padre Universal y de la naturaleza de sus asociados en el Paraíso, juntamente con un intento de descripción del perfecto universo central y de los siete superuniversos que lo rodean, seguimos las directivas del mandato de los gobernantes superuniversales que nos ordenan que, en todos nuestros esfuerzos por revelar verdad y coordinar conocimiento esencial, demos preferencia a los conceptos humanos más elevados ya existentes relativos a los temas a ser presentados. Podemos recurrir a la revelación pura, sólo cuando el concepto de presentación no revela una expresión previa adecuada en la mente humana.

Las sucesivas revelaciones planetarias de la verdad divina invariablemente comprenderán los conceptos más elevados existentes de valores espirituales como parte de la coordinación nueva y mejorada del conocimiento planetario. Por lo tanto, al hacer estas presentaciones sobre Dios y sus asociados universales, hemos seleccionado como base de estos documentos más de mil conceptos humanos que representan el conocimiento planetario más elevado y más avanzado de los valores espirituales y de los significados universales. En la medida en que estos conceptos humanos, allegados a partir de los mortales del pasado y el presente conocedores de Dios sean inadecuados para describir la verdad tal como se nos instruye que la revelemos, los suplementaremos sin titubeos, recurriendo para este propósito a nuestro conocimiento superior de la realidad y divinidad de las Deidades del Paraíso y de su trascendente universo de residencia.

Conocemos plenamente las dificultades de nuestra tarea; reconocemos la imposibilidad de traducir plenamente el idioma de los conceptos de la divinidad y la eternidad a los símbolos de un idioma de conceptos finitos de la mente mortal. Pero sabemos que reside dentro de la mente humana un fragmento de Dios y que permanece con el alma humana el Espíritu de la Verdad; también sabemos que estas fuerzas espirituales se conjuran en facilitar al hombre material para que capte la realidad de los valores espirituales y entienda la filosofía de los significados universales. Pero con certeza aún mayor, sabemos que estos espíritus de la Presencia Divina son capaces de ayudar al hombre en la apropiación espiritual de toda verdad que contribuya al mejoramiento de la realidad en constante progreso de la experiencia religiosa personal —la conciencia de Dios.

[Dictado por un Consejero Divino de Orvonton, jefe del cuerpo de personalidades superuniversales asignadas a describir en Urantia la verdad sobre las Deidades del Paraíso y el universo de los universos.]

PARTE I

EL UNIVERSO CENTRAL Y LOS SUPERUNIVERSOS

Auspiciado por un Cuerpo de Personalidades Superuniversales de Uversa que actúa por la autoridad de los Ancianos de los Días de Orvonton.

PARTE I

El universo central y los superuniversos

DOCUMENTO 1

EL PADRE UNIVERSAL

EL Padre Universal es el Dios de toda la creación, la Primera Fuente y Centro de todas las cosas y todos los seres. Pensad primero en Dios como creador, luego, como controlador, y finalmente, como sustentador infinito. La verdad sobre el Padre Universal había comenzado a alborear sobre la humanidad cuando el profeta dijo: «Tú solo eres Dios; no hay nadie sino tú. Tú hiciste el cielo y el cielo de los cielos, con todo su ejército; tú los preservas y los controlas. Por los Hijos de Dios fueron hechos los universos. El Creador se cubre de luz como de vestidura y extiende los cielos como una cortina». Sólo el concepto del Padre Universal —un solo Dios en lugar de muchos dioses— permitió al hombre mortal comprender al Padre como creador divino y controlador infinito.

Las miríadas de sistemas planetarios se formaron para que finalmente las habitaran muchos tipos diferentes de criaturas inteligentes, seres que pudieran conocer a Dios, recibir el afecto divino, y amarle a su vez. El universo de universos es la obra de Dios y la morada de sus diversas criaturas. «Dios creó los cielos y formó la tierra; estableció el universo y no creó este mundo en vano; para que fuera habitado lo creó».

Todos los mundos esclarecidos reconocen y adoran al Padre Universal, el hacedor eterno y sustentador infinito de toda la creación. Las criaturas volitivas de universo tras universo han emprendido el largo, muy largo, viaje al Paraíso, que es el desafío fascinador de la aventura eterna de llegar a Dios el Padre. La meta trascendente de los hijos del tiempo es encontrar al Dios eterno, comprender la naturaleza divina, reconocer al Padre Universal. Las criaturas que conocen a Dios tienen una sola ambición suprema, un solo ardiente deseo, y ése es llegar —como son en sus esferas— a ser semejantes a como es él en su perfección paradisiaca de personalidad y en su esfera universal de supremacía recta. Del Padre Universal que habita la eternidad ha emanado el mandato supremo: «Sed vosotros perfectos, así como yo soy perfecto». En amor y misericordia, los mensajeros del Paraíso han llevado esta exhortación divina a través de las edades y a través de los universos, aún hasta llegar a las criaturas tan bajas de origen animal como lo son las razas humanas de Urantia.

Este magnífico mandato universal de esforzarse por alcanzar la perfección de la divinidad es el deber principal, y debería ser la más alta ambición, de toda la creación de criaturas forcejeantes del Dios de perfección. Esta posibilidad de alcanzar la perfección divina es el destino final y certero de todo progreso espiritual eterno del hombre.

Los mortales de Urantia difícilmente pueden esperar ser perfectos en el sentido infinito, pero es enteramente posible para los seres humanos, que comienzan como lo hacen en este planeta, alcanzar la meta excelsa y divina que el Dios infinito ha puesto para el hombre mortal; y cuando alcancen este destino estarán, en todo lo que corresponde a la autorrealización y alcance de la mente, tan pletóricos en su esfera de perfección divina como Dios mismo lo está en su esfera de infinidad y eternidad. Puede que tal perfección no sea universal en el sentido material, ni ilimitada en comprensión intelectual, ni final en experiencia espiritual, pero es final y completa en todos los aspectos finitos de divinidad de voluntad, perfección de motivación de personalidad, y conciencia de Dios.

Éste es el verdadero significado de ese mandato divino: «Sed perfectos, así como yo soy perfecto», que insta constantemente al hombre mortal hacia adelante y le atrae hacia adentro en esa larga y fascinadora lucha por alcanzar niveles cada vez más elevados de valores espirituales y auténticos significados de universo. Esta sublime búsqueda del Dios de los universos es la aventura suprema de los habitantes de todos los mundos del tiempo y el espacio.

1. EL NOMBRE DEL PADRE

A través de los universos, de todos los nombres por los que se conoce a Dios el Padre, los que se encuentran más frecuentemente son los que le designan como la Primera Fuente y Centro Universal. El Primer Padre se conoce por varios nombres en diferentes universos y en diferentes sectores del mismo universo. Los nombres que la criatura asigna al Creador dependen en gran medida del concepto que tiene la criatura acerca del Creador. La Primera Fuente y Centro Universal no se ha revelado nunca por su nombre, sólo por su naturaleza. Si creemos que somos los hijos de este Creador, sólo es natural que lleguemos a llamarle Padre. Pero éste es un nombre de nuestra propia elección, y parte del reconocimiento de nuestra relación personal con la Primera Fuente y Centro.

El Padre Universal nunca impone ninguna forma de reconocimiento arbitrario, de adoración formal, ni de servicio servil a las criaturas volitivas inteligentes de los universos. Los habitantes evolucionarios de los mundos del tiempo y el espacio deben por sí mismos —en su corazón— reconocerle, amarle, y voluntariamente adorarle. El Creador rehusa ejercer coerción o imponer la sumisión al libre albedrío espiritual de sus criaturas materiales. La afectuosa dedicación de la voluntad humana a hacer la voluntad del Padre es el regalo más selecto que el hombre puede hacer a Dios; en efecto, tal consagración de la voluntad de la criatura constituye la única dádiva posible de verdadero valor que puede hacer el hombre al Padre Paradisiaco. En Dios, el hombre vive, se mueve, y tiene su ser; no hay nada que el hombre pueda dar a Dios excepto esta elección de atenerse a la voluntad del Padre, y estas decisiones, efectuadas por las criaturas volitivas inteligentes de los universos, constituyen la realidad de esa adoración auténtica que es tan satisfactoria para la naturaleza del Padre Creador dominada por el amor.

Cuando hayáis obtenido verdaderamente conciencia de Dios, luego de descubrir realmente al Creador majestuoso y cuando comencéis a experimentar la comprensión de la presencia del controlador divino que en vosotros reside, entonces, según vuestro esclarecimiento y de acuerdo con la manera y método mediante los cuales revelan a Dios los Hijos divinos, encontraréis un nombre para el Padre Universal, que expresará adecuadamente vuestro concepto de la Primera Fuente y Centro. Así pues, en diferentes mundos y en varios universos, el Creador se reconoce por numerosos apelativos, que en espíritu de relación significan todos lo mismo, pero, en palabras y símbolos, cada nombre responde al grado, la profundidad, de su entronización en el corazón de sus criaturas de determinado dominio.

Cerca del centro del universo de universos, el Padre Universal suele conocerse por nombres que pueden considerarse representativos de la Primera Fuente. Más allá en los universos del espacio, los términos empleados para designar al Padre Universal significan más frecuentemente el Centro Universal. Aún más allá en la creación estelar, como en el mundo sede central de vuestro universo local, se le conoce como la Primera Fuente Creadora y el Centro Divino. En una constelación cercana, Dios se denomina el Padre de los Universos. En otro, el Sustentador Infinito, y hacia el este, el Controlador Divino. Él también ha sido designado como el Padre de las Luces, el Don de Vida, y el Único Todopotente.

En aquellos mundos en los que ha vivido una vida de otorgamiento un Hijo Paradisiaco, a Dios generalmente se le conoce por algún nombre indicativo de relación personal, afecto tierno, y devoción paterna. En la sede central de vuestra constelación se refieren a Dios como el Padre Universal y en diferentes planetas de vuestro sistema local de mundos habitados, es conocido alternativamente como el Padre de Padres, el Padre Paradisiaco, el Padre de Havona, y el Padre Espíritu. Los que conocen a Dios a través de las revelaciones de los otorgamientos de los Hijos Paradisiacos, ceden con el tiempo a la atracción sentimental de la relación conmovedora de la asociación de Creador—criatura, y se refieren a Dios como «nuestro Padre».

En un planeta de criaturas con sexo, en un mundo en el cual los impulsos de la emoción paternal son intrínsecos en el corazón de sus seres inteligentes, el término Padre se vuelve un nombre muy expresivo y apropiado para el Dios eterno. Él es mejor conocido, más universalmente reconocido, en vuestro planeta, Urantia, por el nombre de *Dios*. El nombre que se le dé es de poca importancia; lo significativo es que debéis conocerle y aspirar a ser semejante a él. Vuestros profetas de antaño le llamaron con verdad «el Dios sempiterno» y se refirieron a él como el que «mora en la eternidad».

2. LA REALIDAD DE DIOS

Dios es realidad primordial en el mundo del espíritu; Dios es la fuente de la verdad en las esferas de la mente; Dios envía su sombra por todas partes de los reinos materiales. Para todas las inteligencias creadas, Dios es una personalidad, y para el universo de universos él es la Primera Fuente y Centro de la realidad eterna. Dios no es ni semejante al hombre ni a la máquina. El Padre Primero es espíritu universal, verdad eterna, realidad infinita, y personalidad paterna.

El Dios eterno es infinitamente más que realidad idealizada o el universo personalizado. Dios no es simplemente el deseo supremo del hombre, la búsqueda mortal objetivada. Tampoco es Dios meramente un concepto, el potencial de poder de la rectitud. El Padre Universal no es un sinónimo de naturaleza, tampoco es él la ley natural personificada. Dios es una realidad trascendente, no simplemente el concepto tradicional humano de los valores supremos. Dios no es una focalización psicológica de los significados espirituales, ni es la «la obra más noble del hombre». Dios puede ser cualquiera de estos conceptos o todos ellos en la mente de los hombres, pero él es aún más. Él es una persona salvadora y un Padre amante para todos los que disfrutan de paz espiritual en la tierra, y que anhelan experimentar la supervivencia de la personalidad en la muerte.

La actualidad de la existencia de Dios se demuestra en la experiencia humana por el hecho que él dentro de sí tiene la presencia divina, el Monitor espíritu enviado desde el Paraíso para residir en la mente mortal del hombre y allí ayudar a la evolución del alma inmortal de supervivencia eterna. Tres fenómenos experienciales revelan la presencia de este Ajustador divino en la mente humana:

1. La capacidad intelectual de conocer a Dios: conciencia de Dios.

2. El impulso espiritual de encontrar a Dios: búsqueda de Dios.

3. El anhelo de la personalidad de ser como Dios: el deseo plenamente sincero de hacer la voluntad del Padre.

La existencia de Dios jamás puede probarse por experimentos científicos ni por la pura razón de la deducción lógica. Dios se puede realizar sólo en los dominios de la experiencia humana; sin embargo, el verdadero concepto de la realidad de Dios es razonable para la lógica, plausible para la filosofía, esencial para la religión, e indispensable para toda esperanza de supervivencia de la personalidad.

Los que conocen a Dios han experimentado el hecho de su presencia; tales mortales conocedores de Dios poseen en su experiencia personal la única prueba positiva de la existencia del Dios viviente la cual puede ofrecer un ser humano a otro. La existencia de Dios está totalmente más allá de toda posibilidad de demostración salvo por el contacto entre la conciencia de Dios en la mente humana y la presencia de Dios en la forma del Ajustador del Pensamiento que mora en el intelecto mortal y que es otorgado al hombre como la dádiva gratuita del Padre Universal.

En teoría vosotros podéis pensar en Dios como el Creador, y él es el Creador personal del Paraíso y del universo central de perfección, pero los universos del tiempo y el espacio son todos creados y organizados por el cuerpo paradisiaco de los Hijos Creadores. El Padre Universal no es el creador personal del universo local de Nebadon; el universo en el cual vosotros vivís es la creación de su Hijo Micael. Aunque el Padre no crea personalmente los universos evolutivos, sí los controla en muchas de sus relaciones universales y en ciertas de sus manifestaciones de energía física, intelectual y espiritual. Dios el Padre es el creador personal del universo del Paraíso y, en asociación con el Hijo Eterno, el creador de todos los demás Creadores personales de universos.

Como controlador físico en el universo material de universos, la Primera Fuente y Centro funciona en los modelos originales de la Isla eterna del Paraíso, y a través de este centro de gravedad absoluta el eterno Dios ejerce un sobrecontrol cósmico del nivel físico al igual en el universo central y en la totalidad del universo de universos. Como mente, Dios funciona en la Deidad del Espíritu Infinito; como espíritu, Dios se manifiesta en la persona del Hijo Eterno y en las personas de los hijos divinos del Hijo Eterno. Esta interrelación de la Primera Fuente y Centro con las Personas y los Absolutos coordinados del Paraíso no impide en lo más mínimo la acción personal directa del Padre Universal a través de toda la creación y en todos sus niveles. Mediante la presencia de su espíritu fragmentado, el Padre Creador mantiene un contacto inmediato con sus hijos criaturas y con sus universos creados.

3. DIOS ES UN ESPÍRITU UNIVERSAL

«Dios es espíritu». Es una presencia espiritual universal. El Padre Universal es una realidad espiritual infinita; es «el soberano, el eterno, el inmortal, el invisible y el único Dios verdadero». Aunque vosotros seáis «los vástagos de Dios», no debéis pensar que el Padre es semejante a vosotros en forma y aspecto porque se os ha dicho que sois creados «a su imagen», morados por los Monitores Misteriosos enviados desde la morada central de su presencia eterna. Los seres del espíritu son reales, a pesar de que son invisibles al ojo humano; aunque no son de carne y hueso.

Dijo el vidente de antaño: «¡He aquí!, él pasa a mi lado, y yo no lo veo; me sobrepasa, pero yo no lo percibo». Podemos observar constantemente las obras de Dios, podemos estar muy conscientes de las pruebas materiales de su conducta majestuosa, pero rara vez podemos contemplar la manifestación visible de su divinidad, ni siquiera ver la presencia de su espíritu delegado que reside en los hombres.

El Padre Universal no es invisible porque se oculte de las criaturas humildes de desventajas materialistas y de limitadas dotes espirituales. Más bien ésta es la situación: «No podrás ver mi rostro, porque no me verá mortal, y vivirá». Ningún hombre material puede contemplar a Dios de espíritu y preservar su existencia mortal. La gloria y la brillantez espiritual de la presencia de la personalidad divina es de acceso imposible para los grupos más humildes de seres del espíritu o para toda orden de personalidades materiales. La luminosidad espiritual de la presencia personal del Padre es una «luz a la que ningún mortal se puede acercar; la que ninguna criatura material ha visto jamás ni podrá ver». Pero no es necesario ver a Dios con los ojos de la carne para discernirle a través de la visión facultada por la fe de la mente espiritualizada.

El Padre Universal comparte totalmente su naturaleza espiritual con su ser coexistente, el Hijo Eterno Paraisiaco. Tanto el Padre como el Hijo comparten de igual manera el espíritu universal y eterno plenamente y sin restricciones con la personalidad conjunta, coordinada con la de ellos: el Espíritu Infinito. El espíritu de Dios es, en sí mismo y de sí mismo, absoluto; en el Hijo, es no cualificado, en el Espíritu, universal; y en todos ellos, y por todos ellos, infinito.

Dios es un espíritu universal; Dios es la persona universal. La realidad personal suprema de la creación finita es espíritu; la realidad última del cosmos personal es espíritu absonito. Sólo los niveles de infinidad son absolutos, y sólo en tales niveles hay finalidad de unicidad entre la materia, la mente y el espíritu.

En los universos Dios el Padre es, en potencial, el sobrecontrolador de la materia, la mente y el espíritu. Dios trata directamente con las personalidades de su vasta creación de criaturas volitivas, solamente por medio de su circuito de personalidad extenso, pero es posible comunicarse con él (fuera del Paraíso) tan sólo en las presencias de sus entidades fragmentadas, la voluntad de Dios en la vastedad de los universos. Este espíritu paradisiaco que mora en la mente de los mortales del tiempo y fomenta allí a la evolución del alma inmortal de la criatura superviviente es de la naturaleza y divinidad del Padre Universal. Pero la mente de tales criaturas evolucionarias se origina en los universos locales y debe lograr perfección divina mediante esas transformaciones experienciales de alcance espiritual que son el resultado inevitable de la elección de una criatura de hacer la voluntad del Padre en los cielos.

En la experiencia interior del hombre, la mente está vinculada a la materia. Estas mentes vinculadas a lo material no pueden sobrevivir al fallecimiento mortal. La técnica de la supervivencia está contenida en esos ajustes de la voluntad humana y en esas transformaciones de la mente mortal por los cuales ese intelecto con conciencia de Dios paulatinamente llega a estar enseñada por el espíritu y finalmente guiada por el mismo. Esta evolución de la mente humana, a partir de la asociación con la materia a la unión con el espíritu, resulta en la transmutación de las fases potencialmente espirituales de la mente mortal en las realidades morontiales del alma inmortal. La mente mortal servil a la materia está destinada a hacerse cada vez más material y consecuentemente a sufrir una extinción final de la personalidad; la mente entregada al espíritu está destinada a hacerse cada vez más espiritual y finalmente a lograr la unidad con el espíritu divino, sobreviviente y conductor, alcanzando así la supervivencia y la eternidad de existencia de la personalidad.

Yo procedo del Eterno, y he regresado repetidas veces a la presencia del Padre Universal. Sé de la actualidad y personalidad de la Primera Fuente y Centro, el Padre Eterno y Universal. Sé que, si bien el gran Dios es absoluto, eterno e infinito, es también bueno, divino y misericordioso. Conozco la verdad de las grandes declaraciones: «Dios es espíritu» y «Dios es amor», y estos dos atributos se revelan al universo de manera más completa en el Hijo Eterno.

4. EL MISTERIO DE DIOS

La infinidad de la perfección de Dios es tal que eternamente lo constituye en un misterio. Y el más grande de todos los misterios impenetrables de Dios es el fenómeno de la residencia divina en la mente de los mortales. La manera en que convive el Padre Universal con las criaturas del tiempo es el más profundo de todos los misterios del universo; la presencia divina en la mente del hombre es el misterio de los misterios.

El cuerpo físico de los mortales es «el templo de Dios». A pesar de que los Hijos Creadores Soberanos vienen cerca de las criaturas de sus mundos habitados y «atraen hacia ellos a todos los hombres»; aunque ellos «están junto a la puerta» de la conciencia «y llaman» y les llena de dicha entrar en todos los que «abren la puerta de su corazón»; aunque sí existe esta íntima comunión personal entre los Hijos Creadores y sus criaturas mortales, sin embargo, los hombres mortales tienen algo de Dios mismo que actualmente mora dentro de ellos; y del cual sus cuerpos son los templos.

Cuando hayas terminado aquí, cuando tu carrera haya acabado en su forma temporal en la tierra, cuando concluya tu viaje de tribulación en la carne, cuando el polvo que compone el tabernáculo mortal «regrese a la tierra de donde provino»; entonces, se ha revelado, «el espíritu» que mora en ti «regresará a Dios que lo otorgó». Habita dentro de cada ser mortal de este planeta un fragmento de Dios, una parte integral de la divinidad. Aún no es tuyo por derecho de posesión, pero está concebido intencionalmente para volverse uno solo contigo si sobrevives a la existencia mortal.

Constantemente nos vemos confrontados por este misterio de Dios; nos confunde el desenvolvimiento creciente del interminable panorama de la verdad de su infinita bondad, su ilimitada misericordia, su incomparable sabiduría y su carácter extraordinario.

El misterio divino consiste en la diferencia inherente que existe entre lo finito y lo infinito, lo temporal y lo eterno, la criatura espacio-temporal y el Creador Universal, lo material y lo espiritual, la imperfección del hombre y la perfección de la Deidad Paradisiaca. El Dios de amor universal se manifiesta infaliblemente a cada una de sus criaturas hasta la plenitud de capacidad de esa criatura para aprehender espiritualmente las cualidades de la verdad, la belleza y la bondad divinas.

Para todo ser espiritual y para toda criatura mortal en todas las esferas y en todos los mundos del universo de universos, el Padre Universal revela todo aquello de su ser misericordioso y divino que puede ser discernido o comprendido por estos seres del espíritu y por tales criaturas mortales. Dios no muestra preferencia por personas, ni espirituales ni materiales. Solamente la capacidad de la criatura para recibir y discernir las actualidades espirituales del mundo supermaterial limita la presencia divina que cualquier hijo del universo disfruta en cualquier momento.

Como realidad en la experiencia espiritual humana, Dios no es un misterio. Pero cuando se intentan aclarar las realidades del mundo del espíritu para las mentes físicas de orden material, aparece el misterio: misterios tan sutiles y tan profundos que sólo el entendimiento de fe del mortal que conoce a Dios puede lograr el milagro filosófico del reconocimiento del Infinito por parte del finito, el discernimiento del Dios eterno por parte de los mortales evolutivos de los mundos materiales del tiempo y el espacio.

5. LA PERSONALIDAD DEL PADRE UNIVERSAL

No permitáis que la magnitud de Dios, su infinitud, obscurezca ni eclipse su personalidad. «Aquel que concibió el oído, ¿no oirá? Aquel que formó el ojo, ¿no verá?» El Padre Universal es la cumbre de la personalidad divina; él es el origen y el destino de la personalidad a través de toda la creación. Dios es infinito y personal; es una personalidad infinita. El Padre es verdaderamente una personalidad, a pesar de que la infinitud de su persona le coloca por siempre fuera del alcance de la plena comprensión de los seres materiales y finitos.

Dios es mucho más que una personalidad, tal como la mente humana entiende la personalidad; él es incluso mucho más que cualquier concepto posible de una superpersonalidad. Pero es totalmente fútil discutir estos conceptos incomprensibles de la personalidad divina con las mentes de las criaturas materiales cuyo máximo concepto de la realidad del ser consiste en la idea e ideal de la personalidad. El concepto más elevado posible del Creador Universal a que tiene acceso la criatura material está contenido dentro de los ideales espirituales de la idea exaltada de la personalidad divina. Por tanto, aunque vosotros podáis saber que Dios debe ser mucho más que el concepto humano de la personalidad, igualmente conocéis bien que el Padre Universal no puede de ningún modo ser nada menos que una personalidad eterna, infinita, verdadera, buena y bella.

Dios no se oculta de ninguna de sus criaturas. Es inaccesible para tantas órdenes de seres sólo porque «mora en una luz a la que ninguna criatura material puede acercarse». La inmensidad y la grandiosidad de la personalidad divina está más allá del alcance de la mente no perfeccionada de los mortales evolucionarios. Él «mide las aguas con el hueco de su mano, mide un universo con la palma de su mano. Él es quien está sentado sobre el círculo de la tierra, quien extiende los cielos como una cortina y los despliega como un universo para morar». «Levantad en alto vuestros ojos, y mirad quién creó estas cosas, quién cuenta sus mundos y a todos llama por sus nombres»; y así pues es verdad que «las cosas invisibles de Dios son parcialmente entendidas por medio de las cosas hechas». Hoy día, y tal como vosotros sois, debéis discernir al Hacedor invisible a través de su múltiple y diversa creación, así como a través de la revelación y ministración de sus Hijos y sus numerosos subordinados.

Aunque los mortales materiales no puedan ver la persona de Dios, deben regocijarse en la seguridad de que es una persona; por la fe aceptar la verdad que describe que el Padre Universal tanto amó al mundo que proporcionó a sus humildes habitantes la posibilidad de la eterna progresión espiritual; que él «se agrada de sus hijos».

Dios no carece de ninguno de aquellos atributos sobrehumanos y divinos que constituyen la personalidad perfecta, eterna, amorosa e infinita del Creador.

En las creaciones locales (a excepción del personal de los superuniversos) Dios no tiene manifestaciones personales o residenciales aparte de los Hijos Creadores Paradisiacos, que son los padres de los mundos habitados y los soberanos de los universos locales. Si la fe de la criatura fuera perfecta, seguramente sabría que cuando hubiera visto a un Hijo Creador, hubiera visto al Padre Universal; al buscar al Padre, no pediría ni esperaría ver sino al Hijo. El hombre mortal simplemente no puede ver a Dios hasta lograr una transformación espiritual completada y alcanzar realmente el Paraíso.

Las naturalezas de los Hijos Creadores Paradisiacos no abarcan todas las potencialidades incalificadas de la absolutez universal de la naturaleza infinita de la Primera Gran Fuente y Centro, pero el Padre Universal está de todas maneras *divinamente* presente en los Hijos Creadores. El Padre y sus Hijos son uno. Estos Hijos Paradisiacos de la orden de Micael son personalidades perfectas, incluso el modelo original para todas las personalidades del universo local desde la Brillante Estrella Matutina hasta las criaturas humanas más bajas de evolución animal progresiva.

En ausencia de Dios, y con excepción de su persona excelsa y central, no habría personalidad alguna a través de todo el vasto universo de universos. *Dios es personalidad.*

Pese a que Dios es un poder eterno, una presencia majestuosa, un ideal trascendente, y un espíritu glorioso, aunque es todo esto e infinitamente más, es sin embargo verdadera y eternamente una personalidad perfecta de Creador, una persona que puede «conocer y ser conocida», que puede «amar y ser amada», alguien que puede mostrarnos amistad; en tanto vosotros podéis ser conocidos, así como otros seres humanos han sido conocidos, como amigos de Dios. Él es un espíritu real y una realidad espiritual.

Según vemos al Padre Universal revelarse a través de su universo; según le discernimos morando en las miríadas de sus criaturas; según le contemplamos en las personas de sus Hijos Soberanos; según seguimos percibiendo su divina presencia aquí y allá, cerca y lejos, no dudemos ni cuestionemos su primacía de personalidad. No obstante todas estas vastas distribuciones, sigue siendo una persona verdadera y mantiene sempiternamente una conexión personal con las huestes incontables de sus criaturas esparcidas por todo el universo de universos.

La idea de la personalidad del Padre Universal es un concepto ampliado y más verdadero de Dios que ha llegado a la humanidad principalmente mediante la revelación. La razón, la sabiduría y la experiencia religiosa, todas ellas deducen e implican la personalidad de Dios, pero no la validan completamente. Aun el Ajustador del Pensamiento residente es prepersonal. La verdad y la madurez de cualquier religión es directamente proporcional a su concepto de la personalidad infinita de Dios y a su aprehensión de la unidad absoluta de la Deidad. La idea de una Deidad personal llega a ser, pues, la medida de la madurez religiosa una vez que la religión haya formulado primero el concepto de la unidad de Dios.

La religión primitiva tenía muchos dioses personales, concebidos a imagen del hombre. La revelación afirma la validez del concepto de la personalidad de Dios, que es meramente posible en el postulado científico de una Primera Causa y está tan sólo provisionalmente sugerido en la idea filosófica de la Unidad Universal. Sólo mediante un acercamiento de personalidad puede una persona comenzar a comprender la unidad de Dios. Negar la personalidad de la Primera Fuente y Centro tan sólo permite la elección entre dos dilemas filosóficos: el materialismo o el panteísmo.

En la contemplación de la Deidad, el concepto de personalidad debe ser despojado de la idea de corporeidad. Un cuerpo material no es indispensable para la personalidad, ni en el hombre ni en Dios. El error de la corporeidad se muestra en ambos extremos de la filosofía humana: en el materialismo, puesto que el hombre pierde su cuerpo con la muerte, cesa de existir como personalidad; en el panteísmo, puesto que Dios no tiene cuerpo, no es, por consiguiente, una persona. El tipo sobrehumano de personalidad progresiva funciona en la unión de mente y espíritu.

La personalidad no es simplemente un atributo de Dios; más bien representa la totalidad de la naturaleza infinita coordinada y la voluntad divina unificada que se exhibe en la eternidad y universalidad de expresión perfecta. La personalidad, en el sentido supremo, es la revelación de Dios al universo de universos.

Dios, siendo eterno, universal, absoluto, e infinito, no crece en conocimiento ni aumenta en sabiduría. Dios no adquiere experiencia, tal como podría conjeturar o entender el hombre finito, pero disfruta, dentro de los dominios de su propia personalidad eterna, de esas continuas expansiones de autorrealización que son en cierto modo comparables y análogas a la adquisición de nueva experiencia por parte de las criaturas finitas de los mundos evolucionarios.

La perfección absoluta del Dios infinito le haría sufrir las tremendas limitaciones de la finalidad no cualificada de la perfectitud si no fuera un hecho que el Padre Universal participa directamente en el esfuerzo de la personalidad de toda alma imperfecta en el vasto universo que busca, con ayuda divina, ascender a los mundos espiritualmente perfectos en lo alto. Esta experiencia progresiva de todo ser del espíritu y de cada criatura mortal a través del universo de universos es parte de la conciencia —sempiternamente expansiva— de la Deidad del Padre, que pertenece al interminable círculo divino de autorrealización sin fin.

Es literalmente verdadero: «en todas vuestras aflicciones él se aflige». «En todos vuestros triunfos él triunfa en vosotros y con vosotros». Su espíritu divino prepersonal es una parte real de vosotros. La Isla del Paraíso responde a todas las metamorfosis físicas del universo de universos; el Hijo Eterno incluye todos los impulsos espirituales de toda la creación; el Actor Conjunto abarca toda expresión de la mente del cosmos en expansión. El Padre Universal se da cuenta en la plenitud de la conciencia divina de toda la experiencia individual de las luchas progresivas de las mentes en expansión y los espíritus ascendentes de toda entidad, ser y personalidad de toda la creación evolucionaria del tiempo y el espacio. Y todo esto es literalmente verdad, porque «en él todos vivimos y nos movemos y tenemos nuestro ser».

6. LA PERSONALIDAD EN EL UNIVERSO

La personalidad humana es la imagen-sombra espacio-temporal proyectada por la divina personalidad del Creador, y jamás se puede comprender adecuadamente realidad alguna mediante el examen de su sombra. Las sombras deben interpretarse en términos de la verdadera substancia.

Dios es para la ciencia una causa; para la filosofía, una idea; para la religión, una persona, incluso el amante Padre celestial. Dios es para el científico una fuerza primordial; para el filósofo, una hipótesis de unidad; para el religioso, una experiencia espiritual viviente. El concepto inadecuado que tiene el hombre de la personalidad del Padre Universal puede ser mejorado solamente mediante el progreso espiritual del hombre en el universo y llegará a ser verdaderamente adecuado sólo cuando los peregrinos del tiempo y el espacio alcancen finalmente el abrazo divino del Dios viviente en el Paraíso.

No perdáis jamás de vista las perspectivas antipodales de la personalidad tal como es concebida por Dios y por el hombre. El hombre ve y comprende la personalidad, mirando desde lo finito hacia lo infinito; Dios mira de lo infinito a lo finito. El hombre posee el tipo más bajo de personalidad; Dios, el más alto, incluso supremo, último y absoluto. Por lo tanto, los mejores conceptos de la personalidad tuvieron que esperar pacientemente la aparición de ideas mejoradas de la personalidad humana, especialmente la revelación ampliada de la personalidad tanto divina como humana en la vida de otorgamiento en Urantia de Micael, un Hijo Creador.

El espíritu divino prepersonal que mora en la mente mortal lleva, en su presencia misma, la prueba válida de su existencia actual, pero sólo puede comprenderse el concepto de la personalidad divina por medio del discernimiento espiritual de experiencia religiosa personal genuina. Toda persona, humana o divina, puede ser conocida y comprendida independientemente de las reacciones externas o de la presencia material de esa persona.

Cierto grado de afinidad moral y de armonía espiritual es esencial para la amistad entre dos personas; una personalidad amorosa difícilmente puede revelarse a una persona carente de amor. Aun para acercarse al conocimiento de una personalidad divina, todas las dotes de personalidad del hombre deben consagrarse totalmente a ese esfuerzo; la devoción reservada, parcial, será infructuosa.

Cuanto más completamente se comprenda el hombre a sí mismo y aprecie los valores de personalidad de sus semejantes, tanto más anhelará conocer la Personalidad Original, y tanto más sinceramente luchará ese ser humano que conoce a Dios por llegar a ser como la Personalidad Original. Podéis argüir sobre opiniones acerca de Dios, pero la experiencia con él y en él existe por encima y más allá de toda controversia humana y de la mera lógica intelectual. El hombre que conoce a Dios describe sus experiencias espirituales, no para convencer a los incrédulos, sino para la edificación y la satisfacción mutua de los creyentes.

Suponer que el universo puede ser conocido, que es inteligible, es suponer que el universo es una creación de la mente y está administrada por la personalidad. La mente del hombre sólo puede percibir los fenómenos mentales de otras mentes, sean ellas humanas o sobrehumanas. Si la personalidad del hombre puede experimentar el universo, hay una mente divina y una personalidad real oculta en alguna parte de ese universo.

Dios es espíritu —personalidad del espíritu; el hombre también es un espíritu —personalidad potencial del espíritu. Jesús de Nazaret alcanzó la plena realización de este potencial de personalidad del espíritu en la experiencia humana; por lo tanto, su vida de alcanzar la voluntad del Padre llega a ser la revelación más real e ideal que tiene el hombre acerca de la personalidad de Dios. Aunque la personalidad del Padre Universal tan sólo pueda ser comprendida mediante una experiencia religiosa real, en la vida terrena de Jesús hallamos inspiración por la demostración perfecta de dicha realización y revelación de la personalidad de Dios en una experiencia verdaderamente humana.

7. EL VALOR ESPIRITUAL DEL CONCEPTO DE LA PERSONALIDAD

Cuando Jesús hablaba del «Dios viviente», se refería a una Deidad personal —el Padre que está en los cielos. El concepto de la personalidad de la Deidad facilita la comunidad; favorece la adoración inteligente; promueve la confianza refrescante. Puede haber interacciónes entre cosas no personales, pero no puede haber comunidad. La relación de comunidad entre padre e hijo, así como entre Dios y el hombre, no puede ser disfrutada a menos que ambos sean personas. Solamente las personalidades pueden comunicar entre sí, aunque esta comunión personal puede ser facilitada grandemente aun por la presencia de una entidad impersonal tal como el Ajustador del Pensamiento.

El hombre no logra la unión con Dios como una gota de agua podría encontrar unidad con el océano. El hombre alcanza la unión divina mediante una comunión espiritual progresiva y recíproca, una relación de personalidad con el Dios personal, un creciente logro de la naturaleza divina a través de una conformidad, inteligente y sincera con la voluntad divina. Dicha relación sublime sólo puede existir entre personalidades.

El concepto de la verdad podría ser abrigado tal vez aparte de la personalidad, el concepto de belleza puede existir sin personalidad, pero el concepto de bondad divina es comprensible sólo en relación con la personalidad. Tan sólo una *persona* puede amar y ser amada. Incluso la belleza y la verdad estarían divorciadas de la esperanza de supervivencia si no fueran atributos de un Dios personal, un Padre amante.

No podemos comprender plenamente cómo Dios puede ser primordial, inmutable, todopotente y perfecto, y al mismo tiempo estar rodeado de un universo en mutación constante y aparentemente limitado por la ley, un universo evolutivo de imperfecciones relativas. Pero podemos *conocer* esa verdad en nuestra propia experiencia personal puesto que todos mantenemos la identidad de la personalidad y la unidad de la voluntad a pesar del cambio constante de nosotros mismos y de nuestro medio ambiente.

La realidad última del universo no puede comprenderse por las matemáticas, la lógica o la filosofía, sólo por la experiencia personal en progresiva conformidad a la voluntad divina de un Dios personal. Ni la ciencia, ni la filosofía, ni la teología pueden validar la personalidad de Dios. Solamente la experiencia personal de los hijos de fe del Padre celestial puede efectuar la realización espiritual actual de la personalidad de Dios.

Los conceptos más altos de personalidad de universo implican: identidad, autoconciencia, autovoluntad, y la posibilidad de autorrevelación. Y estas características presuponen además comunidad con otras personalidades del mismo nivel, tal como la que existe en las asociaciones de personalidad de las Deidades Paradisiacas. Y la unidad absoluta de estas asociaciones es tan perfecta que la divinidad llega a conocerse por su indivisibilidad, por su unicidad. «El Señor Dios es *uno*». La indivisibilidad de la personalidad no interfiere con el hecho de que Dios otorga su espíritu para vivir en el corazón de los hombres mortales. La indivisibilidad de la personalidad de un padre humano no previene la reproducción de hijos e hijas mortales.

Este concepto de la indivisibilidad en asociación con el concepto de la unidad implica una trascendencia de tiempo y espacio por la Ultimidad de la Deidad; por tanto ni el espacio ni el tiempo pueden ser absolutos ni infinitos. La Primera Fuente y Centro es esa infinidad quien trasciende no cualificadamente toda mente, toda materia, y todo espíritu.

El hecho de la Trinidad Paradisiaca no viola en modo alguno la verdad de la unidad divina. Las tres personalidades de la Deidad Paradisiaca son una en todas las reacciones a la realidad del universo y en todas las relaciones con las criaturas. Ninguna de estas tres personas eternas viola la verdad de la indivisibilidad de la Deidad. Estoy plenamente consciente de que no dispongo de un idioma adecuado para explicar claramente a la mente mortal cómo vemos nosotros estos problemas del universo. Pero vosotros no debéis desalentaros; no todas estas cosas resultan completamente claras ni aun para las altas personalidades que pertenecen a mi grupo de seres del Paraíso. Recordad siempre que estas profundas verdades relacionadas con la Deidad se esclarecerán cada vez más, a medida que vuestra mente se espiritualice progresivamente durante las épocas sucesivas del largo ascenso mortal al Paraíso.

[Presentado por un Consejero Divino, miembro de un grupo de personalidades celestiales encargadas por los Ancianos de los Días en Uversa, sede del gobierno del séptimo superuniverso, de supervisar aquellas porciones de esta revelación inminente que tienen que ver con los asuntos allende los límites del universo local de Nebadon. He sido comisionado para patrocinar aquellos documentos que describen la naturaleza y atributos de Dios, porque represento la fuente de información más elevada de que se dispone para tal fin en cualquier mundo habitado. He servido como Consejero Divino en todos los siete superuniversos y he residido por mucho tiempo en el centro paradisiaco de todas las cosas. Muchas veces he disfrutado del placer supremo de una estancia en la presencia personal inmediata del Padre Universal. Describo la realidad y la verdad de la naturaleza y atributos del Padre con indisputable autoridad; yo sé de qué hablo.]

DOCUMENTO 2

LA NATURALEZA DE DIOS

PUESTO que el concepto más elevado que el hombre puede tener de Dios está contenido dentro de la idea y el ideal humanos de una personalidad primordial e infinita, es permisible, y puede resultar útil, estudiar ciertas características de la naturaleza divina que constituyen el carácter de la Deidad. La naturaleza de Dios puede comprenderse lo mejor por la revelación del Padre que Micael de Nebadon desplegó en sus múltiples enseñanzas y en su extraordinaria vida mortal en la carne. El hombre también puede comprender mejor la naturaleza divina si éste se considera a sí mismo como un hijo de Dios y mira al Creador del Paraíso como su verdadero Padre espiritual.

La naturaleza de Dios puede estudiarse en una revelación de ideas supremas, el carácter divino puede considerarse como una representación de ideales excelsos, pero la más esclarecedora y espiritualmente edificante de todas las revelaciones de la naturaleza divina ha de hallarse en la comprensión de la vida religiosa de Jesús de Nazaret, tanto antes como después de que alcanzara plena conciencia de la divinidad. Si la vida encarnada de Micael se toma como antecedente de la revelación de Dios al hombre, podemos intentar poner en símbolos verbales humanos ciertas ideas e ideales respecto a la naturaleza divina que acaso pueden contribuir a una mayor iluminación y unificación del concepto humano de la naturaleza y el carácter de la personalidad del Padre Universal.

En todos nuestros esfuerzos por aumentar y espiritualizar el concepto humano de Dios, nos vemos grandemente impedidos por la limitada capacidad de la mente mortal. También estamos gravemente impedidos en la ejecución de nuestra tarea por las limitaciones de lenguaje y por la pobreza del material que se puede utilizar con fines de ilustración o comparación en nuestros esfuerzos para describir los valores divinos y presentar los significados espirituales a la mente finita y mortal del hombre. Todos nuestros esfuerzos por ampliar el concepto humano de Dios serían poco menos que inútiles excepto por el hecho de que el Ajustador otorgado del Padre Universal reside en la mente mortal y la impregna el Espíritu de la Verdad del Hijo Creador. Dependiendo, por lo tanto, de la presencia de estos espíritus divinos en el corazón del hombre para que les asistan en la ampliación del concepto de Dios, emprendo con regocijo la ejecución de mi mandato en el sentido de intentar la descripción más amplia de la naturaleza de Dios para la mente del hombre.

1. LA INFINIDAD DE DIOS

«En cuanto al infinito, no podemos encontrarlo. No se conocen las huellas divinas». «Su comprensión es infinita y su grandeza es inescrutable». La enceguecedora luz de la presencia del Padre es tal que para sus criaturas bajas él aparentemente «mora en la espesa tiniebla». No sólo son sus pensamientos y planes inescrutables, sino que «él hace innumerables cosas grandes y maravillosas». «Dios es grande; no lo comprendemos, ni puede contarse el número de sus años». «¿Habitará verdaderamente Dios en la tierra? Mirad, el cielo (el universo) y el cielo de los cielos (el universo de universos) no pueden contenerlo». «¡Cuán inescrutables son sus juicios e indescifrables sus caminos!»

«No hay sino un Dios, el Padre infinito, quien también es un Creador fiel». «El Creador divino es también el Ordenador Universal, la fuente y destino de las almas. Él es el Alma Suprema, la Mente Primordial, y el Espíritu Ilimitado de toda la creación». «El Gran Controlador no comete errores. Él resplandece en majestad y gloria». «Dios el Creador está completamente exento de temor y enemistad. Es inmortal, eterno, existente por sí mismo, divino y magnánimo». «¡Cuán puro y hermoso, cuán profundo e insondable es el excelso Antecesor de todas las cosas!» «El Infinito es más excelente por lo que él se imparte a sí mismo a los hombres. Es el principio y el fin, el Padre de todo propósito bueno y perfecto». «Con Dios todas las cosas son posibles; el Creador eterno es la causa de las causas».

A pesar de la infinidad de las maravillosas manifestaciones de la personalidad eterna y universal del Padre, él es ilimitadamente autoconsciente de su infinidad y de su eternidad; del mismo modo conoce plenamente su perfección y su poder. Él es el único ser en el universo, además de sus divinos coordinados, que experimenta una perfecta, propia, y completa evaluación de sí mismo.

El Padre satisface, constante e infatigablemente, la necesidad de las diferenciales de demanda de él, según ésta cambia de tiempo en tiempo, en varias secciones de su universo maestro. El gran Dios se conoce y se comprende; es infinitamente autoconsciente de todos sus atributos primordiales de perfección. Dios no es un accidente cósmico, ni un experimentador del universo. Los Soberanos del Universo pueden emprender aventuras; los padres de las Constelaciones pueden hacer experimentos; los líderes del sistema pueden practicar; pero el Padre Universal ve el fin desde el principio, y su plan divino y su propósito eterno realmente abarcan y comprenden todos los experimentos y todas las aventuras de todos sus subordinados en todos los mundos, sistemas y constelaciones de todos los universos de sus vastos dominios.

Ninguna cosa es nueva para Dios, y ningún acontecimiento cósmico le resulta una sorpresa; él habita el círculo de la eternidad. Sus días no tienen principio ni fin. Para Dios no hay pasado, ni presente, ni futuro; todo el tiempo es presente en cualquier momento dado. Él es el grande y el único YO SOY.

El Padre Universal es absolutamente y sin cualificaciones infinito en todos sus atributos; y este hecho, en sí mismo y por sí mismo, le separa automáticamente de toda comunicación personal directa con los seres materiales finitos y otras inteligencias creadas inferiores.

Y todo esto requiere arreglos para establecer contacto y comunicación con sus múltiples criaturas, tales como han sido establecidos, primero, en las personalidades de los Hijos de Dios Paradisiacos, quienes, aunque perfectos en divinidad, también participan a menudo de la naturaleza de carne y hueso misma de las razas planetarias, haciéndose uno de vosotros y uno con vosotros; de este modo, por decirlo así, Dios se hace hombre, como ocurrió en la encarnación de Micael, quien fue llamado indistintamente Hijo de Dios e Hijo del Hombre. Y segundo, existen las personalidades del Espíritu Infinito, las varias órdenes de huestes seráficas y otras inteligencias celestiales que se acercan a los seres materiales de origen inferior y de tantos modos les ministran y sirven. Y tercero, existen los impersonales Monitores Misteriosos, los Ajustadores del Pensamiento, el don auténtico del gran Dios mismo, enviados para morar en seres como los humanos de Urantia, enviados sin anuncio ni explicación. Descienden de las alturas de la gloria en profusión interminable, para favorecer y morar en las mentes humildes de esos mortales que poseen la capacidad de tener conciencia de Dios o la potencialidad para ello.

De estos modos y de muchos otros, de maneras desconocidas para vosotros y que escapan completamente a la comprensión finita, el Padre Paradisiaco voluntaria y amorosamente condesciende y de otras maneras modifica, diluye y atenua su infinitud a fin de poder acercarse a las mentes finitas de sus hijos criaturas. Así pues, mediante una serie de distribuciones de personalidad que son cada vez menos absolutas, el Padre infinito consigue disfrutar de un contacto estrecho con las diversas inteligencias de los muchos dominios de su vasto universo.

Todo esto ha hecho él y aún hace, y continuará haciendo por siempre, sin disminuir en lo más mínimo el hecho y la realidad de su infinidad, su eternidad y su primacía. Estas cosas son absolutamente verdad, pese a la dificultad de su comprensión, al misterio en que están envueltas, o a la imposibilidad de ser plenamente comprendidas por criaturas tales como las que habitan en Urantia.

Puesto que el Padre Primero es infinito en sus planes y eterno en sus propósitos, es intrínsecamente imposible para cualquier ser finito llegar a aprender o a entender jamás estos planes y propósitos divinos en su plenitud. El hombre mortal puede atisbar los propósitos del Padre sólo de cuando en cuando, aquí y allá, según se revelan en relación con el desenvolvimiento del plan de ascensión de la criatura en sus niveles sucesivos de progresión en el universo. Aunque el hombre no puede abarcar el significado de la infinidad, el Padre infinito con seguridad comprende plenamente y abraza amorosamente toda la finitud de todos sus hijos en todos los universos.

El Padre comparte la divinidad y la eternidad con gran número de seres elevados del Paraíso, pero nos preguntamos si la infinidad y la consiguiente primacía universal las comparta plenamente con otros que no sean sus asociados coordinados de la Trinidad del Paraíso. La infinidad de la personalidad debe, por fuerza, abarcar toda la finitud de la personalidad; de aquí la verdad —verdad literal— de la enseñanza que declara que «en Él vivimos y nos movemos y tenemos nuestro ser». Ese fragmento de la Deidad pura del Padre Universal que mora en el hombre mortal es parte de la infinidad de la Primera Fuente y Centro, el Padre de los Padres.

2. La perfección eterna del Padre

Aun vuestros antiguos profetas comprendieron la naturaleza eterna, sin principio ni fin, la naturaleza circular, del Padre Universal. Dios está literal y eternamente presente en su universo de universos. Él habita el momento presente con toda su majestad absoluta y su eterna grandeza. «El Padre tiene vida en sí mismo, y esta vida es vida eterna». A través de las edades eternas ha sido el Padre quien «da a todos vida». Hay una infinita perfección en la integridad divina. «Yo soy el Señor; yo no cambio». Nuestro conocimiento del universo de universos revela no sólo que él es el Padre de las luces, sino también que en su dirección de los asuntos interplanetarios «no hay variabilidad ni sombra de mutación». Él «declara el fin desde el principio». Él dice: «Mi parecer perdurará; haré todo lo que me complazca» «según el eterno propósito que me propuse en mi Hijo». Así son pues los planes y propósitos de la Primera Fuente y Centro como él mismo: eternos, perfectos y por siempre inmutables.

Hay una finalidad de integridad y una perfección de plenitud en los mandatos del Padre. «Todo lo que Dios hace, será para siempre; nada se le puede agregar ni quitar». El Padre Universal no se arrepiente de sus propósitos originales de sabiduría y perfección. Sus planes son firmes, su parecer inmutable, mientras que sus acciones son divinas e infalibles. «Mil años delante de sus ojos son como el día de ayer, que pasó, y como una de las vigilias de la noche». La perfección de la divinidad y la magnitud de la eternidad están por siempre más allá de la plena comprensión de la mente circunscrita del hombre mortal.

Tal vez parezca que las reacciones de un Dios inmutable, en la ejecución de su eterno designio, varían de acuerdo con la actitud cambiante y las mentes volubles de sus inteligencias creadas; es decir, que pueden variar aparente y superficialmente; pero debajo de la superficie y más allá de todas las manifestaciones externas, se mantiene presente el propósito inmutable, el plan sempiterno, del Dios eterno.

Allá en los universos, la perfección ha de ser necesariamente un término relativo, pero en el universo central y especialmente en el Paraíso, la perfección no está diluida; en ciertas fases llega a ser absoluta. Las manifestaciones de la Trinidad varían la exposición de la perfección divina, pero no la atenuan.

La perfección primordial de Dios no consiste en una rectitud asumida sino más bien en la perfección inherente de la bondad de su naturaleza divina. Él es final, completo y perfecto. No hay cosa que falte en la belleza y perfección de su carácter recto. El esquema entero de las existencias vivientes en los mundos del espacio se centra en el propósito divino de elevar a todas las criaturas volitivas al alto destino de la experiencia de compartir la perfección paradisiaca del Padre. Dios no es ni egocéntrico ni aislado; nunca cesa de entregarse a las criaturas autoconscientes del vasto universo de los universos.

Dios es eterna e infinitamente perfecto, no puede personalmente conocer la imperfección como experiencia propia, pero sí comparte la conciencia de la entera experiencia de imperfección de todas las criaturas forcejeantes de los universos evolutivos de todos los Hijos Creadores paradisiacos. El toque personal y liberador del Dios de la perfección sobrecoge el corazón y envuelve la naturaleza de todas esas criaturas mortales que han ascendido al nivel universal de discernimiento moral. De esta manera, así como mediante los contactos *de* la presencia divina, el Padre Universal participa realmente en la experiencia de la inmadurez y la imperfección en la carrera evolutiva de todos los seres mortales de todo el universo.

Las limitaciones humanas, el mal potencial, no son parte de la naturaleza divina, pero la experiencia mortal *con* el mal y todas las relaciones del hombre con ello son ciertamente una parte de la autorrealización en constante expansión que tiene Dios en los hijos del tiempo: criaturas de responsabilidad moral que han sido creadas o evolucionadas por cada Hijo Creador que sale del Paraíso.

3. LA JUSTICIA Y LA RECTITUD

Dios es recto; por lo tanto, es justo. «El Señor es recto en todos sus caminos». «`No he hecho sin causa todo lo que he hecho', dice el Señor». «Los juicios del Señor son totalmente verdaderos y justos». Las acciones y realizaciones de sus criaturas, no pueden influir la justicia del Padre Universal «porque no hay iniquidad en el Señor nuestro Dios, ni favoritismo de personas, ni aceptación de ofrendas».

¡Cuán fútil hacer apelaciones pueriles a semejante Dios para modificar sus inmutables decretos de manera que podamos evitar las consecuencias justas de la operación de sus sabias leyes naturales y sus rectos mandatos espirituales! «No os engañéis; no es posible mofarse de Dios, porque lo que el hombre siembra, eso también segará». Pero es verdad que, aun al cosechar con justicia el fruto de las maldades, esta justicia divina siempre está atemperada por la misericordia. La sabiduría infinita es el eterno árbitro que determina las proporciones de justicia y misericordia que se repartirán en cualquier circunstancia dada. El mayor castigo (en realidad una inevitable consecuencia) de la maldad y la rebelión deliberada contra el gobierno de Dios es la pérdida de la existencia como súbdito individual de ese gobierno. El resultado final del pecado a sabiendas es la aniquilación. En último análisis, tales individuos identificados con el pecado se destruyen a sí mismos al tornarse completamente irreales por su identificación con la iniquidad. Sin embargo, la desaparición de hecho de tales criaturas siempre se posterga hasta que se haya cumplido plenamente con los requisitos vigentes de la justicia en ese universo.

La cesación de la existencia suele decretarse durante la adjudicación dispensacional o de edad del reino o de los reinos. En los mundos tipo Urantia, ocurre al final de una dispensación planetaria. La cesación de la existencia se puede decretar en tales casos por la acción coordinada de todos los tribunales de jurisdicción, desde el concilio planetario hasta los tribunales de juicio de los Ancianos de los Días, pasando por las cortes del Hijo Creador. El mandato de disolución se origina en los tribunales superiores del superuniverso después de una confirmación ininterrumpida del proceso que comenzó en la esfera de residencia del malhechor; y luego, cuando la sentencia de extinción ha sido confirmada en lo alto, la ejecución es llevada a cabo por la acción directa de esos jueces que residen y funcionan en los centros de gobierno del superuniverso.

Cuando esta sentencia se confirma finalmente, el ser identificado con el pecado instantáneamente se vuelve como si no hubiera sido. No hay ninguna resurrección de este destino; es perdurable y sempiterno. Los factores de identidad de la energía viviente se resuelven mediante las transformaciones del tiempo y las metamorfosis del espacio en los potenciales cósmicos de los cuales emergieron anteriormente. En cuanto a la personalidad del inicuo, se la priva de un vehículo continuado de existencia vital debido al fracaso de la criatura de hacer esas elecciones y decisiones finales que le habrían asegurado la vida eterna. Cuando el abrazo continuado del pecado por la mente asociada culmina en la identificación completa del ser con la iniquidad, entonces, en el momento de la cesación de la vida, en el momento de la disolución cósmica, esa personalidad aislada es absorbida en la superalma de la creación, haciéndose parte de la experiencia evolutiva del Ser Supremo. Nunca más aparece como personalidad; es como si su identidad nunca hubiera sido. En el caso de una personalidad que albergue a un Ajustador, los valores espirituales experienciales sobreviven en la realidad del Ajustador que sigue existiendo.

En toda contienda en el universo entre niveles actuales de la realidad, la personalidad de nivel más elevado terminará por triunfar sobre la personalidad de nivel inferior. Este resultado inevitable de la controversia en el universo es inherente al hecho de que la divinidad de calidad iguala el grado de realidad o actualidad de cualquier criatura volitiva. El mal no diluido, el error completo, el pecado voluntario y la iniquidad sin mitigantes son intrínseca y automáticamente suicidas. Tales actitudes de irrealidad cósmica pueden sobrevivir en el universo tan sólo por la misericordia-tolerancia transitoria que se aplica hasta tanto se cumpla la acción de los mecanismos determinantes de justicia y halladores de equidad de los tribunales pertinentes del universo.

El gobierno de los Hijos Creadores en los universos locales es uno de creación y espiritualización. Estos Hijos se dedican a la ejecución efectiva del plan del Paraíso de progresiva ascensión de los mortales, a la rehabilitación de los rebeldes y pensadores errados, pero cuando tales esfuerzos amorosos son final y definitivamente rechazados, el decreto final de disolución lo ejecutan las fuerzas que actúan bajo la jurisdicción de los Ancianos de los Días.

4. LA MISERICORDIA DIVINA

La misericordia es simplemente justicia atemperada por esa sabiduría que proviene de la perfección del conocimiento y del pleno reconocimiento de la debilidad natural y las limitaciones ambientales de las criaturas finitas. «Nuestro Dios es en extremo compasivo, benigno, paciente y abundante en misericordia». Por tanto «cualquiera que invocare el nombre del Señor será salvado», «porque él perdona abundantemente». «La misericordia del Señor es de eternidad a eternidad»; sí, «su misericordia perdura por siempre». «Yo soy el Señor que imparte benevolencia, juicio y rectitud en la tierra, porque en estas cosas me deleito». «No aflijo voluntariamente ni apesadumbro a los hijos de los hombres», porque yo soy «el Padre de las misericordias y el Dios de todo consuelo».

Dios es intrínsecamente generoso, naturalmente compasivo, y sempiternamente misericordioso. Y no es necesario jamás que se ejerza ninguna influencia sobre el Padre para suscitar su benevolencia. La necesidad de la criatura es en sí suficiente para asegurar el pleno caudal de su tierna misericordia y de su gracia salvadora. Puesto que Dios conoce todo acerca de sus hijos, es fácil para él perdonar. Cuanto mejor comprenda el hombre a su semejante, tanto más fácil le será perdonarlo, e incluso amarlo.

Sólo el discernimiento de la sabiduría infinita permite a un Dios recto ministrar justicia y misericordia al mismo tiempo y en cualquier situación en el universo. El Padre celestial nunca es perturbado por actitudes conflictivas hacia sus hijos universales; Dios nunca es víctima de antagonismos de actitud. La omnisciencia de Dios dirige infaliblemente su libre voluntad en la elección de esa conducta universal que satisfaga perfecta, simultánea e igualmente las demandas de todos sus atributos divinos y las cualidades infinitas de su naturaleza eterna.

La misericordia es el vástago natural e inevitable de la bondad y el amor. La naturaleza bondadosa de un Padre amante no podría de ningún modo rehusar el prudente ministerio de la misericordia a cada miembro de cada grupo de sus hijos universales. La justicia eterna y la divina misericordia juntas constituyen lo que en la experiencia humana se llamaría *equidad*.

La misericordia divina representa una técnica equitativa de ajuste entre los niveles universales de perfección e imperfección. La misericordia es la justicia de la Supremacía adaptada a las situaciones de lo finito evolutivo, la rectitud de la eternidad modificada para satisfacer a los más altos intereses y al bienestar universal de los hijos del tiempo. La misericordia no es una contravención de la justicia, sino más bien una interpretación comprensiva de las exigencias de justicia suprema tal como se la aplica equitativamente a los seres espirituales subordinados y a las criaturas materiales de los universos evolutivos. La misericordia es la justicia de la Trinidad del Paraíso sabia y amorosamente enviada a las múltiples inteligencias de las creaciones del tiempo y el espacio tal como son formuladas por la divina sabiduría y determinada por la mente omnicognoscente y la voluntad libre y soberana del Padre Universal y de todos sus Creadores asociados.

5. EL AMOR DE DIOS

«Dios es amor»; por lo tanto su actitud personal única hacia los asuntos del universo es siempre una reacción de afecto divino. El Padre nos ama lo suficiente para otorgarnos su vida. «Hace salir su sol sobre malos y buenos, y hace llover sobre justos e injustos».

Es erróneo pensar de Dios que sea engatusado a amar a sus hijos por los sacrificios de sus Hijos o la intercesión de sus criaturas subordinadas, «porque el Padre mismo os ama». En respuesta a este afecto paterno Dios envía a los maravillosos Ajustadores para que habiten la mente de los hombres. El amor de Dios es universal; «Todo el que quiera puede acercarse». Él querría «que todos los hombres se salvaran al llegar a la posesión del conocimiento de la verdad». «No desea que ninguno perezca».

Los Creadores son los primeros que intentan salvar al hombre de los desastrosos resultados de su tonta transgresión de las leyes divinas. El amor de Dios es por naturaleza un afecto paternal; por consiguiente a veces «nos disciplina por nuestro propio bien, para que podamos ser partícipes de su santidad». Incluso durante vuestras pruebas más duras, recordad que «en todas nuestras aflicciones él se aflige con nosotros».

Dios es divinamente generoso con los pecadores. Cuando los rebeldes retornan a la rectitud, se los recibe misericordiosamente, «porque nuestro Dios perdonará abundantemente». «Yo soy aquél que borra vuestras transgresiones por mi propio bien, y no recordaré vuestros pecados». «He aquí el gran amor que el Padre nos dona para que se nos llame hijos de Dios».

Después de todo, la mayor prueba de la bondad de Dios y la razón suprema para amarle es el don del Padre que mora en ti: el Ajustador que tan pacientemente aguarda la hora en que ambos os volváis eternamente uno. Aunque no puedes encontrar a Dios mediante la búsqueda, si te sometes a la dirección del espíritu residente, serás guiado infaliblemente, paso a paso, vida tras vida, universo tras universo, y edad tras edad, hasta encontrarte finalmente en la presencia de la personalidad del Padre Universal del Paraíso.

¡Cuán irrazonable es que no adoréis a Dios, porque las limitaciones de la naturaleza humana y los impedimentos de vuestra creación material no os permiten verle! Entre vosotros y Dios hay una gran distancia (espacio físico) que debe ser atravesada. También hay una enorme diferencia espiritual que salvar; pero a pesar de todo lo que física y espiritualmente os separa de la presencia personal y paradisiaca de Dios, deteneos y ponderad el hecho solemne de que Dios vive dentro de vosotros; que él, a su manera ya ha salvado tal diferencia. Ha enviado de sí mismo, su espíritu, para que viva en vosotros y bregue con vosotros en pos de vuestra carrera universal eterna.

Me parece fácil y agradable adorar a quien es tan grande y al mismo tiempo tan afectuosamente dedicado al ministerio de elevar a sus criaturas humildes. Amo naturalmente a quien es tan poderoso en la creación y en su control, y sin embargo tan perfecto en la bondad y tan fiel en la amante benevolencia que constantemente nos envuelve. Pienso que amaría a Dios del mismo modo si no fuera tan grande y poderoso, puesto que es tan bueno y misericordioso. Todos nosotros amamos al Padre más por su naturaleza que en reconocimiento de sus asombrosos atributos.

Cuando observo a los Hijos Creadores y sus administradores subordinados luchando tan valientemente con las múltiples dificultades del tiempo inherentes a la evolución de los universos del espacio, descubro que abrigo por esos gobernantes menores de los universos un afecto grande y profundo. Después de todo, pienso que todos nosotros, incluso los mortales de los dominios locales, amamos al Padre Universal y a todos los demás seres, divinos o humanos, porque discernimos que estas personalidades nos aman sinceramente. La experiencia de amar es en buena parte una respuesta directa a la experiencia de ser amado. Sabiendo que Dios me ama, debo seguir amándole por sobre todas las cosas, aunque él se despojara de todos sus atributos de supremacía, ultimidad y absolutez.

El amor del Padre está con nosotros ahora y a través del círculo sin fin de las edades eternas. Al ponderar sobre la naturaleza amante de Dios, sólo hay una reacción razonable y natural de la personalidad: amar cada vez más a vuestro Hacedor; otorgar a Dios un afecto análogo al de un niño para con su padre terrenal; porque como un padre, un verdadero padre, un padre sincero, ama a sus hijos, así ama el Padre Universal y por siempre procura el bienestar de sus hijos e hijas creados.

Pero el amor de Dios es un afecto paterno inteligente y previsor. El amor divino funciona en asociación unificada con la divina sabiduría y con todas las otras características infinitas de la naturaleza perfecta del Padre Universal. Dios es amor, pero el amor no es Dios. La mayor manifestación del amor divino para con los seres mortales es la dádiva de los Ajustadores del Pensamiento, pero vuestra mayor revelación del amor del Padre se ve en la vida de otorgamiento de su Hijo Micael que vivió en la tierra el ideal de la vida espiritual. Es el Ajustador residente quien individualiza el amor de Dios para cada alma humana.

A veces casi me angustia verme obligado a describir el afecto divino del Padre celestial por sus hijos universales mediante el empleo del símbolo verbal humano *amor*. Este término, si bien connota el concepto más elevado de las relaciones mortales de respeto y devoción del hombre, ¡frecuentemente define tantas relaciones humanas completamente innobles e inmerecedoras de ser expresadas por una palabra que se usa también para indicar el afecto incomparable del Dios viviente por sus criaturas universales! ¡Qué pena que yo no pueda hacer uso de un término excelso y exclusivo que transmita a la mente del hombre la verdadera naturaleza y el significado exquisitamente bello del afecto divino del Padre del Paraíso!

Cuando el hombre pierde de vista el amor de un Dios personal, el reino de Dios se convierte meramente en el reino del bien. Pese a la unidad infinita de la naturaleza divina, el amor es la característica dominante de todas las relaciones personales de Dios con sus criaturas.

6. LA BONDAD DE DIOS

En el universo físico podemos ver la belleza divina, en el mundo intelectual podemos discernir la verdad eterna, pero la bondad de Dios se encuentra solamente en el mundo espiritual de la experiencia religiosa personal. En su verdadera esencia, la religión es fe y confianza en la bondad de Dios. Dios podría ser grande y absoluto, e incluso inteligente y personal de algún modo, en la filosofía; pero en religión Dios debe ser también moral; debe ser bueno. El hombre podría temer a un Dios grande, pero sólo en un Dios bueno puede confiar, y sólo a un Dios bueno puede amar. La bondad de Dios es parte de la personalidad de Dios, y su plena revelación aparece tan sólo en la experiencia religiosa personal de los hijos creyentes de Dios.

La religión implica que el supermundo de la naturaleza espiritual conoce las necesidades fundamentales del mundo humano y responde a ellas. La religión evolutiva puede llegar a ser ética, pero sólo la religión revelada puede hacerse verdadera y espiritualmente moral. El antiguo concepto de que Dios es una Deidad dominada por una moralidad augusta fue elevado por Jesús a ese nivel afectuoso y conmovedor de íntima moralidad familiar de la relación padre-hijo, de la cual no hay ninguna más tierna y bella en toda experiencia mortal.

La «abundancia de la bondad de Dios conduce al hombre descarriado al arrepentimiento». «Toda buena dádiva y toda dádiva perfecta baja del Padre de las luces». «Dios es bueno; es el refugio eterno del alma de los hombres». «El Señor Dios es misericordioso y benévolo. Es paciente y abundante en bondad y verdad». «¡Probad y ved que el Señor es bueno! Bendito el hombre que en él confía». «El Señor es misericordioso y lleno de compasión. Es el Dios de la salvación». «Sana al acongojado y cura las heridas del alma. Es el benefactor todopoderoso del hombre».

El concepto de Dios como rey-juez, aunque fomentó un elevado nivel moral y dio origen a un pueblo respetuoso de la ley como grupo, abandonaba al creyente individual en una triste posición de inseguridad respecto a su situación en el tiempo y en la eternidad. Los profetas hebreos más recientes proclamaron que Dios era el Padre de Israel; Jesús reveló a Dios como el Padre de todos los seres humanos. El entero concepto mortal de Dios está trascendentemente iluminado por la vida de Jesús. El altruismo es inherente en el amor paterno. Dios no ama *como* si fuera un padre, *sino* como un padre. Él es el Padre en el Paraíso de todas las personalidades del universo.

La rectitud implica que Dios es la fuente de la ley moral del universo. La verdad muestra a Dios como revelador, como maestro. Pero el amor da y anhela afecto, busca comunión comprensiva tal como la que existe entre padre e hijo. La rectitud puede ser el pensamiento divino, pero el amor es la actitud del padre. La suposición errónea de que la rectitud de Dios era irreconciliable con el amor altruista del Padre celestial, presuponía una falta de unidad en la naturaleza de la Deidad y condujo directamente a la elaboración de la doctrina de la expiación, que es un asalto filosófico a la unidad y al libre albedrío de Dios.

El amoroso Padre celestial, cuyo espíritu mora en sus hijos de la tierra, no es una personalidad dividida —una de justicia y otra de misericordia— ni tampoco se necesita de un mediador para asegurar el favor del Padre o su perdón. La rectitud divina no está dominada por una estricta justicia retributiva; Dios el padre trasciende a Dios el juez.

Dios no se vuelve nunca iracundo, vengativo ni airado. Es verdad que la prudencia refrena a menudo su amor, así como la justicia condiciona su misericordia rechazada. Su amor por la rectitud no puede evitar manifestarse por igual como odio por el pecado. El Padre no es una personalidad contradictoria; la unidad divina es perfecta. En la Trinidad del Paraíso existe unidad absoluta pese a las eternas identidades de los coordinados de Dios.

Dios ama al pecador y *odia* el pecado: esta declaración es filosóficamente cierta, pero Dios es una personalidad trascendente, y las personas tan sólo pueden amar y odiar a otras personas. El pecado no es una persona. Dios ama al pecador porque es una realidad de personalidad (potencialmente eterna), mientras que hacia el pecado Dios no asume ninguna actitud personal, porque el pecado no es una realidad espiritual; no es personal; por lo tanto sólo la justicia de Dios toma conocimiento de su existencia. El amor de Dios salva al pecador; la ley de Dios destruye el pecado. Esta actitud de la naturaleza divina aparentemente cambiaría si el pecador se identificara final y plenamente con el pecado, así como esta misma mente mortal puede identificarse plenamente con el Ajustador espiritual residente. Ese mortal identificado con el pecado se volvería entonces completamente carente de espiritualidad en su naturaleza (y por tanto personalmente irreal) y experimentaría eventual extinción del ser. La irrealidad, incluso el hecho de que la naturaleza de las criaturas es incompleta, no puede existir eternamente en un universo progresivamente real y crecientemente espiritual.

Frente al mundo de la personalidad, Dios se descubre como persona amante; frente al mundo espiritual, es amor personal; en la experiencia religiosa, es ambas cosas. El amor identifica la voluntad volitiva de Dios. La bondad de Dios descansa en el fondo del libre albedrío divino: la tendencia universal al amor, a mostrar misericordia, a manifestar paciencia y a ministrar el perdón.

7. LA VERDAD Y LA BELLEZA DIVINAS

Todo conocimiento finito y toda comprensión de la criatura son *relativos*. La información y la inteligencia, aunque procedan de altas fuentes, son tan sólo relativamente completos, localmente precisos, y personalmente verdaderos.

Los hechos físicos son relativamente uniformes, pero la verdad es un factor viviente y flexible en la filosofía del universo. Las personalidades en evolución son sólo parcialmente sabias y relativamente veraces en sus comunicaciones. Pueden estar seguras solamente hasta donde se extiende su experiencia personal. Aquello que al parecer puede ser completamente cierto en un lugar, puede ser tan sólo relativamente cierto en otro segmento de la creación.

La verdad divina, la verdad final, es uniforme y universal, pero la historia de las cosas espirituales, tal como la relatan numerosos individuos procedentes de distintas esferas, puede variar a veces en sus detalles debido a esta relatividad en la totalidad del conocimiento y en la plenitud de la experiencia personal así como en la longevidad y grado de esa experiencia. Mientras que las leyes y decretos, los pensamientos y actitudes de la Primera Gran Fuente y Centro son eterna, infinita y universalmente ciertos; al mismo tiempo, su aplicación y ajuste en cada universo, sistema, mundo e inteligencia creada, están de acuerdo con los planes y técnicas de los Hijos Creadores según funcionan en sus respectivos universos, así como también están en armonía con los planes y procedimientos locales del Espíritu Infinito y de todas las demás personalidades celestiales asociadas.

La falsa ciencia del materialismo sentenciaría al hombre mortal a convertirse en un paria del universo. Ese conocimiento parcial es potencialmente malo; es conocimiento compuesto del bien y del mal. La verdad es bella porque es pletórica y simétrica. Cuando el hombre busca la verdad, aspira a la realidad divina.

Los filósofos cometen su más grave error cuando son llevados en la falacia de la abstracción, a la práctica de enfocar la atención sobre un aspecto de la realidad y luego declarar que tal aspecto aislado es la verdad total. El filósofo sabio buscará siempre el diseño creador que está detrás de todos los fenómenos universales y que les es preexistente. El pensamiento creador precede invariablemente a la acción creadora.

La autoconciencia intelectual puede descubrir la belleza de la verdad, su calidad espiritual, no sólo en la consistencia filosófica de sus conceptos, sino más certera y seguramente por la respuesta infalible del Espíritu de la Verdad siempre presente. La felicidad resulta del reconocimiento de la verdad porque puede ser *actuada*; puede ser vivida. El desencanto y la pena se producen por el error porque, no siendo éste una realidad, no se puede lograr en la experiencia. La verdad divina se conoce mejor por su *sabor espiritual*.

La eterna búsqueda es de unificación, de coherencia divina. El vasto universo físico se hace coherente en la Isla del Paraíso; el universo intelectual se hace coherente en el Dios de la mente, el Actor Conjunto; el universo espiritual es coherente en la personalidad del Hijo Eterno. Pero el mortal aislado en el tiempo y el espacio se hace coherente con Dios el Padre mediante la relación directa entre el Ajustador del Pensamiento residente y el Padre Universal. El Ajustador del hombre es un fragmento de Dios y procura sempiternamente la unificación divina; es coherente con la Deidad Paradisiaca de la Primera Fuente y Centro y en ella.

El discernimiento de la belleza suprema es el descubrimiento e integración de la realidad: el discernimiento de la bondad divina en la verdad eterna, que es la belleza última. Incluso el encanto del arte humano consiste en la armonía de su unidad.

El gran error de la religión hebrea fue que no supo asociar la bondad de Dios con las verdades reales de la ciencia y la atractiva belleza del arte. Según avanzaba la civilización, y puesto que la religión insistía en seguir el imprudente camino de destacar con exceso la bondad de Dios excluyendo a la vez, relativamente, la verdad y desatendiendo la belleza, se desarrolló una creciente tendencia en ciertos tipos de hombres de apartarse del concepto abstracto y disociado de la bondad aislada. La moralidad aislada y exagerada de la religión moderna, que no consigue retener la devoción y la lealtad de muchos hombres del siglo veinte, se rehabilitaría si, además de sus mandatos morales, prestara igual consideración a las verdades de la ciencia, la filosofía y la experiencia espiritual, y a las bellezas de la creación física, al encanto del arte intelectual y a la magnificencia de una auténtica realización del carácter.

El desafío religioso de esta era pertenece a aquellos hombres y mujeres visionarios, progresistas y con discernimiento espiritual que se atrevan a construir una nueva y atrayente filosofía de la vida a partir de los ampliados y exquisitamente integrados conceptos modernos de verdad cósmica, belleza universal y bondad divina. Tal visión nueva y recta de la moralidad atraerá todo lo que es bueno en la mente del hombre y estimulará todo lo mejor del alma humana. La verdad, la belleza y la bondad son realidades divinas, y a medida que el hombre asciende la escala de vivir espiritualmente, estas cualidades supremas del Eterno se hacen cada vez más coordinadas y unificadas en Dios, que es amor.

Toda verdad —material, filosófica, o espiritual— es a la vez bella y buena. Toda auténtica belleza —arte material o simetría espiritual— es a la vez verdadera y buena. Toda bondad genuina —ya sea moralidad personal, equidad social o ministerio divino— es igualmente verdadera y bella. La salud, la cordura, y la felicidad son integraciones de la verdad, la belleza y la bondad según se mezclan en la experiencia humana. Tales niveles de vida eficaz se producen mediante la unificación de los sistemas de energía, los sistemas de ideas, y los sistemas de espíritu.

La verdad es coherente, la belleza, atractiva, la bondad, estabilizadora. Y cuando estos valores de lo que es real se coordinan en la experiencia de personalidad, el resultado es un orden elevado de amor condicionado por la sabiduría y capacitado por la lealtad. El propósito real de toda educación en el universo consiste en realizar una mejor coordinación del hijo aislado de los mundos con las realidades más grandes de su experiencia en expansión. La realidad es finita en el nivel humano, infinita y eterna en los niveles superiores y divinos.

[Presentado por un Consejero Divino que actúa por mandato de los Ancianos de los Días en Uversa]

DOCUMENTO 3

LOS ATRIBUTOS DE DIOS

DIOS está presente en todas partes; el Padre Universal rige el círculo de la eternidad. Pero él gobierna en los universos locales en las personas de sus Hijos Creadores Paradisiacos, del mismo modo que concede la vida a través de estos Hijos. «Dios nos ha dado vida eterna, y esta vida está en sus Hijos». Estos Hijos Creadores de Dios son su expresión personal en los sectores del tiempo y para los hijos de los planetas giratorios de los universos del espacio en evolución.

Las órdenes menores de inteligencias creadas pueden claramente discernir a los Hijos de Dios altamente personalizados, y de este modo ellos compensan la invisibilidad del Padre infinito quien a causa de su infinitud es menos discernible. Los Hijos Creadores Paradisiacos del Padre Universal son la revelación de un ser de otro modo invisible, invisible debido a la absolutez y la infinidad inherentes en el círculo de la eternidad y en las personalidades de las Deidades del Paraíso.

La facultad de crear no es en rigor un atributo de Dios; es más bien el agregado de su naturaleza actuante. Y esta función universal creadora se manifiesta eternamente según está condicionada y controlada por todos los atributos coordinados de la realidad infinita y divina de la Primera Fuente y Centro. Sinceramente dudamos de si se puede considerar que alguna de las características de la naturaleza divina anteceda a las otras, pero si tal fuera el caso, entonces la naturaleza creadora de la Deidad tendría precedente sobre todas las otras naturalezas, actividades y atributos. Y la autoría creadora de la Deidad culmina en la verdad universal de la Paternidad de Dios.

1. LA UBICUIDAD DE DIOS

La capacidad del Padre Universal de estar presente al mismo tiempo en todas partes, constituye su omnipresencia. Sólo Dios puede estar en dos lugares, en innumerables lugares, al mismo tiempo. Dios está simultáneamente presente «en el cielo de las alturas y abajo en la tierra»; como exclamó el salmista: «¿Adónde me esconderé de tu espíritu? o ¿a dónde huiré de tu presencia?»

«'Yo soy un Dios próximo y remoto', dice el Señor, '¿no lleno acaso el cielo y la tierra?'» El Padre Universal está siempre presente en todas partes y en todos los corazones de su vasta creación. Él es «la plenitud del que todo lo llena en todos», y «quien todo obra en todos» y además, el concepto de su personalidad es tal que «el cielo (el universo) y el cielo de los cielos (el universo de los universos) no pueden contenerlo». Es literalmente cierto que Dios es todo y está en todo. Pero incluso eso no es el *todo* de Dios. El Infinito sólo puede revelarse plenamente en el infinito; la causa nunca puede ser plenamente comprendida por un análisis de los efectos; el Dios viviente es inmensurablemente más grande que la suma total de la creación que ha venido a ser como resultado de los actos creadores de su ilimitado libre albedrío.

Dios se revela a través del cosmos, pero el cosmos no puede jamás contener o comprender la totalidad de la infinidad de Dios.

La presencia del Padre ronda incesantemente el universo maestro. «Se encamina desde el fin del cielo, y su circuito es hasta sus confines; y no hay nada que se oculte de su luz».

No sólo existe la criatura en Dios, sino que Dios también vive en la criatura. «Sabemos que en él moramos porque vive en nosotros; nos ha dado su espíritu. El don del Padre del Paraíso es el compañero inseparable del hombre». «Es el Dios siempre presente y que lo abarca todo». «El espíritu del Padre sempiterno se oculta en la mente de todos los hijos mortales». «El hombre sale a buscar un amigo y ese mismo amigo vive dentro de su propio corazón». «El verdadero Dios no está lejos; es parte de nosotros; su espíritu habla desde dentro de nosotros». «El Padre vive en el hijo. Dios está siempre con nosotros. Es el espíritu guiador del destino eterno».

En verdad de las razas humanas se ha dicho, «sois de Dios» porque «el que mora en amor mora en Dios, y Dios en él». Incluso al obrar mal vosotros atormentáis al don residente de Dios, porque el Ajustador del Pensamiento debe sufrir las consecuencias de los malos pensamientos con la mente humana que lo aprisiona.

La omnipresencia de Dios es en realidad una parte de su naturaleza infinita; el espacio no constituye una barrera para la Deidad. Dios está, en perfección y sin limitaciones, discerniblemente presente solamente en el Paraíso y en el universo central. Por lo tanto su presencia no se puede observar en las creaciones que circundan a Havona, porque Dios ha limitado su presencia directa y actual en reconocimiento de la soberanía y las prerrogativas divinas de los creadores y gobernantes coordinados de los universos del tiempo y el espacio. Por lo tanto el concepto de la presencia divina debe acomodar una amplia gama de modos y canales de manifestación que contenga los circuitos de presencia del Hijo Eterno, del Espíritu Infinito, y de la Isla del Paraíso. Y no siempre es posible distinguir entre la presencia del Padre Universal y las acciones de sus eternos coordinados y agencias, ya que ellos cumplen de manera tan perfecta todos los requisitos infinitos de su inmutable propósito. Pero no sucede así con el circuito de la personalidad y los Ajustadores; aquí Dios actúa de manera singular, directa y exclusiva.

El Controlador Universal está potencialmente presente en los circuitos de la gravedad de la Isla del Paraíso en todas partes del universo todo el tiempo, en el mismo grado, de acuerdo con la masa, en respuesta a las demandas físicas de esta presencia, y debido a la naturaleza intrínseca de toda la creación que causa que todas las cosas se adhieran y residan en él. Asimismo la Primera Fuente y Centro está potencialmente presente en el Absoluto No Cualificado, el depositario de los universos del futuro eterno aún no creados. Así pues, Dios penetra potencialmente los universos físicos del pasado, presente y futuro. Él es la base primordial de la coherencia de la así llamada creación material. Este potencial no espiritual de la Deidad se hace actual aquí y allá en todo el nivel de existencias físicas por la inexplicable intrusión de alguna de sus agencias exclusivas en la escena de la acción universal.

Dios tiene presencia de mente, y ésa está correlacionada con la mente absoluta del Creador Conjunto, el Espíritu Infinito, pero en las creaciones finitas se le discierne mejor en que la mente cósmica de los Espíritus Rectores del Paraíso funciona ubicuamente. Así como la Primera Fuente y Centro está potencialmente presente en los circuitos de mente del Actor Conjunto, también está potencialmente presente en las tensiones del Absoluto Universal. Pero la mente del orden humano es una dádiva de las Hijas del Actor Conjunto, las Ministras Divinas de los universos en evolución.

El espíritu omnipresente del Padre Universal está coordinado con la función de la presencia universal del espíritu del Hijo Eterno y el sempiterno potencial divino del

Absoluto de Deidad. Pero ni la actividad espiritual del Hijo Eterno y sus Hijos Paradisiacos ni los otorgamientos de la mente del Espíritu Infinito parecen excluir la acción directa de los Ajustadores del Pensamiento, los fragmentos de Dios que residen en los corazones de sus hijos criaturas.

Respecto a la presencia de Dios en un planeta, sistema, constelación o universo, o el grado de tal presencia en cualquier unidad creacional, es una medida del grado de la presencia en evolución del Ser Supremo: está determinada por el reconocimiento global de Dios y la lealtad a él de parte de la vasta organización universal, que se extiende hasta los sistemas y planetas mismos. Por esto mismo, a veces, con la esperanza de conservar y salvaguardar estas fases de la valiosa presencia de Dios, que algunos planetas (e incluso sistemas) ahogados en la tiniebla espiritual, se someten en cierto sentido a una cuarentena, o parcialmente se aíslan del intercambio con las unidades más grandes de la creación. Y todo esto, tal como funciona en Urantia, es una reacción de defensa espiritual de la mayoría de los mundos para salvarse a sí mismos, dentro de lo posible, de sufrir las consecuencias aislantes de las acciones alienantes de una minoría testaruda, malvada y rebelde.

Si bien el Padre incluye paternalmente en los circuitos a todos sus hijos —a todas las personalidades—, su influencia sobre ellos está limitada por la lejanía de su origen de la Segunda y Tercera Personas de la Deidad y aumenta a medida que el logro del destino de ellos se acerca a estos niveles. El *hecho* de la presencia de Dios en las mentes de las criaturas está determinado por si están o no habitados por fragmentos del Padre, tales como los Monitores Misteriosos, pero su presencia *efectiva* está determinada por el grado de cooperación concedido a estos Ajustadores por la mente en la cual residen.

Las fluctuaciones de la presencia del Padre no se deben a la mutabilidad de Dios. El Padre no se retira en reclusión porque haya sido desairado; su afecto no se enajena debido a la mala acción de la criatura. Más bien, sus hijos, habiendo sido dotados con el poder de elección (respecto de él), en el ejercicio de esa elección, determinan directamente el grado y limitaciones de la influencia divina del Padre en sus propios corazones y almas. El Padre se ha entregado libremente a nosotros sin límite y sin favor. No muestra preferencia de personas, planetas, sistemas o universos. En los sectores del tiempo, sólo confiere honores diferenciales a las personalidades paradisiacas de Dios el Séptuplo, los creadores coordinados de los universos finitos.

2. EL PODER INFINITO DE DIOS

Todos los universos saben que «el Señor Dios Todopoderoso reina». Los asuntos de este mundo y de otros mundos están divinamente supervisados. «Él obra según su voluntad en el ejército del cielo y entre los habitantes de la tierra». Es eternamente cierto, «no hay poder sino el de Dios».

Dentro de los límites de lo que es consecuente con la naturaleza divina, es literalmente cierto que «con Dios todas las cosas son posibles». El lento y prolongado proceso de pueblos, planetas y universos está bajo el perfecto control de los creadores y administradores universales y se desarrolla de acuerdo con el eterno propósito del Padre Universal, procediendo en armonía y orden y en conformidad con el omnisapiente plan de Dios. Sólo existe un único legislador. Él sostiene los mundos en el espacio y hace girar los universos en torno al infinito círculo del circuito eterno.

De todos los atributos divinos, su omnipotencia, especialmente tal como prevalece en el universo material, es la mejor comprendida. Visto como un fenómeno no espiritual, Dios es energía. Esta declaración de un hecho físico se basa en la incomprensible verdad de que la Primera Fuente y Centro es la causa fundamental de los fenómenos físicos universales de todo el espacio. De esta actividad divina se deriva toda la energía física y otras manifestaciones materiales. La luz, es decir, la luz sin calor, es otra de las manifestaciones no espirituales de las deidades. Y hay aún otra forma de energía no espiritual que hasta ahora es virtualmente desconocida en Urantia, pues aún no se le ha distinguido.

Dios controla todo el poder; él ha abierto «un camino para el relámpago»; ha ordenado los circuitos de toda la energía. Él ha decretado el momento y la forma de las manifestaciones de todas las formas de la energía y la materia. Y contiene todas estas cosas eternamente en su control sempiterno: en el control gravitacional que se centra en el bajo Paraíso. La luz y la energía del Dios eterno giran por siempre en torno a su majestuoso circuito de la procesión infinita pero ordenada de las huestes estelares que componen el universo de los universos. Toda la creación gira eternamente alrededor del centro de la Personalidad Paradisiaca de todas las cosas y todos los seres.

La omnipotencia del Padre pertenece a la dominación ubicua del nivel absoluto, en donde las tres energías, material, mental y espiritual, son indistinguibles en estrecha proximidad a él: la Fuente de todas las cosas. La mente de la criatura, no siendo ni monota ni espíritu del Paraíso, no responde directamente al Padre Universal. Dios se *ajusta* a la mente imperfecta de los mortales de Urantia a través de los Ajustadores del Pensamiento.

El Padre Universal no es una fuerza transitoria, un poder cambiante, ni una energía fluctuante. El poder y la sabiduría del Padre son completamente adecuados para enfrentar todas y cada una de las exigencias del universo. Según se producen las emergencias de la experiencia humana, él las ha previsto todas, y por lo tanto no reacciona a los asuntos del universo de manera indiferente sino más bien de acuerdo con los dictados de la sabiduría eterna y en consonancia con los mandatos del juicio infinito. A pesar de su apariencia, el poder de Dios no funciona en el universo como una fuerza ciega.

A veces surgen situaciones en las cuales parece que se han tomado medidas de emergencia, que se han suspendido las leyes naturales, que se han reconocido inadaptaciones, y que se está haciendo un esfuerzo para rectificar la situación; pero esto no es así. Estos conceptos de Dios se originan en el limitado alcance de vuestro punto de vista, en la finitud de vuestra comprensión, y en la esfera circunscrita de vuestro examen; tal malentendido de Dios se debe a la profunda ignorancia en que os halláis respecto a la existencia de las leyes superiores del reino, la magnitud del carácter del Padre, la infinidad de sus atributos, y el hecho de su libre albedrío.

Las criaturas planetarias habitadas por el espíritu de Dios, esparcidas aquí y allá por todos los universos del espacio, son tan casi infinitas en número y orden, sus intelectos son tan diversos, sus mentes son tan limitadas y a veces tan torpes, su visión es tan reducida y localizada, que es casi imposible formular generalizaciones sobre la ley que expresen adecuadamente los atributos infinitos del Padre y al mismo tiempo sean en alguna medida comprensibles para estas inteligencias creadas. Por consiguiente, para vosotros las criaturas, muchos de los actos del Creador todopoderoso parecen arbitrarios, indiferentes y con frecuencia, insensibles y crueles. Pero nuevamente os aseguro que no es verdad. Todas las acciones de Dios responden a un propósito son inteligentes, sabias, generosas y eternamente atentas al mejor bien, no siempre de un ser específico, una raza determinada, un planeta específico, o incluso de un universo determinado; pero sí para el bienestar y mejor bien de todos, desde los más bajos hasta los más altos. En las edades del tiempo a veces puede parecer que el bienestar de la parte difiere del bienestar del todo; en el círculo de la eternidad tales diferencias aparentes no existen.

Somos todos parte de la familia de Dios, y por lo tanto a veces debemos participar de la disciplina de la familia. Muchas de las acciones de Dios que tanto nos perturban y confunden son el resultado de las decisiones y dictámenes finales de la omnisapiencia, que facultan al Actor Conjunto a ejecutar la elección de la voluntad infalible de la mente infinita, a hacer cumplir las decisiones de la personalidad de perfección, cuyo examen, visión, y solicitud abarcan el bienestar más elevado y eterno de toda su vasta y extendida creación.

Ocurre pues que vuestro punto de vista, aislado, seccional, finito, burdo y altamente materialista, y las limitaciones inherentes a la naturaleza de vuestro ser constituyen tal impedimento que sois incapaces de ver, comprender o conocer la sabiduría y bondad de muchos de los actos divinos que os parecen cargados de una crueldad tan aplastante y caracterizados por la indiferencia tan extrema para el consuelo y bienestar, la felicidad planetaria y la prosperidad personal de vuestros semejantes. Es a causa de las limitaciones de la visión humana, es debido a vuestro entendimiento restringido y a vuestra comprensión finita, que equivocáis los motivos de Dios y pervertís sus propósitos. Pero muchas cosas ocurren en los mundos evolutivos que no corresponden a las acciones personales del Padre Universal.

La omnipotencia divina está perfectamente coordinada con los otros atributos de la personalidad de Dios. Ordinariamente, el poder de Dios sólo está limitado en su manifestación espiritual en el universo por tres condiciones o situaciones:

1. Por la naturaleza de Dios, especialmente su amor infinito, por la verdad, la belleza y la bondad.

2. Por la voluntad de Dios, su ministerio de misericordia y la relación paternal con las personalidades del universo.

3. Por la ley de Dios, por la rectitud y justicia de la eterna Trinidad del Paraíso.

Dios es ilimitado en poder, divino en naturaleza, final en voluntad, infinito en atributos, eterno en sabiduría, y absoluto en realidad. Pero todas estas características del Padre Universal están unificadas en la Deidad y universalmente expresadas en la Trinidad del Paraíso y en los divinos Hijos de la Trinidad. Por lo demás, fuera del Paraíso y del universo central de Havona, todo lo que pertenece a Dios está limitado por la presencia evolutiva del Supremo, condicionado por la presencia eventuante del Último, y coordinado por los tres absolutos existenciales: el Absoluto de Deidad, el Absoluto Universal y el Absoluto No Cualificado. Y la presencia de Dios está así limitada porque tal es la voluntad de Dios.

3. EL CONOCIMIENTO UNIVERSAL DE DIOS

«Dios sabe todas las cosas». La mente divina está consciente de y familiarizada con el pensamiento de toda la creación. Su conocimiento de los acontecimientos es universal y perfecto. Las entidades divinas que proceden de él son parte de él; aquél que «equilibra las nubes» es también «perfecto en conocimiento». «Los ojos del Señor están en todas partes». Vuestro gran maestro dijo refiriéndose al gorrión insignificante, «ni uno de ellos caerá a la tierra sin que mi Padre lo sepa», y también «hasta los cabellos de vuestra cabellera están numerados». «Él cuenta el número de las estrellas; y las llama a todas por su nombre».

El Padre Universal es la única personalidad en todo el universo que realmente conoce el número de las estrellas y los planetas del espacio. Todos los mundos de todos los universos están constantemente en el ámbito de la conciencia de Dios. Dice él también: «Con seguridad he visto la aflicción de mi pueblo, he oído su llanto y conozco sus pesares». Porque «el Señor mira desde el cielo; contempla a todos los hijos de los hombres; desde el lugar de su habitación mira a todos los habitantes de la tierra». Cada hijo creado puede decir en verdad: «El conoce el camino que tomo, y cuando me haya puesto a prueba, saldré como el oro». «Dios conoce nuestro sentarnos y nuestro levantarnos; el comprende nuestros pensamientos desde lejos y conoce todos nuestros caminos». «Todas las cosas están desnudas y se abren ante los ojos de aquél con quien tenemos que ver». Y debería ser consuelo auténtico para todo ser humano comprender que «él conoce vuestro cuerpo; y recuerda que sois polvo». Jesús, al hablar del Dios viviente, dijo: «Vuestro Padre sabe qué necesitáis aun antes de que vosotros se lo pidáis».

Dios posee un poder ilimitado para saber todas las cosas; su conciencia es universal. Su circuito personal incluye a todas las personalidades, y su conocimiento hasta de las criaturas inferiores es complementado indirectamente mediante la serie descendente de Hijos divinos y directamente a través de los Ajustadores del Pensamiento. Además, el Espíritu Infinito está presente constantemente en todas partes.

No estamos completamente seguros de si Dios elige o no conocer de antemano los sucesos pecaminosos. Pero aunque Dios preconozca las acciones de libre albedrío de sus hijos, tal preconocimiento no abroga en lo más mínimo la libertad de ellos. Una cosa es segura: A Dios no le sorprende nada.

La omnipotencia no implica el poder de hacer lo no factible, la acción que no sea divina; tampoco implica la omnisciencia el conocimiento de lo que no puede conocerse. Pero la mente finita difícilmente puede comprender tales declaraciones. Es muy poco propable que la criatura pueda entender el alcance y las limitaciones de la voluntad del Creador.

4. LA ILIMITABILIDAD DE DIOS

La sucesiva investidura de sí mismo a los universos a medida que éstos son hechos existentes no disminuye de ningún modo el potencial de poder ni la reserva de sabiduría que siguen residiendo y reposando en la personalidad central de la Deidad. En potencial de fuerza, sabiduría y amor, el Padre no ha menguado nunca su posesión ni se ha despojado de atributo alguno de su gloriosa personalidad como resultado de su dádiva ilimitada de sí mismo a los Hijos Paradisiacos, a sus creaciones subordinadas, y a las múltiples criaturas de estas creaciones.

La creación de cada universo nuevo exige un nuevo ajuste de la gravedad; pero incluso si la creación continuará indefinida y eternamente, incluso hasta el infinito, de manera que finalmente la creación material existiese sin limitaciones, aun así el poder de control y coordinación que reside en la Isla del Paraíso equivaldría al dominio, control y coordinación de tal universo infinito, y sería adecuado para él. Posteriormente a esta concesión de fuerza y poder ilimitados sobre un universo sin límites, el Infinito aún estaría sobrecargado con el mismo grado de fuerza y energía; el Absoluto No Cualificado no sufriría ningún menoscabo; Dios seguiría poseyendo el mismo potencial infinito, como si no se hubiesen vertido fuerza, energía y poder para dotar a universo tras universo.

Lo mismo ocurre respecto a la sabiduría: el hecho de que la mente se distribuya tan libremente para el pensamiento de los dominios de ningún modo empobrece en lo más mínimo la fuente central de la sabiduría divina. A medida que se multiplican los universos, y los seres de los dominios aumentan en número hasta los límites de la comprensión, aunque la mente continúe sin fin prodigándose estos seres de elevada o inferior condición, la personalidad central de Dios seguirá no obstante abarcando la misma mente eterna, infinita y omnisapiente.

El hecho de que él envíe espíritus mensajeros procedentes de sí mismo para que habiten en los hombres y las mujeres de vuestro mundo y de otros mundos, no disminuye en modo alguno su capacidad de funcionar como personalidad de espíritu divina y todopoderosa; y no existe límite ninguno al grado o número de estos Monitores espirituales que él pueda y desee enviar. Este don de sí mismo a sus criaturas crea una ilimitada, casi inconcebible posibilidad futura de existencias progresivas y sucesivas para estos mortales divinamente dotados. Y esta pródiga distribución de sí mismo en forma de estas entidades espirituales ministradoras de ninguna manera disminuye la sabiduría y la perfección de verdad y conocimiento que reposan en la persona del Padre todoprudente, omnisapiente y omnipotente.

Para los mortales del tiempo hay un futuro, pero Dios habita la eternidad. Aunque provengo de muy cerca de la morada misma de la Deidad, no puedo presumir de hablar con perfección de entendimiento respecto a la infinidad de muchos de los atributos divinos. Tan sólo la infinidad de mente puede comprender plenamente la infinidad de existencia y la eternidad de acción.

El hombre mortal no puede de ninguna manera conocer la infinitud del Padre celestial. La mente finita no puede pensar a través de semejante verdad o hecho absoluto. Pero este mismo ser humano finito puede realmente *sentir* —literalmente experimentar— el impacto pleno y no disminuido de ese AMOR infinito del Padre. En verdad se puede experimentar ese amor, aunque la calidad de la experiencia es ilimitada, la cantidad de tal experiencia está estrictamente limitada por la capacidad humana de receptividad espiritual y por la capacidad asociada de devolverle el amor al Padre.

La apreciación finita de cualidades infinitas trasciende con mucho las capacidades lógicamente limitadas de la criatura, debido al hecho de que el hombre mortal está hecho a imagen de Dios —vive dentro de él un fragmento de la infinidad. Por consiguiente el más próximo y más querido acceso a Dios es a través del amor, porque Dios es amor. Y toda la tan singular relación es una experiencia real en la sociología cósmica, la relación Creador-criatura; el afecto de Padre a hijo.

5. LA LEY SUPREMA DEL PADRE

En su contacto con las creaciones post-Havona, el Padre Universal no ejerce su infinito poder y su autoridad final por transmisión directa, sino más bien a través de sus Hijos y las personalidades subordinadas de éstos. Y Dios hace todo esto por su libre voluntad. Todos y cada uno de los poderes delegados, si surgiera la ocasión y si fuese la elección de la mente divina, pueden ser ejercidos directamente; pero, como norma, tal acción sólo tiene lugar como resultado del fracaso de la personalidad delegada en cumplir la encomienda divina. En tales ocasiones y frente a tal incumplimiento y dentro de los límites de la reserva del poder y potencial divinos, el Padre actúa independientemente y de acuerdo con los mandatos de su propia elección; y esa elección es siempre de infalible perfección e infinita sabiduría.

El Padre gobierna a través de sus Hijos; descendiendo a través de la organización del universo, existe una cadena ininterrumpida de gobernantes que remata en los Príncipes Planetarios, quienes dirigen los destinos de las esferas evolutivas de los vastos dominios del Padre. No es mera expresión poética la que exclama: «Del Señor es la tierra y su plenitud». «El hace y deshace monarcas». «Los Altísimos gobiernan en los reinos de los hombres».

En los asuntos del corazón de los hombres puede que el Padre Universal no siempre obtenga lo que quiere; pero en la conducta y destino de un planeta el plan divino prevalece; el propósito eterno de la sabiduría y el amor triunfa.

Jesús dijo: «Mi Padre, que me los otorgó, es el más grande de todos; y nadie podrá arrebatarlos de la mano de mi Padre». Al vislumbrar las múltiples obras de Dios y contemplar la inmensidad asombrosa de la creación casi ilimitada de Dios, podéis vacilar en vuestro concepto de su primacía, pero no debéis vacilar en aceptarle como firme y sempiternamente entronizado en el centro paradisiaco de todas las cosas y como Padre benéfico de todos los seres inteligentes. No hay sino «un Dios y Padre de todos, que está por encima de todo y en todo», «y él es antes de todas las cosas, y en él radican todas las cosas».

Las incertidumbres de la vida y las vicisitudes de la existencia no contradicen de ningún modo el concepto de la soberanía universal de Dios. Toda vida de la criatura evolutiva está acechada por ciertas *inevitabilidades*. Considerad lo siguiente:

1. ¿Es *el valor* —la fuerza de carácter— deseable? Si es así, el hombre debe criarse en un ambiente que requiera el enfrentamiento con dificultades y la reacción a los desencantos.

2. ¿Es *el altruismo* —el servicio a los semejantes— deseable? Entonces la experiencia de vida debe proporcionarnos el encuentro con situaciones de desigualdad social.

3. ¿Es *la esperanza* —la magnitud de la confianza— deseable? Entonces la existencia humana debe enfrentarse constantemente con inseguridades e incertidumbres recurrentes.

4. ¿Es *la fe* —la suprema afirmación del pensamiento humano— deseable? Entonces la mente del hombre debe hallarse en esa dificultad problemática donde siempre sabe menos de lo que puede creer.

5. ¿Es *el amor* a la verdad y la disposición de ir dondequiera éste conduzca, deseable? Entonces el hombre debe crecer en un mundo donde el error está presente y la falsedad es siempre posible.

6. ¿Es *el idealismo* —el concepto que más se acerca a lo divino— deseable? Entonces el hombre debe luchar en un ambiente de bondad y belleza relativas, en un ambiente que estimule el anhelo incontenible de cosas mejores.

7. ¿Es *la lealtad* —la devoción al deber más alto— deseable? Entonces el hombre debe proceder rodeado por las posibilidades de traición y deserción. El valor de la devoción al deber consiste en el peligro implícito de incumplimiento.

8. ¿Es *la falta de egoísmo* —el espíritu de olvido de sí mismo— deseable? Entonces el hombre mortal debe vivir cara a cara con el incesante clamor de un yo inescapable que exige reconocimiento y honor. El hombre no puede elegir dinámicamente la vida divina si no existe una vida del yo a la que renunciar. El hombre no podría nunca aferrarse a la salvación en la rectitud si no hubiera ningún mal potencial que exalte y diferencie el bien por contraste.

9. ¿Es *el placer* —la satisfacción de la felicidad— deseable? Entonces el hombre debe vivir en un mundo en el que la alternativa del dolor y la probabilidad del sufrimiento son posibilidades experienciales siempre presentes.

En todo el universo, cada unidad se considera una parte del todo. La supervivencia de la parte depende de la cooperación con el plan y el propósito del todo, el deseo sincero y la disposición perfecta de hacer la divina voluntad del Padre. El único mundo evolutivo sin error (la posibilidad de un juicio necio) sería un mundo sin inteligencia *libre*. En el universo de Havona hay mil millones de mundos perfectos con sus habitantes perfectos, pero el hombre evolutivo debe ser falible si ha de ser libre. La inteligencia libre e inexperta no puede de ninguna manera, al principio, ser uniformemente sabia. La posibilidad de un juicio erróneo (el mal) se convierte en pecado sólo cuando la voluntad humana apoya conscientemente y adopta a sabiendas un juicio deliberadamente inmoral.

La plena apreciación de la verdad, de la belleza y de la bondad es inherente a la perfección del universo divino. Los habitantes de los mundos de Havona no requieren el potencial de niveles relativos de valor como estímulo para su elección; tales seres perfectos pueden identificar y elegir el bien en ausencia de toda situación moral contrastante y que obliga a pensar. Pero todos esos seres perfectos son, en naturaleza moral y estado espiritual, lo que son por virtud del hecho de su existencia. Han ganado un avance experiencial solamente dentro de su estado inherente. El hombre mortal incluso gana la situación de candidato a la ascensión por su propia fe y esperanza. Todo lo divino que la mente humana alcanza a comprender y el alma humana adquiere es un logro experiencial; es una *realidad* de la experiencia personal y por lo tanto es una posesión única en contraste con la bondad y rectitud inherentes a las personalidades de Havona que no yerran.

Las criaturas de Havona son naturalmente valientes, pero no son valerosas en el sentido humano. De modo innato son dulces y consideradas, difícilmente altruistas a la manera humana. Aguardan ellas un futuro agradable, no con la esperanza de la manera exquisita como confían los mortales en las esferas evolutivas inciertas. Tienen fe en la estabilidad del universo, pero son completamente ajenos a la fe salvadora por la cual el hombre mortal asciende desde su condición animal hasta las puertas del Paraíso. Aman la verdad, pero nada saben de sus cualidades redentoras para el alma. Son idealistas, pero así nacieron; son completamente ignorantes del éxtasis de llegar a serlo por una elección vivificante. Son leales, pero nunca han experimentado la emoción de la devoción sincera e inteligente al deber frente a la tentación del incumplimiento. Son altruistas, pero no ganaron esos niveles de experiencia mediante la magnífica conquista de un yo beligerante. Disfrutan del placer, pero no comprenden la dulzura del placer al huir de la pena potencial.

6. LA PRIMACÍA DEL PADRE

Con altruismo divino y consumada generosidad, el Padre Universal se despoja de autoridad y delega poder, pero sigue siendo fundamental; su mano descansa sobre la palanca poderosa de las circunstancias de los dominios universales; se ha reservado todas las decisiones finales y esgrime infaliblemente el cetro todopoderoso del veto de su eterno propósito con autoridad indiscutible sobre el bienestar y destino de la vasta creación, virante y siempre girante.

La soberanía de Dios es ilimitada; es el acto fundamental de toda creación. El universo no era inevitable. El universo no es un accidente, ni existe por sí mismo. El universo es una obra de creación y por lo tanto está completamente sujeto a la voluntad del Creador. La voluntad de Dios es verdad divina, amor viviente; por consiguiente las creaciones en vías de perfeccionamiento de los universos evolutivos se caracterizan por la bondad —acercamiento a la divinidad; y maldad potencial — alejamiento de la divinidad.

Toda filosofía religiosa, tarde o temprano, llega al concepto de la ley unificada del universo, de un solo Dios. Las causas del universo no pueden ser más bajas que los efectos del universo. La fuente del caudal de la vida universal y de la mente cósmica debe estar por encima del nivel de su manifestación. No se puede explicar coherentemente a la mente humana en términos de las órdenes más bajas de existencia. Sólo puede comprenderse completamente la mente del hombre, mediante el reconocimiento de la realidad de órdenes superiores de pensamiento y voluntad deliberada. El hombre como ser moral es inexplicable a menos que se reconozca la realidad del Padre Universal.

El filósofo mecanicista profesa rechazar la idea de una voluntad universal y soberana, esa misma voluntad soberana cuya actividad en la elaboración de las leyes universales él reverencia tan profundamente. ¡Qué homenaje inconsciente rinde el mecanicista al Creador de la ley cuando concibe que tales leyes actúan y se explican por sí solas!

Es gran error humanizar a Dios, excepto en el concepto del Ajustador del Pensamiento residente, pero aun eso no es tan tonto como lo de *mecanizar* completamente la idea de la Primera Fuente y Centro.

¿Sufre el Padre del Paraíso? Yo no lo sé. Los Hijos Creadores ciertamente pueden sufrir y a veces sufren, como sufren los mortales. El Hijo Eterno y el Espíritu Infinito sufren en un sentido modificado. Pienso que el Padre Universal sufre, pero no puedo entender cómo; acaso mediante el circuito de la personalidad o a través de la individualidad de los Ajustadores del Pensamiento y otros dones de su naturaleza eterna. Él ha dicho de las razas mortales: «En todas vuestras aflicciones yo soy afligido». Él incuestionablemente experimenta una comprensión paternal y compasiva; puede realmente sufrir; pero la naturaleza de ello no la entiendo.

El Gobernante eterno e infinito del universo de los universos es poder, forma, energía, proceso, modelo original, principio, presencia y realidad idealizada. Pero es más; es personal; ejerce una voluntad soberana, experimenta autoconciencia de su divinidad, ejecuta los mandatos de una mente creadora, persigue la satisfacción de la realización de un propósito eterno, y manifiesta amor y afecto Paterno por sus hijos universales. Se pueden comprender mejor todos estos rasgos personales del Padre observándolos tal como fueron revelados en la vida encarnada de Micael, vuestro Hijo Creador, mientras permaneció encarnado en Urantia.

Dios el Padre ama a los hombres; Dios el Hijo sirve a los hombres; Dios el Espíritu inspira a los hijos del universo a la aventura siempre ascendente de encontrar a Dios el Padre por los caminos ordenados por Dios los Hijos a través del ministerio de la gracia de Dios el Espíritu.

[Siendo el Consejero Divino asignado a la presentación de la revelación del Padre Universal, he continuado con esta declaración de los atributos de la Deidad.]

DOCUMENTO 4

LA RELACIÓN DE DIOS CON EL UNIVERSO

EL PADRE Universal tiene un propósito eterno relacionado con los fenómenos materiales, intelectuales y espirituales del universo de los universos, el cual lleva a cabo durante todo el tiempo. Dios creó los universos por su libre y soberana voluntad, y los creó de acuerdo con su propósito omnisapiente y eterno. Es dudoso que cualquiera, excepto las Deidades del Paraíso y sus más altos asociados conozcan gran cosa acerca del eterno propósito de Dios. Incluso los ciudadanos excelsos del Paraíso tienen opiniones muy variadas sobre la naturaleza del propósito eterno de las Deidades.

Es fácil deducir que el propósito de la creación del perfecto universo central de Havona fue puramente la satisfacción de la naturaleza divina. Havona puede servir como el modelo original de creación para todos los demás universos y como la escuela final para los peregrinos del tiempo en su camino al Paraíso; sin embargo, esta creación tan excelsa debe existir fundamentalmente para el placer y la satisfacción de los Creadores perfectos e infinitos.

El asombroso plan de perfeccionar a los mortales evolutivos y, una vez que alcanzan el Paraíso y los Cuerpos de la Finalidad, el proporcionar capacitación ulterior para alguna tarea futura no revelada, parece ser, al actualmente, una de las ocupaciones principales de los siete superuniversos y sus muchas subdivisiones; pero este proyecto ascensional para la espiritualización y capacitación de los mortales del tiempo y del espacio no es en modo alguno la ocupación exclusiva de las inteligencias del universo. Existen, ciertamente, muchas otras tareas fascinantes que ocupan el tiempo y canalizan las energías de las huestes celestiales.

1. LA ACTITUD UNIVERSAL DEL PADRE

Por muchas épocas los habitantes de Urantia han interpretado erróneamente la providencia de Dios. Hay una providencia divina trabajando en vuestro mundo, pero no se trata del ministerio infantil, arbitrario y material que muchos mortales han concebido. La providencia de Dios consiste en las actividades entrelazadas de los seres celestiales y de los espíritus divinos que, de acuerdo con las leyes cósmicas, laboran incesantemente por el honor de Dios y para el desarrollo espiritual de sus hijos en el universo.

¿No podéis vosotros acaso desarrollar vuestro concepto sobre el trato de Dios con el hombre hasta el punto de reconocer que la consigna del universo es *progreso*? A través de prolongadas edades la raza humana ha luchado para llegar a su estado actual. A lo largo de todos estos milenios la Providencia ha estado laborando en el plan de la evolución progresiva. Estas dos ideas no son opuestas en la práctica, sino tan sólo en los conceptos erróneos del hombre. La providencia divina no se enlista jamás en oposición al verdadero progreso humano, tanto temporal como espiritual. La providencia está siempre de acuerdo con la naturaleza inmutable y perfecta del supremo Legislador.

«Dios es fiel» y «todos sus mandamientos son justos». «Su fidelidad se establece en los mismos cielos». «Para siempre, Oh Señor, tu palabra se ha establecido en los cielos. Tu fidelidad es para todas las generaciones; tú has cimentado la tierra, y permanece». «Él es un Creador fiel».

No hay límites a las fuerzas y personalidades que el Padre puede utilizar para mantener su propósito y sostener a sus criaturas. «El Dios eterno es nuestro refugio, y abajo están sus brazos sempiternos». «El que habita en el lugar secreto del Altísimo morará bajo la sombra del Todopoderoso». «Mirad, el que nos guarda no se adormecerá ni se dormirá». «Sabemos que todas las cosas cooperan para bien de los que aman a Dios», «porque los ojos del Señor están sobre los justos, y sus oídos, atentos a sus oraciones».

Dios sostiene «todas las cosas por la palabra de su poder». Y cuando nacen nuevos mundos, «envía a sus Hijos y son creados». Dios no sólo crea, sino que «los preserva a todos». Dios constantemente sostiene todas las cosas materiales y a todos los seres espirituales. Los universos son eternamente estables. Existe estabilidad en medio de una inestabilidad aparente. Existe un orden y una seguridad subyacentes en medio de los solevantamientos de la energía y los cataclismos físicos de los dominios estelares.

El Padre Universal no se ha retirado de la administración de los universos; él no es una Deidad inactiva. Si Dios dejara de ser el sustentador presente de toda la creación, habría inmediatamente un colapso universal. Excepto Dios, no habría tal cosa como la *realidad*. En este mismo momento, así como durante las remotas eras del pasado y en el futuro eterno, Dios sigue sustentando. El alcance divino se extiende alrededor del círculo de la eternidad. Al universo no se le da cuerda como un reloj que anda por tiempo determinado y luego cesa de funcionar; todas las cosas están siendo constantemente renovadas. El Padre incesantemente derrama energía, luz y vida. La obra de Dios es tan literal como espiritual. «Él extiende el norte sobre el espacio vacío y suspende la tierra sobre la nada».

Un ser de mi orden puede descubrir la armonía última y detectar una coordinación profunda y vasta en los asuntos rutinarios de la administración universal. Muchas cosas que aparecen desconectadas y fortuitas al pensamiento mortal, se muestran ordenadas y constructivas a mi comprensión. Pero ocurren en el universo muchas cosas que yo no comprendo plenamente. Durante mucho tiempo he estudiado y tengo cierto conocimiento, sobre las fuerzas, energías, mentes, morontias, espíritus y personalidades reconocidas de los universos locales y de los superuniversos. Tengo una comprensión general de cómo operan esas agencias y personalidades y estoy íntimamente familiarizado con los mecanismos de las inteligencias espirituales acreditadas del gran universo. A pesar de mi conocimiento de los fenómenos de los universos, me veo constantemente confrontado por reacciones cósmicas que no puedo desentrañar plenamente. De continuo me encuentro con conspiraciones aparentemente fortuitas de la interasociación de fuerzas, energías, intelectos y espíritus que no puedo explicar de manera satisfactoria.

Soy enteramente competente para describir y analizar el mecanismo de todos los fenómenos que resultan directamente del funcionamiento del Padre Universal, del Hijo Eterno, del Espíritu Infinito, y, en gran medida, de la Isla del Paraíso. Lo que suscita mi perplejidad es el encontrarme con lo que parece ser el desempeño de sus coordinados misteriosos, los tres Absolutos de potencialidad. Estos Absolutos parecen suplantar la materia, trascender la mente, y sobrevenir al espíritu. Me siento continuamente confundido y a menudo perplejo por mi incapacidad para comprender estas transacciones complejas que atribuyo a la presencia y actuación del Absoluto No Cualificado, el Absoluto de Deidad, y el Absoluto Universal.

Estos Absolutos deben ser las presencias no plenamente reveladas en el amplio universo que, en los fenómenos de la potencia del espacio y en la función de otros superúltimos, hacen imposible para los físicos, para los filósofos e incluso para los religiosos predecir con certeza cómo los primordiales de fuerza, concepto y espíritu responderán a las exigencias hechas en una situación compleja de realidad que incluya ajustes supremos y valores últimos.

Hay también una unidad orgánica en los universos del tiempo y el espacio que parecería respaldar el entero tejido de los acontecimientos cósmicos. Esta presencia viviente del Ser Supremo evolutivo, esta Inmanencia del Incompleto Proyectado se manifiesta inexplicablemente de cuando en cuando por lo que parece ser una asombrosa y fortuita coordinación de acontecimientos en el universo aparentemente desconectados. Ésta debe ser la función de la Providencia —el dominio del Ser Supremo y del Actor Conjunto.

Me inclino a creer que es precisamente este extendido control, generalmente irreconocible, de la coordinación y la interasociación de todas las fases y formas de la actividad universal que hace que una mezcla tan abigarrada y aparentemente tan confusa de fenómenos físicos, mentales, morales y espirituales funcione tan inequívocamente para la gloria de Dios y para el bien de hombres y ángeles.

Pero en el sentido más amplio los aparentes «accidentes» del cosmos son indudablemente parte del drama finito de la aventura espacio-temporal del Infinito en su manipulación eterna de los Absolutos.

2. DIOS Y LA NATURALEZA

La naturaleza es, en un sentido limitado, el hábito físico de Dios. La conducta, o acción de Dios se cualifica y se modifica provisionalmente por los planes experimentales y los modelos evolutivos de un universo local, una constelación, un sistema, o un planeta. Dios actúa de acuerdo con una ley bien definida, invariable e inmutable a lo largo y a lo ancho del vasto universo maestro; pero modifica sus esquemas de acción a fin de contribuir a la conducta coordinada y equilibrada de cada universo, constelación, sistema, planeta y personalidad de acuerdo a los objetos, propósitos y planes locales de los proyectos finitos de desarrollo evolutivo.

Por consiguiente, la naturaleza, tal como la entiende el hombre mortal, comprende los cimientos subyacentes y el antecedente fundamental de una Deidad incambiable y sus leyes inmutables, modificadas, fluctuantes, y experimentando trastornos causados por el mecanismo de los planes, propósitos, normas y condiciones locales que el universo, la constelación, el sistema y las fuerzas y personalidades planetarias locales han inaugurado y están llevando a cabo. Por ejemplo: así como se han decretado las leyes de Dios en Nebadon, éstas son modificadas por los planes establecidos por el Hijo Creador y el Espíritu Creativo de este universo local; además, por los errores, incumplimientos e insurrecciones de algunos seres residentes en vuestro planeta y pertenecientes a vuestro inmediato sistema planetario de Satania también han influido en la operación de estas leyes.

La naturaleza es la resultante espacio-temporal de dos factores cósmicos: primero, la inmutabilidad, perfección y rectitud de la Deidad Paradisiaca, y segundo, los planes experimentales, los errores de ejecución, los errores de rebeldía, el desarrollo incompleto, y la imperfección de la sabiduría de las criaturas extraparadisiacas, desde las más elevadas hasta las más bajas. La naturaleza por lo tanto trae un hilo de perfección uniforme, invariable, majestuoso y maravilloso, desde el círculo de la eternidad; pero en cada universo, en cada planeta y en cada vida individual, esta naturaleza es modificada, cualificada y acaso desfigurada por las acciones, los errores, y las deslealtades de las criaturas de los sistemas y universos evolutivos; y por consiguiente la naturaleza debe ser siempre de ánimo cambiante y aparentemente caprichoso, aunque de fondo estable, y debe variar de acuerdo con los procedimientos operativos en un universo local.

La naturaleza es la perfección del Paraíso dividida por la índole incompleta, la maldad y el pecado de los universos inconclusos. Este cociente expresa pues lo perfecto y lo parcial, lo eterno y lo temporal. La evolución continuada modifica la naturaleza al aumentar el contenido de perfección paradisiaca y al disminuir el contenido del mal, el error y la desarmonía de la realidad relativa.

Dios no está personalmente presente en la naturaleza ni en cualesquiera de las fuerzas de la naturaleza, porque el fenómeno de la naturaleza es la sobreimposición de las imperfecciones de la evolución progresiva y, a veces, de las consecuencias de rebeliones insurreccionales sobre los cimientos paradisiacos de la ley universal de Dios. Tal como aparece en un mundo como Urantia, la naturaleza no puede ser nunca la expresión adecuada ni la representación verdadera ni el fiel retrato de un Dios omnisapiente e infinito.

La naturaleza, en vuestro mundo, es una cualificación de las leyes de la perfección por los planes evolutivos del universo local. ¡Qué farsa adorar la naturaleza porque en un sentido limitado, cualificado, está penetrada por Dios; por ser una fase del poder universal y por lo tanto divino! La naturaleza también es una manifestación inconclusa e incompleta de las elaboraciones imperfectas del desarrollo, crecimiento y progreso de un experimento universal de evolución cósmica.

Los defectos aparentes del mundo natural no son indicios de ningún defecto correspondiente en el carácter de Dios. Más bien las imperfecciones que se observan son meramente las inevitables y momentáneas interrupciones en la proyección de una película infinita. Son estas mismas interrupciones-defectos de la continuidad-perfección las que permiten que la mente finita del hombre material obtenga una visión fugaz de la realidad divina en el tiempo y en el espacio. Las manifestaciones materiales de la divinidad parecen defectuosas en la mente evolutiva del hombre, sólo porque el hombre mortal persiste en visualizar los fenómenos de la naturaleza a través de los ojos naturales, por medio de la visión humana sin la ayuda de mota morontiana ni de la revelación, su sustituto compensatorio en los mundos del tiempo.

Y la naturaleza está desfigurada, su hermoso rostro marcado, sus rasgos marchitos por la rebelión, la mala conducta, los malos pensamientos de miríadas de criaturas que son parte de la naturaleza, pero que han contribuido a su desfiguración en el tiempo. No, la naturaleza no es Dios. La naturaleza no es objeto de adoración.

3. EL CARÁCTER INVARIABLE DE DIOS

Por largo tiempo ha creído el hombre que Dios es semejante a él. Dios no es celoso, no lo ha sido nunca ni lo será jamás del hombre ni de ningún otro ser del universo de los universos. Sabiendo que el Hijo Creador pretendía que el hombre fuese la obra maestra de la creación planetaria, el soberano de la tierra entera, el verle dominado por sus pasiones más bajas, el espectáculo de su sumisión ante ídolos de madera, de piedra y de oro, y su ambición egoísta, estas sórdidas escenas mueven a Dios y a sus Hijos a ser celosos *por* el hombre, pero nunca de él.

El Dios eterno es incapaz de cólera ni de ira en el sentido de estas emociones humanas y tal como el hombre entiende esas reacciones. Estos sentimientos son bajos y despreciables, indignos de ser llamados humanos, mucho menos divinos; y tales actitudes son absolutamente ajenas a la naturaleza perfecta y al carácter misericordioso del Padre Universal.

Gran, muy gran, parte de la dificultad que tienen los mortales de Urantia para comprender a Dios se debe a las vastas consecuencias de la rebelión de Lucifer y a la traición de Caligastia. En los mundos no segregados por el pecado, las razas evolutivas son capaces de formular ideas mucho mejores sobre el Padre Universal; sufren menos confusión, distorsión y perversión de concepto.

Dios no se arrepiente de nada de lo que ha hecho, de lo que hace o de lo que hará. Él es omnisapiente a la vez que omnipotente. La sabiduría del hombre nace de las pruebas y los errores de la experiencia humana; la sabiduría de Dios consiste en la perfección no cualificada de su infinito discernimiento universal, y este preconocimiento divino dirige eficazmente la libre voluntad creadora.

El Padre Universal nunca hace nada que cause posteriormente dolor o arrepentimiento, pero las criaturas volitivas planeadas y hechas por sus personalidades creadoras en los universos remotos, a veces, por su infortunada elección, producen emociones de pesar divino en las personalidades de sus padres Creadores. Pero aunque el Padre nunca comete errores, ni abriga arrepentimientos, ni experimenta dolor, es un ser con afecto de padre y su corazón indudablemente se acongoja cuando sus hijos no consiguen alcanzar los niveles espirituales que son capaces de lograr con la ayuda que tan libremente se les ha brindado mediante los planes de desarrollo espiritual y la política de ascensión de los mortales de los universos.

La bondad infinita del Padre está fuera de la comprensión de la mente finita del tiempo; de aquí que siempre deba proveerse un contraste comparativo con el mal (no el pecado) para demostrar efectivamente todas las fases de la bondad relativa. El imperfecto discernimiento mortal puede entender la perfección de la bondad divina, solamente por su contrastante asociación con la imperfección relativa en las relaciones del tiempo y la materia en los movimientos del espacio.

El carácter de Dios es infinitamente superhumano; por lo tanto, dicha naturaleza de divinidad debe personalizarse, como lo hace en los Hijos divinos, antes de que pueda ser comprendida siquiera por la fe en la mente finita del hombre.

4. La comprensión de Dios

Dios es el único ser estacionario, autocontenido e inmutable en la totalidad del universo de los universos, que no tiene exterior, más allá, pasado ni futuro. Dios es energía con propósito (espíritu creador) y voluntad absoluta, y estos atributos son autoexistentes y universales.

Puesto que Dios es autoexistente, es absolutamente independiente. La identidad misma de Dios es opuesta al cambio. «Yo, el Señor, no cambio». Dios es inmutable; pero hasta que vosotros no hayáis alcanzado el estado paradisiaco, no podréis siquiera comenzar a comprender cómo Dios puede pasar de la simplicidad a la complejidad, de la identidad a la variación, de la inmovilidad al movimiento, de la infinidad a la finitud, de lo divino a lo humano, y de la unidad a la dualidad y a la triunidad. Así pues, Dios puede modificar las manifestaciones de su absolutez porque la inmutabilidad divina no implica inmovilidad; Dios tiene voluntad: él es la voluntad.

Dios es el ser de autodeterminación absoluta; no hay límites a sus reacciones en el universo salvo aquéllas que son impuestas por él mismo, y las acciones de su libre albedrío están condicionadas solamente por las cualidades divinas y los atributos perfectos que caracterizan intrínsecamente su naturaleza eterna. Por lo tanto, Dios se relaciona con el universo como el ser de bondad final y de voluntad libre de infinita creatividad.

El Padre-Absoluto es el creador del universo central y perfecto, y el Padre de todos los otros Creadores. Dios comparte con el hombre y otros seres la personalidad la bondad y otras numerosas características; pero la infinidad de voluntad es suya sola. Dios está limitado en sus actos creadores sólo por los sentimientos de su naturaleza eterna y por los dictados de su infinita sabiduría. Dios personalmente elige sólo lo que es infinitamente perfecto, de aquí la perfección excelsa del universo central; y aun que los Hijos Creadores comparten plenamente su divinidad, incluso fases de su absolutez, no están completamente limitados por esa finalidad de sabiduría que dirige la voluntad infinita del Padre. En consecuencia, en la orden de filiación Micael, la libre voluntad creativa se hace todavía más activa, completamente divina y casi última, si no absoluta. El Padre es infinito y eterno, pero negar la posibilidad de su autolimitación volitiva llevaría a la negación del concepto mismo de su absolutez volicional.

La absolutez de Dios penetra los siete niveles de la realidad universal. Y la totalidad de esta naturaleza absoluta está sujeta a la relación del Creador con su familia de criaturas en el universo. La precisión puede caracterizar la justicia trinitaria en el universo de los universos, pero en todas sus vastas relaciones de familia con las criaturas del tiempo, el Dios de los universos es gobernado por el *sentimiento divino*. En primer y último término —eternamente— el Dios infinito es un *Padre*. De todos los títulos posibles por los cuales podría ser conocido con propiedad, he sido instruido a describir al Dios de toda la creación como el Padre Universal.

En Dios el Padre las acciones de su libre voluntad no están regidas por el poder, ni están orientadas solamente por el intelecto; la personalidad divina está definida como consistente en espíritu y manifestándose a los universos como amor. Por tanto, en todas sus relaciones personales con las personalidades de las criaturas de los universos, la Primera Fuente y Centro es siempre y permanentemente un Padre amante. Dios es un Padre en la más elevada acepción del término. Está eternamente motivado por el perfecto idealismo del amor divino, y esa tierna naturaleza encuentra su expresión más robusta y su satisfacción más grande en amar y ser amado.

En la ciencia, Dios es la Primera Causa; en la religión, el Padre universal y amante; en la filosofía, el único ser que existe por sí mismo, que no depende de ningún otro ser para existir, sino que magnánimamente les confiere realidad de existencia a todas las cosas y todos los otros seres. Pero hace falta la revelación para mostrar que la Primera Causa de la ciencia y la Unidad autoexistente de la filosofía son el Dios de la religión, pleno de misericordia y bondad y comprometido a realizar la eterna supervivencia de sus hijos en la tierra.

Anhelamos el concepto del Infinito, pero adoramos la experiencia-idea de Dios, nuestra capacidad de percibir en cualquier momento y lugar los factores de personalidad y divinidad de nuestro concepto más elevado de la Deidad.

La conciencia de una vida humana victoriosa en la tierra nace de esa fe de la criatura que se atreve a desafiar cada recurrente episodio de la existencia cuando se enfrenta con el pavoroso espectáculo de las limitaciones humanas, con la firme declaración: aunque yo no pueda hacer esto, en mí vive alguien que puede y que lo hará, una parte del Padre-Absoluto del universo de los universos. Y ésa es «la victoria que sobrecoge al mundo, aun vuestra fe».

5. Las ideas erróneas sobre Dios

La tradición religiosa es el registro imperfectamente preservado de las experiencias de los hombres de pasadas edades que conocían a Dios, pero tales registros no son confiables como guías para la vida religiosa ni como fuentes de verdadera información acerca del Padre Universal. Invariablemente se han alterado estas creencias antiguas por el hecho de que el hombre primitivo era un fabricante de mitos.

Una de las fuentes principales de confusión en Urantia respecto a la naturaleza de Dios proviene de que vuestros libros sagrados no fueron capaces de distinguir claramente entre las personalidades de la Trinidad del Paraíso y entre la Deidad Paradisiaca y los creadores y administradores del universo local. Durante las pasadas dispensaciones de comprensión parcial, vuestros sacerdotes y profetas fueron incapaces de distinguir entre los Príncipes Planetarios, los Soberanos de Sistemas, los Padres de Constelaciones, los Hijos Creadores, los Gobernantes de los Superuniversos, el Ser Supremo, y el Padre Universal. Muchos de los mensajes de personalidades subordinadas, tales como los Portadores de Vida y varias órdenes de ángeles, aparecen en vuestros registros como procedentes de Dios mismo. El pensamiento religioso en Urantia aún confunde las personalidades asociadas de la Deidad con el propio Padre Universal, de manera que se incluyen todos bajo un solo apelativo.

El pueblo de Urantia sigue padeciendo la influencia de los conceptos primitivos de Dios. Los dioses desencadenados en la tormenta; que hacen temblar la tierra en su cólera, y destruyen a los hombres en su ira; que manifiestan su descontento con carestías e inundaciones —éstos son los dioses de la religión primitiva; no son los Dioses que viven y rigen los universos. Estos conceptos son una reliquia de los tiempos en que los hombres suponían que el universo estaba sujeto a los caprichos y al dominio de estos dioses imaginarios. Pero el hombre mortal está comenzando a darse cuenta que vive en un dominio de relativa ley y orden en lo concerniente a las directrices administrativas y a la conducta de los Creadores Supremos y de los Controladores Supremos.

La idea bárbara de apaciguar a un Dios airado, de propiciar a un Señor ofendido, de ganar el favor de la Deidad mediante sacrificios y penitencias e incluso por el derramamiento de sangre, representa una religión completamente pueril y primitiva, una filosofía indigna de una época esclarecida de ciencia y verdad. Tales creencias son absolutamente repulsivas a los seres celestiales y a los mandatarios divinos que sirven y reinan en los universos. Es una afrenta a Dios creer, sostener o enseñar que debe derramarse sangre inocente a fin de ganar su favor o conjurar la ficticia ira divina.

Los hebreos creían que «sin derramamiento de sangre no había remisión de los pecados». No se habían liberado de la idea antigua y pagana de que los Dioses no se pueden apaciguar sino por el espectáculo de la sangre, aunque Moisés hizo un avance notable al prohibir los sacrificios humanos y sustituirlos, en la mente primitiva de los beduinos infantiles que lo seguían, por el sacrificio ceremonial de animales.

El otorgamiento de un Hijo Paradisiaco a vuestro mundo era inherente a la situación de clausura de una era planetaria; era inescapable, y no fue hecho necesario para ganar el favor de Dios. Esta encarnación resultaba ser también el último acto personal de un Hijo Creador en la larga aventura de obtener la soberanía experiencial de su universo. ¡Qué distorsión del carácter infinito de Dios! esta doctrina de que su corazón paterno en toda su austera frialdad y dureza permanecía tan indiferente ante los infortunios y penas de sus criaturas, que sus tiernas misericordias no se derramaron sino cuando vio a su Hijo inocente sangrante y moribundo en la cruz de el Calvario!

Pero los habitantes de Urantia han de llegar a liberarse de estos antiguos errores y de estas supersticiones paganas respecto de la naturaleza del Padre Universal. La revelación de la verdad acerca de Dios está comenzando a aparecer, y la raza humana está destinada a conocer al Padre Universal en toda esa belleza de carácter y hermosura de atributos que tan magistralmente describió el Hijo Creador que residió en Urantia como el Hijo del Hombre y el Hijo de Dios.

[Presentado por un Consejero Divino de Uversa.]

DOCUMENTO 5

LA RELACIÓN DE DIOS CON EL INDIVIDUO

SI LA mente finita del hombre es incapaz de comprender cómo un Dios tan grande y majestuoso como el Padre Universal puede descender de su morada eterna en perfección infinita para fraternizar con cada criatura humana, entonces tal intelecto finito debe hallar la certidumbre de la comunión divina en la verdad del hecho de que un fragmento real del Dios viviente reside en el intelecto de cada mortal urantiano de mente normal y moralmente consciente. Los Ajustadores del Pensamiento residentes son parte de la Deidad eterna del Padre Paradisiaco. El hombre no necesita ir más allá de su propia experiencia interior de contemplación del alma de esta presencia de realidad espiritual para encontrar a Dios e intentar la comunión con él.

Dios ha distribuido la infinidad de su naturaleza eterna por todas las realidades existenciales de sus seis coordinados absolutos, pero él puede, en cualquier momento, establecer un contacto personal directo con cualquier parte o fase o género de creación mediante la agencia de sus fragmentos prepersonales. Y el Dios eterno también se ha reservado la prerrogativa de otorgar personalidad a los Creadores divinos y a las criaturas vivientes del universo de los universos, mientras se reserva también la prerrogativa de mantener contacto directo y paternal con todos estos seres personales a través del circuito de la personalidad.

1. EL ACERCAMIENTO A DIOS

La incapacidad de la criatura finita de llegar al Padre infinito está implícita, no en el retraimiento del Padre, sino en la finitud y limitaciones materiales de los seres creados. La magnitud de la diferencia espiritual entre la más alta personalidad de existencia universal y los grupos más bajos de inteligencias creadas, es inconcebible. Si fuera posible transportar instantáneamente las inteligencias más bajas ante la presencia del Padre mismo, no sabrían reconocer que están allí. Serían tan insensibles a la presencia del Padre Universal allí como lo son donde se encuentran ahora. El hombre mortal ha de recorrer un camino largo, muy largo, antes de que pueda de manera coherente y dentro de los dominios de lo posible solicitar salvoconducto a la presencia paradisiaca del Padre Universal. Espiritualmente, el hombre debe pasar por muchas traslaciones antes de que pueda alcanzar un plano que le permita la visión espiritual, que lo capacitará para ver por lo menos a uno de los Siete Espíritus Rectores.

Nuestro Padre no está oculto, ni se encuentra arbitrariamente en reclusión. Él ha movilizado los recursos de la sabiduría divina en un esfuerzo sin fin para revelarse a los hijos de sus dominios universales. Hay una infinita grandeza y una generosidad inefable relacionadas con la majestad de su amor, que lo lleva a anhelar la asociación con todos los seres creados que puedan comprenderlo, amarlo o acercarse a él; y son, por consiguiente, las limitaciones inherentes a ti, inseparables de tu personalidad finita y de tu existencia material, las que determinan el tiempo y el lugar y las circunstancias en que puedes alcanzar la meta del viaje de ascensión mortal y gozar de la presencia del Padre en el centro de todas las cosas.

Aunque el acercamiento a la presencia del Padre en el Paraíso debe esperar a que alcancéis los más altos niveles finitos de progresión espiritual, debéis regocijaros en el reconocimiento de la posibilidad siempre presente de una comunión inmediata con el espíritu otorgado por el Padre y tan íntimamente asociado con vuestra alma y con vuestro ser espiritualizante.

Los mortales de los dominios del tiempo y el espacio pueden diferir grandemente en capacidades innatas y en dotes intelectuales, pueden contar con ambientes excepcionalmente favorables al avance social y al progreso moral, o bien pueden sufrir de la carencia de casi toda ayuda humana a la cultura y a los supuestos avances en las artes de la civilización; pero las posibilidades del progreso espiritual en la carrera de la ascensión son iguales para todos; es posible alcanzar niveles crecientes de discernimiento espiritual y de significados cósmicos independientemente de todas las diferencias sociomorales de los ambientes materiales diversificados en los mundos evolutivos.

Por mucho que los mortales de Urantia puedan diferir en sus oportunidades y dotes intelectuales, sociales, económicas e incluso morales, no olvidéis que su dote espiritual es uniforme y única. Todos ellos disfrutan de la misma presencia divina de la dádiva del Padre, y todos cuentan con el idéntico privilegio de poder procurar una íntima comunión personal con el espíritu residente de origen divino, a la vez que todos pueden igualmente elegir aceptar la uniforme dirección espiritual de estos Monitores Misteriosos.

Si el hombre mortal está sincera y espiritualmente motivado y consagrado sin reservas al hacer la voluntad del Padre, entonces, puesto que está tan certera y efectivamente dotado por el Ajustador divino que mora en él, no puede dejar de materializarse en la experiencia de ese individuo la conciencia sublime de conocer a Dios y la excelsa certidumbre de sobrevivir para el propósito de encontrar a Dios mediante la experiencia progresiva de hacerse cada vez más semejante a él.

El hombre está espiritualmente habitado por un Ajustador del Pensamiento sobreviviente. Si la mente de un hombre está sincera y espiritualmente motivada, si tal alma humana desea conocer a Dios y hacerse como él, si honestamente desea hacer la voluntad del Padre, no hay influencia negativa alguna de carencia mortal ni fuerza positiva de posible interferencia que pueda prevenir la ascensión certera de dicha alma divinamente motivada, hasta las puertas del Paraíso.

El Padre desea que todas sus criaturas estén en comunión personal con él. Él tiene un lugar en el Paraíso para recibir a todos los que por su estado de supervivencia y naturaleza espiritual hacen posible tal logro. Por lo tanto, asentad en vuestra filosofía ahora y para siempre: para cada uno de vosotros y para todos nosotros, Dios es accesible, el Padre es alcanzable, el camino está abierto; las fuerzas del amor divino y los medios y arbitrios de la administración divina se entrelazan para facilitar el avance de todas las inteligencias merecedoras de todos los universos hasta la presencia en el Paraíso del Padre Universal.

El hecho de que llegar hasta Dios conlleva un tiempo inmenso no hace menos real la presencia y personalidad del Infinito. Vuestra ascensión es una parte del circuito de los siete superuniversos, y aunque gires alrededor por veces incontables, puedes esperar, en espíritu y en estado, estar siempre avanzando hacia el centro. Puedes confiar en que serás trasladado de esfera a esfera, desde los circuitos exteriores hasta el centro interior, y algún día, no dudes, te encontrarás ante la presencia divina y central y le verás, figurativamente hablando, cara a cara. Es cuestión de alcanzar los niveles espirituales reales y literales; y a estos niveles espirituales puede llegar cualquier ser en que haya residido un Monitor Misterioso, y que posteriormente se haya fusionado eternamente con este Ajustador del Pensamiento.

El Padre no se oculta espiritualmente, pero muchas de sus criaturas se han ocultado en las brumas de sus propias decisiones obstinadas y por ahora se han distanciado de la comunión con su espíritu y el espíritu de su Hijo por haber elegido sus propios caminos perversos y por permitirse la arrogancia de sus mentes intolerantes y de sus naturalezas no espirituales.

El hombre mortal puede acercarse a Dios y puede abandonar repetidamente la voluntad divina mientras conserve la facultad de elegir. La sentencia del hombre no está sellada hasta cuando haya perdido la facultad de elegir la voluntad del Padre. El corazón del Padre no se cierra jamás a las necesidades y solicitudes de sus hijos. Son sus vástagos los que cierran sus corazones para siempre al poder de atracción del Padre cuando finalmente y para siempre pierden el deseo de hacer su divina voluntad: conocerle y ser semejante a él. Del mismo modo, el eterno destino del hombre está asegurado cuando la fusión con el Ajustador proclama al universo que ese ascendiente ha hecho la elección definitiva e irrevocable de vivir la voluntad del Padre.

El gran Dios hace contacto directo con la mente del hombre mortal y le otorga una parte de su ser infinito, eterno e incomprensible para que viva y habite dentro de él. Dios se ha embarcado en la aventura eterna con el hombre. Si cedéis a las fuerzas espirituales que moran dentro y en torno a vosotros no podréis dejar de alcanzar el alto destino establecido por un Dios amoroso como meta universal para sus criaturas ascendentes de los mundos evolutivos del espacio.

2. LA PRESENCIA DE DIOS

La presencia física del Infinito es la realidad del universo material. La presencia mental de la Deidad debe determinarse por la profundidad de la experiencia intelectual individual y por el nivel de la personalidad evolutiva. La presencia espiritual de la Divinidad necesariamente debe ser diferencial en el universo. La determina la capacidad espiritual de receptividad y el grado de consagración de la voluntad de la criatura al cumplimiento de la voluntad divina.

Dios vive en cada uno de sus hijos nacidos del espíritu. Los Hijos Paradisiacos siempre tienen acceso a la presencia de Dios, «la mano derecha del Padre», y todas sus personalidades criaturas tienen acceso al «seno del Padre». Esto se refiere al circuito de la personalidad, donde quiera, cuando quiera y como quiera se le contacte, o de otro modo presupone un contacto personal y autoconsciente y una comunión con el Padre Universal, ya sea en la morada central o en cualquier otro sitio designado, como por ejemplo en una de las siete esferas sagradas del Paraíso.

Sin embargo, la presencia divina no se puede descubrir en cualquier parte en la naturaleza o incluso en las vidas de los mortales que conocen a Dios tan plena y certeramente como en vuestro intento de comunión con el Monitor Misterioso residente, el Ajustador paradisiaco del Pensamiento. ¡Qué error soñar en un Dios remoto en los cielos cuando el espíritu del Padre Universal vive dentro de vuestra mente!

Es debido a este fragmento de Dios que reside en ti que puedes esperar, según progresas en armonía con la dirección espiritual del Ajustador, discernir más plenamente la presencia y el poder transformador de esas otras influencias espirituales que te rodean y sobrecogen pero que no funcionan como parte integrante de ti. El hecho de que no tienes intelectualmente conciencia de un contacto estrecho e íntimo con el Ajustador residente no refuta en lo más mínimo tan elevada experiencia. La prueba de la fraternidad con el Ajustador divino consiste totalmente en la naturaleza y grado de los frutos del espíritu que rinden en la experiencia vital del creyente. «Por sus frutos los conoceréis».

Es en extremo difícil para la mente material y escasamente espiritualizada del hombre mortal experimentar una conciencia marcada de las actividades espirituales de entidades divinas como los Ajustadores Paradisiacos. A medida que el alma, creación conjunta de la mente y del Ajustador, se hace cada vez más existente, también evoluciona una nueva fase de la conciencia del alma que es capaz de experimentar la presencia, y de reconocer la conducción espiritual y otras actividades supermateriales, de los Monitores Misteriosos.

La entera experiencia de comunión con el Ajustador implica un estado moral, una motivación mental, y una experiencia espiritual. La realización de tal logro se limita principalmente, aunque no exclusivamente, a los dominios de la conciencia del alma, pero las pruebas se producen y abundan en la manifestación de los frutos del espíritu en la vida de todos los que se ponen en contacto con ese espíritu interior.

3. LA VERDADERA ADORACIÓN

Aunque las Deidades del Paraíso, desde el punto de vista universal, son como una, en sus relaciones espirituales con seres como los que habitan Urantia son también tres personas distintas y separadas. Hay una diferencia entre los Dioses en lo que se refiere a las peticiones personales, la comunión y otras relaciones íntimas. En el sentido más elevado, adoramos al Padre Universal y sólo a él. Ciertamente, podemos adorar y adoramos al Padre según se manifiesta en sus Hijos Creadores, pero es el Padre, directa o indirectamente, a quien adoramos y rendimos culto.

Las súplicas de toda clase pertenecen al dominio del Hijo Eterno y a la organización espiritual del Hijo. Las oraciones, todas las comunicaciones formales, todo excepto la adoración y el culto del Padre Universal, son asuntos que conciernen al universo local; ordinariamente no salen fuera del ámbito de jurisdicción del Hijo Creador. Pero la adoración indudablemente entra en circuito y es enviada a la persona del Creador por el circuito de la personalidad del Padre. Creemos además que tal registro del homenaje de una criatura en quien habita un Ajustador se facilita por la presencia del espíritu del Padre. Existe cantidad enorme de pruebas que confirman dicha creencia, y yo sé que todos los tipos de fragmentos del Padre tienen facultades para registrar aceptablemente la adoración sincera de sus súbditos en la presencia del Padre Universal. Los Ajustadores indudablemente utilizan también canales directos prepersonales de comunicación con Dios, a la vez que también pueden utilizar los circuitos de gravedad del espíritu del Hijo Eterno.

La adoración es por su propio motivo; la oración incorpora un elemento de autointerés o interés en la criatura; ésa es la gran diferencia entre adoración y oración. No hay absolutamente ninguna autodemanda ni ningún otro elemento de interés personal en el culto verdadero; simplemente adoramos a Dios por lo que entendemos que es él. La adoración no pide nada ni espera nada en favor del que adora. No adoramos al Padre porque podamos derivar algo de tal veneración; rendimos devoción y nos dedicamos a la adoración como reacción espontánea y natural al reconocimiento de la incomparable personalidad del Padre y a causa de su naturaleza amante y de sus adorables atributos.

En el momento en que se introduce el elemento del autointerés en la adoración, en ese instante la devoción se traduce de adoración a oración y debería ser dirigida más propiamente a la persona del Hijo Eterno o del Hijo Creador. Pero en la experiencia religiosa práctica no existe ninguna razón por la cual la oración no deba dirigirse a Dios el Padre como parte de la adoración verdadera.

Cuando tratáis los asuntos prácticos de vuestra vida diaria, estáis en las manos de las personalidades espirituales que provienen de la Tercera Fuente y Centro; estáis cooperando con las agencias del Actor Conjunto. Así pues: vosotros adoráis a Dios; oráis y os comunicáis con el Hijo; y resolvéis los detalles de vuestra estadía terrestre en conexión con las inteligencias del Espíritu Infinito que opera en vuestro mundo y en todo vuestro universo.

Los Hijos Creadores o Soberanos que presiden los destinos del universo local están en el lugar del Padre Universal y del Hijo Eterno del Paraíso. Estos Hijos de los Universos reciben, en el nombre del Padre, la adoración del culto y prestan oído a las súplicas de sus súbditos peticionarios en cada una de las creaciones respectivas. Para los hijos de un universo local un Hijo Micael es, para todos los fines y propósitos prácticos, Dios. Es la personificación del Padre Universal y del Hijo Eterno en el universo local. El Espíritu Infinito mantiene contacto personal con los hijos de estos reinos a través de los Espíritus del Universo, las asociadas administrativas y creativas de los Hijos Creadores del Paraíso.

La adoración sincera connota la movilización de todos los poderes de la personalidad humana bajo la dominación del alma evolutiva y sujeto a la dirección divina del Ajustador del Pensamiento asociado. La mente de limitaciones materiales jamás puede llegar a estar altamente consciente del significado real de la adoración verdadera. La comprensión que el hombre tiene de la realidad de la experiencia del culto está principalmente determinada por el estado de desarrollo de su alma inmortal evolutiva. El crecimiento espiritual del alma tiene lugar de manera totalmente independiente de la autoconciencia intelectual.

La experiencia de la adoración consiste en el sublime intento del Ajustador asociado para comunicar al Padre divino los anhelos inefables y las aspiraciones inexpresables del alma humana: la creación conjunta de la mente mortal que busca a Dios y del Ajustador inmortal que lo revela. La adoración es, por lo tanto, el acto de consentimiento de la mente material al intento de su ser espiritualizante, bajo la dirección del espíritu asociado, de comunicarse con Dios como hijo de fe del Padre Universal. La mente mortal consciente en adorar; el alma inmortal anhela e inicia la adoración; la presencia del Ajustador divino dirige tal culto en nombre de la mente mortal y del alma inmortal evolutiva. El culto verdadero, en último análisis, se convierte en una experiencia llevada a cabo en cuatro niveles cósmicos: el intelectual, el morontial, el espiritual y el personal: la conciencia de la mente, el alma y el espíritu, y su unificación en la personalidad.

4. DIOS EN LA RELIGIÓN

La moralidad de las religiones de evolución *impulsa* a los hombres hacia adelante en la búsqueda de Dios, por el poder motivado por el temor. Las religiones de revelación *atraen* a los hombres a buscar a un Dios de amor porque anhelan hacerse semejantes a él. Pero la religión no es meramente un sentimiento pasivo de «absoluta dependencia» y «certidumbre de supervivencia»; es una experiencia viviente y dinámica de logro de la divinidad, basada en el servicio de la humanidad.

El grande e inmediato servicio de la verdadera religión es el establecimiento de una unidad perdurable en la experiencia humana, de una paz duradera y de una confianza profunda. En el hombre primitivo, hasta el politeísmo es una unificación relativa del concepto evolutivo de la Deidad; el politeísmo es monoteísmo en proceso de formación. Tarde o temprano, Dios está destinado a ser comprendido como realidad de los valores, substancia de los significados y vida de la verdad.

Dios no es sólo el determinador del destino; *es* el destino eterno del hombre. Todas las actividades humanas no religiosas procuran someter el universo al deformante servicio del yo; el individuo verdaderamente religioso intenta identificar el yo con el universo y luego dedicar las actividades de este yo unificado al servicio de la familia universal de sus semejantes, humanos y sobrehumanos.

Los dominios de la filosofía y el arte, están entre las actividades no religiosas y las actividades religiosas del ser humano. A través del arte y la filosofía el hombre de mente material es inducido a la contemplación de las realidades espirituales y los valores universales de significado eterno.

Todas las religiones enseñan la adoración de la Deidad y alguna doctrina de salvación humana. La religión budista promete salvación del sufrimiento, paz sin fin; la religión judía promete salvación de las dificultades, prosperidad basada en la rectitud; la religión griega prometía salvación de la falta de armonía, fealdad, mediante la realización de la belleza; el cristianismo promete salvación del pecado, santidad; el mahometismo ofrece liberación de las rigurosas normas morales del judaísmo y del cristianismo. La religión de Jesús *es* salvación del yo, liberación de los males del aislamiento de la criatura en el tiempo y en la eternidad.

Los hebreos basaban su religión en la bondad; los griegos, en la belleza; ambas religiones buscaban la verdad. Jesús reveló un Dios de amor, y el amor abarca la totalidad de la verdad, la belleza y la bondad.

Los zoroástricos tenían una religión moral; los hindúes, una religión de metafísica; los confucionistas, una religión de ética. Jesús vivió una religión de servicio. Todas estas religiones son valiosas en la medida en que son aproximaciones válidas a la religión de Jesús. La religión está destinada a convertirse en la realidad de la unificación espiritual de todo lo que es bueno, bello y verdadero en la experiencia humana.

La religión griega tenía una máxima «conócete a ti mismo»; los hebreos centraban su doctrina en «conoce a tu Dios»; los cristianos predican un evangelio que tiene por objeto el «conocimiento del Señor Jesucristo»; Jesús proclamó la buena nueva de que «conoce a Dios y conócete a ti mismo como un hijo de Dios». Estos conceptos diferentes del propósito de la religión determinan la actitud del individuo en distintas situaciones de la vida y prefiguran la profundidad del culto y naturaleza de los hábitos personales de oración. Se puede determinar el estado espiritual de cualquier religión por la naturaleza de sus oraciones.

El concepto de un Dios semihumano y celoso es una transición inevitable entre el politeísmo y el monoteísmo sublime. Un antropomorfismo exaltado es el nivel más alto de logro de una religión puramente evolutiva. El cristianismo ha elevado el concepto de antropomorfismo desde el ideal de lo humano hasta el concepto trascendente y divino de la persona del Cristo glorificado. Y éste es el antropomorfismo más elevado que el hombre puede concebir jamás.

El concepto cristiano de Dios es un intento de combinar tres enseñanzas separadas:

1. *El concepto hebreo*: Dios como vindicador de los valores morales, un Dios justo.
2. *El concepto griego*: Dios como unificador, un Dios de sabiduría.
3. *El concepto de Jesús:* Dios como amigo viviente, Padre amante, la presencia divina.

Debe por lo tanto ser evidente que la teología cristiana compuesta, encuentra gran dificultad en alcanzar consistencia. Esta dificultad se agrava aún más por el hecho de que las doctrinas del cristianismo primitivo generalmente se basaban en la experiencia religiosa de tres personas diferentes: Filo de Alejandría, Jesús de Nazaret y Pablo de Tarso.

Al estudiar la vida religiosa de Jesús, visualizadle positivamente. No penséis tanto en su falta de pecado sino en su rectitud, su servicio amante. Jesús superó el amor pasivo comprendido en el concepto hebreo del Padre celestial por el afecto más alto y mucho más *activo* y amante de un Dios que es el Padre de todos los individuos, incluso de los descarriados.

5. LA CONCIENCIA DE DIOS

La moral tiene su origen en la razón de la autoconciencia; es superanimal pero completamente evolutiva. La evolución humana abarca en su desarrollo todas las dotes que anteceden a la dádiva de los Ajustadores y al esparcimiento del Espíritu de la Verdad. Pero el alcanzar niveles de moralidad no libera al hombre de las luchas reales de la vida mortal. El ambiente físico del hombre acarrea la batalla por la existencia; el entorno social demanda ajustes éticos; las situaciones morales exigen hacer elecciones en los dominios más elevados de la razón; la experiencia espiritual (el haber concebido a Dios) exige que el hombre lo encuentre y sinceramente intente parecerse a él.

La religión no se funda en los hechos de la ciencia, ni en las obligaciones de la sociedad, ni en las hipótesis de la filosofía, ni en los deberes implícitos de la moralidad. La religión es un ámbito independiente de respuesta humana a las situaciones de la vida y aparece indefectiblemente en todas las etapas postmorales del desarrollo humano. La religión puede penetrar los cuatro niveles de comprensión de los valores y del disfrute de la fraternidad universal: el nivel físico o material de autopreservación; el nivel social o emocional de fraternidad; el nivel moral o de deber de la razón; el nivel espiritual de la conciencia de la fraternidad universal a través de la adoración divina.

El científico que investiga los hechos concibe a Dios como la Primera Causa, un Dios de fuerza. El artista emotivo ve a Dios como el ideal de la belleza, un Dios de la estética. El filósofo razonador a veces tiende a proponer un Dios de unidad universal, incluso una Deidad panteísta. El religioso de fe cree en un Dios que fomenta la supervivencia, el Padre que está en los cielos, el Dios de amor.

La conducta moral es siempre un antecedente de la religión evolucionada y aun forma parte de la religión revelada, pero no es nunca la totalidad de la experiencia religiosa. El servicio social es el resultado de un pensamiento moral y de un vivir religioso. La moralidad no conduce biológicamente a los más elevados niveles espirituales de la experiencia religiosa. La adoración de la belleza abstracta no es el culto a Dios; como tampoco lo es la exaltación de la naturaleza ni la reverencia de la unidad.

La religión evolutiva es la madre de la ciencia, el arte y la filosofía que elevaron al hombre al nivel de receptividad de la religión revelada, incluyendo la dádiva de los Ajustadores y la venida del Espíritu de la Verdad. El cuadro evolutivo de la existencia humana comienza y termina con la religión, aunque se trate de muy diferentes clases de religión, una evolutiva y biológica, la otra revelada y periódica. Así pues, aunque la religión es normal y natural para el hombre, es también optativa. El hombre no tiene que ser religioso contra su voluntad.

La experiencia religiosa, siendo esencialmente espiritual, no puede nunca ser plenamente comprendida por la mente material; de aquí la función de la teología, la psicología de la religión. La doctrina esencial de la comprensión humana de Dios crea una paradoja en el entendimiento finito. Es casi imposible para la lógica humana y para la razón finita armonizar el concepto de la inmanencia divina, Dios dentro de cada individuo y como parte de él, con la idea de la trascendencia del Dios, la dominación divina del universo de los universos. Estos dos conceptos esenciales de la Deidad deben unificarse en la comprensión por la fe del concepto de la trascendencia de un Dios personal y en la comprensión de la presencia interior de un fragmento de ese Dios, a fin de justificar el culto inteligente y validar la esperanza de la supervivencia de la personalidad. Las dificultades y paradojas de la religión son inherentes en el hecho de que las realidades de la religión están absolutamente más allá de la capacidad mortal de comprensión intelectual.

El hombre mortal obtiene tres grandes satisfacciones de la experiencia religiosa, incluso en los días de su estadía temporal en la tierra:

1. *Intelectualmente* adquiere la satisfacción de una conciencia humana más unificada.

2. *Filosóficamente* disfruta de la substanciación de sus ideales de valores morales.

3. *Espiritualmente* prospera en la experiencia de la compañía divina, en las satisfacciones espirituales de la verdadera adoración.

La conciencia de Dios, como la experimenta un mortal evolutivo de los reinos, debe constar de tres factores variables, tres niveles diferenciales de comprensión de la realidad. Primero está la conciencia intelectual: la comprensión de la *idea* de Dios. Luego le sigue la conciencia del alma: la comprensión del *ideal* de Dios. Finalmente surge la conciencia del espíritu: la comprensión de la *realidad espiritual* de Dios. Mediante la unificación de estos factores de comprensión divina, no importa cuán incompleta sea, la personalidad mortal en todo momento rebasa todos los niveles conscientes con una comprensión de la *personalidad* de Dios. En aquellos mortales que han alcanzado el Cuerpo de la Finalidad todo esto conducirá con el tiempo a la comprensión de la *supremacía* de Dios y puede posteriormente resultar en la comprensión de la *ultimidad* de Dios, una fase de la superconciencia absonita del Padre Paradisiaco.

La experiencia de la conciencia de Dios permanece idéntica de generación en generación, pero con los adelantos de cada época en conocimiento humano, el concepto filosófico y las definiciones teológicas de Dios *deben* cambiar. La experiencia de conocer a Dios, la conciencia religiosa, es una realidad universal, pero independientemente de cuán válida (real) sea la experiencia religiosa, debe estar dispuesta a someterse a la crítica inteligente y a una interpretación filosófica razonable; no debe tratar de ser una cosa separada de la totalidad de la experiencia humana.

La supervivencia eterna de la personalidad depende completamente de la elección de la mente mortal, cuyas decisiones determinan el potencial de supervivencia del alma inmortal. Cuando la mente cree en Dios y el alma conoce a Dios, y cuando, y con el Ajustador ayudante, todos ellos *desean* a Dios, entonces la supervivencia es segura. Las limitaciones del intelecto, las restricciones de la educación, la carencia de cultura, el empobrecimiento del estado social, incluso la inferioridad de las normas morales humanas que resultan de la infortunada falta de ventajas de instrucción, cultura o posición social, no pueden invalidar la presencia del espíritu divino en tales individuos tan desafortunados y humanamente limitados, pero creyentes. La residencia del Monitor Misterioso constituye el comienzo y asegura la posibilidad del potencial de crecimiento y supervivencia del alma inmortal.

La capacidad de procrear de los padres mortales no se basa en su situación cultural, social, económica o de instrucción. La unión de los factores de los progenitores bajo condiciones naturales es más que suficiente para iniciar un vástago. Una mente humana que discierna el bien y el mal y que posea la capacidad de adorar a Dios, en unión con el Ajustador divino, es todo lo que se requiere en ese mortal para iniciar y fomentar la producción en su alma inmortal de las cualidades de supervivencia, si ese individuo espiritualmente dotado busca a Dios y sinceramente desea llegar a ser como él, y honestamente elige hacer la voluntad del Padre que está en los cielos.

6. EL DIOS DE LA PERSONALIDAD

El Padre Universal es el Dios de las personalidades. El dominio de la personalidad en el universo, desde la criatura mortal y material más inferior hasta los seres más elevados con dignidad de creador y condición divina, tiene su centro y circunferencia en el Padre Universal. Dios el Padre es el otorgador y el conservador de toda personalidad. Y el Padre Paradisiaco es asímismo el destino de todas las personalidades finitas que sinceramente eligen hacer la voluntad divina, los que aman a Dios y anhelan ser como él.

La personalidad es uno de los misterios no resueltos de los universos. Podemos formar conceptos apropiados de los factores que entran en la composición de las diversas órdenes y niveles de personalidades, pero no comprendemos plenamente la verdadera naturaleza de la personalidad misma. Percibimos claramente los numerosos factores que, cuando se combinan, constituyen el vehículo de la personalidad humana, pero no comprendemos plenamente la naturaleza y significación de tal personalidad finita.

La personalidad es potencial en todas las criaturas que poseen una dote de mente, desde un mínimo de autoconciencia hasta un máximo de conciencia de Dios. Pero la dote mental por sí sola no es personalidad, ni tampoco el espíritu ni la energía física. La personalidad es la cualidad y valor en la realidad cósmica exclusivamente otorgada por Dios el Padre a estos sistemas vivientes de energías asociadas y coordinadas de materia, mente y espíritu. La personalidad no es tampoco un logro progresivo. La personalidad puede ser material o espiritual, pero o hay personalidad o no hay personalidad. Lo que es distinto de personal no alcanza nunca el nivel de lo personal excepto por la acción directa del Padre del Paraíso.

El otorgamiento de la personalidad es la función exclusiva del Padre Universal, la personalización de los sistemas vivientes de energía que él otorga con los atributos de conciencia creadora relativa y con el correspondiente control en forma de libre albedrío. No hay personalidad aparte de Dios el Padre, y no existe personalidad ninguna sino por Dios el Padre. Los atributos fundamentales del yo humano, así como el núcleo en forma de Ajustador absoluto de la personalidad humana, son dones del Padre Universal, que actúa en su dominio exclusivamente personal del ministerio cósmico.

Los Ajustadores de estado prepersonal, habitan numerosos tipos de criaturas mortales, asegurando así que estos mismos seres puedan sobrevivir la muerte para personalizarse como criaturas morontiales, con la posibilidad de alcanzar el último logro espiritual. Porque, cuando un fragmento del espíritu del Dios eterno, la dádiva prepersonal del Padre personal, habita la mente de tal criatura dotada de personalidad, ciertamente esta personalidad finita posee el potencial de lo divino y lo eterno y aspira a un destino semejante al Último, aun a un intento de comprensión de lo Absoluto.

La capacidad para la personalidad divina es intrínseca en el Ajustador prepersonal; la capacidad para la personalidad humana existe potencialmente en la dote de la mente cósmica del ser humano. Pero la personalidad experiencial del hombre mortal no es observable como una realidad activa y funcional hasta después de que el vehículo de la vida material de la criatura mortal haya sido tocado por la divinidad liberadora del Padre Universal, siendo así lanzado a los mares de la experiencia como personalidad autoconsciente, autodeterminada (relativamente) y autocreadora. El yo material es verdadera e *incualificablemente personal.*

El yo material tiene personalidad e identidad, identidad temporal; el Ajustador espiritual prepersonal también tiene identidad, identidad eterna. Esta personalidad material y esta prepersonalidad espiritual son capaces de unir de tal manera sus atributos creadores para traer a la existencia la identidad superviviente del alma inmortal.

Así que habiendo proporcionado los medios para el crecimiento del alma inmortal y habiendo liberado al ser interior del hombre de las cadenas de la dependencia absoluta de la causación antecedente, el Padre se hace a un lado. Ahora bien, el hombre ya liberado de las cadenas de la respuesta a la causación, al menos en lo tocante al destino eterno, y habiéndose proporcionado los medios para el crecimiento del yo inmortal, del alma, la creación o la inhibición de la creación de este yo superviviente y eterno que es suyo por elección depende de la voluntad del hombre. Ningún otro ser, fuerza, creador, ni agencia en todo el vasto universo de los universos puede interferir en medida alguna en la absoluta soberanía del libre albedrío del ser mortal, tal como éste opera en el ámbito de la elección, en lo que se refiere al destino eterno de la personalidad del mortal que hace su elección. En lo que toca a la supervivencia eterna, Dios ha decretado la soberanía de la voluntad material y mortal, y ese decreto es absoluto.

El otorgamiento de personalidad a la criatura confiere una liberación relativa a partir de la respuesta esclavizada a la causación antecedente, y las personalidades de todos estos seres morales, evolutivos u otros, están centradas en la personalidad del Padre Universal. Ellos son atraídos siempre hacia su presencia en el Paraíso por esa afinidad del ser que constituye el vasto y universal círculo familiar y el circuito fraterno del Dios eterno. Existe un parentesco de espontaneidad divina en toda personalidad.

El circuito de personalidad del universo de los universos está centrado en la persona del Padre Universal, y el Padre Paradisiaco es personalmente consciente de todas las personalidades de todos los niveles de existencia autoconsciente y se mantiene en contacto personal con ellas. Y esta conciencia de personalidad de toda la creación existe independientemente de la misión de los Ajustadores del Pensamiento.

Tal como toda la gravedad está puesta en circuito en la Isla del Paraíso, y toda mente está puesta en circuito en el Actor Conjunto y todo espíritu en el Hijo Eterno, del mismo modo toda personalidad está puesta en circuito en la presencia personal del Padre Universal, y este circuito transmite infaliblemente la adoración de todas las personalidades a la Personalidad Original y Eterna.

Respecto de aquellas personalidades que no son habitadas por un Ajustador, también el Padre Universal les ha concedido la libertad de elección y tales personas están asimismo incluidas en el gran circuito del amor divino, el circuito de personalidad del Padre Universal. Dios concede elección soberana a todas las personalidades auténticas. No se puede forzar a ninguna criatura personal a emprender la aventura eterna; las puertas de la eternidad se abren tan sólo en respuesta a la libre elección de los hijos dotados de libre albedrío, del Dios de libre albedrío.

Y he aquí pues mis esfuerzos para presentar la relación del Dios viviente con los hijos del tiempo. Una vez que esté todo dicho y hecho, no puedo hacer nada más beneficioso que reiterar que Dios es vuestro Padre en el universo, y que todos vosotros sois sus hijos planetarios.

[Éste es el quinto y último documento de la serie en que un Consejero Divino de Uversa presenta la descripción del Padre Universal.]

DOCUMENTO 6

EL HIJO ETERNO

EL Hijo Eterno es la expresión perfecta y final del «primer» concepto personal y absoluto del Padre Universal. Consecuentemente, en cualquier tiempo y circunstancia en que el Padre se expresa de manera personal y absoluta, lo hace a través de su Hijo Eterno, quien siempre ha sido, es y será siempre, el Verbo viviente y divino. Y este Hijo Eterno reside en el centro de todas las cosas, en asociación con el Padre Eterno y Universal y envolviendo inmediatamente su presencia personal.

Hablamos del «primer» pensamiento de Dios y aludimos a un origen temporal imposible del Hijo Eterno con el fin de ganar acceso a los canales de pensamiento del intelecto humano. Estas distorsiones de lenguaje representan nuestro esfuerzo por hacer contacto y llegar a un compromiso con las mentes de las criaturas mortales sujetas al tiempo. En un sentido de secuencia, el Padre Universal no pudo nunca haber tenido un primer pensamiento, ni el Hijo Eterno pudo nunca haber tenido principio. Pero se me ha instruido que describa las realidades de la eternidad a la mente de los mortales limitada por el tiempo mediante estos símbolos intelectuales y que designe las relaciones de la eternidad mediante estos conceptos temporales de secuencia.

El Hijo Eterno es la personalización espiritual del concepto universal e infinito de la realidad divina, del espíritu no cualificado, y de la personalidad absoluta del Padre del Paraíso. Por ello el Hijo constituye la revelación divina de la identidad creadora del Padre Universal. La personalidad perfecta del Hijo revela que el Padre es realmente el origen eterno y universal de todos los significados y valores de lo espiritual, lo volitivo, lo que tiene propósito, y lo personal.

En un esfuerzo para intentar capacitar la mente finita del tiempo a que forme un concepto secuencial de las relaciones de los seres eternos e infinitos de la Trinidad del Paraíso, utilizamos licencias de concepción tales como la de referirnos al «primer concepto personal, universal e infinito del Padre». Es imposible para mí transmitir a la mente humana una idea adecuada de las relaciones eternas de las Deidades; por lo tanto empleo términos que otorgan a la mente finita un embrión de idea de la relación de estos seres eternos en las edades subsiguientes del tiempo. Creemos que el Hijo surgió del Padre; se nos enseña que ambos son no cualificadamente eternos. Es aparente, por lo tanto, que ninguna criatura temporal puede llegar a comprender jamás plenamente este misterio de un Hijo que es derivado del Padre, y que sin embargo es coordinadamente eterno con el Padre mismo.

1. LA IDENTIDAD DEL HIJO ETERNO

El Hijo Eterno es el Hijo original y unigénito de Dios. Él es Dios el Hijo, la Segunda Persona de la Deidad y el creador asociado de todas las cosas. Tal como el Padre es la Primera Gran Fuente y Centro, así el Hijo Eterno es la Segunda Gran Fuente y Centro.

El Hijo Eterno es el centro espiritual y el administrador divino del gobierno espiritual del universo de los universos. El Padre Espiritual es en primer lugar un creador y luego un controlador; el Hijo Eterno es primero un cocreador y luego un *administrador espiritual.* «Dios es espíritu», y el Hijo es una revelación personal de ese espíritu. La Primera Fuente y Centro es el Absoluto Volitivo; la Segunda Fuente y Centro es el Absoluto de Personalidad.

El Padre Universal nunca funciona personalmente como creador excepto en conjunción con el Hijo o con la acción coordinada del Hijo. Si el escritor del Nuevo Testamento se hubiera referido al Hijo Eterno, habría proclamado la verdad cuando escribió: «En el principio era el Verbo, y el Verbo estaba con Dios, y el Verbo era Dios. Todas las cosas por él fueron hechas, y sin él nada de lo que ha sido hecho fue hecho».

Cuando un Hijo del Hijo Eterno apareció en Urantia, los que fraternizaron con este ser divino en forma humana se refirieron a él como «Aquel que era desde el principio, a quien hemos oído, a quien hemos visto con nuestros ojos, a quien hemos contemplado, a quien han palpado nuestras manos, el Verbo de Vida». Y este Hijo otorgado verdaderamente provino del Padre, tal como provino el Hijo Original, como se sugiere en una de sus oraciones terrestres: «Y ahora, Padre mío, glorifícame con tu propio ser, con la gloria que tuve contigo antes de que este mundo fuese».

Al Hijo Eterno se le conoce por nombres diferentes en los distintos universos. En el universo central se le conoce como la Fuente Coordinada, el Cocreador, y el Absoluto Asociado. En Uversa, que es la sede central de este superuniverso, designamos al Hijo como el Centro Coordinado del Espíritu y como el Administrador Eterno del Espíritu. En Salvington, la sede central de vuestro universo local, este Hijo está inscrito como la Segunda Fuente Eterna y Centro. Los Melquisedek se refieren a él como el Hijo de Hijos. En vuestro mundo, pero no en vuestro sistema de esferas habitadas, este Hijo Original ha sido confundido con un Hijo Creador coordinado, Micael de Nebadon, que se otorgó a las razas mortales de Urantia.

Aunque todos los Hijos del Paraíso pueden ser llamados con toda propiedad Hijos de Dios, tenemos el hábito de reservar el nombre de «el Hijo Eterno» para este Hijo Original, la Segunda Fuente y Centro, cocreador con el Padre Universal del universo central de poder y perfección y cocreador de todos los demás Hijos divinos que surgen de las Deidades infinitas.

2. LA NATURALEZA DEL HIJO ETERNO

El Hijo Eterno es tan inmutable e infinitamente digno de confianza como el Padre Universal. Es también tan espiritual como el Padre, un espíritu verdaderamente ilimitado como el Padre. Para vosotros los de origen humilde, el Hijo parecería ser más personal puesto que está un paso más próximo a vosotros en accesibilidad que el Padre Universal.

El Hijo Eterno es el Verbo Eterno de Dios. Es totalmente semejante al Padre; en efecto, el Hijo Eterno es Dios el Padre como se manifiesta personalmente al universo de los universos. Así fue y es y será por siempre cierto del Hijo Eterno y de todos los Hijos Creadores coordinados: «El que ha visto al Hijo, ha visto al Padre».

En su naturaleza, el Hijo es totalmente como el Padre del espíritu. Cuando adoramos al Padre Universal, en realidad estamos adorando al mismo tiempo a Dios el Hijo y a Dios el Espíritu. Dios el Hijo es tan divinamente real y eterno en su naturaleza como Dios el Padre.

El Hijo no sólo posee toda la rectitud infinita y trascendente del Padre sino que el Hijo refleja también toda la santidad de carácter del Padre. El Hijo comparte la perfección del Padre y comparte en forma conjunta la responsabilidad de ayudar a todas las criaturas de imperfección en sus esfuerzos espirituales por alcanzar la perfección divina.

El Hijo Eterno posee todo el carácter de divinidad y los atributos de espiritualidad del Padre. El Hijo es la plenitud de la absolutez de Dios en personalidad y espíritu, y estas cualidades el Hijo las revela en su manejo personal del gobierno espiritual del universo de los universos.

Dios es, en realidad, un espíritu universal; Dios es espíritu; y esta naturaleza espiritual del Padre se centra y personaliza en la Deidad del Hijo Eterno. En el Hijo todas las características espirituales al parecer se han ampliado grandemente por su diferenciación de la universalidad de la Primera Fuente y Centro. Y tal como el Padre comparte su naturaleza espiritual con el Hijo, así también ambos comparten plenamente y sin reservas el espíritu divino con el Actor Conjunto, el Espíritu Infinito.

En el amor a la verdad y en la creación de la belleza, el Padre y el Hijo son iguales excepto que el Hijo *parece* dedicarse más a la realización de la belleza exclusivamente espiritual de los valores universales.

En la bondad divina yo no discierno ninguna diferencia entre el Padre y el Hijo. El Padre ama a los hijos de su universo como un padre; el Hijo Eterno contempla a todas las criaturas tanto como padre y como hermano.

3. EL MINISTERIO DEL AMOR DEL PADRE

El Hijo participa de la justicia y la rectitud de la Trinidad, pero estas características de divinidad están veladas por la personalización infinita del amor y la misericordia del Padre; el Hijo es la revelación del amor divino a los universos. Tal como Dios es amor, así el Hijo es misericordia. El Hijo no puede amar más que el Padre, pero puede mostrar misericordia a las criaturas de otra manera más, porque no sólo es un creador primordial como el Padre, sino que es también el Hijo Eterno del mismo Padre, participando así de la experiencia de filiación de todos los otros hijos del Padre Universal.

El Hijo Eterno es el gran ministro de la misericordia a toda la creación. La misericordia es la esencia del carácter espiritual del Hijo. Los mandatos del Hijo Eterno, tal como salen de los circuitos espirituales de la Segunda Fuente y Centro, son afinados en las notas de la misericordia.

Para entender el amor del Hijo Eterno, debéis percibir primero su origen divino, el Padre, que es amor, y luego contemplar el despliegue de este afecto infinito en el vastísimo ministerio del Espíritu Infinito y sus huestes casi ilimitadas de personalidades ministradoras.

El ministerio del Hijo Eterno está dedicado a la revelación del Dios de amor ante el universo de los universos. Este Hijo divino no se ocupa de la innoble tarea de tratar de persuadir a su Padre indulgente a que ame a sus criaturas inferiores y sea misericordioso con los seres descarriados temporales. ¡Cuán erróneo imaginar al Hijo Eterno apelando ante el Padre Universal para que sea misericordioso para con sus criaturas inferiores en los mundos materiales del espacio! Tales conceptos de Dios son groseros y grotescos. Más bien deberíais daros cuenta de que todas las ministraciones misericordiosas de los Hijos de Dios son una revelación directa del corazón de amor universal e infinita compasión del Padre. El amor del Padre es el origen real y eterno de la misericordia del Hijo.

Dios es amor, el Hijo es misericordia. La misericordia es amor aplicado, es el amor del Padre en acción en la persona de su Hijo Eterno. El amor de este Hijo Universal es asímismo universal. Si pensamos en el concepto de amor como se lo entiende en un planeta con sexos, podemos decir que el amor de Dios es más comparable al amor de un padre, mientras que el amor del Hijo Eterno se asemeja más al afecto de una madre. Ciertamente crudas son estas simples ilustraciones, pero las empleo con la esperanza de transmitir a la mente humana la idea de que existe una diferencia, no en contenido divino sino en calidad y técnicas de expresión, entre el amor del Padre y el amor del Hijo.

4. LOS ATRIBUTOS DEL HIJO ETERNO

El Hijo Eterno motiva el nivel espiritual de la realidad cósmica; el poder espiritual del Hijo es absoluto en relación con todas las actualidades del universo. Él ejerce un perfecto control sobre la interasociación de toda la energía espiritual indiferenciada y sobre toda la realidad espiritual actualizada mediante su captación absoluta de la gravedad del espíritu. Todo el espíritu puro y no fragmentado y todos los seres y valores espirituales responden al infinito poder de atracción del Hijo original del Paraíso. Y si el futuro eterno hubiera de presenciar la aparición de un universo ilimitado, la gravedad del espíritu y el poder espiritual del Hijo Original resultarían totalmente adecuados para el control espiritual y la efectiva administración de esa creación sin límites.

El Hijo es omnipotente solamente en el dominio espiritual. En la economía eterna de la administración del universo, no se encuentran jamás repeticiones derrochadoras e innecesarias de una función; las Deidades no son dadas a la duplicación inútil del ministerio universal.

La omnipresencia del Hijo Original constituye la unidad espiritual del universo de los universos. La cohesión espiritual de toda creación se basa en la presencia ubicua y activa del espíritu divino del Hijo Eterno. Al concebir la presencia espiritual del Padre, nos resulta difícil diferenciarla en nuestro pensamiento de la presencia espiritual del Hijo Eterno. El espíritu del Padre reside eternamente en el espíritu del Hijo.

El Padre debe ser espiritualmente omnipresente, pero tal omnipresencia parece ser inseparable de las actividades espirituales ubicuas del Hijo Eterno. Creemos, sin embargo, que en todas las situaciones en que ocurra la presencia de naturaleza espiritualmente dual del Padre-Hijo, el espíritu del Hijo es coordinado con el espíritu del Padre.

En su contacto con la personalidad, el Padre actúa en el circuito de la personalidad. En su contacto personal y detectable con la creación espiritual, aparece en los fragmentos de la totalidad de su Deidad, y estos fragmentos del Padre tienen una función solitaria, única y exclusiva en cualquier momento y lugar en que aparezcan en los universos. En todas las situaciones de este tipo el espíritu del Hijo se encuentra coordinado con la función espiritual de la presencia fragmentada del Padre Universal.

Espiritualmente el Hijo Eterno es omnipresente. El espíritu del Hijo Eterno está ciertamente con vosotros y en torno a vosotros, pero no dentro de vosotros ni como parte de vosotros como lo es el Monitor Misterioso. El fragmento residente del Padre ajusta la mente humana a actitudes progresivamente divinas, de modo que esa mente ascendente responde cada vez más al poder de atracción espiritual del circuito todopoderoso de gravedad-espíritu de la Segunda Fuente y Centro.

El Hijo Original es universal y espiritualmente autoconsciente. En sabiduría, el Hijo es completamente igual al Padre. En los dominios del conocimiento, de la omniciencia, no podemos distinguir entre las Fuentes Primera y Segunda; al igual que el Padre, el Hijo lo sabe todo; ningún acontecimiento universal le sorprende jamás; él comprende el fin desde el comienzo.

El Padre y el Hijo conocen realmente el número y el paradero de todos los espíritus y seres espiritualizados en el universo de los universos. No sólo el Hijo conoce todas las cosas por virtud de su propio espíritu omnipresente, sino que el Hijo, al igual que el Padre y el Actor Conjunto, es plenamente conocedor de la vasta información que proviene por la reflectividad del Ser Supremo, cuya información está en todo momento al corriente de todas las cosas que acontecen en todos los mundos de los siete superuniversos. Y hay otros modos en que el Hijo del Paraíso es omnisciente.

El Hijo Eterno, como personalidad espiritual amante, misericordiosa y ministradora, es total e infinitamente igual al Padre Universal, mientras que en todos esos contactos personales misericordiosos y amorosos con los seres ascendentes de los reinos más bajos, el Hijo Eterno es tan generoso y considerado, tan paciente y magnánimo, como lo son sus Hijos Paradisiacos en los universos locales, quienes tan frecuentemente se otorgan a los mundos evolutivos del tiempo.

Es innecesario explayarse aún más sobre los atributos del Hijo Eterno. Basta con tener en cuenta las excepciones apuntadas aquí, y estudiar los atributos espirituales de Dios el Padre para entender y evaluar correctamente los atributos de Dios el Hijo.

5. LAS LIMITACIONES DEL HIJO ETERNO

El Hijo Eterno no funciona personalmente en los dominios físicos, ni tampoco funciona, excepto a través del Actor Conjunto, en los niveles del ministerio de la mente a los seres creados. Pero estas condiciones no limitan en modo alguno al Hijo Eterno en el pleno y libre ejercicio de todos los atributos divinos de omnisciencia, omnipresencia y omnipotencia *espirituales*.

El Hijo Eterno no invade personalmente las potencialidades del espíritu inherentes a la infinidad del Absoluto de Deidad, pero a medida que estos potenciales se hacen actualidad, caen dentro del dominio todopoderoso del circuito de gravedad espiritual del Hijo.

La personalidad es el don exclusivo del Padre Universal. El Hijo Eterno deriva la personalidad del Padre, pero sin el Padre no otorga personalidad. El Hijo da origen a vastas huestes de espíritus, pero tales derivaciones no son personalidades. Cuando el Hijo crea personalidad, lo hace en conjunción con el Padre o con el Creador Conjunto, quien puede actuar por el Padre en tales relaciones. El Hijo Eterno es pues un cocreador de personalidades, pero no otorga personalidad a ningún ser; de sí mismo, y por sí solo, nunca crea seres personales. Sin embargo, esta limitación de acción no priva al Hijo de su capacidad de crear cualquiera y todos los tipos de realidad distinta de la realidad personal.

El Hijo Eterno está limitado en la transmisión de las prerrogativas de creador. El Padre, al eternizar al Hijo Original, le otorgó el poder y el privilegio de unirse posteriormente con el Padre en el acto divino de producir Hijos adicionales que poseyeran atributos creadores, y esto han hecho y lo están haciendo. Pero una vez que han producido estos Hijos coordinados, las prerrogativas de creación al parecer dejan de ser transmisibles. El Hijo Eterno transmite poderes creativos sólo a la personalización primera o directa. Por lo tanto, cuando el Padre y el Hijo se unen para personalizar un Hijo Creador, logran su propósito; pero el Hijo Creador que viene a existir de este modo jamás puede transmitir ni delegar las prerrogativas de creación a las diversas órdenes de Hijos que pueda crear posteriormente, pese a que, en los Hijos más altos del universo local, aparece un reflejo muy limitado de los atributos creativos de un Hijo Creador.

El Hijo Eterno, como ser infinito y exclusivamente personal, no puede fragmentar su naturaleza, no puede distribuir y otorgar porciones individualizadas de su ser a otras entidades o personas como lo hacen el Padre Universal y el Espíritu Infinito. Pero el Hijo puede otorgarse y se otorga como espíritu ilimitado para bañar toda la creación e incesantemente atraer hacia sí todas las personalidades y realidades espirituales.

Recordad siempre que el Hijo Eterno es la representación personal del Padre espiritual para toda la creación. El Hijo es personal y nada más que personal en el sentido de la Deidad; tal personalidad divina y absoluta no puede desintegrarse ni fragmentarse. Dios el Padre y Dios el Espíritu son verdaderamente personales, pero son también todo lo demás, además de ser tales personalidades de la Deidad.

Aunque el Hijo Eterno no puede participar personalmente en el otorgamiento de los Ajustadores del Pensamiento, en el pasado eterno participó en concilio con el Padre Universal, aprobando el plan y prometiendo cooperación interminable, cuando el Padre, al proyectar la dádiva de los Ajustadores del Pensamiento, propuso al Hijo: «Hagamos al hombre mortal a nuestra propia imagen». Y así como el fragmento espiritual del Padre habita en ti, la presencia espiritual del Hijo te envuelve, a la vez que ambos laboran eternamente como uno solo para tu avance espiritual.

6. LA MENTE DEL ESPÍRITU

El Hijo Eterno es espíritu y tiene mente, pero no una mente ni un espíritu que la mente mortal pueda comprender. El hombre mortal percibe la mente en los niveles finito, cósmico, material y personal. El hombre también observa los fenómenos mentales en organismos vivientes que funcionan en el nivel subpersonal (animal), pero le resulta difícil comprender la naturaleza de la mente cuando se asocia con seres supermateriales o cuando es parte de personalidades exclusivamente espirituales. Sin embargo, la mente debe definirse de manera distinta cuando se refiere al nivel espiritual de la existencia, y cuando se la usa para denotar funciones espirituales de la inteligencia. El tipo de mente que se alía directamente con el espíritu no es comparable ni con la mente que coordina espíritu y materia ni con la mente que sólo se alía con la materia.

El espíritu está siempre consciente, tiene mente y posee varias fases de identidad. Sin mente de alguna fase, no habría conciencia espiritual alguna en la fraternidad de los seres espirituales. El equivalente de la mente, la capacidad de conocer y ser conocido, es natural de la Deidad. La Deidad puede ser personal, prepersonal, superpersonal, o impersonal; pero la Deidad no existe nunca sin mente, es decir, nunca carece por lo menos de la capacidad de comunicarse con entidades, seres o personalidades semejantes.

La mente del Hijo Eterno es como la del Padre, pero distinta de cualquier otra mente del universo, y con la mente del Padre es antepasada con relación a las mentes diversas y vastas del Actor Conjunto. La mente del Padre y el Hijo, ese intelecto que es ancestral de la mente absoluta de la Tercera Fuente y Centro, tal vez sea mejor ilustrada en la premente del Ajustador del Pensamiento, porque, aunque estos fragmentos del Padre están completamente fuera de los circuitos de la mente del Actor Conjunto, tienen alguna forma de premente; conocen y son conocidos; disfrutan el equivalente del pensamiento humano.

El Hijo Eterno es completamente espiritual; el hombre es casi completamente material; por tanto gran parte de lo que pertenece a la personalidad espiritual del Hijo

Eterno, a sus siete esferas espirituales que rodean el Paraíso y a la naturaleza de las creaciones impersonales del Hijo del Paraíso, tendrá que esperar hasta que alcancéis el estado espiritual, después de vuestra ascensión morontial del universo local de Nebadon. Luego, según paséis a través del superuniverso y prosigáis hacia Havona, se esclarecerán muchos de estos misterios ocultos por el espíritu en la medida en que comencéis a ser dotados de la «mente del espíritu»: el discernimiento espiritual.

7. LA PERSONALIDAD DEL HIJO ETERNO

El Hijo Eterno es esa personalidad infinita de cuyas ataduras de personalidad no cualificada el Padre Universal escapó mediante la técnica de la trinidización, y por virtud de la cual ha seguido desde entonces otorgándose en interminable profusión sobre su universo en expansión sempiterna de Creadores y criaturas. El Hijo es *personalidad absoluta*; Dios es *personalidad paterna*: la fuente de la personalidad, el otorgador de personalidad, la causa de la personalidad. Cada ser personal deriva la personalidad del Padre Universal así como el Hijo Original eternamente deriva su personalidad del Padre del Paraíso.

La personalidad del Hijo del Paraíso es absoluta y puramente espiritual, y esta personalidad absoluta es también el modelo original divino y eterno, primero, del otorgamiento de personalidad que efectúa el Padre al Actor Conjunto, y, posteriormente, del otorgamiento de personalidad a las miríadas de sus criaturas de un vasto universo.

El Hijo Eterno es verdaderamente un ministro misericordioso, un espíritu divino, un poder espiritual, y una personalidad real. El Hijo es la naturaleza espiritual y personal de Dios hecha manifiesta a los universos: la suma y substancia de la Primera Fuente y Centro, despojado de todo lo que no es personal, de lo extradivino, no espiritual, y puramente potencial. Pero es imposible transmitir a la mente humana una imagen verbal de la belleza y magnitud de la excelsa personalidad del Hijo Eterno. Todo lo que tiende a ocultar al Padre Universal opera con casi igual influencia para prevenir el reconocimiento conceptual del Hijo Eterno. Vosotros debéis esperar vuestro logro del Paraíso, y entonces comprenderéis por qué fui incapaz de describir el carácter de esta personalidad absoluta para la comprensión de la mente finita.

8. LA COMPRENSIÓN DEL HIJO ETERNO

En cuanto a identidad, naturaleza y otros atributos de la personalidad, el Hijo Eterno es el equivalente pleno, el complemento perfecto y la eterna contraparte del Padre Universal. En el mismo sentido que Dios es el Padre Universal, el Hijo es la Madre Universal, y todos nosotros, altos y bajos, constituimos su familia universal.

Para apreciar el carácter del Hijo, debéis estudiar la revelación del carácter divino del Padre; ellos son por siempre e inseparablemente uno. Como personalidades divinas son virtualmente indistinguibles uno del otro por las órdenes más bajas de la inteligencia; si bien no es tan difícil reconocerlos separadamente para los que tienen su origen en los actos creadores de las Deidades mismas. Los seres nacidos en el universo central y en el Paraíso distinguen al Padre y al Hijo no sólo como una unidad personal de control universal sino también como dos personalidades separadas que funcionan en ámbitos definidos de la administración del universo.

Como personas, vosotros podéis concebir al Padre Universal y al Hijo Eterno como individuos separados, porque ellos en verdad lo son; pero en la administración de los universos están tan entrelazados e interrelacionados que no siempre es posible distinguirlos. Cuando, en los asuntos de los universos, el Padre y el Hijo se encuentran en interasociaciones confusas, no siempre es beneficioso intentar segregar sus operaciones; recordad simplemente que Dios es el pensamiento iniciador y que el Hijo es el verbo expresivo. En cada universo local esta inseparabilidad se personaliza en la divinidad del Hijo Creador, que representa al Padre y al Hijo ante las criaturas de diez millones de mundos habitados.

El Hijo Eterno es infinito, pero es accesible a través de las personas de sus Hijos Paradisiacos y mediante el paciente ministerio del Espíritu Infinito. Sin el servicio de autootorgamiento de los Hijos Paradisiacos y el amante ministerio de las criaturas del Espíritu Infinito, los seres de origen material difícilmente podrían esperar alcanzar al Hijo Eterno. Y es igualmente cierto que, con la ayuda y dirección de estas agencias celestiales, el mortal con conciencia de Dios alcanzará ciertamente el Paraíso y algún día llegará ante la presencia personal de este majestuoso Hijo de Hijos.

Aunque el Hijo Eterno es el modelo original de la consecución de la personalidad mortal, encontraréis más fácil entender la realidad del Padre y del Espíritu, porque el Padre es el verdadero otorgador de vuestra personalidad humana y el Espíritu Infinito es el origen absoluto de vuestra mente mortal. Pero según ascendáis la senda paradisiaca de progresión espiritual, la personalidad del Hijo Eterno se os hará cada vez más real, y la realidad de su mente infinitamente espiritual se hará más discernible para vuestra mente progresivamente espiritualizada.

Nunca podrá el concepto de Hijo Eterno resplandecer en vuestra mente material ni en la mente morontial subsiguiente; sino hasta cuando os espiritualicéis y comencéis vuestra ascensión espiritual, entonces la comprensión de la personalidad del Hijo Eterno comenzará a igualar la claridad de vuestro concepto de la personalidad del Hijo Creador originado en el Paraíso, quien, en persona y como persona, una vez se encarnó y vivió en Urantia como un hombre entre los hombres.

A través de vuestra experiencia en el universo local, el Hijo Creador, cuya personalidad es comprensible para el hombre, debe compensar vuestra incapacidad de entender la plena significación del más exclusivamente espiritual, pero sin embargo personal, del Hijo Eterno del Paraíso. A medida que progreséis a través de Orvonton y Havona, según dejéis atrás el cuadro vívido y las profundas memorias del Hijo Creador de vuestro universo local, el tránsito de esta experiencia material y morontial será compensado por los conceptos en constante ampliación y la comprensión cada vez más intensa del Hijo Eterno del Paraíso, cuya realidad y cercanía aumentarán cada vez más a medida que progreséis hacia el Paraíso.

El Hijo Eterno es una personalidad grandiosa y gloriosa. Aunque rebasa las facultades de la mente mortal y material entender la realidad de la personalidad de tal ser infinito, no dudéis, él es una persona. Yo sé de qué hablo. Son casi innumerables las veces que me he encontrado ante la presencia divina de este Hijo Eterno y luego he salido al universo para ejecutar su misericordioso mandato.

[Redactado por un Consejero Divino asignado a la formulación de esta declaración que describe al Hijo Eterno del Paraíso.]

DOCUMENTO 7

LA RELACIÓN DEL HIJO ETERNO CON EL UNIVERSO

EL Hijo Original se ocupa constantemente de la ejecución de los aspectos espirituales del eterno propósito del Padre en su desarrollo progresivo de los fenómenos de los universos evolutivos con sus múltiples grupos de seres vivientes. Nosotros no comprendemos plenamente este plan eterno; pero el Hijo Paradisiaco indudablemente lo entiende.

El Hijo es semejante al Padre en cuanto procura otorgar todo lo posible de sí mismo a sus Hijos coordinados y a los Hijos subordinados de éstos. El Hijo participa también de la naturaleza autodistributiva del Padre en la entrega de sí mismo sin restricciones al Espíritu Infinito, el ejecutivo asociado de ellos.

Como el sustentador de las realidades espirituales, la Segunda Fuente y Centro es el eterno contrapeso de la Isla del Paraíso, que tan espléndidamente sostiene todas las cosas materiales. Así, la Primera Fuente y Centro se revela eternamente en la belleza material de los exquisitos modelos originales de la Isla central y en los valores espirituales de la excelsa personalidad del Hijo Eterno.

El Hijo Eterno es el sustentador auténtico de la vasta creación de realidades del espíritu y seres espirituales. El mundo espiritual es el hábito, la conducta personal, del Hijo y las realidades impersonales de naturaleza espiritual responden siempre a la voluntad y el propósito de la personalidad perfecta del Hijo Absoluto.

Sin embargo, el Hijo no es personalmente responsable de la conducta de todas las personalidades espirituales. La voluntad de la criatura personal es relativamente libre y por consiguiente determina las acciones de tales seres volitivos. Por lo tanto, el mundo espiritual del libre albedrío no es siempre verdaderamente representativo del carácter del Hijo Eterno, así como la naturaleza en Urantia no revela verdaderamente la perfección e inmutabilidad del Paraíso y la Deidad. Pero independientemente de lo que pueda caracterizar la libre acción de un hombre o de un ángel, el dominio eterno del control universal de la gravedad sobre todas las realidades espirituales que tiene el Hijo sigue siendo absoluto.

1. EL CIRCUITO DE LA GRAVEDAD-ESPÍRITU

Todo lo enseñado sobre la inmanencia de Dios, su omnipresencia, omnipotencia y omnisciencia, es igualmente cierto del Hijo en los dominios espirituales. La universal y pura gravedad del espíritu de toda la creación, este circuito exclusivamente espiritual, conduce directamente de vuelta a la persona de la Segunda Fuente y Centro en el Paraíso. Él preside el control y el funcionamiento de ese dominio espiritual, inequívoco y eterno, de todos los verdaderos valores espirituales. De este modo el Hijo Eterno ejerce absoluta soberanía espiritual. Él literalmente sostiene todas las realidades espirituales y todos los valores espiritualizados, por así decirlo, en la palma de su mano. El control de la gravedad espiritual universal *es* soberanía espiritual universal.

Este control gravitatorio de las cosas espirituales funciona independientemente del tiempo y el espacio; por lo tanto la energía espiritual no disminuye en la transmisión. La gravedad espiritual no sufre nunca retrasos temporales ni disminuciones de espacio. No decrece de acuerdo con el cuadrado de la distancia de su transmisión; no se retrasan los circuitos de poder espiritual pura por la masa de la creación material. Y esta trascendencia del tiempo y del espacio por las energías del espíritu puro es inherente a la absolutez del Hijo; no es debida a la interposición de las fuerzas de antigravedad de la Tercera Fuente y Centro.

Las realidades del espíritu responden al poder de atracción del centro de gravedad espiritual en conformidad con su valor cualitativo, su grado actual de naturaleza espiritual. La substancia espiritual (calidad) responde a la gravedad del espíritu como la energía organizada de la materia física (cantidad) responde a la gravedad física. Los valores espirituales y las fuerzas espirituales son *reales*. Desde el punto de vista de la personalidad, el espíritu es el alma de la creación; la materia es el cuerpo físico intangible.

Las reacciones y fluctuaciones de la gravedad espiritual son siempre fieles al contenido de los valores espirituales, el estado espiritual cualitativo de un individuo o de un mundo. Este poder de atracción responde instantáneamente a los valores interespirituales e intraespirituales de cualquier situación universal o condición planetaria. Cada vez que una realidad espiritual se actualiza en los universos, este cambio necesita del inmediato e instantáneo reajuste de la gravedad espiritual. Ese nuevo espíritu es realmente una parte de la Segunda Fuente y Centro; y con tanta certidumbre como el hombre mortal se convierte en un ser espiritualizado, llegará al Hijo espiritual, el centro y fuente de la gravedad espiritual.

El poder de atracción espiritual del Hijo es inherente en menor grado en muchas órdenes paradisiacas de filiación. Porque sí existen, dentro del circuito absoluto de gravedad del espíritu, esos sistemas locales de atracción espiritual que funcionan en las unidades más bajas de la creación. Tales enfocamientos subabsolutos de la gravedad espiritual son parte de la divinidad de las personalidades Creadoras del tiempo y del espacio y se correlacionan con el sobrecontrol experiencial emergente del Ser Supremo.

La atracción de la gravedad-espíritu y la respuesta a ello funciona no sólo en el universo como un todo, sino incluso entre individuos y grupos de individuos. Existe una cohesión espiritual entre las personalidades espirituales y espiritualizadas de cualquier mundo, raza, nación, o grupo creyente de personas. Hay una atracción directa de naturaleza espiritual entre personas de mentalidad espiritual dotadas de gustos y anhelos semejantes. El término *espíritus afines* no es totalmente una figura retórica.

Al igual que la gravedad material del Paraíso, la gravedad espiritual del Hijo eterno es absoluta. El pecado y la rebelión pueden interferir con el funcionamiento de los circuitos de los universos locales, pero nada puede suspender la gravedad espiritual del Hijo Eterno. La rebelión de Lucifer produjo muchos cambios en vuestro sistema de mundos habitados y en Urantia, pero no observamos que la cuarentena espiritual resultante en vuestro planeta haya afectado en lo más mínimo la presencia y función ni del espíritu omnipresente del Hijo Eterno ni del circuito de gravedad espiritual asociado.

Todas las reacciones del circuito de gravedad espiritual del gran universo son pronosticables. Reconocemos todas las acciones y reacciones del espíritu omnipresente del Hijo Eterno y encontramos que son confiables. Según leyes bien conocidas, podemos medir y medimos la gravedad espiritual exactamente como intenta el hombre computar las funciones de la gravedad física finita. Hay una respuesta invariable del espíritu del Hijo a todas las cosas, seres y personas espirituales, y esta respuesta siempre está de acuerdo con el grado de actualidad (el grado cualitativo de realidad) de todos esos valores espirituales.

Pero junto con esta función tan confiable y pronosticable de la presencia espiritual del Hijo Eterno, se encuentran fenómenos cuyas reacciones no son tan pronosticables. Estos fenómenos indican probablemente la acción coordinada del Absoluto de Deidad en los dominios de las potenciales espirituales emergentes. Sabemos que la presencia espiritual del Hijo Eterno es la influencia de una personalidad majestuosa e infinita, pero difícilmente consideramos como personales las reacciones asociadas con las actuaciones conjeturadas del Absoluto de Deidad.

Contemplado desde el punto de vista de la personalidad y por personas, el Hijo Eterno y el Absoluto de Deidad parecen relacionarse de la siguiente manera: el Hijo Eterno domina en el ámbito de los valores espirituales actuales, mientras que el Absoluto de Deidad parece ocupar el vasto dominio de los valores espirituales potenciales. Todo el valor actual de naturaleza espiritual encuentra cabida en el control de la gravedad del Hijo Eterno, pero si es potencial, entonces aparentemente corresponde a la presencia del Absoluto de Deidad.

El espíritu parece emerger de las potenciales del Absoluto de Deidad; y el espíritu evolutivo encuentra correlación en la atracción experiencial e incompleta del Supremo y el Último. El espíritu termina por encontrar su destino final en la atracción absoluta de la gravedad espiritual del Hijo Eterno. Éste parece ser el ciclo del espíritu experiencial, pero el espíritu existencial es inherente a la infinidad de la Segunda Fuente y Centro.

2. LA ADMINISTRACIÓN DEL HIJO ETERNO

En el Paraíso, la presencia y actividad personal del Hijo Original en el sentido espiritual es profunda y absoluta. Cuando salimos del Paraíso hacia afuera, a través de Havona, y nos adentramos en los dominios de los siete superuniversos, detectamos cada vez menos la actividad personal del Hijo Eterno. En los universos post-Havona la presencia del Hijo Eterno es personalizada en los Hijos Paradisiacos, condicionada por las realidades experienciales del Supremo y del Último, y coordinada con el potencial ilimitado de espíritu del Absoluto de Deidad.

En el universo central, la actividad personal del Hijo Original se discierne en la exquisita armonía espiritual de la creación eterna. Havona es tan maravillosamente perfecto que la condición espiritual y los estados de energía de este universo modelo están en equilibrio perfecto y perpetuo.

En los superuniversos, el Hijo no está personalmente presente ni reside en ellos; en estas creaciones mantiene sólo una representación superpersonal. Estas manifestaciones del espíritu del Hijo no son personales; no están en el circuito de la personalidad del Padre Universal. No conocemos ningún término mejor para designarlos que el de *superpersonalidades*; y son seres finitos; no son ni absonitos ni absolutos.

La administración del Hijo Eterno en los superuniversos, siendo exclusivamente espiritual y superpersonal, no es discernible por parte de las criaturas con personalidad. No obstante, el impulso espiritual omnipresente de la influencia personal del Hijo se encuentra en todas las fases de las actividades de todos los sectores de los dominios de los Ancianos de los Días. En los universos locales, sin embargo, observamos que el Hijo Eterno está personalmente presente en las personas de los

Hijos Paradisiacos. Aquí el Hijo infinito funciona de manera espiritual y creadora en las personas del cuerpo majestuoso de los Hijos Creadores coordinados.

3. LA RELACIÓN DEL HIJO ETERNO CON EL INDIVIDUO

En la ascensión del universo local, los mortales del tiempo consideran al Hijo Creador como el representante personal del Hijo Eterno, pero cuando comienzan el régimen de capacitación del ascenso del superuniverso, los peregrinos del tiempo detectan cada vez más la excelsa presencia del espíritu inspirador del Hijo Eterno, y pueden beneficiarse por la absorción de este ministerio de energización espiritual. En Havona, los ascendentes adquieren aún mayor conciencia de la amorosa aceptación del espíritu omnipresente del Hijo Original. En ninguna etapa de toda la ascensión del mortal el espíritu del Hijo Eterno habita la mente ni el alma del peregrino del tiempo, pero su acción benéfica está siempre cercana y siempre atenta al bienestar y seguridad espirituales de los hijos del tiempo en avance.

La atracción de la gravedad espiritual del Hijo Eterno constituye el secreto inherente de la ascensión al Paraíso de las almas humanas supervivientes. La atracción infalible de la gravedad espiritual del Hijo Eterno mantiene todos los valores genuinos del espíritu y todos los individuos sinceramente espiritualizados. La mente mortal, por ejemplo, inicia su carrera como mecanismo material y finalmente ingresa al Cuerpo de Finalistas como existencia espiritual casi perfeccionada, estando cada vez menos sujeta a la gravedad material y correspondientemente cada vez más sensible a la atracción hacia adentro de la gravedad espiritual durante esta entera experiencia. El circuito de la gravedad espiritual literalmente arrastra el alma del hombre hacia el Paraíso.

El circuito de gravedad espiritual es el canal básico para transmitir las oraciones sinceras del corazón humano creyente desde el nivel de la conciencia humana hasta la verdadera conciencia de la Deidad. Aquello que representa verdadero valor espiritual en vuestras peticiones será aprehendido por el circuito universal de la gravedad espiritual y pasará inmediata y simultáneamente a todas las personalidades divinas competentes, y cada una de ellas se ocupará de aquello que pertenece a su especialidad personal. Por lo tanto, en vuestra experiencia religiosa práctica, es inmaterial si, al dirigir vuestras súplicas, visualizáis al Hijo Creador de vuestro universo local o al Hijo Eterno en el centro de todas las cosas.

La operación discriminadora del circuito de gravedad espiritual podría compararse tal vez a las funciones de los circuitos del sistema nervioso en el cuerpo humano material: las sensaciones viajan hacia adentro por las sendas neurales; algunas se detienen y responden a los centros automáticos espinales inferiores; otras siguen hasta los centros menos automáticos, pero condicionados por el hábito del cerebro inferior, mientras que los mensajes más importantes y vitales atraviesan velozmente estos centros subordinados y se registran inmediatamente en los niveles más altos de la conciencia humana.

Pero ¡cuánto más perfecta es la magnífica técnica del mundo espiritual! Si algo que se origina en vuestra conciencia contiene un valor espiritual supremo, una vez que lo hayáis expresado, ningún poder en el universo podrá impedir su veloz llegada directa a la Personalidad del Espíritu Absoluto de toda la creación.

Por el contrario, si vuestras súplicas son puramente materiales y totalmente egocéntricas, no existe ningún plan por el cual tales oraciones indignas puedan encontrar cabida en el circuito espiritual del Hijo Eterno. El contenido de cada petición que no sea «dictada por el espíritu» no puede encontrar lugar en el circuito espiritual universal; esas peticiones, puramente egoístas y materiales, perecen; no ascienden a los circuitos de los verdaderos valores espirituales. Tales palabras son como «metal que resuena y címbalo que retiñe».

Es el pensamiento motivante, el contenido espiritual, el que valida la súplica del mortal. Las palabras carecen de valor.

4. LOS PLANES DE PERFECCIÓN DIVINA

El Hijo Eterno está en enlace sempiterno con el Padre en la prosecución triunfal del *plan divino de progreso*: el plan universal para la creación, evolución, ascensión, y perfección de las criaturas volitivas. Y, en fidelidad divina, el Hijo es el eterno igual al Padre.

El Padre y su Hijo son como uno en la formulación y prosecución de este gigantesco plan de logro para elevar los seres materiales del tiempo a la perfección de la eternidad. Este proyecto para la elevación espiritual de las almas ascendentes del espacio es una creación conjunta del Padre y del Hijo, quienes, con la cooperación del Espíritu Infinito, están empeñados en la ejecución asociativa de su propósito divino.

Este plan divino de logro de la perfección comprende tres empresas únicas, aunque maravillosamente correlacionadas, de aventura universal:

1. *El plan de logro progresivo.* Éste es el plan de ascensión evolutiva, proyectado por el Padre Universal, un programa aceptado sin reservas por el Hijo Eterno cuando convino con el propósito del Padre: «Hagamos a las criaturas mortales a nuestra propia imagen». Esta disposición para el mejoramiento de las criaturas del tiempo incluye la dádiva del Padre de los Ajustadores del Pensamiento y el otorgamiento de las prerrogativas de la personalidad a las criaturas materiales.

2. *El plan del autootorgamiento.* El plan universal subsiguiente es la gran empresa del Hijo Eterno y sus Hijos coordinados de revelar al Padre. Ésta es la propuesta del Hijo Eterno y consiste en su otorgamiento de los Hijos de Dios a las creaciones evolutivas; allí se personalizan y actualizan, para encarnar y hacer real el amor del Padre y la misericordia del Hijo para con las criaturas de todos los universos. Inherente al plan de autootorgamiento, y como rasgo provisional de esta ministración de amor, los Hijos Paradisiacos actúan como rehabilitadores de aquello que la voluntad desviada de las criaturas ha puesto en peligro espiritual. En cualquier momento o lugar donde ocurra un retraso en el funcionamiento del plan de logro, si una rebelión, por ejemplo, afecta o complica esta empresa, entonces las disposiciones de emergencia del plan de autootorgamiento entran en vigencia inmediatamente. Los Hijos Paradisiacos se han comprometido a actuar como rescatadores, están listos para penetrar en los dominios mismos de la rebelión y restaurar el estado espiritual de las esferas. Y este servicio heroico fue el que realizó en Urantia un Hijo Creador coordinado, en relación con su carrera de autootorgamiento experiencial para adquirir la soberanía.

3. *El plan del ministerio de la misericordia.* Una vez que fueron formulados y proclamados el plan de logro y el plan de autootorgamiento, el Espíritu Infinito, solo y de sí mismo, proyectó y puso en marcha la empresa extraordinaria y universal del ministerio de la misericordia. Éste es el servicio tan esencial para la operación práctica y eficaz tanto de las empresas de logro como del autootorgamiento, y todas las personalidades espirituales de la Tercera Fuente y Centro comparten el espíritu del ministerio de la misericordia, que es tanto parte de la naturaleza de la

Tercera Persona de la Deidad. El Espíritu Infinito funciona verdadera y literalmente como el ejecutivo asociado del Padre y el Hijo, no sólo en la creación, sino también en la administración.

El Hijo Eterno es el fideicomisario personal, el custodio divino, del plan universal del Padre para la ascensión de las criaturas. Habiendo promulgado el mandato universal, «Sed perfectos, así como yo soy perfecto», el Padre confió la ejecución de esta formidable empresa al Hijo Eterno; y el Hijo Eterno comparte la realización de esta empresa excelsa con su coordinado divino, el Espíritu Infinito. Así pues, las Deidades cooperan efectivamente en la obra de creación, control, evolución, revelación y ministración y, si es necesario, restauración y rehabilitación.

5. El espíritu de autootorgamiento

El Hijo Eterno se unió sin reservas al Padre Universal en la transmisión de ese extraordinario precepto para toda la creación: «Sed perfectos, así como vuestro Padre en Havona es perfecto», y desde entonces esa invitación-mandato ha motivado todos los planes de supervivencia y los proyectos de autootorgamiento del Hijo Eterno y de su vasta familia de Hijos coordinados y asociados. Y en estos autootorgamientos los Hijos de Dios han llegado a ser «el camino, la verdad y la vida» para todas las criaturas evolutivas.

El Hijo Eterno no puede entrar en contacto directo con los seres humanos como lo hace el Padre a través del don de los Ajustadores del Pensamiento prepersonales, pero el Hijo Eterno se va acercando a las personalidades creadas mediante una serie de peldaños descendentes de filiación divina hasta llegar ante la presencia del hombre y, a veces, como hombre él mismo.

La naturaleza puramente personal del Hijo Eterno es incapaz de fragmentación. El Hijo Eterno ministra como una influencia espiritual o como una persona, nunca de otro modo. Es imposible para el Hijo hacerse parte de la experiencia de la criatura en el sentido en que el Padre-Ajustador participa en ella, pero el Hijo Eterno mediante la técnica del autootorgamiento compensa esta limitación. Lo que la experiencia de las entidades fragmentadas significa para el Padre Universal, las experiencias de encarnación de los Hijos Paradisiacos significan para el Hijo Eterno.

El Hijo Eterno no viene al hombre mortal como la voluntad divina, el Ajustador del Pensamiento que mora en la mente humana, en cambio el Hijo Eterno vino al hombre mortal de Urantia cuando la *personalidad* divina de su hijo, Micael de Nebadon, se encarnó en la naturaleza humana de Jesús de Nazaret. Para compartir la experiencia de las personalidades creadas, los Hijos de Dios Paradisiacos deben asumir la naturaleza misma de tales criaturas y encarnar sus personalidades divinas en las criaturas mismas. La encarnación, el secreto de Sonarinton, es la técnica del Hijo para librarse de las cadenas globales del absolutismo de la personalidad.

Hace muchísimo tiempo que el Hijo Eterno se otorgó en cada uno de los circuitos de la creación central en pos del esclarecimiento y avance de todos los habitantes y peregrinos de Havona, incluyendo los peregrinos ascendentes del tiempo. No actuó en ninguna de esas siete entregas ni como ascendente ni como habitante de Havona, sino que existía como él mismo. Su experiencia fue única: no fue *con* un ser humano ni *como* tal o como otro peregrino, sino en alguna forma asociativa en el sentido superpersonal.

Tampoco pasó a través de la zona de reposo que media entre el circuito interior de Havona y los bordes del Paraíso. No es posible para él, un ser absoluto, suspender la conciencia de la personalidad, porque en él concurren todas las líneas de la gravedad espiritual. Y durante las épocas de estos otorgamientos, no disminuyó la luminosidad espiritual en su nicho en el Paraíso central, ni tampoco flaqueó el control del Hijo de la gravedad espiritual universal.

Los autootorgamientos del Hijo Eterno en Havona no caben en el ámbito de la imaginación humana; fueron trascendentales. Él contribuyó entonces y posteriormente a la experiencia de todo Havona; pero no sabemos si enriqueció la supuesta capacidad experiencial de su propia naturaleza existencial. Eso caería dentro del misterio de autootorgamiento de los Hijos Paradisiacos. Creemos, sin embargo, que todo lo que el Hijo adquirió en estas misiones de autootorgamiento, lo ha retenido desde siempre y para siempre, si bien no sabemos lo qué es.

Aunque nos resulte difícil comprender los autootorgamientos de la Segunda Persona de la Deidad, comprendemos bien el autootorgamiento en Havona de un Hijo del Hijo Eterno, que literalmente atravesó los circuitos del universo central y realmente compartió las experiencias que constituyen la preparación del ser ascendente para alcanzar la Deidad. Éste fue el Micael original, el Hijo Creador primogénito, quien pasó a través de las experiencias de vida de los peregrinos ascendentes, de circuito en circuito, atravesando personalmente con ellos una etapa de cada círculo en los tiempos de Grandfanda, el primero de todos los mortales en llegar a Havona.

Aparte de cualquier otra cosa que revelara este Micael original, él hizo real el autootorgamiento trascendente del Hijo Materno Original a las criaturas de Havona. Tan real, que por siempre cada peregrino del tiempo que se esfuerza en la aventura de pasar los circuitos de Havona, se siente alentado y fortalecido por el conocimiento certero de que el Hijo Eterno de Dios abdicó siete veces el poder y la gloria del Paraíso, para participar en las experiencias de los peregrinos del tiempo y el espacio, en los siete circuitos de logro progresivo de Havona.

El Hijo Eterno es la inspiración ejemplar para todos los Hijos de Dios en sus ministraciones de autootorgamiento a través de los universos del tiempo y el espacio. Los Hijos Creadores coordinados y los Hijos Magisteriales asociados, junto con otras órdenes no reveladas de filiación, comparten esta maravillosa voluntad de otorgarse a las variadas órdenes de vida de las criaturas y como criaturas ellas mismas. Por lo tanto, en espíritu y debido al parentesco de naturaleza así como al hecho de origen, se hace verdad que en los autootorgamientos de cada Hijo de Dios en los mundos del espacio, a través de ellos y por ellos, el Hijo Eterno se ha entregado a sí mismo a las criaturas volitivas inteligentes de los universos.

En espíritu y naturaleza, si no en todos sus atributos, cada Hijo Paradisiaco es un retrato divinamente perfecto del Hijo Original. Es literalmente cierto que quien haya visto a un Hijo Paradisiaco, ha visto al Hijo Eterno de Dios.

6. LOS HIJOS DE DIOS PARADISIACOS

El hecho de que no se tenga conocimiento de los múltiples Hijos de Dios, es fuente de gran confusión en Urantia. Y persiste esta ignorancia a pesar de declaraciones tales como el acta de un cónclave de estas divinas personalidades: «Cuando los Hijos de Dios proclamaron el regocijo, y todas las Estrellas Matutinas cantaron en coro». Cada milenio de tiempo normal del sector, las varias órdenes de los Hijos divinos se congregan para sus cónclaves periódicos.

El Hijo Eterno es la fuente personal de los adorables atributos de misericordia y servicio que tan abundantemente caracterizan a todas las órdenes descendentes de los Hijos de Dios, según funcionan a través de toda la creación. El Hijo Eterno transmite indefectiblemente, toda la naturaleza divina, si no toda la infinidad de atributos, a los

Hijos Paradisiacos que salen de la Isla eterna para revelar su carácter divino al universo de los universos.

El Hijo Original y Eterno es el primer vástago-persona del «primer» pensamiento completo e infinito del Padre Universal. Cada vez que el Padre Universal y el Hijo Eterno proyectan conjuntamente un pensamiento personal nuevo, original, idéntico, único y absoluto, en ese mismo instante esa idea creadora se personaliza perfecta y finalmente en el ser y personalidad de un nuevo y original *Hijo Creador*. En naturaleza espiritual, sabiduría divina y poder creador coordinado, estos Hijos Creadores son potencialmente iguales a Dios el Padre y Dios el Hijo.

Los Hijos Creadores salen del Paraíso a los universos del tiempo y, con la cooperación de las agencias controladoras y creadoras de la Tercera Fuente y Centro, completan la organización de los universos locales en evolución progresiva. Estos Hijos no se ocupan ni se preocupan de los controles centrales y universales de la materia, la mente y el espíritu. De aquí que estén limitados en sus actos creadores por la preexistencia, la prioridad y la primacía de la Primera Fuente y Centro y sus coordinados Absolutos. Estos Hijos pueden solamente administrar lo que ellos traen a la existencia. La administración absoluta es inherente en la prioridad de la existencia y es inseparable de la eternidad de la presencia. El Padre permanece primordial en los universos.

Así como los Hijos Creadores son personalizados por el Padre y el Hijo, los *Hijos Magisteriales* son personalizados por el Hijo y el Espíritu. Éstos son los Hijos que, en las experiencias de encarnación en la criatura, ganan el derecho de servir como jueces de la supervivencia en las creaciones del tiempo y el espacio.

El Padre, el Hijo, y el Espíritu también se unen para personalizar a los versátiles *Hijos Instructores Trinitarios*, que recorren el gran universo como maestros excelsos de todas las personalidades, tanto humanas como divinas. Y hay muchas otras órdenes de filiación paradisiaca que no han sido presentadas a la atención de los mortales de Urantia.

Entre el Hijo Maternal Original y estas huestes de Hijos Paradisiacos dispersas por toda la creación, hay un canal de comunicación directo y exclusivo, un canal cuya función es inherente a la calidad del parentesco espiritual que los une con vínculos de asociación espiritual casi absoluta. Este circuito interfilial es totalmente diferente del circuito universal de la gravedad espiritual, que también se centra en la persona de la Segunda Fuente y Centro. Todos los Hijos de Dios que se originan en las personas de las Deidades Paradisiacas están en comunicación constante y directa con el Hijo Maternal Eterno. Tal comunicación es instantánea; e independiente del tiempo, aunque algunas veces está condicionada por el espacio.

El Hijo Eterno no sólo tiene en todo momento un conocimiento perfecto en lo que respecta a la condición, los pensamientos y las múltiples actividades de todas las órdenes de filiación paradisiaca, sino que también tiene perfección de conocimiento en todo momento respecto a todas las cosas de valor espiritual que existen en los corazones de todas las criaturas en la creación primaria y central de la eternidad y en las creaciones secundarias del tiempo de los Hijos Creadores coordinados.

7. La revelación suprema del Padre

El Hijo Eterno es una revelación completa, exclusiva, universal y final del espíritu y la personalidad del Padre Universal. Todo conocimiento y toda información acerca del Padre debe provenir del Hijo Eterno y de sus Hijos Paradisiacos. El Hijo Eterno procede de la eternidad y es totalmente y sin cualificación espiritual uno con el Padre.

En personalidad divina ellos son coordinados; en naturaleza espiritual son iguales; en divinidad son idénticos.

El carácter de Dios no se podría mejorar intrínsecamente de modo alguno en la persona del Hijo, porque el Padre divino es infinitamente perfecto, pero ese carácter y esa personalidad se amplían, librándose de lo no personal y no espiritual, para su revelación a los seres criaturas. La Primera Fuente y Centro es mucho más que una personalidad, pero todas las cualidades espirituales de la personalidad paterna de la Primera Fuente y Centro están espiritualmente presentes en la personalidad absoluta del Hijo Eterno.

El Hijo primordial y sus Hijos están empeñados en hacer una revelación universal de la naturaleza espiritual y personal del Padre a toda la creación. En el universo central, en los superuniversos, en los universos locales, o en los planetas habitados, es un Hijo Paradisiaco quien revela el Padre Universal a los hombres y a los ángeles. El Hijo Eterno y sus Hijos revelan la avenida por la que la criatura tiene acceso al Padre Universal. E incluso nosotros, los de origen superior entendemos al Padre mucho más plenamente según estudiamos la revelación de su carácter y personalidad en el Hijo Eterno y en los Hijos del Hijo Eterno.

El Padre desciende a vosotros, como personalidad, sólo a través de los Hijos divinos del Hijo Eterno. Y vosotros llegáis al Padre por ese mismo camino viviente; ascendéis al Padre gracias a la guía de este grupo de Hijos divinos. Esto es verdad pese a que vuestra personalidad misma sea una dádiva directa del Padre Universal.

En todas estas extensas actividades de la vasta administración espiritual del Hijo Eterno, no olvidéis que el Hijo es una persona tan auténtica y real como lo es el Padre. En efecto, para los seres de la antigua orden humana, será más fácil acercarse al Hijo Eterno que al Padre Universal. En el progreso de los peregrinos del tiempo a través de los circuitos de Havona, vosotros podréis alcanzar al Hijo mucho antes de que estéis preparados para discernir al Padre.

Aprenderéis más acerca del carácter y la naturaleza misericordiosa del Hijo Eterno según meditéis sobre la revelación de estos atributos divinos, efectuada en amoroso servicio por vuestro propio Hijo Creador, quien cierta vez fuera Hijo del Hombre en la tierra, ahora soberano exaltado de vuestro universo local: el Hijo del Hombre y el Hijo de Dios.

[Redactado por un Consejero Divino asignado para formular esta declaración en que se describe al Hijo Eterno Paradisiaco.]

DOCUMENTO 8

EL ESPÍRITU INFINITO

ALLÁ por la eternidad, cuando el «primer» pensamiento infinito y absoluto del Padre Universal encuentra en el Hijo Eterno un verbo tan perfecto y adecuado para su expresión divina, se manifiesta el deseo supremo tanto del Dios-pensamiento como del Dios-palabra de un agente universal e infinito de expresión mutua y acción combinada.

En los albores de la eternidad, tanto el Padre como el Hijo se hacen infinitamente conocedores de su mutua interdependencia, su eterna y absoluta singularidad, y por lo tanto celebran un pacto infinito y sempiterno de asociación divina. Este pacto sin fin se celebra para la realización de sus conceptos unidos a través del entero círculo de la eternidad; y a partir de este acontecimiento eterno el Padre y el Hijo permanecen en esta unión divina.

Nos encontramos ahora frente a frente con el origen en la eternidad del Espíritu Infinito, la Tercera Persona de la Deidad. En el instante mismo en que Dios el Padre y Dios el Hijo conciben conjuntamente una acción idéntica e infinita —la ejecución de un plan de pensamiento absoluto— en ese mismo momento, el Espíritu Infinito entra a existir, ya en su completa totalidad.

Al mencionar así el orden del origen de las Deidades, lo hago únicamente para permitiros pensar en su relación. En la realidad los tres son existentes desde la eternidad; son existenciales. No tienen ni principio ni fin en el tiempo; son coordinados, supremos, últimos, absolutos e infinitos. Son, siempre han sido y siempre serán tres personas claramente individualizadas pero eternamente asociadas: Dios el Padre, Dios el Hijo, y Dios el Espíritu.

1. EL DIOS DE ACCIÓN

En la eternidad del pasado, por la personalización del Espíritu Infinito el ciclo de la personalidad divina se torna perfecto y completo. El Dios de Acción existe, y el vasto escenario del espacio está pronto para el estupendo drama de la creación —la aventura universal— el panorama divino de las edades eternas.

El primer acto del Espíritu Infinito es la inspección y el reconocimiento de sus padres divinos, el Padre-Padre y el Hijo-Madre. Él, el Espíritu, se identifica incondicionalmente con ambos. Es plenamente conocedor de sus personalidades separadas y atributos infinitos así como de su naturaleza combinada y su función unida. Luego, voluntariamente, con disposición trascendente y espontaneidad inspiradora, la Tercera Persona de la Deidad, a pesar de su igualdad con la Primera y la Segunda Personas, promete eterna lealtad a Dios el Padre y reconoce dependencia sempiterna de Dios el Hijo.

Inherente a la naturaleza de esta transacción y en reconocimiento mutuo de la independencia de personalidad de cada uno y de la unión ejecutiva de los tres, se establece el ciclo de la eternidad. La Trinidad del Paraíso es existente. El escenario del espacio universal está listo para el panorama múltiple e infinito del despliegue creador del propósito del Padre Universal a través de la personalidad del Hijo Eterno y por la ejecución del Dios de Acción, la agencia ejecutiva para las actuaciones de la realidad de la sociedad creadora Padre-Hijo.

El Dios de Acción actúa y las bóvedas muertas del espacio están en movimiento. Mil millones de esferas perfectas vienen a existir en un instante. Anteriormente a este momento hipotético en la eternidad, las energías del espacio intrínsecas al Paraíso existen y son potencialmente operativas, pero no tienen ninguna actualidad de ser; ni tampoco puede medirse la gravedad física excepto por la reacción de las realidades materiales a su incesante atracción. No hay ningún universo material en este (supuesto) momento eternamente distante, pero en el mismo instante en que se materializan mil millones de mundos, se evidencia gravedad suficiente y adecuada para mantenerlos dentro de la atracción sempiterna del Paraíso.

Ahora cruza como un relámpago a través de la creación de los Dioses la segunda forma de la energía, y este espíritu eflúvico es instantáneamente aprehendido por la gravedad espiritual del Hijo Eterno. Así pues, el universo doblemente abrazado por la gravedad es acariciado por la energía del infinito y sumergido en el espíritu de la divinidad. De este modo se prepara el terreno de la vida para la conciencia de la mente que se manifiesta en los circuitos asociados de la inteligencia del Espíritu Infinito.

Sobre estas simientes de existencia potencial, difundidas a lo largo y a lo ancho de la creación central de los Dioses, el Padre actúa, y aparece la personalidad de la criatura. Luego la presencia de las Deidades del Paraíso llena todo el espacio organizado y comienza efectivamente a atraer todas las cosas y seres hacia el Paraíso.

El Espíritu Infinito se eternaliza concurrentemente con el nacimiento de los mundos de Havona, este universo central que es creado por él y con él y en él en obediencia a los conceptos combinados y las voluntades unidas del Padre y el Hijo. La Tercera Persona se deifica por este mismo acto de creación conjunta, convirtiéndose así por siempre en el Creador Conjunto.

Éstos son los tiempos magnos y asombrosos de la expansión creadora del Padre y del Hijo por medio de la acción y en la acción de su asociado conjunto y ejecutivo exclusivo, la Tercera Fuente y Centro. No existe ningún registro de estos tiempos agitados. Contamos tan sólo con las escasas revelaciones del Espíritu Infinito para substanciar estas poderosas transacciones, y él meramente verifica el hecho de que el universo central y todo lo que a él pertenece se eternizaron simultáneamente con su logro de personalidad y existencia consciente.

Brevemente, el Espíritu Infinito atestigua que, puesto que él es eterno, así también el universo central es eterno. Y éste es el punto de partida tradicional de la historia del universo de universos. No se sabe nada en absoluto, y no existen archivos, respecto a acontecimientos o transacciones anteriores a esta formidable erupción de energía creativa y de sabiduría administrativa que cristalizó el vasto universo que existe, y que tan exquisitamente funciona en el centro de todas las cosas. Más allá de este acontecimiento se encuentran las inescrutables transacciones de la eternidad y las profundidades del infinito: misterio absoluto.

Así pues, describimos el origen secuencial de la Tercera Fuente y Centro como una condescendencia interpretativa a la mente, de las criaturas mortales, sujetas al tiempo y condicionadas al espacio. La mente del hombre necesita tener un punto de partida para la visualización de la historia del universo, y se me ha instruido que proporcione esta técnica de acceso al concepto histórico de la eternidad. En la mente material, la lógica demanda una Primera Causa; por lo tanto postulamos al Padre Universal como Primera Fuente y Centro Absoluto de toda la creación, y al mismo tiempo instruimos a todas las mentes de criatura que el Hijo y el Espíritu son coeternos con el Padre en todas las fases de la historia universal y en todos los dominios de la actividad creadora. Lo hacemos sin dejar de respetar en ningún sentido la realidad y eternidad de la Isla del Paraíso y de los Absolutos No Cualificado, Universal y de Deidad.

Es bastante con que la mente material de los hijos del tiempo alcance a concebir al Padre en la eternidad. Sabemos que un niño se relaciona mejor con la realidad si comprende primero las relaciones del núcleo padre-hijo y luego ensancha este concepto hasta abarcar la familia como un todo. Posteriormente, la mente en formación del niño podrá ajustarse al concepto de las relaciones familiares, las relaciones de la comunidad, la raza y el mundo, y luego a las del universo, el superuniverso, aun el universo de universos.

2. LA NATURALEZA DEL ESPÍRITU INFINITO

El Creador Conjunto pertenece a la eternidad y es total y no cualificadamente uno con el Padre Universal y con el Hijo Eterno. El Espíritu Infinito refleja en perfección, no sólo la naturaleza del Padre del Paraíso, sino también la del Hijo Original.

A la Tercera Fuente y Centro se le conoce por numerosos títulos: el Espíritu Universal, el Guía Supremo, el Creador Conjunto, el Ejecutivo Divino, la Mente Infinita, el Espíritu de los Espíritus, el Espíritu Materno del Paraíso, el Actor Conjunto, el Coordinador Final, el Espíritu Onmipresente, la Inteligencia Absoluta, la Acción Divina; y en Urantia algunas veces se le confunde con la mente cósmica.

Es del todo apropiado denominar a la Tercera Persona de la Deidad como Espíritu Infinito, porque Dios es espíritu. Pero las criaturas materiales que tienden al error de considerar la materia como realidad básica, y la mente, junto con el espíritu, como postulados enraizados en la materia, comprenderían mejor la Tercera Fuente y Centro si se le llamara la Realidad Infinita, el Organizador Universal, o el Coordinador de la Personalidad.

El Espíritu Infinito, como revelación universal de la divinidad, es inescrutable y totalmente fuera del alcance de la comprensión humana. Para percibir la absolutez del Espíritu basta con contemplar la infinidad del Padre Universal y asombrarse de la eternidad del Hijo Original.

Hay ciertamente un misterio en la persona del Espíritu Infinito, pero no tanto como en el Padre y el Hijo. De todos los aspectos de la naturaleza del Padre, el Creador Conjunto es el que revela su infinidad de la manera más espectacular. Aun si el universo maestro finalmente se expandiera a la infinidad, la presencia espiritual, el control de la energía y el potencial intelectual del Actor Conjunto serían adecuados para afrontar las demandas de semejante creación ilimitada.

Aunque comparte en todo sentido la perfección, la rectitud y el amor del Padre Universal, el Espíritu Infinito manifiesta una inclinación hacia los atributos de misericordia del Hijo Eterno, convirtiéndose así en el ministro de la misericordia de las Deidades del Paraíso para el gran universo. Por siempre jamás —universal y eternamente— el Espíritu es un ministro de misericordia, porque, así como los Hijos divinos revelan el amor de Dios, así el Espíritu divino representa la misericordia de Dios.

No es posible que el Espíritu pudiera tener más bondad que el Padre, puesto que toda bondad se origina en el Padre, pero en las acciones del Espíritu podemos comprender mejor tal bondad. La fidelidad del Padre y la constancia del Hijo se hacen muy reales para los seres espirituales y las criaturas materiales de las esferas por el ministerio amoroso y el servicio incesante de las personalidades del Espíritu Infinito.

El Creador Conjunto hereda toda la belleza de pensamiento y el carácter veraz del Padre. Mas estos sublimes rasgos de la divinidad se coordinan en los niveles casi supremos de la mente cósmica en subordinación a la sabiduría eterna e infinita de la mente incondicionada e ilimitada de la Tercera Fuente y Centro.

3. La relación del Espíritu con el Padre y el Hijo

Tal como el Hijo Eterno es la expresión verbal del «primer» pensamiento absoluto e infinito del Padre Universal, así el Actor Conjunto es la perfecta ejecución del «primer» concepto o plan creador completo para la acción combinada de la sociedad de personalidades Padre-Hijo, con unión absoluta de pensamiento y palabra. La Tercera Fuente y Centro se eterniza concurrentemente con la creación central o de decreto, y sólo esta creación central tiene existencia eterna entre los universos.

Desde la personalización de la Tercera Fuente, la Primera Fuente ya no participa personalmente en la creación del universo. El Padre Universal delega todo lo posible a su Hijo Eterno; asímismo el Hijo Eterno otorga toda la autoridad y poder posibles al Creador Conjunto.

El Hijo Eterno y el Creador Conjunto han planeado e ideado, como socios y a través de sus personalidades coordinadas, todos los universos que han surgido con posterioridad a Havona. En todas las creaciones subsecuentes el Espíritu mantiene con el Hijo la misma relación personal que el Hijo mantiene con el Padre en la creación central primaria.

Un Hijo Creador del Hijo Eterno y un Espíritu Creador del Espíritu Infinito os crearon, a vosotros y a vuestro universo; y mientras el Padre sostiene fielmente lo que han organizado, incumbe a este Hijo Universal y a este Espíritu Universal fomentar y sostener su obra así como ministrar a las criaturas hechas por ellos.

El Espíritu Infinito es el agente eficaz del Padre quien ama a todos y del Hijo todomisericordioso, para la ejecución de su proyecto conjunto de atraer hacia ellos a todas las almas amantes de la verdad en todos los mundos del tiempo y del espacio. En el mismo instante en que el Hijo Eterno aceptó el plan de su Padre para que las criaturas de los universos alcanzaran la perfección, en el momento en que el proyecto de ascensión se convirtió en un plan de Padre-Hijo, en ese instante el Espíritu Infinito se volvió el administrador asociado del Padre y del Hijo para la ejecución de su propósito unido y eterno. Y al hacerlo así el Espíritu Infinito ofrece al Padre y al Hijo todos sus recursos de presencia divina y de personalidades espirituales; él ha dedicado *todo* al formidable plan de elevar las criaturas volitivas supervivientes a las alturas divinas de la perfección del Paraíso.

El Espíritu Infinito es una revelación completa, exclusiva y universal del Padre Universal y de su Hijo Eterno. Todo conocimiento de la sociedad Padre-Hijo debe obtenerse a través del Espíritu Infinito, el representante conjunto de la divina unión de la palabra y el pensamiento.

El Hijo Eterno es la única vía de acceso al Padre Universal, y el Espíritu Infinito es el único medio de alcanzar al Hijo Eterno. Los seres ascendentes del tiempo sólo pueden descubrir al Hijo mediante el paciente ministerio del Espíritu.

En el centro de todas las cosas el Espíritu Infinito es la primera de las Deidades del Paraíso que los peregrinos ascendentes llegan a alcanzar. La Tercera Persona envuelve a la Segunda y la Primera personas y por lo tanto siempre debe ser reconocida primero por todos los que son candidatos a presentarse ante el Hijo y su Padre.

Y de muchas otras maneras el Espíritu igualmente representa y sirve al Padre y a su Hijo.

4. EL ESPÍRITU DEL MINISTERIO DIVINO

Paralelamente al universo físico donde la gravedad del Paraíso mantiene todas las cosas juntas, existe el universo espiritual en el que la palabra del Hijo interpreta el pensamiento de Dios y, cuando «se hace carne», demuestra la amante misericordia de la naturaleza combinada de los Creadores asociados. Pero en toda esta creación material y espiritual, y a través de ella, hay un vasto escenario en el cual el Espíritu Infinito y su progenie espiritual manifiestan la misericordia, la paciencia y el afecto sempiterno combinados de los padres divinos hacia los hijos inteligentes de su concepción y creación cooperativas. El ministerio sempiterno para la mente es la esencia del carácter divino del Espíritu. La entera descendencia del Creador Conjunto participa de este deseo de ministrar, de este impulso divino a servir.

Dios es amor, el Hijo es misericordia, el Espíritu es ministerio —el ministerio del amor divino y de la misericordia sin fin para toda la creación inteligente. El Espíritu es la personificación del amor del Padre y de la misericordia del Hijo; en él están ellos eternamente unidos para el servicio universal. El Espíritu es *amor aplicado* a la creación de criaturas, el amor combinado del Padre y el Hijo.

En Urantia el Espíritu Infinito es conocido como una influencia omnipresente, una presencia universal, pero en Havona vosotros le conoceréis como una presencia personal de auténtico servicio. Aquí el ministerio del Espíritu Paradisiaco es el modelo ejemplar e inspirador de cada uno de sus Espíritus coordinados y personalidades subordinadas que ministran a los seres creados en los mundos del tiempo y del espacio. En este universo divino el Espíritu Infinito participó plenamente en las siete apariciones trascendentales del Hijo Eterno; asímismo participó con el Hijo Micael original en las siete encarnaciones en los circuitos de Havona, llegando a ser por ello el ministro espiritual compasivo y comprensivo para todos los peregrinos del tiempo que atraviesan estos círculos perfectos en las alturas.

Cuando un Hijo Creador de Dios acepta la responsabilidad de crear un proyecto de universo local, las personalidades del Espíritu Infinito se comprometen a ser los ministros incansables de este Hijo Micael en su misión de aventura creadora. Especialmente en las personas de las Hijas Creativas, los Espíritus Maternos del universo local, encontramos al Espíritu Infinito dedicado a la labor de fomentar la ascensión de las criaturas materiales a niveles de logro espiritual cada vez más altos. Todo este trabajo de ministerio para las criaturas se lleva a cabo en perfecta armonía con los propósitos, y en íntima asociación con las personalidades, de los Hijos Creadores de estos universos locales.

Así como los Hijos de Dios emprenden la gigantesca tarea de revelar la personalidad amante del Padre al universo, el Espíritu Infinito se dedica al interminable ministerio de revelar el amor combinado del Padre y del Hijo a las mentes individuales de los hijos de cada universo. En estas creaciones locales el Espíritu no desciende a las razas materiales en semejanza de la carne mortal como lo hacen algunos de los Hijos de Dios, sino que el Espíritu Infinito y sus Espíritus coordinados descienden, sometiéndose alegremente a una serie sorprendente de atenuaciones de la divinidad, hasta aparecer como ángeles para estar a vuestro lado y guiaros por las sendas más bajas de la existencia terrenal.

Por esta misma serie decreciente el Espíritu Infinito realmente, y como persona, se acerca bastante a todos los seres de las esferas de origen animal. Y todo esto el Espíritu lo hace sin invalidar en lo más mínimo su existencia como Tercera Persona de la Deidad en el centro de todas las cosas.

El Creador Conjunto es verdadera y eternamente la gran personalidad ministradora, el ministro de la misericordia universal. Para comprender el ministerio del Espíritu, ponderad la verdad de que él es el retrato combinado del amor infinito del Padre y la eterna misericordia del Hijo. Sin embargo, el ministerio del Espíritu no está restringido solamente a la representación del Hijo Eterno y del Padre Universal. El Espíritu Infinito posee también el poder de ministrar a las criaturas del reino en su propio nombre y derecho; la Tercera Persona es de dignidad divina y otorga también en su propio nombre el ministerio universal de la misericordia.

A medida que el hombre aprende más sobre el servicio amoroso e incansable de las órdenes menores de los seres de la familia de este Espíritu Infinito, tanto más admirará y adorará la naturaleza trascendente y el carácter sin igual de esta Acción combinada del Padre Universal y el Hijo Eterno. Verdaderamente es este Espíritu «los ojos del Señor que siempre están sobre los justos» y «los divinos oídos que siempre están abiertos a sus oraciones».

5. LA PRESENCIA DE DIOS

El atributo más notable del Espíritu Infinito es la omnipresencia. A través de todo el universo de los universos está siempre presente este espíritu que todo lo impregna, y que es tan afín a la presencia de una mente universal y divina. Tanto la Segunda Persona como la Tercera Persona de la Deidad están representadas en todos los mundos por sus espíritus omnipresentes.

El Padre es *infinito* y por tanto limitado sólo por la volición. En el otorgamiento de los Ajustadores y en la vinculación de personalidad con los circuitos, el Padre actúa solo, pero en el contacto de las fuerzas espirituales con los seres inteligentes, utiliza los espíritus y personalidades del Hijo Eterno y del Espíritu Infinito. Él, de su propia voluntad, está espiritualmente presente igualmente con el Hijo o con el Actor Conjunto; está presente *con* el Hijo y *en* el Espíritu. El Padre con toda seguridad está presente en todas partes, y discernimos su presencia por cualquiera y mediante cualquiera y todas estas fuerzas, influencias y presencias diversas pero asociadas.

En vuestras escrituras sagradas el término *Espíritu de Dios* parece usarse indistintamente para designar tanto al Espíritu Infinito en el Paraíso como al Espíritu Creador de vuestro universo local. El Espíritu Santo es el circuito espiritual de esta Hija Creadora del Espíritu Infinito del Paraíso. El Espíritu Santo es un circuito inherente para cada universo local y está confinado al reino espiritual de esa creación; pero el Espíritu Infinito es omnipresente.

Existen muchas influencias espirituales, y todas son como *una*. Incluso la labor de los Ajustadores del Pensamiento, aunque independiente de todas las otras influencias, coincide invariablemente con el ministerio espiritual de las influencias combinadas del Espíritu Infinito y la del Espíritu Materno del universo local. Según operan estas presencias espirituales en la vida de los urantianos, no pueden ser discriminadas. En vuestras mentes y sobre vuestras almas funcionan como un espíritu, no obstante sus diversos orígenes. Y según se experimenta esta ministración espiritual unida, se convierte para vosotros en la influencia del Supremo, «quien siempre puede libraros de flaquezas y presentaros intachables ante vuestro Padre en las alturas».

Recordad siempre que el Espíritu Infinito es el Actor *Conjunto*; tanto el Padre como el Hijo operan en él y a través de él; él está presente no sólo como él mismo sino también como el Padre y como el Hijo y como el Padre-Hijo. En reconocimiento de esto y por muchas razones adicionales, a la presencia del Espíritu Infinito se la llama a menudo «el espíritu de Dios».

Sería lógico también referirse al enlace de todo ministerio espiritual como el espíritu de Dios, porque tal enlace es verdaderamente la unión de los espíritus de Dios el Padre, Dios el Hijo, Dios el Espíritu, y Dios el Séptuplo —e incluso el espíritu de Dios el Supremo.

6. LA PERSONALIDAD DEL ESPÍRITU INFINITO

No dejéis que los amplios dones y la vasta distribución de la Tercera Fuente y Centro nublen u os distraigan del hecho de su personalidad. El Espíritu Infinito es una presencia universal, una acción eterna, un poder cósmico, una influencia santa, y una mente universal; es todas estas cosas e infinitamente más, pero es también una personalidad verdadera y divina.

El Espíritu Infinito es una personalidad completa y perfecta, el divino equivalente y coordinado del Padre Universal y del Hijo Eterno. El Creador Conjunto es tan real y visible para las inteligencias más elevadas de los universos como lo son el Padre y el Hijo; y aún más así, porque es el Espíritu a quien todos los ascendentes deben alcanzar antes de que puedan a través del Hijo, tener acceso al Padre.

El Espíritu Infinito, la Tercera Persona de la Deidad, es poseedor de todos los atributos que vosotros asociáis con la personalidad. El Espíritu está dotado de mente absoluta: «El Espíritu descubre todas las cosas, aun las cosas profundas de Dios». El Espíritu está dotado, no sólo de mente, sino también de voluntad. En el otorgamiento de sus dones se ha registrado: «Pero todas estas cosas las hace uno y el mismo Espíritu, repartiendo a cada uno en particular como él quiere».

«El amor del Espíritu» es real, como también lo son sus pesares; por tanto «no aflijáis al Espíritu de Dios». Sea que contemplemos al Espíritu Infinito como Deidad del Paraíso o como Espíritu Creador del universo local, hallamos que el Creador Conjunto no es sólo la Tercera Fuente y Centro sino también una persona divina. Esta personalidad divina también reacciona como persona ante el universo. El Espíritu os habla: «El que tenga oídos, que escuche lo que dice el Espíritu». «El Espíritu mismo intercede por vosotros». El Espíritu ejerce una influencia directa y personal sobre los seres creados, «porque todos los que son guiados por el Espíritu de Dios, éstos son hijos de Dios».

Aunque contemplemos el fenómeno del ministerio del Espíritu Infinito en los mundos remotos del universo de los universos, aunque concibamos a esta misma Deidad coordinadora actuando en indecibles legiones de los múltiples seres y a través de los mismos que provienen de la Tercera Fuente y Centro, aunque reconozcamos la omnipresencia del Espíritu, sin embargo, seguimos afirmando que esta misma Tercera Fuente y Centro es una persona, el Creador Conjunto de todas las cosas y de todos los seres y de todos los universos.

En la administración de los universos, el Padre, el Hijo y el Espíritu están perfecta y eternamente interasociados. Aunque cada uno está consagrado al ministerio personal para toda la creación, los tres se entrelazan divina y absolutamente en un servicio de creación y control que por siempre los hace *uno*.

En la persona del Espíritu Infinito, el Padre y el Hijo están mutuamente presentes, siempre y en perfección no cualificada, porque el Espíritu es semejante al Padre y semejante al Hijo, y semejante también al Padre y al Hijo ya que ellos dos son eternamente uno.

[Presentado en Urantia por un Consejero Divino de Uversa comisionado por los Ancianos de los Días para describir la naturaleza y obra del Espíritu Infinito.]

DOCUMENTO 9

LA RELACIÓN DEL ESPÍRITU INFINITO CON EL UNIVERSO

UNA cosa extraña ocurrió cuando, ante la presencia del Paraíso, el Padre Universal y el Hijo Eterno se unieron para personalizarse. Nada en esta situación de eternidad presagiaba que el Actor Conjunto se personalizaría como una espiritualidad ilimitada coordinada con la mente absoluta y dotada de singulares prerrogativas para la manipulación de la energía. Su aparición, completa la liberación del Padre de los vínculos de la perfección centralizada y de las cadenas del absolutismo de la personalidad. Y esta liberación se revela en el sorprendente poder del Creador Conjunto para crear seres bien adaptados al servicio como espíritus ministradores, incluso para las criaturas materiales de los universos posteriormente en evolución.

El Padre es infinito en amor y volición, en pensamiento y propósito espiritual; es el sustentador universal. El Hijo es infinito en sabiduría y verdad, en expresión e interpretación espiritual; es el revelador universal. El Paraíso es infinito en potencial para la dotación de fuerza y en capacidad para dominar la energía; es el estabilizador universal. El Actor Conjunto posee prerrogativas únicas de síntesis, capacidad infinita para coordinar todas las energías existentes en el universo, todos los espíritus universales existentes, y todos los intelectos universales verdaderos; la Tercera Fuente y Centro es el unificador universal de las múltiples energías y diversas creaciones que han aparecido como consecuencia del plan divino y del eterno propósito del Padre Universal.

El Espíritu Infinito, el Creador Conjunto, es un ministro universal y divino. El Espíritu incesantemente ministra la misericordia del Hijo y el amor del Padre, en armonía con la justicia estable, invariable y recta de la Trinidad del Paraíso. Su influencia y personalidades siempre están cerca de vosotros; realmente os conocen y verdaderamente os comprenden.

A través de los universos, las agencias del Actor Conjunto manipulan incesantemente las fuerzas y energías de todo el espacio. Al igual que la Primera Fuente y Centro, la Tercera responde tanto a lo material como a lo espiritual. El Actor Conjunto es la revelación de la unidad de Dios, en quien todas las cosas consisten: objetos, significados y valores; energías, mentes y espíritus.

El Espíritu Infinito penetra todo el espacio; habita el círculo de la eternidad; y el Espíritu, al igual que el Padre y el Hijo, es perfecto e inmutable: absoluto.

1. LOS ATRIBUTOS DE LA TERCERA FUENTE Y CENTRO

La Tercera Fuente y Centro se le conoce por muchos nombres, todos indicativos de relación y en reconocimiento de función: como Dios el Espíritu, es la personalidad coordinada y el igual divino de Dios el Hijo y Dios el Padre. Como el Espíritu Infinito, es una influencia espiritual omnipresente. Como el Manipulador Universal, es el antepasado de las criaturas que controlan el poder y el activador de las fuerzas cósmicas del espacio. Como el Actor Conjunto, es el representante mancomunado y el ejecutivo de la sociedad del Padre-Hijo. Como la Mente Absoluta, es la fuente de la dotación intelectual en todos los universos. Como el Dios de Acción, es el antepasado aparente del movimiento, el cambio y la relación.

Algunos de los atributos de la Tercera Fuente y Centro se derivan del Padre, algunos del Hijo, en tanto que otros, no se observa que estén presentes, activa y personalmente, ni en el Padre ni en el Hijo —atributos que difícilmente pueden explicarse excepto mediante la hipótesis de que la sociedad Padre-Hijo que eterniza a la Tercera Fuente y Centro funciona uniformemente en consonancia con y en reconocimiento del hecho eterno de que el Paraíso es absoluto. El Creador Conjunto incorpora la plenitud de los conceptos infinitos y combinados de la Primera y Segunda Personas de la Deidad.

Cuando imaginéis al Padre como creador original y al Hijo como administrador espiritual, debéis pensar en la Tercera Fuente y Centro como coordinador universal, un ministro de cooperación ilimitada. El Actor Conjunto es el correlacionador de toda realidad actual; es el depositario divino del pensamiento del Padre y de la palabra del Hijo, y en acción es eternamente respetuoso de la absolutez material de la Isla central. La Trinidad del Paraíso ha establecido el orden universal del *progreso*, y la providencia de Dios está bajo el dominio del Creador Conjunto y del Ser Supremo en evolución. Ninguna realidad actual o en vías de actualización puede escapar a la relación final con la Tercera Fuente y Centro.

El Padre Universal preside los dominios de la preenergía, el preespíritu y la personalidad; el Hijo Eterno domina las esferas de las actividades espirituales; la presencia de la Isla del Paraíso unifica el dominio de la energía física y el poder materializador; el Actor Conjunto opera no sólo como un espíritu infinito que representa al Hijo, sino también como manipulador universal de las fuerzas y energías del Paraíso, trayendo de este modo a la existencia la mente universal y absoluta. El Actor Conjunto funciona en todo el gran universo como una personalidad positiva y bien diferenciada, especialmente en las esferas más altas de los valores espirituales, las relaciones de la energía física, y los verdaderos significados intelectuales. Funciona específicamente en cualquier lugar y ocasión en que la energía y el espíritu se asocian e interactúan; domina todas las reacciones con la mente, ejerce un gran poder en el mundo espiritual y una poderosa influencia sobre la energía y la materia. Siempre, la Tercera Fuente expresa la naturaleza de la Primera Fuente y Centro.

La Tercera Fuente y Centro comparte perfectamente y sin condiciones la omnipresencia de la Primera Fuente y Centro, siendo llamado a veces el Espíritu Omnipresente. De manera peculiar y muy personal, el Dios de la mente participa de la omnisciencia del Padre Universal y su Hijo Eterno; el conocimiento del Espíritu es profundo y completo. El Creador Conjunto manifiesta ciertas fases de la omnipotencia del Padre Universal, pero sólo es realmente omnipotente en el dominio de la mente. La Tercera Persona de la Deidad es el centro intelectual y el administrador universal de los ámbitos de la mente; en ellos él es absoluto: su soberanía es no cualificada.

El Actor Conjunto parece estar motivado por la sociedad Padre-Hijo, pero todas sus acciones parecen reconocer la relación Padre-Paraíso. A veces y en ciertas funciones parece compensar el desarrollo incompleto de las Deidades experienciales: Dios el Supremo y Dios el Último.

Y aquí se encuentra un misterio infinito: que el Infinito reveló simultáneamente su infinidad en el Hijo y como Paraíso, y que luego surge a la existencia un ser igual a Dios en divinidad, que refleja la naturaleza espiritual del Hijo, y capaz de activar el modelo original del Paraíso, un ser provisionalmente subordinado en soberanía, pero, al parecer, de muchas maneras el más versátil en la *acción*. Esta aparente superioridad en la acción se revela en un atributo de la Tercera Fuente y Centro que es superior aun a la gravedad física, la manifestación universal de la Isla del Paraíso.

Además de este supercontrol de la energía y las cosas físicas, el Espíritu Infinito está espléndidamente dotado con esos atributos de paciencia, misericordia y amor que se revelan tan exquisitamente en su ministerio espiritual. El Espíritu es sumamente competente para ministrar el amor y envolver la justicia en misericordia. Dios el Espíritu posee toda la bondad excelsa y el afecto misericordioso del Hijo Original y Eterno. El universo de vuestro origen está siendo forjado entre el yunque de la justicia y el martillo del sufrimiento; pero los que esgrimen el martillo son los hijos de la misericordia, la progenie espiritual del Espíritu Infinito.

2. EL ESPÍRITU OMNIPRESENTE

Dios es espíritu en un sentido triple: es espíritu; en su Hijo aparece como espíritu sin cualificación; en el Actor Conjunto, como espíritu aliado con la mente. Además de estas realidades espirituales, creemos discernir niveles de fenómenos espirituales experienciales: los espíritus del Ser Supremo, la Deidad Última, y el Absoluto de Deidad.

El Espíritu Infinito es tanto un complemento del Hijo Eterno como el Hijo es un complemento del Padre Universal. El Hijo Eterno es una personalización espiritualizada del Padre; el Espíritu Infinito es una espiritualización personalizada del Hijo Eterno y del Padre Universal.

Hay muchas líneas no obstaculadas de fuerza espiritual y fuentes de poder supermaterial que vinculan a la población de Urantia directamente con las Deidades del Paraíso. Existe la conexión directa de los Ajustadores del Pensamiento con el Padre Universal, la vasta influencia del impulso de la gravedad espiritual del Hijo Eterno, y la presencia espiritual del Creador Conjunto. Hay una diferencia de función entre el espíritu del Hijo y el espíritu del Espíritu. La Tercera Persona puede funcionar en su ministerio espiritual como mente y espíritu o como espíritu solo.

Además de estas presencias paradisiacas, los urantianos se benefician por las influencias y actividades espirituales del universo local y del superuniverso, con su serie casi interminable de personalidades amantes que por siempre conducen hacia arriba y hacia adentro al veraz de propósito y al honesto de corazón, hacia los ideales de divinidad y el objetivo de la perfección suprema.

Conocemos la presencia del espíritu universal del Hijo Eterno y podemos reconocerla inequívocamente. Aun el hombre mortal puede conocer la presencia del Espíritu Infinito, la Tercera Persona de la Deidad, porque las criaturas materiales pueden experimentar realmente la beneficencia de esta influencia divina que funciona como el Espíritu Santo del universo local, vertido sobre las razas de la humanidad. Los seres humanos también pueden, en alguna medida, llegar a tener conciencia del Ajustador, la presencia impersonal de Padre Universal. Todos estos espíritus divinos que laboran por la elevación y espiritualización del hombre actúan al unísono y en cooperación perfecta. Son como uno en la operación espiritual de los planes de ascensión y logro de la perfección de los mortales.

3. EL MANIPULADOR UNIVERSAL

La Isla del Paraíso es la fuente y la substancia de la gravedad física; y eso debería ser suficiente para informaros de que la gravedad es una de las cosas más reales y eternamente confiables en todo el universo físico de universos. No se puede modificar ni anular la gravedad excepto por las fuerzas y energías promovidas conjuntamente por el Padre y el Hijo, que han sido confiadas a la persona de la Tercera Fuente y Centro, con la cual están asociadas funcionalmente.

El Espíritu Infinito posee un poder único y asombroso: la *antigravedad*. Este poder no está funcionalmente (de manera observable) presente ni en el Padre ni en el Hijo. Esta capacidad para resistir la atracción de la gravedad material, inherente a la Tercera Fuente, se revela en las reacciones personales del Actor Conjunto a ciertas fases de las relaciones universales. Este atributo singular es transmisible a algunas de las más altas personalidades del Espíritu Infinito.

La antigravedad puede anular la gravedad dentro de un marco local; lo hace ejerciendo una presencia equivalente de fuerza. Opera sólo con referencia a la gravedad material, y no es la acción de la mente. El fenómeno de resistencia a la gravedad de un giroscopio es una ilustración clara del *efecto* de la antigravedad, pero no sirve para ilustrar la *causa* de la antigravedad.

Aun más, el Actor Conjunto despliega poderes que pueden trascender la fuerza y neutralizar la energía. Tales poderes operan aminorando la velocidad de la energía hasta el punto de la materialización y mediante otras técnicas desconocidas por vosotros.

El Creador Conjunto no es energía ni la fuente de la energía, ni el destino de la energía; es el *manipulador* de la energía. El Creador Conjunto es acción: movimiento, cambio, modificación, coordinación, estabilización y equilibrio. Las energías sujetas al control directo o indirecto del Paraíso por naturaleza responden a los actos de la Tercera Fuente y Centro y de sus múltiples agencias.

El universo de los universos es penetrado por las criaturas de la Tercera Fuente y Centro que controlan el poder; tales como controladores físicos, directores del poder, centros de poder, y otros representantes del Dios de Acción que tienen que ver con la regulación y la estabilización de las energías físicas. Todas estas criaturas singulares de funciones físicas, poseen atributos variables de control de poder, tales como la antigravedad, que utilizan en sus esfuerzos por establecer el equilibrio físico de la materia y las energías del gran universo.

Todas estas actividades materiales del Dios de Acción parecen relacionar su función con la Isla del Paraíso, y verdaderamente las agencias de poder toman en consideración el carácter absoluto de la Isla eterna, e incluso dependen de ésta. Pero el Actor Conjunto no actúa para el Paraíso ni en reacción al mismo. Actúa, personalmente, para el Padre y para el Hijo. El Paraíso no es una persona. Las acciones de la Tercera Fuente y Centro no personales, impersonales y de otro modo fuera de lo personal son todos actos volitivos del Actor Conjunto mismo; no son reflejos, derivaciones, ni repercusiones de nada ni de nadie.

El Paraíso es el modelo original de infinidad; el Dios de Acción es el activador de ese modelo. El Paraíso es el punto de apoyo material de infinidad; las agencias de la Tercera Fuente y Centro son las palancas de la inteligencia que motivan el nivel material e introducen espontaneidad en el mecanismo de la creación física.

4. LA MENTE ABSOLUTA

Existe una naturaleza intelectual de la Tercera Fuente y Centro que es distinta de sus atributos físicos y espirituales. Tal naturaleza es difícilmente contactable, pero sí es asociable —de manera intelectual aunque no personalmente. Es distinguible de los atributos físicos y del carácter espiritual de la Tercera Persona en los niveles de función mental, pero para el discernimiento de las personalidades, esta naturaleza nunca funciona independientemente de manifestaciones físicas o espirituales.

La mente absoluta es la mente de la Tercera Persona; es inseparable de la personalidad de Dios el Espíritu. La mente, en los seres funcionales, no está separada ni de la energía ni del espíritu, ni de ambos. La mente no es inherente a la energía; la energía es receptiva y responde a la mente; la mente puede sobreimponerse a la energía, pero la conciencia no es inherente en el nivel puramente material. La mente no tiene que ser agregada al espíritu puro, porque el espíritu es naturalmente consciente e identificante. El espíritu es siempre inteligente, posee *mentalidad* en alguna medida. Puede ser esa mente o aquella, puede ser premente o supermente, incluso mente espiritual, pero hace el equivalente del pensamiento y el conocimiento. El discernimiento del espíritu trasciende, supera y teóricamente antedata la conciencia de la mente.

El Creador Conjunto es absoluto tan sólo en el dominio de la mente, en los ámbitos de la inteligencia universal. La mente de la Tercera Fuente y Centro es infinita; trasciende completamente los circuitos mentales activos y funcionales del universo de los universos. La dote de mente de los siete superuniversos se deriva de los Siete Espíritus Rectores, las personalidades primarias del Creador Conjunto. Estos Espíritus Rectores distribuyen la mente en el gran universo como mente cósmica, y vuestro universo local está infiltrado por la variante nebadónica del tipo orvontónico de mente cósmica.

La mente infinita ignora el tiempo, la mente última trasciende el tiempo, la mente cósmica está condicionada por el tiempo. Y así ocurre con el espacio: la Mente Infinita es independiente del espacio, pero según se desciende de los niveles infinitos hasta los niveles de los ayudantes de la mente, el intelecto debe tomar en cuenta cada vez más el hecho y las limitaciones del espacio.

La fuerza cósmica responde a la mente así como la mente cósmica responde al espíritu. El espíritu es propósito divino, y la mente espiritual es propósito divino en acción. La energía es objeto, la mente es significado, el espíritu es valor. Aun en el tiempo y en el espacio, la mente establece esas relaciones relativas entre la energía y el espíritu que son indicativas de parentesco mutuo en la eternidad.

La mente trasmuta los valores del espíritu en significados del intelecto; la volición tiene el poder de fructificar los significados de la mente a los dominios material y espiritual. El ascenso al Paraíso comprende un crecimiento relativo y diferencial en espíritu, mente y energía, siendo la personalidad el unificador de esos componentes de la individualidad experiencial.

5. EL MINISTERIO DE LA MENTE

La Tercera Fuente y Centro es infinita en mente. Si el universo creciera hasta la infinidad, aún su potencial de mente sería adecuado para dotar a un número ilimitado de criaturas con mentes apropiadas y otros prerrequisitos del intelecto.

En el campo de la *mente creada* la Tercera Persona, con sus asociados coordinados y subordinados, gobierna en supremacía. Los dominios de la mente de la criatura se originan exclusivamente de la Tercera Fuente y Centro: él es quien otorga la mente. Aun los fragmentos del Padre encuentran imposible habitar la mente de los hombres antes de que el camino haya sido preparado adecuadamente para ellos por la acción mental y la función espiritual del Espíritu Infinito.

El rasgo distintivo de la mente es de que puede ser otorgada a una amplia variedad de vida. A través de sus creadores y criaturas asociadas, la Tercera Fuente y Centro ministra todas las mentes en todas las esferas. Ministra a intelectos humanos y subhumanos a través de los ayudantes de la mente de los universos locales y, a través de la agencia de los controladores físicos; ministra incluso las entidades más inferiores no experienciales de los tipos más primitivos de cosas vivas. La dirección de la mente siempre es un ministerio de personalidades de mente-espíritu o de mente-energía.

Puesto que la Tercera Persona de la Deidad es el origen de la mente, es natural que a las criaturas volitivas evolutivas les resulte más fácil formar conceptos comprensibles del Espíritu Infinito que del Hijo Eterno o del Padre Universal. La realidad del Creador Conjunto se revela imperfectamente en la existencia misma de la mente humana. El Creador Conjunto es el antepasado de la mente cósmica, y la mente del hombre es un circuito individualizado, una porción impersonal, de esa mente cósmica tal como una Hija Creadora de la Tercera Fuente y Centro la otorga en un universo local.

Pero el hecho de que la Tercera Persona sea el origen de la mente, no significa que podamos inferir que todos los fenómenos de la mente son divinos. El intelecto humano está enraizado en el origen material de las razas animales. La inteligencia universal no es una revelación verdadera de Dios que es mente, así como la naturaleza física no es una verdadera revelación de la belleza y armonía del Paraíso. La perfección está en la naturaleza, pero la naturaleza no es perfecta. El Creador Conjunto es el origen de la mente, pero la mente no es el Creador Conjunto.

La mente, en Urantia, es un avenimiento entre la esencia de perfección del pensamiento y la mentalidad evolutiva de vuestra naturaleza inmadura humana. El plan para vuestra evolución intelectual es, ciertamente, de perfección sublime, pero vosotros mucho distáis de esa meta divina mientras funcionáis en el tabernáculo de la carne. La mente es verdaderamente de origen divino, y tiene un destino divino, pero vuestras mentes mortales no han alcanzado aún la dignidad divina.

Muy frecuentemente, demasiado frequentemente desfiguráis vuestras mentes con la insinceridad y las marchitáis con la maldad; las sometéis a los temores animales y las distorsionáis con ansiedades inútiles. Por lo tanto, aunque la fuente de la mente sea divina, la mente tal como la conocéis en vuestro mundo de ascensión, difícilmente puede llegar a ser objeto de gran admiración, y mucho menos de adoración o culto. La contemplación del inmaduro e inactivo intelecto humano debería llevar tan sólo a reacciones de humildad.

6. EL CIRCUITO DE GRAVEDAD MENTAL

La Tercera Fuente y Centro, la inteligencia universal, está personalmente consciente de cada *mente*, de cada intelecto, en toda la creación, y mantiene un contacto personal y perfecto con todas estas criaturas físicas, morontiales y espirituales dotadas de mente en la vastedad de los universos. El circuito absoluto de gravedad mental que se centra en la Tercera Fuente y Centro vincula todas estas actividades de la mente que son una parte de la conciencia personal del Espíritu Infinito.

Así como el Padre atrae toda personalidad hacia él, y el Hijo atrae toda la realidad espiritual, así ejerce el Actor Conjunto un poder de atracción sobre todas las mentes; domina y controla no cualificadamente el circuito universal de la mente. Todos los valores intelectuales verdaderos y genuinos, todos los pensamientos divinos y las ideas perfectas, son infaliblemente atraídos al circuito absoluto de la mente.

La gravedad mental puede operar independientemente de la gravedad material o espiritual, pero en cualquier sitio y ocasión en que estas últimas hacen efecto, la gravedad mental es siempre funcional. Cuando las tres se asocian, la gravedad de la personalidad puede abrazar a la criatura material —física o morontial, finita o absonita. Pero independiente de esto, la dotación de mente aun en seres impersonales los capacita para pensar y los inviste de conciencia pese a la ausencia total de personalidad.

La individualidad de la dignidad personal, humana o divina, inmortal o potencialmente inmortal, no se origina en ningún espíritu, mente o materia; es la dádiva del Padre Universal. Tampoco es la interacción de la gravedad espiritual, mental y material un prerrequisito para la aparición de la gravedad de personalidad. El circuito del Padre puede abrazar a un ser de mente material que no responda a la gravedad espiritual o puede incluir a un ser de mente espiritual que no responda a la gravedad material. La operación de la gravedad de la personalidad es siempre un acto volitivo del Padre Universal.

Aunque la mente es asociada con la energía en los seres puramente materiales, y asociada con el espíritu en las personalidades puramente espirituales, innumerables órdenes de personalidad, incluyendo a los humanos, poseen mentes que están asociadas tanto con la energía como con el espíritu. Los aspectos espirituales de la mente de las criaturas responden infaliblemente a la influencia de la gravedad espiritual del Hijo Eterno; los rasgos materiales responden al impulso de la gravedad del universo material.

Cuando la mente cósmica no está asociada ni con la energía ni con el espíritu, tampoco está sujeta a las demandas de la gravedad de los circuitos materiales o espirituales. La mente pura sólo se sujeta al dominio de la gravedad del Actor Conjunto. La mente pura es bastante afín a la mente infinita, y la mente infinita (la coordenada teórica de los absolutos de espíritu y energía) es aparentemente una ley en sí misma.

Cuanto mayor sea la divergencia entre espíritu y energía, tanto mayor será la función observable de la mente; cuanto menor sea la diversidad entre energía y espíritu, tanto menor será la función observable de la mente. Al parecer, la función máxima de la mente cósmica está en los universos temporales del espacio. Aquí la mente parece funcionar en una zona intermedia entre la energía y el espíritu, pero esto no es cierto respecto de los niveles más elevados de la mente; en el Paraíso, la energía y el espíritu son esencialmente uno.

El circuito de gravedad mental es confiable; emana de la Tercera Persona de la Deidad en el Paraíso, pero no toda función observable de la mente es previsible. Paralela a este circuito de la mente se evidencia en todas partes de toda la creación conocida una presencia poco comprendida cuya función no es previsible. Creemos que esta imprevisibilidad es en parte atribuible a la función del Absoluto Universal. No sabemos en qué consiste esta función; sólo podemos conjeturar lo que la activa; y en cuanto a su relación con las criaturas, solamente podemos especular.

Ciertas fases de la imprevisibilidad de la mente finita pueden deberse al estado incompleto del Ser Supremo, y hay una vasta zona de actividades en donde el Actor Conjunto y el Absoluto Universal puedan posiblemente ser tangentes. Se desconoce mucho acerca de la mente, pero estamos seguros de esto: el Espíritu Infinito es la expresión perfecta de la mente del Creador para todas las criaturas; el Ser Supremo es la expresión en evolución de la mente de todas las criaturas para su Creador.

7. LA REFLECTIVIDAD DEL UNIVERSO

El Actor Conjunto puede coordinar todos los niveles de la actualidad universal de tal manera que hace posible el reconocimiento simultáneo de lo mental, lo material y lo espiritual. Éste es el fenómeno de la *reflectividad universal*, ese poder singular e inexplicable de ver, oír, sentir y saber todas las cosas según ocurren en todas partes de un superuniverso, y enfocar, mediante la reflectividad toda esta información y conocimiento en cualquier punto deseado. La acción de la reflectividad se muestra a la perfección en cada uno de los mundos sede central de los siete superuniversos. Opera también a través de todos los sectores de los superuniversos y dentro de los límites de los universos locales. La reflectividad queda enfocada finalmente en el Paraíso.

El fenómeno de la reflectividad, como se observa en los hechos asombrosos de las personalidades reflectivas estacionadas en los mundos que gobiernan los superuniversos representa la más compleja interasociación de todas las fases de la existencia que se encuentran en la creación entera. Las líneas del espíritu pueden remontarse al Hijo, la energía física, al Paraíso, y la mente a la Tercera Fuente; pero en el fenómeno extraordinario de la reflectividad del universo se produce una unificación excepcional y singular de los tres, asociados como para permitir que los soberanos del universo sepan acerca de situaciones remotas instantáneamente, simultáneamente con su acontecimiento.

Comprendemos mucho de la técnica de la reflectividad, pero hay muchas fases que verdaderamente nos desconciertan. Sabemos que el Actor Conjunto es el centro universal del circuito de la mente, que es el antepasado de la mente cósmica, y que la mente cósmica funciona bajo el dominio de la gravedad mental absoluta de la Tercera Fuente y Centro. Sabemos además que los circuitos de la mente cósmica influyen en los niveles intelectuales de toda existencia conocida; contienen los informes universales del espacio, al igual que se enfocan certeramente en los Siete Espíritus Rectores y convergen en la Tercera Fuente y Centro.

La relación entre la mente cósmica finita y la mente absoluta divina parece estar evolucionando en la mente experiencial del Supremo. Se nos ha enseñado que, en los albores del tiempo el Espíritu Infinito, otorgó esta mente experiencial al Supremo y conjeturamos que ciertos rasgos del fenómeno de la reflectividad pueden explicarse tan sólo postulando la actividad de la Mente Suprema. Si el Supremo no se ocupa de la reflectividad, no podemos explicar las intrincadas transacciones y las operaciones infalibles de esta conciencia del cosmos.

La reflectividad parece ser omniciencia dentro de los límites de lo finito experiencial y puede representar la aparición de la presencia-conciencia del Ser Supremo. Si esta suposición es cierta, entonces la utilización de la reflectividad en cualquiera de sus fases equivale a un contacto parcial con la conciencia del Supremo.

8. LAS PERSONALIDADES DEL ESPÍRITU INFINITO

El Espíritu Infinito posee plena facultad para trasmitir muchos de sus poderes y prerrogativas a sus personalidades y agencias coordinadas y subordinadas.

El primer acto creador de Deidad del Espíritu Infinito, funcionando aparte de la Trinidad pero en alguna asociación no revelada con el Padre y el Hijo, se personalizó en la existencia de los Siete Espíritus Rectores del Paraíso, los distribuidores del Espíritu Infinito a los universos.

No hay ningún representante directo de la Tercera Fuente y Centro en los centros de gobierno de un superuniverso. Cada una de estas siete creaciones depende de uno de los Siete Espíritus Rectores del Paraíso, que actúa a través de los siete Espíritus Reflectivos ubicados en la capital del superuniverso.

El siguiente y continuado acto creador del Espíritu Infinito se revela, de tiempo en tiempo, en la producción de los Espíritus Creativos. Cada vez que el Padre Universal y el Hijo Eterno se hacen padres de un Hijo Creador, el Espíritu Infinito se convierte en el progenitor de un Espíritu Creativo de un universo local que se vuelve el más íntimo asociado de ese Hijo Creador en toda experiencia universal subsiguiente.

Así como es necesario distinguir entre el Hijo Eterno y los Hijos Creadores, del mismo modo hay que diferenciar entre el Espíritu Infinito y los Espíritus Creativos, los coordinados universales de los Hijos Creadores. Lo que el Espíritu Infinito es para toda la creación, un Espíritu Creativo es para un universo local.

La Tercera Fuente y Centro está representada en el gran universo por un vasto conjunto de espíritus ministradores, mensajeros, maestros, adjudicadores, ayudantes y consejeros, así como también supervisores de ciertos circuitos de naturaleza física, morontial y espiritual. No todos estos seres son personalidades en el sentido estricto del término. La personalidad de la variedad de criaturas finitas se caracteriza por:

1. Autoconciencia subjetiva.
2. Respuesta objetiva al circuito de personalidad del Padre.

Hay personalidades creadoras y personalidades criaturas, y además de estos dos tipos fundamentales hay *personalidades de la Tercera Fuente y Centro,* seres que son personales para el Espíritu Infinito, pero que no son no cualificadamente personales para los seres criaturas. Estas personalidades de la Tercera Fuente no forman parte del circuito de personalidad del Padre. La personalidad de la Primera Fuente y la personalidad de la Tercera Fuente se pueden poner en contacto mutuamente; es posible ponerse en contacto con toda personalidad.

El Padre otorga personalidad por su libre albedrío personal. Sólo podemos conjeturar por qué lo hace, y no sabemos cómo lo hace. Tampoco sabemos por qué la Tercera Fuente otorga personalidad no-Padre pero el Espíritu Infinito lo hace en su propio nombre, en conjunción creativa con el Hijo Eterno y de numerosos modos desconocidos para vosotros. El Espíritu Infinito también puede actuar para el Padre en el otorgamiento de personalidad de la Primera Fuente.

Existen numerosos tipos de personalidades de la Tercera Fuente. El Espíritu Infinito otorga personalidad de la Tercera Fuente a numerosos grupos que no están incluidos en el circuito de personalidad del Padre, tales como ciertos directores de poder. Asímismo el Espíritu Infinito trata como personalidades a numerosos grupos de seres, tales como los Espíritus Creativos, que componen una clase por sí mismos en sus relaciones con las criaturas encircuitadas del Padre.

Tanto las personalidades de la Primera Fuente como las de la Tercera Fuente están dotadas con todo y aun más de lo que el hombre asocia con el concepto de personalidad; tienen mentes que abarcan la memoria, la razón, el juicio, la imaginación creadora, la asociación de ideas, la decisión, la elección, y numerosas facultades intelectuales adicionales totalmente desconocidas para los mortales. Con pocas excepciones, las órdenes reveladas a vosotros poseen forma e individualidad definidas; son seres reales. Una mayoría de ellos son visibles para todas las órdenes de existencia espiritual.

Aun vosotros podréis ver a vuestros asociados espirituales de las órdenes más bajas tan pronto como seáis liberados de la visión limitada de vuestros actuales ojos materiales y hayáis sido dotados de una forma morontial con su mayor sensibilidad por la realidad de las cosas espirituales.

La familia funcional de la Tercera Fuente y Centro, tal como se revela en estos documentos, se divide en tres grandes grupos:

I. *Los Espíritus Supremos*. Un grupo de origen compuesto que incluye, entre otras, las siguientes órdenes:

1. Los Siete Espíritus Rectores del Paraíso.
2. Los Espíritus Reflectivos de los Superuniversos.
3. Los Espíritus Creativos de los Universos Locales.

II. *Los Directores del Poder*. Un grupo de criaturas y agencias de control que funciona en todo el espacio organizado.

III. *Las Personalidades del Espíritu Infinito*. Esta designación no implica necesariamente que estos seres tengan personalidades de la Tercera Fuente, aunque algunos de ellos son únicos entre las criaturas volitivas. Usualmente se agrupan en tres clasificaciones principales:

1. Las Personalidades más Elevadas del Espíritu Infinito.
2. Las Huestes de Mensajeros del Espacio.
3. Los Espíritus Ministradores del Tiempo.

Estos grupos sirven en el Paraíso, en el universo central o residencial, en los superuniversos, e incluyen órdenes que funcionan en los universos locales, incluso en las constelaciones, sistemas y planetas.

Las personalidades espirituales de la vasta familia del Espíritu Divino e Infinito, están por siempre dedicadas al servicio del ministerio del amor de Dios y de la misericordia del Hijo para con todas las criaturas inteligentes de los mundos evolutivos del tiempo y el espacio. Estos seres espirituales constituyen la escala viviente por la cual el hombre mortal puede ascender del caos a la gloria.

[Revelado en Urantia por un Consejero Divino de Uversa comisionado por los Ancianos de los Días para describir la naturaleza y obra del Espíritu Infinito.]

DOCUMENTO 10

LA TRINIDAD DEL PARAÍSO

LA Trinidad Paradisiaca de las Deidades eternas permite que el Padre pueda escapar del absolutismo de la personalidad. La Trinidad asocia perfectamente la expresión ilimitada de la infinita voluntad personal de Dios con la absolutez de la Deidad. El Hijo Eterno y los diversos Hijos de origen divino, juntamente con el Actor Conjunto y sus hijos universales, eficazmente liberan al Padre de las limitaciones, por otra parte inherentes, en primacía, perfección, inmutabilidad, eternidad, universalidad, absolutez e infinidad.

La Trinidad del Paraíso permite efectivamente la plena expresión y la revelación perfecta de la naturaleza eterna de la Deidad. Los Hijos Estacionarios de la Trinidad ofrecen de la misma manera una plena y perfecta revelación de la justicia divina. La Trinidad es unidad de la Deidad, y esta unidad descansa eternamente sobre los cimientos absolutos de la singularidad divina de las tres personalidades originales coordinadas y coexistentes, Dios el Padre, Dios el Hijo, y Dios el Espíritu.

A partir de la situación presente en el círculo de la eternidad, mirando hacia atrás hacia el pasado infinito, podemos descubrir una sola inevitabilidad inescapable en los asuntos del universo, y ésa es la Trinidad del Paraíso. Yo creo que la Trinidad era inevitable. Según veo el pasado, el presente y el futuro del tiempo, considero que no hay nada más en todo el universo de universos que fuera inevitable. El universo maestro actual, visto en retrospectiva o en perspectiva, es impensable sin la Trinidad. Ya con la Trinidad del Paraíso, podemos postular modos alternativos e incluso múltiples de hacer todas las cosas, pero sin la Trinidad de Padre, Hijo y Espíritu somos incapaces de concebir de qué manera pudo el Infinito lograr una personalización triple y coordinada frente a la absoluta singularidad de la Deidad. Ningún otro concepto de la creación llega a la altura de las normas de lo completo y lo absoluto de la Trinidad, inherentes en la unidad de la Deidad combinada con la plenitud de liberación volitiva inherente en la personalización triple de la Deidad.

1. LA AUTODISTRIBUCIÓN DE LA PRIMERA FUENTE Y CENTRO

Parecería que el Padre, allá por la eternidad, inauguró una política de profunda autodistribución. Hay en la naturaleza altruista, amante y amable del Padre Universal algo inherente que lo hace reservarse el ejercicio exclusivo tan sólo de aquellos poderes y autoridad que al parecer encuentra imposible delegar o conceder.

El Padre Universal siempre se ha despojado de las partes de sí mismo que son otorgables a otro Creador o criatura. Ha delegado en sus Hijos divinos y en sus inteligencias asociadas todo poder y toda autoridad que pudiera ser delegada. Transfirió realmente a sus Hijos Soberanos, en los respectivos universos, toda prerrogativa de autoridad administrativa que fuera transferible. En los asuntos de un universo local, ha hecho a cada Hijo Creador Soberano tan perfecto, competente y con tanta autoridad como el Hijo Eterno es en el universo original central. Entregó, en realidad donó, con la dignidad y santidad de la posesión personal, todo de sí mismo y de sus atributos, todo lo que podía despojar, de toda forma, en todas las edades, en todos los lugares, y a todas las personas, y en todos los universos, excepto el de su morada central.

La personalidad divina no es egocéntrica; la autodistribución y el compartir de la personalidad caracterizan la identidad divina con libre albedrío. Las criaturas anhelan la asociación con otras criaturas personales; los Creadores se sienten motivados a compartir su divinidad con sus hijos universales; la personalidad del Infinito se revela como el Padre Universal, que comparte la realidad de su ser y la igualdad del yo con dos personalidades coordinadas: el Hijo Eterno y el Actor Conjunto.

Para conocer a la personalidad y los atributos divinos del Padre dependeremos para siempre de las revelaciones del Hijo Eterno, porque cuando se efectuó el acto conjunto de la creación, cuando la Tercera Persona de la Deidad surgió a la existencia de la personalidad y cumplió con los conceptos combinados de sus padres divinos, el Padre dejó de existir como la personalidad no cualificada. Con la aparición del Actor Conjunto y la materialización del núcleo central de la creación, tuvieron lugar ciertos cambios eternos. Dios se dio como personalidad absoluta a su Hijo Eterno. Así, otorga el Padre la «personalidad de infinidad» a su Hijo unigénito, mientras que ambos otorgan la «personalidad conjunta» de su unión eterna al Espíritu Infinito.

Por estas y otras razones más allá del concepto de la mente finita, es extremadamente difícil para la criatura humana comprender la infinita personalidad paterna de Dios, excepto como es universalmente revelada en el Hijo Eterno y, con el Hijo, es universalmente activa en el Espíritu Infinito.

Puesto que los Hijos de Dios Paradisiacos visitan los mundos evolutivos y a veces aun habitan en ellos en semejanza de carne mortal, y puesto que estos autootorgamientos hacen posible para el hombre mortal conocer realmente algo de la naturaleza y carácter de la personalidad divina, deben las criaturas de las esferas planetarias poner atención a estos autootorgamientos de los Hijos Paradisiacos, para obtener información fidedigna y confiable respecto del Padre, el Hijo y el Espíritu.

2. LA PERSONALIZACIÓN DE LA DEIDAD

Mediante la técnica de la trinidización el Padre se despoja de esa personalidad espiritual no cualificada que es el Hijo, pero al hacerlo, se constituye en el Padre de este mismo Hijo, y por ello se inviste de ilimitada capacidad de ser el Padre divino de todos los tipos de criaturas de voluntad inteligente posteriormente creadas, eventuadas, o de otro modo personalizadas. Como l*a personalidad absoluta y no cualificada*, el Padre puede funcionar solamente como el Hijo y con el Hijo, pero como *Padre personal* continúa otorgando personalidad a las diversas huestes de los diferentes niveles de criaturas volitivas inteligentes, y por siempre mantiene relaciones personales de asociación amante con esa vasta familia de hijos universales.

Después de que el Padre ha otorgado a la personalidad de su Hijo la plenitud de sí mismo, y cuando se completa y se perfecciona este acto de autodotación, del poder y naturaleza infinitos que de este modo existen en la unión del Padre y el Hijo, los socios eternos conjuntamente otorgan aquellas cualidades y atributos que constituyen otro ser más como ellos; y esta personalidad conjunta, el Espíritu Infinito, completa la personalización existencial de la Deidad.

El Hijo es indispensable para la paternidad de Dios. El Espíritu es indispensable para la fraternidad de la Segunda y Tercera Personas. Tres personas son un grupo social mínimo, pero ésta es la menos importante de todas las muchas razones para creer en la inevitabilidad del Actor Conjunto.

La Primera Fuente y Centro es la *personalidad padre* infinita, la fuente ilimitada de personalidad. El Hijo Eterno es la *personalidad absoluta* no cualificada, ese ser divino que está en todo el tiempo y la eternidad como la revelación perfecta de la naturaleza personal de Dios. El Espíritu Infinito es la *personalidad conjunta*, la única inimitable consecuencia personal de la unión sempiterna del Padre y el Hijo.

La personalidad de la Primera Fuente y Centro es la personalidad de infinidad menos la personalidad absoluta del Hijo Eterno. La personalidad de la Tercera Fuente y Centro es la consecuencia superaditiva de la unión de la personalidad liberada del Padre y la personalidad absoluta del Hijo.

El Padre Universal, el Hijo Eterno, y el Espíritu Infinito son personas únicas; ninguno es un duplicado; cada uno es original; todos están unidos.

Sólo el Hijo Eterno experimenta la plenitud de la divina relación de personalidad, consciente tanto de su filiación con el Padre como de su paternidad del Espíritu y de la igualdad divina con el Padre antecesor y con el Espíritu asociado. El Padre conoce la experiencia de tener un Hijo que es su igual, pero el Padre no conoce de ningún antecedente ancestral. El Hijo Eterno tiene la experiencia de la filiación, reconocimiento del ancestro de personalidad, y al mismo tiempo el Hijo está consciente de ser un padre conjunto del Espíritu Infinito. El Espíritu Infinito está consciente del doble ancestro de su personalidad, pero no es progenitor de una personalidad coordinada de la Deidad. Con el Espíritu, se completa el ciclo existencial de la personalización de la Deidad; las personalidades primarias de la Tercera Fuente y Centro son experienciales y son siete en número.

Yo tengo origen en la Trinidad del Paraíso. Conozco la Trinidad como Deidad unificada; conozco también que el Padre, el Hijo y el Espíritu existen y actúan en sus capacidades personales definidas. Sé positivamente que no sólo actúan de manera personal y colectiva, sino que también coordinan sus acciones en varias asociaciones, de modo que al final funcionan en siete capacidades diferentes singulares y plurales. Y puesto que estas siete asociaciones agotan las posibilidades de tales combinaciones divinas, es inevitable que las realidades del universo aparezcan en siete variaciones de valores, significados y de personalidad.

3. LAS TRES PERSONAS DE LA DEIDAD

A pesar de que existe una sola Deidad, hay tres personalizaciones positivas y divinas de la Deidad. Respecto a la dotación del hombre con los Ajustadores divinos, el Padre dijo: «Hagamos al hombre mortal a nuestra imagen». Repetidas veces, en las escrituras urantianas existen referencias a los actos y acciones de la Deidad plural, mostrando el reconocimiento de la existencia y operación de las tres Fuentes y Centros.

Nos enseñan que el Hijo y el Espíritu tienen relaciones idénticas con el Padre en la asociación de la Trinidad. En la eternidad y como Deidades indudablemente lo hacen, pero en el tiempo y como personalidades ciertamente revelan relaciones de una naturaleza muy variada. Contemplando los universos desde el Paraíso, estas relaciones parecen muy similares, pero cuando se las visualiza desde los dominios del espacio, aparecen considerablemente diferentes.

Los Hijos divinos son ciertamente el «Verbo de Dios», pero los hijos del Espíritu son verdaderamente la «Acción de Dios». Dios habla a través del Hijo y, con el Hijo, actúa a través del Espíritu Infinito, mientras en todas las actividades del universo el Hijo y el Espíritu son exquisitamente fraternos, laborando como dos hermanos iguales, con admiración y amor por un Padre común, honrado y divinamente respetado.

El Padre, el Hijo y el Espíritu son ciertamente iguales en naturaleza, coordinados en ser, pero hay diferencias inequívocas en sus actuaciones universales, y cuando actúan solos, cada persona de la deidad está aparentemente limitada en su absolutez.

El Padre Universal, antes de despojarse voluntariamente de la personalidad, los poderes y los atributos que constituyen el Hijo y el Espíritu, parece haber sido (filosóficamente considerado) una Deidad no cualificada, absoluta e infinita. Pero esa teórica Primera Fuente y Centro sin un Hijo no podía ser considerado, en ningún sentido de la palabra, el *Padre Universal*; la paternidad no es real sin filiación. Además, el Padre, para haber sido absoluto en un sentido total, en algún momento eternamente distante, debe haber existido a solas. Pero nunca tuvo tal existencia solitaria; el Hijo y el Espíritu son ambos coeternos con el Padre. La Primera Fuente y Centro siempre ha sido, y siempre será el Padre eterno del Hijo Original y, con el Hijo, el eterno progenitor del Espíritu Infinito.

Observamos que el Padre se ha despojado de todas las manifestaciones directas de su absolutez excepto la paternidad absoluta y la volición absoluta. No sabemos si la volición es un atributo inalienable del Padre; sólo podemos observar que *no* se despojó de la volición. Tal infinidad de voluntad debe haber sido eternamente inherente a la Primera Fuente y Centro.

Al otorgarle personalidad absoluta al Hijo Eterno, el Padre Universal evade las cadenas del absolutismo de la personalidad, pero al hacerlo así da un paso que hace por siempre imposible para él actuar por sí solo como el absoluto de la personalidad. Y con la personalización final de la Deidad coexistente —el Actor Conjunto— sobreviene la crítica interdependencia trinitaria de las tres personalidades divinas respecto a la totalidad de la función de la Deidad en absoluto.

Dios es el Absoluto-Padre de todas las personalidades del universo de universos. El Padre es personalmente absoluto en libertad de acción, pero en los universos del tiempo y el espacio, ya hechos, en proceso de hacerse, y aún por hacerse, el Padre no es discerniblemente absoluto como Deidad total, salvo en la Trinidad del Paraíso.

La Primera Fuente y Centro funciona fuera de Havona, en los universos fenoménicos, de la manera siguiente:

1. Como creador, a través de los Hijos Creadores, sus nietos.
2. Como controlador, a través del centro de gravedad del Paraíso.
3. Como espíritu, a través del Hijo Eterno.
4. Como mente, a través del Creador Conjunto.
5. Como Padre, mantiene contacto paterno con todas las criaturas a través del circuito de personalidad.
6. Como persona, actúa *directamente* en toda la creación por medio de sus fragmentos exclusivos —en el hombre mortal, por los Ajustadores del Pensamiento.
7. Como Deidad total, funciona tan sólo en la Trinidad del Paraíso.

Todas estas renuncias y delegaciones de jurisdicción del Padre Universal son completamente voluntarias y autoimpuestas. El Padre todopoderoso asume intencionalmente estas limitaciones de la autoridad universal.

El Hijo Eterno parece funcionar como uno con el Padre en todos los aspectos espirituales, excepto en los otorgamientos de los fragmentos de Dios y en otras actividades prepersonales. Tampoco está el Hijo estrechamente identificado con las actividades intelectuales de las criaturas materiales ni con las actividades energiales de los universos materiales. Como absoluto el Hijo funciona como persona solamente en el dominio del universo espiritual.

El Espíritu Infinito es asombrosamente universal e increíblemente versátil en todas sus operaciones. Actúa en las esferas de la mente, la materia y el espíritu. El Actor Conjunto representa la asociación Padre-Hijo, pero funciona también como él mismo. No está directamente relacionado con la gravedad física, la gravedad espiritual, o el circuito de personalidad, pero participa más o menos en todas las otras actividades del universo. Aunque aparentemente depende de tres controles existenciales y absolutos de la gravedad, el Espíritu Infinito parece ejercer tres supercontroles. Esta triple dote la emplea de muchas maneras para trascender y aparentemente para neutralizar las manifestaciones de fuerzas y energías primarias, hasta las fronteras superúltimas de la absolutez. En ciertas situaciones estos supercontroles trascienden absolutamente hasta las manifestaciones primarias de la realidad cósmica.

4. LA UNIÓN TRINITARIA DE LA DEIDAD

De todas las asociaciones absolutas, la Trinidad del Paraíso (la primera triunidad) es única como asociación exclusiva de Deidad personal. Dios funciona como Dios sólo en relación a Dios y a los que pueden conocer a Dios, pero como Deidad absoluta sólo en la Trinidad del Paraíso y en relación con la totalidad del universo.

La Deidad eterna está perfectamente unificada; sin embargo, hay tres personas perfectamente individualizadas de la Deidad. La Trinidad del Paraíso hace posible la expresión simultánea de toda la diversidad de rasgos del carácter y poderes infinitos de la Primera Fuente y Centro y sus eternos coordinados y de toda la unidad divina de las funciones universales de la Deidad indivisa.

La Trinidad es una asociación de personas infinitas que funcionan en una capacidad no personal, pero no en contravención de la personalidad. La ilustración es burda, pero un padre, un hijo y un nieto podrían formar una entidad corporativa que sería no personal, y sin embargo estaría sujeta a sus voluntades personales.

La Trinidad del Paraíso es *real*. Existe como la unión en la Deidad del Padre, el Hijo y el Espíritu; sin embargo, el Padre, el Hijo, o el Espíritu, o cualesquiera dos de ellos, pueden funcionar en relación con esta misma Trinidad del Paraíso. El Padre, el Hijo, y el Espíritu pueden colaborar de una manera no trinitaria, pero no como tres Deidades. Como personas pueden colaborar como les plazca, pero ésa no es la Trinidad.

Recordad siempre que lo que hace el Espíritu Infinito es función del Actor Conjunto. Tanto el Padre como el Hijo están funcionando en él, y a través de él y como él. Pero sería inútil intentar dilucidar el misterio de la Trinidad: tres como uno y en uno, y uno como dos y actuando para dos.

La Trinidad está tan relacionada con los asuntos del universo total que debe ser tomada en cuenta en nuestros intentos de explicar la totalidad de cualquier evento cósmico o relación de personalidad aislados. La Trinidad funciona en todos los niveles del cosmos, y el hombre mortal está limitado al nivel de lo finito; por consiguiente el hombre debe contentarse con un concepto finito de la Trinidad como Trinidad.

Como mortal en la carne debes contemplar la Trinidad de acuerdo con tu esclarecimiento individual y en armonía con las reacciones de tu mente y de tu alma. Puedes saber muy poco del carácter absoluto de la Trinidad, pero según asciendas hacia el Paraíso, te asombrarás muchas veces de las revelaciones sucesivas y de los descubrimientos inesperados de la supremacía y ultimidad —si no de la absolutez— de la Trinidad.

5. LAS FUNCIONES DE LA TRINIDAD

Las deidades personales tienen atributos, pero no se puede consistentemente hablar de que la Trinidad tiene atributos. Esta asociación de seres divinos puede considerarse con mayor propiedad como que tiene *funciones*, tales como la administración de la justicia, las actitudes de totalidad, la acción coordinada, y el sobrecontrol cósmico. Estas funciones son activamente supremas, últimas y (dentro de los límites de la Deidad) absolutas hasta donde interesa a todas las realidades vivientes de valor de la personalidad.

Las funciones de la Trinidad del Paraíso no son simplemente la suma de la aparente dote de divinidad del Padre más aquellos atributos especializados que son únicos en la existencia personal del Hijo y el Espíritu. La asociación en la Trinidad de las tres Deidades del Paraíso da por resultado la evolución, eventuación y deidización de nuevos significados, valores, facultades y capacidades para la revelación, la acción y la administración universales. Las asociaciones vivientes, las familias humanas, los grupos sociales, o la Trinidad del Paraíso no crecen por mera adición aritmética. La potencialidad del grupo excede siempre en mucho la simple suma de los atributos de los componentes individuales.

La Trinidad mantiene una actitud única como Trinidad hacia todo el universo del pasado, presente y futuro. Y se pueden considerar de la mejor manera las funciones de la Trinidad en relación con las actitudes de la Trinidad hacia el universo. Tales actitudes son simultáneas y pueden ser múltiples respecto de cualquier situación o acontecimiento aislado:

1. *Actitud hacia lo finito*. La autolimitación máxima de la Trinidad es su actitud hacia lo finito. La Trinidad no es persona, ni es el Ser Supremo una personalización exclusiva de la Trinidad, pero el Supremo es el que más se acerca a una focalización del poder y personalidad de la Trinidad comprensible por criaturas finitas. De ahí que a veces se habla de la Trinidad en relación con lo finito como la Trinidad de Supremacía.

2. *Actitud hacia lo absonito*. La Trinidad del Paraíso respeta aquellos niveles de existencia que son más que finitos pero menos que absolutos, y esta relación se denomina a veces la Trinidad de Ultimidad. Ni el Último ni el Supremo son totalmente representativos de la Trinidad del Paraíso, pero en un sentido cualificado y a sus respectivos niveles, cada uno parece representar la Trinidad durante las eras prepersonales de desarrollo del poder experiencial.

3. *La actitud absoluta* de la Trinidad del Paraíso está en relación con las existencias absolutas y culmina en la acción de la Deidad total.

La Trinidad Infinita conlleva la acción coordinada de todas las relaciones de triunidad de la Primera Fuente y Centro —tanto no deificada como deificada— y en consecuencia es muy difícil para las personalidades de captarla. En la contemplación de la Trinidad como infinita, no olvidéis las siete triunidades; así podrán evitarse ciertas dificultades de comprensión, y ciertas paradojas se resuelven parcialmente.

Pero yo no domino un idioma que me permita transmitir a la mente humana limitada la plena verdad y la significación eterna de la Trinidad del Paraíso y la naturaleza de la interasociación interminable de los tres seres de perfección infinita.

6. LOS HIJOS ESTACIONARIOS DE LA TRINIDAD

Toda ley se origina en la Primera Fuente y Centro; *él es la ley*. La administración de la ley espiritual es inherente en la Segunda Fuente y Centro. La revelación de la ley, la promulgación e interpretación de los estatutos divinos, es la función de la Tercera Fuente y Centro. La aplicación de la ley, la justicia, cae dentro de la provincia de la Trinidad del Paraíso y es llevada a cabo por ciertos Hijos de la Trinidad.

La justicia es inherente a la soberanía universal de la Trinidad del Paraíso, pero la bondad, la misericordia y la verdad son el ministerio universal de las personalidades divinas, cuya unión en la Deidad constituye la Trinidad. La justicia no es la actitud del Padre, el Hijo o el Espíritu. La justicia es la actitud trinitaria de estas tres personalidades de amor, misericordia y servicio. Ninguna de las Deidades del Paraíso atiende la administración de justicia. La justicia no es nunca una actitud personal; es siempre una función plural.

La prueba, la base de la equidad (la justicia en armonía con la misericordia), es suministrada por las personalidades de la Tercera Fuente y Centro, el representante conjunto del Padre y del Hijo en todos los dominios y para la mente de todos de los seres inteligentes de toda la creación.

El juicio, la aplicación final de la justicia de acuerdo con las pruebas sometidas por las personalidades del Espíritu Infinito, es la obra de los Hijos Estacionarios de la Trinidad, seres que comparten la naturaleza trinitaria del Padre, el Hijo y el Espíritu unidos.

Este grupo de Hijos de la Trinidad comprende las siguientes personalidades:

1. Secretos Trinidizados de la Supremacía.
2. Eternos de los Días.
3. Ancianos de los Días.
4. Perfecciones de los Días.
5. Recientes de los Días.
6. Uniones de los Días.
7. Fieles de los Días.
8. Perfeccionadores de la Sabiduría.
9. Consejeros Divinos.
10. Censores Universales.

Nosotros somos los hijos de las tres Deidades del Paraíso que funcionan como la Trinidad, porque yo tengo la suerte de pertenecer a la décima orden de este grupo, los Censores Universales. Estas órdenes no representan la actitud de la Trinidad en un sentido universal; representan esta actitud colectiva de la Deidad solamente en los dominios del juicio ejecutivo: la justicia. La Trinidad los concibió específicamente para la obra precisa a la cual se los asigna, y representan a la Trinidad tan sólo en esas funciones para las cuales se personalizaron.

Los Ancianos de los Días y sus asociados de origen trinitario, imparten el juicio justo de la equidad suprema a los siete superuniversos. En el universo central tales funciones existen solamente en teoría; allí la equidad es patente en la perfección, y la perfección de Havona excluye todas las posibilidades de desarmonía.

La justicia es el pensamiento colectivo de la rectitud; la misericordia es su expresión personal. La misericordia es la actitud del amor; la precisión caracteriza la operación de la ley; el juicio divino es el alma de la equidad, siempre conformándose a la justicia de la Trinidad, siempre cumpliendo el amor divino de Dios. Cuando se los percibe plenamente y se los comprende completamente, la justicia recta de la Trinidad y el amor misericordioso del Padre Universal son coincidentes. Pero el hombre no posee esa plena comprensión de la justicia divina. Así pues en la Trinidad, tal como el hombre la visualizaría, las personalidades del Padre, el Hijo y el Espíritu se ajustan al ministerio coordinado del amor y la ley en los universos experienciales del tiempo.

7. EL SUPERCONTROL DE LA SUPREMACÍA

La Primera, Segunda y Tercera personas de la Deidad son iguales entre sí, y son una. «El Señor nuestro Dios es un solo Dios». Hay perfección de propósito y unidad de ejecución en la Trinidad divina de Deidades eternas. El Padre, el Hijo y el Actor Conjunto son en verdad y en divinidad uno. En verdad se ha escrito: «Yo soy el primero y yo soy el último, y fuera de mí no hay ningún Dios».

Según aparecen las cosas a los mortales en el nivel finito, la Trinidad del Paraíso, al igual que el Ser Supremo, se ocupa solamente del total: planeta total, universo total, superuniverso total, gran universo total. Esta actitud de totalidad existe porque la Trinidad es el total de la Deidad y también por muchas otras razones.

El Ser Supremo es algo menos y algo distinto de la Trinidad que funciona en los universos finitos; pero dentro de ciertos límites y durante la era presente de poder y personalización incompletos, esta Deidad evolutiva parece reflejar la actitud de la Trinidad de Supremacía. El Padre, el Hijo y el Espíritu no funcionan personalmente con el Ser Supremo, pero durante la presente era universal colaboran con él en calidad de Trinidad. Entendemos que tienen una relación similar con el Último. A menudo conjeturamos sobre cuál será la relación personal entre las Deidades del Paraíso y Dios el Supremo cuando haya finalmente evolucionado, pero realmente no lo sabemos.

Encontramos que el supercontrol de la Supremacía no es totalmente previsible. Además, esta imprevisibilidad parece caracterizarse por un desarrollo incompleto, indudablemente una señal del estado incompleto del Supremo y de lo inacabado de la reacción finita a la Trinidad del Paraíso.

La mente mortal puede pensar inmediatamente en mil y una cosas —catástrofes físicas, accidentes espantosos, desastres horribles, enfermedades dolorosas, y calamidades mundiales— y preguntarse si tales visitaciones están correlacionadas con las maniobras desconocidas de este probable funcionamiento del Ser Supremo. Francamente, no lo sabemos; no estamos realmente seguros. Pero sí observamos que, según pasa el tiempo, todas estas situaciones difíciles y más o menos misteriosas resultan *siempre* en el bienestar y progreso de los universos. Puede ser que la función del Supremo y el supercontrol de la Trinidad entrelazan todas las circunstancias de la existencia y las inexplicables vicisitudes de la vida en un modelo significativo de alto valor.

Como hijo de Dios puedes discernir la actitud personal del amor en todos los actos de Dios el Padre. Pero no siempre podrás comprender cuántos de los actos universales de la Trinidad del Paraíso redundan en bien de los individuos mortales en los mundos evolutivos del espacio. En el progreso de la eternidad los actos de la Trinidad se revelarán como completamente significativos y considerados, pero no siempre aparecen así a las criaturas del tiempo.

8. LA TRINIDAD ALLENDE LO FINITO

Muchas verdades y hechos que pertenecen a la Trinidad del Paraíso sólo pueden ser comprendidas, aunque sea parcialmente, mediante el reconocimiento de una función que trasciende lo finito.

No sería aconsejable hablar de las funciones de la Trinidad de Ultimidad, pero puede revelarse que Dios el Último es la manifestación trinitaria comprendida por los Trascendentales. Nos inclinamos a creer que la unificación del universo maestro es la acción eventuadora del Último y probablemente es reflectiva de algunas, pero no de todas las fases del supercontrol absonito de la Trinidad del Paraíso. El Último es una manifestación cualificada de la Trinidad en relación con lo absonito sólo en el sentido en que el Supremo de este modo representa parcialmente a la Trinidad en relación con lo finito.

El Padre Universal, el Hijo Eterno, y el Espíritu Infinito son, en cierto sentido, las personalidades constituyentes de la Deidad total. Su unión en la Trinidad del Paraíso y la función absoluta de la Trinidad equivalen a las funciones de la Deidad total. Tal conclusión de la Deidad trasciende tanto lo finito como lo absonito.

Si bien, ninguna de las personas de las Deidades del Paraíso llena realmente todo el potencial de la Deidad, colectivamente las tres lo hacen. Tres personas infinitas parece ser el mínimo de seres que se requieren para activar el potencial prepersonal y existencial de la Deidad total: el Absoluto de Deidad.

Conocemos al Padre Universal, al Hijo Eterno, y al Espíritu Infinito como *personas*, pero no conozco personalmente al Absoluto de Deidad. Amo y adoro a Dios el Padre; respeto y honro al Absoluto de Deidad.

Una vez estuve en un universo donde cierto grupo de seres enseñaba que los finalistas, en la eternidad, habían de llegar a ser finalmente los hijos del Absoluto de Deidad. Pero no estoy dispuesto a aceptar esa solución del misterio que envuelve el futuro de los finalistas.

El Cuerpo de los Finalistas incluye, entre otros, a aquellos mortales del tiempo y el espacio que han alcanzado la perfección en todo lo que se refiere a la voluntad de Dios. Como criaturas y dentro de los límites de la capacidad de la criatura conocen plena y verdaderamente a Dios. Habiendo encontrado así a Dios como Padre de todas las criaturas, estos finalistas deben comenzar en algún momento la búsqueda del Padre superfinito. Pero esta búsqueda conlleva una comprensión de la naturaleza absonita de los atributos y del carácter últimos del Padre del Paraíso. La eternidad revelará si alcanzar tal cosa es posible, pero estamos convencidos, aun si los finalistas logran esta ultimidad de la divinidad, éstos serán probablemente incapaces de alcanzar los niveles superúltimos de la Deidad absoluta.

Puede ser posible que los finalistas alcancen parcialmente el Absoluto de Deidad, pero incluso si lo hicieran, aun en la eternidad de eternidades el problema del Absoluto Universal continuaría intrigando, desconcertando, confundiendo y desafiando a los finalistas ascendentes y progresivos, porque percibimos que la insondabilidad de las relaciones cósmicas del Absoluto Universal tenderá a crecer en proporción según los universos materiales y su administración espiritual continúen expandiéndose.

Sólo la infinidad puede revelar al Padre-Infinito.

[Patrocinado por un Censor Universal, que actúa por mandato de los Ancianos de los Días de Uversa.]

DOCUMENTO 11

LA ISLA ETERNA DEL PARAÍSO

EL Paraíso es el centro eterno del universo de los universos y la morada del Padre Universal, del Hijo Eterno, del Espíritu Infinito, y de sus divinos coordinados y asociados. Esta Isla central es el cuerpo más gigantesco organizado de realidad cósmica en todo el universo maestro. El Paraíso es una esfera material así como también una morada espiritual. Toda la creación inteligente del Padre Universal reside en moradas materiales; por lo tanto, el centro del control absoluto debe ser también material, literal. Nuevamente debe reiterarse que las cosas y los seres espirituales son *reales*.

La belleza material del Paraíso consiste en la magnificencia de su perfección física; la grandiosidad de la Isla de Dios se exhibe en las estupendas realizaciones intelectuales y en el desarrollo de la mente de sus habitantes; la gloria de la Isla central se muestra en la dote infinita de personalidad espiritual divina: la luz de la vida. Pero las profundidades de la belleza espiritual y las maravillas de este conjunto magnífico están totalmente más allá de la comprensión de la mente finita de las criaturas materiales. La gloria y el esplendor espiritual de la morada divina son imposibles de comprender para los mortales. Y el Paraíso existe desde la eternidad; no hay archivos ni tradiciones respecto al origen de esta Isla nuclear de Luz y de Vida.

1. LA MORADA DIVINA

El Paraíso sirve muchos propósitos en la administración de los reinos universales, pero para los seres criaturas existe fundamentalmente como morada de la Deidad. La presencia personal del Padre Universal reside en el centro mismo de la superficie superior de esta morada de las Deidades la cual es casi circular, pero no esférica. Esta presencia paradisiaca del Padre Universal está inmediatamente rodeada por la presencia personal del Hijo Eterno, mientras que ambos están envueltos en la gloria inenarrable del Espíritu Infinito.

Dios habita, ha habitado y habitará por siempre en esta misma morada central y eterna. Siempre lo hemos hallado allí y siempre allí lo hallaremos. El Padre Universal está cósmicamente enfocado, espiritualmente personalizado, y geográficamente reside en este centro del universo de los universos.

Todos sabemos el camino directo a seguir para encontrar al Padre Universal. Vosotros no podéis comprender mucho acerca de la morada divina debido a lo remota que está de vosotros y a la inmensidad del espacio que os separa de ella, pero los que pueden comprender el significado de estas distancias enormes conocen la ubicación y morada de Dios tan certera y literalmente como vosotros conocéis la ubicación de Nueva York, Londres, Roma o Singapur, ciudades definitiva y geográficamente situadas en Urantia. Si fueras un navegante hábil, equipado de nave, mapas y brújula, podrías encontrar fácilmente estas ciudades. Asímismo, si tuvieras el tiempo, los medios de viaje y estuvieras calificado espiritualmente, y contaras con la guía necesaria, podrías pilotear de universo en universo y de circuito en circuito, viajando siempre hacia el interior a través de los dominios estelares, hasta que por fin te hallarías ante el resplandor central de la gloria espiritual del Padre Universal. Provistos de todo lo necesario para el viaje, es tan posible encontrar la presencia personal de Dios en el centro de todas las cosas como lo sería encontrar ciudades distantes en tu propio planeta. El hecho de que tú no hayas visitado estos sitios no refuta en modo alguno su realidad ni su existencia auténtica. Que tan pocas de las criaturas del universo hayan encontrado a Dios en el Paraíso en modo alguno refuta tampoco la realidad de su existencia ni de su persona espiritual en el centro de todas las cosas.

El Padre ha de ser hallado siempre en esta ubicación central. Si se mudara, se desencadenaría el pandemonio universal, porque en él convergen en este centro residencial las líneas universales de la gravedad desde los confines de la creación. Si remontamos el circuito de la personalidad a través de los universos o seguimos las personalidades ascendentes mientras viajan hacia el interior de la creación donde está el Padre; si trazamos las líneas de la gravedad material hasta el Paraíso bajo, o seguimos los ciclos pulsantes de la fuerza cósmica; si trazamos las líneas de la gravedad espiritual hasta el Hijo Eterno o seguimos la procesión de los Hijos Paradisiacos de Dios que se dirige hacia el centro; si descubrimos los circuitos mentales o seguimos los billones de billones de seres celestiales que surgen del Espíritu Infinito, mediante cualquiera de estas observaciones o por todas ellas se nos conducirá directamente hasta la presencia del Padre, en su morada central. Aquí, Dios está personal, literal y realmente presente, y desde su ser infinito fluyen los caudales de las corrientes de la vida, la energía y la personalidad para todos los universos.

2. LA NATURALEZA DE LA ISLA ETERNA

Puesto que estáis comenzando a vislumbrar la enormidad del universo material discernible incluso desde vuestra ubicación astronómica, vuestra posición espacial en los sistemas estelares, debería ser evidente para vosotros que un universo material tan extraordinario ha de contar con una capital adecuada y digna, un centro de gobierno a la altura de la dignidad e infinitud del Soberano universal de toda esa vasta creación de reinos materiales y seres vivientes.

El Paraíso difiere en su forma de los cuerpos espaciales habitados: no es esférico. Es definidamente elipsoide, siendo un sexto más largo en su diámetro norte-sur que en su diámetro este-oeste. La Isla central es esencialmente plana, y la distancia desde la superficie superior hasta la superficie inferior es un décimo del diámetro este-oeste.

Estas diferencias en dimensiones, consideradas juntamente con su estado estacionario y la mayor presión exterior de fuerza-energía en el extremo norte de la Isla, permiten establecer dirección absoluta en el universo maestro.

La Isla central se divide geográficamente en tres ámbitos de actividad:

1. El Paraíso superior.
2. El Paraíso periférico.
3. El Paraíso bajo.

La superficie del Paraíso ocupada por las actividades de personalidad se define como la zona superior, y la superficie opuesta, como la zona baja. La periferia del Paraíso provee actividades que no son estrictamente ni personales ni no personales. La

Trinidad parece dominar el plano personal o superior, el Absoluto No Cualificado, el plano inferior o impersonal. Casi no concebimos al Absoluto No Cualificado como una persona, pero consideramos que la presencia funcional en el espacio de este Absoluto se halla enfocado en el Paraíso bajo.

La Isla eterna está compuesta de una sola forma de materialización —sistemas estacionarios de realidad. Esta substancia literal del Paraíso es una organización homogénea de potencia espacial que no se encuentra en ninguna otra parte del vasto universo de los universos. Ha recibido muchos nombres en diferentes universos, y los Melquisedek de Nebadon desde hace mucho tiempo la han denominado como *absolutum*. Este material del Paraíso no está ni muerto ni vivo; es la expresión original no espiritual de la Primera Fuente y Centro; es *Paraíso*, y el Paraíso no tiene duplicado.

Nos parece que la Primera Fuente y Centro ha concentrado todo el potencial absoluto para la realidad cósmica en el Paraíso como parte de su técnica de autoliberación de las limitaciones de la infinidad, como medio para posibilitar la creación subinfinita, incluso espacio-temporal. Pero de ello no se desprende que el Paraíso esté limitado por el tiempo y el espacio tan sólo porque el universo de los universos revela estas cualidades. El Paraíso existe sin tiempo y no tiene ubicación en el espacio.

A grandes rasgos: el espacio al parecer se origina apenas debajo del Paraíso bajo; y el tiempo, apenas encima del Paraíso superior. El tiempo, tal como vosotros lo entendéis, no es un rasgo de la existencia en el Paraíso, aunque los habitantes de la Isla Central están plenamente conscientes de la secuencia de eventos sin tiempo. El movimiento no es inherente al Paraíso; es volitivo. Pero el concepto de distancia, incluso distancia absoluta, tiene gran significado en cuanto se lo pueda aplicar a ubicaciones relativas en el Paraíso. El Paraíso no es espacial; por lo tanto sus áreas son absolutas y por consiguiente útiles de muchas maneras más allá del concepto de la mente mortal.

3. EL PARAÍSO SUPERIOR

En el Paraíso superior hay tres grandes esferas de actividad, la p*resencia de la Deidad*, la *Esfera Santísima*, y el *Area Santa* La vasta región que rodea inmediatamente la presencia de las Deidades se reserva como la Esfera Santísima para las funciones de adoración, trinidización y elevado logro espiritual. No hay estructuras materiales ni creaciones puramente intelectuales en esta zona; no podrían existir allí. Es inútil para mí intentar describir para la mente humana, la naturaleza divina y la esplendorosa magnitud de la Esfera santísima del Paraíso. Este dominio es completamente espiritual, y vosotros sois casi completamente materiales. Una realidad puramente espiritual es, para un ser puramente material, aparentemente inexistente.

Aunque no hayan materializaciones físicas en el área santísima, hay abundantes recuerdos de vuestros días materiales en los sectores de la Tierra Santa y los hay aún más en las áreas históricas reminiscentes del Paraíso periférico.

El Area Santa, la región exterior o residencial, está dividida en siete zonas concéntricas. Al Paraíso se le llama a veces «la Casa del Padre» puesto que es su morada eterna, y estas siete zonas se denominan frecuentemente «las mansiones paradisiacas del Padre». La zona interior o primera está ocupada por los ciudadanos del Paraíso y los nativos de Havona que a la sazón moran en el Paraíso. La zona siguiente, o segunda, es la zona residencial de los nativos de los siete superuniversos del tiempo y el espacio. Esta segunda zona está en parte subdividida en siete inmensas divisiones, el hogar en el Paraíso de los seres espirituales y las criaturas ascendentes que provienen de los universos de progresión evolutiva. Cada uno de estos sectores está exclusivamente dedicado al bienestar y progreso de las personalidades de un solo superuniverso, pero estas instalaciones trascienden de manera casi infinita los requisitos actuales de los siete superuniversos.

Cada uno de los siete sectores del Paraíso está subdividido en unidades residenciales adecuadas para albergar el centro de gobierno de mil millones de grupos glorificados de trabajo. Mil de estas unidades constituyen una división. Cien mil divisiones, una congregación. Diez millones de congregaciones constituyen una asamblea. Mil millones de asambleas componen una gran unidad. Y esta serie ascendente continúa a través de la segunda gran unidad, la tercera, y así sucesivamente hasta la séptima gran unidad. Siete de las grandes unidades componen las unidades rectoras, y siete unidades rectoras constituyen una unidad superior; y de este modo, en agrupaciones de siete, las series ascendentes se expanden a través de las unidades superiores, supersuperiores, celestiales y supercelestiales, hasta las unidades supremas. Pero incluso esto no llega a ocupar todo el espacio disponible. Este asombroso número de residencias en el Paraíso, un número que rebasa vuestra capacidad de concebirlo, ocupa mucho menos de un uno por ciento del área asignada de la Tierra Santa. Aún hay lugar de sobra para los que están en camino hacia adentro, e incluso para los que no comenzarán la ascensión al Paraíso sino hasta los tiempos del futuro eterno.

4. PARAÍSO PERIFÉRICO

La Isla central termina abruptamente en la periferia, pero su extensión es tan enorme que su ángulo terminal es relativamente indiscernible dentro de un área circunscrita. La superficie periférica del Paraíso está ocupada, en parte, por los campos de desembarco y de envío de distintos grupos de personalidades espirituales. Puesto que las zonas no ocupadas del espacio casi infringen en la periferia, todos los transportes de personalidad destinados al Paraíso aterrizan en estas regiones. Ni el Paraíso superior ni el bajo son accesibles para los supernafines de trasporte ni otros tipos de viajeros del espacio.

Los Siete Espíritus Rectores tienen su sede personal de poder y autoridad en las siete esferas del Espíritu, que giran alrededor del Paraíso en el espacio entre los orbes resplandecientes del Hijo y el circuito interno de los mundos de Havona, pero mantienen sedes centrales de la focalización de la fuerza en la periferia del Paraíso. Aquí, las presencias de los Siete Directores Supremos del Poder que giran lentamente, indican la ubicación de las siete estaciones de transmisión para ciertas energías del Paraíso que salen a los siete superuniversos.

Aquí en el Paraíso periférico están las enormes áreas de exhibición histórica y profética asignadas a los Hijos Creadores, dedicadas a los universos locales del tiempo y el espacio. Hay tan sólo siete billones de estas reservaciones históricas ya establecidas o en reserva, pero estas instalaciones, en suma, ocupan solamente alrededor de un cuatro por ciento de esa porción del área periférica así asignada. Inferimos que estas vastas reservas pertenecen a creaciones que, alguna vez han de situarse más allá de las fronteras de los siete superuniversos habitados que se conocen ahora.

Esa porción del Paraíso que se ha designado para el uso de los universos existentes está ocupada sólo de uno a cuatro por ciento, en tanto el área asignada a estas actividades es por lo menos un millón de veces mayor de lo que se requiere para ese objeto. El Paraíso es suficientemente grande para dar cabida a las actividades de una creación casi infinita.

Pero un intento ulterior de divulgaros las glorias del Paraíso sería inútil. Debéis esperar, y ascender mientras esperáis, porque verdaderamente «el ojo no ha visto, ni el oído ha oído, ni ha entrado en la mente del hombre mortal, lo que el Padre Universal ha preparado para los que sobreviven la vida en la carne de los mundos del tiempo y el espacio».

5. EL PARAÍSO BAJO

En cuanto al Paraíso bajo, sabemos tan sólo lo que se ha revelado; las personalidades no habitan allí. Nada tiene que ver con los asuntos de las inteligencias espirituales, ni tampoco funciona allí el Absoluto de Deidad. Se nos informa de que todos los circuitos de la energía física y la fuerza cósmica tienen su origen en el Paraíso bajo, y que éste está constituido de la siguiente manera:

1. Directamente debajo de la ubicación de la Trinidad, en la porción central del Paraíso bajo, se encuentra la desconocida y no revelada Zona de la Infinidad.

2. Esta Zona está inmediatamente rodeada por un área innominada.

3. En los límites exteriores de la superficie inferior hay una región que tiene que ver principalmente con la potencia del espacio y la fuerza-energía. Las actividades de este vasto centro elíptico de fuerza no son identificables con las funciones conocidas de cualquier triunidad, pero la carga primordial de fuerza del espacio parece estar enfocada en esta zona. Este centro consta de tres zonas elípticas concéntricas: la más interior es el punto focal de las actividades de fuerza-energía del Paraíso mismo; la más exterior puede identificarse posiblemente con las funciones del Absoluto No Cualificado; pero no estamos seguros respecto a las funciones espaciales de la zona intermedia.

La zona interior de este centro de fuerza parece actuar como un corazón gigantesco cuyas pulsaciones dirigen las corrientes hacia los límites más exteriores del espacio físico. Dirige y modifica las energías de fuerza pero no podemos decir que las impulsa. La realidad de presión-presencia de esta fuerza primaria es definidamente mayor en el extremo norte del centro del Paraíso que en las regiones del sur; ésta es una diferencia que es registrada con uniformidad. La fuerza matriz del espacio parece fluir hacia dentro en el sur y hacia fuera en el norte mediante la operación de un sistema circulatorio desconocido que se ocupa de la difusión de esta forma básica de fuerza-energía. De vez en cuando también se observan diferencias en las presiones este-oeste. Las fuerzas que emanan de esta zona no responden a la gravedad física observable, pero siempre obedecen a la gravedad del Paraíso.

La zona intermedia del centro de fuerza rodea directamente esta área. Esta zona intermedia parece ser estática excepto que se expande y contrae a través de tres ciclos de actividad. La menor de estas pulsaciones es en dirección este-oeste, la siguiente, en sentido norte-sur, mientras que la fluctuación más grande se halla en todas direcciones, una expansión y contracción generalizada. La función de esta área intermedia nunca ha sido verdaderamente identificada, pero debe tener algo que ver con los ajustes recíprocos entre las zonas interior y exterior del centro de fuerza. Muchos creen que la zona intermedia es el mecanismo de control del espacio intermedio o zonas quietas que separan los sucesivos niveles espaciales del universo maestro, pero no hay prueba o revelación que lo confirme. Esta inferencia se deriva del conocimiento de que esta área intermedia se relaciona de alguna manera con el funcionamiento de los mecanismos del espacio no ocupado del universo maestro.

La zona exterior es la más grande y más activa de los tres cinturones concéntricos y elípticos del potencial espacial no identificado. Esta área es el sitio de actividades inimaginadas, el punto central del circuito de emanaciones que van hacia el espacio en todas direcciones hasta los límites más exteriores de los siete superuniversos y más allá hasta extenderse a los dominios enormes e incomprensibles de todo el espacio exterior. Esta presencia espacial es enteramente impersonal a pesar de que de alguna manera no revelada parece responder indirectamente a la voluntad y mandatos de las Deidades infinitas cuando actúan como Trinidad. Se cree que éste sea el punto de enfoque central, el centro paradisiaco de la presencia espacial del Absoluto No Cualificado.

Todas las formas de fuerza y todas las fases de la energía parecen encontrarse en circuitos; circulan por el universo y regresan por rutas definidas. Pero con las emanaciones de la zona activada del Absoluto No Cualificado parece que la dirección fuera hacia afuera o hacia adentro, pero nunca en ambas direcciones simultáneamente. Esta zona exterior pulsa en ciclos de edades de proporciones gigantescas. Durante poco más de mil millones de años de Urantia, la fuerza espacial sale de este centro; luego, durante un período de tiempo semejante retornará. Y las manifestaciones de la fuerza espacial de este centro son universales; se extienden por todas partes del espacio ocupable.

Toda fuerza física, energía y materia son uno. Toda la fuerza-energía provino originalmente del Paraíso bajo y finalmente después de completar su circuito espacial retornará allí. Pero no todas las organizaciones de material y de energía del universo de los universos vinieron del Paraíso bajo en sus estados fenomenales presentes; el espacio es el seno de varias formas de energía y de prematería. Aunque la zona exterior del centro de fuerza en el Paraíso es la fuente de las energías espaciales, el espacio no se origina allí. El espacio no es fuerza, ni energía ni poder. Tampoco explican las pulsaciones de esta zona la respiración del espacio, pero las fases de entrada y de salida de esta zona están sincronizadas con los ciclos de expansión-contracción de dos mil millones de años del espacio.

6. LA RESPIRACIÓN DEL ESPACIO

No conocemos el mecanismo mismo de la respiración espacial; meramente observamos que el entero espacio se contrae y se expande alternativamente. Esta respiración afecta tanto la extensión horizontal del espacio ocupado como las extensiones verticales del espacio desocupado que existen en los vastos depósitos de espacio por encima y por debajo del Paraíso. Para intentar imaginar el perfil de volumen de estas reservas espaciales, podríais pensar en un reloj de arena.

Cuando los universos de la extensión horizontal del espacio ocupado se expanden, los depósitos de la extensión vertical del espacio no ocupado se contraen, y viceversa. Hay una confluencia de espacio ocupado y no ocupado justo debajo del Paraíso bajo. Ambos tipos de espacio confluyen allí a través de los canales que regulan y trasmutan, donde se operan cambios que hacen no ocupable el espacio ocupable, y viceversa, en los ciclos de contracción y expansión del cosmos.

Espacio «desocupado» significa: no ocupado por aquellas fuerzas, energías, poderes y presencias que se sabe existen en el espacio ocupado. No sabemos si el espacio vertical (depósito) esté destinado siempre a funcionar como el contrapeso del espacio horizontal (universo); no sabemos si hay una intención creadora respecto del espacio desocupado; realmente sabemos muy poco acerca de los depósitos del espacio, meramente que existen, y que parecen contrabalancear los ciclos espaciales de expansión-contracción del universo de los universos.

Los ciclos de respiración del espacio duran en cada fase por poco más de mil millones de años urantianos. Durante una fase los universos se expanden; durante la siguiente, se contraen. El espacio ocupado se está aproximando ahora a un punto medio de la fase de expansión, en tanto el espacio desocupado se aproxima al punto medio de la fase de contracción, y se nos ha informado de que los límites extremos de ambas extensiones espaciales están ahora, en teoría, aproximadamente equidistantes del Paraíso. Los depósitos de espacio desocupado se extienden ahora en sentido vertical por encima del Paraíso superior y por debajo del Paraíso bajo tanto como el espacio ocupado del universo se extiende horizontalmente hacia fuera desde el Paraíso periférico hasta el cuarto nivel del espacio exterior e incluso más allá.

Durante mil millones de años del tiempo urantiano, los depósitos de espacio se contraen mientras que el universo maestro y las actividades de fuerza de todo el espacio horizontal se expanden. Por lo tanto, hacen falta un poco más de dos mil millones de años de Urantia para concluir el ciclo completo de expansión-contracción.

7. LAS FUNCIONES ESPACIALES DEL PARAÍSO

El espacio no existe en ninguna de las superficies del Paraíso. Si uno «mirara» directamente hacia arriba desde la superficie superior del Paraíso, no «vería» nada sino espacio desocupado que entra o que sale, y que en este momento entra. El espacio no toca el Paraíso; sólo las *zonas quiescentes del espacio intermedio* entran en contacto con la Isla central.

El Paraíso es realmente el núcleo inmóvil de las zonas relativamente quiescentes que existen entre el espacio ocupado y el espacio desocupado. Geográficamente estas zonas parecen ser una extensión relativa del Paraíso, pero probablemente tengan algún movimiento. Sabemos muy poco acerca de ellas, pero observamos que estas zonas de reducida moción espacial separan el espacio ocupado del espacio desocupado. Zonas similares existieron antaño entre los niveles del espacio ocupado, pero ahora son menos quiescentes.

Un corte vertical del espacio total se asemejaría ligeramente a una cruz maltesa, donde los brazos horizontales representan el espacio ocupado (universo) y los brazos verticales representan el espacio desocupado (depósito). Las áreas entre los cuatro brazos los separarían en forma semejante a como las zonas del espacio intermedio separan el espacio ocupado del desocupado. Estas zonas quietas del espacio intermedio se van agrandando cada vez más a medida que aumenta la distancia del Paraíso y finalmente abarcan las fronteras de todo el espacio y encierran completamente tanto los depósitos espaciales como toda la extensión horizontal del espacio ocupado.

El espacio no es ni una condición subabsoluta dentro del Absoluto No Cualificado, ni la presencia de éste, ni tampoco es una función del Último. Es una dádiva del Paraíso, y se cree que el espacio del gran universo y el de todas las regiones exteriores realmente se impregna de la ancestral potencia espacial del Absoluto No Cualificado. Desde un acceso cercano al Paraíso periférico, este espacio ocupado se extiende horizontalmente hacia afuera a través del cuarto nivel espacial y más allá de la periferia del universo maestro, pero no sabemos cuánto más.

Si imagináis un plano en forma de V, finito pero inconcebiblemente grande, ubicado en ángulo recto respecto de las superficies superior e inferior del Paraíso, con la punta casi tangente al Paraíso Periférico, y luego imaginad ese plano en revolución elíptica alrededor del Paraíso, su revolución esbozaría aproximadamente el volumen del espacio ocupado.

Hay un límite superior y un límite inferior del espacio horizontal con referencia a cualquier lugar dado en los universos. Si uno pudiera moverse lo bastante lejos en ángulo recto respecto del plano de Orvonton, ya sea hacia arriba o hacia abajo, podría uno encontrar finalmente el límite superior o inferior del espacio ocupado. Dentro de las dimensiones conocidas del universo maestro estos límites se separan cada vez más del Paraíso; el espacio se espesa, y se espesa un poco más rápidamente que el plano de la creación, los universos.

Las zonas relativamente quietas entre los niveles del espacio, tal como la que separa a los siete superuniversos del primer nivel del espacio exterior, son enormes regiones elípticas de actividades espaciales quiescentes. Estas zonas separan las vastas galaxias que giran velozmente alrededor del Paraíso en ordenada procesión. Vosotros podéis concebir el primer nivel del espacio exterior, donde incalculables universos están ahora en proceso de formación, como una vasta procesión de galaxias que giran alrededor del Paraíso, limitadas hacia arriba y hacia abajo por las zonas en reposo del espacio intermedio y limitadas en los márgenes interior y exterior por zonas de espacio relativamente quietas.

Un nivel espacial funciona pues como una región elíptica de movimiento rodeada por todas partes por la inmovilidad relativa. Tales relaciones de movimiento y reposo constituyen una senda espacial curva de menor resistencia a la moción, senda universalmente seguida por la fuerza cósmica y la energía emergente mientras giran eternamente alrededor de la Isla del Paraíso.

Esta zonificación alternada del universo maestro, asociada con el flujo alternado de las galaxias, en el sentido de las manecillas del reloj y en sentido contrario, es un factor en la estabilización de la gravedad física, concebido para prevenir el aumento de la presión de la gravedad hasta el punto de producirse actividades disruptivas o de dispersión. Este mecanismo ejerce influencia antigravitacional y actúa como un freno sobre velocidades que de otro modo serían peligrosas.

8. LA GRAVEDAD DEL PARAÍSO

La atracción inescapable de la gravedad mantiene eficazmente aferrados a todos los mundos de todos los universos de todo el espacio. La gravedad es la atracción todopoderosa de la presencia física del Paraíso. La gravedad es la cuerda omnipotente en la cual están ensartadas las fulgurantes estrellas, los soles llameantes y las esferas rodantes que constituyen el ornamento físico universal del Dios eterno, quien es todas las cosas, llena todas las cosas, y en quien radican todas las cosas.

El centro y foco de la gravedad material absoluta es la Isla del Paraíso, complementada por los cuerpos oscuros de gravedad que rodean Havona y equilibrada por los depósitos de espacio inferior y superior. Todas las emanaciones conocidas del Paraíso bajo invariable e infaliblemente responden a la atracción de la gravedad central que opera en los circuitos interminables de los niveles espaciales elípticos del universo maestro. Toda forma conocida de la realidad cósmica tiene la inclinación de las edades, el giro del círculo, el arco de oscilación de la gran elipse.

El espacio no responde a la gravedad, pero actúa como un equilibrador de la gravedad. Sin el amortiguador del espacio, la acción explosiva sacudiría los cuerpos espaciales circundantes. El espacio ocupado también ejerce una influencia antigravitacional sobre la gravedad física o lineal; el espacio puede realmente neutralizar la acción de la gravedad aunque no puede diferirla. La gravedad absoluta es la gravedad del Paraíso. La gravedad local o lineal pertenece a la etapa eléctrica de la energía o la materia; opera dentro del universo central, los superuniversos y los universos exteriores, dondequiera que haya tenido lugar una adecuada materialización.

Las numerosas formas de la fuerza cósmica, de la energía física, del poder universal, y las diversas materializaciones revelan tres etapas generales, de respuesta a la gravedad del Paraíso, aunque no perfectamente delineadas:

1. *Etapas pregravitacionales (fuerza).* Éste es el primer paso en la individualización de la potencia espacial en las formas de fuerza cósmica preenergéticas. Este estado es análogo al concepto de la carga de fuerza primordial del espacio, a veces llamada *energía pura o segregata.*

2. *Etapas gravitacionales (energía).* Esta modificación de la carga de fuerza del espacio se produce por la acción de los organizadores paradisiacos de fuerza. Señala la aparición de los sistemas de energía que responden a la atracción de la gravedad del Paraíso. Esta energía emergente es originalmente neutral, pero después de metamorfosis ulteriores mostrará las así llamadas cualidades positivas y negativas. Designamos estas etapas *ultimata.*

3. *Etapas postgravitacionales (poder del universo o poder universal).* En esta etapa, la energía-materia revela una respuesta al control de la gravedad lineal. En el universo central estos sistemas físicos son organizaciones triples conocidas como *triata.* Son ellos los sistemas maternos de superpoder de las creaciones del tiempo y del espacio. Los sistemas físicos de los superuniversos son movilizados por los Directores del Poder Universal y sus asociados. Estas organizaciones materiales son duales en su constitución y se conocen como *gravita.* Los cuerpos oscuros de gravedad que rodean Havona no son ni triata ni gravita, y su poder de atracción revela ambas formas de gravedad física, la lineal y la absoluta.

La potencia del espacio no está sujeta a las interacciones de ninguna forma de gravitación. Esta dote original del Paraíso no es un auténtico nivel de realidad, pero es ancestral a todas las realidades funcionales no espirituales relativas —todas las manifestaciones de fuerza-energía y la organización de poder y materia. La potencia espacial es un término difícil de definir. No significa aquello que es ancestral al espacio; su significado debe transmitir la idea de las potencias y potenciales existentes dentro del espacio. Podría concebirse burdamente como incluyendo a todas esas influencias y potenciales absolutos que emanan del Paraíso y constituyen la presencia espacial del Absoluto No Cualificado.

El Paraíso es la fuente absoluta y el punto focal eterno de toda energía-materia en el universo de los universos. El Absoluto No Cualificado es el revelador, regulador, y depositario de aquello que tiene al Paraíso como su fuente y origen. La presencia universal del Absoluto No Cualificado parece ser equivalente al concepto de infinidad potencial de extensión de la gravedad, una tensión elástica de la presencia del Paraíso. Este concepto nos ayuda a comprender el hecho de que todas las cosas son atraídas hacia el Paraíso. La ilustración es cruda, pero sin embargo útil. También explica por qué la gravedad siempre prefiere actuar en el plano perpendicular de la masa, un fenómeno indicativo de las dimensiones diferenciales del Paraíso y las creaciones que lo rodean.

9. LA SINGULARIDAD DEL PARAÍSO

El Paraíso es único en el sentido de que es el dominio del origen primordial y la meta final de destino de todas las personalidades espirituales. Aunque es cierto que no todos los seres espirituales inferiores de los universos locales están de inmediato destinados al Paraíso, el Paraíso no deja de ser la meta anhelada por todas las personalidades supermateriales.

El Paraíso es el centro geográfico de la infinidad; no es parte de la creación universal, ni siquiera parte real del eterno universo de Havona. Comúnmente nos referimos a la Isla central como perteneciente al universo divino, pero realmente no es así. El Paraíso es una existencia eterna y exclusiva.

En la eternidad del pasado, cuando el Padre Universal dio expresión infinita de su yo espiritual en el ser del Hijo Eterno, simultáneamente reveló la infinidad potencial de su yo no personal como Paraíso. Un Paraíso no personal y no espiritual parece haber sido la repercusión inevitable de la voluntad y acción del Padre que eternizó el Hijo Original. De este modo el Padre proyectó la realidad en dos fases —la personal y la no personal, la espiritual y la no espiritual. La tensión entre ellas, frente a la voluntad de acción del Padre y el Hijo, dio existencia al Actor Conjunto y al universo central de mundos materiales y seres espirituales.

Cuando la realidad se diferencia entre lo personal y lo no personal (el Hijo Eterno y el Paraíso), no es apropiado llamar «Deidad» a aquello que es no personal, a menos que esté cualificado de alguna manera. Las repercusiones materiales y de energía de los hechos de la Deidad difícilmente podrían ser llamadas Deidad. La Deidad puede causar muchas cosas que no son Deidad, el Paraíso no es Deidad; tampoco es consciente en el sentido en que el hombre mortal podría llegar a comprender tal término.

El Paraíso no es ancestral de ningún ser o entidad viviente; no es un creador. La personalidad y las relaciones de mente-espíritu son *transmisibles*, pero el modelo original no es. Los modelos nunca son reflejos; son duplicaciones —reproducciones. El Paraíso es el absoluto de los modelos originales; Havona es un muestrario de estos potenciales en la realidad.

La residencia de Dios es central y eterna, gloriosa e ideal. Su hogar es el hermoso modelo para todos los mundos centros de gobierno del universo; el universo central de su morada inmediata es el modelo para todos los universos en sus ideales, su organización y su último destino.

El Paraíso es el centro de gobierno universal de todas las actividades de personalidad y el origen-centro de todas las manifestaciones de fuerza-espacio y energía. Todo lo que ha sido, es ahora, y aún va a ser, ha venido, viene ahora o vendrá de esta morada central de los Dioses eternos. El Paraíso es el Centro de toda la creación, la fuente de todas las energías, y el lugar de origen primordial de todas las personalidades.

Después de todo, para los mortales, la cosa más importante acerca del Paraíso eterno es el hecho de que esta morada perfecta del Padre Universal es el destino real y remoto de las almas inmortales de los hijos mortales y materiales de Dios, las criaturas ascendentes de los mundos evolutivos del tiempo y el espacio. Cada mortal que conoce a Dios y que ha abrazado la carrera de hacer la voluntad del Padre, ya se ha embarcado en la larga, la larguísima senda hacia el Paraíso en la búsqueda de la divinidad y logro de la perfección. Y cuando un ser de origen animal llega a la presencia del Dios del Paraíso, como ya lo han hecho muchos, en número incontable, habiendo ascendido de las esferas humildes del espacio, ese logro representa la realidad de una transformación espiritual que llega a tocar los límites de la supremacía.

[Presentado por un Perfeccionador de la Sabiduría comisionado para este trabajo por los Ancianos de los Días en Uversa.]

DOCUMENTO 12

EL UNIVERSO DE LOS UNIVERSOS

LA inmensidad de la vasta creación del Padre Universal está totalmente más allá del entendimiento de la imaginación finita; la enormidad del universo maestro asombra incluso la noción de los seres de mi orden. Pero es posible enseñar mucho a la mente mortal sobre el plan y la disposición de los universos; podéis conocer algo de su organización física y de su maravillosa administración; podéis aprender mucho acerca de los diversos grupos de seres inteligentes que habitan los siete superuniversos del tiempo y el universo central de la eternidad.

En principio, es decir, en potencial eterno, concebimos la creación material como infinita porque el Padre Universal es realmente infinito, pero según estudiamos y observamos la totalidad de la creación material, sabemos que en todo momento específico en el tiempo es limitada, aunque para vuestras mentes finitas es comparativamente ilimitada, virtualmente sin fronteras.

Estamos convencidos, por el estudio de las leyes físicas y la observación de los dominios estelares, que el Creador infinito no se ha manifestado aún en la finalidad de la expresión cósmica, que gran parte del potencial cósmico del Infinito sigue siendo autocontenido y no revelado. El universo maestro puede parecer casi infinito a los ojos de los seres creados; pero dista de estar terminado; aún existen límites físicos a la creación material, y la revelación experiencial del eterno propósito sigue su curso.

1. LOS NIVELES ESPACIALES DEL UNIVERSO MAESTRO

El universo de universos no es un plano infinito, un cubo sin fronteras ni un círculo ilimitado; ciertamente tiene dimensiones. Las leyes de la organización y la administración físicas prueban concluyentemente que el entero vasto agregado de fuerza-energía y materia funciona en último término como una unidad espacial, como un todo organizado y coordinado. La conducta observable de la creación material constituye prueba de un universo físico claramente delimitado. La prueba final de un universo tanto circular como delimitado está en el hecho, bien conocido por nosotros, de que todas las formas de energía básica giran siempre alrededor de la senda curva de los niveles espaciales del universo maestro, obedeciendo a la atracción incesante y absoluta de la gravedad del Paraíso.

Los sucesivos niveles espaciales del universo maestro constituyen las divisiones principales del espacio ocupado —creación total, organizada y parcialmente habitada, o aún para ser organizada y habitada. Concebimos que, si el universo maestro no fuera una serie de niveles espaciales elípticos de reducida resistencia al movimiento, alternándose con zonas de relativo reposo, algunas de las energías cósmicas serían despedidas observablemente en una línea de tiro infinita, en línea recta hacia un espacio sin senderos; pero no observamos jamás dicha conducta de la fuerza, la energía o la materia; éstas siempre rotan, siempre giran por las rutas de los grandes circuitos espaciales.

Partiendo del Paraíso a través de la extensión horizontal del espacio ocupado, el universo maestro existe en seis elipses concéntricas, los niveles espaciales que rodean la Isla central son:

1. El universo central —Havona.
2. Los siete superuniversos.
3. El primer nivel del espacio exterior.
4. El segundo nivel del espacio exterior.
5. El tercer nivel del espacio exterior.
6. El cuarto o el más extremo nivel del espacio.

Havona, el universo central, no es una creación del tiempo; es una existencia eterna. Este universo sin principio ni fin consta de mil millones de esferas de perfección sublime y está rodeado por los enormes cuerpos oscuros de gravedad. En el centro de Havona está la estacionaria y absolutamente establilizada Isla del Paraíso, rodeada por sus veintiún satélites. Debido a las enormes masas de cuerpos oscuros de gravedad que la rodean en el límite del universo central, el contenido de masa de esta creación central es muchísimo mayor que la totalidad de masa conocida de los siete sectores del gran universo.

El sistema Paraíso-Havona, el eterno universo que rodea la Isla eterna, constituye el núcleo perfecto y eterno del universo maestro; los siete superuniversos y todas las regiones del espacio exterior giran en órbitas establecidas alrededor del gigantesco agregado central de los satélites del Paraíso y de las esferas de Havona.

Los siete superuniversos no son organizaciones físicas primarias; en ningún lugar dividen sus fronteras una familia nebular, ni tampoco cruzan ellas un universo local, una unidad creativa principal. Cada superuniverso es simplemente una agrupación geográfica en el espacio de aproximadamente una séptima parte de la creación organizada post-Havona y parcialmente habitada, y cada uno es aproximadamente equivalente a los otros en el número de universos locales que comprende y en el espacio que le corresponde. *Nebadon*, vuestro universo local, es una de las creaciones más nuevas en *Orvonton*, el séptimo superuniverso.

El gran universo es la actual creación organizada y habitada. Consiste en los siete superuniversos, con un potencial evolucionario total de alrededor de siete billones de planetas habitados, sin mencionar las esferas eternas de la creación central. Pero este cálculo aproximado no toma en cuenta las esferas arquitectónicas administrativas, ni tampoco incluye los grupos exteriores de universos no organizados. La actual frontera irregular del gran universo, su periferia desigual y no acabada, juntamente con el estado enormemente inestable del entero plan astronómico, sugieren a nuestros astrónomos que aun los siete superuniversos todavía no están completos. A medida que procedemos desde adentro, desde el centro divino hacia afuera en cualquier dirección, llegamos finalmente a los límites exteriores de la creación organizada y habitada; llegamos a los límites exteriores del gran universo. Y es cerca de esta frontera exterior, en un rincón remoto de tan espléndida creación, que vuestro universo local tiene su existencia pletórica.

Los niveles del espacio exterior. Lejos en el espacio, a una distancia enorme de los siete superuniversos habitados, se están acumulando vastos e increíblemente maravillosos circuitos de fuerza y energías en vías de materialización. Entre los circuitos de energía de los siete superuniversos y este gigantesco cinturón exterior de la actividad de fuerza, hay una zona espacial de relativa calma, que varía en anchura pero con un promedio de aproximadamente cuatrocientos mil años-luz. Estas zonas espaciales están libres de polvo estelar— niebla cósmica. Nuestros estudiosos de estos fenómenos están en duda en cuanto a la condición exacta de las fuerzas espaciales que existen en esta zona de calma relativa que rodea los siete superuniversos. Pero alrededor de medio millón de años-luz más allá de la periferia del gran universo presente, observamos los comienzos de una zona de increíble acción energética que aumenta en volumen e intensidad por más de veinticinco millones de años-luz. Estas enormes ruedas de fuerzas energizantes están ubicadas en el primer nivel del espacio exterior, un cinturón continuo de actividad cósmica que rodea toda la creación conocida, organizada y habitada.

Actividades aún más grandes están teniendo lugar más allá de estas regiones, pues los físicos de Uversa han detectado indicios iniciales de manifestaciones de fuerza a más de cincuenta millones de años-luz más allá de la parte más exterior de los fenómenos en el primer nivel del espacio exterior. Estas actividades presagian indudablemente la organización de las creaciones materiales del segundo nivel del espacio exterior del universo maestro.

El universo central es la creación de la eternidad; los siete superuniversos son las creaciones del tiempo; los cuatro niveles del espacio exterior están destinados indudablemente a eventuar-evolucionar la ultimidad de la creación. También están los que dicen que el Infinito no puede alcanzar jamás plena expresión sino en la infinidad; y por lo tanto postulan una creación adicional y no revelada mas allá del cuarto nivel espacial exterior, un universo posible de infinidad, sin fin y en constante expansión. En teoría no sabemos cómo limitar la infinidad del Creador ni la infinidad potencial de la creación, pero tal como existe y es administrada, consideramos que el universo maestro tiene limitaciones, siendo definitivamente delimitado y contenido en sus fronteras exteriores por el espacio abierto.

2. LOS DOMINIOS DEL ABSOLUTO NO CUALIFICADO

Cuando los astrónomos de Urantia escudriñan los misterios del espacio exterior a través de sus telescopios cada vez más poderosos y contemplan la sorprendente evolución de universos físicos casi incontables, deberían darse cuenta de que están contemplando la obra poderosa de los planes inescrutables de los Arquitectos del Universo Maestro. Es verdad que poseemos pruebas que sugieren la presencia de ciertas influencias de la personalidad paradisiaca aquí y allá a través de las vastas manifestaciones de energía que caracterizan ahora a estas regiones exteriores, pero desde un punto de vista más amplio las regiones espaciales que se extienden más allá de los límites exteriores de los siete superuniversos se reconocen generalmente como constituyendo los dominios del Absoluto No Cualificado.

Aunque a simple vista el ser humano tan sólo puede ver dos o tres nebulosas más allá de las fronteras del superuniverso de Orvonton, vuestros telescopios literalmente revelan millones y millones de estos universos físicos en proceso de formación. La mayoría de los dominios estelares visualmente expuestos a la investigación de vuestros telescopios modernos están en Orvonton, pero mediante la técnica fotográfica, los telescopios más poderosos penetran mucho más allá de las fronteras del gran universo, hasta los dominios del espacio exterior, allí donde incontables universos están en proceso de organización. También existen otros millones de universos fuera del alcance de vuestros instrumentos presentes.

En un futuro no lejano, los nuevos telescopios revelarán a la mirada sorprendida de los astrónomos urantianos no menos de 375 millones de nuevas galaxias en los tramos remotos del espacio exterior. Al mismo tiempo, estos telescopios más poderosos revelarán que muchos universos aislados que anteriormente se creía que estaban en el espacio exterior, son en realidad parte del sistema galáctico de Orvonton. Los siete superuniversos aún están creciendo; la periferia de cada uno de ellos se está expandiendo gradualmente; nuevas nebulosas se están estabilizando y organizando constantemente; y algunas de las nebulosas que los astrónomos de Urantia consideran extragalácticas están en realidad junto a la frontera de Orvonton y viajan con nosotros.

Los astrónomos uversanos observan que el gran universo está rodeado por los antepasados de una serie de conjuntos estelares o planetarios que rodean completamente la presente creación habitada como anillos concéntricos de múltiples universos exteriores. Los físicos de Uversa calculan que la energía y la materia de estas regiones exteriores no cartografiadas equivalen ya a muchas veces la totalidad de la masa material y la carga de energía de los siete superuniversos. Se nos informa que la metamorfosis de la fuerza cósmica en estos niveles del espacio exterior es función de los organizadores de la fuerza del Paraíso. Sabemos también que estas fuerzas son ancestrales a aquellas energías físicas que presentemente activan el gran universo. Los directores de poder de Orvonton, sin embargo, no tienen nada que ver con estos dominios ultrarremotos, ni tampoco están los movimientos de la energía que allí ocurren discerniblemente conectados con los circuitos de poder de las creaciones organizadas y habitadas.

Poco sabemos sobre la significación de estos extraordinarios fenómenos del espacio exterior. Una mayor creación del futuro está en proceso de formación. Podemos observar su inmensidad, discernir su extensión y percibir sus dimensiones majestuosas, pero por lo demás conocemos poco más de lo que conocen los astrónomos de Urantia acerca de estos ámbitos. A nuestro entender, en este anillo exterior de nebulosas, soles y planetas no existen seres materiales del orden de los humanos, ni ángeles ni otras criaturas espirituales. Este dominio distante está más allá de la jurisdicción y administración de los gobiernos de los superuniversos.

En todo Orvonton se cree que se está gestando un nuevo tipo de creación, un orden de universos destinados a convertirse en el escenario de las actividades futuras de los Cuerpos de los Finalistas ahora en formación, y si nuestras conjeturas son correctas, entonces el futuro interminable deparará para todos vosotros los mismos maravillosos espectáculos que el pasado interminable reservara a vuestros mayores y antepasados.

3. LA GRAVEDAD UNIVERSAL

Todas las formas de fuerza-energía —material, mental o espiritual— están igualmente sujetas a aquellas atracciones, a aquellas presencias universales, que llamamos gravedad. La personalidad también responde a la gravedad: al circuito exclusivo del Padre; pero aunque este circuito es exclusivo del Padre, no está excluido él de los otros circuitos; el Padre Universal es infinito y actúa sobre *todos* los cuatro circuitos de la gravedad absoluta en el universo maestro:

1. La gravedad de personalidad del Padre Universal.
2. La gravedad espiritual del Hijo Eterno.
3. La gravedad mental del Actor Conjunto.
4. La gravedad cósmica de la Isla del Paraíso.

Estos cuatro circuitos no están relacionados con el centro de fuerza del Paraíso bajo; no son ni circuitos de fuerza, ni de energía, ni de poder. Son circuitos absolutos de *presencia* y, como Dios, son independientes del tiempo y el espacio.

Respecto a ésto es interesante notar ciertas observaciones realizadas en recientes milenios en Uversa por el cuerpo de investigadores de la gravedad. Este grupo de expertos ha llegado a las siguientes conclusiones respecto a los diferentes sistemas de gravedad del universo maestro:

1. *Gravedad física.* Habiendo formulado un cálculo de la suma total de la capacidad de gravedad física del gran universo, han efectuado una laborioso cotejo de estos resultados con el cálculo total de la presencia de la gravedad absoluta que funciona presentemente. Estos cálculos indican que la acción total de la gravedad en el gran universo es una porción muy pequeña de la atracción de gravedad estimada del Paraíso, computada en base a la respuesta gravitacional de las unidades físicas básicas de la materia del universo. Estos investigadores llegan a la pasmosa conclusión de que el universo central y los siete superuniversos que lo rodean están presentemente haciendo uso de aproximadamente un cinco por ciento de la función activa de la atracción de la gravedad absoluta del Paraíso. En otras palabras: en este momento, alrededor del noventa y cinco por ciento de la acción de la gravedad cósmica activa de la Isla del Paraíso, computada sobre la base de esta teoría de totalidad, está dedicada a controlar sistemas materiales mas allá de las fronteras de los actuales universos organizados. Todos estos cálculos se refieren a la gravedad absoluta; la gravedad lineal es un fenómeno interactivo que se puede computar sólo si se conoce la verdadera gravedad del Paraíso.

2. *Gravedad espiritual.* Mediante igual técnica de cómputo y cálculo comparativos, estos investigadores han explorado la capacidad actual de reacción de la gravedad espiritual y, con la cooperación de los Mensajeros Solitarios y de otras personalidades espirituales, han llegado al total de la gravedad espiritual activa de la Segunda Fuente y Centro. Es ilustrativo el mencionar que encuentran aproximadamente el mismo valor para la presencia real y funcional de la gravedad del espíritu en el gran universo que postulan para el presente total de la gravedad activa espiritual. Dicho de otro modo: en este momento, prácticamente toda la gravedad espiritual del Hijo Eterno, computada sobre la base de esta teoría de totalidad, puede ser observada funcionando en el gran universo. Si estos descubrimientos son confiables, podemos concluir que los universos que ahora evolucionan en el espacio exterior son en este momento, completamente no espirituales. Y si esto es cierto, explicaría satisfactoriamente por qué los seres dotados de espíritu poseen tan poca o ninguna información acerca de estas vastas manifestaciones de energía, aparte de conocer el hecho de su existencia física.

3. *Gravedad mental.* Basándose en los mismos principios de computación comparativa, estos expertos han acometido el problema de la presencia y reacción de la gravedad mental. La unidad mental de estimación fue el resultado del promedio de tres tipos de mentalidad material y tres tipos de mentalidad espiritual, aunque el tipo de mente de los directores de poder y sus asociados resultó ser un factor perturbador para los fines de llegar a una unidad básica para el cálculo de la gravedad mental. Poco había que impidiera el cálculo de la capacidad presente de la Tercera Fuente y Centro para la función de la gravedad mental de acuerdo con esta teoría de la totalidad. Aunque en este caso los hallazgos no son tan definitivos como en los cálculos de la gravedad física y espiritual, ellos son, si se los considera comparativamente, muy instructivos e incluso fascinantes. Estos investigadores deducen que alrededor del ochenta y cinco por ciento de la respuesta de la gravedad mental a la atracción intelectual del Actor Conjunto se origina en el gran universo existente. Esto sugeriría la

posibilidad de que haya participación de actividades mentales relacionadas con las actividades físicas observables actualmente en progreso en todos los dominios del espacio exterior. Si bien este cálculo probablemente dista de ser preciso, concuerda, en principio, con nuestra creencia de que organizadores de la fuerza inteligentes dirigen actualmente la evolución del universo en los niveles espaciales más allá de los actuales límites exteriores del gran universo. Sea cual fuere la naturaleza de esta inteligencia postulada, al parecer no responde a la gravedad del espíritu.

Pero todos estos cómputos son, en el mejor de los casos, cálculos basados en leyes presuntas; los consideramos relativamente confiables. Aunque hubiera unos pocos seres espirituales en el espacio exterior, su presencia colectiva no influiría marcadamente sobre estos cálculos que conllevan dimensiones tan enormes.

La Gravedad de personalidad no es calculable. Reconocemos el circuito, pero no podemos medir ni cualitativa ni cuantitativamente las realidades que responden a ella.

4. EL ESPACIO Y EL MOVIMIENTO

Todas las unidades de la energía cósmica están en revolución primaria, mientras giran alrededor de la órbita universal, ocupadas en ejecutar su misión. Los universos del espacio y los sistemas y mundos que los componen son esferas girantes, que se mueven a lo largo de los circuitos interminables de los niveles espaciales del universo maestro. Absolutamente nada es estacionario en todo el universo maestro, excepto el centro mismo de Havona, la Isla eterna del Paraíso, el centro de la gravedad.

El Absoluto No Cualificado está funcionalmente limitado al espacio, pero no estamos tan seguros sobre la relación de este Absoluto con el movimiento. ¿Es el movimiento inherente al mismo? No lo sabemos. Sabemos que el movimiento no es inherente al espacio; incluso los movimientos *del* espacio no son innatos. Pero no estamos tan seguros acerca de la relación del No Cualificado con el movimiento. ¿Quién, o qué, es realmente responsable de las gigantescas actividades de transmutaciones de fuerza-energía presentemente en progreso más allá de los límites de los siete superuniversos presentes? Respecto al origen del movimiento tenemos las siguientes opiniones:

1. Pensamos que el Actor Conjunto da inicio al movimiento en el espacio.

2. Si el Actor Conjunto produce los movimientos del espacio, no podemos probarlo.

3. El Absoluto Universal no origina el movimiento inicial, pero sí equilibra y controla todas las tensiones originadas por el movimiento.

En el espacio exterior, parece que los organizadores de la fuerza son los responsables de la producción de las gigantescas ruedas universales que se encuentran ahora en proceso de evolución estelar, pero su capacidad para funcionar de este modo debe haber sido posibilitada mediante una modificación de la presencia espacial del Absoluto No Cualificado.

El espacio desde el punto de vista humano es nada —es negativo; existe sólo en la medida en que se relaciona con algo positivo y no espacial. El espacio es, sin embargo, real. Contiene y condiciona el movimiento. Incluso se mueve. A grandes rasgos los movimientos del espacio se pueden clasificar de la siguiente manera:

1. Movimiento primario: respiración espacial, el movimiento del espacio mismo.

2. Movimiento secundario: las oscilaciones direccionales alternativas de los sucesivos niveles espaciales.

3. Movimientos relativos: relativos en el sentido de que no se los evalúa tomando como base el Paraíso. Los movimientos primario y secundario son absolutos, movimiento en relación con el Paraíso inmóvil.

4. Movimiento compensatorio o correlativo destinado a coordinar todos los otros movimientos.

La relación presente de vuestro sol y sus planetas asociados, aunque revela muchos movimientos relativos y absolutos en el espacio, tiende a dar la impresión a los observadores astronómicos que estáis relativamente estacionarios en el espacio y que los conjuntos y sucesiones estelares circundantes vuelan hacia afuera a velocidades cada vez mayores a medida que calculáis hacia afuera en el espacio. Pero tal no es el caso. Vosotros no reconocéis la presente expansión uniforme hacia afuera de las creaciones físicas de todo el espacio ocupado. Vuestra propia creación local (Nebadon) participa de este movimiento de expansión universal hacia afuera. Los siete superuniversos participan en los ciclos de respiración espacial de dos mil millones de años, juntamente con las regiones exteriores del universo maestro.

Cuando los universos se expanden y se contraen, las masas materiales en el espacio ocupado se mueven alternativamente a favor y en contra de la atracción de la gravedad del Paraíso. El trabajo realizado en el movimiento de la masa de energía material de la creación es trabajo *espacial*, pero no trabajo de *poder-energía*.

Aunque vuestros estimados espectroscópicos de las velocidades astronómicas son bastante confiables cuando se aplican a los dominios estelares pertenecientes a vuestro superuniverso y a sus superuniversos asociados, tales cómputos con referencia a los dominios del espacio exterior carecen completamente de crédito. Las líneas espectrales se desplazan de lo normal hacia el violeta por una estrella que se aproxima; asimismo esas líneas son desplazadas hacia el rojo por una estrella que se aleja. Muchas influencias se interponen dando la impresión de que la velocidad recesional de los universos exteriores aumenta en la proporción de más de ciento sesenta kilómetros por segundo por cada millón de años-luz que aumente en distancia. Con este método de cómputo, y cuando haya telescopios más poderosos, parecerá que estos sistemas remotísimos se están alejando de esta parte del universo a la increíble velocidad de aproximadamente cincuenta mil kilómetros por segundo. Pero esta aparente velocidad de recesión no es real; resulta de numerosos factores de error que incluyen los ángulos de observación y otras distorsiones espacio-temporales.

Pero la más grande de las distorsiones surge porque los vastos universos del espacio exterior en los reinos próximos a los dominios de los siete superuniversos parecen estar girando en dirección opuesta a la del gran universo. Es decir, estas miríadas de nebulosas y sus soles y esferas acompañantes están presentemente girando en el sentido de las manecillas del reloj alrededor de la creación central. Los siete superuniversos giran alrededor del Paraíso en dirección opuesta a las manecillas del reloj. Parece que el segundo universo exterior de galaxias, al igual que los siete superuniversos, gira en dirección contraria a las manecillas del reloj alrededor del Paraíso. Y los observadores astronómicos de Uversa piensan que detectan pruebas de movimientos revolutivos en un tercer cinturón exterior de remotísimo espacio que está comenzando a mostrar tendencias direccionales en el sentido de las manecillas del reloj.

Es probable que estas direcciones alternadas de las sucesivas procesiones espaciales de los universos tengan algo que ver con la técnica de la gravedad interior del universo maestro del Absoluto Universal, que consiste en una coordinación de las fuerzas y una compensación de las tensiones espaciales. El movimiento, así como el espacio, es un complemento o equilibrante de la gravedad.

5. EL ESPACIO Y EL TIEMPO

Al igual que el espacio, el tiempo es una dádiva del Paraíso, pero no en el mismo sentido, sino tan sólo indirectamente. El tiempo se produce por virtud del movimiento y porque la mente está intrínsecamente consciente de lo secuencial. Desde un punto de vista práctico, el movimiento es esencial al tiempo, pero no existe una unidad de tiempo universal basada en el movimiento, excepto que el día estándar del Paraíso-Havona se considera arbitrariamente universal. La totalidad de la respiración espacial destruye su valor local como fuente del tiempo.

El espacio no es infinito, aunque se origina en el Paraíso; ni absoluto, porque está penetrado por el Absoluto No Cualificado. No conocemos los límites absolutos del espacio, pero sí sabemos que el absoluto del tiempo es la eternidad.

El tiempo y el espacio son inseparables tan sólo en las creaciones espacio-temporales, los siete superuniversos. El espacio no temporal (espacio sin tiempo) existe teóricamente, pero el único lugar verdaderamente no temporal es el *área* del Paraíso. El tiempo no espacial (tiempo sin espacio) existe en la mente correspondiente al nivel funcional del Paraíso.

Las zonas intermedias del espacio relativamente inmóviles que lindan con el Paraíso y separan el espacio ocupado del no ocupado son las zonas de transición del tiempo a la eternidad, de aquí la necesidad de que los peregrinos al Paraíso estén inconscientes durante este tránsito cuando éste culmina con la ciudadanía del Paraíso. Los *visitantes* conscientes del tiempo pueden ir al Paraíso sin ser adormecidos para este cruce, pero seguirán siendo criaturas del tiempo.

Las relaciones con el tiempo no existen sin movimiento en el espacio, pero sí existe la conciencia del tiempo. El concepto de lo secuencial puede llevar a la conciencia el concepto del tiempo aun en ausencia de movimiento. La mente del hombre está menos sujeta al tiempo que al espacio, debido a la naturaleza intrínseca de la mente. Aun durante los tiempos de la vida terrestre en la carne, a pesar de que la mente del hombre está rígidamente sujeta al espacio, la imaginación humana creadora está comparativamente libre del tiempo. Pero el tiempo mismo no es, genéticamente, una cualidad de la mente.

Existen tres niveles diferentes de conocimiento del tiempo:

1. Tiempo percibido por la mente: conciencia de secuencia, movimiento, y sentido de duración.

2. Tiempo percibido por el espíritu: discernimiento del movimiento hacia Dios y conciencia del movimiento de ascensión hacia niveles de divinidad en aumento.

3. La personalidad *crea* un singular sentido del tiempo mediante el discernimiento de la Realidad, más una conciencia de presencia y la noción de duración.

Los no espirituales animales sólo conocen el pasado y viven en el presente. El hombre habitado por el espíritu tiene poderes de previsión (discernimiento); puede visualizar el futuro. Sólo las actitudes progresistas y que miran hacia adelante son personalmente reales. La ética estática y la moral tradicional son tan sólo levemente superanimales. Tampoco es el estoicismo un grado elevado de autorrealización. La ética y la moral se hacen verdaderamente humanas cuando son dinámicas y progresistas, llenas de vida de la realidad universal.

La personalidad humana no es meramente un fenómeno colateral de los acontecimientos del tiempo y el espacio; la personalidad humana también puede actuar como causa cósmica de tales acontecimientos.

6. EL SUPERCONTROL UNIVERSAL

El universo no es estático. La estabilidad no es el resultado de la inercia sino más bien el producto de energías equilibradas, de mentes en cooperación, de morontias coordinadas, de supercontrol espiritual, y de unificación de la personalidad. La estabilidad es totalmente y siempre proporcional a la divinidad.

En el control físico del universo maestro, el Padre Universal ejerce prioridad y primacía a través de la Isla del Paraíso; Dios es absoluto en la administración espiritual del cosmos en la persona del Hijo Eterno. Respecto a los dominios de la mente, el Padre y el Hijo funcionan en forma coordinada en el Actor Conjunto.

La Tercera Fuente y Centro ayuda al mantenimiento del equilibrio y la coordinación de las energías y organizaciones físicas y espirituales combinadas mediante la absolutez de su control de la mente cósmica y el ejercicio de sus complementos inherentes y universales de gravedad física y espiritual. Cuandoquiera y dondequiera que ocurra un enlace entre lo material y lo espiritual, ese fenómeno mental es un acto del Espíritu Infinito. Sólo la mente puede interasociar las fuerzas y energías físicas del nivel material con los poderes y seres espirituales del nivel del espíritu.

En toda vuestra contemplación de los fenómenos universales, aseguraos de tomar en consideración la interrelación de las energías físicas, intelectuales y espirituales, y tened en cuenta los fenómenos inesperados correspondientes a su unificación por la personalidad y los fenómenos imprevisibles resultantes de las acciones y reacciones de la Deidad experiencial y de los Absolutos.

El universo es altamente pronosticable sólo en el sentido cuantitativo o de medición de la gravedad; ni siquiera las fuerzas físicas fundamentales responden a la gravedad lineal, ni tampoco lo hacen los más elevados significados mentales ni los verdaderos valores espirituales de las realidades universales últimas. Cualitativamente, el universo no es altamente pronosticable en lo que respecta a nuevas asociaciones de fuerzas, sean éstas físicas, mentales o espirituales, aunque muchas de tales combinaciones de energías o fuerzas se hacen parcialmente previsibles cuando se las somete a una observación crítica. Cuando la materia, la mente y el espíritu se unifican por medio de la personalidad de la criatura, no podemos predecir plenamente las decisiones de un ser con tanto libre albedrío.

Todas las fases de fuerza primordial, espíritu incipiente, y otras ultimidades no personales parecen reaccionar de acuerdo con ciertas leyes relativamente estables pero desconocidas, y se caracterizan por una latitud de actuación y una flexibilidad de respuesta que resultan a menudo desconcertantes cuando se las encuentra en los fenómenos de una situación específica y aislada. ¿Cuál es la explicación de esta imprevisible libertad de reacción revelada por estas realidades universales emergentes? Estos desconocidos e insondables sucesos imprevistos —ya pertenezcan al comportamiento de una unidad primordial de fuerza, la reacción de un nivel mental no identificado, o el fenómeno de un vasto preuniverso en vías de creación en los dominios del espacio exterior— probablemente revelan las actividades del Último y las presencia-actuaciones de los Absolutos, que preceden la función de todos los Creadores universales.

No sabemos realmente, pero suponemos que versatilidad tan sorprendente y coordinación tan profunda significan la presencia y actuación de los Absolutos, y que tal diversidad de respuesta frente a una causación aparentemente uniforme revela la reacción de los Absolutos, no sólo a la causación inmediata y situacional, sino también a todas las demás causaciones en el entero universo maestro.

Los individuos tienen sus guardianes del destino; los planetas, sistemas, constelaciones, universos y superuniversos cuentan cada uno con sus respectivos soberanos que laboran por el bien de sus dominios. Havona e incluso el gran universo son vigilados por aquellos a quienes se ha confiado tan alta responsabilidad. Pero ¿quién fomenta y atiende las necesidades fundamentales del universo maestro como un todo, desde el Paraíso hasta el cuarto y más exterior de los niveles espaciales? Existencialmente tal sobreprotección probablemente es atribuible a la Trinidad del Paraíso, pero desde el punto de vista experiencial, la aparición de los universos post-Havona depende de:

1. Los Absolutos en potencial.
2. El Último en dirección.
3. El Supremo en coordinación evolutiva.
4. Los Arquitectos del Universo Maestro en administración, antes de la aparición de los soberanos específicos.

El Absoluto No Cualificado penetra todo el espacio. No tenemos completamente claro el estado exacto del Absoluto de Deidad y el Absoluto Universal, pero sabemos que este último funciona dondequiera que funcionan el Absoluto de Deidad y el Absoluto No Cualificado. El Absoluto de Deidad puede estar universalmente presente, pero difícilmente presente en el espacio. El Último está, o alguna vez estará, presente en el espacio hasta las fronteras exteriores del cuarto nivel espacial. Dudamos que el Último tenga jamás una presencia espacial más allá de la periferia del universo maestro, pero dentro de estos límites el Último integra progresivamente la organización creativa de los potenciales de los tres Absolutos.

7. LA PARTE Y EL TODO

Una ley inexorable e impersonal que es equivalente a la función de una providencia cósmica, opera a través de todo el tiempo y el espacio y respecto a toda realidad cualquiera sea su naturaleza. La misericordia caracteriza la actitud del amor de Dios por el individuo; la imparcialidad motiva la actitud de Dios hacia la totalidad. La voluntad de Dios no prevalece necesariamente en la parte —el corazón de una personalidad determinada— pero su voluntad realmente gobierna la totalidad, el universo de los universos.

En todas sus transacciones con todos sus seres es cierto que las leyes de Dios no son intrínsecamente arbitrarias. Para ti, con tu visión limitada y tu punto de vista finito, las acciones de Dios a menudo han de parecer arbitrarias y dictatoriales. Las leyes de Dios son meramente las costumbres de Dios, su modo de hacer repetidamente las cosas; y él siempre hace todas las cosas bien. Observas que Dios hace la misma cosa del mismo modo, y repetidas veces, sencillamente porque es la mejor manera de hacer esa cosa particular en una circunstancia dada; y la mejor manera es la manera correcta, y por lo tanto la sabiduría infinita siempre lo ordena de esa manera precisa y perfecta. Debes recordar también que la naturaleza no es acción exclusiva de la Deidad; existen otras influencias en esos fenómenos que el hombre llama naturaleza.

Es repugnante a la naturaleza divina tolerar cualquier tipo de deterioro o aun permitir en momento alguno la realización de un acto puramente personal de una manera inferior. Debe aclararse, sin embargo, que *si*, en la divinidad de cualquier situación, en lo extremo de cualquier circunstancia, en cualquier caso donde el curso de la sabiduría suprema pudiera indicar la demanda de una conducta diferente —si la demanda de perfección pudiera por cualquier razón dictar otro método de reacción, uno mejor, entonces y allí mismo el Dios omnisapiente funcionaría de esa manera mejor y más adecuada. Eso sería la expresión de una ley superior, no la revocación de una ley inferior.

Dios no es esclavo de sus hábitos, de la cronicidad de la repetición de sus propias acciones voluntarias. No hay conflicto entre las leyes del Infinito; todas ellas son perfecciones de naturaleza infalible; todas son actos incuestionables expresivos de decisiones sin defectos. La ley es la reacción inmutable de una mente infinita, perfecta y divina. Las acciones de Dios son todas volitivas no obstante esta aparente uniformidad. En Dios «no hay variabilidad ni sombra de cambio». Pero todo esto que puede decirse verdaderamente del Padre Universal no puede decirse con igual certeza de todas sus inteligencias subordinadas o de sus criaturas evolutivas.

Porque Dios es inmutable, por tanto podéis vosotros confiar, en todas las circunstancias ordinarias, que hará lo mismo, de la misma manera idéntica y ordinaria. Dios es la garantía de la estabilidad para todas las cosas y seres creados. Él es Dios; por lo tanto no cambia.

Toda esta inmutabilidad de conducta y uniformidad de acción es personal, consciente y altamente volitiva, porque el gran Dios no es el esclavo indefenso de su propia perfección e infinidad. Dios no es una fuerza ciega y automática; no es un poder sujeto a una ley esclavizante. Dios no es ni una ecuación matemática ni una fórmula química. Es una personalidad libre y primordial. Es el Padre Universal, un ser sobrecargado de personalidad y la fuente universal de toda personalidad de las criaturas.

La voluntad de Dios no prevalece uniformemente en el corazón del mortal material que busca a Dios, pero si el marco temporal se extiende más allá del momento de abarcar la totalidad de la primera vida, entonces la voluntad de Dios se hace cada vez más discernible en los frutos del espíritu que se producen en la vida de los hijos de Dios guiados por el espíritu. Y si la vida humana se amplía ulteriormente para incluir la experiencia morontial, se observa que la voluntad divina resplandece con fulgor cada vez mayor en los actos espiritualizados de esas criaturas del tiempo que han comenzado a gozar las delicias divinas de experimentar la relación de la personalidad del hombre con la personalidad del Padre Universal.

La Paternidad de Dios y la fraternidad del hombre presentan una paradoja de la parte y el todo en el nivel de la personalidad. Dios ama a *cada* individuo como hijo individual de la familia celeste. Sin embargo Dios así ama a *todos* los individuos; no tiene preferidos, y la universalidad de su amor produce una relación de totalidad, la fraternidad universal.

El amor del Padre individualiza absolutamente cada personalidad como un hijo único del Padre Universal, un hijo sin duplicado en el infinito, una criatura volitiva irremplazable en toda la eternidad. El amor del Padre glorifica a cada hijo de Dios, iluminando a cada miembro de la familia celestial, perfilando agudamente la naturaleza única de cada ser personal frente a los niveles impersonales que se hallan fuera del círculo fraterno del Padre de todos. El amor de Dios retrata vivamente el valor trascendente de cada criatura volitiva, inequívocamente revela el altísimo valor que el Padre Universal ha colocado sobre todos y cada uno de sus hijos, desde la más elevada personalidad creadora de estado paradisiaco hasta la personalidad más inferior de dignidad volitiva entre las tribus de los hombres salvajes en los albores de las especies humanas, en algún mundo evolutivo del tiempo y el espacio.

El amor mismo de Dios por el individuo crea la familia divina de todos los individuos, la fraternidad universal de los hijos del libre albedrío del Padre del Paraíso. Y esta fraternidad, siendo universal, es una relación de totalidad. La fraternidad, cuando es universal, no revela la relación con un *individual*, sino la relación con los *todos*. La fraternidad es una realidad de lo total y por lo tanto revela cualidades de la totalidad, en contradicción con las cualidades de la parte.

La fraternidad constituye un hecho de relación entre todas las personalidades en la existencia universal. Ninguna persona puede evadir los beneficios o las sanciones que puedan sobrevenirle como resultado de una relación con otras personas. La parte se beneficia o sufre en relación con el todo. El buen esfuerzo de cada hombre beneficia a todos los hombres; el error o el mal de cada hombre aumenta las tribulaciones de todos los hombres. Según se mueve la parte, así se mueve el todo. Según es el progreso de la totalidad, así el progreso de la parte. Las velocidades relativas de la parte y el todo determinan si la parte se atrasa por la inercia del todo o si adelanta por el impulso de la fraternidad cósmica.

Es un misterio que Dios sea un ser altamente personal y autoconsciente con un centro de gobierno residencial y, al mismo tiempo, esté presente personalmente en un universo tan vasto y en contacto personal con un número de seres casi infinito. Que tal fenómeno sea un misterio que rebasa la comprensión humana no debe disminuir en lo más mínimo vuestra fe. No dejéis que la magnitud de la infinitud, la inmensidad de la eternidad y la grandeza y gloria del carácter incomparable de Dios os sobrecojan, os hagan vacilar u os desalienten; porque el Padre no está muy lejos de ninguno de vosotros; habita dentro de vosotros, y en él todos nosotros literalmente nos movemos, realmente vivimos, y verdaderamente tenemos nuestro ser.

Aunque el Padre del Paraíso funciona a través de sus creadores divinos y sus hijos criaturas, disfruta también del contacto interior más íntimo con vosotros, un contacto tan sublime, tan altamente personal, que aún está más allá de mi comprensión: esa misteriosa comunión del fragmento del Padre con el alma humana y con la mente mortal en la cual mora realmente. Si sabéis lo que hacéis con estos dones de Dios, por ello mismo sabéis que el Padre está en estrecha relación, no sólo con sus asociados divinos, sino también con sus hijos mortales evolutivos del tiempo. El Padre ciertamente mora en el Paraíso, pero su divina presencia también mora en la mente de los hombres.

Aunque sea derramado el espíritu de un Hijo sobre toda carne, aunque un Hijo morara cierta vez entre vosotros en semejanza de carne mortal, aunque los serafines personalmente os guarden y guíen, ¿cómo puede ninguno de estos seres divinos de los Centros Segundo y Tercero esperar jamás acercarse tanto a vosotros o comprenderos tan plenamente como el Padre, quien ha dado una parte de sí mismo para que esté en vosotros, para que sea vuestro ser verdadero, divino e incluso eterno?

8. LA MATERIA, LA MENTE Y EL ESPÍRITU

«Dios es espíritu», pero no lo es el Paraíso. El universo material es siempre la arena en donde tienen lugar todas las actividades espirituales; los seres espirituales y los ascendentes espirituales viven y trabajan en las esferas físicas de la realidad material.

El otorgamiento de la fuerza cósmica, el dominio de la gravedad cósmica, es la función de la Isla del Paraíso. Toda la fuerza-energía original procede del Paraíso, y la materia para la formación de incalculables universos circula ahora por todo el universo maestro en la forma de una presencia de supergravedad que constituye la carga de fuerza del espacio ocupado.

Cualesquiera que sean las transformaciones de la fuerza en los universos remotos, habiendo salido del Paraíso, viaja sujeta a la infinita, eterna e infalible atracción de la

Isla Eterna, girando por siempre, obediente e inherentemente, alrededor de las sendas espaciales eternas de los universos. La energía física es la única realidad que es fiel y constante en su obediencia a la ley universal. Sólo en los reinos de volición de la criatura ha habido desviaciones de las sendas divinas y de los planes originales. El poder y la energía son las pruebas universales de la estabilidad, la constancia y la eternidad de la Isla central del Paraíso.

El otorgamiento del espíritu y la espiritualización de las personalidades, el dominio de la gravedad espiritual, es el ámbito del Hijo Eterno. Y esta gravedad espiritual del Hijo, que constantemente atrae todas las realidades espirituales hacia él, es tan real y absoluta como la atracción material todopoderosa de la Isla del Paraíso. Pero el hombre de mente material está naturalmente mucho más familiarizado con las manifestaciones materiales de naturaleza física que con las poderosas operaciones igualmente reales de naturaleza espiritual que tan sólo se disciernen mediante el discernimiento espiritual del alma.

A medida que la mente de cualquier personalidad del universo se hace más espiritual —más semejante a Dios— responde menos a la gravedad material. La realidad, medida por la respuesta a la gravedad física, es la antítesis de la realidad determinada por la calidad del contenido espiritual. La acción física-gravitacional es un determinador cuantitativo de la energía no espiritual; la acción espíritugravitacional es la medida cualitativa de la energía viviente de la divinidad.

Lo que el Paraíso es para la creación física, y lo que el Hijo Eterno es para el universo espiritual, el Actor Conjunto es para los ámbitos de la mente: el universo inteligente de seres y personalidades materiales, morontiales y espirituales.

El Actor Conjunto reacciona tanto a las realidades materiales como a las espirituales y por lo tanto, de manera inherente, se convierte en el ministro universal de todos los seres inteligentes, los seres que pueden representar una unión de las fases materiales y espirituales de la creación. La dotación de la inteligencia, el ministerio a lo material y lo espiritual en el fenómeno de la mente, es el dominio exclusivo del Actor Conjunto, quien así se vuelve el socio de la mente espiritual, la esencia de la mente morontial y la sustancia de la mente material de las criaturas evolutivas del tiempo.

La mente es la técnica por medio de la cual las realidades espirituales se hacen experienciales para las criaturas con personalidad. Y en último análisis, las posibilidades unificadoras incluso de la mente humana, la capacidad de coordinar cosas, ideas y valores, es supermaterial.

Aunque difícilmente sea posible para la mente mortal comprender los siete niveles de la realidad cósmica relativa, el intelecto humano debería poder entender gran parte del significado de tres niveles funcionales de la realidad finita:

1. *Materia*. Energía organizada que está sujeta a la gravedad lineal excepto en cuanto es modificada por el movimiento y condicionada por la mente.

2. *Mente*. Conciencia organizada que no está totalmente sujeta a la gravedad material, y que se llega a ser verdaderamente liberada cuando es modificada por el espíritu.

3. *Espíritu*. La realidad personal más alta. El verdadero espíritu no está sujeto a la gravedad física, pero finalmente se convierte en la influencia motivadora de todos los sistemas de energía evolutiva de la dignidad de la personalidad.

La meta de la existencia de todas las personalidades es el espíritu; las manifestaciones materiales son relativas, y la mente cósmica interviene entre estos opuestos universales. La dotación de la mente y la ministración del espíritu son obra de las personas asociadas de la Deidad: el Espíritu Infinito y el Hijo Eterno. La realidad total de la Deidad no es mente sino espíritu-mente —mente-espíritu unificado por la personalidad. No obstante, los absolutos tanto del espíritu como el objeto convergen en la persona del Padre Universal.

En el Paraíso, las tres energías, física, mental y espiritual, se hallan coordinadas. En el cosmos evolutivo, la energía-materia es dominante excepto en la personalidad, donde el espíritu, a través de la mediación de la mente, lucha por imponerse. El espíritu es la realidad fundamental de la experiencia de la personalidad de todas las criaturas, porque Dios es espíritu. El espíritu es inmutable, y por lo tanto, en todas las relaciones personales, trasciende tanto la mente como la materia, que son variables experienciales de logro progresivo.

En la evolución cósmica, la materia es la sombra filosófica proyectada por la mente en presencia de la luminosidad espiritual del esclarecimiento divino, pero esto no invalida la realidad de la materia-energía. La mente, la materia y el espíritu son igualmente reales, pero no son de igual valor para la personalidad en el logro de la divinidad. La conciencia de la divinidad es una experiencia espiritual progresiva.

Cuanto más brillante sea el resplandor de la personalidad espiritualizada (el Padre en el universo, el fragmento de personalidad espiritual potencial en la criatura individual) tanto más grande será la sombra proyectada por la mente interviniendo sobre su investidura material. En el tiempo, el cuerpo del hombre es tan real como la mente o el espíritu, pero en la muerte, tanto la mente (identidad) como el espíritu sobreviven, mientras que el cuerpo no sobrevive. Una realidad cósmica puede no existir en la experiencia de personalidad. Y así, vuestra figura retórica griega —lo material como sombra de la substancia espiritual más real— tiene un significado filosófico.

9. LAS REALIDADES PERSONALES

El espíritu es la realidad personal básica de los universos, y la personalidad es básica para toda experiencia progresiva con la realidad espiritual. Cada fase de la experiencia de la personalidad en cada nivel sucesivo de progresión universal abunda en pistas para el descubrimiento de fascinantes realidades personales. El verdadero destino del hombre consiste en la creación de metas nuevas y espirituales y luego responder a los atractivos cósmicos de tales metas excelsas de valor no material.

El amor es el secreto de la asociación beneficiosa entre las personalidades. No es posible conocer realmente a una persona como resultado de un solo encuentro. No es posible conocer apreciativamente la música a través de la deducción matemática, aunque la música sea una forma de ritmo matemático. El número asignado a un abonado al sistema de teléfonos no identifica de ninguna manera la personalidad de ese abonado ni significa nada respecto de su carácter.

La matemática, ciencia material, es indispensable para la discusión inteligente de los aspectos materiales del universo, pero tal conocimiento no es necesariamente parte de la comprensión más elevada de la verdad ni de la apreciación personal de las realidades espirituales. No sólo en los ámbitos de la vida, sino también en el mundo de la energía física, la suma de dos o más cosas es muy a menudo algo *más* que o *diferente* de las consecuencias previsibles de la adición de tales uniones. La entera ciencia de las matemáticas, el completo dominio de la filosofía, lo más elevado de la física o la química, no pueden predecir ni conocer que la unión de dos átomos gaseosos de hidrógeno con un átomo gaseoso de oxígeno daría lugar a una substancia nueva y cualitativamente superaditiva: el agua líquida. El conocimiento comprensivo de este fenómeno singular físicoquímico debería por sí solo haber prevenido el desarrollo de la filosofía materialista y de la cosmología mecanicista.

El análisis técnico no revela lo que una persona o una cosa puedan hacer. Por ejemplo: el agua se usa eficazmente para extinguir el fuego. Que el agua apaga el fuego es un hecho de la experiencia cotidiana, pero tal propiedad no se dedujo jamás del análisis del agua. El análisis determina que el agua está compuesta de hidrógeno y oxígeno; un estudio ulterior de estos elementos revelaría que el oxígeno es el verdadero sostén de la combustión y que el hidrógeno mismo arde libremente.

Vuestra religión se está tornando real, porque está brotando de la esclavitud del temor y de la servidumbre de la superstición. Vuestra filosofía lucha por emanciparse del dogma y de la tradición. Vuestra ciencia está empeñada en una contienda a través de las edades entre la verdad y el error, mientras lucha por liberarse de la servidumbre de la abstracción, la esclavitud de las matemáticas y la relativa ceguera del materialismo mecanicista.

El hombre mortal tiene un núcleo espiritual. La mente es un sistema de energía personal que existe alrededor de un núcleo espiritual divino y que funciona en un ambiente material. Tal relación vital de mente personal y espíritu constituye la potencialidad universal de la personalidad eterna. Los problemas graves, la desilusión permanente, las derrotas estrepitosas, o la muerte inescapable sólo ocurren cuando los autoconceptos tienen la arrogancia de desplazar totalmente el poder dominante del núcleo espiritual central, destruyendo así el esquema cósmico de la identidad de la personalidad.

[Presentado por un Perfeccionador de la Sabiduría que actúa por mandato de los Ancianos de los Días.]

DOCUMENTO 13

LAS ESFERAS SAGRADAS DEL PARAÍSO

ENTRE la Isla central del Paraíso y el límite más interior de los circuitos planetarios de Havona, se encuentran situados en el espacio tres circuitos menores de esferas especiales. El circuito más interno consiste en las siete esferas secretas del Padre Universal; el segundo grupo está compuesto de los siete mundos luminosos del Hijo Eterno; en el más externo están las siete inmensas esferas del Espíritu Infinito, los mundos de la sede ejecutiva de los Siete Espíritus Rectores.

Estos tres circuitos de siete mundos del Padre, del Hijo y del Espíritu son esferas de insuperable grandeza y gloria inimaginable. Incluso su construcción física o material es de un orden no revelado a vosotros. Cada circuito es de distintos materiales, y cada mundo de cada circuito es diferente, exceptuando los siete mundos del Hijo, los que son de igual constitución física. Las veintiuna esferas son enormes, y cada grupo de siete es eternizado de diferente manera. Hasta donde sabemos estas esferas siempre han sido así; como el Paraíso, son eternas. No existe ni registro ni tradición de su origen.

Las siete esferas secretas del Padre Universal, que giran alrededor del Paraíso en estrecha proximidad a la Isla eterna, son altamente reflexivas de la luminosidad espiritual del fulgor central de las Deidades eternas, vertiendo esta luz de gloria divina por todo el Paraíso e incluso sobre los siete círculos de Havona.

En los siete mundos sagrados del Hijo Eterno parecen originarse las energías impersonales de la luminosidad espiritual. Ningún ser personal puede habitar en ninguno de estos siete reinos fulgurantes. Con gloria espiritual iluminan todo el Paraíso y Havona, y dirigen pura luminosidad espiritual a los siete superuniversos. Asimismo, estas esferas brillantes del segundo circuito emiten su luz (luz sin calor) al Paraíso y a los siete circuitos con sus mil millones de mundos del universo central.

Los Siete Espíritus Rectores, que presiden los destinos de los siete superuniversos, ocupan los siete mundos del Espíritu Infinito enviando iluminación espiritual de la Tercera Persona de la Deidad a estas creaciones del tiempo y el espacio. Y todo Havona, aunque no la Isla del Paraíso, se baña en estas influencias espiritualizantes.

Aunque los mundos del Padre son esferas de estado último para todas las personalidades dotadas por el Padre, ésta no es su función exclusiva. Muchos seres y entidades distintas a las personales habitan estos mundos. Cada mundo en el circuito del Padre y en el circuito del Espíritu tiene un tipo definido de ciudadanía permanente, pero pensamos que tipos uniformes de seres distintos a los personales habitan los mundos del Hijo. Se encuentran fragmentos del Padre entre los nativos de Divinington; las demás órdenes de ciudadanía permanente no os son reveladas.

Los veintiún satélites del Paraíso sirven para muchos propósitos, tanto en el universo central como en los superuniversos, los cuales no son revelados en estas narraciones. Tan poco es lo que podéis comprender de la vida de estas esferas que no podéis esperar alcanzar una visión uniforme de ellas, ni en cuanto a su naturaleza ni a su función; hay allí millares de actividades que no os son reveladas. Estas veintiuna esferas abarcan las *potencialidades* de la función del universo maestro. Estos documentos tan sólo proporcionan un rápido vistazo de ciertas actividades circunscritas pertenecientes a la presente era universal del gran universo; más bien, de uno de los siete sectores del gran universo.

1. LOS SIETE MUNDOS SAGRADOS DEL PADRE

El circuito de las esferas de vida sagrada del Padre contiene los únicos secretos inherentes a la personalidad en el universo de los universos. Estos satélites del Paraíso, el más interior de los tres circuitos, son los únicos dominios prohibidos en lo que se refiere a la personalidad en el universo central. El Paraíso inferior y los mundos del Hijo están igualmente cerrados a las personalidades, pero ninguno de estos dominios se ocupa directamente de la personalidad.

La orden más alta de los Hijos Estacionarios de la Trinidad, los Secretos Trinidizados de Supremacía dirigen los mundos del Paraíso del Padre. Poco puedo decir de estos mundos; de sus múltiples actividades puedo decir menos aún. Tal información atañe tan sólo a aquellos seres que en ellos funcionan y de ellos salen. Y aunque conozco un poco seis de estos mundos especiales, nunca he puesto pie en Divinington; ese mundo me está completamente prohibido.

Una de las razones del secreto de estos mundos es que cada una de estas esferas sagradas disfruta de una representación especializada, o manifestación, de las Deidades que componen la Trinidad del Paraíso; no una personalidad, sino una presencia única de la Divinidad que sólo se puede apreciar y comprender por esos grupos particulares de inteligencias que residen en esa esfera específica, o que pueden ser admitidos en ella. Los Secretos Trinidizados de Supremacía son los agentes personales de estas presencias especializadas e impersonales de la Divinidad, y los Secretos de Supremacía son seres altamente personales, espléndidamente dotados y maravillosamente adaptados a su excelsa y exigente labor.

1. DIVININGTON. Este mundo es, en un sentido único, el «seno del Padre», la esfera de comunión personal del Padre Universal, y en él existe una manifestación especial de su divinidad. Divinington es el punto de reunión en el Paraíso de los Ajustadores del Pensamiento, pero es también el hogar de numerosas otras entidades, personalidades y seres que se originan en el Padre Universal. Muchas personalidades además del Hijo Eterno se originan directamente por los actos solitarios del Padre Universal. Sólo los fragmentos del Padre y aquellas personalidades y otros seres que se originan directa y exclusivamente en el Padre Universal fraternizan y funcionan en esta morada.

Los secretos de Divinington incluyen el secreto del otorgamiento y de la misión de los Ajustadores del Pensamiento. Su naturaleza, origen, y la técnica de su contacto con las criaturas más bajas de los mundos evolutivos es un secreto de esta esfera del Paraíso. Estas asombrosas transacciones no tienen nada que ver personalmente con el resto de nosotros, por lo tanto las Deidades consideran apropiado ocultar de nuestra plena comprensión ciertos rasgos de este gran y divino ministerio. Hasta el grado de nuestro contacto con esta fase de la actividad divina, se nos permite pleno conocimiento de estas transacciones, pero respecto a los íntimos detalles de este gran otorgamiento no se nos informa plenamente.

Esta esfera también contiene los secretos de la naturaleza, propósito y actividades de todas las otras formas de los fragmentos del Padre, de los Mensajeros de Gravedad, y de huestes de otros seres no revelados a vosotros. Es muy probable que esas verdades de Divinington que se me ocultan, si fuesen reveladas, no harían sino confundirme y dificultar mi trabajo actual, y además, tal vez estén más allá de la capacidad conceptual de mi orden de seres.

2. SONARINGTON. Esta esfera es el «seno del Hijo», el mundo personal de recibimiento del Hijo Eterno. Es la sede central en el Paraíso para los Hijos de Dios descendentes y ascendentes en el momento en que son plenamente acreditados y finalmente aprobados. Este mundo es el hogar paradisiaco para todos los Hijos del Hijo Eterno y de sus Hijos coordinados y asociados. Hay numerosas órdenes de filiación divina asociados a esta morada excelsa que no han sido reveladas a los mortales, puesto que ellos nada tienen que ver con el esquema de ascensión de la progresión espiritual humana a través de los universos y hacia el Paraíso.

Los secretos de Sonarington incluyen el secreto de la encarnación de los Hijos divinos. Cuando un Hijo de Dios se hace Hijo del Hombre, naciendo literalmente de una mujer, como ocurrió en vuestro mundo hace mil novecientos años, es un misterio del universo. Eso está ocurriendo en todas partes de los universos, y es un secreto de filiación divina de Sonarington. Los Ajustadores son un misterio de Dios el Padre. La encarnación de los Hijos divinos es un misterio de Dios el Hijo; es un secreto encerrado en el séptimo sector de Sonarington, un reino en el que nadie penetra salvo los que han pasado personalmente a través de esta experiencia única. Os han informado tan sólo de aquellas fases de la encarnación que tienen que ver con vuestra carrera de ascensión. Existen muchas otras fases del misterio de la encarnación de los Hijos del Paraíso de tipos no revelados, en misiones de servicio universal que no se os ha revelado. Y aún existen otros misterios de Sonarington.

3. SPIRITINGTON. Este mundo es el «seno del Espíritu», el hogar en el Paraíso de los seres elevados que representan exclusivamente el Espíritu Infinito. Aquí se congregan los Siete Espíritus Rectores y algunos de sus vástagos de todos los universos. En esta morada celestial también pueden encontrarse numerosas órdenes no reveladas de personalidades espirituales, seres asignados a las múltiples actividades universales que no se relacionan con los planes de elevación de las criaturas mortales del tiempo a los niveles paradisiacos de eternidad.

Los secretos de Spiritington comprenden los misterios impenetrables de la reflectividad. Os hablamos del fenómeno vasto y universal de la reflectividad, más particularmente tal como opera en los mundos sede central de los siete superuniversos, pero no nos explicamos este fenómeno, porque no lo entendemos plenamente. Comprendemos bastante, pero muchos detalles básicos son aún misteriosos para nosotros. La reflectividad es un secreto de Dios el Espíritu. Se os ha instruido respecto de las funciones de reflectividad en relación con el proyecto de ascensión de la supervivencia mortal, y efectivamente funciona de este modo; pero la reflectividad es también un rasgo indispensable de la operación normal de numerosas otras fases de trabajo universal. Esta dote del Espíritu Infinito se utiliza también en otros canales además de aquellos dedicados a hacer acopio de datos y diseminar información. Y hay otros secretos de Spiritington.

4. VICEGERINGTON. Este planeta es el «seno del Padre y del Hijo» y es la esfera secreta de ciertos seres no revelados que se originan en los actos del Padre y el Hijo. Éste es también el hogar en el Paraíso de muchos seres glorificados de ancestro complejo, aquellos cuyo origen es complicado debido a las múltiples y

diversas técnicas que operan en los siete superuniversos. Muchos grupos de seres se reúnen en este mundo cuya identidad no se ha revelado a los mortales de Urantia.

Los secretos de Vicegerington incluyen los secretos de trinidización, y la trinidización constituye el secreto de la autorización para representar la Trinidad, para actuar como vicegerentes de los Dioses. La autorización para representar la Trinidad corresponde sólo a aquellos seres, revelados y no revelados, que son trinidizados, creados, eventuados, o eternizados por cualesquiera combinación de dos de la Trinidad del Paraíso o de los tres juntos. Las personalidades que surgen a la existencia mediante los actos de trinidización de ciertos tipos de criaturas glorificadas no representan sino la potencialidad conceptual movilizada en esa trinidización, si bien tales criaturas pueden ascender la senda del abrazo de la Deidad, abierta a todos los de su clase.

Los seres no trinidizados no comprenden plenamente la técnica de la trinidización aplicada por dos o tres Creadores o por ciertas criaturas. Vosotros no comprenderéis nunca plenamente tal fenómeno a menos que, en el futuro remoto de vuestra carrera glorificada, intentéis esta aventura y triunféis, porque de otro modo estos secretos de Vicegerington siempre os serán prohibidos. Pero para mí, un ser elevado de origen trinitario, todos los sectores de Vicegerington están abiertos. Comprendo plenamente, tanto como plena y sagradamente protejo, el secreto de mi origen y destino.

Existen aún otras formas y fases de trinidización que no han sido puestas en conocimiento de los pueblos de Urantia, y estas experiencias, en sus aspectos personales, están debidamente protegidas en el sector secreto de Vicegerington.

5. SOLITARINGTON. Este mundo es el «seno del Padre y el Espíritu» y el punto de reunión de una magnífica hueste de seres no revelados que se originan en los actos conjuntos del Padre Universal y el Espíritu Infinito, seres que comparten los rasgos del Padre además de su herencia del Espíritu.

Ésta es también el hogar de los Mensajeros Solitarios y de otras personalidades de las órdenes superangélicas. Vosotros conocéis a muy pocos de estos seres; hay vastísimas órdenes no reveladas en Urantia. El hecho de que ellos se encuentren domiciliados en el quinto mundo, no indica necesariamente que el Padre haya tenido que ver con la creación de los Mensajeros Solitarios o sus asociados superangélicos, pero en esta era universal él tiene que ver con su función. Durante la presente era universal ésta es también la esfera de acuerdo con su estado de los Directores del Poder Universal.

Existen numerosas órdenes adicionales de personalidades espirituales, seres desconocidos para el hombre mortal, que consideran a Solitaringtón su esfera de hogar paradisiaco. Debe recordarse que todas las divisiones y niveles de actividades universales están tan plenamente surtidas de ministros espirituales como lo está el ámbito ocupado en ayudar al hombre mortal a ascender a su divino destino paradisiaco.

Los secretos de Solitaringtón. Además de ciertos secretos de trinidización, este mundo encierra los secretos de la relación personal del Espíritu Infinito con algunos de los vástagos más elevados de la Tercera Fuente y Centro. En Solitarington se guardan los misterios de la íntima asociación de numerosas órdenes no reveladas con los espíritus del Padre, del Hijo y del Espíritu, con el triple espíritu de la Trinidad, y con los espíritus del Supremo, el Último y el Supremo-Último.

6. SERAFINGTON. Esta esfera es el «seno del Hijo y del Espíritu», y ésta es el hogar de la vasta hueste de seres no revelados creados por el Hijo y el Espíritu. Es también la esfera de destino de todas las órdenes ministradoras de las huestes angélicas, incluyendo a los supernafines, los seconafines y los serafines. También sirven en el universo central y los universos más lejanos muchas órdenes de espíritus

magníficos que no son «espíritus ministradores para aquellos que serán herederos de la salvación». Todos estos trabajadores espirituales en todos los niveles y dominios de las actividades universales consideran Serafington su hogar en el Paraíso.

Los secretos de Serafington comprenden un triple misterio, uno sólo de los cuales puedo mencionar: el misterio del transporte seráfico. La capacidad de varias órdenes de serafines y de seres espirituales aliados de envolver dentro de sus formas espirituales todas las órdenes de personalidades no materiales y transportarlas en largos viajes interplanetarios, es un secreto encerrado en los sectores sagrados de Serafington. Los serafines del transporte entienden este misterio, pero ellos no lo comunican al resto de nosotros, o tal vez no pueden. Los otros misterios de Serafington pertenecen a las experiencias personales de tipos de espíritus servidores hasta ahora no revelados a los mortales. Nos cohibimos de hablar de los secretos de esos seres estrechamente relacionados porque vosotros casi podríais comprender tales órdenes de existencia tan cercanas, y equivaldría a una traición de nuestra responsabilidad presentar nuestro conocimiento de tal fenómeno, por parcial que sea.

7 . ASCENDINGTON. Este mundo singular es «el seno del Padre, del Hijo y del Espíritu», el punto de reunión de las criaturas ascendentes del espacio, la esfera de recepción de los peregrinos del tiempo que están atravesando el universo de Havona en su camino al Paraíso. Ascendington es en realidad la morada en el Paraíso de las almas ascendentes del tiempo y del espacio hasta que alcanzan el estado de Paraíso. Durante la estadía en Havona, vosotros los mortales pasaréis la mayor parte de vuestras «vacaciones» en Ascendington. Durante vuestra vida en Havona, Ascendington será para vosotros lo que los directores de reversión fueron durante la ascensión en el universo local y en el superuniverso. Aquí os ocuparéis de millares de actividades que escapan a la imaginación mortal. Y al igual que en todos los adelantos anteriores en el ascenso hacia Dios, vuestro yo humano entrará aquí en una nueva relación con vuestro yo divino.

Los secretos de Ascendington incluyen el misterio de edificación gradual y certera en la mente mortal y material de una contraparte de carácter e identidad espiritual y potencialmente inmortal. Este fenómeno constituye uno de los misterios más perplejantes de los universos: la evolución de un alma inmortal en la mente de una criatura mortal y material.

Jamás comprenderéis plenamente esta misteriosa transacción hasta que lleguéis a Ascendington. Precisamente por eso Ascendington todo se abrirá ante vuestros ojos maravillados. Un séptimo de Ascendington me está prohibido —ese sector que se ocupa de este mismo secreto que es (o será) posesión y experiencia exclusiva de vuestro tipo de seres. Esta experiencia pertenece a vuestra orden humana de existencia. Mi orden de personalidad no tiene relaciones directas con estas transacciones. Por lo tanto, su conocimiento me está prohibido pero finalmente será revelado a vosotros. Pero aun después de que os sea revelado, por alguna razón seguirá siendo siempre vuestro secreto. Vosotros no nos lo revelaréis, ni tampoco lo revelaréis a ninguna otra orden de seres. Sabemos de la fusión eterna de un Ajustador divino y un alma inmortal de origen humano, pero los finalistas ascendentes conocen esta misma experiencia como una realidad absoluta.

2. LAS RELACIONES EN LOS MUNDOS DEL PADRE

Estos mundos hogares de las diversas órdenes de seres espirituales son esferas portentosas y maravillosas, y son comparables al Paraíso en su belleza incomparable y su espléndida gloria. Son mundos de congregación, esferas de reunión, que sirven como dirección cósmica permanente. Como finalistas os domiciliaréis en el Paraíso, pero Ascendington será vuestra dirección en todos los tiempos, aun cuando lleguéis a entrar en servicio en el espacio exterior. A través de toda la eternidad consideraréis Ascendington como vuestro hogar, con sus recuerdos sentimentales y memorias evocativas. Cuando lleguéis a ser seres espirituales de la séptima etapa, posiblemente renunciaréis a vuestro estado residencial en el Paraíso.

Si los universos exteriores están en proceso de creación, si han de ser habitados por criaturas temporales de ascensión potencial, deducimos que estos hijos del futuro también estarán destinados a considerar Ascendington su mundo hogar en el Paraíso.

Ascendington es la única esfera sagrada que estará abierta sin reservas a tu inspección al llegar tú al Paraíso. Vicegerington es la única esfera sagrada que está totalmente y sin reservas abierta a mi escrutinio. Aunque sus secretos tienen que ver con mi origen, en esta era universal no considero a Vicegerington mi hogar. Los seres de origen trinitario y los seres trinidizados no son la misma cosa.

Los seres de origen trinitario no comparten plenamente los mundos del Padre; tienen su hogar en la Isla del Paraíso, en estrecha proximidad a la Esfera Santísima. A menudo aparecen en Ascendington, «el seno del Padre, el Hijo y el Espíritu» donde fraternizan con sus hermanos que proceden de los mundos más bajos del espacio.

Podríais suponer que los Hijos Creadores, siendo de origen en el Padre y el Hijo, consideraran a Vicegerington su casa, pero tal no es el caso en esta era universal de la función de Dios el Séptuplo. Y hay muchos problemas similares que os dejarán perplejos, porque encontraréis sin duda alguna muchas dificultades al intentar comprender estas cosas que están tan cerca del Paraíso. Tampoco podréis aplicar el razonamiento a estas cuestiones; es tan poco lo que sabéis. Y si conocierais más acerca de los mundos del Padre, simplemente encontraríais más dificultades hasta que sepáis *todo* sobre ellos. El sitio en cualquiera de estos mundos secretos se adquiere mediante el servicio así como también por la naturaleza de origen, y las sucesivas eras universales pueden redistribuir y ciertamente redistribuyen algunas de estas agrupaciones de personalidad.

Los mundos del circuito interior son realmente mundos de fraternidad o de estado más que verdaderas esferas de residencia. Los mortales alcanzarán algún estado en cada uno de los mundos del Padre, salvo en uno. Por ejemplo: cuando vosotros los mortales llegáis a Havona, se os concede el permiso para visitar Ascendington, donde se os acoge cálidamente, pero no se os permite visitar los otros seis mundos sagrados. Posteriormente a vuestro paso por el régimen del Paraíso y después de vuestra admisión al Cuerpo de los Finalistas, se os concede el permiso para ir a Sonarington puesto que sois hijos de Dios a la vez que seres ascendentes: y aún sois más. Pero siempre quedará un séptimo de Sonarington, el sector de los secretos de encarnación de los Hijos divinos, que no estará abierto a vuestro escrutinio. Jamás serán esos secretos revelados a los hijos ascendentes de Dios.

Finalmente tendrás pleno acceso a Ascendigtón y acceso relativo a las otras esferas del Padre, excepto Divinington. Más incluso cuando se te conceda permiso para llegar a las otras cinco esferas secretas, cuando te hayas convertido en finalista, no se te permitirá visitar todos los sectores de esos mundos. Tampoco se te permitirá arribar a las costas de Divinington, el «seno del Padre» aunque con seguridad estarás repetidamente «a la diestra del Padre». Nunca a través de toda la eternidad surgirá la necesidad de tu presencia en el mundo de los Ajustadores del Pensamiento.

Estos mundos de reunión de la vida espiritual son terreno prohibido hasta el extremo de que se nos pide que no intentemos penetrar aquellas fases de estas esferas que están completamente fuera del ámbito de nuestra experiencia. Vosotros podéis haceros perfecto como creatura asi como el Padre Universal es perfecto como deidad, pero no podéis conocer todos los secretos experienciales de todas las demás órdenes de personalidades del universo. Cuando el Creador tiene un secreto de personalidad experiencial con su criatura, el Creador guarda el secreto en eterna confidencia.

Todos estos secretos son supuestamente conocidos por el cuerpo colectivo de los Secretos Trinidizados de Supremacía. Estos seres son conocidos plenamente sólo por sus agrupaciones de mundos especiales; son poco comprendidos por otras órdenes. Una vez que alcancéis el Paraíso, conoceréis y ardientemente amaréis a los diez Secretos de Supremacía que dirigen Ascendington. Con excepción de Divinington, también obtendréis una comprensión parcial de los Secretos de Supremacía de los otros mundos del Padre, aunque no tan perfectamente como en Ascendington.

Los Secretos Trinidizados de Supremacía, como su nombre mismo sugiere, se relacionan con el Supremo; asimismo se relacionan con el Último y con el futuro Supremo-Último. Estos secretos de Supremacía son los secretos del Supremo y también los secretos del Último, incluso los secretos del Supremo-Último.

3. LOS MUNDOS SAGRADOS DEL HIJO ETERNO

Las siete esferas luminosas del Hijo Eterno son los mundos de las siete fases de la existencia del espíritu-puro. Estas orbes resplandecientes son la fuente de la triple luz del Paraíso y de Havona, estando su influencia confinada, en gran medida pero no del todo, al universo central.

La personalidad no está presente en estos satélites del Paraíso; por lo tanto, poco de lo relacionado con estas moradas de puro espíritu puede presentarse a la personalidad mortal y material. Se nos enseña que estos mundos rebosan con la vida que no es personal de los seres del Hijo Eterno. Deducimos que se están congregando estas entidades para ministrar en los proyectados nuevos universos del espacio exterior. Los filósofos del Paraíso sostienen que cada ciclo del Paraíso, aproximadamente dos mil millones de años de tiempo de Urantia, se presencia la creación de reservas adicionales de estas órdenes en los mundos secretos del Hijo Eterno.

Por lo que yo sé, ninguna personalidad ha estado jamás en ninguna de estas esferas del Hijo Eterno. En toda mi larga experiencia dentro y fuera del Paraíso, jamás se me ha asignado a visitar uno de estos mundos. Ni siquiera las personalidades co-creadas del Hijo Eterno van a estos mundos. Inferimos que se admiten a estos mundos espirituales todos los tipos de espíritus impersonales, independientemente de su origen. Como yo soy persona y tengo forma espiritual, cualquiera de estos mundos indudablemente me parecería vacío y desierto, aunque se me permitiese visitarlo. Las elevadas personalidades espirituales no son dadas a la gratificación de una curiosidad sin un fin determinado, o pura aventura inútil. Hay en todo momento demasiadas aventuras fascinantes y llenas de propósitos como para permitir el desarrollo de intereses en proyectos inútiles o irreales.

4. LOS MUNDOS DEL ESPÍRITU INFINITO

Entre el circuito interior de Havona y las esferas resplandecientes del Hijo Eterno giran los siete orbes del Espíritu Infinito, mundos habitados por los vástagos del Espíritu Infinito, los hijos trinidizados de personalidades creadas y glorificadas, y otros tipos de seres no revelados que se ocupan de la administración eficaz de las muchas empresas de los varios ámbitos de las actividades universales.

Los Siete Espíritus Rectores son los representantes supremos y últimos del Espíritu Infinito. Ellos mantienen sus estaciones personales, sus focos de poder, en la periferia del Paraíso, pero se dirigen desde estas siete esferas ejecutivas especiales del Espíritu Infinito todas las operaciones que se relacionan con su administración y dirección del gran universo. Los Siete Espíritus Rectores son, en realidad, la rueda compensadora de mente-espíritu del universo de los universos, un poder de ubicación central que todo lo abarca, todo lo comprende y todo lo coordina.

Desde estas siete esferas especiales los Espíritus Rectores operan para equilibrar y estabilizar los circuitos de la mente cósmica del gran universo. También tienen que ver con la actitud espiritual diferencial y la presencia de las Deidades en todo el gran universo. Las reacciones físicas son uniformes, invariables y siempre instantáneas y automáticas. Pero la presencia experiencial espiritual está de acuerdo con las condiciones implícitas o los estados de receptividad espiritual inherente de cada mente de los reinos.

La autoridad, la presencia y la función físicas son invariables en todos los universos, por pequeños o grandes que sean. El factor determinante de diferencias en la presencia o reacción espiritual, es el diferencial variable en su reconocimiento y recepción por parte de las criaturas volitivas. Aunque la presencia espiritual de la Deidad absoluta y existencial no es influida en modo alguno por las actitudes de lealtad o deslealtad por parte de los seres creados, al mismo tiempo es cierto que la presencia funcional de la Deidad subabsoluta y experiencial es directa y claramente influida por las decisiones, elecciones y actitudes volitivas de estas criaturas finitas — por la lealtad y devoción de los seres, planetas, sistemas, constelaciones, o universos individuales. Pero esta presencia espiritual de la divinidad no es caprichosa ni arbitraria; su variante experiencial es inherente a la dote del libre albedrío de las criaturas personales.

El factor determinante del diferencial de la presencia espiritual existe en vuestro corazón y mente y consiste en la manera de vuestra elección, en las decisiones de vuestra mente y en la determinación de vuestra voluntad. Este diferencial es inherente a las reacciones de libre albedrío de los seres personales inteligentes, seres a quienes el Padre Universal ha ordenado ejercer esta libertad de elección. Las Deidades son siempre fieles a las oscilaciones del péndulo de sus espíritus en la satisfacción y cumplimiento de las condiciones y demandas de este diferencial de elección de la criatura, ya otorgando más de su presencia en respuesta a un sincero deseo de la criatura, ya retirándose de la escena cuando las criaturas deciden adversamente en el ejercicio de su libertad de elección de otorgación divina. De este modo, el espíritu de la divinidad se vuelve humildemente obediente a la elección de las criaturas de los reinos.

Las moradas ejecutivas de los Siete Espíritus Rectores son, en realidad, las sedes centrales en el Paraíso de los siete superuniversos y sus segmentos correlativos en el espacio exterior. Cada Espíritu Rector preside un superuniverso, y cada uno de estos siete mundos se asigna exclusivamente a uno de los Espíritus Rectores. No existe literalmente ninguna fase de la administración subparadisiaca de los siete superuniversos que no esté contemplada en estos mundos ejecutivos. Ellos no son tan exclusivos como las esferas del Padre o las del Hijo, y aunque el estado de residente está limitado a los seres nativos y a los que trabajan allí, estos siete planetas administrativos están siempre abiertos a todos los seres que deseen visitarlos, y que puedan disponer de los necesarios medios de transporte.

Para mí, estos mundos ejecutivos son los sitios más interesantes y fascinantes fuera del Paraíso. En ningún otro lugar del vasto universo puede uno observar actividades tan variadas, en las que participan tantas órdenes diferentes de seres vivientes, que tienen que ver con operaciones en tantos niveles distintos, ocupaciones que son a la vez materiales, intelectuales y espirituales. Cuando se me concede un período de licencia de mis funciones, si por casualidad me encuentro en el Paraíso o en Havona, generalmente acudo a uno de estos mundos activos de los Siete Espíritus Rectores, para inspirar allí mi mente con espectáculos de empresa, devoción, lealtad, sabiduría y eficacia. En ninguna otra parte puedo yo observar tan sorprendente interasociación de actividades de la personalidad en los siete niveles de la realidad universal. Y siempre me estimula observar las actividades de aquellos que saben hacer tan bien su trabajo, y que tan plenamente disfrutan haciéndolo.

[Presentado por un Perfeccionador de la Sabiduría comisionado para este trabajo por los Ancianos de los Días en Uversa.]

DOCUMENTO 14

EL UNIVERSO CENTRAL Y DIVINO

EL universo perfecto y divino ocupa el centro de toda la creación; es el núcleo eterno alrededor del cual giran las vastas creaciones del tiempo y el espacio. El Paraíso es la gigantesca Isla nuclear de estabilidad absoluta que reposa inmóvil en el corazón mismo del magnífico universo eterno. Esta familia planetaria central se llama Havona y está muy distante del universo local de Nebadon. Es de dimensiones enormes y de una masa casi increíble, y consta de mil millones de esferas de belleza inimaginable y de majestuosa grandeza, pero la verdadera magnitud de esta vasta creación excede totalmente la comprensión de la mente humana.

Esta es la única colección consolidada, perfecta y establecida de mundos. Éste es un universo completamente creado y perfecto; no es un desarrollo evolutivo. Éste es el núcleo eterno de perfección, en torno al cual gira esa procesión infinita de universos que constituyen el formidable experimento evolutivo, la audaz aventura de los Hijos Creadores de Dios, que aspiran a duplicar en el tiempo y a reproducir en el espacio el modelo original del universo, el ideal divino de lo completo, de la finalidad suprema, de la realidad última y de la perfección eterna.

1. EL SISTEMA PARAÍSO-HAVONA

Desde la periferia del Paraíso hasta los límites interiores de los siete superuniversos se encuentran las siguientes siete condiciones y movimientos del espacio:

1. Las zonas quietas del espacio medio que lindan con el Paraíso.

2. El movimiento procesional en el sentido de las manecillas del reloj de los tres circuitos del Paraíso y los siete de Havona.

3. La zona espacial semi-quieta que separa los circuitos de Havona de los cuerpos oscuros de gravedad del universo central.

4. El cinturón interior de los cuerpos oscuros de gravedad que se mueven en sentido opuesto al de las manecillas del reloj.

5. La segunda zona espacial única que divide las dos sendas espaciales de los cuerpos oscuros de gravedad.

6. El cinturón exterior de los cuerpos oscuros de gravedad, que giran en el sentido de las manecillas del reloj alrededor del Paraíso.

7. Una tercera zona espacial —una zona semi-quieta— que separa el cinturón exterior de los cuerpos oscuros de gravedad de los circuitos más interiores de los siete superuniversos.

Los mil millones de mundos de Havona están dispuestos en siete circuitos concéntricos que rodean directamente los tres circuitos de satélites del Paraíso. Hay más de treinta y cinco millones de mundos en el circuito más interior de Havona y más de doscientos cuarenta y cinco millones en el más exterior, con cantidades proporcionales entre ambos. Cada circuito difiere, pero todos están perfectamente equilibrados y exquisitamente organizados, y cada uno está saturado por una representación especializada del Espíritu Infinito, uno de los Siete Espíritus de los Circuitos. Además de otras funciones, este Espíritu impersonal coordina la conducta de los asuntos celestiales en todas partes de cada uno de los circuitos.

Los circuitos planetarios de Havona no están sobrepuestos; sus mundos se suceden en una procesión lineal ordenada. El universo central gira alrededor de la Isla estacionaria del Paraíso en un vasto plano, que consta de diez unidades concéntricas estabilizadas: los tres circuitos de las esferas del Paraíso y los siete circuitos de los mundos de Havona. Desde el punto de vista físico, los circuitos de Havona y del Paraíso constituyen un solo sistema; su separación responde al reconocimiento de la segregación funcional y administrativa.

En el Paraíso no se computa el tiempo; la secuencia de los acontecimientos sucesivos está implícita en el concepto de aquéllos que son oriundos de la Isla central. Pero el tiempo es propio de los circuitos de Havona y de numerosos de los seres de origen así celestial como terrestre que habitan en ellos. Cada mundo de Havona tiene su propio tiempo local, determinado por su circuito. Todos los mundos de un circuito dado tienen años de la misma longitud, puesto que giran uniformemente alrededor del Paraíso, y la duración de estos años planetarios decrece según se va del circuito más exterior al más interior.

Además del tiempo del circuito de Havona, existe el día estándar y otras designaciones temporales del Paraíso-Havona, determinadas por los siete satélites del Espíritu Infinito del Paraíso, y que de allí proceden. El día estándar del Paraíso-Havona se basa en el tiempo requerido por las moradas planetarias del primer circuito de Havona, el más interior, para completar una revolución alrededor de la Isla del Paraíso; y aunque su velocidad es enorme, debido a su ubicación entre los cuerpos oscuros de gravedad y el gigantesco Paraíso, les lleva casi mil años a estas esferas completar su circuito. Vosotros habéis leído inadvertidamente la verdad, cuando vuestros ojos se posaron sobre la frase «un día es como mil años para con Dios, no más que una vigilia en la noche». Un día del Paraíso-Havona dura tan sólo siete minutos, tres y un octavo de segundos menos que mil años del presente calendario bisiesto de Urantia.

Este día del Paraíso-Havona es la medida estándar de tiempo de los siete superuniversos, aunque cada uno mantiene sus propios patrones internos del tiempo.

En la periferia de este vasto universo central, allá lejos, más allá del séptimo cinturón de los mundos de Havona, gira un increíble número de oscuros cuerpos de gravedad enormes. Estas numerosas masas oscuras son totalmente distintas de otros cuerpos espaciales en muchos aspectos; aun en cuanto a su forma son muy diferentes. Estos cuerpos oscuros de gravedad no reflejan ni absorben la luz; no reaccionan a la luz de la energía física, y rodean y envuelven tan completamente a Havona como para ocultarla de la vista de incluso los universos habitados cercanos del tiempo y el espacio.

El gran cinturón de cuerpos oscuros se divide en dos circuitos elípticos iguales por una intrusión espacial única. El cinturón interior gira en sentido contrario a las manecillas del reloj; el exterior, en el sentido de las manecillas. Estas direcciones alternadas de movimiento, combinadas con la extraordinaria masa de los cuerpos oscuros, equilibran tan eficazmente las líneas de la gravedad de Havona como para convertir el universo central en una creación físicamente equilibrada y perfectamente estabilizada.

La procesión interior de los cuerpos oscuros de gravedad tiene una disposición tubular, consistente de tres conjuntos circulares. Una sección transversal de este circuito mostraría tres círculos concéntricos de densidad aproximadamente igual. El círculo exterior de los cuerpos oscuros de enorme gravedad está dispuesto perpendicularmente, siendo diez mil veces más alto que el circuito interior. El diámetro vertical del circuito exterior es cincuenta mil veces el del diámetro transversal.

El espacio intermedio que existe entre estos dos circuitos de los cuerpos de gravedad es *único* puesto que no se encuentra nada que se le asemeje en ninguna otra parte del vasto universo. Esta zona se caracteriza por enormes movimientos en onda en sentido vertical y está llena de gran actividad energética de orden desconocido.

En nuestra opinión, nada igual a los cuerpos oscuros de gravedad del universo central caracterizará la evolución futura de los niveles del espacio exterior; consideramos estas procesiones alternadas de maravillosos cuerpos que equilibran la gravedad, como únicos en el universo maestro.

2. La constitución de Havona

Los seres espirituales no habitan en el espacio nebuloso; no moran mundos etéreos; están domiciliados en esferas reales de naturaleza material, mundos tan reales como aquellos en los que viven los mortales. Los mundos de Havona son reales y literales, aunque su substancia literal difiere de la organización material de los planetas de los siete superuniversos.

Las realidades físicas de Havona representan un orden de organización de la energía radicalmente diferente de cualquier otro prevaleciente en los universos evolutivos del espacio. Las energías de Havona son triples; las unidades de energía-materia del superuniverso contienen una doble carga de energía, aunque existe una forma de energía en fases negativa y positiva. La creación del universo central es triple (Trinidad); la creación de un universo local (directamente) es doble, un Hijo Creador y un Espíritu Materno Creativo.

El material de Havona consiste en la organización de exactamente mil elementos químicos básicos y la función balanceada de las siete formas de la energía de Havona. Cada una de estas energías básicas manifiesta siete fases de excitación, de manera que los nativos de Havona responden a cuarenta y nueve estímulos sensoriales diferentes. En otras palabras, visto desde un punto de vista puramente físico, los nativos del universo central poseen cuarenta y nueve formas especializadas de sensación. Los sentidos morontiales son setenta, y las más elevadas órdenes espirituales de reacción varían según las diferentes clases de seres, de setenta a doscientos diez.

Ninguno de los seres físicos del universo central sería visible a los urantianos. Tampoco suscitaría ninguno de los estímulos físicos de esos mundos remotos reacción alguna en vuestros sentidos rudimentarios. Si un mortal urantiano pudiera ser trasladado a Havona, sería allí sordo, ciego, y totalmente carente de toda otra reacción sensorial; tan sólo podría funcionar como un ser de autoconciencia limitada, privado de todo estímulo ambiental y de toda reacción al medio.

Hay numerosos fenómenos físicos y reacciones espirituales que ocurren en la creación central que son desconocidos en mundos del tipo de Urantia. La organización básica de una creación triple es completamente distinta de la constitución doble de los universos creados del tiempo y del espacio.

Toda ley natural está coordinada sobre una base enteramente diferente a los sistemas duales de energía de las creaciones en evolución. Se organiza todo el universo central de acuerdo con el sistema triple de control perfecto y simétrico. A través de todo el sistema Paraíso-Havona se mantiene un perfecto equilibrio entre todas las realidades cósmicas y todas las fuerzas espirituales. El Paraíso, con un control absoluto de la creación material, regula y mantiene perfectamente las energías físicas de este universo central; el Hijo Eterno, como parte de este control espiritual que todo lo abarca, sostiene de la manera más perfecta el estado espiritual de todos aquellos que habitan en Havona. En el Paraíso, nada es experimental, y el sistema Paraíso-Havona es una unidad de perfección creadora.

La gravedad universal espiritual del Hijo Eterno es sorprendentemente activa en todo el universo central. Todos los valores de espíritu y todas las personalidades espirituales se atraen incesantemente hacia adentro, hacia la morada de los Dioses. Este impulso hacia Dios es intenso e inescapable. En el universo central, la meta de alcanzar a Dios es más fuerte, no porque la gravedad espiritual sea más fuerte que en los universos más remotos, sino porque esos seres que han llegado a Havona están más plenamente espiritualizados y por lo tanto responden más a la acción siempre presente de la atracción universal de la gravedad espiritual del Hijo Eterno.

Asímismo, el Espíritu Infinito atrae todos los valores intelectuales hacia el Paraíso. En todo el universo central la gravedad mental del Espíritu Infinito funciona en enlace con la gravedad espiritual del Hijo Eterno, y éstos juntos constituyen el impulso combinado de las almas ascendentes de encontrar a Dios, alcanzar la Deidad, lograr el Paraíso y conocer al Padre.

Havona es un universo espiritualmente perfecto y físicamente estable. El control y la estabilidad equilibrada del universo central parecen ser perfectos. Todo lo físico o espiritual es perfectamente pronosticable, pero los fenómenos de la mente y la volición personal no lo son. Inferimos que se puede considerar imposible que ocurra el pecado, pero lo inferimos en base a que las criaturas de libre albedrío nativas de Havona no han sido nunca culpables de transgredir la voluntad de la Deidad. A través de toda la eternidad, estos seres excelsos han sido uniformemente leales a los Eternos de los Días. Tampoco ha aparecido el pecado en ninguna criatura que haya ingresado a Havona como peregrino. No ha habido nunca un caso de mala conducta por parte de ninguna criatura de ningún grupo de personalidades creadas en el universo central de Havona, o admitidas a él.Tan perfectos y tan divinos son los métodos y medios de selección en los universos del tiempo, que nunca ha ocurrido un error en los registros de Havona; no se han cometido jamás equivocaciones; ningún alma ascendente jamás se ha admitido prematuramente en el universo central.

3. Los mundos de Havona

No existe ningún gobierno del universo central. Havona es tan exquisitamente perfecto que no se necesita ningún sistema intelectual de gobierno. No existen tribunales regularmente constituidos, ni hay asambleas legislativas; Havona requiere tan sólo dirección administrativa. Aquí puede observarse la altura de los ideales del verdadero *auto*-gobierno.

No hace falta gobierno entre inteligencias tan perfectas y cuasiperfectas. No tienen ninguna necesidad de que se las reglamente, porque son seres de perfección innata entremezclados con criaturas evolutivas que han pasado mucho antes el escrutinio de los tribunales supremos de los superuniversos.

La administración de Havona no es automática, pero es maravillosamente perfecta y divinamente eficiente. Es principalmente planetaria y pertenece al Eterno de los Días residente, estando cada esfera de Havona dirigida por una de estas personalidades de origen trinitario. Los Eternos de los Días no son creadores, pero son administradores perfectos. Enseñan con suprema pericia y dirigen a sus hijos planetarios con perfección de sabiduría que linda con lo absoluto.

Los mil millones de esferas del universo central constituyen los mundos de capacitación de las elevadas personalidades nativas del Paraíso y de Havona y además sirven como terrenos finales de prueba de las criaturas ascendentes provenientes de los mundos evolucionarios del tiempo. En la ejecución del gran plan del Padre Universal para la ascensión de la criatura, los peregrinos del tiempo aterrizan en los mundos receptores del circuito exterior o séptimo, y después de una capacitación cada vez mayor y ampliación de la experiencia, avanzan progresivamente hacia adentro, de planeta en planeta y de círculo en círculo, hasta que alcanzan finalmente las Deidades y logran la residencia en el Paraíso.

Actualmente, aunque las esferas de los siete circuitos se mantienen en toda su excelsa gloria, tan sólo se utiliza aproximadamente el uno por ciento de toda la capacidad planetaria en la obra de promover el plan universal de la ascensión mortal del Padre. Alrededor de un décimo del uno por ciento del área de estos mundos enormes está dedicada a la vida y actividades de los Cuerpos de Finalistas, seres eternamente establecidos en la luz y vida que a menudo habitan y ministran en los mundos de Havona. Estos seres exaltados tienen su residencia personal en el Paraíso.

La construcción planetaria de las esferas de Havona es enteramente diferente de los mundos y sistemas evolutivos del espacio. En ninguna otra parte en todo el gran universo es conveniente utilizar esferas tan enormes como mundos habitados. La constitución física triata, combinada con el efecto equilibrante de los inmensos cuerpos oscuros de gravedad, posibilita igualar de manera perfecta las fuerzas físicas y equilibrar exquisitamente las varias atracciones de esta creación formidable. La antigravedad también se emplea en la organización de las funciones materiales y las actividades espirituales en estos mundos enormes.

La arquitectura, la iluminación y la calefacción, así como el embellecimiento biológico y artístico, de las esferas de Havona están absolutamente más allá de todo esfuerzo posible de la imaginación humana. No es mucho lo que se os puede decir acerca de Havona; para comprender su belleza y grandeza, debéis verla. Pero hay verdaderos ríos y lagos en estos mundos perfectos.

Espiritualmente estos mundos están idealmente establecidos, y se adaptan perfectamente a su propósito de alojar a numerosas órdenes de seres distintos que funcionan en el universo central. En estos mundos hermosos tienen lugar muchas actividades cuya comprensión está más allá de la capacidad humana.

4. LAS CRIATURAS DEL UNIVERSO CENTRAL

Hay siete formas básicas de cosas y seres vivientes en los mundos de Havona, y cada una de estas formas básicas existe en tres fases distintas. Cada una de estas tres fases se divide en setenta divisiones principales, y cada división principal se compone de mil divisiones menores, que a su vez se subdividen, y así sucesivamente. Estos grupos básicos de vida pueden clasificarse como:

1. Material.
2. Morontial.
3. Espiritual.
4. Absonito.
5. Último.

6. Coabsoluto.
7. Absoluto.

La descomposición y la muerte no son parte del ciclo de vida en los mundos de Havona. En el universo central, las cosas vivientes más bajas sufren la transmutación de la materialización. Cambian de forma y manifestación, pero no se resuelven en un proceso de descomposición y muerte celular.

Los nativos de Havona son todos los vástagos de la Trinidad del Paraíso. No tienen progenitores, y no se reproducen. No podemos describir la creación de estos ciudadanos del universo central, de los seres que no fueron creados. La entera historia de la creación de Havona es un intento de poner en términos espacio-temporales un hecho de eternidad que no tiene ninguna relación con el tiempo ni con el espacio tal como el hombre mortal los entiende. Pero debemos conceder a la filosofía humana un punto de origen; aun personalidades que están muy por encima del nivel humano requieren un concepto de «principio». Sin embargo, el sistema Paraíso-Havona es eterno.

Los nativos de Havona viven en los mil millones de esferas del universo central en el mismo sentido en que otras órdenes de ciudadanía permanente habitan en sus respectivas esferas de natividad. Tal como la orden material de filiación vive en la economía material-intelectual y espiritual de mil millones de sistemas locales dentro de un superuniverso, del mismo modo, en un sentido más amplio, viven y funcionan los nativos de Havona en los mil millones de mundos del universo central. Acaso podríais considerar a estos habitantes de Havona como criaturas materiales en el sentido en que la palabra «material» se pueda ampliar para describir las realidades físicas del universo divino.

Existe una vida que es peculiar de Havona y que posee significación en sí y de sí misma. Los habitantes de Havona sirven de muchas maneras a los descendientes del Paraíso y a los ascendentes de los superuniversos, pero también viven existencias que son únicas en el universo central y tienen un significado relativo independientemente del Paraíso o de los superuniversos.

Así como la adoración de los hijos de fe en los mundos evolutivos sirve para satisfacción del amor del Padre Universal, del mismo modo la exaltada adoración de las criaturas de Havona sacia los perfectos ideales de belleza y verdad divinas. Así como el hombre mortal trata por hacer la voluntad de Dios, estos seres del universo central viven para gratificar los ideales de la Trinidad del Paraíso. En su naturaleza misma ellos son la voluntad de Dios. El hombre se regocija en la bondad de Dios, los habitantes de Havona gozan de la divina belleza, mientras que ambos disfrutáis el ministerio de la libertad de la verdad viviente.

Los havonales tienen destinos optativos tanto presentes como futuros no revelados. Mas existe una progresión de criaturas nativas que es peculiar al universo central, una progresión que no incluye ni el ascenso al Paraíso ni la penetración en los superuniversos. Esta progresión a un estado más elevado en Havona puede sugerirse de la siguiente manera:

1. Progreso experiencial hacia fuera, desde el primero hasta el séptimo circuito.
2. Progreso hacia dentro desde el séptimo hacia el primer circuito.
3. Progreso intracircuitorio —progresión dentro de los mundos de un circuito dado.

Además de los nativos de Havona, los habitantes del universo central incluyen numerosas clases de seres que son modelos originales para varias agrupaciones universales: asesores, directores y maestros de su tipo y para su tipo en toda la creación. Todos los seres en todos los universos se moldean según alguna orden de ser que es un modelo original, y que vive en uno de los mil millones de mundos de Havona. Incluso los mortales del tiempo tienen sus objetivos e ideales de existencia de la criatura en los circuitos exteriores de estas esferas de modelo original en lo alto.

Luego existen esos seres que han alcanzado al Padre Universal, y que tienen el derecho de ir y venir, que están asignados aquí y allá en los universos, en misiones de servicio especial. Y en cada mundo de Havona se encontrarán los candidatos para el logro, los que físicamente han llegado al universo central, pero no han logrado aún ese desarrollo espiritual que les permitirá solicitar la residencia en el Paraíso.

Una hueste de personalidades representan el Espíritu Infinito en los mundos de Havona, seres de gracia y gloria, que administran los detalles de los intrincados asuntos intelectuales y espirituales del universo central. En estos mundos de perfección divina realizan la obra indígena para la conducta normal de esta vasta creación y, además, llevan a cabo las múltiples tareas de enseñanza, capacitación y ministerio para con el enorme número de criaturas ascendentes que han trepado a la gloria desde los oscuros mundos del espacio.

Existen numerosos grupos de seres nativos del sistema Paraíso-Havona que no están en modo alguno asociados directamente con el plan de ascensión de logro de la perfección de la criatura; por lo tanto, se los ha omitido de las clasificaciones de personalidad presentadas a las razas mortales. Se presentan aquí sólo los grupos principales de seres sobrehumanos y aquellas órdenes directamente conectadas con vuestra experiencia de supervivencia.

En Havona pulula la vida de seres inteligentes de todas las fases, que allí buscan avanzar desde los circuitos más bajos hasta los más altos en sus esfuerzos por alcanzar niveles más elevados de comprensión de la divinidad y una apreciación más amplia de los significados supremos, de los valores últimos y de la realidad absoluta.

5. LA VIDA EN HAVONA

En Urantia pasáis por una prueba breve e intensa durante vuestra vida inicial de existencia material. En los mundos de estancia y a través de vuestro sistema, constelación y universo local, atravesáis las fases morontiales de la ascensión. En los mundos de capacitación del superuniverso pasáis por las verdaderas etapas espirituales de progresión y sois preparados para el tránsito final a Havona. En los siete circuitos de Havona vuestro logro es intelectual, espiritual y experiencial. Existe una tarea definida que debe cumplirse en cada uno de los mundos de cada uno de estos circuitos.

La vida en los mundos divinos del universo central es tan rica y tan plena, tan completa y tan colmada, que trasciende completamente el concepto humano de todo aquello que puede experimentar un ser creado. Las actividades sociales y económicas de esta creación eterna son completamente distintas de las ocupaciones de las criaturas materiales que viven en mundos evolutivos como Urantia. Incluso la técnica del pensamiento en Havona es diferente del proceso de pensamiento en Urantia.

Las reglamentaciones del universo central son adecuada e inherentemente naturales; las reglas de conducta no son arbitrarias. En cada requisito de Havona se divulga la razón de la rectitud y el reinado de la justicia. Y estos dos factores, combinados, equivalen a lo que en Urantia se denomina *equidad*. Cuando lleguéis a Havona, disfrutaréis haciendo con naturalidad las cosas del modo en que deben hacerse.

Cuando los seres inteligentes alcanzan por primera vez el universo central, son recibidos y hospedados en el mundo piloto del séptimo circuito de Havona. A medida que los recién llegados progresan espiritualmente y adquieren comprensión de la identidad del Espíritu Rector de su superuniverso, son transferidos al sexto círculo (es sobre este modelo en el universo central que se han designado los círculos de progreso de la mente humana). Una vez que los seres ascendentes han alcanzado una comprensión de la Supremacía y están por lo tanto preparados para la aventura de la Deidad, se trasladan al quinto circuito; y después del logro del Espíritu Infinito, son transferidos al cuarto. Después del logro del Hijo Eterno, se les traslada al tercero; y cuando han reconocido al Padre Universal, proceden al segundo circuito de mundos, donde se familiarizan más con las huestes del Paraíso. La llegada al primer circuito de Havona significa la aceptación de los candidatos del tiempo para el servicio del Paraíso. Indefinidamente, según la longitud y naturaleza de la ascensión de la criatura, permanecen en el círculo interior del logro espiritual progresivo. Desde este círculo interior, los peregrinos ascendentes proseguirán hacia adentro, hasta obtener la residencia en el Paraíso y la admisión en el Cuerpo de Finalistas.

Durante tu estadía en Havona como peregrino de ascenso, se te permitirá visitar libremente los mundos del circuito de tu asignación. También se te permitirá regresar a los planetas de aquellos circuitos que hayas atravesado previamente. Todo esto es posible para los que moran en los círculos de Havona sin necesidad de ser ensupernafinados. Los peregrinos del tiempo pueden equiparse para atravesar el espacio «alcanzado», pero han de depender de la técnica establecida para franquear el espacio «inalcanzado»; un peregrino no puede salir de Havona ni ir más allá de su circuito asignado sin ayuda de un supernafín de transporte.

Hay una originalidad refrescante en esta vasta creación central. Aparte de la organización física de la materia y de la constitución fundamental de las órdenes básicas de seres inteligentes y otras cosas vivientes, no hay nada en común entre los mundos de Havona. Cada uno de estos planetas es una creación original, única y exclusiva; cada planeta es un producto incomparable, espléndido y perfecto. Y esta diversidad de la individualidad se extiende a todas las características de los aspectos físicos, intelectuales y espirituales de la existencia planetaria. Cada uno de estos mil millones de esferas de perfección se ha desarrollado y embellecido de acuerdo con los planes del Eterno de los Días residente, y es precisamente por esto por que no hay dos que sean iguales.

El tónico de la aventura, el estímulo de la curiosidad, no desaparecerán de tu carrera hasta que no hayas atravesado el último de los circuitos de Havona y visitado el último de los mundos de Havona. Y entonces, el impulso, el ímpetu de la eternidad hacia adelante, reemplazará a su predecesor, la atracción de la aventura del tiempo.

La monotonía es indicio de inmadurez de la imaginación creadora y de inactividad de la coordinación intelectual con la dote espiritual. Cuando un mortal ascendente comienza la exploración de estos mundos celestiales, ya ha alcanzado la madurez emocional, intelectual y social, si no la espiritual.

No sólo encontrarás cambios inimaginados que te confrontarán según avances en Havona de circuito en circuito, sino que tu asombro será inefable según progreses de planeta en planeta dentro de cada circuito. Cada uno de estos mil millones de mundos de estudio es una verdadera universidad de sorpresas. El asombro continuo, la maravilla interminable, es la experiencia de los que atraviesan estos circuitos y visitan estas gigantescas esferas. La monotonía no es parte de la carrera en Havona.

El amor por la aventura, la curiosidad y el pavor a la monotonía —esas características inherentes a la naturaleza humana en evolución— no se pusieron allí tan sólo para irritarte y perturbarte durante tu breve estadía en la tierra, sino más bien para sugerirte que la muerte es tan sólo el comienzo de una interminable carrera de aventura, una vida sempiterna de anticipación, un viaje eterno de descubrimiento.

La curiosidad —el espíritu de investigación, el instinto de descubrimiento, el impulso a la exploración— es parte de la dote innata y divina de las criaturas evolutivas del espacio. Estos impulsos naturales no te fueron dados meramente para que tengas que frustrarlos y reprimirlos. Ciertamente, estos impulsos ambiciosos con frecuencia deben ser frenados durante tu corta vida en la tierra, a menudo la desilusión debe ser experimentada, pero han de ser plenamente realizados y gloriosamente gratificados durante las largas edades por venir.

6. EL PROPÓSITO DEL UNIVERSO CENTRAL

La gama de las actividades de Havona de siete circuitos es enorme. En general, pueden describirse como:

1. Havonales.
2. Paradisiacas.
3. Ascendente-finitas —evolucionales Suprema-Últimas.

Muchas actividades superfinitas tienen lugar en Havona de la actual era universal, incluyendo indecibles diversidades de fases absonitas y otras de las funciones de la mente y el espíritu. Es posible que el universo central sirva muchos fines que no me han sido revelados, ya que funciona de numerosos modos que están más allá de la comprensión de la mente creada. No obstante, intentaré describir cómo sirve esta creación perfecta a las necesidades y contribuye a las satisfacciones de siete órdenes de inteligencia universal.

1. *El Padre Universal* —la Primera Fuente y Centro. Dios el Padre deriva suprema satisfacción paterna de la perfección de la creación central. Disfruta la experiencia de la saciedad del amor en niveles próximos a la igualdad. El Creador perfecto está divinamente complacido con la adoración de la criatura perfecta.

Havona proporciona al Padre el logro de la suprema gratificación. La realización de la perfección en Havona compensa el retraso espacio-temporal del impulso eterno de expansión infinita.

El Padre disfruta de la reciprocación que hace Havona de la belleza divina. Satisface a la mente divina ofrecer un modelo original perfecto de armonía exquisita para todos los universos en evolución.

Nuestro Padre contempla el universo central con perfecto placer porque es una digna revelación de la realidad espiritual para todas las personalidades del universo de los universos.

El Dios de los universos considera favorablemente a Havona y al Paraíso, como el eterno núcleo de poder para toda expansión universal subsecuente en el tiempo y en el espacio.

El Padre eterno contempla con infinita satisfacción la creación de Havona como objetivo digno y atractivo para los candidatos temporales de la ascensión, sus nietos mortales del espacio que alcanzan el eterno hogar de su Padre-Creador. Y Dios se complace en el universo Paraíso-Havona, como el hogar eterno de la Deidad y la familia divina.

2. *El Hijo Eterno* —la Segunda Fuente y Centro. Para el Hijo Eterno la formidable creación central ofrece una prueba eterna de la eficacia de la asociación de la familia divina —el Padre, el Hijo y el Espíritu. Es el cimiento espiritual y material para la confianza absoluta en el Padre Universal.

Havona proporciona al Hijo Eterno una base casi ilimitada para la realización en constante expansión del poder espiritual. El universo central proporcionó al Hijo Eterno el campo de acción en el cual pudo demostrar con seguridad el espíritu y la técnica del ministerio del autootorgamiento para instrucción de sus Hijos asociados Paradisiacos.

Havona constituye los cimientos de realidad para el control de la gravedad espiritual ejercido por el Hijo Eterno en el universo de los universos. Este universo proporciona al Hijo la gratificación del anhelo paterno, la reproducción espiritual.

Los mundos de Havona y sus habitantes perfectos constituyen la demostración primera y finalmente eterna de que el Hijo es el Verbo del Padre. De este modo se gratifica perfectamente la conciencia del Hijo como complemento infinito del Padre.

Y este universo ofrece la oportunidad de llevar a cabo la reciprocación de la fraternidad de igualdad entre el Padre Universal y el Hijo Eterno, y esto constituye la prueba sempiterna de la personalidad infinita de cada uno.

3. *El Espíritu Infinito* —la Tercera Fuente y Centro. El universo de Havona proporciona al Espíritu Infinito la prueba de que él es el Actor Conjunto, el representante infinito de Padre-Hijo unificados. En Havona el Espíritu Infinito deriva la satisfacción combinada de funcionar como actividad creadora disfrutando a la vez de la satisfacción de la coexistencia absoluta con este logro divino.

En Havona el Espíritu Infinito halló el campo de acción en el cual pudo demostrar la capacidad y la voluntad de servir como ministro potencial de la misericordia. En esta creación perfecta el Espíritu pudo ensayarse para la aventura de ministerio en los universos evolutivos.

Esta creación perfecta proporcionó al Espíritu Infinito la oportunidad de participar en la administración del universo con ambos progenitores divinos —para administrar un universo como vástago Creador-asociado, preparándose así para la administración conjunta de los universos locales como Espíritus Creativos asociados de los Hijos Creadores.

Los mundos de Havona son el laboratorio mental de los creadores de la mente cósmica y los ministros de la mente de todas las criaturas que existen. La mente es diferente en cada mundo de Havona y sirve como modelo original para todos los intelectos de las criaturas espirituales y materiales.

Estos mundos perfectos son las escuelas superiores de la mente para todos los seres destinados a la sociedad del Paraíso. Proporcionaron abundante oportunidad para que el Espíritu ensayara la técnica del ministerio de la mente en personalidades confiables y asesoras.

Havona es una compensación para el Espíritu Infinito por su labor vasta y altruista en los universos del espacio. Havona es el hogar y el retiro perfectos para el infatigable Ministro de la Mente del tiempo y el espacio.

4. *El Ser Supremo* —la unificación evolutiva de la Deidad experiencial. La creación de Havona es la prueba eterna y perfecta de la realidad espiritual del Ser Supremo. Esta creación perfecta es una revelación de la naturaleza espiritual perfecta y simétrica de Dios el Supremo antes de los comienzos de la síntesis de poder-personalidad de las reflexiones finitas de las Deidades del Paraíso en los universos experienciales del tiempo y el espacio.

En Havona las potencialidades de poder del Todopoderoso se unifican con la naturaleza espiritual del Supremo. Esta creación central es una ejemplificación de la futura unidad eterna del Supremo.

Havona es un modelo original perfecto del potencial de la universalidad del Supremo. Este universo es un cuadro acabado de la perfección futura del Supremo y sugiere el potencial del Último.

Havona exhibe una finalidad de valores espirituales que existe como criaturas vivientes volitivas de autocontrol supremo y perfecto; una mente que existe últimamente como equivalente del espíritu; una realidad y unidad de inteligencia con potencial ilimitado.

5. *Los Hijos Creadores Coordinados.* Havona es el campo de capacitación en el que se preparan los Micaeles del Paraíso para sus subsecuentes aventuras de creación de universos. Esta creación perfecta y divina es un modelo para cada Hijo Creador, que se esfuerza por hacer que su propio universo alcance finalmente estos niveles de perfección del Paraíso-Havona.

Un Hijo Creador utiliza las criaturas de Havona como posibilidades de modelos de personalidad para sus propios hijos mortales y seres espirituales. Los Micaeles y otros Hijos Paradisiacos consideran el Paraíso y Havona como el destino divino de los hijos del tiempo.

Los Hijos Creadores saben que la creación central es la fuente verdadera de ese indispensable sobrecontrol universal que estabiliza y unifica sus universos locales. Saben que la presencia personal de la influencia omnipresente del Supremo y del Último está en Havona.

Havona y el Paraíso son la fuente del poder creador de un Hijo Micael. Aquí moran los seres que cooperan con él en la creación de un universo. Del Paraíso proceden los Espíritus Maternos de los Universos, los cocreadores de los universos locales.

Los Hijos Paradisiacos consideran la creación central como la patria de sus divinos padres: su hogar. Es el lugar al que se complacen en regresar de tanto en tanto.

6. *Las Hijas Ministradoras Coordinadas.* Los Espíritus Maternos de los Universos, cocreadores de los universos locales, obtienen su capacitación prepersonal en los mundos de Havona, en asociación estrecha con los Espíritus de los Circuitos. En el universo central, las Hijas-Espíritus de los universos locales fueron debidamente instruidas en los métodos de cooperación con los Hijos del Paraíso, siempre sujetos a la voluntad del Padre.

En los mundos de Havona el Espíritu y las Hijas del Espíritu encuentran los modelos de mente para todos sus grupos de inteligencias espirituales y materiales, y este universo central es el destino futuro de aquellas criaturas que un Espíritu Materno Universal patrocina juntamente con un Hijo Creador asociado.

El Creador Materno del Universo se acuerda del Paraíso y Havona como el lugar de su origen y la sede del Espíritu Materno Infinito, la morada de la presencia de personalidad de la Mente Infinita.

Desde este universo central también procede el otorgamiento de las prerrogativas personales de creación que una Ministra Divina Universal utiliza como complemento de un Hijo Creador en el trabajo de crear criaturas volitivas vivientes.

Y finalmente, puesto que estos Espíritus Hijas del Espíritu Materno Infinito probablemente no regresen jamás a su hogar en el Paraíso, derivan gran satisfacción del fenómeno universal de reflectividad asociado con el Ser Supremo en Havona y personalizado en Majeston en el Paraíso.

7. *Los Mortales Evolutivos de la Carrera Ascendente.* Havona es el hogar del modelo original de personalidad de todos los tipos mortales y el hogar de todas las personalidades sobrehumanas de asociación mortal que no son nativas de las creaciones del tiempo.

Estos mundos proveen el estímulo para todos los impulsos humanos hacia el logro de los verdaderos valores espirituales en los más altos niveles concebibles de la realidad. Havona es el objetivo preparadisiaco de capacitación para todos los mortales ascendentes. Aquí los mortales alcanzan la Deidad preparadisiaca —el Ser Supremo. Havona se alza ante todas las criaturas volitivas como la compuerta del Paraíso y del logro de Dios.

El Paraíso es el hogar, y Havona el taller y el campo deportivo de los finalistas, y todo mortal que conozca a Dios anhela ser finalista.

El universo central no es solamente el destino establecido del hombre, sino que es también el punto de partida de la carrera eterna de los finalistas según emprendan alguna vez la aventura universal no revelada en la experiencia de explorar la infinidad del Padre Universal.

Incuestionablemente, Havona seguirá funcionando con significación absonita aun en futuras edades universales que tal vez presencien el espectáculo de los peregrinos del espacio que intentan encontrar a Dios en niveles superfinitos. Havona tiene la capacidad de servir como universo de capacitación para seres absonitos. Probablemente será la escuela superior cuando funcionen los siete superuniversos como escuela intermedia para los graduados de la escuela primaria del espacio exterior. Tendemos a opinar que las potencialidades de Havona eterna son realmente ilimitadas, que el universo central tiene capacidad eterna para servir como universo de capacitación experiencial para todos los tipos de seres creados pasados, presentes y futuros.

[Presentado por un Perfeccionador de la Sabiduría comisionado para este trabajo por los Ancianos de los Días en Uversa.]

DOCUMENTO 15

LOS SIETE SUPERUNIVERSOS

EN CUANTO se refiere al Padre Universal —como Padre— los universos son virtualmente inexistentes; trata con personalidades; es el Padre de las personalidades. En cuanto se refiere al Hijo Eterno y al Espíritu Infinito —como socios creadores— los universos están localizados y son individuales bajo el gobierno conjunto de los Hijos Creadores y de los Espíritus Creativos Maternos. En cuanto se refiere a la Trinidad del Paraíso, fuera de Havona existen tan sólo siete universos habitados, los siete superuniversos que tienen su jurisdicción en el círculo del primer nivel espacial post-Havona. Los siete Espíritus Rectores irradian su influencia hacia afuera desde la Isla central, constituyendo así la vasta creación de una rueda gigantesca, siendo su núcleo central la Isla eterna del Paraíso, los siete rayos, las radiaciones de los Siete Espíritus Rectores, el perímetro las regiones exteriores del gran universo.

Al comienzo de la materialización de la creación universal se formuló el esquema séptuple de la organización y gobierno superuniversales. La primera creación post-Havona fue dividida en siete segmentos estupendos, y se diseñaron y se construyeron los mundos sede central de estos gobiernos superuniversales. El actual esquema de administración ha existido desde cerca de la eternidad, y los gobernantes de estos siete superuniversos se llaman justamente los Ancianos de los Días.

Del vasto cuerpo de conocimiento que se refiere a los superuniversos, tan sólo puedo deciros muy poco, pero existe en todos estos reinos una técnica operante de control inteligente tanto de las fuerzas físicas como de las espirituales, y las presencias de la gravedad universal funcionan en poder majestuoso y armonía perfecta. Es importante que os forméis primero una idea adecuada de la constitución física y organización material de los ámbitos superuniversales, porque así estaréis mejor preparados para aferrar el significado de la maravillosa organización proporcionada para su gobierno espiritual y para el avance intelectual de las criaturas volitivas que moran en las miríadas de planetas habitados esparcidos aquí y allí en todos los siete superuniversos.

1. EL NIVEL ESPACIAL SUPERUNIVERSAL

Dentro de la gama limitada de los registros, las observaciones y los recuerdos de las generaciones de un millón o de mil millones de vuestros cortos años, para todos los fines prácticos, Urantia y el universo a que pertenecen están experimentando la aventura de un prolongado lanzamiento desconocido a un espacio nuevo; pero de acuerdo con los registros de Uversa, según observaciones más antiguas, en armonía con la experiencia y los cálculos más amplios de nuestra orden, y como resultado de las conclusiones basadas en estos y otros hallazgos, sabemos que los universos forman parte de una procesión ordenada, bien comprendida y perfectamente controlada, que gira en magnitud majestuosa alrededor de la Primera Gran Fuente y Centro y su universo residencial.

Hace mucho tiempo que hemos descubierto que los siete superuniversos atraviesan una gran elipse, un gigantesco círculo alargado. Vuestro sistema solar y otros mundos del tiempo no se sumergen, sin mapas ni brújulas, en un espacio desconocido. El universo local al cual pertenece vuestro sistema sigue un curso definido y bien comprendido, en sentido contrario a las manecillas del reloj, alrededor del vasto giro que rodea el universo central. Este camino cósmico está bien trazado y los observadores estelares del superuniverso lo conocen tan bien como los astrónomos urantianos conocen las órbitas de los planetas que constituyen vuestro sistema solar.

Urantia está ubicada en un universo local y en un superuniverso no completamente organizado; vuestro universo local está en proximidad inmediata de numerosas creaciones físicas parcialmente completas. Vosotros pertenecéis a uno de los universos relativamente recientes. Pero actualmente no os lanzáis en forma descontrolada en el espacio no trazado ni osciláis ciegamente en regiones desconocidas. Estáis siguiendo un camino ordenado y predeterminado del nivel espacial superuniversal. Actualmente estáis pasando a través del mismo lugar que vuestro sistema planetario, o sus predecesores, atravesaron edades atrás; y algún día en el futuro remoto vuestro sistema o sus sucesores, nuevamente atravesará el espacio idéntico a través del cual estáis ahora viajando tan rápidamente.

En esta edad y según se considera la dirección en Urantia, el superuniverso número uno gira casi en dirección norte, aproximadamente en posición opuesta, hacia el este, a la residencia paradisiaca de las Grandes Fuentes y Centros y del universo central de Havona. Esta posición, con la que le corresponde en el oeste, representa el acercamiento físico más cercano de las esferas del tiempo a la Isla eterna. El superuniverso número dos está en el norte, preparándose para girar hacia el oeste, mientras que el número tres en estos momentos ocupa el segmento más septentrional del gran camino espacial, habiendo ya doblado la curva que conduce a la vía hacia el sur. El número cuatro está en un vuelo comparativamente recto hacia el sur, con las regiones de avanzada a punto de situarse en oposición a los Grandes Centros. El número cinco prácticamente ha abandonado su posición frente al Centro de los Centros, siguiendo un curso directo hacia el sur antes de girar hacia el este; el número seis ocupa la mayor parte de la curva meridional, el segmento que vuestro superuniverso casi ha franqueado.

Vuestro universo local de Nebadon pertenece a Orvonton, el séptimo superuniverso que gira entre los superuniversos uno y seis, habiendo doblado desde no hace mucho (según calculamos el tiempo) la curva meridional del nivel espacial superuniversal. Ahora el sistema solar al que pertenece Urantia ha pasado unos cuantos miles de millones de años atrás la oscilación alrededor de la curva meridional, de manera que en este momento vosotros estáis avanzando más allá de la curva meridional y desplazándoos rápidamente a través del camino largo y comparativamente recto del norte. Durante edades incontables Orvonton seguirá este curso septentrional casi directo.

Urantia pertenece a un sistema que está bien afuera hacia los límites de vuestro universo local; y vuestro universo local está actualmente atravesando la periferia de Orvonton. Más allá de vosotros aún hay otros, pero vosotros estáis muy alejados en el espacio de aquellos sistemas físicos que oscilan alrededor del gran círculo en proximidad comparativa a la Gran Fuente y Centro.

2. LA ORGANIZACIÓN DE LOS SUPERUNIVERSOS

Tan sólo el Padre Universal conoce la ubicación y el número actual de los mundos habitados en el espacio; los llama a todos por su nombre y su número. Yo tan sólo puedo daros el número aproximado de planetas habitados o habitables, porque algunos universos locales tienen más mundos adecuados para la vida inteligente que otros. Tampoco están ya organizados todos los universos locales proyectados. Por lo tanto los cálculos que os ofrezco son únicamente para el propósito de daros una idea de la inmensidad de la creación material.

Hay siete superuniversos en el gran universo, y están constituidos aproximadamente como sigue:

1. *El sistema.* La unidad básica del supergobierno consiste en aproximadamente mil mundos habitados o habitables. Los soles llameantes, los mundos fríos, los planetas demasiado cercanos a los soles calientes, y otras esferas que no son adecuados para que lo habiten criaturas, no se han incluido en este grupo. Estos mil mundos adaptados para mantener la vida se denominan un sistema, pero en los sistemas más jóvenes tan sólo un número comparativamente pequeño de estos mundos puede estar habitado. Cada planeta habitado está dirigido por un Príncipe Planetario, y cada sistema local tiene una esfera arquitectónica como su sede central y está gobernada por un Soberano del Sistema.

2. *La constelación.* Cien sistemas (unos 100.000. planetas habitables) forman una constelación. Cada constelación tiene una esfera sede central arquitectónica y es presidida por tres Hijos Vorondadek, los Altísimos. Cada constelación también tiene un Fiel de los Días como observador, el embajador de la Trinidad del Paraíso.

3. *El universo local.* Cien constelaciones (unos 10.000.000 de planetas habitables) constituyen un universo local. Cada universo local tiene un magnífico mundo sede central arquitectónico y lo gobierna uno de los Hijos Creadores coordinados de Dios de la orden de Micael. Cada universo está bendecido por la presencia de un Unión de los Días, el representante de la Trinidad del Paraíso.

4. *El sector menor.* Cien universos locales (aproximadamente 1.000.000.000 de planetas habitables) constituyen un sector menor del gobierno superuniversal; posee un maravilloso mundo sede central, desde el cual sus gobernantes, los Recientes de los Días, administran los asuntos del sector menor. En cada sede central de un sector menor hay tres Recientes de los Días, Personalidades Supremas de la Trinidad.

5. *El sector mayor.* Cien sectores menores (alrededor de 100.000.000.000 de mundos habitables) constituyen un sector mayor. Cada sector mayor posee una extraordinaria sede central y es presidido por tres Perfecciones de los Días, Personalidades Supremas de la Trinidad.

6. *El superuniverso.* Diez sectores mayores (aproximadamente 1.000.000.000.000 de planetas habitables) constituyen un superuniverso. Cada superuniverso tiene un mundo sede central enorme y glorioso y está gobernado por tres Ancianos de los Días.

7. *El Gran Universo.* Siete superuniversos constituyen el actual gran universo organizado, que consiste en aproximadamente siete billones de mundos habitables además de las esferas arquitectónicas y de los mil millones de esferas habitadas de Havona. Los superuniversos son gobernados y administrados indirecta y reflectiva-

mente desde el Paraíso por los Siete Espíritus Rectores. Los mil millones de mundos de Havona son administrados directamente por los Eternos de los Días, habiendo una de estas Personalidades Supremas de la Trinidad para cada una de estas esferas perfectas.

Excluyendo las esferas del Paraíso-Havona, el plan de la organización universal provee las siguientes unidades:

Superuniversos	7
Sectores mayores	70
Sectores menores	7.000
Universos locales	700.000
Constelaciones	70.000.000
Sistemas locales	7.000.000.000
Planetas habitables	7.000.000.000.000

Cada uno de los siete superuniversos está constituido, aproximadamente, como sigue:

Un sistema comprende, aproximadamente	1.000 mundos
Una constelación (100 sistemas)	100.000 mundos
Un universo (100 constelaciones)	10.000.000 de mundos
Un sector menor (100 universos)	1.000.000.000 de mundos
Un sector mayor (100 sectores menores)	100.000.000.000 de mundos
Un superuniverso (10 sectores mayores)	1.000.000.000.000 de mundos

Todos estos cálculos son a lo sumo aproximaciones, porque nuevos sistemas están evolucionando constantemente, mientras que otras organizaciones pasan temporalmente fuera de la existencia material.

3. EL SUPERUNIVERSO DE ORVONTON

Prácticamente todos los reinos estelares visibles a simple vista desde Urantia pertenecen a la séptima sección del gran universo, el superuniverso de Orvonton. El vasto sistema estelar de la Vía Láctea representa el núcleo central de Orvonton, en gran parte más allá de los límites de vuestro universo local. Esta gran agregación de soles, islas oscuras del espacio, estrellas dobles, grupos globulares, nubes estelares, espirales y otras nebulosas, juntamente con miríadas de planetas individuales, forma un grupo como un reloj circular alargado, de aproximadamente un séptimo de los universos habitados evolucionarios.

Desde la posición astronómica de Urantia, al mirar a través de un corte transversal de los sistemas cercanos a la gran Vía Láctea, observáis que las esferas de Orvonton viajan en un vasto plano elongado, siendo la anchura mucho más grande que el espesor y la longitud mayor que la anchura.

La observación de la así llamada Vía Láctea revela el aumento comparativo de la densidad estelar en Orvonton cuando los cielos se observan en una dirección, mientras que a los lados la densidad disminuye; el número de estrellas y otras esferas disminuye al alejarse del plano principal de nuestro superuniverso material. Cuando el ángulo de observación es propicio, mirando a través del cuerpo principal de este reino de máxima densidad, estáis mirando hacia el universo residencial y el centro de todas las cosas.

Los astrónomos de Urantia han identificado aproximadamente ocho de las diez divisiones mayores de Orvonton. Es difícil reconocer separadamente las otras dos porque estáis obligados a visualizar estos fenómenos desde el interior. Si pudierais observar el superuniverso de Orvonton desde una ubicación vastamente distante en el espacio, inmediatamente reconoceríais los diez sectores principales de la séptima galaxia.

El centro de rotación de vuestro sector menor está ubicado lejos, en la enorme y densa nube estelar de Sagitario, alrededor de la cual vuestro universo local y sus creaciones asociadas giran, y desde los lados opuestos del vasto sistema subgaláctico Sagitario podéis observar dos grandes corrientes de nubes estelares que surgen en estupendas espirales estelares.

El núcleo del sistema físico al que pertenecen vuestro sol y sus planetas asociados es el centro de la entonces nebulosa Andrónover. Esta nebulosa espiral anterior fue ligeramente distorsionada por las interrupciones de la gravedad asociadas con los acontecimientos que se relacionaban con el nacimiento de vuestro sistema solar, y que se ocasionaron por el acercamiento peligroso de una nebulosa grande vecina. Este casi choque transformó Andrónover en una agregación bastante globular pero no destruyó totalmente la procesión de doble dirección de los soles y de sus grupos físicos asociados. Vuestro sistema solar ocupa actualmente una posición relativamente central en uno de los brazos de esta espiral distorsionada, ubicada cerca de un punto intermedio desde el centro hacia afuera hacia los límites de la corriente estelar.

El sector de Sagitario y todos los demás sectores y divisiones de Orvonton están rotando alrededor de Uversa, y parte de la confusión de los astrónomos urantianos surge de las ilusiones y distorsiones relativas producidas por los siguientes movimientos revolutivos múltiples:

1. La revolución de Urantia alrededor de su sol.

2. El circuito de vuestro sistema solar alrededor del núcleo de la nebulosa Andrónover anterior.

3. La rotación de la familia estelar Andrónover y los grupos asociados alrededor del centro compuesto de rotación y gravedad de la nube estelar de Nebadon.

4. La oscilación de la nube estelar local de Nebadon y de sus creaciones asociadas alrededor del centro Sagitario de su sector menor.

5. La rotación alrededor de su sector mayor de los cien sectores menores, incluyendo Sagitario.

6. El giro de los diez sectores mayores, el así llamado flujo estelar, alrededor de la sede central de Uversa en Orvonton.

7. El movimiento de Orvonton y de los seis superuniversos asociados alrededor del Paraíso y de Havona, la procesión en sentido contrario a las manecillas del reloj del nivel espacial superuniversal.

Estos movimientos múltiples son de distintas órdenes: los caminos espaciales de vuestro planeta y de vuestro sistema solar son genéticos, inherentes a su origen. El movimiento absoluto en sentido contrario a las manecillas del reloj de Orvonton también es genético, inherente a los planes arquitectónicos del universo maestro. Pero los movimientos intermedios son de origen compuesto, siendo derivados en parte de la segmentación constitutiva de la materia y energía en los superuniversos y en parte producido por la acción inteligente y con un gran propósito de los organizadores de la fuerza paradisiacos.

Los universos locales están en proximidad más estrecha a medida que se acercan a Havona; los circuitos son más grandes en número, y hay una mayor superposición, capa sobre capa. Pero más alejados del centro eterno hay cada vez menos sistemas, capas, circuitos y universos.

4. LAS NEBULOSAS —LOS ANTEPASADOS DE LOS UNIVERSOS

Aunque la creación y la organización de los universos corresponden por siempre al control de los Creadores infinitos y sus asociados, el entero fenómeno procede de acuerdo con una técnica ordenada y en conformidad con las leyes gravitatorias de la fuerza, energía y materia. Pero hay algo misterioso asociado con la carga de fuerza universal del espacio; nosotros comprendemos plenamente la organización de las creaciones materiales desde la etapa ultimatónica en adelante, pero no comprendemos plenamente el antepasado cósmico de los ultimatones. Confiamos en que estas fuerzas ancestrales tienen su origen en el Paraíso porque ellas oscilan por siempre a través del espacio ocupado en los contornos exactos y gigantescos del Paraíso. Aunque no responde a la gravedad del Paraíso, esta carga de fuerza del espacio, el antepasado de toda materialización, siempre responde a la presencia del Paraíso bajo, estando aparentemente dentro del circuito de entrada y salida del centro del Paraíso bajo.

Los organizadores de la fuerza paradisiacos transmutan la potencia espacial en fuerza primordial y evolucionan este potencial prematerial en manifestaciones primarias y secundarias de la energía de la realidad física. Cuando esta energía logra niveles donde responde a la gravedad, los directores de poder y sus asociados del régimen del superuniverso aparecen en la escena y comienzan sus manipulaciones interminables, diseñadas para establecer los múltiples circuitos de poder y los canales de energía de los universos del tiempo y del espacio. Así aparece la materia física en el espacio, y así se establece la escena para la inauguración de la organización del universo.

Esta segmentación de la energía es un fenómeno que jamás ha sido solucionado por los físicos de Nebadon. Su dificultad principal estriba en la inaccesibilidad relativa de los organizadores de la fuerza paradisiacos, ya que los directores vivientes del poder, aunque son competentes para ocuparse de la energía del espacio, no tienen el menor concepto del origen de las energías que manipulan tan inteligente y hábilmente.

Los organizadores de la fuerza paradisiacos son los originadores de las nebulosas; son capaces de iniciar alrededor de su presencia espacial los tremendos ciclones de fuerza que, una vez que se inician, no se pueden detener ni limitar jamás hasta que todas las fuerzas que todo lo saturan son movilizadas para la aparición final de las unidades ultimatónicas de la materia universal. Así entran a la existencia las nebulosas espirales y otras, las ruedas matrices de los soles de origen directo y de sus sistemas distintos. En el espacio exterior se pueden ver diez formas diferentes de nebulosas, fases de la evolución universal primaria, y estas vastas ruedas de energía tienen el mismo origen que tuvieron las de los siete superuniversos.

Las nebulosas varían grandemente en tamaño y en el número resultante y la masa agregada de sus vástagos estelares y planetarios. Al norte de los límites de Orvonton, pero todavía dentro del nivel espacial de este superuniverso, una nebulosa, que forma soles dentro del nivel espacial superuniversal, ya ha dado origen a aproximadamente cuarenta mil soles, y la rueda matriz sigue arrojando soles, la mayoría de los cuales son muchas veces más grandes que el vuestro. Algunas de las nebulosas más grandes del espacio exterior están originando hasta cien millones de soles.

Las nebulosas no están directamente relacionadas con ninguna de las unidades administrativas, tales como los sectores menores o los universos locales, aunque algunos universos locales han sido organizados a partir de los productos de una sola nebulosa. Cada universo local comprende exactamente una cien milésima parte de la carga total de energía de un superuniverso sea cual fuere su relación con las nebulosas, porque la energía no la organizan las nebulosas —está distribuida universalmente.

No todas las nebulosas espirales se ocupan de producir soles. Algunas han retenido el control de muchos de sus vástagos estelares segregados, y su apariencia espiral resulta por el hecho de que sus soles salen del brazo nebular en formación estrecha pero retornan por diversos caminos, facilitando así la observación en cierto punto pero haciendo más difícil su visualización cuando están vastamente separados en sus diferentes caminos de retorno, mucho más alejados del brazo de la nebulosa. No existen en este momento muchas nebulosas formadoras de soles activas en Orvonton, aunque es muy activa Andrómeda, la que está fuera del superuniverso habitado. Esta nebulosa vastamente distante es visible a simple vista, y cuando la visualicéis, considerad que la luz que de ella contempláis abandonó aquellos distantes soles casi un millón de años atrás.

La galaxia de la Vía Láctea está compuesta de vastos números de antiguas nebulosas espirales y de otras formas, muchas aún retienen su configuración original. Pero como resultado de las catástrofes interiores y de la atracción exterior, muchas de ellas han sufrido considerable distorsión y cambio de forma hasta el punto de que estas enormes agregaciones aparecen como gigantescas masas luminosas de soles flameantes, tales como la nube de Magallanes, el grupo estelar del tipo globular que predomina cerca de los límites exteriores de Orvonton.

Las vastas nubes estelares de Orvonton deben ser consideradas como agregaciones individuales de materia, comparables a las nebulosas separadas observables en las regiones espaciales fuera de la galaxia de la Vía Láctea. Muchas de las así llamadas nubes estelares del espacio, sin embargo, consisten únicamente en material gaseoso. El potencial de energía de estas nubes estelares gaseosas es increíblemente enorme, y parte de ésta es tomada por los soles cercanos y vuelta a enviar al espacio en forma de emanaciones solares.

5. EL ORIGEN DE LOS CUERPOS ESPACIALES

La mayor parte de la masa contenida en los soles y planetas de un superuniverso se origina en las ruedas nebulosas; muy poco de la masa superuniversal está organizada por acción directa de los directores de poder (tal como en la construcción de las esferas arquitectónicas), aunque se origina una cantidad constantemente variable de materia en el espacio abierto.

En cuanto al origen, la mayoría de los soles, planetas y otras esferas se pueden clasificar dentro de los siguientes diez grupos:

1. *Anillos concéntricos de contracción.* No todas las nebulosas son espirales. Muchas inmensas nebulosas, en vez de partirse en un sistema estelar doble o evolucionar como espiral, se condensan por formación de anillos múltiples. Durante largos períodos tal nebulosa aparece como un enorme sol central, circundado por numerosas nubes gigantescas de formaciones de materia de apariencia anular que lo rodean.

2. *Las estrellas remolinadas.* Comprenden aquellos soles que son arrojados de las grandes ruedas matrices de gases altamente recalentados. No se arrojan como anillos sino en progresiones hacia la derecha y hacia la izquierda. Las estrellas remolinadas también se originan en nebulosas que no son espirales.

3. *Planetas de explosión de la gravedad.* Cuando nace un sol de una espiral o de una nebulosa en barras, frecuentemente es arrojado a una distancia considerable. Dicho sol es altamente gaseoso, posteriormente, después de haberse enfriado un poco y condensado, puede encontrarse por casualidad girando cerca de alguna masa enorme de energía, ya sea un sol gigantesco o una isla oscura del espacio; tal acercamiento puede no ser tan extremo como para ocasionar un choque, pero sí ser suficientemente estrecho como para permitir que la atracción de la gravedad del cuerpo más grande dé inicio a convulsiones mareomotrices en el más pequeño, iniciando así una serie de solevantamientos de marea que ocurren simultáneamente en los lados opuestos del sol convulsionando. En su máximo punto, estas erupciones explosivas producen una serie de agregaciones de materia de tamaño variado que pueden ser proyectadas más allá de la zona dominada por la gravedad del sol en erupción, estabilizándose así en órbitas propias alrededor de uno de los dos cuerpos que participan en este episodio. Más adelante, las agregaciones más grandes de materia se unen y gradualmente atraen hacia ellas a los cuerpos más pequeños. De esta manera entran a la existencia muchos de los planetas sólidos de los sistemas menores. Vuestro propio sistema solar tuvo precisamente tal origen.

4. *Hijas planetarias centrífugas.* Los soles enormes, cuando se encuentran en ciertas etapas de desarrollo, y si su velocidad de revolución se acelera grandemente, comienzan a arrojar grandes cantidades de materia que posteriormente puede reunirse para formar pequeños mundos que continúan girando alrededor del sol progenitor.

5. *Esferas con deficiencia de gravedad.* Existe un límite crítico para el tamaño de las estrellas individuales. Cuando un sol alcanza ese límite, a menos que desacelere su velocidad de revolución, está destinado a partirse; ocurre la fisura del sol, y se origina una nueva estrella doble de esta variedad. Posteriormente se pueden formar numerosos planetas pequeños como producto colateral de esta gigantesca revolución.

6. *Estrellas de contracción.* En los sistemas más pequeños el planeta exterior más grande a veces atrae a sí mismo a los mundos vecinos, mientras que aquellos planetas cercanos al sol comienzan su lanzamiento terminal. En vuestro sistema solar, tal fin significaría que los cuatro planetas más interiores serían atraídos por el sol, mientras que el planeta más grande, Júpiter, se agrandaría considerablemente porque captaría a los mundos restantes. Tal fin de un sistema solar daría como resultado la producción de dos soles adyacentes desiguales, un tipo de formación de estrella doble. Dichas catástrofes son poco frecuentes excepto en los límites de las agregaciones estelares del superuniverso.

7. *Esferas cumulativas.* De la vasta cantidad de materia que circula en el espacio, se pueden acumular lentamente pequeños planetas. Estos crecen por agregado meteórico y por choques menores. En algunos sectores del espacio, las condiciones favorecen dicha forma de nacimiento planetario. Muchos de los mundos habitados han tenido dicho origen.

Algunas islas oscuras densas son el resultado directo del agregado de energía de transmutación en el espacio. Otro grupo de estas islas oscuras se ha originado por la acumulación de enormes cantidades de materia fría, meros fragmentos y meteoros, que circulan por el espacio. Dichas agregaciones de materia nunca han sido calientes y, excepto por su densidad, su composición es muy similar a la de Urantia.

8. *Soles quemados*. Algunas de las islas oscuras del espacio son soles aislados quemados, habiendo emitido toda su energía espacial disponible. Las unidades organizadas de la materia aproximan la condensación plena, una virtual consolidación completa; y se requieren edades tras edades para que dichas enormes masas de materia altamente condensada se vuelvan a cargar en los circuitos del espacio y por lo tanto se preparen para nuevos ciclos de función universal después de un choque o de algún acontecimiento cósmico igualmente revivificador.

9. *Esferas de impacto*. En aquellas regiones de agrupaciones más densas, los choques no son raros. Tremendos cambios de energía y transmutaciones de materia acompañan dicho reajuste astronómico. Los choques que comprenden soles muertos son peculiarmente influyentes en la creación de amplias fluctuaciones de energía. Los desechos del impacto frecuentemente constituyen los núcleos materiales para la formación subsiguiente de cuerpos planetarios adaptados a la habitación mortal.

10. *Mundos arquitectónicos*. Éstos son los mundos que se construyen de acuerdo con planes y especificaciones para un propósito específico, tal como por ejemplo Salvington, la sede central de vuestro universo local, y Uversa, el asiento del gobierno de nuestro superuniverso.

Existen numerosas otras técnicas para evolucionar soles y segregar planetas, pero los procedimientos antedichos sugieren los métodos por los cuales la vasta mayoría de los sistemas estelares y de las familias planetarias surgen a la existencia. Intentar describir todas las distintas técnicas que corresponden a las metamorfosis estelares y a la evolución planetaria requeriría la narración de casi cien modos distintos de formación solar y de origen planetario. A medida que vuestros astrónomos estudian los cielos, observarán fenómenos que indican todos estos modos de evolución estelar, pero raramente detectarán pruebas de la formación de aquellos grupos pequeños, no luminosos, de materia que sirven como planetas habitados, las más importantes de las vastas creaciones materiales.

6. LAS ESFERAS DEL ESPACIO

Sea cual fuere el origen, las distintas esferas del espacio se pueden clasificar en las siguentes divisiones principales:

1. Los soles: las estrellas del espacio.
2. Las islas oscuras del espacio.
3. Los cuerpos espaciales menores —cometas, meteoros y planetesimales.
4. Los planetas, incluyendo los mundos habitados.
5. Las esferas arquitectónicas —mundos hechos a medida.

Con la excepción de las esferas arquitectónicas, todos los cuerpos espaciales han tenido un origen evolucionario, evolucionario en el sentido de que no han sido traídos a la existencia por fíat de la Deidad, evolucionario en el sentido de que las acciones creadoras de Dios se han desarrollado mediante una técnica espacio-temporal a través de la operación de muchas de las inteligencias creadas y eventuadas por la Deidad.

Los soles. Éstas son las estrellas del espacio en sus distintas fases de existencia. Algunos son sistemas espaciales solitarios en evolución; otros son estrellas dobles, sistemas planetarios en contracción o en desaparición. Las estrellas del espacio existen en no menos de mil distintos estados y etapas. Vosotros estáis familiarizados con los soles que emiten luz acompañada de calor; pero también hay soles que brillan sin calor.

Los billones y billones de años que un sol ordinario continuará emitiendo calor y luz ilustran el vasto almacenamiento de energía que contiene cada unidad de materia. La energía real almacenada en estas partículas invisibles de materia física es casi inimaginable. Y esta energía se vuelve casi totalmente disponible en forma de luz cuando se la somete a la tremenda presión de calor y de las actividades asociadas de energía que prevalecen en el interior de los flameantes soles. Aun otras condiciones permiten a estos soles transformar y enviar mucha de la energía espacial que les llega por los circuitos establecidos del espacio. Muchas fases de la energía física y todas las formas de la materia son atraídas al dínamo solar, y posteriormente distribuidas por éste. De esta manera los soles sirven como aceleradores locales de la circulación de la energía, actuando como estaciones de control automático del poder.

El superuniverso de Orvonton está iluminado y calentado por más de diez billones de soles flameantes. Estos soles son estrellas observables en vuestro sistema astronómico. Más de dos billones están demasiado distantes y son demasiado pequeños como para ser vistos desde Urantia. Pero en el universo maestro existen tantos soles como vasos de agua hay en los océanos de vuestro mundo.

Las islas oscuras del espacio. Éstos son los soles muertos y otras agregaciones grandes de materia carentes de luz y calor. Las islas oscuras a veces son enormes en cuanto a su masa y ejercen una influencia poderosa en el equilibrio y en la manipulación de la energía en el universo. La densidad de algunas de estas grandes masas es casi increíble. Y esta gran concentración de masa permite que estas islas oscuras funcionen como poderosas ruedas de equilibrio, controlando eficazmente grandes sistemas vecinos. Mantienen el equilibrio gravitacionario del poder en muchas constelaciones; muchos sistemas físicos que de otro modo irían rápidamente hacia su destrucción en los soles vecinos son mantenidos certeramente dentro de la atracción de la gravedad de estas islas oscuras guardianas. Es por esta función por que podemos ubicarlas con precisión. Hemos medido la atracción de la gravedad de los cuerpos luminosos, y por lo tanto podemos calcular el tamaño y ubicación exacta de las islas oscuras del espacio que tan eficazmente funcionan para mantener en su curso un sistema determinado.

Cuerpos espaciales menores. Los meteoros y otras pequeñas partículas de materia que circulan y evolucionan en el espacio constituyen un enorme agregado de energía y sustancia material.

Muchos cometas son vástagos no controlados ni establecidos de las ruedas solares matrices, que gradualmente son traídos bajo el control del sol central gobernante. Los cometas también tienen otros orígenes numerosos. La cola de un cometa está dirigida en sentido contrario al cuerpo o sol que lo atrae debido a la reacción eléctrica de sus gases altamente expandidos y a la presión real de la luz y otras energías que emanan del sol. Este fenómeno constituye una de las pruebas positivas de la realidad de la luz y de sus energías asociadas; demuestra que la luz tiene peso. La luz es una sustancia real, no simplemente olas de éter hipotético.

Los planetas. Éstas son las agregaciones más grandes de materia que siguen una órbita alrededor de un sol o de algún otro cuerpo espacial; oscilan en su tamaño desde lo planetesimal hasta enormes esferas gaseosas, líquidas o sólidas. Los mundos fríos que se han agregado por la recolección de material espacial flotante, cuando están en relación apropiada con un sol cercano, son los planetas más ideales para cobijar a habitantes inteligentes. Los soles muertos no son, en general, adaptables a la vida; están generalmente demasiado lejos de un sol vivo flameante y además son generalmente demasiado masivos; la gravedad es tremenda a nivel de la superficie.

En vuestro superuniverso no existe un planeta frío en cuarenta que sea habitable por seres de vuestra orden. Y, naturalmente, los soles supercalentados y los mundos exteriores frígidos no son adecuados para cobijar una vida elevada. En vuestro sistema solar, en el presente existen sólo tres planetas que pueden cobijar la vida. Urantia, por su tamaño, densidad y ubicación, es en muchos respectos, ideal para la habitación humana.

Las leyes de la conducta de la energía física son básicamente universales, pero las influencias locales tienen mucho que ver con las condiciones físicas que prevalecen en los planetas individuales y en los sistemas locales. Una variedad casi infinita de criaturas y otras manifestaciones vivientes caracteriza los incontables mundos del espacio. Existen sin embargo ciertos puntos de similaridad en un grupo de mundos asociados de un sistema específico, mientras que también existe un modelo universal de vida inteligente. Hay relaciones físicas entre aquellos sistemas planetarios que pertenecen al mismo circuito físico, y que se siguen estrechamente unos a otros en la oscilación sin fin alrededor del círculo de los universos.

7. LAS ESFERAS ARQUITECTÓNICAS

Aunque cada gobierno superuniversal preside cerca del centro de los universos evolucionarios de su segmento espacial, éste ocupa un mundo hecho a medida y poblado por personalidades acreditadas. Estos mundos sede central son esferas arquitectónicas, cuerpos espaciales específicamente construidos para su propósito especial. Aunque comparten la luz de los soles cercanos, estas esferas están iluminadas y calentadas independientemente. Cada una tiene un sol que emite luz sin calor, como los satélites del Paraíso, y se calientan por la circulación de ciertas corrientes de energía cerca de la superficie de la esfera. Estos mundos de sede central pertenecen a uno de los sistemas más grandes situados cerca del centro astronómico de sus superuniversos respectivos.

El tiempo está estandarizado en las sedes de los superuniversos. El día estándar del superuniverso de Orvonton equivale a casi treinta días del tiempo de Urantia y el año de Orvonton equivale a cien días estándares. Este año de Uversa es estándar en el séptimo superuniverso, y corresponde a tres mil días menos veintidós minutos del tiempo de Urantia, alrededor de ocho y un quinto de vuestros años.

Los mundos sede central de los siete superuniversos comparten la naturaleza y grandeza del Paraíso, su modelo original central de perfección. En realidad, todos los mundos sede central son paradisiacos. Son, en efecto, moradas celestiales, y van aumentando en tamaño material, belleza morontial, y gloria espiritual desde Jerusem hasta la Isla central. Y todos los satélites de estos mundos sede central también son esferas arquitectónicas.

Los distintos mundos sede central gozan de toda fase de la creación material y espiritual. Todo tipo de ser material, morontial y espiritual está en su casa en estos mundos de encuentro de los universos. A medida que las criaturas mortales ascienden en el universo, pasando desde los mundos materiales a los mundos espirituales, no pierden jamás su apreciación de los niveles anteriores de existencia ni el disfrute de éstos.

Jerusem, la sede central de vuestro sistema local de Satania, tiene sus siete mundos de cultura de transición, cada uno de los cuales está dentro de un circuito de siete satélites, entre los que están los siete mundos de estancia de detención morontial, la primera residencia postmortal del hombre. La palabra cielo tal como a veces se la ha utilizado en Urantia, significa en ocasiones estos siete mundos de estancia, siendo el primer mundo de estancia denominado primer cielo, y así sucesivamente hasta el séptimo.

Edentia, la sede central de vuestra constelación de Norlatiadek, tiene sus setenta satélites de socialización cultural y capacitación, en los cuales los seres ascendentes se detienen después de completar el régimen de Jerusem de comprensión de la personalidad, unificación y realización.

Salvingtón, la capital de Nebadon, vuestro universo local, está rodeada de diez grupos universitarios de cuarenta y nueve esferas cada uno. Aquí el hombre es espiritualizado después de su socialización en la constelación.

Umenor el tercero, la sede central de Ensa, vuestro sector menor, está rodeada de siete esferas dedicadas a los estudios físicos más elevados de la vida ascendente.

Umayor el quinto, la sede central de Splandon, vuestro sector mayor, está rodeada de setenta esferas de capacitación avanzada intelectual del superuniverso.

Uversa, la sede central de Orvonton, vuestro superuniverso, está inmediatamente rodeada de siete altas universidades de capacitación espiritual avanzada para las criaturas volitivas ascendentes. Cada uno de estos siete grupos de esferas maravillosas consiste en setenta mundos especializados que contienen miles y miles de instituciones y organizaciones pletóricas dedicadas a la capacitación universal y a la cultura espiritual en las que nuevamente se educan y examinan los peregrinos del tiempo en preparación para su largo viaje a Havona. Los peregrinos del tiempo que llegan son recibidos siempre en estos mundos asociados, pero los graduados que parten siempre se envían a Havona directamente desde las orillas de Uversa.

Uversa es la sede central espiritual y administrativa de aproximadamente un billón de mundos habitados o habitables. La gloria, grandeza y perfección de la capital de Orvonton sobrepasa todas las maravillas de las creaciones del tiempo y del espacio.

Si todos los proyectados universos locales y sus partes componentes estuvieran establecidos, habría en los siete superuniversos ligeramente menos de quinientos mil millones de mundos arquitectónicos.

8. EL CONTROL Y REGULACIÓN DE LA ENERGÍA

Las esferas sede central de los superuniversos están construidas de manera tal que puedan funcionar como reguladores eficientes del poder y de la energía para sus distintos sectores, sirviendo como puntos focales para la direccionización de la energía a sus universos locales componentes. Ellos ejercen una influencia poderosa sobre el equilibrio y el control de la energía física que circula a través del espacio organizado.

Los centros de poder superuniversales y los controladores físicos, entidades inteligentes vivientes y semivivientes constituidas para este propósito explícito realizan otras funciones de regulación. Estos centros y controladores del poder son de difícil comprensión; las órdenes más bajas no son volitivas, no poseen voluntad, no eligen, sus funciones son muy inteligentes pero aparentemente automáticas e inherentes a su organización altamente especializada. Los centros de poder y controladores físicos de los superuniversos toman la dirección y el control parcial de los treinta sistemas de energía que comprenden el dominio de la gravita. Los circuitos de la energía física administrados por los centros de poder de Uversa requieren un poco más de 968 millones de años para completar el circuito del superuniverso.

La energía en evolución tiene sustancia; tiene peso, aunque el peso es siempre relativo, dependiendo de la velocidad de revolución, la masa y la antigravedad. La masa en la materia tiende a retardar la velocidad en la energía; y la velocidad de la energía presente por doquier representa: la dote inicial de velocidad, menos el retardo por la masa que se encuentra en tránsito, más la función reguladora de los controladores de la energía viviente del superuniverso y la influencia física de los cuerpos cercanos altamente recalentados o altamente cargados.

El plan universal para el mantenimiento del equilibrio entre la materia y la energía necesita que se hagan y deshagan constantemente unidades materiales menores. Los Directores del Poder Universal tienen la habilidad de condensar y detener, o expandir y liberar, cantidades variables de energía.

Con una duración suficiente de la influencia retardadora, la gravedad finalmente convertiría toda la energía en materia si no fuese por dos factores: Primero, por las influencias antigravedad de los controladores de la energía, y segundo, porque la materia organizada tiende a desintegrarse bajo ciertas condiciones que se encuentran en las estrellas muy calientes y bajo ciertas condiciones peculiares en el espacio cerca de cuerpos fríos altamente energizados de materia condensada.

Cuando la masa se vuelve excesivamente agregada y amenaza un desequilibrio de la energía, para reabastecer los circuitos de poder físico, intervienen los controladores físicos a menos que la misma tendencia ulterior de la gravedad al supermaterializar la energía sea vencida por la presencia de un choque entre los gigantes muertos del espacio, disipando así completamente en un instante las agrupaciones cumulativas de gravedad. En estos episodios de choque, enormes masas de materia se convierten repentinamente en la más rara forma de energía, y la lucha por el equilibrio universal comienza de nuevo. Finalmente los sistemas físicos más grandes se estabilizan, se establecen físicamente, y giran dentro de circuitos establecidos y equilibrados de los superuniversos. Posteriormente a este acontecimiento en dichos sistemas establecidos ya no ocurrirán más choques ni otras catástrofes devastadoras.

Durante los períodos de exceso de energía hay disturbios del poder y fluctuaciones de calor acompañadas por manifestaciones eléctricas. Durante los tiempos de menor energía hay un aumento de las tendencias de la materia de agregarse, condensarse, y descontrolarse en los circuitos más delicadamente equilibrados, con ajustes resultantes de marea o choque que rápidamente reestablecen el equilibrio entre la energía circulante y la materia más literalmente estabilizada. Pronosticar y de otras maneras comprender dicha conducta posible de los soles flameantes y de las islas oscuras del espacio es una de las tareas de los observadores de las estrellas celestiales.

Somos capaces de reconocer la mayoría de las leyes que gobiernan el equilibrio universal y de predecir mucho de lo que pertenece a la estabilidad universal. Prácticamente, nuestros pronósticos son confiables, pero siempre nos enfrentamos con ciertas fuerzas que no responden plenamente a las leyes del control de la energía y de la conducta de la materia que nosotros conocemos. La previsibilidad de todos los fenómenos físicos se vuelve cada vez más difícil a medida que procedemos hacia afuera en los universos a partir del Paraíso. Al pasar más allá de los límites de la administración personal de los Gobernantes del Paraíso, nos enfrentamos con una incapacidad cada vez mayor para calcular, de acuerdo con los estándares establecidos y la experiencia adquirida, en relación con las observaciones que tienen que ver exclusivamente con los fenómenos físicos de los sistemas astronómicos cercanos. Aun en los reinos de los siete superuniversos estamos viviendo en el medio de acciones de fuerza y reacciones de energía que saturan todos nuestros ámbitos y se extienden en equilibrio unificado a través de todas las regiones del espacio exterior.

Cuanto más nos alejamos, tanto más certeramente encontramos esos fenómenos variables e imprevisibles que son tan infaliblemente característicos de la presencia y obra inimaginables de los Absolutos y de las Deidades experienciales. Y estos fenómenos han de ser indicativos de un supercontrol universal de todas las cosas.

Aparentemente el superuniverso de Orvonton está ahora descargándose; los universos exteriores parecen estar cargándose para actividades futuras sin paralelos. El universo central de Havona está eternamente estabilizado. La gravedad y la ausencia de calor (frío) organizan y mantienen la materia; el calor y la antigravedad desorganizan la materia y disipan la energía. Los directores de poder y los organizadores de la fuerza vivientes son el secreto del control especial y la dirección inteligente de la metamorfosis interminable del universo en formación, desintegración, y formación renovada. Las nebulosas pueden dispersarse, los soles quemarse, los sistemas desaparecer, los planetas perecer, pero los universos no se descargan.

9. LOS CIRCUITOS DE LOS SUPERUNIVERSOS

Los circuitos universales del Paraíso verdaderamente saturan los ámbitos de los siete superuniversos. Estos circuitos de presencia son: la gravedad de personalidad del Padre Universal, la gravedad espiritual del Hijo Eterno, la gravedad mental del Actor Conjunto, y la gravedad material de la Isla eterna.

Además de los circuitos universales del Paraíso y además de las presenciaactuaciones de los Absolutos y de las Deidades experienciales, funcionan dentro del nivel espacial superuniversal sólo dos divisiones de circuito de energía o segregaciones de poder: los circuitos superuniversales y los circuitos de los universos locales.

Los circuitos superuniversales:

1. El circuito unificador de la inteligencia de uno de los Siete Espíritus Rectores del Paraíso. Dicho circuito de mente cósmica está limitado a un superuniverso.

2. El circuito de servicio reflexivo de los Siete Espíritus Reflexivos en cada superuniverso.

3. Los circuitos secretos de los Monitores Misteriosos, de alguna manera interasociados y dirigidos por Divinington hacia el Padre Universal en el Paraíso.

4. El circuito de intercomunicación del Hijo Eterno con sus Hijos Paradisiacos.

5. La presencia instantánea del Espíritu Infinito.

6. Las transmisiones del Paraíso, los informes espaciales de Havona.

7. Los circuitos de energía de los centros de poder y de los controladores físicos.

Los circuitos del universo local:

1. El espíritu de autootorgamiento de los Hijos Paradisiacos, el Consolador en los mundos de encarnación. El Espíritu de la Verdad, el espíritu de Micael en Urantia.

2. El circuito de las Ministras Divinas, los Espíritus Maternos del universo local, el Espíritu Santo de vuestro mundo.

3. El circuito del ministerio de la inteligencia de un universo local, que incluye la presencia diversamente funcional de los espíritus ayudantes de la mente.

Cuando se desarrolla en un universo local tal armonía espiritual que sus circuitos individuales y combinados se vuelven indistinguibles de aquellos del superuniverso, cuando prevalece tal identidad de función y singularidad de ministerio verdaderamente, entonces el universo local gira en los circuitos establecidos de luz y vida, volviéndose a la vez elegible para que se lo admita en la confederación espiritual de la unión perfeccionada de la supercreación. Los requisitos para la admisión en los concilios de los Ancianos de los Días, o sea, para ser miembro en la confederación superuniversal, son:

1. *Estabilidad física.* Las estrellas y los planetas de un universo local deben estar en equilibrio; los períodos de metamorfosis estelar inmediata deben haber terminado. El universo debe proceder sobre pistas despejadas; su órbita debe estar certera y finalmente establecida.

2. *Lealtad espiritual.* Debe existir un estado de reconocimiento universal del Hijo Soberano de Dios que preside los asuntos de dicho universo local, y lealtad al mismo. Debe haber entrado a existir un estado de cooperación armoniosa entre los planetas, sistemas y constelaciones del entero universo local.

Vuestro universo local ni siquiera se considera como perteneciente al orden físico establecido del superuniverso, mucho menos capaz de ser miembro de la familia espiritual reconocida del supergobierno. Aunque Nebadon todavía no tiene representación en Uversa, nosotros, pertenecientes al gobierno superuniversal, somos enviados a sus mundos en misiones especiales de vez en cuando, así como yo he venido a Urantia directamente desde Uversa. Prestamos toda ayuda posible a vuestros directores y gobernantes en la solución de sus difíciles problemas; estamos deseosos de ver que vuestro universo se califique para la plena admisión en las creaciones asociadas de la familia superuniversal.

10. LOS GOBERNANTES DE LOS SUPERUNIVERSOS

Las sedes centrales de los superuniversos son los asientos del elevado gobierno espiritual de los ámbitos del tiempo y el espacio. La rama ejecutiva del supergobierno, que se origina en los Concilios de la Trinidad está dirigida por uno de los Siete Espíritus Rectores de supervisión suprema, seres que se sientan en asientos de autoridad paradisiaca y administran los superuniversos a través de los Siete Ejecutivos Supremos estacionados en los siete mundos especiales del Espíritu Infinito, los satélites más exteriores del Paraíso.

La sede central del superuniverso es la morada de los Espíritus Reflexivos y de los Auxiliares Reflexivos de Imagen. Desde esta posición intermedia, estos seres maravillosos conducen sus extraordinarias operaciones de reflexividad, ministrando así al universo central arriba y a los universos locales debajo.

Cada superuniverso está presidido por tres Ancianos de los Días, los ejecutivos jefes conjuntos del supergobierno. En su rama ejecutiva, el personal del gobierno superuniversal consiste en siete grupos diferentes:

1. Ancianos de los Días.
2. Perfeccionadores de la Sabiduría.
3. Consejeros Divinos.
4. Censores Universales.
5. Mensajeros Poderosos.
6. Aquellos Elevados en Autoridad.
7. Aquellos sin Nombre ni Número.

Los tres Ancianos de los Días son asistidos directamente por un cuerpo de mil millones de Perfeccionadores de la Sabiduría, con quienes están asociados tres mil millones de Consejeros Divinos. Mil millones de Censores Universales se asignan a cada administración superuniversal. Estos tres grupos son Personalidades Coordinadas de la Trinidad, y se originan divina y directamente en la Trinidad del Paraíso.

Las restantes tres órdenes, los Mensajeros Poderosos, Aquellos Elevados en Autoridad, y Aquellos sin Nombre ni Número, son mortales ascendentes glorificados. La primera de estas órdenes se elevó a través del régimen ascendente y pasó a través de Havona en los días de Grandfanda. Habiendo logrado el Paraíso, fueron admitidos al Cuerpo de la Finalidad, abrazados por la Trinidad del Paraíso, y posteriormente asignados al servicio excelso de los Ancianos de los Días. Como clase, estas tres órdenes se conocen como los Hijos Trinidizados de Logro, siendo de origen dual pero ahora al servicio de la Trinidad. De esta manera la rama ejecutiva del gobierno superuniversal fue ampliada para incluir a los hijos glorificados y perfeccionados de los mundos evolucionarios.

El concilio coordinado del superuniverso está compuesto de los siete grupos ejecutivos arriba nombrados y de los siguientes gobernantes de sectores y otros supervisores regionales:

1. Perfecciones de los Días —los gobernantes de los sectores mayores de un superuniverso.
2. Recientes de los Días —los directores de los sectores menores de un superuniverso.
3. Uniones de los Días —los consejeros del Paraíso para los gobernantes de los universos locales.
4. Fieles de los Días —los consejeros del Paraíso para los gobernantes Altísimos de los gobiernos de las constelaciones.
5. Los Hijos Instructores Trinitarios que al azar se encuentren asignados a la sede central de un superuniverso.
6. Los Eternos de los Días que puedan encontrarse presentes en la sede central superuniversal.
7. Los Siete Auxiliares Reflexivos de Imagen —los portavoces de los Siete Espíritus Reflexivos y, a través de ellos, representantes de los Siete Espíritus Rectores del Paraíso.

Los Auxiliares Reflexivos de Imagen también funcionan como representantes de numerosos grupos de seres que son influyentes en los gobiernos superuniversales, pero que por distintas razones no se encuentran al presente plenamente activos en sus capacidades individuales. Comprendidos dentro de este grupo se encuentran: la manifestación en evolución de la personalidad superuniversal del Ser Supremo, los Supervisores No Cualificados del Supremo, los Vicegerentes Cualificados del Último, los reflexivadores de enlace innominados de Majeston y los representantes espirituales superpersonales del Hijo Eterno.

En casi todo momento, es posible encontrar representantes de todos los grupos de seres creados en los mundos sede central de los superuniversos. La tarea rutinaria de ministerio de los superuniversos la realizan los poderosos seconafines y otros miembros de la vasta familia del Espíritu Infinito. En el trabajo de estos maravillosos centros de administración superuniversal, el control, el ministerio y el juicio ejecutivo, las inteligencias de cada esfera de la vida universal se combinan en servicio eficaz, administración sabia, ministerio amante y juicio justo.

Los superuniversos no mantienen ningún tipo de representación diplomática; están completamente aislados unos de los otros. Conocen de los asuntos mutuos sólo a través de la agencia distribuidora en el Paraíso, mantenido por los Siete Espíritus Rectores. Estos gobernantes trabajan en los concilios de sabiduría divina para el bienestar de sus propios superuniversos, a pesar de los acontecimientos que puedan estar ocurriendo en otras secciones de la creación universal. Este aislamiento de los superuniversos persistirá hasta el momento en que se logre su coordinación mediante una actualización más completa de la personalidad y soberanía del Ser Supremo experiencial ahora en evolución.

11. LA ASAMBLEA DELIBERANTE

Es en mundos tales como Uversa donde los seres que representan la autocracia de la perfección y la democracia de la evolución se encuentran cara a cara. La rama ejecutiva del supergobierno se origina en los ámbitos de la perfección; la rama legislativa surge del florecimiento de los universos evolucionarios.

La asamblea deliberante del superuniverso está confinada al mundo sede central. Este concilio legislativo o asesor consiste en siete cámaras, y cada universo local admitido a los concilios superuniversales elige su representante nativo para cada una de ellas. Los concilios elevados de dichos universos locales eligen estos representantes entre los peregrinos ascendentes graduados de Orvonton que se encuentran en Uversa, acreditados para su transporte a Havona. El término promedio de servicio es alrededor de cien años de tiempo estándar superuniversal.

No he sabido nunca de una desavenencia entre los ejecutivos de Orvonton y la asamblea de Uversa. Jamás hasta ahora, en la historia de nuestro superuniverso, ha sancionado el cuerpo deliberante una recomendación que la división ejecutiva del supergobierno haya titubeado siquiera en ejecutar. Ha prevalecido siempre la más perfecta armonía y acuerdo de trabajo, todo lo cual atestigua al hecho de que los seres evolucionarios pueden verdaderamente lograr las alturas de la sabiduría perfeccionada que los califica para departir con las personalidades de origen perfecto y naturaleza divina. La presencia de las asambleas deliberantes en la sede central de los superuniversos revela la sabiduría, y antecede el triunfo último del entero vasto concepto evolucionario del Padre Universal y de su Hijo Eterno.

12. LOS TRIBUNALES SUPREMOS

Cuando hablamos de las ramas ejecutiva y deliberante del gobierno de Uversa, podríais, por analogía con ciertas formas de gobierno civil urantiano, razonar que hemos de tener una tercera rama o rama judicial, y así es; pero no tiene personal separado. Nuestras cortes están constituidas como sigue: preside, según la naturaleza y gravedad del caso, un Anciano de los Días, un Perfeccionador de la Sabiduría, o un Consejero Divino. Las pruebas a favor o en contra de un individuo, planeta, sistema, constelación o universo son presentadas e interpretadas por los Censores. La defensa de los hijos del tiempo y de los planetas evolucionarios está a cargo de los Mensajeros Poderosos, los observadores oficiales del gobierno superuniversal ante los universos y sistemas locales. La actitud del gobierno más alto está descrita por Aquellos Elevados en Autoridad. Generalmente el veredicto es formulado por una comisión de número variable que consiste por igual en Aquellos Sin Nombre Ni Número y un grupo de personalidades comprensivas elegidas de la asamblea deliberante.

Las cortes de los Ancianos de los Días son los tribunales elevados de revisión para la adjudicación espiritual de todos los universos competentes. Los Hijos Soberanos de los universos locales son supremos en su propio dominio, están sujetos al supergobierno sólo en cuanto someten voluntariamente asuntos para asesoría o adjudicación por parte de los Ancianos de los Días, excepto en asuntos que comprenden la extinción de las criaturas volitivas. Los mandatos judiciales se originan en los universos locales, pero las sentencias que comprenden la extinción de una criatura volitiva siempre se formulan en la sede central del superuniverso y son ejecutadas allí. Los Hijos de los universos locales pueden decretar la sobrevivencia de un hombre mortal, pero sólo los Ancianos de los Días pueden sentarse en juicio ejecutivo de los asuntos de la vida y muerte eternas.

En todos los asuntos que no requieren proceso, presentación de pruebas, los Ancianos de los Días o sus asociados toman las decisiones, y estas decisiones son siempre unánimes. Aquí nos encontramos ante los concilios de la perfección. No hay desacuerdos ni opiniones minoritarias en los decretos de estos tribunales supremos y superlativos.

Con algunas pocas excepciones, los supergobiernos ejercen jurisdicción sobre todas las cosas y todos los seres de sus respectivos dominios. No hay apelación de las decisiones y decretos de las autoridades superuniversales puesto que éstas representan las opiniones conjuntas de los Ancianos de los Días y del Espíritu Rector que, desde el Paraíso, preside los destinos del superuniverso correspondiente.

13. LOS GOBIERNOS DE LOS SECTORES

Un *sector mayor* comprende aproximadamente un décimo de un superuniverso y consiste en cien sectores menores, diez mil universos locales, alrededor de cien mil millones de mundos habitables. Tres Perfecciones de los Días, Personalidades Supremas de la Trinidad, administran a estos sectores mayores.

Las cortes de los Perfecciones de los Días están constituidas de forma muy semejante a aquellas de los Ancianos de los Días, excepto que ellos no se sientan en juicio espiritual de los reinos. El trabajo de estos gobiernos de sector mayor tiene que ver fundamentalmente con el estado intelectual de una vasta creación. Los sectores mayores arrestan, adjudican, dispensan y tabulan, para el objetivo de la información ante las cortes de los Ancianos de los Días, todos los asuntos de importancia superuniversal de naturaleza rutinaria y administrativa que no conciernen directamente la administración espiritual de los reinos o la operación de los planes de ascensión de los mortales formulados por los Gobernantes del Paraíso. El personal de un gobierno de sector mayor no difiere del de un superuniverso.

Así como los magníficos satélites de Uversa se ocupan de vuestra preparación espiritual final para ir a Havona, del mismo modo los setenta satélites de Umayor el quinto están dedicados a la capacitación y desarrollo intelectuales de vuestro superuniverso. Desde todo Orvonton, se congregan aquí los seres sabios que laboran incansablemente para preparar a los mortales del tiempo para su progreso ulterior hacia la carrera de la eternidad. La mayor parte de esta capacitación de los mortales ascendentes se realiza en los setenta mundos de estudio.

Los gobiernos del *sector menor* son presididos por tres Recientes de los Días. Su administración se ocupa principalmente del control físico, unificación, estabilización y coordinación rutinaria de la administración de los universos locales componentes. Cada sector menor comprende hasta cien universos locales, diez mil constelaciones, un millón de sistemas o alrededor de mil millones de mundos habitables.

Los mundos sede central del sector menor son el gran lugar de reunión de los Controladores Físicos Decanos. Estos mundos sede central están rodeados de siete esferas de instrucción que constituyen las escuelas de admisión del superuniverso y son los centros de capacitación para el conocimiento físico y administrativo relativo al universo de los universos.

Los administradores del gobierno del sector menor están bajo la jurisdicción inmediata de los gobernantes del sector mayor. Los Recientes de los Días reciben todos los informes de observaciones y coordinan todas las recomendaciones que son elevadas a un superuniverso desde los Uniones de los Días estacionados como observadores de la Trinidad y asesores en las esferas sede central de los universos locales y de los Fieles de los Días que similarmente están asignados a los concilios de los Altísimos en las sedes centrales de las constelaciones. Todos dichos informes son transmitidos a los Perfecciones de los Días en los sectores mayores, para que sean transmitidos posteriormente a las cortes de los Ancianos de los Días. Así el régimen de la Trinidad se extiende de las constelaciones de los universos locales hacia arriba hasta la sede central del superuniverso. Las sedes centrales del sistema local no tienen representantes de la Trinidad.

14. LOS PROPÓSITOS DE LOS SIETE SUPERUNIVERSOS

Existen siete propósitos principales que se están desarrollando en la evolución de los siete superuniversos. Cada propósito principal en la evolución del superuniverso hallará su expresión más plena tan sólo en uno de los siete superuniversos, y por lo tanto cada superuniverso tiene una función específica y una naturaleza singular.

Orvonton, el séptimo superuniverso, al cual pertenece vuestro universo local, se conoce principalmente por su extraordinaria y generosa dotación de ministerio misericordioso a los mortales de los reinos. Es reconocido por la manera en la cual prevalece la justicia, atemperada por la misericordia, y gobierna el poder, condicionado por la paciencia, mientras que se realizan libremente los sacrificios del tiempo para asegurar la estabilización de la eternidad. Orvonton es la demostración universal del amor y de la misericordia.

Sin embargo, es muy difícil describir nuestro concepto de la naturaleza verdadera del propósito evolucionario que se está desarrollando en Orvonton, pero podríamos sugerirlo diciendo que en esta supercreación creemos que los seis propósitos singulares de la evolución cósmica, tal como se manifiestan en las seis supercreaciones asociadas, están siendo aquí interasociadas en una significación del todo; y es por esta razón que a veces conjeturamos que la personalización evolucionada y terminada de Dios el Supremo en el futuro remoto y desde Uversa gobernará los siete superuniversos perfeccionados en toda la majestad experiencial de su para entonces logrado poder soberano todopoderoso.

Así como Orvonton es único en naturaleza e individual en destino, del mismo modo lo es cada uno de los seis superuniversos asociados. Gran parte de lo que sucede en Orvonton sin embargo no se os revela, y de estas características no reveladas de la vida de Orvonton, muchas encontrarán una expresión más completa en algún otro superuniverso. Los siete propósitos de la evolución superuniversal operan en todos los siete superuniversos, pero cada supercreación ofrecerá una expresión más plena de sólo uno de estos propósitos. Para que vosotros comprendáis más sobre estos propósitos superuniversales, mucho de lo que vosotros no comprendéis debería seros revelado, y aun así muy poco comprenderíais. Esta narrativa total presenta tan sólo un vistazo a vuelo de pájaro de la inmensa creación de la cual vuestro mundo y sistema local forman parte.

Vuestro mundo se denomina Urantia, y es el número 606 en el grupo planetario, o sistema, de Satania. Este sistema tiene actualmente 619 mundos habitados, y más de doscientos planetas adicionales están evolucionando favorablemente hacia volverse mundos habitados en algún tiempo futuro.

Satania tiene un mundo sede central denominado Jerusem, y es el sistema número veinticuatro en la constelación de Norlatiadek. Vuestra constelación, Norlatiadek, consiste en cien sistemas locales y tiene un mundo sede central denominado Edentia. Norlatiadek es el número setenta en el universo de Nebadon. El universo local de Nebadon consiste en cien constelaciones y tiene una capital conocida como Salvington. El universo de Nebadon es el número ochenta y cuatro en el sector menor de Ensa.

El sector menor de Ensa consiste en cien universos locales y tiene una capital denominada Umenor la tercera. Este sector menor es el número tres en el sector mayor de Splandon. Splandon consiste en cien sectores menores y tiene un mundo sede central denominado Umayor el quinto. Es el quinto sector mayor del superuniverso de Orvonton, el séptimo segmento del gran universo. Así pues podéis ubicar vuestro planeta en el esquema de la organización y administración del universo de los universos.

El número granuniversal de vuestro mundo, Urantia, es 5.342.482.337.666. Ése es el número de registro en Uversa y en el Paraíso, vuestro número en el catálogo de los mundos habitados. Conozco el número de registro de las esferas físicas, pero es de tamaño tan extraordinario que tendría muy poco significado práctico para la mente mortal.

Vuestro planeta forma parte de un cosmos enorme; vosotros pertenecéis a una familia casi infinita de mundos, pero vuestra esfera es administrada con igual precisión y se fomenta con igual amor como si fuera el único mundo habitado en toda la existencia.

[Presentado por un Censor Universal que proviene de Uversa.]

DOCUMENTO 16

LOS SIETE ESPÍRITUS RECTORES

LOS siete Espíritus Rectores del Paraíso son las personalidades primarias del Espíritu Infinito. En esta acción creadora séptuple de autoduplicación, el Espíritu Infinito agotó las posibilidades asociativas matemáticamente inherentes a la existencia del hecho de las tres personas de la Deidad. Si hubiese sido posible producir un número mayor de Espíritus Rectores, éstos habrían sido creados, pero tan sólo existían siete posibilidades asociativas, y sólo siete, inherentes en las tres Deidades. Y esto explica por qué el universo se opera en siete grandes divisiones, y por qué el número siete es básicamente fundamental en su organización y administración.

Los Siete Espíritus Rectores se originan en las siguientes siete semejanzas, y derivan sus características individuales de ellas:

1. El Padre Universal.
2. El Hijo Eterno.
3. El Espíritu Infinito.
4. El Padre y el Hijo.
5. El Padre y el Espíritu
6. El Hijo y el Espíritu.
7. El Padre, el Hijo y el Espíritu.

Muy poco sabemos sobre la acción del Padre y del Hijo en la creación de los Espíritus Rectores. Aparentemente éstos fueron traídos a la existencia por la acción personal del Espíritu Infinito, pero se nos ha instruido claramente que tanto el Padre como el Hijo participaron en su origen.

En carácter y naturaleza espirituales, estos Siete Espíritus del Paraíso son como uno solo, en todos los demás aspectos de la identidad ellos son muy diferentes, y los resultados de sus funciones en los superuniversos son tales que las diferencias individuales de cada uno son obviamente discernibles. Todos los planes ulteriores de los siete segmentos del gran universo y aun los segmentos correlativos del espacio exterior han sido condicionados por la diversidad distinta de la diversidad espiritual de estos Siete Espíritus Rectores de supervisión suprema y última.

Los Espíritus Rectores tienen muchas funciones, pero en este momento su ámbito específico es la supervisión central de los siete superuniversos. Cada Espíritu Rector mantiene una enorme sede central enfocadora de la fuerza, que circula lentamente alrededor de la periferia del Paraíso, manteniendo siempre una posición opuesta al superuniverso de su inmediata supervisión y en el punto focal en el Paraíso de su control especializado de poder y distribución segmental de la energía. Los rayos que limitan cada uno de los superuniversos efectivamente convergen en la sede central en el Paraíso del Espíritu Rector supervisor.

1. LA RELACIÓN CON LA DEIDAD TRIUNA

El Creador Conjunto, el Espíritu Infinito, es necesario para completar la personalización triuna de la Deidad no dividida. Esta personalización triple de la Deidad es inherentemente séptuple en posibilidad de expresión individual y asociativa; de aquí que el plan subsiguiente de crear universos habitados por seres inteligentes y potencialmente espirituales, debidamente expresivos del Padre, el Hijo y el Espíritu, hiciera inevitable la personalización de los Siete Espíritus Rectores. Nos referimos a la personalización triple de la Deidad como la *inevitabilidad absoluta*, mientras que nos referimos a la aparición de los Siete Espíritus Rectores como una *inevitabilidad subabsoluta*.

Aunque los Siete Espíritus Rectores apenas son expresivos de la Deidad *triple*, son el retrato eterno de la Deidad *séptuple*, las funciones activas y asociativas de las tres personas por siempre existentes de la Deidad. Por medio de estos Siete Espíritus, en ellos y a través de ellos, el Padre Universal, el Hijo Eterno o el Espíritu Infinito, o cualquier asociación dual, pueden funcionar como tal. Cuando el Padre, el Hijo y el Espíritu actúan juntos, pueden funcionar a través del Espíritu Rector Número Siete, y así lo hacen, pero no como la Trinidad. Los Espíritus Rectores representan singular y colectivamente cada una y todas las funciones posibles de la Deidad, únicas y varias, pero no colectivas, no las de la Trinidad. El Espíritu Rector Número Siete no funciona personalmente con respecto a la Trinidad del Paraíso, y es por esto que puede funcionar en forma *personal* para el Ser Supremo.

Pero cuando los Siete Espíritus Rectores abandonan sus sedes individuales de poder personal y autoridad superuniversal y se congregan alrededor del Actor Conjunto en la presencia triuna de la Deidad del Paraíso, allí y en ese momento ellos representan colectivamente el poder funcional, la sabiduría y la autoridad de la Deidad no dividida —la Trinidad— ante los universos en evolución y en ellos. Dicha unión paradisiaca de la expresión séptuple primordial de la Deidad verdaderamente comprende, literalmente abraza, todos y cada uno de los atributos y actitudes de las tres Deidades eternas en la Supremacía y en la Ultimidad. Para todo propósito práctico los Siete Espíritus Rectores comprenden, allí y en ese momento, el ámbito funcional del Supremo-Último en el universo maestro y para el mismo.

Por lo que podemos discernir, estos Siete Espíritus están asociados con las actividades divinas de las tres personas eternas de la Deidad; no detectamos prueba alguna de una asociación directa con las presencias funcionales de las tres fases eternas de lo Absoluto. Los Espíritus Rectores, cuando se asocian, representan las Deidades del Paraíso en lo que puede concebirse groseramente como el ámbito finito de acción. Podría comprender mucho de lo que es último, pero *no* de lo absoluto.

2. LA RELACIÓN CON EL ESPÍRITU INFINITO

Así como el Hijo Eterno y Original se revela a través de las personas de número en constante aumento de los Hijos divinos, del mismo modo, el Espíritu Infinito y Divino se revela a través de los canales de los Siete Espíritus Rectores y de sus grupos espirituales asociados. En el centro de los centros, el Espíritu Infinito es alcanzable, pero no todos los que llegan al Paraíso son inmediatamente capaces de discernir su personalidad y presencia diferenciada; pero todos los que logran el universo central pueden comunicarse inmediatamente con uno de los Siete Espíritus Rectores, y así lo hacen, precisamente el que preside el superuniverso del cual proviene el recién llegado peregrino del espacio.

El Padre del Paraíso habla al universo de los universos sólo a través de su Hijo, mientras que él y el Hijo conjuntamente actúan sólo a través del Espíritu Infinito. Fuera del Paraíso y de Havona el Espíritu Infinito *habla* sólo mediante las voces de los Siete Espíritus Rectores.

El Espíritu Infinito ejerce una influencia de *presencia personal* dentro de los confines del sistema Paraíso-Havona; en otros lugares su presencia espiritual personal se ejerce mediante uno de los Siete Espíritus Rectores y a través de él. Por lo tanto, la naturaleza singular del Espíritu Rector supervisor de ese segmento de la creación condiciona la presencia espiritual superuniversal de la Tercera Fuente y Centro en cualquier mundo o en cualquier individuo. Viceversa, las líneas combinadas de la fuerza espiritual e inteligencia pasan hacia adentro dirigiéndose a la Tercera Persona de la Deidad a través de los Siete Espíritus Rectores.

Los Siete Espíritus Rectores están dotados colectivamente de atributos supremos-últimos de la Tercera Fuente y Centro. Aunque cada uno de ellos comparte individualmente de esta dotación, tan sólo colectivamente revelan los atributos de omnipotencia, omnisciencia y omnipresencia. Ninguno de ellos puede funcionar así universalmente; como individuos y en el ejercicio de estos poderes de supremacía y ultimidad, cada uno está limitado personalmente al superuniverso de supervisión inmediata.

Todo lo que se os ha dicho sobre la divinidad y personalidad del Actor Conjunto se aplica en igual forma y plenamente a los Siete Espíritus Rectores, que tan eficazmente distribuyen el Espíritu Infinito a los siete segmentos del gran universo de acuerdo con su dotación divina y en la manera de sus naturalezas distintas e individualmente únicas. Por lo tanto puede ser apropiado aplicar al grupo colectivo de los siete cualquiera y todos los nombres del Espíritu Infinito. Colectivamente, en todos los niveles subabsolutos, son uno con el Creador Conjunto.

3. LA IDENTIDAD Y DIVERSIDAD DE LOS ESPÍRITUS RECTORES

Los Siete Espíritus Rectores son seres indescriptibles, pero ellos son clara y definitivamente personales. Tienen nombres, pero nosotros elegimos presentarlos por número. Como personalizaciones primarias del Espíritu Infinito, son semejantes, pero como expresiones primarias de las siete asociaciones posibles de la Deidad Triuna, ellos son esencialmente distintos en su naturaleza, y esta diversidad de naturaleza determina su diferencial de conducta superuniversal. Estos Siete Espíritus Rectores se pueden describir como sigue:

Espíritu Rector Número Uno. En una forma muy especial este Espíritu es la representación directa del Padre del Paraíso. Es una manifestación peculiar y eficaz del poder, el amor y la sabiduría del Padre Universal. Es el asociado estrecho y asesor excelso del jefe de los Monitores Misteriosos, es el ser que preside el Colegio de Ajustadores Personalizados en Divinington. En todas las asociaciones de los Siete Espíritus Rectores, siempre es el Espíritu Rector Número Uno quien habla por el Padre Universal.

Este Espíritu preside el primer superuniverso y, aunque exhiba infaliblemente la naturaleza divina de la personalización primaria del Espíritu Infinito, parece asemejarse más específicamente al Padre Universal en su carácter. Él está siempre en enlace personal con los siete Espíritus Reflexivos de la sede central del primer superuniverso.

Espíritu Rector Número Dos. Este Espíritu retrata adecuadamente la naturaleza incomparable y el carácter encantador del Hijo Eterno, el primogénito de toda la creación. Siempre está en asociación estrecha con todas las órdenes de los Hijos de Dios en cualquier momento donde éstos puedan estar en el universo residencial como individuos o en los agradables cónclaves. En todas las asambleas de los Siete Espíritus Rectores, éste siempre habla por el Hijo Eterno y en nombre de él.

Este Espíritu dirige los destinos del superuniverso número dos y gobierna este vasto dominio tal como lo haría el Hijo Eterno y siempre está en enlace con los Siete Espíritus Reflexivos ubicados en la capital del segundo superuniverso.

Espíritu Rector Número Tres. Se asemeja particularmente al Espíritu Infinito, y dirige los movimientos y tareas de muchas de las personalidades elevadas del Espíritu Infinito. Preside sus asambleas y se vincula estrechamente con todas las personalidades que se originan exclusivamente en la Tercera Fuente y Centro. Cuando los Siete Espíritus Rectores están en concilio, es el Espíritu Rector Número Tres quien siempre habla por el Espíritu Infinito.

Este Espíritu está a cargo del superuniverso número tres, y administra los asuntos de este segmento tal como lo haría el Espíritu Infinito. Está siempre en enlace con los Espíritus Reflexivos en la sede central del tercer superuniverso.

Espíritu Rector Número Cuatro. Al compartir las naturalezas combinadas del Padre y del Hijo, este Espíritu Rector es la influencia determinante respecto de las directivas y procedimientos del Padre-Hijo en los concilios de los Siete Espíritus Rectores. Este Espíritu es el director en jefe y asesor de aquellos seres ascendentes que han logrado el Espíritu Infinito y que por lo tanto son candidatos para ver al Hijo y al Padre. Fomenta ese enorme grupo de personalidades que se originan en el Padre y el Hijo. Cuando se hace necesario representar al Padre y al Hijo en la asociación de los Siete Espíritus Rectores, él es siempre el Espíritu Rector que habla.

Este Espíritu patrocina el cuarto segmento del gran universo de acuerdo con su asociación peculiar de los atributos del Padre Universal y del Hijo Eterno. Está siempre en enlace personal con los Espíritus Reflexivos de la sede central del cuarto superuniverso.

Espíritu Rector Número Cinco. Esta personalidad divina que combina tan exquisitamente el carácter del Padre Universal y del Espíritu Infinito es el asesor de ese enorme grupo de seres conocidos como los directores del poder, centros del poder y controladores físicos. Este Espíritu también patrocina todas las personalidades que se originan en el Padre y el Actor Conjunto. En los concilios de los Siete Espíritus Rectores, cuando se habla de la actitud del Padre-Espíritu, es siempre el Espíritu Rector Número Cinco quien habla.

Este Espíritu dirige el bienestar del quinto superuniverso de una manera que sugiere la acción combinada del Padre Universal y del Espíritu Infinito. Está siempre en enlace con los Espíritus Reflexivos en la sede central del quinto superuniverso.

Espíritu Rector Número Seis. Este ser divino parece retratar el carácter combinado del Hijo Eterno y del Espíritu Infinito. Siempre y cuando se congregan en el universo central las criaturas creadas conjuntamente por el Hijo y el Espíritu, es este Espíritu Rector quien los asesora; y siempre que, en los concilios de los Siete Espíritus Rectores sea necesario hablar conjuntamente por el Hijo Eterno y el Espíritu Infinito, es el Espíritu Rector Número Seis quien responde.

Este Espíritu dirige los asuntos del sexto superuniverso tal como lo harían el Hijo Eterno y el Espíritu Infinito. Está siempre en enlace con los Espíritus Reflexivos en la sede central del sexto superuniverso.

Espíritu Rector Número Siete. El Espíritu que preside el séptimo superuniverso es un retrato singularmente preciso del Padre Universal, el Hijo Eterno y el Espíritu Infinito. El séptimo Espíritu, el asesor y fomentador de todos los seres de origen triuno, también es el asesor y director de todos los peregrinos ascendentes de Havona, aquellos seres bajos que han logrado las cortes de la gloria a través del ministerio combinado del Padre, el Hijo y el Espíritu.

El Séptimo Espíritu Rector no es orgánicamente representativo de la Trinidad del Paraíso; pero es un hecho conocido que su naturaleza personal y espiritual es el retrato del Actor Conjunto en proporciones iguales de las tres personas infinitas cuya unión de Deidad es la Trinidad del Paraíso, cuya función como tal es la fuente de la naturaleza personal y espiritual de Dios el Supremo. Por eso, el Séptimo Espíritu Rector revela una relación personal y orgánica con la persona espiritual del Supremo en evolución. Por lo tanto, en los altos concilios de los Espíritus Rectores, cuando es necesario votar por la actitud personal combinada del Padre, el Hijo y el Espíritu o describir la actitud espiritual del Ser Supremo, es el Espíritu Rector Número Siete quien actúa. De esta manera, se vuelve inherentemente el jefe y presidente del concilio en el Paraíso de los Siete Espíritus Rectores.

Ninguno de los Siete Espíritus es representativo orgánicamente de la Trinidad del Paraíso, pero cuando se unen como Deidad Séptuple, esta unión es en un sentido de deidad no en un sentido personal equivalente al nivel funcional asociable con las funciones de la Trinidad. En este sentido el «Espíritu Séptuple» es funcionalmente asociable con la Trinidad del Paraíso. También en este sentido es que el Espíritu Rector Número Siete a veces habla en confirmación de las actitudes de la Trinidad o, más bien, actúa como portavoz de la actitud de la unión del Espíritu Séptuple sobre la actitud de la unión de la Deidad Triple, la actitud de la Trinidad del Paraíso.

Las funciones múltiples del Séptimo Espíritu Rector van por lo tanto desde un retrato combinado de las *naturalezas personales* del Padre, el Hijo y el Espíritu, a través de una representación de la *actitud personal* de Dios el Supremo, hasta una revelación de la *actitud de la deidad* de la Trinidad del Paraíso. Y en ciertos aspectos este Espíritu presidente manifiesta las *actitudes* del Último y del Supremo-Último.

Es el Espíritu Rector Número Siete quien, en sus múltiples funciones, patrocina personalmente el progreso de los candidatos para la ascensión desde los mundos del tiempo en sus esfuerzos por lograr la comprensión de la Deidad no dividida de la Supremacía. Dicha comprensión implica el entendimiento de la soberanía existencial de la Trinidad de la Supremacía en tal forma coordinada con un concepto de la soberanía experiencial en crecimiento del Ser Supremo que constituye el entendimiento de la criatura de la unidad de la Supremacía. La comprensión por parte de la criatura de estos tres factores iguala la comprensión havonaica de la realidad Trinitaria y dota a los peregrinos del tiempo con la capacidad para penetrar finalmente en la Trinidad, para descubrir las tres personas infinitas de la Deidad.

La incapacidad de los peregrinos de Havona para encontrar plenamente a Dios el Supremo se compensa mediante el Séptimo Espíritu Rector, cuya naturaleza triuna es, de una manera peculiar, reveladora de la persona espiritual del Ser Supremo. Durante la actual era universal de imposibilidad de contacto con la persona del Supremo, el Espíritu Rector Número Siete actúa en el lugar del Dios de las criaturas ascendentes en lo que concierne las relaciones personales. Él es el único ser espiritual elevado que todos los seres ascendentes reconocerán con seguridad, y hasta cierto punto comprenderán, cuando alcancen los centros de la gloria.

Este Espíritu Rector está siempre en enlace con los Espíritus Reflexivos de Uversa, la sede central del séptimo superuniverso, nuestro propio segmento de la creación. Su administración de Orvonton revela la maravillosa simetría de la combinación coordinada de las naturalezas divinas del Padre, el Hijo y el Espíritu.

4. LOS ATRIBUTOS Y FUNCIONES DE LOS ESPÍRITUS RECTORES

Los Siete Espíritus Rectores son la representación plena del Espíritu Infinito ante los universos evolucionarios. Ellos representan la Tercera Fuente y Centro en las relaciones de energía, mente y espíritu. Aunque actúan como jefes coordinadores del control administrativo universal del Actor Conjunto, no olvidéis que se originaron en las acciones creadoras de las Deidades del Paraíso. Es literalmente verdad que estos Siete Espíritus son el poder físico personalizado, la mente cósmica, y la presencia espiritual de la Deidad triuna, «los Siete Espíritus de Dios enviados a todo el universo».

Los Espíritus Rectores son singulares en el sentido de que actúan en todos los niveles universales de la realidad, a excepción del absoluto. Son, por lo tanto, supervisores eficaces y perfectos de todas las fases de los asuntos administrativos en todos los niveles de las actividades superuniversales. Es difícil para la mente mortal comprender mucho de los Espíritus Rectores porque la tarea de éstos es tan altamente especializada y sin embargo lo comprende todo, tan excepcionalmente material y al mismo tiempo tan exquisitamente espiritual. Estos creadores versátiles de la mente cósmica son los antepasados de los Directores del Poder Universal y son, ellos mismos, directores supremos de la vasta y extensa creación de las criaturas espirituales.

Los Siete Espíritus Rectores son los creadores de los Directores del Poder Universal y de sus asociados, entidades que son indispensables para la organización, control y regulación de las energías físicas del gran universo. Estos mismos Espíritus Rectores ayudan muy materialmente a los Hijos Creadores en la tarea de formar y organizar los universos locales.

No hemos podido hallar una relación personal entre la tarea de los Espíritus Rectores en cuanto a la energía cósmica y las funciones del Absoluto No Cualificado que conciernen la fuerza. Se dirigen todas las manifestaciones de la energía bajo la jurisdicción de los Espíritus Rectores desde la periferia del Paraíso; no parecen estar asociadas de ninguna forma directa con los fenómenos de la fuerza identificados con la superficie inferior del Paraíso.

Incuestionablemente, cuando nos encontramos con las actividades funcionales de los distintos Supervisores del Poder Morontial, nos enfrentamos con algunas de las actividades no reveladas de los Espíritus Rectores; ¿Quién, aparte de estos antepasados de los controladores físicos y de los ministros espirituales, podría haber conseguido combinar de tal modo y asociar las energías materiales y espirituales como para producir una fase hasta ese momento inexistente de la realidad universal —la sustancia morontial y la mente morontial?

Mucha de la realidad de los mundos espirituales es de orden morontial, una fase de la realidad universal totalmente desconocida en Urantia. La meta de la existencia de la personalidad es espiritual, pero las creaciones morontiales siempre intervienen, salvando el obstáculo entre los ámbitos materiales de origen mortal y las esferas superuniversales de estado espiritual en avance. Es en este ámbito en que los Espíritus Rectores hacen su contribución más importante al plan de la ascensión del hombre al Paraíso.

Los Siete Espíritus Rectores tienen representantes personales que funcionan en todo el gran universo; pero puesto que una gran mayoría de estos seres subordinados no se ocupan directamente del esquema ascendente de la progresión mortal en el camino hacia la perfección del Paraíso, poco o nada se ha revelado sobre ellos. Muchísima de la actividad de los Siete Espíritus Rectores permanece oculta a la comprensión humana porque nada tiene que ver directamente con vuestro problema de ascender al Paraíso.

Es altamente probable, aunque no podemos ofrecer una prueba clara, que el Espíritu Rector de Orvonton ejerce una influencia decidida sobre las siguientes esferas de actividad:

1. Los procedimientos para la iniciación de la vida por los Portadores de Vida del universo local.

2. Las activaciones de la vida de los espíritus ayudantes de la mente que el Espíritu Creativo del universo local dona a los mundos.

3. Las fluctuaciones de las manifestaciones de energía exhibidas por las unidades de materia organizada que responden a la gravedad lineal.

4. La conducta de la energía emergente cuando se libera plenamente de la atracción del Absoluto No Cualificado, volviéndose de esta manera reactiva a la influencia directa de la gravedad lineal y a las manipulaciones de los Directores del Poder Universal y de sus asociados.

5. La dotación del espíritu de ministerio de un Espíritu Creativo del universo local, conocido en Urantia como el Espíritu Santo.

6. La dotación subsiguiente del espíritu de los Hijos autootorgados; conocidos en Urantia como el Confortador o el Espíritu de la Verdad.

7. El mecanismo de reflexividad de los universos locales y del superuniverso. Muchas características relacionadas con este fenómeno extraordinario no se pueden explicar razonablemente o comprender racionalmente, sin postular la actividad de los Espíritus Rectores en asociación con el Actor Conjunto y con el Ser Supremo.

A pesar de que no podamos comprender adecuadamente la actuación múltiple de los Siete Espíritus Rectores, estamos seguros de que hay dos ámbitos en la gama enorme de actividades universales con los cuales ellos no tienen nada que ver: el otorgamiento y el ministerio de los Ajustadores del Pensamiento y las funciones inescrutables del Absoluto No Cualificado.

5. LA RELACIÓN CON LAS CRIATURAS

Cada segmento del gran universo, cada universo y cada mundo, disfruta de los beneficios del asesoramiento y sabiduría unidas de los Siete Espíritus Rectores, pero recibe la atención y cuidado personal de uno solo. Mas la naturaleza personal de cada Espíritu Rector satura enteramente y condiciona en forma singular su propio superuniverso.

A través de esta influencia personal de los Siete Espíritus Rectores cada criatura de cada orden de seres inteligentes, fuera del Paraíso y de Havona, debe llevar la marca característica de individualidad que indica la naturaleza ancestral de uno de estos Siete Espíritus Paradisiacos. En lo que se refiere a los siete superuniversos, cada criatura nativa, hombre o ángel, llevará por siempre esta marca de identificación natal.

Los Siete Espíritus Rectores no invaden directamente las mentes materiales de las criaturas de los mundos evolucionarios del espacio. Los mortales de Urantia no experimentan la presencia personal de la influencia mente-espíritu del Espíritu Rector de Orvonton. Si este Espíritu Rector obtiene algún tipo de contacto con la mente mortal individual durante las primitivas edades evolucionarias de un mundo habitado, esto debe ocurrir a través del ministerio del Espíritu Creativo del universo local, la consorte y asociada del Hijo Creador de Dios que preside los destinos de cada creación local. Pero este mismo Espíritu Creativo Materno es, en su naturaleza y carácter, muy parecido al Espíritu Rector de Orvonton.

La marca física de un Espíritu Rector es una parte del origen material del hombre. La entera carrera morontial se vive bajo la influencia continuada de este mismo Espíritu Rector. No es extraño que la subsiguiente carrera espiritual de dicho mortal ascendente no desarraigue jamás totalmente la marca característica de este mismo Espíritu supervisor. La huella de un Espíritu Rector es básica para la existencia misma de toda etapa pre-Havona de ascensión mortal.

Las tendencias claras de la personalidad exhibidas en la experiencia vital de los mortales evolucionarios, que son características de cada superuniverso, y que son expresivas directamente de la naturaleza del Espíritu Rector dominante, no se borran nunca completamente, ni siquiera después de que dichos seres ascendentes hayan sido sometidos a la prolongada capacitación y a la disciplina unificadora que se encuentran en mil millones de esferas educacionales de Havona. Aun la subsiguiente cultura intensiva en el Paraíso no alcanza para desarraigar las marcas del origen superuniversal. A lo largo de toda la eternidad, un mortal ascendente mostrará rasgos que indican el Espíritu que dirige el superuniverso de natalidad. Aun en el Cuerpo de la Finalidad, cuando se desea llegar a un retrato *completo* de la relación de la Trinidad con la creación evolucionaria, siempre se congrega un grupo de siete finalistas, uno de cada superuniverso.

6. LA MENTE CÓSMICA

Los Espíritus Rectores son la fuente séptuple de la mente cósmica, el potencial intelectual del gran universo. Esta mente cósmica es una manifestación subabsoluta de la mente de la Tercera Fuente y Centro, y de ciertas maneras, se relaciona funcionalmente con la mente del Ser Supremo en evolución.

En un mundo tal como Urantia no encontramos una influencia directa de los Siete Espíritus Rectores en los asuntos de las razas humanas. Vivís bajo la influencia inmediata del Espíritu Creativo de Nebadon. Sin embargo estos mismos Espíritus Rectores dominan las reacciones básicas de toda mente de criatura porque ellos son las fuentes auténticas de los potenciales intelectuales y espirituales que han sido especializados en los universos locales para funcionar en la vida de aquellos individuos que habitan los mundos evolucionarios del tiempo y del espacio.

El hecho de la mente cósmica explica la similitud de varios tipos de mentes humanas y superhumanas. No sólo hay atracción entre los espíritus semejantes, sino que las mentes semejantes también son muy fraternales y se inclinan a la cooperación las unas con las otras. Se han observado algunas mentes humanas que funcionan en canales de sorprendente similitud y en un acuerdo inexplicable.

En todas las asociaciones de personalidades de la mente cósmica existe una cualidad que podría denominarse la «reacción a la realidad». Es esta dotación cósmica universal de las criaturas volitivas la que las salva de volverse víctimas desvalidas de las suposiciones a priori implícitas de la ciencia, la filosofía y la la religión. Esta sensibilidad a la realidad de la mente cósmica responde a ciertas fases de la realidad del mismo modo en que la materia y la energía responden a la gravedad. Sería aún más correcto decir que estas realidades supermateriales responden a la mente del cosmos.

La mente cósmica responde sin falla (reconoce la respuesta) en tres niveles de la realidad universal. Estas reacciones son autoevidentes para las mentes de razonamiento claro y pensamiento profundo. Estos niveles de la realidad son:

1. *Causación* —el ámbito de la realidad de los sentidos físicos, los ámbitos científicos de la uniformidad lógica, la diferenciación de lo factual y de lo no factual, las conclusiones reflexivas basadas en la reacción cósmica. Ésta es la forma matemática de la discriminación cósmica.

2. *Deber* —el ámbito de la realidad de la moral y del reino filosófico, el campo de la razón, el reconocimiento del bien y del mal relativos. Ésta es la fórmula judicial de la discriminación cósmica.

3. *Adoración* —el ámbito espiritual de la realidad de la experiencia religiosa, la comprensión personal de la fraternidad divina, el reconocimiento de los valores espirituales, la seguridad de la sobrevivencia eterna, la ascensión del estado de siervos de Dios al de regocijo y libertad de los hijos de Dios. Éste es el discernimiento más elevado de la mente cósmica, la forma reverencial y adoradora de la discriminación cósmica.

Estos discernimientos científicos, morales y espirituales, estas reacciones cósmicas, son innatas en la mente cósmica, que dota a todas las criaturas volitivas. La experiencia del vivir no deja nunca de desarrollar estas tres intuiciones cósmicas; ellas constituyen la autoconciencia del pensamiento reflexivo. Pero es triste registrar que tan pocas personas en Urantia se regocijan en cultivar estas cualidades de pensamiento cósmico valiente e independiente.

En las dotaciones de mente a los universos locales, estos tres discernimientos de la mente cósmica constituyen las premisas a priori que posibilitan que el hombre funcione como una personalidad racional y autoconsciente en los ámbitos de la ciencia, la filosofía y la religión. Dicho de otra manera, el reconocimiento de la *realidad* de estas tres manifestaciones del Infinito es mediante una técnica cósmica de autorrevelación. La materia-energía se reconocen por la lógica matemática de los sentidos; la mente-razón intuitivamente conoce su deber moral; la fe-espíritu (la adoración) es la religión de la realidad de la experiencia espiritual. Estos tres factores básicos en el pensamiento reflexivo pueden unificarse y coordinarse en el desarrollo de la personalidad, o se pueden volver desproporcionados y virtualmente no relacionados en sus funciones respectivas. Pero cuando se unifican, producen un carácter fuerte que consiste en la correlación de una ciencia factual, una filosofía moral, y una experiencia religiosa genuina. Y son estas tres intuiciones cósmicas las que prestan validez objetiva, realidad, a la experiencia humana en y con las cosas, los significados y los valores.

Es propósito de la enseñanza desarrollar y agudizar estas dotaciones innatas de la mente humana; de la civilización, expresarlas; de la experiencia de vida, comprenderlas; de la religión, ennoblecerlas; y de la personalidad, unificarlas.

7. LA MORAL, LA VIRTUD Y LA PERSONALIDAD

La inteligencia por sí sola no puede explicar la naturaleza moral. La moralidad, la virtud, son indígenas a la personalidad humana. La intuición moral, la comprensión del deber, es un componente de la dotación mental humana que está asociada con otros elementos inalienables de la naturaleza humana: la curiosidad científica y el discernimiento espiritual. La mentalidad del hombre trasciende en mucho la de sus primos animales, pero es su naturaleza moral y religiosa la que le distingue del mundo animal.

La respuesta selectiva de un animal se limita al nivel motor de conducta. El supuesto discernimiento de los animales más elevados está en un nivel motor y generalmente aparece tan sólo después de la experiencia motora de prueba y error. El hombre es capaz de ejercer discernimiento científico, moral y espiritual antes de toda exploración o experimentación.

Tan sólo una personalidad puede reconocer lo que hace antes de hacerlo; tan sólo personalidades poseen el discernimiento antes de la experiencia. Una personalidad puede observar antes de saltar y por lo tanto puede aprender de la observación así como de la acción de saltar. Un animal sin personalidad generalmente aprende sólo saltando.

Como resultado de la experiencia, un animal puede examinar las diferentes formas de conseguir una meta y de seleccionar un enfoque basado en la experiencia acumulada. Pero una personalidad también puede examinar la meta misma y juzgar su importancia, su valor. La inteligencia por sí sola puede discriminar en cuanto a la mejor manera de conseguir fines indiscriminados, pero un ser moral posee el discernimiento que le permite discriminar entre los fines, así como también los medios. Y un ser moral al seleccionar la virtud es sin embargo inteligente. Él sabe lo que hace, por qué lo hace, adónde está yendo, y cómo llegará allí.

Cuando el hombre no consigue discriminar los objetivos de sus luchas mortales, se encuentra funcionando en el nivel animal de la existencia. No ha conseguido aprovechar sus ventajas superiores de esa agudeza material, discriminación moral, y discernimiento espiritual que son parte integral de su dotación de mente cósmica como ser personal.

La virtud es rectitud —conformidad con el cosmos. Nombrar las virtudes no quiere decir definirlas, pero vivirlas es conocerlas. La virtud no es mero conocimiento ni aún sabiduría, sino más bien la realidad de la experiencia progresiva en el logro de los niveles ascendentes de alcance cósmico. En la vida diaria del hombre mortal, la virtud se realiza como la elección uniforme del bien sobre el mal, y dicha capacidad de elección es prueba de la posesión de una naturaleza moral.

La elección del hombre entre el bien y el mal está influida, no solamente por la agudeza de su naturaleza moral, sino también por influencias tales como la ignorancia, la inmadurez, y la ilusión. Un sentido de proporción también tiene parte en el ejercicio de la virtud porque el mal se puede realizar cuando se elige el menor en vez del mayor como resultado de la distorsión o del engaño. El arte de una estimación relativa o de una medida comparativa entra en la práctica de las virtudes del ámbito moral.

La naturaleza moral del hombre sería impotente sin el arte de la medición, la discriminación incorporada en su capacidad de estudiar los significados. Del mismo modo, la elección moral sería inútil sin el discernimiento cósmico que produce la conciencia de los valores espirituales. Desde el punto de vista de la inteligencia, el hombre asciende al nivel de un ser moral porque está dotado de personalidad.

La moralidad nunca se puede promover ni por ley ni fuerza. Es un asunto personal de libre albedrío que debe diseminarse mediante el contagio por contacto de las personas moralmente atrayentes con aquellas que responden menos moralmente, pero que también tienen en cierta medida el deseo de hacer la voluntad del Padre.

Las acciones morales son aquellas realizaciones humanas que se caracterizan por la inteligencia más elevada, dirigidas por una discriminación selectiva en la elección de los fines superiores, así como también en la selección de los medios morales para conseguir esos fines. Dicha conducta es virtuosa. La virtud suprema, por lo tanto, es elegir de todo corazón hacer la voluntad del Padre en los cielos.

8. LA PERSONALIDAD URANTIANA

El Padre Universal dona personalidad a las numerosas órdenes de seres a medida que funcionan en los distintos niveles de la realidad universal. Los seres humanos de Urantia están dotados de personalidad del tipo finito mortal, funcional en el nivel de los hijos ascendentes de Dios.

Aunque difícilmente podemos tratar de definir la personalidad, podemos intentar narrar nuestra comprensión de los factores conocidos que contribuyen a constituir el conjunto de energías materiales, mentales y espirituales cuya interasociación constituye el mecanismo por el cual y en el cual y a través del cual el Padre Universal hace que funcione la personalidad donada.

La personalidad es una dotación única de naturaleza original cuya existencia es independiente de la dotación del Ajustador del Pensamiento y antecedente a la misma. Sin embargo, la presencia del Ajustador aumenta la manifestación cualitativa de la personalidad. Los Ajustadores del Pensamiento, cuando provienen del Padre, son idénticos en su naturaleza, pero la personalidad es distinta, original y exclusiva; y la manifestación de la personalidad está ulteriormente condicionada y cualificada por la naturaleza y cualidades de las energías asociadas de carácter material, mental y espiritual que constituyen el vehículo orgánico para la manifestación de la personalidad.

Las personalidades pueden asemejarse, pero no son nunca idénticas. Las personas de una serie, tipo, orden o modelo original específicos pueden asemejarse unas a otras y efectivamente se asemejan, pero no son nunca idénticas. La personalidad es esa característica de un individuo que *conocemos*, y que nos permite identificar a dicho ser en algún momento futuro sea cual fuere la naturaleza y grado de los cambios de forma, mente, o estado espiritual. La personalidad es esa parte de todo individuo que nos permite reconocer e identificar positivamente a esa persona como la que hemos conocido anteriormente, aunque haya cambiado mucho debido a la modificación del vehículo de expresión y manifestación de su personalidad.

La personalidad de la criatura se distingue por dos fenómenos automanifestantes y característicos de conducta reactiva mortal: la autoconciencia y el relativo libre albedrío asociado.

La autoconciencia consiste en la conciencia intelectual de la realidad de la personalidad; incluye la habilidad de reconocer la realidad de otras personalidades. Indica la capacidad para experiencia individualizada en las realidades cósmicas y con ellas, equivalentes al logro del estado de identidad en las relaciones de la personalidad en el universo. La autoconciencia connota el reconocimiento de la realidad de la ministración de la mente y la comprensión de la independencia relativa del libre albedrío creador y determinador.

El relativo libre albedrío que caracteriza la autoconciencia de la personalidad humana se ocupa de:

1. Decisión moral, sabiduría superior.

2. Elección espiritual, discernimiento de la verdad.

3. Amor altruista, servicio de hermandad.

4. Cooperación con propósito, lealtad de grupo.

5. Discernimiento cósmico, la comprensión de los significados universales.

6. Dedicación de la personalidad, devoción incondicional a hacer la voluntad del Padre.

7. Adoración, la búsqueda sincera de los valores divinos y el amor de todo corazón del Dador divino de valores.

El tipo urantiano de personalidad humana puede ser considerado como funcionando en un mecanismo físico que consiste en la modificación planetaria del tipo nebadónico del organismo, que pertenece a la orden electroquímica de activación de la vida y está dotado de la orden nebadónica de la serie de mente cósmica orvontónica del modelo original de reproducción. La dotación del don divino de la personalidad en tal mecanismo mortal dotado de mente confiere la dignidad de la ciudadanía cósmica y permite que dicha criatura mortal se torne reactiva al reconocimiento constitutivo de las tres realidades mentales básicas del cosmos:

1. El reconocimiento matemático o lógico de la uniformidad de la causación física.

2. El reconocimiento razonado de la obligación de la conducta moral.

3. La comprensión por la fe de la adoración fraternal de la Deidad, asociada con el servicio amante a la humanidad.

La plena función de dicha dotación de la personalidad es la comprensión inicial del parentesco con la Deidad. Dicho yo, morado por un fragmento prepersonal de Dios el Padre, es en efecto y de hecho un hijo espiritual de Dios. Dicha criatura no sólo revela la capacidad de recibir el don de la presencia divina sino que también exhibe la respuesta reactiva al circuito de la gravedad de personalidad del Padre Paradisiaco de todas las personalidades.

9. LA REALIDAD DE LA CONCIENCIA HUMANA

La criatura personal dotada de mente cósmica, morada por el Ajustador, posee habilidad innata para reconocer y comprender la realidad de la energía, la realidad mental, y la realidad espiritual. La criatura volitiva está por lo tanto equipada para discernir el hecho, la ley, y el amor de Dios. Aparte de estas tres prerrogativas inalienables de la conciencia humana, toda experiencia humana es en realidad subjetiva, excepto que la comprensión intuitiva de la validez se asocia a la *unificación* de estas tres respuestas de realidad universal de reconocimiento cósmico.

El mortal que discierne a Dios es capaz de sentir el valor de unificación de estas tres cualidades cósmicas en la evolución del alma sobreviviente, la empresa suprema del hombre en el tabernáculo físico en el que la mente moral colabora con el espíritu divino residente para dualizar el alma inmortal. Desde sus comienzos más tempranos el alma es *real*; tiene cualidades cósmicas de sobrevivencia.

Si el hombre mortal no sobrevive la muerte natural, los verdaderos valores espirituales de su experiencia humana sobreviven como porción de la experiencia continuada del Ajustador del Pensamiento. Los valores de la personalidad de ese ser no sobreviviente persisten como factores en la personalidad del Ser Supremo en actualización. Estas cualidades persistentes de la personalidad están privadas de identidad, pero no de los valores experienciales acumulados durante la vida mortal en la carne. La sobrevivencia de la identidad depende de la sobrevivencia del alma inmortal de estado morontial y de valor divino en constante aumento. La identidad de la personalidad sobrevive mediante la sobrevivencia del alma y en ella.

La autoconciencia humana implica el reconocimiento de la realidad de los yo distintos del yo consciente e implica ulteriormente que dicho reconocimiento es mutuo; que el yo sea conocido tal como él conoce. Esto se ilustra en una forma puramente humana en la vida social del hombre. Pero no puedes estar tan absolutamente seguro de la realidad de otro ser como lo puedes estar de la realidad de la presencia de Dios que vive dentro de ti. La conciencia social no es inalienable como la conciencia de Dios; es un desarrollo cultural y depende del conocimiento, de los símbolos y de las contribuciones y de las dotes constitutivas del hombre: ciencia, moralidad y religión. Esos dones cósmicos, socializados, constituyen la civilización.

Las civilizaciones no son estables, porque no son cósmicas; no son innatas en los individuos de las razas. Deben ser alimentadas por las contribuciones combinadas de los factores constitutivos del hombre —ciencia, moralidad y religión. Las civilizaciones aparecen y desaparecen, pero la ciencia, la moralidad y la religión siempre sobreviven la destrucción.

Jesús no sólo reveló Dios al hombre, sino que también hizo una nueva revelación del hombre a sí mismo y a los otros hombres. En la vida de Jesús vosotros veis al hombre en su mejor aspecto. El hombre se vuelve así tan hermosamente real, porque Jesús tenía tanto de Dios en su vida, y la comprensión (reconocimiento) de Dios es inalienable y constitutiva en todos los hombres.

El altruismo, aparte del instinto paterno, no es totalmente natural; el prójimo no se ama naturalmente ni si se lo sirve socialmente. Se requiere el discernimiento de la razón, la moralidad y el impulso de la religión, el conocimiento de Dios, para generar un orden social altruista y sin egoísmo. La conciencia de la propia personalidad del hombre, la autoconciencia, es también directamente dependiente de este mismo hecho de la conciencia innata de otros, esta habilidad innata para reconocer y comprender la realidad de otras personalidades, desde lo humano hasta lo divino.

La conciencia social altruista debe ser, de base, una conciencia religiosa si ha de ser objetiva; si no lo es, es una abstracción filosófica puramente subjetiva y por lo tanto carente de amor. Sólo el individuo que conoce a Dios puede amar a otra persona como se ama a sí mismo.

La autoconciencia es en esencia conciencia comunal: Dios y el hombre, Padre e hijo, Creador y criatura. En la autoconciencia humana existen cuatro comprensiones latentes e inherentes de la realidad universal:

1. La búsqueda del conocimiento, la lógica de la ciencia.
2. La búsqueda de los valores morales, el sentido del deber.
3. La búsqueda de los valores espirituales, la experiencia religiosa.
4. La búsqueda de los valores de la personalidad, la habilidad de reconocer la realidad de Dios como personalidad y la comprensión paralela de nuestra relación fraternal con las demás personalidades.

Tomáis conciencia del hombre como vuestro hermano-criatura porque ya estáis conscientes de Dios como vuestro Padre Creador. La paternidad es la relación de la cual deducimos el reconocimiento de la hermandad. La paternidad se vuelve, o puede volverse una realidad universal para todas las criaturas morales porque el Padre mismo ha dotado de personalidad a todos aquellos seres y los ha incluido en su circuito, dentro de la atracción del circuito universal de personalidad. Adoramos a Dios, primero, porque *él es*, luego, porque *él está en nosotros*, y por último, porque *nosotros estamos en él*.

¿Es acaso extraño que la mente cósmica esté autoconscientemente consciente de su propia fuente, la mente infinita del Espíritu Infinito, y, al mismo tiempo, esté consciente de la realidad física de los vastos universos, de la realidad espiritual del Hijo Eterno, y de la realidad de la personalidad del Padre Universal?

[Auspiciado por un Censor Universal proveniente de Uversa.]

DOCUMENTO 17

LOS SIETE GRUPOS DE ESPÍRITUS SUPREMOS

LOS siete grupos de Espíritus Supremos son los directores universales coordinativos de la administración de siete segmentos del gran universo. Aunque todos se clasifican funcionalmente dentro de la familia del Espíritu Infinito, los tres grupos siguientes se clasifican generalmente como hijos de la Trinidad del Paraíso:

1. Los Siete Espíritus Rectores.
2. Los Siete Ejecutivos Supremos.
3. Los Espíritus Reflexivos.

Los cuatro grupos restantes se traen a la existencia por la acción creadora del Espíritu Infinito o por sus asociados que tienen prerrogativas creativas:

4. Los Auxiliares Reflexivos de Imagen.
5. Los Siete Espíritus de los Circuitos.
6. Los Espíritus Creativos del Universo Local.
7. Los Espíritus Ayudantes de la Mente.

Estas siete órdenes se conocen en Uversa como los siete grupos de Espíritus Supremos. Su ámbito funcional se extiende desde la presencia personal de los Siete Espíritus Rectores en la periferia de la Isla eterna a través de los siete satélites paradisiacos del Espíritu, los circuitos de Havona, los gobiernos de los superuniversos, y la administración y supervisión de los universos locales, aun hasta los servicios más bajos de los ayudantes concedidos a los reinos de mente evolucionaria en los mundos del tiempo y del espacio.

Los Siete Espíritus Rectores son los directores coordinativos de este vasto dominio administrativo. En algunos asuntos pertenecientes a la reglamentación administrativa del poder físico organizado, la energía mental, y el ministerio impersonal del espíritu, actúan personal y directamente, mientras que en otros funcionan a través de sus múltiples asociados. En todos los asuntos de naturaleza ejecutiva, dictámenes, reglamentaciones, ajustes y decisiones administrativas, los Espíritus Rectores actúan en las personas de los Siete Ejecutivos Supremos. En el universo central, los Espíritus Rectores pueden funcionar a través de los Siete Espíritus de los Circuitos de Havona; en las sedes de gobierno de los siete superuniversos se revelan mediante el canal de los Espíritus Reflexivos y actúan a través de las personas de los Ancianos de los Días, con quienes están en comunicación personal a través de los Auxiliares Reflexivos de Imagen.

Los Siete Espíritus Rectores no se ponen en contacto directa y personalmente con la administración universal por debajo del nivel de los tribunales de los Ancianos de los Días. Vuestro universo local es administrado como parte de nuestro superuniverso por el Espíritu Rector de Orvonton, pero su función, en relación con los seres nativos de Nebadon, es inmediatamente descargada y personalmente dirigida por el Espíritu Materno Creativo residente en Salvington, la sede central de vuestro universo local.

1. LOS SIETE EJECUTIVOS SUPREMOS

La sede ejecutiva central de los Espíritus Rectores ocupa los siete satélites paradisiacos del Espíritu Infinito, que giran alrededor de la Isla central, entre las esferas resplandecientes del Hijo Eterno y el circuito más interior de Havona. Estas esferas ejecutivas están bajo la dirección de los Ejecutivos Supremos, un grupo de siete seres que fueron trinidizados por el Padre, el Hijo y el Espíritu, de acuerdo con las especificaciones de los Siete Espíritus Rectores para producir un tipo de seres funcionalmente adecuados como sus representantes universales.

Los Espíritus Rectores se mantienen en contacto con las diversas divisiones de los gobiernos superuniversales a través de estos Ejecutivos Supremos. Son ellos quienes determinan en gran medida las tendencias constitutivas básicas de los siete superuniversos. Son uniforme y divinamente perfectos, pero también poseen diversidad de personalidades. No cuentan con un jefe fijo; sino que cada vez que se reúnen, seleccionan a uno de entre ellos para que presida ese concilio específico. Periódicamente viajan al Paraíso para sentarse en concilio con los Siete Espíritus Rectores.

Los Siete Ejecutivos Supremos funcionan como coordinadores administrativos del gran universo; se los podría denominar la junta de directores ejecutivos de la creación post-Havona. No se ocupan de los asuntos internos del Paraíso, y dirigen sus esferas limitadas de actividad en Havona a través de los Siete Espíritus de los Circuitos. Por lo demás, el alcance de su supervisión conoce pocos límites; se encargan de la dirección de las cosas físicas, intelectuales y espirituales; todo lo ven, todo lo oyen, todo lo sienten, incluso todo lo saben respecto de lo que ocurre en los siete superuniversos y en Havona.

Estos Ejecutivos Supremos no originan normas ni modifican los procedimientos universales; se ocupan de la ejecución de los planes de divinidad, promulgados por los Siete Espíritus Rectores. Tampoco interfieren con el gobierno de los Ancianos de los Días en los superuniversos, ni con la soberanía de los Hijos Creadores en los universos locales. Son ejecutivos coordinativos cuya función consiste en dar cumplimiento a las directivas combinadas de todos los soberanos debidamente nombrados del gran universo.

Cada uno de los ejecutivos, con las instalaciones de su esfera, se dedica a la administración eficaz de un solo superuniverso. El Ejecutivo Supremo Número Uno, que funciona en la esfera ejecutiva número uno, está totalmente dedicado a los asuntos del superuniverso número uno, y así sucesivamente hasta el Ejecutivo Supremo Número Siete, que opera en el séptimo satélite paradisiaco del Espíritu y que dedica sus energías a la administración del séptimo superuniverso. El nombre de la séptima esfera es Orvonton, porque los satélites del Paraíso tienen la misma denominación que los superuniversos con los cuales se relacionan; en efecto, los superuniversos llevan su nombre.

En la esfera ejecutiva del séptimo superuniverso, el personal encargado de mantener en orden los asuntos de Orvonton se cuenta en números que exceden la comprensión humana y abarca prácticamente todas las órdenes de la inteligencia celestial. Todos los servicios de despacho de personalidades (excepto los Espíritus Trinitarios Inspirados y los Ajustadores del Pensamiento) atraviesan uno de estos mundos ejecutivos en sus viajes universales del Paraíso y a su regreso al mismo, y aquí se mantienen los registros centrales para todas las personalidades creadas por la Tercera Fuente y Centro que actúan en los superuniversos. El sistema de archivos materiales, morontiales y espirituales en uno de estos mundos ejecutivos del Espíritu asombra incluso a un ser de mi orden.

Los subordinados inmediatos de los Ejecutivos Supremos consisten principalmente en los hijos trinidizados de las personalidades del Paraíso-Havona y la progenie trinidizada de los mortales glorificados que se han graduado de la capacitación larguísima de esquema ascendente del tiempo y el espacio. El jefe del Concilio Supremo del Cuerpo de la Finalidad del Paraíso es quien asigna a estos hijos trinidizados al servicio de los Ejecutivos Supremos.

Cada Ejecutivo Supremo tiene dos gabinetes asesores: Los hijos del Espíritu Infinito en la sede central de cada superuniverso eligen representantes de sus filas para servir durante un milenio en el gabinete asesor primario de su Ejecutivo Supremo. Para todos los asuntos que afectan a los mortales ascendentes del tiempo, existe un gabinete secundario compuesto de mortales que han alcanzado el Paraíso y de hijos trinidizados de mortales glorificados; este cuerpo es elegido por los seres que se perfeccionan y ascienden, y que moran transitoriamente en las siete sedes centrales de los siete superuniversos. Los Ejecutivos Supremos nombran a todos los demás jefes de asuntos.

De vez en cuando tienen lugar grandes cónclaves en estos satélites paradisiacos del Espíritu. Los hijos trinidizados que se asignan a estos mundos, juntamente con los ascendentes que han alcanzado el Paraíso, se congregan con las personalidades espirituales de la Tercera Fuente y Centro para recordar las luchas y los triunfos de la carrera ascendente. Los Ejecutivos Supremos siempre presiden estas reuniones fraternales.

Una vez en cada milenio del Paraíso, los Siete Ejecutivos Supremos dejan vacantes sus asientos de autoridad y van al Paraíso, donde celebran su cónclave milenario de salutación y augurios universales para las huestes inteligentes de la creación. Esta ocasión pletórica tiene lugar en la presencia inmediata de Majeston, el jefe de todos los grupos espirituales reflexivos. Así pueden ellos comunicarse simultáneamente con todos sus asociados en el gran universo a través de la singular función de la reflexividad universal.

2. MAJESTON —EL JEFE DE REFLEXIVIDAD

Los Espíritus Reflexivos tienen origen divino en la Trinidad. Existen cincuenta de estos seres singulares y un tanto misteriosos. Estas personalidades extraordinarias fueron creadas en grupos de siete a la vez, y cada uno de tales episodios creadores fue realizado mediante el enlace de la Trinidad del Paraíso con uno de los Siete Espíritus Rectores.

Esta transacción pletórica, que ocurriera en los albores del tiempo, representa el primer esfuerzo de las Personalidades Creadoras Supremas, en las personas de los Espíritus Rectores, para actuar como cocreadores con la Trinidad del Paraíso. Esta unión del poder creativo de los Creadores Supremos con los potenciales creativos de la Trinidad es la fuente misma de la actualidad del Ser Supremo. Por lo tanto, cuando el ciclo de creación reflexiva cumplió su curso, cuando cada uno de los siete Espíritus Rectores halló una sincronía creadora perfecta con la Trinidad del Paraíso, cuando el Espíritu Reflexivo número cuarenta y nueve fue personalizado, una nueva y extensa reacción ocurrió en el Absoluto de Deidad y ésta impartió nuevas prerrogativas de personalidad al Ser Supremo y culminó en la personalización de Majeston, el jefe de la reflexividad y centro en el Paraíso de todo el trabajo de los cuarenta y nueve Espíritus Reflexivos y de sus asociados en todo el universo de los universos.

Majeston es una persona auténtica, el centro personal e infalible de los fenómenos de reflexividad en los siete superuniversos del tiempo y del espacio. Él mantiene su sede central permanente en el Paraíso cerca del centro de todas las cosas, en el punto de encuentro de los Siete Espíritus Rectores. Se ocupa exclusivamente de la coordinación y mantenimiento del servicio de reflexividad de la vasta creación; no está involucrado de otras maneras en la administración de los asuntos universales.

Majeston no se ha incluido en nuestro catálogo de personalidades del Paraíso porque es la única personalidad existente de divinidad creada por el Ser Supremo en enlace funcional con el Absoluto de Deidad. Es una persona, pero se ocupa exclusiva y, por lo visto, automáticamente de esta fase única de la economía universal; que ahora no funciona en ninguna capacidad personal con relación a otras órdenes (no reflexivas) de personalidades del universo.

La creación de Majeston señaló la primera acción creadora suprema del Ser Supremo. Esta voluntad de acción fue volitiva en el Ser Supremo, pero la reacción estupenda del Absoluto de Deidad no se conocía de antemano. Desde la aparición de Havona en la eternidad, el universo no había presenciado tan extraordinaria actualización de una alineación tan gigantesca y vasta de poder y coordinación de actividades espirituales funcionales. La respuesta de la Deidad a las voluntades creadoras del Ser Supremo y de sus asociados fue mucho más allá de su propósito intencional y excedió grandemente sus pronósticos conceptuales.

Nos sobrecoge la posibilidad de lo que las edades futuras, en las que el Supremo y el Último puedan alcanzar nuevos niveles de divinidad y ascender a nuevos dominios de la función de la personalidad, puedan presenciar en los reinos de la deidización, aun otros seres más inesperados e inimaginados, que poseyeran poderes inimaginables de coordinación universal enaltecida. Parecería que no hubiese límite al potencial de respuesta del Absoluto de Deidad ante tal unificación de relaciones entre la Deidad experiencial y la Trinidad existencial del Paraíso.

3. LOS ESPÍRITUS REFLEXIVOS

Los cuarenta y nueve Espíritus Reflexivos se originan en la Trinidad, pero cada uno de los siete episodios de creación que determinaron su aparición produjo un tipo de ser semejante en su naturaleza a las características del Espíritu Rector coancestral. Por lo tanto ellos reflejan de variadas maneras la naturaleza y carácter de las siete combinaciones posibles de la asociación de las características de divinidad del Padre Universal, el Hijo Eterno, y el Espíritu Infinito. Por esta razón es necesario contar con siete de estos Espíritus Reflexivos en las sedes centrales de cada superuniverso. Se requiere la presencia de un representante de cada uno de los siete tipos para alcanzar un reflejo perfecto de todas las fases de cada manifestación posible de las tres Deidades del Paraíso, a medida que dichos fenómenos pueden ocurrir en cualquier parte de los siete superuniversos. Por lo tanto, uno de cada tipo fue asignado al servicio de cada uno de los superuniversos. Estos grupos de siete Espíritus Reflexivos desemejantes mantienen sus sedes centrales en las capitales de los superuniversos en el centro reflexivo de cada reino, y éste no es idéntico al centro de polaridad espiritual.

Los Espíritus Reflexivos tienen nombres, pero estas designaciones no son reveladas a los mundos del espacio. Pertenecen a la naturaleza y carácter de estos seres y son parte de uno de los siete misterios universales de las esferas secretas del Paraíso.

El atributo de la reflexividad, el fenómeno de los niveles mentales del Actor Conjunto, el Ser Supremo, y los Espíritus Rectores, es transmisible a todos los seres que se ocupan de la operación de este vasto esquema de inteligencia universal. Y he aquí un gran misterio: Ni a los Espíritus Rectores ni a las Deidades del Paraíso, singularmente o colectivamente, se les ven estos poderes de reflexividad universal coordinada tales como se manifiestan en estas cuarenta y nueve personalidades de enlace de Majeston, y sin embargo ellos son los creadores de todos estos seres maravillosamente dotados. La herencia divina a veces revela en la criatura ciertos atributos que no se disciernen en el Creador.

El personal del servicio de reflexividad, a excepción de Majeston y de los Espíritus Reflexivos, está constituido exclusivamente por criaturas del Espíritu Infinito y de sus asociados y subordinados inmediatos. Los Espíritus Reflexivos de cada superuniverso son los Creadores de sus Auxiliares Reflexivos de Imagen, sus voces personales ante las cortes de los Ancianos de los Días.

Los Espíritus Reflexivos no son meramente agentes de transmisión; también son personalidades retentivas. Su progenie, los seconafines, también son personalidades retentivas o las de registro. Todo lo que tenga verdadero valor espiritual se registra en duplicado, y se preserva una impresión en el equipo personal de uno de los miembros de una de las numerosas órdenes de personalidades secoráficas que pertenecen al vasto personal de los Espíritus Reflexivos.

Los registros formales de los universos son transmitidos a través de los registradores angélicos y por ellos, pero los auténticos registros espirituales se acumulan por reflexividad y se preservan en la mente de personalidades adecuadas y adaptadas que pertenecen a la familia del Espíritu Infinito. Estos son los registros *vivientes* en contraste con los registros formales y *muertos* del universo, y se preservan perfectamente en la mente viviente de las personalidades de registro del Espíritu Infinito.

La organización de la reflexividad es también el mecanismo de recolección de noticias y de diseminación de decretos de toda la creación. Está en operación constante, en contraste con los funcionamientos periódicos de los diversos servicios de transmisión.

Todo lo que sea de importancia en una sede central de un universo local es reflejado inherentemente a la capital de su superuniverso. Y viceversa, todo lo que tenga significación en el universo local es reflejado hacia afuera a las capitales del universo local desde la sede central de su superuniverso. El servicio de reflexividad de los universos del tiempo hacia arriba a los superuniversos es aparentemente automático o autooperante, pero en realidad no lo es. Es todo muy personal e inteligente; su precisión depende de la perfección de cooperación de las personalidades y por lo tanto difícilmente puede ser atribuida a las presenciaactuaciones impersonales de los Absolutos.

Aunque los Ajustadores del Pensamiento no participan en la operación del sistema universal de reflexividad, tenemos motivos para creer que todos los fragmentos del Padre conocen plenamente estas transacciones y son capaces de recurrir a este mecanismo para obtener información.

Durante la actual época universal el alcance espacial del servicio de reflexividad fuera del Paraíso parece estar limitado por la periferia de los siete superuniversos. Por otra parte, la función de este servicio aparentemente es independiente del tiempo y del espacio. Parece ser independiente de todos los circuitos universales subabsolutos conocidos.

En la sede central de cada superuniverso la organización reflexiva actúa como unidad segregada; pero en ciertas ocasiones especiales, bajo la dirección de Majeston, los siete pueden actuar al unísono universal, y así lo hacen, tal como ante el jubileo ocasionado por el establecimiento de un entero universo local en luz y vida y al tiempo de las salutaciones milenarias de los Siete Ejecutivos Supremos.

4. LOS AUXILIARES REFLEXIVOS DE IMAGEN

Los cuarenta y nueve Auxiliares Reflexivos de Imagen fueron creados por los Espíritus Reflexivos, y existen tan sólo siete Auxiliares en la sede central de cada superuniverso. La primera acción creadora de los siete Espíritus Reflexivos de Uversa fue la producción de sus siete Auxiliares de Imagen, creando cada Espíritu Reflexivo su propio Auxiliar. Los Auxiliares de Imagen son, en ciertos atributos y características, reproducciones perfectas de sus Espíritus Reflexivos Maternos; son virtualmente duplicaciones, menos el atributo de la reflexividad. Son verdaderas imágenes y funcionan constantemente como canal de comunicación entre los Espíritus Reflexivos y las autoridades superuniversales. Los Auxiliares de Imagen no son simplemente asistentes; son representaciones auténticas de sus respectivos Espíritus ancestrales; ellos son *imágenes*, tal como su nombre lo indica.

Los Espíritus Reflexivos mismos son personalidades auténticas, pero de una orden que es incomprensible para los seres materiales. Aun en una esfera sede central de superuniverso ellos requieren la asistencia de sus Auxiliares de Imagen en toda relación personal con los Ancianos de los Días y sus asociados. En los contactos entre los Auxiliares de Imagenes y los Ancianos de los Días, a veces un Auxiliar funciona aceptablemente, mientras que en otras ocasiones se requieren dos, tres, cuatro, o aun los siete para la presentación plena y apropiada de la comunicación confiada a su transmisión. Del mismo modo, uno, dos, o los tres Ancianos de los Días podrían recibir los mensajes de los Auxiliares de Imagen, según lo requiera el contenido de la comunicación.

Los Auxiliares de Imagen sirven por siempre junto a sus Espíritus ancestrales, y tienen a su disposición una hueste increíble de seconafines ayudantes. Los Auxiliares de Imagen no funcionan directamente en relación con los mundos de capacitación de los mortales ascendentes. Ellos están estrechamente asociados con el servicio de información del esquema universal de la progresión mortal, pero vosotros no entraréis en contacto personal con ellos cuando moréis en las escuelas de Uversa, porque estos seres aparentemente personales no poseen voluntad; no ejercen la facultad de elección. Ellos son auténticas imágenes, totalmente reflexivas de la personalidad y mente del Espíritu específico ancestral. Como clase, los mortales ascendentes no entran en contacto íntimo con la reflexividad. Siempre habrá algún ser de naturaleza reflexiva entre vosotros y la operación misma del servicio.

5. LOS SIETE ESPÍRITUS DE LOS CIRCUITOS

Los Siete Espíritus de los Circuitos de Havona son la representación impersonal conjunta del Espíritu Infinito y de los Siete Espíritus Rectores ante los siete circuitos del universo central. Son los servidores de los Espíritus Rectores, cuyos vástagos colectivos ellos son. Los Espíritus Rectores proveen una individualidad administrativa diversificada y claramente definida en los siete superuniversos. A través de estos Espíritus uniformes de los Circuitos de Havona, consiguen proveer una supervisión espiritual unificada, uniforme y coordenada para el universo central.

Los Siete Espíritus de los Circuitos están limitados cada uno de ellos a penetrar un solo circuito de Havona. No se ocupan directamente de los regímenes de los Eternos de los Días, los gobernantes de los mundos individuales de Havona. Pero están en enlace con los Siete Ejecutivos Supremos, y se sincronizan con la presencia en el universo central del Ser Supremo. Su trabajo se limita exclusivamente a Havona.

Estos Espíritus de los Circuitos se ponen en contacto con aquellos que pasan una temporada en Havona a través de sus vástagos personales, los supernafines terciarios. Aunque los Espíritus de Circuito son coexistentes con los Siete Espíritus Rectores, su función en la creación de los supernafines terciarios no obtuvieron mayor importancia hasta la llegada de los primeros peregrinos del tiempo al circuito exterior de Havona en los días de Grandfanda.

A medida que avanzáis circuito tras circuito en Havona, aprenderéis acerca de los Espíritus de los Circuitos, pero no podréis comunicar personalmente con ellos, aunque podéis disfrutar personalmente de su influencia espiritual y reconocer su presencia impersonal.

Los Espíritus de Circuitos están relacionados con los habitantes nativos de Havona de una manera semejante a la relación de los Ajustadores del Pensamiento con las criaturas mortales que habitan los mundos de los universos evolucionarios. Como los Ajustadores del Pensamiento, los Espíritus del Circuito son impersonales, y comulgan con las mentes perfectas de los seres de Havona de una manera semejante a la forma en que los espíritus impersonales del Padre universal moran las mentes finitas de los hombres mortales. Pero los Espíritus de los Circuitos no se vuelven jamás una parte permanente de las personalidades de Havona.

6. LOS ESPÍRITUS CREATIVOS DEL UNIVERSO LOCAL

Mucho de lo que se refiere a la naturaleza y función de los Espíritus Creativos del universo local pertenece más correctamente a la narrativa de su asociación con los Hijos Creadores en la organización y gestión de las creaciones locales; pero existen muchos rasgos de las experiencias pre-universo local de estos seres maravillosos que se pueden narrar como parte de esta disertación sobre los siete grupos de Espíritus Supremos.

Conocemos seis fases de la carrera del Espíritu Materno de un universo local, y mucho especulamos sobre la probabilidad de una séptima etapa de actividad. Estas diferentes fases de existencia son:

1. *Diferenciación inicial en el Paraíso*. Cuando un Hijo Creador es personalizado por la acción conjunta del Padre Universal y del Hijo Eterno, ocurre simultáneamente en la persona del Espíritu Infinito lo que se conoce como la «reacción suprema de complemento». No comprendemos la naturaleza de esta reacción, pero comprendemos que designa una modificación inherente en aquellas posibilidades personalizables que están comprendidas dentro del potencial creador del Creador Conjunto. El nacimiento de un Hijo Creador coordinado señala el nacimiento dentro de la persona del Espíritu Infinito del potencial de creación de una consorte futura en el universo local de este Hijo del Paraíso. No conocemos esta nueva identificación prepersonal de entidad, pero sabemos que este hecho se encuentra en los registros en el Paraíso concernientes a la carrera de dicho Hijo Creador.

2. *Capacitación preliminar en las facultades de los Creadores*. Durante el prolongado período de capacitación preliminar de un Hijo Micael para la organización y administración de los universos, su futura consorte desarrolla ulteriormente la entidad y se torna consciente del destino de grupo. No lo sabemos de hecho, pero sospechamos que dicha entidad consciente de grupo se torna consciente del espacio y comienza esa capacitación preliminar que es requisito para la adquisición de pericia

espiritual en su tarea futura de colaboración con el Micael complementario en la creación y administración del universo.

3. *La etapa de creación física.* En el momento en que el Hijo Eterno encarga a un Hijo Micael la tarea de creación, el Espíritu Rector que dirige el superuniverso al cual está destinado este nuevo Hijo Creador expresa la «oración de identificación» en presencia del Espíritu Infinito; y por primera vez, la identidad del futuro Espíritu Creativo aparece como diferenciada de la persona del Espíritu Infinito. Y procediendo directamente hacia la persona del Espíritu Rector solicitante, esta entidad se pierde inmediatamente en nuestro reconocimiento, tornándose aparentemente parte de la persona de ese Espíritu Rector. El Espíritu Creativo recién identificado permanece con el Espíritu Rector hasta el momento de la partida del Hijo Creador hacia la aventura del espacio; en ese momento, el Espíritu Rector entrega a la nueva consorte-Espíritu a los cuidados del Hijo Creador, administrando al mismo tiempo a la consorte-Espíritu el encargo de fidelidad eterna y lealtad sin fin. Luego ocurre uno de los episodios más profundamente emocionantes en el Paraíso. El Padre Universal habla en reconocimiento de la unión eterna del Hijo Creador y del Espíritu Creativo y en confirmación de la dotación de ciertos poderes conjuntos de administración por parte del Espíritu Rector de jurisdicción superuniversal.

El Hijo Creador y el Espíritu Creativo, unidos por el Padre, salen luego hacia su aventura de creación universal. Y trabajan juntos en esta forma de asociación durante todo el largo y arduo período de la organización material de su universo.

4. *La era de creación de vida.* Cuando el Hijo Creador declara su intención de crear vida, comienzan en el Paraíso las «ceremonias de personalización», en las que participan los Siete Espíritus Rectores y que son experimentadas personalmente por el Espíritu Rector supervisor. Ésta es una contribución de la Deidad del Paraíso a la individualidad de la consorte-Espiritu del Hijo Creador y se hace manifiesta al universo en el fenómeno de la «erupción primaria» en la persona del Espíritu Infinito. Simultáneamente con este fenómeno en el Paraíso, la consorte-Espiritu del Hijo Creador que hasta ese momento había sido impersonal se vuelve, para todo propósito e intento práctico, una persona auténtica. De ahí en adelante y para siempre, este mismo Espíritu Materno del universo local será considerado una persona y mantendrá relaciones personales con todas las huestes de personalidades consecuentes a la creación de la vida.

5. *Las edades posteriores al autootorgamiento.* Otro cambio importante ocurre en la carrera sin fin de un Espíritu Creativo cuando el Hijo Creador regresa a la sede central del universo después de completar su séptimo autootorgamiento y posteriormente a su adquisición de la plena soberanía universal. En esa ocasión ante los administradores reunidos del universo, el Hijo Creador triunfador eleva al Espíritu Materno Universal a la cosoberanía y reconoce a la consorte-Espiritu como su igual.

6. *Las edades de luz y vida.* Cuando se establece la era de luz y vida, la cosoberana de un universo local ingresa en la sexta fase de la carrera de un Espíritu Creativo. Pero no podemos describir la naturaleza de esta gran experiencia. Estas cosas pertenecen a una etapa futura de la evolución de Nebadon.

7. *La carrera no revelada.* Sabemos de estas seis fases de la carrera de un Espíritu Materno de un universo local. Es inevitable que nos preguntemos: ¿Existe una séptima carrera? Sabemos que, cuando los finalistas logran lo que parece ser su destino final de ascensión mortal, se conoce que entran a la carrera de los espíritus de sexta etapa. Conjeturamos que aguarda a los finalistas aun otra carrera no revelada en asignación universal. Es lógico que del mismo modo consideremos que los Espíri-

tus Maternos Universales también tienen ante ellas una carrera no revelada que constituirá su séptima fase de experiencia personal en servicio universal y cooperación leal con la orden de los Micaeles Creadores.

7. LOS ESPÍRITUS AYUDANTES DE LA MENTE

Estos espíritus ayudantes son la dote mental séptuple del Espíritu Materno de un universo local para las criaturas vivientes de la creación conjunta de un Hijo Creador y dicho Espíritu Creativo. Esta dotación se hace posible al tiempo de la elevación del Espíritu al estado de prerrogativa de personalidad. La narración de la naturaleza y funcionamiento de los siete espíritus ayudantes de la mente pertenece más apropiadamente a la historia de vuestro universo local de Nebadon.

8. LAS FUNCIONES DE LOS ESPÍRITUS SUPREMOS

Los siete grupos de Espíritus Supremos constituyen el núcleo de la familia funcional de la Tercera Fuente y Centro, en su capacidad tanto del Espíritu Infinito como del Actor Conjunto. El dominio de los Espíritus Supremos se extiende desde la presencia de la Trinidad en el Paraíso hasta el funcionamiento de la mente de la orden mortal evolucionaria en los planetas del espacio. De esta manera pues unifican los niveles administrativos descendentes y coordinan las funciones múltiples del personal de los mismos. Bien sea un grupo de Espíritus Reflexivos en enlace con los Ancianos de los Días, un Espíritu Creativo que actúa en concierto con un Hijo Micael, o bien los Siete Espíritus Rectores en el circuito que rodea la Trinidad del Paraíso, la actividad de los Espíritus Supremos se encuentra en todos lados en el universo central, los superuniversos y los universos locales. Funcionan del mismo modo con las personalidades Trinitarias de la orden de «los Días» y con las personalidades Paradisiacas de la orden de «Hijos».

Juntamente con su Espíritu Materno Infinito, los grupos de Espíritus Supremos son los creadores inmediatos de la vasta familia de criaturas de la Tercera Fuente y Centro. Todas las órdenes de los espíritus ministrativos surgen de esta asociación. Los supernafines primarios se originan en el Espíritu Infinito; los seres secundarios de esta orden son creados por los Espíritus Rectores; los supernafines terciarios por los Siete Espíritus de los Circuitos. Los Espíritus Reflexivos, colectivamente, son las matrices de una maravillosa orden de huestes angélicas, los poderosos seconafines de servicio superuniversal. Un Espíritu Creativo es la madre de las órdenes angélicas de una creación local; estos ministros seráficos son originales en cada universo local, aunque siguen el modelo original del universo central. Todos estos creadores de espíritus ministrativos son ayudados tan sólo indirectamente por la morada central del Espíritu Infinito, la madre original y eterna de todos los ministros angélicos.

Los siete grupos de Espíritus Supremos son los coordinadores de la creación habitada. La asociación de sus jefes dirigentes, los Siete Espíritus Rectores, parece coordinar las extensas actividades de Dios el Séptuple:

1. Colectivamente los Espíritus Rectores son casi equivalentes al nivel de divinidad de la Trinidad de las Deidades del Paraíso.

2. Individualmente ellos agotan las posibilidades asociables primarias de la Deidad triuna.

3. Como representantes diversificados del Actor Conjunto se constituyen en fideicomisarios de esa soberanía de espíritumente-poder del Ser Supremo que él aún no ejerce personalmente.

4. A través de los Espíritus Reflexivos ellos sincronizan los gobiernos superuniversales de los Ancianos de los Días con Majeston, el centro paradisiaco de la reflexividad universal.

5. En su participación en la individualización de las Ministras Divinas del universo local, los Espíritus Rectores contribuyen al último nivel de Dios el Séptuple, la unión Hijo Creador—Espíritu Creativo de los universos locales.

La unidad funcional, inherente en el Actor Conjunto, se revela a los universos en evolución en los Siete Espíritus Rectores, sus personalidades primarias. Pero en los superuniversos perfeccionados del futuro esta unidad será indudablemente inseparable de la soberanía experiencial del Supremo.

[Presentado por un Consejero Divino de Uversa.]

DOCUMENTO 18

LAS PERSONALIDADES SUPREMAS TRINITARIAS

TODAS las Personalidades Supremas Trinitarias son creadas para un servicio específico. Las proyecta la Divina Trinidad para el cumplimiento de ciertos deberes específicos, y están capacitadas para servir con perfección de técnica y finalidad de devoción. Existen siete órdenes de Supremas Personalidades de la Trinidad:

1. Secretos Trinidizados de Supremacía.
2. Eternos de los Días.
3. Ancianos de los Días.
4. Perfecciones de los Días.
5. Recientes de los Días.
6. Uniones de los Días.
7. Fieles de los Días.

Estos seres de perfección administrativa son de número definido y final. Su creación es un acontecimiento pasado, y ya no se personaliza ningún otro.

En todo el gran universo, estas Personalidades Supremas Trinitarias representan la política administrativa de la Trinidad del Paraíso; representan la justicia y *son* el juicio ejecutivo de la Trinidad del Paraíso. Forman una línea de perfección administrativa interrelacionada que se extiende desde las esferas paradisiacas del Padre a los mundos sedes de gobierno de los universos locales, y hasta las capitales de las constelaciones que los componen.

Todos los seres de origen Trinitario son creados en todos sus atributos divinos con perfección de Paraíso. Sólo en los dominios de la experiencia el paso del tiempo ha contribuido a su preparación para el servicio cósmico. Nunca hay peligro de incumplimiento ni riesgo de rebelión con los seres de origen Trinitario. Son de esencia divina, y nunca se ha sabido que se aparten de la senda divina y perfecta de la conducta de la personalidad.

1. LOS SECRETOS TRINIDIZADOS DE LA SUPREMACÍA

Hay siete mundos en el circuito más interior de los satélites del Paraíso, y en cada uno de estos mundos excelsos preside un cuerpo de diez Secretos Trinidizados de la Supremacía, que no son creadores, sino administradores supremos y últimos. La dirección de los asuntos de estas siete esferas fraternas está totalmente encomendada a este cuerpo de setenta directores supremos. Aunque los vástagos de la Trinidad supervisan estas siete esferas sagradas tan próximas al Paraíso, este grupo de mundos se conoce universalmente como el circuito personal del Padre Universal.

Los Secretos Trinidizados de la Supremacía funcionan en grupos de diez como directores coordinados y conjuntos de sus respectivas esferas, pero también funcionan individualmente en campos específicos de responsabilidad. La obra de cada uno de estos mundos especiales está dividida en siete departamentos principales, y uno de estos gobernantes coordinados preside una de estas divisiones de actividades especializadas. Los tres restantes actúan como representantes personales de la Deidad triuna en relación con los otros siete, uno representando al Padre, uno al Hijo, y uno al Espíritu.

Aunque haya un definido parecido de clase entre los Secretos Trinidizados de la Supremacía, ellos muestran también siete características de grupo diferentes. Los diez directores supremos de los asuntos de Divinington reflejan el carácter y naturaleza personales del Padre Universal; y así ocurre con cada una de estas siete esferas: cada grupo de diez se asemeja a aquella Deidad o a asociación de las Deidades que es característica de su dominio. Los diez directores que rigen Ascendington son reflejos de la naturaleza combinada del Padre, el Hijo y el Espíritu.

Poco puedo revelar acerca de la labor de estas altas personalidades de los siete mundos sagrados del Padre, porque son en verdad los *Secretos* de la Supremacía. No hay secretos arbitrarios asociados con el acceso al Padre Universal, al Hijo Eterno, o al Espíritu Infinito. Las Deidades son como un libro abierto para todos los que alcanzan la perfección divina, pero jamás se pueden alcanzar plenamente todos los Secretos de la Supremacía. Siempre seremos incapaces de penetrar completamente los dominios que contienen los secretos de personalidad de la asociación de la Deidad con la séptuple agrupación de seres creados.

Puesto que la obra de estos directores supremos tiene que ver con el contacto íntimo y personal de las Deidades con estas siete agrupaciones básicas de seres universales cuando residen en estos siete mundos especiales o mientras funcionan en todas partes del gran universo, es propio que estas relaciones tan personales y estos extraordinarios contactos se mantengan en secreto sagrado. Los Creadores Paradisiacos respetan la vida privada y la santidad de la personalidad incluso en sus criaturas más bajas. Esto es verdad tanto respecto de los individuos como de las diversas y separadas órdenes de personalidades.

Para seres de incluso elevado logro universal, estos mundos secretos permanecerán por siempre siendo una prueba de lealtad. Se nos permite conocer plena y personalmente a los Dioses eternos, conocer libremente sus caracteres de divinidad y perfección, pero no nos es concedido penetrar por completo todas las relaciones personales de los Soberanos del Paraíso con todas sus criaturas.

2. LOS ETERNOS DE LOS DÍAS

Una Personalidad Suprema Trinitaria dirige cada uno de los mil millones de mundos de Havona. Estos gobernantes se conocen como los Eternos de los Días, y su número es exactamente mil millones, uno por cada una de las esferas de Havona. Son hijos de la Trinidad del Paraíso, pero al igual que los Secretos de la Supremacía, no hay ningún registro de su origen. Por siempre estos dos grupos de padres omnisapientes han regido sus mundos exquisitos del sistema Paraíso-Havona, y funcionan sin rotación ni cambios de asignación.

Los Eternos de los Días son visibles para todas las criaturas volitivas que habitan en sus dominios. Presiden los cónclaves planetarios regulares. Periódicamente, y por rotación, visitan las esferas sede central de los siete superuniversos. Son parientes allegados y equivalentes divinos de los Ancianos de los Días, que presiden los destinos de los siete supergobiernos. Cuando un Eterno de los Días está ausente de su esfera, un Hijo Instructor de la Trinidad dirige su mundo.

Excepto por lo que se refiere a las órdenes establecidas de la vida, tales como los nativos de Havona y otras criaturas vivientes del universo central, los residentes Eternos de los Días han desarrollado sus respectivas esferas enteramente de acuerdo con sus propias ideas e ideales personales. Ellos se visitan sus planetas, pero no copian ni imitan; siempre son completamente originales.

La arquitectura, el embellecimiento natural, las estructuras morontiales, y las creaciones de espíritu son exclusivas y únicas en cada esfera. Cada mundo es un lugar de belleza sempiterna y es totalmente diferente de cualquier otro mundo en el universo central. Cada uno de vosotros pasará un tiempo más largo o más corto en cada una de estas esferas singulares y estimulantes según os adentréis en vuestro camino hacia el Paraíso a través de Havona. Es natural, en vuestro mundo, hablar del Paraíso como lo que está *arriba*, pero sería más correcto referirse a la meta divina de ascensión como hacia *adentro*.

3. LOS ANCIANOS DE LOS DÍAS

Cuando los mortales del tiempo se gradúan en los mundos de capacitación que rodean la sede central de un universo local y son promovidos a las esferas de instrucción de su superuniverso, han progresado en su desarrollo espiritual hasta el punto en que pueden reconocer y comunicarse con los altos soberanos y directores espirituales de estos reinos avanzados, incluyendo a los Ancianos de los Días.

Los Ancianos de los Días son todos básicamente idénticos; revelan el carácter combinado y la naturaleza unificada de la Trinidad. Poseen individualidad y son de diversa personalidad, pero no difieren uno del otro como los Siete Espíritus Rectores. Proporcionan la dirección uniforme de los que de otro modo son siete superuniversos diversos, los cuales difieren entre sí, siendo cada uno de ellos una creación distinta, segregada y única. Los Siete Espíritus Rectores son desemejantes en naturaleza y atributos, pero no lo son los Ancianos de los Días, los soberanos personales de los superuniversos, son todos vástagos uniformes y superperfectos de la Trinidad del Paraíso.

Los Siete Espíritus Rectores en las alturas determinan la *naturaleza* de sus respectivos superuniversos, pero los Ancianos de los Días dictan la *administración* de estos mismos superuniversos. Ellos superimponen uniformidad administrativa a la diversidad creadora y aseguran la armonía del todo frente a las subyacentes diversidades creacionales de las siete agrupaciones segmentadas del gran universo.

Todos los Ancianos de los Días fueron trinidizados al mismo tiempo. Representan el comienzo de los archivos de la personalidad del universo de universos, de aquí su nombre: *Ancianos* de los Días. Cuando alcancéis el Paraíso y busquéis los registros escritos del comienzo de las cosas, encontraréis que el primer asiento que aparece en la sección de personalidad es el relato de la trinidización de estos veintiún Ancianos de los Días.

Estos seres elevados gobiernan siempre en grupos de tres. Existen muchas fases de actividad en las cuales funcionan como individuos, otras en las que cualesquiera dos pueden funcionar, pero en las esferas más elevadas de su administración deben actuar conjuntamente. Nunca abandonan personalmente sus mundos de residencia, pero no necesitan hacerlo, porque estos mundos son los puntos focales superuniversales del extenso sistema de reflectividad.

Las moradas personales de cada trío de Ancianos de los Días están ubicadas en el punto de la polaridad espiritual de su esfera sede central de gobierno. Tal esfera se divide en setenta sectores administrativos y tiene setenta capitales divisionales en las cuales los Ancianos de los Días residen de vez en cuando.

En poder, alcance de la autoridad, y grado de jurisdicción, los Ancianos de los Días son los más poderosos y potentes entre los soberanos directos de las creaciones espacio-temporales. En todo el vasto universo de los universos sólo ellos están investidos de los altos poderes de juicio ejecutivo final respecto a la extinción eterna de las criaturas volitivas. Y todos los tres Ancianos de los Días deben participar en los decretos finales del tribunal supremo de un superuniverso.

Aparte de las Deidades y sus asociados paradisiacos, los Ancianos de los Días son los gobernantes más perfectos, más versátiles y más divinamente dotados de toda la existencia espacio-temporal. Al parecer son los soberanos supremos de los superuniversos; pero este derecho a gobernar no lo han ganado experiencialmente y por lo tanto estan destinados en un futuro a ser reemplazados por el Ser Supremo, un soberano experiencial, y que sin lugar a duda sean sus vicerregentes.

El Ser Supremo está en vías de alcanzar la soberanía de los siete superuniversos mediante el servicio experiencial, del mismo modo que un Hijo Creador obtiene experiencialmente la soberanía de su universo local. Pero durante la edad presente de evolución no concluida del Supremo, los Ancianos de los Días proporcionan el sobrecontrol administrativo coordinado y perfecto de los universos en evolución del tiempo y el espacio. La sabiduría de originalidad y la iniciativa de individualidad caracterizan todos los decretos y dictámenes de los Ancianos de los Días.

4. Los Perfecciones de los Días

Hay precisamente doscientos diez Perfecciones de los Días, y presiden los gobiernos de los diez sectores mayores de cada superuniverso. Fueron trinidizados para el trabajo especial de asistir a los directores de superuniversos, y gobiernan como los vicerregentes inmediatos y personales de los Ancianos de los Días.

Tres Perfecciones de los Días se asignan a cada capital de sector mayor, pero, a diferencia de los Ancianos de los Días, no es necesario que los tres estén presentes en toda ocasión. De vez en cuando uno de este trío puede ausentarse para conferenciar en persona con los Ancianos de los Días sobre el bienestar de su dominio.

Estos soberanos triunos de los sectores mayores son peculiarmente perfectos en el dominio de los detalles administrativos, de aquí su nombre: *Perfecciones* de los Días. Al dejar sentados los nombres de estos seres del mundo espiritual, nos enfrentamos con el problema de traducirlos a vuestra lengua, y muy a menudo es extremadamente difícil ofrecer una traducción satisfactoria. No nos complace usar denominaciones arbitrarias que no tendrían para vosotros significado alguno; por lo tanto frecuentemente nos resulta difícil elegir un nombre apropiado que os resulte claro y al mismo tiempo de algún modo representativo del original.

Se asigna a los Perfecciones de los Días un cuerpo moderado de Consejeros Divinos, Perfeccionadores de la Sabiduría y Censores Universales adjuntos a sus gobiernos. Tienen aún más cantidades de Mensajeros Poderosos, de Aquellos Elevados en Autoridad y de Aquellos Sin Nombre ni Número. Pero gran parte del trabajo de rutina de los asuntos del sector mayor es llevado a cabo por los Guardianes Celestiales y los Asistentes de los Hijos Elevados. Estos dos últimos grupos provienen de los vástagos trinidizados de personalidades del Paraíso-Havona o de finalistas mortales glorificados. Las Deidades del Paraíso trinidizan nuevamente algunas de estas dos órdenes de seres trinidizados por las criaturas y luego se envían a ayudar en la administración de los gobiernos superuniversales.

La mayoría de los Guardianes Celestiales y los Asistentes de los Hijos Elevados son asignados al servicio de los sectores mayor y menor, pero los Custodios Trinidizados (serafines y seres intermedios abrazados por la Trinidad) son los funcionarios de las cortes de las tres ramas, que funcionan en los tribunales de los Ancianos de los Días, los Perfecciones de los Días y los Recientes de los Días. Los Embajadores Trinidizados (mortales ascendentes de naturaleza fusionada con el Hijo o con el Espíritu, abrazados por la Trinidad) pueden encontrarse en cualquier parte de un superuniverso, pero la mayoría presta servicios en los sectores menores.

Antes de los tiempos del pleno desarrollo del plan gubernamental de los siete superuniversos, casi todos los administradores de las varias ramas de estos gobiernos, exceptuando a los Ancianos de los Días, pasaron períodos de aprendizaje de variada duración bajo la dirección de los Eternos de los Días en los diversos mundos del perfecto universo de Havona. Los seres que luego fueron trinidizados pasaron asímismo por una temporada de capacitación bajo los Eternos de los Días antes de que se les asignara al servicio de los Ancianos de los Días, los Perfecciones de los Días y los Recientes de los Días. Todos ellos son administradores maduros, probados y expertos.

Vosotros veréis muy pronto a los Perfecciones de los Días cuando avancéis hasta la sede de gobierno de Splandon después de vuestra estadía en los mundos de vuestro sector menor, ya estos excelsos soberanos están estrechamente asociados con los setenta mundos de los sectores mayores para la capacitación superior de las criaturas ascendentes del tiempo y del espacio. Los Perfecciones de los Días, en persona, administran el juramento del grupo a los graduados ascendentes de las facultades de los sectores mayores.

El trabajo de los peregrinos del tiempo en los mundos que rodean la sede central de un sector mayor es fundamentalmente de naturaleza intelectual, en contraste con el carácter más físico y material de la capacitación en las siete esferas de instrucción de un sector menor y con las empresas espirituales en los cuatrocientos noventa mundos universidades de la sede central de un superuniverso.

Aunque se os anota solamente en el registro de los sectores mayores de Splandon, que abarca el universo local de vuestro origen, tendréis que pasar a través de cada una de las diez ramas principales de nuestro superuniverso. Veréis a cada uno de los treinta Perfecciones de los Días de Orvonton antes de que lleguéis a Uversa.

5. LOS RECIENTES DE LOS DÍAS

Los Recientes de los Días son los más jóvenes de los directores supremos de los superuniversos; en grupos de tres presiden los asuntos de los sectores menores. Por naturaleza son coordinados con los Perfecciones de los Días, pero en autoridad administrativa son subordinados. Hay exactamente veintiún mil de estas personalidades Trinitarias personalmente gloriosas y divinamente eficientes. Fueron creadas simultáneamente, y juntas pasaron su adiestramiento en Havona bajo los Eternos de los Días.

Los Recientes de los Días tienen un cuerpo de asociados y asistentes semejante al de los Perfecciones de los Días. Además tienen asignado gran número de las varias órdenes subordinadas de seres celestiales. En la administración de los sectores menores utilizan grandes cantidades de mortales ascendentes residentes, personal de las diversas colonias de cortesía, y los diversos grupos que se originan en el Espíritu Infinito.

Los gobiernos de los sectores menores se ocupan en gran parte, aunque no exclusivamente, de los grandes problemas físicos de los superuniversos. Las esferas del sector menor son las sedes de los Controladores Físicos Decanos. En estos mundos, los mortales ascendentes prosiguen estudios y experimentos que tienen que ver con el examen de las actividades de la tercera orden de los Centros Supremos de Poder y de las siete órdenes de los Controladores Físicos Decanos.

Puesto que el régimen de un sector menor se ocupa tan vastamente de los problemas físicos, sus tres Recientes de los Días rara vez están juntos en la esfera capital. La mayor parte del tiempo, uno se encuentra de viaje, ya sea en conferencia con los Perfecciones de los Días del sector mayor supervisor, u ocupado en representar a los Ancianos de los Días en los cónclaves del Paraíso de los seres elevados de origen trinitario. Ellos se alternan con los Perfecciones de los Días al representar a los Ancianos de los Días ante los concilios supremos del Paraíso. Mientras tanto, otro Reciente de los Días puede estar ausente en una gira de inspección de los mundos sedes centrales de los universos locales que pertenecen a su jurisdicción. Pero al menos uno de estos soberanos permanece siempre en su puesto en la sede central del sector menor.

Conoceréis alguna vez a los tres Recientes de los Días a cargo de Ensa, vuestro sector menor, puesto que debéis pasar por sus manos en vuestro viaje hacia adentro a los mundos de capacitación de los sectores mayores. Al ascender a Uversa, vosotros atravesaréis solamente un grupo de esferas de capacitación del sector menor.

6. LOS UNIONES DE LOS DÍAS

Las personalidades de la Trinidad de la orden de «Días» no funcionan en una capacidad administrativa por debajo del nivel de los gobiernos superuniversales. En los universos locales en evolución actúan sólo como consejeros y asesores. Los Uniones de los Días son un grupo de personalidades de enlace acreditadas por la Trinidad del Paraíso ante los soberanos duales de los universos locales. Se asigna uno de estos asesores del Paraíso a cada universo local organizado y habitado, que actúa como representante de la Trinidad, y en algunos aspectos, del Padre Universal, ante la creación local.

Hay setecientos mil de estos seres en existencia, aunque no se ha comisionado a todos. El cuerpo de reserva de los Uniones de los Días funciona en el Paraíso como un Concilio Supremo de Ajustes del Universo.

De una manera especial estos observadores Trinitarios coordinan las actividades administrativas de todas las ramas del gobierno universal, desde las de los universos locales hasta las de los superuniversos, pasando por los gobiernos de sector, de aquí su nombre: *Uniones* de los Días. Ellos presentan un informe triple a sus superiores: informan a los Recientes de los Días los datos pertinentes de naturaleza física y semiintelectual de su sector menor; informan a los Perfecciones de los Días de su sector mayor sobre los sucesos intelectuales y cuasiespirituales; e informan asuntos espirituales y semiparadisiacos a los Ancianos de los Días en la capital de su superuniverso.

Puesto que son seres de origen Trinitario, tienen acceso a todos los circuitos del Paraíso para la intercomunicación, y por lo tanto están siempre en contacto mutuo entre sí y con todas las otras personalidades necesarias hasta los concilios supremos del Paraíso.

Un Unión de los Días no está conectado orgánicamente con el gobierno del universo local al cual está asignado. Aparte de sus deberes como observador, actúa sólo por solicitud de las autoridades locales. Es miembro ex oficio de todos los concilios primarios y de todos los cónclaves importantes de la creación local, pero no participa en la consideración técnica de los problemas administrativos.

Cuando un universo local se establece en luz y vida, sus seres glorificados se asocian libremente con el Unión de los Días, quien funciona entonces en capacidad más amplia en tal reino de perfección evolutiva. Pero sigue siendo fundamentalmente un embajador de la Trinidad y un consejero del Paraíso.

Un universo local está directamente regido por un Hijo divino de origen dual en la Deidad, pero tiene constantemente a su lado a un hermano del Paraíso, una personalidad de origen en la Trinidad. En caso de ausencia temporal de un Hijo Creador de la sede central de su universo local, el asesoramiento de su Unión de los Días orienta en gran medida a los gobernantes interinos a la hora de tomar sus decisiones más importantes.

7. LOS FIELES DE LOS DÍAS

Estas personalidades elevadas de origen en la Trinidad son los asesores del Paraíso para con los gobernantes de las cien constelaciones de cada universo local. Hay setenta millones de Fieles de los Días, y al igual que los Uniones de los Días, no todos están de servicio. Su cuerpo de reserva en el Paraíso es la Comisión Asesora de Etica Interuniversal y Autogobierno. Los Fieles de los Días rotan en su servicio según las decisiones del concilio supremo de su cuerpo de reserva.

Todo lo que un Unión de los Días es para un Hijo Creador de un universo local, lo son los Fieles de los Días para los Hijos Vorondadek que rigen las constelaciones de esa creación local. Están supremamente dedicados, y son divinamente fieles al bienestar de las constelaciones que se les ha asignado, de aquí su nombre: *Fieles* de los Días. Actúan tan sólo como asesores; no participan nunca en las actividades administrativas, excepto por invitación de las autoridades de la constelación. Tampoco se ocupan directamente del ministerio de enseñanza a los peregrinos de ascensión en las esferas arquitectónicas de capacitación que rodean la sede central de una constelación. Todas esas empresas están bajo la supervisión de los Hijos Vorondadek.

Todos los Fieles de los Días que actúan en las constelaciones de un universo local están bajo la jurisdicción del Unión de los Días y a él responden directamente. No cuentan con un vasto sistema de comunicación, siendo ordinariamente autolimitados a una interasociación dentro de los límites del universo local. Cualquier Fiel de los Días que se encuentre de servicio en Nebadon puede comunicarse con todos los demás de su orden que se encuentren de servicio en este universo local, y así lo hace.

Al igual que el Unión de los Días en una sede central universal, los Fieles de los Días mantienen sus residencias personales en las capitales de la constelación, separadas de las de los directores administrativos de dichos reinos. Sus moradas son en efecto modestas si se las compara con las de los soberanos Vorondadek de las constelaciones.

Los Fieles de los Días constituyen el último eslabón en la larga cadena administrativa-asesora que se extiende desde las sagradas esferas del Padre Universal, cerca del centro de todas las cosas, hasta las divisiones primarias de los universos locales. El régimen de origen Trinitario termina con las constelaciones; no hay tales consejeros del Paraíso permanentemente situados en sus sistemas componentes ni en los mundos habitados. Estas últimas unidades administrativas están completamente bajo la jurisdicción de los seres nativos de los universos locales.

[Presentado por un Consejero Divino de Uversa.]

DOCUMENTO 19

LOS SERES COORDINADOS DE ORIGEN EN LA TRINIDAD

ESTE grupo de seres del Paraíso, designados los Seres Coordinados de Origen Trinitario comprende a los Hijos Instructores Trinitarios, que a la vez son clasificados Hijos de Dios del Paraíso, tres grupos de altos administradores del superuniverso y la categoría un tanto impersonal de los Espíritus Trinitarios Inspirados. Además, también pueden incluirse en esta clasificación de personalidades trinitarias a los nativos de Havona y a numerosos otros grupos de seres residentes en el Paraíso. Los seres de origen trinitario que hemos de considerar en esta disertación son:

1. Hijos Instructores Trinitarios.
2. Perfeccionadores de la Sabiduría.
3. Consejeros Divinos.
4. Censores Universales.
5. Espíritus Trinitarios Inspirados.
6. Nativos de Havona.
7. Ciudadanos del Paraíso.

A excepción de los Hijos Instructores Trinitarios y tal vez de los Espíritus Trinitarios Inspirados, estos grupos están compuestos de un número determinado de seres; su creación es un hecho pasado y concluido.

1. LOS HIJOS INSTRUCTORES TRINITARIO

De todas las personalidades celestiales de las altas órdenes que os han sido reveladas, sólo los Hijos Instructores Trinitarios actúan en una doble capacidad. De naturaleza trinitaria por su origen, funcionalmente se dedican casi totalmente a los servicios de la filiación divina. Son los seres de enlace que salvan el abismo universal entre las personalidades de origen trinitario y las de origen dual.

Mientras que el número de los Hijos Estacionarios Trinitarios está completo, el número de los Hijos Instructores está aumentando constantemente, y no sé cuántos acabarán por ser. Lo que puedo deciros es que, a la fecha del informe periódico más reciente a Uversa, en los archivos del Paraíso constaba que había 21.001.624.821 de estos Hijos en servicio.

Estos seres constituyen el único grupo de Hijos de Dios que os ha sido revelado cuyo origen está en la Trinidad del Paraíso. Recorren el universo central y los superuniversos, y un numeroso cuerpo está asignado a cada universo local. También sirven a los distintos planetas tal como lo hacen otros Hijos de Dios Paradisiacos. No está desarrollado plenamente el plan de construcción del gran universo. Por eso, gran número de Hijos Instructores se mantienen en reserva en el Paraíso, y se ofrecen como voluntarios en casos de urgencia o para servicios especiales en todas las divisiones del gran universo, en los mundos solitarios del espacio, en los universos locales, en los superuniversos y en los mundos de Havona. También tienen funciones en el Paraíso, pero creemos conveniente posponer una consideración detallada de dichas funciones hasta el momento en que tratemos de los Hijos de Dios Paradisiacos.

Sin embargo, puede señalarse a este respecto que los Hijos Instructores son las personalidades coordinadoras supremas de origen trinitario. En tan vasto universo de los universos, siempre existe el grave peligro de sucumbir al error de un punto de vista circunscrito, al mal inherente de una concepción fragmentaria de la realidad y la divinidad.

Por ejemplo: la mente humana normalmente anhela acercarse a la filosofía cósmica que se manifiesta en estas revelaciones procediendo de lo simple y finito a lo complejo e infinito, de los orígenes humanos a los destinos divinos. Pero ese camino no conduce a la *sabiduría espiritual.* Dicho método es la senda más fácil para alcanzar cierta forma de *conocimiento genético*, que en el mejor de los casos tan sólo puede revelar el origen del hombre; poco o nada revela sobre su destino divino.

Aun en el estudio de la evolución biológica del hombre en Urantia, existen serias objeciones al enfoque exclusivamente histórico a su situación presente y sus problemas actuales. Sólo es posible obtener una perspectiva auténtica de cualquier problema de la realidad, humano o divino, terrestre o cósmico, mediante el estudio profundo y libre de prejuicios y la correlación de las tres fases de la realidad universal: origen, historia y destino, y su correlación correspondiente. La comprensión adecuada de estas tres realidades experienciales proporciona las bases para evaluar sabiamente el estado actual.

Cuando la mente humana aplica la técnica filosófica consistente en partir de lo más bajo para alcanzar lo más elevado, tanto en la biología como en la teología, corre siempre el peligro de cometer cuatro errores de razonamiento, a saber:

1. Es posible que falle totalmente en percibir la meta evolutiva final y completa de realización personal o de destino cósmico.

2. Es posible que cometa el supremo error filosófico de simplificar excesivamente la realidad cósmica evolutiva (experiencial), cosa que conduce a la distorsión de los hechos, a la perversión de la verdad, y a la interpretación errónea de los destinos.

3. El estudio de la causación es la lectura de la historia. Pero el conocimiento de *cómo* un ser llega a ser no provee necesariamente una comprensión inteligente del estado actual ni del verdadero carácter de ese ser.

4. La historia por sí sola no consigue revelar adecuadamente el desarrollo futuro —el destino. Los orígenes finitos son útiles, pero sólo las causas divinas revelan los efectos finales. Los fines eternos no se manifiestan en los comienzos del tiempo. El presente sólo puede interpretarse a la luz de su correlación con el pasado y el futuro.

Por lo tanto, por este motivo y aun por otras razones, la técnica que utilizamos para acercarnos al hombre y a sus problemas planetarios, es embarcándonos en el viaje espacio-temporal partiendo de la Fuente y Centro Paradisiaco infinito, eterno y divino de toda la realidad de personalidad y de toda la existencia cósmica.

2. LOS PERFECCIONADORES DE LA SABIDURÍA

Los Perfeccionadores de la Sabiduría constituyen una creación especializada de la Trinidad del Paraíso cuya función consiste en personificar la sabiduría de la divinidad en los superuniversos. Hay exactamente siete mil millones de estos seres, y mil millones están asignados para cada uno de los siete superuniversos.

Juntamente con sus coordinados, los Consejeros Divinos y los Censores Universales, los Perfeccionadores de la Sabiduría pasaron por la sabiduría del Paraíso, de Havona y de las esferas paradisiacas del Padre, a excepción de Divinington. Después de estas experiencias, se asignaron permanentemente los Perfeccionadores de la Sabiduría al servicio de los Ancianos de los Días. Su puesto de servicio no está ni en el Paraíso ni en los mundos de los circuitos Paraíso-Havona; se dedican exclusivamente a la administración de los gobiernos de los superuniversos.

Dondequiera y cada vez que funcione un Perfeccionador de la Sabiduría, ahí mismo funciona sabiduría divina. Hay actualidad de presencia y perfección de manifestación en el conocimiento y la sabiduría representados en las acciones de estos seres poderosos y majestuosos. No *reflejan* la sabiduría de la Trinidad del Paraíso sino que *son* esa sabiduría. Son las fuentes de sabiduría para todos los maestros que enseñan la aplicación del conocimiento sobre el universo; las fuentes de la prudencia y los manantiales del discernimiento para las instituciones de enseñanza y esclarecimiento de todos los universos.

La sabiduría es de doble origen, pues deriva de la perfección del discernimiento divino intrínseco en los seres perfectos, y de la experiencia personal adquirida por las criaturas evolutivas. Los Perfeccionadores de la Sabiduría *son* la sabiduría divina de perfección paradisiaca del discernimiento de la Deidad. Sus asociados administrativos en Uversa, los Mensajeros Poderosos, Aquellos sin Nombre ni Número, y los Elevados en Autoridad, cuando actúan en conjunto, *son* la sabiduría universal que proviene de la experiencia. Un ser divino puede tener la perfección del conocimiento divino. Un mortal evolutivo puede algún día llegar a alcanzar la perfección del conocimiento ascendente, pero ninguno de los dos por sí solos agota las potencialidades de toda la sabiduría posible. Por consiguiente, cada vez que se requiera un máximo de sabiduría administrativa en la conducta del superuniverso, estos perfeccionadores de la sabiduría de discernimiento divino se asocian siempre con aquellas personalidades ascendentes que han alcanzado las altas responsabilidades de la autoridad superuniversal a través de las tribulaciones experienciales de la progresión evolutiva.

Los Perfeccionadores de la Sabiduría necesitarán siempre de este complemento de sabiduría experiencial para completar su obra de sagacidad administrativa. Pero se ha postulado que tal vez los finalistas del Paraíso en el futuro, *después* de ser iniciados en la séptima etapa de la existencia espiritual, lleguen eventualmente a un alto nivel de sabiduría, hasta ahora no alcanzado. Si esta inferencia es correcta, dichos seres perfeccionados de ascensión evolutiva indudablemente llegarían a ser los administradores universales más eficaces jamás conocidos en toda la creación. Creo que tal es el alto destino de los finalistas.

La versatilidad de los Perfeccionadores de la Sabiduría les permite participar prácticamente en todos los servicios celestiales de las criaturas ascendentes. Los Perfeccionadores de la Sabiduría y mi orden de personalidad, los Consejeros Divinos, juntamente con los Censores Universales, constituyen las órdenes más elevadas de seres que pueden, y se ocupan en el trabajo de revelar la verdad a los planetas y sistemas individuales, tanto en sus épocas primitivas como cuando estén plenamente establecidos en luz y vida. De vez en cuando, todos nosotros tenemos que ver con el servicio de los mortales ascendentes, sea en el planeta de su vida inicial, sea en un universo local o, más comúnmente, en el superuniverso.

3. LOS CONSEJEROS DIVINOS

Estos seres de origen en la Trinidad constituyen el consejo de la Deidad para los dominios de los siete superuniversos. No son *reflejos* del consejo divino de la Trinidad; *son* ese consejo. Hay veintiún mil millones de Consejeros en servicio, tres mil millones son asignados a cada superuniverso.

Los Consejeros Divinos son los asociados e iguales de los Censores Universales y de los Perfeccionadores de la Sabiduría; de uno a siete Consejeros se asocian con cada una de estas últimas personalidades. Estas tres órdenes participan en el gobierno de los Ancianos de los Días, incluyendo los sectores mayores y menores, en los universos locales y las constelaciones, y los concilios de los soberanos de los sistemas locales.

Actuamos como individuos, como yo lo estoy haciendo al pronunciar esta declaración, pero también funcionamos en trío cuandoquiera que la ocasión lo exija. Cuando actuamos para ejecutar, siempre nos asociamos de la siguiente manera: un Perfeccionador de la Sabiduría, un Censor Universal y de uno a siete Consejeros Divinos.

Un Perfeccionador de la Sabiduría, siete Consejeros Divinos, y un Censor Universal constituyen un tribunal de la divinidad Trinitaria, el más elevado cuerpo asesor móvil en los universos del tiempo y el espacio. Estos grupos de nueve se conocen como tribunales para recolectar información o para revelar la verdad, y cuando juzgan un problema específico, y pronuncian un dictamen, es como si la decisión hubiera provenido de uno de los Ancianos de los Días, porque en todos los anales de los superuniversos jamás ha ocurrido que los Ancianos de los Días hayan revocado un veredicto de esta índole.

Cuando los tres Ancianos de los Días actúan, la Trinidad del Paraíso actúa. Cuando el tribunal de nueve llega a una decisión después de sus deliberaciones conjuntas, para todo fin y propósito es como si hubieran dictaminado los Ancianos de los Días. Y ésta es la forma en que los Gobernantes del Paraíso se ponen en contacto personal con los mundos, sistemas y universos individuales en los asuntos administrativos y en la reglamentación.

Los Consejeros Divinos son la perfección del consejo divino de la Trinidad Paradisiaca. Nosotros representamos, y de hecho *somos*, el consejo de la perfección. Cuando nos complementa el consejo experiencial de nuestros asociados, los seres de ascensión evolutiva perfeccionados y abrazados por la Trinidad, nuestras conclusiones combinadas son no sólo completas, sino pletóricas. Una vez que un Censor Universal ha asociado, adjudicado, confirmado y promulgado nuestro consejo conjunto, es muy probable que se acerque al umbral mismo de la totalidad universal. Estos veredictos representan la máxima aproximación posible a la actitud absoluta de la Deidad dentro de los límites espacio-temporales de la situación considerada y del problema correspondiente.

Siete Consejeros Divinos, en enlace con un trío trinidizado evolutivo —un Mensajero Poderoso, un Elevado en Autoridad y un sin Nombre ni Número— representan la mejor aproximación superuniversal a la unión del punto de vista humano con la actitud divina en los niveles cuasiparadisiacos de significación espiritual y valores de realidad. Una aproximación tan grande a la unión de las actitudes cósmicas de la criatura y de su Creador sólo es sobrepasada en los Hijos Paradisiacos de autootorgamiento, que son, en cada fase de experiencia de la personalidad, Dios y hombre.

4. LOS CENSORES UNIVERSALES

Existen exactamente ocho mil millones de Censores Universales. Estos seres singulares *son* el juicio de la Deidad. No reflejan meramente las decisiones perfectas, sino que *son* el juicio de la Trinidad del Paraíso. Ni siquiera los Ancianos de los Días pasan juicio a menos que sea en asociación con los Censores Universales.

Se comisiona un Censor para cada uno de los mil millones de mundos del universo central; dicho censor se adjunta a la administración planetaria del Eterno de los Días residente. Los Perfeccionadores de la Sabiduría y los Consejeros Divinos no se adjuntan permanentemente a ninguna administración de Havona; tampoco comprendemos plenamente por qué los Censores Universales están estacionados en el universo central. Sus actividades actuales difícilmente justifican su asignación a Havona, por eso sospechamos que están allí en anticipación de las necesidades de alguna era universal futura cuando la población de Havona tal vez cambie parcialmente.

Mil millones de Censores están comisionados en cada uno de los siete superuniversos. Tanto individualmente como en asociación con los Perfeccionadores de la Sabiduría y los Consejeros Divinos, operan en todas las divisiones de los siete superuniversos. Así pues los Censores actúan en todos los niveles del gran universo, desde los mundos perfectos de Havona hasta los concilios de los Soberanos de Sistemas, y forman parte orgánica de todas las adjudicaciones dispensacionales de los mundos evolutivos.

Cuandoquiera y dondequiera haya un Censor Universal, habrá allí juicio de Deidad. Puesto que los Censores siempre pronuncian su veredicto conjuntamente con los Perfeccionadores de la Sabiduría y los Consejeros Divinos, dichos veredictos comprenden la sabiduría, el parecer y el juicio unidos de la Trinidad del Paraíso. En este trío jurídico el Perfeccionador de la Sabiduría sería el «yo era», el Consejero Divino el «yo seré», y el Censor Universal siempre es el «yo soy».

Los Censores son las personalidades totalizadoras del universo. Después de tomar el testimonio de un millar —o un millón— de testigos, después de escuchar la voz de la sabiduría y de registrar el parecer divino y después de haber añadido el testimonio de la perfección ascendente, recién entonces actuará el Censor. Sus palabras revelarán, al instante la suma total, inequívoca y divina, de todo lo que ha ocurrido, y dicha declaración representa la conclusión divina, la síntesis y sustancia de una decisión perfecta y final. Así, la del Censor será la última palabra, y ya nadie podrá hablar, porque el Censor ha presentado la verdad total e inequívoca de todo lo que ha sucedido antes. Cuando habla, no hay apelación.

Yo comprendo completamente el funcionamiento de la mente de los Perfeccionadores de la Sabiduría, pero ciertamente no entiendo plenamente el funcionamiento de la mente adjudicadora de los Censores Universales. Me parece que los Censores formulan nuevos significados y originan nuevos valores relacionando los hechos, verdades y hallazgos presentados ante ellos en el curso de una investigación de asuntos universales. Parece probable que los Censores Universales elaboren interpretaciones originales sobre la base de la combinación del discernimiento perfecto del Creador con la experiencia de las criaturas perfeccionadas. Evidentemente, esta asociación de la perfección del Paraíso con la experiencia universal produce un nuevo valor en lo último.

Pero esto no es lo único que nos resulta difícil de comprender sobre los procesos mentales de los Censores Universales. Aun considerando todo lo que sabemos o conjeturamos acerca de la función de los Censores en determinadas relaciones universales, no somos capaces de predecir sus decisiones ni de pronosticar sus veredictos. Podemos determinar con precisión el resultado probable de la asociación de la actitud del Creador con la experiencia de la criatura, pero dichas conclusiones no siempre constituyen un pronóstico preciso de las revelaciones del Censor. Es posible que los Censores estén vinculados de alguna manera con el Absoluto de Deidad; de otro modo no podríamos explicar muchas de sus decisiones y dictámenes.

Los Perfeccionadores de la Sabiduría, los Consejeros Divinos, y los Censores Universales, junto con las siete órdenes de Personalidades Supremas Trinitarias, constituyen los diez grupos a veces denominados *Hijos Estacionarios de la Trinidad*. Juntos componen el magno cuerpo de administradores, gobernantes, ejecutivos, asesores, consejeros y jueces de la Trinidad. Su número excede ligeramente los treinta y siete mil millones. Dos mil setenta millones están estacionados en el universo central y apenas más de cinco mil millones en cada superuniverso.

Es muy difícil describir los límites funcionales de los Hijos Estacionarios de la Trinidad. Sería incorrecto decir que sus acciones se limitan a lo finito, porque en los archivos superuniversales existen documentos de transacciones que indican lo contrario. Actúan a todo nivel administrativo o judicial del universo según lo exijan las condiciones espacio-temporales, en relación con la evolución pasada, presente y futura del universo maestro.

5. ESPÍRITUS TRINITARIOS INSPIRADOS

Poco podré deciros respecto a los Espíritus Trinitarios Inspirados, porque pertenecen a una de las pocas órdenes de seres completamente secretas, secretas sin duda, porque no pueden revelarse plenamente, ni siquiera ante aquellos de entre nosotros cuyo origen está tan cerca de la fuente de su creación. Derivan su existencia de la acción de la Trinidad del Paraíso y pueden ser utilizados por una de las Deidades, por dos de ellas, o por las tres. No sabemos si el número de estos Espíritus está completo, o si está siendo incrementado constantemente, pero inclinamos a creer que su número no ha sido fijado.

No comprendemos del todo ni la naturaleza ni la conducta de los Espíritus Inspirados. Tal vez pertenezcan a la categoría de los espíritus superpersonales. Parecen operar en todos los circuitos conocidos, y parecen operar casi independientemente del tiempo y el espacio. Pero poco sabemos acerca de ellos salvo lo que deducimos de su carácter sobre la base de la naturaleza de sus actividades, los resultados de las cuales observamos con certeza aquí y allá en los universos.

Bajo ciertas condiciones, estos Espíritus Inspirados pueden individualizarse a sí mismos suficientemente para que los seres de origen trinitario puedan reconocerles. Yo les he visto; pero las órdenes más bajas de seres celestiales jamás podrían reconocer a uno de ellos. También surgen de cuando en cuando, ciertas circunstancias en la conducta de los universos en evolución, en las cuales un ser de origen en la Trinidad puede emplear directamente los servicios de estos Espíritus para progresar en sus tareas. Sabemos pues que existen, y que bajo ciertas circunstancias podemos mandar que vengan a ayudarnos y recibir su asistencia, y que a veces podemos reconocer su presencia. Pero no forman parte de la organización manifiesta y definidamente revelada que está a cargo de la conducta de los universos espacio-temporales antes de su establecimiento pleno en luz y vida. No tienen un puesto claramente discernible dentro de la economía o administración actuales de los siete superuniversos evolutivos; constituyen un secreto de la Trinidad del Paraíso.

Los Melquisedek de Nebadon enseñan que los Espíritus Trinitarios Inspirados están destinados, allá por el futuro eterno, a funcionar en lugar de los Mensajeros Solitarios, cuyas filas se van reduciendo lenta pero certeramente a medida que se los va colocando como asociados de ciertos tipos de hijos trinidizados.

Los Espíritus Inspirados son los Espíritus solitarios del universo de los universos. Como Espíritus se asemejan bastante a los Mensajeros Solitarios, aunque estos últimos son personalidades definidas. Nuestro conocimiento de los Espíritus Inspirados proviene en gran parte de los Mensajeros Solitarios, que detectan su cercanía por virtud de su sensibilidad intrínseca a la presencia de los Espíritus Inspirados, que funciona tan precisamente como funciona una aguja magnética atraída por un polo magnético. Cuando un Mensajero Solitario se encuentra cerca de un Espíritu Trinitario Inspirado, está consciente de una indicación cualitativa de tal presencia divina, y también de un muy definido registro cuantitativo que le permite en efecto conocer la clasificación o número de la presencia o presencias del Espíritu.

Podría relatar otro hecho de interés: cuando un Mensajero Solitario se encuentra en un planeta como Urantia, cuyos habitantes han recibido Ajustadores del Pensamiento, él tiene conciencia de un estímulo cualitativo en su sensibilidad detectora de la presencia espiritual. En estos casos no hay estímulo cuantitativo, sino tan sólo una agitación cualitativa. Si por otra parte se encuentra en un planeta al cual no acuden los Ajustadores, su contacto con los nativos no produce ninguna reacción de este tipo. Esto sugiere que los Ajustadores del Pensamiento están de alguna manera relacionados o conectados con los Espíritus Inspirados de la Trinidad del Paraíso. Es posible que estén asociados de alguna manera en algunas fases de su obra; pero en verdad nosotros no lo sabemos. Ambos se originan cerca del centro y fuente de todas las cosas; pero no pertenecen a la misma orden de seres. Los Ajustadores del Pensamiento emanan del Padre solo; los Espíritus Inspirados son la progenie de la Trinidad del Paraíso.

Los Espíritus Inspirados no parecen pertenecer al esquema evolutivo de los planetas ni de los universos; sin embargo parecen estar casi en todas partes. Ahora mismo, mientras estoy formulando esta declaración, la sensibilidad personal de mi Mensajero Solitario asociado a la presencia de esta orden de Espíritus, indica que se encuentra junto a nosotros, a no más de ocho metros de distancia, un Espíritu de la orden de los Inspirados y del tercer volumen de presencia de poder. El tercer volumen de presencia de poder nos sugiere la probabilidad de que haya tres Espíritus Inspirados actuando en enlace.

De las más de doce órdenes de seres asociados conmigo en este momento, el Mensajero Solitario es el único que siente y conoce la presencia de estas misteriosas entidades de la Trinidad. Además, aunque sepamos de la cercanía de estos Espíritus divinos, todos nosotros ignoramos su misión. En verdad no sabemos si son meramente observadores interesados de nuestras acciones, o si efectivamente contribuyen, de alguna manera que nos es desconocida, al éxito de nuestra empresa.

Sabemos que los Hijos Instructores Trinitarios están dedicados al esclarecimiento *consciente* de las criaturas del universo. He llegado a la conclusión de que los Espíritus Trinitarios Inspirados, mediante técnicas *superconscientes*, también actúan como instructores de los reinos. Tengo confianza de que existe un cuerpo vasto de conocimiento espiritual esencial, verdad indispensable para la elevada superación espiritual, que no se puede recibir conscientemente; la autoconciencia arriesgaría la certeza de la recepción. Si este concepto es correcto, y mi entera orden de seres lo comparte, es posible que la misión de estos Espíritus Inspirados consista en salvar este obstáculo, en saltar esta brecha en el plan universal de esclarecimiento moral y progreso espiritual. Pensamos que estos dos tipos de maestros de origen trinitario efectuan un enlace de algún tipo en sus actividades, pero en verdad no lo sabemos.

En los mundos de capacitación de los superuniversos y en los circuitos eternos de Havona, he fraternizado con los mortales en perfeccionamiento —almas espiritualizadas y ascendentes de los reinos evolucionarios— pero ellos jamás tienen conciencia de la presencia de los Espíritus Inspirados, que una y otra vez los poderes detectores de los Mensajeros Solitarios, parecían indicar como muy cercana a nosotros. He conversado libremente con todas las órdenes de los Hijos de Dios, tanto altas como bajas, y ninguno de ellos tiene conciencia de las admoniciones de los Espíritus Trinitarios Inspirados. Sin embargo pueden examinar retrospectivamente sus experiencias y narrar sucesos que serían inexplicables si no se tomara en cuenta la acción de estos Espíritus. Pero a excepción de los Mensajeros Solitarios, y a veces de los seres de origen en la Trinidad, ningún miembro de la familia celestial ha tenido jamás conciencia de la cercanía de los Espíritus Inspirados.

No creo que los Espíritus Trinitarios Inspirados estén jugando a esconderse de mí. Es probable que ellos estén tratando de revelárseme tan esforzadamente como yo de comunicarme con ellos; nuestras dificultades y limitaciones deben ser mutuas e intrínsecas. Estoy seguro de que no existen secretos arbitrarios en el universo; por lo tanto nunca cejaré en mi empeño de resolver el misterio del aislamiento de estos Espíritus que pertenecen a mi orden de creación.

Por todo lo dicho, vosotros los mortales, que apenas estáis dando ahora vuestros primeros pasos hacia el viaje eterno, os dais cuenta de que deberéis avanzar un largo trecho antes de progresar por medio de la certeza «visual» y «material». Tendréis que utilizar la fe durante mucho tiempo y depender de la revelación, si esperáis progresar con rapidez y seguridad.

6. LOS NATIVOS DE HAVONA

Los nativos de Havona son la creación directa de la Trinidad del Paraíso, y su número está más allá del concepto de vuestras mentes limitadas. Tampoco es posible para los urantianos concebir las dotes inherentes de criaturas tan divinamente perfectas como estas razas de origen trinitario del universo eterno. Por ahora, no podréis contemplar a estas criaturas gloriosas; debéis aguardar vuestro arribo a Havona, y entonces podréis saludarlas como camaradas espirituales.

Durante vuestra larga estadía en los mil millones de mundos de cultura havonal desarrollaréis una amistad eterna con estos seres magníficos. ¡Cuán profunda es la amistad que florece entre una criatura personal más baja de los mundos del espacio y estos altos seres personales nacidos en las esferas perfectas del universo central! Los mortales ascendentes, en su larga y tierna asociación con los nativos de Havona, mucho hacen para compensar el empobrecimiento espiritual de las etapas primitivas de su progresión mortal. Al mismo tiempo, gracias a sus contactos con los peregrinos ascendentes, los havoneros adquieren una experiencia que compensa considerablemente las limitaciones experienciales inherentes a haber vivido siempre una vida de perfección divina. Grandes y mutuos son los beneficios tanto para los mortales ascendentes como para los nativos de Havona.

Los nativos de Havona, como todas las personalidades de origen trinitario, se proyectan en perfección divina, y pueden enriquecer sus dotes experienciales con el paso del tiempo, al igual que otras personalidades de origen en la Trinidad. Pero a diferencia de los Hijos Estacionarios de la Trinidad, los nativos de Havona pueden evolucionar en su estado y tener un futuro de eternidad-destino no revelado. Esto es ilustrado por esos havoneros que actualizan a través del servicio la capacidad de fusión con un fragmento no Ajustador del Padre y de este modo llenan las condiciones necesarias para afiliarse a los Cuerpos de los Mortales de la Finalidad. También existen otros cuerpos de finalistas abiertos a estos nativos del universo central.

La evolución del estado de los nativos de Havona ha ocasionado múltiples especulaciones en Uversa. Pues se van infiltrando constantemente en los diversos Cuerpos de la Finalidad en el Paraíso, y no se crean otros seres para reemplazarlos, es evidente que el número de nativos que quedan en Havona disminuye constantemente. Las consecuencias últimas de estas transacciones no nos han sido reveladas jamás, pero no creemos que los nativos desaparezcan completamente de Havona. Hemos teorizado que los nativos de Havona posiblemente dejen de integrarse a los cuerpos de finalistas en algún momento durante las edades de las creaciónes sucesivas en los niveles exteriores del espacio. También hemos albergado la idea de que en estas subsecuentes edades universales el universo central podría poblarse de un grupo mixto de seres residentes, una ciudadanía sólo en parte formada por los nativos de Havona. No sabemos qué orden o tipo de criatura pueda estar destinada a la residencia en Havona en el futuro, pero hemos pensado en:

1. Los univitatias, que son actualmente los ciudadanos permanentes de las constelaciones de los universos locales.

2. Tipos futuros de mortales que puedan nacer en las esferas habitadas de los superuniversos durante el florecimiento de las edades de luz y vida.

3. La aristocracia espiritual afluente desde los sucesivos universos exteriores.

Sabemos que el Havona de la era universal anterior era un tanto diferente del Havona de la edad presente. Juzgamos pues, simplemente razonable suponer que estamos presenciando ahora aquellos lentos cambios del universo central que anteceden a las edades por venir. Un hecho es seguro: el universo no es estático; sólo Dios es inmutable.

7. LOS CIUDADANOS DEL PARAÍSO

Residen en el Paraíso numerosos grupos de seres magníficos, los Ciudadanos del Paraíso. Puesto que no se ocupan directamente del plan del perfeccionamiento de las criaturas ascendentes volitivas, no son revelados plenamente a los mortales de Urantia. Existen más de tres mil órdenes de estas inteligencias excelsas. El último grupo fue personalizado simultáneamente con el mandato de la Trinidad que promulgara el plan de creación de los siete superuniversos del tiempo y del espacio.

Los Ciudadanos del Paraíso y los nativos de Havona se conocen a veces por el nombre colectivo de *personalidades del Paraíso-Havona.*

Esto completa la historia de los seres traidos a la existencia por la Trinidad del Paraíso. Estos seres jamás se han descarriado. Sin embargo, en el sentido más elevado, están todos dotados de libre albedrío.

Los seres de origen trinitario tienen prerrogativas de tránsito que los independizan de las personalidades especializadas en transporte, como por ejemplo los serafines. Todos nosotros tenemos el poder de movernos libre y rápidamente en el universo de los universos. A excepción de los Espíritus Trinitarios Inspirados, no podemos alcanzar la casi increíble velocidad de los Mensajeros Solitarios, pero podemos hacer uso de la totalidad de los medios de transporte disponibles en el espacio para llegar a cualquier punto en un superuniverso, desde su sede de gobierno, en menos de un año medido en el tiempo de Urantia. Me llevó 109 días de vuestro tiempo viajar de Uversa a Urantia.

Por los mismos medios podemos intercomunicarnos instantáneamente. Nuestra entera orden de creación está en contacto con todos los individuos comprendidos dentro de todas las divisiones de hijos de la Trinidad del Paraíso, con la sola excepción de los Espíritus Inspirados.

[Presentado por un Consejero Divino de Uversa.]

DOCUMENTO 20

LOS HIJOS DE DIOS PARADISIACOS

EN CUANTO a su función en el superuniverso de Orvonton, los hijos de Dios se clasifican bajo tres encabezamientos generales:

1. Los Hijos de Dios descendentes.
2. Los Hijos de Dios ascendentes.
3. Los Hijos de Dios trinidizados.

Las órdenes de filiación descendentes incluyen las personalidades que son de creación divina y directa. Los hijos ascendentes, tales como las criaturas mortales, llegan a este estado por la participación experiencial en la técnica creativa conocida como evolución. Los Hijos Trinidizados son un grupo de origen compuesto que incluye todos los seres abrazados por la Trinidad del Paraíso aunque no originados directamente en la Trinidad.

1. LOS HIJOS DE DIOS DESCENDENTES

Todos los Hijos de Dios descendentes tienen orígenes elevados y divinos. Se dedican al ministerio descendente de servicio en los mundos y sistemas del tiempo y del espacio, para facilitar allí el progreso en la ascensión hacia el Paraíso de las criaturas humildes de origen evolucionario: los hijos ascendentes de Dios. De las numerosas órdenes de Hijos descendentes, describiremos en estas narrativas siete de ellas. Aquellos Hijos que provienen de las Deidades en la Isla central de Luz y Vida se denominan los *Hijos de Dios Paradisiacos* y abarcan las siguientes tres órdenes:

1. Los Hijos Creadores: Los Micaeles.
2. Los Hijos Magisteriales: Los Avonales.
3. Los Hijos Instructores Trinitarios: Los Dainales.

Las restantes cuatro órdenes de filiación descendente se conocen como los *Hijos de Dios en los Universos Locales*:

4. Los Hijos Melquisedek.
5. Los Hijos Vorondadek.
6. Los Hijos Lanonandek.
7. Los Portadores de Vida.

Los Melquisedek son los vástagos conjuntos de un Hijo Creador de un universo local, el Espíritu Materno Creativo, y el Padre Melquisedek. Tanto los Vorondadek como los Lanonandek son traídos a la existencia por un Hijo Creador y su Espíritu Materno Creativo asociado. Los Vorondadek se conocen mejor como los Altísimos, los Padres de las Constelaciones; los Lanonandek como los Soberanos de Sistemas y como los Príncipes Planetarios. La orden triple de los Portadores de Vida la trae a la existencia un Hijo Creador y el Espíritu Materno Creativo asociado con uno de los tres Ancianos de los Días del superuniverso de jurisdicción. Pero las naturalezas y actividades de estos Hijos de Dios en los Universos Locales se describen más apropiadamente en aquellos escritos que se ocupan de los asuntos de las creaciones locales.

Los Hijos de Dios Paradisiacos son de origen triple: los Hijos primarios o Creadores son traídos a la existencia por el Padre Universal y el Hijo Eterno; los Hijos secundarios o los Hijos Magisteriales son hijos del Hijo Eterno y del Espíritu Infinito; los Hijos Instructores Trinitarios son los vástagos del Padre, el Hijo y el Espíritu. Desde el punto de vista del servicio, la adoración y la suplicación, los Hijos Paradisiacos son como uno; su espíritu es uno, y su trabajo es idéntico en calidad y universalidad.

Así como las órdenes paradisiacas de los Días demostraron ser administradores divinos, del mismo modo las órdenes de los Hijos Paradisiacos se han revelado como ministros divinos: creadores, servidores, otorgadores, jueces, maestros, y reveladores de la verdad. Pasan por el universo de los universos desde las orillas de la Isla eterna hasta los mundos habitados del tiempo y del espacio, realizando múltiples servicios en el universo central y los superuniversos, los cuales no se revelan en estas narrativas. Están organizados de distintas maneras, dependientes de la naturaleza y ubicación de sus servicios, pero en un universo local tanto los Hijos Magisteriales como los Hijos Instructores sirven bajo la dirección del Hijo Creador que preside sobre ese dominio.

Los Hijos Creadores parecen poseer una dote espiritual que se centra en sus personas, que controlan, y que pueden otorgar así como vuestro propio Hijo Creador lo hizo al derramar su espíritu sobre toda la carne mortal en Urantia. Cada Hijo Creador está dotado de este poder espiritual de atracción en su propio reino; él está personalmente consciente de toda acción y emoción de todo Hijo de Dios descendente que sirve en sus dominios. He aquí una reflexión divina, una duplicación de un universo local, de ese poder absoluto de atracción espiritual del Hijo Eterno, que le permite extenderse para hacer y mantener contacto con todos sus Hijos Paradisiacos, sea donde fuera que éstos se encuentren en todo el universo de los universos.

Los Hijos Creadores Paradisiacos sirven no solamente como Hijos en sus ministraciones descendentes de servicio y otorgamiento, sino que cuando completan sus carreras de autootorgamiento, cada uno funciona como un Padre del universo en su propia creación, mientras que otros Hijos de Dios continúan el servicio de autootorgamiento y elevación espiritual concebido para ganar los planetas, uno a uno, al reconocimiento volitivo del gobierno amante del Padre Universal, culminando en la consagración de la criatura a la voluntad del Padre Paradisiaco y en la lealtad planetaria a la soberanía universal de su Hijo Creador.

En un Hijo Creador séptuple, Creador y criatura por siempre se combinan en asociación comprensiva, compasiva y misericordiosa. La entera orden de Micaeles, los Hijos Creadores, es tan singular que el relato de sus naturalezas y actividades se reserva al próximo documento de esta serie, mientras que esta narrativa se ocupará principalmente de las dos órdenes restantes de filiación Paradisiaca: los Hijos Magisteriales y los Hijos Instructores Trinitarios.

2. LOS HIJOS MAGISTERIALES

Cada vez que un concepto original y absoluto de un ser, formulado por el Hijo Eterno, se une con un ideal nuevo y divino de servicio amante concebido por el Espíritu Infinito, se produce un Hijo de Dios nuevo y original, un Hijo Magisterial Paradisiaco. Estos Hijos constituyen la orden de Avonales, en contradistinción con la orden de Micaeles, los Hijos Creadores. Aunque no son creadores en el sentido personal, están estrechamente asociados con los Micaeles en toda su tarea. Los Avonales son ministros y jueces planetarios, los magistrados de los reinos del tiempo y del espacio —de todas las razas, para todos los mundos, y en todos los universos.

Tenemos razones para pensar que el número total de hijos magisteriales en el gran universo es de alrededor de mil millones. Son una orden autogobernante, dirigida por su concilio supremo en el Paraíso, el cual está constituido por Avonales experimentados sacados de los servicios de todos los universos. Pero cuando están asignados a un universo local y comisionados en él, sirven bajo la dirección del Hijo Creador de ese dominio.

Los Avonales son Hijos Paradisiacos para servicio y autootorgamiento en los planetas individuales de los universos locales. Ya que cada Hijo Avonal tiene una personalidad exclusiva, puesto que no hay dos que sean idénticas, su tarea es individualmente singular en los reinos de su estadía, donde frecuentemente se encarnan a semejanza de la carne mortal y a veces nacen de madres terrestres en los mundos evolucionarios.

Además de su servicio en los niveles administrativos más elevados, los Avonales tienen una función triple en los mundos habitados:

1. *Acciones judiciales.* Actúan al final de las dispensaciones planetarias. Con el tiempo se pueden ejecutar decenas —centenares— de tales misiones en cada mundo individual, y pueden proceder innumerables veces al mismo mundo o a otros mundos como terminadores de dispensación, liberadores de los sobrevivientes adormecidos.

2. *Misiones magisteriales.* Una visitación planetaria de este tipo generalmente ocurre antes de la llegada de un hijo de autootorgamiento. En tales misiones, el Avonal aparece como adulto del reino mediante una técnica de encarnación que no comprende el nacimiento mortal. Después de esta primera visita magisterial usual, los Avonales pueden servir repetidamente en capacidad magisterial en el mismo planeta tanto antes como después de la aparición del Hijo autootorgador. En estas misiones magisteriales adicionales, el Avonal puede aparecer o no en forma visible y material, pero en ninguna de ellas nacerá él en el mundo como infante desamparado.

3. *Misiones de autootorgamiento.* Cada Hijo Avonal se otorga a sí mismo, por lo menos una vez, en una carrera mortal en algún mundo evolucionario. Las visitas judiciales son numerosas, las misiones magisteriales pueden ser plurales, pero en cada planeta aparece sólo un Hijo autootorgado. Los Avonales autootorgadores nacen de una mujer así como Micael de Nebadon fue encarnado en Urantia.

No hay límite a la cantidad de veces que los Hijos Avonales pueden servir en misiones magisteriales y de autootorgamiento, pero generalmente, cuando se ha atravesado la experiencia siete veces, hay una suspensión en favor de aquellos que han tenido menos de tal servicio. Estos hijos de experiencia múltiple de autootorgamiento son entonces asignados al elevado concilio personal de un Hijo Creador, volviéndose así participantes en la administración de los asuntos de un universo.

En toda su tarea por los mundos habitados y en los mismos, los Hijos Magisteriales son asistidos por dos órdenes de criaturas de los universos locales, los

Melquisedek y los arcángeles, mientras que en las misiones de autootorgamiento también les acompañan las Brillantes Estrellas Vespertinas, también de origen en las creaciones locales. En cada esfuerzo planetario, los Hijos secundarios Paradisiacos, los Avonales, están apoyados por el poder pleno y la autoridad de un Hijo primario Paradisiaco, el Hijo Creador de su universo local de servicio. Para todos los fines e intentos, su tarea en las esferas habitadas es tan eficaz y aceptable como lo sería el servicio de un Hijo Creador en aquellos mundos de habitación mortal.

3. LAS ACCIONES JUDICIALES

Los Avonales son conocidos como Hijos Magisteriales porque son los altos magistrados de los reinos, los adjudicadores de las dispensaciones sucesivas de los mundos del tiempo. Presiden el despertar de los sobrevivientes adormecidos, juzgan el reino, terminan una dispensación de justicia suspendida, ejecutan los mandatos de una edad de misericordia probatoria, vuelven a asignar las criaturas espaciales del ministerio planetario a las tareas de la nueva dispensación, y regresan a las sedes de su universo local en cuanto completan su misión.

Cuando se sientan para juzgar los destinos de una edad, los Avonales decretan el destino de las razas evolucionarias, pero aunque puedan fallar la extinción de la identidad de criaturas personales, no ejecutan dichas sentencias. Los veredictos de esta naturaleza no son ejecutados sino por las autoridades de un superuniverso.

La llegada de un Avonal Paradisiaco a un mundo evolucionario para el fin de terminar una dispensación e inaugurar una nueva era de progresión planetaria no es necesariamente ni una misión magisterial ni una misión de autootorgamiento. Las misiones magisteriales son a veces las de autootorgamiento, las misiones de dotación son siempre autootorgamientos; o sea, durante tales asignaciones los Avonales sirven en un planeta en forma material —concreta. Sus otras visitas son «técnicas», y en esta función un Avonal no se encarna en el servicio planetario. Si un Hijo Magisterial viene solamente como adjudicador dispensacional, llega al planeta como ser espiritual, invisible para las criaturas materiales del reino. Dichas visitas técnicas ocurren repetidas veces en la larga historia de un mundo habitado.

Los Hijos Avonales pueden actuar como jueces planetarios antes de sus experiencias magisteriales o de autootorgamiento. En cada una de estas misiones, sin embargo, el Hijo encarnado juzgará la edad planetaria que está llegando a su final; del mismo modo lo hace un Hijo Creador cuando está encarnado en una misión a semejanza de la carne mortal. Cuando un Hijo Paradisiaco visita un mundo evolucionario y se transforma en uno de sus habitantes, su presencia termina una dispensación y constituye un juicio del reino.

4. LAS MISIONES MAGISTERIALES

Antes de la aparición planetaria de un Hijo autootorgador, un mundo habitado es generalmente visitado por un Avonal Paradisiaco en misión magisterial. Si ésta es una visita magisterial inicial, el Avonal siempre se encarna como un ser material. Aparece en el planeta de asignación como varón maduro de las razas mortales, un ser plenamente visible y capaz de hacer contacto físico con las criaturas mortales de su día y generación. Durante la entera encarnación magisterial, la relación del Hijo Avonal con las fuerzas espirituales locales y universales es completa e ininterrumpida.

Un planeta puede experimentar muchas visitaciones magisteriales, tanto antes como después de la aparición de un Hijo autootorgador. Puede ser visitado muchas veces por el mismo Avonal o por otros, que actúan como adjudicadores dispensacionales, pero dichas misiones técnicas de juicio no son ni autootorgamientos ni misiones magisteriales, y los Avonales en estas ocasiones nunca son encarnados. Aun cuando un planeta es bendecido por repetidas misiones magisteriales, los Avonales no siempre se someten a la encarnación mortal; y cuando verdaderamente sirven en semejanza de la carne mortal, siempre aparecen como seres adultos del reino; no nacen de una mujer.

Cuando se encarnan en misiones de autootorgamiento o magisteriales, los Hijos Paradisiacos tienen Ajustadores experimentados, y estos Ajustadores son distintos para cada encarnación. Los Ajustadores que ocupan la mente de los Hijos de Dios encarnados no pueden tener jamás la esperanza de obtener la personalidad mediante la fusión con los seres humano-divinos de su residencia, pero frecuentemente son personalizados por un mandato del Padre Universal. Dichos Ajustadores forman el concilio supremo de dirección de Divinington para la administración, identificación y despacho de los Monitores Misteriosos a los reinos habitados. También reciben y acreditan a los Ajustadores que regresan al «seno del Padre» cuando se disuelve por la muerte su tabernáculo terrestre. De esta manera, los Ajustadores fieles de los jueces del mundo se tornan jefes excelsos de su clase.

Urantia nunca ha recibido a un Hijo Avonal en misión magisterial. Si Urantia hubiese seguido el plan general de los mundos habitados, habría sido bendecido con una misión magisterial en algún momento, entre los días de Adán y el autootorgamiento de Cristo Micael. Pero la secuencia regular de los Hijos Paradisiacos en vuestro planeta fue totalmente trastornada por la aparición de vuestro Hijo Creador en su autootorgamiento final hace mil novecientos años.

Aún es posible que Urantia sea visitada por un Avonal comisionado para encarnarse en misión magisterial, pero en cuanto a la aparición futura de los Hijos Paradisiacos, ni siquiera «los ángeles en el cielo saben el momento ni la forma de dichas visitaciones», porque un mundo en el que se haya otorgado un Micael se vuelve el pupilo individual y personal de un Hijo Mayor y, como tal, está totalmente sujeto a sus propios planes y decisiones. Con vuestro mundo, esto se complica aún más por la promesa que Micael hiciera de regresar. Aparte de los malentendidos que sobre la estadía de Micael de Nebadon en Urantia pueda haber, una cosa es indudablemente auténtica —su promesa de volver a vuestro mundo. En vista de esta expectativa, tan sólo el tiempo podrá revelar el orden futuro de las visitas de los Hijos de Dios Paradisiacos a Urantia.

5. LOS AUTOOTORGAMIENTOS DE LOS HIJOS DE DIOS PARADISIACOS

El Hijo Eterno es el eterno Verbo de Dios. El Hijo Eterno es la expresión perfecta del «primer» pensamiento absoluto e infinito de su Padre eterno. Cuando una duplicación personal o una extensión divina de este Hijo original sale en misión de autootorgamiento en forma de la encarnación mortal, se torna literalmente verdad que el divino «Verbo se hace carne», y que el Verbo mora de este modo entre los seres humildes de origen animal.

En Urantia existe la creencia difundida de que el propósito del autootorgamiento de un Hijo sea, de alguna manera, influir sobre la actitud del Padre Universal. Pero vuestro esclarecimiento debería indicaros que esto no es verdad. Los autootorgamientos de los Hijos Avonales y de los Hijos Micaeles son una parte necesaria del proceso experiencial proyectado para hacer que estos Hijos sean magistrados y gobernantes seguros y compasivos de los pueblos y los planetas del tiempo y del espacio. La carrera de los siete autootorgamientos es la meta suprema de todos los

Hijos Creadores Paradisiacos. Todos los Hijos Magisteriales son motivados por el mismo espíritu de servicio que tan abundantemente caracteriza a los Hijos Creadores primarios y al Hijo Eterno del Paraíso.

Alguna orden de Hijos Paradisiacos debe otorgarse en cada mundo habitado por mortales para posibilitar la llegada de los Ajustadores del Pensamiento a la mente de todos los seres humanos normales de esa esfera, porque los Ajustadores no van *a todos* los seres humanos de buena fe hasta que no se haya derramado el Espíritu de la Verdad sobre toda la carne; y el envío del Espíritu de la Verdad depende del regresoa la sede central del universo de un Hijo Paradisiaco que haya ejecutado exitosamente una misión de autootorgamiento mortal en un mundo en evolución.

Durante el curso de la larga historia de un planeta habitado, ocurrirán muchas adjudicaciones dispensacionales, y más de una misión magisterial puede ocurrir, pero ordinariamente sólo una vez servirá un Hijo autootorgador en la esfera. Tan sólo se requiere que cada mundo habitado tenga un Hijo autootorgador que haya vivido la plena vida mortal desde el nacimiento hasta la muerte. Tarde o temprano, sea cual fuere el estado espiritual, cada mundo habitado por mortales está destinado a recibir a un Hijo Magisterial en misión de autootorgamiento, excepto el planeta en cada universo local en el que un Hijo Creador elige realizar su autootorgamiento mortal.

Al comprender más acerca de los Hijos encarnados, vosotros discernís por qué tanto interés despierta Urantia en la historia de Nebadon. Vuestro pequeño e insignificante planeta es de importancia para el universo local, simplemente porque es el hogar mortal de Jesús de Nazaret. Fue el escenario del autootorgamiento final y triunfador de vuestro Hijo Creador, la arena en la que Micael alcanzó la soberanía personal suprema del universo de Nebadon.

En la sede de su universo local, un Hijo Creador, especialmente después de completar su propio autootorgamiento mortal, pasa mucho de su tiempo aconsejando e instruyendo al grupo de Hijos asociados, los Hijos Magisteriales y a otros. En amor y devoción, con tierna misericordia y afectuosa consideración, estos Hijos Magisteriales se otorgan en los mundos del espacio. Y de ninguna manera son estos servicios planetarios inferiores a los autootorgamientos mortales de los Micaeles. Es verdad que vuestro Hijo Creador seleccionó para escenario de su aventura final en la experiencia de la criatura un mundo que había sido extraordinariamente desafortunado. Pero ningún planeta puede jamás hallarse en condición tal como para requerir el autootorgamiento de un Hijo Creador con el objeto de efectuar su rehabilitación espiritual. Cualquier Hijo del grupo de autootorgamientos hubiese sido igualmente suficiente, porque en todo su trabajo en los mundos de un universo local, los Hijos Magisteriales son tan divinamente eficaces y todosapientes como podría serlo su hermano Paradisiaco, el Hijo Creador.

Aunque la posibilidad de desastres durante sus encarnaciones de autootorgamiento está siempre presente para estos Hijos Paradisiacos, no he visto registro alguno de un fracaso o falta en misión de autootorgamiento de un Hijo Magisterial o un Hijo Creador. Ambos son de origen demasiado cercano a la perfección absoluta como para faltar. En efecto asumen el riesgo, realmente se vuelven como las criaturas mortales de carne y hueso y por lo tanto obtienen la experiencia única de la criatura, pero dentro de la gama de mi observación siempre triunfan. Nunca dejan de alcanzar el objetivo de la misión de autootorgamiento. La historia de su servicio de autootorgamiento y planetario en todo Nebadon constituye el capítulo más noble y fascinador en la historia de vuestro universo local.

6. LAS CARRERAS DE AUTOOTORGAMIENTO EN SEMEJANZA DE LOS MORTALES

El método por el cual un Hijo Paradisiaco se prepara para la encarnación mortal como Hijo autootorgador, llegando a nacer de una madre en el planeta de encarnación, es un misterio universal; y todo esfuerzo para detectar el mecanismo de esta técnica de Sonarington está destinado a fracasar certeramente. Dejad que el conocimiento sublime de la vida mortal de Jesús de Nazaret penetre vuestras almas, pero no gastéis el pensamiento en especulaciones inútiles sobre cómo se realizó esta misteriosa encarnación de Micael de Nebadon. Regocijémonos todos con el conocimiento y la certeza de que tales logros son posibles para la naturaleza divina y no perdamos tiempo en conjeturas inútiles sobre la técnica empleada por la sabiduría divina para realizar estos fenómenos.

En una misión de autootorgamiento como mortal, un Hijo Paradisiaco siempre nace de una mujer y crece como niño varón del reino, así como lo hizo Jesús en Urantia. Estos Hijos de servicio supremo pasan todos desde la infancia a través de la juventud hasta la edad adulta, así como lo hace un ser humano. En todos los aspectos, se tornan como los mortales de la raza en la que nacen. Hacen solicitudes al Padre así como lo hacen los hijos de los reinos en los que sirven. Desde un punto de vista material, estos hijos humano-divinos viven vidas comunes con una sola excepción: no originan vástagos en los mundos de su estadía; ésa es una restricción universal impuesta a todas las órdenes de los Hijos Paradisiacos autootorgadores.

Así como Jesús trabajó en vuestro mundo como el hijo del carpintero, del mismo modo otros Hijos Paradisiacos laboran en distintas capacidades en sus planetas de autootorgamiento. Difícilmente podríais pensar en una vocación que no haya sido adoptada por un Hijo Paradisiaco en el curso de su autootorgamiento en algún planeta evolucionario del tiempo.

Cuando un Hijo encarnado ha aprendido la experiencia del vivir de la vida mortal, cuando ha alcanzado la perfección de armonización con su Ajustador residente, allí comienza esa parte de su misión planetaria que está diseñada para iluminar la mente e inspirar el alma de sus hermanos en la carne. Como maestros, estos hijos están dedicados exclusivamente al esclarecimiento espiritual de las razas mortales en los mundos de su estadía.

Las carreras de autootorgamientos mortales de los Micaeles y de los Avonales, aunque comparables en la mayoría de los aspectos, no son idénticas en todos ellos: un Hijo Magisterial jamás proclama, «el que haya visto al Hijo, ha visto al Padre», así como lo hizo vuestro Hijo Creador cuando estaba en Urantia y en la carne. Pero un Avonal autootorgador sí declara: «El que me haya visto a mí, ha visto al Hijo Eterno de Dios». Los Hijos Magisteriales no son descendientes inmediatos del Padre universal, ni tampoco se encarnan sujetos a la voluntad del Padre; se otorgan a sí mismos siempre como *Hijos* Paradisiacos sujetos a la voluntad del Hijo Eterno del Paraíso.

Cuando los Hijos autootorgadores, Creadores o Magisteriales, penetran el portal de la muerte, reaparecen al tercer día. Pero no deberíais albergar la idea de que ellos siempre se encuentran con el trágico fin del Hijo Creador que moró en vuestro mundo hace mil novecientos años. La experiencia extraordinaria y extrañamente cruel por la que pasó Jesús de Nazaret ha hecho que Urantia sea conocida localmente como «el mundo de la cruz». No es necesario que un Hijo de Dios sea tratado de una manera tan inhumana, la gran mayoría de los planetas les ha ofrecido un recibimiento más considerado, permitiéndoles terminar sus carreras mortales, terminar la edad, adjudicar a los sobrevivientes adormecidos, e inaugurar una nueva dispensación, sin sufrir una muerte violenta. Un hijo autootorgador debe enfrentarse a la muerte, debe pasar a través de la experiencia total y real de los mortales del reino, pero no es requisito del plan divino que su muerte sea ni violenta ni extraña.

Cuando los Hijos encarnados no son puestos a muerte en una forma violenta, éstos abandonan voluntariamente su vida y pasan por los portales de la muerte, no para satisfacer las demandas de «la justicia severa» o «la ira divina», sino más bien para completar el autootorgamiento, «para beber la copa» de la carrera de la encarnación y experiencia personal en todo lo que constituye la vida de una criatura tal como se vive en los planetas de la existencia mortal. El autootorgamiento es una necesidad planetaria y universal, y la muerte física no es más que una parte necesaria de la misión del autootorgamiento.

Cuando la encarnación mortal se termina, el Avonal de servicio se encamina al Paraíso, es aceptado por el Padre Universal, regresa al universo local de asignación, y es recibido por el Hijo Creador. De allí en adelante, el Avonal de autootorgamiento y el Hijo Creador envían su Espíritu de la Verdad conjunto para funcionar en el corazón de las razas mortales que moran en el mundo del autootorgamiento. En las edades de presoberanía de un universo local, éste es el espíritu conjunto de ambos Hijos, implementado por el Espíritu Creativo. Difiere un tanto del Espíritu de la Verdad que caracteriza las edades del universo local después del séptimo autootorgamiento de un Micael.

Cuando se completa el autootorgamiento final de un Hijo Creador, el Espíritu de la Verdad previamente enviado en todos los mundos de autootorgamiento Avonal de ese universo local cambia de naturaleza, volviéndose más literalmente el espíritu de Micael soberano. Este fenómeno toma lugar concurrentemente con la liberación del Espíritu de la Verdad para servicio en el planeta de autootorgamiento mortal de Micael. De allí en adelante, cada mundo honrado por un autootorgamiento Magisterial recibirá el mismo espíritu Confortador del Hijo Creador séptuple, en asociación con el Hijo Magisterial, que el mundo habría recibido si el mismo Soberano del universo local se hubiese encarnado personalmente como su Hijo autootorgador.

7. LOS HIJOS INSTRUCTORES TRINITARIOS

Estos Hijos Paradisiacos altamente personales y altamente espirituales son traidos a la existencia por la Trinidad del Paraíso. Se los conoce en Havona como la orden de los Dainales. En Orvonton están registrados como Hijos Instructores Trinitarios, llamados así por su parentesco. En Salvington a veces se los denomina Hijos Espirituales Paradisiacos.

En número los Hijos Instructores están constantemente en aumento. El último censo universal emitido arrojó para estos Hijos Trinitarios que funcionan en el universo central y en los superuniversos cifras de un poco más de veintiún mil millones, y esto excluyendo las reservas en el Paraíso, que incluyen a más de un tercio de todos los Hijos Instructores Trinitarios en existencia.

La orden Dainal de filiación no es parte orgánica de las administraciones de los universos locales o de los superuniversos. Sus miembros no son ni creadores ni liberadores, tampoco son jueces ni gobernantes. No se preocupan tanto por la administración del universo sino por el esclarecimiento moral y el desarrollo espiritual. Son los educadores universales, dedicados al despertar espiritual y a la guía moral de todos los reinos. Su ministerio está íntimamente interrelacionado con el de las personalidades del Espíritu Infinito y estrechamente asociado con la ascensión de las criaturas al Paraíso.

Estos Hijos Trinitarios participan de las naturalezas combinadas de las tres Deidades del Paraíso, pero en Havona parecen reflejar más la naturaleza del Padre Universal. En los superuniversos parecen semejar la naturaleza del Hijo Eterno, mientras que en las creaciones locales aparecen con las características del Espíritu Infinito. En todos los universos, ellos son la manifestación del servicio y la discreción de la sabiduría.

A diferencia de sus hermanos Paradisiacos, los Micaeles y los Avonales, los Hijos Instructores Trinitarios no reciben capacitación preliminar en el universo central. Se les envía directamente a las sedes de los superuniversos y desde allí son comisionados para el servicio en un universo local. En su ministerio en estos reinos evolucionarios, utilizan la influencia espiritual combinada de un Hijo Creador y de los Hijos Magisteriales asociados, porque los Dainales no poseen un poder de atracción espiritual en sí mismos y por sí mismos.

8. EL MINISTERIO DE LOS DAINALES EN LOS UNIVERSOS LOCALES

Los Hijos Espirituales Paradisiacos son seres singulares de origen en la Trinidad y las únicas criaturas trinitarias tan completamente asociadas con la conducta de los universos de origen dual. Están dedicados afectuosamente al ministerio de instrucción a las criaturas mortales y de las órdenes inferiores de los seres espirituales. Comienzan sus labores en los sistemas locales y, de acuerdo con la experiencia y el logro, avanzan hacia adentro a través del servicio en las constelaciones a las tareas más elevadas de la creación local. Después de haber sido certificados, pueden tornarse embajadores espirituales en representación de los universos locales de su servicio.

El número exacto de Hijos Instructores en Nebadon no lo conozco; existen muchos miles de ellos. Muchos de los jefes de departamentos en las facultades Melquisedek pertenecen a esta orden, mientras que el personal combinado de la Universidad normal de Salvington comprende a más de cien mil incluyendo a estos Hijos. Grandes números están estacionados en los distintos mundos de capacitación morontial, pero no se ocupan completamente del avance espiritual e intelectual de las criaturas mortales; se preocupan igualmente por la instrucción de los seres seráficos y de otros nativos de las creaciones locales. Muchos de sus asistentes se seleccionan de las filas de los seres trinitizados por criaturas.

Los Hijos Instructores componen el cuerpo docente que administra todos los exámenes y conduce todas las pruebas para la calificación y certificación de todas las fases subordinadas del servicio universal, desde los deberes de los centinelas de puestos avanzados hasta los de los estudiantes de astronomía. Ellos conducen un curso de capacitación que dura una edad, que va desde los cursos planetarios hasta la elevada Facultad de la Sabiduría ubicada en Salvington. El reconocimiento del esfuerzo y del logro se otorga a todos, ya sea un mortal ascendente o un querubín ambicioso, que completen estas aventuras en la sabiduría y la verdad.

En todos los universos, todos los Hijos de Dios admiran a estos Hijos Instructores Trinitarios siempre fieles y universalmente eficientes. Ellos son los maestros excelsos de todas las personalidades espirituales, aun los maestros comprobados y auténticos de los Hijos de Dios mismos. Pero casi no puedo informaros de los detalles, deberes y funciones sin fin de los Hijos Instructores. El vasto dominio de las actividades de la filiación Dainal se comprenderá mejor en Urantia cuando hayáis avanzado más en inteligencia, y después de que haya terminado el aislamiento espiritual de vuestro planeta.

9. EL SERVICIO PLANETARIO DE LOS DAINALES

Cuando el progreso de los acontecimientos en un mundo evolucionario indica que el momento es oportuno para iniciar una edad espiritual, los Hijos Instructores Trinitarios siempre se ofrecen como voluntarios para este servicio. No estáis familiarizados con esta orden de filiación porque Urantia no ha tenido la experiencia de una edad espiritual, un milenio de esclarecimiento cósmico. Pero los Hijos Instructores aún actualmente visitan vuestro mundo con el fin de formular planes relativos a su estadía futura en vuestra esfera. Aparecerán en Urantia una vez que sus habitantes hayan ganado una liberación comparativa de las cadenas del animalismo y de las ataduras del materialismo.

Los Hijos Instructores Trinitarios nada tienen que hacer con la terminación de las dispensaciones planetarias. Ni juzgan a los muertos ni trasladan a los vivos, pero en cada misión planetaria van acompañados de un Hijo Magisterial que realiza estos servicios. Los Hijos Instructores se ocupan enteramente de la iniciación de una edad espiritual, de los albores de la era de realidades espirituales en un planeta evolucionario. Hacen realidad las contrapartes espirituales del conocimiento material y de la sabiduría del tiempo.

Los Hijos Instructores generalmente permanecen en sus planetas de visitación por mil años de tiempo planetario. Un Hijo Instructor preside el reino milenario planetario y es asistido por setenta asociados de su orden. Los Dainales no se encarnan ni se materializan de otras maneras que sean visibles a los seres mortales; por lo tanto el contacto con el mundo de visitación se mantiene mediante las actividades de las Brillantes Estrellas Vespertinas, personalidades del universo local que están asociadas con los Hijos Instructores Trinitarios.

Los Dainales pueden regresar muchas veces a un mundo habitado, y después de su misión final, el planeta entrará en un estado establecido de esfera de luz y vida, la meta evolucionaria de todos los mundos habitados por mortales de la presente edad universal. El Cuerpo de los Mortales de la Finalidad tiene mucho que ver con las esferas establecidas en luz y vida, y sus actividades planetarias se tocan con las de los Hijos Instructores. En efecto, la entera orden de filiación Dainal está íntimamente vinculada con todas las fases de la actividad de los finalistas en las creaciones evolucionarias del tiempo y del espacio.

Los Hijos Instructores Trinitarios parecen estar tan completamente identificados con el régimen de la progresión mortal a través de las etapas primitivas de la ascensión evolucionaria, que frecuentemente somos llevados a especular sobre su posible asociación con los finalistas en la carrera no revelada de los universos futuros. Observamos que los administradores de los superuniversos son parte personalidades de origen en la Trinidad y parte criaturas evolucionarias ascendentes abarcadas por la Trinidad. Creemos firmemente que los Hijos Instructores y los finalistas están ahora dedicados a adquirir la experiencia de la asociación temporal que puede ser capacitación preliminar para prepararles para una asociación estrecha en algún destino futuro no revelado. En Uversa es nuestra creencia que, cuando los superuniversos finalmente estén establecidos en luz y vida, estos Hijos Instructores Paradisiacos, que se han familiarizado tan profundamente con los problemas de los mundos evolucionarios y se han asociado por tanto tiempo con la carrera de los mortales evolucionarios, probablemente serán transferidos a la asociación eterna con el Cuerpo de Finalistas en el Paraíso.

10. EL MINISTERIO UNIDO DE LOS HIJOS PARADISIACOS

Todos los Hijos de Dios Paradisiacos son de origen y naturaleza divina. En el trabajo de cada Hijo Paradisiaco para el bien de cada mundo, es como si ese Hijo de servicio fuera el primero y único Hijo de Dios.

Los Hijos Paradisiacos son la presentación divina de las naturalezas actuantes de las tres personas de la Deidad a los dominios del tiempo y del espacio. Los Hijos Creadores, Magisteriales e Instructores son los dones de las Deidades eternas a los hijos de los mortales y a todas las demás criaturas universales de potencial de ascensión. Estos Hijos de Dios son los ministros divinos que se dedican incesantemente a la tarea de ayudar a las criaturas del tiempo para que alcancen el elevado objetivo espiritual de la eternidad.

En los Hijos Creadores, el amor del Padre Universal se combina con la misericordia del Hijo Eterno y se revela a los universos locales en el poder creativo, el ministerio amante, y la soberanía comprensiva de los Micaeles. En los Hijos Magisteriales, la misericordia del Hijo Eterno, unida con el ministerio del Espíritu Infinito, se revela a los dominios evolucionarios en las carreras de estos Avonales de juicio, servicio y autootorgamiento. En los Hijos Instructores Trinitarios el amor, misericordia y ministerio de las tres Deidades del Paraíso están coordinados en los más elevados niveles de valor espacio-temporal y son presentados a los universos como verdad viviente, bondad divina, y verdadera belleza espiritual.

En los universos locales, estas órdenes de filiación colaboran para revelar las Deidades del Paraíso a las criaturas del espacio; como Padre de un universo local, un Hijo Creador retrata el carácter infinito del Padre Universal. Como Hijos autootorgadores de misericordia, los Avonales revelan la naturaleza incomparable del Hijo Eterno de infinita compasión. Como verdaderos maestros de las personalidades ascendentes, los Hijos Dainales Trinitarios revelan la personalidad de maestro del Espíritu Infinito. Los Micaeles, los Avonales y los Dainales en su cooperación divinamente perfecta contribuyen a la actualización y revelación de la personalidad y soberanía de Dios el Supremo en los universos del tiempo y del espacio y para los mismos. En la armonía de sus actividades triunas estos Hijos de Dios Paradisiacos funcionan siempre a la vanguardia de las personalidades de la Deidad al seguir la expansión inacabable de la divinidad de la Primera Gran Fuente y Centro desde la sempiterna Isla del Paraíso hacia las profundidades desconocidas del espacio.

[Presentado por un Perfeccionador de la Sabiduría de Uversa.]

DOCUMENTO 21

LOS HIJOS CREADORES PARADISIACOS

LOS Hijos Creadores son los hacedores y gobernantes de los universos locales del tiempo y del espacio. Estos creadores y soberanos universales son de origen dual, incorporando las características de Dios el Padre y Dios el Hijo. Pero cada Hijo Creador es distinto a todos los demás; cada uno es único en su naturaleza así como también en su personalidad; cada uno es el «Hijo unigénito» del perfecto ideal divino de su origen.

En la vasta tarea de organizar, evolucionar, y perfeccionar un universo local, estos elevados Hijos siempre disfrutan de la sustentadora aprobación del Padre Universal. La relación de los Hijos Creadores con su Padre en el Paraíso es conmovedora y superlativa. Indudablemente el afecto profundo de la Deidad progenitora por su progenie divina, es la fuente de ese amor hermoso y casi divino que aun los padres mortales tienen por sus hijos.

Estos Hijos Paradisiacos primarios son personalizados como Micaeles. Cuando salen del Paraíso para fundar sus universos, se los conoce como los Micaeles Creadores. Cuando están establecidos en autoridad suprema, se los llama Micaeles Mayores. A veces nos referimos al soberano de vuestro universo de Nebadon como Cristo Micael. Por siempre y para siempre reinan de acuerdo a la «orden de Micael», siendo esa la designación del primer Hijo de su orden y naturaleza.

El Micael original o primogénito no ha experimentado nunca la encarnación como ser material, pero siete veces ha pasado por la experiencia del ascenso de las criaturas espirituales en los siete circuitos de Havona, avanzando desde las esferas exteriores hasta el circuito más interior de la creación central. La orden de Micael conoce el gran universo de una punta a la otra; no existe experiencia esencial de ninguno de los hijos del tiempo y del espacio en la que los Micaeles no hayan participado personalmente; son de hecho participantes no solo de la naturaleza divina sino también de vuestra naturaleza, o sea de todas las naturalezas, desde la más alta hasta la más humilde.

El Micael original es el jefe que preside a los Hijos Paradisiacos primarios cuando éstos se reúnen para conferenciar en el centro de todas las cosas. No hace mucho, en Uversa, registramos una transmisión universal de un extraordinario cónclave de ciento cincuenta mil Hijos Creadores reunidos en la Isla eterna en presencia de los progenitores y ocupados en deliberaciones que tenían que ver con el progreso de la unificación y estabilización del universo de los universos. Este fue un grupo selecto de Micaeles Mayores, Hijos de siete autootorgamientos.

1. EL ORIGEN Y LA NATURALEZA DE LOS HIJOS CREADORES

Cuando la plenitud de la ideación espiritual absoluta en el Hijo Eterno se encuentra con la plenitud del concepto absoluto de personalidad en el Padre Universal, cuando dicha unión creadora se alcanza final y plenamente, cuando ocurren tan absoluta identidad de espíritu y tan infinita unidad de concepto de la personalidad, entonces, sin pérdida de nada de personalidad o de la prerrogativa de ninguna de las dos Deidades infinitas, en ese mismo momento, destella a la existencia completa un nuevo y original Hijo Creador, el único Hijo del ideal perfecto y de la poderosa idea cuya unión produce esta nueva personalidad creadora de poder y perfección.

Cada Hijo Creador es el unigénito y el único vástago nacible de la unión perfecta de los conceptos originales de las dos mentes infinitas y eternas y perfectas de los Creadores sempiternos del universo de los universos. No puede haber jamás otro Hijo tal, porque cada Hijo Creador es la expresión e incorporación no cualificada, completa y final de todas y cada una de las fases de cada característica de cada posibilidad de cada realidad divina que por toda la eternidad podría encontrarse en, expresarse por, o evolucionarse a partir de aquellos potenciales creadores divinos que se unieron para traer a la existencia a este Hijo Micael. Cada Hijo Creador es el absoluto de los unidos conceptos de Deidad que constituyen su origen divino.

Las naturalezas divinas de estos Hijos Creadores se derivan, en principio, igualmente de los atributos de ambos padres paradisiacos. Todos comparten de la plenitud de la naturaleza divina del Padre Universal y de las prerrogativas creadoras del Hijo Eterno, pero a medida que observamos las manifestaciones prácticas del funcionamiento de los Micaeles en los universos, discernimos diferencias aparentes. Algunos Hijos Creadores parecen ser más como Dios el Padre; otros, más como Dios el Hijo. Por ejemplo: la tendencia de la administración en el universo de Nebadon sugiere que su Creador e Hijo gobernante es de una naturaleza y carácter que son más semejantes al del Hijo Materno Eterno. Debemos declarar ulteriormente que algunos universos son presididos por Micaeles Paradisiacos que parecen asemejarse igualmente a Dios el Padre y Dios el Hijo. Y estas observaciones no son en ningún sentido críticas implícitas; son simplemente un registro de los hechos.

No conozco el número exacto de Hijos Creadores en existencia, pero tengo buenos motivos para creer que hay más de setecientos mil. Ahora, sabemos que existen exactamente setecientos mil Uniones de los Días y no se están creando más. También observamos que los planes ordenados de la actual edad universal parecen indicar que un Unión de los Días habrá de ser estacionado en cada universo local como embajador consejero de la Trinidad. Observamos ulteriormente que el número en constante aumento de Hijos Creadores ya excede el número estacionario de los Uniones de los Días. Pero nunca se nos ha informado en cuanto al destino de los Micaeles más allá de setecientos mil.

2. LOS CREADORES DE LOS UNIVERSOS LOCALES

La orden primaria de los Hijos del Paraíso son los diseñadores, creadores, constructores y administradores de sus respectivos dominios, los universos locales del tiempo y del espacio, las unidades básicas creadoras de los siete superuniversos evolucionarios. Se le permite a un Hijo Creador seleccionar la ubicación espacial de su actividad cósmica futura, pero antes de que pueda comenzar siquiera la organización física de su universo, debe pasar un largo período de observación dedicado al estudio de los esfuerzos de sus hermanos mayores en varias creaciones ubicadas en el superuniverso de su acción proyectada. Y antes de todo esto, el Hijo Micael habrá completado su prolongada y singular experiencia de observación en el Paraíso y de capacitación en Havona.

Cuando un Hijo Creador parte del Paraíso para embarcarse en la aventura de la creación de un universo, para hacerse el jefe —virtualmente el Dios— de un universo local de su propia organización, entonces, por primera vez, se encuentra en íntimo contacto con la Tercera Fuente y Centro, y en muchos aspectos dependiente de ésta. El Espíritu Infinito, aunque reside con el Padre y el Hijo en el centro de todas las cosas, está destinado a funcionar como ayudante real y eficaz de cada Hijo Creador. Por lo tanto cada Hijo Creador está acompañado por una Hija Creadora del Espíritu Infinito, ese ser destinado a tornarse la Ministra Divina, el Espíritu Materno del nuevo universo local.

La partida de un Hijo Micael en esta ocasión libera para siempre sus prerrogativas creadoras de las Fuentes y Centros Paradisiacos, sujetas tan solo a ciertas limitaciones inherentes a la preexistencia de estas Fuentes y Centros y a ciertos otros poderes y presencias antecedentes. Entre estas limitaciones a las prerrogativas creadoras, por otra parte todopoderosas, de un Padre de un universo local están las siguientes:

1 *La energía-materia* está dominada por el Espíritu Infinito. Antes de que se puedan crear nuevas formas de cosas, grandes o pequeñas, antes de que se pueda intentar cualquier transformación nueva de la energía-materia, un Hijo Creador debe asegurarse el consentimiento y la cooperación operante del Espíritu Infinito.

2. *Los diseños y tipos de criaturas* están controlados por el Hijo Eterno. Antes de que un Hijo Creador pueda comenzar la creación de un nuevo tipo de ser, un nuevo diseño de criatura, debe asegurarse del consentimiento del Hijo Materno Original y Eterno.

3. *La personalidad* está diseñada y es otorgada por el Padre Universal.

Los tipos y modelos originales de *mente* están determinados por los factores precriatura del ser. Después de que éstos han sido asociados para constituir una criatura (personal o no), la mente es la dotación de la Tercera Fuente y Centro, la fuente universal del ministerio de la mente para todos los seres por debajo del nivel de los Creadores Paradisiacos.

El control de los diseños y tipos de *espíritu* depende del nivel de su manifestación. En último análisis, el diseño espiritual esta controlado por la Trinidad o por las dotes espirituales pre-trinitarias de las personalidades de la Trinidad: Padre, Hijo y Espíritu.

Cuando tal Hijo perfecto y divino ha tomado posesión de la ubicación espacial de su universo de selección; cuando se han resuelto los problemas iniciales de materialización del universo y del equilibrio bruto; cuando ha formado una unión de trabajo eficaz y cooperativa con la Hija complementaria del Espíritu Infinito, entonces este Hijo Universal y su Espíritu Universal inician ese enlace que está diseñado a dar origen a las innumerables huestes de sus hijos del universo local. En relación con este acontecimiento el enfoque del Espíritu Creativo del Espíritu Infinito Paradisiaco obtiene un cambio de naturaleza, adquiriendo las cualidades personales del Espíritu Materno de un universo local.

A pesar de que todos los Hijos Creadores son desde el punto de vista divino como sus padres en el Paraíso, ninguno se asemeja exactamente a los otros; cada uno es único, distinto, exclusivo, y original en su *naturaleza* así como también en su personalidad. Y puesto que son los arquitectos y hacedores de los planes de vida de sus reinos respectivos, esta misma diversidad asegura que sus dominios sean también distintos en toda forma y fase de existencia de vida derivada de cada Micael que pueda ser creada o posteriormente evolucione. Por lo tanto, las órdenes de criaturas nativas de los universos locales son muy variadas. No hay dos que estén administradas ni habitadas por seres nativos de origen dual que sean idénticos en todos los aspectos.

Dentro de cada superuniverso, la mitad de sus atributos inherentes es muy semejante, siendo derivada de los Espíritus Creativos uniformes; la otra mitad varía, siendo derivada de los Hijos Creadores diversificados. Pero dicha diversidad no caracteriza a aquellas criaturas de origen único en el Espíritu Creativo ni aquellos seres importados que son oriundos del universo central o de los superuniversos.

Cuando un Hijo Micael se ausenta de su universo, su gobierno está dirigido por el ser nativo primogénito, la Brillante Estrella Matutina, ejecutivo principal del universo local. El consejo y asesoramiento del Unión de los Días es invalorable en esos momentos. Durante estas ausencias, un Hijo Creador puede conferir a su asociada Espíritu Materno el supercontrol de su presencia espiritual en los mundos habitados y en los corazones de sus hijos mortales. El Espíritu Materno de un universo local permanece siempre en la sede central, otorgando sus cuidados protectores y su ministerio espiritual hasta las zonas más lejanas de dicho dominio evolucionario.

La presencia personal de un Hijo Creador en su universo local no es necesaria para el funcionamiento sin obstáculos de una creación material establecida. Estos Hijos pueden viajar al Paraíso, y sus universos seguirán girando por el espacio. Pueden separarse de sus líneas de poder para encarnarse como hijos del tiempo; aún sus reinos girarán alrededor de sus centros respectivos. Ninguna organización material es independiente de la atracción de gravedad absoluta del Paraíso ni del supercontrol cósmico inherente en la presencia espacial del Absoluto No Cualificado.

3. LA SOBERANÍA EN UN UNIVERSO LOCAL

Un Hijo Creador recibe los límites de un universo por consentimiento de la Trinidad del Paraíso y con la confirmación del Espíritu Rector supervisor del correspondiente superuniverso. Dicha acción constituye el título de posesión física, una tenencia cósmica. Pero la elevación de un Hijo Micael desde esta etapa inicial y autolimitada de gobierno a la supremacía experiencial de la soberanía autoganada viene como resultado de sus propias experiencias personales en la tarea de crear un universo y otorgarse en una encarnación. Pero hasta lograr ganar la soberanía por medio de los autootorgamientos, gobierna como vicerregente del Padre Universal.

Un Hijo Creador podría reclamar soberanía plena sobre su creación personal en todo momento, pero sabiamente elige no hacerlo. Si antes de pasar por los autootorgamientos en semejanza de las criaturas, asumiera una soberanía suprema no ganada, las personalidades paradisiacas residentes en su universo local se retirarían. Pero esto no ha ocurrido jamás a través de todas las creaciones del tiempo y del espacio.

El hecho de la autoría creadora implica la plenitud de soberanía, pero los Micaeles eligen *ganarla* experiencialmente, reteniendo por lo tanto la plena cooperación de todas las personalidades del Paraíso asignadas a la administración del universo local. No sabemos de ningún Micael que haya actuado de otra manera; pero todos ellos podrían, pues son verdaderamente Hijos con libre albedrío.

La soberanía de un Hijo Creador en un universo local pasa a través de seis, tal vez siete, etapas de manifestación experiencial. Estas aparecen en el orden siguiente:

1. Soberanía inicial de vicerregente —la autoridad solitaria provisional que un Hijo Creador ejerce antes de que el Espíritu Creativo asociado adquiera las cualidades de personalidad.

2. Soberanía vicerregente conjunta —el gobierno conjunto de la pareja paradisiaca, subsiguiente al logro de la personalidad por parte del Espíritu Materno Universal.

3. Soberanía vicerregente en aumento —la autoridad en avance de un Hijo Creador durante el período de sus siete autootorgamientos en forma de criatura.

4. Soberanía suprema —la autoridad establecida después de completar el séptimo autootorgamiento. En Nebadon, la soberanía suprema data desde que Micael completara su autootorgamiento en Urantia. Ha existido poco más de mil novecientos años de vuestro tiempo planetario.

5. Soberanía suprema en aumento —la relación avanzada que surge del establecimiento en luz y vida de una mayoría de los dominios de las criaturas. Esta etapa pertenece al futuro aún no logrado en vuestro universo local.

6. Soberanía trinitariana —ejercida posteriormente al establecimiento del entero universo local en luz y vida.

7. Soberanía no revelada —las relaciones desconocidas de una futura edad universal.

Al aceptar la soberanía inicial de vicegerente de un universo local proyectado, un Micael Creador jura ante la Trinidad no asumir la soberanía suprema hasta haber completado los siete autootorgamientos en forma de criaturas y que éstos hayan sido certificados por los gobernantes del superuniverso. Pero si un Hijo Micael no pudiera a voluntad reclamar tal soberanía no ganada, no significaría nada su juramento de no hacerlo.

Aun en las edades previas a los autootorgamientos, un Hijo Creador gobierna su dominio casi supremamente si no hay desacuerdos en ninguna de sus partes. Las limitaciones de gobierno difícilmente se manifestarían si la soberanía no fuera desafiada jamás. La soberanía que ejerce un Hijo Creador que aún no se ha otorgado en un universo sin rebeliones no es mayor que en un universo con rebeliones; en el primer caso las limitaciones de la soberanía no son aparentes; en el segundo, sí los son.

Si la autoridad o la administración del Hijo Creador son desafiadas, atacadas, o puestas en peligro, él ha prometido eternamente sostener, proteger, defender y si es necesario recobrar su creación personal. Tan sólo las criaturas creadas por ellos o por seres más elevados de su propia selección pueden perturbar o molestar a estos Hijos. Se podría deducir que «los seres más elevados», aquellos de origen en niveles por encima del universo local, con toda probabilidad no causarían problemas a un Hijo Creador, y esto es así. Pero podrían hacerlo si así lo eligiesen. La virtud es volitiva en la personalidad. La rectitud no es automática en las criaturas de libre albedrío.

Antes de completar la carrera de autootorgamientos, un Hijo Creador gobierna con ciertas limitaciones autoimpuestas de la soberanía, pero después de completar su servicio de autootorgamientos, gobierna por virtud de su experiencia real, ganada en la forma y semejanza de sus múltiples criaturas. Cuando un Creador ha habitado siete veces entre sus criaturas, cuando completa su carrera de autootorgamientos, entonces se establece en forma suprema en la autoridad del universo; él se ha vuelto un Hijo Mayor, un soberano y gobernante supremo.

La técnica de obtener soberanía suprema sobre un universo local comprende los siguientes siete pasos experienciales:

1. Penetrar experiencialmente en siete niveles de existencia de criaturas a través de la técnica del autootorgamiento en la semejanza misma de las criaturas de cada nivel correspondiente.

2. Hacer una consagración experiencial a cada fase de la voluntad séptuple de la Deidad Paradisiaca tal como está personificada en los Siete Espíritus Rectores.

3. Atravesar cada una de las siete experiencias en los niveles de criaturas, simultáneamente con la ejecución de una de las siete consagraciones a la voluntad de la Deidad Paradisiaca.

4. En cada nivel de criaturas, mostrar experiencialmente la cúspide de vida de las criaturas a la Deidad Paradisiaca y a todas las inteligencias universales.

5. En cada nivel de criaturas, revelar experiencialmente una fase de la voluntad séptuple de la Deidad al nivel del respectivo autootorgamiento y a todo el universo.

6. Unificar experiencialmente la séptuple experiencia de criaturas con la séptuple experiencia de consagración a la revelación de la naturaleza y voluntad de la Deidad.

7. Alcanzar una nueva relación más elevada con el Ser Supremo. La repercusión de la totalidad de esta experiencia de Creador-criatura aumenta la realidad superuniversal de Dios el Supremo y la soberanía espacio-temporal del Supremo Todopoderoso y actualiza la soberanía suprema en el universo local de un Micael Paradisiaco.

Al establecer el asunto de la soberanía en un universo local, el Hijo Creador no sólo demuestra su propia idoneidad de gobierno sino que también revela la naturaleza y retrata la actitud séptuple de la Deidad del Paraíso. La comprensión finita y la apreciación por parte de las criaturas de la primacía del Padre atañe a la aventura del Hijo Creador cuando condesciende tomar la forma y las experiencias de sus criaturas. Estos Hijos primarios del Paraíso son los verdaderos reveladores de la naturaleza amante y beneficiosa autoridad del Padre, el mismo Padre que, en asociación con el Hijo y el Espíritu, es el jefe universal de todo poder, personalidad y gobierno a lo largo y a lo ancho de todos los reinos universales.

4. LOS AUTOOTORGAMIENTOS DE LOS MICAELES

Existen siete grupos de Hijos Creadores autootorgadores y están así clasificados de acuerdo con el número de veces que se han otorgado a las criaturas de sus reinos. Van desde la experiencia inicial hacia arriba a través de cinco esferas adicionales de autootorgamientos progresivos hasta lograr el episodio séptimo y final de experiencia de Creador-criatura.

Los autootorgamientos de los Avonales son siempre en semejanza de la carne mortal, pero los siete autootorgamientos de un Hijo Creador comprenden su aparición en siete niveles de existencia de criaturas y pertenecen a la revelación de las siete expresiones primarias de la voluntad y naturaleza de la Deidad. Sin excepción, todos los Hijos Creadores pasan a través de estas siete etapas dándose de sí mismos a sus criaturas creadas antes de asumir la jurisdicción establecida y suprema de los universos de su propia creación.

Aunque estos siete autootorgamientos varían en los diferentes sectores y universos, siempre comprenden la aventura de otorgarse en forma de un mortal. En el autootorgamiento terminal, un Hijo Creador aparece como miembro de una de las razas mortales más elevadas en algún mundo habitado, generalmente como miembro de ese grupo racial que contiene el mayor legado hereditario de la cepa adánica que fuera importada previamente para elevar el estado físico de los pueblos de origen animal. Sólo una vez en su carrera séptuple como Hijo autootorgador nace de mujer el Micael Paradisiaco, tal como vosotros tenéis el registro del infante de Belén. Una sola vez vive y muere como miembro de la orden más baja de criaturas volitivas evolucionarias.

Después de cada uno de sus autootorgamientos, un Hijo Creador prosigue a «la derecha del Padre» para ganar allí la aceptación del Padre respecto a su autootorgamiento y para recibir instrucciones preparatorias para el próximo episodio de servicio universal. Después del séptimo y final autootorgamiento, el Hijo Creador recibe del Padre Universal la autoridad y jurisdicción suprema sobre todo su universo.

Está en los registros que el último Hijo divino que apareció en vuestro planeta era un Hijo Creador Paradisiaco quien había completado seis fases de su carrera de autootorgamientos; por consiguiente, cuando liberó su posesión consciente de la vida encarnada en Urantia, podía decir, y efectivamente dijo, «Consumado es» —literalmente, se había terminado. Su muerte en Urantia completó su carrera de autootorgamientos; era el último paso en satisfacer el juramento sagrado de un Hijo Creador Paradisiaco. Cuando han adquirido esta experiencia, estos Hijos son soberanos supremos del universo; ya no gobiernan como vicerregentes del Padre sino por su propio derecho y en su propio nombre como «Rey de Reyes y Señor de Señores». Con algunas excepciones declaradas, estos Hijos de autootorgamientos séptuples son no cualificadamente supremos en los universos de su morada. En cuanto a su universo local, «todo el poder en el cielo y en la tierra» fue delegado a este Hijo Mayor triunfador y coronado.

Los Hijos Creadores, después de completar sus carreras de autootorgamientos, son considerados como una orden separada, Hijos Mayores séptuples. En persona los Hijos Mayores son idénticos a los Hijos Creadores, pero han pasado por tan singular experiencia en los autootorgamientos que se los considera comúnmente de una orden distinta. Cuando un Creador se digna efectuar un autootorgamiento, un cambio real y permanente está destinado a ocurrir. Es verdad que el Hijo autootorgador sigue siendo y no es menos que un Creador, pero ha agregado a su naturaleza la experiencia de una criatura, lo cual por siempre lo eleva del nivel divino de Hijo Creador al plano experiencial de Hijo Mayor, el que ha ganado plenamente el derecho de gobernar un universo y administrar sus mundos. Estos seres incorporan todo lo que se puede obtener de la paternidad divina y abarcan todo lo que se puede derivar de la experiencia de la criatura perfeccionada. ¡Por qué se lamenta el hombre de su origen bajo y su forzada carrera evolucionaria cuando los Dioses mismos han de pasar por una experiencia equivalente antes de ser considerados experiencialmente merecedores y competentes para gobernar final y plenamente sus dominios universales!

5. LA RELACIÓN DE LOS HIJOS MAYORES CON EL UNIVERSO

El poder de un Micael Mayor es ilimitado porque deriva de la asociación experiencial con la Trinidad del Paraíso, es indisputable porque deriva de la experiencia real como criaturas sujetas a dicha autoridad. La naturaleza de soberanía de un Hijo Creador séptuple es suprema porque:

1. Comprende el punto de vista séptuple de la Deidad Paradisiaca.
2. Incorpora la actitud séptuple de las criaturas del tiempo y del espacio.
3. Sintetiza perfectamente la actitud paradisiaca y el punto de vista de la criatura.

Esta soberanía experiencial por lo tanto incluye totalmente la divinidad de Dios el Séptuple que culmina en el Ser Supremo. Y la soberanía personal de un Hijo séptuple es como la soberanía futura del Ser Supremo que algún día se va a completar, porque comprende como lo hace el contenido más pleno posible de poder y autoridad de la

Trinidad del Paraíso manifestable dentro de los límites correspondientes de tiempo y espacio.

Con el logro de la soberanía suprema en el universo local, y durante la presente edad universal, se desvanece del Hijo Micael el poder y la oportunidad de crear tipos enteramente nuevos de seres creados durante la presente era universal. Pero la pérdida de poder de un Hijo Mayor para originar órdenes enteramente nuevas de seres no interfiere de ninguna manera con la tarea de elaboración de vida ya establecida y en proceso de desarrollo; este vasto programa de evolución universal prosigue sin interrupción ni acortamientos. La adquisición de la soberanía suprema por un Hijo Mayor implica la responsabilidad de la devoción personal a fomentar y administrar aquello que ya ha sido diseñado y creado, y aquello que será posteriormente producido por los que han sido así diseñados y creados. Con el tiempo es posible que se desarrolle una evolución casi infinita de seres distintos, pero ningún modelo original ni tipo enteramente nuevo de criatura inteligente se originará directamente desde este momento en adelante de un Hijo Mayor. Éste es el primer paso, el comienzo, de una administración establecida en cualquier universo local.

La elevación de un Hijo autootorgador séptuple a la soberanía incuestionable de su universo significa el comienzo del fin de la inseguridad y confusión relativa de una edad. Después de este acontecimiento, lo que alguna vez no pueda ser espiritualizado finalmente se desorganizará; aquello que no puede ser coordinado con la realidad cósmica será finalmente destruido. Cuando las disposiciones de la misericordia sin fin y de la paciencia sin nombre se han agotado en el esfuerzo de ganar la lealtad y devoción de todas las criaturas volitivas de los reinos, prevalecerán la justicia y la rectitud. Aquello que la misericordia no puede rehabilitar, la justicia finalmente aniquilará.

Los Micaeles Mayores son supremos en sus propios universos locales una vez que han sido instalados como gobernantes soberanos. Las pocas limitaciones a su gobierno son aquellas inherentes en la preexistencia cósmica de ciertas fuerzas y personalidades. Por otra parte estos Hijos Soberanos son supremos en autoridad, responsabilidad, y poder administrativo en sus respectivos universos; son como Creadores y Dioses, supremos virtualmente en todas las cosas. No hay discernimiento ni comprensión más allá de su sabiduría en cuanto al funcionamiento de un universo dado.

Después de su elevación a la soberanía establecida en un universo local un Micael Paradisiaco está en pleno control de todos los demás Hijos de Dios que funcionan en su dominio, y puede gobernar libremente de acuerdo con su concepto de las necesidades de su reino. Un Hijo Mayor puede a su voluntad cambiar el orden de la adjudicación espiritual y del ajuste evolucionario de los planetas habitados. Y estos Hijos elaboran y llevan a cabo los planes de su propia elección en todos los asuntos de las necesidades planetarias especiales, en particular en relación con los mundos de su estadía en forma de criatura y aún más en relación con el reino del último autootorgamiento, el planeta de la encarnación en semejanza de la carne mortal.

Los Hijos Soberanos parecen estar en comunicación perfecta con sus mundos de encarnación, no sólo los mundos de su estadía personal sino todos los mundos en los que se haya otorgado un Hijo Magisterial. Este contacto es mantenido por su propia presencia espiritual, el Espíritu de la Verdad, que ellos pueden «derramar sobre toda la carne». Estos Hijos Mayores también mantienen una conexión ininterrumpida con el Hijo Materno Eterno en el centro de todas las cosas. Poseen un alcance compasivo que se extiende del Padre Universal en las alturas hasta las razas humildes de la vida planetaria en los reinos del tiempo.

6. EL DESTINO DE LOS MICAELES MAYORES

Nadie puede presumir de hablar con autoridad ya sea de las naturalezas o de los destinos de los Soberanos Mayores séptuples de los universos locales; sin embargo, todos especulamos mucho sobre estos asuntos. Se nos enseña, y nosotros creemos, que cada Micael Paradisiaco es el *absoluto* de los conceptos de la deidad dual de su origen; por lo tanto incorpora fases reales de la infinidad del Padre Universal y del Hijo Eterno. Los Micaeles deben ser parciales en relación con la infinidad total, pero son probablemente absolutos en relación con esa parte de la infinidad que se refiere a su origen. Pero al observar su tarea en la presente edad universal, no detectamos acciones que sean más que finitas; cualquier capacidad superfinita conjeturada debe ser autocontenida y aún no revelada.

El cumplimiento de las carreras de autootorgamiento en la forma de las criaturas y la elevación a la soberanía suprema en un universo deben significar la liberación completa de las capacidades para la acción finita de un Micael, acompañada por la aparición de la capacidad para un servicio más que finito. Porque en este contexto observamos que estos Hijos Mayores se hallan restringidos en la producción de nuevos tipos de seres creados, una restricción indudablemente hecha necesaria por la liberación de sus potenciales sobrefinitos.

Es altamente probable que estos poderes creadores no revelados permanecerán autocontenidos a lo largo de la presente era universal. Pero en algún momento en el futuro distante, en los universos del espacio exterior que se están movilizando actualmente, creemos que el enlace entre un Hijo Mayor séptuple y un Espíritu Creativo de séptima etapa pueda alcanzar los niveles absonitos de servicio, y esto es acompañado por la aparición de nuevas cosas, significados y valores en los niveles trascendentales del significado universal último.

Así como la Deidad del Supremo se está actualizando por virtud del servicio experiencial, del mismo modo los Hijos Creadores están alcanzando la realización personal de los potenciales de divinidad paradisiaca contenidos en sus naturalezas inescrutables. Cuando Cristo Micael estaba en Urantia, dijo cierta vez: «Yo soy el camino, la verdad y la vida». Y creemos que en la eternidad los Micaeles están literalmente destinados a ser «el camino, la verdad y la vida», iluminando siempre la senda para todas las personalidades del universo conduciendo desde la divinidad suprema a través de la absonidad última a la finalidad eterna de deidad.

[Presentado por un Perfeccionador de la Sabiduría.]

DOCUMENTO 22

LOS HIJOS DE DIOS TRINIDIZADOS

HAY tres grupos de seres llamados Hijos de Dios. Además de las órdenes descendentes y ascendentes de filiación, existe un tercer grupo conocido como Hijos de Dios Trinidizados. La orden trinidizada de filiación está subdividida en tres clasificaciones primarias de acuerdo con los orígenes de sus muchos tipos de personalidades, tanto reveladas como no reveladas. Estas clasificaciones primarias son:

1. Hijos Trinidizados por la Deidad.
2. Hijos Abrazados por la Trinidad.
3. Hijos Trinidizados por criaturas.

Sea cual fuere el origen, todos los Hijos de Dios Trinidizados tienen en común la experiencia de la trinidización, sea como parte de su origen o como experiencia del abrazo de la Trinidad alcanzado posteriormente. No se revelan los Hijos Trinidizados por la Deidad en estas narrativas; por lo tanto esta presentación se limitará a describir los dos grupos restantes, más particularmente los hijos de Dios abrazados por la Trinidad.

1. HIJOS ABRAZADOS POR LA TRINIDAD

Todos los hijos abrazados por la Trinidad son originalmente de origen dual o único, pero posteriormente al abrazo de la Trinidad están dedicados por siempre al servicio y asignación de la Trinidad. Este cuerpo, tal como es revelado y está organizado para el servicio superuniversal, comprende siete órdenes de personalidades:

1. Mensajeros Poderosos.
2. Aquellos Elevados en Autoridad.
3. Aquellos sin Nombre ni Número.
4. Custodios Trinidizados.
5. Embajadores Trinidizados.
6. Guardianes Celestiales.
7. Asistentes de los Hijos Elevados.

Estos siete grupos de personalidades son clasificados ulteriormente, de acuerdo con el origen, naturaleza y función, en tres divisiones principales: Los Hijos Trinidizados de Logro, Los Hijos Trinidizados de Selección, y los Hijos Trinidizados de Perfección.

Los Hijos Trinidizados de Logro —Los Mensajeros Poderosos, Aquellos Elevados en Autoridad, y Aquellos sin Nombre ni Número, son todos mortales ascendentes fusionados con el Ajustador que han alcanzado el Paraíso y el Cuerpo de la Finalidad. Pero ellos no son finalistas; en el momento en que son abrazados por la Trinidad, se borran sus nombres de la lista de los finalistas. Los nuevos hijos de esta orden pasan por cursos específicos de capacitación, durante períodos comparativamente cortos, en los planetas sedes centrales de los circuitos de Havona bajo la dirección de los Eternos de los Días. De allí en adelante son asignados al servicio de los Ancianos de los Días en los siete superuniversos.

Los Hijos Trinidizados de Selección comprenden a los Custodios Trinidizados y los Embajadores Trinidizados. Se los recluta de entre ciertos serafines evolucionarios y seres intermedios trasladados que han atravesado Havona y han logrado el Paraíso, así como de ciertos mortales fusionados con el Espíritu y fusionados con el Hijo que del mismo modo han ascendido a la Isla Central de Luz y Vida. Subsiguiente al ser abrazados por la Trinidad del Paraíso y después de un breve período de capacitación en Havona, los Hijos Trinidizados de Selección se asignan a las cortes de los Ancianos de los Días.

Los Hijos Trinidizados de Perfección. Los Guardianes Celestiales y sus coordinados, los Asistentes de los Hijos Elevados, comprenden un grupo único de personalidades trinidizadas dos veces. Éstos son los hijos trinidizados por criaturas de las personalidades del Paraíso-Havona o de mortales ascendentes perfeccionados que se hayan distinguido por mucho tiempo en el Cuerpo de la Finalidad. Algunos de estos hijos trinidizados por criaturas, después de servir con los Ejecutivos Supremos de los Siete Espíritus Rectores y después de servir bajo los Hijos Instructores Trinitarios, son retrinidizados (abrazados) por la Trinidad del Paraíso y luego comisionados a las cortes de los Ancianos de los Días como Guardianes Celestiales y Asistentes de los Hijos Elevados. Los Hijos Trinidizados de Perfección son asignados directamente al servicio del superuniverso sin capacitación ulterior.

Nuestros asociados de origen en la Trinidad —los Perfeccionadores de la Sabiduría, los Consejeros Divinos, y los Censores Universales— existen en cantidades estacionarias, pero los hijos abrazados por la Trinidad están constantemente en aumento. Las siete órdenes de hijos abrazados por la Trinidad son comisionadas como miembros de uno de los siete gobiernos superuniversales, y el número en el servicio de cada superuniverso es exactamente el mismo; no se ha perdido jamás ni siquiera uno. Los seres abrazados por la Trinidad no se han descarriado jamás; es posible que alguna vez tropiecen temporalmente, pero ninguno de ellos ha sido encontrado culpable de desacato a los gobiernos del superuniverso. Los Hijos de Logro y los Hijos de Selección no han fallado jamás en el servicio de Orvonton, pero los Hijos Trinidizados de Perfección algunas veces han errado en su juicio y por lo tanto han causado una confusión transitoria.

Bajo la dirección de los Ancianos de los Días, las siete órdenes funcionan en forma muy semejante a los grupos autogobernantes. El alcance de su servicio es extenso; los Hijos Trinidizados de Perfección no abandonan el superuniverso al que son asignados, pero sus asociados trinidizados viajan por el gran universo, desplazándose desde los mundos evolucionarios del tiempo y del espacio a la Isla eterna del Paraíso. Pueden funcionar en cualquiera de los superuniversos, pero lo hacen siempre como miembros del supergobierno de designación original.

Aparentemente los Hijos abrazados por la Trinidad han sido asignados permanentemente al servicio de los siete superuniversos; seguramente esta asignación es por la duración de la edad universal presente, ya que no se nos ha informado de que sea eterna.

2. LOS MENSAJEROS PODEROSOS

Los Mensajeros Poderosos pertenecen al grupo ascendente de los Hijos Trinidizados. Constituyen una clase de mortales perfeccionados probados en rebeliones o de otra manera igualmente probados en cuanto a su lealtad personal; todos han pasado alguna prueba específica de lealtad universal. En algún momento durante su ascensión al Paraíso, permanecieron firmes y leales frente a la deslealtad de sus superiores, y algunos actuaron activa y lealmente en lugar de dichos líderes traicioneros.

Con tales antecedentes personales de fidelidad y devoción, estos mortales ascendentes pasan a través de Havona con los peregrinos del tiempo, alcanzan el Paraíso, se gradúan en él, y son incorporados al Cuerpo de la Finalidad. Después de esto son trinidizados en el abrazo secreto de la Trinidad Paradisiaca y posteriormente se los comisiona para que se asocien con los Ancianos de los Días en la administración de los gobiernos de los siete superuniversos.

Todo mortal ascendente con experiencia de insurrección que actúe lealmente frente a la rebelión está finalmente destinado a ser un Mensajero Poderoso de servicio en el superuniverso. Del mismo modo lo es toda criatura ascendente que prevenga eficazmente tales disturbios debidos al error, la maldad o el pecado; porque la acción dirigida a la prevención de la rebelión o a realizar tipos más elevados de lealtad en una crisis universal se considera de aun mayor valor que la lealtad frente a una rebelión auténtica.

Los Mensajeros Poderosos decanos fueron seleccionados de entre aquellos mortales ascendentes del tiempo y del espacio que estuvieron entre los primeros llegados al Paraíso, habiendo muchos de ellos atravesado Havona en los tiempos de Grandfanda. Pero la primera trinidización de Mensajeros Poderosos no se realizó hasta que el cuerpo de los candidatos incluyera representantes de cada uno de los siete superuniversos. El último grupo de esta orden que calificó en el Paraíso comprendía a peregrinos ascendentes del universo local de Nebadon.

Los Mensajeros Poderosos son abrazados por la Trinidad del Paraíso en clases de setecientos mil, cien mil destinados a ser asignados a cada superuniverso. Casi un billón de Mensajeros Poderosos están comisionados en Uversa, y hay motivos para creer que el número que sirve en cada uno de los siete superuniversos es exactamente el mismo.

Yo soy un Mensajero Poderoso, y es posible que interese a los urantianos saber que el compañero y asociado de mi experiencia mortal también triunfó en la gran prueba y que, aunque muchas veces y durante prolongados períodos estuvimos separados durante el larguísimo ascenso hacia el interior en dirección a Havona, fuimos abrazados en el mismo grupo de setecientos mil, y transcurrimos el tiempo que pasamos en Vicegerington en asociación estrecha y amante. Finalmente fuimos comisionados y asignados juntos a Uversa de Orvonton, y frecuentemente se nos envía juntos para la ejecución de asignaciones que requieren el servicio de dos Mensajeros.

Los Mensajeros Poderosos, al igual que todos los demás hijos abrazados por la Trinidad, son asignados a todas las fases de las actividades superuniversales. Mantienen comunicación constante con sus sedes centrales a través del servicio de reflexividad del superuniverso. Los Mensajeros Poderosos sirven en todos los sectores de un superuniverso y frecuentemente realizan misiones en los universos locales y aún en los mundos individuales, tal como yo lo estoy haciendo en esta ocasión.

En los tribunales superuniversales, los Mensajeros Poderosos actúan como defensores tanto de los individuos como de los planetas que se presentan para su adjudicación; también ayudan a los Perfecciones de los Días en la dirección de los asuntos de los sectores mayores. Como grupo, su asignación principal es la de observadores en los superuniversos. Están estacionados en los distintos mundos de sede central y en planetas específicos de importancia como observadores oficiales de los Ancianos de los Días. Cuando están asignados de esta manera, también actúan como consejeros de las autoridades que dirigen los asuntos de la esfera de su estadía. Los Mensajeros toman un papel activo en todas las fases del esquema ascendente de la progresión mortal. Con sus asociados de origen mortal mantienen los supergobiernos en contacto estrecho y personal con el estado y progreso de los planes de los Hijos de Dios descendentes.

Los Mensajeros Poderosos están plenamente conscientes de su entera carrera ascendente, y por eso son servidores tan útiles y compasivos, mensajeros comprensivos, para el servicio en cualquier mundo del espacio y para cualquier criatura del tiempo. En cuanto vosotros os liberéis de la carne, os comunicaréis libre y comprensivamente con nosotros, puesto que provenimos de todas las razas en todos los mundos evolucionarios del espacio, o sea, de aquellas razas mortales en las que moran los Ajustadores del Pensamiento y que posteriormente se fusionan con éstos.

3. AQUELLOS ELEVADOS EN AUTORIDAD

Aquellos Elevados en Autoridad, el segundo grupo de los Hijos Trinidizados de Logro, son todos seres de origen mortal fusionados con el Ajustador. Estos son los mortales perfeccionados que han demostrado una capacidad administrativa superior y han mostrado un genio ejecutivo extraordinario a lo largo de sus prolongadas carreras ascendentes. Son la crema de la habilidad de gobierno derivada de los mortales sobrevivientes del espacio.

Setenta mil de Aquellos Elevados en Autoridad son trinidizados en cada vinculación con la Trinidad. Aunque el universo local de Nebadon es una creación comparativamente joven, posee representantes que provienen de una clase trinidizada recientemente de esta orden. Existen ahora, comisionados en Orvonton, más de diez mil millones de estos administradores peritos. Como todas las órdenes distintas de seres celestiales, mantienen su propia sede en Uversa, y como otros hijos abrazados por la Trinidad, sus reservas en Uversa actúan como cuerpo central de dirección para su orden en Orvonton.

Aquellos Elevados en Autoridad son administradores sin limitaciones. Son los ejecutivos de los Ancianos de los Días presentes en todas partes y son siempre eficaces. Sirven en cualquier esfera, en cualquier mundo habitado y en cualquier fase de actividad de cualquiera de los siete superuniversos.

Contando con una extraordinaria sabiduría administrativa y pericia ejecutiva poco común, estos seres brillantes toman la responsabilidad de presentar la causa de la justicia en nombre de los tribunales del superuniverso; fomentan el cumplimiento de la justicia y la rectificación de las adaptaciones defectuosas en los universos evolucionarios. Por lo tanto, si se os citara en algún momento por errores de juicio mientras estáis ascendiendo los mundos y las esferas de vuestra progresión cósmica ordenada, es altamente improbable que sufráis injusticias, puesto que vuestros fiscales serán criaturas, en otro tiempo ascendentes que están familiarizadas personalmente con cada paso de la carrera que vosotros habéis atravesado y estáis atravesando.

4. AQUELLOS SIN NOMBRE NI NÚMERO

Aquellos sin Nombre ni Número constituyen el tercero y último grupo de los Hijos Trinidizados de Logro; son almas ascendentes que han desarrollado la habilidad de adorar más allá de la pericia de todos los hijos e hijas de las razas evolucionarias de los mundos del tiempo y del espacio. Han adquirido un concepto espiritual del propósito eterno del Padre Universal que, comparativamente, trasciende la comprensión de las criaturas evolucionarias de nombre o número; por lo tanto se los denomina Aquellos sin Nombre ni Número. Más estrictamente traducido, su nombre sería «Aquellos *más allá* de Nombre y Número».

Esta orden de hijos es abrazada por la Trinidad del Paraíso en grupos de siete mil. Existen registrados en Uversa más de cien millones de estos hijos comisionados en Orvonton.

Puesto que Aquellos sin Nombre ni Número son las mentes espirituales superiores de las razas sobrevivientes, están particularmente calificados para juzgar y opinar en los casos en los cuales se desea un punto de vista espiritual, y cuando es esencial la experiencia en la carrera ascendente para una comprensión adecuada de los asuntos involucrados en el problema a ser adjudicado. Son el jurado supremo de Orvonton. En algunos mundos, un sistema de jurado mal administrado puede llegar a ser, en mayor o menor grado, una parodia de la justicia, pero en Uversa y en sus tribunales de extensión empleamos el tipo más elevado de mentalidad espiritual evolucionada como jurado y juez. La adjudicación es la función más elevada de todo gobierno, y aquellos a quienes se confía la decisión de los veredictos deben ser seleccionados de entre los tipos más elevados y más nobles de individuos expertos y comprensivos.

La selección de candidatos para las clases de trinidización de los Mensajeros Poderosos, Aquellos Elevados en Autoridad, y Aquellos sin Nombre ni Número es inherente y automática. Las técnicas de selección del Paraíso no son en ningún sentido arbitrarias. La experiencia personal y los valores espirituales determinan quién formará parte de los Hijos Trinidizados de Logro. Estos seres son equivalentes en su autoridad y uniformes en su estado administrativo, pero todos ellos poseen individualidad y caracteres distintos; no son seres normalizados. Todos son característicamente distintos, dependiendo de las diferencias de sus carreras ascendentes.

Además de estas calificaciones experienciales, los Hijos Trinidizados de Logro han sido trinidizados en el abrazo divino de las Deidades del Paraíso. Por consiguiente funcionan como asociados coordinados de los Hijos Estacionarios de la Trinidad, porque el abrazo de la Trinidad parece precipitar de la corriente del tiempo futuro muchos de los potenciales no alcanzados de las criaturas. Pero esto es verdad tan sólo en cuanto se refiere a la presente edad universal.

Este grupo de hijos se ocupa principal, pero no totalmente, de los servicios de la carrera ascendente de los mortales del tiempo y del espacio. Si en algún momento el punto de vista de una criatura mortal está en duda, el asunto se resuelve por apelación a una comisión ascendente que consiste de un Mensajero Poderoso, un Elevado en Autoridad, y uno de Aquellos sin Nombre ni Número.

Vosotros los mortales que leéis este mensaje, podréis vosotros mismos ascender al Paraíso, lograr el abrazo de la Trinidad, y en remotas edades futuras ser asignados al servicio de los Ancianos de los Días en uno de los siete superuniversos, y alguna vez ser asignados a ampliar la revelación de la verdad en algún planeta habitado evolutivo, así como yo ahora lo estoy haciendo en Urantia.

5. LOS CUSTODIOS TRINIDIZADOS

Los Custodios Trinidizados son Hijos Trinidizados de Selección. Vuestras razas y otras razas mortales de valor de sobrevivencia no son las únicas que atraviesan Havona, llegan al Paraíso, y a veces se encuentran destinadas al servicio en el superuniverso con los Hijos Estacionarios de la Trinidad, sino que vuestros fieles guardianes seráficos y vuestros igualmente fieles seres intermedios asociados también pueden tornarse candidatos para el mismo reconocimiento de la Trinidad y el mismo magnífico destino de la personalidad.

Los Custodios Trinidizados son serafines ascendentes y criaturas intermedias trasladadas que han pasado a través de Havona y han logrado el Paraíso y el Cuerpo de la Finalidad. Posteriormente fueron abrazados por la Trinidad del Paraíso y fueron asignados al servicio de los Ancianos de los Días.

Los candidatos para el abrazo de la Trinidad entre los serafines ascendentes reciben este reconocimiento debido a su valerosa cooperación con algún ascendente mortal que logró el Cuerpo de Finalidad y que fue posteriormente trinidizado. Mi propio guardián seráfico de la carrera mortal evolucionó conmigo, fue más adelante trinidizado, y actualmente está asignado al gobierno de Uversa como Custodio Trinidizado.

Lo mismo pasa con las criaturas intermedias; se trasladan, muchas alcanzan el Paraíso y, juntamente con los serafines y por las mismas razones, son abrazados por la Trinidad y comisionados como Custodios en los superuniversos.

La Trinidad Paradisiaca abraza a los Custodios Trinidizados en grupos de setenta mil y un séptimo de cada grupo es asignado a un superuniverso. Existen actualmente en servicio en Orvonton poco más de diez millones de estos confiables y elevados custodios. Ellos sirven en Uversa y en las esferas sede central mayor y menor. En sus labores son asistidos por un cuerpo de varios miles de millones de seconafines y otras personalidades hábiles del superuniverso.

Los Custodios Trinidizados comienzan sus carreras como custodios, y continúan como tales en los asuntos de los supergobiernos. En cierto modo, son oficiales de los gobiernos de sus superuniversos, pero no tratan con individuos, como lo hacen los Guardianes Celestiales. Los Custodios Trinidizados administran asuntos de grupo y fomentan proyectos colectivos. Son los custodios de los registros, planes e instituciones; actúan como fideicomisarios de proyectos, grupos de personalidad, proyectos ascendentes, planes morontiales, proyectos universales, y otras empresas innumerables.

6. LOS EMBAJADORES TRINIDIZADOS

Los Embajadores Trinidizados son la segunda orden de Hijos Trinidizados de Selección y como sus asociados, los Custodios, se los recluta a partir de dos tipos de criaturas ascendentes. No todos los mortales ascendentes son fusionados con el Ajustador o con el Padre; otros se fusionan con el Espíritu, algunos se fusionan con el Hijo. Algunos de estos mortales fusionados con el Espíritu y con el Hijo alcanzan a Havona y logran el Paraíso. Entre estos ascendentes al Paraíso, se seleccionan los candidatos para el abrazo de la Trinidad, y de vez en cuando éstos son trinidizados en clases de siete mil. Luego son comisionados en los superuniversos como Embajadores Trinidizados de los Ancianos de los Días. Casi quinientos millones están registrados en Uversa.

Los Embajadores Trinidizados son seleccionados para el abrazo de la Trinidad según la recomendación de sus maestros de Havona. Representan las mentes superiores de sus respectivos grupos y están, por lo tanto, calificados de la mejor manera para ayudar a los gobernantes del superuniverso en la comprensión y administración de los intereses de aquellos mundos de los cuales provienen los mortales fusionados con el Espíritu. Los Embajadores fusionados con el Hijo son de gran ayuda en nuestro trato con los problemas que se refieren a la orden de personalidad fusionada con el Hijo.

Los Embajadores Trinidizados son emisarios de los Ancianos de los Días para todos los propósitos, ante cualquiera de todos los mundos o universos dentro del superuniverso de su asignación. Cumplen servicios particularmente importantes en las sedes de los sectores menores, y realizan innumerables asignaciones diversas de un superuniverso. Constituyen el cuerpo de urgencia o de reserva de los Hijos Trinidizados de los supergobiernos, y por lo tanto están disponibles para una amplia gama de deberes. Se ocupan de miles y miles de empresas en los asuntos del superuniverso que es imposible describir a las mentes mortales puesto que no ocurre nada en Urantia que sea de ninguna manera análoga a estas actividades.

7. LA TÉCNICA DE LA TRINIDIZACIÓN

No puedo divulgar plenamente a la mente material la experiencia de la suprema actuación creadora de los seres espirituales perfectos y perfeccionados —el acto de la trinidización. Las técnicas de la trinidización se encuentran entre los secretos de Vicegerington y Solitaringtón y no son revelables a nadie salvo aquellos que hayan pasado a través de estas experiencias singulares; tampoco es comprensible para los demás. Por lo tanto, está más allá de la capacidad de todo ser exitosamente describir a la mente humana la naturaleza y propósito de esta extraordinaria transacción.

Aparte de las Deidades, solo las personalidades del Paraíso-Havona y algunos miembros de cada uno de los Cuerpos de Finalistas se ocupan de la trinidización. Bajo condiciones especializadas de perfección paradisiaca, estos seres magníficos pueden embarcarse en la aventura singular de concepto-identidad, y muchas veces triunfan en la producción de un nuevo ser, un hijo trinidizado por criaturas.

Las criaturas glorificadas que se ocupan de tales aventuras de trinidización sólo pueden participar en una de tales experiencias, mientras que las Deidades del Paraíso no parecen tener límites a la actuación continuada de episodios de trinidización. La Deidad parece estar limitada tan sólo en un aspecto: puede haber tan sólo un Espíritu Original e Infinito, tan sólo un ejecutivo infinito de la voluntad unida del Padre-Hijo.

Los finalistas mortales ascendentes fusionados con el Ajustador que han logrado ciertos niveles de la cultura del Paraíso y del desarrollo espiritual, están entre aquellos que pueden intentar trinidizar una criatura. Las compañías de finalistas mortales, cuando están estacionadas en el Paraíso, tienen un período de recreación cada milenio de tiempo de Havona. Existen siete maneras distintas que los finalistas pueden elegir para pasar este período libre de sus deberes, y una de éstas es, en asociación con algún otro finalista o con alguna personalidad del Paraíso-Havona, intentar la actuación de la trinidización de una criatura.

Si dos finalistas mortales, al presentarse ante los Arquitectos del Universo Maestro, demuestran que han seleccionado independientemente un concepto idéntico para la trinidización, los Arquitectos tienen el poder, según su propia discreción, de promulgar mandatos que permitan que estos ascendentes glorificados extiendan su período de recreación y se aparten por un tiempo en el sector trinidizante de los Ciudadanos del Paraíso. Al fin de este retiro asignado, si informan que han elegido, individual o conjuntamente, hacer el esfuerzo paradisiaco de espiritualizar, idealizar, y actualizar un concepto seleccionado y original que hasta ese momento no haya sido trinidizado, entonces el Espíritu Rector Número Siete promulga mandatos autorizando dicha empresa extraordinaria.

Períodos de tiempo increíblemente largos se consumen a veces en estas aventuras; parece pasar una edad entera antes de que estos mortales fieles y decididos —y a veces personalidades del Paraíso-Havona— alcancen finalmente su objetivo, triunfen efectivamente en traer el concepto por ellos seleccionado de la verdad universal a la existencia. Y no siempre alcanzan el éxito estas parejas dedicadas; muchas veces fracasan, y eso, no por un error descubrible por parte de ellos. Los candidatos para la trinidización que fracasan de este modo son admitidos a un grupo especial de finalistas designados como seres que han hecho el esfuerzo supremo y soportado la desilusión suprema. Cuando las Deidades del Paraíso se unen para trinidizar, siempre triunfan, pero no ocurre lo mismo en el caso de un par de criaturas homogéneas, la unión intentada de dos miembros de la misma orden de seres.

Cuando los Dioses trinidizan a un nuevo ser original, los Padres divinos permanecen inalterados en potencial de Deidad; pero cuando las criaturas exaltadas actúan en tal episodio creativo, una de las partes participantes sufre una modificación singular de la personalidad. Los dos antepasados de un hijo trinidizado por criaturas se vuelven en cierto sentido espiritualmente uno. Creemos que este estado de biunificación de ciertas fases espirituales de la personalidad probablemente prevalecerá hasta el momento en que el Ser Supremo haya logrado plena y completa manifestación de la personalidad en el gran universo.

Simultáneamente con la aparición de un nuevo hijo trinidizado por criaturas, ocurre esta unión espiritual funcional de los dos antepasados; los dos progenitores trinidizadores se vuelven uno en el nivel funcional último. Ningún ser creado en el universo puede explicar plenamente este fenómeno sorprendente; es una experiencia casi divina. Cuando el Padre y el Hijo se unieron para eternizar el Espíritu Infinito, en el momento en que cumplieron con su propósito, inmediatamente se volvieron uno y han sido desde entonces uno. Y aunque la unión de trinidización de dos criaturas está en el orden del alcance infinito de la unión perfecta de la Deidad del Padre Universal y del Hijo Eterno, las repercusiones de la trinidización por criaturas no son eternas en su naturaleza; terminarán cuando la actualización de las Deidades experienciales se haya completado.

Aunque estos progenitores de Hijos trinidizados por criaturas se vuelven uno en sus asignaciones universales, siguen siendo considerados dos personalidades, tanto en la formación como en el llamado a listas, en los Cuerpos de Finalistas y de los Arquitectos del Universo Maestro. Durante la actual edad universal, todos los progenitores unidos por trinidización son inseparables en asignación y función; donde va el uno va el otro, lo que hace el uno hace el otro. Si la biunificación de los progenitores comprende a un finalista mortal (o de otra índole) y a una personalidad del Paraíso-Havona, los progenitores unidos no funcionan ni como habitantes del Paraíso, ni como habitantes de Havona, ni como finalistas. Estas uniones mezcladas se reúnen en un cuerpo especial constituido de seres similares. Y en todas las uniones por trinidización, mezcladas o no, los seres progenitores están conscientes cada uno del otro y pueden comunicarse, y pueden realizar trabajos que ninguno de los dos por separado podría haber cumplido previamente.

Los Siete Espíritus Rectores tienen la autoridad de sancionar la unión trinidizante de los finalistas y de las personalidades del Paraíso-Havona, y dichos enlaces mezclados siempre triunfan. Los resultantes y magníficos hijos trinidizados por criaturas son representativos de conceptos sin propósito para la comprensión tanto de las criaturas eternas del Paraíso como de las criaturas temporales del espacio; por lo tanto, se tornan los protegidos de los Arquitectos del Universo Maestro. Estos hijos trinidizados del destino incorporan ideas, ideales y *experiencia* que aparentemente pertenecen a una edad universal futura y por lo tanto no son de valor práctico inmediato ni para las administraciones de los superuniversos ni para la administración del universo central. Estos singulares hijos de los hijos del tiempo y de los ciudadanos de la eternidad se mantienen todos en reserva en Vicegerington, donde se ocupan del estudio de los conceptos del tiempo y de las realidades de la eternidad en un sector especial de la esfera ocupado por facultades secretas del cuerpo de los Hijos Creadores.

El Ser Supremo es la unificación de tres fases de la realidad de la Deidad: Dios el Supremo, la unificación espiritual de ciertos aspectos finitos de la Trinidad del Paraíso; el Supremo Todopoderoso, la unificación de poder de los Creadores del gran universo; y la Mente Suprema, la contribución individual de la Tercera Fuente y Centro y de sus coordinados a la realidad del Ser Supremo. En sus aventuras de trinidización, las criaturas excelsas del universo central y del Paraíso se involucran en una exploración triple de la Deidad del Supremo que da como resultado la producción de tres órdenes de Hijos Trinidizados por criaturas:

1. *Hijos trinidizados por ascendentes.* En sus esfuerzos creativos, los finalistas tratan a trinidizar ciertas realidades conceptuales del Supremo Todopoderoso que han adquirido experiencialmente en su ascensión a través del tiempo y el espacio hacia el Paraíso.

2. *Hijos trinidizados por Paraíso-Havona.* Los esfuerzos creativos de los Ciudadanos del Paraíso y de havoneros dan como resultado la trinidización de ciertos elevados aspectos espirituales del Ser Supremo que han adquirido experiencialmente en un ambiente supersupremo que limita con el Último y el Eterno.

3. *Hijos de destino trinidizados.* Pero cuando un finalista y un habitante del Paraíso-Havona juntos trinidizan una nueva criatura, este esfuerzo conjunto repercute en ciertas faces de la Mente Suprema-Última. Los hijos trinidizados por criaturas resultantes son supercreacionales; representan actualidades de la Deidad Suprema-Última que no han sido adquiridas de otra manera experiencialmente, y que, por lo tanto, caen automáticamente dentro de la provincia de los Arquitectos del Universo Maestro, custodios de aquellas cosas que trascienden los límites creacionales de la presente edad universal. Los hijos de destino trinidizados incorporan ciertos aspectos de la función no revelada en el universo maestro del Supremo-Último. No conocemos mucho sobre estos hijos conjuntos del tiempo y de la eternidad, pero sabemos mucho más que lo que se nos permite revelar.

8. HIJOS TRINIDIZADOS POR CRIATURAS

Además de los hijos trinidizados por criaturas considerados en esta narrativa, existen numerosas órdenes no reveladas de seres trinidizados por criaturas —la progenie diversa de los múltiples enlaces de siete cuerpos de finalistas y personalidades del Paraíso-Havona. Pero todos estos seres trinidizados por criaturas, revelados y no revelados, son dotados de personalidad por el Padre Universal.

Cuando los nuevos hijos trinidizados por ascendentes y por Paraíso-Havona son jóvenes y no han sido capacitados, generalmente se los envía por largos períodos de servicio a las siete esferas paradisiacas del Espíritu Infinito, donde sirven bajo el tutelaje de los Siete Ejecutivos Supremos. Posteriormente pueden ser adoptados para capacitación ulterior en los universos locales por los Hijos Instructores Trinitarios.

Estos hijos adoptados, cuyo origen de criatura es elevado y glorificado, son aprendices, estudiantes asistentes, de los Hijos Instructores, y en cuanto a su clasificación, frecuentemente se los numera temporalmente con estos Hijos. Pueden ejecutar muchas asignaciones nobles de autonegación en nombre de sus reinos elegidos de servicio, y así lo hacen.

Los Hijos Instructores en los universos locales pueden proponer a sus protegidos trinidizados por criaturas para el abrazo de la Trinidad del Paraíso. Al salir de este abrazo como Hijos Trinidizados de Perfección, entran al servicio de los Ancianos de los Días en los siete superuniversos, siendo ese el destino actualmente conocido de este grupo singular de seres dos veces trinidizados.

No todos los Hijos Trinidizados por criaturas son abrazados por la Trinidad; muchos se vuelven los asociados y embajadores de los Siete Espíritus Rectores del Paraíso, de los Espíritus Reflexivos de los superuniversos, y de los Espíritus Maternos de las creaciones locales. Otros pueden aceptar asignaciones especiales en la Isla eterna. Aún otros pueden entrar a los servicios especiales en los mundos secretos del Padre y en las esferas paradisiacas del Espíritu. Finalmente, muchos encuentran su camino hacia el cuerpo conjunto de los Hijos Trinidizados en el círculo interior de Havona.

A excepción de los Hijos Trinidizados de Perfección y de aquellos que se están reuniendo en Vicegerington, el destino supremo de todos los hijos trinidizados por criaturas parece ser ingresar en el Cuerpo de los Finalistas Trinidizados, uno de los siete Cuerpos de la Finalidad en el Paraíso.

9. LOS GUARDIANES CELESTIALES

Los hijos trinidizados por criaturas son abrazados por la Trinidad del Paraíso en clases de siete mil. Estos vástagos trinidizados de humanos perfeccionados y de personalidades del Paraíso-Havona son igualmente abrazados por las Deidades, pero se asignan a los superuniversos de acuerdo con la recomendación de sus instructores previos, los Hijos Instructores Trinitarios. Aquellos de servicio más aceptable son comisionados Asistentes de los Hijos Elevados; aquellos de actuación menos distinguida son designados Guardianes Celestiales.

Cuando a estos seres singulares los ha abrazado la Trinidad se tornan adjuntos valiosos de los gobiernos de los superuniversos. Conocen los asuntos de la carrera ascendente, no por ascensión personal, sino como resultado de su servicio con los Hijos Instructores Trinitarios en los mundos del espacio.

Se han comisionado en Orvonton casi mil millones de Guardianes Celestiales. Están asignados principalmente a las administraciones de los Perfecciones de los Días en las sedes de los sectores mayores y están hábilmente asistidos por un cuerpo de mortales ascendentes fusionados con el Hijo.

Los Guardianes Celestiales son los oficiales de las cortes de los Ancianos de los Días, funcionando como mensajeros de la corte y llevadores de citaciones y decisiones a los distintos tribunales de los gobiernos de los superuniversos. Son los agentes de los Ancianos de los Días que están a cargo de los arrestos; salen de Uversa para traer de vuelta los seres cuya presencia se requiere ante los jueces del superuniverso;

ejecutan los mandatos de detención de cualquier personalidad en el superuniverso. También acompañan a los mortales de los universos locales fusionados con el Espíritu cuando, por cualquier razón, se requiere su presencia en Uversa.

Los Guardianes Celestiales y sus asociados, los Asistentes de los Hijos Elevados, nunca han sido habitados por Ajustadores. Tampoco se fusionan con el Espíritu ni con el Hijo. El abrazo de la Trinidad del Paraíso compensa sin embargo este estado no fusionado de los Hijos Trinidizados de Perfección. El abrazo de la Trinidad puede actuar únicamente sobre la idea personificada en un hijo trinidizado por criaturas, dejando al hijo abrazado sin ningún otro cambio, pero dicha limitación ocurre solamente cuando así se la planea.

Estos hijos trinidizados dos veces son seres maravillosos, pero no son ni tan versátiles ni tan confiables como sus asociados ascendentes; carecen de esa tremenda y profunda experiencia personal que el resto de los hijos que pertenece a este grupo ha adquirido al trepar literalmente hacia la gloria desde los oscuros dominios del espacio. Nosotros, seres pertenecientes a la carrera ascendente, los amamos y hacemos todo lo que podemos para compensar sus deficiencias, pero nos llenan de gratitud sempiterna por nuestro origen bajo y nuestra capacidad para la experiencia. La disposición de ellos de reconocer y ver sus deficiencias en las realidades experienciables de la ascensión universal es trascendentalmente hermosa y a veces altamente conmovedora y patética.

Los Hijos Trinidizados de Perfección están limitados, en contraste con otros hijos abrazados por la Trinidad, debido a que su capacidad experiencial está inhibida en el tiempo y en el espacio. Les falta experiencia, a pesar de la prolongada capacitación con los Ejecutivos Supremos y los Hijos Instructores, y si no fuera éste el caso, la saturación experiencial prevendría el hecho de que se los mantuviera en reserva para adquirir experiencia en una edad universal futura. No hay nada en toda la existencia universal que pueda tomar el lugar de la auténtica experiencia personal, y estos hijos trinidizados por criaturas se mantienen en reserva para una función experiencial en alguna época universal futura.

En los mundos de estancia he visto a menudo a estos dignos oficiales de las altas cortes del superuniverso contemplar con deseo y nostalgia aun a los recién llegados de los mundos evolucionarios del espacio, de tal manera que no se puede dejar de entender que estos seres poseedores de la trinidización no experiencial verdaderamente envidien a sus hermanos supuestamente menos afortunados que ascienden el camino universal mediante pasos de experiencia real y vivir auténtico. A pesar de sus dificultades y limitaciones, constituyen un cuerpo de trabajadores maravillosamente útil y constantemente listo para la ejecución de complejos planes administrativos de los gobiernos de los superuniversos.

10. LOS ASISTENTES DE LOS HIJOS ELEVADOS

Los Asistentes de los Hijos Elevados son un grupo superior de hijos trinidizados retrinidizados de seres ascendentes glorificados del Cuerpo de los Mortales de la Finalidad y de sus asociados eternos, las personalidades del Paraíso-Havona. Se les asigna al servicio del superuniverso y funcionan como asistentes personales de los hijos elevados de los gobiernos de los Ancianos de los Días. Podrían ser denominados adecuadamente secretarios privados. Actúan, de vez en cuando, como funcionarios para comisiones especiales y otras asociaciones de grupos de los hijos elevados. Sirven a los Perfeccionadores de la Sabiduría, Consejeros Divinos, Censores Universales,

Mensajeros Poderosos, Aquellos Elevados en Autoridad, y Aquellos sin Nombre ni Número.

Si, al hablar de los Guardianes Celestiales, parecía que yo llamaba la atención sobre las limitaciones y dificultades de estos hijos dos veces trinidizados, dejadme que ahora, para ser justo, llame la atención sobre el punto de gran fuerza de este grupo, el atributo que los hace casi invaluables para nosotros. Estos seres deben su existencia misma al hecho de que son la personificación de un concepto único y supremo. Son la incorporación en la personalidad de alguna idea divina, algún ideal universal, tal como no se había concebido jamás antes, ni expresado, ni trinidizado. Y posteriormente han sido abrazados por la Trinidad; por consiguiente ilustran y efectivamente incorporan la sabiduría misma de la Trinidad Divina en cuanto a la idea-ideal de su existencia de personalidad. En cuanto ese concepto particular es revelable a los universos, estas personalidades incorporan todo lo que toda inteligencia de criatura o de Creador pueda posiblemente concebir, expresar o ejemplificar. *Son ellos esa idea personificada.*

¿Podéis vosotros ver que tal concentración viviente de un concepto supremo único de la realidad universal sería de servicio increíble para aquellos que tienen en sus manos la administración de los superuniversos?

No hace mucho tiempo se me mandó encabezar una comisión de seis —uno de cada uno de los hijos elevados— asignada al estudio de tres problemas que pertenecen a un grupo de universos nuevos en las porciones situadas al sur de Orvonton. Me di cuenta de inmediato del valor de los Asistentes de los Hijos Elevados cuando requisicioné al jefe de su orden en Uversa para la asignación temporal de tales secretarios a mi comisión. Un Asistente de los Hijos Elevados en Uversa representó la primera de nuestras ideas y fue de inmediato asignado a nuestro grupo. Nuestro segundo problema fue incorporado a un Asistente de los Hijos Elevados asignado al superuniverso número tres. Obtuvimos mucha ayuda de esta fuente, a través de la agencia distribuidora del universo central para la coordinación y diseminación del conocimiento esencial, pero nada que se pudiera comparar a la asistencia ofrecida por la presencia real de una personalidad que es un concepto trinidizado de criatura de supremacía y trinidizado de Deidad en finalidad. En cuanto a nuestro tercer problema, los registros del Paraíso indicaron que dicha idea no se había trinidizado nunca por ninguna criatura.

Los Asistentes de los Hijos Elevados son personalizaciones singulares y originales de conceptos extraordinarios y estupendos ideales. Y como tales son capaces de impartir de vez en cuando una iluminación indescriptible a nuestras deliberaciones. Cuando actúo en alguna asignación remota en los universos del espacio, pensad qué significa, en cuanto a ayuda, que sea tan afortunado como para tener asignado a mi misión a un Asistente de los Hijos Elevados quien es la plenitud del concepto divino en cuanto al problema mismo que yo he sido enviado para atacar y resolver; repetidamente he tenido esta experiencia. La única dificultad con este plan es de que ningún superuniverso puede ser una edición completa de estas ideas trinidizadas; tan sólo podemos conseguir un séptimo de estos seres; por consiguiente, tan sólo aproximadamente una vez de cada siete podemos disfrutar de la asociación personal de estos seres, aún cuando los registros indiquen que la idea ha sido trinidizada.

Podríamos utilizar con gran ventaja números mucho mayores de estos seres en Uversa. Debido a su valor en las administraciones del superuniverso, nosotros, en toda forma posible, alentamos a los peregrinos del espacio y también a los residentes del Paraíso a que intenten la trinidización después de haber contribuido unos a otros aquellas realidades experienciales que son esenciales para la actuación de tales aventuras creativas.

Ahora tenemos en nuestro superuniverso alrededor de un cuarto de millón de Asistentes de los Hijos Elevados, y sirven tanto en los sectores mayores como en los menores, así como también funcionan en Uversa. Nos acompañan a menudo en nuestras asignaciones a universos remotos. Los Asistentes de los Hijos Elevados no están permanentemente asignados a ningún hijo ni comisión. Están en circulación constante, sirviendo donde la idea o el ideal que ellos *son*, puedan ayudar de la mejor manera a los propósitos eternos de la Trinidad Paradisiaca, cuyos hijos ellos se han vuelto.

Son conmovedoramente afectuosos, soberbiamente leales, exquisitamente inteligentes, supremamente sabios —respecto a una sola idea— y trascendentalmente humildes. Aunque puedan impartiros la totalidad del universo respecto de una idea o ideal, es prácticamente patético observarlos buscar conocimiento e información en huestes de otros temas, aún de los mortales ascendentes.

Y ésta es la narrativa del origen, naturaleza y función de algunos de aquellos que se denominan Hijos de la Deidad Trinidizados, más específicamente de aquellos que han pasado por el abrazo divino de la Trinidad del Paraíso, y que luego han sido asignados al servicio de los superuniversos, para ofrecer allí cooperación sabia y comprensiva a los administradores de los Ancianos de los Días en sus esfuerzos incansables por facilitar el progreso hacia el interior de los mortales ascendentes del tiempo hacia su destino inmediato en Havona y su objetivo final en el Paraíso.

[Narrado por un Mensajero Poderoso del cuerpo revelatorio de Orvonton.]

DOCUMENTO 23

LOS MENSAJEROS SOLITARIOS

LOS Mensajeros Solitarios son el cuerpo personal y universal del Creador Conjunto; constituyen la primera orden decana de las Personalidades más Altas del Espíritu Infinito. Representan la acción creadora inicial del Espíritu Infinito en función solitaria con el fin de traer a la existencia personalidades espirituales solitarias. Ni el Padre ni el Hijo participaron directamente en esta estupenda espiritualización.

Estos mensajeros espirituales se personalizaron en un solo episodio creador, y su número es estacionario. A pesar de que tengo a uno de estos extraordinarios asociados conmigo en esta misión, no sé cuántas personalidades como éstas existen en el universo de los universos. Tan sólo sé, de vez en cuando, cuantos están registrados actuando durante un momento en particular dentro de la jurisdicción de nuestro superuniverso. Observé en el último informe de Uversa que en ese momento existían casi 7.690 billones de Mensajeros Solitarios que operaban dentro de los límites de Orvonton; y conjeturo que este número es considerablemente menor de un séptimo de su número total.

1. LA NATURALEZA Y EL ORIGEN DE LOS MENSAJEROS SOLITARIOS

Inmediatamente después de la creación de los Siete Espíritus de los Circuitos de Havona, el Espíritu Infinito trajo a la existencia un vasto cuerpo de Mensajeros Solitarios. No existe ninguna porción de la creación universal que sea preexistente a los Mensajeros Solitarios, excepto el Paraíso y los circuitos de Havona; han funcionado a lo largo y a lo ancho del gran universo casi desde la eternidad. Son fundamentales para la técnica divina del Espíritu Infinito de autorrevelación a las vastas creaciones espacio-temporales y de contacto personal con ellas.

A pesar de que estos mensajeros existen casi desde los tiempos de la eternidad, todos ellos tienen conciencia del comienzo de su yo. Tienen conciencia del tiempo, siendo los primeros entes creados por el Espíritu Infinito en poseer dicha conciencia temporal. Son las criaturas primogénitas del Espíritu Infinito que se personalizaron en el tiempo y se espiritualizaron en el espacio.

Estos espíritus solitarios aparecieron en los albores del tiempo como seres espirituales totalmente desarrollados y perfectamente dotados. Son todos iguales, y no hay clases ni subdivisiones fundadas en variaciones personales. Sus clasificaciones están basadas únicamente en el tipo de tarea a la que son asignados de vez en cuando.

Los mortales comienzan como seres casi completamente materiales en los mundos del espacio y ascienden hacia adentro, hacia los Grandes Centros; estos espíritus solitarios comienzan en el centro de todas las cosas y anhelan ser asignados a las creaciones remotas, aun a los mundos individuales de los universos locales más lejanos y aún más allá.

Aunque se los denomina Mensajeros Solitarios, no sufren la soledad, porque verdaderamente aman trabajar a solas. Son los únicos seres de toda la creación que pueden disfrutar y realmente disfrutan de una existencia solitaria, aunque disfrutan igualmente de la asociación con las muy escasas órdenes de inteligencias universales con las cuales pueden fraternizar.

Los Mensajeros Solitarios no están aislados en su servicio; están constantemente en contacto con el caudal de intelecto de toda la creación porque pueden «escuchar» todas las transmisiones de los reinos de su estadía. También pueden intercomunicarse con los miembros de su propio cuerpo inmediato, aquellos seres que están realizando el mismo tipo de tarea en el mismo superuniverso. Podrían comunicarse con otros de su grupo, pero el concilio de los Siete Espíritus Rectores les ha ordenado que no lo hagan, y ellos constituyen un grupo leal; no desobedecen ni fallan. No existe registro de un Mensajero Solitario que haya tropezado jamás en la oscuridad.

Los Mensajeros Solitarios, como los Directores de Poder Universal, están entre los muy pocos tipos de seres que operan a lo largo y a lo ancho de los reinos y que están exentos de aprehensión o detención por parte de los tribunales espacio-temporales. Nadie los puede citar para que aparezcan frente a un tribunal, excepto los Siete Espíritus Rectores, pero en todos los anales del universo maestro este concilio del Paraíso no ha sido llamado jamás para adjudicar el caso de un Mensajero Solitario.

Estos mensajeros de trabajo solitario son un grupo confiable, autónomo, versátil, completamente espiritual, y ampliamente compasivo de seres derivados de la Tercera Fuente y Centro; operan por autoridad del Espíritu Infinito residente en la Isla central del Paraíso y de sus personalizaciones en las esferas sede central de los universos locales. Comparten constantemente del circuito directo que emana del Espíritu Infinito, aun cuando operan en las creaciones locales bajo la influencia inmediata de los Espíritus Maternos de los universos locales.

Existe una razón técnica por la cual estos Mensajeros Solitarios deben viajar y trabajar a solas. Por cortos períodos de tiempo y cuando están estacionarios, pueden colaborar en un grupo, pero cuando trabajan así se encuentran completamente separados del soporte y dirección de su circuito del Paraíso; están totalmente aislados. Cuando están en tránsito, o cuando operan en los circuitos del espacio y en las corrientes del tiempo, si dos o más de esta orden están en proximidad cercana, ambos o todos quedan fuera de enlace con las fuerzas circulantes más elevadas. Sufren «un cortocircuito», si queréis describirlo en símbolos ilustrativos. Por lo tanto tienen inherente en ellos un poder de alarma automática, una señal de advertencia, que opera infaliblemente para alertarlos de conflictos próximos e infaliblemente les mantiene suficientemente separados como para no interferir con su funcionamiento apropiado y eficaz. También poseen poderes inherentes y automáticos que detectan e indican la proximidad tanto de los Espíritus Trinitarios Inspirados como de los Ajustadores del Pensamiento divinos.

Estos mensajeros no poseen poder de extensión y reproducción de personalidad, pero no existe prácticamente tarea en los universos de la que no puedan ocuparse, y a la cual no puedan contribuir algo esencial y útil. Especialmente, son los grandes ahorradores de tiempo para aquellos que se ocupan de la administración de los asuntos universales; nos ayudan a todos, desde los más elevados hasta los más bajos.

2. LAS ASIGNACIONES DE LOS MENSAJEROS SOLITARIOS

Los mensajeros solitarios no están asignados permanentemente a ninguna personalidad individual ni grupo de personalidades celestiales. Ellos actúan siempre por asignación, y durante dicho servicio trabajan bajo la supervisión inmediata de aquellos que dirigen los reinos a los cuales han sido asignados. Entre ellos no poseen una organización ni un gobierno de ningún tipo; son los Mensajeros *Solitarios*.

El Espíritu Infinito asigna los Mensajeros Solitarios a las siguientes siete divisiones de servicio:

1. Mensajeros de la Trinidad del Paraíso.
2. Mensajeros de los Circuitos de Havona.
3. Mensajeros de los Superuniversos.
4. Mensajeros de los Universos Locales.
5. Exploradores de Asignación no Dirigida.
6. Embajadores y Emisarios de Asignación Especial.
7. Reveladores de la Verdad.

Estos mensajeros espirituales son en todo sentido intercambiables de un tipo de servicio a otro; dichas transferencias ocurren constantemente. No hay órdenes separadas de Mensajeros Solitarios; espiritualmente son semejantes y en todo sentido equivalentes. Aunque generalmente se los designa por su número, el Espíritu Infinito los conoce por sus nombres personales. El resto de nosotros los conoce por el nombre o número que designa su trabajo actual.

1. *Mensajeros de la Trinidad del Paraíso*. No se me permite revelar mucho de la tarea del grupo de mensajeros asignados a la Trinidad. Son los servidores confiados y secretos de las Deidades, y cuando se les confía mensajes especiales que comprenden normas no reveladas y conducta futura de los Dioses, jamás se ha sabido que divulguen un secreto ni que traicionen la confianza puesta en su orden. Narramos todo esto en este contexto, no para jactarnos de su perfección, sino más bien para poner en relieve el hecho de que las Deidades pueden crear *seres perfectos* y así lo hacen.

La confusión y disturbios en Urantia no significan que los Gobernantes Paradisiacos carezcan del interés o de la habilidad para arreglar en forma distinta los asuntos. Los Creadores poseen pleno poder para hacer de Urantia un verdadero paraíso, pero dicho edén no contribuiría al desarrollo de aquellos rasgos fuertes, nobles y experimentados que los Dioses con tanta seguridad forjan en vuestro mundo entre el yunque de la necesidad y el martillo de la angustia. Vuestras ansiedades y penas, vuestras pruebas y desilusiones, son tanto parte del plan divino en vuestra esfera como lo son la perfección exquisita y la adaptación infinita de todas las cosas a su propósito supremo en los mundos del universo central y perfecto.

2. *Mensajeros de los Circuitos de Havona*. Durante toda la carrera ascendente podréis detectar vagamente, pero cada vez más, la presencia de los Mensajeros Solitarios, pero tan sólo cuando lleguéis a Havona podréis reconocerlos sin lugar a equivocación. Los primeros mensajeros que veréis cara a cara serán los asignados a los circuitos de Havona.

Los Mensajeros Solitarios disfrutan de relaciones especiales con los nativos de los mundos de Havona. Estos mensajeros, que se encuentran tan dificultados en su funcionamiento cuando se asocian los unos con los otros, pueden disfrutar de una comunión personal muy estrecha con los nativos de Havona, y lo hacen. Pero es totalmente imposible comunicar a la mente humana las satisfacciones supremas consiguientes al contacto de las mentes de estos seres divinamente perfectos con los espíritus de tales personalidades casi trascendentales.

3. *Mensajeros de los Superuniversos*. Los Ancianos de los Días, aquellas personalidades de origen en la Trinidad que presiden los destinos de los siete superuniversos, aquellos tríos de poder divino y sabiduría administrativa, están abundantemente abastecidos de Mensajeros Solitarios. Sólo mediante esta orden de mensajeros, los gobernantes triunos de un superuniverso pueden comunicarse directa y personalmente con los gobernantes de otro. Los Mensajeros Solitarios son el único tipo disponible de inteligencia espiritual —aparte de, posiblemente, los Espíritus Trinitarios Inspirados— que pueden ser enviados de las sedes centrales de un superuniverso directamente a las sedes centrales de otro. Todas las demás personalidades deben hacer dichas excursiones camino de Havona y de los mundos ejecutivos de los Espíritus Rectores.

Existen ciertos tipos de información que no se obtienen ni por los Mensajeros de Gravedad, ni por reflexividad, ni por transmisión. Y cuando los Ancianos de los Días quieren saber certeramente de dichas cosas, deben enviar a un Mensajero Solitario a la fuente del conocimiento. Mucho antes de la presencia de la vida en Urantia, el mensajero presentemente asociado conmigo fue asignado a una misión saliendo de Uversa al universo central —estuvo ausente cuando se pasaba lista en Orvonton por casi un millón de años, pero retornó debidamente con la información deseada.

No hay limitación en el servicio de los Mensajeros Solitarios en los superuniversos; pueden actuar como ejecutivos de los tribunales elevados o como recolectores de información para el bien del reino. De todas las supercreaciones, disfrutan el máximo al servir en Orvonton porque aquí la necesidad es mayor y la oportunidad de esfuerzos heroicos grandemente multiplicada. En los reinos más necesitados todos disfrutamos de la satisfacción de una función más pletórica.

4. *Mensajeros de los Universos Locales*. En los servicios de un universo local no hay límite en la función de los Mensajeros Solitarios. Son los reveladores fieles de los motivos e intentos del Espíritu Materno del universo local, aunque están bajo la jurisdicción plena del Hijo Mayor reinante. Esto es verdad de todos los mensajeros que operan en un universo local, sea que provengan directamente de las sedes centrales del universo, o que actúen en forma transitoria en enlace con los Padres de las Constelaciones, los Soberanos de los Sistemas, o los Príncipes Planetarios. Antes de la concentración de todo el poder en las manos del Hijo Creador en la época de su elevación como gobernante soberano de su universo, estos mensajeros de los universos locales funcionan bajo la dirección general de los Ancianos de los Días y responden inmediatamente a su representante residente, el Unión de los Días.

5. *Exploradores de Asignación no Dirigida*. Cuando se recluta excesivamente para el cuerpo de reservas de los Mensajeros Solitarios, se produce un llamado de uno de los Siete Directores Supremos del Poder solicitando voluntarios para la exploración; no faltan jamás voluntarios, puesto que les encanta ser enviados como exploradores libres y sin limitaciones, para experimentar la emoción de encontrar núcleos, en proceso de organizarse, de nuevos mundos y universos.

Salen para investigar los indicios proporcionados por los contempladores del espacio de los reinos. Indudablemente las Deidades Paradisiacas saben de la existencia de estos sistemas de energía no descubiertos del espacio, pero jamás divulgan dicha información. Si los Mensajeros Solitarios no exploraran y trazaran estos nuevos centros de energía que están en proceso de organizarse, dichos fenómenos permanecerían ignorados durante mucho tiempo aun por parte de las inteligencias de los reinos adyacentes. Los Mensajeros Solitarios, como clase, son altamente sensibles a la gravedad; por lo tanto a veces pueden detectar la presencia probable de planetas oscuros muy pequeños, los mundos mismos que se adaptan mejor a los experimentos de vida.

Estos exploradores mensajeros de asignación no dirigida patrullan el universo maestro. Salen constantemente en expediciones de exploración hacia regiones desconocidas de todo el espacio exterior. Mucho de la información que poseemos sobre las transacciones de los reinos en el espacio exterior, se la debemos a las exploraciones de los Mensajeros Solitarios, puesto que frecuentemente trabajan y estudian con los astrónomos celestiales.

6. *Embajadores y Emisarios de Asignación Especial.* Los universos locales ubicados dentro del mismo superuniverso habitualmente intercambian embajadores seleccionados de sus órdenes nativas de filiación. Pero para evitar atrasos, frecuentemente se solicita de los Mensajeros Solitarios que vayan como embajadores de una creación local a otra para representar e interpretar un reino al otro. Por ejemplo: cuando se descubre un reino recientemente habitado, puede resultar que esté tan remoto en el espacio que pase un largo período de tiempo antes de que pueda llegar a este universo bastamente distante, un embajador enserafinado. Un ser enserafinado no puede exceder de ninguna manera la velocidad de 899.370 kilómetros de Urantia en un segundo de vuestro tiempo. Las estrellas masivas, las corrientes cruzadas, y las desviaciones, así como también las tangentes de atracción, todas tienden a retardar dicha velocidad, de manera que en un viaje prolongado la velocidad será de un promedio de alrededor de 885.000 kilómetros por segundo.

Cuando se puede observar que se necesitarán cientos de años para que un embajador nativo llegue a un universo local bastamente distante, frecuentemente se solicita de un Mensajero Solitario que proceda allí inmediatamente para actuar como embajador interino. Los Mensajeros Solitarios pueden salir de un momento a otro, no independientemente del tiempo y del espacio como lo hacen los Mensajeros de Gravedad, pero casi de la misma manera. Ellos también sirven en otras circunstancias como emisarios de asignación especial.

7. *Reveladores de la Verdad.* Los Mensajeros Solitarios consideran la asignación de revelar la verdad como la responsabilidad más elevada de su orden. Operan una y otra vez en esta función desde los superuniversos a los planetas individuales del espacio. Frecuentemente forman parte de las comisiones que se envían para expandir la revelación de la verdad a los mundos y sistemas.

3. LOS SERVICIOS DE LOS MENSAJEROS SOLITARIOS CON RELACIÓN AL TIEMPO Y AL ESPACIO

Los Mensajeros Solitarios son el tipo más elevado de personalidades perfectas y de confianza disponible en todos los reinos para la transmisión rápida de mensajes importantes y urgentes cuando es inconveniente utilizar o el servicio de transmisiones o el mecanismo de la reflexividad. Ellos sirven en una variedad infinita de asignaciones, ayudando a los seres materiales y espirituales de los reinos, particularmente allí donde está comprendido el elemento del tiempo. De todas las órdenes asignadas a los servicios de los dominios del superuniverso, son los seres personalizados más elevados y más versátiles que más pueden acercarse a desafiar el tiempo y el espacio.

El universo está bien abastecido de espíritus que utilizan la gravedad para fines de tránsito; pueden ir a cualquier lado en cualquier momento —instantáneamente— pero no son personas. Ciertos otros atravesadores que utilizan la gravedad son seres personales, tales como los Mensajeros de Gravedad y los Registradores Trascendentales, pero no están a disposición de los administradores de los superuniversos o de los universos locales. Los mundos pululan de ángeles y hombres y de otros seres altamente personales, pero éstos están dificultados por el tiempo y el espacio: el límite de velocidad para la mayor parte de los seres no enserafinados es de 299.790 kilómetros de vuestro mundo por segundo de vuestro tiempo; los seres intermedios y ciertos otros pueden alcanzar una velocidad doble, y lo hacen frecuentemente —599.580 kilómetros por segundo— mientras que los serafines y otros pueden atravesar el espacio a velocidad triple, aproximadamente 899.370 kilómetros por segundo. Sin embargo no existen personalidades de tránsito o mensajeros que funcionen entre las velocidades instantáneas de los atravesadores gravitacionarios y las velocidades comparativamente lentas de los serafines, excepto los Mensajeros Solitarios.

Por lo tanto, generalmente los Mensajeros Solitarios se utilizan para el envío y servicio en aquellas situaciones en las que sea esencial la personalidad para el cumplimiento de la asignación, y en las cuales sea deseable evitar la pérdida de tiempo que sería ocasionada por el envío de otro tipo rápidamente disponible de mensajero personal. Ellos son los únicos seres claramente personalizados que pueden sincronizar con las corrientes combinadas universales del gran universo. Su velocidad para atravesar el espacio es variable, dependiendo de una gran variedad de influencias que interfieren, pero el registro muestra que en el viaje que tenía por objeto cumplir la misión presente, mi mensajero asociado procedió a la velocidad de 1.346.169.220.000 de vuestros kilómetros por segundo de vuestro tiempo.

Está totalmente fuera de mi capacidad explicar al tipo de mente material de qué manera puede un espíritu ser una persona real y auténtica y al mismo tiempo atravesar el espacio a tales velocidades extraordinarias. Pero estos mismos Mensajeros Solitarios efectivamente vienen a Urantia y parten de ella a estas velocidades incomprensibles; en efecto la entera economía de la administración universal se hallaría desposeida de este elemento personal si esto no fuese un hecho.

Los Mensajeros Solitarios son capaces de funcionar como líneas de comunicación de urgencia en todas las regiones remotas del espacio, en los reinos no comprendidos dentro de los circuitos establecidos del gran universo. Se desprende que un mensajero, al operar así, puede transmitir un mensaje o enviar un impulso a través del espacio a otro mensajero que esté alrededor de cien años luz de distancia, según miden las distancias estelares los astrónomos de Urantia.

De las miríadas de seres que cooperan con nosotros en el manejo de los asuntos del superuniverso, ninguno es más importante en ayuda ahorradora de tiempo y asistencia práctica. En los universos del espacio debemos tener en cuenta las dificultades del tiempo; de allí el gran servicio de los Mensajeros Solitarios quienes, mediante sus prerrogativas personales de comunicación, son en cierto modo independientes del espacio y, por virtud de su extraordinaria velocidad de tránsito, son casi independientes del tiempo.

No puedo explicar a los mortales de Urantia de qué manera los Mensajeros Solitarios pueden ser sin forma y sin embargo poseer personalidades reales y claramente definidas. Aunque no tengan esa forma que naturalmente se asocia con la personalidad, poseen una presencia espiritual que es discernible por parte de todos los tipos más elevados de los seres espirituales. Los Mensajeros Solitarios son la única clase de seres que parecen poseer casi todas las ventajas de un espíritu sin forma, combinadas con todas las prerrogativas de una personalidad plena. Son personas auténticas, sin embargo están dotadas de casi todos los atributos de una impersonal manifestación de espíritu.

En los siete superuniversos, generalmente —pero no siempre— todo lo que tiende a aumentar la liberación de una criatura de las dificultades del tiempo y del espacio, disminuye proporcionalmente las prerrogativas de personalidad. Los Mensajeros Solitarios son una excepción a esta ley general. En sus actividades no están, de manera ninguna, restringidos en la utilización de todas las avenidas ilimitadas de expresión espiritual, servicio divino, ministerio personal, y comunicación cósmica. Si pudierais ver a estos seres extraordinarios a la luz de mi experiencia en la administración universal, podríais comprender cuán difícil sería coordinar los asuntos del superuniverso si no fuese por su versátil cooperación.

Aunque el universo se expanda mucho más, probablemente no se crearán más Mensajeros Solitarios. A medida que crecen los universos, el mayor trabajo de administración deberá recaer cada vez más sobre otros tipos de ministros espirituales y sobre aquellos seres que se originan en estas nuevas creaciones, tales como las criaturas de los Hijos Soberanos y los Espíritus Maternos de los universos locales.

4. EL MINISTERIO ESPECIAL DE LOS MENSAJEROS SOLITARIOS

Los Mensajeros Solitarios parecen ser coordinadores de la personalidad para todos los tipos de seres espirituales. Su ministerio ayuda a hacer que todas las personalidades del vasto mundo espiritual estén emparentadas. Contribuyen mucho al desarrollo, en todos los seres espirituales, de una conciencia de identidad de grupo. Cada tipo de ser espiritual es servido por grupos especiales de Mensajeros Solitarios que fomentan la habilidad de tales seres para comprender y fraternizar con otros tipos y órdenes, aunque sean muy diversos.

Los Mensajeros Solitarios demuestran tal extraordinaria habilidad para coordinar todos los tipos y órdenes de personalidades finitas —aun para hacer contacto con el régimen absonito de los supercontroladores del universo maestro— que algunos de nosotros postulan que la creación de estos mensajeros por parte del Espíritu Infinito está en cierto modo relacionada con la dotación por parte del Actor Conjunto de la Mente Suprema-Última.

Cuando un finalista y un Ciudadano del Paraíso cooperan en la trinidización de un «hijo del tiempo y de la eternidad» —una transacción que requiere los potenciales de mente no revelados del Supremo-Último— y cuando se envía a Vicegerington dicha personalidad no clasificada, (una repercusión conjeturada de personalidad de la dote de dicha mente de Deidad) un Mensajero Solitario siempre se asigna como compañero y guardián de dicho hijo trinidizado por criaturas. Este mensajero acompaña al nuevo hijo de destino al mundo de su asignación y no abandona jamás Vicegerington. Cuando está así vinculado a los destinos de un hijo del tiempo y de la eternidad, el Mensajero Solitario es por siempre transferido a la supervisión de los Arquitectos del Universo Maestro. Lo que el futuro de dicha asociación extraordinaria pueda hacer, no lo sabemos. Por edades estas sociedades de personalidades únicas han continuado reuniéndose en Vicegerington, pero ni siquiera un solo par ha salido jamás de allí.

Los Mensajeros Solitarios son de números estacionarios, pero la trinidización de los hijos de destino es aparentemente una técnica ilimitada. Puesto que cada hijo trinidizado de destino tiene a un Mensajero Solitario asignado a él, nos parece que en algún momento en el futuro remoto las cantidades de los mensajeros se agotarán. ¿Quién adoptará su tarea en el gran universo? ¿Será su servicio asumido por algún nuevo desarrollo entre los Espíritus Trinitarios Inspirados? ¿Es que el gran universo en algún período remoto será administrado más de cerca por seres de origen en la Trinidad mientras que las criaturas de origen único y dual se transferirán hacia los reinos del espacio exterior? Si los mensajeros regresan a su servicio anterior, ¿los acompañarán estos hijos de destino? ¿Cesarán las trinidizaciones entre los finalistas y los habitantes del Paraíso y de Havona cuando sea absorbida la cantidad de los Mensajeros Solitarios como compañeros y guardianes de estos hijos de destino? ¿Se concentrarán todos nuestros eficientes Mensajeros Solitarios en Vicegerington? ¿Serán eternamente asociadas estas extraordinarias personalidades espirituales con estos hijos trinidizados de destino no revelado? ¿Qué significado debemos agregar al hecho de que estas parejas que se van reuniendo en Vicegerington están bajo la dirección exclusiva de aquellos misteriosos seres poderosos, los Arquitectos del Universo Maestro? Nos hacemos éstas y muchas otras preguntas similares y preguntamos a numerosas otras órdenes de seres celestiales pero no conocemos las respuestas.

Esta transacción, juntamente con muchos sucesos similares en la administración universal, indica infaliblemente que el personal del gran universo, aun aquel de Havona y del Paraíso, está sufriendo una reorganización clara y certera en coordinación con las vastas evoluciones de la energía que actualmente están ocurriendo en todos los reinos del espacio exterior, y en referencia a ellas.

Inclinamos a creer que el futuro eterno presenciará fenómenos de evolución universal que trascenderán con mucho a todo lo que se ha experimentado en el pasado eterno. Y anticipamos tales extraordinarias aventuras, así como vosotros también deberíais anticiparlas, con gran expectativa y entusiasmo siempre en aumento.

[Presentado por un Consejero Divino de Uversa.]

DOCUMENTO 24

LAS PERSONALIDADES MÁS ELEVADAS DEL ESPIRÍTU INFINITO

EN Uversa dividimos a todas las personalidades y entidades del Creador Conjunto en tres grandes grupos: las Personalidades más Elevadas del Espíritu Infinito, las Huestes de Mensajeros del Espacio, y los Espíritus del Ministerio del Tiempo, aquellos seres espirituales que se ocupan de la enseñanza y ministración a las criaturas volitivas del esquema ascendente de progresión mortal.

Aquellas Personalidades más Elevadas del Espíritu Infinito que se mencionan en estas narrativas funcionan en todo el gran universo en siete divisiones:

1. Mensajeros Solitarios.
2. Supervisores de los Circuitos del Universo.
3. Directores del Censo.
4. Auxiliares Personales del Espíritu Infinito.
5. Inspectores Asociados.
6. Centinelas Asignados.
7. Guías de los Graduados.

Los Mensajeros Solitarios, los Supervisores de los Circuitos, los Directores del Censo, y los Auxiliares Personales se caracterizan por poseer tremendas dotes de antigravedad. Los Mensajeros Solitarios no tienen una sede central general conocida; viajan y recorren el universo de los universos. Los Supervisores de los Circuitos del Universo y los Directores del Censo mantienen su sede central en las capitales de los superuniversos. Los Auxiliares Personales del Espíritu Infinito están estacionados en la Isla central de la Luz. Los Inspectores Asociados y los Centinelas Asignados están respectivamente estacionados en las capitales de los universos locales y en las capitales de sus sistemas componentes. Los Guías de los Graduados residen en el universo de Havona y funcionan en todos sus mil millones de mundos. La mayor parte de estas personalidades más elevadas tiene estaciones en los universos locales, pero no están vinculados orgánicamente a la administración de los reinos evolucionarios.

De las siete clases que componen este grupo, sólo los Mensajeros Solitarios y tal vez los Auxiliares Personales deambulan el universo de los universos. Los Mensajeros Solitarios se encuentran desde el Paraíso hacia afuera: en todos los circuitos de Havona hasta las capitales de los superuniversos y de allí hacia afuera a través de los sectores de los universos locales, con sus subdivisiones, y aún hasta los mundos habitados. Aunque los Mensajeros Solitarios pertenecen a las Personalidades más

Elevadas del Espíritu Infinito, su origen, naturaleza y servicio han sido cubiertos en la narrativa precedente.

1. LOS SUPERVISORES DE LOS CIRCUITOS DEL UNIVERSO

Las vastas corrientes de poder del espacio y los circuitos de energía espiritual pueden parecer operar automáticamente; pueden parecer funcionar sin obstáculos ni impedimentos, pero tal no es el caso. Todos estos estupendos sistemas de energía están bajo control; están sujetos a una supervisión inteligente. Los Supervisores de los Circuitos del Universo se ocupan, no de los reinos de energía puramente física o material —dominio de los Directores del Poder Universal— sino de los circuitos de energía espiritual relativa y de aquellos circuitos modificados que son esenciales para el mantenimiento tanto de los seres espirituales altamente desarrollados como de los tipos morontiales o de transición de criaturas inteligentes. Los Supervisores no dan origen a los circuitos de energía y a la superesencia de la divinidad, pero en general tienen que ver con todos los circuitos espirituales más elevados del tiempo y de la eternidad y con todos los circuitos espirituales relativos que se ocupan de la administración de las partes componentes del gran universo. Fuera de la Isla del Paraíso dirigen y manejan todos estos circuitos de espíritu-energía.

Los Supervisores de los Circuitos del Universo son creación exclusiva del Espíritu Infinito, y funcionan solamente como agentes del Actor Conjunto. Están personalizados para el servicio en las siguientes cuatro órdenes:

1. Supervisores Supremos de los Circuitos.
2. Supervisores Asociados de los Circuitos.
3. Supervisores Secundarios de los Circuitos.
4. Supervisores Terciarios de los Circuitos.

Los supervisores supremos de Havona y los supervisores asociados de los siete superuniversos son de números ya completos; no se están creando más de estas órdenes. Los supervisores supremos son siete en número y están estacionados en los mundos pilotos de los siete circuitos de Havona. Los circuitos de los siete universos están a cargo de un maravilloso grupo de siete supervisores asociados, quienes mantienen su sede central en las siete esferas paradisiacas del Espíritu Infinito, los mundos de los Siete Ejecutivos Supremos. Desde allí supervisan y dirigen los circuitos de los superuniversos del espacio.

En estas esferas paradisiacas del Espíritu los siete supervisores asociados de circuito y la primera orden de los Centros Supremos de Poder hacen un enlace que, bajo la dirección de los Ejecutivos Supremos, da como resultado la coordinación subparadisiaca de todos los circuitos materiales y espirituales que salen a los siete superuniversos.

En los mundos sede central de cada superuniverso están estacionados los supervisores secundarios para los universos locales del tiempo y del espacio. Los sectores mayores y menores son divisiones administrativas de los supergobiernos pero no se ocupan de estos asuntos de supervisión de espíritu-energía. No sé cuántos supervisores secundarios de los circuitos existen en el gran universo, pero en Uversa hay 84.691 de estos seres. Los supervisores secundarios están siendo creados todo el tiempo; de cuando en cuando aparecen en grupos de setenta en los mundos de los Ejecutivos Supremos. Nosotros los obtenemos mediante requisición cuando nos ocupamos del establecimiento de circuitos separados de energía espiritual y de poder de enlace para los universos en evolución reciente que están bajo nuestra jurisdicción.

Un supervisor terciario de los circuitos funciona en el mundo sede central de cada universo local. Esta orden, como los supervisores secundarios, es de creación continua, siendo creada en grupos de setecientos. Los Ancianos de los Días los asignan a los universos locales.

Los Supervisores de los Circuitos son creados para sus tareas específicas, y sirven eternamente en los grupos de asignación original. No se los rota en el servicio y por lo tanto realizan un estudio de los problemas que se encuentran en los reinos de su asignación original, que dura una edad. Por ejemplo: el Supervisor terciario de los circuitos No. 572.842 ha permanecido en Salvington desde el primitivo concepto de vuestro universo local, y es un miembro del séquito de Micael de Nebadon.

Los Supervisores de los Circuitos, tanto si actúan en los universos locales como si actúan en los más altos, instruyen a todos los que corresponden en cuanto a los circuitos adecuados que deben emplear para la transmisión de todos los mensajes de espíritu y para el tránsito de todas las personalidades. En su tarea de supervisión de circuitos, estos seres eficientes utilizan todas las agencias, fuerzas, y personalidades en el universo de los universos. Emplean a las «personalidades elevadas espirituales de control de los circuitos» no reveladas, y son hábilmente asistidos por numerosos personales compuestos de personalidades del Espíritu Infinito. Ellos son quienes aíslan un mundo evolucionario si su Príncipe Planetario se rebela contra el Padre Universal y su Hijo vicerregente. Son capaces de arrojar a cualquier mundo fuera de ciertos circuitos universales de orden espiritual más elevado, pero no pueden anular las corrientes materiales de los directores del poder.

Los Supervisores de los Circuitos del Universo tienen una relación un tanto similar con los circuitos espirituales a la que tienen los Directores del Poder Universal con los circuitos materiales. Las dos órdenes son complementarias, supervisando entre las dos a todos los circuitos espirituales y materiales que las criaturas pueden controlar y manejar.

Los Supervisores de los Circuitos ejercen cierta supervisión de aquellos circuitos mentales que están asociados con el espíritu, así como los directores del poder tienen cierta jurisdicción sobre aquellas fases de la mente que están asociadas con la energía física —la mente mecánica. En general, las funciones de cada orden se expanden por enlace con la otra, pero los circuitos de la mente pura no están sujetos a la supervisión de ninguno de los dos. Tampoco son coordinadas las dos órdenes; en todas sus múltiples labores, los Supervisores de los Circuitos del Universo están sujetos a los Siete Directores Supremos del Poder y a sus subordinados.

Aunque los supervisores de los circuitos son enteramente iguales dentro de sus órdenes respectivas, son individuos definidos. Son verdaderamente seres personales, pero poseen un tipo de personalidad que no es la otorgada por el Padre, la cual no se encuentra en ningún otro tipo de criatura en toda la existencia universal.

Aunque los reconoceréis y los conoceréis al viajar hacia adentro, hacia el Paraíso, no tendréis relaciones personales con ellos. Son supervisores de los circuitos, y se ocupan estricta y eficientemente de sus asuntos. Tratan solamente con aquellas personalidades y entidades que tienen la supervisión de aquellas actividades que se ocupan de los circuitos sujetos a su supervisión.

2. LOS DIRECTORES DEL CENSO

A pesar de que la mente cósmica de la Inteligencia Universal es conocedora de la presencia y andanzas de todas las criaturas *pensantes*, existe y opera en el universo de los universos un método independiente de mantener el recuento de todas las criaturas *volitivas*.

Los Directores del Censo constituyen una creación especial y completada del Espíritu Infinito, y existen en números que nosotros no conocemos. Son creados de manera tal para mantener una sincronía perfecta con la técnica de reflexividad de los superuniversos, mientras que al mismo tiempo son personalmente sensibles y responden a la *voluntad* inteligente. Estos directores, mediante una técnica no plenamente comprendida, tienen conciencia inmediata del nacimiento de la voluntad en cualquier lugar del gran universo. Son por lo tanto siempre competentes para divulgar el número, naturaleza y andanzas de todas las criaturas volitivas en cualquier parte de la creación central y de los siete superuniversos. Pero no funcionan en el Paraíso; no hay necesidad de ellos allí. En el Paraíso el conocimiento es inherente; las Deidades saben todas las cosas.

Siete Directores del Censo operan en Havona, estando uno estacionado en el mundo piloto de cada circuito de Havona. A excepción de estos siete y de las reservas de la orden en los mundos paradisiacos del Espíritu, todos los Directores del Censo funcionan bajo la jurisdicción de los Ancianos de los Días.

Un Director del Censo preside en la sede central de cada superuniverso, y bajo el mando de dicho director en jefe hay miles y miles, uno en la capital de cada universo local. Todas las personalidades de esta orden son iguales, excepto aquellas en los mundos pilotos de Havona y los siete jefes de los superuniversos.

En el séptimo superuniverso hay cien mil Directores del Censo. Y este número consiste enteramente en aquellos asignables a los universos locales; no incluye el séquito de Usatia, el jefe superuniversal de todos los Directores de Orvonton. Usatia, al igual que los otros jefes superuniversales, no está sintonizado directamente para captar la voluntad inteligente. Está sintonizado únicamente a sus subordinados estacionados en los universos de Orvonton; de este modo, actúa como magnífica personalidad totalizadora para los informes de ellos, que provienen de las capitales de las creaciones locales.

De cuando en cuando los registradores oficiales de Uversa colocan en sus registros el estado del superuniverso, tal como está indicado por las captaciones en la personalidad de Usatia y sobre la misma. Dichos datos de censo son indígenas a los superuniversos; no se transmiten estos informes ni a Havona ni al Paraíso.

Los Directores del Censo se preocupan de los seres humanos —así como también de otras criaturas volitivas— tan sólo hasta el punto de registrar el hecho de la función de la voluntad. No se ocupan de los registros de tu vida y de tus acciones; no son en ningún sentido personalidades que registran. El Director del Censo de Nebadon, número 81.412 de Orvonton, actualmente estacionado en Salvington, está en este mismo momento personalmente consciente de tu presencia viviente aquí en Urantia; y otorgará a los registros confirmación de tu muerte en el momento en que cesas de funcionar como criatura volitiva.

Los Directores del Censo registran la existencia de una nueva criatura volitiva cuando ésta realiza la primera acción volitiva; indican la muerte de una criatura volitiva cuando tiene lugar la última acción volitiva. El surgimiento parcial de la voluntad, observado en las reacciones de algunos de los animales más elevados, no pertenece al dominio de los Directores de Censo. No llevan el recuento de ninguna otra cosa excepto de las criaturas volitivas auténticas, y no responden a nada sino al *funcionamiento de la voluntad*. No sabemos exactamente cómo registran la función de la voluntad.

Estos seres siempre han sido, y siempre serán, Directores del Censo. Serían comparativamente inútiles en cualquier otra división de labor universal. Pero son infalibles en su función; nunca fallan, y jamás falsifican. Y a pesar de sus maravillosos poderes e increíbles prerrogativas, son personas; tienen una presencia y forma de espíritu reconocible.

3. LOS AUXILIARES PERSONALES DEL ESPÍRITU INFINITO

No poseemos conocimiento auténtico en cuanto al momento o manera de la creación de los Auxiliares Personales. Su número debe ser una legión, pero no está registrado en Uversa. A partir de deducciones conservadoras basadas en nuestro conocimiento de su tarea, me atrevo a estimar que su número llega hasta más allá de los billones. Opinamos que el Espíritu Infinito no está limitado en cuanto al número en la creación de estos Auxiliares Personales.

Los Auxiliares Personales del Espíritu Infinito existen para asistencia exclusiva de la presencia paradisiaca de la Tercera Persona de la Deidad. Aunque asignados directamente al Espíritu Infinito y ubicados en el Paraíso, destellan de ida y de vuelta a las regiones más alejadas de la creación. Dondequiera que se amplían los circuitos del Creador Conjunto, allí podrán aparecer estos Auxiliares Personales con el propósito de ejecutar el mandato del Espíritu Infinito. Atraviesan el espacio en una forma muy semejante a la de los Mensajeros Solitarios pero no son personas en el sentido en que lo son los mensajeros.

Los Auxiliares Personales son todos iguales e idénticos; no revelan diferenciación de individualidad. Aunque el Actor Conjunto los considera verdaderas personalidades, es difícil para otros considerarlos personas reales; no manifiestan una presencia espiritual a los demás seres espirituales. Los seres de origen en el Paraíso están siempre conscientes de la proximidad de estos Auxiliares; pero no reconocemos una presencia de personalidad. La carencia de tal forma de presencia indudablemente les confiere una mayor utilidad para la Tercera Persona de la Deidad.

De todas las órdenes reveladas de seres espirituales que se originan en el Espíritu Infinito, los Auxiliares Personales son prácticamente los únicos que no encontraréis en vuestra ascensión hacia adentro, hacia el Paraíso.

4. LOS INSPECTORES ASOCIADOS

Los Siete Ejecutivos Supremos, en las siete esferas paradisiacas del Espíritu Infinito, funcionan colectivamente como consejo administrativo de supergerentes para los siete superuniversos. Los Inspectores Asociados son la incorporación personal de la autoridad de los Ejecutivos Supremos para los universos locales del tiempo y del espacio. Estos altos observadores de los asuntos de las creaciones locales son los vástagos conjuntos del Espíritu Infinito y de los Siete Espíritus Rectores del Paraíso. En los tiempos próximos a la eternidad fueron personalizados setecientos mil y su cuerpo de reserva mora en el Paraíso.

Los Inspectores Asociados trabajan bajo la supervisión directa de los Siete Ejecutivos Supremos, siendo sus representantes personales y poderosos ante los universos locales del tiempo y el espacio. Hay un inspector estacionado en la esfera sede central de cada creación local, que está en asociación estrecha con el Unión de los Días residente.

Los Inspectores Asociados reciben informes y recomendaciones sólo de sus subordinados, los Centinelas Asignados, estacionados en las capitales de los sistemas locales de los mundos habitados, mientras que presentan informes sólo a su superior inmediato, el Ejecutivo Supremo del superuniverso correspondiente.

5. LOS CENTINELAS ASIGNADOS

Los Centinelas Asignados son personalidades coordinadoras y representantes de enlace de los Siete Ejecutivos Supremos. Fueron personalizados en el Paraíso por el Espíritu Infinito y fueron creados para los propósitos específicos de su asignación. Son de número estacionario, y hay exactamente siete mil millones en existencia.

Así como un Inspector Asociado representa a los Siete Ejecutivos Supremos ante un entero universo local, del mismo modo en cada uno de los diez mil sistemas de esa creación local hay un Centinela Asignado, que actúa como representante directo del distante y supremo consejo de supercontrol para los asuntos de los siete superuniversos. Los centinelas de servicio en los gobiernos de los sistemas locales en Orvonton actúan bajo la autoridad directa del Ejecutivo Supremo Número Siete, el coordinador del séptimo superuniverso. Pero en su organización administrativa todos los centinelas comisionados en un universo local son subordinados al Inspector Asociado estacionado en la sede central del universo.

Dentro de una creación local, los Centinelas Asignados sirven en rotación, siendo transferidos de sistema a sistema. Generalmente se les cambia de cargo cada milenio del tiempo del universo local. Están entre las personalidades de clase más elevada estacionadas en la capital de un sistema, pero no participan en las deliberaciones que se ocupan de los asuntos del sistema. En los sistemas locales ellos sirven como jefes ex oficio de los veinticuatro administradores que provienen de los mundos evolucionarios, pero fuera de esto, los mortales ascendentes tienen poco contacto con ellos. Los centinelas se ocupan casi exclusivamente de mantener plenamente informado al Inspector Asociado de su universo sobre todos los asuntos relacionados con el bienestar y el estado de los sistemas de su asignación.

Los Centinelas Asignados y los Inspectores Asociados no informan a los Ejecutivos Supremos a través de las sedes centrales de un superuniverso. Responden únicamente al Ejecutivo Supremo del superuniverso correspondiente; sus actividades son distintas de la administración de los Ancianos de los Días.

Los Ejecutivos Supremos, los Inspectores Asociados, y los Centinelas Asignados, juntamente con los omniafines y una hueste de personalidades no reveladas, constituyen un eficiente sistema directo, centralizado pero extenso de coordinación consultativa y administrativa para todo el gran universo de cosas y seres.

6. LOS GUÍAS DE LOS GRADUADOS

Los Guías de los Graduados, como grupo, patrocinan y dirigen la alta universidad de instrucción técnica y capacitación espiritual que es tan esencial para el logro mortal del objetivo de las edades: Dios, reposo, y luego la eternidad del servicio perfeccionado. Esos seres altamente personales toman su nombre de la naturaleza y propósito de su tarea. Se dedican exclusivamente a las tareas de guiar a los graduados mortales de los superuniversos del tiempo a través del curso de instrucción y capacitación de Havona que sirve para preparar a los peregrinos ascendentes para su admisión en el Paraíso y al Cuerpo de la Finalidad.

No se me prohibe deciros de la obra de estos Guías de los Graduados, pero ésta es tan ultraespiritual que desespero de poder describir adecuadamente para la mente material un concepto de sus múltiples actividades. En los mundos de estancia, una vez que se amplía vuestra gama de visión y vosotros sois liberados de las cadenas de las comparaciones materiales, podréis comenzar a comprender el significado de aquellas realidades que «el ojo no puede ver ni el oído oír, que no han penetrado jamás el concepto de la mente humana», aun aquellas cosas que «Dios ha preparado para aquellos que aman tales verdades eternas». No estaréis siempre tan limitados en la gama de vuestra visión y comprensión espiritual.

Los Guías de los Graduados se ocupan de pilotear a los peregrinos del tiempo a través de los siete circuitos de los mundos de Havona. El guía que te recibe a tu llegada en el mundo de recepción del circuito exterior de Havona, permanecerá contigo a lo largo de tu entera carrera en los circuitos celestiales. Aunque te asociarás con incontables otras personalidades durante tu estadía en los mil millones de mundos, tu Guía de los Graduados te seguirá hasta el fin de tu progresión en Havona y presenciará tu ingreso en el sueño terminal del tiempo, el sueño del tránsito eterno al objetivo del Paraíso, donde, cuando te despiertes, serás recibido por el Compañero Paradisiaco asignado para darte la bienvenida y tal vez para permanecer contigo hasta que seas aceptado como miembro del Cuerpo de los Mortales de la Finalidad.

El número de Guías de los Graduados está más allá del poder de comprensión de la mente humana, y siguen apareciendo. Su origen es en cierto modo un misterio. No han existido desde la eternidad; aparecen misteriosamente a medida que se los necesita. No hay registro de Guías de los Graduados en ninguno de los reinos del universo central hasta aquel día distante cuando el primer peregrino mortal del tiempo se abrió camino hasta el cinturón exterior de la creación central. En el instante en que llegó al mundo piloto del circuito exterior, fue recibido con saludos amistosos por Malvorian, el primero de los Guías de los Graduados y actualmente jefe de su concilio supremo y director de su vasta organización educativa.

En los registros paradisiacos de Havona, en la sección denominada «Guías de los Graduados» aparece este asiento inicial:

«Y Malvorian, el primero de esta orden, recibió e instruyó al peregrino descubridor de Havona y le condujo desde los circuitos exteriores de experiencia inicial, paso a paso y circuito a circuito, hasta que se encontró en la presencia misma de la Fuente y Destino de toda personalidad, cruzando posteriormente el umbral de la eternidad al Paraíso».

En ese momento vastamente distante yo estaba asignado a los servicios de los Ancianos de los Días en Uversa, y todos nos regocijamos en la seguridad de que, finalmente, los peregrinos de nuestro superuniverso llegarían a Havona. Durante muchas edades se nos había enseñado que las criaturas evolucionarias del espacio lograrían el Paraíso, y la emoción de todos los tiempos avasalló las cortes celestiales cuando el primer peregrino efectivamente llegó.

El nombre de este peregrino descubridor de Havona es *Grandfanda*, y provino del planeta 341 del sistema 84 en la constelación 62 del universo local 1.131 ubicado en el superuniverso número uno. Su llegada fue la señal para el establecimiento del servicio de transmisión del universo de los universos. Hasta ese momento sólo habían estado en operación las transmisiones de los superuniversos y los universos locales, pero el anuncio de la llegada de Grandfanda a las compuertas de Havona señaló la inauguración de los «informes espaciales de gloria», así llamados porque la transmisión universal inicial informó la llegada a Havona del primero de los seres evolucionarios que había logrado el ingreso al objetivo de la existencia ascendente.

Los Guías de los Graduados no abandonan jamás los mundos de Havona; están dedicados al servicio de los peregrinos graduados del tiempo y del espacio. Alguna vez conocerás a estos nobles seres cara a cara, si no rechazas el plan certero y completamente perfeccionado diseñado para efectuar tu sobrevivencia y ascensión.

7. EL ORIGEN DE LOS GUIAS DE LOS GRADUADOS

Aunque la evolución no es la orden del universo central, creemos que los Guías de los Graduados son los miembros perfeccionados o más experienciados de otra orden de criaturas del universo central, los Servitales de Havona. Los Guías de los Graduados muestran tal amplitud de compasión y tal capacidad de comprensión de las criaturas ascendentes, que estamos convencidos de que han ganado esta cultura mediante el servicio auténtico en los reinos del superuniverso como Servitales de Havona del ministerio universal. Si este punto de vista no es correcto, ¿cómo explicar la desaparición continuada de los servitales decanos o más expertos?

Un servital estará largamente ausente de Havona, por asignación en un superuniverso, habiendo participado previamente en muchas de dichas misiones, regresará a su morada, recibirá el privilegio del «contacto personal» con el Brillo Central del Paraíso, será abrazado por las Personas Luminosas, y desaparecerá del reconocimiento de sus camaradas espirituales, para no volver jamás a reaparecer entre aquellos de su clase.

Al regresar del servicio superuniversal, un Servital de Havona puede disfrutar de numerosos abrazos divinos y emerger de ellos meramente como servital exaltado. Experimentar el abrazo luminoso no significa necesariamente que el servital debe convertirse en Guía de los Graduados, pero casi un cuarto de aquellos que alcanzan el abrazo divino no regresan jamás al servicio de los reinos.

En los altos registros aparece una sucesión de asientos como el siguiente:

«Y el servital número 842.842.682.846.782 de Havona, de nombre Sudna, provino del servicio en el superuniverso, fue recibido en el Paraíso, conoció al Padre, entró al abrazo divino, y ya no es».

Cuando un asiento de este tipo aparece en los registros, la carrera de dicho servital se cierra. Pero en esos mismos tres momentos (un poco menos de tres días de vuestro tiempo) aparece un Guía de los Graduados neonato «espontáneamente» en el circuito exterior del universo de Havona. El número de Guías de los Graduados, aparte de una ligera diferencia, debida sin duda a aquellos en tránsito, iguala exactamente el número de servitales desaparecidos.

Hay una razón adicional para suponer que los Guías de los Graduados evolucionan de los Servitales de Havona, y es la tendencia infalible de estos guías y de sus servitales asociados a formar relaciones tan extraordinarias entre sí. La manera en la cual estas órdenes supuestamente separadas de seres se comprenden y simpatizan es totalmente inexplicable. Es placentero e inspirador presenciar su devoción mutua.

Los Siete Espíritus Rectores y los asociados Siete Directores Supremos del Poder, respectivamente, son los depositarios personales del potencial de mente y del potencial de poder del Ser Supremo que aún no opera personalmente. Cuando estos asociados paradisiacos colaboran para crear los Servitales de Havona, estos últimos se ocupan inherentemente de ciertas fases de la Supremacía. Los Servitales de Havona son por lo tanto, en actualidad, un reflejo en el universo central perfecto de ciertas potencialidades evolucionarias de los dominios del tiempo-espacio, todo lo cual se revela cuando un servital sufre la transformación y recreación. Creemos que esta transformación toma lugar en respuesta a la voluntad del Espíritu Infinito, quien indudablemente actúa en nombre del Supremo. Los Guías de los Graduados no son creados por el Ser Supremo, pero todos conjeturamos que la Deidad experiencial está de alguna manera implicada en aquellas transacciones que traen a la existencia a estos seres.

El Havona atravesado ahora por los mortales ascendentes difiere en muchos aspectos del universo central como éste era antes de los tiempos de Grandfanda. La llegada de los mortales ascendentes a los circuitos de Havona inauguró modificaciones vastas en la organización de la creación central y divina, modificaciones indudablemente iniciadas por el Ser Supremo —el Dios de las criaturas evolucionarias— en respuesta a la llegada del primero de sus hijos experienciales de los siete superuniversos. La aparición de los Guías de los Graduados, juntamente con la creación de los supernafines terciarios, es indicativa de estas actuaciones de Dios el Supremo.

[Presentado por un Consejero Divino de Uversa.]

DOCUMENTO 25

LAS HUESTES DE MENSAJEROS DEL ESPACIO

A NIVEL intermedio en la familia del Espíritu Infinito se encuentran las Huestes de Mensajeros del Espacio. Estos seres versátiles funcionan como eslabones de conexión entre las personalidades más elevadas y los espíritus ministrantes. Las huestes de mensajeros incluyen las siguientes órdenes de seres celestiales:

1. Servitales de Havona.
2. Conciliadores Universales.
3. Asesores Técnicos.
4. Custodios de los Registros en el Paraíso.
5. Registradores Celestiales.
6. Compañeros Morontiales.
7. Compañeros Paradisiacos.

De los siete grupos enumerados, tan sólo tres —los servitales, conciliadores y Compañeros Morontiales— son creados como tales; los cuatro restantes representan niveles de logro de las órdenes angélicas. De acuerdo con la naturaleza inherente y el estado adquirido, las huestes de mensajeros sirven de diversos modos en el universo de los universos, pero están siempre sujetas a la dirección de aquellos que gobiernan los reinos de su asignación.

1. LOS SERVITALES DE HAVONA

Aunque se los denomina servitales, estos «seres intermedios» del universo central no son servidores en el sentido humilde de la palabra. En el mundo espiritual no hay tareas serviles; todo servicio es sagrado y regocijante; tampoco desprecian los seres de las órdenes más elevadas a los de las órdenes más bajas de la existencia.

Los Servitales de Havona son el resultado del trabajo creador conjunto de los Siete Espíritus Rectores y de sus asociados, los Siete Directores Supremos del Poder. Esta colaboración creadora es la que más se acerca a un modelo original de la larga lista de reproducciones de orden dual en los universos evolucionarios, que va desde la creación de una Brillante Estrella Matutina mediante el enlace de un Hijo Creador con un Espíritu Materno Creativo hasta los seres de procreación sexual en los mundos tipo Urantia.

La cantidad de servitales es prodigiosa, y se están creando más todo el tiempo. Aparecen en grupos de mil en el tercer momento después de la asamblea de los Espíritus Rectores y de los Directores Supremos del Poder en sus áreas conjuntas en el lejano sector septentrional del Paraíso. Cada cuarto servital es más físico en cuanto a su tipo que los demás; o sea, que de mil, setecientos cincuenta son aparentemente en verdad tipos espirituales, pero doscientos cincuenta son semifísicos en su naturaleza. Estas *cuartas criaturas* son un tanto del orden de los seres materiales (material en el sentido de Havona), asemejándose más a los directores físicos del poder que a los Espíritus Rectores.

En las relaciones de personalidad el factor espiritual domina sobre el factor material, aunque no parezca así actualmente en Urantia; y en la producción de los Servitales de Havona, prevalece la ley del dominio del espíritu; la relación establecida indica tres seres espirituales para uno semifísico.

Los Servitales recién creados, juntamente con los Guías de los Graduados que van apareciendo, pasan por cursos de capacitación que los guías decanos conducen continuamente en cada uno de los siete circuitos de Havona. Luego se asignan los Servitales a las actividades para las cuales se adaptan mejor, y puesto que son de dos tipos —espiritual y semifísico— hay muy pocos límites a la gama de tareas que pueden realizar estos versátiles seres. Los grupos más elevados o espirituales son asignados selectivamente a los servicios del Padre, el Hijo y el Espíritu, y a la tarea de los Siete Espíritus Rectores. De vez en cuando, son enviados en grandes números, para servir en los mundos de estudio que rodean las esferas sede central de los siete superuniversos, los mundos dedicados a la capacitación final y cultura espiritual de las almas ascendentes del tiempo que se están preparando para avanzar a los circuitos de Havona. Tanto los servitales espirituales como sus semejantes más físicos también son nombrados como asistentes y asociados de los Guías de los Graduados para ayudar a instruir a las varias órdenes de criaturas ascendentes que han llegado a Havona, y que intentan alcanzar el Paraíso.

Los Servitales de Havona y los Guías de los Graduados manifiestan una devoción trascendental a su trabajo y un afecto conmovedor unos por los otros, un afecto que, aunque espiritual, vosotros tan sólo podríais comprender si lo comparáis con el fenómeno del amor humano. Existe una aflicción divina cuando los servitales se separan de los guías, tal como tan frecuentemente ocurre cuando se envían los servitales en misiones más allá de los límites del universo central; pero van con regocijo y no con pena. La felicidad de cumplir con el deber elevado es la emoción que eclipsa a los seres espirituales. No puede existir pena frente a la conciencia del deber divino cumplido fielmente. Cuando el alma ascendente del hombre está frente al Juez Supremo, la decisión de importancia eterna no será determinada por los éxitos materiales ni por los logros cuantitativos; el veredicto que reverbera a través de las altas cortes declara: «Bien hecho, servidor bueno y *fiel*; tú has sido fiel en varias cosas esenciales; tuyas serán las realidades universales».

En el servicio superuniversal los Servitales de Havona siempre están asignados al ámbito presidido por el Espíritu Rector a quienes ellos más se parecen en prerrogativas generales y especiales del espíritu. Ellos sirven sólo los mundos de instrucción que rodean a las capitales de los siete superuniversos, y el último informe de Uversa indica que casi 138 mil millones de servitales están ministrando en sus 490 satélites. Se ocupan de una variedad infinita de actividades en relación con la tarea de estos mundos de instrucción que comprenden las superuniversidades del superuniverso de Orvonton. Aquí son vuestros acompañantes; han descendido de vuestra carrera futura, para estudiaros y para inspiraros con la realidad y certidumbre de vuestra eventual graduación de los universos del tiempo a los reinos de la eternidad. En estos contactos, los servitales ganan esa experiencia preliminar de ministerio a las criaturas ascendentes del tiempo que es tan útil en su tarea subsiguiente en los circuitos de Havona como asociados de los Guías de los Graduados o —como servitales trasladados— en calidad de Guías de los Graduados.

2. LOS CONCILIADORES UNIVERSALES

Para cada Servital de Havona creado, son traídos a la existencia siete Conciliadores Universales, uno en cada superuniverso. Esta acción creadora comprende una técnica superuniversal definida de respuesta reflexiva a las transacciones que toman lugar en el Paraíso.

En los mundos sede central de los siete superuniversos funcionan las siete reflexiones de los Siete Espíritus Rectores. Es difícil intentar describir las naturalezas de estos Espíritus Reflexivos a la mente material. Son verdaderas personalidades; sin embargo, cada miembro del grupo universal es perfectamente reflexivo de uno solo de los Siete Espíritus Rectores. Y cada vez que los Espíritus Rectores se asocian con los Directores del Poder para el propósito de crear un grupo de Servitales de Havona, existe un enfoque simultáneo sobre uno de los Espíritus Reflexivos en cada uno de los grupos del superuniverso, e inmediatamente y plenamente un número igual de Conciliadores Universales aparece en los mundos sede central de las supercreaciones. Si, en la creación de los servitales, tomara la iniciativa el Espíritu Rector Número Siete, nadie sino los Espíritus Reflexivos de la séptima orden se preñarían de conciliadores; y concurrentemente con la creación de mil servitales de tipo Orvonton, aparecerían en cada capital del superuniverso mil conciliadores de la séptima orden. De estos episodios, que reflejan la naturaleza séptuple de los Espíritus Rectores, surgen las siete órdenes creadas de conciliadores que sirven en cada superuniverso.

Los Conciliadores de estado preparadisiaco no prestan servicio en forma intercambiable entre los superuniversos, estando restringidos a sus segmentos nativos de la creación. Cada cuerpo superuniversal, que abarca un séptimo de cada orden creada, pasa por lo tanto un tiempo muy largo bajo la influencia de uno de los Espíritus Rectores a exclusión de los otros, porque aunque los siete son *reflejados* en las capitales de los superuniversos, sólo uno es *dominante* en cada supercreación.

Cada una de las siete supercreaciones está efectivamente penetrada por ese Espíritu Rector que preside sobre sus destinos. Cada superuniverso por lo tanto se torna un gigantesco espejo que refleja la naturaleza y carácter del Espíritu Rector supervisor, y todo esto se continúa ulteriormente en cada universo local subsidiario por la presencia y función de los Espíritus Maternos Creativos. El efecto de tal medio ambiente sobre el crecimiento evolutivo es tan profundo que en sus carreras post-superuniversales los conciliadores colectivamente manifiestan cuarenta y nueve puntos de vista experienciales, o discernimientos, cada uno de ellos angular —por lo tanto incompleto— pero todos mutuamente compensatorios y juntos tendiendo a abrazar el círculo de la Supremacía.

En cada superuniverso los Conciliadores Universales se encuentran extrañamente y en forma innata segregados en grupos de cuatro, asociaciones en las cuales continúan sirviendo. En cada grupo, tres son personalidades espirituales, y una, como las cuartas criaturas de los servitales, es un ser semimaterial. Este cuarteto constituye una comisión conciliadora y se compone así:

1. *El Juez-Arbitro*. El designado en forma unánime por los otros tres como el más competente y mejor calificado para actuar como jefe judicial del grupo.

2. *El Abogado de Espíritu*. El nombrado por el juez-árbitro para presentar pruebas y salvaguardar los derechos de todas las personalidades comprendidas en cualquier asunto asignado a la comisión conciliadora para su adjudicación.

3. *El Ejecutor Divino*. El conciliador calificado por su naturaleza inherente para hacer contacto con los seres materiales de los reinos y ejecutar las decisiones de la comisión. Los ejecutores divinos siendo cuartas criaturas —seres cuasi materiales— son casi, pero no del todo, visibles para la visión de corto alcance de las razas mortales.

4. *El Registrador*. El miembro restante de la comisión automáticamente se torna en registrador, el amanuense del tribunal. Éste se asegura de que todos los registros se hayan preparado adecuadamente para los archivos del superuniverso y para los registros del universo local. Si la comisión sirve en un mundo evolutivo, se prepara un tercer informe, con la asistencia del ejecutor, para los registros físicos del gobierno correspondiente del sistema.

Una comisión, cuando está en sesión, funciona como un grupo de tres puesto que el abogado está separado durante la adjudicación y participa en la formulación del veredicto sólo en el momento de la conclusión de la sesión. Por lo tanto estas comisiones a veces se denominan tríos de arbitraje.

Los conciliadores son de gran valor para mantener el funcionamiento sin tropiezos del universo de los universos. Atravesando el espacio a la velocidad seráfica triple, sirven como tribunales ambulantes de los mundos, comisiones dedicadas a la adjudicación rápida de dificultades menores. Si no fuera por estas comisiones móviles y eminentemente justas, los tribunales de las esferas serían abrumados por los malentendidos menores de los reinos.

Estos tríos de arbitraje no juzgan asuntos de importancia eterna; el alma, los prospectos eternos de la criatura del tiempo, no corre jamás peligro por sus acciones. Los Conciliadores no tratan cuestiones que vayan más allá de la existencia temporal y del bienestar cósmico de las criaturas del tiempo. Pero cuando una comisión ha aceptado la jurisdicción de un problema, sus decisiones son finales y siempre unánimes; no hay apelación de la decisión del juez árbitro.

3. EL AMPLIO SERVICIO DE LOS CONCILIADORES

Los conciliadores mantienen la sede central del grupo en la capital de su superuniverso, donde se mantiene su cuerpo de reserva primario. Sus reservas secundarias están ubicadas en las capitales de los universos locales. Los comisionados más jóvenes y de menor experiencia comienzan su servicio en los mundos inferiores, mundos tales como Urantia, y son avanzados a la adjudicación de problemas mayores después de haber adquirido una experiencia más madura.

La orden de los conciliadores es totalmente confiable; ninguno de ellos jamás se ha descarriado. Aunque no sean infalibles en su sabiduría y juicio, son de confiabilidad incuestionable y fidelidad infalible. Se originan en la sede central de un superuniverso y finalmente retornan al mismo, avanzando a través de los siguientes niveles de servicio universal:

1. *Conciliadores ante los Mundos*. Siempre que las personalidades supervisoras de un mundo específico estén altamente perplejas o efectivamente estancadas en cuanto al procedimiento adecuado según las circunstancias existentes, y si el asunto no es de importancia suficiente como para presentarlo ante los tribunales constituidos

regularmente del reino, entonces, al recibo de la demanda de dos personalidades, una de cada grupo, una comisión conciliadora comenzará a funcionar.

Cuando estas dificultades administrativas y de jurisdicción se colocan en las manos de los conciliadores para su estudio y adjudicación, éstos son supremos en autoridad. Pero no formularán una decisión hasta que se haya escuchado toda prueba y no hay límite a su autoridad para convocar testigos de cualquier lado y de todos lados. Y no se pueden apelar sus decisiones, aunque a veces los asuntos se desarrollan de manera tal que la comisión cierra sus registros al llegar a un punto determinado, concluye sus opiniones, y transfiere el asunto entero a los tribunales más elevados del reino.

Las decisiones de los comisionados son asentadas en los registros planetarios y, si es necesario, el ejecutor divino las pone en efecto. Su poder es muy grande, y la gama de sus actividades en un mundo habitado es muy amplia. Los ejecutores divinos son manipuladores excepcionales de lo que corresponde al interés de aquello que debería ser. Su tarea a veces se lleva a cabo para el bienestar aparente del reino, y a veces sus acciones en los mundos del tiempo y del espacio son difíciles de explicar. Aunque no ejecutan decretos en desafío de las leyes naturales ni de las costumbres ordenadas del reino, frecuentemente hacen cosas extrañas e imponen mandatos de los conciliadores de acuerdo con las leyes más elevadas de la administración de los sistemas.

2. *Conciliadores ante las Sedes Centrales de los Sistemas.* Después de servir en los mundos evolutivos, se promueven estas comisiones de cuatro a sus deberes en la sede central de un sistema. Aquí tienen muchas tareas que cumplir, y demuestran ser los amigos comprensivos de los hombres, los ángeles y otros seres de espíritu. Los tríos de arbitraje no se ocupan tanto de las diferencias personales, sino de las controversias de grupo y de los malentendidos que surgen entre las distintas órdenes de criaturas; y en la sede central de un sistema viven tanto seres espirituales como materiales, así como también los tipos combinados, tales como los Hijos Materiales.

En el momento en que los Creadores traen a la existencia individuos evolutivos con facultad de elección, en ese momento se produce una desviación de la operación sin tropiezos de la perfección divina; con seguridad surgen malentendidos, y se debe disponer para el ajuste recto de estas diferencias honestas de opinión. Deberíamos todos recordar que los Creadores omnisapientes y todopoderosos podrían haber hecho los universos locales tan perfectos como Havona. No hay necesidad de comisiones conciliadoras en el universo central. Pero los Creadores no eligieron, en su gran sabiduría, hacerlo así. Y aunque han producido universos que abundan en diferencias y pululan en dificultades, han proveído al mismo tiempo los mecanismos y los medios para componer estas diferencias y para armonizar toda esta confusión aparente.

3. *Conciliadores ante las Constelaciones.* Del servicio en los sistemas, los Conciliadores suben a la adjudicación de los problemas de una constelación, ocupándose de las dificultades menores que surgen entre sus cien sistemas de mundos habitados. No muchos de los problemas que se desarrollan en las sedes centrales de la constelación caen bajo su jurisdicción, pero se mantienen ocupados yendo de sistema en sistema para recolectar pruebas y preparar las declaraciones preliminares. Si la disputa es honesta, si las dificultades surgen de diferencias sinceras de opinión y de una honesta diversidad de puntos de vista, aunque pocas personas estén involucradas, aunque el malentendido sea aparentemente trivial, siempre le es posible a la comisión conciliadora que decida sobre los méritos de la controversia.

4. *Conciliadores ante los Universos Locales.* En esta tarea más amplia de un universo, los comisionados son de gran ayuda tanto para los Melquisedek como para

los Hijos Magisteriales y para los gobernantes de la constelación y las huestes de personalidades que se ocupan de la coordinación y administración de las cien constelaciones. Las órdenes diferentes de serafines y otros residentes de las esferas sede central de un universo local también utilizan la ayuda y decisiones de los tríos de arbitraje.

Es casi imposible explicar la naturaleza de aquellas diferencias que pueden surgir en los detallados asuntos de un sistema, una constelación o un universo. Se desarrollan indudablemente dificultades, pero son muy distintas de los mezquinos pleitos y afanes de la existencia material tal como se la vive en los mundos evolucionarios.

5. *Conciliadores ante los Sectores Menores de un Superuniverso*. Desde los problemas de los universos locales los comisionados avanzan al estudio de cuestiones que surgen en los sectores menores de su superuniverso. Cuanto más ascienden hacia adentro desde los planetas individuales, menos son los deberes materiales del ejecutor divino; gradualmente toma un nuevo papel de intérprete de la misericordia y de la justicia, al mismo tiempo —por ser cuasi material— manteniendo la comisión en su totalidad en contacto compasivo con los aspectos materiales de sus investigaciones.

6. *Conciliadores ante los Sectores Mayores de un Superuniverso*. El carácter del trabajo de los comisionados continúa cambiando a medida que progresan. Hay cada vez menos malentendidos para juzgar y más y más fenómenos misteriosos que deben ser explicados e interpretados. De etapa en etapa evolucionan de árbitros de diferencias a explicadores de misterios —jueces que evolucionan a maestros interpretativos. En antaño fueron árbitros de aquellos que por ignoancia permitieron que surgieran dificultades y malentendidos; pero ahora se están volviendo instructores de aquellos que son suficientemente inteligentes y tolerantes como para evitar choques de la mente y guerras de opiniones. Cuanto más elevada sea la instrucción de una criatura, más respeto tendrá por el conocimiento, la experiencia y las opiniones de otros.

7. *Conciliadores ante el Superuniverso*. Aquí los conciliadores se vuelven coordinados —cuatro árbitros-maestros mutuamente comprendidos y en perfecto funcionamiento. El ejecutor divino se libera del poder retributivo y se vuelve la voz física del trío espiritual. A esta altura, estos consejeros y maestros se han vuelto expertamente familiares con la mayor parte de los problemas y dificultades reales que se encuentran en la conducción de los asuntos del superuniverso. Por lo tanto se vuelven consejeros extraordinarios y sabios maestros para los peregrinos ascendentes que residen en las esferas de instrucción que rodean a los mundos sede central de los superuniversos.

Todos los Conciliadores sirven bajo la supervisión general de los Ancianos de los Días y bajo la dirección inmediata de los Auxiliares de Imagen hasta el momento en que se los promueve al Paraíso. Durante la estadía en el Paraíso, dependen del Espíritu Rector que preside el superuniverso de su origen.

Los registros del superuniverso no enumeran a aquellos Conciliadores que han pasado más allá de su jurisdicción, y dichas comisiones están ampliamente esparcidas por todo el gran universo. El último informe de registro en Uversa arroja un número en operación en Orvonton de casi dieciocho billones de comisiones —más de setenta billones de individuos. Pero éstas son sólo una fracción muy pequeña de la multitud de conciliadores que han sido creados en Orvonton; ese número es de una magnitud mucho más elevada y es el equivalente del número total de Servitales de Havona, con diferencias correspondientes a la transmutación a Guías de los Graduados.

De cuando en cuando, a medida que el número de conciliadores superuniversales aumenta, se los traslada al concilio de perfección en el Paraíso, del cual posteriormente emergen como cuerpo de coordinación evolucionado por el Espíritu Infinito para el universo de los universos, un grupo maravilloso de seres que está constantemente aumentando en número y eficacia. Por ascensión experiencial y capacitación en el Paraíso han adquirido una comprensión singular de la realidad emergente del Ser Supremo, y viajan por el universo de los universos en asignaciones especiales.

Los miembros de una comisión conciliadora no son separados jamás. Un grupo de cuatro por siempre sirve en conjunto tal como se los asociara originalmente. Aun en su servicio glorificado continúan funcionando como cuartetos de experiencia cósmica acumulada y sabiduría experiencial perfeccionada. Están eternamente asociados como la expresión de la justicia suprema del tiempo y del espacio.

4. LOS ASESORES TÉCNICOS

Estas mentes legales y técnicas del mundo espiritual no se crearon como tales. El Espíritu Infinito seleccionó de entre los primeros supernafines y omniafines a un millón de las mentes más ordenadas como núcleo de este grupo vasto y versátil. Y desde aquel lejano momento en el tiempo, se ha requerido experiencia real en la aplicación de las leyes de la perfección a los planes de la creación evolutiva para todos los que aspiran a tornarse Asesores Técnicos.

Los Asesores Técnicos son reclutados de las filas de las siguientes órdenes de personalidades:

1. Los Supernafines
2. Los Seconafines
3. Los Terciafines
4. Los Omniafines
5. Los Serafines
6. Ciertos Tipos de Mortales Ascendentes
7. Ciertos Tipos de Criaturas Intermedias Ascendentes.

En estos momentos, sin contar a los mortales y a los seres intermedios que son de asignación transitoria, el número de Asesores Técnicos registrados en Uversa y operativos en Orvonton es un poco más de sesenta y un billones.

Los Asesores Técnicos operan frecuentemente como individuos pero están organizados para el servicio y mantienen sede central común en las esferas de asignación en grupos de siete. En cada grupo, por lo menos cinco deben ser de estado permanente, mientras que dos pueden ser de asociación temporal. Los mortales ascendentes y los seres intermedios ascendentes sirven en estas comisiones asesoras mientras persiguen la ascensión al Paraíso, pero no ingresan en los cursos regulares de capacitación para los Asesores Técnicos, ni tampoco se tornan jamás miembros permanentes de la orden.

Aquellos mortales y seres intermedios que sirven en forma transitoria con los asesores, son seleccionados para dicho trabajo debido a su pericia en el concepto de la ley universal y de la justicia suprema. A medida que viajáis hacia vuestra meta en el Paraíso, adquiriendo cada vez más conocimiento agregado y mayor habilidad, se os ofrece constantemente la oportunidad de pasar a otros la sabiduría y experiencia que ya habéis acumulado; durante todo vuestro trayecto a Havona, vosotros representáis el papel de un alumno-maestro. Os abriréis camino a través de los niveles ascendentes de esta vasta universidad experiencial impartiendo a los que están por debajo vuestro, el conocimiento recientemente adquirido de vuestra carrera en avance. En el régimen universal no se considera que hayáis adquirido conocimiento y verdad hasta tanto no demostréis vuestra habilidad y deseo de impartir tal conocimiento y verdad a otros.

Después de prolongada capacitación y experiencia real, cualquiera de los espíritus ministrantes por encima del estado de querubín puede recibir un nombramiento permanente como Asesor Técnico. Todos los candidatos ingresan voluntariamente en esta orden de servicio; pero una vez que han asumido dichas responsabilidades, no pueden abandonarlas. Sólo los Ancianos de los Días pueden transferir estos asesores a otras actividades.

La capacitación de los Asesores Técnicos, comenzada en las facultades Melquisedek de los universos locales, continúa hasta las cortes de los Ancianos de los Días. Desde esta capacitación superuniversal proceden a las «facultades de los siete círculos» ubicadas en los mundos piloto de los circuitos de Havona. A partir de los mundos piloto son recibidos en «la facultad de ética de la ley y de técnica de la Supremacía», la facultad de capacitación en el Paraíso para perfeccionar los Asesores Técnicos.

Estos asesores son más que expertos legales; son estudiosos y maestros de la ley *aplicada*, las leyes del universo aplicadas a las vidas y destinos de todos los que habitan los vastos dominios de la creación enorme. A medida que pasa el tiempo, se tornan las bibliotecas vivientes de la ley del tiempo y del espacio, previniendo infinitos problemas y atrasos innecesarios al instruir a las personalidades del tiempo sobre las formas y modos de procedimiento más aceptables para los gobernantes de la eternidad. Ellos son capaces de asesorar a los trabajadores del espacio de manera tal como para permitirles operar en armonía con los requisitos del Paraíso; ellos son los maestros de todas las criaturas sobre la técnica de los Creadores.

Tal biblioteca viviente de ley aplicada no podría ser creada; tales seres deben evolucionar por experiencia real. Las Deidades infinitas son existenciales, por lo tanto la falta de experiencia queda compensada; lo saben todo aun antes de experimentarlo, pero no imparten este conocimiento no experiencial a sus criaturas subordinadas.

Los Asesores Técnicos están dedicados a la tarea de prevenir atrasos, facilitar el progreso, y asesorar el logro. Siempre existe una manera *mejor y recta* de hacer las cosas; siempre existe la técnica perfecta, un método divino, y estos asesores saben como dirigirnos a todos para hallar esa mejor manera.

Estos seres excesivamente sabios y prácticos siempre están estrechamente asociados con el servicio y la tarea de los Censores Universales. Los Melquisedek tienen a su disposición un cuerpo de peritos. Los gobernantes de los sistemas, las constelaciones, los universos y los sectores superuniversales están ampliamente abastecidos de estas mentes técnicas o de referencia legal del mundo espiritual. Un grupo especial actúa como consejeros legales para los Portadores de Vida, asesorando a estos Hijos sobre el grado de alejamiento permisible del orden establecido de propagación de la vida e instruyéndolos de otras maneras respecto de sus prerrogativas y latitud de funcionamiento. Ellos son los asesores de todas las clases de seres en cuanto a los usos y técnicas adecuados de toda transacción del mundo espiritual. Pero no tratan directa y personalmente con las criaturas materiales de los reinos.

Además de aconsejar en cuanto a los usos legales, los Asesores Técnicos se dedican igualmente a la interpretación eficiente de todas las leyes físicas, mentales y espirituales, concernientes a todos los seres. Están a disposición de los Conciliadores Universales y de cualquier otro que desee conocer la verdad de la ley; en otras palabras, saber cómo se puede anticipar con confianza la reacción de la Supremacía de la Deidad ante una situación dada que contenga factores establecidos de orden físico, mental y espiritual. Aun intentan elucidar la técnica del Último.

Los Asesores Técnicos son seres seleccionados y probados; no he sabido nunca de ninguno de ellos que se haya descarriado. No tenemos registros en Uversa de que hayan sido juzgados por desacato a las leyes divinas que tan eficazmente interpretan y tan elocuentemente presentan. No hay límite conocido al dominio de su servicio, tampoco a ninguno se le ha interpuesto a su progreso. Ellos continúan como asesores aun hasta las puertas del Paraíso; el entero universo de ley y experiencia está abierto para ellos.

5. LOS CUSTODIOS DE LOS REGISTROS EN EL PARAÍSO

De entre los supernafines terciarios en Havona, se seleccionan algunos registradores jefes decanos, como Custodios de Registros, los que mantienen los archivos formales de la Isla de la Luz, aquellos archivos que contrastan con los registros vivientes de la mente de los custodios del conocimiento, a veces designados la «biblioteca viviente del Paraíso».

Los ángeles registradores de los planetas habitados son la fuente de todos los expedientes individuales. En todos los universos, otros registradores operan respecto tanto de los registros formales como de los registros vivientes. Desde Urantia hasta el Paraíso, se encuentran ambos tipos de registros: en un universo local, más registros escritos y menos registros vivientes; en el Paraíso, más registros vivientes y menos formales; en Uversa, ambos están disponibles en forma equivalente.

Todo acontecimiento de significación en la creación organizada y habitada es asunto de registro. Aunque los acontecimientos que no tienen importancia más que local tan sólo se registran localmente, aquellos de significación más amplia se tratan correspondientemente. Desde los planetas, sistemas y constelaciones de Nebadon, todo lo que tenga importancia universal se asienta en Salvington; y desde dichas capitales universales se avanzan aquellos episodios a un registro más elevado que pertenece a los asuntos del sector y de los supergobiernos. El Paraíso también tiene sumarios pertinentes de datos del superuniverso y de Havona; este relato histórico y acumulativo del universo de los universos, está en la custodia de estos excelsos supernafines terciarios.

Aunque algunos de estos seres se han enviado a los superuniversos para servir como Jefes de Registros dirigiendo las actividades de los Registradores Celestiales, ninguno de ellos ha sido transferido jamás desde las filas permanentes de su orden.

6. LOS REGISTRADORES CELESTIALES

Éstos son los registradores que ejecutan todos los registros en duplicado, un registro espiritual original y una contraparte semimaterial —lo que podría llamarse una copia en papel carbón. Ellos pueden hacerlo debido a su habilidad peculiar para manipular simultáneamente la energía espiritual y la energía material. Los Registradores Celestiales no son creados como tales; son serafines ascendentes de los universos locales. Son recibidos, clasificados y asignados a sus esferas de trabajo por los concilios de los Jefes de Registro en las sedes de los siete superuniversos. También existen escuelas para la capacitación de los Registradores Celestiales allí mismo. Los Perfeccionadores de la Sabiduría y los Consejeros Divinos dirigen la escuela en Uversa.

A medida que los registradores avanzan en el servicio universal, continúan su sistema de registro dual, poniendo de esta manera sus registros a disposición constante de todas las clases de seres, desde aquellos de las órdenes materiales hasta los altos espíritus de la luz. En vuestra experiencia de transición, a medida que ascendéis de este mundo material, siempre podréis consultar los registros de la historia y de las tradiciones de la esfera correspondiente a vuestro estado.

Los registradores son un cuerpo probado y comprobado. No he sabido jamás de la traición de un Registrador Celestial, y no se ha descubierto jamás una falsificación en sus registros. Están sujetos a una doble inspección, siendo sus registros estudiados por sus excelsos semejantes de Uversa y por los Mensajeros Poderosos, quienes certifican lo correcto de los duplicados cuasi físicos de los registros espirituales originales.

Aunque los registradores en avance estacionados en las esferas subordinadas de registro en los universos de Orvonton se cuentan en billones de billones, los de estado máximo alcanzado en Uversa no llegan a ser ocho millones. Estos registradores diplomados o decanos son los custodios superuniversales y los enviadores de los registros patrocinados del tiempo y del espacio. Su sede central permanente está en las moradas circulares que rodean la zona de registros en Uversa. No entregan jamás la custodia de estos registros a otros; como individuos pueden estar ausentes, pero nunca en grandes números.

Como los supernafines que se han vuelto Custodios de Registros, el cuerpo de los Registradores Celestiales es de asignación permanente. Una vez que un serafín y un supernafín han sido incorporados a estos servicios, permanecerán respectivamente como Registradores Celestiales y Custodios de Registros hasta el día de la nueva administración modificada por la plena personalización de Dios el Supremo.

En Uversa estos Registradores Celestiales decanos pueden mostrar registros de todo asunto de importancia cósmica en todo Orvonton desde los muy distantes tiempos de la llegada de los Ancianos de los Días; mientras que los Custodios de Registros de la Isla Eterna mantienen archivos de ese reino que atestiguan las transacciones del Paraíso desde los tiempos de la personificación del Espíritu Infinito.

7. LOS COMPAÑEROS MORONTIALES

Estos hijos de los Espíritus Maternos de los universos locales son los amigos y asociados de todos los que viven la vida ascendente morontial. No son indispensables para el trabajo real de progresión creativa del ascendente ni tampoco reemplazan en sentido alguno la tarea de los guardianes seráficos que frecuentemente acompañan a sus asociados mortales en el viaje al Paraíso. Los Compañeros Morontiales son simplemente gentiles anfitriones para aquellos que están empezando su larga ascensión hacia adentro. También son peritos patronizadores de la recreación y en esta tarea reciben la hábil ayuda de los directores de reversión.

Aunque tendréis tareas intensas y progresivamente más difíciles en los mundos de capacitación morontial de Nebadon, siempre se os proveerá con temporadas regulares de descanso y reversión. A lo largo del viaje al Paraíso, siempre habrá tiempo para descansar y para recrear el espíritu; en la carrera de la luz y vida siempre hay tiempo para la adoración y para nuevos logros.

Estos Compañeros Morontiales son asociados tan cordiales que, cuando finalmente dejéis la última fase de la experiencia morontial, al prepararos para embarcaros en la aventura espiritual del superuniverso, verdaderamente lamentaréis que estas criaturas sociales no os puedan acompañar, pero sirven exclusivamente en los universos locales. En cada etapa de la carrera ascendente, todas las personalidades contactables serán cordiales y gregarias, pero no conoceréis otro grupo tan dedicado a la amistad y al compañerismo hasta que no os topéis con los Compañeros Paradisiacos.

La tarea de los Compañeros Morontiales se describe en forma más completa en aquellas narrativas que tratan de los asuntos de vuestro universo local.

8. LOS COMPAÑEROS PARADISIACOS

Los Compañeros Paradisiacos son un grupo compuesto o congregado a partir de las filas de los serafines, seconafines, supernafines y omniafines. Aunque sirven durante un período que vosotros podríais considerar extraordinariamente largo, no son de estado permanente. Cuando este ministerio ha sido completado, en general (pero no invariablemente) retornan a aquellos deberes que realizaban cuando se los llamó para servir en el Paraíso.

Los miembros de las huestes angélicas son nominados para este servicio por los Espíritus Maternos de los universos locales, por los Espíritus Reflexivos de los superuniversos, y por el Majeston del Paraíso. Uno de los Siete Espíritus Rectores los convoca a la Isla central y los comisiona como Compañeros Paradisiacos. Aparte del estado permanente en el Paraíso, este servicio provisional de compañerismo en el Paraíso es el honor más elevado que se pueda conferir jamás a un espíritu ministrante.

Estos ángeles seleccionados se dedican al servicio del compañerismo y se asignan como asociados de toda clase de seres que a la sazón se encuentren solos en el Paraíso, principalmente los mortales ascendentes, pero también a todos los demás que están solos en la Isla central. Los Compañeros Paradisiacos no tienen que hacer nada especial para con aquellos con quienes fraternizan; son simplemente compañeros. Casi todos los demás seres que vosotros los mortales encontraréis durante vuestra estadía en el Paraíso —aparte de vuestros semejantes peregrinos— tendrá que hacer algo definido con vosotros o para vosotros; pero estos compañeros son asignados solamente para estar con vosotros y comunicarse con vosotros como asociados de personalidad. Frecuentemente son asistidos en su ministerio por los cordiales y brillantes Ciudadanos del Paraíso.

Los mortales provienen de razas que son muy sociables. Los Creadores bien saben que «no es bueno para el hombre estar a solas», y por lo tanto se dispone para que cuente con compañía aun en el Paraíso.

Si tú, como mortal ascendente, alcanzas el Paraíso en compañía del compañero o asociado estrecho de tu carrera terrenal, o si tu guardián del destino seráfico a la sazón llega contigo o está a punto de llegar, no se te asigna un compañero permanente. Pero si llegas a solas, con toda seguridad te recibirá un compañero al despertarte del sueño terminal del tiempo en la Isla de la Luz. Aun si se sabe que serás acompañado por alguien de asociación ascendente, se te designarán compañeros temporales para recibirte en las orillas eternas y acompañarte a la reservación ya preparada para la recepción de ti y de tus asociados. Puedes estar seguro de ser recibido efusivamente cuando junto a las orillas eternas del Paraíso, experimentes la resurrección a la eternidad.

Los compañeros de recepción se asignan durante los días terminales de la estadía del ascendente en el último circuito de Havona, y examinan cuidadosamente los registros del origen mortal y de la ascensión pletórica a través de los mundos del espacio y los círculos de Havona. Cuando reciben a los mortales del tiempo, ya son bien versados en las carreras de aquellos peregrinos que llegan, e inmediatamente demuestran ser compañeros compasivos e interesantes.

Durante tu estadía prefinalista en el Paraíso, si por cualquier razón fueras separado temporalmente de tu asociado en la carrera ascendente —mortal o seráfico— se te asignará inmediatamente un Compañero Paradisiaco para aconsejarte y acompañarte. Una vez que ha sido asignado a un mortal ascendente de residencia solitaria en el Paraíso, el compañero permanece con esa persona hasta que ésta se reúna con sus asociados ascendentes o ingrese debidamente en el Cuerpo de la Finalidad.

Los Compañeros Paradisiacos son asignados en orden de espera, excepto que no se pone nunca a un ascendente a cargo de un compañero cuya naturaleza sea distinta de su tipo superuniversal. Si un mortal urantiano llegara al Paraíso hoy, se le asignaría el primer compañero en espera de origen en Orvonton o de otra manera originado en la naturaleza del Séptimo Espíritu Rector. De allí que los omniafines no sirvan con las criaturas ascendentes de los siete superuniversos.

Los Compañeros Paradisiacos realizan muchos servicios adicionales: si un mortal ascendente llegara a solas al universo central y, al atravesar Havona fracasara en alguna fase de la aventura de la Deidad, a su debido tiempo sería enviado nuevamente a los universos del tiempo, e inmediatamente se haría un llamado a las reservas de los Compañeros Paradisiacos. Uno de esa orden sería asignado para seguir al peregrino derrotado, estar con él y consolarlo y alegrarlo, y permanecer con él hasta que sea devuelto al universo central para reanudar la ascensión al Paraíso.

Si un peregrino ascendente se encuentra con la derrota en la aventura de la Deidad mientras está atravesando Havona en compañía de un serafín ascendente, el ángel guardián de la carrera mortal elegirá acompañar a su asociado mortal. Estos serafines siempre se ofrecen como voluntarios y se les permite acompañar a sus antiguos camaradas mortales en el regreso al servicio del tiempo y del espacio.

Pero eso no ocurre cuando se trata de dos ascendentes mortales estrechamente asociados: si uno de ellos alcanza a Dios mientras que el otro fracasa temporalmente, el individuo triunfador invariablemente elige volver a las creaciones evolucionarias con la personalidad desilusionada, pero esto no le está permitido. En cambio, se hace un llamado a las reservas de los Compañeros Paradisiacos, y uno de los voluntarios es seleccionado para acompañar al peregrino desilusionado. Un Ciudadano del Paraíso voluntario luego se asocia con el mortal triunfador, quien permanece en la Isla central aguardando el retorno a Havona de su camarada derrotado y mientras tanto enseña en alguna de las escuelas del Paraíso, ilustrando la historia azarosa de la ascensión evolutiva.

[Patrocinado por un Elevado en Autoridad de Uversa.]

DOCUMENTO 26

LOS ESPÍRITUS MINISTRANTES DEL UNIVERSO CENTRAL

LOS supernafines son los espíritus ministrantes del Paraíso y del universo central; son la orden más elevada del grupo más bajo de los hijos del Espíritu Infinito —las huestes angélicas. Estos espíritus ministrantes han de encontrarse desde la Isla del Paraíso hasta los mundos del espacio y del tiempo. Ninguna porción importante de la creación organizada y habitada carece de sus servicios.

1. LOS ESPÍRITUS MINISTRANTES

Los ángeles son los asociados espirituales ministrantes de las criaturas volitivas evolutivas y ascendentes de todo el espacio; también son los colegas y asociados de trabajo de las huestes más elevadas de las personalidades divinas de las esferas. Los ángeles de todas las órdenes son personalidades definidas y altamente individualizadas. Todos ellos tienen una amplia capacidad para la apreciación de las ministraciones de los directores de reversión. Juntamente con las Huestes de Mensajeros del Espacio, los espíritus ministrantes disfrutan de temporadas de descanso y cambio; poseen naturalezas muy sociables y tienen una capacidad de asociación que trasciende en mucho la de los seres humanos.

Los espíritus ministrantes del gran universo se clasifican como sigue:

1. Supernafines.
2. Seconafines.
3. Terciafines.
4. Omniafines.
5. Serafines.
6. Querubines y Sanobines.
7. Seres Intermedios.

Los miembros de las órdenes angélicas no son completamente estacionarios en cuanto a su estado personal en el universo. Los ángeles de ciertas órdenes pueden transformarse en Compañeros Paradisiacos durante una temporada; algunos se tornan Registradores Celestiales; otros ascienden a las filas de los Asesores Técnicos. Algunos de entre los querubines pueden aspirar al estado y destino seráfico, mientras que los serafines evolutivos pueden alcanzar los niveles espirituales de los Hijos de Dios ascendentes.

Las siete órdenes de espíritus ministrantes, según se revela, están agrupadas para su presentación de acuerdo con sus funciones de mayor importancia para con las criaturas ascendentes:

1. *Los Espíritus Ministrantes del Universo Central.* Las tres órdenes de *supernafines* sirven en el sistema Paraíso-Havona. Los supernafines primarios o del Paraíso

son creados por el Espíritu Infinito. Las órdenes secundarias y terciarias, que sirven en Havona, son respectivamente los vástagos de los Espíritus Rectores y de los Espíritus de los Circuitos.

2. *Los Espíritus Ministrantes de los Superuniversos:* los seconafines, los terciafines y los omniafines. Los *seconafines*, hijos de los Espíritus Reflexivos, sirven de diversos modos en los siete superuniversos. Los *terciafines*, de origen en el Espíritu Infinito, se dedican con el tiempo al servicio de enlace de los Hijos Creadores y los Ancianos de los Días. Los *omniafines* son creados conjuntamente por el Espíritu Infinito y los Siete Ejecutivos Supremos, y son los servidores exclusivos de estos últimos. La discusión de estas tres órdenes es el tema de una narrativa próxima en esta serie.

3. *Los Espíritus Ministrantes de los Universos Locales* comprenden a los *serafines* y a sus asistentes, los *querubines*. Los mortales ascendentes tienen un contacto inicial con estos vástagos de un Espíritu Materno Universal. Las *criaturas intermedias*, de natividad en los mundos habitados, no son en realidad órdenes angélicas propiamente dichas, aunque frecuentemente se agrupan funcionalmente con los espíritus ministrantes. Su historia, con un recuento de los serafines y querubines, se presenta en aquellas narrativas que tratan de los asuntos de vuestro universo local.

Todas las órdenes de las huestes angélicas están dedicadas a los diversos servicios universales y ministran de una manera u otra a las órdenes más elevadas de los seres celestiales; pero son los supernafines, seconafines y serafines quienes, en grandes números, están empleados en el fomento del esquema ascendente de la perfección progresiva para los hijos del tiempo. Funcionando en el universo central, los superuniversos y los universos locales, ellos forman esa cadena ininterrumpida de ministros espirituales que el Espíritu Infinito ha provisto para la ayuda y guía de todos los que buscan conseguir al Padre Universal a través del Hijo Eterno.

Los supernafines están limitados en cuanto a «polaridad espiritual» tan sólo en una fase de acción, la con el Padre Universal. Pueden trabajar a solas excepto cuando emplean directamente los circuitos exclusivos del Padre. Cuando están en recepción de poder por ministerio directo del Padre, los supernafines deben asociarse voluntariamente en pares para poder funcionar. Los seconafines están limitados del mismo modo y además deben trabajar en pares para sincronizar con los circuitos del Hijo Eterno. Los serafines pueden trabajar a solas como personalidades discretas y localizadas, pero tan sólo pueden estar en circuito cuando están polarizados como pares de enlace. Cuando estos seres espirituales se asocian en pares, el uno se considera complementario del otro. Las relaciones complementarias pueden ser transitorias; no son necesariamente de naturaleza permanente.

Estas brillantes criaturas de luz se sostienen directamente por la incorporación de la energía espiritual de los circuitos primarios del universo. Los mortales de Urantia deben obtener energía y luz a través de la encarnación vegetativa, pero las huestes angelicales pueden tener acceso al circuito; tienen «alimento que vosotros no conocéis». También comparten de las enseñanzas circulantes de los maravillosos Hijos Instructores Trinitarios; tienen una recepción de conocimiento y una absorción de sabiduría que se asemeja mucho a su técnica de asimilación de la energía vital.

2. LOS PODEROSOS SUPERNAFINES

Los supernafines son ministros peritos para todo tipo de ser que residen en el Paraíso y en el universo central. Estos elevados ángeles son creados en tres órdenes principales: primaria, secundaria y terciaria.

Los supernafines primarios son los vástagos exclusivos del Creador Conjunto. Reparten su ministerio en forma casi igual entre ciertos grupos de Ciudadanos del Paraíso y el cuerpo en constante aumento de los peregrinos ascendentes. Estos ángeles de la Isla Eterna son altamente eficaces en fomentar la capacitación esencial de ambos grupos de habitantes del Paraíso. Contribuyen mucho de lo que es útil para la comprensión mutua de estas dos órdenes singulares de criaturas del universo —siendo la una el tipo más elevado de criatura volitiva divina y perfecta, y la otra, la evolución perfeccionada del tipo más bajo de criatura volitiva en todo el universo de los universos.

La tarea de los supernafines primarios es tan singular y distintiva que se la considerará separadamente en la narrativa siguiente.

Los supernafines secundarios son los directores de los asuntos de los seres ascendentes en los siete circuitos de Havona. Se ocupan igualmente de ministrar a la capacitación instruccional de las numerosas órdenes de Ciudadanos del Paraíso que moran por largos períodos en los circuitos de los mundos de la creación central, pero no podemos hablar de esta fase de su servicio.

Hay siete tipos de estos ángeles elevados, originándose cada uno en uno de los Siete Espíritus Rectores y de naturaleza correspondientemente similar. Colectivamente, los Siete Espíritus Rectores crean muchos grupos diferentes de seres y entidades únicos, y los miembros individuales de cada orden son comparativamente uniformes en su naturaleza. Pero cuando estos mismos Siete Espíritus crean individualmente, las órdenes resultantes son siempre de naturaleza séptuple; los hijos de cada Espíritu Rector comparten la naturaleza de su creador y consiguientemente son distintos de los demás. Tal es el origen de los superafines secundarios, y los ángeles de los siete tipos creados funcionan en todos los canales de actividad abiertos a su entera orden, principalmente en los siete circuitos del divino universo central.

Cada uno de los siete circuitos planetarios de Havona está bajo la supervisión directa de uno de los siete espíritus de los circuitos, siendo ellos mismos una creación colectiva —y por lo tanto uniforme— de los Siete Espíritus Rectores. Aunque comparten la naturaleza de la Tercera Fuente y Centro, estos siete Espíritus subsidiarios de Havona no fueron parte del universo de modelo original. Entraron en función después de la creación original (eterna) pero mucho antes de los tiempos de Grandfanda. Indudablemente aparecieron como respuesta creativa de los Espíritus Rectores al propósito emergente del Ser Supremo, y fueron descubiertos en función cuando se organizó el gran universo. El Espíritu Infinito y todos sus asociados creativos, como coordinadores universales, parecen abundar en la capacidad de formular respuestas creativas adecuadas a los desarrollos simultáneos en las Deidades experienciales y en los universos en evolución.

Los supernafines terciarios se originan en estos Siete Espíritus de los Circuitos. A cada uno de ellos, en un circuito separado de Havona, el Espíritu Infinito le ha dado poder para crear un número suficiente de altos ministros superáficos de la orden terciaria como para satisfacer las necesidades del universo central. Aunque los Espíritus del Circuito produjeron comparativamente pocos de estos ministros angélicos antes de la llegada a Havona de los peregrinos del tiempo, los Siete Espíritus Rectores no comenzaron siquiera la creación de los supernafines secundarios hasta la llegada de Grandfanda. Por lo tanto, se consideran aquí primero los supernafines terciarios, siendo éstos los más antiguos de las dos órdenes.

3. LOS SUPERNAFINES TERCIARIOS

Estos servidores de los Siete Espíritus Rectores son los especialistas angélicos de los varios circuitos de Havona, y su ministerio se extiende tanto a los peregrinos ascendentes del tiempo como a los peregrinos descendentes de la eternidad. En los mil millones de mundos de estudio de la perfecta creación central, vuestros asociados superáficos de todas las órdenes os serán plenamente visibles. Allí todos vosotros seréis, en el sentido más elevado, seres fraternales y comprensivos de contacto y compasión mutua. También reconoceréis plenamente y fraternizaréis exquisitamente con los peregrinos descendentes, los Ciudadanos del Paraíso, quienes atraviesan estos círculos de dentro hacia afuera, entrando a Havona a través del mundo piloto del primer circuito y procediendo hacia afuera hasta el séptimo.

Los peregrinos ascendentes de los siete superuniversos pasan a través de Havona en el sentido opuesto, entrando por vía del mundo piloto del último círculo y procediendo hacia adentro. No hay límite temporal establecido para el progreso de las criaturas ascendentes de mundo en mundo y de circuito en circuito, así como tampoco existe un período fijo de tiempo asignado arbitrariamente a la residencia en los mundos morontiales. Pero, aunque algunos individuos desarrollados en forma adecuada pueden estar exentos de la estadía en uno o más de los mundos de capacitación del universo local, ningún peregrino podrá evitar pasar a través de los siete circuitos de Havona de espiritualización progresiva.

Ese cuerpo de supernafines terciarios que está asignado principalmente al servicio de los peregrinos del tiempo se clasifica como sigue:

1. *Los Supervisores de la Armonía.* Es evidente que algún tipo de influencia coordinadora es necesaria, aun en la perfecta Havona, para mantener el sistema y asegurar la armonía en todo el trabajo de preparación de los peregrinos del tiempo para sus subsiguientes logros en el Paraíso. Tal es la misión real de los supervisores de la armonía —mantener todo en progreso y sin obstáculos. Se originan en el primer circuito y sirven en todo Havona, y su presencia en los circuitos significa que nada puede sufrir deslices. Tienen una gran habilidad para coordinar una diversidad de actividades que comprenden personalidades de distintas órdenes —aun de niveles múltiples— permite a estos supernafines asistir donde quiera y cuando quiera se los necesite. Contribuyen enormemente a la comprensión mutua de los peregrinos del tiempo y los peregrinos de la eternidad.

2. *Los Registradores Principales.* Estos ángeles son creados en el segundo circuito pero operan en todos lados en el universo central. Registran en triplicado, ejecutando expedientes para los archivos literales de Havona, para los archivos espirituales de su orden, y para los registros normales del Paraíso. Además transmiten automáticamente las transacciones de importancia en cuanto al conocimiento verdadero a las bibliotecas vivientes del Paraíso, los custodios del conocimiento de la orden primaria de los supernafines.

3. *Los Locutores.* Los Hijos del tercer Espíritu de los Circuitos funcionan en toda Havona, aunque su estación oficial está ubicada en el planeta número setenta en el círculo más exterior. Estos técnicos decanos son los receptores y enviadores de transmisiones de la creación central y los directores de los informes espaciales de todos los fenómenos de la Deidad en el Paraíso. Pueden operar todos los circuitos básicos del espacio.

4. *Los Mensajeros*. Se originan en el circuito número cuatro. Viajan por el sistema entero del Paraíso-Havona como portadores de todo mensaje que requiere transmisión personal. Sirven a sus semejantes, las personalidades celestiales, los peregrinos del Paraíso, y aun a las almas ascendentes del tiempo.

5. *Los Coordinadores de la Información*. Estos supernafines terciarios, hijos del quinto Espíritu de los Circuitos, son siempre los promotores sabios y compasivos de la asociación fraternal entre los peregrinos ascendentes y los descendentes. Ministran a todos los habitantes de Havona, y especialmente a los ascendentes, manteniéndolos informados sobre los asuntos del universo de los universos. En virtud de los contactos personales con los emisores y los reflectores, estos «periódicos vivientes» de Havona conocen instantáneamente toda información que pasa por los vastos circuitos de noticias del universo central. Obtienen la información mediante el método gráfico de Havona, que les permite asimilar automáticamente, en una hora del tiempo de Urantia, una cantidad de información que requeriría mil años para ser registrada mediante vuestra técnica telegráfica más rápida.

6. *Las Personalidades de Transporte*. Estos seres, que se originan en el circuito número seis, generalmente operan a partir del planeta número cuarenta en el circuito más exterior. Son quienes llevan a los candidatos desalentados que fracasan transitoriamente en la aventura de la Deidad. Se mantienen prontos para servir a todos los que deben venir e ir en el servicio de Havona, y que no están atravesando el espacio.

7. *El Cuerpo de Reserva*. Las fluctuaciones en el caudal de trabajo con los seres ascendentes, los peregrinos del Paraíso y otras órdenes de seres residentes en Havona, obligan a mantener estas reservas de supernafines en el mundo piloto del séptimo círculo, en el que se originan. Son creados sin designios especiales y son competentes para hacerse cargo del servicio en las fases menos exigentes de cualquiera de los deberes de los asociados superáficos de la orden terciaria.

4. Los supernafines secundarios

Los supernafines secundarios son ministros de los siete circuitos planetarios del universo central. Parte de ellos se dedica al servicio de los peregrinos del tiempo y la mitad de toda la orden es asignada a la capacitación de los peregrinos paradisiacos de la eternidad. Los voluntarios del Cuerpo de los Mortales de la Finalidad también ayudan a estos Ciudadanos del Paraíso en su peregrinaje a través de los circuitos de Havona, un arreglo que se ha mantenido desde que se completó el primer grupo de finalistas.

De acuerdo con sus asignaciones periódicas al ministerio de los peregrinos ascendentes, los supernafines secundarios trabajan en los siguientes siete grupos:

1. Ayudantes de los Peregrinos.
2. Guías de la Supremacía.
3. Guías de la Trinidad.
4. Los que Hallan al Hijo.
5. Guías del Padre.
6. Asesores y Consejeros.
7. Complementos del Reposo.

Cada uno de estos grupos de trabajo contiene ángeles de los siete tipos creados, y un peregrino del espacio siempre recibe la enseñanza de un supernafín secundario de origen en el Espíritu Rector que preside el superuniverso en el que naciera ese peregrino. Cuando vosotros los mortales de Urantia lleguéis a Havona, sin duda alguna seréis piloteados por supernafines cuyas naturalezas creadas —como es vuestra propia naturaleza evolutiva— se derivan del Espíritu Rector de Orvonton. Puesto que vuestros tutores surgen del Espíritu Rector de vuestro propio superuniverso, están particularmente calificados para comprenderos, consolaros y asistiros en todos vuestros esfuerzos por obtener la perfección paradisiaca.

Las personalidades de transporte de la orden primaria de los seconafines que operan desde las sedes centrales de los siete superuniversos transportan a los peregrinos del tiempo más allá de los cuerpos oscuros de gravedad de Havona, al circuito planetario exterior. No todos, pero la mayoría de los serafines de servicio planetario y en los universos locales que han sido acreditados para la ascensión al Paraíso se separará de sus asociados mortales antes del largo viaje a Havona y comenzarán inmediatamente un prolongado período de intensa capacitación para la asignación excelsa, anticipando lograr, como serafines, la perfección de existencia y la supremacía de servicio. Esto lo hacen ellos, esperando volver a reunirse con los peregrinos del tiempo, para contarse entre aquellos que por siempre siguen el curso de dichos mortales que han logrado el Padre Universal y han recibido asignación a un servicio no revelado del Cuerpo de la Finalidad.

El peregrino llega al planeta de recepción de Havona, el mundo piloto del séptimo circuito, con una sola dote de perfección, perfección de propósito. El Padre Universal ha decretado: «Sed perfectos, así como yo soy perfecto». Ésa es la invitación-mandato asombrosa transmitida a los hijos finitos de los mundos del espacio. La promulgación de ese mandato ha estremecido a la creación entera en el esfuerzo cooperativo de los seres celestiales para ayudar a conducir a su satisfacción y realización ese extraordinario mando de la Primera Gran Fuente y Centro.

Cuando, mediante y a través del ministerio de todas las huestes de ayudantes del esquema universal de supervivencia, finalmente sois depositados sobre el mundo de recepción de Havona, llegáis tan sólo con un tipo de perfección: *perfección de propósito*. Vuestro propósito se ha comprobado plenamente; vuestra fe ha sido probada. Se sabe que estáis a prueba de desilusiones. Ni siquiera el fracaso de percibir al Padre Universal podrá sacudir la fe ni alterar seriamente la confianza de un mortal ascendente que ha pasado a través de la experiencia que todos deben atravesar para lograr las esferas perfectas de Havona. Para cuando alcancéis Havona, vuestra sinceridad se habrá vuelto sublime. La perfección de propósito y la divinidad de deseo, con constancia de fe han asegurado vuestro ingreso en las moradas establecidas de la eternidad; vuestra liberación de las incertidumbres del tiempo es plena y completa; ahora debéis enfrentaros con los problemas de Havona y las inmensidades del Paraíso, para encontraros con aquello para lo cual por tanto tiempo os habéis estado capacitando en las épocas experienciales del tiempo en los mundos escuela del espacio.

La fe ha hecho ganar al peregrino ascendente el propósito de perfección que admite a los hijos del tiempo hasta las compuertas de la eternidad. Ahora los ayudantes de los peregrinos deben comenzar su trabajo para desarrollar esa perfección de comprensión y esa técnica de entendimiento que son tan indispensables para la perfección paradisiaca de la personalidad.

La habilidad para comprender es el pasaporte mortal al Paraíso. El deseo de creer es la llave de Havona. La aceptación de la filiación, la cooperación con el Ajustador residente, es el precio de la supervivencia evolutiva.

5. LOS AYUDANTES DE LOS PEREGRINOS

El primero de los siete grupos de supernafines secundarios que se encuentra es el de los ayudantes de los peregrinos, esos seres de entendimiento rápido y amplia compasión que le dan la bienvenida a los muy viajados ascendentes del espacio a los mundos estabilizados y la economía estable del universo central. Simultáneamente comienzan estos altos ministros su trabajo para los peregrinos del Paraíso de la eternidad, el primero de los cuales llegó al mundo piloto del circuito interno de Havona coincidencialmente con la llegada de Grandfanda en el mundo piloto del circuito exterior. En aquellos lejanos días los peregrinos del Paraíso y los peregrinos del tiempo se encontraban primero en el mundo de recepción del circuito número cuatro.

Estos ayudantes de peregrinos, que actúan en el séptimo círculo de los mundos de Havona, llevan a cabo su tarea para los mortales ascendentes en tres divisiones principales: primero, la comprensión suprema de la Trinidad del Paraíso; segundo, la comprensión espiritual de la asociación Padre-Hijo; y tercero, el reconocimiento intelectual del Espíritu Infinito. Cada una de estas fases de instrucción se divide en siete ramas de doce divisiones menores de setenta grupos subsidiarios y cada uno de estos setenta grupos subsidiarios de instrucción se presenta en mil clasificaciones. Se proporciona una instrucción más detallada en los círculos subsiguientes, pero los ayudantes de los peregrinos enseñan un bosquejo de cada requisito del Paraíso.

Ése es pues el curso primario o elemental que enfrenta a los peregrinos de fe comprobada y que tanto han viajado en el espacio. Pero mucho antes de llegar a Havona, esos hijos ascendentes del tiempo han aprendido a disfrutar de la incertidumbre, alimentarse de la desilusión, entusiasmarse frente a la derrota aparente, vigorizarse en presencia de dificultades, exhibir valor indomable frente a la inmensidad, y ejercer una fe inconquistable al enfrentarse con los desafíos de lo inexplicable. Por mucho tiempo, el grito de batalla de estos peregrinos ha sido: «Juntamente con Dios, nada —absolutamente nada— es imposible».

Existen requisitos definidos para los peregrinos del tiempo en cada uno de los círculos de Havona; y aunque cada peregrino continúa bajo el tutelaje de los supernafines adaptados, por su naturaleza, a ayudar a ese tipo particular de criatura ascendente, el curso que se debe aprender ha de ser relativamente uniforme para todos los ascendentes que alcanzan el universo central. Este curso de logro es cuantitativo, cualitativo y experiencial —intelectual, espiritual y supremo.

El tiempo tiene poca consecuencia en los círculos de Havona. De una forma limitada, entra en las posibilidades de avance, pero el logro es la prueba final y suprema. El momento mismo en que vuestro asociado superáfico considera que sois competente para pasar hacia adentro al próximo círculo, seréis llevado ante los doce ayudantes del séptimo Espíritu de Circuito. Aquí se os requerirá que paséis las pruebas del círculo, determinadas por el superuniverso de vuestro origen y por el sistema de vuestra natividad. El logro de la divinidad de este círculo tiene lugar en el mundo piloto y consiste en el reconocimiento y realización espiritual del Espíritu Rector del superuniverso correspondiente al peregrino ascendente.

Cuando el trabajo del círculo exterior de Havona se completa y se pasa el curso presentado, los ayudantes de los peregrinos llevan a sus sujetos al mundo piloto del próximo círculo y los entregan a los cuidados de los guías de la supremacía. Los ayudantes de los peregrinos siempre permanecen por una temporada para asegurarse de que la transferencia es tanto agradable como beneficiosa.

6. LOS GUÍAS DE LA SUPREMACÍA

Los ascendentes del espacio son designados «graduados espirituales» cuando se los traslada del séptimo al sexto círculo y se los coloca bajo la supervisión inmediata de los guías de la supremacía. Estos guías no deben ser confundidos con los Guías de los Graduados —que pertenecen a las Personalidades más Elevadas del Espíritu Infinito— quienes, con sus asociados servitales, ministran en todos los círculos de Havona tanto para los peregrinos ascendentes como para los descendentes. Los guías de la supremacía funcionan tan sólo en el sexto círculo del universo central.

Es en este círculo que los ascendentes logran una nueva comprensión de la Divinidad Suprema. A lo largo de sus largas carreras en los universos evolucionarios, los peregrinos del tiempo han estado experimentando una conciencia creciente de la realidad de un supercontrol todopoderoso de las creaciones espacio-temporales. Aquí, en este circuito de Havona, se aproximan al encuentro con la fuente en el universo central de la unidad espaciotemporal —a la realidad espiritual de Dios el Supremo.

Estoy un tanto perdido en cuanto a explicar lo que ocurre en este círculo. No existe una presencia personalizada de la Supremacía que sea perceptible para los seres ascendentes. En ciertos aspectos, nuevas relaciones con el Séptimo Espíritu Rector compensan esta falta de contacto con el Ser Supremo. Pero aparte de nuestra incapacidad para entender la técnica, cada criatura ascendente parece sufrir un crecimiento transformador, una nueva integración de conciencia, una nueva espiritualización de propósito, una nueva sensibilización para la divinidad, que casi no se pueden explicar satisfactoriamente sin presuponer la actividad no revelada del Ser Supremo. Para aquellos entre nosotros que han observado estas transacciones misteriosas, parecería que Dios el Supremo estuviese otorgándose afectuosamente a sus hijos experienciales, hasta los límites mismos de la capacidad experiencial de ellos, esos enaltecimientos de la comprensión intelectual, el discernimiento espiritual, y el alcance de la personalidad que tanto necesitarán, en todos sus esfuerzos para penetrar el nivel de divinidad de la Trinidad de la Supremacía, para lograr las Deidades eternas y existenciales del Paraíso.

Cuando los guías de la supremacía consideran que sus discípulos están maduros para el avance, los llevan ante la comisión de setenta, un grupo mezclado que actúan como examinadores en el mundo piloto del circuito número seis. Después de satisfacer a esta comisión en cuanto a su comprensión del Ser Supremo y de la Trinidad de la Supremacía, certifican a los peregrinos para su traslado al quinto circuito.

7. LOS GUÍAS DE LA TRINIDAD

Los guías de la Trinidad son los ministros incansables del quinto círculo de la capacitación en Havona de los peregrinos en avance del tiempo y del espacio. Los graduados espirituales se designan aquí «candidatos para la aventura de la Deidad» puesto que es en este círculo, bajo la dirección de los guías de la Trinidad, donde los peregrinos reciben instrucción avanzada sobre la Trinidad divina, en preparación para el intento de lograr el reconocimiento de la personalidad del Espíritu Infinito. Aquí los peregrinos ascendentes descubren lo que significa el verdadero estudio y el real esfuerzo mental al comenzar a discernir la naturaleza del esfuerzo espiritual más oneroso y aún más arduo que se requerirá para satisfacer las demandas del elevado objetivo establecido para su logro en los mundos de este circuito.

Altamente fieles y eficientes son los guías de la Trinidad; y cada peregrino recibe la atención total, y disfruta de todo el afecto, de un supernafín secundario perteneciente a esta orden. Un peregrino del tiempo no encontraría jamás a la primera persona alcanzable de la Trinidad del Paraíso si no fuese por la ayuda y asistencia de estos guías y de las huestes de otros seres espirituales que se ocupan de instruir a los seres ascendentes respecto de la naturaleza y técnica de la aventura venidera de la Deidad.

Después de completar el curso de capacitación en este circuito, los guías de la Trinidad llevan a sus discípulos a su mundo piloto y los presentan ante una de las muchas comisiones triunas que funcionan como examinadores y certificadores de los candidatos para la aventura de la Deidad. Estas comisiones consisten en un semejante de los finalistas, uno de los directores de conducta de la orden de los supernafines primarios, y un Mensajero Solitario del espacio o un Hijo Trinidizado del Paraíso.

Cuando el alma ascendente en realidad sale hacia el Paraíso, va acompañada tan sólo por un trío de tránsito: el asociado superáfico del círculo, el Guía de los Graduados y el asociado servital de este último, siempre presente. Estas excursiones de los círculos de Havona al Paraíso son viajes de prueba; los ascendentes todavía no son de estado paradisiaco. No logran estado de residente en el Paraíso hasta no haber pasado a través del reposo final del tiempo, posteriormente al logro del Padre Universal y el salvoconducto final por los circuitos de Havona. No es sino hasta después del reposo divino cuando participan de la «esencia de la divinidad» y del «espíritu de la supremacía» comenzando así realmente a funcionar en el círculo de la eternidad y en la presencia de la Trinidad.

Los compañeros del ascendente en el trío de tránsito no están obligados a capacitarlo para que ubique la presencia geográfica de la luminosidad espiritual de la Trinidad, sino más bien a ofrecer toda asistencia a un peregrino en su difícil tarea de reconocer, discernir y comprender el Espíritu Infinito suficientemente como para que esta comprensión confirme un reconocimiento de su personalidad. Todo peregrino ascendente en el Paraíso puede discernir la presencia geográfica o la ubicación de la Trinidad, la gran mayoría puede ponerse en contacto con la realidad intelectual de las Deidades, especialmente la Tercera Persona, pero no todos pueden reconocer o siquiera parcialmente comprender la realidad de la presencia espiritual del Padre y del Hijo. Aún más difícil es la comprensión espiritual aun mínima del Padre Universal.

Pocas veces deja de consumarse la búsqueda del Espíritu Infinito, y cuando sus sujetos han triunfado en esta fase de la aventura de la Deidad, los guías de la Trinidad se preparan para transferirlos al ministerio de los que hallan al Hijo, en el cuarto círculo de Havona.

8. LOS QUE HALLAN AL HIJO

El cuarto circuito de Havona se denomina a veces el «circuito de los Hijos». Desde los mundos de este circuito, los peregrinos ascendentes van al Paraíso para alcanzar un contacto comprensivo con el Hijo Eterno, mientras que en los mundos de este circuito los peregrinos descendentes logran una nueva comprensión de la naturaleza y misión de los Hijos Creadores del tiempo y del espacio. Existen siete mundos en este circuito, en los cuales los cuerpos de reserva de los Micaeles del Paraíso mantienen escuelas especiales de ministerio mutuo tanto para los peregrinos ascendentes como para los descendentes; y es en estos mundos de los Hijos Micael donde los peregrinos del tiempo y los peregrinos de la eternidad llegan a su primera comprensión verdaderamente mutua unos de los otros. En muchos aspectos, las experiencias de este circuito son las más fascinantes de la entera estadía en Havona.

Los que hallan al Hijo son los ministros superáficos de los mortales ascendentes del cuarto circuito. Además de la tarea general de preparar a sus candidatos para la comprensión de las relaciones del Hijo Eterno con la Trinidad, estos halladores del Hijo deben instruir a sus sujetos tan plenamente como para asegurar que estos triunfen: primero, en la comprensión espiritual adecuada del Hijo; segundo, en el reconocimiento satisfactorio de la personalidad del Hijo; y tercero, en la diferenciación apropiada del Hijo respecto de la personalidad del Espíritu Infinito.

Después de lograr el Espíritu Infinito, no se llevan a cabo más exámenes. Las pruebas de los círculos interiores son las actuaciones de los candidatos peregrinos cuando se encuentran en el abrazo del manto de las Deidades. El avance está determinado puramente por la espiritualidad del individuo, y nadie sino los dioses presumen juzgar esta posesión. En caso de fracaso, no se dan nunca razones, ni tampoco se critica ni se regaña a los candidatos mismos ni a sus varios tutores y guías. En el Paraíso, la desilusión no se considera nunca una derrota; el postergamiento nunca se mira como una desgracia; los fracasos aparentes del tiempo no se confunden jamás con los atrasos significativos de la eternidad.

No muchos peregrinos experimentan el atraso del fracaso aparente en la aventura de la Deidad. Casi todos alcanzan al Espíritu Infinito, aunque ocasionalmente un peregrino del superuniverso número uno no consigue triunfar la primera vez. Los peregrinos que alcanzan al espíritu raramente fracasan en hallar al Hijo; de los que fracasan en la primera aventura, casi todos provienen de los superuniversos tres y cinco. La gran mayoría de aquellos que fracasan en la primera aventura para obtener al Padre, después de hallar tanto al Espíritu como al Hijo, provienen del superuniverso número seis, aunque algunos de los números dos y tres pasan por la misma experiencia de fracaso. Todo esto parece indicar claramente que hay razón buena y suficiente para estos fracasos aparentes; en realidad, sencillamente son éstos atrasos ineludibles.

Los candidatos derrotados de la aventura de la Deidad se confían en la jurisdicción de los jefes de asignación, un grupo de supernafines primarios, y se los envía de vuelta al trabajo de los reinos del espacio por un período de no menos de un milenio. Nunca regresan al superuniverso de su natalidad, siempre a esa supercreación más propicia para su nueva capacitación en preparación para la segunda aventura de la Deidad. Después de este servicio, por su propia voluntad, regresan al círculo exterior de Havona, inmediatamente se los acompaña al círculo de su carrera interrumpida y vuelven inmediatamente a reanudar sus preparaciones para la aventura de la Deidad. Los supernafines secundarios siempre pilotean triunfalmente a sus sujetos en el segundo intento y los mismos ministros superáficos y otros guías siempre asisten a estos candidatos durante esta segunda aventura.

9. Los guías del Padre

Cuando el alma peregrinante alcanza el tercer círculo de Havona, ingresa a la protección de los guías del Padre, o sea, los ministros superáficos más antiguos, más altamente peritos, y más expertos. En los mundos de este circuito, los Guías del Padre mantienen escuelas de sabiduría y facultades de técnica en las que todos los seres que habitan el universo central sirven como maestros. No se deja de lado nada de lo que pueda servir a la criatura del tiempo en esta aventura trascendental de logro de la eternidad.

El logro del Padre Universal es el pasaporte para la eternidad, a pesar de los circuitos que aún quedan por atravesar. Es por lo tanto una ocasión pletórica, en el mundo piloto del círculo número tres, cuando el trío de tránsito anuncia que la última aventura del tiempo está por comenzar; que otra criatura del espacio intenta ingresar al Paraíso a través de las compuertas de la eternidad.

La prueba del tiempo está casi concluida; la carrera de la eternidad se ha corrido casi por entero. Los días de incertidumbre están terminando; la tentación de la duda se desvanece; el mandato de ser *perfecto* ha sido obedecido. Desde el fondo mismo de la existencia inteligente, la criatura del tiempo y personalidad material ha ascendido las esferas evolucionarias del espacio, probando así la posibilidad del plan de ascensión, mientras demuestra por siempre la justicia y rectitud del mandato del Padre Universal a sus criaturas humildes de los mundos: «Sed perfectos, así como yo soy perfecto».

Paso a paso, vida a vida, mundo a mundo, la carrera ascendente ha sido conquistada, la meta de la Deidad se ha logrado. La supervivencia es completa en perfección, y la perfección es pletórica en la supremacía de la divinidad. El tiempo se pierde en la eternidad; el espacio se hunde en la identidad y armonía adoradora con el Padre Universal. Las transmisiones de Havona envían al espacio informes de gloria, la buena nueva de que en verdad las criaturas conscientes de naturaleza animal y origen material se han tornado, a través de la ascensión evolucionaria, en realidad y eternamente en los hijos perfeccionados de Dios.

10. LOS ASESORES Y LOS CONSEJEROS

Los asesores y consejeros superáficos del segundo círculo son instructores de los hijos del tiempo sobre la carrera de la eternidad. El logro del Paraíso comprende responsabilidades de un orden nuevo y más elevado, y la estadía en el segundo círculo proporciona amplia oportunidad para recibir el consejo útil de estos supernafines dedicados.

Aquellos que no triunfan en el primer esfuerzo del logro de la Deidad, avanzan del círculo que presenciara su fracaso directamente al segundo círculo antes de ser enviados nuevamente al servicio del superuniverso. De este modo, los asesores y consejeros también sirven como consejeros y consoladores de estos peregrinos desalentados. Acaban ellos de enfrentarse con su desilusión más grande, que no difiere de manera alguna de la larga lista de tales experiencias por las que han trepado, como en una escala, del caos a la gloria: excepto en su magnitud. Estos seres son aquellos que han bebido de la copa experiencial hasta el fondo; y yo he observado que ellos retornan transitoriamente a los servicios de los superuniversos como el tipo más elevado de ministradores amantes para los hijos del tiempo y las desilusiones temporales.

Después de una larga estadía en el circuito número dos, los sujetos de la desilusión son examinados por un concilio de perfección en el mundo piloto de este círculo y se les certifica como habiendo pasado la prueba de Havona; y esto, en cuanto a lo que respecta al estado no espiritual, les otorga la misma posición en los universos del tiempo que tendrían si hubiesen tenido éxito en la aventura de la Deidad. El espíritu de estos candidatos era totalmente aceptable; su fracaso era inherente a alguna fase de la técnica de acercamiento o alguna porción de sus antecedentes experienciales.

Luego, los asesores del círculo los llevan ante los jefes de asignación en el Paraíso y son enviados de vuelta al servicio del tiempo en los mundos del espacio; y salen con regocijo y alegría a las tareas de días y edades anteriores. En otro momento volverán al círculo de su mayor desilusión e intentarán nuevamente la aventura de la Deidad.

Para los peregrinos triunfantes, se ha acabado en el segundo circuito el estímulo de la incertidumbre evolucionaria, pero la aventura de la asignación eterna aún no ha comenzado; y aunque la estadía en este círculo sea totalmente placentera y altamente beneficiosa, carece de algo del entusiasmo motivado por la anticipación de los círculos anteriores. Muchos son los peregrinos que, en estos momentos, echan una mirada hacia atrás, hacia la larga, muy larga lucha pasada, con envidia regocijada, deseando realmente poder de alguna manera regresar a los mundos del tiempo y comenzar el viaje otra vez, así como vosotros los mortales, al acercaros a la edad avanzada, a veces echáis una mirada hacia atrás, hacia las luchas de la juventud y de los primeros años de la vida y verdaderamente deseáis vivir otra vez vuestra vida.

Pero la travesía del círculo más interior está frente a ellos, y poco más adelante terminará el último reposo de tránsito, y comenzará la nueva aventura de la carrera eterna. Los asesores y consejeros del segundo círculo comienzan la preparación de sus sujetos para este reposo grande y final, el sueño inevitable que siempre sobreviene entre las etapas de época de la carrera ascendente.

Cuando los peregrinos ascendentes que han logrado al Padre Universal completan la experiencia del segundo círculo, sus Guías de los Graduados siempre a su lado promulgan la orden que los admite al círculo final. Estos guías conducen personalmente a sus sujetos hasta el círculo interior y los confían allí a la custodia de los complementos del reposo, la última de aquellas órdenes de supernafines secundarios asignada al ministerio de los peregrinos del tiempo en los circuitos de los mundos de Havona.

11. LOS COMPLEMENTOS DEL REPOSO

Buena parte del tiempo de los seres ascendentes en el último circuito se dedica a la continuación del estudio de los problemas inminentes en la residencia en el Paraíso. Una vasta y diversa hueste de seres, cuya mayoría no son revelados, son residentes permanentes y transitorios en este anillo interior de los mundos de Havona. La interrelación de estos múltiples tipos provee a los complementos superáficos del reposo con un medio ambiente rico en situaciones que utilizan eficazmente para avanzar la instrucción de los peregrinos ascendentes, especialmente en cuanto se refiere a los problemas de ajuste de los muchos grupos de seres que pronto serán encontrados en el Paraíso.

Entre aquellos que moran en este círculo interior están los hijos trinidizados por las criaturas. Los supernafines primarios y secundarios son los custodios generales de los cuerpos conjuntos de estos hijos, incluyendo a los vástagos trinidizados por los finalistas mortales y a progenies similares de los Ciudadanos del Paraíso. Algunos de estos hijos son abrazados por la Trinidad y comisionados en los supergobiernos, otros tienen asignaciones varias, pero la gran mayoría están siendo reunidos en el cuerpo conjunto en los mundos de la perfección en el círculo interior de Havona. Aquí se les prepara para una tarea futura, bajo la supervisión de los supernafines, por un cuerpo especial e innominado de elevados Ciudadanos del Paraíso que fueron, antes de los tiempos de Grandfanda, los primeros asistentes ejecutivos de los Eternos de los Días. Existen muchas razones para conjeturar que estos dos grupos singulares de seres trinidizados trabajarán juntos en un futuro remoto; y una de estas razones es su destino común en las reservas del Cuerpo Paradisiaco de los Finalistas Trinidizados.

En este circuito interior, los peregrinos ascendentes y descendentes fraternizan entre sí y con los hijos trinidizados por las criaturas. Como sus padres, estos hijos derivan grandes beneficios de la interasociación, y es la misión especial de los supernafines facilitar y asegurar la cofraternidad de los hijos trinidizados de los finalistas mortales y de los hijos trinidizados de los Ciudadanos del Paraíso. Los complementos del reposo superáficos no se ocupan tanto de la capacitación sino de la promoción de una asociación comprensiva entre los diversos grupos.

Los mortales recibieron el mando paradisiaco: «Sed perfectos, así como vuestro Padre en el Paraíso es perfecto». A estos hijos trinidizados del cuerpo conjunto los supernafines supervisores no cesan de proclamar: «Sed comprensivos de vuestros hermanos ascendentes, así como los Hijos Creadores Paradisiacos los conocen y los aman».

La criatura mortal debe encontrar a Dios. El Hijo Creador no se detiene hasta hallar al hombre —la criatura volitiva más baja. Sin duda, los Hijos Creadores y sus hijos mortales se están preparando para un servicio futuro desconocido en el universo. Ambos atraviesan la gama del universo experiencial y de este modo son instruidos y capacitados para su misión eterna. A lo largo de los universos ocurre esta combinación singular de lo humano y lo divino, la interrelación de criatura y Creador. Los mortales irreflexivos se han referido a la manifestación de la misericordia y ternura divinas, especialmente hacia los débiles y en nombre de los necesitados, como indicación de un Dios antropomorfo. ¡Qué error! Más bien, deben tomar tales manifestaciones de misericordia y paciencia hacia los seres humanos como prueba de que reside en el hombre mortal el espíritu del Dios viviente; que la criatura está, después de todo, motivada por la divinidad.

Hacia el fin de la estadía en el primer círculo, los peregrinos ascendentes se encuentran primero con los instigadores del reposo de la orden primaria de los supernafines. Éstos son los ángeles del Paraíso que salen para recibir a aquellos que están en el umbral de la eternidad y completar su preparación para el sueño de transición de la última resurrección. No eres realmente un hijo del Paraíso hasta que no hayas atravesado el círculo interior y hayas experimentado la resurrección de la eternidad del sueño terminal del tiempo. Los peregrinos perfeccionados comienzan su reposo, se duermen, en el primer círculo de Havona, pero despiertan en las orillas del Paraíso. De todos aquellos que ascienden a la Isla eterna, sólo los que llegan de este modo son hijos de la eternidad; los demás van como visitantes, como huéspedes sin estado de residentes.

Ahora, pues, en la culminación de la carrera de Havona, al dormiros vosotros los mortales en el mundo piloto del círculo interior, no estáis solos en vuestro reposo como lo estuvisteis en los mundos de vuestro origen cuando cerrabais los ojos en el sueño natural del fallecimiento mortal, ni como lo hicisteis cuando ingresasteis en el largo trance de tránsito preparatorio para el viaje a Havona. Ahora, al prepararte para el reposo de logro, se pone a tu lado tu asociado de mucho tiempo del primer círculo, el majestuoso complemento de reposo, quien se prepara para ingresar en el reposo como uno solo contigo, como la promesa de Havona de que tu transición será completa y de que tú aguardas tan sólo los toques finales de la perfección.

Tu primera transición fue, efectivamente, muerte; la segunda, un sueño ideal, y ahora la tercera metamorfosis es verdadero reposo, el descanso de las edades.

[Presentado por un Perfeccionador de la Sabiduría de Uversa.]

DOCUMENTO 27

EL MINISTERIO DE LOS SUPERNAFINES PRIMARIOS

LOS supernafines primarios son los servidores excelsos de las Deidades en la Isla eterna del Paraíso. No se ha oído jamás que se desvíen de los caminos de la luz y de la rectitud. Sus listas están completas; desde la eternidad no se ha perdido ni uno de estos magníficos ángeles. Estos elevados supernafines son seres perfectos, supremos en su perfección, pero no son absonitos, ni tampoco son ellos absolutos. Siendo de la esencia de la perfección, estos hijos del Espíritu Infinito trabajan en forma intercambiable y a voluntad en todas las fases de sus múltiples deberes. No funcionan extensamente fuera del Paraíso, aunque si participan en las varias reuniones de milenios y reuniones de grupo del universo central. También salen como mensajeros especiales de las Deidades, y en grandes números ascienden para volverse Asesores Técnicos.

Los supernafines primarios también se ponen al mando de las huestes seráficas que ministran en los mundos aislados debido a rebeliones. Cuando un hijo del Paraíso se otorga en dicho mundo, completa su misión, asciende al Padre Universal, es aceptado y regresa como redentor acreditado de este mundo aislado, los jefes de asignación siempre designan un supernafín primario para asumir el mando de los espíritus ministrantes que trabajan en la esfera recientemente reclamada. Los supernafines en este servicio especial rotan periódicamente. En Urantia el presente «Jefe de Serafines» es el segundo de esta orden en ser asignado desde los tiempos del autootorgamiento de Cristo Micael.

Desde la eternidad los supernafines primarios han servido en la Isla de la Luz y han salido en misiones de liderazgo hacia los mundos del espacio, pero según la clasificación actual funcionan sólo desde la llegada al Paraíso de los peregrinos del tiempo procedentes de Havona. Presentemente estos altos ángeles ministran principalmente en las siguientes siete órdenes de servicio:

1. Conductores de Adoración.
2. Maestros de Filosofía.
3. Custodios del Conocimiento.
4. Directores de Conducta.
5. Intérpretes de la Etica.
6. Jefes de Asignación.
7. Instigadores del Reposo.

Los peregrinos ascendentes no ingresan en la influencia directa de estos supernafines hasta alcanzar residencia en el Paraíso, y luego pasan por una experiencia de capacitación bajo la dirección de estos ángeles, en orden inverso al de su enumeración. O sea, que entras en tu carrera en el Paraíso bajo la protección de los instigadores del reposo y, después de sucesivas temporadas con las órdenes intermedias, terminas este período de capacitación con los conductores de la adoración. Entonces estás listo para comenzar la carrera interminable de un finalista.

1. LOS INSTIGADORES DEL REPOSO

Los instigadores del reposo son los inspectores del Paraíso que salen de la Isla central hacia el circuito interior de Havona, para colaborar allí con sus colegas, los complementos del reposo de la orden secundaria de los supernafines. El elemento esencial para disfrutar en el Paraíso es el reposo, el reposo divino; y estos instigadores del reposo son los instructores finales que preparan a los peregrinos del tiempo para su ingreso en la eternidad. Comienzan su tarea en el círculo final de logro del universo central y la continúan cuando el peregrino se despierta del último sueño de transición, el reposo que gradúa a una criatura del espacio al reino de lo eterno.

El reposo es de naturaleza séptuple: existe el reposo del sueño y de la recreación en las órdenes de vida más bajas, el descubrimiento en los seres elevados y la adoración en los tipos más elevados de personalidad espiritual. También existe el reposo normal de recuperación de la energía, para que los seres vuelvan a cargarse de energía física o espiritual. Luego existe el sueño de tránsito, el reposo inconsciente cuando un ser está enserafinado, cuando está de paso de una esfera a la otra. Enteramente distinto de todos éstos es el sueño profundo de la metamorfosis, el reposo de transición de una etapa de ser a otra, de una vida a otra, de un estado de existencia a otro, el sueño que por siempre acompaña la transición de un *estado* universal real en contraste con la evolución a través de varias *etapas* de un solo estado.

Pero el último sueño de metamorfosis es más que aquellos reposos previos de transición que han marcado los logros sucesivos de estado de la carrera ascendente; por ello las criaturas del tiempo y del espacio atraviesan los límites más interiores de lo temporal y lo espacial para lograr estado residencial en las moradas sin tiempo ni espacio del Paraíso. Los instigadores y los complementos del reposo son tan esenciales para esta metamorfosis trascendente como lo son los serafines y seres asociados para la sobrevivencia de la muerte de la criatura mortal.

Ingresas en el reposo del circuito final de Havona y resurges eternamente en el Paraíso. Y cuando te repersonalizas espiritualmente allí, inmediatamente reconocerás al instigador del reposo quien te da la bienvenida a las orillas eternas como el mismo supernafín primario que produjo el sueño final en el circuito más interior de Havona; y recordarás el último largo tramo de fe mientras se te prepara nuevamente para encomendar tu identidad en las manos del Padre Universal.

El último reposo del tiempo ha sido disfrutado; el último sueño de transición ha sido experimentado; ahora os despertáis a la vida imperecedera en las orillas de la morada eterna. «Y ya no habrá más sueño. La presencia de Dios y de su Hijo están ante vosotros y vosotros sois eternamente sus servidores; habéis visto su rostro y su nombre es vuestro espíritu. No habrá noche allí; y no necesitan de la luz del sol, porque la Gran Fuente y Centro les da luz; vivirán por siempre y para siempre. Y enjugará Dios toda lágrima de los ojos de ellos; y ya no habrá muerte, ni habrá más llanto, ni clamor, ni dolor; porque las primeras cosas pasaron».

2. LOS JEFES DE ASIGNACIÓN

Éste es el grupo designado de vez en cuando por el supernafín en jefe, «el ángel modelo original», para presidir la organización de las tres órdenes de estos ángeles: primaria, secundaria y terciaria. Los supernafines, como cuerpo, son totalmente autogobernantes y autoregulados excepto para las funciones de su jefe mutuo, el primer ángel del Paraíso, quien preside por siempre sobre todas estas personalidades espirituales.

Los ángeles de asignación tienen mucho que ver con los residentes mortales glorificados del Paraíso antes de que éstos sean admitidos al Cuerpo de la Finalidad. El estudio y la instrucción no son las ocupaciones exclusivas de aquellos que llegan al Paraíso; el servicio también juega un papel esencial en las experiencias de instrucción prefinalistas en el Paraíso. He observado que, cuando los mortales ascendentes tienen períodos de recreo, experimentan una predilección por fraternizar con los cuerpos de reserva de los jefes de asignación superáficos.

Cuando vosotros los mortales ascendentes lográis el Paraíso, vuestras relaciones sociales comprenden mucho más que el contacto con una hueste de seres divinos excelsos y con una multitud familiar de mortales glorificados vuestros semejantes. También debéis fraternizar con más de tres mil órdenes diferentes de Ciudadanos del Paraíso, con los distintos grupos de los Trascendentales, y con numerosos otros tipos de habitantes del Paraíso, tanto permanentes como transitorios, los que no han sido revelados en Urantia. Después de un contacto continuado con estos intelectos poderosos del Paraíso, es muy refrescante visitar a los tipos de mente angelical; recuerdan a los mortales el tiempo de los serafines, con los cuales tuvieron tan prolongado contacto y tan refrescante asociación.

3. LOS INTÉRPRETES DE LA ÉTICA

Cuanto más alto ascendáis en la escala de la vida, más atención debe prestarse a la ética universal. La conciencia ética es simplemente el reconocimiento, por parte de un individuo, de los derechos inherentes en la existencia de cualquiera y de todos los demás individuos. Pero la ética espiritual trasciende en mucho al concepto mortal, aun al concepto morontial de las relaciones personales y de grupo.

La ética ha sido debidamente enseñada y adecuadamente aprendida por los peregrinos del tiempo durante su largo ascenso a las glorias del Paraíso. A medida que esta carrera de ascensión interior se ha desarrollado desde los mundos nativos del espacio, los ascendentes han continuado agregando un grupo tras otro a su círculo en constante ampliación de asociados universales. Cada nuevo grupo de colegas encontrados agrega otro nivel de ética que debe reconocer y cumplir hasta que, en el momento en que los mortales de ascensión alcanzan el Paraíso, realmente necesitan a alguien que les proporcione consejo útil y amistoso relativo a las interpretaciones éticas. No necesitan que se les enseñe la ética, pero sí necesitan que lo que han aprendido tan laboriosamente sea apropiadamente *interpretado* para ellos al enfrentarse con la tarea extraordinaria de contactar a tanto que es nuevo.

Los intérpretes de la ética son de ayuda inestimable para los recién llegados al Paraíso pues los ayudan a ajustarse a los numerosos grupos de seres majestuosos durante ese período pletórico que va desde el logro de estado de residente hasta la inducción formal en el Cuerpo de los Mortales de la Finalidad. Ya los peregrinos ascendentes han conocido a muchos de los numerosos tipos de Ciudadanos del Paraíso en los siete circuitos de Havona. Los mortales glorificados también han disfrutado de un contacto íntimo con los hijos trinidizados por las criaturas del cuerpo conjunto en el círculo más interior de Havona, allí donde estos seres están recibiendo gran parte de su instrucción. En otros circuitos, los peregrinos ascendentes han conocido a numerosos residentes, no revelados, del sistema Paraíso-Havona que se encuentran allí en grupos de capacitación para prepararse para asignaciones futuras no reveladas.

Todas estas camaraderías celestiales son invariablemente mutuas. Vosotros, como mortales ascendentes, no sólo deriváis beneficios de estos sucesivos compañeros universales y de tan numerosas órdenes de asociados cada vez más divinos, sino que vosotros también impartís a cada uno de estos seres fraternales algo de vuestra propia personalidad y experiencia, que por siempre hará a uno de ellos diferente y mejor por haber estado asociado con un mortal ascendente proveniente de los mundos evolucionarios del tiempo y del espacio.

4. LOS DIRECTORES DE CONDUCTA

Habiendo ya sido plenamente instruidos en la ética de las relaciones paradisiacas —ni las formalidades sin significado ni los dictados de castas artificiales sino más bien las propiedades inherentes— los mortales ascendentes encuentran útil recibir el asesoramiento de los directores superáficos de conducta, quienes instruyen a los nuevos miembros de la sociedad del Paraíso en los usos de la conducta perfecta de los seres elevados que residen en la Isla central de Luz y Vida.

La armonía es la clave del universo central, y un orden detectable prevalece en el Paraíso. La conducta apropiada es esencial para el progreso mediante el conocimiento, a través de la filosofía, a las alturas espirituales de la adoración espontánea. Existe una técnica divina de acercamiento a la Divinidad; y la adquisición de esta técnica debe esperar hasta que los peregrinos lleguen al Paraíso. El espíritu de esta técnica ha sido impartido en los círculos de Havona, pero no se pueden aplicar los toques finales de la capacitación de los peregrinos del tiempo hasta después de que logren realmente la Isla de Luz.

Toda conducta paradisiaca es totalmente espontánea, en todo sentido natural y libre. Pero sigue habiendo una forma apropiada y perfecta de hacer las cosas en la Isla eterna, y los directores de conducta están siempre junto a los «extraños dentro de las puertas» para instruirles y guiar sus pasos hasta ponerles perfectamente acordes y al mismo tiempo capacitar a los peregrinos para que eviten la confusión e incertidumbre que de otra manera sería inevitable. Sólo mediante este arreglo es posible evitar una confusión sin fin; y la confusión no aparece nunca en el Paraíso.

Estos directores de conducta realmente sirven como maestros y guías glorificados. Se ocupan principalmente de instruir a los nuevos residentes mortales acerca de una gama casi infinita de nuevas situaciones y hábitos poco familiares. A pesar de la larga preparación y del largo viaje hasta el Paraíso, éste es todavía inexpresablemente extraño e inesperadamente nuevo para aquellos que finalmente logran el estado de residente.

5. LOS CUSTODIOS DEL CONOCIMIENTO

Los custodios superáficos del conocimiento son las «epístolas vivientes» más elevadas, conocidas y leídas por todos los que moran en el Paraíso. Son los registros divinos de la verdad, los libros vivientes del verdadero conocimiento. Habéis escuchado acerca de los registros en el «libro de la vida». Los custodios del conocimiento son dichos libros vivientes, registros de perfección impresos en las tablas eternas de la vida divina y de la seguridad suprema. Son en realidad bibliotecas vivientes y automáticas. Los hechos de los universos son inherentes en estos supernafines primarios, están efectivamente registrados en estos ángeles; y es también inherentemente imposible que algo que no sea verdad ocupe lugar en la mente de estos repositorios perfectos y pletóricos de la verdad de la eternidad y de la información del tiempo.

Estos custodios conducen cursos informales de instrucción para los residentes de la Isla Eterna, pero su función principal es la de referencia y verificación. Todo habitante del Paraíso puede a voluntad tener junto a su lado el repositorio viviente del hecho o verdad particular que desee conocer. En la extremidad norte de la Isla están disponibles los halladores vivientes del conocimiento, que designarán al director del grupo que contiene la información buscada, e inmediatamente aparecerán los seres brillantes que son la cosa misma que vosotros deseáis conocer. Ya no necesitáis buscar esclarecimiento en un sinnúmero de páginas; ahora comunicáis con la inteligencia viviente cara a cara. Así obtenéis el conocimiento supremo de los seres vivientes que *son* sus custodios finales.

Cuando ubiquéis al supernafín que es exactamente lo que vosotros deseáis verificar, encontraréis a vuestra disposición *todos* los hechos conocidos de todos los universos, porque estos custodios del conocimiento son el total final y viviente de la vasta red de los ángeles registradores, que va desde los serafines y seconafines de los universos locales y los superuniversos hasta los registradores jefes de los supernafines terciarios en Havona. Y esta acumulación viviente de conocimiento es distinta de los registros formales del Paraíso, el resumen cumulativo de la historia universal.

La sabiduría de la verdad tiene origen en la divinidad del universo central, pero el conocimiento, el conocimiento experiencial, tiene sus comienzos en gran parte en los dominios del tiempo y del espacio —de allí la necesidad del mantenimiento de vastas organizaciones superuniversales de serafines y supernafines registradores, patrocinadas por los Registradores Celestiales.

Estos supernafines primarios que están inherentemente en posesión del conocimiento universal también son responsables de su organización y clasificación. Al constituirse a sí mismos como biblioteca viviente de referencia del universo de los universos, ellos han clasificado el conocimiento en siete grandes órdenes, cada una con aproximadamente un millón de subdivisiones. La facilidad con que los residentes del Paraíso pueden consultar este vasto almacén de conocimiento se debe exclusivamente a los esfuerzos voluntarios y sabios de los custodios del conocimiento. Los custodios también son maestros excelsos del universo central, que dan libremente de sus tesoros vivientes a todos los seres en cualquiera de los circuitos de Havona, y son utilizados amplia aunque indirectamente por las cortes de los Ancianos de los Días. Pero esta biblioteca viviente, que está disponible en el universo central y los superuniversos, no es accesible a las creaciones locales. Sólo indirectamente y reflexivamente obtienen los universos locales los beneficios del conocimiento del Paraíso.

6. LOS MAESTROS DE FILOSOFÍA

Juntamente con la suprema satisfacción de la adoración, existe el regocijo de la filosofía. No llegaréis nunca tan alto ni avanzaréis tan lejos como para que no queden miles de misterios que requieran el empleo de la filosofía para intentar su solución.

Los maestros filósofos del Paraíso se deleitan en conducir a la mente de sus habitantes, tanto nativos como ascendentes, en la regocijante búsqueda de intentar solucionar los problemas del universo. Estos maestros superáficos de filosofía son los «hombres sabios del cielo», los seres de sabiduría que hacen uso de la verdad del conocimiento y de los hechos de la experiencia en su esfuerzo por dominar lo desconocido. Con ellos el conocimiento llega a la verdad y la experiencia asciende a la sabiduría. En el Paraíso las personalidades ascendentes del espacio experimentan lo más alto del ser: tienen conocimiento; conocen la verdad; pueden filosofar —pensar en la verdad; aún pueden intentar abrazar los conceptos del Último e intentar comprender las técnicas de los Absolutos.

En la extremidad sur del vasto dominio del Paraíso los maestros de filosofía conducen elaborados cursos en las setenta divisiones funcionales de sabiduría. Aquí discurren sobre los planes y propósitos de la Infinidad e intentan coordinar las experiencias y componer el conocimiento, de todos los que tienen acceso a su sabiduría. Han desarrollado una actitud altamente especializada hacia distintos problemas del universo, pero sus conclusiones finales están siempre en acuerdo uniforme.

Estos filósofos del Paraíso enseñan por todo método posible de instrucción, incluyendo la técnica gráfica más elevada de Havona y ciertos métodos del Paraíso de comunicar información. Todas estas técnicas más elevadas de impartir el conocimiento y transmitir las ideas están completamente más allá de la capacidad de comprensión aun de la mente humana más altamente desarrollada. Una hora de instrucción en el Paraíso sería equivalente a diez mil años de los métodos urantianos de palabra-memoria. Vosotros no podéis entender estas técnicas de comunicación y sencillamente no hay nada en la experiencia mortal con la cual se las pueda comparar, o nada a que se asemejen.

Los maestros de filosofía tienen placer supremo en impartir su interpretación del universo de los universos a aquellos seres que han ascendido de los mundos del espacio. Y aunque la filosofía no puede ser nunca tan firme en sus conclusiones como los hechos del conocimiento y las verdades de la experiencia, sin embargo, cuando hayáis escuchado a estos supernafines primarios discurrir sobre los problemas no solucionados de la eternidad y las actuaciones de los Absolutos, experimentaréis certera y duradera satisfacción en relación con estas preguntas no dominadas.

No se emiten estas búsquedas intelectuales del Paraíso; la filosofía de la perfección está disponible tan sólo para aquellos que están presentes personalmente. Las creaciones que rodean al Paraíso conocen de estas técnicas tan sólo por los que han pasado a través de esta experiencia, y que posteriormente han llevado esta sabiduría a los universos del espacio.

7. LOS CONDUCTORES DE LA ADORACIÓN

La adoración es el privilegio más elevado y el primer deber de todas las inteligencias creadas. La adoración es el acto consciente y regocijado de reconocer y aceptar la verdad y el hecho de las relaciones íntimas y personales de los Creadores con sus criaturas. La calidad de la adoración está determinada por la profundidad de la percepción de la criatura; y a medida que progresa su conocimiento del carácter infinito de los Dioses, la acción de la adoración se vuelve cada vez más amplia, hasta finalmente llegar a la gloria del regocijo experiencial más elevado y del placer más exquisito conocido para los seres creados.

Aunque en la Isla del Paraíso existen ciertos lugares de adoración, ésta es más bien un vasto santuario de servicio divino. La adoración es la primera y dominante pasión de todos los que alcanzan sus orillas benditas —la ebullición espontánea de los seres que han aprendido lo suficiente de Dios como para lograr su presencia. De círculo en círculo durante el viaje hacia dentro a través de Havona, la adoración es una pasión creciente hasta que en el Paraíso se hace necesario dirigirla y de otra manera controlar su expresión.

Las explosiones periódicas, espontáneas, de grupo y de otra índole de adoración suprema y alabanza espiritual disfrutadas en el Paraíso se conducen bajo el liderazgo de un cuerpo especial de supernafines primarios. Bajo la dirección de estos conductores de adoración, este homenaje alcanza el objetivo de la criatura de placer supremo y llega a las alturas de la perfección de la autoexpresión sublime y del regocijo personal. Todos los supernafines primarios anhelan ser conductores de la adoración; y todos los seres ascendentes querrían disfrutar por siempre de mantenerse en la actitud de adoración si los jefes de asignación no dispersaran periódicamente estas asambleas. Pero no se requiere que ningún ser ascendente ingrese en las asignaciones de servicio eterno hasta tanto no haya logrado plena satisfacción en la adoración.

Es tarea de los conductores de la adoración enseñar a las criaturas ascendentes cómo adorar para que éstos puedan ganar esta satisfacción de autoexpresión y al mismo tiempo ser capaces de prestar atención a las actividades esenciales del régimen del Paraíso. Sin el mejoramiento de la técnica de adoración, le llevaría cientos de años al mortal promedio que llega al Paraíso alcanzar expresión plena y satisfactoria de sus emociones de apreciación inteligente y gratitud ascendente. Los conductores de adoración abren nuevas avenidas, hasta ese momento desconocidas, de expresión para que estos maravillosos hijos del seno del espacio y de las tribulaciones del tiempo puedan ganar las plenas satisfacciones de la adoración en mucho menos tiempo.

Todas las artes de todos los seres del entero universo que son capaces de intensificar y exaltar la habilidad de la autoexpresión y la comunicación de la apreciación, se emplean al máximo en la adoración de las Deidades del Paraíso. *La adoración es el regocijo más elevado de la existencia en el Paraíso;* es el recreo refrescante del Paraíso. Lo que la recreación hace para vuestra mente agobiada en la tierra, la adoración hará para vuestras almas perfeccionadas en el Paraíso. El modo de adoración en el Paraíso está completamente más allá de la comprensión mortal, pero su espíritu vosotros podéis comenzar a apreciarlo aun aquí abajo en Urantia, porque los espíritus de los Dioses aun ahora residen en vosotros, os envuelven y os inspiran a la adoración verdadera.

Hay lugares y horarios preestablecidos de adoración en el Paraíso, pero éstos no alcanzan para satisfacer el caudal en constante aumento de las emociones espirituales de la creciente comprensión y del reconocimiento en ampliación de la divinidad en los seres brillantes de ascensión experiencial a la Isla eterna. Desde los tiempos de Grandfanda, los supernafines no han sido capaces de acomodar plenamente el espíritu de adoración en el Paraíso. Siempre existe un exceso de deseo de adorar respecto a la preparación para la adoración. Y esto se debe a que las personalidades de perfección inherente no pueden apreciar jamás plenamente las extraordinarias reacciones de las emociones espirituales de los seres que se han abierto camino lenta y laboriosamente hacia arriba, hasta la gloria del Paraíso, desde las profundidades de la oscuridad espiritual de los mundos inferiores del espacio y tiempo. Cuando estos ángeles y mortales del tiempo logran la presencia de los Poderes del Paraíso, se desencadena la expresión de las emociones acumuladas de las edades, un espectáculo sorprendente para los ángeles del Paraíso y productor de supremo regocijo de satisfacción divina en las Deidades del Paraíso.

A veces el Paraíso entero está envuelto en una marea dominadora de expresión espiritual y de adoración. Frecuentemente los conductores de la adoración no pueden controlar estos fenómenos hasta la aparición de la fluctuación triple de la luz de la morada de la Deidad, que manifiesta que el corazón divino de los Dioses ha sido plena y completamente satisfecho por la adoración sincera de los residentes del Paraíso, los ciudadanos perfectos de la gloria y las criaturas ascendentes del tiempo. ¡Qué triunfo de técnica! ¡Qué florecimiento del plan y propósito eterno de los Dioses, que el amor inteligente del hijo criatura dé plena satisfacción al amor infinito del Padre Creador!

Después de lograr la satisfacción suprema de la plenitud de la adoración, vosotros estáis calificados para ser admitidos en el Cuerpo de la Finalidad. La carrera ascendente está casi completa, y el séptimo jubileo se prepara para la celebración. El primer jubileo marcó el acuerdo mortal con el Ajustador del Pensamiento cuando se selló el propósito de sobrevivir; el segundo fue el despertar en la vida morontial; el tercero, la fusión con el Ajustador del Pensamiento; el cuarto fue el despertar en Havona; el quinto celebró el hallazgo del Padre Universal; y el sexto jubileo fue la ocasión del despertar en el Paraíso, después del sueño final de tránsito en el tiempo. El séptimo jubileo marca el ingreso en el cuerpo de los finalistas mortales y el comienzo del servicio en la eternidad. El logro de la séptima etapa de realización espiritual por parte de un finalista señala probablemente la celebración del primero de los jubileos de la eternidad.

Así pues termina la historia de los supernafines del Paraíso, la orden más elevada de todos los espíritus ministrantes, esos seres que, como clase universal, os asisten por siempre desde el mundo de vuestro origen hasta que finalmente los conductores de la adoración os dan la despedida cuando tomáis el juramento eterno de la Trinidad y sois incorporados en el Cuerpo de los Mortales de la Finalidad.

El servicio interminable de la Trinidad del Paraíso está por comenzar; ahora el finalista se encuentra frente a frente con el desafío de Dios el Último.

[Presentado por un Perfeccionador de la Sabiduría de Uversa.]

DOCUMENTO 28

LOS ESPÍRITUS MINISTRANTES DE LOS SUPERUNIVERSOS

ASÍ como los supernafines son las huestes angélicas del universo central y los serafines las de los universos locales, del mismo modo los seconafines son los espíritus ministrantes de los superuniversos. En grado de divinidad y en potencial de supremacía, sin embargo, estos hijos de los Espíritus Reflexivos son mucho más parecidos a los supernafines que a los serafines. No sirven solos en las supercreaciones, y las transacciones patrocinadas por sus asociados no revelados son tan numerosas como fascinantes.

Tal como se presentan en estas narrativas, los espíritus ministrantes de los superuniversos comprenden las siguientes tres órdenes.

1. Los Seconafines.
2. Los Terciafines.
3. Los Omniafines.

Puesto que las últimas dos órdenes no se ocupan directamente del esquema de ascensión de la progresión mortal, se los tratará brevemente antes de considerar más a fondo a los seconafines. Técnicamente, ni los terciafines ni los omniafines son espíritus ministrantes *de* los superuniversos, aunque ambos sirven como ministros espirituales *en* estos dominios.

1. LOS TERCIAFINES

Estos altos ángeles están registrados en las sedes de los superuniversos, y a pesar de su servicio en las creaciones locales, técnicamente son residentes de estas capitales superuniversales, en cuanto no son oriundos de los universos locales. Los terciafines son hijos del Espíritu Infinito y se los personaliza en el Paraíso en grupos de mil. Estos seres excelsos de originalidad divina y versatilidad casi suprema son el don del Espíritu Infinito a los Hijos Creadores de Dios.

Cuando un Hijo Micael se separa del régimen paterno en el Paraíso y se prepara para salir a la aventura universal del espacio, el Espíritu Infinito entrega un grupo de mil de estos espíritus acompañantes. Y estos terciafines majestuosos acompañan al Hijo Creador, cuando éste se embarca en la aventura de la organización de un universo.

Durante los tiempos primitivos de la construcción de un universo, estos mil terciafines constituyen el único séquito personal del Hijo Creador. Adquieren una experiencia enorme como asistentes del Hijo durante estas épocas emocionantes de ensamblaje de un universo y otras manipulaciones astronómicas. Sirven al lado del Hijo Creador hasta el día de la personalización de la Brillante Estrella Matutina, el primogénito de un universo local. En ese momento, los terciafines presentan su dimisión formal y ésta es aceptada. Y con la aparición de las órdenes iniciales de vida angélica nativa, se retiran del servicio activo en el universo local y se tornan ministros de enlace entre el Hijo Creador al cual habían sido previamente asignados y los Ancianos de los Días del superuniverso correspondiente.

2. LOS OMNIAFINES

Los omniafines son creados por el Espíritu Infinito en enlace con los Siete Ejecutivos Supremos, y son los servidores y mensajeros exclusivos de estos mismos Ejecutivos Supremos. Se asignan los omniafines al gran universo, y en Orvonton su cuerpo mantiene su sede central en la zona norte de Uversa, donde residen como colonia especial de cortesía. No están registrados en Uversa, ni asignados a nuestra administración. Tampoco se ocupan directamente del esquema ascendente de la progresión mortal.

Los omniafines están totalmente ocupados de la vigilancia de los superuniversos en beneficios de la coordinación administrativa, desde el punto de vista de los Siete Ejecutivos Supremos. Nuestra colonia de omniafines en Uversa recibe instrucciones solamente del Ejecutivo Supremo de Orvonton y rinde informes al mismo, ubicado en la esfera ejecutiva conjunta número siete del anillo exterior de los satélites del Paraíso.

3. LOS SECONAFINES

Los siete Espíritus Reflexivos asignados a la sede central de cada superuniverso producen las huestes secoráficas. Existe una técnica definida de respuesta en el Paraíso, asociada con la creación de estos ángeles en grupos de siete. En cada grupo de siete siempre hay uno primario, tres secundarios y tres terciarios; siempre se personalizan en esa proporción exacta. Cuando se crean siete seconafines semejantes, uno, el primario, es asignado al servicio de los Ancianos de los Días. Los tres ángeles secundarios se asocian con tres grupos de administradores de origen en el Paraíso en los supergobiernos: los Consejeros Divinos, los Perfeccionadores de la Sabiduría y los Censores Universales. Los tres ángeles terciarios son asignados a los asociados trinidizados ascendentes de los gobernantes del superuniverso: los Mensajeros Poderosos, Aquellos Elevados en Autoridad, y Aquellos sin Nombre ni Número.

Estos seconafines de los superuniversos son los vástagos de los Espíritus Reflexivos, y por consiguiente, la reflexividad es inherente en su naturaleza. Reaccionan reflexivamente en todas y cada una de las fases de cada una de las criaturas de origen en la Tercera Fuente y Centro y de los Hijos Creadores Paradisiacos, pero no son directamente reflexivos de las cosas y entidades, personales u otras, de origen único en la Primera Fuente y Centro. Poseemos muchas pruebas de la realidad de los circuitos universales de inteligencia del Espíritu Infinito, pero aunque no tuvieramos otras pruebas, las actuaciones reflexivas de los seconafines serían totalmente suficientes para demostrar la realidad de la presencia universal de la mente infinita del Actor Conjunto.

4. LOS SECONAFINES PRIMARIOS

Los seconafines primarios, asignados a los Ancianos de los Días, son espejos vivientes al servicio de estos gobernantes triunos. Pensad qué significa, en la economía de un superuniverso, poder recurrir, en efecto, a un espejo viviente y en él ver y escuchar las respuestas certeras de otro ser a mil o cien mil años luz de distancia y hacer todo esto instantánea e infaliblemente. Los registros son esenciales para la conducción de los universos, las emisiones son útiles, el trabajo de los Mensajeros Solitarios y de otros es muy útil, pero los Ancianos de los Días, desde su posición a mitad de camino entre los mundos habitados y el Paraíso —entre el hombre y Dios— pueden mirar instantáneamente hacia ambos lados, escuchar hacia ambos lados y *conocer* ambos lados.

Esta habilidad —escuchar y ver, por decirlo así, todas las cosas— puede ser perfectamente realizada en los superuniversos sólo por los Ancianos de los Días y sólo en sus respectivos mundos sede central. Aun allí hay limitaciones: desde Uversa, dicha comunicación se limita a los mundos y universos de Orvonton, y aunque no esté operante entre los superuniversos, esta misma técnica reflexiva mantiene a cada uno de ellos en estrecho contacto con el universo central y con el Paraíso. Los siete supergobiernos, aunque individualmente segregados, son de esta manera perfectamente reflexivos de la autoridad de arriba y totalmente comprensivos, así como también conocedores, de las necesidades de abajo.

Los seconafines primarios parecen inclinarse por naturaleza inherente hacia siete tipos de servicio, y es conveniente que las primeras series de esta orden tengan dotes que les permitan interpretar inherentemente la mente del Espíritu para los Ancianos de los Días:

1. *La Voz del Actor Conjunto*. En cada superuniverso, el primer seconafín primario y cada séptimo de esa orden posteriormente creado exhiben un alto grado de adaptabilidad para comprender e interpretar la mente del Espíritu Infinito para los Ancianos de los Días y sus asociados en los supergobiernos. Esto es de gran valor en las sedes de los superuniversos porque, a diferencia de las creaciones locales con sus Ministras Divinas, el asiento de un supergobierno no cuenta con una personalización especializada del Espíritu Infinito. Por lo tanto, estas voces secoráficas son las que más se aproximan a ser representantes personales de la Tercera Fuente y Centro en tales esferas capitales. Es verdad que los siete Espíritus Reflexivos se encuentran allí, pero estas madres de las huestes secoráficas son menos exacta y automáticamente reflexivas del Actor Conjunto que de los Siete Espíritus Rectores.

2. *La Voz de los Siete Espíritus Rectores*. El segundo seconafín primario y cada séptimo creado después de éste se inclinan a describir las naturalezas y reacciones colectivas de los Siete Espíritus Rectores. Aunque cada Espíritu Rector ya está representado en la capital de un superuniverso por uno de los siete Espíritus Reflexivos de asignación, dicha representación es individual, no colectiva. Colectivamente, están presentes tan sólo reflexivamente; por lo tanto, los Espíritus Rectores aprecian el servicio de estos ángeles altamente personales, la segunda serie de los seconafines primarios, que son tan competentes para representarlos frente a los Ancianos de los Días.

3. *La Voz de los Hijos Creadores*. El Espíritu Infinito ha de tener algo que ver con la creación o la capacitación de los Hijos Paradisiacos de la orden de Micael, porque el tercer seconafín primario y cada séptimo seriado de allí en adelante posee el don notable de ser reflexivo de la mente de estos Hijos Creadores. Si los Ancianos de los Días quisieran saber —realmente saber— la actitud de Micael de Nebadon respecto de algún asunto bajo consideración, no necesitan llamarlo a través de las líneas del espacio; tan sólo necesitan llamar al Jefe de las Voces de Nebadon, quien, si se le solicita, presentará al seconafín Micael de registro; y allí mismo y en ese momento, los Ancianos de los Días percibirán la voz del Hijo Mayor de Nebadon.

Ninguna otra orden de filiación es «reflexible» de esta manera, y ninguna otra orden de ángeles puede funcionar de esta manera. No comprendemos plenamente de qué manera se realiza esto, y dudo mucho de que los Hijos Creadores lo comprendan plenamente. Pero con seguridad sabemos que funciona, y que infaliblemente funciona aceptablemente también lo sabemos, porque en toda la historia de Uversa, las voces secoráficas no han errado jamás en sus presentaciones.

Aquí estáis comenzando a ver algo de la manera en la cual la divinidad comprende el espacio del tiempo y domina el tiempo del espacio. Aquí estáis comenzando a echar uno de los primeros vistazos pasajeros a la técnica del ciclo de la eternidad, divergente por el momento, para asistir a los hijos del tiempo en sus esfuerzos por superar las arduas dificultades del espacio. Y estos fenómenos son adicionales a la técnica universal establecida de los Espíritus Reflexivos.

Aunque aparentemente privados de la presencia personal de los Espíritus Rectores de arriba y de los Hijos Creadores de abajo, los Ancianos de los Días tienen a su disposición seres vivientes sintonizados a los mecanismos cósmicos de la perfección reflexiva y de la precisión última, gracias a los cuales pueden disfrutar de la presencia reflexiva de todos aquellos seres excelsos cuya presencia personal se les niega. Por medio y a través de estos mecanismos, y de otros que vosotros desconocéis, Dios está potencialmente presente en las sedes de los superuniversos.

Los Ancianos de los Días deducen perfectamente la voluntad del Padre mediante el paralelismo de la transmisión de la voz del Espíritu desde arriba y de la transmisión de la voz de Micael desde abajo. De esta manera, pueden estar infaliblemente seguros al sopesar la voluntad del Padre sobre los asuntos administrativos de los universos locales. Pero para deducir la voluntad de uno de los Dioses del conocimiento de los otros dos, los tres Ancianos de los Días deben actuar juntos; dos no serían capaces de llegar a la respuesta. Por esta razón, aunque si no hubiesen otras, tres Ancianos de los Días siempre presiden los superuniversos, y no uno ni siquiera por dos.

4. *La Voz de las Huestes Angélicas*. El cuarto seconafín primario y cada séptimo seriado son ángeles peculiarmente sensibles a los sentimientos de todas las órdenes de los ángeles, incluyendo a los supernafines de arriba y a los serafines de abajo. Así, la actitud de cualquier ángel de mando o de supervisión está inmediatamente disponible para la consideración de cualquier concilio de los Ancianos de los Días. No pasa un día en vuestro mundo, en que el jefe de los serafines en Urantia no tenga conciencia del fenómeno de la transferencia reflexiva, de ser atraído desde Uversa para algún propósito; pero a menos que algún Mensajero Solitario se lo advierta por adelantado, permanece totalmente ignorante de lo que se busca y de cómo se obtiene. Estos espíritus ministrantes del tiempo proveen constantemente este tipo de testimonio inconsciente y ciertamente, por lo tanto, libre de prejuicios sobre la colección interminable de asuntos que llaman la atención y requieren las deliberaciones de los Ancianos de los Días y de sus asociados.

5. *Los Receptores de Emisiones*. Existe una clase especial de mensajes emitidos que tan sólo es recibida por estos seconafines primarios. Aunque no son ellos los emisores regulares de Uversa, funcionan en enlace con los ángeles de las voces reflexivas para el fin de sincronizar la visión reflexiva de los Ancianos de los Días con ciertos mensajes auténticos que provienen de los circuitos establecidos de la comunicación universal. Los receptores de emisiones son de la quinta serie, el quinto seconafín creado y cada séptimo después de él.

6. *Las Personalidades de Transporte*. Éstos son los seconafines que llevan a los peregrinos del tiempo de los mundos sede central de los superuniversos al círculo exterior de Havona. Son el cuerpo de transporte de los superuniversos, operan hacia adentro hasta el Paraíso, y hacia afuera a los mundos de sus respectivos sectores. Este

cuerpo está compuesto por el sexto seconafín primario y cada séptimo de los creados posteriormente.

7. *El Cuerpo de Reserva.* Un grupo muy grande de seconafines, los seriados primarios séptimos, se mantiene en reserva para deberes no clasificados y para asignaciones de urgencia de los reinos. Puesto que no son altamente especializados, pueden funcionar relativamente bien en cualquiera de las capacidades de sus diversos asociados, pero dicho trabajo especializado se realiza tan sólo en casos de urgencia. Sus tareas usuales consisten en la realización de aquellos deberes generalizados de un superuniverso que no caen dentro del alcance de los ángeles de asignación específica.

5. LOS SECONAFINES SECUNDARIOS

Los seconafines de la orden secundaria no son menos reflexivos que sus semejantes primarios. La clasificación de primario, secundario y terciario no indica un diferencial de estado ni de función en el caso de los seconafines; simplemente denota los órdenes de procedimiento. Los tres grupos exhiben cualidades idénticas en sus actividades.

Se asignan los siete tipos reflexivos de los seconafines secundarios a los servicios de los asociados coordinados de origen en la Trinidad de los Ancianos de los Días, como sigue:

Para los Perfeccionadores de la Sabiduría —las Voces de la Sabiduría, las Almas de la Filosofía y las Uniones de las Almas.

Para los Consejeros Divinos —los Corazones de Consejo, los Regocijos de Existencia y las Satisfacciones de Servicio.

Para los Censores Universales —los Discernidores de los Espíritus.

Al igual que la orden primaria, este grupo es creado en forma seriada; o sea, que el primogénito fue una Voz de Sabiduría y el séptimo de allí en adelante fue similar, y así sucesivamente con los seis otros tipos de estos ángeles reflexivos.

1. *La Voz de la Sabiduría.* Algunos de estos seconafines están en enlace perpetuo con las bibliotecas vivientes del Paraíso, los custodios del conocimiento que pertenecen a los supernafines primarios. En el servicio reflexivo especializado, las Voces de la Sabiduría son concentraciones y enfoques vivientes, actuales, pletóricas y completamente confiables, de la sabiduría coordinada del universo de los universos. Para el volumen casi infinito de información que circula en los circuitos maestros de los superuniversos, estos seres extraordinarios son tan reflexivos y selectivos, tan sensibles, como para poder segregar y recibir la esencia de la sabiduría e infaliblemente transmitir estas joyas de mentación a sus superiores, los Perfeccionadores de la Sabiduría. Y funcionan de tal modo que los Perfeccionadores de la Sabiduría no solamente oyen las expresiones reales y originales de esta sabiduría, sino que también ven reflexivamente a los seres mismos, de origen elevado o bajo, que le dieron voz.

Está escrito: «Si un hombre carece de sabiduría, que pregunte». En Uversa, cuando se hace necesario llegar a decisiones sabias en las situaciones perplejas de los complejos asuntos del gobierno del superuniverso, cuando se requieren tanto sabiduría de perfección como sabiduría de practicabilidad, entonces los Perfeccionadores de la Sabiduría convocan un batallón de Voces de Sabiduría y, mediante la pericia consumada de su orden, sintonizan y direccionalizan a estos receptores vivientes de la sabiduría contenida en las mentes y circulante en el universo de los universos de modo tal que muy pronto, desde estas voces secoráficas, fluye un caudal de sabiduría de la divinidad desde el universo arriba y una inundación de sabiduría de practicabilidad desde las mentes más elevadas de los universos abajo.

Si surge confusión sobre la armonización de estas dos versiones de sabiduría, se apela inmediatamente a los Consejeros Divinos, que de inmediato deciden la combinación apropiada de procedimientos. Si existe alguna duda sobre la autenticidad de algo que proviene de reinos en los que haya estallado una rebelión, se apela a los Censores quienes, con sus Discernidores de Espíritu, son capaces de decidir inmediatamente en cuanto a en «qué asunto del espíritu» actuó el consejero. De este modo, la sabiduría de las edades y el intelecto del momento están siempre presentes con los Ancianos de los Días, como un libro abierto ante su mirada benéfica.

Vosotros apenas si podéis comprender lo que todo esto significa para aquellos que son responsables de la conducta de los gobiernos superuniversales. La inmensidad y amplitud de estas transacciones están totalmente más allá de la concepción finita. Cuando os encontréis, como yo repetidamente me he encontrado, en las cámaras especiales de recepción del templo de la sabiduría en Uversa y veáis todo esto en operación actual, seréis impulsados a la adoración por la perfección de la complejidad, y por la seguridad del funcionamiento de las comunicaciones interplanetarias de los universos. Homenajearéis a la sabiduría divina y a la bondad de los Dioses, que planean y ejecutan con técnica tan extraordinaria. Estas cosas realmente suceden tal como yo las he descrito.

2. *El Alma de la Filosofía.* Estos maravillosos maestros también se asignan a los Perfeccionadores de la Sabiduría y, cuando no están dirigidos de otra manera, permanecen en sincronía focal con los maestros de la filosofía en el Paraíso. Piensa en acercarte a un enorme espejo viviente, en efecto, pero en vez de contemplar la imagen de tu yo material y finito, de percibir un reflejo de la sabiduría de la divinidad y de la filosofía del Paraíso. Mas si se hace deseable «encarnar» esta filosofía de perfección, para diluirla y hacerla de este modo práctica para su aplicación y asimilación por parte de los pueblos humildes de los mundos bajos, estos espejos vivientes tan sólo necesitan dar vuelta el rostro hacia abajo, para reflejar las normas y necesidades de otro mundo o universo.

Por estas mismas técnicas, los Perfeccionadores de la Sabiduría adaptan decisiones y recomendaciones a las necesidades reales y al estado auténtico de los pueblos y mundos bajo consideración, y siempre actúan de acuerdo con los Consejeros Divinos y los Censores Universales. Pero la plenitud sublime de estas transacciones está más allá aún de mi capacidad de comprensión.

3. *La Unión de las Almas.* Completando el personal triuno asignado a los Perfeccionadores de la Sabiduría, están estos reflectores de los ideales y estado de las relaciones éticas. De todos los problemas en el universo que requieren el ejercicio de una sabiduría consumada de experiencia y adaptabilidad, ninguno es más importante que los que surgen de las relaciones y asociaciones de los seres inteligentes. Sea en las asociaciones humanas de comercio y negocios, de amistad y matrimonio, o en los enlaces de las huestes angélicas, siempre surgen fricciones mezquinas, malentendidos menores, demasiado triviales como para llamar la atención de los conciliadores, pero suficientemente irritantes y perturbadores como para estorbar el mecanismo normal del universo, si se permite que se multipliquen y continúen. Por lo tanto, los Perfeccionadores de la Sabiduría ponen a disposición la experiencia sabia de su orden como «el aceite de la reconciliación» de un entero superuniverso. En todo este trabajo, estos hombres sabios de los superuniversos están secundados hábilmente por sus asociados reflexivos, las Uniones de las Almas, que ponen a disposición la información actual relativa al estado del universo y al mismo tiempo describen el ideal paradisiaco, para el

mejor ajuste de estos problemas que producen perplejidad. Cuando no están dirigidos específicamente a otro lugar, estos seconafines permanecen en enlace reflexivo con los intérpretes de la ética en el Paraíso.

Éstos son los ángeles que fomentan y promueven el trabajo en equipo de todo Orvonton. Una de las lecciones más importantes que debéis aprender durante vuestra carrera mortal consiste en *trabajar en equipo*. Las esferas de perfección tienen un personal que proviene de los que han dominado este arte de trabajar con otros seres. En el universo pocos son los deberes para el servidor solitario. Cuanto más alto ascendáis, más solitarios estaréis al encontraros temporalmente sin asociación con vuestros semejantes.

4. *El Corazón de Consejo*. Éste es el primer grupo de estos genios reflexivos colocado bajo la supervisión de los Consejeros Divinos. Los seconafines de este tipo están en posesión de los hechos del espacio, siendo selectivos para estos datos en los circuitos del tiempo. Especialmente son reflexivos de los coordinadores superáficos de información, pero también son selectivamente reflexivos del parecer de todos los seres, tanto de estado alto como de estado bajo. Toda vez que los Consejeros Divinos son convocados para concilios o decisiones importantes, solicitan inmediatamente un conjunto de Corazones de Consejo, y luego la decisión emitida incorpora efectivamente la sabiduría y el consejo coordinados de las mentes más competentes del entero superuniverso, todo lo cual ha sido censurado y revisado a la luz del parecer de las mentes elevadas de Havona y aún del Paraíso.

5. *El Regocijo de la Existencia*. Por naturaleza estos seres están reflexivamente sincronizados con los supervisores superáficos de la armonía arriba y con ciertos serafines abajo, pero es difícil explicar qué es precisamente lo que hacen en realidad los miembros de este interesante grupo. Sus actividades principales están dirigidas a promover reacciones de regocijo entre las varias órdenes de las huestes angelicales y de las criaturas volitivas inferiores. Los Consejeros Divinos, a quienes están agregados, pocas veces los utilizan específicamente para detectar regocijo. En una forma más general y en colaboración con los directores de reversión, funcionan como conmutadores de regocijo, intentando aumentar las reacciones de placer de los reinos y mejorar el gusto por el humor, para desarrollar entre mortales y ángeles un superhumor. Intentan demostrar que existe un regocijo inherente en una existencia con libre albedrío, independientemente de toda influencia externa; y tienen razón, aunque encuentran grandes dificultades para inculcar esta verdad en la mente de los hombres primitivos. Las personalidades espirituales más elevadas y los ángeles responden más rápidamente a estos esfuerzos de instrucción.

6. *La Satisfacción del Servicio*. Estos ángeles son altamente reflexivos de la actitud de los directores de conducta en el Paraíso y funcionan en forma muy semejante a los Regocijos de Existencia, intentando enaltecer el valor del servicio y aumentar las satisfacciones que de él se puede derivar. Mucho han hecho para iluminar las recompensas pospuestas inherentes en el servicio altruista, servicio para la ampliación del reino de la verdad.

Los Consejeros Divinos, a quienes está agregada esta orden, los utilizan para reflejar de un mundo a otro los beneficios que se pueden extraer del servicio espiritual. Y utilizando así las realizaciones de los mejores para inspirar y alentar a los mediocres, estos seconafines contribuyen inmensamente a la calidad del servicio dedicado en los superuniversos. Se usa con eficacia el espíritu competitivo fraternal, circulando de un mundo a otro información sobre lo que se hace en los demás mundos, particularmente en los mejores mundos. Se promueve así una rivalidad refrescante y sincera aun entre las huestes seráficas.

7. *Los Discernidores de los Espíritus*. Existe un enlace especial entre los asesores y consejeros del segundo círculo de Havona y estos ángeles reflexivos. Son los únicos seconafines agregados a los Censores Universales, pero probablemente son más singularmente especializados entre todos sus semejantes. Sea cual fuere la fuente o canal de la información, aunque las pruebas disponibles sean muy escasas, cuando se las somete a su escrutinio reflexivo, estos discernidores inmediatamente nos informarán sobre el verdadero motivo, el propósito real y la auténtica naturaleza de su origen. Me maravillo del funcionamiento extraordinario de estos ángeles, que tan infaliblemente reflejan el carácter moral y espiritual auténtico de cualquier individuo puesto bajo su exposición focal.

Los Discernidores de los Espíritus llevan a cabo estos intrincados servicios por virtud de «discernimiento espiritual» inherente, si es que puedo usar dichas palabras en un intento para hacer comprender a la mente humana el pensamiento de que estos ángeles reflexivos funcionan así intuitivamente, inherentemente e infaliblemente. Cuando los Censores Universales contemplan estas presentaciones, están frente a frente con el alma desnuda del individuo reflejado; esta misma certidumbre y perfección de retrato explica en parte por qué los censores pueden funcionar siempre como jueces tan justos y rectos. Los discernidores siempre acompañan a los Censores en cualquier misión alejada de Uversa, y son igualmente eficaces en los universos como lo son en su sede de Uversa.

Os aseguro que todas estas transacciones del mundo espiritual son reales, que tienen lugar de acuerdo con las costumbres establecidas y en armonía con las leyes inmutables de los dominios universales. Los seres de cada nueva orden creada, inmediatamente después de recibir el aliento de vida, son reflejados instantáneamente en las alturas; se emite un retrato viviente de la naturaleza y potencial de la criatura a la sede central del superuniverso. De esta manera, por medio de los discernidores, los Censores entran en conocimiento pleno de exactamente «qué tipo de espíritu» ha nacido en los mundos del espacio.

Esto ocurre con el hombre mortal: el Espíritu Materno de Salvington os conoce plenamente, porque el Espíritu Santo en vuestro mundo «investiga todas las cosas» y todo cuanto sepa el Espíritu de vosotros está inmediatamente disponible a los discernidores secoráficos, quienes reflejan con el Espíritu, lo que se refiere al conocimiento que tiene de vosotros. Sin embargo, debemos mencionar que el conocimiento y planes de los fragmentos del Padre no son reflejables. Los discernidores pueden reflejar, y lo hacen, la presencia de los Ajustadores (y los Censores los declaran divinos), pero no pueden descifrar el contenido de la mente de los Monitores Misteriosos.

6. LOS SECONAFINES TERCIARIOS

Del mismo modo que sus semejantes, se crean estos ángeles en forma seriada y en siete tipos reflexivos, pero no se asignan estos tipos individualmente a los servicios separados de los administradores de los superuniversos. Todos los seconafines terciarios son asignados colectivamente a los Hijos Trinidizados de Logro, y estos hijos ascendentes los utilizan en forma intercambiable; o sea, los Mensajeros Poderosos pueden utilizar a cualquiera de los tipos terciarios, y así lo hacen, y también lo hacen sus coordinados, Aquellos Elevados en Autoridad y Aquellos sin Nombre ni Número. Estos siete tipos de seconafines terciarios son:

1. *El Significado de los Orígenes*. Los Hijos Trinidizados ascendentes de un gobierno superuniversal tienen a su cargo la responsabilidad de tratar con todos los asuntos que surgen del origen de todo individuo, raza o mundo; y el significado del

origen es la cuestión fundamental en todos nuestros planes para el avance cósmico de las criaturas vivientes del reino. Todas las relaciones y la aplicación de la ética surgen de los hechos fundamentales del origen. El origen es la base de la reacción relacional de los Dioses. Siempre el Actor Conjunto «toma nota del hombre, en qué forma nació».

En el caso de los seres descendentes más elevados, el origen es simplemente un hecho que debe de cerciorarse; pero con los seres ascendentes, incluyendo las órdenes inferiores de los ángeles, la naturaleza y circunstancias del origen no son siempre tan claras, aunque son de importancia vital, prácticamente para cada vuelta de los asuntos universales —de allí el valor de tener a nuestra disposición a una serie de seconafines reflexivos que pueden ilustrar instantáneamente todo lo necesario respecto del génesis de cualquier ser, tanto en el universo central como en el entero reino de un superuniverso.

Los Significados de los Orígenes son genealogías vivientes de referencia inmediata de las huestes enormes de seres —hombres, ángeles y otros— que habitan los siete superuniversos. Están siempre listos para proporcionar a sus superiores un cálculo actualizado, pletórico y confiable de los factores ancestrales y del estado presente de cualquier individuo en cualquier mundo de sus respectivos superuniversos; y su cómputo de los hechos conocidos está siempre al minuto.

2. *La Memoria de la Misericordia.* Estos son los registros reales, plenos y pletóricos, y vivientes, de la misericordia que ha sido extendida a individuos y razas por las administraciones tiernas de las instrumentalidades del Espíritu Infinito, en la misión de adaptar la justicia de la rectitud al estado de los reinos, tal como se revela en descripciones del Significado de los Orígenes. La Memoria de la Misericordia revela la deuda moral de los hijos de la misericordia —sus deudas espirituales— que deben ser asentadas contra los bienes de la disposición salvadora establecida por los Hijos de Dios. Al revelar la misericordia preexistente del Padre, los Hijos de Dios establecen el crédito necesario para asegurar la sobrevivencia de todos. Luego, de acuerdo con los hallazgos de los Significados de Orígenes, se establece un crédito de misericordia para la sobrevivencia de cada criatura racional, un crédito de proporciones generosas y de gracia suficiente como para asegurar la sobrevivencia de toda alma que realmente desee la ciudadanía divina.

La Memoria de la Misericordia es una hoja de balance viviente, una declaración actualizada de vuestra cuenta con las fuerzas sobrenaturales de los reinos. Estos son los registros vivientes de la ministración de la misericordia que se leen en el testimonio de las cortes de Uversa cuando se juzga el derecho de cada individuo a una vida sin fin, cuando «se elevan los tronos y los Ancianos de los Días se sientan. Las emisiones de Uversa se presentan ante ellos; miles y miles ministran a ellos, y diez mil veces diez mil están frente a ellos. El juicio se establece, los libros fueron abiertos». Los libros que son abiertos en tal ocasión pletórica son los registros vivientes de los seconafines terciarios de los superuniversos. Los registros formales están en los archivos para corroborar el testimonio de las Memorias de la Misericordia si así se requiere.

La Memoria de la Misericordia debe mostrar que el crédito salvador establecido por los Hijos de Dios se ha pagado plena y fielmente en ministerio amante de las pacientes personalidades de la Tercera Fuente y Centro. Pero cuando seagota la misericordia, cuando la «memoria» de la misma atestigua su agotamiento, entonces prevalece la justicia y la rectitud decreta. Puesto que la misericordia no ha de ser volcada sobre aquellos que la desprecian, la misericordia no es un don que pueda ser pisoteado por los rebeldes persistentes del tiempo. Sin embargo, aunque la misericordia sea así de preciosa y tan amorosamente otorgada, tu crédito individual está siempre muy en exceso de tu habilidad para agotar la reserva si eres sincero en tu propósito y honesto en tu corazón.

Los reflectores de la misericordia, con sus asociados terciarios, se ocupan de numerosos ministerios superuniversales, incluyendo la enseñanza a las criaturas ascendentes. Entre muchas otras cosas, los Significados de Orígenes enseñan a estos ascendentes cómo aplicar la ética espiritual, y después de dicha capacitación, los Memorias de la Misericordia les enseñan cómo ser verdaderamente misericordiosos. Aunque las técnicas espirituales del ministerio de la misericordia están más allá de tu concepción, aún ahora deberías comprender que la misericordia es una calidad de crecimiento. Deberías darte cuenta de que hay una gran recompensa de satisfacción personal en ser primero justo, luego recto, a continuación paciente y finalmente comprensivo. Y luego, sobre esa base, si así lo eliges y la encuentras en tu corazón, podrás tomar el paso próximo y mostrar verdaderamente misericordia; pero no podrás exhibir misericordia por sí misma. Hay que dar estos pasos; de otro modo no puede haber misericordia genuina. Podrá haber patronaje, condescendencia, o caridad —aún lástima— pero no misericordia. La verdadera misericordia viene sólo de la cúspide hermosa de estos adjuntos precedentes a la comprensión de grupo, la apreciación mutua, el compañerismo fraternal, la comunión espiritual y la armonía divina.

3. *La Importancia del Tiempo.* El tiempo es la dote universal de todas las criaturas volitivas; es el «talento» confiado a todos los seres inteligentes. Todos vosotros tenéis tiempo para asegurar vuestra sobrevivencia; el tiempo se desperdicia fatalmente sólo cuando se lo entierra en la negligencia, cuando no lo utilizáis para aseguraros de la sobrevivencia de vuestra alma. El fracaso en mejorar el propio tiempo hasta el grado más alto posible no impone castigos fatales; meramente retarda al peregrino del tiempo en su viaje de ascensión. Si se gana la sobrevivencia, todas las demás pérdidas pueden ser reencontradas.

En la asignación de responsabilidades el consejo de los Importancia del Tiempo es invaluable. El tiempo es un factor vital en todo de este lado de Havona y del Paraíso. En el juicio final ante los Ancianos de los Días, el tiempo es un elemento de prueba. Los Importancia del Tiempo deben siempre proporcionar testimonio para mostrar que cada individuo ha tenido amplio tiempo para hacer decisiones, alcanzar una elección.

Estos evaluadores del tiempo también son el secreto de la profecía; describen el elemento del tiempo necesario para completar cualquier empresa, y son tan confiables como indicadores como lo son los frandalanques y los cronoldeques de otras órdenes vivientes. Los Dioses ven el futuro, por lo tanto, lo conocen por adelantado; pero las autoridades ascendentes de los universos del tiempo deben consultar a los Importancia del Tiempo para poder pronosticar los acontecimientos del futuro.

Encontraréis a estos seres por primera vez en los mundos de estancia; y allí os instruirán sobre el uso ventajoso de aquello que vosotros llamáis «tiempo», tanto en su empleo positivo, trabajo, como en su utilización negativa, reposo. Ambos usos del tiempo son importantes.

4. *La Solemnidad de la Confianza.* La confianza es la prueba crucial de las criaturas volitivas. La confiabilidad es la medida auténtica del autodominio, el carácter. Estos seconafines cumplen un doble propósito en la economía de los superuniversos: ilustran para todas las criaturas volitivas el sentido de la obligación, el carácter sagrado y la solemnidad de la confianza. Al mismo tiempo, reflejan infaliblemente para las autoridades gobernantes la confiabilidad exacta de todo candidato para confianza o responsabilidad.

En Urantia, vosotros intentáis en forma grotesca leer el carácter y estimar las habilidades específicas; pero en Uversa hacemos estas cosas en perfección. Estos seconafines pesan la confiabilidad en las balanzas vivientes de la evaluación infalible del carácter, y una vez que os han mirado, tan sólo tenemos que mirarlos a ellos para conocer las limitaciones de tu habilidad para cumplir con una responsabilidad, llevar a cabo un encargo, y ejecutar las misiones. Tus activos de confiabilidad se establecen claramente junto con tus pasivos de falla o posible traición.

Es el plan de tus superiores avanzarte mediante responsabilidades cada vez mayores tan rápido como se vaya desarrollando suficientemente tu carácter como para soportar con gracia estas responsabilidades agregadas, pero sobrecargar al individuo atrae únicamente el desastre y asegura la desilusión. Y el error de colocar responsabilidad prematuramente sobre el hombre o el ángel se puede evitar utilizando el ministerio de estos estimadores infalibles de la capacidad de confianza de los individuos espacio-temporales. Estos seconafines acompañan siempre a Aquellos Elevados en Autoridad, y estos ejecutivos no hacen nunca asignaciones hasta tanto haber sopesado a los candidatos en las hojas de balance secoráficas y haberlos declarado «sin faltas».

5. *La Santidad del Servicio.* El privilegio del servicio inmediatamente sigue al descubrimiento de la confiabilidad. Nada os separa de la oportunidad de mayor servicio excepto tu propia falta de confiabilidad, tu falta de capacidad para la apreciación de la solemnidad de la responsabilidad.

El servicio —el servicio con fin determinado, no la esclavitud— produce la satisfacción más alta y es expresión de la dignidad más divina. El servicio —más servicio, servicio aumentado, servicio difícil, servicio venturoso, y por fin servicio divino y perfecto— es la meta del tiempo y el destino del espacio. Pero por siempre los ciclos de recreación del tiempo alternarán con los ciclos de servicio del progreso. Y después del servicio del tiempo sigue el superservicio de la eternidad. Durante la recreación temporal debes visualizar el trabajo de la eternidad, así como, durante el servicio de la eternidad, recordarás el recreo del tiempo.

La economía universal se funda en ingreso y salida; durante toda la carrera eterna no encontraréis jamás la monotonía de la inacción o el estancamiento de la personalidad. El progreso está posibilitado por el movimiento inherente, el avance crece de la capacidad divina para la acción, y el logro es el hijo de la aventura imaginativa. Pero inherente en esta capacidad para logro está la responsabilidad de la ética, la necesidad de reconocer que el mundo y el universo están llenos de una multitud de tipos diferentes de seres. Toda esta magnífica creación, *incluyéndote a ti mismo*, no se hizo sólo para ti. Este no es un universo egocéntrico. Los Dioses han decretado: «Es más noble dar que recibir», y dijo vuestro Hijo Soberano: «El que sea más grande entre vosotros, que sea el servidor de todos».

La verdadera naturaleza de todo servicio, sea éste cumplido por el hombre o por el ángel, se revela plenamente en los rostros de estos secoráficos indicadores de servicio, las Santidades de Servicio. El análisis pleno de los motivos verdaderos y ocultos se muestra claramente. Estos ángeles son en verdad lectores de la mente, investigadores del corazón y reveladores del alma del universo. Los mortales pueden emplear palabras para ocultar sus pensamientos, pero estos altos seconafines desnudan los motivos profundos del corazón humano y de la mente angélica.

6 y 7. *El Secreto de la Grandeza y el Alma de la Bondad.* Habiendo despertado los peregrinos ascendentes a la importancia del tiempo, el camino está preparado para la realización de la solemnidad de la responsabilidad y para la apreciación de la santidad

del servicio. Aunque estos son los elementos morales de la grandeza, también hay secretos de la grandeza. Cuando se aplican las pruebas espirituales de la grandeza los elementos morales no se desatienden, pero la calidad de altruismo revelada en la labor desinteresada para el bienestar de los propios semejantes terrenales, particularmente de los seres merecedores en necesidad y en dolor, ésa es la verdadera *medida* de la grandeza planetaria. Y la *manifestación* de la grandeza en un mundo como Urantia es la exhibición del autocontrol. El gran hombre no es el que «conquista una ciudad» o «derrota a una nación», sino más bien «el que domina su propia lengua».

La grandeza es sinónimo de divinidad. Dios es supremamente grande y bueno. *La grandeza y la bondad sencillamente no se pueden divorciar*. Son por siempre una sola cosa en Dios. Esta verdad es literal y extraordinariamente ilustrada por la interdependencia reflexiva del Secreto de Grandeza y del Alma de la Bondad, porque ninguno de ellos puede funcionar sin el otro. Al reflejar otras cualidades de la divinidad, los seconafines de los superuniversos pueden actuar por sí solos, y así lo hacen, pero las estimaciones reflexivas de la grandeza y de la bondad parecen ser inseparables. Por lo tanto, en cualquier mundo, en cualquier universo, estos reflectores de la grandeza y de la bondad trabajan juntos, mostrando siempre un informe dual y mutuamente dependiente de cada ser sobre el que se enfocan. La grandeza no se puede estimar sin conocer el contenido de la bondad, mientras que la bondad no se puede retratar sin exhibir su grandeza inherente y divina.

La estimación de la grandeza varía de esfera a esfera. Ser grande es ser semejante a Dios. Puesto que la cualidad de grandeza está completamente determinada por el contenido de la bondad, se deduce que, aún en tu estado humano presente, si puedes mediante la gracia volverte bueno, estás volviéndote por ello grande. Cuanto más constantemente contemplas y más persistentemente persigues los conceptos de la bondad divina, más certeramente crecerás en grandeza, en verdadera magnitud de carácter genuino de supervivencia.

7. EL MINISTERIO DE LOS SECONAFINES

Los seconafines tienen su origen y sede central en las capitales de los superuniversos, pero con sus semejantes de enlace deambulan desde las orillas del Paraíso hasta los mundos evolucionarios del espacio. Sirven como asistentes valiosos de los miembros de las asambleas deliberantes de los supergobiernos y son de gran ayuda para las colonias de cortesía de Uversa: los astrónomos, los turistas milenarios, los observadores celestiales y una hueste de otros, incluyendo los seres ascendentes que aguardan transporte para Havona. Los Ancianos de los Días disfrutan de asignar a algunos de los seconafines primarios para que asistan a las criaturas ascendentes domiciliadas en los cuatrocientos noventa mundos de estudio que rodean a Uversa; aquí también sirven como maestros de las órdenes secundaria y terciaria. Estos satélites de Uversa son las escuelas finales de los universos del tiempo, que presentan el curso preparatorio para la universidad de siete circuitos de Havona.

De las tres órdenes de seconafines, el grupo terciario, agregado a las autoridades ascendentes, ministra más ampliamente a las criaturas ascendentes del tiempo. Tendrás ocasión de conocerlos poco después de tu partida de Urantia, aunque no harás uso libremente de sus servicios hasta tanto no alcances los mundos de estadía de Orvonton. Disfrutarás de su compañía cuando los conozcas plenamente durante tu estadía en los mundos escuela de Uversa.

Estos seconafines terciarios son ahorradores de tiempo, acortadores del espacio, detectores de errores, maestros fieles y guías sempiternos —señales vivientes de la seguridad divina— colocados en misericordia en las encrucijadas del tiempo, para guiar allí los pies de los ansiosos peregrinos en momentos de gran perplejidad e incertidumbre espiritual. Mucho antes de llegar a las compuertas de la perfección comenzarás a ganar acceso a las herramientas de la divinidad y a hacer contacto con las técnicas de la Deidad. Cada vez más, desde el momento en que llegues al primer mundo de estancia hasta que cierres los ojos en el sueño de Havona, preparatorio para tu tránsito al Paraíso, te aprovecharás de la ayuda de urgencia de estos seres maravillosos, que tan plena y libremente reflejan el conocimiento certero y la sabiduría segura de aquellos peregrinos seguros y confiables que te han precedido en el largo viaje hasta los portales de la perfección.

Se nos niega el privilegio pleno de utilizar a estos ángeles de la orden reflexiva en Urantia. Son visitantes frecuentes en vuestro mundo, puesto que acompañan a las personalidades de asignación, pero aquí no pueden funcionar libremente. Esta esfera está aún bajo una cuarentena espiritual parcial, y algunos de los circuitos esenciales para su servicio no funcionan en el presente. Cuando vuestro mundo sea nuevamente restaurado a los circuitos reflexivos respectivos, mucho del trabajo de comunicación interplanetaria e interuniversal será grandemente simplificado y acelerado. Los trabajadores celestiales en Urantia encuentran muchas dificultades debido a esta escasez funcional de sus asociados reflexivos. Pero seguimos conduciendo alegremente nuestros asuntos con las instrumentalidades disponibles, a pesar de que se nos ha privado localmente de muchos de los servicios de estos seres maravillosos, los espejos vivientes del espacio y los proyectores de presencia del tiempo.

[Patrocinado por un Mensajero Poderoso de Uversa]

DOCUMENTO 29

LOS DIRECTORES DEL PODER UNIVERSAL

DE TODAS las personalidades del universo que se ocupan de la reglamentación de los asuntos interplanetarios e interuniversales, los directores del poder y sus asociados son los menos comprendidos en Urantia. Aunque vuestras razas han sabido por largo tiempo de la existencia de los ángeles y de órdenes similares de seres celestiales, muy poca información se ha impartido jamás sobre los controladores y reguladores del dominio físico. Aun ahora, tan sólo se me permite divulgar plenamente la información acerca del último de los siguientes tres grupos de seres vivientes que tienen que ver con el control de la fuerza y la reglamentación de la energía en el universo maestro:

1. Organizadores de la Fuerza Decanos Primarios Eventuados.
2. Organizadores de la Fuerza Decanos Asociados Trascendentales.
3. Directores del Poder Universal.

A pesar de que considero imposible describir la individualidad de los varios grupos de directores, centros y controladores del poder universal, espero poder explicar algo acerca del dominio de sus actividades. Se trata de un grupo singular de seres vivientes que tienen que ver con la reglamentación inteligente de la energía en todo el gran universo. Incluyendo a los directores supremos, comprenden las siguientes divisiones principales:

1. Los Siete Directores Supremos del Poder.
2. Los Centros Supremos del Poder.
3. Los Controladores Físicos Decanos.
4. Los Supervisores del Poder Morontial.

Los Directores y Centros Supremos del Poder han existido desde los tiempos cercanos a la eternidad, y por lo que nosotros sabemos, no se han creado más seres de estas órdenes. A los Siete Directores Supremos los personalizaron los Siete Espíritus Rectores, y luego colaboraron con sus progenitores en la producción de más de diez mil millones de asociados. Antes de los tiempos de los directores del poder, los circuitos de energía del espacio fuera del universo central, estaban bajo la supervisión inteligente de los Organizadores de la Fuerza Decanos del Paraíso.

Como tenéis conocimiento sobre las criaturas materiales, por lo menos contáis con un concepto contrastante para concebir los seres espirituales; pero es muy difícil para la mente mortal visualizar a los directores del poder. En el esquema de la progresión ascendente a los niveles más elevados de la existencia, vosotros no tenéis nada que ver directamente ni con los directores supremos ni con los centros del poder. En algunas raras ocasiones tendréis tratos con los controladores físicos, y al llegar a los mundos de estancia trabajaréis libremente con los supervisores del poder morontial. Estos Supervisores del Poder Morontial funcionan tan exclusivamente en el régimen morontial de las creaciones locales que se considera más aconsejable narrar sus actividades en la sección que trata del universo local.

1. LOS SIETE DIRECTORES SUPREMOS DEL PODER

Los Siete Directores Supremos del Poder son reguladores de la energía física del gran universo. Su creación por parte de los Siete Espíritus Rectores es el primer caso registrado de una derivación de progenie semimaterial a partir de antepasados de auténtico espíritu. Cuando los Siete Espíritus Rectores crean individualmente, producen personalidades altamente espirituales de la orden angélica; cuando crean colectivamente, a veces producen estos tipos elevados de seres semimateriales. Pero aun estos seres cuasifísicos son invisibles para la visión de corto alcance de los mortales de Urantia.

Los Directores Supremos del Poder son siete en su número, e idénticos en apariencia y función. No se puede distinguir uno de los otros excepto por el Espíritu Rector con el cual cada uno de ellos está en asociación inmediata, y cuando le sirve en completa obediencia funcional. Cada uno de los Espíritus Rectores está de este modo en unión eterna con uno de sus vástagos colectivos. El mismo director siempre está en asociación con el mismo espíritu, y su relación de trabajo resulta en una asociación singular de energías físicas y espirituales, de un ser semifísico y una personalidad espiritual.

Los Siete Directores Supremos del Poder están estacionados en el Paraíso periférico, en el cual sus presencias giratorias lentas indican las andanzas de los centros de enfoque de la fuerza de los Espíritus Rectores. Estos directores del poder funcionan individualmente en la regulación del poder y de la energía de los superuniversos, pero en forma colectiva, en la administración de la creación central. Operan desde el Paraíso, pero se mantienen como centros efectivos de poder en todas las divisiones del gran universo.

Estos seres poderosos son los antepasados físicos de las vastas huestes de los centros del poder y, a través de ellos, de los controladores físicos esparcidos en todos los siete universos. Dichos organismos subordinados de control físico son básicamente uniformes, idénticos excepto por el matiz diferencial de cada cuerpo superuniversal. Para cambiar servicio superuniversal, bastaría con que regresaran al Paraíso para volver a matizarse. La creación física es fundamentalmente uniforme en su administración.

2. LOS CENTROS SUPREMOS DEL PODER

Los Siete Directores Supremos del Poder no pueden reproducirse individualmente, pero colectivamente, y en asociación con los Siete Espíritus Rectores, si pueden reproducir —crear— a otros seres semejantes a ellos, y lo hacen. Tal es el origen de los Centros Supremos del Poder del gran universo, que funcionan en los siguientes siete grupos:

1. Los Supervisores Supremos del Centro.
2. Los Centros de Havona.
3. Los Centros de los Superuniversos.

4. Los Centros de los Universos Locales.
5. Los Centros de las Constelaciones.
6. Los Centros de los Sistemas.
7. Centros no clasificados.

Estos centros del poder, juntamente con los Directores Supremos del Poder, son seres de alta libertad y acción volitiva. Todos están dotados de personalidad de la Tercera Fuente y presentan una capacidad volitiva incuestionable de orden elevado. Estos centros de dirección del sistema del poder del universo poseen una exquisita dote de inteligencia; son el intelecto del sistema de poder del gran universo y el secreto de la técnica del control mental de toda la gran red de las vastas funciones de los Controladores Físicos Decanos y de los Supervisores del Poder Morontial.

1. *Supervisores Supremos del Centro*. Estos Siete coordinados y asociados de los Directores Supremos del Poder son los reguladores de los circuitos maestros de energía del gran universo. Cada supervisor del centro está ubicado en uno de los mundos especiales de los Siete Ejecutivos Supremos, y trabajan en asociación estrecha con estos coordinadores de los asuntos universales generales.

Los Directores Supremos del Poder y los Supervisores Supremos del Centro funcionan tanto como individuos y conjuntamente respecto de todos los fenómenos cósmicos por debajo de los niveles de la «energía gravitacionaria». Cuando actúan en enlace, estos catorce seres son para el poder universal lo que los Siete Ejecutivos Supremos son para los asuntos generales del universo, y lo que los Siete Espíritus Rectores son para la mente cósmica.

2. *Centros de Havona*. Antes de la creación de los universos espacio-temporales, no se requerían centros del poder en Havona, pero desde aquellos tiempos muy distantes, han actuado un millón de ellos en la creación central, cada centro encargado de la supervisión de mil mundos de Havona. Aquí, en el universo divino, hay perfección de control de la energía, una condición que no existe en las demás partes. La perfección de la regulación de la energía es el objetivo último de todos los centros del poder y de los controladores físicos del espacio.

3. *Centros de los Superuniversos*. Hay mil centros del poder de la tercera orden que ocupan una área enorme en la esfera capital de cada uno de los siete superuniversos. Tres corrientes de energía primaria con diez segregaciones cada una ingresan a estos centros del poder, pero siete circuitos de poder especializados y bien dirigidos, aunque imperfectamente controlados, salen de sus sedes de acción unida. Esta es la organización electrónica del poder universal.

Toda energía está en el circuito que pertenece al ciclo del Paraíso, pero los Directores del Poder Universal *dirigen* las fuerza-energías y las energías del Paraíso bajo, tal como se las encuentran modificadas en las funciones espaciales del universo central y de los superuniversos, convirtiendo y dirigiendo estas energías hacia canales de aplicación útil y constructiva. Existe una diferencia entre la energía de Havona y las energías de los superuniversos. La carga de poder de un superuniverso consiste en tres fases de energía de diez segregaciones cada una. Esta triple carga de energía se desparrama por el espacio del gran universo; es como un vasto océano de energía en movimiento, que rodea y baña lo total de cada una de las siete supercreaciones.

La organización electrónica del poder universal funciona en siete fases y revela una respuesta variable a la gravedad local o lineal. Este circuito séptuple procede de los centros superuniversales de poder y penetra cada supercreación. Estas corrientes especializadas del tiempo y del espacio son movimientos definidos y localizados de energía, iniciados y dirigidos para propósitos específicos, en forma semejante a como la Corriente del Golfo actúa como fenómeno circunscrito en el medio del Océano Atlántico.

4. *Centros de los Universos Locales*. En la sede central de cada universo local existen cien centros del poder de la cuarta orden. Funcionan para bajar y de otra manera modificar los siete circuitos del poder que emanan de la sede central del superuniverso, tornándolos así aplicables a los servicios de las constelaciones y los sistemas. Las catástrofes locales astronómicas del espacio son de preocupación pasajera para estos centros de fuerza; se ocupan del envío ordenado de energía eficaz a las constelaciones y sistemas subsidiarios. Son de gran ayuda para los Hijos Creadores durante los tiempos posteriores a la organización del universo y la movilización de la energía. Estos centros son capaces de proveer canales intensificados de energía, útiles para la comunicación interplanetaria entre importantes puntos habitados. Tal *canal* o *línea* de energía, a veces también llamado sendero de energía, es un circuito directo de energía de un centro del poder a otro centro del poder o de un controlador físico a otro controlador. Es un caudal individualizado de poder y contrasta con los movimientos libres en el espacio de la energía no diferenciada.

5. *Centros de las Constelaciones*. Diez de estos centros vivientes del poder están estacionados en cada constelación, funcionando como proyectores de la energía a los cien sistemas tributarios locales. De estos seres salen las líneas de poder para la comunicación y transporte y para la energización de aquellas criaturas vivientes que dependen de ciertas formas de energía física para el mantenimiento de su vida. Pero ni los centros de poder ni los controladores físicos subordinados se ocupan de esta manera de vida como organización funcional.

6. *Centros de los Sistemas*. Un centro Supremo del Poder está asignado permanentemente a cada sistema local. Estos centros de los sistemas envían los circuitos de poder a los mundos habitados del tiempo y del espacio. Coordinan las actividades de los controladores físicos subordinados y de otra manera funcionan para asegurar la distribución satisfactoria del poder en el sistema local. El relé del circuito entre los planetas depende de la coordinación perfecta de ciertas energías materiales y de la regulación eficiente del poder físico.

7. *Centros no clasificados*. Estos son los centros que funcionan en situaciones locales específicas pero no en los planetas habitados. Cada mundo está bajo la responsabilidad de los Controladores Físicos Decanos y reciben las líneas de poder en circuito, enviadas por el centro del poder de su sistema. Sólo aquellas esferas de las relaciones más extraordinarias de energía tienen centros de poder de la orden séptima, que actúan como ruedas de equilibrio universal o gobernantes de la energía. En cada fase de actividad, estos centros del poder son plenamente equivalentes a aquellos que funcionan en las unidades más elevadas de control, pero ni un cuerpo espacial en un millón contiene tal organización de poder viviente.

3. EL ÁMBITO DE LOS CENTROS DEL PODER

Los Centros Supremos del Poder distribuidos en todos los superuniversos, con sus asociados y subordinados, llegan a más de diez mil millones. Y están todos en sincronización perfecta y coordinación completa con sus progenitores en el Paraíso, los Siete Directores Supremos del Poder. El control del poder del gran universo se confía de este modo al cuidado y dirección de los Siete Espíritus Rectores, los creadores de los Siete Directores Supremos del Poder.

Los Directores Supremos del Poder y todos sus asociados, asistentes y subordinados están por siempre exentos de arresto o interferencia por parte de todos los tribunales de todo el espacio; tampoco están sujetos a la dirección administrativa del gobierno superuniversal de los Ancianos de los Días, ni de la administración del universo local de los Hijos Creadores.

Estos centros y directores del poder llegan a la existencia por acción de los hijos del Espíritu Infinito. No pertenecen a la administración de los Hijos de Dios, aunque se afilian con los Hijos Creadores durante las épocas posteriores de la organización material de un universo. Pero los centros del poder están en cierto modo estrechamente asociados con el supercontrol cósmico del Ser Supremo.

Los centros del poder y los controladores físicos no se capacitan; son, todos ellos, creados en perfección y son inherentemente perfectos en la acción. Tampoco pasan de una función a otra; sirven siempre según su asignación original. No hay evolución en sus filas y así son las siete divisiones de ambas órdenes.

Puesto que no tienen un pasado ascendente que recordar, los centros del poder y los controladores físicos no juegan; son totalmente serios en todas sus acciones. Están siempre en función; no hay disposiciones en el esquema universal para la interrupción de las líneas físicas de energía. No pueden abandonar jamás, ni siquiera por una fracción de segundo, la supervisión directa de los circuitos de la energía del tiempo y del espacio.

Los directores, centros y controladores del poder no tienen nada que ver con toda la creación, excepto con el poder, la energía material o semifísica; no la originan, pero sí la modifican, manipulan y direccionalizan. Tampoco tienen nada que ver con la gravedad física, excepto para resistir su poder de atracción. Su relación con la gravedad es completamente negativa.

Los centros del poder utilizan vastos mecanismos y coordinaciones del orden material en asociación con los mecanismos vivientes de las varias concentraciones segregadas de energía. Cada centro individual del poder está constituido de exactamente un millón de unidades de control funcional, y estas unidades modificadoras de la energía no son estacionarias como lo son los órganos vitales del cuerpo físico del hombre; estos «órganos vitales» de la regulación del poder son móviles y verdaderamente caleidoscópicos en sus posibilidades asociativas.

Está totalmente más allá de mi capacidad explicar la manera en que estos seres vivientes llevan a cabo la manipulación y regulación de los circuitos maestros de la energía universal. Emprender la tarea de informaros ulteriormente sobre el tamaño y función de estos gigantescos centros del poder casi perfectamente eficaces, tan sólo aumentaría vuestra confusión y consternación. Son tanto vivientes como «personales», pero están más allá de vuestra comprensión.

Fuera de Havona, los Centros Supremos del Poder funcionan tan sólo en esferas especialmente construidas (arquitectónicas) o en otros cuerpos espaciales debidamente constituidos. Los mundos arquitectónicos se construyen de manera tal que los centros vivientes de poder puedan actuar como interruptores selectivos para direccionalizar, modificar y concentrar las energías del espacio al vertirlas sobre estas esferas. No podrían funcionar en un sol o un planeta evolucionario común. Ciertos grupos también se ocupan de las necesidades de calefacción y otras necesidades materiales en estos mundos sede central especiales. Y aunque está más allá del alcance del conocimiento urantiano, puedo declarar que estas órdenes de personalidades vivientes de poder tienen mucho que ver con la distribución de la luz que brilla sin calor. No producen este fenómeno, pero se ocupan de su diseminación y direccionalización.

Los centros de la fuerza y sus controladores subordinados son asignados a la operación de todas las energías físicas del espacio organizado. Trabajan con tres corrientes básicas de diez energías cada una. Ésa es la carga de energía del espacio organizado; y el espacio organizado es su dominio. Los Directores del Poder Universal no tienen nada que ver con aquellas tremendas acciones de fuerza que ahora ocurren fuera de los límites de los siete superuniversos.

Los centros y controladores del poder y ejercen un control perfecto sobre tan sólo siete de las diez formas de energía contenidas en cada corriente básica universal; aquellas formas que están parcial o totalmente exentas de su control deben representar los reinos imprevisibles de la manifestación de la energía dominados por el Absoluto No Cualificado. Si ejercen una influencia sobre las fuerzas primordiales de este Absoluto, no conocemos tales funciones, aunque existe leve evidencia que justificaría la opinión de que algunos de los controladores físicos, de vez en cuando, reaccionan automáticamente a ciertos impulsos del Absoluto Universal.

Estos mecanismos vivientes del poder no se relacionan conscientemente con el supercontrol de la energía en el universo maestro ejercido por el Absoluto No Cualificado, pero suponemos que su entero esquema casi perfecto de dirección del poder está subordinado de alguna manera desconocida a esta presencia de supergravedad. En cualquier situación de energía local, los centros y controladores ejercen casi la supremacía, pero están siempre conscientes de la presencia de superenergía y de la actuación no reconocible del Absoluto No Cualificado.

4. LOS CONTROLADORES FÍSICOS DECANOS

Estos seres son los subordinados móviles de los Centros Supremos del Poder. Los controladores físicos están dotados de capacidades de metamorfosis de la individualidad, de naturaleza tal que pueden ocuparse de una notable variedad de autotransportes, siendo capaces de atravesar el espacio local a velocidades que se asemejan a la velocidad de los Mensajeros Solitarios. Pero como todos los demás atravesadores del espacio, requieren la asistencia tanto de sus semejantes como de ciertos otros tipos de seres para sobreponerse a la acción de la gravedad y a la resistencia de la inercia al partir de una esfera material.

Los Controladores Físicos Decanos sirven en todo el gran universo. Están gobernados directamente desde el Paraíso por los Siete Directores Supremos del Poder en cuanto se refiere a las sedes centrales de los superuniversos; desde aquí, ellos están dirigidos y distribuidos por el Concilio del Equilibrio, los altos comisionados del poder despachados por los Siete Espíritus Rectores desde las filas del personal de los Organizadores de la Fuerza Decanos Asociados. Estos altos comisionados están autorizados a interpretar las lecturas y registros de los frandalanques decanos, esos instrumentos vivientes que indican la presión de la fuerza y la carga de la energía de un superuniverso entero.

Aunque la presencia de las Deidades del Paraíso rodea al gran universo y sobrecoge el círculo de la eternidad, la influencia de cualquiera de los Siete Espíritus Rectores se limita a un solo superuniverso. Existe una segregación clara de la energía y una separación de los circuitos de poder entre cada una de las siete supercreaciones; de allí que deban existir, como existen, métodos individualizados de control.

Los Controladores Físicos Decanos son los vástagos directos de los Centros Supremos del Poder, y sus filas incluyen los siguientes:

1. Los Directores Asociados del Poder.
2. Los Controladores Mecánicos.

3. Los Transformadores de la Energía.
4. Los Transmisores de la Energía.
5. Los Asociadores Primarios.
6. Disociadores Secundarios.
7. Los Frandalanques y los Cronoldeques.

No todas estas órdenes son personas en el sentido de poseer capacidad individual de selección. En especial, los últimos cuatro parecerían totalmente automáticos y mecánicos en respuesta a los impulsos de sus superiores y en reacción a las condiciones existentes de la energía. Pero aunque dicha respuesta parezca totalmente mecánica, no lo es; pueden parecer autómatas, pero todos ellos revelan una función diferencial de la inteligencia.

La personalidad no es necesariamente un concomitante de la mente. La mente puede pensar aun cuando se la prive de toda capacidad de elección, así como ocurre en numerosos de los tipos más bajos de animales y en algunos de estos controladores físicos subordinados. Muchos de estos reguladores más automáticos del poder físico no son personas en ningún sentido de la palabra. No están dotados de voluntad ni de independencia de decisión, siendo totalmente subordinados a la perfección mecánica de diseño de las tareas a ellos asignadas. Sin embargo, todos ellos son seres altamente inteligentes.

Los controladores físicos se ocupan principalmente del ajuste de las energías básicas no descubiertas en Urantia. Estas energías desconocidas son muy esenciales para el sistema de transporte interplanetario y para ciertas técnicas de comunicación. Cuando colocamos líneas de energía para el propósito de llevar equivalentes del sonido o ampliar la visión, estas formas no descubiertas de la energía son utilizadas por los controladores físicos vivientes y sus asociados. Las criaturas intermedias también utilizan estas mismas energías en varias ocasiones, en su tarea de rutina.

1. *Directores Asociados del Poder*. Estos seres maravillosamente eficientes tienen a su cargo la asignación y despacho de todas las órdenes de Controladores Físicos Decanos de acuerdo con las necesidades constantemente cambiantes del estado energético que cambia permanentemente en los reinos. Las vastas reservas de los controladores físicos se mantienen en los mundos sede central de los sectores menores, y desde estos puntos de concentración se los envía periódicamente por medio de los directores asociados del poder a las sedes de los universos, constelaciones, sistemas y a los planetas específicos. Cuando así están asignados, los controladores físicos están provisionalmente sujetos a las órdenes de los ejecutivos divinos de las comisiones conciliadoras, pero por otra parte están sujetos exclusivamente a sus directores asociados y de los Centros Supremos del Poder.

Se asignan tres millones de directores asociados del poder a cada uno de los sectores menores de Orvonton, sumando así un total de tres mil millones de la cuota superuniversal de estos sorprendentemente versátiles seres. Mantienen sus propias reservas en estos mismos mundos de los sectores menores, en los cuales también sirven como instructores para todos los que estudian las ciencias de las técnicas del control y de la transmutación inteligente de la energía.

Estos directores alternan períodos de servicio ejecutivo en los sectores menores con períodos equivalentes de servicio de inspección en los reinos del espacio. Por lo menos un inspector actuante está siempre presente en cada uno de los sistemas locales, con su sede central en su esfera capital. Mantienen la totalidad del vasto agregado de energía viviente en armoniosa sincronía.

2. *Controladores Mecánicos*. Éstos son los asistentes extraordinariamente versátiles y móviles de los directores asociados del poder. Billones y billones de ellos están comisionados en Ensa, vuestro sector menor. Estos seres se llaman controladores mecánicos porque están tan completamente dominados por sus superiores, y están subordinados totalmente a la voluntad de los directores asociados del poder. Sin embargo, son, por sí mismos, muy inteligentes, y su trabajo, aunque mecánico y de tipo rutinario, se realiza con habilidad.

De todos los Controladores Físicos Decanos asignados a los mundos habitados, los controladores mecánicos son los más poderosos. Cada controlador, teniendo la dote viviente de la antigravedad en exceso a todos los demás seres, posee una resistencia a la gravedad igualada tan sólo por esferas enormes que giran a velocidades extraordinarias. Diez de estos controladores están estacionados ahora en Urantia, y una de sus actividades planetarias más importantes consiste en facilitar la partida de los transportes seráficos. En esta función, los diez controladores mecánicos actúan al unísono, mientras que una batería de mil transmisores de energía provee el impulso inicial para la partida seráfica.

Los controladores mecánicos son competentes para direccionalizar el flujo de energía y para facilitar su concentración en los circuitos o corrientes especializados. Estos poderosos seres tienen mucho que ver con la segregación, direccionalización, e intensificación de las energías físicas y con la igualización de las presiones de los circuitos interplanetarios. Son expertos en la manipulación de veintiuna de las treinta energías físicas del espacio, constituyendo la carga de poder de un superuniverso. También son capaces de contribuir considerablemente en el manejo y control de seis de las nueve formas más sutiles de la energía física. Los directores asociados del poder, al colocar a estos controladores en relación técnica apropiada entre sí y con algunos de los centros del poder, consiguen llevar a cabo cambios increíbles en el ajuste del poder y el control de la energía.

Los Controladores Físicos Principales frecuentemente funcionan en baterías de cientos, miles y aún millones, y variando sus posiciones y formaciones son capaces de controlar la energía en una forma colectiva así como también en forma individual. A medida que varían los requisitos, pueden aumentar y acelerar el volumen de energía y movimiento o detener, condensar y retardar las corrientes de energía. Influyen en las transformaciones de la energía y el poder, en cierto modo como los así llamados agentes catalíticos aumentan las reacciones químicas. Funcionan por habilidad inherente y en cooperación con los Centros Supremos del Poder.

3. *Transformadores de la Energía*. El número de estos seres en un superuniverso es increíble. En Satania solamente hay casi un millón, y la cuota usual es de cien por cada mundo habitado.

Los transformadores de la energía son la creación conjunta de los Siete Directores Supremos del Poder y los Siete Supervisores Centrales. Están entre las órdenes más personales de controladores físicos, y excepto en los casos en que se encuentra presente en un mundo habitado un director asociado del poder, los transformadores están siempre a cargo. Son los inspectores planetarios de todos los transportes seráficos que se ausentan. Todas las clases de vida celestial pueden utilizar las órdenes menos personales de los controladores físicos sólo por enlace con las órdenes más personales de los directores asociados y de los transformadores de la energía.

Estos transformadores son poderosos y eficaces interruptores vivientes, siendo capaces de colocarse a favor o en contra de una disposición o direccionalización del poder. También son hábiles en sus esfuerzos en aislar a los planetas contra las poderosas corrientes de energía que pasan entre gigantescos vecinos planetarios y estelares. Sus atributos de transmutación de la energía los hacen sumamente útiles para la tarea importante de mantener el equilibrio general de la energía, o equilibrio del poder. A veces parecen consumir o almacenar la energía; en otros momentos, parecen exudar o liberar la energía. Los transformadores son capaces de aumentar o disminuir el potencial de «la batería» de las energías vivientes y muertas en sus reinos respectivos. Pero tratan tan sólo con las energías físicas y semimateriales, no funcionan directamente en el ámbito de vida, ni tampoco cambian las formas de los seres vivientes.

En ciertos aspectos, los transformadores de la energía son las más notables y misteriosas de todas las criaturas vivientes semimateriales. De alguna manera desconocida, están diferenciados físicamente, y mediante la variación de sus relaciones de enlace son capaces de ejercer una influencia profunda sobre la energía que pasa a través de sus presencias asociadas. El estado de los reinos físicos parece sufrir una transformación bajo su manipulación perita. *Pueden cambiar la forma física de las energías del espacio, y lo hacen.* Con la ayuda de sus compañeros controladores, son efectivamente capaces de cambiar la forma y potencial de veintisiete de las treinta energías físicas de la carga de poder superuniversal. El hecho de que tres de estas energías están más allá de su control prueba que no son instrumentalidades del Absoluto No Cualificado.

Los restantes cuatro grupos de Controladores Físicos Decanos son difícilmente personas dentro de la definición aceptable de esa palabra. Estos transmisores, asociadores, disociadores y frandalanques son totalmente automáticos en sus reacciones; sin embargo, son, en todo sentido, inteligentes. Nos encontramos grandemente limitados en nuestro conocimiento de estas entidades maravillosas, porque no podemos comunicarnos con ellas. Parecen comprender el lenguaje del reino, pero no pueden comunicarse con nosotros. Parecen ser plenamente capaces de recibir nuestras comunicaciones, pero no tienen poder para responder.

4. *Transmisores de la Energía.* Estos seres funcionan principalmente, aunque no totalmente, en una capacidad interplanetaria. Son enviadores maravillosos de la energía tal como se la manifiesta en los mundos individuales.

Cuando se envía energía a un nuevo circuito, los transmisores se despliegan en una línea a lo largo del camino deseado de la energía, y en virtud de sus atributos singulares de atracción de la energía, pueden efectivamente inducir un aumento del flujo de energía hacia la dirección deseada. Esto lo hacen tan literalmente como ciertos circuitos metálicos direccionalizan el flujo de ciertas formas de energía eléctrica; y son los superconductores vivientes para más de la mitad de las treinta formas de energía física.

Los transmisores forman enlaces hábiles que son eficaces para rehabilitar las corrientes debilitadas de energía especializada que pasan de un planeta a otro y de una estación a otra en un planeta específico. Ellos pueden detectar corrientes demasiado débiles para que las reconozca cualquier otro tipo de ser vivo, y pueden aumentar estas energías para que el mensaje acompañante se torne perfectamente inteligible. Sus servicios son invaluables para los receptores de las transmisiones.

Los transmisores de la energía pueden funcionar respecto de todas las formas de la percepción comunicable; pueden hacer que una escena distante se torne «visible» así como un sonido distante se torne «audible». Proveen las líneas de comunicación de urgencia en los sistemas locales y en los planetas específicos. Prácticamente todas las criaturas deben usar estos servicios para fines de communicación fuera de los circuitos regularmente establecidos.

Estos seres, juntamente con los transformadores de la energía, son indispensables para el mantenimiento de la existencia mortal en los mundos que tienen una atmósfera empobrecida, y son parte integral de la técnica de vida en los planetas de las razas no respiradores.

5. *Asociadores Primarios*. Estas entidades interesantes e invaluables son extraordinarios conservadores y custodios de la energía; algo así como una planta almacena luz solar, del mismo modo estos organismos vivientes almacenan la energía durante los tiempos en que sus manifestaciones son abundantes. Trabajan en una escala gigantesca, convirtiendo las energías del espacio en un estado físico desconocido en Urantia. También son capaces de llevar estas transformaciones al punto de producir algunas de las unidades primitivas de la existencia material. Estos seres actúan simplemente por su presencia. No se agotan ni se disminuyen de ninguna manera por esta función; actúan como agentes catalíticos vivientes.

Durante las temporadas en que las manifestaciones son menores, tienen la capacidad de liberar estas energías acumuladas. Pero vuestro conocimiento de la energía y de la materia no es suficientemente avanzado como para posibilitar una explicación de la técnica de esta fase de su trabajo. Siempre laboran en cumplimiento de la ley universal, manipulando y manejando átomos, electrones y ultimatones de una manera muy semejante a la cual vosotros maniobráis los caracteres de la imprenta para hacer que los mismos símbolos alfabéticos relaten cuentos vastamente distintos.

Los asociadores son el primer grupo vivo que aparece en una esfera material en organización y pueden funcionar a temperaturas físicas que vosotros consideraríais completamente incompatibles con la existencia de seres vivientes. Representan una orden de vida que está sencillamente más allá de la gama de la imaginación humana. Juntamente con sus colaboradores, los disociadores, son los más serviles de todas las criaturas inteligentes.

6. *Disociadores Secundarios*. Comparados con los asociadores primarios, estos seres enormemente dotados de antigravedad son los trabajadores contrarios. No existe nunca peligro alguno de que las formas especiales o modificadas de la energía física en los mundos locales o en los sistemas locales se agoten, porque estas organizaciones vivientes están dotadas del singular poder de evolucionar provisiones ilimitadas de energía. Se ocupan principalmente de la evolución de una forma de energía que es casi desconocida en Urantia, a partir de una forma de materia que se reconoce aún menos. Son en verdad los alquimistas del espacio y los hacedores de maravillas del tiempo. Pero de todas las maravillas que hacen, nunca traicionan los mandatos de la Supremacía Cósmica.

7. *Los Frandalanques*. Estos seres son la creación conjunta de las tres órdenes de seres que controlan la energía: los organizadores primarios y secundarios de la fuerza y los directores del poder. Los frandalanques son los más numerosos de todos los Controladores Físicos Decanos; solamente el número que funciona en Satania está más allá de vuestra comprensión numérica. Están estacionados en todos los mundos habitados y siempre están agregados a las órdenes más elevadas de los controladores físicos. Funcionan en forma intercambiable en el universo central, y en los superuniversos y en los dominios del espacio exterior.

Los frandalanques son creados en treinta divisiones, una para cada forma de fuerza universal básica, y funcionan exclusivamente como indicadores vivientes y automáticos de presencia, presión y velocidad. Estos barómetros vivientes se ocupan exclusivamente del registro automático e infalible del estado de todas las formas de la fuerza-energía. Son, para el universo físico, lo que el vasto mecanismo de reflexividad es para el universo de la mente. Los frandalanques que registran el tiempo además de la presencia cuantitativa y cualitativa de la energía, se llaman *cronoldeques*.

Reconozco que los frandalanques son inteligentes, pero no los puedo clasificar sino como máquinas vivientes. Prácticamente la única forma en que os puedo ayudar a comprender estos mecanismos vivientes consiste en compararlos con vuestros dispositivos mecánicos que actúan con una precisión y exactitud casi inteligentes. Por lo tanto, si deseáis concebir a estos seres, usad vuestra imaginación para reconocer que en el gran universo contamos en realidad con mecanismos inteligentes y *vivientes* (entidades) que pueden realizar tareas más complicadas que comprenden computaciones más extraordinarias, con delicadeza de precisión aún mayor y con una precisión de ultimidad.

5. LOS ORGANIZADORES DECANOS DE LA FUERZA

Los organizadores de la fuerza residen en el Paraíso, pero funcionan en todo el universo maestro, más particularmente en los dominios del espacio no organizado. Estos seres extraordinarios no son ni creadores ni criaturas, y comprenden dos grandes divisiones de servicio:

1. Los Organizadores de la Fuerza Decanos Eventuados Primarios.
2. Los Organizadores de la Fuerza Decanos Asociados Trascendentales.

Estas dos poderosas órdenes de manipuladores de la fuerza primordial trabajan exclusivamente bajo la supervisión de los Arquitectos del Universo Maestro, y en este momento no funcionan ampliamente dentro de los límites del gran universo.

Los Organizadores de la Fuerza Decanos Primarios son los manipuladores de las fuerzas espaciales primordiales o básicas del Absoluto No Cualificado; son creadores de nebulosas. Son los instigadores vivientes de los ciclones de energía del espacio y los organizadores primitivos y direccionalizadores de estas manifestaciones gigantescas. Estos organizadores de la potencia transmutan la energía *primordial* (pre-energía que no responde a la gravedad directa del Paraíso) en energía primaria o *energía poderosa*, energía que se transmuta de la atracción exclusiva del Absoluto No Cualificado a la atracción de la gravedad de la Isla del Paraíso. De allí en adelante los suceden los organizadores asociados de la fuerza, que continúan el proceso de transmutación de la energía de la etapa primaria, a través de la etapa secundaria o de *gravedad-energía*.

Cuando se completan los planes de la creación de un universo local, señalado por la llegada de un Hijo Creador, los Organizadores de la Fuerza Decanos Asociados dejan el camino para las órdenes de los directores del poder que actúan en el superuniverso de jurisdicción astronómica. Pero en ausencia de dichos planes, los organizadores asociados de la fuerza continúan indefinidamente a cargo de estas creaciones materiales, así como ahora operan en el espacio exterior.

Los Organizadores Decanos de la Fuerza resisten temperaturas y funcionan bajo condiciones físicas que serían intolerables aún para los versátiles centros del poder y controladores físicos de Orvonton. Los únicos otros tipos de seres revelados capaces de funcionar en estos ámbitos del espacio exterior son los Mensajeros Solitarios y los Espíritus Trinitarios Inspirados.

[Patrocinado por un Censor Universal que actúa por autoridad de los Ancianos de los Días en Uversa.]

DOCUMENTO 30

LAS PERSONALIDADES DEL GRAN UNIVERSO

LAS personalidades y las entidades distintas a las personales que actualmente funcionan en el Paraíso y en el gran universo constituyen un número casi ilimitado de seres vivientes. Aún el número de las órdenes y tipos principales casi rebasaría la imaginación humana, sin contar los incontables subtipos y variaciones. Sin embargo, es deseable presentar alguna información de dos clasificaciones básicas de seres vivientes —una idea de la clasificación paradisiaca y una abreviación del Registro Uversano de Personalidades.

No es posible formular clasificaciones completas y enteramente uniformes de las personalidades del gran universo porque no *todos* los grupos son revelados. Se requerirían numerosos documentos adicionales para cubrir la revelación ulterior necesaria para clasificar sistemáticamente todos los grupos. Dicha expansión conceptual difícilmente sería deseable porque privaría a los mortales pensantes durante los próximos mil años de ese estímulo por la especulación creadora que proporcionan estos conceptos parcialmente revelados. Es mejor que el hombre no reciba una revelación demasiado amplia; eso ahogaría la imaginación.

1. LA CLASIFICACIÓN PARADISIACA DE LOS SERES VIVIENTES

En el Paraíso están clasificados los seres vivientes de acuerdo con la relación inherente y lograda con las Deidades del Paraíso. Durante las grandes reuniones del universo central y de los superuniversos, frecuentemente se agrupan aquellos que están presentes de acuerdo con su origen: los de origen triuno, o de logro de la Trinidad; los de origen dual; y los de origen singular. Es difícil interpretar la clasificación paradisiaca de los seres vivientes para la mente mortal, pero estamos autorizados para presentar lo que sigue:

I. *SERES DE ORIGEN TRIUNO.* Los seres creados por las tres Deidades Paradisiacas, sea como tales o como Trinidad, juntamente con el Cuerpo Trinidizado, designación que se refiere a todos los grupos de seres trinidizados, revelados y no revelados.

A. *Los Espíritus Supremos.*

1. Los Siete Espíritus Rectores.
2. Los Siete Ejecutivos Supremos.
3. Las Siete Ordenes de Espíritus Reflexivos.

B. *Los Hijos Trinitarios Estacionarios.*

1. Secretos Trinidizados de la Supremacía.
2. Eternos de los Días.

3. Ancianos de los Días.
4. Perfecciones de los Días.
5. Recientes de los Días.
6. Uniones de los Días.
7. Fieles de los Días.
8. Perfeccionadores de la Sabiduría.
9. Consejeros Divinos.
10. Censores Universales.

C. *Seres de Origen en la Trinidad y Seres Trinidizados.*

1. Hijos Instructores Trinitarios.
2. Espíritus Trinitarios Inspirados.
3. Nativos de Havona.
4. Ciudadanos del Paraíso.
5. Seres No Revelados de Origen en la Trinidad.
6. Seres No Revelados Trinidizados por la Deidad.
7. Hijos Trinidizados de Logro.
8. Hijos Trinidizados de Selección.
9. Hijos Trinidizados de Perfección.
10. Hijos Trinidizados por las Criaturas.

II. *SERES DE ORIGEN DUAL.* Los que se originan en cualesquiera dos de las Deidades Paradisiacas o son de alguna otra manera creados por dos seres descendidos directa o indirectamente de las Deidades del Paraíso.

A. *Las Ordenes Descendentes.*

1. Hijos Creadores.
2. Hijos Magisteriales.
3. Estrellas Brillantes Matutinas.
4. Padres Melquisedek.
5. Los Melquisedek.
6. Los Vorondadek.
7. Los Lanonandek.
8. Estrellas Brillantes Vespertinas.
9. Los Arcángeles.
10. Los Portadores de Vida.
11. Auxiliares Universales No Revelados.
12. Hijos de Dios No Revelados.

B. *Las Ordenes Estacionarias.*

1. Abandonteros.
2. Susatia.
3. Univitatia.
4. Espironga.
5. Seres No Revelados de Origen Dual.

C. *Las Ordenes Ascendentes.*

1. Mortales Fusionados con el Ajustador.
2. Mortales Fusionados con el Hijo.

3. Mortales Fusionados con el Espíritu.
4. Seres Intermedios Trasladados.
5. Ascendentes No Revelados.

III. *SERES DE ORIGEN SINGULAR*. Aquellos que se originan en una de las Deidades del Paraíso o son de otra manera creados por un ser descendente directa o indirectamente de las Deidades del Paraíso.

A. *Los Espíritus Supremos.*

1. Mensajeros de Gravedad.
2. Los Siete Espíritus de los Circuitos de Havona.
3. Los Doceveces Ayudantes del Circuito de Havona.
4. Los Auxiliares Reflexivos de Imagen.
5. Los Espíritus Maternos de los Universos.
6. Los Espíritus Ayudantes Séptuples de la Mente.
7. Seres No Revelados de Origen en la Deidad.

B. *Las Ordenes Ascendentes.*

1. Ajustadores Personalizados.
2. Hijos Materiales Ascendentes.
3. Serafines Evolucionarios.
4. Querubines Evolucionarios.
5. Ascendentes No Revelados.

C. *La Familia del Espíritu Infinito.*

1. Mensajeros Solitarios.
2. Supervisores de los Circuitos del Universo.
3. Directores del Censo.
4. Auxiliares Personales del Espíritu Infinito.
5. Inspectores Asociados.
6. Centinelas Asignados.
7. Guías de los Graduados.
8. Servitales de Havona.
9. Conciliadores Universales.
10. Compañeros Morontiales.
11. Supernafines.
12. Seconafines.
13. Terciafines.
14. Omniafines.
15. Serafines.
16. Querubines y Sanobines.
17. Seres de Origen Espiritual No Revelados.
18. Los Siete Directores Supremos del Poder.
19. Los Centros Supremos del Poder.
20. Los Controladores Físicos Decanos.
21. Los Supervisores del Poder Morontial.

IV. *SERES TRASCENDENTALES EVENTUADOS*. Se puede encontrar en el Paraíso una hueste enorme de seres trascendentales cuyo origen ordinariamente no se revela a los universos del tiempo y del espacio hasta que se establezcan en luz y vida. Estos Trascendentales no son creadores ni criaturas; ellos son hijos *eventuados* de la divinidad, la ultimidad y la eternidad. Estos «eventuados» no son finitos ni infinitos, son *absonitos*; y el absonitismo no es infinidad ni absolutez.

Estos seres ni creadores ni creados son por siempre leales a la Trinidad del Paraíso y obedientes al Último. Existen en cuatro niveles últimos de actividad de la personalidad y funcionan en los siete niveles de lo absonito en doce grandes divisiones que consisten de mil grupos principales de trabajo de siete clases cada uno. Estos seres eventuados incluyen las siguientes órdenes:

1. Los Arquitectos del Universo Maestro.
2. Los Registradores Trascendentales.
3. Otros Trascendentales.
4. Los Organizadores de la Fuerza Decanos Primarios Eventuados.
5. Organizadores de la Fuerza Decanos Asociados Trascendentales.

Dios, como superpersona, eventúa; Dios, como persona, crea; Dios, como prepersona, fragmenta; y el fragmento de Dios que es el Ajustador evoluciona el alma espiritual en la mente material y mortal de acuerdo con la selección por libre albedrío de la personalidad que se ha donado a dicha criatura mortal por el acto paternal de Dios como Padre.

V. *ENTIDADES FRAGMENTADAS DE LA DEIDAD*. Esta orden de existencia viviente, que se origina en el Padre Universal, se manifiesta más claramente en los Ajustadores del Pensamiento, aunque estas entidades no son de manera alguna las únicas fragmentaciones de la realidad prepersonal de la Primera Fuente y Centro. Son múltiples y poco conocidas las funciones de los fragmentos distintos a los Ajustadores. La fusión con un Ajustador o con otro fragmento de este tipo constituye a la criatura en un *ser fusionado con el Padre*.

Debe mencionarse aquí que las fragmentaciones del espíritu premente de la Tercera Fuente y Centro, aunque en realidad no son comparables con los fragmentos del Padre difieren muy grandemente de los Ajustadores; no residen en Spiritington como tales, tampoco atraviesan los circuitos de la gravedadmente; tampoco habitan las criaturas mortales durante su vida en la carne. No son prepersonales en el sentido en que lo son los Ajustadores, pero dichos fragmentos de espíritu premente se otorgan a algunos de los mortales sobrevivientes, y la fusión con ellos los constituye en *mortales fusionados con el Espíritu*, en contradistinción con los mortales fusionados con el Ajustador.

Aún más difícil de describir es el espíritu individualizado de un Hijo Creador, la unión con el cual constituye a la criatura en un *mortal fusionado con el Hijo*. Existen aún otras fragmentaciones de la Deidad.

VI. *SERES SUPERPERSONALES*. Hay vastas huestes de seres de origen divino distintos a los seres personales cuyos servicios son múltiples en el universo de los universos. Algunos de estos seres residen en los mundos del Paraíso del Hijo; otros, como los representantes superpersonales del Hijo Eterno, se encuentran en otros lugares. En su mayor parte no se los menciona en estas narrativas y sería totalmente inútil intentar describirlos a las criaturas *personales*.

VII. *ÓRDENES NO CLASIFICADAS Y NO REVELADAS*. Durante la presente edad universal no sería posible colocar a todos los seres, tanto personales como de otra índole, dentro de clasificaciones pertenecientes a la presente era universal; tampoco han sido reveladas todas estas categorías en estas narrativas; de aquí que muchas órdenes se han omitido de estas listas. Considerad las siguientes:

El Consumador del Destino Universal.
Los Vicerregentes Cualificados del Último.
Los Supervisores No Cualificados del Supremo.
Las Agencias Creadoras No Reveladas de los Ancianos de los Días.
Majeston del Paraíso.
Los Enlaces Reflexivadores Innominados de Majeston.
Las Ordenes Midsonitas de los Universos Locales.

No es necesario asignar un significado especial al hecho de que estas órdenes se enumeren conjuntamente, excepto que ninguna de ellas aparece en la clasificación paradisiaca tal como se la revela aquí. Éstos son los pocos no clasificados; aún tenéis que aprender de los muchos no revelados.

Existen espíritus: entidades de espíritu, presencias espirituales, espíritus personales, espíritus prepersonales, espíritus superpersonales, existencias de espíritu, personalidades de espíritu —pero ni el lenguaje mortal ni el intelecto mortal son adecuados. Sin embargo, podemos declarar que no existen personalidades de «mente pura»; ninguna entidad tiene personalidad a menos que esté dotada de ella por Dios, quien es espíritu. Cualquier entidad mental que no esté asociada con la energía espiritual o física no es una personalidad. Pero en el mismo sentido en que existen personalidades espirituales que tienen mente, existen personalidades mentales que tienen espíritu. Majeston y sus asociados son ilustraciones bastante buenas de seres dominados por la mente, pero existen ilustraciones mejores de este tipo de personalidad, desconocidas para vosotros. También existen órdenes enteras no reveladas de dichas *personalidades de mente*, pero están siempre asociadas con el espíritu. Algunas otras criaturas no reveladas son lo que podría denominarse *personalidades de energía mental y física*. Este tipo de ser no responde a la gravedad espiritual, pero sin embargo es una verdadera personalidad —está dentro del circuito del Padre.

Estas narrativas ni siquiera empiezan —no podrían— a agotar la historia de las criaturas, creadores, eventuadas y aún otros seres vivientes que existen de otra manera, que viven y adoran y sirven en los pululantes universos del tiempo y en el universo central de la eternidad. Vosotros, los mortales, sois personas; de aquí que podamos describir a los seres que son *personalizados*, pero ¿cómo podría explicárseos un ser *absonidizado*?

2. EL REGISTRO UVERSANO DE PERSONALIDADES

La familia de seres vivientes está registrada en Uversa en siete grandes divisiones:

1. Las Deidades del Paraíso.
2. Los Espíritus Supremos.
3. Los Seres de Origen en la Trinidad.
4. Los Hijos de Dios.
5. Las Personalidades del Espíritu Infinito.
6. Los Directores del Poder Universal.
7. El Cuerpo de Ciudadanos Permanentes.

Estos grupos de criaturas volitivas se dividen en numerosas clases y subdivisiones menores. La presentación de esta clasificación de las personalidades del gran universo se ocupa sin embargo principalmente de establecer aquellas órdenes de seres inteligentes que se han revelado en estas narrativas, la mayoría de las cuales serán encontradas en la experiencia ascendente de los mortales del tiempo al ascender progresivamente hacia el Paraíso. Las siguientes enumeraciones no mencionan vastas órdenes de seres universales que llevan a cabo su tarea aparte del esquema de ascensión mortal.

I. *LAS DEIDADES DEL PARAÍSO.*

1. El Padre Universal.
2. El Hijo Eterno.
3. El Espíritu Infinito.

II. *LOS ESPÍRITUS SUPREMOS.*

1. Los Siete Espíritus Rectores.
2. Los Siete Ejecutivos Supremos.
3. Los Siete Grupos de Espíritus Reflexivos.
4. Los Auxiliares Reflexivos de Imagen.
5. Los Siete Espíritus de los Circuitos.
6. Los Espíritus Creativos de los Universos Locales.
7. Los Espíritus Ayudantes de la Mente.

III. *LOS SERES DE ORIGEN EN LA TRINIDAD.*

1. Secretos Trinidizados de la Supremacía.
2. Eternos de los Días.
3. Ancianos de los Días.
4. Perfecciones de los Días.
5. Recientes de los Días.
6. Uniones de los Días.
7. Fieles de los Días.
8. Hijos Instructores Trinitarios.
9. Perfeccionadores de la Sabiduría.
10. Consejeros Divinos.
11. Censores Universales.
12. Espíritus Trinitarios Inspirados.
13. Nativos de Havona.
14. Ciudadanos del Paraíso.

IV. *LOS HIJOS DE DIOS.*

A. *Hijos Descendentes.*

1. Hijos Creadores —Micaeles.
2. Hijos Magisteriales —Avonales.
3. Hijos Instructores Trinitarios —Dainales.
4. Hijos Melquisedek.
5. Hijos Vorondadek.
6. Hijos Lanonandek.
7. Hijos Portadores de Vida.

B. *Hijos Ascendentes.*

1. Mortales Fusionados con el Padre.
2. Mortales Fusionados con el Hijo.
3. Mortales Fusionados con el Espíritu.

4. Serafines Evolucionarios.
5. Hijos Materiales Ascendentes.
6. Seres Intermedios Trasladados.
7. Ajustadores Personalizados.

C. *Hijos Trinidizados.*

1. Mensajeros Poderosos.
2. Aquellos Elevados en Autoridad.
3. Aquellos sin Nombre ni Número.
4. Custodios Trinidizados.
5. Embajadores Trinidizados.
6. Guardianes Celestiales.
7. Asistentes de los Hijos Elevados.
8. Hijos Trinidizados por los Ascendentes.
9. Hijos Trinidizados por Paraíso-Havona.
10. Hijos Trinidizados de Destino.

V. *PERSONALIDADES DEL ESPÍRITU INFINITO.*

A. *Personalidades Más Elevadas del Espíritu Infinito.*

1. Mensajeros Solitarios.
2. Supervisores de los Circuitos del Universo.
3. Directores de Censo.
4. Auxiliares Personales del Espíritu Infinito.
5. Inspectores Asociados.
6. Centinelas Asignados.
7. Guías de los Graduados.

B. *Las Huestes Mensajeras del Espacio.*

1. Servitales de Havona.
2. Conciliadores Universales.
3. Consejeros Técnicos.
4. C ustodios de los Registros en el Paraíso.
5. Registradores Celestiales.
6. Compañeros Morontiales.
7. Compañeros Paradisiacos.

C. *Los Espíritus Ministrantes.*

1. Supernafines.
2. Seconafines.
3. Terciafines.
4. Omniafines.
5. Serafines.
6. Querubines y Sanobines.
7. Seres Intermedios.

VI. *LOS DIRECTORES DEL PODER UNIVERSAL.*

A. *Los Siete Directores Supremos del Poder.*

B. *Los Centros Supremos del Poder.*

1. Supervisores Supremos del Centro.
2. Centros de Havona.

3. Centros de los Superuniversos.
4. Centros de los Universos Locales.
5. Centros de las Constelaciones.
6. Centros de los Sistemas.
7. Centros No Clasificados.

C. *Controladores Físicos Decanos.*

1. Directores Asociados del Poder.
2. Controladores Mecánicos.
3. Transformadores de la Energía.
4. Transmisores de la Energía.
5. Asociadores Primarios.
6. Disociadores Secundarios.
7. Frandalanques y Cronoldeques.

D. *Supervisores del Poder Morontial.*

1. Reguladores de los Circuitos.
2. Coordinadores de los Sistemas.
3. Custodios Planetarios.
4. Controladores Combinados.
5. Estabilizadores de Enlace.
6. Clasificadores Selectivos.
7. Registradores Asociados.

VII. *EL CUERPO DE CIUDADANOS PERMANENTES.*

1. Los Seres Intermedios Planetarios.
2. Los Hijos Adánicos de los Sistemas.
3. Los Univitatia de las Constelaciones.
4. Los Susatia de los Universos Locales.
5. Los Mortales de los Universos Locales Fusionados con el Espíritu
6. Los Abandonteros del Superuniverso.
7. Los Mortales de los Superuniversos Fusionados con el Hijo.
8. Los Nativos de Havona.
9. Los Nativos de las Esferas Paradisiacas del Espíritu.
10. Los Nativos de las Esferas Paradisiacas del Padre.
11. Los Ciudadanos Creados del Paraíso.
12. Los Mortales Ciudadanos del Paraíso Fusionadoscon el Ajustador.

Ésta es una clasificación de trabajo de las personalidades de los universos tal como están registradas en la sede central de Uversa.

GRUPOS DE PERSONALIDADES COMPUESTAS. Existen en Uversa los registros de numerosos grupos adicionales de seres inteligentes, seres que también se relacionan estrechamente con la organización y administración del gran universo. Entre dichas órdenes están los siguientes tres grupos de personalidades compuestas:

A. *El Cuerpo Paradisiaco de la Finalidad.*

1. El Cuerpo de Finalistas Mortales.
2. El Cuerpo de Finalistas del Paraíso.
3. El Cuerpo de Finalistas Trinidizados.
4. El Cuerpo de Finalistas Trinidizados Conjuntos.

5. El Cuerpo de Finalistas de Havona.
6. El Cuerpo de Finalistas Trascendentales.
7. El Cuerpo de Hijos de Destino No Revelados.

El Cuerpo Mortal de la Finalidad se trata en la narrativa próxima, que es la última de esta serie.

B. *Los Auxiliares Universales.*

1. Estrellas Brillantes Matutinas.
2. Estrellas Brillantes Vespertinas.
3. Arcángeles.
4. Asistentes Altísimos.
5. Altos Comisionados
6. Supervisores Celestiales.
7. Maestros de los Mundos de Estancia.

En todos los mundos sede central, tanto de los universos locales como de los superuniversos, se atienden a las necesidades de estos seres, que se ocupan de misiones específicas en nombre de los Hijos Creadores, los gobernantes de los universos locales. Estos *Auxiliares Universales* son bienvenidos en Uversa, pero no tenemos jurisdicción sobre ellos. Estos emisarios llevan a cabo su tarea y sus observaciones bajo la autoridad de los Hijos Creadores. Sus actividades se describen más plenamente en la narrativa correspondiente a vuestro universo local.

C. *Las Siete Colonias de Cortesía.*

1. Estudiantes Estelares.
2. Artesanos Celestiales.
3. Directores de Reversión.
4. Instructores de las Facultades de Extensión.
5. Los Distintos Cuerpos de Reserva.
6. Estudiantes Visitantes.
7. Peregrinos Ascendentes.

Estos siete grupos de seres se encontrarán así organizados y gobernados en todos los mundos sede central, desde los sistemas locales hasta las capitales de los superuniversos, particularmente en estas últimas. Las capitales de los siete superuniversos son los sitios de reunión de casi todas las clases y órdenes de seres inteligentes. Con excepción de numerosos grupos de Paraíso-Havoneros, aquí se pueden observar y estudiar las criaturas volitivas de todas las fases de la existencia.

3. LAS COLONIAS DE CORTESÍA

Las siete colonias de cortesía permanecen en las esferas arquitectónicas durante períodos más o menos prolongados mientras se ocupan de completar sus misiones y de realizar asignaciones especiales. Se puede describir su trabajo como sigue:

1. *Los Estudiantes Estelares*, los astrónomos celestiales, eligen trabajar en esferas tales como Uversa porque estos mundos construidos en forma especial son particularmente favorables para sus observaciones y cálculos. Uversa está favorablemente ubicada para el trabajo de esta colonia, no sólo por su ubicación central, sino también porque no existen soles gigantescos cercanos ni vivos ni muertos que podrían alterar

las corrientes de energía. Estos investigadores no se conectan de ninguna manera orgánicamente con los asuntos del superuniverso; son meramente huéspedes.

La colonia uversana de astronomía contiene individuos que provienen de muchos de los reinos cercanos, del universo central y aun de Norlatiadek. Todo ser de cualquier mundo de cualquier sistema de cualquier universo puede convertirse en un estudiante estelar, puede aspirar a unirse a un cuerpo de astrónomos celestiales. Los únicos requisitos son: vida continuada y conocimientos suficientes de los mundos del espacio, especialmente de sus leyes físicas de evolución y control. No se exige de los estudiantes estelares que sirvan eternamente en este cuerpo; pero nadie que haya sido admitido a este grupo puede retirarse en menos de un milenio del tiempo de Uversa.

La colonia de observadores estelares de Uversa cuenta ahora con más de un millón de seres. Estos astrónomos van y vienen, aunque algunos se quedan durante períodos comparativamente prolongados. Llevan a cabo su tarea con la ayuda de una multitud de instrumentos mecánicos y dispositivos físicos; también están grandemente asistidos por los Mensajeros Solitarios y otros exploradores espirituales. Estos astrónomos celestiales hacen uso constante de los transformadores y transmisores vivientes de la energía, así como también de las personalidades reflexivas, en su trabajo de estudio estelar e investigación espacial. Estudian todas las formas y fases de la materia del espacio y de las manifestaciones de energía, y están igualmente interesados en la función de la fuerza y en los fenómenos estelares; nada escapa a su escrutinio en todo el espacio.

Se encuentran colonias semejantes de astrónomos en los mundos sede central de los sectores del superuniverso, así como también en las capitales arquitectónicas de los universos locales y en sus subdivisiones administrativas. A excepción del Paraíso, el conocimiento no es inherente; comprender el universo físico depende grandemente de la observación e investigación.

2. *Los Artesanos Celestiales* sirven en todas partes de los siete superuniversos. Los mortales ascendentes tienen su contacto inicial con estos grupos en la carrera morontial del universo local, en relación con el cual estos artesanos se tratarán más plenamente.

3. *Los Directores de Reversión* son los promotores del descanso y del humor — la reversión a recuerdos pasados. Son de gran utilidad en la operación práctica del esquema ascendente de la progresión mortal, especialmente durante las primeras fases de la transición morontial y de la experiencia espiritual. Su historia pertenece a la narrativa de la carrera mortal en el universo local.

4. *Los Instructores de las Facultades de Extensión*. El mundo residencial correspondiente al peldaño siguiente en la carrera ascendente siempre mantiene un robusto cuerpo de maestros en el mundo que está directamente por debajo, un tipo de escuela preparatoria para los residentes en progreso de esa esfera; ésta es una fase del esquema ascendente para los peregrinos del tiempo en avance. Estas facultades, sus métodos de instrucción y exámenes, son totalmente distintas de lo que tratáis experimentar en Urantia.

Todo el plan ascendente de la progresión mortal está caracterizado por la práctica de transmitir a otros seres la nueva verdad y la experiencia, tan pronto como son adquiridas. Vosotros os abrís camino a través de la prolongada escuela de logro del Paraíso, sirviendo como maestros para aquellos estudiantes que están directamente por debajo de vosotros en la escala de progresión.

5. *Los Distintos Cuerpos de Reserva*. Se movilizan en Uversa vastas reservas de seres que no están bajo nuestra supervisión inmediata como colonia de cuerpo de reserva. En Uversa hay setenta divisiones primarias de estas colonias; pasar una

temporada con estas extraordinarias personalidades constituye una verdadera educación liberal. En Salvington y en otras capitales de los universos se mantienen reservas generales similares; éstas se envían al servicio activo por requisición de sus respectivos directores de grupo.

6. *Los Estudiantes Visitantes*. De todas partes del universo fluye un caudal constante de visitantes celestiales hacia los varios mundos sede central. Como individuos y como clases estos varios tipos de seres convergen sobre nosotros como observadores, estudiantes de intercambio y ayudantes de los estudiantes. En Uversa, presentemente, hay más de mil millones de personas en esta colonia de cortesía. Algunos de estos visitantes pueden quedarse un día, otros, un año, todo depende de la naturaleza de su misión. Esta colonia contiene prácticamente todas las clases de seres universales excepto las personalidades Creadoras y los mortales morontiales.

Los mortales morontiales son estudiantes visitantes sólo dentro de los confines del universo local de su origen. Pueden visitar en calidad superuniversal sólo después de haber logrado el estado de espíritu. Una plena mitad de nuestro grupo de visitantes consiste en «paradas intermedias», seres que están en camino a otro lado y se detienen para visitar la capital de Orvonton. Estas personalidades pueden estar realizando una asignación universal o estar disfrutando un período de recreación —libertad de asignaciones. El privilegio del viaje y de la observación intrauniversal es parte de la carrera de todos los seres ascendentes. El deseo humano de viajar y observar nuevos pueblos y mundos será plenamente gratificado durante el largo período de ascensión pletórica al Paraíso, a través del universo local, los superuniversos y el universo central.

7. *Los Peregrinos Ascendentes*. A los peregrinos ascendentes se les asigna a servicios distintos en relación con su progresión hacia el Paraíso, y se los domicilia como colonia de cortesía en las distintas esferas sede central. Al funcionar aquí y allá en todo un superuniverso, estos grupos son en gran parte autogobernados. Son un grupo en constante cambio que abraza todas las órdenes de los mortales evolucionarios y de sus asociados ascendentes.

4. LOS MORTALES ASCENDENTES

Aunque los mortales sobrevivientes del tiempo y del espacio se denominan *peregrinos ascendentes* cuando se los acredita para la ascensión progresiva al Paraíso, estas criaturas evolucionarias ocupan un lugar tan importante en estas narrativas que deseamos aquí presentar una sinopsis de las siguientes siete etapas de la carrera ascendente universal:

1. Mortales Planetarios.
2. Sobrevivientes Adormecidos.
3. Estudiantes en los Mundos de Estancia.
4. Progresistas de Morontia.
5. Pupilos de los Superuniversos.
6. Peregrinos de Havona.
7. Aquellos que Llegan al Paraíso.

La narrativa siguiente presenta la carrera universal de un mortal morado por un Ajustador. Los mortales fusionados con el Hijo o con el Espíritu comparten porciones de esta carrera, pero hemos elegido contar esta historia en cuanto se refiere a los mortales fusionados con el Ajustador, porque ése es el destino que pueden anticipar todas las razas humanas de Urantia.

1. *Mortales Planetarios.* Los mortales son todos seres evolucionarios de origen animal, con potencial ascendente. En origen, naturaleza y destino estos distintos grupos de seres humanos son mucho como los pueblos de Urantia. Las razas humanas de cada mundo reciben el mismo ministerio de los Hijos de Dios y disfrutan de la presencia de los espíritus ministrantes del tiempo. Después de la muerte natural, todos los tipos de ascendentes fraternizan como una sola familia morontial en los mundos de estancia.

2. *Sobrevivientes Adormecidos.* Todos los mortales de estado de sobrevivencia, bajo la custodia de los guardianes personales del destino, pasan por las compuertas de la muerte natural y, en el tercer período, se personalizan en los mundos de estancia. Aquellos seres acreditados que, por cualquier razón, han sido incapaces de lograr ese nivel de dominio de la inteligencia y dote de espiritualidad que les permitiría contar con guardianes personales, no pueden por lo tanto ir directa e inmediatamente a los mundos de estancia. Dichas almas sobrevivientes deben descansar en un sueño inconsciente hasta el día del juicio de una nueva época, una nueva dispensación, la llegada de un Hijo de Dios para pasar lista a la edad y adjudicar el reino, y ésta es la práctica general en todo Nebadon. Se dijo de Cristo Micael que, cuando ascendió a las alturas al fin de su labor en la tierra: «Condujo a una gran multitud de cautivos». Y estos cautivos eran los sobrevivientes adormecidos desde los días de Adán hasta el día de la resurrección del Maestro en Urantia.

El paso del tiempo no es de importancia para los mortales adormecidos; están totalmente inconscientes y desapercibidos de la longitud de su reposo. Al reensamblarse la personalidad al fin de una época, aquellos que han dormido cinco mil años no reaccionan diferentemente de los que tan sólo han descansado cinco días. Aparte de este atraso en el tiempo, estos sobrevivientes pasan a través del régimen de ascensión en forma idéntica a la de aquellos que evitan el sueño más largo o más corto de la muerte.

Se utilizan estas clases dispensacionales de peregrinos de los mundos para las actividades morontiales de grupo en las tareas de los universos locales. Existe una gran ventaja en la movilización de grupos tan enormes; de este modo se los mantiene juntos por largos períodos de servicio eficaz.

3. *Estudiantes de los Mundos de Estancia.* Todos los mortales sobrevivientes que despiertan en los mundos de estancia pertenecen a esta clase.

El cuerpo físico de la carne mortal no es parte del reensamblaje del sobreviviente adormecido; el cuerpo físico ha regresado al polvo. El serafín de asignación patrocina el nuevo cuerpo, la forma morontial, como nuevo vehículo de vida para el alma inmortal y para recibir al Ajustador que ha retornado. El Ajustador es el custodio de las transcripciones espirituales de la mente del sobreviviente adormecido. El serafín de asignación es el que mantiene la identidad sobreviviente —el alma inmortal— hasta donde haya evolucionado. Y cuando estos dos, el Ajustador y el serafín, reúnen sus fideicomisos de personalidad, el nuevo individuo constituye la resurrección de la antigua personalidad, la supervivencia de la identidad evolutiva morontial del alma. Dicha reasociación de alma y Ajustador se denomina en forma totalmente apropiada, una resurrección, un reensamblaje de los factores de la personalidad; pero aún esto no explica enteramente la reaparición de la *personalidad* sobreviviente. Aunque tal vez vosotros no comprendáis jamás el hecho de dicha transacción inexplicable, alguna vez conoceréis experiencialmente la verdad de esto si no rechazáis el plan de la sobrevivencia mortal.

El plan de detención mortal inicial en los siete mundos de capacitación progresiva es casi universal en Orvonton. En cada sistema local de aproximadamente mil planetas habitados, hay siete mundos de estancia, generalmente satélites o subsatélites de la capital del sistema. Son los mundos de recepción para la mayoría de los mortales ascendentes.

A veces todos los mundos de capacitación de residencia mortal se denominan «estancias» del universo, y fue a estas esferas a las que Jesús aludió cuando dijo: «En la casa de mi Padre muchas moradas hay». De aquí en adelante, dentro de un grupo dado de esferas tales como los mundos de estancia, los ascendistas progresarán individualmente de una esfera a la otra y de una fase de la vida a la otra, pero siempre avanzarán de una etapa de estudio universal a otra en formación de clases colectivas.

4. *Progresistas Morontiales*. Desde los mundos de estancia hacia arriba a través de las esferas del sistema, la constelación y el universo, los mortales se clasifican como progresistas morontiales; están atravesando las esferas de transición de la ascensión mortal. A medida que los mortales ascendentes progresan de los mundos morontiales más bajos a los más elevados, sirven en incontables asignaciones en asociación con sus maestros y en compañía de sus hermanos decanos más avanzados.

La progresión morontial pertenece al avance continuado de la forma del intelecto, el espíritu y la personalidad. Los sobrevivientes siguen siendo seres de naturaleza triple. A lo largo de la entera experiencia morontial ellos son los pupilos del universo local. El régimen del superuniverso no funciona hasta que no comienza la carrera espiritual.

Los mortales adquieren auténtica identidad espiritual justo antes de abandonar la sede del universo local para los mundos de recepción de los sectores menores del superuniverso. El pasaje de la etapa morontial final a la primera o más baja condición espiritual no es sino una ligera transición. La mente, la personalidad y el carácter son inalterados por dicho avance; tan sólo la forma sufre modificaciones. Pero la forma del espíritu es tan real como el cuerpo morontial y es igualmente discernible.

Antes de partir de sus universos locales nativos hacia los mundos de recepción del superuniverso, los mortales del tiempo reciben la confirmación espiritual del Hijo Creador y del Espíritu Materno del universo local. Desde este punto en adelante, se establece el estado del mortal ascendente para siempre. No ha ocurrido nunca que los pupilos del superuniverso se descarrien. Los serafines ascendentes también avanzan en su estado angélico al tiempo de su partida de los universos locales.

5. *Pupilos del Superuniverso*. Todos los seres ascendentes que llegan a los mundos de capacitación de los superuniversos se tornan pupilos de los Ancianos de los Días; han atravesado la vida morontial del universo local y ahora son espíritus acreditados. Como jóvenes espíritus, comienzan la ascensión del sistema superuniversal de capacitación y cultura, que se extiende desde las esferas de recepción de su sector menor hacia adentro a través de los mundos de estudio de los diez sectores mayores y hacia las esferas culturales más elevadas de las sedes centrales del superuniverso.

Existen tres órdenes de espíritus estudiosos de acuerdo con su estadía en el sector menor, los sectores mayores y los mundos sede central del superuniverso de progresión espiritual. Así como los seres ascendentes morontiales estudiaron y trabajaron en los mundos del universo local, del mismo modo los seres ascendentes espirituales van dominando nuevos mundos, a la vez que siguen impartiendo a otros aquello que han bebido de las fuentes experienciales de la sabiduría. Pero ir a la escuela como ser espiritual en la carrera superuniversal es muy distinto de cualquier cosa que jamás haya penetrado los reinos de la imaginación de la mente material del hombre.

Antes de abandonar el superuniverso en dirección a Havona, estos espíritus ascendentes reciben el mismo curso intensivo de manejo superuniversal que han recibido durante la experiencia morontial relativo a la supervisión del universo local. Antes de que los mortales espirituales alcancen Havona, su estudio principal —pero no su ocupación exclusiva— es el dominio de la administración del universo local y del superuniverso. La razón de tanta experiencia no es totalmente clara en estos momentos, pero sin duda dicho entrenamiento es sabio y necesario en vista de su posible destino futuro como miembros del Cuerpo de Finalistas.

El régimen superuniversal no es el mismo para todos los mortales ascendentes. Reciben la misma instrucción general, pero hay grupos y clases especiales que se someten a cursos especiales de instrucción y cursos específicos de capacitación.

6. *Peregrinos de Havona*. Cuando el desarrollo del espíritu es completo, aunque no pletórico, el mortal sobreviviente se prepara para el largo viaje a Havona, el refugio de los espíritus evolucionarios. En la tierra, eras una criatura de carne y hueso; a través del universo local, eras un ser morontial; a través del superuniverso, eras un espíritu en evolución; con tu llegada a los mundos de recepción de Havona, comienza intensa y realmente tu instrucción espiritual; tu aparición final en el Paraíso será como espíritu perfeccionado.

El viaje desde la sede central del superuniverso hasta las esferas de recepción de Havona siempre se hace a solas. De aquí en adelante ya no habrá más instrucción en clases o en grupos. Has completado la capacitación técnica y administrativa de los mundos evolucionarios del tiempo y del espacio. Ahora comienza tu *educación personal*, la capacitación individual espiritual. Del principio al fin, a lo largo de todo Havona, la instrucción es personal y de naturaleza triple: intelectual, espiritual y experiencial.

La primera acción de tu carrera en Havona será reconocer y agradecer a tu seconafín de transporte el viaje largo y certero. Luego se te presentará a aquellos seres que patrocinarán tus primeras actividades en Havona. A continuación registrarás tu llegada y prepararás tu mensaje de acción de gracias y adoración para despachar al Hijo Creador de tu universo local, el Padre de tu universo, que hizo posible tu carrera de filiación. Esto concluye las formalidades de la llegada a Havona; de allí en adelante, se te otorgará un largo período de recreación para la observación libre, y esto te ofrece la oportunidad de buscar a tus amigos, compañeros y asociados en la larga experiencia de ascensión. También podrás consultar las transmisiones para asegurarte de cuáles entre tus semejantes peregrinos han partido hacia Havona desde el momento en que abandonaste Uversa.

El hecho de tu llegada a los mundos de recepción de Havona se transmitirá debidamente a la sede de tu universo local y personalmente se informará a tu guardián seráfico, dondequiera que este serafín se encuentre.

Los mortales ascendentes han sido completamente capacitados en los asuntos de los mundos evolucionarios del espacio; ahora comienza su contacto prolongado y beneficioso con las esferas creadas de la perfección. ¡Qué preparación para algún futuro trabajo se ofrece mediante esta experiencia combinada, singular y extraordinaria! Pero no puedo deciros nada sobre Havona; debéis ver estos mundos para apreciar su gloria y comprender su grandeza.

7. *Los que llegan al Paraíso*. Al llegar al Paraíso con estado de residente, tú comienzas el curso progresivo en divinidad y absonidad. Tu residencia en el Paraíso significa que has encontrado a Dios y que has sido incorporado al Cuerpo Mortal de la Finalidad. De todas las criaturas del gran universo, sólo los que están fusionados con el Padre se incorporan al Cuerpo Mortal de la Finalidad. Sólo esos individuos

toman el juramento del finalista. Otros seres de perfección paradisiaca o de logro pueden ser agregados temporalmente a este cuerpo de la finalidad, pero no son de asignación eterna a la misión desconocida y no revelada de estas huestes de seres veteranos y perfeccionados evolucionarios del tiempo y del espacio que se están congregando.

Los que llegan al Paraíso tienen la gracia de un período de libertad, después del cual comienzan sus asociaciones con los siete grupos de los supernafines primarios. Se los designa diplomados paradisiacos una vez que han completado su curso con los conductores de la adoración y luego, como finalistas, se los asigna al servicio de observación y cooperativo hasta los confines de la vasta creación. Hasta ahora no parece haber un empleo específico o establecido para el Cuerpo Mortal de los Finalistas, aunque sirven en muchas posiciones en los mundos establecidos en función de luz y vida.

Si no hubiese un destino futuro o no revelado para el Cuerpo Mortal de la Finalidad, la asignación presente de estos seres ascendentes ya sería totalmente adecuada y gloriosa. Su destino presente justifica plenamente el plan universal de ascensión evolucionaria. Pero las futuras épocas de la evolución de las esferas del espacio exterior indudablemente elaborarán ulteriormente, y con más plenitud iluminarán divinamente, la sabiduría, el amor y la ternura de los Dioses en la ejecución de su plan divino de sobrevivencia humana y ascensión mortal.

Esta narrativa, juntamente con lo que se os ha revelado y con lo que podáis adquirir con relación a la instrucción sobre vuestro propio mundo, presenta un bosquejo de la carrera de un mortal ascendente. La historia varía considerablemente en los diferentes superuniversos, pero este recital permite un vistazo del plan promedio de progresión mortal, tal como opera en el universo local de Nebadon y en el séptimo segmento del gran universo, el superuniverso de Orvonton.

[Patrocinado por un Mensajero Poderoso proveniente de Uversa.]

DOCUMENTO 31

EL CUERPO DE LA FINALIDAD

EL CUERPO de los Finalistas Mortales representa el destino presentemente conocido de los mortales ascendentes del tiempo fusionados con el Ajustador. Pero existen otros grupos que también se asignan a este cuerpo. El cuerpo primario de finalistas está compuesto como sigue:

1. Nativos de Havona.
2. Mensajeros de Gravedad.
3. Mortales Glorificados.
4. Serafines Adoptados.
5. Hijos Materiales Glorificados.
6. Criaturas Intermedias Glorificadas.

Estos seis grupos de seres glorificados componen este singular cuerpo de destino eterno. Creemos conocer su tarea futura, pero no estamos seguros. Aunque el Cuerpo Mortal de la Finalidad se está movilizando en el Paraíso y aunque actualmente ellos ministran tan ampliamente los universos del espacio y administran los mundos establecidos en luz y vida, su destino futuro ha de ser en los universos del espacio exterior que presentemente se están organizando. Por lo menos eso es lo que se conjetura en Uversa.

El cuerpo está organizado de acuerdo con las asociaciones de trabajo de los mundos del espacio y en concordancia con la experiencia asociativa adquirida a lo largo de la prolongada y pletórica carrera ascendente. Todas las criaturas ascendentes admitidas a este cuerpo son recibidas en igualdad, pero esta excelsa igualdad no abroga de ninguna manera la individualidad ni destruye la identidad personal. Podemos discernir inmediatamente, al comunicarnos con un finalista, si éste es un mortal ascendente, un nativo de Havona, un serafín adoptado, una criatura intermedia o un Hijo Material.

Durante la actual edad universal, los finalistas retornan para servir en los universos del tiempo. Se los asigna a tareas sucesivas en los distintos superuniversos pero no en su superuniverso nativo hasta que no hayan servido en las otras seis supercreaciones. De este modo adquieren el concepto séptuple del Ser Supremo.

Una o más compañías de finalistas mortales están constantemente al servicio en Urantia. No existe dominio del servicio universal al que no sean asignados; funcionan universalmente con períodos alternados iguales de tarea asignada y de servicio libre.

No tenemos idea alguna sobre la naturaleza de la organización futura de este grupo extraordinario, pero los finalistas son ahora un cuerpo totalmente autogobernado. Eligen a sus propios líderes y directores permanentes, periódicos y de asignaciones.

Ninguna influencia exterior puede ejercer presión alguna sobre su política y su juramento de lealtad se presta tan sólo ante la Trinidad del Paraíso.

Los finalistas mantienen su sede central en el Paraíso, en los superuniversos, en los universos locales y en todas las capitales de división. Son una orden separada de la creación evolucionaria. No los dirigimos ni los controlamos directamente y, sin embargo, son absolutamente leales cooperando siempre con todos nuestros planes. Son en efecto las almas verdaderas y probadas del tiempo y del espacio que se van acumulando —la sal evolucionaria del universo— y están protegidos para siempre tanto contra el mal como contra el pecado.

1. LOS NATIVOS DE HAVONA

Muchos de los nativos de Havona que sirven como maestros en las escuelas de capacitación de los peregrinos del universo central desarrollan una relación muy íntima con los mortales ascendentes y sienten aun más curiosidad por el trabajo y destino futuro del Cuerpo de los Finalistas Mortales. En el Paraíso se mantiene, en la sede administrativa central del cuerpo, un registro de los voluntarios de Havona, presidido por el asociado de Grandfanda. Hoy encontraréis millones y millones de nativos de Havona en esta lista de espera. Estos seres perfectos de creación directa y divina son de gran ayuda para el Cuerpo Mortal de la Finalidad e indudablemente serán de aún mayor servicio en el futuro distante. Proporcionan el punto de vista de los seres nacidos en la perfección y en la plenitud divina. Los finalistas de este modo abrazan ambas fases de la existencia experiencial —perfecta y perfeccionada.

Los nativos de Havona deben adquirir, en enlace con los seres evolucionarios, ciertos desarrollos experienciales que crearán en ellos una capacidad de recepción para el otorgamiento de un fragmento del Espíritu del Padre Universal. El Cuerpo de Finalistas Mortales tiene como miembros permanentes tan sólo a aquellos seres que se han fusionado con el espíritu de la Primera Fuente y Centro o que, como los Mensajeros de Gravedad, incorporan en forma innata este espíritu de Dios el Padre.

El cuerpo recibe los habitantes del universo central en una relación de uno por mil —una compañía de finalistas. El cuerpo está organizado para servicio provisional en compañías de mil, siendo las criaturas ascendentes 997, con un nativo de Havona y un Mensajero de Gravedad. Los finalistas de este modo se movilizan en compañías, pero el juramento de la finalidad se administra individualmente. Es un juramento de implicaciones enormes e importancia eterna. El nativo de Havona toma el mismo juramento y se vuelve por siempre un miembro del cuerpo.

Los alistados de Havona siguen a la compañía de su asignación; dondequiera que vaya el grupo, van ellos. Y deberíais ver su entusiasmo en la nueva tarea de los finalistas. La posibilidad de alcanzar el Cuerpo de la Finalidad es una de las emociones más espléndidas de Havona. La posibilidad de volverse un finalista es una de las aventuras supremas de estas razas perfectas.

También se reciben los nativos de Havona, en la misma proporción, en el Cuerpo de Finalistas Conjuntos Trinidizados en Vicegerington y en el Cuerpo de Finalistas Trascendentales en el Paraíso. Los ciudadanos de Havona consideran estos tres destinos los objetivos supremos de sus carreras excelsas, juntamente con la posible admisión en el Cuerpo de Finalistas de Havona.

2. LOS MENSAJEROS DE GRAVEDAD

Dondequiera y cuandoquiera que funcionen los Mensajeros de Gravedad, los finalistas están al mando. Todos los Mensajeros de Gravedad están bajo la jurisdicción exclusiva de Grandfanda y se asignan únicamente al Cuerpo primario de la Finalidad. Aun ahora son sumamente valiosos para los finalistas y serán del todo útiles en el futuro eterno. Ningún otro grupo de criaturas inteligentes posee un cuerpo semejante de mensajeros personalizados, capaz de trascender el tiempo y el espacio. Tipos similares de mensajeros-registradores asignados a otros grupos finalistas no son personalizados; son absonidizados.

Los Mensajeros de Gravedad provienen de Divinington y son Ajustadores modificados y personalizados, pero ninguno de nuestro grupo de Uversa puede explicar la naturaleza de uno de estos mensajeros. Sabemos que son seres altamente personales, seres divinos, inteligentes y conmovedoramente comprensivos, pero no comprendemos su técnica sin limitaciones temporales de atravesar el espacio. Parecen ser competentes para utilizar cualquiera o todas las energías, circuitos y aún la gravedad. Los Finalistas del Cuerpo Mortal no pueden desafiar el tiempo y el espacio, pero se han asociado con ellos y han sometido a su mando personalidades espirituales prácticamente infinitas que sí lo pueden. Tenemos la presunción de llamar personalidades a los Mensajeros de Gravedad, pero en realidad son seres superespirituales, personalidades ilimitadas y sin fines. Son de una orden de personalidad enteramente diferente en comparación con los Mensajeros Solitarios.

Se pueden asignar los Mensajeros de Gravedad a una compañía de finalistas en número ilimitado, pero sólo un mensajero, el jefe de sus semejantes, entra en las filas del Cuerpo Mortal de la Finalidad. Este jefe, sin embargo, tiene bajo su mando un séquito permanente de 999 mensajeros y, según lo requieran las ocasiones, puede apelar a las reservas de la orden para obtener asistentes en número ilimitado.

Los Mensajeros de Gravedad y los finalistas mortales glorificados desarrollan un afecto conmovedor y profundo unos con otros; tienen mucho en común: unos son personalización directa de un fragmento del Padre Universal; los otros, una personalidad de criatura existente en el alma inmortal sobreviviente fusionada con un fragmento del mismo Padre Universal, el espíritu Ajustador del Pensamiento.

3. LOS MORTALES GLORIFICADOS

Los mortales ascendentes fusionados con el Ajustador componen la mayor parte del Cuerpo primario de la Finalidad. Juntamente con los serafines adoptados y glorificados, generalmente constituyen 990 de cada compañía de 1000 finalistas. La proporción de mortales y ángeles varía en cada grupo, aunque los mortales exceden grandemente a los serafines. Los nativos de Havona, los Hijos Materiales glorificados, los seres intermedios glorificados, los Mensajeros de Gravedad y el miembro desconocido y faltante componen tan sólo el uno por ciento del cuerpo; cada compañía de mil finalistas tiene sitio para sólo diez de estas personalidades no mortales y no seráficas.

Nosotros los de Uversa no sabemos el «destino de la finalidad» de los mortales ascendentes del tiempo. Presentemente residen en el Paraíso y sirven temporalmente en el Cuerpo de Luz y Vida, pero tan extraordinario curso de capacitación ascendente y tan prolongada disciplina universal deben haber sido diseñados para calificarlos para pruebas aún más grandes de confianza y servicios aún más sublimes de responsabilidad.

A pesar de que estos mortales ascendentes han alcanzado el Paraíso, han sido admitidos al Cuerpo de la Finalidad y han sido enviados de vuelta en grandes números para participar en la conducción de los universos locales y asistir en la administración de los asuntos superuniversales —aún frente a este destino *aparente*, queda el hecho significativo de que están registrados tan sólo como espíritus de la sexta etapa. Indudablemente, queda un paso más en la carrera de los Mortales del Cuerpo de la Finalidad. No conocemos la naturaleza de este paso, pero conocemos, y a continuación podemos enumerar, tres hechos:

1. Sabemos por los archivos que los mortales son espíritus de la primera orden durante su estadía en los sectores menores, y que avanzan a la segunda orden cuando se trasladan a los sectores mayores, y a la tercera cuando van hacia adelante a los mundos de capacitación centrales del superuniverso. Los mortales se vuelven cuartanos o espíritus diplomados después de alcanzar el sexto círculo de Havona y se tornan espíritus de la quinta orden cuando hallan al Padre Universal. Posteriormente logran la sexta etapa de existencia espiritual al tomar el juramento que los incorpora para siempre en la asignación eterna del Cuerpo de la Finalidad Mortal.

Observamos que la clasificación espiritual, o designación, ha sido determinada por el avance real de un reino de servicio universal a otro reino de servicio universal, o de un universo a otro universo; y suponemos que el otorgamiento de la clasificación de séptimo espíritu a los mortales del Cuerpo de la Finalidad será simultáneo con su avance a la asignación eterna para el servicio en esferas hasta ahora no registradas ni reveladas, y concomitantemente con su logro de Dios el Supremo. Pero aparte de estas conjeturas audaces, realmente no sabemos más sobre todo esto de lo que vosotros sabéis; nuestro conocimiento de la carrera mortal no va más allá del destino presente en el Paraíso.

2. Los finalistas mortales han cumplido plenamente con el mandato de las eras, «Sed perfectos»; han ascendido por el sendero universal del logro mortal; han hallado a Dios y han sido debidamente aceptados en el Cuerpo de la Finalidad. Estos seres han logrado el límite presente de progresión espiritual pero no *la finalidad del estado espiritual último*. Han logrado el límite presente de la perfección de la criatura, pero no *la finalidad del servicio de la criatura*. Han experimentado la plenitud de la adoración de la Deidad pero no la *finalidad del logro experiencial de la Deidad*.

3. Los mortales glorificados del Cuerpo Paradisiaco de la Finalidad son seres ascendentes que poseen conocimiento experiencial de cada etapa de la realidad y filosofía de la vida más plena posible de la existencia inteligente, mientras que durante las eras de esta ascensión desde los mundos materiales más bajos hasta las alturas espirituales del Paraíso, estas criaturas sobrevivientes han sido instruidas hasta los límites de su capacidad respecto de todos los detalles de todo principio divino de administración justa y eficaz, así como también misericordiosa y paciente, de la entera creación universal del tiempo y del espacio.

Consideramos que los seres humanos tienen derecho a compartir nuestras opiniones y que vosotros tenéis libertad para conjeturar con nosotros sobre el misterio del destino último del Cuerpo de la Finalidad del Paraíso. Nos parece evidente que las asignaciones presentes de las criaturas evolucionadas perfeccionadas tienen la naturaleza de cursos postgraduados en comprensión del universo y en administración de los superuniversos; y todos nos preguntamos: «¿Por qué se ocupan tanto los Dioses de capacitar tan plenamente a los mortales sobrevivientes en la técnica de cómo se gobierna el universo?»

4. LOS SERAFINES ADOPTADOS

Se permite a muchos de los fieles guardianes seráficos de los mortales seguir la carrera ascendente con sus pupilos humanos y muchos de estos ángeles guardianes, después de fusionarse con el Padre, se reúnen con sus sujetos, tomando con ellos el juramento de la eternidad de finalista y por siempre aceptando el destino de sus asociados mortales. Los ángeles que pasan a través de la experiencia ascendente de los seres mortales pueden compartir el destino de la naturaleza humana; pueden igual y eternamente integrarse a este Cuerpo de la Finalidad. Grande número de serafines adoptados y glorificados son asignados a los distintos cuerpos finalistas no-mortales.

5. LOS HIJOS MATERIALES GLORIFICADOS

Existe una disposición en los universos del tiempo y del espacio por la cual los ciudadanos adánicos de los sistemas locales, si su asignación planetaria se demora por largo tiempo, pueden iniciar una solicitud para liberarse del estado de ciudadanía permanente. Si se les otorga esta solicitud, se reúnen con los peregrinos ascendentes en las capitales de los universos y de allí proceden hacia el Paraíso y al Cuerpo de la Finalidad.

Cuando un mundo evolucionario avanzado logra las eras más maduras de la edad de luz y vida, los Hijos Materiales, el Adán y Eva Planetarios, pueden decidir humanizarse, recibir Ajustadores y embarcarse en el curso evolucionario de la ascensión universal que conduce al Cuerpo de los Finalistas Mortales. Algunos de estos Hijos Materiales han fracasado parcialmente o han fallado técnicamente en su misión como aceleradores biológicos, tal como pasó con Adán en Urantia; entonces se ven obligados a tomar el curso natural de los pueblos del reino, recibir Ajustadores, pasar por la muerte y progresar por la fe a través del régimen ascendente, logrando posteriormente el Paraíso y el Cuerpo de la Finalidad.

No se encuentran estos Hijos Materiales en muchas de las compañías de finalistas. Su presencia presta gran potencial a las posibilidades de servicio elevado para dicho grupo e, invariablemente, son elegidos como sus líderes. Si ambos integrantes de la pareja edénica se asignan al mismo grupo, generalmente se les permite funcionar en forma conjunta, como una sola personalidad. Tales parejas ascendentes triunfan mucho más frecuentemente en la aventura de trinidización que los mortales ascendentes.

6. LOS SERES INTERMEDIOS GLORIFICADOS

En muchos planetas, se producen seres intermedios en grandes números, pero ellos raramente permanecen en sus mundos nativos después de que éstos se establecen en luz y vida. Luego, o poco después, son liberados del estado de ciudadanía permanente y comienzan la ascensión al Paraíso, pasando a través de los mundos morontiales, el superuniverso y Havona en compañía de los mortales del tiempo y del espacio.

Los seres intermedios de los varios universos difieren grandemente en su origen y naturaleza, pero todos están destinados a uno u otro de los Cuerpos de Finalidad del Paraíso. Los seres intermedios secundarios finalmente se fusionan con el Ajustador y se integran al cuerpo mortal. Muchas compañías finalistas tienen a uno de estos seres glorificados en su grupo.

7. LOS EVÁNGELES DE LA LUZ

En la época presente toda compañía finalista cuenta con 999 personalidades que han tomado el juramento, o sea miembros permanentes. El sitio vacante está ocupado por el jefe de los Evángeles de Luz asignado a una u otra misión única. Pero estos seres son tan sólo miembros transitorios del cuerpo.

Toda personalidad celestial asignada al servicio de un cuerpo finalista se denomina Evángel de Luz. Estos seres no toman el juramento finalista y, aunque sujetos a la organización del cuerpo, no son de asignación permanente. Este grupo puede comprender a los Mensajeros Solitarios, los supernafines, los seconafines, los Ciudadanos del Paraíso o sus vástagos trinidizados —cualquier ser que se requiera para la ejecución de una asignación finalista transitoria. No sabemos si se asignan estos seres al cuerpo en la misión eterna. Cuando concluye la asignación, estos Evángeles de Luz recobran su estado anterior.

Tal y como el Cuerpo Mortal de los Finalistas está presentemente constituido, cuenta con sólo seis clases de miembros permanentes. Los finalistas, tal como era de esperar, especulan sobre la identidad de sus camaradas futuros, pero no hay mucho acuerdo entre ellos.

Nosotros los de Uversa frecuentemente conjeturamos sobre la identidad del séptimo grupo de finalistas. Tenemos muchas ideas que comprenden la posible asignación de algunos de estos cuerpos, que siguen aumentando, de los numerosos grupos trinidizados en el Paraíso, en Vicegerington y en el circuito interior de Havona. También se conjetura que tal vez en el futuro se le permita al Cuerpo de la Finalidad trinidizar a muchos de sus asistentes para la tarea de administración universal, en caso de que se los destine al servicio de los universos presentemente en formación.

Uno de nosotros opina que este sitio vacante en el cuerpo será ocupado por algún tipo de ser originado en el nuevo universo de su futuro servicio; otro se inclina a creer que este sitio lo ocupará algún tipo de personalidad del Paraíso aún no creada, ni eventuada ni trinidizada. Pero más probablemente tendremos que aguardar el ingreso de los finalistas a su séptima etapa de logro espiritual antes de que en realidad lo sepamos.

8. LOS TRASCENDENTALES

Parte de la experiencia como finalista de un mortal perfeccionado en el Paraíso consiste en el esfuerzo por lograr la comprensión de la naturaleza y función de más de mil grupos de superciudadanos Trascendentales del Paraíso, seres eventuados de atributos absonitos. En su asociación con estas superpersonalidades, los finalistas ascendentes reciben gran ayuda de la útil guía de numerosas órdenes de ministros Trascendentales que tienen la tarea de presentar los nuevos hermanos en el Paraíso a los finalistas evolucionados. La entera orden de los Trascendentales vive en el occidente del Paraíso, en una vasta zona que habitan exclusivamente.

Al hablar de los Trascendentales estamos restringidos, no sólo por las limitaciones de la comprensión humana, sino también por los términos del mandato que rige estas revelaciones sobre las personalidades del Paraíso. Estos seres no están relacionados de manera alguna con la ascensión mortal a Havona. La vasta hueste de Trascendentales del Paraíso no tiene nada que ver con los asuntos ni de Havona ni de los siete superuniversos, ocupándose tan sólo de la superadministración de los asuntos del universo maestro.

Tú, siendo una criatura, puedes concebir un Creador, pero difícilmente puedes comprender que existe una enorme agregación diversificada de seres inteligentes que no son Creadores ni criaturas. Estos Trascendentales no crean ningún ser, tampoco fueron creados jamás. Al hablar de su origen, para evitar utilizar un nuevo término —una designación arbitraria y sin sentido— nos parece mejor decir que los Trascendentales simplemente se *eventúan*. El Absoluto de Deidad bien puede haberse ocupado de su origen y puede estar implicada en su destino, pero el Absoluto de Deidad actualmente no domina a estos seres singulares. Están sujetos a Dios el Último, y su actual residencia en el Paraíso es supervisada y dirigida en todos sus aspectos por la Trinidad.

Aunque todos los mortales que logran el Paraíso fraternizan frecuentemente con los Trascendentales así como lo hacen con los Ciudadanos del Paraíso, pasa que el primer contacto serio del hombre con un Trascendental ocurre en la ocasión pletórica en que, como miembro de un nuevo grupo de finalistas, el ascendente mortal está en el círculo de recepción de los finalistas en el momento en que el jefe de los Trascendentales administra el juramento eterno de la Trinidad; este jefe es el que preside a los Arquitectos del Universo Maestro.

9. ARQUITECTOS DEL UNIVERSO MAESTRO

Los Arquitectos del Universo Maestro son el cuerpo de gobierno de los Trascendentales del Paraíso. Este cuerpo de gobierno comprende 28.011 personalidades que poseen mentes maestras, espíritus espléndidos y absonitos excelsos. El presidente de este magnífico grupo, el Arquitecto Maestro decano, es el jefe de coordinación de todas las inteligencias del Paraíso por debajo del nivel de Deidad.

La proscripción decimosexta del mandato que autoriza estas narraciones dice: «Si se considera aconsejable, se puede revelar la existencia de los Arquitectos del Universo Maestro y de sus asociados, pero su origen, naturaleza y destino no pueden ser plenamente revelados». Por lo tanto, sólo podemos informaros que estos Arquitectos Maestros existen en siete niveles de lo absonito. Estos siete grupos se clasifican como sigue:

1. *El Nivel del Paraíso*. Sólo el Arquitecto decano o el primero eventuado funciona en este nivel máximo de lo absonito. Esta personalidad última —ni creador ni criatura— se eventuó en los albores de la eternidad y ahora funciona como coordinador exquisito del Paraíso y de sus veintiún mundos de actividades asociadas.

2. *El Nivel de Havona*. La segunda eventuación de Arquitectos produjo tres planificadores decanos y administradores absonitos, y siempre se han dedicado a la coordinación de los mil millones de esferas perfectas del universo central. La tradición del Paraíso afirma que estos tres Arquitectos, con el asesoramiento del Arquitecto decano preeventuado, contribuyeron al planeamiento de Havona, pero esto realmente no lo sabemos.

3. *El Nivel Superuniversal*. El tercer nivel absonito comprende a los siete Arquitectos Maestros de los siete superuniversos, que presentemente, como grupo, pasan aproximadamente un tiempo equivalente en compañía de los Siete Espíritus Rectores en el Paraíso y con los Siete Ejecutivos Supremos en los siete mundos especiales del Espíritu Infinito. Son ellos los supercoordinadores del gran universo.

4. *El Nivel Espacial Primario*. Este grupo comprende setenta Arquitectos, y conjeturamos que se ocupan de los planes últimos para el primer universo del espacio exterior, que ahora se está movilizando más allá de las fronteras de los siete superuniversos presentes.

5. *El Nivel Espacial Secundario*. Este quinto cuerpo de Arquitectos comprende 490, y nuevamente conjeturamos que han de ocuparse del segundo universo del espacio exterior, allí donde nuestros físicos han detectado claras movilizaciones de energía.

6. *El Nivel Espacial Terciario*. Este sexto grupo de Arquitectos Maestros cuenta con 3.430, e igualmente deducimos que deben estar ocupados en los planes gigantescos del tercer universo del espacio exterior.

7. *El Nivel Espacial Cuartano*. Este, el último y más grande de los cuerpos, consiste en 24.010 Arquitectos Maestros, y si nuestras conjeturas anteriores son válidas, debe estar relacionado con el cuarto y último de los universos de creciente tamaño del espacio exterior.

Estos siete grupos de Arquitectos Maestros suman 28.011 planificadores de los universos. En el Paraíso existe una tradición de que allá lejos en la eternidad se intentó la eventuación del Arquitecto Maestro número 28.012, pero que este ser no consiguió absonidizarse, experimentando el secuestro de la personalidad por parte del Absoluto Universal. Es posible que la serie ascendente de los Arquitectos Maestros haya alcanzado el límite de la absonidad en el Arquitecto número 28.011, y que el intento 28.012 se topó con el nivel matemático de la presencia del Absoluto. En otras palabras, en el nivel 28.012 de eventuación, la calidad de absonidad equivalió al nivel de lo Universal y logró el valor del Absoluto.

En su organización funcional, los tres Arquitectos supervisores de Havona actúan como asistentes asociados del Arquitecto solitario del Paraíso. Los siete Arquitectos de los superuniversos actúan como coordinados de los tres supervisores de Havona. Los setenta planificadores de los universos del espacio exterior primario sirven presentemente como asistentes asociados de los siete Arquitectos de los siete superuniversos.

Los Arquitectos del Universo Maestro tienen a su disposición numerosos grupos de asistentes y ayudantes, incluyendo dos vastas órdenes de organizadores de la fuerza, los eventuados primarios y los trascendentales asociados. Estos Organizadores Decanos de la Fuerza no deben ser confundidos con los directores de poder, que son propios del gran universo.

Todos los seres producidos por la unión de los hijos del tiempo con la eternidad, tales como los vástagos trinidizados de los finalistas con los Ciudadanos del Paraíso, se tornan pupilos de los Arquitectos Maestros. Pero de todas las otras criaturas o entidades reveladas en funcionamiento en los universos presentemente organizados, sólo los Mensajeros Solitarios y los Espíritus Trinitarios Inspirados mantienen una asociación orgánica con los Trascendentales y con los Arquitectos del Universo Maestro.

Los Arquitectos Maestros contribuyen a la aprobación técnica de la asignación de los Hijos Creadores a sus sitios espaciales para la organización de los universos locales. Existe una asociación muy estrecha entre los Arquitectos Maestros y los Hijos Creadores Paradisiacos y, aunque esta relación no es revelada, se os ha informado de la asociación de los Arquitectos y de los Creadores Supremos del gran universo en su relación con la primera Trinidad experiencial. Estos dos grupos, conjuntamente con el Ser Supremo en evolución y experiencial, constituyen la Trinidad Última de valores trascendentales y significados del universo maestro.

10. LA ÚLTIMA AVENTURA

El Arquitecto Maestro decano tiene la supervisión de los siete Cuerpos de la Finalidad, y éstos son:

1. El Cuerpo de los Finalistas Mortales.
2. El Cuerpo de los Finalistas del Paraíso.
3. El Cuerpo de los Finalistas Trinidizados.
4. El Cuerpo de los Finalistas Trinidizados Conjuntos.
5. El Cuerpo de los Finalistas de Havona.
6. El Cuerpo de los Finalistas Trascendentales.
7. El Cuerpo de los Hijos de Destino No Revelado.

Cada uno de estos cuerpos del destino tiene un jefe que lo preside, y los siete constituyen el Concilio Supremo del Destino en el Paraíso; y durante la presente edad universal, Grandfanda es el jefe de este cuerpo supremo de asignación universal para los hijos del último destino.

La reunión de estos siete cuerpos de finalistas significa una movilización de la realidad de potenciales, personalidades, mentes, espíritus, absonitos y actualidades experienciales que probablemente trasciendan aún las funciones futuras del Ser Supremo en el universo maestro. Estos siete cuerpos de finalistas probablemente significan la actividad actual de la Trinidad Última ocupada en incorporar a las fuerzas de lo finito y lo absonito en preparación para desarrollos inconcebibles en los universos del espacio exterior. Nada que se asemeje a esta movilización ha ocurrido desde los tiempos cercanos de la eternidad, cuando la Trinidad del Paraíso movilizó en forma similar las entonces existentes personalidades del Paraíso y de Havona y las comisionó como administradores y gobernantes de los siete proyectados superuniversos del tiempo y del espacio. Los siete cuerpos de finalistas representan la respuesta de divinidad del gran universo a las necesidades futuras de los potenciales no desarrollados en los universos exteriores de actividades futuras-eternas.

Nos aventuramos a pronosticar futuros universos exteriores de mundos habitados aún más grandes, nuevas esferas habitadas con nuevas órdenes de seres exquisitos y singulares, un universo material sublime en su ultimidad, una vasta creación que tan sólo carece de un importante detalle —la presencia de *experiencia finita* real en la vida universal de la existencia ascendente. Dicho universo surgirá bajo una tremenda dificultad experiencial: la carencia de participación en la evolución del Supremo Todopoderoso. Estos universos exteriores disfrutarán todos del ministerio incomparable y del supercontrol excelso del Ser Supremo, pero el hecho mismo de su presencia activa excluye la participación en la actualización de la Deidad Suprema.

Durante la presente edad universal las personalidades en evolución del gran universo sufren muchas dificultades debido a la actualización incompleta de la soberanía de Dios el Supremo, pero estamos todos compartiendo la experiencia singular de su evolución. Evolucionamos en él y él evoluciona en nosotros. En algún momento del futuro eterno, la evolución de la Deidad Suprema se tornará un hecho completado de la historia universal, y la oportunidad de participar en esta extraordinaria experiencia habrá pasado de la etapa de acción cósmica.

Pero aquellos de nosotros que han adquirido esta experiencia singular durante la juventud del universo la atesorarán a través de toda la eternidad futura. Muchos de nosotros especulamos que tal vez sea misión de las reservas de mortales ascendentes y perfeccionados del Cuerpo de la Finalidad que gradualmente se están acumulando, en asociación con los otros seis cuerpos de afiliación similar, administrar estos universos exteriores para compensar sus deficiencias experienciales por no haber participado en la evolución espacio-temporal del Ser Supremo.

Estas deficiencias son inevitables en todos los niveles de la existencia universal. Durante la presente edad universal nosotros, en los niveles más elevados de las existencias espirituales, bajamos ahora para administrar los universos evolucionarios y ministrar a los mortales ascendentes, tratando de este modo de compensar sus deficiencias en las realidades de la experiencia espiritual más elevada.

Pero aunque realmente nada conocemos de los planes de los Arquitectos del Universo Maestro respecto de estas creaciones exteriores, sin embargo, estamos seguros de tres cosas:

1. Efectivamente, existe un vasto y nuevo sistema de universos en organización gradual en los dominios del espacio exterior. Nuevas órdenes de creaciones físicas, enormes y gigantescos círculos de universos sobre universos pululantes muy a lo

lejos, más allá de los límites presentes de las creaciones habitadas y organizadas, son realmente visibles a través de vuestros telescopios. Actualmente estas creaciones exteriores son totalmente físicas; aparentemente no están habitadas y parecen no contener administración de criaturas.

2. Durante edades y edades continúa la inexplicada y totalmente misteriosa movilización en el Paraíso de los seres perfeccionados y ascendentes del tiempo y del espacio, en asociación con los seis otros cuerpos de finalistas.

3. Concomitantemente con estas transacciones, la Persona Suprema de la Deidad está aumentando su poder como soberano todopoderoso de las supercreaciones.

Al visualizar este desarrollo triuno, que comprende criaturas, universos y Deidad, ¿se nos puede criticar porque pensemos que algo nuevo y no revelado se está aproximando a su culminación en el universo maestro? ¿Acaso no es natural que asociemos esta movilización y organización de toda una edad de los universos físicos en una escala hasta ahora desconocida por su amplitud y la emergencia de la personalidad del Ser Supremo, con este prodigioso esquema de mejorar a los mortales del tiempo hasta la perfección divina y con la subsiguiente movilización de ellos en el Paraíso en el Cuerpo de la Finalidad —una designación y destino envueltos en el misterio del universo? Es cada vez mayor la creencia de toda Uversa que los Cuerpos de la Finalidad presentemente en desarrollo están destinados a un servicio futuro en los universos del espacio exterior, donde ya podemos identificar la acumulación de por lo menos setenta mil agregaciones de materia, cada una de las cuales es más grande que cualquiera de los superuniversos actuales.

Los mortales evolucionarios nacen en los planetas del espacio, pasan a través de los mundos morontiales, ascienden a los universos espirituales, atraviesan las esferas de Havona, hallan a Dios, logran el Paraíso y son integrados en el Cuerpo primario de la Finalidad, para aguardar allí la próxima asignación de servicio en el universo. Existen otros seis cuerpos de finalidad que se están reuniendo, pero Grandfanda, el primer ascendente mortal, preside como jefe del Paraíso sobre todas las órdenes de los finalistas. Y al visualizar este espectáculo sublime, todos nosotros exclamamos: ¡Qué glorioso destino para los hijos del tiempo de origen animal, los hijos materiales del espacio!

[Patrocinado conjuntamente por un Consejero Divino y un Sin Nombre ni Número, autorizados para hacerlo por los Ancianos de los Días en Uversa.]

* * * * *

Estos treinta y un documentos que describen la naturaleza de la Deidad, la realidad del Paraíso, la organización y funcionamiento de los superuniversos y del universo central, las personalidades del gran universo y el destino elevado de los mortales evolucionarios, fueron patrocinados, formulados y puestos en idioma inglés por una alta comisión consistente en veinticuatro administradores de Orvonton que actuamos de acuerdo con un mandato emitido por los Ancianos de los Días de Uversa instruyéndonos para que hiciéramos esto en Urantia, planeta número 606 de Satania, en Norlatiadek de Nebadon, en el año 1934 d. de J.C.

PARTE II

EL UNIVERSO LOCAL

Patrocinado por un Cuerpo de Personalidades del Universo Local de Nebadon autorizados por Gabriel de Salvington.

PARTE II

El universo local

DOCUMENTO 32

LA EVOLUCIÓN DE LOS UNIVERSOS LOCALES

UN UNIVERSO local es la obra individual de un Hijo Creador de la orden paradisiaca de los Micaeles. Reúne cien constelaciones, cada una de ellas compuesta por cien sistemas de mundos habitados. Con el tiempo, cada sistema contendrá aproximadamente mil esferas habitadas.

Estos universos del tiempo y del espacio son todos evolucionarios. El plan creador de los Micaeles del Paraíso siempre sigue su curso a través de un desenvolvimiento gradual y desarrollo progresivo de las esencias y capacidades físicas, intelectuales y espirituales de las múltiples criaturas que habitan las variadas órdenes de las esferas, comprendidas en ese universo local.

Urantia pertenece a un universo local cuyo soberano es el Dios-hombre de Nebadon, Jesús de Nazaret y Micael de Salvington. Y todos los planes de Micael para este universo local, los aprobó plenamente la Trinidad del Paraíso antes de que se embarcara en la suprema aventura del espacio.

Los Hijos de Dios pueden elegir los reinos de sus actividades creadoras, pero los Arquitectos Paradisiacos del Universo Maestro originalmente proyectan y planifican estas creaciones materiales.

1. LA APARICIÓN FÍSICA DE LOS UNIVERSOS

Las manipulaciones preuniversales de fuerza espacial y las energías primordiales son obra de los Organizadores de la Fuerza Decanos Paradisiacos; pero en los dominios del superuniverso, cuando la energía emergente reacciona ante la gravedad local o lineal, se retiran a favor de los directores del poder del superuniverso correspondiente.

En la creación de un universo local estos directores del poder funcionan solos en la fase prematerial y en las fases posteriores a la fuerza. Para un Hijo Creador no existe ninguna oportunidad de comenzar la organización del universo hasta que los directores del poder hayan efectuado la movilización de las energías espaciales suficientemente como para proveer un cimiento material —soles verdaderos y esferas materiales— para el universo emergente.

Todos los universos locales son aproximadamente del mismo potencial energético, aunque se diferencien muchísimo en sus dimensiones físicas y puedan variar, de vez en cuando, en el contenido de la materia visible. La carga de poder y la dote de materia potencial de un universo local están determinadas por las manipulaciones de los directores del poder y sus predecesores, así como por las actividades del Hijo Creador y por el don del control inherente físico poseído por su asociada creativa.

La carga de energía de un universo local es aproximadamente de un cienmilésimo de la carga de fuerza de su superuniverso. En el caso de Nebadon, vuestro universo local, la materialización de la masa es un poco menor. Hablando del aspecto físico, Nebadon posee la entera dote física de energía y materia, que se puede hallar en cualquiera de las creaciones locales de Orvonton. La única limitación física de la expansión del desarrollo del universo de Nebadon, consiste en la carga cuantitativa de energía espacial, sujeta por el control gravitacionario que ejercen los poderes y personalidades asociados del mecanismo universal combinado.

Cuando la energía-materia ha alcanzado cierta etapa en la materialización de la masa, aparece en escena un Hijo Creador Paradisiaco, acompañado por una Hija Creativa del Espíritu Infinito. Simultáneamente con la llegada del Hijo Creador comienzan las obras para construir la esfera arquitectónica destinada a ser el mundo sede central del proyectado universo local. Durante prolongadas eras esa creación local evoluciona, los soles se estabilizan, los planetas se forman y entran en sus órbitas, mientras continúa la tarea de creación de los mundos arquitectónicos destinados a ser sedes centrales de constelaciones y capitales de sistemas.

2. ORGANIZAR UN UNIVERSO

Los Hijos Creadores van precedidos en la organización del universo por los directores del poder y otros seres originados en la Tercera Fuente y Centro. A partir de las energías del espacio, previamente organizadas de esa manera, Micael, vuestro Hijo Creador, estableció los reinos habitados del universo de Nebadon y desde entonces siempre ha estado dedicado concienzudamente al gobierno de los mismos. A partir de la energía preexistente, estos Hijos divinos materializan la materia visible, proyectan las criaturas vivientes y con la cooperación de la presencia universal del Espíritu Infinito, crean un variado séquito de personalidades espirituales.

Estos directores del poder y controladores de la energía, que en la tarea física preliminar de la organización del universo precedieron con mucha antelación al Hijo Creador, posteriormente sirven en magnífico enlace con este Hijo del Universo, compartiendo para siempre el control de aquellas energías que organizaron e incorporaron en los circuitos. En Salvington todavía están funcionando los mismos cien centros del poder que cooperaron con vuestro Hijo Creador en la formación original de este universo local.

La primera acción completa de creación física en Nebadon consistió en la organización del mundo sede central, la esfera arquitectónica de Salvington, con sus satélites. Desde el momento de las acciones iniciales de los centros del poder y los controladores físicos hasta la llegada del personal vivo a las esferas completadas de Salvington, mediaron un poco más de mil millones de años de vuestro tiempo actual planetario. Después de la construcción de Salvington, inmediatamente siguió la creación de cien mundos sede central de las proyectadas constelaciones y de diez mil esferas sede central de los proyectados sistemas locales de control y administración planetaria, conjuntamente con sus satélites arquitectónicos. Tales mundos arquitectónicos son diseñados para dar cabida tanto a las personalidades físicas y espirituales como también a la morontia mediadora, o estados de transición de la existencia.

Salvington, la sede central de Nebadon, está situada en el centro exacto de la masa-energía del universo local. Pero vuestro universo local no es un único sistema astronómico, pues existe un sistema de gran tamaño en su centro físico.

Salvington es la sede personal de Micael de Nebadon, pero no siempre se le encuentra allí. Aunque ahora el funcionamiento armonioso de vuestro universo local no requiera la presencia permanente del Hijo Creador en la esfera capital, esto no fue así en las primeras épocas de la organización física. Un Hijo Creador no puede salir de su mundo sede central hasta el momento en que se haya estabilizado la gravedad del reino mediante una materialización de energía suficiente como para permitir que los distintos circuitos y sistemas se equilibren entre sí a través de la atracción material mutua.

Finalmente, se completa el plan físico de un universo, y el Hijo Creador, junto con el Espíritu Creativo, proyecta su plan de creación de la vida; después de lo cual esta representación del Espíritu Infinito comienza su función universal como personalidad creadora distinta. Cuando se concibe y ejecuta esta primera acción creadora, surge a la existencia la Brillante Estrella Matutina, la personificación de este concepto creativo inicial de identidad e ideal de divinidad. Se trata del jefe ejecutivo del universo, el asociado personal del Hijo Creador, al que se le asemeja en todos los aspectos del carácter, aunque esté notablemente limitado en los atributos de divinidad.

Y con la aparición de la mano derecha y jefe ejecutivo del Hijo Creador comienza la llegada a la existencia de un vasto y maravilloso conjunto de criaturas diversas. Llegan los hijos e hijas del universo local, y poco después se provee gobierno para esa creación, desde los concilios supremos del universo hasta los padres de las constelaciones y los soberanos de los sistemas locales; la suma de esos mundos que están destinados a convertirse posteriormente en el ambiente natural de las variadas razas mortales de las criaturas volitivas; y cada uno de esos mundos será presidido por un Príncipe Planetario.

Y luego, cuando tal universo ha sido tan completamente organizado y plenamente tripulado, el Hijo Creador entra en la propuesta del Padre para crear al hombre mortal a su imagen divina.

En Nebadon la organización de las residencias planetarias sigue su curso. Este universo es en realidad un grupo joven entre los reinos estelares y planetarios de Orvonton. Según el último registro había 3.840.101 planetas habitados en Nebadon; y Satania, que es el sistema local de vuestro mundo, es relativamente típico respecto a otros sistemas.

Satania no es un sistema físico uniforme, una unidad u organización astronómica única. Sus 619 mundos habitados están ubicados en más de quinientos sistemas físicos diferentes. Sólo cinco tienen más de dos mundos habitados, y de ellos solamente uno tiene cuatro planetas habitados, mientras que hay cuarenta y seis con dos mundos habitados.

El sistema Satania de mundos habitados está considerablemente alejado de Uversa y de ese gran grupo de soles que funciona como centro físico o astronómico del séptimo superuniverso. Desde Jerusem, la sede central de Satania, hay más de doscientos mil años luz hasta el centro físico del superuniverso de Orvonton, lejos, muy lejos en el denso diámetro de la Vía Láctea. Satania está en la periferia del universo local, y Nebadon está ahora bien afuera, hacia los límites de Orvonton. Desde el sistema más alejado de mundos habitados hasta el centro del superuniverso hay un poco menos de doscientos cincuenta mil años luz.

El universo de Nebadon ahora se desplaza considerablemente hacia el sur y al este en el circuito del superuniverso de Orvonton. Los universos más cercanos son: Avalón, Henselón, Sanselón, Portalón, Wolvering, Fanoving y Alvoring.

Pero la evolución de un universo local es una historia larga. Los documentos que tratan sobre el superuniverso presentan el tema. Lo continúan aquellos documentos de esta sección referidos a las creaciones locales. Completan las narraciones los que siguen, tocando el tema de la historia y el destino de Urantia. Pero vosotros podéis concebir adecuadamente el destino de los mortales de una creación local como ésta, únicamente con una cuidadosa lectura de las narraciones de la vida y enseñanzas de vuestro Hijo Creador cuando vivió la vida del hombre, en semejanza de la carne mortal, en vuestro propio mundo evolucionario.

3. LA IDEA EVOLUCIONARIA

La única creación que está perfectamente establecida es Havona, el universo central, que fue hecha directamente por el pensamiento del Padre Universal y la palabra del Hijo Eterno. Havona es un universo existencial, perfecto y pletórico que rodea el hogar de las Deidades eternas, el centro de todas las cosas. Las creaciones de los siete superuniversos son finitas, evolucionarias y uniformemente progresivas.

Los sistemas físicos del tiempo y del espacio son todos evolucionarios en origen. No están aún estabilizados físicamente hasta que sean impulsados hacia los circuitos establecidos de sus superuniversos. Tampoco se establece un universo local en luz y vida hasta que sus posibilidades físicas de expansión y desarrollo hayan sido agotadas, y hasta que el estado espiritual de todos sus mundos habitados haya sido establecido y estabilizado para siempre.

Con excepción del universo central, la perfección es un logro progresivo. En la creación central tenemos un modelo original de perfección, pero todos los otros reinos deben alcanzar esa perfección con los métodos establecidos para el progreso de esos particulares mundos o universos. Y una variedad casi infinita caracteriza los planes de los Hijos Creadores en lo que respecta a la organización, la evolución, la disciplinación y el establecimiento de sus respectivos universos locales.

A la excepción de la presencia de la Deidad del Padre, cada universo local es, en cierto sentido, una copia de la organización administrativa de la creación central, o modelo original. Aunque el Padre Universal está personalmente presente en el universo residencial, no reside en la mente de los seres originados en ese universo del modo en que literalmente habita en el alma de los mortales del tiempo y del espacio. Pareciera haber allí una sabia compensación en todo sentido en el ajuste y regulación de los asuntos espirituales de la vasta creación. En el universo central el Padre está personalmente presente como tal, pero está ausente de la mente de los hijos de esa creación perfecta. En los universos del espacio el Padre está ausente en persona, estando representado por sus Hijos Soberanos, pero está íntimamente presente en la mente de sus hijos mortales, estando espiritualmente representado por la presencia prepersonal de los Monitores Misteriosos que residen en la mente de estas criaturas volitivas.

A excepción de la presencia personal del Padre Universal, en la sede de un universo local residen todas aquellas personalidades creadoras y creativas que representan la autoridad independiente y la autonomía administrativa. En el universo local se encuentra algo de cada uno y alguno de casi cada clase de los seres inteligentes que existen en el universo central, a excepción del Padre Universal. Aunque el Padre Universal no está personalmente presente en un universo local, está personalmente representado por su Hijo Creador, primero vicegerente de Dios, y posteriormente, gobernante supremo y soberano por derecho propio.

Cuanto más descendemos en la escala de la vida, más difícil se hace ubicar, con el ojo de la fe, al Padre invisible. Las criaturas más bajas —y a veces aun las personalidades más altas— encuentran siempre difícil visualizar al Padre Universal en sus Hijos Creadores. Así pues, hasta el momento de su exaltación espiritual, cuando la perfección del desarrollo les permita ver a Dios en persona, se cansan en el camino del progreso, contemplan dudas espirituales, tropiezan con la confusión, y en consecuencia se aíslan de las metas progresivas espirituales de su tiempo y universo. De esta manera pierden la capacidad de ver al Padre al contemplar al Hijo Creador. Durante la larga lucha para alcanzar al Padre, la más segura salvaguarda para la criatura, en el período en que las condiciones inherentes hacen imposible tal logro, es aferrarse tenazmente al hecho-verdad de la presencia del Padre en sus Hijos. Literal y figurativamente, espiritual y personalmente, el Padre y los Hijos son uno solo. Es un hecho: el que ha visto a un Hijo Creador, ha visto al Padre.

Las personalidades de un universo determinado están establecidas y son confiables, al principio, solamente de acuerdo con su grado de parentesco con la Deidad. Cuando el origen de la criatura está suficientemente lejos de las Fuentes originales y divinas ya sea que nos refiramos a los Hijos de Dios o a las criaturas del ministerio perteneciente al Espíritu Infinito aumentan las posibilidades de disonancia, confusión y a veces rebelión —o sea de pecado.

Exceptuando a los seres perfectos que tuvieron origen en la Deidad, todas las criaturas volitivas en los superuniversos son de naturaleza evolucionaria, comenzando en un estado inferior y elevándose siempre hacia lo superior, aunque en realidad, es hacia adentro. Aun las personalidades altamente espirituales continúan ascendiendo en la escala de la vida mediante traslaciones progresivas de vida en vida y de esfera a esfera. Y en el caso de aquellos que hospedan a los Monitores Misteriosos no hay, de hecho, límite alguno en cuanto a las alturas a las que pueden llegar en su ascenso espiritual y su logro universal.

La perfección de las criaturas del tiempo, cuando ésta queda al fin alcanzada, es completamente una adquisición, una genuina posesión de la personalidad. Aunque se agreguen generosamente los elementos de gracia, no obstante, los logros de la criatura son el resultado del esfuerzo individual, las vivencias verdaderas y la reacción de la personalidad al medio ambiente existente.

El hecho del origen evolucionario animal no implica un estigma para ninguna personalidad a los ojos del universo, puesto que ése es el método exclusivo de producir uno de los dos tipos básicos de criaturas finitas inteligentes volitivas. Cuando se alcanzan las cimas de la perfección y la eternidad, hay mucho más motivo de orgullo en el caso de aquellos que comenzaron desde abajo y alegremente ascendieron en la escala de la vida, peldaño tras peldaño y que, cuando así llegan a las alturas gloriosas, habrán obtenido una experiencia personal que encierra un conocimiento real de cada fase de la vida desde abajo hacia arriba.

En todo esto se ve la sabiduría de los Creadores. Sería igualmente fácil para el Padre Universal hacer de todos los mortales seres perfectos, impartir perfección con su palabra divina. Pero eso los privaría de la maravillosa experiencia de la aventura y capacitación asociadas con el prolongado y gradual ascenso hacia el interior, una experiencia reservada tan sólo para aquellos que tienen la buena fortuna de comenzar en lo más bajo de la existencia viviente.

En los universos que rodean a Havona, se ha provisto sólo un número suficiente de criaturas perfectas para satisfacer la necesidad de guías instructores modelos para aquellos que están ascendiendo en la escala evolucionaria de la vida. La naturaleza experiencial de la personalidad de tipo evolucionario es el complemento cósmico natural de la naturaleza perfecta de las criaturas del Paraíso-Havona. En realidad, tanto las criaturas perfectas como las perfeccionadas son incompletas en relación a la totalidad finita. Pero en la asociación complementaria de las criaturas existencialmente perfectas del sistema del Paraíso-Havona con los finalistas experiencialmente perfeccionados que ascienden desde los universos evolucionarios, ambos tipos hallan liberación de sus limitaciones inherentes y en consecuencia pueden conjuntamente intentar alcanzar las sublimes alturas de lo último del estado de la criatura.

Estas transacciones de las criaturas son las repercusiones en el universo de acciones y reacciones dentro de la Deidad Séptuple, en la cual la divinidad eterna de la Trinidad del Paraíso se une a la divinidad evolutiva de los Creadores Supremos de los universos espacio-temporales en la Deidad realizadora del poder del Ser Supremo, en ella y a través de ella.

La criatura divinamente perfecta y la criatura evolucionariamente perfeccionada son iguales en grados de potencial de divinidad, pero difieren en el tipo. Cada una tiene que depender de la otra para obtener la supremacía de servicio. Los superuniversos evolucionarios dependen del perfecto Havona que proporcione la capacitación final de sus ciudadanos ascendentes, pero de la misma manera el universo central perfecto necesita de la existencia de los superuniversos, que siguen perfeccionarse, para proporcionar el desarrollo pleno de sus habitantes descendentes.

Las dos manifestaciones principales de la realidad finita, perfección innata y perfección evolucionada, ya se trate de personalidades o de universos, son coordinadas, dependientes e integradas. Cada una necesita que la otra logre el cumplimiento de sus funciones, su servicio y su destino.

4. LA RELACIÓN DE DIOS CON UN UNIVERSO LOCAL

No abrigues la idea de que, debido a que el Padre Universal ha delegado tanto de sí mismo y de su poder a otros, es un miembro tácito o inactivo de la asociación de las Deidades. Aparte de los dominios de la personalidad y del otorgamiento de los Ajustadores, aparentemente es el menos activo entre las Deidades Paradisiacas ya que permite a los que son sus iguales en Deidad, sus Hijos, y a muchas inteligencias creadas, funcionar tan considerablemente en la realización de su propósito eterno. Es el miembro silencioso del trío creativo solamente en el sentido de que nunca hace nada de lo que pueda hacer cualquiera de sus asociados coordinados o subordinados.

Dios posee comprensión plena de las necesidades de cada criatura inteligente para funcionar y experimentar, y por lo tanto, en cada situación, ya se trate del destino de un universo o del bienestar de la más humilde de sus criaturas, Dios se retira de la actividad para dar lugar a la galaxia de personalidades de criaturas y Creadores quienes, inherentemente, intervienen entre él y cualquier situación dada del universo o cualquier suceso creativo. Pero a pesar de este retiro, esta exhibición de coordinación infinita, hay de parte de Dios, una participación real, literal y personal en estos eventos, por estas agencias y personalidades prescritas y a través de ellas. El Padre está trabajando en todos estos canales y a través de ellos por el bienestar de toda su vasta creación.

Con respecto a las normas, conducta y gobierno de un universo local, el Padre Universal actúa en la persona de su Hijo Creador. El Padre Universal nunca interviene cuando se trata de las siguientes relaciones: en las interrelaciones de los Hijos de Dios, en las asociaciones de grupo de las personalidades originadas en la Tercera Fuente y Centro, o en las relaciones entre cualesquiera otras criaturas tales como los seres humanos. Siempre prevalecen la ley del Hijo Creador, los preceptos de los Padres de las Constelaciones, de los Soberanos de los Sistemas y de los Príncipes Planetarios, es decir las normas y procedimientos prescritos de tal universo. No hay divisiones de autoridad, nunca hay interferencias en las funciones del poder y el propósito divino. Las Deidades actúan en perfecta y eterna unanimidad.

El gobierno del Hijo Creador es supremo en todos los asuntos de asociaciones éticas y en las relaciones de cualquier división de criaturas con cualquiera otra clase de criaturas o entre dos o más individuos dentro de cualquier grupo, pero ese plan no significa que el Padre Universal no pueda a su propia manera intervenir y hacer toda cosa que satisfaga a la mente divina, con cualquier *criatura individual* en cualquier parte de la creación, en cuanto atañe al estado presente de ese individuo o sus futuras probabilidades y en relación con el infinito propósito y el plan eterno del Padre.

En las criaturas mortales volitivas el Padre está realmente presente en el Ajustador residente, un fragmento de su espíritu prepersonal. El Padre también es la fuente de la personalidad de tales criaturas mortales volitivas.

Estos Ajustadores del Pensamiento, donados por el Padre Universal, se hallan comparativamente aislados. Habitan las mentes humanas pero no tienen conexiones perceptibles con los asuntos éticos de una creación local. No están coordinados directamente con el servicio seráfico ni con la administración de sistemas, constelaciones, o universos locales, ni siquiera con el gobierno del Hijo Creador, cuya voluntad es la ley suprema de su universo.

Los Ajustadores residentes conforman uno de los separados, aunque unificados, modos de contacto de Dios con las criaturas de su creación casi infinita. Así pues, él, que es invisible para el hombre mortal, manifiesta su presencia, y si pudiese hacerlo, se nos revelaría de otras maneras, pero esa revelación adicional no es divinamente posible.

Podemos ver y entender el mecanismo por el cual los Hijos disfrutan de un conocimiento íntimo y completo respecto de los universos de su jurisdicción. Pero no podemos entender completamente los métodos por los cuales Dios está familiarizado tan completa y personalmente con los detalles del universo de los universos, aunque podamos por lo menos entender la avenida por la cual el Padre Universal puede recibir información referente a los seres de su inmensa creación, y también manifestarles su presencia. A través del circuito de personalidad el Padre está informado —tiene conocimiento personal— de todos los pensamientos y actos de todos los seres en todos los sistemas de todos los universos de toda la creación. Aunque no podemos comprender plenamente esta técnica de comunión de Dios con sus hijos, podemos fortalecernos en la seguridad de que «el Señor conoce a sus hijos», y que «él toma nota de dónde hemos nacido» cada uno de nosotros.

Hablando espiritualmente, el Padre Universal está presente en vuestro universo y en vuestro corazón, a través de uno de los Siete Espíritus Rectores de la morada central, y específicamente, por el Ajustador divino que vive y trabaja y aguarda en las profundidades de la mente mortal.

Dios no es una personalidad egocéntrica. El Padre se distribuye generosamente a su creación y a sus criaturas. Él vive y actúa no sólo en las Deidades, sino también en sus Hijos, a quienes encomienda hacer todo lo que es divinamente posible que ellos lo hagan. El Padre Universal verdaderamente se ha despojado a sí mismo de cualquiera función que pueda ser realizada por cualquier otro ser. Y esto es tan verdadero en relación al hombre mortal como al Hijo Creador que gobierna en lugar de Dios en la sede de un universo local. Así contemplamos los efectos del amor ideal e infinito del Padre Universal.

En esta donación universal de sí mismo tenemos abundantes pruebas tanto de la magnitud como de la magnanimidad de la esencia divina del Padre. Si Dios ha retenido alguna cosa de sí mismo de la creación universal, entonces de ese residuo generosamente concede los Ajustadores del Pensamiento a los mortales de los reinos, los Monitores Misteriosos del tiempo que tan pacientemente moran en los candidatos mortales por la vida eterna.

El Padre Universal se ha esparcido de sí mismo, por decirlo así, para enriquecer a la entera creación en posesión de personalidad y potencial para el logro del estado espiritual. Dios nos ha dado de sí mismo para que nosotros podamos ser como él, y se ha reservado de su poder y gloria tan sólo lo necesario para el mantenimiento de aquellas cosas por cuyo amor se ha desposeído a sí mismo de todo lo demás.

5. EL PROPÓSITO ETERNO Y DIVINO

Existe un gran y glorioso propósito en la marcha de los universos a través del espacio. Todas vuestras luchas mortales no son en vano. Todos nosotros somos parte de un plan inmenso, una empresa gigantesca, y es la vastedad de esa empresa la que convierte en imposible poder ver mucho de ello en un determinado tiempo y durante una vida cualquiera. Todos formamos parte de un proyecto eterno que los Dioses están supervisando y efectuando. Majestuosamente la totalidad del mecanismo universal sigue su marcha a través del espacio al compás de la música del pensamiento infinito y el propósito eterno de la Primera Gran Fuente y Centro.

El propósito eterno del Dios eterno es un ideal altamente espiritual. Los acontecimientos del tiempo y las luchas de la existencia material no son otra cosa que el andamio transitorio que tiende un puente hacia el otro lado, hacia la tierra prometida de la realidad espiritual y la existencia celestial. Por supuesto que, vosotros mortales halláis difícil de captar la idea de un propósito eterno; vosotros sois virtualmente incapaces de comprender el pensamiento de la eternidad, algo que no tiene ni comienzo ni fin. Todo lo que os resulta familiar tiene un final.

Con respecto a una vida individual, la duración de un reino, o la cronología de cualquier serie interconectada de acontecimientos, parecería que abarcamos un tramo de tiempo aislado; todo parecería tener un comienzo y un fin. Y parecería que una serie de tales experiencias, vidas, edades, o épocas, enlazadas en forma sucesiva, constituyeran un camino directo, un acontecimiento aislado en el tiempo que centellea momentáneamente a través de la infinita cara de la eternidad. Pero cuando observamos todo esto desde las bambalinas, surge una visión más plena y un entendimiento más completo que sugieren que tal explicación es inadecuada, desconectada, y completamente inapropiada para adecuadamente explicar y de otra manera correlacionar las transacciones temporales con los propósitos subyacentes y las reacciones básicas de la eternidad.

A mí me parece más adecuado, para el propósito de dar una explicación a la mente de los mortales, concebir la eternidad como un ciclo y el propósito eterno como un círculo interminable, un ciclo de eternidad de alguna manera sincronizado con los ciclos materiales transitorios del tiempo. En cuanto a los sectores de tiempo que están conectados con el ciclo de la eternidad y forman parte del mismo, nos vemos obligados a reconocer que tales épocas temporarias nacen, viven y mueren precisamente como nacen, viven y mueren los seres temporales. La mayoría de los seres humanos muere porque, habiendo fracasado en alcanzar el nivel espiritual de la fusión con el

Ajustador, la metamorfosis de la muerte constituye el único procedimiento posible a través del cual pueden escapar de las cadenas del tiempo y de las ataduras de la creación material, pudiendo así marchar al ritmo espiritual de la procesión progresiva de la eternidad. Habiendo sobrevivido a la prueba de la vida temporal y existencia material, pasa a ser posible para vosotros continuar en contacto con la eternidad, aún ser parte de ella, orbitando para siempre con los mundos del espacio alrededor del círculo de las edades eternas.

Los sectores del tiempo son como los destellos de la personalidad en su forma temporal. Aparecen por una temporada, y luego se pierden a la vista del ser humano, sólo para reaparecer como nuevos actores y factores continuos en la vida más elevada del interminable girar alrededor del círculo eterno. No se puede concebir a la eternidad como una línea recta en vista de nuestra creencia en un universo delimitado que se desplaza en un vasto y alargado círculo alrededor de la residencia central del Padre Universal.

Francamente, la eternidad es incomprensible para la mente temporal finita. Simplemente, vosotros no la podéis entender; no podéis comprenderla. Yo no la visualizo completamente, y aun si la visualizara, sería imposible para mí hacer converger mi concepto a la mente humana. No obstante, he intentado lo máximo que está a mi alcance para describir algo de nuestro punto de vista, y deciros sobre nuestra interpretación de las cosas eternas. Intento ayudaros a cristalizar vuestros pensamientos acerca de estos valores que son de esencia infinita y significado eterno.

Hay en la mente de Dios un plan que involucra a cada criatura de todos sus vastos dominios, y este plan consiste en un propósito eterno de oportunidades ilimitadas, progreso sin límites, y una vida sin fin. ¡Y los tesoros infinitos de esa carrera tan inigualable son vuestros con solo luchar!

¡El objetivo de la eternidad os aguarda! ¡La aventura del logro de la divinidad se encuentra frente a vosotros! ¡La carrera por la perfección está en marcha! Quienquiera lo desee puede correr, y la victoria certera coronará los esfuerzos de cada ser humano que participe en la carrera de la fe y la esperanza, dependiendo a cada paso de la dirección del Ajustador residente y de la guía de ese buen espíritu del Hijo del Universo, que generosamente ha sido derramado sobre toda la carne.

[Presentado por un Mensajero Poderoso temporalmente asignado al Concilio Supremo de Nebadon y encargado de esta misión por Gabriel de Salvington.]

DOCUMENTO 33

LA ADMINISTRACIÓN DEL UNIVERSO LOCAL

AUNQUE el Padre Universal indudablemente gobierna sobre su vasta creación, al mismo tiempo funciona en la administración de un universo local a través de la persona del Hijo Creador. El Padre no actúa personalmente ni de ninguna otra manera en los asuntos administrativos de un universo local. Se confían estos asuntos al Hijo Creador, al Espíritu Materno del universo local y a los múltiples hijos de ellos. Este Hijo elabora y ejecuta los planes, normas, y actos administrativos del universo local, y conjuntamente con su Espíritu asociado, delega el poder ejecutivo a Gabriel y la autoridad jurisdiccional a los Padres de las Constelaciones, los Soberanos de los Sistemas y los Príncipes Planetarios.

1. MICAEL DE NEBADON

Nuestro Hijo Creador es la personificación del concepto original 611.121 de identidad infinita de origen simultáneo en el Padre Universal y el Hijo Eterno. El Micael de Nebadon es el «Hijo unigénito» que personaliza el 611.121 concepto universal de divinidad e infinitud. Su sede está en la triple mansión de luz en Salvington. Y esta morada está así ordenada debido a que Micael ha experimentado la vida en las tres fases de la existencia de la criatura inteligente: la espiritual, la morontial y la material. Debido al nombre asociado con su autootorgamiento séptimo y final en Urantia, a veces se le llama Cristo Micael.

Nuestro Hijo Creador no es el Hijo Eterno, el asociado existencial paradisiaco del Padre Universal y del Espíritu Infinito. Micael de Nebadon no es miembro de la Trinidad Paradisiaca. Sin embargo, nuestro Hijo Mayor posee en su reino todos los atributos y poderes divinos que el propio Hijo Eterno manifestaría si estuviese en realidad presente en Salvington y actuando en Nebadon. Micael posee un poder y una autoridad adicionales, por el hecho de que no sólo personifica al Hijo Eterno sino que representa completamente, y de hecho engloba la presencia de la personalidad del Padre Universal, hacia este universo local y en el mismo. Más aún: representa al Padre-Hijo. Estas relaciones hacen que un Hijo Creador sea el más poderoso, versátil e influyente de todos los seres divinos capaces de un gobierno directo de los universos evolucionarios y de contacto personal con las criaturas inmaduras.

Nuestro Hijo Creador ejerce el mismo poder de atracción espiritual, la gravedad espiritual, desde la sede del universo local que ejercería el Hijo Eterno del Paraíso si estuviera presente personalmente en Salvington, e incluso *más*. Este Hijo del Universo también es la personificación del Padre Universal hacia el universo de Nebadon. Los Hijos Creadores son centros de personalidad para las fuerzas espirituales del Padre-Hijo Paradisiaco. Los Hijos Creadores son los enfoques finales de poder-personalidad de los poderosos atributos espacio-temporales de Dios el Séptuple.

El Hijo Creador es la personalización vicerregente del Padre Universal, el coordinado en divinidad con el Hijo Eterno, y el asociado creativo del Espíritu Infinito. Para nuestro universo y todos sus mundos habitados, para todos los fines y propósitos prácticos, el Hijo Soberano es Dios. Personifica a todas las Deidades del Paraíso a las que los mortales evolutivos pueden comprender con discernimiento. Este Hijo y su Espíritu asociado *son* vuestros padres creadores. Para vosotros Micael, el Hijo Creador, es la suprema personalidad; para vosotros, el Hijo Eterno es supersupremo, una personalidad infinita de Deidad.

En la persona del Hijo Creador tenemos a un gobernante y padre divino que es tan poderoso, eficiente y benéfico como serían el Padre Universal y el Hijo Eterno si ambos estuviesen presentes en Salvington e involucrados en la administración de los asuntos del universo de Nebadon.

2. EL SOBERANO DE NEBADON

La observación de los Hijos Creadores revela que algunos de ellos se parecen más al Padre y otros más al Hijo, mientras que otros son una combinación matizada de ambos padres infinitos. Muy notablemente nuestro Hijo Creador manifiesta rasgos y atributos que semejan más a los del Hijo Eterno.

Micael eligió organizar este universo local, y en él ahora reina en forma suprema. Su poder personal está limitado por los circuitos de gravedad preexistentes, centralizados en el Paraíso, y por la reservación de parte de los Ancianos de los Días del gobierno del superuniverso, de todo juicio ejecutivo final en relación con la extinción de la personalidad. La personalidad es don exclusivo del Padre, pero los Hijos Creadores, con la aprobación del Hijo Eterno, inician nuevos diseños de criaturas, y con la cooperación de trabajo de sus asociados del Espíritu pueden intentar nuevas transformaciones de la energía-materia.

Micael es la personificación del Padre-Hijo del Paraíso, en el universo local de Nebadon y hacia el mismo. En consecuencia, cuando el Espíritu Materno Creativo, la representación del Espíritu Infinito en el universo local, se subordinó a Cristo Micael en su retorno del autootorgamiento final en Urantia, el Hijo Mayor adquirió a través de esto la jurisdicción sobre «todo el poder en el cielo y en la tierra».

Esta subordinación de las Ministras Divinas a los Hijos Creadores de los universos locales constituye a estos Hijos Soberanos en los depositarios personales de la divinidad finitamente manifestable del Padre, el Hijo y el Espíritu, mientras que las experiencias del autootorgamiento en forma de las criaturas alcanzadas por los Micaeles los califican para representar la divinidad experiencial del Ser Supremo. No hay otros seres en los universos que hayan de este modo agotado personalmente los potenciales de la experiencia finita presente, y no hay otros seres en los universos que posean tales calificaciones para la soberanía solitaria.

Aunque la sede de Micael está oficialmente ubicada en Salvington, la capital de Nebadon, pasa mucho de su tiempo visitando las sedes de las constelaciones y los sistemas y hasta los planetas individuales. Periódicamente viaja al Paraíso y frecuentemente lo hace a Uversa, donde se asesora con los Ancianos de los Días. Cuando está ausente de Salvington, Gabriel asume su lugar, quien entonces funciona como regente del universo de Nebadon.

3. EL HIJO Y EL ESPÍRITU DEL UNIVERSO

Aunque el Espíritu Infinito penetra todos los universos espacio-temporales, funciona desde la sede de cada universo local como enfoque especializado que adquiere la totalidad de las cualidades de la personalidad a través de la técnica de la cooperación creativa con el Hijo Creador. Con respecto al universo local la autoridad administrativa de un Hijo Creador es suprema; el Espíritu Infinito, como Ministra Divina, es completamente cooperativo y perfectamente coordenado.

El Espíritu Materno del Universo en Salvington, la asociada de Micael en el control y la administración de Nebadon, pertenece al sexto grupo de los Espíritus Supremos, siendo la número 611.121 de esa orden. Voluntariamente ella acompañó a Micael al liberarse él de las obligaciones del Paraíso y desde entonces ha actuado con él en la creación y gobierno de su universo.

El Hijo Creador Mayor es el soberano personal de su universo, pero en todos los detalles de su administración el Espíritu del Universo es codirector con el Hijo. Aunque el Espíritu siempre reconoce al Hijo como soberano y gobernante, el Hijo siempre le acuerda al Espíritu una posición coordenada y de igualdad de autoridad en todos los asuntos del reino. En toda su obra de amor y dotación de vida el Hijo Creador está siempre y para siempre perfectamente respaldado y asistido competentemente por el totalmente sabio y siempre fiel Espíritu del Universo y por el entero séquito diversificado de personalidades angélicas de ella. Esa Ministra Divina es, en realidad, la madre de los espíritus y de las personalidades espirituales, la siempre presente y totalmente sabia asesora del Hijo Creador, una manifestación fiel y verdadera del Espíritu Infinito del Paraíso.

El Hijo actúa como un padre en su universo local. El Espíritu, como lo podrían entender las criaturas mortales, representa el papel de una madre, que asiste constantemente al Hijo y es eternamente indispensable para la administración del universo. Frente a la insurrección solamente el Hijo y sus Hijos asociados pueden actuar como redentores. El Espíritu no puede oponerse nunca a una rebelión ni defender la autoridad, pero el Espíritu por siempre apoya al Hijo en todo lo que pueda experimentar al esforzarse por estabilizar el gobierno y mantener la autoridad en mundos contaminados por el mal o dominados por el pecado. Sólo un Hijo puede salvar la obra de su creación conjunta, pero ningún Hijo puede esperar triunfar finalmente sin la cooperación incesante de la Ministra Divina y de su vasto conjunto de asistentes espirituales, las hijas de Dios, quienes tan fiel y valientemente luchan por el bienestar de los hombres mortales y la gloria de sus padres divinos.

Cuando el Hijo Creador completa el séptimo y último autootorgamiento en forma de las criaturas, cesan las incertidumbres del aislamiento periódico para la Ministra Divina, y la asistente universal del Hijo se establece para siempre en certeza y en control. Es en la entronización del Hijo Creador como Hijo Mayor, en el júbilo de los júbilos, donde el Espíritu Universal ante las huestes en asamblea reconoce públicamente y universalmente por primera vez su subordinación al Hijo, prometiendo fidelidad y obediencia. Este acontecimiento ocurrió en Nebadon cuando regresó Micael a Salvington después del autootorgamiento en Urantia. Nunca antes de esta importantísima ocasión había el Espíritu del Universo reconocido su subordinación al Hijo del Universo; y respecto del Hijo no puede proclamarse verídicamente, hasta después de esta concesión voluntaria de poder y autoridad de parte del Espíritu, que «todo el poder en el cielo y en la tierra ha sido entregado en sus manos».

Después de esta promesa de subordinación del Espíritu Materno Creativo, Micael de Nebadon noblemente reconoció su eterna dependencia de su Espíritu acompañante, constituyéndolo en el Espíritu cogobernante de los dominios de su universo y exigiendo que todas sus criaturas prometan al Espíritu, la misma lealtad que prometieran al Hijo. Así se emitió y publicó la «Proclamación de Igualdad» final. Aunque era el soberano de este universo local, el Hijo proclamó a los mundos el hecho de la igualdad del Espíritu con él en todas las dotes de personalidad y atributos de carácter divino. Y esto pasa a ser el modelo trascendental para la organización y gobierno de la familia, aún de las más bajas criaturas de los mundos del espacio. Esto es, en obra y en verdad, el alto ideal de la familia y de la institución humana del casamiento voluntario.

El Hijo y el Espíritu presiden ahora el universo en forma muy similar a un padre y una madre que vigilan y asisten a su familia de hijos e hijas. No está completamente fuera de lugar referirse al Espíritu del Universo como al acompañante creativo del Hijo Creador y considerar a las criaturas de los reinos como sus hijos e hijas. O sea, una familia grande y gloriosa, que sin embargo exige responsabilidades incalculables y una interminable vigilancia.

El Hijo inicia la creación de ciertos hijos del universo, mientras que el Espíritu por sí solo trae a la existencia las numerosas órdenes de personalidades del espíritu que ministran y sirven bajo la dirección y guía de este mismo Espíritu Materno. En la creación de otros tipos de personalidades del universo, tanto el Hijo como el Espíritu funcionan juntos, y en ningún acto creativo hace el uno algo sin el consentimiento y la aprobación del otro.

4. GABRIEL —EL JEFE EJECUTIVO

La Brillante Estrella Matutina es la personalización del primer concepto de identidad e ideal de personalidad concebido por el Hijo Creador y por la manifestación del Espíritu Infinito en el universo local. Volviendo a los primeros días del universo local, antes de la unión del Hijo Creador y el Espíritu Materno en los vínculos de la asociación creativa, allá en los tiempos previos al comienzo de la creación de su familia versátil de hijos e hijas, el primer acto conjunto de esta primera asociación libre de estas dos personas divinas da como resultado la creación de la personalidad espiritual más elevada del Hijo y del Espíritu: la Brillante Estrella Matutina.

Un solo ser de tal sabiduría y majestad se crea en cada universo local. El Padre Universal y el Hijo Eterno pueden, y de hecho lo hacen, crear un ilimitado número de Hijos que son en divinidad iguales a ellos mismos. Pero, tales Hijos, en unión con las Hijas del Espíritu Infinito, pueden crear solamente una Brillante Estrella Matutina en cada universo, un ser parecido a ellos mismos, que participa generosamente de sus naturalezas combinadas pero no de sus prerrogativas creativas. Gabriel de Salvington es como el Hijo Universal en su divinidad de la naturaleza, aunque considerablemente limitado en atributos de la Deidad.

Este primogénito de los padres de un nuevo universo es una personalidad única que posee muchos rasgos maravillosos no visiblemente presentes en ninguno de sus progenitores, un ser de versatilidad sin precedentes y brillo inimaginable. Esta personalidad excelsa reúne la voluntad divina del Hijo combinada con la imaginación creativa del Espíritu. Los pensamientos y acciones de la Brillante Estrella Matutina serán siempre representativos de ambos, el Hijo Creador y el Espíritu Creativo. Este ser es también capaz de una amplia comprensión de las huestes espirituales seráficas y de las criaturas volitivas materiales evolucionarias, y puede establecer un contacto compasivo hacia ellas.

La Brillante Estrella Matutina no es creador, sino magnífico administrador, siendo el representante administrativo personal del Hijo Creador. Aparte de la creación e implantación de vida, el Hijo y el Espíritu no tratan jamás de importantes procedimientos universales sin la presencia de Gabriel.

Gabriel de Salvington es el jefe ejecutivo del universo de Nebadon y árbitro de todas las apelaciones ejecutivas respecto a su administración. Este ejecutivo del universo fue creado completamente dotado para su tarea, pero ha acumulado experiencia con el crecimiento y evolución de nuestra creación local.

Gabriel de Salvington es el ejecutivo en jefe para los mandatos del superuniverso relacionados con los asuntos no personales del universo local. La mayoría de los asuntos pertenecientes a los juicios en masa y las resurrecciones dispensacionales, adjudicados por los Ancianos de los Días, son también delegados a Gabriel y su equipo para su ejecución. Gabriel es, en consecuencia, el ejecutivo en jefe combinado de los gobernantes tanto del superuniverso como del universo local. Él tiene a su mando un cuerpo capaz de asistentes administrativos, creados para su trabajo especial, quienes no son revelados a los mortales evolucionarios. Además de estos asistentes, Gabriel puede emplear a todas, y cualquiera, de las órdenes de seres celestiales actuantes en Nebadon, y es también el comandante en jefe de «los ejércitos del cielo», es decir las huestes celestiales.

Gabriel y su equipo no son maestros, son administradores. Nunca se supo que ellos se desviaran de su tarea regular, excepto durante las encarnaciones de Micael en forma de las criaturas. Durante dichos autootorgamientos, Gabriel siempre estuvo a disposición de la voluntad del Hijo encarnado, y con la colaboración del Unión de los Días, se convirtió en el director de hecho de los asuntos del universo durante los últimos autootorgamientos. Gabriel siempre ha estado muy estrechamente identificado con la historia y el desarrollo de Urantia desde el autootorgamiento de Micael en forma mortal.

Además de encontrar a Gabriel en los mundos de encarnación y a la hora en que se pasa lista para la resurrección general o especial, los mortales rara vez lo encontrarán en su ascenso a través del universo local, hasta ser admitidos al trabajo administrativo de la creación local. Como administradores, de cualquier orden o grado, vosotros pasaréis a estar bajo la dirección de Gabriel.

5. LOS EMBAJADORES DE LA TRINIDAD

La administración de las personalidades originarias de la Trinidad termina con el gobierno de los superuniversos. Los universos locales se caracterizan por una supervisión dual, el comienzo del concepto padre y madre. El padre del universo es el Hijo Creador. La madre del universo es la Ministra Divina, el Espíritu Creativo del universo local. Sin embargo, cada universo local está bendecido por la presencia de ciertas personalidades del universo central y del Paraíso. A la cabeza de este grupo paradisiaco en Nebadon está el embajador de la Trinidad del Paraíso, Emanuel de Salvington, el Unión de los Días asignado al universo local de Nebadon. En cierto sentido este alto Hijo de la Trinidad es también el representante personal del Padre Universal ante la corte del Hijo Creador, por eso su nombre es Emanuel.

Emanuel de Salvington, número 611.121 de la sexta orden de las Personalidades Supremas Trinitarias, es un ser de dignidad sublime y de tal extraordinaria condescendencia que rechaza el culto y la adoración de todas las criaturas vivientes.

Él se distingue por ser la única personalidad en todo Nebadon que nunca ha reconocido subordinación a su hermano Micael. Actúa como asesor del Hijo Soberano pero sólo da consejos a petición. En ausencia del Hijo Creador podría presidir cualquiera de los concilios universales pero no desea participar de otra manera en los asuntos ejecutivos del universo a menos que se lo soliciten.

Este embajador del Paraíso en Nebadon no está sujeto a la jurisdicción del gobierno del universo local. Tampoco ejerce jurisdicción autoritaria en los asuntos ejecutivos de un universo local en desarrollo excepto en la supervisión de sus hermanos de enlace, los Fieles de los Días, que sirven en las sedes de las constelaciones.

Los Fieles de los Días, así como el Unión de los Días, no brindan nunca asesoramiento ni ofrecen asistencia a los gobernantes de las constelaciones a menos que lo soliciten. Estos embajadores del Paraíso ante las constelaciones representan la presencia personal final de los Hijos Estacionarios Trinitarios que actúan en sus funciones de asesoramiento en los universos locales. Las constelaciones están más estrechamente relacionadas con la administración del superuniverso que los sistemas locales, los cuales son administrados exclusivamente por personalidades nativas del universo local.

6. LA ADMINISTRACIÓN GENERAL

Gabriel es el ejecutivo en jefe y administrador real de Nebadon. La ausencia de Micael en Salvington no interfiere de ninguna manera con la conducta ordenada de los asuntos del universo. Durante la ausencia de Micael, como la reciente, debido a la misión de reunión en el Paraíso de los Hijos Mayores de Orvonton, Gabriel es el regente del universo. En esos momentos Gabriel siempre busca el consejo de Emanuel de Salvington en todo asunto importante.

El Padre Melquisedek es el primer ayudante de Gabriel. Cuando la Estrella Brillante Matutina está ausente de Salvington, las responsabilidades las asume este original Hijo Melquisedek.

Las varias subadministraciones del universo tienen asignados a sí ciertos dominios especiales de responsabilidad. Aunque, en general, un gobierno del sistema ampara el bienestar de sus planetas, se preocupa mucho más específicamente por el estado físico de los seres vivientes, por los problemas biológicos. A su vez, los gobernantes de la constelación ponen especial atención a las condiciones sociales y gubernamentales que prevalecen en los distintos planetas y sistemas. El gobierno de una constelación actúa principalmente en el campo de la unificación y estabilización. Y aún más arriba, los gobernantes del universo, se ocupan más intensamente del estado espiritual de los mundos.

Los embajadores se nombran por decreto judicial y representan unos universos ante otros universos. Los cónsules son representantes de las constelaciones entre sí y ante la sede universal; son nombrados por decreto legislativo y funcionan sólo dentro de los confines del universo local. Los observadores son comisionados por decreto ejecutivo de un Soberano del Sistema para representar ese sistema ante otros sistemas y ante la capital de la constelación, y también funcionan sólo dentro de los confines del universo local.

Desde Salvington, las transmisiones van dirigidas simultáneamente a las sedes de las constelaciones, a las sedes de los sistemas y a cada planeta individual. Todas las órdenes más elevadas de seres celestiales son capaces de usar este servicio para comunicarse con sus congéneres situados a través de todo el universo. La transmisión del universo se extiende a todos los mundos habitados, sea cual fuere su estado espiritual. La intercomunicación planetaria solamente se les niega a aquellos mundos que han sido puestos en cuarentena espiritual.

Las transmisiones de las constelaciones son emitidas periódicamente desde la sede de la constelación por el jefe de los Padres de la Constelación.

Un grupo especial de seres de Salvington calcula, computa y rectifica la cronología. El día estándar de Nebadon equivale a dieciocho días, seis horas y dos minutos y medio del tiempo de Urantia. El año nebadónico consiste en un segmento de tiempo del desplazamiento del universo en relación con el circuito de Uversa y equivale a cien días del tiempo estándar universal, aproximadamente cinco años del tiempo urantiano.

El tiempo de Nebadon, transmitido desde Salvington, es el tiempo estándar para todas las constelaciones y sistemas de este universo local. Cada constelación rige sus asuntos por el tiempo nebadónico, pero los sistemas mantienen su cronología propia, así como lo hace cada planeta.

El día en Satania, medido en Jerusem, es un poco menos (1 hora, 4 minutos, 15 segundos) de tres días del tiempo de Urantia. Generalmente se conocen estos tiempos como tiempo salvingtonico o universal y tiempo de Satania o del sistema. El tiempo estándar es el tiempo universal.

7. LOS TRIBUNALES DE NEBADON

Las mayores preocupaciones del Hijo Mayor, Micael, son tan sólo tres cosas: la creación, el sostenimiento y el ministerio. No participa personalmente en la tarea judicial del universo. Los creadores nunca se sientan a juzgar a sus criaturas. Ésa es la función exclusiva de criaturas de elevada capacitación y experiencia genuina como criaturas.

Todo el mecanismo judicial de Nebadon está bajo la supervisión de Gabriel. Las altas cortes, ubicadas en Salvington, se ocupan de problemas de importancia general para el universo y de casos de apelación que vienen de los tribunales del sistema. Hay setenta dependencias de estas cortes universales y funcionan en siete divisiones de diez secciones cada una. En todos los asuntos de adjudicación la que preside es una magistratura dual consistente en un juez de antecedentes de perfección y un magistrado de experiencia ascendente.

Con respecto a la jurisdicción, las cortes del universo local tienen límites en los siguientes asuntos:

1. La administración del universo local se ocupa de la creación, la evolución, el sostenimiento y el ministerio. Por consiguiente, los tribunales del universo no tienen el derecho de dictar sentencia sobre aquellos casos que involucran el tema de la vida eterna y la muerte. Esto no se refiere a la muerte natural como existe en Urantia, pero si el tema del derecho de existencia continuada y vida eterna surge en un fallo, el caso debe ser referido a los tribunales de Orvonton, y si éstos fallan en contra del individuo, todas las sentencias de extinción son ejecutadas por orden de las autoridades del supergobierno y a través de sus agencias.

2. La falta o la deserción de cualquiera de los Hijos de Dios de los Universos Locales, que ponga en peligro su estado y su autoridad como Hijos no se decide nunca en los tribunales de un Hijo. Una desavenencia de este tipo es inmediatamente llevada a las cortes del superuniverso.

3. El tema de la readmisión de cualquier parte constituyente de un universo local —como, por ejemplo, un sistema local— a la confraternidad de estado espiritual pleno en la creación local, posteriormente al aislamiento espiritual, debe ser convenido por la alta asamblea del superuniverso.

En todos los demás asuntos las cortes de Salvington son finales y supremas. No hay apelación ni evasión de sus decisiones y decretos.

Aunque de cuando en cuando parezca en Urantia que las contiendas humanas se adjudican injustamente, en el universo prevalecen la justicia y la equidad divinas. Vosotros vivís en un universo bien ordenado, y podéis confiar en que, tarde o temprano, seréis tratados con justicia, aun con misericordia.

8. LAS FUNCIONES LEGISLATIVAS Y EJECUTIVAS

En Salvington, la sede de Nebadon, no existen verdaderos cuerpos legislativos. Los mundos sedes del universo se ocupan básicamente de fallar. Las asambleas legislativas del universo local están establecidas en las sedes de las cien constelaciones. Los sistemas se ocupan principalmente de la tarea ejecutiva y administrativa de las creaciones locales. Los Soberanos de los Sistemas y sus asociados hacen cumplir los mandatos legislativos de los gobernantes de la constelación y ejecutan los decretos judiciales de los altos tribunales del universo.

Aunque la verdadera legislación no es sancionada en la sede del universo, sin embargo funciona en Salvington una variedad de asambleas de asesoramiento e investigación, diversamente constituidas y dirigidas de acuerdo con su campo de acción y propósito. Algunas son permanentes, otras se clausuran después de conseguir sus objetivos.

El concilio supremo del universo local está constituido por tres miembros de cada sistema y siete representantes de cada constelación. Los sistemas aislados no tienen representación en esta asamblea, pero se les permite que envíen observadores que presencian todas las deliberaciones y las estudian.

Los cien concilios de sanciones supremas están también situados en Salvington. Los presidentes de estos concilios constituyen el gabinete inmediato de trabajo de Gabriel.

Todas las conclusiones de los altos concilios asesores del universo se comunican, sea a los cuerpos judiciales de Salvington o a las asambleas legislativas de las constelaciones. Estos altos concilios no tienen autoridad ni poder para hacer cumplir sus recomendaciones. Si su consejo está basado en las leyes fundamentales del universo, entonces los tribunales de Nebadon emitirán las resoluciones de ejecución. Pero si sus recomendaciones tienen que ver con condiciones locales o de urgencia, deben ser enviadas a las asambleas legislativas de la constelación para la promulgación deliberante, y luego a las autoridades del sistema para su ejecución. Estos altos concilios son, en realidad, las superlegislaturas del universo, pero funcionan sin la autoridad de promulgación y sin el poder de ejecución.

Cuando nosotros hablamos de la administración del universo en términos de «tribunales» y «asambleas», debe interpretarse que estas gestiones espirituales son muy diferentes de las actividades primitivas y materiales de Urantia que llevan los mismos nombres.

[Presentado por el Jefe de los Arcángeles de Nebadon.]

DOCUMENTO 34

EL ESPÍRITU MATERNO DEL UNIVERSO LOCAL

CUANDO un Hijo Creador es personalizado por el Padre Universal y el Hijo Eterno, entonces el Espíritu Infinito individualiza una nueva y única representación de sí mismo para acompañar a este Hijo Creador a los reinos del espacio, para ser allí su acompañante, primero, en la organización física, y luego, en la creación y el ministerio de las criaturas del universo recientemente proyectado.

Un Espíritu Creativo reacciona tanto a las realidades físicas como a las espirituales, tal como lo hace un Hijo Creador, y en consecuencia son coordinados y asociados en la administración de un universo local del tiempo y el espacio.

Estas Hijas Espirituales son de la esencia del Espíritu Infinito, pero no pueden funcionar simultáneamente en el trabajo de la creación física y el ministerio espiritual. En la creación física el Hijo del Universo provee el modelo original mientras el Espíritu Universal inicia la materialización de las realidades físicas. El Hijo funciona en los diseños de poder pero el Espíritu transforma estas creaciones de energía en substancias físicas. Aunque es más bien difícil describir esta presencia primitiva en el universo del Espíritu Infinito como una persona, no obstante, para el Hijo Creador el Espíritu asociado es personal y siempre ha funcionado como un individuo separado.

1. PERSONALIZACIÓN DEL ESPÍRITU CREATIVO

Después de terminar la organización física de un grupo planetario y estelar y de establecer los circuitos de energía a través de los centros de poder del superuniverso, posteriormente a este trabajo preliminar de creación de las agencias del Espíritu Infinito, que operan a través, y bajo la dirección del enfoque creador de su universo local, el Hijo Micael proclama que acto seguido se proyectará la vida en el universo organizado recientemente. Con el reconocimiento del Paraíso de esta declaración de intención, se produce una reacción de aprobación en la Trinidad del Paraíso, seguida por la desaparición, en el brillo espiritual de las Deidades, del Espíritu Rector en cuyo superuniverso se está organizando esta nueva creación. Mientras tanto, los otros Espíritus Rectores se acercan a este alojamiento central de las Deidades del Paraíso, y posteriormente, cuando el Espíritu Rector, abrazado por la Deidad, emerge al reconocimiento de sus congéneres, ocurre lo que se conoce como «erupción primaria». Éste es un tremendo destello espiritual, un fenómeno claramente discernible aun en la distante sede del superuniverso en cuestión; y simultáneamente con esta manifestación Trinitaria, poco entendida, se produce un marcado cambio en la naturaleza de la presencia de espíritu creativo y el poder del Espíritu Infinito residente en el universo local correspondiente. En respuesta a estos fenómenos paradisiacos se personaliza inmediatamente, en la presencia misma del Hijo Creador, una nueva representación personal del Espíritu Infinito. Ésta es la Ministra Divina. El Espíritu Creativo individualizado, asistente del Hijo Creador, se ha convertido en su asociada creativa personal, el Espíritu Materno del universo local.

A partir y a través de esta nueva segregación personal del Creador Conjunto proceden las corrientes establecidas y los circuitos ordenados del poder espiritual y la influencia espiritual destinados a llenar todos los mundos y seres de ese universo local. En realidad, esta nueva presencia personal no es otra cosa que una transformación de la menos personal asociada preexistente del Hijo, en su tarea previa de organización del universo físico.

En pocas palabras, ésta es la narración de un estupendo drama. Pero representa casi todo lo que se puede decir en relación con estas importantísimas transacciones. Son instantáneas, inescrutables e incomprensibles; el secreto de la técnica y procedimiento reside en el seno de la Trinidad del Paraíso. Sólo de una cosa estamos seguros: la presencia del Espíritu en el universo local durante el momento de la creación u organización meramente física, estaba diferenciada incompletamente del espíritu del Espíritu Infinito Paradisiaco; pero, después de reaparecer el Espíritu Rector supervisor, del abrazo secreto de los Dioses y después del destello de la energía espiritual, la manifestación del Espíritu Infinito en el universo local se cambia repentina y completamente a la semejanza personal del Espíritu Rector quien estuvo en enlace transmutante con el Espíritu Infinito. El Espíritu Materno del universo local adquiere así, una naturaleza personal matizada por la del Espíritu Rector del superuniverso de jurisdicción astronómica.

Esta presencia personalizada del Espíritu Infinito, el Espíritu Materno Creativo del universo local, se conoce en Satania como la Ministra Divina. Para todos los fines prácticos y propósitos espirituales esta manifestación de la Deidad es un individuo divino, una persona de espíritu. Y así la reconoce y considera el Hijo Creador. Es a través de esta ubicación y personalización de la Tercera Fuente y Centro en nuestro universo local que el Espíritu podría posteriormente someterse, tan completamente, al Hijo Creador que de este Hijo se dijo verdaderamente que «a él se ha confiado todo el poder en el cielo y en la tierra».

2. LA NATURALEZA DE LA MINISTRA DIVINA

Habiendo pasado por la experiencia de una marcada metamorfosis de la personalidad en el momento de la creación de la vida, la Ministra Divina a partir de entonces funciona como una persona y coopera en una manera muy personal con el Hijo Creador en la planificación y manejo de los vastos asuntos de su creación local. Para muchos tipos de seres del universo, aun esta representación del Espíritu Infinito podría aparecer como no completamente personal durante las edades que preceden el autootorgamiento final de Micael. Pero posteriormente a la elevación del Hijo Creador a la autoridad soberana del Hijo Mayor, el Espíritu Materno Creativo pasa a ser tan acrecentado en cualidades personales como para ser personalmente reconocido por todos los que con ella se relacionan.

Desde la más temprana asociación con el Hijo Creador, el Espíritu del Universo posee todos los atributos físicos y de control del Espíritu Infinito, incluyendo la dotación plena de la antigravedad. Con el logro del estado personal el Espíritu Universal ejerce un control tan total y completo sobre la gravedad de la mente, en el universo local, tal como lo haría el Espíritu Infinito si estuviese presente.

En cada universo local la Ministra Divina actúa de acuerdo con las características naturales e inherentes del Espíritu Infinito, tal como están integradas en uno de los Siete Espíritus Rectores del Paraíso. Aunque existe una uniformidad básica de carácter en todos los Espíritus Universales, hay también una diversidad de función, determinada por su origen a través de uno de los Siete Espíritus Rectores. Esta diferencia de origen explica las diversas técnicas en la función de los Espíritus Maternos de los universos locales en diferentes superuniversos. Pero en todos los atributos espirituales esenciales estos Espíritus son idénticos, igualmente espirituales y completamente divinos, sea cual fuere la diferenciación superuniversal.

El Espíritu Creativo es corresponsable con el Hijo Creador en la producción de las criaturas de los mundos, y el Hijo jamás falla en todos los esfuerzos para mantener y conservar estas creaciones. La vida se ministra y mantiene a través de la agencia del Espíritu Creativo. «Envías tu Espíritu, y son creadas. Y renuevas la faz de la tierra».

En la creación de un universo de criaturas inteligentes el Espíritu Materno Creativo actúa primero en la esfera de la perfección universal, colaborando con el Hijo en la producción de la Brillante Estrella Matutina. Posteriormente la progenie del Espíritu se aproxima cada vez más a la orden de los seres creados en los planetas así como los Hijos van descendiendo desde los Melquisedek hasta los Hijos Materiales, quienes realmente se ponen en contacto con los mortales de los reinos. En la evolución posterior de las criaturas mortales los Hijos Portadores de Vida proveen el cuerpo físico, fabricado a partir del material organizado del reino existente, mientras el Espíritu del Universo contribuye con «el aliento de vida».

Aunque el séptimo segmento del gran universo puede, en muchos aspectos, estar tardío en su desarrollo, los atentos estudiantes de nuestros problemas esperan en las épocas por venir la evolución de una creación extraordinariamente bien equilibrada. Predecimos este alto grado de simetría en Orvonton debido a que el Espíritu dirigente de este superuniverso es el jefe de los Espíritus Rectores de las alturas, siendo una inteligencia espiritual que incorpora la unión equilibrada y la perfecta coordinación de rasgos y carácter de todas las tres Deidades eternas. Estamos atrasados y rezagados en comparación con otros sectores, pero es indudable que nos aguarda un desarrollo trascendente y un logro sin precedentes algún día en las edades eternas del futuro.

3. El Hijo y el Espíritu en el tiempo y el espacio

Ni el Hijo Eterno ni el Espíritu Infinito están limitados ni condicionados por el tiempo o el espacio, pero la mayoría de su progenie sí lo está.

El Espíritu Infinito está presente en todo el espacio y reside en el círculo de la eternidad. No obstante, en su contacto personal con los hijos temporales, las personalidades del Espíritu Infinito deben frecuentemente contar con elementos temporales, aunque no tanto con el espacio. Muchos ministerios de la mente ignoran el espacio pero sufren un retraso de tiempo al realizar la coordinación de los diversos niveles de la realidad del universo. Un Mensajero Solitario es virtualmente independiente del espacio, excepto que sí requiere tiempo para trasladarse de un lugar a otro; y hay otras entidades similares desconocidas para vosotros.

En sus prerrogativas personales un Espíritu Creativo es completa y enteramente independiente del espacio, pero no del tiempo. No hay una presencia personal especializada de tal Espíritu de un Universo ni en las sedes de las constelaciones ni en las de los sistemas. Está igualmente y difusamente presente a través de su entero universo local y está, en consecuencia, tan literal y personalmente presente en un mundo como en cualquiera otro.

Sólo con referencia al elemento del tiempo está un Espíritu Creativo limitado en sus ministraciones universales. Un Hijo Creador actúa instantáneamente a través de su universo, pero el Espíritu Creativo debe tomar en cuenta el tiempo en la ministración de la mente universal, excepto cuando en forma consciente e intencionadamente hace uso de las prerrogativas personales del Hijo del Universo. En función de puro espíritu el Espíritu Creativo también actúa independientemente del tiempo, así como también en su colaboración con la función misteriosa de la reflexividad del universo.

Aunque el circuito de la gravedad espiritual del Hijo Eterno opera independientemente del tiempo y del espacio, todas las funciones de los Hijos Creadores no están exentas de limitaciones espaciales. Si exceptuamos las transacciones de los mundos evolucionarios, estos Hijos Micael parecen ser capaces de operar relativamente independientes del tiempo. Un Hijo Creador no está impedido por el tiempo, pero está condicionado por el espacio. Él no puede estar personalmente en dos lugares al mismo tiempo. Micael de Nebadon actúa sin limitación de tiempo dentro de su propio universo y, por la reflexividad prácticamente de misma manera en el superuniverso. Se comunica instantánea y directamente con el Hijo Eterno.

La Ministra Divina es la asistente comprensiva del Hijo Creador permitiéndole superar y compensar sus inherentes limitaciones en referencia al espacio, puesto que, cuando ambos funcionan en unión administrativa, son independientes del tiempo y del espacio, dentro de los confines de su creación local. En consecuencia, tal como se observa en todo un universo local en la práctica tanto el Hijo Creador como el Espíritu Creativo funcionan independientemente del tiempo y del espacio ya que siempre para cada uno de ellos dispone de la liberación del tiempo y del espacio a través del otro.

Solamente los seres absolutos son independientes del tiempo y del espacio en un sentido absoluto. La mayoría de las personas subordinadas al Hijo Eterno y al Espíritu Infinito, están sujetas tanto al tiempo como al espacio.

Cuando un Espíritu Creativo pasa a ser «consciente del espacio» se está preparando para reconocer un «dominio del espacio» circunscrito como suyo, un reino en el cual estar espacialmente libre en contraposición con el resto del espacio que le condicionaría. Uno es libre de elegir y actuar sólo dentro del reino de la propia conciencia.

4. Los circuitos del universo local

Hay tres circuitos de espíritu distintos en el universo local de Nebadon:

1. El espíritu del autootorgamiento del Hijo Creador, el Confortador, el Espíritu de la Verdad.

2. El circuito de espíritu de la Ministra Divina, el Espíritu Santo.

3. El circuito de inteligencia-ministerio de los siete espíritus ayudantes de la mente, que incluye sus más o menos unificadas actividades, aunque de funcionamiento diverso.

Los Hijos Creadores están dotados de un espíritu de presencia universal en muchas maneras análogo al de los Siete Espíritus Rectores del Paraíso. Éste es el Espíritu de la Verdad, que es esparcido sobre un mundo por un Hijo autootorgador después que recibe el título espiritual para tal esfera. Este don del Confortador es la fuerza espiritual que siempre dirige a los buscadores de la verdad hacia Aquel que es la personificación de la verdad en el universo local. Este espíritu es una dote inherente del Hijo Creador, emergiendo de su naturaleza divina así como los circuitos maestros del gran universo son derivados de las presencias de personalidad de las Deidades del Paraíso.

El Hijo Creador puede ir y venir, su presencia personal puede estar en el universo local o en otra parte. No obstante, el Espíritu de la Verdad funciona sin perturbaciones, porque esta presencia divina, aunque ha sido derivada de la personalidad del Hijo Creador, está centralizada funcionalmente en la persona de la Ministra Divina.

El Espíritu Materno del Universo, sin embargo, nunca se retira del mundo sede central del universo local. El espíritu del Hijo Creador puede, y de hecho lo hace, funcionar independientemente de la presencia personal del Hijo, pero no así respecto del espíritu personal de ella. El Espíritu Santo de la Ministra Divina dejaría de funcionar si su presencia personal saliera de Salvington. Su presencia espiritual parece estar fijada en el planeta sede central del universo, y es precisamente este hecho el que permite al espíritu del Hijo Creador funcionar independientemente de la ubicación del Hijo. El Espíritu Materno del Universo actúa como centro y foco universal del Espíritu de la Verdad, así como también del de su propia influencia personal: el Espíritu Santo.

Tanto el Creador Padre-Hijo como el Espíritu Materno Creativo contribuyen distintamente a la dotación de la mente de sus hijos del universo local. Pero el Espíritu Creativo no otorga mente hasta que ella misma no reciba las prerrogativas personales.

Las órdenes superevolucionarias de personalidad de un universo local están dotadas del tipo de mente correspondiente a ese universo local del modelo original de superuniverso. Las órdenes humanas y subhumanas de la vida evolucionaria están dotadas del ministerio de mente del tipo de los espíritus ayudantes.

Los siete espíritus ayudantes de la mente son la creación de la Ministra Divina de un universo local. Estas mente-espíritus son similares en carácter pero diversas en poder, y todas comparten de la misma manera de la naturaleza del Espíritu del Universo, aunque difícilmente se les considera personalidades que sean separadas de su Madre Creativa. A los siete ayudantes se les ha dado los siguientes nombres: el espíritu de *sabiduría*, el espíritu de *adoración*, el espíritu de *asesoramiento*, el espíritu de *conocimiento*, el espíritu de *valentía*, el espíritu de *comprensión*, y el espíritu de *intuición* —o de percepción rápida.

Éstos son los «siete espíritus de Dios», «como lámparas encendidas delante del trono» que el profeta vio en los símbolos de la visión. Pero no vio los asientos de los veinticuatro centinelas junto a estos siete espíritus ayudantes de la mente. Este registro representa la confusión de dos presentaciones, una referente a la sede del universo y la otra, a la capital del sistema. Los asientos de los veinticuatro ancianos están en Jerusem, la sede de vuestro sistema local de mundos habitados.

Pero acerca de Salvington, Juan escribió: «Y del trono salían relámpagos y truenos y voces» —las transmisiones del universo a los sistemas locales. También visualizó a las criaturas de control direccional del universo local, las brújulas vivientes del mundo sede. Las cuatro criaturas de control de Salvingtón, quienes operan sobre las corrientes del universo, mantienen este control direccional en Nebadon y están asistidas capazmente por el primer espíritu de mente, el ayudante de intuición, el espíritu de «rápido entendimiento». Pero la descripción, en inglés, de estas cuatro criaturas, llamadas bestias, ha sido lamentablemente estropeada. Son de una belleza sin paralelo y de una forma exquisita.

Los cuatro puntos de la brújula son universales e inherentes a la vida de Nebadon. Todas las criaturas vivientes poseen unidades corpóreas que son sensibles y responden a estas corrientes direccionales. Estas creaciones en forma de criaturas son duplicadas a través del universo y los planetas individuales y, en conjunción con las fuerzas magnéticas de los mundos, activan las huestes de los cuerpos microscópicos en el organismo animal de tal modo que estas células direccionales apuntan siempre al norte y al sur. Así pues el sentido de orientación está fijado para siempre en los seres vivientes del universo. Este sentido no es por completo una posesión consciente de la humanidad. Estos corpúsculos se observaron por primera vez en Urantia, aproximadamente en la época de esta narración.

5. EL MINISTERIO DEL ESPÍRITU

La Ministra Divina coopera con el Hijo Creador en la formulación de vida y la creación de nuevas órdenes de seres hasta la época del séptimo autootorgamiento y, posteriormente, después de su elevación a la soberanía plena del universo, continúa colaborando con él y con el espíritu otorgado por el Hijo en el ulterior trabajo del ministerio mundial y la progresión planetaria.

En los mundos habitados el Espíritu comienza el trabajo de progresión evolucionaria, empezando con el material inerte de los reinos, dotando primero vida vegetal, luego los organismos animales, más tarde las primeras órdenes de existencia humana; y cada sucesiva concesión contribuye a desenvolvimientos adicionales del potencial evolucionario de vida planetaria, desde los períodos iniciales y primitivos hasta la aparición de las criaturas volitivas. Esta labor del Espíritu es principalmente efectuada a través de los siete ayudantes, los espíritus de promesa, el espíritumente que unifica y coordina en los planetas evolucionarios y conduce por siempre y unidamente, a las razas de los hombres hacia las más altas ideas y a los más altos ideales espirituales.

El hombre mortal experimenta por primera vez el ministerio del Espíritu en conjunción con la mente cuando la mente puramente animal de las criaturas evolucionarias desarrolla la capacidad de recepción de los ayudantes de adoración y de sabiduría. Este ministerio del sexto y séptimo ayudantes indica que la evolución de la mente está cruzando el umbral del ministerio espiritual. E inmediatamente se incorporan estas mentes funcionales en adoración y sabiduría a los circuitos espirituales de la Ministra Divina.

Cuando la mente está así dotada del ministerio del Espíritu Santo, entonces posee la capacidad de elegir (consciente o inconscientemente) la presencia espiritual del Padre Universal —Ajustador del Pensamiento. Pero hasta que el Hijo de autootorgamiento ha liberado el Espíritu de la Verdad para el ministerio planetario a todos los mortales, es cuando entonces todas las mentes normales están automáticamente preparadas para recibir a los Ajustadores del Pensamiento. El Espíritu de la Verdad funciona al unísono con la presencia del espíritu de la Ministra Divina. Este enlace espiritual dual está en suspenso sobre los mundos, buscando enseñar la verdad e iluminar espiritualmente la mente de los hombres, inspirar a las almas de las criaturas de las razas ascendentes, y conducir a los seres que residen en los planetas evolucionarios hacia su objetivo paradisiaco de destino divino.

Aunque el Espíritu de la Verdad es derramado sobre toda la carne, este espíritu del Hijo está casi completamente limitado en función y poder por la recepción personal del hombre de aquello que constituye la suma y substancia de la misión del Hijo autootorgador. El Espíritu Santo es parcialmente independiente de la actitud humana y está parcialmente condicionado por las decisiones y cooperaciones de la voluntad del hombre. No obstante, el ministerio del Espíritu Santo aumenta su efectividad en la santificación y espiritualización de la vida interior de aquellos mortales que más completamente *obedecen* las guías divinas.

Como individuos, vosotros no poseéis personalmente una porción o entidad segregada del espíritu del Creador Padre-Hijo o del Espíritu Materno Creativo. Estos ministerios no tienen contacto con los centros de pensamiento de las mentes individuales ni residen en ellos como lo hacen los Monitores Misteriosos. Los Ajustadores del Pensamiento son claras individualizaciones de la realidad prepersonal del Padre Universal, residiendo, en realidad, en la mente mortal como una parte misma de esa mente, y siempre trabajan en armonía perfecta con los espíritus combinados del Hijo Creador y el Espíritu Creativo.

La presencia del Espíritu Santo de la Hija del Universo del Espíritu Infinito, del Espíritu de la Verdad del Hijo del Universo del Hijo Eterno, y del Ajustador-espíritu del Padre del Paraíso en un mortal evolucionario o junto a él, denota simetría de ministerio y dote espirituales y condiciona a tal mortal para comprender conscientemente el fe-hecho de la filiación de Dios.

6. EL ESPÍRITU EN EL HOMBRE

Con el avance de la evolución de un planeta habitado y la espiritualización ulterior de sus habitantes, las influencias espirituales adicionales pueden ser recibidas por tales personalidades maduras. Así como los mortales progresan en el control de la mente y en la percepción del espíritu, estos ministerios de espíritu múltiple pasan a ser más y más coordinados en función; se tornan cada vez más interrelacionados con el superministerio de la Trinidad del Paraíso.

Aunque la Divinidad puede ser plural en su manifestación, en la experiencia humana la Deidad es singular, siempre *única*. Tampoco el ministerio espiritual es plural en la experiencia humana. Sea cual fuese su pluralidad de origen, todas las experiencias espirituales son una en su función. De hecho son una, pues el ministerio del espíritu de Dios Séptuple está en las criaturas del gran universo y existe para las mismas. A medida que crecen las criaturas en apreciación a, y receptividad de, este ministerio unificador del espíritu, éste se convierte en su experiencia, en el ministerio del Dios Supremo.

Desde las alturas de la gloria eterna desciende el Espíritu divino, a través de una larga serie de pasos, para encontrarse contigo así como eres y dondequiera que estés; y entonces, en asociación de fe, abraza con amor el alma de origen mortal para embarcarse en el seguro y certero camino de vuelta, de reascensión sin detenerse nunca hasta que el alma evolucionaria sea exaltada con seguridad hasta las mismas alturas de dicha de las cuales saliera originalmente el divino Espíritu en esta misión de misericordia y ministerio.

Las fuerzas espirituales infaliblemente buscan y logran sus niveles originales. Habiendo salido de lo Eterno, con seguridad regresarán allí, llevando consigo a todos aquellos hijos del tiempo y el espacio que han adoptado la guía y la enseñanza del Ajustador residente, aquellos que verdaderamente han «nacido del Espíritu», los hijos Dios por la fe.

El Espíritu divino es la fuente del incesante ministerio y estímulo para los hijos de los hombres. Vuestro poder y logro es «conforme a su misericordia, a través de la renovación del Espíritu». La vida espiritual, así como la energía física, se consume. Los esfuerzos espirituales resultan en un relativo agotamiento espiritual. La total experiencia ascendente es tan real como espiritual; y así es como está precisamente escrito: «Es el Espíritu el que estimula». «El Espíritu da vida».

La difunta teoría de las más elevadas doctrinas religiosas no tiene poder para transformar el carácter humano ni para controlar la conducta de los mortales. Lo que el mundo de hoy necesita es lo que vuestro antiguo maestro declaró: «No en palabras solamente, sino también en el poder y en el Espíritu Santo». La semilla de la verdad teórica está muerta, los más altos conceptos morales no tienen vigencia, a menos que, y hasta que, el Espíritu divino infunda inspiración sobre las formas de la verdad y estimule las fórmulas de la rectitud. Aquellos que han recibido y reconocido la presencia de Dios han nacido del Espíritu. «Sois el templo de Dios, y el espíritu de Dios mora en vosotros». No es suficiente que se haya derramado este espíritu sobre vosotros; el Espíritu divino debe dominar y controlar cada fase de la experiencia humana.

Es la presencia del Espíritu divino, el agua de la vida, la que previene la sed devoradora del descontento mortal y el hambre indescriptible de la mente humana no espiritualizada. Los seres motivados por el espíritu «nunca están sedientos, pues el agua espiritual será en ellos un manantial de satisfacción que fluye eternamente hacia la vida». Estas almas divinamente regadas son prácticamente independientes del medio ambiente material en cuanto a los regocijos de vivir y las satisfacciones de la existencia terrenal. Están iluminadas y refrescadas espiritualmente, y moralmente fortalecidas y dotadas.

En todo mortal existe una naturaleza dual: la herencia de tendencias animales y el impulso elevado de la dotación espiritual. Durante la corta vida que vosotros vivís en Urantia, estos dos impulsos diversos y opuestos, difícilmente pueden reconciliarse plenamente; no pueden ser armonizados ni unificados, pero a lo largo de vuestra vida, el Espíritu combinado no cesa jamás de ministrar para ayudaros a someter cada vez más la carne a la guía del Espíritu. Aunque debes vivir toda tu vida material, y aunque no puedes escapar al cuerpo y sus necesidades, no obstante, en propósito e ideas, tú estás cada vez más imbuído de poder para someter la naturaleza animal a la supremacía del Espíritu. En verdad existe dentro de tí una conspiración de fuerzas espirituales, una confederación de poderes divinos, cuyo propósito exclusivo consiste en liberarte finalmente de la esclavitud material e impedimentos finitos.

El propósito de todo esto es, «que podáis ser fortalecidos con el poder en el hombre interior por Su espíritu». Y todo esto tan sólo representa los pasos preliminares hacia el logro final de la perfección de la fe y el servicio, esa experiencia en la que os hallaréis «llenos de la entera plenitud de Dios», «porque todos los que son guiados por el espíritu de Dios son los hijos de Dios».

El Espíritu nunca *impulsa*, sólo guía. Si eres un aprendiz voluntarioso, si quieres lograr niveles espirituales y alcanzar las alturas divinas, si sinceramente deseas alcanzar el objetivo eterno, entonces el Espíritu divino te guiará suave y amorosamente por el camino de la filiación y el progreso espiritual. Cada paso que des debe ser de buena voluntad, cooperación inteligente y alegre. La dominación del Espíritu no está matizada jamás por la coerción ni comprometida por la compulsión.

Y cuando esa vida de guía espiritual sea aceptada inteligentemente y sin reservas, se desarrolla gradualmente en la mente humana una conciencia positiva de contacto divino y seguridad de comunión espiritual; tarde o temprano «el Espíritu atestigua con tu espíritu (el Ajustador) que eres una criatura de Dios». Ya tu propio Ajustador del Pensamiento te ha hablado de tu parentesco con Dios de manera que la historia demuestra que el Espíritu atestigua «*con* tu espíritu», no *para* tu espíritu.

La conciencia de la dominación del espíritu en una vida humana exhibe finalmente manifestaciones cada vez mayores de las características del Espíritu en las reacciones vitales de tales mortales guiados por el espíritu, «porque los frutos del espíritu son el amor, la alegría, la paz, la resignación, la dulzura, la bondad, la fe, la humildad, y la templanza». Tales mortales que son guidados por el espíritu y están divinamente iluminados, aun cuando caminan por los bajos senderos del sufrimiento y con lealtad humana cumplen con las obligaciones de sus deberes terrenales, han comenzado ya a discernir las luces de la vida eterna que centellean en las lejanas orillas de otro mundo; ya han comenzado a comprender la realidad de esa verdad inspiradora y reconfortante: «El reino de Dios no es comida ni bebida, sino justicia, paz, y alegría en el Espíritu Santo». A través de cada prueba, frente a cada penuria, las almas nacidas del espíritu están sostenidas por esa esperanza que trasciende todos los temores, porque el amor de Dios se esparce a todos los corazones a través de la presencia del Espíritu divino.

7. EL ESPÍRITU Y LA CARNE

La carne, la naturaleza inherente derivada de las razas de origen animal, no da naturalmente los frutos del Espíritu divino. Cuando se mejora la naturaleza mortal con el agregado de la naturaleza de los Hijos Materiales de Dios, así como las razas de Urantia se mejoraron hasta cierto punto por el otorgamiento de Adán, entonces el camino está mejor preparado para que el Espíritu de la Verdad coopere con el Ajustador residente para producir la hermosa cosecha de los frutos de carácter del espíritu. Si vosotros no rechazáis a este espíritu, aún se necesita la eternidad para ejecutar la misión, «él os guiará hacia toda la verdad».

Los mortales evolucionarios que habitan mundos normales de progreso espiritual no experimentan los agudos conflictos entre el espíritu y la carne que caracterizan a las razas de hoy en día en Urantia. Pero aun en los planetas más ideales, el hombre preadánico debe esforzarse positivamente para ascender desde el plano puramente animal de la existencia por los sucesivos niveles de significados cada vez más intelectuales y valores espirituales más elevados.

Los mortales de un mundo normal no experimentan una constante lucha entre sus naturalezas material y espiritual. Se enfrentan a la necesidad de subir desde los niveles animales existentes hasta planos más altos de vida espiritual, pero este ascenso más se parece a un curso de capacitación si se lo compara con los intensos conflictos de los mortales urantianos en este reino de divergentes naturalezas material y espiritual.

Los pueblos de Urantia están sufriendo las consecuencias de una doble privación de ayuda en esta tarea de progresivo logro espiritual planetario. La sublevación de Caligastia precipitó una confusión mundial y robó a todas las generaciones subsiguientes de la asistencia moral que una sociedad bien ordenada hubiera provisto. Pero aun más desastrosa fue la falta de Adán que privó a las razas de un tipo superior de naturaleza física que habría sido más armoniosa con las aspiraciones espirituales.

Los mortales de Urantia están forzados a someterse a tan profunda lucha entre el espíritu y la carne debido a que sus ancestros remotos no estuvieron más plenamente imbuídos y adanizados por el otorgamiento edénico. Según el plan divino, las razas mortales de Urantia deberían haber contado con naturalezas físicas más naturalmente sensibles al espíritu.

A pesar de este doble desastre para la naturaleza del hombre y su medio ambiente, los mortales de hoy en día experimentarían menos de este aparente conflicto entre la carne y el espíritu si quisieran entrar en el reino del espíritu, donde los hijos de Dios por la fe disfrutan relativa redención de la servidumbre esclavizadora de la carne en el servicio iluminado y liberador de la devoción sincera al cumplimiento de la voluntad del Padre en el cielo. Jesús le mostró a la humanidad el camino nuevo de la vida mortal por donde los seres humanos pueden escapar de la mayor parte de las espantosas consecuencias de la rebelión de Caligastia y compensar más eficientemente las privaciones resultantes de la falta de Adán. «El espíritu de vida de Cristo Jesús nos ha liberado de la ley de la vida animal y de las tentaciones del mal y el pecado». «Ésta es la victoria que supera la carne, y aun vuestra fe».

Aquellos hombres y mujeres que conocen a Dios y que han nacido de la experiencia de Espíritu, no experimentan conflicto con sus naturalezas mortales más de lo que lo hacen los habitantes de los mundos y planetas más normales, que nunca han sido manchados por el pecado ni tocados por la rebelión. Los hijos de fe trabajan en niveles intelectuales y viven en planos espirituales muy por encima de los conflictos producidos por desenfrenados o desnaturalizados deseos físicos. Los estímulos normales de los seres animales y los apetitos e impulsos naturales de la naturaleza física no están en conflicto siquiera con los más altos logros espirituales excepto en la mente de las personas ignorantes, mal instruidas, o desafortunadamente, en extremo escrupulosas.

Habiendo comenzado el camino de la vida eterna, habiendo aceptado el deber y recibido tus órdenes de avanzar, no temas los peligros del olvido humano e inestabilidad mortal, no te preocupes por el temor al fracaso, o por la confusión que te deja perplejo, no vaciles ni interrogues tu estado y situación porque en las horas sombrías, en cada encrucijada de la lucha por progresar, el Espíritu de la Verdad siempre hablará, diciendo: «Éste es el camino».

[Presentado por un Mensajero Poderoso temporalmente asignado al servicio en Urantia.]

DOCUMENTO 35

LOS HIJOS DE DIOS DE LOS UNIVERSOS LOCALES

LOS Hijos de Dios presentados previamente tuvieron origen paradisiaco. Son los descendientes de los Gobernantes divinos de los dominios universales. En Nebadon tan sólo hay uno de la primera orden de filiación paradisiaca —los Hijos Creadores— Micael, el padre y soberano del universo. De la segunda orden de filiación del Paraíso, los Avonales o Hijos Magisteriales, Nebadon tiene su cuota completa: 1.062. Y estos «Cristos menores» son tan eficientes y tan todopoderosos en sus respectivos autootorgamientos planetarios como lo fue el Hijo Creador y Soberano en Urantia. La tercera orden, siendo de origen Trinitario, no se registra en un universo local, pero yo estimo que hay en Nebadon entre quince y veinte mil Hijos Instructores Trinitarios aparte de los 9.642 asistentes registrados trinidizados por las criaturas. Estos Dainales Paradisiacos no son ni magistrados ni administradores; son supermaestros.

Los tipos de Hijos a ser considerados tienen su origen en el universo local; descienden de un Hijo Creador Paradisiaco en variada asociación con el complementario Espíritu Materno del Universo. Las siguientes órdenes de filiación del universo local son mencionadas en estas narrativas:

1. Los Hijos Melquisedek.
2. Los Hijos Vorondadek.
3. Los Hijos Lanonandek.
4. Los Hijos Portadores de Vida.

La Deidad Triuna del Paraíso funciona para la creación de tres órdenes de filiación: los Micaeles, los Avonales, y los Dainales. La Deidad Dual en el universo local, el Hijo y el Espíritu, también funciona en la creación de tres altas órdenes de Hijos: los Melquisedek, los Vorondadek, y los Lanonandek; y habiendo alcanzado esta triple expresión, colaboran con el siguiente nivel de Dios el Séptuple en la producción de la versátil orden de los Portadores de Vida. Estos seres están clasificados con los Hijos de Dios descendentes, pero son una forma de vida única y original en el universo. Su consideración ocupará todo el próximo documento.

1. EL PADRE MELQUISEDEK

Después de traer a la existencia los seres de ayuda personal, tales como la Brillante Estrella Matutina y otras personalidades administrativas, según el propósito divino y los planes creativos de un universo dado, se produce una nueva forma de unión creativa entre el Hijo Creador y el Espíritu Creativo, la Hija del Espíritu Infinito del universo local. El vástago personalizado que se produce como resultado de esta asociación creativa es el Melquisedek original —el Padre Melquisedek— ese ser único que posteriormente colabora con el Hijo Creador y el Espíritu Creativo para traer a la existencia al entero grupo con ese nombre.

En el universo de Nebadon el Padre Melquisedek actúa como el primer asociado ejecutivo de la Brillante Estrella Matutina. Gabriel se ocupa más de la política universal y Melquisedek de los procedimientos prácticos. Gabriel preside los tribunales y concilios regularmente constituidos de Nebadon, mientras que Melquisedek preside las comisiones especiales, extraordinarias y de emergencia así como los cuerpos asesores. Gabriel y el Padre Melquisedek no se ausentan jamás de Salvington al mismo tiempo, ya que en ausencia de Gabriel, el Padre Melquisedek actúa como jefe ejecutivo de Nebadon.

Los Melquisedek de nuestro universo fueron todos creados dentro de un período de un milenio de tiempo normal por el Hijo Creador y el Espíritu Creativo en enlace con el Padre Melquisedek. Siendo una orden de filiación en la que uno de sus integrantes actuó como creador coordinado, los Melquisedek son, constitucionalmente autooriginados parcialmente, por lo tanto candidatos para la realización de un tipo excelso de autogobierno. Periódicamente ellos eligen su propio jefe administrativo por un término de siete años de tiempo normal y funcionan de otras maneras como una orden autoregulada, aunque el Melquisedek original ejerce ciertas prerrogativas inherentes de coprogenitor. De vez en cuando este Padre Melquisedek designa a ciertos individuos de su orden para que actúen como Portadores de Vida especiales a los mundos midsonitas, un tipo de planetas habitados, hasta ahora no revelados en Urantia.

Los Melquisedek no actúan extensamente fuera del universo local, excepto cuando se les requiere como testigos en causas pendientes ante los tribunales del superuniverso, o cuando son designados embajadores especiales, como a veces son, representando a un universo ante otro en el mismo superuniverso. El Melquisedek original o primogénito de cada universo siempre puede viajar libremente a los universos vecinos o al Paraíso en misiones relativas a los intereses y obligaciones de su orden.

2. LOS HIJOS MELQUISEDEK

Los Melquisedek constituyen la primera orden de Hijos divinos que se encuentra suficientemente cerca de la vida de las criaturas más bajas como para estar en condiciones de funcionar directamente al servicio de la elevación moral, sirviendo a las razas evolucionarias sin necesidad de una encarnación. Estos Hijos están ubicados en forma natural en el punto medio del gran descenso de la personalidad, hallándose por su origen aproximadamente a mitad de camino entre la más alta Divinidad y las más bajas criaturas dotadas de voluntad. De este modo vienen a ser intermediarios lógicos entre los niveles más altos y divinos de la existencia viviente y las formas de vida más bajas en los mundos evolucionarios, aun las materiales. Las órdenes seráficas, los ángeles, se deleitan en trabajar con los Melquisedek; de hecho, todas las formas de vida inteligente hallan en estos Hijos amigos comprensivos, maestros compasivos y consejeros sabios.

La orden de los Melquisedek se autogobierna. En este grupo singular nosotros encontramos el primer intento de autodeterminación por parte de seres del universo local y observamos el tipo más alto de verdadero autogobierno. Estos Hijos organizan su propio mecanismo para la administración de su grupo y su planeta base, así como para las seis esferas asociadas y sus mundos tributarios. Y debe decirse que ellos no han abusado jamás de sus privilegios, no habiendo traicionado su fideicomiso estos hijos Melquisedek ni siquiera una sola vez, a lo largo de todo el superuniverso de Orvonton. Constituyen la esperanza de todo grupo del universo que aspire al autogobierno; son el modelo original y los maestros del autogobierno para todas las esferas de Nebadon.

Todas las órdenes de seres inteligentes, las superiores desde las alturas y las subordinadas desde abajo, sinceramente alaban el gobierno de los Melquisedek.

La orden de filiación de los Melquisedek ocupa la posición, y asume la responsabilidad, del hijo primogénito en una familia numerosa. La mayor parte de su trabajo es regular y un tanto rutinario, pero buena parte del mismo es voluntario y completamente autoimpuesto. La mayoría de las asambleas especiales que, de vez en cuando, se reúnen en Salvington se convoca a pedido de los Melquisedek. Por iniciativa propia estos Hijos patrullan su universo nativo. Mantienen una organización autónoma dedicada a la recolección de informaciones concerniente al universo, presentando informes periódicos al Hijo Creador, independientemente de toda información que llega a la sede del universo, a través de las agencias regulares a cargo de la administración rutinaria del reino. Son por naturaleza observadores imparciales; cuentan con la confianza total de todas las clases de seres inteligentes.

Los Melquisedek actúan como tribunales móviles y consultivos de revisión de los reinos. Estos Hijos del universo van en pequeños grupos hacia los mundos a servir como comisiones asesoras, para tomar declaraciones, para recibir sugerencias, y para actuar como consejeros, ayudando así a arreglar las dificultades principales y resolver las divergencias graves que surgen de tanto en tanto en los asuntos de los dominios evolucionarios.

Estos Hijos primogénitos de un universo son los principales colaboradores de la Brillante Estrella Matutina en la ejecución de los mandatos del Hijo Creador. Cuando un Melquisedek va hacia un mundo remoto representando a Gabriel, puede, para los fines de esa misión particular, ser delegado en nombre del remitente y en ese caso aparecerá en el planeta al que ha sido enviado con la autoridad plena de la Brillante Estrella Matutina. Especialmente esto es cierto en aquellas esferas donde un Hijo más elevado no ha aparecido aún en semejanza de las criaturas del reino.

Cuando un Hijo Creador emprende el autootorgamiento en un mundo evolucionario, va solo; pero cuando uno de sus hermanos paradisiacos, un Hijo Avonal, se otorga, va acompañado por el apoyo de los Melquisedek, doce en número, quienes muy eficientemente contribuyen al éxito de la misión de autootorgamiento. Ellos también apoyan a los Avonales Paradisiacos en misiones de magistrado a los mundos habitados, y en estas asignaciones los Melquisedek son visibles a los ojos de los mortales si el Hijo Avonal así se manifiesta.

No hay fase de las necesidades espirituales planetarias a la cual no ministren. Son los maestros que tan frecuentemente ganan mundos enteros de vida avanzada para el reconocimiento final y total del Hijo Creador y su Padre Paradisiaco.

Los Melquisedek son casi perfectos en sabiduría, pero no son infalibles en su juicio. Cuando están separados y en misiones planetarias, han errado en causas menores, o sea que han elegido hacer ciertas cosas que sus supervisores posteriormente no aprobaron. Este tipo de error de juicio descalifica a un Melquisedek hasta que va a Salvington y, en audiencia con el Hijo Creador, recibe la instrucción que efectivamente lo exonera de la disonancia que causó el desacuerdo con sus congéneres; y entonces, después del reposo correccional, la reincorporación al servicio sobreviene al tercer día. Pero estas pequeñas inadaptaciones en la función de los Melquisedek raramente han ocurrido en Nebadon.

Estos Hijos no son una orden en aumento; su número es fijo, aunque variable en cada universo local. El número de Melquisedek registrados en su planeta sede en Nebadon es superior a diez millones.

3. LOS MUNDOS DE LOS MELQUISEDEK

Los Melquisedek ocupan un mundo propio cerca de Salvington, la sede del universo. Esta esfera, denominada Melquisedek, es el mundo piloto del circuito de Salvington de setenta esferas primarias, cada una de las cuales está circunvalada por seis esferas tributarias dedicadas a actividades especializadas. Estas esferas maravillosas —setenta primarias y 420 tributarias— son frecuentemente referidas como la Universidad Melquisedek. Los mortales ascendentes de todas las constelaciones de Nebadon pasan cursos de capacitación en todos los 490 mundos para adquirir condición de residentes en Salvington. Pero la instrucción de los que ascienden tan sólo constituye una fase de las múltiples actividades que tienen lugar en el grupo de Salvington de esferas arquitectónicas.

Las 490 esferas del circuito de Salvington están divididas en diez grupos, cada uno de los cuales contiene siete esferas primarias y cuarenta y dos tributarias. Cada uno de estos grupos está bajo la supervisión general de una de las mayores órdenes principales de vida universal. El primer grupo, que comprende el mundo piloto y las seis esferas primarias subsiguientes en la procesión circundante, está bajo la supervisión de los Melquisedek. Estos mundos Melquisedek son:

1. El mundo piloto —el mundo base de los Hijos Melquisedek.
2. El mundo de las escuelas de la vida física y los laboratorios de energías vivientes.
3. El mundo de la vida morontial.
4. La esfera de la vida espiritual inicial.
5. El mundo de la vida espiritual media.
6. La esfera de la vida espiritual en avance.
7. El dominio de autorrealización coordinada y suprema.

Los seis mundos tributarios de cada una de estas esferas Melquisedek están dedicados a actividades pertinentes a la labor de la esfera primaria asociada.

El mundo piloto, la esfera *Melquisedek*, es el punto de encuentro para todos los seres que están involucrados en la instrucción y espiritualización de los mortales ascendentes del tiempo y del espacio. Para un ascendiente este mundo es, probablemente, el lugar más interesante de todo Nebadon. Todos los mortales graduados de su capacitación en las constelaciones están destinados a aterrizar en el planeta Melquisedek, donde se los introduce al régimen de las disciplinas y a la progresión espiritual del sistema educativo de Salvington. Jamás olvidarás tus reacciones en el primer día de vida en este mundo único, ni siquiera cuando hayas alcanzado tu destino en el Paraíso.

Los mortales ascendentes mantienen residencia en el mundo Melquisedek durante su período de capacitación en los seis planetas circundantes de educación especializada. Y este mismo método se aplica durante su entera estadía en los setenta mundos culturales, las esferas primarias del circuito de Salvington.

Muchas actividades diversas ocupan el tiempo de los numerosos seres que residen en los seis mundos tributarios de la esfera Melquisedek, pero con respecto a los mortales ascendentes, estos satélites están dedicados a las siguientes fases especiales de estudio:

1. La esfera número uno se dedica al repaso de la vida planetaria inicial de los mortales ascendentes. Este trabajo se realiza en clases integradas por quienes provienen

de un mundo dado de origen mortal. Los que provienen de Urantia realizan juntos dicho repaso experiencial.

2. La tarea específica de la esfera número dos consiste en un repaso similar de las experiencias vividas al estar de paso en los mundos de estancia que rodean el satélite primario de la sede central del sistema local.

3. Los repasos de esta esfera pertenecen a la estadía en la capital del sistema local y comprenden las actividades de los restantes mundos arquitectónicos del grupo de la sede central del sistema.

4. La cuarta esfera se ocupa del repaso de las experiencias en los setenta mundos tributarios de la constelación y de sus esferas asociadas.

5. En la quinta esfera se realiza el repaso de la estadía de los ascendentes en el mundo sede central de la constelación.

6. El tiempo en la esfera número seis está dedicado al intento de correlacionar estas cinco épocas y así lograr una coordinación de la experiencia, en preparación para el ingreso en las escuelas primarias Melquisedek de capacitación en los asuntos del universo.

Las escuelas de administración universal y sabiduría espiritual están ubicadas en el mundo base Melquisedek, donde también se encuentran aquellas escuelas dedicadas a una sola línea de investigación, tal como energía, materia, organización, comunicación, archivos, ética y existencia comparativa de las criaturas.

En la Facultad Melquisedek de Dotación Espiritual todas las órdenes, aun las órdenes paradisiacas de los Hijos de Dios, cooperan con los Melquisedek y los maestros seráficos en la capacitación de las huestes que son enviadas como evangelistas del destino, proclamando libertad espiritual y filiación divina aun a los mundos más remotos del universo. Esta facultad particular de la Universidad Melquisedek es una institución exclusiva del universo; no se aceptan estudiantes visitantes de otros reinos.

El curso más alto de capacitación en administración universal es impartido por los Melquisedek en su mundo base. Esta Facultad de Alta Ética es presidida por el Padre Melquisedek original. A estas facultades es adonde los diversos universos envían sus estudiantes de intercambio. Aunque el joven universo de Nebadon se encuentra en un nivel bajo en la escala de los universos en cuanto a logros espirituales y alto desarrollo ético, sin embargo, nuestros problemas administrativos han sido tales que el entero universo se ha convertido en una vasta clínica para otras creaciones cercanas, de modo tal que las facultades Melquisedek están atestadas de estudiantes visitantes y observadores de otros reinos. Aparte del enorme grupo de inscritos locales siempre hay más de cien mil estudiantes extranjeros concurriendo a las escuelas Melquisedek, porque la orden de Melquisedek en Nebadon es renombrada a través de todo Splandón.

4. EL TRABAJO ESPECIAL DE LOS MELQUISEDEK

Una rama altamente especializada de las actividades de Melquisedek tiene que ver con la carrera morontial progresiva de los mortales ascendentes. Gran parte de esta capacitación está a cargo de los sabios y pacientes ministros seráficos, asistidos por mortales que han ascendido a niveles relativamente más altos de logros universales, pero todo este trabajo educativo está bajo la supervisión general de los Melquisedek en asociación con los Hijos Instructores Trinitarios.

Aunque las órdenes de los Melquisedek están principalmente dedicadas al vasto sistema de instrucción y al régimen de capacitación experiencial del universo local, también actúan en asignaciones particulares y en circunstancias poco usuales. En un universo en desarrollo, que a la larga va a comprender aproximadamente diez millones de mundos habitados, muchas cosas fuera de lo ordinario están destinadas a ocurrir, y es en esas urgencias cuando actúan los Melquisedek. En Edentia, vuestra sede central de la constelación, se los conoce como los Hijos para casos de emergencia. Están siempre listos a servir en todas las exigencias —físicas, intelectuales, o espirituales— ya sea en un planeta, en un sistema, en una constelación, o en el universo. Dondequiera y cuandoquiera se requiere ayuda especial, allí encontraréis a uno o más de los Hijos Melquisedek.

Cuando algún aspecto del plan del Hijo Creador corre peligro, inmediatamente irá un Melquisedek a prestar ayuda. Ante una rebelión pecaminosa, poco frecuente, se les llama para que actúen ante ella, tal como la que ocurrió en Satania.

Los Melquisedek son los primeros en actuar en todas las emergencias de cualquier naturaleza en todos los mundos donde habitan criaturas volitivas. Actúan a veces como custodios temporales de planetas descarriados, sirviendo como síndicos de un gobierno planetario contumaz. En una crisis planetaria estos Hijos Melquisedek sirven en muchas calidades únicas. Es fácil para un Hijo de esta naturaleza hacerse visible a los seres mortales, y a veces un ser de esta orden ha llegado a encarnarse en semejanza de la carne mortal. Siete veces en Nebadon un Melquisedek ha servido en un mundo evolucionario en la similitud de la carne mortal, y en numerosas ocasiones estos Hijos han aparecido en semejanza de otras órdenes de criaturas del universo. Son, en efecto, los versátiles y voluntarios ministros de urgencia para todas las órdenes de inteligencias universales y para todos los mundos y sistemas de mundos.

El Melquisedek que vivió en Urantia en los tiempos de Abraham fue conocido localmente como el Príncipe de Salem porque presidió una pequeña colonia de buscadores de la verdad residente en un lugar llamado Salem. Se presentó como voluntario para encarnarse en semejanza de la carne mortal con la aprobación de los síndicos Melquisedek del planeta, quienes temían que se extinguiese la luz de la vida durante ese período de creciente oscuridad espiritual. Y él fomentó la verdad de sus días, transmitiéndola incólume a Abraham y a sus asociados.

5. LOS HIJOS VORONDADEK

Después de la creación de los asistentes personales y del primer grupo de los versátiles Melquisedek, el Hijo Creador y el Espíritu Creativo del universo local planificaron, y trajeron a la existencia, la segunda gran orden diversificada de filiación universal: los Vorondadek. Generalmente ellos son más conocidos como Padres de las Constelaciones porque un Hijo de esta orden se encuentra uniformemente a la cabeza de cada gobierno de constelación en todos los universos locales.

El número de Vorondadek varía en cada universo local, siendo de un millón el número registrado en Nebadon. Estos Hijos, al igual que sus coordinados, los Melquisedek, no poseen poder de reproducción. No existe un método conocido por el cual pueden aumentar su número.

En muchos aspectos como individuos, como grupos, y aun en su totalidad, estos Hijos constituyen un cuerpo autogobernado; son en gran parte autodeterminantes, un tanto como los Melquisedek, pero los Vorondadek no actúan en tan amplia gama de actividades. No son equivalentes a sus hermanos Melquisedek en el brillo de su versatilidad, pero son aún más confiables y eficientes como gobernantes y administradores previsores. Tampoco son ellos exactamente los pares administrativos de sus subordinados, los Soberanos Lanonandek de los Sistemas, pero superan a todas las órdenes de filiación del universo en estabilidad de propósito y en divinidad de juicio.

Aunque las decisiones y mandatos de esta orden de Hijos están siempre de acuerdo con el espíritu de la filiación divina y están en armonía con las políticas del Hijo Creador, se los ha citado por sus errores, al Hijo Creador, y en cuanto a detalles de técnica sus decisiones a veces han sido revocadas por apelación en los tribunales superiores del universo. Pero estos Hijos raramente caen en el error, y no se han rebelado jamás; nunca en toda la historia de Nebadon se ha encontrado a un Vorondadek en desacato del gobierno universal.

El servicio de los Vorondadek en los universos locales es amplio y variado. Sirven como embajadores ante otros universos y como cónsules representando a las constelaciones dentro de su universo nativo. De todas las órdenes de filiación del universo local son ellos a quienes más frecuentemente se les confía la total delegación de poderes soberanos para ser ejercidos en situaciones críticas del universo.

En aquellos mundos segregados en la oscuridad espiritual, aquellas esferas que, por rebelión e incumplimiento, han sufrido aislamiento planetario, comúnmente un observador Vorondadek está presente hasta la restauración del estado normal. En ciertas emergencias, este observador Altísimo podría ejercer autoridad absoluta y arbitraria sobre todos los seres celestiales asignados a ese planeta. Está registrado en Salvington que los Vorondadek a veces han ejercido tal autoridad como regentes Altísimos en tales planetas. Esto también ha ocurrido en mundos habitados que no han rayado en la rebelión.

Frecuentemente un cuerpo de doce o más Hijos Vorondadek forma un alto tribunal de análisis y apelaciones en relación con casos especiales que involucran el estado de un planeta o un sistema. Pero su trabajo mayormente tiene relación con las funciones legislativas innatas a los gobiernos de las constelaciones. Como resultado de todos estos servicios, los Hijos Vorondadek han pasado a ser los historiadores de los universos locales; están personalmente familiarizados con todas las luchas políticas y los levantamientos sociales de los mundos habitados.

6. LOS PADRES DE LAS CONSTELACIONES

Por lo menos tres Vorondadek están asignados al gobierno de cada una de las cien constelaciones de un universo local. El Hijo Creador selecciona a estos Hijos y son comisionados por Gabriel como Los Altísimos de las constelaciones para un ministerio de un decamilenio —10.000 años de tiempo estándar, unos 50.000 años urantianos. El Altísimo reinante, el Padre de la Constelación, tiene dos asociados, uno de más alto rango y otro de menor rango. En cada cambio de administración el asociado de más alto rango pasa a ser la cabeza del gobierno, y él de menor rango asume las funciones de mayor rango, mientras que los Vorondadek no asignados residentes en los mundos de Salvington nombran a uno de su especie como candidato a ser seleccionado para asumir las responsabilidades de asociado de menor rango. Así pues, cada uno de los gobernantes Altísimos, según la política presente, tiene un período de servicio en la sede de una constelación de tres decamilenios, unos 150.000 años urantianos.

Los cien Padres de las Constelaciones, las verdaderas autoridades que presiden los gobiernos de las constelaciones, constituyen el supremo gabinete asesor del Hijo Creador. Este concilio sesiona con frecuencia en la sede del universo y es ilimitado en el campo de acción y alcance de sus deliberaciones, pero está principalmente ocupado con el bienestar de las constelaciones y de la unificación de la administración del universo local entero.

Cuando un Padre de la Constelación se encuentra ocupado en sus obligaciones en la sede del universo, como frecuentemente ocurre, el asociado de mayor rango pasa a ser el director interino de los asuntos de la constelación. La función normal del asociado de mayor rango es la supervisión de los asuntos espirituales, mientras que el asociado de menor rango está personalmente ocupado con el bienestar físico de la constelación. Sin embargo, no se implementa jamás ninguna política trascendental en una constelación a menos que los tres Altísimos estén de acuerdo en todos los detalles de su ejecución.

El entero mecanismo de la información espiritual y los canales de comunicación están a disposición de los Altísimos de la constelación. Están en perfecta conexión con sus superiores en Salvington y con sus subordinados directos, los soberanos de los sistemas locales. Frecuentemente se reúnen en concilio con estos Soberanos de los Sistemas para deliberar sobre el estado de la constelación.

Los Altísimos se rodean de un cuerpo de consejeros que, de vez en cuando varía en cantidad y en personal según la presencia de los distintos grupos en las sedes de las constelaciones, y también de acuerdo con las variaciones de los requisitos locales. En épocas de tensión, para asistir en el trabajo administrativo, pueden pedir más Hijos de la orden Vorondadek —y estos los recibirán rápidamente. Norlatiadek, vuestra propia constelación, está actualmente administrada por doce Hijos Vorondadek.

7. LOS MUNDOS VORONDADEK

El segundo grupo de siete mundos en el circuito de las setenta esferas primarias que rodea a Salvington comprende los planetas Vorondadek. Cada una de esta esferas, con sus seis satélites circundantes, está dedicada a una fase especial de las actividades Vorondadek. En estos cuarenta y nueve reinos los mortales ascendentes llegan a la cumbre de su instrucción relativa a la legislación del universo.

Los mortales ascendentes han observado a las asambleas legislativas funcionando en los mundos sedes de las constelaciones, pero aquí en estos mundos Vorondadek, participan en la promulgación de la real legislación general del universo local bajo la tutela de los Vorondadek de mayor rango. Tales promulgaciones están diseñadas para coordinar los variados pronunciamientos de las asambleas legislativas autónomas de las cien constelaciones. La instrucción a ser recibida en las escuelas Vorondadek es insuperable aun en Uversa. Esta capacitación es progresiva, extendiéndose desde la primera esfera, con trabajo suplementario en cada uno de sus seis satélites, y a través de las seis esferas restantes primarias y de sus grupos satélites asociados.

Los peregrinos ascendentes tendrán numerosas actividades nuevas en estos mundos de estudio y trabajo práctico. No se nos prohibe acometer la revelación de estas nuevas y búsquedas no soñadas, pero abandonamos la esperanza de poder describir estas empresas a la mente material de los seres mortales. No tenemos palabras para transmitir los significados de estas actividades excelsas, y no existen empresas humanas análogas que se puedan utilizar como ilustraciones de estas nuevas ocupaciones de los mortales ascendentes que emprenden sus estudios en estos cuarenta y nueve mundos. Muchas otras actividades, que no son parte del régimen ascendente, están centralizadas en estos mundos Vorondadek del circuito de Salvington.

8. LOS HIJOS LANONANDEK

Después de la creación de los Vorondadek, el Hijo Creador y el Espíritu Materno del Universo se unen con el propósito de traer a la existencia la tercera orden de filiación del universo: los Lanonandek. Aunque se ocupan de tareas variadas en conexión con las administraciones de los sistemas, son mejor conocidos como Soberanos de los Sistemas, los gobernantes de los sistemas locales, y como Príncipes Planetarios, los jefes administrativos de los mundos habitados.

Puesto que constituyen la última y más baja orden —en cuanto a niveles de divinidad— de la creación de filiación, se les exige a estos seres que pasen ciertos cursos de capacitación en los mundos Melquisedek para prepararse para el servicio subsiguiente. Fueron los primeros estudiantes en la Universidad Melquisedek y sus maestros y examinadores Melquisedek les clasificaron y certificaron según su habilidad, personalidad y logros.

El universo de Nebadon comenzó su existencia exactamente con doce millones de Lanonandek, y después de pasar por la esfera Melquisedek, fueron divididos en las pruebas finales en tres clases:

1. *Lanonandek primarios*. Los de más alto rango, había 709.841. Éstos son los Hijos designados como Soberanos del Sistema y asistentes de los concilios supremos de las constelaciones y como consejeros en las tareas administrativas más elevadas del universo.

2. *Lanonandek secundarios*. De la universidad Melquisedek salieron 10.234.601. Y son asignados como Príncipes Planetarios y a las reservas de esa orden.

3. *Lanonandek terciarios*. Este grupo estaba formado por 1.055.558. Estos Hijos funcionan como asistentes subordinados, mensajeros, custodios, comisionados, observadores; cumplen las labores varias de un sistema y sus mundos componentes.

No es posible, como ocurre con los seres evolucionarios, que estos Hijos progresen de un grupo a otro. Una vez pasado el curso de capacitación Melquisedek, y una vez probados y clasificados, sirven continuamente en el rango asignado. Tampoco pueden estos Hijos reproducirse. Su número en el universo es estacionario.

En números redondos, la orden Lanonandek de Hijos está clasificada en Salvington de la siguiente manera:

Coordinadores del Universo y consejeros de las Constelaciones	100.000
Soberanos de los Sistemas y Asistentes	600.000
Príncipes Planetarios y Reservas	10.000.000
Cuerpo de Mensajeros	400.000
Custodios y Archivistas	100.000
Cuerpo de Reserva	800.000

Puesto que los Lanonandek son una orden ligeramente más baja de filiación que los Melquisedek y los Vorondadek, son de una utilidad aun mayor en las unidades subordinadas del universo, ya que son capaces de acercarse más a las criaturas más bajas de las razas inteligentes. También corren un mayor peligro de descarriarse, de desviarse de la técnica aceptable del gobierno universal. Pero estos Lanonandek, especialmente los de la orden primaria, son los más peritos versátiles de todos los administradores de los universos locales. En habilidad ejecutiva son solamente superados por Gabriel y sus asociados no revelados.

9. LOS GOBERNANTES LANONANDEK

Los Lanonandek son los gobernantes continuos de los planetas y los soberanos rotativos de los sistemas. Uno de estos Hijos gobierna ahora Jerusem, la sede de vuestro sistema local de mundos habitados.

Los Soberanos del Sistema gobiernan en comisiones de dos o tres en las sedes de cada sistema de mundos habitados. El Padre de la Constelación nombra como jefe a uno de estos Lanonandek cada decamilenio. A veces no se producen cambios en la cabecera del trío, siendo el asunto totalmente facultativo para los gobernantes de la constelación. Los gobiernos de sistema no cambian repentinamente el personal a menos que ocurra una tragedia de algún tipo.

Cuando los Soberanos del Sistema o los asistentes son revocados, sus puestos son ocupados —con selecciones hechas por el concilio supremo ubicado en la sede de la constelación— a partir de las reservas de esa orden, un grupo que es más grande en Edentia que el promedio que ha sido indicado.

Los concilios supremos Lanonandek están estacionados en las sedes de varias constelaciones. Tal cuerpo es presidido por el asociado Altísimo de más alto rango del Padre de la Constelación, mientras el asociado de menor rango supervisa las reservas de la orden secundaria.

Los Soberanos del Sistema hacen honor a sus nombres. Son poco menos que soberanos en los asuntos locales de los mundos habitados. Son casi paternales en su liderazgo de los Príncipes Planetarios, los Hijos Materiales y los espíritus ministrantes. El dominio personal del soberano es casi completo. Estos gobernantes no son supervisados por observadores Trinitarios desde el universo central. Constituyen la división ejecutiva del universo local, y como custodios de la promulgación de los mandatos legislativos y como ejecutivos en la aplicación de veredictos judiciales, representan el único eslabón en toda la administración del universo donde la deslealtad personal a la voluntad del Hijo Micael más fácil y rápidamente podría afianzarse y tratar de imponerse.

Nuestro universo local ha sido desafortunado porque más de setecientos Hijos de la orden Lanonandek se rebelaron contra el gobierno del universo, precipitando así la confusión sobre varios sistemas y en numerosos planetas. Dentro de este número total de fracasos sólo tres casos eran Soberanos del Sistema. Prácticamente todos estos Hijos pertenecían a las órdenes segunda y tercera, Príncipes Planetarios y Lanonandek terciarios.

El gran número de estos Hijos que han sufrido un desliz en la integridad no es indicativo de alguna falla en sus creadores. Podrían haber sido hechos divinamente perfectos, pero fueron creados así para que pudiesen entender mejor, y acercarse más, a las criaturas evolucionarias que habitan en los mundos del tiempo y el espacio.

De todos los universos locales en Orvonton, nuestro universo, con la excepción de Henselón, ha perdido el más grande número de esta orden de Hijos. En Uversa, es opinión general que hemos tenido tantos problemas administrativos en Nebadon debido a que nuestros Hijos de la orden Lanonandek fueron creados con un grado tan amplio de libertad personal de elección y planificación. No hago esta observación con intenciones críticas. El Creador de nuestro universo tiene pleno poder y autoridad para hacer esto. Es opinión de nuestros altos gobernantes que, aunque tales Hijos de libre elección producen problemas excesivos en las primeras etapas del universo, cuando las cosas, por así decirlo, estén completamente tamizadas y bien establecidas, los beneficios de una lealtad más elevada y un servicio volitivo más pleno de parte de estos Hijos completamente probados compensarán con creces aquellas confusiones y tribulaciones de los tiempos primitivos.

En caso de rebelión en la sede de un sistema, usualmente se nombra un nuevo soberano dentro de un período relativamente corto, pero no ocurre lo mismo en los planetas individuales. Son unidades componentes de la creación material, y el libre albedrío de la criatura es un factor en la adjudicación final de tales problemas. Se designan sucesores de los Príncipes Planetarios para los mundos aislados, planetas cuyos príncipes de autoridad se hayan descarriado, pero no asumen el mando activo de tales mundos hasta que los resultados de la insurrección se hayan superado y eliminado parcialmente gracias a las medidas reparadoras adoptadas por los Melquisedek y otras personalidades ministrantes. La rebelión de un Príncipe Planetario aísla instantáneamente a su planeta; los circuitos espirituales locales se cortan inmediatamente. Solamente un Hijo encarnado puede restablecer las líneas interplanetarias de comunicación en un mundo espiritualmente aislado.

Existe un plan para salvar a estos Hijos descarriados e imprudentes, y muchos se han valido de esta misericordiosa disposición; pero nunca más podrán actuar en aquellas posiciones donde cometieron faltas. Después de la rehabilitación, se les asigna a tareas de custodia y a departamentos de administración física.

10. LOS MUNDOS LANONANDEK

El tercer grupo de siete mundos en el circuito de Salvington de setenta planetas, con sus cuarenta y dos satélites respectivos, lo constituye el grupo Lanonandek de esferas administrativas. En esos reinos los Lanonandek expertos que pertenecen al cuerpo de los ex-Soberanos de Sistema ofician de maestros administrativos de los peregrinos ascendentes y las huestes seráficas. Los mortales evolucionarios observan a los administradores de sistema en su trabajo en las capitales de sistema, pero aquí participan en la coordinación auténtica de los pronunciamientos administrativos de los diez mil sistemas locales.

Estas escuelas administrativas del universo local son supervisadas por un cuerpo de Hijos Lanonandek que han tenido larga experiencia como Soberanos de Sistema y consejeros de constelación. Estas facultades para ejecutivos son solamente superadas por las escuelas administrativas de Ensa.

Aunque sirven como esferas de capacitación para los mortales ascendentes, los mundos Lanonandek son los centros de vastas empresas que tienen relación con las operaciones administrativas normales y rutinarias del universo. En todo el camino hacia el Paraíso los peregrinos ascendentes prosiguen sus estudios en las escuelas prácticas de conocimiento aplicado, o sea capacitación auténtica en hacer las cosas que se les enseñan. El sistema de instrucción del universo patrocinado por los Melquisedek es práctico, progresivo, significativo y experiencial. Comprende la capacitación en las cosas materiales, intelectuales, morontiales y espirituales.

Es en conexión con estas esferas administrativas de los Lanonandek, que la mayoría de los Hijos redimidos de esa orden sirven como custodios y directores de asuntos planetarios. Estos Príncipes Planetarios contumaces y sus asociados en rebelión, que eligen aceptar la rehabilitación propuesta, continuarán sirviendo en estas funciones de rutina, por lo menos hasta que el universo de Nebadon se establezca en luz y vida.

No obstante, muchos de los Hijos Lanonandek en los sistemas más antiguos han establecido maravillosas hojas de servicio, administración y logros espirituales. Constituyen un grupo noble, fiel y leal, a pesar de su tendencia a caer en el error por las falacias de la libertad personal y las ficciones de la autodeterminación.

[Patrocinado por el Jefe de los Arcángeles que actúa por autoridad de Gabriel de Salvington.]

DOCUMENTO 36

LOS PORTADORES DE VIDA

LA VIDA no se origina espontáneamente. La vida es construida según planes formulados por los (no revelados) Arquitectos del Ser y aparece en los planetas habitados por importación directa o como resultado de las operaciones de los Portadores de Vida de los universos locales. Estos portadores de vida se cuentan entre los entes más interesantes y versátiles de la familia diversificada de los Hijos de los universos. A ellos se les ha confiado diseñar y llevar la vida que va a tomar la forma de las criaturas, a las esferas planetarias. Después de plantar esta vida en tales mundos nuevos, permanecen allí por largos períodos para fomentar su desarrollo.

1. EL ORIGEN Y NATURALEZA DE LOS PORTADORES DE VIDA

Aunque los Portadores de Vida pertenecen a la familia de filiación divina, constituyen un tipo peculiar y distinto de Hijos del universo, siendo el único grupo de vida inteligente en un universo local en cuya creación participan los gobernantes de un superuniverso. Los Portadores de Vida son los progenie de tres personalidades pre-existentes: el Hijo Creador, el Espíritu Materno del Universo y, por designación, uno de los tres Ancianos de los Días que presiden los destinos del superuniverso correspondiente. Estos Ancianos de los Días, que son los únicos que pueden decretar la extinción de la vida inteligente, participan en la creación de los Portadores de Vida, los encargados de establecer la vida física en los mundos evolutivos.

En el universo de Nebadon hay documentos de la creación de cien millones de Portadores de Vida. Este eficiente cuerpo de diseminación de vida no es un grupo auténticamente autogobernado. Los dirige el trío determinador de vida, constituido por Gabriel, el Padre Melquisedek y Nambia, el Portador de Vida original y primogénito de Nebadon. Pero en todas las fases de su administración divisional, ellos se autogobiernan.

Los Portadores de Vida están clasificados en tres grandes divisiones: la primera división es la del más alto rango de Portadores de Vida; la segunda, es la de los asistentes, y la tercera la de los custodios. La primera división está subdividida en doce grupos de especialistas en las diversas formas de manifestación de la vida. La segregación de estas tres divisiones fue llevada a cabo por los Melquisedek, quienes con tal propósito realizaron pruebas en la esfera sede de los Portadores de Vida. Los Melquisedek están desde entonces estrechamente asociados a los Portadores de Vida y siempre los acompañan cuando éstos salen a establecer la vida en un planeta nuevo.

Cuando un planeta evolucionario se establece finalmente en luz y vida, los Portadores de Vida se organizan en los cuerpos más altos deliberativos con capacidad asesora para asistir en la administración ulterior y desarrollo del mundo y de sus seres glorificados. En las edades más adelantadas y establecidas de un universo evolutivo estos Portadores de Vida se hacen cargo de muchas tareas nuevas.

2. LOS MUNDOS DE LOS PORTADORES DE VIDA

Los Melquisedek tienen a su cargo la supervisión general del cuarto grupo de siete esferas primarias en el circuito de Salvington. Estos mundos de los Portadores de Vida se denominan como sigue:

1. La Sede de los Portadores de Vida.
2. La Esfera de planeamiento de vida.
3. La Esfera de conservación de vida.
4. La Esfera de evolución de vida.
5. La Esfera de la vida asociada con la mente.
6. La Esfera de la mente y espíritu en los seres vivientes.
7. La Esfera de la vida no revelada.

Cada una de estas esferas primarias está rodeada por seis satélites, en los cuales se centran las fases especiales de todas las actividades de los Portadores de Vida en el universo.

Mundo Número Uno, la esfera sede, junto con sus seis satélites tributarios, está dedicado al estudio de la vida universal, vida en todas sus fases conocidas de manifestación. Aquí está ubicada la facultad de planeamiento de vida, en la que enseñan maestros y asesores de Uversa y Havona, y aun del mismo Paraíso. Se me autoriza a que revele que los siete emplazamientos centrales de los espíritus ayudantes de la mente están situados en este mundo de los Portadores de Vida.

El número diez —el sistema decimal— es inherente al universo físico pero no al espiritual. El dominio de vida está caracterizado por tres, siete y doce, o por múltiplos y combinaciones de estos números básicos. Existen tres planes de vida primarios y esencialmente diferentes, según el orden de las tres Fuentes y Centros Paradisiacos, y en el universo de Nebadon estas tres formas básicas de vida están segregadas en tres tipos diferentes de planetas. Originalmente, había doce conceptos diversos y divinos de vida transmisible. Este número doce, con sus subdivisiones y múltiplos, aparece a través de todos los modelos originales básicos de vida en todos los siete superuniversos. También existen siete tipos arquitectónicos de diseño de vida, arreglos fundamentales de las configuraciones de reproducción de la materia viva. Los modelos originales de la vida orvontónicos están configurados en doce portadores de herencia. Las distintas órdenes de criaturas volitivas están configuradas en 12, 24, 48, 96,192, 384 y 768. En Urantia existen cuarenta y ocho unidades de control de modelos originales —determinantes de rasgos— en las células sexuales de la reproducción humana.

El Segundo Mundo es la esfera del diseñamiento de la vida. Aquí se elaboran todos los nuevos modos de organización de la vida. Aunque los proyectos originales de la vida son provistos por el Hijo Creador, la realización de estos planes se confía a los Portadores de Vida y sus asociados. Una vez que se formulan los planes generales de vida para un nuevo mundo, se transmiten a la esfera sede, donde el concilio supremo de los Portadores de Vida de mayor rango los estudia minuciosamente en colaboración con un cuerpo de asesores Melquisedek. Si los planes representan una desviación de las fórmulas previamente aceptadas, deben ser sometidos al estudio y sanción del Hijo Creador. El jefe de los Melquisedek frecuentemente representa al Hijo Creador en estas deliberaciones.

La vida planetaria, en consecuencia, a pesar de que es similar en algunos aspectos, difiere de muchas maneras en cada mundo evolucionario. Aun en una serie de la vida uniforme de una sola familia de mundos, la vida no es exactamente idéntica en dos planetas; existe siempre un tipo planetario, ya que los Portadores de Vida trabajan constantemente para mejorar las fórmulas vitales sometidas a su cuidado.

Hay más de un millón de fórmulas químicas fundamentales o cósmicas que constituyen los modelos progenitores y las numerosas variaciones funcionales básicas de las manifestaciones de la vida. El satélite número uno de la esfera de planificación de la vida es el reino de los físicos y electroquímicos del universo que sirven como asistentes técnicos de los Portadores de Vida en la tarea de captar, organizar y manipular las unidades esenciales de energía que se emplean para construir los vehículos materiales de transmisión de la vida, el así llamado plasma germen.

Estos laboratorios planetarios de planeamiento de la vida están situados en el segundo satélite de este mundo número dos. En estos laboratorios los Portadores de Vida y todos sus asociados colaboran con los Melquisedek con el objetivo de modificar y posiblemente mejorar la vida proyectada para implantación en los *planetas decimales* de Nebadon. La vida que ahora evoluciona en Urantia fue planeada y parcialmente elaborada en este mismo mundo, ya que Urantia es un planeta decimal, un mundo donde se experimenta con la vida. En un mundo de cada diez, se permite una desviación mayor en los diseños normativos de vida tipo estándar, con respecto a los otros mundos (no experimentales).

El Mundo Número Tres está dedicado a la conservación de la vida. Aquí varias modalidades de protección y preservación de la vida son estudiadas y desarrolladas por los asistentes y custodios del cuerpo de Portadores de Vida. Los planes de la vida para cada nuevo mundo siempre disponen el temprano establecimiento de la comisión de conservación de la vida, formada de custodios especialistas en la manipulación experta de los modelos básicos de la vida. En Urantia había veinticuatro de estos custodios comisionados, dos por cada modelo fundamental, o progenitor, de la organización arquitectural del material de vida. En planetas tales como el vuestro la más alta forma de la vida es reproducida por un haz portador de la vida que posee veinticuatro unidades de modelo. (Y puesto que la vida intelectual deriva de lo físico y en éste se basa, vienen a la existencia las veinticuatro órdenes básicas de la organización psíquica).

La Esfera Número Cuatro y sus satélites tributarios están dedicados al estudio de la evolución de la vida de las criaturas en general y a los antecedentes evolucionarios de cada nivel de vida en particular. El plasma de vida original de un mundo evolucionario debe contener el potencial pleno de todas las variaciones futuras de desarrollo y de todos los cambios y modificaciones evolucionarios subsiguientes. La disposición para estos proyectos de tan largo alcance de metamorfosis de la vida pueden requerir la aparición de muchas formas de vida animal y vegetal aparentemente inútiles. Tales productos derivados de la evolución planetaria, previstos o no previstos, aparecen en el campo de acción sólo para desaparecer, pero a través de este entero y largo proceso corre el hilo de las formulaciones sabias e inteligentes de los diseñadores originales del plan de la vida planetaria y el esquema de las especies. Los múltiples productos derivados de la evolución biológica son todos esenciales para la función final y plena de más altas formas de la vida inteligente, a pesar de que una gran disonancia exterior puede prevalecer de vez en cuando en la larga lucha ascendente de las criaturas más elevadas para dominar las formas de la vida más bajas, muchas de las cuales a veces tanto antagonizan la paz y la comodidad de las criaturas volitivas evolucionarias.

El Mundo Número Cinco está ocupado totalmente con la vida asociada con la mente. Cada uno de sus satélites está dedicado al estudio de una sola fase específica de la mente de la criatura correlacionada con la vida de la criatura. La mente, tal como el hombre la comprende, es una dote de los siete espíritus ayudantes de la mente que las agencias del Espíritu Infinito superimponen a los niveles mecánicos o no enseñables de la mente. Los modelos originales de la vida son variadamente sensibles a estos ayudantes y a las diferentes ministraciones del espíritu que operan a través de los universos del tiempo y del espacio. La capacidad de respuesta espiritual de las criaturas materiales depende exclusivamente de la dotación de la mente correspondiente que, a su vez, ha dirigido el curso de la evolución biológica de estas mismas criaturas mortales.

El Mundo Número Seis está dedicado a la correlación de la mente con el espíritu en su asociación con las formas y organismos vivientes. Este mundo y sus seis tributarios comprenden las escuelas de coordinación de las criaturas, donde los maestros del universo central y del superuniverso colaboran con los instructores de Nebadon en la presentación de los más altos niveles de logro de las criaturas en el tiempo y el espacio.

La Séptima Esfera de los Portadores de Vida está dedicada a los dominios no revelados de la vida de las criaturas evolucionarias en relación con la filosofía cósmica de actualización expansiva del Ser Supremo.

3. EL TRASPLANTE DE LA VIDA

La vida no aparece espontáneamente en los universos; los Portadores de Vida deben iniciarla en los planetas estériles. Son los portadores, diseminadores y guardianes de vida tal como ésta aparece en los mundos evolucionarios del espacio. Toda la vida de la orden y formas conocidas en Urantia surge con estos Hijos, aunque no todas las formas de la vida planetaria existen en Urantia.

El cuerpo de Portadores de Vida comisionado para implantar la vida en un nuevo mundo, normalmente está constituido por cien portadores de mayor rango, cien asistentes y mil custodios. Frecuentemente, aunque no siempre, los Portadores de Vida traen el auténtico plasma de la vida a un nuevo mundo. A veces organizan los modelos originales de la vida después de llegar al planeta asignado, según fórmulas previamente aprobadas para una nueva aventura en el establecimiento de la vida. Tal fue el origen de la vida planetaria en Urantia.

Una vez que se proveen, según fórmulas aprobadas, los modelos físicos, los Portadores de Vida catalizan este material inanimado, impartiendo a través de sus personas la chispa vital del espíritu e inmediatamente se convierten los modelos inertes en material viviente.

La chispa vital —el misterio de la vida— se otorga a través de los Portadores de Vida, no por ellos mismos. En efecto, supervisan esas transacciones y preparan la fórmula del plasma de la vida misma, pero es el Espíritu Materno del Universo el que provee el factor esencial del plasma viviente. De la Hija Creativa del Espíritu Infinito sale esa chispa de energía que aviva el cuerpo y presagia la mente.

En el otorgamiento de la vida los Portadores de Vida no transmiten nada de su esencia personal, ni siquiera en aquellas esferas en las que se proyectan nuevas órdenes de vida. En esos casos simplemente encienden y transmiten la chispa de la vida, dando inicio a las revoluciones requeridas de la materia según las especificaciones físicas, químicas y eléctricas de los planes y modelos ordenados. Los Portadores de

Vida son presencias catalíticas vivientes que agitan, organizan y vitalizan los elementos por otra parte inertes de la orden material de la existencia.

Los Portadores de Vida de un cuerpo planetario tienen un cierto plazo para establecer la vida en un nuevo mundo, aproximadamente medio millón de años del tiempo de ese planeta. Al final de este período, indicado por ciertos logros de desarrollo de la vida planetaria, cesan sus esfuerzos de implantación, y de allí en adelante ya no pueden agregar nada nuevo o suplementario a la vida de ese planeta.

Durante las edades comprendidas entre el establecimiento de la vida y el emerger de criaturas humanas de estado moral, los Portadores de Vida tienen permiso de manipular el medio ambiente de la vida y direccionizar de otras maneras favorablemente el curso de la evolución biológica. Y esto lo hacen por largos períodos de tiempo.

Cuando los Portadores de Vida que operan en un nuevo mundo consiguen producir el primer ser volitivo, con el poder de la decisión moral y la elección espiritual, en ese preciso momento se completa su tarea, se termina su obra. Ya no pueden manipular la vida en desarrollo. Desde este momento en adelante la evolución de las cosas vivientes debe proseguir según la dotación de la naturaleza y las tendencias inherentes ya impartidas a las fórmulas y modelos originales de la vida planetaria y establecidas en ellas. A los Portadores de Vida no les está permitido experimentar ni interferir con la voluntad. No se les permite dominar o influenciar arbitrariamente a las criaturas morales.

A la llegada del Príncipe Planetario se preparan para partir, aunque dos de los portadores de mayor rango y doce custodios pueden ofrecerse voluntariamente, haciendo votos temporales de renunciación, para permanecer indefinidamente en el planeta como asesores en lo que concierne al desarrollo y conservación ulterior del plasma de vida. Dos de esos Hijos y sus doce asociados están actualmente sirviendo en Urantia.

4. LOS PORTADORES MELQUISEDEK DE VIDA

En cada sistema local de mundos habitados a través de Nebadon hay una sola esfera en la que los Melquisedek han funcionado como portadores de vida. Estas moradas se conocen con el nombre de los mundos *midsonitas* del sistema, y en cada uno de ellos un Hijo Melquisedek modificado materialmente se empareja con una Hija especialmente seleccionada entre la orden material de filiación. Las Madres Evas de esos mundos midsonitas son enviadas desde las sedes del sistema de jurisdicción, habiendo sido elegidas por el portador de vida Melquisedek designado, entre las numerosas voluntarias que responden al llamado del Soberano del Sistema dirigido a las Hijas Materiales de su esfera.

La progenie de un portador de vida Melquisedek y una Hija Material se denomina *midsoniteros*. El padre Melquisedek de tal raza de criaturas excelsas a la larga abandona el planeta en el que realiza esta función única de vida, y la Madre Eva de esta orden especial de seres universales también parte cuando hace su aparición la séptima generación de la progenie planetaria. La dirección de tal mundo pasa entonces a incumbirle al hijo primogénito de ella.

Las criaturas midsonitas viven y funcionan como seres reproductivos en sus magníficos mundos, hasta que ellos llegan a los mil años estándar de edad, y entonces son trasladados por transporte seráfico. De allí en adelante los midsoniteros ya no son seres reproductivos, porque la técnica de desmaterialización por la que ellos pasan en preparación para su serafinización los priva para siempre de los privilegios reproductivos.

El estado presente de estos seres no se puede considerar ni mortal ni inmortal, tampoco se los puede clasificar como humanos o divinos. Estas criaturas no tienen Ajustador residente, por lo tanto no son inmortales. Pero tampoco parecen ser mortales; ningún midsonitero ha experimentado la muerte. Todos los midsoniteros nacidos en Nebadon están vivos hoy en día, funcionando en sus mundos nativos, o en alguna esfera interpuesta, o en la esfera midsonita de Salvington, en el grupo de los mundos de los finalistas.

Los Mundos de Salvington de los Finalistas. Los portadores de vida Melquisedek, así como las Madres Evas asociadas, van desde las esferas midsonitas del sistema a los mundos de los finalistas del circuito de Salvington, donde su descendencia también está destinada a congregarse.

En conexión con esto debe explicarse que el quinto grupo de siete mundos primarios en el circuito de Salvington constituye los mundos de los finalistas de Nebadon. Los hijos de los portadores de vida Melquisedek y las Hijas Materiales están domiciliados en el séptimo mundo de los finalistas, la esfera midsonita de Salvington.

Los satélites de los siete mundos primarios de los finalistas son el punto de reunión de las personalidades de los superuniversos y el universo central que pueden encontrarse cumpliendo asignaciones en Nebadon. Aunque los mortales ascendentes circulan libremente por todos los mundos culturales y esferas de capacitación de los 490 mundos que componen la Universidad Melquisedek, hay ciertas escuelas especiales y numerosas zonas prohibidas a las cuales no les está permitido entrar. Esto es cierto especialmente respecto a las cuarenta y nueve esferas bajo la jurisdicción de los finalistas.

No se conoce presentemente el fin de las criaturas midsonitas, pero parecería que estas personalidades se congregan en el séptimo mundo finalista en preparación para un acontecimiento futuro en la evolución del universo. Nuestras averiguaciones respecto a las razas midsonitas son siempre referidas a los finalistas, y siempre los finalistas se niegan a hablar del destino de sus pupilos. Aparte de nuestra incertidumbre con respecto al futuro de los midsoniteros, sí sabemos que cada universo local en Orvonton alberga un cuerpo en aumento de estos seres misteriosos. Es la creencia de los portadores de vida Melquisedek que sus hijos midsonitas algún día serán dotados del espíritu trascendental y eterno de la absonidad por Dios el Último.

5. LOS SIETE ESPÍRITUS AYUDANTES DE LA MENTE

Es la presencia de los siete espíritus ayudantes de la mente en los mundos primitivos lo que condiciona el curso de la evolución orgánica; eso explica por qué la evolución tiene un propósito determinado y no accidental. Estos ayudantes representan esa función de ministerio de la mente del Espíritu Infinito que se brinda a las órdenes más bajas de la vida inteligente a través de la actuación del Espíritu Materno de un universo local. Los ayudantes son los hijos del Espíritu Materno del Universo y constituyen su servicio personal a las mentes materiales de los reinos. Dondequiera y cuandoquiera que se manifiesta una mente de este tipo, actúan de diversas maneras estos espíritus.

Los siete espíritus ayudantes de la mente son llamados por nombres que equivalen a las siguientes designaciones: intuición, entendimiento, valor, conocimiento, asesoramiento, adoración y sabiduría. Estos espíritus de la mente esparcen su influencia a todos los mundos habitados como un impulso diferencial, buscando cada uno la capacidad receptiva para la manifestación, completamente aparte del grado en que sus congéneres podrían hallar receptividad y oportunidad para funcionar.

Los alojamientos centrales de los espíritus ayudantes en el mundo sede de los Portadores de Vida indican a los Portadores de Vida de supervisión el alcance y calidad de la función de la mente de los ayudantes en cualquier mundo y en cualquier organismo viviente dado de estado intelectual. Estos emplazamientos de vida y mente son indicadores perfectos de la función de la mente viviente de los primeros cinco ayudantes. Pero, con respecto al sexto y séptimo espíritus ayudantes —adoración y sabiduría— estos alojamientos centrales indican sólo una función cualitativa. La actividad cuantitativa del ayudante de la adoración y el ayudante de la sabiduría se registra en la presencia inmediata de la Ministra Divina en Salvington, siendo una experiencia personal del Espíritu Materno Universal.

Los siete espíritus ayudantes de la mente siempre acompañan a los Portadores de Vida a un nuevo planeta, pero no deben ser considerados como entidades; son más bien como circuitos. Los espíritus de los siete ayudantes del universo no funcionan como personalidades separadas de la presencia universal de la Ministra Divina; son, de hecho, un nivel de conciencia de la Ministra Divina y están siempre subordinados a la acción y presencia de su madre creativa.

Carecemos de palabras para designar adecuadamente a estos siete espíritus ayudantes de la mente. Son ministros para los niveles inferiores de la mente experiencial, y se los puede describir, en el orden de los logros evolucionarios, como sigue:

1. *El espíritu de intuición* —rápida percepción, los instintos primitivos físicos y reflejos inherentes, la dotación direccional y otras de autopreservación de todas las creaciones mentales; el único de los ayudantes que actúa tan ampliamente en las órdenes más bajas de la vida animal y el único que se pone ampliamente en contacto funcional con los niveles no enseñables de la mente mecánica.

2. *El espíritu de entendimiento* —el impulso de coordinación, la asociación espontánea y aparentemente automática de ideas. Éste es el don de coordinación del conocimiento adquirido, el fenómeno de razonamiento rápido, juicio rápido y decisión pronta.

3. *El espíritu de valor* —la dotación de fidelidad— en los seres personales, la base de la adquisición del carácter y la raíz intelectual de la fibra moral e intrepidez espiritual. Al ser iluminada por los hechos, e inspirada por la verdad, ésta pasa a ser el secreto del impulso de la ascensión evolutiva por los canales de la autodirección inteligente y consciente.

4. *El espíritu de conocimiento* —La curiosidad que es madre de la aventura y el descubrimiento, el espíritu científico; la guía y asociada fiel de los espíritus de valor y asesoramiento; el impulso de dirigir las dotaciones de valor hacia caminos de crecimiento útiles y progresivos.

5. *El espíritu de asesoramiento* —el impulso social, la dotación de la cooperación en la especie; la habilidad de las criaturas volitivas para armonizar con sus congéneres, el origen del instinto gregario entre las criaturas más bajas.

6. *El espíritu de adoración* —el impulso religioso, el primer impulso diferencial que separa a las criaturas de mente en las dos clases básicas de existencia mortal. El espíritu de adoración eternamente distingue al animal con él asociado, de las criaturas de dotación mental sin alma. La adoración es la insignia de la candidatura a la ascensión espiritual.

7. *El espíritu de sabiduría* —la tendencia inherente de todas las criaturas morales hacia el avance evolucionario ordenado y progresivo. Éste es el más elevado de los ayudantes, el espíritu coordinador y articulador de la tarea de todos los demás. Este

espíritu es el secreto de ese impulso innato de las criaturas de la mente que inicia y mantiene el programa práctico y efectivo de la escala ascendente de la existencia; ese don de las cosas vivientes que da cuenta de su habilidad inexplicable para sobrevivir y, en la supervivencia, utiliza la coordinación de todas sus experiencias pasadas y oportunidades presentes para la adquisición de la totalidad de cada cosa que los demás seis servidores mentales pueden movilizar en la mente del organismo correspondiente. La sabiduría es la cima de la realización intelectual. La sabiduría es el objetivo de la existencia puramente mental y moral.

Los espíritus ayudantes de la mente crecen experiencialmente, pero nunca pasan a ser personales. Evolucionan en función, y la función de los primeros cinco en las órdenes animales es hasta cierto punto esencial para la función de los siete como intelecto humano. Esta relación animal hace que los ayudantes sean más efectivos en un sentido práctico como mente humana; así pues los animales son hasta cierto punto indispensables para la evolución intelectual del hombre, así como para su evolución física.

Estos ayudantes de la mente del Espíritu Materno de un universo local están relacionados con la vida de las criaturas inteligentes en una forma que se asemeja a la relación de los centros de poder y controladores físicos con las fuerzas no vivientes del universo. Realizan un servicio invalorable en los circuitos de la mente de los mundos habitados y son efectivos colaboradores de los Controladores Físicos Decanos, quienes también sirven como controladores y directores de los niveles preayudantes de la mente, los niveles mentales no enseñables o mecánicos.

La mente viviente, antes de la aparición de la capacidad de aprender de la experiencia, es dominio del servicio de los Controladores Físicos Decanos. La mente creada, antes de adquirir la habilidad de reconocer la divinidad y rendir culto a la Deidad, es el dominio exclusivo de los espíritus ayudantes. Con la aparición de la respuesta espiritual del intelecto de la criatura, tales mentes creadas se tornan inmediatamente en supermentes, siendo instantáneamente incorporadas al circuito de los ciclos espirituales del Espíritu Materno del universo local.

Los espíritus ayudantes de la mente no están de ninguna manera directamente relacionados con la función altamente espiritual y diversa del espíritu de la presencia personal de la Ministra Divina, el Espíritu Santo de los mundos habitados; pero son funcionalmente antecedentes y preparatorios a la aparición de este mismo espíritu en el hombre evolucionario. Los ayudantes brindan al Espíritu Materno del Universo un variado contacto con las criaturas materiales vivientes de un universo local y control de las mismas, pero no repercuten en el Ser Supremo cuando actúan en los niveles de prepersonalidad.

Una mente no espiritual es, o una manifestación de espíritu-energía o un fenómeno de energía física. Aun la mente humana, la mente personal, no posee cualidades de supervivencia aparte de la identificación con el espíritu. La mente es un don de la divinidad, pero no es inmortal cuando funciona sin discernimiento espiritual, y cuando carece de la habilidad de adorar y anhelar la supervivencia.

6. LAS FUERZAS VIVIENTES

La vida es tanto mecanicista como vitalista —material y esprítual. Los físicos y químicos de Urantia progresarán constantemente en su entendimiento de las formas protoplásmicas de la vida vegetal y animal, pero no podrán jamás producir organismos vivientes. La vida es diferente de todas las manifestaciones de energía; aun la vida material de las criaturas físicas no es inherente en la materia.

Las cosas materiales pueden poseer una existencia independiente, pero la vida surge tan sólo de la vida. La mente puede derivarse sólo de una mente preexistente. El espíritu tiene origen sólo en los antepasados espirituales. La criatura puede producir las formas de vida, pero solamente una personalidad creadora o una fuerza creativa pueden proveer la chispa activadora viviente.

Los Portadores de Vida pueden organizar las formas materiales, o modelos originales físicos de los seres vivientes, pero el Espíritu provee la chispa inicial de la vida y concede la dotación de la mente. Aun las formas vivientes de la vida experimental que los Portadores de Vida organizan en sus mundos de Salvington están siempre exentas de poderes reproductivos. Cuando las fórmulas de la vida y los modelos originales vitales están correctamente ensamblados y apropiadamente organizados, la presencia de un Portador de Vida es suficiente para iniciar la vida, pero todos estos organismos vivientes carecen de dos atributos esenciales: dotación de la mente y poderes reproductivos. La mente animal y la mente humana son dotes del Espíritu Materno del universo local, quien funciona a través de los siete espíritus ayudantes de la mente, mientras que la capacidad de reproducción de la criatura es la concesión específica y personal del Espíritu del Universo al plasma de la vida ancestral inaugurado por los Portadores de Vida.

Una vez que los Portadores de Vida han diseñado los modelos originales de la vida, después de haber organizado los sistemas de energía, allí debe ocurrir un fenómeno adicional; se debe impartir el «aliento de vida» a estas formas sin vida. Los Hijos de Dios pueden construir las formas de la vida, pero es el Espíritu de Dios el que realmente contribuye con la chispa vital. Y cuando la vida así impartida se consume, nuevamente el cuerpo material que queda pasa a ser materia muerta. Cuando se agota la vida otorgada, el cuerpo vuelve al seno del universo material de donde fue tomado en préstamo por los Portadores de Vida para servir como vehículo transitorio para esa dotación de vida que hicieron converger en tal visible asociación de energía y materia.

La vida otorgada a las plantas y animales por los Portadores de Vida no vuelve a los Portadores de Vida después de la muerte de la planta o el animal. La vida que abandona tales cosas vivientes no posee ni identidad ni personalidad. Individualmente no sobrevive a la muerte. Durante su existencia y el tiempo de su estadía en el cuerpo de materia, se somete a un cambio, sufre una evolución de la energía y sobrevive solamente como parte de las fuerzas cósmicas del universo; no sobrevive como vida individual. La supervivencia de las criaturas mortales se basa enteramente en la evolución de un alma inmortal dentro de la mente mortal.

Hablamos de la vida como «energía» y como «fuerza», pero en realidad no es ninguna de las dos. La fuerza-energía es diversamente sensible a la gravedad; pero no así la vida. El modelo original tampoco responde a la gravedad, siendo una configuración de energías que ya han cumplido todas las obligaciones sensibles a la gravedad. La vida, como tal, constituye la animación de cierto sistema de energía configurado en un modelo original o de otra manera segregado —material, mental o espiritual.

Existen algunas cosas relacionadas con la elaboración de la vida en los planetas evolucionarios que no nos resultan completamente claras. Comprendemos plenamente la organización física de las fórmulas electroquímicas de los Portadores de Vida, pero no entendemos del todo la naturaleza y fuente de la *chispa de activación de la vida*. Sabemos que la vida fluye del Padre a través del Hijo y *por* el Espíritu. Es muy probable que los Espíritus Rectores sean el canal séptuple del río de vida que es vertido sobre toda la creación. Pero no comprendemos la técnica por la cual el Espíritu Rector supervisor participa en el episodio inicial de concesión de la vida en un nuevo planeta. Creemos que los Ancianos de los Días, también juegan un papel en esta inauguración de la vida en un nuevo mundo, pero ignoramos completamente la naturaleza del mismo. Sabemos que el Espíritu Materno del Universo realmente vitaliza los modelos originales sin vida e imparte a ese plasma activado las prerrogativas de la reproducción orgánica. Observamos que estos tres son los niveles de Dios el Séptuple, a veces designados como los Creadores Supremos del tiempo y el espacio; pero por otra parte sabemos muy poco más de lo que saben los mortales de Urantia —simplemente que el concepto es inherente al Padre, expresado en el Hijo, y la realización de la vida en el Espíritu.

[Redactado por un Hijo Vorondadek asignado a Urantia como observador y que actúa en esta función a petición del Jefe Melquisedek del Cuerpo Supervisor Revelador.]

DOCUMENTO 37

LAS PERSONALIDADES DEL UNIVERSO LOCAL

A LA cabeza de todas las personalidades en Nebadon se encuentra el Hijo Creador Soberano y Mayor, Micael, el padre y soberano del universo. Coordinado en divinidad y complementario en atributos creativos está el Espíritu Materno del universo local, la Ministra Divina de Salvington. Y estos creadores son, en un sentido muy literal, el Padre-Hijo y la Espíritu-Madre de todas las criaturas oriundas de Nebadon.

Los documentos previos han tratado sobre las órdenes creadas de filiación. Las sucesivas narraciones describirán los espíritus ministrantes y las órdenes ascendentes de filiación. Este documento está principalmente dedicado a un grupo intermedio, los Ayudantes Universales, pero también se considerarán brevemente algunos de los espíritus más elevados que están estacionados en Nebadon y ciertas órdenes de ciudadanía permanente en el universo local.

1. LOS AYUDANTES UNIVERSALES

Muchas de las órdenes singulares, generalmente agrupadas bajo esta categoría, no son reveladas, pero de acuerdo con la presentación de estos documentos, los Ayudantes Universales incluyen las siete órdenes siguientes:

1. Las Brillantes Estrellas Matutinas.
2. Las Estrellas Vespertinas.
3. Los Arcángeles.
4. Los Asistentes Altísimos.
5. Los Altos Comisionados.
6. Los Supervisores Celestiales.
7. Los Maestros de los Mundos de Estancia.

De la primera orden de Ayudantes Universales —las Brillantes Estrellas Matutinas— hay sólo uno en cada universo local, y es el primogénito de todas las criaturas nativas de un universo local. La Brillante Estrella Matutina de nuestro universo es conocida como Gabriel de Salvington. Él es el jefe ejecutivo de todo Nebadon y actúa como representante personal del Hijo Soberano y como portavoz de su consorte creativa.

Durante las primeras épocas de Nebadon, Gabriel trabajó completamente a solas con Micael y el Espíritu Creativo. Al crecer el universo y multiplicarse los problemas administrativos, se le proporcionó un cuerpo personal de asistentes no revelados, y finalmente este grupo fue aumentado con la creación del cuerpo de Nebadon de las Estrellas Vespertinas.

2. LAS BRILLANTES ESTRELLAS VESPERTINAS

Los Melquisedek proyectaron estas brillantes criaturas y luego fueron traídas a la existencia por el Hijo Creador y el Espíritu Creativo. Sirven en muchas capacidades, pero principalmente como funcionarios de enlace de Gabriel, el jefe ejecutivo del universo local. Uno o más de estos seres actúan en su representación en las capitales de cada constelación y sistema en Nebadon.

Como jefe ejecutivo de Nebadon, Gabriel es presidente ex-oficio u observador en la mayoría de los cónclaves de Salvington, y frecuentemente hasta mil de ellos están en sesión simultáneamente. Las Brillantes Estrellas Vespertinas representan a Gabriel en estas ocasiones; no puede estar en dos lugares al mismo tiempo, y estos superángeles compensan esta limitación. Realizan un servicio análogo para el cuerpo de los Hijos Instructores Trinitarios.

Aunque personalmente ocupado en tareas administrativas, Gabriel se mantiene en contacto con todas las demás fases de la vida y asuntos del universo a través de las Brillantes Estrellas Vespertinas. Éstas siempre lo acompañan en sus giras planetarias y frecuentemente van en misiones especiales a los distintos planetas como sus representantes personales. En tales asignaciones se las ha denominado a veces como «el ángel del Señor». Frecuentemente van a Uversa para representar a la Brillante Estrella Matutina ante las cortes y asambleas de los Ancianos de los Días, pero rara vez viajan más allá de los confines de Orvonton.

Las Brillantes Estrellas Vespertinas constituyen una orden dual única en su género, pues comprenden algunos de dignidad creada y otros de servicio alcanzado. El cuerpo de Nebadon de estos superángeles suma ahora 13.641. Hay 4.832 de dignidad creada y 8.809 espíritus ascendentes que han logrado este objetivo de servicio excelso. Muchas de estas Estrellas Vespertinas ascendentes comenzaron sus carreras universales como serafines; otros han ascendido a partir de niveles de criaturas no reveladas. Como objetivo para ser alcanzado, este elevado cuerpo no está nunca cerrado a los candidatos para la ascención hasta tanto un universo no se establezca en luz y vida.

Ambos tipos de Brillantes Estrellas Vespertinas son fácilmente visibles para las personalidades morontiales y ciertos tipos de seres materiales supermortales. Los seres creados de esta orden interesante y versátil poseen una fuerza espiritual que puede manifestarse independientemente de su presencia personal.

La cabeza de estos superángeles es Gavalia, el primogénito de esta orden en Nebadon. Desde el regreso de Cristo Micael de su triunfal autootorgamiento en Urantia, Gavalia ha estado asignado al servicio de los mortales ascendentes, y durante los últimos mil novecientos años urantianos, su asociado Galantia ha mantenido su sede en Jerusem, donde pasa aproximadamente la mitad de su tiempo. Galantia es el primero de los superángeles ascendentes en alcanzar esta posición elevada.

No existe agrupación ni organización corporativa de las Brillantes Estrellas Vespertinas aparte de sus asociaciones habituales de dos en dos, en muchas asignaciones. Pocas veces se les asigna a misiones relacionadas con la carrera ascendente de los mortales, pero, cuando así se las comisiona, no actúan nunca solos. Trabajan siempre en pares: un ser creado y una Estrella Vespertina ascendente.

Una de las elevadas obligaciones de las Estrellas Vespertinas consiste en acompañar a los Hijos Avonales autootorgadores en sus misiones planetarias, tal como

Gabriel acompañó a Micael en su autootorgamiento en Urantia. Los dos superángeles servidores son las personalidades principales de tales misiones, y actúan como cocomandantes de los arcángeles y de todos los demás seres asignados a estas empresas. Es el de mayor rango de estos superángeles comandantes quien, en el momento y edad significativos, invita al Hijo Avonal autootorgador a que «te ocupes de los asuntos de tu hermano».

Pares similares de estos superángeles son asignados al cuerpo planetario de los Hijos Instructores Trinitarios quienes se ocupan de establecer la era post-autootorgamiento o los albores de la edad espiritual de un mundo habitado. En tales funciones las Estrellas Vespertinas sirven como enlaces entre los mortales del reino y el invisible cuerpo de los Hijos Instructores.

Los Mundos de las Estrellas Vespertinas. El sexto grupo de los siete mundos de Salvington y sus cuarenta y dos satélites tributarios está asignado a la administración de las Brillantes Estrellas Vespertinas. Las órdenes creadas de estos superángeles presiden los siete mundos primarios, mientras que los satélites tributarios están administrados por Estrellas Vespertinas ascendentes.

Los satélites de los primeros tres mundos están ocupados por las escuelas de los Hijos Instructores y las Estrellas Vespertinas, dedicadas a las personalidades espirituales del universo local. Los tres grupos siguientes albergan similares escuelas conjuntas dedicadas a la capacitación de los mortales ascendentes. Los satélites del séptimo mundo están reservados para las deliberaciones triunas de los Hijos Instructores, las Estrellas Vespertinas y los finalistas. En tiempos recientes estos superángeles han sido estrechamente identificados con el trabajo del Cuerpo de los Finalistas en el universo local, y han estado asociados por mucho tiempo con los Hijos Instructores. Existe un enlace de enorme poder e importancia entre las Estrellas Vespertinas y los Mensajeros de Gravedad adjuntos a los grupos de trabajo de los finalistas. El séptimo mundo primario mismo está reservado para aquellos asuntos no revelados que corresponden a la relación futura que existirá entre los Hijos Instructores, los finalistas y las Estrellas Vespertinas consecuentes al surgimiento completo de la manifestación de la personalidad de Dios el Supremo en el superuniverso.

3. LOS ARCÁNGELES

Los arcángeles son la progenie del Hijo Creador y el Espíritu Materno del Universo. Son el tipo más elevado de seres de espíritu que se produce en grandes cantidades en un universo local, y en el momento del último registro había en Nebadon casi ochocientos mil.

Los Arcángeles son uno de los pocos grupos de personalidades del universo local que no están normalmente bajo la jurisdicción de Gabriel. No se involucran de ninguna manera en la administración rutinaria del universo, estando dedicados a la tarea de la supervivencia de las criaturas y la promoción de la carrera ascendente de los mortales del tiempo y el espacio. Aunque no están ordinariamente sujetos a la dirección de la Brillante Estrella Matutina, los arcángeles a veces actúan bajo su autoridad. También colaboran con otros Ayudantes Universales tales como las Estrellas Vespertinas, así como queda ilustrado por ciertas transacciones descritas en la narrativa del transplante de vida en vuestro mundo.

El primogénito de esta orden dirige el cuerpo de arcángeles de Nebadon, y en tiempos más recientes se ha mantenido en Urantia una sede divisional de los arcángeles. Es este hecho inusual el que rápidamente atrae la atención de los estudiantes visitantes que vienen de fuera de Nebadon. Entre las primeras observaciones que hacen de las transacciones intrauniversales, está el descubrimiento de que muchas actividades ascendentes de las Brillantes Estrellas Vespertinas están dirigidas desde la capital de un sistema local, Satania. Al profundizar la observación descubren que ciertas actividades de los arcángeles están dirigidas desde un pequeño y aparentemente insignificante mundo habitado, llamado Urantia. Sobreviene entonces la revelación del autootorgamiento de Micael en Urantia, y su interés en vosotros y vuestra baja esfera inmediatamente se aviva.

¿Comprendéis vosotros la importancia del hecho de que vuestro bajo y confundido planeta haya pasado a ser una sede divisional de la administración del universo y de la dirección de ciertas actividades de los arcángeles que tienen que ver con el esquema de la ascensión al Paraíso? Indudablemente esto presagia la concentración futura de otras actividades de ascensión en el mundo del autootorgamiento de Micael y presta enorme y solemne importancia a la promesa personal del Maestro: «Volveré de nuevo».

En general, los arcángeles están asignados al servicio y ministerio de la orden Avonal de filiación, pero no antes de haber pasado por intensa capacitación preliminar en todas las fases del trabajo de los distintos espíritus ministrantes. Un cuerpo integrado por cien acompaña a cada Hijo Paradisiaco autootorgador a un mundo habitado, siendo temporalmente asignados a él por la duración de dicho autootorgamiento. Si el Hijo Magisterial se convirtiese en gobernante provisional del planeta, estos arcángeles actuarían como jefes de toda la vida celestial en esa esfera.

Dos arcángeles de mayor rango son asignados siempre como ayudantes personales de un Avonal Paradisiaco en todas sus misiones planetarias, ya sean implicando acciones judiciales, misiones de magistrado, o en encarnaciones del autootorgamiento. Cuando este Hijo Paradisiaco ha completado el juicio de un reino y son convocados los muertos (la llamada resurrección), es literalmente cierto que los guardianes seráficos de las personalidades adormecidas responden a «la voz del arcángel». Un arcángel asistente es quien pasa lista al terminar una dispensación. Éste es el arcángel de la resurrección, a veces llamado «arcángel de Micael».

Los Mundos de los Arcángeles. El séptimo grupo de los mundos circundantes de Salvington, con sus satélites asociados, está asignado a los arcángeles. La esfera número uno y todos sus seis satélites tributarios están ocupados por los encargados de los archivos de personalidades. Este cuerpo enorme de archivistas se dedica a mantener en buen orden el registro de los antecedentes de cada mortal del tiempo, desde el momento de su nacimiento pasando por su carrera universal hasta que dicho individuo abandona Salvington uniéndose al régimen del superuniverso o es «borrado de los expedientes de la existencia» por mandato de los Ancianos de los Días.

En estos mundos los expedientes de las personalidades y los comprobantes de identificación son clasificados, archivados y preservados durante ese período que transcurre entre la extinción mortal y la hora de la repersonalización, la resurrección a partir de la muerte.

4. Los Asistentes Altísimos

Los Asistentes Altísimos son un grupo de seres voluntarios, de origen externo al universo local, quienes son temporalmente asignados como representantes u observadores de los superuniversos y el universo central ante las creaciones locales. Su número varía constantemente pero siempre se cuenta en millones.

Así pues, de vez en cuando nos beneficiamos del servicio y asistencia de seres originarios del Paraíso tales como los Perfeccionadores de la Sabiduría, los Consejeros

Divinos, los Censores Universales, los Espíritus Inspirados Trinitarios, los Hijos Trinidizados, los Mensajeros Solitarios, los supernafines, los seconafines, los terciafines y otros ministrantes misericordiosos que residen temporalmente con nosotros con el propósito de ayudar a nuestras personalidades nativas en el esfuerzo de llevar a todo Nebadon a una armonía más plena con las ideas de Orvonton y los ideales del Paraíso.

Cualquiera de estos seres podría estar sirviendo voluntariamente en Nebadon y por lo tanto estar técnicamente fuera de nuestra jurisdicción, pero cuando actúan por asignación, tales personalidades de los superuniversos y el universo central, no están totalmente exentas de las reglamentaciones del universo local de su estadía, aunque siguen funcionando como representantes de los universos más altos y trabajan según las instrucciones que constituyen su misión en nuestro reino. Su sede general está ubicada en Salvington en el sector de el Unión de los Días y operan en Nebadon sujetos a la superior supervisión de este embajador de la Trinidad Paradisiaca. Cuando sirven en grupos no incorporados, estas personalidades de los reinos más altos usualmente se dirigen a sí mismas, pero cuando sirven a instancia de otros, frecuentemente se someten voluntaria y totalmente a la jurisdicción de los directores supervisores de los reinos en los que cumplen su encargo.

Los Asistentes Altísimos sirven en funciones de universo local y constelación, pero no están directamente unidos a los gobiernos del sistema o planetarios. Pueden, sin embargo, funcionar en cualquier parte del universo local y pueden ser asignados a cualquier fase de la actividad nebadónica, ya sea administrativa, ejecutiva, educacional u otras.

La mayoría de los integrantes de este cuerpo participan en la asistencia de las personalidades del Paraíso en Nebadon —el Unión de los Días, el Hijo Creador, los Fieles de los Días, los Hijos Magisteriales y los Hijos Instructores Trinitarios. De vez en cuando, en la transacción de los asuntos de una creación local, resulta sabio ocultar, temporalmente, ciertos detalles del conocimiento de prácticamente todas las personalidades nativas de ese universo local. Ciertos planes avanzados y decisiones complejas son también mejor captadas y más plenamente entendidas por el cuerpo más maduro y de más amplia visión de los Asistentes Altísimos, y es en tales situaciones, y en muchas otras, en que son ellos tan altamente útiles para los gobernantes y administradores del universo.

5. LOS ALTOS COMISIONADOS

Los Altos Comisionados son mortales ascendentes fusionados con el Espíritu. No están fusionados con los Ajustadores. Vosotros muy bien entendéis la carrera de ascensión universal de un candidato mortal para fusionarse con el Ajustador, siendo ése el alto destino en perspectiva para todos los mortales urantianos desde el autootorgamiento de Cristo Micael. Pero éste no es el destino exclusivo de todos los mortales en las edades pre-autootorgamiento de los mundos como los vuestros, y existe otro tipo de mundo cuyos habitantes nunca son permanentemente habitados por los Ajustadores del Pensamiento. Tales mortales no estarán permanentemente ligados en unión con un Monitor Misterioso de dotación del Paraíso; no obstante, los Ajustadores los habitan transitoriamente, sirviendo como guías y modelos originales por la duración de la vida en la carne. Durante esta residencia temporal fomentan la evolución de un alma inmortal tal como lo hacen en aquellos seres con quienes tienen la esperanza de fusionarse, pero cuando termina la carrera mortal, se despiden eternamente de las criaturas de asociación temporal.

Las almas sobrevivientes de esta orden logran la inmortalidad mediante la fusión eterna con un fragmento individualizado del Espíritu Materno del universo local. No constituyen un grupo numeroso, por lo menos en Nebadon. En los mundos de estancia vosotros conoceréis a estos mortales fusionados con el Espíritu y fraternizaréis con ellos, pues ascienden el camino del Paraíso con vosotros hasta llegar a Salvington, donde se detienen. Algunos de ellos pueden posteriormente ascender a niveles de universos más altos, pero la mayoría permanecerá para siempre al servicio del universo local. Como clase no están destinados a alcanzar el Paraíso.

Puesto que no han sido fusionados con el Ajustador, no llegarán nunca a ser finalistas, pero con el tiempo son integrados en el Cuerpo de la Perfección del universo local. En espíritu han obedecido la orden del Padre: «Sed perfectos».

Después de alcanzar el Cuerpo de Perfección Nebadónico, los ascendentes fusionados con el Espíritu, pueden aceptar asignaciones como Ayudantes Universales, siendo ésta una de las avenidas que se les abren para continuar su crecimiento experiencial. De este modo pasan a ser candidatos para comisiones en el alto servicio de interpretación de los puntos de vista de las criaturas evolucionarias de los mundos materiales ante las autoridades celestiales del universo local.

Los Altos Comisionados comienzan su servicio en los planetas como comisionados de raza. En esta función interpretan los puntos de vista, y describen las necesidades, de las distintas razas humanas. Están supremamente dedicados al bienestar de las razas mortales cuyos portavoces son ellos mismos, buscando siempre obtener para ellos misericordia, justicia y tratamiento ecuánime en todas las relaciones con otros pueblos. Los comisionados de raza actúan en una serie sin fin de crisis planetarias y sirven como expresión articulada de grupos enteros de mortales que luchan.

Después de una larga experiencia en la solución de problemas en los mundos habitados, estos comisionados de la raza son promovidos a niveles más altos de función, logrando finalmente las posiciones de Altos Comisionados del universo local y en el mismo. El último empadronamiento registró un poco más de mil quinientos millones de estos Altos Comisionados en Nebadon. Estos seres no son finalistas, pero son seres ascendentes de larga experiencia y de gran servicio a su reino nativo.

Invariablemente encontramos a estos comisionados en todos los tribunales de justicia, desde los más bajos hasta los más altos. No es que participen en los procedimientos de la justicia, sino que actúan como amigos de la corte, asesorando a los magistrados que presiden con respecto a los antecedentes, el medio ambiente y la naturaleza inherente a aquellos implicados en el fallo.

Existen Altos Comisionados anexados a las distintas huestes mensajeras del espacio, y siempre a los espíritus ministrantes del tiempo. Se los halla en los programas de distintas asambleas universales, y estos mismos comisionados conocedores de los mortales están siempre agregados a las misiones de los Hijos de Dios en los mundos del espacio.

Cuandoquiera que la equidad y justicia requieren la comprensión de cómo una directiva o procedimiento propuestos afecta las razas evolucionarias del tiempo, estos comisionados están disponibles para presentar sus recomendaciones; siempre están presentes para hablar por los que no pueden apersonarse para hablar en sus propios intereses.

Los Mundos de los Mortales fusionados con el Espíritu. El octavo grupo de siete mundos primarios y satélites tributarios en el circuito de Salvington es la posesión exclusiva de los mortales nebadónicos fusionados con el Espíritu. Los ascendentes mortales fusionados con el Ajustador no están involucrados en estos mundos salvo para disfrutar de muchas estadías placenteras y beneficiosas temporales como huéspedes invitados por los residentes fusionados con el Espíritu.

Excepto para los pocos que alcanzan Uversa y el Paraíso, estos mundos son la residencia permanente de los sobrevivientes fusionados con el Espíritu. Dicha limitación por designio de la ascensión mortal resulta beneficiosa para los universos locales, porque asegura la permanencia de una población evolucionada estable cuya experiencia en aumento continuará enalteciendo la estabilización y diversificación futuras de la administración del universo local. Estos seres no pueden lograr el Paraíso, sin embargo, alcanzan una sabiduría experiencial en el dominio de los problemas de Nebadon que supera totalmente lo que alcanzan los ascendentes transitorios. Y estas almas sobrevivientes continúan como combinaciones, únicas en su género, de lo humano y lo divino, siendo cada vez más capaces de unir los puntos de vista de estos dos niveles ampliamente separados y de presentar tal doble punto de vista con una sabiduría en constante aumento.

6. LOS SUPERVISORES CELESTIALES

Administran conjuntamente el sistema de instrucción nebadónica los Hijos Instructores Trinitarios y el cuerpo de enseñanza Melquisedek, pero los Supervisores Celestiales llevan a cabo gran parte del trabajo dirigido a su mantenimiento y aumento. Estos seres son un cuerpo reclutado que comprende todos los tipos de individuos conectados con el esquema de instrucción y capacitación de los mortales ascendentes. Hay más de tres millones en Nebadon y todos ellos son voluntarios que calificaron por experiencia para servir como asesores de la enseñanza en todo el reino. Desde su sede en los mundos salvingtónicos de los Melquisedek, estos supervisores deambulan por el universo local como inspectores de la técnica escolástica de Nebadon planeada para capacitar la mente e instruir el espíritu de las criaturas ascendentes.

Esta capacitación de la mente e instrucción del espíritu se lleva a cabo desde los mundos de origen humano, a través de los mundos de estancia del sistema y las demás esferas de progreso asociadas con Jerusem, en los setenta reinos de socialización adjuntos a Edentia y en las cuatrocientas noventa esferas de progreso espiritual que rodean a Salvington. En la sede misma del universo hay numerosas escuelas Melquisedek, las facultades de los Hijos Universales, las universidades seráficas y las escuelas de los Hijos Instructores y el Unión de los Días. Se toman todas las precauciones posibles para calificar a las distintas personalidades del universo para servicio más avanzado y mejoramiento de la función. El universo entero es una vasta escuela.

Los métodos empleados en muchas de las escuelas más elevadas están más allá del concepto humano del arte de la enseñanza de la verdad, pero la clave del entero sistema de instrucción es: adquisición del carácter mediante la experiencia esclarecida. Los maestros proveen el esclarecimiento; la estación universal y el estado de los ascendentes proporcionan la oportunidad para la experiencia; la utilización sabia de ambas cosas, incrementa el carácter.

Fundamentalmente, el sistema de instrucción de Nebadon dispone que se te asigne una tarea y se te dé la oportunidad de recibir instrucción sobre el método ideal y divino de llevar a cabo esa tarea de la mejor manera. Se te da una tarea específica proporcionándote al mismo tiempo acceso a los maestros que están calificados para instruirte en cuanto al mejor método de realizar tu asignación. El plan divino de instrucción proporciona una íntima asociación de trabajo y enseñanza. Te enseñamos cómo llevar a cabo de la mejor manera lo que te ordenamos que hagas.

El propósito de toda esta capacitación y experiencia consiste en prepararte para la admisión a las esferas más elevadas y más espirituales de capacitación del superuniverso.

El progreso dentro de un determinado reino es individual, pero la transición de una fase a otra se realiza generalmente por clases.

La progresión de la eternidad no consiste únicamente en el desarrollo espiritual. La adquisición intelectual es también parte de la educación universal. La experiencia de la mente se amplía paralelamente a la expansión del horizonte espiritual. A la mente y al espíritu se les dan oportunidades equivalentes para capacitarse y avanzar. Pero en toda esta capacitación magnífica de la mente y el espíritu, eres libre para siempre de los impedimentos de la carne mortal. Ya no tienes que arbitrar constantemente las opiniones conflictivas de tus divergentes naturalezas, espiritual y material. Finalmente estás calificado para disfrutar del impulso unificado de una mente glorificada, desde hace mucho tiempo despojada de las primitivas tendencias animalísticas hacia las cosas materiales.

Antes de abandonar el universo de Nebadon, a la mayoría de los mortales de Urantia se les dará la oportunidad de servir, por un período largo o corto, como miembros del cuerpo nebadónico de Supervisores Celestiales.

7. LOS MAESTROS DE LOS MUNDOS DE ESTANCIA

Los Maestros de los Mundos de Estancia son querubines reclutados y glorificados. Como la mayoría de los demás instructores de Nebadon son comisionados por los Melquisedek. Actúan en la mayoría de las empresas educacionales de la vida morontial, y su número está muy por encima de la comprensión de la mente humana.

Como nivel de logro de querubines y sanobines, los Maestros de los Mundos de Estancia recibirán ulterior consideración en el próximo documento, mientras que como maestros que juegan un papel importante en la vida morontial, se tratará de ellos más ampliamente en el documento de ese mismo nombre.

8. LAS ÓRDENES ESPIRITUALES MÁS ELEVADAS DE ASIGNACIÓN

Aparte de los centros de poder y los controladores físicos, se asignan permanentemente al universo local ciertos seres espirituales de más alto origen de la familia del Espíritu Infinito. De las órdenes espirituales más altas de la familia del Espíritu Infinito a los siguientes se les asigna de esta manera:

Los Mensajeros Solitarios, cuando están funcionalmente adjuntos a la administración del universo local, nos prestan un invalorable servicio ayudándonos a sobreponernos a los impedimentos del tiempo y el espacio. Cuando no están asignados de este modo, nosotros, los de los universos locales, no tenemos absolutamente ninguna autoridad sobre ellos, pero aún entonces, estos seres singulares están siempre dispuestos a ayudarnos en la solución de nuestros problemas y en la ejecución de nuestros mandatos.

Andovontia es el nombre del terciario Supervisor del Circuito del Universo estacionado en nuestro universo local. Se ocupa solamente de los circuitos espirituales y morontiales, no de los que están bajo la jurisdicción de los directores de poder. Él fue quien aisló a Urantia en la época en que Caligastia traicionó el planeta, durante los tiempos de prueba de la rebelión de Lucifer. Al enviar salutaciones a los mortales de Urantia, expresa placer en la anticipación de vuestro reintegro, en algún momento, a los circuitos del universo de su supervisión.

El *Director del Censo* de Nebadon, Salsatia, tiene su sede en Salvington en el sector de Gabriel. Conoce automáticamente el nacimiento y la muerte de la voluntad y registra constantemente el número exacto de criaturas volitivas que actúan en el universo local. Trabaja en estrecha asociación con los registradores de personalidades domiciliados en los mundos de los archivos de los arcángeles.

Un *Inspector Asociado* reside en Salvington. Es el representante personal del Ejecutivo Supremo de Orvonton. Sus asociados, los *Centinelas Asignados* a los sistemas locales, son también representantes del Ejecutivo Supremo de Orvonton.

Los *Conciliadores Universales* son las cortes viajantes de los universos del tiempo y el espacio, que actúan desde los mundos evolucionarios, en todas las secciones del universo local y aún más allá. Estos árbitros están registrados en Uversa; el número exacto de ellos que opera en Nebadon no está registrado, pero estimo que existen cerca de cien millones de comisiones conciliatorias en nuestro universo local.

De los *Asesores Técnicos*, las mentes legales del reino, nosotros tenemos nuestro cupo, aproximadamente quinientos millones. Estos seres son las bibliotecas legales experienciales, vivientes y circulantes de todo el espacio.

De los *Archivistas Celestiales*, los serafines ascendentes, tenemos en Nebadon a setenta y cinco. Estos son los archivistas supervisores o de mayor rango. Los estudiantes avanzados de esta orden en curso de capacitación suman casi cuatro mil millones.

El servicio de los setenta mil millones de *Acompañantes Morontiales* en Nebadon se describe en aquellas narrativas relacionadas con los planetas de transición de los peregrinos del tiempo.

Cada universo tiene su propio cuerpo angélico nativo; no obstante, hay ocasiones en las cuales es muy útil contar con la asistencia de aquellos espíritus más altos originados fuera de la creación local. Los supernafines realizan ciertos servicios extraordinarios y únicos; el actual jefe serafín de Urantia es un supernafín primario del Paraíso. Los seconafines reflexivos se encuentran dondequiera que esté actuando el personal del superuniverso, y una gran cantidad de terciafines están en servicio provisional como Asistentes Altísimos.

9. LOS CIUDADANOS PERMANENTES DEL UNIVERSO LOCAL

Tal como en los superuniversos y el universo central, el universo local tiene sus órdenes de ciudadanía permanente. Estas incluyen los siguientes tipos creados:

1. Susatia.
2. Univitatia.
3. Hijos Materiales.
4. Seres Intermedios.

Estos aborígenes de la creación local, juntamente con ascendentes fusionados con el Espíritu y los espironga (que están clasificados de otra manera), constituyen una ciudadanía relativamente permanente. Estas órdenes de seres, generalmente no son ni ascendentes ni descendentes. Son todas criaturas experienciales, pero su creciente experiencia sigue estando disponible en el universo de su nivel de origen. Aunque esto no es completamente cierto respecto a los Hijos Adánicos y los seres intermedios, es relativamente cierto respecto a estas órdenes.

Los Susatia. Estos maravillosos seres residen y actúan como ciudadanos permanentes en Salvington, la sede de este universo local. Son la brillante descendencia del Hijo Creador y el Espíritu Creativo y están estrechamente asociados con los ciudadanos ascendentes del universo local, los mortales fusionados con el Espíritu, los miembros del Cuerpo de Perfección nebadónico.

Los Univitatia. Cada uno de los cien grupos sede central de constelaciones de las esferas arquitectónicas usufructa el servicio continuo de una orden residencial de seres conocidos como los univitatia. Estos hijos del Hijo Creador y el Espíritu Creativo constituyen la población permanente de los mundos sedes de la constelación. Son seres no reproductivos que existen en un plano de vida aproximadamente a mitad de camino entre el estado semimaterial de los Hijos Materiales domiciliados en las sedes de los sistemas y el plano más netamente espiritual de los mortales fusionados con el Espíritu y los susatia de Salvington. Pero los univitatia no son seres morontiales. Ellos logran para los mortales ascendentes durante la travesía de las esferas de la constelación, lo que contribuyen los nativos de Havona a los espíritus de los peregrinos que pasan por la creación central.

Los Hijos Materiales de Dios. Cuando se ha completado el ciclo de un enlace creativo entre el Hijo Creador y el representante en el universo del Espíritu Infinito, el Espíritu Materno del Universo, cuando ya no se anticipa más progenie de esta naturaleza combinada, entonces el Hijo Creador personaliza en forma dual su concepto final de ser, confirmando así finalmente su propio y original origen dual. En él y dentro de él crea entonces a los hermosos y magníficos Hijos e Hijas de la orden material de filiación universal. Éste es el origen de los originales Adán y Eva de cada sistema local de Nebadon. Son una orden reproductiva de filiación, habiendo sido creados masculinos y femeninos. Su progenie constituye la ciudadanía relativamente permanente de una capital de sistema, aunque algunos son comisionados como Adanes Planetarios.

En una misión planetaria los Hijos e Hijas Materiales son comisionados para fundar la raza adánica de ese mundo, una raza planificada para amalgamarse a la larga con los habitantes mortales de esa esfera. Los Adanes Planetarios son Hijos tanto descendentes como ascendentes, pero los clasificamos ordinariamente como ascendentes.

Los Seres Intermedios. En los primeros tiempos de la mayoría de los mundos habitados, ciertos seres superhumanos, aunque materializados se encuentran asignados a éstos, pero generalmente se retiran al llegar los Adanes Planetarios. Las transacciones de estos seres y los esfuerzos de los Hijos Materiales para mejorar las razas evolucionarias frecuentemente dan como resultado la aparición de un número limitado de criaturas que son difíciles de clasificar. Estos seres únicos en su género están frecuentemente a mitad de camino entre los Hijos Materiales y las criaturas evolucionarias, de allí su designación: seres intermedios. En un sentido comparativo, estos seres intermedios son los ciudadanos permanentes de los mundos evolucionarios. Desde los primeros días de la llegada de un Príncipe Planetario hasta los distantes tiempos del establecimiento del planeta en luz y vida, constituyen el único grupo de seres inteligentes que permanecen continuamente en la esfera. En Urantia los ministros intermedios son en realidad los custodios auténticos del planeta; son, prácticamente, los ciudadanos de Urantia. Los mortales son en efecto los habitantes físicos y materiales de un mundo evolucionario, pero todos vosotros vivís vidas tan breves; permanecéis en vuestro planeta natal por tan corto tiempo. Vosotros nacéis, vivís, morís y pasáis a otros mundos de progresión evolucionaria. Aun los seres superhumanos que sirven en los planetas como ministros celestiales son de asignación transitoria; pocos de ellos son anexados por largo tiempo a una esfera determinada. Los seres intermedios, sin embargo, proveen continuidad en la administración planetaria frente a los ministros celestiales que se reemplazan continuamente y a los habitantes mortales que se cambian constantemente. A través de estos cambios y reemplazos incesantes, los seres intermedios permanecen en el planeta, llevando a cabo su trabajo sin interrupciones.

En la misma forma, todas las divisiones de la organización administrativa de los universos locales y superuniversos tienen sus poblaciones más o menos permanentes, habitantes con título de ciudadanía. Así como Urantia tiene sus seres intermedios, Jerusem, la capital de vuestro sistema, tiene a las Hijas e Hijos Materiales. Edentia, la sede de vuestra constelación, tiene a los univitatia, mientras que los ciudadanos de Salvington son de dos tipos: los susatia creados y los mortales evolucionados fusionados con el Espíritu. Los mundos administrativos de los sectores menores y mayores de los superuniversos no tienen ciudadanos permanentes. Pero las esferas sede de Uversa son continuamente fomentadas por un sorprendente grupo de seres conocidos como *abandonteros*, la creación de los agentes no revelados de los Ancianos de los Días y los siete Espíritus Reflexivos residentes en la capital de Orvonton. Estos ciudadanos residentes en Uversa están presentemente a cargo de la administración de los asuntos rutinarios de su mundo bajo la inmediata supervisión del cuerpo uversano de los mortales fusionados con el Hijo. Aun Havona tiene sus seres nativos, y la Isla central de Luz y Vida es el hogar de los distintos grupos de Ciudadanos del Paraíso.

10. OTROS GRUPOS DEL UNIVERSO LOCAL

Aparte de las órdenes seráficas y mortales, que se tratan en documentos posteriores, hay numerosos seres adicionales involucrados en el mantenimiento y perfeccionamiento de la organización gigantesca del universo de Nebadon, el cual ya tiene más de tres millones de mundos habitados, con una perspectiva futura de diez millones. Los diferentes tipos de vida de Nebadon son demasiado numerosos para ser catalogados en este documento, pero existen dos órdenes fuera de lo común que funcionan ampliamente en las 647.591 esferas arquitectónicas del universo local, que pueden ser mencionadas.

Los *Espironga* son los vástagos espirituales de la Brillante Estrella Matutina y el Padre Melquisedek. Están exceptuados de la terminación de la personalidad, pero no son seres evolucionarios ni ascendentes. Tampoco están implicados funcionalmente en el régimen de la ascensión evolucionaria. Son los ayudantes espirituales del universo local, que realizan las tareas espirituales rutinarias de Nebadon.

Los *Espornagia*. Los mundos sede arquitectónicos del universo local son mundos reales —creaciones físicas. Hay mucho trabajo relacionado con su mantenimiento físico, y aquí tenemos la asistencia de un grupo de criaturas físicas llamadas espornagia. Están dedicados al cuidado y cultura de las fases materiales de estos mundos sede, desde Jerusem hasta Salvington. Los espornagia no son ni espíritus ni personas; son una orden animal de existencia, pero si vosotros pudieseis verlos, estaríais de acuerdo en que parecen ser animales perfectos.

Las diferentes *colonias de cortesía* están domiciliadas en Salvington y otros lugares. Nos beneficiamos especialmente del ministerio de los artesanos celestiales en las constelaciones y usufructuamos de las actividades de los directores de reversión, quienes operan principalmente en las capitales de los sistemas locales.

Siempre está adjunto al servicio del universo un cuerpo de mortales ascendentes, que incluyen los glorificados seres intermedios. Después de alcanzar Salvington, se utilizan estos seres en una variedad casi infinita de actividades en la conducción de los asuntos del universo. Desde cada nivel de logro, estos mortales adelantados se inclinan hacia atrás y hacia abajo para ofrecer una mano de ayuda a sus congéneres que los siguen en su ascenso. Tales mortales de estadía temporal en Salvington son asignados a pedido de prácticamente todos los cuerpos de personalidades celestiales como ayudantes, estudiantes, observadores y maestros.

Aun existen otros tipos de vida inteligente dedicados a la administración del universo local, pero el plan de esta narrativa no incluye la revelación ulterior de estas órdenes de creación. Se ilustra aquí lo suficiente de la vida y la administración de este universo como para que la mente mortal pueda vislumbrar la realidad y grandeza de la existencia de la sobrevivencia. La experiencia ulterior en vuestras carreras de avance revelará cada vez más a estos seres interesantes y encantadores. Esta narrativa no puede ser más que un breve bosquejo de la naturaleza y el trabajo de las múltiples personalidades que colman los universos del espacio administrando estas creaciones como enormes escuelas de capacitación, escuelas en las que los peregrinos del tiempo avanzan de vida en vida y de mundo en mundo hasta que son despachados con amor desde los límites del universo de sus orígenes hacia el régimen de instrucción más elevada del superuniverso y desde allí más allá, hacia los mundos de capacitación espiritual de Havona, y finalmente, al Paraíso y el destino elevado de los finalistas — la asignación eterna en misiones aún no reveladas a los universos del tiempo y el espacio.

[Dictado por una Brillante Estrella Vespertina de Nebadon, Número 1.146 del Cuerpo Creado.]

DOCUMENTO 38

LOS ESPÍRITUS MINISTRANTES DEL UNIVERSO LOCAL

EXISTEN tres órdenes diversas de personalidades del Espíritu Infinito. El impetuoso apóstol comprendió esto cuando escribió de Jesús: «Quien habiendo subido al cielo está a la diestra de Dios; y a él están sujetos ángeles y autoridades y potestades». Los ángeles son los espíritus ministrantes del tiempo; las autoridades son las huestes de mensajeros del espacio y las potestades son las personalidades más elevadas del Espíritu Infinito.

Como los supernafines en el universo central y los seconafines en un superuniverso, de la misma manera los serafines, con sus querubines y sanobines asociados, constituyen el cuerpo angélico de un universo local.

Los serafines son bastante uniformes en cuanto a su configuración. De universo en universo, a través de los siete superuniversos, manifiestan un mínimo de variaciones; son los más normalizados de todos los tipos espirituales de seres personales. Sus varias órdenes constituyen los cuerpos de ministros peritos y regulares de las creaciones locales.

1. EL ORIGEN DE LOS SERAFINES

Los serafines han sido creados por el Espíritu Materno Universal y proyectados en formaciones de unidades —de 41.472 por vez— desde la creación de los «modelos originales de ángeles» y de ciertos arquetipos angélicos en los primeros tiempos de Nebadon. El Hijo Creador y la representación universal del Espíritu Infinito colaboran en la creación de un gran número de Hijos y otras personalidades del universo. Después de que se completa este esfuerzo unificado, el Hijo se ocupa de la creación de los Hijos Materiales, las primeras de las criaturas sexuales, mientras que el Espíritu Materno del Universo paralelamente se ocupa de su esfuerzo solitario inicial de reproducción espiritual. Así comienza la creación de las huestes seráficas de un universo local.

Estas órdenes angélicas se proyectan en el momento del planeamiento de la evolución de las criaturas volitivas mortales. La creación de los serafines data del logro de personalidad relativa por parte del Espíritu Materno del Universo, no como futura coordinada del Hijo Mayor, sino como la asistente creativa primitiva del Hijo Creador. Antes de este acontecimiento los serafines en función en Nebadon habían sido prestados temporalmente de un universo vecino.

Los serafines aún se crean periódicamente; el universo de Nebadon aún está en formación. El Espíritu Materno del Universo nunca cesa su actividad creativa en un universo que está creciendo y perfeccionándose.

2. NATURALEZAS ANGÉLICAS

Los ángeles no tienen cuerpos materiales, pero son seres definidos y discretos; son de naturaleza y origen espirituales. Aunque invisibles a los mortales, os perciben como sois en la carne sin ayuda de transformadores ni de traductores; comprenden intelectualmente la modalidad de la vida mortal, y comparten todas las emociones y sentimientos no sensuales del hombre. Aprecian y disfrutan grandemente de vuestros esfuerzos en el campo de la música, el arte y el humorismo auténtico. Conocen plenamente vuestras luchas morales y dificultades espirituales. Aman a los seres humanos, y tan sólo puede desprenderse el bien de vuestros esfuerzos por comprenderlos y amarlos.

Aunque los serafines son seres muy afectuosos y comprensivos, no son criaturas con emociones sexuales. Son en gran parte como seréis vosotros en los mundos de estancia, en los que «ni os casaréis ni seréis dados en casamiento sino que seréis como los ángeles en el cielo». Porque todos los que «sean tenidos por dignos de llegar a los mundos de estancia ni se casan ni se dan en casamiento; porque no pueden ya más morir, pues son iguales a los ángeles». Sin embargo, al tratar con las criaturas sexuales, es nuestra costumbre hablar de los seres de descendencia más directa del Padre y del Hijo como los hijos de Dios, refiriéndonos a la vez a los hijos del Espíritu como hijas de Dios. Por lo tanto, en los planetas sexuales, frecuentemente nos referimos a los ángeles usando pronombres femeninos.

Los serafines son creados para actuar tanto en el nivel espiritual como en el nivel concreto. Existen pocas fases de actividad morontial o espiritual que no estén abiertas a sus ministraciones. Aunque en condición personal los ángeles no están muy alejados de los seres humanos, en ciertas actuaciones funcionales los serafines los trascienden considerablemente. Poseen muchos poderes, mucho más allá de la comprensión humana. Por ejemplo: se os ha dicho que «hasta los cabellos de vuestra cabeza están contados», y es verdad que así es, pero un serafín no pasa el tiempo contándolos y manteniendo la contabilidad corregida y actualizada. Los ángeles poseen poderes inherentes y automáticos (es decir automáticos en cuanto a lo que vosotros podáis percibir) de saber estas cosas; vosotros en verdad consideraríais que los serafines son prodigios matemáticos. Por lo tanto, numerosos trabajos que serían tareas enormes para los mortales, son realizados por los serafines con gran facilidad.

Los ángeles son superiores a vosotros en estado espiritual, pero no son vuestros jueces ni acusadores. Sean cuales fueran vuestras faltas, «los ángeles, aunque más grandes en poder y fuerza, no traen acusación alguna contra vosotros». Si los ángeles no emiten un juicio sobre la humanidad, tampoco deberían los mortales prejuzgar a sus congéneres.

Hacéis bien en amarlos, pero no debéis adorarlos; los ángeles no son objetos de adoración. El gran serafín, Loyalatia, cuando vuestro vidente «cayó de rodillas para adorar a los pies del ángel», dijo: «Nunca hagas eso; yo soy un siervo junto a ti y junto a tu raza, todos unidos en la adoración a Dios».

En cuanto a naturaleza y dote de la personalidad los serafines están apenas un tanto adelante de las razas mortales en la escala de existencia de las criaturas. En efecto, cuando os liberéis de la carne, os volveréis muy parecidos a ellos. En los mundos de estancia comenzaréis a apreciar a los serafines, en las esferas de la constelación disfrutar de ellos, mientras que en Salvington compartirán su sitio de descanso y adoración con vosotros. A lo largo de la entera ascensión morontial y espiritual subsiguiente, vuestra fraternidad con los serafines será ideal; vuestro compañerismo será soberbio.

3. LOS ÁNGELES NO REVELADOS

Numerosas órdenes de seres de espíritu actúan en todos los dominios del universo local pero no se revelan a los mortales porque no están relacionados en manera alguna con el plan evolucionario de la ascensión al Paraíso. En este documento la palabra «ángel» se limita premeditadamente a la designación de aquellos vástagos seráficos y asociados del Espíritu Materno del Universo que están tan ampliamente ocupados en la operación de los planes de la sobrevivencia mortal. Sirven en el universo local seis otras órdenes de seres relacionados, los ángeles no revelados, que no están relacionados de ninguna manera específica con esas actividades universales que pertenecen a la ascensión al Paraíso de los mortales evolucionarios. Estos seis grupos de asociados angélicos no se llaman nunca serafines, tampoco nos referimos a ellos como espíritus ministrantes. Estas personalidades están enteramente ocupadas en Nebadon de los asuntos administrativos y otras ocupaciones, que de ninguna manera se relacionan con la carrera progresiva de la ascensión espiritual del hombre y del logro de la perfección.

4. LOS MUNDOS SERÁFICOS

El noveno grupo de las siete esferas primarias del circuito de Salvington está formado por los mundos de los serafines. Cada uno de estos mundos tiene seis satélites tributarios, en los que se encuentran las escuelas especiales dedicadas a todas las fases de la capacitación seráfica. Aunque los serafines tienen acceso a los cuarenta y nueve mundos que comprenden este grupo de esferas de Salvington, ocupan exclusivamente tan sólo el primer grupo de siete. Los restantes seis grupos están ocupados por las seis órdenes de asociados angélicos no revelados en Urantia; cada uno de estos grupos mantiene su sede central en uno de estos seis mundos primarios y lleva a cabo actividades especializadas en los seis satélites tributarios. Cada orden angélica tiene libre acceso a todos los mundos de estos siete grupos distintos.

Estos mundos sedes centrales están entre los reinos magníficos de Nebadon; las estancias seráficas se caracterizan tanto por su belleza como por su vastedad. Aquí cada serafín tiene un verdadero hogar, y «hogar» significa el domicilio de dos serafines; viven en pares.

Aunque no son masculino y femenino como lo son los Hijos Materiales y las razas mortales, los serafines son negativo y positivo. En la mayoría de las asignaciones se requiere a dos ángeles para cumplir la tarea. Cuando no permanecen conectados en circuito, pueden trabajar a solas; tampoco requieren complementos del ser cuando están estacionarios. Generalmente retienen sus complementos originales del ser, pero esto no es indispensable. Dichas asociaciones son necesarias principalmente para la función; no están caracterizadas por la emoción sexual, aunque son enormemente personales y verdaderamente afectuosos.

Aparte de hogares designados, los serafines también tienen sedes de grupo, compañía, batallón y unidad. Se congregan cada milenio y están todos presentes de acuerdo con el tiempo de su creación. Si un serafín lleva responsabilidades que prohiben la ausencia de su puesto, alternará la asistencia con su complemento, siendo reemplazada por un serafín de otra fecha de nacimiento. Cada socio seráfico de esta manera asiste por lo menos a una reunión de cada dos.

5. CAPACITACIÓN SERÁFICA

Los serafines pasan su primer milenio como observadores no comisionados en las escuelas de Salvington y sus mundos asociados. El segundo milenio transcurre en los mundos seráficos del circuito de Salvington. Su escuela central de capacitación está presentemente presidida por los primeros cien mil serafines nebadónicos, y a su cabeza está el ángel original o primogénito de este universo local. Un cuerpo de mil serafines provenientes de Avalón capacitó al primer grupo creado de serafines de Nebadon, posteriormente nuestros ángeles han sido capacitados por sus propios decanos. Los Melquisedek también juegan un papel importante en la instrucción y capacitación de todos los ángeles del universo local: los serafines, los querubines y los sanobines.

Al final de este período de capacitación en los mundos seráficos de Salvington, los serafines son movilizados en los grupos y unidades convencionales de la organización angélica y se les asigna a una de las constelaciones. Todavía no se los comisiona como espíritus ministrantes, aunque ya han entrado a las fases precomisión de la capacitación angélica.

Los serafines se inician como espíritus ministrantes sirviendo como observadores en los más bajos de los mundos evolucionarios. Después de esta experiencia regresan a los mundos asociados de las sedes de la constelación asignada a ellos para comenzar sus estudios avanzados y prepararse más definitivamente para el servicio en un sistema local particular. Después de esta instrucción general se los promueve al servicio de algún sistema local. En los mundos arquitectónicos asociados con la capital de algún sistema de Nebadon nuestros serafines completan su capacitación y son comisionados como espíritus ministrantes del tiempo.

Una vez que los serafines reciben su comisión, sus asignaciones pueden comprender a Nebadon entero, aún Orvonton. Su tarea en el universo es sin límites ni limitaciones; están estrechamente asociados con las criaturas materiales de los mundos y están constantemente al servicio de las órdenes más bajas de las personalidades espirituales, haciendo contacto entre estos seres del mundo espiritual y los mortales de los reinos materiales.

6. ORGANIZACIÓN SERÁFICA

Después del segundo milenio de estadía en las sedes centrales seráficas, los serafines se organizan bajo jefes en grupos de doce (12 pares, 24 serafines), y doce de estos grupos constituyen una compañía (144 pares, 288 serafines), bajo el mando de un líder. Doce compañías bajo un comandante constituyen un batallón (1.728 pares ó 3.456 serafines), y doce batallones bajo un director equivalen a una unidad seráfica (20.736 pares ó 41.472 individuos), mientras que doce unidades, bajo el mando de un supervisor constituyen una legión que cuenta con 248.832 pares ó 497.664 individuos. Jesús aludió a un grupo de ángeles de este tipo aquella noche en el jardín de Getsemaní cuando dijo: «Aún en este mismo momento puedo pedir a mi Padre y él inmediatamente me dará más de doce legiones de ángeles».

Doce legiones de ángeles comprenden una hueste que cuenta con 2.985.984 pares ó 5.971.968 individuos, y doce huestes (35.831.808 pares ó 71.663.616 individuos) forman la organización más grande de serafines, el ejército angélico. Una hueste seráfica está dirigida por un arcángel o por alguna otra personalidad de estado igual, mientras que los ejércitos angélicos son dirigidos por las Brillantes Estrellas Vespertinas o por otros lugartenientes inmediatos de Gabriel. Y Gabriel es el «comandante supremo de los ejércitos del cielo», el ejecutivo en jefe del Soberano de Nebadon, «el Dios Señor de las huestes».

Aunque sirven bajo la supervisión directa del Espíritu Infinito tal como está personalizado en Salvington, desde el autootorgamiento de Micael en Urantia, los serafines y todas las demás órdenes del universo local están sometidas ahora a la soberanía del Hijo Mayor. Aún cuando en Urantia nació Micael en la carne, se emitió una transmisión del superuniverso a todo Nebadon que proclamaba, «y dejad que todos los ángeles le adoren». Todas las categorías de ángeles están sujetas a su soberanía; son parte de ese grupo que se ha denominado «sus ángeles poderosos».

7. LOS QUERUBINES Y LOS SANOBINES

En todas sus dotes esenciales los querubines y los sanobines son similares a los serafines. Tienen el mismo origen pero no siempre el mismo destino. Son maravillosamente inteligentes, extraordinariamente eficientes, conmovedoramente afectuosos, y casi humanos. Constituyen la orden más baja de ángeles y por lo tanto la más cercana a los tipos más progresivos de seres humanos en los mundos evolucionarios.

Los querubines y sanobines están asociados inherentemente, unidos funcionalmente. Uno es de personalidad positiva en cuanto a la energía; el otro negativa en cuanto a la energía. El deflector diestro, o ángel cargado positivamente, es el querubín —el decano o personalidad controladora. El deflector siniestro, o ángel cargado negativamente, es el sanobín —el complemento del ser. Cada tipo de ángel está muy limitado en sus funciones solitarias; por lo tanto sirven generalmente en pares. Cuando sirven independientemente de sus directores seráficos, dependen más aún del contacto mutuo y siempre funcionan juntos.

Los querubines y sanobines son los asistentes fieles y eficientes de los ministros seráficos, y todas las siete órdenes de serafines tienen estos asistentes subordinados. Los querubines y sanobines sirven durante épocas en estas funciones, pero no acompañan a los serafines en asignaciones más allá de los confines del universo local.

Los querubines y sanobines son los obreros espirituales rutinarios en los mundos individuales de los sistemas. En asignaciones no personales y en casos de urgencia, pueden servir en lugar de un par seráfico, pero no pueden funcionar, ni siquiera temporalmente, como ángeles asistentes de los seres humanos; ése es un privilegio exclusivo de los serafines.

Cuando se los asigna a un planeta, los querubines ingresan en cursos locales de capacitación, incluyendo un estudio de las costumbres e idiomas planetarios. Los espíritus ministrantes del tiempo son todos bilingües, pues hablan el idioma del universo local de su origen y el del superuniverso nativo. Por el estudio en las escuelas de los reinos adquieren lenguas adicionales. Los querubines y los sanobines, como los serafines y todas las demás órdenes de seres espirituales, están continuamente ocupados en perfeccionarse a sí mismos. Sólo los seres subordinados al control del poder y la dirección de la energía son incapaces de progreso; todas las criaturas que tienen una personalidad real o potencialmente volitiva buscan nuevos logros.

Los querubines y sanobines se encuentran por naturaleza muy cerca del nivel morontial de la existencia, y demuestran ser particularmente eficientes en el trabajo que limita los dominios físico, morontial y espiritual. Estos hijos del Espíritu Materno del universo local están caracterizados por «criaturas cuartas» mucho a semejanza de los servitales de Havona y de las comisiones conciliadoras. Cada cuarto querubín y cada cuarto sanobín son cuasi materiales, asemejándose muy claramente al nivel morontial de la existencia.

Estas criaturas cuartas angélicas son de gran ayuda para los serafines en las fases más concretas de sus actividades universales y planetarias. Estos querubines morontiales también realizan muchas tareas limítrofes, indispensables en los mundos de capacitación morontial y se los asigna al servicio de los Compañeros Morontiales en grandes números. Son para las esferas morontiales aproximadamente lo que los seres intermedios son para los planetas evolucionarios. En los mundos habitados estos querubines morontiales frecuentemente funcionan en enlace con los seres intermedios. Los querubines y los seres intermedios son órdenes claramente definidas de seres; tienen orígenes distintos, pero relevan gran similitud en su naturaleza y función.

8. EVOLUCIÓN DE LOS QUERUBINES Y SANOBINES

Se abren a los querubines y sanobines numerosas avenidas cada vez más elevadas de servicio que conducen al enaltecimiento de su estado, la cual puede ser mejorada aún más por el abrazo de la Ministra Divina. Respecto del potencial evolucionario existen tres grandes clases de querubines y sanobines:

1. *Los candidatos para la ascensión.* Estos seres son por naturaleza candidatos al estado seráfico. Los querubines y sanobines de esta orden son brillantes, aunque no, por dotación inherente, equivalentes a los serafines; pero por su aplicación y experiencia les es posible alcanzar plena condición seráfica.

2. *Los querubines de fase media.* Todos los querubines y sanobines no son iguales en potencial de ascensión, y éstos son los seres inherentemente limitados de las creaciones angélicas. La mayoría de ellos seguirá siendo querubines y sanobines, aunque los individuos más dotados podrán alcanzar un servicio seráfico limitado.

3. *Los querubines morontiales.* Estas «criaturas cuartas» de las órdenes angélicas mantendrán siempre sus características cuasi materiales. Continuarán siendo querubines y sanobines, juntamente con una mayoría de sus hermanos de la fase media, hasta la actualización completa del Ser Supremo.

Aunque el segundo y tercer grupo están un tanto limitados en potencial de crecimiento, los candidatos para la ascensión pueden alcanzar las alturas del ministerio seráfico en los universos. Muchos de los más expertos entre estos querubines se asignan a los guardianes seráficos del destino y de esta manera, cuando los abandonen sus decanos seráficos, se hallan en línea directa para el avance al estado de Maestros de los Mundos de Estancia. Los guardianes del destino no tienen ayudantes querubines y sanobines cuando sus protegidos mortales alcanzan la vida morontial. Cuando se les otorga pase a otros tipos de serafines evolucionarios para Serafington y el Paraíso, deben abandonar a sus ex-subordinados al salir de los confines de Nebadon. Estos querubines y sanobines abandonados generalmente son abrazados por el Espíritu Materno del Universo, alcanzando así, en el logro del estado seráfico, un nivel equivalente al de Maestro de los Mundos de Estancia.

Cuando, como Maestros en los Mundos de Estancia, los querubines y sanobines ya abrazados han servido por largo tiempo en las esferas morontiales, desde la más baja hasta la más elevada, y cuando sus cuerpos en Salvington tienen demasiado personal, la Estrella Brillante Matutina convoca a estos siervos fieles de las criaturas del tiempo para que aparezcan en su presencia. Se les administra el juramento de la transformación de la personalidad; y en ese momento, en grupos de siete mil, estos decanos querubines y sanobines avanzados, son abrazados nuevamente por el Espíritu Materno del Universo. De este segundo abrazo emergen como serafines completos. De allí en adelante para la carrera plena y completa de un serafín, con todas sus posibilidades paradisiacas, se abren a estos querubines y sanobines que han nacido nuevamente. Estos ángeles pueden ser asignados como guardianes del destino a algún ser mortal, y si el protegido mortal logra la sobrevivencia, se volverán elegibles para avance en Serafington y en los siete círculos del logro seráfico, aun hasta el Paraíso y al Cuerpo de los Finalistas.

9. LOS SERES INTERMEDIOS

Los seres intermedios tienen una clasificación triple: están apropiadamente clasificados con los Hijos ascendentes de Dios; están agrupados de hecho con las órdenes de los ciudadanos permanentes, y funcionalmente se los consideran con los espíritus ministrantes del tiempo debido a su asociación íntima y eficaz con las huestes angélicas en el trabajo de servir al hombre mortal en los mundos individuales del espacio.

Estas criaturas singulares aparecen en la mayoría de los mundos habitados y se los encuentra siempre en los planetas decimales o de experimento de vida, tales como Urantia. Los seres intermedios son de dos tipos —primario y secundario— y aparecen mediante las siguientes técnicas:

1. *Seres Intermedios Primarios*, es el grupo más espiritual, constituye una orden un tanto estandarizada de seres que son derivados uniformemente del séquito modificado de mortales ascendentes de los Príncipes Planetarios. El número de los seres intermedios primarios es siempre cincuenta mil, y ningún planeta que disfrute de su ministerio tiene un número mayor.

2. *Seres Intermedios Secundarios*, es el grupo más material de estas criaturas, varía grandemente en número en los distintos mundos, aunque el promedio es de alrededor de cincuenta mil. Se derivan en forma variada de los elevadores biológicos planetarios, los Adanes y las Evas, o de su progenie inmediata. Existen no menos de veinticuatro técnicas distintas en la producción de estos seres intermedios secundarios en los mundos evolucionarios del espacio. La modalidad de origen de este grupo en Urantia fue rara y extraordinaria.

Ninguno de estos grupos es un accidente evolucionario; ambos son aspectos esenciales de los planes predeterminados de los arquitectos del universo, y su aparición en los mundos evolutivos en el momento oportuno está de acuerdo con los diseños originales y planes de desarrollo de los Portadores de Vida supervisores.

Los seres intermedios primarios se energizan intelectual y espiritualmente por la técnica angelical y son uniformes en su condición intelectual. Los siete espíritus ayudantes de la mente no hacen contacto con ellos; tan sólo el sexto y el séptimo, el espíritu de adoración y el espíritu de sabiduría, son capaces de ministrar al grupo secundario.

Los seres intermedios secundarios están físicamente energizados por la técnica adánica, espiritualmente incorporados en circuito por la técnica seráfica, e intelectualmente dotados con el tipo de mente de transición morontial. Se dividen en cuatro tipos físicos, siete órdenes espirituales, y doce niveles de respuesta intelectual al ministerio conjunto de los últimos dos espíritus ayudantes y de la mente morontial. Estas diversidades determinan su diferencial de actividad y de asignación planetaria.

Los seres intermedios primarios se asemejan más a los ángeles que a los mortales; las órdenes secundarias son mucho más parecidas a los seres humanos. Cada orden presta asistencia inapreciable a la otra en la ejecución de sus múltiples asignaciones planetarias. Los ministros primarios pueden alcanzar un enlace de cooperación tanto con los controladores de la energía morontial y de la energía espiritual como con los encargados de los circuitos de la mente. El grupo secundario puede establecer relaciones de trabajo sólo con los controladores físicos y los manipuladores de los circuitos materiales. Pero puesto que cada orden de ser intermedio puede establecer una sincronía perfecta de contacto con la otra, cada uno de los grupos es por lo tanto capaz de alcanzar la utilización práctica de la entera gama de energía que va desde el poder físico bruto de los mundos materiales a través de las fases de transición de las energías del universo hasta las fuerzas más elevadas de realidad espiritual de los reinos celestiales.

La laguna entre los mundos material y espiritual está perfectamente salvada por la asociación seriada del hombre mortal, el ser intermedio secundario, el ser intermedio primario, el querubín morontial, el querubín de fase media y el serafín. En la experiencia personal del mortal individual estos diversos niveles están indudablemente más o menos unificados y hechos personalmente significativos por las operaciones misteriosas y no observadas del divino Ajustador del Pensamiento.

En los mundos normales los seres intermedios primarios mantienen su servicio como cuerpo de vigilancia y como actores de variedades celestiales en nombre del Príncipe Planetario, mientras que los ministros secundarios continúan su cooperación con el régimen adánico de adelantar la causa de la civilización planetaria progresiva. En caso de traición del Príncipe Planetario y falta del Hijo Material, tal como ocurrió en Urantia, los seres intermedios se vuelven los protegidos del Soberano del Sistema y sirven bajo la guía directriz del custodio interino del planeta. Pero tan sólo en tres otros mundos de Satania actúan estos seres como un solo grupo bajo el liderazgo unificado tal como lo hacen los ministros intermedios unidos de Urantia.

El trabajo planetario tanto de los seres intermedios primarios como de los secundarios es variado y diverso en los numerosos mundos de un universo, pero en los planetas normales y medianos, sus actividades son muy diferentes de las obligaciones que ocupan su tiempo en las esferas aisladas tales como lo es Urantia.

Los seres intermedios primarios son los historiadores planetarios que, desde el momento de la llegada del Príncipe Planetario hasta la edad del establecimiento de la luz y de la vida, formulan las celebraciones y diseñan las representaciones de la historia planetaria para las exhibiciones de los planetas en los mundos sede del sistema.

Los seres intermedios permanecen por largos períodos en un mundo habitado, pero si son fieles a su encomienda, finalmente y con toda seguridad serán reconocidos por su servicio en el mantenimiento de la soberanía del Hijo Creador; y serán debidamente recompensados por su ministerio paciente a los mortales materiales en su mundo del tiempo y del espacio. Tarde o temprano todos los seres intermedios acreditados serán incorporados en las filas de los Hijos ascendentes de Dios y serán debidamente iniciados en la larga aventura de la ascensión al Paraíso, en compañía de aquellos mismos mortales de origen animal, sus hermanos terrenales, a quienes tan celosamente cuidaron y tan eficazmente sirvieron durante su larga morada planetaria.

[Presentado por un Melquisedek que actúa a instancias del Jefe de las Huestes Seráficas de Nebadon.]

DOCUMENTO 39

LAS HUESTES SERÁFICAS

POR lo que sabemos, el Espíritu Infinito, tal como se personaliza en la sede del universo local, tiene la intención de producir serafines uniformemente perfectos, pero por algún motivo desconocido estos vástagos seráficos son muy diversos. Esta diversidad puede ser el resultado de una interposición desconocida de la Deidad experiencial en evolución; si es así, no podemos probarlo. Pero sí observamos que, cuando los serafines se han sometido a las pruebas de instrucción y a la disciplina de capacitación, se clasifican indefectible y claramente en los siguientes siete grupos:

1. Serafines Supremos.
2. Serafines Superiores.
3. Serafines Supervisores.
4. Serafines Administradores.
5. Ayudantes Planetarios.
6. Ministros de Transición.
7. Serafines del Futuro.

Decir que un serafín específico es inferior a un ángel de otro grupo no sería verdad. Sin embargo, cada ángel está al principio limitado en su servicio al grupo de su clasificación original e inherente. Mi asociado seráfico para la preparación de esta declaración, Manotia, es un serafín supremo y anteriormente actuaba sólo como serafín supremo. Por su aplicación y dedicación al servicio, ha alcanzado uno a uno los siete servicios seráficos, habiendo actuado prácticamente en todas las avenidas de servicio abiertas a un serafín, y actualmente está comisionado como jefe asociado de serafines en Urantia.

A veces les resulta difícil a los seres humanos comprender que una capacidad creada para servicio de alto nivel no implica necesariamente la habilidad para actuar en niveles de servicio relativamente más bajos. El hombre empieza la vida como un infante desamparado; por lo tanto, todo logro mortal debe comprender todos los requisitos experienciales; los serafines no tienen una vida pre-adulta: no tienen infancia. Sin embargo, son criaturas experienciales, y por la experiencia y mediante la instrucción adicional pueden aumentar sus dotes divinas e inherentes de capacidad mediante la adquisición experiencial de la pericia funcional en uno o más servicios seráficos.

Una vez que son comisionados, los serafines son asignados a las reservas de su grupo inherente. Aquellos de estado planetario y de administración frecuentemente sirven durante largos períodos, según su clasificación original, pero cuanto más alto es el nivel inherente de función, más persistentemente buscan los ministros angélicos la asignación a las órdenes más bajas del servicio universal. Desean particularmente asignación a las reservas de los ayudantes planetarios, y si lo consiguen, se incorporan en las escuelas celestiales de la sede del Príncipe Planetario de algún mundo evolucionario. Aquí comienzan el estudio de los idiomas, la historia, y las costumbres locales establecidas de las razas de la humanidad. Los serafines deben adquirir el conocimiento y obtener experiencia así como lo hacen los seres humanos. No están muy alejados de vosotros en ciertos atributos de personalidad. Todos ellos anhelan comenzar desde abajo en el nivel más bajo posible de ministerio; de esa manera pueden esperar alcanzar el nivel más alto posible de destino experiencial.

1. SERAFINES SUPREMOS

Estos serafines son la más alta de las siete órdenes reveladas de los ángeles del universo local. Funcionan en siete grupos, cada uno de los cuales está estrechamente relacionado con los ministros angelicales del Cuerpo Seráfico de Consumación.

1. *Ministros Hijo-Espíritu.* El primer grupo de serafines supremos está asignado al servicio de los altos Hijos y los altos seres oriundos del Espíritu, residentes y actuantes en el universo local. Este grupo de ministros angelicales también sirve al Hijo del Universo y al Espíritu del Universo y se encuentra estrechamente afiliado con el cuerpo de vigilancia de la Brillante Estrella Matutina, el jefe ejecutivo universal de las voluntades unidas del Hijo Creador y el Espíritu Creativo.

Siendo asignados a los altos Hijos y Espíritus, estos serafines se encuentran naturalmente asociados con los extensos servicios de los Avonales del Paraíso, los vástagos divinos del Hijo Eterno y el Espíritu Infinito. Los Avonales del Paraíso son siempre asistidos en todas sus misiones de magistrado y de autootorgamiento por esta elevada y experta orden de serafines, quienes en tales ocasiones se dedican a organizar y administrar la tarea especial relacionada con la terminación de una dispensación planetaria y la inauguración de una nueva edad. Pero no participan del trabajo de adjudicación que puede ser incidental a tales cambios en las dispensaciones.

Auxiliares de Autootorgamiento. Cuando los Avonales del Paraíso, pero no los Hijos Creadores, se encuentran en una misión de autootorgamiento están acompañados siempre por un cuerpo de 144 auxiliares de autootorgamiento. Estos 144 ángeles son los jefes de todos los demás ministros de Hijos-Espíritus que puedan estar asociados con una misión de autootorgamiento. Es posible que haya legiones de ángeles bajo el mando de un Hijo de Dios encarnado en un autootorgamiento planetario, pero todos estos serafines estarán organizados y dirigidos por los 144 auxiliares de autootorgamiento. Las órdenes más elevadas de ángeles, los supernafines y los seconafines, también pueden formar parte de las huestes auxiliares, y aunque sus misiones sean distintas de las de los serafines, todas estas actividades son coordinadas por los auxiliares de encarnación.

Estos auxiliares de encarnación son serafines de consumación; todos ellos han atravesado los círculos de Serafington y han alcanzado el Cuerpo Seráfico de Consumación. Además se han capacitado especialmente para enfrentarse con las dificultades y manejar las urgencias asociadas con los autootorgamientos de los Hijos de Dios para el avance de los hijos del tiempo. Todos estos serafines han alcanzado el Paraíso y el abrazo personal de la Segunda Fuente y Centro, el Hijo Eterno.

Los serafines anhelan igualmente la asignación a misiones de los Hijos encarnados y el encargo de guardianes de destino para los mortales de los reinos; este último encargo es el pasaporte seráfico más seguro para el Paraíso, mientras que los auxiliares de autootorgamiento han alcanzado el servicio más elevado en el universo local de los serafines de consumación destinados a llegar al Paraíso.

2. *Asesores de los Tribunales.* Estos son los asesores y auxiliares seráficos asignados a todas las órdenes de adjudicación, desde los conciliadores hasta los tribunales más altos del reino. No es el propósito de dichos tribunales determinar sentencias punitivas sino más bien adjudicar diferencias honestas de opinión y decretar la sobrevivencia eterna de los mortales ascendentes. He aquí el deber de los asesores de los tribunales: asegurarse de que todos los cargos contra las criaturas mortales se consideren con justicia y se adjudiquen con misericordia. En esta tarea están estrechamente asociados con los Altos Comisionados, mortales ascendentes fusionados con el Espíritu que sirven en el universo local.

Los asesores seráficos de los tribunales sirven ampliamente como defensores de los mortales. No es que exista jamás tendencia alguna a ser injustos respecto de las criaturas bajas de los reinos, pero aunque la justicia exige la adjudicación de todas las faltas en la ascensión hacia la perfección divina, la misericordia requiere que cada uno de estos desaciertos sea adjudicado con equidad de acuerdo con la naturaleza de la criatura y con el propósito divino. Estos ángeles son los exponentes y ejemplos del elemento de misericordia inherente a la justicia divina —de la rectitud basada en el conocimiento de los hechos subyacentes de motivaciones personales y tendencias raciales.

Esta orden de ángeles sirve desde los concilios de los Príncipes Planetarios hasta los más elevados tribunales del universo local, mientras que sus asociados del Cuerpo Seráfico de Consumación funcionan en los reinos más elevados de Orvonton, aun hasta los tribunales de los Ancianos de los Días de Uversa.

3. *Orientadores Universales.* Éstos son los amigos auténticos y consejeros postgraduados de todas aquellas criaturas ascendentes que se detienen por última vez en Salvington, en su universo de origen, hallándose en el umbral de la aventura espiritual que se extiende ante ellos en el vasto superuniverso de Orvonton. En tales momentos muchos de los ascendentes tienen la sensación de que los mortales podrían comprender tan sólo por comparación con la emoción de la nostalgia. A sus espaldas yacen los reinos del logro, los reinos que se han vuelto familiares a través de prolongado servicio y logro morontial; frente a ellos yace el misterio desafiante de un universo más grande y más vasto.

Es la tarea de los orientadores universales facilitar el pasaje de los peregrinos ascendentes, desde los niveles logrados hasta los niveles no logrados de servicio universal, ayudar a estos peregrinos para que hagan esos ajustes calidoscópicos en la comprensión de los significados y valores inherentes a la comprensión de que un espíritu de primera etapa se encuentra, no al final y en la cúspide de la ascensión morontial en el universo local, sino más bien al pie de la larga escalera de ascensión espiritual al Padre Universal en el Paraíso.

Muchos graduados de Serafington, miembros del Cuerpo Seráfico de Consumación que están asociados con estos serafines, se ocupan intensamente de la enseñanza en ciertas escuelas de Salvington relacionadas con la preparación de las criaturas de Nebadon para las relaciones de la próxima edad universal.

4. *Consejeros de Enseñanza.* Estos ángeles son los asistentes invaluables del cuerpo de enseñanza espiritual del universo local. Los consejeros de enseñanza son secretarios de todas las órdenes de instructores, desde los Melquisedek y los Hijos Instructores Trinitarios hasta los mortales morontiales asignados como ayudantes de aquellos de su especie que se hallan apenas detrás de ellos en la escala de la vida

ascendente. Vosotros primero veréis a estos serafines asociados de enseñanza en alguno de los siete mundos de estancia que rodean Jerusem.

Estos serafines se vuelven asociados de los jefes de división de las numerosas instituciones de instrucción y capacitación de los universos locales, y están agregados en grandes números al cuerpo docente de los siete mundos de capacitación de los sistemas locales y de las setenta esferas educacionales de las constelaciones. Estas ministraciones se extienden hacia abajo hacia los mundos individuales. Aun los maestros verdaderos y dedicados del tiempo son asistidos, y frecuentemente auxiliados, por estos consejeros de los serafines supremos.

El cuarto autootorgamiento del Hijo Creador en forma de una criatura fue a semejanza de un consejero de enseñanza de los serafines supremos de Nebadon.

5. *Directores de Asignación.* De vez en cuando los ángeles que sirven en las esferas evolucionarias y arquitectónicas habitadas por las criaturas, eligen un cuerpo de 144 serafines supremos. Éste es el concilio angélico más elevado de todas las esferas, y coordina las fases autodirigidas de servicio y asignación seráficos. Estos ángeles presiden todas las asambleas seráficas que se refieren a la línea de deber o al llamado a la adoración.

6. *Los Registradores.* Estos son los registradores oficiales de los serafines supremos. Muchos de estos altos ángeles nacieron con talentos plenamente desarrollados, otros han calificado para su posición de confianza y responsabilidad mediante la aplicación diligente al estudio y la realización fiel de deberes similares al pertenecer a órdenes más bajas o menos responsables.

7. *Ministros sin Cartera.* Grandes números de serafines sin cartera de la orden suprema son servidores autodirigidos en las esferas arquitectónicas y en los planetas habitados. Estos ministros satisfacen voluntariamente el indice diferencial de demanda de servicio de los serafines supremos, constituyendo de este modo la reserva general de esta orden.

2. SERAFINES SUPERIORES

Los serafines superiores reciben su nombre, no porque sean en sentido alguno cualitativamente superiores a las demás órdenes de ángeles, sino porque están a cargo de las actividades más altas de un universo local. Muchos de los primeros dos grupos de este cuerpo seráfico son serafines por promoción, ángeles que han servido en todas las fases de capacitación y han regresado a una asignación glorificada como directores de su género en las esferas de sus actividades anteriores. Puesto que Nebadon es un universo joven, no tiene muchos miembros de esta orden.

Los serafines superiores funcionan en los siguientes siete grupos:

1. *El Cuerpo de Información.* Estos serafines pertenecen al séquito personal de Gabriel, la Brillante Estrella Matutina, deambulan por el universo local reuniendo información de los reinos para su guía en los concilios de Nebadon. Son el cuerpo de información de las huestes poderosas sobre las que preside Gabriel como vicerregente del Hijo Mayor. Estos serafines no están directamente afiliados con los sistemas ni con las constelaciones, y su información fluye directamente a Salvington a través de un circuito continuo, directo e independiente.

Los cuerpos de información de los distintos universos locales pueden intercomunicarse, y lo hacen, pero sólo dentro de un superuniverso determinado. Existe un diferencial de energía que segrega en forma eficaz los negocios y transacciones de los distintos supergobiernos. Un superuniverso puede comúnmente comunicarse con otro superuniverso tan sólo a través de disposiciones e instalaciones del centro distribuidor del Paraíso.

2. *La Voz de la Misericordia.* La misericordia es la clave del servicio seráfico y del ministerio angélico. Por lo tanto es apropiado que exista un cuerpo de ángeles que, de forma especial, ilustre la misericordia. Estos serafines son los verdaderos ministros de misericordia de los universos locales. Son los líderes inspirados que fomentan los impulsos más elevados y las emociones más santas de los hombres y los ángeles. Los directores de estas legiones presentemente son siempre serafines de consumación que son también guardianes de los graduados del destino mortal; o sea, que cada par angélico ha guiado por lo menos un alma de origen animal durante la vida en la carne y posteriormente ha atravesado los círculos de Serafington y ha sido incorporado al Cuerpo Seráfico de Consumación.

3. *Coordinadores Espirituales.* La sede del tercer grupo de los serafines superiores está en Salvington, pero funciona en el universo local dondequiera que pueda servir en forma beneficiosa. Aunque sus tareas son esencialmente espirituales y por lo tanto más allá de la comprensión verdadera de la mente humana, tal vez podáis comprender en parte su ministerio a los mortales, si se explica que estos ángeles tienen el encargo de preparar a los habitantes temporales ascendentes de Salvington para su transición última en el universo local: desde el nivel morontial más alto hasta el estado de los seres espirituales nuevamente nacidos. Así como los planificadores de la mente en los mundos de estancia ayudan a la criatura sobreviviente a que se ajuste y utilice eficazmente los potenciales de la mente morontial, del mismo modo estos serafines instruyen a los graduados morontiales en Salvington respecto de la capacidad recién adquirida de la mente espiritual. También sirven a los mortales ascendentes de muchas otras maneras.

4. *Maestros Asistentes.* Los maestros asistentes son ayudantes y asociados de sus serafines semejantes, los consejeros de enseñanza. También están relacionados individualmente con las amplias empresas de instrucción del universo local, especialmente con el esquema séptuplo de capacitación operativa en los mundos de estancia de los sistemas locales. Un cuerpo maravilloso de esta orden de serafines funciona en Urantia con el propósito de fomentar y adelantar la causa de la verdad y de la rectitud.

5. *Los Transportadores.* Todos los grupos de espíritus ministrantes poseen sus cuerpos de transporte, órdenes angélicas dedicadas al ministerio de transportar a aquellas personalidades que no pueden por sí mismas viajar de una esfera a la otra. El quinto grupo de los serafines superiores tiene su sede en Salvington y sirve a los viajeros del espacio desde la sede del universo local y hacia la misma. Como otras subdivisiones de los serafines superiores, algunos fueron creados como tales mientras que otros han alcanzado este nivel a partir de grupos más bajos o menos dotados.

La «gama de energía» de los serafines es totalmente adecuada para el universo local y aun para los requisitos del superuniverso, pero no podrían soportar jamás las demandas de energía correspondientes a un viaje tan distante como es el de Uversa a Havona. Este viaje tan exhaustivo requiere las energías especiales de un seconafín primario de dotes de transporte. Los transportadores cargan energía para el vuelo mientras están en tránsito y recuperan su fuerza personal al fin del viaje.

Aun en Salvington los mortales ascendentes no poseen formas personales de tránsito. Los que ascienden deben depender del transporte seráfico al avanzar de un mundo a otro hasta después del último reposo de sueño en el círculo interior de Havona y el despertar eterno en el Paraíso. Posteriormente, ya no dependeréis de los ángeles para trasladaros de universo a universo.

El proceso de transporte con serafín no es muy diferente de la experiencia de la muerte o del sueño excepto que existe un elemento temporal automático en el ensueño del tránsito. Estás conscientemente inconsciente durante el descanso seráfico. Pero el Ajustador del Pensamiento está plena y totalmente consciente, de hecho, excepcionalmente eficiente puesto que eres incapaz de oponer, resistir o de manera alguna impedir su tarea creadora y transformadora.

Cuando viajas por serafín te duermes por un período específico de tiempo, y despiertas en el momento indicado. La longitud de un viaje durante el sueño de tránsito no es importante. No estás directamente consciente del pasaje del tiempo. Es como si te durmieras en un vehículo de transporte en una ciudad y, después de descansar un sueño reparador toda la noche, te despertaras en otra metrópoli distante. Has viajado mientras dormías. Así pues vuelas a través del espacio, enserafinado, mientras descansas —duermes. El sueño de tránsito es inducido por el enlace entre los Ajustadores y los transportadores seráficos.

Los ángeles no pueden transportar cuerpos combustibles —carne y huesos— tales como los que tenéis ahora, pero pueden transportar todas las demás formas, desde la morontial más baja hasta la más elevada espiritual. No funcionan en caso de muerte natural. Cuando finalizas tu carrera terrenal, tu cuerpo permanece en este planeta. Tu Ajustador del Pensamiento se dirige al seno del Padre, y estos ángeles no se ocupan directamente de la reconstitución subsiguiente de tu personalidad en el mundo de estancia de identificación. Allí tu nuevo cuerpo es una forma morontial, una forma que puede viajar en serafín. Tú «siembras un cuerpo mortal» en la tumba; y «cosechas una forma morontial» en los mundos de estancia.

6. *Los Registradores.* Estas personalidades se ocupan específicamente de la recepción, archivo, y reenvío de los registros de Salvington y de sus mundos asociados. También sirven como registradores especiales para los grupos residentes de personalidades del superuniverso y de personalidades más elevadas y como amanuenses de los tribunales de Salvington y secretarios de los jueces.

Emisores —recibidores y difusores— constituyen una subdivisión especializada de los registradores seráficos, que se ocupa del envío de registros y de la diseminación de información esencial. Su tarea es de orden elevado, con tantos circuitos que 144.000 mensajes pueden atravesar simultáneamente las mismas líneas de energía. Adaptan las técnicas ideográficas más elevadas de los registradores jefes superáficos y con estos símbolos comunes mantienen contacto recíproco tanto con los coordinadores de información de los supernafines terciarios como con los coordinadores glorificados de información del Cuerpo Seráfico de Consumación.

Los registradores seráficos de la orden superior realizan así un enlace estrecho con los cuerpos de información de su propia orden y con todos los registradores subordinados, mientras que las transmisiones les permiten mantener comunicación constante con registradores más elevados del superuniverso y, mediante este canal, con los registradores de Havona y los custodios del conocimiento en el Paraíso. Muchos de los registradores de la orden superior son serafines ascendidos desde tareas similares en las secciones inferiores del universo.

7. *Las Reservas.* Amplias reservas de todo tipo de serafines superiores se mantienen en Salvington, disponibles instantáneamente para su envío a los mundos más alejados de Nebadon cuando son requeridas por los directores de asignación o por solicitud de los administradores del universo. Las reservas de los serafines superiores también proveen auxiliares mensajeros por solicitud del jefe de las Brillantes Estrellas

Vespertinas, quien está encargado de la custodia y envío de todas las comunicaciones personales. Un universo local está plenamente abastecido de medios adecuados de intercomunicación, pero siempre hay un residuo de mensajes que requiere despacho mediante mensajeros personales.

Las reservas básicas para todo el universo local se mantienen en los mundos seráficos de Salvington. Este cuerpo incluye a todos los tipos de todos los grupos de ángeles.

3. SERAFINES SUPERVISORES

Esta orden versátil de ángeles del universo se asigna al servicio exclusivo de las constelaciones. Estos peritos servidores tienen su sede central en las capitales de la constelación pero funcionan por todo Nebadon en beneficio de sus reinos asignados.

1. *Asistentes Supervisores.* La primera orden de los serafines supervisores está asignada a la tarea colectiva de los Padres de la Constelación, y son ayudantes siempre eficientes de Los Altísimos. Estos serafines se ocupan principalmente de la unificación y estabilización de toda la constelación.

2. *Pronosticadores de la Ley.* La base intelectual de la justicia es la ley, y en un universo local, la ley se origina en las asambleas legisladoras de las constelaciones. Estos cuerpos deliberantes codifican y promulgan formalmente las leyes básicas de Nebadon, leyes proyectadas para permitir la coordinación máxima de una entera constelación de acuerdo con la política fija de no intrusión, con el libre albedrío moral de las criaturas personales. Es deber de la segunda orden de serafines supervisores presentar ante los legisladores de la constelación un pronóstico de cómo una ley propuesta afectaría a la vida de las criaturas de libre albedrío. Están altamente calificados para realizar este servicio, en virtud de su larga experiencia en los sistemas locales y en los mundos habitados. Estos serafines no persiguen favores especiales para uno u otro grupo, pero aparecen ante los legisladores celestiales para hablar por aquellos que no pueden estar presentes para hablar por sí mismos. Aun el hombre mortal puede contribuir a la evolución de la ley universal, porque estos mismos serafines ilustran fiel y plenamente, no necesariamente los deseos conscientes y transitorios del hombre, sino más bien los auténticos anhelos del hombre interior, el alma morontial en evolución del mortal material en los mundos del espacio.

3. *Arquitectos Sociales.* Desde los planetas individuales hasta los mundos de capacitación morontial, estos serafines actúan para enaltecer todos los contactos sociales sinceros y para adelantar la evolución social de las criaturas del universo. Estos son los ángeles que intentan liberar las asociaciones de los seres inteligentes de toda artificialidad, intentando al mismo tiempo facilitar la interasociación de las criaturas volitivas sobre una base de autocomprensión real y apreciación mutua genuina.

Los arquitectos sociales hacen todo lo posible dentro de su provincia y poder para reunir a individuos afines con el objeto de que constituyan grupos de trabajo eficientes y agradables en la tierra; y a veces estos grupos se han encontrado nuevamente asociados en los mundos de estancia para un servicio fructífero continuado. Pero no siempre alcanzan estos serafines sus objetivos; no siempre son capaces de acercar a aquellos que podrían formar el grupo más ideal para alcanzar un propósito determinado o para realizar una tarea específica; bajo estas condiciones deben utilizar lo mejor del material disponible.

Estos ángeles continúan su ministerio en los mundos de estancia y en los mundos morontiales más elevados. Se ocupan de toda empresa que tenga que ver con el progreso en los mundos morontiales y que se refiera a tres o más personas. Dos seres se consideran como operando sobre la base de pareja, complemento o sociedad; pero cuando tres o más se agrupan para un servicio, constituyen un problema social y por lo tanto caen bajo la jurisdicción de los arquitectos sociales. Estos eficientes serafines están organizados en setenta divisiones en Edentia, y estas divisiones sirven en los setenta mundos de progreso morontial que están alrededor de la esfera sede central.

4. *Sensibilizadores Éticos*. Es misión de estos serafines fomentar y promover en la criatura el crecimiento de la apreciación de la moralidad en las relaciones interpersonales, puesto que ésta es la semilla y secreto del crecimiento continuado y fructífero de la sociedad y del gobierno, tanto humano como superhumano. Estos enaltecedores de la apreciación ética funcionan dondequiera y cuandoquiera puedan servir, como consejeros voluntarios de los gobernantes planetarios y como maestros de intercambio en los mundos de capacitación del sistema. Sin embargo vosotros no estaréis bajo su guía plena hasta que no alcancéis las escuelas de la hermandad en Edentia, donde acelerarán vuestra apreciación de aquellas mismas verdades de la fraternidad que en ese momento estaréis explorando tan entusiásticamente por la experiencia real de vivir con los univitatias en los laboratorios sociales de Edentia, los setenta satélites de la capital de Norlatiadek.

5. *Los Transportadores*. El quinto grupo de serafines supervisores opera como transportadores de las personalidades, llevando a los seres a las sedes de las constelaciones y desde las mismas. Estos serafines de transporte, mientras vuelan de una esfera a la otra, están plenamente conscientes de su velocidad, dirección y sitio astronómico. No atraviesan el espacio como lo haría un proyectil inanimado. Pueden pasar uno al lado del otro durante el vuelo espacial sin el menor peligro de choque. Son plenamente capaces de variar la velocidad de avance y de alterar la dirección del vuelo, aun de cambiar el destino, si sus directores así los instruyen en cualquiera de los cruces espaciales de los circuitos universales de información.

Estas personalidades de tránsito están organizadas de tal manera que pueden utilizar simultáneamente las tres líneas de energía distribuidas universalmente, cada una de las cuales tiene una velocidad espacial neta de 299.725 kilómetros por segundo. Estos transportadores por lo tanto pueden sobreponer la velocidad de la energía sobre la velocidad de la fuerza hasta alcanzar una velocidad media en sus largos viajes que varía entre 893.000 y 899.400 de vuestros kilómetros por segundo de vuestro tiempo. La velocidad está afectada por la masa y la proximidad de la materia vecina y por la intensidad y dirección de los circuitos principales cercanos del poder universal. Existen numerosos tipos de seres, similares a los serafines, que pueden atravesar el espacio, y que también pueden transportar a otros seres que hayan sido preparados adecuadamente.

6. *Los Registradores*. La sexta orden de serafines supervisores actúa como registradores especiales de los asuntos de la constelación. Un cuerpo amplio y eficiente funciona en Edentia, la sede de la constelación de Norlatiadek, a la cual pertenece vuestro sistema y planeta.

7. *Las Reservas*. Se mantienen reservas generales de serafines supervisores en las sedes de las constelaciones. Estos reservistas angélicos no están en ningún sentido inactivos; muchos sirven como mensajeros auxiliares para los gobernantes de las constelaciones. Se asignan otros a las reservas de Salvington de los Vorondadek no asignados; aun otros se pueden vincular a los Hijos Vorondadek en encargos especiales, tales como el observador Vorondadek, y a veces al regente Altísimo, de Urantia.

4. SERAFINES ADMINISTRADORES

La cuarta orden de serafines está asignada a las tareas administrativas de los sistemas locales. Son oriundos de las capitales del sistema pero están estacionados en grandes números en las esferas morontiales de estancia y en los mundos habitados. Los serafines de cuarta orden están dotados por naturaleza de insólita habilidad administrativa. Son los hábiles asistentes de los directores de las divisiones inferiores del gobierno universal de un Hijo Creador y se ocupan principalmente de los asuntos de los universos locales y de sus mundos integrantes. Están organizados para el servicio como sigue:

1. *Asistentes Administrativos*. Estos capaces serafines son los asistentes inmediatos de un Soberano del Sistema, un Hijo Lanonandek primario. Son auxiliares invaluables en la ejecución de los intricados detalles de la tarea ejecutiva de la sede central del sistema. También sirven como agentes personales de los gobernantes del sistema, y viajan en grandes números a los distintos mundos de transición y a los planetas habitados, realizando muchas comisiones para el bienestar del sistema y en el interés físico y biológico de los mundos habitados.

Estos mismos administradores seráficos también están asignados a los gobiernos de los gobernantes de los mundos, los Príncipes Planetarios. La mayoría de los planetas en un universo dado, está bajo la jurisdicción de un Hijo Lanonandek secundario, pero en ciertos mundos, como por ejemplo en Urantia, ha habido un malogro del plan divino. En caso de traición de un Príncipe Planetario, se nombran estos serafines a los síndicos Melquisedek y a sus sucesores en la autoridad planetaria. Un cuerpo de mil de esta orden versátil de serafines asiste al gobernante actual de Urantia.

2. *Guías de Justicia*. Estos son los ángeles que presentan el resumen de las pruebas relativas al bienestar eterno de los hombres y de los ángeles cuando dichos asuntos se presentan para su adjudicación en los tribunales de un sistema o de un planeta. Preparan las declaraciones para todas las audiencias preliminares relativas a la sobrevivencia mortal, declaraciones que posteriormente se someten juntamente con los datos de dichos casos a los tribunales más elevados del universo y del superuniverso. La defensa de todos los casos de sobrevivencia dudosa es preparada por estos serafines, quienes tienen una comprensión perfecta de todos los detalles de cada característica y cada cargo de las acusaciones asentadas por los administradores de la justicia universal.

No es misión de estos ángeles derrotar o postergar la justicia sino más bien asegurar que una justicia sin errores sea llevada a cabo con misericordia generosa para así ser justos con todas las criaturas. Estos serafines funcionan a menudo en los mundos locales, apareciendo con frecuencia ante los tríos árbitros de las comisiones conciliadoras: los tribunales que se ocupan de malentendidos de menor cuantía. Muchos de los que alguna vez sirvieron como guías de justicia en los mundos inferiores aparecen más adelante como Voces de Misericordia en las esferas más elevadas y en Salvington.

Durante la rebelión de Lucifer en Satania se perdieron muy pocos guías de la justicia; los sofismas de la libertad personal desenfrenada, descarriaron y engañaron a más de un cuarto de los serafines administradores y de las órdenes más bajas de ministros seráficos.

3. *Intérpretes de la Ciudadanía Cósmica*. Cuando los mortales ascendentes han completado la capacitación en los mundos de estancia, el primer paso de aprendizaje

en la carrera universal, se les permite disfrutar de las satisfacciones pasajeras de una madurez relativa: la ciudadanía en la capital del sistema. Aunque el alcance de cada objetivo ascendente sea un logro de hecho, en un sentido más amplio dichos objetivos son tan sólo hitos en el largo sendero ascendente al Paraíso. Pero por más que estos éxitos sean relativos, no se le niega jamás a ninguna criatura evolucionaria la satisfacción plena, aunque pasajera, del logro de un objetivo. De cuando en cuando hay una pausa en el ascenso al Paraíso, un breve período de alivio, durante el cual los horizontes universales permanecen inmóviles, el estado de la criatura es estacionario, y la personalidad saborea la dulzura del cumplimiento de un objetivo.

El primero de dichos períodos en la carrera de un mortal ascendente ocurre en la capital de un sistema local. Durante esta pausa, tú, como ciudadano de Jerusem, intentarás expresar en la vida de la criatura las cosas que has adquirido durante las ocho experiencias precedentes de la vida —que comprenden Urantia y los siete mundos de estancia.

Los intérpretes seráficos de la ciudadanía cósmica guían a los nuevos ciudadanos de las capitales del sistema y aceleran su apreciación de las responsabilidades del gobierno universal. Estos serafines también están estrechamente asociados con los Hijos Materiales en la administración del sistema, mientras describen la responsabilidad y moralidad de la ciudadanía cósmica a los mortales materiales de los mundos habitados.

4. *Estimuladores de la Moralidad.* En los mundos de estancia comienzas a aprender el autogobierno para beneficio de todos los participantes. Tu mente aprende la cooperación, aprende cómo planificar con otros seres más sabios. En la sede del sistema los maestros seráficos avivarán ulteriormente tu apreciación de la moralidad cósmica —de las interacciones de la libertad y la lealtad.

¿Qué es la lealtad? Es el fruto de una apreciación inteligente de la hermandad universal; no se puede recibir tanto y no dar nada. A medida que asciendes en la escala de la personalidad, primero aprendes a ser leal, luego a amar, después a ser filial, y más adelante podrás ser libre; pero no será hasta que seas un finalista, hasta que hayas alcanzado la perfección de la lealtad, que podrás autorrealizar la finalidad de la libertad.

Estos serafines enseñan la fecundidad de la paciencia; que el estancamiento es la muerte certera, pero que el crecimiento excesivamente rápido es igualmente suicida; que así como una gota de agua desde el nivel más alto cae al nivel más bajo, fluyendo hacia adelante, desplazándose hacia abajo constantemente por una sucesión de cortas caídas, del mismo modo es el progreso hacia arriba en los mundos morontiales y espirituales —igual de lento y en iguales etapas graduales.

Para los mundos habitados los estimuladores de la moralidad ilustran la vida mortal como una cadena ininterrumpida de muchos eslabones. Tu corta estadía en Urantia, en esta esfera de infancia mortal, es tan sólo un eslabón, el primero en la larga cadena que ha de extenderse a través de los universos y a través de las edades eternas. No es tanto lo que aprendes en esta primera vida; es la experiencia de vivir esta vida lo que es importante. Aun el *trabajo* en este mundo, aunque importantísimo, no lo es tanto como la *manera* en la cual cumples ese trabajo. No existe recompensa material para la vida recta, pero hay una profunda satisfacción —conciencia de logro— y ésta trasciende toda recompensa material concebible.

Las llaves del reino de los cielos son: sinceridad, más sinceridad, y más sinceridad. Todos los hombres poseen estas llaves. Los hombres las usan —avanzan en estado espiritual— mediante decisiones, más decisiones y más decisiones. La elección moral más elevada es la elección del valor más alto posible, y siempre —en cualquier esfera, en todas ellas— eso consiste en elegir hacer la voluntad de Dios. Si el hombre así hace esa selección, *es* grande, aunque sea el ciudadano más humilde de Jerusem o aun el más bajo de los mortales en Urantia.

5. *Los Transportadores.* Éstos son los serafines de transporte que funcionan en los sistemas locales. En Satania, vuestro sistema, llevan a los pasajeros de y a Jerusem y sirven de otro modo como transportadores interplanetarios. Raramente pasa un día en el cual un serafín de transporte de Satania no deposite en las orillas de Urantia a un estudiante visitante o algún otro viajero de naturaleza espiritual o semiespiritual. Estos mismos atravesadores del espacio algún día te llevarán a los distintos mundos del grupo de sede central del sistema y desde los mismos, y cuando hayas terminado la asignación en Jerusem, te llevarán más allá, a Edentia. Pero no te llevarán bajo ninguna circunstancia de vuelta al mundo de origen humano. Un mortal no vuelve jamás a su planeta nativo durante la dispensación de su existencia temporal, y si volviese durante una dispensación subsiguiente, sería acompañado por un serafín de transporte del grupo de la sede central del universo.

6. *Los Registradores.* Estos serafines son los archivistas de los registros por triplicado de los sistemas locales. El templo de los registros en una capital del sistema es una estructura singular, un tercio material, construida de metales y cristales luminosos; un tercio morontial, fabricada de enlace de energía espiritual y material pero más allá de la gama de la visión mortal; y un tercio espiritual. Los registradores de esta orden supervisan y mantienen este sistema triple de registros. Los mortales ascendentes primero consultarán los archivos materiales, los Hijos Materiales y los seres de transición más elevados consultarán a los de las salas morontiales, mientras que los serafines y las personalidades espirituales más elevadas del reino examinan los registros de la sección espiritual.

7. *Las Reservas.* El cuerpo reservista de los serafines administradores en Jerusem pasa gran parte de su tiempo de espera relacionándose socialmente en camaradería espiritual con los mortales ascendentes recién llegados desde los distintos mundos del sistema —los graduados acreditados de los mundos de estancia. Una de las delicias de tu estadía en Jerusem consistirá en conversar y visitar, durante los períodos de recreo, con estos serafines muy viajados y altamente expertos del cuerpo reservista en espera.

Son estas relaciones amistosas las que tanto encariñan a los mortales ascendentes con la capital de un sistema. En Jerusem encontrarás los primeros Hijos Materiales, ángeles, y peregrinos ascendentes que se entremezclan con los mortales. Aquí fraternizan seres enteramente espirituales y semiespirituales e individuos que acaban de emerger de la existencia material. Las formas mortales están allí tan modificadas y las gamas de reacción humana a la luz tan ampliadas que todos podrán disfrutar del reconocimiento mutuo y de la comprensión genuina de las personalidades.

5. ASISTENTES PLANETARIOS

Estos serafines mantienen su sede central en las capitales de sistema y, aunque estrechamente relacionados con los ciudadanos adánicos residentes, están principalmente asignados al servicio de los Adanes Planetarios, los elevadores biológicos o físicos de las razas materiales en los mundos evolucionarios. El trabajo de ministerio de los ángeles se vuelve de interés cada vez mayor a medida que se acerca a los mundos habitados, porque se acerca a los problemas reales que enfrentan los hombres y mujeres del tiempo que se están preparando para intentar obtener el objetivo de la eternidad.

En Urantia la mayoría de los ayudantes planetarios fue eliminada cuando cayó el régimen adánico, y la supervisión seráfica de vuestro mundo recayó en mayor grado sobre los administradores, los ministros de transición, y los guardianes del destino. Pero estos asistentes seráficos de vuestros Hijos Materiales contumaces aún sirven a Urantia en los siguientes grupos:

1. *Las Voces del Jardín.* Cuando el curso planetario de la evolución humana está alcanzando su nivel biológico más elevado, siempre aparecen los Hijos e Hijas Materiales, los Adanes y las Evas, para incrementar la evolución ulterior de las razas mediante una contribución real de su plasma vital superior. Las sedes planetarias de dichos Adanes y Evas se denominan por lo general el Jardín del Edén, y sus serafines personales se conocen frecuentemente por las «voces del Jardín». Estos serafines son de servicio inapreciable para los Adanes Planetarios en todos sus proyectos dirigidos a la elevación física e intelectual de las razas evolucionarias. Después de la falta adánica en Urantia, algunos de estos serafines quedaron en el planeta y fueron asignados a los sucesores de Adán en autoridad.

2. *Los Espíritus de la Hermandad.* Es evidente que, cuando un Adán y una Eva llegan a un mundo evolucionario, la tarea de lograr armonía racial y cooperación social entre sus diversas razas es de proporciones considerables. Raramente estas razas de colores diferentes y naturalezas distintas aceptan con simpatía el plan de la hermandad humana. Estos hombres primitivos tan sólo llegan a darse cuenta de la sabiduría de la interasociación pacífica como resultado de la maduración de la experiencia humana y mediante el ministerio fiel de los espíritus seráficos de la hermandad. Sin el trabajo de estos serafines los esfuerzos de los Hijos Materiales para armonizar y avanzar a las razas de un mundo en evolución se atrasarían considerablemente. Y si vuestro Adán se hubiese adherido al plan original para el avance de Urantia, a esta altura estos espíritus de hermandad habrían realizado transformaciones increíbles en la raza humana. En vista de la falta adánica, es en efecto notable que estas órdenes seráficas hayan sido capaces de fomentar y llevar a su maduración aun la fraternidad limitada con que vosotros contáis ahora en Urantia.

3. *Las Almas de Paz.* Los primeros milenios de esfuerzos para lograr metas cada vez más altas de los hombres evolucionarios están marcados por muchas batallas. La paz no es estado natural de los mundos materiales. Los mundos llegan a darse cuenta de «la paz sobre la tierra y buena voluntad entre los hombres» mediante el ministerio de las almas seráficas de la paz. Aunque estos ángeles fueron en gran parte dificultados en sus primeros esfuerzos en Urantia, Vevona, jefe de las almas de la paz en los días de Adán, permaneció en Urantia y está ahora asignado al séquito del gobernador general residente. Y fue este mismo Vevona quien, como dirigente de las huestes angélicas, anunció a los mundos cuando nació Micael: «Gloria a Dios en Havona, y paz sobre la tierra y buena voluntad entre los hombres».

En las épocas más avanzadas de evolución planetaria estos serafines son instrumentales en el reemplazo de la idea de la expiación por el concepto de la armonización divina como filosofía para la sobrevivencia mortal.

4. *Los Espíritus de la Confianza.* La desconfianza es la reacción inherente del hombre primitivo; las luchas por la sobrevivencia de las primeras edades no producen naturalmente la confianza. La confianza es una nueva adquisición humana obtenida por el ministerio de estos serafines planetarios del régimen adánico. Es misión de ellos inculcar la confianza en la mente del hombre en evolución. Los Dioses son muy confiados; el Padre Universal está dispuesto a confiar libremente por sí mismo —el Ajustador— en la asociación con el hombre. Este entero grupo de serafines fue transferido al nuevo régimen

después de la falta adánica, y desde entonces han continuado sus labores en Urantia. Y no han fracasado completamente puesto que está desarrollándose ahora una civilización que incorpora muchos de sus ideales de confianza y confiabilidad.

En las edades planetarias más avanzadas estos serafines enaltecen la apreciación humana de la verdad de que la incertidumbre es el secreto para un contento continuada. Ayudan a los filósofos mortales a darse cuenta de que, aun cuando la ignorancia es esencial para el éxito, sería un error colosal para la criatura conocer el futuro. Aumentan el gusto del hombre por la dulzura de la incertidumbre, por el romanticismo y el encanto de un futuro indefinido y desconocido.

5. *Los Transportadores*. Los transportadores planetarios sirven a los mundos individuales. La mayoría de los seres enserafinados que se traen a este planeta están en tránsito; tan sólo se detienen por un corto período; están custodiados por sus propios transportadores seráficos especiales; pero existe un gran número de tales serafines estacionados en Urantia. Estas son las personalidades de transporte que operan desde los planetas locales, como por ejemplo desde Urantia hasta Jerusem.

Vuestra idea convencional de los ángeles se ha derivado de la siguiente manera: durante los momentos inmediatos antes de la muerte física a veces ocurre en la mente humana un fenómeno reflexivo, y esta conciencia que se va apagando parece visualizar algo de la forma del ángel guardián, la cual inmediatamente se traduce en términos del concepto habitual que de los ángeles tiene formada la mente de ese individuo.

La idea errónea de que los ángeles poseen alas no se debe exclusivamente a la antigua idea de que si volaban por el aire debían tener alas. A los seres humanos algunas veces se les ha permitido observar a los serafines que estaban siendo preparados para el servicio de transporte, y las tradiciones de estas experiencias han determinado en gran parte el concepto de los ángeles que se tiene en Urantia. Al observar la preparación de un serafín de transporte para recibir a un pasajero para el tránsito interplanetario, es posible que se vea lo que aparentemente es un juego doble de alas que se extienden desde la cabeza hasta los pies del ángel. En realidad estas alas son aislantes de la energía —escudos de fricción.

Cuando los seres celestiales han de ser enserafinados para el transporte de un mundo a otro, se traen a la sede de la esfera y, después de registrarse debidamente, se les induce al sueño de tránsito. Mientras tanto, el serafín de transporte se coloca en una posición horizontal inmediatamente por encima del polo de energía universal del planeta. Mientras los escudos de energía están totalmente abiertos, la personalidad durmiente se deposita hábilmente, mediante el oficio de los asistentes seráficos, directamente encima del ángel transportador. Luego tanto los pares de escudos superiores como los inferiores se cierran y se ajustan cuidadosamente.

Ahora, bajo la influencia de los transformadores y de los transmitidores, comienza una extraña metamorfosis a medida que se prepara al serafín para que vire hacia las corrientes de energía de los circuitos del universo. La apariencia exterior del serafín se vuelve alargada en ambos extremos y tan envuelta en una luz extraña de tonalidad ámbar que muy pronto es imposible distinguir a la personalidad enserafinada. Cuando todo esto está listo para su partida, el jefe de transporte hace la inspección apropiada del vehículo de vida, lleva a cabo las pruebas de rutina para asegurarse de que el ángel esté adecuadamente conectado a los circuitos, luego anuncia que el viajero está debidamente enserafinado, que las energías están ajustadas, que el ángel está aislado, y que todo está listo para el destello de partida. Los controladores mecánicos, dos de ellos, ocupan entonces su posición. Ya para este momento el serafín de transporte se ha vuelto una luminosidad brillante casi transparente, vibrante, en forma de torpedo. En este momento, el despachador de transporte del reino reúne las baterías auxiliares de los transmisores de energía viviente, generalmente mil de ellos; al anunciar el destino del transporte, toca el punto cercano del vehículo seráfico, que sale despedido hacia adelante con una velocidad como la del rayo, dejando una huella de luminosidad celestial hasta donde llega la vestimenta atmosférica planetaria. En menos de diez minutos este maravilloso espectáculo se desvanece aun de la vista seráfica reforzada.

Aunque los informes planetarios espaciales se reciben al mediodía en el meridiano de la sede espiritual designada, los transportadores son despachados de este mismo lugar a la medianoche. Ésa es la hora más favorable para la partida y la hora normal cuando no se lo especifica de otra manera.

6. *Los Registradores.* Estos son los custodios de los asuntos principales del planeta, en sus funciones como parte del sistema, y en relación con y concerniente al gobierno del universo. Actúan para registrar los asuntos planetarios pero no se ocupan de los asuntos de la vida y existencia individual.

7 .*Las Reservas.* El cuerpo reservista de Satania de serafines planetarios se mantiene en Jerusem en estrecha asociación con las reservas de los Hijos Materiales. Estas reservas abundantes proveen para toda fase de las múltiples actividades de esta orden seráfica. Estos ángeles son también los mensajeros personales de los sistemas locales. Sirven a los mortales en transición, a los ángeles, y a los Hijos Materiales así como a otros domiciliados en la sede central del sistema. Aunque Urantia está, actualmente, fuera de los circuitos espirituales de Satania y de Norlatiadek, estáis en contacto íntimo con los asuntos interplanetarios, puesto que estos mensajeros de Jerusem vienen frecuentemente a este mundo así como también a todas las demás esferas del sistema.

6. MINISTROS DE TRANSICIÓN

Como su nombre podría indicarlo, los serafines de ministerio transicional sirven dondequiera que puedan contribuir a la transición de la criatura del estado material al estado espiritual. Estos ángeles sirven desde los mundos habitados hasta las capitales de sistema, pero los que están en Satania presentemente dirigen sus más grandes esfuerzos hacia la educación de los mortales sobrevivientes en los siete mundos de estancia. Este ministerio se diversifica de acuerdo con las siguientes siete órdenes de asignación:

1. Evangelistas Seráficos.
2. Intérpretes Raciales.
3. Planificadores de la Mente.
4. Consejeros Morontiales.
5. Técnicos.
6. Registradores-Maestros.
7. Reservistas Ministrantes.

Aprenderéis más acerca de estos ministros seráficos de los ascendentes transicionales en relación con los relatos que corresponden a los mundos de estancia y a la vida morontial.

7. SERAFINES DEL FUTURO

Estos ángeles no ministran excepto en los reinos más antiguos y en los planetas más avanzados de Nebadon. Grandes números de ellos se mantienen en reserva en los mundos seráficos cerca de Salvington, donde se ocupan de actividades relacionadas con los futuros albores de la edad de luz y vida en Nebadon. Es verdad que estos serafines funcionan en relación con la carrera de los mortales ascendentes, pero sirven casi exclusivamente a aquellos mortales que sobreviven mediante alguna orden modificada de ascensión.

Ya que estos ángeles no se ocupan directamente ni de Urantia ni de sus habitantes, se considera conveniente abstenerse de describir sus fascinadoras actividades.

8. EL DESTINO SERÁFICO

Los serafines se originan en los universos locales, y en estos mismos reinos de su natividad algunos alcanzan el destino de servicio. Con la ayuda y el consejo de los arcángeles decanos, algunos serafines pueden ser elevados a las tareas excelsas de Brillantes Estrellas Vespertinas, mientras que otros alcanzan el estado y servicio de los coordinados no revelados de las Estrellas Vespertinas. También se pueden intentar otras aventuras de destino en el universo local, pero Serafington siempre es el objetivo eterno de todos los ángeles. Serafington es el umbral angélico al Paraíso y al alcance de la Deidad, la esfera de transición del ministerio del tiempo al servicio excelso de la eternidad.

Los serafines pueden alcanzar el Paraíso en decenas o centenares de maneras, pero las más importantes mencionadas en estas narrativas son las siguientes:

1. Ser admitido a la morada seráfica del Paraíso en calidad de persona mediante el alcance de la perfección en un servicio especializado tal como artesano celestial, Consejero Técnico, o Registrador Celestial. Tornarse Compañero Paradisiaco y, habiendo alcanzado de esta manera el centro de todas las cosas, tal vez entonces volverse ministro eterno y consejero para las órdenes seráficas y otras.

2. Ser convocado a Serafington. Bajo ciertas condiciones los serafines son convocados a las alturas; en otras circunstancias los ángeles a veces alcanzan el Paraíso en un período de tiempo mucho más corto que los mortales. Pero aunque un par seráfico sea altamente adecuado, no puede iniciar la partida hacia Serafington ni a ningún otro lado. Sólo los guardianes del destino triunfantes están seguros de proceder hacia el Paraíso por el sendero progresivo de ascensión evolucionaria. Todos los demás deben aguardar pacientemente la llegada de los mensajeros del Paraíso de los supernafines terciarios que traen la convocación que les manda aparecer en las alturas.

3. Alcanzar el Paraíso por la técnica evolucionaria mortal. La elección suprema de los serafines en la carrera del tiempo es el puesto de ángel guardián para poder alcanzar la carrera de finalidad y calificar para la asignación a las esferas eternas del servicio seráfico. Estos guías personales de los hijos del tiempo se llaman guardianes del destino, lo cual significa que protegen a las criaturas mortales en el camino del destino divino, y que al hacer así determinan su propio destino elevado.

Se seleccionan los guardianes del destino de las filas de las personalidades angélicas más expertas de todas las órdenes de serafines que han calificado para este servicio. Todos los mortales sobrevivientes del destino de fusión con el Ajustador tienen guardianes temporales asignados a ellos, y estos asociados pueden ser asignados permanentemente cuando los sobrevivientes mortales alcanzan el necesario desarrollo intelectual y espiritual. Antes de que los ascendentes mortales abandonen los mundos de estancia, todos ellos tienen asociados seráficos permanentes. Este grupo de espíritus ministrantes se describe en los relatos sobre Urantia.

No es posible para los ángeles alcanzar a Dios desde el nivel de origen humano, porque son creados un «poco más alto que vosotros»; pero se ha dispuesto sabiamente que, aunque no puedan comenzar desde abajo, desde las tierras espirituales inferiores de la existencia mortal, pueden bajar a ellas hacia los que sí comienzan allí su carrera y pilotear a estas criaturas, paso a paso, de un mundo a otro, hasta las puertas de Havona. Cuando los mortales ascendentes abandonan Uversa para comenzar los círculos de Havona, aquellos guardianes de asignación subsiguiente a la vida en la carne se despiden temporalmente de sus asociados peregrinos mientras viajan a Serafington, el destino angélico del gran universo. Aquí intentarán estos guardianes, e indudablemente lograrán, los siete círculos de la luz seráfica.

Muchos, pero no todos, de estos serafines asignados como guardianes de destino durante la vida material acompañan a sus asociados mortales a través de los círculos de Havona, y algunos otros serafines pasan a través de los círculos del universo central en forma totalmente diferente de la de los ascendentes mortales. Pero sea cual fuere la ruta de ascensión, todos los serafines evolucionarios atraviesan Serafington, y la mayoría pasa a través de esta experiencia en vez de los circuitos de Havona.

Serafington es la esfera de destino para los ángeles, y su logro de este mundo es muy distinto de las experiencias de los peregrinos mortales en Ascendington. Los ángeles no están absolutamente seguros de su futuro eterno hasta haber llegado a Serafington. Ningún ángel que haya alcanzado a Serafington se ha descarriado jamás; el pecado nunca encontrará respuesta en el corazón de un serafín de consumación.

Los graduados de Serafington tienen asignaciones varias: los guardianes de destino con experiencia en los círculos de Havona generalmente entran en el Cuerpo de Finalistas Mortales. Otros guardianes, habiendo pasado sus pruebas de separación de Havona, frecuentemente vuelven a unirse a sus asociados mortales en el Paraíso, y algunos se vuelven los asociados sempiternos de los finalistas mortales, mientras que otros entran a los distintos cuerpos no mortales de finalistas, y muchos son incorporados a los cuerpos de Consumación Seráfica.

9. LOS CUERPOS DE CONSUMACIÓN SERÁFICA

Después de alcanzar al Padre de los espíritus y de ser admitidos al servicio seráfico de consumación, a los ángeles se les asigna a veces al ministerio de los mundos establecidos en luz y vida. Logran la asignación a los elevados seres trinidizados de los universos y a los servicios excelsos del Paraíso y de Havona. Estos serafines de los universos locales han compensado experiencialmente el diferencial en potencial de divinidad que anteriormente los separaba de los espíritus ministrantes del universo central y de los superuniversos. Los ángeles de los Cuerpos Seráficos de Consumación sirven como asociados de los seconafines del superuniverso y como asistentes a las altas órdenes de supernafines del Paraíso-Havona. Para estos ángeles la carrera del tiempo ha terminado; de allí en adelante y por siempre son los servidores de Dios, los cónyuges de las personalidades divinas, y los compañeros de los finalistas del Paraíso.

Grandes números de serafines de consumación vuelven a sus universos nativos, para complementar allí el ministerio de dote divina con el ministerio de la perfección experiencial. Nebadon es, hablando comparativamente, uno de los universos más jóvenes y por lo tanto no tiene tantos de estos graduados serafingtonicos reintegrados como se encuentran en reinos más antiguos; sin embargo nuestro universo local está adecuadamente provisto de serafines de consumación, porque es significativo que los reinos evolucionarios revelan una necesidad en aumento de estos servicios a medida que se van acercando al estado de la luz y la vida. Actualmente los serafines de consumación sirven más ampliamente con las órdenes supremas de los serafines, pero algunos sirven con cada una de las demás órdenes angélicas. Aun vuestro mundo disfruta de un amplio ministerio de doce grupos especializados del Cuerpo de Consumación Seráfica; estos decanos serafines de supervisión planetaria acompañan a cada Príncipe Planetario que es comisionado a los mundos habitados.

Muchas avenidas fascinantes de ministerio están abiertas a los serafines de consumación, pero tal como todos ellos anhelaban la asignación como guardianes del destino en los días pre-paradisiacos, así en la experiencia post-paradisiaca desean particularmente servir como asistentes de autootorgamiento de los Hijos Paradisiacos encarnados. Siguen estando dedicados supremamente a ese plan universal de iniciar para las criaturas mortales de los mundos evolucionarios el largo y atrayente viaje hacia el objetivo paradisiaco de divinidad y eternidad. A lo largo de la entera aventura mortal de encontrar a Dios y de alcanzar la perfección divina, estos ministros espirituales de consumación seráfica, juntamente con los fieles espíritus ministrantes del tiempo, son por siempre y para siempre vuestros verdaderos amigos y asistentes infalibles.

[Presentado por un Melquisedek que actúa por solicitud del Jefe de las Huestes Seráficas de Nebadon.]

DOCUMENTO 40

LOS HIJOS DE DIOS ASCENDENTES

COMO ocurre con muchos de los grupos principales de seres universales, se revelan siete clases generales de Hijos de Dios Ascendentes:

1. Mortales fusionados con el Padre.
2. Mortales fusionados con el Hijo.
3. Mortales fusionados con el Espíritu.
4. Serafines evolucionarios.
5. Hijos Materiales ascendentes.
6. Seres Intermedios trasladados.
7. Ajustadores Personalizados.

La historia de estos seres, desde los mortales de bajo origen animal en los mundos evolucionarios hasta los Ajustadores Personalizados del Padre Universal, presenta un recital glorioso de la abundante dotación de amor divino y condescendencia compasiva en todos los tiempos y en todos los universos de la vasta creación de las Deidades del Paraíso.

Estas presentaciones comenzaron con una descripción de las Deidades, y de grupo en grupo, la narrativa ha descendido la escala universal de seres vivientes hasta alcanzar la orden más baja de vida dotada de potencial de inmortalidad; ahora he sido enviado desde Salvington, habiendo sido un mortal originado en un mundo evolucionario del espacio, para elaborar y continuar el recital del propósito eterno de los Dioses respecto de las órdenes ascendentes de filiación, más particularmente en relación con las criaturas mortales del tiempo y del espacio.

Puesto que se dedicará la mayor parte de esta narrativa a la descripción de las tres órdenes básicas de mortales ascendentes, consideraremos primero las órdenes ascendentes de filiación no mortales —seráfica, adánica, de seres intermedios y de Ajustadores.

1. SERAFINES EVOLUCIONARIOS

Las criaturas mortales de origen animal no son los únicos seres privilegiados que disfrutan de la filiación; las huestes angelicales también comparten en la oportunidad excelsa de lograr el Paraíso. Los serafines guardianes, a través de la experiencia y servicio con los mortales ascendentes del tiempo, también logran el estado de filiación ascendente. Dichos ángeles logran el Paraíso a través de Serafington, y muchos aún llegan a integrar el Cuerpo de la Finalidad Mortal.

Llegar a las alturas excelsas de la filiación con Dios como finalista es un logro magistral para un ángel, un logro que trasciende con mucho vuestro logro de supervivencia eterna a través del plan del Hijo Eterno y la ayuda constante del Ajustador residente; pero el serafín guardián, y ocasionalmente otros, en efecto, logran tales ascensiones.

2. HIJOS MATERIALES ASCENDENTES

Los Hijos Materiales de Dios son creados en el universo local juntamente con los Melquisedek y sus asociados, todos ellos clasificados como Hijos descendentes. Y en efecto, los Adanes Planetarios —los Hijos e Hijas Materiales de los mundos evolucionarios— son Hijos descendentes, que bajan a los mundos habitados desde sus esferas de origen, las capitales de los sistemas locales.

Cuando un Adán y Eva triunfan plenamente en su misión conjunta planetaria como elevadores biológicos, comparten el destino de los habitantes de su mundo. Cuando dicho mundo se establece en las etapas avanzadas de luz y vida, a estos fieles Hijos e Hijas Materiales les es permitido renunciar a todo deber administrativo planetario, y después de ser así liberados de la aventura descendente, se les permite registrarse como Hijos Materiales perfeccionados en los registros del universo local. Del mismo modo, cuando se demora demasiado la asignación planetaria, los Hijos Materiales de estado estacionario, los ciudadanos de los sistemas locales, pueden retirarse de las actividades de sus esferas de estado, y similarmente registrarse como Hijos Materiales perfeccionados. Después de estas formalidades dichos Adanes y Evas liberados se acreditan como Hijos de Dios ascendentes y pueden comenzar inmediatamente el largo viaje a Havona y al Paraíso, comenzando en el punto exacto de su estado presente y logro espiritual en ese momento. Realizan este viaje en compañía de los Hijos mortales y otros Hijos ascendentes, continuando hasta haber hallado a Dios y haber logrado el Cuerpo de la Finalidad Mortal en el servicio eterno de las Deidades del Paraíso.

3. SERES INTERMEDIOS TRASLADADOS

Aunque privados de los beneficios inmediatos de los autootorgamientos planetarios de los Hijos de Dios descendentes, aunque el ascenso al Paraíso se demora grandemente, sin embargo, poco después de que un planeta evolucionario ha logrado las épocas intermedias de luz y vida (si no antes), ambos grupos de seres intermedios son liberados del deber planetario. A veces la mayoría de ellos se trasladan, juntamente con sus primos humanos, el día del descenso del templo de luz y la elevación del Príncipe Planetario a la dignidad de Soberano Planetario. En el momento en que se les libera del servicio planetario, ambas órdenes se registran en el universo local como Hijos ascendentes de Dios e inmediatamente comienzan el largo ascenso al Paraíso por los mismos caminos ordenados para la progresión de las razas mortales de los mundos materiales. El grupo primario está destinado a distintos cuerpos de finalistas, pero el grupo secundario o seres intermedios adánicos se encamina a las filas del Cuerpo Mortal de la Finalidad.

4. AJUSTADORES PERSONALIZADOS

Cuando los mortales del tiempo fracasan en lograr la supervivencia eterna de sus almas en asociación planetaria con los dones espirituales del Padre Universal, dicho fracaso no se debe nunca de ninguna manera a negligencia de las obligaciones, ministerio, servicio o devoción por parte del Ajustador. En el momento de la muerte mortal, estos Monitores abandonados regresan a Divinington, y posteriormente, después de la adjudicación del que no sobrevivió, se los puede volver a asignar a los mundos del tiempo y del espacio. A veces, después de servicios repetidos de este tipo o después de alguna experiencia singular, como por ejemplo la de funcionar como Ajustador residente de un Hijo autootorgador encarnado, el Padre Universal personaliza estos eficientes Ajustadores.

Los Ajustadores Personalizados son seres de una orden singular e insondable. Originalmente de estado existencial prepersonal, se han convertido en experienciales mediante la participación en la vida y carrera de los mortales humildes de los mundos materiales. Y puesto que la personalidad donada a estos expertos Ajustadores del Pensamiento se origina, y tiene su manantial, en el ministerio personal y continuado del Padre Universal de los otorgamientos de la personalidad experiencial a sus criaturas creadas, se clasifican estos Ajustadores Personalizados como Hijos de Dios ascendentes, la más elevada de estas órdenes de filiación.

5. MORTALES DEL TIEMPO Y DEL ESPACIO

Los mortales representan el último eslabón en la cadena de los seres que se llaman hijos de Dios. El toque personal del Hijo Original y Eterno llega hacia abajo a través de una serie de personalizaciones cada vez menos divinas y cada vez más humanas hasta llegar a producir un ser muy semejante a vosotros, un ser que podéis ver, oír y tocar. Entonces se os hace espiritualmente conscientes de la gran verdad que vuestra fe puede aferrar —¡la filiación con el Dios eterno!

Del mismo modo el Espíritu Original e Infinito, mediante una larga serie de órdenes cada vez menos divinas y cada vez más humanas, se acerca cada vez más a las criaturas que luchan en los reinos, alcanzando el límite de la expresión en los ángeles —respecto de los cuales fuisteis creados apenas por debajo— quienes personalmente cuidan de vosotros y os guían en el viaje de la vida de la carrera mortal del tiempo.

Dios el Padre no desciende, no puede descender, tanto él mismo como para hacer un contacto personal tan cercano con el número casi ilimitado de criaturas ascendentes a lo largo del universo de los universos. Pero el Padre no está privado de contacto personal con sus criaturas humildes; vosotros no estáis sin presencia divina. Aunque Dios el Padre no puede estar con vosotros mediante una manifestación directa de la personalidad, está en vosotros y es parte de vosotros en la identidad de los Ajustadores del Pensamiento residentes, los Monitores divinos. Así pues el Padre, que es quien más lejos está de vosotros en personalidad y en espíritu, se acerca más a vosotros en el circuito de personalidad y en el toque espiritual de la comunión interior con el alma misma de sus hijos e hijas mortales.

La identificación con el espíritu constituye el secreto de la supervivencia personal y determina el destino de la ascensión espiritual. Puesto que los Ajustadores del Pensamiento son los únicos espíritus con potencial de fusión que serán identificados con el hombre durante la vida en la carne, los mortales espacio-temporales clasifican principalmente de acuerdo con su relación con estos dones divinos, los Monitores Misteriosos residentes. Esta clasificación es como sigue:

1. Mortales cuyo Ajustador reside en forma transitoria o experiencial.
2. Mortales de tipos que no se fusionan con el Ajustador.
3. Mortales con potencial de fusión con el Ajustador.

Serie uno —mortales cuyo Ajustador reside en forma transitoria o experiencial. Esta designación de serie es provisional en todo planeta en evolución, utilizándose durante las etapas primitivas de todos los mundos habitados excepto aquellos de la segunda serie.

Los mortales de la serie uno habitan los mundos del espacio durante las épocas más tempranas de la evolución de la humanidad y comprenden los tipos más primitivos de mente humana. En muchos mundos, como Urantia pre-adánica, grandes números de tipos más elevados y más avanzados de hombres primitivos adquieren capacidad de supervivencia pero fracasan en lograr la fusión con el Ajustador. Durante edades tras edades, antes del ascenso del hombre al nivel de la volición espiritual más elevada, los Ajustadores ocupan la mente de estas criaturas luchadoras, durante sus cortas vidas en la carne, y en el momento en que dichas criaturas volitivas son habitadas por los Ajustadores, comienzan a funcionar los ángeles guardianes de grupo. Aunque estos mortales de la primera serie no cuentan con guardianes personales, tienen custodios de grupo.

Un Ajustador experiencial permanece con un ser humano primitivo durante su entera vida en la carne. Los Ajustadores contribuyen mucho al avance del hombre primitivo, pero no son capaces de formar una unión eterna con dichos mortales. Este ministerio transitorio de los Ajustadores cumple dos propósitos: primero, obtienen una experiencia valiosa y real de la naturaleza y operación del intelecto evolucionario, una experiencia que será inapreciable en relación con los contactos futuros en otros mundos con seres de desarrollo superior. Segundo, la estadía transitoria de los Ajustadores contribuye mucho hacia la preparación de los sujetos mortales para una posible fusión subsiguiente con el Espíritu. Todas las almas de este tipo que buscan a Dios logran la vida eterna a través del abrazo espiritual del Espíritu Materno del universo local, tornándose así en mortales ascendentes del régimen del universo local. Muchas personas de Urantia pre-adánica avanzaron de esta manera a los mundos de estancia de Satania.

Los Dioses que ordenaron que el hombre mortal subiera a los niveles más elevados de la inteligencia espiritual a través de largas edades de pruebas y tribulaciones evolucionarias, toman nota de su estado y necesidades en cada etapa de su ascenso, y siempre son divinamente justos y rectos, aun encantadoramente misericordiosos en el juicio final de estos mortales luchadores de los días primitivos de las razas en evolución.

Serie dos —mortales de tipos que no se fusionan con el Ajustador. Estos son tipos especializados de seres humanos que no pueden efectuar la unión eterna con sus Ajustadores residentes. La clasificación de tipo entre las razas con un cerebro, o dos o tres, no es un factor en la fusión con el Ajustador; todos estos mortales son semejantes, pero estos tipos que no se fusionan con el Ajustador constituyen una orden completamente diferente y marcadamente modificada de criaturas volitivas. Muchos de los seres que no respiran pertenecen a esta serie, y existen numerosos otros grupos que ordinariamente no se fusionan con los Ajustadores.

Como ocurre con la serie número uno, cada miembro de este grupo disfruta del ministerio de un Ajustador durante su vida en la carne. Durante la vida temporal estos Ajustadores hacen por sus sujetos en los que residen temporalmente todo lo que se hace en otros mundos donde los mortales tienen potencial de fusión. A los mortales de esta segunda serie frecuentemente los moran Ajustadores vírgenes, pero los tipos humanos más elevados están a menudo relacionados con Monitores de mayor experiencia.

En el plan ascendente para el mejoramiento de las criaturas de origen animal, estos seres disfrutan del mismo servicio devoto de los Hijos de Dios que se extiende al tipo de mortales de Urantia. La cooperación seráfica con los Ajustadores en los planetas en los que no hay fusión se provee tan plenamente como en los mundos de potencial de fusión; los guardianes del destino ministran en estas esferas tal como lo hacen en Urantia y funcionan similarmente al tiempo de la supervivencia mortal, en cuyo momento el alma sobreviviente se fusiona con el Espíritu.

Cuando encontréis a estos tipos mortales modificados en los mundos de estancia, no tendréis dificultad alguna en comunicaros con ellos. Allí hablan el mismo idioma del sistema, pero mediante una técnica modificada. Estos seres son idénticos a vuestra orden de las criaturas en espíritu y manifestaciones de la personalidad, y tan sólo difieren en ciertas características físicas y en el hecho de que no se pueden fusionar con los Ajustadores del Pensamiento.

En cuanto a la razón por la cual este tipo de criatura no puede jamás fusionarse con los Ajustadores del Padre Universal, no puedo decirlo. Algunos de nosotros nos inclinamos a creer que los Portadores de Vida, en sus esfuerzos para crear seres capaces de mantener la existencia en un medio ambiente planetario poco común, se enfrentan con la necesidad de hacer modificaciones tan radicales en el plan universal de las criaturas volitivas inteligentes que se vuelve inherentemente imposible realizar la unión permanente con los Ajustadores. Frecuentemente nos preguntamos: ¿es ésta una parte premeditada o no del plan de ascensión? Pero no hemos encontrado la respuesta.

Serie tres —mortales con potencial de fusión con el Ajustador. Todos los mortales fusionados con el Padre son de origen animal, al igual que las razas de Urantia. Comprenden mortales del tipo de un cerebro, dos cerebros y tres cerebros con potencial de fusión con el Ajustador. Los habitantes de Urantia son del tipo intermedio o de dos cerebros, siendo de muchas maneras humanamente superiores a los grupos de un cerebro pero definidamente limitados en comparación con las órdenes de tres cerebros. Estos tres tipos de dote de cerebro físico no son factores en la dotación del Ajustador, del servicio seráfico, ni en ninguna otra fase del ministerio espiritual. La diferencia espiritual e intelectual entre los tres tipos de cerebro caracteriza a individuos que por otra parte son totalmente semejantes en dote mental y potencial espiritual, siendo este diferencial mayor en la vida temporal y tendiendo a disminuir en los mundos de estancia a medida que se los atraviesa uno tras otro. A partir de la sede central del sistema en adelante, la progresión de estos tres tipos es la misma, y su destino final en el Paraíso es idéntico.

Las series sin número. Estas narrativas no pueden de ninguna manera comprender todas las variaciones fascinantes de los mundos evolucionarios. Vosotros sabéis que cada décimo mundo es un planeta decimal o experimental, pero nada sabéis de las otras variables que puntualizan la procesión de las esferas evolucionarias de serie. Existen diferencias demasiado numerosas para narrarlas aun entre las órdenes reveladas de criaturas vivientes, así como entre los planetas del mismo grupo, pero esta presentación aclara las diferencias esenciales en relación con la carrera de ascensión. Y la carrera de ascensión es el factor más importante en toda consideración de los mortales del tiempo y del espacio.

En cuanto a las oportunidades de supervivencia mortal, aclaremos para siempre: todas las almas de toda fase posible de la existencia mortal sobrevivirán, siempre y cuando manifiesten el deseo de cooperar con sus Ajustadores residentes y exhiban el impulso de hallar a Dios y de lograr la perfección divina, aunque estos deseos no sean sino primeros destellos de la comprensión primitiva de aquella «luz verdadera que ilumina a todo hombre que nace en el mundo».

6. LOS HIJOS DE DIOS POR LA FE

Las razas mortales son los representantes de la orden más baja de creación inteligente y personal. Vosotros los mortales sois divinamente amados, y cada uno de vosotros puede elegir aceptar el destino certero de una experiencia gloriosa, pero no sois aún por naturaleza de orden divina; sois completamente mortales. Se os considerará hijos ascendentes en el instante en que ocurra la fusión, pero el estado de los mortales del tiempo y el espacio es el de hijos de fe antes del advenimiento de la amalgama final del alma mortal sobreviviente con algún tipo de espíritu eterno e inmortal.

Es un hecho solemne y excelso que estas criaturas tan bajas y materiales como los seres humanos de Urantia son hijos de Dios, hijos por la fe del Altísimo. «Mirad, ¡cuál amor nos ha dado el Padre, para que seamos llamados hijos de Dios!». «A todos los que le recibieron les dio potestad de conocer que son hijos de Dios». Aunque «no parecería que fuéseis» aún ahora «sois los hijos de Dios por la fe»; «pues no habéis recibido el espíritu del cautiverio para temer nuevamente, sino que habéis recibido el espíritu de la filiación, por el cual exclamáis —Padre nuestro—». Dijo el profeta de la antigüedad en nombre del Dios eterno: «Yo les daré un lugar en mi casa, y nombre mejor que el de hijos; yo les daré un nombre perpetuo, que nunca perecerá». «Y por cuanto sois hijos, Dios envió a vuestros corazones el espíritu de su Hijo».

Todos los mundos evolucionarios de habitación mortal albergan estos hijos de Dios por la fe, hijos de la gracia y la misericordia, seres humanos que pertenecen a la familia divina y por lo tanto son llamados hijos de Dios. Los mortales de Urantia tienen derecho a considerarse a sí mismos hijos de Dios porque:

1. Vosotros sois hijos de la promesa espiritual, hijos de fe; vosotros habéis aceptado el estado de filiación. Creéis en la realidad de vuestra filiación, y por lo tanto vuestra filiación con Dios se torna eternamente real.

2. Un Hijo Creador de Dios se ha vuelto uno de vosotros; es vuestro hermano mayor de hecho; y si en espíritu os volvéis hermanos verdaderamente emparentados con Cristo, el victorioso Micael, entonces en espíritu también debéis ser hijos de ese Padre que vosotros tenéis en común, aun el Padre Universal de todos.

3. Sois hijos porque el espíritu de un Hijo ha sido derramado sobre vosotros, ha sido libre y certeramente otorgado a todas las razas urantianas. Este espíritu por siempre os atrae hacia el Hijo divino, que es la fuente, y hacia el Padre Paradisiaco, que es la fuente de ese Hijo divino.

4. Por su divino libre albedrío, el Padre Universal os ha otorgado vuestra personalidad de criatura. Habéis sido dotados con una medida de esa espontaneidad divina de acción de libre albedrío que Dios comparte con todos aquellos que pueden volverse sus hijos.

5. Dentro de vosotros mora un fragmento del Padre Universal, y por lo tanto vosotros estáis emparentados con el Padre divino de todos los Hijos de Dios.

7. LOS MORTALES FUSIONADOS CON EL PADRE

El envío de los Ajustadores, su morar dentro de vosotros, es en efecto uno de los misterios insondables de Dios el Padre. Estos fragmentos de la naturaleza divina del Padre Universal conllevan el potencial de la inmortalidad de las criaturas. Los Ajustadores son espíritus inmortales, y la unión con ellos confiere vida eterna al alma del mortal fusionado.

Vuestras propias razas de mortales sobrevivientes pertenecen a este grupo de Hijos ascendentes de Dios. Sois ahora hijos planetarios, criaturas evolucionarias derivadas de las implantaciones de los Portadores de Vida y modificadas por la infusión de la vida adánica; apenas si sois hijos ascendentes; pero vosotros sois realmente hijos con potencial de ascensión —aun hasta las más elevadas alturas de gloria y alcance de la divinidad— y vosotros podéis llegar a este estado espiritual de filiación a través de la fe y a través de la cooperación por libre voluntad con las actividades espiritualizantes de los Ajustadores residentes. Cuando tú y tu Ajustador seáis finalmente, y para siempre, fusionados; cuando vosotros dos paséis a ser uno, así como en Cristo Micael el Hijo de Dios y el Hijo del Hombre son uno, entonces de hecho habréis llegado a ser los hijos ascendentes de Dios.

Los detalles de la carrera de ministerio del Ajustador residente en un planeta probatorio y evolucionario no son parte de mi encargo; la elaboración de esta gran verdad abarca vuestra entera carrera. Incluyo la mención de ciertas funciones de los Ajustadores para hacer una afirmación pletórica respecto a los mortales fusionados con el Ajustador. Estos fragmentos residentes de Dios están con vuestra orden de seres desde los primeros días de la existencia física a través de la entera carrera ascendente en Nebadon y Orvonton y a través de Havona y el Paraíso mismo. De allí en adelante, en la eterna aventura, este mismo Ajustador forma un solo ente con vosotros y de vosotros.

Éstos son los mortales a quienes ha mandado el Padre Universal: «Sed vosotros perfectos, así como yo soy perfecto». El Padre se os ha otorgado a sí mismo, ha colocado dentro de vosotros su propio espíritu; *por lo tanto*, exige perfección última de vosotros. La narrativa del ascenso humano desde las esferas mortales del tiempo hasta los reinos divinos de la eternidad constituye un relato intrigante que no está incluido en mi asignación, pero esta aventura excelsa debe ser el estudio supremo del hombre mortal.

La fusión con un fragmento del Padre Universal es equivalente a una ratificación divina del futuro logro del Paraíso, y tales mortales fusionados con el Ajustador son la única clase de seres humanos cuya totalidad atraviesa los circuitos de Havona y encuentra a Dios en el Paraíso. Para los mortales fusionados con el Ajustador la carrera del servicio universal está ampliamente abierta. ¡Qué dignidad de destino y gloria de logro aguarda a cada uno de vosotros! ¿Apreciáis verdaderamente todo lo que se ha hecho a vuestro favor? ¿Comprendéis la grandeza de las alturas de logro eterno que se extiende ante vosotros? ¿Aun ante vosotros, quienes ahora marcháis penosamente por el camino humilde de la vida atravesando vuestro así llamado «valle de lágrimas»?

8. LOS MORTALES FUSIONADOS CON EL HIJO

Aunque prácticamente todos los mortales sobrevivientes están fusionados con su Ajustador en uno de los mundos de estancia o inmediatamente al llegar a las más elevadas esferas morontiales, existen ciertos casos de fusión demorada, de algunos seres que no experimentan esta certidumbre final de la supervivencia hasta que alcanzan los últimos mundos de enseñanza de la sede del universo; y algunos de estos candidatos mortales para la vida interminable fracasan completamente en alcanzar la fusión de identidad con sus fieles Ajustadores.

Las autoridades de adjudicación han considerado a estos mortales dignos de sobrevivir; inclusive sus Ajustadores, volviendo de Divinington, han concordado en su ascensión a los mundos de estancia. Estos seres han ascendido a través de un sistema, una constelación, y los mundos de enseñanza del circuito de Salvington, y han disfrutado de las «setenta veces siete» oportunidades para la fusión, sin embargo han sido incapaces de alcanzar la unión con sus Ajustadores.

Cuando hay evidencia de que ciertas dificultades de sincronización inhiben la fusión con el Padre, se convocan los árbitros de supervivencia del Hijo Creador. Cuando este tribunal de investigación, sancionada por un representante personal de los Ancianos de los Días, finalmente determina que en el mortal ascendente no se encuentra causa alguna que le haga culpable y que pudiera impedir la fusión, así lo certifican en los archivos del universo local y trasmiten debidamente sus conclusiones a los Ancianos de los Días. En ese momento el Ajustador residente regresa inmediatamente a Divinington para recibir la confirmación de los Monitores Personalizados, y en el momento de esta despedida el mortal morontial se fusiona inmediatamente con un don individualizado del espíritu del Hijo Creador.

Así como se comparten las esferas morontiales de Nebadon con los mortales fusionados con el Espíritu, del mismo modo estas criaturas fusionadas con el Hijo comparten el ministerio de Orvonton con sus hermanos fusionados con el Ajustador, que están viajando hacia adentro, hacia la distante Isla del Paraíso. Son verdaderamente vuestros hermanos, y disfrutaréis verdaderamente de la asociación con ellos cuando paséis por los mundos de capacitación del superuniverso.

Los mortales fusionados con el Hijo no constituyen un grupo numeroso, habiendo menos de un millón de ellos en el superuniverso de Orvonton. Aparte del destino de residir en el Paraíso son, en todo sentido, iguales a sus asociados fusionados con el Ajustador. Viajan frecuentemente al Paraíso en asignaciones del superuniverso, pero raramente moran allí en forma permanente, estando como clase limitados al superuniverso de su nacimiento.

9. Los mortales fusionados con el Espíritu

Los mortales ascendentes fusionados con el espíritu no son personalidades de la Tercera Fuente; se les incluye en el circuito de personalidad del Padre, pero se han fusionado con individualizaciones del espíritu premental de la Tercera Fuente y Centro. Tal fusión con el Espíritu nunca ocurre durante el transcurso de la vida natural; tan sólo sucede en el momento del despertar mortal a la existencia morontial en los mundos de estancia. En la experiencia de fusión no hay superposición. La criatura volitiva se fusiona con el Espíritu o con el Hijo o con el Padre. Aquellos que se fusionan con el Ajustador o con el Padre no se fusionan nunca con el Espíritu ni con el Hijo.

El hecho de que estos tipos de criaturas mortales no sean candidatos para la fusión con el Ajustador no impide que los Ajustadores moren en ellos durante la vida en la carne. Los Ajustadores trabajan en la mente de tales seres durante el transcurso de la vida material pero no pasan nunca a integrarse como uno con las almas de quienes protegen. Durante la estadía temporal los Ajustadores sí forman efectivamente el mismo complemento espiritual de la naturaleza mortal —el alma— que establecen en los candidatos para la fusión con el Ajustador. Hasta el momento de la muerte mortal el trabajo de los Ajustadores es totalmente semejante a su función en vuestras propias razas, pero ante la disolución mortal los Ajustadores se despiden eternamente de estos candidatos para la fusión con el Espíritu y, dirigiéndose directamente a Divinington, la sede de todos los Monitores divinos, allí aguardan nuevas asignaciones de su orden.

Estos sobrevivientes adormecidos son repersonalizados en los mundos de estancia, el lugar de los Ajustadores que se han ido lo ocupa una individualización del espíritu de la Ministra Divina, la representante del Espíritu Infinito en el universo local correspondiente. Esta infusión de Espíritu constituye a estas criaturas sobrevivientes en mortales fusionados con el Espíritu. Tales seres son en todo sentido vuestros iguales en mente y espíritu, son en realidad vuestros contemporáneos, compartiendo como lo hacen las esferas de estancia y de vida morontial con vuestra orden de candidatos para la fusión y con los que han de ser fusionados con el Hijo.

Existe sin embargo un detalle en el cual los mortales fusionados con el Espíritu difieren de sus hermanos ascendentes: la memoria mortal de la experiencia humana en los mundos materiales de origen sobrevive a la muerte en la carne porque el Ajustador residente ha adquirido una contraparte espiritual, o transcripción, de aquellos acontecimientos de la vida humana que eran de significado espiritual. Pero en los mortales fusionados con el Espíritu no existe tal mecanismo mediante el cual pueda persistir la memoria humana. Las transcripciones de la memoria hechas por el Ajustador son completas e intactas, pero estas adquisiciones son posesiones experienciales de los Ajustadores que han partido y no están disponibles para las criaturas en las que residieron anteriormente, quienes por lo tanto despiertan en las salas de resurrección de las esferas morontiales de Nebadon como si fueran seres recién creados, criaturas sin conciencia de una existencia previa.

Estos hijos del universo local pueden volver a posesionarse de gran parte de su anterior memoria de la experiencia humana a través de las narraciones de los serafines y querubines asociados y mediante la consulta de los registros de la carrera mortal, archivados por los ángeles de registro. Esto pueden hacer con certidumbre indudable porque el alma sobreviviente, de origen experiencial en la vida material y mortal, aunque no tenga memoria de los acontecimientos mortales, posee una reacción residual de reconocimiento experiencial de aquellos acontecimientos no recordados de la experiencia pasada.

Cuando a un mortal fusionado con el Espíritu se le narran los acontecimientos de su experiencia pasada no recordada, existe una inmediata reacción de reconocimiento experiencial dentro del alma (identidad) de dicho sobreviviente, que instantáneamente tiñe el acontecimiento narrado con el color emocional de la realidad y con la calidad intelectual del hecho; y esta reacción dual constituye la reconstrucción, reconocimiento, y validación de una faceta no recordada de la experiencia mortal.

Aun para los candidatos para la fusión con el Ajustador, tan sólo aquellas experiencias humanas que fueron de valor espiritual son posesiones comunes del sobreviviente mortal y del Ajustador que retorna y por lo tanto son recordadas inmediatamente después de la supervivencia mortal. En cuanto a aquellos acontecimientos que no fueron de significación espiritual, aun estos candidatos a la fusión con el Ajustador deben depender del atributo de la reacción de reconocimiento en el alma sobreviviente. Y puesto que cualquier acontecimiento puede tener una connotación espiritual para un mortal pero no para otro, es posible que un grupo de seres ascendentes contemporáneos del mismo planeta reúnan su bagaje de acontecimientos recordados por el Ajustador y de esta manera reconstruyan cualquier experiencia que hayan tenido en común y que fue de valor espiritual para cualquiera de ellos.

Aunque comprendemos estas técnicas de reconstrucción de la memoria bastante bien, no captamos la técnica del reconocimiento de la personalidad. Las personalidades que alguna vez estuvieron asociadas responden mutuamente en forma totalmente independiente de la operación de la memoria, a pesar de que la memoria misma y las técnicas de su reconstrucción sean necesarias para que esta reacción mutua de las personalidades tenga la plenitud del reconocimiento.

Un sobreviviente fusionado con el Espíritu también es capaz de aprender mucho sobre la vida que vivió en la carne mediante una visita a su mundo de natividad, posteriormente a la dispensación planetaria en la cual vivió. Estos hijos fusionados con el Espíritu pueden disfrutar de estas oportunidades para investigar sus carreras humanas puesto que en general se confinan al servicio del universo local. No comparten vuestro destino elevado y excelso en el Cuerpo Paradisiaco de la Finalidad; sólo los mortales fusionados con el Ajustador u otros seres ascendentes especialmente abrazados entran a formar las filas de aquellos que aguardan la eterna aventura de la Deidad. Los mortales fusionados con el Espíritu son ciudadanos permanentes de los universos locales; pueden aspirar al destino paradisiaco, pero no pueden estar seguros de él. En Nebadon su hogar universal es el octavo grupo de mundos que rodean a Salvington, un cielo de destino de la naturaleza y ubicación muy semejantes al que se visualiza en las tradiciones planetarias de Urantia.

10. LOS DESTINOS DE LOS ASCENDENTES

Los mortales fusionados con el Espíritu están, en general, confinados a un universo local. Los sobrevivientes fusionados con el Hijo están restringidos a un superuniverso; los mortales fusionados con un Ajustador están destinados a penetrar el universo de los universos. Los espíritus de fusión mortal siempre ascienden al nivel de origen; dichas entidades espirituales infaliblemente regresan a la esfera de la fuente primaria.

Los mortales fusionados con el Espíritu son del universo local; generalmente no ascienden más allá de los confines de su reino nativo, más allá de los límites de la gama espacial del espíritu que los impregna. Los seres ascendentes fusionados con el Hijo del mismo modo se elevan a la fuente de dote espiritual, y como el Espíritu de la Verdad de un Hijo Creador se centra en la Ministra Divina asociada, del mismo modo su «espíritu de fusión» está fomentado por los Espíritus Reflexivos de los universos más elevados. Esta relación espiritual entre los niveles local y del superuniverso de Dios el Séptuple puede ser difícil de explicar pero no de discernir, estando revelada claramente en aquellos hijos de los Espíritus Reflexivos —las Voces secoráficas de los Hijos Creadores. El Ajustador del Pensamiento, que proviene del Padre en el Paraíso, no se detiene jamás hasta que el hijo mortal llegue cara a cara con el Dios eterno.

La misteriosa variable en la técnica asociativa por la cual un ser mortal no puede fusionarse eternamente con el Ajustador del Pensamiento residente o no lo hace, puede parecer indicar un error en el esquema de ascensión; superficialmente, la fusión con el Hijo y con el Espíritu parece asemejarse a compensaciones de fallas no explicadas en algún detalle del plan del logro del Paraíso; pero todas estas conclusiones son erróneas; se nos enseña que todos estos acontecimientos se producen en obediencia a las leyes establecidas de los Supremos Gobernantes del Universo.

Hemos analizado este problema y hemos llegado a la conclusión indudable de que llevar a todos los mortales a un destino último en el Paraíso sería injusto respecto de los universos espacio-temporales ya que las cortes de los Hijos Creadores y de los Ancianos de los Días dependerían en ese caso totalmente de los servicios de aquellos que están en tránsito hacia reinos más elevados. Y parece ser perfectamente justo que los gobiernos de los universos locales y de los superuniversos sean provistos cada uno de un grupo permanente de ciudadanos ascendentes; que las funciones de estas administraciones se enriquezcan mediante los esfuerzos de ciertos grupos de mortales glorificados de estado permanente, complementos evolucionarios de los abandonteros y de los susatia. Ahora bien, es plenamente obvio que el esquema actual de ascensión provee efectivamente a las administraciones del tiempo y del espacio de tales grupos de criaturas ascendentes; y muchas veces nos hemos preguntado: ¿Acaso todo esto representa una parte planificada de los planes omnisapientes de los Arquitectos del Universo Maestro, diseñada para proveer a los Hijos Creadores y a los Ancianos de los Días de una población ascendente permanente? ¿Con órdenes evolucionadas de ciudadanía que se volverán cada vez más competentes para llevar adelante los asuntos de estos reinos en las edades universales venideras?

El hecho de que los destinos mortales varíen de esta manera no prueba de ninguna manera que uno de ellos sea necesariamente más grande o más pequeño que el otro, sino meramente que difieren. Los seres ascendentes fusionados con el Ajustador efectivamente tienen una carrera grande y gloriosa como finalistas, que se extiende ante ellos en el futuro eterno, pero esto no significa que sean preferidos por sobre sus hermanos ascendentes. No existe favoritismo, no hay nada arbitrario, en la operación selectiva del plan divino de la supervivencia mortal.

Aunque los finalistas fusionados con el Ajustador disfrutan obviamente de las más amplias oportunidades de servicio de todos, el logro de este objetivo automáticamente les impide la posibilidad de participar en la lucha de las edades en cualquier universo o superuniverso, a partir desde las épocas más primitivas y menos establecidas hasta las eras posteriores y establecidas de relativo logro de la perfección. Los finalistas adquieren una maravillosa y vasta experiencia de servicio transitorio en los siete segmentos del gran universo, pero generalmente no adquieren ese conocimiento íntimo de un universo específico que aun ahora caracterizan a los veteranos fusionados con el Espíritu del Cuerpo Nebadónico de lo Completo. Estos seres disfrutan de una oportunidad de presenciar la procesión ascendente de las edades planetarias a medida que éstas se desarrollan una por una en diez millones de mundos habitados. Y en el fiel servicio de estos ciudadanos del universo local, cada experiencia es superimpuesta sobre las experiencias anteriores hasta que la plenitud del tiempo madura esa elevada calidad de sabiduría que se engendra en la experiencia centralizada —sabiduría *autoritaria*— y esto en si mismo es un factor vital en la estabilización de cualquier universo local.

Tal como ocurre con los que se fusionan con el Espíritu, lo mismo sucede con los mortales fusionados con el Hijo que han alcanzado estado residencial en Uversa. Algunos de estos seres provienen de las épocas más tempranas en Orvonton y representan un cuerpo de sabiduría que se va acumulando lentamente, con discernimiento cada vez mayor que está haciendo contribuciones de servicio cada vez más extensas para el bienestar y el establecimiento futuro del séptimo superuniverso.

Cuál será el destino último de estas órdenes estacionarias de ciudadanía en el universo local y en el superuniverso no lo sabemos, pero es muy posible que, cuando los finalistas paradisiacos sean pioneros en las fronteras en expansión de la divinidad en los sistemas planetarios del primer nivel espacial exterior, sus hermanos fusionados con el Hijo y con el Espíritu de la lucha evolucionaria ascendente contribuirán aceptablemente al mantenimiento del equilibrio experiencial de los superuniversos perfeccionados, mientras se mantendrán prontos para dar la bienvenida a la corriente de ingreso de peregrinos al Paraíso que puedan, en ese día distante, pasar por Orvonton y por sus creaciones hermanas como un vasto torrente de búsqueda espiritual proveniente de estas galaxias actualmente desconocidas y desiertas del espacio exterior.

Aunque la mayoría de los que se fusionan con el Espíritu sirven permanentemente como ciudadanos de los universos locales, no todos lo hacen. Si alguna fase de su ministerio universal requiriese su presencia personal en el superuniverso, entonces se producirían en estos ciudadanos transformaciones del ser que les permitirían ascender al universo más alto; y a la llegada de los Guardianes Celestiales con órdenes de presentar a estos mortales fusionados con el Espíritu ante las cortes de los Ancianos de los Días, así ascenderían, para no regresar jamás. Se vuelven pupilos del superuniverso, sirviendo como asistentes de los Guardianes Celestiales y permanentemente, excepto aquellos pocos que a su vez son llamados al servicio del Paraíso y de Havona.

Como sus hermanos fusionados con el Espíritu, los que se fusionan con el Hijo no atraviesan Havona ni logran el Paraíso a menos que hayan sufrido ciertas transformaciones modificadoras. Por razones buenas y suficientes, estos cambios se han efectuado en algunos sobrevivientes fusionados con el Hijo, y estos seres se encuentran de vez en cuando en los siete circuitos del universo central. Así pues algunos de entre los mortales fusionados con el Hijo o con el Espíritu efectivamente ascienden al

Paraíso, logran un objetivo de muchas maneras equivalente al que aguarda a los mortales fusionados con el Padre.

Los mortales fusionados con el Padre son finalistas potenciales; su destino es el Padre Universal, y lo logran, pero dentro de los límites de la edad universal presente, los finalistas como tales, no logran su destino. Permanecen siendo criaturas no completadas, espíritus de la sexta etapa, y por lo tanto no activas en los dominios evolucionarios de estado pre-luz y vida.

Cuando la Trinidad abraza a un finalista mortal —se torna un Hijo Trinidizado, tal como un Mensajero Poderoso— entonces ese finalista ha logrado el destino, por lo menos para la presente edad universal. Los Mensajeros Poderosos y sus semejantes pueden no ser en el sentido exacto espíritus de la séptima etapa, pero además de otras cosas el abrazo de la Trinidad los dota de todo lo que un finalista alguna vez logrará como espíritu de la séptima etapa. Después de que los mortales fusionados con el Espíritu o con el Hijo son trinidizados, pasan a través de la experiencia en el Paraíso con los seres ascendentes fusionados con el Ajustador, siendo idénticos a éstos en todos los asuntos que pertenecen a la administración del superuniverso. Estos Hijos Trinidizados de Selección o de Logro son, al menos por ahora, criaturas completadas, en contraste con los finalistas, que actualmente son criaturas no completadas.

Así pues, en el análisis final, difícilmente sería apropiado utilizar las palabras «más grande» o «menor» al comparar los destinos de las órdenes ascendentes de filiación. Cada hijo de Dios comparte en la paternidad de Dios, y Dios ama a cada uno de sus hijos de la misma manera; no hace diferencia de los destinos ascendentes tanto como no hace diferencia de las criaturas que logran tales destinos. El Padre ama a *cada uno* de sus hijos, y ese afecto es nada menos que verdadero, sagrado, divino, ilimitado, eterno y único —un amor donado a *este* hijo y a *ese* hijo, individual, personal y exclusivamente. Y ese amor eclipsa totalmente todos los demás hechos. La filiación es la relación suprema de la criatura con el Creador.

Vosotros como mortales podéis ahora reconocer vuestro lugar en la familia de filiación divina y comenzar a sentir la obligación de aprovecharos de las ventajas tan libremente proveídas por el plan del Paraíso de supervivencia mortal, tal plan ha sido tan grandemente enaltecido e iluminado por la experiencia de vida de un Hijo autootorgador. Todas las facilidades y todos los poderes han sido provistos para asegurar vuestro logro último del objetivo paradisiaco de perfección divina.

[Presentado por un Mensajero Poderoso temporalmente asignado al personal de Gabriel en Salvington.]

DOCUMENTO 41

LOS ASPECTOS FÍSICOS DEL UNIVERSO LOCAL

EL FENÓMENO espacial característico que diferencia a una creación local de todas las demás es la presencia del Espíritu Creativo. Todo Nebadon está impregnado de la presencia espacial de la Ministra Divina de Salvington, y dicha presencia termina en los límites exteriores de nuestro universo local. Lo que impregna nuestro Espíritu Materno del universo local *es* Nebadon; lo que se extiende más allá de su presencia espacial está fuera de Nebadon, siendo éstas las regiones espaciales extra-Nebadon del superuniverso de Orvonton —otros universos locales.

Aunque la organización administrativa del gran universo revela una división clara entre los gobiernos del universo central, los superuniversos y los universos locales, y aunque estas divisiones tengan paralelos astronómicos en la separación espacial entre Havona y los siete superuniversos, no existen líneas claras de demarcación física en las creaciones locales. Aunque los sectores mayores y menores de Orvonton (para nosotros) son claramente distinguibles, no es tan fácil identificar los límites físicos de los universos locales. Esto se debe a que estas creaciones locales están organizadas en cuanto a su administración de acuerdo con ciertos principios *creativos* que gobiernan la segmentación de la carga total de energía de un superuniverso, mientras que sus componentes físicos, las esferas del espacio —los soles, las islas oscuras, los planetas etc.— se originan principalmente en las nebulosas, y éstas hacen su aparición astronómica de acuerdo con ciertos planes *precreativos* (trascendentales) de los Arquitectos del Universo Maestro.

Una o más —aun muchas— de estas nebulosas pueden estar comprendidas dentro del dominio de un universo local, así como Nebadon fue formado físicamente a partir de la progenie estelar y planetaria de Andrónover y de otras nebulosas. Las esferas de Nebadon son de ancestro nebular diverso, pero todas tuvieron cierta uniformidad mínima de movimiento espacial que fue ajustada de esta manera por los esfuerzos inteligentes de los directores del poder, con el objeto de producir nuestra agregación presente de cuerpos espaciales, que viajan juntos como unidad en las órbitas del superuniverso.

Tal es la constitución de la nube estelar local de Nebadon, que hoy en día gira en una órbita cada vez más establecida alrededor del centro Sagitario de ese sector menor en Orvonton al cual pertenece nuestra creación local.

1. LOS CENTROS DE PODER NEBADÓNICOS

Las nebulosas espirales y otras, las ruedas matrices de las esferas del espacio, son iniciadas por los organizadores de la fuerza paradisiacos; y después de la evolución nebular de la respuesta a la gravedad, las reemplazan en su función superuniversal los centros de poder y los controladores físicos, que de ahí en adelante toman la plena responsabilidad de la dirección de la evolución física de las generaciones futuras de las progenies estelares y planetarias. En el momento de la llegada de nuestro Hijo Creador, se coordinó inmediatamente esta supervisión física del preuniverso de Nebadon con su plan de organización universal. Dentro de los dominios de este Hijo Paradisiaco de Dios, los Centros Supremos de Poder y los Controladores Físicos Decanos colaboraron con los Supervisores del Poder Morontial, que aparecieron más tarde, y con otros, para producir el vasto complejo de líneas de comunicación, circuitos de energía y carriles de poder que ligan firmemente los múltiples cuerpos espaciales de Nebadon en una unidad administrativa integrada.

Cien Centros Supremos de Poder de la cuarta orden están permanentemente asignados a nuestro universo local. Estos seres reciben las líneas de entrada de poder de los centros de tercer orden de Uversa y transmiten los circuitos disminuidos y modificados a los centros de poder de nuestras constelaciones y sistemas. Estos centros de poder, en asociación, funcionan para producir el sistema viviente de control e igualación que opera para mantener el equilibrio y la distribución de las energías que de otra manera serían fluctuantes y variables. Los centros de poder no se preocupan sin embargo por los trastornos transitorios y locales de energía, tales como las manchas solares y los disturbios eléctricos del sistema; la luz y la electricidad no son las energías básicas del espacio; son manifestaciones secundarias y subsidiarias.

Los cien centros del universo local están estacionados en Salvington, donde funcionan en el centro exacto de energía de esa esfera. Las esferas arquitectónicas, tales como Salvington, Edentia y Jerusem, están iluminadas, calefaccionadas y energizadas por métodos que las hacen totalmente independientes de los soles del espacio. Los centros de poder y los controladores físicos construyeron, hicieron a pedido, estas esferas que fueron diseñadas para ejercer una influencia poderosa sobre la distribución de la energía. Basando sus actividades en tales puntos focales del control de la energía, los centros de poder, por su presencia viviente, direccionalizan y canalizan las energías físicas del espacio. Y estos circuitos de energía son básicos para todos los fenómenos físico-materiales y morontia-espirituales.

Diez Centros Supremos de Poder de la quinta orden son asignados a cada una de las subdivisiones principales de Nebadon, las cien constelaciones. En Norlatiadek, vuestra constelación, no se estacionan en la esfera sede central sino que están ubicados en el centro del enorme sistema estelar que constituye el núcleo físico de la constelación. En Edentia hay diez controladores mecánicos asociados y diez frandalanques que están en enlace perfecto y constante con los centros de poder cercanos.

Un Centro Supremo de Poder de la sexta orden está estacionado en el exacto centro de gravedad de cada sistema local. En el sistema de Satania el centro de poder asignado ocupa una isla oscura del espacio ubicada en el centro astronómico del sistema. Muchas de estas islas oscuras son vastos dínamos que movilizan y direccionan ciertas energías espaciales, y el Centro de Poder de Satania utiliza en forma eficaz estas condiciones naturales, cuya masa viviente funciona como un enlace con los centros más elevados, dirigiendo las corrientes de poder más materializadas a los Controladores Físicos Decanos en los planetas evolucionarios del espacio.

2. LOS CONTROLADORES FÍSICOS DE SATANIA

Aunque los Controladores Físicos Decanos sirven con los centros de poder en todo el gran universo, sus funciones en un sistema local, tal como Satania, son más fáciles de comprender. Satania es uno de cien sistemas locales que forman la organización administrativa de la constelación de Norlatiadek, cuyos vecinos inmediatos son los sistemas de Sandmatia, Assuntia, Porogia, Sortoria, Rantulia y Glantonia. Los sistemas de Norlatiadek difieren en muchos respectos, pero son todos ellos evolucionarios y progresivos, muy semejantes a Satania.

Satania misma se compone de más de siete mil grupos astronómicos, o sistemas físicos, muy pocos de los cuales tuvieron un origen similar al de vuestro sistema solar. El centro astronómico de Satania es una enorme isla oscura del espacio que, con sus esferas conjuntas, está situada no lejos de la sede central del gobierno del sistema.

Excepto por la presencia del centro de poder asignado, la supervisión del entero sistema de energía física de Satania está centrado en Jerusem. Un Controlador Físico Decano, estacionado en esta esfera sede central, funciona en coordinación con el centro de poder del sistema, sirviendo como jefe de enlace de los inspectores de poder estacionados en Jerusem y funcionando a lo largo y a lo ancho del sistema local.

El encircuitamiento y el canalizamiento de la energía están supervisados por quinientos mil manipuladores vivientes e inteligentes de la energía que se encuentran por todo Satania. A través de la acción de dichos controladores físicos, los centros de poder supervisores están en control completo y perfecto de la mayoría de las energías básicas del espacio, incluyendo las emanaciones de órbitas altamente recalentadas y de esferas oscuras cargadas de energía. Este grupo de entidades vivas puede movilizar, transformar, transmutar, manipular y transmitir casi todas las energías físicas del espacio organizado.

La vida tiene capacidad inherente para la movilización y transmutación de la energía universal. Vosotros estáis familiarizados con la acción de la vida vegetal en la transformación de la energía material de la luz en manifestaciones variadas del reino vegetal. También conocéis algo del método por el cual se puede convertir esta energía vegetativa en los fenómenos de actividades animales, pero no sabéis prácticamente nada de la técnica de los directores de poder y de los controladores físicos, que están dotados de la habilidad de movilizar, transformar, direccionar y concentrar las múltiples energías del espacio.

A estos seres de los reinos de la energía no les atañe directamente la energía como factor componente de las criaturas vivientes, ni siquiera del dominio de la química fisiológica. Algunas veces les conciernen los preliminares físicos de la vida, con la elaboración de aquellos sistemas de energía que pueden servir como vehículos físicos para las energías vivientes de los organismos materiales elementales. En cierto modo, los controladores físicos están relacionados con las manifestaciones previvientes de la energía material así como los espíritus ayudantes de la mente lo están con las funciones preespirituales de la mente material.

Estas criaturas inteligentes del control del poder y dirección de la energía deben ajustar su técnica en cada esfera de acuerdo con la constitución y la arquitectura físicas de ese planeta. Indefectiblemente utilizan los cálculos y deducciones de sus respectivos personales de físicos y otros asesores técnicos, en lo que se refiere a la influencia local de los soles altamente recalentados y de otros tipos de estrellas supercargadas. También se debe considerar a los enormes gigantes fríos y oscuros del espacio y las nubes enjambrantes de polvo estelar. Todas estas cosas materiales se tienen en cuenta en los problemas prácticos de la manipulación de la energía.

La supervisión de la energía de poder en los mundos habitados evolucionarios es responsabilidad de los Controladores Físicos Decanos, pero estos seres no son responsables de todos los trastornos energéticos en Urantia. Existe una cantidad de motivos para dichos disturbios, algunos de los cuales están más allá del dominio y control de los custodios físicos. Urantia está ubicada en las líneas de tremendas energías, un pequeño planeta en un circuito de masas enormes, y los controladores locales a veces emplean enormes números de su orden en el esfuerzo por equilibrar estas líneas de energía. Funcionan bastante bien respecto de los circuitos físicos de Satania, pero tienen problemas en aislarse contra las poderosas corrientes de Norlatiadek.

3. NUESTROS ASOCIADOS ESTELARES

Hay más de dos mil soles brillantes que arrojan luz y energía en Satania, y vuestro sol es un llameante globo normal. De los treinta soles más cercanos al vuestro, sólo tres son más brillantes. Los Directores del Poder Universal inician las corrientes especializadas de energía que funcionan entre cada estrella y sus respectivos sistemas. Estos hornos solares, juntamente con los gigantes oscuros del espacio, sirven a los centros de fuerza y a los controladores físicos como estaciones de paso para la concentración y direccionalización eficaz de los circuitos de energía de las creaciones materiales.

Los soles de Nebadon no son distintos de los de otros universos. La composición material de todos los soles, islas oscuras, planetas y satélites, aún los meteoros, es muy idéntica. Estos soles tienen un diámetro medio de alrededor de un millón setecientos mil kilómetros, siendo el de vuestro propio globo solar ligeramente más corto. La estrella más grande en el universo, la nube estelar Antares, tiene un diámetro cuatrocientas cincuenta veces mayor que el de vuestro sol y su volumen es sesenta millones de veces mayor. Pero hay abundante espacio para albergar a todos estos enormes soles. Tienen tanto espacio, comparativamente, como el que tendría una docena de naranjas circulando a través del interior de Urantia, si el planeta fuera un globo vacío.

Cuando una rueda matriz nebular arroja soles demasiado grandes, éstos pronto se deshacen o forman estrellas dobles. Todos los soles son en un principio auténticamente gaseosos, aunque más tarde puedan existir, transitoriamente, en estado semilíquido. Cuando vuestro sol alcanzó este estado casi líquido de presión de supergás, no era lo suficientemente grande para partirse en forma ecuatorial, siendo éste un tipo de formación de estrellas dobles.

Cuando son menos de un décimo del tamaño de vuestro sol, estas esferas llameantes se contraen, se condensan y se enfrían rápidamente. Cuando son más de treinta veces su tamaño —más bien treinta veces el contenido bruto de materia real— los soles se dividen rápidamente en dos cuerpos separados, volviéndose centros de nuevos sistemas o bien permaneciendo cada uno dentro de la atracción de la gravedad del otro y girando alrededor de un centro común como un tipo de estrella doble.

La más reciente de las erupciones cósmicas principales en Orvonton fue la extraordinaria explosión estelar doble, la luz de la cual llegó a Urantia en el año 1572. Esta conflagración fue tan intensa que la explosión fue claramente visible a la luz del día.

No todas las estrellas son sólidas, pero muchas de las más antiguas lo son. Algunas de las estrellas rojizas, que brillan ligeramente, han adquirido una densidad en el centro de sus enormes masas que podría ser expresada diciendo que un centímetro cúbico de dicha estrella, si estuviesen en Urantia, pesaría ciento setenta y seis kilos. La enorme presión, acompañada por pérdida de calor y de energía circulante, ha dado como resultado un acercamiento cada vez mayor de las órbitas de las unidades materiales básicas, que ahora están muy cerca de un estado de condensación electrónica. Este proceso de enfriamiento y contracción puede continuar hasta el punto limitante y crítico de explosión de condensación ultimatónica.

La mayor parte de los soles gigantes son relativamente jóvenes; la mayoría de las estrellas enanas, aunque no todas, son antiguas. Las estrellas enanas de choque pueden ser muy jóvenes y pueden brillar con una intensa luz blanca, sin haber pasado por una etapa roja inicial de brillo juvenil. Generalmente tanto los soles muy jóvenes como los muy viejos brillan con un brillo rojizo. El brillo amarillento indica juventud moderada o ancianidad próxima, pero la luz blanca brillante significa vida adulta, robusta y prolongada.

Aunque los soles adolescentes no pasan por una etapa de pulsación, por lo menos no visiblemente, al mirar al espacio tal vez podáis observar muchas de estas estrellas más jóvenes, cuyas gigantescas olas respiratorias requieren de dos a siete días para completar un ciclo. Vuestro propio sol aún lleva una herencia en disminución de las poderosas exhalaciones de sus días más jóvenes, pero el ritmo se ha prolongado, de las anteriores pulsaciones de tres días y medio, a ciclos de manchas solares de once años y medio cada uno.

Las variables estelares tienen numerosos orígenes. En algunas estrellas dobles, las mareas causadas por las distancias en rápido cambio a medida que los dos cuerpos giran alrededor de sus órbitas también ocasionan fluctuaciones periódicas de la luz. Estas variaciones de la gravedad producen fulgores regulares y recurrentes, del mismo modo que la captación de los meteoros por acrecentamiento de material de energía en la superficie darían como resultado un fulgor de luz comparativamente repentino que velozmente volvería al brillo normal de ese sol. A veces un sol capta una corriente de meteoros en una línea de oposición disminuida a la gravedad, y ocasionalmente los choques producen estallidos estelares, pero la mayoría de dichos fenómenos se debe totalmente a las fluctuaciones internas.

En un grupo de estrellas variables, el período de la fluctuación de la luz es directamente dependiente de la luminosidad, y el conocimiento de este hecho permite a los astrónomos utilizar dichos soles como faros universales o puntos de medición precisa para una exploración ulterior de grupos distantes de estrellas. Mediante esta técnica es posible medir las distancias estelares más precisamente, hasta más de un millón de años luz. Mejores métodos de medición del espacio y una técnica telescópica perfeccionada revelarán en el futuro más plenamente las diez grandes divisiones del superuniverso de Orvonton; vosotros reconoceréis por lo menos ocho de estos inmensos sectores como grupos estelares enormes y relativamente simétricos.

4. LA DENSIDAD DE LOS SOLES

La masa de vuestro sol es ligeramente mayor que la estimación de vuestros físicos, quienes la han calculado como alrededor de 1,8 mil cuadrillones ($1{,}8 \times 10^{27}$) de toneladas. Ahora se encuentra más o menos a medio camino entre las estrellas de mayor densidad y las más difusas, teniendo alrededor de una vez y media la densidad del agua. Pero vuestro sol no es ni líquido ni sólido —es gaseoso— y esto es verdad a pesar de la dificultad de explicar cómo la materia gaseosa puede alcanzar esta densidad y aun densidades mucho mayores.

Los estados gaseoso, líquido y sólido son asuntos de relaciones atómico-moleculares, pero la densidad es una relación del espacio y la masa. La densidad varía directamente con la cantidad de masa en el espacio e inversamente con la cantidad de espacio en la masa, el espacio entre los núcleos centrales de la materia y las partículas que giran alrededor de estos centros, así como también el espacio dentro de estas partículas materiales.

Las estrellas que se están enfriando pueden ser físicamente gaseosas y tremendamente densas al mismo tiempo. Vosotros no estáis familiarizados con los *supergases* solares, pero estas y otras formas poco comunes de la materia explican cómo aun los soles no sólidos pueden alcanzar una densidad igual al hierro —aproximadamente la misma que Urantia— y sin embargo estar en un estado gaseoso altamente recalentado y continuar funcionando como soles. Los átomos en estos supergases densos son excepcionalmente pequeños; contienen pocos electrones. Dichos soles también han perdido en gran parte sus ultimatones libres de almacenamiento de energía.

Uno de los soles cercanos a vosotros, que comenzó la vida aproximadamente con la misma masa que el vuestro, se ha contraído actualmente a un tamaño como el de Urantia, habiéndose vuelto cuarenta mil veces más denso que vuestro sol. El peso de este sólido-gaseoso, caliente-frío, es aproximadamente de cincuenta y cinco kilogramos por centímetro cúbico. Y aun este sol brilla con un brillo leve rojizo, el resplandor senil de un moribundo monarca de luz.

La mayoría de estos soles sin embargo no son tan densos. Uno de vuestros vecinos más cercanos tiene una densidad exactamente igual a la de vuestra atmósfera a nivel del mar. Si estuvieras en el interior de este sol, no podrías discernir nada, y si lo permitiese la temperatura, podrías penetrar la mayoría de los soles que destellan en el cielo nocturno y no observarías más materia que la que puedes percibir en el aire en una sala de vuestras casas terrestres.

El masivo sol de Veluntia, uno de los más grandes en Orvonton, tiene una densidad que tan sólo es una milésima parte de la de la atmósfera de Urantia. Si su composición fuese similar a la de vuestra atmósfera y no estuviese supercalentada, sería tan vacío que los seres humanos se sofocarían rápidamente si estuviesen en él o dentro de él.

Otro de los gigantes de Orvonton ahora tiene una temperatura en la superficie aproximadamente de mil seiscientos grados (C). Su diámetro es de más de cuatrocientos ochenta millones de kilómetros —amplio lugar para acomodar vuestro sol y la órbita actual de la tierra. Y sin embargo, a pesar de su enorme tamaño, más de cuarenta millones de veces el de vuestro sol, su masa es tan sólo treinta veces mayor. Estos enormes soles tienen un reborde de exceso que alcanza casi de uno al otro.

5. LA RADIACIÓN SOLAR

El hecho de que los soles del espacio no son muy densos se comprueba por la corriente constante de energías de luz en escape. Una densidad excesiva retendría la luz por opacidad hasta que la presión de la energía luz alcance el punto de explosión. Hay una tremenda presión de luz o gas dentro de un sol, que es la que hace que éste envíe un rayo tan poderoso de energía como para penetrar el espacio a través de millones y millones de kilómetros para energizar, iluminar y calentar los planetas distantes. Cinco metros de densidad de superficie de Urantia prevendrían efectivamente el escape de todos los rayos X y de las energías de luz de un sol, hasta el momento en que el aumento de la presión interna de las energías que se acumulan como resultado de la desmembración atómica vencería la gravedad con una tremenda explosión hacia afuera.

La luz, en presencia de gases propulsivos, es altamente explosiva cuando se confina a temperaturas altas por paredes opacas de retención. La luz es real. Según valoráis la energía y el poder en vuestro mundo, la luz del sol sería económica aunque costara dos millones de dólares por kilo.

El interior de vuestro sol es un vasto generador de rayos X. Los soles son sostenidos desde adentro por un bombardeo incesante de estas poderosas emanaciones.

Se requieren más de medio millón de años para que un electrón estimulado por los rayos X se abra camino desde el centro mismo de un sol promedio, hasta la superficie solar, desde la cual comienza su aventura espacial, tal vez para calentar un planeta habitado, o para ser captado por un meteoro, o para participar en el nacimiento de un átomo, o para ser atraído por una isla oscura altamente cargada del espacio o para encontrar el fin de su vuelo espacial en una caída final a la superficie de un sol similar al que le diera origen.

Los rayos X del interior de un sol cargan con suficiente energía a los electrones altamente recalentados y agitados como para ser impulsados a través del espacio hasta las distantes esferas de los sistemas remotos, pasando por las muchas influencias obstaculizantes de materia que se le interponen y a pesar de las atracciones divergentes de la gravedad. La gran energía de velocidad requerida para escapar a la aprehensión de la gravedad de un sol es suficiente para asegurar que el rayo de sol viajará con velocidad ininterrumpida hasta encontrar considerables masas de materia; en cuyo momento se transforma rápidamente en calor con la liberación de otras energías.

La energía, ya sea de luz o de otras formas, en su vuelo a través del espacio se traslada hacia adelante en línea recta. Las auténticas partículas de existencia material atraviesan el espacio como un disparo. Proceden en línea recta e ininterrumpida excepto cuando reciben el impacto de fuerzas superiores, y excepto en cuanto siempre obedecen la atracción de la gravedad lineal sobre la masa material y la presencia de la gravedad circular de la Isla del Paraíso.

Puede parecer que la energía solar es impulsada en ondas, pero eso se debe a la acción de influencias coexistentes y diversas. Una forma dada de energía organizada no procede en ondas sino en líneas rectas. La presencia de una segunda o tercera forma de energía de fuerza puede ocasionar que la corriente bajo observación *parezca* viajar en una formación en ondas, así como, en una tormenta enceguecedora acompañada por fuertes vientos, el agua parece a veces caer en forma de cortina o descender en oleadas. Las gotas de lluvia caen en una línea recta de sucesión ininterrumpida, pero la acción del viento es tal como para producir un aspecto visible de cortinas de agua y de oleadas de gotas de lluvia.

La acción de ciertas energías secundarias y otras no descubiertas que están presentes en las regiones espaciales de vuestro universo local es tal, que las emanaciones de luz solar parecen ejecutar ciertos fenómenos ondulados así como desintegrarse en porciones infinitesimales de longitud y peso definidos. Desde un punto de vista práctico, eso es exactamente lo que sucede. Difícilmente podéis esperar llegar a una mejor comprensión de la conducta de la luz hasta el momento en que adquiráis un concepto más claro de la interacción e interrelación de las varias fuerzas espaciales y energías solares que operan en las regiones del espacio de Nebadon. Vuestra confusión actual también se debe a vuestra comprensión incompleta de este problema en cuanto se refiere a las actividades interasociadas del control personal y no personal del universo maestro —las presencias, las actuaciones y la coordinación del Actor Conjunto y del Absoluto No Cualificado.

6. EL CALCIO —EL ERRANTE DEL ESPACIO

Al descifrar los fenómenos del espectro, debe recordarse que el espacio no está vacío; que la luz, al atravesar el espacio, es a veces ligeramente modificada por las varias formas de energía y materia que circulan en todo el espacio organizado. Algunas de las líneas que indican materia desconocida que aparecen en el espectro de vuestro sol se deben a las modificaciones de elementos bien conocidos que están flotando por todo el espacio en forma desintegrada, las víctimas atómicas de los feroces encuentros de las batallas elementales solares. El espacio está lleno de estos escombros errantes, especialmente de sodio y calcio.

El calcio es, de hecho, el elemento principal de la permeación material del espacio en todo Orvonton. Todo nuestro superuniverso está lleno de piedra altamente pulverizada. La piedra es literalmente la materia básica de construcción de los planetas y las esferas del espacio. La nube cósmica, el gran manto espacial, consiste en su mayor parte en átomos modificados de calcio. El átomo de piedra es uno de los más comunes y persistentes de los elementos. No solamente tolera la ionización solar —la división— sino que persiste en una identidad asociativa aun después de haber sido azotado por los destructivos rayos X y destrozado por las elevadas temperaturas solares. El calcio posee una individualidad y una longevidad que superan todas las formas más comunes de la materia.

Tal como lo han sospechado vuestros físicos, estos restos mutilados del calcio solar literalmente cabalgan en los rayos de luz por diversas distancias y de esta manera, se facilita enormemente su amplia diseminación por todo el espacio. El átomo de sodio, bajo ciertas modificaciones, también es capaz de locomoción en la luz y en la energía. El logro del calcio es aún más notable puesto que este elemento tiene una masa que es casi el doble que la del sodio. La permeación local del espacio por parte del calcio se debe al hecho de que escapa de la fotoesfera solar, en forma modificada, cabalgando literalmente los rayos del sol salientes. De todos los elementos solares, el calcio, a pesar de su masa comparativa, pues contiene veinte electrones giratorios, es el más triunfador en escapar del interior solar hacia los reinos del espacio. Esto explica por qué existe una capa de calcio, una superficie de piedra gaseosa, en el sol de un espesor de casi diez mil kilómetros; y esto a pesar del hecho de que diecinueve elementos más livianos, y numerosos otros más pesados, están por debajo de esta capa.

El calcio es un elemento activo y versátil en las temperaturas solares. El átomo de piedra tiene dos electrones ágiles y ligeramente ligados en los dos circuitos electrónicos exteriores, que están muy cerca uno del otro. Prontamente en la lucha atómica pierde su electrón exterior; en ese momento realiza una acción malabarista magistral con el electrón número diecinueve de aquí para allá entre el circuito diecinueve y el circuito veinte de la revolución electrónica. Al empujar de aquí para allá al electrón diecinueve entre su propia órbita y la de su compañero perdido, más de veinticinco mil veces por segundo, un átomo de piedra mutilado consigue vencer parcialmente la gravedad y por lo tanto cabalgar con éxito sobre los rayos emergentes de luz y energía, los rayos del sol, hacia la libertad y la aventura. Este átomo de calcio se mueve hacia afuera mediante saltos alternados de propulsión hacia adelante, aprehendiendo y soltando el rayo de sol unas veinticinco mil veces por segundo. La piedra es la más experta en escapar de la prisión solar, y es por esto por que la piedra es el componente principal de los mundos del espacio.

La agilidad de este acrobático electrón de calcio se refleja en el hecho de que, cuando es arrojado por las fuerzas solares de temperatura y de los rayos X al círculo de la órbita más alta, tan sólo permanece en esa órbita por un millonésimo de segundo, pero antes de que el poder de la gravedad eléctrica del núcleo atómico lo atraiga de vuelta a su vieja órbita, es capaz de completar un millón de revoluciones alrededor del centro atómico.

Vuestro sol ha perdido una cantidad enorme de su calcio, habiendo perdido cantidades enormes durante los tiempos de sus erupciones convulsivas en relación con la formación del sistema solar. Mucho del calcio solar está ahora en la superficie más exterior del sol.

Debe recordarse que los análisis del espectro muestran tan sólo las composiciones de la superficie del sol. Por ejemplo: los espectros solares exhiben muchas líneas de hierro, pero el hierro no es el elemento principal del sol. Este fenómeno se debe casi totalmente a la temperatura actual de la superficie del sol, un poco menos de 3.300 grados (C), siendo esta temperatura muy favorable al registro del espectro del hierro.

7. LAS FUENTES DE LA ENERGÍA SOLAR

La temperatura interior de muchos de los soles, aun el vuestro, es mucho más alta de lo que se cree comúnmente. En el interior de un sol prácticamente no existen átomos enteros; están todos más o menos desintegrados por el bombardeo intenso de los rayos X que es característico a tales temperaturas elevadas. Sean cuales fueran los elementos materiales que puedan aparecer en las capas exteriores de un sol, los que están en el interior se vuelven muy similares por la asociación disociativa de los rayos X destructores. Los rayos X son grandes niveladores de la existencia atómica.

La temperatura de la superficie de vuestro sol es casi 3.300 grados (C), pero aumenta rápidamente al penetrar en el interior hasta llegar a una elevación increíble de alrededor de 19.400.000 de grados (C) en las regiones centrales. (Todas estas temperaturas se refieren a vuestra escala Celsius).

Todos estos fenómenos son indicativos de un enorme gasto de energía, y las fuentes de energía solar, enumeradas en orden de importancia, son:

1. Aniquilación de los átomos y eventualmente de los electrones.

2. Transmutación de los elementos, incluyendo el grupo radioactivo de energías así liberadas.

3. La acumulación y transmisión de ciertas energías espaciales universales.

4. Materia espacial y meteoros que incesantemente se precipitan en los soles ardientes.

5. La contracción solar; el enfriamiento y contracción consecuente de un sol, produce energía y calor a veces mayores que los que son proporcionados por la materia espacial.

6. La acción de la gravedad a altas temperaturas transforma cierto poder circuitizado, en energías radioactivas.

7. La luz y otra materia recaptada que son atraídas de vuelta al sol después de haberlo dejado, juntamente con otras energías que tienen origen extrasolar.

Existe un manto regulador de gases calientes (a veces con millones de grados de temperatura) que envuelve los soles, y que actúa para estabilizar la pérdida de calor y prevenir de otra manera las fluctuaciones peligrosas de la disipación del calor. Durante la vida activa de un sol, la temperatura interior de 19.400.000 de grados (C) permanece aproximadamente la misma sin relación alguna con la caída progresiva de la temperatura exterior.

Podríais tratar de visualizar 19.400.000 de grados (C) de calor, en asociación con ciertas presiones de la gravedad, como el punto de ebullición electrónico. Bajo dicha presión y a esa temperatura todos los átomos están degradados y desintegrados en sus componentes electrónicos y otros componentes ancestrales; aun los electrones y otras asociaciones de ultimatones pueden desintegrarse, pero los soles no son capaces de degradar los ultimatones.

Estas temperaturas solares operan para acelerar enormemente los ultimatones y los electrones, por lo menos aquellos que continúan existiendo bajo estas condiciones. Os apercibiréis de lo que significa la temperatura elevada en el sentido de la aceleración de las actividades ultimatónicas y electrónicas cuando consideréis que una gota de agua común contiene más de mil trillones [10^{21}] de átomos. Esto equivale a la energía de más de cien caballos de vapor ejercida continuamente durante dos años. El calor total emitido ahora por el sol del sistema solar cada segundo es suficiente para hervir toda el agua de todos los océanos de Urantia en tan sólo un segundo de tiempo.

Sólo los soles que funcionan en los canales directos de las corrientes principales de la energía universal pueden brillar por siempre. Dichos hornos solares arden indefinidamente, siendo capaces de reponer sus pérdidas materiales tomando energía de la fuerza espacial y de otras energías análogas circulantes. Pero las estrellas muy alejadas de estos canales principales de carga están destinadas a sufrir un agotamiento de energía —enfriarse gradualmente y finalmente apagarse.

Estos soles muertos o moribundos pueden ser rejuvenecidos por el impacto de un choque o pueden recargarse por ciertas no luminosas islas de energía del espacio o a través de la atracción de la gravedad, 'roban' a los soles o sistemas más pequeños cercanos. La mayoría de los soles muertos serán revivificados mediante estas u otras técnicas evolucionarias. Los que finalmente no se así recarguen están destinados a sufrir la desintegración por explosión de la masa, cuando la condensación gravitacionaria llegue al nivel crítico de la condensación ultimatónica de la presión energética. Dichos soles que desaparecen se convierten de este modo en energía de la forma más rara, admirablemente adaptada a energizar a otros soles más favorablemente ubicados.

8. LAS REACCIONES DE LA ENERGÍA SOLAR

En aquellos soles que están dentro del circuito de los canales de energía espacial, se libera la energía solar mediante varias cadenas complejas de reacción nuclear, la más común de las cuales es la reacción de hidrógeno-carbono-helio. En esta metamorfosis el carbono actúa como catalizador de la energía, puesto que no sufre cambio alguno en este proceso de conversión de hidrógeno en helio. Bajo ciertas condiciones de alta temperatura, el hidrógeno penetra los núcleos del carbono. Puesto que el carbono no puede contener más de cuatro de estos protones, cuando se llega a este estado de saturación, comienza a emitir protones tan rápidamente como van llegando los nuevos. En esta reacción las partículas de hidrógeno entrante salen como átomos de helio.

La reducción del contenido de hidrógeno aumenta la luminosidad de un sol. En los soles destinados a apagarse, la cúspide de luminosidad se alcanza en el punto de agotamiento del hidrógeno. Después de este punto, el brillo se mantiene por el proceso resultante de contracción gravitacionaria. A la larga, esa estrella se volverá una así llamada estrella enana blanca, una esfera altamente condensada.

En grandes soles —pequeñas nebulosas circulares— cuando se agota el hidrógeno y sobreviene la contracción gravitacionaria, si dicho cuerpo no es suficientemente opaco como para retener la presión interna de apoyo para las regiones gaseosas exteriores, se produce un colapso repentino. Los cambios de gravedad eléctrica dan origen a vastas cantidades de pequeñas partículas sin potencial eléctrico, y tales partículas rápidamente escapan del interior solar, desencadenando así la desintegración de un sol gigantesco en unos pocos días. Fue una emigración de estas «partículas fugitivas» la que ocasionó la desintegración de la nova gigantesca en la nebulosa

Andrómeda hace unos cincuenta años. Este vasto cuerpo estelar se desintegró en cuarenta minutos del tiempo de Urantia.

Como norma, la vasta expulsión de materia continúa existiendo alrededor del sol residual en enfriamiento en forma de extensas nubes de gases nebulares. Y esto explica el origen de muchos tipos de nebulosas irregulares, como la nebulosa Cáncer que se originó hace aproximadamente novecientos años, y que aún exhibe la esfera matriz como una estrella solitaria cerca del centro de esta masa nebular irregular.

9. LA ESTABILIDAD DE LOS SOLES

Los soles más grandes mantienen un control de la gravedad tal sobre sus electrones que la luz escapa solamente con la ayuda de los poderosos rayos X. Estos rayos ayudantes penetran todo el espacio y se involucran en el mantenimiento de las asociaciones básicas ultimatónicas de energía. Las grandes pérdidas de energía en los primeros días de un sol, después de alcanzar su máxima temperatura, hasta 19.400.000 de grados (C), no se deben tanto al escape de luz como a las pérdidas de ultimatones. Estas energías ultimatónicas escapan hacia el espacio, para participar en la aventura de la asociación electrónica y la materialización de la energía, como una verdadera explosión de energía durante las épocas adolescentes de los soles.

Los átomos y los electrones están sujetos a la gravedad. Los ultimatones no están sujetos a la gravedad local, la interacción de la atracción material, pero son plenamente obedientes a la gravedad absoluta o la del Paraíso, a la tendencia, el giro, del círculo universal y eterno del universo de los universos. La energía ultimatónica no obedece a la atracción lineal o directa de la gravedad de las masas materiales cercanas o remotas, sino que siempre gira de acuerdo con el circuito de la gran elipse de la enorme creación.

Vuestro propio centro solar irradia anualmente casi cien mil millones de toneladas de materia real, mientras que los soles gigantescos, durante sus primeros años de crecimiento, los primeros mil millones de años pierden materia a un ritmo prodigioso. La vida de un sol se estabiliza cuando alcanza el máximo de la temperatura interna, y las energías subatómicas comienzan a ser liberadas. Es justamente en este punto crítico cuando los soles más grandes tienen pulsaciones convulsivas.

La estabilidad del sol es completamente dependiente del equilibrio entre la gravedad y el calor —tremendas presiones contrabalanceadas por temperaturas inimaginables. La elasticidad del gas interior de los soles mantiene las capas superpuestas de materiales varios, y cuando la gravedad y el calor están en equilibrio, el peso de los materiales exteriores iguala exactamente la presión de la temperatura de los gases subyacentes e interiores. En muchas de las estrellas más jóvenes la condensación gravitacionaria continuada produce temperaturas internas en constante aumento y a medida que aumenta el calor interior, la presión interior de los rayos X de los vientos del supergás pasa a ser tan grande que, en conexión con el movimiento centrífugo, un sol comienza a arrojar sus capas exteriores hacia el espacio, compensando así la falta de equilibrio entre la gravedad y el calor.

Vuestro propio sol ha alcanzado desde hace mucho tiempo un equilibrio relativo entre sus ciclos de expansión y contracción, aquellas alteraciones que producen las gigantescas pulsaciones de muchas de las estrellas más jóvenes. Vuestro sol está ahora saliendo de su seis mil millonésimo año. En el momento presente está funcionando a través del período de economía más grande. Brillará con la eficiencia actual por más de veinticinco mil millones de años. Probablemente experimentará un período de declinación parcialmente eficiente que será tan largo como la combinación de los dos períodos, el de su juventud y el de su funcionamiento estabilizado.

10. EL ORIGEN DE LOS MUNDOS HABITADOS

Algunas de las estrellas variables, en el estado de máxima pulsación, o cerca del mismo, están a punto de dar origen a sistemas subsidiarios, muchos de los cuales serán finalmente como vuestro propio sol y sus planetas giratorios. Vuestro sol estaba en igual estado de pulsación vigorosa cuando se acercó el masivo sistema de Angona, y la superficie exterior del sol comenzó a expeler verdaderas corrientes —capas continuas— de materia. Esto prosiguió con una violencia constantemente en aumento hasta la aposición más cercana, momento en el cual se alcanzaron los límites de la cohesión solar y un vasto pináculo de materia, el ancestro del sistema solar, fue expulsado. En circunstancias similares la aproximación más cercana del cuerpo de atracción a veces despega planetas enteros, hasta un cuarto o un tercio de un sol. Estas grandes efusiones forman ciertos tipos peculiares de mundos con nubes, esferas muy parecidas a Júpiter y Saturno.

La mayoría de los sistemas solares, sin embargo, tuvieron un origen completamente diferente al vuestro, y esto se aplica también a aquellos que fueron producidos por la técnica de la gravedad mareomotriz. Pero cualquiera que sea la técnica que se aplique para la construcción de mundos, la gravedad siempre produce la creación del tipo de sistema solar, o sea un sol central o isla oscura con planetas, satélites, subsatélites y meteoros.

Las modalidades de origen, la situación astronómica y el medio ambiente físico determinan al mayor grado los aspectos físicos de los mundos individuales. La edad, el tamaño, la velocidad de las revoluciones y la velocidad a través del espacio son también factores determinantes. Tanto los mundos de contracción gaseosa como los de acrecentamiento sólido están caracterizados por montañas y, durante su vida primitiva, si no son demasiado pequeños, por agua y aire. Los mundos que se originan de las divisiones de cuerpos celestes en estado de derretimiento y los mundos que resultan de choques carecen a veces de extensas cadenas montañosas.

Durante las primeras épocas de todos estos nuevos mundos, son frecuentes los terremotos, y todos ellos se caracterizan por grandes alteraciones físicas. Esto ocurre especialmente en las esferas formadas por contracción de gases, los mundos nacidos de los inmensos anillos nebulares que quedan como secuela de la condensación y contracción prematuras de ciertos soles individuales. Los planetas que tienen un doble origen, como Urantia, pasan por una carrera juvenil menos violenta y tempestuosa. Aun así, vuestro mundo experimentó una fase primitiva de poderosos cataclismos, caracterizados por erupciones volcánicas, terremotos, inundaciones y terribles tormentas.

Urantia está comparativamente aislada en las afueras de Satania, vuestro sistema solar, siendo, con una excepción, el más alejado de Jerusem, mientras que Satania misma está próxima al sistema más alejado en Norlatiadek, y esta constelación está atravesando ahora el límite exterior de Nebadon. Os contabais verdaderamente entre las más humildes de todas las creaciones, hasta el momento en que el autootorgamiento de Micael elevó vuestro planeta a una posición de honor y gran atención universal. A veces el último será el primero, así como verdaderamente el más humilde se torna el más grande.

[Presentado por un Arcángel en colaboración con el Jefe de los Centros de Poder Nebadónicos.]

DOCUMENTO 42

LA ENERGÍA —LA MENTE Y LA MATERIA

LA BASE del universo es material en el sentido de que la energía es la base de toda existencia, y el Padre Universal controla la energía pura. La fuerza, la energía, es la única cosa que se erige como monumento eterno que demuestra y prueba la existencia y presencia del Absoluto Universal. Esta vasta corriente de energía que procede de las Presencias Paradisiacas no se ha interrumpido jamás, jamás ha fallado; no ha habido nunca una ruptura en el sostenimiento infinito.

La manipulación de la energía universal está por siempre de acuerdo con la voluntad personal y los mandatos omnisapientes del Padre Universal. Este control personal del poder manifiesto y de la energía circulante se modifica por las acciones y decisiones coordinadas del Hijo Eterno, así como también por los propósitos unidos del Hijo y del Padre ejecutados por el Actor Conjunto. Estos seres divinos actúan personalmente y como individuos; también funcionan en las personas y poderes de un número casi ilimitado de subordinados, cada uno de los cuales expresa en forma variada el propósito eterno y divino en el universo de los universos. Pero estas modificaciones o transmutaciones funcionales y provisionales del poder divino no disminuyen de manera alguna la verdad de la declaración de que toda la fuerza-energía está bajo el control último de un Dios personal que reside en el centro de todas las cosas.

1. LAS FUERZAS Y LAS ENERGÍAS DEL PARAÍSO

La base del universo es material, pero la esencia de la vida es espíritu. El Padre de los espíritus es también el antepasado de los universos; el Padre eterno del Hijo Original es también la fuente en la eternidad del modelo original, la Isla del Paraíso.

La materia —energía— por ser manifestaciones diversas de la misma realidad cósmica, como fenómeno universal es un fenómeno inherente al Padre Universal. «En él radican todas las cosas». La materia puede parecer manifestar energía inherente y exhibir poderes autocontenidos, pero las líneas de la gravedad involucradas en las energías que se ocupan de todos estos fenómenos físicos se derivan del Paraíso y dependen de éste. El ultimatón, la primera forma mensurable de la energía, tiene como núcleo al Paraíso.

Es innata en la materia y está presente en el espacio universal una forma de energía desconocida en Urantia. Cuando finalmente se haga este descubrimiento, entonces los físicos pensarán que han solucionado casi todo el misterio de la materia. Y así se habrán acercado un paso más al Creador; de este modo habrán dominado una fase más de la técnica divina; pero en ningún sentido habrán encontrado a Dios, ni tampoco habrán establecido la existencia de la materia o el funcionamiento de las leyes naturales aparte de la técnica cósmica del Paraíso y del propósito motivador del Padre Universal.

Después de un progreso aún mayor y de descubrimientos ulteriores, una vez que Urantia haya avanzado inmensurablemente en comparación con el conocimiento presente, aunque ganéis el control de las revoluciones energéticas de las unidades eléctricas de la materia hasta el punto de modificar sus manifestaciones físicas —aun después de todo este progreso posible, por siempre serán incapaces los científicos de crear un átomo de materia o de originar un destello de energía o de agregar a la materia aquello que llamamos vida.

La creación de la energía y el otorgamiento de vida son prerrogativas del Padre Universal y de sus personalidades Creadoras asociadas. El río de la energía y de la vida es un manantial continuo que proviene de las Deidades, el caudal universal y unido de la fuerza paradisiaca que sale hacia todo el espacio. Esta energía divina impregna toda la creación. Los organizadores de la fuerza inician aquellos cambios e instituyen aquellas modificaciones de la fuerza espacial que resultan en energía; los directores del poder transmutan la energía en materia; de este modo nacen los mundos materiales. Los Portadores de Vida inician aquellos procesos en la materia muerta que llamamos vida, vida material. Los Supervisores de Poder Morontial del mismo modo actúan en todos los reinos de transición entre los mundos materiales y los espirituales. Los Creadores espirituales más elevados inauguran procesos similares en las formas divinas de energía, y de allí nacen las formas espirituales más elevadas de la vida inteligente.

La energía procede del Paraíso, modelada del orden divino. La energía —la energía pura— comparte la naturaleza de la organización divina; está formada a semejanza de los tres Dioses abrazados en uno, tal como funcionan en la sede central del universo de los universos. El encircuitamiento de toda fuerza se efectúa en el Paraíso, la fuerza proviene de las Presencias Paradisiacas y regresa a ellas, y es en esencia una manifestación de la Causa no causada —el Padre Universal; y sin el Padre, nada de lo que existe, existiría.

La fuerza derivada de la Deidad autoexistente es en sí misma existente por siempre. La fuerza-energía es imperecedera, indestructible; estas manifestaciones del Infinito pueden estar sujetas a transmutaciones ilimitadas, transformaciones sin fin, y metamorfosis eternas, pero no podrían sufrir o no va a sufrir jamás la extinción en ningún sentido ni grado, ni siquiera en el menor grado imaginable. Pero la energía, aunque surge del infinito, no se manifiesta infinitamente; existen límites exteriores al universo maestro concebido actualmente.

La energía es eterna pero no infinita; responde por siempre a la atracción del Infinito que todo lo comprende. La fuerza y la energía perduran para siempre; habiendo salido del Paraíso, deben regresar al mismo, aunque se requiera edad tras edad para que se complete el circuito que ha sido ordenado. Aquello que se origina en la Deidad Paradisiaca tan sólo puede tener como destino al Paraíso o a la Deidad.

Todo esto confirma nuestra creencia en un universo de universos circular, un tanto limitado, pero vasto y ordenado. Si esto no fuese verdad, entonces aparecería tarde o temprano la evidencia del agotamiento de la energía en algún momento. Todas las leyes, organizaciones, administración y testimonio de los exploradores del universo —todo indica la existencia de un Dios infinito pero, hasta ahora, de un universo finito, una circularidad de existencia sin fin, casi ilimitada pero, sin embargo, finita en contraste con la infinidad.

2. LOS SISTEMAS DE ENERGÍA UNIVERSALES NO ESPIRITUALES

(LAS ENERGÍAS FÍSICAS)

Es en efecto difícil hallar palabras adecuadas en el idioma inglés [o español] para designar y describir los varios niveles de fuerza y energía —física, mental, o espiritual. Estas narrativas no pueden completamente ceñirse a vuestras definiciones aceptadas de fuerza, energía y poder. Existe tal pobreza de lenguaje que debemos usar estos términos con significados múltiples. En este documento, por ejemplo, la palabra *energía* se usa para denotar todas las fases y formas del movimiento, acción y potencial fenomenales, mientras que *fuerza* se aplica a las etapas de energía pregravedad, y *poder* se aplica a las etapas postgravedad de la energía.

Sin embargo intentaré reducir la confusión conceptual sugiriendo la conveniencia de adoptar la siguiente clasificación para la fuerza cósmica, la energía emergente, y el poder universal —energía física:

1. *Potencia espacial.* Ésta es la presencia espacial libre e incuestionable del Absoluto No Cualificado. La extensión de este concepto connota el potencial de la fuerza espacial en el universo inherente a la totalidad funcional del Absoluto No Cualificado, mientras que la comprensión de este concepto implica la totalidad de la realidad cósmica —universos— que emanaron en la eternidad de la Isla del Paraíso sin comienzo, sin fin, sin movimiento, y sin cambio.

Los fenómenos característicos del lado bajo del Paraíso probablemente comprenden tres zonas de presencia y actuación de la fuerza absoluta: la zona del fulcro del Absoluto No Cualificado, la zona de la Isla del Paraíso mismo, y la zona intermedia de ciertas agencias compensadoras y equilibradoras no identificadas. Estas zonas triconcéntricas son el centro del ciclo paradisiaco de la realidad cósmica.

La potencia espacial es una prerrealidad; es el dominio del Absoluto No Cualificado y reacciona tan sólo a la atracción personal del Padre Universal, a pesar de que sea aparentemente modificable por la presencia de los Organizadores de la Fuerza Decanos Primarios.

En Uversa, la potencia espacial se denomina ABSOLUTA.

2. *Fuerza primordial.* Ésta representa el primer cambio básico en potencia espacial y puede ser una de las funciones bajoparadisiacas o del Absoluto No Cualificado. Sabemos que la presencia espacial que sale del Paraíso bajo está modificada de alguna manera de la que ingresa. Pero a pesar de estas relaciones posibles, la transmutación abiertamente reconocida de la potencia espacial en fuerza primordial es la función diferenciadora primaria de la tensión-presencia de los organizadores vivientes paradisiacos de la fuerza.

La fuerza pasiva y potencial se vuelve activa y primordial en respuesta a la resistencia ofrecida por la presencia espacial de los Organizadores de la Fuerza Decanos Eventuados Primarios. La fuerza ahora emerge del dominio exclusivo del Absoluto No Cualificado a los reinos de respuesta múltiple —respuesta a ciertos movimientos primarios iniciados por el Dios de la Acción y de allí en adelante a ciertos movimientos compensatorios que emanan del Absoluto Universal. La fuerza primordial es aparentemente reactiva a la causación trascendental en proporción a la absolutez.

La fuerza primordial se denomina a veces *energía pura*; en Uversa nos referimos a ella como SEGREGATA.

3. *Energías emergentes*. La presencia pasiva de los organizadores primarios de la fuerza es suficiente para transformar la potencia espacial en fuerza primordial, y es sobre este campo espacial activado que estos mismos organizadores de la fuerza comienzan sus operaciones iniciales y activas. La fuerza primordial está destinada a pasar a través de dos fases distintas de transmutación en los reinos de la manifestación de la energía antes de aparecer como poder universal. Estos dos niveles de energía emergente son:

a. *Energía potente*. Ésta es una energía poderosamente direccional, movida por la masa, tensionada poderosamente, y de reacción forzada —sistemas gigantescos de energía puestos en movimiento por las actividades de los organizadores primarios de la fuerza. Esta energía primaria o potente al principio no responde definitivamente a la atracción de la gravedad del Paraíso aunque probablemente da una respuesta de agregado de masa o direccional en el espacio, al grupo colectivo de influencias absolutas que operan desde el lado bajo del Paraíso. Cuando la energía surge hasta el nivel de la respuesta inicial a la atracción circular y absoluta de la gravedad del Paraíso, los organizadores primarios de la fuerza dan paso a la acción de sus asociados secundarios.

b. *Energía de gravedad*. La energía que responde a la gravedad que ahora aparece tiene el potencial del poder universal y se vuelve el antepasado activo de toda materia universal. Esta energía secundaria, o energía gravitacionaria es el producto de la elaboración de la energía que resulta de la presión-presencia, y de las tendencias tensionales establecidas por los Organizadores de la Fuerza Decanos Asociados Trascendentales. En respuesta a la tarea de estos manipuladores de la fuerza, la energía espacial pasa rápidamente de la etapa potente a la etapa gravitacional, volviéndose así directamente reaccionante a la atracción circular de la gravedad (absoluta) del Paraíso y mostrando a la vez cierto potencial de sensibilidad a la atracción de la gravedad lineal inherente en la masa material a punto de aparecer que corresponde a las etapas electrónica y postelectrónica de la energía y de la materia. Al aparecer la reacción a la gravedad, los Organizadores de la Fuerza Decanos Asociados Trascendentales pueden retirarse de los ciclones energéticos del espacio siempre y cuando los Directores del Poder Universal sean asignables a ese campo de acción.

No estamos seguros de las causas exactas de las primeras etapas de la evolución de la fuerza, pero reconocemos la acción inteligente del Último en ambos niveles de manifestación de la energía emergente. Las energías potente y gravitacionaria, cuando se las considera colectivamente, se llaman en Uversa ULTIMATA.

4. *Poder universal*. La fuerza espacial se modifica primero en energía espacial y de allí en energía controlada por la gravedad. De esta manera la energía física madura hasta el punto en que puede ser dirigida dentro de los canales de poder y hecha a servir los propósitos múltiples de los Creadores del universo. Esta tarea es emprendida por los versátiles directores, centros y controladores de la energía física en el gran universo —las creaciones organizadas y habitadas. Estos Directores del Poder Universal toman en sus manos el control más o menos completo de veintiuna de las treinta fases de la energía que constituyen el sistema actual de energía de los siete superuniversos. Este dominio de poder-energía-materia es el reino de las actividades inteligentes del Séptuple, que actúa bajo el supercontrol espacio-temporal del Supremo.

En Uversa nos referimos al reino del poder universal como GRAVITA.

5. *Energía de Havona*. Conceptualmente esta narrativa se ha estado desplazando en dirección al Paraíso a medida que hemos seguido la transmutación de la fuerza espacial, nivel tras nivel, hasta el nivel funcional de la energía de poder de los

universos del tiempo y del espacio. Continuando en dirección al Paraíso, posteriormente se encuentra una fase preexistente de la energía que es característica del universo central. Aquí el ciclo evolucionario parece volverse sobre sí mismo; la energía-poder parece ahora comenzar a volverse hacia atrás, hacia la fuerza, pero una fuerza de naturaleza muy distinta de la potencia espacial y de la fuerza primordial. Los sistemas de energía de Havona no son duales; son triunos. Éste es el dominio de la energía existencial del Actor Conjunto, que funciona en nombre de la Trinidad del Paraíso.

En Uversa estas energías de Havona se conocen como TRIATA.

6. *Energía trascendental.* Este sistema de energía opera a partir del nivel superior del Paraíso y en él, y sólo en conexión con los pueblos absonitos. En Uversa se la denomina TRANOSTA.

7. *Monota.* La energía está estrechamente emparentada con la divinidad cuando se trata de energía en el Paraíso. Nos inclinamos a la creencia de que monota es la energía viviente, no espiritual, del Paraíso —una contraparte en la eternidad de la energía viviente, espiritual, del Hijo Original —de aquí que sea el sistema de energía no espiritual del Padre Universal.

No podemos diferenciar entre la *naturaleza* del espíritu paradisiaco y la monota paradisiaca. Son aparentemente iguales. Tienen nombres distintos, pero difícilmente se os puede relatar algo sobre una realidad cuyas manifestaciones espirituales y no espirituales son distinguibles tan sólo por su *nombre*.

Sabemos que las criaturas finitas pueden lograr la experiencia de la adoración del Padre Universal a través del ministerio de Dios el Séptuple y de los Ajustadores del Pensamiento, pero dudamos que una personalidad subabsoluta, aun los directores de poder, puedan comprender la infinidad de la energía de la Primera Gran Fuente y Centro. Una cosa es segura: si los directores de poder conocen la técnica de la metamorfosis de la fuerza espacial, no revelan el secreto al resto de nosotros. Es mi opinión que no comprenden plenamente la función de los organizadores de la fuerza.

Estos mismos directores de poder son catalizadores de la energía, o sea, hacen por su presencia que la energía se segmente, se organice o se reúna en formación de unidad. Todo esto implica que debe haber algo inherente en la energía que hace que así funcione en presencia de estas entidades de poder. Desde hace mucho tiempo los Melquisedek de Nebadon han denominado el fenómeno de la transmutación de la fuerza cósmica en poder universal como una de las siete «infinidades de la divinidad», y no podréis avanzar más en este punto durante vuestra ascensión en el universo local.

A pesar de nuestra incapacidad para comprender plenamente el origen, la naturaleza y las transmutaciones de la fuerza cósmica, comprendemos perfectamente todas las fases de la conducta de la energía emergente desde los tiempos de su respuesta directa y clara a la acción de la gravedad del Paraíso —aproximadamente en el momento del comienzo de la función de los directores del poder de los superuniversos.

3. CLASIFICACIÓN DE LA MATERIA

La materia es idéntica en todos los universos, a excepción del universo central. La materia en sus propiedades físicas depende de las velocidades de revolución de sus componentes, del número y tamaño de las partículas que giran, de su distancia del cuerpo nuclear o del contenido espacial de la materia, así como también de la presencia de ciertas fuerzas que aún no se han descubierto en Urantia.

En los distintos soles, planetas y cuerpos espaciales existen diez grandes divisiones de la materia:

1. Materia ultimatónica —las primeras unidades físicas de la existencia de la materia, las partículas de energía que forman los electrones.

2. Materia subelectrónica —la etapa explosiva y repelente de los supergases solares.

3. Materia electrónica —la etapa eléctrica de diferenciación material— electrones, protones y varias otras unidades que participan en la constitución variada de los grupos electrónicos.

4. Materia subatómica —materia que existe ampliamente en el interior de los soles calientes.

5. Átomos destruidos —que se encuentran en los soles en enfriamiento y en todo el espacio.

6. Materia ionizada —átomos individuales que han perdido sus electrones exteriores (activos químicamente) debido a actividades eléctricas, térmicas, de rayos X o de solventes.

7. Materia atómica —la etapa química de la organización elemental, las unidades componentes de la molécula o de la materia visible.

8. La etapa molecular de la materia —materia tal como existe en Urantia en un estado de materialización relativamente estable bajo condiciones comunes.

9. Materia radioactiva —la tendencia y actividad desorganizadora de los elementos más pesados bajo condiciones de calor moderado y de menor presión de la gravedad.

10. Materia desintegrada —la materia relativamente estacionaria que se encuentra en el interior de los soles fríos o muertos. Esta forma de materia no es realmente estacionaria; aún existe cierta actividad ultimatónica y aún electrónica, pero estas unidades están muy cerca unas de las otras, y sus velocidades de revolución están grandemente disminuidas.

La clasificación arriba mencionada de la materia pertenece a su organización y no a las formas de su aspecto ante los seres creados. Tampoco toma en cuenta las etapas pre-emergentes de la energía ni las materializaciones eternas en el Paraíso y en el universo central.

4. LAS TRANSMUTACIONES DE LA ENERGÍA Y DE LA MATERIA

La luz, el calor, la electricidad, el magnetismo, la acción química, la energía y la materia son —en su origen, naturaleza y destino— la misma cosa, juntamente con otras realidades materiales que aún no se han descubierto en Urantia.

No comprendemos plenamente los cambios casi infinitos que puede sufrir la energía física. En un universo, aparece como luz, en otro como luz y calor, en otro en formas de energía desconocidas en Urantia; en indecibles millones de años puede reaparecer en forma de energía eléctrica inquieta y emergente, o de poder magnético; aún más adelante puede volver a aparecer en otro universo en forma de materia variable pasando por una serie de metamorfosis, seguida luego por su desaparición física exterior en un gran cataclismo de los reinos. Y después de ello, después de edades incontables y de errar casi sin fin por los universos innumerables, nuevamente esta misma energía puede resurgir y cambiar muchas veces su forma y potencial; así pues continúan estas transformaciones a través de las edades sucesivas y por reinos incontables. Así sigue avanzando la materia, sufriendo las transmutaciones del tiempo pero girando por siempre fielmente en el círculo de la eternidad; aunque se le impida por mucho tiempo regresar a su fuente, responde a ella por siempre, y prosigue en el camino ordenado por la Personalidad Infinita que la enviara.

Los centros de poder y sus asociados se ocupan intensamente del trabajo de transmutación del ultimatón en los circuitos y revoluciones del electrón. Estos seres singulares controlan y componen el poder mediante su hábil manipulación de las unidades básicas de la energía materializada, los ultimatones. Son los amos de la energía que circula en su estado primitivo. En enlace con los controladores físicos, son capaces de controlar y dirigir eficazmente la energía aun después de que se ha transmutado al nivel eléctrico, la así llamada etapa electrónica. Pero su gama de acción se limita enormemente cuando la energía organizada electrónicamente entra en los remolinos de los sistemas atómicos. En el momento de tal materialización, estas energías caen bajo la atracción completa del poder de la gravedad lineal.

La gravedad actúa positivamente en las líneas de fuerza y los canales de energía de los centros de poder y de los controladores físicos, pero estos seres tienen tan sólo una relación negativa con la gravedad —el ejercicio de sus dotes de antigravedad.

En todo el espacio, el frío y otras influencias cooperan en la organización creadora de los ultimatones en electrones. El calor es la medida de la actividad electrónica, mientras que el frío significa simplemente ausencia de calor —reposo comparativo de la energía —el estado de la carga-fuerza universal del espacio con tal que no hubiese energía emergente ni materia organizada que respondiera a la gravedad.

La presencia y acción de la gravedad es lo que impide la aparición del cero absoluto teórico, porque el espacio interestelar no tiene la temperatura del cero absoluto. En todo el espacio organizado existen corrientes de energía que responden a la gravedad, circuitos de poder, y actividades ultimatónicas, así como también energías organizadoras electrónicas. En forma práctica, el espacio no está vacío. Aun la atmósfera de Urantia se hace cada vez menos densa hasta que a unos cinco mil kilómetros comienza a desvanecerse en la materia espacial media en esta sección del universo. El espacio más vacío que se conoce en Nebadon daría unos cien ultimatones —el equivalente de un electrón— por 16,4 cm^3. Esta escasez de materia se considera en sentido práctico espacio vacío.

La temperatura —el calor y el frío— es secundaria tan sólo a la gravedad en los reinos de evolución de la energía y la materia. Los ultimatones obedecen humildemente a los extremos de temperatura. Las temperaturas bajas favorecen ciertas formas de construcción electrónica y ensamblaje atómico, mientras que las temperaturas elevadas facilitan todo tipo de ruptura atómica y desintegración material.

Cuando se las somete al calor y a la presión de ciertos estados solares internos, todas las asociaciones de materia excepto las más primitivas pueden desintegrarse. El calor de este modo puede sobreponerse en gran parte a la estabilidad gravitacional. Pero no hay calor solar ni presión conocidos que puedan convertir a los ultimatones de vuelta en energía potente.

Los soles flameantes pueden transformar la materia en varias formas de energía, pero los mundos oscuros y todo el espacio exterior pueden retardar la actividad electrónica y ultimatónica hasta el punto de convertir estas energías en la materia de los reinos. Ciertas asociaciones electrónicas de naturaleza cercana, así como muchas de las asociaciones básicas de materia nuclear, se forman en temperaturas excesivamente bajas en el espacio abierto, aumentando luego por asociación con agregaciones más grandes de energía en materialización.

A través de toda esta metamorfosis interminable de la energía y de la materia debemos considerar la influencia de la presión gravitacionaria y la conducta antigravitacional de las energías ultimatónicas bajo ciertas condiciones de temperatura, velocidad y revolución. La temperatura, las corrientes de energía, la distancia, y la presencia de los organizadores vivientes de la fuerza y de los directores del poder también tienen efecto sobre todos los fenómenos de transmutación de la energía y la materia.

El aumento de la masa en la materia es igual al aumento de la energía dividido por el cuadrado de la velocidad de la luz. En un sentido dinámico, el trabajo que puede realizar la materia en reposo es igual a la energía gastada en reunir sus partes desde el Paraíso, menos la resistencia de las fuerzas superadas en el tránsito y la atracción ejercida por las partes de la materia unas sobre las otras.

La existencia de formas preelectrónicas de materia se indica por los dos pesos atómicos del plomo. El plomo de formación original pesa ligeramente más que el que se produce por desintegración del uranio a través de las emanaciones de radio; y esta diferencia en peso atómico representa la pérdida real de energía en la ruptura atómica.

La integridad relativa de la materia está asegurada por el hecho de que puede absorber o liberar la energía sólo en aquellas cantidades exactas que los científicos de Urantia han designado como quanta. Esta disposición sabia en los mundos materiales sirve para mantener los universos en función.

La cantidad de energía tomada o dada cuando se modifican las posiciones electrónicas u otras es siempre un «quántum» o un múltiplo del mismo, pero las dimensiones de las estructuras materiales correspondientes determinan totalmente la conducta vibratoria u ondulada de dichas unidades de energía. Estos picos de energía ondulada tienen un diámetro 860 veces mayor que los ultimatones, electrones, átomos u otras unidades que así actúan. La confusión sin fin que acompaña la observacíon de la mecánica en ondas de la conducta quantum se debe a la superimposición de las olas de energía: dos crestas pueden combinarse para hacer una cresta de doble altura, mientras que una cresta y una depresión pueden combinarse, produciendo de este modo una cancelación mutua.

5. MANIFESTACIONES DE LA ENERGÍA EN ONDAS

En el superuniverso de Orvonton existen cien octavas de energía en ondas. De estos grupos de cien manifestaciones de la energía, en Urantia se reconocen total o parcialmente sesenta y cuatro. Los rayos del sol constituyen cuatro octavas en la escala superuniversal, comprendiendo los rayos visibles una sola octava, la número cuarenta y seis en esta serie. El grupo ultravioleta es el siguiente mientras que diez octavas hacia arriba están los rayos X, seguidos por los rayos gamma de radio. Treinta y dos octavas por encima de la luz visible del sol están los rayos de energía del espacio exterior tan frecuentemente mezclados con partículas diminutas de materia altamente energizadas. Hacia abajo, a partir de la luz solar visible, aparecen los rayos infrarrojos, y treinta octavas por más abajo está el grupo de trasmisión de radio.

Las manifestaciones de energía en forma de onda, desde el punto de vista del esclarecimiento científico de Urantia del siglo veinte, se pueden clasificar en los siguientes diez grupos:

1. *Rayos infraultimatónicos* —las revoluciones limítrofes de ultimatones cuando comienzan a tomar una forma definida. Esta es la primera etapa de la energía emergente en la cual los fenómenos en forma de onda se pueden detectar y medir.

2. *Rayos ultimatónicos* —la reunión de la energía en esferas diminutas de ultimatones ocasiona vibraciones en el contenido del espacio que son discernibles y mensurables. Mucho antes de que los físicos descubran el ultimatón, indudablemente detectarán los fenómenos de estos rayos que caen en cascada sobre Urantia. Estos rayos cortos y poderosos representan la actividad inicial de los ultimatones cuando su velocidad disminuye hasta el punto en que giran hacia la organización electrónica de la materia. A medida que los ultimatones se agregan en electrones, ocurre condensación con un consiguiente almacenamiento de energía.

3. *Los rayos espaciales cortos.* Éstas son las más cortas de todas las vibraciones puramente electrónicas y representan la etapa preatómica de esta forma de materia. Se requieren temperaturas extraordinariamente altas o bajas para que se produzcan estos rayos. Existen dos tipos de rayos espaciales: uno que acompaña el nacimiento de los átomos y el otro que indica la ruptura atómica. Emanan en cantidades más grandes desde el plano más denso del superuniverso, la Vía Láctea, que es también el plano más denso de los universos exteriores.

4. *La etapa electrónica.* Esta etapa de la energía es la base de toda materialización en los siete superuniversos. Cuando los electrones pasan de los niveles más altos a los niveles más bajos de energía de revolución orbital, siempre se despiden quanta. El desplazamiento orbital de electrones da como resultado la expulsión o la absorción de partículas mensurables muy definidas y uniformes de luz-energía, mientras que cada electrón pierde una partícula de luz-energía siempre que se lo somete a un choque. Las manifestaciones de la energía en forma de ondas también acompañan la actuación de los cuerpos positivos y de otros elementos de la etapa electrónica.

5. *Rayos gamma* —las emanaciones que caracterizan la disociación espontánea de la materia atómica. La mejor ilustración de esta forma de actividad electrónica se encuentra en los fenómenos asociados con la desintegración del radio.

6. *El grupo de rayos* X. El paso siguiente en la disminución de velocidad del electrón produce varias formas de rayos X solares juntamente con rayos X generados artificialmente. La carga electrónica crea un campo eléctrico; el movimiento produce una corriente eléctrica; la corriente produce un campo magnético. Cuando se detiene repentinamente un electrón, la conmoción electromagnética resultante produce el rayo X; el rayo X es *ese* trastorno. Los rayos X solares son idénticos a los que se generan en forma mecánica para explorar el interior del cuerpo humano, excepto que son ligeramente más largos.

7. *Los rayos ultravioletas* o químicos de luz solar y las varias producciones mecánicas.

8. *La luz blanca* —el total de la luz solar visible.

9. *Rayos infrarrojos* —la disminución de la velocidad de la actividad electrónica aún más cerca de la etapa de calor apreciable.

10. *Ondas hertzianas* —las energías utilizadas en Urantia para la radiodifusion.

De todas estas diez fases de actividad en forma de onda de la energía, el ojo humano puede reaccionar tan sólo a una octava, la totalidad de la luz solar normal.

El así llamado éter es meramente un nombre colectivo para designar a un grupo de actividades de la fuerza y de la energía que ocurren en el espacio. Los ultimatones, los electrones, y otras agregaciones de masa de energía son partículas uniformes de materia, y en su tránsito a través del espacio proceden en línea recta. La luz y otras formas de manifestaciones reconocibles de la energía consisten en una sucesión de partículas definidas de energía que proceden en línea recta excepto cuando son modificadas por la gravedad y otras fuerzas que se interponen. El hecho de que estas procesiones de partículas de energía aparezcan como fenómeno en onda cuando se los somete a ciertas observaciones se debe a la resistencia del manto no diferenciado de energía de todo el espacio, al hipotético éter, y a la tensión intergravitacional de las agregaciones asociadas de materia. El espaciamiento de los intervalos de partículas de la materia, juntamente con la velocidad inicial de los rayos de energía, establece el aspecto ondulado de muchas formas de energía-materia.

La excitación del contenido del espacio produce una reacción ondulatoria al pasaje de partículas de materia en rápido movimiento, tal como el pasaje de un barco por el agua da inicio a olas de amplitud e intervalo variables.

La conducta de la fuerza primordial produce fenómenos que son de muchas maneras análogos a vuestra postulación del éter. El espacio no está vacío; las esferas de todo el espacio giran en remolino y se precipitan a través de un vasto océano de fuerza-energía extendida; tampoco está vacío el contenido de espacio de un átomo. Sin embargo no hay éter, y la ausencia misma de este hipotético éter impide que el planeta habitado se precipite en el sol y que el electrón giratorio se precipite en el núcleo.

6. LOS ULTIMATONES, LOS ELECTRONES Y LOS ÁTOMOS

Aunque la carga espacial de fuerza universal es homogénea y no diferenciada, la organización de la energía evolucionada en materia supone la concentración de energía en masas discretas de dimensiones definidas y peso establecido —reacción precisa a la gravedad.

La gravedad local o lineal se torna plenamente operante con la aparición de la organización atómica de la materia. La materia preatómica reacciona ligeramente a la gravedad cuando se la activa mediante rayos X y otras energías similares, pero no se ejerce atracción lineal alguna mensurable de la gravedad sobre las partículas de energía electrónica libres, no ligadas y no cargadas ni sobre los ultimatones no asociados.

Los ultimatones funcionan por atracción mutua, respondiendo tan sólo a la tracción de la gravedad circular del Paraíso. Al no responder a la gravedad lineal, se mantienen así a la deriva universal en el espacio. Los ultimatones son capaces de acelerar la velocidad de revolución hasta el punto de una conducta parcialmente antigravitacional, pero no pueden, independientemente de los organizadores de la fuerza o de los directores del poder, alcanzar la velocidad crítica de escape de la desindividualización, o sea volver a la etapa de energía potente. En la naturaleza, los ultimatones escapan al estado de existencia física tan sólo cuando participan en la desintegración terminal de un sol enfriado y moribundo.

Los ultimatones, desconocidos en Urantia, van disminuyendo su velocidad a través de muchas fases de actividad física antes de alcanzar los prerrequisitos de energía revolucionaria para la organización electrónica. Los ultimatones poseen tres variedades de movimiento: resistencia mutua a la fuerza cósmica, revoluciones individuales de potencial de antigravedad, y las posiciones intraelectrónicas de los cien ultimatones mutuamente interasociados.

La atracción mutua mantiene juntos a cien ultimatones para constituir un electrón; y nunca hay más ni menos que cien ultimatones en un electrón típico. La pérdida de uno o más ultimatones destruye la identidad electrónica típica, trayendo así a la existencia una de las diez formas modificadas del electrón.

Los ultimatones no describen órbitas ni remolinos en circuitos dentro de los electrones, pero se desparraman o se agrupan de acuerdo con sus velocidades axiales revolucionarias, determinando así las dimensiones electrónicas diferenciales. Esta misma velocidad ultimatónica de revolución axial también determina las reacciones negativas o positivas de los varios tipos de unidades electrónicas. La entera segregación y agrupación de materia electrónica, juntamente con la diferenciación eléctrica de los cuerpos negativos y positivos de la energía-materia, provienen de estas varias funciones de la interasociación de los componentes ultimatónicos

Cada átomo tiene un diámetro apenas por encima de 1/40.000.000 de centímetros mientras que un electrón pesa poco más de 1/2.000 parte del átomo más pequeño, el hidrógeno. El protón positivo, característico del núcleo atómico, aunque puede no ser más grande que un electrón negativo, pesa casi dos mil veces más.

Si magnificáramos la masa de la materia hasta el punto en que un electrón equivaliese a un décimo de una onza [2,8 gramos], su tamaño se magnificaría proporcionalmente, llegando el volumen de dicho electrón a ser tan grande como el de la tierra. Si aumentáramos el volumen de un protón —mil ochocientas veces más pesado que un electrón— hasta el mismo tamaño de la cabeza de un alfiler, en comparación, la cabeza de un alfiler alcanzaría un diámetro igual al de la órbita de la tierra alrededor del sol.

7. MATERIA ATÓMICA

La formación de toda materia se produce de acuerdo con el orden del sistema solar. Existe en el centro de todo diminuto universo de energía una porción nuclear de existencia material relativamente estable, comparativamente estacionaria. Esta unidad central está dotada de una posibilidad triple de manifestación. Alrededor de este centro de energía giran, en profusión sin fin pero en circuitos fluctuantes, las unidades de energía que son vagamente comparables a los planetas que rodean el sol en un grupo estelar tal como vuestro propio sistema solar.

Dentro del átomo, los electrones giran alrededor del protón central en un espacio comparativamente semejante al de los planetas que giran alrededor del sol en el espacio del sistema solar. Existe la misma distancia relativa, en comparación con el tamaño real, entre el núcleo atómico y el circuito electrónico interior, que entre el planeta interior, Mercurio, y vuestro sol.

Las revoluciones electrónicas axiales y sus velocidades de órbita alrededor del núcleo atómico están ambas más allá de la imaginación humana, sin hablar siquiera de la velocidad de los ultimatones que las componen. Las partículas positivas de radio vuelan hacia el espacio a una velocidad de dieciséis mil kilómetros por segundo, mientras que las partículas negativas alcanzan una velocidad que se aproxima a la de la luz.

Los universos locales son de construcción decimal. Existen precisamente cien materializaciones atómicas distinguibles de la energía espacial en un universo dual. Ésa es la máxima organización posible de materia en Nebadon. Estas cien formas de materia consisten en una serie regular en la cual de uno a cien electrones giran alrededor de un núcleo central y relativamente compacto. Es esta asociación ordenada y confiable de las varias energías la que constituye la materia.

No todos los mundos muestran cien elementos reconocibles en su superficie, pero éstos están presentes en algún lado, han estado presentes, o están en proceso de evolución. Las condiciones que rodean el origen y la subsiguiente evolución de un planeta determinan cuántos de estos cien tipos atómicos serán observables. No se encuentran los átomos más pesados en la superficie de muchos mundos. Aun en Urantia, los elementos conocidos más pesados manifiestan una tendencia a volar en trozos, tal como se ilustra por la conducta del radio.

La estabilidad del átomo depende del número de neutrones eléctricamente inactivos en el cuerpo central. La conducta química depende totalmente de la actividad de los electrones en revolución libre.

En Orvonton no ha sido nunca posible reunir naturalmente más de cien electrones orbitales en un sistema atómico. Cuando se han introducido artificialmente ciento uno en un campo orbital, el resultado ha sido siempre la destrucción casi instantánea del protón central con una dispersión desenfrenada de los electrones y de las otras energías liberadas.

Aunque los átomos puedan contener de uno a cien electrones orbitales, sólo los diez electrones exteriores de los átomos más grandes giran alrededor del núcleo central como cuerpos distintos y discretos, girando en forma intacta y compacta alrededor de órbitas precisas y definidas. Los treinta electrones más cercanos al centro son de difícil observación o detección como cuerpos separados y organizados. Esta misma relación comparativa de conducta electrónica en relación con la proximidad nuclear ocurre en todos los átomos, sea cual fuere el número de los electrones comprendidos. Cuanto más cerca del núcleo, tanto menos individualidad electrónica. La extensión ondulatoria de la energía de un electrón tanto puede difundirse hacia afuera como para ocupar el total de las órbitas menores atómicas; esto es cierto especialmente en los electrones más cercanos al núcleo atómico.

Los treinta electrones orbitales más interiores tienen individualidad, pero sus sistemas de energía tienden a combinarse, extendiéndose de un electrón al otro y casi de órbita en órbita. Los siguientes treinta electrones constituyen la segunda familia, o zona de energía, y tienen mayor individualidad, siendo cuerpos de materia que ejercen un control más completo sobre los sistemas concomitantes de energía. Los siguientes treinta electrones correspondientes a la tercera zona de energía, están más individualizados y circulan en órbitas más distintas y definidas. Los últimos diez electrones, que están presentes tan sólo en los diez elementos más pesados, poseen la dignidad de la independencia y son, por lo tanto, capaces de escapar más o menos libremente al control del núcleo matriz. Con una variación mínima de temperatura y presión, los componentes de este cuarto grupo más exterior de electrones escapan a la atracción del núcleo central, tal como se observa en la desintegración espontánea del uranio y de elementos semejantes.

Los primeros veintisiete átomos, los que contienen de uno a veintisiete electrones orbitales, son de comprensión más fácil que el resto. A partir del veintiocho hacia arriba encontramos cada vez más la dificultad de comprensión que acompaña la presencia supuesta del Absoluto No Cualificado. Pero parte de esta dificultad para predecir la conducta electrónica se debe a las velocidades revolucionarias axiales diferenciales ultimatónicas y a la tendencia de los ultimatones a «amontonarse». Otras influencias —físicas, eléctricas, magnéticas y gravitacionales— también operan para producir una conducta electrónica variable. Por lo tanto, los átomos se asemejan a las personas en cuanto a la dificultad de predecir su conducta. Los especialistas en estadística pueden anunciar leyes que gobiernan grandes grupos de átomos o de personas, pero no las que gobiernan a un solo átomo o persona.

8. COHESIÓN ATÓMICA

Aunque la gravedad es uno de varios factores que mantienen un minúsculo sistema de energía atómica, también existe dentro y entre estas unidades físicas básicas una energía poderosa y desconocida, el secreto de su constitución básica y conducta última, una fuerza que aún no se ha descubierto en Urantia. Esta influencia universal impregna el espacio entero comprendido dentro de esta minúscula organización de energía.

El espacio interelectrónico de un átomo no está vacío. En el átomo entero, este espacio interelectrónico está activado por manifestaciones ondulatorias que perfectamente se sincronizan con la velocidad electrónica y con las revoluciones ultimatónicas. Vuestras leyes reconocidas de atracción positiva y negativa no dominan totalmente esta fuerza; por lo tanto su conducta es a veces impredecible. Esta influencia innominada parece ser una reacción fuerza espacial del Absoluto No Cualificado.

Los protones cargados y los neutrones no cargados del núcleo del átomo, se mantienen juntos por la función reciprocadora del mesotrón, una partícula de materia 180 veces más pesada que el electrón. Si no fuera por esto, la carga eléctrica llevada por los protones destruiría el núcleo atómico.

Según se constituyen los átomos, ni las fuerzas eléctricas ni las fuerzas gravitacionales podrían mantener el núcleo integrado. La integridad del núcleo se mantiene por la función recíproca de cohesión del mesotrón, que es capaz de integrar partículas cargadas y no cargadas debido a su poder superior de fuerza-masa y por la función ulterior que hace que los protones y los neutrones cambien constantemente de lugar. El mesotrón hace que la carga eléctrica de las partículas nucleares pase incesantemente de aquí para allá entre los protones y los neutrones. En una infinitésima parte de un segundo, una partícula nuclear es un protón cargado y en la siguiente fracción de segundo es un neutrón no cargado. Y estas alternancias del estado de energía son tan increíblemente rápidas que la carga eléctrica pierde toda oportunidad de funcionar como influencia de desintegración. Así pues el mesotrón funciona como un «portador de energía» que contribuye poderosamente a la estabilidad nuclear del átomo.

La presencia y función del mesotrón también explica otro misterio atómico. Cuando los átomos actúan en una forma radioactiva, emiten mucha más energía de lo que uno esperaría. Este exceso de radiación se deriva de la ruptura del mesotrón «portador de energía», que por eso se vuelve un simple electrón. La emisión de ciertas pequeñas partículas no cargadas también acompaña la desintegración mesotrónica.

El mesotrón explica ciertas propiedades cohesivas del núcleo atómico, pero no da razón de la cohesión de protón a protón ni de la adherencia de neutrón a neutrón. La fuerza paradójica y poderosa de integridad cohesiva atómica es una forma de energía aún no descubierta en Urantia.

Estos mesotrones se encuentran abundantemente en los rayos espaciales que tan incesantemente caen sobre vuestro planeta.

9. La filosofía natural

No es sólo la religión la que es dogmática; la filosofía natural tiende igualmente a dogmatizar. Cuando un famoso maestro religioso razonó que el número siete era fundamental en la naturaleza porque hay siete orificios en la cabeza humana, si hubiese conocido más química, podría haber defendido dicha creencia basándose en un fenómeno auténtico del mundo físico. En todos los universos físicos del tiempo y del espacio, a pesar de la manifestación universal de la constitución decimal de la energía, existe la señal siempre presente de la realidad de la organización electrónica séptuple de la prematería.

El número siete es básico en el universo central y en el sistema espiritual de transmisiones inherentes de carácter, pero el número diez, el sistema decimal, es inherente en la energía, materia, y la creación material. Sin embargo, el mundo atómico muestra cierta caracterización periódica que recurre en grupos de siete —una marca de nacimiento que lleva este mundo material que indica su muy lejano origen espiritual. Esta persistencia séptuple de la constitución creadora se presenta en los dominios químicos en forma de una repetición de propiedades físicas y químicas similares en períodos segregados de siete al ordenar los elementos básicos según sus pesos atómicos. Cuando los elementos químicos de Urantia se ordenan en fila de esta manera, las cualidades o propiedades específicas tienden a recurrir cada siete. Este cambio periódico de siete en siete ocurre cada vez menos y con variaciones en la entera tabla química, siendo más marcadamente observable en las agrupaciones primeras o más livianas. Comenzando con un elemento, después de notar una propiedad, dicha cualidad cambiará en los seis elementos consecutivos, pero al llegar al octavo tenderá a reaparecer, o sea, que el octavo elemento químicamente activo se asemeja al primero, el noveno al segundo y así sucesivamente. Este hecho del mundo físico indica sin lugar a dudas la constitución séptuple de la energía ancestral e indica la realidad fundamental de la diversidad séptuple de las creaciones espacio-temporales. El hombre también debería notar que existen siete colores en el espectro natural.

Pero no todas las suposiciones de la filosofía natural son válidas; por ejemplo, el éter hipotético, que representa un intento ingenioso del hombre de unificar su ignorancia de los fenómenos espaciales. La filosofía del universo no puede basarse en las observaciones de la así llamada ciencia. Si un científico no pudiese observar la metamorfosis, se inclinaría a negar la posibilidad de que la mariposa se desarrolle a partir de la oruga.

La estabilidad física asociada con la elasticidad biológica existe en la naturaleza tan sólo debido a la casi infinita sabiduría de los Arquitectos Maestros de la creación. Nada menos que la sabiduría trascendental podría diseñar jamás unidades de materias que son al mismo tiempo tan estables y tan eficazmente flexibles.

10. LOS SISTEMAS DE ENERGÍA UNIVERSALES NO ESPIRITUALES

(SISTEMAS MATERIALES DE LA MENTE)

El giro sin fin de la realidad cósmica relativa desde la absolutez de la monota del Paraíso a la absolutez de la potencia espacial, sugiere ciertas evoluciones de relación en las realidades no espirituales de la Primera Fuente y Centro —aquellas realidades que están ocultas en la potencia espacial, reveladas en monota, y provisionalmente reveladas en los niveles cósmicos intermedios. Este ciclo eterno de energía, puesto que está encircuitado en el Padre de los universos, es absoluto y, siendo absoluto, no es expansible ni en hecho ni en valor; sin embargo el Padre Primario está aún ahora —como siempre— realizando a sí mismo desde una arena, que se dilata constantemente, de significados espacio-temporales y de los que trascienden el tiempo y el espacio, de una arena de relaciones cambiantes en la cual la energía-materia está siendo sometida progresivamente al supercontrol del espíritu viviente y divino a través de la lucha experiencial de la mente personal y viviente.

Las energías universales no espirituales están reasociadas en los sistemas vivos de las mentes que no son las de los Creadores, en varios niveles, algunos de los cuales pueden ser ilustrados como sigue:

1. *Mentes de estado que precede la influencia de los espíritus ayudantes.* Este nivel de la mente es no experiencial y en los mundos habitados lo ministran los Controladores Físicos Decanos. Ésta es la mente mecánica, el intelecto no enseñable de las formas más primitivas de la vida material, pero esta mente no enseñable funciona en muchos niveles aparte de el de la vida planetaria primitiva.

2. *Mentes sujetas a la influencia de los espíritus ayudantes.* Éste es el ministerio del Espíritu Materno de un universo local que funciona a través de sus siete espíritus ayudantes de la mente en el nivel capaz de aprender (no mecánico) de la mente material. En este nivel la mente material está experimentando: como intelecto subhumano (animal) en los primeros cinco ayudantes; como intelecto humano (moral) en los siete ayudantes; como intelecto superhumano (ser intermedio) en los últimos dos ayudantes.

3. *Mentes morontiales en evolución* —la conciencia en expansión de las personalidades evolutivas del universo local en las carreras ascendentes del universo local. Éste es el otorgamiento del Espíritu Materno del universo local, en enlace con el Hijo Creador. Este nivel de mente connota la organización del tipo morontial de vehículo vital, una síntesis de lo material y lo espiritual que es efectuada por los Supervisores de la Fuerza Morontial de un universo local. La mente morontial funciona diferencialmente en respuesta a los 570 niveles de vida morontial, revelando una capacidad asociativa con la mente cósmica cada vez mayor en los niveles más altos de logro. Éste es el curso evolucionario de las criaturas mortales, pero un Hijo del Universo y un Espíritu del Universo donan también la mente de orden no morontial a los hijos no morontiales de las creaciones locales.

La mente cósmica. Esta es la mente séptuple diversificada del espacio y el tiempo, cada fase de la cual es ministrada por cada uno de los Siete Espíritus Rectores de uno de los siete superuniversos. La mente cósmica comprende todos los niveles de la mente finita y se coordina experiencialmente con los niveles de la deidad evolucionaria de la Mente Suprema y trascendentalmente con los niveles existenciales de la mente absoluta —los circuitos directos del Actor Conjunto.

En el Paraíso, la mente es absoluta; en Havona, es absonita; en Orvonton, es finita. La mente siempre connota la presencia-actividad del ministerio viviente además de variados sistemas de energía, y esto es verdad en todos los niveles y en todos los tipos de mente. Pero más allá de la mente cósmica se vuelve cada vez más difícil describir las relaciones de la mente con la energía no espiritual. La mente havonera es subabsoluta pero superevolucionaria; siendo existencial-experiencial, está más cerca de lo absonito que de cualquier concepto revelado a vosotros. La mente paradisiaca está más allá de la comprensión humana; es existencial, no espacial, y no temporal. Sin embargo, todos estos niveles de mente están bajo la égida de la presencia universal del Actor Conjunto —la atracción de la gravedad mental del Dios de la mente en el Paraíso.

11. LOS MECANISMOS DEL UNIVERSO

En la evaluación y reconocimiento de la mente debe recordarse que el universo no es ni mecánico ni mágico; es una creación de la mente y un mecanismo de la ley. Pero aunque en las aplicaciones prácticas las leyes de la naturaleza operan en lo que parece ser un reino dual de lo físico y lo espiritual, en la realidad son uno. La Primera Fuente y Centro es la causa primaria de toda materialización y al mismo tiempo el Padre primero y final de todos los espíritus. El Padre Paradisiaco aparece personalmente en los universos fuera de Havona sólo como energía pura y espíritu puro —como Ajustadores del Pensamiento y otras fragmentaciones similares.

Los mecanismos no dominan absolutamente la creación local; el universo de los universos *in toto* está planificado por la mente, hecho por la mente, y administrado por la mente. Pero el mecanismo divino del universo de los universos es demasiado perfecto para que los métodos científicos de la mente finita del hombre puedan discernir, aunque fuera una huella del dominio de la mente infinita. Esta mente creadora, controladora y sostenedora, no es ni mente material ni mente de criatura; es mente de espíritu, que funciona en, y a partir de, los niveles creadores que pertenecen a la realidad divina.

La habilidad de discernir y descubrir la mente en los mecanismos universales depende enteramente de la habilidad, alcance y capacidad de la mente investigadora ocupada en dicha tarea de observación. Las mentes espacio-temporales, organizadas a partir de las energías del tiempo y el espacio, están sujetas a los mecanismos del tiempo y el espacio.

El movimiento y la gravitación universal son facetas gemelas del mecanismo impersonal espacio-temporal del universo de los universos. Los niveles de respuesta a la gravedad para el espíritu, la mente y la materia son totalmente independientes del tiempo, pero tan sólo los niveles verdaderamente espirituales de la realidad son independientes del espacio (no espaciales). Los niveles mentales más elevados del universo —los niveles de la mente espíritu— también pueden ser no espaciales, pero los niveles de la mente material, tal como la mente humana, responden a las interacciones de la gravitación universal, y pierden esta respuesta tan sólo en proporción a la identificación con el espíritu. Los niveles de realidad espiritual se reconocen por su contenido espiritual, y la espiritualidad en tiempo y espacio se mide inversamente a la respuesta a la gravedad lineal.

La respuesta a la gravedad lineal es una medida cuantitativa de la energía no espiritual. Toda masa —energía organizada— está sujeta a esta atracción según el movimiento y la acción mental actúan sobre ella. La gravedad lineal es la fuerza cohesiva de corto alcance del macrocosmos, en cierto modo como las fuerzas de la cohesión intraatómica son las fuerzas de corto alcance del microcosmos. La energía física materializada, organizada en forma de la así llamada materia, no puede atravesar el espacio sin afectar la respuesta a la gravedad lineal. Aunque tal respuesta a la gravedad es directamente proporcional a la masa, está tan modificada por el espacio intermedio que el resultado final no es más que burdamente aproximado cuando se lo expresa inversamente de acuerdo al cuadrado de la distancia. El espacio finalmente conquista la gravitación lineal debido a la presencia en él de las influencias antigravitacionales de numerosas fuerzas supermateriales que operan para neutralizar la acción de la gravedad y toda respuesta a la misma.

Los mecanismos cósmicos extremadamente complejos y que aparecen en forma altamente automática siempre tienden a ocultar de todas y cada una de las inteligencias muy por debajo de los niveles universales de la naturaleza y de la capacidad del mecanismo mismo, la presencia de la mente originadora o creadora residente. Por lo tanto es inevitable que los mecanismos más elevados del universo deban aparecer como sin mente a las órdenes inferiores de las criaturas. La única excepción posible a esta conclusión sería la suposición de la presencia de la mente en el asombroso fenómeno de un *universo que aparentemente se mantiene a sí mismo* —pero ése es asunto de filosofía más bien que de experiencia real.

Puesto que la mente coordina el universo, no existe fijeza de los mecanismos. El fenómeno de la evolución progresiva asociado con el automantenimiento cósmico es universal. La capacidad evolucionaria del universo es inagotable en la infinitud de espontaneidad. El progreso hacia una unidad armoniosa, una síntesis experiencial en crecimiento superpuesta a una complejidad cada vez mayor de relaciones, tan sólo es posible gracias a la presencia de una mente dominadora y llena de propósito.

Cuanto más elevada sea la mente universal asociada con un fenómeno universal, más difícil será para los tipos más bajos de mente descubrirla. Puesto que la mente del mecanismo del universo es mente de espíritu creadora (aun la presencia de la mente en el Infinito), no puede ser descubierta ni discernida jamás por las mentes de nivel inferior del universo, mucho menos por la mente *más baja* de todas, la mente humana. La mente animal evolutiva, aunque naturalmente en pos de Dios, no es por sí misma inherentemente conocedora de Dios.

12. MODELO ORIGINAL Y FORMA —LA DOMINACIÓN DE LA MENTE

La evolución de los mecanismos implica e indica la presencia y dominación ocultas de la mente creadora. La habilidad del intelecto mortal para concebir, diseñar y crear mecanismos automáticos demuestra las cualidades superiores, creadoras y concertadas de la mente del hombre como influencia dominante en el planeta. La mente siempre anhela:

1. La creación de mecanismos materiales.
2. El descubrimiento de misterios ocultos.
3. La exploración de situaciones remotas.
4. La formulación de sistemas mentales.
5. El logro de objetivos de sabiduría.
6. El logro de niveles espirituales.
7. El cumplimiento de los destinos divinos: supremo, último y absoluto.

La mente es siempre creadora. La dote mental de un individuo, o sea un animal, un mortal, un morontiano, un quien asciende en espíritu, o un que ya ha alcanzado la finalidad, es siempre competente para producir un cuerpo adaptable y servible para la identidad de criatura viviente. Pero el fenómeno de presencia de una personalidad o el modelo original de una identidad, como tal, no es una manifestación de la energía, ni física, ni mental ni espiritual. La forma de la personalidad es el aspecto de *modelo original* de un ser viviente; connota el *ordenamiento* directo de energías, y esto más la vida y el movimiento, es el *mecanismo* de la existencia de la criatura.

Aun los seres espirituales tienen formas, y estas formas espirituales (modelos) son reales. Aun los tipos más elevados de personalidades espirituales tienen formas —presencias de personalidad en todo sentido análogas a los cuerpos mortales de Urantia. Casi todos los seres que se encuentran en los siete superuniversos poseen formas. Pero existen unas pocas excepciones a esta regla general: los Ajustadores del Pensamiento parecen no tener forma hasta después de la fusión con las almas sobrevivientes de sus asociados mortales. Los Mensajeros Solitarios, los Espíritus Inspirados Trinitarios, los Auxiliares Personales del Espíritu Infinito, los Mensajeros de Gravedad, los Registradores Transcendentales, y algunos otros tampoco tienen una forma descubrible. Pero éstos son típicos de los pocos seres excepcionales; la gran mayoría posee auténticas formas de personalidad, formas que son individualmente características, y que son reconocibles y personalmente distinguibles.

El enlace de la mente cósmica y el ministerio de los espíritus ayudantes de la mente evoluciona un tabernáculo físico adaptable para el ser humano en evolución. Del mismo modo, la mente morontial individualiza una forma morontial para todos los sobrevivientes mortales. Así como el cuerpo mortal es personal y característico para cada ser humano, del mismo modo la forma morontial será altamente individual y adecuadamente característica de la mente creadora que lo domina. No existen dos formas morontiales más idénticas entre sí que dos cuerpos humanos. Los Supervisores de la Fuerza Morontial patrocinan, y los serafines asistentes proveen, el material morontial no diferenciado a partir del cual puede comenzar a funcionar la vida morontial. Y después de la vida morontial se encontrarán formas espirituales que son igualmente diversas, personales y características de sus respectivos residentes espíritu-mentales.

En un mundo material pensáis que el cuerpo tiene espíritu, pero nosotros consideramos que el espíritu tiene cuerpo. Los ojos materiales son verdaderamente las ventanas del alma nacida del espíritu. El espíritu es el arquitecto, la mente es el constructor, el cuerpo es el edificio material.

Las energías físicas, espirituales y mentales, como tales y en sus estados puros, no interaccionan plenamente como actuales de los universos fenomenales. En el Paraíso las tres energías son iguales, en Havona están coordinadas, mientras que en los niveles universales de actividades finitas se han de encontrar todas las gamas de dominancia material, mental y espiritual. En situaciones no personales espacio-temporales, la energía física parece predominar, pero también parece que cuanto más la función de la mente de espíritu se acerca a la divinidad de propósito y a la supremacía de acción, más se vuelve dominante la fase de espíritu; y en el último nivel la mente de espíritu puede ser casi completamente dominante. En el nivel absoluto, indudablemente el espíritu es dominante. Y de ahí en adelante a través de los reinos del tiempo y del espacio, siempre y cuando esté presente una realidad divina de espíritu, siempre y cuando esté funcionando una verdadera mente espíritu, existirá siempre una tendencia a producir una contraparte material o física de esa realidad espiritual.

El espíritu es la realidad creadora; la contraparte física es el reflejo espacio-temporal de la realidad espiritual, la repercusión física de la acción creadora de la mente espíritu.

La mente domina universalmente a la materia, así como a su vez responde al supercontrol último del espíritu. Y en el hombre mortal, sólo la mente que se somete libremente a la dirección del espíritu puede esperar sobrevivir la existencia mortal espacio-temporal como hijo inmortal del mundo espiritual eterno del Supremo, el Último y el Absoluto: el Infinito.

[Presentado a solicitud de Gabriel por un Mensajero Poderoso asignado a Nebadon.]

DOCUMENTO 43

LAS CONSTELACIONES

URANTIA comúnmente se denomina con el número 606 de Satania en Norlatiadek de Nebadon, esto es, el mundo habitado 606 en el sistema local de Satania, ubicado en la constelación de Norlatiadek, una de las cien constelaciones del universo local de Nebadon. Siendo las constelaciones las divisiones primarias de un universo local, sus gobernantes vinculan los sistemas locales de los mundos habitados a la administración central del universo local en Salvington y por reflexividad a la superadministración de los Ancianos de los Días en Uversa.

El gobierno de vuestra constelación está ubicado en un grupo de 771 esferas arquitectónicas, la más grande y más central de las cuales es Edentia, el asiento de la administración de los Padres de la Constelación, Los Altísimos de Norlatiadek. Edentia misma es aproximadamente cien veces más grande que vuestro mundo. Las setenta esferas principales que rodean a Edentia son alrededor de diez veces el tamaño de Urantia, mientras que los diez satélites que giran alrededor de cada uno de estos setenta mundos son aproximadamente de la dimensión de Urantia. Estas 771 esferas arquitectónicas son totalmente comparables en tamaño a las de otras constelaciones.

La medición del tiempo y la distancia en Edentia es la misma que en Salvington, y como las esferas de la capital del universo, los mundos sede central de la constelación están plenamente abastecidos de todas las órdenes de inteligencias celestiales. En general, estas personalidades no son muy distintas de aquellas que se describen en relación con la administración del universo.

Los serafines supervisores, la tercera orden de ángeles del universo local, son asignados al servicio de las constelaciones. Tienen su sede central en las esferas capitales y ministran ampliamente a los mundos de capacitación morontial que los rodean. En Norlatiadek las setenta esferas principales, juntamente con los setecientos satélites menores, son habitadas por univitatia, los ciudadanos permanentes de la constelación. Todos estos mundos arquitectónicos están administrados por varios grupos de vida nativa, en su mayor parte no revelados pero que incluyen a los eficientes espironga y los hermosos espornagia. Siendo el punto medio en el régimen de capacitación morontial, como es de esperar, la vida morontial de las constelaciones es tanto típica como ideal.

1. LAS SEDES CENTRALES DE LAS CONSTELACIONES

Edentia abunda en mesetas fascinadoras, amplias elevaciones de materia física coronadas de vida morontial y esparcidas de gloria espiritual, pero no hay cadenas montañosas abruptas tales como existen en Urantia. Existen decenas de miles de lagos resplandecientes y miles de miles de arroyos que los interconectan, pero no hay grandes océanos ni ríos torrenciales. Sólo las mesetas carecen de estos arroyos de superficie.

El agua de Edentia y de las esferas arquitectónicas similares, no es diferente del agua de los planetas evolucionarios. Los sistemas de agua de dichas esferas son tanto de superficie como subterráneos, y la humedad está en constante circulación. Se puede circumnavegar Edentia por varias rutas fluviales, aunque el sistema principal de transporte es la atmósfera. Los seres espirituales naturalmente viajan sobre la superficie de la esfera, mientras que los seres morontiales y materiales hacen uso de medios materiales y semimateriales para salvar el pasaje atmosférico.

Edentia y sus mundos asociados tienen una verdadera atmósfera, la mezcla usual de los tres gases que es característica de tales creaciones arquitectónicas, y que incorpora los dos elementos de la atmósfera de Urantia además del gas morontial adecuado para la respiración de las criaturas morontiales. Pero aunque esta atmósfera es tanto material como morontial, no hay tormentas ni huracanes; tampoco hay verano ni invierno. Esta ausencia de disturbios atmosféricos y de variaciones estacionales hace posible embellecer todos los ambientes exteriores de estos mundos creados especialmente.

Las mesetas de Edentia son magníficas creaciones físicas, y su belleza está enaltecida por la profusión interminable de vida que abunda en toda su longitud y anchura. Excepto algunas estructuras más bien aisladas, estas mesetas no contienen obras hechas por las manos de las criaturas. Los adornos materiales y morontiales están limitados a las zonas de vivienda. Las elevaciones menores son el sitio de las residencias especiales y están hermosamente embellecidas tanto con arte biológico como con arte morontial.

Ubicadas en las cumbres de la séptima cadena de mesetas están las salas de resurrección de Edentia, en las que despiertan los mortales ascendentes de la segunda orden modificada de ascensión. Estas cámaras de reensamblamiento de las criaturas están bajo la supervisión de los Melquisedek. La primera de las esferas de recepción de Edentia (como el planeta Melquisedek cerca de Salvington) también tiene salas especiales de resurrección, en las que se reensamblan a los mortales de las órdenes modificadas.

Los Melquisedek también mantienen dos facultades especiales en Edentia. Una, la facultad de emergencia, se dedica al estudio de los problemas que han surgido de la rebelión en Satania. La otra, la facultad de autootorgamiento, se dedica al dominio de los nuevos problemas que surgen del hecho de que Micael realizó su autootorgamiento final en uno de los mundos de Norlatiadek. Esta última facultad fue establecida casi cuarenta mil años atrás, inmediatamente después del anuncio hecho por Micael de que Urantia se había seleccionado como mundo para su autootorgamiento final.

El mar de cristal, la zona de recepción de Edentia, está cerca del centro de administración y la rodea el anfiteatro de la sede central. Alrededor de esta zona están los centros de gobierno para las setenta divisiones de los asuntos de la constelación. La mitad de Edentia está dividida en setenta secciones triangulares, cuyos límites convergen en los edificios sede central de sus respectivos sectores. El resto de la esfera es un vasto parque natural, los jardines de Dios.

Durante tus visitas periódicas a Edentia, aunque el entero planeta está abierto para tu inspección, la mayor parte de tu tiempo se dedicará a ese triángulo administrativo cuyo nombre corresponde al de tu mundo residencial actual. Siempre serás bienvenido como observador en las asambleas legislativas.

El área morontial asignada a los mortales ascendentes que residen en Edentia está ubicada en la zona media del triángulo número treinta y cinco adyacente a la sede central de los finalistas, situada en el triángulo treinta y seis. La sede general de los univitatia ocupa una zona enorme en la región media del triángulo treinta y cuatro inmediatamente adyacente a la región residencial de los ciudadanos morontiales. Es posible ver por estos arreglos que se ha dispuesto para albergar por lo menos setenta divisiones mayores de vida celestial, y también que cada una de estas setenta zonas triangulares está correlacionada con alguna de las setenta esferas principales de capacitación morontial.

El mar de cristal de Edentia es un enorme cristal circular de unos ciento sesenta kilómetros de circunferencia y unos cincuenta kilómetros de profundidad. Este magnífico cristal sirve de campo de recepción para todos los serafines de transporte y otros seres que llegan de puntos ubicados fuera de la esfera; dicho mar de cristal facilita grandemente el aterrizaje de los serafines de transporte.

En casi todos los mundos arquitectónicos hay un campo de cristal de este tipo; y sirve para muchos propósitos además de su valor decorativo, siendo utilizado para ilustrar la reflectividad del superuniverso a los grupos reunidos y como factor en la técnica de transformación de la energía para modificar las corrientes del espacio y para adaptar otras corrientes de energía física que se integran.

2. EL GOBIERNO DE LA CONSTELACIÓN

Las constelaciones son unidades autónomas de un universo local, estando cada constelación administrada según sus propios estatutos legislativos. Cuando los tribunales de Nebadon juzgan los asuntos del universo, todos los asuntos internos son adjudicados de acuerdo con las leyes que prevalecen en la constelación correspondiente. Los decretos judiciales de Salvington, juntamente con los estatutos de las constelaciones, las ejecutan los administradores de los sistemas locales.

Las constelaciones funcionan de esta manera como unidades legislativas, o como legislaturas, mientras que los sistemas locales sirven como unidades ejecutivas o de aplicación de las leyes. El gobierno de Salvington es la suprema autoridad judicial y coordinadora.

Aunque la función judicial suprema descansa en la administración central de un universo local, existen dos tribunales subsidiarios pero importantes en la sede central de cada constelación, el concilio Melquisedek y el tribunal del Altísimo.

El concilio de los Melquisedek revisa primero todos los problemas judiciales. Doce de esta orden que han tenido cierta experiencia de requisito en los planetas evolucionarios y en los mundos de gobierno del sistema tienen el poder de revisar las pruebas, escuchar las declaraciones y formular veredictos provisionales, que son comunicados al tribunal del Altísimo, el Padre reinante de la Constelación. La división mortal de este último tribunal consiste en siete jueces, todos ellos mortales ascendentes. Cuanto más alto asciendas en el universo, más seguro estarás de ser juzgado por los de tu propia clase.

El cuerpo legislativo de la constelación está dividido en tres grupos. El programa legislativo de una constelación se origina en la cámara baja de los seres ascendentes, un grupo presidido por un finalista y que consiste en mil representantes mortales. Cada sistema nombra a diez miembros para que participen en esta asamblea deliberante. En Edentia, en estos momentos, este cuerpo no está completo.

La cámara media de legisladores se compone de las huestes seráficas y sus asociados, otros hijos del Espíritu Materno del universo local. Este grupo cuenta con cien miembros y es nombrado por las personalidades supervisoras que presiden las varias actividades de estos seres que funcionan dentro de la constelación.

El cuerpo asesor o el más elevado de los legisladores de la constelación consiste en la casa de los pares —la casa de los Hijos divinos. Los Padres Altísimos seleccionan este cuerpo que cuenta con diez. Sólo los Hijos de experiencia especial pueden servir en esta cámara alta. Éste es un grupo que se ocupa de determinar los hechos y ahorrar tiempo, sirviendo muy eficazmente a ambas divisiones bajas de la asamblea legislativa.

El concilio combinado de legisladores consiste en tres miembros de cada una de estas ramas separadas de la asamblea deliberante de la constelación y es presidido por el Altísimo reinante de menor rango. Este grupo sanciona la forma final de todas las leyes y autoriza su promulgación a través de las emisoras. La aprobación de esta comisión suprema convierte en ley del reino las medidas legislativas; sus acciones son finales. Los pronunciamientos legislativos de Edentia constituyen la ley fundamental de todo Norlatiadek.

3. LOS ALTÍSIMOS DE NORLATIADEK

Los gobernantes de las constelaciones son de la orden Vorondadek de filiación del universo local. Cuando se los comisiona a servicio activo en el universo como gobernadores de las constelaciones o en otras funciones, estos Hijos son denominados *los Altísimos* puesto que incorporan la más elevada sabiduría administrativa, combinada con la lealtad más clara e inteligente, de todas las órdenes de los Hijos de Dios del Universo Local. Su integridad personal y su lealtad al grupo nunca han sido puestas en duda; jamás ha ocurrido en Nebadon una deslealtad de los Hijos Vorondadek.

Gabriel comisiona por lo menos tres Hijos Vorondadek como los Altísimos de cada una de las constelaciones de Nebadon. El miembro que preside este triunvirato se conoce como el *Padre de la Constelación* y sus dos asociados son el *Altísimo de más alto rango* y el *Altísimo de menor rango*. Un Padre de la Constelación reina por diez mil años estándar (alrededor de 50.000 años de Urantia), habiendo servido previamente como asociado menor y como asociado decano por períodos iguales.

El salmista sabía que Edentia estaba gobernada por tres Padres de la Constelación y por lo tanto habló de su morada en plural: «Hay un río, cuyos caudales alegrarán la ciudad de Dios, el lugar más sagrado de los tabernáculos de los Altísimos».

A través de las edades ha habido gran confusión en Urantia sobre los distintos gobernadores del universo. Muchos maestros más recientes confundieron sus vagas e indefinidas deidades tribales con los Padres Altísimos. Aún más tarde, los hebreos mezclaron todos estos gobernantes celestiales en una Deidad compuesta. Un maestro comprendió que los Altísimos no eran los Gobernadores Supremos, pues dijo: «Aquél que mora en el lugar secreto del Altísimo vivirá a la sombra del Todopoderoso». En los registros de Urantia es muy difícil a veces saber exactamente a quien se refiere el término «Altísimo». Pero Daniel comprendió plenamente estos asuntos. Él dijo: «El Altísimo gobierna en el reino de los hombres y se lo otorga a quienquiera él desea».

Los Padres de la Constelación poco se ocupan de los individuos de un planeta habitado, pero están estrechamente asociados con las funciones legislativas y relacionadas con la ley de las constelaciones que tan grandemente conciernen a cada raza mortal y *grupo* nacional de los mundos habitados.

Aunque el régimen de la constelación se interpone entre vosotros y la administración del universo, como individuos vosotros comúnmente no os ocuparíais mucho del gobierno de la constelación. Vuestro mayor interés se concentrará normalmente en el sistema local de Satania; pero temporalmente, Urantia está estrechamente relacionada con los gobernantes de la constelación debido a ciertas condiciones planetarias y del sistema, consecuencia de la rebelión de Lucifer.

Los Altísimos de Edentia tomaron ciertas fases de la autoridad planetaria en los mundos rebeldes en el momento de la secesión de Lucifer. Han continuado ejerciendo este poder, y los Ancianos de los Días desde hace mucho tiempo confirmaron esta asunción de control de estos mundos descarriados. Indudablemente continuarán ejerciendo esta jurisdicción asumida hasta tanto viva Lucifer. Buena parte de esta autoridad generalmente correspondería, en un sistema leal, al Soberano del Sistema.

Pero existe aún otra manera por la cual Urantia se relacionó en forma peculiar con los Altísimos. Cuando Micael, el Hijo Creador, estaba en su misión final de autootorgamiento, ya que el sucesor de Lucifer no gozaba de autoridad plena en el sistema local, todos los asuntos de Urantia relacionados con el autootorgamiento de Micael fueron supervisados directamente por Los Altísimos de Norlatiadek.

4. EL MONTE DE LA ASAMBLEA —EL FIEL DE LOS DÍAS

El monte de reunión más sagrado es la morada del Fiel de los Días, el representante de la Trinidad del Paraíso que actúa en Edentia.

Este Fiel de los Días es un Hijo de la Trinidad Paradisiaca y ha estado presente en Edentia como representante personal de Emanuel desde la creación del mundo sede central. Por siempre el Fiel de los Días está a la diestra de los Padres de la Constelación para asesorarlos, pero jamás pronuncia consejos a menos que se le pida. Los elevados Hijos Paradisiacos no participan nunca en la dirección de los asuntos de un universo local excepto según se lo soliciten los gobernantes actuantes de dichos reinos. Pero todo lo que es el Unión de los Días para el Hijo Creador, lo es el Fiel de los Días para los Altísimos de una constelación.

La residencia del Fiel de los Días de Edentia es el centro, en la constelación, del sistema del Paraíso de comunicación y recolección de datos extrauniversales. Estos Hijos de la Trinidad, con sus séquitos de personalidades de Havona y del Paraíso, en enlace con el Unión de los Días de supervisión, están en comunicación directa y constante con su orden en todos los universos, aun hasta Havona y el Paraíso.

El monte más sagrado es exquisitamente hermoso y maravillosamente adornado, pero la morada del Hijo del Paraíso es modesta en comparación con la morada central de los Altísimos y las setenta estructuras que la rodean y que comprenden la unidad residencial de los Hijos Vorondadek. Estos edificios son exclusivamente residenciales; están totalmente separados de los grandes edificios que constituyen la sede administrativa en la que se tratan los asuntos de la constelación.

La residencia del Fiel de los Días de Edentia está ubicada al norte de estas residencias de Los Altísimos y se la conoce como «el monte de la asamblea del Paraíso». En estas mesetas consagradas, los mortales ascendentes se reúnen periódicamente para escuchar a este Hijo Paradisiaco relatar el largo e interesante viaje de los mortales en progreso a través de los mil millones de mundos de perfección de Havona y a continuación hasta las delicias indescriptibles del Paraíso. Y es en estas reuniones especiales en el Monte de la Asamblea que los mortales morontiales conocen mejor a los varios grupos de personalidades de origen en el universo central.

El traidor Lucifer, cierta vez soberano de Satania, al anunciar sus exigencias de una mayor jurisdicción, intentó desplazar a todas las órdenes superiores de filiación en el plan gubernamental del universo local. Se lo propuso en su corazón, diciendo: «Elevaré mi trono por encima de los Hijos de Dios; me sentaré en el Monte de la Asamblea en el norte; y seré como el Altísimo».

Los cien Soberanos de Sistema concurren periódicamente a los cónclaves de Edentia que deliberan sobre el bienestar de la constelación. Después de la rebelión de Satania, los archirrebeldes de Jerusem pretendían concurrir a estos concilios de Edentia tal como lo habían hecho en ocasiones pasadas. Y no se encontró forma de evitar esta arrogante actitud hasta después del autootorgamiento de Micael en Urantia y su subsiguiente asunción de la soberanía ilimitada en todo Nebadon. Desde aquel día, no se ha permitido jamás a estos instigadores del pecado sentarse en los concilios de Edentia de los Soberanos leales de los Sistemas.

El hecho de que los maestros de los tiempos antiguos conocían de estos asuntos se demuestra por el registro: «Y hubo un día en el que los Hijos de Dios se apersonaron ante los Altísimos, y Satán también concurrió y se presentó ante ellos». Ésta es una declaración de hecho, sea cual fuere la conexión en la cual aparece.

Desde el triunfo de Cristo, todo Norlatiadek se está limpiando de pecado y de rebeldes. Poco antes de la muerte de Micael en la carne, el asociado del Lucifer caído, Satán, intentó concurrir a un cónclave de Edentia, pero la solidificación de sentimiento contra los archirrebeldes había alcanzado el punto en que las puertas de la compasión estaban casi universalmente cerradas de modo tal que no dieron pie a los adversarios de Satania. Cuando no se abre la puerta para dejar pasar el mal, no existe oportunidad para el pecado. Las puertas de los corazones de toda Edentia se cerraron contra Satán; fue rechazado unánimemente por los Soberanos de Sistema reunidos, y en este momento fue cuando el Hijo del Hombre «contempló a Satán caer como un relámpago de los cielos».

Desde la rebelión de Lucifer se ha provisto una nueva estructura cerca de la residencia del Fiel de los Días. Este edificio temporal es la sede del enlace con el Altísimo, quien funciona en estrecho contacto con el Hijo Paradisiaco como asesor para el gobierno de la constelación en todos los asuntos que se relacionan con la política y actitud de la orden de los Días hacia el pecado y la rebelión.

5. LOS PADRES DE EDENTIA DESDE LA REBELIÓN DE LUCIFER

La rotación de los Altísimos en Edentia se suspendió al tiempo de la rebelión de Lucifer. Ahora tenemos los mismos gobernantes que estaban en el cargo en ese momento. Deducimos que estos gobernantes no serán reemplazados hasta que no se elimine finalmente a Lucifer y a sus asociados.

El gobierno presente de la constelación, sin embargo, ha sido ampliado para incluir a doce Hijos de la orden de Vorondadek. Estos doce son como sigue:

1. El Padre de la Constelación. El actual gobernador Altísimo de Norlatiadek es el número 617.318 de la serie Vorondadek de Nebadon. Sirvió en muchas constelaciones de todo nuestro universo local antes de tomar a su cargo las responsabilidades de Edentia.

2. El asociado Altísimo de más alto rango.
3. El asociado Altísimo de menor rango.

4. El asesor Altísimo, el representante personal de Micael desde que alcanzó la condición de Hijo Mayor.

5. El ejecutivo Altísimo, el representante personal de Gabriel estacionado en Edentia desde la rebelión de Lucifer.

6. El jefe Altísimo de los observadores planetarios, el Director de los observadores Vorondadek estacionados en los mundos aislados de Satania.

7. El árbitro Altísimo, el Hijo Vorondadek a quien se confió la tarea de ajustar todas las dificultades consecuentes a la rebelión dentro de la constelación.

8. El administrador de emergencia Altísimo, el Hijo Vorondadek encargado de la tarea de adaptar las promulgaciones de emergencia de la legislatura Norlatiadek a los mundos aislados por la rebelión de Satania.

9. El mediador Altísimo, el Hijo Vorondadek asignado a la armonización de los ajustes especiales del autootorgamiento en Urantia con la administración de rutina de la constelación. La presencia de ciertas actividades de arcángeles y numerosas otras ministraciones irregulares en Urantia, juntamente con las actividades especiales de las Brillantes Estrellas Vespertinas en Jerusem, requieren la función de este Hijo.

10. El Altísimo juez-abogado, jefe del tribunal de emergencia dedicado al ajuste de los problemas especiales de Norlatiadek que surgen de la confusión consiguiente a la rebelión de Satania.

11. El enlace Altísimo, el Hijo Vorondadek asignado a los gobernantes de Edentia pero comisionado como asesor especial del Fiel de los Días sobre el mejor curso a seguir en el manejo de los problemas pertenecientes a la rebelión y a la deslealtad de las criaturas.

12. El director Altísimo, el presidente del concilio de emergencia de Edentia. Todas las personalidades asignadas a Norlatiadek debido a la sublevación de Satania constituyen el concilio de emergencia, y la autoridad que lo preside es un Hijo Vorondadek de extraordinaria experiencia.

Esto no toma en cuenta a los numerosos Vorondadek, enviados de las constelaciones de Nebadon, y a otros que también residen en Edentia.

Desde la rebelión de Lucifer los Padres de Edentia han ejercido un cuidado especial sobre Urantia y los demás mundos aislados de Satania. Hace mucho tiempo el profeta reconoció la mano controladora de los Padres de la Constelación en los asuntos de las naciones. «Cuando el Altísimo repartió su heredad a las naciones, cuando separó a los hijos de Adán, estableció los límites de los pueblos».

Todo mundo en cuarentena o aislado tiene un Hijo Vorondadek que actúa como observador. No participa en la administración planetaria excepto cuando el Padre de la Constelación le manda intervenir en los asuntos de las naciones. En efecto es este observador Altísimo el que «gobierna en los reinos de los hombres». Urantia es uno de los mundos aislados de Norlatiadek, y se ha asignado a un observador Vorondadek desde la traición de Caligastia. Cuando Maquiventa Melquisedek ministró en forma semimaterial en Urantia, homenajeó respetuosamente al observador Altísimo por aquel entonces asignado, tal como está escrito, «Y Melquisedek, rey de Salem, fue el sacerdote del Altísimo». Melquisedek reveló las relaciones de este observador Altísimo con Abraham cuando dijo, «Bendito sea el Altísimo, que entregó tus enemigos en tu mano».

6. LOS JARDINES DE DIOS

Las capitales de los sistemas están particularmente hermoseadas con construcciones materiales y minerales, mientras que la sede central del universo refleja más bien la gloria espiritual, pero las capitales de las constelaciones son la cumbre de las actividades morontiales y de los embellecimientos vivientes. En los mundos sede central de la constelación el embellecimiento viviente se utiliza en forma más general, y es esta preponderancia de vida —artesanía botánica—, que hace que estos mundos se llamen «los jardines de Dios».

Alrededor de la mitad de Edentia está dedicada a los exquisitos jardines de los Altísimos, y estos jardines se encuentran entre las creaciones morontiales más encantadoras del universo local. Esto explica porqué los sitios extraordinariamente bellos en los mundos habitados de Norlatiadek tan frecuentemente se llaman «el jardín del Edén».

Ubicado en un sitio central en este magnífico jardín se encuentra el templo de adoración de los Altísimos. El salmista debe haber sabido algo de todas estas cosas, pues escribió: «¿Quién ascenderá las colinas de los Altísimos?, ¿Quién se hallará en este lugar sagrado? Aquél cuyas manos estén limpias y cuyo corazón sea puro, aquél que no haya abandonado su alma a la vanidad ni jurado en vano». En este templo, los Altísimos, cada décimo día de recreación, conducen a toda Edentia en contemplación adoradora de Dios el Supremo.

Los mundos arquitectónicos disfrutan de diez formas de vida de la orden material. En Urantia existe vida vegetal y vida animal, pero en un mundo como Edentia hay diez divisiones de órdenes materiales de vida. Si pudierais visualizar estas diez divisiones de la vida de Edentia, vosotros rápidamente clasificaríais a las primeras tres como vegetales y a las últimas tres como animales, pero seréis totalmente incapaces de comprender la naturaleza de los cuatro grupos intermedios de formas de vida prolíficas y fascinadoras.

Aun la vida claramente animal es muy distinta de la de los mundos evolucionarios, tan distinta que es casi totalmente imposible describir para la mente mortal el carácter singular y la naturaleza afectuosa de estas criaturas que no hablan. Existen miles y miles de criaturas vivientes que vuestra imaginación no podría de ninguna manera imaginar. La entera creación animal es de una orden totalmente diferente de las groseras especies animales de los planetas evolucionarios. Pero toda esta vida animal es sumamente inteligente y está exquisitamente dispuesta a ayudar, y todas las distintas especies son sorprendentemente suaves y conmovedoramente gregarias. No existen criaturas carnívoras en estos mundos arquitectónicos; no hay nada en todo Edentia que pueda asustar a un ser viviente.

La vida vegetal también es muy distinta de la de Urantia, consistiendo de variedades tanto materiales como morontiales. Los crecimientos materiales tienen una coloración verde característica, pero los equivalentes morontiales de la vida vegetativa tienen un tinte violeta u orquídeo de distintas tonalidades y reflejos. Dicha vegetación morontial es puramente un crecimiento de energía; cuando se la ingiere no hay ningún residuo.

Estos mundos arquitectónicos, siendo dotados de diez divisiones de vida física, sin mencionar las variedades morontiales, proveen extraordinarias posibilidades para el embellecimiento biológico del panorama y para las estructuras materiales y morontiales. Los artesanos celestiales dirigen a los espornagia nativos en su amplio trabajo de decoración botánica y embellecimiento biológico. Mientras que vuestros artistas deben recurrir a la pintura inerte y al mármol sin vida para retratar sus conceptos, los artesanos celestiales y los univitatia más frecuentemente utilizan materiales vivientes para representar sus ideas y captar sus ideales.

Si disfrutas de las flores, arbustos, y árboles de Urantia, será para tus ojos un verdadero festín contemplar la belleza botánica y la grandeza floral de los jardines excelsos de Edentia. Pero está más allá de mi poder de descripción emprender la tarea de transmitir a la mente mortal un concepto adecuado de estas bellezas de los mundos celestiales. En verdad, el ojo no ha visto glorias tales como las que aguardan tu llegada en estos mundos de la aventura de ascensión mortal.

7. LOS UNIVITATIA

Los univitatia son los ciudadanos permanentes de Edentia y de sus mundos asociados, están bajo su supervisión todos los setecientos setenta mundos que rodean la sede de la constelación. Estos hijos del Hijo Creador y del Espíritu Creativo están proyectados en un plano de existencia entre lo material y lo espiritual, pero no son seres morontiales. Los nativos de cada una de las setenta esferas principales de Edentia poseen diferentes formas visibles, y se sincronizan las formas morontiales de los mortales para corresponder con la escala ascendente de los univitatia cada vez que los peregrinos se mudan de una esfera de Edentia a otra a medida que van pasando sucesivamente del mundo número uno al mundo número setenta.

Espiritualmente, los univitatia son semejantes; intelectualmente, varían así como lo hacen los mortales; en su forma, muchos se asemejan al estado morontial de la existencia, y son creados para funcionar en setenta órdenes distintas de personalidad. Cada una de estas órdenes de univitatia exhibe diez variaciones principales de actividad intelectual, y cada uno de estos tipos intelectuales variables preside sobre la capacitación especial y las facultades culturales de socialización ocupacional o práctica progresiva en alguno de los diez satélites que giran alrededor de cada uno de los mundos principales de Edentia.

Estos setecientos mundos menores son esferas técnicas de instrucción práctica en la operación del entero universo local y están abiertos a todas las clases de seres inteligentes. Estas escuelas de capacitación para pericias específicas y conocimiento técnico no se conducen exclusivamente para los mortales ascendentes, aunque los estudiantes morontiales constituyen el grupo más grande de todos aquellos que asisten a estos cursos de capacitación. Cuando seas recibido en cualquiera de los setenta mundos principales de cultura social, se te dará permiso inmediato para cada uno de los diez satélites que lo rodean.

En las diversas colonias de cortesía, los mortales morontiales ascendentes predominan entre los directores de reversión, pero los univitatia representan el grupo más grande asociado con el cuerpo de Nebadon de artesanos celestiales. En todo Orvonton, ningún ser de fuera de Havona, a excepción de los abandonteros de Uversa, puede igualar a los univitatia en habilidad artística, adaptabilidad social, y capacidad de coordinación.

Estos ciudadanos de la constelación no son en realidad miembros del cuerpo de artesanos, pero trabajan libremente con todos los grupos y contribuyen mucho a hacer de los mundos de la constelación las esferas principales para la realización de las magníficas posibilidades artísticas de la cultura de transición. No funcionan más allá de los confines de los mundos sede central de la constelación.

8. LOS MUNDOS DE CAPACITACIÓN DE EDENTIA

La dote física de Edentia y de las esferas que lo rodean es casi perfecta; difícilmente podrían igualar la magnitud espiritual de las esferas de Salvington, pero sobrepasan de lejos las glorias de los mundos de capacitación de Jerusem. Todas estas esferas de Edentia están energizadas directamente por las corrientes universales del espacio, y sus enormes sistemas de poder, tanto material como morontial, son expertamente supervisados y distribuidos por los centros de la constelación, asistidos por un cuerpo competente de Controladores Físicos Decanos y Supervisores del Poder Morontial.

El tiempo transcurrido en los setenta mundos de capacitación transicional de la cultura morontial, asociado con el tiempo de Edentia de ascensión mortal, es el período más tranquilo en la carrera de un mortal ascendente hasta el estado de finalista; ésta es en realidad la típica vida morontial. A pesar de que se te vuelve a reacondicionar cada vez que pasas de un mundo cultural importante a otro, sigues reteniendo el mismo cuerpo morontial, y no hay períodos de inconciencia de la personalidad.

Tu estadía en Edentia y sus esferas asociadas será dedicada principalmente a dominar la ética de grupo, el secreto de una interrelación agradable y beneficiosa entre las distintas órdenes universales y superuniversales de personalidades inteligentes.

En los mundos de estancia completaste la unificación de la personalidad mortal evolutiva; en la capital del sistema lograste la ciudadanía en Jerusem y alcanzaste el deseo de someter el yo a las disciplinas de las actividades de grupo y de las empresas coordinadas; pero ahora, en los mundos de capacitación de la constelación, lograrás la verdadera socialización de tu personalidad morontial evolutiva. Esta adquisición cultural excelsa consiste en aprender cómo:

1. Vivir con felicidad y trabajar con eficacia con diez morontiales diversos, mientras que diez de estos grupos se asocian en compañías de cien y luego en federaciones de un cuerpo de mil.

2. Morar con regocijo y cooperar sinceramente con diez univitatias, quienes, aunque similares intelectualmente a los seres morontiales, son muy distintos en todos los otros aspectos. Además debes funcionar con este grupo de diez como sus coordinados con diez otras familias, que a su vez están confederadas en un cuerpo de mil univitatias.

3. Lograr un ajuste simultáneo tanto de los seres morontiales semejantes como de estos anfitriones univitatia. Adquirir la habilidad de cooperar voluntaria y eficazmente con vuestra propia orden de seres en estrecha asociación operativa con un grupo de criaturas inteligentes un tanto disimilar.

4. Mientras funcionas con seres similares y distintos de ti, lograr la armonía intelectual y hacer el ajuste vocacional con ambos grupos de asociados.

5. Mientras alcanzas una socialización satisfactoria de la personalidad en los niveles intelectual y vocacional, perfeccionar ulteriormente la habilidad de vivir en contacto íntimo con seres similares y ligeramente disimilares con un nivel de irritabilidad y resentimiento cada vez menores. Los directores de reversión mucho contribuyen a este logro a través de sus actividades de recreación en grupo.

6. Ajustar todas estas distintas técnicas de socialización al adelanto de la coordinación progresiva de la carrera de ascensión al Paraíso; aumentar el discernimiento universal enalteciendo la habilidad para comprender los significados y objetivos eternos ocultos dentro de estas actividades espacio-temporales aparentemente insignificantes.

7. Y luego, culminar todos estos procedimientos de multisocialización con el enaltecimiento concurrente del discernimiento espiritual en lo que respecta al aumento de todas las fases de las dotes personales a través de la asociación espiritual con el grupo y de la coordinación morontial. Intelectual, social y espiritualmente dos criaturas morales no aumentan sus potenciales personales de logro universal al doble mediante la técnica asociativa sino que multiplican casi por cuatro sus posibilidades de logro y cumplimiento.

Hemos descrito la socialización en Edentia como la asociación de un mortal morontial con un grupo familiar de univitatias que consiste en diez individuos intelectualmente disimilares concomitantemente con una asociación similar con diez seres morontiales semejantes. Pero en los primeros siete mundos principales un solo mortal ascendente vive con diez univitatias. En el segundo grupo de siete mundos principales dos mortales moran con cada grupo nativo de diez, y así sucesivamente hasta que, en el último grupo de siete esferas principales, diez seres morontiales se domicilian con diez univitatias. A medida que aprendes a socializar mejor con los univitatias, practicarás tal ética mejorada en tus relaciones con tus semejantes progresores morontiales.

Como mortales ascendentes disfrutaréis de vuestra estadía en los mundos de progreso de Edentia, pero no experimentaréis ese entusiasmo personal de satisfacción que caracteriza vuestro contacto inicial con los asuntos universales en la sede central del sistema o vuestra despedida final con esas realidades en los mundos finales de la capital del universo.

9. La ciudadanía en Edentia

Después de graduarse en el mundo número setenta, los mortales ascendentes toman residencia en Edentia. Los mortales ascendentes asisten ahora, por primera vez, a las «asambleas del Paraíso» y escuchan la historia de su prolongada carrera tal como la describe el Fiel de los Días, la primera de las Personalidades Supremas de origen en la Trinidad que han conocido.

Esta entera estadía en los mundos de capacitación de la constelación, que culmina en la ciudadanía en Edentia, es un período de verdadera y celestial felicidad para los progresores morontiales. A través de tu estadía en los mundos del sistema estuviste evolucionando de un ser casi animal a una criatura morontial; eras más material que espiritual. En las esferas de Salvington evolucionarás de un ser morontial al estado de un verdadero espíritu; serás más espiritual que material. Pero en Edentia, los ascendentes están a mitad de camino entre sus estados anteriores y sus estados futuros, a mitad de camino en su pasaje del animal evolucionario al espíritu ascendente. Durante tu completa estadía en Edentia y en sus mundos eres «como los ángeles»; estás constantemente progresando pero todo el tiempo manteniendo un estado morontial general y típico.

Esta estadía en la constelación de un mortal ascendente es la época más uniforme y estable en la entera carrera de la progresión morontial. Esta experiencia constituye la socialización pre-espiritual de capacitación de los ascendenteros. Es análoga a la experiencia espiritual del prefinalista en Havona y a la capacitación preabsonita en el Paraíso.

Los mortales ascendentes de Edentia se ocupan principalmente de las asignaciones de los setenta mundos progresivos univitatia. También sirven en diversas capacidades en Edentia misma, principalmente en conjunción con el programa de la constelación que se ocupa del bienestar del grupo, la raza, la nación y el planeta. Los Altísimos no se ocupan tanto de fomentar el avance individual en los mundos habitados; gobiernan en los reinos de los hombres más bien que en el corazón de los individuos.

El día en que estás preparado para abandonar Edentia en pos de la carrera de Salvington, te detendrás y mirarás hacia atrás, hacia una de las épocas más hermosas y más refrescantes de capacitación de este lado del Paraíso. Pero la gloria de todo ello aumenta a medida que asciendes hacia adentro y logras una capacidad mayor para una apreciación creciente de los significados divinos y los valores espirituales.

[Auspiciado por Malavatia Melquisedek.]

DOCUMENTO 44

LOS ARTESANOS CELESTIALES

ENTRE las colonias de cortesía de los distintos mundos sede central divisionales y universales se puede encontrar la singular orden de personalidades compuestas, denominada los artesanos celestiales. Estos seres son los artistas y artesanos expertos del nivel morontial y de los reinos espirituales más bajos. Son los espíritus y semiespíritus que se ocupan del embellecimiento morontial y del hermoseamiento espiritual. Estos artesanos están distribuidos en todo el gran universo en los mundos sede central de los superuniversos, los universos locales, las constelaciones, y los sistemas, así como también en todas las esferas establecidas en luz y vida; pero su ámbito principal de actividad está en las constelaciones y especialmente en los setecientos setenta mundos que rodean a cada esfera sede central.

Aunque su trabajo pueda ser casi incomprensible para la mente material, es necesario comprender que los mundos morontiales y espirituales no carecen de sus artes elevadas y culturas excelsas.

Los artesanos celestiales no son creados como tales; constituyen un cuerpo seleccionado e incorporado de seres compuestos de ciertas personalidades maestras oriundas del universo central y de sus discípulos voluntarios seleccionados de entre los mortales ascendentes y de numerosos otros grupos celestiales. El cuerpo de enseñanza original de estos artesanos fue en cierto momento nombrado por el Espíritu Infinito en colaboración con los Siete Espíritus Rectores y consistió en siete mil instructores de Havona, mil para cada una de las siete divisiones de artesanos. Con dicho núcleo inicial, se ha desarrollado a través de las edades, este brillante cuerpo de trabajadores habilidosos en los asuntos espirituales y morontiales.

Toda personalidad morontial o entidad espiritual es elegible para ser admitida en el cuerpo de los artesanos celestiales; o sea, todo ser por debajo de la categoría de filiación divina inherente. Los hijos ascendentes de Dios que provienen de las esferas evolucionarias pueden, después de su llegada a los mundos morontiales, solicitar ser admitidos en el cuerpo de artesanos y, si son suficientemente dotados, podrían elegir dicha carrera por un período más o menos largo. Pero nadie puede incorporarse con los artesanos celestiales por menos de un milenio, mil años de tiempo superuniversal.

Todos los artesanos celestiales están registrados en la sede central del superuniverso pero son dirigidos por supervisores morontiales en las capitales de los universos locales. Son comisionados en las siguientes siete divisiones principales de actividad por el cuerpo central de supervisores morontiales que actúan en el mundo sede central de cada universo local:

1. Músicos celestiales.
2. Reproductores celestiales.
3. Constructores divinos.

4. Registradores del pensamiento.
5. Manipuladores de la energía.
6. Diseñadores y embellecedores.
7. Trabajadores de la armonía.

Los maestros originales de estos siete grupos provinieron todos de los mundos perfectos de Havona, y Havona contiene los modelos originales, los estudios de modelos originales, para todas las fases y formas del arte espiritual. Aunque es tarea inmensa emprender la transferencia de estas artes de Havona a los mundos del espacio, los artesanos celestiales han mejorado en su técnica y ejecución de edad en edad. Tal como en todas las demás fases de la carrera ascendente, aquellos que son más avanzados en toda línea de actuación deben constantemente impartir su conocimiento y pericia superiores a sus camaradas menos favorecidos.

Comenzaréis por primera vez a obtener un vistazo de estas artes transplantadas de Havona en los mundos de estancia, y su belleza y vuestra apreciación de su belleza aumentarán y se volverán más brillantes hasta cuando lleguéis a las salas espirituales de Salvington y contempléis las obras maestras inspiradoras de los artistas excelsos de los reinos espirituales.

Todas estas actividades de los mundos morontiales y espirituales son reales. Para los seres espirituales el mundo espiritual es una realidad. Para nosotros el mundo material es lo más irreal. Las formas de espíritus más elevadas pasan libremente a través de la materia común. Los espíritus elevados no reaccionan a nada material, excepto a algunas de las energías básicas. Para los seres materiales el mundo espiritual es más o menos irreal; para los seres espirituales el mundo material es casi totalmente irreal, siendo tan sólo una sombra de la substancia de las realidades espirituales.

Yo no puedo, con visión exclusivamente espiritual, percibir el edificio en el cual esta narrativa está siendo traducida y registrada. Un Consejero Divino desde Uversa, que al azar se encuentra a mi lado, percibe aún menos de estas creaciones puramente materiales. Discernimos de qué manera se os presentan estas estructuras materiales visualizando una contraparte espiritual presentada a nuestra mente por uno de los transformadores de la energía aquí presentes. Este edificio material no es exactamente real para mí, un ser espiritual, pero es muy real y muy útil para los mortales materiales.

Existen ciertos tipos de seres que son capaces de discernir la realidad de las criaturas tanto de los mundos espirituales como de los materiales. A esta clase pertenecen las así llamadas cuartas criaturas de los Servitales de Havona y las cuartas criaturas de los conciliadores. Los ángeles del tiempo y del espacio están dotados de la habilidad de discernir tanto los seres espirituales como los materiales así como también pueden hacerlo los mortales ascendentes después de liberarse de la vida en la carne. Después de lograr los niveles espirituales más elevados, los seres ascendentes son capaces de reconocer las realidades materiales, morontiales y espirituales.

También se encuentra aquí conmigo un Mensajero Poderoso de Uversa, un ser ascendente fusionado con el Ajustador, mortal en el pasado, que os percibe tal como vosotros sois, y al mismo tiempo visualiza al Mensajero Solitario, a los supernafines, y a otros seres celestiales presentes. Jamás perderás, durante tu larga ascensión, el poder de reconocer a los seres con los que te has asociado en existencias anteriores. Siempre, a medida que asciendas hacia adentro en la escala de la vida, mantendrás la habilidad de reconocer a tus semejantes de niveles previos y más bajos de experiencia y de fraternizar con ellos. Cada nuevo traslado o resurrección agregará otro grupo más de seres espirituales a tu gama de visión, sin quitarte en lo más mínimo la habilidad de reconocer a tus amigos y semejantes de estados anteriores.

Todo esto está posibilitado en la experiencia de los mortales ascendentes por la acción de los Ajustadores del Pensamiento residentes. A través de su retención de los duplicados de tus enteras experiencias vitales, estás asegurado de no perder jamás ningún atributo auténtico que hayas poseído alguna vez; y estos Ajustadores viajan contigo, como parte de ti, en realidad, como *tú*.

Pero prácticamente no tengo la esperanza de ser capaz de transmitir a la mente material la naturaleza de la tarea de los artesanos celestiales. Me veo en la necesidad de desviar constantemente el pensamiento y distorsionar el lenguaje en el esfuerzo de divulgar a la mente humana la realidad de estas transacciones morontiales y fenómenos casi espirituales. Vuestra comprensión es incapaz de aferrar, y vuestro lenguaje es inadecuado, para transmitir el significado, valor y relaciones de estas actividades semiespirituales. Continúo con este esfuerzo de esclarecimiento de la mente humana sobre estas realidades con el convencimiento de la casi total imposibilidad de triunfar en esta tarea.

Nada puedo hacer sino intentar bosquejar un paralelismo burdo entre las actividades materiales mortales y las múltiples funciones de los artesanos celestiales. Si las razas de Urantia fueran más avanzadas en el arte y en otras realizaciones culturales, podría yo ir mucho más allá en el esfuerzo de dirigir la mente humana a partir de las cosas de la materia a las morontiales. Prácticamente todo lo que puedo esperar obtener es dar énfasis al hecho de la realidad de estas transacciones de los mundos morontiales y espirituales.

1. LOS MÚSICOS CELESTIALES

Dentro de la gama limitada del oído mortal, difícilmente podréis concebir las melodías morontiales. Aún existe una gama material de hermosos sonidos que no reconoce el sentido humano del oído, sin mencionar el alcance inconcebible de la armonía morontial y espiritual. Las melodías espirituales no son ondas materiales de sonido sino pulsaciones espirituales recibidas por los espíritus de las personalidades celestiales. Existe una amplitud de gama y un alma de expresión, así como también una magnitud de ejecución, asociadas con la melodía de las esferas, que están enteramente más allá de la comprensión humana. He visto millones de seres embelesados en el éxtasis sublime mientras que la melodía del reino se difunde por la energía espiritual de los circuitos celestiales. Estas maravillosas melodías se pueden transmitir hasta las zonas más distantes de un universo.

Los músicos celestiales se ocupan de producir armonía celestial mediante la manipulación de las siguientes fuerzas espirituales:

1. *Sonido espiritual* —interrupciones de la corriente espiritual.

2. *Luz espiritual* —el control e intensificación de la luz de los reinos morontiales y espirituales.

3. *Tropezaciones de energía* —melodía producida por el manejo perito de las energías morontiales y espirituales.

4. *Sinfonías de color* —melodías de matices de color morontial; esta actividad se categoriza entre los logros más elevados de los músicos celestiales.

5. *Armonía de los espíritus asociados*—el arreglo mismo y la asociación de las distintas órdenes de seres espirituales y morontiales producen melodías majestuosas.

6. *Melodía de pensamiento*—el pensar pensamientos espirituales también puede perfeccionarse de tal modo a fin de estallar en las melodías de Havona.

7. *La música del espacio*—mediante un afinamiento adecuado se pueden escuchar melodías de otras esferas en los circuitos de emisión universal.

Hay más de cien mil distintas modalidades de manipulación del sonido, el color y la energía, técnicas análogas al empleo humano de los instrumentos musicales. Vuestros conjuntos de baile representan indudablemente un intento burdo y grotesco de las criaturas materiales por alcanzar la armonía celestial de ubicación de los seres y de colocación de las personalidades. Los mecanismos de los sentidos de los cuerpos materiales no reconocen las otras cinco formas de melodía morontial.

La armonía, la música de los siete niveles de asociación melódica, es el único código universal de comunicación espiritual. La música, tal como la entienden los mortales de Urantia, alcanza su expresión más elevada en las escuelas de Jerusem, la sede central del sistema, en la cual los seres semimateriales aprenden las armonías del sonido. Los mortales no reaccionan a otras formas de melodía morontial y de armonía celestial.

La apreciación de la música en Urantia es tanto física como espiritual; y vuestros músicos humanos han hecho mucho para elevar el gusto musical de la monotonía bárbara de vuestros antepasados primitivos a los niveles más altos de la apreciación del sonido. La mayoría de los mortales de Urantia reacciona a la música mayormente con los músculos materiales y tan ligeramente con la mente y con el espíritu; pero ha habido una mejoría constante en la apreciación musical durante más de treinta y cinco mil años.

El ritmo sincopado representa una transición de la monotonía musical del hombre primitivo a la armonía expresiva y las melodías significativas de vuestros músicos más recientes. Estos primeros tipos de ritmos estimulan la reacción del sentido amante de la música sin esforzar los poderes más elevados de apreciación de la armonía y por lo tanto apetecen más generalmente a los individuos inmaduros o espiritualmente indolentes.

La mejor música de Urantia es tan sólo un eco pasajero de los magníficos arpegios que escuchan los asociados celestiales de vuestros músicos, quienes no registraron más que jirones en forma de melodías musicales de armonizaciones de sonidos de las armonías de las fuerzas morontiales. La música espiritual y morontial emplea frecuentemente las siete modalidades de expresión y reproducción, de modo que la mente humana tiene una dificultad tremenda en traducir estas melodías de las esferas más elevadas a meras notas de sonidos musicales. Sería como tratar de reproducir los sonidos de una gran orquesta con un solo instrumento musical.

Aunque habéis acumulado algunas melodías bellas en Urantia, no habéis progresado musicalmente tanto como vuestros planetas vecinos en Satania. Si Adán y Eva hubiesen sobrevivido, entonces habríais vosotros tenido música en verdad; pero el don de la armonía, tan importante en su naturaleza, ha sido tan diluido por las corrientes de tendencias no musicales que sólo una en mil vidas mortales aparece con apreciación considerable de las armonías. Pero no os desalentéis, algún día tal vez aparezca en Urantia un verdadero músico, y pueblos enteros se embelesarán con el caudal magnífico de sus melodías. Un solo ser humano podría así cambiar por siempre el curso de una entera nación, aún de todo el mundo civilizado. Es literalmente verdad que «la melodía tiene el poder de transformar a un mundo entero». Para siempre, la música seguirá siendo el lenguaje universal de los hombres, los ángeles y los espíritus. La armonía es el discurso de Havona.

2. LOS REPRODUCTORES CELESTIALES

El hombre mortal difícilmente puede esperar más que un concepto exiguo y distorsionado de las funciones de los reproductores celestiales, que debo intentar ilustrar mediante simbolismos groseros y limitados pertenecientes a vuestro lenguaje material. El mundo espiritual y morontial tiene mil y una cosas de valor supremo, cosas dignas de reproducción pero desconocidas en Urantia, experiencias que pertenecen a la categoría de las actividades que difícilmente han «entrado en la mente del hombre», esas realidades que Dios tiene en espera de aquellos que sobreviven la vida en la carne.

Existen siete grupos de reproductores celestiales; intentaré ilustrar su tarea mediante la siguiente clasificación:

1. *Los cantantes* —armonizadores que reiteran las armonías específicas del pasado e interpretan las melodías del presente. Pero todo esto se realiza a nivel morontial.

2. *Los artesanos del color*—los artistas de la luz y la sombra que vosotros llamaríais dibujantes y pintores, artistas que preservan escenas pasajeras y episodios transitorios para futuro goce morontial.

3. *Los pintores de luz*—los que preservan los auténticos fenómenos semiespirituales de una manera que se podría ilustrar groseramente mediante vuestra cinematografía.

4. *Los celebradores históricos*:—los que reproducen espectacularmente los acontecimientos cruciales de los registros e historia del universo.

5. *Los artistas proféticos*—los que proyectan al futuro los significados de la historia.

6. *Los narradores de la historia de la vida* —los que perpetúan el significado y la significación de la experiencia de la vida. La proyección de las experiencias personales actuales hacia los valores de logro futuro.

7. *Los promulgadores administrativos*—los que ilustran el significado de la filosofía del gobierno y la técnica administrativa, los dramaturgos celestiales de la soberanía.

Muy frecuentemente y muy eficazmente los reproductores celestiales colaboran con los directores de reversión en la combinación de la recapitulación de la memoria con ciertas formas de reposo mental y recreación de la personalidad. Ante los cónclaves morontiales y asambleas espirituales, estos reproductores a veces se asocian en extraordinarios espectáculos dramáticos que representan el propósito de dichas reuniones. Recientemente presencié una presentación estupenda de este tipo en la cual más de un millón de actores produjeron una sucesión de mil escenas.

Los maestros intelectuales más elevados y los ministros de transición utilizan libre y eficazmente a estos distintos grupos de reproductores en sus actividades de instrucción morontial. Pero no todos sus esfuerzos están dedicados a la ilustración pasajera; muchísimo de su tarea es de naturaleza permanente y permanecerá por siempre como herencia para todos los tiempos futuros. Tan versátiles son estos artesanos que, cuando funcionan en masa, son capaces de representar una edad, y en colaboración con los ministros seráficos pueden ilustrar en realidad los valores eternos del mundo espiritual para los espectadores mortales del tiempo.

3. LOS CONSTRUCTORES DIVINOS

Existen ciudades «que fueron construidas y hechas por Dios». En la contraparte espiritual tenemos todo lo que vosotros los mortales conocéis e inexpresablemente más. Tenemos casas, descansos espirituales, y necesidades morontiales. Por cada satisfacción material que los humanos pueden disfrutar, tenemos miles de realidades espirituales que sirven para enriquecer y ampliar nuestra existencia. Los constructores divinos actúan en siete grupos:

1. *Los diseñadores y constructores de casas*—los que construyen y renuevan las moradas asignadas a los individuos y los grupos de trabajo. Estos domicilios morontiales y espirituales son reales. Serían invisibles para vuestra visión de gama estrecha, pero son muy reales y hermosos para nosotros. Hasta cierto punto, todos los seres espirituales pueden compartir con los constructores ciertos detalles de la planificación y creación de sus moradas morontiales o espirituales. Estas casas están abastecidas y embellecidas de acuerdo con las necesidades de las criaturas morontiales o espirituales que las habitarán. Existe abundante variedad y amplia oportunidad para la expresión individual en todas estas construcciones.

2. *Los constructores industriales*—los que actúan en el diseño y el ensamblaje de moradas para los trabajadores regulares y rutinarios de los reinos espirituales y morontiales. Estos constructores son comparables a los que construyen en Urantia los talleres y otras plantas industriales. Los mundos de transición tienen una economía necesaria de ministerio mutuo y una división especializada del trabajo. No es que todos hagamos todo; existe diversidad de funciones entre los seres morontiales y los espíritus evolutivos, y estos constructores industriales no sólo construyen talleres mejores sino que también contribuyen al mejoramiento vocacional de los trabajadores.

3. *Los constructores de recreación*—Se utilizan enormes edificios durante las temporadas de descanso, lo que los mortales llamarían recreación y, en cierto sentido, juego. Se ha dispuesto un ambiente adecuado para los directores de reversión, los humoristas de los mundos morontiales, aquellas esferas de transición en las que ocurre la capacitación de los seres ascendentes que recientemente llegaron de los planetas evolucionarios. Aun los espíritus más elevados participan de cierta forma de humor reminiscente durante sus períodos de recarga espiritual.

4. *Los constructores de adoración*—los expertos arquitectos de los templos espirituales y morontiales. Todos los mundos de ascensión mortal tienen templos de adoración, y son las creaciones más exquisitas de los reinos morontiales y de las esferas espirituales.

5. *Los constructores de enseñanza*—los que construyen las sedes de la capacitación morontial y de la instrucción espiritual avanzada. Siempre está la puerta abierta para adquirir más conocimiento, para ganar más información adicional sobre vuestro trabajo presente y futuro, así como también conocimiento cultural universal, información que tiene el objeto de hacer que los mortales ascendentes sean ciudadanos más inteligentes y eficaces de los mundos morontiales y espirituales.

6. *Los planificadores morontiales*—los que construyen para la asociación coordinada de todas las personalidades de todos los reinos, que estén presentes en cualquier momento indicado en cualquier esfera. Estos planificadores colaboran con los Supervisores del Poder Morontial para enriquecer la coordinación de la vida progresiva morontial.

7. *Los constructores públicos*—los artesanos que planifican y construyen los lugares establecidos de congregación que no estén destinados a la adoración. Grandes y magníficos son los sitios de congregación común.

Aunque ni las estructuras ni sus embellecimientos resultarían exactamente reales para la comprensión sensorial de los mortales materiales, son muy reales para nosotros. Vosotros no podríais ver estos templos si pudieseis estar aquí en la carne; sin embargo, todas estas creaciones supermateriales efectivamente existen, y las discernimos claramente y con igual plenitud las disfrutamos.

4. LOS REGISTRADORES DEL PENSAMIENTO

Estos artesanos están dedicados a preservar y reproducir el pensamiento superior de los reinos, y actúan en siete grupos:

1. *Preservadores del pensamiento.* Éstos son los artesanos que preservan los pensamientos más elevados de los reinos. En los mundos morontiales verdaderamente atesoran las perlas de la mentación. Antes de venir por primera vez a Urantia, vi los registros y escuché las transmisiones de la ideación de algunas de las grandes mentes de este planeta. Los registradores de pensamiento preservan dichas nobles ideas en la lengua de Uversa.

Cada superuniverso tiene su propio idioma, una lengua hablada por sus personalidades y que prevalece en todos sus sectores. Ésta se conoce como la lengua de Uversa en nuestro superuniverso. Cada universo local también tiene su propio idioma. Todas las órdenes más elevadas de Nebadon son bilingües, pues hablan tanto el idioma de Nebadon como la lengua de Uversa. Cuando dos individuos de diferentes universos locales se encuentran, se comunican en la lengua de Uversa. Sin embargo, si uno de ellos proviene de otro superuniverso, tienen que recurrir a un traductor. En el universo central hay poca necesidad del idioma; existe comprensión perfecta y casi completa; allí, sólo los Dioses no son comprendidos totalmente. Se nos enseña que un encuentro casual en el Paraíso revela más en comprensión mutua que lo que se podría comunicar con una lengua mortal en mil años. Aun en Salvington nosotros «conocemos y somos conocidos».

En las esferas morontiales y espirituales la habilidad de traducir el pensamiento a un idioma está más allá de la comprensión mortal. La velocidad de traslado del pensamiento a un registro permanente puede ser acelerada tan considerablemente por los registradores expertos que el equivalente de más de medio millón de palabras, o símbolos de pensamiento, se pueden registrar en un minuto del tiempo de Urantia. Estos idiomas universales son mucho más pletóricos que el habla de los mundos en evolución. Los símbolos conceptuales de Uversa comprenden más de mil millones de caracteres, aunque el alfabeto básico consista tan sólo en setenta símbolos. El idioma de Nebadon no es tan elaborado, siendo cuarenta y ocho los símbolos básicos, o alfabeto.

2. *Registradores de conceptos.* Este segundo grupo de registradores se ocupa de la preservación de las ilustraciones conceptuales, los modelos originales de las ideas. Ésta es una forma de registro permanente desconocida en los reinos materiales, y mediante este método podríais obtener más conocimiento en una hora de vuestro tiempo de lo que vosotros podríais ganar en cien años de lectura del lenguaje escrito común.

3. *Registradores de ideografía.* Tenemos el equivalente tanto de la palabra escrita como de la palabra hablada, pero en la preservación del pensamiento, generalmente empleamos la ilustración de los conceptos así como las técnicas ideográficas. Los que preservan las ideografías son capaces de mejorar mil veces el trabajo de los registradores conceptuales.

4. *Los promotores de la oratoria.* Este grupo de registradores se ocupa de la tarea de preservar el pensamiento para su reproducción en oratoria. Pero en el lenguaje de Nebadon podríamos, en un discurso de media hora, abarcar los temas de la

entera vida de un mortal de Urantia. Vuestra única esperanza de comprender estas transacciones consiste en considerar la técnica de vuestra desorganizada y enmarañada vida onírica —cómo vosotros podéis en pocos segundos atravesar años de experiencia en estas fantasías de la temporada nocturna.

La oratoria del mundo espiritual es uno de los placeres especiales que os aguardan a vosotros que tan sólo habéis escuchado los burdos y titubeantes discursos de Urantia. Existe una armonía de música y una eufonía de expresión en las oraciones de Salvington y Edentia que inspiran más allá de toda descripción. Estos conceptos candentes son como perlas de belleza en las diademas de la gloria. ¡Pero yo no puedo hacerlo! ¡No puedo transmitir a la mente humana la amplitud y profundidad de estas realidades de otro mundo!

5. *Directores de transmisión*. Las transmisiones del Paraíso, de los superuniversos, y de los universos locales están bajo la supervisión general de este grupo de conservadores del pensamiento. Sirven como censores y editores así como también coordinadores del material de emisión, haciendo una adaptación superuniversal de todas las emisiones del Paraíso y adaptando y traduciendo las emisiones de los Ancianos de los Días a las lenguas particulares de los universos locales.

También se deben modificar las transmisiones del universo local para su recepción en los sistemas y en los planetas individuales. La transmisión de estos informes espaciales se supervisa cuidadosamente, y siempre existe un registro que asegura la recepción apropiada de todo informe en todo mundo en un circuito determinado. Estos directores de transmisión son técnicos expertos en la utilización de las corrientes del espacio para todos los propósitos de comunicación de la información.

6. *Los registradores del ritmo*. Los habitantes de Urantia indudablemente denominarían poetas a estos artesanos, aunque su tarea es muy distinta de vuestras producciones poéticas, y las trasciende casi infinitamente. El ritmo es menos cansador tanto para los seres morontiales como para los espirituales, y por lo tanto frecuentemente se hace el esfuerzo de aumentar la eficiencia, así como también el placer, ejecutando numerosas funciones en forma rítmica. Tan sólo deseo que vosotros pudierais tener el privilegio de escuchar algunas de las emisiones poéticas de las asambleas de Edentia y de disfrutar de la riqueza del color y tonalidad de los genios de la constelación que son maestros de esta forma exquisita de autoexpresión y armonización social.

7. *Los registradores morontiales*. No sé cómo ilustrar para la mente material la función de este importante grupo de registradores del pensamiento asignados a la tarea de preservar los cuadros de conjuntos de los distintos grupos de asuntos morontiales y transacciones espirituales; descrito burdamente, son los fotógrafos de grupo de los mundos de transición. Preservan para el futuro las escenas y asociaciones vitales de estas épocas de progreso, conservándolas en los archivos de las salas de registros morontiales.

5. LOS MANIPULADORES DE LA ENERGÍA

Estos artesanos interesantes y eficaces se ocupan de todo tipo de energía: física, mental, y espiritual.

1. *Los manipuladores de la energía física*. Los manipuladores de la energía física sirven durante largos períodos con los directores del poder y son expertos en la manipulación y control de muchas fases de la energía física. Conocen las tres corrientes básicas y las treinta segregaciones subsidiarias de la energía de los superuniversos. Estos seres son de ayuda inestimable para los Supervisores del Poder Morontial de los

mundos de transición. Son los estudiantes persistentes de las proyecciones cósmicas del Paraíso.

2. *Manipuladores de la energía mental.* Éstos son los expertos de la intercomunicación entre el nivel morontial y otros tipos de seres inteligentes. Esta forma de comunicación entre mortales es prácticamente inexistente en Urantia. Éstos son los especialistas que promueven la habilidad de los seres morontiales ascendentes para comunicarse entre sí, y su tarea comprende numerosas aventuras singulares en el enlace intelectual cuya ilustración está mucho más allá de mi poder de descripción para la mente material. Estos artesanos son estudiosos agudos de los circuitos mentales del Espíritu Infinito.

3. *Manipuladores de la energía espiritual.* Los manipuladores de la energía espiritual constituyen un grupo fascinante. La energía espiritual actúa de acuerdo con leyes establecidas, tal como lo hace la energía física. O sea que la fuerza espiritual ofrece al estudioso deducciones confiables y puede ser tratada con igual precisión que la que se aplica a las energías físicas. Existen leyes tan certeras y confiables en el mundo espiritual como las hay en los reinos materiales. Durante los últimos pocos millones de años, estos estudiantes de las leyes fundamentales del Hijo Eterno que gobiernan la energía espiritual en sus aplicaciones a las órdenes morontiales y a otras órdenes de seres celestiales en todos los universos, han realizado muchas mejoras en las técnicas de ingestión de la energía espiritual.

4. *Los manipuladores de lo compuesto.* Éste es el grupo aventuroso de seres bien capacitados que están dedicados a la asociación funcional de las tres fases originales de la energía divina que se manifiesta en todos los universos como energía física, mental y espiritual. Éstas son las personalidades agudas que en realidad intentan descubrir la presencia universal de Dios el Supremo, porque en esta personalidad de la Deidad ha de ocurrir la unificación experiencial de toda la divinidad del gran universo. Hasta cierto punto, estos artesanos han tenido en tiempos recientes cierto grado de triunfo.

5. *Los consejeros de transporte.* Este cuerpo de consejeros técnicos para los serafines de transporte es muy hábil en colaborar con los astrónomos para establecer las rutas y de otras maneras asistir a los jefes de transporte en los mundos del espacio. Supervisan el tránsito en las esferas y están presentes en todos los planetas habitados. Sirve en Urantia un cuerpo de setenta consejeros de transporte.

6. *Los expertos de la comunicación.* Urantia tiene también al servicio doce técnicos de comunicación interplanetaria e interuniversal. Estos seres de prolongada experiencia son peritos en el conocimiento de las leyes de transmisión e interferencia tal como se las aplica a las comunicaciones de los reinos. Este cuerpo se ocupa de todas las formas de mensajes espaciales, excepto los de los Mensajeros Solitarios y de los Mensajeros de Gravedad. En Urantia, mucho de su trabajo debe realizarse a través de los circuitos de los arcángeles.

7. *Los maestros del descanso.* El descanso divino está asociado con la técnica de la toma de energía espiritual. La energía morontial y espiritual debe ser reabastecida tan certeramente como la energía física, pero no por los mismos motivos. Me veo obligado por fuerza a emplear ilustraciones burdas en mi intento de esclareceros; sin embargo, nosotros, en el mundo espiritual debemos interrumpir periódicamente nuestras actividades regulares y trasladarnos a sitios adecuados de encuentro en donde entramos en el descanso divino y así recuperamos nuestras energías agotadas.

Recibiréis vuestras primeras lecciones en estos asuntos cuando alcancéis los mundos de estancia, después de haberos vuelto seres morontiales y de haber comenzado a experimentar la técnica de los asuntos espirituales. Vosotros sabéis del círculo más interior de Havona y que, una vez que los peregrinos del espacio hayan atravesado los círculos precedentes, deben ser preparados para el largo descanso revivificador del Paraíso. Éste no es tan sólo un requisito técnico del tránsito de la carrera del tiempo al servicio de la eternidad, sino que también es una necesidad, una forma de descanso requerida para reabastecer las pérdidas de energía propio de los pasos finales de la experiencia ascendente y almacenar reservas de poder espiritual para la próxima etapa de la carrera sin fin.

Estos manipuladores de la energía también actúan en cientos de otras maneras demasiado numerosas para ser catalogadas, tales como por ejemplo el asesoramiento de los serafines, querubines y sanobines sobre las modalidades más eficientes de ingestión de energía y el mantenimiento de los equilibrios más útiles de fuerzas divergentes entre los querubines activos y los sanobines pasivos. De muchas otras maneras estos seres peritos prestan ayuda a las criaturas morontiales y espirituales en sus esfuerzos por comprender el descanso divino, que es tan esencial para la utilización eficaz de las energías básicas del espacio.

6. LOS DISEÑADORES Y LOS EMBELLECEDORES

¡Cómo desearía saber de qué manera describir la tarea exquisita de estos artesanos singulares! Todo intento de mi parte por explicar el trabajo del embellecimiento espiritual tan sólo evocaría a vuestra mente material vuestros esfuerzos lamentables, aunque valiosos, de hacer estas cosas en vuestro mundo de mente y materia.

Este cuerpo, aunque comprende a más de mil subdivisiones de actividad, se agrupa bajo los siguientes siete encabezamientos principales:

1. *Los artesanos del color.* Éstos son los que hacen tañir los diez mil matices de color del reflejo espiritual con sus exquisitos mensajes de belleza armoniosa. Aparte de la percepción de los colores nada existe en la experiencia humana que se pueda comparar con estas actividades.

2. *Los diseñadores del sonido.* Las olas espirituales de diversa identidad y de apreciación morontial están ilustradas por estos diseñadores en lo que vosotros llamaríais sonido. Estos impulsos son, en realidad, reflejos soberbios, de las gloriosas y apreciativas almas espirituales de las huestes celestiales.

3. *Los diseñadores de la emoción.* Estos enaltecedores y conservadores del sentimiento son aquellos que preservan los sentimientos morontiales y las emociones de la divinidad para el estudio y edificación de los hijos del tiempo y para la inspiración y embellecimiento de los seres morontiales en progreso y de los espíritus en avance.

4. *Los artistas del olor.* Esta comparación de las actividades excelsas espirituales con el reconocimiento físico de los olores químicos es, en verdad, desafortunada, pero los mortales de Urantia difícilmente podrían reconocer este ministerio por cualquier otro nombre. Estos artesanos crean sus variadas sinfonías para edificación y deleite de los hijos de la luz en avance. Nada existe en la tierra que se pueda comparar aún remotamente con este tipo de grandeza espiritual.

5. *Los embellecedores de la presencia.* Estos artesanos no se ocupan de las artes del autoadorno ni de la técnica del embellecimiento de la criatura. Están dedicados a la producción de reacciones múltiples y regocijadas en cada criatura morontial y espiritual mediante la dramatización del significado de la relación a través de los valores posicionales asignados a las diferentes órdenes morontiales y espirituales en los conjuntos compuestos de estos seres diversificados. Estos artistas colocan los seres

supermateriales así como vosotros lo haríais con las notas musicales, los olores, y los panoramas vivientes, y luego las combinaríais en himnos de gloria.

6. *Los diseñadores del gusto.* ¡Y cómo deciros de estos artistas! Tal vez pueda sugerir débilmente que estos son mejoradores del gusto morontial, y que también intentan aumentar la apreciación de la belleza agudizando los sentidos de los espíritus en evolución.

7. *Los sintetizadores morontiales.* Éstos son los expertos artesanos que, cuando todos los demás han hecho sus contribuciones respectivas, agregan los toques finales y culminantes del conjunto morontial, logrando así un retrato inspirador de lo divinamente hermoso, una inspiración duradera para los seres espirituales y sus asociados morontiales. Pero tendréis que aguardar vuestra liberación del cuerpo animal antes de poder comenzar a concebir las glorias artísticas y bellezas estéticas de los mundos morontiales y espirituales.

7. LOS TRABAJADORES DE LA ARMONÍA

Estos artistas no se ocupan de la música ni de la pintura, ni nada semejante, como podríais haber imaginado. Se ocupan de la manipulación y organización de las fuerzas y energías especializadas que están presentes en el mundo espiritual, pero que los mortales no reconocen. Si tuviese la más mínima base de comparación, intentaría describir este campo singular de logro espiritual, pero desespero —no hay esperanza de transmitir a la mente mortal esta esfera del arte celestial. Sin embargo, lo que no puede ser descrito puede ser sugerido:

La belleza, el ritmo, y la armonía están intelectualmente asociados y espiritualmente emparentados. La verdad, el hecho y la relación son intelectualmente inseparables y están asociados con los conceptos filosóficos de la belleza. La bondad, la rectitud y la justicia están filosóficamente interrelacionados y espiritualmente ligados con la verdad viviente y la belleza divina.

Los conceptos cósmicos de la verdadera filosofía, la descripción del arte celestial, o el intento mortal de pintar el reconocimiento humano de la belleza divina no pueden jamás ser verdaderamente satisfactorios si dicha progresión intentada por la criatura no se unifica. Estas expresiones del impulso divino dentro de la criatura en evolución pueden ser intelectualmente verdaderas, emocionalmente hermosas, y espiritualmente buenas; pero la verdadera alma de la expresión estará ausente a menos que estas realidades de la verdad, significados de la belleza, y valores de la bondad, estén unificados en la experiencia de vida del artesano, del científico o del filósofo.

Estas cualidades divinas están perfecta y absolutamente unificadas en Dios. Y todo hombre o ángel que conoce a Dios posee el potencial de una autoexpresión ilimitada en niveles constantemente en progreso de autorrealización unificada mediante la técnica del logro sin fin de la semejanza con Dios —la combinación experiencial en la experiencia evolucionaria de la verdad eterna, la belleza universal y la bondad divina.

8. LAS ASPIRACIONES MORTALES Y LOS LOGROS MORONTIALES

Aunque los artesanos celestiales no trabajan personalmente en los planetas materiales, tales como Urantia, sí concurren, de vez en cuando, desde las sedes centrales del sistema para ofrecer ayuda a los individuos naturalmente dotados de las razas mortales. Cuando son así asignados, estos artesanos trabajan temporalmente bajo la supervisión de los ángeles planetarios del progreso. Las huestes seráficas cooperan con estos artesanos en intentar ayudar a aquellos artistas mortales que poseen dotes inherentes, y que también poseen Ajustadores con una experiencia especial y previa.

Existen tres fuentes posibles de esta habilidad humana especial: de base *siempre* existe la aptitud natural o inherente. La habilidad especial no es nunca un don arbitrario de los Dioses; siempre existe un cimiento ancestral para cada talento sobresaliente. Además de esta habilidad natural, o más bien suplementaria a la misma, puede existir la contribución de la guía del Ajustador del Pensamiento en aquellos individuos cuyos Ajustadores residentes puedan haber tenido experiencias reales y auténticas en líneas semejantes en otros mundos y en otras criaturas mortales. En aquellos casos en los que tanto la mente humana como el Ajustador residente son particularmente habilidosos, los artesanos espirituales pueden ser delegados para actuar como armonizadores de estos talentos y, para ayudar e inspirar de otras maneras a estos mortales que buscan ideales en constante perfeccionamiento e intentar su ilustración elevada para la edificación del reino.

No existen castas en las filas de los artesanos espirituales. Aunque tu origen sea muy bajo, si tienes la habilidad y el don de la expresión, obtendrás reconocimiento adecuado y recibirás la apreciación debida a medida que asciendas hacia arriba en la escala de la experiencia morontial y del logro espiritual. No puede haber obstáculos de herencia humana ni privación de medio ambiente mortal que la carrera morontial no compense plenamente y elimine enteramente. Y todas esas satisfacciones de logro artístico y autorrealización llena de expresión se realizarán mediante tus propios esfuerzos personales en el avance progresivo. Por fin las aspiraciones de la mediocridad evolucionaria podrán ser realizadas. Aunque los Dioses no otorgan arbitrariamente talentos y habilidad a los hijos del tiempo, sí proveen el logro de la satisfacción de todos los anhelos nobles y la gratificación de todo apetito humano de autoexpresión excelsa.

Pero todo ser humano debería recordar: muchas de las ambiciones de sobresalir que exasperan a los mortales en la carne no persistirán en estos mismos mortales durante las carreras morontial y espiritual. Los seres morontiales ascendentes aprenden a socializar sus anhelos y ambiciones, que fueran antes puramente egoístas y egocéntricos. Sin embargo, aquellas cosas que tan sinceramente anhelaste hacer en la tierra y que las circunstancias tan persistentemente te negaron, si, después de adquirir auténtico discernimiento mota durante la carrera morontial, aún deseas hacerlas, certeramente se te otorgará toda oportunidad para satisfacer plenamente tus deseos de tanto tiempo.

Antes de que los mortales ascendentes abandonen el universo local para embarcarse en sus carreras espirituales, saciarán todo anhelo intelectual, artístico, y social, o ambición auténtica que haya caracterizado en sus niveles mortal o morontial de existencia. Éste es el logro de la igualdad en la satisfacción de la autoexpresión y autorrealización, pero no el logro de un estado experiencial idéntico ni la obliteración completa de las individualidades características en cuanto a pericia, técnica, y expresión. Pero el nuevo diferencial espiritual de logro personal experiencial no se nivelará ni se equilibrará hasta después de que hayáis terminado el último círculo de la carrera de Havona. Y entonces, los residentes del Paraíso se enfrentarán con la necesidad de ajustarse a ese diferencial absonito de experiencia personal que se puede nivelar tan sólo por el logro de grupo del estado último de la criatura —el destino de los finalistas mortales de hacerse un espíritu de séptima etapa.

Ésta es pues la historia de los artesanos celestiales, ese cuerpo cosmopolita de trabajadores exquisitos que tanto hacen para glorificar las esferas arquitectónicas con las representaciones artísticas de la belleza divina de los Creadores Paradisiacos.

[Dictado por un Arcángel de Nebadon.]

DOCUMENTO 45

LA ADMINISTRACIÓN DEL SISTEMA LOCAL

EL CENTRO administrativo de Satania consiste en un grupo de cincuenta y siete esferas arquitectónicas: Jerusem, los siete satélites mayores, y los cuarenta y nueve subsatélites. Jerusem, la capital del sistema, es casi cien veces el tamaño de Urantia, aunque su gravedad es levemente menor. Los satélites principales de Jerusem son los siete mundos de transición, cada uno de los cuales es aproximadamente diez veces tan grande como Urantia, mientras que los siete subsatélites de estas esferas de transición son aproximadamente del tamaño de Urantia.

Los siete mundos de estancia son los siete subsatélites del mundo de transición número uno.

Este entero sistema de cincuenta y siete mundos arquitectónicos está independientemente iluminado, calefaccionado, abastecido de agua y de energía por la coordinación del Centro del Poder de Satania y de los Controladores Físicos Decanos, de acuerdo con la técnica establecida de la organización y arreglo físicos de estas esferas creadas específicamente. También son cuidados y de otra manera mantenidos por los nativos espornagias.

1. LOS MUNDOS DE CULTURA DE TRANSICIÓN

Los siete mundos mayores que giran alrededor de Jerusem se conocen generalmente como las esferas de cultura transicional. Sus gobernantes son nombrados de vez en cuando por el concilio ejecutivo supremo de Jerusem. Estas esferas son numeradas y denominadas como sigue:

Número 1. El mundo de los finalistas. Ésta es la sede central del cuerpo de los finalistas del sistema local y la rodean los mundos de recepción, los siete mundos de estancia, dedicados tan plenamente al esquema de la ascensión mortal. El mundo de los finalistas es accesible para los habitantes de los siete mundos de estancia. Los serafines de transporte llevan de un lado al otro a las personalidades ascendentes en estos peregrinajes, que tienen el fin de cultivar su fe en el destino último de la transición mortal. Aunque los finalistas y sus estructuras no son generalmente perceptibles para la visión morontial, de vez en cuando experimentarás la emoción, cuando los transformadores de la energía y los Supervisores del Poder Morontial te lo permitan, de echar un vistazo momentáneo a estas altas personalidades espirituales que han efectivamente completado la ascensión al Paraíso, y han regresado a los mundos mismos en los que tú estás empezando este largo viaje, como demostración de certidumbre de que se te permite y que podrás completar esta estupenda empresa. Todos los que se detienen en los mundos de estancia van a la esfera finalista por lo menos una vez por año para estas asambleas de visualización de finalistas.

Número 2. El mundo morontial. Este planeta es la sede central de los supervisores de vida morontial y está rodeado por siete esferas en las que los jefes morontiales capacitan a sus asociados y ayudantes, tanto seres morontiales como mortales ascendentes.

Al pasar a través de los siete mundos de estancia, también progresarás a través de estas esferas culturales y sociales de contacto morontial cada vez mayor. Cuando avances del primero al segundo mundo de estancia, serás elegible para obtener un permiso de visitante a la sede central transicional número dos del mundo morontial, y así sucesivamente. Y cuando estés en una de estas seis esferas culturales, podrás, si se os invita, ser visitante y observador en cualquiera de los siete mundos de actividades asociadas de grupo que la rodean.

Número 3. El mundo de los ángeles. Ésta es la sede central de todas las huestes seráficas que se ocupan de las actividades del sistema y está rodeada por siete mundos de capacitación e instrucción angelical. Éstas son las esferas sociales seráficas.

Número 4. El mundo de los superángeles. Esta esfera es el hogar en Satania de las Brillantes Estrellas Vespertinas y de una vasta congregación de seres iguales y casi iguales. Los siete satélites de este mundo están asignados a los siete grupos principales de estos seres celestiales innominados.

Número 5. Los mundos de los Hijos. Este planeta es la sede central de los hijos divinos de todas las órdenes, incluyendo a los hijos trinidizados por las criaturas. Los siete mundos que lo rodean están dedicados a ciertas agrupaciones individuales de estos hijos de parentesco divino.

Número 6. El mundo del Espíritu. Esta esfera sirve como punto de reunión en el sistema de las elevadas personalidades del Espíritu Infinito. Los siete satélites que lo rodean están asignados a los grupos individuales de estas distintas órdenes. Pero en el mundo de transición número seis no hay representación del Espíritu, tampoco se observa dicha presencia en las capitales del sistema; la Ministra Divina de Salvington está *en todas partes* en Nebadon.

Número 7. El mundo del Padre. Ésta es la esfera silenciosa del sistema. No se domicilian aquí grupos de seres. El gran templo de la luz ocupa un lugar central, pero no se puede ver a nadie en él. Todos los seres de todos los mundos del sistema son bienvenidos como adoradores.

Los siete satélites que rodean el mundo del Padre se utilizan en forma variada en los diferentes sistemas. En Satania actualmente se utilizan como esferas de detención para los grupos aprisionados de la rebelión de Lucifer. Edentia, la capital de la constelación, no tiene mundos de prisión análogos; los pocos serafines y querubines que se unieron a los rebeldes en la rebelión de Satania desde hace mucho tiempo han sido confinados en estos mundos de aislamiento de Jerusem.

Cuando residas en el séptimo mundo de estancia, tendrás acceso al séptimo mundo de transición, la esfera del Padre Universal, y también se te permitirá visitar los mundos de prisión de Satania que rodean a este planeta, en los que actualmente están confinados Lucifer y la mayoría de personalidades que le siguieron en rebeldía contra Micael. Este triste espectáculo ha sido observable durante edades recientes y seguirá sirviendo como advertencia solemne para todo Nebadon hasta que los Ancianos de los Días adjudiquen el pecado de Lucifer y de sus asociados caídos que rechazaron la salvación ofrecida por Micael, su Padre del universo.

2. EL SOBERANO DEL SISTEMA

El ejecutivo en jefe de un sistema local de mundos habitados es un Hijo Lanonandek primario, el Soberano del Sistema. En nuestro universo local a estos soberanos se les ha confiado con grandes responsabilidades ejecutivas, y prerrogativas personales poco comunes. No todos los universos, ni siquiera en Orvonton, están organizados como para permitir que el Soberano del Sistema ejerza poderes tan excepcionalmente amplios de discreción personal en la dirección de los asuntos del sistema. Pero en toda la historia de Nebadon estos ejecutivos independientes han exhibido deslealtad tan sólo tres veces. La rebelión de Lucifer en el sistema de Satania fue la última y la más extensa de todos.

En Satania, aún después de este levantamiento desastroso, no se ha realizado absolutamente ningún cambio en la técnica de la administración del sistema. El presente Soberano del Sistema posee todo el poder y ejerce toda la autoridad que poseyera su inmerecedor predecesor salvo en ciertos asuntos que ahora están bajo la supervisión de los Padres de la Constelación, que los Ancianos de los Días aún no han devuelto plenamente a Lanaforge, el sucesor de Lucifer.

El jefe actual de Satania es un gobernante brillante y compasivo, y es un soberano que ha sido probado por la rebelión. Cuando servía como asistente del Soberano del Sistema, Lanaforge se mantuvo fiel a Micael durante un levantamiento anterior en el universo de Nebadon. Este poderoso y brillante Señor de Satania es un administrador probado y comprobado. Al tiempo de la segunda rebelión de un sistema en Nebadon, cuando el Soberano del Sistema tropezó y cayó en la oscuridad, Lanaforge, el primer asistente de este jefe descarriado, tomó las riendas del gobierno y condujo los asuntos del sistema de una manera que permitió que se perdiesen comparativamente pocas personalidades tanto en los mundos sedes centrales como en los planetas habitados de ese infortunado sistema. Lanaforge tiene la distinción de ser el único Hijo Lanonandek primario de todo Nebadon que actuó tan lealmente al servicio de Micael y en la presencia misma de la caída de su hermano de autoridad superior y rango más elevado. Lanaforge probablemente no será retirado de Jerusem hasta que todos los resultados de la locura anterior hayan sido superados y los productos de la rebelión eliminados de Satania.

Aunque no todos los asuntos de los mundos aislados de Satania han sido devueltos a su jurisdicción, Lanaforge demuestra gran interés en su bienestar y es visitante frecuente en Urantia. Tal como en otros sistemas normales, el Soberano preside el concilio del sistema de gobernantes mundiales, los Príncipes Planetarios y los gobernadores generales residentes de los mundos aislados. Este concilio planetario se reúne de vez en cuando en la sede central del sistema: «Cuando los Hijos de Dios se congregan».

Una vez por semana, cada diez días en Jerusem, el Soberano celebra un cónclave con algún grupo de las varias órdenes de personalidades domiciliadas en el mundo sede central. Éstas son ocasiones encantadoramente informales en Jerusem, y oportunidades que no se olvidan jamás. En Jerusem existe una fraternidad máxima entre todas las distintas órdenes de seres y entre cada uno de estos grupos y el Soberano del Sistema.

Estas asambleas singulares ocurren en el mar de cristal, el gran campo de congregación de la capital del sistema. Se trata de ocasiones puramente sociales y espirituales; nada se habla acerca de la administración planetaria ni tampoco del plan de ascensión. Los mortales ascendentes se congregan en estos momentos meramente para divertirse y conocer a sus semejantes en Jerusem. Los grupos que no se invitan a estas reuniones semanales del Soberano se congregan en sus propias sedes centrales.

3. EL GOBIERNO DEL SISTEMA

El jefe ejecutivo de un sistema local, el Soberano del Sistema, está siempre apoyado por dos o tres Hijos Lanonandek, quienes actúan como asistentes en primero y segundo grado. Pero en este momento un personal de siete Lanonandek ministra el sistema de Satania:

1. *El Soberano del Sistema* —Lanaforge, el número 2.709 de la orden primaria y sucesor del apóstata Lucifer.

2. *El primer asistente del Soberano* —Mansurotia, el número 17.841 de la orden terciaria de Lanonandek, fue enviado a Satania juntamente con Lanaforge.

3. *El segundo asistente del Soberano* —Sadib, número 271.402 de la orden terciaria. Sadib también vino a Satania con Lanaforge.

4. *El custodio del sistema* —Holdant, número 19 del cuerpo terciario, el encargado y controlador de todos los espíritus internados por encima de la orden de la existencia mortal. Holdant del mismo modo vino a Satania con Lanaforge.

5. *El registrador del sistema* —Vilton, secretario de los Lanonandek de Satania, número 374 de la tercera orden. Vilton fue un miembro del grupo original de Lanaforge.

6. *El director de autootorgamiento* —Fortant, el número 319.847 de las reservas de los Lanonandek secundarios y director temporal de todas las actividades universales transplantadas a Jerusem desde el aautootorgamiento de Micael en Urantia. Fortant ha estado asignado al personal de Lanaforge durante mil novecientos años del tiempo de Urantia.

7. *El consejero elevado* —Hanavard, número 67 de los Hijos Lanonandek primarios y miembro del cuerpo elevado de asesores y coordinadores universales. Él actúa como presidente interino del concilio ejecutivo de Satania. Hanavard es el duodécimo de esta orden en servir en Jerusem desde el tiempo de la rebelión de Lucifer.

Este grupo ejecutivo de siete Lanonandek constituye la administración ampliada de urgencia que se hizo necesaria debido a las exigencias de la rebelión de Lucifer. Solamente existen tribunales menores en Jerusem, puesto que el sistema es la unidad de administración y no de adjudicación, pero la administración Lanonandek está apoyada por el concilio ejecutivo de Jerusem, el cuerpo asesor supremo de Satania. Este concilio consiste en doce miembros:

1. Hanavard, el presidente Lanonandek.
2. Lanaforge, el Soberano del Sistema.
3. Mansurotia, el primer asistente del Soberano.
4. El jefe de los Melquisedek de Satania.
5. El director interino de los Portadores de Vida de Satania.
6. El jefe de los finalistas de Satania.
7. El Adán original de Satania, jefe supervisor de los Hijos Materiales.
8. El director de las huestes seráficas de Satania.
9. El jefe de los controladores físicos de Satania.

10. El director de los Supervisores del Poder Morontial en el sistema.

11. El director interino de los seres intermedios del sistema.

12. El jefe interino del cuerpo de mortales ascendentes.

Este concilio elige periódicamente tres miembros para que representen al universo local en el concilio supremo de la sede central del universo, pero esta representación se encuentra suspendida debido a la rebelión. Satania tiene ahora un observador en la sede central del universo local, pero desde el autootorgamiento de Micael el sistema ha reiniciado la elección de diez miembros para la legislatura de Edentia.

4. LOS VEINTICUATRO CONSEJEROS

En el centro de los siete círculos residenciales angélicos en Jerusem está ubicada la sede central del concilio asesor de Urantia, los veinticuatro consejeros. Juan el Revelador los llamó los veinticuatro ancianos: «Y alrededor del trono había veinticuatro asientos, y sentados en los asientos vi a veinticuatro ancianos, vestidos de togas blancas». El trono en el centro de este grupo es el asiento de juicio del arcángel presidente, el trono del llamado a la resurrección de la misericordia y justicia para toda Satania. Este asiento de juicio siempre ha estado en Jerusem, pero los veinticuatro asientos que lo rodean se colocaron en posición hace no más de mil novecientos años atrás, poco después de que Cristo Micael fuera elevado a la soberanía plena de Nebadon. Estos veinticuatro consejeros son sus agentes personales en Jerusem, y tienen autoridad para representar al Hijo Mayor en todos los asuntos que se refieren al llamado de lista de Satania y también en muchas otras fases del esquema de la ascensión mortal en los mundos aislados del sistema. Son los agentes designados para ejecutar las solicitudes especiales de Gabriel y los mandatos poco comunes de Micael.

Estos veinticuatro consejeros se han reclutado de las ocho razas de Urantia, y los últimos de este grupo fueron congregados al tiempo del llamado de lista cuando la resurrección de Micael, mil novecientos años atrás. Este concilio asesor de Urantia está constituido por los siguientes miembros:

1. *Onagar*, la mente maestra de la edad previa al Príncipe Planetario, que dirigió a sus semejantes en la adoración del «Dador de Aliento».

2. *Mansant*, el gran maestro de la edad post-Príncipe Planetario en Urantia, que dirigió a sus semejantes a la veneración de la «Gran Luz».

3. *Onamonalonton*, un lejano líder del hombre rojo y el que condujo a esta raza, de la adoración de muchos dioses, a la veneración del «Gran Espíritu».

4. *Orlandof*, un príncipe de los hombres azules y su líder en el reconocimiento de la divinidad del «Jefe Supremo».

5. *Porshunta*, el oráculo de la extinta raza anaranjada y el líder de ese pueblo en la adoración del «Gran Maestro».

6. *Singlangton*, el primero de los hombres amarillos en enseñar y conducir a su pueblo en la adoración de la «Verdad Única» en lugar de muchos. Miles de años atrás el hombre amarillo sabía de la existencia de un solo Dios.

7. *Fantad*, el que rescatara de la oscuridad a los hombres verdes y que era su líder en la adoración de la «Única Fuente de la Vida».

8. *Orvonon*, el iluminador de las razas índigas y su líder en el servicio del «Dios de Dioses» de antaño.

9. *Adán*, el desacreditado pero rehabilitado padre planetario de Urantia, un Hijo Material de Dios que se relegó a la semejanza en carne mortal, pero que sobrevivió y posteriormente fue elevado a esta posición mediante un decreto de Micael.

10. *Eva*, la madre de la raza violeta de Urantia, que sufrió el castigo de la falta con su compañero y fue también rehabilitada con él y asignada para servir con este grupo de sobrevivientes mortales.

11. *Enoc*, el primero de los mortales de Urantia en fusionarse con el Ajustador del Pensamiento durante la vida mortal en la carne.

12. *Moisés*, el emancipador de un resto de la sumergida raza violeta y el instigador de la revitalización de la adoración del Padre Universal bajo el nombre de «Dios de Israel».

13. *Elías*, un alma trasladada de brillante logro espiritual durante la edad post-Hijo Material.

14. *Maquiventa Melquisedek*, el único hijo de esta orden que se otorgó a las razas de Urantia. Aunque sigue siendo considerado un Melquisedek, se ha vuelto «por siempre un ministro de los Altísimos», asumiendo para la eternidad la asignación de servicio como mortal ascendente, habitó en Urantia en semejanza de la carne mortal en Salem, en los días de Abraham. Este Melquisedek últimamente ha sido proclamado vicegerente Príncipe Planetario de Urantia con sede central en Jerusem y autoridad para actuar en nombre de Micael, que es en la actualidad el Príncipe Planetario del mundo en el que experimentó su autootorgamiento final en forma humana. A pesar de todo esto, Urantia sigue estando supervisada por gobernadores generales residentes sucesivos, miembros de los veinticuatro consejeros.

15. *Juan Bautista*, el antecesor de la misión de Micael en Urantia y, en la carne, primo lejano del Hijo del Hombre.

16. *1-2-3 el Primero*, el líder de los seres intermedios leales al servicio de Gabriel al tiempo de la traición de Caligastia, elevado a esta posición por Micael poco después de que éste obtuviera la soberanía incondicionada.

Estas personalidades selectas están exceptuadas del régimen de ascensión por ahora, a pedido de Gabriel, y no tenemos ni idea de cuánto tiempo servirán en esta capacidad.

Los asientos número 17, 18, 19 y 20 no están ocupados permanentemente. Se llenan temporalmente por consentimiento unánime de los dieciséis miembros permanentes, y se los mantiene abiertos para su asignación futura a mortales ascendentes provenientes de la presente edad post-autootorgamiento del Hijo en Urantia.

Los números 21, 22, 23 y 24 son del mismo modo llenados temporalmente mientras que se los mantiene en reserva para los grandes maestros de otras edades futuras que indudablemente seguirán a la edad presente. Se anticipan eras de Hijos Magisteriales e Hijos Instructores en las edades de luz y vida en Urantia, sean cuales fueren las visitaciones inesperadas de Hijos divinos que puedan o no ocurrir.

5. LOS HIJOS MATERIALES

Las grandes divisiones de la vida celestial tienen su sede central e inmensas reservas en Jerusem, incluyendo a las varias órdenes de Hijos divinos, elevados espíritus, superángeles, ángeles y seres intermedios. Esta morada central de este maravilloso sector es el templo principal de los Hijos Materiales.

El dominio de los Adanes es el centro de atracción de todos los recién llegados a Jerusem. Es una zona enorme que consiste en mil centros, aunque cada familia de Hijos e Hijas Materiales vive en una morada propia hasta el momento de la partida de sus miembros para servir en los mundos evolucionarios del espacio o hasta que se embarcan en la carrera de ascensión al Paraíso.

Estos Hijos Materiales constituyen el tipo más elevado entre los seres de reproducción sexual que se encuentran en las esferas de capacitación de los universos en evolución. Y son ellos verdaderamente materiales; aun los Adanes y Evas planetarios son claramente visibles para las razas mortales de los mundos habitados. Estos Hijos Materiales constituyen el último vínculo físico en la cadena de personalidades que se extiende hacia abajo desde la divinidad y la perfección arriba hasta la humanidad y la existencia material. Estos hijos proveen a los mundos habitados con un intermediario de contacto mutuo entre el Príncipe Planetario invisible y las criaturas materiales del reino.

En el último empadronamiento milenal en Salvington había en los registros de Nebadon 161.632.840 Hijos e Hijas Materiales de estado de ciudadanía en las capitales de los sistemas locales. El número de Hijos Materiales varía en los distintos sistemas y su número está constantemente en aumento por su reproducción natural. En el ejercicio de sus funciones reproductivas no se guían totalmente por los deseos personales de las personalidades con las cuales entran en contacto sino también por los cuerpos más elevados del gobierno y los concilios asesores.

Estos Hijos e Hijas Materiales son los habitantes permanentes de Jerusem y de sus mundos asociados. Ocupan grandes estancias en Jerusem y participan liberalmente en el manejo local de la esfera capital, administrando prácticamente todos los asuntos rutinarios con la asistencia de los seres intermedios y de los mortales ascendentes.

En Jerusem estos hijos que se reproducen pueden experimentar con los ideales de autogobierno en la modalidad de los Melquisedek, y están logrando un tipo de sociedad muy elevado. Las órdenes más elevadas de filiación se reservan el derecho de veto en el reino, pero en casi todos los aspectos, los adanitas de Jerusem se gobiernan a sí mismos por votación universal y gobierno representativo. En algún momento esperan que se les otorgue una autonomía virtualmente completa.

El carácter del servicio de los hijos materiales está en gran parte determinado por sus edades. Aunque no son elegibles para que se los admita en la Universidad Melquisedek de Salvington —siendo materiales y estando ordinariamente limitados a ciertos planetas— sin embargo, los Melquisedek mantienen fuertes cuerpos docentes en las sedes centrales de cada sistema para la instrucción de las generaciones más jóvenes de Hijos Materiales. Los sistemas educacionales y de capacitación espiritual provistos para el desarrollo de los Hijos e Hijas Materiales más jóvenes son el máximo de la perfección en alcance, técnica, y practicabilidad.

6. La capacitación adánica de los seres ascendentes

Los Hijos e Hijas Materiales, juntamente con sus hijos, presentan un espectáculo encantador que no deja jamás de estimular la curiosidad y atraer la atención de todos los mortales ascendentes. Son tan similares a vuestras propias razas materiales sexuales, que ambos encontráis muchos intereses en común que atraen vuestros pensamientos y ocupan vuestras temporadas de contacto fraternal.

Los sobrevivientes mortales pasan mucho de su tiempo libre en la capital del sistema, observando y estudiando los hábitos de vida y la conducta de estas superiores criaturas sexuales semifísicas, porque estos ciudadanos de Jerusem son los patrocinadores inmediatos y mentores de los sobrevivientes mortales desde el momento en que éstos logran la ciudadanía en los mundos sede central hasta que se despiden para dirigirse a Edentia.

En los siete mundos de estancia, los mortales ascendentes tienen amplia oportunidad para compensar cualquier privación experiencial sufrida en sus mundos de origen, debida a la herencia, medio ambiente o terminación prematura desafortunada de la carrera en la carne. Esto es verdad en todo sentido, excepto en la vida sexual mortal y sus ajustes correspondientes. Miles de mortales llegan a los mundos de estancia sin haberse beneficiado particularmente de las disciplinas derivadas de relaciones sexuales normales en sus esferas nativas. La experiencia en los mundos de estancia provee escasa oportunidad para compensar estas privaciones muy personales. La experiencia sexual en un sentido físico ya no es posible para estos ascendenteros, pero en asociación estrecha con los Hijos e Hijas Materiales, como individuos y como miembros de su familia, estos mortales sexualmente deficientes consiguen compensar los aspectos sociales, intelectuales, emocionales y espirituales de su deficiencia. Así pues todos los mortales que por circunstancias o juicio erróneo han sido privados de los beneficios de una asociación sexual ventajosa en los mundos evolucionarios, aquí en las capitales del sistema tienen plena oportunidad para adquirir estas experiencias mortales esenciales en asociación estrecha y amante con las excelsas criaturas sexuales adánicas que residen permanentemente en las capitales del sistema.

Ningún mortal sobreviviente, ser intermedio o serafín puede ascender al Paraíso, lograr al Padre, y ser incorporado en el Cuerpo de la Finalidad sin haber pasado por la experiencia sublime de lograr una relación paternal con un hijo en evolución de los mundos o alguna otra experiencia análoga y equivalente. La relación entre el hijo y el padre es fundamental en el concepto esencial del Padre Universal y de sus hijos del universo. Por lo tanto dicha experiencia es indispensable para la capacitación experiencial de todos los seres ascendentes.

Los seres intermedios ascendentes y los serafines evolucionarios deben pasar a través de esta experiencia de paternidad en asociación con los Hijos e Hijas Materiales de la sede central del sistema. Así tales seres ascendentes no reproductores obtienen la experiencia de la paternidad al ayudar a los Adanes y Evas de Jerusem en la crianza y enseñanza de su progenie.

Todos los sobrevivientes mortales que no han experimentado la paternidad en los mundos evolucionarios también deben obtener esta capacitación necesaria durante su período de estadía en las casas de los Hijos Materiales de Jerusem y como asociados paternales de estos estupendos padres y madres. Esto es necesario excepto si dichos mortales hayan sido capaces de compensar sus deficiencias en la guardería infantil del sistema, ubicada en el primer mundo de cultura transicional de Jerusem.

Esta guardería infantil probacional de Satania está mantenida por ciertas personalidades morontiales en el mundo de los finalistas, estando una mitad del planeta dedicada a esta tarea de crianza de niños. Así, algunos hijos de los mortales sobrevivientes se reciben y reensamblan, por ejemplo los vástagos que perecieron en los mundos evolucionarios antes de adquirir estado espiritual como individuos. La ascensión de cualquiera de los dos progenitores naturales asegura que a este hijo mortal de los reinos se le otorgará la repersonalización en el planeta finalista del sistema, y allí se le permitirá demostrar, mediante su elección subsiguiente por libre albedrío, si elige seguir el camino paterno de ascensión mortal. Aquí los niños aparecen como en el mundo de su natalidad excepto que no hay diferenciación sexual. No existe reproducción del tipo mortal después de la experiencia de vida en los mundos habitados.

Los estudiantes de los mundos de estancia que tienen uno o más niños en las guarderías probacionales del mundo de los finalistas, y que carecen de la esencial experiencia paterna, pueden solicitar un permiso Melquisedek que les permitirá una transferencia temporal, de las tareas de ascensión en los mundos de estancia, al mundo finalista, donde tendrán la oportunidad de actuar como padres asociados de sus propios hijos y de otros. Este servicio de ministerio paternal puede ser acreditado más tarde en Jerusem hacia la satisfacción de la mitad de la capacitación que dichos ascendenteros necesitan cumplir en las familias de los Hijos e Hijas Materiales.

La guardería probacional está supervisada por mil parejas voluntarias de Hijos e Hijas Materiales, de la colonia de su orden en Jerusem. Son asistidos directamente por un número aproximadamente igual de seres midsonitas voluntarios pertenecientes a los grupos paternales que se detienen allí para ofrecer este servicio camino del mundo midsonita de Satania al destino no revelado de sus mundos especiales de reserva entre los planetas de los finalistas de Salvington.

7. LAS FACULTADES MELQUISEDEK

Los Melquisedek son los directores de ese gran cuerpo de instructores —criaturas volitivas parcialmente espiritualizadas y otros— que funcionan tan aceptablemente en Jerusem y en sus mundos asociados pero particularmente en los siete mundos de estancia. Éstos son planetas de detención, en los que aquellos mortales que no logran la fusión con sus Ajustadores residentes durante la vida en la carne son rehabilitados en forma transitoria para recibir ayuda ulterior y disfrutar de otra oportunidad de continuar sus esfuerzos de logro espiritual, aquellos mismos esfuerzos que la muerte interrumpió prematuramente. O si, por cualquier otra razón de dificultad hereditaria, medio ambiente desfavorable, o conspiración de circunstancias, este logro del alma no se completó, sea cual fuere la razón, todos los que tienen un propósito sincero y son de valor espiritual se hallarán a sí mismos, como tales, en los planetas de continuación, donde deben aprender a dominar los elementos esenciales de la carrera eterna, y obtener de los rasgos que no pudieron adquirir, o no adquirieron, durante su vida en la carne.

Las Brillantes Estrellas Vespertinas (y sus coordinados innominados) frecuentemente sirven como maestros en las distintas empresas de instrucción del universo, incluyendo aquellas que patrocinan los Melquisedek. También colaboran los Hijos Instructores Trinitarios, que imparten los toques de la perfección paradisiaca a estas facultades progresivas de capacitación. Pero todas estas actividades no están exclusivamente dedicadas al avance de los mortales ascendentes; muchas se ocupan igualmente de la capacitación progresiva de las personalidades espirituales nativas de Nebadon.

Los Hijos Melquisedek dirigen más de treinta centros distintos de instrucción en Jerusem. Estas facultades de capacitación comienzan con la facultad de autoevaluación y terminan con las escuelas de ciudadanía en Jerusem, en las que los Hijos e Hijas Materiales se unen con los Melquisedek y otros en este esfuerzo supremo por calificar a los sobrevivientes mortales para que asuman las elevadas responsabilidades del gobierno representativo. El entero universo está organizado y administrado sobre la base *representativa*. El gobierno representativo es el ideal divino del autogobierno entre los seres no perfectos.

Cada cien años de tiempo universal cada sistema selecciona sus diez representantes para que se sienten en la legislatura de la constelación. Éstos son elegidos por el concilio de mil de Jerusem, un cuerpo electoral encargado del deber de asegurar la representación de los grupos del sistema en todos los asuntos delegados o por designación. Todos los representantes u otros delegados seleccionados por el concilio de mil electores, deben ser diplomados de la facultad más elevada de la Universidad Melquisedek de Administración, así como también lo son todos los que constituyen este grupo de mil electores. Los Melquisedek patrocinan esta facultad asistidos en los últimos tiempos por los finalistas.

Existen en Jerusem muchos cuerpos electivos y éstos son elegidos como autoridades legitimas de vez en cuando por tres órdenes de ciudadanía: los Hijos e Hijas Materiales, los serafines y sus asociados, incluyendo los seres intermedios, y los mortales ascendentes. Para lograr el honor de ser nombrado representante, un candidato debe haber ganado de las facultades Melquisedek de administración el reconocimiento exigido.

El sufragio es universal en Jerusem entre estos tres grupos de ciudadanos, pero el voto se cuenta diferencialmente de acuerdo con la posesión personal de mota —sabiduría morontial— reconocida y debidamente registrada. El voto emitido por una personalidad en las elecciones de Jerusem tiene un valor que va del uno al mil. Los ciudadanos de Jerusem están de esta manera clasificados de acuerdo con su logro de mota.

De vez en cuando los ciudadanos de Jerusem se presentan ante los examinadores Melquisedek, quienes certifican su logro en sabiduría morontial. Luego se apersonan ante el cuerpo examinador de las Brillantes Estrellas Vespertinas o aquellos que son designados por ellas, que se aseguran del grado de discernimiento espiritual. A continuación aparecen ante la presencia de los veinticuatro consejeros y sus asociados, que juzgan su estado de logro experiencial de socialización. Estos tres factores consecutivamente se llevan a los registros de ciudadanía del gobierno representativo, que rápidamente computan el estado mota y asignan las calificaciones de sufragio de acuerdo con éste.

Bajo la supervisión de los Melquisedek los ascendentes mortales, particularmente aquellos que se atrasan en la unificación de su personalidad en los nuevos niveles morontiales, son llevados de la mano por los Hijos Materiales y se les da una intensa capacitación diseñada para rectificar dichas deficiencias. Ningún mortal ascendente abandona la sede central del sistema para la más extensa y más variada carrera de socialización en la constelación, hasta tanto los Hijos Materiales no hayan certificado el logro de la personalidad mota —una individualidad que combina la existencia mortal completada en asociación experiencial con la naciente carrera morontial, ambas combinándose debidamente mediante el supercontrol espiritual del Ajustador del Pensamiento.

[Presentado por un Melquisedek asignado temporalmente a Urantia.]

DOCUMENTO 46

LA SEDE CENTRAL DEL SISTEMA LOCAL

JERUSEM, la sede central de Satania, es una capital promedio de un sistema local, y aparte de numerosas irregularidades ocasionadas por la rebelión de Lucifer y el autootorgamiento de Micael en Urantia, es típica de esferas similares. Vuestro sistema local ha pasado por algunas experiencias tormentosas, pero presentemente está administrada con gran eficiencia, y a medida que pasan las edades, los resultados de la desarmonía están siendo desarraigados lenta pero certeramente. El orden y la buena voluntad están siendo restablecidos, y las condiciones en Jerusem se van acercando cada vez más al estado celestial de vuestras tradiciones, porque la sede central del sistema es verdaderamente el cielo visualizado por la mayoría de los creyentes religiosos del siglo veinte.

1. ASPECTOS FÍSICOS DE JERUSEM

Jerusem se divide en mil sectores latitudinales y diez mil zonas longitudinales. La esfera tiene siete capitales principales y setenta centros administrativos menores. Las siete capitales seccionales se ocupan de diversas actividades, y el Soberano del Sistema se hace presente en cada una de ellas, por lo menos una vez por año.

La milla estándar de Jerusem equivale aproximadamente a once kilómetros de Urantia. El peso estándar, el «gradiente», está construido mediante el sistema decimal partiendo del ultimatón maduro y representa unos doscientos ochenta gramos de vuestro peso. El día de Satania equivale a tres días del tiempo de Urantia, menos una hora, cuatro minutos, y quince segundos, siendo ése el tiempo de la revolución axial de Jerusem. El año del sistema consiste en cien días de Jerusem. Los cronoldeques decanos emiten la hora del sistema.

La energía de Jerusem está maravillosamente controlada y circula alrededor de la esfera en canales zonales, alimentados directamente por las cargas de energía del espacio y expertamente administrados por los Controladores Físicos Decanos. La resistencia natural al pasaje de estas energías a través de los canales físicos de conducción produce el calor necesario para la obtención de una temperatura constante. La temperatura a luz plena se mantiene alrededor de veinte grados Celsius, mientras que durante el período de receso de la luz baja a poco menos de diez grados.

El sistema de iluminación de Jerusem no debería presentar dificultades para vuestra comprensión. No hay días ni noches, ni temporadas de calor y frío. Los transformadores del poder mantienen cien mil centros desde los cuales proyectan las energías rarificadas hacia arriba a través de la atmósfera planetaria, sufriendo ciertos cambios, hasta que alcanzan el cielo raso eléctrico de aire de la esfera; entonces estas energías son reflejadas de vuelta y hacia abajo como luz suave, filtrada y uniforme, aproximadamente de la intensidad de la luz del sol en Urantia cuando el sol brilla en el cielo a las diez de la mañana.

Bajo dichas condiciones de iluminación, los rayos de luz no parecen provenir de un solo lugar; parecen filtrarse del cielo, emanando en forma equivalente desde todas las direcciones del espacio. Esta luz es muy similar a la luz del sol natural excepto que contiene mucho menos calor. Por lo tanto se podrá reconocer que dichos mundos sede central no son luminosos en el espacio; si Jerusem estuviese muy cerca de Urantia, no sería visible.

Los gases que reflejan esta energía de luz desde la ionosfera superior de Jerusem hacia abajo al piso son muy similares a aquellos que se encuentran en los cinturones superiores de la atmósfera de Urantia involucrados en los fenómenos aurorales de vuestras así llamadas luces septentrionales, aunque éstas son producidas por causas diferentes. En Urantia es este mismo escudo gaseoso el que previene el escape de las ondas de emisión terrestre, reflejándolas hacia abajo, hacia la tierra, cuando pegan contra este cinturón gaseoso en su vuelo directo hacia afuera. De esta manera, las emisiones se mantienen cerca de la superficie al viajar a través del aire alrededor de vuestro mundo.

Esta iluminación de la esfera se mantiene uniformemente durante el setenta y cinco por ciento del día de Jerusem, y luego hay un receso gradual hasta que, en la hora de iluminación mínima, la luz es aproximadamente la de una luna llena en una noche clara. Ésta es la hora de la quietud para todo Jerusem. Tan sólo las estaciones que reciben emisiones están operando durante este período de descanso y rehabilitación.

Jerusem recibe luz débil de varios soles cercanos —semejante a una luz estelar brillante— pero no depende de ellos; pues los mundos como Jerusem no están sujetos a las vicisitudes de los disturbios solares, ni se enfrentan con el problema de un sol en enfriamiento o moribundo.

Los siete mundos transicionales de estudio y sus cuarenta y nueve satélites están calefaccionados, iluminados, energizados y abastecidos de agua por medio de la técnica de Jerusem.

2. CARACTERÍSTICAS FÍSICAS DE JERUSEM

En Jerusem extrañarás las cadenas escarpadas de montañas de Urantia y de otros mundos evolucionarios, puesto que no hay terremotos ni lluvias, pero disfrutarás de las bellas praderas y de otras variaciones singulares de topografía y paisaje. Se han preservado áreas enormes de Jerusem en «estado natural», y el esplendor de estos distritos está mucho más allá de los poderes de la imaginación humana.

Hay miles y miles de pequeños lagos pero no hay ríos turbulentos ni enormes océanos. No hay lluvias, ni tormentas, ni ventiscas, en ninguno de los mundos arquitectónicos, pero existe una precipitación diaria de la condensación de la humedad durante la hora de temperatura más baja que acompaña el receso de la luz. (El punto de rocío es más alto en un mundo de tres gases que en un planeta de dos gases como Urantia). La vida física de las plantas y las cosas vivas del mundo morontial requieren humedad, pero ésta proviene en gran parte del sistema de circulación subterrestre que se extiende por toda la esfera, aun hasta la porción más elevada de la meseta. Este sistema de agua no es enteramente subterráneo, porque existen muchos canales que conectan a los brillantes lagos de Jerusem.

La atmósfera de Jerusem es una mezcla de tres gases. Este aire es muy similar al de Urantia, con el agregado de un gas adaptado a la respiración de la orden morontial de vida. Este tercer gas no hace que el aire sea inadecuado para la respiración de animales o plantas de las órdenes materiales.

El sistema de transporte está aliado con las corrientes circulatorias del movimiento de la energía, estando estas corrientes principales de energía ubicadas a intervalos de dieciséis kilómetros. Ajustando los mecanismos físicos, los seres materiales del planeta pueden proceder a una velocidad que varía de trescientos a ochocientos kilómetros por hora. Las aves transportadoras vuelan a una velocidad de alrededor de ciento sesenta kilómetros por hora. Los mecanismos aéreos de los Hijos Materiales viajan a una velocidad de alrededor de ochocientos kilómetros por hora. Los seres materiales y los seres morontiales primitivos deben utilizar estos medios mecánicos de transporte, pero las personalidades espirituales proceden por enlace con las fuerzas superiores y las fuentes espirituales de la energía.

Jerusem y sus mundos asociados están dotados de diez divisiones estándar de características de la vida de las esferas arquitectónicas de Nebadon. Y puesto que no hay evolución orgánica en Jerusem, no existen formas conflictivas de vida, no hay lucha por la existencia, ni existe la supervivencia del más fuerte. Más bien existe una adaptación creativa que anticipa la belleza, la armonía, y la perfección de los mundos eternos del universo central y divino. Y en toda esta perfección creativa existe un entrelazamiento sumamente sorprendente de la vida física y morontial, contrastadas artísticamente por los artesanos celestiales y sus semejantes.

Jerusem es en efecto una anticipación de la gloria y grandeza paradisiacas. Pero no podéis esperar obtener una idea adecuada de estos gloriosos mundos arquitectónicos por simple descripción. Es tan poco lo que se puede comparar con algo de vuestro mundo, y aun entonces las cosas de Jerusem tanto trascienden las cosas de Urantia que la comparación es casi grotesca. Hasta que llegues a Jerusem mismo difícilmente podrás tener algo que se parezca a un concepto verdadero de los mundos celestiales, pero eso no está tan alejado en el futuro cuando se comparará tu experiencia de ida a la capital del sistema con tu llegada futura a las esferas más remotas de capacitación del universo, el superuniverso, y Havona.

El sector industrial o de laboratorio de Jerusem es un ámbito amplio, que los habitantes de Urantia difícilmente reconocerían, puesto que no tiene chimeneas humeantes; sin embargo, existe una intrincada economía material asociada con estos mundos especiales, y hay una perfección de técnica mecánica y logro físico que asombraría y emocionaría a vuestros químicos e inventores más expertos. Detente y considera que este primer mundo de detención en el viaje al Paraíso es mucho más material que espiritual. Durante toda tu estadía en Jerusem y en sus mundos de transición, estás mucho más cerca a la vida terrestre de las cosas materiales que en tu vida futura de existencia de espíritu en avance.

El Monte Seraf es la elevación más alta en Jerusem, cuatro mil seiscientos metros, y es el punto de partida de todos los serafines de transporte. Numerosos desarrollos mecánicos se utilizan para proveer la energía inicial necesaria para escapar la gravedad planetaria y sobreponerse a la resistencia del aire. Parte un transporte seráfico cada tres segundos del tiempo de Urantia durante todo el período de luz y, a veces, aun hasta bien entrado el período de receso de la luz. La velocidad de despegue de los transportadores es de aproximadamente veinticinco millas estándar por segundo, del tiempo de Urantia, y no alcanzan la velocidad estándar hasta no encontrarse a más de dos mil millas de Jerusem.

Los transportes llegan al campo de cristal, el así llamado mar de cristal. Alrededor de esta zona se encuentran las estaciones de recepción para las varias órdenes de seres que atraviesan el espacio por transporte seráfico. Cerca de la estación de recepción en el extremo polar del campo de cristal para los estudiantes visitantes, puedes ascender al observatorio perlino y visualizar el inmenso mapa en relieve del entero planeta sede central.

3. LAS TRANSMISIONES DE JERUSEM

Las transmisiones del superuniverso y del Paraíso-Havona se reciben en Jerusem en enlace con Salvington y mediante una técnica que comprende el cristal polar, el mar de cristal. Además de las disposiciones para la recepción de estas comunicaciones extra-Nebadon, existen tres grupos diversos de estaciones receptoras. Estos grupos de estaciones, separados pero tricirculares, están ajustados para la recepción de transmisiones desde los mundos locales, desde las sedes centrales de la constelación, y desde la capital del universo local. Todas estas transmisiones se exhiben automáticamente para que sean discernibles para todos los tipos de seres presentes en el anfiteatro de tansmisión central; de todas las preocupaciones para con el mortal ascendente en Jerusem, ninguna es más fascinante ni absorbente que la de escuchar una corriente sin fin de informes espaciales universales.

Esta estación receptora de las transmisiones de Jerusem está rodeada por un enorme anfiteatro, construido de materiales centelleantes mayormente desconocidos en Urantia, y con capacidad para sentar a cinco mil millones de seres —materiales y morontiales— además de dar cabida a innumerables personalidades espirituales. Es la diversión favorita de todo Jerusem pasar su tiempo libre en la estación emisora, para saber allí del bienestar y estado del universo. Ésta es la única actividad planetaria que no disminuye durante el período de receso de la luz.

En este anfiteatro receptor de las transmisiones entran continuamente mensajes de Salvington. Cerca de éste, la palabra edentiana de los Padres Altísimos de la Constelación es recibida por lo menos una vez por día. Periódicamente las emisiones regulares y especiales de Uversa se transmiten a través de Salvington, y cuando se reciben mensajes del Paraíso, la entera población se congrega alrededor del mar de cristal, y los amigos de Uversa agregan el fenómeno de la reflexividad a la técnica de la transmisión desde el Paraíso, para que todo lo que se escucha se torne visible. Es de esta manera que se otorga a los sobrevivientes mortales anticipaciones continuas de la belleza y magnitud en avance a medida que viajan hacia adentro en la aventura eterna.

La estación emisora de Jerusem está ubicada en el polo opuesto de la esfera. Todas las transmisiones a los mundos individuales son retransmitidas desde las capitales de sistema, excepto los mensajes de Micael, que a veces llegan directamente a su destino por el circuito de los arcángeles.

4. LAS ÁREAS RESIDENCIALES Y ADMINISTRATIVAS

Considerables porciones de Jerusem están destinadas como áreas residenciales, mientras que otras porciones de la capital del sistema se dedican a las necesarias funciones administrativas que comprenden la supervisión de los asuntos de 619 esferas habitadas, 56 mundos de cultura de transición, y la capital del sistema mismo. En Jerusem y en Nebadon estos arreglos están designados como sigue:

1. *Los círculos:* las áreas residenciales para seres no nativos.
2. *Los cuadrados:* las áreas administrativas ejecutivas del sistema.
3. *Los rectángulos:* el punto de encuentro de la vida nativa más baja.
4. *Los triángulos:* las áreas locales o administrativas de Jerusem.

Este arreglo de las actividades del sistema en círculos, cuadrados, rectángulos y triángulos es común a todas las capitales de los sistemas de Nebadon. En otro universo es posible que prevalezca un esquema enteramente diferente. Éstos son asuntos determinados por los diversos planes de los Hijos Creadores.

Nuestra narrativa de estas áreas residenciales y administrativas no toma en cuenta las vastas y hermosas moradas de los Hijos Materiales de Dios, los ciudadanos permanentes de Jerusem, ni tampoco mencionamos numerosas otras órdenes fascinantes de criaturas espirituales y casi espirituales. Por ejemplo: Jerusem disfruta de los eficientes servicios de los espironga, designados para el funcionamiento del sistema. Estos seres están dedicados al ministerio espiritual de los residentes y visitantes supermateriales. Constituyen un maravilloso grupo de seres inteligentes y hermosos que son los servidores de transición de las criaturas morontiales más elevadas y los ayudantes morontiales que laboran para el mantenimiento y embellecimiento de todas las creaciones morontiales. Son en Jerusem lo que los seres intermedios son en Urantia, ayudantes intermedios que actúan entre lo material y lo espiritual.

Las capitales del sistema son singulares en cuanto son los únicos mundos que exhiben casi perfectamente las tres fases de la existencia universal: la material, la morontial y la espiritual. Si eres una personalidad material, morontial o espiritual, te sentirás en casa en Jerusem; también se sienten como en su casa los seres combinados, tales como los seres intermedios y los Hijos Materiales.

Jerusem tiene grandes edificios tanto de tipo material como de tipo morontial, mientras que el embellecimiento de las zonas puramente espirituales es no menos exquisita ni pletórica. ¡Si tan sólo tuviese yo palabras para deciros sobre las contrapartes morontiales del maravilloso equipo físico de Jerusem! ¡Ojalá pudiera seguir describiendo la grandeza sublime y la exquisita perfección del decorado espiritual de este mundo sede central! Vuestro concepto más imaginativo de perfección de belleza y plenitud de decoración difícilmente se acercaría a estas grandezas. Y Jerusem no es sino el primer paso en el camino a la perfección excelsa de la belleza del Paraíso.

5. LOS CÍRCULOS DE JERUSEM

Las reservas residenciales asignadas a los grupos principales de vida del universo se denominan los círculos de Jerusem. Los grupos de círculos que merecen mención en estas narrativas son los siguientes:

1. Los círculos de los Hijos de Dios.
2. Los círculos de los ángeles y los espíritus más elevados.
3. Los círculos de los Auxiliares Universales, incluyendo los hijos trinidizados por las criaturas no asignados a los Hijos Instructores Trinitarios.
4. Los círculos de los Controladores Físicos Decanos.
5. Los círculos de los mortales ascendentes asignados, incluyendo a los seres intermedios.
6. Los círculos de las colonias de cortesía.
7. Los círculos del Cuerpo de la Finalidad.

Cada uno de estas agrupaciones residenciales consiste en siete círculos concéntricos y sucesivamente elevados. Todos ellas están construidas según las mismas directivas pero son de tamaño diferente y se fabrican de materiales distintos. Todas ellas están rodeadas de cercos de alto alcance, que se elevan formando largos corredores que rodean enteramente a cada grupo de siete círculos concéntricos.

1. *Círculos de los Hijos de Dios.* Aunque los Hijos de Dios poseen un planeta social propio, uno de los mundos de cultura de transición, también ocupan estos amplios ámbitos en Jerusem. En su mundo de cultura transicional los ascendentes mortales departen libremente con todas las órdenes de filiación divina. Allí conocerás personalmente y amarás a estos Hijos, pero su vida social está en gran parte confinada a este mundo especial y a sus satélites. Sin embargo, en los círculos de Jerusem, estos distintos grupos de filiación pueden ser observados en su trabajo. Puesto que la visión morontial es de enorme alcance, podrás deambular por los corredores de los Hijos y observar las actividades interesantes de sus numerosas órdenes.

Estos siete círculos de los Hijos son concéntricos y gradualmente elevados de manera tal que cada uno de los círculos exteriores y más grandes ofrece un panorama de los círculos interiores y más pequeños, estando cada uno rodeado de un muro que constituye un paseo público. Estos muros están construidos de alhajas de cristal de brillo centellador y son tan elevados como para ofrecer un panorama de todos los respectivos círculos residenciales. Las muchas puertas —de cincuenta a ciento cincuenta mil— que penetran estos muros, consisten cada una de cristales enteros perlinos.

El primer círculo del ámbito de los Hijos está ocupado por los Hijos Magisteriales y su séquito personal. Aquí se centran todos los planes y actividades inmediatas de los servicios de autootorgamiento y adjudicación de estos Hijos jurídicos. Es también a través de este centro que los Avonales del sistema se mantienen en contacto con el universo.

El segundo círculo está ocupado por los Hijos Instructores Trinitarios. En este dominio sagrado los Dainales y sus asociados emprenden la capacitación de los Hijos Instructores primarios recién llegados. En todo este trabajo son hábilmente asistidos por una división de ciertos coordinados de las Brillantes Estrellas Vespertinas. Los hijos trinidizados por las criaturas ocupan un sector del círculo Dainal. Los Hijos Instructores Trinitarios son los que más se acercan a ser los representantes personales del Padre Universal en un sistema local; son por lo menos seres originados en la Trinidad. Este segundo círculo es un dominio de extraordinario interés para todos los seres de Jerusem.

El tercer círculo está dedicado a los Melquisedek. Aquí residen los jefes del sistema y supervisan las actividades casi sin fin de estos versátiles Hijos. Desde el primero de los mundos de estancia a través de toda la carrera de los mortales ascendentes en Jerusem, los Melquisedek son los padres putativos y los consejeros siempre presentes. No sería erróneo decir que son la influencia dominante en Jerusem aparte de las actividades constantes de los Hijos e Hijas Materiales.

El cuarto círculo es el hogar de los Vorondadek y de todas las demás órdenes de los Hijos visitantes y observadores que no tienen otra residencia. Los Padres Altísimos de la Constelación moran en este círculo cuando se encuentran en visitas de inspección al sistema local. Los Perfeccionadores de la Sabiduría, los Consejeros Divinos, y los Censores Universales, residen en este círculo cuando están asignados al sistema.

El quinto círculo es la morada de los Lanonandek, la orden de filiación de los Soberanos del Sistema y de los Príncipes Planetarios. Los tres grupos se interrelacionan como si fueran uno solo cuando residen en este ámbito. Las reservas del sistema se encuentran en este círculo, mientras que el Soberano del Sistema tiene un templo situado en el centro de estructuras del grupo gobernante en la colina de administración.

El sexto círculo es el sitio de estadía de los Portadores de Vida del sistema. Todas las órdenes de estos Hijos están aquí congregadas, y desde aquí salen en sus asignaciones a los mundos.

El séptimo círculo es el punto de reunión de los hijos ascendentes, aquellos mortales asignados que pueden actuar temporalmente en la sede central de sistema, juntamente con sus consortes seráficos. Todos los ex-mortales por encima del estado de ciudadanos de Jerusem y por debajo del de finalistas se consideran pertenecientes al grupo que tiene su sede en este círculo.

Estas reservaciones circulares de los Hijos ocupan un área enorme, y hasta hace mil novecientos años existía un gran espacio abierto en su centro. Esta región central está ocupada ahora por el monumento a Micael, que se completó hace quinientos años. Cuatrocientos noventa y cinco años atrás, cuando este templo fue dedicado, Micael estuvo presente en persona, y todo Jerusem escuchó la emocionante historia del autootorgamiento del Hijo Soberano en Urantia, el menor de los planetas de Satania. El monumento a Micael es presentemente el centro de todas las actividades comprendidas en el manejo del sistema, modificado por el autootorgamiento de Micael, incluyendo la mayor parte de las actividades más recientemente transplantadas desde Salvington. El personal del monumento consiste en más de un millón de personalidades.

2. *Los círculos de los ángeles*. Como la área residencial de los Hijos, estos círculos de los ángeles consisten en siete círculos concéntricos y gradualmente elevados, dominando cada uno el panorama de las áreas más interiores.

El primer círculo de los ángeles está ocupado por las Personalidades más Elevadas del Espíritu Infinito que pueden estar estacionadas en el mundo sede central —los Mensajeros Solitarios y sus asociados. El segundo círculo está dedicado a las huestes de mensajeros, los Consejeros Técnicos, los compañeros, los inspectores, y los registradores según se encuentren de vez en cuando actuando en Jerusem. El tercer círculo pertenece a los espíritus ministrantes de las órdenes y agrupaciones más elevadas.

El cuarto círculo lo ocupan los serafines administradores, y los serafines que sirven en un sistema local del tipo de Satania son las «huestes innumerables de ángeles». El quinto círculo lo ocupan los serafines planetarios, mientras que el sexto es el hogar de los ministros de transición. El séptimo círculo es la esfera de estadía de ciertas órdenes de serafines no reveladas. Los registradores de todos estos grupos de ángeles no permanecen con sus semejantes, estando domiciliados en el templo de los registros de Jerusem. Todos los registros se preservan en triplicado en esta sala triple de archivos. En una sede central del sistema, los registros siempre se preservan en forma material, morontial y espiritual.

Estos siete círculos están rodeados por el panorama de exhibición de Jerusem, de una circunferencia de cinco millas estándar, dedicado a la presentación del estado en avance de los mundos poblados de Satania, y que está sometido a constante revisión para que represente auténticamente las condiciones puestas al día de los planetas específicos. No dudo de que este vasto paseo que domina el panorama de los círculos de los ángeles será la primera vista de Jerusem que te llamará la atención cuando se te permita amplio tiempo libre en tus primeras visitas.

Estas exhibiciones están a cargo de los nativos de Jerusem, pero los ayudan los ascendenteros de los distintos mundos de Satania que permanecen en Jerusem camino de Edentia. La representación de las condiciones planetarias y del progreso de los mundos se efectúa por muchos métodos, algunos conocidos para vosotros, pero en su mayoría técnicas desconocidas en Urantia. Estas exhibiciones ocupan la margen exterior de este vasto muro. El resto del paseo es casi enteramente abierto, estando alta y magníficamente embellecido.

3. *Los círculos de los Auxiliares Universales* contienen la sede de las Estrellas Vespertinas, ubicada en el enorme espacio central. Aquí está la sede central de Galantia, el jefe asociado de este poderoso grupo de superángeles, siendo el primer comisionado entre todas las Estrellas Vespertinas ascendentes. Éste es uno de los sectores administrativos más magníficos de Jerusem, aunque está entre las construcciones más recientes. Este centro tiene un diámetro de ciento sesenta kilómetros. La sede central de Galantia es un cristal monolítico, fundido, completamente transparente. Estos cristales materiales-morontiales son grandemente apreciados tanto por los seres morontiales como por los seres materiales. Las Estrellas Vespertinas creadas ejercen su influencia sobre todo Jerusem, porque poseen tales atributos de extrapersonalidad. El entero mundo se ha llenado de aroma espiritual desde que tantas de sus actividades se han transferido aquí desde Salvington.

4. *Los círculos de los Controladores Físicos Decanos.* Las varias órdenes de los Controladores Físicos Decanos están ubicadas concéntricamente alrededor del vasto templo de poder, en el cual preside el jefe de poder del sistema en asociación con el jefe de los Supervisores del Poder Morontial. Este templo de poder es uno de los dos sectores de Jerusem donde no se permite el ingreso a los mortales ascendentes ni a los seres intermedios. El otro es el sector de desmaterialización en el área de los Hijos Materiales, una serie de laboratorios en los que los serafines de transporte transforman a los seres materiales a un estado totalmente semejante al de la orden morontial de existencia.

5. *Los círculos de los mortales ascendentes.* Un grupo de 619 monumentos planetarios que representan los mundos habitados del sistema, ocupa el área central de los círculos de los mortales ascendentes y estas estructuras sufren periódicamente amplios cambios. Es privilegio de los mortales de cada mundo acordar, de vez en cuando, ciertas modificaciones o agregados a sus monumentos planetarios. Muchos cambios se están haciendo aún en estos momentos en las estructuras de Urantia. El centro de estos 619 templos está ocupado por un modelo de trabajo de Edentia y sus muchos mundos de cultura ascendente. Este modelo tiene un diámetro de unos sesenta y cinco kilómetros y es una reproducción real del sistema de Edentia, idéntico al original en cada detalle.

Los seres ascendentes disfrutan al servir en Jerusem y tienen el gusto de observar las técnicas de otros grupos. Todo lo que se hace en los distintos círculos está abierto a la observación plena de todo Jerusem.

Las actividades de tales mundos son de tres variedades distintas: trabajo, progreso, y recreación. Dicho de otra manera, son: servicio, estudio y descanso. Las actividades compuestas consisten en relaciones sociales, entretenimiento de grupo, y adoración divina. Hay gran valor educacional en la combinación de los distintos grupos de personalidades, órdenes muy distintas unas de las otras.

6. *Los círculos de las colonias de cortesía.* Los siete círculos de las colonias de cortesía están adornados por tres enormes estructuras: el vasto observatorio astronómico de Jerusem, la gigantesca galería de arte de Satania, y la inmensa sala de reunión de los directores de reversión, teatro de las actividades morontiales dedicadas al descanso y a la recreación.

Los artesanos celestiales dirigen a los espornagia y proveen las enormes cantidades de decoraciones creativas y monumentos conmemorativos que abundan en cada lugar de reunión pública. Los talleres de estos artesanos están entre los más grandes y más hermosos de todas estas estructuras incomparables de este mundo maravilloso. Las demás colonias de cortesía mantienen sedes centrales amplias y hermosas. Muchos de estos edificios están construidos totalmente de joyas de cristal. Todos los mundos arquitectónicos abundan en cristales y los así llamados metales preciosos.

7. *Los círculos de los finalistas* tienen una estructura única en el centro. Y este mismo templo, vacío, se encuentra en cada mundo sede central de los sistemas en todo Nebadon. Este edificio en Jerusem está sellado con la insignia de Micael, y lleva esta inscripción: «Aún no dedicado, reservado para la séptima etapa del espíritu —para una asignación eterna». Gabriel colocó el sello en este templo de misterio, y nadie sino Micael, podrá romper el sello de la soberanía puesto por la Brillante Estrella Matutina. Algún día observarás este templo silencioso, aunque no podrás penetrar su misterio.

Otros círculos de Jerusem: Además de estos círculos residenciales, adicionalmente existen en Jerusem numerosas residencias designadas.

6. LOS CUADRADOS EJECUTIVO-ADMINISTRATIVOS

Las divisiones de la administración ejecutiva del sistema están ubicadas en los mil inmensos cuadrados departamentales. Cada unidad administrativa está dividida en cien subdivisiones de diez subgrupos cada una. Estos mil cuadrados están agrupados en diez grandes divisiones, constituyendo así los siguientes diez departamentos administrativos:

1. Mantenimiento físico y mejoramiento material, los dominios del poder y la energía físicos.

2. Arbitraje, ética y adjudicación administrativa.

3. Asuntos planetarios y locales.

4. Asuntos de la constelación y del universo.

5. Instrucción y otras actividades de los Melquisedek.

6. Progreso físico planetario y del sistema, los ámbitos científicos de las actividades de Satania.

7. Asuntos morontiales.

8. Actividades y ética puramente espirituales.

9. Ministerio para los ascendentes.

10. Filosofía del gran universo.

Estas estructuras son transparentes; de allí que todas las actividades del sistema puedan ser visualizadas aun por los estudiantes visitantes.

7. LOS RECTÁNGULOS —LOS ESPORNAGIA

Los mil *rectángulos* de Jerusem están ocupados por la vida nativa más baja del planeta y en su centro se encuentra la vasta sede circular de los espornagia.

En Jerusem os asombrarán los logros agrícolas de los maravillosos espornagia. Allí la tierra se cultiva mayormente para fines estéticos y de ornamentación. Los espornagia son los jardineros paisajistas de los mundos sede central, y son tanto originales como artísticos en su tratamiento de los espacios abiertos en Jerusem. Utilizan tanto animales como numerosos dispositivos mecánicos en el trabajo de la tierra. Son inteligentemente expertos en el empleo de las agencias de poder de sus reinos, así como también en la utilización de numerosas órdenes de sus hermanos menores de las creaciones animales más bajas, muchos de los cuales son asignados a ellos en estos mundos especiales. Esta orden de vida animal está presentemente en gran parte dirigida por los seres intermedios ascendentes desde las esferas evolucionarias.

Los espornagia no son resididos por un Ajustador. No poseen almas de sobrevivencia, pero disfrutan de largas vidas, a veces hasta cuarenta o cincuenta mil años estándar. Su número es enorme, y proporcionan ministerio físico a todas las órdenes de personalidades universales que requieran servicio material.

Aunque los espornagia no poseen ni desarrollan almas de supervivencia, ni tienen personalidad, sin embargo, desarrollan una individualidad que puede experimentar la reencarnación. Con el pasar del tiempo, los cuerpos físicos de estas criaturas singulares se deterioran por el uso y la edad, sus creadores, en colaboración con los Portadores de Vida, fabrican nuevos cuerpos en los cuales los viejos espornagia restablecen su nueva residencia.

Los espornagia son las únicas criaturas en todo el universo de Nebadon que experimentan este o cualquier otro tipo de reencarnación. Son reactivos solamente a los primeros cinco de los espíritus ayudantes de la mente; no responden a los espíritus de adoración y sabiduría. Pero la mente de cinco ayudantes equivale a una totalidad o nivel sexto de la realidad, y es este factor el que persiste como identidad experiencial.

Carezco completamente de comparaciones al emprender la descripción de estas criaturas útiles y poco comunes, puesto que no existen animales en los mundos evolucionarios que se puedan comparar con ellas. No son seres evolucionarios, habiendo sido proyectados por los Portadores de Vida en su forma y estado presente. Son bisexuales y procrean según se requiere para satisfacer las necesidades de una población en crecimiento.

Acaso pueda sugerir de la mejor manera a las mentes de Urantia algo de la naturaleza de estas hermosas y útiles criaturas diciendo que comprenden los rasgos combinados de un caballo fiel y de un perro afectuoso y manifiestan una inteligencia que excede la del tipo más elevado del chimpancé. Y son muy hermosos, juzgándolos con los estándares de belleza física de Urantia. Son altamente apreciativos de las atenciones que les dispensan los residentes materiales y semimateriales en estos mundos arquitectónicos. Tienen una visión que les permite reconocer —además de los seres materiales— a las creaciones morontiales, las órdenes angélicas más bajas, los seres intermedios, y algunas de las órdenes más bajas de las personalidades de espíritu. No comprenden la adoración del Infinito, tampoco captan la importancia del Eterno, pero, a través de su afecto por sus patrones, comparten en las devociones espirituales exteriores de sus reinos.

Existen aquellos que creen que, en una edad universal futura, estos fieles espornagia escaparán de su nivel animal de existencia y lograrán un destino evolucionario valioso de crecimiento intelectual progresivo y aún de logro espiritual.

8. LOS TRIÁNGULOS DE JERUSEM

Los asuntos puramente locales y rutinarios de Jerusem se dirigen desde los cien triángulos. Estas unidades están agrupadas alrededor de diez maravillosas estructuras que domicilian la administración local de Jerusem. Los triángulos están rodeados por una ilustración panorámica de la historia de la sede central del sistema. Presentemente se han borrado más de dos millas estándar en esta historia circular. Esta sección será restaurada cuando se vuelva a admitir a Satania en la familia de la constelación. Toda disposición para este acontecimiento se ha realizado mediante decretos de Micael, pero el tribunal de los Ancianos de los Días aún no ha terminado la adjudicación de los asuntos de la rebelión de Lucifer. Satania no puede regresar a la plena sociedad de Norlatiadek hasta tanto cobije archirebeldes, seres de elevada creación que han caído de la luz a la oscuridad.

Cuando Satania pueda regresar al ámbito de la constelación, entonces se considerará la readmisión de los mundos aislados a la familia del sistema de planetas habitados, además de su restauración a la comunión espiritual de los reinos. Pero aún si Urantia fuera restaurada a los circuitos del sistema, vosotros seguiríais estando embarazados por el hecho de que vuestro entero sistema está en cuarentena, proclamada por Norlatiadek, parcialmente segregándolo de todos los demás sistemas.

Pero antes de mucho tiempo, la adjudicación de Lucifer y de sus asociados restaurará el sistema de Satania a la constelación de Norlatiadek, y posteriormente, Urantia y las demás esferas aisladas serán restauradas a los circuitos de Satania, y nuevamente dichos mundos disfrutarán del privilegio de la comunicación interplanetaria y de la comunión intersistémica.

Llegará el fin de los rebeldes y de la rebelión. Los Gobernantes Supremos son misericordiosos y pacientes, pero la ley concerniente al mal alimentado deliberadamente se ejecuta universal e infaliblemente. «La paga del pecado es muerte» —la obliteración eterna.

[Presentado por un Arcángel de Nebadon.]

DOCUMENTO 47

LOS SIETE MUNDOS DE ESTANCIA

EL HIJO Creador, cuando estaba en Urantia, habló de las «muchas moradas en el universo del Padre». En cierto sentido, los cincuenta y seis mundos que rodean a Jerusem están dedicados a la cultura transicional de los mortales ascendentes, pero los siete satélites del mundo número uno se conocen más específicamente como mundos de estancia.

El mundo de transición número uno mismo está exclusivamente dedicado a las actividades de los ascendentes, siendo la sede central del cuerpo de finalistas asignado a Satania. Este mundo ahora sirve como sede central para más de cien mil compañías de finalistas, y hay mil seres glorificados en cada uno de estos grupos.

Cuando un sistema se establece en luz y vida, y a medida que los mundos de estancia uno por uno cesan de servir como estaciones de capacitación de los mortales, los ocupa una población creciente de finalistas que se va congregando en estos sistemas más antiguos y más altamente perfeccionados.

Los siete mundos de estancia están a cargo de los supervisores morontiales y de los Melquisedek. Hay un gobernador interino en cada mundo, directamente responsable ante los gobernantes de Jerusem. Los conciliadores de Uversa mantienen una sede central en cada uno de los mundos de estancia, y el punto de reunión local de los Asesores Técnicos se encuentra adyacente. Los directores de reversión y los artesanos celestiales mantienen una sede central de grupo en cada uno de estos mundos. Los espironga actúan desde el mundo de estancia número dos en adelante, mientras que los siete, en común con otros planetas de cultura transicional y el mundo sede central, están abundantemente provistos de espornagia de creación estándar.

1. EL MUNDO DE LOS FINALISTAS

Aunque sólo los finalistas y ciertos grupos de hijos salvados y de sus cuidadores residen en el mundo transicional número uno, se toman precauciones para el entretenimiento de todas las clases de seres espirituales, mortales de transición, y estudiantes visitantes. Los espornagia, que funcionan en todos estos mundos, son anfitriones acogedores para todos los seres que pueden reconocer. Tienen una vaga sensación respecto de los finalistas pero no los pueden visualizar. Han de considerarlos un poco como vosotros consideráis a los ángeles en vuestro estado físico presente.

Aunque el mundo de los finalistas es una esfera de exquisita belleza física y extraordinario embellecimiento morontial, la gran morada espiritual ubicada en el centro de las actividades, el templo de los finalistas, no es visible para la visión material sin auxilios ni para la visión primitiva morontial. Pero los transformadores de la energía pueden hacer que los mortales ascendentes visualicen muchas de estas realidades, y de vez en cuando así lo hacen, tal como en las oportunidades de las asambleas de clase de los estudiantes de este mundo de estancia.

A través de la entera experiencia en los mundos de estancia estarás en cierto modo consciente espiritualmente de la presencia de tus hermanos glorificados que han logrado el Paraíso, pero es muy refrescante, una y otra vez, percibirlos realmente en su actuación en sus moradas de sede central. No visualizarás espontáneamente a los finalistas hasta que no adquieras la verdadera visión espiritual.

En el primer mundo de estancia todos los sobrevivientes deben pasar los requisitos de la comisión de progenitores de sus planetas nativos. La presente comisión de Urantia consiste en doce parejas de progenitores, recientemente llegadas, que han tenido la experiencia mortal de criar a tres o más hijos hasta la pubertad. El servicio en esta comisión es rotativo y en general tan sólo de diez años. Aquellos que no satisfacen a estos comisionados en cuanto a su experiencia de progenitor deben calificar ulteriormente sirviendo en los hogares de los Hijos Materiales de Jerusem o en parte en la guardería probatoria en el mundo de los finalistas.

Pero sea cual fuere la experiencia de progenitor, los padres y las madres de los mundos de estancia que tienen hijos en la guardería probatoria, tienen toda la oportunidad de colaborar con los custodios morontiales de dichos niños en cuanto a su instrucción y capacitación. Estos padres tienen permiso para viajar allí y visitar hasta cuatro veces por año. Y una de las escenas más emocionantemente hermosas de toda la carrera ascendente es observar a los padres de los mundos de estancia abrazar a sus vástagos materiales en la ocasión de sus peregrinajes periódicos al mundo de los finalistas. Aunque uno de los progenitores o los dos puedan abandonar el mundo de estancia antes que el hijo, muy a menudo son contemporáneos durante una temporada.

Ningún mortal ascendente puede escapar a la experiencia de criar hijos —los propios o los de otros— sea en los mundos materiales o posteriormente en el mundo de los finalistas en Jerusem. Los padres deben pasar por esta experiencia esencial tan ciertamente como las madres. Es una idea desafortunada y errónea de los pueblos modernos de Urantia que la crianza de los hijos sea en gran parte tarea de las madres. Los niños necesitan a sus padres tanto como a sus madres, y los padres necesitan de esta experiencia paternal tanto como las madres.

2. LA GUARDERÍA DEL PERÍODO DE PRUEBA

Las escuelas que reciben a los infantes de Satania están ubicadas en el mundo de los finalistas, la primera de las esferas de la cultura de transición de Jerusem. Estas escuelas que reciben infantes son empresas dedicadas a la alimentación y capacitación de los hijos del tiempo, incluyendo a los que han muerto en los mundos evolucionarios del espacio antes de adquirir el estado individual en los registros del universo. En el caso de la supervivencia de uno o los dos progenitores del niño, el guardián de destino encarga a su querubín asociado como custodio de la identidad potencial del niño, dejando al querubín la responsabilidad de entregar esta alma no desarrollada a las manos de los Maestros de los Mundos de Estancia en las guarderías probatorias de los mundos morontiales.

Estos mismos querubines abandonados son quienes, como Maestros de los Mundos de Estancia, bajo la supervisión de los Melquisedek, mantienen instalaciones instructivas tan amplias para la capacitación de los pupilos probatorios de los finalistas. Estos pupilos de los finalistas, estos infantes de los mortales ascendentes, están siempre personalizados en su preciso estado físico al tiempo de la muerte excepto con respecto a su potencial reproductor. Este despertar ocurre en el momento preciso de la llegada de cualquiera de los progenitores al primer mundo de estancia. Y entonces estos niños tienen toda oportunidad, como lo son, para elegir el camino celestial tal como lo hubieran hecho en los mundos en que la muerte tan prematuramente terminara su carrera.

En el mundo guardería, se agrupan las criaturas en período de prueba según tengan o no Ajustador, porque los Ajustadores vienen para residir en estos hijos materiales lo mismo que en los mundos del tiempo. Los hijos de edades pre-Ajustadores son criados en familias de cinco, que van en edades desde un año o menos hasta aproximadamente cinco años, o sea la edad en que llega el Ajustador.

Todos los hijos en los mundos en evolución que tienen Ajustador del Pensamiento, pero que antes de la muerte no habían hecho la elección en lo que concierne la carrera al Paraíso, también son repersonalizados en el mundo de los finalistas del sistema, y del mismo modo allí crecen dentro de familias de Hijos Materiales y de sus asociados tal como lo hacen los pequeños que llegaron sin Ajustador, pero que posteriormente recibirán a los Monitores Misteriosos después de lograr la edad específica de la elección moral.

Los niños y jóvenes resididos por el Ajustador en los mundos finalistas también son criados en familias de cinco, que van en edades desde seis hasta catorce años; aproximadamente, estas familias consisten en niños cuyas edades son de seis, ocho, diez, doce, y catorce años. En cualquier momento después de los dieciséis años, si se ha realizado la elección final, se trasladan al primer mundo de estancia y comienzan su ascensión al Paraíso. Algunos hacen la elección antes de esa edad y proceden a las esferas de ascensión, pero muy pocos niños por debajo de los dieciséis años, tal como se los calcula de acuerdo con los estándares de Urantia, se encuentran en los mundos de estancia.

Los serafines guardianes asisten a estos jóvenes en la guardería probatoria en el mundo de los finalistas de la misma manera en que ministran espiritualmente a los mortales en los planetas evolucionarios, mientras que los fieles espornagia ministran a sus necesidades físicas. Así pues estos niños crecen en el mundo de transición hasta el momento en que hacen su elección final.

Una vez que la vida material ha corrido su curso, si no se ha hecho una elección para la vida ascendente, o si estos hijos del tiempo deciden definitivamente en contra de la aventura a Havona, la muerte termina automáticamente sus carreras de prueba. No hay adjudicación en tales casos; no hay resurrección de dicha segunda muerte. Simplemente llegan a ser como si no hubiesen sido.

Pero si eligen el camino paradisiaco de la perfección, inmediatamente se los prepara para trasladarlos al primer mundo de estancia, donde muchos de ellos llegan a tiempo para reunirse con sus padres en la ascensión a Havona. Después de pasar a través de Havona y lograr las Deidades, estas almas salvadas de origen mortal constituyen la ciudadanía ascendente permanente del Paraíso. Estos niños que han sido privados de la valiosa y esencial experiencia evolucionaria en los mundos de natividad mortal no entran en las filas del Cuerpo de la Finalidad.

3. EL PRIMER MUNDO DE ESTANCIA

En los mundos de estancia los sobrevivientes mortales resurgidos reanudan su vida exactamente desde donde la interrumpieron cuando los sobrecogió la muerte. Cuando vas de Urantia al primer mundo de estancia, observarás un cambio considerable, pero si hubieras provenido de una esfera del tiempo más normal y progresiva, difícilmente notarías la diferencia excepto por el hecho de que poseerías un cuerpo diferente; el tabernáculo de carne y hueso se ha dejado atrás en el mundo de natividad.

El centro mismo de todas las actividades en el primer mundo de estancia es la sala resurreccional, el enorme templo de ensamblaje de la personalidad. Esta estructura gigantesca consiste en el punto central de reunión de los guardianes seráficos del destino, los Ajustadores del Pensamiento, y los arcángeles de la resurrección. Los Portadores de Vida también actúan con estos seres celestiales en la resurrección de los muertos.

Las transcripciones de la mente mortal y los esquemas activos de la memoria de la criatura tal como son transformadas desde los niveles materiales a los espirituales, son posesión individual del Ajustador del Pensamiento antes residente; estos factores espiritizados de la mente, la memoria, y la personalidad de la criatura son por siempre parte de dichos Ajustadores. La matriz-mente de la criatura y los potenciales pasivos de la identidad están presentes en el alma morontial confiada a los cuidados de los guardianes seráficos del destino. Y es la reunión del alma morontial confiada a los serafines y de la mente de espíritu confiada al Ajustador la que vuelve a ensamblar la personalidad de la criatura y constituye la resurrección del sobreviviente durmiente.

Si una personalidad transitoria de origen mortal nunca fuera de este modo reensamblada, los elementos espirituales de la criatura mortal no sobreviviente continuarían por siempre como una parte integral de la dote experiencial individual del Ajustador que la residió.

Desde el Templo de la Nueva Vida se extienden siete alas radiales, las salas de resurrección de las razas mortales. Cada una de estas estructuras está dedicada a la congregación de una de las siete razas del tiempo. Hay cien mil cámaras personales de resurrección en cada una de estas siete alas, que rematan en las salas circulares de ensamblaje en clase, que sirven como cámaras de despertar hasta para un millón de individuos. Estas salas están rodeadas de cámaras de ensamblaje de la personalidad de las razas mezcladas de los mundos postadánicos normales. Sea cual fuere la técnica que se pueda emplear en los mundos individuales del tiempo en relación con las resurrecciones especiales o dispensacionales, el reensamblaje real y consciente de la personalidad auténtica y completa toma lugar en las salas de resurrección del mundo de estancia número uno. Durante toda la eternidad recordarás las profundas impresiones de haber presenciado por primera vez estas mañanas de resurrección.

Desde las salas de resurrección, procederás al sector Melquisedek, en el cual se te asigna residencia permanente. Luego se da comienzo a un período de diez días de libertad personal. Estás libre para explorar el vecindario inmediato de tu nuevo hogar y familiarizarte con el programa que te enfrenta. También tendrás tiempo de gratificar tu deseo de consultar el registro y de visitar a tus seres queridos y otros amigos terrestres que puedan haberte precedido a estos mundos. Al fin de tu período de diez días de tiempo libre comienzas el segundo paso en el viaje al Paraíso, porque los mundos de estancia son efectivamente esferas de capacitación, no meramente planetas de detención.

En el mundo de estancia número uno (o en otro en caso de estado avanzado) reanudarás tu capacitación intelectual y desarrollo espiritual en el nivel exacto en el que se te interrumpiera debido a la muerte. Entre el momento de la muerte planetaria, o el traslado, y la resurrección en el mundo de estancia, el hombre mortal no gana absolutamente nada, aparte de experimentar el hecho de la supervivencia. Comienzas allí donde te interrumpes aquí.

Casi la entera experiencia del mundo de estancia número uno pertenece al ministerio de la deficiencia. Los sobrevivientes que llegan a esta primera esfera de estadía tienen tantos y tan variados defectos de carácter de la criatura y deficiencias de experiencia mortal que las actividades principales del reino consisten en la corrección y cura de estas múltiples herencias de la vida en la carne en los mundos evolucionarios materiales del tiempo y del espacio.

La estadía en el mundo de estancia número uno tiene el propósito de desarrollar a los sobrevivientes mortales por lo menos hasta el estado de la dispensación postadánica en los mundos evolucionarios normales. Espiritualmente, por supuesto, los estudiantes del mundo de estancia están mucho más adelantados en dicho estado de mero desarrollo humano.

Si no se te exige detenerte en el mundo de estancia número uno, al fin de diez días ingresarás en el sueño de traslado y procederás al mundo número dos, y cada diez días de allí en adelante avanzarás de este modo hasta llegar al mundo de tu asignación.

El centro de los siete círculos principales de la administración del primer mundo de estancia está ocupado por el templo de los Compañeros Morontiales, los guías personales asignados a los mortales ascendentes. Estos compañeros son la progenie del Espíritu Materno del universo local, y existen varios millones de ellos en los mundos morontiales de Satania. Aparte de los asignados como acompañantes de grupo, mucho tendrás que ver con los intérpretes y traductores, los custodios de edificios, y los supervisores de excursiones. Todos estos compañeros cooperan activamente con los que tienen que ver con el desarrollo de tus factores mentales y espirituales de la personalidad que abarca el cuerpo morontial.

Cuando comienzas tu carrera en el primer mundo de estancia, se asigna un compañero morontial a cada compañía de mil mortales ascendentes, pero encontrarás números mayores a medida que progreses a través de las siete esferas de estancia. Estos seres hermosos y versátiles son asociados sociables y guías encantadores. Tienen libertad para acompañar a individuos o a grupos seleccionados a cualquiera de las esferas de la cultura de transición, incluyendo sus mundos satélites. Son los guías de excursión y compañeros de recreación de todos los mortales ascendentes. Frecuentemente acompañan a los grupos sobrevivientes en visitas periódicas a Jerusem, y en cualquier momento en que estés allí, podrás dirigirte al sector de registro de la capital del sistema y encontrarte con los mortales ascendentes de los siete mundos de estancia, puesto que viajan libremente de aquí para allá entre sus moradas residenciales y la sede central del sistema.

4. EL SEGUNDO MUNDO DE ESTANCIA

Es en esta esfera en la que serás iniciado más plenamente en la vida de los mundos de estancia. Las agrupaciones de la vida morontial empiezan a formarse; los grupos de trabajo y las organizaciones sociales empiezan a funcionar, las comunidades toman proporciones formales, y los mortales en avance inauguran nuevas órdenes sociales y arreglos gubernamentales.

Los sobrevivientes fusionados con el Espíritu ocupan los mundos de estancia juntamente con los mortales ascendentes fusionados con el Ajustador. Aunque las varias órdenes de vida celestial difieren, todas ellas son cordiales y fraternales. En todos los mundos de ascensión no encontrarás nada que se asemeje a la intolerancia humana y a las discriminaciones de los sistemas de castas desconsiderados.

A medida que asciendes uno por uno a los mundos de estancia, éstos llegan a estar más atestados de actividades morontiales de los sobrevivientes en avance. A medida que avanzas, reconocerás más y más las características de Jerusem agregadas a los mundos de estancia. El mar de cristal hace su aparición en el segundo mundo de estancia.

Se adquiere un cuerpo morontial recién desarrollado y adaptablemente ajustado cuando avanzas de un mundo de estancia a otro. Te duermes en el transporte seráfico y despiertas en las salas de resurrección, con un nuevo cuerpo no desarrollado aún, de forma parecida a cuando llegaste por primera vez al mundo de estancia número uno, excepto que el Ajustador del Pensamiento no te abandona durante estos sueños de tránsito entre los mundos de estancia. Tu personalidad permanecerá intacta una vez que pasas de los mundos evolucionarios al mundo de estancia inicial.

Tu memoria Ajustador permanece plenamente intacta a medida que asciendes en la vida morontial. Aquellas asociaciones mentales que eran puramente animalísticas y totalmente materiales perecieron con el cerebro físico, pero todo lo que en tu vida mental era valioso, y que tenía valor de supervivencia, fue duplicado por el Ajustador y está retenido como parte de la memoria personal durante todo el camino de la carrera ascendente. Tendrás conciencia de todas tus experiencias valiosas a medida que avanzas de un mundo de estancia a otro y de una sección del universo a otra —incluso hasta el Paraíso.

Aunque tengas cuerpo morontial, continúas, a través de todos estos siete mundos, comiendo, bebiendo y descansando. Compartes de la orden morontial de alimento, un reino de energía viviente desconocido en los mundos materiales. El cuerpo morontial utiliza plenamente tanto el alimento como el agua; no existe residuo de deshecho. Considera: el mundo de estancia número uno es una esfera muy material, que presenta los comienzos iniciales del régimen morontial. Aún estás muy cerca de la condición humana y no muy lejos de los puntos de vista limitados de la vida mortal, pero cada mundo revela un progreso definido. De esfera en esfera te vuelves menos material, más intelectual, y ligeramente más espiritual. El progreso espiritual es mayor en los últimos tres de estos siete mundos progresivos.

Las deficiencias biológicas fueron en gran parte corregidas en el primer mundo de estancia. Allí se corrigieron los defectos de la experiencia planetaria pertenecientes a la vida sexual, la asociación familiar, y la función de los progenitores o se proyectaron para la rectificación futura entre las familias de los Hijos Materiales en Jerusem.

El mundo de estancia número dos provee más específicamente la eliminación de todas las fases de conflicto intelectual y para la curación de todas las variedades de la falta de armonía mental. El esfuerzo de dominar el significado de morontia mota, que comenzara en el primer mundo de estancia, continúa aquí más intensamente. El desarrollo en el mundo de estancia número dos se compara con el estado intelectual de la cultura post-Hijo Magisterial de los mundos evolucionarios ideales.

5. EL TERCER MUNDO DE ESTANCIA

El tercer mundo de estancia es la sede central de los Maestros de los Mundos de Estancia. Aunque actúan en las siete esferas de estancia, mantienen su sede de grupo en el centro de los círculos escolares del mundo número tres. Hay millones de estos instructores en los mundos de estancia y en los mundos morontiales más elevados. Estos querubines avanzados y glorificados sirven como maestros morontiales por todo el camino desde los mundos de estancia hasta la última esfera de capacitación ascendente del universo local. Estarán entre los últimos en darte un afectuoso adiós cuando se acerque el momento de la despedida, el momento en que digas adiós —por lo menos por unas cuantas edades— al universo de tu origen, cuando te enserafines para el tránsito a los mundos de recepción del sector menor del superuniverso.

Cuando te encuentres en el primer mundo de estancia, se te permitirá visitar el primer mundo de transición, la sede de los finalistas y la guardería probatoria del sistema para la crianza de los niños evolucionarios no desarrollados. Cuando llegues al mundo de estancia número dos, recibirás permiso para visitar periódicamente el mundo de transición número dos, en el que está ubicada la sede central de supervisión morontial para toda Satania y sus facultades de capacitación para todas las varias órdenes morontiales. Cuando llegues al mundo de estancia número tres, inmediatamente se te otorgará el permiso para visitar la tercera esfera de transición, la sede central de las órdenes angélicas y la base de sus distintas facultades de capacitación sistémicas. Las visitas a Jerusem a partir de este mundo son cada vez más beneficiosas y el interés está en constante aumento para los mortales en avance.

El tercer mundo de estancia es un mundo de gran logro personal y social para todos los que no han alcanzado el equivalente de estos círculos de cultura antes de liberarse de la carne en los mundos de natividad mortal. En esta esfera se comienza el trabajo de instrucción más positivo. La capacitación de los primeros dos mundos de estancia es principalmente de naturaleza compensatoria de deficiencias —negativa— porque tiene que ver con la tarea de suplementar la experiencia de la vida en la carne. En este tercer mundo de estancia los sobrevivientes verdaderamente comienzan su cultura morontial progresiva. El propósito principal de esta capacitación consiste en mejorar la comprensión de la correlación de morontia mota y la lógica mortal, la coordinación de morontia mota y de la filosofía humana. Los mortales sobrevivientes alcanzan ahora un discernimiento práctico en la verdadera metafísica. Ésta es la introducción real a la comprensión inteligente de los significados cósmicos y las interrelaciones en el universo. La cultura del tercer mundo de estancia participa de la naturaleza de la época post-autootorgamiento de un Hijo en un planeta habitado normal.

6. EL CUARTO MUNDO DE ESTANCIA

Cuando llegas al cuarto mundo de estancia, has ingresado realmente en la carrera morontial; has progresado un largo camino desde la existencia material inicial. Ahora se te permite visitar el mundo de transición número cuatro, para que te familiarices con las sedes centrales y las facultades de capacitación de los superángeles, incluyendo a las Brillantes Estrellas Vespertinas. A través de los buenos oficios de estos superángeles del cuarto mundo de transición, los visitantes morontiales pueden acercarse mucho a las varias órdenes de los Hijos de Dios durante las visitas periódicas a Jerusem, ya que se van abriendo gradualmente nuevos sectores de la capital del sistema a los mortales en avance, a medida que éstos visitan repetidamente el mundo sede central. Nuevos esplendores se van abriendo progresivamente a las mentes en expansión de estos seres ascendentes.

En el cuarto mundo de estancia el ser ascendente encuentra más perfectamente su lugar en los grupos de trabajo y en las funciones de clase de la vida morontial. Los ascendenteros aquí desarrollan una mayor apreciación a las emisiones y a otras fases de la cultura y progreso del universo local.

Es durante el período de capacitación en el mundo de estancia número cuatro cuando los mortales ascendentes conocen por primera vez las exigencias y delicias de la verdadera vida social de las criaturas morontiales. Y es en efecto una nueva experiencia para las criaturas evolucionarias participar de actividades sociales que no están basadas ni en la exaltación personal ni en la búsqueda de la autosatisfacción. Un nuevo orden social se está presentando, basado en la comprensión compasiva de apreciación mutua, el amor altruista y el servicio mutuo, y la motivación sobrecogedora de tener un destino común y supremo —la meta paradisiaca de perfección adoradora y divina. Los ascendentes se están volviendo autoconscientes del conocimiento de Dios, la revelación de Dios, la búsqueda de Dios, y el encuentro de Dios.

La cultura intelectual y social de este cuarto mundo de estancia es comparable a la vida social y mental de la edad post-Hijo Maestro en los planetas de evolución normal. El estado espiritual está mucho más avanzado que tal dispensación mortal.

7. EL QUINTO MUNDO DE ESTANCIA

El transporte al quinto mundo de estancia representa un extraordinario paso hacia adelante en la vida del progresista morontial. La experiencia en este mundo es una verdadera anticipación de la vida en Jerusem. Aquí comienzas a realizar el destino elevado de los mundos evolucionarios leales, puesto que pueden progresar normalmente a esta etapa durante su desarrollo planetario natural. La cultura de este mundo de estancia corresponde en general a esa era inicial de luz y vida en los planetas de progreso evolucionario normal. Y de esto puedes desprender por qué está ordenado que los tipos de seres altamente cultos y progresistas, que a veces habitan estos mundos evolucionarios avanzados, estén eximidos de pasar a través de una o más, o aun de todas, las esferas de estancia.

Habiendo dominado el idioma del universo local antes de abandonar el cuarto mundo de estancia, dedicas ahora más tiempo al perfeccionamiento de la lengua de Uversa, con el fin de aprender ambos idiomas antes de llegar a Jerusem con estado de residente. Todos los mortales ascendentes desde la sede central del sistema hasta Havona son bilingües. Luego tan sólo es necesario ampliar el vocabulario superuniversal, requiriéndose una ampliación mayor para la residencia en el Paraíso.

A la llegada al mundo de estancia número cinco, el peregrino recibe permiso para visitar el mundo de transición del número correspondiente, la sede de los Hijos. Aquí el mortal ascendente se familiariza personalmente con los varios grupos de filiación divina. Ha oído acerca de estos seres extraordinarios y ya los ha encontrado en Jerusem, pero ahora realmente comienza a conocerlos.

En el quinto mundo de estancia comienzas a aprender acerca de los mundos de estudio de la constelación. Aquí conoces a los primeros instructores que comienzan a prepararte para la subsiguiente estadía en la constelación. Esta preparación continúa en los mundos de estancia seis y siete, mientras que los toques finales ocurren en el sector de los mortales ascendentes en Jerusem.

Un verdadero nacimiento de la conciencia cósmica toma lugar en el mundo de estancia número cinco; estás evolucionando un punto de vista universal. Éste es realmente un período de horizontes en expansión. La mente en expansión de los mortales ascendentes comienza a darse cuenta de que un destino estupendo y magnífico, excelso y divino, aguarda a todos los que completan la ascensión progresiva al Paraíso, que tan laboriosamente pero tan regocijada y auspiciosamente ha comenzado. Aproximadamente en este momento el mortal ascendente promedio comienza a manifestar un entusiasmo experiencial sincero por la ascensión a Havona. El estudio se está volviendo voluntario, el servicio altruista se torna natural, y la adoración, espontánea. Está naciendo un verdadero carácter morontial; una verdadera criatura morontial está evolucionando.

8. EL SEXTO MUNDO DE ESTANCIA

Los que se detienen en esta esfera tienen permiso para visitar el mundo de transición número seis, donde aprenden más acerca de los altos espíritus del superuniverso, aunque no pueden visualizar a muchos de estos seres celestiales. Aquí también reciben sus primeras lecciones en la carrera espiritual futura que comienza tan inmediatamente después de la graduación de capacitación morontial del universo local.

El asistente del Soberano del Sistema hace visitas frecuentes a este mundo, y aquí comienza la instrucción inicial en la técnica de la administración universal. Aquí se imparten las primeras lecciones que comprenden los asuntos de un entero universo.

Ésta es una edad brillante para los mortales ascendentes y generalmente presencia la fusión perfecta de la mente humana con el Ajustador divino. En potencia, esta fusión puede haber ocurrido anteriormente, pero la identidad real y funcional muchas veces no se consigue hasta el tiempo de la estadía en el quinto mundo de estancia o aun en el sexto.

La unión de la mente inmortal evolutiva con el Ajustador eterno y divino está señalada por la convocación seráfica del superángel supervisor para los sobrevivientes resucitados y del arcángel de registro para los que van al juicio el tercer día, y luego, en presencia de los asociados morontiales de dicho sobreviviente, estos mensajeros de confirmación dicen: «Éste es un hijo amado en quien tengo complacencia». Esta sencilla ceremonia marca el ingreso de un mortal ascendente a la carrera eterna de servicio al Paraíso.

Inmediatamente en cuanto se confirma la fusión con el Ajustador, el nuevo ser morontial se presenta a sus semejantes por primera vez con su nuevo nombre y se le otorgan cuarenta días de retiro espiritual de toda actividad rutinaria para que comulgue con sí mismo y elija una de las rutas optativas para dirigirse a Havona, y seleccionar entre las técnicas diferenciales del logro del Paraíso.

Pero estos seres brillantes aún son más o menos materiales; están lejos de ser verdaderos espíritus; son más semejantes a los supermortales, en sentido espiritual aún un poco más bajos que los ángeles. Pero en verdad se están volviendo criaturas maravillosas.

Durante la estadía en el mundo número seis, los estudiantes del mundo de estancia logran un estado que es comparable al desarrollo exaltado que caracteriza a aquellos mundos evolucionarios que han progresado normalmente más allá de la etapa inicial de luz y vida. La organización de la sociedad en este mundo de estancia es de un orden superior. La sombra de la naturaleza mortal se va empequeñeciendo a medida que se asciende por estos mundos uno por uno. Te volverás más y más adorable a medida que dejes atrás los vestigios burdos del origen animal planetario. «Ascender a través de grandes tribulaciones» hace que los mortales glorificados se vuelvan compasivos, comprensivos y tolerantes.

9. EL SÉPTIMO MUNDO DE ESTANCIA

La experiencia en esta esfera es el logro que corona la carrera postmortal inmediata. Durante tu estadía aquí recibirás instrucción de muchos maestros, todos los cuales cooperarán en la tarea de prepararte para la residencia en Jerusem. Toda diferencia discernible entre los mortales que provienen de los mundos aislados y retardados y los sobrevivientes que provienen de esferas más avanzadas y esclarecidas se virtualmente oblitera durante la estadía en el séptimo mundo de estancia. Aquí se te purgará de todo resto de herencias desafortunadas, de un medio ambiente insalubre, y de tendencias planetarias no espirituales. Los últimos restos de la «marca de la bestia» se erradican.

Mientras estés en el mundo de estancia número siete, se te otorga el permiso para visitar el mundo de transición número siete, el mundo del Padre Universal. Aquí comienzas una nueva adoración más espiritual del Padre invisible, una costumbre que seguirás cada vez más durante todo el camino hacia arriba de tu larga carrera ascendente. En este mundo de cultura transicional, encontrarás el templo del Padre, pero no verás al Padre.

Aquí comienza la formación de las clases que se gradúan para Jerusem. Habrás pasado de mundo en mundo como individuo, pero ahora te preparas para partir hacia Jerusem en grupos, aunque, dentro de ciertos límites, un ascendentero puede elegir permanecer en el séptimo mundo de estancia por cierto tiempo con el objeto de aguardar la llegada de un miembro rezagado de su grupo de trabajo terrestre o del mundo de estancia.

El personal del séptimo mundo de estancia se reúne en el mar de cristal para presenciar tu partida hacia Jerusem con estado de residente. Cientos o miles de veces puedes haber visitado Jerusem, pero siempre como huésped; nunca antes has procedido hacia la capital del sistema en compañía de un grupo de tus semejantes que se estuviesen despidiendo eternamente de la entera carrera en los mundos de estancia como mortales ascendentes. Pronto se os dará la bienvenida en el campo de recepción del mundo sede central como ciudadanos de Jerusem.

Disfrutarás grandemente de tu progreso a través de los siete mundos de desmaterialización; son en verdad esferas desmortalizadoras. Eres mayormente humano en el primer mundo de estancia, tan sólo un ser mortal sin cuerpo material, una mente humana que habita una forma morontial —un cuerpo material del mundo morontial, pero no un tabernáculo mortal de carne y hueso. Verdaderamente pasáis del estado mortal a un estado inmortal al tiempo de la fusión con el Ajustador, y cuando hayáis terminado la carrera de Jerusem, seréis seres morontiales completos.

10. LA CIUDADANÍA DE JERUSEM

La recepción de una nueva clase de graduados de los mundos de estancia es la señal para que todo Jerusem se reúna en un comité de bienvenida. Aún los espornagia disfrutan de la llegada de estos ascendenteros triunfadores de origen evolucionario, los que han corrido la carrera planetaria y completado la progresión en los mundos de estancia. Sólo los controladores físicos y los Supervisores del Poder Morontial están ausentes en estas ocasiones de regocijo.

Juan el Revelador vio una visión de la llegada de una clase de mortales en avance desde el séptimo mundo de estancia a su primer cielo, las glorias de Jerusem. Registró: «Y vi como si fuese un mar de cristal entremezclado con fuego, y vi a aquellos que habían logrado la victoria sobre la bestia que originalmente los habitaba y sobre la imagen que persistía a través de los mundos de estancia y finalmente sobre la última marca y huella, de pie en el mar de cristal, con las arpas de Dios, cantando la canción de la liberación del temor y de la muerte». (Hay una comunicación espacial perfeccionada en todos estos mundos; y recibes estas comunicaciones en cualquier parte mediante el «arpa de Dios», un dispositivo morontial que compensa la inhabilidad de ajustar directamente el mecanismo sensorial morontial inmaduro a la recepción de las comunicaciones espaciales).

Pablo también tuvo un visión del cuerpo de ciudadanos ascendentes de mortales en perfeccionamiento en Jerusem, pues escribió: «Pero vendréis al Monte Sion y a la ciudad del Dios vivo, la celestial Jerusalén, y a una innumerable multitud de ángeles, a la gran asamblea de Micael, y a los espíritus de los hombres justos que se están perfeccionando».

Una vez que los mortales han logrado la residencia en la sede central del sistema, ya no habrá resurrecciones concretas. La forma morontial que se te otorgó a la partida de la carrera de los mundos de estancia es la que te acompañará hasta el fin de la experiencia en el universo local. Se harán modificaciones de vez en cuando, pero retendrás esa misma forma hasta que te despidas cuando surjas como espíritu de la primera etapa, en preparación para el tránsito a los mundos del superuniverso de cultura ascendente y capacitación espiritual.

Siete veces los mortales que pasan a través de la entera carrera de los mundos de estancia experimentan el sueño de ajuste y el despertar de la resurrección. Pero la última sala de la resurrección, la cámara final del despertar, fue dejada atrás en el séptimo mundo de estancia. Los cambios de forma ya no necesitarán de una pérdida de la conciencia o de una interrupción en la continuidad de la memoria personal.

La personalidad mortal iniciada en los mundos de evolución y tabernaculada en la carne —habitada por los Monitores Misteriosos y envuelta por el Espíritu de la Verdad— no está totalmente movilizada, realizada, y unificada hasta el día en que el ciudadano de Jerusem recibe su pasaje a Edentia y es proclamado miembro auténtico del cuerpo morontial de Nebadon —un sobreviviente inmortal asociado con el Ajustador, un ascendentero al Paraíso, una personalidad de estado morontial, y un verdadero hijo de los Altísimos.

La muerte mortal es una técnica de escape de la vida material en la carne; y la experiencia en los mundos de estancia de vida progresiva a través de siete esferas de capacitación correctiva y educación cultural representa la introducción de los sobrevivientes mortales a la carrera morontial, la vida de transición que interviene entre la existencia material evolucionaria y el logro espiritual más elevado de los seres ascendentes del tiempo que están destinados a lograr las puertas de la eternidad.

[Patrocinado por una Brillante Estrella Vespertina.]

DOCUMENTO 48

LA VIDA MORONTIAL

LOS Dioses no pueden transformar una criatura de naturaleza animal grosera en un espíritu perfeccionado por un acto misterioso de magia creadora —o por lo menos no lo hacen. Cuando los Creadores desean producir seres perfectos, lo hacen mediante creación directa y original, pero jamás emprenden la conversión de las criaturas de origen animal y material en seres de perfección en un solo paso.

La vida morontial, tal como se extiende a través de varias etapas de la carrera en el universo local, es el único camino posible por el cual los mortales materiales pueden lograr el umbral del mundo de espíritu. ¿Cuál puede ser la magia que encierra la muerte, la disolución material del cuerpo humano, que pueda con un solo paso transformar instantáneamente la mente mortal y material en un espíritu inmortal y perfeccionado? Estas creencias no son sino supersticiones ignorantes y fábulas placenteras.

Siempre interviene esta transición morontial entre el estado mortal y el subsiguiente estado espiritual de los seres humanos sobrevivientes. Este estado intermedio del progreso universal difiere marcadamente en las distintas creaciones locales, pero en su intento y propósito todas ellas son grandemente similares. La estructuración de los mundos de estancia y de los mundos morontiales más elevados en Nebadon es bastante típica de los regímenes de transición morontial en esta parte de Orvonton.

1. MATERIALES MORONTIALES

Los reinos morontiales son las esferas de enlace del universo local entre los niveles material y espiritual de la existencia de las criaturas. Esta vida morontial se conocía en Urantia desde los días primitivos del Príncipe Planetario. De vez en cuando este estado de transición se ha enseñado a los mortales, y el concepto, en una forma distorsionada, ha hallado cabida en las religiones de hoy en día.

Las esferas morontiales son las fases de transición de la ascensión mortal a través de los mundos de progresión del universo local. Sólo los siete mundos que rodean la esfera de los finalistas de los sistemas locales son denominados mundos de estancia, pero las cincuenta y seis moradas de transición del sistema, en común con las esferas más elevadas alrededor de las constelaciones y la sede central del universo, se denominan mundos de morontia. Estas creaciones comparten la belleza física y la grandeza morontial de las esferas sedes centrales del universo local.

Todos estos mundos son esferas arquitectónicas, y tienen exactamente el doble del número de elementos de los planetas evolutivos. Estos mundos hechos a medida no sólo abundan en metales pesados y cristales, poseyendo cien elementos físicos, sino que también tienen exactamente cien formas de una organización única de la energía denominada *material de morontia*. Los Controladores Físicos Decanos y los

Supervisores del Poder Morontial son capaces de modificar las revoluciones de las unidades primarias de la materia y al mismo tiempo de transformar estas asociaciones de energía de modo tal como para crear esta nueva sustancia.

La vida morontial primitiva en los sistemas locales es muy parecida a la de vuestro presente mundo material, tornándose menos física y más verdaderamente morontial en los mundos de estudio de la constelación. A medida que avanzas a las esferas de Salvington, logras cada vez más los niveles espirituales.

Los Supervisores del Poder Morontial son capaces de efectuar una unión de las energías materiales y espirituales, organizando así una forma morontial de materialización que es receptiva a la superposición de un espíritu controlador. Cuando atravesas la vida morontial de Nebadon, estos mismos pacientes y hábiles Supervisores del Poder Morontial sucesivamente te proveerán con 570 cuerpos morontiales, siendo cada uno una fase de tu transformación progresiva. Desde el momento en que abandonas los mundos materiales hasta que se te constituye como espíritu de primera etapa en Salvington, sufrirás tan sólo 570 cambios morontiales separados y ascendentes. Ocho de estos ocurren en el sistema, setenta y uno en la constelación, y 491 durante la estadía en las esferas de Salvington.

En los días de la carne mortal el espíritu divino reside en ti, casi como una cosa aparte —en realidad una invasión del hombre por el espíritu otorgado del Padre Universal. Pero en la vida morontial el espíritu se volverá una parte real de tu personalidad, y a medida que pasas sucesivamente a través de las 570 transformaciones progresivas, asciendes del estado material al estado espiritual de la vida de la criatura.

Pablo supo de la existencia de los mundos morontiales y de la realidad del material morontial, pues escribió: «Poseen en los cielos una sustancia mejor y más duradera». Y estos materiales morontiales son reales, concretos, tal como «la ciudad tiene sus cimientos, cuyo constructor es Dios». Cada una de estas esferas maravillosas es «un país mejor, o sea, un país celestial».

2. LOS SUPERVISORES DEL PODER MORONTIAL

Estos seres singulares se ocupan exclusivamente de la supervisión de aquellas actividades que representan una combinación de trabajo de energías espirituales y físicas o semimateriales. Se dedican exclusivamente al ministerio de la progresión morontial. No es tanto que los ministren a los mortales durante la experiencia de transición, sino más bien que hacen posible el medio ambiente de transición para las criaturas morontiales en progreso. Son los canales del poder morontial que sostienen y energizan las fases morontiales de los mundos de transición.

Los Supervisores del Poder Morontial son los vástagos del Espíritu Materno de un universo local. Su diseño es relativamente estándar aunque difieren ligeramente en su naturaleza según las distintas creaciones locales. Son creados para su función específica y no requieren capacitación alguna antes de asumir su responsabilidad.

La creación de los primeros Supervisores del Poder Morontial es simultánea a la llegada del primer sobreviviente mortal a las orillas de los primeros mundos de estancia del universo local. Son creados en grupos de mil, clasificados como sigue:

1. Reguladores de los Circuitos 400
2. Coordinadores de los Sistemas 200
3. Custodios Planetarios 100

4. Controladores Combinados 100
5. Estabilizadores de los Enlaces 100
6. Clasificadores Selectivos 50
7. Registradores Asociados 50

Los supervisores del poder siempre sirven en su universo nativo. Son dirigidos exclusivamente por la actividad espiritual conjunta del Hijo del Universo y del Espíritu del Universo pero por otra parte son un grupo totalmente autogobernante. Mantienen una sede en cada uno de los primeros mundos de estancia de los sistemas locales, donde trabajan en estrecha asociación tanto con los controladores físicos como con los serafines, pero funcionan en un mundo propio en cuanto se refiere a la manifestación de la energía y a la aplicación del espíritu.

También a veces trabajan en conexión con fenómenos supermateriales en los mundos evolucionarios como ministros de asignación temporal. Pero raramente sirven en los planetas habitados; tampoco trabajan en los mundos más elevados de capacitación del superuniverso, estando principalmente dedicados al régimen de transición de la progresión morontial de un universo local.

1. *Reguladores de los Circuitos*. Éstos son los seres singulares que coordinan la energía física y espiritual y regulan su flujo en los canales segregados de las esferas de morontia, y estos circuitos son exclusivamente planetarios, limitados a un solo mundo. Los circuitos morontiales son distintos de los circuitos físicos y espirituales de los mundos de transición, y suplementarios a los mismos, y se requieren millones de estos reguladores para energizar un sistema de mundos de estancia semejante al de Satania.

Los reguladores de los circuitos inician aquellos cambios en las energías materiales que las vuelven sujetas al control y regulación de sus asociados. Estos seres son generadores de poder morontial como también reguladores de los circuitos. Así como un dínamo aparentemente genera electricidad de la atmósfera, del mismo modo estos dínamos vivientes morontiales parecen transformar las energías omnipresentes del espacio en aquellos materiales que los supervisores morontiales tejen en los cuerpos y las actividades de vida de los mortales ascendentes.

2. *Coordinadores de los Sistemas*. Puesto que cada mundo morontial tiene una orden separada de energía morontial, es extremadamente difícil para los seres humanos visualizar estas esferas. Pero en cada esfera sucesiva de transición, los mortales encontrarán la vida botánica y todo lo demás que pertenece a la existencia morontial progresivamente modificada para corresponder a la espiritización en avance de los sobrevivientes ascendentes. Puesto que el sistema de energía de cada mundo está individualizada de esta manera, estos coordinadores operan para armonizar y combinar tales sistemas distintos de poder en una unidad de trabajo para las esferas asociadas de un grupo específico.

Los mortales ascendentes gradualmente progresan de lo físico a lo espiritual a medida que avanzan de un mundo morontial a otro; de aquí la necesidad de proveer una escala ascendente de esferas morontiales y una escala ascendente de formas morontiales.

Cuando los seres ascendentes de los mundos de estancia pasan de una esfera a la otra, los serafines de transporte los entregan a los recibidores de los coordinadores de los sistemas en un mundo más avanzado. Aquí en esos templos singulares en el centro de los setenta edificios dispuestos en radio en los que están ubicadas las cámaras de transición semejantes a las salas de resurrección en el mundo inicial de recepción para los mortales de origen terrestre, los coordinadores de los sistemas realizan eficazmente los necesarios cambios de forma de la criatura. Estos primeros cambios de la forma morontial requieren aproximadamente siete días de tiempo estándar para su cumplimiento.

3. *Custodios Planetarios.* Cada mundo morontial, desde las esferas de estancia hasta las sedes centrales del universo, está en la custodia —en cuanto se refiere a los asuntos morontiales— de setenta guardianes. Estos constituyen el concilio planetario local de autoridad morontial suprema. Este concilio concede el material para las formas morontiales a todas las criaturas ascendentes que llegan a las esferas y autoriza aquellos cambios de forma de la criatura que hacen posible que un ascendentero proceda a la esfera subsiguiente. Una vez que atraveses los mundos de estancia, te trasladarás de una fase de vida morontial a otra sin tener que perder la conciencia. La inconciencia acompaña tan sólo las metamorfosis primeras y las transiciones posteriores de un universo a otro y de Havona al Paraíso.

4. *Controladores Combinados.* Uno de estos seres altamente mecánicos está siempre estacionado en el centro de cada unidad administrativa de un mundo morontial. El controlador combinado es sensible a las energías físicas, espirituales y morontiales, y funciona con ellas; con este ser siempre están en asociación dos coordinadores de los sistemas, cuatro reguladores de los circuitos, un custodio planetario, un estabilizador de los enlaces y un registrador asociado o un clasificador selectivo.

5. *Estabilizadores de los Enlaces.* Éstos son los reguladores de la energía morontial en asociación con las fuerzas físicas y espirituales del reino. Hacen posible la conversión de la energía morontial en material morontial. La entera organización morontial de existencia depende de los estabilizadores. Desaceleran las revoluciones de la energía hasta el punto en que puede ocurrir la fisicalización. Pero no poseo términos para comparar o ilustrar el ministerio de estos seres. Está completamente más allá de la imaginación humana.

6. *Clasificadores Selectivos.* A medida que progresas de una clase o fase de un mundo morontial a otro, es necesario que seas reprogramado o afinado para el avance, y es tarea de estos clasificadores selectivos mantenerte en sintonía progresiva con la vida morontial.

Aunque las formas básicas morontiales de vida y de materia son idénticas desde el primer mundo de estancia hasta la última esfera de transición del universo, existe una progresión funcional que gradualmente se extiende desde lo material hasta lo espiritual. Tu adaptación a esta creación básicamente uniforme pero cada vez más avanzada y espiritizada se realiza mediante esta reprogramación selectiva. Dicho ajuste en el mecanismo de personalidad es equivalente a una nueva creación, a pesar de que retienes la misma forma morontial.

Podrás presentarte repetidamente al examen de estos examinadores, y en cuanto registres un logro espiritual adecuado, se complacerán en certificarte para una posición avanzada. Estos cambios progresivos dan como resultado reacciones modificadas al ambiente morontial, tales como cambios en los requisitos alimenticios y numerosas otras prácticas personales.

Los clasificadores selectivos también son de gran utilidad en el agrupamiento de las personalidades morontiales para fines de estudio, enseñanza y otros proyectos. Indican naturalmente a los que mejor funcionarán en asociación provisional.

7. *Registradores Asociados*. El mundo morontial tiene sus propios registradores, que sirven en asociación con los registradores espirituales en la supervisión y custodia de los registros y otros datos indígenas a las creaciones morontiales. Los registros morontiales están disponibles para todas las órdenes de personalidades.

Todos los mundos de transición morontial son accesibles tanto para los seres materiales como los de espíritu. Como progresores morontiales permaneceréis en pleno contacto con el mundo material y con las personalidades materiales, mientras que discerniréis y fraternizaréis cada vez más con los seres de espíritu; y al tiempo de la partida del régimen morontial, habréis visto a todas las órdenes de espíritus con excepción de algunos de los tipos más elevados tales como los Mensajeros Solitarios.

3. LOS COMPAÑEROS MORONTIALES

Estos anfitriones de los mundos de estancia y los demás mundos morontiales son las progenies del Espíritu Materno de un universo local. Son creados de época en época en grupos de cien mil, y en Nebadon existen al presente más de setenta mil millones de estos seres singulares.

Los Melquisedek capacitan a los Compañeros Morontiales para el servicio, en un planeta especial cerca de Salvington; no pasan a través de las facultades centrales Melquisedek. En cuanto a servicio van desde los mundos de estancia más bajos de los sistemas hasta las esferas de estudio más elevadas de Salvington, pero pocas veces se los encuentra en los mundos habitados. Sirven bajo la supervisión general de los Hijos de Dios y bajo la dirección inmediata de los Melquisedek.

Los Compañeros Morontiales mantienen diez mil sedes centrales en un universo local —una en cada uno de los primeros mundos de estancia de los sistemas locales. Son una orden casi totalmente autogobernada y, en general, son un grupo inteligente y leal de seres; pero de vez en cuando, en relación con algunos desafortunados trastornos celestiales, se ha sabido que se han descarriado. Miles de estas útiles criaturas se perdieron durante los tiempos de la rebelión de Lucifer en Satania. Vuestro sistema local tiene ahora una cuota completa de estos seres, pero la pérdida a causa de la rebelión de Lucifer, ha sido recuperada tan sólo recientemente.

Existen dos tipos distintos de Compañeros Morontiales; un tipo es enérgico, el otro es retraído, pero por otra parte son de estado equivalente. No son criaturas sexuales, pero manifiestan un afecto conmovedoramente hermoso entre sí. Aunque no sean sociables en el sentido material (humano), son de parentesco muy cercano a las razas humanas en la orden de existencia de criaturas. Los seres intermedios de los mundos son vuestros parientes más cercanos; luego vienen los querubines morontiales, y después de ellos los Compañeros Morontiales.

Estos compañeros son seres conmovedoramente afectuosos y encantadoramente sociales. Poseen personalidades definidas, y cuando los conozcáis en los mundos de estancia, después de aprender a reconocerlos como clase, rápidamente discerniréis su individualidad. Los mortales se asemejan todos unos a los otros; sin embargo cada uno de vosotros posee una personalidad definida y reconocible.

Es posible derivar una idea de la naturaleza del trabajo de estos compañeros morontiales según la siguiente clasificación de sus actividades en un sistema local:

1. *Guardianes de los Peregrinos* no se asignan a tareas específicas en su asociación con los progresores morontiales. Estos compañeros son responsables de la entera carrera morontial y por lo tanto son los coordinadores de la labor de todos los demás ministros morontiales y de transición.

2. *Recibidores de los Peregrinos y Asociadores Libres.* Éstos son los compañeros sociales de los recién llegados a los mundos de estancia. Con certeza uno de ellos estará disponible para darte la bienvenida cuando te despiertes en el mundo de estancia inicial del primer sueño de tránsito del tiempo, cuando experimentes la resurrección de la muerte física a la vida morontial. Y desde el momento en que así se te dé la bienvenida al despertarte, hasta el día en que dejes el universo local en calidad de espíritu de primera etapa, estos compañeros morontiales por siempre estarán contigo.

Los compañeros no son asignados permanentemente a individuos. Un mortal ascendente en uno de los mundos de estancia o de los mundos más elevados puede tener un compañero diferente en cada una de varias ocasiones sucesivas o puede pasar largos períodos de tiempo sin compañero. Todo dependerá de los requisitos, como así también de la disponibilidad de compañeros.

3. *Anfitriones de los Visitantes Celestiales.* Estas criaturas gentiles se dedican a entretener a los grupos superhumanos de estudiantes visitantes y otros seres celestiales que a la sazón se encuentren en los mundos de transición. Tendrás amplia oportunidad de visitar cualquier reino que hayas logrado experiencialmente. Se permiten estudiantes visitantes en todos los planetas habitados, aún los que están en aislamiento.

4. *Coordinadores y Directores de Enlace.* Estos compañeros se dedican a facilitar la relación morontial y prevenir la confusión. Son los instructores de la conducta social y del progreso morontial, patrocinan clases y otras actividades de grupo entre los mortales ascendentes. Mantienen amplias áreas en las que reúnen a sus alumnos y de vez en cuando solicitan de los artesanos celestiales y de los directores de reversión para el embellecimiento de sus programas. A medida que vas progresando, tendrás un contacto íntimo con estos compañeros, y te encariñarás profundamente con ambos grupos. Del azar dependerá que tu asociación sea con un compañero de tipo enérgico o con uno de tipo retraído.

5. *Intérpretes y Traductores.* Durante la primera parte de la carrera en los mundos de estancia podrás recurrir frecuentemente a los intérpretes y traductores. Conocen y hablan todas las lenguas de un universo local; son los lingistas de los reinos.

No adquirirás nuevos idiomas automáticamente; allí aprenderás un idioma de forma semejante a como lo haces aquí, y estos seres brillantes serán tus instructores de idiomas. El primer estudio en los mundos de estancia será la lengua de Satania y luego el idioma de Nebadon. Y mientras tu estés aprendiendo estas nuevas lenguas, los compañeros morontiales serán tus eficientes intérpretes y traductores. Nunca encontrarás a un visitante en cualquiera de estos mundos sin que un Compañero Morontial pueda oficiar como intérprete.

6. *Supervisores de las Excursiones y la Reversión.* Estos compañeros te acompañarán en los viajes más largos a la esfera central y a los mundos vecinos de transición. Planifican, conducen y supervisan todas las giras individuales y de grupo alrededor de los mundos de capacitación y cultura del sistema.

7. *Custodios de las Zonas y de los Edificios.* Aun las estructuras materiales y morontiales aumentan en perfección y grandeza a medida que avanzas en la carrera de los mundos de estancia. Como individuos y en grupos se os permite realizar ciertos

cambios en las moradas asignadas durante vuestra estadía en los diferentes mundos de estancia. Muchas de las actividades de estas esferas ocurren en los recintos abiertos de los círculos, cuadrados y triángulos de distintas designaciones. La mayoría de las estructuras de los mundos de estancia son sin techo, siendo recintos de construcción magnífica y embellecimiento exquisito. Las condiciones climáticas y otras condiciones físicas que prevalecen en los mundos arquitectónicos hacen que los techos sean totalmente innecesarios.

Estos custodios de las fases de transición de la vida ascendente son supremos en la gestión de los asuntos morontiales. Fueron creados para este trabajo, y hasta la actualización del Ser Supremo, seguirán siendo Compañeros Morontiales; no realizan ninguna otra tarea.

A medida que los sistemas y los universos se establecen en luz y vida, los mundos de estancia cesan gradualmente su función como esferas de transición de capacitación morontial. Más y más los finalistas instituyen su nuevo régimen de capacitación, que parece ser diseñado para trasladar la conciencia cósmica del presente nivel del gran universo al de los futuros universos exteriores. Los Compañeros Morontiales están destinados a funcionar cada vez más en asociación con los finalistas y en numerosos otros reinos, al presente no revelados en Urantia.

Puedes anticipar que estos seres contribuirán grandemente a que disfrutes de los mundos de estancia, sea tu estadía prolongada o breve. Y continuarás disfrutando de ellos durante la entera ascensión hasta Salvington. No son, técnicamente, esenciales para porción alguna de tu experiencia de supervivencia. Podrías alcanzar Salvington sin ellos, pero los echarías grandemente de menos. Constituyen el lujo de la personalidad en tu carrera ascendente en el universo local.

4. LOS DIRECTORES DE REVERSIÓN

La hilaridad del regocijo y el equivalente de la sonrisa son tan universales como la música. Existe un equivalente morontial y espiritual de la hilaridad y de la risa. La vida ascendente se divide aproximadamente por igual entre trabajo y recreación — suspensión de las tareas.

La recreación celestial y el humor superhumano son muy diferentes de sus análogos humanos, pero todos nos permitimos en verdad alguna forma de ambos; y realmente hacen por nosotros, en nuestro estado, más o menos lo que el humor ideal es capaz de hacer por vosotros en Urantia. Los Compañeros Morontiales son patrocinadores hábiles de la recreación, y los ayudan con gran pericia los directores de reversión.

Tal vez entenderíais mejor el trabajo de los directores de reversión si los comparáramos con los tipos más elevados de los humoristas en Urantia, aunque sería una forma enormemente burda y un tanto desafortunada de intentar transmitir la idea de la función de estos directores de cambio y recreación, estos ministros del humor excelso de los reinos morontiales y los de espíritu.

Al hablar del humorismo espiritual, dejadme deciros primero lo que *no* es. El humorismo espiritual no está nunca teñido de una acentuación de los infortunios de los seres débiles y falibles. Tampoco es jamás blasfemo de la rectitud y gloria de la divinidad. Nuestro humor comprende tres niveles generales de apreciación:

1. *Bromas de reminiscencias*. Ocurrencias que nacen de los recuerdos de episodios basados en la propia experiencia de combate, lucha, y a veces temor, y frecuentemente tonta ansiedad infantil. Para nosotros, esta fase del humor deriva de

la capacidad profunda y constante de extraer material de recuerdo del pasado para sazonar placenteramente y aligerar de otras maneras las pesadas cargas del presente.

2. *Humorismo corriente.* La falta de sentido de mucho de lo que tan frecuentemente nos produce preocupaciones serias, el regocijo de descubrir la falta de importancia de muchas de nuestras ansiedades personales graves. Apreciamos mejor esta fase del humorismo cuando somos capaces de abandonar las ansiedades del presente en favor de las certezas del futuro.

3. *Regocijo profético.* Tal vez sea difícil para los mortales visualizar esta fase del humorismo, pero obtenemos una satisfacción específica de la certeza de que «todas las cosas funcionan para el bien» —para los espíritus y los seres morontiales así como también para los mortales. Este aspecto del humorismo celestial nace de nuestra fe en la protección amante de nuestros superiores y en la estabilidad divina de nuestros Directores Supremos.

Pero los directores de reversión de los reinos no se ocupan exclusivamente de ilustrar el humorismo elevado de varias órdenes de seres inteligentes; también se ocupan del liderazgo de la diversión, la recreación espiritual y el entretenimiento morontial. En este respecto cuentan con la cooperación sincera de los artesanos celestiales.

Los mismos directores de reversión no son un grupo creado; son un cuerpo reclutado que comprende seres que van desde los nativos de Havona hasta las huestes de mensajeros del espacio y los espíritus de ministerio del tiempo y a los progresores morontiales de los mundos evolucionarios. Todos son voluntarios que se dedican a la tarea de ayudar a sus semejantes en el logro del cambio del mecanismo de pensamiento y del reposo mental, porque dichas actitudes son sumamente útiles en la recuperación de las energías agotadas.

En el momento en que las energías se hallan parcialmente agotadas por el esfuerzo del logro, y mientras se aguarda la recepción de nuevas cargas de energía, existe un placer agradable en revivir la actuación de otros días y edades. *Se descansa al recordar las primeras experiencias de la raza o de la orden.* Y ése es precisamente el motivo por el cual estos artistas se llaman directores de reversión —ayudan en la reversión del recuerdo a un estado anterior de desarrollo o a un estado menos experto del ser.

Todos los seres disfrutan de este tipo de reversión, excepto aquellos que son Creadores inherentes, por lo tanto autorejuvenecedores automáticos, y otros tipos de seres altamente especializados, tales como los centros del poder y los controladores físicos, que son siempre y eternamente totalmente pragmáticos en todas sus reacciones. Estas liberaciones periódicas de la tensión del deber funcional son parte normal de la vida en todos los mundos a lo largo y lo ancho de los universos, pero no en la Isla del Paraíso. Los seres indígenas en esta morada central son incapaces de agotarse y por lo tanto no están sujetos a la reenergización. Con tales seres de perfección paradisiaca eterna no puede haber reversión a las experiencias evolucionarias.

La mayoría de nosotros hemos llegado a través de las etapas inferiores de la existencia o a través de los niveles progresivos de nuestras órdenes, y es refrescante y en cierto modo agradable recordar ciertos episodios de nuestras experiencias primitivas. Hay una sensación de reposo en la contemplación de aquello que es antiguo en la propia orden, y que permanece como posesión recordatoria en la mente. El futuro significa lucha y avance; representa trabajo, esfuerzo y logro; pero el pasado tiene el gusto de las cosas ya dominadas y logradas; la contemplación del pasado permite el descanso y una revisión tan libre de preocupaciones como para provocar la hilaridad espiritual y un estado morontial de mente que linda con el regocijo.

Aun el humorismo mortal se torna más rico cuando ilustra episodios que afectan a aquellos que están un poco por debajo del propio estado de desarrollo actual, o cuando muestra a individuos supuestamente superiores que caen víctimas de las experiencias comúnmente asociadas con los que supuestamente son sus inferiores. Vosotros en Urantia habéis permitido que mucho de lo que es a la vez vulgar y cruel se confunda con vuestro humorismo, pero en general, debéis ser felicitados por un sentido del humor relativamente agudo. Algunas de vuestras razas poseen una rica vena de humorismo, que las ayuda considerablemente en sus carreras terrenales. Aparentemente habéis recibido mucho del humorismo de vuestra herencia adánica, mucho más de lo que habéis heredado en el campo de la música o el arte.

Toda Satania, durante los períodos de recreación, aquellos períodos cuando los habitantes renuevan en forma refrescante los recuerdos de una etapa inferior de la existencia, se edifica gracias al placentero humorismo del cuerpo de directores de reversión proveniente de Urantia. El sentido del humor celestial nos acompaña siempre, aun cuando nos encontramos ocupados en la más difícil de las asignaciones. Previene un desarrollo excesivo de la sensación de nuestra propia importancia. Pero no lo desencadenamos libremente, como se podría decir, no «nos divertimos», lo hacemos solamente cuando estamos en un período de recreo de las asignaciones serias de nuestras respectivas órdenes.

Cuando tenemos la tentación de magnificar nuestra propia importancia, si nos detenemos para contemplar la infinitud de la grandeza y magnitud de nuestros Hacedores, nuestra propia autoglorificación se torna sublimemente ridícula, lindando aun con lo cómico. Una de las funciones del humorismo consiste en ayudarnos a todos a que nos tomemos menos en serio. *El humorismo es el antídoto divino contra la exaltación del ego.*

La necesidad de la recreación y diversión del humorismo es mayor en aquellas órdenes de seres ascendentes sometidas a una tensión sostenida en sus luchas hacia arriba. Los dos extremos de la vida tienen poca necesidad de recreación humorística. Los hombres primitivos no tienen capacidad para el humorismo, y los seres de perfección paradisiaca no tienen necesidad del mismo. Las huestes de Havona constituyen por naturaleza una agrupación regocijada y alegre de personalidades supremamente felices. En el Paraíso la calidad de la adoración elimina la necesidad de las actividades de reversión. Pero entre aquellos que comienzan sus carreras muy por debajo del objetivo de la perfección paradisiaca, hay amplio lugar para el ministerio de los directores de reversión.

Cuanto más alta la especie mortal, mayor la tensión y más grande la capacidad para el humorismo, así como también la necesidad del mismo. En el mundo de espíritu lo opuesto es verdad: cuanto más alto ascendemos, menor es la necesidad de las diversiones de las experiencias de reversión. Pero procediendo hacia abajo en la escala de la vida de espíritu, desde el Paraíso hasta las huestes seráficas, existe una necesidad en aumento de la misión de la hilaridad y el ministerio de la alegría. Aquellos seres que más necesitan la acción refrescante de la reversión periódica al estado intelectual de experiencias previas son los tipos más elevados de las especies humanas, los morontianos, los ángeles, y los Hijos Materiales, juntamente con otros tipos similares de personalidad.

El humorismo debe funcionar como válvula automática de seguridad para prevenir la acumulación de presiones excesivas debidas a la monotonía de una autocontemplación sostenida y grave asociada con la intensa lucha por el progreso evolucionario y el logro elevado. El humor funciona también para disminuir la impresión del impacto inesperado del hecho o de la verdad, del hecho rígido y de la verdad flexible y eternamente viva. La personalidad mortal, que no está nunca segura de lo que encontrará en lo próximo, capta rápidamente a través del humorismo —llega al objetivo y logra el esclarecimiento— la naturaleza inesperada de la situación, sea ésta hecho o verdad.

Aunque el humor de Urantia es excesivamente burdo y casi sin arte, sirve un propósito valioso tanto como seguro de salud como en calidad de liberador de la presión emocional, previniendo de este modo una tensión nerviosa dañina y una autocontemplación excesivamente seria. El humor y el juego —la relajación— no son nunca reacciones del esfuerzo progresivo; son siempre los ecos de una mirada hacia atrás, un recuerdo del pasado. Aun en Urantia y así como sois ahora, siempre halláis una sensación rejuvenecedora cuando podéis suspender por un corto período los esfuerzos de las luchas más nuevas y elevadas intelectuales y revertir a las ocupaciones más simples de vuestros antepasados.

Los principios de la vida recreativa urantiana son filosóficamente sólidos y siguen aplicandose a lo largo de vuestra vida ascendente, y a través de los circuitos de Havona hasta las orillas eternas del Paraíso. Como seres ascendentes vosotros poseéis los recuerdos personales de todas las existencias inferiores y anteriores, y sin dichos recuerdos identificadores del pasado no habría base para el humor del presente, sea éste risa mortal o hilaridad morontial. Es este recuerdo de las experiencias pasadas el que provee la base para la diversión y la recreación presentes. Así pues disfrutaréis de los equivalentes celestiales de vuestro humor terrestre a través de toda vuestra carrera morontial, y luego, en vuestra carrera cada vez más espiritual. Y aquella parte de Dios (el Ajustador) que se vuelve la parte eterna de la personalidad de un mortal ascendente contribuye las tonalidades de divinidad a las expresiones regocijadas, aun a la risa espiritual, de las criaturas ascendentes del tiempo y del espacio.

5. LOS MAESTROS DE LOS MUNDOS DE ESTANCIA

Los Maestros de los Mundos de Estancia constituyen un cuerpo de querubines y sanobines abandonados pero glorificados. Cuando un peregrino del tiempo avanza desde un mundo de prueba en el espacio hasta los mundos de estancia y los mundos asociados de capacitación morontial, va acompañado de su serafín personal o de grupo, el guardián del destino. En los mundos de la existencia mortal el serafín tiene el hábil apoyo de los querubines y sanobines; pero cuando su pupilo mortal se libera de las cadenas de la carne y comienza su carrera ascendente, cuando comienza la vida postmaterial o morontial, el serafín asistente ya no necesita de las ministraciones de sus lugartenientes anteriores, el querubín y el sanobín.

Estos ayudantes abandonados del serafín de ministerio frecuentemente son llamados a la sede central del universo, donde pasan al abrazo íntimo del Espíritu Materno del Universo y luego proceden a las esferas de capacitación del sistema como Maestros de los Mundos de Estancia. Estos maestros frecuentemente visitan los mundos materiales y actúan desde los mundos de estancia más bajos hasta las más elevadas de las esferas educacionales relacionadas con la sede central del universo. Según su propio solicitud pueden regresar a su anterior tarea asociativa con los serafines ministrantes.

Existen miles y miles de millones de estos maestros en Satania, y sus números aumentan constantemente porque, en la mayoría de los casos, cuando un serafín procede hacia adentro con el mortal fusionado con el Ajustador, tanto el querubín como el sanobín se quedan atrás.

Los Maestros de los Mundos de Estancia, como la mayoría de los demás instructores, son comisionados por los Melquisedek. En general los Compañeros Morontiales les dirigen, pero como individuos y como instructores están bajo la supervisión de los jefes interinos de las escuelas o esferas en las que puedan encontrarse enseñando.

Estos querubines avanzados generalmente trabajan en pares tal como lo hacían cuando asistían al serafín. Por naturaleza están muy cerca del tipo morontial de existencia, y son inherentemente maestros comprensivos de los mortales ascendentes y conducen con la mayor eficiencia el programa del mundo de estancia y del sistema de instrucción morontial.

En las escuelas de la vida morontial estos maestros enseñan a nivel individual, de grupo, de clase y de masa. En los mundos de estancia dichas escuelas están organizadas en tres grupos generales de cien divisiones cada uno: las facultades del pensamiento, las facultades del sentimiento, y las facultades de la acción. Cuando llegas a la constelación, se agregan las facultades de la ética, las facultades de la administración, y las facultades del ajuste social. En los mundos sede central del universo ingresarás a las facultades de filosofía, divinidad, y espiritualidad pura.

Aquellas cosas que podrías haber aprendido en la tierra pero no aprendiste, deben ser adquiridas bajo el tutelaje de estos maestros fieles y pacientes. No existen caminos reales, atajos ni senderos fáciles al Paraíso. Sean cuales fueren las variaciones de cada itinerario, debes aprender las lecciones de una esfera antes de proceder a la siguiente; por lo menos esto es así, una vez que abandonas el mundo de tu natividad.

Uno de los propósitos de la carrera morontial es efectuar la erradicación permanente de los vestigios animales en los sobrevivientes mortales, tales como la postergación, la ambigüedad, la falta de sinceridad, el evitar los problemas, la injusticia, y la búsqueda de lo fácil. La vida en los mundos de estancia enseña muy pronto a los jóvenes pupilos morontiales que posponer no significa en ningún sentido evitar. Después de la vida en la carne, ya no se dispone del tiempo como técnica para evitar situaciones o evadir obligaciones desagradables.

Comenzando su servicio en las esferas más bajas de estadía, los Maestros de los Mundos de Estancia avanzan, mediante la experiencia, a través de las esferas de instrucción del sistema y de la constelación hasta los mundos de capacitación de Salvington. No se los somete a ninguna disciplina especial ni antes ni después de ingresar ellos al abrazo del Espíritu Materno del Universo. Ya han sido capacitados para su tarea durante el servicio como asociados seráficos en los mundos nativos de sus pupilos de paso por los mundos de estancia. Han tenido experiencia real con estos mortales en avance en los mundos habitados. Son maestros prácticos y compasivos, sabios y comprensivos instructores, guías peritos y eficientes. Están totalmente familiarizados con los planes del esquema ascendente y tienen experiencia profunda en las fases iniciales de la carrera de progresión.

Muchos de los más antiguos de estos maestros, los que por mucho tiempo han servido en los mundos del circuito de Salvington, son abrazados nuevamente por el Espíritu Materno del Universo, y a partir del segundo abrazo estos querubines y sanobines emergen con el estado de serafín.

6. Los serafines de los mundos morontiales —los ministros de transición

Aunque todas las órdenes de ángeles, desde los ayudantes planetarios hasta los serafines supremos, ministran en los mundos de estancia, los ministros de transición están más exclusivamente asignados a estas actividades. Estos ángeles son de la sexta orden de los servidores seráficos, y su ministerio está dedicado a facilitar el tránsito de las criaturas materiales y mortales desde la vida temporal en la carne hasta las primeras etapas de la existencia morontial en los siete mundos de estancia.

Debéis comprender que la vida morontial de un mortal ascendente se inicia en realidad en los mundos habitados en el momento en que se concibe el alma, cuando la mente de la criatura de estado moral es habitada por el Ajustador espiritual. Y desde ese momento en adelante, el alma mortal tiene la capacidad potencial de la fusión supermortal, aun para ser reconocida en los niveles más elevados de las esferas morontiales del universo local.

Sin embargo, no tendréis conciencia del ministerio de los serafines de transición hasta que no lleguéis a los mundos de estancia, en los que trabajan incansablemente para el avance de sus pupilos mortales, siendo asignados para el servicio en las siguientes siete divisiones:

1. *Evángeles Seráficos*. En el momento en que os hacéis conscientes en los mundos de estancia, se os clasifica en los registros del sistema como espíritus en evolución. Es verdad que aún no sois verdaderos espíritus, pero ya no sois seres mortales ni materiales; os habéis embarcado en la carrera de preespiritu y habéis sido debidamente admitidos a la vida morontial.

En los mundos de estancia los evángeles seráficos te ayudarán a elegir sabiamente entre las rutas opcionales a Edentia, Salvington, Uversa, y Havona. Si existen varias rutas igualmente aconsejables, éstas se te presentarán, y tú podrás seleccionar la que más te convenga. Estos serafines hacen luego recomendaciones a los veinticuatro consejeros en Jerusem sobre el curso que sería más aconsejable para cada alma ascendente.

No se te ofrece una selección sin restricciones para tu curso futuro; pero puedes elegir dentro de los límites de lo que los ministros de transición y sus superiores sabiamente determinan como lo más indicado para tu logro espiritual futuro. El mundo espiritual está gobernado por el principio del respeto de tu selección de libre albedrío, siempre y cuando el curso que puedas elegir no sea perjudicial para ti o dañino para tus compañeros.

Estos evángeles seráficos están dedicados a la proclamación del evangelio de la progresión eterna, el triunfo del logro de la perfección. En los mundos de estancia proclaman la gran ley de la conservación y dominio de la bondad: Ninguna acción de bondad se pierde totalmente; puede ser frustrada durante mucho tiempo pero no se anula totalmente jamás, y es eternamente poderosa en proporción con la divinidad de su motivación.

Aun en Urantia aconsejan a los maestros humanos de la verdad y la rectitud que adhieran a la predicación de «la bondad de Dios, que lleva al arrepentimiento», para proclamar «el amor de Dios, que elimina todo temor». Aun así se han declarado estas verdades en vuestro mundo:

Los Dioses son mis pastores; no me descarriaré;

De la mano me conducirán por los bellos y gloriosos senderos refrescantes
de la vida eterna.

Ante esta presencia divina no careceré de alimento ni tendré sed de agua.

Aunque descienda al valle de la incertidumbre o ascienda a los mundos
de la duda,

Aunque camine en soledad o con los semejantes de mi clase,

Aunque triunfe en los coros de la luz o trastabille en los ámbitos solitarios de las esferas,

Tu buen espíritu me ministrará, y tu ángel glorioso me confortará.

Aunque descienda a las profundidades de la obscuridad y de la muerte misma,

No dudare de ti, ni te temeré,

Porque sé que en la plenitud del tiempo y en la gloria de tu nombre

Me elevarás hasta sentarme junto a ti en los almenajes de las alturas.

Ése fue el relato susurrado al pastorcillo en la noche. No pudo él recordarlo palabra por palabra, pero con lo mejor de su memoria lo dijo más o menos tanto como se registra actualmente.

Estos serafines son también los evángeles del evangelio del logro de la perfección para el entero sistema así como también para el mortal ascendente individual. Aun ahora en el joven sistema de Satania sus enseñanzas y planes comprenden disposiciones para las edades futuras en las que los mundos de estancia dejarán de servir como peldaños a las esferas elevadas para los ascendentes mortales.

2. *Intérpretes de las Razas*. No todas las razas de seres mortales son semejantes. Es verdad que existe un modelo planetario que se manifiesta en las naturalezas y tendencias físicas, mentales y espirituales de las distintas razas de un mundo dado; pero también hay tipos raciales definidos, y tendencias sociales muy claras que caracterizan a las progenies de estos diferentes tipos básicos de seres humanos. En los mundos del tiempo, los intérpretes raciales seráficos suplementan los esfuerzos de los comisionados de la raza en la armonización de los variados puntos de vista de las razas, y continúan actuando en los mundos de estancia, en los que estas mismas diferencias tienden a persistir hasta cierto punto. En un planeta confuso, tal como Urantia, estos seres brillantes prácticamente no han tenido oportunidad justa de actuar, pero son los sociólogos hábiles y los consejeros étnicos sabios del primer cielo.

Deberíais considerar la declaración sobre «el cielo» y «el cielo de los cielos». El cielo concebido por la mayoría de vuestros profetas era el primero de los mundos de estancia del sistema local. Cuando el apóstol habló de ser «arrebatado hasta el tercer cielo», se refería a aquella experiencia en la cual su Ajustador se separó durante el sueño y en ese estado extraño se proyectó al tercero de los siete mundos de estancia. Algunos de vuestros sabios vieron la visión del cielo más grande, «el cielo de los cielos», del cual la experiencia séptuple de los mundos de estancia fue la primer parte; la segunda, Jerusem; la tercera, Edentia y sus satélites; la cuarta, Salvington y las esferas de instrucción que la rodean; la quinta, Uversa; la sexta, Havona; y la séptima, el Paraíso.

3. *Planificadores de la Mente*. Estos serafines están dedicados a la agrupación eficaz de los seres morontiales y a la organización de su trabajo de grupo en los mundos de estancia. Son los sicólogos del primer cielo. La mayoría de este grupo especial de ministros seráficos ha tenido experiencia anterior como ángeles guardianes de los hijos del tiempo, pero sus pupilos, por una u otra razón, no llegaron a personalizarse en los mundos de estancia o que sobrevivieron mediante la técnica de la fusión con el Espíritu.

Es tarea de los planificadores de la mente estudiar la naturaleza, experiencia y estado de las almas con Ajustador en tránsito a través de los mundos de estancia y facilitar su clasificación respecto de su asignación y avance. Pero estos planificadores de la mente no urden ni traman, ni se aprovechan de otra manera de la ignorancia ni de otras limitaciones de los estudiantes del mundo de estancia. Son totalmente justos y eminentemente rectos. Respetan vuestra voluntad morontial recién nacida, os consideran seres volitivos independientes e intentan alentar vuestro desarrollo y avance rápidos. Aquí os encontráis cara a cara con verdaderos amigos y consejeros comprensivos, ángeles que son verdaderamente capaces de ayudaros «a veros a vosotros mismos como los demás os ven a vosotros» y «a conoceros así como los ángeles os conocen».

Aun en Urantia, estos serafines enseñan la verdad sempiterna: si tu propia mente no te sirve bien, puedes intercambiarla por la mente de Jesús de Nazaret, que siempre te sirve bien.

4. *Consejeros Morontiales*. Estos ministros se llaman así porque están asignados a la enseñanza, dirección y asesoramiento de los mortales sobrevivientes de los mundos de origen humano, almas en tránsito hacia las facultades superiores de la sede central del sistema. Son los maestros de aquellos que tratan de discernir la unidad experiencial de niveles divergentes de la vida, aquellos que intentan la integración de los significados y la unificación de los valores. Ésta es la función de la filosofía en la vida mortal, y de la mota en las esferas morontiales.

La mota es más que una filosofía superior; es para la filosofía lo que son dos ojos comparados con uno; posee un efecto estereoscópico sobre los significados y los valores. El hombre material ve el universo, por así decirlo, con un solo ojo —plano. Los estudiantes de los mundos de estancia logran perspectiva cósmica —profundidad— mediante la superposición de las percepciones de la vida morontial sobre las percepciones de la vida física. Y consiguen enfocar claramente estos puntos de vista materiales y morontiales en gran parte a través del ministerio incansable de estos consejeros seráficos, quienes tan pacientemente enseñan a los estudiantes de los mundos de estancia y a los progresores morontiales. Muchos de los consejeros de enseñanza de la orden suprema de serafines comenzaron su carrera como asesores de las almas recién liberadas de los mortales del tiempo.

5. *Técnicos*. Éstos son los serafines que ayudan a los nuevos seres ascendentes a ajustarse al medio ambiente nuevo y comparativamente ajeno de las esferas morontiales. La vida en los mundos de transición comprende un contacto auténtico con las energías y materiales tanto de los niveles físicos como de los morontiales y, hasta cierto punto, con las realidades espirituales. Los ascendenteros deben aclimatarse en cada nuevo nivel morontial, y en todo ello los técnicos seráficos los asisten grandemente. Estos serafines actúan como enlace con los Supervisores del Poder Morontial y con los Controladores Físicos Decanos y funcionan ampliamente como instructores de los peregrinos ascendentes en cuanto a la naturaleza de aquellas energías que se utilizan en las esferas de transición. Sirven como atravesadores espaciales de urgencia y realizan numerosas otras tareas regulares y especiales.

6. *Maestros-Registradores*. Estos serafines son los registradores de las transacciones entre las zonas de lo espiritual y lo físico, de las relaciones de hombres y ángeles, de las transacciones morontiales de los reinos más bajos del universo. También sirven como instructores sobre las técnicas eficientes y eficaces de registro de hechos. Existe una artesanía en la recolección y coordinación inteligente de datos relacionados, y este arte está enaltecido en colaboración con los artesanos celestiales, y aun los ascendentes mortales se vuelven así relacionados con los serafines registradores.

Los registradores de todas las órdenes seráficas dedican cierta cantidad de tiempo a la educación y capacitación de los progresores morontiales. Estos custodios angélicos de los hechos del tiempo son los instructores ideales de todos los que buscan averiguar hechos. Antes de abandonar a Jerusem, te familiarizarás completamente con la historia de Satania y de sus 619 mundos habitados, y los registradores seráficos impartirán mucho de esta historia.

Estos ángeles están todos dentro de la cadena de registradores que se extiende desde los custodios más bajos hasta los más elevados de los hechos del tiempo y de las verdades de la eternidad. Algún día te enseñarán a buscar la verdad así como también los hechos, a expandir tu alma así como también tu mente. Aún ahora deberías aprender a regar el jardín de tu corazón así como también a buscar las tierras áridas del conocimiento. Las formas no tienen valor cuando se aprenden las lecciones. No hay pollito sin cáscara, pero el cascarón ya no vale nada una vez que sale el pollito. Pero a veces el error es tan grande que rectificarlo mediante la revelación podría ser fatal para esas verdades que surgen lentamente y que son esenciales para reemplazar experiencialmente el error. Cuando los niños tienen sus ideales, no los desalojéis; dejadlos crecer. Y mientras aprendéis a pensar como hombres, también debéis aprender a rezar como niños.

La ley es la vida misma y no las reglas de su conducta. El mal es una transgresión de la ley, no una violación de las reglas de conducta que pertenecen a la vida, que es la ley. La falsedad no es asunto de técnica de narración sino una acción premeditada de perversión de la verdad. La creación de imágenes nuevas basadas en viejos hechos, el restablecimiento de la vida paterna en la vida de los vástagos —estos son triunfos artísticos de la verdad. La sombra del movimiento de un solo cabello, premeditada para un propósito desleal, la desviación o perversión más leve de aquello que es principio —estas constituyen la falsedad. Pero el fetiche de la verdad factualizada, la verdad fosilizada, la mano de hierro de la así llamada verdad invariable, os retiene ciegamente en el circuito cerrado de los hechos fríos. Es posible conocer técnicamente el hecho y sin embargo errar eternamente en cuanto a la verdad.

7. *Reservas Ministrantes.* En el primer mundo de estancia se encuentra un amplio cuerpo de todas las órdenes de los serafines de transición. Aparte de los guardianes del destino, estos ministros de transición son los más cercanos a los humanos de todas las órdenes de los serafines, y vosotros transcurriréis con ellos muchos de vuestros momentos de esparcimiento. Los ángeles se deleitan en el servicio y, cuando no son asignados, a menudo ofrecen voluntariamente ministerio. El alma de muchos ascendentes mortales se ha entibiado por primera vez con el fuego divino de la voluntad de servir a través de una amistad personal con los servidores voluntarios de las reservas seráficas.

De ellos aprenderás a dejar que la presión se canalice en estabilidad y certidumbre; aprenderás a ser fiel y sincero y, al mismo tiempo, alegre; a aceptar los desafíos sin quejas y a enfrentar las dificultades e incertidumbres sin temor. Ellos preguntarán: si fracasas, ¿te levantarás indomitablemente para probar de nuevo? Si triunfas, ¿mantendrás una actitud bien equilibrada —una actitud estabilizada y espiritualizada— a través de todo esfuerzo en la larga lucha por romper las cadenas de la inercia material, por lograr la libertad de la existencia espiritual?

Así como los mortales, estos ángeles también han engendrado muchas desilusiones, y te harán notar que a veces tus desencantos más desilusionantes se transformaron en tus mayores bendiciones. A veces la semilla plantada necesita morir, la muerte de tus esperanzas más apreciadas, antes de poder renacer para dar los frutos de nueva vida y nueva oportunidad. De ellos aprenderás a sufrir menos penas y desencantos, primero, haciendo menos planes personales relacionados con otras personalidades, y luego, aceptando tu destino después de haber cumplido fielmente tu deber.

Aprenderás que acrecientas tus cargas y disminuyes la posibilidad del triunfo si te tomas demasiado seriamente. Nada puede tomar precedencia sobre la tarea de la esfera de tu estado —de este mundo o el siguiente. La tarea de preparación para la próxima esfera es muy importante, pero nada iguala la importancia de la tarea del mundo en el cual estás viviendo actualmente. Pero aunque la *tarea* es importante, el *yo* no lo es. Cuando te sientes importante, pierdes energía a través del desgaste de la dignidad del ego, de manera que queda poca energía para realizar la tarea. La autoimportancia en lugar de la importancia de la tarea, agota a las criaturas inmaduras; es el elemento del ego el que agota, y no el esfuerzo del logro. Puedes realizar una labor importante si no te vuelves autoimportante; podrás cumplir varias tareas tan fácilmente como una sola, si prescindes de tu ego. La variedad descansa; la monotonía es la que cansa y agota. Todos los días son iguales —vida, o la alternativa de la muerte.

7. LA MOTA MORONTIAL

Los planos más bajos de la mota morontial se unen directamente con los niveles más elevados de la filosofía humana. En el primer mundo de estancia es práctica enseñar a los estudiantes menos avanzados mediante la técnica paralela, o sea, en una columna se presentan los conceptos más sencillos de los significados mota, y en la columna adyacente se citan declaraciones análogas de la filosofía mortal.

No hace mucho tiempo, mientras me hallaba ejecutando una asignación en el primer mundo de estancia de Satania, tuve ocasión de observar este método de enseñanza; y aunque no es permisible que presente el contenido mota de la lección, se me permite registrar las veintiocho declaraciones de la filosofía humana que este instructor morontial estaba utilizando como material de ilustración designado para ayudar a estos nuevos habitantes del mundo de estancia en sus primeros esfuerzos por captar el significado y el sentido de mota. Estas ilustraciones de la filosofía humana fueron:

1. La exhibición de pericia especializada no significa posesión de capacidad espiritual. El ingenio no es un sustituto del carácter auténtico.

2. Pocas personas viven a la altura de la fe que realmente tienen. El temor sin raciocinio es un poderoso fraude intelectual practicado sobre el alma mortal en evolución.

3. No se pueden exceder las capacidades inherentes; una botella de medio litro no podrá contener jamás un litro. El concepto espiritual no puede ser forzado en forma mecánica dentro del molde de la memoria material.

4. Pocos mortales se atreven jamás a sumar los créditos de la personalidad establecidos por el ministerio combinado de la naturaleza y de la gracia. La mayoría de las almas empobrecidas son en verdad ricas, pero se niegan a creerlo.

5. Las dificultades pueden desafiar la mediocridad y derrotar al temeroso, pero sirven de estímulo para los verdaderos hijos de los Altísimos.

6. Disfrutar de privilegio sin abuso, contar con libertad sin libertinaje, poseer poder y no utilizarlo nunca para el propio engrandecimiento —estas son las señas de la civilización elevada.

7. No ocurren accidentes ciegos e impredecibles en el cosmos. Tampoco ayudan los seres celestiales a los seres inferiores que se niegan a guiarse por su luz de la verdad.

8. El esfuerzo no siempre produce el deleite, pero no hay felicidad sin esfuerzo inteligente.

9. La acción logra la fuerza; la moderación resulta en el encanto.

10. La rectitud hace sonar las cuerdas armónicas de la verdad, y la melodía vibra a través del cosmos hasta el reconocimiento del Infinito.

11. Los débiles se permiten resoluciones, pero los fuertes actúan. La vida no es sino un día de trabajo —hacedlo bien. La acción es nuestra; las consecuencias, de Dios.

12. La mayor aflicción del cosmos consiste en jamás haber tenido aflicciones. Los mortales tan sólo aprenden la sabiduría a través de la experiencia de las tribulaciones.

13. Las estrellas se disciernen mejor en el aislamiento solitario de las profundidades experienciales, y no desde las cimas iluminadas y estáticas de las montañas.

14. Estimulad el apetito por la verdad de vuestros asociados; ofreced consejo tan sólo cuando se os pide.

15. La afectación es el esfuerzo ridículo de los ignorantes por parecer sabios, el intento del alma estéril por parecer rica.

16. No podéis percibir la verdad espiritual hasta tanto no la experimentéis con los sentimientos, y muchas verdades no son realmente sentidas excepto en las adversidades.

17. La ambición es peligrosa hasta que no se la socializa plenamente. No habréis adquirido en verdad virtud alguna hasta tanto vuestras acciones no os hagan merecedores de ella.

18. La impaciencia es un veneno del espíritu; la ira es como una piedra arrojada en un nido de avispas.

19. Abandonad toda ansiedad. Los desencantos más difíciles de soportar son los que no llegan nunca.

20. Sólo un poeta puede discernir poesía en la prosa común de la existencia rutinaria.

21. La misión elevada de todo arte es, mediante sus ilusiones, anticipar una realidad universal más elevada, cristalizar las emociones del tiempo en el pensamiento de la eternidad.

22. El alma en evolución no se vuelve divina por lo que haga, sino por lo que trata de hacer.

23. La muerte nada agregó a la posesión intelectual ni a la dote espiritual, pero agregó al estado experiencial la conciencia de la *supervivencia*.

24. El destino de la eternidad está determinado de momento en momento por los logros del vivir de día en día. Las acciones de hoy son el destino de mañana.

25. La grandeza yace no tanto en poseer fuerza como en hacer un uso sabio y divino de dicha fuerza.

26. El conocimiento tan sólo se posee si se lo comparte; está protegido por la sabiduría y es socializado por el amor.

27. El progreso exige el desarrollo de la individualidad; la mediocridad busca la perpetuación en la estandarización.

28. La defensa argumentativa de cualquier posición es inversamente proporcional a la verdad que contiene.

Ésta es la tarea de los principiantes en el primer mundo de estancia, mientras que otros alumnos más avanzados en los mundos siguientes comienzan a dominar los niveles más elevados del discernimiento cósmico y de la mota morontial.

8. LOS PROGRESORES MORONTIALES

Desde el momento de la graduación de los mundos de estancia hasta el logro del estado espiritual en la carrera superuniversal, los mortales ascendentes son denominados progresores morontiales. Vuestro pasaje a través de esta maravillosa vida limítrofe constituirá una experiencia inolvidable, un recuerdo encantador. Es la compuerta evolucionaria a la vida espiritual y el logro futuro de la perfección de la criatura, mediante el cual los seres ascendentes alcanzan el objetivo del tiempo: hallar a Dios en el Paraíso.

Existe un propósito definido y divino en todo este esquema morontial y posteriormente espiritual de progresión mortal, esta compleja escuela de capacitación universal para las criaturas ascendentes. Es designio de los Creadores ofrecer a las criaturas del tiempo una oportunidad de aprendizaje gradual de los detalles de la operación y administración del gran universo, y este prolongado curso de capacitación se cumple mejor permitiendo que los mortales sobrevivientes asciendan gradualmente y con participación real cada peldaño de la ascensión.

El plan de supervivencia mortal tiene un objetivo práctico y útil; no sois los receptores de toda esta labor divina y capacitación cuidadosa tan sólo para que podáis sobrevivir y disfrutar de la beatitud sin fin y de la facilidad eterna. Existe un objetivo de servicio trascendental que se oculta más allá del horizonte de la presente edad del universo. Si los Dioses hubiesen decidido meramente llevaros a través de una larga y eterna excursión de deleite, con certeza no hubiesen transformado el universo entero hasta tal punto en una vasta y complicada escuela de capacitación práctica, solicitando una parte sustancial de la creación celestial como maestros e instructores, y luego pasar edades tras edades dirigiéndoos uno por uno, a través de esta gigantesca escuela universal de capacitación experiencial. El adelanto del esquema de la progresión mortal parece ser una de las ocupaciones principales del universo organizado presente, y la mayoría de las innumerables órdenes de inteligencias creadas están ocupadas directa o indirectamente en el avance de alguna fase de este plan progresivo de perfección.

Al atravesar la escala ascendente de la existencia viva desde el hombre mortal hasta el abrazo de la Deidad, vosotros en verdad vivís la vida misma de toda etapa y fase posible de la existencia de la criatura perfeccionada dentro de los límites de la presente edad universal. El tramo desde hombre mortal hasta finalista paradisiaco comprende todo lo que puede ser ahora —abraza todo lo que es presentemente posible para las órdenes vivientes de criaturas inteligentes, perfeccionadas, finitas. Si el destino futuro de los finalistas paradisiacos es el servicio en los nuevos universos ahora en formación, es seguro que en esta nueva y futura creación no habrá órdenes creadas de seres experienciales cuyas vidas sean totalmente diferentes de aquellas que han vivido los finalistas mortales en algún mundo como parte de su capacitación ascendente, como una de las etapas de su progreso de duración milenaria desde animal hasta ángel y desde ángel hasta espíritu y desde espíritu hasta Dios.

[Presentado por un Arcángel de Nebadon.]

DOCUMENTO 49

LOS MUNDOS HABITADOS

TODOS los mundos que habitan los seres mortales son de origen y naturaleza evolucionarios. Estas esferas son el terreno de desove, la cuna evolucionaria, de las razas mortales del tiempo y del espacio. Cada unidad de la vida ascendente es una auténtica escuela de capacitación para la etapa de la existencia que le sigue, y así es en cada etapa de la ascensión progresiva del hombre hacia el Paraíso; es igualmente verdad con respecto a la experiencia mortal inicial en un planeta evolucionario, como a la escuela universal final en la sede central de los Melquisedek, una facultad a la cual no asisten los mortales ascendentes hasta antes de su traslado al régimen del superuniverso y el logro de la existencia de los espíritus de primera etapa.

Todos los mundos habitados están básicamente agrupados para la administración celestial en sistemas locales, y cada uno de estos sistemas locales está limitado a aproximadamente mil mundos evolucionarios. Esta limitación es por decreto de los Ancianos de los Días, y se refiere a los planetas actuales evolucionarios en los que viven seres mortales de estado de supervivencia. No pertenecen a este grupo ni los mundos finalmente establecidos en luz y vida ni los planetas de la etapa prehumana del desarrollo de la vida.

Satania misma es un sistema no terminado que contiene tan sólo 619 mundos habitados. Estos planetas están numerados en forma de serie de acuerdo con su registro como mundos habitados, como mundos habitados por criaturas volitivas. Así pues Urantia ha recibido el número *606 de Satania*, lo cual significa que es el mundo 606 de este sistema local en el cual el largo proceso de evolución de la vida culminó en la aparición de seres humanos. Existen treinta y seis planetas no habitados que se están acercando a la etapa de dotación de vida, y varios que se están preparando para los Portadores de Vida. Hay casi doscientas esferas que están evolucionando para poder recibir la implantación de vida dentro de unos pocos millones de años.

No todos los planetas son adecuados para cobijar la vida mortal. Los planetas pequeños con una alta velocidad de revoluciones axiales son totalmente inadecuados como hábitat de vida. En varios de los sistemas físicos de Satania los planetas que giran alrededor del sol central son demasiado grandes para ser habitados, pues su gran masa produce una gravedad opresiva. Muchas de estas enormes esferas tienen satélites, a veces media docena o aún más, y estas lunas son frecuentemente de tamaño muy similar al de Urantia, de modo que son casi ideales para ser habitadas.

El mundo habitado más viejo de Satania, el mundo número uno, es Anova, uno de los cuarenta y cuatro satélites que giran alrededor de un enorme planeta oscuro pero expuesto a la luz diferencial de tres soles vecinos. Anova se encuentra en una etapa avanzada de civilización progresiva.

1. LA VIDA PLANETARIA

Los universos del tiempo y el espacio desarrollan paulatinamente; la progresión de la vida —terrestre o celestial— no es ni arbitraria ni mágica. Puede que la evolución cósmica no sea siempre comprensible (pronosticable), pero es estrictamente planeada, no accidental.

La unidad biológica de la vida material es la célula protoplásmica, la asociación colectiva de energías químicas, energías eléctricas y otras energías básicas. Las fórmulas químicas difieren en cada sistema, y la técnica de la reproducción de la célula viva es ligeramente diferente en cada universo local, pero los Portadores de Vida son siempre los catalizadores vivientes que inician las reacciones primordiales de la vida material; son los instigadores de los circuitos de energía de la materia viva.

Todos los mundos de un sistema local revelan un parentesco físico inconfundible; sin embargo, cada planeta tiene su propia escala de vida, y no existen dos mundos que sean exactamente idénticos en sus dotaciones vegetales y animales. Estas variaciones planetarias en los tipos de vida del sistema son el resultado de las decisiones de los Portadores de Vida. Pero estos seres no son ni caprichosos ni antojadizos; los universos son dirigidos de acuerdo con la ley y el orden. Las leyes de Nebadon son los mandatos divinos de Salvington, y la orden evolucionaria de vida en Satania está de acuerdo con el modelo original evolucionario de Nebadon.

La evolución es la regla del desarrollo humano, pero el progreso mismo varía grandemente en los distintos mundos. La vida a veces se inicia en un centro, a veces en tres, tal como sucedió en Urantia. En los mundos atmosféricos generalmente tiene un origen marino, pero no siempre; mucho depende del estado físico de un planeta. Los Portadores de Vida tienen gran libertad en su función de dar inicio a la vida.

En el desarrollo de la vida planetaria, la forma vegetal siempre precede a la animal y está bastante desarrollada antes de que se diferencien las formas de la vida animal. Todos los tipos de animales se desarrollan a partir de los modelos originales básicos del reino vegetal precedente de las cosas vivas; no se organizan en forma separada.

Las etapas iniciales de la evolución de la vida no están totalmente en conformidad con vuestros puntos de vista de hoy en día. *El hombre mortal no es un accidente evolucionario.* Existe un sistema preciso, una ley universal, que determina el desarrollo del plan de vida planetario en las esferas del espacio. El tiempo y la producción de grandes números de especies no constituyen las influencias controladoras. Los ratones se reproducen mucho más rápidamente que los elefantes, sin embargo los elefantes evolucionan más rápidamente que los ratones.

El proceso de la evolución planetaria es ordenado y controlado. El desarrollo de organismos más elevados a partir de las agrupaciones más bajas de vida no es accidental. A veces el progreso evolucionario se demora temporalmente debido a la destrucción de ciertas líneas favorables de plasma vital llevadas por una especie selecta. Frecuentemente se requieren edades tras edades para recuperar y corregir el daño ocasionado por la pérdida de una sola veta superior de herencia humana. Debéis custodiar celosa e inteligentemente estas vetas seleccionadas y superiores de protoplasma vivo una vez que aparecen. La mayoría de los mundos habitados valoran estos potenciales superiores de vida mucho más que los valoráis en Urantia.

2. TIPOS FÍSICOS PLANETARIOS

Existe un modelo original estándar y básico de vida vegetal y animal en cada sistema. Pero los Portadores de Vida frecuentemente se encuentran con la necesidad de modificar estos modelos originales básicos para adaptarlos a las condiciones físicas variables que los enfrentan en numerosos mundos del espacio. Auspician un tipo generalizado de criatura mortal del sistema, pero existen siete tipos físicos distintos así como también miles y miles de variaciones menores de estas siete diferenciaciones más prominentes:

1. Tipos atmosféricos.
2. Tipos elementales.
3. Tipos de gravedad.
4. Tipos de temperatura.
5. Tipos eléctricos.
6. Tipos energizadores.
7. Tipos innominados.

El sistema de Satania contiene a todos estos tipos y numerosos grupos intermedios, aunque algunos aparecen muy esporádicamente.

1. *Los tipos atmosféricos*. La naturaleza de la atmósfera determina, en gran parte, la diferencia física de los mundos que hospedan a los mortales; otras influencias que contribuyen a la diferenciación planetaria de vida son relativamente menores.

El estado atmosférico presente de Urantia es casi ideal para el tipo de hombre que respira, pero el tipo humano puede modificarse como para vivir tanto en planetas superatmosféricos como en planetas subatmosféricos. Estas modificaciones también se extienden a la vida animal, que difiere grandemente en las distintas esferas habitadas. Hay enorme modificación de las órdenes animales tanto en los mundos subatmosféricos como en los superatmosféricos.

De los tipos atmosféricos en Satania, aproximadamente dos y medio por ciento son subrespiradores, un cinco por ciento superrespiradores, y más del noventa y uno por ciento son respiradores medios, comprendiendo así noventa y ocho y medio por ciento de los mundos de Satania.

Seres tales como las razas urantianas se clasifican como respiradores medios; representáis el promedio o la orden típica de la existencia mortal en cuanto a la respiración. Si existiesen criaturas inteligentes en un planeta con una atmósfera similar a la de vuestro vecino cercano, Venus, pertenecerían al grupo de superrespiradores, mientras que los que habiten un planeta con una atmósfera tan fina como la de vuestro vecino exterior, Marte, serían denominados subrespiradores.

Si los mortales habitaran un planeta sin aire, como vuestra luna, pertenecerían a una orden distinta de no respiradores. Este tipo representa un ajuste radical o extremo al medio ambiente planetario y se lo considera por separado. Los seres que no respiran corresponden al uno y medio por ciento restante de los mundos de Satania.

2. *Los tipos elementales*. Estas diferenciaciones tienen que ver con la relación de los mortales con el agua, el aire y la tierra, y existen cuatro especies distintas de vida inteligente en cuanto a su relación con estos medios ambientes. Las razas urantianas son de la orden terrestre.

Es casi imposible para vosotros imaginar el medio ambiente que prevalece durante las edades primitivas de algunos mundos. Estas condiciones insólitas requieren que la vida animal en evolución permanezca en su hábitat de guardería marina por períodos más prolongados que en aquellos planetas que muy pronto proveen un medio ambiente de tierra y atmósfera acogedor. Por otra parte, en algunos mundos de los superrespiradores, cuando el planeta no es demasiado grande, a veces es conveniente proveer un tipo mortal que sin dificultades pueda volar. Estos navegantes del aire a veces intervienen entre los grupos acuáticos y los grupos terrestres, y siempre viven hasta cierto punto sobre la tierra, evolucionando finalmente como habitantes de la tierra. Pero en algunos mundos, durante muchas edades continúan volando aun después de haberse vuelto seres de tipo terrestre.

Es a la vez sorprendente y divertido observar la civilización primaria de una raza primitiva de seres humanos que se va formando, en un caso, en el aire y en las copas de los árboles y, en otro, en las aguas poco profundas de lagunas tropicales protegidas, así como también en los fondos, los costados y las orillas de estos jardines marinos de las razas de los albores de dichas esferas extraordinarias. Aun en Urantia existió una larga edad durante la cual el hombre primitivo se preservó a sí mismo y avanzó su civilización primitiva viviendo en su mayor parte en las copas de los árboles así como lo hicieron los antepasados arbóreos más tempranos. Y en Urantia aún tenéis un grupo de mamíferos diminutos (la familia de los murciélagos) que son navegantes aéreos, y vuestras focas y ballenas, de habitación marina, también son de la orden mamífera.

En Satania, de los tipos elementales, el siete por ciento pertenece al tipo acuático; el diez por ciento, al tipo aéreo; el setenta por ciento, al tipo terrestre, y trece por ciento son tipos terrestres y aéreos combinados. Pero estas modificaciones de las criaturas inteligentes primitivas no son ni peces humanos ni pájaros humanos. Son de los tipos humanos y prehumanos, ni superpeces ni pájaros glorificados sino claramente mortales.

3. *Los tipos de gravedad.* Modificando el diseño de la creación, los seres inteligentes se les construye para funcionar libremente tanto en esferas mucho más pequeñas como más grandes que Urantia, adaptándose así, hasta cierto punto, a la gravedad de aquellos planetas que no son de tamaño y densidad ideales.

Los varios tipos planetarios de mortales varían en altura, siendo el promedio en Nebadon alrededor de dos metros. Algunos de los mundos más grandes están poblados de seres que tienen una altura tan sólo de aproximadamente setenta y cinco centímetros. La estatura mortal varía a partir de este punto, a través de alturas promedio en los planetas de tamaño promedio hasta alrededor de dos metros y medio en las esferas habitadas más pequeñas. En Satania existe una sola raza de menos de un metro y pico de altura. El veinte por ciento de los mundos habitados de Satania está poblado por mortales de los tipos de gravedad modificados que ocupan los planetas más grandes y más pequeños.

4. *Los tipos de temperatura.* Es posible crear seres vivientes que puedan soportar tanto temperaturas mucho más altas como mucho más bajas que las del espectro vital de Urantia. Existen cinco órdenes distintas de seres tal como son clasificadas con referencia a los mecanismos de regulación de la temperatura. Según esta escala, las razas de Urantia corresponden a la número tres. El treinta por ciento de los mundos de Satania están habitados por razas de tipos de temperatura modificados. Doce por ciento pertenecen a las gamas de temperatura más elevada, dieciocho por ciento a las de temperatura más baja, en comparación con los urantianos, que funcionan en el grupo de temperatura media.

5. *Los tipos eléctricos.* La conducta eléctrica, magnética y electrónica de los mundos varía grandemente. Existen diez diseños de vida mortal formados en forma variada para soportar el diferencial de energía de las esferas. Estas diez variedades también reaccionan de manera algo diferente a los rayos químicos de la luz solar

común. Pero estas pequeñas variaciones físicas no afectan en manera alguna la vida intelectual o espiritual.

En cuanto a las agrupaciones eléctricas de vida mortal, casi veintitrés por ciento pertenecen a la clase número cuatro, el tipo de existencia urantiana. Estos tipos están distribuidos como sigue: número 1, uno por ciento; número 2, dos por ciento; número 3, cinco por ciento; número 4, veintitrés por ciento; número 5, veintisiete por ciento; número 6, veinticuatro por ciento; número 7, ocho por ciento; número 8, cinco por ciento; número 9, tres por ciento; número 10, dos por ciento —en porcentajes enteros.

6. *Los tipos energizadores*. No todos los mundos son parecidos en la forma de recibir la energía. No todos los mundos habitados tienen un océano atmosférico adecuado para el intercambio respiratorio de gases, tal como ocurre actualmente en Urantia. Durante las etapas más primitivas y las posteriores de muchos planetas, los seres de vuestra orden presente no podrían existir; cuando los factores de respiración de un planeta son muy elevados o muy bajos, pero cuando todos los demás prerrequisitos para la vida inteligente son adecuados, los Portadores de Vida a menudo establecen en dichos mundos una forma modificada de existencia mortal, seres que son capaces de efectuar sus intercambios del proceso vital directamente mediante la energía de luz y las transmutaciones de poder primarias, efectuadas por los Controladores Físicos Decanos.

Existen seis tipos diferentes de nutrición animal y mortal: los subrespiradores emplean el primer tipo de nutrición, los habitantes marinos el segundo, los respiradores medios el tercero, tal como ocurre en Urantia. Los superrespiradores emplean el cuarto tipo de ingestión de energía, mientras que los que no respiran utilizan la quinta orden de nutrición y energía. La sexta técnica de energización se limita a los seres intermedios.

7. *Los tipos innominados*. Existen numerosas variaciones físicas adicionales en la vida planetaria, pero todas estas diferencias son completamente asuntos de modificación anatómica, diferenciación fisiológica, y ajuste electroquímico. Estas distinciones no conciernen a la vida intelectual o espiritual.

3. LOS MUNDOS DE LOS QUE NO RESPIRAN

La mayoría de los planetas están poblados del tipo respirante de seres inteligentes. Pero también existen órdenes de mortales que son capaces de vivir en mundos con muy poco aire o sin aire. De los mundos habitados orvontónicos este tipo llega a menos del siete por ciento. En Nebadon este porcentaje es de menos del tres por ciento. En toda Satania tan sólo hay nueve de dichos mundos.

Existen tan pocos tipos de mundos habitados con seres que no respiran en Satania porque ésta es la sección de Norlatiadek más recientemente organizada que abunda en cuerpos espaciales meteóricos; y los mundos sin una atmósfera de fricción protectora están sujetos al bombardeo incesante de estos cuerpos erráticos. Aun algunos de los cometas consisten en grupos de meteoros, pero como regla general están divididos en cuerpos de materia más pequeños.

Millones y millones de meteoritos penetran la atmósfera de Urantia diariamente, entrando a una velocidad de más de trescientos veinte kilómetros por segundo. En los mundos sin respiración las razas avanzadas deben hacer mucho para protegerse del daño por meteoros, construyendo instalaciones eléctricas que operan para consumir o desviar los meteoros. Se enfrentan con grave peligro cuando se aventuran más allá de estas zonas protegidas. Estos mundos también están sujetos a desastrosas tormentas eléctricas de una naturaleza desconocida en Urantia. Durante los tiempos de estos períodos de tremenda fluctuación de la energía, los habitantes deben refugiarse en sus estructuras especiales de aislamiento protector.

La vida en los mundos de los que no respiran es radicalmente diferente de la vida en Urantia. Los seres que no respiran no comen comida ni beben agua como lo hacen las razas urantianas. Las reacciones del sistema nervioso, el mecanismo de regulación de la temperatura, y el metabolismo de estos pueblos especializados difieren radicalmente de dichas funciones en los mortales urantianos. Casi todas las acciones del vivir difieren, aparte de la reproducción, y aun los métodos de procreación son un tanto diferentes.

En los mundos sin respiración las especies animales son radicalmente distintas de las que se encuentran en los planetas atmosféricos. El plan de vida sin respiración varía de la técnica de la existencia en un mundo atmosférico; aun en la supervivencia sus pueblos difieren, siendo candidatos para la fusión con el Espíritu. Sin embargo, estos seres disfrutan de la vida y llevan adelante las actividades del reino con las mismas dificultades y alegrías relativas que experimentan los mortales que viven en los mundos atmosféricos. En cuanto a la mente y el carácter los que no respiran no difieren de otros tipos mortales.

Mucho os podría interesar la conducta planetaria de este tipo de mortales porque una raza de seres de este tipo habita una esfera muy cercana a Urantia.

4. LAS CRIATURAS VOLITIVAS EVOLUCIONARIAS

Existen grandes diferencias entre los mortales de los distintos mundos, aun entre aquellos que pertenecen a los mismos tipos intelectuales y físicos, pero todos los mortales de dignidad volitiva son animales erectos, bípedos.

Existen seis razas evolucionarias básicas: tres primarias —roja, amarilla y azul; y tres secundarias —anaranjada, verde e índiga. La mayoría de los mundos habitados tienen todas estas razas, pero muchos de los planetas de tres cerebros cobijan tan sólo los tres tipos primarios. Algunos sistemas locales tan sólo tienen estas tres razas.

La dote de sensación física especial promedio de los seres humanos es de doce sentidos, aunque los sentidos especiales de los mortales con tres cerebros son ampliados ligeramente más allá de aquellos de los tipos con uno y dos cerebros; pues pueden ver y oír considerablemente más que las razas de Urantia.

La progenie generalmente nace de a uno, siendo los nacimientos múltiples una excepción, y la vida familiar es bastante uniforme en todos los tipos de planetas. La igualdad entre los sexos prevalece en todos los mundos avanzados; los hombres y las mujeres son iguales en dote mental y estado espiritual. No consideramos que un planeta haya salido de la barbarie hasta tanto un sexo siga intentando tiranizar al otro. Esta característica de la experiencia de la criatura siempre mejora grandemente después de la llegada de un Hijo e Hija Material.

Las variaciones de estaciones y temperaturas ocurren en todos los planetas iluminados y calentados por el sol. La agricultura es universal en todos los mundos atmosféricos; la labranza de la tierra es la actividad común a las razas en avance de todos estos planetas.

En sus etapas primitivas, los mortales tienen todos las mismas luchas generales con los enemigos microscópicos tal como las que experimentáis ahora en Urantia, aunque tal vez no tan extensamente. La longitud de la vida varía en los distintos planetas desde veinticinco años en los mundos primitivos hasta cerca de quinientos años en las esferas más avanzadas y más antiguas.

Los seres humanos son todos gregarios, tanto en un sentido tribal como en un sentido racial. Estas segregaciones de grupos son inherentes a su origen y constitución. Dichas tendencias pueden modificarse tan sólo con el avance de la civilización y por una espiritualización gradual. Los problemas sociales, económicos y gubernamentales de los mundos habitados varían de acuerdo con la edad de los planetas y con el grado en el cual les han influido las estadías sucesivas de los Hijos divinos.

La mente es la dote del Espíritu Infinito y funciona de la misma manera en los distintos medios ambientes. La mente de los mortales es similar a pesar de las diferencias estructurales y químicas que caracterizan las naturalezas físicas de las criaturas volitivas de los sistemas locales. Sean cuales fueran las diferencias personales o físicas planetarias, la vida mental de todas estas distintas órdenes de mortales es muy similar, y sus carreras inmediatas después de la muerte son muy parecidas.

Pero la mente mortal sin el espíritu inmortal no puede sobrevivir. La mente del hombre es mortal; sólo el espíritu otorgado es inmortal. La supervivencia depende de la espiritualización por el ministerio del Ajustador —del nacimiento y evolución del alma inmortal; por lo menos, no debe haberse desarrollado un antagonismo hacia la misión del Ajustador, la cual consiste en efectuar la transformación espiritual de la mente material.

5. LAS SERIES PLANETARIAS DE MORTALES

Resultará un tanto difícil hacer una descripción adecuada de las series planetarias de mortales porque tan poco es lo que conocéis sobre ellos ya que hay tantas variedades. Sin embargo, se pueden estudiar las criaturas mortales, desde numerosos puntos de vista, entre los cuales están los siguientes:

1. Adaptación al medio ambiente planetario.
2. Series de tipo de cerebro.
3. Series de recepción del espíritu.
4. Epocas planetarias de los mortales.
5. Series de parentesco de criaturas.
6. Series de fusión con el Ajustador.
7. Técnicas de escape terrestre.

Las esferas habitadas de los siete superuniversos están pobladas de mortales que se clasifican simultáneamente en una o más categorías de cada una de estas siete clases generalizadas de vida evolucionaria en forma de criaturas. Pero aun estas clasificaciones generales no contienen disposición alguna para seres tales como los midsoniteros ni para ciertas otras formas de vida inteligente. Los mundos habitados, tal como han sido presentados en estas narrativas, están poblados de criaturas mortales evolucionarias, pero existen otras formas de vida.

1. *Adaptación al medio ambiente planetario.* Existen tres grupos generales de mundos habitados desde el punto de vista del ajuste de la vida criatura al medio ambiente planetario: el grupo de ajuste normal, el grupo de ajuste radical, y el grupo experimental.

Los ajustes normales a las condiciones planetarias siguen los modelos originales físicos generales previamente considerados. Los mundos de los que no respiran tipifican los ajustes radicales o extremos, pero también se incluyen otros tipos en este grupo. Los mundos experimentales también están generalmente adaptados idealmente a las formas de vida típicas, y en estos planetas decimales los Portadores de Vida intentan producir variaciones benéficas en los diseños estándar de vida. Puesto que vuestro mundo es un planeta experimental, difiere marcadamente de sus esferas hermanas en Satania; muchas formas de vida han aparecido en Urantia que no se encuentran en ningún otro lado; del mismo modo, muchas especies comunes están ausentes de vuestro planeta.

En el universo de Nebadon, todos los mundos de modificación de vida están vinculados en forma serial y constituyen un campo especial de los asuntos universales a cargo de administradores específicamente designados; y todos estos mundos experimentales son inspeccionados periódicamente por un cuerpo de directores universales cuyo jefe es el finalista veterano conocido en Satania como Tabamantia.

2. *Series de tipo de cerebro*. La única uniformidad física entre los mortales es el cerebro y el sistema nervioso; sin embargo, existen tres organizaciones básicas del mecanismo cerebral: los tipos con un cerebro, los de dos cerebros y los de tres cerebros. Los urantianos son del tipo de dos cerebros, un tanto más imaginativos, aventurosos, y filosóficos que los mortales de un solo cerebro pero un tanto menos espirituales, éticos y adoradores que los de las órdenes de tres cerebros. Estas diferencias cerebrales caracterizan aun existencias animales prehumanas.

A partir del tipo de corteza cerebral urantiana de dos hemisferios podéis, por analogía, comprender algo del tipo de un solo cerebro. El tercer cerebro de las órdenes con tres cerebros se concibe de la mejor manera como una evolución de vuestra forma más baja y rudimentaria de cerebro, que se desarrolla hasta el punto en que funciona principalmente en el control de las actividades físicas, dejando a los dos cerebros superiores en libertad para ocupaciones más elevadas: uno para las funciones intelectuales y el otro para las actividades espirituales como pareja del Ajustador del Pensamiento.

Mientras que los logros terrestres de las razas con un solo cerebro están ligeramente limitados en comparación con las órdenes de dos cerebros, los planetas más antiguos del grupo de tres cerebros exhiben civilizaciones que asombrarían a los urantianos, y que avergonzarían hasta cierto punto, en comparación, a vuestra civilización. En desarrollo mecánico y civilización material, aun en progreso intelectual, los mundos de mortales con dos cerebros son capaces de igualar las esferas de los habitantes con tres cerebros. Pero en el control más elevado de la mente y el desarrollo de la reciprocidad intelectual y espiritual, vosotros sois un tanto inferiores.

Todos estos cálculos comparativos que se refieren al progreso intelectual o a los logros espirituales de un mundo o grupo de mundos deberían reconocer, en toda justicia, la edad planetaria; muchísimo depende de la edad, la asistencia de los elevadores biológicos, y las misiones subsiguientes de las varias órdenes de Hijos divinos.

Aunque los pueblos con tres cerebros son capaces de una evolución planetaria ligeramente más elevada que la de las órdenes de uno o dos cerebros, todos poseen el mismo tipo de plasma vital y llevan adelante actividades planetarias de una manera muy similar, semejante a la de los seres humanos en Urantia. Estos tres tipos de mortales están distribuidos a través los mundos de los sistemas locales. En la mayoría de los casos las condiciones planetarias muy poco tuvieron que ver con las decisiones de los Portadores de Vida de proyectar estas órdenes variadas de mortales en los distintos mundos; es prerrogativa de los Portadores de Vida así planear y ejecutar.

Estas tres órdenes están en el mismo plano en cuanto a la carrera de ascensión. Cada una debe atravesar la misma escala intelectual de desarrollo, y cada una debe dominar las mismas pruebas espirituales de progreso. La administración del sistema y el supercontrol de la constelación en lo que concierne estos mundos diferentes están uniformemente libres de discriminación; aun los regímenes de los Príncipes Planetarios son idénticos.

3. *Series de recepción del espíritu.* Existen tres grupos de diseño de mente en cuanto se refiere al contacto con los asuntos espirituales. Esta clasificación no se refiere a las órdenes de mortales con un cerebro, dos o tres; se refiere principalmente a la química glandular, más particularmente a la organización de ciertas glándulas comparables a los cuerpos pituitarios. Las razas en algunos mundos tienen una glándula, en otros dos, tal como los urantianos, mientras que en otras esferas las razas tienen tres de estos cuerpos singulares. Esta dote química diferencial claramente influye en la imaginación inherente y la receptividad espiritual.

De los tipos de recepción espiritual, sesenta y cinco por ciento son del segundo grupo, como las razas urantianas. Doce por ciento son del primer tipo, por naturaleza menos receptivos, mientras que veintitrés por ciento tienen una mayor tendencia espiritual durante la vida terrestre. Pero estas distinciones no sobreviven la muerte natural; todas estas diferencias raciales pertenecen tan sólo a la vida en la carne.

4. *Epocas planetarias de los mortales.* Esta clasificación reconoce la sucesión de dispensaciones temporales que afectan el estado terrestre del hombre y su recepción del ministerio celestial.

La vida es iniciada en los planetas por los Portadores de Vida, que vigilan su desarrollo hasta algún momento después de la aparición evolucionaria del hombre mortal. Antes de abandonar un planeta, los Portadores de Vida instalan debidamente a un Príncipe Planetario como gobernante del reino. Con este gobernante llega una cuota completa de auxiliares subordinados y asistentes ministrantes, y la primera adjudicación de los vivos y de los muertos es simultánea a su llegada.

Con la aparición de las agrupaciones humanas, este Príncipe Planetario llega para inaugurar la civilización humana y enfocar la sociedad humana. Vuestro mundo confuso no es normativo de los primeros tiempos del reino de los Príncipes Planetarios, porque fue poco después de los comienzos de dicha administración en Urantia cuando vuestro Príncipe Planetario, Caligastia, se unió a la rebelión del Soberano del Sistema, Lucifer. Desde entonces vuestro planeta ha tenido un rumbo tormentoso.

En un mundo evolucionario normal, el progreso racial llega a su cima biológica natural durante el régimen del Príncipe Planetario, y poco después el Soberano del Sistema despacha a un Hijo e Hija Materiales a ese planeta. Estos seres importados son útiles como elevadores biológicos; su falta en Urantia complicó ulteriormente vuestra historia planetaria.

Cuando el progreso intelectual y ético de una raza humana ha alcanzado los límites del desarrollo evolucionario, llega un Hijo Avonal del Paraíso en misión de magistrado; y más adelante, cuando el estado espiritual de dicho mundo se está acercando a su límite de logro natural, un Hijo autootorgador Paradisiaco viene al planeta. La misión principal del Hijo autootorgador consiste en establecer el estado planetario, liberar al Espíritu de la Verdad para la función planetaria, y de este modo efectuar la llegada universal de los Ajustadores del Pensamiento.

Aquí, nuevamente, Urantia se desvía: no ha habido jamás una misión de magistrado en vuestro mundo, tampoco fue vuestro Hijo autootorgador de la orden de Avonales; vuestro planeta disfrutó el honor especial de tornarse en hogar planetario mortal del Hijo Soberano, Micael de Nebadon.

Como resultado del ministerio de todas las órdenes sucesivas de filiación divina, los mundos habitados y sus razas en avance comienzan a acercarse a la cúspide de la evolución planetaria. Dichos mundos maduran para la misión culminante, la llegada de los Hijos Instructores Trinitarios. Esta época de los Hijos Instructores es el vestíbulo de la edad planetaria final —la utopía evolucionaria— la edad de luz y vida.

Esta clasificación de los seres humanos recibirá atención especial en un documento subsiguiente.

5. *Series de parentesco de criaturas.* Los planetas no sólo están organizados en forma vertical en sistemas, constelaciones y así sucesivamente, sino que la administración universal también provee agrupaciones horizontales de acuerdo con el tipo, serie y otras relaciones. Esta administración horizontal del universo pertenece más particularmente a la coordinación de actividades de naturaleza relacionada que han sido patrocinadas en forma independiente en las distintas esferas. Estas clases relacionadas de criaturas universales son inspeccionadas periódicamente por ciertos cuerpos compuestos de personalidades elevadas, presididos por finalistas de prolongada experiencia.

Estos factores de parentesco se manifiestan en todos los niveles, porque las series de parentesco existen entre las personalidades no humanas así como también entre las criaturas mortales —aun entre órdenes humanas y superhumanas. Los seres inteligentes están relacionados verticalmente en doce grandes grupos de siete divisiones principales cada uno. La coordinación de estos grupos singularmente relacionados de seres vivientes se efectúa probablemente mediante una técnica no plenamente comprendida del Ser Supremo.

6. *Series de fusión con el Ajustador.* La clasificación espiritual o agrupación de todos los mortales durante su experiencia prefusión está determinada totalmente por la relación del estado de la personalidad con el Monitor Misterioso residente. Casi el noventa por ciento de los mundos habitados de Nebadon está poblado por mortales de fusión con el Ajustador, en contraste con un universo cercano en el cual poco más de una mitad de los mundos cobija seres que son candidatos, resididos por Ajustadores, para la fusión eterna.

7. *Técnicas de escape terrestre.* Existe fundamentalmente una sola forma en la cual se puede iniciar una vida humana individual en los mundos habitados, y ésta es mediante la procreación efectuada por las criaturas y el nacimiento natural; pero existen numerosas técnicas mediante las cuales el hombre escapa su estado terrestre y gana acceso al caudal de seres ascendentes al Paraíso que fluyen hacia el interior.

6. EL ESCAPE TERRESTRE

Todos los distintos tipos físicos y series planetarios de mortales disfrutan por igual del ministerio de los Ajustadores del Pensamiento, de los ángeles guardianes, y de las varias órdenes de las huestes mensajeras del Espíritu Infinito. Todos los mortales son liberados por igual de las cadenas de la carne por la emancipación de la muerte natural, y todos proceden por igual a los mundos morontiales de evolución espiritual y progreso mental.

De vez en cuando, por decisión de las autoridades planetarias o de los gobernantes del sistema, se conducen resurrecciones especiales de los sobrevivientes durmientes. Estas resurrecciones ocurren por lo menos cada milenio de tiempo planetario, cuando no todos pero «muchos de los que duermen en el polvo de la tierra se despertarán». Estas resurrecciones especiales dan ocasión para movilizar grupos especiales de seres ascendentes para el servicio específico en el plan del universo local para la ascensión mortal. Existen tanto razones prácticas como asociaciones sentimentales relacionadas con estas resurrecciones especiales.

A lo largo de las primeras edades de un mundo habitado, muchos son llamados a las esferas de estancia en las resurrecciones especiales y milenarias, pero la mayoría de los sobrevivientes son repersonalizados en la inauguración de una nueva dispensación asociada con el advenimiento de un Hijo divino de servicio planetario.

1. *Mortales de orden de sobrevivencia dispensacional o de grupo.* Con la llegada del primer Ajustador en un mundo habitado los serafines guardianes también hacen su aparición; son indispensables para el escape terrestre. A través del lapso de vida de los sobrevivientes durmientes, los valores espirituales y las realidades eternas de sus almas recién desarrolladas e inmortales se mantienen en fideicomiso sagrado en las manos del serafín guardián personal o del serafín guardián de grupo.

Los guardianes de grupo asignados a los sobrevivientes durmientes siempre actúan con los Hijos de juicio en sus advientos mundiales. «Enviará sus ángeles y juntarán a sus escogidos, de los cuatro vientos». Con cada serafín asignado a la repersonalización de un mortal durmiente actúa el Ajustador que ha regresado, el mismo inmortal fragmento del Padre que viviera en él durante los días de la carne, y así se restaura la identidad y resurge la personalidad. Durante el sueño de sus sujetos estos Ajustadores que aguardan sirven en Divinington; no residen jamás en otra mente mortal durante este período.

Mientras que los mundos más antiguos de existencia mortal cobijan a aquellos tipos de seres humanos altamente desarrollados y exquisitamente espirituales que están virtualmente exentos de la vida morontial, las etapas más tempranas de las razas de origen animal se caracterizan por mortales primitivos que son tan inmaduros como para imposibilitar la fusión con su Ajustador. El despertar de estos mortales se efectúa gracias a los serafines guardianes en unión con una porción individualizada del espíritu inmortal de la Tercera Fuente y Centro.

Así pues los sobrevivientes durmientes de una edad planetaria son repersonalizados en las llamadas dispensaciones. Pero respecto de las personalidades no salvables de un reino, no se encuentra presente ningún espíritu inmortal para actuar con los guardianes de grupo del destino, y esto constituye la cesación de la existencia de la criatura. Aunque algunos de vuestros registros han descrito estos acontecimientos como tomando lugar en los planetas de la muerte mortal, en realidad ocurren en los mundos de estancia.

2. *Mortales de las órdenes de ascensión individual.* El progreso individual de los seres humanos está medido por su logro sucesivo y su travesía (dominio) de los siete círculos cósmicos. Estos círculos de progresión mortal son niveles de valores asociados intelectuales, sociales, espirituales y de discernimiento cósmico. Comenzando en el séptimo círculo, los mortales intentan alcanzar el primero, y a todos los que han logrado el tercero inmediatamente se les asignan guardianes personales del destino. Estos mortales pueden ser repersonalizados en la vida morontial independientemente de las adjudicaciones dispensionales o de otra índole.

A través de las etapas primitivas de un mundo evolucionario, pocos mortales van al juicio en el tercer día. Pero a medida que pasan las edades, más y más se asignan guardianes personales del destino a los mortales en avance, y de este modo cada vez mayor número de estas criaturas evolutivas son repersonalizadas en el primer mundo de estancia el tercer día después de la muerte natural. En dichas ocasiones, el regreso del Ajustador señala el despertar del alma humana, y ésta es la repersonalización de los muertos tan literalmente como cuando se pasa lista en masa al fin de una dispensación en los mundos evolucionarios.

Existen tres grupos de seres ascendentes individuales: los menos avanzados llegan al mundo de estancia inicial o primero. El grupo más avanzado puede tomar la carrera morontial en cualquiera de los mundos de estancia intermedios de acuerdo con el progreso planetario previo. Las más avanzadas de estas órdenes realmente comienzan su experiencia morontial en el séptimo mundo de estancia.

3. *Mortales de las órdenes de ascensión que depende de un período de prueba.* La llegada de un Ajustador constituye la identidad a los ojos del universo, y todos los seres morados por Ajustadores están en las listas de llamado de la justicia. Pero la vida temporal en los mundos evolucionarios es incierta, y muchos mueren en la juventud antes de haber elegido la carrera al Paraíso. Tales niños y jóvenes morados por un Ajustador siguen al progenitor de estado espiritual más avanzado, procediendo así hasta el mundo finalista del sistema (la guardería probatoria) en el tercer día, en la resurrección especial, o cuando se pasa lista regular de milenio o dispensacional.

Los niños que mueren antes de haber llegado a edad de tener un Ajustador del Pensamiento son repersonalizados en el mundo finalista de los sistemas locales concomitantemente con la llegada de cualquiera de los dos progenitores en los mundos de estancia. Un niño adquiere identidad física en el momento de su nacimiento mortal, pero en el asunto de la supervivencia todos los niños sin Ajustador se consideran aún como parte de sus padres.

A su debido tiempo los Ajustadores del Pensamiento vienen a residir en estos pequeños mientras que el ministerio seráfico a ambos grupos de órdenes dependientes del estado probacionario de supervivencia es en general similar al del progenitor más avanzado o es equivalente al del progenitor único en caso de que uno solo sobreviva. Aquellos que llegan al tercer círculo, sea cual fuere el estado de sus padres, reciben guardianes personales.

Se mantienen guarderías similares de probación en las esferas finalistas de la constelación y de las sedes centrales del universo para los niños sin Ajustador de las órdenes primarias y secundarias modificadas de ascendenteros.

4. *Mortales de las órdenes modificadas secundarias de ascensión.* Estos son los seres humanos progresivos de los mundos evolucionarios intermedios. Como regla general no son inmunes a la muerte natural, pero están exentos de pasar a través de los siete mundos de estancia.

El grupo menos perfeccionado se despierta en las sedes centrales de su sistema local, pasando tan sólo de largo los mundos de estancia. El grupo intermedio va a los mundos de capacitación de la constelación; evita el entero régimen morontial del sistema local. Aún más adelante en las edades planetarias de logro espiritual, muchos sobrevivientes se despiertan en la sede central de la constelación y allí comienzan la ascensión al Paraíso.

Pero antes de que cualquiera de estos grupos pueda proceder, sus miembros deben regresar como instructores a los mundos en los que no estuvieron, ganando como maestros en aquellos reinos muchas experiencias que como estudiantes no se les habían exigido. Todos ellos posteriormente proceden al Paraíso por las rutas ordenadas de progresión mortal.

5. *Los mortales de la orden primaria modificada de ascensión.* Estos mortales pertenecen al tipo de vida evolucionaria fusionada con el Ajustador, pero son muy frecuentemente representantes de las fases finales del desarrollo humano en un mundo en evolución. Estos seres glorificados están exentos de pasar a través de las compuertas de la muerte; se someten al asimiento del Hijo; son trasladados de entre

los vivos y aparecen inmediatamente en la presencia del Hijo Soberano en la sede central del universo local.

Éstos son los mortales que se fusionan con sus Ajustadores durante la vida mortal, y tales personalidades fusionadas con el Ajustador atraviesan el espacio libremente antes de ser envueltas en las formas morontiales. Estas almas fusionadas van por tránsito directo de Ajustador a las salas de resurrección en las esferas morontiales más elevadas, donde reciben su investidura morontial inicial así como lo hacen los demás mortales que llegan de los mundos evolucionarios.

Esta orden primaria modificada de ascensión mortal puede aplicarse a individuos de cualquier serie planetaria, desde las etapas más bajas hasta las más elevadas de los mundos de fusión con el Ajustador, pero funciona más frecuentemente en las esferas más antiguas que ya han recibido los beneficios de numerosas estadías de los Hijos divinos.

Con el establecimiento de la era planetaria de luz y vida, muchos proceden a los mundos morontiales del universo mediante la orden primaria modificada de traslado. Más adelante en las etapas más avanzadas de la existencia establecida, cuando la mayoría de los mortales que abandonen el reino sean abrazados en esta clase, el planeta se considerará como perteneciente a esta serie. La muerte natural se vuelve cada vez menos frecuente en estas esferas establecidas desde hace mucho en luz y vida.

[Presentado por un Melquisedek de la Escuela Jerusémica de Administración Planetaria.]

DOCUMENTO 50

LOS PRÍNCIPES PLANETARIOS

AUNQUE pertenecientes a la orden de los Hijos Lanonandek, los Príncipes Planetarios están tan especializados en el servicio que generalmente se los considera como un grupo separado. Después de su certificación Melquisedek como Lanonandek secundarios, estos Hijos del universo local son asignados a las reservas de su orden en la sede central de la constelación. Desde aquí, el Soberano del Sistema les asigna a las varias tareas y finalmente son comisionados como Príncipes Planetarios y enviados para gobernar los mundos habitados en evolución.

La señal para que un Soberano del Sistema actúe en el asunto de asignar un gobernante para un planeta determinado es cuando recibe la solicitud de los Portadores de Vida para enviar un jefe administrativo para que actúe en el planeta en el cual los han establecido la vida y desarrollado seres evolucionarios inteligentes. Se asigna un gobernante planetario de esta orden de filiación a todos los planetas que son habitados por criaturas mortales evolucionarias.

1. LA MISIÓN DE LOS PRÍNCIPES

Un Príncipe Planetario y sus hermanos asistentes representan el acercamiento personalizado más cercano (aparte de la encarnación) que el Hijo Eterno Paradisiaco puede hacer con las criaturas inferiores espacio-temporales. Es verdad que el Hijo Creador toca a las criaturas del reino a través de su espíritu, pero el Príncipe Planetario es la última de las órdenes de Hijos personales que se extienden desde el Paraíso hasta los hijos del hombre. El Espíritu Infinito llega muy cerca en las personas de los guardianes del destino y otros seres angélicos; el Padre Universal vive en el hombre mediante la presencia prepersonal de los Monitores Misteriosos; pero el Príncipe Planetario representa el último esfuerzo del Hijo Eterno y de sus Hijos por acercarse a vosotros. En un mundo recientemente habitado el Príncipe Planetario es el único representante de divinidad completa, pues surge del Hijo Creador (el vástago del Padre Universal y del Hijo Eterno) y de la Ministra Divina (la Hija universal del Espíritu Infinito).

Un cuerpo leal de asistentes y ayudantes, así como un gran número de espíritus ministrantes rodean al príncipe de un mundo recientemente habitado. Pero los cuerpos dirigentes de dichos mundos nuevos deben ser de las órdenes más bajas de los administradores de un sistema, para asegurar que sean compasivos y comprensivos en forma innata de los problemas y dificultades planetarios. Todo este esfuerzo por proveer un gobierno compasivo para los mundos evolucionarios involucra una mayor posibilidad de que estas personalidades casi humanas puedan descarriarse por la exaltación de su propia mente más allá y encima de la voluntad de los Gobernantes Supremos.

Estando completamente solos como representantes de la divinidad en los planetas específicos, estos Hijos pasan duras pruebas, y Nebadon ha sufrido el infortunio de varias rebeliones. En la creación de los Soberanos de los Sistemas y los Príncipes Planetarios ocurre la personalización de un concepto que se ha ido alejando cada vez más del Padre Universal y del Hijo Eterno, y existe un peligro en aumento de la pérdida del sentido de las proporciones en cuanto a la propia importancia y una mayor probabilidad de fracaso en mantener una posición adecuada en cuanto a los valores y relaciones de las numerosas órdenes de seres divinos y sus jerarquías de autoridad. El hecho de que el Padre no esté presente personalmente en el universo local también impone cierta prueba de fe y lealtad sobre todos estos Hijos.

Pero estos príncipes de los mundos pocas veces fracasan en su función de organización y administración de las esferas habitadas, y su triunfo facilita grandemente las misiones subsiguientes de los Hijos Materiales, que concurren para injertar las formas más elevadas de vida de criatura en los hombres primitivos de los mundos. Su gobierno también hace mucho para preparar los planetas para los Hijos de Dios Paradisiacos, que posteriormente vienen para juzgar los mundos y para inaugurar las dispensaciones sucesivas.

2. LA ADMINISTRACIÓN PLANETARIA

Todos los Príncipes Planetarios están bajo la jurisdicción administrativa universal de Gabriel, el jefe ejecutivo de Micael, mientras en cuanto a la autoridad inmediata, están sujetos a los mandatos ejecutivos de los Soberanos del Sistema.

Los Príncipes Planetarios pueden solicitar en cualquier momento el asesoramiento de los Melquisedek, sus instructores y patrocinadores previos, pero no se les exige arbitrariamente que soliciten dicha ayuda, y si este asesoramiento no es pedido voluntariamente, los Melquisedek no interfieren en la administración planetaria. Estos gobernantees de los mundos también pueden solicitar el consejo de los veinticuatro consejeros reunidos de los mundos de autootorgamiento en el sistema. En Satania estos consejeros son presentemente todos nativos de Urantia. Existe un concilio análogo de setenta en la sede central de la constelación, también seleccionados entre los seres evolucionarios de los reinos.

El gobierno de los planetas evolucionarios durante sus carreras iniciales y no establecidas es en su mayor parte autocrático. Los Príncipes Planetarios organizan sus grupos especializados de asistentes, seleccionándolos de su cuerpo de auxiliares planetarios. Generalmente se rodean de un concilio supremo de doce, pero éste es seleccionado y está constituido en forma variable en los diferentes mundos. Un Príncipe Planetario también puede tener como ayudantes a uno o más de la tercera orden de su propio grupo de filiación y a veces, en ciertos mundos, uno de su propia orden, un asociado secundario Lanonandek.

El séquito completo de un gobernante mundial consiste en personalidades del Espíritu Infinito y ciertos otros tipos de seres evolucionados más elevados y mortales ascendentes de otros mundos. Este séquito está constituido en término medio por aproximadamente mil seres, y a medida que progresa el planeta se puede aumentar este cuerpo de auxiliares hasta cien mil o más. En todo momento en que se sienta la necesidad de más ayudantes, los Príncipes Planetarios tan sólo tienen que solicitar de sus hermanos, los Soberanos del Sistema, y la petición es otorgada inmediatamente.

Los planetas varían ampliamente en su naturaleza, organización y administración, pero todos proveen tribunales de justicia. El sistema judicial de un universo local tiene sus orígenes en los tribunales de un Príncipe Planetario, que están presididos por un miembro de su séquito personal; los decretos de estes tribunales reflejan una actitud altamente paternal y discrecionaria. Todos los problemas que incluyen más que la reglamentación de los habitantes planetarios están sujetos a apelación a los tribunales más altos, pero se regulan los asuntos de su dominio mundial en gran parte de acuerdo con la discreción personal del príncipe.

Las comisiones conciliadoras ambulantes sirven y suplementan a los tribunales planetarios, y tanto los controladores espirituales como los físicos están sujetos a los dictámenes de estos conciliadores. Pero no se lleva a cabo ninguna ejecución arbitraria sin el consentimiento del Padre de la Constelación, porque los «Altísimos gobiernan en los reinos de los hombres».

Los controladores y transformadores de asignación planetaria también pueden colaborar con los ángeles y con otras órdenes de seres celestiales haciendo visibles estas personalidades a las criaturas mortales. En ocasiones especiales los auxiliares seráficos y aún los Melquisedek pueden hacerse visibles a los habitantes de los mundos evolucionarios, y así lo hacen. La razón principal de traer ascendentes mortales desde la capital del sistema como parte del séquito del Príncipe Planetario es para facilitar la comunicación con los habitantes del reino.

3. EL SÉQUITO CORPÓREO DEL PRÍNCIPE

Al dirigirse a un mundo joven, un Príncipe Planetario generalmente se lleva consigo un grupo de seres ascendentes voluntarios desde la sede central del sistema local. Estos seres ascendentes acompañan al Príncipe como consejeros y auxiliares en la tarea del mejoramiento inicial de la raza. Este cuerpo de ayudantes materiales constituye el eslabón de conexión entre el Príncipe y las razas del mundo. El Príncipe de Urantia, Caligastia, tenía un cuerpo de cien ayudantes de este tipo.

Dichos asistentes voluntarios son ciudadanos de la capital de un sistema, y ninguno de ellos se ha fusionado con su Ajustador residente. El estado de los Ajustadores de dichos servidores voluntarios permanece como residente en la sede central del sistema mientras estos progresantes morontiales regresan temporalmente a su anterior estado material.

Los Portadores de Vida, los arquitectos de la forma, proveen a dichos voluntarios de nuevos cuerpos físicos, que éstos ocupan durante los períodos de estadía planetaria. Estas formas de la personalidad, aunque exentas de las enfermedades comunes de los reinos, están, como los cuerpos morontiales iniciales, sujetas a ciertos accidentes de naturaleza mecánica.

El séquito corpóreo del príncipe generalmente se retira del planeta en relación con la siguiente adjudicación al tiempo de la llegada a la esfera del segundo Hijo. Antes de partir, habitualmente asignan sus varias tareas a sus progenies mutuas y a ciertos nativos voluntarios superiores. En aquellos mundos en los que estos ayudantes del príncipe han tenido el permiso para aparejarse con los grupos superiores de las razas nativas, dichas progenies generalmente los suceden.

Estos asistentes del Príncipe Planetario raramente se aparejan con las razas del mundo, pero siempre lo hacen entre sí. Dos clases de seres resultan de estas uniones: el tipo primario de seres intermedios y ciertos tipos elevados de seres materiales que permanecen asignados al séquito del príncipe una vez que sus progenitores han sido retirados del planeta al tiempo de la llegada de Adán y Eva. Estos hijos no se aparejan con las razas mortales excepto en ciertas situaciones de emergencia y aun entonces tan sólo por mandato del Príncipe Planetario. En un tal caso, sus hijos —los nietos del séquito corpóreo— tienen el mismo estado que las razas superiores de su época y generación. Toda la progenie de los asistentes del Príncipe Planetario son resididos por un Ajustador.

Al final de la dispensación del príncipe, cuando llega el momento en que este «séquito de reversión» vuelve a la sede central del sistema para reanudar la carrera al Paraíso, estos seres ascendentes se presentan ante los Portadores de Vida para entregar sus cuerpos materiales. Entran en el sueño de transición y se despiertan libres de su manto mortal y envueltos en las formas morontiales, listos para el transporte seráfico de vuelta a la capital del sistema, donde los aguardan sus Ajustadores desatados. Se encuentran una entera dispensación atrás de su clase en Jerusem, pero han ganado una experiencia única y extraordinaria, un raro capítulo en la carrera de un mortal ascendente.

4. LAS SEDES CENTRALES Y LAS ESCUELAS PLANETARIAS

El séquito corpóreo del príncipe pronto organiza las escuelas planetarias de capacitación y cultura, en las que se instruye a la crema de las razas evolucionarias y luego se los envía a que enseñen estas mejores maneras a su pueblo. Estas escuelas del príncipe están ubicadas en la sede central material del planeta.

El séquito corpóreo realiza mucha de la tarea física conectada con el establecimiento de esta ciudad sede central. Estas ciudades sede central, o establecimientos, de los primeros tiempos del Príncipe Planetario son muy distintas de lo que un mortal urantiano podría imaginar. Son, en comparación con edades posteriores, sencillas, estando caracterizadas por embellecimientos minerales y por una construcción material relativamente avanzada. Y todo esto contrasta con el régimen adánico que se centra alrededor de una sede central jardín, desde la cual se realiza su tarea para bien de las razas durante la segunda dispensación de los Hijos universales.

En el establecimiento sede central en vuestro mundo cada morada humana tenía abundancia de tierra. Aunque las remotas tribus seguían cazando y cosechando alimento, los estudiantes y maestros en las escuelas del príncipe eran todos agricultores y horticultores. El tiempo se dividía en forma aproximadamente equivalente entre las siguientes actividades:

1. *Tarea física*. Labranza de la tierra, asociada con embellecimiento y construcción de viviendas.
2. *Actividades sociales*. Representación de obras y agrupaciones sociales culturales.
3. *Aplicación instruccional*. Instrucción individual en relación con la enseñanza del grupo familiar, suplementada por clases de capacitación especializada.
4. *Capacitación vocacional*. Escuelas de matrimonio y formación de hogar, escuelas de arte y artesanía, y las clases para la capacitación de los maestros —seculares, culturales y religiosos.
5. *Cultura espiritual*. La hermandad de los maestros, el esclarecimiento de la infancia y de los grupos juveniles, y la capacitación de los hijos nativos adoptados como misioneros para su pueblo.

Un Príncipe Planetario no es visible para los seres mortales; es una prueba de fe creer las representaciones de los seres semimateriales de su séquito. Pero estas escuelas de cultura y capacitación están bien adaptadas para las necesidades de cada planeta, y pronto se desarrolla una rivalidad aguda y laudatoria entre las razas de los hombres en sus esfuerzos por ganar admisión a estas varias instituciones de aprendizaje.

Desde estos centros mundiales de cultura y logro se irradia gradualmente a todos los pueblos una influencia elevadora y civilizante que lenta y certeramente transforma a las razas evolucionarias. Mientras tanto, los hijos instruidos y espiritualizados que vienen de entre los pueblos de alrededor y que han sido adoptados y capacitados en las escuelas del príncipe retornan a sus grupos nativos y, dentro de su capacidad, están allí estableciendo nuevos y poderosos centros de enseñanza y cultura, que llevan adelante de acuerdo con el plan de las escuelas del príncipe.

En Urantia estos planes de progreso planetario y avance cultural estaban bien encaminados, procediendo de la manera más satisfactoria, cuando la adherencia de Caligastia a la rebelión de Lucifer llevó la entera empresa a un fin precipitado e ignominioso.

Fue para mí uno de los episodios más profundamente chocantes de esta rebelión cuando supe de la dura perfidia de un ser de mi propia orden de filiación, Caligastia, quien deliberadamente y con alevosía, sistemáticamente pervirtió la instrucción y emponzoñó las enseñanzas provistas en todas las escuelas planetarias de Urantia que se encontraban en funcionamiento en esa época. El hundimiento de estas escuelas fue rápido y completo.

Muchos de la progenie de los seres ascendentes del séquito materializado del Príncipe se mantuvieron leales, desertando las filas de Caligastia. Los síndicos Melquisedek de Urantia alentaron a estos seres leales y en tiempos posteriores sus descendientes hicieron mucho por defender los conceptos planetarios de la verdad y la rectitud. El trabajo de estos evángeles leales ayudó para prevenir la obliteración total de la verdad espiritual en Urantia. Estas almas valerosas y sus descendientes mantuvieron vivo cierto conocimiento del gobierno del Padre y preservaron para las razas del mundo el concepto de las dispensaciones planetarias sucesivas de las distintas órdenes de los Hijos divinos.

5. LA CIVILIZACIÓN PROGRESIVA

Los príncipes leales de los mundos habitados están permanentemente vinculados con los planetas de su asignación original. Los Hijos Paradisiacos y sus dispensaciones pueden ir y venir, pero un Príncipe Planetario triunfante continúa siendo el gobernante de su reino. Su tarea es totalmente independiente de las misiones de los Hijos más elevados, siendo designado a fomentar el desarrollo de la civilización planetaria.

El progreso de la civilización poco se asemeja entre dos planetas determinados. Los detalles del desarrollo de la evolución mortal son muy diferentes en numerosos mundos distintos. A pesar de estas muchas diversificaciones de desarrollo planetario en las líneas físicas, intelectuales y sociales, todas las esferas evolucionarias progresan en ciertas direcciones bien definidas.

Bajo el gobierno benigno de un Príncipe Planetario, aumentado por los Hijos Materiales y puntualizado por las misiones periódicas de los Hijos Paradisiacos, las razas mortales en un mundo espacio-temporal promedio pasarán sucesivamente a través de las siguientes siete épocas de desarrollo:

1. *La época de nutrición.* Las criaturas prehumanas y las razas de los albores del hombre primitivo se ocupan principalmente de los problemas de alimentación. Estos seres evolutivos pasan su tiempo en buscar alimento o en luchar, ofensiva o

defensivamente. La búsqueda del alimento es fundamental en la mente de estos antepasados primitivos de la civilización subsiguiente.

2. *La edad de la seguridad.* En cuanto el cazador primitivo puede escatimar un poco de su tiempo en la búsqueda de alimento, lo dedica a aumentar su seguridad. Más y más atención se dedica a la técnica de la guerra. Se fortifican las viviendas y se solidifican los clanes mediante el mutuo temor e inculcando el odio a los grupos ajenos. La autopreservación es la tendencia que siempre sigue al automantenimiento.

3. *La era de la comodidad material.* Una vez que se solucionan parcialmente los problemas alimenticios y se obtiene cierto grado de seguridad, se utiliza el tiempo adicional para promover la comodidad personal. El lujo compite con la necesidad en ocupar el centro del escenario en las actividades humanas. Dicha edad demasiado frecuentemente está caracterizada por la tiranía, la intolerancia, la glotonería y la embriaguez. Los elementos más débiles de las razas tienden hacia los excesos y la brutalidad. Gradualmente estos seres débiles que buscan el placer son subyugados por los elementos más fuertes y amantes de la verdad de la civilización en avance.

4. *La búsqueda del conocimiento y la sabiduría.* El alimento, la seguridad, el placer y la recreación proveen los cimientos para el desarrollo de la cultura y la diseminación del conocimiento. El esfuerzo de fabricar el conocimiento da como resultado la sabiduría, y cuando una cultura ha aprendido a aprovechar y mejorar por la experiencia, ha llegado en verdad la civilización. El alimento, la seguridad y la comodidad material aún dominan la sociedad, pero muchos individuos con visión tienen hambre de conocimiento y sed de sabiduría. Todos los niños tienen la oportunidad de aprender haciendo; la instrucción es la consigna de estas edades.

5. *La época de la filosofía y la hermandad.* Cuando los mortales aprenden a pensar y comienzan a aprovecharse de la experiencia, se vuelven filosóficos —empiezan a razonar dentro de sí mismos y a ejercer un juicio discriminador. La sociedad de esta edad se torna ética, y los mortales de dicha era están volviéndose verdaderamente seres morales. Los seres morales sabios son capaces de establecer la hermandad humana en dicho mundo en progreso. Los seres éticos y morales pueden aprender cómo vivir de acuerdo con la regla de oro.

6. *La edad de la lucha espiritual.* Cuando los mortales evolutivos han pasado a través de las etapas física, intelectual y social del desarrollo, tarde o temprano logran aquellos niveles de discernimiento personal que los impulsan a buscar las satisfacciones espirituales y las comprensiones cósmicas. La religión completa la ascensión desde los dominios emocionales del temor y de la superstición hasta los altos niveles de la sabiduría cósmica y de la experiencia espiritual personal. La instrucción aspira al logro de los significados, y la cultura afierra las relaciones cósmicas y los verdaderos valores. Estos mortales evolutivos son verdaderamente cultos, genuinamente instruidos y exquisitamente conocedores de Dios.

7. *La era de luz y vida.* Éste es el florecimiento de edades sucesivas de seguridad física, expansión intelectual, cultura social y logro espiritual. Estos logros humanos están ahora mezclados, asociados y coordinados en unidad cósmica y servicio altruista. Dentro del marco de la naturaleza finita y de las dotes materiales, no hay límites a las posibilidades de logro evolucionario de las generaciones en avance que sucesivamente viven en estos mundos excelsos y establecidos del tiempo y del espacio.

Después de servir sus esferas a través de las dispensaciones sucesivas de la historia mundial y las épocas progresistas del avance planetario, los Príncipes Planetarios son elevados a la posición de Soberanos Planetarios en el momento de la inauguración de la era de luz y vida.

6. LA CULTURA PLANETARIA

El aislamiento de Urantia imposibilita emprender la presentación de muchos detalles de la vida y el medio ambiente de vuestros vecinos en Satania. En estas presentaciones, nos limitan la cuarentena planetaria y el aislamiento del sistema. Estas restricciones han de guiarnos en todos nuestros esfuerzos por esclarecer a los mortales urantianos, pero dentro de lo que está permitido, se os ha instruido sobre el progreso de un mundo evolucionario promedio, y podéis comparar dicha carrera mundial con la condición actual de Urantia.

El desarrollo de la civilización en Urantia no ha sido tan distinto del de otros mundos que han sufrido el infortunio del aislamiento espiritual. Pero si se lo compara con los mundos leales del universo, vuestro planeta aparece altamente confuso y grandemente retardado en todas las fases de progreso intelectual y logro espiritual.

Debido a vuestras desgracias planetarias es poco lo que los urantianos pueden comprender sobre la cultura de los mundos normales. Pero no debéis imaginar los mundos evolucionarios, ni siquiera los más ideales, como esferas en las que la vida es un lecho de flores de facilidad. La vida inicial de las razas mortales siempre va acompañada de luchas. El esfuerzo y la decisión son parte esencial de la adquisición de los valores de supervivencia.

La cultura presupone cierta calidad de mente; no se puede enaltecer la cultura hasta que sea elevada la mente. El intelecto superior busca una cultura noble y encuentra alguna manera de llegar a esa meta. Las mentes inferiores desprecian la cultura más elevada aunque ésta se les presente ya formada. Mucho depende también de las misiones sucesivas de los Hijos divinos y del grado de esclarecimiento que reciben las edades de sus respectivas dispensaciones.

No debéis olvidar que durante doscientos mil años todos los mundos de Satania han estado bajo la proscripción espiritual de Norlatiadek como consecuencia de la rebelión de Lucifer. Y se requerirán edades tras edades para salvar los obstáculos resultantes del pecado y de la secesión. Vuestro mundo aún sigue una carrera irregular y escalonada como resultado de la doble tragedia de un Príncipe Planetario rebelde y un Hijo Material en falta. Aun el autootorgamiento de Cristo Micael en Urantia no rechazó inmediatamente las consecuencias temporales de estos serios errores en la administración primitiva del mundo.

7. LAS RECOMPENSAS DEL AISLAMIENTO

A primera vista parecería que Urantia y los mundos aislados asociados fueran altamente desafortunados por haber sido privados de la presencia y la influencia benéficas de personalidades superhumanas tales como el Príncipe Planetario y un Hijo e Hija Materiales. Pero el aislamiento de estas esferas ofrece a sus razas una oportunidad única para ejercer la fe y para desarrollar una calidad peculiar de confianza en la confiabilidad cósmica que no depende de la vista ni de otras consideraciones materiales. Es posible que resulte, finalmente, que las criaturas mortales que provienen de los mundos en cuarentena debido a la rebelión sean extremadamente afortunados. Hemos descubierto que muy pronto se confía a estos seres ascendentes numerosas asignaciones especiales en empresas cósmicas en las que una fe incuestionable y una confianza sublime son esenciales para su logro.

En Jerusem los seres ascendentes de estos mundos aislados ocupan un sector residencial propio y se les conoce con el nombre de *agondonters*, lo cual significa criaturas volitivas evolucionarias que pueden creer sin ver, perseverar cuando están aisladas, y triunfar sobre dificultades insuperables aun cuando están a solas. Este grupo funcional de los agondonteros persiste a través de la ascensión en el universo local y la travesía del superuniverso; desaparece durante la estadía en Havona, pero vuelve a reaparecer prontamente en el momento del logro del Paraíso y persiste definitivamente en el Cuerpo de la Finalidad Mortal. Tabamantia es un *agondonter* de estado finalista, habiendo sobrevivido de una de las esferas en cuarentena, comprendidas en la primera rebelión que sucedió en los universos del tiempo y del espacio.

A través de toda la carrera al Paraíso, la recompensa sigue al esfuerzo tal como el resultado sigue a las causas. Estas recompensas separan al individuo del promedio, proveen una diferencial en las experiencias de las criaturas, y contribuyen a la versatilidad de las realizaciones últimas en el cuerpo colectivo de los finalistas.

[Presentado por un Hijo Lanonandek Secundario del Cuerpo de Reserva.]

DOCUMENTO 51

LOS ADANES PLANETARIOS

DURANTE la dispensación de un Príncipe Planetario, el hombre primitivo alcanza los límites del desarrollo evolucionario natural, y este logro biológico señala al Soberano del Sistema el momento en que corresponde despachar a dicho mundo la segunda orden de filiación, los elevadores biológicos. Estos Hijos, pues hay dos de ellos —el Hijo Material y la Hija Material— generalmente se conocen en un planeta como Adán y Eva. El Hijo Material original de Satania es Adán, y aquellos que van a los mundos del sistema como elevadores biológicos llevan siempre el nombre de este Hijo primero y original de su orden singular.

Estos Hijos son el don material del Hijo Creador a los mundos habitados. Juntamente con el Príncipe Planetario, permanecen en su planeta de asignación a lo largo de todo el curso evolucionario de dicha esfera. Esta aventura no representa grandes peligros en un mundo que tiene un Príncipe Planetario, pero en un planeta apóstata, un reino sin gobernante espiritual y privado de comunicación interplanetaria, dicha misión va acompañada de grave peligro.

Aunque no podéis esperar conocerlo todo sobre la tarea de estos Hijos en todos los mundos de Satania y otros sistemas, otros documentos describen más plenamente la vida y experiencias de esta interesante pareja, Adán y Eva, que vinieron de los cuerpos de elevadores biológicos de Jerusem para elevar las razas urantianas. Aunque ocurrió un fracaso de los planes ideales para el mejoramiento de vuestras razas nativas, sin embargo, la misión de Adán no fue en vano; Urantia se ha beneficiado inmensurablemente del don de Adán y Eva, y entre sus semejantes y en los concilios en lo alto, su contribución no se considera una pérdida total.

1. EL ORIGEN Y LA NATURALEZA DE LOS HIJOS MATERIALES DE DIOS

Los Hijos e Hijas materiales o sexuales son la progenie del Hijo Creador; el Espíritu Materno del Universo no participa en la producción de estos seres que están destinados a funcionar como elevadores físicos en los mundos evolucionarios.

La orden material de filiación no es uniforme en todo el universo local. El Hijo Creador produce tan sólo una pareja de estos seres en cada sistema local; estas parejas originales son de naturalezas diversas, puesto que están sincronizadas con el modelo original de vida de sus respectivos sistemas. Ésta es una disposición necesaria puesto que, de otra manera, el potencial reproductor de los Adanes no sería funcional con el de los seres mortales evolutivos de los mundos de cualquier sistema específico. El Adán y Eva que vinieron a Urantia eran descendientes de la pareja original de los Hijos Materiales de Satania.

Los Hijos Materiales varían en altura de dos metros y medio a tres metros, y su cuerpo brilla con un halo de luz radiante de tonalidad violeta. Aunque la sangre material circula por sus cuerpos materiales, también están sobrecargados de energía divina y saturados de luz celestial. Estos Hijos Materiales (los Adanes) e Hijas Materiales (las Evas) son iguales unos a los otros, difiriendo tan sólo en la naturaleza reproductora y en ciertas dotes químicas. Son iguales pero diferenciales, masculino y femenino —por lo tanto complementarios— y se diseñan para servir en casi todas las asignaciones en pareja.

Los Hijos Materiales disfrutan de una nutrición dual; son verdaderamente duales en su naturaleza y constitución, compartiendo de la energía materializada de manera semejante a los seres físicos del reino, mientras que mantienen plenamente su existencia inmortal por la ingestión directa y automática de ciertas energías cósmicas de sustento. Si fracasan en una misión de asignación o aun si se rebelan consciente y deliberadamente, estos Hijos son aislados, se corta la conexión con la fuente universal de luz y vida. En ese momento se vuelven prácticamente seres materiales, destinados al curso de la vida material en el mundo de su asignación y obligados a presentarse ante los magistrados universales para su adjudicación. La muerte material finalmente terminará la carrera planetaria de dichos Hijos e Hijas Materiales desafortunados y tontos.

Los Adanes y Evas originales, los directamente creados son inmortales por dote inherente, tal como todas las demás órdenes de filiación universal local, pero una disminución del potencial de inmortalidad caracteriza a sus hijos e hijas. Esta pareja original no puede trasmitir inmortalidad incondicionada a sus hijos e hijas procreados. Su progenie depende para continuar la vida de una sincronía intelectual ininterrumpida con el circuito gravitacionario de mente del Espíritu. Desde la inauguración del sistema de Satania, se han perdido trece Adanes Planetarios por rebelión y faltas y 681.204 en posiciones subordinadas de confianza. La mayoría de estas traiciones ocurrió en la época de la rebelión de Lucifer.

Mientras viven como ciudadanos permanentes en las capitales del sistema y aun cuando actúan en misiones descendentes a los planetas evolucionarios, los Hijos Materiales no poseen un Ajustador del Pensamiento, pero es a través de estos mismos servicios que adquieren la capacidad por sus experiencias para que los resida un Ajustador y para participar de la carrera de ascensión al Paraíso. Estos seres singulares y maravillosamente útiles son el eslabón que vincula el mundo espiritual con el mundo físico. Se encuentran en las sedes centrales del sistema, allí donde se reproducen y se conducen como ciudadanos materiales del reino, y de donde son enviados a los mundos evolucionarios.

A diferencia de otros Hijos creados de servicio planetario, la orden material de filiación no es, por su naturaleza, invisible a las criaturas materiales como los habitantes de Urantia. Estos Hijos de Dios pueden ser vistos, comprendidos, y pueden a su vez realmente entremezclarse con las criaturas del tiempo, podrían aun procrear con ellas, aunque esta función de elevación biológica generalmente corresponde a la progenie de los Adanes Planetarios.

En Jerusem los hijos leales de un Adán y Eva son inmortales, pero la progenie de un Hijo e Hija Materiales procreada posteriormente a su llegada en un planeta evolucionario no es del mismo modo inmune de la muerte natural. Cuando estos Hijos son rematerializados para la función reproductora en un mundo evolucionario, ocurre un cambio en el mecanismo trasmisor de la vida. Los Portadores de Vida por diseño privan a los Adanes y Evas Planetarios del poder de engendrar hijos e hijas inmortales.

Si no cometen faltas, Adán y Eva en una misión planetaria pueden vivir indefinidamente, pero dentro de ciertos límites sus hijos experimentan una longevidad en disminución en cada generación subsiguiente.

2. EL TRÁNSITO DE LOS ADANES PLANETARIOS

Al recibir la noticia de que otro mundo habitado ha logrado la altura de la evolución física, el Soberano del Sistema convoca al cuerpo de Hijos e Hijas Materiales a la capital del sistema; y después de hablar de las necesidades de dicho mundo evolucionario, dos del grupo de voluntarios —un Adán y una Eva del cuerpo decano de los Hijos Materiales— son seleccionados para emprender la aventura, someterse al sueño profundo preparatorio para ser enserafinados y transportados de su hogar de servicio asociado al nuevo reino de nuevas oportunidades y nuevos peligros.

Los Adanes y las Evas son criaturas semimateriales y, como tales, los serafines no los pueden transportar. Deben someterse a la desmaterialización en la capital del sistema antes de poder ser enserafinados para el transporte al mundo de asignación. Los serafines de transporte son capaces de efectuar en los Hijos Materiales y en otros seres semimateriales cambios tales como para permitirles ser enserafinados y por lo tanto ser transportados a través del espacio de un mundo o sistema a otro. Se requieren aproximadamente tres días de tiempo estándar para la preparación de este transporte, y la cooperación de un Portador de Vida para reintegrar esta criatura desmaterializada a la existencia normal cuando llega al fin del viaje del transporte seráfico.

Aunque existe la técnica de la desmaterialización para preparar a los Adanes para el tránsito desde Jerusem a los mundos evolucionarios, no existe un método equivalente para sacarlos de dichos mundos a menos que haya que evacuar el entero planeta, en cuyo caso se instala de urgencia la técnica de la desmaterialización para la entera población salvable. Si una catástrofe física pusiera en peligro la residencia planetaria de una raza en evolución, los Melquisedek y los Portadores de Vida instalarían la técnica de la desmaterialización para todos los sobrevivientes, y estos seres serían llevados por transporte seráfico a un nuevo mundo preparado para su existencia continuada. La evolución de una raza humana, una vez que se inicia en un mundo del espacio, debe proceder totalmente independiente de la supervivencia física de ese planeta, pero durante las edades evolucionarias no está considerado que el Adán y Eva Planetarios abandonen el mundo de su elección.

Al llegar a su destino planetario el Hijo y la Hija Materiales son rematerializados bajo la dirección de los Portadores de Vida. Este entero proceso lleva de diez a veintiocho días de tiempo de Urantia. La inconciencia del sueño seráfico continúa a lo largo de este entero período de reconstrucción. Cuando se ha completado el reensamblaje del organismo físico, estos hijos e hijas materiales están en sus nuevos hogares y en sus nuevos mundos para todo propósito tal como eran antes de someterse al proceso de desmaterialización en Jerusem.

3. LAS MISIONES ADÁNICAS

En los mundos habitados los Hijos e Hijas Materiales construyen muy pronto sus moradas jardín, con la ayuda de sus propios hijos. Usualmente el Príncipe Planetario ha seleccionado la ubicación del jardín y su séquito corpóreo hace mucho de la tarea preliminar de preparación con la ayuda de muchos de los tipos más elevados de las razas nativas.

Estos jardines del Edén se llaman así en honor de Edentia, la capital de la constelación, y porque se modelan de acuerdo con la grandeza botánica del mundo sede central de los Padres Altísimos. Estas moradas jardín usualmente están ubicadas en una sección apartada de una zona cerca de los trópicos. Son creaciones maravillosas en un mundo promedio. Nada podéis juzgar de estos bellos centros de cultura a partir del recuento fragmentario del desarrollo fracasado de dicha empresa en Urantia.

Un Adán y Eva Planetarios son, en potencia, el don pleno de la gracia física para las razas mortales. La actividad principal de dicha pareja importada consiste en multiplicar y elevar a los hijos del tiempo. Pero no hay mezcla inmediata entre el pueblo del jardín y los del mundo. Durante muchas generaciones Adán y Eva permanecen biológicamente segregados de los mortales evolucionarios mientras construyen una raza fuerte de su propia orden. Esto es el origen de la raza violeta en los mundos habitados.

Los planes para la elevación de la raza son preparados por el Príncipe Planetario y su séquito y ejecutados por Adán y Eva. Y fue aquí donde vuestro Hijo Material y su compañera se encontraron en gran desventaja cuando llegaron a Urantia. Caligastia ofreció hábil y eficaz oposición a la misión Adánica; y a pesar de que los síndicos Melquisedek de Urantia habían debidamente advertido tanto a Adán como a Eva sobre los peligros planetarios inherentes a la presencia del Príncipe Planetario rebelde, este archirrebelde, mediante una astuta estratagema, le ganó a la pareja edénica y los hizo caer en una trampa de violación del convenio de su fideicomiso como gobernantes visibles de vuestro mundo. El traicionero Príncipe Planetario triunfó en comprometer a vuestro Adán y Eva, pero fracasó en su esfuerzo de hacerlos caer en la rebelión de Lucifer.

La quinta orden de ángeles, los auxiliares planetarios, está vinculada a la misión adánica, acompañando siempre a los Adanes Planetarios en sus aventuras mundiales. El cuerpo asignado inicialmente es usualmente de alrededor de cien mil. Cuando se lanzó prematuramente la tarea de Adán y Eva urantianos, cuando se desviaron del plan ordenado, fue una de las Voces seráficas del Jardín quien los amonestó por su conducta reprochable. Vuestra narrativa de este acontecimiento ilustra bien la manera en la cual vuestras tradiciones planetarias han tendido a ascribir todo lo sobrenatural al Señor Dios. Debido a esto, los urantianos, frecuentemente se sienten confundidos en cuanto a la naturaleza del Padre Universal, puesto que tan generalmente se le han atribuido las palabras y acciones de todos sus asociados y subordinados. En el caso de Adán y Eva, el ángel del Jardín no era sino el jefe de los auxiliares planetarios en servicio por entonces. Este serafín, Solonia, proclamó el fracaso del plan divino y solicitó el regreso de los síndicos Melquisedek a Urantia.

Los seres intermedios secundarios son característicos de las misiones adánicas. Como ocurre con el séquito corpóreo del Príncipe Planetario, los descendientes de los Hijos e Hijas Materiales son de dos órdenes: sus niños físicos y la orden secundaria de seres intermedios. Estos ministros planetarios materiales pero generalmente invisibles, contribuyen mucho al avance de la civilización y aún a que se sometan las minorías insubordinadas que puedan buscar socavar el desarrollo social y el progreso espiritual.

No debes confundir los seres intermedios secundarios con los de la orden primaria, que se remonta a los tiempos cercanos a la llegada del Príncipe Planetario. En

Urantia la mayoría de estos seres intermedios anteriores entró en rebelión con Caligastia, y desde Pentecostés, han estado internados. Muchos seres del grupo adánico que no permanecieron leales a la administración planetaria fueron internados de la misma manera.

En el día de Pentecostés los seres intermedios primarios y secundarios se aliaron voluntariamente y han actuado como una unidad en los asuntos mundiales desde entonces. Sirven bajo el liderazgo de seres intermedios leales alternativamente seleccionados de ambos grupos.

Vuestro mundo ha sido visitado por cuatro órdenes de filiación: Caligastia, el Príncipe Planetario; Adán y Eva de los Hijos Materiales de Dios; Maquiventa Melquisedek, el «sabio de Salem» en los días de Abraham; y Cristo Micael, que vino como Hijo encarnado Paradisiaco. ¡Cuánto más efectivo y hermoso hubiese sido el proceso si Micael, el gobernante supremo del universo de Nebadon, hubiera sido recibido en vuestro mundo por un Príncipe Planetario leal y eficiente y un Hijo Material devoto y triunfador, los dos que podrían haber hecho tanto para realzar la obra principal y la misión del Hijo de autootorgamiento! Pero no todos los mundos han sido siempre tan desafortunados como Urantia, ni tampoco las misiones de los Adanes Planetarios han sido tan difíciles y tan peligrosas. Cuando triunfan, contribuyen al desarrollo de un gran pueblo, continuando como las cabezas visibles de los asuntos planetarios aun más allá de la era cuando tal mundo se establece en luz y vida.

4. LAS SEIS RAZAS EVOLUCIONARIAS

La raza dominante durante las primeras eras de los mundos habitados es la del hombre rojo, el que es ordinariamente el primero en alcanzar niveles humanos de desarrollo. Pero, mientras el hombre rojo es la raza de mayor rango de los planetas, los siguientes pueblos de color comienzan a hacer sus apariciones muy temprano en la era del surgimiento mortal.

Las primeras razas son de alguna manera superiores a las posteriores; el hombre rojo se coloca muy arriba de la raza índiga —negra—. Los Portadores de Vida imparten la dotación completa de las energías vivientes a la raza inicial, o raza roja, y cada manifestación evolucionaria sucesiva de un grupo distinto de mortales representa una variación a costa de la concesión original. Aun la estatura mortal tiende a disminuir desde el hombre rojo hasta la raza índiga, aunque en Urantia aparecieron rasgos inesperados de gigantismo entre los pueblos verde y anaranjado.

En aquellos mundos que tienen las seis razas evolucionarias, los pueblos superiores son la raza primera, la tercera y la quinta —la roja, la amarilla y la azul. Las razas evolucionarias en consecuencia alternan en su capacidad para el crecimiento intelectual y el desarrollo espiritual, siendo la segunda, la cuarta y la sexta de alguna manera menos dotadas. Estas razas secundarias son las que faltan en ciertos mundos. Son las que han sido exterminadas en muchos otros. Es desafortunado que en Urantia hayáis perdido tan notablemente a vuestros superiores hombres azules, excepto en cuanto persisten en vuestra amalgamada «raza blanca». La pérdida de vuestros linajes naranja y verde no es asunto muy grave.

La evolución de seis —o de tres— razas de color, aunque pareciera deteriorar la dotación original del hombre rojo, provee ciertas variaciones muy deseables en los tipos mortales y logra una expresión de otra manera inalcanzable de los diversos potenciales humanos. Estas modificaciones son beneficiosas para el progreso de la humanidad como un todo, a condición de que sean posteriormente mejoradas por la raza adánica importada, es decir, la raza violeta. En Urantia este plan normal de amalgama no se realizó extensamente, y este fracaso en la ejecución del plan de evolución racial os impide entender mucho sobre el estado de estos pueblos en un planeta habitado promedio partiendo de la observación de los restos de estas primeras razas en vuestro mundo.

En los primeros días de la evolución racial los hombres rojos, los amarillos y los azules tienden ligeramente a entremezclarse. Hay una tendencia similar de entremezclarse entre las razas anaranjada, verde e índiga.

Las razas más progresivas usualmente utilizan los humanos menos evolucionados como labriegos. Ésta es la razón del origen de la esclavitud en los planetas durante las primeras épocas. Los hombres rojos normalmente someten a los naranjas y los reducen a la condición de sirvientes, y a veces son exterminados. Los hombres amarillo y rojo frecuentemente fraternizan, pero no siempre. La raza amarilla normalmente esclaviza a la verde, mientras que el hombre azul somete al índigo. Estas razas de hombres primitivos, al utilizar los servicios de sus congéneres inferiores en tareas compulsivas no piensan más en ellos que lo que harían los urantianos al comprar y vender caballos y ganado.

En la mayoría de los mundos la servidumbre involuntaria no sobrevive a la dispensación del Príncipe Planetario, aunque los defectuosos mentales y los delincuentes sociales aún son frecuentemente coercionados a realizar trabajos involuntarios. Pero en todas las esferas normales este tipo de esclavitud primitiva es abolida poco después de la llegada de la raza importada violeta, es decir, la raza adánica.

Estas seis razas evolucionarias están destinadas a ser mezcladas y exaltadas por la amalgama con la progenie de los edificadores adánicos. Pero antes de que se mezclen estos pueblos, los inferiores y los inservibles son mayormente eliminados. El Príncipe Planetario y el Hijo Material, con otras autoridades planetarias apropiadas deciden acerca de la aptitud física de las razas reproductoras. La dificultad de ejecutar un programa tan radical en Urantia consiste en la ausencia de jueces competentes para decidir sobre la aptitud o inaptitud biológica de los individuos de vuestras razas mundiales. A pesar de este obstáculo, parecería que vosotros debierais ser capaces de concordar en la desconfraternización biológica de vuestras cepas más marcadamente ineptas, defectuosas, degeneradas y antisociales.

5. LA AMALGAMA RACIAL —LA DOTACIÓN DE LA SANGRE ADÁNICA

Cuando un Adán y una Eva Planetarios llegan a un mundo habitado, sus superiores les han instruido completamente sobre la mejor manera de efectuar el mejoramiento de las razas existentes de seres inteligentes. El plan de procedimiento no es uniforme, mucho queda librado al juicio de la pareja ministrante, y los errores no son infrecuentes, especialmente en mundos desordenados e insurreccionales, tales como Urantia.

Usualmente los pueblos violetas no comienzan a amalgamarse con los nativos planetarios hasta que su propio grupo no llega a sumar más de un millón. Entretanto, el séquito del Príncipe Planetario proclama que los hijos de los Dioses han bajado, tal como sucedió, para unirse con las razas del hombre; y el pueblo ansiosamente espera el día en que se anuncien los nombres de aquellos que han calificado por sus rasgos raciales superiores y que por lo tanto pueden proceder hacia el Jardín del Edén y ser allí elegidos por los hijos e hijas de Adán como padres y madres evolucionarios de la orden nueva y mezclada de la humanidad.

En mundos normales el Adán y la Eva Planetarios nunca se aparean con las razas evolucionarias. Este trabajo de mejoramiento biológico es una función de la progenie adánica. Pero estos adanitas no van a mezclarse con las razas; el séquito del Príncipe conduce al Jardín del Edén a los hombres y mujeres superiores para el apareamiento voluntario con la descendencia adánica. Y en la mayoría de los mundos se considera el más alto honor ser seleccionado como candidato para el apareamiento con los hijos e hijas del jardín.

Por primera vez amainan las guerras raciales y otras luchas tribales, mientras que las razas mundiales luchan cada vez más por calificar para el reconocimiento y admisión al jardín. Vosotros podríais como máximo tener una escasa idea de cómo esta lucha competitiva pasa a ocupar el centro de todas las actividades en un planeta normal. Este completo plan de mejoramiento racial se hundió tempranamente en Urantia.

La raza violeta es un pueblo monógamo, y cada hombre o mujer que se une con los hijos e hijas adánicos promete no aceptar otros consortes e instruye a sus hijos e hijas de la misma manera. Los niños de cada una de estas uniones son instruidos y capacitados en las escuelas del Príncipe Planetario, después de lo cual se les permite ir en busca de la raza de su progenitor evolucionario, para contraer matrimonio allí entre los grupos seleccionados de mortales superiores.

Cuando este linaje de los Hijos Materiales se agrega a las razas evolucionarias de los mundos, se inicia una era nueva y más grande de progreso evolucionario. Después de esta efusión procreadora de habilidad importada y rasgos superevolucionarios se produce una sucesión de avances rápidos en la civilización y en el desarrollo racial. En cien mil años se produce más progreso que en un millón de años de la lucha anterior. En vuestro mundo, a pesar del malogro de los planes ordenados, se ha producido gran progreso desde el tiempo de la dotación a vuestros pueblos del plasma vital de Adán.

Pero aunque los hijos de la línea pura de un Jardín de Edén planetario pueden entremezclarse con los ejemplares superiores de las razas evolucionarias y así mejorar el nivel biológico de la humanidad, no sería beneficioso para las cepas superiores de los mortales urantianos aparearse con las razas inferiores; un procedimiento tan poco sabio pondría en peligro toda la civilización en vuestro mundo. Habiendo fallado en alcanzar la armonización de las razas a través de la técnica adánica, debéis ahora resolver vuestros problemas planetarios de mejoramiento racial a través de otros métodos, básicamente humanos, de adaptación y control.

6. EL RÉGIMEN EDÉNICO

En la mayoría de los mundos habitados los Jardines de Edén permanecen como centros culturales y siguen funcionando como modelos sociales de conducta y usanza planetaria época tras época. Aun en los tiempos primitivos, cuando los pueblos violetas están relativamente segregados, sus escuelas aceptan candidatos apropiados provenientes de las razas mundiales, mientras que los desarrollos industriales del jardín abren nuevos canales de intercambio comercial. Es así como los Adanes y Evas y su progenie contribuyen a la repentina expansión de la cultura y al rápido mejoramiento de las razas evolucionarias de sus mundos. Y la amalgama de las razas evolucionarias y los hijos de Adán aumenta y sella todas estas relaciones, resultando así en el inmediato mejoramiento del estado biológico, el despertar del potencial intelectual y el aumento de la receptividad espiritual.

En mundos normales la sede jardín de la raza violeta pasa a ser el segundo centro de la cultura mundial y, juntamente con la ciudad sede del Príncipe Planetario, establece el ritmo para el desarrollo de la civilización. Por siglos coexisten contemporáneamente las escuelas de la ciudad sede del Príncipe Planetario y las escuelas jardín de Adán y Eva. Generalmente no distan mucho entre sí y operan en cooperación armoniosa.

Pensad lo que podría significar para vuestro mundo si en algún lugar del Levante hubiese un centro mundial de civilización, una gran universidad planetaria de cultura, que ha funcionado ininterrumpidamente durante 37.000 años. Más aún, haced una pausa para considerar cómo la autoridad moral de un centro tan antiguo se fortalecería por la proximidad de otra sede más antigua de servicio celestial cuyas tradiciones acarrean una fuerza acumulativa de 500.000 años de influencia evolucionaria integrada. Es la costumbre la que finalmente disemina los ideales de Edén a todo el mundo.

Las facultades de los Príncipes Planetarios se ocupan básicamente de la filosofía, la religión, la moral y los logros artísticos e intelectuales superiores. Las escuelas jardín de Adán y Eva están normalmente dedicadas a las artes prácticas, la capacitación básica intelectual, la cultura social, el desarrollo económico, las relaciones comerciales, la salud física y el gobierno civil. Finalmente estos centros mundiales se amalgaman, pero la verdadera afiliación a veces no ocurre hasta los tiempos del primer Hijo Magisterial.

La existencia continua del Adán y Eva Planetarios, junto con el núcleo de línea pura de la raza violeta, imparte esa estabilidad de crecimiento a la cultura edénica en virtud de la cual pasa a actuar sobre la civilización de un mundo con la fuerza apremiante de la tradición. En estos Hijos e Hijas Materiales inmortales hallamos el último e indispensable eslabón que conecta a Dios con el hombre, sorteando el abismo casi infinito entre el Creador eterno y las más bajas personalidades finitas del tiempo. He aquí un ser de alto origen que es físico, material, aun una criatura sexuada como los mortales urantianos, alguien que puede ver y comprender al invisible Príncipe Planetario y lo interpreta para las criaturas mortales del reino, porque los Hijos e Hijas Materiales son capaces de ver todas las órdenes más bajas de seres espirituales. Visualizan al Príncipe Planetario y su séquito completo, visible e invisible.

Con el paso de los siglos, a través de la amalgamación de su progenie con las razas del hombre, estos mismos Hijos e Hijas Materiales pasan a ser aceptados como los antepasados comunes de la humanidad, los padres comunes de los ahora mezclados descendientes de las razas evolucionarias. El propósito es que los mortales que salen de un mundo habitado tengan la experiencia de reconocer siete padres:

1. El padre biológico —el padre en la carne.

2. El padre del reino —el Adán Planetario.

3. El padre de las esferas —el Soberano del Sistema.

4. El Padre Altísimo —el Padre de la Constelación.

5. El Padre del universo—el Hijo Creador y gobernante supremo de las creaciones locales.

6. Los super-Padres —los Ancianos de los Días que gobiernan el superuniverso.

7. El Padre de espíritu, o sea, de Havona —el Padre Universal, que habita en el Paraíso y otorga su espíritu para que viva y trabaje en las mentes de las criaturas más bajas que habitan el universo de los universos.

7. LA ADMINISTRACIÓN UNIDA

De vez en cuando los Hijos Avonales Paradisiacos llegan a los mundos habitados para las acciones judiciales, pero el primer Avonal en llegar en una misión magisterial inaugura la cuarta dispensación de un mundo evolucionario del tiempo y el espacio. En algunos planetas donde se acepta universalmente a este Hijo Magisterial éste permanece por una era. Así el planeta prospera bajo el gobierno conjunto de tres Hijos: el Príncipe Planetario, el Hijo Material, y el Hijo Magisterial, siendo los últimos dos seres visibles para todos los habitantes del reino.

Antes de que el primer Hijo Magisterial concluya su misión en un mundo evolucionario normal, ya se ha unificado el trabajo administrativo y de enseñanza del Príncipe Planetario y el Hijo Material. Esta amalgama de la supervisión dual de un planeta da origen a un nuevo orden eficaz de administración mundial. Cuando parte el Hijo Magisterial, el Adán Planetario asume la dirección externa de la esfera. El Hijo y la Hija Materiales actúan así conjuntamente como administradores planetarios hasta el establecimiento del mundo en la era de luz y vida; después de lo cual el Príncipe Planetario es elevado a la posición de Soberano Planetario. Durante esta época de evolución avanzada, Adán y Eva pasan a ser lo que se podría llamar un conjunto de primeros ministros del reino glorificado.

Tan pronto como se ha establecido bien la capital nueva y consolidada del mundo evolucionario, y tan pronto como es posible capacitar debidamente a los administradores subordinados competentes se fundan subcapitales de tierras remotas y entre los distintos pueblos. Antes de la llegada de otro Hijo dispensacional, se habrán organizado de cincuenta a cien de estos subcentros.

El Príncipe Planetario y su equipo siguen fomentando los dominios de actividad espiritual y filosófica. Adán y Eva prestan especial atención a los estados físico, científico y económico del reino. Ambos grupos dedican igualmente sus energías a la promoción de las artes, las relaciones sociales, y los alcances intelectuales.

En el momento de la inauguración de la quinta dispensación de los asuntos mundiales, ya se ha logrado una administración magnífica de las actividades planetarias. La existencia mortal en una esfera tan bien gestionada es de hecho estimulante y productiva. Y si los urantianos pudiesen tan sólo observar la vida en tal planeta, apreciarían inmediatamente el valor de aquellas cosas que su mundo ha perdido al involucrarse en el mal y participar en la rebelión.

[Presentado por un Hijo Lanonandek Secundario del Cuerpo de Reserva.]

DOCUMENTO 52

LAS ÉPOCAS PLANETARIAS DE LOS MORTALES

DESDE el inicio de la vida en un planeta evolucionario hasta el momento de su florecimiento final en la era de luz y vida, aparecen en el escenario de la acción mundial por lo menos siete épocas de vida humana. Estas épocas sucesivas están determinadas por las misiones planetarias de los Hijos divinos, y en un mundo promedio habitado estas épocas aparecen en el siguiente orden:

1. El Hombre antes del Príncipe Planetario.
2. El Hombre después del Príncipe Planetario.
3. El Hombre Postadánico.
4. El Hombre después del Hijo Magisterial.
5. El Hombre después del Hijo Autootorgador.
6. El Hombre después del Hijo Instructor.
7. La Era de Luz y Vida.

Los mundos del espacio, tan pronto como son adecuados físicamente para la vida, son colocados en el registro de los Portadores de Vida, y a su debido tiempo estos Hijos son enviados a los planetas para el propósito de iniciar la vida. El período entero desde la iniciación de la vida hasta la aparición del hombre se denomina la era prehumana y precede las sucesivas épocas mortales consideradas en esta narrativa.

1. EL HOMBRE PRIMITIVO

Desde el momento en que el hombre trasciende el nivel animal —cuando puede elegir adorar al Creador— y hasta la llegada del Príncipe Planetario, las criaturas mortales volitivas se denominan *hombres primitivos*. Existen seis razas o tipos básicos de hombres primitivos, y estos pueblos primitivos aparecen sucesivamente en el orden de los colores del espectro, comenzando con el rojo. La longitud de tiempo de esta evolución primitiva de la vida varía grandemente en los diferentes mundos, oscilando entre ciento cincuenta mil años y hasta más de un millón de años del tiempo de Urantia.

Las razas evolucionarias de colores —roja, anaranjada, amarilla, verde, azul e índiga— comienzan a aparecer en la época en que el hombre primitivo está desarrollando un lenguaje sencillo y está comenzando a ejercer la imaginación creativa. En esta época el hombre ya está bien acostumbrado a la posición erecta.

Los hombres primitivos son cazadores poderosos y luchadores feroces. La ley de esta edad es la supervivencia física de los más adecuados; el gobierno de estos tiempos es totalmente tribal. Durante las primeras luchas raciales, en muchos mundos, algunas de las razas evolucionarias son obliteradas, tal como ocurrió en Urantia. Los que sobreviven generalmente se mezclan posteriormente con la raza violeta de importación subsiguiente, los pueblos adánicos.

A la luz de la civilización subsiguiente, esta era del hombre primitivo es un capítulo prolongado, tenebroso y sangriento. La ética de la selva y la moral de los bosques primarios no están de acuerdo con las normas de dispensaciones posteriores de religión revelada y desarrollo espiritual más elevado. En los mundos normales y no experimentales esta época es muy distinta de las luchas prolongadas y extraordinariamente brutales que caracterizaron a esta era a Urantia. Cuando surjáis de vuestra experiencia del primer mundo, comenzaréis a ver por qué ocurre esta larga y dolorosa lucha en los mundos evolucionarios, y a medida que avancéis en el camino al Paraíso, cada vez más comprenderéis la sabiduría de estas acciones aparentemente extrañas. Pero a pesar de todas las vicisitudes de las eras primitivas de la aparición humana, lo que logra el hombre primitivo representa un capítulo espléndido, aun heroico, en los anales del mundo evolucionario del tiempo y el espacio.

El hombre evolucionario primitivo no es una criatura pintoresca. En general, estos mortales primitivos viven en cuevas o peñascos. También construyen cabañas primitivas en los árboles más robustos. Antes de que adquieran un orden elevado de inteligencia, a veces los tipos más grandes de animales dominan los planetas. Pero pronto durante esta era los mortales aprenden a encender y mantener el fuego, y con el aumento de la imaginación inventiva y el mejoramiento de las herramientas, el hombre en evolución muy pronto conquista a los animales más grandes y más indomables. Las razas primitivas también hacen amplio uso de los animales voladores más grandes. Estas enormes aves son capaces de llevar a una o dos personas de tamaño promedio en vuelo ininterrumpido por más de ochocientos kilómetros. En algunos planetas estas aves son de gran utilidad, puesto que poseen un orden elevado de inteligencia, siendo muchas veces capaces de hablar muchas palabras de los idiomas del reino. Estos pájaros son altamente inteligentes, muy obedientes e increíblemente afectuosos. En Urantia, estas aves para pasajeros se extinguieron hace mucho tiempo, pero vuestros antepasados primitivos disfrutaron de sus servicios.

El momento en que el hombre adquiere el juicio ético, la voluntad moral, generalmente coincide con la aparición del lenguaje primitivo. Estos seres, al alcanzar el nivel humano, después de la aparición de la voluntad mortal, se vuelven receptivos a la residencia temporal de los Ajustadores divinos, y cuando mueren muchos de ellos son debidamente elegidos como sobrevivientes y guardados por los arcángeles para su resurrección subsiguiente y fusión con el Espíritu. Los arcángeles acompañan siempre a los Príncipes Planetarios, y una adjudicación dispensacional del reino es simultánea con la llegada del príncipe.

Todos los mortales en los que mora el Ajustador del Pensamiento son adoradores potenciales; han sido «iluminados por la verdadera luz», y poseen la capacidad de buscar contactos recíprocos con la divinidad. Sin embargo, la religión primitiva o biológica del hombre primitivo es en gran parte una persistencia del temor animal combinada con admiración ignorante y superstición tribal. La sobrevivencia de la superstición en las razas urantianas difícilmente representa un cumplido a vuestro desarrollo evolucionario ni es compatible con vuestros logros por otra parte espléndidos en el campo del progreso material. Pero esta religión primitiva basada en el temor sirve un propósito muy valioso, al dominar los fogosos temperamentos de estas criaturas primitivas. Es el precursor de la civilización y constituye el terreno para la futura labranza de la semilla de la religión revelada por el Príncipe Planetario y sus ministros.

Usualmente el Príncipe Planetario llega a los cien mil años después del momento en que el hombre adquiere la posición erecta, habiendo sido enviado por el Soberano del Sistema cuando los Portadores de Vida le informan de que ha empezado a funcionar la voluntad, aunque comparativamente pocos individuos se han así desarrollado. Los mortales primitivos generalmente dan la bienvenida al Príncipe Planetario y a su séquito visible; en realidad, frecuentemente lo consideran con admiración temorosa y con reverencia, y si no se los refrena, casi con adoración.

2. EL HOMBRE DESPUÉS DEL PRÍNCIPE PLANETARIO

Con la llegada del Príncipe Planetario comienza una nueva dispensación. Aparece el gobierno en la tierra, y se alcanza la época tribal avanzada. Durante unos pocos miles de años de este régimen se hacen grandes progresos sociales. Bajo condiciones normales, durante esta época, los mortales alcanzan un estado elevado de civilización. No se lucha por tanto tiempo en la barbarie tal como pasó con las razas de Urantia. Pero la vida en un mundo habitado tanto se altera por la rebelión que vosotros tenéis poca o ninguna idea de dicho régimen en un planeta normal.

La duración promedio de esta dispensación es aproximadamente quinientos mil años, a veces más, a veces menos. Durante esta era, el planeta se establece en los circuitos del sistema, y una cuota plena de asistentes seráficos y de otras órdenes celestiales se asigna a su administración. Llegan los Ajustadores del Pensamiento en números crecientes, y los guardianes seráficos amplían su régimen de supervisión mortal.

Cuando el Príncipe Planetario llega a un mundo primitivo, prevalece la religión evolucionaria de temor e ignorancia. El Príncipe y su séquito hacen las primeras revelaciones de la verdad más elevada y de la organización del universo. Estas presentaciones iniciales de la religión revelada son muy sencillas, y generalmente pertenecen a los asuntos del sistema local. La religión es totalmente un proceso evolucionario antes de la llegada del Príncipe Planetario. Posteriormente la religión progresa mediante revelaciones graduales así como también por crecimiento evolucionario. Cada dispensación, cada época mortal, recibe una presentación ampliada de la verdad espiritual y de la ética religiosa. La evolución de la capacidad de receptividad religiosa en los habitantes de un mundo determina en gran parte su velocidad de avance espiritual y el grado de revelación religiosa.

Esta dispensación presencia los albores espirituales, y las diferentes razas y sus varias tribus tienden a desarrollar sistemas especializados de pensamiento religioso y filosófico. Dos corrientes fluyen uniformemente a través de todas estas religiones raciales: los temores primordiales del hombre primitivo y las revelaciones posteriores del Príncipe Planetario. En algunos aspectos los urantianos no parecen haberse librado completamente de esta etapa de evolución planetaria. A medida que prosigáis en este estudio, discerniréis más claramente de qué manera vuestro mundo diverge del curso promedio de progreso y desarrollo evolucionario.

Pero el Príncipe Planetario no es «el Príncipe de la Paz». Las luchas raciales y las guerras tribales continúan hasta esta dispensación y durante ella, aunque con menor frecuencia y gravedad. Ésta es la gran edad de la dispersión racial, y culmina en un período de intenso nacionalismo. El color es la base de las agrupaciones tribales y nacionales, y las diferentes razas frecuentemente desarrollan idiomas separados. Cada grupo de mortales en vía de la expansión tiende a buscar el aislamiento. La existencia de muchos idiomas favorece esta segregación. Antes de la unificación de las varias razas, sus guerras constantes a veces dan como resultado la obliteración de pueblos enteros; los hombres anaranjados y los verdes son particularmente sensibles a dicha exterminación.

En los mundos promedios, durante la última parte del gobierno del Príncipe, la vida nacional comienza a reemplazar la organización tribal o más bien a superponerse a las agrupaciones tribales existentes. Pero el gran logro social de la época del Príncipe es la aparición de la vida familiar. Hasta ese momento, las relaciones humanas han sido principalmente tribales; ahora, comienza a materializarse el hogar.

Ésta es la dispensación durante la cual se lleva a cabo la igualdad entre los sexos. En algunos planetas, el varón gobierna sobre la mujer; en otros prevalece lo opuesto. Durante esta época, los mundos normales establecen una igualdad plena entre los sexos, siendo esto un paso preliminar a la realización más plena de los ideales de la vida hogareña. Éstos son los albores de la era de oro del hogar. La idea del gobierno tribal gradualmente cede su lugar al concepto dual de vida nacional y vida familiar.

Durante esta época aparece la agricultura. El crecimiento de la idea de la familia es incompatible con la vida nómada y no establecida del cazador. Gradualmente se establecen las prácticas de moradas fijas y labranza de la tierra. La domesticación de los animales y el desarrollo de las artesanías hogareñas proceden paralelamente. Al llegarse a la cúspide de la evolución biológica, se ha logrado un alto nivel de civilización, pero hay poco desarrollo de orden mecánico; la invención es característica de la era subsiguiente.

Las razas se purifican y alcanzan un elevado estado de perfección física y fuerza intelectual antes del fin de esta era. El desarrollo primitivo de un mundo normal está grandemente ayudado por el plan de promover el crecimiento de los tipos más elevados de mortales con una disminución proporcional de los más inferiores. Fue el fracaso de vuestros pueblos primitivos el no discriminar entre estos tipos lo que explica la presencia de tantos individuos defectuosos y degenerados entre las razas urantianas de hoy en día.

Uno de los grandes logros de la edad del príncipe es esta restricción de la multiplicación de los individuos mentalmente defectuosos y socialmente ineptos. Mucho antes de la época de la llegada de los segundos hijos, los Adanes, la mayoría de los mundos se dedican seriamente a la tarea de la purificación de la raza, cosa que los pueblos de Urantia aún no han emprendido seriamente.

Este problema del mejoramiento de la raza no es una empresa tan extensa si se lo ataca en esta edad inicial de la evolución humana. El período precedente de luchas tribales y dura competencia en la supervivencia racial ha eliminado la mayoría de las cepas anormales y defectuosas. Un idiota no tiene mucha oportunidad de supervivencia en una organización social tribal primitiva y guerrera. Es el falso sentimiento de vuestras civilizaciones parcialmente perfeccionadas el que fomenta, protege y perpetúa los linajes completamente defectuosos de las razas humanas evolucionarias.

No es ternura ni altruismo prodigar compasión inútil a seres humanos degenerados, mortales anormales e inferiores insalvables. Existen aun en el más normal de los mundos evolucionarios suficientes diferencias entre los individuos y entre los numerosos grupos sociales como para proveer el ejercicio pleno de todos aquellos nobles rasgos de sentimiento altruista y ministerio mortal sin egoísmos, sin perpetuar a las cepas socialmente inadecuadas y moralmente degeneradas de la humanidad en evolución. Existe abundante oportunidad para el ejercicio de la tolerancia y la función del altruismo a favor de aquellos individuos desafortunados y necesitados que no han perdido irreparablemente su herencia moral ni destruido para siempre su derecho espiritual de nacimiento.

3. EL HOMBRE POSTADÁNICO

Cuando el ímpetu original de la vida evolucionaria ha corrido su curso biológico, cuando el hombre ha alcanzado la cúspide del desarrollo animal, llega una segunda orden de filiación, y se inaugura la segunda dispensación de gracia y ministerio. Esto es así en todos los mundos evolucionarios. Cuando se ha alcanzado el nivel más alto posible de vida evolucionaria, cuando el hombre primitivo ha ascendido tanto como es posible en la escala biológica, siempre aparecen en el planeta un Hijo e Hija Materiales, enviados por el Soberano del Sistema.

Los Ajustadores del Pensamiento son otorgados cada vez más a los hombres postadánicos, y estos mortales alcanzan la capacidad para la subsiguiente fusión con el Ajustador en números en aumento constante. Mientras actúan como Hijos descendentes, los Adanes no poseen Ajustadores, pero sus vástagos planetarios —directos y mezclados— se tornan, a su debido tiempo, candidatos legítimos para la recepción de los Monitores Misteriosos. Hacia el final de la edad postadánica el planeta está en posesión de su plena cuota de ministros celestiales; tan sólo los Ajustadores de fusión aún no son universalmente otorgados.

Es propósito principal del régimen adánico influir sobre el hombre evolutivo para que complete el tránsito de la etapa de la civilización de cazadores y pastores a la de agricultores y horticulturistas, que más adelante será suplementada por la aparición de los adjuntos urbano e industrial en la civilización. Diez mil años de esta dispensación de los elevadores biológicos son suficientes para realizar una maravillosa transformación. Veinticinco mil años de tal administración de sabiduría conjunta del Príncipe Planetario y los Hijos Materiales usualmente prepara la esfera para el advenimiento de un Hijo Magisterial.

Esta época generalmente presencia la culminación de la eliminación de los ineptos y la purificación ulterior de los linajes raciales; en los mundos normales, las tendencias bestiales defectuosas se eliminan casi completamente de las razas reproductoras del reino.

La progenie adánica no se amalgama nunca con los linajes inferiores de las razas evolucionarias. Tampoco consiste el plan divino en que se amalgamen los Adanes y Evas planetarios personalmente con los pueblos evolucionarios. Este proyecto de mejoramiento racial es tarea de su progenie. Pero la progenie del Hijo e Hija Materiales es movilizada por generaciones antes de que se inaugure el ministerio de amalgama racial.

El resultado del don del plasma vital adánico a las razas mortales es una elevación inmediata de la capacidad intelectual y una aceleración del progreso espiritual. Usualmente también hay cierto mejoramiento físico. En un mundo promedio la dispensación postadánica es una edad de gran invención, control de la energía, y desarrollo mecánico. Ésta es la era de la aparición de la manufactura multiforme y el control de las fuerzas naturales; es la edad de oro de la exploración y de la sojuzgación final del planeta. Mucho del progreso material de un mundo ocurre durante este período de inauguración del desarrollo de las ciencias físicas, una época como la que está actualmente experimentando Urantia. Vuestro mundo está atrasado una dispensación o más respecto al plan planetario promedio.

A fines de la dispensación adánica en un planeta normal las razas están prácticamente mezcladas, de modo que en verdad se puede proclamar que «Dios ha hecho a todas las naciones de una sola sangre», y que su Hijo «ha hecho a todos los pueblos de un solo color». El color de tal raza amalgamada es de una tonalidad un tanto aceitunada del color violeta, el «blanco» racial de las esferas.

El hombre primitivo es en su mayor parte carnívoro; los Hijos e Hijas Materiales no comen carne, pero su progenie en pocas generaciones generalmente gravitan hacia el régimen omnívoro, aunque grupos enteros de sus descendientes a veces siguen siendo seres que no comen carne. Este origen doble de las razas postadánicas explica por qué estas cepas humanas mezcladas exhiben vestigios anatómicos que pertenecen tanto a los grupos animales herbívoros como a los carnívoros.

Al cabo de diez mil años de amalgama racial, las cepas resultantes muestran grados variables de mezcla anatómica, mostrando algunas razas marcas más abundantes de los antepasados que no comían carne, mientras que otras exhiben más de los rasgos distintivos y características físicas de sus progenitores evolucionarios carnívoros. La mayoría de estas razas mundiales pronto se vuelve omnívora, y subsiste con una amplia gama de alimentos tanto del reino animal como del reino vegetal.

La época postadánica es la dispensación del internacionalismo. A medida que se va completando la tarea de la mezcla racial, desaparece el nacionalismo, y la hermandad del hombre comienza realmente a materializarse. El gobierno representativo comienza a tomar el lugar de la monarquía o de la forma paternalista de gobierno. El sistema de enseñanza se vuelve mundial, y gradualmente los idiomas de las razas ceden el paso a la lengua del pueblo violeta. Hasta tanto no se mezclen las razas relativamente bien, y hasta que no hablen un idioma común raramente se logra la paz universal y la cooperación.

Durante los siglos finales de la edad postadánica se desarrolla un nuevo interés por el arte, la música y la literatura, y este despertar mundial es la señal para la aparición del Hijo Magisterial. El desarrollo culminante de esta era es el interés universal en las realidades intelectuales, la verdadera filosofía. La religión se vuelve menos nacionalista, se vuelve más y más un asunto planetario. Nuevas revelaciones de la verdad caracterizan estas edades, y los Altísimos de las constelaciones comienzan a gobernar en los asuntos de los hombres. Se revela la verdad hasta el nivel de la administración de las constelaciones.

Un gran avance ético caracteriza a esta era; la hermandad del hombre es el objetivo de su sociedad. La paz mundial —la cesación del conflicto racial y de la animosidad nacional— es el indicador de la madurez planetaria para el advenimiento de la tercera orden de filiación, el Hijo Magisterial.

4. El hombre después del Hijo Magisterial

En los planetas normales y leales, esta época se inaugura con las razas mortales mezcladas y biológicamente vigorosas. No hay problemas de raza ni de color; literalmente todas las naciones y las razas son de una sola sangre. Florece la hermandad entre los hombres, y las naciones están aprendiendo a vivir en la tierra en paz y tranquilidad. Un mundo de este tipo se encuentra en el umbral de un gran desarrollo intelectual culminante.

Cuando un mundo evolucionario madura de este modo para la edad de magistrado, un representante de la alta orden de Hijos Avonales hace su aparición en misión magisterial. El Príncipe Planetario y los Hijos Materiales se originan en el universo local; el Hijo Magisterial proviene del Paraíso.

Cuando los Avonales del Paraíso llegan a las esferas mortales en acciones judiciales, solamente como adjudicadores de la dispensación, no están nunca encarnados. Pero cuando vienen en misión magisterial, por lo menos la misión inicial, están siempre encarnados, aunque no experimentan el nacimiento, ni tampoco mueren la muerte del reino. Pueden seguir viviendo por generaciones en aquellos casos en los que permanecen como gobernantes en ciertos planetas. Cuando concluyen su misión, abandonan la vida planetaria y retornan a su estado anterior de filiación divina.

Cada nueva dispensación amplía el horizonte de la religión revelada, y los Hijos Magisteriales extienden la revelación de la verdad para describir los asuntos del universo local y de todos sus tributarios.

Después de la visita inicial de un Hijo Magisterial, las razas pronto efectúan su liberación económica. El trabajo diario necesario para mantener la propia independencia sería representado por dos horas y media de vuestro tiempo. Es perfectamente seguro liberar a estos mortales éticos e inteligentes. Tales gentes refinadas saben bien cómo utilizar el tiempo libre para el automejoramiento y el avance planetario. Esta edad presencia la purificación ulterior de los linajes raciales mediante una restricción de la reproducción entre los individuos menos adecuados y pobremente dotados.

El gobierno político y la administración social de las razas continúan mejorando, estando el autogobierno bastante bien establecido hacia fines de esta edad. Al decir autogobierno referimos al tipo más elevado de gobierno representativo. Estos mundos avanzan y honran tan sólo a aquellos líderes y gobernantes que son más adecuados para sobrellevar las responsabilidades sociales y políticas.

Durante esta época los Ajustadores moran en la mayoría de los mortales del mundo. Pero aun en este momento, el otorgamiento de los Monitores Divinos no es siempre universal. Los Ajustadores de destino de fusión aun no son otorgados a todos los mortales planetarios; todavía hace falta que las criaturas volitivas elijan a los Monitores Misteriosos.

Durante las edades finales de esta dispensación, la sociedad comienza a retornar a formas de vida más sencillas. La naturaleza compleja de una civilización en avance está terminando su curso, los mortales están aprendiendo a vivir de una manera más natural y eficaz. Y esta tendencia aumenta con cada una de las épocas subsiguientes. Ésta es la edad del florecimiento del arte, la música y el aprendizaje superior. Las ciencias físicas ya han alcanzado su cúspide del desarrollo. La terminación de esta época, en un mundo ideal, presencia la plenitud de un gran despertar religioso, un esclarecimiento espiritual mundial. Este amplio despertar de la naturaleza espiritual de las razas es la señal para la llegada del Hijo autootorgador y para la inauguración de la quinta época mortal.

En muchos mundos ocurre que el planeta no se encuentra preparado para recibir a un Hijo autootorgador después de una sola misión magisterial; en ese caso habrá una segunda, aun una sucesión de misiones de Hijos Magisteriales, cada uno de los cuales avanzará a las razas de una dispensación a la otra hasta que el planeta esté listo para el don del Hijo autootorgador. En la segunda misión y en las misiones subsiguientes los Hijos Magisteriales pueden o no estar encarnados. Pero sean cuantos sean los Hijos Magisteriales que aparezcan y aun pueden venir como tales después del Hijo autootorgador —el advenimiento de cada uno marca el fin de una dispensación y el comienzo de la otra.

Estas dispensaciones de los Hijos Magisteriales abarcan entre veinticinco y cincuenta mil años del tiempo de Urantia. A veces una época de este tipo es mucho más corta y en raros casos aún más larga. Pero en la plenitud del tiempo uno de estos mismos Hijos Magisteriales nacerá como Hijo autootorgador Paradisiaco.

5. EL HOMBRE DESPUÉS DEL HIJO AUTOOTORGADOR

Cuando se logra cierto estándar de desarrollo intelectual y espiritual en un mundo habitado, siempre llega un Hijo autootorgador Paradisiaco. En los mundos normales no aparece en la carne hasta que las razas no hayan ascendido a los niveles más altos de desarrollo intelectual y logro ético. Pero en Urantia el Hijo autootorgador, aun vuestro propio Hijo Creador, apareció al final de la dispensación adánica, pero ése no es el orden común de los acontecimientos en los mundos del espacio.

Cuando los mundos han madurado para la espiritualización, llega el Hijo autootorgador. Estos Hijos siempre pertenecen a la orden Magisterial o Avonal, excepto en ese caso, una vez en cada universo local, en que el Hijo Creador se prepara para su autootorgamiento final en un mundo evolucionario, tal como ocurrió cuando Micael de Nebadon apareció en Urantia para otorgarse a sí mismo a vuestras razas mortales. Sólo un mundo entre casi diez millones puede disfrutar de dicho don; todos los demás mundos van avanzado espiritualmente por el autootorgamiento de un Hijo Paradisiaco de la orden Avonal.

El Hijo autootorgador llega en un mundo de alta cultura e instrucción y encuentra una raza espiritualmente capacitada y preparada para asimilar las enseñanzas avanzadas y para apreciar la misión del autootorgamiento. Ésta es una edad que se caracteriza por la búsqueda mundial de cultura moral y verdad espiritual. La pasión de los mortales de esta dispensación es la penetración de la realidad cósmica y la comunión con la realidad espiritual. Las revelaciones de la verdad se amplían para incluir al superuniverso. Aparecen sistemas enteramente nuevos de enseñanza y gobierno para suplantar los regímenes burdos de los tiempos anteriores. El regocijo de vivir se tiñe de un nuevo color, y las reacciones vitales son exaltadas a alturas celestiales de tono y timbre.

El Hijo autootorgador vive y muere para la elevación espiritual de las razas mortales de un mundo. Establece el «camino nuevo y viviente»; su vida es una encarnación de la verdad paradisiaca en la carne mortal, esa misma verdad —aún el Espíritu de la Verdad— por cuyo conocimiento los hombres serán libres.

En Urantia el establecimiento de este «camino nuevo viviente» fue asunto de hecho así como también de verdad. Por el aislamiento de Urantia en la rebelión de Lucifer se había suspendido el procedimiento por el cual los mortales pueden pasar, cuando mueren, directamente a las orillas de los mundos de estancia. Antes de los días de Cristo Micael en Urantia todas las almas dormían hasta las resurrecciones dispensionales o milenarias especiales. Aun Moisés no tuvo el permiso para ir al otro lado hasta la ocasión de una resurrección especial, pues el Príncipe Planetario caído, Caligastia, estaba en contra de dicha liberación. Pero desde el día de Pentecostés, los mortales de Urantia nuevamente pueden proceder directamente a las esferas morontiales.

En el momento de la resurrección de un Hijo autootorgador, el tercer día después de dejar su vida encarnada, asciende a la derecha del Padre Universal, recibe la seguridad de aceptación de su misión de autootorgamiento, y regresa al Hijo Creador en la sede central del universo local. En ese momento el Avonal autootorgador y el Creador Micael envían su espíritu conjunto, el Espíritu de la Verdad, al mundo de autootorgamiento. Esta es la ocasión en la que «el espíritu del Hijo triunfador se derrama sobre toda la carne». El Espíritu Materno del Universo también participa en este otorgamiento del Espíritu de la Verdad y concomitantemente con esto se emite el edicto de otorgamiento de los Ajustadores del Pensamiento. De allí en adelante todas las criaturas volitivas de mente normal de ese mundo recibirán un Ajustador en cuanto lleguen a la edad de responsabilidad moral, de elección espiritual.

Si un Avonal autootorgador hubiera de regresar al mundo después de la misión de autootorgamiento no se encarnaría sino que llegaría «en la gloria con las huestes seráficas».

La edad después de un Hijo autootorgador puede extenderse de diez mil a cien mil años. No existe un período arbitrario establecido para ninguna de estas eras dispensacionales. Ésta es una época de gran progreso ético y espiritual. Bajo la influencia espiritual de estas épocas, el carácter humano sufre tremendas transformaciones y experimenta desarrollos fenomenales. Se hace posible poner en operación práctica la regla de oro. Las enseñanzas de Jesús son realmente aplicables a un mundo mortal que ha tenido la capacitación preliminar de los Hijos de preautootorgamiento con sus dispensaciones de ennoblecimiento de carácter y aumento de la cultura.

Durante esta era se solucionan virtualmente los problemas de enfermedad y delincuencia. La reproducción selectiva ha eliminado en gran parte la degeneración. La enfermedad ha sido prácticamente dominada a través de las altas calidades resistentes de las razas adánicas y por la aplicación inteligente y mundial de los descubrimientos de las ciencias físicas de las edades precedentes. La duración promedio de la vida, durante este período, llega bien por encima del equivalente de trescientos años del tiempo de Urantia.

A través de esta época hay una disminución gradual de la supervisión gubernamental. El verdadero autogobierno comienza a funcionar; se necesitan cada vez menos leyes restrictivas. Las ramas militares de la resistencia nacional están desapareciendo; la era de la armonía internacional está llegando verdaderamente. Existen muchas naciones, determinadas en su mayor parte por la distribución de la tierra, pero tan sólo una raza, un idioma y una religión. Los asuntos mortales son casi, aunque no completamente, utópicos. ¡Esta es verdaderamente una edad grande y gloriosa!

6. La edad postautootorgadora en Urantia

El Hijo autootorgador es el Príncipe de la Paz. Llega con el mensaje, «Paz sobre la tierra y buena voluntad entre los hombres». En los mundos normales esta es una dispensación de paz mundial; las naciones ya no se aprenden la guerra. Pero estas influencias saludables no acompañaron la llegada de vuestro Hijo de autootorgamiento, Cristo Micael. Urantia no procede en el orden normal. Vuestro mundo está fuera del ritmo de la procesión planetaria. Vuestro Maestro, cuando estaba en la tierra, advirtió a sus discípulos que su advenimiento no traería el usual reino de paz en Urantia. Él les dijo claramente que habría «guerra y rumores de guerra», y que las naciones se sublevarían contra las naciones. En otro momento dijo: «No penséis que he venido para traer paz a la tierra».

Aun en los mundos evolucionarios normales, la realización de la hermandad mundial del hombre no es una tarea fácil. En un planeta confuso y desordenado como Urantia, dicha realización requiere un tiempo más largo y necesita mucho mayor esfuerzo. La evolución social en sí misma y sin ayuda difícilmente puede lograr resultados tan felices en una esfera espiritualmente aislada. La revelación religiosa es esencial para la realización de la hermandad en Urantia. Aunque Jesús ha mostrado el camino para el logro inmediato de la hermandad espiritual, la realización de la hermandad social en vuestro mundo depende mucho del logro de las siguientes transformaciones personales y ajustes planetarios:

1. *Fraternidad social.* Multiplicación del contacto social internacional e interracial y asociaciones fraternas mediante los viajes, el comercio, y los juegos competitivos. Desarrollo de un lenguaje común y multiplicación de multilingüistas. Intercambio racial y nacional de estudiantes, maestros, industriales y filósofos religiosos.

2. *Fertilización intelectual cruzada.* La hermandad es imposible en un mundo cuyos habitantes son tan primitivos que no reconocen la locura del egoísmo sin mitigación. Debe ocurrir un intercambio de literatura nacional y racial. Cada raza debe familiarizarse con el pensamiento de todas las otras razas; cada nación debe conocer los sentimientos de todas las naciones. La ignorancia produce la sospecha, y la sospecha es incompatible con la actitud esencial de compasión y amor.

3. *Despertar ético.* Sólo la conciencia ética puede desenmascarar la inmoralidad de la intolerancia humana y el pecado de la lucha fratricida. Sólo una conciencia moral puede condenar los males de la envidia nacional y de los celos raciales. Sólo los seres morales pueden buscar jamás ese discernimiento espiritual que es esencial para vivir la regla de oro.

4. *Sabiduría política.* La madurez emocional es esencial para el autocontrol. Sólo la madurez emocional puede asegurar la sustitución de las técnicas internacionales de adjudicación civilizada por el arbitraje bárbaro de la guerra. Algún día los estadistas sabios trabajarán para el bienestar de la humanidad aun mientras intentan promover el interés de sus grupos nacionales o raciales. La sagacidad política egoísta es en último término suicida —destructiva de todas aquellas cualidades duraderas que aseguran la supervivencia planetaria del grupo.

5. *Discernimiento espiritual.* La hermandad del hombre está, después de todo, basada en el reconocimiento de la paternidad de Dios. La manera más rápida de realizar la hermandad del hombre en Urantia consiste en efectuar la transformación espiritual de la humanidad de hoy en día. La única técnica para acelerar la tendencia natural de la evolución social es la de aplicar presión espiritual desde arriba, aumentando así el discernimiento moral y enalteciendo al mismo tiempo la capacidad del alma de cada mortal para comprender y amar a todos los demás mortales. La comprensión mutua y el amor fraterno son civilizadores trascendentales y factores poderosos en la realización mundial de la hermandad del hombre.

Si pudieras ser trasplantado de vuestro mundo atrasado y confuso a un planeta normal que vive ahora la edad después del autootorgamiento de un Hijo, pensarías que has sido trasladado al cielo de vuestras tradiciones. Difícilmente podrías creer que estás observando la evolución normal de una esfera mortal habitada por los seres humanos. Estos mundos están dentro de los circuitos espirituales de su reino, y disfrutan de todas las ventajas de las emisiones universales y de los servicios de reflexividad del superuniverso.

7. EL HOMBRE DESPUÉS DEL HIJO INSTRUCTOR

Los Hijos de la siguiente orden de llegada en un mundo evolucionario promedio son los Hijos Instructores Trinitarios, los Hijos Divinos de la Trinidad Paradisiaca. Nuevamente encontramos que Urantia está fuera del ritmo de sus esferas hermanas, ya que vuestro Jesús ha prometido regresar. Esa promesa con certidumbre cumplirá, pero nadie sabe si su segunda venida precederá o seguirá a las apariciones de los Hijos Magisteriales o de los Hijos Instructores en Urantia.

Los Hijos Instructores vienen en grupos a los mundos en vías de espiritualización. Un Hijo Instructor planetario es asistido y apoyado por setenta Hijos primarios, doce Hijos secundarios, y tres de los más elevados y más expertos de la orden suprema de los Dainales. Este cuerpo permanece en el mundo por algún tiempo, lo suficiente para efectuar la transición de las etapas evolucionarias a la era de luz y vida —no menos de mil años de tiempo planetario y frecuentemente mucho más. Esta misión es una contribución Trinitaria a los esfuerzos antecedentes de todas las personalidades divinas que han ministrado a un mundo habitado.

La revelación de la verdad se amplía ahora para incluir al universo central y al Paraíso. Las razas se están volviendo altamente espirituales. Un gran pueblo ha evolucionado y se está acercando una gran edad. Los sistemas de enseñanza, económicos y administrativos del planeta están sufriendo transformaciones radicales. Se están estableciendo nuevos valores y relaciones. El reino de los cielos está apareciendo en la tierra, y la gloria de Dios se está esparciendo por el mundo.

Ésta es la dispensación en la cual muchos mortales son trasladados de entre los vivientes. A medida que va progresando la era de los Hijos Instructores Trinitarios, la lealtad espiritual de los mortales del tiempo se hace cada vez más universal. La muerte natural se vuelve menos frecuente a medida que los Ajustadores se fusionan cada vez más frecuentemente con sus sujetos durante la vida en la carne. El planeta finalmente se clasifica en la orden primaria modificada de ascensión mortal.

La vida durante esta era es placentera y beneficiosa. La degeneración y los productos antisociales finales de la larga lucha evolucionaria han sido virtualmente obliterados. La duración de la vida se acerca a los quinientos años de Urantia, y la frecuencia de reproducción de aumento racial está controlada inteligentemente. Ha llegado un orden de sociedad enteramente nuevo. Aún existen grandes diferencias entre los mortales, pero el estado de la sociedad se acerca mucho más a los ideales de la hermandad social y de la igualdad espiritual. El gobierno representativo está desapareciendo, y el mundo está pasando al gobierno del autocontrol individual. La función del gobierno está principalmente dirigida a las tareas colectivas de administración social y coordinación económica. La edad de oro está llegando; se vislumbra el objetivo temporal de la larga e intensa lucha evolucionaria planetaria. La recompensa de las edades pronto se realizará; está por manifestarse la sabiduría de los Dioses.

La administración física de un mundo durante esta edad requiere tan sólo una hora diaria por parte de todo individuo adulto; o sea, el equivalente de una hora urantiana. El planeta está en estrecho contacto con los asuntos universales, y su pueblo escucha las últimas emisiones con el mismo profundo interés que vosotros manifestáis ahora para con la última edición de vuestros periódicos diarios. Estas razas se ocupan de mil cosas de interés desconocido en vuestro mundo.

Cada vez más, crece la lealtad planetaria auténtica al Ser Supremo. Generación tras generación, una proporción cada vez mayor de la raza sigue las reglas de los que practican la justicia y viven en la misericordia. Lentamente pero con seguridad el mundo está siendo ganado para el servicio regocijante de los Hijos de Dios. Las dificultades físicas y los problemas materiales se han solucionado en gran parte; el planeta está madurando para una vida avanzada y una existencia más establecida.

De vez en cuando, a través de su dispensación, siguen llegando Hijos Instructores a estos mundos pacíficos. No abandonan un mundo hasta tanto no observan que el plan evolucionario, en cuanto se refiere a ese planeta, está funcionando bien. Un Hijo Magisterial de juicio generalmente acompaña a los Hijos Instructores en sus misiones sucesivas, mientras que otro Hijo de este tipo funciona al tiempo de su partida, y estas acciones judiciales continúan de edad en edad a lo largo de la duración del régimen mortal del espacio y el tiempo.

Cada misión recurrente de los Hijos Instructores Trinitarios eleva sucesivamente este mundo excelso a alturas cada vez mayores de sabiduría, espiritualidad, e iluminación cósmica. Pero los nobles nativos de dichas esferas siguen siendo finitos y mortales. Nada es perfecto; sin embargo, está evolucionando una calidad de casi perfección en la operación de un mundo imperfecto y en la vida de sus habitantes humanos.

Los Hijos Instructores Trinitarios pueden volver muchas veces al mismo mundo. Pero tarde o temprano, en relación con la terminación de una de sus misiones, el Príncipe Planetario es elevado a la posición de Soberano Planetario, y aparece el Soberano del Sistema para proclamar el ingreso de dicho mundo en la edad de luz y vida.

Fue acerca de la conclusión de la misión final de los Hijos Instructores (por lo menos esa sería la cronología en un mundo normal) acerca de que Juan escribió: «Yo vi un nuevo cielo y una nueva tierra y el nuevo Jerusalén que bajaba de Dios saliendo del cielo, preparada como una princesa adornada para su príncipe».

Ésta es la misma tierra renovada, la etapa avanzada planetaria, que el antiguo visionario visualizó cuando escribió: «'Pues así como los nuevos cielos y la nueva tierra que yo crearé durarán ante mí, así también vosotros y vuestros hijos perduraréis; y sucederá que de una luna nueva a otra y de un sábado a otro, toda la carne adorará ante mí', dice el Señor».

Son los mortales de dicha edad aquellos que se describen como «una generación elegida, o un sacerdocio real, una nación sagrada, un pueblo excelso; y vosotros esparciréis las alabanzas de Aquél que os ha llamado de la oscuridad hacia esta maravillosa luz».

Sea cual fuere la historia natural especial de un planeta específico, sea que el reino haya sido totalmente leal, teñido de mal, o maldecido por el pecado —sean cuales fueren los antecedentes— tarde o temprano, la gracia de Dios y el ministerio de los ángeles inaugurarán el día del advenimiento de los Hijos Instructores Trinitarios; y su partida, después de su misión final, inaugurará esta maravillosa era de luz y vida.

Todos los mundos de Satania pueden unirse en la esperanza de aquél que escribió: «Sin embargo nosotros, de acuerdo con su promesa, esperamos un nuevo cielo y una nueva tierra, en la cual mora la rectitud. Por lo tanto, amados, ya que buscáis estas cosas, sed diligentes para que aquél os pueda encontrar en paz, sin manchas ni culpas».

La partida del cuerpo de Hijos Instructores al fin de su primer reino o de algún reino subsiguiente, inaugura los albores de la era de luz y vida —el umbral de la transición del tiempo al vestíbulo de la eternidad. La realización planetaria de esta era de luz y vida está mucho más allá de las esperanzas más encarecidas de los mortales urantianos que no han tenido conceptos más visionarios de la vida futura que los comprendidos dentro de las creencias religiosas que describen el cielo como el destino inmediato y la morada final de los mortales sobrevivientes.

[Patrocinado por un Mensajero Poderoso vinculado temporalmente al séquito de Gabriel.]

DOCUMENTO 53

LA REBELIÓN DE LUCIFER

LUCIFER era un brillante Hijo Lanonandek primario de Nebadon. Había servido en muchos sistemas, había sido un consejero elevado de su grupo, y se distinguía por su sabiduría, sagacidad y eficiencia. Lucero, o sea, Lucifer era el número 37 de su orden, y cuando fue comisionado por los Melquisedek, se le distinguió como una de las cien personalidades más hábiles y brillantes entre más de setecientos mil de su tipo. Desde comienzos tan magníficos, a través del mal y del error, abrazó el pecado y ahora se lo numera como uno de los tres Soberanos del Sistema en Nebadon que sucumbieron al impulso del yo y se rindieron a los sofismas de la libertad personal espuria —el rechazo de la lealtad universal y el descuido de las obligaciones fraternales, la ceguera a las relaciones cósmicas.

En el universo de Nebadon, el dominio de Cristo Micael, hay diez mil sistemas de mundos habitados. En toda la historia de los Hijos Lanonandek, en todo su trabajo a través de estos miles de sistemas y en la sede central del universo, tan sólo tres Soberanos de los Sistemas han sido hallados en desacato al gobierno del Hijo Creador.

1. LOS LÍDERES DE LA REBELIÓN

Lucifer no era un ser ascendente; fue un Hijo creado del universo local, y de él se dijo: «Perfecto eras en todos tus caminos desde el día en que fuiste creado hasta que se halló en ti injusticia». Muchas veces había estado en consejo con los Altísimos de Edentia. Y Lucifer reinaba «sobre la montaña sagrada de Dios», la montaña administrativa de Jerusem, porque era el ejecutivo en jefe de un gran sistema de 607 mundos habitados.

Lucifer era un ser magnífico, una personalidad brillante; estaba junto a los Padres Altísimos de la constelación en la línea directa de la autoridad universal. A pesar de la transgresión de Lucifer, antes del autootorgamiento de Micael en Urantia, las inteligencias subordinadas evitaron faltarle al respeto y desdeñarlo. Aun el arcángel de Micael, al tiempo de la resurrección de Moisés, «no emitió juicio contra él, sino que simplemente dijo: 'el Juez te reprenda'». El juicio en tales asuntos pertenece a los Ancianos de los Días, los gobernantes del superuniverso.

Lucifer es ahora el Soberano caído y depuesto de Satania. La autocontemplación es sumamente desastrosa, aun para las personalidades excelsas del mundo celestial. De Lucifer se dijo: «Tu corazón se enalteció por tu hermosura; tu esplendor corrompió tu sabiduría». Vuestro antiguo profeta vio este triste estado cuando escribió: «¡Cómo caíste de los cielos, O Lucero, hijo de la mañana! ¡Cómo has sido derribado, tú que te atreviste a confundir a los mundos!».

Muy poco se oyó acerca de Lucifer en Urantia debido al hecho de que asignó a su primer ayudante, Satanás, para abogar por su causa en vuestro planeta. Satanás formaba parte del mismo grupo primario de Lanonandek pero no había actuado nunca como Soberano del Sistema; participó plenamente en la insurrección de Lucifer. El «diablo» no es sino Caligastia, el Príncipe Planetario depuesto de Urantia y un Hijo de la orden secundaria de Lanonandek. Cuando Micael estaba en Urantia en la carne, Lucifer, Satanás y Caligastia se aliaron para precipitar el fracaso de la misión de autootorgamiento. Pero claramente fracasaron.

Abadón era el jefe del séquito de Caligastia. Siguió a su jefe en la rebelión y desde entonces ha actuado como jefe ejecutivo de los rebeldes de Urantia. Beelzebú era el líder de los seres intermedios desleales que se aliaron con las fuerzas del traicionero Caligastia.

El dragón se volvió finalmente la representación simbólica de todos estos personajes malvados. Cuando triunfó Micael, «Gabriel bajó de Salvington y encadenó al dragón (todos los líderes rebeldes) por una edad». De los rebeldes seráficos de Jerusem se ha escrito: «Y a los ángeles que no mantuvieron su estado primario sino que abandonaron su propia morada, aseguró con fuertes cadenas de oscuridad hasta el juicio del gran día».

2. LAS CAUSAS DE LA REBELIÓN

Lucifer y su primer asistente, Satanás, habían reinado en Jerusem por más de quinientos mil años cuando en su corazón comenzaron a alinearse contra el Padre Universal y su Hijo Micael por entonces vicegerente.

No existían en el sistema de Satania condiciones peculiares o especiales que sugiriesen o favoreciesen la rebelión. Creemos que la idea se originó y formó en la mente de Lucifer, y que pudo haber instigado dicha rebelión sin importar donde estuviera estacionado. Lucifer anunció primero sus planes a Satanás, pero se requirieron varios meses para que éste se convirtiera a las teorías rebeldes, se volvió un defensor atrevido y entusiasta de la «la autoaserción y libertad».

Nadie jamás le sugirió a Lucifer la idea de una rebelión. La idea de la autoaserción, en oposición a la voluntad de Micael y a los planes del Padre Universal, tal como los presentaba Micael, tuvo origen en su propia mente. Sus relaciones con el Hijo Creador habían sido íntimas y siempre cordiales. En ningún momento antes de la exaltación de su propia mente expresó Lucifer abiertamente falta de satisfacción respecto de la administración del universo. A pesar de su silencio, por más de cien años del tiempo estándar, el Unión de los Días en Salvington había estado reflectivando a Uversa que no reinaba completamente la paz en la mente de Lucifer. Esta información también fue comunicada al Hijo Creador y a los Padres de la Constelación de Norlatiadek.

A lo largo de este período Lucifer se volvió cada vez más crítico del plan total de la administración universal, pero siempre profesó lealtad sincera a los Gobernantes Supremos. Su primera deslealtad abierta se manifestó con motivo de una visita de Gabriel a Jerusem, apenas unos pocos días antes de la proclamación abierta de la Declaración Luciferina de Libertad. Gabriel tan profundamente se impresionó por la certidumbre de una ruptura próxima que se dirigió directamente a Edentia para conferenciar con los Padres de la Constelación sobre las medidas a emplear en el caso de una rebelión abierta.

Es muy difícil señalar la causa o las causas exactas que finalmente culminaron en la rebelión de Lucifer. Tan sólo estamos seguros de una cosa, y eso es: sean cuales fueren estos comienzos, tuvieron origen en la mente de Lucifer. Debe haber existido una vanagloria del yo que se alimentó hasta el punto del autoengaño, de modo que Lucifer, durante un período, verdaderamente se convenció de que su idea rebelde realmente redundaría en el bien del sistema, si no del universo entero. Para cuando sus planes ya le habían llevado al desencanto, sin duda estaba demasiado metido como para que su orgullo original y dañino le permitiese detenerse. En algún momento durante esta experiencia se volvió insincero, y el mal evolucionó en pecado deliberado y volitivo. El hecho de que así fue se comprueba por la conducta subsiguiente de este brillante ejecutivo. Durante mucho tiempo se le ofreció la oportunidad de arrepentirse, pero tan sólo algunos de sus subordinados aceptaron la misericordia ofrecida. El Fiel de los Días de Edentia, por solicitud de los Padres de la Constelación, presentó personalmente el plan de Micael para la salvación de estos rebeldes flagrantes, pero la misericordia del Hijo Creador fue siempre rechazada y rechazada con desprecio y desdén cada vez mayores.

3. EL MANIFIESTO DE LUCIFER

Cualesquiera hayan sido los orígenes primeros de la desazón en los corazones de Lucifer y Satanás, la explosión final tomó la forma de la Declaración Luciferina de Libertad. La causa de los rebeldes se expresó bajo tres encabezamientos:

1. *La realidad del Padre Universal.* Lucifer alegaba que el Padre Universal en realidad no existía, que la gravedad física y la energía espacial eran inherentes al universo, y que el Padre era un mito inventado por los Hijos Paradisiacos con el objeto de retener el gobierno de los universos en el nombre del Padre. Negó que la personalidad fuera un don del Padre Universal. Aun sugirió que los finalistas estaban en confabulación con los Hijos Paradisiacos para imponer el fraude sobre toda la creación, puesto que nunca volvían trayendo una idea muy clara de la personalidad auténtica del Padre tal como se la discierne en el Paraíso. Confundió reverencia por ignorancia. La acusación era enorme, terrible, y blasfema. Fue este ataque velado contra los finalistas el que sin duda influyó sobre los ciudadanos ascendentes por entonces en Jerusem para que éstos permanecieran firmes y se mantuvieran constantes en su resistencia a todas las propuestas rebeldes.

2. *El gobierno universal del Hijo Creador —Micael.* Lucifer sostenía que los sistemas locales debían de ser autónomos. Protestó contra el derecho de Micael, el Hijo Creador, a la soberanía de Nebadon en nombre de un hipotético Padre Paradisiaco y la exigencia de que todas las personalidades reconocieran su lealtad a este Padre invisible. Afirmó que el entero plan de adoración era un esquema sagaz para agrandar a los Hijos Paradisiacos. Estaba dispuesto a reconocer a Micael como su Padre Creador, pero no como su Dios y gobernante legítimo.

Atacó con gran amargura el derecho de los Ancianos de los Días —«potentados extranjeros»— de interferir en los asuntos de los sistemas y universos locales. Denunció estos gobernantes como tiranos y usurpadores. Exhortó a sus seguidores a que creyeran que ninguno de estos gobernantes podía hacer nada para interferir en la operación de la autonomía completa si los hombres y los ángeles tenían el valor de afirmarse a sí mismos y reclamar atrevidamente sus derechos.

Sostenía que se podía impedir a los ejecutores de los Ancianos de los Días actuar en los sistemas locales si los seres nativos se atrevían a afirmar su propia independencia. Mantenía que la inmortalidad era inherente en las personalidades del sistema, que la resurrección era natural y automática, y que todos los seres vivirían eternamente salvo cuando se lo impidiesen acciones arbitrarias e injustas de los ejecutantes de los Ancianos de los Días.

3. *El ataque contra el plan universal de capacitación de los mortales ascendentes*. Lucifer sostenía que se gastaba demasiado tiempo y energía en el esquema de capacitar en forma tan completa a los mortales ascendentes sobre los principios de la administración del universo, principios que según él, eran poco éticos pero irracionales. Protestó contra el programa que duraba una entera edad de preparación de los mortales del espacio para un destino desconocido y señaló la presencia del cuerpo de los finalistas en Jerusem como prueba de que estos mortales habían pasado edades preparándose para un destino de pura ficción. Burlonamente señaló que los finalistas habían encontrado un destino no más glorioso que el de volver a las humildes esferas similares a las de su propio origen. Sugirió que demasiada disciplina y capacitación prolongada les habían corrompido y que en realidad eran traidores de sus semejantes mortales puesto que ahora cooperaban en un esquema de esclavización de la creación entera a las ficciones de un mítico destino eterno para los mortales ascendentes. Advocó que los ascendenteros debían disfrutar de la libertad de autodeterminación individual. Desafió y condenó el entero plan de ascensión mortal tal como estaba patrocinado por los Hijos de Dios Paradisiacos y apoyado por el Espíritu Infinito.

Y fue con una Declaración de Libertad de este tipo que Lucifer lanzó su orgía de oscuridad y muerte.

4. EL ESTALLIDO DE LA REBELIÓN

El manifiesto de Lucifer fue emitido en el cónclave anual de Satania en el mar de cristal, en presencia de las huestes reunidas de Jerusem, el último día del año, alrededor de doscientos mil años atrás, tiempo de Urantia. Satanás proclamó que se podrían adorar las fuerzas universales —físicas, intelectuales y espirituales— pero que tan sólo se podrá tener lealtad al gobernante presente y actual, Lucifer, el «amigo de los hombres y de los ángeles» y el «Dios de la libertad».

La autoaserción fue el grito de batalla de la rebelión de Lucifer. Uno de sus argumentos principales fue que, si el autogobierno era bueno y justo para los Melquisedek y otros grupos, debía de ser igualmente bueno para todas las órdenes de inteligencia. Fue atrevido y persistente en advocar la «igualdad de la mente» y «la hermandad de la inteligencia». Afirmaba que todo gobierno debía limitarse a los planetas locales y a su confederación voluntaria en los sistemas locales. Rechazaba toda la demás supervisión. Prometió a los Príncipes Planetarios que gobernarían los mundos como ejecutivos supremos. Denunció la ubicación de las actividades legislativas en la sede central de la constelación y la conducta de los asuntos judiciales en la capital del universo. Sostenía que todas estas funciones de gobierno debían estar concentradas en las capitales de los sistemas y procedió a establecer su propia asamblea legislativa y organizó sus propios tribunales bajo la jurisdicción de Satanás. Y llamó a los príncipes de los mundos apóstatas para que hicieran lo mismo.

Todo el gabinete administrativo de Lucifer le siguió y todos prestaron juramento públicamente como funcionarios de la administración del nuevo jefe de «mundos y sistemas liberados».

Aunque han habido dos rebeliones previas en Nebadon, éstas acontecieron en constelaciones distantes. Lucifer sostenía que estas insurrecciones no habían triunfado porque la mayoría de las inteligencias fracasó en seguir a sus líderes. Opinaba que «el gobierno pertenece a las mayorías», que «la mente es infalible». La libertad que le brindaron los gobernantes universales aparentemente contribuyó a alimentar muchas de sus opiniones nefastas. Desafió a todos sus superiores; sin embargo no parecieron tomar nota de sus acciones. Se le permitió proseguir en su plan seductor sin obstáculos ni frenos.

Todas las demoras misericordiosas de la justicia, las señaló Lucifer como prueba de la incapacidad de los Hijos Paradisiacos para detener la rebelión. Él desafiaba abiertamente y en forma arrogante a Micael, a Emanuel, a los Ancianos de los Días y luego señalaba el hecho de que no se había producido acción alguna, como prueba positiva de la impotencia de los gobiernos universales y superuniversales.

Gabriel estaba presente personalmente a lo largo de todos estos procedimientos desleales y tan sólo anunció que él, a su debido tiempo, hablaría por Micael, y que todos los seres tendrían libertad y no serían molestados en su elección; que el «gobierno de los Hijos en nombre del Padre tan sólo deseaba lealtad y devoción voluntarias, sinceras y a prueba de sofismas».

Se le permitió a Lucifer establecer completamente y organizar totalmente su gobierno rebelde, antes de que Gabriel hiciera esfuerzo alguno por disputar su derecho a la secesión ni por contrarrestar la propaganda rebelde. Pero los Padres de la Constelación inmediatamente confinaron la acción de estas personalidades desleales al sistema de Satania. Sin embargo, esta demora fue un período de gran prueba y comprueba para los seres leales de toda Satania. Durante varios años todo fue caótico, y hubo gran confusión en los mundos de estancia.

5. LA NATURALEZA DEL CONFLICTO

Cuando estalló la rebelión de Satania, Micael se aconsejó con su hermano Paradisiaco, Emanuel. Después de esta conferencia pletórica, Micael anunció que seguiría la misma política que había caracterizado su trato en levantamientos similares en el pasado, o sea, una actitud de no interferencia.

En el momento de esta rebelión y de las dos que la precedieron no existía una autoridad soberana absoluta y personal en el universo de Nebadon. Micael gobernaba por derecho divino, como vicegerente del Padre Universal, pero aún no por su propio derecho personal. No había completado su carrera de autootorgamiento; aún no se le había otorgado de «todo el poder en el cielo y en la tierra».

Desde el momento en que estalló la rebelión hasta el día de su coronación como soberano gobernante de Nebadon, Micael no interfirió jamás con las fuerzas rebeldes de Lucifer; se les permitió a éstas seguir un curso libre por casi doscientos mil años del tiempo urantiano. Cristo Micael tiene ahora amplio poder y autoridad para tratar pronta y aun sumariamente tales estallidos de deslealtad, pero no creemos que esta autoridad soberana le conduzca a actuar en forma diferente si se produce otro levantamiento semejante.

Puesto que Micael eligió mantenerse al margen de la actividad de guerra de la rebelión de Lucifer, Gabriel convocó su séquito personal en Edentia y, por consejo de los Altísimos, eligió asumir el mando de las huestes leales de Satania. Micael permaneció en Salvington mientras que Gabriel prosiguió a Jerusem, y estableciéndose en la esfera dedicada al Padre —el mismo Padre Universal cuya personalidad Lucifer y Satanás ponían en duda—, en la presencia de las huestes reunidas de las personalidades leales, izó la bandera de Micael, el emblema material del gobierno Trinitario de toda la creación, los tres círculos concéntricos azules sobre un fondo blanco.

El emblema de Lucifer era una bandera blanca con un círculo rojo, en el centro del cual aparecía un sólido círculo negro.

«Había guerra en los cielos; el comandante de Micael y sus ángeles lucharon contra el dragón (Lucifer, Satanás y los príncipes apóstatas); y el dragón y sus ángeles rebeldes lucharon pero no prevalecieron». Esta «guerra en los cielos» no fue una batalla física tal como se la puede concebir en Urantia. En los primeros días de la lucha Lucifer permaneció continuamente en el anfiteatro planetario. Gabriel condujo una exposición incesante de los sofismas rebeldes desde su sede central situada en las cercanías. Las varias personalidades presentes en la esfera que tuvieran duda en cuanto a su actitud se trasladaban de uno a otro sitio, escuchando las disertaciones hasta llegar a una decisión final.

Pero esta guerra en los cielos fue muy terrible y muy real. Aunque no exhibía ninguna de las barbaridades tan características de la guerra física en los mundos inmaduros, este conflicto era mucho más mortífero; la vida material corre peligro en el combate material, pero la guerra en los cielos se peleó en términos de vida eterna.

6. UN COMANDANTE SERÁFICO LEAL

Hubo muchas acciones nobles e inspiradoras de devoción y lealtad que realizaron numerosas personalidades durante el período que cursó entre el estallido de las hostilidades y la llegada del nuevo gobernante del sistema y de su séquito. Pero la más emocionante de todas estas hazañas valerosas de devoción fue la valiente conducta de Manotia, el segundo en la línea de mando de los serafines de la sede central de Satania.

Cuando estalló la rebelión en Jerusem, el jefe de las huestes seráficas abrazó la causa de Lucifer. Esto indudablemente explica por qué un número tan grande de la cuarta orden, los serafines administradores del sistema, se descarrió. El líder seráfico estaba espiritualmente cegado por la personalidad brillante de Lucifer; sus maneras encantadoras fascinaban a las órdenes más bajas de seres celestiales. Simplemente no podían comprender que fuese posible que una personalidad tan deslumbrante errara.

No hace mucho tiempo, al describir las experiencias asociadas con el comienzo de la rebelión de Lucifer, Manotia dijo: «Pero el momento más embriagante fue la emocionante aventura relacionada con la rebelión de Lucifer cuando, en mi calidad de segundo comandante seráfico, me negué a participar en el proyecto de agravio a Micael; y los poderosos rebeldes intentaron destruirme por medio de las fuerzas de enlace que habían formado. Hubo un tremendo levantamiento en Jerusem, pero ni uno de los serafines leales sufrió daño.

«Cuando se produjo la falta de mi superior inmediato, a mí me tocó asumir el mando de las huestes angélicas de Jerusem como director titular de los confusos asuntos seráficos del sistema. Los Melquisedek me apoyaron moralmente, una mayoría de los Hijos Materiales me asistió hábilmente. Un enorme grupo de mi propia orden, me desertaron, pero los mortales ascendentes en Jerusem me apoyaron magníficamente.

«Habiendo sido automáticamente despedidos de los circuitos de la constelación por la secesión de Lucifer, dependíamos de la lealtad de nuestro cuerpo de información, que trasmitía los llamados de ayuda a Edentia desde el sistema cercano de Rantulia; y hallamos que el reino del orden, el intelecto de la lealtad, y el espíritu de la verdad eran inherentemente triunfadores sobre la rebelión, la autoaserción, y la así llamada libertad personal; pudimos proseguir hasta la llegada del nuevo Soberano del Sistema, el valioso sucesor de Lucifer. Inmediatamente después de ello, fui asignado al cuerpo de los síndicos Melquisedek de Urantia, tomando jurisdicción sobre las órdenes seráficas leales en el mundo del traicionero Caligastia, que había proclamado que su esfera formaba parte del sistema de nuevo proyecto de 'mundos liberados y personalidades emancipadas' propuesto en la infame Declaración de Libertad emitida por Lucifer en su llamado a las 'inteligencias amantes de la libertad, librepensadoras, y visionarias, en los mundos mal gobernados y mal administrados de Satania'.

Este ángel aún sirve en Urantia, actuando como jefe asociado de los serafines.

7. LA HISTORIA DE LA REBELIÓN.

La rebelión de Lucifer abarcó todo el sistema. Treinta y siete Príncipes Planetarios en secesión entregaron las administraciones de sus mundos a las filas del archirrebelde. Sólo en Panoptia el Príncipe Planetario fracasó en arrastrar a su pueblo a la rebelión. En este mundo, bajo la guía de los Melquisedek el pueblo se congregó en apoyo de Micael. Elanora, una joven de ese reino mortal, tomó el liderazgo de las razas humanas, y ni una sola alma de ese mundo trastornado por las luchas se enlistó bajo la bandera de Lucifer. Y desde aquel entonces, estos leales panoptianos han servido en el séptimo mundo de transición de Jerusem como cuidadores y constructores en la esfera del Padre y en sus siete mundos de detención que la rodean. Los panoptianos no sólo actúan como custodios literales de estos mundos, sino que también ejecutan las órdenes personales de Micael para el embellecimiento de estas esferas para una utilización desconocida del futuro. Hacen este trabajo mientras se detienen ahí, en el camino a Edentia.

Durante todo este período, Caligastia advocaba la causa de Lucifer en Urantia. Los Melquisedek se opusieron hábilmente al apóstata Príncipe Planetario, pero los sofismas de la libertad sin frenos y las ilusiones de la autoaserción tuvieron todas las oportunidades para engañar a los pueblos primitivos de un mundo joven y no desarrollado.

La propaganda para la secesión hubo de llevarse a cabo mediante el esfuerzo personal, porque se había suspendido el servicio de emisión y todas las demás avenidas de comunicación interplanetaria por acción de los supervisores de los circuitos del sistema. En el momento del estallido de la insurrección, todo el sistema de Satania fue aislado de los circuitos de la constelación y también los del universo. Durante este período, todos los mensajes que llegaban y salían eran despachados por agentes seráficos y Mensajeros Solitarios. Los circuitos a los mundos caídos también estaban cortados, de modo que Lucifer no podía utilizar esta avenida para fomentar su esquema nefasto. Y mientras el archirrebelde viva dentro de los confines de Satania no se volverán a establecer estos circuitos.

Ésta fue una rebelión Lanonandek. Las órdenes más altas de filiación del universo local no se unieron a la secesión de Lucifer, aunque algunos de los Portadores de Vida estacionados en los planetas rebeldes estuvieron un tanto influidos por la rebelión de los príncipes desleales. Ninguno de los Hijos Trinidizados se descarrió. Los Melquisedek, los arcángeles y las Estrellas Brillantes Vespertinas se mantuvieron todos leales a Micael y, con Gabriel, lucharon valientemente por la voluntad del Padre y el gobierno del Hijo.

Ningún ser de origen en el Paraíso participó en la deslealtad. Juntamente con los Mensajeros Solitarios, establecieron su sede en el mundo del Espíritu y permanecieron bajo el liderazgo del Fiel de los Días en Edentia. Ninguno de los conciliadores traicionó, tampoco ni se descarrió uno solo de los Registradores Celestiales. Pero hubo grandes pérdidas entre los Compañeros Morontiales y los Maestros de los Mundos de Estancia.

De la orden suprema de los serafines, no se perdió ni un solo ángel, pero un grupo considerable de la orden siguiente, la orden superior, fue engañado y engatusado. Del mismo modo se descarriaron algunos de la orden tercera o supervisora de ángeles. Pero el colapso terrible se produjo en el cuarto grupo, los ángeles administradores, o sea los serafines que están normalmente asignados al servicio de las capitales de los sistemas. Manotia salvó a casi dos tercios de ellos, pero un poco más de un tercio siguieron a su jefe uniéndose a las filas rebeldes. Un tercio de todos los querubines de Jerusem vinculados a los ángeles administradores se perdieron con sus serafines desleales.

De los auxiliares angélicos planetarios, los asignados a los Hijos Materiales, aproximadamente un tercio fueron engañados, y casi diez por ciento de los ministros de transición fueron engatusados. Juan vio esto simbólicamente cuando escribió del gran dragón rojo, diciendo: «Y su cola atrajo a una tercera parte de las estrellas del cielo y las lanzó a la obscuridad».

La pérdida más grande aconteció en las filas angélicas, pero la mayoría de las órdenes más bajas de inteligencia participaron en la deslealtad. De los 681.217 Hijos Materiales perdidos en Satania, el noventa y cinco por ciento se perdieron en la rebelión de Lucifer. Grandes números de seres intermedios se perdieron en los planetas individuales cuyos Príncipes Planetarios abrazaron la causa de Lucifer.

En muchos aspectos esta rebelión fue la más desastrosa y de mayor magnitud de todos estos sucesos en Nebadon. Hubo más personalidades comprometidas en esta insurrección que en las otras dos juntas. Es deshonor eterno para ellos que los emisarios de Lucifer y Satanás no exceptuaron las guarderías de capacitación de infantes en el planeta cultural finalista, sino que más bien intentaron corromper estas mentes en desarrollo misericordiosamente salvadas de los mundos evolucionarios.

Los mortales ascendentes eran vulnerables, pero resistieron a los sofismas de la rebelión mejor que los espíritus más bajos. Aunque cayeron muchos en los mundos de estancia más bajos, aquellos que no habían logrado la fusión final con sus Ajustadores, está registrado para gloria de la sabiduría del esquema de ascensión que ni uno solo de los integrantes de la ciudadanía ascendente de Satania residentes en Jerusem participó en la rebelión de Lucifer.

Hora tras hora y día tras día las estaciones emisoras de todo Nebadon estaban repletas de ansiosos observadores de toda clase imaginable de inteligencias celestiales, que examinaban ávidamente los boletines sobre la rebelión de Satania y se regocijaban al oír narrar continuamente los informes de la lealtad inflexible de los mortales ascendentes que, bajo el liderazgo Melquisedek, triunfaron en su resistencia a los esfuerzos combinados y prolongados de todas las sutiles fuerzas del mal que tan rápidamente se habían congregado bajo el estandarte de la secesión y el pecado.

Pasaron más de dos años de tiempo del sistema entre el comienzo de la «guerra en los cielos» y la instalación del sucesor de Lucifer. Pero finalmente llegó el nuevo Soberano al mar de cristal con su séquito. Me encontraba entre las reservas movilizadas en Edentia por Gabriel, y recuerdo bien el primer mensaje de Lanaforge al Padre de la Constelación de Norlatiadek. Decía: «No se ha perdido un solo ciudadano de Jerusem. Todos los mortales ascendentes sobrevivieron la dura prueba y surgieron de la comprueba crucial triunfadores y victoriosos». Y este mensaje llegó a Salvington, Uversa y el Paraíso, transmitiendo la certidumbre de que la experiencia de sobrevivir en la ascensión mortal es la mayor protección contra la rebelión y la salvaguardia más segura contra el pecado. Este noble grupo de mortales fieles de Jerusem sumaba 187.432.811.

Con la llegada de Lanaforge los archirrebeldes fueron derrocados y privados de todo poder gobernante, aunque se les permitió movilizarse libremente por Jerusem, las esferas morontiales, y aun los distintos mundos habitados. Ellos continuaron sus esfuerzos de decepción y seducción para confundir y descarriar las mentes de los hombres y de los ángeles. Pero en cuanto a su tarea en el monte administrativo de Jerusem, «no se halló ya lugar para ellos».

Aunque Lucifer fue privado de toda autoridad administrativa en Satania, no existía por aquel entonces ningún poder ni tribunal del universo local que pudiese detener o destruir a este maligno rebelde; en aquella época Micael no era un gobernante soberano. Los Ancianos de los Días apoyaron a los Padres de la Constelación en la toma del gobierno del sistema, pero no han emitido jamás ninguna decisión subsiguiente en las muchas apelaciones aun pendientes respecto del estado presente y de la disposición futura de Lucifer, Satanás y sus asociados.

Así pues, estos archirrebeldes pudieron deambular por todo el sistema en busca de la incursión ulterior de sus doctrinas de descontento y autoaserción. Pero en casi doscientos mil años urantianos han sido incapaces de engañar a otro mundo. No se ha perdido ningún mundo de Satania desde la caída de los treinta y siete, ni siquiera aquellos mundos más jóvenes que fueron poblados después del día de la rebelión.

8. EL HIJO DEL HOMBRE EN URANTIA.

Lucifer y Satanás deambularon libremente por el sistema de Satania hasta que se completó la misión de autootorgamiento de Micael en Urantia. Estuvieron juntos en vuestro mundo por última vez en el momento de su ataque combinado contra el Hijo del Hombre.

Anteriormente, cuando los Príncipes Planetarios, los «Hijos de Dios» se congregaban periódicamente, «Satanás también concurría», afirmando que representaba a todos los mundos aislados de los Príncipes Planetarios caídos. Pero, desde el autootorgamiento final de Micael no se le volvió a acordar dicha libertad en Jerusem. Posteriormente a sus esfuerzos por corromper a Micael durante su autootorgamiento en la carne, toda compasión por Lucifer y Satanás ha perecido en todo Satania, o sea, fuera de los mundos aislados de pecado.

El autootorgamiento de Micael terminó la rebelión de Lucifer en todo Satania fuera de los planetas de los Príncipes Planetarios apóstatas. Y éste fue el significado de la experiencia personal de Jesús poco antes de su muerte en la carne cuando cierto día exclamó a sus discípulos: «Y contemplo cómo cae Satanás desde el cielo como un rayo». Había concurrido a Urantia con Lucifer para sostener una última contienda crucial.

El Hijo del Hombre confiaba en el éxito, y sabía que su triunfo en vuestro mundo establecería por siempre el estado de sus enemigos de toda una edad, no solamente en Satania sino también en los otros dos sistemas adonde había penetrado el pecado. Hubo supervivencia para los mortales y certidumbre para los ángeles, cuando vuestro Maestro, en respuesta a las propuestas de Lucifer, respondió calmadamente y con certidumbre divina, «Vete detrás de mí, Satanás». Ése fue, en principio, el fin verdadero de la rebelión de Lucifer. Es verdad que los tribunales de Uversa aún no han emitido la decisión ejecutiva respecto de la apelación de Gabriel solicitando la destrucción de los rebeldes, pero un tal decreto indudablemente será emitido en la plenitud del tiempo, puesto que el primer paso en la adjudicación de este caso ya ha sido tomado.

El Hijo del Hombre reconoció a Caligastia como Príncipe técnico de Urantia hasta cerca del tiempo de su muerte. Dijo Jesús: «Ahora es el juicio de este mundo; ahora caerá el Príncipe de este mundo». Luego aún más cerca de completar la misión de su vida anunció: «El Príncipe de este mundo es juzgado». Y es este mismo Príncipe derrocado y desacreditado que cierta vez fue llamado «Dios de Urantia».

La última acción de Micael antes de abandonar Urantia consistió en ofrecer misericordia a Caligastia y Daligastia, pero despreciaron su tierna oferta. Caligastia, vuestro Príncipe Planetario apóstata, aún está libre en Urantia de perseguir sus nefastos designios, pero no tiene absolutamente ningún poder para entrar en la mente de los hombres, ni tampoco puede acercarse a sus almas para tentarlas o corromperlas a menos que realmente deseen ser maldecidas por su malvada presencia.

Antes del autootorgamiento de Micael estos gobernantes de la oscuridad trataron de mantener su autoridad en Urantia, y persistentemente se resistieron a las personalidades menores y subordinadas. Pero a partir del día de Pentecostés, este traicionero Caligastia y su igualmente despreciable asociado Daligastia, son serviles ante la majestad divina de los Ajustadores del Pensamiento Paradisiacos y el protector Espíritu de la Verdad, el espíritu de Micael, que ha sido derramado sobre toda la carne.

Pero aún así, ningún espíritu caído tuvo jamás el poder de invadir la mente o de acosar las almas de los hijos de Dios. Ni Satanás ni Caligastia podrían tocar o acercarse a los hijos de Dios por la fe; la fe es una armadura eficaz contra el pecado y la iniquidad. Es verdad: «Aquel que nace de Dios se guarda y el maligno no le toca».

En general, cuando se supone que los mortales débiles y disolutos están bajo la influencia de los diablos y demonios es que les dominan meramente sus propias tendencias inherentes y viles, siendo descarriados por sus propias propensiones naturales. Al diablo se ha acreditado mucho del mal que no le pertenece. Caligastia ha sido comparativamente impotente a partir de la cruz de Cristo.

9. EL ESTADO PRESENTE DE LA REBELIÓN

En los primeros días de la rebelión de Lucifer, Micael ofreció salvación a todos los rebeldes. A todos los que demostraran un arrepentimiento sincero, ofreció, en cuanto llegara a la completa soberanía universal, perdón y restablecimiento a alguna forma de servicio universal. Ninguno de los líderes aceptó esta oferta misericordiosa. Pero miles de los ángeles y las órdenes inferiores de los seres celestiales, incluyendo a cientos de Hijos e Hijas Materiales, aceptaron la misericordia proclamada por los panoptianos y se les otorgó rehabilitación al tiempo de la resurrección de Jesús mil novecientos años atrás. Estos seres desde entonces han sido transferidos al mundo del Padre de Jerusem, en el cual deben permanecer, técnicamente, hasta que los tribunales de Uversa emitan una decisión en el sumario de Gabriel vs. Lucifer. Pero nadie duda de que, cuando se emita el veredicto de aniquilación, estas personalidades arrepentidas y salvadas serán eximidas del decreto de extinción. Estas almas probacionarias trabajan ahora con los panoptianos en la tarea de cuidar el mundo del Padre.

El archiengañador no ha estado en Urantia desde los días en que intentó desviar a Micael del propósito de completar el autootorgamiento y establecerse final y certeramente como gobernante incondicional de Nebadon. Cuando Micael se volvió el jefe establecido del universo de Nebadon, Lucifer fue detenido por los agentes de los Ancianos de los Días de Uversa y desde entonces ha estado encarcelado en el satélite número uno del grupo del Padre de las esferas de transición de Jerusem. Y aquí los gobernantes de otros mundos contemplan el fin del Soberano infiel de Satania. Pablo conocía el estado de estos líderes rebeldes después del autootorgamiento de Micael, pues escribió de los jefes de Caligastia que eran «huestes espirituales de maldad en las regiones celestiales».

Al asumir la soberanía suprema de Nebadon, Micael solicitó de los Ancianos de los Días la autoridad para internar a todas las personalidades que participaron en la rebelión de Lucifer hasta que se emitiesen las decisiones de los tribunales superuniversales en el juicio de Gabriel vs. Lucifer, asentado en los registros del tribunal supremo de Uversa casi doscientos mil años atrás, en vuestra medida de tiempo. En cuanto al grupo de la capital del sistema, los Ancianos de los Días otorgaron la solicitud de Micael con sólo una excepción: se permitió que Satanás realizara visitas periódicas a los príncipes apóstatas en los mundos caídos hasta que otro Hijo de Dios fuera aceptado por estos mundos apóstatas, o hasta el momento en que los tribunales de Uversa comenzaran la adjudicación del caso de Gabriel vs. Lucifer.

Satanás podía venir a Urantia porque no había un Hijo de alta categoría en residencia —ni un Príncipe Planetario ni un Hijo Material. Maquiventa Melquisedek ha sido proclamado desde entonces Príncipe Planetario vicegerente de Urantia, y la apertura del caso de Gabriel vs. Lucifer ha señalado la inauguración de regímenes temporales planetarios en todos los mundos aislados. Es verdad que Satanás visitó periódicamente a Caligastia y a otros de los Príncipes caídos hasta el momento de la presentación de estas revelaciones, momento en el cual ocurrió la primera audiencia de la solicitud presentada por Gabriel para la aniquilación de los archirrebeldes. Satanás está ahora incondicionalmente detenido en los mundos de prisión de Jerusem.

A partir del autootorgamiento final de Micael nadie en todo Satania ha deseado ir a los mundos de prisión para ministrar a los rebeldes internados. Y ningún otro ser ha sido atraído a la causa del traidor. Durante mil novecientos años no ha cambiado esta condición.

No anticipamos la eliminación de las presentes restricciones de Satania hasta tanto los Ancianos de los Días no hagan su disposición final de los archirrebeldes. Los circuitos del sistema no serán restablecidos siempre y cuando viva Lucifer. Mientras tanto, está totalmente inactivo.

La rebelión ha terminado en Jerusem. Termina en los mundos caídos en cuanto llegan los Hijos Divinos. Creemos que todos los rebeldes que en algún momento pudieran aceptar la misericordia ya lo han hecho. Aguardamos la emisión del informe de la decisión que privará a estos traidores de la existencia de la personalidad. Anticipamos que el veredicto de Uversa será pronunciado mediante la transmisión ejecutiva que efectuará la aniquilación de estos rebeldes internados. Después de ello, buscaréis sus lugares, pero no los hallaréis. «Y los que os conozcan entre los mundos se espantarán al veros; habéis sido un terror, pero nunca jamás lo seréis nuevamente». Así pues todos estos traidores especiales «serán como si nunca hubiesen sido». Todos aguardan el decreto de Uversa.

Pero durante muchas edades los siete mundos de prisión de la oscuridad espiritual en Satania han constituido una advertencia solemne para todo Nebadon, que proclama elocuente y eficazmente la gran verdad de que «el camino del transgresor es duro»; que «cada pecado encierra la semilla de su propia destrucción»; que «la paga del pecado es muerte».

[Presentado por Manovandet Melquisedek, anteriormente vinculado a los síndicos de Urantia.]

DOCUMENTO 54

LOS PROBLEMAS DE LA REBELIÓN DE LUCIFER

EL HOMBRE evolucionario encuentra difícil comprender plenamente el significado y entender los sentidos del mal, el error, el pecado y la iniquidad. El hombre es lento en la percepción de que la perfección y la imperfección contrastantes producen el potencial del mal; que la verdad y la falsedad contrapuestas crean el error desconcertante; que la dote divina de la elección del libre albedrío resulta en los reinos divergentes del pecado y de la rectitud; que la búsqueda persistente de la divinidad conduce al reino de Dios en contraste con su continuo rechazo, que conduce a los dominios de la iniquidad.

Los Dioses no crean el mal ni permiten el pecado y la rebelión. El potencial del mal es temporo-existente en un universo que comprende niveles diferenciales de sentidos y valores de perfección. El pecado es potencial en todos los reinos en los que los seres imperfectos tienen la dote de saber elegir entre el bien y el mal. La presencia conflictiva misma de la verdad y la no verdad, el hecho y la falsedad, constituye la potencialidad del error. La elección deliberada del mal constituye el pecado; el rechazo volitivo de la verdad es error; la búsqueda persistente del pecado y del error es iniquidad.

1. LA VERDADERA LIBERTAD Y LA FALSA LIBERTAD

De todos los problemas confusos que surgieron de la rebelión de Lucifer, ninguno ha ocasionado más dificultad que el fracaso de los mortales evolucionarios inmaduros para distinguir entre la verdadera libertad y la falsa libertad.

La libertad verdadera es la búsqueda de las edades y la recompensa del progreso evolucionario. La libertad falsa es la decepción sutil del error del tiempo y del mal del espacio. La libertad duradera se basa en la realidad de la justicia —inteligencia, madurez, fraternidad y equidad.

La libertad es una técnica autodestructora de la existencia cósmica cuando su motivación no es inteligente, es incondicionada, e incontrolada. La verdadera libertad está progresivamente relacionada con la realidad y es por siempre respetuosa de la equidad social, la justicia cósmica, la fraternidad universal, y las obligaciones divinas.

La libertad es suicidio cuando se divorcia de la justicia material, la rectitud intelectual, la paciencia social, el deber moral, y los valores espirituales. La libertad no existe fuera de la realidad cósmica, y toda realidad de la personalidad es proporcional a sus relaciones con la divinidad.

La autovoluntad sin frenos y la autoexpresión no regulada se igualan al egoísmo sin mitigación, la ausencia máxima de santidad. La libertad sin una conquista asociada y creciente del yo es una invención de la imaginación mortal egoísta. La libertad automotivada es una ilusión conceptual, una cruel decepción. El libertinaje que se enmascara en el manto de la libertad es el precursor de la esclavitud abyecta.

La verdadera libertad es socia del genuino autorespeto; la falsa libertad es cónyuge de la autoadmiración. La verdadera libertad es el fruto del autocontrol; la falsa libertad, la suposición de la autoafirmación. El autocontrol lleva al servicio altruista; la autoadmiración tiende a la explotación de los demás para el engrandecimiento egoísta del individuo errado que está dispuesto a sacrificar el logro recto para tener poderío injusto sobre sus semejantes.

Aun la sabiduría es divina y certera tan sólo cuando es cósmica en su alcance y espiritual en su motivación.

No hay error más grande que ese tipo de autodecepción que conduce a los seres inteligentes a anhelar el ejercicio del poderío por sobre otros seres con el propósito de privar a estas personas de sus libertades naturales. La regla de oro de la justicia humana se subleva contra todos estos fraudes, injusticias, egoísmos y falta de rectitud. Tan sólo la libertad verdadera y genuina es compatible con el reino del amor y con el ministerio de la misericordia.

¡Cómo se atreve la criatura volitiva a entrometerse en los derechos de sus semejantes en nombre de la libertad personal cuando los Gobernantes Supremos del universo se colocan respetuosamente al margen de esas prerrogativas de voluntad y potenciales de personalidad! No tiene ningún ser, en el ejercicio de su supuesta libertad personal, el derecho de privar a otro ser de los privilegios de la existencia otorgados por los Creadores y debidamente respetados por todos sus leales asociados, subordinados y súbditos.

El hombre evolucionario tal vez tenga que luchar para sus libertades materiales contra tiranos y opresores en un mundo de pecado e iniquidad o, durante los tiempos primitivos, de una esfera primitiva en evolución, pero eso no ocurre en los mundos morontiales ni en las esferas de espíritu. La guerra es la herencia del hombre evolucionario primitivo, pero en los mundos de civilización normal en avance el combate físico como técnica de ajustar los malentendidos raciales ha caído desde hace mucho tiempo en descrédito.

2. EL HURTO DE LA LIBERTAD

Con el Hijo y en el Espíritu proyectó Dios la eterna Havona, y desde entonces se estableció el modelo eterno de la participación igual en la creación —el compartir. Este modelo de compartir es el diseño original para cada uno de los Hijos e Hijas de Dios que salen al espacio para involucrarse en el intento de duplicar en el tiempo el universo central de perfección eterna.

Toda criatura y todo universo en evolución que aspira a hacer la voluntad del Padre está destinado a volverse el socio de los Creadores espacio-temporales en esta magnífica aventura de logro experiencial de la perfección. Si esto no fuese verdad, el Padre no habría dotado a estas criaturas del libre albedrío creativo, y tampoco moraría en ellas, entrando verdaderamente en sociedad con ellas mediante su propio espíritu.

La locura de Lucifer fue tratar de hacer lo que no se puede hacer: saltarse el tiempo en un universo experiencial. El crimen de Lucifer fue el intento de privar a todas las personalidades en Satania de los derechos creativos, el acortamiento no reconocido de la participación personal de la criatura —participación de libre albedrío— en la larga lucha evolucionaria para lograr el estado de luz y vida tanto individual como colectivamente. Al hacer esto, este Soberano de antaño de vuestro sistema colocó el propósito temporal de su propia voluntad directamente en oposición al eterno propósito de la voluntad de Dios tal como se lo revela en el otorgamiento del libre albedrío para todas las criaturas personales. La rebelión de Lucifer amenazó así la usurpación máxima posible de la facultad del libre albedrío propia de los ascendenteros y los servidores del sistema de Satania —la amenaza de privar por siempre a cada uno de estos seres de la experiencia emocionante de contribuir algo personal y único al monumento de lenta construcción a la sabiduría experiencial que algún día existirá como sistema perfeccionado de Satania. Así pues el manifiesto de Lucifer, enmascarado en los mantos de la libertad, se presenta a la luz clara de la razón como una amenaza monumental, en consumación del hurto de la libertad personal, y hecho en una escala que tan sólo dos veces se ha visto en toda la historia de Nebadon.

En breve, lo que Dios había dado a los hombres y a los ángeles Lucifer quería quitarles, o sea, el privilegio divino de participar en la creación de sus propios destinos y del destino de este sistema local de mundos habitados.

Ningún ser en todo el universo tiene la libertad justa de privar a otro ser de la verdadera libertad, el derecho de amar y ser amado, el privilegio de adorar a Dios y de servir a sus semejantes.

3. LA DEMORA TEMPORAL DE LA JUSTICIA

Las criaturas volitivas morales de los mundos evolucionarios siempre se han preocupado por la pregunta irreflexiva de por qué los Creadores omnisapientes permiten el mal y el pecado. No comprenden que ambos son inevitables si la criatura ha de ser verdaderamente libre. El libre albedrío del hombre en evolución o del ángel exquisito no es un mero concepto filosófico, un ideal simbólico. La habilidad del hombre para elegir el bien y el mal es una realidad del universo. Esta libertad de elegir por sí mismo es una dote de los Gobernantes Supremos, y ellos no permitirán que ningún ser o grupo de seres prive a una sola personalidad en el vasto universo de esta libertad de otorgamiento divino —ni siquiera para satisfacer a estos seres desviados e ignorantes en el disfrutar de esta mal llamada libertad personal.

Aunque la identificación consciente e incondicionada con el mal (pecado) es el equivalente de la no existencia (aniquilación), siempre debe intervenir entre el momento de dicha identificación personal con el pecado y la ejecución de la pena —el resultado automático de dicho abrazo volitivo del mal— un período de tiempo de suficiente longitud como para permitir que la adjudicación del estado universal de dicho individuo se compruebe enteramente satisfactoria para todas las personalidades universales relacionadas, y que sea tan justa y recta como para ganar la aprobación del pecador mismo.

Pero si este rebelde del universo contra la realidad de la verdad y la bondad se niega a aprobar el veredicto y si el culpable conoce en su corazón la justicia de su condena pero rehusa confesarla, entonces la ejecución de la sentencia debe ser demorada de acuerdo con la discreción de los Ancianos de los Días. Y los Ancianos de los Días se niegan a aniquilar a un ser hasta que se hayan extinguido todos los valores morales y todas las realidades espirituales tanto en el pecador como en todos los soportadores relacionados y los posibles simpatizantes.

4. LA DEMORA TEMPORAL DE LA MISERICORDIA

Otro problema un tanto difícil de explicar en la constelación de Norlatiadek pertenece a las razones que permitieron que Lucifer, Satanás y los príncipes caídos hicieran el mal por tanto tiempo antes de que se les arrestara, internara y juzgara.

Los padres, aquellos que han engendrado y criado a hijos, son capaces de comprender mejor por qué Micael, un padre Creador, pueda ser lento en la condena y destrucción de sus propios Hijos. La historia del hijo pródigo que narrara Jesús ilustra muy bien de qué manera un padre amante puede esperar por mucho tiempo hasta que el hijo descarriado se arrepienta.

El hecho mismo de que una criatura que hace el mal pueda verdaderamente elegir hacer el error —cometer pecado— establece el hecho del libre albedrío y justifica plenamente la demora de cualquier longitud en la ejecución de la justicia siempre y cuando la misericordia extendida pueda conducir al arrepentimiento y la rehabilitación.

Lucifer ya poseía la mayor parte de las libertades que buscó; otras las recibiría en el futuro. Perdió todos estos dones preciosos por dar paso a la impaciencia y someterse al deseo de poseer lo que uno anhela ahora y poseerlo en desafío de toda obligación de respeto de los derechos y libertades de todos los demás seres que componen el universo de los universos. Las obligaciones éticas son innatas, divinas y universales.

Existen muchas razones que conocemos por las cuales los Gobernantes Supremos no destruyeron ni internaron inmediatamente a los líderes de la rebelión de Lucifer. Indudablemente existen otras y posiblemente mejores razones que nosotros desconocemos. Las características de misericordia de esta demora en la ejecución de la justicia fueron extendidas personalmente por Micael de Nebadon. De no haber sido por el afecto de este padre Creador por sus Hijos desviados, habría actuado la justicia suprema del superuniverso. Si un episodio semejante al de la rebelión de Lucifer hubiese ocurrido en Nebadon mientras Micael estaba encarnado en Urantia, los instigadores de dicho mal podrían haber sido aniquilados instantánea y absolutamente.

La justicia suprema puede actuar instantáneamente cuando no está frenada por la misericordia divina. Pero el ministerio de la misericordia a los hijos del tiempo y el espacio siempre provee esta demora temporal, este intervalo de salvación entre la labranza y la cosecha. Si la semilla es buena, este intervalo provee la prueba y el fortalecimiento del carácter; si la semilla es mala, esta demora misericordiosa provee tiempo para el arrepentimiento y la rectificación. Esta demora temporal en el juicio y la ejecución de los que hacen el mal es inherente en el ministerio de misericordia de los siete superuniversos. Este refrenamiento de la justicia por la misericordia prueba que Dios es amor, y que este Dios de amor domina los universos y controla con misericordia el destino y juicio de todas sus criaturas.

Las demoras de misericordia en el tiempo son por mandato del libre albedrío de los Creadores. Puede derivarse el bien en el universo mediante esta técnica paciente en el tratamiento de los rebeldes pecaminosos. Aunque es totalmente verdad que aquel que contempla y hace el mal no puede derivar bien del mal, es igualmente verdad que todas las cosas (incluyendo el mal, potencial o manifiesto) cooperan para el bien de todos los seres que conocen a Dios, aman hacer su voluntad, y están ascendiendo hacia el Paraíso de acuerdo con su plan eterno y propósito divino.

Pero estas demoras misericordiosas no son interminables. A pesar de la larga demora (tal como se mide el tiempo en Urantia) en la sentencia de la rebelión de Lucifer, podemos registrar que, durante el período de efectuar esta revelación, se celebró la primera audiencia en el caso pendiente de Gabriel vs. Lucifer en Uversa, y poco tiempo después fue emitido el mandato de los Ancianos de los Días ordenando que Satanás fuera confinado al mundo prisión con Lucifer. Esto pone fin a la habilidad de Satanás de realizar visitas ulteriores a cualquiera de los mundos caídos de Satania. La justicia en un universo dominado por la misericordia puede ser lenta, pero es certera.

5. LA SABIDURÍA DE LA DEMORA

De las muchas razones que yo conozco de por qué antes no se internaron ni juzgaron a Lucifer y sus confederados, se me permite mencionar las siguientes:

1. La misericordia requiere que cada malhechor tenga suficiente tiempo para formular una actitud deliberada y plenamente elegida respecto de sus pensamientos malignos y de sus acciones pecaminosas.

2. El amor de un Padre domina la justicia suprema; por lo tanto la justicia nunca destruirá lo que la misericordia pueda salvar. El tiempo para aceptar la salvación es concedido a todo malhechor.

3. Ningún padre afectuoso se apresura jamás en castigar a un miembro de su familia que comete un error. La paciencia no puede funcionar independientemente del tiempo.

4. Aunque el error es siempre dañino para una familia, la sabiduría y el amor advierten a los niños rectos que tengan paciencia con un hermano que yerra durante el tiempo de demora otorgado por el padre afectuoso para que el pecador pueda ver el error de su acción y abrazar la salvación.

5. Aparte de la actitud de Micael hacia Lucifer, a pesar de ser él el Padre Creador de Lucifer, no le incumbía al Hijo Creador ejercer una jurisdicción sumaria sobre el apóstata Soberano del Sistema, porque no había por aquel entonces completado su carrera de autootorgamiento, mediante la cual llegó a la soberanía incondicional de Nebadon.

6. Los Ancianos de los Días podían haber aniquilado inmediatamente a estos rebeldes, pero raramente ejecutan a los malhechores sin una audiencia plenaria. En este caso se negaron a invalidar las decisiones de Micael.

7. Es evidente que Emanuel aconsejó a Micael que se mantuviera al margen de los rebeldes y permitiera que la rebelión siguiese su curso natural de autoobliteración. Y la sabiduría del Unión de los Días es el reflejo temporal de la sabiduría unida de la Trinidad del Paraíso.

8. El Fiel de los Días en Edentia aconsejó a los Padres de la Constelación permitir que los rebeldes siguieran un curso libre hasta el fin para que toda simpatía por estos malhechores fuera extirpada de los corazones de todos los ciudadanos, presentes y futuros, de Norlatiadek —toda criatura mortal, morontial o espiritual.

9. En Jerusem el representante personal del Ejecutivo Supremo de Orvonton aconsejó a Gabriel fomentar toda oportunidad para que cada criatura viviente madurara su decisión deliberada respecto de estos asuntos que correspondían a la Declaración Luciferina de Libertad. Ya que se habían planteado los temas de la rebelión, el consejero de urgencia Paradisiaco para Gabriel declaró que, si no se ofrecía una tal oportunidad, plena y libre, a todas las criaturas de Norlatiadek, entonces la cuarentena proclamada por el Paraíso contra todas estas criaturas posiblemente inciertas y semisinceras debería ser extendida, en nombre de autoprotección, contra toda la constelación. Para mantener abiertas las puertas de la ascensión al Paraíso a los seres de Norlatiadek, era necesario proveer el desarrollo pleno de la revolución y asegurar la determinación completa de la actitud por parte de todos los seres que tuvieran de alguna manera algo que ver con esto.

10. La Ministra Divina de Salvington emitió como su tercera proclamación independiente un mandato ordenando que no se debían tomar medidas para solucionar a

medias, suprimir cobardemente, o de cualquier otra manera ocultar el rostro horrible de los rebeldes y de la rebelión. Se ordenó a las huestes angélicas que trabajaran hacia una divulgación total y una oportunidad ilimitada de expresión del pecado, afirmándose que ésta sería la técnica más rápida para lograr la curación perfecta y final de la peste del mal y del pecado.

11. En Jerusem se organizó un concilio de urgencia de ex-mortales que consistía en Mensajeros Poderosos, mortales glorificados que habían tenido experiencia personal en situaciones semejantes, juntamente con sus colegas. Aconsejaron a Gabriel que por lo menos tres veces el número de seres se perderían si se aplicaban métodos arbitrarios o sumarios de supresión. El entero cuerpo de consejeros de Uversa acordó aconsejar a Gabriel que dejase que la rebelión siguiera su curso pleno y natural, aunque se requiriesen un millón de años para poner fin a las consecuencias.

12. El tiempo, aun en un universo temporal, es relativo: si un mortal de Urantia de una vida de longitud promedio cometiese un crimen que precipitara un pandemonio mundial, y si se le arrestara, se le llevara ante los tribunales, se le juzgara y se le ejecutara a los dos o tres días de cometer el crimen, ¿os parecería a vosotros mucho tiempo? Y sin embargo eso se acercaría más, comparativamente, a la duración de la vida de Lucifer, aun si su juicio, ya iniciado, no se completara en cien mil años urantianos. El valor relativo del período de tiempo desde el punto de vista de Uversa, en donde la causa está pendiente, podría ilustrarse diciendo que el crimen de Lucifer fue llevado a tribunales dentro de dos segundos y medio de haberlo cometido. Desde el punto de vista del Paraíso, el juicio es simultáneo al acto.

Existe un igual número de razones para no interrumpir arbitrariamente la rebelión de Lucifer que serían parcialmente comprensibles para vosotros, pero que no se me permite narrar. Puedo informaros que en Uversa enseñamos cuarenta y ocho razones para permitir que el mal corra su pleno curso y su propia bancarrota moral y extinción espiritual. No dudo de que exista por lo menos igual número de razones adicionales que yo no conozca.

6. EL TRIUNFO DEL AMOR

Sean cuales fueren las dificultades que los mortales evolucionarios puedan encontrar en sus esfuerzos por comprender la rebelión de Lucifer, debería resultar claro para todo pensador caviloso que la técnica de tratar a los rebeldes es una vindicación del amor divino. La misericordia amante extendida a los rebeldes parece haber precipitado a muchos seres inocentes en tribulaciones y vicisitudes, pero todas estas personalidades apenadas pueden confiar certeramente en Jueces omnisapientes que adjudicarán sus destinos en la misericordia así como también en la justicia.

En todos sus tratos con los seres inteligentes, tanto el Hijo Creador como su Padre en el Paraíso están dominados por el amor. Es imposible comprender muchas fases de la actitud de los gobernantes universales hacia rebeldes y rebeliones, pecado y pecadores, a menos que recordemos que Dios como Padre toma precedencia sobre todas las demás fases de la manifestación de la Deidad en todos los tratos de la divinidad con la humanidad. También debe recordarse que los Hijos Creadores Paradisiacos están todos motivados por la misericordia.

Si un padre afectuoso de una familia grande elige mostrar misericordia a uno de sus hijos culpable de graves maldades, es muy posible que la extensión de la misericordia a este hijo que se porta mal pueda dar como resultado dificultades temporales para todos los demás hijos de buena conducta. Estas contingencias son inevitables;

este riesgo es inseparable de la situación real de tener un padre amante y de integrar un grupo familiar. Cada integrante de una familia se beneficia por la conducta recta de todos los demás miembros; del mismo modo, cada integrante ha de sufrir las consecuencias temporales inmediatas de la mala conducta de cualquier otro de los miembros. Las familias, como los grupos, como las naciones, como las razas, como los mundos, los sistemas, las constelaciones y los universos, son relaciones de asociación que poseen individualidad; y por lo tanto cada integrante de cada grupo grande o pequeño, cosecha los beneficios y sufre las consecuencias de la rectitud y de la maldad de cualquier otro de los miembros del grupo correspondiente.

Pero debemos aclarar una cosa: si se te obliga a sufrir las consecuencias dañinas del pecado de un integrante de tu familia, un conciudadano o un semejante mortal, aun de la rebelión en el sistema o en otra parte —sea lo que fuere lo que te veas obligado a soportar debido a la maldad de tus asociados, semejantes o superiores— puedes estar seguro de la certidumbre eterna de que dichas tribulaciones son aflicciones transitorias. Ninguna de estas consecuencias relacionadas de la mala conducta en el grupo puede poner jamás en peligro tu futuro eterno ni privarte en lo más mínimo de tu derecho divino a la ascensión al Paraíso y al logro de Dios.

Y existe una compensación para estas tribulaciones, demoras y desencantos que invariablemente acompañan al pecado de la rebelión. De las muchas repercusiones valiosas de la rebelión de Lucifer que podrían mencionarse, tan sólo llamaré la atención sobre las carreras enaltecidas de aquellos mortales ascendentes, los ciudadanos de Jerusem, que, por resistir a los sofismas del pecado, se colocaron en línea para volverse futuros Mensajeros Poderosos, semejantes a mi propia orden. Todo ser que pudo resistir ese episodio malvado inmediatamente avanzó su estado administrativo y elevó su valor espiritual.

Al principio, el sublevamiento de Lucifer pareció una calamidad sin mitigaciones para el sistema y para el universo. Gradualmente comenzaron a acumularse los beneficios. Con el paso de veinticinco mil años de tiempo del sistema (veinte mil años de tiempo de Urantia), los Melquisedek comenzaron a enseñar que la bondad resultante de la locura de Lucifer había comenzado a igualar el mal incurrido. La suma del mal se había vuelto en esa época casi estacionaria, continuando a aumentar sólo en ciertos mundos aislados, mientras que las repercusiones beneficiosas continuaban multiplicándose y extendiéndose a través del universo y del superuniverso, aun hasta Havona. Los Melquisedek enseñan ahora que lo bueno que resultó de la rebelión de Satania es más de mil veces la suma de todo lo malo.

Pero una cosecha tan extraordinaria y beneficiosa a partir de la maldad tan sólo se podía producir por la actitud sabia, divina y misericordiosa de todos los superiores de Lucifer, desde los Padres de la Constelación en Edentia hasta el Padre Universal en el Paraíso. El paso del tiempo ha elevado el bien consecuencial que se puede derivar de la locura de Lucifer; y puesto que el mal que ha de castigarse se había desarrollado plenamente dentro de un período comparativamente corto, es aparente que los gobernantes omnisapientes y de gran visión del universo ciertamente prolongarían el período de tiempo para cosechar resultados cada vez más beneficiosos. Fuera de muchas razones adicionales que explican la demora en el arresto y adjudicación de los rebeldes de Satania, este beneficio por sí solo habría sido suficiente para explicar por qué estos pecadores no fueron internados antes, y por qué no han sido juzgados y destruidos.

Las mentes de los mortales de poca visión, atadas al tiempo, no deben lanzarse a criticar las demoras temporales de los administradores de gran visión y gran sabiduría de los asuntos del universo.

Un error del pensamiento humano respecto de estos problemas consiste en la idea de que todos los mortales evolucionarios en un planeta en evolución elegirían entrar a la carrera al Paraíso si el pecado no hubiese maldecido su mundo. La capacidad de rehusar la supervivencia no data de los tiempos de la rebelión de Lucifer. El hombre mortal ha poseído siempre la dote de la elección del libre albedrío en cuanto a la carrera al Paraíso.

A medida que ascendéis en la experiencia de la supervivencia, ampliaréis vuestros conceptos en lo que concierne el universo y extenderéis vuestro horizonte de significados y valores; y de este modo seréis capaces de comprender mejor por qué seres como Lucifer y Satanás tienen permiso para continuar en rebelión. También comprenderéis mejor de qué manera el bien último (si no inmediato) se puede derivar del mal limitado en el tiempo. Después que logréis el Paraíso, estaréis realmente más esclarecidos y cómodos, cuando escuchéis a los filósofos superáficos discutir y explicar estos problemas profundos del ajuste universal. Pero aun entonces, dudo que estaréis plenamente satisfechos en vuestra propia mente. Por lo menos yo no lo estuve, aun cuando alcancé así la cúspide de la filosofía universal. No llegué a la comprensión plena de estas complejidades hasta después de haber sido asignado a los deberes administrativos en el superuniverso, en el cual adquirí mediante la experiencia real la capacidad conceptual adecuada para la comprensión de muchos problemas polifacéticos de la equidad cósmica y la filosofía espiritual. A medida que ascendáis hacia el Paraíso, aprenderéis cada vez más que muchas características problemáticas de la administración universal tan sólo pueden ser comprendidas posteriormente a la adquisición de una mayor capacidad experiencial y al logro de un discernimiento espiritual más elevado. La sabiduría cósmica es esencial para comprender las situaciones cósmicas.

[Presentado por un Mensajero Poderoso de supervivencia experiencial en la primera rebelión de un sistema en los universos del tiempo; vinculado actualmente al gobierno del superuniverso de Orvonton y actuando en esta tarea por solicitud de Gabriel de Salvington.]

DOCUMENTO 55
LAS ESFERAS DE LUZ Y VIDA

LA EDAD de luz y vida es el logro evolucionario final de un mundo del tiempo y del espacio. Desde los primeros tiempos del hombre primitivo, un tal mundo habitado pasa a través de sucesivas edades planetarias: las edades antes y después del Príncipe Planetario, la edad postadánica, la edad después del Hijo Magisterial, y la edad después del Hijo autootorgador. Luego dicho mundo se prepara para el logro evolucionario culminante, el estado establecido en luz y vida, mediante el ministerio de las sucesivas misiones planetarias de los Hijos Instructores Trinitarios con sus revelaciones en constante aumento de la verdad divina y la sabiduría cósmica. En estas empresas, para establecer la edad planetaria final, los Hijos Instructores disfrutan siempre de la ayuda de las Brillantes Estrellas Vespertinas, y, de cuando en cuando, de los Melquisedek.

Esta era de luz y vida, inaugurada por los Hijos Instructores cuando concluye su misión planetaria final, continúa indefinidamente en los mundos habitados. Cada etapa más avanzada en el estado establecido puede ser segregada por acción judicial de los Hijos Magisteriales en una sucesión de dispensaciones; pero todas estas acciones judiciales son puramente técnicas, y no modifican de manera alguna el curso de los acontecimientos planetarios.

Sólo aquellos planetas que logran existir en los circuitos principales del superuniverso tienen la certeza de una supervivencia continuada, pero por lo que sabemos, estos mundos establecidos en luz y vida están destinados a continuar a través de las edades eternas de todo el tiempo futuro.

Existen siete etapas en la evolución de la era de luz y vida en un mundo evolucionario, y en este respecto deberíamos notar que los mundos de los mortales que fusionan con el Espíritu evolucionan en forma idéntica a aquellos de las series de fusión con el Ajustador. Estas siete etapas de luz y vida son:

1. La primera etapa o etapa planetaria.
2. La segunda etapa o etapa del sistema.
3. La tercera etapa o etapa de la constelación.
4. La cuarta etapa o etapa del universo local.
5. La quinta etapa o etapa del sector menor.
6. La sexta etapa o etapa del sector mayor.
7. La séptima etapa o etapa del superuniverso.

Al final de esta narrativa se describen estas etapas de desarrollo cada vez más avanzadas según su relación con la organización del universo, pero cualquier mundo puede lograr los valores planetarios de cualquier etapa en forma totalmente independiente del desarrollo de otros mundos o de los niveles superplanetarios de la administración del universo.

1. EL TEMPLO MORONTIAL

La presencia del templo morontial en la capital de un mundo habitado es el certificado de admisión de dicha esfera a las edades establecidas de luz y vida. Antes de que los Hijos Instructores abandonen un mundo, cuando concluye su misión terminal, inauguran esta época final de logro evolucionario; presiden ese día en que «el templo sagrado desciende a la tierra». Este acontecimiento, que señala los albores de la era de luz y vida, se ve siempre honrado con la presencia personal del Hijo Paradisiaco autootorgador en ese planeta, que concurre para presenciar este gran día. Ahí, en este templo de belleza incomparable, este Hijo autootorgador Paradisiaco proclama al antiguo Príncipe Planetario como el nuevo Soberano Planetario, otorgando a ese fiel Hijo Lanonandek nuevos poderes y mayor autoridad sobre los asuntos planetarios. El Soberano del Sistema también está presente y confirma estas declaraciones.

Un templo morontial está constituido de tres partes: en la parte central está el santuario del Hijo Paradisiaco autootorgador. A la derecha se encuentra el asiento del ex-Príncipe Planetario, ahora Soberano Planetario; y cuando se encuentra presente en el templo, este Hijo Lanonandek es visible para los individuos más espirituales del reino. A la izquierda se encuentra el asiento del jefe interino de los finalistas vinculados al planeta.

Aunque se dice que los templos planetarios «descienden de los cielos», en realidad no se transporta material real desde la sede central del sistema. La arquitectura de cada uno de ellos se prepara en miniatura en la capital del sistema, y los Supervisores del Poder Morontial posteriormente traen al planeta esos planes aprobados. Ahí, en asociación con los Controladores Físicos Decanos, se procede con la construcción del templo morontial, de acuerdo con las especificaciones.

El templo morontial promedio tiene una capacidad de alrededor de trescientos mil asientos. Estos edificios no se utilizan para la adoración, ni para la recreación ni para recibir transmisiones; están dedicados a las ceremonias especiales del planeta tales como: comunicaciones con el Soberano del Sistema o con los Altísimos, ceremonias especiales de visualización diseñadas para revelar la presencia personal de seres espirituales, y contemplación cósmica silenciosa. Las facultades de filosofía cósmica aquí celebran las ceremonias de graduación, y aquí también reciben los mortales del reino reconocimiento planetario de sus logros de elevado servicio social y otros logros destacados.

Estos templos morontiales también sirven como sitios de congregación para presenciar el traslado de los mortales vivientes a la existencia morontial. Precisamente debido al hecho de que el templo de traslado está compuesto de material morontial, no se desintegra en la gloria flameante del fuego devorador que oblitera tan completamente los cuerpos físicos de aquellos mortales que ahí experimentan la fusión final con sus Ajustadores divinos. En un mundo grande, estas llamas de traslado son casi continuas, y a medida que aumenta el número de traslados, se proveen santuarios subsidiarios de vida morontial en diferentes zonas del planeta. No hace mucho tiempo estuve en un mundo en el lejano norte en el cual funcionaban veinticinco santuarios morontiales.

En los mundos todavía no establecidos, planetas sin templos morontiales, estas llamas de fusión muchas veces ocurren en la atmósfera planetaria, en la que el cuerpo material de un candidato para el traslado es elevado por los seres intermedios y los controladores físicos.

2. La muerte y el traslado

La muerte física natural no es una inevitabilidad mortal. La mayoría de los seres evolucionarios avanzados, ciudadanos de mundos que existen en la era final de luz y vida, no mueren; son trasladados directamente de la vida en la carne a la existencia morontial.

Esta experiencia de traslado desde la vida material al estado morontial —fusión del alma inmortal con el Ajustador residente— aumenta en frecuencia paralelamente al progreso evolucionario del planeta. Al principio, sólo unos pocos mortales en cada edad logran los niveles de traslado espiritual, pero con la llegada de las edades sucesivas de los Hijos Instructores, ocurren más y más fusiones con el Ajustador antes de la terminación de las vidas cada vez más prolongadas de estos mortales progresores; y al tiempo de la misión terminal de los Hijos Instructores, aproximadamente un cuarto de estos magníficos mortales está exento de la muerte natural.

Más adelante en la era de luz y vida los seres intermedios o sus asociados son sensibles a la condición inminente de una probable unión de alma y Ajustador, y señalan este hecho a los guardianes del destino, quienes a su vez comunican estos asuntos al grupo finalista bajo cuya jurisdicción este mortal tal vez está funcionando; entonces el Soberano Planetario emite un mandato para que dicho mortal renuncie a todos los deberes planetarios, se despida del mundo de su origen, y se dirija al templo interior del Soberano Planetario, para aguardar ahí el tránsito morontial, el destello de traslado, desde el dominio material evolutivo al nivel morontial de progresión preespiritual.

Una vez que la familia, los amigos y el grupo de trabajo de dicho candidato para la fusión se han congregado en el templo morontial, se los distribuye alrededor del escenario central en el que descansan los candidatos para la fusión, quienes departen libremente con sus amigos reunidos. Se forma un círculo intermedio de personalidades celestiales para proteger a los mortales materiales de la acción de las energías que se manifiestan en el instante del «destello de vida» que libera al candidato para la ascensión de las cadenas de la carne material, haciendo de este modo para dicho mortal evolucionario todo lo que la muerte natural hace para los que así son liberados de la carne.

Se pueden congregar al mismo tiempo muchos candidatos para la fusión en el espacioso templo. ¡Qué bella ocasión cuando los mortales se reúnen así para presenciar la ascensión en llamas espirituales de sus seres queridos!, y ¡qué contraste con aquellas edades previas en las que los mortales deben entregar sus muertos al abrazo de los elementos terrestres! Las escenas de llantos y lamentos características de las épocas más primitivas de la evolución humana son reemplazadas ahora por la felicidad estática y el más sublime entusiasmo, mientras estos mortales que conocen a Dios se despiden temporalmente de sus seres queridos que al liberarse de sus asociaciones materiales mediante los fuegos espirituales de consumidora grandeza y gloria ascendente. En los mundos establecidos en luz y vida, «los funerales» son ocasiones de felicidad suprema, satisfacción profunda, y esperanza inexpresable.

Las almas de estos mortales en progreso están cada vez más pletóricas de fe, esperanza y certidumbre. El estado de ánimo que impregna a los que han reunido alrededor del santuario de traslado se asemeja al de los amigos y familiares regocijados que se congregan para la ceremonia de graduación de un integrante de su grupo, o que se congregan para presenciar el otorgamiento de un gran honor a uno de ellos. Y sería muy útil que los mortales menos avanzados pudieran aprender a visualizar la muerte natural con un poco de esta misma alegría y regocijo.

Los observadores mortales nada pueden ver de sus asociados trasladados después del destello de fusión. Estas almas trasladadas proceden por tránsito Ajustador directamente a la sala de resurrección del correspondiente mundo de capacitación morontial. Estas transacciones que se ocupan del traslado de los seres humanos vivientes al mundo morontial son supervisadas por un arcángel que es asignado a dicho mundo el día en que éste es establecido en luz y vida.

Cuando un mundo llega a la cuarta etapa de luz y vida, más de la mitad de los mortales abandonan el planeta por traslado de entre los vivos. Esta disminución del fenómeno de la muerte continúa cada vez más, pero no conozco ningún sistema cuyos mundos habitados, aunque hayan sido establecidos en vida por mucho tiempo, estén completamente libres de la muerte natural como técnica de escape de las cadenas de la carne. Hasta tanto no se alcance uniformemente tan alto estado de evolución planetaria, los mundos de capacitación morontial del universo local deben continuar operando como esferas de enseñanza y cultura para progresores morontiales evolutivos. La eliminación de la muerte es teóricamente posible, pero según mis observaciones, aún no ha ocurrido. Tal vez dicho estado pueda ser alcanzado durante los tramos alejados de las épocas sucesivas de la séptima etapa de vida planetaria establecida.

Las almas trasladadas de las edades florecientes de las esferas establecidas no pasan por los mundos de estancia. Tampoco se detienen, como estudiantes, en los mundos morontiales del sistema o de la constelación. No pasan por ninguna de las primeras etapas de la vida morontial. Son los únicos mortales ascendentes que casi escapan la transición morontial de la existencia material al estado semiespiritual. La experiencia inicial de dichos mortales *aprehendidos por el Hijo* en la carrera de ascensión consiste en el servicio de los mundos de progresión de la sede central del universo. A partir de estos mundos de estudio de Salvington, vuelven como maestros a aquellos mismos mundos por los cuales no tuvieron que pasar, dirigiéndose posteriormente hacia adentro, hacia el Paraíso, por el camino establecido de la ascensión mortal.

Si pudieras visitar un planeta en etapa avanzada de desarrollo, rápidamente comprenderías las razones que han determinado la recepción diferencial de los mortales ascendentes en los mundos de estancia y en los mundos morontiales más elevados. Prontamente comprenderías que los seres que proceden de estas esferas altamente evolucionadas están preparados para reanudar la ascensión al Paraíso en un nivel mucho más adelantado que el de los mortales promedio que provienen de un mundo desordenado y atrasado como lo es Urantia.

Sea cual fuere el nivel de logro planetario del cual provienen los seres humanos que ascienden a los mundos morontiales, las siete esferas de estancia les proporcionan amplia oportunidad para obtener experiencia como estudiantes maestros de todo lo que no experimentaron debido al estado avanzado de sus planetas nativos.

El universo es infalible en la aplicación de estas técnicas igualizadoras diseñadas para asegurar que ningún ascendentero sea privado de nada de lo que es esencial para su experiencia de ascensión.

3. LAS EDADES DE ORO

Durante esta edad de luz y vida el mundo goza de una prosperidad creciente bajo el gobierno paternal del Soberano Planetario. Para esta época los mundos progresan bajo el impulso de un solo idioma, una sola religión, y, en las esferas normales, una sola raza. Pero esta edad no es perfecta. Estos mundos aún poseen hospitales bien equipados, hospicios para el cuidado de los enfermos. Existen aún los problemas del cuidado de las lesiones accidentales y las enfermedades inescapables que tienen que ver con la decrepitud de la vejez y los trastornos de la senilidad. No se han vencido enteramente las enfermedades, tampoco han sido dominados perfectamente los animales terrestres; pero estos mundos son como el Paraíso en comparación con los tiempos primitivos del hombre primitivo durante la edad pre-Príncipe Planetario. Describirías instintivamente este reino —si pudieras ser transportado repentinamente a un planeta en esta etapa de desarrollo— como el cielo en la tierra.

El gobierno humano en la conducta de los asuntos materiales continúa funcionando a través de esta edad de relativo progreso y perfección. Las actividades públicas de un mundo en la primera etapa de luz y vida que recientemente visité se financiaban mediante la técnica del cobro de diezmo. Todo trabajador adulto —y todos los ciudadanos sanos trabajaban en algo— pagaba el diez por ciento de su ingreso o aumento al tesoro público, que se gastaba como sigue:

1. Tres por ciento correspondía a la promoción de la verdad—ciencia, educación y filosofía.

2. Tres por ciento se dedicaba a la belleza—recreación, entretenimiento social y arte.

3. Tres por ciento se dedicaba a la bondad—servicio social, altruismo y religión.

4. Uno por ciento estaba destinado a las reservas de seguro contra el riesgo de incapacitación para el trabajo, resultante de accidentes, enfermedades, vejez, o desastres inevitables.

Los recursos naturales de este planeta eran administrados como posesiones sociales, propiedad comunitaria.

En este mundo el honor más elevado conferido a un ciudadano era la orden del «servicio supremo», el único grado de reconocimiento que se otorgaba en el templo morontial. Este reconocimiento se otorgaba a aquellos que durante mucho tiempo se habían distinguido en alguna fase del descubrimiento supermaterial o del servicio social planetario.

La mayoría de las posiciones sociales y administrativas estaba ocupada conjuntamente por hombres y mujeres. La mayor parte de la enseñanza también se efectuaba conjuntamente; del mismo modo los fideicomisos judiciales estaban en manos de similares parejas asociadas.

En estos mundos soberbios el período de procreación no se prolonga mucho. No es aconsejable que haya demasiada diferencia de edad entre los hermanos. Cuando hay menos diferencia de edad, los niños pueden contribuir mucho más a su capacitación mutua. Y en estos mundos, la enseñanza de los niños es magnífica, basándose en sistemas competitivos que requieren esfuerzos intensivos en los avanzados dominios y divisiones de los diversos logros en el ámbito de la verdad, la belleza y la bondad. Pero no temáis, aun en estas esferas tan glorificadas hay abundancia de mal, mal tanto real como potencial, lo cual es un estímulo para la selección entre la verdad y el error, el bien y el mal, el pecado y la rectitud.

Sin embargo, existe cierta penalidad inevitable que acompaña la existencia mortal en dichos planetas evolucionarios avanzados. Cuando un mundo establecido progresa más allá de la tercera etapa de luz y vida, todos los seres ascendentes están destinados, antes de lograr el sector menor, a recibir algún tipo de asignación transitoria en un planeta que está pasando por etapas más primitivas de la evolución.

Cada una de estas edades sucesivas representa logros en avance en todas las fases del progreso planetario. En la etapa inicial de luz, la revelación de la verdad fue ampliada para comprender la operación del universo de los universos, mientras que el estudio de la Deidad correspondiente a la segunda edad es un intento de aferrar el concepto proteico de la naturaleza, misión, ministerio, asociaciones, origen, y destino de los Hijos Creadores, el primer nivel de Dios el Séptuple.

Un planeta del tamaño de Urantia, cuando está relativamente bien establecido, tiene alrededor de cien centros subadministrativos. Estos centros subordinados están presididos por uno de los siguientes grupos de administradores calificados:

1. Jóvenes Hijos e Hijas Materiales traídos desde la sede central del sistema para actuar como asistentes del Adán y Eva gobernantes.

2. La progenie del séquito semimortal del Príncipe Planetario que fue procreada en ciertos mundos para estas responsabilidades y otras similares.

3. La progenie directa de Adán y Eva.

4. Seres intermedios materializados y humanizados.

5. Mortales de estado de fusión con el Ajustador que, por su propia solicitud, están exentos provisionalmente del traslado por orden del Ajustador Personalizado de la jefatura universal, para poder continuar en el planeta en ciertos puestos administrativos importantes.

6. Mortales especialmente capacitados de las facultades planetarias de administración que también han recibido la orden de servicio supremo del templo morontial.

7. Ciertas comisiones elegidas que consisten en tres ciudadanos adecuadamente calificados que son elegidos a veces por la ciudadanía, por mandato del Soberano Planetario, de acuerdo con su habilidad especial para realizar una tarea específica que sea necesaria en ese sector planetario específico.

La gran dificultad que enfrenta a Urantia en el asunto de lograr el elevado destino planetario de luz y vida corresponde a los problemas de enfermedad, degeneración, guerra, razas multicolores, y multilingüismo.

Ningún mundo evolucionario puede esperar progresar más allá de la primera etapa de establecimiento de la luz hasta que no haya alcanzado el estado de un solo idioma, una sola religión y una sola filosofía. El pertenecer a una sola raza facilita grandemente dicho logro, pero el hecho que haya muchos pueblos en Urantia no impide el logro de etapas más elevadas.

4. Los reajustes administrativos

En las sucesivas etapas de existencia establecida los mundos habitados hacen un progreso maravilloso bajo la administración sabia y compasiva del Cuerpo voluntario de la Finalidad, ascendenteros que han logrado el Paraíso y que regresan para ministrar a sus hermanos en la carne. Estos finalistas actúan en cooperación con los Hijos Instructores Trinitarios, pero no comienzan su verdadera participación en los asuntos mundiales hasta que no aparece en la tierra el templo morontial.

Cuando se inaugura formalmente el ministerio planetario del Cuerpo de la Finalidad, la mayoría de las huestes celestiales se retiran. Pero los guardianes seráficos del destino continúan su ministerio personal para con los mortales progreseros en la luz; en efecto, dichos ángeles concurren en números en constante aumento a lo largo de las edades establecidas, puesto que grupos cada vez más grandes de seres humanos alcanzan el tercer círculo cósmico de logro coordinado mortal durante el período de vida planetaria.

Éste es meramente el primero de los sucesivos ajustes administrativos que acompañan la evolución de las sucesivas edades de logro cada vez más brillante en los mundos habitados, a medida que éstos pasan de la primera a la séptima etapa de existencia establecida.

1. *La primera etapa de luz y vida.* Tres gobernantes administran un mundo en su etapa establecida inicial:

a. El Soberano Planetario, con el asesoramiento futuro de un Hijo Instructor Trinitario, muy probablemente el jefe del último cuerpo de dichos Hijos que actuara en el planeta.

b. El jefe del cuerpo planetario de finalistas.

c. Adán y Eva, quienes actúan conjuntamente como los unificadores del liderazgo dual del Príncipe-Soberano y del jefe de los finalistas.

Los seres intermedios exaltados y liberados actúan como intérpretes para los guardianes seráficos y los finalistas. Una de las últimas acciones de los Hijos Instructores Trinitarios en su misión terminal consiste en liberar a los seres intermedios del reino y promoverlos (o volverlos a establecer) a un estado planetario avanzado, asignándolos a puestos responsables en la nueva administración de la esfera establecida. Ya se han realizado en la gama de la visión humana los cambios necesarios para permitir a los mortales reconocer a estos primos anteriormente invisibles del primitivo régimen adánico. Esto se posibilita gracias a los descubrimientos finales de la ciencia física en enlace con las funciones planetarias ampliadas de los Controladores Físicos Decanos.

El Soberano del Sistema tiene autoridad para liberar a los seres intermedios en cualquier momento, después de la primera etapa de establecimiento, de manera que puedan humanizarse en el estado morontial con ayuda de los Portadores de Vida y los Controladores Físicos y, después de recibir a los Ajustadores del Pensamiento, comenzar su ascensión al Paraíso.

En la tercera etapa y las etapas subsiguientes, algunos de los seres intermedios siguen actuando, principalmente como personalidades de enlace para los finalistas, pero a medida que se va entrando en cada etapa de luz y vida, nuevas órdenes de ministros de enlace reemplazan en gran parte a los seres intermedios; muy pocos de ellos permanecen más allá de la cuarta etapa de luz. La séptima etapa presenciará la llegada de los primeros ministros absonitos desde el Paraíso para servir en el sitio de ciertas criaturas del universo.

2. *La segunda etapa de luz y vida.* Esta época se anuncia en los mundos por la llegada de un Portador de Vida que se vuelve el consejero voluntario de los gobernantes planetarios dentro del campo de la ulterior purificación y estabilización de la raza mortal. De esta manera, los Portadores de Vida participan activamente en la evolución ulterior de la raza humana —física, social y económicamente. Luego extienden ellos su supervisión a la purificación ulterior de la cepa mortal mediante la eliminación drástica de los residuos retardados y persistentes de potencial inferior en su naturaleza intelectual, filosófica, cósmica y espiritual. Los que diseñan e implantan la vida en un mundo habitado son plenamente competentes para aconsejar a los Hijos e Hijas Materiales, quienes tienen la autoridad plena e incuestionada de purgar a la raza en evolución de todas las influencias perjudiciales.

A partir de la segunda etapa y luego a través de la carrera de un planeta establecido, los Hijos Instructores asesoran a los finalistas. Durante dichas misiones sirven como voluntarios y no por asignación; y sirven exclusivamente con el cuerpo de finalistas excepto que, por consentimiento del Soberano del Sistema, pueden asesorar al Adán y Eva Planetarios.

3. *La tercera etapa de luz y vida.* Durante esta época los mundos habitados llegan a una nueva apreciación de los Ancianos de los Días, la segunda fase de Dios el Séptuple, y los representantes de estos gobernantes superuniversales ingresan en nuevas relaciones con la administración planetaria.

En cada era subsiguiente de existencia establecida los finalistas funcionan en capacidades cada vez mayores. Existe una estrecha relación de trabajo entre los finalistas, las Estrellas Vespertinas (los superángeles), y los Hijos Instructores Trinitarios.

Durante esta edad o la siguiente un Hijo Instructor, asistido por el cuarteto de espíritus ministrantes, se vincula al jefe ejecutivo mortal electivo, quien ahora se vuelve asociado con el Soberano Planetario como administrador conjunto de los asuntos del mundo. Estos mortales ejecutivos en jefe sirven durante veinticinco años de tiempo planetario, y este nuevo desarrollo es lo que permite que durante las edades siguientes el Adán y Eva Planetarios puedan desvincularse fácilmente de su mundo de prolongada asignación.

Los cuartetos de espíritus ministerrantes consisten en: el jefe seráfico de la esfera, el consejero secoráfico del superuniverso, el arcángel de traslados, y el omniafín que funciona como representante personal del Centinela Asignado estacionado en la sede central del sistema. Pero estos consejeros nunca ofrecen consejo a menos que se les solicite.

4. *La cuarta etapa de luz y vida.* Aparecen en los mundos los Hijos Instructores Trinitarios cumpliendo con nuevos papeles. Ayudados por los hijos trinidizados por las criaturas de tan prolongada asociación con su orden, ahora concurren a los mundos como consejeros y asesores voluntarios del Soberano Planetario y de sus asociados. Dichas parejas —los hijos trinidizados por Paraíso-Havona, y los hijos trinidizados por los ascendenteros— representan puntos de vistas universales diferentes y diversas experiencias personales que son altamente útiles para los gobernantes planetarios.

En cualquier momento después de esta edad, los Adán y Eva Planetarios pueden solicitar del Hijo Creador Soberano que los libere de las tareas planetarias para comenzar su ascensión al Paraíso; o pueden permanecer en el planeta como directores de la orden de reciente aparición de una sociedad de creciente espiritualidad, compuesta de mortales avanzados alcanzando la comprensión de las enseñanzas filosóficas de los finalistas, descritas por las Brillantes Estrellas Vespertinas, asignadas en esta etapa a estos mundos para colaborar en pares con los seconafines desde la sede central del superuniverso.

Los finalistas se ocupan principalmente de iniciar las nuevas actividades supermateriales de la sociedad: sociales, culturales, filosóficas, cósmicas, y espirituales. Por lo que podemos discernir, continuarán en este ministerio hasta la séptima época de estabilidad evolucionaria, época en la cual, posiblemente, puedan ir a ministrar en el espacio exterior; conjeturamos que para ése entonces sus sitios serán ocupados por los seres absonitos del Paraíso.

5. *La quinta etapa de luz y vida.* Los reajustes de esta etapa de existencia establecida pertenecen casi enteramente a los dominios físicos y son la ocupación principal de los Controladores Físicos Decanos.

6. *La sexta etapa de luz y vida* presencia el desarrollo de nuevas funciones de los circuitos de la mente en el reino. La sabiduría cósmica parece volverse constitutiva en el ministerio universal de la mente.

7. *La séptima etapa de luz y vida.* Al principio de la séptima época un asesor voluntario enviado por los Ancianos de los Días se reúne con el Instructor Trinitario

asignado como consejero para el Soberano Planetario, y más adelante un tercer consejero proveniente del Ejecutivo Supremo del superuniverso aumentará este grupo.

Durante esta época, si no ocurre antes, Adán y Eva siempre son liberados de sus deberes planetarios. Si hay un Hijo Material en el cuerpo de los finalistas, puede asociarse con el mortal ejecutivo en jefe, y a veces es un Melquisedek quien se ofrece como voluntario para actuar en esta función. Si un ser intermedio está entre los finalistas, todos los seres de esa orden que aún se encuentran en el planeta son liberados inmediatamente.

Al ser liberados de su asignación que dura edades, el Adán y la Eva Planetarios pueden seleccionar carreras como sigue:

1. Pueden obtener permiso para abandonar el planeta y desde la sede central del universo comenzar inmediatamente su carrera al Paraíso, recibiendo Ajustadores del Pensamiento al final de la experiencia morontial.

2. Muy frecuentemente el Adán y Eva Planetarios recibirán Ajustadores mientras aún están viviendo en un mundo establecido en luz, concomitantemente con la recepción de Ajustadores de algunos de sus hijos importados de linaje puro que se han ofrecido como voluntarios para un término de servicio planetario. Posteriormente pueden proceder a la sede central del universo y desde ahí comenzar la carrera al Paraíso.

3. Un Adán y Eva Planetarios pueden elegir —tal como lo pueden hacer los Hijos e Hijas Materiales desde la capital del sistema— ir directamente al mundo midsonita por un breve período, para recibir ahí a sus Ajustadores.

4. Pueden decidir regresar a la sede central del sistema, para ocupar por un tiempo asientos en el tribunal supremo, después de cuyo servicio recibirán Ajustadores y comenzarán la ascensión al Paraíso.

5. Pueden elegir volver a su mundo nativo y pasar de sus tareas administrativas al servicio de enseñanza por una temporada, y recibir al Ajustador al tiempo de su tránsito a la sede central del universo.

A lo largo de todas estas épocas los Hijos e Hijas Materiales importados asistentes ejercen una tremenda influencia sobre los órdenes sociales y económicos en progreso. Son potencialmente inmortales, por lo menos hasta que elijan humanizarse, recibir a los Ajustadores, y emprender el camino al Paraíso.

En los mundos evolucionarios un ser debe humanizarse para recibir un Ajustador del Pensamiento. Todos los integrantes ascendentes del Cuerpo Mortal de Finalistas son morados por un Ajustador y se han fusionado con él, excepto los serafines. Los serafines son morados por el Padre mediante otro tipo de espíritu al tiempo de ser admitidos a este cuerpo.

5. LA CUMBRE DEL DESARROLLO MATERIAL

Las criaturas mortales que viven en un mundo sacudido por el pecado, dominado por el mal, egoísta y aislado, tal como Urantia, difícilmente pueden concebir la perfección física, el logro intelectual, y el desarrollo espiritual que caracterizan a estas épocas avanzadas de evolución en una esfera sin pecado.

Las épocas avanzadas de un mundo establecido en luz y vida representan la cumbre del desarrollo material evolucionario. En estos mundos cultos han desaparecido la pereza y las fricciones de las eras primitivas anteriores. La pobreza y la desigualdad social han casi desaparecido, la degeneración ya no existe, la delincuencia raramente se observa. La locura prácticamente ha dejado de existir, y la debilidad mental es una rareza.

El estado económico, social y administrativo de estos mundos es de orden perfeccionado y elevado. Florecen la ciencia, el arte y la industria, y la sociedad es un mecanismo que funciona suavemente, de elevado logro material, intelectual y cultural. La industria se ha vertido en gran parte al servicio de los objetivos más elevados de dicha civilización maravillosa. La vida económica de dicho mundo se ha vuelto ética.

La guerra ya es cosa de la historia, y ya no existen ejércitos ni fuerzas de policía. El gobierno está desapareciendo gradualmente. El autocontrol está lentamente volviendo obsoleta la promulgación humana de leyes. El grado de gobierno civil y reglamentación obligatoria, en un estado intermedio de la civilización en avance, es inversamente proporcional a la moral y espiritualidad de la ciudadanía.

Las escuelas han mejorado considerablemente y están dedicadas a la capacitación de la mente y a la expansión del alma. Los centros de arte son exquisitos y las organizaciones musicales estupendas. Los templos de adoración con sus academias asociadas de filosofía y religión experiencial son creaciones de belleza y grandeza. Las arenas al aire libre de asambleas para la adoración, son igualmente sublimes en su simplicidad de decoración artística.

Las disposiciones para el deporte competitivo, el humor, y otras fases del logro personal y de grupo son amplias y apropiadas. Un rasgo especial de las actividades competitivas en tal mundo altamente cultural se refiere a los esfuerzos de individuos y grupos por sobresalir en las ciencias y filosofías de la cosmología. Florecen la literatura y la oratoria, y el idioma tanto ha mejorado como para ser simbólico de conceptos así como también expresivo de ideas. La vida es refrescantemente sencilla; el hombre por fin ha coordinado un elevado estado de desarrollo mecánico con un logro intelectual inspirador y ha dominado ambos en un exquisito logro espiritual. La búsqueda de la felicidad es una experiencia de regocijo y satisfacción.

6. EL MORTAL INDIVIDUAL

A medida que los mundos avanzan en el estado establecido de luz y vida, la sociedad se vuelve cada vez más pacífica. El individuo, aunque no menos independiente y dedicado a su familia, se ha vuelto más altruista y fraternal.

En Urantia, y tal como sois, poco podéis apreciar del estado avanzado y la naturaleza progresiva de las razas esclarecidas de estos mundos perfeccionados. Estos pueblos son el florecimiento de las razas evolucionarias. Pero estos seres siguen siendo mortales; siguen respirando, comiendo, durmiendo y bebiendo. Esta gran evolución no es el cielo, pero es un sublime presagio de los mundos divinos de la ascensión al Paraíso.

En un mundo normal, la idoneidad biológica de la raza mortal se ha llevado desde hace mucho tiempo a un nivel elevado durante las épocas postadánicas; y ahora, de edad en edad a través de las eras establecidas la evolución física del hombre continúa. Se amplían tanto la agudeza visual como la auditiva. Para esta época la población se ha vuelto estacionaria en número. La reproducción está regulada de acuerdo con los requisitos planetarios y las dotes hereditarias innatas: los mortales del planeta durante esta edad están divididos en cinco a diez grupos, y los grupos más bajos tan sólo tienen permiso para producir la mitad de los hijos que pueden producir los más elevados. El mejoramiento continuado de tan magnífica raza a lo largo de la era de luz y vida es en gran parte asunto de reproducción selectiva de aquellas cepas raciales que exhiben calidades superiores de naturaleza social, filosófica, cósmica y espiritual.

Los Ajustadores continúan viniendo como en las eras evolucionarias anteriores, y a medida que van pasando las épocas, estos mortales son cada vez más capaces de comunicarse con el fragmento del Padre que los mora. Durante las etapas embriónicas y pre-espirituales de desarrollo aún siguen funcionando los espíritus ayudantes de la mente. El Espíritu Santo y el ministerio de los ángeles son aún más eficaces a medida que se van experimentando las épocas sucesivas de vida establecida. En la cuarta etapa de luz y vida, los mortales avanzados parecen experimentar un considerable contacto consciente con la presencia espiritual del Espíritu Rector de jurisdicción superuniversal, mientras que la filosofía de dicho mundo se enfoca en el intento de comprender las nuevas revelaciones de Dios el Supremo. Más de la mitad de los habitantes humanos en los planetas de este estado avanzado experimentan traslado al estado morontial de entre los vivos. Aun así, «las cosas antiguas están desapareciendo; mirad, todas las cosas se están volviendo nuevas».

Concebimos que la evolución física habrá alcanzado su pleno desarrollo hacia fines de la quinta época de la era de luz y vida. Observamos que los límites superiores del desarrollo espiritual asociado con la mente humana en evolución están determinados por el grado de fusión con el Ajustador de los valores morontiales y significados cósmicos conjuntos. Pero en cuanto a la sabiduría —aunque realmente no lo sabemos, conjeturamos que no puede haber jamás un límite a la evolución intelectual y al logro de la sabiduría. En un mundo de séptima etapa, la sabiduría puede agotar los potenciales materiales, entrar en discernimiento mota, y finalmente aun saborear de la grandeza absonita.

Observamos que en estos mundos altamente evolucionados de la séptima etapa los seres humanos aprenden plenamente el idioma del universo local antes de ser trasladados; y he visitado algunos planetas muy viejos en los que los abandonteros estaban enseñando a los mortales más ancianos la lengua del superuniverso. Y en estos mundos he observado la técnica por la cual las personalidades absonitas revelan la presencia de los finalistas en el templo morontial.

Éste es el relato del magnífico objetivo de la lucha mortal en los mundos evolucionarios; y todo ello ocurre aún antes de que los seres humanos entren en sus carreras morontiales; todo este espléndido desarrollo es lograble por parte de los mortales materiales en los mundos habitados, que constituyen la primera etapa de esa carrera sin fin e incomprensible de ascensión al Paraíso y logro de la divinidad.

Pero ¿es que puedes imaginar qué clase de mortales evolucionarios aparecen ahora provenientes de los mundos que desde hace mucho tiempo existen en la séptima época de establecimiento de luz y vida? Son tales como éstos que concurren a los mundos morontiales de la capital del universo local para comenzar sus carreras de ascensión.

Si los mortales de la perturbada Urantia tan sólo pudieran visualizar uno de estos mundos más avanzados largamente establecido en luz y vida, jamás volverían a dudar de la sabiduría del esquema evolucionario de creación. Aunque no existiese un futuro de progresión eterna para la criatura, aun entonces los soberbios logros evolucionarios de las razas mortales en dichos mundos establecidos de logro perfeccionado justificarían ampliamente la creación del hombre en los mundos del tiempo y del espacio.

Frecuentemente reflexionamos: Si el gran universo hubiera de ser establecido en luz y vida, ¿los mortales ascendentes exquisitos seguirían estando destinados al Cuerpo de la Finalidad? pero no lo sabemos.

7. LA PRIMERA ETAPA O ETAPA PLANETARIA

Esta época se extiende desde la aparición del templo morontial en la nueva sede central planetaria hasta el momento del establecimiento del entero sistema en luz y vida. Los Hijos Instructores Trinitarios inauguran esta edad al cierre de sus misiones mundiales sucesivas cuando el Príncipe Planetario es elevado al estado de Soberano Planetario por mandato y presencia personal del Hijo Paradisiaco autootorgador de esa esfera. Concomitantemente con ello los finalistas inauguran su participación activa en los asuntos planetarios.

Para las apariencias exteriores y visibles los gobernantes reales, o directores, de dicho mundo establecido en luz y vida, son los Hijos e Hijas Materiales, el Adán y Eva Planetarios. Los finalistas son invisibles, así como también lo es el Príncipe-Soberano, excepto en el templo morontial. Los jefes reales y literales del régimen planetario son por lo tanto el Hijo e Hija Materiales. Es el conocimiento de este sistema lo que ha prestado prestigio a la idea de tener reyes y reinas en todos los reinos del universo. Los reyes y las reinas constituyen un gran triunfo bajo estas circunstancias ideales, en las que un mundo puede mandar a tales personalidades elevadas que actúen en nombre de gobernantes aún mas elevados pero invisibles.

Cuando vuestro mundo alcance esta era, indudablemente Maquiventa Melquisedek, ahora Príncipe Planetario vicegerente de Urantia, ocupará el asiento del Soberano Planetario y hace mucho tiempo que en Jerusém se supone que será acompañado por un hijo e hija del Adán y Eva de Urantia, presentemente en Edentia como pupilos de los Altísimos de Norlatiadek. Estos hijos de Adán tal vez puedan servir en Urantia en asociación con el Soberano Melquisedek puesto que se les privó del poder procreador casi 37.000 años atrás, al tiempo en que renunciaron sus cuerpos materiales en Urantia en preparación para el tránsito a Edentia.

Esta edad establecida continúa hasta que todos los planetas habitados del sistema alcancen la era de estabilización; luego, cuando el mundo más joven, el último en alcanzar la luz y vida— ha experimentado este estado de establecimiento durante un milenio de tiempo del sistema, todo el sistema entra en el estado estabilizado, y los mundos individuales son inaugurados en la época del sistema de la era de luz y vida.

8. LA SEGUNDA ETAPA O ETAPA DEL SISTEMA

Cuando todo un sistema se establece en la vida, se inaugura un nuevo orden de gobierno. Los Soberanos Planetarios entran a formar parte del cónclave del sistema, y este nuevo cuerpo administrativo, sujeto al veto de los Padres de la Constelación, es supremo en autoridad. Dicho sistema de mundos habitados se vuelve virtualmente autogobernante. Se constituye la asamblea legislativa del sistema en el mundo sede central, y cada planeta envía sus diez representantes a él. Ya por esta etapa los tribunales están establecidos en las capitales del sistema, y solamente las apelaciones se llevan a la sede central del universo.

Con el establecimiento del sistema, el Centinela Asignado representante del Ejecutivo Supremo del superuniverso, se vuelve el consejero voluntario del tribunal supremo del sistema y en efecto el funcionario que preside la nueva asamblea legislativa.

Después del establecimiento de un entero sistema en luz y vida los Soberanos de Sistema ya no irán de aquí para allá. El soberano permanece perpetuamente a la cabeza de su sistema. Los soberanos asistentes continúan cambiando como en las edades anteriores.

Durante esta época de estabilización, por primera vez llegan los midsonitas desde los mundos sede central del universo en los que residen para actuar como consejeros ante las asambleas legislativas y como asesores para los tribunales de adjudicación. Estos midsonitas también realizan ciertos esfuerzos para inculcar nuevos significados mota de valor supremo en las empresas de enseñanza que patrocinan conjuntamente con los finalistas. Lo que hicieron los Hijos Materiales biológicamente para las razas mortales, las criaturas midsonitas hacen ahora para estos humanos unificados y glorificados en los reinos en constante avance de la filosofía y del pensamiento espiritualizado.

En los mundos habitados los Hijos Instructores se vuelven colaboradores voluntarios de los finalistas, y estos mismos Hijos Instructores también acompañan a los finalistas a los mundos de estancia cuando estas esferas ya no se utilizan como mundos diferenciales de recepción, una vez que todo el sistema está establecido en luz y vida; por lo menos esto ocurre al tiempo en que la constelación entera ha evolucionado así. Pero no existen grupos tan avanzados en Nebadon.

No se nos permite revelar la naturaleza de la tarea de los finalistas que supervisarán dicha rededicación de los mundos de estancia. Sin embargo se os ha informado que existen en todos los universos varios tipos de criaturas inteligentes que no han sido descritos en estas narrativas.

Ahora, a medida que los sistemas uno por uno se van estableciendo en luz por virtud del progreso de sus mundos componentes, llega el momento en que el último sistema en una constelación dada alcanza la estabilización, y los administradores universales —el Hijo Soberano, el Unión de los Días, y la Brillante Estrella Matutina— llegan a la capital de la constelación para proclamar a los Altísimos como líderes incondicionales de la familia recién perfeccionada de cien sistemas establecidos de mundos habitados.

9. LA TERCERA ETAPA O ETAPA DE CONSTELACIÓN

La unificación de una entera constelación de sistemas establecidos va acompañada de nuevas distribuciones de la autoridad ejecutiva y reajustes adicionales de la administración del universo. Esta época presencia el alcance avanzado en todos los mundos habitados pero está particularmente caracterizada por reajustes en la sede central de la constelación, por marcada modificación en las relaciones tanto con la supervisión de los sistemas como con el gobierno del universo local. Durante esta edad muchas actividades de la constelación y del universo se transfieren a las capitales de los sistemas, y los representantes del superuniverso asumen nuevas relaciones más íntimas con los gobernantes planetarios, de los sistemas y del universo. Concomitantemente con estas nuevas asociaciones, ciertos administradores superuniversales se establecen en las capitales de las constelaciones como consejeros voluntarios de los Padres Altísimos.

Cuando una constelación se establece de este modo en luz, cesa la función legislativa y actúa en su lugar la casa de los Soberanos de los Sistemas, presidida por los Altísimos. Ahora, por primera vez, dichos grupos administrativos tratan directamente con el gobierno superuniversal en asuntos pertenecientes a las relaciones con Havona y con el Paraíso. En otros aspectos la constelación permanece relacionada con el universo local como antes. De etapa en etapa en la vida establecida los univitatia continúan administrando los mundos morontiales de la constelación.

A medida que van pasando las edades, los Padres de la Constelación toman más y más de las funciones detalladas administrativas o de supervisión que anteriormente estaban centradas en la sede central del universo. Mediante el logro de la sexta etapa de estabilización estas constelaciones unificadas habrán alcanzado la posición de casi completa autonomía. El ingreso a la séptima etapa de establecimiento indudablemente presenciará la exaltación de estos gobernantes a la verdadera dignidad significada por sus nombres, los Altísimos. En aquel entonces las constelaciones tratarán directamente para todo propósito con los gobernantes superuniversales, mientras que el gobierno del universo local se expandirá hasta abarcar las responsabilidades de las nuevas obligaciones del gran universo.

10. LA CUARTA ETAPA O ETAPA DE UNIVERSO LOCAL

Cuando un universo se establece en luz y vida, poco después entra en los circuitos superuniversales establecidos, y los Ancianos de los Días proclaman el establecimiento del *concilio supremo de autoridad ilimitada*. Este nuevo cuerpo gobernante consiste en cien Fieles de los Días presididos por el Unión de los Días, y la primera acción de este concilio supremo consiste en reconocer la soberanía continuada del Hijo Creador Mayor.

La administración universal, en cuanto se refiere a Gabriel y al Padre Melquisedek, permanece sin cambios. Este concilio de autoridad ilimitada se ocupa principalmente de los nuevos problemas y las nuevas condiciones que surgen del estado avanzado de luz y vida.

El Inspector Asociado moviliza ahora a todos los Centinelas Asignados para constituir el *cuerpo de estabilización del universo local* y solicita del Padre Melquisedek que comparta su supervisión con él. Ahora, por primera vez, se asigna un cuerpo de Espíritus Inspirados Trinitarios al servicio del Unión de los Días.

El establecimiento de un entero universo local en luz y vida inaugura profundos reajustes en el entero esquema de administración, desde los mundos habitados específicos hasta la sede central del universo. Las nuevas relaciones llegan hasta las constelaciones y los sistemas. El Espíritu Materno del universo local experimenta nuevas relaciones de enlace con el Espíritu Rector del superuniverso, y Gabriel establece contacto directo con los Ancianos de los Días para que éste funcione en caso de ausencia del Hijo Mayor de su sede central.

Durante esta edad y las subsiguientes, los Hijos Magisteriales continúan funcionando como adjudicadores dispensionales, mientras que cien de estos Hijos Avonales Paradisiacos constituyen el nuevo alto concilio de la Brillante Estrella Matutina en la capital del universo. Más adelante, y por solicitud de los Soberanos de los Sistemas, uno de estos Hijos Magisteriales se volverá el consejero supremo estacionado en el mundo sede central de cada sistema local hasta que se logre la séptima etapa de unidad.

Durante esta época los Hijos Instructores Trinitarios son consejeros voluntarios, no sólo para con los Soberanos Planetarios, sino que en grupos de tres sirven similarmente a los Padres de las Constelaciones. Finalmente estos Hijos encuentran su lugar en el universo local, porque en este momento se los quita de la jurisdicción de la creación local y se los asigna al servicio del concilio supremo de autoridad ilimitada.

El cuerpo finalista, reconoce ahora por primera vez, la jurisdicción de una autoridad fuera del Paraíso: el concilio supremo. Hasta ese momento los finalistas no reconocían supervisión alguna de este lado del Paraíso.

Los Hijos Creadores de estos universos establecidos pasan gran parte de su tiempo en el Paraíso y en sus mundos asociados, y asesorando a los numerosos grupos finalistas que sirven en toda la creación local. De esta manera el hombre Micael encontrará una fraternidad más plena de asociación con los mortales finalistas glorificados.

La especulación sobre la función de estos Hijos Creadores en relación con los universos exteriores ahora en proceso de asamblea preliminar es totalmente inútil. Pero todos nos ocupamos de vez en cuando en tales especulaciones. Al alcanzar esta cuarta etapa de desarrollo el Hijo Creador se libera en cuanto a la administración; la Ministra Divina combina progresivamente su ministerio con el del Espíritu Rector del superuniverso y del Espíritu Infinito. Parece haber en evolución una nueva y sublime relación entre el Hijo Creador, el Espíritu Creativo, las Estrellas Vespertinas, los Hijos Instructores, y el cuerpo finalista en constante aumento.

Si Micael fuera a abandonar Nebadon, Gabriel indudablemente se volvería el administrador en jefe con el Padre Melquisedek como su asociado. Al mismo tiempo se impartiría un nuevo estado a todas las órdenes de ciudadanía permanente, tales como los Hijos Materiales, los univitatia, los midsonitas, los susatia, y los mortales fusionados con el Espíritu. Pero hasta tanto continúa la evolución, se requerirán serafines y arcángeles en la administración universal.

Estamos sin embargo satisfechos en cuanto a dos aspectos de nuestras especulaciones: si los Hijos Creadores están destinados a los universos exteriores, las Ministras Divinas indudablemente los acompañarán. Estamos igualmente seguros de que los Melquisedek han de permanecer con el universo de su origen. Opinamos que los Melquisedek están destinados a jugar un papel de responsabilidad siempre en aumento en el gobierno y administración del universo local.

11. LA ETAPA DEL SECTOR MENOR Y LA DEL SECTOR MAYOR

Los sectores menores y mayores del superuniverso no aparecen directamente en el plan de establecimiento de luz y vida. Dicha progresión evolucionaria pertenece principalmente al universo local como unidad y se refiere tan sólo a los componentes de un universo local. Los superuniversos se establecen en luz y vida cuando todos sus universos locales componentes así se perfeccionan. Pero ninguno de los siete superuniversos ha alcanzado un nivel de progreso que se acerque siquiera a tal momento.

La edad del sector menor. Según nuestras observaciones, la quinta etapa o de sector menor de estabilización tiene que ver exclusivamente con el estado físico y con el establecimiento coordinado de los cien universos locales asociados en los circuitos establecidos del superuniverso. Aparentemente sólo los centros del poder y sus asociados se ocupan de estas rectificaciones de la creación material.

Edad del sector mayor. En cuanto a la sexta etapa, o de estabilización del sector mayor, tan sólo podemos conjeturar puesto que ninguno de nosotros ha presenciado dicho acontecimiento. Sin embargo, podemos postular mucho en cuanto a los reajustes administrativos y de otra índole que probablemente acompañarían a un estado tan avanzado de los mundos habitados y de sus agrupaciones en el universo.

Puesto que el estado del sector menor tiene que ver con el equilibrio físico coordinado, deducimos que la unificación del sector mayor tendrá que ver con ciertos nuevos niveles intelectuales de logro, posiblemente algunos alcances avanzados en la realización suprema de la sabiduría cósmica.

Llegamos a conclusiones relativas a los reajustes que probablemente acompañarían la realización de los niveles evolucionarios aún no alcanzados de progreso mediante la observación de los resultados de dichos logros en los mundos individuales y en las experiencias de los mortales individuales que viven en estas esferas más antiguas y altamente desarrolladas.

Aclaremos que los mecanismos administrativos y las técnicas de gobierno de un universo o de un superuniverso no pueden de ninguna manera limitar ni retardar el desarrollo evolucionario o el progreso espiritual de un planeta habitado específico ni de un mortal específico en dicha esfera.

En alguno de los universos más antiguos encontramos mundos establecidos en la quinta y sexta etapa de luz y vida —aun muy adelantados en la séptima época cuyos sistemas locales todavía no están establecidos en luz. Los planetas más jóvenes pueden retrasar la unificación del sistema, pero esto no dificulta de ninguna manera el progreso de un mundo más antiguo y avanzado. Tampoco pueden las limitaciones de medio ambiente, aun en un mundo aislado, dificultar el logro personal de un mortal específico; Jesús de Nazaret, como hombre entre los hombres, alcanzó personalmente el estado de luz y vida en Urantia más de mil novecientos años atrás.

Es mediante la observación de lo que ocurre en mundos establecidos desde hace mucho tiempo que nosotros llegamos a conclusiones bastante confiables en cuanto a lo que sucederá cuando un entero superuniverso se establezca en luz, aunque no podemos postular con certidumbre el advenimiento de la estabilización de los siete superuniversos.

12. LA SÉPTIMA ETAPA O ETAPA SUPERUNIVERSAL

No podemos pronosticar positivamente qué ocurre cuando un superuniverso se establece en luz porque dicho acontecimiento no ha ocurrido nunca. A partir de las enseñanzas de los Melquisedek, que jamás han sido contradichas, deducimos que se efectuarían cambios considerables en la entera organización y administración de cada unidad de las creaciones del espacio y tiempo desde los mundos habitados hasta la sede central del superuniverso.

Se cree en general que grandes números de los hijos trinidizados que no están asignados, se congregarán en las sedes centrales y en las capitales divisionales de los superuniversos establecidos. Esto puede ser en anticipación de la llegada en el futuro de seres del espacio exterior, camino de Havona y del Paraíso; pero esto realmente no lo sabemos.

Si y cuando un universo ha de ser establecido en luz y vida, creemos que los Supervisores No Cualificados del Supremo actualmente en posición de asesores, se volverían el cuerpo administrativo elevado en el mundo sede central del superuniverso. Éstas son las personalidades capaces de ponerse en contacto directo con los administradores absonitos, que se volverán entonces activos en el superuniverso establecido. Aunque estos Supervisores No Cualificados han funcionado por mucho tiempo como consejeros y asesores en unidades evolucionarias avanzadas de la creación, no toman responsabilidades administrativas hasta tanto la autoridad del Ser Supremo no se vuelva soberana.

Los Supervisores No Cualificados del Supremo, que funcionan más extensamente durante esta época, no son finitos, absonitos, últimos, ni infinitos; son la supremacía y sólo representan a Dios el Supremo. Son la personalización de la supremacía en el tiempo y en el espacio y por lo tanto no funcionan en Havona. Actúan sólo como unificadores supremos. Posiblemente están involucrados en la técnica de la reflexividad universal, pero no estamos seguros.

Ninguno de nosotros tiene un concepto satisfactorio de qué ocurrirá cuando el gran universo (los siete superuniversos que dependen de Havona) se vuelva enteramente establecido en luz y vida. Ese acontecimiento indudablemente será el acontecimiento más profundo en los anales de la eternidad desde la aparición del universo central. Existen los que sostienen que el Ser Supremo mismo emergerá del misterio de Havona que envuelve su persona espiritual y residirá en la sede central del séptimo superuniverso como soberano todopoderoso y experiencial de las creaciones perfeccionadas del tiempo y del espacio. Pero realmente no lo sabemos.

[Presentado por un Mensajero Poderoso asignado temporalmente al Concilio de Arcángeles en Urantia.]

DOCUMENTO 56

UNIDAD UNIVERSAL

DIOS es unidad. La Deidad está coordinada universalmente. El universo de universos es un vasto mecanismo integrado que está bajo el control absoluto de una mente infinita. Los dominios físico, intelectual y espiritual de la creación universal están divinamente correlacionados. Lo perfecto y lo imperfecto están verdaderamente interrelacionados, y por lo tanto la criatura evolucionaria finita asciende al Paraíso en obediencia al mandato del Padre Universal: «Sed perfectos, así como yo soy perfecto».

Los diversos niveles de la creación están todos unificados en los planes y en la administración de los Arquitectos del Universo Maestro. Para la mente circunscrita de los mortales espacio-temporales el universo puede presentar muchos problemas y situaciones que aparentemente describen desarmonía e indican ausencia de coordinación efectiva; pero aquellos de entre nosotros que pueden observar tramos más amplios de los fenómenos universales, y que han tenido más experiencia en este arte de detectar la unidad básica que subyace a la diversidad creadora y de descubrir la singularidad divina que sobrecoge este entero funcionamiento de la pluralidad, perciben mejor el propósito divino y único exhibido en todas estas múltiples manifestaciones de la energía creadora universal.

1. COORDINACIÓN FÍSICA

La creación física o material no es infinita, pero está perfectamente coordinada. Existen la fuerza, la energía y el poder, pero todos ellos son uno en origen. Los siete superuniversos son aparentemente duales; el universo central, triuno; pero el Paraíso es de constitución única. El Paraíso es la fuente real de todos los universos materiales —pasados, presentes y futuros. Pero esta derivación cósmica es un acontecimiento de *eternidad*; en ningún momento del *tiempo* —pasado, presente o futuro— sale el espacio o el cosmos material de la Isla nuclear de Luz. Como fuente cósmica, el Paraíso actúa antes del espacio y antes del tiempo; por lo tanto sus derivaciones parecerían huérfanas en el tiempo y en el espacio si no emergiesen a través del Absoluto No Cualificado, su depositario último en el espacio y su revelador y regulador en el tiempo.

El Absoluto No Cualificado sostiene el universo físico, mientras que el Absoluto de Deidad motiva el exquisito supercontrol de toda realidad material; y ambos Absolutos están unificados funcionalmente por el Absoluto Universal. Todas las personalidades —materiales, morontiales, absonitas o espirituales— comprenden mejor esta correlación cohesiva del universo material mediante la observación de la respuesta a la gravedad de toda realidad material auténtica respecto de la gravedad centrada en el Paraíso bajo.

La unificación gravitacional es universal e invariable; la respuesta a la energía pura es del mismo modo universal e inescapable. La energía pura (fuerza primordial) y el espíritu puro son totalmente preresponsivos a la gravedad. Estas fuerzas primarias, inherentes en los Absolutos, son personalmente controladas por el Padre Universal; de ahí que toda gravedad se centre en la presencia personal del Padre Paradisiaco de energía pura y espíritu puro y en su morada supermaterial.

La energía pura es el antepasado de todas las realidades relativas, que están fuera del funcionamiento del espíritu, mientras que el espíritu puro es el potencial del supercontrol divino y directivo de todos los sistemas básicos de energía. Y estas realidades, tan diversas como se manifiestan en todas partes del espacio y tal como se las observa en los movimientos del tiempo, están ambas centradas en la persona del Padre del Paraíso. En él son una sola —deben ser unificadas— porque Dios es uno. La personalidad del Padre es absolutamente unificada.

En la naturaleza infinita de Dios el Padre no podría existir de ninguna manera una dualidad de la realidad, tal como física y espiritual; pero en el instante en que desviamos la vista de los niveles infinitos y de la realidad absoluta de los valores personales del Padre del Paraíso, observamos la existencia de estas dos realidades y reconocemos que son plenamente responsivas a su presencia personal; en él radican todas las cosas.

En el momento en que os alejáis del concepto no demarcado de la personalidad infinita del Padre del Paraíso, debéis postular la mente como técnica inevitable para la unificación de la divergencia cada vez mayor de estas manifestaciones de un universo dual de la personalidad creadora monotética original, la Primera Fuente y Centro — el YO SOY.

2. UNIDAD INTELECTUAL

El Padre-Pensamiento realiza la expresión espiritual en el Hijo-Verbo y alcanza la expansión de la realidad a través del Paraíso en los enormes universos materiales. Las expresiones espirituales del Hijo Eterno están correlacionadas con los niveles materiales de la creación por las funciones del Espíritu Infinito, por cuyo ministerio de la mente, responsivo al espíritu, y en cuyas acciones de la mente directivas de lo físico, las realidades espirituales de la Deidad y las repercusiones materiales de la Deidad están correlacionadas las unas con las otras.

La mente es la dote funcional del Espíritu Infinito, por lo tanto es infinita en potencial y universal en otorgamiento. El pensamiento primordial del Padre Universal se eternaliza en una expresión dual: la Isla del Paraíso y su igual en la Deidad, el Hijo Eterno y espiritual. Dicha dualidad de realidad eterna hace inevitable el Dios de mente, el Espíritu Infinito. La mente es el canal indispensable de comunicación entre las realidades espirituales y materiales. La criatura material evolucionaria puede concebir y comprender el espíritu residente tan sólo por el ministerio de la mente.

Esta mente infinita y universal está ministrada en los universos del tiempo y del espacio como mente cósmica; y aunque se extiende desde el ministerio primitivo de los espíritus ayudantes hasta la mente magnífica del ejecutivo en jefe de un universo, aun esta mente cósmica está adecuadamente unificada en la supervisión de los Siete Espíritus Rectores, que a su vez están coordinados con la Mente Suprema del tiempo y del espacio y perfectamente correlacionados con la mente del Espíritu Infinito, que abarca todo.

3. UNIFICACIÓN ESPIRITUAL

Así como la gravedad mental universal está centrada en el Paraíso en la presencia personal del Espíritu Infinito, del mismo modo la gravedad espiritual universal se centra en el Paraíso en la presencia personal del Hijo Eterno. El Padre Universal es uno, pero se revela al tiempo y al espacio en el fenómeno dual de la energía pura y del espíritu puro.

Las realidades espirituales paradisiacas son del mismo modo una sola, pero en todas las situaciones y relaciones espacio-temporales, este espíritu único es revelado en los fenómenos duales de las personalidades y emanaciones espirituales del Hijo Eterno y de las personalidades e influencias espirituales del Espíritu Infinito y de las creaciones asociadas; y aún existe un tercer fenómeno —las fragmentaciones de espíritu puro— los Ajustadores del Pensamiento y otras entidades espirituales prepersonales que otorga el Padre.

Sea cual fuere el nivel de actividades en el universo en el que puedas encontrar los fenómenos espirituales o ponerte en contacto con seres espirituales, puedes saber que todos ellos derivan del Dios que es espíritu, por el ministerio del Hijo de Espíritu y del Espíritu Infinito de Mente. Y este espíritu que todo lo abarca actúa como fenómeno en los mundos evolucionarios del tiempo según se lo dirige desde las sedes centrales de los universos locales. Desde estas capitales de los Hijos Creadores proviene el Espíritu Santo y el Espíritu de la Verdad, juntamente con el ministerio de los espíritus ayudantes de la mente, hasta los niveles más bajos y evolutivos de las mentes materiales.

Aunque la mente está más unificada en el nivel de los Espíritus Rectores en asociación con el Ser Supremo como mente cósmica en subordinación a la Mente Absoluta, el ministerio espiritual para los mundos en evolución está más directamente unificado en las personalidades residentes en las sedes centrales de los universos locales y en las personas de las Ministras Divinas que los presiden, y que a su vez están correlacionadas perfectamente con el circuito de la gravedad paradisiaca del Hijo Eterno, en donde ocurre la unificación final de todas las manifestaciones espirituales del tiempo y del espacio.

La existencia perfeccionada de las criaturas puede obtenerse, mantenerse, y eternizarse por la fusión de la mente autoconsciente con un fragmento de la dote espiritual pre-Trinitaria de una de las personas de la Trinidad del Paraíso. La mente mortal es la creación de los Hijos e Hijas del Hijo Eterno y del Espíritu Infinito, y, cuando se fusiona con el Ajustador del Pensamiento proveniente del Padre, comparte en la dote espiritual triple de los reinos evolucionarios. Pero estas tres expresiones de espíritu se tornan perfectamente unificadas en los finalistas, aun como estaban unificadas así en la eternidad en el Universal YO SOY antes de que él jamas se volviese el Padre Universal del Hijo Eterno y del Espíritu Infinito.

El espíritu debe siempre y últimamente volverse triple en expresión y unificado en la Trinidad en la realización final. El espíritu se origina de una fuente a través de una expresión triple; y en finalidad debe alcanzar y así lo hace su plena realización en esa unificación divina que se experimenta al encontrar a Dios —calidad de uno solo con la divinidad— en la eternidad, y por medio del ministerio de la mente cósmica de la expresión infinita del verbo eterno del pensamiento universal del Padre.

4. UNIFICACIÓN DE LA PERSONALIDAD

El Padre Universal es una personalidad divinamente unificada; por lo tanto todos sus hijos ascendentes que impulsados al Paraíso por los Ajustadores del Pensamiento, aquellos entes que salieron del Paraíso para residir en los mortales materiales, obedeciendo al mandato del Padre con el propósido de que ellos del mismo modo sean personalidades unificadas antes de llegar a Havona.

La personalidad se busca inherentemente para unificar todas las realidades constituyentes. La personalidad infinita de la Primera Fuente y Centro, el Padre Universal, unifica a los siete constituyentes Absolutos de la Infinidad; y la personalidad del hombre mortal, siendo dote exclusiva y directa del Padre Universal, del mismo modo posee el potencial de unificar los factores constituyentes de la criatura mortal. Dicha creatividad unificante de toda personalidad de criatura es la marca de nacimiento de su fuente elevada y exclusiva, y es prueba ulterior de su contacto ininterrumpido con esta misma fuente a través del circuito de personalidad, por medio del cual la personalidad de la criatura mantiene un contacto directo y sostenedor con el Padre de todas las personalidades en el Paraíso.

A pesar de que Dios se manifiesta desde los dominios del Séptuple hacia arriba a través de la supremacía y ultimidad hasta Dios el Absoluto, el circuito de personalidad, que se centra en el Paraíso y en la persona de Dios el Padre, proporciona la unificación completa y perfecta de todas estas diversas expresiones de personalidad divina en cuanto se relaciona con todas las personalidades creadas en todos los niveles de la existencia inteligente y en todos los reinos de los universos perfectos, perfeccionados y en vías de perfección.

Aunque Dios es en y para los universos todo lo que hemos descrito, sin embargo, para vosotros y para todas las demás criaturas que conocen a Dios, él es uno, vuestro Padre y su Padre. Para una personalidad Dios no puede ser plural. Dios es Padre para cada una de sus criaturas y es literalmente imposible para un hijo tener más de un Padre.

Filosóficamente, cósmicamente y en referencia a los niveles y las ubicaciones diferenciales de la manifestación, podéis y por fuerza debéis concebir el funcionamiento de las Deidades plurales y postular la existencia de Trinidades plurales; pero en la experiencia plena de adoración en el contacto personal de cada personalidad adoradora a través del universo maestro, Dios es uno; y esa Deidad unificada y personal es nuestro progenitor Paradisiaco, Dios el Padre, el otorgador, conservador y Padre de todas las personalidades desde el hombre mortal en los mundos habitados hasta el Hijo Eterno en la Isla central de la Luz.

5. LA UNIDAD DE LA DEIDAD

La unidad, la indivisibilidad, de la Deidad Paradisiaca es existencial y absoluta. Existen tres personalizaciones eternas de la Deidad —el Padre Universal, el Hijo Eterno, y el Espíritu Infinito— pero en la Trinidad del Paraíso son en realidad una Deidad, individida e indivisible.

Desde el nivel original de Havona-Paraíso de realidad existencial, se han diferenciado dos niveles subabsolutos, y en ellos el Padre, el Hijo y el Espíritu se han ocupado de la creación de numerosos asociados y subordinados personales. Y aunque sea inapropiado en este respecto emprender la consideración de la unificación absonita de la Deidad en niveles trascendentales de ultimidad, es factible considerar algunos rasgos de la función unificadora de las diversas personalizaciones de la

Deidad en las que la divinidad se manifiesta funcionalmente a los diversos sectores de la creación y a las órdenes diferentes de seres inteligentes.

La divinidad actualmente funcional en los superuniversos se manifiesta activamente en las operaciones de los Creadores Supremos —los Hijos y Espíritus Creadores de los universos locales, los Ancianos de los Días de los superuniversos, y los Siete Espíritus Rectores del Paraíso. Estos seres constituyen los primeros tres niveles de Dios el Séptuple que conducen hacia adentro, hacia el Padre Universal, y este entero dominio de Dios el Séptuple se está coordinando en el primer nivel de la deidad experiencial en el Ser Supremo creciente.

En el Paraíso y en el universo central, la unidad de la Deidad es un hecho de existencia. A lo largo y a lo ancho de los universos del tiempo y del espacio en evolución, la unidad de la Deidad es un logro.

6. LA UNIFICACIÓN DE LA DEIDAD EVOLUCIONARIA

Cuando las tres personas eternas de la Deidad actúan como Deidad no dividida en la Trinidad del Paraíso, logran la unidad perfecta; del mismo modo, cuando crean, tanto asociativa como separadamente, su progenie paradisiaca exhibe la unidad característica de la divinidad. Y esta divinidad de propósito manifestada por los Creadores y Gobernantes Supremos de los dominios espacio-temporales eventúa en el potencial de poder unificador de la soberanía de la supremacía experiencial que, en presencia de la unidad energética impersonal del universo, constituye una tensión de realidad que puede ser resuelta tan sólo a través de la unificación adecuada con las realidades de personalidad experienciales de la Deidad experiencial.

Las realidades de personalidad del Ser Supremo vienen de las Deidades del Paraíso y en el mundo piloto del circuito exterior de Havona se unifican con las prerrogativas de potencia del Supremo Todopoderoso que vienen de las divinidades Creadoras del gran universo. Dios el Supremo, como persona, existía en Havona antes de la creación de los siete superuniversos, pero actuaba sólo en los niveles espirituales. La evolución del poder Todopoderoso de la Supremacía por diversas síntesis de divinidad en los universos en evolución eventuó en una nueva presencia de poder de la Deidad, que coordinó con la persona espiritual del Supremo en Havona por medio de la Mente Suprema, que concomitantemente se trasladó del potencial residente en la mente infinita del Espíritu Infinito a la mente funcional activa del Ser Supremo.

Las criaturas de mente material de los mundos evolucionarios de los siete superuniversos pueden comprender la unidad de Deidad tan sólo de la manera como evoluciona en esta síntesis de poder y personalidad del Ser Supremo. En cualquier nivel de existencia Dios no puede exceder la capacidad conceptual de los seres que viven en dicho nivel. El hombre mortal debe, a través del reconocimiento de la verdad, de la apreciación de la belleza, y de la adoración de la bondad, evolucionar el reconocimiento de un Dios de amor y luego progresar a través de niveles ascendentes de deidad a la comprensión del Supremo. La Deidad, habiendo sido comprendida así como unificada en poder, puede entonces ser personalizada en el espíritu para la comprensión y logro por parte de la criatura.

Aunque los mortales ascendentes alcanzan la comprensión del poder del Todopoderoso en las capitales de los superuniversos y la comprensión de la personalidad del Supremo en los circuitos exteriores de Havona, no encuentran en efecto al Ser Supremo tal como están destinados a encontrar a las Deidades del Paraíso. Aun los finalistas, los espíritus de sexta etapa, no han encontrado al Ser Supremo, tampoco probablemente lo harán hasta que hayan alcanzado el estado del espíritu de la séptima etapa, y hasta que el Supremo en realidad se haya vuelto funcional en las actividades de los universos exteriores futuros.

Pero cuando los seres ascendentes encuentran al Padre Universal como séptimo nivel de Dios el Séptuple, han logrado la personalidad de la Primera Persona de *todos* los niveles de deidad de las relaciones personales con las criaturas del universo.

7. LAS REPERCUSIONES EVOLUCIONARIAS UNIVERSALES

El progreso continuo de la evolución en los universos del tiempo y del espacio está acompañado por revelaciones cada vez mayores de la Deidad a todas las criaturas inteligentes. El logro del progreso máximo evolucionario en un mundo, en un sistema, una constelación, un universo, un superuniverso o en el gran universo señala la correspondiente ampliación de la función de la Deidad para con estas unidades progresivas de creación. Y todo enaltecimiento local de este tipo de realización de la divinidad va acompañado por ciertas repercusiones bien definidas de una mayor manifestación de la Deidad a todos los demás sectores de la creación. Extendiéndose hacia afuera desde el Paraíso, cada nuevo dominio de evolución realizado y logrado constituye una nueva revelación ampliada de la Deidad experiencial para el universo de los universos.

A medida que los componentes de un universo local se establecen progresivamente en luz y vida, Dios el Séptuple se hace cada vez más manifiesto. La evolución espaciotemporal comienza en un planeta con la primera expresión de Dios el Séptuple —la asociación del Hijo Creador y del Espíritu Creativo— en control. Con el establecimiento de un sistema en luz, este enlace Hijo-Espíritu alcanza la plenitud de función; y cuando una constelación entera está así establecida, la segunda fase de Dios el Séptuple se hace más activa en todo este reino. La evolución administrativa acabada de un universo local va acompañada de ministraciones nuevas y más directas de los Espíritus Rectores del superuniverso; y en este punto también comienza una revelación y comprensión en constante expansión de Dios el Supremo que culmina con la comprensión del Ser Supremo por parte del ser ascendente, al pasar a través de los mundos del sexto circuito de Havona.

El Padre Universal, el Hijo Eterno, y el Espíritu Infinito son manifestaciones de deidad existenciales para con las criaturas inteligentes y no se encuentran, por lo tanto, similarmente ampliadas en las relaciones de personalidad con las criaturas de mente y espíritu de toda la creación.

Ha de notarse que los mortales ascendentes pueden experimentar la presencia impersonal de niveles sucesivos de la Deidad mucho antes de tornarse suficientemente espirituales y adecuadamente instruidos como para alcanzar el reconocimiento experiencial personal de estas Deidades como seres personales y el contacto con ellas.

Cada nuevo logro evolucionario dentro de un sector de la creación, así como también cada nueva invasión del espacio por manifestaciones de divinidad, va acompañada de expansiones simultáneas de la revelación funcional de la Deidad dentro de las unidades por entonces existentes y previamente organizadas de toda la creación. Esta nueva invasión de la tarea de administración de los universos y de sus unidades componentes puede no aparecer siempre como ejecutada exactamente de acuerdo con la técnica aquí esbozada, porque es práctica enviar grupos de administradores de vanguardia para preparar el camino para las eras sucesivas y subsiguientes del nuevo supercontrol administrativo. Aun Dios el Último anticipa su supercontrol trascendental de los universos durante las ulteriores etapas de un universo local establecido en luz y vida.

Es un hecho que, a medida que las creaciones del tiempo y del espacio se establecen progresivamente en el estado evolucionario, se observa un nuevo funcionamiento más pleno de Dios el Supremo, concomitantemente con el retiro correspondiente de las primeras tres manifestaciones de Dios el Séptuple. Si y cuando el gran universo llega a establecerse en luz y vida, ¿cuál será entonces la función futura de las manifestaciones Creadores-Creativas de Dios el Séptuple, si Dios el Supremo toma control directo de estas creaciones espacio-temporales? ¿Es que estos organizadores y pioneros de los universos del tiempo y del espacio han de ser liberados para actividades similares en el espacio exterior? No lo sabemos, pero especulamos mucho sobre estos asuntos y otros similares.

A medida que las fronteras de la Deidad experiencial se expanden hacia afuera, hacia los dominios del Absoluto No Cualificado, visualizamos la actividad de Dios el Séptuple durante las primeras épocas evolucionarias de estas creaciones del futuro. No todos estamos de acuerdo respecto del estado futuro de los Ancianos de los Días y de los Espíritus Rectores de los superuniversos. Tampoco sabemos si el Ser Supremo funcionará ahí como lo hace en los siete superuniversos. Pero todos conjeturamos que los Micaeles, los Hijos Creadores, están destinados a actuar en estos universos exteriores. Algunos sostienen que las edades futuras presenciarán alguna forma más estrecha de unión entre los Hijos Creadores y las Ministras Divinas asociados; es aún posible que dicha unión creadora pueda eventuar en alguna nueva expresión de identidad de creador-asociado en una naturaleza última. Pero realmente nada sabemos sobre estas posibilidades del futuro no revelado.

Sabemos sin embargo que en los universos del tiempo y del espacio, Dios el Séptuple provee un acercamiento progresivo al Padre Universal, y que este enfoque evolucionario está experiencialmente unificado en Dios el Supremo. Podríamos conjeturar que dicho plan ha de prevalecer en los universos exteriores; por otra parte las nuevas órdenes de seres que puedan en el futuro habitar estos universos podrían ser capaces de acercarse a la Deidad en los niveles últimos y por medio de técnicas absonitas. En breve, no tenemos el menor concepto de qué técnica de acercamiento a la Deidad pueda volverse operativa en los universos futuros del espacio exterior.

Sin embargo, consideramos que los superuniversos perfeccionados se volverán de alguna manera parte de las carreras de ascensión al Paraíso de aquellos seres que puedan habitar estas creaciones exteriores. Es perfectamente posible que en esa edad futura podamos presenciar a los del espacio exterior acercándose a Havona a través de los siete superuniversos, administrados por Dios el Supremo con la colaboración o sin ella de los Siete Espíritus Rectores.

8. EL UNIFICADOR SUPREMO

El Ser Supremo tiene una función triple en la experiencia del hombre mortal: primero, es el unificador de la divinidad espacio-temporal, Dios el Séptuple; segundo, es el máximo de Deidad que las criaturas finitas pueden realmente comprender; tercero, es el único camino del hombre mortal para acercarse a la experiencia trascendental de relacionarse con la mente absonita, el espíritu eterno, y la personalidad paradisiaca.

Los finalistas ascendentes, habiendo nacido en los universos locales, habiendo sido alimentados en los superuniversos, y capacitados en el universo central, abarcan en sus experiencias personales el potencial pleno de la comprensión de la divinidad espacio-temporal de Dios el Séptuple que se unifica en el Supremo. Los finalistas sirven sucesivamente en los superuniversos que no son el de su natividad, sobreponiendo de este modo experiencia tras experiencia hasta abarcar la plenitud de la diversidad séptuple de la posible experiencia de las criaturas. A través del ministerio de los

Ajustadores residentes, los finalistas pueden *encontrar* al Padre Universal, pero es mediante las técnicas de la experiencia que dichos finalistas llegan realmente a *conocer* el Ser Supremo, y están destinados al servicio y a la *revelación* de esta Deidad Suprema a los universos futuros del espacio exterior y en ellos.

Recordad que todo lo que Dios el Padre y sus Hijos Paradisiacos hacen por nosotros, nosotros a nuestra vez y en espíritu tenemos la oportunidad de hacer por el Ser Supremo emergente y dentro de él. La experiencia de amor, felicidad y servicio en el universo es mutua. Dios el Padre no necesita que sus hijos devuelvan todo lo que él les otorga, pero ellos a su vez otorgan (o pueden otorgar) todo ello a sus semejantes y al Ser Supremo en evolución.

Todos los fenómenos creativos son reflexivos de actividades antecedentes de espíritu-creador. Dijo Jesús, y es literalmente verdad que «el Hijo tan sólo hace aquellas cosas que ve a su Padre hacer». Con el tiempo vosotros los mortales podéis comenzar la revelación del Supremo a vuestros semejantes, y cada vez más podéis aumentar esta revelación a medida que ascendáis hacia el Paraíso. En la eternidad tal vez se os permita hacer revelaciones cada vez mayores de este Dios a las criaturas evolucionarias de los niveles supremos —aun últimos— como finalistas de la séptima etapa.

9. LA UNIDAD DEL ABSOLUTO UNIVERSAL

El Absoluto No Cualificado y el Absoluto de Deidad son unificados en el Absoluto Universal. Los Absolutos son coordinados en el Último, condicionados en el Supremo, y modificados espacio-temporalmente en Dios el Séptuple. En los niveles subfinitos hay *tres* Absolutos, pero en la infinidad parecen ser *uno*. En el Paraíso hay tres personalizaciones de la Deidad, pero en la Trinidad ellos *son* una.

La principal propuesta filosófica del universo maestro es ésta: ¿Existía el Absoluto (los tres Absolutos como uno en la infinidad) antes de la Trinidad? y ¿es el Absoluto anterior a la Trinidad? o ¿es la Trinidad antecedente al Absoluto?

¿Es el Absoluto No Cualificado una presencia de fuerza independiente de la Trinidad? ¿Connota la presencia del Absoluto de Deidad la función ilimitada de la Trinidad? ¿Es el Absoluto Universal la función final de la Trinidad, aun la Trinidad de las Trinidades?

A primera vista, un concepto del Absoluto como antepasado de todas las cosas —aun de la Trinidad— parece ofrecer satisfacción transitoria al gratificar los requisitos de la lógica y los de la unificación filosófica, pero la realidad de la eternidad de la Trinidad del Paraíso inválida toda conclusión de este tipo. Se nos enseña, y nosotros creemos, que el Padre Universal y sus asociados de la Trinidad son eternos en su naturaleza y existencia. Por lo tanto no hay sino una conclusión filosófica lógica, que es: El Absoluto es, para todas las inteligencias universales, la reacción impersonal y coordinada de la Trinidad (o Trinidades) a todas las situaciones espaciales básicas y primarias, intrauniversales y extra-universales. Para todas las inteligencias de personalidad en el gran universo la Trinidad del Paraíso para siempre se erige en finalidad, eternidad, supremacía y ultimidad y, para todos los propósitos prácticos de la comprensión personal y realización de la criatura, como absoluto.

A medida que la mente de las criaturas considera este problema, se ve llevada al postulado final del YO SOY universal como causa primaria de la fuente no demarcada tanto de la Trinidad como del Absoluto. Cuando, por lo tanto, anhelamos tener un concepto personal del Absoluto, regresamos a nuestras ideas e ideales del Padre del Paraíso. Cuando deseamos facilitar la comprensión o aumentar la conciencia de este Absoluto por otra parte impersonal, volvemos al hecho de que el Padre Universal es el

Padre existencial de personalidad absoluta; el Hijo Eterno es la Persona Absoluta aunque no, en el sentido experiencial, la personalización de lo Absoluto. Y de ahí seguimos visualizando las Trinidades experienciales como culminando en la personalización experiencial del Absoluto de Deidad, mientras que concebimos el Absoluto Universal como constituyendo los fenómenos universales y extrauniversales de la presencia manifiesta de las actividades impersonales de las asociaciones unificadas y coordinadas de Deidad de la supremacía, la ultimidad y la infinidad —la Trinidad de Trinidades.

Dios el Padre es discernible en todos los niveles desde los finitos hasta los infinitos, y aunque sus criaturas desde el Paraíso hasta los mundos evolucionarios lo han percibido en forma variable, sólo el Hijo Eterno y el Espíritu Infinito le conocen como una infinidad.

La personalidad espiritual es absoluta sólo en el Paraíso, y el concepto de lo Absoluto es incondicionado sólo en la infinidad. La presencia de la Deidad es absoluta solamente en el Paraíso y la revelación de Dios debe siempre ser parcial, relativa y progresiva hasta que su poder se vuelva experiencialmente infinito en la potencia espacial del Absoluto No Cualificado, mientras que su manifestación de personalidad se torna experiencialmente infinita en la presencia manifiesta del Absoluto de Deidad, y mientras estos dos potenciales de infinidad se tornan realidad-unificados en el Absoluto Universal.

Pero más allá de los niveles subfinitos los tres Absolutos *son* uno, y de esta manera la infinidad está realizada por parte de la Deidad sin tener en cuenta la posibilidad de que cualquier otra orden de la existencia autorrealice en cualquier momento la conciencia de la infinidad.

El estado existencial en la eternidad implica autoconciencia existencial de infinidad, aunque pueda requerirse otra eternidad para experimentar la autorrealización de las potencialidades experienciales inherentes en una infinidad de eternidad —una infinidad eterna.

Y Dios el Padre es la fuente personal de todas las manifestaciones de la Deidad y de realidad para todas las criaturas inteligentes y los seres espirituales en todo el universo de los universos. Como personalidad, ahora, o en sucesivas experiencias universales del futuro eterno, no importa si alcanzas el logro de Dios el Séptuple, comprendes a Dios el Supremo, encuentras a Dios el Último, o intentas aferrar el concepto de Dios el Absoluto, en todo caso descubrirás para tu satisfacción eterna que en la consumación de cada aventura, tú, en nuevos niveles experienciales, vuelves a descubrir al Dios eterno —el Padre Paradisiaco de todas las personalidades del universo.

El Padre Universal es la explicación de la unidad universal tal como debe ser suprema, aun últimamente, comprendida en la unidad post-última de los valores y significados absolutos —la Realidad no demarcada.

Los Organizadores Decanos de la Fuerza salen al espacio y movilizan sus energías tanto como se tornan responsivas a la gravedad, a la atracción Paradisiaca del Padre Universal; y posteriormente llegan los Hijos Creadores, quienes organizan estas fuerzas que responden a la gravedad en universos habitados y en ellos evolucionan criaturas inteligentes que reciben dentro de ellos el espíritu del Padre del Paraíso y posteriormente ascienden al Padre para volverse como él en todos los atributos posibles de divinidad.

La marcha incesante y expansiva de las fuerzas creadoras Paradisiacas a través del espacio parece presagiar el dominio en constante ampliación de la atracción gravitacionaria del Padre Universal y la multiplicación sin fin de los distintos tipos de criaturas inteligentes que son capaces de amar a Dios y ser amadas por él y que, al volverse así conocedoras de Dios, pueden elegir ser como él, pueden elegir alcanzar el Paraíso y encontrar a Dios.

El universo de universos está completamente unificado. Dios es uno en poder y personalidad. Existe coordinación en todos los niveles de energía y en todas las fases de personalidad. Filosófica y experiencialmente, en concepto y en realidad, todas las cosas y los seres tienen su centro en el Padre del Paraíso. Dios es todo y está en todos, y ninguna cosa ni ser existe sin él.

10. LA VERDAD, LA BELLEZA Y LA BONDAD

A medida que los mundos establecidos en luz y vida progresan desde la etapa inicial hasta la séptima época, aprenden sucesivamente la comprensión de la realidad de Dios el Séptuple, yendo desde la adoración del Hijo Creador hasta la adoración del Padre Paradisiaco de este Hijo. A través de la continua séptima etapa de la historia de un mundo de este tipo, los mortales en constante progreso crecen en el conocimiento de Dios el Supremo, mientras que disciernen vagamente la realidad del ministerio superpuesto de Dios el Último.

A lo largo de esta gloriosa edad el anhelo principal de los mortales en constante avance es la búsqueda de una mejor comprensión y una realización más plena de los elementos comprensibles de la Deidad —verdad, belleza y bondad. Esto representa el esfuerzo del hombre por discernir a Dios en la mente, en la materia y en el espíritu. Y a medida que el mortal persigue esta búsqueda, se encuentra cada vez más sumergido en el estudio experiencial de la filosofía, la cosmología y la divinidad.

Tal vez comprendéis algo de la filosofía, y la divinidad la comprendéis en la adoración, el servicio social, y la experiencia espiritual personal, pero la búsqueda de la belleza —cosmología— demasiado frecuentemente la limitáis al estudio de los burdos esfuerzos artísticos del hombre. La belleza, el arte, es en gran parte asunto de unificación de contrastes. La variedad es esencial para el concepto de la belleza. La belleza suprema, la cumbre del arte finito, es el drama de la unificación de la vastedad de los extremos cósmicos de Creador y criatura. El hombre en vías de encontrar a Dios y Dios en vías de encontrar al hombre —la criatura que se vuelve perfecta como su Creador— ése es el logro excelso de lo supremamente bello, el logro de la cúspide del arte cósmico.

De aquí que el materialismo, el ateísmo, sea la maximación de la fealdad, la cúspide de la antítesis finita de lo bello. La belleza más elevada consiste en el panorama de la unificación de las variaciones que han nacido de la realidad armoniosa pre-existente.

El logro de niveles cosmológicos de pensamiento incluye:

1. *Curiosidad.* Hambre de armonía y sed de belleza. Intentos persistentes de descubrir nuevos niveles de relaciones cósmicas armoniosas.

2. *Apreciación estética.* Amor de lo bello y apreciación en constante avance del toque artístico en todas las manifestaciones creativas en todos los niveles de la realidad.

3. *Sensibilidad ética.* A través de la realización de la verdad, la apreciación de la belleza conduce al sentido de la idoneidad eterna de aquellas cosas que lindan con el reconocimiento de la verdad divina en las relaciones de la Deidad con todos los seres; y de este modo aun la cosmología conduce a la búsqueda de los valores divinos de la realidad —a la conciencia de Dios.

Los mundos establecidos en luz y vida están tan plenamente preocupados por la comprensión de la verdad, la belleza y la bondad porque estos valores de calidad abarcan la revelación de la Deidad a los reinos del tiempo y el espacio. Los significados de la verdad eterna hacen un llamado combinado a las naturalezas intelectual y espiritual del hombre mortal. La belleza universal comprende las relaciones armoniosas y los ritmos de la creación cósmica; esto es más claramente el llamado intelectual y conduce hacia la comprensión unificada y sincronizada del universo material. La bondad divina representa la revelación de los valores infinitos a la mente finita, para que sean percibidos y elevados al umbral mismo del nivel espiritual de la comprensión humana.

La verdad es la base de la ciencia y la filosofía, y ofrece el cimiento intelectual para la religión. La belleza patrocina el arte, la música y los ritmos significativos de toda experiencia humana. La bondad comprende el sentido de la ética, moralidad y religión —hambre de perfección experiencial.

La existencia de la belleza implica en la criatura la presencia de una mente apreciativa, tan certeramente como el hecho de la evolución progresiva indica la dominación de la Mente Suprema. La belleza es el reconocimiento intelectual de la síntesis armoniosa espacio-temporal de la diversificación enorme de la realidad fenomenológica, todo lo cual proviene de una singularidad pre-existente y eterna.

La bondad es el reconocimiento mental de los valores relativos de los diversos niveles de perfección divina. El reconocimiento de la verdad implica una mente de estado moral, una mente personal con habilidad para discriminar entre el bien y el mal. Pero la posesión de la bondad, la grandeza, es la medida del verdadero logro de la divinidad.

El reconocimiento de *relaciones verdaderas* implica una mente competente para discriminar entre la verdad y el error. El otorgamiento del Espíritu de la Verdad que envuelve las mentes humanas de Urantia responde infaliblemente a la verdad —la relación espiritual viviente de todas las cosas y todos los seres tal como son coordinados en la ascensión eterna hacia Dios.

Todo impulso de todo electrón, pensamiento, o espíritu es una unidad actuante en el universo entero. Sólo el pecado está aislado y el mal resiste a la gravedad en los niveles mental y espiritual. El universo es un todo; ninguna cosa ni ser existe ni vive en aislamiento. La autorrealización es potencialmente maléfica si es antisocial. Es literalmente verdad: «Ningún hombre vive para sí». La socialización cósmica constituye la forma más elevada de unificación de la personalidad. Dijo Jesús: «Aquél que entre vosotros quiere ser el más grande, dejad que sea el servidor de todos».

Aun la verdad, la belleza y la bondad —el acercamiento intelectual del hombre al universo de mente, materia y espíritu— deben estar combinados en un concepto unificado de un *ideal* divino y supremo. Así como la personalidad mortal unifica la experiencia humana con la materia, mente y espíritu, del mismo modo este ideal divino y supremo se vuelve poder-unificado en la Supremacía y luego personalizado como Dios de amor paterno.

Todo discernimiento de las relaciones de las partes de cualquier totalidad requiere una comprensión de la relación de todas las partes con ese todo; y en el universo esto significa la relación de las partes creadas con un Todo Creativo. La Deidad se vuelve por lo tanto el objetivo trascendental, aun infinito, del logro universal y eterno.

La belleza universal es el reconocimiento del reflejo de la Isla del Paraíso en la creación material, mientras que la verdad eterna es el ministerio especial de los Hijos Paradisiacos que no sólo se otorgan a sí mismos a las razas mortales, sino que también derraman su Espíritu de la Verdad sobre todos las gentes. La bondad divina está más plenamente ilustrada en el ministerio amante de las múltiples personalidades del Espíritu Infinito. Pero el amor, la suma total de estas tres cualidades, es la percepción que tiene el hombre de Dios como Padre espiritual.

La materia física es la sombra espacio-temporal del brillo Paradisiaco de energía de las Deidades absolutas. Los significados de verdad son las repercusiones en el intelecto mortal del verbo eterno de la Deidad —la comprensión espacio-temporal de los conceptos supremos. Los valores de bondad de la divinidad son los ministerios misericordiosos de las personalidades espirituales de lo Universal, lo Eterno y lo Infinito a las criaturas espacio-temporales finitas de las esferas evolucionarias.

Estos significativos valores de realidad de la divinidad están combinados en la relación del Padre con cada criatura personal como amor divino. Están coordinados en el Hijo y sus hijos como misericordia divina. Manifiestan sus cualidades a través del Espíritu y de sus hijos e hijas espirituales como ministerio divino, el retrato de la misericordia amante a los hijos y las hijas del tiempo. Estas tres divinidades están principalmente manifestadas por el Ser Supremo como síntesis de poder y personalidad. Son mostradas en forma variada por Dios el Séptuple en siete asociaciones diferentes de significados y valores divinos en siete niveles ascendentes.

Para el hombre finito la verdad, la belleza, y la bondad abrazan la revelación plena de la realidad de divinidad. A medida que esta comprensión y amor de la Deidad encuentra expresión espiritual en la vida de los mortales que conocen a Dios, se producen los frutos de la divinidad: paz intelectual, progreso social, satisfacción moral, felicidad espiritual, y sabiduría cósmica. Los mortales avanzados en un mundo en la séptima etapa de luz y vida han aprendido que el amor es lo más grande en el universo —y saben que Dios es amor.

El amor es el deseo de hacer el bien a los demás.

[Presentado por un Mensajero Poderoso de visita en Urantia, por solicitud del Cuerpo Revelatorio de Nebadon y en colaboración con cierto Melquisedek, el vicegerente Príncipe Planetario de Urantia.]

* * * * *

Este documento sobre la Unidad Universal es el veinticincoavo de una serie de presentaciones por varios autores, que han sido patrocinados como grupo por una comisión de doce personalidades de Nebadon y actuando bajo la dirección de Mantutia Melquisedek. Dictamos estas narrativas y las expresamos en el idioma inglés, mediante una técnica autorizada por nuestros superiores, en el año 1934 del tiempo de Urantia.

PARTE III

LA HISTORIA DE URANTIA

Estos documentos fueron patrocinados por
un Cuerpo de Personalidades del
Universo Local por mandato de
Gabriel de Salvington

PARTE III

La historia de Urantia

DOCUMENTO 57

EL ORIGEN DE URANTIA

AL PRESENTAR partes de los archivos de Jerusem para las crónicas de Urantia referentes a sus antecedentes e historia primitiva, se nos exhorta a considerar el tiempo en términos de la usanza corriente —el actual calendario bisiesto, con 365 / días al año. Por regla general, no se hará ningún esfuerzo por precisar los años, aunque así estos constan. Emplearemos los números enteros más próximos como el mejor método de presentar estos hechos históricos.

Al referirnos a un acontecimiento de hace uno o dos millones de años, pretendemos fechar tal suceso remontándonos dicha cantidad de años desde las primeras décadas del siglo veinte de la era cristiana. De este modo representaremos estos remotos sucesos de tal forma que habrán ocurrido durante períodos redondos de miles, millones y miles de millones de años.

1. LA NEBULOSA ANDRONÓVER

Urantia tiene su origen en vuestro sol, y vuestro sol pertenece a la variada prole de la nebulosa Andronóver, la cual en otro tiempo se organizó como parte componente del poder y la materia físicos del universo local de Nebadon. Y esta gran nebulosa a su vez se originó en la carga de fuerza universal del espacio en el superuniverso de Orvonton hace muchísimo tiempo.

En el momento de principiar esta narración, los Organizadores de la Fuerza Primarios Decanos del Paraíso, habían venido ejerciendo desde hacía mucho tiempo su pleno dominio sobre las energías espaciales que más adelante se organizarían como la nebulosa Andronóver.

Hace *987.000.000.000* de años, el organizador asociado de la fuerza que, a la sazón, era el inspector interino número 811.307 de la serie Orvonton, que venía de Uversa, informó a los Ancianos de los Días que las condiciones espaciales eran favorables para la iniciación de los fenómenos de materialización en cierto sector del segmento, en aquel entonces, oriental de Orvonton.

Hace *900.000.000.000* de años, atestiguan los archivos de Uversa, quedó asentado un permiso expedido por el Consejo uversano de Equilibrio al gobierno del superuniverso, autorizando el envío de un organizador de la fuerza y su séquito a la región anteriormente designada por el inspector número 811.307. Las autoridades de Orvonton encomendaron al descubridor original de este universo potencial la ejecución del mandato de organizar una nueva creación material, emitido por los Ancianos de los Días.

El registro de este permiso significa que el organizador de la fuerza y el séquito ya habían partido de Uversa en el largo viaje a ese sector oriental del espacio donde posteriormente se dedicarían a aquellas prolongadas actividades que culminarían en el surgimiento de una nueva creación física en Orvonton.

Hace *875.000.000.000* de años se inició debidamente la enorme nebulosa de Andronóver número 876.926. Sólo se requirió la presencia del organizador de la fuerza y el cuerpo de enlace para inaugurar el remolino de energía que llegó a ser con el tiempo este vasto ciclón del espacio. Posteriormente a la iniciación de tales revoluciones nebulares, los organizadores vivientes de la fuerza se retiran sencillamente en ángulos rectos respecto al plano del disco en revolución, y desde ese momento en adelante, las cualidades inherentes de la energía aseguran la evolución progresiva y ordenada de tal nuevo sistema físico.

Viene a ser en este momento cuando la narración cambia al funcionamiento de las personalidades del superuniverso. En realidad aquí tiene el relato su comienzo pertinente: más o menos en el momento en que los organizadores de la fuerza paradisiacos se preparan para retirarse, habiendo dispuesto las condiciones de energía y espacio para la acción de los directores del poder y controladores físicos del superuniverso de Orvonton.

2. LA ETAPA NEBULAR PRIMARIA

Todas las creaciones materiales evolucionarias nacen de nebulosas circulares y gaseosas, y todas las nebulosas primarias son circulares a lo largo de la primera parte de su existencia gaseosa. A medida que van envejeciéndose, suelen hacerse helicoidales, y una vez que llega a término su función de formación solar, a menudo acaban siendo cúmulos de estrellas o enormes soles rodeados por un número variable de planetas, satélites, y grupos más pequeños de materia que, en muchos aspectos, se asemejan a vuestro diminuto sistema solar.

Hace *800.000.000.000* de años la creación de Andronóver quedó bien establecida como una de las magníficas nebulosas primarias de Orvonton. Al contemplar los astrónomos de universos cercanos este fenómeno del espacio, vieron muy poco que les llamara la atención. Los cálculos de gravedad realizados en creaciones adyacentes indicaban que se estaban produciendo materializaciones espaciales dentro de las regiones de Andronóver, mas eso era todo.

Hace *700.000.000.000* de años el sistema Andronóver fue adoptando proporciones gigantescas, y se enviaron controladores físicos adicionales a nueve creaciones materiales circundantes, para brindar cooperación en forma de apoyo y abastecimiento a los centros de poder de este nuevo sistema material que evolucionaba con tanta rapidez. En esta distante fecha todo material legado a las creaciones subsiguientes se guardaba dentro de los confines de esta gigantesca rueda espacial, la cual siempre continuaba girando, y tras haber alcanzado su diámetro máximo, girando cada vez más rápidamente a medida que continuaba condensándose y contrayéndose.

Hace *600.000.000.000* de años se alcanzó el apogeo del período de movilizaciones de energía del sistema Andronóver; la nebulosa había adquirido su masa máxima. A la sazón era una gigantesca nube circular de gas cuya forma se asemejaba un tanto a un esferoide aplanado. Éste fue el período inicial de formación de la masa diferencial y de velocidad revolutiva variable. La gravedad y otras influencias estaban a punto de comenzar su labor de conversión de los gases del espacio en materia organizada.

3. LA ETAPA NEBULAR SECUNDARIA

Gradualmente la enorme nebulosa fue tomando forma helicoidal y poniéndose claramente visible aun a los astrónomos de universos distantes. Ésta es la historia natural de la mayoría de las nebulosas; antes de empezar a arrojar soles y de emprender la labor de edificar un universo, estas nebulosas secundarias del espacio suelen observarse como *fenómenos helicoidales*.

Los astrónomos de aquella lejana época que se encontraban cerca, al observar esta metamorfosis de la nebulosa Andronóver, divisaron el mismo fenómeno que divisan los astrónomos del siglo veinte cuando apuntan su telescopio hacia el espacio y observan las nebulosas helicoidales presentes del espacio exterior adyacente.

Por la época en que se logró la masa máxima, el control de la gravedad del contenido gaseoso comenzó a debilitarse, y sobrevino la etapa de fuga de gas. El gas manaba cual dos colosales brazos distintos, originados en los lados opuestos de la masa materna. Las revoluciones aceleradas de este enorme núcleo central pronto impartieron un aspecto helicoidal a estos dos chorros de gas proyectados al espacio. El enfriamiento y subsiguiente condensación de algunas porciones de estos brazos protuberantes produjeron a la larga su apariencia nudosa. Estas porciones más densas eran vastos sistemas y subsistemas de materia física que iban revoloteando por el espacio en medio de la nube gaseosa de la nebulosa, en tanto que quedaban firmemente encerrados dentro del abrazo de la gravedad de la rueda materna.

Sin embargo, la nebulosa había empezado a contraerse, y el aumento de la velocidad de las revoluciones aminoró aún más el control gravitacionario; y al poco tiempo, las regiones gaseosas exteriores, empezaron en efecto, a escaparse del abrazo inmediato del núcleo nebular, pasando al espacio en circuitos de trazado irregular, retornando a las regiones nucleares para cerrar sus circuitos, y así sucesivamente. Mas lo anterior no fue sino una etapa temporal de la progresión nebular. La velocidad de revoloteo fue incrementando en forma constante, hasta arrojar poco tiempo después unos enormes soles al espacio en circuitos independientes.

Y así le sucedió a Andronóver hace millones de millones de años. La rueda de energía se iba haciendo cada vez más grande hasta que consiguió su expansión máxima, y luego, tras el comienzo de la contracción, pasó revoloteando cada vez más rápidamente hasta que, con el tiempo, alcanzó la crítica etapa centrífuga y comenzó la gran desintegración.

Hace *500.000.000.000* de años nació el primer sol de Andronóver. Este rayo llameante se desprendió de golpe del abrazo de la gravedad materna y se precipitó con violencia hacia el espacio en una aventura independiente por el cosmos de la creación. Su trayectoria de escape determinó su órbita. Los soles tan jóvenes tardan muy poco en hacerse esféricos y en emprender la marcha de sus largas y azarosas carreras como estrellas del espacio. Con la excepción de los núcleos nebulares terminales, la gran mayoría de los soles de Orvonton nacieron de modo análogo. Estos soles en fuga atraviesan variados períodos de evolución y posterior servicio al universo.

Hace *400.000.000.000* de años principió el período de recobro de la nebulosa Andronóver. Muchos de los soles más cercanos y pequeños fueron recobrados como resultado de la paulatina ampliación y ulterior condensación del núcleo materno. Dentro de muy poco tiempo se inauguró la fase terminal de la condensación nebular, el período que siempre precede a la segregación final de estas inmensas agregaciones espaciales de energía y materia.

Apenas un millón de años después de esta época, Micael de Nebadon, un Hijo Creador Paradisiaco, seleccionó esta nebulosa en desintegración como emplazamiento de su aventura en la formación de un universo. Casi de inmediato fueron iniciados los mundos arquitectónicos de Salvington y los cien grupos de mundos que forman las sedes centrales de las constelaciones. Se requirió cerca de un millón de años para llevar a término estas agrupaciones de mundos especialmente creados. Los planetas sedes centrales de los sistemas locales se construyeron a lo largo de un plazo que comprendía desde aquel momento hasta hace alrededor de cinco mil millones de años.

Hace *300.000.000.000* de años ya estaban bien establecidos los circuitos solares de Andronóver, y el sistema nebular atravesaba un período transitorio de relativa estabilidad física. Más o menos por esta época el cuerpo de personal de Micael arribó a Salvington, y el gobierno de Uversa en Orvonton le concedió reconocimiento físico al universo local de Nebadon.

Hace *200.000.000.000* de años se presenció una progresión de contracción y condensación con enorme generación de calor en el cúmulo central o masa nuclear de Andronóver. Apareció un espacio relativo aun en las regiones cercanas a la rueda central del sol materno. Las regiones exteriores se iban haciendo más estables y mejor organizadas; algunos planetas que giraban en torno a los soles recién nacidos se habían enfriado lo suficiente como para ser aptos para la implantación de la vida. Los planetas habitados más antiguos de Nebadon datan de estos tiempos.

Aquí comienza a funcionar por primera vez el mecanismo universal completo, y la creación de Micael queda asentada en Uversa como un universo para habitación y ascensión mortal progresiva.

Hace *100.000.000.000* de años se alcanzó el ápice nebular de la tensión condensadora; se llegó al punto máximo de tensión calorífica. Esta etapa crucial de contención de la gravedad y el calor a veces dura muchas edades, pero, tarde o temprano, el calor triunfa en la lucha con la gravedad, y comienza el período espectacular de la dispersión solar. Esto pone punto final a la carrera secundaria de una nebulosa espacial.

4. LAS ETAPAS TERCIARIA Y CUATERNARIA

La etapa primaria de una nebulosa es circular; la secundaria, helicoidal; la etapa terciaria es la de la primera dispersión solar, mientras que la cuaternaria engloba el segundo y último ciclo de dispersión solar, en el cual el núcleo matriz acaba siendo un cúmulo globular, o un sol solitario que sirve de centro de un sistema solar terminal.

Hace *75.000.000.000* de años, esta nebulosa había alcanzado el apogeo de la etapa de familia solar. Esto fue el ápice del primer período de pérdidas solares. La mayoría de estos soles se han apoderado desde entonces de vastos sistemas planetarios, satélites, islas oscuras, cometas, meteoros, y nubes de polvo cósmico.

Hace *50.000.000.000* de años se consumó este primer período de dispersión de soles; la nebulosa iba terminando velozmente su ciclo terciario de existencia, durante el cual dio origen a 876.926 sistemas solares.

Hace *25.000.000.000* de años se presenció el cumplimiento del ciclo terciario de vida nebular lo cual ocasionó la organización y estabilización relativa de los remotos sistemas repletos de estrellas que se derivaron de esta nebulosa matriz. Pero el proceso de contracción física y producción incrementada de calor prosiguió en la masa central del remanente nebular.

Hace *10.000.000.000* de años comenzó el ciclo cuaternario de Andronóver. Se había alcanzado la temperatura máxima de la masa nuclear; se acercaba el punto crítico de la condensación. La presión combinada de la propia tensión condensadora de calor interno y de la creciente atracción gravitacional mareomotriz del enjambre de sistemas solares liberados que lo rodeaban convulsionaba el núcleo materno original. Las erupciones nucleares que habían de inaugurar el segundo ciclo solar nebular eran inminentes. El ciclo cuaternario de existencia nebular estaba a punto de comenzar.

Hace *8.000.000.000* de años comenzó la formidable erupción terminal. Únicamente los sistemas exteriores quedan a salvo en momentos de semejante cataclismo cósmico. Esto constituyó el principio del final de la nebulosa. La fase final de descarga de soles abarcó un período de cerca de dos mil millones de años.

Hace *7.000.000.000* de años se presenció el apogeo de la desintegración terminal de Andronóver. Éste fue el período del nacimiento de soles terminales más grandes y del ápice de las perturbaciones físicas locales.

Hace *6.000.000.000* de años finalizó la desintegración terminal y el nacimiento de vuestro sol, el cincuenta y seisavo sol antes del último sol de la segunda familia solar de Andronóver. Esta erupción final del núcleo nebular dio a luz 136.702 soles, la mayoría de los cuales eran orbes solitarios. La cifra total de soles y sistemas solares que se originaron en la nebulosa Andronóver es de 1.013.628. El número del sol del sistema solar es 1.013.572.

Ya no existe la gran nebulosa Andronóver, mas aún vive en los muchos soles y sus familias planetarias que se originaron en esta nube materna del espacio. El remanente nuclear final de esta magnífica nebulosa aún arde con un resplandor rojizo y continúa despidiendo luz y calor moderados a su familia planetaria residual de ciento sesenta y cinco mundos, los cuales ahora giran en torno a esta venerable madre de dos poderosas generaciones de monarcas de la luz.

5. EL ORIGEN DE MONMATIA —EL SISTEMA SOLAR DE URANTIA

Hace *5.000.000.000* de años vuestro sol era un llameante orbe comparativamente aislado, tras haber atraído para sí el grueso de la materia cercana que circulaba por el espacio, residuo del cataclismo reciente que acompañara su nacimiento.

Hoy por hoy vuestro sol ha logrado una estabilidad relativa; no obstante, los ciclos de manchas solares que acusa cada once años y medio demuestran que fue una estrella variable durante su juventud. Durante los tiempos primitivos de vuestro sol, la contracción continua y consiguiente aumento gradual de temperatura inició formidables convulsiones en su superficie. Estas alteraciones bruscas de proporciones titánicas necesitaban tres días y medio para cumplir un ciclo de brillantez variante.

Este estado variable, esta pulsación periódica volvían a vuestro sol sumamente sensible a ciertas influencias externas con las cuales, pronto, habría de tropezar.

De este modo quedó dispuesto el escenario del espacio local para el origen singular de *Monmatia*, siendo éste el nombre de la familia planetaria de vuestro sol, el sistema solar al cual pertenece vuestro mundo. Menos del uno por ciento de los sistemas planetarios de Orvonton han tenido un origen similar.

Hace 4.500.000.000 de años el enorme sistema Angona comenzó a aproximarse a este sol solitario. El centro de este gran sistema era un gigante oscuro del espacio, sólido, altamente cargado, y poseedor de una tremenda atracción de gravedad.

A medida que Angona se iba acercando más al sol, en los momentos de máxima expansión durante las pulsaciones solares, se precipitaban al espacio chorros de material gaseoso, a manera de gigantescas lenguas solares. En un principio estas llameantes lenguas de gas invariablemente volvían a caer en el sol; sin embargo, al acercarse Angona cada vez más, la atracción de la gravedad del descomunal visitante se hizo tan fuerte que estas lenguas de gas se desprendían en ciertos puntos. Las raices volvían a caer en el sol, en tanto que las secciones exteriores se separaban para formar cuerpos independientes de materia, meteoritos solares, los cuales de inmediato comenzaban a girar en torno al sol en sus propias órbitas elípticas.

Mientras el sistema Angona se acercaba, las expulsiones solares se hacían cada vez más grandes; el sol arrojaba cada vez más materia, que se convertía en cuerpos independientes que circulaban por el espacio circundante. Esta situación se desarrolló durante quinientos mil años, hasta que Angona realizó su acercamiento más próximo al sol; después de lo cual el sol, conjuntamente con una de sus convulsiones internas periódicas, experimentó un quebrantamiento parcial; y en ese momento enormes volúmenes de materia se vertieron simultáneamente y desde lados opuestos. Del lado de Angona iba siendo atraída una vasta columna de gases solares, más bien puntiaguda hacia los dos extremos y marcadamente protuberante por el centro, que se desprendió permanentemente del control inmediato de la gravedad del sol.

Esta gran columna de gases solares que de este modo se separó del sol posteriormente evolucionó para convertirse en los doce planetas del sistema solar. Los gases expulsados repercusionalmente del lado opuesto del sol en una compatibilidad mareomotriz con la extrusión de este gigantesco antepasado del sistema solar, se han condensado desde entonces para formar los meteoros y el polvo espacial del sistema solar; si bien buena parte de esta materia fue recobrada posteriormente por la gravedad solar a medida que el sistema Angona retrocedía al espacio remoto.

Aunque Angona acertó en alejar el material atávico de los planetas del sistema solar y el enorme volumen de materia que actualmente anda circulando alrededor del sol, como asteroides y meteoros, no captó para sí nada de esta materia solar. El sistema visitante no llegó a acercarse lo bastante como para robar efectivamente nada de la sustancia del sol, pero sí pasó suficientemente cerca para atraer al espacio intermedio todo el material que hoy en día comprende el sistema solar.

Los cinco planetas interiores y los cinco exteriores muy pronto se formaron en miniatura a partir de los núcleos que se enfriaban y condensaban en los extremos menos masivos y de forma ahusada de la inmensa protuberancia producida por la gravedad, la cual Angona había acertado en separar del sol; mientras que Saturno y Júpiter se formaron de las porciones centrales más masivas y protuberantes. La potente atracción de gravedad de Júpiter y Saturno desde un principio capturó la mayor parte del material que se le había robado a Angona tal como de ello da fe el movimiento retrógrado de ciertos satélites suyos.

Júpiter y Saturno, siendo derivados del mismo centro de la enorme columna de gases solares sobrecalentados, contenían tanto material solar altamente recalentado que relucían con luz brillante y emitían enormes volúmenes de calor; fueron en realidad, por un corto plazo tras su formación como cuerpos espaciales separados, soles secundarios. Estos dos, los más grandes de los planetas del sistema solar, hasta la fecha siguen siendo en gran parte gaseosos, no habiendo llegado siquiera a enfriarse aún hasta el punto de la condensación o solidificación totales.

Los núcleos gaseosos en contracción de los otros diez planetas pronto alcanzaron la etapa de solidificación y así empezaron a atraer hacia sí cantidades cada vez mayores de materia meteórica que circulaba por el espacio cercano. Los mundos del sistema solar, por ende, tuvieron un origen doble: núcleos de condensación de gases, incrementados más adelante por la captura de enormes cantidades de meteoros. De hecho, aún continúan capturando meteoros, pero en cantidades mucho menores.

Los planetas no giran alrededor del sol por el plano ecuatorial de su madre solar, lo cual harían si hubieran sido arrojados por la revolución solar. Más bien, se desplazan por el plano de la extrusión solar de Angona, que existió a un ángulo apreciable respecto del plano del ecuador solar.

Aunque Angona no pudo captar nada de la masa solar, vuestro sol sí le agregó a su familia planetaria en metamorfosis, material que iba circulando por el espacio del sistema visitante. Debido al intenso campo de gravedad de Angona, su familia planetaria tributaria seguía las órbitas a considerable distancia del gigante negro; y poco después de la extrusión de la masa atávica del sistema solar, mientras que Angona aún se hallaba en las inmediaciones del sol, tres de los planetas mayores del sistema Angona pasaron tan cerca del masivo antepasado del sistema solar que su atracción de gravedad, aumentada por la del sol, bastó para contrarrestar el abrazo de la gravedad de Angona y para separar permanentemente estos tres tributarios del viajero celestial.

Todo el material celestial del sistema solar derivado del sol estuvo originalmente dotado de un sentido homogéneo de paso orbital, y de no haber sido por la intromisión de estos tres cuerpos espaciales foráneos, todo el material del sistema solar seguiría manteniendo el mismo sentido de movimiento orbital. Sin embargo, el impacto de los tres tributarios de Angona interpuso nuevas y foráneas fuerzas direccionales en el sistema solar naciente con la aparición resultante del *movimiento retrógrado*. El movimiento retrógrado de todo sistema astronómico es siempre fortuito y aparece siempre como resultado del impacto de una colisión de cuerpos extraños del espacio. Puede que tales colisiones no siempre produzcan movimiento retrógrado; sin embargo, el movimiento retrógrado sólo aparece en sistemas que contienen masas de diversos origenes.

6. LA ETAPA DE SISTEMA SOLAR —LA ERA DE FORMACIÓN PLANETARIA

Después del nacimiento del sistema solar sobrevino un período de derrame solar menguante. En escala decreciente, durante otros quinientos mil años, el sol continuó vertiendo volúmenes cada vez menores de materia al espacio circundante. Mas durante estos tiempos primitivos de órbitas erráticas, cuando los cuerpos circundantes efectuaban su acercamiento más próximo al sol, la madre solar conseguía recobrar una gran porción de este material meteórico.

Los planetas más cercanos al sol fueron los primeros en sufrir una disminución de su velocidad giratoria, debido a la fricción mareomotriz. Tales influencias de la gravedad además contribuyen a la estabilización de las órbitas planetarias, y mientras que sirven de freno a la velocidad de la revolución axial del planeta, haciendo que un planeta vaya girando cada vez más lentamente hasta cesar la revolución axial, quedando un hemisferio del planeta siempre proyectado hacia el sol o algún cuerpo mayor, tal como lo demuestran el planeta Mercurio y la luna, que siempre da la misma cara hacia Urantia.

Cuando las fricciones mareomotrices de la luna y la tierra se igualen, la tierra siempre proyectará el mismo hemisferio hacia la luna, y el día y el mes serán análogos —con una duración de aproximadamente cuarenta y siete días. Cuando se alcance tal estabilidad de órbitas, las fricciones mareomotrices entrarán en acción inversa; ya no impulsarán la luna para que se aleje más de la tierra sino que acercarán paulatinamente este satélite al planeta. Luego, en aquel futuro lejano, cuando la luna se acerque hasta unos diez y siete mil seiscientos kilómetros de la tierra, la acción de la gravedad de ésta, hará que la luna se fracture y esta explosión ocasionada por la gravedad mareomotriz la hará añicos convirtiéndola en pequeñas partículas, que tal vez se arremolinen en torno al mundo a manera de anillos de materia, semejantes a los de Saturno, o bien, sean atraídos paulatinamente a la tierra como meteoros.

Si los cuerpos espaciales son similares en tamaño y densidad, pueden entrar en colisión. En cambio, si dos cuerpos espaciales de densidad similar son de una desigualdad relativa en cuanto al tamaño, y si el menor se va acercando progresivamente al mayor, el menor se fracturará cuando el radio de su órbita se vuelva menos de dos veces y media en comparación con el radio del cuerpo mayor. Las colisiones entre los gigantes del espacio son, en efecto, escasas; pero, las explosiones ocasionadas por la gravedad mareomotriz de cuerpos menores son bastante comunes.

Las estrellas fugaces se dan en forma de enjambre, debido a que son fragmentos de cuerpos mayores de materia que han sido fracturados por la gravedad mareomotriz que ejercen los cuerpos espaciales más próximos y aún mayores. Los anillos de Saturno son los fragmentos de un satélite fracturado. Una de las lunas de Júpiter se está acercando ahora peligrosamente a la zona crítica de la fracturación por la acción mareomotriz y, dentro de unos pocos millones de años, o será reclamada por el planeta, o, experimentará la fracturación causada por la gravedad mareomotriz. El quinto planeta del sistema solar de antaño, de muy antaño, atravesó una órbita irregular, acercándose periódicamente cada vez más a Júpiter, hasta que entró en la zona crítica de la disrupción por la acción de la gravedad mareomotriz, y sin más se fragmentó, convirtiéndose en el cúmulo de asteroides de los tiempos presentes.

Hace *4.000.000.000* de años se presenció la organización de los sistemas de Júpiter y Saturno con aspecto muy parecido a como hoy día se observan con la excepción de sus lunas, las cuales continuaron aumentando en tamaño durante varios miles de millones de años. De hecho, todos los planetas y satélites del sistema solar siguen creciendo como resultado de continuas capturas de meteoros.

Hace *3.500.000.000* de años los núcleos de condensación de los otros diez planetas quedaron bien formados, y los núcleos de la mayoría de las lunas quedaron intactos, aunque algunos de los satélites menores se unieron más adelante para formar las lunas mayores de hoy en día. Esta edad se puede considerar como la era de formación planetaria.

Hace *3.000.000.000* de años el sistema solar funcionaba de forma muy parecida a la de hoy. Sus integrantes continuaban creciendo en tamaño a medida que los meteoros del espacio continuaban lloviéndoles a los planetas y a sus satélites a un ritmo prodigioso.

Más o menos por estos tiempos vuestro sistema solar quedó asentado en el registro físico de Nebadon y se le dió el nombre de Monmatia.

Hace *2.500.000.000* de años, los planetas habían aumentado inmensamente. Urantia era una esfera bien desarrollada como de una décima parte de su masa presente e iba creciendo a ritmo acelerado mediante el acrecentamiento meteórico.

Toda esta formidable actividad es parte normal de la creación de un mundo evolutivo del orden de Urantia y constituye los preliminares astronómicos para preparar el terreno para el comienzo de la evolución física de tales mundos del espacio, disponiéndolos para las aventuras de vida en el tiempo.

7. LA ERA METEÓRICA —LA EDAD VOLCÁNICA LA ATMÓSFERA PLANETARIA PRIMITIVA

A lo largo de estos tiempos primitivos pululaban en las regiones del espacio del sistema solar pequeños cuerpos desmoronados y otros en condensación, y en ausencia de una atmósfera protectora de combustión, tales cuerpos espaciales chocaban directamente con la superficie de Urantia. Estos impactos incesantes mantenían la superficie del planeta más o menos caliente, lo cual, acoplado con la acción incrementada de la gravedad al crecer la esfera, empezó a poner en funcionamiento aquellas influencias que gradualmente hicieron que los elementos más pesados, como el hierro, se asentaran cada vez más hacia el centro del planeta.

Hace *2.000.000.000* de años la tierra comenzó a aventajar decididamente a la luna. Siempre había sido mayor el planeta que su satélite, mas no había tanta diferencia en tamaño hasta ese momento, durante el cual la tierra captó enormes cuerpos espaciales. En aquel entonces Urantia tenía una quinta parte de su tamaño actual y se había hecho lo bastante grande para retener la atmósfera primitiva que despuntaba a consecuencia de la contienda interna elemental entre el interior recalentado y la corteza que se iba enfriando.

La acción volcánica pronunciada data de estos tiempos. El calor interno de la tierra continuaba aumentando a causa del entierro cada vez más profundo de elementos radioactivos o más pesados traídos del espacio por los meteoros. El estudio de estos elementos radiactivos revelará que Urantia tiene más de mil millones de años en su superficie. La medición del radio es vuestro cronómetro más fidedigno para hacer cálculos científicos sobre la edad del planeta; si bien todo cálculo de esta índole queda muy corto porque los materiales radiactivos abiertos a vuestro escrutinio se derivan todos de la superficie y, por tanto, representan adquisiciones relativamente recientes de estos elementos de Urantia.

Hace *1.500.000.000* de años la tierra era de dos tercios de su tamaño presente, en tanto que la luna se acercaba a su masa de hoy. El haberle rebasado la tierra a la luna tan pronto en tamaño, le permitió a aquella ir substrayéndole lentamente la poca atmósfera que tuvo el satélite originalmente.

Aquí la acción volcánica está en su apogeo. La tierra entera viene a ser un verdadero infierno en llamas, con una superficie que se parece a su estado primitivo ígneo antes de que los metales más pesados gravitaran hacia el centro. *Ésta es la edad volcánica.* No obstante, se está formando gradualmente una corteza, constituida principalmente de granito, que es relativamente más ligero. Se están sentando los preliminares para un planeta que algún día pueda sustentar la vida.

La atmósfera primitiva del planeta va evolucionando lentamente, en este momento contiene un poco de vapor de agua, monóxido de carbono, bióxido de carbono, y cloruro de hidrógeno, mas hay muy poco o nada de nitrógeno libre ni de oxígeno libre. La atmósfera de un mundo en la edad volcánica presenta un espectáculo extraño. Además de los gases enumerados está recargada de numerosos gases volcánicos y, a medida que se desarrolla la zona de aire, con los productos de combustión de las tupidas lluvias meteóricas que constantemente se precipitan sobre la superficie del planeta. Tal combustión meteórica mantiene el oxígeno atmosférico casi agotado, y el ritmo de bombardeo meteórico sigue siendo tremendo.

Finalmente la atmósfera se asentó más y se enfrió suficientemente para dar comienzo a la precipitación de lluvia sobre la candente superficie rocosa del planeta. Por miles de años Urantia quedó envuelta en un vasto y continuo manto de vapor. Durante estas edades jamás brilló el sol sobre la superficie terrestre.

Mucho del carbono de la atmósfera se separó para formar los carbonatos de los varios metales que abundaban en las capas superficiales del planeta. Más adelante, mayores cantidades de estos gases carbónicos fueron consumidos por la fecunda flora primitiva.

Incluso en los períodos posteriores, los flujos de lava y los meteoros entrantes agotaban casi completamente el oxígeno del aire. Aun los primeros depósitos del océano primitivo que pronto aparecerían, no contenían piedras de colores ni esquistos. Durante mucho tiempo tras la aparición de este océano, no había casi oxígeno libre en la atmósfera; y no se dio en cantidades significativas hasta que, más tarde, lo generaron las algas marinas y otras formas de vida vegetal.

La atmósfera primitiva del planeta de la edad volcánica ofrece poca protección contra los impactos de los choques de los enjambres meteóricos. Millones y millones de meteoros pueden penetrar tal zona de aire para chocar contra la corteza planetaria en forma de cuerpos sólidos. Mas al pasar el tiempo, cada vez menos de éstos resultan lo bastante grandes para resistir al escudo de fricción cada día más fuerte de la atmósfera rica en oxígeno de las eras posteriores.

8. LA ESTABILIZACIÓN DE LA CORTEZA LA EDAD DE LOS TERREMOTOS EL OCÉANO GLOBAL Y EL PRIMER CONTINENTE

Hace *1.000.000.000* de años es la fecha en que de hecho comienza la historia de Urantia. El planeta había alcanzado aproximadamente su tamaño de hoy. Por estos tiempos se asentó en los registros físicos de Nebadon y se le dio el nombre de *Urantia*.

La atmósfera y la incesante precipitación de humedad facilitaron el enfriamiento de la corteza terrestre. La acción volcánica pronto igualó la presión del calor interno y la contracción de la corteza; y mientras que los volcanes menguaban a paso rápido, aparecieron los terremotos, a medida que progresaba esta época de enfriamiento y ajuste de la corteza.

La verdadera historia geológica de Urantia empieza cuando la corteza terrestre se enfría lo suficiente para ocasionar la formación del primer océano. La condensación del vapor de agua sobre la superficie de la tierra que se estaba enfriando, una vez iniciada, prosiguió hasta que quedó prácticamente completa. Para el final de este período, el océano comprendía el ámbito global, cubriendo el planeta entero con una profundidad media de un kilómetro y medio. Las mareas estaban en juego de forma muy parecida a como se observan hoy en día, pero este océano primitivo no era salado; venía a ser una cobertura global de agua dulce. En aquellos tiempos, la mayor parte del cloro se combinaba con varios metales, pero había suficiente, en unión con el hidrógeno, para volver esta agua ligeramente ácida.

Al entrar esta lejana era, Urantia debe visualizarse como un planeta encuadrado del agua. Más adelante, flujos de lava más profundos y, por tanto, más densos salieron del fondo del Océano Pacífico, y esta parte de la superficie cubierta de agua se precipitó hacia abajo considerablemente. La primera masa terrestre continental surgió del océano global por ajuste compensatorio del equilibrio de la corteza terrestre que gradualmente se engrosaba.

Hace 950.000.000 de años Urantia presentaba un cuadro topográfico de un solo gran continente de tierra y una sola gran extensión de agua, el Océano Pacífico. Sigue habiendo muchos volcanes y los terremotos son frecuentes y severos. Los meteoros continúan bombardeando la tierra, si bien disminuyen tanto en frecuencia como en tamaño. La atmósfera se está despejando, pero la cantidad de bióxido de carbono sigue elevada. La corteza de la tierra se va estabilizando paulatinamente.

Fue aproximadamente en esta época en que Urantia quedó asignada al sistema de Satania para su administración planetaria y fue asentado en el registro de vida de Norlatiadek. A continuación empezó el reconocimiento administrativo de la pequeña e insignificante esfera que estaba destinada a ser el planeta sobre el cual Micael se dedicaría posterioremente a la formidable empresa del autootorgamiento en forma mortal, participando en aquellas experiencias que, desde entonces, han hecho que Urantia llegara a conocerse localmente por «el mundo de la cruz».

Hace 900.000.000 de años se presenció la llegada a Urantia de la primera partida de exploración enviada de Jerusem para examinar el planeta y rendir informe sobre su adaptación para una estación de vida experimental. Esta comisión constó de veinticuatro miembros, comprendiendo los Portadores de Vida, los Hijos Lanonandek, los Melquisedek, los serafines y otras órdenes de vida celestial que tienen que ver con los primeros tiempos de la organización y administración planetarias.

Tras haber realizado un estudio cuidadoso del planeta, esta comisión retornó a Jerusem e informó favorablemente al Soberano del Sistema, recomendando que Urantia se asentara en el registro de vida experimental. Vuestro mundo, por lo tanto, quedó inscrito como un planeta decimal, y se les avisó a los Portadores de Vida que se les otorgaría permiso para instituir nuevos modelos de movilización mecánica, química y eléctrica en el momento de su llegada posterior con mandatos de transplante e implantación de la vida.

A su debido momento los dispositivos para la ocupación planetaria fueron llevados a término por la comisión mixta de los doce en Jerusem y aprobados por la comisión planetaria de los setenta en Edentia. Estos planes, propuestos por los consejeros asesores de los Portadores de Vida, finalmente fueron aceptados en Salvington. Poco tiempo después, las transmisiones de Nebadon difundían el anuncio de que Urantia sería el escenario sobre el cual los Portadores de Vida ejecutarían su sesentavo experimento en Satania, concebido para ampliar y mejorar el tipo Satania de los modelos de vida de Nebadon.

Poco después de haber sido reconocida Urantia por primera vez en las transmisiones universales para todo Nebadon, se le confirió pleno estado en el universo. Poco después de esto, quedó inscrito en los registros de los planetas sede, de los sectores mayor y menor del superuniverso; y antes de finalizar esta época, Urantia tenía su sitio en el registro de vida planetaria de Uversa.

Toda esta época se caracterizaba por tormentas frecuentes y violentas. La corteza primitiva de la tierra estaba en un estado de cambio continuo. El enfriamiento de la superficie alternaba con inmensas erupciones de lava. En ninguna parte en la superficie del mundo, puede encontrarse nada de su corteza planetaria original. Se ha entreverado muchas veces con las lavas que emanaban por extrusión de profundos orígenes y entremezclado con depósitos posteriores del primitivo océano global.

En ninguna parte de la superficie del mundo se encuentran más restos modificados de estas antiguas rocas preoceánicas que en el noreste de Canadá, alrededor de la Bahía de Hudson. Esta vasta elevación de granito está compuesta de roca correspondiente a los tiempos preoceánicos. Estos estratos de roca han sido recalentados, doblados, torcidos, estrujados, y han pasado muchas veces por estas experiencias de metamorfosis deformante.

A través de los tiempos oceánicos, enormes estratos de roca estratificada, libres de fósiles, se depositaron en este antiguo fondo oceánico. (La piedra caliza puede formarse como resultado de la precipitación química; no toda la piedra caliza más antigua fue producida por los depósitos de vida marina.) En ninguna de estas formaciones antiguas de roca se encontrarán rastros de vida; no contienen fósiles a no ser que, por azar, depósitos posteriores a las edades del agua se hayan mezclado con estas capas más antiguas que eran anteriores a la vida.

La corteza de la tierra primitiva era sumamente inestable, pero no se estaban formando montañas. El planeta se contraía bajo la presión de la gravedad a medida que se iba formando. Las montañas no son el resultado del desplome de la corteza en paulatino enfriamiento de una esfera en contracción, sino que despuntan más adelante a consecuencia de la acción de la lluvia, la gravedad y la erosión.

La masa terrestre continental de esta era aumentó hasta cubrir cerca de diez por ciento de la superficie de la tierra. Los terremotos severos no empezaron hasta que la masa terrestre continental surgió a un nivel bien por encima del agua. Una vez que comenzaron, fueron incrementando su frecuencia y severidad durante muchas épocas. Por millones y millones de años los terremotos vienen disminuyendo, pero Urantia aún tiene un promedio de quince por día.

Hace *850.000.000* de años principió la primera época efectiva de estabilización de la corteza de la tierra. La mayor parte de los metales más pesados se habían asentado hacia el centro del globo; la corteza que se enfriaba había cesado de socavarse en escala tan extensiva como en épocas pasadas. Se estableció un mejor equilibrio entre la extrusión de la tierra y el lecho más pesado del océano. El flujo de lava debajo de la corteza casi se extendió por el globo entero, lo cual compensó y estabilizó las fluctuaciones debidas al enfriamiento, la contracción, y los desplazamientos superficiales.

Las erupciones volcánicas y los terrremotos continuaban disminuyendo en frecuencia y severidad. La atmósfera se despejaba de los gases volcánicos y del vapor de agua, pero el porcentaje de bióxido de carbono todavía era alto.

Las alteraciones eléctricas en el aire y en la tierra también disminuían. Los flujos de lava habían hecho aflorar en la superficie una mezcolanza de elementos la cual diversificó la corteza y aisló mejor el planeta de ciertas energías espaciales. Todo lo antedicho sirvió para facilitar el control de energía terrestre y para regular su flujo, como se encuentra en el funcionamiento de los polos magnéticos.

Hace *800.000.000* de años se presenció la inauguración de la primera gran época terrestre, la edad de un surgimiento continental más extenso.

Desde la condensación de la hidrosfera, inicialmente en el océano global y posteriormente en el Océano Pacífico, esta última masa de agua debe visualizarse como cubriendo, en aquel entonces, nueve décimos de la superficie de la tierra. Los meteoros que caían al mar se acumulaban en el fondo del océano, y los meteoros están, por lo general, compuestos de materiales pesados. Los que caían en la tierra se oxidaban en gran parte, posteriormente eran desgastados por la erosión, y llevados por el arrastre de aluvión a las cuencas de los océanos. De este modo el fondo del océano se hacía cada vez más pesado, sumándosele el peso de una masa de agua que en algunas partes tenía una profundidad de dieciséis kilómetros.

El aumento de la presión del Océano Pacífico hacia abajo empujaba ulteriormente hacia arriba la masa de tierra continental. Europa y África comenzaron a elevarse de las profundidades del Pacífico junto con las masas actualmente denominadas Australia, América del Norte y del Sur y el continente de Antártida, mientras que el lecho del Océano Pacífico emprendió más ajustes por hundimiento compensatorio. Para el final de este período casi un tercio de la superficie del planeta consistía en tierra, toda en un solo cuerpo continental.

Con este incremento en la elevación terrestre aparecieron las primeras diferencias climáticas del planeta. La elevación terrestre, las nubes cósmicas, las influencias de los océanos son los factores principales en la fluctuación climática. La espina dorsal de la masa terrestre asiática alcanzó una altura de más de catorce kilómetros en el momento de surgimiento terrestre máximo. Si hubiera habido más humedad en el aire cerniéndose sobre estas regiones sumamente elevadas, se habrían formado enormes mantos de hielo; el período glacial hubiera llegado mucho antes de que entonces llegó. Pasaron varios cientos de millones de años antes de que asomara nuevamente tanta tierra por encima del agua.

Hace 750.000.000 años se iniciaron las primeras rupturas de la masa terrestre continental como la gran separación norte-sur, lo cual más adelante admitió las aguas del océano y preparó el camino para la deriva hacia el occidente de los continentes de América del Norte y del Sur, y Groenlandia inclusive. La larga separación este-oeste desprendió África de Europa y partió las masas terrestres de Australia, las Islas Pacíficas y la Antártida del continente asiático.

Hace 700.000.000 de años Urantia se acercaba a la madurez para las condiciones aptas para el sostenimiento de vida. La deriva continental terrestre continuaba; los océanos penetraban la tierra en escala creciente a manera de mares largos con forma de dedo, proporcionando aquellas aguas poco profundas y bahías protegidas tan aptas para el habitat de la fauna marina.

Hace 650.000.000 de años se presenció otra separación de las masas terrestres y, a consecuencia, otra expansión de los mares continentales. Y estas aguas estaban alcanzando aceleradamente ese grado de salinidad que era esencial para la vida en Urantia.

Fueron estos mares y sus sucesores los que asentaron las crónicas de vida de Urantia, tal como posteriormente se las descubrió en páginas de piedra bien conservadas, tomo tras tomo, en tanto que una era sucedía a otra, y de una edad nacía otra. Estos mares internos rodeados de tierra de tiempos pasados fueron, en verdad, la cuna de la evolución.

[Presentado por un Portador de Vida, miembro del Cuerpo original de Urantia y actualmente observador residente.]

DOCUMENTO 58

EL ESTABLECIMIENTO DE LA VIDA EN URANTIA

EN TODA Satania existen solamente sesenta y un mundos similares a Urantia, planetas de modificación de la vida. La mayoría de los mundos habitados se pueblan de acuerdo con técnicas establecidas; en tales esferas a los Portadores de Vida se les da poca libertad de acción en planear la implantación de la vida. Sin embargo, aproximadamente un mundo de cada diez se designa como *planeta decimal* y se asigna a un registro especial de los Portadores de Vida; y en tales planetas se nos permite emprender ciertos experimentos de vida para modificar o posiblemente mejorar los tipos comunes de seres vivientes del universo.

1. REQUISITOS PREVIOS PARA LA VIDA FÍSICA

Hace 600.000.000 de años la comisión de Portadores de Vida enviada de Jerusem llegó a Urantia y empezó el estudio de las condiciones físicas, preparatorio para originar la vida en el mundo número 606 del sistema de Satania. Ésta había de ser nuestra seiscientos seisava experiencia con la iniciación de los modelos de vida nebadónicos en Satania y nuestra sesentava oportunidad de efectuar cambios e instituir modificaciones en las concepciones de vida básicas y normales del universo local.

Que conste que los Portadores de Vida no pueden iniciar la vida hasta que una esfera esté del todo preparada para la inauguración del ciclo evolutivo. Tampoco podemos disponer un desarrollo vital más rápido que aquél que el progreso físico del planeta puede sustentar y acomodar.

Los Portadores de Vida satanianos habían proyectado un modelo de vida a base de cloruro de sodio; por tanto no se podía hacer gestión alguna para su implantación hasta tanto las aguas del océano se hicieran suficientemente salobres. El tipo urantiano de protoplasma no puede funcionar más que en una solución salina adecuada. Toda vida atávica, tanto —vegetal como animal— evolucionó en un medio de solución salina. Incluso los animales terrestres superiormente organizados no podrían continuar viviendo, de no circular esta misma solución esencial por su cuerpo en la corriente sanguínea que libremente baña, literalmente sume, cada minúscula célula viviente en estas «profundidades marinas».

Vuestros antepasados primitivos circulaban libremente por el océano salado; hoy por hoy, esta misma solución salada parecida al océano circula libremente por vuestro cuerpo, bañando cada célula individual con un líquido químico que en toda su esencia es equiparable al agua salada que estimuló las primeras reacciones protoplásmicas de las primeras células vivientes que funcionaron en el planeta.

Mas al comenzar esta era, Urantia a todas luces va evolucionando hacia un estado favorable para sustentar las formas iniciales de vida marina. Paso a paso los acontecimientos físicos en la tierra y en las regiones adyacentes del espacio van preparando el escenario para futuros intentos de implantación de las formas de vida que, según nuestra decisión, serían las que se adaptarían mejor al medio ambiente físico que se desenvolvía —tanto en el ámbito terrestre como en el espacial.

Posteriormente la comisión sataniana de Portadores de Vida retornó a Jerusem, prefiriendo aguardar a que se desintegrara más la masa terrestre continental, lo cual brindaría aún más mares interiores y bahías abrigadas, antes de empezar de hecho la implantación de la vida.

En un planeta donde la vida tiene un origen marino, numerosos mares interiores y extensas tierras costales con aguas someras y bahías protegidas disponen las condiciones ideales para la implantación de la vida; y tal distribución de las aguas de la tierra se venía desarrollando con rapidez. Estos antiguos mares interiores rara vez excedían una profundidad de ciento cincuenta o ciento ochenta metros, y la luz del sol puede penetrar el agua del océano hasta una profundidad mayor de ciento ochenta metros.

En tales costas de clima benigno y estable de una edad ulterior, la flora primitiva llegó a su destino en la tierra. Allí, el alto grado de carbono en la atmósfera brindó oportunidades a las nuevas variedades terrestres de vida para un desarrollo veloz y frondoso. Aunque esta atmósfera era ideal a la sazón para el desarrollo vegetal, contenía tan alto grado de bióxido de carbono que ningún animal, y tanto menos el hombre, podría haber vivido en la faz de la tierra.

2. La atmósfera de Urantia

Por la atmósfera planetaria se filtran a la tierra aproximadamente dos milmillonésimos de la emanación total de la luz del sol. Si la luz que incide en América del Norte se pagara a razón de dos centavos por kilovatio hora, la factura anual de luz excedería a los 800 mil billones de dólares. La factura de luz solar de Chicago ascendería a un monto que superaría apreciablemente a los 100 millones de dólares diarios. Y tened presente que del sol se reciben otras formas de energía —la luz no es la única aportación solar que llega a vuestra atmósfera. Llueven a cántaros sobre Urantia vastas energías solares que abarcan las longitudes de onda que van desde las que están más allá del alcance de la visión humana hasta las que están por debajo de ésta.

La atmósfera de la tierra es casi opaca a gran parte de la radiación en el extremo ultravioleta del espectro. Una capa de ozono que envuelve completamente la tierra hasta unos diez y seis kilómetros por encima de su superficie, y que se extiende otros diez y seis kilómetros del lado del espacio exterior, absorbe la mayor parte de estas ondas de corta longitud. El ozono que infiltra esta región, en las condiciones que predominan en la superficie de la tierra, formaría una capa de sólo dos y medio milímetros de espesor; no obstante, esta cantidad relativamente pequeña y, al parecer, insignificante de ozono protege a los habitantes de Urantia del exceso de estas peligrosas y destructoras radiaciones ultravioletas presentes en la luz del sol. Pero, si fuera esta capa de ozono un tanto más gruesa, se os privaría de los sumamente importantes y saludables rayos ultravioletas que actualmente alcanzan la superficie de la tierra, y que le son atávicos a una de vuestras vitaminas más esenciales.

Así y todo, algunos de vuestros mecanicistas mortales menos imaginativos se empeñan en considerar la creación material y la evolución humana como una casualidad. Los seres intermedios de Urantia han recopilado más de cincuenta mil datos de la física y la química los cuales juzgan incompatibles con las leyes del azar casual, y los cuales, según afirman, demuestran de manera inequívoca la presencia de un propósito inteligente en la creación material. Todo lo antedicho no toma en cuenta su catálogo de más de cien mil descubrimientos ajenos al dominio de la física y la química que, según mantienen ellos, prueban la presencia de la mente en el planeamiento, creación, y mantenimiento del cosmos material.

Vuestro sol vierte verdaderos torrentes de rayos mortíferos a raudales, y vuestra vida amena en Urantia se debe a la influencia «fortuita» de más de dos veintenas de operaciones protectoras, aparentemente casuales, similares a la acción de esta capa de ozono única.

De no ser por el efecto de «manto» de la atmósfera durante la noche, el calor se perdería por la radiación con tanta rapidez que la vida sería imposible de mantener salvo mediante métodos artificiales.

Los ocho o diez kilómetros inferiores de la atmósfera de la tierra constituyen la troposfera; esta es la región de los vientos y las corrientes de aire que ocasionan los fenómenos meteorológicos. Por encima de esta región está la ionosfera interior y, subiendo, sigue la estratosfera. Ascendiendo desde la superficie de la tierra, la temperatura disminuye ininterrumpidamente por diez o trece kilómetros, a cuya altura se registran alrededor de 57 grados (C) bajo cero. Esta gama de temperatura que va de 54 a 57 grados (C) bajo cero sigue sin cambiar a medida que se asciende más por los próximos sesenta y cuatro kilómetros; este ámbito de temperatura constante es la estratosfera. A una altura de setenta y dos u ochenta kilómetros, la temperatura empieza a subir, y este incremento continúa hasta que, al nivel de los despliegues de la aurora, se alcanza una temperatura de 650 grados (C), y es este calor intenso el que ioniza el oxígeno. Pero la temperatura en una atmósfera tan enrarecida no se puede equiparar con la medición del calor en la superficie de la tierra. Tened presente que la mitad de toda vuestra atmósfera se encuentra en los primeros cinco kilómetros. Los arcos de luz superiores de la aurora boreal —como a seiscientos cuarenta kilómetros, indican la altura de la atmósfera de la tierra.

Los fenómenos de la aurora guardan una relación directa con las manchas solares, aquellos ciclones solares que giran en sentidos contrarios por encima y por debajo del ecuador del sol, tal como lo hacen los ciclones tropicales terrestres. Dichas perturbaciones atmosféricas giran en sentidos contrarios según ocurran por encima o por debajo del ecuador.

El poder de las manchas solares para alterar las frecuencias de la luz demuestra que estos centros de tormentas solares funcionan cual enormes imanes. Tales campos magnéticos pueden arrojar partículas cargadas desde los cráteres de las manchas solares a través del espacio a la atmósfera exterior de la tierra, en donde su influencia ionizadora produce las espectaculares luces de la aurora. Por lo tanto tenéis los mayores fenómenos de la aurora cuando las manchas solares están en su apogeo —o poco tiempo después— cuando las manchas están situadas, por lo general, más en armonía con el ecuador.

Hasta la aguja de una brújula es sensible a esta influencia solar ya que se vuelve un poco hacia el este cuando asoma el sol y un poco hacia el oeste cuando el sol está por ponerse. Esto sucede todos los días, mas durante el auge de los ciclos de manchas solares, esta variación de la brújula es dos veces mayor. Estas desviaciones diurnas de la brújula responden al incremento en la ionización de la atmósfera superior, producido por la luz solar.

Es la presencia de dos diferentes niveles de regiones conductoras electrizadas en la superestratosfera la que explica la transmisión a larga distancia de vuestras radioemisiones de onda corta y larga. Las formidables tormentas que ocasionalmente azotan los dominios de estas ionosferas exteriores, perturban algunas veces vuestras transmisiones.

3. EL MEDIO AMBIENTE ESPACIAL

Durante los tiempos más primitivos de la materialización del universo las regiones espaciales están salpicadas de vastas nubes de hidrógeno, precisamente tales como los cúmulos de polvo astronómico que actualmente caracterizan muchas regiones por todo el espacio remoto. Gran parte de la materia organizada que desintegran y dispersan los llameantes soles en forma de energía radiante originalmente se acumulaba en estas nubes primordiales de hidrógeno. Bajo ciertas condiciones insólitas la perturbación atómica también se da en el núcleo de las masas de hidrógeno mayores. Y todos estos fenómenos de formación y disolución de átomos, como ocurre en las nebulosas altamente recalentadas, van acompañados del surgimiento de una cantidad abrumadora de rayos espaciales cortos de energía radiante. Junto con estas diversas radiaciones hay una forma de energía espacial desconocida en Urantia.

Esta carga de energía de rayo corto del espacio universal es cuatrocientas veces mayor que todas las otras formas de energía radiante que existen en los dominios organizados del espacio. Fluctuaciones y súbitos cambios de tensión en la temperatura, gravedad, y presiones electrónicas modifican cualitativa y cuantitativamente la emanación de rayos cortos espaciales, provenga ésta de las llameantes nebulosas, de los tensos campos eléctricos, del espacio exterior, o de las vastas nubes de polvo e hidrógeno.

Estas eventualidades en el origen de los rayos espaciales las determinan muchos sucesos cósmicos así como las órbitas de la materia circulante, que varían de círculos modificados a elipses extremas. Además, las condiciones físicas pueden alterarse en gran medida debido a que la rotación de los electrones se halla, en algunas ocasiones, en sentido contrario al de la conducta de la materia más gruesa, incluso en la misma zona física.

Las vastas nubes de hidrógeno son verdaderos laboratorios químicos del cosmos, albergando todas las fases de la energía evolutiva y la materia en metamorfosis. Grandes acciones de energía también ocurren en los gases marginales de las grandes estrellas binarias que tan a menudo están imbricados y, por ende, se entremezclan extensamente. Sin embargo, ninguna de estas formidables y extensas actividades de la energía del espacio ejerce la menor influencia sobre el fenómeno de la vida organizada —el plasma del germen de las cosas y seres vivientes. Estas condiciones de la energía del espacio son pertinentes al medio ambiente esencial para el establecimiento de la vida, pero no son efectivas en las modificaciones subsiguientes de los factores hereditarios del plasma del germen como lo son algunos de los rayos de energía radiante más largos. La vida implantada por los Portadores de Vida es totalmente resistente a todo este asombroso torrente de rayos cortos espaciales de la energía del universo.

Todas estas condiciones cósmicas esenciales tenían que evolucionar hasta un estado favorable antes de que los Portadores de Vida pudieran principiar de hecho el establecimiento de la vida en Urantia.

4. LA ERA EN LOS ALBORES DE LA VIDA

El que nos llamemos Portadores de Vida no debe confundiros. Podemos portar vida a los planetas y lo hacemos, pero no trajimos vida alguna a Urantia. La vida en Urantia es única, original con el planeta. Esta esfera es un mundo de modificación de vida; toda vida que aparece sobre ella la formulamos aquí mismo en el planeta; y no hay otro mundo en toda Satania, ni siquiera en todo Nebadon, que tenga una existencia vital exactamente tal como la de Urantia.

Hace 550.000.000 de años el cuerpo de Portadores de Vida retornó a Urantia. En cooperación con los poderes espirituales y las fuerzas superfísicas, organizamos e iniciamos los modelos originales de vida de este mundo y los plantamos en las acogedoras aguas del ámbito. Toda vida planetaria (aparte de las personalidades extraplanetarias) hasta los tiempos de Caligastia, el Príncipe Planetario, tuvo su origen en nuestras tres implantaciones de vida marina, originales, idénticas y simultáneas. Estas tres implantaciones de vida se han designado como: la *central* o eurasiático-africana, la *oriental* o australasiática, y la *occidental*, englobando Groenlandia y las Américas.

Hace 500.000.000 de años la vida vegetal marina primitiva estaba bien establecida en Urantia. Groenlandia y la masa terrestre ártica, junto con América del Norte y del Sur, empezaban su larga y lenta deriva al oeste. La África se desplazaba ligeramente hacia el sur, creando un surco de este a oeste, la cuenca del Mediterráneo, entre sí y el cuerpo materno. La Antártida, Australia y la tierra evidenciada por las islas del Pacífico se desprendieron por el sur y el este y se han desplazado muy lejos desde aquel día.

Habíamos sembrado la forma primitiva de vida marina en las bahías tropicales resguardadas de los mares centrales de la separación este a oeste de la masa terrestre continental en desprendimiento. Nuestro objetivo al hacer tres implantaciones de vida marina era asegurarnos de que cada una de estas grandes masas terrestre se llevara esta vida consigo, en sus mares de aguas tibias, cuando la tierra subsecuentemente se separara. Previmos que en una era posterior, cuando apareciera la vida terrestre, grandes océanos de agua separarían estas masas terrestres continentales que iban a la deriva.

5. EL DESPLAZAMIENTO CONTINENTAL

Continuó la deriva terrestre continental. El núcleo de la tierra se había hecho tan denso y tan rígido como el acero, estando sujeto a una presión de un poco más de 3.600 toneladas por centímetro cuadrado, y debido a la descomunal presión de la gravedad, estaba y aún está muy caliente en el interior profundo. La temperatura aumenta desde la superficie hacia adentro hasta que en el centro está un poco por encima de la temperatura superficial del sol.

Los mil seiscientos kilómetros exteriores de la masa terrestre consisten principalmente en distintas clases de roca. Abajo están los elementos metálicos más densos y pesados. A lo largo de las edades primitivas y preatmosféricas el mundo estaba tan cerca de ser fluido en su estado ígneo y tan sumamente recalentado que los metales más pesados se hundieron en las profundidades del interior. Los que se encuentran hoy por hoy cerca de la superficie representan el exudado de antiguos volcanes, de grandes erupciones de lava posteriores, y los más recientes depósitos meteóricos.

La corteza exterior era de unos sesenta y cuatro kilómetros de grosor. Sobre un mar de basalto derretido de variante grosor yacía esta cáscara exterior, que a la vez aquél sostenía. Este mar era una capa móvil de lava ígnea sujeta a la alta presión, pero siempre tendiente a fluir acá y allá equilibrando las cambiantes presiones planetarias, y por este medio tendía a estabilizar la corteza de la tierra.

Aún hoy en día los continentes continúan a flote sobre este mar de basalto derretido no cristalizado que parece un gran cojín. Si no fuera por esta condición protectora, los terremotos más severos sacudirían literalmente el mundo haciéndolo añicos. No son los volcanes los que causan los terremotos, sino el deslizamiento y desplazamiento de la sólida corteza exterior.

Las capas de lava de la corteza de la tierra, al enfriarse, forman granito. La densidad media de Urantia es un poco mayor a cinco veces y media la del agua; la densidad del granito es menos de tres veces la del agua. El núcleo de la tierra es doce veces más denso que el agua.

Los fondos del mar son más densos que las masas terrestres, y eso es lo que mantiene los continentes por encima del agua. Cuando los fondos del mar salen por extrusión arriba del nivel del mar, se encuentra que se componen en gran parte de basalto, una forma de lava considerablemente más pesada que el granito de las masas terrestres. De nuevo, si los continentes no fueran más ligeros que los lechos de los océanos, la gravedad arrastraría las márgenes de los océanos sobre la tierra; pero no se observan fenómenos de esta índole.

El peso de los océanos es también un factor que contribuye al aumento de la presión sobre los lechos de los mares. Los lechos más bajos, pero más pesados de los océanos, más el peso del agua que yace sobre ellos, tienen un peso que se aproxima al de los continentes más altos pero mucho más ligeros. No obstante, todos los continentes tienden a ir deslizándose lentamente en los océanos. La presión continental a nivel del fondo del océano es alrededor de 1.300 kilogramos por centímetro cuadrado. Es decir, ésta sería la presión de una masa continental que se levanta a 5.000 metros por encima del fondo del mar. La presión del agua del fondo oceánico es sólo de unos 350 kilogramos por centímetro cuadrado. Estas presiones diferenciales tienden a hacer que los continentes se vayan deslizando hacia el lecho de los océanos.

La depresión del fondo del océano durante las épocas anteriores a la vida había elevando una solitaria masa terrestre continental hasta tal altura que la presión lateral tendía a hacer que los bordes orientales, occidentales y australes se deslizaran cuesta abajo, sobre los lechos subyacentes semiviscosos de lava, hacia las aguas del Océano Pacífico que rodeaban esta masa de tierra. Esto compensó la presión continental tan plenamente que no se produjo una ruptura amplia en la orilla oriental de este antiguo continente asiático, sino que, desde entonces, esa línea costal oriental se cierne sobre el precipicio de las profundidades oceánicas adyacentes, amenazando con deslizarse a una tumba marina.

6. El período de transición

Hace 450.000.000 de años aconteció la *transición de la vida vegetal a la animal*. Esta metamorfosis se verificó en las aguas poco profundas de las abrigadas bahías y calas tropicales de las extensas costas de los continentes que se iban separando. Y este acontecimiento, todo el cual era inherente a los modelos originales de vida, se produjo de manera paulatina. Hubo muchas etapas de transición entre las formas primitivas iniciales de vida vegetal y los organismos animales posteriores, bien definidos. Aun hoy persisten los mohos de limo de la transición, y no pueden clasificarse ni como planta ni como animal.

Si bien se puede seguir el paso de la evolución de la vida vegetal a la vida animal, y bien que se han encontrado unas series graduadas de plantas y animales que conducen de manera progresiva a los organismos más complejos y avanzados a partir de los organismos más sencillos, no se podrán encontrar eslabones entre las grandes divisiones del reino animal ni entre los tipos animales prehumanos superiores y los hombres de los albores de la raza humana. Estos así llamados «eslabones perdidos» quedarán perdidos sempiternamente, por la sencilla razón de que jamás existieron.

De era en era surgen especies de vida animal radicalmente nuevas. No evolucionan a consecuencia de la acumulación gradual de pequeñas variaciones, sino que despuntan a fuer de órdenes de vida nuevos, hechos y derechos y aparecen *repentinamente*.

La aparición *súbita* de especies nuevas y órdenes diversificados de organismos vivientes es del todo biológica, estrictamente natural. No hay nada de lo sobrenatural vinculado con estas mutaciones genéticas.

La vida animal evolucionó cuando se hubo alcanzado el grado idóneo de salinidad en los océanos, y fue relativamente sencillo permitir que las aguas salobres circularan por los cuerpos de los animales de la vida marina. Pero al contraerse los océanos e incrementarse el porcentaje de sal en gran medida, estos mismos animales desarrollaron la habilidad de reducir la salinidad de los fluidos de sus cuerpos, tal como aquellos organismos que supieron vivir en agua dulce adquirieron la habilidad de mantener el grado adecuado de cloruro de sodio en sus fluidos corporales por medio de una ingeniosa técnica de conservación de sal.

Estudios de los fósiles de la vida marina incrustados en roca revelan las primeras luchas de estos organismos primitivos por ajustarse. Las plantas y animales nunca cesan de hacer estos experimentos de ajuste. El medio ambiente cambia constantemente, y siempre están los organismos vivientes procurando acomodarse a estas fluctuaciones incesantes.

Las dotes fisiológicas y la estructura anatómica de todo orden de vida nuevo están en respuesta a la acción de la ley física, pero la dotación ulterior de la mente es un don de los espíritus ayudantes de la mente que va de acuerdo con la capacidad cerebral innata. La mente, aunque no es de evolución física, depende por completo de la capacidad cerebral, siendo conferida ésta por el desarrollo puramente físico y evolutivo.

A través de casi interminables ciclos de adquisiciones y pérdidas, ajustes y reajustes, todo organismo viviente va cambiando en un vaivén de edad en edad. Los que logran la unión cósmica perduran, en tanto que los que se quedan cortos de esta meta cesan de ser.

7. EL LIBRO GEOLÓGICO DE LA HISTORIA

El vasto grupo de sistemas rocosos que constituían la corteza exterior del mundo durante los albores de la vida o la era proterozoica ya no aparece en muchos puntos sobre la superficie de la tierra. Y cuando, en efecto, surja de abajo de todas las acumulaciones de las edades subsiguientes, se encontrarán únicamente los restos fósiles de la vida vegetal y animal primitiva inicial. Algunas de estas rocas más antiguas que fueron depositadas en agua están mezcladas con capas posteriores, y algunas veces producen restos fósiles de formas iniciales de la vida vegetal, en tanto que en las capas superiores ocasionalmente se pueden encontrar algunas de las formas más primitivas de los primeros organismos animales marinos. En muchas partes estas capas más antiguas estratificadas de roca, que contienen los fósiles de la primera vida marina, tanto animal como vegetal, pueden encontrarse directamente sobre la roca indistinta más antigua.

Los fósiles de esta era producen algas, plantas parecidas al coral, protozoo primitivo, y organismos de transición semejantes a la esponja. Pero la ausencia de tales fósiles en los primeros estratos de roca no prueba necesariamente que lo viviente no estuviera en existencia en otras partes en el momento en que aquellos se depositaban. La vida era escasa durante todos estos tiempos primitivos y sólo con lentitud fue abriéndose paso sobre la faz de la tierra.

Las rocas de esta edad vetusta hoy por hoy están en la superficie de la tierra, o muy cerca de la superficie, sobre aproximadamente una octava parte de la superficie terrestre de hoy en día. El grosor medio de esta roca de transición, las capas de roca estratificada de mayor edad, es de como dos kilómetros y medio. En algunos puntos estos sistemas de roca antiguos llegan a tanto como seis kilómetros y medio de grosor, pero muchos de los estratos que se le han adscrito a esta era pertenecen a períodos ulteriores.

En América del Norte este estrato de roca primitivo y antiguo que contiene fósiles aflora en las regiones orientales, centrales y septentrionales del Canadá. Existe una cordillera intermitente que corre de este a oeste, consistente en esta roca, y que se extiende desde Pensilvania y los vetustos Montes Adirondacks hacia el oeste por Michigan, Wisconsin, y Minesota. Otras cordilleras corren de Terranova a Alabama y de Alaska a México.

Las rocas de esta era están expuestas acá y allá a lo largo y a lo ancho del mundo, pero ninguna es tan fácil de interpretar como las de los entornos del Lago Superior y del Gran Cañón del Río Colorado, donde estas rocas primitivas portadoras de fósiles que existen en varios estratos, dan fe de los solevantamientos y fluctuaciones superficiales de aquellos tiempos lejanos.

Esta capa rocosa, el estrato más antiguo de la corteza de la tierra que contiene fósiles, se ha desmoronado, plegado, y retorcido grotescamente a consecuencia de los solevantamientos producidos por terremotos y por los primeros volcanes. Los flujos de lava de esta época trajeron consigo mucho hierro, cobre, y plomo cerca de la superficie planetaria.

Existen pocos lugares en la tierra en donde tales actividades se acusan más gráficamente que en el Valle de St. Croix de Wisconsin. En esta región se verificaron ciento veintisiete flujos sucesivos de lava en la tierra con la sumersión en agua y subsiguientes depósitos de roca, aquello sucendiendo a esto. Aunque mucho de la sedimentación de la roca superior y flujo de lava intermitente hoy en día está ausente, y bien que el fondo de este sistema está profundamente enterrado en la tierra, no obstante, alrededor de sesenta y cinco o setenta de estas crónicas estratificadas de edades pasadas ya quedan expuestas a la vista.

En estas primeras edades en las que mucha tierra estaba cerca del nivel del mar, acontecieron muchos surgimientos y sumersiones sucesivos. La corteza de la tierra apenas entraba en su último período de estabilización relativa. Las ondulaciones, elevaciones y depresiones de la deriva continental anterior vinieron a contribuir a la frecuencia de la sumersión periódica de las grandes masas terrestres.

Durante estos tiempos de la primera vida marina, extensas zonas de orillas de mar continentales se hundieron por debajo de los mares a un nivel de un escaso metro a más de medio kilómetro de profundidad. Una gran parte de la arenisca y de los conglomerados representa la acumulación sedimentaria de estas orillas de mar antiguas. Las rocas sedimentarias correspondientes a esta primera estratificación yacen directamente sobre aquellos estratos que datan de mucho más allá del origen de la vida, remontándose a la primera aparición del océano global.

Algunos de los estratos superiores de estos depósitos de roca de transición contienen pequeñas cantidades de esquisto o pizarra de colores oscuros, indicando la presencia de carbono orgánico y atestiguando la existencia de los antepasados de aquellas formas de flora que invadieron a la tierra durante la edad de carbón o carbonífera que siguió. Gran parte del cobre en estos estratos de roca resulta de los depósitos en agua. Alguna parte se encuentra en las grietas de las rocas más antiguas y es el concentrado de las aguas de pantano estancadas de alguna antigua, abrigada orilla de mar. Las minas de hierro de América del Norte y Europa están ubicadas en depósitos y extrusiones que yacen en parte en las rocas no estratificadas más antiguas y en parte en estas posteriores rocas estratificadas de los períodos de transición de la formación de la vida.

Esta época presencia la propagación de la vida a través de las aguas del mundo; la vida marina ha quedado bien establecida en Urantia. Un profuso y frondoso desarrollo de vegetación va invadiendo de forma paulatina los fondos de los someros y extensos mares interiores, en tanto que en las aguas de las orillas de mar pululan las formas más sencillas de vida animal.

Toda esta historia se relata gráficamente en las páginas fósiles del vasto «libro de piedra» de los anales del mundo. Y las páginas de este gigantesco archivo biogeológico manifiestan la verdad infaliblemente; tan sólo debéis aprender a interpretarlas. Muchos de estos lechos de mar antiguos actualmente quedan muy elevados por encima del nivel de la superficie terrestre, y sus depósitos, edad tras edad, relatan la historia de las luchas por la vida de aquellos tiempos primitivos. Resulta ser verdad al pie de la letra, como dijo vuestro poeta: «El polvo que pisamos estuvo otrora vivo.»

[Presentado por un miembro del Cuerpo urantiano de los Portadores de Vida actualmente residente en el planeta.]

DOCUMENTO 59

LA ERA DE LA VIDA MARINA EN URANTIA

CALCULAMOS que la historia de Urantia comenzó hace unos mil millones de años y engloba cinco eras principales:

1. *La era antevida* se extiende a través de los cuatrocientos cincuenta millones de años iniciales, desde alrededor del momento en que el planeta alcanzó su tamaño actual hasta el momento del establecimiento de la vida. Vuestros estudiosos han designado este período por el *arqueozoico.*

2. *La era de los albores de la vida* se extiende por los siguientes ciento cincuenta millones de años. Entre la precedente edad antevida o de cataclismo y el siguiente período de vida marina superiormente desarrollada, media esta época. Vuestros investigadores conocen esta era con el nombre de *proterozoica.*

3. *La era de la vida marina* abarca los siguientes doscientos cincuenta millones de años y la conocéis mejor por el nombre de *paleozoica.*

4. *La era de la vida terrestre primitiva* comprende los próximos cien millones de años y se llama era *mesozoica.*

5. *La era mamífera* ocupa los últimos cincuenta millones de años. Esta era de los tiempos recientes se llama era *cenozoica.*

De este modo la era de la vida marina engloba como un cuarto de la historia de vuestro planeta. Ésta se puede subdividir en seis períodos largos, cada uno caracterizado por ciertas evoluciones bien definidas tanto en los ámbitos geológicos como en los dominios biológicos.

Al principiar esta era, los fondos del mar, las extensas plataformas continentales y las numerosas cuencas de poca profundidad cerca de las costas están cubiertas de una vegetación prolífica. Las formas de vida animal más primitivas y más sencillas ya se han desarrollado a partir de los organismos vegetales anteriores, y los primeros organismos animales se han ido abriendo camino gradualmente a lo largo de las extensas costas de las distintas masas terrestres hasta que los múltiples mares interiores están pululantes de vida marina primitiva. Ya que tan pocos de estos organismos primitivos tenían conchas, muy pocos se han conservado como fósiles. No obstante la escena está dispuesta para los primeros documentos de ese gran «libro de piedra» sobre la preservación de los anales de la vida, los cuales se iban asentando tan metódicamente durante las edades que se sucedían.

El continente de América del Norte es fabulosamente rico en depósitos que contienen fósiles de la entera era de vida marina. Las primerísimas y más antiguas capas están separadas de los estratos posteriores del período precedente mediante extensos depósitos de erosión que claramente segregan estas dos etapas de desarrollo planetario.

1. LA VIDA MARINA PRIMITIVA EN LOS MARES DE POCA PROFUNDIDAD —LA EDAD DE LOS TRILOBITES

Para el amanecer de este período de relativa tranquilidad en la superficie de la tierra, la vida está confinada a los múltiples mares interiores y a la costa oceánica; hasta este momento no ha evolucionado ninguna forma de organismo terrestre. Los animales marinos primitivos están bien establecidos y están preparados para el próximo desarrollo evolutivo. Las amebas son típicas sobrevivientes de esta etapa inicial de la vida animal, habiendo aparecido por primera vez hacia el final del período anterior de transición.

Hace *400.000.000* de años la vida marina, tanto vegetal como animal, está bastante bien distribuida por el mundo entero. El clima global se hace un poco más templado y se vuelve más estable. Hay una inundación general de las orillas de mar de los distintos continentes, máxime de América del Norte y del Sur. Aparecen nuevos océanos, y las extensiones de agua más antiguas se agrandan considerablemente.

La vegetación comienza a trepar a la tierra por primera vez y no tarda en hacer considerable progreso en adaptarse a un medio ambiente no marino.

Repentinamente y sin ascendencia de gradación aparecen los primeros animales multicelulares. Los trilobites vienen evolucionando y durante millones de años dominan los mares. Desde el punto de vista de la vida marina ésta es la edad de los trilobites.

En la porción posterior de este segmento de tiempo gran parte de América del Norte y Europa emergió del mar. La corteza de la tierra estaba temporalmente estabilizada; montañas, o más bien altas elevaciones de tierra, se erguían a lo largo de las costas del Atlántico y del Pacífico, sobre las Antillas y en Europa meridional. Toda la región del Caribe estaba sumamente elevada.

Hace *390.000.000* de años la tierra aún estaba elevada. En algunas partes de América oriental y occidental y Europa occidental se pueden encontrar los estratos rocosos que se sentaron durante estos tiempos, y dichas rocas son las más antiguas que contienen fósiles de trilobites. Habían muchos brazos de mar que proyectaban adentro de las tierras continentales, y en estos mares se depositaban las rocas portadoras de fósiles.

Dentro de unos pocos millones de años, el Océano Pacífico comenzó a invadir los continentes americanos. El hundimiento de la tierra se debía principalmente a los ajustes de la corteza, aunque la dilatación terrestre lateral, o desplazamiento paulatino de los continentes, también era un factor.

Hace *380.000.000* de años Asia se sumía, y todos los demás continentes experimentaban un surgimiento de breve duración. Pero a medida que avanzaba esta época, el recién nacido Océano Atlántico hizo extensas incursiones en todas las costas adyacentes. Los mares nórdicos Atlántico o Artico se comunicaban en aquel entonces con las aguas meridionales del Golfo. Al entrar dicho mar del sur en la depresión apalache, sus olas rompían sobre el este contra montañas tan elevadas como los Alpes, sin embargo, por lo general, los continentes eran tierras bajas sin interés alguno, totalmente desprovistos de belleza escénica.

Los depósitos sedimentarios de estas edades son de cuatro clases:

1. Conglomerados —materia depositada cerca de las orillas de mar.

2. Areniscas —depósitos hechos en aguas de poca profundidad pero en donde el oleaje bastaba para impedir que se asentara el lodo.

3. Esquistos —depósitos hechos en aguas de mayor profundidad y más quietas.

4. Calizas —comprenden los depósitos de las conchas de los trilobites en aguas profundas.

Los fósiles de trilobites de estos tiempos presentan ciertas uniformidades fundamentales acopladas con ciertas variaciones bien marcadas. Los animales primitivos que se desarrollaron de las tres implantaciones de vida originales eran característicos; los que aparecían en el hemisferio occidental eran un poco diferentes de los del grupo eurasiático y del tipo australasiático o australiano-antártico.

Hace *370.000.000* de años aconteció una gran sumersión casi total de América del Norte y del Sur, seguida por el hundimiento de África y Australia. Sólo ciertas partes de Norteamérica quedaron por encima de estos mares cámbricos que eran de poca profundidad. Cinco millones de años más tarde los mares se retiraban ante la tierra ascendente. Y todos los antedichos fenómenos de tierras descendentes y ascendentes carecían de dramatismo, pues se producían lentamente a través de millones de años.

Los estratos que contenían fósiles de trilobites de esta época afloran acá y allá por todos los continentes salvo en Asia central. En muchas regiones estas rocas se hallan horizontales, pero en las montañas están inclinadas y deformadas a causa de la presión y plegamiento. Y tal presión, en muchas partes, ha cambiado el carácter original de estos depósitos. La arenisca se ha vuelto cuarzo, el esquisto se ha transformado en pizarra, en tanto que la caliza se ha convertido en mármol.

Hace *360.000.000* de años la tierra seguía ascendiendo. América del Norte y del Sur estaban bien elevadas. Europa occidental y las Islas Británicas iban surgiendo, con la excepción de algunas secciones de Gales, las cuales se hallaban profundamente sumergidas. No existían grandes capas de hielo durante estas edades. Los supuestos depósitos glaciales que aparecen relacionados con estos estratos en Europa, África, China y Australia se deben a glaciares de montaña aislados o al desplazamiento de detritos glaciales de origen posterior. El clima global era de carácter oceánico, no continental. Los mares del sur eran en ese entonces más tibios que lo que son en la actualidad, y se extendían hacia el norte sobre Norteamérica hasta las regiones polares. La corriente del Golfo seguía su curso sobre la porción central de Norteamérica, desviándose hacia el oriente para bañar y calentar los litorales de Groenlandia, convirtiendo ese continente que ahora está cubierto de un manto de hielo en un verdadero paraíso tropical.

La vida marina en mucho se parecía por todo el ámbito global y consistía en algas marinas, organismos unicelulares, esponjas simples, trilobites y otros crustáceos —camarones, cangrejos y langostas. Tres mil variedades de braquiópodos despuntaron a fines de este período, de los cuales han sobrevivido sólo doscientas. Estos animales representan una variedad de vida primitiva que ha venido a través del tiempo hasta el presente prácticamente sin cambiar.

Pero los trilobites eran las criaturas dominantes. Eran animales de carácter sexual que existían en muchas formas; como eran malos nadadores, flotaban perezosamente en el agua o se arrastraban en el fondo del mar, encogiéndose en defensa propia al agredirles sus enemigos que aparecieron posteriormente. Su longitud variaba entre cinco y treinta centímetros y llegaron a desarrollarse en cuatro grupos distintos: carnívoros, herbívoros, omnívoros y «comefangos». La capacidad del último grupo de subsistir, en gran parte, a base de materia inorgánica —siendo éstos los últimos animales multicelulares que lo pudieron hacer— explica su gran incremento y su larga supervivencia.

Lo anterior era el cuadro biogeológico de Urantia al final de aquel largo período de la historia del mundo, abarcando cincuenta millones de años, que vuestros geólogos designan como el *cambriano*.

2. LA PRIMERA ETAPA DE LA INUNDACIÓN CONTINENTAL LA EDAD DE LOS ANIMALES INVERTEBRADOS

Los fenómenos periódicos de la elevación terrestre y hundimiento terrestre propios de estos tiempos eran paulatinos y no espectaculares, pues muy poca acción volcánica les acompañaba. A través de todas estas elevaciones terrestres y depresiones sucesivas, el continente asiático matriz no compartió completamente la historia de las otras extensiones de tierra. Experimentó, más bien, muchas inundaciones, inclinándose ya hacia un lado y ya hacia otro, máxime en su historia primitiva, pero no presenta los depósitos de roca uniformes que se pueden descubrir en los otros continentes. En las edades recientes Asia ha sido la más estable de todas las masas terrestres.

Hace *350.000.000* de años se presenció el principio del período de las grandes inundaciones de todos los continentes salvo Asia central. Las masas terrestres se cubrieron una y otra vez de agua; sólo las tierras altas de la costa quedaban sobre el nivel de estos oscilantes mares interiores poco profundos, pero ampliamente extendidos. Tres inundaciones principales caracterizaron este período, pero antes de finalizar éste, los continentes volvieron a subir, siendo el surgimiento terrestre total quince por ciento mayor que el nivel actual. La región del Caribe estaba sumamente elevada. Este período no queda bien marcado en Europa debido a que las fluctuaciones terrestres fueron menores, mientras que la acción volcánica fue más persistente.

Hace *340.000.000* de años aconteció otro extenso hundimiento terrestre, excepto en Asia y Australia. Las aguas de los océanos del mundo estaban en general mezcladas. Ésta fue la gran edad de la piedra caliza, las algas secretoras de cal sentaron gran parte de su roca.

Unos millones de años más tarde, grandes porciones de los continentes americanos y de Europa empezaron a surgir del agua. En el hemisferio occidental sólo un brazo del Océano Pacífico permanecía sobre México y sobre las actuales regiones de las Montañas Rocosas, pero al acercarse esta época a su término las costas del Atlántico y del Pacífico nuevamente empezaron a hundirse.

Hace *330.000.000* de años se registra el comienzo de un plazo de tranquilidad comparativa por todo el globo, con gran parte de la tierra de nuevo sobre el nivel del agua. La única excepción a este predominio de quietud terrestre fue la erupción del gran volcán norteamericano de Kentucky oriental, una de las mayores actividades volcánicas aisladas que jamás haya conocido el mundo. Las cenizas de este volcán cubrieron mil trescientos kilómetros cuadrados, con un espesor entre cinco y seis metros.

Hace *320.000.000* de años se produjo la tercera inundación de este período. Las aguas de esta inundación cubrieron toda la superficie que el diluvio anterior había sumergido, además de extenderse aún más lejos en muchas direcciones por las Américas y Europa. Norteamérica oriental y Europa occidental se hallaban debajo de 3.000 a 4.500 metros de agua.

Hace *310.000.000* de años las masas terrestres del mundo nuevamente estaban bien elevadas con la excepción de las partes meridionales de Norteamérica. México emergió, creando de este modo el Mar del Golfo, el cual, desde entonces, siempre ha mantenido su identidad.

La vida de este período continúa evolucionando. De nuevo está el mundo quieto y relativamente tranquilo; el clima sigue benigno y estable; las plantas terrestres van emigrando cada vez más lejos de las orillas de mar. Los modelos de vida están bien desarrollados, aunque se encuentran pocos fósiles vegetales de estos tiempos.

Ésta fue la gran edad de la evolución de los organismos animales individuales, bien que gran parte de los cambios fundamentales, tales como la transición de planta a animal, se habían producido anteriormente. La fauna marina se desarrolló hasta tal punto que cada tipo de vida por debajo de la escala vertebrada estuvo representado en los fósiles de aquellas rocas que se sentaron durante estos tiempos. Pero todos estos animales eran organismos marinos. Ningún animal terrestre había aparecido aún salvo unos tipos de lombrices que excavaban sus madrigueras a lo largo de las orillas de mar, tampoco se habían propagado las plantas sobre los continentes; seguía habiendo demasiado bióxido de carbono en el aire para permitir la existencia de los que respiraban aire. Primordialmente, todos los animales, excepto algunos de los más primitivos, dependen directa o indirectamente de la vida vegetal para su existencia.

Los trilobites aún predominaban. Existían millares de especies de estos pequeños animales, que fueron los antepasados de los crustáceos modernos. Algunos de los trilobites tenían de veinticinco a cuatro mil minúsculos ojitos; otros tenían ojos abortados. Al llegar este período a su término, los trilobites compartían el dominio de los mares con varias otras formas de vida invertebrada, pero perecieron por completo a principios del siguiente período.

Las algas secretoras de cal estaban ampliamente extendidas. Existían millares de especies de los antepasados primitivos de los corales. Abundaban los gusanos de mar y había muchas variedades de medusas que se han extinguido desde entonces. Se desarrollaron los corales y los tipos más recientes de esponjas. Los cefalópodos estaban bien desarrollados y han sobrevivido en forma de los nautilos, pulpos, sepias y calamares de los tiempos modernos.

Había muchas variedades de animales de concha, pero sus conchas no les hacían tanta falta a la sazón para fines defensivos como en las edades subsiguientes. Había gastrópodos en las aguas de los mares antiguos, y comprendían los caracoles marinos perforadores de concha simple [urosalpinx cinerea], los bígaros [littorina littórea] y los caracoles de mar comunes. Los gastrópodos bivalvos os han llegado a través de los millones de años intermedios en forma muy parecida a como existían en aquel entonces y comprenden los mejillones, almejas, ostras y veneras o vieiras. También se desarrollaron los organismos de concha de valva, y estos braquiópodos vivían en aquellos aguas antiguas en forma muy similar a como hoy en día existen; incluso sus valvas tenían dispositivos protectores engoznados, mellados y de otras suertes.

Así finaliza la historia evolutiva del segundo gran período de vida marina, que vuestros geólogos conocen como el *ordovícico*.

3. La segunda etapa de grandes inundaciones el período del coral—la edad de los braquiópodos

Hace *300.000.000* de años comenzó otro gran período de sumersión terrestre. La intrusión de los antiguos mares silurianos hacia el sur y norte los disponía para absorber a la mayor parte de Europa y América del Norte. La tierra no estaba elevada a gran distancia sobre el nivel del mar de modo que no quedaron muchos depósitos alrededor de las costas de mar. En los mares hormigueaba mucha vida de concha caliza, y la caída de estas conchas al fondo del mar de manera gradual iba sentando capas muy gruesas de caliza. Éste fue el primer vasto depósito de caliza, y cubrió casi toda Europa y Norteamérica, pero sólo se deja ver en la superficie de la tierra en pocos sitios.

El grosor de esta capa de roca antigua tiene un promedio de unos trescientos metros, no obstante gran parte de estos depósitos, desde entonces, se ha deformado en gran medida por las inclinaciones, solevantamientos y fallas, y muchos se han convertido en cuarzo, esquisto y mármol.

No se encuentra roca ígnea o lava en las capas de roca de este período salvo las de los grandes volcanes de Europa meridional y de Maine oriental y los flujos de lava de Quebec. La acción volcánica casi había pasado. Éste fue el apogeo del gran depósito en agua; poco o nada se produjo en gran parte en cuanto a formación de montañas.

Hace *290.000.000* de años el mar se había retirado de los continentes en gran medida, y los fondos de los océanos circundantes se hundían. Las masas terrestres estaban muy poco cambiadas hasta que se volvieron a sumergir. Estaban empezando los primeros movimientos de las montañas en todos los continentes, y los más importantes de estos solevantamientos de la corteza fueron los Himalayas de Asia y los grandes Montes de la Caledonia, que se extienden desde Irlanda por Escocia hasta Spitzbergen.

Gran parte del gas, petróleo, zinc y plomo se encuentran en los depósitos de esta edad, el gas y petróleo derivándose del enorme cúmulo de materia vegetal que quedó sumida durante la sumersión terrestre anterior, en tanto que los depósitos minerales representan la sedimentación de extensiones de aguas despaciosas. Gran parte de los depósitos de sal gema corresponden a este período.

Los trilobites disminuyeron a un ritmo acelerado, y los moluscos mayores, o cefalópodos pasaron a un primer plano. Estos animales crecían a un tamaño de cinco metros de largo y treinta centímetros de diámetro y se hicieron los dueños de los mares. Esta especie apareció *repentinamente* y asumió el dominio de la vida marina.

La gran actividad volcánica de esta edad fue en el sector europeo. Desde hacía millones y millones de años no habían acontecido erupciones volcánicas tan violentas y extensas como las que en ese entonces se produjeron alrededor de la depresión del Mediterráneo y sobre todo en las inmediaciones de las Islas Británicas. Este flujo de lava sobre la región de las Islas Británicas aparece hoy a manera de capas alternas de lava y roca de un grosor de unos 8.000 metros. Los flujos de lava intermitentes que se desparramaban sobre un lecho de mar de poca profundidad sentaban estas rocas, de este modo se intercalaban los depósitos de roca, y todo esto quedó elevado posteriormente a gran altura sobre el nivel del mar. Hubo violentos terremotos en Europa septentrional, notablemente en Escocia.

El clima oceánico seguía siendo templado y uniforme, y los mares tibios bañaban las costas de las tierras polares. Es posible encontrar braquiópodos y otros fósiles de vida marina en estos depósitos hasta el mismo polo norte. Los gastrópodos, braquiópodos, esponjas y los corales que forman arrecifes continuaban aumentando.

Al término de esta época se presencia el segundo avance de los mares silurianos con otra mezcla de las aguas de los océanos australes y septentrionales. Los cefalópodos dominan la vida marina, a medida que formas de vida se van desarrollando y diferenciándose de manera progresiva.

Hace *280.000.000* de años los continentes habían emergido en gran parte de la segunda inundación siluriana. Los depósitos de roca de esta sumersión se conocen en Norteamérica con el nombre de piedra caliza del Niágara, debido a que éste es el estrato de roca sobre el cual corren las cataratas de Niágara. Esta capa de roca se extiende desde las montañas orientales hasta la región del valle del Misisipí pero no al oeste de ésta, sino hacia el sur. Varias capas se extienden sobre el Canadá, porciones de América del Sur, Australia y la mayor parte de Europa, siendo el grosor medio de esta serie de Niágara de casi doscientos metros. Yaciendo sobre el depósito de Niágara, en muchas regiones se puede encontrar un cúmulo de conglomerado, esquisto y sal gema. Esta es la acumulación de asentamientos secundarios. Esta sal se posó en grandes lagunas que alternativamente abrían salida al mar, y la cerraban, de manera que se produjera evaporación con depósito de sal, junto con otras materias en solución. En algunas regiones estos lechos de sal gema son de un espesor de veinte metros.

El clima es estable y templado, y se sientan los fósiles marinos en las regiones árticas. Pero para fines de esta época los mares son tan excesivamente salados que poca vida sobrevive.

Hacia el término de la última sumersión siluriana se da un gran incremento de equinodermos —los lirios de mar— tal como se evidencia en los depósitos de piedra caliza con crinoideos. Casi han desaparecido los trilobites, y los moluscos continúan siendo los monarcas de los mares; la formación de arrecifes de coral se incrementa considerablemente. Durante esta edad, evolucionan por primera vez en los sitios más favorables los escorpiones acuáticos primitivos. Poco después, y *repentinamente*, los verdaderos escorpiones —que de hecho respiraban aire— aparecen por primera vez.

Estas evoluciones terminan el tercer período de vida marina, que abarca veinticinco millones de años y que vuestros investigadores conocen como el *siluriano*.

4. LA ETAPA DEL GRAN SURGIMIENTO TERRESTRE
EL PERÍODO DE VIDA TERRESTRE VEGETATIVA
LA EDAD DE LOS PECES

En la lucha secular entre la tierra y el agua, durante largos períodos el mar ha salido comparativamente victorioso, pero los tiempos de victoria de la tierra están por venir. Las derivas continentales no han sido tan intensas sino que, a veces, prácticamente toda la tierra del mundo está unida mediante istmos angostos y puentes terrestres estrechos.

Al emerger la tierra de la última inundación siluriana, un período importante en el desarrollo del mundo y la evolución de la vida llega a su término. Es el amanecer de una nueva edad en la tierra. El paisaje desnudo y sin atractivo de los tiempos pasados se va vistiendo de un verdor lujuriante, y dentro de poco tiempo despuntarán los primeros espléndidos bosques.

La vida marina de esta edad era muy diversa debido a la segregación de las primeras especies, pero más adelante todos estos tipos distintos se mezclaron y se relacionaron libremente. Los braquiópodos alcanzaron su cúspide muy pronto, sucediéndoles a éstos los artrópodos, y los percebes aparecieron por primera vez. No obstante, el más grande acontecimiento de todos era la aparición repentina de la familia de los peces. Esta se convirtió en la edad de los peces, aquel período de la historia del mundo caracterizado por el tipo de animal *vertebrado*.

Hace 270.000.000 de años los continentes estaban todos sobre el nivel del agua. Desde hacía millones y millones de años no había estado tanta tierra sobre el nivel del mar a la vez; fue una de las más grandes épocas de surgimiento de tierra de la entera historia del mundo.

Cinco millones de años después las áreas de tierra de América del Norte y del Sur, Europa, África, Asia septentrional y Australia se inundaron brevemente, siendo la sumersión de Norteamérica en algún momento u otro casi total; y las capas de caliza resultantes van de 150 a 1.500 metros de espesor. Estos distintos mares devonianos se extendían ya hacia un lado, ya hacia otro lado, de tal forma que el inmenso mar interior ártico de Norteamérica halló una salida al Océano Pacífico a través del norte de California.

Hace *260.000.000* de años, hacia el final de esta época de depresión terrestre, Norteamérica estaba parcialmente cubierto de mares vinculados simultáneamente con las aguas del Pacífico, Atlántico, Artico y del Golfo. Los depósitos de estas últimas etapas de la inundación devoniana tienen un espesor medio de unos trescientos metros. Los arrecifes de coral que caracterizan estos tiempos indican que los mares interiores eran transparentes y poco profundos. Tales depósitos de coral están expuestos en las riberas del río Ohio cerca de Louisville, Kentucky, y son de alrededor de treinta metros de grueso, abarcando más de doscientas variedades. Estas formaciones de coral se extienden por el Canadá y el norte de Europa hasta las regiones árticas.

Tras estas sumersiones, gran parte de las costas estaban apreciablemente elevadas de modo que los depósitos anteriores estaban cubiertos de barro o esquisto. Existe además un estrato de arenisca roja que caracteriza una de la sedimentaciones devonianas, y esta capa roja se extiende a través de gran parte de la superficie de la tierra, encontrándose en América del Norte y del Sur, Europa, Rusia, China, África y Australia. Semejantes depósitos rojos son indicativos de condiciones áridas o semiáridas, mas el clima de esta época era aún benigno y estable.

A lo largo de este período la tierra al sudeste de la Isla Cincinnati quedaba bien elevada sobre el nivel del agua. Sin embargo gran parte de Europa occidental, las Islas Británicas inclusive, estaba sumergida. En Gales, Alemania y otros partes de Europa las rocas devonianas tienen un grosor de 6.000 metros.

Hace *250.000.000* de años se presenció la aparición de la familia de peces, los vertebrados, uno de los pasos más importantes en la evolución anterior a la humana.

Los artrópodos, o crustáceos, eran los antepasados de los primeros vertebrados. Los precursores de la familia de peces fueron dos predecesores artrópodos modificados; uno poseía un cuerpo largo uniendo la cola y la cabeza, mientras que el otro era un pre-pez, sin espina y sin mandíbula. No obstante estos tipos preliminares no tardaron en ser aniquilados al efectuar los peces, los primeros vertebrados del mundo animal, su aparición *repentina* desde el norte.

Gran parte de los verdaderos peces más grandes corresponden a esta edad. Algunas de las variedades dentadas alcanzaban un largo de alrededor de nueve metros; los tiburones de hoy en día son los supervivientes de estos peces antiguos. Los peces de pulmón y coraza alcanzaron su ápice evolutivo, y antes de finalizar esta época, los peces ya se habían adaptado tanto al agua dulce como a la salada.

Se pueden encontrar verdaderos lechos de dientes y esqueletos de peces en los depósitos sentados hacia el final de este período, y hay lechos ricos en fósiles a lo largo de la costa de California ya que muchas bahías abrigadas del Océano Pacífico se adentraban en la tierra de esa región.

Nuevos órdenes de vegetación iban invadiendo la tierra con rapidez. Hasta este momento había pocas plantas en la tierra, excepto junto a las orillas del agua. En este momento, y *repentinamente*, la prolífica *familia de los helechos* despuntó y se diseminó a un paso acelerado por la faz de la tierra que rápidamente se elevaba en todas partes del mundo. Pronto se desarrollaron varios tipos de árbol, de un espesor de sesenta centímetros y de una altura de doce metros; después evolucionaron las hojas, mas estas variedades primitivas sólo poseían un follaje rudimentario. Hubo muchas plantas menores, sin embargo sus fósiles no se encuentran puesto que la bacteria, que ya existía desde antes, solía destruirlos.

Al elevarse la tierra, Norteamérica se unió a Europa mediante puentes terrestres que se extendían hasta Groenlandia. Y en el presente Groenlandia guarda los restos de estas primitivas plantas terrestres bajo su manto de hielo.

Hace *240.000.000* de años la tierra sobre partes de Europa así como sobre Norteamérica y Sudamérica empezó a hundirse. Este hundimiento marcó la aparición de las últimas y menos extensas inundaciones devonianas. Los mares árticos nuevamente se desplazaron hacia el sur sobre gran parte de Norteamérica, el Atlántico inundó gran parte de Europa y Asia occidental, en tanto que el Pacífico meridional cubría la mayor parte de la India. Esta inundación fue lenta en aparecer e igualmente lenta en retirarse. Las Montañas Catskill a lo largo de la margen occidental del río Hudson son de los mayores monumentos geológicos de esta época que se encuentran sobre la superficie de Norteamérica.

Hace *230.000.000* de años los mares continuaban su retirada. Gran parte de América del Norte estaba sobre el nivel del agua, y había gran actividad volcánica en la región de San Lorenzo. El Monte Real, en Montreal, es el cuello erosionado de uno de estos volcanes. Los depósitos de esta época entera están bien comprobados en los Montes Apalaches de América del Norte, allí donde el río Susquehanna ha tallado un valle descubriendo estas capas sucesivas, que alcanzaron un grosor superior a 4.000 metros.

Continuaba la elevación de los continentes, y la atmósfera se iba enriqueciendo de oxígeno. La tierra estaba cubierta de vastos bosques de helechos de una altura de treinta metros y de árboles peculiares de aquellos tiempos, bosques silenciosos; no se escuchaba ni un ruido, ni siquiera el crujir de una hoja, pues tales árboles carecían de hojas.

Y de este modo iba llegando a su término uno de los períodos más largos de la evolución de la vida marina, *la edad de los peces*. Este período de la historia del mundo tuvo una duración aproximada de cincuenta millones de años; vuestros investigadores han llegado a conocerlo por el período *devoniano*.

5. LA ETAPA DEL DESPLAZAMIENTO DE LA CORTEZA EL PERÍODO CARBONÍFERO DE BOSQUES DE HELECHOS LA EDAD DE LAS RANAS

La aparición de los peces durante el período precedente marca el punto culminante de la evolución de la vida marina. Desde este punto en adelante la evolución de la vida terrestre se hace cada vez más importante. Al iniciarse este período, el escenario está casi idealmente preparado para la aparición de los primeros animales terrestres.

Hace *220.000.000* de años gran parte de las zonas terrestres continentales, la mayor parte de Norteamérica inclusive, estaba sobre el nivel del agua. La tierra estaba atestada de una lujuriante vegetación; ésta fue efectivamente la *edad de los helechos*. El bióxido de carbono seguía presente en la atmósfera pero en grados cada vez menores.

Poco tiempo después se inundó la porción central de Norteamérica, creando dos grandes mares interiores. Las tierras altas de las costas del Pacífico así como del Atlántico estaban situadas un poco más allá de las costas de mar actuales. Estos dos mares se unieron en este momento, entremezclándose sus distintas formas de vida, y la unión de esta fauna marina marcó el comienzo del declive rápido y global de la vida marina y el principio del subsiguiente período de vida terrestre.

Hace *210.000.000* de años los mares árticos de agua tibia cubrían la mayor parte de Norteamérica y Europa. Las aguas polares del sur inundaban Sudamérica y Australia, en tanto que África así como Asia estaban sumamente elevadas.

Cuando estaban los mares en su auge, aconteció *repentinamente* una nueva evolución. Bruscamente aparecieron los primeros animales terrestres. Había numerosas especies de estos animales que podían vivir tanto en la tierra como en el agua. Estos anfibios que respiraban aire se habían desarrollado de los artrópodos, cuyas vejigas natatorias habían evolucionado en pulmones.

De las salobres aguas de los mares se arrastraron sobre la tierra caracoles, escorpiones y ranas. Hoy en día las ranas siguen poniendo sus huevos en un medio acuático, y su cría tiene al principio forma de pececillos, los renacuajos. Este período bien pudiera conocerse por la *edad de las ranas.*

Poco tiempo después los insectos despuntaron por primera vez y, junto con las arañas, escorpiones, cucarachas, grillos y cigarras, no tardaron en esparcirse por los continentes del mundo. Las libélulas medían más de setenta y cinco centímetros de ancho. Se desarrollaron mil especies de cucarachas, y algunas llegaban a medir diez centímetros de largo.

Dos grupos de equinodermos se desarrollaron particularmente, y son en realidad los fósiles guías de esta época. Los tiburones grandes que se alimentaban de los animales de concha también estaban bien desarrollados, y durante más de cinco millones de años dominaron los océanos. El clima aún era templado y estable; la vida marina cambió muy poco. Los peces de agua dulce se iban desarrollando y los trilobites se aproximaban a su extinción. Los corales escaseaban, y gran parte de la caliza la hacían los crinoideos. Las calizas para construccion más finas se asentaron durante esta época.

Las aguas de muchos mares interiores estaban tan cargadas de caliza y otros minerales que su presencia interfería considerablemente con el progreso y desarrollo de muchas especies marinas. A la larga los mares se despejaron a consecuencia de un extenso depósito de roca, el cual en algunas partes contenía zinc y plomo.

Los depósitos de esta primitiva edad carbonífera son de 150 a 600 metros de grueso, y consisten en arenisca, esquisto y caliza. Los estratos más antiguos dan fósiles de animales y plantas tanto marinos como terrestres, junto con mucho cascajo y sedimentos de las cuencas. Poco carbón explotable se encuentra en estos estratos más viejos. Estos depósitos a través de Europa se asemejan mucho a los que se sentaron en Norteamérica.

Hacia el final de esta época la tierra de Norteamérica fue elevándose. Hubo una breve interrupción, y el mar volvió a cubrir como la mitad de sus lechos anteriores. Esta fue una inundación de corta duración, y poco tiempo después la mayor parte de la tierra ya había asomado sobre el agua. Sudamérica aún estaba unida con Europa a través de África.

Esta época presenció el comienzo de los Vosgos, la Selva Negra y los Montes Urales. Los restos de otras montañas más antiguas se encuentran por toda la Gran Bretaña y Europa.

Hace 200.000.000 de años comenzaron las etapas más activas del período carbonífero. Durante los veinte millones de años anteriores se iban asentando los primitivos depósitos de carbón, pero en este momento ya estaban en curso actividades más extensas de formación de carbón. La duración de la época real de depósito de carbón fue de un poco más de veinticinco millones de años.

La tierra ascendía y descendía periódicamente debido al cambiante nivel del mar ocasionado por actividades en el fondo de los océanos. Esta intranquilidad de la corteza, —el asentamiento y ascenso de la tierra— en conjunto con la prolífica vegetación de los pantanos costaneros, contribuyó a la producción de vastos depósitos de carbón, por lo cual se conoce este período por el período *carbonífero.* Y el clima seguía siendo templado en todo el mundo.

Las capas de carbón se alternaban con esquisto, piedra y conglomerado. Estos yacimientos de carbón sobre las partes central y oriental de Estados Unidos tienen un espesor que varía de doce a quince metros. Pero gran parte de estos depósitos se derrubiaron durante las elevaciones terrestres subsiguientes. En algunas partes de Norteamérica y Europa los estratos que contienen carbón son de 5.500 metros de espesor.

La presencia de la raigambre de árboles creciendo en el barro que subyace los actuales yacimientos de carbón, demuestra que el carbón se formó justamente donde se encuentra al presente. El carbón es el residuo de la exuberante vegetación que se daba en las ciénagas y márgenes de pantano que el agua conservaba y la presión modificaba en esta lejana edad. Los estratos de carbón contienen a menudo tanto gas como petróleo. Los yacimientos de turba, restos de vegetación pasada, se convertirían en un tipo de carbón si se los sometiera a una presión y calor adecuados. La antracita ha estado sometida a más presión y calor que otros tipos de carbón.

En Norteamérica las capas de carbón de los distintos yacimientos, las cuales indican la cantidad de veces que la tierra se hundió y se elevó, varían de diez en Illinois, veinte en Pensilvania, treinta y cinco en Alabama, a setenta y cinco en Canadá. En los yacimientos de carbón se encuentran fósiles tanto de agua dulce como de agua salada.

A lo largo de toda esta época las montañas de América del Norte y del Sur estaban activas, elevándose tanto los Andes como las Montañas Rocosas ancestrales del sur. Las grandes regiones altas de las costas del Atlántico y del Pacífico empezaron a hundirse; con el tiempo quedaron tan erosionadas y sumergidas que las costas de los dos océanos se retiraron a sus aproximadas posiciones actuales. Los depósitos de esta inundación tienen un promedio de alrededor de trescientos metros de espesor.

Hace *190.000.000* de años se presenció una expansión hacia el poniente del mar carbonífero de Norteamérica sobre la presente región de las Montañas Rocosas, con una salida al Océano Pacífico a través del norte de California. El carbón continuó sentándose por todas las Américas y Europa, capa sobre capa, a medida que las tierras costaneras ascendían y descendían durante estas edades de oscilantes orillas de mar.

Hace *180.000.000* de años se cerró el período carbonífero, durante el cual se había formado carbón por todo el globo —en Europa, India, China, África del norte y las Américas. Al final del período de formación de carbón, Norteamérica al este del valle del Misisipí se elevó, y la mayor parte de esta sección ha permanecido desde entonces sobre el nivel del mar. Este período de elevación terrestre marca el comienzo de las montañas modernas de Norteamérica, tanto en las regiones apalaches como en el oeste. Los volcanes estaban activos en Alaska y California y en las regiones de formación de montañas de Europa y Asia. América oriental y Europa occidental estaban unidas por el continente de Groenlandia.

La elevación de tierra empezó a modificar el clima marino de las edades precedentes y a sustituir por él los principios del clima continental, menos benigno y más variable.

Las plantas de estos tiempos eran esporofitas, y el viento podía propagar sus esporas a grandes distancias y por amplios ámbitos. Los troncos de los árboles carboníferos solían ser de un diámetro de más de dos metros y a menudo de una altura de casi cuarenta metros. Los helechos modernos son verdaderas reliquias de estas edades pasadas.

En general, éstas fueron las épocas de desarrollo de los organismos de agua dulce; la vida marina anterior cambió muy poco. Pero el rasgo característico importante de este período fue la apareció *súbita* de las ranas y sus múltiples primos. En cuanto a la vida, las características principales de la edad carbonífera fueron los *helechos* y las *ranas*.

6. LA ETAPA DE LA TRANSICIÓN CLIMÁTICA EL PERÍODO DE LAS PLANTAS DE SEMILLA LA EDAD DE LA TRIBULACIÓN BIOLÓGICA

Este período marca el final del decisivo desarrollo evolutivo en la vida marina y el principio del período de transición que conduce a las edades subsiguientes de los animales terrestres.

Esta edad fue de gran empobrecimiento de la vida. Perecieron miles de especies marinas, y en la tierra la vida aún no estaba bien establecida. Éste fue un período de tribulación biológica, una edad en la cual casi la vida por poco desaparece de la faz de la tierra y de las profundidades de los océanos. Hacia el final de la larga era de vida marina existían más de cien mil especies de entes vivientes en la tierra. Al final de este período de transición, habían sobrevivido menos de quinientas de éstas.

Las particularidades de este nuevo período no se debían tanto al enfriamiento de la corteza de la tierra ni a la larga ausencia de acción volcánica, sino a una inusitada combinación de influencias comunes y corrientes ya existentes desde antes —restricciones de los mares y la elevación en aumento de enormes masas terrestres. El templado clima marino de tiempos pasados iba desapareciendo, y el tipo continental de clima más severo se iba desarrollando a un ritmo acelerado.

Hace *170.000.000* de años se produjeron grandes cambios y ajustes evolutivos sobre la entera faz de la tierra. La tierra iba elevándose por todo el globo a medida que los lechos oceánicos iban hundiéndose. Aparecían cordilleras aisladas de montañas. La parte este de Norteamérica estaba muy elevada sobre el mar; el oeste iba elevándose con lentitud. Los continentes estaban cubiertos de grandes y pequeños lagos salados y numerosos mares interiores que se comunicaban con los océanos por estrechos angostos. Los estratos de este período de transición varían de 300 a 2.000 metros de grosor.

La corteza de la tierra se plegó considerablemente durante este período de elevaciones terrestres. Éstos fueron tiempos de surgimiento continental, con la excepción de la desaparición de ciertos puentes terrestres, incluyendo los continentes que desde hacía tanto tiempo habían unido América del Sur con África y América del Norte con Europa.

Gradualmente los lagos y mares interiores se iban secando por el mundo entero. Empezaron a brotar glaciares montañéses y regionales aislados, máxime sobre el hemisferio sur, y en muchas regiones se puede encontrar el depósito glacial de estas formaciones locales de hielo incluso entre algunos de los depósitos superiores y posteriores de carbón. Dos nuevos factores climáticos entraron en juego —la congelación y la aridez. Muchas de las regiones más elevadas de la tierra se habían vuelto áridas y yermas.

A lo largo de estos tiempos de cambio climático también acontecieron grandes variaciones en las plantas terrestres. Aparecieron por primera vez las *plantas de semilla* que brindaban una mejor fuente alimenticia para la vida animal terrestre que aumentaría en el futuro. Los insectos sufrían un cambio radical. Se desarrollaron las *etapas de reposo* para satisfacer las exigencias de la muerte aparente durante el invierno y las sequías.

Entre los animales terrestres las ranas alcanzaron su clímax en la edad precedente y disminuyeron con rapidez, pero sobrevivieron, pues podían vivir largamente incluso en los charcos y lagunas en vía de evaporación de estos tiempos tan remotos y extramadamente exasperantes. Durante la decadencia de la edad de las ranas, se produjo en África el primer paso de la evolución de la rana al reptil. Puesto que las masas terrestres aún estaban unidas, esta criatura prerreptil, que respiraba aire, se propagó a lo largo y a lo ancho del globo. Para este momento la atmósfera había cambiado tanto que servía de manera admirable para sustentar la respiración animal. Poco tiempo después del advenimiento de estas ranas pre-reptiles, Norteamérica quedó temporalmente aislada, desligada de Europa, Asia y Sudamérica.

El enfriamiento paulatino de las aguas oceánicas contribuyó en gran medida a la aniquilación de la vida oceánica. Los animales marinos de aquellas edades se refugiaban provisionalmente en tres retiros favorables: la región del Golfo de México, la Bahía del Ganges de India y la Bahía de Sicilia de la cuenca mediterránea. Y desde estas tres regiones las nuevas especies marinas, nacidas a la adversidad, más adelante poblaron nuevamente los mares.

Hace *160.000.000* de años la tierra estaba cubierta en gran medida de una vegetación adaptada para sustentar la vida animal terrestre, y la atmósfera se había hecho ideal para la respiración animal. De este modo termina el período de la reducción de la vida marina y aquellos penosos tiempos de adversidad biológica que eliminaron todas las formas de vida salvo las que tenían valor de supervivencia, y que por consiguiente calificaron en su capacidad de predecesores de la vida de más rápido desarrollo y altamente diferenciada de las edades de evolución planetaria que sobrevendrían.

El final de este período de tribulación biológica, que vuestros estudiosos conocen a fuer del período *pérmico*, además marca el final de la larga era *paleozoica*, que abarca un cuarto de la historia planetaria, doscientos cincuenta millones de años.

El vasto vivero oceánico de vida en Urantia ha servido para el caso. Durante las largas edades en que la tierra no era apta para sustentar la vida, antes de contener la atmósfera suficiente oxígeno para sustentar los animales terrestres superiores, el mar protegía y nutría la vida primitiva del reino. En este momento la importancia biológica del mar va menguando progresivamente a medida que la segunda etapa de evolución va desplegándose en la tierra.

[Presentado por un Portador de Vida nebadónico, miembro del cuerpo original asignado a Urantia.]

DOCUMENTO 60

URANTIA DURANTE LA ERA PRIMITIVA DE LA VIDA TERRESTRE

LA ERA de la vida marina exclusiva ha llegado a su fin. Todos los siguientes factores conspiraron enormemente a cambiar el clima global en todas las regiones bien apartadas de la zona ecuatorial: la elevación terrestre, la corteza y océanos en enfriamiento, la restricción y consiguiente profundización del mar, acoplados con un gran aumento de tierra en las latitudes ecuatoriales.

Las épocas finales de la era anterior constituyeron efectivamente la edad de las ranas, pero estos predecesores de los vertebrados de tierra ya no predominaban, habiendo sobrevivido en cantidades muy reducidas. Muy pocos tipos sobrevivieron a las rigurosas pruebas del período precedente de tribulación biológica. Aun las esporofitas estuvieron a punto de extinguirse.

1. LA EDAD PRIMITIVA DE LOS REPTILES

La mayor parte de los depósitos de erosión de este período fueron de conglomerados, esquisto, y arenisca. El yeso y las capas rojas a través de todas estas sedimentaciones, tanto sobre América como sobre Europa, indican que el clima de estos continentes fue árido. Estos territorios áridos estuvieron sujetos a una gran erosión ocasionada por violentos y periódicos aguaceros en las tierras altas circundantes.

Se encuentran pocos fósiles en estas capas, pero sí se pueden observar numerosas huellas incrustadas en la arenisca, dejadas por los reptiles terrestres. En muchas regiones el depósito de arenisca roja de trescientos metros de espesor que corresponde a este período no contiene fósiles. La vida de los animales terrestres no fue continua sino en ciertas partes de África.

Estos depósitos varían de 1.000 a 3.000 metros de espesor, y llegan hasta 5.400 metros en la costa del Pacífico. En épocas posteriores se introdujo lava violentamente entremedio de muchas de estas capas. Los Acantilados del Río Hudson se formaron mediante la extrusión de lava basáltica entre estos estratos triásicos. La acción volcánica fue extensa en diferentes partes del mundo.

Se pueden encontrar depósitos de este período en Europa, máxime en Alemania y Rusia. En Inglaterra, la Nueva Arenisca Roja corresponde a esta época. La caliza se asentó en los Alpes meridionales a consecuencia de una invasión marina y presentemente se puede observar a manera de muros peculiares, picos y pilares de caliza dolomítica propios de esas regiones. Esta capa se encuentra en toda África y Australia. El mármol de Carrara proviene de tales calizas modificadas. Nada de este período se encontrará en las regiones australes de Sudamérica, pues aquella parte del continente permaneció sumergida y, por consiguiente, no presenta más que un depósito acuático o marino contiguo a las épocas precedente y subsiguiente.

Hace *150.000.000* de años comenzaron los primeros períodos de vida terrestre de la historia mundial. La vida, por lo general, no prosperó en gran medida, pero sí prosperó mejor que durante la ardua y hostil etapa final de la era de la vida marina.

Al principiar esta era, las partes orientales y centrales de Norteamérica, la mitad septentrional de Sudamérica, la mayor parte de Europa, y toda Asia están bien elevadas por encima del agua. Por primera vez Norteamérica se halla geográficamente aislada, pero esto no dura mucho tiempo, ya que el puente terrestre del Estrecho de Bering, dentro de poco tiempo, vuelve a emerger, uniendo el continente con Asia.

Se desarrollaron grandes depresiones paralelas a las costas del Atlántico y del Pacífico en América del Norte. Apareció en Connecticut la gran falla oriental, un lado de la cual llegó, con el tiempo, a hundirse más de tres kilómetros. Después, muchas de estas depresiones norteamericanas y muchas cuencas de lagos de agua dulce y salada de las regiones montañosas se llenaron de los depósitos de la erosión. Posteriormente, estas depresiones terrestres rellenas se elevaron considerablemente a causa de los flujos de lava que corrían por debajo de la tierra. Corresponden a esta época los bosques petrificados de muchas regiones.

La costa del Pacífico, que solía permanecer por encima del agua durante las sumersiones continentales, descendió, con la excepción de la parte sur de California y de una isla grande que existía en aquel entonces en lo que hoy en día es el Océano Pacífico. Este vetusto mar californiano poseía una gran riqueza de vida marina y se extendía hacia el este hasta comunicarse con la antigua cuenca marina de la región del oeste medio.

Hace *140.000.000* de años, *súbitamente* y después de una breve aparición de los dos antepasados prerreptiles que se habían desarrollado en África durante la época anterior, los reptiles aparecieron totalmente completos en su forma. Con rapidez se desarrollaron, originando poco tiempo después, cocodrilos, reptiles escamosos, y finalmente, serpientes marinas y reptiles voladores. Rápidamente desaparecieron sus predecesores transitorios.

Estos dinosaurios reptiles, que iban evolucionando a un paso acelerado, pronto se volvieron los monarcas de esta edad. Ponían huevos y se distinguían de todos los demás animales por su cerebro pequeño, que pesaba menos de medio kilo para controlar un cuerpo que, con el tiempo, llegó a pesar tanto como cuarenta toneladas. Los reptiles primitivos, sin embargo, eran de menor tamaño, carnívoros, y caminaban en forma similar a los canguros, apoyándose sobre sus patas traseras. Tenían los huesos huecos característicos de las aves y posteriormente desarrollaron a tener sólo tres dedos en las patas traseras; por tanto, gran parte de sus pisadas fosilizadas han sido confundidas con las de aves gigantes. Después, evolucionaron los dinosaurios herbívoros. Estos caminaban sobre las cuatro patas, y una rama de este grupo desarrolló una coraza protectora.

Varios millones de años después, aparecieron los primeros mamíferos. Eran no placentarios y no tardaron en resultar un fracaso rotundo; pues ninguno sobrevivió. Fue éste un intento experimental de mejorar los tipos mamíferos, pero no dio resultado en Urantia.

La vida marina de este período era exigua, pero mejoró rápidamente con la nueva invasión de los mares que, nuevamente, produjo extensas costas de aguas poco profundas. Puesto que había más aguas de poca profundidad alrededor de Europa y Asia, se encuentran los lechos más ricos en fósiles por estos continentes. Hoy por hoy, si queréis estudiar la vida de esa edad, no dejéis de examinar las regiones Himalaya, Siberiana y Mediterránea, así como la India y las islas de la cuenca del Pacífico austral. Un rasgo prominente de la vida marina era la presencia de las huestes de los hermosos amonites, cuyos restos fósiles se encuentran por el mundo entero.

Hace *130.000.000* de años los mares habían cambiado muy poco. Siberia y Norteamérica estaban unidas por el puente terrestre del Estrecho de Bering. Especies de vida marina abundantes y singulares aparecieron en la costa pacífica de California, donde se desarrollaron más de mil especies de amonites a partir de los tipos superiores de cefalópodos. Los cambios de vida en este período fueron en efecto revolucionarios, a pesar de ser transitorios y graduales.

Este período se extendió a lo largo de veinticinco millones de años y se conoce como el período *triásico.*

2. EL FIN DE LA EDAD DE LOS REPTILES

Hace *120.000.000* de años comenzó una nueva fase de la edad de los reptiles. El gran acontecimiento de este período fue la evolución y ocaso de los dinosaurios. La vida animal terrestre alcanzó su máximo desarrollo, en cuanto al tamaño, y al finalizar esta edad, había prácticamente perecido, esfumándose de la faz de la tierra. Los dinosaurios evolucionaron en todos los tamaños, desde una especie de poco más de medio metro de largo, hasta los enormes dinosaurios no carnívoros de casi veintitres metros de largo, a los cuales, hasta la fecha, ninguna criatura viviente les ha igualado en tamaño.

El más grande de los dinosaurios se originó en el oeste de América del Norte. Estos monstruosos reptiles están enterrados en todas las regiones de las Montañas Rocosas, a lo largo del entero litoral atlántico de Norteamérica, en Europa occidental, Sudáfrica, y la India, pero no en Australia.

Estas macizas criaturas se hicieron menos activas y fuertes a medida que crecían en tamaño; pero requerían una cantidad tan desmesurada de alimentos y la tierra estaba tan atestada de ellos que, literalmente, se murieron de hambre y se extinguieron —pues carecían de la inteligencia para sobrellevar la situación.

En este momento la mayor parte del este de Norteamérica, que durante mucho tiempo había estado elevada, había bajado de nivel y había sido arrastrada hacia el Océano Atlántico de tal modo que la costa se extendía varios cientos de kilómetros más allá de donde llega hoy. La parte oeste del continente aún estaba elevada; no obstante, estas regiones, inclusive después, fueron invadidas por el mar del norte y el Pacífico, que se extendieron hacia el este hasta la región de Black Hills, en Dakota del Sur.

Ésta era una edad de agua dulce que se caracterizaba por muchos lagos interiores, tal como lo acusan los abundantes fósiles de agua dulce de los llamados lechos de Morrison en Colorado, Montana, y Wyoming. El espesor de estos depósitos combinados de agua dulce y salada varía de 600 a 1.500 metros; muy poca caliza, sin embargo, está presente en estas capas.

El mismo mar polar que tanto se extendió hacia el sur por Norteamérica, asímismo cubrió toda Sudamérica salvo la incipiente cordillera de los Andes. Se inundó la mayor parte de China y Rusia, pero la invasión acuática fue la mayor en Europa. Durante esta sumersión se sentó la bella piedra litográfica de Alemania meridional, aquellos estratos en los que se conservan como si fueran de ayer mismo fósiles tales como las delicadísimas alas de insectos antiguos.

La flora de esta edad era muy similar a la de la edad anterior. Persistían los helechos, en tanto que las coníferas y pinos se iban asemejando cada vez más a las variedades de hoy en día. Aún se estaba formando un poco de carbón a lo largo de las márgenes del Mediterráneo.

El retorno de los mares mejoró el clima. Los corales se propagaron hasta las aguas europeas, atestiguando que el clima seguía siendo suave y estable, pero no volvieron a aparecer jamás en los mares polares que poco a poco iban enfriándose. La vida marina de estos tiempos se mejoró y se desarrolló considerablemente, sobre todo en las aguas europeas. Tanto los corales como los crinoideos aparecieron temporalmente en mayores cantidades que en tiempos pasados; sin embargo, los amonites dominaban la vida invertebrada de los océanos, su tamaño medio iba de siete a diez centímetros, aunque una especie alcanzó un diámetro de dos metros y medio. Las esponjas estaban en todas partes, y seguían evolucionando las sepias así como las ostras.

Hace *110.000.000* de años continuaban desplegándose los potenciales de la vida marina. Entre las destacadas mutaciones de esta época figuró el erizo de mar. Los cangrejos, las langostas y otros tipos modernos de crustáceos se desarrollaron plenamente. Se produjeron marcados cambios en la familia de los peces, apareciendo por primera vez un tipo de esturión; sin embargo, las feroces serpientes marinas, descendientes de los reptiles terrestres, aún infestaban todos los mares, y amenazaban con aniquilar la entera familia de los peces.

Ésta seguía siendo la edad de los dinosaurios por excelencia. Atestaron éstos la tierra hasta tal punto que dos especies se adaptaron al agua para subsistir durante el precedente período de la invasión marina. Dichas serpientes de mar representan un paso atrás en la evolución. En tanto que algunas especies nuevas iban haciendo progresos, ciertas especies se quedan estancadas y otras tienden a retroceder, revirtiendo a un estado anterior. En efecto, así sucedió con estos dos tipos de reptiles que abandonaron el medio terrestre.

Andando el tiempo, las serpientes de mar crecieron tal tamaño que se hicieron muy lerdas y, con el tiempo, perecieron porque no tenían el cerebro lo bastante grande para proteger sus enormes cuerpos. Su cerebro pesaba menos de cincuenta gramos, y eso que estos descomunales ictiosauros, algunas veces, alcanzaban quince metros de largo, y en su mayoría superaban los once metros. Los cocodriloideos marinos también constituyeron una reversión del tipo de reptil terrestre; mas, a diferencia de las serpientes marinas, estos animales siempre volvían a la tierra para poner sus huevos.

Poco tiempo después de que dos especies de dinosaurios emigraron al agua en un vano intento de preservarse a sí mismos, otros dos tipos se vieron obligados a alzar el vuelo debido a la encarnizada competencia de la vida terrestre. Pero estos pterosaurios no fueron los antepasados de las verdaderas aves de las edades subsiguientes. Evolucionaron de los saltarines dinosaurios de hueso hueco, y sus alas eran de formación similar a la de los murciélagos, con una envergadura de seis a más de ocho metros. Estos reptiles voladores antiguos alcanzaban, en su desarrollo físico, tres metros de largo, y tenían mandíbulas separables, muy parecidas a las de las culebras modernas. Durante un tiempo, estos reptiles voladores parecieron ser un éxito, pero no consiguieron evolucionar de una manera que se les permitiera sobrevivir como aeronavegantes. Representan la ascendencia de las especies de aves que no sobrevivieron.

Las tortugas se incrementaron durante este período, apareciendo por primera vez en Norteamérica. Sus antepasados llegaron de Asia vía el puente terrestre boreal.

Hace cien millones de años la edad de los reptiles se fue acercando a su fin. A los dinosaurios, a despecho de su enorme masa, les faltaba poco para ser, en efecto, animales sin cerebro; carecían de la inteligencia necesaria para conseguir comida suficiente para alimentar un cuerpo de semejante tamaño. Y así perecieron estos lerdos reptiles terrestres en cantidades cada vez mayores. De este momento en adelante, a la evolución le seguirá el desarrollo de los cerebros, no el tamaño físico, y el desarrollo de los cerebros caracterizará cada época sucesiva de la evolución animal y del progreso planetario.

Este período, que englobó el apogeo y el principio de la decadencia de los reptiles, duró casi veinticinco millones de años y se conoce como período *jurásico*.

3. La etapa cretácea el período de las plantas floríferas la edad de las aves

El gran período cretáceo deriva su nombre del predominio en los mares de los prolíficos foraminíferos productores de creta o greda. Este período acerca Urantia al final del prolongado dominio de los reptiles y presencia la aparición en la tierra de plantas floríferas y fauna avícola. Estos también son los tiempos en que termina la deriva de los continentes hacia el oeste y sur, acompañado de formidables deformaciones de la corteza y erupciones de lava concomitantes y vastas, y de grandes actividades volcánicas.

Cerca del final del período geológico precedente, gran parte de la tierra continental estaba elevada por encima del nivel del mar, aunque, hasta este momento, no había picos montañosos. Pero a medida que continuaba la deriva terrestre continental, ésta topó con el primer gran obstáculo en el fondo profundo del Océano Pacífico. Esta contención de las fuerzas geológicas dio ímpetu a la formación de la entera vasta cordillera septentrional y meridional, extendiéndose desde Alaska, por México, hasta el Cabo de Hornos.

De este modo, este período se convierte en la *etapa moderna de la formación de las montañas* de la historia geológica. Anteriormente a estos tiempos había pocos picos, tan sólo lomas elevadas de gran anchura. La cordillera de la costa del Pacífico iba elevándose, pero estaba situada 1.100 kilómetros al oeste de la costa de hoy en día. Las Sierras comenzaban a formarse, siendo sus estratos de cuarzo que contienen oro fruto de las erupciones de lava de esta época. En la parte este de Norteamérica, la presión ejercida por el Atlántico también actuaba para ocasionar una elevación de la tierra.

Hace *100.000.000* de años el continente norteamericano y una parte de Europa estaban bien elevados sobre el agua. La deformación de los continentes americanos continuó, resultando en la metamorfosis de los Andes de Sudamérica y en la gradual elevación de las planicies del oeste de Norteamérica. La mayor parte de México se hundió por debajo del mar, y el Atlántico meridional invadió la costa oriental de América del Sur, alcanzando, con el tiempo, la costa presente. Los océanos Atlántico e Índico eran entonces más o menos como lo son hoy.

Hace *95.000.000* de años las masas terrestres de América y Europa fueron hundiéndose nuevamente. Los mares australes comenzaron la invasión de Norteamérica y paulatinamente se extendieron hacia el norte hasta comunicarse con el Océano Artico, lo cual constituyó la segunda gran sumersión del continente. Al retirarse este mar finalmente, dejó el continente casi como es actualmente. Antes de que comenzara esta gran sumersión, las tierras altas apalaches del este se habían desgastado casi completamente, bajando hasta el nivel del mar. Las policromas capas de la arcilla pura que hoy se utilizan para fabricar loza de barro se sentaron sobre las regiones costeras del Atlántico durante esta edad, teniendo las capas un espesor medio de unos 600 metros.

Grandes acciones volcánicas acontecieron al sur de los Alpes y a lo largo de la presente cordillera costal de California. Las mayores deformaciones de la corteza en millones y millones de años se produjeron en México. Ocurrieron, además, grandes cambios en Europa, Rusia, Japón, y en la parte austral de Sudamérica. El clima se hizo cada vez más diverso.

Hace *90.000.000* de años las angiospermas surgieron de estos primitivos mares cretáceos y poco tiempo después invadieron los continentes. Estas plantas terrestres aparecieron *súbitamente* junto con las higueras, las magnolias, y los tulipameros. Poco tiempo después se propagaron por Europa y por las planicies del oeste de Norteamérica las higueras, los árboles de pan y las palmeras. No apareció ningún animal terrestre nuevo.

Hace *85.000.000* de años se cerró el estrecho de Bering, acorralando las aguas del mar del norte que se venían enfriando. Hasta entonces la vida marina de las aguas del Atlántico del Golfo y del Océano Pacífico habían diferido considerablemente, debido a las variaciones de temperatura de estas dos extensiones de agua, la cual, para ese entonces, se hizo uniforme.

Los depósitos de marga de greda y arenisca verde le prestan el nombre a este período. Las sedimentaciones de estos tiempos son abigarradas, consistentes en greda, esquisto, arenisca, y pequeñas cantidades de caliza, junto con carbón inferior o lignito, y en muchas regiones contienen petróleo. Estas capas tienen un espesor que varía de 60 a 3.000 metros en algunos lugares del oeste de Norteamérica y en numerosas localidades europeas. Se pueden observar estos depósitos por los bordes orientales de las Montañas Rocosas en las estribaciones cuesta arriba.

Por el mundo entero, estos estratos están impregnados de greda, y estas capas de semirroca porosa recogen agua en los afloramientos inclinados y la transportan hacia abajo para proporcionar la fuente de agua de gran parte de las presentes regiones áridas de la tierra.

Hace *80.000.000* de años ocurrieron grandes perturbaciones en la corteza terrestre. El avance de la deriva continental hacia el oeste se iba paralizando, y la inmensa energía del lento impulso de la masa continental, que venía a la zaga, desmoronó la costa del Pacífico de Norteamérica así como la de Sudamérica e inició profundos cambios consiguientes a lo largo de las costas pacíficas de Asia. Esta elevación terrestre alrededor del Pacífico, que culminó en las cordilleras presentes, tiene una longitud de más de cuarenta mil kilómetros. Los solevantamientos que acompañaron su surgimiento fueron las mayores deformaciones de superficie que se hayan producido desde que apareciera la vida en Urantia. Los flujos de lava, tanto por encima como por debajo de la tierra, fueron cuantiosos y vastos.

75.000.000 de años atrás se produce el fin de la deriva continental. Desde Alaska hasta el Cabo de Hornos ya estaban completas las cadenas de montañas de la costa del Pacífico, aunque hasta este momento había pocos picos.

La fuerza propulsora contraria a la deriva continental, que se había parado, continuó elevando las planicies del oeste de Norteamérica, mientras que en el este los desgastados Montes Apalaches de la región del litoral oriental se proyectaban abruptamente hacia arriba, casi sin declive.

Hace *70.000.000* de años acontecieron las deformaciones de la corteza relacionadas con la máxima elevación de la región de las Montañas Rocosas. Un gran segmento de roca se solevantó veinticuatro kilómetros en la superficie de la Columbia Británica; aquí las rocas cámbricas fueron impulsadas en un plano oblicuo respecto de las capas cretáceas. Por la vertiente oriental de las Montañas Rocosas, cerca de la frontera con Canadá, se dio otra espectacular alteración geológica; aquí se pueden encontrar las capas de piedra formadas anteriormente a la vida, que se habían solevantado por encima de los depósitos cretáceos, siendo éstos, en ese entonces, los más recientes.

Ésta fue una edad de actividad volcánica en todo el ámbito global, que dio origen a numerosos pequeños conos volcánicos aislados. En la región sumergida del Himalaya estallaron volcanes submarinos. Gran parte del resto de Asia, inclusive Siberia aún estaba sumergida.

Hace *65.000.000* de años se produjo una de las mayores erupciones de lava de todos los tiempos. Se pueden encontrar las capas de los depósitos de éstas y de anteriores erupciones de lava por todas las Américas, África del norte y del sur, Australia, y partes de Europa.

Los animales terrestres habían cambiado muy poco, pero debido al mayor surgimiento continental, sobre todo en Norteamérica, se multiplicaron a un paso acelerado. La mayor parte de Europa estando sumergida, Norteamérica fue el gran campo de la evolución de los animales terrestres de estos tiempos.

El clima seguía siendo templado y uniforme. Las regiones árticas gozaban de condiciones meteorológicas muy parecidas a las del clima de hoy en Norteamérica central y meridional.

La vida vegetal estaba evolucionando intensamente. Entre las plantas terrestres predominaban las angiospermas, y aparecieron por primera vez muchos árboles de los tiempos presentes, incluyendo hayas, abedules, robles, nogales, sicomoros, arces y palmeras modernas. Abundaban las frutas, hierbas y cereales, y estas hierbas y árboles semíllaferos fueron para el mundo vegetal lo que los antepasados del hombre fueron para el mundo animal; su importancia evolutiva tan sólo fue superada por la aparición del hombre mismo. *Súbitamente* y sin gradación previa, la gran familia de plantas floríferas se transformó por mutación. Esta flora nueva se diseminó por el mundo entero.

Hace 60.000.000 de años, aunque los reptiles terrestres estaban en decadencia, los dinosaurios continuaron en calidad de monarcas de la tierra, tomando ahora la delantera los tipos más ágiles y activos de dinosaurios carnívoros de la variedad saltadora similar a los canguros. Pero en algún momento anterior habían aparecido nuevos tipos de dinosaurios herbívoros, cuyo rápido aumento se debió a la aparición de las plantas terrestres de la familia herbácea. Uno de estos dinosaurios herbívoros nuevos era un verdadero cuadrúpedo, con dos cuernos y un crecimiento en forma de capa en los hombros. Apareció un tipo terrestre de tortuga, de seis metros de ancho, además de un cocodrilo moderno y auténticas serpientes del tipo moderno. También se dieron grandes cambios entre los peces y otras formas de vida marina.

Las primeras aves zancudas y nadadoras de las edades anteriores no prosperaron en el aire, tampoco lo hicieron los dinosaurios voladores. Éstas fueron especies de corta existencia, que se extinguieron al poco tiempo. Sufrieron el mismo destino de aniquilación de los dinosaurios, ya que tenían muy poca sustancia cerebral en proporción con su tamaño corporal. Esta segunda tentativa de producir animales que pudieran navegar en los aires fracasó, al igual que el infructuoso intento de producir mamíferos durante esta edad y la precedente.

Hace 55.000.000 de años, lo que marcó la marcha evolutiva fue la *súbita* aparición de la primera especie *auténtica de ave*, una pequeña criatura parecida a la paloma, que fue la predecesora de toda la fauna avícola. Éste fue el tercer tipo de criatura voladora que apareció sobre la tierra, y surgió directamente del grupo de los reptiles, no del de los dinosaurios voladores que eran coetáneos, ni del de los anteriores tipos de aves terrestres dentadas. Así pues, ésta llega a conocerse como la *edad de las aves* así como la edad de la decadencia de los reptiles.

4. EL FIN DEL PERÍODO DE LA GREDA

Se aproximaba a su fin el gran período cretáceo, y su terminación marca el final de las grandes invasiones marinas de los continentes. Especialmente en Norteamérica, donde se habían producido precisamente veinticuatro grandes inundaciones. Aunque hubo sumersiones menores subsiguientes, ninguna de éstas se puede equiparar con las vastas y prolongadas invasiones marinas de esta edad y otras anteriores. Estos períodos alternos de dominio del mar y de la tierra ocurrieron en ciclos de un millón de años cada uno. Viene dándose un secular ritmo relacionado con este ascenso y descenso del fondo del océano y de los niveles de la tierra continental. Estos mismos movimientos rítmicos de la corteza continuarán desde este momento en adelante a través de la historia de la tierra, pero con menos frecuencia y en menor grado.

Este período también presencia, el fin de la deriva continental y la formación de las montañas modernas de Urantia. Pero, la presión ejercida por las masas continentales y el impulso frustrado de su secular deriva, no son los únicos factores que influyen en la formación de las montañas. El factor principal y subyacente que determina el emplazamiento de una cordillera es la existencia previa de tierras bajas, o depresión, que se han rellenado con los depósitos, comparativamente más ligeros, ocasionados por la erosión de la tierra y por el desplazamiento de los mares durante las edades precedentes. Estas áreas de tierra más ligeras tienen a veces un espesor de 4.500 a 6.000 metros; por lo tanto, cuando la corteza está sujeta a una presión, sea cual fuere su origen, estas áreas más ligeras son las primeras en desmoronarse, plegarse, y solevantarse para compensar las fuerzas y presiones contendientes y contrapuestas que actúan sobre la corteza de la tierra o por debajo de ella. En algunas ocasiones estos solevantamientos de tierra ocurren sin plegamiento. Mas, con respecto al surgimiento de las Montañas Rocosas, se produjeron grandes plegamientos y ladeos, acoplados con colosales solevantamientos de las distintas capas, tanto por debajo como por encima de la superficie.

Las montañas más antiguas del mundo están ubicadas en Asia, Groenlandia y Europa septentrional entre los más antiguos sistemas que van de este a oeste. Las montañas de edad mediana están en el grupo que circunda el Pacífico y en el segundo sistema de este a oeste de Europa, que se originó alrededor de esta época. Este gigantesco solevantamiento viene a medir dieciséis mil kilómetros de largo, extendiéndose desde Europa hasta las elevaciones terrestres de las Antillas. Las montañas más jóvenes se hallan en el sistema de las Montañas Rocosas, donde, durante mucho tiempo, sólo surgieron elevaciones de tierra que fueron cubiertas sucesivamente por el mar, bien que algunas de las tierras superiores quedaron como islas. Posteriormente a la formación de las montañas de edad mediana, se elevó una tierra verdaderamente montañosa que posteriormente, quedaría tallada en las Montañas Rocosas de hoy en día por la artesanía combinada de los elementos de la naturaleza.

La región actual de las Montañas Rocosas de Norteamérica no es la elevación original de la tierra; hace mucho tiempo, la erosión arrasó con aquella elevación, y luego la volvió a elevar. Hoy día la cordillera delantera es todo lo que queda de los restos de la cordillera original que se volvió a elevar. Los picos Pikes y Longs son destacados ejemplares de esta actividad de las montañas, habiendo sobrevivido a dos o más generaciones de ellas. Estos dos picos mantuvieron la cabeza por encima del agua durante varias inundaciones precedentes.

Biológica y geológicamente esta fue una edad pletórica y activa, tanto sobre la tierra como debajo del agua. Proliferaron los erizos de mar; en cambio, los corales y crinoideos disminuyeron. Los amonites, de preponderante influencia durante una edad anterior, también menguaron en forma acelerada. Sobre la tierra los pinos y otros árboles modernos, inclusive las gigantescas secuoyas, reemplazaron en gran parte a los bosques de helechos. Hacia fines de este período, aunque el mamífero placentario no ha evolucionado todavía, está plenamente preparado el escenario biológico para la aparición, en una edad posterior, de los primeros antepasados de los futuros tipos mamíferos.

Así termina una larga era de evolución mundial, que va desde la primera aparición de la vida terrestre hasta los tiempos más recientes de los antepasados inmediatos de la especie humana y sus ramas colaterales. Ésta, la *edad cretácea*, engloba cincuenta millones de años y lleva a su término la era premamífera de la vida terrestre, que abarca un período de cien millones de años y que se conoce como la *mesozoica*.

[Presentado por un Portador de Vida de Nebadon asignado a Satania, presentemente trabajando en Urantia.]

DOCUMENTO 61

LA ERA DE LOS MAMÍFEROS EN URANTIA

LA ERA de los mamíferos se extiende desde los tiempos del origen de los mamíferos placentarios hasta el final del período glacial, abarcando un poco menos de cincuenta millones de años.

Durante esta edad cenozoica el paisaje del mundo presentaba un bello aspecto — colinas onduladas, valles amplios, ríos anchos y grandes bosques. Dos veces durante este segmento de tiempo el istmo de Panamá ascendió y descendió; tres veces el puente terrestre del Estrecho de Bering hizo otro tanto. Los tipos animales fueron muchos y variados. En los árboles pulularon las aves, y el mundo entero fue un paraíso para los animales, a pesar de la lucha incesante por la supremacía que libraban las especies animales en evolución.

Los depósitos acumulados de los cinco períodos de esta era, la cual duró cincuenta millones de años, contienen las crónicas fosilizadas de las dinastías sucesivas de los mamíferos hasta los tiempos de la aparición de hecho del hombre mismo.

1. LA NUEVA ETAPA TERRESTRE CONTINENTAL LA EDAD DE LOS MAMÍFEROS PRIMITIVOS

Hace 50.000.000 de años las áreas terrestres del mundo se hallaban en general por encima del agua o sólo un poco sumergidas. Las formaciones y depósitos de este período son tanto de tierra como de mar, predominando los de tierra. Durante un tiempo considerable la tierra ascendió de manera gradual, pero, simultáneamente, se derrubió, bajando a los niveles inferiores y hacia los mares.

A principios de este período apareció *súbitamente* en Norteamérica el tipo de mamífero placentario, lo cual constituyó la evolución más importante hasta este momento. Habían existido órdenes anteriores de mamíferos no placentarios, pero este tipo nuevo surgió de golpe, directa y *súbitamente* del predecesor reptil ancestral cuyos descendientes venían persistiendo a través de los tiempos hasta la decadencia de los dinosaurios. El padre de los mamíferos placentarios fue un dinosaurio del tipo pequeño, sumamente activo, carnívoro y saltador.

Los instintos básicos de los mamíferos fueron manifestándose en estos primitivos tipos de mamífero. En cuanto a la supervivencia, los mamíferos tienen una gran ventaja sobre todas las demás formas de vida animal ya que pueden:

1. Procrear una cría relativamente madura y bien desarrollada.
2. Alimentar, criar y proteger su cría con atención afectuosa.
3. Emplear su capacidad cerebral superior para la perpetuación de sí mismos.
4. Utilizar mayor agilidad para escaparse de sus enemigos.
5. Aplicar su inteligencia superior al ajuste y adaptación ambientales.

Hace *45.000.000* de años las columnas montañosas continentales se elevaron en conjunto con un hundimiento muy general de las costas. La vida mamífera evolucionaba con rapidez. Floreció un tipo de reptil mamífero pequeño que ponía huevos, y los antepasados del futuro canguro vagaban por Australia. Pronto hubo pequeños caballos, rinocerontes veloces, tapires con probóscide, puercos primitivos, ardillas, lémures, zarigüeyas y varias tribus de animales similares a los monos. Todos eran pequeños, primitivos y mejor adaptados para vivir entre los bosques de las regiones montañosas. Un ave terrestre grande, parecida al avestruz, se desarrolló hasta una altura de tres metros y ponía huevos de veintitrés por treinta y tres centímetros. Estas fueron los antepasados de las futuras gigantescas aves de pasaje que eran de una inteligencia superior y que, durante un tiempo, transportaron seres humanos por el aire.

Los mamíferos del período cenozoico inicial vivían sobre la tierra, debajo del agua, en el airey entre las copas de los árboles. Tenían de uno a once pares de glándulas mamariasy todos eran apreciablemente peludos. En común con los órdenes que aparecerían posteriormente, desarrollaron dos dentaduras sucesivas y contaban con cerebros grandes en proporción con el tamaño corporal. No obstante, entre todos ellos no existió ninguna forma moderna.

Hace *40.000.000* de años las áreas terrestres del hemisferio norte empezaron a elevarse, y esto fue seguido por nuevos depósitos extensos de tierra y por otras actividades terrestres, incluyendo erupciones de lava, deformación, formación lacustre y erosión.

A fines de esta época la mayor parte de Europa quedó sumergida. Tras una ligera elevación terrestre el continente se cubrió de lagos y bahías. El Océano Artico, a través de la depresión de los Urales, se corrió hacia el sur para comunicarse con el Mar Mediterráneo, pues, en este momento, se hallaba expandido hacia el norte, quedando por encima del agua, como islas del mar, las tierras altas de los Alpes, Cárpatos, Apeninos y Pirineos. El istmo de Panamá se elevó; los Océanos Atlántico y Pacífico se separaron. Norteamérica se comunicó con Asia mediante el puente terrestre del Estrecho de Bering y con Europa vía Groenlandia e Islandia. El circuito global de tierra en las latitudes septentrionales fue cortado únicamente por los Estrechos Urales, que unieron los mares árticos con el Mediterráneo expandido.

Se depositó cuantiosa caliza foraminífera en las aguas europeas. Hoy día esta misma piedra se halla elevada a la altura de 3.000 metros sobre el nivel del mar en los Alpes, 4.800 metros en el Himalaya y 6.000 metros en Tíbet. Los depósitos de greda de este período se encuentran a lo largo de las costas de África y Australia, en la costa occidental de Sudamérica y por las Antillas.

A través de este período llamado *eoceno*, la evolución de los mamíferos y otras formas afines de vida continuó casi sin interrupciones. Norteamérica, en aquellos tiempos, se comunicaba por tierra con todos los continentes menos con Australia, y el mundo gradualmente se atestó de varios tipos de fauna mamífera primitiva.

2. LA ETAPA RECIENTE DE LAS INUNDACIONES LA EDAD DE LOS MAMÍFEROS AVANZADOS

Este período se caracterizó por una mayor y rápida evolución de los mamíferos placentarios, desarrollándose las formas más adelantadas de vida mamífera durante estas épocas.

Si bien los primeros mamíferos placentarios descendían de antepasados carnívoros, no tardaron mucho en desarrollarse ramas herbívoras, y al poco tiempo, también surgieron familias de mamíferos omnívoros. Las angiospermas, la flora terrestre moderna, que comprenden la mayoría de las plantas y árboles de hoy en día y que habían aparecido durante períodos anteriores, constituyeron la fuente alimenticia principal de los mamíferos que iban incrementándose con rapidez.

35.000.000 de años atrás comienza la edad del dominio mundial de los mamíferos placentarios. El puente terrestre austral era vasto, volviendo a unir con Sudamérica, Sudáfrica y Australia el continente antártico que, a la sazón, era enorme. A pesar del incremento terrestre en las altas latitudes, el clima global permaneció relativamente benigno, debido al gran aumento en tamaño de los mares tropicales; tampoco se elevó la tierra suficientemente para producirse glaciares. Aconteció un extenso manar de lava en Groenlandia e Islandia, depositándose un poco de carbón entre estas capas.

Estaban ocurriendo marcados cambios en la fauna del planeta. La vida marina sufría grandes modificaciones; la mayoría de los órdenes presentes de la vida marina ya existían, y los foraminíferos continuaron desempeñando un papel importante. Los insectos eran muy parecidos a los de la era anterior. Los lechos de fósiles Florissant de Colorado corresponden a los últimos años de estos remotos tiempos. La mayoría de las familias de los insectos vivientes se remontan a este período, pero gran parte de los que existían entonces ya se extinguieron, aunque quedan sus fósiles.

Sobre la tierra, ésta fue la edad por excelencia de la renovación y expansión de los mamíferos. De los primeros mamíferos más primitivos, se extinguieron más de cien especies antes de finalizar este período. Incluso perecieron, poco tiempo después, los mamíferos de gran tamaño y cerebro pequeño. El cerebro y la agilidad reemplazaron a las corazas y el tamaño en el progreso de la supervivencia animal. Con la decadencia de la familia de los dinosaurios, los mamíferos poco a poco asumieron el dominio de la tierra, destruyendo, con rapidez y por completo, el resto de sus antepasados reptiles.

Junto con la desaparición de los dinosaurios, se dieron otros grandes cambios en las distintas ramas de la familia sauria. Los miembros supervivientes de las primeras familias reptiles son las tortugas, serpientes y cocodrilos, a la vera de la venerable rana, que constituye el único representante de un grupo que queda de los primeros antepasados del hombre.

Varios grupos de mamíferos tuvieron su origen en un animal único, hoy día extinto. Esta criatura carnívora venía a ser un cruce entre gato y foca; podía vivir en el medio terrestre o acuático y era sumamente inteligente y muy activa. En Europa el predecesor de la familia canina evolucionó, dando origen, al cabo de poco tiempo, a muchas especies de perros pequeños. Alrededor del mismo tiempo, aparecieron los roedores, incluyendo los castores, ardillas, ardillas terrestres, ratones y conejos, y poco tiempo después, llegaron a ser una notable forma de vida, habiendo cambiado muy poco esta familia desde entonces. Los depósitos últimos de este período contienen los restos fósiles de perros, gatos, mapaches y comadrejas en su forma atávica.

Hace *30.000.000* de años empezaron a aparecer por primera vez los tipos modernos de mamíferos. Antiguamente los mamíferos habían vivido, en gran parte, en los montes, siendo del tipo montaraz; *repentinamente* empezó la evolución del tipo de la llanura o ungulado, las especies que pacen, en contraste con las carnívoras de garras. Las que pacían descendieron de un predecesor indistinto con cinco dedos en las patas y cuarenta y cuatro dientes, el cual pereció antes del final de la edad. La evolución de los dedos no progresó más allá de la etapa de tres dedos durante este período.

El caballo, un destacado ejemplar de la evolución, vivió durante estos tiempos tanto en América del Norte como en Europa, aunque su desarrollo no llegó a la plena consumación hasta el período glacial posterior. En tanto que la familia de los rinocerontes apareció al final de este período, experimentaría su mayor expansión posteriormente. Además se desarrolló una pequeña criatura porcina, la cual llegó a ser el antepasado de las múltiples especies de cerdos, pecaríes e hipopótamos. Los camellos y llamas se originaron en Norteamérica aproximadamente a mediados de este período y atestaron las planicies del oeste. Después, las llamas emigraron hacia Sudamérica, los camellos hacia Europa, y al poco tiempo ambos quedaron extintos en Norteamérica, si bien unos cuantos camellos sobrevivieron hasta el período glacial.

Por estos tiempos, ocurrió algo notable en el oeste de Norteamérica: Los antepasados primitivos de los lémures antiguos aparecieron por primera vez. Mientras que no se puede considerar esta familia como la de los verdaderos lémures, su advenimiento marcó el establecimiento de la línea por la cual descendieron posteriormente los verdaderos lémures.

Tal como las serpientes terrestres de una edad anterior que se adaptaron a los mares, en este momento, toda una tribu de mamíferos placentarios desertó la tierra para radicarse en los océanos. Y desde entonces han permanecido en el mar, originando las ballenas, delfines, marsopas, focas y lobos marinos modernos.

La avifauna del planeta continuó desarrollándose, pero con pocos importantes cambios evolutivos. Existían la mayoría de las aves modernas, incluyendo gaviotas, garzas, flamencos, buitres, halcones, águilas, buhos, codornices y avestruces.

Para el final de este período *oligoceno*, comprendiendo diez millones de años, la vida vegetal, junto con la vida marina y los animales terrestres, había evolucionado en gran medida y estaba presente en la tierra en forma muy similar a la de hoy día. Posteriormente ha aparecido considerable especialización, pero las formas atávicas de la mayor parte de lo viviente, ya vivían en aquel entonces.

3. LA ETAPA DE LAS MONTAÑAS MODERNAS LA EDAD DEL ELEFANTE Y DEL CABALLO

La elevación de la tierra y la segregación de los mares, lentamente, iban cambiando el clima del mundo, enfriándolo poco a poco; sin embargo, seguía siendo templado. Las secuoyas y magnolias se dieron en Groenlandia, pero las plantas subtropicales empezaban a emigrar hacia el sur. Para el final de este período estas plantas y árboles de clima caluroso habían desaparecido, en gran medida, de las latitudes septentrionales, reemplazándolos las plantas más vigorosas y los árboles caducifolios.

Se dio un gran aumento en las variedades de hierbas, y se alteraron de manera gradual los dientes de muchas especies mamíferas para ajustarse al tipo presente que pace.

Hace *25.000.000* de años hubo una leve sumersión terrestre tras la larga época de elevación terrestre. La región de las Montañas Rocosas permaneció sumamente elevada de tal modo que los depósitos del material de la erosión continuaron acumulándose por todas las tierras bajas al este. Las Sierras se volvieron a elevar bien; de hecho, vienen elevándose desde entonces. La gran falla vertical de seis kilómetros y medio, en la región de California, data de estos tiempos.

Hace *20.000.000* de años fue en efecto la edad de oro de los mamíferos. El puente terrestre del Estrecho de Bering se elevó, y muchos grupos de animales emigraron a Norteamérica de Asia, incluyendo los mastodontes de cuatro colmillos, los rinocerontes de patas cortas, y muchas variedades de la familia felina.

Apareció el primer ciervo, y en poco tiempo Norteamérica se colmó de rumiantes —ciervos, bueyes, camellos, bisontes y varias especies de rinocerontes— pero los puercos gigantescos, que medían casi dos metros, se extinguieron.

Los descomunales elefantes de éste y subsiguientes períodos disponían de un cerebro grande además de un cuerpo grande, y no tardaron en invadir el mundo entero, con la excepción de Australia. Por primera vez dominó el mundo un animal enorme con un cerebro suficientemente grande para permitirle sobrevivir. Frente a las especies de vida de estos tiempos que eran sumamente inteligentes, ningún animal del tamaño de un elefante podría haber sobrevivido a no ser que tuviera un cerebro de tamaño mayor y de calidad superior. En cuanto a inteligencia y adaptación, sólo el caballo se le puede comparar y sólo el hombre le supera. Aun así, de las cincuenta especies de elefantes que existían al principio de este período, sólo han sobrevivido dos de ellas.

Hace *15.000.000* de años las regiones montañosas de Eurasia se estaban elevando, y hubo cierta actividad volcánica por todas estas regiones, pero nada que se pudiera comparar con las erupciones de lava del hemisferio occidental. Estas condiciones inestables prevalecieron por el mundo entero.

El Estrecho de Gibraltar se cerró, y España se unió con África por el viejo puente terrestre; el Mediterráneo, sin embargo, desembocaba en el Atlántico a través de un canal angosto que se extendía a través de Francia, asomando los picos de las montañas y tierras altas por encima de este mar antiguo a manera de islas. Posteriormente, estos mares europeos comenzaron a retirarse. Aún más tarde, el Mediterráneo se unió con el Océano Índico, mientras que al final de este período la región de Suez se elevó de tal forma que el Mediterráneo se convirtió, durante un tiempo, en mar interior de agua salada.

Se sumergió el puente terrestre de Islandia, las aguas árticas se mezclaron con las del Océano Atlántico. El litoral atlántico de Norteamérica se enfrió a un paso acelerado, pero el litoral del Pacífico siguió más caluroso que hoy día. Las grandes corrientes oceánicas estuvieron funcionando y afectaron al clima de manera muy parecida a como lo hacen hoy día.

Continuó evolucionando la vida mamífera. Enormes manadas de caballos se juntaron con los camellos en las planicies del oeste de Norteamérica; ésta fue, en verdad, la edad de los caballos así como de los elefantes. El cerebro del caballo sigue en calidad animal, al del elefante, pero en un aspecto, es indudablemente inferior; pues, el caballo nunca se sobrepuso del todo a la propensión profundamente arraigada de huir ante lo que le asusta. El caballo carece del dominio emocional del elefante, mientras que el elefante tiene la franca desventaja del tamaño y la falta de agilidad. Durante este período evolucionó un animal que era algo parecido tanto al elefante como al caballo, pero poco tiempo después lo aniquiló la familia felina que, velozmente, iba aumentando.

A medida que Urantia va entrando en la llamada «edad sin caballos», conviene hacer una pausa para reflexionar sobre lo que este animal significó para vuestros antepasados. En un principio, el hombre se valió del caballo para alimentarse, luego para transportarse y a continuación, para fines agrícolas y bélicos. El caballo, desde hace mucho tiempo, viene sirviendo a la humanidad y viene desempeñando un papel importante en el desarrollo de la civilización humana.

Las evoluciones biológicas de este período contribuyeron mucho a preparar el terreno para la aparición subsiguiente del hombre. En Asia central evolucionaron los verdaderos tipos primitivos tanto del mono como del gorila, teniendo los dos un predecesor común ya extinto. Pero ninguna de estas especies está emparentada con la línea de los seres vivientes que, posteriormente, habían de convertirse en los antepasados de la raza humana.

La familia canina fue representada por varios grupos, tales como los lobos y zorros; la tribu felina, por las panteras y tigres de dientes de sable, los últimos evolucionando por primera vez en Norteamérica. Las familias felina y canina modernas se incrementaron numéricamente por el mundo entero. Las comadrejas, martas, nutrias y mapaches prosperaron dándose por todas las latitudes septentrionales.

Las aves continuaron evolucionando, aunque acontecieron pocos cambios marcados. Los reptiles fueron similares a los tipos modernos —serpientes, cocodrilos y tortugas.

De este modo se cerró un período muy pletórico e interesante de la historia del mundo. Esta edad del elefante y del caballo se conoce como el período *mioceno*.

4. LA ETAPA RECIENTE DE LA ELEVACIÓN CONTINENTAL LA ÚLTIMA GRAN EMIGRACIÓN DE LOS MAMÍFEROS

Éste es el período de la elevación terrestre preglacial en Norteamérica, Europa y Asia. La topografía de la tierra se alteró en gran medida. Nacieron cordilleras, cambiaron de curso corrientes y surgieron de golpe volcanes aislados a todo lo largo y ancho del mundo.

Hace *10.000.000* de años comenzó una edad de vastos depósitos terrestres locales en las tierras bajas de los continentes; pero poco tiempo después, la mayor parte de estas sedimentaciones desapareció. Gran parte de Europa, en este momento, aún estaba bajo el agua, incluyendo partes de Inglaterra, Bélgica y Francia, y el Mar Mediterráneo cubría gran parte del norte de África. En Norteamérica se acumularon vastos depósitos al pie de las montañas, en los lagos y en las grandes cuencas terrestres. Estos depósitos tienen un espesor medio de sólo unos sesenta metros, son más o menos coloreados y tienen escasos fósiles. Existían dos grandes lagos de agua dulce en el oeste de América del Norte. Las Sierras se estaban elevando; los Montes Shasta, Hood y Rainier comenzaron a convertirse en montañas. Pero no empezó Norteamérica su lento desplazamiento hacia la depresión atlántica hasta el período glacial subsiguiente.

Durante un corto tiempo, toda la tierra del mundo se volvió a unir, salvo Australia, y aconteció la última gran migración mundial de animales. Norteamérica estaba unida tanto Sudamérica como con Asia, y hubo un libre intercambio de fauna. De Asia se introdujeron en Norteamérica los perezosos, armadillos, antílopes y osos, en tanto que, de Norteamérica, los camellos se fueron para la China. Los rinocerontes emigraron por el mundo entero excepto Australia y Sudamérica; se extinguieron, sin embargo, en el hemisferio occidental al cierre de este período.

En general, las especies de vida del período precedente continuaron evolucionando y propagándose. La familia felina dominaba la vida animal, y la vida marina casi se paralizó. Gran parte de los caballos aún tenían tres dedos, pero ya iban llegando los tipos modernos; las llamas y camellos, similares a las jirafas, se entremezclaban con los caballos en los pastizales de las llanuras. La jirafa apareció en África, con un cuello tan largo entonces como el de hoy. En Sudamérica evolucionaron los perezosos, armadillos, osos hormigueros y el tipo sudamericano de mono primitivo. Antes de que se aislaran finalmente los continentes, aquellos imponentes animales, los mastodontes, emigraron a todas partes, con excepción de Australia.

Hace *5.000.000* de años evolucionó el caballo a como es presentemente y desde Norteamérica emigró hacia el mundo entero. Pero el caballo ya se había extinguido en su continente originario mucho antes de que llegara el hombre rojo.

El clima se iba enfriando de manera paulatina; las plantas terrestres se iban desplazando hacia el sur a paso lento. En un principio, el creciente frío del norte paró las migraciones animales por los istmos boreales; posteriormente estos puentes terrestres norteamericanos descendieron. Poco tiempo después se sumergió, finalmente, el nexo terrestre entre África y Sudamérica, y el hemisferio occidental quedó aislado en forma muy parecida a como lo es hoy en día. Desde este momento en adelante distintivos tipos de vida empezaron a desarrollarse en los hemisferios oriental y occidental.

Así, pues, llega este período a su cierre tras haber durado casi diez millones de años, y aún no ha aparecido el predecesor del hombre. Ésta es la era que se suele designar como el período *plioceno.*

5. LA EDAD GLACIAL PRIMITIVA

Hacia el final del período precedente las tierras de la parte nordeste de Norteamérica y de Europa septentrional se elevaron en gran escala, alzándose vastas áreas de Norteamérica a niveles superiores a los 9.000 metros. Antiguamente prevaleció un clima templado sobre estas regiones septentrionales; las aguas árticas podían evaporarse, y siguieron estando libres de hielo casi hasta el final del período glacial.

Simultáneamente con estas elevaciones terrestres las corrientes oceánicas se desplazaron, y los vientos estacionales cambiaron de dirección. Estas condiciones, a la larga, produjeron una precipitación de humedad casi constante a causa del movimiento de la atmósfera densamente saturada sobre las tierras altas septentrionales. Empezó a caer nieve sobre estas regiones elevadas y, por lo tanto, frías, y continuó cayendo hasta alcanzar una profundidad de 6.000 metros. Las áreas donde la nieve era más profunda, junto con la altura, determinaron los puntos centrales de los subsiguientes flujos de presión glacial. El período glaciar perduró hasta tanto continuó esta excesiva precipitación cubriendo las tierras altas del norte con este enorme manto de nieve, que al poco tiempo, se transformó en hielo macizo, pero ambulante.

Las grandes capas de hielo de este período estaban ubicadas sobre tierras altas, no en las regiones montañosas donde se encuentran hoy día. La mitad del hielo glacial estaba en Norteamérica, un cuarto en Eurasia y un cuarto en otras partes, principalmente en la Antártida. A África le afectó poco el hielo, pero Australia sí estuvo casi totalmente cubierta con el manto de hielo antártico.

Las regiones septentrionales de este mundo experimentaron seis invasiones de hielo separadas y distintivas, aunque hubo una multitud de avances y retrocesos relacionados con la actividad de cada una de las capas glaciales. En Norteamérica, el hielo se acumuló en dos y posteriormente, tres centros. Groenlandia estaba cubierta de hielo, e Islandia estaba sepultada por completo bajo el caudal helado. En Europa el hielo, en varias ocasiones, cubrió las Islas Británicas con excepción de la costa meridional de Inglaterra, y se extendió sobre Europa occidental bajando hasta Francia.

Hace *2.000.000* de años el primer glaciar norteamericano comenzó su avance hacia el sur. Había empezado la edad del hielo, y este glaciar tomó cerca de un millón de años para avanzar desde los centros de presión septentrionales y retirarse nuevamente hacia ellos. La capa central de hielo se extendía hacia el sur hasta Kansas; los centros glaciares del este y oeste, en ese momento, no eran tan extensos.

Hace *1.500.000* años el primer gran glaciar se retiró hacia el norte. Entre tanto, enormes cantidades de nieve habían caído sobre Groenlandia y la parte nordeste de Norteamérica, y al poco tiempo, esta masa oriental de hielo empezó a deslizarse hacia el sur. Ésta constituyó la segunda invasión glacial.

Estas dos primeras invasiones de hielo no fueron extensas en Eurasia. Durante estas épocas primitivas del período glacial Norteamérica fue invadida por mastodontes, mamutes lanudos, caballos, camellos, ciervos, toros almizclenos, bisontes, perezosos terrestres, castores gigantescos, tigres de dientes de sable, perezosos tan grandes como elefantes y muchos grupos de las familias felina y canina. Mas, desde este momento en adelante, se fueron reduciendo a un ritmo acelerado a causa del creciente frío del período glacial. Hacia el final de la edad glacial la mayoría de estas especies animales ya se habían extinguido en Norteamérica.

Las especies de vida terrestre y acuática del mundo que se hallaban apartadas del hielo cambiaron poco. Entre las invasiones glaciales, el clima era casi tan benigno como lo es presentemente, tal vez un poco más caluroso. Después de todo, los glaciales eran fenómenos locales, aunque se extendieron hasta cubrir inmensas áreas de superficie. El clima costero cambió considerablemente entre los tiempos de inactividad glacial y aquellos tiempos en que los colosales icebergs se desprendían de la costa de Maine hacia el Atlántico, escabulléndose por Puget Sound al Pacífico, pasando estruendosamente por los fiordos noruegos hacia el Mar del Norte.

6. EL HOMBRE PRIMITIVO DURANTE LA EDAD GLACIAL

El gran acontecimiento de este período glacial fue la evolución del hombre primitivo. Un poco hacia el oeste de la India, sobre tierra que presentemente está sumergida, y entremezclados con la cría de animales emigrados al Asia, descendientes de los tipos norteamericanos de lémures, aparecieron *repentinamente* los mamíferos protohumanos. Estos pequeños animales caminaban más que nada sobre las patas traseras, y disponían de un cerebro grande en proporción a su tamaño y en comparación con el cerebro de otros animales. En la septuagésima generación de este orden de vida surgió *repentinamente* un grupo nuevo de animales superiores. Estos mamíferos intermedios nuevos, que casi doblaban el tamaño de sus predecesores y contaban con una capacidad cerebral proporcionalmente aumentada, acababan de establecerse bien cuando aparecieron *repentinamente* los primates, la tercera mutación vital. (Al mismo tiempo, una evolución retrógrada dentro de la raza de los mamíferos intermedios dio origen a la descendencia símica; y desde aquel día hasta la fecha, la rama humana ha avanzado por evolución progresiva, en tanto que las tribus símicas se han estancado o, de hecho, han retrocedido.)

Hace *1.000.000* de años Urantia fue registrada en calidad de *mundo habitado*. Una mutación dentro de la raza de los primates, la cual iba progresando, produjo *repentinamente* dos seres humanos primitivos, los auténticos antepasados de la humanidad.

Este suceso coincidió aproximadamente con el comienzo del tercer avance glacial; así pues, es evidente que vuestros primeros antepasados nacieron y se procrearon en un medio ambiente estimulante, vigorizante y difícil. Y los únicos supervivientes de estos aborígenes urantianos, los esquimales, incluso hoy día prefieren habitar en los gélidos climas septentrionales.

No se encontraban seres humanos en el hemisferio occidental hasta cerca del final de la edad glacial. Mas durante las épocas interglaciales pasaron hacia el oeste por las márgenes del Mediterráneo y, al cabo de poco tiempo, invadieron el continente de Europa. En las grutas de Europa occidental se pueden encontrar huesos humanos mezclados con los restos de animales árticos y tropicales, atestiguando que el hombre vivió en estas regiones a través de todas las épocas posteriores de los glaciales en avance y retroceso.

7. LA CONTINUACIÓN DE LA EDAD GLACIAL

A través del período glacial existían otras actividades, pero la acción del hielo eclipsa todos los demás fenómenos en las latitudes septentrionales. Ninguna otra actividad terrestre deja semejantes huellas en la topografía. Los peñones distintivos y hendiduras superficiales, tales como pozas u hoyos redondos, lagos, piedras desplazadas, roca triturada o polvo rocoso, no existen en relación con ningún otro fenómeno de la naturaleza. Las protuberancias suaves, u ondulaciones de la superficie, que vienen a ser colinas alargadas de morrena, también son frutos del hielo. El glacial a medida que avanza, desplaza los ríos y cambia la faz de la tierra. Tan sólo los glaciales dejan en su estela esos amontonamientos tan reveladores —las morrenas subglaciales, laterales y terminales. Estos amontonamientos, sobre todo las morrenas subglaciales, se extienden en Norteamérica desde el litoral oriental hacia el norte y oeste, y también se los encuentra en Europa y Siberia.

Hace 750.000 años la cuarta capa glacial, resultado de la unión de los campos de hielo central y oriental de Norteamérica, estaba encaminada hacia el sur; en su momento de máximo avance, alcanzó el sur de Illinois, desplazando el río Misisipí 80 kilómetros al oeste, y en el este llegó a extenderse hasta latitudes tan meridionales como las del río Ohio y Pensilvania central.

En Asia, la capa de hielo siberiana invadió hasta su máximo punto meridional, mientras que en Europa el hielo en pleno avance se detuvo justamente antes de la barrera montañosa de los Alpes.

Hace 500.000 años, durante el quinto avance del hielo, un nuevo acontecimiento aceleró el curso de la evolución humana. *Repentinamente* y en una sola generación, se originaron por mutación de la raza humana aborigen las seis razas de color. Esta fecha tiene doble importancia, ya que también marca el advenimiento del Príncipe Planetario.

En Norteamérica, el quinto glacial en avance consistió en una invasión combinada de los tres centros de hielo. El lóbulo oriental, sin embargo, se extendió tan sólo una corta distancia por debajo del valle de San Lorenzo, mientras que la capa de hielo del oeste progresó muy poco en su avance hacia el sur. Pero el lóbulo central se expandió hacia el sur hasta cubrir la mayor parte del estado de Iowa. En Europa esta invasión de hielo no fue tan amplia como la anterior.

Hace 250.000 años comenzó el sexto y último helamiento. Y a pesar de que las tierras altas del norte habían empezado a hundirse un poco, éste fue el período de mayor depósito de nieve sobre las capas de hielo septentrionales.

En esta invasión las tres grandes capas de hielo se fusionaron en una sola vasta masa de hielo, y todas las montañas del oeste tomaron parte en esta actividad glacial. Esta fue la mayor de todas las invasiones de hielo en Norteamérica; el hielo se desplazó hacia el sur a más de dos mil cuatrocientos kilómetros de sus centros de presión y América del Norte sufrió sus temperaturas más bajas.

Hace 200.000 años, durante el avance del último glacial, aconteció un episodio que mucho tuvo que ver con la marcha de los sucesos en Urantia —la rebelión de Lucifer.

Hace 150.000 años el sexto y último glacial alcanzó sus puntos extremos de extensión meridional: la capa de hielo occidental cruzó apenas la frontera con Canadá; la central llegó hasta Kansas, Missouri e Illinois; y la capa del este avanzó hacia el sur y cubrió la mayor parte de Pensilvania y Ohio.

Éste es el glacial que lanzó las múltiples lenguas, o lóbulos de hielo, que tallaron los lagos grandes y pequeños de los tiempos presentes. Durante su retroceso produjo el sistema norteamericano de los Grandes Lagos. Los geólogos de Urantia, muy acertadamente, han deducido las distintas etapas de este desarrollo y han colegido correctamente que estas extensiones de agua, en distintos momentos, desembocaron primeramente en el valle del Misisipí, luego hacia el este en el valle del Hudson, y finalmente, por una senda septentrional en el San Lorenzo. Hace treinta y siete mil años que el sistema unido de los Grandes Lagos empezó a desembocar en el océano por la ruta presente del Niágara.

Hace *100.000* años, durante el retroceso del último glacial, fueron formándose las vastas capas polares de hielo, y el centro de acumulación de hielo se desplazó considerablemente hacia el norte. Y hasta tanto continúen estando cubiertas de hielo las regiones polares, difícilmente podrá darse otra edad glacial, aunque haya futuras elevaciones terrestres o modificaciones de las corrientes oceánicas.

El avance de este último glacial llevó cien mil años, y se requirió igual plazo de tiempo para llevar a término su retroceso hacia el norte. Las regiones templadas llevan un poco más de cincuenta mil años libres de hielo.

El riguroso período glacial aniquiló muchas especies y alteró radicalmente muchas otras. Muchas especies fueron duramente tamizadas por el vaivén migratorio inevitable debido al hielo en avance y retroceso. Aquellos animales que siguieron los glaciales de un lado para otro sobre la tierra fueron el oso, el bisonte, el reno, el toro almizcleno, el mamut y el mastodonte.

El mamut buscó praderas abiertas, pero el mastodonte prefirió los rebordes abrigados de las regiones boscosas. El mamut, hasta una fecha posterior, deambuló desde México hasta Canadá; la variedad siberiana llegó a cubrirse de lana. El mastodonte perduró en Norteamérica hasta ser exterminado por el hombre rojo, del mismo modo que, más tarde, el hombre blanco eliminó al bisonte.

En Norteamérica, durante el último helamiento, se extinguieron el caballo, el tapir, la llama y el tigre de dientes de sable. En su reemplazo subieron de Sudamérica los perezosos, armadillos y puercos de agua.

La forzosa emigración de la vida por la invasión del hielo dio como resultado una extraordinaria mezcla de plantas y animales, y con el retroceso de la última invasión de hielo, muchas especies árticas tanto de plantas como de animales quedaron atrapadas en la cima de ciertos picos de montaña, adonde habían emigrado para escaparse de la destrucción glacial. Y así, pues, hoy por hoy, estas plantas y animales desplazados se pueden encontrar en lo alto de los Alpes de Europa y aun en los Montes Apalaches de Norteamérica.

La edad glacial es el último período geológico completo, el llamado *pleistoceno*, y duró más de dos millones de años.

35.000 años atrás se registra la terminación de la gran edad del hielo, excepto en las regiones polares del planeta. Esta fecha también es significativa por cuanto se aproxima al advenimiento del Hijo y la Hija Materiales y el principio de la dispensación de Adán, que viene a coincidir con el principio del período holocénico o posglacial.

Esta narración, extendiéndose desde el auge de la vida mamífera, al retroceso del hielo, y hasta los tiempos históricos, abarca un plazo de casi cincuenta millones de años. Éste es el último período geológico —el corriente— y vuestros investigadores lo conocen como el *cenozoico* o la era de los tiempos recientes.

[Auspiciado por un Portador de Vida residente.]

DOCUMENTO 62

LAS RAZAS PROTOHUMANAS DEL HOMBRE PRIMITIVO

HACE alrededor de un millón de años los antepasados inmediatos del género humano aparecieron por primera vez mediante tres mutaciones sucesivas y repentinas, siendo el resultado de la raza primitiva del tipo de lémur de los mamíferos placentarios. Los factores dominantes de estos primeros lémures se derivaron del grupo occidental, o anteriormente americano, de plasma vital que venía evolucionando. Pero antes de establecerse la línea directa de la descendencia humana, las aportaciones de la implantación central de vida, que había evolucionado en África, reforzaron esta raza. El grupo oriental de vida casi no contribuyó nada a la producción de hecho de la especie humana.

1. LOS PRIMEROS TIPOS DE LÉMURES

Los lémures primitivos relacionados con la descendencia de la especie humana no estaban directamente emparentados con las tribus preexistentes de gibones y monos que vivían entonces en Eurasia y África del norte, y cuya progenie ha sobrevivido hasta el presente. Tampoco fueron la prole del tipo moderno de lémur, aunque que ambos descendieron del mismo antepasado que ya llevaba mucho tiempo en extinción.

Aunque estos primeros lémures evolucionaron en el hemisferio occidental, el establecimiento de la descendencia mamífera directa del género humano tuvo lugar en el sudoeste de Asia, en la zona original de la implantación central de vida, pero en las fronteras de las regiones orientales. Hacía varios millones de años que el tipo norteamericano de lémur había emigrado hacia el oeste por el puente terrestre de Bering y había ido avanzando poco a poco hacia el sudoeste a lo largo de la costa asiática. Estas tribus migratorias finalmente alcanzaron la salubre región situada entre el Mediterráneo, que se hallaba expandido en aquel momento, y las regiones montañosas de la península de la India, que se iban elevando en ese entonces. En estas tierras, al oeste de la India, se unieron con otras razas favorables, estableciendo así la descendencia de la raza humana.

Con el paso del tiempo el litoral de la India, al sudoeste de las montañas, se sumergió de manera gradual, aislando por completo la fauna de esta región. No hubo ninguna vía por donde acercarse a esta península mesopotámica o pérsica, ni por donde escaparse de ella, salvo por la ruta del norte, que se cortó en repetidas ocasiones debido a las invasiones hacia el sur de los glaciares. Así, pues, en esta zona, entonces casi un paraíso, a partir de los descendientes superiores de este tipo de lémur mamífero que nacieron dos grandes grupos, las tribus símicas de los tiempos modernos y la especie humana actual.

2. LOS MAMÍFEROS PROTOHUMANOS

Hace un poco más de un millón de años aparecieron *repentinamente* los mamíferos protohumanos mesopotámicos, los descendientes directos del tipo de lémur norteamericano de los mamíferos placentarios. Eran criaturitas activas, que medían cerca de un metro de altura; y aunque no solían andar sobre las patas traseras, podían ponerse erguidos con facilidad. Eran peludos y ágiles y balbuceaban al estilo monesco; pero, a diferencia de las tribus símicas, eran carnívoros. Tenían un primitivo pulgar oponible, así como también dedos gordos del pie sumamente útiles para asir. Desde este momento en adelante, la especie prehumana desarrolló cada vez más los pulgares oponibles, perdiendo de manera progresiva la facultad de asir con los dedos gordos del pie. Las tribus posteriores de monos retuvieron la facultad de asir con los dedos gordos, pero nunca llegaron a desarrollar el tipo humano de pulgar.

Estos mamíferos protohumanos llegaban a su pleno desarrollo a los tres o cuatro años de edad, y tenían una vida media potencial de veinte años. Por lo general tenían una sola cría por vez, aunque, ocasionalmente, se daban gemelos.

Los miembros de esta nueva especie disponían de cerebros más grandes para su tamaño, de todos los animales que, hasta entonces, habían existido en la tierra. Experimentaban gran parte de las emociones y compartían numerosos instintos que posteriormente caracterizarían al hombre primitivo, siendo sumamente curiosos y exhibiendo gran dicha al lograr éxito en una empresa. El hambre de alimento y el deseo sexual quedaron bien desarrollados, y se manifestaba una selección sexual definida en una forma tosca de cortejo y en la elección de la pareja. Eran capaces de pelear ferozmente para defender a su clan y eran tiernos en sus relaciones familiares, con un sentido de abnegación rayando en la vergüenza y el remordimiento. Eran muy cariñosos y enternecedoramente leales a su pareja, pero si las circunstancias los separaban, elegían una nueva pareja.

Como eran de estatura diminuta pero de mente aguda, se percataron de los peligros de su ambiente boscoso, desarrollando así un temor extraordinario que condujo a aquellas prudentes medidas de precaución que tanto contribuyeron a la supervivencia, tales como la construcción de refugios toscos en lo alto de los árboles, lo cual eliminaba muchos de los peligros de la vida en el suelo. El comienzo de las tendencias de la humanidad al temor data, con más exactitud, de esos días.

Estos mamíferos protohumanos desarrollaron un espíritu tribal que no se había conocido hasta ese entonces. Eran, en efecto, altamente gregarios; mas, no obstante, sobremanera beligerantes cuando, al seguir el régimen ordinario de su vida rutinaria, se les perturbaba de algún modo; y acusaban un temperamento fogoso cuando se estimulaba su ira. Su naturaleza belicosa, sin embargo, sirvió bien para el caso; pues, los grupos superiores no dudaban en hacerles la guerra a sus vecinos inferiores; y así, mediante la supervivencia selectiva, la especie fue mejorando progresivamente. Al poco tiempo llegaron a dominar la vida de las criaturas más pequeñas de esta región, y muy pocas de las tribus de monos más antiguas y no carnívoras sobrevivieron.

Estos pequeños animales agresivos se multiplicaron y propagaron por la península de Mesopotamia durante más de mil años, constantemente mejorándose el tipo físico y la inteligencia general. Y solamente setenta generaciones después de haberse originado esta nueva tribu a partir del tipo superior de lémur predecesor, ocurrió el próximo acontecimiento que hizo época —la diferenciación *repentina* de los antepasados correspondientes al paso vital siguiente en la evolución de los seres humanos en Urantia.

3. LOS MAMÍFEROS INTERMEDIOS

Ya tempranamente en la carrera de los mamíferos protohumanos, moraba una pareja superior de estas ágiles criaturas, encaramada en la copa de un árbol, y ahí nacieron gemelos, un macho y una hembra. En comparación con sus antepasados, eran criaturitas verdaderamente hermosas. Tenían pocos pelos en el cuerpo, pero esto no constituyó una desventaja, pues vivían en un clima cálido y estable.

Estas crías alcanzaron a medir un poco más de un metro y veinte centímetros. En todos los aspectos, eran más grandes que sus progenitores, contando con piernas más largas y brazos más cortos. Tenían dedos pulgares oponibles de funcionamiento casi perfecto, casi tan eficiente como el pulgar de los humanos actuales para adaptarse a diversas tareas. Caminaban erguidos, disponiendo de pies casi tan bien adaptados para andar como los de las razas humanas posteriores.

Sus cerebros eran inferiores a los de los seres humanos y más pequeños, pero muy superiores a los de sus antepasados y, comparativamente, mucho más grandes. Los gemelos exhibieron desde temprana edad, una inteligencia superior y al poco tiempo, fueron reconocidos como jefes de la entera tribu de los mamíferos protohumanos, instituyendo en rigor una forma primitiva de organización social y un rudimento de división del trabajo. Estos hermanos se aparearon y, al poco tiempo, gozaron de la compañía de veintiún hijos, muy similares a sí mismos, todos de más de un metro y veinte centímetros de altura y, en todos los aspectos, superiores a la especie atávica. Este grupo formó el núcleo de los mamíferos intermedios.

Cuando creció en números este grupo nuevo y superior, estalló una guerra sin tregua; y al terminar la atroz lucha, no quedó vivo ni un solo individuo de la raza atávica y preexistente de los mamíferos protohumanos. La descendencia menos numerosa pero más poderosa e inteligente de la especie había sobrevivido a costa de sus antepasados.

Ahora bien, durante casi quince mil años (seiscientas generaciones), estas criaturas se convirtieron en el terror de esta parte del mundo. Todos los animales grandes y feroces de épocas pasadas habían perecido. Las bestias grandes oriundas de estas regiones no eran carnívoras, y las especies más grandes de la familia felina, leones y tigres, aún no habían invadido este rincón particularmente protegido de la superficie de la tierra. Así pues, estos mamíferos intermedios se envalentonaron y subyugaron todo su rincón de la creación.

Comparados con la especie atávica, los mamíferos intermedios representaron una mejora en todo sentido. Hasta el potencial de su vida media aumentó a veinticinco años. Varios rasgos humanos rudimentarios aparecieron en esta especie nueva. Además de las propensiones innatas que habían exhibido sus antepasados, estos mamíferos intermedios eran capaces de manifestar asco en ciertas situaciones repugnantes. Además, contaban con un instinto de acaparamiento bien definido; escondían comida para el consumo subsiguiente y eran muy propensos a juntar guijarros lisos y redondos y ciertos tipos de piedra redonda que sirvieran para municiones defensivas y ofensivas.

Estos mamíferos intermedios fueron los primeros en exhibir una clara propensión a la construcción, tal como se evidencia en su rivalidad al construir viviendas tanto en las copas de los árboles como en retiros subterráneos de múltiples túneles; fueron la primera especie de mamíferos en proveer seguridad en refugios arbóreos y subterráneos. De gran parte, abandonaron los árboles como lugar de morada, viviendo sobre la tierra durante el día y subiendo a las copas de los árboles para dormir por la noche.

Al correr del tiempo, el aumento natural en número terminó por originar gran competencia por el sustento y gran rivalidad sexual, todo lo cual culminó en una serie de batallas recíprocamente destructivas que casi aniquilaron toda la especie. Estas luchas continuaron hasta que tan sólo quedó vivo un grupo de menos de cien individuos. Pero luego volvió a prevalecer la paz, y esta solitaria tribu sobreviviente volvió a construir su sitio para dormir en las copas de los árboles y reanudó su existencia normal y semipacífica.

No os podéis imaginar lo cerca que llegaron vuestros antepasados prehumanos a la extinción de cuando en cuando. De haber alcanzado cinco centímetros menos al saltar, en cierta ocasión, la rana atávica de todo el género humano, el entero curso de la evolución habría cambiado marcadamente. La progenitora inmediata de la especie de mamíferos protohumanos, que era similar al lémur, se escapó de la muerte por un tris más de cinco veces antes de parir al progenitor del orden nuevo y superior de los mamíferos. Pero el peligro mayor, que evadió por un tris, fue al caer un rayo sobre el árbol donde dormía la futura progenitora de los primates gemelos. Ambos padres de este grupo de mamíferos intermedios padecieron severos traumatismos y graves quemaduras; tres de sus siete crías murieron fulminados por este relámpago de los cielos. A estos animales, que iban evolucionando, les faltaba poco para ser supersticiosos. Esta pareja, sobre cuyo refugio en la copa del árbol había caído el rayo, eran en realidad los caudillos del grupo más adelantado de la especie de los mamíferos intermedios; y siguiéndole el ejemplo, más de la mitad de la tribu, adhiriéndose a las familias más inteligentes, se mudó a unos tres kilómetros de esta localidad empezando a construir estas nuevas moradas en las copas de los árboles y nuevos refugios subterráneos —sus retiros transitorios en momentos de peligro repentino.

Poco tiempo después de terminar de construir su casa, esta pareja, veteranos de tantas luchas, llegaron a ser los orgullosos padres de gemelos, los animales más interesantes e importantes que jamás hubieran nacido en el mundo hasta entonces, pues eran los primeros de la especie nueva de los *primates*, el próximo paso vital en la evolución prehumana.

Contemporáneamente con el nacimiento de estos primates gemelos, otra pareja —un macho y una hembra particularmente retrasados de la tribu de los mamíferos intermedios, una pareja que era mental y físicamente inferior —también parieron gemelos. Estos gemelos, un macho y una hembra, eran indiferentes a la conquista; sólo se ocupaban de la consecución de sustento y, puesto que no comían carne, al poco tiempo perdieron todo interés en la caza. Estos gemelos retrasados fueron los fundadores de las tribus símicas modernas. Sus descendientes buscaron las regiones meridionales más calurosas con sus climas benignos y abundancia de frutas tropicales, en donde han continuado hasta la fecha en forma muy parecida a aquellos días, excepto aquellas ramas que se aparearon con los tipos anteriores de gibones y monos, deteriorándose considerablemente como consecuencia.

De este modo se ve fácilmente que el hombre y el mono están emparentados sólo porque los dos descendieron de los mamíferos intermedios, una tribu en la cual ocurrieron los nacimientos contemporáneos y la subsiguiente segregación de dos parejas de gemelos: la pareja inferior destinada a producir los tipos modernos de mono, babuino, chimpancé y gorila; la pareja superior destinada a continuar la línea de ascenso que llegó a ser, por evolución, el hombre mismo.

El hombre moderno y los simios, en efecto, descendieron de la misma tribu y especie, pero no de los mismos progenitores. Los antepasados del hombre descendieron de los especímenes superiores de lo más selectivo que quedó de esta tribu de los mamíferos intermedios, mientras que los simios modernos (con excepción de ciertos tipos preexistentes de lémures, gibones y otras criaturas monescas) son los descendientes de la pareja ínfima de este grupo de mamíferos intermedios, una pareja que sólo sobrevivió por haberse escondido en un retiro subterráneo, depósito de alimentos, por más de dos semanas durante la última batalla enconada de su tribu, sin salir hasta después de haber cesado completamente las hostilidades.

4. LOS PRIMATES

Volviendo al nacimiento de los gemelos superiores, un macho y una hembra, a los dos destacados miembros de la tribu de los mamíferos intermedios: estas crías fueron de una índole insólita; tenían aún menos pelos en el cuerpo que sus padres y, de muy pequeños, ya insistían en caminar erguidos. Sus antepasados siempre aprendían a caminar sobre las patas traseras, pero estos primates gemelos se irguieron desde el principio. Alcanzaron a medir más de un metro y medio de altura, y sus cabezas crecieron más en comparación con las de los demás de la tribu. Aunque aprendieron, a temprana edad, a comunicarse el uno con el otro por medio de señas y sonidos, nunca pudieron hacer que su pueblo entendiera estos símbolos nuevos.

Como a los catorce años de edad, huyeron de la tribu, hacia el oeste para criar su familia y establecer la nueva especie de los primates. Y estas criaturas nuevas se denominan muy propiamente *primates*, ya que fueron los antepasados animales directos e inmediatos de la familia humana misma.

Así los primates llegaron a ocupar una región en la costa occidental de la península mesopotámica que, en aquellos tiempos, se proyectaba en el mar meridional; en tanto que las tribus menos inteligentes y estrechamente emparentadas habitaban en la punta de la península y a lo largo de su costa oriental.

Los primates eran más humanos y menos animales que sus predecesores del grupo mamífero intermedio. Las dimensiones del esqueleto de esta especie nueva eran muy similares a las de las razas humanas primitivas. El tipo humano de mano y pie había llegado a su pleno desarrollo, y estas criaturas sabían caminar y hasta correr tan bien como cualquiera de sus descendientes humanos posteriores. Abandonaron, por lo general, el medio arbóreo, si bien continuaron recurriendo a las copas de los árboles como medida de seguridad por la noche, pues, lo mismo que sus antepasados precedentes, eran muy sensibles al temor. El mayor uso de las manos contribuyó mucho al desarrollo de su capacidad cerebral inherente, pero aún no contaban con mentes que se pudieran llamar en verdad humanas.

Aunque los primates diferían poco de sus predecesores en cuanto a su naturaleza emocional, exhibían una tendencia más humana en todas sus propensiones. Fueron, efectivamente, animales espléndidos y superiores, que alcanzaban la madurez a los diez años de edad y cuya vida natural máxima era de unos cuarenta años. Es decir, podrían haber vivido cuarenta años si hubieran expirado por muerte natural, pero en aquellos días primitivos muy pocos animales morían de muerte natural; la lucha por subsistir era demasiado intensa.

Ahora pues, tras casi novecientas generaciones de desarrollo, abarcando alrededor de veintiún mil años desde el origen de los mamíferos protohumanos, los primates, *súbitamente*, dieron a luz a dos asombrosas criaturas, los primeros verdaderos seres humanos.

De este modo, los mamíferos protohumanos, descendientes del tipo norteamericano de lémur, dieron origen a los mamíferos intermedios, y estos mamíferos intermedios, a su vez, produjeron a los primates superiores, que fueron los antepasados directos de la raza humana primitiva. Las tribus de los primates fueron el último eslabón vital en la evolución del hombre, pero en menos de cinco mil años no quedaría un solo individuo de estas tribus extraordinarias.

5. LOS PRIMEROS SERES HUMANOS

Desde 1934 d. de J.C., retrocediendo al nacimiento de los primeros seres humanos, han pasado 993.419 años.

Estas dos notables criaturas fueron verdaderos seres humanos. Contaban con dedos pulgares perfectamente humanos, como los habían tenido muchos de sus antepasados, y tenían los pies tan perfectos como los de las razas humanas presentes. Caminaban y corrían, no trepaban; la función de asir con el dedo gordo del pie había desaparecido completamente. Cuando el peligro les inducía a subirse a las copas de los árboles, trepaban tal como lo harían los humanos de hoy en día. Trepaban al tronco del árbol a manera de oso y no como lo haría un chimpancé o gorila, columpiándose de rama en rama.

Estos primeros seres humanos (y sus descendientes) alcanzaban la plena madurez a los doce años de edad y tenían una vida media potencial de unos setenta y cinco años.

Muchas emociones nuevas aparecieron tempranamente en estos gemelos humanos. Manifestaban admiración tanto por los objetos como por otros seres y exhibían considerable vanidad. Pero el adelanto más extraordinario en el desarrollo emocional fue la aparición repentina de un grupo de sentimientos nuevos que eran realmente humanos: el grupo dado a la adoración, que comprendía el pavor, la reverencia, la humildad, e incluso una forma primitiva de gratitud. El temor, junto con el desconocimiento de los fenómenos naturales, está a punto de dar a luz la religión primitiva.

No sólo se manifestaban tales sentimientos humanos en estos humanos primitivos, sino que también estaban presentes en forma rudimentaria muchos otros sentimientos altamente evolucionados. Conocían escasamente la compasión, la vergüenza, el reproche y tenían aguda conciencia del amor, el odio y la venganza, siendo susceptibles, además, a marcados sentimientos de celos.

Estos dos primeros humanos —los gemelos— fueron una gran tribulación para sus padres primates. Como eran tan curiosos y aventureros, estuvieron a punto de perder la vida en numerosas ocasiones, antes de cumplir los ocho años de edad. Así y todo, para los doce años de edad ya habían quedado bastante marcados con cicatrices.

Muy pronto aprendieron a practicar la comunicación verbal; a los diez años ya habían inventado y mejorado un lenguaje de señas y palabras de casi cincuenta ideas y habían mejorado y expandido considerablemente la torpe técnica de comunicación de sus antepasados. Pero por más que se esforzaran, no lograron enseñarles a sus padres sino unas pocos signos y símbolos nuevos.

Cuando contaban unos nueve años de edad, se fueron de viaje río abajo en un día claro y sostuvieron una conferencia de trascendental importancia. Todos los entes inteligentes celestiales estacionados en Urantia, yo inclusive, estábamos presentes en calidad de observadores de las transacciones de esta cita del mediodía. En este día significativo llegaron a convenir en que vivirían el uno con el otro y el uno por el otro, y éste fue el primero de una serie de tales convenios que, por fin, culminaron en la decisión de huir de sus compañeros animales inferiores y emprender un viaje hacia el norte, poco conociendo que, así, habrían de fundar la raza humana.

Aunque preocupados por lo que estos dos salvajes estaban proyectando, no teníamos el poder para controlar el funcionamiento de sus mentes; no influimos, ni podíamos influir, de forma arbitraria, sobre sus decisiones. Pero dentro de los límites permisibles de la función planetaria, nosotros, los Portadores de Vida, junto con nuestros asociados, todos conspiramos para guiar a los gemelos humanos hacia el norte, lejos de su pueblo peludo que moraba parcialmente en los árboles. De este modo, en virtud de su propia elección inteligente, los gemelos, en efecto, *emigraron*, y a causa de nuestra supervisión, emigraron *hacia el norte* a una región aislada donde escaparon la posibilidad de una degradación biológica mediante el cruce con sus parientes inferiores de las tribus de los primates.

Poco tiempo antes de su partida de su bosque natal, perdieron a su madre en un ataque de los gibones. Aunque no contó ella con la misma inteligencia que ellos, tenía por su prole un alto grado de afecto mamífero de orden superior; e impávidamente dio su vida para salvar a la pareja maravillosa. Tampoco fue en balde su sacrificio, pues resistió al enemigo hasta que llegó el padre con refuerzos y puso en fuga a los invasores.

Poco después de que esta pareja joven abandonara a sus compañeros para fundar la raza humana, se desconsoló su padre primate —estaba acongojadísimo. Se negó a comer, aun cuando sus otros hijos le llevaban la comida. Habiendo perdido a la brillante pareja, ya no le pareció que mereciera la pena vivir entre sus semejantes ordinarios; de modo que se fue a vagar al azar por el bosque y fue atacado por gibones hostiles que lo mataron a golpes.

6. LA EVOLUCIÓN DE LA MENTE HUMANA

Nosotros, los Portadores de Vida en Urantia, habíamos pasado por la larga vigilia, aguardando atentos, desde el día en que plantamos por primera vez el plasma vital en las aguas planetarias, y naturalmente la aparición de los primeros seres realmente inteligentes y volitivos nos trajo gran júbilo y suprema satisfacción.

Veníamos siguiendo el desarrollo mental de los gemelos mediante nuestra observación del funcionamiento de los siete espíritus ayudantes de la mente asignados a Urantia al tiempo de nuestra llegada al planeta. A través del largo desarrollo evolutivo de la vida planetaria, estos incansables ministros de la mente registraban constantemente su creciente habilidad de ponerse en contacto con las capacidades cerebrales sucesivamente en expansión de las criaturas animales progresivamente superiores.

En un principio únicamente el *espíritu de intuición* pudo funcionar en el comportamiento instintivo y reflejo de la vida animal primordial. Con la diferenciación de los tipos superiores, el *espíritu de la comprensión* pudo dotar a tales criaturas del don de la asociación espontánea de ideas. Más adelante observamos al *espíritu de la valentía* en funcionamiento; los animales en trance de evolucionar desarrollaron en rigor una forma simple de autoconciencia de protección. Posteriormente a la aparición de los grupos de los mamíferos, observamos el *espíritu del conocimiento* manifestarse en creciente medida. La evolución de los mamíferos superiores trajo la función del *espíritu del consejo*, con el consecuente desarrollo del instinto gregario y los principios del desarrollo social primitivo.

A través de los tiempos de los mamíferos protohumanos, los mamíferos intermedios y los primates, veníamos observando, más y más, el servicio incrementado de los cinco primeros ayudantes. Pero nunca habían podido funcionar los dos restantes, los ministros superiores de la mente, en el tipo urantiano de mente evolutiva.

Imaginaos nuestro regocijo un día —cuando los gemelos tenían unos diez años— en que el *espíritu de adoración* hizo su primer contacto con la mente de la gemela y, poco tiempo después de esto, con la del gemelo. Sabíamos que algo muy semejante a la mente humana se acercaba a su culminación; y cuando, al año, resolvieron finalmente, como resultado de un pensamiento meditativo y de una decisión basada en un propósito, huir de la querencia y viajar al norte, entonces comenzó a funcionar el *espíritu de la sabiduría* en Urantia y en estas dos mentes ya reconocidas como humanas.

Hubo una movilización inmediata y nueva de los siete espíritus ayudantes de la mente. Estábamos rebosantes de expectación; nos percatamos de que el momento que veníamos esperando desde hacía tanto tiempo se acercaba; sabíamos que estábamos en el umbral de la realización de nuestro dilatado esfuerzo para desarrollar criaturas volitivas en Urantia.

7. EL RECONOCIMIENTO COMO UN MUNDO HABITADO

No tuvimos que aguardar mucho tiempo. Al mediodía del día después de la huida de los gemelos, aconteció el ensayo inicial de la transmisión de las señales del circuito universal hacia el foco receptivo planetario en Urantia. Estábamos todos, desde luego, emocionadísimos al darnos cuenta de que el gran suceso era inminente; pero como este mundo era una estación experimental de vida, no teníamos la menor idea de cómo se nos informaría del reconocimiento de la vida inteligente en el planeta. Pero no duramos mucho tiempo en la incertidumbre. A los tres días de la huida de los gemelos, y antes de que el cuerpo de los Portadores de Vida partiera, arribó el arcángel de Nebadon del establecimiento inicial de circuitos planetarios.

Fue un día dichoso y significativo en Urantia cuando se reunió nuestro pequeño grupo en torno al polo planetario de comunicación espacial y recibió el primer mensaje de Salvington mediante el recién establecido circuito planetario de mente. Este primer mensaje, dictado por el jefe del cuerpo de arcángeles, decía:

«A los Portadores de Vida en Urantia —¡Saludos! Comunicamos la afirmación del gran gusto en Salvington, Edentia y Jerusem en honor del registro, en la sede central de Nebadon, de la señal de la existencia en Urantia de la mente volitiva. Se ha notado la decisión ex profeso de los gemelos de huir hacia el norte y de segregar su prole de sus antepasados inferiores. Ésta es la primera decisión de la mente —del tipo humano de mente— en Urantia y automáticamente establece el circuito de comunicación por el cual este mensaje inicial de reconocimiento se está transmitiendo.»

A continuación, por este nuevo circuito pasaron los saludos de los Altísimos de Edentia, que contenían las instrucciones para los Portadores de Vida residentes prohibiéndonos interferir en el modelo de vida que habíamos establecido. Se nos exhortó a no intervenir en los asuntos del progreso humano. No debe deducirse, de ahí, que los Portadores de Vida se entrometen arbitraria y mecánicamente con el despliegue natural de los planes evolutivos de un planeta, pues no lo hacemos. Pero hasta este momento se nos había permitido manipular el medio ambiente y escudar el plasma vital de manera particular; y esta supervisión extraordinaria, pero del todo natural, habría de discontinuarse.

En cuanto dejaron de hablar los Altísimos, el bello mensaje de Lucifer, que en aquel entonces era el soberano del sistema de Satania, comenzó a aplanetizar. En este momento los Portadores de Vida oyeron las palabras de bienvenida de su jefe y recibieron su permiso para volver a Jerusem. Este mensaje de Lucifer englobó la aceptación oficial del trabajo de los Portadores de Vida en Urantia y nos absolvió de toda crítica posterior a cualquiera de nuestros esfuerzos para mejorar los modelos de vida de Nebadon como se habían establecido en el sistema de Satania.

Estos mensajes de Salvington, Edentia y Jerusem formalmente marcaron la terminación de la supervisión secular del planeta por los Portadores de Vida. Llevábamos muchísimas épocas de servicio, asistidos únicamente por los siete espíritus ayudantes de la mente y por los Controladores Físicos Decanos. Ahora bien, habiendo aparecido en las criaturas evolutivas del planeta la voluntad, el poder de optar por adorar y ascender, nos dimos cuenta de que se había terminado nuestro trabajo, y nuestro grupo se preparó a partir. Siendo Urantia un mundo de modificación de vida, se otorgó permiso para dejar atrás a dos Portadores de Vida veteranos con doce asistentes, y a mí me seleccionaron como uno de este grupo y desde entonces he permanecido en Urantia.

Hace sólo 993.408 años (contando hasta el año 1934 d. de J.C.) que Urantia se reconoció formalmente como planeta de habitación humana en el universo de Nebadon. La evolución biológica nuevamente había conseguido los niveles humanos de dignidad volitiva; el hombre ya había llegado al planeta 606 de Satania.

[Patrocinado por un Portador de Vida de Nebadon residente en Urantia.]

DOCUMENTO 63

LA PRIMERA FAMILIA HUMANA

SE REGISTRÓ Urantia como mundo habitado cuando los dos primeros seres humanos, los gemelos, tenían once años, y antes de que llegaran a ser los padres del primogénito de la segunda generación de los verdaderos seres humanos. En esta ocasión de reconocimiento planetario formal se cerró el mensaje del arcángel de Salvington con las siguientes palabras:

«Ha aparecido la mente humana en el 606 de Satania, y estos padres de una raza nueva se llamarán *Andón y Fonta*. Y todos los arcángeles rezan para que estas criaturas, con prontitud, sean así provistas para que resida en su persona el don del espíritu del Padre Universal».

Andón es el nombre nebadónico que significa «la primera criatura a semejanza del Padre en exhibir el ansia humana por la perfección». Fonta significa «la primera criatura a semejanza del Hijo en exhibir el ansia humana por la perfección». Andón y Fonta nunca conocieron estos nombres hasta que se les confirieron al fusionarse con sus Ajustadores del Pensamiento. Durante toda su estadía mortal en Urantia se llamaron Sonta-an y Sonta-en; Sonta-an significa «amado por la madre» y Sonta-en significa «amado por el padre». Ellos mismos se dieron estos nombres, cuyo significado es indicativo del afecto y estimación que se tenían.

1. ANDÓN Y FONTA

En muchos aspectos, Andón y Fonta fueron la pareja más extraordinaria de seres humanos que jamás hubiera vivido en la faz de la tierra. Esta pareja maravillosa, que vienen a ser los padres de todo el género humano, era a todas luces superior a gran parte de sus descendientes inmediatos, y era radicalmente distinta de todos sus antepasados, tanto inmediatos como remotos.

Los padres de esta primera pareja humana, en apariencia, eran poco diferentes del elemento común de su tribu; sin embargo, figuraban entre sus miembros más inteligentes, el primer grupo que aprendió a lanzar piedras y servirse de garrotes al pelear. Se valieron, también, de púas puntiagudas de roca, piedra y hueso.

Cuando aún vivían con sus padres, Andón solía atar una piedra puntiaguda en la punta de un garrote, utilizando tendones animales para este fin, y en no menos de una docena de ocasiones, se sirvió bien de tal arma para salvarse la vida así como la de su hermana que era a cual más aventurera y curiosa, e indefectiblemente, le acompañaba en todas sus excursiones exploratorias.

La determinación de Andón y Fonta de huir de las tribus de los primates implica una calidad de mente muy por encima de la inteligencia inferior que caracterizaba a tantos descendientes posteriores suyos, los cuales se rebajaban a aparear con primos retrasados de las tribus símicas. Se percataban vagamente de que eran algo más que meros animales, debido a la dotación de personalidad la que fue aumentada por la presencia en su fuero interno de los Ajustadores del Pensamiento.

2. LA HUIDA DE LOS GEMELOS

Después de haberse decidido Andón y Fonta a huir hacia el norte, sucumbieron, durante un tiempo, a sus temores, sobre todo al temor de disgustar a su padre y a su familia inmediata. Previeron que les atacarían parientes hostiles y así reconocieron la posibilidad de llegar a morir a manos de los miembros de su tribu ya envidiosos de por sí. Durante su juventud, los gemelos habían pasado la mayor parte del tiempo en su compañía mutua, y por eso nunca habían sido excesivamente populares entre sus primos animales de la tribu de los primates. Tampoco habían mejorado su posición en la tribu al construirse una morada arbórea muy superior y separada.

Y en esta nueva morada entre las copas de los árboles, una noche después de que les despertó una tormenta violenta, mientras se tenían abrazados por el temor y afecto, resolvieron, final e incondicionalmente, huir del habitat de la tribu y del hogar en las copas de los árboles.

Ya habían preparado un tosco refugio en las copas de los árboles a una media jornada hacia el norte. Éste fue su escondite seguro y secreto durante el primer día fuera de los bosques natales. A pesar de que los gemelos tenían en común con los primates el implacable temor de estar en el suelo por la noche, se aventuraron a partir en el viaje hacia el norte poco antes del anochecer. Además de requerirse una valentía inusitada para que emprendieran este viaje nocturno, acertaron en concluir que era menos probable, hasta en plenilunio, que descubrieran su ausencia y, por tanto, les persiguieran sus parientes y demás miembros de la tribu. Así, un poco después de la medianoche, lograron llegar a salvo al lugar de reunión anteriormente dispuesto.

En su viaje hacia el norte descubrieron un depósito expuesto de piedras y, encontrando allí muchas piedras de forma apta para usos varios, juntaron una reserva de éstas para el futuro. Al intentar desportillar estos pedernales a fin de que se adaptaran mejor para ciertos fines, Andón descubrió su cualidad chispeante y concibió la idea de encender fuego. Mas, en este momento, la noción no se le inculcó firmemente, pues el clima aún estaba salubre y poca necesidad había de fuego.

El sol otoñal, sin embargo, iba bajando cada vez más en el cielo, y a medida que viajaban hacia el norte, las noches tornaban cada vez más frías. Ya se habían visto obligados a valerse de pieles animales para el calor que éstas ofrecían. Antes de que llevaran un mes fuera de su tierra natal, Andón le indicó a su consorte que creía saber crear fuego con la piedra. Durante dos meses trataron de utilizar la chispa de la piedra para encender un fuego, pero sus esfuerzos fueron infructuosos. Cada día esta pareja golpeaba las piedras y se esforzaban por prenderle fuego al palo. Al fin, una tarde, a la hora de ponerse el sol, se desenmarañó el secreto de la técnica al ocurrírsele a Fonta subirse a un árbol próximo para conseguir el nido abandonado de un pájaro. El nido estaba seco y sumamente inflamable; por consiguiente, justamente al caerle la chispa, se originó una llamarada que produjo un fuego abundante. Tan sorprendidos y sobrecogidos se quedaron al lograrlo, que en poco estuvo que se perdiera el fuego, pero lo salvaron agregándole el combustible adecuado, y luego los padres de toda la humanidad iniciaron la primera búsqueda de leña.

Éste fue uno de los momentos de más regocijo de toda su vida que, a pesar de ser corta, fue repleta de sucesos pletóricos. Se pasaron toda la noche en vela observando arder su fuego, echando de ver, de manera vaga, que habían hecho un descubrimiento que les posibilitaría desafiar al clima y así independizarse, por siempre jamás, de sus parientes animales de las tierras meridionales. Al cabo de tres días de reposar y disfrutar del fuego, prosiguieron su viaje.

Los antepasados primates de Andón, a menudo, habían mantenido vivo el fuego que los rayos encendían, pero nunca, anteriormente, habían contado las criaturas de la tierra con un método de iniciar un fuego a voluntad. No obstante, pasó mucho tiempo antes de que los gemelos supieran que el musgo seco y otros materiales servirían para encender un fuego al igual que los nidos de los pájaros.

3. LA FAMILIA DE ANDÓN

Transcurrieron casi dos años desde la noche en que partieron los gemelos de su hogar hasta que nació su primer hijo. Le llamaron Sontad; y Sontad fue la primera criatura en Urantia que fue envuelta en cubiertas protectoras al nacer. La raza humana había comenzado, y con esta evolución nueva apareció el instinto de cuidar debidamente a los infantes que nacían cada vez más endebles, lo cual caracterizaría el desarrollo progresivo de la mente de orden intelectual frente al tipo animal más propiamente dicho.

Andón y Fonta tuvieron diecinueve hijos en total, y vivieron para disfrutar de la compañía de casi media centena de nietos y media docena de biznietos. La familia residía en cuatro refugios de roca contiguos, o semicuevas, tres de las cuales se comunicaban por pasajes que habían sido excavados en la blanda caliza con herramientas de piedra ideadas por los hijos de Andón.

Estos primeros andonitas demostraron un marcado espíritu de clan; cazaban en grupos y nunca se alejaban mucho del lugar de residencia. Parecían percatarse de que eran un grupo aislado y singular de seres vivientes y, por ende, debían evitar separarse. Este sentimiento de parentesco íntimo, indudablemente, se debió a la asistencia aumentada que los espíritus ayudantes brindaron a su mente.

Andón y Fonta se afanaban incesantemente por criar y elevar el clan. Vivieron hasta la edad de cuarenta y dos años. Ambos perecieron en un terremoto, cuando les cayó un peñón colgante. Cinco hijos suyos y once nietos perecieron con ellos, y casi una veintena de sus descendientes padecieron lesiones graves.

A la muerte de sus padres, Sontad, a pesar de haberse lesionado gravemente un pie, asumió de inmediato el mando del clan, con la competente asistencia de su mujer, su hermana mayor. Su primera labor consistió en subir peñas para sepultar a sus padres, hermanos e hijos de manera efectiva. No se le debe dar importancia inmerecida a este acto de entierro, pues sería erróneo. Sus conceptos de la vida de ultratumba eran muy vagos e indefinidos, derivando, en gran medida, de su fantástica y abigarrada experiencia onírica.

Esta familia de Andón y Fonta se mantuvo unida hasta la vigésima generación, cuando la combinación de la competencia por el sustento con el rozamiento social ocasionó el principio de la dispersión.

4. LOS CLANES ANDÓNICOS

El hombre primitivo —los andonitas— tenían los ojos negros y la tez morena, algo como la de un cruce entre la raza amarilla y la roja. La melanina es una sustancia colorante que se encuentra en la piel de todos los seres humanos. Es el pigmento original de la piel andónica. En cuanto al aspecto general y al color de la piel, estos primeros andonitas se parecían más a los esquimales de hoy en día que a ningún otro tipo de ser humano viviente. Fueron las primeras criaturas en servirse de las pieles de los animales para protegerse del frío; tenían un poco más de pelo en el cuerpo que los humanos de hoy en día.

La vida tribal que llevaron los antepasados animales de estos primeros hombres había prefigurado los principios de numerosas convenciones sociales; la organización social y una nueva división del trabajo del clan se desarrollaron de forma inmediata a consecuencia de las emociones que iban expandiéndose, sumado a la capacidad incrementada cerebral de estos entes. Fueron sobremanera imitativos, pero el instinto del juego sólo estaba levemente desarrollado y el sentido del humor casi estaba ausente del todo. El hombre primitivo se sonreía ocasionalmente, pero nunca se entregaba a la risa vigorosa. El humor fue un legado de la raza posterior de Adán. Estos primeros seres humanos no eran tan sensibles al dolor ni tan reactivos a las situaciones desagradables como lo era gran parte de los mortales que evolucionaron posteriormente. A Fonta y a su progenie el parto no les fue una experiencia de dolor ni aflicción.

Fueron una tribu magnífica. Los varones peleaban heroicamente por la seguridad de su pareja y prole; las hembras se dedicaban cariñosamente a sus hijos. No obstante, su patriotismo se limitaba estrictamente al clan inmediato. Los varones les eran muy leales a sus familias; se dejaban morir sin dudar en defensa de sus hijos, mas no pudieron captar el concepto de tratar de mejorar el mundo para sus nietos. El altruismo, hasta este momento, quedaba por nacer en el corazón humano, a pesar de que todas las emociones esenciales para el surgimiento de la religión ya estaban presentes en estos aborígenes de Urantia.

Estos primeros hombres contaban con un afecto enternecedor para con sus camaradas, e indudablemente, tenían, por elemental que fuera, una verdadera idea de la amistad. Posteriormente se daba el caso, muy a menudo, durante las constantes batallas que se repetían una y otra vez con las tribus inferiores, de ver uno de estos hombres primitivos luchar valientemente con una mano y, al mismo tiempo, bregar para proteger y salvar a un compañero guerrero herido. Gran parte de los rasgos más nobles que son sumamente humanos y que corresponden al desarrollo evolutivo subsiguiente se prefiguró de manera enternecedora en estas gentes primitivas.

El clan andónico original mantuvo una línea de mando ininterrumpida hasta la vigésima séptima generación; pues, al no aparecer ningún vástago varón entre los descendientes directos de Sontad, dos rivales que pretendían ser jefe del clan se embrollaron en una pugna por la supremacía.

Antes de las dispersiones extensas de los clanes andónicos, ya había evolucionado un lenguaje bien desarrollado a partir de sus primeros esfuerzos para comunicarse. Este lenguaje continuó desarrollándose, y casi a diario se le agregaban voces nuevas debido a los inventos y adaptaciones al medio ambiente nuevo que ideaba esta gente activa, inquieta y curiosa. Y este lenguaje llegó a ser el verbo de Urantia, la lengua de la familia humana primitiva, hasta la aparición posterior de las distintas razas de color.

Con el paso del tiempo, los clanes andónicos aumentaron en número, y la interacción de las familias que iban expandiéndose redundó en desavenencias y malentendidos. Sólo dos cosas llegaron a ocuparle la mente a esta gente: cazar para obtener sustento y pelear para vengarse de alguna injusticia o insulto real o supuesto del cual había sido objeto a manos de las tribus vecinas.

Las enemistades consuetudinarias entre familias aumentaron, se declaraban guerras, y graves pérdidas se sufrieron entre los mejores elementos de los grupos más avanzados y hábiles. Algunas de estas pérdidas fueron irreparables; algunas de las fuentes de habilidad e inteligencia más valiosas del mundo, en estas ocasiones, se perdieron por siempre jamás. Estas incesantes guerras de los clanes amenazaron a esta primera raza y a su civilización primitiva con la extinción.

Es imposible lograr convencer a semejantes seres humanos primitivos de que perduren conviviendo en paz. El hombre desciende de animales entregados a la lucha, y la gente inculta se irrita y ofende al relacionarse estrechamente. Los Portadores de Vida conocen esta tendencia entre las criaturas evolutivas, y por consiguiente, disponen separar ulteriormente a los seres humanos en vías de desarrollo en un mínimo de tres, y más a menudo, en seis razas distintas y separadas.

5. La dipersión de los andonitas

Las primeras razas andonitas no penetraron mucho en el interior de Asia, y en un principio, no entraron en África. La geografía de aquellos tiempos las encaminó hacia el norte, y alcanzaba esta gente cada vez más al norte en sus viajes hasta que se lo impidió la tercera glaciación que iba avanzando poco a poco.

Antes de que esta extensa capa de hielo llegara a Francia y las Islas Británicas, los descendientes de Andón y Fonta habían avanzado a duras penas hacia el oeste sobre Europa y habían establecido más de mil asentamientos separados a lo largo de los grandes ríos que desembocaban en las aguas del Mar del Norte, las cuales, a la sazón, eran tibias.

Estas tribus andónicas fueron los primeros moradores de las riberas fluviales de Francia; habitaron a lo largo del río Somme por decenas de miles de años. El Somme es el único río que los glaciales no cambiaron, pues seguía el mismo curso para desembocar en el mar de forma muy similar a como lo hace hoy día. Así se explica por qué se encuentran tantos rastros de los descendientes andónicos a lo largo del cauce del valle de este río.

Estos aborígenes de Urantia no moraban en los árboles, si bien, en casos de urgencia, se encaramaban en las copas. Solían morar al cobijo de los nichos naturales que se forman en los barrancos por las márgenes de los ríos y en las cuevas de la ladera de los riscos que les ofrecían un buen panorama de las vías de acercamiento y los abrigaba de la intemperie. De este modo podían gozar de la comodidad de sus fogatas sin que el humo les incomodara demasiado. Tampoco fueron verdaderos cavernícolas, aunque posteriormente las últimas capas de hielo llegaron más hacia el sur obligando a sus descendientes a morar en las cuevas. Preferían acampar cerca de los bordes de un bosque y junto a un riachuelo.

Pronto adquirieron una notable habilidad para camuflar sus moradas abrigadas y demostraron gran habilidad en construir recintos cerrados de roca para dormir, cobertizos de piedra con una pequeña cúpula, en los cuales se metían a gatas por la noche. La entrada de tal casita se cerraba corriendo una piedra para taparla, una piedra grande que se había colocado en el interior para este fin antes de colocar las últimas piedras del techo.

Los andonitas fueron cazadores prósperos y denodados y, con excepción de las bayas silvestres y ciertas frutas de los árboles, vivieron exclusivamente de la carne. Tal como Andón había inventado el hacha de piedra, asímismo sus descendientes no tardaron en descubrir la lanza de palo y el arpón y en servirse de ellos de manera efectiva. Por fin una mente que creaba herramientas funcionaba en coordinación con una mano diestra en el manejo de los implementos, y estos humanos primitivos llegaron a ser muy expertos en la elaboración de herramientas de piedra. Hacían viajes de largas distancias abarcando vastos territorios en busca de piedra, de forma muy parecida a como los humanos de hoy día viajan hasta los rincones más remotos de la tierra en pos de oro, platino y diamantes.

Y de muchas otras maneras estas tribus de Andón manifestaron un grado de inteligencia que sus descendientes retrógrados no lograron en medio millón de años, aunque sí volvían a descubrir una y otra vez varios métodos de encender el fuego.

6. ONAGAR —EL PRIMER MAESTRO DE LA VERDAD

A medida que la dispersión andónica se extendía, la calidad cultural y espiritual de los clanes iba empeorando durante casi diez mil años, hasta los días de Onagar, quien asumió el mando de estas tribus, sembró la paz entre ellas, y por primera vez, les guió a todos en la adoración de «El que da aliento a los hombres y los animales».

La filosofía de Andón había sido de lo más confusa; apenas se había escapado de convertirse en adorador del fuego por la gran comodidad que derivó del haber descubierto el fuego de forma casual. La razón, sin embargo, le había guiado para abandonar su propio descubrimiento como objeto de adoración, a favor del sol en cuanto fuente de calor y luz superior que inspiraba más temor reverente; pero no llegó a ser adorador del sol, puesto que éste era demasiado remoto.

Los andonitas no se demoraron en desarrollar el temor a las fuerzas naturales —trueno, relámpago, lluvia, nieve, granizo e hielo. Pero el hambre fue el afán que constantemente reaparecía en estos días primitivos, y puesto que subsistían en gran medida de los animales, con el tiempo llegó a evolucionar una especie de adoración de los animales. Para Andón los animales mayores que servían para su alimentación eran símbolos del poder creativo y la capacidad sustentadora. De cuando en cuando solían designar a varios animales de estos más grandes como objetos de adoración. Durante el período en que estaba en boga la adoración de un animal particular, lo pintaban con trazos toscos sobre las paredes de las cuevas, y después, al continuar progresando las artes, tal deidad animal se tallaba en varios ornamentos.

Al cabo de muy poco tiempo, los pueblos andónicos adquirieron la costumbre de abstenerse de comer la carne de los animales de veneración tribal. En este momento, a fin de hacerle mella a la juventud de forma más idónea, desarrollaron una ceremonia de reverencia que se llevaba a cabo en torno al cuerpo de uno de estos animales venerados; y aún más tarde, este acto primitivo evolucionó para llegar a ser las esmeradas ceremonias de sacrificio realizadas por sus descendientes. Y así se originaron los sacrificios como parte de la adoración. Moisés en el rito hebreo practicó esta idea, y la conservó en principio el apóstol Pablo como doctrina de la expiación de los pecados mediante el «derrame de sangre».

Que el sustento alimenticio era de suma importancia en las vidas de estos seres humanos primitivos, lo indica una oración que Onagar, su gran maestro, les enseñó a esta gente tan sencilla:

«Oh Aliento de la Vida, danos nuestro sustento de este día, redímenos de la calamidad del hielo, sálvanos de nuestros enemigos del bosque, y con gran misericordia recíbenos en el Gran Más Allá».

Onagar mantuvo su sede en las márgenes septentrionales del antiguo Mediterráneo, que presentemente viene a ser la región del Mar Caspio, en un asentamiento llamado Obán, punto de parada en la vuelta hacia el oeste del camino que conducía al norte desde las tierras meridionales de la Mesopotamia. Desde Obán envió maestros a los asentamientos remotos para difundir sus nuevas doctrinas de una sola Deidad y su concepto del más allá, que él denominó el Gran Más Allá. Estos emisarios de Onagar fueron los primeros misioneros del mundo; también fueron los primeros seres humanos en cocer la carne, los primeros en utilizar el fuego con regularidad para preparar la comida. Cocían la carne en la punta de un palo y también en piedras calientes; después llegaron a asar trozos grandes al fuego; sus descendientes, sin embargo, casi revirtieron del todo al consumo de la carne cruda.

Nació Onagar hace 983.323 años (contando desde 1934 d. de J.C.) y vivió hasta la edad de sesenta y nueve años. La historia de los logros de este genio maestro y guía espiritual de los días anteriores al Príncipe Planetario es el emocionante relato de la organización de estos pueblos primitivos en una verdadera sociedad. Instituyó un gobierno tribal eficaz, que siguió sin par entre las generaciones sucesivas durante muchos milenios. Nunca más, hasta el advenimiento del Príncipe Planetario hubo semejante civilización de tanta elevación espiritual en la tierra. Esta gente sencilla tenía, aunque primitiva, una verdadera religión, pero se perdió subsiguientemente a sus descendientes en decadencia.

Aunque tanto Andón como Fonta habían recibido Ajustadores del Pensamiento, tal como los había recibido gran parte de sus descendientes, no fue hasta los días de Onagar que los Ajustadores y serafines guardianes llegaron en grandes números a Urantia. Ésta fue, en efecto, la edad de oro del hombre primitivo.

7. La supervivencia de Andón y Fonta

Andón y Fonta, los espléndidos fundadores de la raza humana, recibieron reconocimiento cuando, a la llegada del Príncipe Planetario, hubo la adjudicación en Urantia, y a su debido momento surgieron del régimen de los mundos de estancia con el estado de ciudadanía en Jerusem. Bien que nunca se les ha permitido volver a Urantia, conocen la historia de la raza que fundaron. Se dolieron de la traición de Caligastia, se lamentaron del fracaso de Adán, pero se regocijaron sobremanera al recibir el aviso de que Micael había seleccionado su mundo para el escenario de su último autootorgamiento.

En Jerusem tanto Andón como Fonta se fusionaron con sus Ajustadores del Pensamiento, al igual que se fusionaron varios hijos suyos, Sontad inclusive; pero la mayoría de sus mismos descendientes inmediatos sólo lograron la fusión con el Espíritu.

Andón y Fonta, al poco tiempo de su llegada a Jerusem, recibieron permiso del Soberano del Sistema para retornar al primer mundo de estancia para servir con las personalidades morontiales, quienes les dan la bienvenida a los peregrinos del tiempo de Urantia a las esferas celestiales. Y se les ha asignado a dicho servicio por tiempo indefinido. Procuraron mandar saludos a Urantia en relación con estas revelaciones, pero, prudentemente, se les negó esta petición.

Y ésta es la narración del capítulo más heroico y fascinante de toda la historia de Urantia, la historia de la evolución, las luchas de la vida, la muerte y supervivencia eterna de los singulares padres de todo el género humano.

[Presentado por un Portador de Vida residente en Urantia.]

DOCUMENTO 64

LAS RAZAS EVOLUCIONARIAS DE COLOR

ÉSTA es la historia de las razas evolucionarias de Urantia, desde la época de Andón y Fonta, hace casi un millón de años, a través de los tiempos del Príncipe Planetario, hasta el final del período glacial.

La raza humana tiene casi un millón de años. La primera mitad de su historia viene a corresponder a los tiempos anteriores al Príncipe Planetario de Urantia. La última mitad de la historia del género humano comienza al llegar el Príncipe Planetario y al aparecer las seis razas de color. Viene a corresponder al período que se suele considerar como la antigua edad de piedra.

1. LOS ABORÍGENES ANDÓNICOS

Dentro del ciclo evolucionario, el hombre primitivo apareció por primera vez en la tierra hace un poco menos de un millón de años, y ahí tuvo una experiencia vigorosa. Instintivamente, procuró evadir el peligro de juntarse con las tribus símicas inferiores. Pero no pudo emigrar hacia el este, debido a las áridas elevaciones terrestres del Tíbet, a más de 9.000 metros sobre el nivel del mar; tampoco pudo desplazarse hacia el sur ni el oeste, debido al Mar Mediterráneo que había cobrado dimensiones más amplias que las de hoy día, extendiéndose hacia el este hasta el Océano Índico; y al dirigirse hacia el norte se encontró con el hielo que venía avanzando. Pero aun cuando el hielo les impidió progresar más en su migración hacia el norte, y a pesar de volverse las tribus cada vez más hostiles a medida que se dispersaban, jamás se les ocurrió a los grupos más inteligentes trasladarse al sur para vivir entre sus primos peludos de intelecto inferior que moraban en los árboles.

Muchas de las emociones religiosas primitivas del hombre surgieron de su sensación de impotencia en el medio ambiente confinado de dicha situación geográfica —montañas a la derecha, agua a la izquierda y hielo por delante. Sin embargo, estos andonitas progresistas se negaron a retroceder al sur, con sus parientes inferiores que moraban en los árboles.

Estos andonitas evitaban los bosques, a diferencia de sus parientes no humanos que preferían este habitat. El hombre siempre ha decaído en los bosques; la evolución humana ha hecho progresos únicamente en el descampado y en latitudes más septentrionales. El frío y el hambre propios de los espacios abiertos incitan a la acción, la invención y el ingenio. Mientras estas tribus andónicas desarrollaban a los pioneros de la raza humana actual en medio de las penurias y privaciones de estos duros climas septentrionales, sus primos atrasados se deleitaban en los bosques tropicales meridionales de la tierra de su primitivo origen común.

Estos sucesos ocurrieron durante los tiempos del tercer glacial, considerado el primero por los geólogos. Los dos primeros glaciares no fueron extensos en Europa septentrional.

Durante la mayor parte del período glaciar, Inglaterra estuvo unida con Francia por tierra, y después, África se comunicó con Europa mediante el puente terrestre siciliano. Por la época de las migraciones andónicas hubo una ruta terrestre continua desde Inglaterra en el oeste, pasando por Europa y Asia, hasta Java en el este; pero Australia, nuevamente, quedó aislada, lo cual acentuó más aún el desarrollo de su fauna particular.

Hace 950.000 años los descendientes de Andón y Fonta habían emigrado a gran distancia hacia el este y el oeste. Pasaron al oeste por Europa hasta Francia e Inglaterra. Posteriormente llegaron a penetrar hasta Java en el este, donde recién acaban de encontrarse sus huesos —el llamado hombre de Java— y a continuación, se trasladaron a Tasmania.

Los grupos que se desplazaban hacia el oeste se contaminaron menos con las razas atrasadas de común origen atávico que los que se desplazaban hacia el este, quienes solían mezclarse muy libremente con sus primos animales retrasados. Estos individuos retrógrados fueron emigrando poco a poco hacia el sur y, a la postre, se aparearon con las tribus inferiores. Más adelante sus descendientes híbridos regresaron al norte y se aparearon con los pueblos andónicos que iban expandiéndose con rapidez; y tales uniones aciagas, indefectiblemente, deterioraron la raza superior. Cada vez menos asentamientos primitivos conservaron la adoración de Aquél que da Aliento. Esta primitiva civilización de los albores estuvo amenazada de extinguirse.

Así ha sido siempre en Urantia. Civilizaciones altamente prometedoras se han ido deteriorando progresivamente hasta extinguirse debido a la locura de permitir la libre procreación de los seres superiores con los inferiores.

2. LOS PUEBLOS DE FOXHALL

Hace 900.000 años las artes de Andón y Fonta y la cultura de Onagar se estaban desvaneciendo de la faz de la tierra; la cultura, la religión y hasta la elaboración de implementos de piedra estaban en plena decadencia.

En estos tiempos llegaron a Inglaterra, provenientes de Francia meridional grandes grupos de mestizos inferiores. Tan cruzadas estaban estas tribus con las criaturas simiescas del bosque que casi no llegaban a ser humanas. No tenían ninguna religión, pero hacían trabajos toscos de piedra y contaban con suficiente inteligencia para encender el fuego.

En Europa estas tribus fueron seguidas por un pueblo prolífico y un tanto superior, cuyos descendientes se propagaron al poco tiempo por el continente entero, desde el hielo en el norte hasta los Alpes y el Mediterráneo en el sur. Estas tribus constituyen la llamada *raza Heidelberg*.

Durante este prolongado período de decadencia cultural, los pueblos de Foxhall en Inglaterra y las tribus de Badonán al nordeste de la India, continuaron aferrándose a algunas de las tradiciones de Andón y ciertos restos de la cultura de Onagar.

Los pueblos de Foxhall se encontraban en el extremo más occidental y lograron retener gran parte de la cultura andónica; también conservaron sus conocimientos del trabajo con el pedernal, que trasmitieron a sus descendientes, los antiguos antepasados de los esquimales.

Aunque los restos de los pueblos de Foxhall fueron los últimos en descubrirse en Inglaterra, estos andonitas, en realidad, fueron los primeros seres humanos en habitar esas regiones. En aquel entonces el puente terrestre aún unía Francia con Inglaterra; y puesto que la mayoría de los asentamientos primitivos de los descendientes de Andón estaban ubicados en las riberas de los ríos y costas del mar de aquellos tiempos pasados, hoy por hoy están sumergidos bajo el Canal de la Mancha y el Mar del Norte; pero unos tres o cuatro siguen por encima del agua en la costa inglesa.

Gran parte de los pueblos más inteligentes y espirituales de Foxhall mantuvieron su superioridad racial y perpetuaron sus costumbres religiosas primitivas. Esta gente se trasladó al occidente desde Inglaterra después de un helamiento posterior y, tras haberse cruzado con razas subsiguientes, ha sobrevivido como los esquimales actuales.

3. LAS TRIBUS DE BADONÁN

Además de los pueblos de Foxhall en el oeste, persistía a duras penas otro centro de cultura en el este. Este grupo se ubicó en las estribaciones de las tierras altas del noroeste de la India, entre las tribus de Badonán, que era tataranieto de Andón. Estos fueron los únicos descendientes de Andón que nunca practicaron el sacrificio humano.

Estos badonitas de las tierras altas ocupaban una vasta meseta rodeada de bosques, atravesada por arroyos y con abundantes animales de caza. Al igual que algunos primos suyos en Tíbet, moraban en unos toscos cobijos de piedra, en grutas en las laderas de los cerros y en pasajes semisubterráneos.

Mientras las tribus del norte temían cada vez más al hielo, los que vivían cerca de la tierra de su origen llegaron a ser sobremanera temerosos del agua. Observaban que la península mesopotámica se iba hundiendo paulatinamente en el océano, y a pesar de que ésta emergiera varias veces, las tradiciones de estas razas primitivas giraron en torno a los peligros del mar y al temor de la sumersión periódica. Este temor, sumado a su experiencia con las inundaciones fluviales, explica por qué buscaron las tierras altas como emplazamiento seguro de residencia.

Al este de los pueblos de Badonán, en las colinas Siwalik del norte de la India, se encuentran los fósiles que más se aproximan a los tipos de transición entre el hombre y los distintos grupos anteriores a los humanos, que cualquier otro en la tierra.

Hace 850.000 años las tribus superiores de Badonán comenzaron una guerra de exterminio contra sus vecinos inferiores similares a los animales. En menos de mil años la mayoría de los grupos de animales de los rebordes de estas regiones habían sido aniquilados o forzados a retroceder a los bosques meridionales. Esta campaña de exterminio de los seres inferiores hizo que se mejoraran un poco las tribus de las colinas de aquella edad. Los descendientes mezclados de esta cepa mejorada de los badonitas aparecieron en el escenario de la acción aparentemente como una raza nueva, la *raza Neandertal.*

4. LAS RAZAS NEANDERTALES

Los neandertales fueron excelentes luchadores y viajaron por un vasto territorio. Se propagaron gradualmente, partiendo de las tierras altas en el noroeste de la India, hasta Francia en el oeste, China en el este, e incluso hasta el norte de África. Dominaron el mundo durante casi medio millón de años hasta los tiempos de la emigración de las razas evolutivas de color.

Hace 800.000 años pululaban los animales de caza; deambulaban por Europa muchas especies de ciervos, además de elefantes e hipopótamos. El ganado abundaba; por todas partes andaban los caballos y los lobos. Los neandertales fueron grandes cazadores, y las tribus de Francia adoptaron por primera vez la práctica de ofrecer a los mejores cazadores el privilegio de escoger a sus esposas entre las mujeres.

El reno les fue sumamente útil a estos pueblos neandertales, sirviendo de sustento, abrigo y herramientas, ya que se valían de la cornamenta y los huesos para usos varios. Tenían poca cultura, pero mejoraron el trabajo en piedra considerablemente, tanto que éste casi volvió al nivel de calidad que tenía en la época de Andón. Volvieron a aparecer piedras grandes atadas a palos que servían de hachas y piquetas.

Hace 750.000 años ya había avanzado bastante hacia el sur la cuarta capa de hielo. Con sus utensilios mejorados los neandertales hacían agujeros en el hielo que cubría los ríos septentrionales, y así podían pescar con arpón los peces que se asomaban a estos respiraderos. Estas tribus constantemente se retiraban ante el hielo que avanzaba y que, en este momento, efectuaba su invasión más amplia de Europa.

En estos tiempos el glaciar siberiano iba llegando a su extremo austral, obligando al hombre primitivo a desplazarse hacia el sur, nuevamente hacia las tierras de su origen. No obstante, tanto se había diferenciado la especie humana que el peligro de ulteriores cruces con sus parientes símios retrógrados había disminuido considerablemente.

Hace 700.000 años empezó a retirarse el cuarto glaciar, el más grande de todos en Europa; hombres y animales volvían al norte. El clima era fresco y húmedo, y el hombre primitivo volvió a medrar en Europa y Asia occidental. Gradualmente se propagaron los bosques hacia el norte, sobre la tierra que tan recientemente había estado cubierta con el glaciar.

La fauna mamífera sufrió pocos cambios a causa del gran glaciar. Estos animales perduraron en esa estrecha franja de tierra que yacía entre el hielo y los Alpes; al retroceder el glaciar, volvieron a propagarse por toda Europa. Por el puente terrestre siciliano llegaron de África elefantes de colmillo recto, rinocerontes de hocico ancho, hienas y leones africanos; y estos nuevos animales prácticamente exterminaron a los tigres de dientes de sable y a los hipopótamos.

Hace 650.000 años se presenció la continuación del clima templado. Hacia mediados del período interglacial, había llegado a ser tan cálido que el hielo y la nieve de los Alpes casi llegaron a derretirse.

Hace 600.000 años el hielo había alcanzado su extremo septentrional de retroceso y, tras una pausa de unos miles de años, comenzó a dirigirse nuevamente hacia el sur por quinta vez. Pero el clima sufrió muy pocas modificaciones durante cincuenta mil años. En Europa, los hombres y los animales cambiaron muy poco. Se aminoró la aridez leve del período anterior y los glaciares alpinos descendieron a gran distancia por los valles de los ríos.

Hace 550.000 años el glaciar nuevamente en pleno avance empujó a hombres y animales hacia el sur. Pero, en esta ocasión el hombre disponía de mucho espacio dentro de la ancha franja de tierra que se extendía hacia el nordeste hasta el interior de Asia y que yacía entre la capa de hielo y el por entonces grandemente expandido Mar Negro, extension del Mediterráneo.

Durante los tiempos de los glaciares cuarto y quinto se presenció la difusión ulterior de la tosca cultura de las razas neandertales. Pero hicieron tan pocos progresos que, en verdad, parecía que el intento de producir un tipo nuevo y modificado de vida inteligente en Urantia estuviera a punto de fracasar. Durante casi un cuarto de millón de años estos pueblos primitivos continuaron cazando y peleando, mejorando esporádicamente en algunos campos, pero, en general, degenerando constantemente en comparación con sus antepasados andónicos superiores.

Durante esta edad de las tinieblas espirituales la cultura de la humanidad supersticiosa decayó hasta niveles ínfimos. En realidad los neandertales no tuvieron ninguna religión más allá de una superstición oprobiosa. Les causaban espanto las nubes, y aun más las brumas y nieblas. Se desarrolló, de forma gradual, una religión primitiva basada en el miedo a las fuerzas naturales; decayó, a la par, la adoración de los animales, a medida que el mejoramiento de las herramientas y la abundancia de animales de caza permitieron que esta gente se angustiara menos por el sustento. La recompensa sexual por las proezas de caza tendía a mejorar notablemente las técnicas de los cazadores. Esta nueva religión del miedo fue causa de intentos por aplacar las fuerzas invisibles que desencadenan los elementos naturales y culminó después en la realización de sacrificios humanos para apaciguar estas fuerzas desconocidas e invisibles. Esta horripilante práctica del sacrificio humano se ha venido perpetuando entre los pueblos más atrasados de Urantia hasta el mismo siglo veinte.

A estos primeros neandertales no se les puede fácilmente cualificar de adoradores del sol. Más bien vivían con el temor de la oscuridad; les aterraba el anochecer. Mientras la luna resplandeciera, lograban salir adelante; pero en cuanto ésta se oscurecía, les asaltaba el pánico y sacrificaban a sus mejores especímenes masculinos y femeninos para conseguir que la luna volviese a brillar. Supieron muy pronto que el sol volvía con regularidad, pero conjeturaban que la luna volvía sólo si sacrificaban a otros de la tribu. A medida que avanzaba la raza, el objeto y el propósito del sacrificio cambiaron progresivamente, pero el sacrificio humano, como parte del ceremonial religioso, perduró por mucho tiempo.

5. EL ORIGEN DE LAS RAZAS DE COLOR

Hace 500.000 años las tribus de Badonán de las tierras altas del noroeste de la India se involucraron en otra gran lucha racial. Durante más de cien años se libró esta guerra sin tregua y cuando la prolongada lucha llegó a su fin, sólo quedaban alrededor de cien familias. Pero estos sobrevivientes fueron los más inteligentes y más deseables de todos los descendientes de Andón y Fonta que se encontraban a la sazón vivos.

En este momento, aconteció algo novedoso y extraño entre estos badonitas de las tierras altas. Un hombre y una mujer que vivían en la parte nordeste de la región que estaba habitada en ese entonces, comenzaron *repentinamente* a producir una progenie singularmente inteligente. Ésta fue la *familia sangik*, los antepasados de las seis razas de color de Urantia.

Estos hijos sangik, diecinueve en total, no sólo eran más inteligentes que sus semejantes, sino que su piel manifestaba una tendencia insólita a volverse de colores distintos al exponerse a la luz del sol. Entre estos diecinueve hijos figuraron cinco rojos, dos anaranjados, cuatro amarillos, dos verdes, cuatro azules y dos índigos. A medida que crecían los hijos, estos colores se volvían más pronunciados, y al aparear estos jóvenes, más adelante, con otros de la tribu, la prole tendía a manifestar el color de piel del progenitor sangik.

Paso a interrumpir la narración cronológica, tras llamar la atención sobre el advenimiento del Príncipe Planetario ocurrido alrededor de esta época para considerar cada una de las seis razas de los sangik de Urantia por separado.

6. LAS SEIS RAZAS SANGIK DE URANTIA

En los planetas evolutivos medianos las seis razas evolutivas de color van apareciendo una por una; el hombre rojo es el primero en evolucionar, y durante edades vaga por el mundo, antes de que aparezcan por primera vez las razas sucesivas de color. El surgimiento simultáneo de las seis razas en Urantia, y dentro de *una sola familia*, fue de lo más insólito.

La aparición anterior de los andonitas en Urantia también constituyó una novedad en Satania. En ningún otro mundo del sistema local ha evolucionado semejante raza de criaturas volitivas anteriormente a las razas evolucionarias coloradas.

1. *El hombre rojo*. Estos pueblos fueron especímenes extraordinarios de la raza humana, superiores en muchos aspectos a Andón y Fonta. Constituyeron un grupo sumamente inteligente y fueron los primeros de los hijos de los sangik en desarrollar una civilización y gobierno tribal. Siempre fueron monógamos; incluso sus descendientes mestizos rara vez practicaban la poligamia.

Más adelante tuvieron dificultades graves y prolongadas con sus hermanos amarillos en Asia. Los favoreció el hecho de haber inventado tempranamente el arco y la flecha; sin embargo, desafortunadamente habían heredado gran parte de la tendencia de sus antepasados a pelear entre sí, lo cual les debilitó de tal forma que las tribus amarillas pudieron expulsarlos del continente asiático.

Hace alrededor de ochenta y cinco mil años los sobrevivientes comparativamente puros de la raza roja se trasladaron en su totalidad a Norteamérica. Poco tiempo después de eso, el istmo de tierra de Bering se hundió, y así quedaron aislados. Jamás volvió ningún hombre rojo a la Asia. Pero por toda Siberia, China, Asia central, India y Europa dejaron su marca a través de los apareamientos con las otras razas de color.

Al efectuar el hombre rojo la travesía hacia América, trajo consigo muchas de las enseñanzas y tradiciones de su origen primordial. Sus antepasados inmediatos habían estado en contacto con las últimas actividades de la sede central mundial del Príncipe Planetario. Pero poco tiempo después de llegar a las Américas, el hombre rojo comenzó a perder de vista estas enseñanzas y hubo una gran decadencia de la cultura intelectual y espiritual. Al muy poco tiempo, esta gente comenzó a pelear entre sí nuevamente con tanta violencia que pareció que estas guerras tribales acabarían con la extinción veloz del resto de esta raza roja relativamente pura.

A causa de esta gran regresión, el hombre rojo parecía destinado a extinguirse cuando apareció Onamonalonton, hace unos sesenta y cinco mil años, en calidad de jefe y redentor espiritual. Trajo paz temporal a los hombres rojos americanos y resucitó la antigua adoración del «Gran Espíritu». Onamonalonton vivió hasta los noventa y seis años de edad, y habitó entre las grandes secoyas de California. Muchos de sus descendientes llegaron hasta los tiempos modernos entre los indios Blackfoot.

Con el pasar del tiempo, las enseñanzas de Onamonalonton se convirtieron en tradiciones vagas. Se reanudaron las guerras de aniquilación mutua, y después de los días de este gran maestro, ningún otro jefe logró traer la paz universal entre ellos. Durante estas luchas tribales, las ramas más inteligentes perecían en creciente escala; de no ser así, habría surgido una gran civilización sobre el continente norteamericano gracias a estos capaces e inteligentes hombres rojos.

Después de cruzar a América desde China, el hombre rojo del norte no volvió a entrar en contacto con otras influencias del mundo (con excepción del esquimal) hasta ser descubierto más tarde por el hombre blanco. Fue muy desafortunado lo que el hombre rojo perdiera casi completamente la oportunidad de mejorar su especie emparentándose con la descendencia posterior de Adán. Tal como estaban las cosas, el hombre rojo no podía dominar al hombre blanco, y tampoco quiso servirle de buen grado. En tales circunstancias, si las dos razas no se mezclan, una u otra perece.

2. *El hombre anaranjado.* El rasgo destacado de esta raza fue su impulso particular en construir, en construir lo que fuera, incluso en amontonar vastas pilas de piedras sólo por ver cuál tribu podía construir la pila más alta. Aunque no fueron una gente progresista aprovecharon mucho las escuelas del Príncipe, enviando delegados para que se instruyeran.

La raza anaranjada fue la primera en bajar por la costa hacia la África a medida que el Mediterráneo se retiraba hacia el oeste. Pero no llegaron a arraigarse favorablemente en África y fueron finalmente exterminados por la raza verde que llegó más tarde.

Antes de que llegara el fin, este pueblo perdió mucho de sus logros culturales y espirituales. Pero hubo un gran resurgimiento de un nivel de vida superior como resultado del juicioso mando de Porshunta, la cabeza principal de esta raza malhadada, el cual les guió cuando su sede central estaba en Armagedón, hace unos trescientos mil años.

La última gran lucha entre los hombres anaranjados y los verdes ocurrió en la región del valle del Nilo bajo, en Egipto. Esta prolongada batalla se libró durante casi cien años y al finalizar, muy pocos de la raza anaranjada quedaban vivos. Los restos arruinados de esta gente fueron absorbidos por los hombres verdes y por los índigos que aparecieron más tarde. Pero, en cuanto a raza, el hombre anaranjado cesó de existir hace alrededor de cien mil años.

3. *El hombre amarillo.* Las tribus amarillas primitivas fueron las primeras en abandonar la caza, establecer comunidades asentadas y desarrollar una vida hogareña basada en la agricultura. Intelectualmente eran un tanto inferiores al hombre rojo, pero social y colectivamente resultaron superiores a todos los pueblos sangik en cuanto a fomentar la civilización racial. Como desarrollaron un espíritu fraternal, las distintas tribus aprendieron a convivir en paz relativa. Así pudieron expulsar a la raza roja con la cual se enfrentaron a medida que ésta iba expandiéndose en Asia.

Se alejaron mucho de las influencias de la sede central espiritual del mundo y poco a poco fueron cayendo en gran oscuridad tras la apostasía de Caligastia; pero aconteció una edad brillante entre esta gente cuando Singlangtón, hace alrededor de cien mil años, asumió el mando de estas tribus y proclamó la adoración de la «Verdad Única».

La supervivencia de cantidades comparativamente mayores de la raza amarilla se debe a la paz que reinaba entre sus tribus. Desde los días de Singlangtón hasta los tiempos de la China moderna, la raza amarilla viene figurando entre las naciones más pacíficas de Urantia. Esta raza recibió un legado pequeño pero potente de la posterior descendencia adánica.

4. *El hombre verde.* La raza verde fue de los grupos menos capaces del hombre primitivo y fueron considerablemente debilitados por extensas migraciones hacia distintos rumbos. Antes de dispersarse, estas tribus experimentaron un gran renacimiento cultural bajo el mando de Fantad, hace unos trescientos cincuenta mil años.

La raza verde se fraccionó en tres grupos principales: Las tribus del norte fueron subyugadas, esclavizadas y absorbidas por las razas amarilla y azul. El grupo oriental se amalgamó con los pueblos de la India de aquellos tiempos, y aún se encuentran algunos de sus rasgos entre ellos. El grupo meridional penetró en África y allí aniquilaron a sus primos anaranjados casi equivalentemente inferiores.

En muchos aspectos ambos grupos estaban igualmente dotados para esta lucha, puesto que ambos llevaban características del orden gigante, y medían muchos de sus jefes de dos metros cuarenta a dos metros setenta. Estas cepas gigantescas del hombre verde se encontraban en gran parte tan sólo en esta nación meridional o egipcia.

Los sobrevivientes de los hombres verdes victoriosos fueron absorbidos posteriormente por la raza índiga, el último de los pueblos de color en desarrollarse y emigrar desde el centro original de dispersión racial de los sangik.

5. *El hombre azul.* Los hombres azules fueron un gran pueblo. No tardaron en inventar la lanza y posteriormente sentaron los fundamentos de muchas de las artes de la civilización moderna. El hombre azul tenía la capacidad cerebral del hombre rojo, combinada con el alma y sentimientos del hombre amarillo. Los descendientes adánicos los preferían entre todas las razas de color que perduraron.

Los primeros hombres azules fueron sensibles a las persuasiones de los maestros del séquito del Príncipe Caligastia, y fueron confundidos sobremanera por las subsiguientes enseñanzas depravadas de los caudillos traidores. Como otras razas primitivas, no se repusieron nunca completamente del disturbio ocasionado por la traición de Caligastia, así como tampoco pudieron sobreponerse del todo a su tendencia a pelear entre sí.

Aproximadamente quinientos años después de la caída de Caligastia se produjo un vasto renacimiento del conocimiento y la religión de índole un tanto primitiva —pero no obstante, auténtico y beneficioso. Orlandof llegó a ser un gran maestro entre la raza azul y guió a muchas de las tribus para que volvieran a adorar al verdadero Dios bajo el nombre de «Jefe Supremo». Éste fue el adelanto más grande del hombre azul hasta esas épocas posteriores en que esta raza tanto mejoró mediante el cruce con la cepa adánica.

Las investigaciones y exploraciones europeas de la vieja edad de la piedra suponen, en gran parte a la exhumación de herramientas, huesos y artesanías de estos hombres azules antiguos, pues perduraron en Europa hasta los tiempos recientes. Las llamadas *razas blancas* de Urantia son los descendientes de estos hombres azules, modificados primero por un leve cruzamiento con la raza amarilla y la roja, y más adelante, considerablemente mejoradas al asimilar la mayor parte de la raza violeta.

6. *La raza índiga.* Tal como los hombres rojos eran los más avanzados entre los pueblos sangik, los hombres negros fueron los menos progresistas. Fueron los últimos en emigrar de sus tierras altas natales. Se trasladaron a África, apoderándose del continente, y desde entonces han permanecido allí, salvo cuando, a través de las edades, fueron llevados a la fuerza como esclavos.

Aislados en África, los pueblos índigos, igual que el hombre rojo, prácticamente no recibieron la influencia positiva que podría haber resultado de la infusión de la cepa adánica. A solas en África, la raza índiga hizo pocos progresos hasta los días de Orvonón, época en la que experimentaron un gran despertar espiritual. Aunque, con el tiempo, casi llegaron a olvidar del todo el «Dios de los Dioses» proclamado por Orvonón, no perdieron por completo el deseo de adorar al Desconocido; por lo menos, mantuvieron cierta forma de adoración hasta hace unos miles de años.

A pesar de su atraso, estos pueblos índigos ocupan ante los poderes celestiales el mismo nivel de importancia que cualquier otra raza terrestre.

Éstas fueron edades de intensas luchas entre las distintas razas, pero cerca de la sede central del Príncipe Planetario los grupos más esclarecidos y más recientemente instruidos convivieron en armonía relativa, si bien no se logró ninguna gran conquista cultural de las razas del mundo hasta el momento de la grave perturbación de este régimen por el estallido de la rebelión de Lucifer.

De tanto en tanto estos pueblos diferentes experimentaron renovaciones culturales y espirituales. Mansant fue un gran maestro de la época posterior al Príncipe Planetario. Pero tan sólo se hace mención de los líderes y maestros destacados que influyeron e inspiraron de forma marcada a toda una raza. Con el paso del tiempo, surgieron muchos maestros menores en distintas regiones; y en conjunto contribuyeron mucho al cúmulo total de aquellas influencias salvadoras que impidieron el desplome total de la civilización cultural, sobre todo durante las prolongadas edades oscurantistas entre la rebelión de Caligastia y la llegada de Adán.

Existen muchos motivos buenos y suficientes que explican el plan de evolución de tres o seis razas de color en los mundos del espacio. Aunque los mortales de Urantia tal vez no puedan apreciar plenamente todos estos motivos, quisiéramos llamar la atención sobre los siguientes:

1. La variedad es indispensable para permitir un funcionamiento amplio de la selección natural, la supervivencia diferencial de las cepas superiores.

2. Se obtienen razas mejores y más fuertes como resultado del cruzamiento de diversos pueblos, cuando estas distintas razas son portadoras de factores hereditarios superiores. Las razas de Urantia se habrían beneficiado mediante una amalgamación temprana, siempre y cuando estas cepas amalgamadas hubieran podido posteriormente mezclarse ampliamente con la cepa superior adánica. El intento de hacer un experimento de esta índole en Urantia bajo las condiciones raciales de hoy día sería altamente desastroso.

3. La diversificación de las razas incita saludablemente a la competencia.

4. Las diferencias en el nivel social de las razas y de los grupos dentro de cada raza, son esenciales para el desarrollo de la tolerancia humana y el altruismo.

5. La homogeneidad de la raza humana no es deseable hasta que los pueblos de un mundo evolutivo logren niveles comparativamente altos de desarrollo espiritual.

7. LA DISPERSIÓN DE LAS RAZAS DE COLOR

Cuando comenzaron a multiplicarse los descendientes de color de la familia sangik y a buscar la oportunidad de expandir sus dominios en territorios adyacentes, el quinto glaciar, el tercero según la cuenta geológica, ya estaba bien avanzado en su deriva hacia el sur sobre Europa y Asia. A estas primeras razas de color se las sometió a una prueba extraordinaria, debido a los rigores y penalidades del período glacial en el cual se originaron. Tan extendido estaba este glaciar en Asia que durante miles de años cortó la migración hacia Asia oriental. Tampoco les fue posible llegar a África hasta más tarde, cuando retrocedió el Mar Mediterráneo y sobrevino la elevación de Arabia.

Así pues, durante casi cien mil años estas gentes sangik se propagaron por las estribaciones entremezclándose hasta cierto punto, a pesar de la antipatía particular y a la vez natural que se manifestó, desde un principio, entre las distintas razas.

En el período entre la época del Príncipe Planetario y la de Adán, la India hospedó a la población más cosmopolita que jamás se haya encontrado sobre la faz de la tierra. Pero fue lamentable que esta mezcla llegara a comprender tal proporción de las razas verde, anaranjada e índiga. Estos pueblos secundarios sangik hallaron más fácil y agradable la existencia en las tierras meridionales y muchos emigraron posteriormente a la África. Los pueblos primarios de los sangik, las razas superiores, evitaron la zona tropical; el hombre rojo se dirigió hacia el nordeste hasta Asia, seguido de cerca por el hombre amarillo, en tanto que la raza azul se desplazó a Europa hacia el noroeste.

El hombre rojo pronto comenzó a emigrar hacia el nordeste, pisándole los talones al hielo en retroceso, sorteando las tierras altas de la India y ocupando todo el nordeste de Asia. Fueron seguidos muy de cerca por las tribus amarillas, quienes, con el tiempo, llegaron a desplazarlos de Asia empujándolos a Norteamérica.

Al abandonar a Asia los sobrevivientes de linaje relativamente pura de la raza roja, había once tribus, y sumaban un poco más de siete mil hombres, mujeres y niños. Estas tribus fueron acompañadas por tres grupos reducidos de descendencia mestiza, siendo el más grande de los cuales una combinación de las razas anaranjada y azul. Estos tres grupos nunca llegaron a fraternizar plenamente con el hombre rojo y al poco tiempo se trasladaron hacia el sur hasta México y América Central, donde se juntaron más adelante con un grupo pequeño mezclado de amarillos y rojos. Todos estos pueblos cruzaron entre sí y fundaron una raza nueva y amalgamada que era mucho menos belicosa que los hombres rojos de sangre pura. En cinco mil años esta raza amalgamada se subdividió en tres grupos, estableciendo así las respectivas civilizaciones de México, Centroamérica y Sudamérica. La rama sudamericana sí recibió una pizca de la sangre de Adán.

En Asia los primeros hombres rojos y amarillos se mezclaron hasta cierto grado y la prole de esta unión se trasladó hacia el oriente por la costa del mar meridional y, a la larga, fueron empujados hacia las penínsulas e islas cercanas por la prolífica raza amarilla. Estos son los hombres morenos de hoy en día.

La raza amarilla sigue ocupando las regiones centrales de Asia oriental. De las seis razas ésta ha sobrevivido en mayores números. Aunque el hombre amarillo tuvo de cuando en cuando sus guerras raciales, no se embarcó en guerras de exterminio tan incesantes e implacables como las que libraban los hombres rojos, verdes y anaranjados. Estas tres razas prácticamente se aniquilaron a sí mismas antes de ser arrasadas casi por completo por sus enemigos de las otras razas.

Ya que el quinto glaciar no llegó a extenderse tanto hacia el sur en Europa, se abrió paso parcial para que estos pueblos sangik emigraran al nordeste; y al retroceder el hielo, los hombres azules, juntamente con algunos otros grupos raciales pequeños, emigraron hacia el oeste por las antiguas sendas de las tribus de Andón. Invadieron a Europa en olas sucesivas, ocupando la mayor parte del continente.

En Europa no tardaron en tropezar con los descendientes neandertales de su antepasado primitivo común, Andón. Estos neandertales europeos más antiguos habían sido impulsados hacia el sur y el este por el glaciar y por lo tanto estaban situados como para rápidamente encontrar y absorber a sus primos invasores de las tribus sangik.

En general y desde el principio, las tribus sangik eran más inteligentes que los descendientes decadentes de los llaneros andónicos, y, en muchos aspectos, muy superiores a ellos; y el mestizaje de estas tribus sangik con los pueblos neandertales resultó en una mejora inmediata de la más antigua de las dos razas. Esta infusión de sangre sangik, máxime la del hombre azul, produjo aquella marcada mejora en los pueblos neandertales que se observa en las olas sucesivas de tribus cada vez más inteligentes que invadieron Europa desde el oriente.

Durante el siguiente período interglacial esta nueva raza neandertal se expandió desde Inglaterra hasta la India. El resto de la cepa azul que había quedado en la antigua península pérsica se amalgamó más adelante con ciertas otras, principalmente la amarilla; y la mezcla resultante, que posteriormente fue algo mejorada por el influjo de la raza violeta de Adán, ha perdurado como las tribus nómadas morenas de los árabes modernos.

Todo esfuerzo por identificar la descendencia sangik en los pueblos modernos ha de tener presente la mejora subsiguiente de las variedades raciales, resultado del influjo de la sangre adánica.

Las razas superiores buscaron los climas septentrionales o templados, en tanto que las razas anaranjada, verde e índiga tendieron a dirigirse hacia la África por el puente terrestre recién aparecido que separaba el Mediterráneo, en pleno retroceso hacia el oeste, del Océano Índico.

El hombre índigo fue el último de las gentes sangik en emigrar del centro de origen racial. Más o menos en la época en que el hombre verde exterminaba a la raza anaranjada en Egipto debilitándose considerablemente en el proceso, comenzó el gran éxodo negro hacia el sur por Palestina, a lo largo de la costa; más adelante, cuando estos pueblos índigos de gran fuerza física invadieron a Egipto, exterminaron al hombre verde a pura fuerza de números. Estas razas índigas absorbieron a los descendientes restantes del hombre anaranjado y a gran parte de la cepa del hombre verde; por ende, ciertas tribus índigas se mejoraron considerablemente por medio de esta amalgamación racial.

Así pues, parece que Egipto, en un principio, fue dominado por el hombre anaranjado y luego por el verde, seguido por el hombre índigo (negro), y aún más adelante, por una mezcla de hombres índigo, azul y verde modificado. Pero mucho tiempo antes de llegar Adán, los hombres azules de Europa y las razas mestizas de Arabia habían expulsado a la raza índiga afuera de Egipto, a un territorio mucho más austral en el continente africano.

Al acercarse a su fin las migraciones de los sangik, las razas verde y anaranjada ya no existen, el hombre rojo ocupa Norteamérica, el hombre amarillo, Asia oriental, el hombre azul, Europa, y la raza índiga ha ido a dar a África. La India alberga una mezcla de las cepas secundarias de los sangik; y el hombre moreno, una mezcla de la raza roja y la amarilla, ocupa las islas frente a la costa asiática. Una raza amalgamada de potencial un tanto superior ocupa las tierras altas de Sudamérica. Los andonitas más puros habitan el extremo de las regiones septentrionales de Europa e Islandia, Groenlandia y el nordeste de Norteamérica.

Durante los períodos de máximo avance glacial, las tribus andonitas del extremo oeste casi llegaron a ser arrojados al mar. Pasaron muchos años viviendo en una franja angosta al sur de lo que es ahora la isla de Inglaterra. Y fue la tradición acerca de estas invasiones repetidas glaciales la que los indujo, cuando sobrevino la sexta y última de ellas, a adaptarse al mar. Fueron los primeros aventureros marinos. Construyeron barcos y partieron en busca de nuevas tierras con esperanzas de que éstas estuvieran libres de las aterradoras invasiones de hielo. Algunos llegaron a Islandia, otros a Groenlandia, pero la gran mayoría pereció de hambre y de sed en el mar abierto.

Hace un poco más de ochenta mil años, poco después de llegar el hombre rojo al noroeste de Norteamérica, la congelación de la superficie de los mares del norte y el avance de las capas locales de hielo en Groenlandia obligaron a estos descendientes esquimales de los aborígenes de Urantia a buscar una tierra mejor, un nuevo lugar de residencia; lo lograron, cruzando a salvo los estrechos angostos que separaban en este momento Groenlandia de las masas terrestres del nordeste de Norteamérica. Alcanzaron el continente alrededor de dos mil cien años después de llegar el hombre rojo a Alaska. Posteriormente, una parte de la descendencia mestiza del hombre azul se desplazó hacia el oeste y se amalgamó con los esquimales más recientes y esta unión resultó ligeramente beneficiosa para las tribus esquimales.

Hace unos cinco mil años ocurrió un encuentro fortuito entre una tribu india y un grupo esquimal solitario en las márgenes del sudeste de la Bahía del Hudson. Estas dos tribus tuvieron dificultades en comunicarse entre sí, pero muy pronto hicieron parejas, dando como resultado la absorción ulterior de estos esquimales por los más numerosos hombres rojos. Lo anterior representa el único contacto del hombre rojo norteamericano con otras cepas humanas hasta hace alrededor de mil años, cuando el hombre blanco acertó en desembarcar en la costa atlántica.

Las luchas de estas primeras edades se caracterizaron por la valentía, el denuedo y hasta el heroísmo. Todos lamentamos que muchos de esos rasgos vigorosos y excelentes de vuestros antepasados primitivos hayan dejado tan poco efecto en las razas más recientes. Si bien apreciamos el valor de muchos de los refinamientos de la civilización que va avanzando, extrañamos la magnífica persistencia y la espléndida dedicación de vuestros primeros antepasados, que a veces rayaban en la grandeza y la sublimidad.

[Presentado por un Portador de Vida residente en Urantia.]

DOCUMENTO 65

LA SUPERVISIÓN DE LA EVOLUCIÓN

LA VIDA material básica de la evolución —la vida anterior a la mente— es formulada por los Controladores Físicos Decanos y el ministerio de implantación de vida que ejercen los Siete Espíritus Rectores juntamente con la ministración activa de los Portadores de Vida ordenados. Como resultado de la función coordinada de esta creatividad de tres componentes, se desarrolla la capacidad física del organismo para la mente: mecanismos materiales para la reacción inteligente a los estímulos ambientales externos y, después, a los estímulos internos, las influencias que se originan en la mente misma del organismo.

Existen, pues, tres niveles distintos de producción y evolución de la vida:

1. El dominio físico-energético —la producción de la capacidad mental.

2. La ministración a la mente por los espíritus ayudantes, con efecto a la capacidad espiritual.

3. El proveer a la mente mortal del espíritu, el que culmina en el otorgamiento de un Ajustador del Pensamiento.

A los controladores físicos les corresponden los niveles no enseñables y mecánicos de la respuesta del organismo al medio ambiente. Los espíritus ayudantes de la mente activan y regulan los tipos de mente adaptables o no mecánicos, enseñables —aquellos mecanismos de respuesta de los organismos que son capaces de aprender de la experiencia. De la misma manera que los espíritus ayudantes manipulan los potenciales de la mente, los Portadores de Vida ejercen considerable pero discreto control sobre los aspectos ambientales de los procesos evolucionarios hasta el mismo momento de la aparición de la voluntad humana: la capacidad de conocer a Dios y el poder de optar por adorarlo.

El funcionamiento integrado de los Portadores de Vida, de los controladores físicos, y de los espíritus ayudantes condiciona el curso de la evolución orgánica en los mundos habitados. Y por tanto, la evolución —en Urantia y en otras partes— siempre entraña un propósito y no es nunca fortuito.

1. LAS FUNCIONES DE LOS PORTADORES DE VIDA

Los Portadores de Vida están dotados de potenciales de metamorfosis de la personalidad, los cuales no poseen sino pocas órdenes de criaturas. Estos Hijos del universo local son capaces de funcionar en tres fases diversas del ser. Suelen desempeñar sus deberes en calidad de Hijos de la fase intermedia, siendo ésta el estado de su origen. Sin embargo, no es posible que un Portador de Vida en tal etapa de la existencia funcione en los dominios electroquímicos en cuanto fabricante que convierte las energías físicas y partículas materiales en unidades de existencia viviente.

Los Portadores de Vida pueden funcionar y, en efecto, funcionan en los tres niveles siguientes:

1. El nivel físico de la electroquímica.
2. La fase de la existencia cuasimorontial, que es su fase usual.
3. El nivel semiespiritual avanzado.

Cuando los Portadores de Vida se aparejan a embarcarse en la implantación de la vida, después de haber seleccionado los emplazamientos para tal empresa, convocan a la comisión de los arcángeles para la transmutación de los Portadores de Vida. Este grupo consta de diez órdenes de diversas personalidades que incluye a los controladores físicos y sus asociados, y lo preside el jefe de los arcángeles, quien actúa en esta capacidad por mandato de Gabriel y con permiso de los Ancianos de los Días. Cuando se disponen los circuitos de forma debida a estos entes, pueden efectuar en los Portadores de Vida modificaciones que les permitirán funcionar inmediatamente a los niveles físicos de la electroquímica.

Después de formularse los modelos de vida y de llevarse debidamente a término las organizaciones materiales, se activan sin tardanza las fuerzas supermateriales implicadas en la propagación de la vida y entonces ya existe la vida. En este momento, a los Portadores de Vida se les restituye inmediatamente a su acostumbrada fase intermedia de existencia de la personalidad, en cuyo estado pueden manipular las unidades vivientes y guiar los organismos en evolución, aun cuando se les despoja de toda capacidad de organizar, crear, nuevos modelos de materia viviente.

Después de lograr cierto nivel la evolución orgánica y de aparecer el libre albedrío de tipo humano en los organismos superiores que van evolucionando, los Portadores de Vida han de abandonar el planeta, o bien hacer votos de renunciación; es decir, han de prometer solemnemente abstenerse de todo intento ulterior de influir en el curso de la evolución orgánica. Cuando tales votos son hechos voluntariamente por aquellos Portadores de Vida que optan por permanecer en el planeta con carácter de asesores futuros a los que se les encomendará el fomento de las criaturas volitivas que acaban de evolucionar, se convoca una comisión de doce miembros, presidida por el jefe de las Estrellas Vespertinas, actuando por autoridad del Soberano del Sistema y con la venia de Gabriel; y en el acto, se transmutan estos Portadores de Vida a la tercera fase de la existencia de la personalidad —el nivel semiespiritual del ser. Vengo funcionando en Urantia en esta tercera fase de existencia desde los tiempos de Andón y Fonta.

Anticipamos con placer la época en que el universo llegue a la etapa de luz y vida, para cuando una posible cuarta etapa de ser en la cual seremos totalmente espirituales; pero nunca se nos ha divulgado mediante qué técnica podemos lograr este estado avanzado y deseable.

2. EL PANORAMA DE LA EVOLUCIÓN

La historia del ascenso del hombre a partir de las algas marinas hasta el señorío de la creación terrenal, es en efecto, un romance de la lucha biológica y de la supervivencia de la mente. Los antepasados primordiales del hombre, literalmente, fueron el limo y el cieno del lecho oceánico en las bahías y caletas de aguas tibias y calmadas de las vastas costas de los antiguos mares interiores, aquellas mismas aguas en que los Portadores de Vida establecieron cada una de las tres implantaciones de la vida en Urantia.

Hoy día existen muy pocas de las primeras especies de vegetación marina que participaron en aquellos cambios importantísimos que dieron como resultado los organismos intermedios a los animales. Las esponjas constituyen uno de los sobrevivientes de estos primitivos tipos intermedios, aquellos organismos por los cuales se produjo la transición *gradual* desde lo vegetal hasta lo animal. Estas primeras formas transitorias, aunque no eran idénticas a las esponjas modernas, sí eran muy parecidas a ellas; fueron verdaderos organismos de transición —ni vegetal ni animal— pero, a la larga, culminaron en el desarrollo de las verdaderas formas animales de vida.

La bacteria, un organismo vegetal sencillo de índole muy primitiva, ha cambiado muy poco desde los primeros albores de la vida; incluso exhibe cierto grado de retroceso en su comportamiento parasitario. Gran parte de los hongos representa además un movimiento retrógrado en la evolución, siendo plantas que han perdido su capacidad de hacer la clorofila y, en cierto modo, se han convertido en parásitos. La mayoría de las bacterias que produce enfermedades y sus cuerpos auxiliares de virus pertenecen a este grupo de hongos parasitarios desertores. Durante las edades intermedias, todo el vasto reino de la flora ha evolucionado a partir de antepasados, de los cuales también ha descendido la bacteria.

No tardaron en aparecer de manera *repentina* los tipos de vida animal protozoarios superiores. Ha descendido desde aquellos distantes tiempos pero poco modificada, la ameba, el típico organismo animal unicelular. Luce hoy en día de forma muy parecida a como lucía cuando fue el primer y más grande logro de la evolución de la vida. Esta criatura diminuta y sus primos protozoarios son para la creación animal lo que la bacteria es para el reino vegetal; representan la supervivencia de los primeros pasos de la evolución en la diferenciación de la vida, juntamente con *el fracaso del desarrollo subsiguiente*.

Al poco tiempo los primeros tipos animales unicelulares se juntaron en comunidades, en un principio a manera de volvocídeos, y presentemente al estilo de hidras y medusas. Aún después, evolucionaron la estrella de mar, los crinoideos, los erizos de mar, los pepinos de mar, los ciempiés, los insectos, las arañas, los crustáceos, y otros grupos muy afines de las lombrices y líquenes, seguidos muy de cerca por los moluscos: la ostra, el pulpo y el caracol. Cientos y cientos de especies intervinieron y perecieron; únicamente se trae a colación a las que sobrevivieron la prolongada lucha. Tales especímenes no progresistas, juntamente con la familia de los peces, que apareció posteriormente, hoy por hoy representan los tipos estacionarios de animales primitivos e inferiores, ramas del árbol de la vida que no lograron progresar.

De este modo se dispuso el escenario para los primeros animales vertebrados, los peces. De la familia de los peces surgieron dos modificaciones singulares: la rana y la salamandra. A partir de la rana comenzó aquella serie de diferenciaciones progresivas que culminó finalmente en el hombre mismo.

La rana pertenece a los antepasados más primitivos de la raza humana que sobrevivieron, pero tampoco logró progresar, habiendo perdurado hasta el presente de forma muy similar a aquella de los tiempos remotos. La rana es la única especie atávica de las primeras razas protohumanas que vive hoy día en la faz de la tierra. No sobrevive ahora ninguno de los antepasados de la raza humana entre la rana y el esquimal.

Las ranas dieron origen a los reptiles, una gran familia animal que prácticamente quedó extinta, pero que antes de perecer, dio origen a toda la familia de las aves y a numerosos órdenes de mamíferos.

Probablemente el salto único más grande de toda la evolución anterior al ser humano se haya efectuado cuando el reptil llegó a ser ave. Los tipos de aves de hoy —águilas, patos, palomas, y avestruces— todos descendieron de los enormes reptiles de hace mucho tiempo.

El reino de los reptiles, que descendió de la familia de la rana, se representa ahora por cuatro divisiones supervivientes: dos de ellas, no progresistas, las serpientes y los lagartos, juntamente con sus primos, los cocodrilos y las tortugas; una de ellas, parcialmente progresista, la familia de las aves; y la cuarta, los antepasados de los mamíferos y la línea directa de la descendencia de la especie humana. Aunque extintos desde hace mucho, la mole de los reptiles produjo a su paso un eco en el elefante y el mastodonte, y su forma particular se perpetuó en los canguros saltadores.

Sólo han aparecido en Urantia catorce fílums, siendo el de los peces el último, y no se ha desarrollado ninguna otra clase nueva después de las aves y los mamíferos.

Los mamíferos placentarios nacieron *súbitamente* de un pequeño dinosaurio reptil ágil de hábitos carnívoros que contaba con un cerebro comparativamente grande. Estos mamíferos se desarrollaron a paso acelerado y de muchas formas diferentes; no sólo dieron origen a las variedades comunes modernas, sino que también se convirtieron por evolución en los tipos marinos, tales como la ballena y las focas, y en los aeronavegantes como la familia de los murciélagos.

De este modo el hombre evolucionó de los mamíferos superiores que derivaron primordialmente de la *implantación occidental* de la vida en los antiguos mares abrigados que corrían del este al oeste. Los grupos *oriental y central* de organismos vivientes, desde los principios, hacían progresos favorables hacia la consecución de niveles prehumanos de existencia animal. Pero, al pasar de las edades, el emplazamiento de la vida del foco oriental no logró alcanzar un nivel satisfactorio de condición de inteligencia prehumana, habiendo sufrido, en repetidas ocasiones y de manera irreparable, tales pérdidas de sus tipos superiores del plasma de germen, que se despojó para siempre de su capacidad de rehabilitar las potencialidades humanas.

Ya que la calidad de la capacidad mental para el desarrollo de este grupo oriental, sin lugar a dudas, era tan inferior a la de los otros dos grupos, los Portadores de Vida, con la anuencia de sus superiores, manipularon el medio ambiente de tal forma que circunscribieron más aún a estas variedades prehumanas de vida inferiores que venían evolucionando. A simple vista, la eliminación de estos grupos inferiores de criaturas fue una casualidad; no obstante, en realidad, fue enteramente adrede.

Más adelante en el desarrollo evolucionario de la inteligencia, los lémures antepasados de la especie humana iban mucho más avanzados en Norteamérica que en otras regiones; y, por tanto, se indujeron a emigrar del ámbito de la implantación occidental de la vida por el puente terrestre de Bering, a lo largo de la costa, al sudoeste de Asia, donde continuaron evolucionando y beneficiándose por el aditamento de ciertas variedades del grupo central de la vida. Así el hombre evolucionó a partir de ciertas variedades occidentales y centrales de la vida, teniendo lugar esto, sin embargo, desde las regiones centrales hasta los en Cercano Oriente.

De este modo la vida que se plantó en Urantia evolucionó hasta el período glacial, cuando el hombre mismo apareció por primera vez y comenzó en el planeta su carrera pletórica. Esta aparición del hombre primitivo en la tierra durante el período glacial no fue pura casualidad; fue intencional. Los rigores y la severidad climática de la era glacial se adaptaron en todos los aspectos para fomentar la producción de un tipo vigoroso de ser humano dotado de una capacidad tremenda para la supervivencia.

3. EL FOMENTO DE LA EVOLUCIÓN

Casi no será posible explicarle a la mente humana de hoy en día gran parte de los acontecimientos extraños y aparentemente grotescos del progreso evolucionario inicial. Un plan que suponía un propósito estaba funcionando durante toda esta evolución de lo viviente, al parecer extraña; y sin embargo, no se nos permite interferir arbitrariamente en el desarrollo de los modelos de vida una vez que se han puesto en funcionamiento.

Los Portadores de Vida pueden emplear todo recurso natural posible y utilizar todas y cada una de las circunstancias fortuitas que faciliten la marcha del desarrollo experimental de la vida; pero no se nos permite intervenir mecánicamente, ni manipular de forma arbitraria, la conducta ni el curso de la evolución vegetal ni animal.

Se os ha informado que los mortales de Urantia evolucionaron a través del desarrollo de la rana primitiva, y que esta cepa ascendente, llevada en potencia dentro de una sola rana, por poco se escapó de la extinción en cierta ocasión. Pero, no ha de desprenderse de ahí que la evolución del género humano se hubiese terminado por una casualidad en esta coyuntura. En ese mismo momento observábamos y fomentábamos no menos de mil variedades de vida diferentes que estaban situadas en emplazamientos remotos y que estaban transformándose por mutaciones; bien pudieran haberse encaminado hacia distintos modelos del desarrollo prehumano. Esta misma rana atávica representó nuestra tercera selección, habiendo perecido las dos especies de vida anteriores a despecho de todos nuestros esfuerzos para conservarlas.

Incluso la pérdida de Andón y Fonta antes de que tuvieran prole, aunque habría demorado la evolución humana, no la hubiera impedido. Posteriormente a la aparición de Andón y Fonta y antes de que los potenciales humanos de la mutación de la vida animal se agotaran, evolucionaron no menos de siete mil especies favorables que podían haber logrado alguna suerte de desarrollo del tipo humano. Gran parte de estas especies mejores fueron asimiladas ulteriormente por las distintas ramas de la especie humana que estaba expandiéndose.

Mucho antes de que el Hijo y la Hija Materiales, los mejoradores biológicos, llegaran al planeta, los potenciales humanos de las especies animales en evolución ya se habían agotado. Se les divulga a los Portadores de Vida esta condición biológica de la vida animal mediante el fenómeno de la tercera fase de movilización de los espíritus ayudantes, la cual se desencadena de forma automática y concomitante con el agotamiento de la capacidad de toda la vida animal para dar origen a los potenciales de mutación de los individuos prehumanos.

El género humano en Urantia ha de resolver sus problemas de desarrollo mortal con la descendencia humana con lo que ya cuenta, no evolucionarán más razas de las fuentes prehumanas por todo el tiempo futuro. Pero, lo antedicho no excluye la posibilidad de lograr niveles de desarrollo humano muy superiores por medio del fomento inteligente de los potenciales evolucionarios que siguen residiendo en las razas mortales. Lo que nosotros, los Portadores de Vida, hacemos por fomentar y conservar las especies de vida antes de la aparición de la voluntad humana, ha de hacer el hombre mismo tras tal acontecimiento y posteriormente a nuestro retiro de la participación activa en la evolución. En modo general, el destino evolucionario del hombre está en sus propias manos, y la inteligencia científica, tarde o temprano, tiene que reemplazar el funcionamiento aleatorio de la selección natural incontrolada y la supervivencia casual.

Al plantear el fomento de la evolución, cabría señalar que, en el prolongado futuro que queda por delante, si en alguna ocasión os unís a un cuerpo de los Portadores de Vida, tendréis oportunidades de sobra para ofrecer sugerencias y para efectuar cada mejoramiento posible en los planes y técnicas de la administración y trasplantación de la vida. ¡Sed pacientes! Si tenéis buenas ideas, si vuestra mente es fecunda en mejores métodos de administrar cualquier parte de los dominios del universo, por supuesto tendréis oportunidad de presentárselos a vuestros asociados y compañeros administradores en las edades venideras.

4. LA AVENTURA URANTIANA

No olvidéis que se nos asignó Urantia como mundo de vida experimental. En este planeta hicimos nuestro sexagésimo intento de modificar y, de ser posible, mejorar la adaptación sataniana de los proyectos de vida nebadónicos, y consta que logramos numerosas modificaciones beneficiosas de los modelos de vida comunes. Para concretar, en Urantia hemos producido y demostrado de manera satisfactoria no menos de veintiocho características de modificación de la vida que le serán útiles a todo Nebadon en todo lo venidero.

Pero, el establecimiento de la vida en un planeta nunca es de carácter experimental en el sentido de que lo que no se ha probado o no se conozca se someta a prueba. La evolución de la vida es una técnica eternamente progresiva, diferencial y variable, pero nunca fortuita, incontrolada, ni del todo experimental, en el sentido casual.

Muchas características de la vida humana ofrecen abundantes pruebas de que el fenómeno de la existencia mortal se planeó con inteligencia, y de que la evolución orgánica no es una mera casualidad cósmica. Cuando una célula viviente se daña, dispone de la capacidad de elaborar ciertas sustancias químicas que están facultadas para estimular y activar las células normales adyacentes de tal modo que éstas comienzan inmediatamente la secreción de ciertas sustancias que facilitan los procesos curativos en la lesión; a la par, estas células normales no lesionadas comienzan a proliferar —de hecho emprenden la creación de nuevas células para reemplazar toda célula compañera que pudiese haber sido destruida por este daño.

Esta acción y reacción química implicada en sanar la herida y reproducir las células es el resultado de haber optado los Portadores de Vida por una fórmula que engloba más de cien mil fases y características de reacciones químicas y repercusiones biológicas posibles. Sobrepasan medio millón los experimentos específicos realizados por los Portadores de Vida en sus laboratorios antes de acordar en esta fórmula para el experimento de la vida en Urantia.

El día que sepan más acerca de estos químicos curativos los científicos de Urantia, llegarán a ser más eficientes en el tratamiento de las lesiones, e indirectamente sabrán más acerca del control de ciertas enfermedades graves.

Desde que se estableció la vida en Urantia, los Portadores de Vida han mejorado esta técnica sanadora, por cuanto se ha introducido en otro mundo de Satania, y ofrece más alivio al dolor y ejerce mejor control sobre la capacidad de proliferación que tienen las células normales adyacentes.

Hubo muchos rasgos singulares del experimento de la vida en Urantia, pero se destacan dos episodios: la aparición de la raza andónica anteriormente a la evolución de los seis pueblos de color y la aparición simultánea posterior de los mutantes sangik en una sola familia. Urantia es el primer mundo de Satania donde las seis razas de color nacieron de la misma familia humana. Suelen surgir de diversas variedades a partir de mutaciones independientes dentro de la descendencia animal prehumana y suelen aparecer en la tierra una por una y sucesivamente a través de plazos prolongados, comenzando con el hombre rojo, pasando por todos los colores, hasta el índigo.

Otra destacada variación del procedimiento fue la llegada tardía del Príncipe Planetario. De costumbre, el príncipe aparece en un planeta alrededor del momento del desarrollo de la voluntad; y si se hubiera seguido tal esquema, Caligastia bien pudiera haber venido a Urantia ya durante la vida de Andón y Fonta en vez de casi quinientos mil años más tarde, simultáneamente con la aparición de las seis razas sangik.

A un mundo habitado ordinario, se le habría otorgado un Príncipe Planetario a petición de los Portadores de Vida durante la aparición de Andón y Fonta, o bien, en algún momento posterior a ella. Pero, debido a que a Urantia se le había designado como planeta de modificación de vida, mediante un acuerdo previo se enviaron los observadores Melquizedek, doce en total, como consejeros de los Portadores de Vida y en cuanto supervisores del planeta hasta el advenimiento subsiguiente del Príncipe Planetario. Estos Melquizedek llegaron en el momento en que Andón y Fonta tomaron las decisiones que permitieron que los Ajustadores del Pensamiento habitaran en su mente mortal.

En Urantia los esfuerzos de los Portadores de Vida para mejorar los modelos de vida satanianos resultaron forzosamente en la producción de muchas formas transitorias de vida, en apariencia inútiles. No obstante, los beneficios ya acumulados bastan para justificar las modificaciones urantianas de los conceptos de vida ordinarios.

Pretendimos producir una manifestación temprana de la voluntad en la vida evolucionaria de Urantia, y lo logramos. De ordinario, la voluntad no surge hasta mucho tiempo después de la aparición de las razas de color y suele darse por primera vez entre los tipos superiores del hombre rojo. Vuestro mundo es el único planeta de Satania donde el tipo humano de voluntad ha aparecido en una raza anterior a las de color.

Pero al esforzarnos por disponer aquella combinación y asociación de factores hereditarios que, a la postre, darían lugar a los antepasados mamíferos de la raza humana, nos vimos en la necesidad de permitir que se produjeran cientos de miles de otras combinaciones y asociaciones de factores hereditarios comparativamente inútiles. Al remontaros al pasado del planeta, seguramente os tropezaréis con gran parte de estos subproductos de nuestros esfuerzos, productos que os parecerán extraños; bien comprendo lo enigmático que algunas de estas cosas le resultan a la limitada perspectiva de los humanos.

5. LAS VICISITUDES DE LA EVOLUCIÓN DE LA VIDA

Los Portadores de Vida mucho nos apenamos por el hecho de que nuestros esfuerzos para modificar la vida inteligente en Urantia se hubiesen entorpecido tanto debido a depravaciones fuera de nuestro control: la traición de Caligastia y la falta de Adán.

Pero a través de esta aventura biológica nuestra mayor decepción surgió de la reversión de cierta flora primitiva hasta niveles de bacteria parasitaria anteriores a la clorofila en escala tan grande y de manera tan inesperada. Esta eventualidad en la evolución de la flora ocasionó muchas enfermedades aflictivas en los mamíferos superiores, sobre todo en la especie humana más vulnerable. Al enfrentarnos con esta situación que nos causaba perplejidad, dimos por descontadas, en cierto modo, las dificultades implícitas, pues sabíamos que el mestizaje subsiguiente del plasma vital adánico reforzaría la capacidad de resistencia de la raza mestiza resultante, de tal forma que vendría a inmunizarla de todas las enfermedades producidas por el tipo de organismo vegetal. Pero nuestras esperanzas estaban destinadas a la decepción, debido a la calamidad de la contumacia adánica.

El universo de los universos, incluyendo este pequeño mundo llamado Urantia, no se administra simplemente de acuerdo con el beneplácito ni con la conveniencia nuestros, ni mucho menos conforme a nuestros caprichos o a la satisfacción de nuestra curiosidad. Los seres sabios y todopoderosos que tienen la responsabilidad de la administración del universo, indudablemente, saben bien lo que tienen que hacer; y así les corresponde a los Portadores de Vida, y le incumbe a la mente mortal, aguardar pacientemente y recluirse en cooperación vigorosa con el régimen de la sabiduría, el reino del poder, y la marcha del progreso.

Existen, desde luego, ciertas compensaciones por la tribulación, tal como el autootorgamiento de Micael en Urantia. Pero, independientemente de toda consideración de tal índole, los más recientes supervisores celestiales de este planeta expresan su total confianza en el triunfo evolucionario ulterior de la raza humana y en la reivindicación final de nuestros planes y modelos de vida originales.

6. LAS TÉCNICAS EVOLUCIONARIAS DE LA VIDA

Resulta imposible determinar con exactitud, simultáneamente, la ubicación precisa y la velocidad de un objeto en movimiento; todo intento de medir cualquiera de las dos inevitablemente supone una alteración en la otra. Se enfrenta el hombre mortal con la misma suerte de paradoja al emprender el análisis químico del protoplasma. El químico puede dilucidar la composición química del protoplasma *muerto*, y sin embargo, no puede discernir la organización física ni el comportamiento dinámico del protoplasma *vivo*. Siempre se acercará cada vez más el científico a los secretos de la vida, pero jamás dará con ellos, lo cual no se debe sino a que debe matar el protoplasma a fin de analizarlo. El protoplasma muerto pesa lo mismo que el protoplasma vivo y, sin embargo, no es lo mismo.

En las cosas y seres vivientes existe la dotación original de la adaptación. En toda célula *viviente* vegetal o animal, en todo organismo *viviente*, material o espiritual, existe un anhelo insaciable por la consecución de un grado constantemente creciente de perfección en el ajuste medio ambiental, la adaptación del organismo, y una realización cada vez mayor de la vida. Estos interminables esfuerzos de todo lo viviente evidencian que éste entraña un afán innato de perfección.

El paso más importante de la evolución vegetal fue el desarrollo de la capacidad de fabricar la clorofila, y el segundo avance en importancia fue la evolución de la espora hasta la semilla compleja. La espora es sumamente eficaz en cuanto agente reproductor; no obstante, carece de los potenciales de variedad y versatilidad que le son inherentes a la semilla.

Un episodio de la evolución de los tipos superiores de animales, que resultó sumamente beneficioso y complejo, consistió en el desarrollo de la capacidad del hierro contenido en los glóbulos rojos circulantes de desempeñar el papel dual de portador de oxígeno y de eliminador de bióxido de carbono. Y esta labor de los glóbulos rojos ilustra cómo los organismos en evolución pueden adaptar sus funciones a un medio ambiente variante o cambiante. Los animales superiores, el hombre inclusive, oxigenan sus tejidos mediante la acción del hierro contenido en los glóbulos rojos de la sangre, la cual lleva oxígeno a las células vivientes y, de forma tan eficaz, a éstas les quita el bióxido de carbono. Otros metales, sin embargo, se pueden adaptar para servir el mismo propósito. La sepia emplea el cobre para esta función, y la ascidia se vale del vanadio.

Se esclarece la continuación de tales ajustes biológicos por la evolución de los dientes en los mamíferos superiores urantianos; éstos ascendieron a treinta y seis en los antepasados remotos del hombre; y después iniciaron un reajuste de adaptación hacia los treinta y dos en el hombre de los albores y sus parientes cercanos. Hoy por hoy la especie humana tiende hacia los veintiocho. El proceso de la evolución sigue progresando activamente por adaptaciones en este planeta.

Pero muchos ajustes de los organismos vivientes, aparentemente misteriosos, son de carácter puramente químico, del todo físico. En cualquier momento, existe en la corriente sanguínea de cualquier ser humano la posibilidad de exceder 15.000.000 de reacciones químicas con las hormonas producidas por una docena de glándulas endocrinas.

Las formas inferiores de la vida vegetal son totalmente sensibles al medio ambiente físico, químico y eléctrico. Pero, a medida que asciende la escala de vida, una por una las ministraciones para la mente por los siete espíritus ayudantes entran en funcionamiento, y la mente se torna cada vez más propensa a los ajustes, la creatividad, la coordinación y el dominio. La capacidad de los animales para adaptarse al aire, al agua y a la tierra no es una dotación supernatural, sino un ajuste superfísico.

La física y la química solas no pueden explicar cómo el ser humano evolucionó a partir del protoplasma primitivo de los primeros mares. La capacidad de aprender —la memoria y la respuesta diferenciada al medio ambiente— es la provisión de la mente. Las leyes de la física no responden a la capacitación; son inmutables e invariables. Las reacciones de la química no son modificadas por la enseñanza; son uniformes y seguras. Aparte de la presencia del Absoluto No Cualificado, las reacciones eléctricas y químicas son previsibles. Pero la mente puede aprovecharse de la experiencia, puede aprender de los hábitos reactivos del comportamiento en respuesta a la repetición de los estímulos.

Los organismos antecedentes a la inteligencia reaccionan a los estímulos del medio, pero aquellos organismos que reaccionan al ministerio de la mente pueden ajustar y manipular el medio ambiente mismo.

El cerebro físico con su sistema nervioso correspondiente dispone de una capacidad innata para responder al ministerio de la mente tal como la mente en vías de desarrollo de una personalidad dispone de cierta capacidad innata de receptividad espiritual y, por tanto, entraña los potenciales del progreso y logro espirituales. Las evoluciones intelectual, social, moral y espiritual dependen del ministerio mental de los siete espíritus ayudantes y sus asociados superfísicos.

7. LOS NIVELES EVOLUCIONARIOS DE LA MENTE

Los siete espíritus ayudantes de la mente son los versátiles ministros de la mente que sirven a los entes inteligentes inferiores del universo local. Se atiende a este orden de mente desde la sede central del universo local o desde algún mundo comunicado con ella, pero desde las capitales de los sistemas proviene orientación que influye en la función de la mente inferior.

En un mundo evolucionario muchísimo depende de la labor de estos siete ayudantes. Pero son ministros de la mente; no se ocupan de la evolución física, siendo ésta el dominio de los Portadores de Vida. No obstante, la integración perfecta de estas dotaciones del espíritu con el procedimiento natural y ordenado del régimen inherente en desarrollo de los Portadores de Vida es la causa de la incapacidad del mortal para discernir en el fenómeno de la mente nada más que las obras de la naturaleza y el funcionamiento de los procesos naturales; si bien, ocasionalmente, os quedáis un tanto perplejos al explicaros todo cuanto está relacionado con las reacciones naturales de la mente respecto a su asociación con la materia. Y si Urantia operara más de acuerdo con los planes originales, observaríais aún menos cosas que os llamaran la atención en el fenómeno de la mente.

Los siete espíritus ayudantes se asemejan más a los circuitos que a los entes, y en los mundos ordinarios por todo el universo local se les disponen circuitos con otras funciones de ayuda. En los planetas de experimentación de vida, empero, quedan relativamente aislados. En Urantia, debido a la naturaleza singular de los modelos de vida, los ayudantes inferiores experimentaron mucha más dificultad en ponerse en contacto con los organismos evolucionarios que lo que habría sido el caso en un tipo de dotación de vida más común.

Cabe notar, que en un mundo evolucionario promedio, los siete espíritus ayudantes están mucho más sincronizados con las etapas del desarrollo animal progresivo que lo que estuvieron en Urantia. Con una sola excepción, los ayudantes tuvieron la mayor dificultad en ponerse en contacto con las mentes en evolución de los organismos urantianos que jamás hubieran experimentado en todo su funcionamiento por todo el universo de Nebadon. Se desarrollaron en este mundo muchas formas de fenómenos marginales —combinaciones confusas de los tipos de respuesta mecánicos y no enseñables del organismo, así como no mecánicos y enseñables.

Los siete espíritus ayudantes no se ponen en contacto con los órdenes de organismo que responden al medio ambiente de manera puramente mecánica. Tales respuestas de los organismos vivientes anteriores a la inteligencia pertenecen únicamente a los dominios de energía de los centros del poder, los controladores físicos y sus asociados.

La adquisición del potencial de la capacidad de *aprender* de la experiencia señala el comienzo del funcionamiento de los espíritus ayudantes, y estos funcionan desde las mentes inferiores de los entes primitivos e invisibles hasta los tipos superiores en la escala evolucionaria de los seres humanos. Los ayudantes son la fuente y el modelo original para la conducta de la mente, que viene a ser algo misteriosa en las rápidas reacciones al medio ambiente material, las cuales no se alcanzan a comprender del todo. Han de pasar mucho tiempo estas influencias fieles y siempre seguras, llevando adelante su servicio preliminar antes de que la mente animal alcance los niveles humanos de la receptividad en cuanto al espíritu.

Los ayudantes funcionan exclusivamente en la evolución de la mente experiencial, hasta el nivel de la sexta fase, el espíritu de adoración. A dicho nivel ocurre aquella superposición inevitable de los ministerios —fenómeno en que lo superior alcanza al nivel de lo inferior para coordinar el advenimiento del logro subsiguiente de los niveles avanzados de desarrollo. Aún más ministerio del espíritu acompaña a la acción del séptimo y último ayudante, el espíritu de la sabiduría. Durante todo el ministerio en el mundo espiritual, el individuo nunca experimenta transiciones abruptas en la cooperación del espíritu; estos cambios siempre son graduales y recíprocos.

Siempre han de diferenciarse los dominios de las respuestas física (electroquímica) y mental a los estímulos que originan en el medio ambiente y, a su vez, se deben reconocer todas éstas a fuer de fenómenos independientes de las actividades espirituales. Los dominios de la gravedad física, mental y espiritual son reinos distintos de la realidad cósmica, no obstante sus interrelaciones íntimas.

8. LA EVOLUCIÓN EN EL TIEMPO Y EN EL ESPACIO

El tiempo y el espacio están indisolublemente vinculados; existe una asociación innata entre ellos. Las demoras del tiempo son inevitables en presencia de ciertas condiciones del espacio.

Si la prolongada tardanza en efectuar los cambios evolucionarios del desarrollo de la vida os ocasiona perplejidad, procedo a señalar que no podemos cronometrar el proceso vital para desarrollarse a paso más acelerado que lo que permiten las metamorfosis físicas del planeta. Tenemos que aguardar el desarrollo físico y natural de un planeta; no disponemos de control alguno sobre la evolución geológica. De permitirlo las condiciones físicas, podríamos disponer la evolución completa de la vida en mucho menos de un millón de años. Pero todos estamos bajo la jurisdicción de los Gobernantes Supremos del Paraíso, y el tiempo no existe en el Paraíso.

El criterio del individuo para medir el tiempo es la duración de su vida. Todas las criaturas, así, están condicionadas por el tiempo y, por ende, consideran que la evolución es un proceso dilatado. Para nosotros, como la duración de la vida no está limitada por la existencia temporal, la evolución no parece ser un suceso tan excesivamente prolongado. En el Paraíso, donde el tiempo no existe, todas estas cosas están *presentes* en la mente de la Infinidad y en los actos de la Eternidad.

Tal como la evolución de la mente depende y se demora por el desarrollo lento de las condiciones físicas, asímismo, el progreso espiritual depende de la expansión mental, y el retraso mental lo retarda indefectiblemente. Pero, lo anterior no supone que la evolución espiritual dependa de la enseñanza, la cultura, y la sabiduría. El alma puede evolucionar a pesar de la cultura mental, pero no sin la capacidad mental y el deseo —la elección de la supervivencia y la decisión de lograr la perfección en creciente escala—de hacer la voluntad del Padre celestial. Aunque no dependa la supervivencia de la adquisición del conocimiento y la sabiduría, el progreso, en efecto, depende de ellas.

En los laboratorios evolucionarios cósmicos, la mente siempre domina la materia, y el espíritu siempre está correlacionado con la mente. Si estas diversas dotaciones no logran sincronizarse y coordinarse, puede ocasionar retrasos en el tiempo; pero, si un determinado individuo en verdad conoce a Dios y desea encontrarle y llegar a ser como él, la supervivencia está garantizada a pesar de los obstáculos del tiempo. La condición física puede entorpecer la mente, y la perversidad mental puede retrasar la obtención espiritual; sin embargo, ninguno de estos obstáculos puede vencer la elección hecha con toda la voluntad del alma.

Cuando las condiciones físicas son idóneas, pueden producirse evoluciones mentales *repentinas*, cuando la condición de la mente es propicia, pueden ocurrir transformaciones espirituales *repentinas*; cuando los valores espirituales reciben el reconocimiento debido, entonces los significados cósmicos se tornan discernibles, y la personalidad, en creciente escala, se libera de los obstáculos del tiempo y se redime de las limitaciones del espacio.

[Patrocinado por un Portador de Vida de Nebadon residente en Urantia.]

DOCUMENTO 66

EL PRÍNCIPE PLANETARIO DE URANTIA

EL ADVENIMIENTO de un Hijo Lanonandek a un mundo ordinario significa que la voluntad, la capacidad de optar por el camino de la supervivencia eterna, se ha desarrollado en la mente del hombre primitivo. Pero el Príncipe Planetario llegó a Urantia casi medio millón de años después de la aparición de la voluntad humana.

Caligastia, el Príncipe Planetario, arribó a Urantia hace alrededor de quinientos mil años, lo cual coincidió con la aparición de las seis razas de color, es decir, de las razas sangik. Había casi quinientos millones de seres humanos primitivos en la tierra al llegar el Príncipe, y estaban bien dispersos por Europa, Asia y África. Se estableció la sede central del Príncipe en Mesopotamia, aproximadamente en el centro de la población mundial.

1. EL PRÍNCIPE CALIGASTIA

Caligastia era un Hijo Lanonandek, el número 9.344 de la orden secundaria. Tenía gran experiencia en la administración general de los asuntos del universo local y, poste riormente, en la administración específica del sistema local de Satania en particular.

Antes del reinado de Lucifer en Satania, a Caligastia se le había adscrito al consejo de los asesores de los Portadores de Vida en Jerusem. Lucifer ascendió a Caligastia a un puesto en su séquito personal, y éste desempeñó satisfactoriamente cinco misiones sucesivas de honor y confianza.

Muy temprano solicitó Caligastia un nombramiento para un cargo de Príncipe Planetario; pero, reiteradamente, cada vez que su petición se sometía a consideración en los consejos de la constelación, no lograba recibir la anuencia de los Padres de la Constelación. Caligastia parecía particularmente deseoso de ser enviado a un planeta decimal o mundo de modificación de la vida en calidad de gobernante planetario. Su petición se había denegado varias veces antes de que, finalmente, se le asignara a Urantia.

Con admirables antecedentes de lealtad y dedicación al bienestar del universo de su origen y residencia temporal, y a pesar de cierta inquietud característica, junto con cierta tendencia a discrepar del orden establecido en ciertos asuntos menores, Caligastia salió de Jerusem, encomendado con el dominio de un mundo.

Yo estaba en Jerusem cuando el brillante Caligastia partió de la capital del sistema. Ningún príncipe de los planetas se había embarcado jamás en una carrera de autoridad mundial con experiencias preparatorias más ricas ni con perspectivas mejores que las de Caligastia en aquel memorable día hace medio millón de años. Lo cierto es que, al ejecutar el cometido que se me había asignado, el de difundir la narración de aquel acontecimiento en las transmisiones del universo local, jamás se me pasó por la mente ni la menor idea de que este noble Lanonandek, dentro de tan poco tiempo, traicionaría su encomienda sagrada de custodia planetaria y, de forma tan repugnante, mancharía el nombre honrado de su orden exaltada de filiación de un universo. Yo, en verdad, consideraba que Urantia figuraba entre los cinco o seis planetas más bienhadados de toda Satania, ya que había de asumir el mando de los asuntos mundiales una mente tan original, brillante y experta. No comprendí por aquel entonces que Caligastia se estaba enamorando insidiosamente de sí mismo; en ese momento, no entendía yo tan a fondo las sutilezas del orgullo de la personalidad.

2. EL SÉQUITO DEL PRÍNCIPE

No se envió el Príncipe Planetario de Urantia solo a su misión, sino que fue acompañado por el cuerpo acostumbrado de asistentes y auxiliares administrativos.

Encabezó este grupo Daligastia, el asistente asociado del Príncipe Planetario. Daligastia también era un Hijo secundario Lanonandek, el número 319.407 de dicha orden. Tenía rango de asistente en el momento de ser asignado al puesto de asociado de Caligastia.

El séquito comprendía gran cantidad de ángeles cooperadores y una multitud de otros entes celestiales que se asignaron a fin de llevar adelante los intereses y promover el bienestar de las razas humanas. Pero desde vuestro punto de vista, el grupo más interesante de todo el séquito del Príncipe era el de los miembros corpóreos —a los cuales, a veces, se les refiere como *los cien de Caligastia*.

Caligastia escogió a estos cien miembros rematerializados para su organización entre más de 785.000 ciudadanos ascendentes de Jerusem que se ofrecieron para embarcarse en la aventura de Urantia. Cada uno de los cien elegidos provenía de un planeta diferente, y ninguno de ellos era de Urantia.

Se trajeron estos voluntarios jerusemitas directamente de la capital del sistema hasta Urantia por transporte seráfico; y, a su llegada, se mantuvieron enserafinados hasta tanto se les pudiera dar la forma de personalidad de naturaleza dual del servicio planetario especial. Eran verdaderos cuerpos de carne y hueso que, a la vez, estaban sintonizados con los circuitos vitales del sistema.

Antes de la llegada de estos cien ciudadanos de Jerusem, los dos Portadores de Vida supervisores que residían en Urantia, tras haber perfeccionado sus planes, solicitaron permiso a Jerusem y Edentia para trasplantar el plasma vital de cien supervivientes seleccionados de la descendencia de Andón y Fonta a los cuerpos materiales destinados para los miembros corpóreos del Príncipe. Se otorgó el permiso en Jerusem y se aprobó en Edentia.

Por consiguiente, los Portadores de Vida seleccionaron a cincuenta varones y cincuenta hembras de la posteridad de Andón y Fonta, que representaban la supervivencia de las mejores variedades de aquella raza única. Con una o dos excepciones, estos andonitas que tanto contribuyeron al progreso de la raza no se conocían entre sí. Provenían de lugares separados por grandes distancias. Mediante la dirección coordinada de los Ajustadores del Pensamiento y la conducción seráfica se juntaron en el umbral de la sede central del Príncipe. Aquí los cien sujetos humanos se pusieron al cargo de la comisión de voluntarios sumamente capaces de Avalón que dirigió la extracción material de una porción del plasma vital de estos descendientes andónicos. Este material viviente, a su vez, se transfirió a los cuerpos materiales hechos para uso de los cien miembros jerusemitas del séquito del Príncipe. Entretanto, estos ciudadanos recién llegados de la capital del sistema se mantuvieron en el sueño del transporte seráfico.

Estos sucesos, juntamente con la creación concreta de los cuerpos especiales para los cien de Caligastia, dieron origen a numerosas leyendas, gran parte de las cuales se confundieron más tarde con las tradiciones posteriores acerca de la instalación planetaria de Adán y Eva.

Toda la ejecución de la repersonalización duró precisamente diez días, desde que llegaron de Jerusem los transportes seráficos que portaban a los cien voluntarios, hasta que recuperaron éstos el conocimiento, ya convertidos en seres triples del reino.

3. DALAMATIA —LA CIUDAD DEL PRÍNCIPE

Se ubicó la sede central del Príncipe Planetario en la región del Golfo Pérsico de aquellos días, en la zona que correspondió a la Mesopotamia futura.

El clima y el paisaje en la Mesopotamia de aquellos tiempos eran, en todos los aspectos, favorables para las iniciativas del séquito del Príncipe y sus asistentes, muy diferentes de las condiciones que algunas veces han predominado desde entonces. Era necesario disponer de un clima favorable como parte del medio ambiente natural concebido para inducir a los primitivos de Urantia a realizar ciertos adelantos en la cultura y la civilización. La única gran tarea de aquellas edades fue la de transformar al hombre de cazador en pastor, con la esperanza de que, con el tiempo, evolucionara a agricultor pacífico y hogareño.

La sede central del Príncipe Planetario en Urantia era característica de las estaciones en esferas jóvenes en desarrollo. El núcleo del asentamiento del Príncipe era una ciudad muy sencilla, pero muy bella, cercada por una muralla de doce metros de alto. Este centro mundial de la cultura se llamó Dalamatia en honor a Daligastia.

La ciudad se trazó en diez subdivisiones, con las sedes centrales de los diez consejos del séquito corpóreo situadas en el centro de cada una de estas subdivisiones. En el centro de la ciudad estaba el templo del Padre invisible. La sede central administrativa del Príncipe y sus asociados estaba dispuesta en doce cámaras agrupadas contiguamente en torno al templo mismo.

Todos los edificios de Dalamatia eran de un solo piso, con excepción de la sede del consejo, que era de dos pisos, y el templo central del Padre de todos que, a pesar de ser pequeño, tenía tres pisos.

La ciudad representaba lo mejor de aquellos días primitivos en material de construcción —el ladrillo. Se utilizó muy poca piedra o madera. Se mejoraron considerablemente la construcción de viviendas y la arquitectura de las aldeas cercanas merced al ejemplo dalamatiano.

Cerca de la sede central del Príncipe moraban seres humanos de todos los colores y estratos. Los primeros estudiantes de las escuelas del Príncipe se reclutaron de esas tribus cercanas. Aunque estas primeras escuelas de Dalamatia eran toscas, brindaron todo cuanto se podía a beneficio de los hombres y mujeres de aquella edad primitiva.

El personal corpóreo del Príncipe, incesantemente reunía a los elementos superiores de las tribus circundantes y, tras haber adiestrado e inspirado a estos estudiantes, los enviaba de regreso en calidad de maestros y dirigentes de sus pueblos respectivos.

4. LOS PRIMEROS DÍAS DE LOS CIEN

La llegada del séquito del Príncipe produjo profunda impresión. Bien que se requirieron casi mil años para difundirse las nuevas al extranjero, las enseñanzas y la conducta de los cien nuevos residentes influyeron sobremanera en las tribus próximas a la sede central mesopotámica. Y gran parte de vuestra mitología subsiguiente nació de las leyendas tergiversadas sobre estos días pasados en que estos miembros del séquito del Príncipe se repersonalizaron en Urantia como superhombres.

La tendencia de los mortales a considerarlos como dioses obstaculiza gravemente la buena influencia de tales maestros extraplanetarios; pero, aparte de la técnica de su aparición en la tierra, los cien de Caligastia —cincuenta hombres y cincuenta mujeres— no recurrieron a métodos sobrenaturales ni a manipulaciones sobrehumanas.

El grupo corpóreo, no obstante, era sobrehumano. Comenzaron ellos su misión en Urantia como extraordinarios seres de naturaleza triple:

1. Eran corpóreos y relativamente humanos, pues encarnaban el mismo plasma vital de una de las razas humanas, el plasma vital andónico de Urantia.

Estos cien miembros del séquito del Príncipe se dividieron por partes iguales, según el sexo y de acuerdo con su estado mortal previo. Cada persona que integraba este grupo era capaz de llegar a ser co-progenitor de algún orden nuevo de ser físico, pero se les había exhortado a no recurrir a la procreación, salvo en ciertas circunstancias. El séquito corpóreo del Príncipe Planetario suele procrear sus sucesores en algún momento anterior al retiro del servicio planetario especial. Lo normal es que dicho acto acontezca a la llegada del Adán y Eva Planetarios o poco tiempo después de eso.

Estos seres extraordinarios, por ende, casi no tenían idea de qué tipo de criatura material se produciría como resultado de su unión sexual. Y, de hecho, nunca lo supieron; pues, antes de llegar al momento de dicho paso en la prosecución de su labor mundial, se trastornó el régimen entero debido a la rebelión, y los que más adelante desempeñaron el papel de progenitores quedaron separados de las corrientes vitales del sistema.

En cuanto al color de la piel y el lenguaje, estos miembros materializados del séquito de Caligastia siguieron la raza andónica. Tomaban alimentos tal como lo hacían los mortales del reino con la siguiente diferencia: los cuerpos recreados de este grupo quedaban del todo satisfechos con un régimen alimenticio sin carne. Esta figuraba entre las consideraciones que determinaron su residencia en una región cálida en la cual abundaban las frutas y nueces. La práctica de subsistir a régimen no carnívoro data de los tiempos de los cien de Caligastia; pues esta costumbre se propagó por todas partes, afectando los hábitos alimenticios de muchas tribus circundantes, los grupos descendientes de las razas evolutivas que, en otro tiempo, habían sido exclusivamente carnívoras.

2. Los cien eran seres materiales pero sobrehumanos, tras haberse reconstituido en Urantia a manera de hombres y mujeres singulares que pertenecían a un orden superior y extraordinario.

A pesar de que este grupo tenía ciudadanía provisional en Jerusem, hasta este momento, aún no se habían fusionado con sus Ajustadores del Pensamiento; y cuando se ofrecieron de voluntarios y se aceptaron para el servicio planetario de acuerdo con las órdenes descendentes de la filiación, sus Ajustadores se separaron de ellos. Estos jerusemitas, sin embargo, eran seres sobrehumanos —tenían almas de crecimiento ascendente. Durante la vida mortal en la carne, el alma es de estado embrionario; nace (resucita) en la vida morontial y experimenta el desarrollo a través de los mundos morontiales sucesivos. Y las almas de los cien de Caligastia, de este modo, se expandieron mediante las experiencias progresivas de los siete mundos de estancia hasta el estado de ciudadanía en Jerusem.

Conforme a sus instrucciones, el séquito no practicó la reproducción sexual, aunque sí estudiaron con gran esmero su constitución personal, y exploraron a fondo cada fase imaginable de unión del intelecto (la mente) y de la morontia (el alma). Durante el año treinta y tres de su estadía en Dalamatia, mucho antes de terminar de construirse la muralla, los números dos y siete del grupo danita descubrieron por azar un fenómeno que resulta de la unión del yo morontial de cada uno de ellos (el cual, presuntamente, es no sexual y no es material); esta aventura dio como resultado la primera de las criaturas intermedias primarias. Este ser nuevo era del todo visible para el séquito planetario y sus asociados celestiales y, sin embargo, no era visible a los hombres y mujeres de las distintas tribus humanas. Con autorización del Príncipe Planetario, todo el grupo corpóreo emprendió la producción de seres similares, y todos lo lograron, siguiendo las instrucciones de la pareja precursora danita. Así, pues, el séquito del Príncipe, con el tiempo, engendró el cuerpo original de los 50.000 seres intermedios primarios.

Estas criaturas de tipo intermedio prestaban un gran servicio al llevar adelante los asuntos de la sede central mundial. Eran invisibles a los seres humanos, pero a los residentes temporales primitivos en Dalamatia se les enseñó sobre estos semiespíritus invisibles, y durante edades constituyeron la totalidad del mundo espiritual para estos mortales en vías de evolución.

3. Los cien de Caligastia eran personalmente inmortales, o incapaces de morir. Por su forma material circulaban los antídotos de las corrientes vitales del sistema; y de no haber perdido el contacto con los circuitos por causa de la rebelión, habrían seguido viviendo por tiempo indefinido, hasta que adviniera posteriormente el próximo Hijo de Dios, o hasta su futura liberación a fin de reanudar el trayecto interrumpido a Havona y al Paraíso.

Estos complementos antidotales de las corrientes vitales de Satania se derivaban del fruto del árbol de la vida, un arbusto de Edentia que los Altísimos de Norlatiadek enviaron a Urantia al llegar Caligastia. En la época de Dalamatia este árbol se cultivaba en el patio central del templo del Padre invisible, y el fruto del árbol de la vida permitió que los seres materiales y, en otros respectos mortales, del séquito del Príncipe, siguieran viviendo por tiempo indefinido, siempre y cuando tuvieran acceso a él.

Si bien a las razas evolucionarias no les servía de nada, este supersustento fue más que suficiente para brindarles vida continua a los cien de Caligastia y también a los cien andonitas modificados que estaban asociados con ellos.

Cabe por explicar que, al contribuir los cien andonitas su plasma de germen humano a los miembros del séquito del Príncipe, los Portadores de Vida introdujeron en sus cuerpos mortales el complemento de los circuitos del sistema; y así pudieron continuar viviendo junto con el séquito, siglo tras siglo, desafiando a la muerte física.

Con el tiempo se dio conocimiento a los cien andonitas de su contribución a las nuevas formas de sus superiores, y estos mismos cien hijos de las tribus de Andón se mantuvieron en la sede central en calidad de asistentes personales del séquito corpóreo del Príncipe.

5. LA ORGANIZACIÓN DE LOS CIEN

Los cien se organizaron para el servicio en diez consejos autónomos, formando cada uno de diez miembros. Cuando dos o más de dos de estos diez consejos se reunían en sesión conjunta, tales conferencias de enlace eran presididas por Daligastia. Se constituyeron estos diez grupos como sigue:

1. *El concilio de alimentación y bienestar material.* Ang presidió este grupo. Este cuerpo capaz fomentó la obtención de alimentos, agua, ropa y progreso material de la especie humana. Impartieron instrucción sobre la excavación de pozos, el control de las fuentes de agua y el riego. Les enseñaron a los que vivían en las alturas más elevadas y en las zonas septentrionales mejores métodos de tratar las pieles de los

animales para vestirse con ellas; más adelante los maestros de las artes y las ciencias introdujeron la tejeduría.

Se hicieron grandes adelantos en los métodos de almacenamiento de los alimentos. Se conservó la comida mediante la cocción, la deshidratación y la curación con humo; así pues el alimento se convirtió en la primera propiedad. Al hombre se le enseñó a prepararse para los peligros de la escasez que diezmaba el mundo periódicamente.

2. *La junta de domesticación y utilización de los animales.* Este consejo se dedicó a la labor de seleccionar y criar aquellos animales que mejor se adaptaban a ayudar a los seres humanos al llevar cargas y trasportar a los mismos, para proporcionar sustento, y más adelante, para prestar servicio en la labranza de la tierra. Bon dirigió este cuerpo competente.

Se domaron varios tipos de animales útiles, unos ya extintos, otros se perpetuaron como animales domésticos hasta el presente. El hombre llevaba mucho tiempo conviviendo con el perro, y el hombre azul ya había logrado domar al elefante. La vaca se mejoró mediante la cría esmerada hasta tal grado que llegó a ser una valiosa fuente de alimento; la mantequilla y el queso se convirtieron en artículos comunes del régimen alimenticio humano. Los hombres aprendieron a valerse de los bueyes para acarrear sus cargas; sin embargo, no se domesticó el caballo hasta un tiempo posterior. Los miembros de este cuerpo enseñaron a los hombres a servirse de la rueda para facilitar la tracción.

En esta época se utilizaron por primera vez las palomas mensajeras; se las llevaba en los viajes largos, a fin de enviar mensajes o súplicas de socorro. El grupo de Bon consiguió amaestrar a los grandes fándores como aves de transporte, pero éstos se extinguieron hace más de treinta mil años.

3. *Los asesores sobre el dominio de los animales de rapiña.* No bastaba con que el hombre primitivo intentara domesticar ciertos animales, sino que también tuvo que aprender a protegerse de la destrucción que podía ocasionar el resto hostil del mundo animal. Dan capitaneó este grupo.

El objeto de las murallas que rodeaban a las ciudades antiguas consistía en protección contra las bestias feroces, así como también contra ataques sorpresivos de humanos hostiles. Los que vivían en el bosque, sin la protección de una muralla, dependían de las moradas arbóreas, los cobijos de piedra, y el mantenimiento de las fogatas nocturnas. Por tanto, era muy natural que estos maestros dedicaran mucho tiempo a instruir a sus alumnos en el mejoramiento de las moradas humanas. Se hicieron grandes progresos en la subyugación de los animales empleando trampas y técnicas mejoradas.

4. *El cuerpo docente para la difusión y conservación del conocimiento.* Este grupo organizó y dirigió los esfuerzos puramente didácticos de aquellas edades primitivas. Fad la presidió. Los métodos didácticos de Fad consistían en la supervisión del sistema de empleos, acompañada de instrucción en métodos mejorados de trabajo. Fad formuló el primer alfabeto e introdujo un sistema de escritura. Este alfabeto contenía veinticinco caracteres. Como material de escritura, estos pueblos primitivos utilizaron la corteza de los árboles, placas de arcilla, láminas de piedra, una forma de pergamino hecho de pellejos amartillados y un tipo tosco de material parecido al papel, extraído de los nidos de las avispas. La biblioteca de Dalamatia, destruida al poco tiempo de la deslealtad de Caligastia, comprendía más de dos millones de constancias separadas y se la llamaba «la casa de Fad».

El hombre azul tuvo predilección por escribir con el alfabeto e hizo grandes progresos al respecto. El hombre rojo prefirió la pictografía, mientras que las razas amarillas tendieron al uso de símbolos para las palabras e ideas, de forma muy parecida a lo que hoy día emplean. Pero el alfabeto y muchas otras cosas se perdieron en el mundo durante la confusión que resultó de la rebelión. La deserción de Caligastia destruyó la esperanza mundial de una lengua universal, al menos por largas edades.

5. *La comisión de industria y comercio*. Este consejo se ocupó de fomentar la industria dentro de las tribus y de promover el intercambio comercial entre los distintos grupos pacíficos. Su guía fue Nod. Este cuerpo estimuló toda forma de manufactura. Contribuyeron directamente a la elevación del nivel de vida, proporcionando muchos productos básicos nuevos para atraer a los hombres primitivos. Ampliaron considerablemente el comercio de la sal mejorada, producida por el consejo de las ciencias y artes.

El crédito comercial se practicó por vez primera entre estos grupos iluminados que se formaron en las escuelas de Dalamatia. A partir de una bolsa central de créditos conseguían fichas, aceptadas en lugar de los mismos objetos de trueque. El mundo no mejoró estos métodos comerciales durante cientos de miles de años.

6. *El colegio de la religión revelada*. Este cuerpo fue de funcionamiento lento. La civilización en Urantia literalmente se forjó entre el yunque de la necesidad y los martillos del temor. Pero este grupo había hecho considerables progresos en su esfuerzo para sustituir el temor del Creador por el temor de las criaturas (la adoración de los espectros) antes de que sus labores fueran interrumpidas por la confusión que resultó de la sublevación separatista. La cabeza de este consejo fue Hap.

Nadie en el séquito del Príncipe quiso presentar la revelación para complicar la evolución; presentaron la revelación sólo como punto culminante después de haber agotado las fuerzas de la evolución. Pero Hap sí cedió al deseo de los habitantes de la ciudad de establecer una forma de servicio religioso. Su grupo les entregó a los dalamatianos los siete cánticos de adoración y también les dio la frase laudatoria diaria; y ulteriormente, les enseñó «la oración del Padre», que decía:

«Padre de todos, a cuyo Hijo honramos, míranos con favor. Redímenos de todo temor, salvo del temor de ti. Haz que complazcamos a nuestros maestros divinos y pon la verdad en nuestros labios por siempre jamás. Redímenos de la violencia y de la ira; danos respeto por nuestros ancianos y por lo que pertenece a nuestro prójimo. Danos en esta temporada pastizales verdes y rebaños fructíferos para alegrarnos el corazón. Oramos por la pronta llegada del elevador prometido, y queremos hacer tu voluntad en este mundo tal como los demás la hacen en los mundos más lejanos».

Si bien el séquito del Príncipe se limitó a medios naturales y a los métodos ordinarios para mejorar las razas, les prometió el don adánico de una raza nueva como meta del desarrollo evolucionario subsiguiente, cuando se alcanzara la cumbre del desarrollo biológico.

7. *Los guardianes de la salud y la vida*. Este consejo se ocupaba de enseñar sanidad y promover medidas primitivas de higiene y Lut lo dirigió.

Gran parte de lo que sus miembros enseñaron se perdió durante la confusión de las edades subsiguientes, que apenas se volvió a descubrir en el siglo veinte. Enseñaron al género humano que cocer, hervir y asar los alimentos, eran medios de evitar las enfermedades; también que tales preparaciones reducían sobremanera la mortalidad infantil y facilitaban el pronto destete.

Muchas de las primeras enseñanzas de los guardianes de Lut sobre la salud perduraron entre las tribus de la tierra hasta los días de Moisés, aunque se confundieron mucho y se cambiaron considerablemente.

El mayor obstáculo a la enseñanza de las normas de higiene a estos pueblos ignorantes estribaba en el hecho de que las verdaderas causas de muchas enfermedades son demasiado pequeñas para que se las pueda ver a simple vista; esto se combinaba a la vez con el temor supersticioso que estos seres primitivos le tenían al fuego. Se requirieron miles de años para persuadirles a que incineraran la basura. Entre tanto, se les instó a que enterraran los desechos en putrefacción. El gran adelanto sanitario de esta época consistió en la difusión de la información sobre las propiedades curativas y promovedoras de la salud de la luz del sol.

Antes de la llegada del Príncipe, el baño era una ceremonia exclusivamente religiosa. En efecto, resultaba difícil persuadir a los hombres primitivos a que se lavaran el cuerpo como práctica sanitaria. Finalmente, Lut indujo a los maestros religiosos a que incluyeran abluciones en las ceremonias de purificación que se debían practicar en relación con las devociones del mediodía, una vez por semana, en adoración del Padre de todo.

Estos guardianes de la salud también trataron de enseñar el apretón de manos para sellar la amistad y como símbolo de lealtad al grupo, en reemplazo de la práctica de intercambiar saliva o beberse la sangre. Pero cuando no se sentían presionados por la obligación de las enseñanzas de sus guías superiores, estos pueblos primitivos no tardaban en revertir a sus antiguas prácticas ignorantes y supersticiosas que destruían la salud y fomentaban las enfermedades.

8. *El consejo planetario de las artes y ciencias*. Este cuerpo contribuyó mucho a mejorar la técnica industrial del hombre primitivo y a elevar sus conceptos de la belleza. Su dirigente fue Mek.

Las artes y las ciencias eran de muy bajo nivel en todo el mundo; sin embargo se les impartió a los dalamatianos los rudimentos de la física y la química. La alfarería avanzó, todas las artes decorativas mejoraron, y los cánones de la belleza humana se realzaron considerablemente. Pero la música progresó muy poco hasta después de la llegada de la raza violeta.

Estos hombres primitivos no consintieron en experimentar con la energía del vapor, a pesar de las repetidas exhortaciones de sus maestros; nunca pudieron sobreponerse al gran temor de la potencia explosiva del vapor confinado. A la larga se persuadieron a trabajar los metales y el fuego, aunque, para el hombre primitivo, un pedazo de metal candente era un objeto aterrador.

Mucho contribuyó Mek al avance de la cultura de los andonitas y al mejoramiento del arte del hombre azul. Una mezcla del hombre azul con la cepa de Andón produjo un tipo artísticamente dotado, y muchos entre ellos llegaron a ser escultores maestros. No trabajaban la piedra ni el mármol, pero sus obras de arcilla, endurecidas por el horno, adornaron los jardines de Dalamatia.

Grandes progresos se hicieron en la economía doméstica, gran parte de los cuales se perdieron durante la prolongada y obscura época de la rebelión, y no se volvieron a descubrir hasta la época moderna.

9. *Los gobernadores de las relaciones tribales avanzadas*. Este fue el grupo encomendado con la labor de elevar la sociedad humana al nivel de estado. Su jefe fue Tut.

Estos dirigentes contribuyeron mucho a fomentar el matrimonio entre miembros de diferentes tribus. Aconsejaban un período de cortejo, y matrimonio tras deliberación debida y oportunidad plena de conocerse. Las danzas de carácter puramente militar fueron refinadas y modificadas para que se adaptaran a fines sociales valiosos. Se introdujeron muchos juegos competitivos, pero esta gente antigua era seria; estas tribus primitivas se distinguieron poco por su humor. Pocas de estas prácticas sobrevivieron a la desintegración subsiguiente a la insurrección planetaria.

Tut y sus asociados se afanaron en promover grupos asociados de carácter pacífico, en reglamentar y humanizar la guerra, en coordinar las relaciones intertribales, y en mejorar los gobiernos tribales. En las cercanías de Dalamatia se desarrolló una cultura más avanzada, y estas mejores relaciones sociales ejercieron una influencia beneficiosa sobre las tribus más remotas. Pero el modelo de civilización que prevalecía en la sede central del Príncipe era muy diferente de la sociedad barbárica que evolucionaba en otras partes; así como la sociedad del siglo veinte de la Ciudad del Cabo, Sudáfrica, en nada se parece a la tosca cultura de los diminutos bosquimanes del norte.

10. *El tribunal supremo de coordinación tribal y cooperación racial.* Van dirigió este consejo supremo, que constituía el tribunal de apelaciones para todas las otras nueve comisiones encargadas de la supervisión de los asuntos humanos. Este consejo tenía amplias funciones, pues se ocupaba de todo asunto de interés terrenal que no específicamente les incumbiera a los otros grupos. Este grupo altamente seleccionado había sido aprobado por los Padres de la Constelación de Edentia antes de que se lo autorizara para asumir funciones del tribunal supremo de Urantia.

6. EL REINADO DEL PRÍNCIPE

El nivel de cultura de un mundo se mide por el legado social de sus seres nativos, y el grado de expansión cultural depende exclusivamente de la capacidad de sus habitantes para comprender ideas nuevas y avanzadas.

La esclavitud a la tradición produce estabilidad y cooperación sentimentalmente vinculando el pasado con el presente; pero, al mismo tiempo, reprime la iniciativa y encadena los poderes creativos de la personalidad. Cuando llegaron los cien de Caligastia y comenzaron a proclamar este nuevo credo de la iniciativa individual dentro de los grupos sociales de aquellos días, todo el mundo participaba en el marasmo de las costumbres apegadas a la tradición. Pero este régimen benéfico se interrumpió después de tan poco tiempo, que las razas no llegaron a liberarse nunca completamente de la esclavitud de las costumbres; la moda sigue siendo en Urantia una fuerza de dominación indebida.

Los cien de Caligastia —graduados de los mundos de estancia de Satania— bien conocían las artes y la cultura de Jerusem, pero dichos conocimientos son casi inútiles en un planeta salvaje, poblado por humanos primitivos. Estos seres sabios sabían que no convenía emprender la transformación *repentina*, o la elevación masiva, de las razas primitivas de aquella época. Bien comprendían la lenta evolución de la especie humana, y prudentemente se abstuvieron de todo intento radical para modificar el modo de vida del hombre en la tierra.

Cada una de las diez comisiones planetarias abordó *lenta* y naturalmente el fomento de los intereses que se les había encomendado. Su plan consistió en atraer a los mejores intelectos de las tribus circundantes y, tras haberles preparado, enviarles de vuelta a su pueblo respectivo como emisarios de la elevación social.

Nunca se enviaban emisarios extranjeros a ninguna raza a no ser que el grupo mismo presentara una solicitud específica. Los que trabajaban para la elevación y avance de una tribu o raza determinada eran siempre nativos de esa tribu o raza. Los cien no deseaban imponer hábitos y costumbres a ninguna tribu, ni siquiera los de una raza superior. Siempre gestionaban con paciencia para elevar y hacer avanzar las costumbres sometidas a la prueba del tiempo de cada raza. La gente simple de Urantia trajo consigo sus costumbres sociales a Dalamatia, no para cambiarlas por prácticas mejores y nuevas, sino para hacer que se elevaran por el contacto con una cultura superior y por asociación con intelectos superiores. El proceso fue lento, pero surtió efecto.

Los maestros de Dalamatia procuraron agregar la selección social consciente a la selección puramente natural de la evolución biológica. No trastornaron la sociedad humana, pero sí aceleraron marcadamente su evolución natural y normal. Su motivo fue la progesión mediante la evolución y no la revolución mediante la revelación. La raza humana había tardado muchas edades en adquirir la escasa religión y los principios morales que tenía, y estos superhombres bien sabían que no convenía robarle a la humanidad estos pocos avances, porque se produce confusión y consternación cada vez que los seres superiores iluminados emprenden la elevación de las razas atrasadas en forma de excesiva erudición e iluminación

Cuando los misioneros cristianos van al corazón de África, donde es costumbre que los hijos permanezcan bajo el control y la dirección de sus padres mientras éstos estén con vida, sólo ocasionan confusión y la desintegración de toda autoridad si, en una sola generación, intentan suplantar esta práctica, enseñando que los hijos han de librarse de toda restricción paterna al cumplir los veintiún años.

7. LA VIDA EN DALAMATIA

La sede central del Príncipe, aunque de una hermosura primorosa y concebida para infundir temor reverente al hombre primitivo de aquella edad, era en realidad modesta. Los edificios no eran particularmente grandes, pues el motivo de estos maestros importados fue estimular el desarrollo ulterior de la agricultura mediante la introducción de la ganadería. La reserva de tierra dentro de las murallas de la ciudad era suficiente para abastecer a la población de casi veinte mil habitantes mediante el pastoreo y la horticultura.

Los interiores del templo central de adoración y las diez mansiones de los consejos de los grupos supervisores de superhombres eran efectivamente hermosas obras de arte. Y aunque los edificios residenciales eran modelos de orden y limpieza, todo era muy sencillo y del todo primitivo en comparación con el desarrollo posterior. En esta sede central de la cultura no se emplearon métodos que no pertenecieran al orden natural de Urantia.

El séquito corpóreo del Príncipe se dispuso de moradas sencillas y ejemplares, hogares concebidos para inspirar e impresionar favorablemente a los estudiantes observadores que residían temporalmente en el centro social y sede central educativa del mundo.

El orden definido de vida familiar y residencia unifamiliar en una sola vivienda de ubicación comparativamente estable data de estos tiempos de Dalamatia y se debe en gran parte al ejemplo y las enseñanzas de los cien y sus discípulos. El hogar en cuanto unidad social no logró aceptación hasta que los superhombres y supermujeres de Dalamatia indujeron al género humano a amar y planificar para sus nietos y los hijos de sus nietos. El hombre salvaje ama a sus hijos, pero el hombre civilizado ama también a sus nietos.

El séquito del Príncipe convivía como padres y madres. Aunque no tenían hijos propios, los cincuenta hogares modelo de Dalamatia nunca albergaron menos de quinientos pequeños adoptados, seleccionados de las familias superiores de las razas andónicas y sangik; muchos de estos niños eran huérfanos. Gozaban del privilegio de la disciplina y enseñanzas de estos superpadres; y luego, al cabo de tres años en las escuelas del Príncipe (a las que ingresaban entre los trece y los quince años de edad), eran candidatos para el matrimonio y para recibir su encargo de emisarios del Príncipe a las menesterosas tribus de sus razas respectivas.

Fad patrocinó el plan dalamatiano de enseñanza, que se llevó a cabo como escuela industrial, en la cual los alumnos aprendían en la práctica, realizando tareas útiles diariamente. Este plan educativo no desatendía el área del pensamiento y de los sentimientos para formar el carácter; pero dio la más alta prioridad al adiestramiento manual. La instrucción era individual y colectiva. Tanto hombres como mujeres, por separado y en conjunto, impartían instrucción a los alumnos. La mitad de estos cursos de grupo se segregaban por sexo; la otra mitad era mixta. Se les enseñaba a los estudiantes destreza manual individualmente y se socializaban en grupos o clases colectivas. Se les enseñaba a que fraternizaran con grupos más jóvenes, grupos mayores y adultos, así como también a trabajar en equipo con los coetáneos. También se los familiarizaba con asociaciones tales como grupos familiares, equipos de juego y clases escolares.

Entre los estudiantes más recientes capacitados en Mesopotamia para trabajar con sus razas respectivas figuraban los andonitas de las tierras altas de la India occidental juntamente con representantes del hombre rojo y del hombre azul; aún más adelante, también se acogió un número limitado de la raza amarilla.

Hap presentó a las razas primitivas un código moral. Este código se conocía por el nombre de «el Camino del Padre» y consistía en los siete mandamientos que siguen:

1. No temas ni sirvas a otro Dios que no sea el Padre de todo.

2. No desobedezcas al Hijo del Padre, el gobernante mundial, ni faltes al respeto de sus asociados sobrehumanos.

3. No mientas cuando comparezcas ante los jueces del pueblo.

4. No mates a hombres, mujeres o niños.

5. No robes los bienes ni el ganado de tu prójimo.

6. No toques a la esposa de tu amigo.

7. No faltes al respeto a tus padres ni a los ancianos de la tribu.

Éste fue el código legal de Dalamatia durante casi trescientos mil años. Y gran parte de las piedras sobre las cuales se inscribió este código yacen actualmente bajo las aguas frente a las costas de Mesopotamia y Persia. Llegó a ser costumbre traer a la mente uno de estos mandamientos cada día de la semana, sirviéndose de él como saludo y como acción de gracias a la hora de las comidas.

En esta época se medía el tiempo según el mes lunar, que se consideraba de veintiocho días. Ésta fue, con excepción del día y la noche, la única medida del tiempo que conocieron estos pueblos primitivos. Los maestros de Dalamatia introdujeron la semana de siete días que surgió del hecho de que el número siete es la cuarta parte de veintiocho. El significado del número siete en el superuniverso les brindó sin duda la oportunidad de introducir elementos espirituales en la consideración ordinaria del tiempo. Pero el período semanal no tiene origen natural.

La campiña en torno a la ciudad quedó bastante bien colonizada dentro de un radio de ciento sesenta kilómetros. En las inmediaciones de la ciudad, cientos de graduados de las escuelas del Príncipe practicaban la ganadería, o bien, pusieron en práctica la instrucción que habían recibido del séquito del Príncipe y de sus numerosos ayudantes humanos. Unos cuantos practicaron la agricultura y la horticultura.

El género humano no se destinó a la ardua faena de la agricultura como castigo de un supuesto pecado. «Con el sudor de tu frente comerás el fruto de la tierra» no fue el castigo por la participación del hombre en las locuras de la rebelión de Lucifer bajo el caudillaje del traicionero Caligastia. La labranza de la tierra es inherente al establecimiento de una civilización progresiva de los mundos evolutivos, y este precepto era el meollo mismo de la enseñanza del Príncipe Planetario y de su séquito a través de los trescientos mil años que mediaron entre su llegada a Urantia y aquellos días trágicos en los que Caligastia compartió la suerte del rebelde Lucifer. La labranza de la tierra no es una maldición; más bien es la bendición más alta que se le pueda brindar a todos los que así pueden gozar de la más humana de todas las actividades humanas.

Al estallar la rebelión, Dalamatia tenía una población residente de casi seis mil habitantes. Esta cifra incluye a los estudiantes ordinarios, pero no engloba a los visitantes y observadores, quienes siempre ascendían a más de mil. No obstante, del concepto poco o nada que podéis tener, el progreso prodigioso de aquellos tiempos lejanos; la terrible confusión y abyecta oscuridad espiritual que siguió a la catástrofe de engaño y sedición de Caligastia aniquiló casi todos los descubrimientos maravillosos de los humanos de aquellos días.

8. LAS CALAMIDADES DE CALIGASTIA

Al recordar la larga carrera de Caligastia, encontramos un solo rasgo de su conducta que pudiera haber llamado la atención; era sobremanera individualista. Tenía propensión a ponerse al lado de casi todo grupo de protesta y solía simpatizar con quienes en forma ligera expresaban críticas implícitas. Detectamos una tendencia temprana a impacientarse ante la autoridad superior y a resentir levemente toda supervisión. A pesar de su incipiente resentimiento por la asesoría de sus superiores y su impaciencia ante la autoridad, cada vez que se sometió a pruebas, demostraba su lealtad a los gobernantes del universo y obedecía los mandatos de los Padres de la Constelación. Hasta el momento de su oprobiosa traición de Urantia, de hecho, no se le había achacado ninguna falta.

Cabe señalar que a Lucifer y Caligastia se les había informado con paciencia y advertido con amor en cuanto a sus tendencias críticas y al desarrollo sutil de su orgullo propio y el engreimiento que aquél supone. No obstante, todos estos intentos de ayudar habían sido interpretados por ellos como crítica infundada e injustificada intrusión en las libertades personales. Según Caligastia y Lucifer, sus bien intencionados asesores obraban de acuerdo con los mismos motivos reprensibles que empezaban a dominar su propio pensar distorsionado y sus planes descarriados. Juzgaban a sus generosos asesores a través de sus propios ojos cada vez más egoístas.

A partir de la llegada del Príncipe Caligastia, la civilización planetaria progresó de manera bastante normal durante casi trescientos mil años. Aparte de ser una esfera de modificación de vida, y por tanto, propensa a numerosas irregularidades y episodios insólitos de fluctuación evolucionaria, Urantia progresó de forma muy satisfactoria en su trayectoria planetaria hasta los tiempos de la rebelión de Lucifer y la traición simultánea de Caligastia. Este desacierto catastrófico así como el fracaso ulterior de Adán y Eva en cumplir con su misión planetaria modificaron toda la subsiguiente historia del planeta.

El Príncipe de Urantia ingresó en la oscuridad en el momento de la rebelión de Lucifer, acelerando así la prolongada confusión del planeta. Posteriormente se le privó de su autoridad soberana mediante la acción coordinada de los gobernantes de la constelación y otras autoridades del universo. Compartió las inevitables vicisitudes de Urantia aislada hasta el momento de la estadía de Adán en el planeta y contribuyó en parte al fracaso del plan concebido para elevar las razas mortales mediante la infusión de sangre vital de la nueva raza violeta: los descendientes de Adán y Eva.

En los días de Abraham, mucho fue coartado el poderío del Príncipe caído como perturbador de los asuntos humanos, debido a la encarnación mortal de Maquiventa Melquisedek; y posteriormente, durante la vida de Micael en la carne, este Príncipe traidor fue, finalmente, despojado de toda autoridad en Urantia.

Si bien la doctrina de un diablo personal en Urantia tenía algún fundamento en la presencia planetaria del pérfido e inicuo Caligastia, no obstante, fue del todo ficticia por cuanto enseñó que tal «diablo» podía influir en la mente humana normal contra su libre y natural albedrío. Incluso antes del autootorgamiento de Micael en Urantia, jamás pudieron Caligastia ni Daligastia oprimir a los mortales ni obligar a individuos normales a que cometieran una acción contraria a la voluntad humana. El libre albedrío del hombre es supremo en los asuntos morales; hasta el Ajustador del Pensamiento residente se niega a obligar al hombre a que piense un solo pensamiento o cometa una sola acción contraria al libre albedrío del hombre.

Y ahora, este rebelde del reino, despojado de todo poder de perjudicar a sus antiguos súbditos, aguarda la sentencia final de los Ancianos de los Días de Uversa para todos los que participaron en la rebelión de Lucifer.

[Presentado por un Melquisedek de Nebadon.]

DOCUMENTO 67

LA REBELIÓN PLANETARIA

LOS problemas relacionados con la existencia humana en Urantia son imposibles de comprender sin conocer ciertas grandes épocas del pasado, señaladamente, el caso y las consecuencias de la rebelión planetaria. Aunque esta sublevación no estorbó de forma grave el progreso de la evolución orgánica, modificó marcadamente el curso de la evolución social y del desarrollo espiritual. Esta calamidad devastadora influyó profundamente en toda la historia superfísica del planeta.

1. LA TRAICIÓN DE CALIGASTIA

Llevaba Caligastia trescientos mil años a cargo de Urantia cuando Satanás, el asistente de Lucifer, hizo una de sus visitas periódicas de inspección. Al llegar Satanás al planeta, su aspecto no se parecía de ninguna manera a vuestras caricaturas de su majestad nefaria. Era, y sigue siendo, un Hijo Lanonandek de gran brillantez. «Y no es maravilla, porque Satanás mismo es una brillante criatura de la luz».

En el transcurso de esta inspección, Satanás informó a Caligastia sobre la entonces «Declaración de Libertad» de Lucifer, que éste proponía, y como ahora sabemos, el Príncipe acordó en traicionar al planeta cuando se anunciara la rebelión. Las personalidades leales del universo alimentan particular desdén hacia el Príncipe Caligastia por su traición premeditada del encargo. El Hijo Creador expresó este desacato al decir: «Eres como tu jefe Lucifer, y has perpetuado pecaminosamente su iniquidad. Fue un falsificador desde el comienzo de su exaltación de sí mismo, porque no moraba en la verdad».

En la gestión administrativa de un universo local, ningún encargo alto se considera más sagrado que el que se deposita en un Príncipe Planetario, quien asume la responsabilidad del bienestar y la dirección de los mortales evolutivos en un mundo recién habitado. De todas las formas de la maldad, ninguna destruye más la condición de la personalidad que la traición de un encargo y la deslealtad a los amigos de confianza. Al cometer este pecado deliberado, Caligastia deformó su personalidad de forma tan completa que su mente nunca más ha podido recuperar completamente el equilibrio.

Hay muchas maneras de considerar el pecado; pero desde el punto de vista filosófico del universo, el pecado es la actitud de una personalidad que deliberadamente resiste la realidad cósmica. Se puede considerar el error como un concepto erróneo o una deformación de la realidad. La maldad es una realización parcial de las realidades del universo o una falta de adaptación a ellas. Pero el pecado es una resistencia intencional a la realidad divina —el optar conscientemente oponerse al progreso espiritual— en tanto que la iniquidad consiste en desafiar abierta y persistentemente la realidad reconocida y supone tal grado de desintegración de la personalidad que raya en la locura cósmica.

El error sugiere la falta de agudeza intelectual; la maldad, deficiencia de sabiduría; el pecado, pobreza espiritual abyecta; pero la iniquidad indica la pérdida del dominio de la personalidad.

Cuando se opta tantas veces por el pecado y se lo repite tan a menudo, éste puede convertirse en hábito. Los pecadores habituales pueden volverse fácilmente inicuos, rebeldes incondicionales contra el universo y todas sus realidades divinas. Bien que se puede perdonar toda clase de pecado, dudamos que el inicuo empedernido jamás sienta arrepentimiento por sus fechorías o acepte el perdón de sus pecados.

2. EL ESTALLIDO DE LA REBELIÓN

Poco después de la inspección de Satanás, cuando la administración planetaria estaba en vísperas de realizar algo grande en Urantia, a mediados del invierno de los continentes septentrionales, un día Caligastia sostuvo una prolongada conferencia con su asociado Daligastia, después de la cual este último convocó a los diez consejos de Urantia a una sesión extraordinaria. Esta asamblea se inauguró declarando que el Príncipe Caligastia estaba a punto de proclamarse soberano absoluto de Urantia y que exigía que todos los grupos administrativos abdicasen, cediendo todas sus funciones y competencias a Daligastia en su calidad de fideicomisario, hasta tanto que se reorganizara el gobierno planetario y, posteriormente se redistribuyeran estos cargos de autoridad administrativa.

La presentación de esta sorprendente exigencia fue seguida por el discurso magistral de Van, presidente del consejo supremo de coordinación. Este ilustre administrador y capaz jurista tildó el proceder propuesto por Caligastia de acto que rayaba en la rebelión planetaria y exhortó a los presentes a abstenerse de toda participación hasta tanto se pudiera presentar un recurso de apelación ante Lucifer, el Soberano del Sistema de Satania; y se granjeó el apoyo de todo el séquito. Como corresponde, se interpuso apelación en Jerusem y llegaron sin tardanza las órdenes que designaban a Caligastia como soberano supremo en Urantia y que exigían absoluta e incondicional lealtad a sus mandatos. A esta sorprendente comunicación el noble Van contestó con su memorable alocución que duró siete horas, en que acusó oficialmente a Daligastia, Caligastia y Lucifer de desacato a la soberanía del universo de Nebadon; y apeló a los Altísimos de Edentia para su apoyo y confirmación.

Entretanto, se habían cortado los circuitos del sistema; Urantia quedó aislada. Todos los grupos de vida celestial en el planeta, de repente y sin aviso, se hallaron aislados, totalmente incomunicados de asesoría y consejos exteriores.

Daligastia proclamó formalmente a Caligastia «Dios de Urantia y supremo sobre todos». Ante esta proclamación, las cuestiones quedaban claramente planteadas; y cada grupo se apartó y comenzó deliberaciones, discusiones destinadas a determinar a la larga la suerte de toda personalidad superhumana en el planeta.

Se implicaron los serafines, querubines y otros entes celestiales en las decisiones de esta encarnizada lucha, este dilatado y pecaminoso conflicto. Muchos grupos superhumanos que, por azar, estaban en Urantia cuando se aisló, fueron detenidos aquí y, como los serafines y sus asociados, se vieron obligados a elegir entre el pecado y la justicia —entre el camino de Lucifer y la voluntad del Padre invisible.

Continuó esta lucha durante más de siete años. Las autoridades de Edentia no quisieron inmiscuirse, ni se inmiscuyeron de hecho, ni quisieron intervenir, ni intervinieron de hecho, antes de que todas las personalidades interesadas hubiesen tomado una decisión final. Van y sus asociados leales no recibieron reivindicación y liberación de su prolongada ansiedad e intolerable expectación hasta tal momento.

3. LOS SIETE AÑOS CRUCIALES

El consejo de los Melquisedek trasmitió el estallido de la rebelión en Jerusem, la capital de Satania. Inmediatamente se enviaron los Melquisedek de emergencia a Jerusem, y Gabriel se ofreció para actuar de representante del Hijo Creador, cuya autoridad se había impugnado. Al dar a conocer por transmisiones el incidente de la rebelión en Satania, el sistema se aisló, se puso en cuarentena ante sus sistemas hermanos. Había «guerra en el cielo», en la sede central de Satania, y ésta se propagó a todos los planetas del sistema local.

En Urantia cuarenta miembros del séquito corpóreo de cien (Van inclusive) rehusaron sumarse a la insurrección. Muchos de los asistentes humanos (modificados o no modificados) del séquito también eran valientes y nobles defensores de Micael y su gobierno del universo. Se sufrieron fuertes pérdidas de personalidades entre los serafines y querubines. Casi la mitad de los serafines administradores y los de transición que se habían asignado al planeta se unió a su jefe y a Daligastia apoyando la causa de Lucifer. Cuarenta mil ciento diecinueve de los seres intermedios primarios hicieron causa común con Caligastia, pero el resto de estos seres quedó fiel a su encargo.

El traicionero Príncipe movilizó a los seres intermedios desleales y a los otros grupos de personalidades rebeldes y los organizó para ejecutar sus órdenes, en tanto que Van juntó a los seres intermedios leales y los otros grupos fieles e inició la gran batalla por la salvación del séquito planetario y de otras personalidades celestiales aisladas.

Durante la época de esta lucha los leales moraron en un asentamiento mal protegido y sin muralla a unos kilómetros al este de Dalamatia; sin embargo, los alertas y siempre vigilantes seres intermedios leales montaban guardia de sus moradas día y noche, además de que en su posesión estaba el valiosísimo árbol de la vida.

Al estallar la rebelión, los querubines y serafines leales, con ayuda de los seres intermedios fieles, asumieron la custodia del árbol de la vida y sólo a los cuarenta leales del séquito y a sus mortales modificados asociados les permitieron tomar del fruto y de las hojas de esta planta de la energía. Había cincuenta y seis de estos asociados andonitas modificados en el séquito, y dieciséis de los asistentes andonitas que servían a los miembros desleales del equipo se negaron a rebelarse a la vera de sus amos.

A través de los siete años cruciales de la rebelión de Caligastia, Van se dedicó plenamente a la labor de servir a su leal ejército de hombres, seres intermedios y ángeles. La compenetración espiritual e inmutabilidad moral que hicieron posible que Van mantuviera tan inconmovible actitud de lealtad al gobierno del universo fueron el resultado del pensar lúcido, el raciocinio prudente, el juicio lógico, la motivación sincera, la intención altruista, la lealtad inteligente, la memoria experiencial, el carácter disciplinado y la dedicación incondicional de su personalidad para hacer la voluntad del Padre en el Paraíso.

Esta espera de siete años fue un tiempo de examen de conciencia y disciplina del alma. Tales crisis en los asuntos de un universo demuestran la formidable influencia que ejerce la mente en cuanto factor de elección espiritual. La educación, la capacitación y la experiencia son factores que intervienen en la mayoría de las decisiones vitales de todas las criaturas morales evolutivas. No obstante, es indudablemente posible que el espíritu residente haga contacto directo con los poderes de la toma de decisión de la personalidad humana de tal forma que, a la voluntad plenamente consagrada de la criatura, le da fuerza para ejecutar extraordinarios actos de devoción leal a la voluntad del Padre en el Paraíso. Y esto fue precisamente lo que ocurrió en la experiencia de Amadón, el asociado humano modificado de Van.

Amadón es el destacado héroe humano de la rebelión de Lucifer. Este descendiente varón de Andón y Fonta fue de los cien que contribuyeron el plasma vital al séquito del Príncipe, y desde aquel suceso, se había unido a Van en calidad de asociado y asistente humano. Amadón optó por apoyar a su jefe durante toda la prolongada y difícil lucha. Y fue una experiencia inspiradora, observar a este hijo de las razas evolutivas mantenerse impertérrito frente a las sofisterías de Daligastia, en lo que él y sus asociados leales resistían a todas las enseñanzas falaces del brillante Caligastia con inquebrantable entereza durante todo el septenio de lucha.

Caligastia, con máxima inteligencia y vastas experiencias en los asuntos del universo, se descarrió —abrazó el pecado. Amadón, con mínima inteligencia y sin experiencia alguna del universo, permaneció firme, al servicio del universo y leal a su asociado. Van se valió tanto de la mente como del espíritu en una magnífica y efectiva combinación de determinación intelectual y compenetración espiritual, con lo cual logró un nivel experiencial de la realización de la personalidad de la clase más elevada que se puede conseguir. Cuando se unen plenamente la mente y el espíritu, existe la posibilidad de crear valores superhumanos, incluso realidades morontiales.

La narración de los sucesos conmovedores de estos trágicos días es interminable. Pero, por fin, cuando tomó la decisión final la última personalidad, entonces en ese momento llegó un Altísimo de Edentia con los Melquisedek de emergencia para asumir la autoridad en Urantia. Se borraron los registros panorámicos del reinado de Caligastia en Jerusem, y se inauguró la era probacionaria de la rehabilitación planetaria.

4. LOS CIEN DE CALIGASTIA DESPUÉS DE LA REBELIÓN

Al pasar lista final, se descubrió que los miembros corpóreos del séquito del Príncipe se habían alineado como sigue: Habían quedado leales Van y todo su tribunal de coordinación. Habían sobrevivido Ang y tres miembros del consejo de alimentación. Se dejaron llevar a la rebelión la junta de ganadería así como todos los asesores sobre el dominio de los animales. Se salvaron Fad y cinco miembros del cuerpo docente. Se unieron a Caligastia Nod y toda la comisión de industria y comercio. Hap y todo el colegio de la religión revelada permanecieron leales a Van y su noble bando. Se perdieron Lut y la entera junta de la salud. Permaneció leal en su totalidad el consejo de las artes y ciencias, pero se descarriaron Tut y la comisión del gobierno tribal. Así que de los cien se salvaron cuarenta, los cuales se trasladaron después a Jerusem, donde reanudaron su carrera al Paraíso.

Los sesenta miembros del séquito planetario que se rebelaron eligieron a Nod como jefe. Trabajaron con entusiasmo para el Príncipe rebelde, pero no tardaron en descubrir que se les había privado del sustento de los circuitos vitales del sistema. Despertaron al hecho de que se les había degradado al estado de seres mortales. Eran en efecto superhumanos, pero, al mismo tiempo, materiales y mortales. A fin de aumentar su número, Daligastia ordenó de inmediato que recurrieran a la reproducción sexual, a sabiendas de que los sesenta originales y sus cuarenta y cuatro asociados andonitas modificados estaban destinados a sufrir tarde o temprano la extinción por la muerte. Después de la caída de Dalamatia, el séquito desleal emigró al norte y al este.

Sus descendientes se conocieron durante mucho tiempo como los noditas y su lugar de residencia como «la tierra de Nod».

La presencia de estos superhombres y supermujeres extraordinarios, aislados por la rebelión y, en este momento, apareando con los hijos e hijas de la tierra, se prestó a aquellos cuentos tradicionales en que descienden los dioses para procrear con los mortales. De este modo, se originaron las mil y una leyendas de carácter mitológico, pero con fundamento en los hechos de los días posteriores a la rebelión. Andando el tiempo, éstos llegaron a tener resonancia en los cuentos y tradiciones folclóricos de varias gentes, cuyos antepasados habían participado en estos contactos con los noditas y sus descendientes.

Los rebeldes del séquito, privados del sustento espiritual, a la larga murieron por causa natural. Y gran parte de la idolatría subsiguiente de las razas humanas surgió del deseo de perpetuar la memoria de estos seres enaltecidos de los tiempos de Caligastia.

Al venir a Urantia el séquito de los cien, se separaron temporalmente de sus Ajustadores del Pensamiento. Enseguida de la llegada de los síndicos Melquisedek, las personalidades leales (con excepción de Van) se volvieron a Jerusem y se reunieron con sus Ajustadores que los aguardaban. Desconocemos el destino de los sesenta rebeldes del séquito; sus Ajustadores aún aguardan en Jerusem. Los asuntos, indudablemente, quedarán como están actualmente, hasta tanto la entera rebelión de Lucifer se juzgue finalmente y se decrete el destino de todos los participantes.

A los ángeles y seres intermedios les costó mucho trabajo concebir que soberanos brillantes y confiados como Caligastia y Daligastia se descarriaran cometiendo un pecado traicionero. Aquellos seres que cayeron en el pecado —que no se sumaron a la rebelión de forma deliberada ni premeditada— fueron despistados por sus superiores y engañados por sus dirigentes, en los que confiaban. Asímismo resultó fácil granjearse el apoyo de los mortales evolutivos de mente primitiva.

Hace mucho tiempo que se arrepintieron de su locura con sinceridad la vasta mayoría de los seres humanos y superhumanos que fueron víctimas de la rebelión de Lucifer en Jerusem y en los distintos planetas descarriados; y creemos honestamente que todos los penitentes sinceros, de alguna manera, serán rehabilitados y se restaurarán en alguna fase del servicio del universo, en cuanto los Ancianos de los Días lleven a término el juicio final de los asuntos de la rebelión de Satania, el cual acaban de iniciar.

5. LOS RESULTADOS INMEDIATOS DE LA REBELIÓN

Imperó gran confusión en Dalamatia y sus inmediaciones por casi cincuenta años después de la instigación a la rebelión. Se intentó la reorganización completa y radical de todo el mundo; la revolución desplazó a la evolución como política de progreso cultural y mejoramiento racial. Avanzó repentinamente la condición cultural entre los residentes temporales superiores, los que se habían capacitado parcialmente en Dalamatia y sus alrededores; pero, cuando se pusieron a prueba estos nuevos y radicales métodos entre los pueblos más remotos, hubo inmediatamente confusión indescriptible y pandemonio racial. Los primitivos hombres, a mitad de evolución, de aquellos días no tardaron en convertir la libertad en libertinaje.

Poco después de la rebelión, todo el séquito de la sedición acometió una vigorosa defensa de la ciudad contra las hordas de semisalvajes que sitiaron sus murallas como resultado de las doctrinas de libertad que, prematuramente, se les habían impartido. Muchos años antes de sumergirse la hermosa sede central bajo las olas meridionales, las tribus descaminadas y mal educadas de las regiones apartadas de Dalamatia ya se habían abalanzado sobre la espléndida ciudad en asalto semisalvaje, impulsando hacia el norte al séquito secesionista y sus asociados.

El esquema de Caligastia para la reconstrucción inmediata de la sociedad humana de acuerdo con sus conceptos de la libertad individual y los derechos de los grupos, resultó un veloz y, en cierto modo, rotundo fracaso. La sociedad pronto revirtió a su antiguo nivel biológico, y volvió a comenzar la lucha progresiva a partir de un punto no mucho más adelantado de donde se encontraba al principio del régimen de Caligastia; pues este levantamiento había dejado al mundo en un estado de suma confusión.

Azotó a Dalamatia una marejada ciento sesenta y dos años después de la rebelión; se sumergió la sede central planetaria bajo las aguas del mar; y no volvió a emerger esta tierra, hasta borrarse casi todos los vestigios de la noble cultura de aquellas espléndidas épocas.

Al sumergirse la primera capital del mundo, no albergaba sino a los tipos inferiores de las razas sangik de Urantia, renegados que ya habían convertido el templo del Padre en capilla consagrada a Nog, el dios falso de la luz y el fuego.

6. VAN —EL INCONMOVIBLE

Se retiraron muy pronto los adeptos de Van a las tierras altas al oeste de la India, donde quedaron a salvo de los ataques de las razas confundidas de las tierras bajas; desde este lugar de retiro proyectaron la rehabilitación del mundo, tal como todos sus primitivos antecesores badonitas una vez habían trabajado inadvertidamente para el bienestar de la humanidad antes de nacer las tribus sangik.

Antes de la llegada de los síndicos Melquisedek, Van puso la administración de los asuntos humanos en manos de diez comisiones de cuatro miembros en cada una, grupos idénticos a aquellos del régimen del Príncipe. Los decanos Portadores de Vida residentes asumieron la dirección temporal de este consejo de los cuarenta que funcionó durante los siete años de espera. Grupos similares de amadonitas asumieron estas responsabilidades en cuanto regresaron a Jerusem los treinta y nueve miembros leales del séquito.

Estos *amadonitas* se derivaron del grupo de 144 andonitas leales a los cuales pertenecía Amadón, y los cuales han llegado a conocerse con el nombre de éste. Dicho grupo comprendió treinta y nueve hombres y ciento cinco mujeres. Cincuenta y seis de ellos tenían el estado de inmortalidad y todos (excepto Amadón) fueron trasladados juntamente con los miembros leales del séquito. El resto de este noble bando continuó en la tierra bajo la dirección de Van y Amadón hasta el final de sus días mortales. Constituyeron la levadura biológica que se multiplicó y continuó proveyendo de liderazgo al mundo a través de las dilatadas y oscuras edades de la era posterior a la rebelión.

Se dejó a Van en Urantia hasta la época de Adán, en donde quedó en calidad de titular de todas las personalidades superhumanas que funcionaban en el planeta. Él y Amadón se sustentaron con la técnica del árbol de la vida en unión con el ministerio vital especializado de los Melquisedek durante más de ciento cincuenta mil años.

Los asuntos de Urantia fueron administrados durante mucho tiempo por un consejo de síndicos planetarios, doce Melquisedek, confirmados por el mandato del soberano decano de la constelación, el Padre Altísimo de Norlatiadek. Asociado con los síndicos Melquisedek estaba un consejo asesor que constaba de: uno de los asistentes leales del Príncipe caído, los dos Portadores de Vida residentes, un Hijo Trinidizado aprendiz, un Hijo Instructor voluntario, una Brillante Estrella Vespertina de Avalón (periódicamente), los jefes de los serafines y querubines, asesores de dos planetas vecinos, el director general de la vida angélica subalterna y Van, el jefe supremo de los seres intermedios. De este modo se gobernó y administró Urantia hasta la llegada de Adán. No es extraño que al valiente y leal Van se le asignara un cargo en el consejo de los síndicos planetarios que durante tanto tiempo administró los asuntos de Urantia.

Los doce síndicos Melquisedek de Urantia realizaron una labor heroica. Preservaron los restos de la civilización, y Van ejecutó fielmente su política planetaria. Mil años después de la rebelión, Van tenía más de trescientos cincuenta grupos avanzados dispersos en el mundo. Estos puestos remotos de la civilización constaron en gran parte de los descendientes de los andonitas leales levemente cruzados con las razas sangik, sobre todo con el hombre azul, y con los noditas.

A pesar del tremendo revés sufrido por la rebelión, había muchas buenas cepas de porvenir biológico en la tierra. Bajo la supervisión de los síndicos Melquisedek, Van y Amadón continuaron la labor de fomento de la evolución natural de la raza humana, llevando adelante la evolución física del hombre hasta que ésta alcanzó su punto culminante, lo cual justificó el envío de un Hijo y una Hija Materiales a Urantia.

Van y Amadón permanecieron en la tierra hasta poco después de la llegada de Adán y Eva. Pocos años después, fueron trasladados a Jerusem, donde Van se volvió a reunir con su Ajustador que lo aguardaba. Actualmente Van está al servicio de Urantia mientras espera la orden de partir en la senda larguísima a la perfección paradisiaca y al destino no divulgado de la asamblea del Cuerpo de la Finalidad Mortal.

Que conste que, cuando Van apeló a los Altísimos de Edentia, después de que Lucifer había sostenido a Caligastia en Urantia, los Padres de la Constelación despacharon una decisión inmediata que apoyaba a Van en todos los puntos de su alegato. Este veredicto no logró llegarle puesto que los circuitos planetarios de la comunicación se cortaron cuando estaba en tránsito. Hace poco se descubrió este fallo albergado dentro de un transmisor repetidor de energía donde se había quedado atrapado desde el aislamiento de Urantia. Sin este descubrimiento que fue resultado de las investigaciones de los seres intermedios de Urantia, la emisión de esta decisión habría esperado a que se le restaurara a Urantia en los circuitos de la constelación. Resultó posible este accidente aparente de comunicación interplanetaria debido a que los transmisores de energía pueden recibir y transmitir la información, pero no pueden iniciar la comunicación.

No se resolvió definitivamente el estado legal de Van en los registros jurídicos de Satania hasta que este fallo de los Padres de Edentia se asentó en los archivos de Jerusem.

7. LAS REPERCUSIONES REMOTAS DEL PECADO

Las consecuencias personales (centrípetas) del rechazo intencional y persistente de la luz por parte de la criatura son tanto inevitables como individuales y únicamente les atañen a la Deidad y a aquella criatura personal. Tal cosecha de iniquidad, que destruye el alma, es el fruto interno de la criatura volitiva inicua.

Pero éste no es el caso en lo que concierne las repercusiones externas del pecado: Las consecuencias impersonales (centrífugas) de abrazar al pecado son tanto inevitables como colectivas y le atañen a toda criatura que funcione dentro del ámbito afectado por tales acontecimientos.

Cincuenta mil años después del fracaso de la administración planetaria, estaban tan desorganizados y retrasados los asuntos terrenales que había avanzado muy poco la raza humana más allá del estado general de evolución que existía al llegar Caligastia trescientos cincuenta mil años antes. En ciertos aspectos, se habían hecho progresos; en otros aspectos, se había perdido mucho terreno.

Los efectos del pecado nunca son puramente locales. Los sectores administrativos del universo son organismo; la condición de una personalidad, hasta cierto punto, debe ser compartido por todos. El pecado está destinado a exhibir su cosecha negativista inherente en todos y cada uno de los niveles relacionados de los valores universales, puesto que es una actitud de la persona hacia la realidad. Pero las consecuencias plenas del pensar erróneo, la fechoría, o los designios pecaminosos se sienten únicamente en el nivel de la ejecución misma. La transgresión de la ley universal puede ser fatal en el ámbito físico sin implicar gravemente a la mente o sin menoscabar la experiencia espiritual. El pecado está cargado de consecuencias fatales para la supervivencia de la personalidad sólo cuando es la actitud de todo el ser, cuando representa la elección de la mente y la volición del alma.

La maldad y el pecado visitan sus consecuencias en ámbitos materiales y sociales y a veces hasta pueden retardar el progreso espiritual en ciertos niveles de la realidad en el universo; pero jamás el pecado de ningún ser le roba a otro la realización del derecho divino de la supervivencia de la personalidad. La supervivencia eterna puede peligrar sólo por las decisiones de la mente y la elección del alma del individuo mismo.

El pecado en Urantia retrasó muy poco la evolución biológica, pero sí sirvió para privar a las razas mortales del pleno beneficio de la herencia adánica. El pecado retarda sobremanera el desarrollo intelectual, el crecimiento moral, el progreso social y la consecución espiritual de las masas. Pero no impide el máximo logro espiritual de cualquier individuo que opte por conocer a Dios y hacer con sinceridad su voluntad divina.

Caligastia se rebeló, Adán y Eva incumplieron, pero ningún mortal nacido posteriormente en Urantia ha sufrido en su experiencia espiritual personal debido a estos desaciertos. A todo mortal nacido en Urantia desde la rebelión de Caligastia, de alguna manera, se le ha penalizado en el tiempo, pero el bienestar futuro de tales almas jamás ha peligrado en lo más mínimo respecto a su eternidad. A ninguna persona jamás se le obliga a sufrir la privación espiritual vital debido al pecado ajeno. El pecado es enteramente personal con relación al cargo de conciencia moral o consecuencias espirituales, a despecho de sus repercusiones remotas en los dominios administrativos, intelectuales y sociales.

Si bien no podemos desentrañar la sapiencia que permite tales catástrofes, sí podemos discernir la resolución beneficiosa de estas perturbaciones locales a medida que se reflejan sobre el universo en general.

8. EL HÉROE HUMANO DE LA REBELIÓN

Muchos seres valientes en los distintos mundos de Satania aguantaron la rebelión de Lucifer; pero las crónicas de Salvington retratan a Amadón como el destacado personaje de todo el sistema en su glorioso rechazo de las riadas de sedición y su inmutable devoción a Van —juntos se mantuvieron inconmovibles en su lealtad a la supremacía del Padre invisible y su Hijo Micael.

Al ocurrir estos transcendentales sucesos, yo estaba apostado en Edentia y aún tengo presente el alborozo que sentí al escuchar las transmisiones de Salvingtón que relataban de día en día la increíble entereza, la extraordinaria devoción y la exquisita lealtad de este antiguo semisalvaje que nació de la descendencia original y experimental de la raza andónica.

Desde Edentia, a Salvington y aún hasta Uversa, durante siete largos años, la primera pregunta de toda la vida celestial subalterna acerca de la rebelión de Satania una y otra vez fue: «¿Qué hay de Amadón de Urantia, sigue inconmovible?»

Si la rebelión de Lucifer ha entorpecido el sistema local y sus mundos caídos, si la pérdida de este Hijo y sus asociados despistados ha estorbado temporalmente el progreso de la constelación de Norlatiadek, entonces sopesad el efecto de la remota actuación inspiradora de este único hijo de la naturaleza y su bando de 143 camaradas empeñados en mantenerse firmes en aras de los conceptos superiores de la gestión y administración del universo frente a la adversa y tremenda presión ejercida por sus superiores desleales. Tened por seguro que esto le ha hecho más bien al universo de Nebadon y al superuniverso de Orvonton que lo que jamás pudiera representar el cúmulo de todo el mal y aflicción de la rebelión de Lucifer.

Y todo lo anterior es una iluminación exquisitamente enternecedora y espléndidamente magnífica de la sabiduría del plan universal del Padre para movilizar el Cuerpo de la Finalidad Mortal en el Paraíso y para reclutar este vasto grupo de servidores misteriosos del futuro en gran parte medida a partir de la fibra común de los mortales de progresión ascendente —tales mortales como el intachable Amadón.

[Presentado por un Melquisedek de Nebadon.]

DOCUMENTO 68

LOS ALBORES DE LA CIVILIZACIÓN

AQUÍ comienza la narración de la prolongadísima lucha progresiva de la especie humana, a partir de una condición poco mejor que la existencia animal, a través de las edades intermedias y hasta los tiempos recientes, cuando una civilización real, aunque imperfecta, había evolucionado entre las razas superiores del género humano.

La civilización es una adquisición racial; no es biológicamente inherente; por consiguiente, todos los niños tienen que criarse en un medio ambiente de cultura, a la vez que cada generación sucesiva de la juventud tiene nuevamente que recibir su formación. Las cualidades superiores de la civilización —científicas, filosóficas y religiosas— no se transmiten de una generación a otra por herencia directa. Estos logros culturales se preservan únicamente mediante la conservación ilustrada de la herencia social.

Los maestros de Dalamatia iniciaron la evolución social de tipo cooperativo y, durante trescientos mil años, se educó al hombre en el concepto de las actividades de grupo. El hombre azul, sobre todo, se benefició con estas primeras enseñanzas sociales, el hombre rojo hasta cierto grado y el hombre negro menos que el resto. En tiempos más recientes, las razas amarilla y blanca han presentado el desarrollo social más avanzado de Urantia.

1. LA SOCIALIZACIÓN PROTECTORA

Cuando se los sitúa en estrecho contacto, los hombres suelen aprender a gustarse mutuamente, pero el hombre primitivo no rebosaba naturalmente del espíritu de la fraternidad ni del deseo de contacto social con sus semejantes. Más bien, aprendieron las razas primitivas por triste escarmiento que «la unión hace la fuerza»; y es esta falta de atracción fraterna natural, la que actualmente estorba a la realización inmediata de la hermandad del hombre en Urantia.

Pronto la asociación llegó a ser el precio de la supervivencia. El hombre solo quedaba indefenso, a no ser que llevara la marca tribal que atestiguaba que pertenecía a un grupo que se vengaría indudablemente de todo asalto que se le hiciera. Incluso en la época de Caín resultaba fatal salir solo, sin llevar la marca de algún tipo de asociación. La civilización se ha convertido en el seguro del hombre contra la muerte violenta, en tanto se paga la prima por la sumisión a las numerosas exigencias de las leyes de la sociedad.

La sociedad primitiva, de este modo, se fundó sobre la reciprocidad de la necesidad y sobre el incremento de seguridad por asociación. Y la sociedad humana viene evolucionando en ciclos de edades como resultado de este temor al aislamiento y mediante la cooperación reacia.

Los seres humanos primitivos no tardaron en aprender que los grupos son inmensamente mayores y más fuertes que la mera suma de cada una de sus unidades individuales. Cien hombres unidos y trabajando al unísono pueden mover una piedra bien grande; una veintena de guardianes de la paz bien adiestrados pueden mantener a raya una turba enfurecida. Así, pues, nació la sociedad, no de la mera asociación cuantitativa, sino más bien, como resultado de la *organización* de los cooperadores inteligentes. La cooperación, no obstante, no es un rasgo natural del hombre; éste aprende a cooperar al principio por el miedo, y luego porque descubre más adelante que resulta muy beneficioso para sortear las dificultades del tiempo y para protegerse de los presuntos peligros de la eternidad.

Los pueblos que tempranamente se organizaron así, en una sociedad primitiva, llegaron a tener más éxito al enfrentarse a la naturaleza, así como al defenderse contra sus semejantes; disponían de mayores posibilidades de supervivencia; por ende, la civilización en Urantia ha progresado ininterrumpidamente, a despecho de sus múltiples reveses. Debido únicamente al incremento del valor de la supervivencia por asociación, los múltiples desaciertos del hombre, hasta este momento, no han podido frenar ni destrozar la civilización humana.

El hecho de que la sociedad cultural contemporánea sea un fenómeno relativamente reciente está bien demostrado en la supervivencia actual de las condiciones sociales primitivas que caracterizan a los aborígenes australianos y a los bosquimanes y pigmeos de África. Entre estos pueblos atrasados se puede observar un poco de la hostilidad primitiva de los grupos, el recelo personal y otros rasgos sumamente antisociales que fueron tan propios de todas las razas primitivas. Estos miserables restos de los pueblos no sociales de los tiempos antiguos dan elocuente testimonio del hecho que la tendencia individualista natural del hombre no pueda competir efectivamente con las organizaciones y asociaciones más potentes y poderosas de la progresión social. Estas atrasadas y recelosas razas antisociales que hablan un dialecto diferente a sesenta u ochenta kilómetros de distancia entre sí ejemplifican en qué clase de mundo estaríais viviendo actualmente de no ser por la enseñanza combinada del séquito corpóreo del Príncipe Planetario y las labores posteriores del grupo de elevadores raciales adánicos.

La locución moderna, «volver a la naturaleza», es un delirio de la ignorancia, una creencia en la realidad de una «edad de oro» pasada que es ficticia. El único fundamento de la leyenda de la edad de oro es el dato histórico de la existencia de Dalamatia y Edén. Pero mucho distaron estas sociedades mejoradas de la realización de los sueños utópicos.

2. LOS FACTORES DEL PROGRESO SOCIAL

La sociedad civilizada es el resultado de los primeros esfuerzos del hombre para sobreponerse a la aversión que tenía al *aislamiento*. Pero lo antedicho no necesariamente indica el afecto mutuo; hoy por hoy el tumultuoso estado actual de ciertos grupos atrasados bien demuestra por lo que pasaron las primeras tribus. Pero aunque los individuos de una civilización puedan chocar unos con otros y luchar unos contra otros, y aunque la civilización en sí pueda aparentar ser una masa heterogénea que se esfuerza y lucha, ella refleja prueba de esfuerzo sincero, no de moribunda monotonía de estancamiento.

Si bien el nivel de inteligencia ha contribuido considerablemente al ritmo del progreso cultural, la sociedad está concebida primordialmente para aminorar el elemento de riesgo en el modo de vivir del individuo, y ha progresado con la misma rapidez que ha logrado aminorar el dolor y aumentar el elemento de placer en la vida.

De este modo, avanza a paso lento todo el cuerpo social hacia la meta del destino —la extinción o la supervivencia— dependiendo si la meta es la autoconservación o la autogratificación. La autoconservación origina la sociedad, en tanto que la autogratificación excesiva destruye la civilización.

La sociedad se ocupa de la autoperpetuación, la autoconservación y la autogratificación, pero el desarrollo y expresión de la personalidad humana es digno de convertirse en la meta inmediata de muchos grupos culturales.

El instinto de manada del hombre natural casi no es suficiente para explicar el desarrollo de la organización social como la que hoy día existe en Urantia. Aunque en el fondo de la sociedad humana radica esta propensión gregaria innata, gran parte de la sociabilidad del hombre es adquirida. El hambre de alimento y el deseo sexual fueron dos grandes influencias que contribuyeron a la temprana asociación de los seres humanos; el hombre comparte estos impulsos instintivos con los animales. La vanidad y el temor, más concretamente el temor de los fantasmas, fueron otras dos emociones que indujeron a los seres humanos a unirse y *mantenerse* unidos.

La historia no es sino la crónica de la eterna lucha por el sustento del hombre. *El hombre primitivo sólo pensaba cuando tenía hambre*; guardar alimentos para su uso futuro, fue su primer acto de abnegación y de autodisciplina. Con el desarrollo de la sociedad, el hambre por el sustento cesó de ser el único incentivo para la asociación mutua. Muchos otros tipos de hambre y la satisfacción de varias necesidades indujeron a la asociación más estrecha del género humano. Hoy por hoy, sin embargo, está la sociedad sobrecargada de un exceso de supuestas necesidades humanas. La civilización occidental del siglo veinte fatigadamente sufre el peso de la descomunal sobrecarga del lujo y la desmesurada multiplicación de los deseos y anhelos humanos. La sociedad moderna sobrelleva la tensión de una de sus más peligrosas fases de vasta interasociación y complicadísima interdependencia.

El hambre, la vanidad y el temor a los fantasmas ejercieron una presión social continua; en cambio, la gratificación de los deseos sexuales intervino en forma pasajera e intermitente. El deseo sexual por sí solo no impulsó a los hombres y mujeres primitivos a asumir las pesadas cargas del mantenimiento del hogar. El hogar primitivo se fundó sobre la inquietud sexual del varón cuando se le privaba de gratificación frecuente y sobre el devoto amor materno de la hembra humana, el cual, en cierta medida, comparte con las hembras de todos los animales superiores. La presencia de un recién nacido desvalido determinó en un principio la diferenciación de las actividades del hombre y de la mujer; la mujer tenía que mantener una residencia fija donde pudiera labrar la tierra. Y desde los tiempos más primitivos, siempre se ha considerado hogar donde quiera que se encontraba la mujer.

De este modo la mujer llegó a ser imprescindible dentro del esquema social que iba evolucionando, no tanto por la pasión sexual efímera como a consecuencia de las necesidades *alimenticias*; ella desempeñó un papel esencial en la manutención. Fue proveedora de alimentos, bestia de carga y compañera capaz de soportar malos tratos sin resentimientos violentos, y además de todas estas características deseables, era un medio de gratificación sexual siempre a disposición.

Casi todo lo que es de valor duradero en la civilización tiene sus raíces en la familia. La familia fue el primer grupo pacifista fructuoso, pues, en él aprendían el hombre y la mujer a adaptar sus antagonismos, y al mismo tiempo, a enseñar a sus hijos a ir en pos de la paz.

La función del matrimonio en la evolución es afianzar la supervivencia de la raza, no sólo obtener la felicidad personal; la autoconservación y la autoperpetuación son los verdaderos fines del hogar. La autogratificación es incidental y no esencial, salvo como incentivo para garantizar la unión sexual. La naturaleza exige la supervivencia, pero las artes de la civilización continúan aumentando los placeres del matrimonio y las satisfacciones de la vida familiar.

Si se amplía la vanidad para incluir el orgullo, la ambición y el honor, entonces se puede discernir no solamente cómo estas propensiones contribuyen a la formación de las asociaciones humanas, sino, además, cómo también mantienen unidos a los hombres, puesto que tales emociones son vanas sin espectadores ante quienes hacer ostentación. Al poco tiempo, la vanidad se relacionó con otras emociones e impulsos que requerían un foro social donde exhibirse y satisfacerse. Este grupo de emociones dio origen a los comienzos primitivos de todo arte, ceremonial y todas las formas de juegos deportivos y torneos.

La vanidad contribuyó sobremanera al nacimiento de la sociedad; pero en el momento de estas revelaciones, los empeños errados de una generación vanagloriosa amenazan con dar al traste con toda la complicada estructura de una civilización sumamente especializada. Hace mucho tiempo que el deseo del placer reemplazó al deseo del sustento; los fines sociales legítimos de la autoconservación se están transformando aceleradamente en viles y amenazadoras formas de la autogratificación. La autoconservación edifica la sociedad; la autogratificación desenfrenada, indefectiblemente, destruye la civilización.

3. LA INFLUENCIA SOCIALIZADORA DEL TEMOR A LOS FANTASMAS

Los deseos primitivos produjeron la sociedad original, pero el temor a los fantasmas la mantuvo íntegra y le dio a su existencia un aspecto extrahumano. El temor común tuvo un origen fisiológico: el temor al dolor físico, al hambre no satisfecha, o a alguna calamidad terrenal; pero el temor a los fantasmas era una clase nueva y en cierta forma sublime del terror.

El soñar con fantasmas probablemente fue el factor individual más grande en la evolución de la sociedad humana. Aunque la mayoría de los sueños perturbaba sobremanera a la mente primitiva, el sueño fantasmal, de hecho, aterrorizó a los hombres primitivos, induciendo a estos soñadores supersticiosos a tomarse en brazos, dispuestos a asociarse seriamente para la protección mutua contra los peligros imaginarios, vagos e invisibles del mundo de los espíritus. El sueño fantasmal constituye una de las primeras diferencias que aparecieron entre la mente animal y la humana. Los animales no visualizan la supervivencia después de la muerte.

Con excepción de este factor fantasmal, se fundó toda la sociedad sobre necesidades fundamentales e impulsos biológicos básicos. Sin embargo, el temor a los fantasmas introdujo un nuevo factor en la civilización, un temor que transciende las necesidades elementales del individuo, y que se eleva aun mucho más allá de las luchas por mantener el grupo. El pavor por los espíritus de los difuntos idos, sacó a la luz una nueva y asombrosa forma de miedo, un pasmoso y poderoso terror, que fustigó los órdenes sociales poco rigurosos de las edades primitivas para hacerlos más estrictamente disciplinados y mejor controlados que los de los tiempos antiguos. Esta superstición sin sentido, un poco de la cual aún persiste, preparó las mentes de los hombres, mediante el temor supersticioso de lo irreal y lo sobrenatural, para el descubrimiento posterior del «temor al Señor que es el comienzo de la sabiduría». Los temores infundados de la evolución están concebidos para sustituirse por la admiración reverente a la Deidad, inspirada por la revelación. El primer culto del temor a los fantasmas llegó a ser un lazo social fuerte y, desde aquel día remoto, la humanidad continúa afanándose en variada medida por la consecución de la espiritualidad.

El hambre y el amor atrajeron a los hombres a unirse; la vanidad y el temor a los fantasmas los mantuvieron unidos. Pero estas emociones solas, sin influencia de las revelaciones pacificadoras, no son capaces de soportar la tensión de las sospechas e irritaciones de las interasociaciones humanas. Sin ayuda de las fuentes superhumanas la tensión de la sociedad estalla al alcanzar ciertos límites, y estas mismas influencias de la movilización social —el hambre, el amor, la vanidad y el temor— conspiran para sumir a la humanidad en la guerra y en el derramamiento de sangre.

La tendencia pacifista de la raza humana no es una dotación natural; se deriva, más bien, de las enseñanzas de la religión revelada, de la experiencia acumulada de las razas progresivas, pero aún más, de las enseñanzas de Jesús, el Príncipe de la Paz.

4. LA EVOLUCIÓN DE LAS COSTUMBRES ESTABLECIDAS

Todas las instituciones sociales modernas surgen de la evolución de las costumbres primitivas de vuestros antepasados salvajes; las convenciones de hoy son las costumbres modificadas y ampliadas de ayer. El hábito es para el individuo lo que la costumbre es para el grupo; y las costumbres de los grupos, con el tiempo, se convierten en tradiciones folclóricas o tribales —las convenciones de las masas. Todas las instituciones de la sociedad humana actual tienen su humilde origen en estos remotos comienzos.

Debe tenerse presente que las costumbres establecidas se originaron al esforzarse por adaptar la vida en grupo a las condiciones de la existencia en masa; las costumbres constituyeron la primera institución social del hombre. Y todas estas reacciones tribales surgieron del esfuerzo para evitar el dolor y la humillación y, al mismo tiempo, procurar gozar del placer y del poder. El origen de las tradiciones folclóricas, tal como el origen de las lenguas, es siempre inconsciente y no intencionado y, por tanto, siempre amortajado en misterio.

El temor de los fantasmas indujo al hombre primitivo a visualizar lo sobrenatural y así, firmemente, asentó los cimientos de aquellas poderosas influencias sociales de la ética y la religión que, a su vez, preservaron intactas de generación en generación las costumbres y tradiciones de la sociedad. Lo único que al principio sirvió para establecer y cristalizar las costumbres fue la creencia de que los difuntos eran celosos de los medios por los que habían vivido y muerto; por consiguiente infligirían severos castigos a los mortales vivientes que se atrevieran a despreciar desconsideradamente los reglamentos de la vida a los cuales aquellos habían hecho honor cuando eran de carne y hueso. Todo lo antedicho queda mejor ilustrado por la reverencia que la raza amarilla tiene presentemente por sus antepasados. La religión primitiva que se desarrolló posteriormente reforzó sobremanera el temor a los fantasmas al estabilizar las costumbres; sin embargo, la civilización en avance viene liberando en creciente escala a la humanidad del cautiverio del temor y de la esclavitud de la superstición.

Antes de la instrucción libertadora y liberalizadora de los maestros de Dalamatia, el hombre antiguo fue una víctima indefensa del rito de las costumbres establecidas; un interminable ceremonial aprisonaba al salvaje primitivo. Todo lo que hacía desde que despertaba por la mañana hasta la hora de dormirse en su caverna por la noche, lo hacía en cierta forma prescrita —de acuerdo con las tradiciones de la tribu. Fue esclavo de la tiranía de la usanza; su vida no contuvo nada libre, espontáneo, ni original. No hubo progreso natural hacia una existencia superior mental, moral, o social.

La costumbre tuvo al hombre primitivo en su puño férreo; el salvaje fue un verdadero esclavo de la usanza; pero de cuando en cuando han surgido aquellas variaciones de la norma que se atrevieron a inaugurar nuevos modos de pensar y métodos mejorados de vivir. No obstante, la inercia del hombre primitivo constituye el freno de seguridad biológica contra una precipitación demasiado repentina al ruinoso desequilibrio de una civilización que avanza con demasiada rapidez.

Sin embargo, estas costumbres no son un mal incondicional; su evolución debe continuar. Es casi fatal para la supervivencia de la civilización emprender su modificación global mediante la revolución radical. La costumbre ha sido el hilo de continuidad que ha mantenido unida la civilización. El camino de la historia humana está atestado de restos de costumbres descartadas y prácticas sociales obsoletas; pero no ha perdurado ninguna civilización que haya abandonado sus costumbres establecidas, salvo para adoptar costumbres mejores y más adecuadas.

La supervivencia de una sociedad depende principalmente de la evolución progresiva de sus costumbres. El proceso de la evolución de las costumbres surge del deseo de experimentación; se proponen nuevas ideas —sobreviene la competencia. Una civilización progresiva abraza la idea progresiva y perdura; el tiempo y la circunstancia finalmente seleccionan el grupo más apto para la supervivencia. Pero lo anterior no implica que cada uno de los cambios aislados en la composición de la sociedad humana haya sido para el bien. ¡No! ¡Claro que no!, pues ha habido muchos, pero muchos, retrocesos en la prolongada lucha progresiva de la civilización de Urantia.

5. LAS TÉCNICAS DE LA TIERRA —LAS ARTES DE LA MANUTENCIÓN

La tierra es el escenario de la sociedad; los hombres son los actores. El hombre ha de adaptar constantemente su forma de actuar para ajustarse a las condiciones de la tierra. La evolución de las costumbres depende siempre de la relación hombre-tierra. Lo antedicho es cierto, a pesar de lo difícil que sea discernirlo. La técnica de la tierra del hombre, o las artes de la manutención, más su nivel de vida es igual a la suma total de las costumbres populares, las costumbres establecidas. La suma total de la adaptación del hombre a las exigencias de la vida es igual a su civilización cultural.

Las primeras culturas humanas surgieron a lo largo de los ríos del hemisferio oriental, y hubo cuatro grandes etapas en la marcha progresiva de la civilización, a saber:

1. *La etapa de la recolección.* La coacción del sustento, el hambre, indujo a la primera forma de organización industrial, las filas primitivas de recolección de alimentos. Algunas veces la marcha de tal fila de hambre podía medir diecicinco kilómetros según atravesaba el terreno recogiendo los alimentos. Esta corresponde a la primitiva etapa nómada de la cultura y es el modo de vida que siguen los bosquimanes de África hoy en día.

2. *La etapa de la caza.* La invención de las armas le permitió al hombre convertirse en cazador y así ganar considerable libertad de la esclavitud del sustento. Un andonita listo que se había magullado gravemente el puño en combate encarnizado redescubrió el concepto de emplear un palo largo a manera de brazo y una piedra dura, atada a la punta con fibras, a manera de puño. Muchas tribus, independientemente, hicieron descubrimientos de esta índole, y estas distintas formas de martillos representaron un gran paso de avance en la civilización humana. Hoy en día algunos aborígenes australianos no han progresado mucho más allá de esta etapa.

Los hombres azules llegaron a ser cazadores y tramperos expertos; cercando las aguas de los ríos, apresaban abundante pescado y desecaban el excedente para el invierno. Muchas formas de ingeniosos cepos y trampas se empleaban para atrapar las presas, pero las razas más primitivas no cazaban los animales grandes.

3. *La etapa del pastoreo*. La domesticación de los animales hizo posible esta fase de la civilización. Los árabes y los aborígenes de África figuran entre los pueblos pastores más recientes.

La vida pastoral ofreció más alivio a la esclavitud del sustento; el hombre aprendió a subsistir de los réditos de su capital, el incremento en sus rebaños, lo cual brindó más tiempo libre para la cultura y el progreso.

La sociedad prepastoral fue de cooperación entre los sexos, pero la difusión de la ganadería rebajó a la mujer a un ínfimo nivel de esclavitud social. Anteriormente al hombre le incumbía conseguir los alimentos de fuente animal y, a la mujer, obtener los comestibles vegetales. Por tanto, al entrar el hombre en la era pastoral de su existencia, la dignidad femenina bajó grandemente. Ella aún tiene que afanarse por proveer a las necesidades vegetales de la vida; en cambio, el hombre no necesita hacer más que atender a los rebaños para proporcionar una abundancia de comida animal. De este modo, el hombre llegó a independizarse relativamente de la mujer; a través de toda la edad pastoral la condición de la mujer decayó de forma ininterrumpida. Hacia fines de esta era ella se había convertido en poco más que un animal humano, destinada a trabajar y parir la prole humana, de forma muy parecida a los animales del rebaño, de ellas se esperaba que labraran la tierra y produjeran la cría. Tuvieron gran amor por su ganado los hombres de las edades pastorales; tanto más apena que no hubieran desarrollado un afecto más profundo por sus esposas.

4. *La etapa agrícola*. La domesticación de las plantas fue responsable de esta era y representa el tipo superior de la civilización material. Tanto Caligastia como Adán se empeñaron en enseñar la horticultura y agricultura. Adán y Eva fueron hortelanos, no pastores, y el cultivo de la huerta era una cultura avanzada en aquellos días. El cultivo de las plantas ejerce una influencia ennoblecedora en todas las razas del género humano.

La agricultura multiplicó más de cuatro veces la razón tierra-hombre del mundo. Puede combinarse con los esfuerzos pastorales de la antigua etapa cultural. Cuando se imbrican las tres etapas, los hombres cazan y las mujeres labran la tierra.

Siempre han existido rozamientos entre los pastores y los labradores. El cazador y el pastor eran aguerridos, beligerantes; el agricultor tiende más al tipo pacifista. La asociación con los animales sugiere la lucha y la fuerza; la asociación con las plantas inculca la paciencia, la paz y la tranquilidad. La agricultura y el industrialismo son actividades de paz. En cuanto actividades sociales mundiales, sin embargo, la debilidad de ambos estriba en que carecen de emoción y aventura.

La sociedad humana ha evolucionado desde la etapa de la caza, a través la de los pastores, hasta la etapa territorial de la agricultura. Cada etapa de esta civilización progresiva fue acompañada por cada vez menos nomadismo; el hombre comenzó a vivir más y más en su hogar.

Actualmente la industria va suplementando a la agricultura, con la consiguiente urbanización y multiplicación de grupos no agrícolas de las clases ciudadanas. Pero una era industrial no tiene esperanzas de sobrevivir si sus dirigentes dejan de reconocer que aun el más completo desarrollo social siempre ha de descansar sobre sólidos cimientos agrícolas.

6. LA EVOLUCIÓN DE LA CULTURA

El hombre es una criatura de la tierra, un hijo de la naturaleza; por mucho que se esfuerce por escapar de la tierra, en última instancia, está destinado al fracaso. «Del polvo eres y al polvo volverás» se aplica a todo el género humano al pie de la letra.

La lucha primordial del hombre fue, sigue siendo, y siempre será, por la tierra. Las primeras asociaciones sociales de seres humanos primitivos se concertaron a fin de ganar estas luchas por la tierra. La relación tierra-hombre es la base de toda la civilización social.

La inteligencia del hombre, por medio de las artes y ciencias, aumentó el rendimiento de la tierra; al mismo tiempo se pudo frenar hasta cierto punto el aumento natural de la prole y, de este modo, se proporcionó el sustento y el tiempo libre para edificar una civilización cultural.

Rige a la sociedad humana una ley que decreta que la población ha de variar en proporción directa a las artes de la tierra e inversa al nivel de vida. A través de estas primeras edades, aún más que en el presente, la ley de la oferta y la demanda, en lo referente a los hombres y la tierra, determinaba el valor estimado de ambos. Durante los tiempos en que había abundancia de tierras —territorios no ocupados— y la necesidad de hombres era grande y, por ende, el valor de la vida humana era muy elevado; consiguientemente, la pérdida de la vida era más aterradora. Durante períodos de escasez de tierra y correspondiente sobrepoblación, la vida humana se abarataba relativamente, de tal forma que la guerra, el hambre y la peste se consideraban con menos preocupación.

Cuando se reduce el rendimiento de la tierra o se aumenta la población, se reanuda la lucha inevitable; afloran los peores rasgos de la naturaleza humana. La mejora en el rendimiento de la tierra, el desarrollo de las artes mecánicas y la reducción de la población tienden a fomentar el desarrollo del mejor aspecto de la naturaleza humana.

La sociedad primitiva desarrolla los elementos no especializados del género humano; las bellas artes y el verdadero progreso científico, conjuntamente con la cultura espiritual, han prosperado más en los centros poblados más grandes, siempre y cuando estuvieran respaldados por una población agrícola e industrial ligeramente por debajo de la razón tierra-hombre. Las ciudades siempre multiplican el poder de sus habitantes para el bien o para el mal.

Los niveles de vida siempre han influido sobre el tamaño de la familia. Cuanto más alto el nivel de vida, más pequeña la familia, hasta el punto de estabilización de crecimiento o extinción gradual.

A través de las edades los niveles de vida han determinado la calidad de una población sobreviviente, en contraposición a la mera cantidad. Los niveles de vida de las clases locales dan origen a nuevas castas sociales, nuevas costumbres establecidas. Cuando los niveles de vida se complican demasiado o llegan a ser demasiado lujosos, no tardan en convertirse en suicidas. Las castas son el resultado directo de fuertes presiones sociales debidas a la intensa competencia producida por la densidad de la población.

Las primeras razas a menudo recurrieron a prácticas destinadas a restringir la población; todas las tribus primitivas mataban a los niños deformes o enfermizos. A las recién nacidas las mataban frecuentemente antes de la época de la compra de las mujeres para esposas. Algunas veces se estrangulaban los hijos al nacer, pero el método predilecto era el del abandono. El padre de gemelos solía insistir en que se matara uno de los dos, pues se creía que los alumbramientos múltiples resultaban de la magia o de la infidelidad. En general, sin embargo, a los gemelos del mismo sexo se les perdonaba la vida. Aunque casi fueron universales estos tabúes acerca de los gemelos, nunca formaron parte de las costumbres establecidas de los andonitas; estos pueblos siempre consideraron a los gemelos como augurios de buena suerte.

Muchas razas aprendieron la técnica del aborto y esta práctica llegó a ser muy común después de establecerse el tabú del parto entre las solteras. Durante mucho tiempo fue costumbre que una joven soltera diera muerte a su prole, pero entre los grupos más civilizados estos hijos ilegítimos pasaban a la tutela de la madre de la joven. Muchos clanes primitivos fueron virtualmente exterminados por la práctica del aborto y el infanticidio. No obstante, a pesar de los dictados de las costumbres, se destruían muy pocos niños que ya habían sido amamantados, ya que el afecto materno es demasiado fuerte.

Aún en el siglo veinte perduran restos de estos controles primitivos de la población. Existe una tribu en Australia cuyas madres se niegan a criar a más de dos o tres hijos. No hace mucho tiempo, una tribu caníbal se comía cada quinto hijo que naciera. En Madagascar algunas tribus siguen destruyendo todos los niños nacidos en ciertos días aciagos, lo cual resulta en la muerte de alrededor de veinticinco por ciento de todos los recién nacidos.

Desde la perspectiva mundial, la sobrepoblación no ha sido nunca un problema grave en el pasado, pero si disminuyen las guerras y la ciencia va controlando en creciente escala todas las enfermedades humanas, puede llegar a ser un grave problema en un futuro próximo. En tal momento se someterá a prueba la sabiduría de los mandatarios del mundo. ¿Tendrán los dirigentes de Urantia la perspicacia y la valentía para fomentar la multiplicación del ser humano medio o estable en vez de los extremos de los supernormales y los grupos cada vez mayores de subnormales? Se debe fomentar al hombre normal; él es la espina dorsal de la civilización y la fuente de los genios mutantes de la raza. Se deberá mantener al hombre subnormal bajo el control de la sociedad; no se deben producir más de los que se requieran para atender a los niveles inferiores de la industria, aquellas tareas que requieren inteligencia por encima del nivel animal pero de exigencias tan exiguas como para dar constancia de verdadera esclavitud y subyugación a los tipos superiores de la humanidad.

[Presentado por un Melquisedek asignado en otro tiempo a Urantia.]

DOCUMENTO 69

LAS INSTITUCIONES HUMANAS PRIMITIVAS

EMOCIONALMENTE, el hombre sobrepasa a sus antepasados animales en su capacidad de apreciar el humor, el arte y la religión. Socialmente, el hombre exhibe su superioridad por cuanto es fabricante de herramientas, comunicador y creador de instituciones.

Cuando los seres humanos conservan los grupos sociales por mucho tiempo, dichos conjuntos siempre resultan en la creación de ciertas tendencias de actividad que culminan en la institucionalización. La mayoría de las instituciones del hombre han resultado econimizadoras de trabajo y, a la vez, contribuyen un tanto a mejorar la seguridad del grupo.

El hombre civilizado se precia considerablemente del carácter, la estabilidad y continuidad de sus instituciones establecidas, pero todas las instituciones humanas no son sino las costumbres acumuladas del pasado en tanto han sido conservadas por los tabúes y dignificadas por la religión. Tales legados llegan a ser tradiciones, y las tradiciones, a la larga, se transforman en convenciones.

1. LAS INSTITUCIONES HUMANAS FUNDAMENTALES

Todas las instituciones humanas atienden a alguna necesidad social, pasada o actual, a pesar de que su desarrollo excesivo, indefectiblemente, le resta mérito al individuo, puesto que se eclipsa la personalidad y se menoscaba la iniciativa. El hombre debe controlar sus instituciones en vez de permitir que sea dominado por estas creaciones de la civilización en avance.

Las instituciones humanas son de tres clases generales:

1. *Las instituciones de la autoconservación.* Estas instituciones engloban aquellas prácticas que surgen del hambre del sustento y sus instintos afines de la autopreservación. Comprenden la industria, la propiedad, la guerra de provecho y todos los mecanismos reguladores de la sociedad. Tarde o temprano el instinto del temor fomenta el establecimiento de estas instituciones de la supervivencia mediante el tabú, la convención y la sanción religiosa. Pero el temor, la ignorancia y la superstición han desempeñado un papel prominente en la etapa inicial del origen y subsiguiente desarrollo de todas las instituciones humanas.

2. *Las instituciones de la autoperpetuación.* Éstos son los establecimientos de la sociedad que surgen del deseo sexual, del instinto materno y de las emociones tiernas superiores de las razas. Engloban las salvaguardas sociales del hogar y la escuela, de la vida familiar, la educación, la ética y la religión. Incluyen las costumbres matrimoniales, la guerra defensiva y la formación del hogar.

3. *Las instituciones de la autogratificación.* Éstas son las prácticas que surgen de las proclividades de la vanidad y de las emociones del orgullo; comprenden las costumbres de la indumentaria y adorno personal, las usanzas sociales, la guerra por la gloria, el baile, la diversión, los juegos y otras fases de gratificación sensual. Pero en la civilización jamás han evolucionado instituciones distintivas de la autogratificación.

Estos tres grupos de prácticas sociales están íntimamente interrelacionados y son minuciosamente interdependientes unos de otros. En Urantia representan una organización compleja que funciona como un solo mecanismo social.

2. LOS ALBORES DE LA INDUSTRIA

La industria primitiva se desarrolló lentamente a manera de seguro contra los terrores del hambre. Al principio de su existencia, el hombre fue aprendiendo de algunos animales a almacenar comida durante una cosecha abundante para los días de escasez.

Antes de los albores de la frugalidad incipiente y la industria primitiva, la suerte de la tribu común fue de miseria y verdadero sufrimiento. El hombre primitivo tuvo que competir con todo el reino animal para sus alimentos. La gravedad de la competencia siempre arrastra al hombre a rebajarse al nivel de lo bestial; la pobreza es su estado natural y tiránico. La riqueza no es un don natural; resulta del trabajo, la ciencia y la organización.

El hombre primitivo no demoró en reconocer las ventajas de la asociación. La asociación condujo a la organización, y el primer resultado de la organización fue la división del trabajo, con su subsiguiente ahorro de tiempo y materiales. Estas especializaciones del trabajo surgieron de la adaptación a la presión —siguiendo los caminos de menor resistencia. Los salvajes primitivos nunca realizaron los trabajos con gusto ni de buen grado. Su conformidad se debió a la coacción de la necesidad.

El hombre primitivo tuvo aversión al trabajo arduo, y no se apresuraba, a no ser que se confrontara con algún peligro grave. El elemento temporal del trabajo, el concepto de realizar una tarea dada dentro de cierto límite de tiempo, es una noción del todo moderna. Los antiguos nunca tuvieron prisa. A las razas del hombre primitivo, que eran inactivas por naturaleza, las impulsó a las vías de la industria la doble exigencia de la intensa lucha por la existencia y los niveles de vida en constante avance.

El trabajo, los esfuerzos del proyecto, distingue al hombre de las bestias, cuyos esfuerzos son, en su mayoría, instintivos. La necesidad del trabajo es la suprema bendición del hombre. Todo el séquito del Príncipe trabajó; laboraron mucho por ennoblecer el trabajo físico en Urantia. Adán fue hortelano; el Dios de los hebreos trabajó —fue el creador y sostenedor de todo. Los hebreos fueron la primera tribu en dar mayor importancia a la industria; fueron el primer pueblo en decretar que «el que no trabaje no comerá». Pero muchas de las religiones del mundo revirtieron al ideal anterior de la ociosidad. Júpiter fue juerguista y Buda llegó a ser un reflexivo devoto del ocio.

Las tribus sangik fueron relativamente industriosas, cuando residían fuera de las regiones tropicales. Sin embargo, hubo una dilatadísima lucha entre los perezosos devotos de la magia y los apóstoles del trabajo —los que ejercitaron la previsión.

La primera previsión humana fue dirigida hacia la conservación del fuego, el agua y la comida. Pero el hombre primitivo fue un jugador nato; una y otra vez quiso agenciárse algo a cambio de nada y, muy a menudo durante estos tiempos primitivos, se les atribuyeron los logros acumulados de la práctica de la paciencia a los amuletos. La magia tardó mucho en doblegarse ante la previsión, la abnegación y la industria.

3. LA ESPECIALIZACIÓN DEL TRABAJO

Al principio, las circunstancias naturales, y luego, las sociales determinaron las divisiones del trabajo en la sociedad primitiva. Los órdenes originales de la especialización del trabajo fueron:

1. *La especialización basada en el sexo*. Las labores de la mujer derivaron de la presencia selectiva del hijo; las mujeres, por naturaleza, aman a los recién nacidos más que los hombres. Así la mujer se convirtió en trabajadora de rutina, en tanto que el hombre se convirtió en cazador y luchador, practicando marcados períodos de trabajo y descanso.

A través de las edades los tabúes han servido para mantener a la mujer estrictamente en su campo. El hombre, de forma muy egoísta, ha elegido el trabajo más ameno, dejando el arduo trabajo rutinario a la mujer. El hombre siempre se ha avergonzado de realizar las labores de la mujer, y sin embargo, la mujer jamás ha demostrado renuencia alguna al realizar las labores del hombre. Pero resulta extraño que tanto el hombre como la mujer siempre hayan colaborado juntos en la construcción e instalación del hogar.

2. *La modificación que resulta de la vejez y las enfermedades*. Estas diferencias determinaron la siguiente división del trabajo. Pronto a los ancianos e inválidos los pusieron a trabajar fabricando herramientas y armas. Después se les asignó la construcción de obras de riego.

3. *La diferenciación basada en la religión*. Los curanderos fueron los primeros seres humanos en eximirse del arduo trabajo físico; constituyeron la clase precursora de los profesionales. Los forjadores representaron un grupo reducido que compitió con los curanderos como magos. Sus conocimientos de la metalurgia hicieron que se les temiera. Los llamados «forjadores blancos», o estañeros y los «forjadores negros», o herreros, dieron origen a las primitivas creencias en la magia blanca y negra. Con el tiempo estas creencias llegaron a incidir en la superstición de los fantasmas buenos y malos, los espíritus buenos y malos.

Los forjadores fueron el primer grupo no religioso en gozar de privilegios especiales. Se consideraron como neutrales durante la guerra, y este ocio adicional los convirtió en la clase de los políticos de la sociedad primitiva. No obstante, a causa de crasos abusos de dichos privilegios llegaron los forjadores a ser odiados universalmente, y no tardaron los curanderos en fomentar este odio hacia sus competidores. En esta primera contienda entre la ciencia y la religión, ganó la religión (la superstición). Tras haber sido echados de las aldeas, los forjadores mantuvieron las primeras posadas, albergues públicos, en los aledaños de los poblados.

4. *El amo y el esclavo*. La siguiente diferenciación del trabajo surgió de las relaciones de los conquistadores con los conquistados, lo cual supuso el comienzo de la esclavitud humana.

5. *La diferenciación basada en las diversas dotaciones físicas y mentales*. Las diferencias inherentes a los hombres favorecieron las ulteriores divisiones del trabajo; no nacen iguales todos los seres humanos.

Los primeros especialistas en la industria fueron los fabricantes de pedernales y los mamposteros; a éstos dos, les siguieron los forjadores. Posteriormente se desarrolló la especialización en grupos; familias y clanes enteros se dedicaron a ciertos tipos de trabajo. El origen de una de las primeras castas sacerdotales, aparte de los curanderos tribales, se debió a la exaltación supersticiosa de una familia de expertos fabricantes de espadas.

El primer grupo de especialistas en la industria fueron los exportadores de la sal gema y los alfareros. Las mujeres trabajaron la alfarería sencilla y los hombres, la decorada.

Las mujeres trabajaron la tejeduría y la costura entre algunas tribus, y en otras los hombres realizaron estas labores.

Los primeros trocadores fueron las mujeres; se emplearon como espías, efectuando el trocamiento como empresa secundaria. Entonces se expandió la permuta, las mujeres hicieron de intermediarias —corredoras. Luego surgió la clase mercante que cobraba una comisión, ganancias, a cambio de sus servicios. El creciente trueque en grupo evolucionó en el comercio; tras el intercambio de productos básicos nació el intercambio de mano de obra especializada.

4. LOS COMIENZOS DEL COMERCIO DE PERMUTA

Tal como el matrimonio por contrato siguió al matrimonio por captura, asímismo el comercio por trueque siguió a la toma de posesión por la fuerza. Pero medió un prolongado período de piratería entre los primeros ejercicios del trueque mudo y el posterior comercio por métodos modernos de canje.

En un principio, el trueque fue efectuado por trocadores armados que dejaban sus mercaderías en un paraje neutral. Las mujeres realizaron los primeros mercados; ellas fueron los primeros trocadores, lo cual se debió a que eran las portadoras de las cargas; los hombres fueron los guerreros. Al poco tiempo se desarrolló la mesa de trueques, un muro lo bastante ancho para impedir que los comerciantes se alcanzaran con armas.

Se empleó un fetiche para montar guardia sobre los depósitos de las mercaderías para el trueque mudo. Estas plazas eran seguras contra el hurto; no se quitaba nada a menos que fuera mediante la permuta o compra; con un fetiche de guardia siempre estaban a salvo las mercaderías. Los comerciantes anteriores fueron escrupulosamente honrados dentro de su tribu, pero consideraron que era correcto engañar a los extraños que venían de lejos. Incluso los hebreos primitivos reconocieron otro código de ética al tratar con los gentiles.

El trueque mudo continuó durante muchísimo tiempo antes de que los hombres se encontraran, desarmados, en la sagrada plaza del mercado. Estas mismas plazas se convirtieron en los primeros sitios de santuario y en algunos países llegaron a conocerse por «ciudades de refugio». Todo fugitivo que llegara a la plaza del mercado estaba sano y salvo del ataque.

Los primeros pesos fueron los granos de trigo y otros cereales. El primer medio de permuta fue un pescado o una cabra. Después la vaca llegó a ser una unidad de trueque.

La escritura moderna se originó en los primeros registros del comercio; la primera literatura del hombre fue un documento de promoción comercial, una publicidad de la sal. Gran parte de las guerras anteriores se libraron en pos de depósitos naturales, tales como de pedernal, sal y metales. El primer tratado tribal formal trató de la intertribalización de un depósito de sal. Estos lugares acordados en los tratados brindaron la oportunidad de intercambiar ideas y alternar con varias tribus en un marco amistoso y pacífico.

La escritura progresó a través de las etapas del «palo mensajero», los cordones anudados, la pictografía, los jeroglíficos y los cintos de cuentas de concha, hasta los primeros alfabetos simbólicos. El envío de mensajes evolucionó desde las primitivas señales de humo hasta los correos pedestres y a lomo de bestias, ferrocarriles y aviones, así como el telégrafo, el teléfono y la comunicación inalámbrica.

Los mercaderes antiguos transportaron nuevas ideas y mejores métodos por todo el mundo habitado. El comercio, que se vinculaba con la aventura, resultó en la exploración y el descubrimiento, y todo lo anterior dio a luz al transporte. El comercio ha sido el gran civilizador mediante la promoción de la fertilización intercultural.

5. LOS COMIENZOS DEL CAPITAL

El capital es el trabajo aplicado a manera de renunciación del presente a favor del futuro. Los ahorros representan una forma de seguro para la conservación y la supervivencia. El acaparamiento de los alimentos desarrolló el autodominio y creó los primeros problemas del capital y el trabajo. El hombre que tenía comida, con tal que pudiera preservarla de los hurtadores, disponía de una franca ventaja sobre el hombre que no la tenía.

El banquero primitivo fue el valiente de la tribu. A él se le consignaban los tesoros colectivos, de modo que el clan entero defendía su choza en caso de asalto. De este modo la acumulación del capital del individuo y la riqueza colectiva no tardaron nada en resultar en la organización castrense. En un principio estas precauciones se concibieron para defender la propiedad contra los invasores foráneos; pero, más adelante, se convirtió en costumbre mantener la organización militar ejercitada entablando invasiones de la propiedad y riqueza de las tribus vecinas.

Los impulsos fundamentales que redundaron en la acumulación del capital fueron:

1. *El hambre —relacionada con la previsión*. Guardar y conservar los alimentos supuso el poder y comodidad para los que contaban con suficiente *previsión* para prepararse para las necesidades futuras. El almacenamiento de los alimentos fue suficiente garantía contra el hambre y las catástrofes. Y en realidad se concibió todo el cuerpo de costumbres primitivas para ayudarle al hombre a subordinar el presente al futuro.

2. *El amor a la familia* —el deseo de satisfacer sus necesidades. El capital representa el ahorro de la propiedad, a despecho de la presión de las necesidades del presente, a fin de asegurarse contra las exigencias del futuro. Una parte de esta necesidad futura puede incidir en la posteridad de uno.

3. *La vanidad* —el anhelo de exhibir las acumulaciones de propiedad de uno. La ropa de sobra figuró entre los primeros símbolos de la distinción. Desde un principio y motivado por la vanidad le llamó la atención al orgullo del hombre coleccionar objetos.

4. *La posición* —el afán de comprarse el prestigio social y político. Pronto surgió una nobleza comercializada, la admisión a la cual dependió de la ejecución de algún servicio especial prestado a la realeza o se confirió sencillamente a cambio de dinero.

5. *El poder* —el ansia de ser amo. El prestar tesoros fue un medio de esclavitud, siendo la tasa del préstamo de cien por ciento anual en estos tiempos antiguos. Los prestamistas se convirtieron en reyes formando un ejército permanente de deudores. Los siervos esclavos fueron de las primeras formas de propiedad en acumularse y, en lo antiguo, la esclavitud se extendió incluso al control del cuerpo después de la muerte.

6. *El temor a los fantasmas de los difuntos* —cuotas pagadas a los sacerdotes por protección. El hombre no tardó en obsequiar sus efectos a los sacerdotes con miras a la utilización de su propiedad para facilitar su progreso en la próxima vida. Los sacerdocios, de este modo, llegaron a ser muy ricos; fueron los principales entre los capitalistas antiguos.

7. *El impulso sexual* —el deseo de comprar una o más mujeres. La primera forma de comercio del hombre fue el canje de las mujeres; éste precedió por mucho tiempo al trocamiento de caballos. Pero la permuta de esclavos del sexo jamás hizo que avanzara la sociedad; este tráfico fue, y sigue siendo, una deshonra racial, pues entorpeció el desarrollo de la vida familiar y, al mismo tiempo, contaminó la aptitud biológica de los pueblos superiores.

8. *Las numerosas formas de la autogratificación*. Algunos pretendieron la riqueza ya que confería poder; otros se afanaron por la propiedad puesto que suponía

comodidad. El hombre primitivo (y algunos en los días posteriores) tendió a derrochar sus recursos en los lujos. Las bebidas embriagantes y narcóticos intrigaron a las razas primitivas.

A medida que se desarrollaba la civilización, el hombre adquirió nuevos incentivos para ahorrar; pronto se agregaron nuevas necesidades al hambre original por los alimentos. Se llegó a aborrecer la pobreza tanto que se creyó que únicamente a los ricos les correspondía ganar el cielo al fallecer. Tanto se llegó a estimar la propiedad que quien diera un festín ostentoso podría borrar una deshonra de su nombre.

La acumulación de la riqueza no demoró en convertirse en el símbolo de la distinción social. Los individuos de ciertas tribus acumularon propiedades durante muchos años sólo para causar impresión quemándolas en algún día feriado o repartiéndolas gratuitamente entre sus compañeros de la tribu. Lo antedicho los convertía en grandes hombres. Incluso los pueblos modernos se deleitan en la pródiga repartición de los regalos de Navidad, en tanto que los ricos dotan a las grandes instituciones de filantropía y enseñanza. Las técnicas del hombre varían, pero su disposición, para los efectos, queda sin cambiar.

Mas procede señalar que muchos ricos antiguos repartieron gran parte de su fortuna debido a que temían que les dieran muerte los que codiciaban sus tesoros. Los ricos solían sacrificar veintenas de esclavos para demostrar el desdén de la riqueza.

Aunque el capital ha tendido a liberar al hombre, por otro lado, ha complicado en gran medida su organización social e industrial. El mal uso del capital por capitalistas injustos no invalida el hecho de que éste sea el fundamento de la sociedad industrial moderna. Mediante el capital y la invención, la generación de hoy en día goza de un grado superior de libertad que el de ninguna otra que jamás le haya precedido en la tierra. Lo anterior consta a manera de hecho y no para servir de justificación de las múltiples malversaciones del capital por custodios insensatos y egoístas.

6. EL FUEGO CON RELACIÓN A LA CIVILIZACIÓN

La sociedad primitiva con sus cuatro divisiones —industrial, reguladora, religiosa y militar— surgió de la instrumentalidad del fuego, los animales, los esclavos y la propiedad.

El encendido del fuego, de un solo salto, separó al hombre del animal para siempre. Constituye el invento, o descubrimiento, humano fundamental. El fuego permitió que el hombre permaneciera en el suelo por la noche ya que todos los animales lo temen. El fuego fomentó el trato social al atardecer; no solo resguardaba del frío y de las bestias feroces, sino que también servía de protección contra los fantasmas. En un principio se utilizó más para alumbrar que para calentar; muchas tribus atrasadas se niegan a dormir a menos que arda una llama por toda la noche.

El fuego fue un gran civilizador, dotando al hombre del primer medio por el cual podría ser altruista sin perder nada, pues le permitió regalar brasas candentes a un vecino sin privarse a sí mismo. El fuego de la hoguera, el cual lo atendía la madre o la primogénita, fue el primer educador, pues requirió vigilancia y constancia. El hogar primitivo no fue un edificio, sino que la familia se reunía en torno al fuego, la hoguera familiar. Cuando un hijo fundaba un nuevo hogar, se llevaba una tea de la hoguera de la familia.

Si bien Andón, el descubridor del fuego, no quiso tratarlo como objeto de adoración, gran parte de sus descendientes consideraron la llama como fetiche o espíritu. No lograron aprovechar los beneficios sanitarios del fuego puesto que no quisieron quemar los desechos. El hombre primitivo temió al fuego y siempre procuró mantenerlo de buena disposición, de aquí el esparcimiento del incienso. Bajo ninguna circunstancia escupían en el fuego, tampoco pasaban entre una persona y un fuego ardiente. Los primeros miembros del género humano tuvieron por sagrados incluso las piritas de hierro y las piedras que se usaban para encender el fuego.

Fue pecado extinguir una llama; si una choza se incendiara, se le dejaba arder. Los fuegos de los templos y capillas fueron sagrados, y nunca se permitió que se apagaran, con la salvedad de que acostumbraban encender nuevas llamas cada año o después de alguna calamidad. Se seleccionaban mujeres para sacerdotisas debido a que ellas eran los custodios de las hogueras domésticas.

Los mitos primitivos acerca de cómo el fuego descendió de los dioses, surgieron de las observaciones de los incendios ocasionados por los rayos. Estos conceptos de origen sobrenatural resultaron directamente en la adoración del fuego, y la adoración del fuego resultó en la costumbre de «pasar por el fuego», un ejercicio que se realizó hasta los tiempos de Moisés. Aún persiste el concepto de pasar por el fuego tras la muerte. El mito del fuego fue un gran vínculo en los tiempos primitivos y aún perdura en el simbolismo de los parsis.

El fuego resultó en la cocción, y «los comedores de lo crudo» pasó a ser una forma de irrisión. La cocción aminoró el gasto de energía vital necesaria para la digestión de la comida y, de este modo, dejó al hombre primitivo con fuerzas para la cultura social; por otro lado, la cría de animales, que redujo el esfuerzo necesario para conseguir la comida, proporcionó tiempo para las actividades sociales.

Conviene tener presente que el fuego abrió las puertas de la metalurgia y resultó en el descubrimiento subsiguiente de la energía de vapor y los aprovechamientos actuales de la electricidad.

7. La utilización de los animales

Al principio, todo el reino animal fue enemigo del hombre; los seres humanos tuvieron que aprender a protegerse de las bestias. Primero el hombre se comió a los animales pero, después, aprendió a domesticarlos y hacer que le sirvieran.

La domesticación de los animales se produjo por casualidad. El salvaje cazó las manadas de forma muy parecida a como los indios norteamericanos cazaron el bisonte. Rodeando la manada, pudieron dominar a los animales y así matarlos según sus necesidades alimenticias. Más adelante, se construyeron los corrales y se capturaron manadas enteras.

Resultó fácil domar algunos animales, pero al igual que el elefante, gran parte de ellos no se reproducían en cautiverio. Es más, se llegó a descubrir que ciertas especies de animales se sometían a la presencia del hombre, y que sí se reproducían en cautiverio. Así se promovió la domesticación de los animales mediante la cría selectiva, un arte que viene haciendo grandes progresos desde los días de Dalamatia.

El primer animal en domesticarse fue el perro. Y la difícil experiencia de domesticarlo comenzó cuando cierto perro, tras haberse pasado todo un día siguiendo a un cazador, de hecho acabó por acompañarle a su casa y quedarse ahí. Durante edades se usaron los perros para fuente de alimento, la caza, el transporte y la compañía. Al principio los perros se limitaron a aullar, pero después aprendieron a ladrar. El agudo olfato del perro resultó en la noción de que podía ver espíritus, y así surgieron los cultos de fetiches caninos. El uso de perros guardianes por primera vez hizo posible que todo el clan pudiera dormir por la noche. A continuación pasó a ser costumbre emplear los perros guardianes para proteger el hogar contra los espíritus así como contra los enemigos materiales. Al ladrar el perro, algún hombre o alguna bestia se acercaba, pero al aullar el perro, andaban cerca los espíritus. Incluso hoy en día aún se cree que los aullidos del perro por la noche presagian la muerte.

Cuando el hombre era cazador, fue bastante amable con la mujer, pero tras la domesticación de los animales, juntamente con la confusión ocacionada por Caligastia, muchas tribus trataron a sus mujeres de forma oprobiosa. Las trataron en mucho como trataron a sus animales. El trato brutal del hombre a la mujer constituye uno de los capítulos más negros de la historia humana.

8. LA ESCLAVITUD COMO FACTOR EN LA CIVILIZACIÓN

El hombre primitivo nunca titubeó en esclavizar a sus semejantes. La mujer fue la primera esclava, una esclava familiar. El hombre pastoral esclavizó a la mujer a manera de pareja sexual inferior. Este tipo de esclavitud sexual nació directamente del hecho de que el hombre dependiera menos de la mujer.

No hace mucho tiempo que la esclavitud fue la suerte de los prisioneros de guerra que se negaron a aceptar la religión del conquistador. Anteriormente los prisioneros o se comían, se mataban torturados, se ponían a luchar entre sí, se sacrificaban a los espíritus, o bien, se esclavizaban. La esclavitud fue un gran adelanto sobre la masacre y el canibalismo.

La esclavitud fue un paso hacia adelante en cuanto al trato misericordioso de los prisioneros de guerra. La emboscada a Hai, con la matanza al por mayor de hombres, mujeres y niños, en la cual se le perdonó la vida sólo al rey para complacerle la vanidad al conquistador, es un cuadro fidedigno de las salvajes matanzas que practicaron hasta los pueblos presuntamente más civilizados. El asalto a Og, el rey de Basán, fue igual de brutal y efectiva. Los hebreos «destruyeron por completo» a sus enemigos, apoderándose de toda su propiedad como botín. A todas las ciudades se les impusieron tributos so pena de la «destrucción de todo varón». Sin embargo, hace mucho tiempo habían comenzado a practicar la adopción de los cautivos superiores, por aquellas tribus contemporáneas, que tenían menos egoísmo tribal.

El cazador, así como el hombre rojo americano, a sus cautivos no los sometió a la esclavitud. Los adoptaba o los mataba. La esclavitud no predominó entre los pueblos pastorales, pues requirieron poca mano de obra. En la guerra los pastores solían practicar la eliminación de todos los cautivos varones y la toma de las mujeres y niños como esclavos. El código de Moisés contenía prescripciones específicas para la conversión de estas cautivas en esposas. De no ser satisfactorias, se podrían despedir, pero a los hebreos no se les permitió vender a estas consortes rechazadas como esclavas —lo cual constituyó un adelanto de la civilización. Aunque las normas sociales de los hebreos fueron toscas, sí fueron muy superiores a las de las tribus circundantes.

Los pastores fueron los primeros capitalistas; sus rebaños representaron el capital; vivieron de los intereses —los incrementos naturales. Fueron renuentes a encomendar la custodia de esta riqueza a los esclavos o a las mujeres. Pero después tomaron varones cautivos y los obligaron a cultivar el suelo. Éste es el origen de la servidumbre —el hombre amarrado a la tierra. A los africanos se les pudo enseñar fácilmente a labrar el suelo; por consiguiente llegaron a ser la gran raza esclava.

La esclavitud fue un eslabón indispensable en la cadena de la civilización humana. Fue el puente por el cual la sociedad pasó del caos y la indolencia al orden y las actividades civilizadas; obligó a los pueblos atrasados y perezosos a trabajar y así proporcionar la riqueza y tiempo libre para el progreso social de sus superiores.

La institución de la esclavitud obligó al hombre a inventar el mecanismo regulador de la sociedad primitiva; dio origen a los principios de gobierno. La esclavitud exige fuerte regulación pero durante el medioevo europeo, ésta desapareció debido a que los señores feudales no pudieron controlar a los esclavos. Las tribus atrasadas de los tiempos antiguos, tal como los australianos aborígenes actuales, nunca tuvieron esclavos.

Cierto es que la institución de la esclavitud fue opresiva, pero en las escuelas de opresión el hombre aprendió la industria. Ulteriormente los esclavos compartieron las ventajas de una sociedad superior que, de tan mala gana, ayudaron a crear. La esclavitud crea una organización del logro social y cultural pero no tarda en atacar insidiosamente a la sociedad por dentro como el más grave de todos los males sociales destructores.

La invención mecánica moderna volvió obsoleta a la esclavitud. La esclavitud, tal como la poligamia, se está desvaneciendo debido a que no compensa. Pero siempre ha resultado desastroso liberar repentinamente grandes cantidades de esclavos; sobreviene menos dificultades cuando se emancipan paulatinamente.

Hoy por hoy, los hombres no son esclavos sociales, pero miles de ellos permiten que la ambición los hagan esclavos de la deuda. La esclavitud involuntaria ha cedido el paso a una forma nueva y mejorada de servidumbre industrial modificada.

Aunque el ideal de la sociedad es la libertad universal, la ociosidad nunca ha de tolerarse. Toda persona capaz debe ser obligada a hacer, cuando menos, suficiente trabajo para sustentarse a sí misma.

La sociedad moderna ha echado marcha atrás. La esclavitud casi ha desaparecido; los animales domésticos se están yendo. La civilización se remonta al fuego —el mundo inorgánico— en pos del poder. El hombre ascendió del salvajismo por medio del fuego, los animales y la esclavitud; hoy aspira al pasado, descartando la ayuda de los esclavos y la asistencia de los animales, procurando arrebatar nuevos secretos y fuentes de riqueza y poder de la mina inagotable de la naturaleza.

9. LA PROPIEDAD PRIVADA

Si bien la sociedad primitiva fue virtualmente comunal, el hombre primitivo no se adhirió a las doctrinas modernas del comunismo. El comunismo de estos tiempos primitivos no fue una mera teoría o doctrina social; fue una sencilla y práctica adaptación automática. El comunismo impidió el pauperismo y la indigencia; la mendicidad y la prostitución eran casi desconocidas entre estas tribus antiguas.

El comunismo primitivo no niveló mayormente a los hombres, tampoco exaltó la mediocridad, pero sí valoró la inactividad y la ociosidad, y reprimió la industria y destruyó la ambición. El comunismo fue el andamiaje imprescindible para la edificación de la sociedad primitiva, pero cedió el paso a la evolución de un orden social superior, ya que contrariaba cuatro fuertes proclividades humanas:

1. *La familia*. El hombre no ya anhela acumular propiedad, sino desea legar sus bienes de capital a su progenie. Pero en la primera sociedad comunal el capital de un hombre se consumió inmediatamente o bien se repartió entre el grupo a su muerte. No existió la herencia de la propiedad —el impuesto de sucesión era de cien por ciento. Las costumbres establecidas posteriores en lo que concierne la acumulación de capital y la herencia de la propiedad fueron un indudable adelanto social. Y esto resulta cierto a pesar de los crasos abusos que posteriormente resultaron del mal uso del capital.

2. *Las tendencias religiosas*. El hombre primitivo también quiso ahorrar la propiedad como núcleo para iniciar la vida en la próxima existencia. Este motivo explica por qué duró tanto tiempo la costumbre de enterrar con él los efectos personales del hombre. Los antiguos creyeron que sólo los ricos sobrevivían a la muerte con un poco de placer y dignidad inmediatos. Los maestros de la religión revelada, máxime los

maestros cristianos, fueron los primeros en proclamar que los pobres pueden salvarse a la par que los ricos.

3. *El deseo de la libertad y el ocio.* En los días anteriores de la evolución social la repartición de las ganancias de cada uno entre el grupo, fue para los efectos, una forma de esclavitud; el trabajador se convirtió en esclavo del ocioso. Esto fue la debilidad suicida del comunismo: El impróvido vivía habitualmente del ahorrativo. Incluso en tiempos modernos los impróvidos dependen del estado (los contribuyentes ahorrativos) para cuidarlos. Los que no tienen capital aún esperan que los que sí lo tienen les den de comer.

4. *El afán de la seguridad y el poder.* El comunismo finalmente fue destruido por las engañosas prácticas de individuos progresistas y prósperos que recurrieron a diversos subterfugios para escaparse de ser esclavos de los ineptos holgazanes de sus tribus. Pero en un principio todo acaparamiento fue clandestino; la inseguridad primitiva impidió la acumulación abierta del capital. Aún posteriormente fue muy peligroso amasar excesiva riqueza; el rey no dejaría de inventar algún cobro a fin de confiscar la propiedad de un rico; cuando fallecía un rico, se detenía el funeral hasta tanto que la familia donara un cuantioso monto al bienestar público o al rey, un impuesto a la herencia.

En los tiempos más remotos las mujeres fueron la propiedad de la comunidad y la madre dominó la familia. Los caciques primitivos fueron dueños de todas las tierras y propietarios de todas las mujeres; para el matrimonio se requirió la anuencia del soberano de la tribu. Con la desaparición del comunismo, a las mujeres se les tenía bajo custodia individualmente, y el padre gradualmente fue asumiendo el mando doméstico. Así tuvo el hogar su comienzo; las costumbres polígamas que imperaban gradualmente fueron desplazadas por la monogamia. (La poligamia es la supervivencia del elemento de la esclavitud femenina en el matrimonio. La monogamia es el ideal, libre de la esclavitud, de la unión sin par de un hombre con una mujer en la exquisita empresa de la formación del hogar, la crianza de la prole, la cultura mutua y el automejoramiento.)

Originalmente, toda propiedad, las herramientas y las armas inclusive, fue posesión común de la tribu. La propiedad privada, al principio, consistió en todo lo que una persona tocara. Si un extraño bebía de un taza, la taza, de este momento en adelante, pasaría a ser suya. Después, el sitio donde se derramara sangre se convertiría en la propiedad del herido o de su grupo.

Así se respetó primitivamente la propiedad privada porque se creía que estaba cargada de alguna parte de la personalidad del propietario. La honestidad con la propiedad quedó a salvo merced a este tipo de superstición; no hizo falta ninguna policía para proteger los efectos personales. No existió el robo dentro de los grupos, bien que no titubeó el hombre en apropiarse de los bienes de otras tribus. Las relaciones con la propiedad no llegaron a su fin con la muerte; al principio, se quemaron todos los efectos personales, luego se enterraron con el difunto, y después, los heredó la familia superviviente o la tribu.

Se originó el tipo ornamental de efectos personales en el uso de los amuletos. La vanidad junto con el temor de los fantasmas motivaron al hombre primitivo para resistir a todo intento de despojarse de sus amuletos predilectos, valorizándose estas propiedades por encima de las necesidades.

El espacio para dormir figuró entre las primeras propiedades del hombre. Con el tiempo, los emplazamientos del hogar fueron asignados por los caciques de la tribu, quienes tuvieron en consignación todos los bienes raíces del grupo. En seguida el lugar de la fogata confirió la propiedad doméstica; y más adelante, un pozo de agua constituyó el título formal al terreno adyacente.

Los abrevaderos y pozos fueron de las primeras posesiones privadas. Se utilizó toda la práctica de los fetiches para proteger los abrevaderos, los pozos, los árboles, los cultivos y las colmenas de miel. Tras la desaparición de la fe en los fetiches, las leyes evolucionaron para proteger los efectos privados. Pero las leyes de la caza, el derecho de cazar, precedieron a las leyes inmobiliarias por mucho tiempo. El hombre rojo americano nunca entendió el concepto de la propiedad privada de las tierras; no pudo comprender el punto de vista del hombre blanco.

Primitivamente la propiedad privada quedó marcada por la insignia familiar, lo cual originó los escudos familiares. También se podría consignar los bienes raíces a la custodia de los espíritus. Los sacerdotes «consagrarían» un terreno, y luego lo encomendarían al amparo de los tabúes mágicos que se erigirían sobre él. Se decía que los propietarios de dichos terrenos tenían «escritura de propiedad sacerdotal». Los hebreos tuvieron gran respeto por estos hitos familiares: «Maldito sea el que quite el hito de su prójimo». Estas señales de piedra llevaban las iniciales del sacerdote. Incluso los árboles, si se hallaban con iniciales, se convertían en propiedad privada.

Primitivamente sólo los cultivos fueron privados, pero las cosechas posteriores conferían el título de propiedad; de este modo, la agricultura fue la génesis de la propiedad privada de la tierra. En un principio, a los individuos se les otorgó únicamente la tenencia vitalicia; al fallecer revertía a la tribu. Los primerísimos títulos de propiedad de terrenos que las tribus confirieron a los individuos fueron las tumbas —el cementerio familiar. Posteriormente la tierra perteneció a quien la cercara. Pero las ciudades siempre apartaron ciertos pastizales para el público y de reserva en caso de sitio; estos «ejidos» representan la supervivencia de una forma anterior de la propiedad colectiva.

A la larga, el estado llegó a asignar la propiedad al individuo, reservándose el derecho de gravar impuestos. Habiendo conseguido su título, el señor de un terreno podía colectar alquileres, y la tierra se convirtió en fuente de ingresos —capital. Finalmente la tierra pasó a ser verdaderamente negociable, por compraventas, traspasos, hipotecas y ejecuciones hipotecarias.

La propiedad privada trajo consigo más libertad y estabilidad; no obstante, a la propiedad privada de la tierra no se le confirió el aval social hasta después de fracasar el control y la dirección comunales, y pronto fue seguida por una sucesión de esclavos, siervos y clases sin tierras. Sin embargo la maquinaria gradualmente va libertando al hombre del arduo trabajo de esclavo.

El derecho de la propiedad no es absoluto; es puramente social. Pero todo gobierno, ley, orden, derechos civiles, libertades sociales, convenciones, paz y felicidad, tal como ahora los disfrutan los pueblos modernos, han surgido en torno a la propiedad privada de los bienes.

El orden social presente no es forzosamente correcto —no es ni divino ni sagrado— pero la humanidad hará bien en instituir los cambios en forma lenta. Lo que tenéis supera con mucho a todos los sistemas que conocieron vuestros antepasados. Cuando cambiéis el orden social, no os olvidéis de cambiarlo por otro mejor. No os dejéis persuadir de experimentar con las fórmulas descartadas de vuestros antecesores ¡Avanzad, no retrocedáis! ¡Que continúe la evolución! ¡No deis un paso a atrás!

[Presentado por un Melquisedek de Nebadon.]

DOCUMENTO 70

LA EVOLUCIÓN DEL GOBIERNO HUMANO

TAN pronto el hombre resolvió parcialmente el problema de ganarse la vida, se confrontó con la tarea de regular las relaciones humanas. El desarrollo de la industria exigía ley, orden y adaptación social; la propiedad privada requería gobierno.

En un mundo evolucionario, los antagonismos son naturales; la paz se consigue tan sólo mediante algún tipo de sistema regulador social. La regulación social es inseparable de la organización social; la asociación implica alguna autoridad controladora. El gobierno compele a coordinar los antagonismos de las tribus, los clanes, las familias y los individuos.

El gobierno es un desarrollo inconsciente; evoluciona mediante pruebas y errores. Tiene valor para la supervivencia; por eso se vuelve tradicional. La anarquía aumentaba la miseria; por lo tanto, poco a poco surgió, o está surgiendo, el gobierno y un sistema relativo de ley y orden. Las exigencias coercitivas de la lucha por la existencia impulsaron literalmente a la raza humana por el camino progresivo de la civilización.

1. LA GÉNESIS DE LA GUERRA

La guerra es el estado y patrimonio naturales del hombre evolutivo; la paz es el metro social que mide el progreso de la civilización. Antes de la socialización parcial de las razas en avance, el hombre era sobremanera individualista, extremadamente sospechoso, e increíblemente pendenciero. La violencia es la ley de la naturaleza; la hostilidad, la reacción automática de los hijos de la naturaleza; mientras la guerra no es sino esto mismo llevado a una expresión colectiva. Donde y cuando la estructura de la civilización se sobrecarga debido a las complicaciones del progreso de la sociedad, siempre resulta una reversión ruinosa e inmediata a estos primitivos métodos de adaptación violenta de las irritaciones de las interasociaciones humanas.

La guerra es una reacción bestial ante malentendidos e irritaciones; la paz resulta de la solución civilizada de todo problema y dificultad de esta índole. Las razas sangik, así como también los adanitas y noditas ya por entonces decadentes, fueron beligerantes. A los andonitas pronto se les enseñó la regla de oro, e incluso hoy día, sus descendientes esquimales viven ateniéndose en gran medida a aquel código; entre ellos las costumbres existen bien arraigadas y se encuentran relativamente libres de antagonismos violentos.

Andón enseñaba a sus hijos a dirimir las disputas golpeando cada quien un árbol con un palo, y al mismo tiempo, maldiciendo el árbol; el primero en romper el palo salía victorioso. Los andonitas posteriores dirimían las disputas celebrando un acto público en el cual los disputadores se escarnecían y ridiculizaban mutuamente, en tanto que el público determinaba el ganador con su aplauso.

Pero no podía existir el fenómeno de la guerra hasta tanto no evolucionara la sociedad lo suficiente como para experimentar de hecho períodos de paz y para sancionar el proceder belicoso. El concepto mismo de la guerra implica cierto grado de organización.

Con el surgimiento de las agrupaciones sociales, las irritaciones personales se fueron sumiendo en los sentimientos del grupo, lo cual fomentó la tranquilidad tribal interna, pero a costa de la paz intertribal. Así pues, la paz se disfrutó primero dentro del grupo interno, o tribu, que siempre tenía aversión y odio contra el grupo externo, los forasteros. El hombre primitivo consideraba que derramar sangre foránea era una virtud.

Mas, en un principio, ni siquiera lo susodicho dio resultado. Cuando los caciques primitivos intentaban allanar malentendidos, se veían en la necesidad a menudo de permitir los combates tribales a pedradas por lo menos una vez al año. El clan se dividía en dos grupos que libraban una batalla de sol a sol, sin otro motivo que el puro gusto de hacerlo; la verdad es que les gustaba pelear.

La guerra perdura porque el hombre es humano, evolucionó de un animal, y todos los animales son belicosos. Figuran entre las primitivas causas de guerra:

1. *El hambre* —que llevó a saqueos de alimentos. La escasez de tierras siempre provocó guerras, y durante estas luchas, las tribus pacíficas primitivas fueron prácticamente exterminadas.

2. *La escasez de mujeres* —un esfuerzo para aliviar la escasez de ayuda doméstica. El rapto de mujeres siempre ha sido motivo de guerra.

3. *La vanidad* —el deseo de exhibir valentía tribal. Los grupos superiores peleaban para imponer su modo de vida a los pueblos inferiores.

4. *Los esclavos* —la necesidad de reclutas para los sectores laborales.

5. *La venganza* era motivo de guerra si una tribu creía que otra tribu vecina había ocasionado la muerte de uno de los suyos. Se seguía guardando luto hasta tanto se trajera una cabeza de vuelta. La guerra de venganza fue aceptable hasta tiempos relativamente recientes.

6. *El esparcimiento* —los jóvenes de estos tiempos primitivos consideraban la guerra como una forma de diversión. Si no surgía ningún pretexto válido y suficiente para guerrear, y si les agobiaba la paz, las tribus cercanas acostumbraban entablar combates semicordiales, efectuando excursiones de carácter festivo a fin de disfrutar de un simulacro de batalla.

7. *La religión* —el deseo de hacer conversos al culto. Todas las religiones primitivas sancionaban la guerra. Apenas en los tiempos recientes comenzó la religión a desaprobar la guerra. Los sacerdocios primitivos, desafortunadamente, solían estar aliados con el poder militar. Entre las grandes gestiones pacificadoras que se han logrado a través de las edades figura el esfuerzo para separar la iglesia del estado.

Estas tribus antiguas siempre libraban guerras a instancias de sus dioses o por orden de sus caciques o curanderos. Los hebreos creían en un «Dios de las batallas»; y la narración de la invasión de los madianitas es un relato típico de la atroz crueldad de las guerras tribales antiguas; dicho asalto, en el cual se hizo una matanza de todos los varones y, posteriormente, de todos los niños varones y mujeres que no eran vírgenes, no habría sido desmerecedor de las costumbres de un cacique tribal de doscientos mil años antes. Y todo lo referido se ejecutaba en el «nombre del Señor Dios de Israel».

Ésta es la narración de la evolución de la sociedad —la resolución natural de los problemas de las razas— el hombre forjando su propio destino en la tierra. La Deidad no instiga tales atrocidades, a despecho de la tendencia del hombre de achacar la responsabilidad a sus dioses.

La compasión castrense ha tardado en llegar al género humano. Incluso cuando una mujer, Débora, regía a los hebreos, persistió la misma crueldad en gran escala. Al vencer los gentiles su general hizo que «todo el ejército cayó a filo de espada, hasta no quedar ni uno».

Muy pronto en la historia de la raza, se utilizaron armas envenenadas. Se practicó toda clase de mutilaciones. Saúl no vaciló en exigir de David cien prepucios filisteos como dote de su hija Mical.

Las guerras primitivas se peleaban entre las tribus completas; pero en épocas posteriores, al trabar una disputa dos individuos de tribus diferentes, en vez de que lucharan las dos tribus, los dos disputadores se batían en duelo. También llegó a ser costumbre que dos ejércitos se lo jugaran todo según el resultado de una contienda entre representantes seleccionados de cada lado, tal como fue el caso de David y Goliat.

El primer refinamiento de la guerra fue la toma de prisioneros. A continuación, se eximió a las mujeres de las hostilidades, y luego vino el reconocimiento de los no combatientes. No tardaron en desarrollarse castas castrenses y ejércitos permanentes para mantenerse a tono con la creciente complejidad del combate. Pronto se les prohibió a estos guerreros asociarse con mujeres, y hace mucho tiempo que las mujeres cesaron de luchar, si bien vienen alimentando y cuidando a los soldados e instándoles a batallar.

La práctica de declarar la guerra representó gran progreso. Estas declaraciones de una intención de guerrear simbolizaron la llegada de un sentido de justicia, seguido por el desarrollo gradual de los reglamentos de la guerra «civilizada». Muy pronto se hizo costumbre no combatir cerca de sitios religiosos y, aún más adelante, no combatir en ciertos días sagrados. Luego vino el reconocimiento general del derecho de asilo; los fugitivos políticos recibieron protección.

De este modo evolucionó paulatinamente la guerra, de la caza primitiva al hombre hasta el sistema un tanto más ordenado de las naciones «civilizadas» de épocas posteriores. Pero una actitud social cordial tarda mucho tiempo en desplazar la actitud hostil.

2. El valor social de la guerra

En épocas pasadas una guerra enconada instituía cambios sociales y facilitaba la adopción de nuevas ideas, cosa que no se hubiera producido en forma natural en diez mil años. El precio terrible que hubo que pagar por estas ciertas ventajas traídas por las guerras, fue que la sociedad fue arrojada temporalmente de vuelta al salvajismo; la razón civilizada tuvo que abdicar. La guerra es potente medicina, muy costosa y peligrosísima; aunque sirve a menudo para curar ciertos males sociales, algunas veces mata al paciente: destruye la sociedad.

La necesidad constante de la defensa nacional produce muchas adaptaciones sociales nuevas y avanzadas. La sociedad, hoy por día, goza del beneficio de numerosas innovaciones útiles que, originalmente, eran totalmente militares, e incluso le debe a la guerra la danza, cuya forma primitiva fue un ejercicio militar.

La guerra ha tenido valor social para las civilizaciones pasadas por cuanto:

1. Imponía disciplina, exigía cooperación.
2. Premiaba la entereza y la valentía.

3. Fomentaba y solidificaba el nacionalismo.

4. Destruía los pueblos débiles y no aptos.

5. Disolvía la ilusión de la igualdad primitiva y estratificaba selectivamente la sociedad.

La guerra ha tenido cierto valor selectivo y evolutivo pero, como la esclavitud, debe abandonarse en algún momento a medida que avanza poco a poco la sociedad. Las guerras antiguas promovieron los viajes y los intercambios culturales; ahora sirven mejor para estos fines los métodos modernos de transporte y comunicación. Las guerras antiguas fortalecieron las naciones, pero las luchas modernas trastornan la cultura civilizada. La guerra antigua resultó en el diezmar de las gentes inferiores; el resultado neto del conflicto moderno es la destrucción selectiva de las mejores cepas humanas. Las guerras primitivas promovieron la organización y la eficiencia, pero ahora éstas han llegado a ser el objetivo de la industria moderna. En edades pasadas la guerra fue un fermento social que impulsó la civilización hacia adelante; dicho resultado hoy día se logra mejor mediante la ambición y la invención. La guerra antigua respaldaba el concepto de un Dios de las batallas, pero al hombre moderno se le ha dicho que Dios es amor. La guerra ha servido para muchos objetivos valiosos en el pasado, ha sido un andamiaje indispensable en la edificación de la civilización, pero va quedando en la bancarrota cultural a paso acelerado —incapaz de producir dividendos de beneficio social de alguna forma proporcionales a las cuantiosas pérdidas que resultan de su invocación.

En épocas pasadas los médicos creían en la sangría como cura de muchas enfermedades; pero posteriormente descubrieron mejores remedios para la mayoría de estas dolencias. De igual manera, el derramamiento de sangre internacional de la guerra, indudablemente, ha de ceder el paso al descubrimiento de mejores métodos de curar los males de las naciones.

Las naciones de Urantia ya han entablado la gigantesca lucha entre el militarismo nacionalista y el industrialismo, y en muchos aspectos, este conflicto es análogo a la lucha secular entre el pastor-cazador y el labriego. Pero si el industrialismo ha de triunfar sobre el militarismo, tiene que evitar los peligros que lo acechan. Los peligros de la industria incipiente en Urantia son:

1. La fuerte tendencia al materialismo, la ceguera espiritual.
2. El culto al poder de las riquezas, la deformación de los valores.
3. Los vicios del lujo, la inmadurez cultural.
4. Los cada vez mayores peligros de la indolencia, la insensibilidad al servicio.
5. El desarrollo de una indeseable debilidad racial, el deterioro biológico.
6. La amenaza de la esclavitud industrial generalizada, el estancamiento de la personalidad. El trabajo ennoblece pero la monotonía entorpece.

El militarismo es autocrático y cruel —salvaje. Promueve la organización social entre los conquistadores pero desintegra a los vencidos. El industrialismo es más civilizado y debe llevarse a efecto de tal modo que promueva la iniciativa y fomente el individualismo. La sociedad debe, en todo lo posible, fomentar la originalidad.

No cometáis el error de glorificar la guerra; más bien, discernid lo que ha beneficiado a la sociedad a fin de poder visualizar con más precisión lo que las alternativas deben ofrecer para continuar el progreso de la civilización. Y si no se ofrecen tales alternativas adecuadas, entonces no dudéis que las guerras continuarán durante mucho más tiempo.

El hombre nunca aceptará la paz como modo normal de vida hasta tanto no se haya convencido cabal y reiteradamente de que la paz le conviene más para su bienestar material, y hasta que la sociedad, juiciosamente, no haya ofrecido alternativas pacíficas para la satisfacción de aquella tendencia inherente a descargar periódicamente el impulso colectivo que sirve para liberar aquellas emociones y energías, que se acumulan constantemente, y que pertenecen a las reacciones de la autopreservación de la especie humana.

Pero aunque sea de paso, se le debe rendir honores a la guerra en su calidad de escuela de experiencia, que constriñó a una raza de arrogantes individualistas a someterse a una autoridad sobremanera concentrada —a un ejecutivo supremo. La guerra a la antigua seleccionaba para el liderazco a hombres de grandeza innata; la guerra moderna, sin embargo, ya no hace otro tanto. Para descubrir a sus líderes, la sociedad actual debe recurrir a las conquistas de la paz: la industria, la ciencia y el logro social.

3. LAS ASOCIACIONES HUMANAS PRIMITIVAS

La *horda* lo es todo en la sociedad más primitiva; incluso los niños son su propiedad común. La familia evolutiva desplazó a la horda en lo referente a la crianza de la prole, en tanto los clanes y las tribus que iban surgiendo la reemplazaron en calidad de elemento social.

El deseo sexual y el amor materno establecen la familia. Pero el verdadero gobierno no aparece hasta tanto no se comiencen a formar los grupos de superfamilias. En los tiempos de la horda, anteriores a la familia, el liderazco fue provisto por individuos que se elegían informalmente. Los bosquimanes africanos nunca pasaron de esta etapa primitiva; no cuentan con caciques en la horda.

Las familias se unieron por lazos de consanguineidad en clanes, conjuntos de parientes; y éstos posteriormente evolucionaron para convertirse en tribus, comunidades territoriales. La guerra y la presión externa impusieron una organización tribal a los clanes de parientes, pero el comercio y el intercambio mantuvieron a estos protogrupos primitivos unidos con cierto grado de paz interna.

Las organizaciones comerciales internacionales promoverán la paz en Urantia mucho más que todas las argucias sensibleras de la visionaria formulación de planes para la paz. El desarrollo del lenguaje y los métodos mejorados de la comunicación, así como el mejor transporte, han facilitado las relaciones comerciales.

La ausencia de un lenguaje común siempre ha impedido el desarrollo de los grupos pacíficos, pero el dinero se ha convertido en el lenguaje universal del comercio moderno. La sociedad moderna se mantiene unida principalmente mediante el mercado industrial. El aliciente de las utilidades es un poderoso civilizador cuando se combina con el deseo de servir.

En las edades primitivas cada tribu estaba rodeada de círculos concéntricos de miedo y recelo más y más intensos; por tanto, llegó a ser costumbre matar a todos los extraños, y más adelante, esclavizarlos. El viejo concepto de la amistad significaba la admisión al clan; y se creía que la afiliación al clan sobrevivía a la muerte —uno de los conceptos más primitivos de la vida eterna.

La ceremonia de adopción consistía en beberse la sangre uno de otro. En algunos grupos se intercambiaba saliva en vez de beberse la sangre, siendo éste el origen antiguo de la usanza social del besar. Toda ceremonia de asociación, fuera boda o adopción, acababa siempre en festejos.

Posteriormente, se usó la sangre diluida con el vino tinto, y a la larga, se bebió el vino solo a fin de sellar la ceremonia de adopción, que se simbolizaba con chocarse las dos copas de vino y se consumaba al pasar la bebida por la boca. Los hebreos emplearon una forma modificada de esta ceremonia de adopción. Sus antepasados árabes usaron el juramento, mientras hacían que la mano del candidato descansara sobre los órganos genitales del oriundo de la tribu. Los hebreos trataban amable y fraternalmente a los foráneos adoptivos. «El extraño que more con vosotros será como uno nacido entre vosotros, y le amaréis como a vosotros mismos».

«La cordialidad para con los huéspedes» era una relación de hospitalidad temporal. Cuando se marchaban los huéspedes, se partía en dos un plato, se le daba un pedazo al amigo que se iba a fin de que sirviera de introducción apropiada para un tercero que pudiera llegar de visita en el futuro. Se estilaba que los huéspedes pagaran por su estadía relatando cuentos acerca de sus viajes y aventuras. Los narradores de cuentos de antaño llegaron a ser tan populares que las costumbres establecidas, ulteriormente, prohibieron que funcionaran durante las temporadas de la caza o la cosecha.

Los primeros tratados de paz fueron «lazos de sangre». Los embajadores de la paz de dos tribus en guerra se reunían, se rendían honores, y luego, procedían a pincharse la piel hasta sangrar; en cuyo momento se chupaban la sangre uno de otro y declaraban la paz.

Las primeras misiones de paz consistieron en delegaciones de hombres que llevaban a sus doncellas selectas para la gratificación de sus antiguos enemigos, valiéndose del apetito sexual para combatir al impulso bélico. La tribu honrada de este modo hacía una visita para corresponder, con ofrecimiento de doncellas; en cuyo momento se establecía firmemente la paz. Al poco tiempo se sancionaban matrimonios entre las familias de los caciques.

4. LOS CLANES Y LAS TRIBUS

El primer grupo pacífico fue la familia, luego el clan, la tribu, y después, la nación, la cual llegó a ser con el tiempo el estado territorial moderno. Es muy alentador que los grupos pacíficos de hoy en día, hace mucho tiempo ya, se hayan expandido trascendiendo los lazos de la sangre para englobar naciones, a pesar de que las naciones de Urantia siguen gastando cuantiosas sumas en preparativos de guerra.

Los clanes fueron grupos consanguíneos dentro de la tribu, y su existencia se debió a ciertos intereses comunes, como por ejemplo:

1. Su origen se remontaba a un antepasado común.
2. Eran leales a un tótem religioso común.
3. Hablaban el mismo dialecto.
4. Compartían un lugar de residencia común.
5. Temían a los mismos enemigos.
6. Tenían una experiencia castrense común.

Los caudillos del clan siempre estaban subordinados al cacique de la tribu, siendo los protogobiernos tribales una confederación de clanes sin cohesión. Los aborígenes australianos nunca desarrollaron una forma tribal de gobierno.

Los caciques de paz del clan solían llegar a regir por la línea materna; la línea paterna establecía a los caciques de guerra de la tribu. Las cortes de los caciques tribales y reyes primitivos consistían en las cabezas de los clanes, a quienes se acostumbraba invitar ante la presencia del rey varias veces al año; ésto le permitía vigilarlos y granjearse mejor su cooperación. Los clanes desempeñaban un servicio valioso en el autogobierno local, pero retrasaron considerablemente el desarrollo de naciones grandes y fuertes.

5. LOS COMIENZOS DEL GOBIERNO

Toda institución humana tuvo un principio, y el gobierno civil es fruto de la evolución progresiva tanto como lo son el matrimonio, la industria y la religión. A partir de los primeros clanes y tribus primitivas se desarrollaron de forma gradual los órdenes sucesivos del gobierno humano que han aparecido y desaparecido hasta que plasmaron en las formas de regulación civil y social que caracterizan al segundo tercio del siglo veinte.

Con el surgimiento paulatino de las unidades familiares, se sentaron los cimientos del gobierno en la organización del clan, la agrupación de familias consanguíneas. El primer verdadero cuerpo gubernamental fue el *consejo de los ancianos*. Este grupo regulador constó de los ancianos que se habían distinguido en alguna forma eficiente. Hasta el hombre bárbaro sabía apreciar la sabiduría y la experiencia, y sobrevino una prolongada edad de gerontocracia. Gradualmente, este reinado de la oligarquía de la edad avanzada se convirtió en el concepto patriarcal.

En el consejo original de los ancianos se encontraba el potencial de todas las funciones gubernamentales: la ejecutiva, la legislativa y la judicial. Cuando el consejo interpretaba las costumbres vigentes, era el cuerpo tribunal; cuando establecía los nuevos modos de la usanza social, era el legislativo; hasta donde se hacía cumplir estos decretos y promulgaciones, era el ejecutivo. El presidente del consejo fue uno de los antecesores del futuro cacique tribal.

Algunas tribus tuvieron consejos de mujeres y, de cuando en cuando, en muchas tribus rigió una mujer. Ciertas tribus del hombre rojo conservaron las enseñanzas de Onamonalonton al seguir el régimen unánime del «consejo de los siete».

Al género humano le ha costado trabajo aprender que una sociedad polémica no puede gobernar ni la guerra ni la paz. Los primitivos «debates» rara vez compensaron. La raza no demoró en aprender que un ejército comandado por un grupo de jefes de clan no tenía posibilidad alguna contra un ejército fuerte comandado por un solo hombre. La guerra siempre ha sido creadora de reyes.

En un principio se elegían los jefes de guerra únicamente para el servicio militar, y solían renunciar a parte de su autoridad durante los períodos de paz en que sus deberes eran de carácter más bien social. Sin embargo, empezaron poco a poco a inmiscuirse en los intervalos de paz, tendiendo a continuar rigiendo de una guerra a la otra. A menudo se encargaron de que no durara tanto el interín entre guerras sucesivas. Estos primitivos jefes militares no eran aficionados a la paz.

Más adelante se eligieron algunos caciques para servicios que no fueran militares; se seleccionaban debido a un físico insólito o a destacadas aptitudes personales. Los hombres rojos a menudo tenían dos grupos de caciques —los sachems, o caciques de paz, y los caciques de guerra hereditarios. Los gobernadores de paz eran además jueces y maestros.

Algunas comunidades primitivas fueron regidas por curanderos que frecuentemente hacían de caciques. Un solo hombre actuaba de sacerdote, médico y ejecutivo supremo. A menudo las primeras insignias reales habían sido en un principio los símbolos o emblemas de las vestiduras sacerdotales.

Mediante estos pasos fue surgiendo de forma gradual la rama ejecutiva del gobierno. Los consejos del clan y de la tribu continuaron en calidad de asesores y como antecesores de las ramas legislativa y judicial que despuntaron más tarde. En África, hoy en día, todas estas formas de gobierno primitivo están vigentes de hecho en las distintas tribus.

6. EL GOBIERNO MONÁRQUICO

Tan sólo se llegaba a un régimen estatal efectivo cuando un jefe alcanzaba plena autoridad ejecutiva. El hombre descubrió que solo se lograba gobierno efectivo al conferir el poder a una personalidad, no a un concepto.

La soberanía nació del concepto de la autoridad o riqueza familiar. Cuando un reyezuelo patriarcal llegaba a ser un verdadero rey, algunas veces se le llamaba el «padre de su pueblo». Más adelante, se creyó que los reyes habían surgido de los héroes. Y aún más adelante, la soberanía llegó a ser hereditaria, debido a la creencia en el origen divino de los reyes.

La monarquía hereditaria evitó la anarquía que tantos estragos había hecho anteriormente entre la muerte de un rey y la elección de su sucesor. La familia tenía una cabeza biológica; el clan, un jefe natural seleccionado; la tribu, y posteriormente el estado, no tenía ningún mandatario natural, lo cual constituyó otro motivo por el cual llegaron a ser hereditarios los caciques-reyes. El concepto de las familias reales y la aristocracia también se basó en las costumbres establecidas del «título familiar» en los clanes.

A la larga, se llegó a considerar sobrenatural la sucesión de los reyes; se creyó que la sangre real se remontaba a los tiempos del séquito materializado del Príncipe Caligastia. De este modo los reyes se convirtieron en personalidades de fetiche y se les temió sobremanera, por lo cual se adoptó una forma especial de lenguaje para la usanza cortesana. Incluso en tiempos recientes se creía que tocar a un rey curaba las enfermedades, y algunos pueblos de Urantia aún consideran que sus gobernantes tienen origen divino.

Frecuentemente el rey fetiche primitivo estaba mantenido en reclusión; se le consideraba demasiado sagrado para que se le pudiera contemplar excepto en los días festivos y sagrados. Generalmente se nombraba un representante para que hiciera el papel del rey, y de ahí, el origen de los primeros ministros. El primer funcionario del gabinete fue un administrador de alimentos; los demás siguieron poco tiempo después. Los gobernantes no tardaron en nombrar representantes para que se encargaran del comercio y la religión; y el desarrollo del gabinete constituyó un paso directo hacia la despersonalización de la autoridad ejecutiva. Estos coadyudantes de los reyes primitivos llegaron a ser la nobleza reconocida, y la esposa del rey ascendió gradualmente a la dignidad de reina a medida que las mujeres se iban teniendo en mayor estima.

Los soberanos inescrupulosos ganaron gran poder mediante el descubrimiento del veneno. La magia de las cortes primitivas era diabólica; los enemigos de los reyes dentro de poco morían. Pero hasta el tirano más déspota estaba supeditado a algunas restricciones; cuando menos estaba coartado por el temor constante al asesinato. Los curanderos, los hechiceros y los sacerdotes representaron siempre un poderoso freno de los reyes. Posteriormente, los terratenientes, la aristocracia, ejercieron una influencia restrictiva. Y de vez en cuando los clanes y las tribus sencillamente se sublevaban y derrocaban a sus déspotas y tiranos. En muchos casos se otorgaba a los soberanos depuestos condenados a muerte la alternativa de suicidarse, lo cual dio origen a la moda social antigua del suicidio en ciertas circunstancias.

7. LOS CLUBES PRIMITIVOS Y LAS SOCIEDADES SECRETAS

La consanguineidad determinó los primeros grupos sociales; la asociación amplió el clan consanguíneo. Los matrimonios entre miembros de distintos clanes constituyeron el próximo paso en la expansión de los grupos, y la tribu compleja que resultó de ello fue la primera verdadera entidad política. El siguiente adelanto en el desarrollo social fue la evolución de los cultos religiosos y los clubes políticos. Ambos aparecieron por primera vez con carácter de sociedades secretas y primitivamente fueron de carácter totalmente religioso; posteriormente llegaron a ser de carácter regulador. En un principio fueron clubes de hombres; más tarde aparecieron clubes de mujeres. A un cierto punto se dividieron en dos clases: sociopolítico y religioso-místico.

Había muchas razones para mantener estas sociedades en secreto, tales como:

1. El temor de incurrir en el disgusto de los gobernantes por haber transgredido algún tabú.
2. Para practicar ritos religiosos minoritarios.
3. A fin de preservar valiosos secretos de «espíritu» o de comercio.
4. Para gozar de algún amuleto o sortilegio especial.

La calidad secreta de estas sociedades de por sí confería a todos los afiliados el poder del misterio sobre el resto de la tribu. La calidad secreta, además, atrae la vanidad; los iniciados formaban la aristocracia social de su época. Después de la iniciación, los muchachos podían cazar con los hombres; mientras que antes, tenían que recoger vegetales con las mujeres. Era la suprema humillación, una deshonra antes la tribu, que uno no lograra pasar las pruebas de la pubertad, viéndose así obligado a permanecer fuera de la morada de los hombres, junto a las mujeres y niños, y siendo considerado afeminado. Además, a los no iniciados no se les permitía casarse.

Los primitivos enseñaron muy pronto a sus adolescentes la continencia sexual. Llegó a ser costumbre apartar a los jóvenes varones de sus padres desde la pubertad hasta el matrimonio, encomendando su educación y formación a las sociedades secretas de los hombres. Y entre las funciones principales de estos clubes se destacó el control de los varones adolescentes para evitar de este modo que nacieran hijos ilegítimos.

La prostitución comercializada comenzó cuando estos clubes de hombres empezaron a pagar con dinero el usufructo de las mujeres de otras tribus. Pero los grupos más primitivos permanecieron notablemente libres de laxitud sexual.

La ceremonia de la iniciación en la pubertad solía durar por un período de cinco años. Había en estas ceremonias mucha autotortura y dolorosas incisiones. Primitivamente se practicó la circuncisión a manera de rito de iniciación en algunas de estas cofradías secretas. Formaba parte de la iniciación en la pubertad tallarse las marcas tribales en el cuerpo; así se originó el tatuaje, como símbolo de afiliación. Estas torturas y privaciones tenían el propósito de fortalecer a estos jóvenes, de grabar en su mente la realidad de la vida y sus penalidades inevitables. Este objetivo se logra mejor mediante los juegos atléticos y justas físicas que aparecen más adelante.

Pero las sociedades secretas sí intentaban mejorar el sentido moral de los adolescentes; fue propósito primordial de las ceremonias de la pubertad inculcarle al muchacho que debe dejar tranquilas a las esposas ajenas.

Después de estos años de rigurosa disciplina y adiestramiento, justamente antes del matrimonio, se ponía en libertad a los jóvenes para que gozaran de un breve período de ocio y esparcimiento, tras el cual debían regresar para casarse y someterse a los rigores de los tabúes tribales durante el resto de su vida. Esta costumbre antigua ha continuado hasta los tiempos modernos en la noción disparatada de «pasar las mocedades».

Muchas tribus posteriores sancionaron la formación de los clubes secretos de mujeres, a fin de preparar a las muchachas adolescentes para ser esposas y madres. Después de la iniciación, las jóvenes eran aptas para el matrimonio y se les permitía asistir a la «presentación de novia», la fiesta de presentación en sociedad de aquellos tiempos. Las órdenes de mujeres que hacían voto de celibato comenzaron a aparecer muy pronto.

En cierto momento, aparecieron por primera vez clubes no secretos, al formar sus propias organizaciones los grupos de hombres solteros y mujeres no comprometidas. Estas asociaciones fueron en efecto las primeras escuelas. Aunque frecuentemente los clubes femeninos y masculinos se perseguían mutuamente, algunas tribus avanzadas, después del contacto con los maestros de Dalamatia, experimentaron con la enseñanza mixta, fundando escuelas de internados para ambos sexos.

Las sociedades secretas contribuyeron a la formación de las castas sociales, principalmente debido al carácter misterioso de sus iniciaciones. Los afiliados de estas sociedades comenzaron primero a usar máscaras para espantar a los curiosos que querían presenciar sus ritos de luto —la adoración de los antepasados. Más tarde este rito se convirtió en una pseudosesión espiritista en la cual, según se decía, aparecían fantasmas. Las sociedades antiguas del «renacimiento» solían usar señales y emplear un lenguaje secreto especial; también renunciaban solemnemente a ciertos alimentos y bebidas. Actuaban como policía nocturna y, por lo demás, funcionaban en una amplia gama de actividades sociales.

Todas las asociaciones secretas imponían un juramento, urgían la confiabilidad entre sí, y enseñaban a guardar los secretos. Estas órdenes pasmaron y controlaron a las turbas; además actuaban como sociedades de vigilantes practicando linchamientos. Fueron los primeros espías en las guerras tribales y los primeros policías secretos en tiempos de paz. Lo mejor de todo fue que mantuvieron a los reyes inescrupulosos en un trono inseguro. Para contrarrestarlos, los reyes fomentaron el desarrollo de su propia policía secreta.

Estas sociedades dieron lugar a los primeros partidos políticos. El primer gobierno partidista fue de «los fuertes» contra «los débiles». Antiguamente, no se cambiaba de administración sino después de una guerra civil, dando así abundante prueba de que los débiles se habían convertido en fuertes.

Los mercaderes emplearon estos clubes para cobrar sus deudas y los soberanos, para recaudar impuestos. La gravación de impuestos ha constituido una lucha prolongada, figurando entre las primeras formas de ella el diezmo, una décima parte de la caza o del botín. Originalmente se gravaban los impuestos para mantener la casa del rey, pero se descubrió que eran más fáciles de recaudar si se los presentaba como ofrecimiento para sustentar el servicio del templo.

Con el tiempo estas asociaciones secretas se convirtieron en las primeras organizaciones caritativas y después evolucionaron para llegar a ser las primeras sociedades religiosas —los antecesores de las iglesias. Finalmente algunas de estas sociedades se extendieron al ámbito intertribal, formando las primeras cofradías internacionales.

8. LAS CLASES SOCIALES

La desigualdad mental y física de los seres humanos garantiza la aparición de clases sociales. Los únicos mundos sin estratos sociales son los más primitivos y los más avanzados. Una civilización en ciernes aún no ha comenzado la diferenciación de los niveles sociales, mientras que un mundo establecido en luz y vida ha borrado en gran parte estas divisiones de la humanidad, que tan propias son de todas las etapas evolutivas intermedias.

A medida que la sociedad salía del salvajismo para ir a dar en la barbarie, sus componentes humanos tendieron a agruparse en clases a causa de las siguientes razones:

1. *Naturales* —contacto, consanguinidad, matrimonio; las primeras distinciones sociales se basaron en el sexo, la edad y la sangre —el parentesco con el cacique.

2. *Personales* —el reconocimiento de la capacidad, la resistencia, los conocimientos y la entereza; pronto seguido por el reconocimiento del dominio del lenguaje, la ciencia y la inteligencia general.

3. *Fortuitas* —la guerra y la emigración resultaron en la separación de los grupos humanos. La conquista, la relación del vencedor con los vencidos, influyó poderosamente en la evolución de las clases, en tanto que la esclavitud ocasionó la primera división general de la sociedad en libres y cautivos.

4. *Económicas* —los ricos y los pobres. La riqueza y la posesión de esclavos fue el fundamento genético para una clase de sociedad.

5. *Geográficas* —las clases surgieron como resultado de la colonización urbana o rural. La ciudad y el campo, respectivamente, han contribuido a la diferenciación del pastor-labriego y el comerciante-industrialista, con sus puntos de vista y reacciones divergentes.

6. *Sociales* —las clases vienen formándose gradualmente de acuerdo con la estimación popular del valor social de grupos distintos. Entre las primeras divisiones de esta índole figuraron las distinciones entre los sacerdote-maestros, los gobernante-guerreros, los capitalista-comerciantes, los labradores comunes y los esclavos. El esclavo nunca podía llegar a ser capitalista, bien que algunas veces el asalariado podía optar por integrarse al sector capitalista.

7. *Vocacionales* —a medida que se multiplicaban las vocaciones, éstas tendieron a establecer castas y gremios. Los trabajadores se dividieron en tres grupos: las clases profesionales, los curanderos inclusive, luego los obreros especializados, seguidos por los obreros no especializados.

8. *Religiosas* —los primeros clubes de culto produjeron sus propias clases dentro de los clanes y tribus, y la piedad y el misticismo de los sacerdotes las vienen perpetuando desde hace mucho tiempo como un grupo social independiente.

9. *Raciales* —la presencia de dos o más razas dentro de una determinada nación o unidad territorial suele producir castas de color. El sistema original de castas de la India se basaba en el color, así como era al principio en Egipto.

10. *Edad* —la juventud y la madurez. Entre las tribus, el niño permanecía bajo la custodia de su padre mientras éste estuviera vivo; en cambio, la niña quedaba al cuidado de su madre hasta que se casara.

Es indispensable para una sociedad evolutiva que las clases sociales sean flexibles y cambiantes; pero cuando las *clases* se convierten en *castas*, cuando se petrifican los niveles sociales, el mejoramiento de la estabilidad social se consigue mediante el menoscabo de la iniciativa personal. La casta social resuelve el problema de integrarse uno en la industria, pero también reduce tajantemente el desarrollo del individuo e impide casi completamente la cooperación social.

Las clases de la sociedad, habiéndose formado naturalmente, persistirán hasta que el hombre logre poco a poco su eliminación evolucionaria mediante la manipulación inteligente de los recursos biológicos, intelectuales y espirituales de una civilización progresiva, tales como:

1. La renovación biológica de las cepas raciales —la eliminación selectiva de las variedades humanas inferiores. Esto tenderá a erradicar muchas desigualdades mortales.

2. La capacitación del potencial cerebral aumentado que surgirá de este mejoramiento biológico.

3. El estímulo religioso de los sentimientos del parentesco y hermandad mortales.

Pero estas medidas no pueden dar sus verdaderos frutos sino en distantes milenios del futuro, si bien mucho mejoramiento social resultará inmediatamente de la manipulación inteligente, prudente y *paciente* de estos factores de aceleración del progreso cultural. La religión es la palanca poderosa que eleva la civilización del caos, mas es impotente separada del fulcro de una mente cabal y sana que descansa firmemente sobre una herencia cabal y sana.

9. LOS DERECHOS HUMANOS

La naturaleza no le confiere al hombre derechos, sino vida, y un mundo en donde vivirla. La naturaleza no confiere ni siquiera el derecho de vivir, tal como se puede deducir si consideramos lo que probablemente le sucedería a un hombre inerme si éste se enfrentara con un tigre hambriento en el bosque primitivo. La seguridad es el don primordial que la sociedad otorga al hombre.

Gradualmente la sociedad hizo valer sus derechos y, al presente, son:

1. La garantía de abastecimiento de alimento.
2. La defensa militar —seguridad mediante un estado de preparación.
3. La preservación de la paz interna —la prevención de la violencia personal y el desorden social.
4. El control sexual —el matrimonio, la institución de la familia.
5. La propiedad —el derecho de ser propietario.
6. El fomento de la competencia entre individuos y grupos.
7. La disposición de la educación y capacitación de la juventud.
8. La promoción del intercambio y comercio —el desarrollo industrial.
9. El mejoramiento de las condiciones y remuneraciones laborales.
10. La garantía de la libertad de las prácticas religiosas a fin de que todas estas otras actividades sociales sean elevadas por la adquisición de la motivación espiritual.

Cuando los derechos son tan antiguos que se les desconoce su origen, se les suele denominar *derechos naturales*. Pero los derechos humanos, en realidad, no son naturales; son enteramente sociales. Son relativos y cambian constantemente, pues no son más que las reglas del juego —adaptaciones reconocidas de las relaciones que rigen los fenómenos de competencia humana, las cuales van siempre cambiando.

Lo que se puede considerar como correcto en una edad, puede no considerarse como tal en otra. La supervivencia de grandes cantidades de personas anormales y degeneradas no depende de que tengan el derecho natural de estorbar la civilización del siglo veinte, sino porque, sencillamente, así lo decreta la sociedad de la edad, las costumbres establecidas.

Pocos derechos humanos se reconocían durante el medioevo europeo; en ese entonces todo hombre pertenecía a otro, y los derechos no eran más que privilegios o favores otorgados por el estado o la iglesia. La revuelta que surgió de este error fue igualmente errónea por cuanto fue causa de la creencia de que todos los hombres nacen iguales.

Los débiles y los inferiores siempre han luchado por tener los mismos derechos que los demás; siempre insistieron en que el estado debía obligar a los fuertes y superiores a satisfacer las necesidades de ellos y compensar de otras formas las deficiencias que, muy a menudo son el resultado natural de su propia indiferencia e indolencia.

Pero este ideal de la igualdad es el fruto de la civilización; no se encuentra en la naturaleza. Incluso la cultura misma demuestra de forma contundente la desigualdad inherente a los hombres a través sus muy desiguales capacidades culturales. La realización repentina y no evolucionaria de la supuesta igualdad natural volvería a precipitar al hombre civilizado a las toscas usanzas de las edades primitivas. La sociedad no puede ofrecer los mismos derechos a todos, pero sí puede comprometerse a administrar los variados derechos de cada quien con justicia y equidad. Le corresponde e incumbe a la sociedad proporcionar al hijo de la naturaleza una oportunidad justa y pacífica de perseguir la autoconservación, de participar en la autoperpetuación, y al mismo tiempo, de gozar de cierto grado de autogratificación; la suma de los tres constituye la felicidad humana.

10. LA EVOLUCIÓN DE LA JUSTICIA

La justicia natural es una teoría elaborada por el hombre; no es una realidad. En la naturaleza, la justicia es puramente teórica, totalmente ficticia. La naturaleza no ofrece más que una clase de justicia —la conformidad inevitable de los resultados a las causas.

La justicia, como la concibió el hombre, significa reivindicar los derechos y, por tanto, es cuestión de evolución progresiva. El concepto de la justicia bien puede ser constitutivo en una mente dotada de espíritu, pero no surge en la existencia con todo su esplendor en los mundos del espacio.

El hombre primitivo atribuía todo fenómeno a una persona. En el caso de muerte, el salvaje no se preguntaba *qué* lo mató, sino *quién* lo hizo. No se reconocía, por consiguiente, el asesinato casual, y en el castigo de los delitos, se hacía caso omiso del móvil del infractor; se emitía el juicio de acuerdo con los daños ocasionados.

En la sociedad más primitiva, la opinión pública funcionaba de forma directa; no hacían falta los agentes de la ley. No había intimidad en la vida primitiva. Los vecinos de un hombre respondían de la conducta de él; de ahí el derecho de inmiscuirse en los asuntos personales de él. Se reguló la sociedad a base de la teoría de que la afiliación a un grupo debe entrañar interés en la conducta de cada afiliado y, hasta cierto grado, control sobre ella.

Muy pronto se creyó que los fantasmas administraban la justicia por conducto de los curanderos y sacerdotes; así estas órdenes constituyeron los primeros detectores de la delincuencia y agentes de la ley. Sus métodos primitivos de detección de la delincuencia consistían en efectuar pruebas de veneno, fuego y dolor. Estas pruebas salvajes no eran más que toscas técnicas de arbitraje; no dirimían necesariamente las disputas de forma justa. Por ejemplo: cuando se le administraba veneno a un acusado, si éste vomitaba, era inocente.

En el Antiguo Testamento consta una de estas pruebas, una prueba de culpabilidad por infidelidad matrimonial: Si un hombre sospechaba que su esposa le era infiel, la llevaba ante el sacerdote y exponía sus sospechas, tras lo cual el sacerdote preparaba una mixtura que consistía en agua bendita y barreduras del piso del templo. Después de la debida ceremonia que comprendía maldiciones amenazadoras, a la esposa acusada se le hacía beber la repugnante pócima. Si era culpable, «el agua que causa la maldición entrará en ella y se volverá amarga, y se le hinchará el vientre, y se le podrirán los muslos, y la mujer será maldecida entre su pueblo». Si, por casualidad, alguna mujer podía beber todo este inmundo brebaje y no manifestar síntomas de enfermedad física, se la absolvía de los cargos hechos por su esposo celoso.

Estos atroces métodos de detección del crimen fueron practicados por casi todas las tribus evolutivas en algún momento u otro. El duelo es la supervivencia moderna del juicio por ordalía.

No es de extrañar que los hebreos y otras tribus semicivilizadas practicaran estas técnicas tan primitivas de la administración de la justicia hace tres mil años, pero resulta sumamente asombroso que los hombres pensadores, posteriormente, retuvieran tal reliquia de la barbarie en las páginas de las escrituras sagradas. El pensar reflectivo debe patentizar que al hombre mortal jamás le dio ningún ser divino tan injustas instrucciones acerca de la detección y castigo de una sospechada infidelidad matrimonial.

La sociedad pronto adoptó una actitud vengativa de represalias: ojo por ojo, vida por vida. Todas las tribus evolucionarias reconocían este derecho de venganza sangrienta. La venganza se convirtió en el objetivo de la vida primitiva, pero la religión ya ha modificado considerablemente estas prácticas tribales primitivas. Los maestros de la religión revelada siempre han proclamado: «'La venganza es mía', dice el Señor». Las matanzas por venganza de los tiempos primitivos no eran tan distintas de los asesinatos actuales que se llevan a cabo so pretexto de la ley no escrita.

El suicidio era modo común de represalia. Si no podía uno vengarse en vida, moría creyendo que volvería y descargaría su ira sobre el enemigo en su condición de fantasma. Puesto que esta creencia era de carácter muy general, la amenaza de suicidarse en el umbral de un enemigo solía bastar para hacerlo ceder. El hombre primitivo no apreciaba la vida; el suicidio a causa de bagatelas era común, pero las enseñanzas de los dalamatianos aminoraron esta costumbre considerablemente, en tanto que, en épocas más recientes, se han unido el ocio, las comodidades, la religión y la filosofía para endulzar la vida y hacerla más deseable. Las huelgas de hambre son, sin embargo, un caso análogo actual de este método antiguo de represalia.

Una de las primeras formulaciones de la ley tribal avanzada estaba relacionada con la intervención de la tribu en la enemistad sangrienta entre familias. Pero, por extraño que parezca, incluso en aquellos tiempos un hombre podía matar a su esposa sin castigo, con tal de que hubiera pagado por ella el monto total. Los esquimales de hoy, sin embargo, aún dejan que el castigo de un delito, hasta el del asesinato, sea decretado y administrado por la familia agraviada.

Otro adelanto fue la imposición de multas por transgresiones de tabúes, el establecimiento de castigos. Estas multas constituyeron los primeros ingresos públicos. La usanza de pagar dinero como rescate por la vida también entró en boga como sustituto de la venganza sangrienta. Estos daños se solían pagar en mujeres o ganado; tardó mucho tiempo antes de que las multas reales, la retribución monetaria, se fijaran como castigo por la delincuencia. Puesto que la noción del castigo era esencialmente una compensación, todas las cosas, incluyendo la vida humana, llegaron a tener con el tiempo un precio el cual se podía pagar por los daños causados. Los hebreos fueron los primeros en abolir la usanza de pagar dinero como rescate por la vida ajena. Moisés instruyó que no han de «tomar dinero como rescate por la vida de un asesino condenado a muerte; ese hombre deberá morir indefectiblemente».

Así la justicia, en un principio, fue administrada por la familia, luego por el clan, y después por la tribu. La administración de la verdadera justicia data de cuando se quitó la venganza de las manos de individuos y grupos consanguíneos, y se depositó en manos del grupo social, el estado.

Quemar a alguien vivo en la hoguera fue un castigo de práctica común. Muchos jefes antiguos lo reconocieron, Hamurabi y Moisés inclusive, ordenando éste último que muchos delitos, particularmente los de carácter sexual grave, se castigaran con la quema en la hoguera. Si «la hija de un sacerdote» o de otro ciudadano destacado se diera a la prostitución pública, la costumbre hebrea era «quemarla con fuego».

La traición —el «venderse» o la perfidia de los asociados tribales— fue el primer delito capital. Se castigaba el abigeato universalmente mediante la muerte sumaria, y hasta hace poco se ha castigado el hurto de caballos de forma similar. Pero con el paso del tiempo, se supo que la severidad de la pena no era factor disuasivo tan efectivo como lo eran la certidumbre y prontitud de su ejecución.

Cuando una sociedad no logra castigar los delitos, el resentimiento colectivo suele hacerse valer en forma de linchamientos; la disposición del santuario sirvió de medio de escape de esta repentina cólera colectiva. El linchar y batirse a duelo representan la renuencia del individuo a deferir un desagravio particular al estado.

11. LAS LEYES Y LOS TRIBUNALES

Resulta tan difícil hacer distinciones claras entre las costumbres establecidas y las leyes como lo es precisar en qué momento, al amanecer, la noche es sucedida por el día. Las costumbres son leyes y reglamentos policiales en ciernes. Si llevan mucho tiempo en vigor, las costumbres indefinidas tienden a cristalizarse en leyes precisas, reglamentos concretos y convenciones sociales bien definidas.

La ley, en un principio, es siempre negativa y prohibitiva; en las civilizaciones progresivas se va volviendo cada vez más positiva y directiva. La sociedad primitiva funcionó de manera negativa; otorgaba al individuo el derecho de vivir imponiendo a todos los demás el mandamiento, «no matarás». Todo otorgamiento de derechos o libertades al individuo implica la reducción de las libertades de todos los demás, y ello se realiza por el tabú, la ley primitiva. Todo el concepto del tabú es inherentemente negativo, pues la sociedad primitiva fue del todo negativa en su organización, y la administración primitiva de la justicia consistía en la aplicación de los tabúes. Pero originalmente estas leyes se aplicaron únicamente a los miembros de la tribu, tal como lo ejemplifican los hebreos de los últimos días, quienes tenían distinto código de ética para tratar con los gentiles.

El juramento se originó en los tiempos de Dalamatia para hacer más veraces los testimonios. Estos juramentos consistían en pronunciar una maldición sobre sí mismo. Antiguamente ningún individuo quería atestiguar en contra de su grupo nativo.

La delincuencia constituía un asalto a las costumbres tribales, el pecado fue la transgresión de aquellos tabúes que disfrutaban de la sanción de los fantasmas, y existió durante mucho tiempo confusión por no haber segregado la delincuencia y el pecado.

El interés propio estableció el tabú contra el asesinato; la sociedad lo sancionó como costumbre tradicional; mientras la religión consagró la costumbre a fuer de ley moral; y así los tres conspiraron para hacer la vida humana más segura y sagrada. No podía haberse mantenido unida la sociedad durante estos tiempos primitivos si los derechos no hubieran tenido la sanción de la religión; la superstición fue la fuerza policial moral y social de las prolongadas edades evolucionarias. Todos los antiguos afirmaban que los dioses les habían dado sus leyes antiguas, los tabúes, a sus antepasados.

La ley es una crónica codificada de la dilatada experiencia humana, la opinión pública cristalizada y legalizada. Las costumbres establecidas eran la materia prima de la experiencia acumulada, de la cual los cerebros que regían formulaban las leyes escritas. El juez antiguo no contó con leyes. Al fallar, sencillamente decía: «Es costumbre».

La referencia a los precedentes en los fallos judiciales representa el esfuerzo de los jueces para adaptar las leyes escritas a las condiciones cambiantes de la sociedad. Lo antedicho dispone una adaptación progresiva a las condiciones cambiantes de la sociedad juntamente con el carácter imponente de la continuidad tradicional.

Las disputas sobre la propiedad se manejaban de muchas maneras, por ejemplo:

1. Mediante la destrucción de la propiedad en disputa.
2. Mediante la fuerza —los disputadores entablaban una lucha cuerpo a cuerpo.
3. Mediante el arbitraje —un tercero decidía.
4. Mediante la apelación a los ancianos —después a los tribunales.

Los primeros tribunales venían a ser encuentros pugilísticos regulados; los jueces no eran más que árbitros. Se encargaban de que la lucha se efectuara de acuerdo con los reglamentos aprobados. Al entablar combate por los tribunales, cada parte tenía que dejar una fianza con el juez a fin de pagar los costos y la multa después de que uno hubiera sido vencido por el otro. Aún «el poderío hizo el derecho». Después, las discusiones verbales sustituyeron a los golpes físicos.

Todo el concepto de la justicia primitiva se basaba no tanto en ser justo sino en despachar la disputa y así impedir el desorden público y la violencia privada. Pero el hombre primitivo no se resentía tanto de lo que actualmente se consideraría como una injusticia; se daba por hecho que los que tenían el poder se valdrían de él interesadamente. No obstante, se puede determinar la calidad de toda civilización con mucha exactitud analizando la escrupulosidad y la equidad de sus tribunales y la integridad de sus jueces.

12. LA REPARTICIÓN DE LA AUTORIDAD CIVIL

La gran lucha en la evolución del gobierno se ha relacionado con la concentración del poder. Los administradores del universo sabían por experiencia propia que se regulan mejor los pueblos evolutivos en los mundos habitados mediante el tipo representativo de gobierno civil, cuando se mantiene el debido equilibrio del poder entre las ramas ejecutiva, legislativa y judicial bien coordinadas.

Si bien la autoridad primitiva se basó en la fuerza, el poder físico, el gobierno ideal es el sistema representativo en el cual el liderazco se basa en la capacidad, pero en los días de la barbarie había enteramente demasiada guerra para hacer que el gobierno representativo funcionara de forma efectiva. En la prolongada lucha entre la división de la autoridad y la unidad del mando, ganó el dictador. Los poderes primitivos y difusos de los primeros consejos de los ancianos se concentraron gradualmente en la persona de un monarca absoluto. Después del advenimiento de los verdaderos reyes, los grupos de ancianos persistieron a manera de órganos de asesoría cuasilegislativos y judiciales; más adelante, aparecieron por primera vez los órganos legislativos de carácter coordinado y, a la larga, se establecieron los tribunales supremos de justicia independientemente de las legislaturas.

El rey era el ejecutor de las costumbres establecidas, la ley original o no escrita. Luego hizo cumplir las promulgaciones legislativas, la cristalización de la opinión pública. Aunque surgió paulatinamente, constituyó un gran adelanto social el desarrollo de la asamblea popular como expresión de la opinión pública.

Los primeros reyes se encontraron sobremanera restringidos por las costumbres establecidas —por la tradición o la opinión pública. En tiempos recientes algunas naciones de Urantia han integrado estas costumbres en su carta de gobierno.

Los mortales de Urantia tienen derecho a la libertad; deben crear sus sistemas de gobierno; deben adoptar sus constituciones u otras cartas constitutivas de autoridad civil y procedimiento administrativo. Habiendo cumplido con lo antedicho, deben seleccionar sus semejantes más competentes y dignos como ejecutivos supremos. Como representantes de la rama legislativa deben elegirse únicamente a los que son intelectual y moralmente aptos para desempeñar estas sagradas responsabilidades. Para jueces de sus tribunales supremos y superiores, no se debe escoger sino a los que están dotados de las aptitudes naturales y a quienes han llegado a ser sabios mediante una experiencia pletórica.

Para que los hombres conserven su libertad, después de haber elegido su carta constitutiva de la libertad, han de disponer su interpretación prudencial, inteligente y denodada a fin de que se impida:

1. La usurpación injustificada del poder por la rama ejecutiva, o bien, la legislativa.
2. Las maquinaciones de agitadores ignorantes y supersticiosos.
3. El retraso del progreso científico.
4. El estancamiento del dominio de la mediocridad.
5. El dominio por minorías viciosas.
6. El control por ambiciosos y astutos aspirantes a dictadores.
7. La desastrosa perturbación de los pánicos.
8. La explotación por los inescrupulosos.
9. La esclavitud tributaria de la ciudadanía por el estado.
10. La falta de justicia social y económica.
11. La unión de la iglesia y el estado.
12. La pérdida de la libertad personal.

Éstos son los objetivos y fines de los tribunales constitucionales que actúan como gobernadores sobre los motores del gobierno representativo en un mundo evolutivo.

La lucha de la humanidad por perfeccionar el gobierno en Urantia está relacionada con el perfeccionamiento de los canales de la administración, con la adaptación de éstos a las necesidades corrientes que perennemente van cambiando, con el mejoramiento de la distribución del poder dentro del gobierno, y finalmente con la selección de dirigentes administrativos que sean en verdad sabios. Aunque exista una forma divina e ideal de gobierno, ésta no se puede revelar, sino que debe ser descubierta lenta y laboriosamente por los hombres y mujeres de cada planeta a través de los universos del tiempo y el espacio.

[Presentado por un Melquisedek de Nebadon.]

DOCUMENTO 71

EL DESARROLLO DEL ESTADO

EL ESTADO es una evolución beneficiosa de la civilización; representa la ganancia neta de la sociedad tras los estragos y sufrimientos de la guerra. Incluso la habilidad del estadista no es sino la acumulación de técnicas para ajustar la enconada contienda de fuerza entre las tribus y naciones en conflicto.

El estado moderno es la institución que sobrevivió a la prolongada lucha por el poder del grupo. El poder superior, a la larga, prevaleció y produjo una obra de hecho —Estado— juntamente con el mito moral de la obligación absoluta del ciudadano de vivir y morir por el estado. Mas el estado no es de génesis divina; ni siquiera fue producido por la acción humana volitivamente inteligente; es una institución puramente evolucionaria y tuvo un origen totalmente automático.

1. LA ETAPA EMBRIONARIA DEL ESTADO

El estado es una organización reguladora social territorial, y el estado más fuerte, más eficaz, y más duradero consta de una sola nación cuya gente tiene en común una lengua, costumbres e instituciones.

Los primeros estados fueron pequeños y surgieron todos como resultado de la conquista. No se originaron por asociaciones voluntarias. Gran parte fueron fundados por conquistadores nómades, los cuales acometían a los pastores pacíficos o labriegos establecidos para dominarlos y esclavizarlos. Dichos estados, resultantes de la conquista, fueron forzosamente estratificados; las clases resultaron inevitables, y las luchas de clases sociales no han dejado de ser selectivas.

Las tribus septentrionales de los hombres rojos americanos nunca alcanzaron la verdadera condición de estado. Nunca progresaron más allá de una confederación poco unida de tribus, una forma muy primitiva del estado. Se aproximó más a esta condición la federación iroquesa, pero este grupo de seis naciones nunca llegó a funcionar a manera de estado y no logró sobrevivir debido a la ausencia de ciertos elementos esenciales para la vida nacional moderna, tales como:

1. Adquisición y herencia de la propiedad privada.

2. Existencia de ciudades así como también de la agricultura y la industria.

3. Animales domésticos útiles.

4. Organización familiar práctica. Estos hombres rojos se aferraban a la familia materna y la herencia del sobrino.

5. Un territorio definido.

6. Una cabeza ejecutiva fuerte.

7. Esclavización de los cautivos —los adoptaban o los mataban en masa.
8. Conquistas decisivas.

Los hombres rojos eran demasiado democráticos; tuvieron un buen gobierno, pero fracasó. Ulteriormente, habrían desarrollado un estado, si no se hubieran topado prematuramente con la civilización más avanzada del hombre blanco, que practicaba los métodos gubernamentales de los griegos y romanos.

El éxito del estado romano se basaba en:

1. La familia paterna.
2. La agricultura y la domesticación de los animales.
3. La concentración de la población —las ciudades.
4. La propiedad y la tierra privada.
5. La esclavitud —las clases de ciudadanía.
6. La conquista y reorganización de los pueblos débiles y atrasados.
7. Un territorio definido, con carreteras.
8. Gobernantes personales y fuertes.

La gran flaqueza de la civilización romana y un factor a contribuir a la caída final del imperio, fue la disposición presuntamente liberal y avanzada de emancipar a los jóvenes de veintiún años de edad, y liberar incondicionalmente a las jóvenes para que éstas pudieran casarse con el hombre que quisieran o bien irse al exterior y darse a la vida inmoral. El perjuicio a la sociedad no consistió en estas reformas mismas, sino, más bien, en la forma amplia y repentina en que se adoptaron. El fracaso de Roma demuestra lo que puede esperarse, cuando un estado es sometido a expansión excesivamente rápida conjuntamente con la degeneración interna.

Lo que hizo posible el estado embriónico fue que los lazos consanguíneos menguaron en favor de los territoriales; y la conquista solía cimentar estas federaciones tribales firmemente. Si bien una soberanía que trasciende a todas las luchas y desavenencias menores de los grupos es la principal característica del verdadero estado, muchas clases y castas aún perduran en las organizaciones estatales posteriores como restos de los clanes y tribus del pasado. Los últimos y mayores estados sostuvieron una prolongada y encarnizada lucha con estos grupos de clanes consanguíneos más pequeños, resultando ser el gobierno tribal una valiosa transición de la autoridad familiar a la estatal. Posteriormente surgieron muchos clanes de los gremios y otras asociaciones industriales.

El fracaso de la integración estatal resulta en la reversión a las condiciones de las técnicas gubernamentales anteriores al estado, tal como el feudalismo del medioevo europeo. Durante estas edades de oscurantismo se vino abajo el estado territorial y hubo una reversión a los grupos pequeños de los castillos, la reaparición de las etapas evolutivas del clan y la tribu. Aún ahora existen en Asia y África semiestados de esta índole, mas no todos constituyen reversiones evolucionarias; gran parte son los núcleos de los estados del futuro en su etapa embrionaria.

2. LA EVOLUCIÓN DEL GOBIERNO REPRESENTATIVO

A pesar de ser la democracia un ideal, es fruto de la civilización, no de la evolución. ¡Proceded despacio, elegid con esmero! pues los peligros de la democracia son:

1. La glorificación de la mediocridad.
2. La elección de gobernantes viles e ignorantes.

3. El desconocimiento de los hechos primordiales de la evolución social.

4. El peligro del sufragio universal en manos de mayorías incultas e indolentes.

5. La esclavitud a la opinión pública; no siempre tiene razón la mayoría.

La opinión pública, la opinión común, siempre ha retrasado a la sociedad; no obstante, es valiosa, pues, al retardar la evolución social, logra preservar la civilización. El método de educar la opinión pública es el único efectivo y seguro para acelerar la civilización; la fuerza no es sino una conveniencia temporal, y el desarrollo cultural se acelera notablemente cuando las balas ceden el paso a la boleta electoral. La opinión pública, las costumbres establecidas, constituye la energía elemental y primordial de la evolución social y del desarrollo del estado; pero, para tener valor estatal, tiene que expresarse en forma no violenta.

Para medir el progreso de la sociedad, se determina hasta qué grado la opinión pública puede controlar la conducta personal y la regulación estatal mediante la expresión no violenta. El gobierno verdaderamente civilizado llegó cuando se revistió la opinión pública de las facultades del sufragio personal. Las elecciones populares no siempre decidirán las cuestiones acertadamente, pero sí representan la forma acertada incluso de desacertar. La evolución no produce perfección superlativa al instante, sino, más bien, una adaptación práctica comparativa y progresiva.

Existen diez pasos, o etapas, para la evolución de una forma eficaz y práctica de gobierno representativo, a saber:

1. *La libertad de la persona.* Han de desaparecer la esclavitud, el avasallamiento y toda forma de cautiverio humano.

2. *La libertad de la mente.* La libertad suele hacer más daño que bien, si no se educan los pueblos libres —se enseñan a pensar con inteligencia y a proyectar sabiamente.

3. *El reinado de la ley.* No se puede gozar de libertad sino cuando, de acuerdo con la ley fundamental reconocida, las promulgaciones legislativas reemplazan la voluntad y los caprichos de los gobernantes humanos.

4. *La libertad de expresión.* El gobierno representativo es inconcebible sin libertad de todas las formas de expresión para las aspiraciones y opiniones humanas.

5. *La seguridad de la propiedad.* Ningún gobierno perdura mucho tiempo si no logra conceder el derecho de disfrutar de la propiedad personal en alguna forma. El hombre anhela el derecho de usar, controlar, conferir, vender, arrendar y legar su propiedad personal.

6. *El derecho de la petición.* El gobierno representativo supone que el ciudadano tiene derecho a ser escuchado. El privilegio de la petición es inherente a la ciudadanía libre.

7. *El derecho de gobernar.* No basta con ser escuchado; la facultad de la petición ha de avanzar hasta la gestión misma del gobierno.

8. *El sufragio universal.* El gobierno representativo presupone un electorado universal, inteligente y eficiente. El carácter de este tipo de gobierno siempre será determinado por el carácter y la capacidad de los que lo componen. A medida que progrese la civilización, siempre que el sufragio sea universal para ambos sexos, será modificado, reagrupado y, de otro modo, diferenciado con efectividad.

9. *El control de los funcionarios públicos.* Ningún gobierno civil será duradero y efectivo sin que la ciudadanía disponga y se valga de técnicas prudentes para guiar y controlar a los titularizados y los funcionarios públicos.

10. *La representación capaz e inteligente.* La supervivencia de la democracia depende del éxito del gobierno representativo, lo cual está condicionado a la práctica de elegir para cargos públicos solamente a aquellos individuos que sean técnicamente capacitados, intelectualmente competentes, socialmente leales y moralmente aptos. El gobierno del pueblo, por el pueblo y para el pueblo puede ser preservado únicamente mediante estas disposiciones.

3. LOS IDEALES DEL ESTADO

Tiene poca importancia la forma política o administrativa de un gobierno con tal que brinde los elementos esenciales del progreso civil: la libertad, la seguridad, la educación y la coordinación social. El curso de la evolución social está determinado por lo que hace un estado, no por lo que es un estado. A pesar de todo, ningún estado puede trascender los valores morales de su ciudadanía según se ejemplifican en sus mandatarios elegidos. La ignorancia y el egoísmo garantizan la caída hasta del tipo de gobierno más sobresaliente.

Por mucho que se lamente, el egotismo nacional ha sido esencial para la supervivencia social. La doctrina del pueblo elegido ha sido un factor primordial para unir las tribus y edificar las naciones hasta los tiempos modernos. Pero ningún estado puede alcanzar niveles ideales de funcionamiento hasta tanto no domine todas las formas de la intolerancia; ésta es perennemente adversa al progreso humano. La mejor manera de combatir la intolerancia consiste en la coordinación de la ciencia, el comercio, la recreación y la religión.

El estado ideal funciona bajo el impulso de tres fuerzas coordinadas y poderosas:

1. La lealtad del amor que se deriva de la realización de la hermandad humana.

2. El patriotismo inteligente que se basa en ideales sabios.

3. La compenetración cósmica que se interpreta en función de los hechos, necesidades y metas del planeta.

Las leyes del estado ideal son pocas y han dejado atrás la edad negativista de los tabúes para entrar en la era del progreso positivo de la libertad individual que resulta del aumento del autocontrol. El estado exaltado no sólo obliga a sus ciudadanos a trabajar, sino que también los incita al uso beneficioso y elevador del tiempo libre, dando como resultado un aumento al avance progresivo de la edad de la mecanización. El tiempo libre ha de producir además de consumir.

Ninguna sociedad ha progresado mucho permitiendo la ociosidad o tolerando la miseria. Pero jamás podrán eliminarse la miseria y la dependencia si las cepas defectuosas y degeneradas son mantenidas gratis y se les permite reproducirse sin restricciones.

Una sociedad moral debe proponerse preservar la dignidad de su ciudadanía y brindar a todo individuo normal una oportunidad adecuada para su autorrealización. Este plan de logro social produciría una sociedad cultural de orden superior. La evolución social debe ser fomentada por una supervisión gubernamental que ejerza un mínimo de control regulador. El mejor estado es aquél que coordina más y gobierna menos.

Los ideales de la existencia estatal se deben lograr mediante la evolución, el desarrollo lento de la conciencia cívica, el reconocimiento de la obligación y privilegio del servicio social. Después de una administración de oportunistas políticos, los hombres primero asumen las cargas del gobierno como deber, para más tarde ir en pos de este servicio porque lo consideran un privilegio, el honor máximo. La condición de cualquier nivel de civilización se refleja claramente en la calidad de los ciudadanos que se ofrecen para aceptar las responsabilidades del estado.

En una verdadera mancomunidad la labor de gobernar las ciudades y provincias es realizada por expertos y es administrada tal como lo son todas las demás formas de asociaciones comerciales y económicas de la gente.

En los estados avanzados, el servicio político se considera la devoción máxima de la ciudadanía. La ambición suprema de los ciudadanos más sabios y nobles es ganar el reconocimiento civil, ser elegido o nombrado para alguna posición de confianza gubernamental, y que estos gobiernos confieran a sus funcionarios civiles y sociales sus honores máximos de reconocimiento por el servicio prestado. Luego se dispensan honores en este orden, a los filósofos, educadores, científicos, industrialistas y militares. A los padres se les recompensa debidamente por la excelencia de sus hijos; los dirigentes puramente religiosos, siendo embajadores del reino espiritual, reciben sus verdaderas recompensas en otro mundo.

4. LA CIVILIZACIÓN PROGRESIVA

La economía, la sociedad y el gobierno tienen que evolucionar si han de perdurar. Las condiciones estancadas en un mundo evolucionario son indicativas de decadencia; sólo perduran aquellas instituciones que avanzan con la corriente evolucionaria.

El programa progresivo de una civilización en expansión abarca:

1. La preservación de las libertades individuales.
2. La protección del hogar.
3. La promoción de la seguridad económica.
4. La prevención de las enfermedades.
5. La educación obligatoria.
6. El empleo obligatorio.
7. El aprovechamiento del tiempo libre.
8. La atención a los infortunados.
9. El mejoramiento de la raza.
10. La promoción de las ciencias y las artes.
11. La promoción de la filosofía —la sabiduría.
12. El aumento de la compenetración cósmica —la espiritualidad.

Y este progreso en las artes de la civilización va encaminado directamente a la realización de las máximas metas humanas y divinas del esfuerzo mortal —el logro social de la hermandad del hombre y la condición personal de ser consciente de Dios, lo cual se manifiesta en el supremo deseo de todo individuo de hacer la voluntad del Padre en el cielo.

La aparición de la verdadera hermandad significa que ha llegado un orden social en el cual se deleitan todos los hombres sobrellevando los unos las cargas de los otros; de hecho desean poner en práctica la regla de oro. Pero no se puede lograr una sociedad tan ideal cuando los débiles o malvados están a la expectativa para aprovecharse de modo injusto e impío de los que son motivados fundamentalmente por la devoción al servicio de la verdad, la belleza y la bondad. En esta situación un solo proceder resulta práctico: los seguidores de la «regla de oro» pueden establecer una sociedad progresiva en la cual vivan de acuerdo con sus ideales, al mismo tiempo que mantengan una defensa adecuada contra sus semejantes sumidos en la ignorancia, quienes quizás pretenderán explotar sus predilecciones pacíficas, o bien, destrozar su civilización en avance.

Nunca puede sobrevivir el idealismo en un planeta evolutivo si los idealistas de cada generación se permiten ser exterminados a manos de las órdenes más viles de la humanidad. He aquí la gran prueba del idealismo: ¿Puede una sociedad avanzada mantener un estado de preparación militar que la proteja de los ataques de sus vecinos amantes de la guerra, sin sucumbir a la tentación de emplear este poderío militar en operaciones ofensivas contra otros pueblos a fin de la ventaja egoista o el engrandecimiento nacional? La supervivencia nacional exige el estado de preparación militar y sólo el idealismo religioso puede impedir que se prostituya la preparación convirtiéndose en agresión. Sólo el amor, la hermandad, pueden impedir que los fuertes opriman a los débiles.

5. LA EVOLUCIÓN DE LA COMPETENCIA

La competición es esencial para el progreso social, pero la competencia, sin tasa ni medida, engendra la violencia. En la sociedad de hoy en día, la competición va desplazando poco a poco a la guerra en cuanto que determina la posición del individuo en la industria, y así decreta la supervivencia de las industrias mismas. (El asesinato y la guerra difieren en su calidad ante las costumbres establecidas; pues el asesinato quedó proscrito desde los primeros días de la sociedad; en cambio, la guerra no ha sido proscrita nunca por la humanidad en general.)

El estado ideal acomete la regulación de la conducta social sólo lo bastante para eliminar la violencia de la competencia individual y para impedir la injusticia en la iniciativa personal. He aquí el gran problema del estado: ¿Cómo se puede garantizar la paz y tranquilidad de la industria, pagar los impuestos para mantener el poder del estado y, al mismo tiempo, impedir que la gravación fiscal entorpezca la industria y que el estado se convierta en parásito o tirano?

A través de las edades primitivas de cualquier mundo, la competencia es esencial para la civilización progresiva. A medida que progresa la evolución del hombre, la cooperación llega a ser cada vez más efectiva. En las civilizaciones avanzadas la cooperación es más eficaz que la competencia. La competencia estimula al hombre primitivo. La evolución primitiva se caracteriza por la supervivencia de los que son biológicamente aptos, pero las civilizaciones posteriores se fomentan mejor por la cooperación inteligente, la fraternidad compasiva y la hermandad espiritual.

Cierto que la competición en la industria es excesivamente derrochadora y sumamente ineficaz, pero no se debe aprobar ningún esfuerzo para eliminar esta desastrosa moción económica, si tales modificaciones suponen la más mínima abolición de cualquiera de las libertades fundamentales del individuo.

6. EL MOTIVO DEL LUCRO

Hoy por hoy la economía motivada por el lucro está destinada al fracaso, a no ser que los motivos de lucro puedan ser superados por motivos de servicio. La competición despiadada que se basa en el egoísmo de miras estrechas, a la larga, destruye aquello que procura mantener. La motivación egoísta y exclusiva de lucro es incompatible con los ideales cristianos —mucho más incompatible con las enseñanzas de Jesús.

En la economía, la motivación de lucro es para la motivación de servicio lo que el temor es para el amor en la religión. Pero el motivo del lucro no ha de destruirse ni eliminarse de manera repentina; mantiene trabajando duro a muchos mortales que de lo contrario serían perezosos. No es forzoso, sin embargo, que este excitador de energía social sea perennemente egoísta en sus objetivos.

El motivo del lucro en las actividades económicas es enteramente vil y totalmente indigno en un orden avanzado de sociedad; no obstante, es un factor indispensable durante las fases tempranas de la civilización. No se ha de quitar el motivo del lucro a los hombres hasta que cuenten con sólidos tipos superiores de motivos desprovistos de fines lucrativos para el empeño económico y el servicio social —el afán trascendente de la sabiduría superlativa, la hermandad fascinante y la excelencia del logro espiritual.

7. LA EDUCACIÓN

El estado duradero se funda en la cultura, dominado por ideales y motivado por el servicio. El propósito de la educación debe ser la adquisición de conocimientos, la consecución de la sabiduría, la autorrealización y el logro de valores espirituales.

En el estado ideal, la educación continúa toda la vida, y la filosofía algunas veces se convierte en el objetivo principal de sus ciudadanos. Los ciudadanos de tal mancomunidad van en la búsqueda de la sabiduría para compenetrarse más intensamente con la significación de las relaciones humanas, los sentidos de la realidad, la nobleza de los valores, las metas de la vida y las glorias del destino cósmico.

Los urantianos deben lograr la perspectiva de una sociedad cultural superior y nueva. La educación alcanzará nuevos niveles de valor al pasar el sistema de economía motivado puramente por el lucro. La educación ha sido demasiado tiempo provinciana y militarista, exaltando el ego y buscando el éxito; a la larga tendrá que ser global, idealista, de autorealización y de comprensión del cosmos.

Hace poco la educación pasó del control del clero al de los abogados y los hombres de negocios. Ulteriormente se tendrá que entregar a los filósofos y científicos. Los maestros han de ser entes libres, verdaderos dirigentes, a fin de que la filosofía, la búsqueda de la sabiduría, pueda convertirse en el objetivo básico de la educación.

La educación es la tarea de la vida; ha de continuar toda la vida para que la humanidad pueda experimentar gradualmente los niveles ascendentes de la sabiduría mortal, que son:

1. El conocimiento de las cosas.
2. La comprensión de los significados.
3. La apreciación de los valores.
4. La nobleza del trabajo —el deber.
5. La motivación de las metas —la moralidad.
6. El amor al servicio —el carácter.
7. La visión cósmica —el discernimiento espiritual.

Luego, mediante estos logros, muchos ascenderán al máximo grado humano de la realización mental, el conocimiento de Dios.

8. EL CARÁCTER DEL ESTADO

El único rasgo sagrado de todo gobierno humano es la división del estado en tres dominios de funciones ejecutivas, legislativas y judiciales. El universo se administra de acuerdo con este esquema de segregación de las funciones y la autoridad. Aparte de este concepto divino de la regulación social efectiva o gobierno civil, poco importa por qué forma de estado opte el pueblo con tal de que la ciudadanía continúe progresando hacia la meta de mayor autocontrol y aumento del servicio social. La agudeza intelectual, la sagacidad económica, la astucia social, la resistencia moral de un pueblo se reflejan todas fielmente en la calidad del estado.

La evolución del estado supone el progreso de un nivel a otro, como sigue:

1. La creación de un gobierno de tres componentes: las ramas ejecutiva, legislativa y judicial.

2. La libertad de las actividades sociales, políticas y religiosas.

3. La abolición de todas las formas de esclavitud y cautiverio humanos.

4. La capacidad de la ciudadanía de controlar la gravación de impuestos.

5. El establecimiento de la educación universal —extensión del aprendizaje desde la cuna hasta la tumba.

6. El equilibrio debido entre los gobiernos local y nacional.

7. El fomento de las ciencias y la conquista de las enfermedades.

8. El reconocimiento debido de la igualdad de los sexos y el funcionamiento coordinado de hombres y mujeres en el hogar, la escuela y la iglesia, con servicio especializado de las mujeres en la industria y el gobierno.

9. La eliminación de la esclavitud en el trabajo por la invención de las máquinas y el dominio ulterior de la edad mecanizada.

10. La conquista de los dialectos —el triunfo de una lengua universal.

11. El fin de las guerras —la sentencia internacional de las desavenencias nacionales y raciales en cortes continentales de las naciones, presididas por un tribunal supremo planetario compuesto de jueces reclutados automáticamente de los antiguos jueces periódicamente jubilados de las cortes continentales. Las cortes continentales son de carácter autoritario; la corte mundial es de asesoría —de carácter moral.

12. La tendencia mundial de ir en pos de la sabiduría —la exaltación de la filosofía. La evolución de una religión mundial que presagie la entrada del planeta a las fases anteriores del establecimiento en luz y vida.

Éstos son los requisitos previos del gobierno progresivo y las características del estado ideal. Urantia dista mucho de ser la realización de estos ideales exaltados, pero las razas civilizadas han comenzado la marcha —la humanidad va encaminada hacia destinos evolutivos superiores.

[Patrocinado por un Melquisedek de Nebadon.]

DOCUMENTO 72

EL GOBIERNO DE UN PLANETA VECINO

CON la venia de Lanaforge y con el visto bueno de los Altísimos de Edentia, estoy autorizado para narrar un poco sobre la vida política, moral y social de la raza humana más avanzada que vive en un planeta no muy distante que pertenece al sistema de Satania.

De todos los mundos de Satania que se aislaron debido a su participación en la rebelión de Lucifer, éste es el planeta que ha vivido la historia más similar a la de Urantia. La semejanza entre las dos esferas indudablemente explica el motivo por el cual se otorgó el permiso para hacer esta extraordinaria exposición, pues es muy insólito que los soberanos del sistema consientan que se narren en un planeta los asuntos de otro.

Este planeta, como Urantia, fue descarriado por la deslealtad de su Príncipe Planetario en relación con la rebelión de Lucifer. Recibió a un Hijo Material poco después de llegar Adán a Urantia, y este Hijo también erró, dejando la esfera aislada, puesto que a sus razas mortales nunca se les había conferido un Hijo Magisterial.

1. LA NACIÓN CONTINENTAL

A pesar de todas estas desventajas planetarias, en un continente aislado, como del tamaño de Australia, está evolucionando una civilización muy superior. Esta nación tiene alrededor de 140 millones de habitantes. Su pueblo es de una raza mezclada, predominantemente azul y amarilla, teniendo una proporción ligeramente mayor de violeta que la llamada raza blanca de Urantia. Estas distintas razas aún no están completamente mezcladas, pero fraternizan y alternan entre sí muy aceptablemente. Actualmente la duración media de vida en este continente es de noventa años, quince por ciento más alto que la de cualquier otro pueblo del planeta.

El mecanismo industrial de esta nación disfruta de cierta gran ventaja que deriva de la topografía singular del continente. Las elevadas montañas, sobre las cuales caen lluvias fuertes durante ocho meses del año, están situadas en el centro mismo del país. Esta disposición natural favorece el aprovechamiento de la energía hídrica y facilita considerablemente el riego del árido cuadrante occidental del continente.

Este pueblo es autosuficiente, es decir, puede subsistir por tiempo indefinido sin importar nada de las naciones circundantes. Sus recursos naturales son abundantes, y mediante técnicas científicas han aprendido a subsanar sus deficiencias en los elementos esenciales de la vida. Disfrutan de un ágil comercio interno, pero tienen poco comercio exterior debido a la hostilidad universal de sus vecinos menos progresistas.

Esta nación continental, en general, siguió la tendencia evolucionaria del planeta: demoró miles de años el desarrollo desde la etapa tribal hasta la aparición de gobernantes y reyes poderosos. Los monarcas incondicionales fueron sucedidos por muchos tipos distintos de gobierno —repúblicas fallidas, estados comunales y dictadores que entraban y salían interminablemente. Este desarrollo continuó hasta hace unos quinientos años cuando, durante un período de fermento político, cambió de idea uno de los poderosos dictadores triunviros de la nación. Ofreció, voluntariamente renunciar con la condición de que uno de los otros soberanos, el más ruin de los dos restantes, abandonara también su dictadura. De este modo se depositó la soberanía del continente en manos de un solo gobernante. El estado unido progresó bajo un fuerte régimen monárquico por un período de más de cien años, durante el cual evolucionó una magistral carta constitutiva de libertad.

Fue paulatina la transición subsiguiente de monarquía a la forma representativa de gobierno; al principio quedaron los reyes como meras figuras sociales o sentimentales, y luego desaparecieron, al agotarse la línea de descendentes varones. Lleva en vigor la república actual sólo doscientos años, durante los cuales ha habido una progresión continua hacia las técnicas gubernamentales que están a punto de narrarse, habiéndose producido las últimas evoluciones en los ámbitos político e industrial dentro de la década pasada.

2. LA ORGANIZACIÓN POLÍTICA

Hoy día esta nación continental dispone de un gobierno representativo con una capital nacional de ubicación céntrica. El gobierno central consiste en una fuerte federación de cien estados relativamente libres. Estos estados eligen sus gobernadores y legisladores por diez años, y ninguno puede presentarse a reelección. Los jueces estatales son designados al cargo vitalicio por los gobernadores y confirmados por sus cuerpos legislativos, que constan de un representante por cada cien mil ciudadanos.

Existen cinco tipos diferentes de gobierno metropolitano, según el número de habitantes de la ciudad, pero a ninguna ciudad se le permite sobrepasar el millón de habitantes. En general, estos esquemas de gobierno municipal son muy sencillos, directos y económicos. Los pocos cargos de administración municipal son muy codiciados por los ciudadanos del más alto nivel.

El gobierno federal abarca tres divisiones coordinadas: ejecutiva, legislativa y judicial. Se elige al mandatario ejecutivo cada sexenio mediante sufragio universal territorial. Éste no es elegible a reelección sino a petición de un mínimo de setenta y cinco legisladores estatales, cuyas opiniones han de concordar con las de sus gobernadores estatales respectivos; y, en este caso, se limita a sólo un sexenio más. Lo asesora un supergabinete formado por todos los antiguos ex-mandatarios vivos.

La división legislativa comprende tres cámaras:

1. *La cámara alta* es elegida por grupos de trabajadores industriales, profesionales, agrícolas y otros, efectuándose la votación de acuerdo con la función económica.

2. *La cámara baja* es elegida por ciertas organizaciones de la sociedad que engloban grupos sociales, políticos y filosóficos que no incluyan la industria ni las profesiones. Todos los ciudadanos de buena reputación participan en la elección de ambas clases de representantes, pero se agrupan de forma diferente, dependiendo de si la elección corresponde a la cámara alta o baja.

3. *La tercera cámara* —los estadistas ancianos— abarca los veteranos del servicio cívico e incluye muchas personas ilustres nominadas por el mandatario ejecutivo, por los ejecutivos regionales (subfederales), por el jefe del tribunal supremo, y por los funcionarios que presiden una u otra cámara legislativa. Se

limita este grupo a cien miembros, y sus integrantes son elegidos por la acción mayoritaria de los mismos estadistas ancianos. La afiliación es vitalicia y cuando se producen vacantes, se elige debidamente al que reciba el mayor número de votos, entre los que han sido nominados. La incumbencia de este órgano es de carácter puramente asesor, pero es un poderoso regulador de la opinión pública y ejerce una fuerte influencia en todas las ramas del gobierno.

Las diez autoridades regionales (subfederales) realizan gran parte del trabajo administrativo federal, consistiendo cada una de la asociación de diez estados. Estas divisiones regionales son totalmente ejecutivas y administrativas, careciendo de funciones legislativas y judiciales. Los diez ejecutivos regionales son designados personalmente por el mandatario ejecutivo federal, y el período en funciones de éstos coincide con el de él —un sexenio. El tribunal supremo federal aprueba la designación de estos diez ejecutivos regionales y, aunque no se pueden volver a designar, el ejecutivo saliente se convierte automáticamente en asociado y asesor de su sucesor. Por otra parte, estos jefes regionales escogen los miembros de su gabinete entre los funcionarios administrativos.

En esta nación se administra la justicia mediante dos sistemas principales de tribunales —las cortes de la ley y las cortes socioeconómicas. Las cortes de la ley funcionan en los tres siguientes niveles:

1. *Las cortes menores* de jurisdicción local y municipal, cuyos fallos se pueden apelar a los tribunales estatales superiores.

2. *Las cortes supremas estatales* cuyos fallos son terminantes en todos los asuntos no tocantes al gobierno federal o al riesgo de los derechos y libertades de la ciudadanía. Los ejecutivos regionales están facultados para avocar sin demoras a la corte suprema federal cualquier caso.

3. *La corte suprema federal* —el tribunal supremo para los juicios de disputas nacionales y los pleitos apelados de las cortes estatales. Este tribunal supremo está compuesto de doce hombres mayores de cuarenta años de edad y menores de setenta y cinco que se han desempeñado durante un plazo igual o superior a dos años en un tribunal estatal, y que han sido designados a este alto cargo por el mandatario ejecutivo con la anuencia mayoritaria del supergabinete y de la tercera cámara de la asamblea legislativa. Todas las decisiones de este órgano judicial supremo se emiten en virtud de un mínimo de dos tercios de votos.

Las cortes socioeconómicas funcionan en las siguientes tres divisiones:

1. *Las cortes tutelares*, relacionadas con las divisiones legislativa y ejecutiva del sistema social y familiar.

2. *Las cortes de asuntos educativos* —las entidades jurídicas vinculadas con los sistemas escolares estatales y regionales y relacionadas con las ramas legislativa y ejecutiva del mecanismo administrativo de la enseñanza.

3. *Las cortes industriales* —los tribunales jurisdiccionales en los que está depositada plena autoridad para dirimir todos los malentendidos de carácter económico.

La corte suprema federal no avoca a sí misma los pleitos socioeconómicos sino mediante tres cuartos de los votos de la tercera rama legislativa del gobierno nacional, la cámara de los estadistas ancianos. Por lo demás, todas las decisiones de las cortes superiores tutelares, de asuntos educativos e industriales son perentorias.

3. LA VIDA HOGAREÑA

En este continente es ilegal que dos familias vivan bajo un mismo techo. Puesto que se han proscrito las viviendas multifamiliares, se ha demolido la mayoría de los edificios de viviendas múltiples. Sin embargo, los célibes siguen viviendo en clubes, hoteles y otras viviendas multipersonales. El solar más pequeño que se permite para la construcción de vivienda familiar ha de ser no menos de cuatro mil quinientos metros cuadrados de tierra. Todo terreno y otras propiedades destinados a fines de vivienda familiar están exonerados de impuestos hasta diez veces el mínimo permitido para el solar de vivienda familiar.

Durante el último siglo se ha mejorado considerablemente la vida familiar de este pueblo. Es obligatorio que los padres de familia, tanto el padre como la madre, asistan a las escuelas de puericultura para padres de familia. Hasta los labriegos que residen en pequeños poblados rurales realizan esta labor por correspondencia, asistiendo al centro de instrucción oral más próximo una vez cada diez días —bisemanalmente, pues la semana es de cinco días.

Cada familia tiene un promedio de cinco hijos, y éstos quedan bajo la tutela de los padres o, en caso del fallecimiento de uno o ambos, bajo la de los tutores designados por la corte tutelar. Se considera un gran honor que a una familia se le adjudique la tutela de un huérfano de padre y madre. Se presentan los padres de familia a exámenes competitivos, y se adjudica el huérfano al hogar de los que presentan las mejores cualidades paternas.

Este pueblo considera el hogar como la institución básica de su civilización. Se espera que los niños obtendrán de sus padres en el hogar la parte más valiosa de su educación y formación de carácter, y el padre dedica casi tanta atención a la crianza del hijo como la madre.

Los padres o tutores legítimos imparten toda la instrucción sexual en el hogar. Los maestros ofrecen la instrucción moral durante los descansos en los talleres de las escuelas, pero éste no es el caso de la preparación religiosa, la cual se estima que es privilegio exclusivo de los padres considerándose la religión como parte integral de la vida hogareña. La instrucción puramente religiosa se da públicamente, sólo en los templos de filosofía, ya que etre esta gente, no se han desarrollado instituciones exclusivamente religiosas, semejantes a las iglesias de Urantia. En su filosofía, la religión es el afán de conocer a Dios y de manifestar amor al prójimo sirviéndole, lo cual, sin embargo, no es propio del estado religioso de las otras naciones de este planeta. En este pueblo, la religión es un asunto que forma parte tan integral de la familia que no existen sitios públicos consagrados exclusivamente a la reunión religiosa. Políticamente, la iglesia y el estado, como suelen llamarles los habitantes de Urantia, están totalmente separados, no obstante, hay una extraña superposición entre la religión y la filosofía.

Hasta hace veinte años dependieron de la supervisión gubernamental los maestros espirituales (equiparables a los pastores de Urantia), los cuales visitan a cada familia periódicamente para examinar a los hijos y averiguar si sus padres les han instruido de forma debida. Actualmente estos asesores espirituales y examinadores están bajo la dirección recién creada del Patronato del Progreso Espiritual, una institución respaldada por aportaciones voluntarias. Esta institución, posiblemente, no continúe evolucionando hasta después del advenimiento de un Hijo Magisterial Paradisiaco.

Los niños quedan legalmente supeditados a sus padres hasta la edad de quince años, cuando se celebra la primera iniciación a la responsabilidad cívica. Después de esto, cada cinco años, durante cinco períodos sucesivos se celebran ejercicios públicos similares para estas categorías de edad, durante los cuales se aminoran las obligaciones hacia los padres, en tanto que se asumen nuevas responsabilidades cívicas y sociales al estado. Se confiere el sufragio a los veinte años, no se concede el derecho al matrimonio sin anuencia de los padres hasta los veinticinco años, y los hijos tienen que abandonar el hogar paterno al cumplir treinta años de edad.

A través de toda la nación son uniformes las leyes acerca del matrimonio y el divorcio. No se permite el matrimonio antes de los veinte años —la mayoría de edad. Se otorga el permiso de matrimonio únicamente después de haber dado aviso de intención con un año de antelación, y después de haber presentado tanto el novio como la novia constancia de que se les ha instruido debidamente en las escuelas tutelares sobre las responsabilidades de la vida matrimonial.

Son poco severos los reglamentos de divorcio, pero no se puede obtener los decretos de separación que expiden las cortes tutelares hasta que haya transcurrido un año del asiento de dicha solicitud, y un año en este planeta es bastante más largo que un año en Urantia. A pesar de ser poco estrictas las leyes de divorcio, el índice actual de divorcio es sólo un décimo de el de las razas civilizadas de Urantia.

4. EL SISTEMA DE LA ENSEÑANZA

El sistema de la enseñanza de esta nación es obligatorio y mixto en los años preuniversitarios, a los que asiste el estudiante desde la edad de cinco años hasta los dieciocho. Estas escuelas difieren enormemente de las de Urantia. No hay aulas, se estudia una sola materia a la vez, y después de los primeros tres años todos los alumnos se convierten en maestros auxiliares, instruyendo a los que les siguen. Se utilizan libros sólo para obtener información que sirva para resolver problemas que surjan en los talleres escolares y en las estaciones agrícolas escolares. En estos talleres se producen gran parte de los muebles que se usan en el continente y muchos artefactos mecánicos —es la gran edad de la invención y la mecanización. Se encuentra una biblioteca de trabajo contigua a cada taller donde el estudiante puede consultar los libros necesarios. Se siguen también cursos de agricultura y horticultura durante todo el período de enseñanza en extensas granjas adyacentes a todas las escuelas locales.

Se preparan a los débiles mentales únicamente en la agricultura y la ganadería, y se recluyen de por vida en colonias especiales de custodia, donde se segregan por sexo para impedir la procreación, que se niega a todos los subnormales. Estas medidas restrictivas llevan en vigor setenta y cinco años; los decretos de reclusión son emitidos por las cortes tutelares.

Cada año, todo el mundo toma un mes de vacaciones. Las escuelas preuniversitarias funcionan nueve meses del año que consta de diez; se pasan las vacaciones de viaje con padres o amigos. Estos viajes forman parte del programa de educación de adultos que continúa durante toda la vida; se acumulan los fondos para sufragar estos gastos mediante los mismos métodos que se emplean para el seguro de vejez.

Se dedica una cuarta parte del tiempo en la escuela al juego —la gimnasia competitiva— los estudiantes progresan en estos concursos desde los locales estatales y regionales, hasta las pruebas nacionales de pericia y valor. Asímismo, los concursos de oratoria y música y los de ciencias y filosofía ocupan la atención de los estudiantes desde las divisiones sociales inferiores hasta llegar a los concursos que otorgan distinciones nacionales.

El gobierno de la escuela es una réplica del gobierno nacional con sus tres ramas correlativas, funcionando el profesorado como la tercera división o la legislativa asesora.

Es el objetivo primordial de la enseñanza en este continente convertir a todos los alumnos en ciudadanos autosuficientes.

Todo niño que se gradúa del sistema escolar preuniversitario a los dieciocho años de edad es un artesano experto. Aquí comienza el estudio de los libros en pos de los conocimientos especiales bien en las escuelas adultas o en las universidades. Cuando un estudiante brillante termina sus deberes antes de tiempo, se le otorga un premio de tiempo y fondos, y éste implica que puede ejecutar algún proyecto especial de su propio ingenio. Todo el sistema de enseñanza está concebido para preparar al individuo de forma adecuada.

5. LA ORGANIZACIÓN INDUSTRIAL

La situación industrial de este pueblo dista mucho de sus ideales; aún tienen sus dificultades el capital y el trabajo, pero ambos se están ajustando al plan de cooperación sincera. En este continente único los trabajadores se van convirtiendo cada vez más en accionistas de todas las empresas industriales; y cada trabajador inteligente se hace poco a poco en un pequeño capitalista.

Se están aminorando los antagonismos sociales, y está aumentando a la par la buena voluntad. Ningún problema económico grave ha surgido de la abolición de la esclavitud (que ocurrió hace más de cien años), ya que esta modificación se efectuó gradualmente liberando cada año dos por ciento de los esclavos. Se confirió la ciudadanía a aquellos esclavos que aprobaron satisfactoriamente las pruebas físicas, mentales y morales; gran parte de estos esclavos superiores fueron prisioneros de guerra o hijos de dichos prisioneros. Hace unos cincuenta años que se deportaron los últimos esclavos inferiores, y aún más recientemente se están dedicando a reducir el número en las categorías de degenerados y viciosos.

Hace poco esta gente desarrolló nuevas técnicas para solucionar malentendidos industriales y para la corrección de abusos económicos, las que representan marcadas mejoras frente a los antiguos métodos de resolver estos problemas. Se ha proscrito la violencia como procedimiento para solucionar las desavenencias personales o industriales. No se regulan rígidamente los salarios, las ganancias y otros problemas económicos, pero en general los controlan los órganos legislativos de asuntos industriales, mientras que las disputas que surjan de la industria se deciden en las cortes industriales.

Sólo llevan en funcionamiento treinta años las cortes de asuntos industriales, pero funcionan de forma muy satisfactoria. La evolución más reciente dispone que, de este momento en adelante, las cortes de asuntos industriales han de reconocer que la compensación legal corresponde a una de tres divisiones:

1. Tasas legales de interés sobre capital invertido.
2. Salarios razonables en retribución de la destreza y el conocimiento en operaciones industriales.
3. Salarios justos y equitativos como retribución del trabajo.

Éstas se satisfarán de acuerdo con un contrato o, ante una disminución de ganancias, compartirán proporcionalmente una reducción transitoria. Y de ahí en adelante todas las ganancias que excedan estos cargos fijos se considerarán como dividendos y se prorratearán entre las tres divisiones: capital, conocimientos especializados y trabajo.

Cada diez años los ejecutivos regionales ajustan y decretan las horas legales de la jornada diaria de labor. Actualmente la industria opera a base de la semana de cinco días, cuatro de trabajo y uno de distracción. Esta gente labora seis horas cada día de trabajo y, como los estudiantes, nueve meses del año de diez. Suelen pasar las vacaciones viajando, y como recientemente se desarrollaron nuevos métodos de transporte, la nación entera es aficionada a viajar. El clima favorece los viajes unos ocho meses del año, y se aprovechan al máximo las oportunidades.

Hace doscientos años el motivo del lucro dominó la industria por completo, pero hoy en día lo están desplazando a paso acelerado otras fuerzas motoras superiores. En este continente la competencia es intensa, pero se ha transferido gran parte de ella de la industria al juego, a la capacitación, al logro científico y la consecución intelectual. Está muy activa en los servicios sociales y en la lealtad al gobierno. En este pueblo el servicio público se está convirtiendo rápidamente en la meta primaria de la ambición. El hombre más rico del continente trabaja seis horas al día en la oficina de su taller mecánico y luego se apresura a ir a la sucursal local de la escuela de administración estatal, donde procura capacitarse para el servicio público.

El trabajo se está volviendo cada vez más honorable en este continente, y todo ciudadano capaz, mayor de dieciocho años de edad, trabaja o en su casa o en las granjas, o en alguna industria reconocida, o en las obras públicas donde se absorben los desocupados temporales, o en el cuerpo de peones obligatorios de las minas.

Esta gente también va fomentando una nueva forma de repugnancia social —la repugnancia a la ociosidad así como a la riqueza inmerecida. Con paso lento pero seguro van conquistando sus máquinas. Una vez, ellos también bregaron por la libertad política y subposteriormente por la libertad económica. Hoy comienzan a disfrutar de ambas y a apreciar su ocio bien merecido, el cual se puede dedicar al desarrollo y expresión de la autorrealización.

6. EL SEGURO DE VEJEZ

Esta nación hace un decidido esfuerzo para reemplazar el tipo de caridad que destruye la dignidad con la garantía de un seguro gubernamental digno para la vejez. Esta nación proporciona educación a todo niño y trabajo a todo hombre; por tanto puede llevar a cabo con éxito este programa de seguro para proteger a los endebles y ancianos.

En esta nación todas las personas tienen que jubilarse de trabajos remunerados a los sesenta y cinco años de edad, a no ser que obtengan un permiso del comisario estatal de trabajo que les dé derecho a seguir trabajando hasta los setenta años. Este límite de edad no es aplicable a los funcionarios públicos ni a los filósofos. Los físicamente incapacitados o lisiados pueden jubilarse oficialmente a cualquier edad, mediante orden judicial contrafirmada por el comisario de pensión del gobierno regional.

Los fondos para las pensiones de vejez se derivan de cuatro fuentes:

1. Las ganancias de un día de cada mes son exigidas por el gobierno federal para estos fines, y, en este país, trabajan todos.

2. Los legados —muchos ciudadanos pudientes dejan fondos para este propósito.

3. Las ganancias de los trabajos obligatorios en las minas estatales. Después de haberse sustentado los trabajadores conscriptos y de haber separado su aportación para la pensión de jubilación, entregan todo el excedente de beneficios que resulta de su labor a este fondo de pensión.

4. Los ingresos de los recursos naturales. Al gobierno federal se le consignan, en cargo de confianza social, todas las riquezas naturales del continente, y los ingresos de éstas se utilizan para fines sociales, tales como la prevención de enfermedades, la educación de los superdotados y los gastos de individuos que se

destacan en las escuelas de administración pública. Se destina la mitad de los ingresos de los recursos naturales al fondo de pensión para la vejez.

Aunque los actuarios estatales y regionales ofrecen muchas formas de seguros protectores, las pensiones de la vejez son administradas solamente por el gobierno federal a través de los diez departamentos regionales.

Desde hace mucho tiempo se han administrado estos fondos públicos honradamente. Después de la traición y el asesinato, los castigos más severos que imponen las cortes están relacionados con la prevaricación. Actualmente se considera la deslealtad social y política como el más infame de todos los crímenes.

7. EL SISTEMA TRIBUTARIO

El gobierno federal es paternal solamente en la administración de las pensiones para la vejez y en el fomento del genio y la originalidad creativa; los gobiernos estatales se preocupan un poco más por el ciudadano individual, mientras que los gobiernos locales son mucho más paternales o socialistas. El municipio (o alguna subdivisión de él) se ocupa de asuntos como la salud, las medidas sanitarias, los reglamentos de construcción, embellecimiento, suministro de agua, alumbrado, calefacción, esparcimiento, música y comunicación.

En todas las industrias se da alta prioridad a la salud; se consideran ciertas fases del bienestar físico como prerrogativas comunitarias y laborales, pero los problemas individuales y familiares de la salud son asuntos de interés exclusivamente personal. En la medicina, como en todos los demás asuntos personales, el gobierno, en escala creciente, se abstiene de intervenir.

Las ciudades no tienen atribuciones para gravar impuestos, ni pueden contraer deudas. Reciben asignaciones de fondos per cápita de la tesorería del estado y han de suplementar estos ingresos con las utilidades de sus empresas socialistas y al cobrar por otorgar permisos para diversas actividades comerciales.

Dependen del municipio las instalaciones de transporte rápido, que facilitan considerablemente la expansión de los límites municipales. Los cuerpos de bomberos municipales son respaldados por los patronatos de la prevención de incendios y de seguros contra incendio; todos los edificios urbanos y rurales son —desde hace más de setenta y cinco años— a prueba de incendio.

No hay oficiales de orden público designados por el municipio; las fuerzas policiales son mantenidas por los gobiernos estatales. Los agentes de este departamento se reclutan casi exclusivamente de los varones solteros entre las edades de veinticinco y cincuenta años. La mayoría de los estados imponen un tributo bastante oneroso a los célibes; los fondos de este impuesto se entregan a todos los hombres que se integran a la policía estatal. En el estado promedio, la fuerza policial es sólo un décimo de lo que era hace cincuenta años.

Existe muy poca o ninguna uniformidad entre los esquemas tributarios de los cien estados relativamente libres y soberanos, ya que las condiciones económicas y de otras índoles varían mucho en diferentes sectores del continente. Cada estado tiene diez disposiciones constitucionales fundamentales, las cuales no se pueden modificar sino con el consentimiento de la corte suprema federal, y uno de sus artículos prohíbe la imposición de gravámenes que superen a un por ciento del valor de cualquier propiedad en el plazo de un año, quedando exonerados los solares para la vivienda familiar, sean fincas urbanas o rurales.

El gobierno federal no puede contraer deudas, y se requiere un referéndum con una mayoría de tres cuartos de los votos para que un estado pueda obtener préstamos, a menos que sea para la guerra. Puesto que el gobierno federal no puede endeudarse, en caso de guerra, el Consejo Nacional de Defensa está facultado para imponer impuestos a los estados a fin de reunir fondos, y también para requerirles hombres y pertrechos, según se necesiten. Pero ninguna deuda puede seguir sin saldarse por más de veinticinco años.

Los ingresos para sustentar el gobierno federal proceden de las cinco siguientes fuentes:

1. *Derechos arancelarios*. Todas las importaciones están supeditadas a los aranceles para proteger el nivel de vida en este continente, el cual rebasa con mucho el de cualquier otra nación del planeta. Estos aranceles son establecidos por la corte superior de asuntos industriales después que las dos cámaras del congreso industrial han ratificado las recomendaciones del jefe ejecutivo de asuntos económicos, quien es la persona designada conjuntamente por estos dos órganos legislativos. La cámara industrial superior es elegida por el trabajo, la cámara baja, por el capital.

2. *Derechos de propiedad intelectual*. El gobierno federal fomenta la invención y la creatividad original mediante diez laboratorios regionales, brindando asistencia a todos los tipos de genios —artistas, autores y científicos— y protegiendo sus patentes. A cambio, el gobierno retiene la mitad de los beneficios reportados de todos estos inventos y creaciones, trátese de máquinas, libros, obras artísticas, plantas o animales.

3. *Impuesto sobre la herencia*. El gobierno federal grava un impuesto escalonado sobre la herencia que va de uno a cincuenta por ciento, según el tamaño de los bienes hereditarios así como otras condiciones.

4. *Equipo militar*. El gobierno gana una cantidad apreciable del arrendamiento de equipo militar y naval para fines comerciales y recreativos.

5. *Recursos naturales*. Los ingresos de los recursos naturales se vuelven patrimonio nacional cuando no se requieren en su totalidad para los fines específicos designados en la carta constitutiva del estado federal.

Las apropiaciones de fondos federales, con excepción de los fondos de guerra que grava el Consejo Nacional de Defensa, se originan en la cámara legislativa superior, se convienen en la cámara baja, reciben el visto bueno del mandatario ejecutivo, y finalmente son convalidadas por la comisión presupuestaria federal de cien miembros. Los miembros de esta comisión son propuestos por los gobernadores de los estados y elegidos por los órganos legislativos estatales; ocupan su cargo durante veinticuatro años, eligiéndose un cuarto de ellos cada seis años. Cada seis años este órgano, con mayoría de votos de tres cuartos, elige uno de sus miembros a la jefatura, y por este medio, se convierte en director-controlador de la tesorería federal.

8. LAS ESCUELAS SUPERIORES ESPECIALES

Además del programa obligatorio de enseñanza básica que abarca desde los cinco hasta los dieciocho años de edad, las escuelas especiales están organizadas como sigue:

1. *Las escuelas de administración pública*. Estas escuelas son de tres clases: nacionales, regionales y estatales. Los cargos públicos de la nación están agrupados en cuatro divisiones. La primera división de encomienda pública está relacionada

principalmente con la administración nacional, y todos los titulares de cargos de este grupo tienen que ser graduados de las escuelas de administración pública del nivel estatal así como nacional. Los individuos pueden aceptar cargos designados, electivos o políticos de la segunda división al graduarse de cualquiera de las diez escuelas regionales de administración pública; sus encomiendas se relacionan con las responsabilidades de la administración regional y los gobiernos estatales. La tercera división comprende las responsabilidades estatales, y a estos funcionarios se les requiere solamente contar con un título estatal de administración pública. A la cuarta y última división de titulares de cargos públicos no se le requiere título de administración pública, pues estos cargos son exclusivamente designados. Representan los puestos menores auxiliares y de secretario, y encargos técnicos que desempeñan los distintos profesionales facultativos en calidad de administradores gubernamentales.

Los jueces de las cortes menores y estatales poseen títulos de las escuelas estatales de administración pública. Los jueces de los tribunales jurisdiccionales de asuntos sociales, educacionales e industriales poseen títulos de las escuelas regionales. Los jueces de la corte suprema federal tienen que poseer títulos de todas estas escuelas de administración pública.

2. *Escuelas de filosofía.* Estas escuelas están afiliadas a los templos de filosofía y tienen cierta relación con la religión como función pública.

3. *Instituciones de las ciencias.* Estas escuelas técnicas están vinculadas con la industria más bien que con los sistemas de enseñanza y se administran bajo quince divisiones.

4. *Escuelas de capacitación profesional.* Estas instituciones especiales brindan capacitación técnica para las distintas profesiones facultativas que son doce.

5. *Escuelas militares y navales.* Cerca de la sede central de la defensa nacional y en los veinticinco centros militares costeros se mantienen estas instituciones dedicadas al adiestramiento militar de ciudadanos voluntarios de dieciocho a treinta años de edad. Se requiere la anuencia de los padres antes de la edad de veinticinco años a fin de ser admitido a estas escuelas.

9. EL ESQUEMA DEL SUFRAGIO UNIVERSAL

Aunque los candidatos a todos los cargos públicos son exclusivamente los graduados de las escuelas de administración pública estatales, regionales o federales, los mandatarios progresistas de esta nación descubrieron una grave flaqueza en su esquema de sufragio universal, y hace alrededor de cincuenta años dictaron una disposición constitucional para un esquema electoral modificado que abarca las siguientes características:

1. Cuenta con un voto todo hombre y mujer a partir de los veinte años de edad. Al cumplir esta edad, todos los ciudadanos tienen que aceptar afiliación en dos grupos de votantes: Se inscribirán al primero de acuerdo con su función económica —industrial, profesional, agrícola o comercial; entrarán al segundo grupo de acuerdo con sus inclinaciones políticas, filosóficas y sociales. De este modo todos los trabajadores pertenecen a algún grupo económico de sufragio. Se regulan estos gremios, igual que las asociaciones no económicas, de forma muy similar al gobierno nacional con su división triple de poderes. No se puede cambiar la afiliación a estos grupos por doce años.

2. Al ser seleccionados por los gobernadores estatales o por los ejecutivos regionales y por el mandato de los consejos supremos regionales, a los individuos que

han prestado gran servicio a la sociedad, o que han demostrado extraordinaria sabiduría en el servicio gubernamental, pueden conferírseles votos adicionales una vez cada cinco años como máximo, y estos supervotos no han de exceder un total de nueve. El número máximo de votos de todo votante múltiple es diez. También los científicos, inventores, maestros, filósofos y dirigentes espirituales, son reconocidos dispensándoseles los honores del poder político aumentado. Estos privilegios cívicos avanzados son conferidos por los consejos supremos estatales y regionales de forma muy similar a la de otorgar los títulos académicos las escuelas superiores especiales, y los beneficiarios se enorgullecen de agregar los símbolos de semejante reconocimiento cívico, juntamente con sus otros títulos a la lista de sus logros personales.

3. Todos los individuos condenados a trabajo obligatorio en las minas y todos los servidores gubernamentales sustentados con fondos procedentes de la recaudación de impuestos quedan, durante los períodos de tales servicios, privados del derecho al voto. Lo anterior no es extensivo a los ancianos que pueden jubilarse a los sesenta y cinco años con pensión del estado.

4. Existen cinco categorías de sufragio que reflejan los impuestos anuales medios tributados cada cinco años. A los que tributan más, se les permiten votos adicionales hasta un máximo de cinco. Esta concesión es independiente de todos los demás reconocimientos, pero de ninguna manera puede una persona depositar más de diez balotas.

5. Cuando se adoptó este proyecto de franquicias, se abandonó el método territorial de votar, a favor del sistema económico o funcional. Hoy en día todos los ciudadanos votan como miembros de grupos industriales, sociales o profesionales, sin tomar en cuenta su lugar de residencia. De este modo, el electorado está compuesto de grupos consolidados, unidos e inteligentes que eligen únicamente sus mejores integrantes a los puestos de confianza y responsabilidad gubernamental. Existe una excepción a este esquema de sufragio funcional o de grupo: Se realiza la elección de un mandatario ejecutivo federal cada sexenio mediante una votación nacional en la cual ningún ciudadano emite más de un voto.

Así, salvo en la elección del mandatario ejecutivo, se ejerce el sufragio por agrupaciones económicas, profesionales, intelectuales y sociales de la ciudadanía. El estado ideal es orgánico, y cada grupo libre e inteligente de ciudadanos representa un órgano vital que funciona dentro del mayor organismo gubernamental.

Las escuelas de administración pública están facultadas para entablar procedimientos en las cortes estatales con el objeto de privar de la franquicia a todo individuo defectuoso, ocioso, indiferente o criminal. Esta gente reconoce que, cuando cincuenta por ciento de una nación es inferior o defectuoso y disfruta del voto, tal nación está condenada. Entienden que cuando domina la mediocridad el desplome de una nación es inminente. Votar es obligatorio, y se imponen onerosas multas a todo el que no llegue a votar.

10. EL COMBATE CONTRA LA DELINCUENCIA

Los métodos de este pueblo para enfrentarse al crimen, la demencia y la degeneración, aunque en ciertos aspectos agradarán indudablemente, en otros resultarán espantosos a la mayoría de los urantianos. Se internan los delincuentes ordinarios y las personas anormales de acuerdo con el sexo en distintas colonias agrícolas, que son, con creces, autoabastecedoras. Los criminales empedernidos más graves y los dementes incurables son condenados por los tribunales a muerte en cámaras de gas letal. Numerosos crímenes, además del asesinato, la prevaricación inclusive, también son castigados con la pena de muerte; y la administración de la justicia es segura y rápida.

Este pueblo está saliendo de la era negativa de la ley y pasando a la positiva. Hace poco llegaron al extremo de intentar la prevención del crimen condenando a aquellos que creían eran asesinos y criminales potenciales a servicio perpetuo en colonias de detención. Si estos reos demuestran posteriormente que han llegado a ser más normales, se les da la libertad condicional, o bien, se les indulta. El índice de asesinatos en este continente constituye sólo un por ciento del de las demás naciones.

Hace más de cien años que se iniciaron esfuerzos para impedir la procreación de criminales y anormales y ya han dado resultados satisfactorios. No existen presidios ni manicomios, pues, estos grupos representan aproximadamente, sólo un diez por ciento, de los que se hallan en Urantia.

11. LA PREPARACIÓN MILITAR

Los graduados de las escuelas militares federales pueden ser nombrados como «guardianes de la civilización» en siete rangos, conforme a la capacidad y experiencia, por el presidente del Consejo Nacional de Defensa. Este consejo consta de veinticinco miembros, designados por los más altos tribunales tutelares, educacionales e industriales, confirmados por la corte suprema federal, y presidido, ex oficio, por el jefe del Estado Mayor de asuntos militares coordinados. Estos miembros ocupan su cargo hasta los setenta años de edad.

Los cursos que siguen estos oficiales nombrados duran cuatro años y están relacionados invariablemente con el dominio de algún oficio o profesión. Nunca se imparte la formación militar sin esta correspondiente preparación industrial, científica o profesional. Al finalizar el adiestramiento militar, el individuo ha recibido, durante los cursos militares de cuatro años, la mitad de la formación académica que se imparte en alguna de las escuelas especiales en las cuales los cursos también duran cuatro años. De este modo se evita la creación de una clase militar profesional brindando esta oportunidad para que una gran cantidad de hombres se mantengan a sí mismos, y al mismo tiempo, obtengan la primera mitad de una carrera técnica o profesional.

El servicio militar durante los tiempos de paz es puramente voluntario, y el alistamiento en cualquiera de las ramas del servicio tiene una duración de cuatro años, durante los cuales todos siguen algún curso especializado de estudios, además del dominio de las tácticas militares. El entrenamiento musical figura entre los objetivos principales de las escuelas militares centrales y de los veinticinco campamentos de adiestramiento distribuidos por la periferia del continente. Durante períodos de inactividad industrial se utilizan automáticamente a muchos millares de desempleados para incrementar las defensas militares del continente en la tierra, el mar y el aire.

Aunque este pueblo mantiene un poderoso establecimiento castrense para defenderse contra invasiones de los pueblos hostiles que los rodean; se le puede atribuir el mérito de que no ha empleado estos recursos bélicos para fines de guerra ofensiva desde hace más de cien años. Se han civilizado hasta tal punto que pueden defender vigorosamente la civilización sin sucumbir a la tentación de valerse de su poderío militar para fines agresivos. Desde el establecimiento del estado unido continental, no ha habido guerras civiles, pero durante los dos siglos pasados este pueblo se ha visto obligado a librar nueve encarnizados combates defensivos, tres de los cuales fueron contra poderosas confederaciones de potencias mundiales. Si bien esta nación mantiene una defensa adecuada contra ataques de vecinos hostiles, presta mucha más atención a la preparación de estadistas, científicos y filósofos.

Cuando está en paz con el mundo, se dedican casi totalmente todos los mecanismos móviles de defensa al comercio, intercambio y recreo. Al declararse la guerra, se moviliza toda la nación. Durante el período de hostilidades, el salario militar es obligatorio y pagado por todas las industrias, y los jefes de todos los departamentos militares se convierten en miembros del gabinete del mandatario ejecutivo.

12. LAS OTRAS NACIONES

Aunque la sociedad y gobierno de este pueblo singular son, en muchos aspectos, superiores a los de las naciones de Urantia, procede señalar que en los demás continentes (existen once en este planeta) los gobiernos son marcadamente inferiores a los de las naciones más avanzadas de Urantia.

Justamente ahora este gobierno superior proyecta establecer relaciones diplomáticas con los pueblos inferiores y, por primera vez, ha surgido un gran líder religioso que propugna el envío de misioneros a estas naciones circundantes. Tememos que están a punto de cometer el mismo error que tantos otros han cometido al empeñarse en imponerles una cultura y religión superiores a otras razas. ¡Qué cosa tan loable podría hacerse en este mundo, si esta nación continental de cultura avanzada trajera a su territorio los mejores elementos de los pueblos vecinos y luego, tras haberlos educado, los devolviera como emisarios de cultura, a sus hermanos sumidos en la ignorancia! Desde luego, si un Hijo Magisterial llegara pronto a esta nación avanzada, sin duda, sucederían cosas prodigiosas en este mundo.

En virtud de un permiso extraordinario, se hace esta narración sobre los asuntos de un planeta vecino con ánimo de hacer progresar la civilización y de aumentar la evolución gubernamental en Urantia. Se podría narrar mucho más que, indudablemente, interesaría e intrigaría a los urantianos, pero esta divulgación agota los límites permitidos por nuestro mandato.

Los urantianos, sin embargo, deben prestar atención al hecho de que su esfera hermana en la familia de Satania no se ha beneficiado ni por misiones magisteriales ni por misiones de autootorgamiento de los Hijos Paradisiacos. Tampoco media tal disparidad cultural entre los distintos pueblos urantianos como la que media entre la nación continental y sus vecinos.

El envío del Espíritu de la Verdad brinda los cimientos espirituales para la consecución de los grandes logros a favor de la raza humana en tal mundo escenario del autootorgamiento. Urantia, por lo tanto, está mucho mejor preparada para la realización más inmediata de un gobierno planetario con sus leyes, mecanismos, símbolos, convenciones e idioma —todo lo cual podría contribuir tan poderosamente al establecimiento de la paz mundial bajo la ley y podría ser guía del amanecer ulterior de una verdadera edad de empeño espiritual; y tal edad es el umbral planetario de las edades utópicas de luz y vida.

[Presentado por un Melquisedek de Nebadon.]

DOCUMENTO 73

EL JARDÍN DEL EDÉN

A LA condición física o biológica de los pueblos de Urantia le hicieron poco efecto la decadencia cultural y pobreza espiritual que resultaron de la caída de Caligastia y de la consiguiente confusión social. La evolución orgánica procedió de prisa, muy a pesar del revés moral y cultural que, tan aceleradamente, siguió a la deslealtad de Caligastia y Daligastia. Hubo un momento en la historia planetaria, hace casi cuarenta mil años, cuando advirtieron los Portadores de Vida en servicio que desde un punto de vista puramente biológico se acercaba al ápice el desarrollo progresivo de las razas de Urantia. Coincidiendo con esta opinión, los síndicos Melquisedek acordaron prontamente unirse a los Portadores de Vida respecto a una petición a los Altísimos de Edentia solicitando que Urantia se sometiera a inspección con miras a la autorización del envío de elevadores biológicos, un Hijo y una Hija Material.

Se dirigió esta solicitud a los Altísimos de Edentia puesto que habían ejercido jurisdicción directa sobre muchos asuntos de Urantia desde la caída de Caligastia y la falta temporal de autoridad en Jerusem.

Tabamantia, supervisor soberano para la serie de mundos decimales o experimentales, vino a inspeccionar el planeta y, después de haber realizado su estudio de progreso racial, recomendó debidamente que a Urantia se le otorgaran Hijos Materiales. Un poco menos de cien años después de esta inspección, Adán y Eva, un Hijo y una Hija Material del sistema local, llegaron y emprendieron la difícil tarea de intentar desenmarañar los asuntos confusos de un planeta que se había atrasado por la rebelión y que, en virtud de una proscripción, había quedado en aislamiento espiritual.

1. LOS NODITAS Y LOS AMADONITAS

En un planeta ordinario, la llegada del Hijo Material, generalmente, anunciaría el acercamiento de una gran edad de invención, progreso material y esclarecimiento intelectual. La era posterior a Adán constituye la gran edad científica en la mayoría de los mundos, mas éste no era el caso en Urantia. Aunque el planeta estaba poblado de razas físicamente aptas, las tribus languidecían en el abismo del salvajismo y estancamiento moral.

Diez mil años después de la rebelión, se había arrasado con casi todos los adelantos de la administración del Príncipe; las razas del mundo no estaban en condiciones mucho mejores que si no hubiese venido nunca a Urantia este Hijo descaminado. No perduraron las tradiciones de Dalamatia y la cultura del Príncipe Planetario sino entre los noditas y amadonitas.

Los noditas fueron los descendientes de los miembros rebeldes del séquito del Príncipe, derivando su nombre de su primer jefe, Nod, antiguo presidente de la comisión dalamatiana de la industria y el comercio. Los *amadonitas* fueron los descendientes de aquellos andonitas que optaron por mantenerse leales a Van y Amadón. «Amadonita» es más bien una denominación cultural y religiosa que un término racial; desde el punto de vista racial, los amadonitas eran esencialmente andonitas. «Nodita» es tanto un término cultural como racial, pues los noditas mismos constituyeron la octava raza de Urantia.

Existió una enemistad tradicional entre los noditas y los amadonitas. Esta enemistad inveterada afloraba constantemente cuando la progenie de estos dos grupos trataban de participar en alguna empresa conjunta. Incluso después, en los asuntos de Edén, les resultó sobremanera difícil colaborar en paz.

Poco después de la destrucción de Dalamatia se dividieron los seguidores de Nod en tres grupos principales. El grupo central permaneció en las inmediaciones de su tierra natal cerca de las aguas de cabecera del Golfo Pérsico. El grupo oriental emigró hacia las regiones de las tierras altas de Elam justamente al este del valle del Eufrates. El grupo occidental estaba situado en las riberas sirias del noreste del Mediterráneo y en el territorio adyacente.

Estos noditas se habían casado libremente con miembros de las razas sangik y habían dejado atrás una progenie capaz. Algunos descendientes de los dalamatianos rebeldes, posteriormente, se unieron a Van y a sus leales seguidores en las tierras del norte de Mesopotamia. Aquí, en los alrededores del Lago Van y en la región sudeste del Mar Caspio, los noditas se unieron y se cruzaron con los amadonitas, y se contaban como los «varones de renombre desde la antigüedad».

Antes de la llegada de Adán y Eva estos grupos —los noditas y amadonitas— fueron las razas más avanzadas y cultas de la tierra.

2. La planificación del Jardín

Durante casi los cien años anteriores a la inspección de Tabamantia, Van y sus asociados, desde su sede en tierras altas de ética y cultura mundial venían predicando el advenimiento de un Hijo de Dios prometido, un elevador de la raza, un maestro de la verdad y el digno sucesor del traidor Caligastia. Aunque la mayoría de los habitantes del mundo de aquellos tiempos no demostró gran interés en esta profecía, los que estaban en contacto inmediato con Van y Amadón tomaron en serio dicha enseñanza y se pusieron a planear el recibimiento mismo del Hijo prometido.

A sus asociados más allegados, Van les contó la historia de los Hijos Materiales de Jerusem; lo que había conocido de ellos antes de que llegara a Urantia. Bien sabía que estos Hijos Adánicos siempre vivían en casas sencillas con jardines que a la vez eran acogedoras. Propuso, ochenta y tres años antes de la llegada de Adán y Eva, que se dedicaran a la proclamación de su advenimiento y a la preparación de un hogar jardín para su recibimiento.

De su sede en las tierras altas y de sesenta y una colonias muy dispersas, Van y Amadón reclutaron un cuerpo de más de tres mil obreros dispuestos y entusiastas quienes, en reunión solemne, se comprometieron a esta misión de hacer los preparativos para el Hijo prometido —al menos esperado.

Van dividió su cuerpo de voluntarios en cien compañías con un capitán al mando de cada una y un asociado respectivo que servía en el equipo de Van a manera de oficial de enlace, conservando a Amadón como su asociado personal. Todas estas comisiones acometieron el trabajo preliminar con ahínco, y la comisión para el emplazamiento del Jardín salió en busca del sitio ideal.

Aunque a Caligastia y Daligastia se les había privado de gran parte de su capacidad para el mal, hicieron todo lo posible para frustrar y entorpecer la labor de preparar el Jardín. Pero sus protervas maquinaciones fueron contrarrestadas en gran medida por las actividades fieles de los casi diez mil leales seres intermedios, que tan incansablemente laboraron a fin de llevar adelante la empresa.

3. LA UBICACIÓN DEL JARDÍN

Se ausentó durante casi tres años la comisión de emplazamiento. Rindió informe favorable respecto a tres posibles emplazamientos: El primero fue una isla en el Golfo Pérsico; el segundo, la ubicación del río que, posteriormente, fue ocupada por el segundo jardín; el tercero, una península larga y angosta —casi una isla— que se proyectaba hacia el oeste desde las riberas orientales del Mar Mediterráneo.

La comisión, casi por unanimidad, respaldó la tercera selección. Se optó por este sitio, y se tardó dos años en trasladar la sede mundial de la cultura, incluyendo el árbol de la vida, a esta península mediterránea. Con excepción de un solo grupo, todos los que habitaban la península se marcharon pacíficamente cuando llegaron Van y su compañía.

La península mediterránea tenía un clima salubre y una temperatura constante; este tiempo estable se debía a las montañas que la rodeaban y al hecho de que esta zona fuera casi una isla en un mar interior. Si bien llovía copiosamente en las tierras altas circundantes, rara vez llovía en Edén mismo. Pero cada noche, dimanando de la extensa red artificial de acequias, un «vapor subía» que refrescaba la vegetación del Jardín.

El litoral de esta masa de tierra estaba considerablemente elevado, y el istmo que se comunicaba con el continente tenía sólo cuarenta y tres kilómetros de ancho en el punto más estrecho. El gran río que regaba el Jardín descendía de las tierras más altas de la península, corría en dirección al este por el istmo peninsular hacia el continente, y de ahí, a través de las tierras bajas de Mesopotamia, hasta el mar lejano. Era nutrido por cuatro afluentes que se originaban en las colinas costeras de la península de Edén, y éstas son las «cuatro brazos» del río que «salía de Edén» y que posteriormente se confundieron con los tributarios de los ríos que rodeaban al segundo jardín.

En las montañas que cercaban el Jardín abundaban las piedras preciosas y metales, aunque éstos recibieron muy poca atención. El concepto predominante había de ser la glorificación de la horticultura y la exaltación de la agricultura.

El sitio elegido para el Jardín era probablemente el paraje más bello del mundo entero, en su género, y el clima entonces era ideal. En ninguna otra parte existía un lugar que pudiera haberse prestado tan perfectamente para convertirse en tal paraíso de expresión botánica. En este lugar de reunión, se congregaba la crema y nata de la civilización de Urantia. Más allá de sus confines, el mundo estaba sumido en la oscuridad, la ignorancia y el salvajismo. Edén era el único punto risueño en Urantia; era naturalmente un sueño de belleza, y no tardó en convertirse en un poema de exquisita y perfeccionada gloria paisajística.

4. EL ESTABLECIMIENTO DEL JARDÍN

Cuando Hijos Materiales, los elevadores biológicos, comienzan su estadía temporal en un mundo evolucionario, a su lugar de morada suele llamársele el Jardín del Edén porque se caracteriza por la belleza floral y grandiosidad botánica de Edentia, la capital de la constelación. Bien sabía Van de estas costumbres y, como correspondía, dispuso que la península entera se entregara al Jardín. Se proyectaron el pastoreo y la ganadería para el continente adyacente. En cuanto a la fauna, sólo se encontraban en el parque pájaros y distintas especies domesticadas. Van ordenó que Edén fuera ni más ni menos que un jardín. Nunca se mataron animales dentro de sus confines. Durante todos los años de su construcción se trajo toda la carne para los trabajadores del Jardín de los rebaños mantenidos a buen recaudo en el continente.

La primera tarea fue la de construir la muralla de ladrillo a lo ancho del istmo de la península. En cuanto ésta se terminó, se pudo proceder sin escollos a la labor real del embellecimiento paisajístico y la construcción de casas.

Se creó un jardín zoológico edificando una muralla más pequeña justamente afuera de la muralla principal; el espacio intermedio ocupado por toda clase de bestias salvajes servía de protección suplementaria contra los ataques hostiles. Estaba este parque zoológico organizado en doce grandes divisiones; caminos flanqueados de muros conducían entre estos grupos a las doce puertas del Jardín; el río y sus pastizales adyacentes ocupaban el recinto central.

Sólo se emplearon obreros voluntarios para preparar el Jardín; nunca se usaron manos mercenarias. Cultivaron el Jardín y cuidaron sus rebaños para sostenerse. También recibieron aportaciones de alimentos de creyentes cercanos. Y se llevó a término esta gran empresa a pesar de las dificultades que resultaron del estado confuso del mundo durante estos tiempos penosos.

Pero fue motivo de gran decepción cuando Van, desconociendo cuán pronto vendrían el Hijo y la Hija esperados, sugirió que a la generación joven, también se le instruyera en la labor de proseguir con la empresa, en caso de que se retrasara la llegada de los Hijos. Esto pareció una admisión de falta de fe por parte de Van, lo cual creó considerables dificultades y causó muchas deserciones; pero Van siguió adelante con su plan de preparación, mientras iba reemplazando a los desertores con voluntarios más jóvenes.

5. EL HOGAR EN EL JARDÍN

En el centro de la península de Edén estaba el exquisito templo de piedra del Padre Universal, la capilla sagrada del Jardín. Al norte se estableció la sede administrativa; al sur se construyeron las casas para los obreros y sus familias; al oeste se asignó una porción de terreno para las escuelas propuestas para el sistema educacional del Hijo esperado, mientras que en el «este de Edén» se construyeron los domicilios destinados al Hijo prometido y a su progenie inmediata. Los planos arquitectónicos de Edén asignaban hogares y tierra abundante para un millón de seres humanos.

Si bien a la llegada de Adán no se había terminado más que un cuarto del Jardín, contaba ya con miles de kilómetros de acequias y con casi veinte mil kilómetros de caminos y sendas pavimentados. Había un poco más de cinco mil edificios de ladrillo en los distintos sectores y un sinnúmero de árboles y plantas. No pasaba de siete el número de casas por cada conjunto habitacional del parque. Y aunque las estructuras del Jardín eran sencillas, eran muy artísticas. Estaban bien construidos los caminos y sendas, y la jardinería ornamental era exquisita.

Las disposiciones sanitarias del Jardín superaban con mucho a todo lo que se había intentado hasta ese momento en Urantia. En Edén el agua para beber se mantenía potable mediante el estricto cumplimiento de los reglamentos sanitarios concebidos para conservar su pureza. Durante estos tiempos primitivos surgieron muchas dificultades debido a que se desatendían estos reglamentos, pero Van llegó a inculcarles gradualmente a sus compañeros la importancia de no permitir que nada cayera en el suministro de agua del Jardín.

Antes de la instalación posterior de un sistema de eliminación de aguas cloacales, los edenitas practicaron el entierro escrupuloso de todos los residuales o materiales en descomposición. Los inspectores de Amadón hacían un recorrido a diario en busca de posibles causas de enfermedad. Los urantianos no volvieron a tener conciencia de la importancia de la prevención de las enfermedades humanas hasta los últimos tiempos de los siglos diecinueve y veinte. Antes de la interrupción del régimen de Adán, se había construido un sistema de conductos cubiertos de ladrillos para la eliminación de aguas cloacales que corría por debajo de los muros y desembocaba en el río de Edén casi un kilómetro y medio más allá del muro exterior, o menor, del Jardín.

Hacia la llegada de Adán, la mayor parte de las plantas de esa sección del mundo se daban en Edén. Se habían superado notablemente gran parte de los frutos, cereales y nueces. Aquí se cultivaron por primera vez muchos vegetales y cereales modernos; pero posteriormente, se perdieron para el mundo veintenas de variedades de plantas alimenticias.

Casi cinco por ciento del Jardín estaba sometido al gran cultivo artificial, quince por ciento estaba parcialmente cultivado, el resto se dejó más o menos en su estado natural pendiente de la llegada de Adán, pues se creía que era mejor terminar el parque de acuerdo con sus ideas.

De este modo se aprestó el Jardín de Edén para el recibimiento del Adán y su consorte prometidos. Este Jardín habría hecho honor a un mundo que estuviera bajo una administración perfeccionada y con dominio normal. Adán y Eva quedaron muy contentos con el trazado general de Edén, aunque hicieron muchos cambios en el moblaje de su morada personal.

Si bien casi no había quedado terminada la labor de embellecimiento al llegar Adán, el lugar ya era una joya de belleza botánica; y durante los primeros días de su estadía en Edén todo el Jardín cobró nueva forma y asumió nuevas proporciones de belleza y esplendor. Jamás, antes ni después de este momento, albergó Urantia una exhibición tan hermosa y repleta de horticultura y agricultura.

6. El Árbol de la Vida

En el centro del templo del Jardín Van plantó el tanto tiempo custodiado árbol de la vida, cuyas hojas eran para la «sanidad de las naciones», y cuyo fruto, lo había sustentado tanto tiempo en la tierra. Bien sabía Van que Adán y Eva también dependerían de este regalo de Edentia para su sustento vital una vez aparecidos en Urantia en forma material.

En las capitales de los sistemas los Hijos Materiales no requieren del árbol de la vida para sustento. Únicamente en la repersonalización planetaria dependen de este auxiliar para la inmortalidad física.

El «árbol de la ciencia del bien y del mal» puede ser una expresión de sentido figurado, una designación simbólica que abarca una multitud de experiencias humanas; en cambio, el «árbol de la vida» no fue mito; fue real y durante mucho tiempo existió en Urantia. Cuando los Altísimos de Edentia aprobaron el nombramiento de Caligastia como Príncipe Planetario de Urantia y a aquellos de los cien ciudadanos de Jerusem como su equipo administrativo, enviaron al planeta, con los Melquisedek, un arbusto de Edentia, y esta planta creció en Urantia convirtiéndose en el árbol de la vida. Esta forma de vida no inteligente es oriunda de las esferas de las sedes centrales de las constelaciones, dándose también en los mundos sedes centrales de los universos locales y superuniversos así como en las esferas de Havona, pero no en las capitales de los sistemas.

Esta superplanta almacena ciertas energías espaciales que sirven de antídoto contra los elementos que producen la vejez en la existencia animal. El fruto del árbol de la vida se parecía a una batería de almacenamiento superquímico que, al ser comido, liberaba misteriosamente una fuerza del universo que prolongaba la vida. A los seres evolucionarios ordinarios de Urantia, esta forma de sustento no les servía de nada; pero sí les sirvió concretamente a los cien miembros materializados del séquito de Caligastia y a los cien andonitas modificados quienes habían contribuido su plasma vital al séquito del Príncipe, y a quienes, en restitución, se les dio aquel complemento de la vida que hizo posible que utilizaran el fruto del árbol de la vida para prolongar por tiempo indefinido su existencia que, de lo contrario, sería mortal.

Durante la época del régimen del Príncipe se cultivaba el árbol en la tierra del patio central y circular del templo del Padre. Al estallar la rebelión, Van y sus asociados volvieron a cultivarlo a partir de su núcleo central en su campamento provisional. Este arbusto de Edentia se trasladó posteriormente a su retiro en las tierras altas, donde les sirvió a Van así como a Amadón durante más de ciento cincuenta mil años.

Cuando Van y sus asociados preparaban el Jardín para Adán y Eva, trasplantaron el árbol edentiano al Jardín de Edén, donde se cultivó nuevamente en un patio central y circular de otro templo del Padre. Adán y Eva periódicamente tomaban de su fruto para mantener su forma dual de vida física.

Al descarriarse los planes del Hijo Material, a Adán y su familia no se les permitió llevarse el núcleo del árbol del Jardín. Cuando los noditas invadieron a Edén, se les dijo que se harían como «dioses si comían el fruto del árbol». Para gran sorpresa suya, lo hallaron sin custodia. Durante años comieron libremente el fruto, mas no les surtió ningún efecto; todos eran mortales materiales del reino; carecían de la dotación que hacía de complemento del fruto del árbol. Se enfurecieron con su incapacidad de beneficiarse del árbol de la vida, y en relación con una guerra interna suya, incendiaron tanto el templo como el árbol dejando a ambos destruidos; sólo quedó de pie la muralla de piedra hasta que se sumergió posteriormente el Jardín. Éste fue el segundo templo del Padre que pereció.

Y ahora, todo ser de carne y hueso en Urantia ha de seguir el curso natural de la vida y la muerte. Adán, Eva, sus hijos y los hijos de sus hijos, junto con sus asociados, perecieron todos con el paso del tiempo, quedando así supeditados al esquema de ascensión del universo local en que la resurrección en el mundo de estancia temporal sigue a la muerte material.

7. EL DESTINO DE EDÉN

Después de que Adán se marchó del primer jardín, éste fue ocupado por variedad de noditas, cutitas y suntitas. Más tarde se convirtió en el lugar de residencia de los noditas del norte que se opusieron a cooperar con los adanitas. Después de marcharse Adán del Jardín, la península estuvo más de cuatro mil años infestada con estos noditas de baja categoría, entonces, se sumergió hasta el fondo oriental del Mar Mediterráneo, llevando consigo bajo las aguas toda la península de Edén; esta acción estuvo relacionada con la actividad violenta de los volcanes circundantes y la sumersión del puente terrestre entre Sicilia y África. Coincidiendo con esta vasta sumersión, se elevó grandemente el litoral del Mediterráneo oriental. Y éste fue el final de la creación natural más bella que jamás haya albergado Urantia. La sumersión no fue repentina, sino que necesitó varios cientos de años para que toda la península se sumergiera completamente.

De ninguna manera podemos considerar esta desaparición del Jardín como resultado del malogro de los planes divinos o como resultado de los errores de Adán y Eva. No consideramos que la sumersión de Edén sea otra cosa que un acontecimiento natural, pero sí nos parece que el hundimiento del Jardín se programó para producirse justamente en los alrededores de la fecha en que se hubieran acumulado suficientes reservas de la raza violeta para poder emprender la labor de rehabilitar los pueblos del mundo.

Los Melquisedek aconsejaron a Adán que no iniciara el programa de elevación y mezcla de las razas hasta que su familia alcanzara el medio millón. Nunca se pretendió que el Jardín fuera la residencia permanente de los adanitas. Habrían de convertirse en emisarios de una nueva vida para el mundo entero; habrían de movilizarse para la otorgación altruista a las razas necesitadas de la tierra.

Las instrucciones dadas por los Melquisedek a Adán, implicaron que habría de establecer sedes raciales, continentales y divisionales que estarían a cargo de sus hijos inmediatos, en tanto que él y Eva habrían de repartir su tiempo entre estas distintas capitales mundiales en carácter de asesores y coordinadores del ministerio mundial de la elevación biológica, el progreso intelectual y la rehabilitación moral.

[Presentado por Solonia, la «voz seráfica en el Jardín».]

DOCUMENTO 74

ADÁN Y EVA

ARRIBARON Adán y Eva a Urantia, contando hacia atrás del año 1934, hace 37.848 años. Llegaron, cuando el Jardín estaba en plena flor. Hacia el mediodía y sin previo aviso, se posaron suavemente sobre la superficie del planeta giratorio en las inmediaciones del templo del Padre Universal los dos transportes seráficos, acompañados por el personal de Jerusem encargado de trasladar a los bioelevadores a Urantia. Se llevó a efecto toda la labor de la rematerialización de los cuerpos de Adán y Eva dentro del recinto de esta capilla recién creada. Transcurrieron diez días desde el momento de su llegada hasta que se volvieron a crear en forma humana dual para presentarse como los nuevos soberanos del mundo. Volvieron en sí simultáneamente. Siempre los Hijos e Hijas Materiales prestan servicio juntos. La esencia de su servicio estriba en no estar separados en ningún momento y en ninguna parte. Se concibieron para actuar en parejas; rara vez funcionan solos.

1. ADÁN Y EVA EN JERUSEM

El Adán y la Eva del planeta de Urantia formaron parte del cuerpo decano de Hijos Materiales en Jerusem; a los dos se les había asignado el mismo número 14.311. Pertenecían a la tercera serie física y medían alrededor de dos metros y medio.

Al ser Adán seleccionado para venir a Urantia, prestaba servicio, con su pareja, en los laboratorios de física de pruebas y ensayos de Jerusem. Llevaban más de quince mil años de directores de la división de aplicación de la energía experimental a la modificación de las formas vivientes. Mucho tiempo antes de esto habían sido maestros en las escuelas de ciudadanía para los recién llegados a Jerusem. Se debe tener presente todo lo anterior en relación con la narración de su conducta subsiguiente en Urantia.

Cuando se emitió la proclamación que pedía voluntarios para la misión de aventura adánica en Urantia, se ofreció todo el cuerpo principal de Hijos e Hijas Materiales sin excepción. Los examinadores Melquisedek, con la anuencia de Lanaforge y los Altísimos de Edentia, finalmente seleccionaron a Adán y Eva quienes, posteriormente, llegaron a funcionar como los elevadores biológicos en Urantia.

Adán y Eva habían quedado leales a Micael durante la rebelión de Lucifer; no obstante, a la pareja, se la emplazó para comparecer ante el Soberano del Sistema y su gabinete entero para interrogarla e instruirla. Se hizo una presentación completa y detallada de los asuntos de Urantia; se les instruyó minuciosamente acerca de las directrices a seguir al aceptar las responsabilidades del reinado en un mundo tan trastornado por conflictos. Se les tomó en conjunto juramentos de lealtad a los Altísimos de Edentia y a Micael de Salvington. Se les dio debido aviso para que se consideraran supeditados al cuerpo de síndicos Melquisedek de Urantia hasta tanto dicho órgano directivo estimara conveniente renunciar al mando del mundo al cual se le había adscrito.

Esta pareja jerusemita dejó atrás en la capital de Satania y en otras partes, a cien descendientes —cincuenta hijos y cincuenta hijas— magníficas criaturas que habían salvado los escollos de la progresión y que, en el momento de la partida de sus padres para Urantia, estaban todos en comisión, como fieles gestores, disfrutando de confianza de un universo. Todos estaban presentes en el bello templo de los Hijos Materiales para los actos de despedida relacionados con las últimas ceremonias de aceptación del autootorgamiento. Estos hijos acompañaron a sus padres a la sede de la desmaterialización de su orden y fueron los últimos en despedirse de ellos y desearles éxito divino al dormirse en el lapso de conciencia de la personalidad que precede a la preparación del transporte seráfico. Los hijos pasaron un tiempo juntos regocijándose en la reunión familiar porque sus padres pronto habían de convertirse en las cabezas visibles, en realidad los gobernantes exclusivos, del planeta número 606 del sistema de Satania.

De este modo Adán y Eva dejaron Jerusem entre la aclamación y el beneplácito de sus ciudadanos. Salieron en pos de sus nuevas responsabilidades adecuadamente provistos y con amplia instrucción acerca de cada deber y peligro con que habían de enfrentarse en Urantia.

2. LA LLEGADA DE ADÁN Y EVA

Durmieron Adán y Eva en Jerusem, y despertaron en el templo del Padre en Urantia en presencia de la imponente multitud reunida para recibirlos, se encontraron frente a dos seres de los que mucho habían oído hablar: Van y su fiel asociado Amadón. Fueron estos dos héroes de la secesión de Caligastia los primeros en darles la bienvenida en su nueva residencia jardín.

La lengua de Edén fue el dialecto andónico que hablaba Amadón. Van y Amadón habían mejorado marcadamente esta lengua creando un nuevo alfabeto de veinticuatro letras, y esperaban que se convirtiera en la lengua de Urantia a medida que la cultura de Edén se difundiera por el mundo. Adán y Eva habían adquirido total dominio de este dialecto humano antes de salir de Jerusem a fin de que este hijo de Andón oyera al eminente gobernante dirigirse a él en su propia lengua.

En aquel día hubo gran alborozo y júbilo por todo Edén; se apresuraron los corredores a buscar las palomas mensajeras reunidas de todas partes, mientras voceaban: «Soltad los pájaros que difundan la nueva de que ha llegado el Hijo prometido». Cientos de colonias de creyentes, año tras año, habían mantenido fielmente las reservas de estas palomas de crianza doméstica justamente para tal ocasión.

A medida que se propagaba la noticia de la llegada de Adán por todas partes, miles de miembros de las tribus cercanas aceptaron las enseñanzas de Van y Amadón, mientras que, durante muchos meses, los peregrinos continuaron entrando a raudales en Edén para recibir a Adán y Eva y para rendir homenaje a su Padre invisible.

Poco después de despertarse, Adán y Eva fueron escoltados al recibimiento formal en el gran promontorio al norte del templo. Se había abultado y aprestado este montículo natural para la instalación de los nuevos gobernantes del mundo. Aquí, a mediodía, la comisión urantiana de recepción acogió a este Hijo e Hija del sistema de Satania. Amadón era el presidente de esta comisión, que estaba compuesta de doce miembros que englobaba un representante de cada una de las seis razas sangik; el jefe interino de los seres intermedios; Annán, una hija leal y vocera de los noditas; Noé, el hijo del arquitecto y constructor del Jardín y ejecutor de los proyectos de su padre difunto; y los dos Portadores de Vida residentes.

El próximo acto fue la entrega del cargo de custodia planetaria a Adán y Eva por el Melquisedek decano, el jefe del consejo de los síndicos en Urantia. El Hijo y la Hija Materiales prestaron juramento de lealtad a los Altísimos de Norlatiadek y a Micael de Nebadon y fueron proclamados gobernantes de Urantia por Van, quien, por este medio, renunció a la autoridad titular que venía desempeñando desde hacía más de ciento cincuenta mil años en virtud de la acción de los síndicos Melquisedek.

A Adán y Eva se les atavió con ropajes reales en esta ocasión, la instalación formal en la autoridad mundial. No se habían perdido del mundo todas las artes de Dalamatia; aún se practicaba la tejeduría en la época de Edén.

A continuación, se escuchó la proclamación de los arcángeles, y decretó la voz de Gabriel por transmisión el segundo juicio de Urantia y la resurrección de los supervivientes durmientes de la segunda dispensación de gracia y perdón en el planeta 606 de Satania. Ha pasado la dispensación del Príncipe; la edad de Adán, la tercera época planetaria, se inicia entre escenas de grandiosidad sencilla; y los nuevos gobernantes de Urantia comienzan su reinado bajo condiciones aparentemente favorables, a pesar de la confusión mundial ocasionada por la falta de cooperación de su antecesor en cuanto a la autoridad del planeta.

3. ADÁN Y EVA ADQUIEREN CONOCIMIENTOS SOBRE EL PLANETA

Ahora, tras su instalación formal, y con gran pesar, Adán y Eva tomaron conciencia del aislamiento del planeta. Calladas estaban las transmisiones conocidas y ausentes estaban todos los circuitos de comunicación extraplanetaria. Sus semejantes jerusemitas se habían ido a mundos que marchaban bien, con un Príncipe Planetario bien establecido y un séquito de personal experto dispuesto a recibirlos y capaz de cooperar con ellos durante su primera experiencia en estos mundos. En Urantia, sin embargo, lo había cambiado todo la rebelión. Aquí se hacía sentir mucho la presencia del Príncipe Planetario y, aunque se le había despojado de la mayor parte de su poder para hacer el mal, a Adán y Eva aún les podía dificultar la labor y, hasta cierto punto, hacérsela peligrosa. Aquella noche, bajo el resplandeciente plenilunio, iban deambulando por el jardín, serios y desilusionados, un Hijo y una Hija de Jerusem hablando de los planes del día siguiente.

Así llegó a su fin el primer día de Adán y Eva en la aislada Urantia, confuso planeta de la traición de Caligastia; se pasearon y conversaron hasta muy avanzadas horas de la noche, su primera noche en la tierra —y ¡qué solos se sentían!

Adán pasó su segundo día en la tierra en sesión con los síndicos planetarios y el consejo de asesoría. De los Melquisedek y de sus asociados, Adán y Eva supieron más acerca de los detalles de la rebelión de Caligastia y el efecto que aquella sublevación hizo al progreso del mundo. Fue, en general, una historia desalentadora, este dilatado relato del desgobierno de los asuntos mundiales. Llegaron a su conocimiento todos los hechos relativos al desplome total de la trama caligastiana para acelerar el proceso de la evolución social. También se dieron cuenta cabal de la locura de intentar lograr el avance planetario independientemente del designio divino de la progresión. Así, pues, llegó a término un día triste, pero ilustrativo —su segundo día en Urantia.

El tercer día se dedicaron a una inspección del Jardín. Desde las enormes aves de pasaje —los fándores— apreciaron las vastas extensiones del Jardín al surcar los aires por encima de éste, el paraje más hermoso de la tierra. Se remató este día de inspección con un colosal banquete en honor a todos los que habían laborado para crear este jardín de belleza y grandiosidad paradisiacas. Nuevamente, hasta altas horas de la noche de su tercer día, el Hijo y su consorte dieron un paseo por el Jardín y hablaron de la inmensidad de sus problemas.

En el cuarto día pronunciaron un discurso Adán y Eva ante la asamblea del Jardín. Desde el promontorio inaugural dirigieron la palabra al pueblo acerca de sus proyectos para la rehabilitación del mundo y bosquejaron los métodos por los cuales pretenderían redimir la cultura social de Urantia de los ínfimos niveles a los que había caído como resultado del pecado y la rebelión. Éste fue un gran día, y concluyó con un festín para el consejo de hombres y mujeres que habían sido seleccionados para asumir las responsabilidades en la nueva administración de los asuntos mundiales. ¡Fijaos bien! Tanto mujeres como hombres formaron parte de este grupo, y ésa fue la primera vez que ocurrió tal cosa en la tierra desde los tiempos de Dalamatia. Constituyó una innovación pasmosa observar a Eva, una mujer, compartir los honores y responsabilidades de los asuntos mundiales con un hombre. De este modo terminó el cuarto día en Urantia.

En el quinto día se ocuparon de la organización del gobierno interino, la administración que habría de funcionar hasta que los síndicos Melquisedek se marcharan de Urantia.

El sexto día se dedicaron a una inspección de los numerosos tipos de hombres y animales. A lo largo de las murallas del este de Edén, Adán y Eva anduvieron escoltados todo el día, observando la fauna del planeta y llegando a comprender mejor lo que se debía hacer para convertir en orden la confusión de un mundo habitado por tanta variedad de criaturas vivientes.

En esta excursión, a los acompañantes de Adán, les sorprendió sobremanera cuán a fondo entendía él la naturaleza y función de los millares de animales que le mostraban. Luego de echar una mirada a un animal, indicaba su naturaleza y conducta. Adán podía dar a primera vista los nombres y descripciones del origen, la naturaleza y la función de todas las criaturas materiales. Sus guías en la gira de inspección no sabían que el nuevo gobernante del mundo figuraba entre los anatomistas más expertos de toda Satania; y Eva era igualmente experta. Adán asombró a sus asociados describiendo multitudes de entes vivientes demasiado pequeños para verse a simple vista.

Al finalizar el sexto día de su estadía en la tierra, Adán y Eva reposaron por primera vez en su nuevo hogar del «este de Edén». Los seis primeros días de la aventura de Urantia habían sido muy ajetreados, y esperaban ansiosamente un día entero libre de toda actividad.

Mas no lo permitieron las circunstancias. A causa de la experiencia del día anterior en que Adán había tratado con tanta inteligencia y tanta minuciosidad de la fauna de Urantia, juntamente con su magistral discurso inaugural y sus modales encantadores, se había granjeado los corazones de los moradores del Jardín y se había sobrepuesto a sus intelectos de tal modo que no sólo estaban incondicionalmente dispuestos a aceptar al Hijo y a la Hija recién llegados de Jerusem como gobernantes, sino que además estaba casi la mayoría dispuesta a postrarse ante ellos y rendirles culto como dioses.

4. LAS PRIMERAS DIFICULTADES

Esa noche, la que siguió al sexto día, mientras Adán y Eva dormían, acontecían cosas raras en las inmediaciones del templo del Padre, en el sector central de Edén.

Allí, bañados por los rayos de una luna suave, cientos de hombres y mujeres entusiastas y emocionados escucharon durante horas los apasionados argumentos de sus dirigentes. Éstos tenían buenas intenciones, pero no alcanzaron a comprender la sencillez del comportamiento fraternal y democrático de los nuevos gobernantes. Mucho antes de despuntar el alba, los nuevos administradores interinos de los asuntos mundiales llegaron a una conclusión casi unánime de que Adán y su consorte eran modestos y recatados en demasía. Decidieron que la Divinidad había descendido a la tierra en forma corporal, que Adán y Eva eran en realidad dioses, o bien, tanto se aproximaban a tal estado que ameritaban una adoración reverente.

Los extraordinarios sucesos de los seis primeros días de Adán y Eva en la tierra resultaron excesivos para las mentes no preparadas incluso de los mejores hombres del mundo; estaban confundidos; se dejaron llevar por la propuesta de trasladar a la noble pareja al templo del Padre a mediodía a fin de que, ante ellos, todos se inclinaran en respetuosa adoración y se postraran en humilde sumisión. Y esto, lo proyectaron todo los moradores del Jardín, con toda sinceridad.

Protestó Van. Se encontraba ausente Amadón, por estar a cargo de la guardia de honor que se había quedado con Adán y Eva durante la noche. Se rechazó contundentemente la protesta de Van. Se le dijo que asímismo era demasiado modesto, demasiado recatado; que tampoco él mismo distaba mucho de ser un dios, si no, ¿cómo podía haber vivido tanto tiempo en la tierra, y cómo había causado un acontecimiento tan magno como el advenimiento de Adán? En tanto que los alborotados edenitas estaban a punto de apresarlo y subirlo al montículo para adorarlo, Van se escabulló abriéndose paso entre la muchedumbre y, como podía comunicarse con los seres intermedios, se apresuró a enviar a su jefe con Adán.

Casi al amanecer de su séptimo día en la tierra supieron Adán y Eva la alarmante noticia de la propuesta de estos mortales bienintencionados, si bien descarriados; y entonces, mientras que las aves de pasaje aún se preparaban para llevarlos al templo, los seres intermedios, que son capaces de realizar incluso tales cosas, transportaron a Adán y Eva al templo del Padre. Temprano por la mañana de este séptimo día, desde el montículo de su reciente recepción, dio Adán una explicación de las órdenes divinas de la filiación y aclaró a estas mentes terrenales que no se puede adorar sino al Padre y a quien él designe. Puso a las claras Adán que aceptaría cualquier honor y recibiría todo respeto, pero jamás la adoración.

Fue un día importantísimo, y antes del mediodía, a la hora de la llegada del mensajero seráfico que llevaba el reconocimiento jerusemita de la instalación de los gobernantes del mundo, Adán y Eva, apartándose de la multitud, señalaron al templo del Padre y dijeron: «Id ahora al emblema material de la presencia invisible del Padre e inclinaos para adorarle que nos hizo a todos y nos mantiene vivos. Que este acto sea la promesa sincera de que jamás volveréis a tentaros a adorar a nadie más que a Dios». Hicieron todos tal como ordenó Adán. El Hijo y la Hija Materiales se quedaron solos en el montículo con las cabezas inclinadas mientras que la gente se postraba en torno al templo.

Éste fue el origen de la tradición del día de descanso del sábado. Desde ese momento en adelante en Edén, el séptimo día se dedicó a la reunión del mediodía en el templo; durante mucho tiempo fue costumbre dedicar este día a la autosuperación. Se dedicaba la mañana al mejoramiento físico, el mediodía al culto espiritual, la tarde, al cultivo de la mente, y las primeras horas de la noche al regocijo social. Lo antedicho nunca fue ley en Edén, sino que fue costumbre mientras prevalecía la administración adánica en la tierra.

5. LA ADMINISTRACIÓN DE ADÁN

Durante casi siete años después de la llegada de Adán, los síndicos Melquisedek quedaron de servicio, pero finalmente llegó el momento en que entregaron la administración de los asuntos mundiales a Adán y retornaron a Jerusem.

La despedida de los síndicos ocupó todo un día, y durante la tarde cada Melquisedek, de su parte, les dio a Adán y Eva sus consejos finales y expresó sus mejores deseos. En varias ocasiones había pedido Adán que sus asesores permanecieran con él en la tierra, pero se denegaron las peticiones una y otra vez. Había llegado el momento en que los Hijos Materiales tenían que asumir plena responsabilidad de la conducta de los asuntos mundiales. De modo que, a la medianoche, salieron del planeta los transportes seráficos de Satania con catorce seres rumbo a Jerusem, produciéndose el traslado de Van y Amadón a la vez que la partida de los doce Melquisedek.

En Urantia todo marchó relativamente bien por un tiempo, parecía que Adán, a la larga, podría desarrollar algún plan para promover la expansión gradual de la civilización edénica. Conforme a los consejos de los Melquisedek, fue fomentando las artes de la manufactura con ánimo de desarrollar relaciones comerciales con el mundo exterior. Cuando se trastornó Edén, existían más de cien fábricas manufactureras primitivas en funcionamiento y se habían establecido extensas relaciones comerciales con las tribus cercanas.

Durante muchas edades, se había instruido a Adán y Eva en la técnica para mejorar un mundo preparándolo para sus contribuciones especializadas al avance de la civilización evolucionaria; sin embargo, en este momento, arrostraban problemas apremiantes, tales como el establecimiento del orden público en un mundo de salvajes, bárbaros y seres humanos semicivilizados. Aparte de la flor y nata de la población de la tierra, que estaba reunida en el Jardín, sólo un número reducido de grupos dispersos estaban siquiera preparados para recibir la cultura adánica.

Hizo Adán un esfuerzo heroico y decidido para establecer un gobierno mundial, pero se topaba con resistencia obstinada a cada paso. Ya había puesto en funcionamiento un sistema de control de grupo por todo Edén y había confederado todas estas unidades en la liga de Edén. No obstante, sobrevinieron dificultades graves cuando salió del Jardín a fin de aplicar estos conceptos a las tribus remotas. Tan pronto comenzaron a operar los asociados de Adán fuera del Jardín, afrontaron la resistencia directa y bien organizada de Caligastia y Daligastia. El Príncipe caído había sido destituido en su calidad de gobernante mundial, pero no se lo había eliminado del planeta. Aún estaba presente en el planeta y capaz, por lo menos hasta cierto grado, de resistir a todos los planes adánicos de rehabilitación de la sociedad humana. Adán quiso advertir a las razas sobre los males de Caligastia, pero se dificultó mucho esta tarea puesto que su archienemigo era invisible a los ojos de los mortales.

Incluso entre los edenitas había mentes confusas que se inclinaban a la enseñanza caligastiana de la libertad personal sin tasa ni medida; y a Adán le causaron contratiempos sin fin; constantemente daban al traste con los proyectos mejor trazados para la progresión ordenada y el desarrollo sustancioso. Finalmente se vio obligado a retirar su programa para la socialización inmediata; revirtió al método de organización de Van, dividiendo a los edenitas en compañías de cien miembros con un capitán al mando de cada una y con un teniente al cargo de un grupo de diez miembros.

Adán y Eva habían venido a instituir un gobierno representativo en lugar de monárquico, pero no hallaron ningún gobierno digno de aquella denominación en la faz de la tierra entera. Por el momento, Adán abandonó todo esfuerzo para establecer un gobierno representativo, y antes del desplome del régimen edénico, logró establecer casi cien centros comerciales y sociales fronterizos donde individuos fuertes gobernaron en su nombre. La mayoría de estos centros habían sido organizados anteriormente por Van y Amadón.

Data de los tiempos de Adán el envío de embajadores de una tribu a otra. Éste fue un gran paso adelante en la evolución del gobierno.

6. La vida hogareña de Adán y Eva

La tierra de la familia adánica englobaba una superficie un tanto superior a mil trescientas hectáreas. En lo contiguo a esta sede familiar, se había dispuesto la vivienda para más de trescientos mil descendientes de la línea directa. Solamente se construyó el complejo de los edifícios proyectados. Más antes de que la creciente familia de Adán ocupara estas provisiones, todo el plan edénico fue interrumpido y el Jardín fue desocupado.

Fue Adansón el primogénito de la raza violeta, y fue seguido por su hermana y Evasón, el segundo hijo de Adán y Eva. Eva engendró a cinco hijos antes de marcharse los Melquisedek —tres hijos y dos hijas. Los dos siguientes fueron gemelos. Alumbró a sesenta y tres vástagos, treinta y dos hijas y treinta y un hijos, antes de la falta. Cuando Adán y Eva dejaron el Jardín, su familia consistía en cuatro generaciones que ascendían a 1.647 descendientes de pura cepa. Tuvieron cuarenta y dos hijos después de abandonar el Jardín además de dos descendientes de procreación mixta con la raza mortal de la tierra. Lo anterior no comprende la descendencia de Adán con las razas nodita y evolucionarias.

Los hijos de Adán no tomaban leche de animales al cesar de amamantarse de su madre a la edad de un año. Eva tenía acceso a la leche de una gran variedad de nueces y a los jugos de muchas frutas y, conociendo a fondo la composición química y capacidad energética de estos alimentos, los combinaba debidamente para alimentar a sus hijos hasta que les aparecieran los dientes.

Aunque la cocción se empleaba universalmente por las inmediaciones del sector adánico de Edén, no se cocinaba en casa de Adán. Recolectaban sus alimentos —frutas, nueces y cereales— listos para comerse al madurarse. Comían una vez al día, poco después del mediodía. Adán y Eva también absorbían «luz y energía» directamente de ciertas emanaciones espaciales conjuntamente con el ministerio del árbol de la vida.

Despedían los cuerpos de Adán y Eva una luz trémula, pero siempre vestían ropa en conformidad con la costumbre de sus asociados. Si bien usaban muy poca por el día, vestían una capa a partir del atardecer. Data de los días de Adán y Eva el origen de la aureola tradicional que rodea las cabezas de los supuestos hombres sagrados y dignos de alabanzas. Puesto que se opacaban en gran parte las emanaciones de luz de sus cuerpos debido a la ropa, no se distinguía sino el resplandor radiante en torno a su cabeza. Los descendientes de Adansón siempre retrataban de este modo su concepto de los individuos que se tenían por seres extraordinarios en cuanto al desarrollo espiritual.

Adán y Eva podían comunicarse uno con otro y con sus hijos inmediatos hasta una distancia de unos ochenta kilómetros. Se efectuaba este intercambio de pensamientos mediante delicadas cámaras de gas ubicadas muy cerca de sus estructuras cerebrales. Por este mecanismo podían trasmitir y recibir las ondas del pensamiento.

Pero se suspendió este poder inmediatamente en cuanto se rindió la mente a la discordia y el trastorno del mal.

Los hijos de Adán asistieron a escuelas independientes hasta los dieciséis años de edad; los mayores impartían clases a los menores. Los niños cambiaban de actividad cada treinta minutos, los mayores cada hora. Era realmente una novedad en Urantia observar a estos hijos de Adán y Eva jugar, realizando actividades de regocijo y alborozo por puro gusto. De los adanitas se deriva gran parte de los juegos y el humor de las razas de hoy en día. Los adanitas tenían gran apreciación por la música así como un agudo sentido del humor.

Se solía contraer esponsales a los dieciocho años de edad; luego, estos jóvenes ingresaban en un curso de dos años de instrucción que los preparaba para asumir las responsabilidades maritales. A los veinte años de edad eran aptos para el matrimonio; y después del casamiento comenzaban su oficio o bien iniciaban la preparación específica para éste.

En algunas naciones subsiguientes, existió la usanza de permitir que las familias reales, presuntamente descendidas éstas de los dioses, se casaran entre hermanos, lo cual procede de las tradiciones de la prole de Adán —que procreaban, conforme a su deber y necesidad, unos con otros. Adán y Eva oficiaban en todas las ceremonias de matrimonio de la primera y segunda generación del Jardín.

7. LA VIDA EN EL JARDÍN

Con excepción de haber asistido durante cuatro años a las escuelas del oeste, los hijos de Adán vivieron y trabajaron en el «este de Edén». Recibieron su formación intelectual hasta la edad de dieciséis años de acuerdo con los métodos en las escuelas de Jerusem. Desde los dieciséis hasta los veinte años se les dio instrucción en las escuelas de Urantia del otro extremo del Jardín, desempeñándose en ellas también como maestros de los niveles más bajos.

La *socialización* era el entero propósito del sistema escolar del oeste del Jardín. Los períodos matinales de recreo eran destinados a las prácticas hortícolas y agrícolas, los períodos vespertinos, a los juegos competitivos. Se aprovechaban las primeras horas de la noche para el trato social y el cultivo de las amistades personales. Se consideraba la preparación religiosa y sexual como incumbencia de la familia, el deber de los padres.

La enseñanza de estas escuelas comprendía instrucción acerca de:

1. La salud y el cuidado del cuerpo.
2. La regla de oro, la norma del trato social.
3. La relación de los derechos del individuo a los del grupo y a las obligaciones comunitarias.
4. La historia y cultura de las distintas razas de la tierra.
5. Los métodos para hacer progresar y mejorar el comercio mundial.
6. La coordinación de deberes y emociones contrapuestos.
7. El cultivo del juego, el humor y alternativas competitivas a la lucha física.

Siempre estaban abiertas para las visitas las escuelas así como todas las actividades del Jardín. Se admitían observadores inermes libremente en Edén para visitas breves. Un urantiano tenía que ser «adoptado» para residir temporalmente en el Jardín. Recibía instrucciones sobre el designio y propósito del autootorgamiento adánico, expresaba su intención de adherirse a esta misión, y luego prestaba una declaración de lealtad al régimen social de Adán y a la soberanía espiritual del Padre Universal.

Las leyes del Jardín se fundamentaron en los códigos más antiguos de Dalamatia y se promulgaron de conformidad con siete apartados:

1. Las leyes de salud y sanidad.
2. Las ordenanzas sociales del Jardín.
3. El código de intercambio y comercio.
4. Las leyes de la honra en los juegos y concursos.
5. Las leyes de la vida familiar.
6. Los códigos civiles de la regla de oro.
7. Los siete mandamientos de régimen moral supremo.

Difirió muy poco la ley moral de Edén de los siete mandamientos de Dalamatia. Pero los adanitas predicaban muchas razones más para reafirmar estos mandamientos; pongamos por ejemplo el interdicto del asesinato; el hecho de que el Ajustador del Pensamiento morara dentro de uno se aducía como otro motivo por el cual no se debía destruir la vida. Enseñaron que «él que derrame la sangre del hombre, por el hombre su sangre será derramada, pues a imagen de Dios él hizo al hombre».

El mediodía era la hora de la adoración pública en Edén; el atardecer era la hora de la adoración familiar. Adán hizo lo que pudo para desalentar el uso de oraciones preestablecidas, enseñando, más bien, que la oración efectiva tiene que ser totalmente personal y que tiene que ser «el deseo del alma»; pero los edenitas continuaron usando las oraciones y formas que heredaron de los tiempos de Dalamatia. Adán también se empeñó en sustituir los sacrificios sangrientos en las ceremonias religiosas por las ofrendas del fruto de la tierra, pero había hecho pocos progresos al respecto antes del trastorno del Jardín.

Adán se esforzó por enseñarles a las razas la igualdad de los sexos. A todos los moradores del Jardín, les dejó profunda huella la forma en que Eva laboró a la vera de su esposo. Adán les enseñó concretamente que la mujer, a partes iguales con el hombre, contribuye a aquellos factores de la vida que se unen para formar un nuevo ser. Hasta ese momento, la humanidad había supuesto que toda la procreación estribaba en los «lomos del padre». Habían considerado a la madre meramente como un mecanismo para nutrir al feto y amamantar al neonato.

Adán enseñó a sus contemporáneos todo cuanto pudieron comprender, lo cual, sin embargo, no fue gran cosa en términos relativos. No obstante, las razas más inteligentes de la tierra aguardaban ansiosamente el momento en que se les permitiría casarse con los hijos y las hijas superiores de la raza violeta. ¡En qué mundo más diferente se habría convertido Urantia, si se hubiera llevado a efecto este gran proyecto de la elevación de las razas! Así y todo, resultaron grandes ventajas de la reducida cantidad de sangre proveniente de esta raza importada que consiguieron de paso los pueblos evolucionarios.

Así trabajó Adán para el bienestar y perfeccionamiento del mundo de su estadía. Pero le costó mucho trabajo conducir a estos pueblos mezclados y mestizos por un camino mejor.

8. LA LEYENDA DE LA CREACIÓN

La historia de que duró seis días la creación de Urantia se basó en la versión tradicional de que no habían pasado Adán y Eva más que seis días realizando el estudio preliminar del Jardín. Esta circunstancia confirió sanción cuasisagrada al plazo de la semana que, en un principio, había sido introducido por los dalamatianos. El hecho de que Adán pasara seis días inspeccionando el Jardín y formulando los proyectos preliminares para su organización no ocurrió premeditadamente; más bien, fue una decisión tomada día a día. La elección del séptimo día para la adoración no fue más que una consecuencia de los hechos aquí narrados.

La leyenda de la creación del mundo en seis días fue un concepto posterior que, de hecho, se produjo más de treinta mil años después. Un aspecto del relato, la aparición repentina del sol y la luna, posiblemente tenga su origen en la versión tradicional de que, cierta vez, había el mundo surgido repentinamente de una densa nube espacial compuesta de materia diminuta que, durante mucho tiempo, había oscurecido tanto al sol como a la luna.

La historia de la creación de Eva a partir de la costilla de Adán es una confusa versión abreviada sobre la llegada de Adán y la cirugía celestial relacionada con el intercambio de sustancias vivientes que se le había practicado al séquito corpóreo del Príncipe Planetario más de cuatrocientos cincuenta mil años antes.

En la mayoría de los pueblos del mundo ha influido la versión tradicional de que Adán y Eva disponían de formas físicas creadas para ellos al llegar a Urantia. La creencia en que se había creado el hombre del barro casi fue universal en el hemisferio oriental; se puede remontar el origen de esta versión tradicional desde las Islas Filipinas y, dándole casi media vuelta al mundo, hasta la África. Muchos grupos aceptaron esta versión de que el hombre se originó del barro mediante alguna forma de creación especial en lugar de las anteriores creencias en la creación progresiva —la evolución.

Apartada de las influencias de Dalamatia y Edén, la humanidad tendía a la creencia en el ascenso gradual de la raza humana. El hecho de evolución no es un descubrimiento moderno, los antiguos comprendían el carácter lento y evolucionario del progreso humano. Los griegos primitivos poseían conceptos claros al respecto a pesar de su proximidad a la Mesopotamia. Aunque las distintas razas de la tierra, lamentablemente, se enredaron en sus nociones de la evolución, no obstante, gran parte de las tribus primitivas creyeron y enseñaron que eran los descendientes de varios animales. Los pueblos primitivos solían seleccionar los animales de su presunto origen para sus «tótemes». Ciertas tribus de indios norteamericanos creyeron que descendían de castores y coyotes. Ciertas tribus africanas enseñan que son descendientes de las hienas, una tribu malaya, del lémur, un grupo neoguineo, del loro.

Debido a su contacto inmediato con los restos de la civilización de los adanitas, los babilonios magnificaron y adornaron la narrativa de la creación del hombre; enseñaron que había descendido directamente de los dioses. Se atuvieron a un origen aristocrático de la raza, el cual era incompatible incluso con la doctrina de la creación a partir del barro.

El relato del Antiguo Testamento sobre la creación data de tiempos muy posteriores a los de Moisés; él nunca enseñó a los hebreos una historia tan tergiversada. Pero sí presentó a los israelitas un relato sencillo y condensado de la creación, con la esperanza de que éste realzara su llamado a la adoración del Creador, el Padre Universal, que llamaba el Señor Dios de Israel.

En sus enseñanzas tempranas, Moisés, inteligentemente, no intentó remontarse más allá de los tiempos de Adán; puesto que Moisés era el maestro supremo de los hebreos, las historias de Adán llegaron a relacionarse estrechamente con las de la creación. Consta que las tradiciones más tempranas reconocieron una civilización preadánica, por el hecho de que los redactores posteriores, con ánimo de borrar toda referencia a los asuntos humanos antes de los tiempos de Adán, olvidaron borrar la referencia reveladora a la emigración de Caín a la tierra de «Nod», donde aquél tomó mujer.

Tras su llegada a Palestina, los hebreos no contaron durante mucho tiempo con ningún lenguaje escrito que hiciera eco entre el grueso de su población. Aprendieron a valerse del alfabeto de los filisteos vecinos, quienes eran refugiados políticos de la civilización superior de Creta. Los hebreos escribieron muy poco hasta alrededor del año 900 a. de J.C.; y como no disponían de un lenguaje escrito hasta esta fecha tan tardía, circularon varias versiones distintas de la creación; pero, después del cautiverio en Babilonia, se inclinaron más a aceptar una versión mesopotámica modificada.

La versión tradicional judía se cristalizó en torno a Moisés. Debido a que se esforzó éste por atribuir el origen de la descendencia de Abraham a Adán, los judíos dieron por sentado que Adán había sido el primero de la raza humana. Yahvé fue el creador y ha de haber hecho el mundo justamente antes de hacer a Adán, ya que se supone que Adán fue el primer hombre. Entonces la versión tradicional de los seis días de Adán se intercaló en la historia y, casi mil años después de la estadía de Moisés en la tierra, resultó que la versión tradicional de la creación en seis días se asentó por escrito y, posteriormente, a aquel se le atribuyó el mérito.

Cuando los sacerdotes judíos retornaron a Jerusalén, ya habían terminado su relato escrito sobre el principio de las cosas. Pronto afirmaron que esta narración era una historia recién descubierta sobre la creación, escrita por Moisés. Pero los hebreos contemporáneos de alrededor de 500 a. de J.C., no consideraron que estas escrituras fueran revelaciones divinas; las consideraron de forma muy similar a como los pueblos posteriores consideran las narraciones mitológicas.

Este documento espurio, las presuntas enseñanzas de Moisés, vino a conocimiento de Ptolemeo, el rey griego de Egipto, quien lo mandó traducir al griego por una comisión de setenta eruditos para su nueva biblioteca en Alejandría. Así se integró este relato a aquellas escrituras que, posteriormente, llegaron a formar parte de las colecciones ulteriores de las «escrituras sagradas» de las religiones hebrea y cristiana. Y estos conceptos durante mucho tiempo influyeron profundamente en la filosofía de muchos pueblos occidentales que se identificaron con estos sistemas teológicos.

Los maestros cristianos perpetuaron la creencia en la creación de la raza humana por un acto de volición, lo cual influyó directamente en la formación de la hipótesis de una edad de oro pasada de arrobo utópico y en la teoría de la caída del hombre o superhombre que explicara la condición menos utópica de la sociedad. Estas perspectivas sobre la vida y sobre el lugar que ocupaba el hombre en el universo fueron, en el mejor de los casos, desalentadoras puesto que estaban basadas en la creencia de un retroceso, más bien que una progresión, además de implicar una Deidad vengativa, quien había descargado su ira sobre la raza humana en retribución de los errores de ciertos administradores planetarios pasados.

La «edad de oro» es un mito, pero Edén fue un hecho, y la civilización del Jardín fue de hecho derrocada. Adán y Eva llevaban ciento diecisiete años en el Jardín cuando, por la impaciencia de Eva y los errores de juicio de Adán, se atrevieron a desviarse del camino ordenado, buscándose el desastre y ocasionando el ruinoso retraso de la progresión del desarrollo de toda Urantia.

[Narrado por Solonia, la «voz seráfica en el Jardín».]

DOCUMENTO 75

LA FALTA DE ADÁN Y EVA

TRAS un esfuerzo de más de cien años en Urantia, no vio Adán sino pocos progresos fuera del Jardín; no parecía que el mundo, en general, estuviese mejorando notablemente. Tenía visos de estar muy lejos la consecución del mejoramiento de las razas, y parecía la situación lo bastante desesperada como para exigir un remedio que no estuviera contemplado en los designios originales. Al menos, eso pasó a menudo por la mente de Adán y muchas veces se lo expresó a Eva. Adán y su consorte eran leales, pero estaban aislados de sus prójimos y estaban dolorosamente afligidos por la lamentable condición de su mundo.

1. EL PROBLEMA DE URANTIA

Fue una tarea abrumadora acometer la misión adánica en el planeta de Urantia, experimental, estigmatizado y aislado por la rebelión. El Hijo y la Hija Materiales no tardaron en tomar conciencia de la dificultad y complejidad de su asignación planetaria. No obstante, emprendieron denodadamente la labor de resolver sus múltiples problemas. Sin embargo, se consternaron bastante, al abordar la obra importantísima de eliminar a los anormales y degenerados de las razas humanas. No hallaban salida alguna del dilema, y tampoco podían consultar con sus superiores de Jerusem ni de Edentia. Se encontraban aislados, afrontando cada día un enredo nuevo y complicado, problemas que parecían insolubles.

Si rigieran circunstancias normales, la primera obra del Adán y Eva Planetarios sería la coordinación y combinación de las razas. Pero en Urantia semejante proyecto parecía casi irrealizable, pues las razas, si bien eran biológicamente aptas, jamás se habían purgado de sus cepas retrasadas y defectuosas.

Adán y Eva se encontraban en una esfera totalmente carente de preparación para la proclamación de la hermandad del hombre, un mundo que andaba a tientas en total oscuridad espiritual y afligido con una confusión exacerbada por la malograda misión de la administración anterior. Estaban las mentes y morales a un nivel bajo, y en vez de entablar la tarea de efectuar la unión religiosa, habrían de comenzar de nuevo la labor de convertir a los habitantes a las formas más sencillas de creencias religiosas. En lugar de encontrarse con una sola lengua adoptible, estaban enfrentados con la confusión mundial de cientos y cientos de dialectos locales. Jamás a ningún Adán del servicio planetario le había tocado un mundo más difícil; parecían los obstáculos insuperables y los problemas, fuera del alcance de las posibilidades de solución de un ser creado.

Estaban aislados, y el tremendo sentimiento de soledad que los agobiaba fue aumentado más aún por la partida temprana de los síndicos Melquisedek. No podían comunicarse sino indirectamente, mediante las órdenes angélicas, con entes ajenos al planeta. Poco a poco se les enervaba la valentía, se les iban cayendo los ánimos por los suelos, y a veces, casi les fallaba la fe.

Ésta es la descripción fidedigna de la consternación que sentían estas dos nobles almas al ponderar las tareas con que se enfrentaban. Los dos se daban cuenta cabal de la colosal empresa que implicaba la ejecución de su asignación planetaria.

Probablemente ninguno de los Hijos Materiales de Nebadon jamás hubiera hecho frente a una labor tan difícil y, al parecer, irremediable como la que confrontaban Adán y Eva en la lamentable condición de Urantia. Pero si hubieran sido más previsores y *pacientes*, algún día habrían llegado a triunfar. Ambos, sobre todo Eva, fueron demasiado impacientes; no estaban dispuestos a conformarse con la prolongadísima prueba de resistencia. Querían observar resultados inmediatos; y así fue, mas los resultados que consiguieron de este modo vinieron a ser desastrosos tanto para ellos como para su mundo.

2. LA INTRIGA DE CALIGASTIA

Caligastia hizo frecuentes visitas al Jardín y sostuvo muchas conversaciones con Adán y Eva, pero éstos se mostraban inquebrantables ante sus propuestas de componenda y de atajos azarosos. Ante ellos desfilaban suficientes resultados de la rebelión como para producirles una efectiva inmunidad contra toda propuesta e insinuación de esta índole. Tampoco en la prole joven de Adán lograron influir las proposiciones de Daligastia. Y desde luego, no tenían Caligastia ni su asociado el poder para influir en ningún individuo contra la voluntad de éste, y tanto menos para persuadir a los hijos de Adán a obrar mal.

Conviene tener presente que Caligastia aún era el Príncipe Planetario titular de Urantia, y si bien se había descaminado, no dejaba de ser un Hijo superior del universo local. No llegó a ser depuesto hasta los tiempos de Cristo Micael en Urantia.

Pero el Príncipe caído fue persistente y decidido. Pronto renunció a la labor de persuadir a Adán y, astutamente decidió intentar atacar indirectamente a Eva. Llegó a la conclusión el maligno de que la única esperanza para triunfar estribaba en el hábil aprovechamiento de personas idóneas que pertenecían al estrato superior del grupo nodita, los descendientes de los asociados de su antiguo séquito corpóreo. Así, pues, se urdieron los ardides para entrampar a la madre de la raza violeta.

Eva nunca tuvo la intención de hacer cualquier cosa que fuera contra los planes de Adán, ni poner en peligro su cargo de confianza planetaria. Conscientes de la tendencia de la mujer a buscar resultados inmediatos más bien que planear a largo plazo para obtener efectos posteriores, los Melquisedek, antes de partir, se habían esmerado en instruir a Eva acerca de los peligros específicos que rodeaban su situación aislada en el planeta y le habían advertido en particular que nunca se alejara de la vera de su consorte, es decir, que no probara métodos personales ni secretos de fomentar sus empresas mutuas. Eva había cumplido escrupulosamente con estas instrucciones durante más de cien años, y no se le ocurrió que acarrearan ningún peligro las visitas cada vez más íntimas y confidenciales que disfrutaba con cierto dirigente nodita llamado Serapatatia. Aconteció todo el asunto de forma tan gradual y natural que la tomó desprevenida.

Los moradores del Jardín habían estado en contacto con los noditas desde los primeros días de Edén. Habían recibido mucha asistencia y cooperación valiosa de estos descendientes mestizos de los miembros rebeldes del séquito de Caligastia; a causa de ellos, el régimen edénico ya iría a su total perdición y derrocamiento final.

3. LA TENTACIÓN DE EVA

Acababa de terminar Adán sus primeros cien años en la tierra cuando Serapatatia, a la muerte de su padre, asumió el mando de la confederación occidental o siria de las tribus noditas. La piel de Serapatatia tenía un tono pardo y era un genial descendiente brillante del antiguo jefe de la comisión sanitaria de Dalamatia que se había casado con un magistral cerebro femenino de la raza azul de aquellos distantes días. A través de las edades esta línea familiar había mantenido autoridad y ejercido gran influencia entre las tribus noditas del oeste.

Serapatatia había hecho varias visitas al Jardín y le había producido profunda impresión la justicia de la causa de Adán. Al poco de asumir el mando de los noditas sirios, dio a conocer su intención de establecer una afiliación con la obra de Adán y Eva en el Jardín. La mayoría de su gente se unió a él en este programa, y le animó a Adán la noticia de que había cambiado de opinión casi por completo la más poderosa e inteligente de todas las tribus vecinas a favor del programa de mejoramiento del mundo; fue indiscutiblemente alentador. Y poco tiempo después de este gran acontecimiento, Serapatatia y su nuevo séquito fueron recibidos de comensales en casa de Adán y Eva.

Llegó a figurar Serapatatia entre los más capaces y eficientes de todos los lugartenientes de Adán. Era enteramente honrado y totalmente sincero en todas sus actividades; nunca se percató, ni posteriormente, de que lo estuviera explotando como instrumento circunstancial el taimado Caligastia.

Pronto Serapatatia se convirtió en el presidente asociado de la comisión edénica sobre las relaciones tribales, y se sentaron muchos planes para una vigorosa continuación de la labor de granjearse el apoyo de las tribus remotas a la causa del Jardín.

Sostuvo él muchas conversaciones con Adán y Eva —sobre todo con Eva— y trataron de muchos proyectos para mejorar sus procedimientos. Un día, durante una charla con Eva, se le ocurrió a Serapatatia que, mientras aguardaban el advenimiento de grandes cantidades de la raza violeta, sería muy beneficioso si, entre tanto, se pudiera hacer algo para el progreso de las menesterosas tribus expectantes. Serapatatia alegó que, si los noditas, en su calidad de raza más progresiva y cooperativa, pudieran contar con un dirigente con origen parcial en la raza violeta, constituiría un fuerte vínculo que uniría estos pueblos más estrechamente al Jardín. Juiciosa y honestamente, se consideró que todo lo antedicho beneficiaría al mundo, ya que este hijo, que habría de ser criado y educado en el Jardín, ejercería gran influencia benéfica sobre el pueblo de su padre.

Conviene nuevamente hacer hincapié en que Serapatatia fue totalmente honesto y completamente sincero en todo lo que proponía. Jamás sospechó que estaba en el juego de Caligastia y Daligastia. Serapatatia era totalmente leal al designio de formar una fuerte reserva de la raza violeta antes de intentar el mejoramiento mundial de los confundidos pueblos de Urantia. Pero hacían falta cientos de años para consumarse, y él era impaciente; quería apreciar resultados inmediatos —algunos durante su propia vida. A Eva le hizo patente que Adán a menudo se desanimaba por lo poco que se había logrado en cuanto al mejoramiento del mundo.

En secreto se fueron desarrollando estos proyectos durante más de cinco años. Finalmente evolucionaron hasta tal punto que Eva consintió en sostener una conversación secreta con Cano, la mente más brillante y jefe más activo de la colonia cercana de noditas amistosos. Cano simpatizaba mucho con el régimen adánico; de hecho, era el sincero dirigente religioso de los noditas vecinos que estaban a favor de relaciones amistosas con el Jardín.

Se produjo el encuentro fatídico durante las horas crepusculares de una tarde otoñal, cerca de la casa de Adán. Eva no había conocido nunca al hermoso y entusiasta Cano —que era en efecto un magnífico espécimen de la supervivencia del físico superior e intelecto destacado de sus remotos progenitores del séquito del Príncipe. Cano también creía sinceramente en la justicia del proyecto de Serapatatia. (La poligamia se solía practicar fuera del Jardín.)

Influida por los halagos, el entusiasmo y gran persuasión personal, Eva accedió en el acto a embarcarse en la empresa mucho discutida, a agregar su propio plan de salvación del mundo al designio divino más grande y trascendental. Antes de llegar a hacerse cargo de lo que acontecía, ya había dado el paso fatal. Ya estaba hecho.

4. LA COMPRENSIÓN DE LA FALTA

La vida celestial del planeta estaba en estado de agitación. Reconoció Adán que las cosas marchaban mal, y le pidió a Eva que se apartara con él en el Jardín. En este momento, por primera vez, Adán oyó la historia entera del proyecto, que se venía desarrollando durante mucho tiempo, para acelerar el mejoramiento del mundo procediendo por dos direcciones a la vez: la continuación del designio divino a la par que la ejecución de la iniciativa de Serapatatia.

En tanto que el Hijo e Hija Material conversaban al respecto en el Jardín alumbrado por la luna, «la voz en el Jardín» les reprochó la desobediencia. Fue aquella voz ni más ni menos que la mía anunciando a la pareja edénica que había transgredido el pacto del Jardín; habían desobedecido las instrucciones de los Melquisedek; que había faltado en la ejecución de su juramento de lealtad al soberano del universo.

Eva había accedido a participar en la práctica del bien y el mal. El bien es la ejecución del designio divino; el pecado es una transgresión deliberada de la voluntad divina; el mal es la mala adaptación de los designios y el mal ajuste de las técnicas que resultan en la discordia universal y la confusión planetaria.

Cada vez que la pareja del Jardín había tomado del fruto del árbol de la vida, les había advertido el arcángel custodio que se abstuvieran de sucumbir a las sugerencias de Caligastia en el sentido de combinar el bien y el mal. Se les había amonestado con lo siguiente: «El día que mezcléis el bien y el mal, indudablemente os convertiréis en mortales del reino; seguramente moriréis».

En la fatal ocasión de su reunión secreta Eva le había contado a Cano esta advertencia que se le había repetido una y otra vez; pero Cano, desconociendo la importancia y significado de estas amonestaciones, le había asegurado que no podrían obrar mal los hombres y mujeres con buenos motivos y legítimas intenciones; que ella indudablemente no moriría sino que renacería en la persona de su prole, quien llegaría a ser hombre para bendecir y estabilizar el mundo.

Si bien se había concebido y ejecutado este proyecto para modificar el designio divino con entera sinceridad y sin nada más que sublimes motivos respecto del bienestar del mundo, constituyó un acto del mal porque representaba el camino errado para lograr fines justos, porque se desvió del camino acertado, el designio divino.

Cierto es que Cano le había resultado bien parecido a Eva, y experimentó todo lo que prometía su seductor en cuanto a «nuevos y mayores conocimientos sobre los asuntos humanos y comprensión más rápida de la naturaleza humana como suplemento a la comprensión de la naturaleza adánica».

Conversé con el padre y la madre de la raza violeta aquella noche en el Jardín como me correspondía en virtud de las lamentables circunstancias. Escuché atentamente la narración de cuanto había culminado en la falta de la Madre Eva y les di a ambos asesoría y consejos acerca de la situación inmediata. Siguieron algunos de estos consejos; ignoraron otros. Esta conversación aparece en vuestras crónicas como «el Señor Dios llamó a Adán y Eva en el Huerto y les preguntó: '¿Dónde estáis?'». Las generaciones posteriores solían atribuir todo lo insólito y extraordinario, fuera natural o espiritual, directamente a la intervención personal de los Dioses.

5. LAS REPERCUSIONES DE LA FALTA

La desilusión de Eva fue verdaderamente patética. Adán discernió todo el trance; y aunque estaba acongojado y abatido, no abrigaba sino compasión y lástima por su consorte descarriada.

Al día siguiente del mal paso de Eva y en la desesperación del fracaso, Adán buscó a Laotta, la brillante nodita encargada de las escuelas del oeste del Jardín, y con premeditación cometió el mismo desatino que Eva. Pero no malentendáis. Adán no se engañó; bien sabía qué hacía; optó adrede por compartir el mismo destino que Eva. Amaba a su consorte con afecto supermortal, y no soportaba la posibilidad de una vigilia solitaria en Urantia sin ella.

Los habitantes enfurecidos del Jardín al enterarse de lo que le había pasado a Eva, se volvieron indómitos; declararon la guerra contra el cercano pueblo nodita. Salieron en tropeles por las puertas de Edén y se abalanzaron sobre esta gente desprevenida, aniquilándola totalmente —no se salvó ni un hombre, ni una mujer, ni un niño. También pereció Cano, el padre del nonato Caín.

Al darse cuenta de lo que había sucedido, Serapatatia quedó agobiado de consternación y transido de temor y remordimientos. Al día siguiente se ahogó a sí mismo en el gran río.

Los hijos de Adán procuraron reconfortar a su madre azorada mientras que su padre anduvo solo sin rumbo fijo durante treinta días. Al cabo de este plazo se impuso el juicio, retornó Adán a casa y se puso a trazar las líneas de acción para el futuro.

Los hijos inocentes, a menudo, comparten las consecuencias de los desatinos de sus padres descarriados. Los probos y nobles hijos e hijas de Adán y Eva se sintieron abrumados por la inexplicable pesadumbre de la inimaginable tragedia que, tan repentina e implacablemente, había recaído sobre ellos. Tardaron cincuenta años los hijos mayores en restablecerse del pesar y la congoja de aquellos días trágicos, sobre todo del terror de aquel período de treinta días durante los cuales se ausentó su padre mientras que su madre aturdida ignoraba totalmente su paradero o destino.

Aquellos mismos treinta días a Eva, igualmente, le resultaron años interminables de pesadumbre y sufrimiento. Jamás se recuperó del todo esta noble alma de los efectos de aquel dolorosísimo período de sufrimiento mental y pesar espiritual. Ningún aspecto de las subsiguientes privaciones y penalidades que sufrieron jamás tuvo parangón, según la memoria de Eva, con aquellos aterradores días y espantosas noches de soledad e insoportable incertidumbre. Se enteró del temerario acto de Serapatatia y tampoco sabía si su consorte se había destruido por la pesadumbre o si había sido destituido del mundo en retribución de su mal paso. Cuando Adán retornó, sintió Eva una satisfacción de júbilo y gratitud que no se borró jamás durante su prolongada y difícil convivencia de arduo servicio.

Pasó el tiempo, pero Adán no estuvo seguro del carácter de su infracción hasta que transcurrieron setenta días desde la falta de Eva, cuando los síndicos Melquisedek retornaron a Urantia y asumieron jurisdicción sobre los asuntos del mundo. En ese momento supo que habían fracasado.

Pero aún se estaban tramando más problemas: No tardó en alcanzar las tribus natales de Serapatatia hacia el norte la noticia de la aniquilación del pueblo nodita próximo a Edén; por tanto, se reunía en este momento una gran multitud para emprender la marcha hacia el Jardín. Aquí comenzó una prolongada y encarnizada guerra entre los adanitas y noditas, pues se mantuvieron estas hostilidades muchos años después de que Adán y sus seguidores emigraron al segundo jardín en el valle del Eufrates. Existió intensa y duradera «enemistad entre aquel hombre y la mujer, entre la simiente de él y la simiente de ella».

6. Adán y Eva abandonan el Jardín

Cuando supo Adán que los noditas venían avanzando, buscó la asesoría de los Melquisedek, pero éstos se negaron a aconsejarle, diciéndole únicamente que hiciera lo que estimara lo más conveniente y prometiendo cooperar de forma amistosa, en lo posible, con el proceder que eligiera. A los Melquisedek se les había prohibido interferir en los proyectos personales de Adán y Eva.

Sabía Adán que él y Eva habían fracasado; se lo dijo la presencia de los síndicos Melquisedek, aunque aún ignoraba su estado personal y su destino. Sostuvo una reunión que duró la noche entera con mil doscientos seguidores leales que se comprometieron a seguir a su jefe, y al día siguiente a mediodía salieron estos peregrinos de Edén en busca de nuevos hogares. Adán no era amante de la guerra, por tanto optó por dejarles el primer jardín a los noditas sin oposición.

Al tercer día de la partida del Jardín, la caravana edénica fue detenida por la llegada de los transportes seráficos de Jerusem. Por primera vez a Adán y Eva se les informó del destino que tendrían sus hijos. Mientras se quedaban a un lado preparados los transportes, a los hijos que habían llegado a la edad de ser capaz de elegir (los veinte años) se les dio la opción de permanecer en Urantia con sus padres o de convertirse en pupilos de los Altísimos de Norlatiadek. Dos tercios de ellos optaron por irse a Edentia; casi un tercio prefirió quedarse en Urantia con sus padres. Se llevaron todos los hijos menores de edad a Edentia. Nadie podía haber observado la dolorosa despedida de este Hijo e Hija Materiales de sus propios hijos, sin percatarse de que el camino del transgresor es duro. Ahora se encuentra esta prole de Adán y Eva en Edentia; desconocemos qué se dispone hacer con ellos.

Se aprestó a seguir su camino una acongojadísima caravana. ¡No podía haber sido más trágico! ¡Haber llegado a un mundo con tan altas esperas, haber sido acogidos con tan buenos auspicios, y luego salir de Edén en desgracia, y por si fuera poco, perder más de tres cuartos de sus hijos aún antes de encontrar un nuevo lugar de residencia!

7. La degradación de Adán y Eva

Estaba detenida la caravana edénica cuando a Adán y Eva se les informó del carácter de sus transgresiones y se les avisó acerca de su destino. Apareció Gabriel para pronunciar el juicio. He aquí el veredicto: Al Adán y Eva Planetarios se les declara en contumacia; han violado el pacto de su cargo de confianza en calidad de gobernantes de este mundo habitado.

Si bien estaban abatidos por el sentimiento de culpabilidad, a Adán y Eva les animó sobremanera el anuncio de que sus jueces en Salvington los habían absuelto de todos los cargos de estar en «desacato al gobierno del universo». No se les había declarado culpables de rebelión.

A la pareja edénica se le comunicó que se habían degradado al estado de los mortales del reino; que, de ese momento en adelante, habrían de portarse como hombre y mujer de Urantia, con miras al futuro de las razas del mundo como su propio futuro.

Mucho antes de partir Adán y Eva de Jerusem, sus instructores les habían explicado minuciosamente las consecuencias de cualquier desvío significativo de los designios divinos. Yo, personalmente y repetidas veces, les había advertido, tanto antes como después de su llegada a Urantia, que el descenso a la condición de la carne mortal sería el resultado indudable, el castigo seguro, el cual, indefectiblemente resultaría por contumacia en la ejecución de su misión planetaria. Sin embargo, es esencial comprender el estado de la inmortalidad de la orden material de la filiación para comprender con claridad las consecuencias que resultaron de la falta de Adán y Eva.

1. Adán y Eva, igual que sus prójimos en Jerusem, mantuvieron el estado de inmortalidad durante la asociación intelectual con el circuito de gravedad mental del Espíritu. Cuando la disyunción mental rompe este sustento vital, entonces, a despecho del nivel espiritual de existencia de las criaturas, se pierde el estado de inmortalidad. El estado mortal seguido por la disolución física fue la consecuencia inevitable de la falta intelectual de Adán y Eva.

2. El Hijo e Hija Materiales de Urantia, habiendo sido personalizados en la semejanza de la carne mortal de este mundo, dependían también del mantenimiento de un aparato circulatorio dual, que por un lado deriva de su naturaleza física, por otro, de la superenergía almacenada en el fruto del árbol de la vida. Una y otra vez les había amonestado el custodio arcangélico a Adán y Eva que faltar al cargo de confianza culminaría en la degradación de su estado, y se les negó el acceso a esta fuente de energía posteriormente a su contumacia.

Caligastia sí logró atrapar a Adán y Eva, pero no logró su objetivo de dirigirlos en rebelión abierta contra el gobierno del universo. Lo que habían hecho, en efecto, fue malo, pero nunca se les declaró culpables por desacato a la verdad, tampoco participaron con conocimiento de causa en la rebelión contra el justo régimen del Padre Universal y su Hijo Creador.

8. LA SUPUESTA CAÍDA DEL HOMBRE

En efecto cayeron Adán y Eva de su estado superior de filiación material hasta el estado inferior de hombre mortal. Pero esto no constituyó la caída del hombre. La raza humana ha sido mejorada a pesar de las consecuencias inmediatas de la falta adánica. Aunque se malogró el designio divino para dar la raza violeta a los pueblos de Urantia, las razas mortales se han beneficiado enormemente de la contribución limitada que hicieron a las razas de Urantia Adán y sus descendientes.

No ha habido ninguna «caída del hombre». La historia de la raza humana consiste en la evolución progresiva, y el autootorgamiento adánico dejó a los pueblos del mundo bastante mejor que en su previa condición biológica. Las razas superiores de Urantia ahora entrañan factores hereditarios derivados de tantas como cuatro fuentes diferentes: la andonita, sangik, nodita y adánica.

A Adán no se le debe considerar como la causa de la aflicción de la raza humana. Bien que falló en proseguir con el designio divino, bien que, en efecto, transgredió su pacto con la Deidad, bien que él y su consorte sí, y sin duda, fueron degradados en su estado de criatura, a pesar de todo esto, efectivamente le sirvió mucho su contribución a la raza humana para hacer progresar la civilización en Urantia.

Al estimar los resultados de la misión de Adán en vuestro mundo, la justicia exige que reconozcan la condición del planeta. Adán afrontaba una labor casi imposible cuando, con su bella consorte, fue transportado de Jerusem a este oscuro y confuso planeta. Pero habían sido guiados por la asesoría de los Melquisedek y sus asociados, y de *haber sido más pacientes*, habrían triunfado a la larga. Pero Eva escuchó la insidiosa propaganda de la libertad personal y la libertad de acción planetaria. Se le indujo a experimentar con el plasma vital de la orden material de la filiación por cuanto permitió que esta encomienda de vida se mezclara prematuramente con la de la orden ya mezclada de la concepción original de los Portadores de Vida que se había combinado anteriormente con la de los seres reproductores antiguamente adjuntos al séquito del Príncipe Planetario.

Jamás en tu ascenso al Paraíso, te ganarás nada intentando impacientemente eludir el designio divino establecido mediante atajos, invenciones personales u otros artificios para facilitar el avance en el camino de la perfección, para la perfección y hacia la perfección eterna.

Con todo, jamás se habrá visto un malogro de sabiduría más desalentador en ningún planeta de Nebadon entero. Pero no es de extrañar que estos malos pasos ocurran en los asuntos de los universos evolucionarios. Formamos parte de una gigantesca creación, por tanto no es extraño que no funcione todo a la perfección; nuestro universo no fue creado en perfección. La perfección es nuestra meta eterna, no nuestro origen.

Si fuera éste un universo mecanista, si la Primera Gran Fuente y Centro fuera nada más que una fuerza y no también una personalidad, si toda creación fuera un vasto cúmulo de materia física dominado por leyes precisas caracterizadas por acciones energéticas invariables, entonces podría prevalecer la perfección, aún a pesar de la condición incompleta del estado de universo. No habría desacuerdo; no habría rozamientos. Pero en nuestro universo evolutivo de perfección e imperfección relativas, nos alegramos de que sean posibles el desacuerdo y los malentendidos, pues, por este medio se ponen de manifiesto la realidad y las acciones de la personalidad en el universo. Y si la nuestra es una existencia dominada por la personalidad, entonces puedes gozar de la garantía de las posibilidades de la supervivencia, el progreso y el logro de la personalidad; podemos confiar en el desarrollo, la experiencia y la aventura de la personalidad. ¡Qué universo más glorioso, por cuanto es personal y progresivo, no meramente mecánico, o aún, pasivamente perfecto!

[Presentado por Solonia, la «voz seráfica en el Jardín».]

DOCUMENTO 76

EL SEGUNDO JARDÍN

AL OPTAR Adán por dejar sin oposición el primer jardín a los noditas, él y sus seguidores no podían dirigirse hacia el oeste, pues los edenitas no contaban con barcos adecuados para tal aventura marina. No podían dirigirse hacia el norte pues los noditas del norte ya venían marchando hacia Edén. Tenían miedo de dirigirse hacia el sur; las colinas de esa región estaban infestadas de tribus hostiles. El único camino que les quedaba abierto era el del este, de modo que viajaron al este, hacia las regiones enclavadas entre los ríos Tigris y Eufrates que en ese entonces eran atractivas. Y gran parte de los que se habían quedado atrás se desplazaron posteriormente hacia el este para unirse con los adanitas en el valle, su nuevo lugar de residencia.

Nacieron tanto Caín como Sansa antes de que la caravana adánica alcanzara su destino final entre los ríos de la Mesopotamia. Laotta, la madre de Sansa, pereció al nacer su hija; Eva sufrió mucho pero sobrevivió, debido a su fortaleza superior. Eva amamantó a Sansa, la hija de Laotta, y la crió con Caín. Sansa llegó a ser mujer de gran capacidad. Se casó con Sargán, el jefe de las razas azules del norte, y contribuyó al progreso de los hombres azules de aquellos tiempos.

1. LOS EDENITAS ENTRAN EN LA MESOPOTAMIA

Se requirió casi un año entero para que la caravana de Adán llegara al río Eufrates. Como estaba crecido, permanecieron acampados en las llanuras al oeste del río durante casi seis semanas antes de hacer la travesía a la tierra entre los ríos que habría de convertirse en el segundo jardín.

Cuando llegó a los moradores de la tierra del segundo jardín la noticia de que el rey y sumo sacerdote del Jardín de Edén venía marchando hacia ellos, huyeron a las montañas del este. Al llegar Adán, encontró desocupado el entero territorio que deseaba. Aquí en este nuevo emplazamiento, Adán y su séquito se pusieron a trabajar para construir nuevos hogares y establecer un nuevo centro de cultura y religión.

Conocía Adán este sitio, pues fue uno de los tres escogidos por la comisión encargada de seleccionar emplazamientos para el Jardín propuesto por Van y Amadón. Los dos ríos en sí formaban una buena defensa natural en aquellos tiempos, y a poca distancia del segundo jardín, hacia el norte, el Eufrates y el Tigris se aproximaban de modo que podría construirse a lo largo de noventa kilómetros una muralla defensiva entre los ríos para proteger el territorio al sur.

Tras haberse instalado en el nuevo Edén, se vieron en la necesidad de adoptar métodos rudimentarios de vivir; parecía totalmente cierto que estuviera hechizado el suelo. Nuevamente la naturaleza seguía su curso. Ya se vieron obligados los adanitas a subsistir a duras penas del suelo deficiente y sobrellevar las realidades de la vida haciendo frente a las hostilidades naturales e incompatibilidades de la existencia mortal. Habían encontrado el primer jardín parcialmente preparado para ellos, pero el segundo tenía que ser creado con la labor de sus manos y con el «sudor de su frente».

2. CAÍN Y ABEL

Menos de dos años después de nacer Caín, nació Abel, el primer hijo de Adán y Eva que nació en el segundo jardín. Al cumplir Abel los doce años de edad, optó por ser pastor; Caín había elegido la agricultura.

Ahora bien, en aquellos tiempos se acostumbraba hacer al sacerdocio ofrendas de lo que había disponible. Los pastores daban de sus rebaños, los labriegos, de los frutos de los campos; de acuerdo con esta costumbre, Caín y Abel hacían asímismo ofrendas periódicas a los sacerdotes. Muchas veces habían disputado los dos jóvenes sobre los méritos relativos de sus vocaciones, y Abel no tardó en advertir que se manifestaba preferencia por sus sacrificios de animales. En vano recurrió Caín a las tradiciones del primer Edén, a la antigua preferencia por los frutos de los campos. Mas esto, no lo permitía Abel, y se burlaba de su frustrado hermano mayor.

Durante los tiempos del primer Edén, Adán había efectivamente procurado disuadir a las gentes de ofrendar sacrificios animales, así que tenía Caín un precedente que justificaba sus argumentos. Fue, sin embargo, difícil organizar la vida religiosa del segundo Edén. Adán estaba agobiado con mil y un detalles relacionados con las labores de la construcción, defensa y agricultura. Como estaba muy abatido espiritualmente, encomendó la organización de la adoración y la educación a los de origen nodita que habían desempeñado estos cargos en el primer jardín; aun en tan poco tiempo, los sacerdotes noditas oficiantes ya volvían a las normas y los reglamentos de los tiempos preadánicos.

Nunca se llevaron bien los dos jóvenes, y este asunto de los sacrificios contribuyó más al creciente odio que se tenían. Sabía Abel que era hijo de Adán así como de Eva y nunca dejó de recalcarle a Caín que Adán no era su padre. Caín no era de pura cepa violeta puesto que su padre era de la raza nodita que más tarde se había mezclado con el hombre azul y rojo y con la cepa andónica aborigen. Todo lo antedicho, sumado a la herencia belicosa natural de Caín, hizo que éste abrigara un odio hacia su hermano menor que aumentaba sin tregua.

Los muchachos tenían dieciocho y veinte años respectivamente cuando se resolvió finalmente la tensión entre ellos; un día, las mofas de Abel enfurecieron a su belicoso hermano hasta tal grado que Caín, sobrecogido por su ira, lo mató.

El análisis de la conducta de Abel establece el valor del medio ambiente y la educación como factores en el desarrollo del carácter. Abel tenía una herencia ideal, y la herencia forma los cimientos de todo carácter; pero la influencia de un ambiente inferior neutralizó virtualmente esta magnífica herencia. A Abel, mayormente en edad temprana, le afectó considerablemente su ambiente adverso. Habría llegado a ser una persona totalmente diferente, si hubiese vivido hasta los veinticinco o treinta años; su espléndida herencia, en este caso, se habría dejado ver. Aunque un buen ambiente no puede contribuir gran cosa a sobreponerse en rigor a los defectos del carácter de una herencia vil, un ambiente malo puede dar al traste de forma muy eficaz con una excelente herencia, a lo menos durante los primeros años de la vida. Un buen ambiente social y una educación adecuada son factores indispensables para hacer que se aproveche al máximo una buena herencia.

De la muerte de Abel supieron sus padres cuando sus perros llevaron el rebaño a casa sin amo. Para Adán y Eva, Caín iba convirtiéndose rápidamente en el sombrío recuerdo del desatino de ellos, y le alentaron a decidirse a abandonar el jardín.

La vida de Caín en Mesopotamia no había sido feliz que digamos, ya que, de manera tan particular, él era símbolo de la falta. No era que sus compañeros le trataran sin amabilidad, sino que no desconocía que, subconscientemente, estaban resentidos por su presencia. Mas sabía Caín que, como no portaba marca tribal, sería muerto por la primera tribu vecina que acertara a tropezarse con él. El temor y los remordimientos, le indujeron a arrepentirse. En Caín nunca se había instalado un Ajustador; siempre había resistido a la disciplina de la familia y despreciado la religión de su padre. Pero, en esta ocasión, acudió a Eva, su madre, y le pidió ayuda y dirección espirituales; y al pretender honestamente la asistencia divina, se instaló en él un Ajustador. Este Ajustador, que moraba dentro de él y miraba hacia fuera, le dio a Caín una clara ventaja de superioridad que lo colocó en la categoría de la tribu de Adán, altamente temida.

Entonces, salió Caín para la tierra de Nod, al este del segundo Edén. Llegó a ser un gran dirigente de un grupo de los consanguíneos de su padre y, hasta cierto punto, sí cumplió con los vaticinios de Serapatatia, pues promovió en efecto la paz entre esta división de los noditas y los adanitas durante su vida entera. Caín se casó con Remona, su prima distante, y su primogénito, Enoc, llegó a ser el jefe de los noditas elamitas. Durante cientos de años los elamitas y los adanitas continuaron viviendo en paz.

3. LA VIDA EN LA MESOPOTAMIA

Al pasar el tiempo en el segundo jardín, fueron evidenciándose cada vez más las consecuencias de la contumacia. Extrañaban Adán y Eva sobremanera su antiguo hogar de belleza y tranquilidad así como a sus hijos que habían sido deportados a Edentia. Resultaba realmente patético observar a esta magnífica pareja reducida a la condición de la carne ordinaria del reino; mas conllevaron su calidad disminuida con gracia y entereza.

Prudentemente, Adán pasó la mayor parte del tiempo preparando a sus hijos y los compañeros de éstos en la administración pública, los procedimientos educativos y devociones religiosas. De no haber sido por esta previsión, habría estallado el pandemónium a la muerte de él. Para el caso, la muerte de Adán afectó muy poco los asuntos de los suyos. Pero mucho antes de fallecer Adán y Eva, reconocieron que habían aprendido sus hijos y seguidores gradualmente a olvidarse de los días de gloria en Edén. Fue mejor que se olvidara la mayoría de sus seguidores de la grandiosidad de Edén pues así no sentirían descontento indebido por su medio ambiente menos favorable.

Los gobernantes civiles de los adanitas fueron, por herencia, los hijos del primer jardín. El primer hijo de Adán, Adansón (Adam ben Adam), fundó un centro secundario de la raza violeta al norte del segundo Edén. El segundo hijo de Adán, Evasón, se convirtió en magistral dirigente y administrador; él fue el gran asistente de su padre. No vivió Evasón tanto tiempo como Adán, y el hijo mayor de aquél, Jansad, llegó a ser el sucesor de Adán como jefe de las tribus adanitas.

Los dirigentes religiosos, o el sacerdocio, originó con Set, el hijo sobreviviente mayor de Adán y Eva de los que nacieron en el segundo jardín. Nació a los ciento veintinueve años de la llegada de Adán a Urantia. Set se absorbió en la labor de mejorar la condición espiritual del pueblo de su padre, convirtiéndose en jefe del nuevo sacerdocio del segundo jardín. Su hijo, Enós, fundó la nueva orden de adoración, y su nieto, Cainán, instituyó el servicio exterior de misioneros para las tribus circunvecinas cercanas y lejanas.

El sacerdocio setita fue empresa triple que englobaba la religión, la salud y la educación. Se prepararon los sacerdotes de esta orden para oficiar en ceremonias religiosas, para hacer de médicos e inspectores sanitarios, y para actuar como maestros en las escuelas del jardín.

La caravana de Adán había llevado consigo las semillas y los bulbos de cientos de plantas y cereales del primer jardín a la tierra entre los dos ríos; también se habían llevado vastos rebaños y algunos de los animales domesticados. Debido a esto, contaron con francas ventajas sobre las tribus que los rodeaban. Disfrutaron de muchos de los beneficios de la cultura anterior del Jardín original.

Hasta el momento de la partida del primer jardín, Adán y su familia habían subsistido por costumbre a base de frutas, cereales y nueces. Camino de la Mesopotamia, habían comido por primera vez hierbas y hortalizas. Pronto se introdujo la práctica carnívora en el segundo jardín, pero Adán y Eva nunca comieron carne como parte de su dieta regular. Tampoco se convirtieron en carnívoros Adansón, ni Evasón, ni los demás hijos de la primera generación del primer jardín.

Los adanitas aventajaron sobremanera a los pueblos circunvecinos en logros culturales y desarrollo intelectual. Produjeron el tercer alfabeto y, por otro lado, sentaron los cimientos de gran parte de lo que fue precursor del arte moderno, las ciencias y la literatura. Aquí en las tierras entre el Tigris y el Eufrates, mantuvieron las artes de la escritura, la siderurgia, la alfarería y la tejeduría, y produjeron una especie de arquitectura que no fue superada durante miles de años.

Para la época, era ideal la vida familiar de los pueblos violetas. Obligatoriamente, recibían los niños cursos de adiestramiento en agricultura, artesanías y ganadería, o bien se preparaban para desempeñar los tres deberes de los setitas: ser sacerdote, médico y maestro.

Al reflexionar sobre el sacerdocio setita, no confundáis aquellos magnánimos y nobles maestros de la salud y la religión, aquellos verdaderos educadores, con los envilecidos y comerciales sacerdocios de las tribus posteriores y naciones circundantes. Sus conceptos religiosos de la Deidad y del universo eran avanzados y más o menos acertados; sus disposiciones sanitarias eran, para su época, excelentes, y jamás han sido superados sus métodos educativos.

4. LA RAZA VIOLETA

Fueron Adán y Eva los fundadores de la raza violeta del hombre, la novena raza humana que apareció en Urantia. Tenían Adán y su prole ojos azules, y se caracterizaban los pueblos violetas por la piel blanca y pelo claro—dorado, rojo y castaño.

No sufrió Eva dolores de parto; tampoco los sufrieron las primeras razas evolucionarias. Sufrieron las punzadas del parto únicamente las razas mezcladas que habían sido producidas por la unión del hombre evolucionario con los noditas y, posteriormente con los adanitas.

Adán y Eva, igual que sus hermanos de Jerusem, fueron energizados por la nutrición dual, subsistiendo tanto a base de comida como de luz, suplementados por ciertas energías superfísicas que no han sido reveladas en Urantia. Su prole de Urantia no heredó de sus padres el don de la absorción de la energía y circulación de la luz.

Contaron con una sola circulación, el sustento sanguíneo del tipo humano. Fueron intencionadamente mortales pero longevos, si bien su longevidad tendió a la norma humana con cada generación sucesiva.

Adán y Eva y la primera generación de sus hijos no se valieron de la carne de animales para alimento. Subsistieron enteramente a base de «los frutos de los árboles». Después de la primera generación, todos los descendientes de Adán comenzaron a tomar de los productos lácteos, pero gran parte de ellos continuaron siguiendo un régimen no carnívoro. Tampoco era carnívora la mayoría de las tribus meridionales con las que se unieron posteriormente. Más adelante, la mayoría de estas tribus vegetarianas emigraron hacia el este y sobreviven actualmente, mezcladas en los pueblos de la India.

La vista física así como la espiritual de Adán y Eva era muy superior a la de los pueblos de hoy en día. Sus sentidos especiales eran mucho más agudos, y podían ver los seres intermedios, las huestes angélicas, los Melquisedek y el Príncipe caído Caligastia, quien vino a conferenciar varias veces con su noble sucesor. Retuvieron la capacidad de ver estos seres celestiales durante más de cien años después de la falta. Estos sentidos especiales fueron menos aguzados en sus hijos y tendieron a menguar con cada generación sucesiva.

Generalmente los hijos adánicos recibían un Ajustador, pues todos poseían firme capacidad de supervivencia. Esta prole superior no era tan susceptible al temor como los hijos de la evolución. Perdura mucho temor en las razas urantianas de hoy en día porque recibieron vuestros antepasados tan poco plasma vital de Adán, a causa del malogro prematuro de los designios para el perfeccionamiento físico de las razas.

Las células del cuerpo de los Hijos Materiales y de su progenie son mucho más resistentes a las enfermedades que las de los seres evolutivos indígenas del planeta. Las células del cuerpo de las razas nativas son afines a los organismos microscópicos y ultramicroscópicos vivientes del reino que producen enfermedades. Estos hechos explican por qué los pueblos de Urantia tienen que hacer un gran esfuerzo en el campo científico para resistir a tantos trastornos físicos. Seríais mucho más resistentes a las enfermedades, si vuestras razas llevaran más de la sangre adánica.

Tras haberse establecido en el segundo jardín junto al Eufrates, Adán optó por dejar atrás tanto plasma vital como le fuera posible para beneficiar el mundo después de su muerte. Como corresponde, se convirtió Eva en jefa de la comisión de doce miembros sobre el perfeccionamiento de las razas; antes de morir Adán, esta comisión había seleccionado a 1.682 mujeres del tipo superior en Urantia, y éstas fueron impregnadas con el plasma vital de Adán. Todos sus hijos llegaron a la madurez excepto 112, de modo que el mundo, de esta forma, fue beneficiado por la adición de 1.570 hombres y mujeres superiores. Si bien estas madres candidatas fueron seleccionadas de todas las tribus circundantes y representaban la mayoría de las razas de la tierra, fue escogida la mayoría de los elementos superiores de los noditas, y constituyeron las semillas de la poderosa raza andita. Estos hijos nacieron y se criaron en el contorno tribal de su madre respectiva.

5. LA MUERTE DE ADÁN Y EVA

Al poco tiempo de establecerse el segundo Edén, a Adán y Eva se les informó debidamente que su arrepentimiento era aceptable y que, aunque estaban condenados a sufrir el destino de los mortales de su mundo, indudablemente llegarían a ser aptos para ser admitidos al rango de los supervivientes durmientes de Urantia. Creyeron plenamente este programa divino de la resurrección y rehabilitación que, de forma tan enternecedora, les proclamaron los Melquisedek. Su transgresión había sido un error de juicio y no un pecado de rebelión consciente y deliberada.

Adán y Eva, como ciudadanos de Jerusem, no tuvieron Ajustadores del Pensamiento, tampoco moró en ellos un Ajustador cuando funcionaban en Urantia en el primer jardín. Pero poco después de su reducción al estado de mortales, se volvieron conscientes de una nueva presencia dentro de ellos, y se dieron cuenta de que la condición humana, juntamente con el arrepentimiento sincero, habían hecho posible que un Ajustador morara dentro de ellos. A Adán y Eva les animó sobremanera durante el resto de su vida saber que un Ajustador moraba en su interior; sabían que habían fracasado en cuanto Hijos Materiales de Satania, pero también sabían que aún les quedaba abierta la carrera al Paraíso con carácter de hijos ascendentes del universo.

Adán conocía el designio divino de la resurrección que se produjo simultáneamente con su llegada al planeta, y creía que él y su consorte probablemente serían repersonalizados en relación con el advenimiento de la siguiente orden de la filiación. Ignoraba que estuviera a punto de aparecer en Urantia Micael, el soberano de este universo; confiaba en que el siguiente Hijo que viniera sería de la orden Avonal. Así y todo, a Adán y Eva, siempre les fue reconfortante reflexionar sobre el único mensaje personal que jamás recibieran de Micael, a pesar de que les fuera un poco difícil de comprender. Este mensaje, entre otras expresiones de amistad y consuelo, decía: «He considerado las circunstancias de vuestra falta, y he recordado que el deseo de vuestro corazón siempre fue leal a la voluntad de mi Padre, y seréis llamados del abrazo del sueño mortal, al llegar yo a Urantia, si los Hijos subordinados de mi reino no os llaman antes de este momento».

Lo antedicho fue un gran enigma para Adán y Eva. Pudieron comprender en este mensaje la promesa velada de una posible resurrección extraordinaria, y les animó considerablemente esta posibilidad, pero no pudieron captar el significado de la insinuación de que descansaran hasta tanto se produjera una resurrección relacionada con la aparición personal de Micael en Urantia. Por tanto, la pareja edénica solía proclamar que un Hijo de Dios vendría en algún momento y, a sus queridos, les comunicó la creencia, o siquiera el anhelo, de que el mundo de sus desatinos y dolores posiblemente fuera el reino sobre el cual el soberano de este universo optaría por funcionar como el Hijo autootorgador Paradisiaco. Parecía demasiado bueno para ser verdad, pero Adán, en efecto, abrigó esperanzas de que Urantia, a pesar de haber sido trastornada por conflictos, pudiera resultar el mundo más afortunado del sistema de Satania, el envidiado planeta de Nebadon.

Duró 530 años la vida de Adán; murió de lo que se podría denominar la vejez. Sencillamente se desgastó su mecanismo físico; el proceso de desintegración paulatinamente le fue ganando terreno al proceso de reparación, y llegó el inevitable final. Hacía diecinueve años que había muerto Eva por debilitación del corazón. Ambos fueron sepultados en el centro del templo del servicio divino que se había construido de acuerdo con sus proyectos poco tiempo después de terminar de completarse los muros de la colonia. De aquí se originó la práctica de enterrar a los hombres y mujeres notablemente piadosos debajo del piso de los templos de adoración.

Continuó el gobierno supermaterial de Urantia bajo la dirección de los Melquisedek, pero se había cortado el contacto físico directo con las razas evolutivas. Se habían estacionado representantes del gobierno del universo en el planeta desde los distantes días de la llegada del séquito corpóreo del Príncipe Planetario, a través de los tiempos de Van y Amadón, hasta el advenimiento de Adán y Eva. Pero con la contumacia adánica, llegó a su fin este régimen que había abarcado un período de más de cuatrocientos cincuenta mil años. En las esferas espirituales, los ayudantes angélicos continuaron luchando a la par que los Ajustadores del Pensamiento, laborando ambos de manera heroica por la salvación del individuo; pero no se promulgó ningún plan global para el bienestar mundial trascendental entre los mortales de la tierra hasta la llegada del Melquisedek Maquiventa quien, por los tiempos de Abraham, con el poder, la paciencia y la autoridad de un Hijo de Dios, sentó los cimientos para el perfeccionamiento ulterior y rehabilitación espiritual de la desafortunada Urantia.

La desventura, sin embargo, no ha sido la única suerte de Urantia; este planeta también ha sido el más afortunado del universo local de Nebadon. Los urantianos deberían considerar como beneficio que los desatinos de sus antepasados y los errores de los primeros gobernantes de su mundo sumieran el planeta en semejante estado de irremediable confusión, exacerbado por el mal y el pecado, puesto que, a Micael de Nebadon, le atrajo este mismo trasfondo de oscuridad tanto que seleccionó este mundo como escenario en el cual revelaría la personalidad benigna del Padre en el cielo. No es que necesitara Urantia un Hijo Creador para poner en regla sus asuntos enredados; sino que el mal y el pecado en Urantia ofrecieron al Hijo Creador un trasfondo más espectacular ante el cual revelar el amor, la misericordia y la paciencia sin par del Padre Paradisiaco.

6. LA SUPERVIVENCIA DE ADÁN Y EVA

Adán y Eva fueron a su descanso mortal con fuerte fe en las promesas que les habían hecho los Melquisedek en el sentido de que, en algún momento, despertarían del sueño de la muerte para reanudar la vida en los mundos de estancia, mundos que conocían muy bien de sus días anteriores a su misión en la carne material de la raza violeta sobre Urantia.

No descansaron mucho tiempo en el olvido del sueño inconsciente de los mortales del reino. Al tercer día de la muerte de Adán, el segundo día después de su reverente entierro, las órdenes de Lanaforge, sostenidas por el Altísimo de Edentia y aprobadas por el Unión de los Días en Salvington, actuando de parte de Micael, fueron puestas en manos de Gabriel, dirigiendo el acto especial de pasar lista de los distinguidos supervivientes de la contumacia adánica en Urantia. Y de acuerdo con este mandato de resurrección especial, el número veintiséis de la serie de Urantia, Adán y Eva fueron repersonalizados y reensamblados en las salas de resurrección de los mundos de estancia de Satania juntamente con 1.316 de sus asociados en la experiencia del primer jardín. Muchas otras almas leales ya habían sido trasladadas al llegar Adán, cuando se realizó una adjudicación dispensacional tanto de los supervivientes durmientes como de los ascendentes calificados vivientes.

Pasaron de prisa Adán y Eva por los mundos del ascenso progresivo hasta que alcanzaron la ciudadanía en Jerusem, convirtiéndose nuevamente en residentes del planeta de su origen, pero esta vez como miembros de diferente orden de personalidades del universo. Dejaron Jerusem como ciudadanos permanentes —Hijos de Dios; volvieron como ciudadanos ascendentes —hijos del hombre. Inmediatamente fueron agregados al servicio de Urantia en la capital del sistema, y posteriormente se les asignó calidad de socio en el órgano de asesoría y control de Urantia junto con los veinticuatro consejeros que lo constituyen.

Así, pues, termina la historia del Adán y Eva Planetarios de Urantia, una historia de pruebas, tragedias y triunfos, por lo menos un triunfo personal para vuestro Hijo y vuestra Hija Materiales bienintencionados pero engañados, e indudablemente, a la postre, una historia de triunfo final para su mundo y sus habitantes perturbados por la rebelión y acosados por el mal. A fin de cuentas, Adán y Eva hicieron una poderosa contribución al desarrollo más rápido de la civilización y al progreso biológico acelerado de la raza humana. Dejaron una gran cultura en la tierra, pero no fue posible que esta civilización tan avanzada sobreviviera en la estela de la dilución prematura y sumersión ulterior de la herencia adánica. El pueblo hace la civilización; la civilización no hace al pueblo.

[Presentado por Solonia, la «voz seráfica en el Jardín».]

DOCUMENTO 77
LOS SERES INTERMEDIOS

LA MAYORÍA de los mundos habitados albergan a uno o más grupos de ciertos seres singulares, los cuales existen a un nivel de vida que media entre los mortales de los reinos y las órdenes angélicas; por tanto se llaman seres *intermedios*. Parecen ser accidente del tiempo, pero se encuentran en un ámbito tan vasto y son ayudantes tan valiosos que todos nosotros los hemos aceptado desde hace mucho tiempo como orden esencial de nuestro servicio planetario combinado.

En Urantia funcionan dos distintas órdenes de seres intermedios: el cuerpo primario o más antiguo, que surgió en los tiempos de Dalamatia, y el grupo secundario o más joven, cuyo origen data de los tiempos de Adán.

1. LOS SERES INTERMEDIOS PRIMARIOS

Los seres intermedios primarios tienen su génesis sobre Urantia en una interrelación insólita de lo material y lo espiritual. Sabemos que existen criaturas similares en otros mundos y en otros sistemas, pero se originaron por técnicas disímiles.

Conviene tener siempre presente que los autootorgamientos sucesivos de los Hijos de Dios en un planeta evolutivo producen marcados cambios en la organización espiritual del reino y algunas veces modifican el funcionamiento de la interrelación de las acciones espirituales y materiales de tal forma que crean situaciones efectivamente difíciles de comprender. El estado de los cien miembros corpóreos del séquito del Príncipe Caligastia constituye un ejemplo de estas mismas interrelaciones singulares: En calidad de ciudadanos morontiales ascendentes de Jerusem, eran criaturas supermateriales sin prerrogativas de reproducción. En calidad de servidores planetarios descendentes en Urantia, eran criaturas sexuales materiales, capaces de procrear prole material (tal como lo hicieron posteriormente algunos de ellos). No nos explicamos satisfactoriamente cómo estos cien miembros pudieron desempeñar la función de progenitor a nivel supermaterial; sin embargo, eso es precisamente lo que sucedió. La unión supermaterial (no sexual) de un varón y una mujer del séquito corpóreo resultó en la aparición del primogénito de los seres intermedios primarios.

Se descubrió inmediatamente que una criatura de este orden, que media entre los niveles mortal y angélico, sería de gran utilidad para llevar adelante los asuntos de la sede central del Príncipe y, a cada pareja del séquito corpóreo, se le otorgó permiso, por consiguiente, para producir un ser de esta índole. Este esfuerzo resultó en el primer grupo de cincuenta seres intermedios.

Después de observar la labor de este grupo singular durante un año, el Príncipe Planetario autorizó la reproducción sin restricciones de seres intermedios. Se perpetuó este plan hasta tanto que siguieran gozando de la capacidad de crear, y así nació el cuerpo original de 50.000 miembros.

Transcurría un período de medio año entre la producción de cada ser intermedio, y en cuanto cada pareja engendraba a mil de estos seres, ya no nacían más. No nos explicamos por qué, al aparecer el número mil de la progenie, se agotaba esta capacidad. Por más que se experimentara después del milésimo, jamás dio un resultado positivo.

Estos seres constituyeron el cuerpo de información de la administración del Príncipe. Se desenvolvieron a lo largo y a lo ancho del territorio, estudiando y observando las razas del mundo y prestando sus valiosos servicios al Príncipe y su séquito para la labor de influir sobre la sociedad humana que se encontraba apartada de la sede central del planeta.

Continuó este régimen hasta los trágicos días de la rebelión planetaria, durante los cuales cayó en la trampa un poco más de ochenta por ciento de los seres intermedios primarios. Los miembros leales se pusieron al servicio de los síndicos Melquisedek y funcionaron bajo la dirección titular de Van hasta los días de Adán.

2. LA RAZA NODITA

Si bien ésta es la narración del origen, el carácter y la función de los seres intermedios de Urantia, la relación entre las dos órdenes —la primaria y la secundaria— requiere que se interrumpa la historia de los seres intermedios primarios en este momento, a fin de seguir la línea de descendencia de los miembros rebeldes del séquito corpóreo del Príncipe Caligastia, desde los días de la rebelión planetaria, hasta los tiempos de Adán. Esta línea hereditaria, durante los primeros días del segundo jardín, dio origen a la mitad de la descendencia de la orden secundaria de seres intermedios.

Los miembros físicos del séquito del Príncipe se habían constituido en criaturas sexuales, a fin de que participaran en el proyecto de procrear la prole que encarnaría todas las cualidades de su orden extraordinaria juntamente con las de la cepa seleccionada de las tribus andónicas, con miras a la aparición subsiguiente de Adán. Los Portadores de Vida habían proyectado un nuevo tipo de mortal que uniría el conjunto de la prole del séquito del Príncipe con la primera generación de la prole de Adán y Eva. Por lo tanto habían formulado un plan que preveía una nueva orden de criaturas planetarias que, según sus esperanzas, se convirtiera en los gobernantes-maestros de la sociedad humana. Estos seres estaban concebidos para la soberanía social, no para la soberanía civil. Pero como casi se malogró por completo este proyecto, jamás sabremos de qué aristocracia benigna y cultura sin par fue privada Urantia, pues el séquito corpóreo sí se reprodujo, pero lo hizo posteriormente a la rebelión y después de ser privados de su conexión con las corrientes vitales del sistema.

La era posrebelión en Urantia presenció muchos acontecimientos insólitos. Una gran civilización —la cultura de Dalamatia— se desmoronaba. «Había gigantes (noditas) en la tierra en aquellos días, y cuando estos hijos de los dioses se llegaron a las hijas de los hombres y les engendraron hijos, éstos fueron 'los valientes de antaño', 'los varones de renombre'». Aunque eran difícilmente «hijos de los dioses», el séquito y sus primeros descendientes fueron considerados como tales por los mortales evolucionarios de aquellos días distantes; incluso su estatura vino a ser magnificada por las versiones tradicionales. Éste, pues, es el origen del cuento folclórico casi universal de los dioses que descendieron a la tierra y ahí, con las hijas del hombre, engendraron una antigua raza de héroes. Esta leyenda se confundió más aún con las mezclas raciales de los adanitas quienes aparecieron posteriormente en el segundo jardín.

Ya que los cien miembros corpóreos del séquito del Príncipe llevaban plasma del germen de las cepas humanas andónicas, al practicar ellos la reproducción sexual, se esperaría naturalmente que su prole se parecería mucho a los hijos de otros progenitores andonitas. Pero cuando los sesenta rebeldes del séquito, los seguidores de Nod, de hecho se entablaron en la reproducción sexual, sus hijos resultaron muy superiores a los pueblos andonitas así como a los sangik en casi todos los aspectos. Esta superioridad inesperada caracterizó no sólo las cualidades físicas e intelectuales, sino también las capacidades espirituales.

Estos rasgos mutantes que aparecieron en la primera generación de noditas resultaron de ciertos cambios que se habían forjado en la configuración y los componentes químicos de los factores hereditarios del plasma del germen andónico. Estos cambios fueron ocasionados por la presencia de poderosos circuitos de mantenimiento vital del sistema de Satania en el cuerpo de los miembros del séquito. Estos circuitos vitales hicieron que los cromosomas del modelo especializado de Urantia se reorganizaran más al estilo de los modelos inherentes en la especialización estandardizada sataniana de la manifestacin de vida ordenada nebadónica. La técnica de esta metamorfosis del plasma del germen por acción de las corrientes vitales del sistema es parecida a aquellos procedimientos por los cuales los científicos de Urantia modifican el plasma del germen de las plantas y animales mediante los rayos X.

Así los pueblos noditas surgieron de ciertas modificaciones particulares e inesperadas que se produjeron en el plasma vital que fue transplantado por los cirujanos de Avalón del cuerpo de los contribuidores andonitas al de los miembros del séquito corpóreo.

Recordaréis que los cien andonitas contribuidores del plasma del germen, a su vez, se convirtieron en poseedores del complemento orgánico del árbol de la vida de tal modo que sus cuerpos también estaban envueltos por las corrientes de vida satanianas. Los cuarenta y cuatro andonitas modificados que se unieron a los miembros rebeldes del séquito también se procrearon entre sí y contribuyeron mucho al mejoramiento de las cepas del pueblo nodita.

Estos dos grupos, que comprendían 104 individuos quienes llevaban el plasma del germen andonita modificado, constituyen el linaje de los noditas, la octava raza que apareció en Urantia. Esta nueva característica de la vida humana en Urantia representa otra fase de la ejecución del proyecto original para utilizar este planeta como mundo de modificación de vida, excepto que este acontecimiento fue uno de los no previstos.

Los noditas de pura cepa fueron una raza magnífica, pero se mezclaron gradualmente con los pueblos evolucionarios de Urantia, y al poco tiempo se produjo gran deterioro. A los diez mil años de la rebelión, habían perdido mucho terreno, hasta tal grado que su vida promedio no duraba mucho más que la de las razas evolucionarias.

Cuando los arqueólogos desentierran las crónicas en tabletas de arcilla de los descendientes sumerios de los noditas más recientes, se descubren listas de reyes sumerios que se remontan en el tiempo varios miles de años; a medida que se van remontando cada vez más, el reinado de cada uno de estos reyes se prolonga de unos veinticinco o treinta hasta ciento cincuenta o más años. Esta prolongación del reinado de los reyes más antiguos significa que algunos de los primeros jefes noditas (los descendientes inmediatos del séquito del Príncipe) en efecto vivieron más tiempo que sus sucesores más recientes y también indica un esfuerzo por estirar sus dinastías hasta la época de Dalamatia.

Las inscripciones referentes a individuos de vida tan larga se deben también a la confusión entre meses y años como períodos de tiempo. Lo anterior se observa además en la genealogía bíblica de Abraham y en los primeros registros de los chinos. La confusión del mes compuesto de veintiocho días, o estación, con el año compuesto de más de trescientos cincuenta días, que se introdujo posteriormente, explica las versiones tradicionales de vidas humanas tan largas. Existen constancias de un hombre que vivió más de novecientos «años». Este período, en realidad, representa menos de setenta años y, durante mucho tiempo, se consideraron tales vidas como muy largas; posteriormente se las designó como «tres veintenas más diez».

La medición del tiempo por el mes compuesto de veintiocho días perduró mucho tiempo después de los días de Adán. Pero cuando los egipcios emprendieron la reforma del calendario, hace alrededor de siete mil años, lo realizaron con gran precisión, introduciendo el año de 365 días.

3. LA TORRE DE BABEL

Tras la sumersión de Dalamatia, los noditas se trasladaron hacia el norte y el este, y al cabo fundaron como sede central racial y cultural, la ciudad nueva de Dilmún. Y cerca de cincuenta mil años después de la muerte de Nod, cuando la prole del séquito del Príncipe había llegado a ser demasiado numerosa como para subsistir en las tierras circunvecinas inmediatas a su ciudad nueva de Dilmún, y después de que habían expandido sus dominios emparentándose con las tribus andonitas y sangik contiguas a las fronteras de su territorio, se les ocurrió a sus dirigentes que deberían tomar medidas para preservar su unidad racial. Por consiguiente, se convocó un consejo de las tribus, y tras muchas deliberaciones, se adoptó el plan de Bablot, un descendiente de Nod.

Bablot propuso erigir un ostentoso templo a la glorificación racial en el centro del territorio que ocupaban en ese entonces. La torre de este templo no tendría igual en el mundo. Habría de ser un imponente monumento conmemorativo a su grandiosidad pasajera. Muchas personas deseaban que este monumento se levantara en Dilmún, pero otras, recordando las tradiciones de la inundación de su primera capital, Dalamatia, argüían que una estructura tan grande se debería emplazar a salvo de los peligros del mar.

Bablot pretendió que los edificios nuevos se convirtieran en núcleo del futuro centro de cultura y civilización noditas. Prevaleció al fin su designio, y se comenzó a construir de acuerdo con su esquema. La ciudad nueva habría de llamarse *Bablot*, en honor al arquitecto y constructor de la torre. Este lugar, más adelante, llegó a conocerse por el nombre de Bablod y, a la larga, por el de Babel.

Pero, entre los noditas, seguía habiendo discrepancias de opinión con respecto a los planes y propósitos de esta empresa. Tampoco estaban sus dirigentes totalmente de acuerdo en cuanto a los planos de construcción ni al uso de los edificios una vez construidos. A los cuatro años y medio de haberse iniciado la obra de construcción, estalló una gran disputa sobre el objetivo y motivo por los que se edificaba la torre. Tan enconada se puso la polémica que se paró toda construcción. Los portadores de alimento difundieron la noticia de la disensión, y fue congregándose en el emplazamiento de las obras una multitud proveniente de las tribus. Se expusieron las tres opiniones divergentes sobre el propósito por el que se levantaba la torre.

1. El grupo más grande, casi cincuenta por ciento, deseaba que se construyera la torre como monumento conmemorativo a la historia y superioridad racial noditas. Pensaban que debería ser una estructura grande e imponente que incitara la admiración de todas las generaciones futuras.

2. La segunda facción quería que se concibiera la torre para conmemorar la cultura de Dilmún. Previeron que Bablot llegaría a ser un gran centro de comercio, arte y manufactura.

3. El grupo más pequeño y minoritario sostenía que la construcción de la torre ofrecía una oportunidad para expiar el desatino de sus progenitores que habían participado en la rebelión de Caligastia. Opinaban que la torre debería consagrarse a la adoración del Padre de todo, que todo el propósito de la ciudad nueva debería ser lo de asumir la posición de Dalamatia —funcionar como el centro cultural y religioso para los bárbaros vecinos.

Inmediatamente fue derrotado por votación el grupo religioso. La mayoría rechazó la doctrina de que sus antepasados hubiesen sido culpables de rebelión; les ofendía semejante estigma racial. Tras haber descartado uno de los tres puntos de vista de la disputa, y no logrando dirimir los otros dos por debate, incurrieron en la lucha. Los religionistas, los no combatientes, huyeron a sus hogares en el sur, en tanto que sus prójimos lucharon hasta quedar casi aniquilados.

Hace alrededor de doce mil años, se hizo un segundo esfuerzo por erigir la torre de Babel. Las razas combinadas de los anditas (noditas con adanitas) se propusieron levantar un nuevo templo sobre las ruinas de la primera estructura, pero no había suficiente respaldo para la empresa; se vino abajo por su propio peso pomposo. Durante mucho tiempo se conoció esta región con el nombre de la tierra de Babel.

4. LOS CENTROS NODITAS DE LA CIVILIZACIÓN

La dispersión de los noditas fue resultado inmediato del conflicto recíprocamente destructivo relacionado con la torre de Babel. Esta guerra interna redujo considerablemente la cantidad de noditas más puros y, en muchos aspectos, explica el hecho de que no lograran establecer una gran civilización preadánica. Desde este momento en adelante, la cultura nodita fue decayendo durante más de ciento veinte mil años hasta que fue elevada por la infusión adánica. Pero incluso en los tiempos de Adán, los noditas seguían siendo un pueblo capaz. Muchos de sus descendientes mestizos figuraron entre los trabajadores que construyeron el Jardín, y varios capitanes de grupo de Van eran noditas. Algunas de las mentes más capaces que se desempeñaron en el séquito de Adán eran de esta raza.

Inmediatamente después del conflicto de Bablot, se establecieron tres de los cuatro grandes centros noditas:

1. *Los noditas occidentales o sirios*. Los restos de los nacionalistas o memorialistas raciales se desplazaron hacia el norte donde se unieron con los andonitas y fundaron los centros noditas más recientes al noroeste de la Mesopotamia. Éste constituía el grupo más grande de los noditas dispersos, y contribuyeron mucho a la cepa asiria que apareció posteriormente.

2. *Los noditas orientales o elamitas*. Los defensores de la cultura y del comercio emigraron en grandes cantidades hacia el este a Elám y allí se unieron con las tribus sangik mestizas. Los elamitas de hace treinta o cuarenta mil años habían llegado a ser en gran parte del carácter de los sangik, si bien continuaron manteniendo una civilización superior a la de los bárbaros circunvecinos.

Tras haberse establecido el segundo jardín, fue costumbre referirse a este asentamiento cercano de los noditas como «la tierra de Nod»; y durante el prolongado período de paz relativa entre este grupo nodita y los adanitas, se mezclaron considerablemente las dos razas, pues acostumbraron cada vez más los Hijos de Dios (los adanitas) a casarse con las hijas de los hombres (los noditas).

3. *Los noditas centrales o presumerios*. Un grupo pequeño junto a la desembocadura de los ríos Tigris y Eufrates mantuvo mayor integridad racial. Perduraron miles de años y, a la larga, dieron origen a la descendencia nodita que se combinó con los adanitas, fundando así los pueblos sumerios de los tiempos históricos.

Y todo lo antedicho explica cómo aparecieron en el escenario de acción, tan repentina y misteriosamente los sumerios en Mesopotamia. Los investigadores no podrán nunca remontarse en el tiempo volviendo sobre los pasos de estas tribus hasta la génesis de los sumerios, quienes se originaron hace doscientos mil años, después de la sumersión de Dalamatia. Sin rastro alguno de su origen en ninguna otra parte del mundo, estas tribus antiguas, súbitamente, se ciernen sobre el horizonte de la civilización con una cultura plenamente desarrollada y superior, que comprendía templos, metalurgia, agricultura, animales, alfarería, tejeduría, derecho mercantil, códigos civiles, ceremonial religioso y un antiguo sistema de escritura. A principios de la era histórica, ya hacía mucho tiempo que se había perdido el alfabeto dalamatiano, habiéndose adoptado un sistema de escritura particular que se había originado en Dilmún. La lengua sumeria, si bien casi se perdió del mundo, no fue semítica; tenía mucho en común con las llamadas lenguas arias.

Los registros detallados que dejaron los sumerios describen el emplazamiento del extraordinario asentamiento que se ubicó en el Golfo Pérsico cerca de la ciudad más vieja de Dilmún. Los egipcios llamaban a esta ciudad la antigua gloria Dilmat, en tanto los sumerios adanizados posteriores confundieron tanto la primera como la segunda ciudad noditas con Dalamatia y, a las tres, les llamaban Dilmún. Los arqueólogos ya han encontrado estas antiguas tabletas sumerias de arcilla que informan sobre este paraíso terrenal «donde los dioses bendijeron por primera vez a la humanidad con el ejemplo de la vida civilizada y culta». Estas tabletas, que describen Dilmún, el paraíso de los hombres y Dios, descansan tranquilamente sobre los polvorientos anaqueles de muchos museos.

Bien conocían los sumerios de los Edenes primero y segundo pero, a pesar de haberse unido en gran medida por matrimonio con los adanitas, continuaron considerando a los moradores del jardín en el norte como raza ajena. El orgullo sumerio de la cultura nodita más antigua les indujo a hacer caso omiso de estas posteriores visiones de gloria, a favor de la grandiosidad y tradiciones paradisiacas de la ciudad de Dilmún.

4. *Los noditas del norte y amadonitas —los vanitas*. Este grupo surgió antes del conflicto de Bablot. Estos noditas del extremo septentrional eran descendientes de los que habían renunciado al liderazgo de Nod y sus sucesores a cambio de el de Van y Amadón.

Algunos de los primeros asociados de Van se asentaron posteriormente a las orillas del lago que sigue llevando su nombre y, en torno a esta localidad, se desarrollaron sus tradiciones. Ararat llegó a ser su monte sagrado, que, con una importancia muy parecida para los vanitas más recientes a la que, para los hebreos, tiene el Monte Sinaí. Hace diez mil años los antepasados vanitas de los asirios enseñaron que su ley moral de siete mandamientos había sido entregada a Van por los Dioses en el Monte Ararat. Creían firmemente que Van y su asociado Amadón fueron llevados del planeta vivos mientras estaban en lo alto del monte absortos en adoración.

El Monte Ararat era la montaña sagrada del norte de la Mesopotamia, y como gran parte de vuestras narrativas tradicionales sobre estos tiempos antiguos surgieron de los babilonios, como la historia de la inundación, no es de extrañar que el Monte Ararat y su región se integraran posteriormente en la historia judía de Noé y el diluvio universal.

Aproximadamente en el año 35.000 a. de J.C. visitó Adansón en el oriente más extremo uno de los antiguos asentamientos vanitas y ahí fundó su centro de civilización.

5. ADANSÓN Y RATTA

Ya que se han descrito los antecedentes noditas del linaje de los seres intermedios secundarios, esta narración debería tratar en este momento de la mitad adánica de su linaje, pues los seres intermedios también son los nietos de Adansón, el primogénito de la raza violeta de Urantia.

Adansón formó parte de aquel grupo de hijos de Adán y Eva que optó por permanecer en la tierra con su padre y madre. Este hijo, el mayor de Adán, les había oído contar a menudo a Van y Amadón la historia de su hogar en las tierras altas del norte, y después de haberse establecido el segundo jardín, se resolvió a salir en busca de esta tierra de sus sueños juveniles.

A la sazón tenía Adansón 120 años de edad y había sido padre de treinta y dos hijos de sangre pura del primer jardín. Quería quedarse con sus padres y ayudarles a construir el segundo jardín, pero le perturbaba sobremanera la ausencia de su consorte y sus hijos, que habían elegido todos irse a Edentia juntos con los demás hijos adánicos que optaron por llegar a ser pupilos de los Altísimos.

Adansón no quiso abandonar a sus padres en Urantia, era renuente a huir de las penalidades y peligros, pero opinaba que las asociaciones del segundo jardín dejaban mucho que desear. Se empeñó mucho en llevar adelante las primeras actividades de defensa y construcción, pero decidió salir para el norte en cuanto le fuera posible. Aunque la partida fue totalmente grata, a Adán y Eva les pesó mucho que se les fuera su hijo mayor, que saliera a un mundo extraño y hostil, pues temían que no volviera jamás.

Con Adansón, salió hacia el norte, en busca de este pueblo de sus fantasías infantiles, una compañía de veintisiete miembros. En poco más de tres años el grupo de Adansón de hecho dio con el objetivo de su aventura, y en este pueblo descubrió a una mujer maravillosa y bella, de veinte años de edad, que afirmaba ser la última descendiente de pura cepa del séquito del Príncipe. Esta mujer, Ratta, dijo que sus antepasados eran descendientes de dos de los miembros caídos del séquito del Príncipe. De su raza no quedaba nadie más que ella, pues no tenía hermanos ni hermanas vivos. Casi se había decidido a no casarse, casi se había resuelto a morir sin dejar prole, pero le entregó el corazón al majestuoso Adansón. Cuando supo la historia de Edén, cómo se habían hecho realidad las profecías de Van y Amadón, y mientras escuchó la narración de la caída del Jardín, le absorbía una sola idea —la de casarse con este hijo y heredero de Adán. Pronto le llegó a gustar la idea a Adansón. En poco más de tres meses se casaron.

Tuvieron Adansón y Ratta una familia de sesenta y siete hijos. Dieron origen a un gran linaje de dirigentes del mundo, pero lograron más que eso. Conviene recordar que estos dos seres eran en realidad superhumanos. Cada cuarto hijo que produjeron era de un orden singular. Frecuentemente éste era invisible. Jamás en la historia del mundo había ocurrido tal cosa. Ratta se perturbó mucho —hasta se puso supersticiosa— pero Adansón bien sabía que existían los seres intermedios primarios, y llegó a la conclusión de que se producía ante sus ojos un fenómeno similar. Al nacer el segundo hijo de comportamiento extraño, determinó casarlos, puesto que uno era varón y la otra mujer, y éste es el origen de la orden secundaria de seres intermedios. Dentro de un periodo de cien años, antes de que cesara este fenómeno, se habían traído a la existencia casi dos mil de ellos.

Vivió Adansón durante 396 años. Volvió muchas veces a visitar a su padre y madre. Cada siete años él y Ratta viajaban hacia el sur al segundo jardín, y entretanto los seres intermedios lo mantenían informado sobre el bienestar de su pueblo. Durante la vida de Adansón, éstos contribuyeron mucho a la construcción de un centro mundial nuevo e independiente para la verdad y la rectitud.

Así que Adansón y Ratta tuvieron a su disposición este cuerpo de asistentes maravillosos, que laboró con ellos durante toda su larga vida asistiéndoles en la propagación de la verdad avanzada y la difusión de normas superiores de vida intelectual, espiritual y física. Y los resultados de este esfuerzo por mejorar el mundo jamás llegaron a ser eclipsados por los retrocesos subsiguientes.

Desde los tiempos de Adansón y Ratta, los adansonitas mantuvieron un alto nivel de cultura durante casi siete mil años. Más adelante se mezclaron con los noditas y andonitas vecinos y también figuraron entre los «valientes de antaño». Y algunos de los adelantos de aquella edad perduraron convirtiéndose en una parte latente del potencial cultural que más tarde llegó a ser la civilización europea.

Este centro de civilización estaba situado en las regiones al este del extremo meridional del Mar Caspio, cerca del Kopet Dagh. A poca altura, en las estribaciones de Turquestán, se encuentran los vestigios de lo que una vez fue la sede adansonita de la raza violeta. En estos parajes altos, situados en una antigua franja fértil que yace en las estribaciones más bajas de la cordillera Kopet, lograron surgir en distintos períodos cuatro culturas diversas, que fueron fomentadas respectivamente por cuatro grupos diferentes de los descendientes de Adán. El segundo de estos grupos emigró hacia el oeste a Grecia y las islas del Mediterráneo. Los restos de los descendientes de Adansón emigraron hacia el norte y oeste entrando en Europa con la cepa combinada de la última ola andita que surgió de la Mesopotamia, y también figuraron entre los invasores andita-arios de la India.

6. LOS SERES INTERMEDIOS SECUNDARIOS

Aunque los seres intermedios primarios tenían un origen casi superhumano, la orden secundaria es la prole de la cepa adánica pura unida con un descendiente humanizado de antepasados comunes a los progenitores del cuerpo más antiguo.

Entre los hijos de Adansón hubo justamente dieciseis de los peculiares progenitores de los seres intermedios secundarios. Había la misma cantidad de hombres que mujeres entre estos hijos singulares, y cada pareja era capaz de producir un ser intermedio secundario cada setenta días por una combinación de técnicas de unión sexual y no sexual. Jamás había sido posible en la tierra este fenómeno antes de esa época, tampoco ha vuelto a producirse nunca.

Estos dieciseis hijos vivieron y murieron (con excepción de sus particularidades) como mortales del reino, pero su prole electroenergizada vive y sigue viviendo, sin ser susceptibles a las limitaciones de la carne mortal.

Cada una de las ocho parejas llegó a producir 248 seres intermedios, y así llegó a la existencia el primer cuerpo secundario —1.984 en total. Hay ocho subgrupos de seres intermedios secundarios. Se los llama a-b-c primero, segundo, tercero, y así sucesivamente. Y luego hay d-e-f primero, segundo, y así sucesivamente.

Después de la contumacia de Adán los seres intermedios primarios retornaron al servicio de los síndicos Melquisedek en tanto el grupo secundario fue asignado al centro de Adansón hasta la muerte de éste. Treinta y tres de estos seres intermedios secundarios, los jefes de su organización al morir Adansón, se afanaron por cambiar la orden entera al servicio de los Melquisedek, uniéndose así con el cuerpo primario. Mas al no lograrlo, abandonaron a sus compañeros y pasaron en conjunto al servicio de los síndicos planetarios.

Tras la muerte de Adansón, los seres intermedios secundarios restantes se convirtieron en influencia extraña, desorganizada e independiente en Urantia. Desde aquel momento, hasta los tiempos de Machiventa Melquisedek, llevaron una existencia irregular y desorganizada. Este Melquisedek pudo dominarlos en parte, pero siguieron haciendo muchas travesuras hasta los días de Cristo Micael. Durante su estadía en la tierra, todos tomaron la decisión final acerca de su propio destino, poniéndose la mayoría leal a la disposición de los seres intermedios primarios.

7. LOS SERES INTERMEDIOS REBELDES

La mayoría de los seres intermedios pecaron durante la rebelión de Lucifer. Al hacer una balance de la desolación de la rebelión planetaria, entre otras pérdidas, se descubrió que, de los 50.000 originales, 40.119 se habían unido a la secesión de Caligastia.

En un principio hubo 1.984 seres intermedios secundarios, y de éstos 873 no quisieron sumarse al régimen de Micael y fueron debidamente internados en relación con la adjudicación planetaria de Urantia el día de Pentecostés. Nadie puede predecir el futuro de estas criaturas caídas.

Ambos grupos de seres intermedios rebeldes están ahora detenidos aguardando la adjudicación final de los asuntos de la rebelión del sistema. Ellos, sin embargo, realizaron muchas rarezas en la tierra antes de iniciarse la dispensación planetaria presente.

Estos seres intermedios desleales, sobre todo los asociados de Beelzebú, el jefe de los seres intermedios apóstatas, podían dejarse ver a los ojos mortales bajo ciertas circunstancias. Pero no hay que confundir a estas criaturas singulares con los querubines y serafines rebeldes que también estaban en la tierra hasta el momento de la muerte y resurrección de Cristo. Algunos de los escritores más antiguas tuvieron a estos rebeldes seres intermedios por espíritus malignos y demonios, y a los serafines apóstatas, por ángeles malos.

En ningún mundo pueden los espíritus malignos tomar posesión de una mente mortal después de la vida de un Hijo autootorgador Paradisiaco. Pero antes de los días de Cristo Micael en Urantia —antes del advenimiento universal de los Ajustadores del Pensamiento y el derrame del espíritu del Maestro sobre toda carne— estos seres intermedios rebeldes de hecho pudieron influir sobre las mentes de ciertos mortales inferiores y controlar hasta cierto punto sus acciones. Esto se logró de forma muy similar a como funcionan los seres intermedios leales cuando se desempeñan de guardianes eficientes del contacto de las mentes del cuerpo reservista del destino de Urantia, en aquellos momentos en los que el Ajustador, en efecto, se separa de la personalidad durante una temporada de contacto con los seres inteligentes superhumanos.

No es mera figura retórica cuando los registros manifiestan: «Y le trajeron todos los que tenían dolencias, los afligidos por diversas enfermedades y tormentos, los endemoniados y lunáticos». Jesús sabía y reconocía la diferencia entre la demencia y la posesión demoníaca, aunque estos estados se confundían mucho en la mente de los que vivieron en su época y generación.

Incluso antes de Pentecostés, ningún espíritu rebelde pudo dominar una mente mortal, y desde aquel día hasta las mentes débiles de los mortales inferiores están libres de estas posibilidades. Desde el advenimiento del Espíritu de la Verdad, los presuntos conjuros de demonios han sido, más bien, cuestión de confundir la creencia en la posesión del demonio con la histeria, la locura y la imbecilidad. Pero no vayáis a imaginar que tal caso no fuese realidad en tiempos pasados, sólo porque el autootorgamiento de Micael ha liberado prennemente a todas las mentes humanas en Urantia de la posibilidad de ser poseídas por el demonio.

Presentemente el entero grupo de seres intermedios rebeldes está encarcelado por mandato de los Altísimos de Edentia. Ya no deambulan por este mundo propensos a hacer travesuras. Aparte de la presencia de los Ajustadores del Pensamiento, el derrame del Espíritu de la Verdad sobre toda la carne imposibilitó para siempre que los espíritus desleales de cualquier índole y aspecto invadieran nuevamente aun a las mentes humanas más endebles. Desde el día de Pentecostés jamás podrá volver a producirse tal suceso como el de ser poseído por un demonio.

8. LOS SERES INTERMEDIOS UNIDOS

Durante la adjudicación más reciente de este mundo, cuando Micael se llevó a los sobrevivientes durmientes del tiempo, se dejaron atrás los seres intermedios, a fin de que asistieran en la labor espiritual y semiespiritual del planeta. En este momento funcionan como un solo cuerpo, que comprende las dos órdenes y asciende a 10.992 miembros en total. Actualmente los miembros más antiguos de cada orden alternan con gobernar a *Los Seres Intermedios Unidos de Urantia*. Este régimen ha prevalecido tras su amalgamación en un grupo, poco después de Pentecostés.

Los miembros de la orden más antigua o primaria se conocen generalmente por números; se les suele asignar nombres como 1-2-3 el primero, 4-5-6 el primero, y así sucesivamente. En Urantia se designan alfabéticamente a los seres intermedios adánicos, a fin de distinguirlos de la designación numérica de los seres intermedios primarios.

Ambas órdenes son seres no materiales en lo que respecta a la nutrición y la absorción de energía, pero comparten muchos rasgos humanos y pueden gozar y comprender vuestro humor así como vuestra adoración. Cuando se asignan a mortales, entran en el espíritu del trabajo, reposo y juego humanos. Pero los seres intermedios no duermen, ni poseen la capacidad de procreación. En cierto sentido los miembros del grupo secundario se diferencian como masculinos y femeninos; de costumbre se refiere a ellos como «él» o «ella». y suelen colaborar en parejas mixtas.

Los seres intermedios no son hombres, tampoco son ángeles, pero los seres intermedios secundarios se aproximan, por naturaleza, más a los hombres que a los ángeles; son, hasta cierto punto, de vuestras razas y son, por tanto, muy comprensivos y compasivos en el trato con los seres humanos; son de valor incalculable para los serafines en la labor que éstos realizan para las distintas razas de la humanidad, y las dos órdenes son imprescindibles para los serafines quienes sirven de guardianes personales de los mortales.

Los Seres Intermedios Unidos de Urantia están organizados para servir con los serafines planetarios de acuerdo con los dones innatos y conocimientos adquiridos relativos a los siguientes grupos:

1. *Mensajeros Intermedios*. Este grupo tiene nombres; constituye un cuerpo pequeño y es de gran utilidad en un mundo evolucionario en lo referente al servicio de la comunicación personal rápida y segura.

2. *Centinelas planetarios*. Los seres intermedios son los guardianes, los centinelas, de los mundos del espacio. Ejecutan los importantes deberes de observadores de los numerosos fenómenos y tipos de comunicación que les son importantes a los seres supernaturales del reino. Patrullan el ámbito del reino espiritual invisible del planeta.

3. *Personalidades de contacto*. Siempre se emplean los seres intermedios en los contactos hechos con los seres mortales de los mundos materiales, tales como con el sujeto por el cual se transmitieron estas comunicaciones. Constituyen estos seres un factor esencial en tales enlaces de los niveles espiritual y material.

4. *Asistentes para el progreso*. Éstos son los seres intermedios más espirituales, y están distribuidos como asistentes de las distintas órdenes de serafines que funcionan en grupos especiales en el planeta.

Los seres intermedios varían considerablemente en sus capacidades para hacer contacto con los serafines arriba y con sus primos humanos abajo. Para los seres intermedios primarios, es sumamente difícil, por ejemplo, hacer contacto directo con entes materiales. Se hallan considerablemente más próximos al tipo de ser angélico y por tanto se suele asignarlos a trabajar con y sirviendo a las fuerzas espirituales residentes en el planeta. Actúan como compañeros y guías para visitantes celestiales y estudiantes de estadía provisional, en tanto que los seres secundarios son casi exclusivamente agregados al ministerio a las criaturas materiales del reino.

Los 1.111 seres intermedios secundarios leales efectúan misiones importantes en la tierra. Comparados con sus asociados primarios, son indudablemente materiales. Existen apenas fuera de los límites de la vista mortal y cuentan con suficiente libertad de adaptación para hacer, a voluntad, contacto físico con lo que los humanos llaman «cosas materiales». Estas criaturas singulares tienen ciertos poderes sobre las cosas del tiempo y del espacio, incluyendo a las bestias del reino.

Gran parte de los fenómenos más concretos que se atribuyen a los ángeles han sido ejecutados por los seres intermedios secundarios. Cuando los primeros maestros del evangelio de Jesús fueron encarcelados por los ignorantes jefes religiosos de aquella época, un verdadero «ángel del Señor» «abrió por la noche las puertas de la cárcel y los sacó». Pero en el caso de la liberación de Pedro después de la muerte de Santiago por orden de Herodes, fue un ser intermedio secundario que llevó a cabo la labor atribuida a un ángel.

Hoy día les corresponde desempeñar de forma inadvertida la tarea principal de asociado de enlace personal con aquellos hombres y mujeres que constituyen el cuerpo reservista del destino del planeta. La labor de este grupo secundario, competentemente secundada por miembros del cuerpo primario, produjo la coordinación de personalidades y circunstancias en Urantia que indujeron finalmente a los supervisores celestiales del planeta a iniciar aquellas peticiones que resultaron en el otorgamiento de los mandatos que hizo posible la serie de revelaciones de las cuales forma parte esta presentación. Pero conste que los seres intermedios no están implicados en las sórdidas acciones que acontecen bajo la designación general de «espiritismo». Actualmente en Urantia los seres intermedios, que son de reputación honorable sin excepción, no están relacionados con los fenómenos de la así llamada «videncia»; y no suelen permitir que los humanos presencien sus actividades físicas, que algunas veces les son necesarias, ni otros contactos con el mundo material, tal como son percibidos por los sentidos humanos.

9. LOS CIUDADANOS PERMANENTES DE URANTIA

Pueden considerarse los seres intermedios como el primer grupo de habitantes permanentes que se encuentra en las distintas clases de mundos del universo entero, con los ascendentes evolucionarios, como las criaturas mortales y las huestes angélicas. Se encuentran tales ciudadanos permanentes en varios puntos del ascenso al Paraíso.

A diferencia de las distintas órdenes celestiales a las cuales se les asigna *ministrar* en un planeta, los seres intermedios *viven* en un mundo habitado. Los serafines van y vienen, pero los seres intermedios permanecen y permanecerán, aunque son, sin embargo, ministros a los seres oriundos del planeta, y proporcionan el único régimen continuo que armoniza y relaciona las cambiantes administraciones de las huestes seráficas.

Siendo los verdaderos ciudadanos de Urantia, se interesan los seres intermedios en el destino de esta esfera. Forman una asociación resuelta, que gestiona persistentemente en beneficio del progreso de su planeta natal. El lema de su orden evoca su resolución: «Lo que emprendan los Seres Intermedios Unidos, lo realizan los Seres Intermedios Unidos».

Si bien su capacidad de atravesar los circuitos de energía hace que sea factible partir del planeta, cada uno se ha comprometido a no marcharse del planeta antes de que sean liberados posteriormente por las autoridades del universo. Los seres intermedios están anclados al planeta hasta las edades de luz y vida. Con excepción de 1-2-3 el primero, jamás ha partido ninguno de los seres intermedios leales de Urantia.

1-2-3 el primero, el mayor de la orden primaria, fue relevado de sus deberes planetarios inmediatos poco después de Pentecostés. Este noble ser intermedio se mantuvo firme con Van y Amadón durante los trágicos días de la rebelión planetaria, y su impávido liderazgo contribuyó bastante a reducir las bajas de su orden. Presentemente se desempeña en Jerusem como miembro de los veinticuatro consejeros, habiendo funcionado ya como gobernador general de Urantia una vez desde Pentecostés.

Los seres intermedios están vinculados al planeta, pero al igual que hablan los mortales con los viajeros provenientes de tierras lejanas y de este modo adquieren conocimientos de los lugares remotos del planeta, asímismo conversan los seres intermedios con los viajeros celestiales a fin de informarse sobre los lugares lejanos del universo. Así ellos llegan a ser versados en este sistema y universo, incluso en Orvonton y sus creaciones hermanas, y así se preparan para la ciudadanía a los niveles superiores de la existencia de las criaturas.

Aunque se trajeron a la existencia plenamente desarrollados los seres intermedios —sin experimentar ningún período de crecimiento ni desarrollo desde la inmadurez— no cesan nunca de aumentar la sabiduría y experiencia. Igual que los mortales, son criaturas evolucionarias y tienen una cultura que es un auténtico logro evolucionario. Figuran muchas grandes mentes y poderosos espíritus entre los miembros del cuerpo de seres intermedios urantianos.

Desde el punto de vista más amplio, la civilización de Urantia es el resultado del esfuerzo conjunto de los mortales urantianos y los seres intermedios urantianos, lo cual es cierto a pesar de la diferencia presente entre los dos niveles de cultura, una diferencia que no se compensará antes de las edades de luz y vida.

La cultura de los seres intermedios, siendo fruto de una ciudadanía planetaria inmortal, es relativamente inmune a las vicisitudes temporales que hostigan a la civilización humana. Las generaciones de hombres olvidan; el cuerpo de seres intermedios recuerda, y esa memoria es la mina de oro de las tradiciones de vuestro mundo habitado. Así la cultura de un planeta permanece para siempre en ese planeta, y en las debidas circunstancias tales memorias apreciadas de los sucesos pasados se vuelven disponibles, de la misma forma en que la historia de la vida y enseñanzas de Jesús ha sido dada por los seres intermedios de Urantia a sus primos de carne y hueso.

Los seres intermedios son los hábiles servidores que compensan esa diferencia entre los asuntos materiales y espirituales de Urantia que apareció al morir Adán y

Eva. A la vez, son vuestros hermanos mayores, camaradas en la prolongada lucha por lograr el estado de luz y vida en Urantia. Los Seres Intermedios Unidos son un cuerpo que se le ha sometido a la prueba de la rebelión, y ejecutarán fielmente su función en la evolución planetaria hasta que este mundo alcance la meta de las edades, hasta aquel día distante en el cual reine de hecho la paz en la tierra y en verdad haya buena voluntad en el corazón de los hombres.

Debido a las valiosas labores realizadas por estos seres intermedios, hemos llegado a la conclusión de que en efecto forman parte íntegra de la organización de los espíritus de los reinos. Siempre y cuando no se estropeen los asuntos de un planeta por la rebelión, ellos son de aún mayor utilidad para los serafines.

La entera organización de espíritus altos, huestes angélicas y seres intermedios se dedica con entusiasmo al fomento del designio del Paraíso para el ascenso progresivo y logro de la perfección de los mortales evolucionarios, uno de los asuntos magníficos del universo —el espléndido designio de la supervivencia para que Dios descienda hasta los hombres y luego, mediante una suerte de asociación sublime, ascender a los hombres hasta Dios para que pasen a la eternidad de servicio y a la divinidad de logro— lo mismo para mortales como para seres intermedios.

[Presentado por un arcángel de Nebadon.]

DOCUMENTO 78

LA RAZA VIOLETA DESPUÉS DE LOS DÍAS DE ADÁN

EL SEGUNDO Edén fue la cuna de la civilización durante casi treinta mil años. Aquí en la Mesopotamia, se establecieron los pueblos adánicos, enviando a su progenie a los confines de la tierra, y más tarde, ya amalgamados con las tribus noditas y sangik, llegaron a conocerse por el nombre de anditas. De esta región surgieron aquellos hombres y mujeres quienes iniciaron las hazañas de la historia y quienes han acelerado enormemente el progreso cultural de Urantia.

Este documento representa la historia planetaria de la raza violeta, a partir de la contumacia de Adán, alrededor de 35.000 a. de J.C., a través del período de la amalgama con las razas noditas y sangik, que dio como fruto los pueblos anditas alrededor de 15.000 a. de J.C., hasta desaparecer totalmente de las tierras natales mesopotámicas, alrededor de 2000 a. de J.C.

1. LA DISTRIBUCIÓN RACIAL Y CULTURAL

Si bien, al llegar Adán, las mentes y morales de las razas estaban a un nivel bajo, la evolución física había seguido adelante sin que le afectaran mucho las exigencias de la rebelión de Caligastia. Lo que contribuyó Adán a la condición biológica de las razas, no obstante el fracaso parcial de la empresa, mejoró enormemente al pueblo de Urantia.

También contribuyeron Adán y Eva gran parte de lo que era de valor para el progreso social, moral, e intelectual de la humanidad; la presencia de su prole aceleró enormemente la civilización. Pero hace treinta mil años el mundo en general contaba con poca cultura. Existían acá y allá ciertos centros de civilización, pero la mayor parte de Urantia se estancaba en el salvajismo. La distribución racial y cultural era la siguiente:

1. *La raza violeta —Adanitas y Adansonitas*. El centro principal de cultura adanita se encontraba en el segundo jardín, ubicado en el triángulo de los ríos Tigris y Eufrates; ésta en efecto fue la cuna de las civilizaciones occidental e india. El centro secundario o septentrional de la raza violeta era la sede adansonita, situado al este de la orilla meridional del Mar Caspio, cerca de los montes Kopet. De estos dos centros salieron a las tierras circunvecinas la cultura y plasma vital que aceleraron de forma tan inmediata a todas las razas.

2. *Los presumerios y otros noditas*. También presentes en la Mesopotamia, cerca del delta de los ríos, estaban los restos de la antigua cultura de la época de Dalamatia. Con el paso de los milenios, este grupo se mezcló completamente con los adanitas al norte, pero nunca perdieron del todo sus tradiciones noditas. Varios otros grupos noditas que se habían asentado en el Levante fueron, en general, absorbidos por la raza violeta que se expandió posteriormente.

3. *Los andonitas* mantenían cinco o seis asentamientos bastante representativos al norte y al este de la sede adansonita. También estaban dispersos por Turquestán, a la vez que perduraban algunos en zonas aisladas de Eurasia, sobre todo en las regiones montañosas. Estos aborígenes seguían ocupando las tierras del norte del continente eurasiático, así como Islandia y Groenlandia, pero hacía mucho tiempo que habían sido expulsados de las llanuras de Europa por el hombre azul y de las cuencas fluviales de Asia lejana por la raza amarilla que se expandía.

4. *Los hombres rojos* ocupaban las Américas, pues habían sido expulsados de Asia más de cincuenta mil años antes del advenimiento de Adán.

5. *La raza amarilla.* Los pueblos chinos estaban bien establecidos con dominio sobre el este de Asia. Sus asentamientos más avanzados estaban situados al noroeste de la China moderna, en regiones que colindaban con el Tíbet.

6. *La raza azul.* Los hombres azules estaban dispersos por toda Europa, pero sus mejores centros de cultura estaban ubicados en los entonces fértiles valles de la cuenca del Mediterráneo y en el noroeste de Europa. La absorción neandertal había retrasado considerablemente la cultura de los hombres azules; pero, por lo demás, eran los más agresivos, aventureros y exploradores de todos los pueblos evolucionarios de Eurasia.

7. *La India pre-dravidiana.* La mezcla compleja de razas de la India, que englobaba todas las razas de la tierra, pero más aún la verde, anaranjada y negra, mantenía una cultura ligeramente superior a la de las regiones limítrofes.

8. *La civilización sahariana.* Los elementos superiores de la raza índiga tenían sus asentamientos más progresivos en lo que hoy día es el gran desierto del Sahara. Este grupo índigo-negro llevaba considerable sangre de las razas anaranjada y verde ya sumergidas.

9. *La cuenca del Mediterráneo.* La raza más mezclada fuera de la India ocupaba lo que es actualmente la cuenca mediterránea. Aquí los hombres azules del norte y los saharianos del sur se encontraron y se casaron con los noditas y adanitas del este.

Éste era el panorama del mundo antes de comenzar las grandes expansiones de la raza violeta, hace alrededor de veinticinco mil años. La esperanza de una civilización futura se encontraba en el segundo jardín entre los ríos de Mesopotamia. Aquí en el suroeste de Asia, existía el potencial de una gran civilización, la posibilidad de que se propagaran por el mundo las ideas y los ideales que se habían salvado de los días de Dalamatia y los tiempos de Edén.

Adán y Eva habían dejado atrás una progenie limitada, pero poderosa, y los observadores celestiales en Urantia estaban ansiosamente a la expectativa para ver cómo se desempeñarían estos descendientes del Hijo e Hija Materiales descarriados.

2. LOS ADANITAS EN EL SEGUNDO JARDÍN

Durante miles de años los hijos de Adán laboraron a lo largo de los ríos de la Mesopotamia, resolviendo sus problemas de riego y control de inundaciones en el sur, perfeccionando sus defensas en el norte, e intentando preservar las tradiciones de la gloria del primer Edén.

El heroísmo que se exhibió en la dirección del segundo jardín constituye una extraordinaria e inspiradora epopeya de la historia de Urantia. Estas espléndidas almas nunca llegaron a perder de vista el propósito de la misión adánica, y por lo tanto rechazaban denodadamente las influencias de las tribus circunvecinas e inferiores, a la vez que enviaban voluntariamente a la flor y nata de sus hijos e hijas en procesión ininterrumpida como emisarios a las razas de la tierra. Algunas veces esta expansión agotaba la misma cultura natal, pero siempre podían rehabilitarse estos pueblos superiores.

La condición de la civilización, sociedad y cultura de los adanitas superaba con mucho el nivel general de las razas evolucionarias de Urantia. Sólo entre los antiguos asentamientos de Van y Amadón y los adansonitas existía una civilización equiparable en algún aspecto con ella. Pero la civilización del segundo Edén fue una estructura artificial *—no había evolucionado—* y por tanto estaba destinada a desmoronarse hasta tanto que alcanzara un nivel evolucionario natural.

Adán dejó atrás una gran cultura intelectual y espiritual, pero muy pocos avances hubo en materia de dispositivos mecánicos, puesto que cada civilización es limitada por los recursos naturales disponibles, el ingenio inherente y tiempo libre suficiente como para garantizar la realización inventiva. La civilización de la raza violeta se fundamentó en la presencia de Adán y en las tradiciones del primer Edén. Tras la muerte de Adán, y a medida que se iban borrando estas tradiciones con el paso de los milenios, el nivel cultural de los adanitas decayó ininterrumpidamente hasta alcanzar un estado de equilibrio recíproco con la condición de los pueblos que los rodeaban y con las capacidades culturales de la raza violeta que evolucionaron de manera natural.

Sin embargo los adanitas fueron una verdadera nación cerca de 19.000 años a. de J.C., ascendiendo a cuatro millones quinientas mil personas, y ya habían introducido a millones de su prole en los pueblos circunvecinos.

3. LAS PRIMERAS EXPANSIONES DE LOS ADANITAS

La raza violeta conservó las tradiciones pacíficas de Edén durante muchos milenios, lo cual explica su gran demora en efectuar conquistas territoriales. Cuando sentían presión de la superpoblación, en vez de hacer la guerra para conseguir más territorio, enviaban a las otras razas el excedente de habitantes como maestros. No fue duradero el efecto cultural de estas primeras migraciones, pero la absorción de los maestros, mercaderes y exploradores adanitas produjo en los pueblos circundantes un efecto vigorizador desde el punto de vista biológico.

Tempranamente se desplazaron algunos adanitas al valle del Nilo; otros se adentraron en Asia hacia el este, pero éstos constituían una minoría. El movimiento masivo más reciente se dirigió en forma extensa hacia el norte y de ahí hacia el oeste. Fue, por lo general, una ola hacia el norte, gradual, mas incesante; la mayoría se abrió camino hacia el norte, y luego bordeó el Mar Caspio hacia el oeste, terminando por introducirse en Europa.

Hace alrededor de veinticinco mil años muchos de los elementos adanitas más puros iban bien encaminados en su viaje hacia el norte. A medida que avanzaban hacia el norte, fueron volviéndose cada vez menos adánicos hasta que, hacia los tiempos de la ocupación de Turquestán, habían llegado a mestizarse a fondo con las otras razas, máxime con los noditas. Muy pocos pueblos de pura cepa violeta nunca se adelantaron lejos en Europa o Asia.

Desde aproximadamente 30.000 hasta 10.000 a. de J.C. se producían por todas partes del suroeste de Asia mezclas raciales que hicieron época. Los habitantes de las tierras altas de Turquestán eran un pueblo viril y vigoroso. Al noroeste de la India perduraba gran parte de la cultura de los tiempos de Van. Más lejos al norte de estos asentamientos se había preservado lo mejor de los primitivos andonitas. Estas dos razas de cultura y carácter superiores fueron absorbidas por los adanitas que se desplazaban hacia el norte. Este amalgamiento resultó en la adopción de muchas ideas nuevas; facilitó el progreso de la civilización y adelantó considerablemente todas las fases del arte, las ciencias y la cultura social.

Al terminar el período de las primeras migraciones adánicas, alrededor de 15.000 a. de J.C., ya había más descendientes de Adán en Europa y Asia central que en el resto del mundo entero, incluso que en Mesopotamia. Las razas azules europeas habían sido infiltradas en gran medida. Las extensiones meridionales de las tierras conocidas hoy en día como Rusia y Turquestán estaban ocupadas por una gran reserva de adanitas mezcladas con noditas, andonitas y sangik rojos y amarillos. Europa meridional y las riberas del Mediterráneo estaban ocupadas por una raza combinada de pueblos andonitas y sangik —anaranjados, verdes e índigos— con una pizca de la cepa adanita. Asia Menor y las tierras de Europa oriental central estaban ocupadas por tribus que eran predominantemente andonitas.

Una raza de color combinada, que por esta época fue reforzada considerablemente por los que llegaban de Mesopotamia, se había establecido en Egipto y se preparó a adueñarse de la cultura del valle del Eufrates que iba desapareciendo. Los pueblos negros iban desplazándose cada vez más hacia el sur en África y, al igual que la raza roja, quedaron prácticamente aislados.

La civilización sahariana había sido trastornada por sequías y la de la cuenca del Mediterráneo, por inundaciones. Las razas azules, hasta este momento, no habían logrado desarrollar una cultura avanzada. Los andonitas aún estaban dispersos por las regiones ártica y asiática central. Las razas verde y anaranjada habían sido exterminadas como tal. La raza índiga se iba mudando hacia el sur de África, en donde comenzaría su deterioro racial lento, pero prolongado.

Los pueblos de la India estaban estancados, con una civilización que no hacía progresos; los hombres amarillos consolidaban lo que poseían en Asia central; los hombres morenos aún no habían iniciado su civilización en las islas cercanas del Pacífico.

Estas distribuciones de las razas, relacionadas con los extensos cambios climáticos, dispusieron el escenario mundial para la inauguración de la era andita de la civilización urantiana. Estas migraciones primitivas abarcaron un período de diez mil años, desde 25.000 hasta 15.000 a. de J.C. Las migraciones más recientes o anditas se extendieron desde alrededor de 15.000 hasta 6000 a. de J.C.

Tardaron las primeras olas de adanitas tanto tiempo para atravesar Eurasia que su cultura se perdió en gran parte por el camino. Sólo los anditas más recientes se trasladaron con suficiente velocidad como para conservar la cultura edénica a grandes distancias de Mesopotamia.

4. LOS ANDITAS

Las razas anditas representaron las mezclas primarias de la raza violeta de pura cepa con los noditas, más los pueblos evolucionarios. En general, cabe considerar que los anditas contaban con un porcentaje de sangre adánica mucho mayor que el de las razas modernas. Principalmente se emplea el término andita para designar a aquellos pueblos cuya herencia racial fue de una sexta parte a una octava parte violeta. Los urantianos modernos, incluso las razas blancas del norte, contienen un porcentaje de sangre de Adán mucho menor que el de ellos.

Los primeros pueblos anditas tenían origen en las regiones adyacentes a la Mesopotamia hace más de veinticinco mil años y consistían en una mezcla de adanitas y noditas. El segundo jardín estaba rodeado de círculos concéntricos de elementos con cada vez menos sangre violeta, y nació la raza andita en la periferia de este crisol de razas. Más adelante, los adanitas y noditas migratorios entraron en las entonces fértiles regiones de Turquestán, seguidamente se mezclaron con los habitantes superiores, y la mezcla racial que resultó extendió el alcance del tipo andita más hacia el norte.

Los anditas constituyeron la mejor y más completa cepa humana que apareció en Urantia desde los tiempos de los pueblos violetas de línea directa. Comprendían la mayoría de los tipos superiores de sobrevivientes de las razas adanita y nodita y, más tarde, algunas de las mejores cepas de los hombres amarillos, azules y verdes.

Estos anditas primitivos no eran arios; sino prearios. No eran blancos; sino preblancos. No eran un pueblo occidental ni oriental. Pero, a la mezcla políglota de las así llamadas razas blancas, le da la herencia andita aquella homogeneidad generalizada que se ha llamado caucasoide.

Las cepas más puras de la raza violeta habían conservado la tradición adánica de buscar la paz, lo cual explica por qué los desplazamientos de la raza primitiva se habían hecho más bien con carácter de migraciones pacíficas. Pero a medida que los adanitas iban uniéndose con las cepas noditas, quienes eran ya una raza beligerante, sus descendientes anditas llegaron a ser, para su época, los militaristas más hábiles y sagaces que jamás hubiera vivido en Urantia. Desde ese momento en adelante, los desplazamientos de los mesopotámicos se fueron volviendo de carácter cada vez más militar y se fueron asemejando más a las verdaderas conquistas.

Estos anditas eran aventureros; tenían disposición de los itinerantes. Una mayor infusión de sangre sangik o andonita tendió a estabilizarlos. Mas así y todo, sus descendientes más recientes no pararon nunca hasta haber circunnavegado el globo y descubierto el último continente remoto.

5. LAS MIGRACIONES ANDITAS

Persistió durante veinte mil años la cultura del segundo jardín, pero sufrió un declive ininterrumpido hasta cerca de 15.000 a. de J.C., cuando el renacimiento del sacerdocio setita y el mando de Amosad inauguraron una era espléndida. Las masivas olas de civilización que se propagaron posteriormente por Eurasia siguieron inmediatamente al gran renacimiento del Jardín, el cual fue resultado de la unión en gran escala de los adanitas con los noditas mestizos circunvecinos; y esto dio origen a los anditas.

Estos anditas introdujeron nuevos adelantos en Eurasia y África del norte. Desde Mesopotamia hasta Xinjiang [Sinkiang], la cultura andita dominó, y la migración constante hacia Europa fue continuamente contrapesada por los recién llegados de Mesopotamia. Pero no es completamente conveniente referirse a los anditas como raza en Mesopotamia misma hasta aproximadamente cuando comienzan las migraciones finales de los descendientes de Adán. A esta altura incluso las razas que se encontraban en el segundo jardín se habían mezclado de tal forma que ya no se podían considerar como adanitas.

La civilización de Turquestán se veía constantemente resucitada y renovada por los recién llegados de Mesopotamia, máxime por los jinetes anditas más recientes. La así llamada lengua materna aria estaba en trance de formarse en las tierras altas de Turquestán; fue una mezcla del dialecto andónico de esa región con la lengua de los adansonitas y los anditas posteriores. Muchas lenguas modernas se derivan de este lenguaje primitivo de estas tribus de Asia central quienes conquistaron Europa, la India y las extensiones superiores de las llanuras mesopotámicas. Esta lengua antigua dio a las lenguas occidentales todas las similitudes que se designa bajo el rubro de ario.

Hacia 12.000 a. de J.C., residía en Europa septentrional y oriental tres cuartos de la descendencia andita del mundo, y más tarde, cuando se produjo el éxodo final de Mesopotamia, entraron en Europa el sesenta y cinco por ciento de estas olas finales de emigración.

Los anditas emigraron no sólo a Europa, sino también al norte de la China y la India, en tanto que muchos grupos penetraron en los apartados rincones de la tierra como misioneros, maestros y mercaderes. Contribuyeron considerablemente a los grupos de pueblos sangik del norte del Sahara. Pero nunca penetraron sino pocos maestros y mercaderes en África más al sur que las cabeceras del Nilo. Más adelante, anditas mestizos y egipcios siguieron las costas oriental y occidental de África hacia abajo, llegando bastante más allá del ecuador, pero no alcanzaron hasta Madagascar.

Estos anditas eran los llamados conquistadores dravidianos, y posteriormente arios, de la India; y su presencia en Asia central mejoró grandemente la descendencia de los turanianos. Gran parte de esta raza se trasladó a la China a través de Xinjiang así como el Tíbet y añadió cualidades deseables a la cepa china más reciente. De cuando en cuando pequeños grupos se abrieron camino hacia el Japón, Formosa, las Indias Occidentales y el sur de China, si bien muy pocos entraron en el sur de la China por la ruta costanera.

Ciento treinta y dos miembros de esta raza, que se embarcaron en una flotilla de barcas pequeñas desde el Japón, llegaron a la larga hasta América del Sur y, uniéndose por matrimonio con los nativos de los Andes, establecieron el linaje de los futuros emperadores de los Incas. Atravesaron el Pacífico por etapas fáciles, quedándose en las múltiples islas que encontraban en el camino. Las islas del grupo polinesio eran más numerosas y más grandes que lo que son actualmente, y estos marineros anditas, junto con otros que les siguieron, de paso modificaron biológicamente a los grupos nativos. Como resultado de la penetración andita se desarrollaron muchos florecientes centros de civilización en estas tierras, hoy día sumergidas. La Isla de Pascua duró mucho tiempo a fuer de centro religioso y administrativo de uno de estos grupos perdidos. Pero de los anditas que navegaron el Pacífico en los tiempos pasados, con excepción de los ciento treinta y dos, no pudo llegar ninguno más al continente de las Américas.

Las conquistas migratorias de los anditas continuaron hasta sus dispersiones finales, desde 8000 a 6000 a. de J.C. A medida que salían a raudales de Mesopotamia, agotaban continuamente las reservas biológicas de sus tierras natales a la vez que fortalecían marcadamente a los pueblos circunvecinos. A todas las naciones a donde llegaban, contribuyeron con humor, arte, aventura, música y manufactura. Eran expertos domesticadores de animales y peritos agricultores. En un principio, por lo menos, su presencia tendió a mejorar las creencias religiosas y prácticas morales de las razas más antiguas. De este modo la cultura de Mesopotamia se propagó silenciosamente por Europa, la India, la China, África del norte y las Islas del Pacífico.

6. LAS ÚLTIMAS DISPERSIONES ANDITAS

Las tres olas finales de anditas surgieron de Mesopotamia entre 8000 y 6000 a. de J.C. Las presiones de las tribus de las colinas en el este y el hostigamiento de los llaneros en el oeste lanzaron afuera de Mesopotamia estas tres grandes olas de cultura. Los habitantes del valle del Eufrates y el territorio adyacente emprendieron su éxodo final por varios rumbos:

Sesenta y cinco por ciento entró en Európa por la ruta del Mar Caspio, llegando a conquistar y amalgamarse con las razas blancas que acababan de aparecer —la combinación de los hombres azules con los peremios anditas.

Diez por ciento, incluyendo a un numeroso grupo de sacerdotes setitas, se trasladó hacia el este por las tierras altas elamitas hasta la altiplanicie irania y Turquestán. Más tarde muchos de sus descendientes fueron empujados desde las regiones del norte hacia la India con sus hermanos arios.

Diez por ciento de los mesopotámicos que iban camino del norte viraron hacia el este, entrando en Xinjiang, donde se mezclaron con los habitantes amarillo-anditas. La mayoría de la capaz prole de esta unión racial entró posteriormente en la China y contribuyó mucho al mejoramiento inmediato de la división norteña de la raza amarilla.

Diez por ciento de estos anditas que huían se abrieron camino a través de Arabia y entraron en Egipto.

Se negó a abandonar sus hogares cinco por ciento de los anditas que se había abstenido casarse con las tribus vecinas inferiores y que contaba con cultura muy superior del distrito costero alrededor de la desembocadura de los ríos Tigris y Eufrates. Este grupo representó la supervivencia de muchas cepas superiores de noditas y adanitas.

Para 6000 a. de J.C. los anditas casi habían evacuado por completo esta región, si bien sus descendientes, mezclados en gran parte con las razas sangik circunvecinas y los andonitas de Asia Menor, permanecieron ahí para batallar mucho más tarde con los invasores del norte y este.

La infiltración cada vez mayor de las cepas inferiores circundantes acabó con la edad cultural del segundo jardín. La civilización se desplazó hacia el oeste hasta el Nilo y las islas del Mediterráneo, donde continuó medrando y progresando mucho tiempo después de que había decaído su fuente en Mesopotamia. Este influjo sin obstáculos de los pueblos inferiores preparó el terreno para la conquista posterior de la Mesopotamia entera a las manos de los bárbaros del norte quienes expulsaron a las cepas capaces restantes. Incluso más tarde, los elementos cultos restantes siguieron guardando rencores con la presencia de estos invasores ignorantes y toscos.

7. LAS INUNDACIONES EN MESOPOTAMIA

Estaban acostumbrados los moradores fluvio-ribereños a los desbordamientos de los ríos en ciertas estaciones; estas inundaciones periódicas constituían acontecimientos anuales de las vidas de ellos. Pero nuevos peligros amenazaban al valle de Mesopotamia como resultado de los cambios geológicos progresivos en el norte.

Durante miles de años tras la sumersión del primer Edén, continuaron elevándose las montañas a lo largo de la costa oriental del Mediterráneo y las del noroeste y noreste de Mesopotamia. Cerca de 5000 a. de J.C. se aceleró considerablemente esta elevación de las tierras altas, lo cual, juntamente con mayores nevadas en las cordilleras del norte, produjo cada primavera inundaciones inauditas por todo el valle del Eufrates. Estas inundaciones primaverales fueron empeorándose cada vez más de tal modo que, a la larga, los habitantes de las regiones fluviales se vieron obligados a irse a vivir en las tierras altas del este. Durante casi mil años decenas de ciudades quedaron prácticamente abandonadas debido a estos vastos diluvios.

Casi cinco mil años más tarde, al intentar los sacerdotes hebreos cautivos en Babilonia volver sobre los pasos del pueblo judío remontándose hasta los tiempos de

Adán, se toparon con grandes dificultades en reconstruir la historia; a uno se le ocurrió abandonar el esfuerzo, a fin de dejar que el mundo se ahogara en la maldad de la época de la inundación de Noé, y así estar en mejor posición para remontarse al origen de Abraham a partir de uno de los tres hijos sobrevivientes de Noé.

Son universales las narrativas tradicionales de una época en la cual el agua cubría la superficie entera de la tierra. Muchas razas conservan la historia de un diluvio mundial en alguna edad pasada. La historia bíblica de Noé, el arca y el diluvio es invento del sacerdocio hebreo durante su cautividad en Babilonia. No ha habido nunca una inundación universal desde que se estableció la vida en Urantia. El único tiempo en que la superficie de la tierra estuvo completamente cubierta de agua fue durante aquellas edades arqueozoicas, antes de que despuntara la tierra.

Pero Noé en efecto vivió; era un viñador de Aram, un poblado ribereño cerca de Erec. Llevaba cada año un registro escrito de los días de las crecientes del río. Fue objeto de gran escarnio porque subía y bajaba el valle del río propugnando que se construyeran de madera todas las casas a manera de barcos, y que se subieran a bordo todas las noches los animales domésticos al aproximarse la estación de inundaciones. Iba a los asentamientos ribereños vecinos cada año y les advertía que en tantos días vendrían las inundaciones. Finalmente llegó un año en que las inundaciones fueron aumentadas considerablemente por precipitaciones pluviales insólitas de modo que la crecida repentina aniquiló la aldea entera; sólo se salvaron Noé y su familia inmediata en su casa flotante.

Con estas inundaciones finalizó la disolución de la civilización andita. Al terminar este período de diluvios, ya no existía el segundo jardín. Únicamente en el sur y entre los sumerios quedaban pocos rastros de su antigua gloria.

Los restos de esta civilización, que figura entre las más antiguas, se encuentran en estas regiones de Mesopotamia y al noreste y noroeste de ellas. Pero vestigios aún más vetustos de los días de Dalamatia existen bajo las aguas del Golfo Pérsico, y el primer Edén yace sumergido bajo el extremo oriental del Mar Mediterráneo.

8. LOS SUMERIOS —LOS ÚLTIMOS DE LOS ANDITAS

Cuando la dispersión final de los anditas quebró la espina dorsal biológica de la civilización mesopotámica, una pequeña minoría de esta raza superior permaneció en su tierra natal cerca del delta de los ríos. Éstos eran los sumerios; hacia 6000 a. de J.C. habían llegado a ser en gran parte de origen andita, si bien su cultura era más exclusivamente de carácter nodita, y se aferraban a las tradiciones antiguas de Dalamatia. No obstante, estos sumerios de las regiones costeras eran los últimos anditas en Mesopotamia. Pero las razas de Mesopotamia ya estaban completamente mestizadas para esta fecha tardía, tal como lo demuestran los tipos de calavera que se encuentran en las tumbas de esa era.

Susa prosperó enormemente durante los tiempos de las inundaciones. Se inundó la ciudad primera y más baja de tal forma que la ciudad segunda, o la más alta, sucedió a la baja en calidad de centro de las artesanías particulares de aquella época. Al amainar posteriormente las inundaciones, Ur se convirtió en el centro de la industria alfarera. Hace alrededor de siete mil años Ur se encontraba en la orilla del Golfo Pérsico; posteriormente los depósitos de aluvión modificaron la tierra dándole sus límites de hoy día. Las inundaciones incidieron menos en estos asentamientos gracias a obras de control más adecuadas y a la expansión del delta de los ríos.

Los pacíficos cultivadores de granos de los valles de los ríos Eufrates y Tigris venían siendo hostigados, desde hacía mucho tiempo, por los bárbaros de Turquestán y la altiplanicie irania. Pero en este momento una invasión concertada del valle del Eufrates fue incitada por la creciente sequía de los pastizales de las tierras altas. Y esta invasión fue tanto más grave cuanto que estos pastores y cazadores circunvecinos poseían grandes cantidades de caballos domados. La posesión de los caballos les brindó una franca ventaja sobre sus ricos vecinos en el sur. En poco tiempo infestaron la Mesopotamia entera, impulsando a las olas finales de cultura que se propagaron por Europa entera, Asia occidental y África del norte.

Estos conquistadores de Mesopotamia llevaban entre sus efectivos gran parte de la mejor cepa andita de las razas mestizas norteñas de Turquestán, incluyendo un poco de la cepa adansonita. Estas tribus menos avanzadas pero más vigorosas del norte pronto asimilaron voluntariamente los restos de la civilización mesopotámica y en este momento llegaron a convertirse en aquellos pueblos mestizos que se encuentran en el valle del Eufrates al principio de los anales de la historia. No tardaron en resucitar muchas fases de la civilización pasajera de Mesopotamia, adoptando las artes de las tribus del valle y gran parte de la cultura de los sumerios. Incluso procuraron construir una tercera torre de Babel y más tarde adoptaron el término como nombre de su nación.

Cuando estos jinetes barbáricos del noreste infestaron el valle entero del Eufrates, no lograron conquistar los restos de los anditas que moraban junto al delta del río en las riberas del Golfo Pérsico. Estos sumerios pudieron defenderse debido a su inteligencia superior, armas mejores y vasto sistema de canales militares, una red adjunta a sus acequias y estanques de riego que se comunicaban entre sí. Era un pueblo unido porque tenía una sola religión que practicaba el grupo entero. De este modo pudieron mantener su integridad racial y nacional hasta mucho tiempo después de que sus vecinos al noroeste se fraccionaron en ciudades estado. Ninguno de estos grupos municipales pudo vencer a los sumerios unidos.

Los invasores del norte pronto supieron confiar y apreciar como maestros y administradores capaces a estos sumerios amantes de la paz. Fueron altamente respetados y cotizados como maestros del arte y la industria, como directores de comercio y como gobernantes civiles, por todos los pueblos en el norte y desde Egipto en el oeste, hasta India en el este.

Tras el desmoronamiento de la primera confederación sumeria, las ciudades estado posteriores comenzaron a ser gobernadas por los descendientes apóstatas de los sacerdotes setitas. Sólo al realizar conquistas de las ciudades vecinas, estos sacerdotes se hacían llamar reyes. Los futuros reyes de estas ciudades no lograron formar confederaciones poderosas antes de los tiempos de Sargón debido a que cada una celosamente reverenciaba sólo a su propia deidad. Cada ciudad creía que su dios municipal era superior a todos los demás dioses, y por tanto se negaban a someterse a un jefe común.

Sargón, el sacerdote de Cis, que se proclamó rey y emprendió la conquista de la Mesopotamia entera y las tierras adyacentes, terminó este prolongado período de régimen débil de sacerdotes municipales. Por un tiempo, ya no hubo ciudades estado regidas por sacerdotes y colmadas de sacerdotes; cada ciudad contaba con su dios municipal y sus prácticas ceremoniales.

Tras la desintegración de esta confederación de Cis, sobrevino un largo período de guerras sin tregua por la supremacía entre estas ciudades del valle. La soberanía alternaba en distintos períodos entre Sumer, Akkad, Cis, Erec, Ur y Susa.

Alrededor de 2500 a. de J.C. los sumerios sufrieron unos graves reveses a manos de los suitas y guitas del norte. Se vino abajo Lagash, la capital súmera construida en oteros aluviales. Erec sucumbió treinta años después de la caída de Akkad. Hacia la época del régimen de Hamurabi, los sumerios habían sido absorbidos en la población de los semitas del norte, y desaparecieron los anditas mesopotámicos de las páginas de la historia.

De 2500 a 2000 a. de J.C. los nómadas anduvieron haciendo estragos de todo lo que encontraban a su paso desde el Atlántico hasta el Pacífico. Los neritas constituyeron la explosión final del grupo caspio de los descendientes mesopotámicos de las razas mezcladas de anditas y andonitas. Los cambios climáticos subsiguientes acertaron en conseguirlo lo que a los bárbaros les faltó para efectuar la ruina de la Mesopotamia.

Ésta es la historia de la raza violeta después de los días de Adán y de la suerte de su tierra natal entre el Tigris y Eufrates. Su civilización antigua finalmente cayó debido a la emigración de los pueblos superiores y la inmigración de sus vecinos inferiores. Pero mucho antes de que los jinetes barbáricos conquistaran el valle, gran parte de la cultura del jardín se había propagado a Asia, África y Europa, para producir allí los fermentos que han resultado en la civilización del siglo veinte de Urantia.

[Presentado por un Arcángel de Nebadon.]

DOCUMENTO 79

LA EXPANSIÓN ANDITA EN EL ORIENTE

ASIA es la cuna de la raza humana. Andón y Fonta nacieron allí, en una sureña península de este continente, y en las alturas de lo que hoy en día es Afganistán sus descendientes Badonán fundaron un primitivo centro cultural que ha persistido por más de medio millón de años. Aquí, en este centro oriental de la especie humana las gentes sangik se diferenciaron de los andonitas. Asia fue su primer hogar, su primer territorio de caza, su primer campo de batalla. El sudoeste asiático presenciaba las sucesivas civilizaciones de dalamatianos, noditas, adanitas y anditas, y desde estas regiones el potencial de la civilización moderna se extendió a todo el mundo.

1. LOS ANDITAS DEL TURQUESTAN

Durante más de veinticinco mil años, hasta casi el año 2000 a. de J.C., el corazón de Eurasia fue predominantemente, aunque cada vez menos, andita. En las tierras bajas del Turquestán, los anditas fueron rodeando los lagos interiores por el oeste llegando así a Europa, mientras que desde las tierras altas de la región hicieron una infiltración hacia el este. El Turquestán oriental (Xinjiang [Sinkiang]) y, en una medida menor, el Tíbet, fueron las vetustas compuertas a través de las cuales estos pueblos de la Mesopotamia penetraron las montañas hacia las norteñas tierras del hombre amarillo. La infiltración andita en la India se desplegó desde las alturas del Turquestán hacia el Pendjab y desde las tierras de pastoreo iraníes a través de Beluchistán. Estas migraciones primitivas no constituían en ningún modo conquistas, más bien eran parte del continuo éxodo de las tribus anditas hacia el oeste de la India y China.

Persistieron centros de entremezclada cultura andita durante casi quince mil años en la cuenca del río Tarim en Xinjiang y, hacia el sur, en las regiones altas del Tíbet, donde los anditas y andonitas se habían mezclado vastamente. Hacia el este, el puesto más avanzado de la verdadera cultura andita estaba en el valle del Tarim. Allí establecieron sus colonias y comenzaron a mantener relaciones comerciales, hacia el este con los progresistas chinos y hacia el norte con los andonitas. En aquellos días, la región del Tarim era de tierras fértiles y lluvias abundantes. Hacia el este estaba la extensa pradera de Gobi, donde los pastores gradualmente se iban volcando hacia la agricultura. Esta civilización, que en su momento rivalizó con la de la propia Mesopotamia, se perdió cuando cambiaron los vientos llevando las lluvias hacia el sudeste.

Hacia el año 8000 a. de J.C., lentamente la aridez de las regiones altas del Asia central fue obligando a los anditas a buscar las cercanías de los ríos y las costas marinas. Esta prolongación de la sequía no solamente los llevó a los valles del Nilo, Eufrates, Indo y Amarillo, sino que produjo un nuevo desarrollo dentro de la civilización andita. Una nueva clase de hombres, los mercaderes, comenzó a surgir en grandes cantidades.

Cuando las condiciones climáticas convirtieron la caza en una actividad infructuosa, los migrantes anditas no siguieron la línea evolucionaria de las razas más antiguas y, entonces, no se convirtieron en pastores. En cambio, aparecieron el comercio y la vida urbana. Desde Egipto, a través de la Mesopotamia y el Turquestán, hasta los ríos de China e India, las tribus de civilización más avanzada comenzaron a constituirse en ciudades dedicadas a la manufactura y el comercio. Adonia, ubicada cerca de la actual ciudad de Ashjabad, se convirtió en la metrópolis comercial del Asia central. El intercambio comercial de piedras, metales, madera y alfarería tuvo un rápido incremento tanto por vía terrestre como por la fluvial.

Pero la sequía en constante aumento gradualmente ocasionó el gran éxodo andita desde las tierras ubicadas al sur y al este del Mar Caspio. La ola de migración comenzó a virar de norte a sur, y la caballería de Babilonia inició su penetración en la Mesopotamia.

El incremento de la aridez en Asia central contribuyó adicionalmente a reducir la población y convertir a estos pueblos en menos belicosos; y cuando las decrecientes lluvias en el norte forzaron a los nómades andonitas a desplazarse hacia el sur, hubo un enorme éxodo de anditas desde el Turquestán. Éste es el movimiento final de los llamados arios hacia el Levante y la India. Culminó así esa gran dispersión de los descendientes mezclados de Adán, durante la cual, todos los pueblos asiáticos y la mayoría de los de las islas del Pacífico se beneficiaron en cierto grado por la influencia de estas razas superiores.

Así pues, al dispersarse en el hemisferio oriental, los anditas fueron desposeídos de sus tierras natales de la Mesopotamia y el Turquestán, puesto que fue este desplazamiento excesivo de los andonitas hacia el sur el que diluyó a los anditas en Asia central hasta su desaparición casi total.

Pero aún en el siglo veinte de la era cristiana quedan rastros de sangre andita entre los turanianos y tibetanos, como se puede ver en los tipos rubios que a veces se hallan en estas regiones. Los primeros anales chinos registran la presencia de nómades de cabellos rojos al norte de las pacíficas colonias del río Amarillo, y aún se conservan pinturas que prueban fielmente la presencia del tipo rubio andita y del moreno mongol en la cuenca del Tarim de hace tiempo.

La última gran manifestación de la sumergida genialidad militar de los anditas de Asia central se produjo en el 1200 d. de J.C., cuando los mongoles bajo Gengis Kan comenzaron la conquista de la mayor parte del continente asiático. Al igual que los antiguos anditas, estos guerreros proclamaban la existencia de «un solo Dios en el cielo». La prematura disolución de su imperio dilató por mucho tiempo el intercambio cultural entre Occidente y Oriente y retrasó enormemente el desarrollo de un concepto monoteísta en Asia.

2. LA CONQUISTA ANDITA DE LA INDIA

La India es el único lugar donde todas las razas de Urantia se combinaron, y la invasión andita agregó el último linaje. En las alturas al noroeste de la India se trajeron a la existencia las razas sangik y, sin excepción, en los primeros tiempos penetraron miembros de cada una de ellas el subcontinente de la India dejando a su paso la más heterogénea mezcla de razas que jamás haya existido en Urantia. La antigua India fue en cierto modo una captación de razas migrantes. Anteriormente, la base de la península era de alguna manera más angosta que ahora, siendo la mayor parte de los deltas de los ríos Ganges e Indo resultado de los últimos cincuenta mil años.

Las primeras mezclas de razas en la India fueron una combinación de razas migratorias roja y amarilla con los aborígenes andonitas. Este grupo fue más tarde debilitado al absorber la porción más grande de la extinta cepa verde del este así como grandes cantidades de la raza anaranjada, y fue ligeramente mejorado con una pequeña adición de la del hombre azul, pero empeoró notablemente a través de la asimilación de grandes cantidades de la raza índiga. Pero no es completamente propio decir que los llamados aborígenes de la India le representen a esta gente temprana, más bien ellos son de la franja más inferior ubicada al sur y al este, que nunca fueron completamente absorbidos ni por los primeros anditas ni por la posterior aparición de sus primos arios.

Por el año 20.000 a. de J.C. la población del oeste de India había ya sido teñida con la sangre adánica, y nunca en la historia de Urantia ningún pueblo combinó tantas razas diferentes. Pero, desafortunadamente predominaba el linaje sangik secundario, y fue una verdadera calamidad que tanto el hombre azul como el hombre rojo estuvieran mayormente ausentes de este crisol de razas de hace tiempo. Una mayor influencia de las cepas sangik primarias había realzado considerablemente lo que podría haberse convertido en una civilización aún más importante. Como fueron las cosas, el hombre rojo se fue destruyendo a sí mismo en las Américas, el hombre azul retozaba en Europa, y los primeros descendientes de Adán (y la mayoría de los últimos) demostraban pocos deseos de mezclarse con las gentes de colores más oscuros, ya sea en la India, en el África o en otras partes.

Alrededor de 15.000 años a. de J.C. la presión de la población en aumento en el Turquestán e Irán ocasionó el primer movimiento masivo de los anditas hacia la India. Durante más de quince siglos estos pueblos superiores penetraron a través de las tierras altas de Beluchistán, extendiéndose por los valles del Indo y del Ganges y desplazándose lentamente hacia el sur al interior del Dekán. Esta presión andita desde el noroeste desplazó a muchos de los pueblos inferiores del sur y del este hacia Birmania y el sur de China, pero no lo suficiente como para salvar a los invasores de la obliteración racial.

La India no pudo lograr la hegemonía de Eurasia debido especialmente a un problema de topografía. La presión de la población desde el norte tan sólo consiguió empujar a la mayoría de la gente hacia el sur, el territorio menguante de Dekán, rodeado a cada lado por el mar. Si hubiera habido tierras adyacentes para la emigración, las cepas inferiores se habrían diseminado hacia todas partes, y el linaje superior habría podido adquirir una civilización más elevada.

Tal como ocurrieron las cosas, estos primitivos conquistadores anditas hicieron un intento desesperado por preservar su identidad y contener la marejada de sumergimiento racial mediante el establecimiento de rígidas restricciones al matrimonio interracial. A pesar de todo, hacia el año 10.000 a. de J.C., los anditas habían sido sumergidos, aunque la totalidad de la masa de los pueblos había mejorado notablemente al absorberlos.

La mezcla de razas siempre es ventajosa, puesto que estimula la versatilidad cultural y contribuye a una civilización progresiva, pero si predominan los elementos inferiores del linaje racial, tales logros serán de corta duración. Una cultura políglota puede ser preservada solamente si el linaje superior se reproduce con cierto margen de seguridad respecto del inferior. La multiplicación desenfrenada de los inferiores, combinada con una decreciente reproducción de los superiores representa indefectiblemente el suicidio de la civilización cultural.

Si los conquistadores anditas hubiesen sido tres veces más o, si ellos hubiesen desplazado o destruido al tercio menos deseable de habitantes de mezcla anaranjada-verde-índiga, la India se habría convertido en uno de los principales centros mundiales de civilización cultural e indudablemente habría atraído mucho más a las posteriores olas de pueblos de la Mesopotamia que inundaron Turquestán y desde allí se desplazaron hacia el norte para Europa.

3. LA INDIA DRAVIDIANA

La mezcla de los conquistadores anditas de la India con el linaje nativo dio como resultado, a la larga, a esos pueblos entremezclados que han sido llamados dravidianos. Los primitivos y más puros dravidianos poseían una gran capacidad para los logros culturales, que se fue debilitando continuamente a medida que su herencia andita se iba atenuando progresivamente. Esto fue lo que llevó a la destrucción el brote de civilización de la India hace casi doce mil años. Pero, aun la infusión de esta pequeña cantidad de sangre de Adán produjo un marcado avance en el desarrollo social. Este linaje compuesto produjo inmediatamente la civilización más versátil de las que por entonces existían en la tierra.

No mucho después de la conquista de la India, los anditas dravidianos perdieron su contacto racial y cultural con la Mesopotamia, pero más adelante la apertura de líneas marítimas y las rutas de las caravanas permitieron reanudar estas conexiones, y en los últimos diez mil años, la India no ha estado nunca totalmente aislada de la Mesopotamia en el oeste y China en el este, aunque las barreras montañosas favorecieron grandemente un mayor contacto con el oeste.

La cultura superior y las tendencias religiosas de los pueblos de la India provienen de los tiempos primitivos de la dominación dravidiana y se deben, en parte al hecho de que tantos sacerdotes setitas llegaran a la India tanto con la primitiva invasión andita como con la más reciente invasión aria. Por eso el hilo ininterrumpido de monoteísmo a través de la historia de la India surgió de las enseñanzas de los adanitas en el segundo jardín.

Ya en el año 16.000 a. de J.C. una sociedad de cien sacerdotes setitas penetró la India y estuvo a punto de realizar la conquista religiosa de la mitad occidental de este pueblo políglota. Pero su religión no persistió. En cinco mil años sus doctrinas sobre la Trinidad del Paraíso decayeron en el símbolo triple del dios del fuego.

Pero, durante más de siete mil años desde el fin de las migraciones anditas, el nivel religioso de los habitantes de la India fue muy superior al promedio del mundo. Durante estos tiempos, la India prometía producir la principal civilización cultural, religiosa, filosófica y comercial del mundo. Si los anditas no hubiesen sido totalmente sumidos en la miseria por los pueblos del sur, este destino probablemente se habría concretado.

Los centros culturales dravidianos estaban situados en los valles de los ríos, principalmente del Indo y del Ganges, y en el Dekán junto a los tres grandes ríos que fluyen a través de los Ghates del este hacia el mar. Las colonias a lo largo de la costa de los Ghates occidentales les debían su prominencia a los intercambios marítimos con Sumeria.

Los dravidianos figuran entre los primeros pueblos en construir ciudades y dedicarse a un vasto comercio de importaciones y exportaciones, tanto por tierra como por mar. Ya para el año 7000 a. de J.C. las caravanas de camellos viajaban en forma regular a la distante Mesopotamia. La marina de los dravidianos se aventuraba hacia las ciudades sumerias del Golfo Pérsico por el mar Arábigo y navegaba las aguas del Golfo de Bengala hasta las Indias Orientales. Estos navegantes y mercaderes importaron de Sumeria un alfabeto y el arte de escribir.

Estas relaciones comerciales contribuyeron enormemente a una diversificación adicional de esta cultura cosmopolita, que se manifestó en una aparición precoz de muchos de los refinamientos, y aun lujos, de la vida urbana. Cuando los arios más recientes llegaron a la India no reconocieron en los dravidianos a sus primos anditas ya entremezclados con las razas sangik, pero sí descubrieron allí una civilización avanzada. A pesar de sus limitaciones biológicas, los dravidianos fundaron una civilización superior que se difundió por toda la India y que ha sobrevivido hasta los tiempos modernos en el Dekán.

4. LA INVASIÓN ARIA DE LA INDIA

La segunda penetración andita a la India fue la invasión aria durante un período de casi quinientos años a mediados del tercer milenio a. de J.C. La migración marcó el éxodo final de los anditas de sus tierras natales del Turquestán.

Los primeros centros arios estaban esparcidos en la mitad septentrional de la India, particularmente en el noroeste. Estos invasores no llegaron a completar la conquista del país, y posteriormente fueron destruidos como consecuencia de ello debido a su número inferior, lo que los volvió vulnerables a la absorción de los dravidianos del sur, quienes posteriormente invadieron la entera península con excepción de las provincias del Himalaya.

Los arios dejaron una escasa marca racial en la India, excepto en las provincias del norte. En el Dekán, su influencia fue más cultural y religiosa que racial. La mayor persistencia de la llamada sangre aria en el norte de la India se debe no sólo a su presencia en mayor número en estas regiones sino al hecho de que esa presencia fue reforzada por conquistadores, mercaderes y misioneros más recientes. Hasta el primer siglo a. de J.C. hubo una continua infiltración de sangre aria en la región del Pendjab, siendo el último influjo en forma de las campañas de los pueblos helénicos.

En las llanuras del Ganges, a la larga, los arios y los dravidianos se mezclaron produciendo una cultura elevada, y este centro fue reforzado posteriormente por contribuciones del noreste provenientes de la China.

Muchos tipos de organizaciones sociales florecieron esporádicamente en la India desde los sistemas semidemocráticos de los arios hasta formas de gobierno despóticas y monárquicas. Pero la característica más notable de la sociedad fue la persistencia de las grandes castas sociales que fueron instituidas por los arios en un empeño por perpetuar la identidad racial. Este complicado sistema de castas ha sido preservado desde entonces hasta el tiempo presente.

Las cuatro grandes castas existentes, con excepción de la primera, fueron creadas con la fútil intención de impedir la amalgama racial de los conquistadores arios con sus inferiores sometidos. Pero la casta principal, la de los sacerdotes-maestros, surgió de los setitas. Los brahmines del siglo veinte d. de J.C. son los descendientes culturales directos de los sacerdotes del segundo jardín, aunque sus enseñanzas difieren muchísimo de las de sus ilustres predecesores.

Cuando los arios penetraron en la India llevaban consigo sus conceptos de Deidad, preservados en lo que quedaba de las tradiciones de la religión del segundo jardín. Pero los sacerdotes brahmines no supieron resistir el ímpetu pagano fomentado por contacto repentino con las religiones inferiores del Dekán tras el arrasamiento racial de los arios. Así pues, la vasta mayoría de la población cayó en el cautiverio de las esclavizantes supersticiones de las religiones inferiores; y de esa manera resultó que la India fracasó en producir la elevada civilización que se vislumbrara en épocas anteriores.

El despertar espiritual del siglo sexto antes de Cristo no perduró en la India, habiéndose extinguido aun antes de la invasión mahometana. Pero algún día surgirá tal vez un Gautama más importante que conducirá a la India entera en búsqueda del Dios viviente, y entonces el mundo podrá presenciar el florecimiento de las potencialidades culturales de un pueblo versátil que por tanto tiempo permanece comatoso bajo la paralizante influencia de una visión espiritual sin progresión.

La cultura descansa sobre una base biológica, pero las castas por sí solas no pueden perpetuar la cultura aria, pues la religión, la verdadera religión, es la fuente indispensable de esa energía más elevada que impulsa a los hombres a establecer una civilización superior basada en la fraternidad humana.

5. EL HOMBRE ROJO Y EL HOMBRE AMARILLO

La historia de la India es la historia de la conquista andita y la consiguiente sumersion de los anditas en los pueblos evolucionarios más antiguos; la historia del Asia oriental en general es la historia de los sangiks primarios, particularmente el hombre rojo y el hombre amarillo. Estas dos razas evitaron casi en su totalidad la mezcla con el degradado linaje neandertal, que fue el que retardó enormemente al hombre azul en Europa, preservando de este modo el potencial superior del tipo sangik primario.

Los primeros hombres de Neandertal se diseminaron por toda Eurasia, pero el ala oriental era la más contaminada con los degradados linajes animales. Estos tipos subhumanos fueron desplazados hacia el sur por el quinto glaciar, la misma capa de hielo que por mucho tiempo bloqueó la migración sangik hacia el este en Asia. Y cuando el hombre rojo se dirigió hacia el noreste bordeando las tierras altas de la India, halló el noreste de Asia libre de esta especie subhumana. La organización tribal de las razas rojas se formó antes que la de cualquier otro pueblo, y fueron los primeros en emigrar del centro sangik de Asia central. Los linajes inferiores del hombre de Neandertal fueron destruidos o desplazados del territorio continental por las posteriores migraciones de las tribus amarillas. Pero el hombre rojo había reinado en forma suprema en el este de Asia durante casi cien mil años antes de que llegaran las tribus amarillas.

Hace más de trescientos mil años el grupo principal de la raza amarilla invadió a la China desde el sur, como emigrantes costeros. Cada milenio fueron penetrando más y más en el continente, pero no establecieron contacto con sus hermanos tibetanos hasta tiempos relativamente recientes.

La creciente presión de la población ocasionó que la raza amarilla en su desplazamiento hacia el norte, comenzó a penetrar en los territorios de caza del hombre rojo. Esta usurpación, unida al natural antagonismo racial, culminó en hostilidades, cada vez más graves, y de este modo comenzó la crucial lucha por las tierras fértiles del Asia más lejana.

El relato de esta contienda de una entera época entre las razas roja y amarilla es una epopeya de la historia de Urantia. Durante más de doscientos mil años estas dos razas superiores libraron una encarnizada e infatigable guerra. En las primeras luchas, vencieron generalmente las razas rojas y sus incursiones causaron estragos entre las colonias amarillas. Pero el hombre amarillo era un alumno aventajado en las destrezas de la guerra, y rápidamente manifestó una marcada habilidad para vivir pacíficamente con sus compatriotas. Los chinos fueron los primeros en aprender que en la unión está la fuerza. Las tribus rojas continuaron con sus graves conflictos de aniquilación mutua y comenzaron a sufrir repetidas derrotas a manos de los agresivos e implacables chinos, que continuaron su inexorable marcha hacia el norte.

Hace cien mil años las diezmadas tribus de la raza roja se batían en retirada hacia los hielos del último glaciar, y cuando el pasaje de tierra hacia el este, sobre el Estrecho de Bering, se hizo transitable, estas tribus no tardaron en abandonar las inhospitalarias costas del continente asiático. Han transcurrido ochenta y cinco mil años desde el momento en que el último hombre rojo puro partió de Asia, pero la prolongada lucha dejó sus huellas genéticas sobre la victoriosa raza amarilla. Los pueblos chinos del norte, junto a los siberianos andonitas, asimilaron una importante cantidad del sangre roja y con ello se beneficiaron considerablemente.

Los indios de Norteamérica nunca llegaron a tomar contacto siquiera con los vástagos anditas de Adán y Eva, ya que fueron desposeídos de su tierra natal asiática unos cincuenta mil años antes de la llegada de Adán. Durante la época de las migraciones anditas los linajes puros rojos se estaban diseminando por Norteamérica como tribus nómades y cazadoras que practicaban la agricultura en menor grado. Estas razas y grupos culturales permanecieron en un aislamiento casi total del resto del mundo desde su llegada a las Américas hasta el fin del primer milenio de la era cristiana, cuando fueron descubiertos por las razas blancas de Europa. Hasta ese momento los esquimales eran lo más parecido al hombre blanco que hasta entonces jamás había visto las norteñas tribus de hombres rojos.

Las razas roja y amarilla, son las únicas razas humanas que alcanzaron alguna vez un alto grado de civilización lejos de la influencia andita. El más antiguo centro cultural amerindio fue el de los Onamonalonton en California, pero ya por el año 35.000 a. de J.C. había desaparecido. En México, en Centroamérica y en las montañas de Sudamérica las ulteriores y más duraderas civilizaciones fueron fundadas por una raza predominantemente roja, pero que mostraba considerable cantidad de componentes de las razas amarilla, anaranjada y azul.

Estas civilizaciones fueron producto de la evolución de los sangik, aunque vestigios de la raza andita llegaron hasta el Perú. Con excepción de los esquimales en Norteamérica y unos pocos anditas polinesios en Sudamérica, los pueblos del hemisferio occidental no tuvieron contacto con el resto del mundo hasta el fin del primer milenio después de Cristo. En el plan original de los Melquisedek para el mejoramiento de las razas de Urantia se había estipulado que un millón de los descendientes directos y puros de Adán debían ir a mejorar al hombre rojo de las Américas.

6. LOS ALBORES DE LA CIVILIZACIÓN CHINA

Algún tiempo después de desplazar al hombre rojo hacia Norteamérica, los chinos en plena expansión desalojaron a los andonitas de los valles de los ríos del este de Asia obligándolos a retirarse hacia Siberia, al norte, y el Turquestán, al oeste; donde pronto entrarían en contacto con la cultura superior de los anditas.

En Birmania y en la península de Indochina las culturas de la India y de China se mezclaron y combinaron produciendo las sucesivas civilizaciones de esas regiones. Allí la desaparecida raza verde ha persistido en una proporción mayor que en cualquier otra parte del mundo.

Muchas razas diferentes ocuparon las islas del Pacífico. En general, las islas situadas al sur, que por ese entonces eran más extensas, estaban habitadas por pueblos que tenían altos porcentajes de sangre de las razas verde e índiga. Las islas situadas al norte estaban dominadas por los andonitas y más tarde por razas compuestas en grandes proporciones por linajes de las razas roja y amarilla. Los antepasados del pueblo japonés no fueron desplazados del territorio continental hasta el año 12.000 a. de J.C., cuando resultaron desalojados por un poderoso ataque en dirección a la costa del sur por las tribus norteñas chinas. Su éxodo final se debió no tanto a la presión del crecimiento de la población sino a la iniciativa de un cacique a quien llegaron a considerar un personaje divino.

Al igual que los pueblos de la India y el Levante, las victoriosas tribus de los hombres amarillos establecieron sus primeras bases a lo largo de las costas y en las márgenes de los ríos. A las colonias costeras les fue mal en los años posteriores debido a las inundaciones cada vez más frecuentes y el cambio de curso de las aguas de los ríos, que hicieron insostenible la situación de la ciudades ubicadas en las tierras bajas.

Hace veinte mil años los antepasados de los chinos habían construido una docena de primitivos centros de cultura y enseñanza, especialmente a lo largo de los ríos Amarillo y Changjiang [Azul o Yangtze]. Ahora esos centros comenzaban a ser reforzados con la llegada de un caudal constante de pueblos de mezcla superior que provenían de Xinjiang y del Tíbet. La migración desde el Tíbet hacia el valle del río Changjiang no se propagó tanto como en el norte, ni tampoco eran los centros tibetanos tan avanzados como aquellos de la cuenca del Tarim. Pero ambos movimientos llevaron consigo hacia el este y las colonias ribereñas cierta cantidad de sangre andita.

La superioridad de la antigua raza amarilla se debió a cuatro grandes factores:

1. *Genético*. A diferencia de sus primos azules en Europa, tanto la raza roja como la amarilla se habían salvado en gran medida de la mezcla con linajes humanos degradados. Los chinos norteños, ya mejorados con pequeñas cantidades de los superiores linajes rojo y andonita, pronto se beneficiarían con un considerable influjo de sangre andita. A los chinos del sur no les fue tan bien en este sentido, y sufrieron mucho las consecuencias de la absorción de la raza verde, y posteriormente fueron debilitados aún más por la infiltración de multitudes de pueblos inferiores que fueron expulsados de la India como consecuencia de la invasión andita-dravidiana. Hoy en día existe en China una notable diferencia entre las razas del norte y las del sur.

2. *Social*. La raza amarilla aprendió rápidamente el valor de la paz interna. Su pacifismo tanto contribuyó al aumento de la población que aseguró la diseminación de su civilización entre millones de personas. Desde el año 25.000 el 5000 a. de J.C. la civilización más masiva de Urantia se hallaba en el centro y en el norte de China. El hombre amarillo fue el primero en lograr una solidaridad racial y el primero en alcanzar una civilización cultural, social y política en gran escala.

Los chinos del año 15.000 a. de J.C. eran militaristas agresivos; no se habían debilitado por una excesiva reverencia al pasado y siendo menos de doce millones, constituían una compacta unidad con un lenguaje común. Durante esta época construyeron una verdadera nación, mucho más unida y homogénea que sus uniones políticas de tiempos históricos.

3. *Espiritual*. En la era de las migraciones anditas, los chinos constituían uno de los pueblos más espirituales de la tierra. La prolongada fidelidad a la adoración de la Verdad Única proclamada por Singlangton los mantuvo al frente de la mayoría de las otras razas. El estímulo de una religión progresiva y avanzada es frecuentemente un factor decisivo en el desarrollo cultural. Mientras la India languidecía, China avanzaba con ímpetu gracias al vigorizador estímulo de una religión en la que la verdad fue elevada como la Deidad suprema.

Esta adoración de la verdad estimulaba la investigación y la exploración intrépida de las leyes de la naturaleza y los potenciales de la humanidad. Aun los chinos de hace seis mil años seguían siendo entusiastas y enérgicos estudiantes en la búsqueda de la verdad.

4. *Geográfico*. China está protegida por las montañas hacia el oeste y por el Pacífico hacia el este. Solamente el norte está abierto a los ataques, y desde los días del hombre rojo hasta la llegada de los descendientes de los anditas más recientes, el norte no estuvo ocupado por razas agresivas.

De no haber sido por las barreras montañosas y la posterior decadencia de la cultura espiritual, la raza amarilla indudablemente habría atraído la mayor parte de la migración andita desde el Turquestán e indudablemente podría haber dominado rápidamente la civilización mundial.

7. LOS ANDITAS ENTRAN A LA CHINA

Hace unos quince mil años los anditas atravesaban en grandes números el paso de Ti Tao y se diseminaban por la parte superior del valle del río Amarillo entre las colonias chinas de Kansu. De allí penetraron en dirección este hasta Honan, donde estaban ubicadas las comunidades más progresistas. Esta infiltración desde el oeste fue aproximadamente mitad andonita y mitad andita.

Los centros culturales del norte ubicados a lo largo del río Amarillo habían sido siempre más progresistas que las colonias del sur sobre el río Changjiang. En unos pocos miles de años, después de la llegada de estos mortales superiores, si bien escasos en números, las colonias a lo largo del río Amarillo se adelantaron a las aldeas del río Changjiang alcanzando una avanzada posición en comparación con sus hermanos del sur, posición que aún mantienen.

No es que haya habido tantos anditas, ni que su cultura fuera tan superior, sino que la amalgama con ellos produjo un linaje más versátil. Los chinos del norte recibieron justamente suficiente sangre andita como para estimular ligeramente la innata capacidad de su mente, pero menos de lo que hubiera sido necesario para inspirarlos con la inquietud y curiosidad exploratoria tan características de las razas blancas del norte. Esta infusión limitada de herencia andita fue menos perturbadora para la estabilidad innata del tipo sangik.

Las olas más recientes de anditas llevaron consigo parte de los avances culturales de la Mesopotamia; esto es particularmente cierto respecto a las últimas olas de migración desde el oeste. Ellas mejoraron notablemente las prácticas económicas y educacionales de los chinos norteños, y aunque su influencia sobre las culturas religiosas de la raza amarilla fue efímera, sus posteriores descendientes contribuyeron en gran medida al subsiguiente despertar espiritual. Pero las tradiciones anditas de la belleza del Edén y Dalamatia tuvieron su influencia sobre las tradiciones chinas. Las primitivas leyendas chinas ubicaban «la tierra de los dioses» en el oeste.

El pueblo chino no comenzó a construir ciudades ni iniciarse en la producción de manufacturas hasta después del año 10.000 a. de J.C., tras los cambios climáticos en el Turquestán y la llegada de la última inmigración andita. La infusión de esta nueva sangre no agregó mucho a la civilización del hombre amarillo, pero sí estimuló un adicional y rápido desarrollo de las tendencias latentes de los superiores linajes chinos. Desde Honan hasta Chensi los potenciales de una civilización avanzada comenzaban a materializarse. Los trabajos en metales y todas las artes de manufacturas datan de aquellos días.

Las similitudes entre algunos de los métodos de los primitivos chinos y mesopotámicos sobre el cálculo del tiempo, la astronomía y la administración de gobierno se debieron a las relaciones comerciales entre estos dos centros situados remotamente. Los mercaderes chinos recorrían las rutas por tierra a través del Turquestán hacia la Mesopotamia aun en los días de los sumerios. Y no fue éste un intercambio unilateral, puesto que el valle del Eufrates se benefició considerablemente, así como también los pueblos de las llanuras del Ganges. Pero los cambios climáticos y las invasiones nómades del tercer milenio antes de Cristo redujeron considerablemente el volumen de comercio por los senderos de las caravanas en el Asia central.

8. La civilización china posterior

Mientras el hombre rojo sufrió las consecuencias de guerras excesivas, no sería completamente incorrecto decir que el desarrollo de la categoría de estado entre los chinos fue demorado por la escrupulosa conquista del Asia. Tenían ellos una gran tendencia a la solidaridad racial, pero ésta no llegó a desarrollarse apropiadamente porque faltaba el estímulo impulsor del constante peligro de una agresión exterior.

En cuanto se hubo completado la conquista del Asia oriental, el antiguo estado militar se fue desintegrando gradualmente, y las pasadas guerras fueron olvidadas. De las épicas luchas con la raza roja sólo persistió la vaga tradición de un antiguo enfrentamiento con los pueblos arqueros. Los chinos pronto se volcaron a la agricultura, lo que contribuyó aún más a fomentar sus tendencias pacíficas. Al mismo tiempo, el hecho de que la población indicaba una relación hombre-tierra muy por debajo de los requisitos agrícolas, contribuyó más aún al creciente carácter pacífico del país.

La conciencia de los logros pasados (un tanto menor actualmente), el conservadurismo de un pueblo abrumadoramente agrícola, y una muy bien desarrollada vida familiar dieron origen a la veneración de los antepasados, que culminó en la costumbre de honrar a los hombres del pasado casi hasta lindar con la adoración. Una actitud muy similar prevaleció entre las razas blancas en Europa durante unos quinientos años tras la desintegración de la civilización grecorromana.

La creencia y la adoración de la «Verdad Única» tal como era enseñada por Singlangton nunca dejó de existir completamente; pero, a medida que fue pasando el tiempo, la búsqueda de una nueva y más elevada verdad pasó a ser eclipsada por una creciente tendencia a venerar aquella que ya estaba establecida. Lentamente, el genio de la raza amarilla se desvió de lo que había sido la búsqueda de lo desconocido, hacia la preservación de lo conocido. Y ésta es la razón de la paralización de lo que había sido la civilización de más rápido progreso en el mundo.

Entre los años 4000 y 500 a. de J.C. se consumó la reunificación política de la raza amarilla, pero la unión cultural de los centros de los ríos Amarillo y el Changjiang ya había sido lograda. Esta reunificación política de los últimos grupos tribales no se produjo sin conflictos, pero el concepto guerrero permaneció desprestigiado en la sociedad. El culto de los antepasados, el aumento de los dialectos y la falta de acción militar durante miles y miles de años hicieron de éste un pueblo ultrapacífico.

A pesar de fracasar en el cumplimiento de la promesa del desarrollo precoz de un estado avanzado, la raza amarilla avanzó progresivamente en la realización de las artes de la civilización, especialmente en los campos de la agricultura y la horticultura. Los problemas hidromecánicos enfrentados por los agricultores en Chensi y Honan demandaron la cooperación de los grupos para su solución. Esas dificultades de riego y de conservación de los suelos contribuyeron, no en pequeña medida, al desarrollo de una interdependencia entre los agricultores con la consiguiente promoción de la paz entre esos grupos.

Pronto el desarrollo ulterior de la escritura, conjuntamente con el establecimiento de escuelas, contribuyeron a la diseminación del conocimiento en escala sin precedentes. Pero la engorrosa naturaleza del sistema de escritura ideográfica impuso una limitación numérica a las clases cultas, a pesar de la temprana aparición de la imprenta. Y por sobre todas las cosas, el proceso de normalización social y la dogmatización religioso-filosófica continuó. El desarrollo religioso del culto de los antepasados pasó a ser aun más complicado debido a una inundación de supersticiones que presuponían la adoración de la naturaleza, pero persistieron vestigios de un real concepto de Dios en la adoración imperial de Shang-ti.

La gran debilidad de la veneración de los antepasados consiste en que ésta promueve una filosofía de visión retrógrada. Aunque sea prudente recoger sabiduría del pasado, es un desatino considerar el pasado como la única fuente de la verdad. La verdad es relativa y extensible, siempre vive en el presente logrando nuevas expresiones en cada generación de hombres, aun en cada vida humana.

La gran fuerza de la veneración de los antepasados es el valor que esa actitud confiere a la familia. La sorprendente estabilidad y persistencia de la cultura china es una consecuencia de la suprema posición otorgada a la familia, ya que la civilización es directamente dependiente del funcionamiento efectivo de la familia. Y en la China la familia llegó a tener una importancia social, aun una significación religiosa, que muy pocos pueblos han sabido alcanzar.

La devoción filial y la lealtad familiar impuestas por el creciente culto de la adoración a los antepasados aseguró el establecimiento de relaciones familiares superiores y de perdurables grupos familiares, todo lo cual facilitó los siguientes factores en la preservación de la civilización:

1. Conservación de la propiedad y riqueza.

2. El compartir las experiencias de más de una generación.

3. Educación eficiente de los niños en las artes y ciencias del pasado.

4. Desarrollo de un fuerte sentido del deber, el realzamiento de la moralidad y el aumento de la sensibilidad ética.

El período formativo de la civilización china, que comienza con la llegada de los anditas, continúa hasta el gran despertar ético, moral y semirreligioso del siglo sexto antes de Cristo. Y la tradición china conserva el confuso registro del pasado evolucionario; la transición de la familia materna a la familia paterna, el establecimiento de la agricultura, el desarrollo de la arquitectura, la iniciación de la industria —todos ellos se narran sucesivamente. Esta historia presenta, con mayor precisión que cualquier otro relato similar, la imagen del magnífico ascenso de un pueblo superior a partir de los niveles de la barbarie. Durante este período pasaron de una sociedad agrícola primitiva a una más elevada organización social, abarcando ciudades, manufacturas, trabajos con metales, intercambio comercial, gobierno, escritura, matemáticas, arte, ciencias e imprenta.

Así pues la antigua civilización de la raza amarilla ha perdurado a través de los siglos. Han transcurrido casi cuarenta mil años desde que se produjeron los primeros avances importantes en la cultura china. A pesar de los muchos retrocesos, la civilización de los hijos de Han sigue siendo la que más se acerca a un cuadro de progreso continuo e ininterrumpido que llega directamente hasta el siglo veinte. Los desarrollos religiosos y mecánicos de las razas blancas han sido de alto orden, pero no han superado nunca a los chinos en lealtad familiar, ética de grupo o moralidad personal.

Esta antigua cultura ha contribuido mucho a la felicidad humana; millones de seres humanos han vivido y muerto, bendecidos por sus logros. Durante siglos esta gran civilización ha descansado sobre los laureles del pasado, pero ya está volviendo a despertar para visualizar otra vez los trascendentales objetivos de la existencia mortal, enfrentando nuevamente la infatigable lucha por el progreso sin fin.

[Presentado por un Arcángel de Nebadon.]

DOCUMENTO 80

LA EXPANSIÓN ANDITA EN EL OCCIDENTE

AUNQUE el hombre azul europeo no alcanzó por sí mismo una gran civilización cultural, proveyó sin embargo los cimientos biológicos que, cuando sus cepas adanizadas se mezclaron con los posteriores invasores anditas, produjo una de las razas más poderosas dando una civilización agresiva que no había aparecido jamás en Urantia desde los tiempos de la raza violeta y de sus sucesores anditas.

Las razas blancas modernas incorporan las cepas sobrevivientes de la raza adánica que se mezcló con las razas sangik, cierta cantidad de roja y amarilla pero más particularmente la sangre azul. Existe un porcentaje considerable de sangre andonita original en todas las razas blancas y aún más de las primeras cepas noditas.

1. LOS ADANITAS ENTRAN EN EUROPA

Antes de que los últimos anditas fueran expulsados del valle del Eufrates, muchos de sus hermanos habían penetrado en Europa como aventureros, maestros, comerciantes y guerreros. Durante los primeros días de la raza violeta la cuenca mediterránea estaba protegida por el istmo de Gibraltar y por el puente terrestre siciliano. Cierta parte del más primitivo comercio marítimo humano se estableció en estos lagos interiores, donde los hombres azules del norte y los saharianos del sur se toparon con los noditas y los adanitas del este.

En la parte oriental del Mediterráneo los noditas habían establecido una de sus culturas más amplias y desde estos centros habían penetrado hasta cierto punto en el sur de Europa pero más específicamente en el norte de África. Los sirios nodita-andonitas de cabezas amplias habían introducido tempranamente la alfarería y la agricultura en relación con sus asentamientos en el delta del Nilo, que se estaba elevando lentamente. También importaron ovejas, cabras, ganado y otros animales domésticos e introdujeron métodos altamente mejorados de metalurgia, puesto que Siria era por entonces el centro de esa industria.

Por más de treinta mil años Egipto recibió un caudal constante de los mesopotamios, quienes trajeron con ellos su arte y cultura para enriquecer la del valle del Nilo. Pero el ingreso de amplios números de gentes del Sahara deterioró grandemente la antigua civilización a lo largo del Nilo, de manera que Egipto llegó a su nivel cultural más bajo unos quince mil años atrás.

Sin embargo, durante los primeros tiempos poco existía que dificultara la migración de los adanitas hacia el oeste. El Sahara era tierra de pastoreo abierta y poblada de pastores y agricultores. Estos saharianos no se ocupaban de manufacturar artículos, tampoco construían ciudades. Constituían un grupo índigo-negro que llevaba cepas cuantiosas de las extintas razas verde y anaranjada. Pero recibieron una cantidad muy limitada de herencia violeta antes de que el sublevamiento de las tierras y el cambio de los vientos cargados de humedad dispersaran los restos de esta próspera y pacífica civilización.

La sangre de Adán ha sido compartida por la mayoría de las razas humanas, pero algunas recibieron más que otras. Las razas mezcladas de la India y las gentes más oscuras de África no eran atractivas para los adanitas. Éstos se hubieran mezclado libremente con el hombre rojo si no hubiere estado éste tan alejado en las Américas, y estaban bien dispuestos hacia el hombre amarillo, pero éste estaba del mismo modo difícilmente accesible en la remota Asia. Por consiguiente, cuando los impulsaba o la aventura o el altruismo, o cuando fueron expulsados del valle del Eufrates, muy naturalmente optaron por la unión con las razas azules de Europa.

Los hombres azules, que por aquel entonces dominaban en Europa, no poseían prácticas religiosas que fuesen repulsivas a los primitivos adanitas migratorios, y había gran atracción sexual entre la raza violeta y la raza azul. Los mejores hombres azules consideraban un gran honor que se les permitiese casarse con los adanitas. Todo hombre azul tenía la ambición de volverse tan hábil y artístico como para ganar el afecto de una mujer adanita, y era la mayor aspiración de las mujeres azules superiores recibir las atenciones de un adanita.

Lentamente estos hijos migratorios del Edén se unieron con los tipos más altos de la raza azul, vigorizando las prácticas culturales de éstos mientras que exterminaban al mismo tiempo sin compasión los restos de las cepas de la raza neandertal. Esta técnica de mezcla de razas combinada con la eliminación de las cepas inferiores, produjo una docena o más de grupos viriles y progresivos de hombres azules superiores, uno de los cuales habéis denominado los cromagnones.

Por estas y otras razones, no siendo la menos importante la que favoreció los caminos migratorios, las primitivas olas de cultura mesopotámica se abrieron paso casi exclusivamente en Europa. Éstas fueron las circunstancias que determinaron los antecedentes de la moderna civilización europea.

2. LOS CAMBIOS CLIMÁTICOS Y GEOLÓGICOS

La primitiva expansión de la raza violeta en Europa fue interrumpida por ciertos cambios climáticos y geológicos relativamente repentinos. Con el retiro de los hielos del norte los vientos cargados de agua del oeste cambiaron dirección hacia el norte, tornándose así gradualmente las grandes regiones abiertas de pastoreo del Sahara en un desierto desnudo. Esta sequía dispersó a los moradores más pequeños, morenos de ojos negros y cabezas alargadas, que habitaran la gran llanura del Sahara.

Los elementos índigos más puros se trasladaron hacia el sur a los bosques de África central, donde permanecieron desde entonces. Los grupos más mezclados se dispersaron en tres direcciones: las tribus superiores del oeste migraron a España y de allí a las zonas adyacentes de Europa, formando el núcleo de las futuras razas mediterráneas de cabeza alargada y color atezado. El grupo menos progresista del este de la llanura del Sahara emigró a Arabia y de allí a través de la Mesopotamia del norte y de la India al lejano Ceilán. El grupo central se trasladó al norte y al este del valle del Nilo y penetró en Palestina.

Es este substrato sangik secundario que sugiere cierto grado de parentesco entre los pueblos modernos que se encuentran en el Dekán, a través de Irán, Mesopotamia yambas orillas del mar Mediterráneo.

Por las épocas de estos cambios climáticos en África, Inglaterra se separó del continente, y Dinamarca emergió del mar, mientras que el istmo de Gibraltar, que protegía la cuenca occidental del Mediterráneo, cayó como resultado de un terremoto, de manera que este lago interior se elevó rápidamente al nivel del Océano Atlántico. Acto seguido se sumergió el puente terrestre siciliano, creando de esta manera un solo Mar Mediterráneo y conectándolo con el Océano Atlántico. Este cataclismo de la naturaleza inundó decenas de asentamientos humanos y ocasionó la mayor pérdida de vidas por inundación de la entera historia del mundo.

Esta inundación de la cuenca del Mediterráneo limitó inmediatamente los movimientos de los adanitas hacia el oeste, mientras que el gran influjo de saharianos los llevó a buscar salidas para su población en aumento hacia el norte y el este de Edén. A medida que los descendientes de Adán se trasladaban hacia el norte desde los valles del Tigris y del Eufrates, se encontraron con barreras montañosas y con el por entonces más expandido Mar Caspio. Y durante muchas generaciones los adanitas cazaron, atendieron sus rebaños y trabajaron la tierra alrededor de sus asentamientos desparramados por todo Turquestán. Lentamente este pueblo magnífico amplió su territorio hacia Europa. Pero ahora los adanitas penetran a Europa desde el este y se encuentran con la cultura del hombre azul, miles de años más primitiva que la de Asia puesto que esta región ha estado casi enteramente aislada de la Mesopotamia.

3. EL HOMBRE AZUL CRO-MAGNOIDE

Los antiguos centros de la cultura del hombre azul estaban ubicados a lo largo de todos los ríos de Europa, pero tan sólo el Somme fluye ahora en el mismo curso que seguía antes de los tiempos glaciales.

Aunque hablamos del hombre azul diseminado por el continente europeo, había docenas de tipos raciales. Aun hace treinta y cinco mil años las razas azules europeas ya estaban altamente mezcladas y llevaban en su sangre tanto cepas rojas como amarillas, mientras que en las costas atlánticas y en las regiones correspondientes presentemente a Rusia habían absorbido una cantidad considerable de sangre andonita y hacia el sur estaban en contacto con los pueblos saharianos. Pero sería estéril intentar enumerar los muchos grupos raciales.

La civilización europea de este primitivo período postadánico era una mezcla única del vigor y el arte de los hombres azules con la imaginación creadora de los adanitas. Los hombres azules eran una raza de gran vigor, pero deterioraron considerablemente el estado cultural y espiritual de los adanitas. Para estos últimos fue sumamente difícil inculcar su religión a los cro-magnoides debido a la tendencia de tantos de ellos de engañar y seducir a las doncellas. Por diez mil años la religión en Europa se mantuvo a nivel muy bajo en comparación con el desarrollo en la India y en Egipto.

Los hombres azules eran perfectamente honestos en todas sus negociaciones y estaban totalmente libres de los vicios sexuales de los adanitas mezclados. Respetaban la virginidad, y tan sólo practicaban la poligamia cuando la guerra producía escasez de varones.

Los pueblos cro-magnoides eran una raza valiente y con visión. Poseían un eficiente sistema de puericultura. Ambos padres participaban en estas tareas, y los hijos mayores colaboraban plenamente. Todos los niños aprendían el cuidado de las cuevas, las artes y el trabajo en piedra. A temprana edad, las mujeres eran expertas en las artes domésticas y la agricultura primitiva, mientras que los hombres eran hábiles cazadores y guerreros intrépidos.

Los hombres azules eran cazadores, pescadores y recolectores de alimento; eran expertos constructores de barcas. Fabricaban hachas de piedra, talaban los árboles, erigían cabañas de troncos, parcialmente subterráneas y con techos de cuero. Aún existen pueblos que construyen cabañas similares en Siberia. Los cro-magnoides del sur generalmente vivían en cuevas y grutas.

No era inaudito durante los rigores del invierno que sus centinelas en vigía nocturna junto a la entrada de las cuevas se murieran congelados. Eran valerosos, pero por sobre todas las cosas eran artistas; la mezcla adánica de pronto aceleró la imaginación creadora. El máximo del arte del hombre azul se produjo alrededor de quince mil años atrás, antes de los días en que las razas de tez más oscura llegaran al norte desde África a través de España.

Alrededor de quince mil años atrás los bosques alpinos se estaban expandiendo ampliamente. Los cazadores europeos estaban siendo empujados hacia los valles fluviales y las costas del mar por las mismas dificultades climáticas que habían tornado los otrora felices terrenos de caza del mundo en desiertos áridos y secos. A medida que los vientos de lluvia cambiaban dirección hacia el norte, las grandes llanuras de pastura de Europa se fueron cubriendo de bosques. Estas grandes modificaciones climáticas y relativamente repentinas obligaron a las razas de Europa a cambiar sus actividades, de la caza en espacios abiertos, al pastoreo, y hasta cierto punto, la pesca y la agricultura.

Estos cambios, aunque arrojaron avances culturales, produjeron ciertas regresiones biológicas. Durante la era cazadora previa las tribus superiores se habían entremezclado con los tipos más altos de prisioneros de guerra e invariablemente habían destruido a aquellos a quienes consideraban inferiores. Pero a medida que comenzaron a establecer asentamientos y a ocuparse de la agricultura y del comercio, comenzaron a conservar a muchos prisioneros mediocres como esclavos. Y la progenie de estos esclavos fue la que luego tan considerablemente deterioró a la cepa cro-magnona. Esta regresión de la cultura continuó hasta recibir ésta un nuevo impulso del este cuando se produjo la invasión final en masa de la Mesopotamia a través de toda Europa, la cual absorbió rápidamente al tipo y cultura cro-magnona y dio inicio a la civilización de las razas blancas.

4. LAS INVASIONES ANDITAS EN EUROPA

Aunque los anditas fueron penetrando en Europa en un caudal constante, hubo siete invasiones principales, siendo las últimas de caballería, en tres grandes olas. Algunas penetraron en Europa por las islas del Egeo y remontando el valle del Danubio, pero la mayoría de las cepas más primitivas y más puras emigraron a Europa noroccidental por el camino del norte a través de las tierras de pastoreo del Volga y del Don.

Entre la tercera y la cuarta invasión una horda de andonitas penetró en Europa desde el norte, proveniente de Siberia por el camino de los ríos rusos y del Báltico. Fueron inmediatamente asimilados por las tribus norteñas anditas.

Las expansiones primitivas de la raza violeta más pura fueron mucho más pacíficas que las de sus descendientes posteriores anditas, un tanto militaristas y amantes de la conquista. Los adanitas eran pacíficos. Los noditas eran belicosos. La unión de estas cepas, tal como se mezcló más adelante con las razas sangik, produjo a los hábiles y agresivos anditas que efectivamente hicieron conquistas militares.

Pero el caballo fue el factor evolucionario que determinó el dominio de los anditas en el occidente. El caballo proporcionó a los anditas en dispersión la ventaja hasta ese momento inexistente de la movilidad, permitiendo a los últimos grupos de caballeros anditas progresar rápidamente por alrededor del Mar Caspio hasta dominar a toda Europa. Todas las olas anteriores de anditas se habían desplazado tan lentamente que tendían a desintegrarse a medida que se iban alejando de la Mesopotamia. Pero estas olas posteriores se desplazaron tan rápidamente que pudieron llegar a Europa en grupos cohesivos, que aún mantenían cierta medida de cultura superior.

La totalidad del mundo habitado, fuera de China y de la región del Eufrates, había hecho muy poco progreso cultural durante diez mil años, cuando hicieron su aparición los jinetes vigorosos anditas en el sexto y séptimo milenio antes de Cristo. A medida que se iban desplazando hacia el oeste a través de las planicies rusas, absorbiendo lo mejor del hombre azul y exterminando lo peor, se fueron mezclando hasta producir un solo pueblo. Éstos fueron los antepasados de las así llamadas razas nórdicas, los precursores de los pueblos escandinavos, alemán y anglosajón.

No pasó mucho tiempo antes de que las cepas azules superiores fueran totalmente absorbidas por los anditas en toda Europa septentrional. Sólo en Laponia (y hasta cierto grado en Bretaña) mantuvieron los andonitas más antiguos una lejana semblanza de identidad.

5. LA CONQUISTA ANDITA DE EUROPA SEPTENTRIONAL

Las tribus de Europa septentrional estaban siendo reforzadas y elevadas constantemente por el caudal migratorio constante desde Mesopotamia a través de las regiones desde el Turquestán a la Rusia meridional, y cuando las últimas olas de la caballería andita sobrecogieron a Europa, ya había más hombres con herencia andita en esa región que en cualquier otra parte del mundo.

Durante tres mil años el centro militar de los anditas del norte estuvo en Dinamarca. Desde este punto central partieron las olas sucesivas de conquista, que se iban volviendo cada vez menos anditas y cada vez más blancas a medida que el paso de los siglos presenciaba la unión final de los conquistadores mesopotámicos con los pueblos conquistados.

Aunque el hombre azul había sido absorbido en el norte y eventualmente sucumbió a los conquistadores de la caballería blanca que penetraban hacia el sur, las tribus en avance de la raza blanca mezclada se encontraron con resistencia obstinada y prolongada de los cro-magnones, pero una inteligencia superior y reservas biológicas en constante aumento le permitieron eliminar por completo a esta raza más antigua.

Las luchas decisivas entre el hombre blanco y el hombre azul fueron batalladas en el valle del Somme. Aquí, la flor y nata de la raza azul luchó implacablemente contra los anditas en avance hacia el sur, y por más de quinientos años estos cro-magnoides defendieron con éxito su territorio antes de sucumbir a la estrategia militar superior de los invasores blancos. Thor, el victorioso comandante de los ejércitos del norte en la batalla final del Somme, se tornó el héroe de las tribus blancas septentrionales y más adelante fue reverenciado como un dios por algunos de ellos.

Los fuertes del hombre azul que más perduraron estaban ubicados en el sur de Francia, pero la última gran resistencia militar fue superada a lo largo del Somme. La conquista posterior progresó por penetración comercial, presión de la población a lo largo de los ríos y matrimonio con los seres superiores, combinado con la exterminación despiadada de los inferiores.

Cuando el consejo tribal de los ancianos anditas juzgaba inadecuado a un prisionero inferior éste era entregado, mediante una ceremonia elaborada, a los sacerdotes shamán, quienes le conducían al río y administraban los ritos de iniciación a los «felices campos de caza» —ahogo letal. De esta manera los invasores blancos de Europa exterminaron todos los pueblos con quienes se encontraron que no fueron absorbidos rápidamente en sus propias filas, y de este modo el hombre azul llegó —y llegó rápidamente— a su fin.

El hombre azul cro-magnoide constituyó los cimientos biológicos de las razas europeas modernas, pero sobrevivió tan sólo el aspecto absorbido por los conquistadores viriles posteriores de sus tierras. La cepa azul contribuyó muchos rasgos robustos y mucho vigor físico a las razas blancas de Europa, pero el humor y la imaginación de los pueblos mezclados europeos se derivaron de los anditas. Esta unión andita y azul, que produjo las razas blancas septentrionales, estribó en una laguna inmediata en la civilización andita, un retardo de naturaleza transitoria. Finalmente la superioridad latente de estos bárbaros norteños se manifestó y culminó en la civilización europea de hoy día.

Hacia 5000 a. de J.C. las razas blancas en evolución dominaban a lo largo y a lo ancho de Europa septentrional, incluyendo el norte de Alemania, el norte de Francia y las Islas Británicas. Europa central estuvo durante cierto tiempo controlada por el hombre azul y por los andonitas de cabeza redonda. Estos últimos estaban principalmente ubicados en el valle del Danubio y no fueron nunca enteramente desplazados por los anditas.

6. Los anditas a lo largo del Nilo

Desde los tiempos de las migraciones terminales anditas, la cultura decayó en el valle del Eufrates, y el inmediato centro de la civilización se trasladó al valle del Nilo. Egipto se tornó el sucesor de la Mesopotamia como centro del grupo más avanzado en la tierra.

El valle del Nilo comenzó a sufrir inundaciones poco antes de que éstas ocurrieran en los valles de la Mesopotamia, pero en esto le fue mejor. Esta dificultad primitiva estuvo más que compensada por el caudal continuado de emigrantes anditas, de manera que la cultura de Egipto, aunque efectivamente derivada de la región del Eufrates, pareció progresar. Pero en el año 5000 a. de J.C., durante el período de las inundaciones de la Mesopotamia, había siete grupos distintos de seres humanos en Egipto; todos ellos, excepto uno, provenían de Mesopotamia.

Cuando ocurrió el último éxodo desde el valle del Eufrates, Egipto tuvo el afortunado privilegio de ganar a muchos de los mejores, más expertos artistas y artesanos. Estos artesanos anditas se encontraron muy cómodos puesto que conocían perfectamente la vida fluvial, sus inundaciones, el riego y las temporadas de sequía. Disfrutaron de la ubicación protegida del valle del Nilo; estaban mucho menos expuestos a ataques e invasiones hostiles que a lo largo del Eufrates. Y contribuyeron mucho a la habilidad metalúrgica de los egipcios. Aquí trabajaron el hierro que provenía del monte Sinaí en vez del mineral de las regiones del Mar Negro.

Los egipcios tempranamente reunieron sus deidades municipales en un elaborado sistema nacional de dioses. Desarrollaron una amplia teología y poseían un sacerdocio igualmente amplio pero engorroso. Varios líderes distintos intentaron revivir los restos de las antiguas enseñanzas religiosas de los setitas, pero estas empresas se quedaban efímeras. Los anditas construyeron las primeras estructuras de piedra en Egipto. La primera y la más exquisita de las pirámides de piedra fue erigida por Imhotep, un genio arquitectónico andita, a la sazón primer ministro. Los edificios anteriores habían sido construidos de ladrillo, y aunque muchas estructuras de piedra se habían erigido en diferentes partes del mundo, ésta fue la primera en Egipto. Pero el arte de la construcción fue declinando en forma continua desde los días de este gran arquitecto.

Esta época brillante de cultura fue interrumpida por las guerrillas internas a lo largo del Nilo, y pronto el país fue invadido, como lo había sido Mesopotamia, por las tribus inferiores provenientes de la Arabia inhóspita y por los negros del sur. Como resultado, el proceso social fue declinando en forma constante por más de quinientos años.

7. LOS ANDITAS DE LAS ISLAS MEDITERRÁNEAS

Durante la declinación de la cultura de Mesopotamia persistió por cierto tiempo una civilización superior en las islas del este del Mediterráneo.

Alrededor del año 12.000 a. de J.C. una brillante tribu de anditas migró a Creta. Fue ésta la única isla colonizada tan tempranamente por un grupo superior, y pasaron casi dos mil años antes de que los descendientes de estos marineros se expandieran a las islas vecinas. Este grupo estaba constituido por los anditas de cabeza angosta, de estatura más pequeña que se habían casado con la división vanita de los noditas del norte. Todos ellos medían menos de un metro ochenta de altura y habían sido literalmente expulsados del continente por sus camaradas más altos e inferiores. Estos emigrantes a Creta eran muy hábiles en tejiduría, metalurgia, alfarería, plomería y el uso de la piedra como material de construcción. Usaban la escritura y eran pastores y agricultores.

Casi dos mil años después de la colonización de Creta un grupo de los descendientes de Adansón de estatura alta se abrió camino a través de las islas del norte hasta Grecia, llegando allí casi directamente desde su tierra de origen al norte de la Mesopotamia. Estos progenitores de los griegos fueron conducidos hacia el occidente por Sato, un descendiente directo de Adansón y Ratta.

El grupo que finalmente se estableció en Grecia consistió en trescientos setenta y cinco de los ejemplares seleccionados y superiores que comprendían el fin de la segunda civilización de los adansonitas. Estos hijos más recientes de Adansón llevaban las cepas por entonces valiosísimas de las razas blancas en cierne. Eran de alto nivel intelectual y, desde el punto de vista físico, los hombres más hermosos desde los tiempos del primer Edén.

Finalmente Grecia y la región de las islas egeas sucedió a Mesopotamia y Egipto como centro occidental del comercio, el arte y la cultura. Pero tal como ocurrió en Egipto, nuevamente casi todo el arte y la ciencia del mundo egeo se derivaba de la Mesopotamia excepto la cultura de los antepasados adansonitas de los griegos. Todo el arte y el genio de este pueblo que surgió más adelante es herencia directa de la posteridad de Adansón, el primer hijo de Adán y Eva, y de su extraordinaria segunda esposa, una hija descendiente directa del puro linaje nodita del Príncipe Caligastia. No es de extrañar que los griegos tuvieran tradiciones mitológicas que remontaban su origen directamente a los dioses y seres sobrehumanos.

La región egea pasó por cinco etapas culturales distintas, cada una menos espiritual que la precedente, y antes de mucho tiempo la última era gloriosa del arte pereció bajo el peso de los descendientes mediocres en rápida multiplicación de los esclavos de la zona del Danubio que habían sido importados por las generaciones más recientes de griegos.

Fue durante esta etapa en Creta que el *culto de la madre* de los descendientes de Caín llegó a su apogeo. Este culto glorificaba a Eva en la adoración de la «gran madre». Había imágenes de Eva por doquier. Miles de templos públicos fueron erigidos a lo largo y a lo ancho de Creta y Asia Menor. Y este culto de la madre persistió hasta los tiempos de Cristo, siendo más tarde incorporado en la primitiva religión cristiana bajo el aspecto de la glorificación y adoración de María, la madre terrestre de Jesús.

Alrededor de 6500 a. de J.C. había habido una gran decadencia en la herencia espiritual de los anditas. Los descendientes de Adán estaban muy dispersados y habían sido virtualmente absorbidos dentro de las razas humanas más antiguas y más numerosas. Y esta decadencia de la civilización andita, juntamente con la desaparición de sus normas religiosas, dejó a las razas espiritualmente empobrecidas del mundo en un estado deplorable.

Por el año 5000 a. de J.C. las tres cepas más puras de los descendientes de Adán estaban en Sumeria, el norte de Europa y Grecia. Toda la Mesopotamia se iba deteriorando lentamente por el caudal de razas mezcladas y más oscuras que se infiltraban desde Arabia. La llegada de estos pueblos inferiores contribuyó aún más a la dispersión del residuo biológico y cultural de los anditas. De todo el Creciente Fértil [la zona fértil en el Levante] los pueblos más aventureros se dispersaron hacia el occidente a las islas. Estos emigrantes cultivaban tanto el grano como los vegetales, y llevaron consigo animales domésticos.

Alrededor del 5000 a. de J.C. unas poderosas huestes de progresivos mesopotamios abandonaron el valle del Eufrates y se establecieron en la isla de Chipre. Esta civilización fue eliminada unos dos mil años más tarde por las hordas bárbaras del norte.

Otra gran colonia se estableció en el Mediterráneo cerca de lo que más adelante fue Cartago. Y desde el norte de África grandes números de anditas entraron a España y más adelante se mezclaron en Suiza con sus hermanos que anteriormente habían ido a Italia desde las islas egeas.

Cuando Egipto siguió a Mesopotamia en la declinación cultural, muchas de las familias más capaces y avanzadas huyeron a Creta, aumentando considerablemente de esta manera esta civilización ya avanzada. Cuando la llegada de grupos inferiores desde Egipto, más adelante, amenazó la civilización de Creta, las familias más cultas se trasladaron hacia el oeste a Grecia.

Los griegos no sólo fueron grandes maestros y artistas, sino que fueron también los más grandes comerciantes y colonizadores del mundo. Antes de sucumbir al desbordamiento de inferioridad que finalmente envolvió su arte y comercio, consiguieron establecer tantas vanguardias de cultura hacia el oeste que muchos de los avances de la civilización griega primitiva persistieron en los pueblos posteriores del sur de Europa, y muchos descendientes mezclados de estos adansonitas se fueron incorporando a las tribus de las tierras adyacentes.

8. LOS ANDONITAS DEL VALLE DEL DANUBIO

Los pueblos anditas del valle del Eufrates emigraron al norte de Europa para mezclarse con los hombres azules y al oeste hacia las regiones mediterráneas para mezclarse con los restos de los saharianos ya mezclados, así como con los hombres azules del sur. Estas dos ramas de la raza blanca estaban, y están, ampliamente separados por los sobrevivientes de cabeza ancha de las montañas de las primeras tribus andonitas que por mucho tiempo habían habitado estas regiones centrales.

Estos descendientes de Andón estaban dispersados a lo largo de la mayoría de las regiones montañosas de Europa central y suroriental. Frecuentemente se vieron reforzados por influjos del Asia Menor, región que ocupaban con fuerza considerable. Los antiguos heteos descendieron directamente de la cepa andonita; su tez pálida y sus cabezas anchas eran típicas de esa raza. Esta cepa participó de la herencia de Abraham y contribuyó mucho al característico aspecto facial de sus descendientes judíos más recientes que, aunque tenían una cultura y religión derivadas de los anditas, hablaban un idioma muy distinto. Su lengua era claramente andonita.

Las tribus que vivían en casas erigidas sobre pilares o largueros de madera, en los lagos de Italia, Suiza y Europa del sur eran las estribaciones expansivas de las emigraciones africana, egea, y más específicamente del valle del Danubio.

Los danubianos eran andonitas, agricultores y pastores que habían penetrado en Europa a través de la península balcánica y que se iban trasladando lentamente hacia el norte a lo largo del valle del Danubio. Eran alfareros y trabajaban la tierra, y preferían vivir en los valles. El asentamiento más septentrional de los danubianos se encontraba en Liège, en Bélgica. Estas tribus se deterioraron rápidamente al desplazarse, alejándose del centro y fuente de su cultura. La mejor cerámica es el producto de estos asentamientos más primitivos.

Los danubianos se tornaron adoradores de la madre como resultado del trabajo de los misioneros de Creta. Estas tribus más adelante se amalgamaron con grupos de marineros andonitas que llegaron por barco desde la costa del Asia Menor, y que eran también adoradores a la madre. Así pues gran parte de Europa central fue establecida tempranamente por estos tipos mezclados de raza blanca de cabeza ancha que practicaban la adoración a la madre y el rito religioso de cremar a los muertos, porque era costumbre de los que tenían el culto a la madre cremar a sus muertos en cabañas de piedra.

9. LAS TRES RAZAS BLANCAS

Las mezclas raciales en Europa hacia el cierre de las emigraciones anditas se generalizaron en tres razas blancas como sigue:

1. *La raza blanca septentrional.* Esta así llamada raza nórdica consistía principalmente en el hombre azul más el andita pero también contenía una cantidad considerable de sangre andonita juntamente con cantidades más pequeñas de sangre sangik roja y amarilla. La raza blanca septentrional de este modo comprendía a estas cuatro cepas humanas más deseables. Pero la herencia mayor provenía del hombre azul. El nórdico primitivo típico tenía la cabeza alargada, era alto y rubio. Pero hace mucho tiempo que esta raza se mezcló considerablemente con todas las demás ramas de los pueblos blancos.

La cultura primitiva de Europa, con que se toparon los nórdicos invasores, era la de los danubios en retroceso mezclados con el hombre azul. La cultura nórdico-danesa y la cultura danubio-andonita se encontraron y se mezclaron en el Rin tal como está evidenciado por la existencia de dos grupos raciales en Alemania hoy en día.

Los nórdicos continuaron el comercio de ámbar desde la costa báltica, construyendo un gran intercambio con los habitantes de cabeza ancha del valle del Danubio a través del Paso Brennero. Este contacto considerable con los danubios llevó a estos habitantes septentrionales a la adoración de la madre, y durante varios miles de años la ceremonia de cremar a los muertos fue casi universal a lo largo y a lo ancho de Escandinavia. Esto explica por qué los restos de las primitivas razas blancas, aunque están enterrados por toda Europa, no se pueden encontrar —tan sólo se encuentran sus cenizas en urnas de piedra y arcilla. Estos hombres blancos también construían viviendas; nunca vivieron en cuevas. Nuevamente esto explica por qué hay tan pocas pruebas de la primitiva cultura del hombre blanco, a pesar de que el tipo anterior cromagnon está bien preservado allí donde ha sido sellado en forma segura en cuevas y grutas. Tal como aparece, existe en Europa septentrional un día una cultura primitiva de danubios en retroceso y del hombre azul y al día siguiente la del hombre blanco vastamente superior de aparición repentina.

2. *La raza blanca central.* Aunque este grupo incluye cepas del hombre azul, amarillo y andita, es predominantemente andonita. Estos pueblos son de cabeza ancha, atezados y robustos. Están impulsados de modo tal que forman como una cuña entre la raza nórdica y la raza mediterránea, con la base ancha que descansa en Asia y el vértice que penetra en el este de Francia.

Durante casi veinte mil años los andonitas habían sido empujados más y más lejos hacia el norte de Asia central por los anditas. Hacia el año 3000 a. de J.C. la aridez en aumento llevaba a estos andonitas de regreso a Turquestán. Este empuje andonita hacia el sur continuó por más de mil años y, separándose alrededor del Mar Caspio y del Mar Negro, penetraron en Europa tanto por los Balcanes como por Ucrania. Esta invasión incluyó a los restantes grupos de descendientes de Adansón y, durante la segunda mitad del período de invasión, llevó consigo a grandes números de anditas de Irán así como también a muchos de los descendientes de los sacerdotes setitas.

Para 2500 a. de J.C. el impulso hacia el oeste de los andonitas llegó a Europa. Y esta inundación de toda Mesopotamia, Asia Menor y la cuenca del Danubio por los bárbaros de las colinas de Turquestán constituyó el atraso cultural más grave y más duradero que ocurriera hasta ese momento. Estos invasores definitivamente andonizaron el carácter de las razas centroeuropeas, que desde ese momento se han mantenido característicamente alpinas.

3. *La raza blanca meridional.* Esta raza mediterránea morena consistió en una mezcla del hombre andita y del hombre azul, con una cepa menor andonita que en el norte. Este grupo también absorbió una cantidad considerable de sangre sangik secundaria a través de los saharianos. En tiempos posteriores esta división sureña de la raza blanca recibió la infusión de fuertes elementos anditas desde el este del Mediterráneo.

Las costas del Mediterráneo no fueron permeadas por los anditas sin embargo hasta los tiempos de las grandes invasiones nomádicas del 2500 a. de J.C.. El tráfico y el comercio terrestre estuvieron prácticamente suspendidos durante estos siglos cuando los nómades invadieron los distritos orientales mediterráneos. Esta interferencia con el viaje por tierra produjo la gran expansión del tráfico y comercio marítimos; el comercio marítimo por el Mediterráneo estaba en su apogeo unos cuatro mil quinientos años atrás. Este desarrollo del tráfico marítimo resultó en una expansión repentina de los descendientes de los anditas a lo largo y a lo ancho del entero territorio costero de la cuenca mediterránea.

Estas mezclas raciales sentaron los cimientos para la raza europea del sur, la más mezclada de todas. Y desde esos días esta raza ha sufrido aun otra mezcla, notablemente con las gentes azul-amarillo-andita de Arabia. Esta raza mediterránea está en efecto tan libremente mezclada con los pueblos adyacentes que es casi imposible discernirla como un tipo separado, pero en general los que a ella pertenecen son bajos, de cabeza alargada y morenos.

En el norte los anditas, mediante la guerra y el matrimonio, obliteraron al hombre azul, pero en el sur el hombre azul sobrevivió en gran número. Los vascos y los bérberos representan la sobrevivencia de dos ramas de esta raza, pero aun estas gentes se han mezclado considerablemente con los saharios.

Éste era pues el cuadro de las mezclas de raza que se encontraban en Europa central alrededor del año 3000 a. de J.C. A pesar de la falta parcial de Adán, los tipos más altos se mezclaron.

Éstos eran los tiempos de la nueva era de piedra que se sobreponían a la era de bronce incipiente. Era en Escandinavia la era de bronce asociada con la adoración de la madre. En el sur de Francia y en España era la nueva era de piedra asociada con la adoración del sol. Éste era el tiempo de la construcción de templos circulares y sin techo dedicados al sol. Las razas blancas europeas eran constructores enérgicos, que disfrutaban en colocar grandes piedras como homenajes al sol, así como lo hicieron más adelante sus descendientes posteriores en Stonehenge. La moda de la adoración del sol indica que éste fue un gran período para la agricultura en el sur de Europa.

Las supersticiones de esta era comparativamente reciente de adoración del sol aún persisten hoy en día en el folclore de Bretaña. Aunque han sido cristianizados durante más de mil quinientos años, estos bretones aún retienen amuletos de la nueva era de piedra para protegerse del mal de ojo. Aún mantienen piedras de trueno en la chimenea como protección contra el relámpago. Los bretones no se mezclaron nunca con los nórdicos de Escandinavia. Son los sobrevivientes de los habitantes andonitas originales de Europa occidental, mezclados con la cepa mediterránea.

Pero es un error pretender clasificar a los pueblos blancos como nórdico, alpino y mediterráneo. Ha habido en general demasiada mezcla como para permitir tal agrupación. En cierta época existía una división relativamente bien definida de la raza blanca en tales grupos, pero la mezcla que ha ocurrido desde entonces, hace que ya no sea posible identificar estas distinciones con claridad alguna. Aun en el año 3000 a. de J.C. los antiguos grupos sociales no pertenecían a una sola raza más que los habitantes actuales de América del Norte.

Esta cultura europea continuó creciendo durante cinco mil años y hasta cierto punto mezclándose. Pero la barrera del idioma impidió la reciprocación plena de las varias naciones occidentales. Durante el último siglo esta cultura ha estado experimentando su mejor oportunidad para mezclarse en la población cosmopolita de América del Norte; y el futuro de ese continente estará determinado por la calidad de los factores raciales que se permiten en su población presente y futura, así como también por el nivel de la cultura social que se mantiene.

[Presentado por un Arcángel de Nebadon.]

DOCUMENTO 81

EL DESARROLLO DE LA CIVILIZACIÓN MODERNA

A PESAR de los altibajos del malogro de los planes para el mejoramiento del mundo proyectados en las misiones de Caligastia y Adán, la evolución orgánica básica de la especie humana continuó llevando a las razas hacia adelante en la escala del progreso humano y del desarrollo racial. La evolución puede ser retrasada pero no puede ser detenida.

La influencia de la raza violeta, aunque en cantidades menores de lo que se había planeado, produjo un avance de la civilización que, desde los días de Adán, ha excedido en mucho el progreso de la humanidad a lo largo de su entera existencia previa de casi un millón de años.

1. LA CUNA DE LA CIVILIZACIÓN

Durante aproximadamente treinta y cinco mil años después de los días de Adán, la cuna de la civilización estuvo en el sudoeste de Asia, extendiéndose desde el valle del Nilo hacia el este y ligeramente hacia el norte a través del norte de Arabia, a través Mesopotamia y en Turquestán. El *clima* fue el factor decisivo en el establecimiento de la civilización en esa zona.

Fueron los grandes cambios climáticos y geológicos en el norte de África y en la zona occidental de Asia los que pusieron fin a las emigraciones primitivas de los adanitas, impidiéndoles llegar a Europa por la expansión del Mediterráneo y modificando la dirección del caudal migratorio hacia el norte y el este hacia Turquestán. Alrededor de los tiempos en que se completaron estas elevaciones de tierra y los cambios climáticos con ellas asociados, alrededor del año 15.000 a. de J.C., la civilización se encontraba en un estado de detención mundial excepto por los fermentos culturales y las reservas biológicas de los anditas que aún estaban confinados por las montañas al este de Asia y hacia el occidente por los bosques en expansión en Europa.

La evolución climática está ahora a punto de conseguir lo que todos los demás esfuerzos no han podido conseguir, o sea, obligar al hombre eurasiático a abandonar la caza en favor de la empresa más avanzada del pastoreo y de la agricultura. La evolución puede ser lenta, pero es enormemente eficaz.

Puesto que los agriculturistas más primitivos empleaban a los esclavos en forma tan generalizada, el agricultor otrora era considerado con cierto desprecio tanto por el cazador como por el pastor. Durante muchas edades se consideraba la labranza trabajo inferior; de allí la idea de que el trabajo de la tierra es una maldición, mientras que en verdad es la más grande bendición. Aun en los días de Caín y Abel los sacrificios de la vida pastoral se consideraban más estimables que las ofrendas de la agricultura.

El hombre generalmente evoluciona a la condición de agricultor partiendo de la de cazador pasando por un período de transición de pastoreo, y esto también sucedió entre los anditas, pero más frecuentemente el peso evolucionario de la necesidad climática hacía que tribus enteras pasaran directamente del estado cazador al estado exitoso de agricultor. Pero este fenómeno de pasar sin transición de la caza a la agricultura sólo ocurrió en aquellas regiones en donde hubo un alto grado de mezcla racial con la cepa violeta.

Los pueblos evolucionarios (notablemente los chinos) aprendieron pronto a plantar semillas y a cultivar cosechas mediante la observación del crecimiento de las semillas que se habían humedecido accidentalmente o que habían sido colocadas en las tumbas como alimento para los fallecidos. Pero por todas partes del suroeste de Asia, a lo largo de los fértiles fondos del río y de las llanuras adyacentes, los anditas estaban llevando adelante técnicas agrícolas mejoradas tal como las habían heredado de sus antepasados, quienes habían hecho de la agricultura y de la horticultura su labor principal dentro de los límites del segundo jardín.

Durante miles de años los descendientes de Adán habían cultivado el trigo y la avena, tal como se los había mejorado en el Jardín, a lo largo y a lo ancho de las tierras altas del límite superior de la Mesopotamia. Los descendientes de Adán y Adansón se encontraron aquí, comerciaron y se interrelacionaron socialmente.

Estos cambios forzosos de las condiciones de vida fueron los que causaron que tan gran proporción de la raza humana se volviese omnívora en sus prácticas dietéticas. La combinación de la dieta de trigo, arroz y vegetal con la carne de los rebaños marcó un gran paso hacia adelante en la salud y vigor de estos pueblos vetustos.

2. LAS HERRAMIENTAS DE LA CIVILIZACIÓN

El crecimiento de la cultura se basa en el desarrollo de las herramientas de la civilización. Las herramientas que utilizó el hombre en su ascenso de su condición de salvaje eran eficaces tan sólo hasta el grado en que liberaban el poder del hombre para cumplir tareas más elevadas.

Vosotros que ahora vivís en un ámbito actual de cultura en ciernes y de progreso incipiente en los asuntos sociales, vosotros que efectivamente tenéis un poco de tiempo libre para *pensar* sobre la sociedad y la civilización, no debéis olvidar el hecho de que vuestros antepasados primitivos no tenían nada o casi nada de tiempo libre para dedicar a la reflexión razonada y al raciocinio social.

Los primeros cuatro avances sociales de la civilización humana fueron:

1. La doma del fuego.
2. La domesticación de los animales.
3. La esclavización de los cautivos.
4. La propiedad privada.

Si bien el fuego, el primer gran descubrimiento, finalmente abrió las puertas del mundo científico, en este sentido poco era su valor para el hombre primitivo. Éste se negaba a reconocer causas naturales como explicaciones de fenómenos comunes.

Cuando se preguntaba de dónde venía el fuego, la simple historia de Andón y la piedra fue reemplazada en poco tiempo por la leyenda de cierto Prometeo que se había robado el fuego de los cielos. Los antiguos buscaban una explicación sobrenatural de todos los fenómenos naturales que no se encontraban dentro de la gama de su comprensión personal; y muchos modernos siguen haciendo lo mismo. La despersonalización de los así llamados fenómenos naturales ha llevado edades, y aún no está completa. Pero la búsqueda franca, honesta y sin temor de las causas verdaderas dio origen a la ciencia moderna: tornó la astrología en astronomía, la alquimia en química, y la magia en medicina.

En la edad premáquina la única manera en que el hombre podía completar tareas sin hacerlas él mismo consistía en utilizar un animal. La domesticación de los animales le puso en las manos herramientas vivas, y el uso inteligente de éstas preparó el camino tanto para la agricultura como para el transporte. Y sin estos animales el hombre no podría haberse elevado de su estado primitivo hasta los niveles de la civilización subsiguiente.

La mayor parte de los animales que más se adaptaban a la domesticación se encontraron en Asia, especialmente en las regiones centrales y sudoccidental. Por esta razón la civilización progresó más rápidamente en esa zona que en otras partes del mundo. Muchos de estos animales habían sido domesticados dos veces anteriormente, y en la edad andita fueron nuevamente dominados. Pero el perro había permanecido con los cazadores desde que fue adoptado por el hombre azul mucho, mucho tiempo antes.

Los anditas de Turquestán fueron los primeros pueblos que domesticaron en forma amplia al caballo, y ésta fue otra razón que permitió que su cultura predominara por tanto tiempo. Alrededor del 5000 a. de J.C., los agricultores de Mesopotamia, de Turquestán y los chinos habían empezado a criar ovejas, cabras, vacas, camellos, caballos, aves y elefantes. Empleaban como bestia de carga al buey, el camello, el caballo y el yak. En cierto momento el hombre mismo era bestia de carga. Uno de los dirigentes de la raza azul tuvo en cierto momento a cien mil hombres en su colonia de porteadores de cargas.

El establecimiento de la esclavitud y de la propiedad privada de tierras llegó con la agricultura. La esclavitud elevó el nivel de vida del patrón y proveyó más tiempo libre para la cultura social.

El salvaje es esclavo de la naturaleza, pero la civilización científica lentamente está confiriendo mayor libertad a la humanidad. Mediante los animales, el fuego, el viento, el agua, la electricidad y otras fuentes aún no descubiertas de energía, el hombre se ha liberado y continuará a liberándose a sí mismo de la necesidad del trabajo agotador. Sean cuales fueran los problemas transitorios producidos por la prolífica invención de la maquinaria, los beneficios finales que han de derivarse de tales inventos mecánicos son inestimables. La civilización no puede florecer jamás, y menos aún establecerse, hasta que el hombre no tenga *tiempo libre* para pensar, planear, imaginar nuevas y mejores maneras de hacer las cosas.

El hombre al principio simplemente se apoderó de su refugio, viviendo bajo rocas o en cuevas. Luego adaptó materiales naturales tales como la madera y la piedra para crear cabañas familiares. Finalmente entró en la etapa creadora de la construcción de casas, aprendió a fabricar ladrillo y otros materiales de construcción.

Los pueblos de las tierras altas de Turquestán fueron los primeros entre las razas más modernas en construir sus casas de madera, casas no muy distintas de las primitivas cabañas de troncos de los pioneros norteamericanos. A lo largo y a lo ancho de las planicies las habitaciones humanas estaban hechas de ladrillos; más adelante, de ladrillos horneados.

Las razas fluviales más antiguas construían sus cabañas colocando altos palos en la tierra en un círculo; luego juntaban el extremo superior, haciendo un esqueleto para la cabaña, el cual se cubría con lianas transversales entrelazadas, de manera que el producto se asemejaba a un enorme canasto invertido. Esta estructura podía ser embadurnada de arcilla y, después de secarse al sol, constituía una vivienda a prueba de intemperie.

A partir de estas cabañas primitivas se desarrolló en forma independiente la idea posterior de todo tipo de fabricación de canastos. Dentro de uno de los grupos nació la idea de hacer cerámica cuando observaban los efectos del embadurnamiento de estas estructuras con arcilla húmeda. La práctica de endurecer la cerámica horneándola se descubrió cuando una de estas primitivas cabañas cubiertas de arcilla se incendió accidentalmente. Las artes de los días antiguos muchas veces derivaban de sucesos accidentales que acompañaban la vida diaria de estos pueblos primitivos. Por lo menos esto fue casi totalmente cierto en cuanto al progreso evolucionario de la humanidad hasta la llegada de Adán.

Aunque la alfarería había sido introducida por primera vez por el séquito del Príncipe aproximadamente medio millón de años atrás, la fabricación de vasijas de arcilla había cesado prácticamente durante más de ciento cincuenta mil años. Solamente los noditas presumerios en la costa del golfo seguían fabricando vasijas de arcilla. El arte de la alfarería revivió en los tiempos de Adán. La diseminación de este arte fue simultánea con la ampliación de las áreas desérticas de África, Arabia y Asia central, y se diseminó en oleadas sucesivas de técnica mejorada desde Mesopotamia a lo largo y a lo ancho del hemisferio oriental.

Estas civilizaciones de la edad andita no siempre pueden ser descubiertas por las etapas de su alfarería o de otras artes. El curso regular de la evolución humana se vio enormemente complicado por los regímenes tanto de Dalamatia como del Edén. Frecuentemente ocurre que las vasijas e implementos más recientes son inferiores a los productos más primitivos de los pueblos anditas más puros.

3. LAS CIUDADES, LA MANUFACTURA Y EL COMERCIO

La destrucción climática de las praderas abiertas y ricas para la caza y el pastoreo de Turquestán, que comenzó alrededor del año 12.000 a. de J.C., obligó a los hombres de esas regiones a recurrir a nuevas formas de industria y de manufactura burda. Algunos se dedicaron al cultivo de rebaños domésticos, otros se hicieron agricultores o recolectaron alimentos que crecían en el agua, pero el tipo más elevado de los intelectos anditas eligió dedicarse al mercadeo y a la manufactura. Aun se volvió costumbre que una tribu entera se dedicase al desarrollo de una sola industria. Desde el valle del Nilo hasta el Hindu Kush y desde el Ganges hasta el río Amarillo, el negocio principal de las tribus superiores se volvió el cultivo del suelo, con el comercio como segunda actividad.

El aumento del mercadeo y de la manufactura de materia prima para transformarla en varios artículos de comercio fue directamente instrumental en la producción de esas primitivas comunidades semipacíficas que tuvieron tanta influencia en difundir la cultura y las artes de la civilización. Antes de la era del comercio mundial extenso, las comunidades sociales eran tribales —grupos familiares ampliados. El comercio relacionó entre sí a diferentes tipos de seres humanos, contribuyendo así a un intercambio de cultura más acelerada.

Alrededor de doce mil años atrás empezó a asomar la era de las ciudades independientes. Y estas primitivas ciudades del mercadeo y la manufactura siempre estaban rodeadas de zonas de agricultura y ganadería. Aunque es verdad que la industria fue impulsada por la elevación del nivel de vida, no debéis formaros ideas falsas sobre los refinamientos de la vida urbana primitiva. Las razas primitivas no eran excesivamente ordenadas ni limpias, y la comunidad primitiva media se elevaba de treinta a sesenta centímetros cada veinticinco años como resultado de la simple acumulación de la suciedad y de los desperdicios. Algunas de estas ciudades vetustas también se elevaban por encima de las tierras circunvecinas muy rápidamente porque sus cabañas de barro sin cocinar duraban poco, y era costumbre construir nuevas viviendas directamente encima de las ruinas de la vieja.

El uso difundido de los metales fue una característica de esta era de las primeras ciudades industriales y comerciales. Ya habéis encontrado una escultura de bronce en

Turquestán que data de antes del año 9000 a. de J.C., y los anditas muy pronto aprendieron a trabajar el hierro, el oro y el cobre también. Pero las condiciones eran muy diferentes lejos de los centros de civilización más avanzados. No hay períodos distintos, tales como la edad de piedra, de bronce y de hierro; los tres existieron al mismo tiempo en diferentes localidades.

El oro fue el primer metal que buscó el hombre; era fácil de trabajar y al principio se utilizó únicamente como adorno. Luego se empleó el cobre pero no demasiado hasta que se lo mezcló con el estaño para producir el bronce más duro. El descubrimiento de mezclar cobre con estaño para hacer bronce fue realizado por uno de los adansonitas de Turquestán cuya mina de cobre en las tierras altas estaba al azar ubicada al lado de un depósito de estaño.

Con la aparición de la manufactura burda y de la industria incipiente, el comercio se volvió rápidamente la influencia más poderosa en la diseminación de la civilización cultural. La apertura de los canales de comercio por tierra y por mar facilitó grandemente el viaje y la mezcla de las culturas así como también la mezcla de las civilizaciones. Para el año 5000 a. de J.C. el caballo era de uso general por todas partes de las tierras civilizadas y semicivilizadas. Estas razas más recientes no sólo habían domesticado al caballo sino también tenían distintas clases de carretas y coches. Ya muchas eras antes se había empleado la rueda, pero ahora los vehículos de ruedas se volvieron de uso universal en el comercio y en la guerra.

Los mercaderos viajantes y los exploradores ambulantes hicieron más por el avance de la civilización histórica que todas las demás influencias combinadas. Las conquistas militares, la colonización y las empresas misioneras impulsadas por las religiones posteriores también fueron factores en la difusión de la cultura; pero todas ellas fueron secundarias a las relaciones comerciales, que se aceleraron en gran forma por el desarrollo de las artes y las ciencias de la industria.

La infusión de la cepa adánica en las razas humanas no sólo aceleró el ritmo de la civilización, sino que también estimuló grandemente sus tendencias hacia la aventura y la exploración con el fin de que la mayor parte de Eurasia y el norte de África en poco tiempo se encontró ocupada por los descendientes mezclados de los anditas que se multiplicaban rápidamente.

4. LAS RAZAS MEZCLADAS

Al hacer contacto con los albores de los tiempos históricos, toda Eurasia, el norte de África y las islas del Pacífico están pobladas de las razas compuestas de la humanidad. Estas razas de hoy son el resultado de una mezcla y remezcla de cinco cepas humanas básicas de Urantia.

Cada una de las razas de Urantia fue identificada por ciertas características físicas distintas. Los adanitas y noditas eran de cabeza alargada; los andonitas eran de cabeza ancha. Las razas sangik eran de cabeza de tamaño mediano, y los hombres amarillos y azules tendían hacia un tamaño ancho de cabeza. Las razas azules, cuando se mezclaban con la cepa andonita, eran decididamente de cabeza ancha. Los sangik secundarios eran de cabeza mediana a alargada.

Aunque estas dimensiones del cráneo ayudan para descifrar los orígenes raciales, el esqueleto completo es más confiable. En el desarrollo primitivo de las razas de Urantia había originalmente cinco tipos distintos de estructura esquelética:

1. Andónico, los aborígenes de Urantia.
2. Sangik primario, rojo, amarillo y azul.
3. Sangik secundario, anaranjado, verde e índigo.

4. Noditas, descendientes de los dalamatianos.

5. Adanitas, la raza violeta.

Puesto que estos cinco grandes grupos raciales se entremezclaron ampliamente, la mezcla continua tendió a oscurecer al tipo andonita por la dominación hereditaria sangik. Los laponios y los esquimales son mezcla de andonita y raza sangik azul. Su estructura esquelética es la que más se acerca a preservar el tipo aborigen andónico. Pero los adanitas y los noditas se han mezclado tanto con otras razas que tan sólo se los puede detectar como una orden generalizada caucasoide.

En general, por consiguiente, a medida que se van desenterrando los restos humanos de los últimos veinte mil años, será imposible distinguir claramente los cinco tipos originales. El estudio de tales estructuras esqueléticas revelará que la humanidad ahora está dividida en aproximadamente tres clases:

1. *La caucasoide* —la mezcla andita de las cepas nodita y adánica, modificada adicionalmente por la mezcla con sangik primario y (parte) de sangik secundario y por considerable cruce andónico. Las razas blancas occidentales, juntamente con algunos pueblos de la India y turanianos, se incluyen en este grupo. El factor unificador en esta división es la proporción mayor o menor de herencia andita.

2. *La mongoloide* —el sangik primario, que incluye las razas originales roja, amarilla y azul. Los chinos y los amerindios pertenecen a este grupo. En Europa el tipo mongoloide ha sido modificado por mezcla con sangik secundario y andónico; aún más todavía por una infusión andita. El pueblo malayo y los demás indonesios se incluyen en esta clasificación, aunque contienen un porcentaje alto de sangre sangik secundaria.

3. *La negroide* —el tipo sangik secundario, que originalmente incluía las razas naranja, verde e índiga. Éste es el tipo mejor ilustrado por el negro, y se le encuentra a lo largo y a lo ancho de África, India e Indonesia en dondequiera se encuentren localizadas las razas sangik secundarias.

En la China del norte hay cierta mezcla de los tipos caucasoide y mongoloide; en el Levante se han entremezclado los caucasoides y los negroides; en la India así como en América del Sur los tres tipos se encuentran representados. Y las características esqueléticas de los tres tipos sobrevivientes aún persisten y ayudan a identificar la herencia posterior de las razas humanas de hoy en día.

5. LA SOCIEDAD CULTURAL

La evolución biológica y la civilización cultural no se encuentran necesariamente correlacionadas; la evolución orgánica en toda edad puede proceder sin titubeos en el medio mismo de una decadencia cultural. Pero cuando se estudian prolongados períodos de la historia humana, se podrá observar que eventualmente la evolución y la cultura se relacionan como causa y efecto. La evolución puede avanzar en ausencia de cultura, pero la civilización cultural no florece sin un respaldo adecuado de progresión racial antecedente. Adán y Eva no presentaron artes de civilización ajenas al progreso de la sociedad humana, pero la sangre adánica aumentó la habilidad inherente de las razas y aceleró el paso del desarrollo económico y la progresión industrial. El don de Adán mejoró el poder cerebral de las razas, de este modo acelerando grandemente el proceso de la evolución natural.

Mediante la agricultura, la domesticación de los animales y el mejoramiento de la arquitectura, la humanidad escapó gradualmente a lo peor de la incesante lucha por sobrevivir y comenzó a buscar cómo endulzar el proceso de la vida; éste fue el comienzo de la búsqueda de niveles cada vez más altos de comfort material. Mediante la manufactura e industria el hombre está aumentando gradualmente el contenido placentero de la vida mortal.

Pero la sociedad cultural no es de ninguna manera un gran club de beneficencia de privilegios heredados, en el cual nacen todos los hombres con derecho libre de ser socios y con igualdad total. Más bien es un exaltado gremio en constante avance de trabajadores de la tierra, que admite a sus filas sólo a la nobleza de esos trabajadores que luchan por hacer el mundo un lugar mejor en el que puedan vivir sus hijos y los hijos de sus hijos y avanzar en edades subsiguientes. Y este gremio de civilización cobra tarifas de admisión muy altas, impone disciplinas estrictas y rigurosas, fuertes multas sobre todos los opositores y los no conformistas, mientras al mismo tiempo confiere pocas licencias o privilegios personales excepto los de una mayor seguridad contra los peligros comunes y las amenazas raciales.

La asociación social es una forma de seguro de sobrevivencia que los seres humanos han aprendido a apreciar como beneficioso; por lo tanto, la mayoría de los individuos está dispuesta a pagar esas primas de autosacrificio y reducción de la libertad personal que la sociedad cobra de sus miembros a cambio de esta mayor protección de grupo. En breve: el mecanismo social de hoy en día es un plan de seguro basado en prueba y error, diseñado para proporcionar cierto grado de seguridad y protección contra el retorno a las terribles condiciones antisociales que caracterizaran las experiencias primitivas de la raza humana.

La sociedad se vuelve así un esquema cooperativo para asegurar la libertad civil a través de instituciones, la libertad económica a través de capital e invención, la libertad social a través de la cultura y la libertad de la violencia a través de la reglamentación policíaca.

La fuerza no significa justicia, pero impone los derechos comúnmente reconocidos de cada generación sucesiva. La misión principal del gobierno consiste en la definición de la justicia, la reglamentación justa y equitativa de las diferencias de clase y la imposición de la igualdad de oportunidad bajo la ley. Todo derecho humano está asociado con un deber social; el privilegio del grupo es un mecanismo de seguro que infaliblemente demanda el pago total de las rigurosas primas de servicio del grupo. Y los derechos del grupo, así como también los del individuo, deben ser protegidos, incluyendo la reglamentación de la propensidad sexual.

La libertad sujeta a la reglamentación del grupo es el objetivo legítimo de la evolución social. La libertad sin restricciones es el sueño vano e imaginario de mentes humanas inestables y frívolas.

6. El mantenimiento de la civilización

Si bien la evolución biológica ha procedido siempre hacia adelante, mucho de la evolución cultural salió del valle del Eufrates en oleadas, que fueron debilitándose sucesivamente a medida que pasaba el tiempo hasta que finalmente el total de la descendencia adánica de puro linaje había salido para enriquecer las civilizaciones de Asia y Europa. Las razas no se mezclaron completamente, pero sus civilizaciones sí lo hicieron en un grado considerable. La cultura se diseminó lentamente por todo el mundo. Y esta civilización debe ser mantenida y fomentada, porque hoy en día no existen nuevas fuentes de cultura, ni nuevos anditas que lleguen para vigorizar y estimular el lento proceso de la evolución de la civilización.

La civilización que está desarrollándose en Urantia ahora nació de los siguientes factores y se basó en ellos:

1. *Circunstancias naturales*. La naturaleza y grado de una civilización material está en buena medida determinada por los recursos naturales disponibles. El clima, las condiciones meteorológicas y numerosos aspectos físicos son factores en la evolución de la cultura.

Cuando se inició la edad andita tan sólo existían dos amplias zonas abiertas y fértiles de caza en todo el mundo. Una estaba en América del Norte y estaba totalmente ocupada por los amerindios; la otra se encontraba al norte de Turquestán y estaba parcialmente ocupada por una raza andónico-amarilla. Los factores decisivos en la evolución de una cultura superior en el suroeste de Asia fueron la raza y el clima. Los anditas eran un gran pueblo, pero el factor crucial en la determinación del curso de su civilización fue la aridez en aumento en Irán, Turquestán y Xinjiang, que les *forzó* a inventar y adoptar métodos nuevos y avanzados de luchar la sobrevivencia en sus tierras cada vez menos fértiles.

La configuración de los continentes y otras situaciones terrestres tienen gran influencia sobre la determinación de la paz o de la guerra. Muy pocos urantianos han tenido jamás una oportunidad tan favorable para el desarrollo continuo y tranquilo como la que han tenido los pueblos de América del Norte —protegidos prácticamente por todos lados por vastos océanos.

2. *Bienes capitales*. La cultura jamás se ha desarrollado bajo condiciones de pob reza; el tiempo libre es esencial para el progreso de la civilización. Un individuo puede adquirir un carácter pletórico de valores morales y espirituales en ausencia de la riqueza material, pero una civilización cultural tan sólo se deriva de aquellas condiciones de prosperidad material que fomentan el tiempo libre combinado con la ambición.

Durante los tiempos primitivos la vida en Urantia era asunto serio y sombrío. Fue para escapar a esta lucha incesante y trabajo interminable para que la humanidad constantemente tendió a desplazarse hacia los climas salubres de los trópicos. Aunque estas zonas más cálidas proporcionaban cierto alivio de la intensa lucha por la existencia, las razas y tribus que así buscaron la comodidad pocas veces utilizaron su tiempo libre, no ganado, para el avance de la civilización. El progreso social invariablemente ha provenido de los pensamientos y planes de aquellas razas que han aprendido, mediante su trabajo inteligente, a ganarse la vida a partir de la tierra con menor esfuerzo y jornadas más cortas y de este modo han podido disfrutar de un margen beneficioso y bien ganado de tiempo libre.

3. *Conocimiento científico*. Los aspectos materiales de la civilización siempre han de esperar la acumulación de los datos científicos. Pasó mucho tiempo después del descubrimiento del arco y de la flecha y de la utilización de los animales por su fuerza antes de que el hombre aprendiera a aprovechar el viento y el agua, con la consecuencia del empleo del vapor y de la electricidad. Pero lentamente las herramientas de la civilización mejoraron. La tejeduría, la alfarería, la domesticación de los animales y la metalurgia fueron seguidos por una era de escritura e imprenta.

El conocimiento es poder. La invención precede siempre a la aceleración del desarrollo cultural en escala mundial. La ciencia y la invención se beneficiaron por sobre todas las cosas de la imprenta, y la interacción de todas estas actividades culturales e inventivas ha acelerado enormemente el ritmo del avance cultural.

La ciencia enseña al hombre a hablar el nuevo lenguaje de las matemáticas y adiestra sus pensamientos sobre líneas de precisión cada vez más exacta. Y la ciencia también estabiliza a la filosofía a través de la eliminación del error, mientras que purifica la religión en destruir la superstición.

4. *Recursos humanos.* El gran número de la población es indispensable para la diseminación de la civilización. Si todos los demás factores son equivalentes, un pueblo numeroso dominará la civilización de una raza más pequeña. Por lo tanto si no se aumentan los números de los habitantes hasta cierto punto necesario no se ob tendrá la realización plena del destino nacional, pero llega un punto en el aumento de la población después del cual un crecimiento mayor sería equiva lente al suicidio. La multiplicación más allá de la razón óptima entre tierra y hombre significa una disminución del nivel de vida o una expansión inmediata de los límites territoriales mediante penetración pacífica o conquista militar —la ocupación forzosa.

A veces os espantan las destrucciones de la guerra, pero debéis reconocer la necesidad de producir grandes números de mortales para permitir amplia oportunidad al desarrollo social y moral; mediante dicha fertilidad planetaria muy pronto se presenta un grave problema de sobrepoblación. La mayor parte de los mundos habitados son pequeños. Urantia es de tamaño medio, tal vez ligeramente menor. La estabilización óptima de la población nacional mejora la cultura y previene la guerra. Y la nación que sabe cuándo detener su crecimiento es sabia.

Pero el continente más rico en depósitos naturales y más avanzado en equipo mecánico hará poco progreso si la inteligencia de su pueblo está en decadencia. El conocimiento puede ser obtenido por la educación, pero la sabiduría, que es indispensable a la verdadera cultura, tan sólo puede obtenerse mediante la experiencia y por parte de hombres y mujeres que sean innatamente inteligentes. Un tal pueblo inteligente es capaz de aprender de la experiencia; puede llegar a ser verdaderamente sabio.

5. *Eficacia de los recursos materiales.* Mucho depende de la sabiduría demostrada en la utilización de los recursos naturales, el conocimiento científico, los bienes capitales y los potenciales humanos. El factor principal en la civilización primitiva era la fuerza ejercida por los patrones sociales sabios; el hombre primitivo recibía literalmente por la fuerza la civilización de sus contemporáneos superiores. Las minorías superiores y bien organizadas muchas veces han gobernado este mundo.

La fuerza no significa justicia, pero la fuerza sí significa lo que es y lo que ha sido en la historia. Tan sólo recientemente Urantia ha alcanzado ese punto en el que la sociedad está dispuesta a debatir la ética del poder y la justicia.

6. *Eficacia del idioma.* La diseminación de la civilización debe aguardar al desarrollo del idioma. Los idiomas vivos y en crecimiento aseguran la expansión del pensamiento y del planeamiento civilizado. Durante las eras primitivas se hicieron importantes avances en el idioma. Hoy día hay gran necesidad de un mayor desarrollo lingüístico para facilitar la expresión del pensamiento evolutivo.

El idioma se desarrolló de la asociación en grupos, cada grupo local desarrolló su propio sistema de intercambio de palabras. El idioma surgió a través de los gestos, signos, gritos, sonidos imitativos, entonación y acento a la vocalización de los alfabetos subsiguientes. El idioma es la herramienta más importante y útil con que cuenta el hombre para pensar, pero tan sólo pudo florecer en el momento en que los grupos sociales pudieron disponer de cierta cantidad de tiempo libre. La tendencia a jugar con el idioma desarrolla palabras nuevas: la jerga. Si la mayoría adopta una jerga particular, ésta se transforma por el uso en idioma. El origen de los dialectos se ilustra en la indulgencia del grupo familiar por el «balbuceo infantil».

Las diferencias de idiomas han sido siempre el principal obstáculo a la expansión de la paz. La conquista de los dialectos debe preceder a la difusión de una cultura en una raza, un continente o en todo el mundo. Un lenguaje universal promueve la paz, asegura la cultura y aumenta la felicidad. Aun si las lenguas de un mundo se reducen a unas pocas y los pueblos de vanguardia cultural las dominan, habrá una poderosa influencia en favor de la paz y la prosperidad mundiales.

Aunque muy poco progreso se ha realizado en Urantia hacia el desarrollo de un lenguaje internacional, mucho se ha hecho para establecer un intercambio comercial internacional. Y todas estas relaciones internacionales deben ser fomentadas, sean ellas en el campo del idioma, el comercio, el arte, la ciencia, los juegos competitivos o la religión.

7. *Eficacia de los dispositivos mecánicos.* El progreso de la civilización se relaciona directamente con el desarrollo y posesión de herramientas, máquinas y canales de distribución. Herramientas mejores, máquinas ingeniosas y eficientes, determinan cuáles de entre los grupos contrincantes en la arena de la civilización en avance sobrevivirán.

En tiempos primitivos la única energía que se aplicaba al cultivo de la tierra era la energía humana. La utilización de bueyes se impuso tan sólo a través de prolongadas luchas, porque ello quitaba el trabajo a los hombres. Últimamente, las máquinas han empezado a desplazar al hombre, y cada uno de estos avances contribuye directamente al progreso de la sociedad porque libera la energía humana para la realización de tareas más valiosas.

La ciencia, guiada por la sabiduría, puede tornarse el gran liberador social del hombre. La edad mecánica tan sólo resultará desastrosa en una nación cuyo nivel intelectual sea demasiado bajo para descubrir los métodos sabios y las técnicas sólidas de ajuste satisfactorio a las dificultades de transición inherentes al desempleo repentino de grandes números de personas como consecuencia de la invención excesivamente acelerada de nuevos tipos de maquinaria que ahorra trabajo.

8. *Carácter de los portadores de la antorcha.* La herencia social permite al hombre treparse a los hombros de todos aquellos que lo precedieron y que han contribuido algo a la suma de la cultura y el conocimiento. En esta tarea de pasar la antorcha cultural a la generación siguiente, el hogar será por siempre la institución básica. En segundo lugar se encuentra la vida social y de esparcimiento, y en tercer lugar, pero igualmente indispensable, la escuela, en una sociedad compleja y altamente organizada.

Los insectos nacen totalmente educados y equipados para la vida —de hecho una existencia muy limitada y puramente instintiva. El niño humano nace sin educación; por consiguiente el hombre posee el poder, mediante el control del adiestramiento educacional de la generación más joven, de modificar considerablemente el curso evolucionario de la civilización.

Las principales influencias del siglo veinte que contribuyen al adelanto de la civilización y al avance de la cultura son el marcado aumento de la movilidad en el mundo y las mejoras inigualadas en los métodos de comunicación. Pero el mejoramiento de la educación no se ha mantenido al mismo nivel con la expansión de la estructura social; tampoco se ha desarrollado una apreciación moderna de la ética en correspondencia con el crecimiento en una dirección puramente intelectual y científica. Y la civilización moderna está detenida en su desarrollo espiritual y en la protección de la institución del hogar.

9. *Los ideales de la raza.* Los ideales de una generación forjan la ruta del destino para la posteridad inmediata. La *calidad* de los portadores de la antorcha social

determinará si la civilización irá para adelante o para atrás. El hogar, las iglesias y las escuelas de una generación predeterminan la tendencia característica de la generación sucesiva. El impulso moral y espiritual de una raza o de una nación determina en gran parte la velocidad cultural de esa civilización.

Los ideales elevan la fuente del caudal social. Ningún caudal se elevará más alto que su fuente sea cual fuere la técnica de presión o control de la dirección que se pueda emplear. El poder que impulsa aun los aspectos más materiales de una civilización cultural reside en el menor logro material de la sociedad. La inteligencia podrá controlar el mecanismo de la civilización, la sabiduría podrá dirigirlo, pero el idealismo espiritual es la energía que realmente eleva y avanza la cultura humana de un nivel de logro a otro.

Al principio la vida fue una lucha por subsistir; ahora, por un nivel de vida; en el futuro será por calidad de pensamiento, el próximo objetivo terrestre de la existencia humana.

10. *Coordinación de los especialistas*. La civilización ha avanzado extraordinariamente gracias a la división del trabajo, que se estableció muy pronto, y más adelante su corolario, la especialización. Ahora, la civilización depende de la coordinación eficaz entre los especialistas. A medida que la sociedad se amplía, es necesario hallar un método que reúna a los diversos especialistas.

Los especialistas sociales, artísticos, técnicos e industriales continuarán multiplicándo y perfeccionando su habilidad y destreza. Esta diversificación de habilidad y diversidad de empleo finalmente debilitará y desintegrará a la sociedad humana si no se desarrollan medios eficaces de coordinación y cooperación. Pero una inteligencia capaz de tal invención y de tal especialización debería ser totalmente competente para diseñar métodos adecuados de control y ajuste para todos los problemas que resulten del rápido crecimiento de la invención y del paso acelerado de la expansión cultural.

11. *Mecanismos para encontrar empleo*. La próxima edad de desarrollo social estará representada por una cooperación y coordinación mejores y más eficaces de la especialización en constante aumento y expansión. A medida que la mano de obra se va diversificando cada vez más, habrá que inventar técnicas para dirigir a los individuos a un empleo adecuado. La maquinaria no es la única causa de desempleo entre los pueblos civilizados de Urantia. La complejidad económica y el aumento constante de la especialización industrial y profesional se agregan a los problemas de ubicación dentro del mercado laboral.

No basta con adiestrar a los hombres a que trabajen; en una sociedad compleja también se requieren métodos eficientes para que encuentren su lugar. Antes de adiestrar a los ciudadanos en técnicas altamente especializadas de ganarse la vida, habría que capacitarlos en uno o más métodos de trabajo no especializado, oficio o vocación como solución transitoria en caso de que dichos ciudadanos se encuentren temporalmente desempleados en su tarea específica. Ninguna civilización puede sobrevivir sosteniendo por largo tiempo la existencia de grandes grupos de desempleados. Con el tiempo, aun los mejores ciudadanos llegan a distorsionar sus principios y desmoralizarse cuando aceptan el apoyo del tesoro público. Aun la caridad privada se torna perniciosa cuando se la otorga a largo plazo a ciudadanos sanos y capaces.

Una sociedad tan altamente especializada no considerará con simpatía las antiguas prácticas comunales y feudales de los pueblos antiguos. Es verdad que muchos servicios comunes pueden ser socializados en forma aceptable y beneficiosa, pero los seres humanos altamente adiestrados y ultraespecializados se dirigen de la mejor manera mediante una técnica de cooperación inteligente. La coordinación modernizada y la reglamentación fraternal serán productivas de una cooperación más perdurable que los viejos y más primitivos métodos de comunismo o las instituciones regulatorias dictatoriales basadas en la fuerza.

12. *La voluntad de cooperar.* Una de las grandes dificultades para el progreso de la sociedad humana es el conflicto entre los intereses y el bienestar de los grupos humanos más grandes y más socializados y de las asociaciones humanas más pequeñas, de opinión contraria y asociales, por no mencionar a los individuos aislados de mente antisocial.

Ninguna civilización nacional perdura a menos que sus métodos educacionales e ideales religiosos inspiren un alto tipo de patriotismo inteligente y devoción nacional. Sin este tipo de patriotismo inteligente y solidaridad cultural, todas las naciones tienden a desintegrarse como resultado de celos provinciales y autointereses locales.

El mantenimiento de una civilización mundial depende de que los seres humanos aprendan cómo vivir juntos en paz y fraternidad. Sin una coordinación eficaz, la civilización industrial se ve puesta en peligro por la ultraespecialización y sus amenazas: la monotonía, la limitación y la tendencia a engendrar desconfianza y celos.

13. *Liderazgo eficaz y sabio.* En la civilización mucho, pero mucho, depende de un espíritu de empresa entusiasta y eficaz. Diez hombres valen muy poco más que uno solo para levantar una gran carga a menos que la levanten todos juntos —todos al mismo tiempo. Este trabajo de equipo —cooperación social— depende del liderazgo. Las civilizaciones culturales del pasado y del presente se han basado en la cooperación inteligente de la ciudadanía con líderes sabios y progresivos; y hasta que el hombre se desarrolle a niveles más altos, la civilización continuará dependiendo de un liderazgo sabio y vigoroso.

Las civilizaciones elevadas nacen de la sagaz correlación de la riqueza material, la grandeza intelectual, el valor moral, la astucia social y la compenetración cósmica.

14. *Cambios sociales.* La sociedad no es una institución divina; es un fenómeno de evolución progresiva; y la civilización en avance siempre se encuentra retrasada si sus líderes son lentos en efectuar esos cambios de la organización social que son esenciales para mantenerse el ritmo de los desarrollos científicos de la edad. Sin embargo, no debe despreciarse algo sólo porque sea viejo, ni tampoco debe abrazarse incondicionalmente una idea tan sólo porque sea nueva y novedosa.

El hombre no debe temer la experimentación con los mecanismos de la sociedad. Pero estas aventuras en ajuste cultural deben siempre ser controladas por los que conocen plenamente la historia de la evolución social; y estos innovadores deben ser asesorados siempre por la sabiduría de los que han tenido experiencia práctica en el dominio del experimento social o económico contemplado. *No debe intentarse ningún cambio social o económico grande en forma repentina.* El tiempo es esencial para todo tipo de ajuste humano: físico, social o económico. Sólo los ajustes morales y espirituales pueden hacerse en el instante, y aun estos requieren el paso del tiempo para el pleno desarrollo de sus repercusiones sociales y materiales. Los ideales de la raza son el apoyo y el seguro principales durante los tiempos críticos en los que la civilización está en tránsito de un nivel a otro.

15. *La prevención de la destrucción transicional.* La sociedad es hija de edad tras edad de prueba y error; es lo que ha sobrevivido de los ajustes y reajustes selectivos en las sucesivas y larguísimas etapas de la elevación de la humanidad, desde el nivel animal a un nivel humano de estado planetario. El gran peligro de cualquier civilización —en cualquier momento— es la amenaza de su destrucción

durante el momento de transición desde los métodos establecidos en el pasado a aquellos del futuro, nuevos y mejores, pero aún no probados.

El liderazgo es vital al progreso. La sabiduría, la visión y la previsión son indispensables para que duren las naciones. La civilización nunca está en peligro hasta que el liderazgo hábil comience a desaparecer. El porcentaje de tal liderazgo sabio no ha excedido nunca al uno por ciento de la población.

Por estos peldaños de la escala evolucionaria se ha encaramado la civilización hasta ese punto en el que pudieron iniciarse aquellas influencias poderosas que han culminado en la cultura en rápida expansión del siglo veinte. Y sólo mediante la adherencia a estos factores esenciales, el hombre puede esperar mantener su civilización actual, contribuyendo a la vez a su desarrollo continuo y a su sobrevivencia segura.

Ésta es la esencia de la larga, larga lucha de los pueblos de la tierra por establecer la civilización desde los tiempos de Adán. La cultura de hoy día es el resultado neto de esta ardua evolución. Antes del descubrimiento de la imprenta, el progreso fue relativamente lento puesto que una generación no podía beneficiarse tan rápidamente de los logros de sus predecesores. Pero ahora la sociedad humana arremete hacia adelante bajo la fuerza del impulso acumulado de todas las edades a través de las cuales ha luchado la civilización.

[Patrocinado por un Arcángel de Nebadon.]

DOCUMENTO 82

LA EVOLUCIÓN DEL MATRIMONIO

EL MATRIMONIO —el apareamiento— surge de la bisexualidad. El matrimonio es el ajuste por reacción del hombre a dicha bisexualidad, mientras que la vida familiar es la suma que resulta de todos los ajustes evolucionarios y de adaptación. El matrimonio es duradero; no es inherente a la evolución biológica, pero constituye la base de toda evolución social y por consiguiente seguirá existiendo con toda seguridad en alguna forma. El matrimonio ha otorgado a la humanidad el hogar, y el hogar es la gloria coronadora de toda la larga y ardua lucha evolucionaria.

Aunque las instituciones religiosas, sociales y educacionales son esenciales para la supervivencia de la civilización cultural, *la familia es el civilizador magistral.* El niño aprende la mayor parte de la esencia de la vida de su familia y de los vecinos.

Los humanos de tiempos pasados no poseían una civilización social muy rica, pero lo que tenían lo pasaron fiel y eficazmente a la generación siguiente. Vosotros debéis reconocer que la mayoría de estas civilizaciones del pasado continuaron su evolución con un mínimo de otras influencias institucionales porque el hogar funcionaba en forma eficaz. Hoy día las razas humanas poseen una rica herencia social y cultural, y ésta debe ser traspasada sabia y eficazmente a las generaciones venideras. La familia como institución educacional debe ser mantenida.

1. EL INSTINTO DE APAREAMIENTO

A pesar de la diferencia de personalidad entre hombres y mujeres, el impulso sexual es suficiente para asegurar su unión para la reproducción de la especie. Este instinto operaba efectivamente mucho antes de que los humanos experimentaran lo que más recientemente se ha llamado amor, devoción y lealtad matrimonial. El apareamiento es una propensión innata, el matrimonio es su repercusión social evolucionaria.

El interés y deseo sexuales no eran pasiones dominantes en los pueblos primitivos; ellos simplemente las aceptaban. La entera experiencia reproductora estaba libre de embellecimientos de la imaginación. La pasión sexual que todo lo absorbe de los pueblos más altamente civilizados se debe principalmente a la mezcla de razas, especialmente allí donde la naturaleza evolucionaria ha sido estimulada por la imaginación asociativa y la apreciación de la belleza por parte de los noditas y adanitas. Pero esta herencia andita fue absorbida por las razas evolucionarias en cantidades tan limitadas como para no conseguir proveer suficiente autocontrol para las pasiones animales así desencadenadas y estimuladas por la dote de una conciencia sexual más aguda y de impulsos más intensos de apareamiento. De entre las razas evolucionarias, el hombre rojo era el que tenía el código sexual más elevado.

La reglamentación del sexo en relación con el matrimonio indica:

1. El progreso relativo de la civilización. La civilización ha demandado cada vez más frecuentemente que el sexo se gratifique en forma útil y de acuerdo con las costumbres.

2. La cantidad de sangre andita en un pueblo. Entre dichos grupos el sexo se ha vuelto la expresión tanto de las más altas como de las más bajas naturalezas tanto física como emocional.

Las razas sangik poseían pasiones animales normales, pero demostraban poca imaginación o apreciación de la belleza y del atractivo físico del sexo opuesto. Lo que se llama atracción del sexo está virtualmente ausente aun ahora entre las razas primitivas; estos pueblos no mezclados poseen un claro instinto de apareamiento pero no tienen suficiente atracción sexual como para crear problemas serios que requieran control social.

El instinto de apareamiento es una de las fuerzas impulsoras físicas dominantes en los seres humanos; es la emoción que, bajo la apariencia de la gratificación individual, engaña al hombre egoísta, efectivamente haciendo que éste coloque el bienestar y la perpetuación de la raza muy por encima del alivio individual y la libertad personal de las responsabilidades.

Como institución el matrimonio, desde sus primitivos comienzos hasta los tiempos modernos, ilustra la evolución social de la tendencia biológica a la autoperpetuación. La perpetuación de la especie humana en evolución está asegurada por la presencia de este impulso racial de apareamiento, un ímpetu que se llama vagamente atracción sexual. Esta gran necesidad biológica se vuelve el núcleo del impulso para todo tipo de instintos, emociones y costumbres asociadas —físicas, intelectuales, morales y sociales.

Entre los salvajes, la consecución de alimentos era la motivación principal, pero cuando la civilización asegura suficiente alimento, el impulso sexual se vuelve muchas veces un impulso dominante y por consiguiente necesita por siempre de la reglamentación social. En los animales, la periodicidad instintiva controla la propensidad al apareamiento, pero puesto que el hombre es en gran parte un ser autocontrolado, el deseo sexual no es periódico, por lo tanto se torna necesario para la sociedad imponer el autocontrol sobre el individuo.

Ninguna emoción o impulso humano, cuando no se le enfrena pero se le da rienda suelta, puede producir tanto daño y pena como este poderoso impulso sexual. La sumisión inteligente de este impulso a las reglamentaciones de la sociedad es la prueba suprema de la realidad de toda civilización. El autocontrol, más un autocontrol en constante aumento, es la demanda cada vez mayor de la humanidad en avance. El secreto, la falta de sinceridad y la hipocresía podrán oscurecer los problemas sexuales, pero no proveen soluciones, ni tampoco avanzan la ética.

2. Los tabúes restrictivos

La historia de la evolución del matrimonio es simplemente la historia del control sexual a través de la presión de las restricciones sociales, religiosas y civiles. La naturaleza no reconoce a los individuos; no tiene noción de los así llamados sentimientos morales; está solo y exclusivamente interesada en la reproducción de la especie. La naturaleza insiste obligatoriamente en la reproducción pero abandona en forma indiferente los problemas consecuenciales para que los solucione la sociedad, creando de este modo un problema fundamental y siempre presente para la humanidad evolucionaria. Este conflicto social consiste en la guerra sin fin entre los instintos básicos y la ética en evolución.

Entre las razas primitivas no había casi reglamentación de las relaciones entre los sexos. Debido a esta licencia sexual, no existía la prostitución. Presentemente, los pigmeos y otros grupos atrasados no poseen la institución del matrimonio; un estudio de estos pueblos revela las sencillas costumbres de apareamiento practicadas por las razas primitivas. Pero todos los pueblos antiguos deben estudiarse y juzgarse siempre a la luz de las normas morales de las costumbres establecidas de sus propios tiempos.

El amor libre, sin embargo, no ha estado nunca en una situación aceptada por encima del escalón correspondiente al salvajismo abyecto. En el momento en que se empiezan a formar grupos sociales, comienzan a desarrollarse los códigos matrimoniales y las restricciones maritales. De este modo el apareamiento ha progresado a través de una multitud de transacciones, desde un estado de libertinaje sexual casi completa hasta las normas del siglo veinte que corresponden a una restricción relativamente completa del sexo.

En las primeras etapas del desarrollo tribal las costumbres y los tabúes restrictivos eran muy burdos, pero mantenían separados a los sexos —esto favorecía la tranquilidad, el orden y la industria— y había empezado la prolongada evolución del matrimonio y del hogar. Las costumbres sexuales de vestimenta, adorno y prácticas religiosas tuvieron sus orígenes en estos primitivos tabúes que definieron la gama de libertades sexuales y así crearon finalmente los conceptos de vicio, crimen y pecado. Pero durante mucho tiempo persistió la práctica de suspender toda reglamentación sexual a los días de festividad importantes, especialmente el Primero de Mayo.

Las mujeres siempre han estado sujetas a más tabúes restrictivos que los hombres. Las primitivas costumbres otorgaban el mismo grado de libertad sexual a las mujeres no casadas que a los hombres, pero siempre se ha requerido que las esposas sean fieles a sus maridos. El matrimonio primitivo no limitaba en mucho las libertades sexuales del hombre, pero amplió el tabú de la licencia sexual de la mujer. Las mujeres casadas siempre han llevado alguna marca que las separaba en una clase aparte, tal como el peinado, la vestimenta, un velo, la seclusión, los adornos y los anillos.

3. LAS PRIMITIVAS COSTUMBRES MATRIMONIALES

El matrimonio es la respuesta institucional del organismo social a la tensión biológica constante del impulso irresistible del hombre a la reproducción —autopropagación. El apareamiento es universalmente natural, y a medida que se desarrolló la sociedad de sencilla a compleja, hubo una evolución correspondiente de los hábitos de apareamiento, génesis de la institución marital. Dondequiera que la evolución social haya progresado a la etapa en la cual se generan los hábitos, se encontrará el matrimonio como institución evolutiva.

Siempre hubo y siempre habrá dos distintas áreas del matrimonio: las costumbres establecidas, las leyes que reglamentan el aspecto exterior del apareamiento, y las relaciones por otra parte secretas y personales entre los hombres y mujeres. Siempre el individuo se ha rebelado contra las reglamentaciones sexuales impuestas por la sociedad; y ésta es la razón de este problema sexual constante: el automantenimiento es individual pero está llevado a cabo por el grupo; la autoperpetuación es social pero está asegurada por el impulso individual.

Las costumbres establecidas cuando son respetadas, tienen amplio poder para restringir y controlar el impulso sexual, tal como se ha demostrado entre todas las razas. Las normas matrimoniales siempre han sido un indicador auténtico de la potencia actual de las costumbres y de la integridad funcional del gobierno civil. Pero los hábitos sexuales y de apareamiento primitivos eran una gran masa de reglamentaciones discordantes y burdas. Los padres, los hijos, los parientes y la sociedad, todos tenían intereses contradictorios en las reglamentaciones matrimoniales. Pero a pesar de todo ello, las razas que exaltaron y practicaron el matrimonio se desarrollaron naturalmente a niveles más altos y sobrevivieron en mayores cantidades.

En los tiempos primitivos el matrimonio era el precio de la posición social; la posesión de una esposa era emblema de distinción. Los salvajes consideraban el día de la boda como el ingreso en las responsabilidades del estado adulto. En una época, el matrimonio ha sido considerado un deber social; en otra, una obligación religiosa; y en otra aún, un requisito político para proveer ciudadanos para el estado.

Muchas tribus primitivas requerían hazañas de robo como calificación para el matrimonio; los pueblos más recientes sustituyeron tales saqueos e incursiones por torneos atléticos y juegos competitivos. Los vencedores de estos torneos recibían el primer premio —la elección de las novias de la temporada. Entre los cazadores de cabezas un joven no se podía casar hasta tanto no poseyera por lo menos una cabeza, a pesar de que dichos cráneos a veces se podían comprar. A medida que pasó en desuso la costumbre de comprar a las esposas, éstas eran ganadas en torneos de adivinanzas, una práctica que aún sobrevive entre muchos grupos del hombre negro.

Con el avance de la civilización, ciertas tribus colocaron las duras pruebas de matrimonio, que ponían a prueba la resistencia masculina, en las manos de las mujeres; de esta manera éstas pudieron favorecer a los hombres de su elección. Estas pruebas de matrimonio comprendían la habilidad de cazar, luchar y proveer al sostén de una familia. Durante mucho tiempo, el novio debía unirse a la familia de la novia por lo menos por un año, viviendo y trabajando allí para mostrar que se merecía a la esposa que deseaba.

Las calificaciones de la esposa consistían en la capacidad de realizar dura faena y de procrear. Se le exigía que ejecutara cierta parte de la tarea agrícola dentro de un período de tiempo determinado. Y si había dado a luz a un niño antes del matrimonio, era aún más valiosa, su fertilidad estaba de este modo asegurada.

El hecho de que los pueblos primitivos consideraban el no casarse una vergüenza aun un pecado, explica el origen de los matrimonios entre niños; puesto que uno debía casarse, cuanto antes lo hiciera mejor sería. También era creencia general que las personas no casadas no podían entrar al mundo espiritual, y esto era un incentivo adicional para los matrimonios entre niños aun desde el momento del nacimiento y a veces aun antes del nacimiento, dependiendo del sexo. Los antiguos creían que aun los muertos deben estar casados. Los casamenteros originales eran empleadas para negociar matrimonios entre los muertos. Los padres disponían que estos intermediarios llevaran a cabo el matrimonio de un hijo muerto con la hija muerta de otra familia.

Entre pueblos más recientes, la pubertad fue la edad matrimonial común, pero esta edad avanzó en proporción directa con el progreso de la civilización. Muy pronto en la evolución social surgieron órdenes peculiares y célibes tanto de hombres como de mujeres; estas órdenes se iniciaron y mantuvieron por parte de individuos que en mayor o menor grado carecían del impulso sexual normal.

Muchas tribus permitían a los miembros del grupo gobernante tener relaciones sexuales con la novia antes de que ésta fuera entregada a su marido. Cada uno de estos hombres entregaba un obsequio a la muchacha, y éste fue el origen de la costumbre de dar regalos de boda. Entre algunos grupos se esperaba que la doncella se ganara su dote, la cual consistía en obsequios recibidos como recompensa de su servicio sexual en el salón de exhibición de la novia.

Algunas tribus casaban a sus mancebos con las viudas y mujeres de mayor edad y luego, cuando posteriormente quedaban viudos, les permitían casarse con doncellas, asegurando así, tal como lo expresaban, que no fueran tontos ambos padres, porque creían que eso ocurriría si se apareaban dos jóvenes. Otras tribus limitaban el apareamiento a los grupos coetáneos. Fue la limitación del matrimonio a ciertos grupos coetáneos la que dio en primer término origen a los conceptos de incesto. (En la India aun hoy día no hay restricciones de edad para matrimonio.)

Bajo ciertas costumbres establecidas la viudez fue algo para temer grandemente porque las viudas o eran asesinadas o se les permitía cometer suicidio a la tumba de su marido: debían entrar al mundo espiritual junto con su esposo. La viuda sobreviviente casi invariablemente era culpada por la muerte de su marido. Algunas tribus las quemaban vivas. Si una viuda seguía viviendo, la suya sería una vida de continuo luto e insoportables restricciones sociales puesto que un segundo matrimonio era generalmente mal visto.

En los días antiguos se fomentaban muchas prácticas que ahora se consideran inmorales. No era raro que las esposas primitivas se enorgulleciesen de las relaciones de su marido con otras mujeres. La castidad en las doncellas era un gran obstáculo al matrimonio; el que una doncella diera a luz a un niño antes del matrimonio aumentaba considerablemente su atractivo como esposa, puesto que el hombre se aseguraba así de que tendría una compañera fértil.

Muchas tribus primitivas sancionaban el matrimonio de prueba hasta que la mujer se embarazara, momento en el cual se celebraba la ceremonia regular de boda; entre otros grupos la boda no se celebraba hasta tanto no naciese el primer hijo. Si una esposa era estéril, debía ser redimida por sus padres, y el matrimonio se anulaba. Las costumbres requerían que cada pareja tuviera hijos.

Estos matrimonios primitivos provisionales estaban enteramente libres de toda semblanza de licencia; eran simplemente pruebas sinceras de fecundidad. Los individuos que contrataban el matrimonio se casaban permanentemente en cuanto quedaba comprobada la fertilidad. Cuando las parejas modernas se casan pensando en la conveniencia del divorcio si no les gusta del todo la vida matrimonial, en realidad contraen un tipo de matrimonio de prueba y algo que está en nivel mucho más bajo que las aventuras honestas de estos antepasados menos civilizados.

4. EL MATRIMONIO BAJO LAS COSTUMBRES DE LA PROPIEDAD PRIVADA

El matrimonio siempre ha estado estrechamente ligado tanto a la propiedad como a la religión. La propiedad ha sido el estabilizador del matrimonio; la religión, su moralizador.

El matrimonio primitivo era una inversión, una especulación económica; era más un asunto comercial que un asunto de flirteo. Los antiguos se casaban para ventaja y bienestar del grupo; por lo tanto sus matrimonios eran planeados y establecidos por el grupo, los padres y los ancianos. Y las costumbres propietarias eran eficaces en la estabilización de la institución matrimonial, esto se comprueba por el hecho de que el matrimonio era más permanente entre las tribus primitivas de lo que es entre los pueblos modernos.

A medida que avanzó la civilización y la propiedad privada obtuvo mayor reconocimiento en las costumbres establecidas, el robo se tornó un crimen grave. El adulterio se reconoció como una forma de robo, una violación de los derechos de propiedad del marido; por lo tanto no se encuentra mencionado específicamente en los códigos y costumbres más primitivos. La mujer comenzaba siendo propiedad de su padre, quien transfería su título al marido, y toda relación sexual legalizada surgió de estos derechos preexistentes de propiedad. El Antiguo Testamento trata a las mujeres como posesiones. El Corán enseña su inferioridad. El hombre tenía el derecho de prestar su esposa a un amigo o invitado, y esta costumbre aún existe entre ciertos pueblos.

Los celos sexuales modernos no son innatos; son producto de las costumbres en evolución. El hombre primitivo no era celoso de su mujer; simplemente cuidaba su propiedad. La razón de que la mujer tuviera que responder a limitaciones más estrictas que el marido se debía a que la infidelidad de ella afectaba a los descendientes y a la herencia. Muy pronto en la marcha de la civilización el hijo ilegítimo cayó en descrédito. Al principio sólo la mujer era castigada por el adulterio; más adelante, las costumbres decretaron también el castigo de su pareja, y por muchas edades el marido ofendido o el padre protector tenía pleno derecho de matar al invasor masculino. Los pueblos modernos retienen estas costumbres, que toleran los así llamados crímenes de honor bajo una ley tácita.

Puesto que el tabú de la castidad tuvo su origen como una fase de las costumbres propietarias, se aplicó al principio a las mujeres casadas pero no a las solteras. En años posteriores, la castidad fue exigida más por el padre que por el pretendiente; una virgen era para el padre un bien comercial —le traía un precio más alto. A medida que la castidad fue exigida más y más fue práctica pagar al padre de la novia una tarifa en reconocimiento del servicio de educar en forma apropiada a una novia casta para su futuro marido. Una vez surgida, esta idea de la castidad femenina tanto se arraigó en las razas que se volvió práctica enjaular literalmente a las doncellas, en realidad aprisionarlas durante años, para asegurar su virginidad. Así pues las normas más recientes y las pruebas de virginidad exigidas automáticamente dieron origen a las clases profesionales de prostitutas; éstas eran las novias rechazadas, aquellas mujeres a quienes la madre del novio comprobó de no ser vírgenes.

5. LA ENDOGAMIA Y LA EXOGAMIA

Muy pronto los salvajes observaron que las mezclas de razas mejoraban la calidad de la progenie. No se trataba tanto de que la endogamia fuese siempre mala, sino que la exogamia era siempre comparativamente mejor; por lo tanto las costumbres tendieron a cristalizarse en la restricción de las relaciones sexuales entre parientes cercanos. Se reconocía que la exogamia aumentaba considerablemente la oportunidad de selección con consiguiente variación y avance evolucionario. Los individuos producto de la exogamia eran más versátiles y tenían mayor capacidad para sobrevivir en un mundo hostil; los frutos de la endogamia, juntamente con sus costumbres, desaparecieron gradualmente. Éste fue un desarrollo lento; los salvajes no razonaban conscientemente estos problemas. Pero los pueblos más recientes y en avance sí lo hicieron, y también observaron que a veces la endogamia excesiva, provoca debilidad generalizada.

Aunque la endogamia de buena cepa a veces produjo tribus fuertes, los casos espectaculares de malos resultados de la endogamia debido a defectos hereditarios se grabaron más fuertemente en la mente del hombre, de modo tal que las costumbres en avance fueron acumulando cada vez más tabúes contra todo matrimonio entre parientes cercanos.

La religión ha sido durante mucho tiempo una barrera eficaz contra la exogamia; muchas enseñanzas religiosas proscribían el matrimonio fuera de la fe. La mujer por lo general ha favorecido la práctica de la endogamia; el hombre, la de exogamia. La propiedad siempre ha influido sobre el matrimonio, y a veces, en un esfuerzo por conservar la propiedad dentro de un clan, han surgido costumbres establecidas que obligaban a las mujeres a elegir a sus maridos dentro de las tribus de sus padres. Este tipo de legislatura llevó a una gran multiplicación de los matrimonios entre primos. La endogamia también se practicaba en un esfuerzo por preservar los secretos de la artesanía; los artesanos expertos trataban de mantener el conocimiento de su arte dentro de la familia.

Los grupos superiores, cuando se encontraban aislados, volvían siempre al apareamiento entre consanguíneos. Los noditas, durante más de ciento cincuenta mil años, fueron un de los grandes grupos endogamistas. Las costumbres más recientes de endogamia estuvieron enormemente influidas por las tradiciones de la raza violeta en la cual, al principio, los apareamientos eran forzosamente entre hermano y hermana. Los matrimonios entre hermanos eran frecuentes en Egipto, Siria y Mesopotamia primitivos, y a lo largo y a lo ancho de las tierras cierta vez ocupadas por los anditas. Los egipcios practicaron durante mucho tiempo los matrimonios entre hermanos para mantener pura la sangre real, una costumbre que persistió aún por más tiempo en Persia. Entre los mesopotamianos, antes de los días de Abraham, los matrimonios entre primos eran obligatorios; los primos tenían derecho a la primera selección. Abraham mismo se casó con su hermanastra, pero estas uniones ya no se permitían bajo las costumbres más recientes de los judíos.

La primera tendencia contra los matrimonios entre hermanos se produjo cuando las costumbres de pluralidad de esposas, porque la esposa-hermana ejercía un dominio arrogante sobre la otra u otras esposas. Algunas costumbres tribales prohibían el matrimonio con la viuda de un hermano muerto, pero exigían que el hermano vivo fecundara a la viuda para dar hijos a este hermano fallecido. No existen instintos biológicos contra distintos grados de endogamia; tales restricciones son puramente una cuestión de tabú.

La exogamia finalmente dominó porque era la favorita del hombre; obtener a una esposa de afuera le aseguraba al hombre mayor libertad de los suegros. La familiaridad genera el desdén; así pues a medida que el elemento de libre albedrío comenzó a dominar el apareamiento, se volvió hábito elegir a la pareja fuera de la tribu.

Finalmente muchas tribus prohibieron el matrimonio dentro del clan; otras limitaron el apareamiento a ciertas castas. El tabú contra el matrimonio con la mujer del propio tótem dio impulso a la costumbre de robar mujeres de las tribus vecinas. Más adelante los matrimonios fueron reglamentados más de acuerdo con la residencia territorial que con el parentesco. Hubo muchos pasos evolutivos, desde la endogamia hasta las prácticas modernas de exogamia. Aun después de establecido el tabú con base a la endogamia en relación con la gente común, los caciques y reyes podían casarse con parientes cercanos para mantener la sangre real concentrada y pura. Las costumbres generalmente han permitido ciertas licencias a los soberanos en asuntos sexuales.

La presencia de los pueblos anditas más recientes tuvo mucho que ver con el aumento del deseo de las razas sangik por aparearse fuera de su propia tribu. Pero la exogamia no pudo volverse prevalente hasta que los grupos vecinos no aprendieron a convivir en paz relativa.

La exogamia por sí sola promovió la paz; los matrimonios entre las tribus disminuyeron las hostilidades. La exogamia condujo a la coordinación entre las tribus y a las alianzas militares; se volvió dominante porque proveía mayor fuerza; fue una constructora de naciones. La exogamia también favoreció grandemente el aumento de las relaciones comerciales; la aventura y la exploración contribuyeron a la expansión de los límites de apareamiento y facilitaron grandemente la fertilización cruzada de las culturas raciales.

Las discrepancias inexplicables de otra manera en las costumbres establecidas del matrimonio racial se deben en su mayor parte a esta hábito de exogamia con el respectivo robo de esposas y compra de esposas de otras tribus, todo lo cual resultó en una compilación de costumbres tribales separadas. El hecho de que estos tabúes relativos a la endogamia fueron de origen sociológico y no biológico, está bien ilustrado por los tabúes sobre los matrimonios entre parientes, que comprendían muchos grados de relaciones con parientes políticos, casos en los que no había ninguna consanguineidad.

6. LAS MEZCLAS RACIALES

Hoy en día no hay razas puras en el mundo. Los pueblos de color primitivos y originales tienen tan sólo dos razas representativas que persisten en el mundo —el hombre amarillo y el hombre negro— y aun estas dos razas están muy mezcladas con los pueblos de color ya desaparecidos. Aunque la así llamada raza blanca desciende predominantemente del antiguo hombre azul, está mezclada más o menos con todas las otras razas así como lo está el hombre rojo de las Américas.

De las seis razas sangik de color, tres eran primarias y tres secundarias. Aunque las razas primarias —azul, roja y amarilla— eran en muchos aspectos superiores a las tres gentes secundarias, debe recordarse que estas razas secundarias tenían muchos rasgos deseables que hubiesen elevado considerablemente a los pueblos primarios si se hubieran podido absorber sus cepas mejores.

El prejuicio actual contra los «híbridos», «mestizos» y «medias castas» surge del hecho de que la fecundación cruzada moderna se produce en su mayor parte entre cepas burdamente inferiores de las razas. También se produce una progenie insatisfactoria cuando las cepas degeneradas de la misma raza se casan entre sí.

Si las razas de hoy en día de Urantia pudieran librarse del peso de las capas inferiores de seres deteriorados, antisociales, de mente débil y abandonados, no habría objeción a una amalgama limitada de las razas. Y si tales mezclas de raza pudieran ocurrir entre los tipos más elevados de las varias razas, habría aún menos objeciones.

La hibridación de las cepas superiores y disímiles es el secreto de la creación de cepas nuevas y más vigorosas. Esto es cierto entre las plantas, los animales y las especies humanas. La hibridación aumenta el vigor e incrementa la fertilidad. Las mezclas interraciales de las capas medias o superiores de varios pueblos aumentan considerablemente el potencial *creador*, tal como se demuestra en la población presente de los Estados Unidos de Norteamérica. Cuando estos apareamientos ocurren entre las capas inferiores o más bajas, la creatividad disminuye, tal como se indica en los pueblos de hoy día en el sur de la India.

La mezcla de razas contribuye grandemente a la aparición repentina de características *nuevas*, y si tal hibridación es la unión de cepas superiores, entonces esas nuevas características serán también rasgos *superiores*.

Hasta tanto las razas presentes estén tan sobrecargadas con cepas inferiores y degeneradas, la mezcla interracial en gran escala sería altamente perjudicial, pero la mayoría de las objeciones a dichos experimentos corresponden a los prejuicios sociales y culturales más bien que a las consideraciones biológicas. Aun entre las cepas inferiores, los híbridos son frecuentemente una mejora respecto de sus antepasados. La hibridación produce una mejora de la especie debido al papel de los genes dominantes. La mezcla interracial aumenta la posibilidad de que un gran número de los deseables *genes dominantes* estén presentes en el híbrido.

Durante los últimos cien años ha habido más hibridación racial en Urantia que lo que ocurriera durante miles de años. El peligro de desarmonías burdas como resultado de la fecundación cruzada de las cepas humanas ha sido grandemente exagerado. Los problemas fundamentales de los «mestizos» se deben a los prejuicios sociales.

El experimento Pitcairn de mezclar a las razas blancas y polinesias arrojó resultados bastante buenos porque los hombres blancos y las mujeres polinesias pertenecían a cepas raciales relativamente buenas. La interrelación entre los tipos más elevados de las razas blanca, roja y amarilla traería inmediatamente a la existencia muchas características nuevas y biológicamente eficaces. Estos tres pueblos pertenecen a las razas sangik primarias. Las mezclas de las razas blanca y negra no son tan deseables en cuanto a sus resultados inmediatos, pero tampoco son tan objetables estos vástagos mulatos como querría hacerlos aparecer el prejuicio social y racial. Físicamente tal híbridos de blanco y negro son ejemplares excelentes de humanidad, a pesar de su ligera inferioridad en algunos otros respectos.

Cuando una raza primaria sangik se amalgama con una raza sangik secundaria, esta última es considerablemente mejorada a expensas de la primera. Y en pequeña escala —durante un largo período de tiempo— puede haber muy pocas objeciones serias a tal contribución sacrificada de las razas primarias para el mejoramiento de los grupos secundarios. Considerado desde un punto de vista biológico, los sangik secundarios eran en ciertos aspectos superiores a las razas primarias.

Después de todo, el verdadero peligro para la especie humana ha de encontrarse en la multiplicación sin restricciones de las cepas inferiores y degeneradas de los varios pueblos civilizados más bien que un supuesto peligro inherente a la mezcla interracial.

[Presentado por el Jefe de los Serafines estacionado en Urantia.]

DOCUMENTO 83

LA INSTITUCIÓN DEL MATRIMONIO

ÉSTE es el recuento de los primitivos comienzos de la institución del matrimonio. Éste ha progresado en forma constante partiendo de los apareamientos promiscuos y sin reglamentaciones dentro de la horda, pasando por muchas variaciones y adaptaciones, hasta la aparición de aquellas normas matrimoniales que finalmente culminaron en la realización de los apareamientos por pareja, la unión de un hombre y una mujer para establecer un hogar del más alto orden social.

El matrimonio muchas veces corrió peligro, y las costumbres matrimoniales se han apoyado grandemente tanto en la propiedad privada como en la religión; pero la verdadera influencia que por siempre protege el matrimonio y la familia consecuente, es el simple e innato hecho biológico de que los hombres y las mujeres no vivirán los unos sin las otros, sean ellos los salvajes más primitivos o los más cultos mortales.

Gracias al impulso sexual, el hombre egoísta es inducido a superar el nivel animal. La relación sexual autogratificante y digna comprende ciertas consecuencias de la autonegación y asegura la asunción de deberes altruísticos y de numerosas responsabilidades hogareñas que benefician a la raza. Por ello el sexo ha sido el civilizador incógnito e insospechado del salvaje; porque este mismo impulso sexual automática y seguramente *obliga al hombre a pensar y finalmente le conduce a amar.*

1. EL MATRIMONIO COMO INSTITUCIÓN DE LA SOCIEDAD

El matrimonio es el mecanismo de la sociedad inventado para regular y controlar esas muchas relaciones humanas que surgen del hecho físico de la bisexualidad. Como tal institución, el matrimonio funciona en dos direcciones:

1. En la reglamentación de las relaciones sexuales personales.
2. En la reglamentación de la descendencia, la herencia, la sucesión y el orden social, siendo ésta su función más antigua y original.

La familia, que surge del matrimonio, es en sí misma un estabilizador de la institución del matrimonio, juntamente con las costumbres propietarias. Otros poderosos factores de la estabilidad matrimonial son el orgullo, la vanidad, la caballerosidad, el deber y las convicciones religiosas. Pero aunque los matrimonios puedan ser aprobados o desaprobados desde las alturas, no se puede decir que son hechos en el cielo. La familia humana es una institución claramente humana, un desarrollo evolucionario. El matrimonio es una institución de la sociedad, no una dependencia de la iglesia. Es verdad que la religión debe influir poderosamente sobre esta institución, pero no debe adjudicarse el derecho exclusivo de su control y reglamentación.

El matrimonio primitivo era principalmente industrial; aun en los tiempos modernos, es a menudo un asunto social o comercial. A través de la influencia de la mezcla de la cepa andita y como resultado de las costumbres de la civilización en avance, el matrimonio se está volviendo lentamente mutuo, romántico, paternal, poético, afectuoso, ético y aun idealista. La selección y el así llamado amor romántico, sin embargo, estaban a nivel mínimo en el apareamiento primitivo. Durante los tiempos primitivos marido y mujer no pasaban mucho tiempo juntos; ni siquiera comían juntos muy a menudo. Pero entre los antiguos, el afecto personal no estaba ligado estrechamente a la atracción sexual; se encariñaban unos con los otros principalmente por la convivencia y la corporación en el trabajo.

2. EL GALANTEO Y EL COMPROMISO

Los matrimonios primitivos estaban siempre dispuestos de antemano por los padres del mancebo y de la doncella. La etapa de transición entre esta costumbre y la libertad de elección estuvo ocupada por los agentes matrimoniales o casamenteros profesionales. Estos casamenteros al principio eran los barberos; más adelante, los sacerdotes. El matrimonio fue originalmente un asunto de grupo; después un asunto familiar; tan sólo recientemente se ha vuelto una aventura individual.

La coerción, no la atracción, fue el camino de acceso al matrimonio primitivo. En los tiempos antiguos la mujer no manifestaba ningún retraimiento sexual, sino tan sólo la inferioridad sexual tal como lo inculcaban las costumbres establecidas. Así como el saqueo precedió al intercambio, el matrimonio por cautiverio precedió al matrimonio por contrato. Algunas mujeres conspiraban por ser capturadas para escapar a la dominación de los hombres más viejos de su tribu. Preferían caer en manos de hombres de su propia edad pertenecientes a otra tribu. Esta seudohuída fue una etapa de transición entre el rapto por la fuerza y el subsiguiente galanteo por seducción.

Un tipo primitivo de ceremonia nupcial consistía en la mímica de un rapto, un tipo de arreglo que había sido anteriormente práctica común. Más adelante, el rapto simulado se volvió parte de la ceremonia normal de boda. Las pretensiones de una doncella moderna por resistir al «rapto», su reticencia hacia el matrimonio, son restos de estas viejas costumbres. La tradición de levantar en vilo a la novia para franquear el umbral recuerda una cantidad de prácticas antiguas, entre otras, las de los tiempos en que se robaba a las esposas.

Por mucho tiempo a la mujer se le negó el autoalbedrío pleno en el matrimonio, pero las mujeres más inteligentes han sabido siempre obviar esta restricción mediante el ejercicio sagaz de su inteligencia. El hombre generalmente ha tomado el liderazgo en el galanteo, pero no siempre. La mujer a veces inicia formalmente, a la vez que subrepticiamente, el matrimonio. Y a medida que ha progresado la civilización, las mujeres han participado cada vez más en todas las fases del galanteo y del matrimonio.

El mayor amor, romance y selección personal en el galanteo prenupcial son contribución andita a las razas del mundo. Las relaciones entre los sexos se están desarrollando favorablemente; muchos pueblos en avance están reemplazando gradualmente las motivaciones más antiguas de utilidad y propiedad con los conceptos un tanto idealizados de la atracción sexual. El impulso sexual y los sentimientos de afecto están comenzando a desplazar al cálculo frío en la selección de la pareja para toda la vida.

El compromiso era originalmente equivalente al matrimonio; entre los pueblos primitivos las relaciones sexuales eran lo normal durante el período de noviazgo. En tiempos recientes, la religión ha establecido un tabú sexual sobre ese período que se comprende entre el compromiso y el casamiento.

3. LA COMPRA DE LA NOVIA Y LA DOTE

Los antiguos no confiaban ni en el amor ni en las promesas; creían que las uniones sólidas deben ser garantizadas por un respaldo tangible, la propiedad privada. Por este motivo, el precio de adquisición de una esposa se consideraba un depósito o una prenda, que el marido perdería en caso de divorcio o deserción. Una vez que se había pagado el precio de adquisición de una novia, muchas tribus permitían que se le quemara la marca del marido en la piel de ella. Los africanos aún compran sus esposas. Una esposa con quien el hombre se casara por amor, o sea la esposa de un hombre blanco, la comparan con un gato, porque no cuesta nada.

Las exhibiciones de novias eran ocasiones para vestir y adornar a las hijas y exponerlas públicamente con la idea de que traerían precios más altos como esposas. Pero no se las vendía como animales —entre las tribus más recientes, estas esposas no eran transferibles. Tampoco era siempre su adquisición una transacción monetaria a sangre fría; el servicio era equivalente al efectivo en la adquisición de una esposa. Si un candidato por otra parte deseable no podía pagar por su esposa, podía ser adoptado como hijo por el padre de la muchacha y luego casarse. Y si un hombre pobre deseaba contraer matrimonio y no podía satisfacer el precio exigido por un padre ávido, los ancianos frecuentemente presionaban al padre para que éste modificara sus exigencias, o si no era posible que los jóvenes huyeran juntos.

A medida que progresó la civilización, los padres ya no querían aparecer como que vendían a sus hijas y por lo tanto, aunque seguían aceptando el precio de adquisición de la novia, iniciaron la costumbre de dar a la pareja obsequios valiosos que prácticamente equivalían al dinero de adquisición. Más adelante, cuando desapareció la costumbre del pago por la novia, estos obsequios se volvieron la dote de la novia.

La idea de la dote consistía en proyectar una imagen de independencia de la novia, mostrando un gran adelanto desde los tiempos en que las esposas eran esclavas, y compañeras que formaron parte de la propiedad. El hombre no podía divorciar a su esposa con dote sin restituir la dote entera. Entre algunas tribus se hacía un depósito mutuo con los padres del novio y de la novia, depósito que se perdía en caso de que uno de ellos abandonara al otro, en verdad un bono matrimonial. Durante el período de transición de la época de adquisición a la de dote, si la esposa era comprada, los hijos pertenecían al padre; si no, pertenecían a la familia de la madre.

4. LA CEREMONIA NUPCIAL

La ceremonia de boda surgió del hecho de que el matrimonio era originalmente un asunto de la comunidad, no tan sólo la culminación de la decisión de dos individuos. El apareamiento era preocupación del grupo a la vez que una función personal.

La magia, el rito y la ceremonia coloreaban la entera vida de los antiguos, y el matrimonio no fue excepción. A medida que avanzó la civilización, a medida que el matrimonio se consideró más seriamente, la ceremonia de boda se tornó cada vez más pretenciosa. El matrimonio primitivo era un factor en los intereses propietarios, aun hasta el día de hoy, por consiguiente requería una ceremonia legal, mientras que la posición social de los futuros hijos exigía la publicidad más amplia. El hombre primitivo no llevaba registros; por lo tanto la ceremonia nupcial debía ser presenciada por muchas personas.

Al principio la ceremonia nupcial fue más del orden de un compromiso y consistió en la notificación pública de la intención de convivencia; más adelante consistió en compartir formalmente la comida. Entre algunas tribus los padres simplemente llevaban a su hija junto al marido; en otros casos la única ceremonia era el intercambio formal de obsequios, después de lo cual, el padre hacía entrega de la novia. Entre muchos pueblos levantinos era costumbre dispensar con todas las formalidades, siendo la boda consumada mediante las relaciones sexuales. El hombre rojo fue el primero en desarrollar una celebración más elaborada de las bodas.

La infecundidad se temía grandemente, y puesto que se atribuía la esterilidad a las maquinaciones de los espíritus, los esfuerzos realizados para asegurar la fecundidad también llevaron a asociar la boda con ciertos ceremoniales mágicos o religiosos. Y en este esfuerzo por asegurar un matrimonio feliz y fértil, se empleaban muchos amuletos; aun se consultaba con los astrólogos para asegurarse de las estrellas fecundas de las partes contrantes. En cierto período el sacrificio humano fue característica normal de toda boda entre la gente pudiente.

Se buscaban los días afortunados, siendo el jueves el que se consideraba más favorable, y las bodas celebradas con luna plena se consideraban particularmente afortunadas. Era costumbre de muchos pueblos del Cercano Oriente arrojar grano sobre los recién casados; éste era un rito mágico que tenía el supuesto objeto de asegurar la fecundidad. Algunos pueblos orientales usaban arroz para el mismo fin.

El fuego y el agua siempre se consideraron los mejores medios para defenderse de los fantasmas y los espíritus malvados; de allí los fuegos sobre el altar y las velas encendidas, así como también el bautismo con agua bendita, generalmente presentes en las bodas. Por mucho tiempo fue costumbre establecer un día falso para la boda y luego posponerlo en forma repentina para confundir a los fantasmas y espíritus.

Las bromas hechas a los recién casados son reliquias de esos días distantes en los que se consideraba que era mejor lucir tristes e incómodos a los ojos de los espíritus para no estimular su envidia. El uso del velo nupcial es reliquia de los tiempos en los que se consideraba necesario disfrazar a la novia para que los fantasmas no la reconociesen y también ocultar su belleza de los ojos celosos y envidiosos de los espíritus. Los pies de la novia no deben tocar la tierra antes de la ceremonia. Aun en el siglo veinte sigue siendo hábito en las costumbres cristianas colocar alfombras desde el coche nupcial hasta el altar en la iglesia.

Una de las formas más antiguas de ceremonia nupcial consistía en que un sacerdote bendijera el lecho nupcial para asegurar la fertilidad de la unión; esto se hizo mucho antes de que se estableciese un rito nupcial formal. Durante este período en la evolución de las costumbres matrimoniales se esperaba que los invitados a la boda desfilaran por la cámara nupcial por la noche, siendo así testigos legales de la consumación del matrimonio.

El elemento de suerte que hacía que, a pesar de todas las pruebas prematrimoniales, ciertos matrimonios no resultasen, llevó al hombre primitivo a buscar protección contra el fracaso del matrimonio; le condujo a la búsqueda de sacerdotes y magias. Y este movimiento culminó directamente en las modernas ceremonias nupciales en la iglesia. Pero durante mucho tiempo el matrimonio fue reconocido generalmente como la decisión de los padres contractuales —más adelante de la pareja— mientras que durante los últimos quinientos años la iglesia y el estado han asumido su jurisdicción y presumen ahora hacer pronunciamientos de matrimonio.

5. LOS MATRIMONIOS PLURALES

En la historia primitiva del matrimonio las mujeres solteras pertenecían a los hombres de la tribu. Más adelante, las mujeres tenían un solo marido por vez. Esta práctica de *un hombre por vez* fue el primer paso en sentido contrario a la promiscuidad de la horda. Aunque a la mujer tan sólo se le permitía un hombre, su marido podía interrumpir estas relaciones temporales a voluntad. Pero estas asociaciones tan laxamente reglamentadas fueron el primer paso hacia una vida de pareja en vez de una vida de horda. En esta etapa del desarrollo del matrimonio, los hijos generalmente pertenecían a la madre.

El paso siguiente en la evolución del apareamiento fue el *matrimonio de grupo*. Esta fase comunal del matrimonio hubo de suceder en el desarrollo de la vida familiar porque las costumbres matrimoniales aún no tenían fuerza suficiente para hacer que las asociaciones de pareja fueran permanentes. Los matrimonios entre hermanos pertenecieron a este grupo; cinco hermanos de una familia se casaban con cinco hermanas de otra. En todo el mundo las formas más laxas de matrimonio comunal evolucionaron gradualmente a varios tipos de matrimonio de grupo. Y estas asociaciones de grupo fueron mayormente reglamentadas por las costumbres establecidas del tótem. La vida familiar se desarrolló lenta y seguramente porque las reglamentaciones del matrimonio y del sexo favorecieron la supervivencia de la tribu misma asegurando la supervivencia de muchos hijos.

Los matrimonios de grupo gradualmente fueron siendo reemplazados por las prácticas surgentes de la poligamia —poliginia y poliandria— entre las tribus más avanzadas. Pero la poliandria no fue nunca general, estando generalmente limitada a las reinas y a las mujeres ricas; además, era generalmente un asunto de familia, una esposa para varios hermanos. Las restricciones económicas y de casta a veces hicieron necesario que varios hombres se contentaran con una sola esposa. Aun entonces, la mujer tan sólo se casaba con uno, siendo los demás tolerados vagamente como «tíos» de la progenie conjunta.

La costumbre judía de exigir que un hombre se juntara con la viuda de su hermano muerto para el propósito de «crecer la semilla para su hermano», era costumbre de más de la mitad del mundo antiguo. Ésta fue una reliquia del tiempo en que el matrimonio era un asunto de familia más bien que una asociación individual.

La institución de la poliginia reconoció, en distintas épocas, cuatro tipos de esposas:

1. Las esposas ceremoniales o legales; las esposas de estado.
2. Las esposas por afecto y por permiso.
3. Las concubinas, esposas contractuales.
4. Las esposas esclavas.

La verdadera poliginia, en la que todas las esposas son de igual estado y todos los hijos del mismo nivel, ha sido muy rara. Usualmente, aun en los matrimonios plurales, el hogar estuvo dominado por la esposa jefa, la compañera de estado. Sólo ella merecía una ceremonia de boda ritual, y sólo los hijos de tal esposa comprada o con dote podían heredar, a menos que se hicieran arreglos especiales con la esposa de estado.

La esposa de estado no era necesariamente la esposa amada; en los tiempos primitivos, usualmente ella no lo era. La esposa del amor, o querida, no apareció hasta que las razas no avanzaron considerablemente, más particularmente después de la mezcla de las tribus evolutivas con los noditas y adanitas.

La esposa del tabú —una sola esposa de estado legal— creó las costumbres de las concubinas. Bajo estas costumbres un hombre podía tan sólo tener una esposa, pero podía mantener relaciones sexuales con una cantidad ilimitada de concubinas. El concubinato fue el eslabón que llevó a la monogamia, el primer paso en sentido contrario a la poliginia franca. Las concubinas de los judíos, los romanos y los chinos eran muy frecuentemente las siervas de la esposa. Más adelante, tal como sucedió entre los judíos, la esposa legal era considerada la madre de todos los hijos del marido.

Los tabúes más antiguos sobre las relaciones sexuales con una esposa embarazada o que estaba amamantando tendieron a fomentar considerablemente la poliginia. Las mujeres primitivas envejecían muy pronto debido a los embarazos frecuentes combinados con el trabajo pesado. (Estas esposas sobrecargadas tan sólo conseguían existir gracias al hecho de que se las ponía en aislamiento una semana de cada mes cuando no estaban embarazadas). Estas esposas frecuentemente se cansaban de procrear y solicitaban de su marido que tomara a otra esposa más joven, capaz de ayudar tanto para la procreación como en el trabajo doméstico. Las nuevas esposas por consiguiente eran generalmente recibidas con deleite por las esposas más ancianas; no existía nada que se asemejara a los celo s sexuales.

La cantidad de esposas tan sólo estaba limitada por la capacidad del hombre para proveer por ellas. Los hombres ricos y capaces querían grandes cantidades de hijos y puesto que la mortalidad infantil era muy alta, se necesitaba una cohorte de esposas para conseguir una familia grande. Muchas de estas esposas plurales eran simplemente trabajadoras, esposas esclavas.

Las costumbres humanas evolucionan, pero muy lentamente. El propósito del harén consistió en asegurar una descendencia fuerte y numerosa para el trono. Cierta vez, se instó a cierto cacique a que deshiciera su harén, y se diese por satisfecho con una sola esposa; así pues prontamente deshizo su harén. Las esposas insatisfechas volvieron a sus hogares, y los parientes ofendidos se abalanzaron sobre el cacique, iracundos, y lo mataron de inmediato.

6. LA MONOGAMIA AUTÉNTICA—EL MATRIMONIO EN PAREJAS

La monogamia es un monopolio; es buena para los que llegan a tal estado deseable, pero tiende a funcionar como dificultad biológica para los que no son tan afortunados. Pero aparte del efecto sobre el individuo, la monogamia es decididamente lo mejor para los hijos.

La monogamia más primitiva se produjo por la fuerza de las circunstancias: la pobreza. La monogamia es cultural y social, artificial e innatural, o sea, innatural para el hombre evolucionario. Era totalmente natural para los más puros noditas y adanitas y ha sido de gran valor cultural para todas las razas avanzadas.

Las tribus caldeas reconocían el derecho de una esposa a imponer que el esposo prometiese, antes de la boda, que no tomaría a una segunda esposa ni a una concubina. Tanto los griegos como los romanos favorecían el matrimonio monógamo. La adoración de los antepasados siempre ha fomentado la monogamia, así como lo ha hecho el error cristiano de considerar el matrimonio un sacramento. Aun la elevación del nivel de vida ha contribuido constantemente contra la pluralidad de esposas. Para el tiempo del advenimiento de Micael en Urantia prácticamente todo el mundo civilizado había alcanzado el nivel de la monogamia teórica. Pero esta monogamia pasiva no significaba que la humanidad se hubiese habituado a la práctica del verdadero matrimonio en parejas.

Al perseguir el objetivo monógamo del matrimonio ideal en parejas, que es, después de todo, en cierto modo una asociación sexual monopolizadora, la sociedad no debe olvidar la situación triste de aquellos hombres y mujeres desafortunados que no consiguen encontrar su lugar en este orden social nuevo y mejorado, aun habiendo hecho lo mejor por cooperar con sus requisitos y cumplir con ellos. La imposibilidad de conseguir pareja en la arena social de competencia puede deberse a dificultades insuperables o a restricciones múltiples que han sido impuestas por las costumbres corrientes. Verdaderamente, la monogamia es ideal para aquellos que están en ella, pero inevitablemente debe ser una gran dificultad para aquellos que quedan afuera, en una existencia fría y solitaria.

Siempre algunos pocos desafortunados han tenido que sufrir para que avance la mayoría bajo las costumbres en desarrollo de la civilización en evolución; pero siempre, la mayoría favorecida debe considerar con ternura y consideración a aquellos semejantes menos afortunados que deben pagar el precio de la imposibilidad de obtener cabida en las filas de aquellas asociaciones sexuales ideales que permiten la satisfacción de todos los impulsos biológicos bajo la sanción de las costumbres más altas de una evolución social en avance.

La monogamia ha sido siempre, es ahora y será perennemente el objetivo ideal de la evolución sexual humana. Este ideal del verdadero matrimonio en parejas comprende autosacrificio, y por lo tanto tan frecuentemente fracasa tan sólo porque uno o ambas de las partes contratantes son deficientes en el riguroso autocontrol, que es la cúspide de todas las virtudes humanas.

La monogamia es el metro que mide el avance de la civilización social tal como se la distingue de la evolución puramente biológica. La monogamia no es necesariamente biológica ni natural, pero es indispensable para el mantenimiento inmediato y el desarrollo futuro de la civilización social. Contribuye a la delicadeza de los sentimientos, al refinamiento del carácter moral y a un crecimiento espiritual que son completamente imposibles en la poligamia. La mujer no podrá jamás llegar a ser una madre ideal si se ve constantemente obligada a rivalizar por el afecto de su marido.

El matrimonio en parejas favorece y fomenta la comprensión íntima y la cooperación eficaz ideales para la felicidad de los padres, el bienestar de los hijos y la eficiencia social. El matrimonio, que comenzó en coerción burda, va evolucionando gradualmente en una institución magnífica de autocultura, autocontrol, autoexpresión y autoperpetuación.

7. LA DISOLUCIÓN DEL VÍNCULO MATRIMONIAL

En la primitiva evolución de las costumbres maritales, el matrimonio era una unión laxa que podía ser terminada a voluntad, y los hijos siempre seguían a la madre; el vínculo madre-hijo es instintivo y ha funcionado sin relación alguna con la etapa de desarrollo de las costumbres.

Entre los pueblos primitivos sólo alrededor de la mitad de los matrimonios resultaban satisfactorios. La causa más frecuente de separación era la esterilidad, de la cual siempre se culpaba a la esposa; y se creía que las esposas sin hijos se volvían serpientes en el mundo espiritual. Bajo las costumbres más primitivas, el divorcio se otorgaba a opción del hombre únicamente, y estas normas han persistido hasta el siglo veinte entre algunos pueblos.

A medida que evolucionaron las costumbres, ciertas tribus desarrollaron dos tipos de matrimonio: el matrimonio ordinario, que permitía el divorcio y el matrimonio sacerdotal, que no permitía la separación. La inauguración de la compra de la esposa y de la dote traída por la esposa, al introducir una multa sobre la propiedad privada por fracaso del matrimonio, disminuyó mucho la frecuencia de las separaciones. Y efectivamente, muchas uniones modernas son estabilizadas por este antiguo factor de la propiedad privada.

La presión social del estado dentro de la comunidad y los privilegios propietarios siempre ha sido poderosa en el mantenimiento de los tabúes y costumbres del matrimonio. A través de las edades, el matrimonio ha hecho un progreso continuado y se encuentra en una posición de avanzada en el mundo moderno, a pesar de sufrir los amenazadores embates de una gran insatisfacción entre aquellos pueblos en los que la selección individual —una nueva libertad— existe en forma más preponderante. Aunque estos trastornos de ajuste aparecen entre las razas más progresivas como resultado de una evolución social repentinamente acelerada, entre los pueblos menos avanzados el matrimonio continúa floreciendo y mejorándose lentamente bajo la guía de las viejas costumbres.

La nueva y repentina sustitución de la tradición ideal pero extremadamente individualista del motivo del amor en el matrimonio, en lugar del motivo de la propiedad privada, más antiguo y largamente establecido, inevitablemente ha ocasionado una inestabilidad temporal en la institución del matrimonio. Los motivos del hombre para el matrimonio siempre han transcendido de lejos a la moral verdadera del matrimonio; en los siglos diecinueve y veinte, el ideal occidental del matrimonio ha pegado un extraordinario y repentino salto hacia adelante que lo ha colocado a gran distancia de los impulsos egocéntricos y los impulsos sexuales tan sólo parcialmente controlados de las razas. La presencia de grandes números de solteros en cualquier sociedad indica o la ruptura provisional de las costumbres o lo que están en una etapa de transición.

La verdadera prueba del matrimonio, a lo largo de las edades, ha sido esa intimidad continua que es inescapable en toda vida familiar. Dos jóvenes mimados y sobreprotegidos, educados a esperar toda indulgencia y plena gratificación de su vanidad y ego, no tendrán gran éxito en el matrimonio y la construcción del hogar —una asociación vitalicia que implica autosacrificio, compromiso, devoción y dedicación altruista a la puericultura.

El alto grado de imaginación y romance fantástico que participa del galanteo es en gran parte responsable por el aumento de las tendencias hacia el divorcio entre los pueblos occidentales modernos, todo lo cual se encuentra complicado adicionalmente por la mayor libertad personal de la mujer y su mayor libertad económica. La facilidad con que se obtiene el divorcio, cuando resulta de la falta de autocontrol o de la falta de ajuste normal de la personalidad, tan sólo conduce directamente de vuelta a aquellas etapas burdas de la sociedad de las cuales el hombre ha surgido tan recientemente y con tanta angustia personal y sufrimiento racial.

Pero mientras la sociedad no sepa educar adecuadamente a sus hijos y a su juventud, mientras el orden social no sepa proveer un adiestramiento premarital adecuado, y mientras el idealismo juvenil sin sabiduría ni madurez sea el árbitro del ingreso en el matrimonio, el divorcio seguirá siendo frecuente. Si el grupo social no sabe proveer una buena preparación matrimonial para sus jóvenes, el divorcio deberá funcionar hasta ese punto como una válvula de seguridad de la sociedad, para prevenir situaciones aun peores durante las edades de rápido crecimiento de las costumbres en evolución.

Los antiguos parecen haber considerado el matrimonio con tanta seriedad como algunos de los pueblos de hoy en día. Y muchos de los matrimonios apresurados y sin éxito de los tiempos modernos no parecen ser superiores a las prácticas antiguas de asignación de los jóvenes y las doncellas para el apareamiento. La gran contradicción de la sociedad moderna consiste en exaltar el amor e idealizar el matrimonio mientras que desaprueba al mismo tiempo el examen pleno de ambos.

8. LA IDEALIZACIÓN DEL MATRIMONIO

El matrimonio que culmina en el hogar es indudablemente la institución más excelsa del hombre, pero es esencialmente humana; no debería haber sido llamada nunca un sacramento. Los sacerdotes setitas hicieron del matrimonio un rito religioso; pero durante miles de años después de Edén, el apareamiento continuó siendo una institución puramente social y civil.

La comparación de las asociaciones humanas con las asociaciones divinas es sumamente desafortunada. La unión de marido y mujer en la relación matrimonio-hogar es una función material de los mortales de los mundos evolucionarios. En verdad es posible acumular gran cantidad de progreso espiritual mediante los sinceros esfuerzos humanos de marido y mujer por progresar, pero esto no significa que el matrimonio sea necesariamente sagrado. El progreso espiritual depende de la aplicación sincera a otras avenidas de la empresa humana.

Tampoco puede el matrimonio compararse verdaderamente con la relación del Ajustador con el hombre ni con la fraternidad de Cristo Micael con sus hermanos hombres. Casi en ningún momento son tales relaciones comparables con la asociación de marido y mujer. Y es muy triste que el erróneo concepto humano de estas relaciones haya producido tanta confusión en lo que concierne al estado del matrimonio.

También es triste que ciertos grupos de mortales hayan concebido el matrimonio como la consumación de una acción divina. Estas creencias conducen directamente al concepto de la indisolubilidad del estado marital sean cuales fueran las circunstancias o deseos de las partes contrayentes. Pero el hecho mismo de que tales uniones puedan disolverse indica que la Deidad no es parte participante de ellas. Si Dios une dos cosas o personas, éstas permanecerán unidas hasta el momento en que la voluntad divina decida su separación. Pero, en cuanto al matrimonio, que es una institución humana, ¿quién presumirá juzgarlo, para decir cuáles matrimonios son uniones que podrían haber sido aprobadas por los supervisores del universo en contraste con aquellas que son puramente humanas en su naturaleza y origen?

Sin embargo, existe un ideal matrimonial en las esferas de lo alto. En la capital de cada sistema local los Hijos e Hijas Materiales de Dios ilustran la elevación de los ideales de la unión del hombre y la mujer en los lazos del matrimonio y para el propósito de procrear y criar a los vástagos. Después de todo, el ideal mortal del matrimonio es *humanamente* sagrado.

El matrimonio siempre ha sido y sigue siendo el supremo sueño de idealismo temporal del hombre. Aunque este hermoso sueño pocas veces se realiza en su plenitud, perdura como ideal glorioso, atrayendo para siempre a la humanidad en progreso hacia mayores esfuerzos para la felicidad humana. Pero se ha de enseñar a los mancebos y doncellas algo sobre la realidad del matrimonio antes de que se les permita meterse de cabeza en el mar de demandas exigentes de las interasociaciones de la vida familiar; la idealización juvenil ha de mitigarse con cierto grado de desilusión premarital.

La idealización juvenil del matrimonio sin embargo no debe ser desalentada; estos sueños constituyen la visualización del objetivo futuro de la vida familiar. Esta actitud es tanto estimulante como positiva, siempre y cuando no produzca una insensibilidad a la comprensión de los requisitos prácticos y comunes del matrimonio y de la subsiguiente vida familiar.

Los ideales del matrimonio han hecho gran progreso en tiempos recientes; entre algunos pueblos, la mujer disfruta prácticamente de los mismos derechos que su consorte. Por lo menos en teoría, la familia se está volviendo una asociación leal para la crianza de la prole, acompañada de fidelidad sexual. Pero aun esta versión más reciente del matrimonio no debe llegar a tal extremo de conferir monopolio mutuo de entera personalidad e individualidad. Matrimonio no es tan sólo un ideal individualista; es la asociación social evolutiva de un hombre y una mujer, establecida por las costumbres actuales, restringida por los tabúes y regida por las leyes y reglamentaciones de la sociedad.

Los matrimonios del siglo veinte han logrado un nivel elevado en comparación con aquellos de edades pasadas, a pesar de que la institución del hogar está sufriendo en este momento una dura prueba debido a los problemas que de un momento a otro fueron impuestos en la organización social por la repentina aparición del aumento acelerado de las libertades de la mujer, derechos que por tanto tiempo se le negaron en la tardía evolución de las costumbres establecidas de las generaciones pasadas.

[Presentado por el Jefe de los Serafines asignado a Urantia.]

DOCUMENTO 84

MATRIMONIO Y VIDA FAMILIAR

LA NECESIDAD material cimentó el matrimonio, el apetito sexual lo embelleció, la religión lo sancionó y lo exaltó, el estado lo exigió y lo reglamentó, y en tiempos más recientes el amor en evolución empieza a justificar y glorificar el matrimonio como antepasado y creador de la institución más útil y sublime de la civilización: el hogar. La formación del hogar debe ser el centro y esencia de todo esfuerzo de educación.

El apareamiento es puramente un acto de autoperpetuación, asociado con grados vari ables de autogratificación; el matrimonio, la construcción del hogar, es en gran parte un asunto de automantenimiento, e implica la evolución de la sociedad. La sociedad misma es la estructura agregada de unidades familiares. Los individuos son totalmente temporales como factores planetarios —sólo las familias son agencias constantes en la evolución social. La familia es el canal por el cual fluye el río de la cultura y del conocimiento de una generación a la otra.

El hogar es básicamente una institución sociológica. El matrimonio surgió de la cooperación en el automantenimiento y de la asociación en la autoperpetuación, siendo el elemento de la autogratificación en gran parte incidental. Sin embargo, el hogar abraza las tres funciones esenciales de la existencia humana, mientras que la propagación de la vida lo torna institución humana fundamental, y el sexo lo separa de toda otra actividad social.

1. LAS PRIMITIVAS ASOCIACIONES EN PAREJA

El matrimonio no se fundó en las relaciones sexuales; éstas fueron incidentales. El matrimonio no era una necesidad del hombre primitivo, quien satisfacía su apetito sexual libremente sin cargarse con las responsabilidades de una esposa, hijos y hogar.

La mujer, debido a su apego tanto físico como emocional a la progenie, depende de la cooperación con el hombre, y esto la impulsa a buscar la protección del matrimonio. Pero no existe un impulso biológico directo que conduzca al hombre al matrimonio —y mucho menos que lo retenga. No fue el amor lo que volvió atrayente el matrimonio para el hombre, sino fue el hambre de alimento lo que primero atrajo al hombre salvaje adonde la mujer y el refugio primitivo compartido con sus hijos.

El matrimonio ni siquiera fue el resultado de la comprensión consciente de las obligaciones inherentes a las relaciones sexuales. El hombre primitivo no comprendía la conexión entre la satisfacción sexual y el subsiguiente nacimiento de un niño. Antiguamente se creía universalmente que una virgen podía quedar embarazada. Los salvajes concibieron muy pronto la idea de que los bebés estaban hechos en la tierra de los espíritus; el embarazo se consideraba el resultado de que un espíritu penetrara en la mujer, un fantasma en evolución. Tanto la dieta como el malojo también se creían capaces de causar embarazo en una virgen o en una mujer no casada, mientras que posteriormente se creyó que el comienzo de una vida se relacionaba con el aliento y con la luz del sol.

Muchos pueblos primitivos asociaban los fantasmas con el mar; de allí que a las vírgenes les limitaran los baños; las doncellas tenían mucho más miedo de bañarse en el mar cuando la marea estaba alta que de mantener relaciones sexuales. Los niños deformes o prematuros se consideraban crías de animales que habían entrado en el cuerpo de la mujer como resultado de un baño sin cuidado o por la actividad malévola de un espíritu. Los salvajes, por supuesto, no titubeaban en estrangular a estos niños recién nacidos.

El primer paso hacia el esclarecimiento se produjo con la creencia de que las relaciones sexuales abrían el camino para que el fantasma impregnador penetrara a la mujer. Desde entonces el hombre ha descubierto que padre y madre contribuyen igualmente a los factores vivientes de la herencia que inician la progenie. Pero aún en el siglo veinte muchos padres intentan mantener a sus hijos en mayor o menor ignorancia en cuanto al origen de la vida humana.

La existencia de una familia de alguna clase estaba asegurada por el hecho de que la función reproductora comprende la relación madre-hijo. El amor materno es instintivo; no se originó en las costumbres así como lo hizo el matrimonio. Todo amor materno mamífero es el don inherente de los espíritus ayudantes de la mente del universo local y su fuerza y devoción son siempre directamente proporcionales a la duración de la infancia desvalida de la especie.

La relación madre-hijo es natural, fuerte e instintiva, y por consiguiente es una relación que obligó a las mujeres primitivas a someterse a muchas condiciones extrañas y a soportar incontables dificultades. Este apremiante amor materno es la emoción limitadora que siempre ha colocado a la mujer en una situación de desventaja tan tremenda en todas sus luchas con el hombre. A pesar de todo ello, el instinto materno en la especie humana no es sobrecogedor; puede ser frustrado por la ambición, el egoísmo y la convicción religiosa.

Aunque la asociación madre-hijo no es ni matrimonio ni hogar, fue el núcleo del cual ambos surgieron. El gran avance en la evolución del apareamiento se produjo cuando estas asociaciones temporales duraron lo suficiente como para criar a la progenie resultante, puesto que eso ya era formación del hogar.

A pesar de los antagonismos de estas parejas primitivas, a pesar de la laxitud de la asociación, las posibilidades de sobrevivencia estaban grandemente mejoradas en estas asociaciones de hombre y mujer. La cooperación de un hombre y una mujer, aun aparte de familia y prole, es vastamente superior en muchos aspectos a la de dos hombres o dos mujeres. Esta combinación de los sexos mejoraba las posibilidades de sobrevivencia y fue el comienzo mismo de la sociedad humana. La división del trabajo por sexo también fomentó la comodidad y aumentó la felicidad.

2. LA PRIMITIVA FAMILIA MATERNA

Las hemorragias periódicas de la mujer y su ulterior pérdida de sangre en el parto sugirieron primitivamente que la sangre creaba al hijo (aun se la consideró el asiento del alma) y dieron origen al concepto del vínculo sanguíneo en las relaciones humanas. En los tiempos primitivos toda descendencia se juzgaba por la línea femenina, puesto que era ésa la única porción de la herencia con visos de certidumbre.

La familia primitiva, que surgía del vínculo sanguíneo biológico instintivo de madre e hijo, fue inevitablemente una familia materna; y muchas tribus mantuvieron este arreglo por mucho tiempo. La familia materna era la única transición posible de la etapa del matrimonio de grupo en las hordas a la más reciente y mejorada vida de hogar de las familias paternas polígamas y monógamas. La familia materna era natural y biológica; la familia paterna es social, económica y política. La persistencia de la familia materna entre los hombres rojos de Norteamérica es una de las razones principales que explican por qué los iroqueses, progresivos en otros aspectos, no llegaron nunca a fundar un verdadero estado.

Bajo las costumbres establecidas de la familia materna la madre de la esposa tenía virtualmente la autoridad suprema en casa; aun los hermanos de la esposa y sus hijos eran más activos en la supervisión de la familia que el marido. Era frecuente que se le cambiara el nombre del padre por el de sus hijos.

Las razas más primitivas otorgaron muy poco crédito al padre: consideraban que el niño provenía exclusivamente de la madre. Creían que los hijos se asemejaban al padre como consecuencia de la asociación, o que estaban «marcados» de esta manera porque la madre deseaba que ellos se pareciesen al padre. Más adelante, cuando se hizo el cambio de la familia materna a la familia paterna, el padre tomó para sí todo crédito por el hijo, y muchos de los tabúes sobre las mujeres embarazadas se extendieron posteriormente incluyendo al marido. El futuro padre dejaba de trabajar a medida que se acercaba el momento del parto, y en ese momento se acostaba, junto con su mujer, permaneciendo en reposo de tres a ocho días. La esposa podía levantarse al día siguiente y hacer trabajo pesado, pero el marido permanecía en cama para recibir las felicitaciones; esto fue parte de las primitivas costumbres inventadas para establecer el derecho del padre sobre el hijo.

Al principio era costumbre que el hombre fuera a vivir con la familia de la mujer, pero en tiempos más recientes, una vez que el hombre había pagado el precio de la esposa o había trabajado para ella, podía llevarse a su esposa y a sus hijos junto a su propia familia. La transición de la familia materna a la familia paterna explica las prohibiciones por lo demás insensibles, de matrimonios entre ciertos tipos de primos mientras que otros de parentesco equivalente eran sancionados.

Con la desaparición de las costumbres de la caza, cuando el pastoreo dio al hombre el control del principal abastecimiento de alimentos, la familia materna desapareció rápidamente. Fracasó simplemente porque no podía competir con éxito con la familia paterna más nueva. El poder en las manos de los parientes masculinos de la madre no podía competir con el poder concentrado en el marido-padre. La mujer no estuvo a la altura de las tareas combinadas de criar a los hijos y ejercer una autoridad continua y aumentar el poder doméstico. La aparición del robo de mujeres y más adelante de la compra de mujeres aceleró la desaparición de la familia materna.

El extraordinario cambio de la familia materna a la familia paterna es uno de los ajustes más radicales y completos jamás ejecutados por la raza humana. Este cambio llevó inmediatamente a una mayor expresión social y a una aventura familiar aumentada.

3. LA FAMILIA BAJO EL DOMINIO DEL PADRE

Aunque puede ser que el instinto maternal condujo a la mujer al matrimonio, fue sin embargo la fuerza superior del hombre, juntamente con la influencia de las costumbres, la que virtualmente la obligó a permanecer en él. La vida pastoral tendió a crear un nuevo sistema de costumbres, el tipo patriarcal de vida familiar; la base de la unidad familiar bajo las primitivas costumbres pastoriles y agrícolas fue la autoridad incuestionable y arbitraria del padre. Toda sociedad, tanto nacional como familiar, pasó por la etapa de la autoridad autocrática de tipo patriarcal.

La escasa cortesía hacia las mujeres durante la era del Antiguo Testamento es un reflejo auténtico de las costumbres de los pastores. Los patriarcas hebreos eran todos ellos pastores, tal como se demuestra por el dicho, «El Señor es mi pastor».

Pero el hombre no tuvo más culpa de su poco respeto por la mujer durante las eras pasadas que la mujer misma. Ella no consiguió obtener reconocimiento social durante los tiempos primitivos porque no supo funcionar en los momentos difíciles; no fue una heroína espectacular ni supo manejar las crisis. La maternidad era una desventaja clara en la lucha por la existencia; el amor materno limitó a la mujer en las actividades de defensa de la tribu.

Las mujeres primitivas también crearon inintencionalmente su propia dependencia del hombre, a través de la admiración y aplauso que manifestaban por su pugnacidad y virilidad. Esta exaltación del guerrero elevó el ego del hombre, mientras que al mismo tiempo deprimió de igual manera el de la mujer y la tornó más dependiente; el uniforme militar aún atrae poderosamente las emociones femeninas.

Entre las razas más adelantadas, las mujeres no son tan robustas ni tan fuertes como los hombres. La mujer, siendo la más débil, por consiguiente se tornó más discreta; muy pronto aprendió a utilizar sus encantos sexuales. Se tornó más alerta y conservadora que el hombre, aunque ligeramente menos profunda. El hombre era superior a la mujer en el campo de batalla y en la caza; pero en el hogar la mujer generalmente ha dominado aun al más primitivo de los hombres.

El pastor buscaba sustento en su rebaño, pero durante estas eras pastorales la mujer era quien proveía los vegetales. El hombre primitivo despreciaba la tierra; era trabajo demasiado pacífico, sin aventura. También existía una antigua superstición de que las mujeres podían hacer crecer mejor las plantas; eran madres. En muchas tribus atrasadas aún hoy día, el hombre cocina la carne, la mujer, los vegetales, y cuando las tribus primitivas de Australia se trasladan de un lado al otro, las mujeres jamás cazan mientras que el hombre no se encorva a desenterrar una raíz.

Las mujeres siempre han tenido que trabajar; por lo menos hasta los tiempos modernos la mujer ha sido una verdadera productora. El hombre usualmente ha elegido el camino más fácil, y esta desigualdad ha existido a lo largo de la historia de la raza humana. La mujer ha sido siempre la bestia de carga, ocupándose de las propiedades de la familia y atendiendo a los hijos, para que el hombre tuviera las manos libres para guerrear o cazar.

La primera liberación de la mujer sobrevino cuando el hombre asintió a trabajar la tierra, se decidió a hacer lo que hasta ese momento había sido considerado tarea de mujer. Fue un gran paso hacia adelante cuando los cautivos masculinos ya no fueron asesinados sino que se los esclavizó para que trabajaran como agricultores. Esto trajo la liberación de la mujer, que pudo así dedicar más tiempo al hogar y a la puericultura.

La provisión de leche para los pequeños llevó a un destete más precoz de los bebés, y por consiguiente a engendrar más niños porque las madres de esta manera eran aliviadas de su esterilidad temporal, mientras que el uso de la leche de vaca y de cabra redujo considerablemente la mortalidad infantil. Antes de la era pastoril de la sociedad, las madres solían amamantar a sus hijos hasta los cuatro o cinco años.

La disminución de la frecuencia de las guerras primitivas disminuyó grandemente la disparidad entre la división del trabajo basada en el sexo. Pero las mujeres seguían teniendo que hacer el verdadero trabajo mientras que los hombres hacían trabajo de centinela. No se podía dejar un campamento o aldea sin vigilancia ni de día ni de noche, pero aun esta tarea fue aliviada por la domesticación del perro. En general, el advenimiento de la agricultura aumentó el prestigio y la posición social de la mujer; por lo menos esto ocurrió hasta el momento en que el hombre mismo se volvió agricultor. En cuanto el hombre se propuso trabajar la tierra, hubo inmediatamente una gran mejora en los métodos agrícolas, que fue trasmitida a las generaciones sucesivas. En la caza y en la guerra el hombre había aprendido el valor de la organización e introdujo estas técnicas en la industria y más adelante, cuando heredó la mayor parte del trabajo de la mujer, mejoró considerablemente los métodos sueltos de trabajo de ésta.

4. LA POSICIÓN DE LA MUJER EN LA SOCIEDAD PRIMITIVA

En términos generales, durante cualquier etapa la posición de la mujer constituye un criterio justo del proceso evolutivo del matrimonio como institución social, mientras que el progreso del matrimonio mismo es un termómetro razonablemente preciso de los avances de la civilización humana.

La posición de la mujer ha sido siempre una paradoja social; ella ha sido siempre una administradora astuta del hombre; ha capitalizado siempre sobre el impulso sexual más fuerte del hombre, para satisfacer sus propios intereses y su propio avance. Mediante el uso astuto de sus encantos sexuales, frecuentemente ha sido capaz de ejercer un poder dominador sobre el hombre, aun cuando éste la mantenía en la esclavitud más abyecta.

La mujer primitiva no era para el hombre una amiga, novia, amante y socia sino más bien una posesión, una sierva o esclava y más adelante, una socia económica, un juguete y una productora de hijos. Sin embargo, las relaciones sexuales apropiadas y satisfactorias han necesitado siempre del elemento de elección y cooperación por parte de la mujer, y ello ha proporcionado siempre a las mujeres inteligentes una influencia considerable sobre su posición personal inmediata, a pesar de la posición social de su sexo. Pero la desconfianza y sospecha por parte del hombre fueron estimuladas por el hecho de que la mujer se vio siempre obligada a recurrir a la astucia para aliviar su esclavitud.

Los sexos han tenido gran dificultad en comprenderse. El hombre encontraba difícil comprender a la mujer, considerándola con una extraña mezcla de desconfianza ignorante y fascinación temerosa, cuando no con sospecha y desprecio. Muchas tradiciones tribales y raciales culpan de todas las dificultades a Eva, Pandora u otra representante de la humanidad femenina. Estas narrativas siempre fueron distorsionadas a fin de indicar que la mujer traía el mal al hombre; y todo ello indica la desconfianza de la mujer, sentimiento antiguamente universal. Entre los motivos citados a favor del sacerdocio célibe, el principal era la bajeza de la mujer. El hecho de que la mayoría de las supuestas brujas eran mujeres no mejoró la antigua reputación de este sexo.

El hombre ha considerado por mucho tiempo a la mujer como peculiar, aun anormal. Ellos aun han creído que las mujeres no tenían alma; por consiguiente no se les daba nombre. Durante los tiempos primitivos existía gran temor de la primera relación sexual con una mujer; de allí se volvió costumbre que el sacerdote tuviera la relación inicial con una virgen. Aun se llegó a pensar que la sombra de una mujer sería peligrosa.

Antiguamente se consideraba que dar a luz convertía a la mujer en peligrosa e impura. Muchas costumbres tribales decretaban que la madre debía someterse a ceremonias extensas de purificación después del nacimiento de un hijo. Excepto entre aquellos grupos en que el hombre participaba en el parto, se evitaba a la mujer embarazada, se la dejaba sola. Los antiguos aun llegaban a prohibir que el niño naciese dentro de la casa. Finalmente, se les permitió a las viejas atender a la madre durante el parto, y esta práctica dio origen a la profesión de partera. Durante el parto, se decían y hacían cantidades de tonterías para facilitar el alumbramiento. Era costumbre esparcir al neonato con agua bendita para prevenir la interferencia de los fantasmas.

Entre las tribus no mezcladas, el parto era comparativamente fácil, llevando tan sólo dos o tres horas; pocas veces es tan fácil entre las razas mezcladas. Si una mujer moría de parto, especialmente durante el alumbramiento de mellizos, se creía que había sido culpable de adulterio espiritual. Más adelante, las tribus más evolucionadas consideraron la muerte por parto como voluntad del cielo; se consideraba que tales madres habían muerto por una causa noble.

La así llamada modestia de las mujeres en cuanto a su vestimenta y la exposición de su persona surgió del temor mortal de ser observada durante el período menstrual. Ser vista de esta manera constituía un pecado serio, la violación de un tabú. Bajo las costumbres establecidas de los tiempos antiguos, toda mujer, desde la adolescencia hasta el fin de su período reproductor, estaba sujeta a una cuarentena completa de la familia y de la sociedad por una semana entera cada mes. Todo lo que ella tocaba, el lugar donde se sentaba o donde yacía se consideraba «inmundo». Durante mucho tiempo existió la costumbre de azotar brutalmente a una muchacha después de cada menstruación, para que se escapara de su cuerpo el espíritu maligno. Pero cuando la mujer sobrepasaba el período reproductor, generalmente se la trataba con más consideración, siéndole acordados más derechos y privilegios. En vista de todo esto no es extraño que las mujeres fueran despreciadas. Aun entre los griegos se creía que la mujer menstruante era una de las tres grandes causas de inmundicia, siendo las otras dos el cerdo y el ajo.

Aunque estas ideas vetustas fueran muy tontas, hicieron cierto bien puesto que otorgaron a las mujeres explotadas, por lo menos durante la juventud, una semana por mes de descanso bien merecido y meditación útil. Así podían ellas aguzar el ingenio para negociar con sus asociados masculinos el resto del tiempo. Esta cuarentena de las mujeres también protegía a los hombres de una indulgencia sexual exagerada, contribuyendo de esta manera indirectamente a la restricción de la población y a la elevación del autocontrol.

Se realizó un gran avance cuando se le negó al hombre el derecho de matar a su mujer a voluntad. Del mismo modo fue un paso hacia adelante el momento en que la mujer tuvo el derecho de poseer los obsequios de boda. Más adelante, ganó el derecho legal a poseer, controlar y aun disponer de la propiedad, pero por mucho tiempo estuvo privada del derecho de ocupar posiciones en la iglesia o el estado. La mujer ha sido tratada siempre más o menos como una posesión, hasta el siglo veinte después de Cristo y aun durante este siglo. Aún no ha podido liberarse a nivel mundial de la reclusión impuesta por el control del hombre. Aun entre los pueblos avanzados, el intento del hombre de proteger a la mujer ha sido siempre una declaración tácita de su propia superioridad.

Pero las mujeres primitivas no se tenían lástima de sí mismas como lo suelen hacer sus hermanas más recientemente liberadas. Después de todo eran relativamente felices y satisfechas. No se atrevían a imaginar una forma de existencia diferente o mejor.

5. LA MUJER BAJO LAS COSTUMBRES EN DESARROLLO

En la autoperpetuación la mujer está al mismo nivel que el hombre, pero en la sociedad para el automantenimiento ella lucha contra una desventaja clara, y esta desventaja de la maternidad forzada tan sólo puede ser compensada por costumbres esclarecidas en una civilización en avance y por el aumento del sentido de justicia adquirida en el hombre.

A medida que evolucionó la sociedad, las normas sexuales fueron más importantes entre las mujeres porque ellas sufrían más las consecuencias de la transgresión de las costumbres sexuales. Las normas sexuales del hombre están mejorando tardíamente como resultado de un sentido de esa justicia que demanda la civilización. La naturaleza nada sabe de justicia —permite que la mujer sufra sola los dolores de parto.

La idea moderna de igualdad de los sexos es hermosa y está a la altura de una civilización en expansión, pero no se la encuentra en la naturaleza. Cuando la fuerza equivale a la justicia, el hombre domina a la mujer; cuando prevalecen más la justicia, la paz y la equidad, gradualmente emerge ella de la esclavitud y de la oscuridad. La posición social de la mujer generalmente ha variado inversamente al grado de militarismo de una nación o era.

Pero el hombre no quitó consciente ni intencionalmente los derechos de la mujer para luego devolvérselos gradualmente y a disgusto; todo esto fue un episodio inconsciente y espontáneo de la evolución social. Cuando realmente llegó el momento en que la mujer pudo disfrutar de mayores derechos, los obtuvo, y todo ello a pesar de la actitud consciente del hombre. Lentamente pero con seguridad las costumbres establecidas cambian para proveer esos ajustes sociales que son parte de la evolución persistente de la civilización. Las costumbres en avance proveyeron poco a poco un trato cada vez mejor para las mujeres; las tribus que persistieron en tratarlas con crueldad no sobrevivieron.

Los adanitas y los noditas acordaron mayor reconocimiento a las mujeres, y los grupos que fueron influidos por los anditas migratorios tendieron a ser influidos por las enseñanzas edénicas en cuanto a la posición de la mujer en la sociedad.

Los antiguos chinos y los griegos trataron a las mujeres mejor que la mayoría de los pueblos circunvecinos. Pero los hebreos les tenían enorme desconfianza. En el occidente la mujer ha tenido que escalar socialmente con dificultad a partir de las doctrinas paulistas adoptadas por el cristianismo, a pesar de que el cristianismo avanzó las costumbres imponiendo obligaciones sexuales más estrictas a los hombres. Entre el mahometismo, la posición de la mujer es prácticamente desesperada, peculiarmente degradada, y ella se encuentra en condiciones aún peores bajo las enseñanzas de varias otras religiones orientales.

La ciencia y no la religión, verdaderamente emancipó a la mujer; fue la fábrica moderna la que en gran parte la liberó de los confines del hogar. La habilidad física del hombre ya no fue una necesidad esencial en el nuevo mecanismo de mantenimiento; la ciencia tanto cambió las condiciones de vida que la mano de obra masculina dejó de ser tan superior a la mano de obra femenina.

Estos cambios han llevado hacia la liberación de la mujer de la esclavitud doméstica y han traído consigo tal modificación de su condición que ella actualmente disfruta de un grado de libertad personal y de determinación sexual prácticamente igual a el del hombre. Antiguamente el valor de la mujer correspondía a su habilidad para producir alimento, pero la inventiva y la riqueza le han permitido crear un nuevo mundo en el cual funcionar —esferas de gracia y encanto. De este modo ha ganado la industria su lucha inconsciente e inintencional por la emancipación social y económica de la mujer. Nuevamente, la evolución ha sabido hacer lo que aun no pudo la revelación.

La reacción de los pueblos esclarecidos a las costumbres injustas que gobernaban la situación de la mujer en la sociedad ha sido, en su extremismo, de forma pendular. Entre las razas industrializadas, se le han otorgado casi todos los derechos, y ella disfruta de la exención de muchas de las obligaciones, tales como el servicio militar. Cada vez que la lucha por la existencia se ha hecho más fácil ello ha fomentado la liberación de la mujer, que se ha beneficiado directamente de todos los avances hacia la monogamia. Los más débiles siempre ganan desproporcionadamente en cada ajuste de las costumbres en la evolución progresiva de la sociedad.

En los ideales del matrimonio en parejas, la mujer ha ganado finalmente reconocimiento, dignidad, independencia, igualdad y educación; pero, ¿se demostrará merecedora de todos estos logros nuevos y sin precedentes? ¿Responderá la mujer moderna a este gran logro de liberación social con pereza, indiferencia, esterilidad e infidelidad? ¡Actualmente, en el siglo veinte, la mujer pasa la prueba crucial de su larga existencia mundial!

La mujer es la socia del hombre a igual nivel en la reproducción de la raza, por lo tanto es igualmente importante en el desarrollo de la evolución racial; por ello la evolución ha contribuido cada vez más a la realización de los derechos de la mujer. Pero los derechos de la mujer no son de ninguna manera los derechos del hombre. La mujer no puede florecer con los derechos del hombre, ni puede el hombre prosperar con los derechos de la mujer.

Cada sexo tiene su esfera de existencia propia y distinta, juntamente con sus propios derechos dentro de esa esfera. Si la mujer aspira literalmente a disfrutar de todos los derechos del hombre, entonces, más pronto o más tarde, la competencia cruel y sin emociones reemplazará con seguridad al caballerismo y a la consideración especial de que muchas mujeres disfrutan hoy en día, y que tan recientemente han ganado de los hombres.

La civilización nunca podrá borrar la gran discrepancia entre la conducta de los sexos. De era en era las costumbres cambian, pero el instinto jamás. El afecto materno innato no permitirá jamás a la mujer emancipada tornarse una rival seria del hombre en la industria. Por siempre cada sexo reinará supremo en su propio dominio, dominio determinado por la diferenciación biológica y por la disimilitud mental. Cada sexo tendrá siempre su propia esfera especial, aunque por siempre y para siempre se traslapen. Tan sólo socialmente competirán hombres y mujeres al mismo nivel.

6. LA ASOCIACIÓN DEL HOMBRE Y LA MUJER

El impulso reproductor atrae infaliblemente a hombres y mujeres a causa de la autoperpetuación. Pero, por sí solo, no asegura que permanezcan juntos en cooperación mutua —que funden un hogar.

Toda institución humana de éxito comprende antagonismos de intereses personales que han sido ajustados para alcanzar una armonía práctica de trabajo, y la formación del hogar no es una excepción. El matrimonio, la base de la formación del hogar, es la manifestación más alta de esa cooperación antagonista que tan frecuentemente caracteriza el contacto de la naturaleza y la sociedad. El conflicto es inevitable. El apareamiento es inherente; es natural. Pero el matrimonio no es biológico; es sociológico. La pasión asegura la unión de hombre y mujer, pero el instinto paternal más débil y las costumbres sociales son las que los mantienen juntos.

El hombre y la mujer son, desde un punto de vista práctico, dos variedades distintas de la misma especie que viven en asociación íntima y estrecha. Sus puntos de vista y sus reacciones a la vida son esencialmente diferentes; son totalmente incapaces de una comprensión plena y real entre ellos. La comprensión completa entre los sexos es inalcanzable.

Parecería que las mujeres tuvieran más intuición que los hombres, pero también parecen ser ellas un tanto menos lógicas. La mujer sin embargo siempre ha sido la abanderada moral y la líder espiritual de la humanidad. La mano que mece la cuna aún fraterniza con el destino.

La diferencia de naturaleza, reacción, puntos de vista y pensamiento entre hombres y mujeres, en vez de ocasionar preocupación, debería ser considerada altamente beneficiosa para la humanidad, tanto individual como colectivamente. Muchas órdenes de criaturas del universo son creadas en fase dual de manifestación de la personalidad. Entre los mortales, los Hijos Materiales y los midsonitas, esta diferencia se describe como hombre y mujer; entre los serafines, querubines y Compañeros Moronciales, ha sido denominada positiva o enérgica, y negativa o introvertida. Estas asociaciones duales multiplican grandemente la versatilidad y se sobreponen a las limitaciones inherentes, de la manera en que lo hacen ciertas asociaciones trinas en el sistema Paraíso-Havona.

Los hombres y las mujeres se necesitan mutuamente en sus carreras morontiales y espirituales así como también en sus carreras mortales. Las diferencias de puntos de vista entre hombres y mujeres persisten aun más allá de la primera vida y a lo largo de las ascensiones en el universo local y en el superuniverso. Aun en Havona, los peregrinos que otrora fueran hombres y mujeres seguirán ayudándose mutuamente en el ascenso al Paraíso. Nunca, ni siquiera en el Cuerpo de los Finalistas, será la metamorfosis de la criatura tan grande como para borrar las tendencias de personalidad que los humanos llaman hombre y mujer; siempre continuarán estas dos variaciones básicas de la humanidad a atraerse, estimularse, alentarse y asistirse mutuamente; siempre dependerán de su cooperación mutua en la solución de los difíciles problemas del universo y en sobreponerse a las múltiples dificultades cósmicas.

Aunque los sexos no podrán esperar jamás comprenderse plenamente, son efectivamente complementarios, y aunque frecuentemente haya mayor o menor antagonismo personal entre ellos, su cooperación es capaz de mantener y reproducir la sociedad. El matrimonio es una institución concebida para componer las diferencias sexuales, contribuyendo a la vez a la continuación de la civilización y asegurando la reproducción de la raza.

El matrimonio es la madre de todas las instituciones humanas, puesto que conduce directamente al establecimiento y mantenimiento del hogar, que es la estructura básica de la sociedad. La familia está vinculada vitalmente al mecanismo del automantenimiento; es la única esperanza de perpetuación de la raza bajo las costumbres establecidas de la civilización, mientras que al mismo tiempo provee eficazmente ciertas formas altamente satisfactorias de autogratificación. La familia es el logro puramente humano más elevado del hombre, puesto que combina la evolución de las relaciones biológicas de hombre y mujer con las relaciones sociales de marido y mujer.

7. LOS IDEALES DE LA VIDA FAMILIAR

El apareamiento sexual es instintivo, los hijos son el resultado natural, y la familia de este modo se produce automáticamente. Tal como son las familias de una raza o de una nación, así será su sociedad. Si las familias son buenas, la sociedad será igualmente buena. La gran estabilidad cultural de los pueblos judío y chino yace en la fuerza de sus grupos familiares.

El instinto femenino de amor y cuidado de los hijos conspiró para hacer de ella la parte interesada en la promoción del matrimonio y de la vida familiar primitiva. El hombre fue tan sólo forzado al establecimiento del hogar por la presión de las costumbres y las convenciones sociales recientes; no se interesó hasta muy tarde en el establecimiento del matrimonio y del hogar, porque el acto sexual no impone consecuencias biológicas sobre él.

La asociación sexual es natural, pero el matrimonio es social y ha estado siempre regularizado por las costumbres. Las costumbres (religiosas, morales y éticas), juntamente con la propiedad, el orgullo y el caballerismo, estabilizan las instituciones del matrimonio y la familia. Cuando quiera que haya fluctuaciones en las costumbres, habrá fluctuación en la estabilidad de la institución hogar-matrimonio. El matrimonio está en estos momentos pasando de la etapa de la propiedad a la era personal. Anteriormente, el hombre protegía a la mujer porque ella era su posesión, y ella obedecía por la misma razón. Sin discutir sus méritos, este sistema proveyó estabilidad. Ahora, la mujer ya no se considera una posesión, y están surgiendo nuevas costumbres con el objeto de estabilizar la institución matrimonio-hogar:

1. El nuevo papel de la religión —la enseñanza de que la experiencia progenitora es esencial, la idea de procrear ciudadanos cósmicos, la comprensión ampliada de los privilegios de la procreación —dar hijos al Padre.

2. El nuevo papel de la ciencia —la procreación se está volviendo cada vez más voluntaria, sujeta al control del hombre. En los tiempos antiguos la falta de comprensión aseguraba la aparición de hijos en ausencia de todo deseo de los mismos.

3. La nueva función de las atracciones del placer —esto introduce un nuevo factor en la supervivencia racial; el hombre antiguo exponía a los hijos indeseados a la muerte; los modernos se niegan a procrearlos.

4. La elevación del instinto paterno. Ahora cada generación tiende a eliminar del caudal reproductor de la raza a aquellos individuos en los que el instinto paterno es insuficientemente fuerte como para asegurar la procreación de hijos que puedan ser los futuros padres de la generación próxima.

Pero el hogar es una institución, una asociación entre un hombre y una mujer, que data más específicamente de los días de Dalamatia, alrededor de medio millón de años atrás, cuando ya se habían abandonado hacía mucho tiempo las prácticas monógamas de Andón y de sus descendientes inmediatos. La vida familiar sin embargo no era nada especial antes de los días de los noditas y de los adanitas más recientes. Adán y Eva ejercieron una influencia duradera sobre toda la humanidad; por primera vez en la historia del mundo, se veía a hombres y mujeres trabajando juntos en el jardín. El ideal edénico, la entera familia en tarea de horticultura, era una nueva idea en Urantia.

La familia primitiva comprendía un grupo de trabajo relacionado a ella, que incluía a los esclavos; todos bajo el mismo techo. Matrimonio y vida familiar no han sido siempre iguales, pero necesariamente han estado siempre estrechamente relacionados. La mujer siempre deseó la familia individual, y finalmente se salió con la suya.

El amor por la progenie es casi universal y de gran valor para la supervivencia. Los antiguos siempre sacrificaban los intereses de la madre por el bienestar del niño; una madre esquimal aún ahora lame a su niño en vez de lavarlo. Pero las madres primitivas tan sólo alimentaban y cuidaban a sus hijos cuando éstos eran muy pequeños; como los animales, dejaban de cuidarlos en cuanto crecían. Las asociaciones humanas duraderas y continuas no han estado nunca cimentadas tan sólo en el afecto biológico. Los animales aman a sus hijos; el hombre —el hombre civilizado— ama a los hijos de sus hijos. Cuanto más elevada sea la civilización, mayor será la felicidad de los padres por el avance y éxito de sus hijos; así surge la comprensión nueva y más elevada del orgullo por el *nombre*.

Las familias grandes entre los pueblos antiguos no eran necesariamente afectivas. Se deseaban muchos hijos porque:

1. Eran valiosos como trabajadores.
2. Eran el seguro de la vejez.
3. Las hijas se podían vender.
4. El orgullo familiar requería la perpetuación del apellido.
5. Los hijos proporcionaban protección y defensa.
6. El temor a los fantasmas creó el temor a la soledad.
7. Algunas religiones requerían la progenie.

Los adoradores de los antepasados consideran el no tener hijos la calamidad suprema de todos los tiempos y de la eternidad. Desean por sobre todas las cosas tener hijos, para que éstos oficien en los festivales post mortem, ofreciendo los sacrificios requeridos para el progreso del espíritu a través del mundo espiritual.

Entre los salvajes antiguos, la disciplina de los hijos comenzaba muy pronto; el niño muy pronto se daba cuenta de que la desobediencia significaba fracaso o aun la muerte, tal como sucedía entre los animales. Es el amparo que la civilización brinda al niño, la protección contra las consecuencias naturales de su conducta tonta, la que tanto contribuye a la insubordinación moderna.

Los niños esquimales florecen con tan poca disciplina y corrección, tan sólo porque son animalitos naturalmente dóciles; los hijos tanto de los hombres rojos como de los amarillos son casi igualmente dóciles. Pero en las razas que contienen la herencia andita, los niños no son tan plácidos; tienen más imaginación y sentido de la aventura y requieren mayor adiestramiento y disciplina. Los problemas modernos de la puericultura se vuelven cada vez más difíciles por:

1. El alto grado de mezcla de razas.

2. La educación artificial y superficial.

3. La imposibilidad de que la progenie se cultive imitando a los padres —éstos están ausentes del cuadro familiar demasiado tiempo.

Las viejas ideas de disciplina familiar eran biológicas; surgían de la comprensión de que los padres eran los creadores del hijo. Los ideales en avance de la vida familiar llevan al concepto de que traer al niño al mundo, en vez de impartir ciertos derechos al progenitor, comprende la responsabilidad suprema de la existencia humana.

La civilización considera que los padres se hacen cargo de todos los deberes mientras que el hijo tiene todos los derechos. El respeto del hijo por sus padres surge, no del conocimiento de la obligación implícita en la procreación, sino naturalmente del resultado del cuidado, adiestramiento y afecto otorgados con amor por los progenitores al ayudar al hijo a ganar la batalla de la vida. El verdadero padre cumple un continuo servicio-ministerio que el hijo sabio llega a reconocer y apreciar.

En la presente era industrial y urbana la institución del matrimonio se está desarrollando en un nuevo sentido económico. La vida familiar se ha vuelto más y más costosa, mientras que los hijos, que solían ser un activo, se han vuelto un pasivo económico. Pero la seguridad de la civilización misma aún descansa en el desarrollo de la disposición de una generación en invertir en el bienestar de las generaciones próximas y futuras. Todo intento de transferir la responsabilidad paterna al estado o a la iglesia tendrá resultados suicidas sobre el bienestar y avance de la civilización.

El matrimonio, con los hijos y con la consiguiente vida familiar, estimula los potenciales más elevados de la naturaleza humana y provee simultáneamente el camino ideal para la expresión de esos atributos acelerados de la personalidad mortal. La familia provee la perpetuación biológica de la especie humana. El hogar es la arena social natural en la que los niños en crecimiento pueden captar la ética de la hermandad de la sangre. La familia es la unidad fundamental de la fraternidad en la que padres e hijos aprenden esas lecciones de paciencia, altruismo, tolerancia e indulgencia que son tan esenciales para la realización de la hermandad entre los hombres.

La sociedad humana mejorará mucho si las razas civilizadas revierten más ampliamente al hábito de los consejos de familias practicado por los anditas. Éstos no mantenían una forma patriarcal o autocrática de gobierno familiar. Eran muy fraternales y asociativos, discutían libre y francamente toda propuesta y reglamentación de naturaleza familiar. Eran idealmente fraternales en todo su gobierno familiar. En una familia ideal el afecto filial y el afecto paterno aumentan mediante la devoción fraternal.

La vida familiar es el progenitor de la verdadera moralidad, el antepasado de la conciencia de la lealtad al deber. Las asociaciones forzosas de la vida familiar forman la personalidad y estimulan su crecimiento al obligarla a un necesario ajuste a otras personalidades distintas. Pero aún más, la verdadera familia —una buena familia— revela a los procreadores paternos la actitud del Creador hacia sus hijos, mientras que al mismo tiempo estos verdaderos padres ilustran para sus hijos la primera de una larga serie de revelaciones en el ascenso del amor del Padre Paradisiaco por todos sus hijos universales.

8. LOS PELIGROS DE LA AUTOGRATIFICACIÓN

La gran amenaza de la vida familiar es la marejada de autogratificación en peligroso aumento, la manía moderna por el placer. El principal incentivo al matrimonio solía ser económico; la atracción sexual era secundaria. El matrimonio, cimentado en el automantenimiento, conducía a la autoperpetuación y paralelamente proveía una de las formas más deseables de autogratificación. Es la única institución de la sociedad humana que comprende los tres grandes incentivos de la vida.

Originalmente, la propiedad privada era la institución básica de automantenimiento, mientras que el matrimonio funcionaba como institución única de autoperpetuación. Aunque la satisfacción del alimento, el esparcimiento y el humor, juntamente con la indulgencia sexual periódica, eran formas de autogratificación, sigue siendo un hecho que las costumbres en evolución no han conseguido crear una institución separada para la autogratificación. Debido a este fracaso de desarrollar técnicas especializadas de esparcimiento placentero, todas las instituciones humanas están infectadas por la búsqueda del placer. La acumulación de la propiedad se está volviendo un instrumento para aumentar todas las formas de autogratificación, mientras que el matrimonio frecuentemente se considera tan sólo un medio de placer. Esta indulgencia excesiva, esta manía tan común de la búsqueda del placer, constituye ahora la mayor amenaza que haya acosado jamás a la institución evolutiva social de la vida familiar: el hogar.

La raza violeta introdujo una característica nueva y tan sólo imperfectamente comprendida en la experiencia de la humanidad: el instinto del esparcimiento combinado con el sentido del humor. Ya existía éste entre los sangik y los andonitas, pero la raza adánica elevó esta propensidad primitiva a un *potencial de placer*, una forma nueva y glorificada de la autogratificación. El tipo básico de autogratificación, aparte del satisfacer el hambre de alimento, es la gratificación sexual, y esta forma de placer sensual fue enormemente aumentada por la combinación de los sangik y los anditas.

Existe un verdadero peligro en la combinación de la inquietud, curiosidad, aventura y abandono al placer característica de las razas postanditas. El hambre del alma no puede ser satisfecha por los placeres físicos; el amor del hogar y de los hijos no se aumenta con la búsqueda tonta del placer. Aunque agotéis los recursos del arte, el color, el sonido, el ritmo, la música y el adorno de la persona, no podréis esperar elevar de ese modo el alma ni alimentar el espíritu. La vanidad y la moda no pueden ministrar al establecimiento del hogar y a la puericultura; el orgullo y la rivalidad no tienen poder alguno para elevar las calidades de sobrevivencia de las generaciones venideras.

Los seres celestiales en avance disfrutan todos del descanso y reciben el ministerio de los directores de reversión. Todos los esfuerzos para obtener una diversión sana y para participar en un esparcimiento elevador son cuerdos; el sueño reparador, el descanso, la recreación y todos los pasatiempos que previenen el aburrimiento de la monotonía son valiosos. Los juegos competitivos, la narración de historias y aun el gusto de las buenas comidas pueden servir como formas de autogratificación. (Al usar la sal para sazonar el alimento, considerad que, por casi un millón de años, el hombre tan sólo podía obtener sal mojando su alimento en las cenizas.)

Dejad que el hombre se divierta; dejad que la raza humana encuentre placer de mil y una maneras; dejad que la humanidad evolucionaria explore todos los tipos de autogratificación legítima, los frutos de su larga lucha biológica hacia arriba. El hombre bien ha ganado algunas de sus felicidades y placeres de hoy en día. ¡Pero no olvidéis el objetivo del destino! Los placeres son en verdad un suicidio si destruyen la propiedad privada, que se ha tornado la institución del automantenimiento; y las autogratificaciones por cierto han costado un precio fatal si traen aparejado el colapso del matrimonio, la decadencia de la vida familiar y la destrucción del hogar —la adquisición evolucionaria suprema del hombre y la única esperanza de la civilización por la supervivencia.

[Presentado por el Jefe de Serafines estacionado en Urantia.]

DOCUMENTO 85

LOS ORÍGENES DE LA ADORACIÓN

LA RELIGIÓN primitiva tuvo un origen biológico, un desarrollo evolucionario natural, aparte de las asociaciones morales y de toda influencia espiritual. Los animales más elevados tenían temores, pero no ilusiones, por lo tanto no tenían religión. El hombre crea sus religiones primitivas a partir de sus temores y mediante sus ilusiones.

En la evolución de la especie humana, la adoración en sus manifestaciones primitivas aparece mucho antes de que la mente del hombre sea capaz de formular los conceptos más complejos de la vida aquí y la del más allá, que merecen llevar el nombre de religión. La religión primitiva era totalmente intelectual en su naturaleza y se basaba enteramente en circunstancias asocionales. Los objetos de la adoración eran siempre sugestivos; consistían en las cosas de la naturaleza que estaban cerca, o que tenían gran influencia en la experiencia común de los primitivos urantianos de mente simple.

Una vez que la religión progresó más allá de la adoración de la naturaleza adquirió raíces de origen espiritual, pero siguió sin embargo estando condicionada por el medio ambiente social. A medida que se desarrolló la adoración de la naturaleza, los conceptos del hombre imaginaron una división del trabajo del mundo supermortal; había espíritus de la naturaleza para los lagos, los árboles, las cascadas, la lluvia y cientos de otros fenómenos terrestres comunes.

En uno u otro momento el hombre mortal ha adorado todo lo que se encuentra en la faz de la tierra, incluyéndose a sí mismo. También ha adorado todo lo que se pudiera imaginar en el cielo y por debajo de la superficie de la tierra. El hombre primitivo temía todas las manifestaciones de poder; adoraba todo fenómeno natural que no podía comprender. La observación de las poderosas fuerzas de la naturaleza, tales como tormentas, inundaciones, terremotos, avalanchas, volcanes, fuego, calor y frío, impresionaban grandemente la mente humana en expansión. Las cosas inexplicables de la vida aún se llaman «actos de Dios» y «dispensaciones misteriosas de la Providencia».

1. LA ADORACIÓN DE LAS PIEDRAS Y LAS COLINAS

El primer objeto adorado por el hombre en evolución fue una piedra. Aún presentemente los katerinos del sur de la India adoran una piedra, así como lo hacen numerosas tribus en el norte de la India. Jacob durmió sobre piedra porque la veneraba; hasta llegó a ungirla. Raquel ocultaba una cantidad de piedras sagradas en su tienda.

Las piedras impresionaron primero al hombre primitivo porque eran fuera de lo común debido a la forma en que aparecían tan repentinamente sobre la superficie de un campo cultivado o de un campo de pastura. Los hombres no sabían tomar en cuenta la erosión ni los resultados de la arada de la tierra. Las piedras también impresionaban mucho a los pueblos primitivos debido a su frecuente parecido con los animales. La atención del hombre civilizado se detiene ante numerosas formaciones rocosas de las montañas que tanto se asemejan al hocico de un animal o aun a un rostro humano. Pero la influencia más profunda fue ejercida por las piedras meteóricas que los humanos primitivos veían entrar en la atmósfera en grandiosidad llameante. La estrella caída era impresionante para el hombre primitivo, y creyó fácilmente que estas cintas de fuego marcaban el pasaje de un espíritu camino a la tierra. No es de sorprender que los hombres fueran llevados a adorar dichos fenómenos, especialmente cuando descubrieron posteriormente los meteoros. Esto llevó a una mayor reverencia por todas las demás rocas. En Bengal muchos adoran un meteoro que cayó a la tierra en el año 1880 después de Cristo.

Todos los clanes y tribus antiguos tenían sus piedras sagradas, y la mayor parte de los pueblos modernos manifiestan cierto grado de veneración por ciertos tipos de piedra —sus alhajas. En la India se reverenciaba un grupo de cinco piedras; en Grecia era un racimo de treinta; entre los hombres rojos es generalmente un círculo de piedras. Los romanos siempre arrojaban una piedra al aire cuando invocaban a Júpiter. En la India aún hasta este día una piedra puede ser utilizada como testigo. En algunas regiones la piedra se puede emplear como talismán de la ley, y por su prestigio un criminal puede ser llevado a la corte. Pero los simples mortales no siempre identifican la deidad con un objeto de ceremonia reverente. Estos fetiches muchas veces son meros símbolos del verdadero objeto de la adoración.

Los antiguos tenían un respeto peculiar por los orificios en las piedras. Esas rocas porosas se suponían ser extraordinariamente eficaces para curar enfermedades. No se perforaban las orejas para llevar piedras, pero sí se colocaban piedras dentro del oído para mantener el orificio auditivo abierto. Aún en los tiempos modernos las personas supersticiosas hacen un agujero en las monedas. En África los nativos mucho vociferan de sus piedras fetiches. En efecto, entre todas las tribus y pueblos atrasados las piedras aún se consideran con veneración supersticiosa. La adoración de las piedras aún presentemente está muy difundida en todo el mundo. La piedra sobre la tumba es un símbolo sobreviviente de las imágenes e ídolos que se esculpían en la piedra, en relación con las creencias en fantasmas y espíritus de los seres humanos fallecidos.

La adoración de las colinas vino después de la adoración de las piedras, y las primeras colinas que fueron veneradas eran grandes formaciones rocosas. Luego se volvió costumbre creer que los dioses habitaban las montañas, de manera que las altas elevaciones de tierra eran adoradas por esta razón adicional. A medida que pasaba el tiempo, ciertas montañas fueron asociadas con ciertos dioses y por consiguiente se volvieron sagradas. Los aborígenes ignorantes y supersticiosos creían que las cuevas llevaban al mundo subterráneo, con sus espíritus y demonios malignos, en contraste con las montañas, que eran identificadas con los conceptos de desarrollo más reciente de los espíritus y las deidades buenos.

2. LA ADORACIÓN DE LAS PLANTAS Y DE LOS ÁRBOLES

Las plantas primero fueron temidas y después adoradas debido a los licores intoxicantes que de ella se derivaban. El hombre primitivo creía que la intoxicación lo volvía a uno divino. Se suponía que había algo de especial y sagrado en tal experiencia. Aún en los tiempos modernos las bebidas alcohólicas se conocen con el nombre de «bebidas espirituosas».

El hombre primitivo consideraba el grano en crecimiento con temor y respeto supersticioso. El apóstol Pablo no fue el primero en derivar del grano en crecimiento profundas lecciones espirituales y en predicar creencias religiosas.

Los cultos de la adoración de los árboles están entre los grupos religiosos más antiguos. Todas las primitivas bodas se celebraban bajo los árboles, y cuando la mujer deseaba hijos, se la encontraba de vez en cuando en el bosque abrazando afectuosamente un roble robusto. Muchas plantas y árboles eran venerados debido a sus poderes medicinales verdaderos o imaginarios. El salvaje creía que todos los efectos químicos se debían a la actividad directa de la fuerzas sobrenaturales.

Las ideas sobre los espíritus de los árboles variaban grandemente entre las distintas tribus y razas. Algunos árboles estaban habitados por espíritus bondadosos; otros, por espíritus engañosos y crueles. Los finlandeses creían que la mayoría de los árboles estaban ocupados por espíritus bondadosos. Los suizos por mucho tiempo desconfiaron de los árboles, creyendo que contenían espíritus engañosos. Los habitantes de la India y de Rusia oriental consideran que los espíritus de los árboles son crueles. Los patagones aún adoran a los árboles, así como lo hacían los primitivos semitas. Mucho después de que los hebreos dejaran de adorar a los árboles, continuaron venerando a sus varias deidades en las arboledas. Excepto en la China, existió antiguamente un culto universal del *árbol de la vida*.

La creencia de que el agua o los metales preciosos por debajo de la superficie de la tierra pueden ser detectados por una varilla adivinadora de madera es una reliquia de los antiguos cultos a los árboles. El mayo, el árbol de navidad y la práctica supersticiosa de tocar madera perpetúan algunas de las antiguas costumbres de adoración a los árboles y algunos de los cultos al árbol más recientes.

Muchas de estas formas más antiguas de veneración de la naturaleza se mezclaron con técnicas posteriores de adoración, pero la adoración más primitiva activada por el ayudante de la mente estaba funcionando mucho antes de que la naturaleza religiosa en sus albores de la humanidad respondiera plenamente al estímulo de las influencias espirituales.

3. LA ADORACIÓN DE LOS ANIMALES

El hombre primitivo nutría un sentimiento peculiar y fraternal hacia los animales más elevados. Sus antepasados habían convivido con ellos y aún se habían apareado con ellos. En el sur de Asia primitivamente se creía que las almas de los hombres volvían a la tierra en forma animal. Esta creencia era un residuo de la práctica aún más primitiva de adorar a los animales.

Los hombres primitivos reverenciaban a los animales por su fuerza y su astucia. Creían que el agudo sentido del olfato y la vista de lince de ciertas criaturas denotaba guía espiritual. Todos los animales han sido adorados por una u otra raza en uno u otro momento. Entre dichos objetos de adoración había criaturas que eran consideradas mitad humanas y mitad animales, tales como los centauros y las sirenas.

Los hebreos adoraron a las serpientes hasta los días del rey Ezequías, y los hindúes aún tienen relaciones amistosas con sus serpientes domésticas. La adoración de los chinos por el dragón es un residuo de los cultos a la serpiente. La sabiduría de la serpiente fue el símbolo de la medicina griega y aún se emplea como emblema de los médicos modernos. El arte del encantamiento de la serpiente ha sido trasmitido desde los días de las shamanes femeninas del *culto del amor a la serpiente*, quienes, como resultado de las mordeduras diarias de las serpientes, se tornaban inmunes, de hecho, desarrollaban una adición genuina al veneno y no podían vivir sin esta ponzoña.

La adoración de los insectos y de otros animales fue promovida por una interpretación más reciente de la regla de oro —hacer a los demás (toda forma de vida) lo que deseáis que os hagan. Los antiguos cierta vez creían que todos los vientos eran producidos por las alas de los pájaros y por consiguiente temían y adoraban a la vez a todos los seres alados. Los nórdicos primitivos creían que los eclipses eran causados por un lobo, que devoraba una porción del sol o de la luna. Los hindúes frecuentemente muestran a Vishnu con cabeza equina. Muchas veces un símbolo animal simboliza a un dios olvidado o un culto desaparecido. Primitivamente en la religión evolutiva el cordero se volvió el típico animal para sacrificio y la paloma el símbolo de la paz y del amor.

En la religión, el simbolismo puede ser bueno o malo según el símbolo desplace o no la idea original de adoración. El simbolismo no debe ser confundido con la idolatría directa en la cual el objeto material es directa y efectivamente adorado.

4. LA ADORACIÓN DE LOS ELEMENTOS

La humanidad ha adorado la tierra, el aire, el agua y el fuego. Las razas primitivas veneraban los manantiales y adoraban los ríos. Aún ahora en Mongolia florece un influyente culto al río. El bautismo se volvió una ceremonia religiosa en Babilonia, y los griegos practicaban el baño ritual anual. Era fácil para los antiguos imaginar que los espíritus habitaban en las surgentes burbujeantes, en las fuentes profundas, en los ríos fluyentes y en los torrentes impetuosos. Las aguas movedizas impresionaban vívidamente a estas mentes sencillas con creencias en la animación de los espíritus y de las potencias supernaturales. A veces ocurría que le negara socorro a un hombre a punto de ahogarse por temor a ofender al dios del río.

Muchas cosas y numerosos eventos han actuado como estímulos religiosos para diferentes pueblos en diferentes eras. Aún presentemente, el arco iris es adorado por muchas de las tribus montañeras de la India. Tanto en la India como en África el arco iris se considera una gigantesca serpiente celestial; tanto los hebreos como los cristianos lo consideran un «arco de promesa». De la misma manera, las influencias consideradas beneficiosas en cierta parte del mundo pueden ser consideradas malignas en otras regiones. El viento del este es bueno en América del Sur, porque trae lluvias; en la India es un diablo porque trae polvo y produce sequía. Los antiguos beduinos creían que un espíritu de la naturaleza producía los remolinos de arena, y aún en tiempos de Moisés la creencia en los espíritus naturales era lo suficientemente fuerte, como para asegurar su perpetuación en la teología hebrea bajo la forma de ángeles del fuego, el agua y el aire.

Las nubes, la lluvia y el granizo han sido temidos y adorados por numerosas tribus primitivas y por muchos cultos primitivos de la naturaleza. Las tormentas de viento con truenos y relámpagos asustaban al hombre primitivo. Tanto le impresionaban estos disturbios elementales que el trueno era considerado la voz de un dios airado. La adoración del fuego y el temor al relámpago estaban correlacionados y muy difundidos entre muchos grupos primitivos.

El fuego se confundía con la magia en la mente de los mortales primitivos sobrecogidos por el temor. Los aficionados a la magia recordarán vívidamente un resultado azaroso positivo en la práctica de sus fórmulas mágicas, mientras que olvidarán tranquilamente una serie de resultados negativos, fracasos completos. La reverencia al fuego llegó a su máximo en Persia, donde persistió por mucho tiempo. Algunas tribus adoraban el fuego como una deidad en sí, otros lo reverenciaban como símbolo flamante del espíritu purificador y de purga de sus deidades veneradas. Las vírgenes vestales tenían el deber de vigilar los fuegos sagrados, y en el siglo veinte se encienden velas como parte del rito de muchos servicios religiosos.

5. LA ADORACIÓN DE LOS CUERPOS CELESTIALES

La adoración de las rocas, las colinas, los árboles y los animales evolucionó naturalmente a través de la veneración temerosa de los elementos hasta deificar el sol, la luna y las estrellas. En la India y en otros lugares, las estrellas eran consideradas las almas glorificadas de los grandes hombres que habían partido de la vida en la carne. Los cultistas caldeos de las estrellas se consideraban a sí mismos hijos del cielo el padre y de la tierra la madre.

La adoración de la luna precedió a la adoración del sol. La veneración de la luna llegó a su máxima expresión durante la era de caza, mientras que la adoración del sol se volvió la ceremonia religiosa principal en las eras agrícolas subsiguientes. La adoración del sol por primera vez arraigó extensamente en la India, y allí persistió por más tiempo. En Persia la veneración del sol dio origen al culto mitraico posterior. Entre muchos pueblos el sol se consideraba el antepasado de sus reyes. Los caldeos colocaban al sol en el centro de «los siete círculos del universo». Las civilizaciones más recientes honraron al sol dando su nombre al primer día de la semana.

El dios sol se consideraba el padre místico de los hijos del destino nacidos de la virgen que de vez en cuando, según se creía, se otorgaban como liberadores de razas favorecidas. Estos infantes sobrenaturales siempre aparecían a la deriva en algún río sagrado para ser salvadores de una forma extraordinaria, después de lo cual crecían hasta volverse personalidades milagrosas y los liberadores de sus pueblos.

6. LA ADORACIÓN DEL HOMBRE

Habiendo adorado todo lo demás en la faz de la tierra y en los cielos, el hombre no dudó en honrarse a sí mismo con dicha adoración. El salvaje de mente sencilla no hace una distinción clara entre bestias, hombres y dioses.

El hombre primitivo consideraba sobrehumanas todas las personas fuera de lo común, y tanto temía a estos seres que los reverenciaba; hasta cierto punto, literalmente los adoraba. Aún el nacimiento de mellizos se consideraba sumamente afortunado o sumamente desafortunado. Los lunáticos, los epilépticos y los retardados frecuentemente eran adorados por sus semejantes de mente normal, quienes creían que dichos seres anormales estaban habitados por los dioses. También eran adorados los sacerdotes, los reyes y los profetas; los hombres santos de la antigüedad se consideraban inspirados por las deidades.

Los caciques tribales morían y se los *deificaba*. Más tarde, las almas distinguidas morían y se las *santificaba*. La evolución sin ayuda no originó nunca dioses que fueran más elevados que los espíritus de los humanos muertos glorificados, exaltados y evolucionados. En la evolución primitiva la religión crea sus propios dioses. En el curso de la revelación los Dioses formulan la religión. La religión evolutiva crea sus dioses a imagen y semejanza del hombre mortal; la religión reveladora trata de transformar y evolucionar al hombre mortal a imagen y semejanza de Dios.

Los dioses fantasmas, que se supone tienen origen humano, deben ser distinguidos de los dioses de la naturaleza, porque la adoración de la naturaleza desarrolló un panteón —espíritus de la naturaleza elevados a la posición de dioses. Los cultos de la naturaleza continuaron desarrollándose paralelamente con los cultos a los fantasmas que aparecieron más recientemente, y cada uno ejerció una influencia sobre el otro. Muchos sistemas religiosos comprendían un concepto dual de la deidad: dioses de la naturaleza y dioses fantasmas. En algunas teologías estos conceptos están entrelazados en forma muy confusa, tal como se ilustra en Thor, un héroe fantasma que también era el amo del relámpago.

Pero la adoración del hombre por el hombre alcanzó su máximo cuando los gobernantes temporales requerían tal veneración de sus súbditos que, para sustanciar dichas demandas, declaraban haber descendido de la deidad.

7. LOS AYUDANTES DE LA ADORACIÓN Y DE LA SABIDURÍA

La adoración de la naturaleza puede parecer haber surgido natural y espontáneamente en la mente de los hombres y mujeres primitivos, y así ocurrió; pero durante todo este tiempo existía en operación en estas mismas mentes primitivas el espíritu ayudante sexto, que había sido otorgada a estos pueblos como influencia directora para esta fase de la evolución humana. Y este espíritu estaba constantemente estimulando el impulso a la adoración en la especie humana, sin importarle cuán primitivas fueran sus primeras manifestaciones. El espíritu de adoración dio origen definida al impulso humano de adorar, aunque el temor a los animales motivó la expresión de la adoración, y su práctica temprana se centró en objetos de la naturaleza.

Debéis recordar que el sentimiento, y no el pensamiento, fue la influencia guía y controladora en todo desarrollo evolucionario. Para la mente primitiva existe poca diferencia entre temer, evitar, honrar y adorar.

Cuando el impulso de adoración está disciplinado y dirigido por la sabiduría —pensamiento meditativo y experiencial— comienza a evolucionar hacia un fenómeno de verdadera religión. Cuando el séptimo ayudante, el espíritu de la sabiduría, alcanza una ministración eficaz, entonces el hombre a través de la adoración comienza a dar la espalda a la naturaleza y a los objetos naturales en favor del Dios de la naturaleza y del Creador eterno de todas las cosas naturales.

[Presentado por una Estrella Brillante Vespertina de Nebadon.]

DOCUMENTO 86

LA EVOLUCIÓN PRIMITIVA DE LA RELIGIÓN

LA EVOLUCIÓN de la religión que partió del impulso de adoración primitivo y precedente no depende de la revelación. El funcionamiento normal de la mente humana bajo la influencia directora del sexto y séptimo ayudantes de la mente de la dote espiritual universal es totalmente suficiente para asegurar tal desarrollo.

El más primitivo temor prerreligioso del hombre a las fuerzas de la naturaleza, gradualmente se volvió religioso a medida que la naturaleza se fue personificando, espiritualizando y finalmente deificando en la conciencia humana. La religión de tipo primitivo fue por lo tanto una consecuencia biológica natural de la inercia psicológica de la mente animal en evolución una vez que dicha mente llegaba a captar el concepto de lo sobrenatural.

1. EL AZAR: LA BUENA SUERTE Y LA MALA SUERTE

Aparte del impulso natural de adoración, la religión evolutiva primitiva tuvo su origen en las experiencias humanas del azar: la así llamada suerte, los sucesos comunes. El hombre primitivo era un cazador de alimentos. Los resultados de la caza variaban constantemente, y esto dio origen inevitable a esas experiencias que el hombre interpreta como *buena suerte* y *mala suerte*. La infortunio fue un factor muy importante en la vida de los hombres y mujeres que vivían constantemente bajo el filo de la navaja de una existencia precaria y difícil.

El horizonte intelectual limitado del salvaje tanto concentra la atención sobre el azar que la suerte se torna un factor constante en su vida. Los urantianos primitivos luchaban por su subsistencia, no por un estándar de vida; vivían vida llena de peligro en la que el azar jugaba un papel importante. El temor constante de lo desconocido y de las calamidades invisibles pesaba sobre estos salvajes como una nube de desesperación que efectivamente eclipsaba todo placer; vivían en temor constante de hacer algo que hiciera volver la mala suerte. Los salvajes supersticiosos siempre temían el soplo de la buena suerte; veían tan buena fortuna como un signo certero de calamidades futuras.

Este terror de la mala suerte constantemente presente era paralizante. ¿Para qué trabajar tanto y cosechar mala suerte —nada por algo— cuando era posible dejarse llevar y encontrar la buena suerte —algo por nada? Los hombres que no razonan olvidan la buena suerte —la toman como cosa natural— pero recuerdan dolorosamente la mala suerte.

El hombre primitivo vivía en la inseguridad y en el temor constante del azar — de la mala suerte. La vida era un estimulante juego de azar; la existencia, una empresa arriesgada. No es de extrañar que los pueblos parcialmente civilizados aún crean en el azar y manifiesten predisposiciones residuales por el juego de azar. El hombre primitivo alternaba entre dos poderosos intereses: la pasión de conseguir algo por nada y el temor de conseguir nada por algo. Este juego de la existencia era el interés principal y la suprema fascinación de la mente salvaje primitiva.

Más adelante los pastores compartieron estos sentimientos sobre el azar y la fortuna, mientras que los agricultores aun más recientes tenían clara conciencia del hecho de que las cosechas dependían de muchas cosas sobre las que el hombre tenía poco o ningún control. El agricultor se halló víctima de la sequía, las inundaciones, el granizo, las tormentas, las plagas y las enfermedades de las plantas, así como también del calor y el frío. Y puesto que todas estas influencias naturales afectaban la prosperidad individual, se las consideraba buena suerte o mala suerte.

Esta idea de azar y suerte colorearon fuertemente la filosofía de todos los pueblos antiguos. Aun en tiempos recientes en la sabiduría de Salomón está escrito: «Me volví y vi que ni es de los ligeros la carrera, ni la guerra de los fuertes, ni aun de los sabios el pan, ni de los prudentes las riquezas, ni de los elocuentes el favor; sino que tiempo y occasión acontenecen a todos. Porque el hombre tampoco conoce su tiempo; como los peces que son presos en la mala red, y como las aves que se enredan en lazo, así son enlazados los hijos de los hombres en el tiempo malo, cuando cae de repente sobre ellos».

2. LA PERSONIFICACIÓN DEL AZAR

La ansiedad era un estado natural de la mente salvaje. Cuando los hombres y las mujeres caen víctimas de una ansiedad excesiva, vuelven simplemente al estado natural de sus antepasados distantes; y cuando la ansiedad se vuelve realmente dolorosa, inhibe la actividad e instituye infaliblemente cambios evolutivos y adaptaciones biológicas. El dolor y el sufrimiento son esenciales para la evolución progresiva.

La lucha por la vida es tan dolorosa que ciertas tribus retrógadas aún hoy lloran y lamentan cada amanecer. El hombre primitivo constantemente se preguntaba: «¿Quién me atormenta?». Al no hallar una fuente material de su sufrimiento, se contentó con una explicación espiritual. Así nació la religión del temor a lo misterioso, el respeto a lo invisible y el terror de lo desconocido. El temor a la naturaleza se volvió así un factor en la lucha por la existencia: primero por la presencia del azar y luego por la presencia del misterio.

La mente primitiva era lógica pero contenía pocas ideas para la asociación inteligente; la mente salvaje no era educada, era totalmente no sofisticada. Si un acontecimiento seguía al otro, el salvaje lo consideraba causa y efecto. Lo que el hombre civilizado considera superstición era tan sólo ignorancia en el salvaje. La humanidad ha sido lenta en aprender que no hay necesariamente relación alguna entre propósitos y resultados. Los seres humanos tan sólo ahora comienzan a darse cuenta de que las reacciones de la existencia aparecen entre las acciones y sus consecuencias. El salvaje trata de personalizar todo lo que sea intangible y abstracto, y de este modo tanto la naturaleza como el azar se vuelven personalizados como fantasmas —espíritus— y más adelante como dioses.

El hombre naturalmente tiende a creer en lo que cree le convenga, lo que es de su inmediato o remoto interés; el autointerés oscurece en gran parte a la lógica. La diferencia entre la mente del salvaje y la mente del hombre civilizado es más una de contenido que de naturaleza, o de grado más bien que de calidad.

Pero seguir atribuyendo a causas sobrenaturales lo que resulta difícil de comprender no es más que una manera perezosa y conveniente de evitar toda forma de trabajo duro e intelectual. La suerte es meramente un término creado para amparar lo inexplicable en cualquier era de la existencia humana; define aquellos fenómenos que el hombre es incapaz de penetrar o no desea penetrar. Azar es una palabra que significa que el hombre es demasiado ignorante o demasiado indolente para determinar las causas. El hombre considera los sucesos naturales como accidentes o mala suerte sólo cuando carece de curiosidad e imaginación, cuando la raza no tiene iniciativa ni sentido de la aventura. La exploración de los fenómenos de la vida más tarde o más temprano destruye la creencia del hombre en el azar, la suerte y los así llamados accidentes, sustituyéndola por un universo de ley y orden en el que los efectos son precedidos por causas definidas. Así pues, el temor a la existencia es reemplazado por la felicidad del vivir.

El salvaje consideraba que la naturaleza toda estaba viva, como poseída por algo. El hombre civilizado aún patea e insulta a aquellos objetos inanimados que lo obstaculizan o lastiman. El hombre primitivo siempre creyó que todo era intencional y nunca consideró que fuese accidental. Para el hombre primitivo el dominio de los hados, la función de la suerte, el mundo espiritual, era tan desorganizado y confuso como la sociedad primitiva. La suerte se consideraba la reacción azarosa y temperamental del mundo espiritual; más adelante, el estado de ánimo de los dioses.

Pero no todas las religiones evolucionaron del animismo. Otros conceptos de lo sobrenatural fueron contemporáneos al animismo, y estas creencias también condujeron a la adoración. El naturalismo no es una religión —es el vástago de la religión.

3. LA MUERTE —LO INEXPLICABLE

La muerte era para el hombre evolutivo el supremo arcano, la combinación más aterradora de azar y misterio. El arcano de la muerte, más bien que la santidad de la vida, inspiró el temor y de esta manera fomentó eficazmente la religión. Entre los pueblos salvajes la muerte era generalmente violenta, de modo que la muerte sin violencia se tornó cada vez más misteriosa. El concepto de muerte como fin natural y previsto de la vida no era claro para la conciencia de los pueblos primitivos, y le llevó al hombre edades tras edades darse cuenta de su inevitabilidad.

El hombre primitivo aceptaba la vida como hecho, pero consideraba la muerte una visitación. Todas las razas tienen sus leyendas de hombres que no morían, tradiciones residuales de la actitud primitiva hacia la muerte. Ya en la mente humana existía el concepto nebuloso de un mundo espiritual vago y desorganizado, un dominio del cual provenía todo lo inexplicable en la vida humana, y la muerte fue agregada a esta larga lista de fenómenos sin explicación.

Todas las enfermedades humanas y la muerte natural se atribuyeron al principio a la influencia de los espíritus. Aún en este momento algunas razas civilizadas consideran la enfermedad como algo producido por «el enemigo» y dependen de ceremonias religiosas para efectuar la curación. Sistemas más recientes y más complejos de teología aún atribuyen la muerte a la acción del mundo espiritual, todo lo cual condujo a doctrinas tales como el pecado original y la caída del hombre.

Fue la comprensión de la impotencia ante la fuerza poderosa de la naturaleza, juntamente con el reconocimiento de la debilidad humana ante las visitaciones de la enfermedad y de la muerte, lo que obligó al salvaje a buscar ayuda en el mundo supermaterial, que vagamente visualizaba como la fuente de estas vicisitudes misteriosas de la vida.

4. EL CONCEPTO DE LA SUPERVIVENCIA DE LA MUERTE

El concepto de una fase supermaterial de la personalidad mortal nació de la asociación inconsciente y puramente accidental de los sucesos de la vida diaria sumados al sueño fantasmal. El hecho de que varios miembros de una tribu soñaran simultáneamente con un cacique fallecido parecía constituir prueba convincente de que el viejo cacique había realmente retornado en alguna forma. Resultaba todo muy real para el salvaje quien despertaba de tales sueños bañado de sudor, temblando y gritando.

El origen onírico de la creencia en una existencia futura explica la tendencia a imaginar siempre cosas invisibles en términos de cosas vistas. Finalmente este nuevo concepto de vida futura en el sueño fantasmal se tornó efectivamente el antídoto para el temor a la muerte, asociado con el instinto biológico de la autopreservación.

El hombre primitivo mucho se preocupaba por su respiración, especialmente en los climas fríos, allí donde aparecía su aliento como una nube cuando exhalaba. El *aliento de la vida* se consideraba un fenómeno que diferenciaba a los vivos de los muertos. Sabía que el aliento podía abandonar al cuerpo, y sus sueños, en los que hacía todo tipo de cosas extrañas mientras dormía, le convencieron que había algo inmaterial en el ser humano. La idea más primitiva del alma humana, el fantasma, se derivó del sistema ideacional del aliento-sueño.

Finalmente el salvaje se concibió a sí mismo como un ente doble: cuerpo y aliento. El aliento menos el cuerpo igualaba al espíritu, al fantasma. Aunque tenían origen muy claramente humano, los fantasmas, o espíritus, se consideraban sobrehumanos. Esta creencia en la existencia de espíritus sin cuerpo parecía explicar la ocurrencia de lo raro, lo extraordinario, lo infrecuente y lo inexplicable.

La doctrina primitiva de supervivencia después de la muerte no fue necesariamente una creencia en la inmortalidad. Estos seres que no llegaban a contar más de veinte difícilmente podían concebir la infinidad y la eternidad; más bien pensaban en encarnaciones recurrentes.

La raza anaranjada se dejó llevar especialmente por la creencia en la transmigración y reencarnación. Esta idea de la reencarnación se originó en la observación de la similitud hereditaria de rasgos en los vástagos respecto de sus antepasados. La costumbre de llamar a los hijos con el nombre de los abuelos y de otros antepasados se debía a la creencia en la reencarnación. Algunas razas posteriores creían que el hombre moría de tres a siete veces. Esta creencia (residuo de las enseñanzas de Adán sobre los mundos de estancia), y muchos otros residuos de la religión revelada, se pueden encontrar entre las doctrinas por otra parte absurdas de los bárbaros del siglo veinte.

El hombre primitivo no imaginó el infierno ni castigos futuros. El salvaje consideraba la vida futura como igual a ésta, menos la mala suerte. Más adelante, se concibió un destino separado para los buenos fantasmas y los malos fantasmas —el cielo y el infierno. Pero puesto que muchas razas primitivas creían que el hombre entraba a la vida próxima tal como dejaba ésta, no les gustaba la idea de volverse viejos y decrépitos. Los vejetes preferían que se los matara antes de que se volviesen demasiado débiles.

Casi todos los grupos tenían una idea diferente sobre el destino del alma fantasmal. Los griegos creían que los hombres débiles debían tener almas débiles; así pues inventaron el Hades como el lugar adecuado para la recepción de tales almas anémicas; también se creía que estos ejemplares no robustos tenían sombras más cortas. Los anditas primitivos creían que sus fantasmas volvían a las tierras ancestrales. Los chinos y los egipcios antiguamente creían que el alma y el cuerpo permanecían juntos. Entre los egipcios esto condujo a la construcción esmerada de la tumba y a grandes esfuerzos por la preservación del cuerpo. Aun los pueblos modernos tratan de detener el deterioro de la muerte. Los hebreos concebían que una réplica fantasmal del individuo bajaba a sheol; no podía retornar a la tierra de los vivos. Hicieron un avance importante en la doctrina de la evolución del alma.

5. EL CONCEPTO DEL ALMA FANTASMA

La parte no material del hombre se ha denominado variadamente fantasma, espíritu, sombra, espectro, y últimamente *alma*. El alma era el doble del hombre primitivo en su sueño; era en todas las formas exactamente igual al mortal mismo excepto que no respondía al sentido del tacto. La creencia en los dobles oníricos condujo directamente a la idea de que todas las cosas animadas e inanimadas tienen alma, tanto como tienen los hombres. Este concepto tendió a perpetuar por largo tiempo las creencias en los espíritus de la naturaleza. Los esquimales aún conciben que todo en la naturaleza tiene su espíritu.

El alma fantasmal podía oírse y verse, pero no se la podía tocar. Gradualmente la vida onírica de la raza tanto desarrolló y amplió las actividades de este mundo espiritual evolutivo que la muerte llegó a definirse como «echar el alma». Todas las tribus primitivas, excepto las que estaban apenas por encima de los animales, han desarrollado algún concepto del alma. A medida que avanza la civilización, este concepto supersticioso del alma se destruye, y el hombre depende completamente de la revelación y de la experiencia personal religiosa para su nueva idea del alma como creación conjunta de la mente mortal que conoce a Dios y de su espíritu residente, el Ajustador del Pensamiento.

Los mortales primitivos generalmente no supieron diferenciar los conceptos de un espíritu residente y de un alma de naturaleza evolucionaria. El salvaje estaba muy confundido en cuanto a si el alma fantasmal nacía del cuerpo o era una agencia externa en posesión del cuerpo. La ausencia de pensamiento razonado en presencia de la confusión explica las incongruencias groseras del punto de vista salvaje sobre el alma, los fantasmas y los espíritus.

Se creía que el alma era al cuerpo como lo que el perfume es a la flor. Los antiguos creían que el alma podía abandonar al cuerpo de varias maneras, como por ejemplo:

1. En el desmayo común y pasajero.
2. Al dormir, en el sueño natural.
3. En el coma y la pérdida de conciencia asociada con la enfermedad o los accidentes.
4. En la muerte, la partida permanente.

El salvaje consideraba el estornudo un intento abortivo del alma de escapar al cuerpo. Como estaba despierto y en vigilancia, el cuerpo podía abortar el intento de fuga del alma. Más adelante, el estornudo siempre fue acompañado por alguna expresión religiosa, como por ejemplo, «¡que Dios te bendiga!»

Primitivamente en la evolución el sueño era considerado como la prueba de que el alma fantasmal podía faltarle al cuerpo, y se creía que se la podía llamar de vuelta hablando o gritando el nombre del que dormía. En otras formas de pérdida de la conciencia, se creía que el alma se había alejado más, tal vez tratando de escapar para siempre —amenaza de muerte. Los sueños se consideraban experiencias del alma provisionalmente ausente del cuerpo que dormía. El salvaje cree que sus sueños son tal reales como cualquier parte de su experiencia cuando está despierto. Los antiguos tenían la práctica de despertar suavemente a los que dormían para que el alma tuviera tiempo de volver al cuerpo.

A través de todas las edades los hombres han tenido miedo de las apariciones nocturnas, y los hebreos no fueron una excepción. Verdaderamente creían que Dios les hablaba en sueños, a pesar de las admoniciones de Moisés contra esta idea. Y Moisés tenía razón, porque los sueños comunes no son métodos empleados por las personalidades del mundo espiritual cuando buscan comunicarse con los seres materiales.

Los antiguos creían que las almas podían entrar en los animales o aun en los objetos inanimados. Esto culminó en las ideas de identificación animal, como por ejemplo el hombre lobo. Era posible que el alma de un ciudadano, observante de la ley durante el día, le abandonase cuando dormía para meterse en un lobo u otro animal y cometer depredaciones nocturnas.

Los hombres primitivos creían que el alma estaba asociada con el aliento, y que sus cualidades podían ser impartidas o transferidas por el aliento. El cacique valeroso respiraba sobre el niño recién nacido, impartiéndole así valor. Entre los cristianos primitivos la ceremonia de donar el Espíritu Santo iba acompañada de respirar sobre los candidatos. Dijo el salmista: «Por la palabra del Señor fueron hechos los cielos y todo el ejército de ellos por el aliento de su boca». Por mucho tiempo fue costumbre del hijo mayor tratar de aspirar el último aliento de su padre moribundo.

Más adelante se llegó a temer la sombra y reverenciarla, como el aliento. El propio reflejo en el agua también se consideraba a veces como prueba del ser doble, y los espejos se respetaban con miedo supersticioso. Aun ahora muchas personas civilizadas dan vuelta al espejo contra la pared cuando hay una muerte en la familia. Algunas tribus retrógadas aún creen que hacer retratos, dibujos, modelos o imágenes quita todo o parte del alma del cuerpo; por lo tanto estas cosas están prohibidas.

Se pensaba generalmente que el alma estaba identificada con el aliento, pero también estaba ubicada según distintos pueblos en la cabeza, el cabello, el corazón, el hígado, la sangre y la grasa. «La voz de la sangre de Abel que clama desde la tierra» expresa la creencia antigua de la presencia del fantasma en la sangre. Los semitas enseñaban que el alma residía en la gordura del cuerpo, y entre muchos comer grasa animal era tabú. La caza de cabezas fue un método para captar el alma del enemigo, así como también el quitarle el cuero cabelludo. En tiempos recientes los ojos se han considerado las ventanas del alma.

Los que mantenían la doctrina de tres o cuatro almas creían que la pérdida de un alma significaba incomodidad; dos, enfermedad; tres, muerte. Un alma vivía en el aliento, una en la cabeza, una en el cabello y otra en el corazón. Se aconsejaba que los enfermos deambularan al aire libre con la esperanza de volver a captar sus almas vagabundas. Los mejores curanderos intercambiaban según se suponía el alma enferma de una persona enfermiza por un alma nueva, el «nuevo nacimiento».

Los hijos de Badonán desarrollaron la creencia en dos almas, el aliento y la sombra. Las primitivas razas noditas consideraban al hombre como que consistía en dos personas: alma y cuerpo. Esta filosofía de la existencia humana se reflejó más adelante en el punto de vista griego. Los griegos creían en tres almas; el alma vegetativa residía en el estómago, el alma animal en el corazón, el alma intelectual en la cabeza. Los esquimales creen que el hombre tiene tres partes: cuerpo, alma y nombre.

6. El medio ambiente de espíritus y fantasmas

El hombre heredó un medio ambiente natural, adquirió un medio ambiente social e imaginó un medio ambiente fantasmal. El estado es la reacción del hombre a su medio ambiente natural, el hogar a su medio ambiente social, la iglesia a su medio ambiente fantasmal ilusorio.

Muy pronto en la historia de la humanidad las realidades del mundo imaginario de los fantasmas y espíritus se volvieron universalmente creencias, y este mundo espiritual imaginado nuevamente se tornó un poder en la sociedad primitiva. La vida mental y moral de toda la humanidad fue modificada para siempre por la aparición de este nuevo factor en el pensamiento y la actuación humanas.

Dentro de esta importante premisa de ilusión e ignorancia, el temor a la muerte ha acumulado todas las supersticiones y religiones subsiguientes de los pueblos primitivos. Ésta fue la única religión del hombre hasta los tiempos de la revelación, y hoy en día muchas de las razas del mundo tan sólo tienen esta burda religión evolucionaria.

A medida que progresó la evolución, la buena suerte se empezó a asociar con los buenos espíritus y la mala suerte con los espíritus malignos. Las dificultades de una adaptación forzada a un medio ambiente cambiante se consideraban mala suerte, la ira de los fantasmas espíritus. El hombre primitivo lentamente desarrolló la religión, partiendo de su innato impulso natural hacia la adoración y de su interpretación errónea del azar. El hombre civilizado provee esquemas de seguro para sobreponerse a estas vicisitudes del azar; la ciencia moderna ofrece un actuario de seguros basado en la matemática para reemplazar a los espíritus ficticios y dioses capr ichosos.

Cada generación que pasa se ríe de las supersticiones tontas de sus antepasados, pero persiste en errores de pensamiento y de adoración que motivarán la risa de una posteridad esclarecida.

Pero por fin la mente del hombre primitivo estuvo ocupada con pensamientos que transcendían todos sus impulsos biológicos inherentes; por fin el hombre estaba a punto de desarrollar un arte de vivir basado en algo más que la respuesta a los estímulos materiales. Empezaban a brotar los comienzos de una primitiva norma filosófica para la vida. Una norma de vida sobrenatural estaba a punto de aparecer porque, si el fantasma espiritual airado desencadena la mala suerte y complacido, la buena suerte, la conducta humana habrá de reglamentarse según ello. El concepto del bien y del mal por fin se ha desarrollado; y todo ello mucho antes de los tiempos de las revelaciones en la tierra.

Con la aparición de estos conceptos, comenzó la prolongada y ruinosa lucha por apaciguar a los espíritus constantemente airados, la esclavitud y servidumbre al temor religioso evolucionario, ese prolongado desperdicio del esfuerzo humano en tumbas, templos, sacrificios y sacerdocios. Fue un precio tremendo y tremebundo que hubo que pagar, pero valió su costo, porque el hombre por este medio alcanzó una conciencia natural del bien y del mal relativos; ¡así nació la ética humana!

7. LA FUNCIÓN DE LA RELIGIÓN PRIMITIVA

El salvaje sintió la necesidad de asegurarse, y por consiguiente pagó voluntariamente las pesadas primas de temor, superstición, terror y obsequios a los sacerdotes para obtener su póliza de seguro mágico contra la mala suerte. La religión primitiva fue simplemente el pago de las primas de seguro contra los peligros del bosque; el hombre civilizado paga primas materiales contra los accidentes de la industria y las exigencias del sistema moderno de vida.

La sociedad moderna traslada las operaciones de seguro del ambiente sacerdotal y religioso al mundo de la economía. La religión se ocupa cada vez más al seguro de la vida más allá de la tumba. Los hombres modernos, por lo menos los que piensan, ya no pagan primas inútiles para controlar su suerte. La religión asciende lentamente a niveles filosóficos más altos, en comparación con su antigua función como sistema de seguros contra la mala suerte.

Pero estas antiguas ideas religiosas previnieron que el hombre se volviera fatalista y desesperadamente pesimista; los hombres creyeron así que podían por lo menos hacer algo para influir sobre sus hados. La religión del temor a los fantasmas convenció a los hombres de que debían *reglamentar su conducta*, de que existía un mundo supermaterial que controlaba el destino humano.

Las razas civilizadas modernas comienzan a salir del temor a los fantasmas como explicación de las vicisitudes de la suerte y de las desigualdades comunes de la existencia. La humanidad se está emancipando de la esclavitud de las explicaciones espíritu-fantasmales de la mala suerte. Pero aunque los hombres descartan la doctrina errónea de una causa espiritual de las vicisitudes de la vida, exhiben una disposición sorprendente a aceptar una enseñanza casi igualmente errónea que les incita a atribuir todas las desigu aldades humanas a la falta de adaptación política, a la injusticia social y a la competencia industrial. Las nuevas legislaciones, la mayor filantropía y la reorganización industrial, aunque en sí sean buenas, no remediarán los hechos del nacimiento y los accidentes del vivir. Sólo la comprensión de los hechos y la manipulación sabia dentro de las leyes de la naturaleza permitirá al hombre conseguir lo que quiere y evitar lo que no quiere. El conocimiento científico, que lleva a la acción científica, es el único antídoto para los así llamados males accidentales.

La industria, la guerra, la esclavitud y el gobierno civil surgieron en respuesta a la evolución social del hombre en su medio natural. La religión similarmente surgió como respuesta al medio ilusorio del mundo imaginario de los fantasmas. La religión fue un desarrollo evolutivo del automantenimiento, y ha tenido una buena influencia, a pesar de que fuera originalmente errónea en su concepto y totalmente ilógica.

La religión primitiva preparó el terreno de la mente humana, mediante la fuerza poderosa y espeluznante del temor falso, para recibir una fuerza espiritual auténtica de origen sobrenatural, el Ajustador del Pensamiento. Y los Ajustadores divinos han laborado por siempre para transmutar el temor a Dios en amor a Dios. La evolución podrá ser lenta, pero es infaliblemente eficaz.

[Presentado por una Estrella Vespertina de Nebadon.]

DOCUMENTO 87

LOS CULTOS A LOS FANTASMAS

EL CULTO a los fantasmas se desarrolló como defensa contra los peligros de la mala suerte; su celebración religiosa primitiva surgió de la ansiedad relativa a la mala suerte y del temor desmesurado a los muertos. Ninguna de estas religiones primitivas tuvo mucho que ver con el reconocimiento de la Deidad ni con la reverencia sobrehumana; sus ritos eran en la mayor parte negativos, diseñados para evitar, repeler o forzar a los fantasmas. El culto a los fantasmas no era más ni menos que un seguro contra los desastres; no tenía nada que ver con invertir para ganar elevados beneficios futuros.

El hombre ha sostenido una larga y amarga lucha con el culto a los fantasmas. Nada, en la historia de la humanidad inspira mayor lástima que este cuadro de la esclavitud abyecta del hombre al temor de los espíritus-fantasmas. Con el nacimiento de este mismo temor, la humanidad empezó su evolución religiosa. La imaginación humana zarpó de los límites del yo y no volverá a echar ancla hasta llegar al concepto de la verdadera Divinidad, el Dios real.

1. EL TEMOR A LOS FANTASMAS

Se temía a la muerte porque significaba la liberación de otro fantasma de su cuerpo físico. Los antiguos hacían todo lo posible por prevenir la muerte, para evitar el problema de tener que luchar con otro fantasma más. Siempre intentaban ansiosamente inducir al fantasma a que abandonara la escena de la muerte, para embarcarse en el viaje hacia la tierra de los difuntos. El fantasma se temía más que nada durante el supuesto período de transición entre su aparición en el momento de la muerte y su posterior partida hacia la tierra de los fantasmas, un concepto vago y primitivo del seudocielo.

Aunque el salvaje confería a los fantasmas poderes sobrenaturales, no los concebía como de inteligencia sobrenatural. Se practicaban muchas engañifas y estratagemas para engatusar y apresar a los fantasmas; el hombre civilizado aún deposita mucha fe en la esperanza de que una manifestación exterior de piedad consiga de alguna manera engatusar hasta a la Deidad omnisapiente.

Los primitivos temían la enfermedad porque observaban que frecuentemente ésta era presagio de la muerte. Si el curandero de la tribu no conseguía curar al afligido, usualmente se trasladaba al enfermo de la cabaña familiar a otra más pequeña o se lo abandonaba a la intemperie para que muriese a solas. Se solía destruir la casa en la que había ocurrido una muerte; en todo caso, siempre se la evitaba, y este temor impidió que el hombre primitivo construyera edificios duraderos. También interfirió con el establecimiento de aldeas y ciudades permanentes.

Cuando moría un miembro del clan, los salvajes permanecían despiertos toda la noche conversando; temían que también morirían si se dormían cerca de un cadáver. El contagio del cadáver sustanciaba el temor a los muertos, y todos los pueblos, en un momento u otro, han empleado elaboradas ceremonias de purificación inventadas para purificar a un individuo después del contacto con los muertos. Los antiguos creían que se debía proveer luz para el cadáver; un cuerpo muerto no se dejaba nunca en la oscuridad. En el siglo veinte, aún se encienden velas en las cámaras fúnebres, y los hombres siguen velando al muerto. El así llamado hombre civilizado aún no ha podido eliminar completamente el temor a los cadáveres de su filosofía de la vida.

Pero a pesar de este gran temor, los hombres siguieron tratando de engañar a los fantasmas. Si no se destruía la cabaña en la que había ocurrido una muerte, se sacaba el cadáver por un agujero en la pared, nunca por la puerta. Estas medidas se tomaban para confundir al fantasma, previniendo su permanencia, y para asegurarse contra su retorno. Los plañideros también volvían del entierro por un camino distinto, para evitar que los siguiera el fantasma. Se caminaba de espaldas y otra cantidad de stratagemas se practicaban para asegurarse de que el fantasma no regresara de la tumba. Frecuentemente los sexos se intercambiaban vestimentas para engañar al fantasma. El luto se inventó con el objeto de ocultar a los sobrevivientes; más adelante, para mostrar respeto por el muerto y apaciguar de esta manera a los fantasmas.

2. EL APLACAMIENTO DE LOS FANTASMAS

En la religión el programa negativo de aplacamiento de los fantasmas precedió con mucho al programa positivo de coerción y súplica a los espíritus. Las primeras manifestaciones de la adoración humana fueron fenómenos de defensa, no de reverencia. El hombre moderno considera sabio asegurarse contra el incendio; del mismo modo el salvaje consideraba sabio asegurarse contra la mala suerte provocada por los fantasmas. Los esfuerzos para conseguir esta protección formaron las técnicas y los rituales del culto a los fantasmas.

Antiguamente se pensaba que el gran deseo de un fantasma consistía en que se le «conjurara» rápidamente para que pudiese proceder sin disturbios a la tierra de los muertos. Todo error de comisión u omisión en las acciones de los vivientes en el rito del conjuramiento del fantasma atrasaba su progreso hacia la tierra de los fantasmas. Se creía que esto incomodaba al fantasma, y un fantasma airado se consideraba fuente de calamidades, mala suerte e infelicidad.

El servicio fúnebre se originó en el esfuerzo del hombre por inducir al alma fantasmal a partir hacia su futuro hogar, y el sermón fúnebre fue originalmente inventado para instruir al nuevo fantasma sobre el camino para llegar a él. Era costumbre proveer alimentos y vestimentas para el viaje del fantasma, colocándose estos artículos dentro de la tumba o cerca de ella. El salvaje creía que se requerían de tres días a un año para «conjurar al fantasma» —para que abandonara la cercanía de la tumba. Los esquimales todavía creen que el alma permanece con el cuerpo durante tres días.

Se observaba un período de silencio o el luto después de una muerte para evitar que el fantasma fuera atraído de regreso al hogar. Una forma común de luto era la autotortura: heridas autoinfligidas. Muchos maestros avanzados trataron de poner fin a esto, pero fracasaron. El ayuno y otras formas de autonegación se consideraban agradables para los fantasmas, quienes disfrutaban de la aflicción de los vivos durante el período de transición en que aún rondaban en las inmediaciones antes de su partida hacia la tierra de los muertos.

Los largos y frecuentes períodos de inactividad por luto constituyeron uno de los grandes obstáculos al avance de la civilización. Semanas y aun meses de cada año se desperdiciaban en este luto improductivo e inútil. El hecho de que se emplearan plañideras profesionales para las ocasiones fúnebres indica que el luto era un rito, no una manifestación de dolor. Los modernos tal vez cumplan con el luto por respeto y pena, pero los antiguos lo hacían por *temor*.

Jamás se pronunciaba el nombre del muerto. En efecto, frecuentemente se lo borraba del idioma. Estos nombres se volvieron tabú, y de esta manera los idiomas se empobrecían constantemente. Esto produjo finalmente una multiplicación de discursos simbólicos y expresiones figurativas, tales como «el nombre o el día que nunca se mencionan».

Los antiguos tanta ansia tenían de liberarse de los fantasmas que les ofrecían todo lo que éstos podían haber deseado en vida. Los fantasmas querían esposas y siervos; un salvaje acaudalado calculaba que por lo menos una esposa esclava sería enterrada viva con él al tiempo de su muerte. Más adelante se volvió costumbre que la viuda se suicidase sobre la tumba de su marido. Cuando moría un niño, la madre, tía o abuela frecuentemente era estrangulada para que un fantasma adulto pudiera acompañar al fantasma infantil y cuidar de él. Los que así daban su vida generalmente lo hacían voluntariamente; en efecto, si hubiesen vivido violando esta costumbre, su terror de la ira de los fantasmas habría despojado su vida de todos los pocos placeres disfrutados por los primitivos.

Se acostumbraba despachar gran número de sujetos para acompañar a un cacique muerto; los esclavos eran asesinados cuando moría su amo para poder servirle en la tierra de los fantasmas. Los habitantes de Borneo aún proveen un compañero de viaje; se mata de lanza a un esclavo para que viaje con el fantasma de su amo fallecido. Se pensaba que los fantasmas de las personas asesinadas estaban encantados de tener a los fantasmas de sus asesinos como esclavos; esta idea motivó a los hombres a cazar cabezas.

Se suponía que los fantasmas disfrutaban del olor de la comida. Antiguamente las ofrendas de alimentos en las fiestas fúnebres eran universales. El método primitivo de acción de gracias, consistía en arrojar un trozo de alimento al fuego antes de comer, con el objeto de apaciguar a los espíritus, murmurando al mismo tiempo una fórmula mágica.

Se suponía que los muertos utilizaban los fantasmas de las herramientas y armas que habían usado en vida. Romper un artículo significaba «matarlo», soltando de esta manera al fantasma para que éste pasara al servicio en la tierra de los fantasmas. También se sacrificaba la propiedad incendiándola o enterrándola. El desperdicio en los funerales antiguos era enorme. Las razas más recientes fabricaron modelos de papeles y sustituyeron dibujos por los objetos y personas reales en estos sacrificios fúnebres. Fue un gran avance para la civilización cuando la herencia a los parientes reemplazó el incendiar y enterrar la propiedad. Los indios iroqueses hicieron muchas reformas para limitar el desperdicio fúnebre. Esta conservación de la propiedad les permitió volverse los más poderosos de entre los hombres rojos del norte. El hombre moderno, así se cree, no teme a los fantasmas, pero las costumbres son poderosas, y mucha de la riqueza terrestre aún se consume en ritos fúnebres y ceremonias a los muertes.

3. LA ADORACIÓN A LOS ANTEPASADOS

El avance del culto a los fantasmas tornó inevitable la adoración a los antepasados, puesto que se volvió el eslabón de conexión entre los fantasmas comunes y los espíritus más altos, los dioses en evolución. Los dioses primitivos eran simplemente humanos muertos glorificados.

La adoración a los antepasados fue originalmente más un temor que una adoración, pero estas creencias definitivamente contribuyeron a la difusión ulterior del temor y adoración a los fantasmas. Los devotos de los primitivos cultos a los fantasmas y a los antepasados aún temían bostezar, pues un fantasma maligno podía aprovechar ese momento para entrar en su cuerpo.

La costumbre de adoptar niños surgió para asegurarse de que quedaría alguien para hacer ofrendas después de la muerte, en pos de la paz y el progreso del alma. Los salvajes vivían temiendo a los fantasmas de sus semejantes y pasaban su tiempo libre haciendo planes para el salvoconducto de su propio fantasma después de la muerte.

La mayoría de las tribus instituyeron un festival para todas las almas, por lo menos una vez por año. Los romanos tenían doce fiestas anuales para los fantasmas, con sus ceremonias correspondientes. La mitad de los días del año estaba dedicada a algún tipo de ceremonia asociada con estos cultos antiguos. Un emperador romano intentó reformar estas prácticas reduciendo el número de días feriados a 135 por año.

El culto de los fantasmas estaba en continua evolución. Así como se llegó a pensar que los fantasmas estaban pasando de una fase incompleta a una fase más elevada de la existencia, así también progresó finalmente el culto a la adoración de los espíritus y aun de los dioses. Pero a pesar de las distintas creencias en espíritus más avanzados, todas las tribus y razas creyeron alguna vez en los fantasmas.

4. LOS ESPÍRITUS FANTASMALES BUENOS Y MALOS

El temor a los fantasmas fue la fuente de todas las religiones mundiales; durante muchas edades muchas tribus se aferraron a su vieja creencia en un tipo de fantasmas. Enseñaban que el hombre tenía buena suerte cuando el fantasma estaba contento, mala suerte cuando éste estaba airado.

A medida que el culto del temor a los fantasmas se amplió, se produjo el reconocimiento de un tipo más elevado de espíritus, espíritus que no se identificaban claramente con ningún individuo humano. Eran fantasmas graduados o glorificados que habían progresado más allá del dominio de la tierra de los fantasmas a los reinos espirituales más elevados.

La noción de dos tipos de espíritus-fantasmas fue progresando lenta pero seguramente en todo el mundo. Este nuevo espiritismo dual no tuvo que difundirse de tribu en tribu; surgió independientemente en todo el mundo. Al influir la mente evolucionaria en expansión, el poder de una idea no se encuentra en su realidad ni en su razón sino más bien en la *intensidad* y universalidad de su aplicación pronta y sencilla.

Aun más adelante la imaginación del hombre concibió el concepto de agencias sobrenaturales buenas y malas; algunos fantasmas no evolucionaban nunca al nivel de los buenos espíritus. El monoespiritismo primitivo del temor a los fantasmas fue evolucionando gradualmente a un espiritismo dual, un nuevo concepto del control invisible de los asuntos terrestres. Finalmente la buena suerte y la mala suerte se interpretaban controladas por entes separados. Y de las dos clases, el grupo que traía mala suerte se consideraba más activo y numeroso.

Cuando finalmente maduró la doctrina de los espíritus buenos y malos, se tornó la más difundida y persistente de las creencias religiosas. Este dualismo representaba un gran avance religio-filosófico porque permitía que el hombre encontrara una explicación tanto para la buena suerte como para la mala suerte y al mismo tiempo originaba la creencia en seres supermortales cuya conducta era en cierto modo coherente. Se podía contar con que los espíritus serían o buenos o malos; ya no se los consideraba totalmente temperamentales como los fantasmas primitivos del monoespiritismo de las religiones más primitivas los habían concebido que eran. El hombre por fin podía concebir fuerzas supermortales de comportamiento coherente, y éste fue uno de los más importantes descubrimientos de la verdad en la trayectoria de la evolución religiosa y en la expansión de la filosofía humana.

Sin embargo la religión evolucionaria ha pagado un precio tremendo por el concepto del espiritismo dualista. La primitiva filosofía del hombre podía reconciliar la conherencia de los espíritus con las vicisitudes de la suerte temporal solamente mediante el postulado de dos tipos de espíritus: uno bueno y otro malo. Aunque esta creencia permitió al hombre reconciliar las variables del azar con el concepto de las fuerzas supermortales invariables, esta doctrina, desde su comienzo, ha hecho difícil para los religiosos concebir la unidad cósmica. En general los dioses de la religión evolucionaria han sido objeto de la oposición de las fuerzas de la oscuridad.

La tragedia de todo esto yace en el hecho de que, cuando estas ideas se estaban arraigando en la mente primitiva del hombre, no había en realidad espíritus malos ni desarmoniosos en el mundo entero. Dicha situación desafortunada no se desarrolló hasta después de Caligastia y tan sólo persistió hasta Pentecostés. El concepto del bien y del mal como coordenadas cósmicas está muy vivo, aún en el siglo veinte, en la filosofía humana; la mayor parte de las religiones del mundo aún llevan esta marca cultural de nacimiento de los días pasados del surgimiento de los cultos a los fantasmas.

5. EL AVANCE DEL CULTO A LOS FANTASMAS

El hombre primitivo consideraba que los espíritus y los fantasmas tenían derechos casi ilimitados, pero ningún deber; al mismo tiempo se creía que los espíritus contemplaban al hombre como teniendo múltiples deberes, pero ningún derecho. Se creía que los espíritus consideraban al hombre con cierto desprecio porque éste constantemente fallaba en el cumplimiento de sus deberes espirituales. Era creencia general de la humanidad que los fantasmas cobraban un tributo continuo de servicio como precio por no interferir en los asuntos humanos, y todo percance minúsculo se atribuía a las actividades de los fantasmas. Los humanos primitivos tanto temían olvidar algún honor debido a los dioses, que, después de haber hecho sacrificios a todos los espíritus conocidos, hacían otro sacrificio a los «dioses desconocidos», para así asegurarse profundamente.

Y ahora este sencillo culto de los fantasmas es seguido por las prácticas del culto más avanzado y relativamente complejo de los espíritus-fantasmas, el servicio y adoración a los espíritus más elevados tal como habían evolucionado en la imaginación primitiva del hombre. El ceremonial religioso tenía que mantenerse al ritmo de la evolución y progreso espiritual. El culto ampliado no fue sino el arte del automantenimiento practicado en relación con la creencia en seres sobrenaturales, una autoadaptación al medio ambiente de los espíritus. Las organizaciones industriales y militares fueron adaptaciones a los medios ambientes natural y social. Así como el matrimonio surgió para satisfacer las demandas de la bisexualidad, del mismo modo la organización religiosa se desarrolló en respuesta a la creencia en fuerzas espirituales superiores y en seres espirituales. La religión representa la adaptación del hombre a sus ilusiones del misterio del azar. El temor a los espíritus y la subsiguiente adoración fueron adoptados como seguro contra la mala suerte, como pólizas de prosperidad.

El salvaje visualiza a los espíritus buenos ocupados de sus propios asuntos, y poco exigen de los seres humanos. Son los fantasmas y espíritus malos los que deben ser apaciguados. Por consiguiente, los pueblos primitivos dedicaban más atención a sus fantasmas malévolos que a sus espíritus benévolos.

Se consideraba que la prosperidad humana atraía particularmente la envidia de los espíritus malos, y éstos se vengaban a través de una agencia humana y por la técnica del *mal de ojo*. La fase del culto que tenía que ver con evitar a los espíritus mucho se preocupaba por las maquinaciones del mal de ojo, el cual era casi mundial. Las mujeres bonitas se les cubría con velos para protegerlas del mal de ojo; más adelante muchas mujeres que deseaban ser consideradas hermosas adoptaron esta práctica. Debido a este temor de los espíritus malignos, no se permitía casi nunca que los niños saliesen de noche, y las oraciones primitivas siempre incluían la solicitud, «sálvanos del mal de ojo».

El Corán contiene un capítulo entero dedicado al mal de ojo y a las encantaciones mágicas, y los judíos creían plenamente en ellos. El entero culto fálico nació como defensa contra el mal de ojo. Los órganos de reproducción se consideraban el único fetiche capaz de neutralizarlo. El mal de ojo dio origen a las primeras supersticiones sobre las marcas o lunares prenatales en los niños, como resultado de impresiones de la madre, y el culto fue en cierto momento casi universal.

La envidia es un rasgo humano profundo; por lo tanto el hombre primitivo la atribuyó a sus dioses primitivos. Puesto que el hombre en cierto momento había engañado a los fantasmas, pronto comenzó a engañar a los espíritus. Se dijo: «si los espíritus están celosos de nuestra belleza y prosperidad, nos desfiguraremos y no haremos alarde de nuestro éxito». Por consiguiente, la humildad primitiva no fue un envilecimiento del ego sino más bien un intento de engatusar a los espíritus envidiosos.

El método adoptado para prevenir que los espíritus se pusieran celosos de la prosperidad humana consistió en acumular vituperaciones sobre una cosa o persona afortunada o tiernamente amada. La costumbre de evitar las alabanzas de la persona o su familia se originó de esta manera, y finalmente evolucionó en la modestia civilizada, la reserva y la cortesía. Por el mismo motivo, estaba de moda la fealdad. La belleza estimulaba la envidia de los espíritus; era símbolo de orgullo humano pecaminoso. El salvaje deseaba un nombre feo. Esta característica del culto obstaculizó el avance de las artes, y por mucho tiempo mantuvo al mundo sombrío y feo.

Durante la época del culto a los espíritus, la vida era a lo sumo un juego de azar, el resultado del control de los espíritus. El futuro de una persona no era resultado de sus esfuerzos, industria ni talento excepto en cuanto se podían utilizar estas virtudes para influir sobre los espíritus. Las ceremonias de propiciación de los espíritus constituían un gran peso, que convirtió la vida tediosa y virtualmente insoportable. De edad en edad y de generación en generación, una raza después de otra ha tratado de mejorar esta doctrina superfantasmal, pero ninguna generación se ha atrevido hasta ahora a rechazarla de lleno.

La intención y voluntad de los espíritus se estudiaban por medio de señales, oráculos y presagios. Estos mensajes de los espíritus se interpretaban por la adivinación, la profecía, la magia, la ordalía y la astrología. Todo el culto era un esquema inventado para aplacar, satisfacer y sobornar a los espíritus mediante estos sobornos enmascarados.

Así pues surgió una nueva filosofía mundial ampliada que consistía en:

1. *Deber* —las cosas que se deben hacer para que los espíritus sean favorables o, por lo menos, neutrales.

2. *Derecho* —la conducta y ceremonial correcto para ganar activamente a los espíritus a la causa del interés propio.

3. *Verdad* —la manera correcta de comprender, y la actitud correcta hacia los espíritus, y por lo tanto, hacia la vida y la muerte.

No era tan sólo por curiosidad por la que los antiguos trataban de conocer el futuro; querían evitar la mala suerte. La adivinación fue simplemente un intento de prevenir dificultades. Durante esos tiempos, se consideraba que los sueños eran proféticos, y todo lo que estuviera fuera de lo común era considerado un símbolo. Aun hoy día las razas civilizadas están cargadas de creencias en signos, presagios y otros residuos supersticiosos del culto a los fantasmas en avance de la antigüedad. El hombre es lento, muy lento en abandonar esos métodos mediante los cuales él tan gradual y dolorosamente ascendió la escala evolucionaria de la vida.

6. LA COERCIÓN Y EL EXORCISMO

Cuando los hombres creían nada más que en los fantasmas, el rito religioso era más personal, menos organizado, pero el reconocimiento de los espíritus más elevados requirió el empleo de «métodos espirituales más elevados» para tratar con ellos. Este intento de mejorar, y elaborar, la técnica de la propiciación de los espíritus llevó directamente a la creación de defensas contra los espíritus. El hombre se sentía en verdad desamparado ante las fuerzas incontrolables, operativos en la vida terrestre, y su sentimiento de inferioridad le llevó a intentar encontrar una adaptación compensa toria, una técnica para equilibrar las probabilidades en la lucha unilateral del hombre contra el cosmos.

En los primeros días del culto, los esfuerzos del hombre para influir sobre las acciones de los fantasmas se confinaban a la propiciación, intentos de soborno para evitar la mala suerte. A medida que progresó la evolución del culto a los fantasmas hacia el concepto de los espíritus buenos y los espíritus malignos, estas ceremonias tomaron aspectos de naturaleza más positiva, el esfuerzo de ganar la buena suerte. La religión del hombre ya no era completamente negativista, ni tampoco se conformó el hombre con el esfuerzo para conseguir la buena suerte; poco tiempo más tarde comenzó a inventar esquemas para obligar a los espíritus a que cooperaran con él. El religioso ya no está indefenso ante las demandas incesantes de los espíritus fantasmales de su propia creación; el salvaje comienza a inventar armas para obligar a los espíritus a la acción y para forzar su ayuda.

Los primeros esfuerzos de defensa del hombre se dirigieron contra los fantasmas. A medida que pasaban las edades, los vivos comenzaron a inventar métodos para resistir a los muertos. Se desarrollaron muchas técnicas para asustar a los fantasmas y alejarlos, entre las cuales se pueden citar las siguientes:

1. Cortar la cabeza y atar el cadáver en la tumba.
2. Tirar piedras a la casa de la muerte.
3. Castrar el cadaver o quebrar las piernas de él.
4. Enterrarlo bajo piedras, uno de los orígenes de la moderna piedra sepulcral.
5. La cremación, una invención más reciente para prevenir las maquinaciones de los fantasmas.
6. Arrojar el cadáver al mar.
7. Dejar el cadáver expuesto para que lo comiesen las bestias salvajes.

Se suponía que a los fantasmas les molestaba y asustaba el ruido; los gritos, las campanas y los tambores los alejaban de los vivos; y estos métodos antiguos aún existen en los «velorios» para los muertos. Se utilizaban mescolanzas malolientes para ahuyentar a los espíritus indeseados. Se construían horribles imágenes de los espíritus para que éstos huyeran despavoridos cuando se vieran a sí mismos. Se creía que los perros podían detectar a los fantasmas, y los denunciaban con su ladrido; que los gallos cantaban cuando había fantasmas cerca. El uso del gallo en las veletas es una perpetuación de esta superstición.

Se consideraba que el agua era la mejor protección contra los fantasmas. El agua bendita era superior a todas las demás, agua en la que los sacerdotes se habían lavado los pies. Se creía que tanto el fuego como el agua constituían barreras insuperables para los fantasmas. Los romanos rociaban tres veces alrededor del cadáver con agua; en el siglo veinte se esparce el cadáver con agua bendita, y aún entre los judíos existe el rito de lavarse las manos en el cementerio. El bautismo fue una característica del rito más reciente del agua. El baño primitivo era una ceremonia religiosa. Sólo en tiempos recientes se ha vuelto el baño una práctica de higiene.

Pero el hombre no se contentó con la coerción a los fantasmas; mediante ritos religiosos y otras prácticas pronto intentó obligar a los espíritus a la acción. El exorcismo era el empleo de un espíritu para controlar o eliminar a otro, y estas tácticas también fueron utilizadas para asustar a los fantasmas y a los espíritus. El concepto del espiritismo dual de las fuerzas buenas y malas ofreció al hombre amplia oportunidad para intentar azuzar a una agencia contra la otra, porque, si un hombre poderoso podía dominar al más débil, con toda seguridad un espíritu fuerte podía dominar a un fantasma inferior. Las maldi ciones primitivas constituían una práctica coercitiva inventada para asustar a los espíritus menores. Más adelante esta costumbre se expandió llevando a pronunciar maldiciones contra los enemigos.

Durante mucho tiempo se creyó que si se volvía a aplicar las costumbres antiguas, los espíritus y los semidioses se verían forzados a actuar según los deseos del hombre. El hombre moderno es culpable del mismo procedimiento. Os habláis entre vosotros en el lenguaje común de todos los días, pero cuando oráis, adoptáis el estilo más anticuado de otra generación, el así llamado estilo solemne.

Esta doctrina también explica muchas retrogradaciones religioso-rituales de naturaleza sexual, como por ejemplo la prostitución en el templo. Estas reversiones a costumbres primitivas se consideraban salvaguardias seguras contra muchas calamidades. Y en estos pueblos de mente sencilla estas manifestaciones estaban totalmente libres de lo que el hombre moderno considera promiscuidad.

Luego sobrevino la práctica de los votos rituales, seguida muy poco después por las promesas religiosas y los juramentos sagrados. Muchos de estos juramentos iban acompañados de autotortura y automutilación; más adelante, de ayuno y oración. Posteriormente se consideró que la autonegación era un método coercitivo seguro; esto era especialmente cierto en cuanto a la represión del impulso sexual. Así pues el hombre primitivo desarrolló pronto una austeridad firme en sus prácticas religiosas, la creencia en la eficacia de la autotortura y de la autonegación como ritos capaces de coercer a los espíritus reacios a que reaccionen favorablemente frente a tal sufrimiento y privación.

El hombre moderno ya no intenta abiertamente la coerción de los espíritus, aunque sigue manifestando una tendencia a negociar con la Deidad. Sigue jurando, toca madera, cruza los dedos y responde al estornudo con una frase convencional; antiguamente se trataba de una fórmula mágica.

7. LA NATURALEZA DEL SISTEMA DE LOS CULTOS

La organización social de tipo cultista persistió porque proveía un simbolismo para la preservación y estimulación de los sentimientos morales y de las lealtades religiosas. El culto nació de las tradiciones «de las antiguas familias» y fue perpetuado como institución establecida; todas las familias tienen un culto de alguna clase. Todo ideal inspirador busca un simbolismo perpetuador —intenta encontrar una técnica de manifestación cultural que asegure su sobrevivencia y aumente su realización— y el culto alcanza este objetivo fomentando y gratificando la emoción.

Desde los albores de la civilización todo movimiento atrayente en la cultura social o en el avance religioso ha desarrollado un rito, un ceremonial simbólico. Cuanto más inconsciente ha crecido este rito, más intensamente ha atraído a sus devotos. El culto preservaba el sentimiento y satisfacía la emoción, pero ha sido siempre el mayor obstáculo a la reconstrucción social y al progreso espiritual.

A pesar de que el culto ha retardado constantemente el progreso social, es lamentable que tanto los creyentes modernos en las normas morales y los ideales espirituales no posean un simbolismo adecuado —un culto de apoyo mutuo— nada al que puedan *pertenecer*. Pero no se puede fabricar un culto religioso. Debe crecer. Y los cultos de dos grupos no podrán ser idénticos a menos que sus ritos se normalicen arbitrariamente por la acción de la autoridad.

El culto cristiano primitivo fue el más eficaz, atrayente y duradero de todos los ritos que se hayan concebido o inventado jamás, pero mucho de su valor ha sido destruido en una era científica que derrocó tantos de sus principios originales subyacentes. El culto cristiano ha sido debilitado por la pérdida de muchas ideas fundamentales.

En el pasado, la verdad crecía rápidamente y se difundía libremente cuando el culto era elástico, el simbolismo, expansible. Una abundancia de verdad y un culto adaptable han favorecido la rapidez del progreso social. Un culto sin significado vicia la religión cuando intenta suplantar a la filosofía y avasallar a la razón; un culto genuino crece.

A pesar de los inconvenientes y desventajas, toda nueva revelación de la verdad ha originado un nuevo culto, y aun el nuevo pronunciamiento de la religión de Jesús debe desarrollar un simbolismo nuevo y apropiado. El hombre moderno debe encontrar un simbolismo adecuado para sus nuevas ideas, ideales y lealtades en expansión. Este símbolo enaltecido debe surgir de la vida religiosa, de la experiencia espiritual. Y este simbolismo más elevado de una civilización más elevada debe ser predicado sobre el concepto de la Paternidad de Dios y estar lleno del poderoso ideal de la hermandad de los hombres.

Los viejos cultos eran demasiado egocéntricos; el nuevo culto debe ser el fruto del amor aplicado. El nuevo culto debe, como los antiguos, fomentar el sentimiento, satisfacer la emoción y promover la lealtad; pero debe hacer más: debe facilitar el progreso espiritual, enaltecer los significados cósmicos, aumentar los valores morales, alentar el desarrollo social y estimular un tipo elevado de vida religiosa personal. El nuevo culto debe proveer objetivos supremos de vida, tanto temporales como eternos —sociales y espirituales.

Ningún culto puede durar ni contribuir al progreso de la civilización social y al logro espiritual individual si no se basa en la importancia biológica, sociológica y religiosa del *hogar*. Un culto sobreviviente debe simbolizar aquello que es permanente en la presencia de cambio incesante; debe glorificar aquello que unifica las corrientes de una metamorfosis social en constante cambio. Debe reconocer los significados verdaderos, exaltar las relaciones hermosas y glorificar los valores buenos de la nobleza auténtica.

Pero la gran dificultad de encontrar un simbolismo nuevo y satisfactorio estriba en que el hombre moderno, como grupo, se adhiere a la actitud científica, evita la superstición y aborrece la ignorancia, mientras que como individuos todos ellos ansían el misterio y veneran lo desconocido. Ningún culto puede sobrevivir a menos que comprenda un misterio poderoso y oculte un bien inalcanzable. Nuevamente, el simbolismo nuevo no debe ser significativo solamente para el grupo sino que también debe tener sentido para el individuo. Las formas de un simbolismo útil deben ser aquellas que el individuo pueda realizar por su propia iniciativa, y que pueda a la vez disfrutar en compañía de sus semejantes. Si el nuevo culto pudiera ser dinámico en vez de estático, verdaderamente contribuiría algo valioso al progreso tanto temporal como espiritual de la humanidad.

Pero un culto —un simbolismo de ritos, lemas u objetivos— no funciona si es demasiado complejo. Es necesario además que exista una demanda de devoción, una respuesta de lealtad. Toda religión eficaz desarrolla infaliblemente un simbolismo valioso, y sus devotos harían bien en prevenir la cristalización de tales ritos en ceremoniales estereotipados entorpecedores, paralizantes y sofocantes que tan sólo dificultan y retardan todo progreso social, moral y espiritual. No hay culto que pueda sobrevivir si retarda el crecimiento moral y deja de fomentar el progreso espiritual. El culto es la estructura esquelética sobre la cual crece el cuerpo vivo y dinámico de la experiencia personal y espiritual —la verdadera religión.

[Presentado por una Brillante Estrella Vespertina de Nebadon.]

DOCUMENTO 88

LOS FETICHES, LOS AMULETOS Y LA MAGIA

EL CONCEPTO del espíritu que penetra en un objeto inanimado, un animal o un ser humano, es una creencia muy antigua y honorable, que prevaleció desde el comienzo de la evolución de la religión. Esta doctrina de la posesión por los espíritus no es más ni menos que *fetichismo*. El salvaje no necesariamente adora al fetiche; adora con mucha lógica y reverencia al espíritu que reside en el fetiche.

Al principio el espíritu de un fetiche se consideraba ser el fantasma de un hombre muerto. Más adelante, se suponía que residían en los fetiches los espíritus más elevados. Así el culto de los fetiches finalmente incorporó todas las ideas primitivas de los fantasmas, las almas, los espíritus y la posesión demoníaca.

1. LA CREENCIA EN LOS FETICHES

El hombre primitivo siempre quería transformar todo suceso extraordinario en un fetiche; el azar dio, por consiguiente, origen a muchos fetiches. Un hombre está enfermo, sucede algo, y se mejora. Lo mismo ocurre con la reputación de muchos remedios y métodos empíricos de tratar las enfermedades. Los objetos que aparecían en los sueños muy frecuentemente eran convertidos en fetiches. Los volcanes, aunque no las montañas, se volvieron fetiches; los cometas, pero no las estrellas. El hombre primitivo consideraba las estrellas fugaces y los meteoros como presagios de la llegada a la tierra de espíritus especiales.

Los primeros fetiches fueron pedregullos con marcas peculiares, y desde entonces el hombre ha buscado las «piedras sagradas»; un hilo de cuentas fue antiguamente un hilo de piedras sagradas, una serie de amuletos. Muchas tribus tuvieron piedras fetiches, pero pocos han sobrevivido como lo han hecho el Kaaba y la Piedra de Scone. El fuego y el agua también estaban entre los fetiches primitivos, y la adoración del fuego, juntamente con la creencia en el agua bendita, aún sobrevive.

Los árboles fetiches fueron un desarrollo posterior, pero entre algunas tribus la persistencia de la adoración a la naturaleza condujo a la creencia en amuletos poseídos por algún tipo de espíritu de la naturaleza. Cuando las plantas y las frutas se volvían fetiches, era tabú comerlas. La manzana fue entre las primeras en esta categoría; los pueblos levantinos no la comían jamás.

Si un animal comía carne humana, se volvía un fetiche. De esta manera el perro se tornó un animal sagrado para los parseos. Si el fetiche es un animal y el fantasma reside permanentemente en él, el fetichismo raya con la reencarnación. De muchas maneras, los salvajes envidiaban a los animales; no se consideraban superiores a ellos y frecuentemente se ponían el nombre de las bestias favoritas.

Cuando los animales se volvieron fetiches, fue tabú comer la carne del animal fetiche. Los monos y los simios, debido a su semejanza con el hombre, entraron muy pronto a ser fetiches; más adelante, también se consideró de igual manera a las serpientes, las aves y los cerdos. En cierto momento la vaca era un fetiche, siendo su leche tabú mientras que sus excrementos se consideraban en alta estima. La serpiente fue reverenciada en Palestina, especialmente por los fenicios que, juntamente con los judíos, la consideraban el vocero de los espíritus malignos. Aún muchos seres modernos creen en los poderes mágicos de los reptiles. Desde Arabia a través de la India hasta la danza de la serpiente de la tribu moqui de los hombres rojos, la serpiente ha sido reverenciada.

Algunos días de la semana eran fetiche. Por muchas edades el viernes se consideró el día de la mala suerte y el número trece un numeral maligno. Los números de la buena suerte, tres y siete, aparecieron como consecuencia de revelaciones posteriores; el cuatro era el número de la suerte del hombre primitivo y se derivaba del reconocimiento primitivo de los cuatro puntos cardinales. Se consideraba mala suerte contar las cabezas de ganado u otras posesiones; los antiguos siempre se opusieron a hacer un censo, «numerar al pueblo».

El hombre primitivo no hizo del sexo un fetiche desmedido; la función reproductora tan sólo recibía una limitada atención. El salvaje tenía una mente natural, ni obscena ni mojigata.

La saliva era un fetiche poderoso; se podía ahuyentar a los diablos escupiendo sobre la persona. Era un gran cumplido que un anciano o un superior le escupiera a uno. Ciertas partes del cuerpo humano se consideraban fetiches potenciales, particularmente el pelo y las uñas. Se tenía en gran estima las uñas largas de los caciques, y los trozos que de ellas provenían eran considerados fetiches poderosos. La creencia en la calavera como fetiche explica la existencia más reciente de los cazadores de cabeza. El cordón umbilical era un fetiche de alto valor; aún ahora así se lo considera en África. El primer juguete de la humanidad fue un cordón umbilical preservado. Engarzado de perlas, cosa bastante frecuente, fue el primer collar del hombre.

Los niños jorobados y tullidos se consideraban fetiches, se creía que los lunáticos estaban bajo la influencia de la luna. El hombre primitivo no podía distinguir entre el genio y la locura; los idiotas eran azotados a muerte o reverenciados como personalidades fetiches. La histeria confirmó aún más la creencia popular en la brujería; los epilépticos eran a menudo sacerdotes y curanderos. La intoxicación alcohólica se consideraba una forma de posesión de los espíritus. Cuando un salvaje se emborrachaba, se colocaba una hoja en el pelo para significar que no era responsable de sus acciones. Los venenos y los intoxicantes se volvieron fetiches; se les consideraba poseídos.

Mucha gente consideraba que los genios eran personalidades fetiche poseídas por un espíritu sabio. Y estos seres humanos talentosos aprendieron pronto a usar el engaño y el soborno para fomentar sus propios intereses egoístas. Un hombre fetiche se consideraba más que humano. Era divino, aun infalible. Así pues los caciques, reyes, sacerdotes, profetas y líderes de la iglesia, finalmente tuvieron gran poder y ejercieron una autoridad sin límites.

2. LA EVOLUCIÓN DEL FETICHE

Se suponía que los fantasmas preferían residir en un objeto que les había pertenecido cuando estaban vivos en la carne. Esta creencia explica la eficacia de muchas reliquias modernas. Los antiguos siempre reverenciaban los huesos de sus líderes y los restos del esqueleto de los santos y héroes todavía se consideran con respeto y miedo supersticiosos. Aún actualmente, se hacen peregrinajes a la tumba de los grandes hombres.

La creencia en las reliquias es una consecuencia del antiguo culto fetichista. Las reliquias de las religiones modernas representan un intento de racionalizar el fetiche del salvaje elevándolo así a una posición de dignidad y respetabilidad en los modernos sistemas religiosos. Es pagano creer en los fetiches y en la magia, pero parecería bien aceptar las reliquias y los milagros.

El fogón —la hornilla— se tornó más o menos un fetiche, un lugar sagrado. Los santuarios y templos fueron al principio sitios fetiches porque ahí se había enterrado a los muertos. La cabaña fetiche de los hebreos fue elevada por Moisés al lugar donde habitaba un superfetiche, el concepto por entonces existente de la ley de Dios. Pero los israelíes no abandonaron nunca la peculiar creencia canaanita en la piedra del altar: «Y esta piedra que he puesto por señal será casa de Dios». Creían firmemente que el espíritu de su Dios moraba en estos altares de piedra, que en realidad eran fetiches.

Las imágenes más primitivas se hicieron para preservar la apariencia y la memoria de los muertos ilustres; eran, en realidad, monumentos fúnebres. Los ídolos fueron un refinamiento del fetichismo. Los primitivos creían que una ceremonia de consagración hacía que el espíritu entrara en la imagen; del mismo modo, si se bendecían ciertos objetos, éstos se volvían amuletos.

Moisés, al agregar el segundo mandamiento al antiguo código moral de Dalamatia, hizo un esfuerzo para controlar la adoración de los fetiches entre los hebreos. Indicó cuidadosamente que no se debían hacer imágenes que pudieran ser consagradas como fetiches. Lo expresó claramente: «No te harás imagen, ni ninguna semejanza de lo que esté arriba en el cielo, ni abajo en la tierra ni en las aguas de la tierra». Aunque este mandamiento retrasó mucho el arte entre los judíos, también disminuyó la adoración a los fetiches. Pero Moisés era demasiado sabio como para intentar desplazar en forma repentina a los antiguos fetiches, por consiguiente, consintió en colocar ciertas reliquias junto a la ley en el altar combinado de guerra y santuario religioso que fue el arca.

Finalmente las palabras se volvieron fetiches, más particularmente aquellas que se consideraban palabras de Dios; de esta manera los libros sagrados de muchas religiones se han vuelto prisiones fetichísticas que encarcelan la imaginación espiritual del hombre. El esfuerzo mismo de Moisés contra el fetichismo se tornó un fetiche supremo. Su mandamiento más adelante fue utilizado para paralizar el arte y ahogar el encanto y el amor de lo bello.

En los tiempos antiguos la palabra fetiche de la autoridad era una *doctrina* que inspiraba temor, el tirano más terrible que esclaviza al hombre. Un fetiche doctrinal lleva al hombre mortal a traicionarse a sí mismo, cayendo en las garras de la mojigatería, el fanatismo, la superstición, la intolerancia y la más atroz de las crueldades bárbaras. El respeto moderno por la sabiduría y la verdad es tan sólo un escape reciente de la tendencia a fabricar fetiches hasta los niveles más altos del pensamiento y del razonamiento. En cuanto los escritos fetiche acumulados que muchos religiosos consideran *libros sagrados*, no sólo se cree que el contenido del libro es verdad, sino también que toda verdad está contenida en el libro. Si uno de estos libros sagrados llega a declarar que la tierra es plana, por largas generaciones los hombres y mujeres por otra parte de mente sana rehusarán aceptar pruebas positivas de que el planeta es redondo.

La práctica de abrir uno de estos libros sagrados y leer al azar un pasaje, para poder determinar importantes decisiones de vida o de proyectos, no es más ni menos que fetichismo descarado. Jurar sobre «un libro sagrado» o sobre algún objeto de veneración suprema es una forma de fetichismo refinado.

Pero representa un real progreso evolutivo el avance del temor fetichista de las uñas del cacique salvaje a la adoración de una espléndida colección de cartas, leyes, leyendas, alegorías, mitos, poemas y crónicas que, después de todo, reflejan la selección de la sabiduría moral de muchos siglos, por lo menos hasta el momento y acontecimiento en que se los reúne en un «libro sagrado».

Las palabras, para volverse fetiches, deben ser consideradas inspiradas, y la invocación de los escritos supuestamente inspirados por la divinidad condujo directamente al establecimiento de la *autoridad* de la iglesia, mientras que la evolución de las formas civiles, condujo al florecimiento de la *autoridad* del estado.

3. EL TOTEMISMO

El fetichismo impregnó todos los cultos primitivos, desde la creencia más antigua en las piedras sagradas, a través de la idolatría, el canibalismo y la adoración de la naturaleza, hasta el totemismo.

El totemismo es una combinación de observancias sociales y religiosas. Originalmente se creía que el respeto por el animal totémico de supuesto origen biológico aseguraba el abastecimiento de alimentos. Los tótemes eran al mismo tiempo símbolos del grupo y de su dios. Dicho dios era el clan personificado. El totemismo fue una fase en el intento de socializar una religión que por lo demás era personal. El tótem finalmente evolucionó transformándose en la bandera o símbolo nacional de los distintos pueblos modernos.

Una bolsa fetiche, o bolsa médica era una cartera que contenía una selección considerable de artículos impregnados por los fantasmas, y el curandero de la antigüedad no permitía jamás que su bolsa, símbolo de su poder, tocara el piso. Los pueblos civilizados del siglo veinte se aseguran de que sus banderas, emblemas de la conciencia nacional, del mismo modo jamás toquen el piso.

Las insignias de la autoridad sacerdotal y real fueron finalmente consideradas fetiches, y el fetiche del estado supremo ha pasado a través de muchas etapas de desarrollo, de los clanes a las tribus, del señorío feudal a la soberanía, de los tótemes a las banderas. Los reyes fetiches han gobernado por «derecho divino», y muchas otras formas de gobierno se han prevalecido. El hombre también ha hecho un fetiche de la democracia, la exaltación y adoración de las ideas del hombre común cuando se las denomina colectivamente «opinión pública». La opinión de un hombre, por sí sola, no se respeta demasiado, pero cuando muchos hombres funcionan colectivamente como democracia, este mismo juicio mediocre se considera árbitro de la justicia y norma de la rectitud.

4. LA MAGIA

El hombre civilizado se enfrenta a los problemas de un medio ambiente concreto mediante su ciencia; el hombre salvaje intentaba solucionar los problemas reales de un medio ambiente ilusorio fantasmal mediante la magia. La magia era una técnica para manipular el imaginario medio ambiente espiritual cuyas maquinaciones explicaban constantemente lo inexplicable; era el arte de obtener la cooperación voluntaria de los espíritus y de forzar la ayuda involuntaria de los espíritus mediante el uso de fetiches o de otros espíritus más poderosos.

El objeto de la magia, la hechicería y la nigromancia era doble:

1. Alcanzar una visión del futuro.
2. Influir favorablemente sobre el medio ambiente.

Los objetos de la ciencia son idénticos a los de la magia. La humanidad está progresando de la magia a la ciencia, no mediante la meditación y el razonamiento, sino más bien a través de una larga experiencia, gradual y dolorosamente. El hombre está llegando lentamente a la verdad, comenzando desde el error, progresando en el error, y finalmente aproximándose al umbral de la verdad. Sólo con la llegada del método científico ha empezado a mirar hacia adelante. Pero el hombre primitivo tenía que experimentar o perecer.

La fascinación con la superstición primitiva fue la madre de la posterior curiosidad científica. Había una emoción dinámica progresiva —temor más curiosidad — en estas supersticiones primitivas; hubo un poder impulsor progresivo en la antigua magia. Estas supersticiones representaron el surgir del deseo humano por conocer y controlar el medio ambiente planetario.

La magia dominó tan poderosamente al salvaje porque éste no podía captar el concepto de la muerte natural. La idea más reciente del pecado original ayudó a debilitar el dominio de la magia sobre la raza, porque explicaba la muerte natural. En cierta época no era infrecuente que diez personas inocentes fueran ajusticiadas porque se las suponía responsables de una muerte natural. Este es uno de los motivos por los cuales los pueblos antiguos no crecieron más rápidamente y aún es verdad en algunas tribus africanas. El individuo acusado usualmente confesaba su culpa, aún sabiendo que se enfrentaba a la muerte.

La magia es natural para el salvaje. Cree que un enemigo puede ser eliminado mediante la práctica de la hechicería sobre un mechón de su pelo o un trozo de sus uñas. La fatalidad de una mordedura de serpiente se atribuía a la magia del hechicero. La dificultad para combatir la magia surge del hecho de que el temor puede matar. Los pueblos primitivos tanto temían la magia que efectivamente ésta les mataba, y estos resultados eran suficientes para sustanciar esta creencia errónea. En caso de fracaso, siempre existía una explicación plausible; la cura para una magia defectuosa era más magia.

5. LOS AMULETOS MÁGICOS

Puesto que todo lo que se relacionaba con el cuerpo podía volverse un fetiche, la magia más primitiva tuvo que ver con el cabello y las uñas. El secreto que rodea la eliminación de las secreciones corporales nació del temor de que un enemigo pudiera posesionarse de algo que provenía del cuerpo y emplearlo negativamente en la magia; por lo tanto todos los excrementos del cuerpo se enterraban cuidadosamente. Se prohibía escupir en público por temor de que la saliva se pudiese usar mágicamente contra la persona; el esputo siempre se cubría. Aun los restos de alimentos, las vestimentas y los adornos podían volverse instrumentos de la magia. El salvaje nunca dejaba restos de su comida sobre la mesa. Todo esto se hacía por temor de que los enemigos pudiesen utilizar estas cosas en sus ritos mágicos, no porque se conociese el valor higiénico de dichas prácticas.

Se preparaban amuletos mágicos a partir de una gran variedad de objetos: la carne humana, las garras del tigre, los dientes del cocodrilo, las semillas de las plantas venenosas, el veneno de las serpientes y el cabello humano. Los huesos de los muertos se consideraban muy mágicos. Aun el polvo de las huellas podía ser utilizado en la magia. Los antiguos creían firmemente en los amuletes de amor. La sangre y otras formas de secreciones corporales podían asegurar una influencia mágica sobre el sentimiento del amor.

Se consideraba que las imágenes eran eficaces en la magia. Se preparaban efigies y al tratárselas bien o mal, los mismos efectos, según se creía, recaían sobre la persona real. Al hacer adquisiciones, las personas supersticiosas masticaban un trozo de madera dura para ablandar el corazón del vendedor.

La leche de una vaca negra era altamente mágica; así también lo eran los gatos negros. La vara o cetro era mágica, así como también los tambores, campanas y nudos. Todos los objetos antiguos eran amuletos mágicos. Las prácticas de una civilización nueva o más elevada se consideraban con desaprobación debido a su supuesta naturaleza mágica maligna. Así fueron consideradas la escritura, la imprenta y la pintura durante mucho tiempo.

El hombre primitivo creía que los nombres debían ser tratados con respeto, especialmente los nombres de los dioses. El nombre se consideraba una entidad, una influencia distinta a la de la personalidad física; se la ponía al mismo nivel que el alma y la sombra. Los nombres se empeñaban para obtener préstamos; un hombre no podía usar su nombre hasta que hubiese rescatado el préstamo mediante pago. Presentemente los hombres firman su nombre en los pagarés. Muy pronto el nombre de un individuo se volvió importante en la magia. El salvaje tenía dos nombres; el nombre importante se consideraba demasiado sagrado como para utilizarlo en ocasiones comunes, por consiguiente existía el segundo nombre o el de todos los días: un sobrenombre. Él nunca pronunciaba su nombre verdadero ante extraños. Toda experiencia de naturaleza poco común le estimulaba a cambiarse el nombre; a veces era para curar una enfermedad o detener la mala suerte. El salvaje podía conseguir un nuevo nombre comprándoselo al cacique tribal. Aun ahora los hombres invierten en títulos y diplomas. Pero entre las tribus más primitivas, tales como los bosquimanos africanos, no existen nombres individuales.

6. LA PRÁCTICA DE LA MAGIA

La magia se practicó con el uso de las varas, los ritos de la «medicina» y los encantamientos, y se acostumbraba que el que la practicase trabajara desnudo. Había más mujeres que hombres entre los magos primitivos. En magia, la palabra «medicina» significa misterio, no tratamiento. El salvaje nunca se curaba a sí mismo; no usaba nunca remedios excepto por consejo de los especialistas en magia. Y los curanderos vudú del siglo veinte son iguales a los magos antiguos.

Había una fase pública y una privada en la magia. La magia celebrada por el curandero, shamán o sacerdote era, según se suponía, buena para toda la tribu. Los brujos, hechiceros y magos dispensaban magia privada, personal y egoísta que se empleaba como método coercitivo para desencadenar el mal sobre los propios enemigos. El concepto de espiritismo dual, espíritus buenos y malos, originó las creencias más recientes en la magia blanca y negra. A medida que la religión evolucionaba, magia fue el término aplicado a las operaciones espirituales fuera del culto propio, y también se la refería a creencias más antiguas sobre los fantasmas.

Las combinaciones de palabras, el rito de los cantos y de los encantamientos, eran altamente mágicas. Algunos encantamientos primitivos evolucionaron finalmente en oraciones. En cierto punto, se practicó la magia imitativa; las oraciones se representaban; las danzas mágicas no fueron sino oraciones llevadas a la expresión teatral. La oración gradualmente desplazó a la magia, como el asociado del sacrificio.

Los gestos, siendo más antiguos que el habla, eran más sagrados y mágicos, y la mímica era considerada de fuerte poder mágico. Los hombres rojos frecuentemente representaban el baile del búfalo, en el cual uno de entre ellos interpretaba el papel del búfalo y, al dejarse capturar, aseguraba el éxito de la caza futura. Las festividades sexuales del día de mayo eran simplemente magia imitativa, un llamado sugestivo a las pasiones sexuales del mundo vegetal. Las esposas estériles emplearon por primera vez las muñecas como talismán mágico.

La magia fue la rama del árbol religioso evolucionario que finalmente dio el fruto de la era científica. La creencia en la astrología llevó al desarrollo de la astronomía; la creencia en la piedra filosofal llevó al conocimiento de los metales, mientras que la creencia en los números mágicos fundó la ciencia de las matemáticas.

Pero un mundo tan repleto de encantamientos contribuyó mucho a la destrucción de la in iciativa y ambición personal. Los frutos del trabajo duro o la diligencia eran considerados mágicos. Si un hombre cosechaba más grano en su campo que su vecino, le podían llevar ante el cacique acusándolo de que atraía el grano del terreno de su vecino indolente. En efecto, en los días de la barbarie era peligroso saber mucho; siempre existía la posibilidad de que se le ejecutara a uno como artista negro.

Gradualmente la ciencia está eliminando de la vida el elemento del juego de azar. Pero si los métodos modernos de educación fracasan, habrá una reversión casi inmediata a las creencias primitivas en la magia. Estas supersticiones aún habitan la mente de muchos pueblos así llamados civilizados. El idioma contiene muchos fósiles que atestiguan que la raza por mucho tiempo ha estado impregnada de la superstición mágica, palabras como hechizado, malaventurado, posesiones, inspiración, quitarle a uno el espíritu, ingenio, embelesador, estupefacto y asombrado. Los seres humanos inteligentes aún creen en la buena suerte, el mal de ojo y la astrología.

La magia antigua fue el capullo de la ciencia moderna, indispensable en su tiempo pero ya no útil. Así los fantasmas de la superstición ignorante agitaron las mentes primitivas de los hombres hasta que pudieran nacer los conceptos de la ciencia. Hoy en día, Urantia está en los albores de su evolución intelectual. Una mitad del mundo busca ansiosamente la luz de la verdad y los hechos del descubrimiento científico, mientras que la otra mitad languidece en los brazos de la superstición antigua y de la magia sólo ligeramente disfrazada.

[Presentado por una Brillante Estrella Vespertina de Nebadon.]

DOCUMENTO 89

EL PECADO, EL SACRIFICIO Y LA EXPIACIÓN

EL HOMBRE primitivo se consideraba deudor de los espíritus, necesitado de redención. Según los salvajes los espíritus tenían todo el derecho de mandarles aún más mala suerte. A medida que pasó el tiempo, este concepto se desarrolló en la doctrina del pecado y de la salvación. El alma se consideró como llegada al mundo con una prenda —el pecado original. El alma debía ser rescatada; era necesario proveer un chivo expiatorio. El cazador de cabezas, además de practicar el culto de la adoración a la calavera, podía proveer un sustituto de su propia vida, un hombre expiatorio.

El salvaje muy pronto se obsesionó con la idea de que los espíritus derivaban gran satisfacción de la vista del sufrimiento, la pena y la humillación humanos. Al principio, el hombre tan sólo se preocupó por los pecados de comisión, pero más adelante le inquietaron también los pecados de omisión. Y el entero sistema subsiguiente de sacrificios surgió de estas dos ideas. Este nuevo rito tenía que ver con la observancia de las ceremonias de propiciación representadas por los sacrificios. El hombre primitivo creía que se debía hacer algo especial para ganar el favor de los dioses; tan sólo la civilización avanzada reconoce a un Dios uniformemente benevolente y de temperamento invariable. La propiciación era un seguro contra la mala suerte inmediata más bien que una inversión en la felicidad futura. Y los ritos de evitación, exorcismo, coerción y propiciación se combinan los unos con los otros.

1. EL TABÚ

La observancia del tabú fue el esfuerzo del hombre por evitar la mala suerte, por no ofender a los espíritus fantasmales mediante el acto de evitar algo. Los tabúes al principio no fueron religiosos, pero muy pronto adquirieron la sanción fantasmal o espiritual, y cuando fueron reforzados de esta manera, se volvieron los promulgadores de la ley y los constructores de las instituciones. El tabú es la fuente de las normas ceremoniales y el antepasado del autocontrol primitivo. Fue la forma más primitiva de reglamentación social y por mucho tiempo la única; todavía es un ente básico en la estructura social reglamentada.

El respeto que estas prohibiciones inspiraban a la mente del salvaje equivalía exactamente a su temor de los poderes que supuestamente las imponían. Los tabúes surgieron primero como consecuencia de experiencias azarosas de la mala suerte. Más adelante fueron propuestos por caciques y shamanes —hombres fetiches que, según se pensaba, estaban dirigidos por un espíritu fantasmal, o aun por un dios. El temor de la retribución de los espíritus es tan intenso en la mente del hombre primitivo, que a veces llega a morir de miedo por haber violado un tabú, y este episodio dramático a su vez refuerza enormemente el poder del tabú en la mente de los sobrevivientes.

Entre las prohibiciones más primitivas existieron las restricciones sobre la apropiación de las mujeres y de otras posesiones. A medida que la religión empezó a tener un papel más importante en la evolución del tabú, el artículo puesto bajo prohibición empezó a ser considerado impuro, y posteriormente profano. Los registros de los hebreos están llenos de menciones de cosas limpias e impuras, sagradas y profanas, pero sus creencias en este campo eran mucho menos engorrosas y difundidas que las de muchos otros pueblos.

Los siete mandamientos de Dalamatia y Edén, así como también las diez obligaciones de los hebreos, eran tabúes evidentes, todos expresados de la misma forma negativa que la mayoría de las prohibiciones antiguas. Pero estos códigos más nuevos tuvieron una influencia realmente emancipadora porque tomaron el lugar de miles de tabúes preexistentes. Además de esto, estos mandamientos más recientes prometían claramente algo como recompensa a la obediencia.

Los primitivos tabúes de ciertas comidas se originaron en el fetichismo y el totemismo. El cerdo era sagrado para los fenicios, la vaca para los hindúes. El cerdo era tabú entre los egipcios, y dicho tabú ha sido perpetuado por la fe hebrea y la islámica. Una variación del tabú de alimentos fue la creencia de que si una mujer embarazada imaginaba muy intensamente cierta comida, el hijo, cuando naciese, sería el eco de esa comida. Dichas vituallas serían tabú para el chico.

Pronto ciertos métodos de comer se volvieron tabú, originando así las convenciones antiguas y modernas de la mesa. Los sistemas de casta y los niveles sociales son vestigios residuales de prohibiciones antiguas. Los tabúes fueron altamente eficaces en tornar la sociedad organizada, pero también fueron muy engorrosos. El sistema de censura negativa no se limitó a mantener reglamentaciones útiles y constructivas sino que también perpetuó tabúes obsoletos, desgastados e inútiles.

Sin embargo no existiría una sociedad civilizada que pudiese criticar al hombre primitivo de no haber sido por estos tabúes difundidos y múltiples, y los tabúes no habrían persistido sino por las sanciones sostenedoras de la religión primitiva. Muchos de los factores esenciales en la evolución del hombre han sido altamente costosos, han costado un amplio tesoro en esfuerzo, sacrificio y autonegación, pero estos logros de autocontrol fueron los verdaderos peldaños sobre los que trepó el hombre la escala ascendente de la civilización.

2. EL CONCEPTO DEL PECADO

El temor del azar y el terror a la mala suerte llevó al hombre literalmente a inventar la religión primitiva como supuesto seguro contra estas calamidades. De la magia y los fantasmas, la religión evolucionó a través de los espíritus y fetiches a los tabúes. Toda tribu primitiva tenía su árbol de fruta prohibida, literalmente la manzana pero figurativamente miles de ramas sobrecargadas de todo tipo de tabúes. Y el árbol prohibido siempre decía: «No harás».

A medida que evolucionaba la mente salvaje hasta el punto en que pudo idear a los espíritus buenos y los malos, y cuando el tabú recibió la sanción solemne de la religión en evolución, estuvo lista la escena para la aparición del nuevo concepto del *pecado*. La idea del pecado se estableció universalmente en el mundo antes de que hiciera su ingreso la religión revelada. Tan sólo el concepto del pecado fue el que permitió que la mente primitiva considerase lógica la muerte natural. El pecado era la transgresión de un tabú y la muerte era el castigo del pecado.

El pecado era ritual, no racional; una acción, no un pensamiento. Este concepto total del pecado fue fomentado por las tradiciones residuales de Dilmún en los días del pequeño paraíso en la tierra. La tradición de Adán y del jardín del Edén también prestó importancia a la ilusión de una «era de oro» pasada, en los albores de las razas. Y todo esto confirmó las ideas expresadas más adelante en la creencia de que el hombre tenía origen en una creación especial, que había comenzado su carrera en la perfección y que la transgresión de los tabúes —pecado— le había hecho caer en la dolorosa situación más reciente.

La violación habitual de los tabúes se volvió un vicio; la ley primitiva determinó que el vicio era un crimen; la religión le llamó pecado. Entre las tribus primitivas la violación de un tabú era una combinación de crimen y pecado. Las calamidades de la comunidad se consideraban siempre castigo de un pecado tribal. Para los que creían que la prosperidad y la rectitud iban mano a mano, la aparente prosperidad de los malvados causó mucha preocupación, tanta que fue necesario inventar infiernos para el castigo de los que violaban los tabúes; el número de estos sitios de castigo futuro han variado de uno a cinco.

La idea de confesión y perdón apareció primitivamente en la religión antigua. Los hombres pedían perdón en reuniones públicas por pecados que tenían la intención de cometer la semana siguiente. La confesión era puramente un rito de remisión, también la notificación pública de la corrupción, un ritual que consistía en gritar «¡impuro, impuro!» Luego seguían todos los esquemas rituales de la purificación. Todos los pueblos primitivos practicaban estas ceremonias sin sentido. Muchas costumbres que parecían medidas higiénicas de las tribus primitivas eran en gran parte ceremoniales.

3. El renunciamiento y la humillación

El renunciamiento surgió como paso siguiente en la evolución religiosa; el ayuno era práctica común. Pronto se tornó costumbre negarse muchas formas de placer físico, máxime los de naturaleza sexual. El rito del ayuno estaba profundamente arraigado en muchas religiones antiguas y ha sido heredado por prácticamente todos los sistemas teológicos modernos de pensamiento.

Justo en el momento en que el hombre bárbaro se estaba recobrando de la práctica inútil de incendiar y enterrar la propiedad privada con los muertos, justo en el momento en que la estructura económica de las razas estaba empezando a tomar forma, apareció esta nueva doctrina religiosa del renunciamiento, y decenas de miles de almas sinceras se dedicaron a cortejar la pobreza. La propiedad se consideró una desventaja espiritual. Estas ideas de los peligros espirituales inherentes a las posesiones materiales estaban sumamente difundidas en los tiempos de Filón y Pablo, e influyeron considerablemente sobre la filosofía europea desde entonces.

La pobreza era tan sólo una parte del rito de la mortificación de la carne que, desafortunadamente, quedó incorporado en los escritos y enseñanzas de muchas religiones, notablemente del cristianismo. La penitencia es la forma negativa de este rito, frecuentemente tonto, de renunciamiento. Pero todo ello enseñó *autocontrol* al salvaje, y eso representó un avance valioso en la evolución social. La autonegación y el autocontrol fueron dos de los logros sociales más importantes de la religión evolucionaria primitiva. El autocontrol proporcionó al hombre una nueva filosofía de la vida; le enseñó el arte de aumentar la fracción de la vida disminuyendo el denominador de las demandas personales en vez de intentar siempre aumentar el numerador de las gratificaciones egoístas.

Estas antiguas ideas de autodisciplina comprendían azotamientos y todo tipo de tortura física. Los sacerdotes del culto a la madre eran especialmente activos en la enseñanza de la virtud del sufrimiento físico, y daban el ejemplo sometiéndose a la castración. Los hebreos, los hindúes y los budistas eran devotos sinceros de esta doctrina de la humillación física.

A través de todos los tiempos antiguos el hombre intentó de esta manera ganar créditos adicionales en los libros de autonegación de sus dioses. Antiguamente era habitual, en casos de angustia emocional hacer votos de autonegación y autotortura. Eventualmente, estos votos adoptaron la forma de contratos con los dioses y, en ese sentido, representaron un verdadero progreso evolucionario porque se suponía que los dioses harían algo definido como recompensa por la autotortura y mortificación de la carne. Los votos eran tanto negativos como positivos. Hoy en día es posible observar promesas de este tipo doloroso y extremo en ciertos grupos de la India.

Era tan sólo natural que el culto del renunciamiento y la humillación llamara la atención a la gratificación sexual. El culto de la continencia se originó como rito entre los soldados antes de emprender batalla; en épocas posteriores se tornó en la práctica de los «santos». Este culto toleraba el matrimonio tan sólo como un mal menor que la fornicación. Muchas de las grandes religiones mundiales han sido influidas adversamente por este culto antiguo, pero ninguna tanto como el cristianismo. El apóstol Pablo era devoto a este culto, y sus opiniones personales se reflejan en las enseñanzas que introdujo en la teología cristiana: «Bueno le sería al hombre no tocar mujer». «Quisiera más bien que todos los hombres fuesen como yo». «Digo, pues, a los solteros y las viudas, que bueno les fuera quedarse como yo». Pablo bien sabía que estas enseñanzas no eran parte del evangelio de Jesús, cosa que queda demostrada en su declaración: «Mas esto digo por vía de concesión, no por mandamiento». Pero este culto condujo a Pablo a despreciar a las mujeres. Es una pena que todas sus opiniones personales hayan influido tan prolongadamente sobre las enseñanzas de una gran religión mundial. Si se hubieran tomado literalmente y obedecido universalmente los consejos de este maestro y fabricante de tiendas, la raza humana habría llegado a un fin repentino e ignominioso. Además, la participación de una religión en el antiguo culto de la continencia conduce directamente a la guerra contra el matrimonio y el hogar, la verdadera piedra angular de la sociedad y la institución básica del progreso humano. No es de sorprender que todas estas creencias fomentaran la formación de sacerdocios célibes en muchas religiones de muchos pueblos.

Algún día el hombre debería aprender a gozar de la libertad sin licencia, de la alimentación sin glotonería y del placer sin libertinaje. El autocontrol es una mejor política humana para reglamentar la conducta que la autonegación extrema. Tampoco enseñó Jesús jamás estas opiniones irrazonables a sus seguidores.

4. LOS ORÍGENES DEL SACRIFICIO

El sacrificio como parte de las devociones religiosas, como muchos otros ritos de adoración, no tuvo un solo y sencillo origen. La tendencia de inclinarse ante el poder y de postrarse en adoración en presencia del misterio está anticipada en el servilismo del perro frente a su amo. Hay un solo paso entre el impulso a la adoración y el acto del sacrificio. El hombre primitivo medía el valor de su sacrificio por el dolor que sufría. Cuando la idea de sacrificio se unió primeramente a la ceremonia religiosa, no se contemplaba ninguna ofrenda que no produjera dolor. Los primeros sacrificios eran actos tales como arrancarse los cabellos, cortarse la piel, mutilaciones, extracciones de dientes y cortarse los dedos. A medida que avanzó la civilización, estos conceptos crudos de sacrificio fueron elevados al nivel de ritos de autoabnegación, ascetismo, ayuno, deprivaciones y la doctrina cristiana más reciente de santificación mediante el sufrimiento, la pena y la mortificación de la carne.

Pronto en la evolución de la religión existieron dos conceptos del sacrificio —la idea del sacrificio obsequio, con la connotación de una actitud de acción de gracias, y el sacrificio deuda, que incorporaba la idea de la redención. Más adelante se desarrolló la idea de la substitución.

El hombre aún más adelante concibió que su sacrificio, de cualquier naturaleza que fuese, podía funcionar como mensajero ante los dioses. Podía ser un dulce aroma para el olfato de la deidad. Esto introdujo el incienso y otros rasgos estéticos en los ritos de sacrificio que evolucionaron en festivales de sacrificio, volviéndose finalmente cada vez más elaborados y adornados.

A medida que evolucionó la religión, los ritos sacrificatorios de conciliación y propiciación reemplazaron a los métodos más antiguos de evitación, aplacamiento y exorcismo.

La idea más primitiva del sacrificio fue la de un gravamen de neutralidad recaudado por los espíritus ancestrales. Sólo más tarde se desarrolló la idea de la expiación. A medida que el hombre fue alejándose de la idea del origen evolucionario de la raza, a medida que las tradiciones de los días del Príncipe Planetario y de la estancia de Adán se filtraron a través del tiempo, el concepto de pecado y del pecado original se difundió de manera que el sacrificio por pecados accidentales y personales evolucionó en la doctrina del sacrificio para la expiación del pecado racial. La expiación del sacrificio constituyó un dispositivo de seguro general que hasta llegaba a proteger contra el resentimiento y los celos de un dios desconocido.

Rodeado por tantos espíritus sensibles y dioses codiciosos, el hombre primitivo se enfrentaba con tales huestes de deidades acreedoras que se requerían todos los sacerdotes, ritos y sacrificios de toda una vida para liquidar la deuda espiritual. La doctrina del pecado original, o culpa racial, hacía que cada persona comenzara su vida ya debiéndoles cuantiosamente a los poderes espirituales.

Los obsequios y los sobornos son dados a los hombres; pero cuando se los ofrece a los dioses, se los describe como dedicación, cosa sagrada o se los llama sacrificios. El renunciamiento era la forma negativa de la propiciación. El sacrificio se volvió la forma positiva. El acto de propiciación incluía alabanzas, glorificación, adulación y aun entretenemiento. Los residuos de estas prácticas positivas del viejo culto de propiciación constituyen las formas modernas de la adoración divina. Las formas modernas de adoración son simplemente la ritualización de estas antiguas técnicas de sacrificio para propiciación positiva.

El sacrificio de animales significaba mucho más para el hombre primitivo de lo que podría significar para las razas modernas. Estos bárbaros consideraban a los animales como parientes verdaderos y cercanos. A medida que pasaba el tiempo, el hombre se tornó más astuto en sus sacrificios, y ya no ofrecía sus animales de trabajo. Al principio sacrificaba *lo mejor* de todo, incluyendo a sus animales domésticos.

No fue jactancia vacía la de cierto gobernante egipcio quien dijo que había sacrificado: 113.433 esclavos, 493.386 cabezas de ganado, 88 barcos, 2.756 imágenes de oro, 331.702 jarras de miel y aceite, 228.380 jarras de vino, 680.714 gansos, 6.744.428 panes y 5.740.352 sacos de monedas. Para poder hacer esto, con seguridad recaudó onerosos impuestos de sus fatigados sujetos.

La pura necesidad finalmente llevó a estos semisalvajes a que comiesen la parte material de sus sacrificios, habiendo disfrutado los dioses del alma de ellos. Y esta costumbre encontró su justificación en la pretensión del antiguo banquete sagrado, un servicio de comunión según el uso moderno.

5. LOS SACRIFICIOS Y EL CANIBALISMO

Las ideas modernas sobre el canibalismo primitivo son totalmente erróneas; éste era parte de las costumbres de la sociedad primitiva. Aunque el canibalismo resulta tradicionalmente horripilante para la civilización moderna, formaba parte de la estructura social y religiosa de la sociedad primitiva. Los intereses de grupo dictaminaban la práctica del canibalismo. Surgió por el apremio de la necesidad y persistió por la esclavitud de la superstición y la ignorancia. Era una costumbre social, económica, religiosa y militar.

El hombre primitivo era un caníbal. Disfrutaba de la carne humana, y por lo tanto la brindaba como ofrenda alimenticia a los espíritus y a sus dioses primitivos. Puesto que los espíritus fantasmales tan sólo eran hombres modificados, y puesto que el alimento era la primera necesidad del hombre, se suponía que sería del mismo modo la primera necesidad del espíritu.

El canibalismo fue en cierta época casi universal entre las razas en evolución. Los sangik eran todos caníbales, pero originalmente los andonitas no lo eran, ni lo fueron los noditas ni los adanitas; tampoco lo fueron los anditas hasta no mezclarse considerablemente con las razas evolucionarias.

El apetito por la carne humana crece. Habiendo comenzado por hambre, amistad, venganza, o rito religioso, el comer carne humana pasa a ser canibalismo habitual. El comer carne humana surgió de la escasez de alimento, aunque esto pocas veces fue la razón fundamental. Los esquimales y los andonitas primitivos, sin embargo, fueron pocas veces caníbales excepto en tiempos de escasez. El hombre rojo, especialmente en América Central, era caníbal. En cierta época fue práctica general que las madres primitivas mataran y se comieran a sus propios hijos para recobrar la energía perdida en el parto, y en Queensland el hijo primogénito todavía se mata y devora frecuentemente. En tiempos recientes, el canibalismo ha sido adoptado deliberadamente por muchas tribus africanas como medida de guerra, con el objeto de terrorizar a sus vecinos.

Cierto canibalismo se derivó de la degeneración de cepas anteriormente superiores, pero prevaleció sobre todo entre las razas evolucionarias. El comer carne humana se produjo en una época en que los hombres experimentaban emociones intensas y amargas respecto de sus enemigos. Comer carne humana se volvió parte de una ceremonia solemne de venganza; se creía que de esta manera se podía destruir el fantasma del enemigo o fusionarlo con el del que lo comía. Antiguamente existía la creencia difundida de que los magos obtenían sus poderes comiendo carne humana.

Ciertos grupos de comedores de carne humana consumían tan solo a los de sus propias tribus, una especie de interrelación seudoespiritual que teóricamente acentuaba la solidaridad tribal. Pero también se comían a los enemigos para vengarse, con la idea de apropiarse de su fuerza. Se consideraba un honor para el alma de un amigo o de un semejante de la tribu que su cuerpo fuera comido, mientras que no se consideraba más castigo justo el que su enemigo fuera devorado. La mente salvaje no pretendía ser particularmente constante.

Entre algunas tribus los padres ancianos buscaban que sus hijos se los comiesen; entre otros era costumbre no comer a los parientes cercanos; sus cuerpos se vendían o intercambiaban por los de extraños. Hubo un comercio considerable de mujeres y niños que se hacían engordar para su matanza. Cuando ni la enfermedad ni la guerra controlaban el crecimiento de la población, el exceso se comía sin ceremonias.

El canibalismo ha desaparecido paulatinamente debido a las siguientes influencias:

1. A veces se tornaba una ceremonia comunal, el sumir la responsabilidad colectiva por decretar la pena de muerte a un semejante de la misma tribu. La culpa de la

sangre derramada deja de ser un crimen cuando todos participan, cuando es una acción de la sociedad. Las últimas manifestaciones del canibalismo en Asia consistieron en comerse a los criminales ajusticiados.

2. Muy pronto se volvió un rito religioso, pero el aumento del temor a los fantasmas no siempre operó para reducir el comer carne humana.

3. Finalmente progresó hasta el punto en que tan sólo se comían ciertas partes u órganos del cuerpo, aquellas partes que, según se suponía, contenían el alma o porciones del espíritu. El beber la sangre se volvió práctica común, y existía la costumbre de mezclar las porciones «comestibles» del cuerpo con remedios.

4. Fue limitado a los hombres; se les prohibió a las mujeres comer carne humana.

5. Luego, se limitó a los caciques, sacerdotes y shamanes.

6. Finalmente se tornó tabú entre las tribus superiores. Este tabú de comer carne humana se originó en Dalamatia y lentamente se difundió por todo el mundo. Los noditas estaban a favor de la cremación como medio para combatir el canibalismo, puesto que en cierta época fue práctica común desenterrar a los cuerpos enterrados para comerlos.

7. El sacrificio humano impartió el golpe fatal al canibalismo. Puesto que la carne humana se había tornado alimento reservado para los hombres superiores, los caciques, finalmente se le reservó para los espíritus aún más superiores; así, los sacrificios humanos pusieron fin eficazmente al canibalismo, excepto entre las tribus más inferiores. Cuando el sacrificio humano se estableció plenamente, el comer carne humana se volvió tabú; se la reservaba tan sólo para alimentar a los dioses; el hombre podía comer solamente una pequeña cantidad ceremonial, un sacramento.

Finalmente se generalizó el uso de sustitutos animales para propósitos de sacrificio, y aun entre las tribus más atrasadas el comer perros redujo considerablemente el consumo de carne humana. El perro fue el primer animal doméstico considerado con gran estima tanto como tal como para alimento.

6. La evolución del sacrificio humano

El sacrificio humano fue un resultado indirecto del canibalismo a la vez que también su curación. La idea de proveer escoltas espirituales al mundo espiritual llevó también a la disminución de la práctica de comer carne humana, porque no fue nunca costumbre comerse estos sacrificios a causa de muerte. Ninguna raza ha estado enteramente libre de la práctica del sacrificio humano en alguna forma y en algún momento de su historia, aunque los andonitas, noditas y adanitas fueron los que menos practicaron el canibalismo.

El sacrifico humano ha sido virtualmente universal; persistió en las costumbres religiosas de los chinos, hindúes, egipcios, hebreos, mesopotamios, griegos, romanos y muchos otros pueblos, y aún persiste hasta tiempos recientes entre las tribus retrógadas de África y Australia. Los indios americanos más recientes tuvieron una civilización surgida del canibalismo y por consiguiente repleta de sacrificio humano, máxime en la América Central y del Sur. Los caldeos fueron entre los primeros en abandonar los sacrificios humanos en ocasiones comunes, sustituyéndolos por animales. Alrededor de dos mil años atrás un emperador japonés de corazón tierno introdujo imágenes de arcilla para que tomaran el lugar de los sacrificios humanos, pero fue menos de mil años atrás cuando estos sacrificios desaparecieron del norte de

Europa. Entre algunas tribus atrasadas, el sacrificio humano aún existe hoy día en forma de acción voluntaria, un tipo de suicidio religioso o ritualístico. Cierta vez un shamán ordenó el sacrificio de un anciano muy respetado de cierta tribu. El pueblo se sublevó; se negaron a obedecer. Entonces el anciano mismo hizo que su propio hijo lo matara; los antiguos realmente creían en esta costumbre.

No existe una crónica más trágica y patética que ilustre las contiendas dolorosas entre las antiguas costumbres religiosas honradas por el tiempo y las demandas contrarias de la civilización en avance que la narrativa hebrea de Jefté y su única hija. Tal como era costumbre, este hombre bien intencionado había hecho un voto tonto, había negociado con el «dios de las batallas», acordando pagar cierto precio por la victoria sobre sus enemigos. Este precio consistía en sacrificar al primero que saliese de su casa para recibirlo cuando volviese él al hogar. Jefté pensó que uno de sus esclavos de confianza se le acercaría para recibirlo, pero resultó que su única hija salió para saludarle. Así pues, aún en esa fecha reciente y en un pueblo supuestamente civilizado, esta bella doncella, después de dos meses de gracia para llorar su destino, fue efectivamente ofrecida como sacrificio humano por su padre, y con la aprobación de sus semejantes de la tribu. Todo esto se efectuó a pesar de las estrictas reglamentaciones de Moisés contra los sacrificios humanos. Pero los hombres y las mujeres están adictos a hacer votos tontos e innecesarios, y los hombres antiguos consideraban altamente sagradas tales promesas.

En tiempos antiguos, cuando se comenzaba a construir un edificio de importancia, era costumbre asesinar a un ser humano como «sacrificio para los cimientos». Esto proveía un espíritu fantasmal para proteger y vigilar la estructura. Cuando los chinos fundían una campana, la costumbre decretaba el sacrificio de por lo menos una doncella para el propósito de mejorar el tono de la campana; la muchacha seleccionada era arrojaba viva al metal fundido.

Por mucho tiempo existió la práctica entre muchos grupos de incorporar esclavos vivos en las murallas importantes. En tiempos más recientes las tribus del norte de Europa sustituyeron esto por la sepultación de la sombra de alguien que pasaba, dejándose así de cementar seres vivos en los muros de los nuevos edificios. Los chinos sepultaban en las murallas a los albañiles que murieron al construirlas.

Un reyezuelo de Palestina, al construir los muros de Jericó, «echó el cimiento sobre Abiram, su primogénito, y puso las puertas sobre su hijo menor, Segub». En tiempos tan recientes este padre no solamente sacrificó vivos a dos de sus hijos en los huecos de los cimientos de las puertas de la ciudad, sino que su acción fue considerada «conforme a la palabra del Señor». Moisés había prohibido estos sacrificios asociados con los cimientos, pero poco tiempo después de su muerte los israelíes volvieron a practicar estos ritos. La ceremonia del siglo veinte que consiste en depositar bagatelas y prendas en la piedra angular de un nuevo edificio es reminiscente de estos primitivos sacrificios cimientales.

Por mucho tiempo fue costumbre de muchos pueblos dedicar los primeros frutos a los espíritus. Y estas observancias, que ahora son más o menos simbólicas, son residuos de ceremonias más antiguas que comprendían el sacrificio humano. La idea de ofrecer al hijo primogénito como sacrificio estaba difundida entre los antiguos, especialmente entre los fenicios que fueron los últimos en abandonar esta práctica. Se solía decir en el momento del sacrificio, «una vida por una vida». Ahora vosotros decís junto a la muerte, «polvo al polvo».

El espectáculo de Abraham obligado a sacrificar a su hijo Isaac, aunque resulte espantoso para la susceptibilidad civilizada, no era una idea nueva ni extraña para los hombres de aquellos días. Había sido práctica común durante mucho tiempo que un padre sacrificara a su primogénito en una situación crítica. Muchas gentes tienen tradiciones análogas a esta historia, porque antiguamente existía la creencia profunda y generalizada de la necesidad de ofrecer un sacrificio humano cada vez que ocurría algo extraordinario o fuera de lo común.

7. LAS MODIFICACIONES DEL SACRIFICIO HUMANO

Moisés intentó poner fin a los sacrificios humanos inaugurando como sustituto el sistema de rescate. Estableció un programa sistemático que permitía a su pueblo escapar las peores consecuencias de sus votos imprudentes y tontos. Mediante este sistema, era posible rescatar las tierras, las propiedades y los hijos pagando a los sacerdotes tarifas establecidas. Pronto, los grupos que ya no sacrificaban a sus primogénitos se encontraron en situación ventajosa respecto de sus vecinos menos adelantados que seguían practicando estos actos atroces. Muchas tribus atrasadas de este tipo no sólo se debilitaban por la pérdida de los hijos, sino que a menudo se quebraba la cadena de sucesión del liderazgo.

Una consecuencia del paso de la costumbre de sacrificar a los hijos fue la costumbre de untar el quicial de la puerta con sangre, para proteger a los primogénitos. Esto frecuentemente se hacía relacionado con uno de los festivales sagrados del año, y esta ceremonia antiguamente existía prácticamente en todo el mundo desde México hasta Egipto.

Aun cuando cesó en la mayoría de los grupos la matanza ritual de niños, existía la costumbre de abandonar a un infante, en el bosque o en una pequeña barca a la deriva. Si el niño sobrevivía, se interpretaba que los dioses habían intervenido para preservarlo, tal como ocurrió en las tradiciones de Sargón, Moisés, Ciro y Rómulo. Luego sobrevino la práctica de dedicar al primogénito, considerándoselo sagrado o sacrificatorio; tal hijo primogénito era destinado al exilio después de crecer, en vez de ser sacrificado. Así se originó la colonización. Los romanos se acogieron a esta costumbre en su esquema de colonización.

Muchas de las peculiares asociaciones de libertinaje sexual combinado con adoración primitiva tuvieron su origen en el sacrificio humano. Antiguamente, la mujer que se topaba con cazadores de cabezas, podía salvar su vida otorgando sus favores sexuales. Más adelante, una doncella destinada a ser sacrificada a los dioses podía salvar su vida dedicando su cuerpo por vida al servicio sexual sagrado del templo; así ganaría el dinero para el rescate. Los antiguos consideraban acción noble mantener relaciones sexuales con una mujer que así intentaba rescatar su vida. La relación con estas doncellas sagradas, se consideraba una ceremonia religiosa, y a la vez ofrecía este rito una excusa aceptable para la gratificación sexual común. Se trataba de una forma sutil de autoengaño que tanto las doncellas como sus parejas disfrutaban en practicar entre sí. Las costumbres establecidas siempre están más retrógadas respecto del avance evolucionario de la civilización, sancionando así prácticas sexuales más primitivas y más salvajes entre las razas evolutivas.

La prostitución en el templo finalmente se difundió por toda Europa del sur y Asia. El dinero ganado por las prostitutas del templo se consideraba sagrado entre todos los pueblos —elevada ofrenda para los dioses. Las mujeres de más alto nivel atestaban los mercados sexuales del templo, dedicando sus ganancias a todo tipo de servicio sagrado y de obra de bien público. Muchas de las mujeres de las clases más elevadas ganaban su dote mediante el comercio sexual temporal en el templo, y la mayoría de los hombres preferían casarse con ellas.

8. LA REDENCIÓN Y LOS PACTOS

La redención sacrificatoria y la prostitución en el templo eran en realidad modificaciones del sacrificio humano. Luego sobrevino el pretendido sacrificio de las hijas. Esta ceremonia consistía en una sangría, acompañada de la dedicación a la virginidad vitalicia, y fue una reacción moral a la anterior prostitución en el templo. En tiempos más recientes, las vírgenes se dedicaron al servicio de atender los fuegos sagrados en el templo.

Los hombres finalmente concibieron la idea de que la ofrenda de una parte del cuerpo podía reemplazar al sacrificio humano completo practicado antiguamente. La mutilación física también se consideraba un sustituto aceptable. Se sacrificaba el cabello, las uñas, la sangre, y aún los dedos de las manos y de los pies. El rito antiguamente casi universal de la circuncisión fue una consecuencia del culto del sacrificio parcial; fue de índole pura mente sacrificatorio. Nunca se pensó que este rito tuviera un fin sanitario. Se practicaba la circuncisión en los hombres; en las mujeres se abrían orificios en el lóbulo de las orejas.

Más adelante se volvió costumbre atar los dedos en vez de cortarlos. El afeitarse la cabeza y el cortarse el pelo fueron de la misma manera formas de devoción religiosa. El hacer eunucos fue al principio una modificación de la idea del sacrificio humano. En África aún se practica agujerear la nariz y los labios, y el tatuaje es una evolución artística de la previa cicatrización burda del cuerpo.

La costumbre del sacrificio finalmente se asoció, como resultado de las enseñanzas en avance, con la idea del pacto. Finalmente, los dioses se concebían como que celebraban verdaderos acuerdos con el hombre; éste fue un paso importante en la estabilización de la religión. La ley, el pacto, tomó el lugar de la suerte, el temor y la superstición.

El hombre no pudo siquiera imaginar la celebración de contratos con la Deidad hasta que su concepto de Dios hubo avanzado al nivel en que se visualizaban los controladores del universo confiables. La primitiva idea humana de Dios era tan antropomórfica que el hombre no podía concebir una Deidad confiable hasta que él mismo no se volviese confiable, moral y ético.

Pero finalmente llegó la idea de hacer un pacto con los dioses. *El hombre evolucionario finalmente adquirió tal dignidad moral como para atreverse a negociar con sus dioses.* De este modo, la idea de ofrecer sacrificios dio gradualmente origen al juego de la negociación filosófica del hombre con Dios. Todo esto representó un nuevo dispositivo para asegurarse contra la mala suerte o, más bien, una técnica perfeccionada para adquirir en forma más definida la prosperidad. No concibáis la idea errónea de que estos sacrificios primitivos fueran un don gratis a los dioses, una ofrenda espontánea de gratitud o de acción de gracias; no eran expresiones de verdadera adoración.

Las formas primitivas de oración no fueron más ni menos que negociaciones con los espíritus, regateos con los dioses. Era un tipo de trocamiento en el cual la súplica y la persuasión fueron sustituidos por algo más tangible y costoso. El desarrollo del comercio entre las razas había inculcado el espíritu comercial y había desarrollado la astucia del trueque; ahora pues estos rasgos comenzaron a aparecer en los métodos de adoración del hombre. Así como algunos hombres eran mejores comerciantes que otros, del mismo modo algunos rezaban mejor que otros. El rezo de un hombre justo era altamente apreciado. El hombre justo era aquel que había pagado todas sus cuentas a los espíritus, habiendo descargado toda obligación ritual en los dioses.

La oración primitiva no fue adoración; era una petición negociadora de salud, riqueza y vida. Y en muchos aspectos las oraciones no han cambiado mucho con el paso de las edades. Aún se leen en los libros, se recitan formalmente y se las escribe para colocarlas sobre las ruedas o para colgarlas de los árboles, allí donde el soplo de los vientos le ahorra al hombre el trabajo de usar su propio aliento.

9. Los sacrificios y los sacramentos

El sacrificio humano, a lo largo de la evolución de los ritos de Urantia, ha avanzado desde sus manifestaciones sangrientas que consistían en comer carne humana, hasta llegar a niveles más elevados y simbólicos. Los primitivos ritos de sacrificio dieron origen a las ceremonias más recientes del sacramento. Con el pasar del tiempo únicamente el sacerdote comía parte del sacrificio canibalístico o bebía una gota de sangre humana, y luego los demás compartían el sustituto animal. Estas ideas primitivas de rescate, redención y pactos evolucionaron a los servicios sacramentales de épocas más recientes. Toda esta evolución ceremonial ha ejercido una enorme influencia socializadora.

En conexión con el culto de la Madre de Dios, en México y en otros lugares, finalmente se utilizó un sacramento de pan y vino en lugar de la carne y sangre de los sacrificios humanos más antiguos. Los hebreos practicaron por mucho tiempo este rito como parte de sus ceremonias de pascua, y éste fue el ceremonial que más tarde dio origen a la versión cristiana de sacramento.

Las antiguas fraternidades sociales estaban basadas en el rito de beber sangre; la primitiva fraternidad judía era un sacrificio de sangre. Pablo comenzó a construir un nuevo culto cristiano basado en «la sangre del pacto eterno». Aunque tal vez complicara innecesariamente al cristianismo con enseñanzas de sangre y sacrificio, puso fin de una vez por todas a las doctrinas de la redención mediante sacrificios humanos o animales. Sus compromisos teológicos indican que aun la revelación debe someterse al control gradual de la evolución. Según Pablo, Cristo fue el último sacrificio humano y el que colmó la medida; el Juez divino ya está plena y eternamente satisfecho.

Así pues, después de largas edades, el culto del sacrificio ha evolucionado en el culto del sacramento. De esta manera, los sacramentos de las religiones modernas son los legítimos sucesores de aquellas horrorosas ceremonias primitivas de sacrificio humano y de los aún más primitivos ritos canibalísticos. Muchos aún dependen de la sangre para la salvación, pero por lo menos ésta se ha vuelto figurativa, simbólica y mística.

10. La remisión del pecado

El hombre de la antigüedad tan sólo llegaba a tener conciencia del favor de Dios a través del sacrificio. El hombre moderno debe desarrollar nuevas técnicas para alcanzar la autoconciencia de la salvación. La conciencia del pecado persiste en la mente mortal, pero los esquemas de pensamiento relativos a la salvación del pecado se han dejado atrás y se han vuelto anticuados. Aunque persiste, la realidad de la necesidad espiritual, el progreso intelectual ha destruido las maneras antiguas de asegurar la paz y el consuelo de la mente y el alma.

El pecado ha de redefinirse como deslealtad deliberada a la Deidad. Existen grados de deslealtad: la lealtad parcial de la indecisión; la lealtad ambivalente del conflicto; la lealtad moribunda de la indiferencia; y la muerte de la lealtad manifestada por la devoción a ideales impíos.

El sentido o sentimiento de culpa es la conciencia de la violación de las costumbres normativas; no es necesariamente pecado. No hay pecado auténtico a menos que haya deslealtad consciente a la Deidad.

La posibilidad de reconocer el sentimiento de culpa es marca de la distinción trascendente de la humanidad. No señala al hombre como malvado sino más bien le separa como criatura potencialmente capaz de grandeza y de gloria cada vez más elevada. Ese sentimiento de faltar de mérito es el estímulo inicial que debería conducir rápida y seguramente a aquellas conquistas de la fe que trasladan la mente mortal a los soberbios niveles de la nobleza moral, compenetración cósmica, y vida espiritual; así cambian todos los significados de la existencia humana de lo temporal a lo eterno, y todos los valores se elevan de lo humano a lo divino.

La confesión del pecado es el repudio viril de la deslealtad, pero no mitiga de ninguna manera las consecuencias espacio-temporales de dicha deslealtad. Pero la confesión —el reconocimiento sincero de la naturaleza del pecado— es esencial para el crecimiento religioso y el progreso espiritual.

Cuando la Deidad perdona los pecados se produce la renovación de las relaciones leales después de tener el hombre conciencia durante cierto tiempo de la interrupción de dichas relaciones como consecuencia de una rebelión consciente. No es necesario buscar el perdón, sino tan sólo recibirlo en forma de conciencia del restablecimiento de las relaciones leales entre la criatura y su Creador. Y todos los hijos leales de Dios son felices, aman el servicio y progresan constantemente en la ascensión al Paraíso.

[Presentado por una Brillante Estrella Vespertina de Nebadon.]

DOCUMENTO 90

EL SHAMANISMO —LOS CURANDEROS Y LOS SACERDOTES

LA EVOLUCIÓN de las observancias religiosas progresó del aplacamiento, evitación, exorcismo, coerción, conciliación y propiciación hasta el sacrificio, la expiación y la redención. La técnica del rito religioso pasó de las formas del culto primitivo, a través del fetichismo, a la magia y a los milagros; y a medida que el rito se tornaba más complejo en respuesta al concepto cada vez más complejo del hombre sobre los reinos supermateriales, estuvo inevitablemente dominado por los curanderos, shamanes y sacerdotes.

En los conceptos en avance del hombre primitivo, se llegó a considerar que el mundo espiritual no era sensible al mortal común. Sólo los seres humanos excepcionales podían llegar a oídos de los dioses; sólo el hombre o la mujer extraordinarios podían ser escuchados por los espíritus. Así pues la religión entra en una nueva fase, una etapa en la cual gradualmente se vuelve un procedimiento de segunda mano; siempre tiene que intervenir un curandero, un shamán o un sacerdote entre el religioso y el objeto de la adoración. Y ahora la mayor parte de los sistemas de creencia religiosa organizada en Urantia están pasando por este nivel de desarrollo evolucionario.

La religión evolucionaria nace de un temor simple y todopoderoso, el temor que sobrecoge la mente humana que enfrenta lo desconocido, lo inexplicable y lo incomprensible. La religión finalmente alcanza la comprensión profundamente sencilla de un amor todopoderoso, el amor que inunda irresistiblemente el alma humana cuando ésta despierta al concepto del afecto ilimitado del Padre Universal por los hijos del universo. Pero entre el comienzo y la consumación de la evolución religiosa, existen largas épocas de shamanes, quienes tienen la presunción de actuar entre el hombre y Dios como intermediarios, intérpretes e intercesores.

1. LOS PRIMEROS SHAMANES —LOS CURANDEROS

El shamán era el curandero principal, el hombre fetiche ceremonial, y la personalidad central para todas las prácticas de la religión evolucionaria. En muchos grupos, el shamán era más importante que el jefe militar, señalando el comienzo del dominio de la iglesia sobre el estado. El shamán a veces funcionaba como sacerdote y aun como sacerdote-rey. Algunas de las tribus más recientes contaron tanto con los más primitivos shamanes-curanderos (videntes) y posteriormente con los shamanes-sacerdotes. Y en muchos casos el oficio de shamán se volvió hereditaria.

Desde los tiempos antiguos toda anormalidad se atribuía a la posesión de los espíritus. Una anormalidad mental o física notable constituía una recomendación para el oficio de curandero. Muchos de estos hombres eran epilépticos, muchas de las mujeres, histéricas y estos dos tipos representaban gran parte de la inspiración en la antigüedad así como también de la posesión de los espíritus y los diablos. Muchos de estos sacerdotes primitivos pertenecían a una clase que desde entonces se ha definido como paranoica.

Aunque practicaban la decepción en asuntos menores, la gran mayoría de los shamanes creían el hecho de que están poseidos por el espíritu. Las mujeres capaces de caer en un trance o en un ataque cataléptico se volvieron poderosas shamanesas; más adelante, estas mujeres fueron profetas y médium espiritistas. Sus trances catalépticos generalmente comprendían una supuesta comunicación con los fantasmas de los muertos. Muchas shamanes femeninas también eran bailarinas profesionales.

Pero no todos los shamanes se autoengañaban; muchos eran embusteros astutos y hábiles. A medida que la profesión se desarrolló, se exigió que un novicio sirviera en calidad de aprendiz por diez años de trabajo duro y autonegación, hasta calificar como curandero. Los shamanes desarrollaron vestimentas profesionales y una conducta misteriosa. Frecuentemente empleaban drogas para inducir ciertos estados físicos que pudieran impresionar y confundir a sus semejantes de la tribu. La gente común consideraba sobrenaturales los efectos de la prestidigitación, y algunos sacerdotes astutos usaron por primera vez el ventrilocuismo. Muchos de los shamanes antiguos descubrieron sin querer el hipnotismo; otros se inducían autohipnosis fijando la vista por largos ratos en su ombligo.

Aunque muchos adoptaron estas triquiñuelas y decepciones, la reputación de su clase, después de todo, se basaba en ciertos logros aparentes. Si un shamán fracasaba en sus empresas, y era incapaz de presentar una explicación plausible, se lo degradaba o se le mataba. Así pues, los shamanes honestos perecían pronto; sólo los actores astutos sobrevivían.

El shamanismo fue el que quitó la dirección exclusiva de los asuntos de la tribu de las manos de los vejancones y de los fuertes para entregársela a los astutos, los hábiles y los perspicaces.

2. LAS PRÁCTICAS SHAMANÍSTICAS

El arte de conjurar a los espíritus era un procedimiento muy preciso y altamente com plicado, comparable a los ritos actuales de la iglesia celebrados en una lengua antigua. La raza humana muy pronto buscó la ayuda sobrehumana, la *revelación*, y los hombres creían que el shamán realmente recibía dichas revelaciones. Aunque los shamanes utilizaban el gran poder de la sugestión en su trabajo, se trataba casi invariablemente de sugestión negativa; sólo en tiempos muy recientes se ha empleado la técnica de la sugestión positiva. En el desarrollo temprano de su profesión los shamanes comenzaron a especializarse en distintas vocaciones, tales como hacer llover, curar enfermedades y detectar crímenes. Curar enfermedades no fue, sin embargo, la función principal de los curanderos shamánicos; su función era más bien conocer y controlar las vicisitudes del vivir.

La necromancia, el arte negro, tanto religiosa como secular de la antigüedad, se denominaba arte blanco si lo practicaban los sacerdotes, videntes, shamanes o curanderos. Los practicantes del arte negro se llamaban hechiceros, magos, brujos, encantadores, nigromantes, conjuradores y adivinos. A medida que pasó el tiempo todos estos supuestos contactos con lo sobrenatural fueron clasificados de brujería o shamanería.

La brujería comprendía la *magia* efectuada por espíritus más primitivos, irregulares y no reconocidos; la shamanería tenía que ver con los *milagros* realizados por espíritus regulares y por los dioses reconocidos de la tribu. En tiempos más recientes, el brujo fue asociado con el diablo, de manera que estuvo listo el escenario para las muchas exhibiciones comparativamente recientes de intolerancia religiosa. La brujería fue religión para muchas tribus primitivas.

Los shamanes creían firmemente en la misión del azar como revelador de la voluntad de los espíritus; frecuentemente echaban suertes para llegar a una decisión. Los residuos modernos de esta tendencia a echar suertes se ilustran, no sólo en los muchos juegos de azar, sino también en las conocidas rimas de «eliminación». Antiguamente, la persona eliminada debía morir; ahora tan sólo está *afuera* en los juegos de niños. Lo que había sido asunto serio para el hombre primitivo ha sobrevivido como diversión del niño moderno.

Los curanderos confiaban grandemente en signos y presagios, tales como, «cuando oigas el crujir por sobre las copas de las moreras, despertarás». Muy pronto en la historia de la raza los shamanes dirigieron su atención a las estrellas. La astrología primitiva era creencia y práctica mundial; la interpretación de los sueños también se difundió mucho. Todo esto fue seguido pronto por la aparición de las shamanesas temperamentales que decían poder comunicarse con los espíritus de los muertos.

Aunque su origen es antiguo, los hacedores de lluvia, o shamanes meteorológicos, han persistido a través de todas las edades. Una sequía grave significaba la muerte para los agricultores primitivos; el control del tiempo era objetivo de mucha magia antigua. El hombre civilizado aún considera el tiempo un tema de conversación frecuente. Los pueblos antiguos creían en el poder del shamán como hacedor de lluvia, pero era costumbre matarle cuando fracasaba, a menos que pudiese ofrecer una excusa plausible para explicar su fracaso.

Una y otra vez los césares prohibieron los astrólogos; pero invariablemente éstos volvían a aparecer debido a la creencia popular en su poder. No se los podía eliminar, y aun en el siglo dieciséis los dirigentes de la iglesia occidental y el estado, eran los patronos de la astrología. Miles de personas supuestamente inteligentes aún hoy creen que alguien puede nacer bajo el dominio afortunado o desafortunado de las estrellas; que la yuxtaposición de los cuerpos celestes determina el resultado de las distintas aventuras terrestres. Los adivinos aún están patrocinados por los crédulos.

Los griegos creían en la eficacia del consejo del oráculo, los chinos utilizaban la magia como protección contra los demonios, el shamanismo floreció en India, y aún persiste abiertamente en Asia central. Es una práctica que tan sólo ha sido abandonada muy recientemente en buena parte del mundo.

Una y otra vez, surgieron verdaderos profetas y maestros que denunciaron y desenmascararon el shamanismo. Aun el evanescente hombre rojo tuvo un profeta de este tipo durante los últimos cien años, el shawnee Tenskwatawa, quien predijo el eclipse de sol en 1808 y denunció los vicios del hombre blanco. Muchos verdaderos maestros han aparecido entre las varias tribus y razas a lo largo de las largas edades de la historia evolucionaria. Y seguirán apareciendo para desafiar a los shamanes o sacerdotes de cualquier edad que se opongan a la instrucción general e intenten obstaculizar el progreso científico.

De muchas maneras y mediante métodos tortuosos los antiguos shamanes establecieron su reputación como voceros de Dios y custodios de la providencia. Rociaban con agua al recién nacido y le daban nombre; circuncidaban a los varones. Precedían todas las ceremonias fúnebres, anunciando la llegada segura del muerto a la tierra de los espíritus.

Los sacerdotes shamánicos y los curanderos frecuentemente se hicieron muy ricos mediante la acumulación de sus varias tarifas que eran ostensiblemente ofrendas a los espíritus. No era infrecuente que un shamán acumulase prácticamente toda la riqueza material de su tribu. Cuando moría un rico era costumbre dividir su propiedad en partes iguales entre el shamán y alguna empresa o caridad pública. Esta práctica aún persiste en algunas partes del Tíbet, donde la mitad de la población masculina pertenece a esta clase improductiva.

Los shamanes vestían bien y generalmente tenían varias esposas; constituyeron la aristocracia original, siendo exentos de todas las restricciones tribales. Muy frecuentemente su nivel mental y su sentido moral eran bajos. Suprimían a sus rivales acusándolos de brujería y hechicería y muy frecuentemente llegaron a posiciones de tal influencia y poder que pudieron dominar a los caciques o reyes.

El hombre primitivo consideraba al shamán como un mal necesario; le temía pero no le amaba. El hombre primitivo respetaba el conocimiento; honraba y premiaba la sabiduría. El shamán era en su mayor parte fraudulento, pero la veneración por el shamanismo ilustra la importancia que se le dio a la sabiduría en la evolución de la raza.

3. LA TEORÍA SHAMANICA DE LA ENFERMEDAD Y DE LA MUERTE

Puesto que el hombre antiguo se consideraba a sí mismo y a su medio ambiente material como que respondía directamente a los caprichos de los fantasmas y las fantasías de los espíritus, no es extraño que su religión se ocupara tan exclusivamente de los asuntos materiales. El hombre moderno ataca directamente sus problemas materiales; reconoce que la materia responde a la manipulación inteligente de la mente. El hombre primitivo del mismo modo deseaba modificar y aun controlar la vida y energías de los dominios físicos; y puesto que su comprensión limitada del cosmos le condujo a la creencia de que los fantasmas, los espíritus y los dioses estaban personal y directamente ocupados en el control detallado de la vida y de la materia, dirigió lógicamente sus esfuerzos a ganar el favor y el apoyo de estas agencias sobrehumanas.

Visto bajo esta luz, mucho de lo inexplicable e irracional en los cultos antiguos se torna comprensible. Las ceremonias del culto eran el intento del hombre primitivo por controlar el mundo material en el cual se encontraba. Y muchos de sus esfuerzos se dirigieron al objetivo de prolongar la vida y asegurar la salud. Puesto que todas las enfermedades y la muerte misma originalmente se consideraban fenómenos espirituales, era inevitable que los shamanes, al actuar como curanderos y sacerdotes, también laboraran como médicos y cirujanos.

La mente primitiva puede encontrarse en desventaja por falta de conocimiento de los hechos, pero así y todo es lógica. Cuando los hombres razonadores observan la enfermedad y la muerte, se disponen a determinar las causas de estos sucesos, y de acuerdo con su comprensión, los shamanes y los científicos han propuesto las siguientes teorías de la aflicción:

1. *Fantasmas —influencias directas de los espíritus.* La hipótesis más primitiva ofrecida como explicación de la enfermedad y de la muerte consistía en que los espíritus causaban las enfermedades al atraer al alma fuera del cuerpo; si ésta no regresaba, se producía la muerte. Los antiguos tanto temían la acción malévola de los fantasmas productores de enfermedades que las personas enfermas frecuentemente eran abandonadas sin siquiera alimento ni agua. Aparte de la base errónea de estas creencias, éstas aislaron en forma eficaz a las personas enfermas previniendo así la diseminación de las enfermedades contagiosas.

2. *Violencia —causas obvias.* Las causas de ciertos accidentes y muertes eran tan fácilmente identificables que muy pronto fueron eliminadas de la categoría del efecto de los fantasmas. Las muertes y heridas como consecuencia de la guerra, del combate con los animales y de otras agencias prontamente identificables fueron consideradas

sucesos naturales. Pero por mucho tiempo se siguió creyendo que los espíritus eran responsables del atraso en la curación o de la infección de las heridas, aun aquellas de causa «natural». Si no se podía descubrir ningún agente natural observable, se hacía responsable de la enfermedad y de la muerte a los espíritus y fantasmas.

Hoy día, en África y en otros lugares todavía existen pueblos primitivos en los que se asesina a alguien cada vez que ocurre una muerte no violenta. Los curanderos determinan quiénes son los culpables. Si una madre muere de parto, el niño es estrangulado inmediatamente —una vida por una vida.

3. *Magia —la influencia de los enemigos.* Muchas enfermedades se creían causadas por el hechizamiento, la acción del mal de ojo y de la flecha mágica. En cierta época era realmente peligroso señalar con el dedo a una persona; aún hoy día se lo considera mala educación. En casos de enfermedades poco conocidas y muerte, los antiguos realizaban una encuesta formal, disecaban el cuerpo y decidían sobre la base de algún hallazgo la causa de la muerte; de no ser así, se decía que la muerte se debía a hechicería, necesitando de este modo la ejecución del brujo responsable. Estos antiguos exámenes post-mortem salvaron muchas vidas de supuestos brujos. Entre algunos se creía que un hombre de la tribu podía morir como resultado de su propia hechicería, en cuyo caso no se acusaba a nadie.

4. *Pecado —castigo por violación del tabú.* En tiempos comparativamente recientes se ha creído que la enfermedad es un castigo por el pecado, personal o racial. Entre los pueblos que se encuentran en esta etapa de evolución, la teoría dominante es que no puede uno estar sufriendo a menos que haya violado un tabú. Considerar la enfermedad y el sufrimiento como «flechas del Todopoderoso dentro de ellos» es típico de tales creencias. Los chinos y los mesopotamios por mucho tiempo consideraron la enfermedad consecuencia de la acción de los demonios malignos, aunque los caldeos también consideraron a las estrellas como causantes de sufrimiento. Esta teoría de la enfermedad como consecuencia de la ira divina aún prevalece entre muchos grupos de urantianos supuestamente civilizados.

5. *Causa natural.* La humanidad ha aprendido muy lentamente los secretos materiales de la interrelación de causa y efecto en los dominios físicos de la energía, la materia y la vida. Los antiguos griegos, habiendo preservado las tradiciones de las enseñanzas de Adansón, fueron entre los primeros en reconocer que toda enfermedad es consecuencia de causas naturales. Lentamente y con seguridad la evolución de la era científica está destruyendo las teorías antiguas del hombre sobre la enfermedad y la muerte. La fiebre fue uno de los primeros sufrimientos humanos que se eliminaron de la categoría de los desórdenes sobrenaturales, y progresivamente la era de la ciencia ha roto las cadenas de la ignorancia que por tanto tiempo aprisionaron la mente humana. La comprensión de la vejez y del contagio está obliterando gradualmente el temor del hombre a los fantasmas, espíritus y dioses como causantes personales del sufrimiento humano y del dolor mortal.

La evolución obtiene indefectiblemente su fin: imbuye al hombre de ese temor supersticioso de lo desconocido y terror de lo invisible que constituye el andamiaje del concepto de Dios. Habiendo presenciado el nacimiento de una comprensión avanzada de la Deidad, a través de la acción coordinada de la revelación, esta misma técnica de la evolución pone en movimiento infaliblemente aquellas fuerzas del pensamiento que obliterarán inexorablemente el andamiaje, que ya ha cumplido su misión.

4. LA MEDICINA BAJO LOS SHAMANES

Toda la vida del hombre primitivo era profiláctica; su religión era, en medida no pequeña, una técnica para la prevención de las enfermedades. A pesar del error de sus teorías, los hombres se dedicaban de todo corazón a ponerlas en efecto; tenían un fe ilimitada en sus métodos de tratamiento y eso, de por sí, es un poderoso remedio.

La fe requerida para mejorar bajo las tontas ministraciones de uno de estos antiguos shamanes no era, después de todo, materialmente diferente de la que se requiere para ser curados a manos de uno de sus sucesores más recientes que tratan la enfermedad en forma no científica.

Las tribus más primitivas temían grandemente a los enfermos, y por largas épocas éstos eran evitados cuidadosamente, y vergonzosamente descuidados. Fue un gran avance en las tendencias humanitarias cuando la evolución de la shamanería produjo sacerdotes y curanderos que consentían en tratar las enfermedades. Entonces se volvió costumbre que todo el clan se reuniese en el cuarto del enfermo para ayudar al shamán en aullar hasta que los fantasmas de la enfermedad fueran expulsados. No era infrecuente que una mujer fuera la shamán a cargo del diagnóstico, mientras que un hombre administraba el tratamiento. El método común de diagnosticar la enfermedad consistía en examinar las entrañas de un animal.

La enfermedad se trataba con cantos, aullidos, imposiciones de las manos, respirar sobre el paciente y muchas otras técnicas. En tiempos más recientes se difundió la técnica de llevar al enfermo a dormir al templo, período durante el cual supuestamente se producía la curación. Los curanderos finalmente ensayaron una cirugía auténtica en relación con el sueño en el templo; entre las primeras operaciones fue la de trepanar el cráneo para que el espíritu del dolor de cabeza pudiera escapar. Los shamanes aprendieron a tratar las fracturas y dislocaciones, a abrir abcesos y furúnculos; las shamanesas se volvieron adeptas en el trabajo de parteras.

Era método común de tratamiento frotar un objeto mágico sobre el punto infectado o manchado del cuerpo, luego tirar afuera el amuleto, y supuestamente así se efectuaba la curación. Si alguien por casualidad levantaba el amuleto arrojado, se creía que inmediatamente adquiriría la infección o mancha. Pasó mucho tiempo antes de que se introdujeran hierbas y otros medicamentos verdaderos. El masaje se desarrolló en relación con el encantamiento, la idea de frotar el espíritu afuera del cuerpo, y éste estaba precedido por el frotamiento del remedio para que penetrara en el cuerpo, así como los modernos intentan frotar ungüentos. La aplicación de ventosas y el chupar de las partes afectadas, juntamente con la sangría, se consideraba útil para expulsar al espíritu productor de la enfermedad.

Puesto que el agua era un fetiche poderoso, se la utilizaba en el tratamiento de muchas enfermedades. Por mucho tiempo se creyó que el espíritu que causaba el malestar se podía eliminar por el sudor. Los baños de vapor se consideraban en gran estima; pronto florecieron las fuentes naturales calientes como centros de salud primitivos. El hombre primitivo descubrió que el calor podía aliviar el dolor; usó el calor del sol, órganos frescos de animales recién matados, la arcilla caliente y las piedras calientes, y muchos de estos métodos aún se emplean. Se practicaba el ritmo para influir sobre los espíritus; los tantanes eran universales.

Entre algunos pueblos la enfermedad se consideraba causada por una conspiración maligna entre espíritus y animales. Esto originó la creencia de que existía un remedio beneficioso proveniente de una planta para cada una de las enfermedades causadas por los animales. El hombre rojo estaba especialmente dedicado a la teoría de la planta para los remedios universales; siempre colocaban una gota de sangre en el agujero que quedaba donde había estado la raíz cuando se desarraigaba una planta.

El ayuno, la dieta y los autoirritantes se usaban frecuentemente como medidas de curación. Las secreciones humanas, siendo definitivamente mágicas, se consideraban en gran estima; la sangre y la orina fueron pues entre los remedios más primitivos y pronto fueron perfeccionados añadiendo raíces y sales varias. Los shamanes creían que los espíritus de la enfermedad podían ser expulsados del cuerpo por remedios malolientes y de mal gusto. Muy pronto los purgantes se volvieron tratamiento de rutina, y la utilidad de la cocoa y quinina crudas se contó entre los primeros descubrimientos farmacéuticos.

Los griegos fueron los primeros en desarrollar en verdad métodos racionales de tratamiento de las enfermedades. Tanto los griegos como los egipcios recibieron su conocimiento médico del valle del Eufrates. El aceite y el vino fueron remedios muy primitivos para el tratamiento de las heridas; el aceite de castor y el opio fueron usados por los sumerios. Muchos de estos antiguos y eficaces remedios secretos perdían su poder al hacerse conocidos; el secreto siempre ha sido esencial para la buena práctica del fraude y de la superstición. Sólo los hechos y la verdad cortejan la luz plena de la comprensión y se regocijan en la iluminación y esclarecimiento de la investigación científica.

5. LOS SACERDOTES Y LOS RITOS

La esencia del rito es la perfección de su ejecución; entre los salvajes debe ser practicada con precisión exacta. Sólo cuando el rito ha sido llevado a cabo correctamente la ceremonia posee el poder de obligar a los espíritus. Si el rito es erróneo, tan sólo despierta la ira y el resentimiento de los dioses. Por lo tanto, puesto que la mente en lenta evolución del hombre concibió que la *técnica del rito* era el factor decisivo en cuanto a su eficacia, fue inevitable que los primitivos shamanes pronto o más tarde se desarrollaran en un sacerdocio adiestrado para dirigir la práctica meticulosa del rito. Así pues, durante miles y miles de años los ritos sin fin han obstaculizado a la sociedad y perseguido a la civilización, convirtiéndose en carga intolerable para toda acción de vida, toda empresa racial.

El rito es la técnica de santificar la costumbre; el rito crea y perpetúa mitos contribuyendo a la vez a la preservación de las costumbres sociales y religiosas. Nuevamente, el rito mismo ha sido originado por los mitos. Los ritos son frecuentemente primero sociales, luego se vuelven económicos y finalmente adquieren la santidad y dignidad de una ceremonia religiosa. El rito puede ser personal o de grupo en su práctica —o ambos— tal como se ilustra en la oración, la danza y el drama.

Las palabras se hacen parte del rito, tal como es el uso de los términos amén y selah. El hábito de las malas palabras, la profanidad, representa una prostitución de la repetición ritualista previa de los nombres sagrados. Hacer peregrinajes a los santuarios sagrados es un rito muy antiguo. El rito posteriormente evolucionó en elaboradas ceremonias de purificación, limpieza y santificación. Las ceremonias de iniciación de las sociedades secretas primitivas de la tribu fueron en realidad un rito religioso burdo. La técnica de adoración de los antiguos cultos de misterio tan sólo fue una larga cantinela de ritos religiosos acumulados. El rito finalmente se desarrolló en los tipos modernos de ceremonias sociales y adoración religiosa, servicios que comprenden la oración, la canción, la lectura responsiva y otras devociones espirituales individuales y de grupo.

Los sacerdotes evolucionaron de shamanes, pasando por oráculos, adivinadores, cantantes, bailarines, hacedores de lluvia, guardianes de las reliquias religiosas, custodios del templo y adivinos de los acontecimientos, al estado de verdaderos dirigentes de la adoración religiosa. Finalmente la posición se tornó hereditaria. Así surgió una casta sacerdotal con continuidad.

A medida que evolucionaba la religión, los sacerdotes comenzaron a especializarse de acuerdo con sus talentos innatos o predilecciones especiales. Algunos se volvieron cantantes, otros oraban y aún otros sacrificaban; más adelante aparecieron los oradores —los predicadores. Cuando la religión se volvió institucionalizada, estos sacerdotes afirmaron tener «las llaves del cielo».

Los sacerdotes siempre han tratado de impresionar y asustar a la gente común conduciendo el rito religioso en una lengua antigua y con pases mágicos para confundir a los adoradores y elevar su propia piedad y autoridad. El gran peligro en todo esto consiste en que el rito tiende a tornarse el sustituto de la religión.

Los sacerdocios han hecho mucho por retrasar el desarrollo científico y obstaculizar el progreso espiritual, pero han contribuido a la estabilización de la civilización y al enaltecimiento de ciertos tipos de cultura. Pero muchos sacerdotes modernos cesaron de funcionar como dirigentes del rito de la adoración de Dios, volviendo su atención a la teología —el intento de definir a Dios.

No se niega que los sacerdotes han representado una piedra atada al cuello de las razas, pero los verdaderos líderes religiosos han sido invaluables en señalar el camino hacia realidades más elevadas y mejores.

[Presentado por un Melquisedek de Nebadon.]

DOCUMENTO 91

LA EVOLUCIÓN DE LA ORACIÓN

LA ORACIÓN, como agencia de la religión, evolucionó de las expresiones previas no religiosas en forma de monólogos y diálogos. Con el logro de la autoconciencia, ocurrió inevitablemente en el hombre primitivo el corolario de que existen otras consciencias, el potencial dual de la respuesta social y del reconocimiento de Dios.

Las formas más primitivas de oración no estaban dirigidas a la Deidad. Estas expresiones eran muy semejantes a lo que puedes decir a un amigo al embarcarte en alguna empresa importante: «Deséame suerte». El hombre primitivo estaba encadenado por la magia; la suerte, tanto buena como mala, participaba en todos los asuntos de la vida. Al principio, estas solicitudes de suerte eran monólogos —una vocalización de los pensamientos del asistente de la magia. Luego, estos creyentes en la suerte buscaron el apoyo de sus amigos y familias, y finalmente se realizó cierta forma de ceremonia que incluía al entero clan o tribu.

Cuando los conceptos de fantasmas y espíritus evolucionaron, estas solicitudes se dirigieron a las fuerzas sobrehumanas, y con la conciencia de los dioses, dichas expresiones llegaron a los niveles de la verdadera oración. Como ilustración de esto, entre algunas tribus australianas las oraciones religiosas primitivas antedataron su creencia en los espíritus y en las personalidades sobrehumanas.

La tribu que se llama los todas, en la India, observa ahora esta práctica de orar sin dirigir la oración a nadie en particular, así como lo hacían los pueblos primitivos antes de los tiempos de la conciencia religiosa. Pero, entre los todas, esto representa una regresión de su religión, degenerada a este nivel primitivo. Los ritos actuales de los sacerdotes lecheros de los todas no representan una ceremonia religiosa puesto que estas oraciones impersonales no contribuyen nada a la conservación ni al enaltecimiento de los valores sociales, morales o espirituales.

La oración prerreligiosa fue parte de las prácticas mana de los melanesios, las creencias oudah de los pigmeos africanos y las supersticiones manitou de los indios norteamericanos. Las tribus baganda de África tan sólo recientemente emergieron del nivel mana de oración. En esta confusión evolucionaria primitiva los hombres oran a los dioses —locales y nacionales— a los fetiches, los amuletos, los fantasmas, los gobernantes y la gente corriente.

1. LA ORACIÓN PRIMITIVA

La función de la religión evolucionaria primitiva consiste en conservar y aumentar los valores esenciales sociales, morales y espirituales que están tomando forma lentamente. Esta misión de la religión no es observada conscientemente por la humanidad, sino que se efectúa fundamentalmente mediante la oración. La práctica de orar representa el esfuerzo no intencional, pero sin embargo personal y colectivo, de todo grupo por asegurarse (por realizar) esta conservación de los valores más elevados. Si no fuese por la salvaguardia de la oración, todos los días sagrados retrogradarían rápidamente a la condición de simples feriados.

La religión y sus agencias, la principal de las cuales es la oración, se alían solo con aquellos valores que tienen reconocimiento social general, aprobación del grupo. Por lo tanto, cuando el hombre primitivo intentaba gratificar sus emociones más bajas o satisfacer ambiciones egoístas inmitigadas, perdía el consuelo de la religión y la ayuda de la oración. Si el individuo intentaba realizar algo antisocial, estaba obligado a buscar ayuda en la magia no religiosa, recurrir a los hechiceros y perder de este modo la ayuda de la oración. La oración, por consiguiente, muy pronto se tornó un elemento poderoso en promover la evolución social, el progreso moral y el logro espiritual.

Pero la mente primitiva no era ni lógica ni coherente. Los hombres primitivos no percibían que las cosas materiales no pertenecían a la provincia de la oración. Estas almas de mente sencilla razonaban que el alimento, el techo, la lluvia, la caza y otros bienes materiales enaltecían el bienestar social, y por lo tanto, comenzaron a orar para obtener estas bendiciones físicas. Aunque esto constituía una perversión de la oración, alentaba el esfuerzo a obtener objetivos materiales mediante acciones sociales y éticas. Tal prostitución de la oración, aunque degradaba los valores espirituales de un pueblo, elevaba, sin embargo, en forma directa sus costumbres económicas, sociales y éticas.

La oración es monólogo tan sólo en el tipo más primitivo de mente. Muy pronto se torna diálogo y rápidamente se amplía al nivel de adoración de grupo. La oración significa que las encantaciones premágicas de la religión primitiva han evolucionado a ese nivel en el que la mente humana reconoce la realidad de los poderes o beneficios de los seres que pueden enaltecer los valores sociales y aumentar los ideales morales, y además, que esas influencias son sobrehumanas y distintas del ego humano autoconsciente y de sus semejantes mortales. La verdadera oración no aparece, por consiguiente, hasta que la agencia del ministerio religioso se visualice como *personal.*

La oración poco se relaciona con el animismo, pero estas creencias pueden existir paralelamente a los sentimientos religiosos surgentes. Muchas veces, la religión y el animismo han tenido orígenes enteramente separados.

Para aquellos mortales que no han sido redimidos de la esclavitud primitiva del temor, hay verdadero peligro de que la oración pueda conducir a un sentido morboso del pecado, convicciones no justificadas de culpa, reales o imaginarias. Pero en los tiempos modernos no es probable que muchos pasen tanto tiempo orando como para llegar a preocuparse peligrosamente por su falta de valor o sus tendencias pecaminosas. Los peligros que se relacionan a la distorsión y a la perversión de la oración estriban en la ignorancia, la superstición, la cristalización, la desvitalización, el materialismo y el fanatismo.

2. LA EVOLUCIÓN DE LA ORACIÓN

Las primeras oraciones fueron simplemente deseos verbalizados, la expresión de deseos sinceros. Luego la oración se volvió una técnica para obtener la cooperación de los espíritus. Finalmente llegó a la función más elevada de asistir a la religión en la conservación de todos los valores nobles.

Tanto la oración como la magia surgieron como resultado de las reacciones de adaptación del hombre al medio ambiente urantiano. Sin embargo aparte de esta relación generalizada, tienen poco en común. La oración siempre ha indicado una acción positiva del ego que está orando. Siempre ha sido psíquica y a veces espiritual. La magia ha usualmente significado un intento de manipular la realidad sin afectar al ego del manipulador, el practicante de la magia. A pesar de sus orígenes independientes, la magia y la oración se han interrelacionado frecuentemente en sus etapas más recientes de desarrollo. La magia ha ascendido a veces mediante la elevación de sus objetivos desde las fórmulas, a través de los ritos y encantamientos, hasta el umbral de la verdadera oración. La oración en ocasiones se ha vuelto tan materialista que ha degenerado en una técnica seudomágica de evitar el gasto de ese esfuerzo que se requiere para la solución de los problemas urantianos.

Cuando el hombre aprendió que la oración no fuerza a los dioses, ésta se volvió más una solicitud, una búsqueda de favor. Pero la oración más verdadera es en realidad una comunión entre el hombre y su Hacedor.

La aparición de la idea del sacrificio en cualquier religión disminuye infaliblemente la mayor eficacia de la verdadera oración en cuanto los hombres buscan sustituir las ofrendas de posesiones materiales por la ofrenda de sus propias voluntades consagradas a hacer la voluntad de Dios.

Cuando la religión se despoja de un Dios personal, sus oraciones se traducen en niveles de teología y filosofía. Cuando el concepto más elevado de Dios de una religión es el de una deidad impersonal, tal como ocurre en el idealismo panteístico, aunque éste permita cierta base para ciertas formas de comunión mística, destruye el poder de la verdadera oración, que siempre simboliza la comunión del hombre con un ser personal y superior.

Durante los tiempos más primitivos de la evolución racial y aun en el tiempo presente, en la experiencia diaria del mortal común, la oración es en gran medida un fenómeno de la conversación del hombre con su propio subconsciente. Pero también existe un dominio de la oración en el que el individuo intelectualmente alerta y espiritualmente progresista logra un mayor o menor contacto con los niveles superconscientes de la mente humana, el dominio del Ajustador del Pensamiento residente. Además hay una fase espiritual definida de la verdadera oración que se refiere a su recepción y reconocimiento por parte de las fuerzas espirituales del universo, y que es enteramente distinta de toda asociación humana e intelectual.

La oración contribuye en gran medida al desarrollo del sentimiento religioso de una mente humana en evolución. Es una influencia poderosa que actúa para prevenir el aislamiento de la personalidad.

La oración representa una técnica asociada con las religiones naturales de la evolución racial que también forma parte de los valores experienciales de las religiones más elevadas de excelencia ética, las religiones de revelación.

3. La oración y el otro yo

Los niños cuando comienzan a aprender a usar el idioma, tienen tendencia a pensar en voz alta, expresar sus pensamientos en palabras, aunque no haya nadie presente para oírles. En los albores de la imaginación creadora manifiestan una tendencia a conversar con compañeros imaginarios. De esta manera, un yo en formación busca comunicarse con un *otro yo* ficticio. Mediante esta técnica el niño aprende muy pronto a convertir sus conversaciones de monólogo en seudodiálogo, en los que este otro yo responde a su pensamiento oral y expresión de deseo. Mucho del pensamiento del adulto se lleva a cabo mentalmente en forma de conversación.

La forma temprana y primitiva de oración se parecía mucho a las recitaciones semimágicas de la tribu de los todas de hoy en día, oraciones que no se dirigían a nadie en particular. Pero dichas técnicas de oración tienden a evolucionar en un tipo de diálogo de comunicación mediante la aparición de la idea del otro yo. Con el tiempo, el concepto del otro yo se enaltece a una posición superior de dignidad divina y la oración como agencia de la religión hace su aparición. A través de muchas fases y durante largas edades este tipo primitivo de oración está destinado a evolucionar antes de lograr el nivel de oración inteligente y verdaderamente ética.

Como es concebido por sucesivas generaciones de mortales que oran, el otro yo evoluciona desde los fantasmas, fetiches y espíritus a los dioses politeísticos, y finalmente al Dios Único, un ser divino que comprende los más altos ideales y las más elevadas aspiraciones del yo en oración. De este modo, la oración funciona como la agencia más poderosa de la religión en la conservación de los valores e ideales más altos de aquellos que oran. Desde el momento de la concepción del otro yo hasta la aparición del concepto de un Padre divino y celestial, la oración es siempre una práctica socializadora, moralizadora y espiritualizadora.

La simple oración de fe evidencia una evolución poderosa en la experiencia humana por la cual las conversaciones antiguas con el símbolo ficticio del otro yo de la religión primitiva se han enaltecido al nivel de la comunión con el espíritu del Infinito y al de la auténtica conciencia de la realidad del Dios eterno y Padre Paradisiaco de toda la creación inteligente.

Aparte de todo lo que es superyo en la experiencia de orar, debe recordarse que la oración ética es una forma espléndida de elevar al propio yo y reforzar al ego para una mejor vida y un logro más elevado. La oración induce al ego humano a mirar a los dos lados para conseguir ayuda: ayuda material de la reserva subconsciente de experiencia mortal, inspiración y guía a los límites superconscientes de contacto de lo material con lo espiritual, con el Monitor Misterioso.

La oración siempre ha sido y siempre será una experiencia humana doble: un procedimiento psicológico interasociado con una técnica espiritual. Estas dos funciones de la oración no pueden ser nunca completamente separadas.

La oración esclarecida debe reconocer no sólo a un Dios externo y personal sino también a una Divinidad interna e impersonal, el Ajustador residente. Corresponde al hombre, cuando ora, intentar captar el concepto del Padre Universal en el Paraíso, pero la técnica más eficaz para la mayor parte de los fines prácticos será volver al concepto del otro yo cercano, tal como solía hacerlo la mente primitiva, y luego reconocer que la idea de este otro yo ha evolucionado de una mera ficción a la verdad de que Dios reside en el hombre mortal en la presencia factual del Ajustador para que el hombre pueda hablar cara a cara, por así decirlo, con un otro yo real y genuino y divino que reside en él y que es la presencia y esencia misma del Dios vivo, el Padre Universal.

4. La oración ética

Ninguna oración puede ser ética cuando el que solicita busca la ventaja egoísta por sobre los intereses de sus semejantes. La oración egoísta y materialista es incompatible con las religiones éticas que se predican sobre la base del amor altruista y divino. Toda oración no ética revierte a los niveles primitivos de la seudomagia y es inmerecedora de las civilizaciones en avance y de las religiones esclarecidas. La oración egoísta transgrede el espíritu de toda ética fundada en una justicia amante.

La oración no debe prostituirse nunca tanto hasta el punto de volverse un sustituto de la acción. Toda oración ética es un estímulo a la acción y la guía a la lucha progresiva por obtener los fines idealistas del logro del superyo.

En todas tus oraciones, sé *justo*; no esperes que Dios muestre parcialidad, que te ame más que a sus otros hijos, tus amigos, vecinos, aun tus enemigos. Pero la oración de las religiones naturales o evolucionadas no es al principio ética, como lo es en las religiones reveladas más recientes. Toda oración, sea ésta individual o comunal, puede ser o egoísta o altruista. Es decir que la oración puede centrarse en el yo o en los demás. Cuando la oración no busca nada para el que ora ni para sus semejantes, esta actitud del alma tiende hacia los niveles de la verdadera adoración. Las oraciones egoístas comprenden confesiones y solicitudes y frecuentemente consisten en demandas de favores materiales. La oración es un poco más ética cuando comprende el perdón y busca la sabiduría para llegar a un mayor autocontrol.

La oración de tipo altruista fortalece y consuela, la oración materialista está destinada a atraer desilusión y desencanto a medida que los descubrimientos de la ciencia en avance demuestran que el hombre vive en un universo físico de ley y orden. La infancia de un individuo o de una raza se caracteriza por la oración primitiva, egoísta y materialista. Y, hasta cierto punto, todas estas solicitudes son eficaces en cuanto conducen invariablemente a aquellos esfuerzos y ejercicios que contribuyen a la obtención de respuestas con estas oraciones. La verdadera oración de fe siempre contribuye al mejoramiento de la técnica del vivir, aun cuando las solicitudes no sean merecedoras del reconocimiento espiritual. Pero la persona espiritualmente adelantada debe ejercer gran cuidado al intentar desalentar a la mente primitiva o inmadura respecto de tales oraciones.

Recordad, aunque la oración no cambia a Dios, muy frecuentemente efectúa cambios grandes y duraderos en el que ora con fe y confianza. La oración ha sido el antepasado de mucha paz mental, alegría, calma, valor, autodominio y justicia entre los hombres y las mujeres de las razas en evolución.

5. LAS REPERCUSIONES SOCIALES DE LA ORACIÓN

En la adoración a los antepasados, la oración lleva al cultivo de los ideales ancestrales. Pero la oración, como rasgo de la adoración a la Deidad, trasciende todas estas prácticas puesto que conduce al cultivo de los ideales divinos. A medida que el concepto del otro yo de la oración se torna supremo y divino, del mismo modo los ideales del hombre son elevados desde lo meramente humano hacia niveles excelsos y divinos, y el resultado de toda oración de este tipo es el enaltecimiento del carácter humano y la profunda unificación de la personalidad humana.

Pero no es necesario que la oración sea siempre individual. El orar en grupo o en congregación es muy eficaz en cuanto tiene repercusiones altamente socializadoras. Cuando un grupo se dedica a la oración comunitaria para el enaltecimiento moral y la elevación espiritual, estas devociones son reactivas sobre los individuos que componen al grupo; todos ellos se vuelven mejores gracias a esta participación. Aun una ciudad entera o una entera nación puede ser ayudada por tales devociones de oración. La confesión, el arrepentimiento y la oración han conducido a individuos, ciudades y naciones y razas enteras a enormes esfuerzos de reforma y valerosos actos de logro valiente.

Si deseas verdaderamente sobreponerte a la costumbre de criticar a un amigo, la forma más rápida y segura de alcanzar este cambio de actitud consiste en establecer el hábito de orar por esa persona cada día de tu vida. Pero las repercusiones sociales de dichas oraciones dependen en su mayor parte de dos condiciones:

1. La persona por la cual se ora debe saber que se está orando por ella.

2. La persona que ora debe tener una relación social íntima con la persona por quien está orando.

La oración es la técnica por la cual, más pronto o más tarde, toda religión se torna institucionalizada. Y con el tiempo, la oración se asocia con numerosas agencias secundarias, algunas útiles, otras decididamente deletéreas, tales como los sacerdotes, los libros sagrados, los ritos de adoración y las ceremonias.

Pero la mente de mayor esclarecimiento espiritual debe ser paciente y tolerante de los intelectos menos dotados que desean el simbolismo para movilizar su débil visión espiritual. Los fuertes no deben mirar con desprecio a los débiles. Aquellos que tienen conciencia de Dios sin simbolismo no deben negar el ministerio gracioso del símbolo a aquellos que encuentran difícil adorar a la Deidad y reverenciar la verdad, la belleza y la bondad sin forma ni rito. En la adoración orante, la mayor parte de los mortales visualizan un símbolo del objeto-meta de sus devociones.

6. LA ESFERA DE ACCION DE LA ORACION

La oración, a menos que esté vinculada con la voluntad y las acciones de las fuerzas personales espirituales y de los supervisores materiales del reino, no puede tener efecto directo sobre el medio ambiente físico. Aunque existe un límite muy definido de la jurisdicción de las solicitudes de la oración, este límite no se aplica en forma equivalente a *la fe* de aquellos que oran.

La oración no es una técnica para curar males reales y orgánicos, pero ha contribuido enormemente al disfrute de abundante salud y a la cura de numerosos sufrimientos mentales, emocionales y nerviosos. Aun en el caso de verdaderas enfermedades bacterianas, la oración muchas veces ha contribuido a la eficacia de otros procedimientos de curación. La oración ha transformado a muchos inválidos irritables y quejumbrosos en un ejemplo de paciencia, una inspiración para todos los demás humanos sufrientes.

Aunque resulte muy difícil reconciliar las dudas científicas sobre la eficacia de la oración con el impulso siempre presente de buscar ayuda y guía de las fuentes divinas, no olvidéis jamás que la oración de fe sincera es una fuerza poderosa para la promoción de la felicidad personal, del autocontrol individual, de la armonía social, del progreso moral y del logro espiritual.

La oración, aun como práctica puramente humana, un diálogo con el propio otro yo, constituye una técnica del acercamiento más eficiente a la realización de aquellos poderes de reserva de la naturaleza humana que están almacenados y conservados en los dominios inconscientes de la mente humana. La oración es una práctica psicológica sana, aparte de sus implicaciones religiosas y de su significación espiritual. Es un hecho de la existencia humana que la mayoría de las personas, si las circunstancias los apremian bastante, oran de alguna manera ante alguna fuente de ayuda.

No seas tan perezoso como para pedir a Dios que solucione tus dificultades, pero no vaciles jamás en pedirle sabiduría y fuerza espiritual para guiarte y sostenerte mientras atacas con resolución y valor los problemas que te enfrentan.

La oración ha sido un factor indispensable en el progreso y la preservación de la civilización religiosa, y aún contribuye poderosamente al enaltecimiento ulterior y la espiritualización de la sociedad si los que oran lo hacen a la luz de los hechos científicos, la sabiduría filosófica, la sinceridad intelectual y la fe espiritual. Orad tal como Jesús enseñó a sus discípulos: honesta y altruísticamente, con justicia y sin dudar.

Pero la eficacia de la oración en la experiencia espiritual personal del que ora no depende de ninguna manera de la comprensión intelectual del adorador, de su agudeza filosófica, de su nivel social, de su posición cultural, ni de otros atributos mortales. Los concomitantes psicológicos y espirituales de la oración de fe son inmediatos, personales y experienciales. No existe ninguna otra técnica por la cual todo hombre, sean cuales fueran sus otros logros mortales, pueda tan eficaz e inmediatamente acercarse al umbral de ese reino en el que puede comunicarse con su Hacedor, en el que la criatura se pone en contacto con la realidad del Creador, con el Ajustador del Pensamiento residente.

7. EL MISTICISMO, EL ÉXTASIS Y LA INSPIRACIÓN

El misticismo, como técnica para cultivar la conciencia de la presencia de Dios, es en general merecedor de alabanzas, pero cuando dichas prácticas conducen al aislamiento social y culminan en el fanatismo religioso, son censurables. Demasiado frecuentemente lo que el místico sobreexcitado evalúa como inspiración divina es la sublevación de su propia mente profunda. El contacto de la mente mortal con su Ajustador residente, aunque frecuentemente favorecido por la meditación devota, es más frecuentemente facilitado por el servicio amante de todo corazón en el ministerio altruista de los semejantes.

Los grandes maestros religiosos y los profetas de edades pasadas no eran místicos extremistas. Eran hombres y mujeres que conocían a Dios y que mejor servían a su Dios por el servicio altruista a sus semejantes. Jesús frecuentemente se llevaba a los apóstoles consigo por cortos períodos para dedicarse a la meditación y a la oración, pero en general los mantenía en contacto y servicio de las multitudes. El alma del hombre requiere el ejercicio espiritual así como también el alimento espiritual.

El éxtasis religioso es permisible cuando resulta de antecedentes sanos, pero estas experiencias son más frecuentemente consecuencia de influencias puramente emocionales más bien que manifestaciones de un carácter espiritual profundo. Las personas religiosas no deben considerar todo presentimiento psicológico vívido y toda experiencia emocional intensa como una revelación divina ni como una comunicación espiritual. El éxtasis espiritual genuino generalmente se asocia con una gran calma exterior y con un control emocional casi perfecto. Pero la verdadera visión profética es un presentimiento super-psicológico. Estas visitaciones no son seudoalucinaciones, ni tampoco éxtasis del tipo del trance.

La mente humana puede funcionar en respuesta a la así llamada inspiración cuando es sensible a las sublevaciones del subconsciente o al estímulo del superconsciente. En cualquiera de estos dos casos el individuo tiene la impresión de que estos aumentos del contenido de la conciencia son más o menos ajenos. El entusiasmo místico sin frenos y el éxtasis religioso desencadenado no son credenciales de la inspiración, supuestamente credenciales divinas.

La prueba práctica de todas las experiencias religiosas extrañas del misticismo, el éxtasis y la inspiración consiste en observar si estos fenómenos hacen que un individuo:

1. Disfrute de una salud física mejor y más completa.

2. Funcione más eficaz y prácticamente en su vida mental.

3. Socialice más plena y alegremente en su experiencia religiosa.

4. Espiritualice más completamente su vida diaria descargando al mismo tiempo fielmente los deberes comunes de la existencia mortal rutinaria.

5. Aumente su amor y apreciación de la verdad, la belleza y la bondad.

6. Conserve los valores sociales, morales, éticos y espirituales, reconocidos en su época.

7. Aumente su compenetración espiritual, su conciencia de Dios.

Pero la oración no tiene asociación verdadera con estas experiencias religiosas excepcionales. Cuando la oración se vuelve demasiado estética, cuando consiste casi exclusivamente de la contemplación bella y bendecida de la divinidad paradisiaca, pierde mucho de su influencia socializadora y tiende hacia el misticismo y el aislamiento de sus devotos. Existe cierto peligro asociado con la excesiva oración en privado, lo cual es corregido y prevenido por la oración en grupo, las devociones comunitarias.

8. LA ORACIÓN COMO EXPERIENCIA PERSONAL

Existe un aspecto verdaderamente espontáneo de la oración, ya que el hombre primitivo se encontró orando mucho antes de tener un concepto claro de un Dios. El hombre primitivo solía orar en dos situaciones distintas: cuando sufría grandes penurias, experimentaba el impulso de buscar ayuda; cuando se regocijaba, se dejaba llevar por la expresión impulsiva del regocijo.

La oración no es una evolución de la magia; la una y la otra surgieron independientemente. La magia era un intento de adaptar la Deidad a las condiciones; la oración es el esfuerzo de adaptar la personalidad a la voluntad de la Deidad. La verdadera oración es tanto moral como religiosa; la magia no es ni lo uno ni lo otro.

La oración puede volverse una costumbre establecida; muchos oran porque otros lo hacen. Aun otros oran porque temen que les sucederá algo terrible si no ofrecen sus súplicas regulares.

Para algunos individuos la oración es la expresión calma de la gratitud; para otros, una expresión de grupo de la alabanza, las devociones sociales; a veces es la imitación de la religión de otro, mientras que en la verdadera oración es la comunicación sincera y confiada de la naturaleza espiritual de la criatura con la presencia ubicua del espíritu del Creador.

La oración puede ser una expresión espontánea de la conciencia de Dios o una recitación sin sentido de las fórmulas teológicas. Puede ser la alabanza extática del alma conocedora de Dios o la obediencia esclava de un mortal dominado por el miedo. Es a veces la expresión patética del deseo espiritual y a veces el grito flagrante de frases pías. La oración puede ser alabanza regocijada o humilde ruego de perdón.

La oración puede ser el ruego infantil de lo imposible o la súplica madura de crecimiento moral y poder espiritual. La solicitud puede ser por el pan de cada día o el resultado de un anhelo sincero de hallar a Dios y hacer su voluntad. Puede ser un pedido totalmente egoísta o un gesto verdadero y magnífico hacia la realización de la fraternidad altruista.

La oración puede ser un grito airado de venganza o una intervención misericordiosa para con los enemigos de uno. Puede ser la expresión de la esperanza de cambiar a Dios o la poderosa técnica de cambiarse a sí mismo. Puede ser el ruego servil de un pecador perdido ante un Juez supuestamente severo o la expresión regocijada de un hijo liberado del Padre celestial viviente y misericordioso.

El hombre moderno vacila ante la idea de hablarse con Dios en una forma puramente personal. Muchos han abandonado la oración regular; tan sólo rezan cuando se encuentran bajo presión extraordinaria —en casos de urgencia. El hombre no debe temer hablar con Dios, pero sólo un individuo con espíritu infantil puede pensar en intentar persuadir, o presumir de cambiar, a Dios.

Pero la verdadera oración logra la realidad. Aunque las corrientes de aire sean ascendentes, el pájaro no podrá ascender a menos que extienda las alas. La oración eleva al hombre porque es una técnica de progresar mediante la utilización de las corrientes espirituales ascendentes del universo.

La oración genuina aumenta el crecimiento espiritual, modifica las actitudes y produce esa satisfacción que proviene de la comunión con la divinidad. Es la explosión espontánea de la conciencia de Dios.

Dios responde a la oración del hombre dándole una mayor revelación de la verdad, una enaltecida apreciación de la belleza, y un concepto aumentado de la bondad. La oración es un gesto subjetivo, pero pone en contacto con realidades objetivas poderosas en los niveles espirituales de la experiencia humana; es un gesto significativo por parte de lo humano por alcanzar los valores sobrehumanos. Es el más poderoso estímulo para el crecimiento espiritual.

Las palabras no tienen importancia en la oración; tan sólo forman el lecho intelectual en el cual fluye al azar el río de la súplica espiritual. El valor de las palabras de una oración es puramente autosugestivo en las devociones privadas y sociosugestivo en las devociones de grupo. Dios responde a la actitud del alma, no a las palabras.

La oración no es una técnica de escape de los conflictos sino más bien un estímulo para crecer al enfrentarse al conflicto mismo. Ora tan sólo por valores, no por cosas; por crecimiento, no por gratificación.

9. LAS CONDICIONES PARA QUE LA ORACIÓN SEA EFICAZ

Si quieres orar eficazmente, debes recordar las leyes de las solicitudes prevalecientes:

1. Debes calificar como orador poderoso enfrentando sincera y valientemente los problemas de la realidad del universo. Debes poseer vigor cósmico.

2. Debes haber agotado honestamente la capacidad humana de adaptación humana. Debes haber sido industrioso.

3. Debes rendir todo deseo de la mente y todo apetito del alma al abrazo transformador del crecimiento espiritual. Debes haber experimentado un enaltecimiento de los significados y una elevación de los valores.

4. Debes hacer una elección sincera de la voluntad divina. Debes obliterar el punto muerto de la indecisión.

5. No sólo reconoces la voluntad del Padre y eliges cumplir con ella, sino que has efectuado una consagración incondicional y una dedicación dinámica, al hacer efectivo de la voluntad del Padre.

6. Tu oración será dirigida exclusivamente por la sabiduría divina a solucionar los problemas humanos específicos con que te encontrás en la ascensión al Paraíso, el logro de la perfección divina.

7. Y debes tener fe —fe viviente.

[Presentado por el Jefe de los Seres Intermedios de Urantia.]

DOCUMENTO 92

LA EVOLUCIÓN ULTERIOR DE LA RELIGIÓN

EL HOMBRE poseía una religión de origen *natural* como parte de su experiencia evolucionaria mucho antes de que se hicieran revelaciones sistemáticas en Urantia. Pero esta religión de origen natural era, en sí misma, el producto de las dotes superanimales de los hombres. La religión evolucionaria surgió lentamente a lo largo de milenios de la carrera experiencial de la humanidad a través del ministerio de las siguientes influencias que operaban, y se inmiscuían en el hombre salvaje, bárbaro y civilizado:

1. *El ayudante de la adoración* —la aparición en la conciencia animal de potenciales superanimales para la percepción de la realidad. Esto podría denominarse el instinto humano primordial hacia la Deidad.

2. *El ayudante de la sabiduría* —la manifestación en una mente adoradora de la tendencia a dirigir su adoración hacia los canales superiores de expresión y en dirección a los conceptos constantemente en expansión de la realidad de la Deidad.

3. *El Espíritu Santo* —éste es el don inicial de la supermente, e infaliblemente aparece en toda verdadera personalidad humana. Este ministerio crea en la mente ansiosa de adoración y deseosa de sabiduría la capacidad de autorrealizar el postulado de la sobrevivencia humana, tanto en su concepto teológico como en la experiencia actual y real de la personalidad.

La función coordinada de estas tres ministraciones divinas es totalmente suficiente para iniciar y proseguir el crecimiento de la religión evolucionaria. Estas influencias más adelante se aumentan mediante los Ajustadores del Pensamiento, los serafines y el Espíritu de la Verdad, todos los cuales aceleran el ritmo del desarrollo religioso. Estas agencias funcionan desde hace mucho tiempo en Urantia, y seguirán actuando aquí hasta tanto el planeta siga siendo una esfera habitada. Mucho del potencial de estas agencias divinas aún nunca ha tenido oportunidad de expresarse; mucho será revelado en las edades venideras a medida que ascienda la religión mortal, de nivel a nivel, hacia las alturas excelsas del valor morontial y de la verdad espiritual.

1. LA NATURALEZA EVOLUCIONARIA DE LA RELIGIÓN

La evolución de la religión se remonta al temor primitivo y los fantasmas a través de las muchas sucesivas etapas de desarrollo, incluyendo aquellos esfuerzos dirigidos primero a coaccionar y luego a engatuzar a los espíritus. Los fetiches de la tribu se transformaron en tótemes y dioses tribales; las fórmulas mágicas llegaron a ser las oraciones modernas. La circuncisión, que al principio era un sacrificio, se tornó un procedimiento higiénico.

La religión progresó de la adoración a la naturaleza, a través de la adoración de los fantasmas, al fetichismo a lo largo de la infancia salvaje de las razas. Con los albores de la civilización la raza humana esposó las creencias más místicas y simbólicas, mientras que ahora, con el acercamiento de la madurez, la humanidad se está preparando para la apreciación de la verdadera religión, aun al comienzo de la revelación de la verdad misma.

La religión surge como reacción biológica de la mente a las creencias espirituales y al medio ambiente; es lo último en perecer o cambiar en una raza. La religión es la adaptación de la sociedad, en cualquier edad, a aquello que es misterioso. Como institución social comprende ritos, símbolos, cultos, escrituras, altares, santuarios y templos. El agua bendita, las reliquias, los fetiches, los amuletos, las vestimentas, las campanas, los tambores y los sacerdocios son comunes a todas las religiones. Y es imposible divorciar enteramente la religión evolutiva pura de la magia o la hechicería.

El misterio y el poder siempre han estimulado sentimientos y temores religiosos, mientras que la emoción por siempre ha funcionado como un condicionante y poderoso factor en su desarrollo. El temor siempre ha sido el estímulo religioso básico. El temor da forma a los dioses de la religión evolucionaria y motiva el rito religioso de los creyentes primitivos. A medida que avanza la civilización, el temor se modifica por la reverencia, la admiración, el respeto y la simpatía y luego es adicionalmente condicionado por el remordimiento y el arrepentimiento.

Un pueblo asiático enseñaba que «Dios es un gran terror»; ésa es la consecuencia de una religión puramente evolucionaria. Jesús, la revelación del tipo más elevado de vida religiosa, proclamó que «Dios es amor».

2. La religión y las costumbres establecidas

La religión es la más rígida e inflexible de las instituciones humanas, pero se adapta tardíamente a una sociedad cambiante. Finalmente, la religión evolucionaria refleja el cambio de las costumbres establecidas que, a su vez, pueden haber sido afectadas por la religión revelada. Lentamente y con seguridad, pero de mala gana, la religión (adoración) sigue las huellas de la sabiduría: conocimiento dirigido por la razón experiencial e iluminado por la revelación divina.

La religión se aferra a las costumbres; lo que *fue* es antiguo y supuestamente sagrado. Por esta razón y ninguna otra, las herramientas de piedra persistieron largamente en el medio de la edad de bronce y de hierro. Esta declaración está registrada: «Si me hicieres altar de piedras, no las labres de cantería, porque al labrar la piedra con tus herramientas lo profanarás». Aun hoy en día los hindúes encienden los fuegos del altar utilizando un artefacto primitivo de encendido. En el curso de la religión evolucionaria, la novedad siempre ha sido considerada sacrilegio. El sacramento debe consistir, no en un alimento nuevo y manufacturado, sino en la más primitiva de las vituallas: «Carne asada al fuego y panes sin levadura; con yerbas amargas». Todo tipo de uso social y aún los procedimientos legales se aferran a las viejas formas.

Cuando el hombre moderno se sorprende por la presencia de tantas costumbres que podrían ser consideradas obscenas en las escrituras de distintas religiones, debería considerar que las generaciones que van pasando han temido eliminar lo que sus antepasados consideraban santo y sagrado. Muchas de las cosas que una generación podría mirar como obscenas, las generaciones precedentes las consideraban parte de sus costumbres aceptadas, aun como ritos religiosos aprobados. Una cantidad considerable de controversia religiosa ha sido ocasionada por los intentos constantes de reconciliar prácticas antiguas pero censurables con la razón más avanzada del presente, en encontrar teorías plausibles que justifiquen la perpetuación en el credo de las costumbres antiguas y desgastadas.

Pero no es más que tonto intentar una aceleración demasiado repentina del crecimiento religioso. Una raza o nación tan sólo puede asimilar de una religión avanzada lo que sea razonablemente adaptable y compatible con su estado evolucionario del momento, además de su habilidad para la adaptación. Las condiciones sociales, climáticas, políticas y económicas son todos factores influyentes en la determinación del curso y progreso de la evolución religiosa. La moralidad social no está determinada por la religión, o sea, por la religión evolucionaria; más bien las formas de la religión son dictadas por la moralidad racial.

Las razas de los hombres tan sólo aceptan superficialmente una religión extraña y nueva; en realidad la adaptan a sus costumbres y sus viejas maneras de creer. Esto está bien ilustrado en el ejemplo de cierta tribu de Nueva Zelandia cuyos sacerdotes, después de aceptar nominalmente el cristianismo, profesaron haber recibido revelaciones directas de Gabriel en el sentido de que esa misma tribu había sido nombrada el pueblo elegido por Dios y que por lo tanto podían continuar libremente con sus laxas relaciones sexuales del pasado y numerosas otras costumbres antiguas y censurables. Inmediatamente, todos estos noveles cristianos adoptaron esta versión nueva y menos exigente del cristianismo.

La religión ha sancionado en una u otra época todo tipo de conducta contraria e incoherente, y al mismo tiempo ha aprobado prácticamente todo lo que actualmente se considera inmoral o pecaminoso. La conciencia, sin la enseñanza de la experiencia y sin la asistencia de la razón, no ha sido nunca, ni nunca será, una guía segura e infalible para la conducta humana. La conciencia no es una voz divina que habla al alma humana. Es meramente la suma total del contenido moral y ético de las costumbres de una determinada etapa de la existencia; simplemente representa el ideal de reacción concebido por la humanidad ante un conjunto determinado de circunstancias.

3. LA NATURALEZA DE LA RELIGIÓN EVOLUCIONARIA

El estudio de la religión humana es el examen de las capas sociales portadoras de fósiles de edades pasadas. Las costumbres de los dioses antropomórficos son un reflejo fiel de la moral de los hombres que fueron los primeros en concebir tales deidades. Las religiones antiguas y la mitología ilustran fielmente las creencias y tradiciones de pueblos que han desaparecido en oscuridad hace mucho tiempo. Estas antiguas prácticas del culto persisten juntamente con costumbres económicas nuevas y evoluciones sociales y, lógicamente, parecen burdamente incongruentes. Los residuos del culto presentan un cuadro auténtico de las religiones raciales del pasado. Recordad siempre, los cultos se forman, no para descubrir la verdad, sino más bien para promulgar sus credos.

La religión siempre ha sido en gran parte asunto de ritos, rituales, observancias, ceremonias y dogmas. Ha estado generalmente contaminada por ese error persistente y originador de perversidades, la ilusión de ser el pueblo elegido. Las ideas religiosas cardinales de encantamiento, inspiración, revelación, propiciación, arrepentimiento, expiación, intercesión, sacrificio, oración, confesión, adoración, sobrevivencia después de la muerte, sacramento, rito, rescate, salvación, redención, pacto, impureza, purificación, profecía, pecado original —todas ellas se remontan a los tiempos primitivos del temor primordial a los fantasmas.

La religión primitiva no es más ni menos que la lucha por la existencia material ampliada para incluir la existencia más allá de la tumba. Las observancias de tal credo representaban la extensión de la lucha por el automantenimiento hasta el dominio de un mundo imaginario de los espíritus fantasmales. Pero cuando tengas la tentación de criticar la religión evolucionaria, cuídate. Recuerda, que eso *fue lo que pasó*; es un hecho histórico. Recuerda además que el poder de toda idea yace, no en su certidumbre o verdad, sino más bien en la intensidad de su atracción para el ser humano.

La religión evolucionaria no tiene disposición alguna para los cambios ni las revisiones; a diferencia de la ciencia, no provee su propia corrección progresiva. La religión evolucionada evoca el respeto porque sus seguidores creen que es *La Verdad*; «la fe que ha sido una vez dada a los santos» debe, en teoría, ser tanto final como infalible. El culto se resiste al desarrollo porque el verdadero progreso con certidumbre modificará o destruirá al culto mismo; por lo tanto, siempre su revisión debe ser forzada.

Tan sólo dos influencias pueden modificar y elevar los dogmas de la religión natural: la presión de las costumbres establecidas en lento avance y la iluminación periódica de las revelaciones de época. Y no es extraño que el progreso haya sido lento; en los días antiguos, ser progresista o inventivo significaba ser matado como hechicero. El culto avanza en épocas generacionales y en ciclos de edades. Pero sí adelanta. La creencia evolucionaria en los fantasmas formó los cimientos de una filosofía de religión revelada que finalmente destruirá la superstición de su origen.

La religión ha dificultado de muchas maneras el desarrollo social, pero sin religión no existiría moral ni ética duradera, no habría una civilización valedera. La religión dio origen a mucha cultura no religiosa: la escultura se originó en la fabricación de ídolos, la arquitectura en la construcción de templos, la poesía en encantamientos, la música en cantos de adoración, el drama en las acciones para obtener la orientación espiritual y la danza en los festivales estacionales de adoración.

Pero aunque hay que llamar la atención sobre el hecho de que la religión fue esencial para el desarrollo y la preservación de la civilización, es necesario registrar que la religión natural también ha hecho mucho para dificultar y estorbar a la civilización misma que de otra manera fomentaba y mantenía. La religión ha obstaculizado las actividades industriales y el desarrollo económico; ha malgastado el trabajo y desperdiciado el capital; no siempre ha sido útil para la familia; y no ha fomentado en forma adecuada la paz y la buena voluntad; a veces ha descuidado la enseñanza y postergado la ciencia; ha empobrecido indebidamente la vida para el enriquecimiento supuesto de la muerte. La religión evolucionaria, la religión humana, en efecto ha sido culpable de todas estas y muchas otras equivocaciones, errores y desaciertos; sin embargo, ha mantenido la ética cultural, la moralidad civilizada, la coherencia social y ha hecho posible que la religión revelada más reciente compensara estos muchos defectos evolucionarios.

La religión evolucionaria ha sido la institución humana más cara pero incomparablemente más eficaz. La religión humana puede ser justificada solamente a la luz de la civilización evolucionaria. Si el hombre no fuera el producto ascendente de la evolución animal, entonces tal curso del desarrollo religioso no tendría justificación alguna.

La religión facilitó la acumulación del capital; fomentó el trabajo de ciertos tipos; el tiempo libre del que gozaban los sacerdotes promovió el arte y el conocimiento; la raza, al final, ganó mucho como resultado de todos estos errores primitivos en técnica ética. Los shamanes, tanto honestos como deshonestos, fueron enormemente costosos, pero valieron su costo. Las profesiones académicas y la ciencia misma surgieron de los sacerdocios parasitarios. La religión fomentó la civilización y proveyó continuidad social; ha sido la policía moral de todos los tiempos. La religión proveyó la disciplina humana y el autocontrol que permitieron el advenimiento de la *sabiduría*. La religión es el flagelo eficiente de la evolución que impulsa sin compasión a la humanidad indolente y sufriente de un estado natural de inercia intelectual hacia adelante y hacia arriba, hasta los niveles más altos del raciocinio y la sabiduría.

Esta sagrada herencia del ascenso animal, la religión evolucionaria, debe continuar refinando y ennobleciéndose mediante la censura constante de la religión revelada y por el fuego apasionado de la ciencia genuina.

4. EL DON DE LA REVELACIÓN

La revelación es evolucionaria pero siempre progresista. A través de las edades de la historia de un mundo, las revelaciones de la religión son cada vez más amplias y sucesivamente más esclarecedoras. Es misión de la revelación ordenar y censurar las sucesivas religiones de evolución. Pero si la revelación exalta y eleva las religiones de evolución, estas visitaciones divinas deben ilustrar enseñanzas que no estén demasiado alejadas del pensamiento y las reacciones de la edad en la cual se presentan. Por eso la revelación debe siempre mantenerse en contacto con la evolución, y lo hace. Siempre la religión de revelación deberá limitarse por la capacidad del hombre para recibirla.

Pero aparte de la aparente conexión o derivación, las religiones de revelación siempre están caracterizadas por una creencia en una Deidad de valor final y en el concepto de la sobrevivencia de la identidad de la personalidad después de la muerte.

La religión evolucionaria es sentimental, no es lógica. Es la reacción del hombre a la creencia en un mundo hipotético de los espíritus fantasmales, que es el reflejo de creencia humano, excitado por la realización y temor de lo desconocido. La religión revelatoria es expuesta por el verdadero mundo espiritual; es la respuesta del cosmos superintelectual al hambre mortal por creer en las Deidades universales y confiar en ellas. La religión evolucionaria ilustra los intentos tortuosos de la humanidad en búsqueda de la verdad; la religión revelatoria es esa verdad misma.

Ha habido muchos acontecimientos de revelación religiosa pero sólo cinco de significado de época. Éstos fueron como sigue:

1. *Las enseñanzas dalamatianas.* El verdadero concepto de la Primera Fuente y Centro fue promulgado por primera vez en Urantia por los cien miembros corpóreos del séquito del Príncipe Caligastia. Esta revelación de la Deidad en expansión duró más de trescientos mil años hasta que fue repentinamente interrumpida por la secesión planetaria y la ruptura del régimen de enseñanza. Excepto por el trabajo de Van, la influencia de la revelación dalamatiana prácticamente se perdió en todo el mundo. Aun los noditas habían olvidado esta verdad al tiempo de la llegada de Adán. De todos los que recibieron las enseñanzas de los cien, los hombres rojos las conservaron por más tiempo, pero la idea del Gran Espíritu no era sino un concepto nebuloso en la religión amerindia cuando el contacto con el cristianismo lo aclaró y fortaleció grandemente.

2. *Las enseñanzas edénicas.* Adán y Eva nuevamente ilustraron el concepto del Padre de todos para los pueblos evolucionarios. La disolución del primer Edén interrumpió el curso de la revelación adánica antes de que hubiera comenzado plenamente. Pero las enseñanzas abortadas de Adán fueron continuadas por los sacerdotes setitas y algunas de estas verdades nunca se han perdido completamente en el mundo. La entera tendencia de la evolución religiosa levantina fue modificada por las enseñanzas de los setitas. Pero hacia el año 2500 a. de J. C. la humanidad había perdido en gran parte de vista la revelación patrocinada en los días del Edén.

3. *Melquisedek de Salem.* Este Hijo de urgencia de Nebadon inauguró la tercera revelación de la verdad en Urantia. Los preceptos cardinales de sus enseñanzas fueron

confianza y fe. Enseñó la confianza en la beneficencia omnipotente de Dios y proclamó que la fe era el acto por el cual el hombre ganaba el favor de Dios. Sus enseñanzas gradualmente se mezclaron con las creencias y prácticas de varias religiones evolucionarias y finalmente se desarrollaron en esos sistemas teológicos presentes en Urantia al principio del primer milenio después de Cristo.

4. *Jesús de Nazaret.* Cristo Micael presentó por cuarta vez a Urantia el concepto de Dios como Padre Universal, y esta enseñanza en general ha persistido desde entonces. La esencia de su enseñanza era *amor y servicio*, la adoración amante que la criatura otorga voluntariamente en reconocimiento del ministerio amante de Dios su Padre, y en respuesta al mismo; el servicio por libre albedrío que estas criaturas otorgan a sus hermanos en la comprensión regocijada de que, mediante este servicio, están sirviendo del mismo modo a Dios el Padre.

5. *Los documentos de Urantia.* Los documentos, de los cuales éste es uno, constituyen la presentación más reciente de la verdad a los mortales de Urantia. Estos documentos difieren de todas las revelaciones previas, porque no son trabajo de una sola personalidad universal sino una combinación de presentaciones de muchos seres. Pero ninguna revelación es completa hasta la que se obtiene cuando se llegue al Padre Universal. Todas las demás ministraciones celestiales no son más que parciales, transitorias y adaptadas prácticamente a las condiciones locales en el tiempo y en el espacio. Aunque estas admisiones puedan tal vez restar la fuerza y autoridad inmediatas a todas las revelaciones, ha llegado el momento en Urantia en que es aconsejable hacer estas declaraciones francas, aun a riesgo de debilitar la influencia futura y autoridad de éstas, las más recientes revelaciones de la verdad para las razas mortales de Urantia.

5. LOS GRANDES LÍDERES RELIGIOSOS

En la religión evolucionaria, los dioses son concebidos como que existen a semejanza de la imagen del hombre; en la religión revelatoria, se enseña a los hombres que ellos son hijos de Dios —hechos en la imagen finita de la divinidad; en las creencias sintetizadas compuestas de las enseñanzas de la revelación y los productos de la evolución, el concepto de Dios es una mezcla de:

1. Las ideas preexistentes de los cultos evolucionarios.

2. Los ideales sublimes de la religión revelada.

3. Los puntos de vista personales de los grandes líderes religiosos, profetas y maestros de la humanidad.

La mayoría de las grandes épocas religiosas han sido inauguradas por la vida y enseñanzas de alguna personalidad sobresaliente; el liderazgo ha originado la mayoría de los movimientos morales notables de la historia. Los hombres siempre tuvieron tendencia a venerar al líder, aun a expensas de sus enseñanzas; a reverenciar su personalidad, aunque perdiendo de vista las verdades que proclamaba. Esto no es inmotivado; existe un deseo instintivo en el corazón del hombre evolucionario por recibir ayuda del más allá y arriba. Este apetito tiene el objeto de anticipar la aparición en la tierra del Príncipe Planetario y más tarde de los Hijos Materiales. En Urantia el hombre ha sido privado de estos líderes y gobernantes sobrehumanos y por consiguiente trata constantemente de compensar su pérdida elevando a sus líderes humanos con leyendas que pertenecen al origen sobrenatural y a las carreras milagrosas.

Muchas razas se han imaginado que sus líderes nacían de vírgenes; sus carreras estaban generosamente salpicadas de episodios milagrosos, y su retorno siempre se espera en cada grupo respectivo. En Asia central aún esperan el retorno del Gengis Kan; en Tíbet, China y la India, de Buda; en Islam, de Mahoma; entre los amerindios, de Hesunanín Onamonalonton; entre los hebreos, en general el retorno de Adán como gobernante material. En Babilonia el dios Marduc fue la perpetuación de la leyenda de Adán, la idea del hijo de Dios, el eslabón que vincula al hombre con Dios. Después de la aparición de Adán en la tierra, los así llamados hijos de Dios fueron frecuentes en las razas del mundo.

Pero aparte del respeto supersticioso que se les brinda frecuentemente, sigue siendo un hecho que estos maestros fueron los fulcros terrenales de la personalidad sobre los cuales dependían las palancas de la verdad revelada para el avance de la moralidad, la filosofía y la religión de la humanidad.

Ha habido cientos y cientos de líderes religiosos en un millón de años de historia humana en Urantia, de Onagar a guru Nanac. Durante este tiempo ha habido muchos flujos y reflujos de la marea de la verdad religiosa y de fe espiritual, y cada renacimiento de la religión urantiana en el pasado se ha identificado con la vida y enseñanzas de uno u otro líder religioso. Al considerar los maestros de las épocas recientes, es posible que resulte útil agruparlos en siete eras religiosas principales de la Urantia postadánica:

1. *El período setita*. Los sacerdotes setitas tal como se regeneraron bajo el liderazgo de Amosad, se tornaron los grandes maestros postadánicos. Funcionaron a lo largo y a lo ancho de las tierras de los anditas, y su influencia persistió más prolongadamente entre los griegos, sumerios e hindúes. Entre los últimos continuaron hasta el presente como brahmines de la fe hindú. Los setitas y sus seguidores nunca perdieron enteramente el concepto de la Trinidad revelado por Adán.

2. *Era de los misioneros Melquisedek*. La religión de Urantia fue regenerada considerablemente por los esfuerzos de esos maestros que fueron comisionados por Maquiventa Melquisedek quien vivió y enseñó en Salem casi dos mil años a. de J. C. Estos misioneros proclamaron la fe como precio del favor de Dios, y sus enseñanzas, aunque no produjeron religiones que apareciesen inmediatamente, formaron sin embargo los cimientos sobre los cuales construirían las religiones de Urantia los más recientes maestros de la verdad.

3. *La era después de Melquisedek*. Aunque Amenemope e Ikhnaton ambos enseñaron en este período, el genio religioso sobresaliente de la era post-Melquisedek fue el líder de un grupo de beduinos levantinos y fundador de la religión hebrea: Moisés. Moisés enseñó el monoteísmo. Dijo él: «Oye, Israel, el Señor nuestro Dios, el Señor uno es». «El Señor él es Dios. No hay otro fuera de él». Intentó persistentemente desarraigar los vestigios del culto de los fantasmas de su pueblo, llegando hasta a prescribir la pena de muerte para sus practicantes. El monoteísmo de Moisés fue adulterado por sus sucesores, pero en tiempos más recientes volvieron a muchas de sus enseñanzas. La grandeza de Moisés yace en su sabiduría y sagacidad. Otros hombres han tenido conceptos más grandes de Dios, pero ningún hombre consiguió nunca inducir a tanta gente a adoptar creencias tan avanzadas.

4. *El siglo sexto antes de Cristo*. Muchos hombres surgieron para proclamar la verdad en éste, uno de los más grandes siglos del despertar religioso jamás presenciado en Urantia. Entre éstos podemos mencionar a Gautama, Confucio, Lao-tse, Zoroastro y los maestros jainistas. Las enseñanzas de Gautama se han difundido ampliamente en Asia, y es reverenciado como Buda por millones. Confucio fue para la

moralidad china lo que Platón fue para la filosofía griega, y aunque hubo repercusiones religiosas de las enseñanzas de ambos, en términos estrictos, ninguno de los dos fue un maestro religioso; Lao-tse visualizó más a Dios en Tao que lo que hizo Confucio en la humanidad o Platón en el idealismo. Zoroastro, aunque muy afectado por el concepto dominante del espiritismo dual, los espíritus buenos y los espíritus malos, al mismo tiempo exaltó claramente la idea de una Deidad eterna y de la victoria final de la luz sobre la oscuridad.

5. *El primer siglo después de Cristo*. Como maestro religioso, Jesús de Nazaret comenzó con el culto que había establecido Juan el Bautista y progresó cuanto pudo alejándose de ayunos y formas. Aparte de Jesús, Pablo de Tarso y Filón de Alejandría fueron los más grandes maestros de esa era. Sus conceptos religiosos han desempeñado un papel dominante en la evolución de esa fe que lleva el nombre de Cristo.

6. *El siglo sexto después de Cristo*. Mahoma fundó una religión que fue superior a muchos de los credos de esa época. La suya fue una protesta contra las demandas sociales de la fe de los extranjeros y contra la incoherencia de la vida religiosa de su propio pueblo.

7. *El siglo quince después de Cristo*. Este período presenció dos movimientos religiosos: la desorganización de la unidad del cristianismo en el occidente y la síntesis de una nueva religión en el oriente. En Europa el cristianismo institucionalizado había llegado a tal grado de falta de elasticidad que cualquier crecimiento ulterior era incompatible con la unidad. En el oriente las enseñanzas combinadas de Islam, el hinduismo y el budismo fueron sintetizadas por Nanac y sus seguidores en el sikismo, una de las religiones más avanzadas de Asia.

El futuro de Urantia se caracterizará indudablemente por la aparición de maestros de la verdad religiosa —la paternidad de Dios y la fraternidad de todas las criaturas. Pero es de esperar que los esfuerzos ardientes y sinceros de estos futuros profetas se dirijan menos hacia el fortalecimiento de las barreras interreligiosas y más hacia el aumento de la fraternidad religiosa de la adoración espiritual entre los muchos seguidores de las distintas teologías intelectuales que tanto caracterizan a Urantia de Satania.

6. LAS RELIGIONES COMPUESTAS

Las religiones del siglo veinte en Urantia ofrecen un interesante estudio de la evolución social del impulso humano hacia la adoración. Muchas fes han progresado muy poco desde los días del culto de los fantasmas. Los pigmeos de África no tienen reacciones religiosas como clase, aunque algunos de ellos creen un poco en el medio ambiente espiritual. Están hoy donde se hallaba el hombre primitivo cuando empezó la evolución de la religión. La creencia básica de la religión primitiva era la sobrevivencia después de la muerte. La idea de adorar a un Dios personal indica un avance de desarrollo evolucionario, aun la primera etapa de la revelación. Los dayac han evolucionado sólo las prácticas religiosas más primitivas. Los esquimales y amerindios comparativamente recientes tienen un concepto muy escaso de Dios; creían en los fantasmas y tenían una idea muy poco definida de supervivencia de algún tipo después de la muerte. Los australianos nativos de hoy día tan sólo tienen temor de los fantasmas, miedo a la oscuridad y una veneración burda de los antepasados. Los zulúes recién están desarrollando una religión de temor a los fantasmas y sacrificio. Muchas tribus africanas, excepto donde hubo trabajo misionero de los cristianos y mahometanos, no han pasado todavía la etapa del fetichismo en su evolución religiosa. Pero algunos grupos han mantenido desde hace mucho la idea del monoteísmo, como por ejemplo los antiguos tracios, que también creían en la inmortalidad.

En Urantia, la religión evolucionaria y la revelatoria están progresando lado a lado mientras se mezclan y combinan en los sistemas teológicos diversificados que se encuentran en el mundo en las épocas de presentación de estos documentos. Estas religiones, las religiones del siglo veinte en Urantia, pueden ser enumeradas como sigue:

1. Hinduismo —la más antigua.
2. La religión hebrea.
3. Budismo.
4. Las enseñanzas de Confucio.
5. Las creencias taoistas.
6. Zoroastrismo.
7. Shinto.
8. Jainismo.
9. Cristianismo
10. Islam.
11. Sikismo —la más reciente.

Las religiones más avanzadas de los tiempos antiguos fueron el judaísmo y el hinduismo, y cada una respectivamente ha influido grandemente sobre el curso del desarrollo religioso en el oriente y en el occidente. Tanto los hindúes como los hebreos creían que sus religiones eran inspiradas y reveladas, y creían que todas las demás eran formas decadentes de la fe verdadera.

La India se divide entre los hindúes, los mahometanos y los jaínes, cada uno con una idea de Dios, el hombre y el universo tal como fueron concebidos en forma variada. China sigue las enseñanzas taoistas y confucionistas; shinto se reverencia en Japón.

Las grandes fes internacionales, interraciales, son la hebraica, budista, cristiana e islámica. El budismo se extiende de Ceilán a Birmania a través de Tíbet y China hasta el Japón. Ha demostrado una adaptabilidad a las costumbres de muchos pueblos que ha sido igualada tan sólo por el cristianismo.

La religión hebrea comprende la transición filosófica del politeísmo al monoteísmo; es un eslabón evolucionario entre las religiones de evolución y las religiones de revelación. Los hebreos fueron el único pueblo occidental que siguió a sus dioses evolucionarios primitivos directamente hasta el Dios de la revelación. Pero esta verdad nunca fue ampliamente aceptada hasta los días de Isaías, que nuevamente enseñó la idea mezclada de la deidad racial combinada con un Creador Universal: «Oh Señor de las huestes, Dios de Israel, tú eres Dios, aun tú sólo. Tú hiciste el cielo y la tierra». En cierto momento la esperanza de la sobrevivencia de la civilización occidental yacía en los sublimes conceptos hebraicos de la bondad y los avanzados conceptos helénicos de la belleza.

La religión cristiana es la religión sobre la vida y enseñanzas de Cristo basada en la teología del judaísmo, modificada ulteriormente a través de la asimilación de ciertas enseñanzas zoroastrianas y de la filosofía griega, y formulada principalmente por tres individuos: Filón, Pedro y Pablo. Ha pasado a través de muchas fases de evolución desde los tiempos de Pablo y se ha vuelto tan completamente occidentalizada que muchos pueblos no europeos naturalmente consideran el cristianismo una extraña revelación de un extraño Dios para extraños.

Islam es la conexión religioso-cultural de África del norte, el Levante y el sudeste de Asia. Fue la teología judía en relación con las enseñanzas más recientes cristianas la que hizo que Islam fuera monoteísta. Los seguidores de Mahoma tropezaron con las enseñanzas avanzadas sobre la Trinidad; no pudieron comprender la doctrina de las tres personalidades divinas y una Deidad. Es siempre difícil inducir la mente evolucionaria a que acepte repentinamente una verdad revelada avanzada. El hombre es una criatura evolucionaria y en general debe recibir su religión mediante técnicas evolucionarias.

La adoración de los antepasados antiguamente constituyó un avance decidido en la evolución religiosa, pero es a la vez sorprendente y lamentable que este concepto primitivo persista en la China, el Japón y la India entre tantas cosas que son relativamente más avanzadas, tales como el budismo y el hinduismo. En el occidente, la adoración a los antepasados se constituyó en la veneración de los dioses nacionales y el respeto por los héroes de la raza. En el siglo veinte esta religión nacionalista veneradora de los héroes hace su aparición en los varios secularismos radicales y nacionalistas que caracterizan a muchas razas y naciones del occidente. Mucho de esta misma actitud también se encuentra en las grandes universidades y las comunidades industriales más grandes de los pueblos de habla inglesa. No es muy diferente de estos conceptos la idea de que la religión no es sino «una búsqueda común de la buena vida». Las «religiones nacionales» no son más que una reversión a la primitiva adoración del emperador de los romanos y al shinto —adoración del estado en la familia imperial.

7. La evolución ulterior de la religión

La religión no puede volverse nunca un hecho científico. La filosofía sí puede descansar sobre una base científica, pero la religión seguirá por siempre evolucionaria o revelatoria o una combinación posible de ambas, tal como ocurre en el mundo de hoy día.

No se pueden inventar nuevas religiones; éstas pueden evolucionar, o son *reveladas repentinamente*. Todas las nuevas religiones evolucionarias son meramente expresiones avanzadas de viejas creencias, nuevas adaptaciones y nuevos ajustes. Lo viejo no cesa de existir; está fundido con lo nuevo, aun como el sikismo floreció y creció de las semillas y formas del hinduismo, budismo, islam y otros cultos contemporáneos. La religión primitiva era muy democrática, el salvaje rápidamente prestaba o pedía prestado. Sólo con la religión revelada apareció el egocentrismo teológico autocrático e intolerante.

Las muchas religiones de Urantia son todas buenas en cuanto llevan al hombre hacia Dios y traen la comprensión del Padre al hombre. Es un error para cualquier grupo de religiosos concebir que su credo sea *La Verdad*; esa actitud habla más de arrogancia teológica que de certidumbre en la fe. No existe religión en Urantia que no pudiera aprovechar el estudio y asimilar lo mejor de las verdades contenidas en cada una de las otras fes, porque todas contienen verdades. Los religiosos harían mejor en pedir prestado lo mejor de la fe espiritual viva de sus vecinos en vez de denunciar lo peor en las supersticiones y los ritos desgastados.

Todas estas religiones han surgido como resultado de la respuesta variable intelectual del hombre a su idéntica guía espiritual. No pueden esperar jamás obtener uniformidad de credos, dogmas y ritos —éstos son valores intelectuales; pero sí pueden —y algún día van a— lograr la unidad en la verdadera adoración del Padre de todos, porque esto es espiritual, y es por siempre verdad que en el espíritu todos los hombres son iguales.

La religión primitiva fue en gran parte una conciencia de valor material, pero la civilización eleva los valores religiosos, porque la verdadera religión es la dedicación del yo al servicio de valores significativos y supremos. A medida que evoluciona la religión la ética se vuelve la filosofía de la moral, y la moralidad se vuelve la disciplina del yo por las normas de los significados más altos y valores supremos —los ideales divinos y espirituales. Así la religión se vuelve devoción espontánea y exquisita, la experiencia viviente de la lealtad del amor.

La calidad de una religión está señalada por:

1. Valores de nivel —lealtades.

2. Profundidad de significados —la sensibilización del individuo a la apreciación idealista de esos valores más elevados.

3. Intensidad de consagración —el grado de devoción a estos valores divinos.

4. El progreso desencadenado de la personalidad en este camino cósmico de vida espiritual idealista, comprensión de la filiación de Dios y ciudadanía progresiva interminable en el universo.

Los significados religiosos progresan en autoconciencia cuando el niño transfiere sus ideas de omnipotencia de sus padres a Dios. Y la experiencia religiosa entera de tal niño depende en gran parte de si la relación padre-hijo ha sido dominada por el temor o por el amor. Los esclavos siempre han experimentado gran dificultad en transferir el temor por el amo a los conceptos del amor de Dios. La civilización, la ciencia y las religiones avanzadas deben liberar a la humanidad de esos temores nacidos del miedo a los fenómenos naturales. Así también un mayor esclarecimiento debería liberar a los mortales instruidos de toda dependencia de intermediarios en la comunión con la Deidad.

Estas etapas intermedias de vacilación idólatra en la transferencia de la veneración de lo humano y lo visible a lo divino e invisible son inevitables, pero deben ser abreviadas por la conciencia del ministerio facilitador del espíritu divino residente. Sin embargo, el hombre ha sido profundamente influido, no sólo por sus conceptos sobre la Deidad, sino también por el carácter de los héroes a quien ha elegido honrar. Es muy triste que aquellos que han venido para venerar al divino Cristo resucitado dejaron de ver al hombre —el héroe valiente y valeroso— Josué ben José.

El hombre moderno es adecuadamente autoconsciente de la religión, pero sus costumbres de adoración son confusas y están desacreditadas por su metamorfosis social acelerada y sus desarrollos científicos sin precedentes. Los hombres y mujeres que razonan quieren redefinir la religión, y esta demanda obligará a la religión a revaluarse a sí misma.

El hombre moderno se enfrenta con la tarea de hacer más adaptaciones de los valores humanos en una generación de lo que hubo de hacer en dos mil años. Y todo ello influye sobre la actitud social hacia la religión, porque la religión es una forma de vida así como una técnica de pensamiento.

La verdadera religión debe ser siempre y al mismo tiempo, el cimiento eterno y la estrella guiadora de toda civilización duradera.

[Presentado por un Melquisedek de Nebadon.]

DOCUMENTO 93

MAQUIVENTA MELQUISEDEK

LOS Melquisedek son muy conocidos como Hijos de urgencia, porque son capaces de una sorprendente gama de actividades en los mundos de un universo local. Cuando surge un problema extraordinario o cuando se ha de intentar algo poco común, muy frecuentemente es un Melquisedek quien acepta el encargo. La habilidad de los hijos Melquisedek para funcionar en urgencias y en niveles ampliamente divergentes del universo, aun en el nivel físico de la manifestación de la personalidad, es peculiar de esta orden. Sólo los Portadores de Vida comparten hasta cierto punto esta gama metamórfica de funciones de la personalidad.

La orden Melquisedek de la filiación del universo ha sido altamente activa en Urantia. Un cuerpo de doce sirvió en cooperación con los Portadores de Vida. Otro cuerpo posterior de doce miembros llegó a ser los síndicos de vuestro mundo poco después de la secesión de Caligastia y continuó en su autoridad hasta los tiempos de Adán y Eva. Estos doce Melquisedek volvieron a Urantia después de la falta de Adán y Eva, y continuaron de allí en adelante como síndicos planetarios hasta el día en que Jesús de Nazaret como Hijo del Hombre, fue nombrado Príncipe Planetario de Urantia.

1. LA ENCARNACIÓN DE MAQUIVENTA

La verdad revelada estaba amenazada de extinción durante los milenios que siguieron al aborto de la misión adánica en Urantia. Las razas humanas, aunque progresaban intelectualmente, estaban lentamente perdiendo terreno en el campo espiritual. Alrededor del año 3000 a. de J. C. el concepto de Dios se había vuelto muy nebuloso en la mente de los hombres.

Los doce síndicos Melquisedek sabían del próximo autootorgamiento de Micael en el planeta, pero no sabían cuán pronto ocurriría. Por consiguiente, se reunieron en consejo solemne y solicitaron de los Altísimos de Edentia que se otorgara una disposición para mantener la luz de la verdad en Urantia. Esta súplica fue contestada mediante el mandato que declaraba «la conducta de los asuntos del número 606 de Satania está totalmente en manos de sus custodios Melquisedek». Los síndicos apelaron entonces al Padre Melquisedek, pero tan sólo recibieron un mensaje en el sentido de que debían continuar defendiendo la verdad en la manera de su propia elección «hasta la llegada de un Hijo autootorgador» quien «rescataría los títulos planetarios del despojamiento y de la inseguridad».

Como consecuencia de haber sido abandonados tan completamente a sus propios recursos, Maquiventa Melquisedek, uno de los doce síndicos planetarios, se ofreció como voluntario para hacer lo que tan sólo se había hecho seis veces anteriormente en toda la historia de Nebadon: personalizarse en la tierra como hombre temporal del reino, otorgarse como Hijo de urgencia en el ministerio mundial. Las autoridades de Salvington expedieron el permiso para esta aventura y la encarnación misma de

Maquiventa Melquisedek se consumó cerca de lo que sería eventualmente la ciudad de Salem, en Palestina. La entera transacción de la materialización de este Hijo Melquisedek fue completada por los síndicos planetarios con la cooperación de los Portadores de Vida, algunos de los Controladores Físicos Decanos y otras personalidades celestiales residentes en Urantia.

2. EL SABIO DE SALEM

1.973 años antes del nacimiento de Jesús, Maquiventa se otorgó a las razas humanas de Urantia. Su advenimiento no fue espectacular; su materialización no fue presenciada por ojos humanos. Él fue visto por primera vez por el hombre mortal en ese día pletórico en que entró a la tienda de Amdón, un pastor caldeo de origen sumerio. Y la proclamación de su misión estuvo comprendida en la simple declaración que le hiciera a este pastor: «Soy Melquisedek, sacerdote de El Elyón, el Altísimo, el único Dios».

Cuando el pastor se recobró de su sorpresa, y después de doblegar a este extraño con muchas preguntas, invitó a Melquisedek a cenar con él, y fue ésta la primera vez en su larga carrera universal que Maquiventa compartía el alimento material, el alimento que habría de sostenerle a lo largo de sus noventa y cuatro años de vida como ser material.

Esa noche, mientras hablaban bajo las estrellas, Melquisedek comenzó su revelación de la verdad de la realidad de Dios al volverse hacia Amdón, y decirle, con un amplio gesto del brazo: «El Elyón, el Altísimo, es el creador divino de las estrellas del firmamento y aun de esta misma tierra sobre la cual vivimos, y él también es el Dios supremo del cielo».

En pocos años Melquisedek había reunido a su alrededor a un grupo de estudiantes, discípulos y creyentes que formaron el núcleo de la futura comunidad de Salem. Pronto se le conoció en toda Palestina como el sacerdote de El Elyón, el Altísimo, y como el sabio de Salem. En algunas de las tribus circunvecinas, se le denominaba el jeque, o rey, de Salem. Salem era el sitio que después de la desaparición de Melquisedek se volvió la ciudad de Jebús, posteriormente llamada Jerusalén.

En su aspecto personal, Melquisedek se asemejaba a los pueblos por entonces mezclados, nodita y sumerio, teniendo una altura de casi un metro con ochenta y poseyendo un aspecto imponente. Hablaba caldeo y media docena de otros idiomas. Vestía en forma muy semejante a la de los sacerdotes canaanitas, excepto que en su pecho llevaba un emblema de tres círculos concéntricos, el símbolo sataniano de la Trinidad del Paraíso. En el curso de su ministerio, esta insignia de tres círculos concéntricos se llegó a considerar tan sagrada que sus seguidores nunca se atrevieron a utilizarla, y fue olvidada muy pronto con el paso de unas pocas generaciones.

Aunque Maquiventa vivió en la forma en que lo hacían los hombres del reino, no se casó nunca ni podría haber dejado vástagos sobre la tierra. Su cuerpo físico, aunque se parecía al del varón humano, era en realidad del orden de aquellos cuerpos especialmente construídos utilizados por los cien miembros materializados del séquito del Príncipe Caligastia, excepto que no llevaba el plasma de vida de raza humana alguna. Tampoco estaba disponible en Urantia el árbol de la vida. Si Maquiventa hubiese permanecido sobre la tierra por un largo período de tiempo, su mecanismo físico se habría deteriorado gradualmente; tal como ocurrieron las cosas, terminó su misión de autootorgamiento en noventa y cuatro años, mucho antes de que su cuerpo material comenzara a desintegrarse.

Este Melquisedek encarnado recibió a un Ajustador del Pensamiento quien residió en su personalidad superhumana como monitor del tiempo y mentor de la carne, acumulando de este modo experiencia e introducción práctica a los problemas de Urantia y a la técnica de residir en un Hijo encarnado, cosa que permitió que este espíritu del Padre funcionara tan valientemente en la mente humana del Hijo de Dios, Micael, cuando más adelante, apareció en la tierra en semejanza de la carne mortal. Éste fue el único Ajustador del Pensamiento que funcionara en dos mentes en Urantia, pero ambas mentes eran divinas a la vez que humanas.

Durante la encarnación Maquiventa se mantuvo en pleno contacto con sus once semejantes del cuerpo de custodios planetarios, pero no podía comunicarse con otras órdenes de personalidades celestiales. Aparte de los síndicos Melquisedek, no tuvo más contacto con las inteligencias superhumanas que un ser humano.

3. LAS ENSEÑANZAS DE MELQUISEDEK

Con el pasar de una década, Melquisedek organizó sus escuelas en Salem, según el antiguo sistema que había sido desarrollado por los primitivos sacerdotes setitas en el segundo Edén. Aun la idea de un sistema de diezmo, que fue introducido por su converso posterior, Abraham, también se derivaba de las tradiciones residuales de los métodos de los antiguos setitas.

Melquisedek enseñó el concepto de un solo Dios, una Deidad universal, pero permitió que el pueblo asociara sus enseñanzas con el Padre de la Constelación de Norlatiadek, a quien denominaba El Elyón —el Altísimo. Melquisedek permaneció prácticamente silencioso en cuanto a la situación de Lucifer y el estado general en Jerusem. Lanaforge, el Soberano del Sistema, poco tuvo que ver con Urantia hasta después de la terminación del autootorgamiento de Micael. Para la mayoría de los estudiantes de Salem, Edentia era el cielo y el Altísimo era Dios.

El símbolo de los tres círculos concéntricos, que Melquisedek adoptó como insignia de su autootorgamiento, fue interpretado por una mayoría de la gente como símbolo de los tres reinos de los hombres, los ángeles y Dios. Se les permitió que perseveraran en esa creencia; muy pocos de sus seguidores supieron jamás que esos tres círculos eran el emblema de la infinidad, la eternidad y la universalidad de la Trinidad del Paraíso de mantenimiento y dirección divinos; aun Abraham prefirió considerar que este símbolo represente a los tres Altísimos de Edentia, puesto que se le había instruido que los tres Altísimos funcionaban como uno. Melquisedek hasta cierto punto enseñó el concepto de la Trinidad, simbolizado en su insignia, lo que generalmente relacionaba con los tres gobernantes Vorondadek de la constelación de Norlatiadek.

Para la masa de sus seguidores, se limitó a enseñar el hecho del gobierno de los Altísimos de Edentia, los Dioses de Urantia. Pero Melquisedek enseñó la verdad avanzada a algunos, verdad que comprendía la conducta y organización del universo local, mientras que a su brillante discípulo Nordán el Ceneo y su grupo de discípulos sinceros les enseñó las verdades del superuniverso y aun de Havona.

Los familiares de Katro, con quien Melquisedek vivió más de treinta años, conocían muchas de estas verdades más elevadas y las perpetuaron por largo tiempo en su familia, hasta los días de su ilustre descendiente Moisés, quien de este modo tuvo a su disposición la imponente tradición de los días de Melquisedek proveniente de esta rama de su familia, correspondiente a su padre, a la vez que, a través de otras fuentes, por parte del linaje de su madre.

Melquisedek enseñó a sus seguidores todo lo que ellos tenían capacidad para recibir y asimilar. Aun muchas ideas religiosas modernas sobre el cielo y la tierra, el hombre, Dios y los ángeles no están muy distantes de estas enseñanzas de Melquisedek. Pero este gran maestro subordinó todo abajo de la doctrina del Dios único, una Deidad universal, un Creador celestial, un Padre divino. Hizo hincapié sobre esta enseñanza con el propósito de atraer la adoración del hombre y de preparar el camino para la aparición subsiguiente de Micael como Hijo de este mismo Padre Universal.

Melquisedek enseñó que en algún momento futuro otro Hijo de Dios vendría en la carne así como él lo había hecho, pero que nacería de una mujer; y por eso numerosos maestros futuros sostendrían que Jesús era un sacerdote, o un ministro, «para siempre de la orden de Melquisedek».

Así pues Melquisedek preparó el camino e inició la etapa monoteísta en la tendencia mundial para el autootorgamiento de un verdadero Hijo Paradisiaco del Dios único, a quien él tan vívidamente describió como el Padre de todos, y a quien él representó a Abraham como el Dios que acepta al hombre en términos sencillos de fe personal. Y Micael, cuando apareció en la tierra, confirmó todo lo que Melquisedek había enseñado sobre el Padre del Paraíso.

4. LA RELIGIÓN DE SALEM

Las ceremonias de adoración en Salem eran muy sencillas. Toda persona que firmaba o marcaba las nóminas en las tablas de arcilla de la iglesia de Melquisedek memorizaba la siguiente creencia y se suscribía a ella:

1. Creo en El Elyón, el Dios Altísimo, el único Padre Universal y Creador de todas las cosas.

2. Acepto el pacto de Melquisedek con el Altísimo, según el cual se me otorga el favor de Dios por mi fe, y no por sacrificios ni por holocaustos.

3. Prometo obedecer los siete mandamientos de Melquisedek y difundir la buena nueva de este pacto con el Altísimo a todos los hombres.

Constituyó ése el entero credo de la colonia de Salem. Pero aun tan corta y simple declaración de fe, era excesiva y demasiado avanzada para los hombres de esos días. Simplemente no podían aferrarse a la idea de obtener el favor divino por nada —por la fe solamente. La creencia de que el hombre había nacido para ser redimido por los dioses estaba demasiado arraigada en ellos. Demasiado tiempo y con demasiada sinceridad habían sacrificado ellos y obsequiado a los sacerdotes, como para ser capaces de comprender la buena nueva de que la salvación, el favor divino, fuese un don gratis para todos los que quisieran creer en el pacto de Melquisedek. Abraham sí creyó pero sin entusiasmo, y aun eso «le fue contado por justicia».

Los siete mandamientos promulgados por Melquisedek se modelaban según la suprema ley antigua de Dalamatia y se asemejaban mucho a los siete mandamientos enseñados en el primer Edén y el segundo. Estos mandamientos de la religión salemita eran:

1. No servirás a ningún Dios sino al Creador Altísimo del cielo y de la tierra.
2. No dudarás de que la fe es el único requisito para la salvación eterna.
3. No darás falso testimonio.
4. No matarás.
5. No robarás.

6. No cometerás adulterio.

7. No mostrarás falta de respeto a tus padres y a ancianos.

Aunque no se permitían sacrificios dentro de la colonia, Melquisedek sabía cuán difícil es arrancar repentinamente costumbres largamente establecidas y por consiguiente ofreció sabiamente a este pueblo el sustituto de un sacramento de pan y vino en vez del antiguo sacrificio de carne y sangre. Existe el registro: «Melquisedek, rey de Salem, sacó pan y vino». Pero aún esta innovación cauta no consiguió implantarse del todo. Las varias tribus mantenían centros auxiliares en las afueras de Salem en los que ofrecían sacrificios y holocaustos, ofrendas quemadas. Aun Abraham cayó en esta práctica bárbara después de su victoria sobre Quedorlaomer; simplemente no se sentía completamente tranquilo hasta no haber hecho un sacrificio convencional. Así pues Melquisedek no consiguió nunca erradicar completamente esta tendencia al sacrificio en las prácticas religiosas de sus seguidores, ni siquiera de Abraham.

Como Jesús, Melquisedek se dedicó estrictamente al cumplimiento de la misión de su autootorgamiento. No intentó reformar las costumbres establecidas, cambiar los hábitos del mundo, ni promulgar siquiera prácticas sanitarias avanzadas ni verdades científicas. Vino para llevar a cabo dos tareas: Mantener viva en la tierra la verdad del Dios único y preparar el camino para el autootorgamiento en forma mortal subsiguiente de un Hijo Paradisiaco de ese Padre Universal.

La verdad revelada la enseñó Melquisedek en Salem en forma elemental por noventa y cuatro años, y durante este período Abraham asistió a la escuela de Salem en tres ocasiones distintas. Finalmente se convirtió a las enseñanzas de Salem, tornándose uno de los más brillantes discípulos de Melquisedek y de sus principales sostenedores.

5. La selección de Abraham

Aunque sea erróneo hablar del «pueblo elegido», no es equivocación referirse a Abraham como ser elegido. Melquisedek sí dio a Abraham el encargo de mantener viva la verdad del Dios único diferenciado de la creencia común en deidades plurales.

La elección de Palestina como sitio de las actividades de Maquiventa se debió en parte al deseo de establecer contacto con una familia humana que personificara potenciales de liderazgo. Al tiempo de la encarnación de Melquisedek había muchas familias sobre la tierra tan preparadas para recibir las doctrinas de Salem como la de Abraham. Existían familias igualmente dotadas entre los hombres rojos, los hombres amarillos y los descendientes de los anditas al oeste y al norte. Pero, nuevamente, ninguna de estas ubicaciones estaba tan favorablemente situada para la subsiguiente aparición sobre la tierra de Micael como la costa oriental del Mar Mediterráneo. La misión de Melquisedek en Palestina y la subsiguiente aparición de Micael entre el pueblo hebreo fueron determinados en gran medida por la geografía, por el hecho de que Palestina tenía una ubicación central respecto al comercio, las vías de comunicación y la civilización del mundo de aquel entonces.

Por algún tiempo los síndicos Melquisedek habían estado observando a los antepasados de Abraham, y anticipaban confiadamente la aparición en cierta generación de vástagos que se caracterizarían por su inteligencia, iniciativa, sagacidad y sinceridad. Los hijos de Taré, el padre de Abraham, cumplieron en todas sus facetas con estas esperanzas. Fue esta posibilidad de contacto con los versátiles hijos de Taré la que tuvo considerable influencia sobre la aparición de Maquiventa en Salem, en vez de Egipto, la China, la India o las tribus nórdicas.

Taré y su entera familia creían a medias en la religión de Salem, que se había predicado en Caldea; supieron de Melquisedek a través de los sermones de Ovid, maestro fenicio que proclamó la doctrina de Salem en Ur. Salieron de Ur con la idea de ir directamente a Salem, pero Nacor, el hermano de Abraham, no habiendo conocido a Melquisedek, no estaba del todo convencido y los persuadió de que se detuvieran en Harán. Mucho tiempo pasó, después de llegar a Palestina, antes de que estuvieran dispuestos a destruir *todos* los dioses del hogar que habían traído consigo; abandonaron lentamente los muchos dioses de Mesopotamia, a favor del Dios único de Salem.

Pocas semanas después de la muerte de Taré, el padre de Abraham, Melquisedek envió a uno de sus discípulos, Jarán el Heteo, para que invitara tanto a Abraham como a Nacor: «Venid a Salem, escucharéis allí nuestras enseñanzas de la verdad del Creador eterno, y en vuestros vástagos esclarecidos, el mundo será bendecido». Pero Nacor no había aceptado totalmente el evangelio de Melquisedek; decidió quedarse donde estaba y construyó una fuerte ciudad-estado que llevó su nombre; pero Lot, el sobrino de Abraham, decidió acompañar a su tío a Salem.

Después de llegar a Salem, Abraham y Lot seleccionaron una fortaleza en las colinas cerca de la ciudad, para poder defenderse de los muchos ataques sorpresivos de los invasores del norte. En esta época los heteos, asirios, filisteos y otros grupos se incursionaban constantemente en las tribus de Palestina central y meridional. Desde su fortaleza en las colinas, Abraham y Lot hicieron peregrinajes frecuentes a Salem.

No mucho tiempo después de haberse establecido cerca de Salem, Abraham y Lot viajaron al valle del Nilo para adquirir alimentos, puesto que había una sequía en Palestina. Durante su breve estadía en Egipto, Abraham halló a un pariente distante en el trono egipcio, y sirvió como comandante en dos expediciones militares de gran éxito para este rey. Durante la última parte de su estadía en el valle del Nilo, él y su esposa, Sara, vivieron en la corte, y al salir de Egipto, él recibió parte de los despojos de sus campañas militares.

Abraham hubo de apelar a una gran firmeza para dejar atrás los honores de la corte egipcia y volver a la tarea más espiritual patrocinada por Maquiventa. Pero Melquisedek era reverenciado aun en Egipto, y cuando se le planteó la situación en su totalidad al faraón, éste instó encarecidamente a Abraham que fuese a cumplir con sus votos para con la causa de Salem.

Abraham tenía ambiciones monárquicas, y camino de vuelta de Egipto planteó a Lot su plan dirigido a sojuzgar todo Canaán y su pueblo al gobierno de Salem. Lot se interesaba más por los negocios; por lo tanto, después de un desacuerdo que surgió posteriormente, se fue a Sodoma para ocuparse del comercio y de la ganadería. A Lot no le apetecía ni la vida militar ni la vida de pastor.

Al retornar con su familia a Salem, Abraham comenzó a madurar sus proyectos militares. Muy pronto se le reconoció como gobernante civil del territorio de Salem y tuvo bajo su liderazgo una confederación de siete tribus adyacentes. En efecto, con gran dificultad pudo Melquisedek frenar a Abraham, ardiente de fervor por salir a conquistar las tribus circunvecinas con la espada para que éstas pudiesen llegar más prontamente al conocimiento de las verdades salemitas.

Melquisedek mantenía relaciones pacíficas con todas las tribus circunvecinas; no era militarista y nunca fue atacado por ningún ejército de los que iban y venían. Estaba enteramente de acuerdo en que Abraham planteara una política de defensa para Salem, semejante a la que eventualmente se puso en vigor, pero no quería aprobar los esquemas ambiciosos de su discípulo para la conquista; por esto hubo una ruptura amistosa de relaciones, y Abraham se trasladó a Hebrón para establecer su capital militar.

Abraham, en vista de su estrecha relación con el ilustre Melquisedek, poseía gran ventaja sobre los reyezuelos circunvecinos; todos ellos reverenciaban a Melquisedek y temían indebidamente a Abraham. Abraham conocía este temor y tan sólo esperaba la ocasión oportuna para atacar a sus vecinos, y esta excusa se le presentó cuando algunos de estos gobernantes tuvieron la presunción de incursionarse en la propiedad de su sobrino Lot, que residía en Sodoma. Al oír de este acontecimiento, Abraham, a la cabeza de sus siete tribus confederadas, se abalanzó sobre el enemigo. Su guardia de cuerpo personal de 318 dirigía el ejército, que contaba con más de 4.000 soldados al momento del ataque.

Cuando Melquisedek supo de la declaración de guerra de Abraham, salió para disuadirle, pero tan sólo le alcanzó cuando su ex-discípulo volvía victorioso de la batalla. Abraham insistió que el Dios de Salem le había otorgado la victoria sobre sus enemigos y persistió en entregar un décimo del botín al tesoro de Salem. El noventa por ciento restante se lo llevó a su capital en Hebrón.

Después de esta batalla de Sidim, Abraham se volvió el líder de una segunda confederación de once tribus y no sólo pagaba diezmos a Melquisedek sino que se ocupó de que todos los demás en esas tierras hicieran lo mismo. Sus relaciones diplomáticas con el rey de Sodoma, juntamente con el temor que todos le tenían, dieron como resultado el hecho de que el rey de Sodoma y otros se uniesen a la confederación militar de Hebrón; Abraham estaba estableciendo un poderoso estado en Palestina.

6. EL PACTO DE MELQUISEDEK CON ABRAHAM

Abraham visualizaba la conquista de todo Canaán. Su determinación tan sólo estaba debilitada por el hecho de que Melquisedek no quería sancionar la empresa. Pero Abraham había prácticamente decidido embarcarse en la conquista cuando comenzó a preocuparse por el hecho de que no tenía un hijo que le sucediese como gobernante de su futuro reino. Dispuso otra entrevista con Melquisedek; y fue en el curso de esta entrevista de la que el sacerdote de Salem, el Hijo visible de Dios, persuadió a Abraham a que abandonara el plan de conquista material y del gobierno temporal en favor del concepto espiritual del reino de los cielos.

Melquisedek explicó a Abraham la futilidad de pelear con la confederación amorita pero aclaró también que estos clanes atrasados estaban con seguridad cometiendo suicidio mediante sus tontas prácticas, de modo que en pocas generaciones tanto se debilitarían que los descendientes de Abraham, entre tanto grandemente aumentados, fácilmente podrían derrotarlos.

Melquisedek hizo un pacto formal con Abraham en Salem. Díjole a Abraham: «Mira ahora los cielos, y cuenta las estrellas, si las puedes contar; así numerosa será tu simiente». Abraham creyó lo que Melquisedek decía, «y eso le fue contado por justicia». Y entonces Melquisedek contó a Abraham la historia de la ocupación futura de Canaán por sus descendientes después de su estadía en Egipto.

Este pacto de Melquisedek con Abraham representa el gran acuerdo en Urantia entre la divinidad y la humanidad mediante el cual Dios acuerda hacer *todo*, el hombre tan sólo acuerda *creer* en las promesas de Dios y seguir sus instrucciones. Hasta ese momento se había creído que la salvación tan sólo se podía obtener por obras — sacrificios y ofrendas; ahora, Melquisedek nuevamente trajo a Urantia la buena nueva de que la salvación, el favor de Dios, se obtiene por la *fe*. Pero este evangelio de la simple fe en Dios era demasiado avanzado; los hombres de las tribus semíticas posteriormente prefirieron volver a los sacrificios más antiguos y al sistema de expiación de los pecados mediante el derramamiento de sangre.

No mucho después del establecimiento de este pacto, nació Isaac, el hijo de Abraham, de acuerdo con la promesa de Melquisedek. Después del nacimiento de Isaac, Abraham adoptó una actitud solemne hacia su pacto con Melquisedek, yendo a Salem para suscribirlo por escrito. Fue en esta ceremonia pública y formal de aceptación del pacto cuando cambió su nombre de Abram a Abraham.

La mayor parte de los creyentes de Salem habían practicado la circuncisión, aunque Melquisedek nunca habia hecho ésta obligatoria. Abraham por otra parte se había opuesto siempre a la circuncisión, de modo que en esta ocasión decidió solemnizar el evento aceptando formalmente este rito como muestra de la ratificación del pacto de Salem.

Fue esta rendición pública y real de sus ambiciones personales a favor de los planes más grandes de Melquisedek después de que los tres seres celestiales se le aparecieron en las llanuras de Mamré. Ésta fue una aparición de hecho, a pesar de su asociación con las narrativas posteriormente inventadas relacionadas con la destrucción natural de Sodoma y Gomorra. Y estas leyendas de los acontecimientos de aquellos días indican cuán retrasadas estaban la moral y la ética aun en esa época comparativamente tan reciente.

Con la consumación del pacto solemne, la reconciliación entre Abraham y Melquisedek estuvo completa. Abraham volvió a tomar el liderazgo civil y militar de la colonia de Salem, que en su cúspide contaba con más de cien mil contribuyentes regulares al diezmo en las nóminas de la fraternidad de Melquisedek. Abraham mejoró grandemente el templo de Salem y proveyó nuevas tiendas para toda la escuela. No sólo amplió el sistema de diezmo sino que también instituyó muchos métodos mejorados de conducir los negocios de la escuela, además de contribuir grandemente a la mejor gerencia del departamento de propaganda misionera. También hizo mucho por mejorar los rebaños y reorganizar la industria lechera de Salem. Abraham era un comerciante astuto y eficiente, un hombre rico para esas épocas; no era particularmente piadoso, pero sí totalmente sincero y creía en Maquiventa Melquisedek.

7. LOS MISIONEROS MELQUISEDEK

Melquisedek siguió instruyendo por varios años a sus estudiantes y adiestrando a los misioneros salemitas, quienes penetraron a todas las tribus circunvecinas, particularmente en Egipto, Mesopotamia y Asia Menor. A medida que pasaban las décadas, estos maestros se alejaban cada vez más de Salem, llevando consigo el evangelio de Maquiventa de la creencia y la fe en Dios.

Los descendientes de Adansón, agrupados en las orillas del lago de Van, escucharon ávidamente a los maestros heteos del culto salemita. Desde este antiguo centro andita, se enviaron maestros a las regiones más remotas tanto de Europa como de Asia. Los misioneros de Salem penetraron en toda Europa, hasta las Islas Británicas. Un grupo fue por el camino de Faroes hasta los andonitas en Islandia, mientras que otro atravesó China y llegó a los japoneses de las islas orientales. La vida y experiencias de los hombres y mujeres que se aventuraron desde Salem, Mesopotamia y el lago Van para esclarecer a las tribus del hemisferio oriental constituyen un capítulo heroico en los anales de la raza humana.

Pero la tarea era tan grande y las tribus tan retrógradas que los resultados fueron vagos e indefinidos. De una generación a otra el evangelio salemita fue acogido aquí y allí, pero excepto en Palestina, la idea de un solo Dios nunca consiguió la lealtad continuada de una entera tribu o raza. Mucho antes del advenimiento de Jesús, las enseñanzas de los primitivos misioneros de Salem en general se habían sumergido en las más antiguas supersticiones y creencias universales. El evangelio original de Melquisedek había sido absorbido casi totalmente en las creencias de la Gran Madre, el Sol y otros cultos antiguos.

Vosotros que disfrutáis hoy en día de las ventajas del arte de la imprenta poco comprendéis cuán difícil era perpetuar la verdad durante esos tiempos primitivos; cuán fácil es perder de vista una nueva doctrina de una generación a la otra. Siempre existía la tendencia a que la nueva doctrina quedase absorbida en el cuerpo más antiguo de las enseñanzas religiosas y prácticas mágicas. Una nueva revelación siempre está contaminada por las creencias evolucionarias más antiguas.

8. LA PARTIDA DE MELQUISEDEK

Poco después de la destrucción de Sodoma y Gomorra, Maquiventa decidió poner punto final a su autootorgamiento de urgencia en Urantia. La decisión de Melquisedek de terminar su estadía en la carne fue influida por numerosas condiciones, principal entre ellas la tendencia en aumento entre las tribus circunvecinas, y aun entre sus asociados inmediatos, de considerarle un semidios, de contemplarle como un ser supernatural, lo cual en efecto lo era; pero estaban empezando a reverenciarlo indebidamente y con un temor altamente supersticioso. Además de estas razones, Melquisedek deseaba abandonar la escena de sus actividades terrestres suficientemente antes de la muerte de Abraham como para asegurar de que la verdad del Dios único se estableciese poderosamente en la mente de sus seguidores. Por consiguiente, Maquiventa se retiró cierta noche a su tienda en Salem, habiendo deseado las buenas noches a sus compañeros humanos, y cuando éstos fueron a llamarle por la mañana, no estaba, puesto que sus semejantes se lo habían llevado.

9. DESPUÉS DE LA PARTIDA DE MELQUISEDEK

Fue una gran prueba para Abraham cuando Melquisedek desapareció tan repentinamente. Aunque éste había avisado a sus seguidores que alguna vez se iría tal como había llegado, no se reconciliaban éstos con la pérdida de su maravilloso líder. La gran organización montada en Salem casi desapareció, aunque las tradiciones de estos días fueron los cimientos sobre los que construyó más adelante Moisés cuando convocó a los esclavos hebreos fuera de Egipto.

La pérdida de Melquisedek produjo en el corazón de Abraham una tristeza de la que nunca se repuso completamente. Había abandonado a Hebrón cuando descartó la ambición de construir un reino material; y ahora, con la pérdida de su asociado en la construcción del reino espiritual, partió de Salem, dirigiéndose al sur para vivir cerca de sus intereses en Gerar.

Abraham se tornó temeroso y timorato inmediatamente después de la desaparición de Melquisedek. A su llegada en Gerar se mantuvo incógnito, de modo que Abimelec se posesionó de su esposa. (Poco después de su matrimonio con Sara, Abraham cierta noche había acertado a oír una conspiración para asesinarlo y quitarle así a su brillante esposa. Este temor se volvió terror en este líder por otra parte valiente y atrevido; toda su vida temió que alguien lo matara en secreto para llevarse a Sara. Esto explica por qué, en tres ocasiones separadas, este hombre valeroso mostró verdadera cobardía).

Pero Abraham no se vio detenido mucho tiempo en su misión como sucesor de Melquisedek. Pronto convirtió a muchos entre los filistinos y el pueblo de Abimelec, firmó tratados con ellos y a su vez, se contaminó de muchas de sus supersticiones, particularmente de su práctica de sacrificar a los hijos primogénitos. Así Abraham se volvió nuevamente un líder en Palestina. Era reverenciado por todos los grupos y honrado por todos los reyes. Era el gran líder espiritual de todas las tribus circunvecinas, y su influencia continuó por algún tiempo después de su muerte. Durante los últimos años de su vida retornó otra vez a Hebrón, la escena de sus actividades primeras y el lugar en el que había trabajado en asociación con Melquisedek. La última acción de Abraham consistió en enviar a sus siervos de confianza a la ciudad de su hermano, Nacor, situada en la frontera con la Mesopotamia, para buscar a una mujer de su pueblo como esposa para su hijo Isaac. Por mucho tiempo había sido costumbre del pueblo de Abraham casarse con los primos. Abraham murió confiando en esa fe en Dios que había aprendido de Melquisedek en las desaparecidas escuelas de Salem.

Para la generación siguiente fue difícil comprender la historia de Melquisedek; a los quinientos años, muchos consideraban este relato un mito. Isaac mantuvo bastante bien las enseñanzas de su padre y alimentó el evangelio de la colonia de Salem, pero fue más difícil para Jacob captar el significado de estas tradiciones. José era un creyente firme en Melquisedek y, especialmente por esto, era considerado por sus hermanos un soñador. Los honores otorgados a José en Egipto se debieron principalmente a la memoria de su tatarabuelo Abraham. Se le ofreció a José el mando militar de los ejércitos egipcios, pero como era un creyente tan firme en las tradiciones de Melquisedek y en las enseñanzas posteriores de Abraham e Isaac, decidió servir como administrador civil, creyendo que contribuiría así mejor al avance del reino de los cielos.

Lo que enseñó Melquisedek era completo y pletórico, pero los registros de estos días parecían imposibles y fantásticos a los sacerdotes hebreos posteriores, aunque muchos tuvieron cierta comprensión de estas transacciones, por lo menos hasta los tiempos de la revisión masiva de los registros del Antiguo Testamento en Babilonia.

Lo que describen los registros del Antiguo Testamento como conversaciones entre Abraham y Dios fueron en realidad entrevistas entre Abraham y Melquisedek. Los escribas más recientes consideraron el término Melquisedek sinónimo de Dios. Las crónicas de tantos contactos de Abraham y Sara con «el ángel del Señor» se refieren a sus numerosas conversaciones con Melquisedek.

Las crónicas hebreas de Isaac, Jacob y José son mucho más confiables que las crónicas sobre Abraham, aunque también contienen muchas divergencias de los hechos, modificaciones hechas intencionalmente y también sin intención al tiempo de la compilación de estas narrativas por parte de los sacerdotes hebreos durante la cautividad en Babilonia. Cetura no era una esposa de Abraham; como Agar, era tan sólo una concubina. Todas las posesiones de Abraham fueron heredadas por Isaac, el hijo de Sara, la esposa legal. Abraham no era tan viejo como indican las crónicas, y su esposa era mucho más joven. Estas edades fueron alteradas deliberadamente para explicar el nacimiento supuestamente milagroso de Isaac.

El ego nacional de los judíos fue terriblemente contenido por el cautiverio en Babilonia. En su reacción contra la inferioridad nacional se fueron al otro extremo del egoísmo nacional y racial, distorsionando y pervirtiendo sus tradiciones con el objeto de exaltarse a sí mismos por sobre todas las razas como el pueblo elegido de Dios; así pues corrigieron cuidadosamente todas sus crónicas con el objeto de elevar a Abraham y a sus otros líderes nacionales muy por encima de todas las demás personas, sin exceptuar siquiera a Melquisedek. Los escribas hebreos por consiguiente destruyeron todo registro de estos tiempos monumentales que pudieron encontrar, preservando tan sólo la crónica del encuentro de Abraham y Melquisedek después de la batalla de Sidim, encuentro que según ellos reflejaba un gran honor para Abraham.

De esta manera, al perder de vista a Melquisedek, también perdieron de vista las enseñanzas de este Hijo de urgencia en lo que concierne a la misión espiritual del Hijo autootorgador prometido; perdieron de vista tan completa y plenamente la naturaleza de esta misión que muy pocos de su progenie fueron capaces o quisieron reconocer y recibir a Micael cuando éste apareció en la tierra y en la carne tal como Maquiventa había predicho.

Pero uno de los escritores del Libro de los Hebreos comprendió la misión de Melquisedek, porque está escrito: «Este Melquisedek, sacerdote del Altísimo, era un rey de paz; sin padre, sin madre, sin genealogía, que ni tiene principio de días ni de fin de vida, sino hecho semejante al Hijo de Dios, permanece sacerdote para siempre». Este escritor definió a Melquisedek en la misma clase posteriormente representada por el autootorgamiento de Micael, afirmando que Jesús era un «ministro para siempre de la orden de Melquisedek». Aunque esta comparación no fue muy afortunada, era literalmente verdad que Cristo recibió el título provisional a Urantia «por orden de los doce síndicos Melquisedek» de servicio al tiempo de su autootorgamiento en el mundo.

10. EL PRESENTE ESTADO DE MAQUIVENTA MELQUISEDEK

Durante los años de la encarnación de Maquiventa los síndicos Melquisedek de Urantia eran once. Cuando Maquiventa consideró que su misión de Hijo de urgencia había terminado, señaló el hecho a sus once asociados, y éstos inmediatamente aprontaron la técnica por la cual sería liberado de la carne y devuelto sano y salvo a su estado original de Melquisedek. Al tercer día después de su desaparición de Salem, apareció entre sus once semejantes de asignación en Urantia y retomó su carrera interrumpida como uno de los síndicos planetarios del planeta 606 de Satania.

Maquiventa terminó su autootorgamiento como criatura de carne y hueso tan repentinamente y sin ceremonias como la había comenzado. Ni su aparición ni su partida fueron acompañadas por anuncios o demostraciones fuera de lo común; su aparición en Urantia no estuvo marcada ni por un llamado a la resurrección ni por una terminación de la dispensación planetaria; la suya fue una encarnación de urgencia. Pero Maquiventa no puso fin a su tarea en la carne de los seres humanos hasta no haber sido debidamente liberado por el Padre Melquisedek y haber sido informado de que su autootorgamiento de urgencia había recibido la aprobación del ejecutivo en jefe de Nebadon, Gabriel de Salvington.

Maquiventa Melquisedek continuó siguiendo con gran interés los asuntos de los descendientes de aquellos hombres que habían creído en sus enseñanzas cuando estaba en la carne. Pero la progenie de Abraham a través de Isaac, vinculada por matrimonios con los ceneos, fue el único linaje que continuó largamente alimentando un concepto claro de las enseñanzas de Salem.

Este mismo Melquisedek siguió colaborando a lo largo de los diecinueve siglos sucesivos con los muchos profetas y videntes, tratando de este modo de mantener vivas las verdades de Salem hasta la plenitud del tiempo para la aparición de Micael en la tierra.

Maquiventa siguió siendo un síndico planetario hasta los tiempos del triunfo de Micael en Urantia. Posteriormente, se le asignó al servicio de Urantia en Jerusem como uno de los veinticuatro directores, habiendo sido promovido recientemente a la posición de embajador personal en Jerusem del Hijo Creador, con el título de Vicerregente del Príncipe Planetario de Urantia. Creemos que, hasta tanto Urantia siga siendo un planeta habitado, Maquiventa Melquisedek no será devuelto plenamente a los deberes de su orden de filiación, sino que permanecerá, hablando en términos temporales, por siempre ministro planetario representante de Cristo Micael.

Como fue suyo un autootorgamiento de urgencia en Urantia, no se desprende de los registros cuál será el futuro de Maquiventa. Es posible que el cuerpo de los Melquisedek de Nebadon haya sufrido la pérdida permanente de uno de sus miembros. Decretos recientes emanados de los Altísimos de Edentia, y más adelante confirmados por los Ancianos de los Días de Uversa, sugieren que este Melquisedek autootorgador está destinado a tomar el lugar de Caligastia, el Príncipe Planetario caído. Si estas conjeturas a este respecto son correctas, es totalmente posible que Maquiventa Melquisedek aparezca nuevamente en persona en Urantia y de alguna manera modificada vuelva a tomar el papel de Príncipe Planetario derrocado, o bien que aparezca en la tierra para actuar como Vicerregente del Príncipe Planetario representando a Cristo Micael, que actualmente tiene el título de Príncipe Planetario de Urantia. Aunque no está claro para nosotros cuál será el destino de Maquiventa, sin embargo, los acontecimientos que tan recientemente han ocurrido sugieren convincentemente que las conjeturas arriba mencionadas no están probablemente lejos de la verdad.

Bien comprendemos cómo, mediante su triunfo en Urantia, Micael se volvió el sucesor tanto de Caligastia como de Adán; cómo llegó a ser Príncipe planetario de la Paz y el segundo Adán. Ahora contemplamos el otorgamiento del título de Vicerregente del Príncipe Planetario de Urantia a este Melquisedek. ¿Será también nombrado Vicerregente del Hijo Material de Urantia? O bien, ¿existe la posibilidad de un acontecimiento inesperado y sin precedentes: el retorno en algún momento al planeta de Adán y Eva o de algunos de su progenie como representantes de Micael con los títulos de vicerregentes del segundo Adán de Urantia?

Todas estas especulaciones asociadas con la certidumbre de las apariciones futuras tanto de los Hijos Magisteriales como de los Hijos Instructores Trinitarios, en conjunción con la promesa explícita del Hijo Creador de retornar alguna vez, convierten a Urantia en un planeta de incertidumbre futura y en una de las esferas más interesantes y curiosas en todo el universo de Nebadon. Es perfectamente posible que, en alguna edad futura cuando Urantia se esté acercando a la era de la luz y la vida, una vez que los asuntos de la rebelión de Lucifer y de la secesión de Caligastia hayan finalmente sido adjudicados, podamos presenciar la presencia en Urantia, simultáneamente, de Maquiventa, Adán, Eva y Cristo Micael, así como también de un Hijo Magisterial o aun de los Hijos Instructores Trinitarios.

Por mucho tiempo nuestra orden ha mantenido la opinión de que la presencia de Maquiventa en el cuerpo jerusémico de los directores de Urantia, los veinticuatro consejeros, es prueba suficiente para justificar la creencia de que está destinado a seguir a los mortales de Urantia a través del esquema universal de progresión y de ascensión hasta el Cuerpo Paradisiaco de la Finalidad. Sabemos que Adán y Eva están destinados a acompañar a sus semejantes terrestres en la aventura al Paraíso cuando Urantia se haya establecido en luz y vida.

Menos de mil años atrás, este mismo Maquiventa Melquisedek, que había sido el sabio de Salem, estuvo presente en forma invisible en Urantia, por un período de cien años, actuando como gobernador general residente del planeta; y si el presente sistema de dirigir los asuntos planetarios continúa, deberá regresar con el mismo encargo en poco más de mil años.

Ésta es la historia de Maquiventa Melquisedek, uno de los seres más singulares que haya estado relacionado jamás con la historia de Urantia y una personalidad que puede estar destinada a desempeñar un papel importante en la experiencia futura de vuestro mundo irregular y fuera de lo común.

[Presentado por un Melquisedek de Nebadon.]

DOCUMENTO 94

LAS ENSEÑANZAS DE MELQUISEDEK EN EL ORIENTE

LOS primeros maestros de la religión de Salem penetraron hasta las remotas tribus de África y Eurasia, pregonando constantemente el evangelio de Maquiventa de la fe y la confianza del hombre en un Dios universal como único precio para la obtención del favor divino. El convenio de Melquisedek con Abraham fue el modelo original de toda la propaganda primitiva que salió de Salem y de otros centros. Urantia jamás tuvo misioneros más entusiastas y enérgicos de religión alguna que estos nobles hombres y mujeres que llevaron las enseñanzas de Melquisedek por el entero hemisferio oriental. Estos misioneros fueron seleccionados de muchos pueblos y razas, y difundieron sus enseñanzas en gran parte a través del medio de los conversos nativos. Establecieron centros de adiestramiento en diferentes partes del mundo donde enseñaron a los nativos la religión de Salem y luego encargaron a estos discípulos la función de maestros dentro de su propio pueblo.

1. LAS ENSEÑANZAS DE SALEM EN LA INDIA VÉDICA

En los días de Melquisedek, la India era un país cosmopolita que había caído recientemente bajo el dominio político y religioso de los invasores ario-anditas del norte y el oeste. En esta época tan sólo las porciones septentrional y occidental de la península estaban ampliamente dominadas por los arios. Estos recién llegados védicos habían traído consigo sus muchas deidades tribales. Sus formas religiosas de adoración seguían de cerca las prácticas ceremoniales de sus antepasados anditas en el sentido de que el padre seguía funcionando de sacerdote y la madre de sacerdotisa, y el fogón se seguía utilizando de altar.

El culto védico estaba en ese momento en proceso de crecimiento y metamorfosis bajo la dirección de la casta brahmina de los maestro-sacerdotes, quienes gradualmente estaban tomando el control sobre el rito expansivo de la adoración. La amalgama de las deidades arias que en una época habían sido treinta y tres ya se había iniciado cuando los misioneros de Salem penetraron en el norte de la India.

El politeísmo de estos arios representaba una degeneración de su anterior monoteísmo, ocasionada por su fragmentación en unidades tribales, cada tribu con su propio dios venerado. Esta degeneración del monoteísmo y el trinitarismo originales de la Mesopotamia andita estaba en proceso de resíntesis en los primeros siglos del segundo milenio a. de J. C.. Los muchos dioses estaban organizados en un panteón bajo la dirección triple de Dyaus pitar, el señor de los cielos; Indra, el tempestuoso señor de la atmósfera; y Agni, el dios tricápita del fuego, señor de la tierra y símbolo residual del previo concepto de la Trinidad.

Claros desarrollos henoteísticos estaban preparando el camino para un monoteísmo evolucionado. Agni, la deidad más antigua, frecuentemente se exaltaba como padre-cabeza de todo el panteón. El principio de deidad-padre, a veces llamado Prajapati, a veces denominado Brahma, estuvo sumergido en una batalla teológica que los sacerdotes brahmánicos libraron más adelante con los maestros de Salem. *El Brahmán* se concebía como el principio de energía-divinidad que activaba el entero panteón védico.

Los misioneros salemitas predicaban el Dios único de Melquisedek, el Altísimo en el cielo. Esta imagen no estaba en desacuerdo total con el concepto surgiente del Padre Brahma como fuente de todos los dioses, pero la doctrina de Salem no era ritualista y por lo tanto contradecía directamente los dogmas, tradiciones y enseñanzas del sacerdocio brahmín. Los sacerdotes brahmánicos no quisieron nunca aceptar las enseñanzas de Salem de la salvación mediante la fe, del favor de Dios sin observancias ritualistas y ceremonias de sacrificio.

El rechazo del evangelio de Melquisedek de confianza en Dios y salvación mediante la fe marcó un cambio fundamental para la India. Los misioneros de Salem habían contribuido mucho a la pérdida de la fe en todos los antiguos dioses védicos, pero los líderes, los sacerdotes del vedismo, se negaron a aceptar las enseñanzas de Melquisedek de un solo Dios y una fe sencilla.

Los brahmines tamizaron los escritos sagrados de su época para combatir a los maestros salemistas, y esta recopilación, que más tarde fue revisada, ha llegado hasta los tiempos modernos bajo el nombre de Rig-Veda, uno de los libros sagrados más antiguos. Acto seguido los brahmines recopilaron el segundo, tercero y cuarto Veda, con el objeto de cristalizar, formalizar y fijar sus ritos de adoración y sacrificio para el pueblo de aquellos días. En su mejor aspecto, estos escritos equivalen a cualquier otro cuerpo de carácter similar en belleza de concepto y verdad de discernimiento. Pero a medida que esta religión superior se fue contaminando con miles y miles de supersticiones, cultos y ritos del sur de India, se transformó progresivamente en el sistema de teología más diversificado que el hombre mortal haya desarrollado jamás. Un examen de los Veda evidenciará algunos de los más elevados y algunos de los más bajos conceptos de Deidad jamás concebidos.

2. EL BRAHMANISMO

Al penetrar los misioneros de Salem hacia el sur en el Dekán dravidiano, se encontraron con un sistema de castas cada vez mayor, el esquema de los arios para prevenir la pérdida de identidad racial frente a la marejada en aumento de los pueblos sangik secundarios. Puesto que la casta de los sacerdotes brahmánicos era la esencia misma de este sistema, este orden social retardó considerablemente el progreso de los maestros de Salem. Este sistema de castas no consiguió salvar la raza aria, pero sí consiguió perpetuar a los brahmines quienes, a su vez, han mantenido la hegemonía religiosa en la India hasta el presente.

Ahora, con el debilitamiento del vedismo a través del rechazo de la verdad más elevada, el culto de los arios quedó sujeto a incursiones cada vez mayores desde el Dekán. En un esfuerzo desesperado por contener la marea de extinción racial y obliteración religiosa, la casta brahmana se exaltó a sí misma por sobre todas las cosas. Enseñaron que el sacrificio a la deidad es en sí mismo omnieficaz, que era apremiante en su potencia. Proclamaron que, de los dos principios divinos esenciales del universo, uno era Brahmán la deidad, y el otro era el sacerdocio brahmánico. Ningún otro pueblo de Urantia tuvo sacerdotes que presumieran exaltarse a sí mismos aun por encima de sus dioses, para asegurarse los honores debidos a sus dioses. Pero tan absurdamente exageraron con estas declaraciones presuntuosas que el entero sistema precario se derrumbó ante los cultos degradantes que fluían de las civilizaciones circunvecinas menos avanzadas. El vasto sacerdocio védico mismo tropezó y se hundió en la negra inundación de la inercia y del pesimismo que su propia presunción egoísta y tonta atrajo sobre toda la India.

La concentración exagerada en el yo condujo con toda seguridad a un temor de la perpetuación no evolutiva del yo en un constante círculo de encarnaciones sucesivas de hombre, bestia o planta. Y de todas las creencias contaminadoras que podrían haber afectado a lo que pudo haber sido un monoteísmo surgente, ninguna fue tan embrutecedora como esta creencia en la transmigración —la doctrina de la reencarnación de las almas— que provenía del Dekán dravidiano. Esta creencia en la tediosa y monótona vuelta de transmigraciones repetidas quitó a los mortales luchadores su largamente acariciada esperanza de encontrar aquella liberación y avance espiritual en la muerte que habían sido parte de la previa fe védica.

Esta enseñanza filosóficamente debilitadora fue seguida muy pronto por la invención de la doctrina del eterno escape del yo mediante la inmersión en el descanso y paz universales de la unión absoluta con Brahmán, la superalma de toda la creación. El deseo mortal y la ambición humana fueron efectivamente eliminados y virtualmente destruidos. Por más de dos mil años las mejores mentes de la India han buscado escapar de todo deseo, y así han abierto la puerta para el ingreso de aquellos cultos y enseñanzas posteriores que virtualmente han encadenado el alma de muchos pueblos hindúes en las cadenas de la desesperación espiritual. De todas las civilizaciones, la civilización védica-aria pagó el precio más alto por su rechazo del evangelio de Salem.

La casta por sí sola no podía perpetuar el sistema religio-cultural ario, y a medida que penetraban el norte las religiones inferiores del Dekán, se desarrolló una edad de desesperación y desencanto. Fue durante estos días oscuros cuando surgió el culto de no tomar ninguna vida, y ha persistido desde entonces. Muchos de los nuevos cultos fueron francamente ateístas, proclamando que toda salvación que se pudiese obtener tan sólo provenía de los esfuerzos del hombre sin ayuda ninguna. Pero a través de mucho de esta filosofía desafortunada, se pueden trazar los residuos distorsionados de las enseñanzas de Melquisedek y aun de las enseñanzas adánicas.

Éstos fueron los tiempos de la compilación de las escrituras más recientes de la fe hindú, las Brahmanas y las Upanishad. Habiendo rechazado las enseñanzas de la religión personal mediante la experiencia de la fe personal con el Dios único, y habiendo sido contaminados por la inundación de cultos degradantes y debilitantes de Dekán, con sus antropomorfismos y reencarnaciones, el sacerdocio brahmánico experimentó una reacción violenta contra estas creencias viciantes; existió un esfuerzo definido por buscar y encontrar la *realidad verdadera*. Los brahmines trataron de desantropomorfizar el concepto hindú de deidad, pero al hacerlo tropezaron con el serio error de despersonalizar el concepto de Dios, y surgieron, no con un ideal elevado y espiritual del Padre del Paraíso, sino con una idea distante y metafísica de un Absoluto que envuelve todo.

En sus esfuerzos por la autopreservación, los brahmines habían rechazado al Dios único de Melquisedek, y se encontraban ahora con la hipótesis de Brahmán, ese ser indefinido e ilusorio filosófico, esa *entidad* impersonal e impotente que ha dejado a la vida espiritual de la India desamparada y postrada desde ese día desafortunado hasta el siglo veinte.

Fue durante los tiempos de la escritura de las Upanishad cuando apareció el budismo en la India. Pero a pesar de su éxito de mil años, no pudo competir con el posterior hinduismo; a pesar de una moralidad más elevada, su ilustración primitiva de Dios fue aun menos definida que la del hinduismo, que proveía deidades menores personales. El budismo finalmente fue avasallado en el norte de la India por la embestida de un islam militante con un concepto claro de Alá como Dios supremo del universo.

3. LA FILOSOFÍA BRAHMÁNICA

Aunque la fase más elevada del brahmanismo no fue estrictamente una religión, sí fue verdaderamente uno de los esfuerzos más nobles de la mente mortal en los dominios de la filosofía y de la metafísica. Habiendo comenzado con el deseo de descubrir la realidad última, la mente hindú no se detuvo hasta haber especulado sobre prácticamente todas las fases de la teología excepto el esencial concepto dual de la religión: la existencia del Padre Universal de todas las criaturas del universo y el hecho de la experiencia ascendente en el universo de estas mismas criaturas que tratan de alcanzar al Padre eterno, quien les ha mandado ser perfectos, así como él es perfecto.

En el concepto del Brahmán la mente de aquellos días verdaderamente captó la idea de un Absoluto que penetra todo, porque este postulado se identificaba al mismo tiempo como energía creadora y reacción cósmica. El Brahmán se concebía estar más allá de toda definición, capaz de ser comprendido sólo por la negación sucesiva de todas sus cualidades finitas. Era definitivamente una creencia en un ser absoluto, aun infinito, pero este concepto estaba en gran parte libre de atributos de la personalidad y por consiguiente no era experienciable por los religionistas individuales.

Brahmán-Narayana se concebía como el Absoluto, el infinito ELLO ES, la primordial potencia creadora del cosmos potencial, el Yo Universal que existe estático y potencial a través de toda la eternidad. Si los filósofos de aquellos días hubiesen sido capaces de hacer el siguiente avance en la concepción de la deidad, si hubiesen sido capaces de concebir al Brahmán como asociativo y creador, como una personalidad alcanzable por los seres creados y evolutivos, entonces dicha enseñanza quizás podría haberse transformado en el retrato más avanzado de la Deidad en Urantia, puesto que habría comprendido los primeros cinco niveles de la función total de la deidad y tal vez podría haber visualizado los dos restantes.

En algunas fases el concepto de la Superalma Universal Única como totalidad de la suma de toda la existencia en forma de las criaturas condujo a los filósofos indios muy cerca de la verdad del Ser Supremo, pero esta verdad no les ayudó porque no supieron evolucionar un camino razonable o racional de acceso personal a la meta teórica monoteísta del Brahmán-Narayana.

El principio karma de la continuidad causal está, en realidad, muy cerca de la verdad de la síntesis repercusiva de todas las acciones espacio-temporales en la presencia de Deidad del Supremo; pero este postulado nunca proveyó la posibilidad de que el religionista individual coordinadamente y en persona pueda lograr a la Deidad, tan sólo proveyó la sumersión última de toda personalidad en la Superalma Universal.

La filosofía del brahmanismo también llegó muy cerca de la comprensión de la presencia residente de los Ajustadores del Pensamiento, pero se pervirtió mediante un concepto erróneo de la verdad. La enseñanza de que el alma es el Brahmán residente habría preparado el camino para una religión avanzada si este concepto no hubiese sido totalmente viciado por la creencia de que no existe individualidad humana aparte de esta residencia del Universal Único.

En la doctrina del fundimiento del alma en la Superalma, los teólogos de la India no consiguieron disponer para la supervivencia de algo humano, algo nuevo y único, algo nacido de la unión de la voluntad del hombre y la voluntad de Dios. La enseñanza del retorno del alma al Brahmán es paralela de cerca a la verdad del retorno del

Ajustador al regazo del Padre Universal, pero existe algo distinto del Ajustador que también sobrevive, la contraparte morontial de la personalidad mortal. Este concepto vital estuvo fatalmente ausente de la filosofía brahmánica.

La filosofía brahmánica ha aproximado muchos de los hechos del universo y se ha acercado a numerosas verdades cósmicas, pero demasiado frecuentemente ha caído víctima del error de ser incapaz de diferenciar entre los distintos niveles de realidad, tales como el absoluto, el trascendental y el finito. No ha sabido tomar en cuenta aquello que puede considerarse el finito-ilusorio en un nivel absoluto pero que puede ser absolutamente real en el nivel finito. Tampoco ha sabido reconocer la personalidad esencial del Padre Universal, quien es personalmente alcanzable en todos los niveles a partir del de la experiencia limitada de la criatura evolucionaria con Dios hasta la experiencia ilimitada del Hijo Eterno con el Padre del Paraíso.

4. LA RELIGIÓN HINDÚ

Con el pasar de los siglos en India, la plebe volvió en parte a los ritos antiguos de los Vedas tal como habían sido modificados por las enseñanzas de los misioneros de Melquisedek y cristalizados por el sacerdocio brahmánico posterior. Ésta, la más antigua y más cosmopolita de las religiones mundiales, ha sufrido cambios ulteriores en respuesta al budismo, al jainismo y a las influencias posteriores del mahometanismo y del cristianismo. Pero para cuando llegaron las enseñanzas de Jesús, éstas se habían vuelto tan occidentalizadas como para constituir una «religión del hombre blanco», por lo tanto extraña y ajena a la mente india.

La teología hindú actualmente ilustra cuatro niveles descendentes de deidad y divinidad:

1. *El Brahmán*, el Absoluto, el Infinito Único, el ELLO ES.

2. *El Trimurti*, la trinidad suprema del hinduismo. En esta asociación *Brahma*, el primer miembro, se concibe como autocreado del Brahmán —de la infinidad. Si no fuese por su identificación estrecha con el Uno Infinito panteísta, brahma podría constituir los cimientos de un concepto del Padre Universal. Brahma también se identifica con el hado.

La adoración del segundo y tercer miembros —Siva y Vishnu— surgió en el primer milenio después de Cristo. *Siva* es el señor de la vida y de la muerte, el dios de la fertilidad y el amo de la destrucción. *Vishnu* es extremadamente popular debido a la creencia de que se encarna periódicamente en forma humana. De esta manera, Vishnu se torna real y viviente en la imaginación de los indios. Siva y Vishnu son considerados por algunos supremos por sobre todos.

3. *Deidades védicas y postvédicas*. Muchos de los antiguos dioses de los arios, tales como Agni, Indra, Soma, han persistido como secundarios a los tres miembros del Trimurti. Han surgido numerosos dioses adicionales desde los días primitivos de la India védica, y éstos también han sido incorporados en el panteón hindú.

4. *Los semidioses*: superhombres, semidioses, héroes, demonios, fantasmas, espíritus malignos, duendes, monstruos, trasgos y santos de los cultos más recientes.

Aunque el hinduismo ha fallado en vivificar al pueblo indio, al mismo tiempo ha sido una religión muchas veces tolerante. Su gran fuerza yace en el hecho de que ha demostrado ser la más adaptativa, amorfa, de las religiones que hayan aparecido en Urantia. Es capaz de cambios casi ilimitados y posee una gama poco común de adaptación flexible, desde las especulaciones elevadas y semimonoteístas del brahmín intelectual hasta el fetichismo flagrante y las prácticas primitivas de culto de las clases desventajadas y retrógradas de creyentes ignorantes.

El hinduismo ha sobrevivido porque es esencialmente una parte integral del telar social básico de la India. No posee una jerarquía importante que pueda ser sacudida o destruida; está entretejida en el esquema de vida del pueblo. Tiene una adaptabilidad a las condiciones cambiantes que excede a todos los demás cultos, y demuestra una actitud tolerante de adopción hacia muchas otras religiones, habiéndose hasta declarado que Gautama Buda y aun Cristo mismo fueron encarnaciones de Vishnu.

En la India existe hoy una gran necesidad de la ilustración del evangelio jesuístico: la paternidad de Dios y la filiación y consiguiente hermandad de todos los hombres, que se realiza personalmente en el ministerio amante y el servicio social. En la India existe el esquema filosófico, la estructura cultista está presente; todo lo que hace falta es la chispa vitalizadora del amor dinámico ilustrado en el evangelio original del Hijo del Hombre, libre de los dogmas y doctrinas occidentales que han inclinado a hacer del autootorgamiento vital de Micael una religión del hombre blanco.

5. LA LUCHA POR LA VERDAD EN LA CHINA

A medida que los misioneros de Salem pasaron por Asia, difundiendo las doctrinas del Dios Altísimo y de la salvación mediante la fe, absorbieron mucho de la filosofía y del pensamiento religioso de los distintos países que atravesaron. Pero los maestros comisionados por Melquisedek y sus sucesores fueron fieles a su encargo; penetraron en todos los pueblos del continente eurasiático, y llegaron a la China a mediados del segundo milenio antes de Jesús Cristo. En See Fuch, por más de cien años, los salemitas mantuvieron su sede, capacitando allí a los maestros chinos que enseñaron a lo largo y a lo ancho de todos los dominios de la raza amarilla.

Fue como directa consecuencia de esta enseñanza lo que las formas más primitivas del taoísmo surgieron en la China, una religión vastamente diferente de la que lleva ese nombre hoy en día. El taoísmo primitivo o prototaoísmo era un compuesto de los siguientes factores:

1. Los residuos de las enseñanzas de Singlangton, que persistían en el concepto de Shang-ti, el Dios del Cielo. En los tiempos de Singlangton el pueblo chino se volvió virtualmente monoteísta; concentraron su adoración en la Verdad Única, conocida más adelante como Espíritu del Cielo, el gobernante del universo. Y la raza amarilla no perdió nunca completamente este concepto primitivo de la Deidad, aunque en siglos subsiguientes muchos dioses y espíritus subordinados se infiltraron insidiosamente en su religión.

2. La religión salemita de una Deidad Altísima Creadora que donaría su favor sobre la humanidad en respuesta a la fe del hombre. Pero es demasiado cierto que, al tiempo en que los misioneros de Melquisedek habían penetrado en las tierras de la raza amarilla, su mensaje original se había transformado considerablemente respecto de la simple doctrina de Salem en los días de Maquiventa.

3. El concepto del Brahmán Absoluto de los filósofos indios, combinado con el deseo de escapar a todo mal. Tal vez la influencia ajena más grande en la difusión hacia el este de la religión de Salem fue ejercida por los maestros indios de la fe védica, quienes inyectaron su concepto del Brahmán —el Absoluto— en el pensamiento salvacionista de los salemitas.

Esta creencia compuesta se difundió en las tierras de las razas amarillas y morenas como influencia subyacente en el pensamiento religio-filosófico. En el Japón este prototaoísmo se conoció con el nombre de Shinto, y en este país, muy distante de Salem en Palestina, el pueblo supo de la encarnación de Maquiventa Melquisedek, quien vivió en la tierra para que el nombre de Dios no fuera olvidado por la humanidad.

En la China todas estas creencias más tarde se confundieron y se combinaron con el culto en constante crecimiento de la adoración de los antepasados. Pero nunca desde los tiempos de Singlangton han caído los chinos en la esclavitud desamparada de la magia sacerdotal. La raza amarilla fue la primera en librarse de las cadenas bárbaras y entrar en una civilización de orden porque fue la primera en llegar a cierta medida de libertad del temor abyecto a los dioses, y hasta llegaron a no temer a los fantasmas de los muertos tal como lo hacían otras razas. China fue derrotada porque no supo progresar más allá de la primitiva emancipación desde la obediencia a los sacerdotes; cayó en un error casi igualmente calamitoso: la adoración de los antepasados.

Pero los salemitas no laboraron en vano. Fue sobre los cimientos de su evangelio sobre los que los grandes filósofos del sexto siglo de la China construyeron sus enseñanzas. La atmósfera moral y los sentimientos espirituales de los tiempos de Lao-tse y Confucio surgieron de las enseñanzas de los misioneros salemitas de una era anterior.

6. LAO-TSE Y CONFUCIO

Unos seiscientos años antes de la llegada de Micael, Melquisedek, ya partido desde hacía mucho de la carne, tuvo la impresión de que la pureza de sus enseñanzas en la tierra estaba siendo amenazada peligrosamente por la absorción general en las creencias más antiguas de Urantia. Por cierto tiempo parecía que su misión como antecesor de Micael podía estar en peligro de fallar. En el sexto siglo a. de J. C., mediante una coordinación extraña de agencias espirituales, no completamente comprendida ni siquiera por los supervisores planetarios, Urantia presenció una presentación altamente extraña de verdades religiosas múltiples. Mediante la agencia de varios maestros humanos el evangelio de Salem fue redeclarado y revitalizado, y tal como se lo presentó entonces, mucho ha persistido hasta los tiempos de este escrito.

Este singular siglo de progreso espiritual fue caracterizado por grandes maestros religiosos, morales y filosóficos en todo el mundo civilizado. En la China los dos maestros sobresalientes fueron Lao-tse y Confucio.

Lao-tse construyó directamente sobre los conceptos de la tradición salemita cuando declaró a Tao ser la Primera Causa Única de toda la creación. Lao fue hombre de gran visión espiritual. El enseñó que «el destino eterno del hombre es su unión sempiterna con Tao, Dios Supremo y Rey Universal». Su comprensión de la causalidad última fue muy profunda, pues escribió: «La unidad surge del Tao Absoluto, y de la unión aparece la Dualidad cósmica, y de dicha Dualidad, surge a la existencia la Trinidad, y la Trinidad es la fuente principal de toda realidad». «Y toda realidad está por siempre equilibrada entre los potenciales y los actuales del cosmos, y éstos están eternamente armonizados por el espíritu de la divinidad».

Lao-tse también hizo una de las presentaciones más tempranas de la doctrina de devolver el bien por el mal: «La bondad genera bondad, pero para el que es verdaderamente bueno, el mal también genera bondad».

Él enseñó el retorno de la criatura a su Creador e ilustró la vida como el surgimiento de una personalidad de los potenciales cósmicos, mientras que la muerte equivalía al regreso al hogar de esta personalidad de la criatura. Su concepto de auténtica fe era poco común, y él también lo asemejó a la «actitud de un niño».

Su comprensión del propósito eterno de Dios era clara, pues dijo: «La Deidad Absoluta no lucha pero es siempre victoriosa; no fuerza a la humanidad pero está siempre lista para responder a sus deseos auténticos; la voluntad de Dios es eterna en paciencia y eterna en la inevitabilidad de su expresión». Y del verdadero religioso dijo, al expresar la verdad que es más bendito dar que recibir: «El hombre bueno no intenta guardarse la verdad sino más bien desea donar estas riquezas a sus semejantes, porque ésa es la realización de la verdad. La voluntad del Dios Absoluto siempre beneficia, jamás destruye; el objetivo del verdadero creyente es actuar siempre pero no forzar nunca».

Las enseñanzas de Lao sobre la no resistencia y la distinción que hizo entre *acción y coerción* se pervirtieron más adelante en las creencias de «no ver, no hacer ni pensar nada». Pero Lao jamás enseñó ese error, aunque su presentación de la no resistencia haya sido un factor en el desarrollo ulterior de las predilecciones pacíficas del pueblo chino.

Pero el taoísmo popular en el siglo veinte de Urantia tiene poco en común con los elevados sentimientos y los conceptos cósmicos del viejo filósofo que enseñó la verdad como la percibía, que era: esa fe en el Dios Absoluto que es la fuente de la energía divina que rehará el mundo, y mediante la cual el hombre asciende a la unión espiritual con Tao, la Deidad Eterna y el Creador Absoluto de los universos.

Confucio (Kung Fu-tze) fue un contemporáneo más joven de Lao en la China, durante el siglo sexto. Confucio basó sus doctrinas sobre las mejores tradiciones morales de la larga historia de la raza amarilla, y también fue en cierto modo influido por los residuos de las tradiciones de los misioneros de Salem. Su labor fundamental consistió en la compilación de dichos sabios de los filósofos antiguos. Fue un maestro rechazado durante su vida, pero sus escritos y enseñanzas han ejercido desde entonces una gran influencia sobre la China y el Japón. Confucio estableció nuevos parámetros para los shamanes en cuanto colocó la moralidad en el lugar de la magia. Pero construyó demasiado bien; creó un nuevo fetiche del *orden* y estableció un respeto por la conducta ancestral que aún es venerado por los chinos al tiempo de este escrito.

La predicación de Confucio sobre la moralidad se basaba en la teoría de que el camino de la tierra es la sombra distorsionada del camino de los cielos; que el esquema verdadero de la civilización temporal es el reflejo del orden eterno del cielo. El concepto potencial de Dios en el confucionismo estaba casi completamente subordinado al énfasis colocado en el Camino del Cielo, el esquema del cosmos.

Las enseñanzas de Lao se han perdido para todos, excepto para unos cuantos en el oriente, pero los escritos de Confucio han constituido desde entonces la base del tejido moral de la cultura prácticamente para un tercio de los urantianos. Estos preceptos de Confucio, aunque perpetúan lo mejor del pasado, eran en cierto modo contrarios al mismo espíritu chino de investigación responsable de esos logros tan venerados. La influencia de estas doctrinas fue combatida sin éxito tanto por los esfuerzos imperiales de Ch'in Shih Huang Ti como por las enseñanzas de Mo Ti, quien proclamó una fraternidad fundada no en el deber ético sino en el amor a Dios. Trató de volver a encender la antigua búsqueda por la nueva verdad, pero sus enseñanzas fracasaron ante la vigorosa oposición de los discípulos de Confucio.

Como muchos otros maestros espirituales y morales, tanto Confucio como Lao-tse fueron finalmente deificados por sus seguidores en esas eras espiritualmente tenebrosas de la China que ocurrieron entre la caída y perversión de la fe taoista y la llegada de los misioneros budistas desde la India. Durante estos siglos espiritualmente decadentes la religión de la raza amarilla degeneró en una teología lastimera poblada de diablos, dragones y espíritus malignos, señalando todos ellos el retorno de los temores de la mente mortal no esclarecida. Y la China, cierta vez a la cabeza de la sociedad humana debido a su religión avanzada, cayó en la retaguardia debido a una incapacidad temporal para progresar en el camino verdadero del desarrollo de esa conciencia de Dios que es indispensable para el verdadero progreso, no solamente del mortal individual, sino también de las civilizaciones intrincadas y complejas que caracterizan el avance de la cultura y de la sociedad en un planeta evolucionario del espacio y del tiempo.

7. GAUTAMA SIDDHARTA

Contemporáneamente con Lao-tse y Confucio en la China, otro gran maestro de la verdad surgió en India. Gautama Siddharta nació en el siglo sexto a. de J. C. en la provincia septentrional de Nepal en la India. Sus seguidores más adelante quisieron hacer aparecer que había sido el hijo de un gobernante fabulosamente rico, pero en realidad, era el heredero aparente del trono de un cacique poco importante a quien toleraban que gobernara un pequeño valle montañoso aislado en el sur de las Himalayas.

Gautama formuló las teorías que evolucionaron la filosofía del budismo después de seis años de práctica fútil de yoga. Siddharta libró una lucha decidida pero sin éxito contra el creciente sistema de castas. Había gran sinceridad y enorme altruismo en este joven príncipe profeta, cosa que grandemente atraía a los hombres de aquellos días. Él disminuyó la práctica de buscar salvación individual mediante la aflicción física y el dolor personal y exhortó a sus seguidores a que llevaran su evangelio por todo el mundo.

Entre la confusión y las prácticas extremadas del culto de la India, las enseñanzas más cuerdas y más moderadas de Gautama llegaron como un bálsamo refrescante. Denunció a los dioses, los sacerdotes y sus sacrificios, pero también fue incapaz de percibir la *personalidad* del Universal Único. Puesto que no creía en la existencia de las almas humanas individuales, Gautama por supuesto libró una lucha valiente contra la creencia antigua de la transmigración de las almas. Hizo un noble esfuerzo por redimir a los hombres del temor, por hacer que se sintieran cómodos y resguardados en el gran universo, pero no supo mostrarles el camino al verdadero y excelso hogar de los mortales ascendentes —el Paraíso— y al servicio en expansión de la existencia eterna.

Gautama fue un verdadero profeta, y si hubiese seguido las instrucciones del hermita Godad, tal vez habría podido inspirar a la India entera con el renacimiento del evangelio salemita de la salvación por la fe. Godad descendía de una familia que jamás había perdido las tradiciones de los misioneros de Melquisedek.

En Benares Gautama fundó su escuela, y fue durante su segundo año cuando un discípulo, Baután, impartió a su maestro las tradiciones de los misioneros de Salem sobre el pacto de Melquisedek con Abraham; y aunque Siddharta no tenía un concepto muy claro del Padre Universal, tomó una posición avanzada en lo que concierne a la salvación mediante la fe —la simple creencia. Así lo declaró ante sus seguidores y comenzó a enviar a sus discípulos en grupos de sesenta para proclamar al pueblo de la India «la buena nueva de la salvación gratis; de que todos los hombres, encumbrados o miserables, pueden llegar a obtener la bienaventuranza por la fe en justicia y rectitud».

La esposa de Gautama creía en el evangelio de su marido y fue la fundadora de una orden de monjas. Su hijo fue su sucesor y difundió grandemente el culto; captó la nueva idea de la salvación mediante la fe pero en sus últimos años se desvió en cuanto al evangelio salemita del favor divino mediante la sola fe, y en su vejez sus últimas palabras antes de morir fueron: «Elaborad vuestra propia salvación».

Proclamado en sus mejores términos, el evangelio de Gautama de la salvación universal sin sacrificios, torturas, ritos ni sacerdotes, fue una doctrina revolucionaria y pasmosa para sus tiempos. Estuvo sorprendentemente cerca de representar el renacimiento del evangelio de Salem. Trajo socorro a millones de almas desesperadas, y a pesar de su perversión grotesca durante los siglos posteriores, aun persiste como la esperanza de millones de seres humanos.

Siddharta enseñó muchas más verdades de las que han sobrevivido en los cultos modernos que llevan su nombre. El budismo moderno ya no más corresponde a las enseñanzas de Gautama Siddharta que el cristianismo corresponde a las enseñanzas de Jesús de Nazaret.

8. LA FE BUDISTA

Para hacerse budista, bastaba con hacer profesión pública de fe recitando el Refugio: «Me refugio en el Buda; me refugio en la Doctrina; me refugio en la Fraternidad».

El budismo se originó en una persona histórica, no en un mito. Los seguidores de Gautama le llamaron Sasta, que significaba amo o maestro. Aunque no pretendió nada sobrehumano ni para sí mismo ni para sus enseñanzas, muy pronto sus discípulos comenzaron a llamarle *el esclarecido*, el Buda; más adelante, Sakyamuni Buda.

El evangelio original de Gautama se basaba en cuatro verdades nobles:

1. Las nobles verdades del sufrimiento.
2. Los orígenes del sufrimiento.
3. La destrucción del sufrimiento.
4. El camino hacia la destrucción del sufrimiento.

Estrechamente vinculada a la doctrina del sufrimiento y de escapar del mismo estuvo la filosofía de Ocho Cauces: opiniones justas, aspiraciones, discurso, conducta, sustento, esfuerzo, raciocinio y contemplación. No fue el propósito de Gautama intentar destruir todo esfuerzo, deseo y afecto al escapar del sufrimiento. Más bien su enseñanza estaba dirigida a ilustrar para el hombre mortal la futilidad de colocar por entero toda esperanza y toda aspiración en objetivos temporales y fines materiales. No se trataba tanto de evitar el amor por los semejantes sino más bien de que el verdadero creyente debía pensar, más allá de las asociaciones de este mundo material, en las realidades del futuro eterno.

Los mandamientos morales de la doctrina de Gautama eran cinco:

1. No matarás.
2. No robarás.
3. No serás lascivo.
4. No mentirás.
5. No beberás bebidas intoxicantes.

Había varios mandamientos adicionales o secundarios, cuya observancia era facultativa entre los creyentes.

No podemos decir que Siddharta creyera en la inmortalidad de la personalidad humana; su filosofía tan sólo proveía cierta continuidad funcional. Nunca definió claramente qué pensaba incluir en la doctrina de nirvana. El hecho de que se lo pudiera experimentar teóricamente durante la existencia mortal indicaría que no se lo consideraba un estado de aniquilación completa. Implicaba una condición de esclarecimiento supremo y bienaventuranza excelsa en el que todas las pequeñeces que vinculaban al hombre al mundo material se habían violado; había libertad de los deseos de la vida mortal y redención de todo peligro de experimentar otra vez la encarnación.

De acuerdo con las enseñanzas originales de Gautama, la salvación se obtiene mediante el esfuerzo humano, aparte de la ayuda divina; no se da cabida a la fe salvadora ni a las oraciones a los poderes sobrehumanos. Gautama, en su intento de minimizar las supersticiones de la India, trató de desviar a los hombres de las declaraciones fragrantes de salvación mágica. Al hacer este esfuerzo, dejó la puerta abierta para que sus sucesores interpretaran erróneamente sus enseñanzas y proclamaran que todo esfuerzo humano por obtener algo es de mal gusto y doloroso. Sus seguidores fueron incapaces de percibir el hecho de que la mayor felicidad está vinculada con la búsqueda inteligente y entusiasta de objetivos valiosos, y que esos logros constituyen el verdadero progreso en la autorrealización cósmica.

La gran verdad de las enseñanzas de Siddharta fue su proclamación de un universo de absoluta justicia. Enseñó la mejor filosofía sin dios que haya sido inventada jamás por el hombre mortal; el humanismo ideal, que arrancó de la manera más eficaz toda base para supersticiones, ritos mágicos y temores a los fantasmas o demonios.

La gran debilidad del evangelio original del budismo fue de que no produjo una religión de servicio social altruista. La fraternidad budista fue, por mucho tiempo, no una fraternidad de creyentes, sino una comunidad de maestros estudiosos. Gautama les prohibió recibir dinero y de esta manera intentó prevenir el crecimiento de tendencias jerárquicas. Gautama mismo era altamente social; en efecto, su vida fue mucho más excelsa que su predicación.

9. La difusión del budismo

El budismo prosperó porque ofrecía salvación mediante la creencia en el Buda, el esclarecido. Fue más representativo de las verdades de Melquisedek que cualquier otro sistema religioso que se encontrara en Asia oriental. Pero el budismo no se difundió sobremanera como religión hasta no ser adoptado como autoprotección por el monarca de baja casta Asoka quien, después de Ikhnaton en Egipto, fue uno de los gobernantes civiles más notables entre Melquisedek y Micael. Asoka construyó un gran imperio indio mediante la propaganda de sus misioneros budistas. Durante un período de veinticinco años adiestró y envió a más de diecisiete mil misioneros a las fronteras más alejadas de todo el mundo conocido. En una generación hizo del budismo la religión dominante de la mitad del mundo. Ésta muy pronto quedó establecida en Tíbet, Cachemira, Ceilán, Birmania, Java, Siam, Corea, la China y el Japón. Y en términos generales, fue una religión vastamente superior a las que suplantó o mejoró.

La difusión del budismo desde su lugar de origen en la India a toda Asia es una de las historias más emocionantes de devoción espiritual y persistencia misionera de religionistas sinceros. Los maestros del evangelio de Gautama no sólo se enfrentaron a los peligros de las rutas de caravanas por toda la tierra sino que también hicieron frente a los peligros de los Mares Chinos al cumplir con su misión en el continente asiático, llevando a todos los pueblos el mensaje de su fe. Pero este budismo ya no era la simple doctrina de Gautama; era un evangelio plagado de creencias en los milagros, que tornaba a Gautama un dios. Y cuanto más se alejó el budismo de su hogar en las tierras elevadas de la India, tanto más distintas de las enseñanzas de Gautama llegaron a ser sus enseñanzas, y tanto más parecida creció esta religión a las religiones que suplantaba.

El budismo, más adelante, fue altamente influido por el taoísmo en la China, el shinto en el Japón y el cristianismo en Tíbet. Después de mil años, en la India el budismo simplemente se marchitó y expiró. Se volvió brahmanizado y más adelante se rindió en forma abyecta al islam, mientras que en mucho del resto del oriente degeneró en un rito que Gautama Siddharta jamás podría haber reconocido.

En el sur el estereotipo fundamentalista de las enseñanzas de Siddharta persistió en Ceilán, Birmania y la península de Indochina. Ésta es la división hinayana del budismo que se aferra a la primitiva doctrina asocial.

Pero aun antes del colapso en la India, los grupos chinos y del norte de India de los seguidores de Gautama habían comenzado el desarrollo de las enseñanzas mahayana del «gran camino» a la salvación, en contraste con los puristas del sur que se aferraban a la hinayana o «camino menor». Y estos mahayanistas se liberaron de las limitaciones sociales inherentes a la doctrina budista, y desde entonces esta división norteña del budismo ha continuado evolucionando en la China y el Japón.

El budismo es una religión viviente y creciente hoy porque mantiene muchos de los valores morales más elevados de sus adherentes. Promueve la calma y el autocontrol, aumenta la serenidad y la felicidad, y hace mucho por prevenir la pena y la aflicción. Aquellos que creen en esta filosofía viven vidas mejores que muchos que no creen.

10. La religión en el Tíbet

En Tíbet se puede encontrar la asociación más extraña de las enseñanzas de Melquisedek combinadas con el budismo, el hinduismo, el taoísmo y el cristianismo. Cuando los misioneros budistas penetraron en Tíbet, encontraron un estado de salvajismo primitivo muy similar al que encontraron los misioneros cristianos primitivos entre las tribus norteñas de Europa.

Estos tibetanos de mentes sencillas no querían abandonar completamente sus antiguas magias y amuletos. El examen de las ceremonias religiosas de los ritos tibetanos de hoy en día revela una fraternidad pululante de sacerdotes con la cabeza afeitada que practican un rito elaborado que comprende campanas, cantos, incienso, procesiones, rosarios, imágenes, amuletos, pinturas, agua bendita, vestimentas magníficas y coros elaborados. Cuentan con dogmas rígidos y credos cristalizados, ritos místicos y ayunos especiales. Su jerarquía abraza a monjes, monjas, abades y el Gran Lama. Rezan a los ángeles, a los santos, a la Madre Sagrada y a los dioses. Practican confesiones y creen en el purgatorio. Sus monasterios son extensos y sus catedrales magníficas. Mantienen una repetición sin fin de ritos sagrados y creen que tales ceremonias otorgan la salvación. Atan sus oraciones a una rueda, y cuando ésta gira, creen que sus peticiones se tornan eficaces. No se puede encontrar entre ningún otro pueblo de los tiempos modernos la observancia de tantas cosas provenientes de tantas religiones. Y es inevitable que tal liturgia cumulativa se vuelva extraordinariamente pesada e intolerablemente engorrosa.

Los tibetanos tienen algo de todas las religiones principales del mundo, excepto las simples enseñanzas del evangelio jesuístico: la filiación con Dios, la hermandad con el hombre y la ciudadanía en constante ascenso en el universo eterno.

11. La filosofía budista

El budismo entró a la China en el primer milenio después de Cristo, y se adaptó bien a las costumbres religiosas de la raza amarilla. En su adoración a los antepasados por mucho tiempo habían rezado a los muertos; ahora también podían rezar por ellos. El budismo pronto se amalgamó con las prácticas rituales residuales del taoísmo en desintegración. Esta nueva religión sintética con sus templos de adoración y ceremoniales religiosos definidos pronto se volvió el culto generalmente aceptado por los pueblos de la China, Corea y el Japón.

Aunque en algunos aspectos es desafortunado que el budismo no haya sido llevado al mundo hasta después de que los seguidores de Gautama tanto habían pervertido las tradiciones y enseñanzas del culto como para tornar a Gautama un ser divino, sin embargo este mito de su vida humana, embellecido por una multitud de milagros, resultó muy atrayente para los oyentes del evangelio del budismo norteño o mahayanaista.

Algunos de sus seguidores más recientes enseñaron que el espíritu de Sakyamuni Buda volvía periódicamente a la tierra como Buda viviente, abriendo así el camino para una perpetuación indefinida de imágenes, templos, rituales a Buda y de impostores supuestamente «Budas vivos». Así pues la religión del gran protestante indio finalmente terminó encontrándose en argollas con aquellas mismas prácticas ceremoniales y encantamientos ritualísticos contra los cuales había luchado tan valientemente, y que tan atrevidamente había denunciado.

El gran avance de la filosofía budista consistió en su comprensión de la relatividad de toda verdad. A través del mecanismo de esta hipótesis los budistas han sido capaces de reconciliar y correlacionar las divergencias dentro de sus propias escrituras religiosas así como también las diferencias entre las suyas y las de otros. Se enseñaba que la pequeña verdad era para mentes pequeñas, la gran verdad para mentes grandes.

Esta filosofía también sostenía que la naturaleza budana (divina) residía en todos los hombres; que el hombre, por medio de sus esfuerzos, podía alcanzar la realización de esta divinidad interior. Y esta enseñanza es una de las presentaciones más claras de la verdad de los Ajustadores residentes que se haya hecho jamás por una religión de Urantia.

Pero una gran limitación del evangelio original de Siddharta, tal como fue interpretado por sus seguidores, consistió en que intentaba la liberación completa del yo humano de todas las limitaciones de la naturaleza mortal mediante la técnica de aislar al yo de la realidad objetiva. La auténtica autorrealización cósmica es el resultado de la identificación con la realidad cósmica y con el cosmos finito de la energía, la mente y el espíritu, limitados por el espacio y condicionados por el tiempo.

Aunque las ceremonias y las observancias exteriores del budismo se volvieron burdamente contaminadas por las de las tierras a las que viajaron, esta degeneración no fue enteramente lo que ocurrió en la vida filosófica de los grandes pensadores que, de vez en cuando, abrazaron este sistema de pensamiento y creencia. A través de más de dos mil años, muchas de las mejores mentes de Asia se han concentrado en el problema de averiguar la verdad absoluta y la verdad del Absoluto.

La evolución de un concepto elevado del Absoluto fue obtenida a través de muchos canales de pensamiento y por caminos tortuosos de razonamiento. La ascensión hacia arriba de esta doctrina de la infinidad no fue tan claramente definida como lo fue la evolución del concepto de Dios en la teología hebrea. Sin embargo, hubo ciertos niveles amplios que las mentes budistas alcanzaron, descansando sobre ellos, y cruzaron en su camino a la visualización de la Fuente Primera de los universos:

1. *La leyenda de Gautama*. La base del concepto la constituía el hecho histórico de la vida y enseñanzas de Siddharta, el príncipe profeta de la India. Esta leyenda se convirtió en mito a medida que viajaba a través de los siglos y de las amplias tierras de Asia hasta que transcendió la idea de Gautama como ser esclarecido y comenzó a adoptar atributos adicionales.

2. *Los muchos Budas*. Se razonaba que, si Gautama había venido a los pueblos de la India, entonces, en el pasado remoto y en el futuro remoto las razas de la humanidad forzosamente habían sido, e indudablemente serían, bendecidos con otros maestros de la verdad. Esto originó la enseñanza de que había muchos Budas, un número ilimitado e indefinido, y hasta se llegó a enseñar que cualquiera podía asp irar a volverse Buda —a alcanzar la divinidad de un Buda.

3. *El Buda absoluto*. Por la época en que el número de Budas estaba llegando a la infinidad, fue necesario que las mentes de aquellos días volvieran a unificar este concepto torpe. Por consiguiente, se empezó a enseñar que todos los Budas no eran sino manifestaciones de una esencia más elevada, un Uno Eterno de existencia infinita e incualificada, una Fuente Absoluta de toda realidad. De allí en adelante, el concepto de Deidad del budismo, en su forma más elevada, se divorcia de la persona humana de Gautama Siddharta y se libera de las limitaciones antropomórficas que la han mantenido encadenada. Esta concepción final del Buda Eterno bien se puede identificar con el Absoluto, a veces aun con el infinito YO SOY.

Aunque esta idea de la Deidad Absoluta nunca encontró gran favor popular entre los pueblos de Asia, permitió que los intelectuales de esas tierras unificaran su filosofía y armonizaran su cosmología. El concepto del Buda Absoluto es a veces casi personal, a veces totalmente impersonal —aun una fuerza creadora infinita. Dichos conceptos, aunque son útiles en la filosofía, no son vitales para el desarrollo religioso. Aun un Yahvé antropomórfico es de mayor valor religioso que un Absoluto infinitamente remoto del budismo o del brahmanismo.

A veces se llegó a pensar que el Absoluto estaba contenido dentro del infinito YO SOY. Pero estas especulaciones constituían un frío consuelo para las multitudes hambrientas que deseaban oír palabras de promesa, escuchar el evangelio sencillo de Salem, saber que la fe en Dios consigue el favor divino y la sobrevivencia eterna.

12. EL CONCEPTO BUDISTA DE DIOS

La gran debilidad de la cosmología del budismo fue doble: su contaminación con muchas de las supersticiones de la India y la China y su sublimación de Gautama, primero como el esclarecido, y luego como el Buda Eterno. Del mismo modo en que el cristianismo ha sufrido por la absorción de mucha filosofía humana errónea, así también el budismo muestra su marca de nacimiento humana. Pero las enseñanzas de Gautama han continuado a evolucionar durante los últimos dos mil quinientos años. El concepto de Buda, para un budista esclarecido, ya no corresponde a la personalidad humana de Gautama, así como el concepto de Jehová ya no es idéntico al espíritu demoníaco de Horeb para un cristiano esclarecido. La pobreza de terminología, juntamente con la retención sentimental de la nomenclatura antigua, frecuentemente impide comprender el significado verdadero de la evolución de los conceptos religiosos.

Gradualmente el concepto de Dios, en contraste con el del Absoluto, comenzó a aparecer en el budismo. Sus fuentes se encuentran en los primeros días de la diferenciación entre los seguidores del camino menor y los del camino mayor. Fue en esta última subdivisión del budismo donde el concepto dual de Dios y el Absoluto finalmente maduró. Paso a paso, de siglo en siglo, el concepto de Dios ha evolucionado hasta que, con las enseñanzas de Ryonin, Honen Shonin y Shinran en el Japón, este concepto finalmente dio fruto en la creencia en Amida Buda.

Entre estos creyentes se enseña que el alma, al sufrir la muerte, puede elegir disfrutar de una estadía en el Paraíso antes de entrar al nirvana, el nivel último de existencia. Se proclama que esta nueva salvación se obtiene por la fe en las misericordias divinas y por el cuidado amante de Amida, Dios del Paraíso en el oeste. En su filosofía, los amidistas creen en una Realidad Infinita que está más allá de toda comprensión mortal finita; en su religión, se aferran a la fe en un Amida todomisericordioso, que tanto ama al mundo que no puede soportar que un solo mortal que llame su nombre en fe auténtica y con corazón puro deje de obtener la felicidad excelsa del Paraíso.

La gran fuerza del budismo consiste en que sus adherentes están libres de elegir la verdad en todas las religiones; dicha libertad de elección pocas veces ha caracterizado a una fe urantiana. En este aspecto la secta shin del Japón se ha vuelto uno de los grupos religiosos más progresivos del mundo; ha revivido el antiguo espíritu misionero de los seguidores de Gautama y ha comenzado a enviar maestros a otros pueblos. Esta capacidad para apropiarse de la verdad proveniente de cualquier y toda fuente es indudablemente una tendencia admirable que aparece entre los creyentes religiosos durante la primera mitad del siglo veinte d. de J. C..

El budismo mismo está experimentando un renacimiento en el siglo veinte. Mediante el contacto con el cristianismo los aspectos sociales del budismo se han enaltecido grandemente. El deseo de aprender ha vuelto a surgir en el corazón de los monje-sacerdotes de la fraternidad, y la difusión de la educación a lo largo y a lo ancho de esta fe indudablemente provocará nuevos avances en la evolución religiosa.

En el momento de este escrito, buena parte de Asia coloca su esperanza en el budismo. Esta noble fe, que ha pasado tan valerosamente por las edades oscuras del pasado, ¿sabrá nuevamente recibir la verdad de las realidades cósmicas ampliadas, como los discípulos del gran maestro de la India cierta vez escucharon su proclamación de la nueva verdad? ¿Responderá esta antigua fe nuevamente al estímulo vigorizante de la presentación de los nuevos conceptos de Dios y del Absoluto que por tanto tiempo ha buscado?

Urantia entera está esperando la proclamación del mensaje ennoblecedor de Micael, libre de las doctrinas y dogmas acumulados en diez y nueve siglos de contacto con las religiones de origen evolucionario. Está llegando la hora de presentar al budismo, al cristianismo, al hinduismo, aun a los pueblos de todas las fes, no el evangelio sobre Jesús, sino la realidad viviente, espiritual, del evangelio de Jesús.

[Presentado por un Melquisedek de Nebadon.]

DOCUMENTO 95

LAS ENSEÑANZAS DE MELQUISEDEK EN EL LEVANTE

ASÍ como la India dio origen a muchas de las religiones y filosofías de Asia oriental, del mismo modo el Levante fue la cuna de las fes del mundo occidental. Los misioneros de Salem se difundieron por todo el suroeste de Asia, a través de Palestina, Mesopotamia, Egipto, Irán y Arabia, proclamando por todas partes la buena nueva del evangelio de Maquiventa Melquisedek. En algunas de estas tierras sus enseñanzas dieron frutos; en otras tuvieron éxito variable. A veces su fracaso se debió a la falta de sabiduría, otras veces a circunstancias más allá del control de los misioneros.

1. LA RELIGIÓN DE SALEM EN MESOPOTAMIA

Para el año 2000 a. de J. C. las religiones de la Mesopotamia habían prácticamente perdido las enseñanzas de los setitas y estaban en gran parte bajo la influencia de las creencias primitivas de dos grupos de invasores, los beduinos semitas que se habían filtrado desde el desierto occidental y los jinetes bárbaros que habían venido desde el norte.

Pero la costumbre de estos pueblos adanitas primitivos de honrar el séptimo día de la semana no desapareció nunca por completo en Mesopotamia. Pero, durante la era de Melquisedek, el séptimo día se consideraba el peor día de la mala suerte. Estaba lleno de tabúes; era ilegal viajar, cocinar alimento o prender fuego en el peligroso séptimo día. Los judíos llevaron de vuelta a Palestina muchos de los tabúes mesopotamianos que habían encontrado en la observancia babilónica del séptimo día, el shabatum.

Aunque los maestros de Salem mucho hicieron por redefinir y elevar las religiones de la Mesopotamia, no tuvieron éxito en hacer que los varios pueblos reconocieran en forma permanente a un Dios único. Estas enseñanzas ganaron ascendencia durante más de ciento cincuenta años y luego gradualmente fueron reemplazadas por las creencias más antiguas en una multiplicidad de deidades.

Los maestros de Salem redujeron grandemente el número de dioses de la Mesopotamia, limitando en cierto momento las deidades principales a siete: Bel, Shamash, Nabu, Anu, Ea, Marduc y Sin. En la cumbre de sus nuevas enseñanzas exaltaron a tres de estos dioses por encima de todos los demás, la tríada de Babilonia: Bel, Ea y Anu, los dioses de la tierra, el mar y el cielo. Otras tríadas se originaron en diferentes localidades, reminiscentes todos de las enseñanzas de la trinidad transmitidas por los anditas y los sumerios y basadas en las creencias de los salemitas en la insignia de los tres círculos de Melquisedek.

Los maestros salemitas no sobrecogieron nunca plenamente la popularidad de Ishtar, madre de los dioses y espíritu de la fertilidad sexual. Mucho hicieron por refinar la adoración de esta diosa, pero los babilónicos y sus vecinos no habían superado nunca completamente ciertas formas solapadas de cultos sexuales. Se había vuelto práctica universal en toda Mesopotamia que las mujeres se sometieran, por lo menos una vez en su juventud, al abrazo de extraños; esto se consideraba una devoción exigida por Ishtar, y se creía que la fertilidad dependía en gran parte de este sacrificio sexual.

El primer progreso de las enseñanzas de Melquisedek fue altamente gratificante hasta que Nabodad, el líder de la escuela de Cis, decidió librar un ataque concentrado contra las difundidas prácticas de prostitución en el templo. Pero los misioneros de Salem fracasaron en su esfuerzo de efectuar esta reforma social, y este naufragio arrastró consigo todas sus enseñanzas espirituales y filosóficas más importantes.

Esta derrota del evangelio de Salem fue seguida inmediatamente por un gran crecimiento del culto a Ishtar, rito que ya había invadido Palestina con el nombre de Astoret, Egipto como Isis, Grecia como Afrodita, y las tribus norteñas como Astarte. Y fue en relación con este renacimiento de la adoración a Ishtar, en que los sacerdotes babilónicos nuevamente volvieron los ojos hacia las estrellas; la astrología experimentó su último gran renacimiento en la Mesopotamia, se puso de moda la adivinanza, y durante siglos el sacerdocio se fue deteriorando cada vez más.

Melquisedek había advertido a sus seguidores que enseñaran el Dios único, el Padre y Hacedor de todos, y que predicaran tan sólo el evangelio del favor divino mediante la sola fe. Pero ha sido frecuentemente error de los maestros de nuevas verdades intentar demasiado, intentar suplantar la evolución lenta por la revolución repentina. Los misioneros de Melquisedek en Mesopotamia elevaron excesivamente las normas morales para el pueblo; intentaron demasiado, y su noble causa fue derrotada. Se les había comisionado que predicaran un evangelio definido, que proclamaran la verdad de la realidad del Padre Universal, pero se embrollaron en una causa aparentemente noble de reforma de hábitos, y de esta manera su gran misión se desvió y virtualmente se perdió en la frustración y el olvido.

En una generación el centro de Salem en Cis llegó a su fin, y la propaganda a favor de la creencia en un solo Dios virtualmente cesó por toda Mesopotamia. Pero los residuos de las escuelas salemitas persistieron. Pequeños grupos aquí y allá continuaron creyendo en el Creador único y luchando contra la idolatría e inmoralidad de los sacerdotes mesopotamianos.

Fueron los misioneros de Salem del período siguiente al rechazo de su enseñanza quienes escribieron muchos de los salmos del Antiguo Testamento, inscribiéndolos en piedra, allí donde los sacerdotes hebreos de tiempos más recientes los encontraron durante su cautiverio y posteriormente los incorporaron en la colección de himnos adscritos a los autores judíos. Estos hermosos salmos de Babilonia no fueron escritos en los templos de Bel-Marduc; fueron obra de los descendientes de los misioneros salemitas de tiempos anteriores, y ofrecen un contraste notable respecto de los conglomerados mágicos de los sacerdotes babilónicos. El libro de Job es un reflejo bastante bueno de las enseñanzas de la escuela de Salem en Cis y en toda Mesopotamia.

Mucha de la cultura religiosa de Mesopotamia se abrió camino en la literatura hebrea y en su liturgia por Egipto a través de los trabajos de Amenemope e Ikhnaton. Los egipcios conservaron notablemente las enseñanzas de la obligación social derivada de los mesopotamianos anditas más primitivos y perdidas, en gran parte por los babilónicos más recientes que habitaron el valle del Éufrates.

2. LA PRIMITIVA RELIGIÓN EGIPCIA

Las enseñanzas originales de Melquisedek en realidad se arraigaron más fuertemente en Egipto, y desde allí posteriormente se difundieron en Europa. La religión evolucionaria del valle del Nilo fue periódicamente enaltecida por la llegada de cepas superiores de noditas, adanitas y pueblos anditas más recientes provenientes del valle del Éufrates. De vez en cuando, muchos de los administradores civiles egipcios eran sumerios. Así como la India en esos días cobijaba la mezcla más grande de razas del mundo, del mismo modo Egipto fomentó el tipo más completamente mezclado de filosofía religiosa que se pudiera encontrar en Urantia, y desde el valle del Nilo éste se difundió a muchas partes del mundo. Los judíos recibieron mucho de su idea de la creación del mundo de los babilónicos, pero éstos derivaron el concepto de la Providencia divina de los egipcios.

Fueron tendencias políticas y morales más bien que filosóficas o religiosas las que hicieron que Egipto fuera terreno más fértil para las enseñanzas de Salem que la Mesopotamia. Cada líder tribal en Egipto, después de pelear hasta llegar al trono, buscaba perpetuar su dinastía proclamando a su dios tribal como deidad original y creador de todos los demás dioses. De esta manera, los egipcios se fueron acostumbrando paulatinamente a la idea de un superdios, lo cual representó un paso hacia la doctrina posterior de la Deidad universal creadora. La idea del monoteísmo tuvo en Egipto altos y bajos durante muchos siglos, ganando terreno constantemente pero sin llegar a dominar por completo los conceptos evolutivos del politeísmo.

Durante muchas edades los pueblos egipcios se habían dedicado a la adoración de los dioses de la naturaleza; más particularmente, cada una de las cuarenta tribus distintas tenía su propio dios especial: una adoraba al toro, otra al león, una tercera al carnero y así sucesivamente. Aun antes estas tribus adoraban su tótem muy parecido a los amerindios.

Con el tiempo los egipcios observaron que los cadáveres colocados en las tumbas sin ladrillos eran preservados —embalsamados— por la acción de la arena impregnada de soda, mientras que aquellos cadáveres enterrados en bóvedas de ladrillos se descomponían. Estas observaciones condujeron a aquellos experimentos que dieron como resultado la práctica posterior de embalsamar a los muertos. Los egipcios creían que la preservación del cuerpo facilitaba el pasaje del muerto a la vida futura. Para que el individuo pudiera ser identificado en forma apropiada en el futuro distante después de la putrefacción del cuerpo, colocaban una estatua fúnebre en la tumba junto con el cadáver y esculpían un retrato sobre el ataúd. El esculpir estas estatuas fúnebres llevó un gran mejoramiento del arte egipcio.

Durante siglos los egipcios tenían fe en las tumbas como salvaguardia del cuerpo y consiguiente supervivencia placentera después de la muerte. La evolución posterior de prácticas mágicas, aunque engorrosas durante toda la vida desde la cuna hasta la tumba, los redimió muy eficazmente de la religión de las tumbas. Los sacerdotes inscribían sobre el ataúd textos encantados que se creían protegían contra el peligro de que «se le arrancara al hombre el corazón en el mundo inferior». Finalmente se coleccionaron y preservaron selecciones varias de estos textos mágicos bajo el nombre de el Libro de los Muertos. Pero en el valle del Nilo el ritual mágico se mezcló muy pronto con los mundos de la conciencia y del carácter, en una forma pocas veces alcanzada por los rituales de aquellos días. Y posteriormente se creyó en la salvación por medio de estos ideales éticos y morales, en vez de confiar en tumbas elaboradas.

Las supersticiones de estos tiempos están bien ilustradas por la creencia general en la eficacia del esputo como agente curativo, una idea que se había originado en Egipto y se difundió desde allí a Arabia y Mesopotamia. En la legendaria batalla de Horus contra Set, el joven dios perdió el ojo, pero una vez que Set fue vencido, el ojo de Horus fue restaurado por el sabio dios Thoth, quien escupió sobre la herida y la curó.

Los egipcios por mucho tiempo creyeron que las estrellas centelleantes en el cielo nocturno representaban la supervivencia de las almas de los muertos virtuosos; otros sobrevivientes, según ellos, eran absorbidos por el sol. Durante cierto período, la veneración solar se volvió una especie de adoración de los antepasados. El pasaje inclinado de entrada a la gran pirámide estaba construido en dirección hacia la estrella polar para que el alma del rey, al surgir de la tumba, pudiera ir derecho a las constelaciones estacionarias y establecidas de las estrellas fijas, la supuesta morada de los reyes.

Cuando los rayos oblicuos del sol llegaban a la tierra a través de un claro entre las nubes, se creía que eso simbolizaba el descenso de una escalinata celestial para que ascendieran el rey y otras almas justas. «El rey Pepi derramó su resplandor como una escalinata bajo sus pies por la que pudiera ascender hasta su madre».

Cuando Melquisedek apareció en la carne, los egipcios tenían una religión mucho más elevada que la de los pueblos circunvecinos. Creían que un alma incorpórea, si iba adecuadamente armada de fórmulas mágicas, podía evadir a los espíritus malignos que interviniesen y abrirse camino hasta la sala del juicio de Osiris, donde, si era inocente de «asesinato, robo, falsedad, adulterio, hurto y egoísmo», sería admitida a los reinos de la felicidad. Si se pesaba esta alma en las balanzas y se la hallaba faltante, sería enviada al infierno, a la Devoradora. Era éste, relativamente, un concepto avanzado de una vida futura en comparación con las creencias de muchos pueblos circunvecinos.

El concepto del juicio en el más allá por los pecados en la vida terrenal encontrado en la teología hebrea, provino de Egipto. La palabra juicio aparece sólo una vez en el entero Libro de los salmos hebreos, y ese salmo particular fue escrito por un egipcio.

3. LA EVOLUCIÓN DE LOS CONCEPTOS MORALES

Aunque la cultura y religión de Egipto se habían derivado principalmente de la Mesopotamia andita y en su mayor parte transmitido a las civilizaciones subsiguientes a través de los hebreos y los griegos, muchísimo del idealismo social y ético de los egipcios surgió en el valle del Nilo como puro desarrollo evolucionario. A pesar de la importación de mucha verdad y cultura de origen andita, se evolucionó en Egipto más cultura moral como desarrollo puramente humano que la que apareciera por técnicas naturales similares en ninguna otra zona circunscrita antes de la encarnación de Micael.

La evolución moral no depende totalmente de la revelación. Se pueden derivar altos conceptos morales de la experiencia propia del hombre. El hombre puede incluso evolucionar valores espirituales y derivar compenetración cósmica de su vida personal experiencial, porque en él reside un espíritu divino. Estas evoluciones naturales de la conciencia y del carácter también fueron aumentadas por la llegada periódica de maestros de la verdad, provenientes en los tiempos antiguos del segundo Edén, más adelante desde la central de Melquisedek en Salem.

Miles de años antes de que penetrara en Egipto el evangelio salemita, sus líderes morales enseñaron justicia, rectitud y a evitar la avaricia. Tres mil años antes de que se escribieran las escrituras hebreas, la máxima de los egipcios era: «De buena reputación es el hombre cuya norma es la rectitud; que camina de acuerdo con la rectitud». Enseñaron suavidad, moderación y discreción. El mensaje de uno de los grandes maestros de esa época fue: «Haz justicia y trata a todos con rectitud». La tríada egipcia de esta edad era Verdad-Justicia-Rectitud. De todas las religiones puramente humanas de Urantia ninguna sobrepasó jamás los ideales sociales y la grandeza moral de este humanismo que existió antiguamente en el valle del Nilo.

En el fértil terreno de estas ideas éticas e ideales morales en evolución florecieron las doctrinas sobrevivientes de la religión salemita. Los conceptos del bien y el mal encontraron una respuesta pronta en el corazón de un pueblo que creía que «se da la vida a los pacíficos, la muerte a los culpables». «El pacífico es aquel que hace lo que se ama; el culpable es aquel que hace lo que se odia». Durante siglos los habitantes del valle del Nilo vivieron de acuerdo con estas normas éticas y sociales que surgieron antes de que aparecieran los conceptos más recientes del bien y del mal —de lo bueno y lo malo.

Egipto fue un país de valores intelectuales y morales, pero no muy espiritual. Durante seis mil años sólo surgieron cuatro grandes profetas entre los egipcios. Amenemope fue escuchado durante un período; Okhbán fue asesinado; Ikhnaton fue aceptado pero no de todo corazón y tan sólo por una corta generación; Moisés fue rechazado. Nuevamente fue por circunstancias políticas más bien que religiosas que le resultó fácil a Abraham y, más adelante, a José ejercer gran influencia en todo Egipto a favor de las enseñanzas salemitas de un Dios único. Pero cuando los misioneros de Salem entraron primero a Egipto, encontraron esta cultura altamente ética de evolución combinada con las normas morales modificadas de los inmigrantes mesopotámicos. Estos primitivos maestros del valle del Nilo fueron los primeros en proclamar la conciencia como mandato de Dios, la voz de la Deidad.

4. LAS ENSEÑANZAS DE AMENEMOPE

A su debido tiempo creció en Egipto un maestro llamado por muchos el «hijo del hombre» y por otros Amenemope. Este vidente exaltó la conciencia a su más alta cúspide de arbitraje entre el bien y el mal, enseñó el castigo por el pecado, y proclamó la salvación mediante la intervención de la deidad solar.

Amenemope enseñó que las riquezas y la fortuna eran dones de Dios, y este concepto coloreó profundamente la filosofía hebrea que surgió más adelante. Este noble maestro creía que la conciencia de Dios era el factor determinante de toda conducta; que cada momento debía vivirse en la comprensión de la presencia de Dios y de la responsabilidad que se le debía. Las enseñanzas de este sabio fueron posteriormente traducidas al hebreo y se tornaron el libro sagrado de ese pueblo mucho antes de que se redujera a escritura el Antiguo Testamento. La predicación principal de este buen hombre tuvo que ver con instruir a su hijo en la rectitud y honestidad en las posiciones gubernamentales de confianza, y estos nobles sentimientos de antaño harían honor a cualquier estadista moderno.

Este hombre sabio del Nilo enseñó que «las riquezas crecen alas y vuelan» —que todas las cosas terrestres son evanescentes. Su oración más sentida era «sálvame del temor». El exhortó a todos a que prestaran oído sordo a las «palabras de los hombres» para escuchar en cambio «los actos de Dios». En sustancia enseñó: el hombre propone pero Dios dispone. Sus enseñanzas, traducidas al hebreo, determinaron la filosofía del Libro de los proverbios del Antiguo Testamento. Traducidos al griego, colorearon toda la filosofía religiosa helénica subsiguiente. El filósofo alejandrino más reciente, Filón, poseía un ejemplar del Libro de la sabiduría.

Amenemope supo conservar la ética de la evolución y la moral de la revelación y en sus escritos las transmitió a los hebreos y a los griegos. No fue el más grande de los maestros religiosos de esa época, pero fue el que tuvo más influencia en cuanto tiñó el pensamiento ulterior de dos eslabones vitales en el crecimiento de la civilización occidental: los hebreos, entre quienes evolucionó la cumbre de la fe religiosa occidental, y los griegos, que desarrollaron el pensamiento filosófico puro hasta sus más altos niveles europeos.

En el Libro de los proverbios hebreos, los capítulos quince, diecisiete, veinte y veintidós, verso diecisiete hasta el capítulo veinticuatro, verso veintidós, fueron tomados casi textualmente del Libro de la sabiduría de Amenemope. El primer salmo del Libro de los salmos hebreos fue escrito por Amenemope y es la esencia de las enseñanzas de Ikhnaton.

5. EL NOTABLE IKHNATON

Las enseñanzas de Amenemope iban lentamente perdiendo su influencia sobre la mente egipcia cuando, mediante la influencia de un médico salemita egipcio, una mujer de la familia real adoptó las enseñanzas de Melquisedek. Esta mujer convenció a su hijo Ikhnaton, faraón de Egipto, a que aceptara estas doctrinas del Dios Único.

Desde la desaparición de Melquisedek de la carne, ningún ser humano hasta ese momento había poseído como Ikhnaton un concepto tan sorprendentemente claro de la religión revelada salemita. En algunos aspectos este joven rey egipcio es una de las personas más notables de la historia humana. Durante esta época de cada vez mayor depresión espiritual en Mesopotamia, mantuvo viva la doctrina de El Elyón, el Dios Único, en Egipto, manteniendo así el canal monoteísta filosófico que fue vital más adelante como base religiosa para el autootorgamiento futuro de Micael. Fue en reconocimiento de este logro, entre otras razones, que el niño Jesús fue llevado a Egipto, donde algunos de los sucesores espirituales de Ikhnaton le vieron y hasta cierto punto comprendieron ciertas fases de su misión divina en Urantia.

Moisés, la más grande personalidad entre Melquisedek y Jesús, fue un regalo conjunto al mundo de la raza hebrea y de la familia real egipcia; y si Ikhnaton hubiese poseído la versatilidad y habilidad de Moisés, se habría manifestado como genio político a la vez que por su sorprendente liderazgo religioso, Egipto se habría vuelto la gran nación monoteísta de esa edad; y si esto hubiese sucedido, es posible tal vez que Jesús podría haber vivido la mayor parte de su vida mortal en Egipto.

Jamás en la historia procedió ningún rey tan metódicamente para llevar a una entera nación del politeísmo al monoteísmo tal como lo hizo este extraordinario Ikhnaton. Con la más sorprendente determinación este joven gobernante rompió con el pasado, cambió su nombre, abandonó su capital, construyó una ciudad enteramente nueva, y creó un nuevo arte y nueva literatura para todo un pueblo. Pero fue demasiado rápido; construyó demasiado, más de lo que podía sobrevivir una vez que hubiese desaparecido. Nuevamente, no supo proveer la estabilidad y prosperidad material de su pueblo, todo lo cual reaccionó desfavorablemente contra sus enseñanzas religiosas cuando las subsiguientes mareas de adversidad y opresión sobrecogieron a los egipcios.

Si este hombre de sorprendentemente clara visión y extraordinaria singularidad de propósito hubiese tenido la sagacidad política de Moisés, habría cambiado toda la historia de la evolución de la religión y de la revelación de la verdad en el mundo occidental. Durante su vida fue capaz de refrenar las actividades de los sacerdotes, a quienes en general él desacreditó, pero mantuvieron sus cultos en secreto y se arrojaron a la acción en cuanto el joven rey desapareció del poder; y no fueron lentos en relacionar todos los problemas subsiguientes que sufriera Egipto con el establecimiento del monoteísmo durante su reinado.

Muy sabiamente Ikhnaton trató de establecer el monoteísmo bajo el aspecto del dios solar. Esta decisión de plantear la adoración del Padre Universal absorbiendo a todos los dioses en la adoración del sol se debió al consejo del médico salemita. Ikhnaton tomó las doctrinas generalizadas de la entonces existente fe atónica sobre la paternidad y maternidad de la Deidad y creó una religión que reconocía a una íntima relación de adoración entre el hombre y Dios.

Ikhnaton fue lo suficientemente sabio como para mantener la adoración exterior de Atón, el dios solar, mientras que condujo a sus asociados en la adoración del Dios único, creador de Atón y supremo Padre de todos. Este joven rey maestro fue un escritor prolífico, siendo el autor de la exposición que lleva por título «El Dios Único», un libro de treinta y un capítulos, que los sacerdotes, cuando volvieron al poder, destruyeron hasta el último ejemplar. Ikhnaton también escribió ciento treinta y siete himnos, doce de los cuales están preservados en el Libro de salmos del Antiguo Testamento, acreditados a un autor hebreo.

La palabra suprema de la religión de Ikhnaton en la vida diaria era «rectitud», y rápidamente expandió el concepto de la rectitud para que abrazara la ética internacional a la vez que la nacional. Ésta fue una generación de sorprendente piedad personal y fue caracterizada por una genuina aspiración entre los hombres y las mujeres más inteligentes de encontrar a Dios y de conocerlo. En aquellos días la posición social o la riqueza no ofrecía ninguna ventaja a los egipcios ante los ojos de la ley. La vida familiar en Egipto hizo mucho para preservar y aumentar la cultura moral y fue posteriormente la inspiración de la excelsa vida familiar de los judíos en Palestina.

La debilidad fatal del evangelio de Ikhnaton estribó en su verdad más grande, la enseñanza de que Atón era no sólo el creador de Egipto sino también de «todo el mundo, hombre y bestias, y todas las tierras extranjeras, aun Siria y Kush, además de esta tierra de Egipto. Todo lo coloca en su lugar y provee por las necesidades de todos». Estos conceptos de la Deidad eran elevados y exaltados, pero no eran nacionalistas. Estos sentimientos de internacionalidad en la religión no podían mejorar el estado de ánimo del ejército egipcio en el campo de batalla, aunque sí proveían armas eficaces para los sacerdotes para que los usaran contra el joven rey y su nueva religión. Tenía un concepto de la Deidad muy por encima de la de los hebreos posteriores, pero era demasiado avanzado para servir los objetivos del constructor de una nación.

Aunque el ideal monoteísta sufrió con la muerte de Ikhnaton, la idea de un Dios único persistió en la mente de muchos grupos. El yerno de Ikhnaton siguió a los sacerdotes, volviendo a la adoración de los viejos dioses y cambiando su nombre a Tutankhamén. La capital volvió a Tebes, y los sacerdotes se enriquecieron con la tierra, ganando eventualmente la posesión de un séptimo de todo Egipto; y finalmente uno de entre la fila de los sacerdotes se atrevió a tomarse el trono.

Pero los sacerdotes no pudieron sobrecoger completamente la oleada monoteísta. Cada vez más se vieron obligados a combinar sus dioses; más y más la familia de los dioses se achicaba. Ikhnaton había asociado el disco inflamado de los cielos con el Dios creador, y esta idea continuó albergándose en el corazón de los hombres, aun de los sacerdotes, mucho después de la muerte del joven reformador. Jamás murió completamente este concepto del monoteísmo en el corazón de los hombres de Egipto y en el mundo. Persistió aun hasta la llegada del Hijo Creador de ese mismo

Padre divino, el Dios único a quien Ikhnaton había tan celosamente proclamado para que todo Egipto lo adorara.

La debilidad de la doctrina de Ikhnaton yacía en el hecho de que proponía una religión tan avanzada que tan sólo los egipcios instruidos podían comprender plenamente sus enseñanzas. La masa de los trabajadores de la tierra nunca captó plenamente su evangelio y por lo tanto estaba lista para volver con los sacerdotes a la adoración antigua de Isis y de su consorte Osiris, quien supuestamente había resucitado milagrosamente de la muerte cruel a manos de Set, el dios de la oscuridad y del mal.

La enseñanza de la inmortalidad para todos los hombres era demasiado avanzada para los egipcios. Sólo los reyes y los ricos tenían la promesa de la resurrección; por lo tanto, embalsamaban y preservaban tan cuidadosamente sus cuerpos en las tumbas para el día del juicio. Pero la democracia de la salvación y resurrección tal como la enseñó Ikhnaton finalmente prevaleció, hasta el grado en que los egipcios más adelante creyeron en la supervivencia aun de los animales.

Aunque el esfuerzo de este gobernante egipcio por imponer la adoración del Dios único a su pueblo aparentemente fracasó, es necesario que registremos que las repercusiones de su trabajo persistieron durante siglos tanto en Palestina como en Grecia, y que Egipto de este modo se tornó el agente de transmisión de la cultura evolucionaria combinada del Nilo y de la religión reveladora del Éufrates para todos los pueblos subsiguientes del occidente.

La gloria de esta gran era de desarrollo moral y crecimiento espiritual en el valle del Nilo estaba pasando rápidamente alrededor del tiempo en que estaba comenzando la vida nacional de los hebreos, y después de su estadía en Egipto estos beduinos se llevaron consigo muchas de estas enseñanzas y perpetuaron muchas de las doctrinas de Ikhnaton en su religión racial.

6. Las doctrinas de Salem en Irán

Desde Palestina algunos de los misioneros Melquisedek pasaron a través de Mesopotamia a la gran llanura de Irán. Durante más de quinientos años los maestros de Salem progresaron en Irán, y la nación entera estaba a punto de adoptar la religión de Melquisedek cuando un cambio de gobernantes precipitó la persecución amarga que prácticamente puso fin a las enseñanzas monoteístas del culto salemita. La doctrina del pacto abrahámico virtualmente se extinguió en Persia cuando, en aquel gran siglo del renacimiento moral, el sexto siglo antes de Cristo, apareció Zoroastro, reavivando las brasas del evangelio de Salem.

Este fundador de una nueva religión era un joven aventuroso y viril quien, en su primer peregrinaje a Ur en Mesopotamia, había aprendido de las tradiciones de Caligastia y de la rebelión de Lucifer —juntamente con muchas otras tradiciones— todo lo cual hizo gran impresión sobre su naturaleza religiosa. Por consiguiente, como resultado de un sueño mientras estaba en Ur, decidió volver a su hogar norteño para remodelar la religión de su pueblo. Había asimilado la idea hebraica del Dios de la justicia, el concepto mosaico de divinidad. La idea de un Dios supremo estaba clara en su mente, y degradó a todos los demás dioses como diablos, consignándolos a las filas de los demonios de los cuales había oído hablar en Mesopotamia. Había aprendido de la historia de los Siete Espíritus Rectores puesto que esta tradición aún existía en Ur y, por eso, creó un firmamento de siete dioses supremos con Aura-Mazda a su cabeza. Asoció a estos dioses subordinados con la idealización de la Ley Justa, el Buen Pensamiento, el Gobierno Noble, el Carácter Santo, la Salud y la Inmortalidad.

Esta nueva religión era una religión de acción —de trabajo— no de oraciones ni rituales. Su Dios era un ser de suprema sabiduría y el patrono de la civilización; era una filosofía religiosa militante que se atrevía a batallar con el mal, la pereza y el atraso.

Zoroastro no enseñó la adoración del fuego sino que trató de utilizar la llama como símbolo del Espíritu puro y sabio de dominio universal y supremo. (Es verdad que sus seguidores más recientes reverenciaron y adoraron este fuego simbólico). Finalmente, cuando un príncipe iranio se convirtió, esta nueva religión se difundió por la espada. Y Zoroastro murió heroicamente en una batalla por lo que creía la «verdad del Señor de la luz».

El zoroastrismo es el único credo urantiano que perpetúa las enseñanzas edénicas y dalamatianas sobre los Siete Espíritus Rectores. Aunque no supo desarrollar el concepto de la Trinidad, se acercó en cierto modo al concepto de Dios el Séptuplo. El zoroastrismo original no era puro dualismo; aunque las enseñanzas primitivas ilustraron el mal como una coordinada temporal de la bondad, estaba definitivamente sumergido en la eternidad en la realidad última de la bondad. Sólo en tiempos posteriores ganó terreno la creencia de que el bien y el mal competían en planos equivalentes.

Las tradiciones judías del cielo y del infierno y la doctrina de los diablos tal como se la encuentra en las escrituras hebreas, aunque estaban fundadas en las tradiciones residuales de Lucifer y Caligastia, se derivaron principalmente del zoroastrismo durante los tiempos en que los judíos estuvieron bajo el dominio político y cultural de los persas. Zoroastro, tal como los egipcios, enseñó el «día del juicio», pero relacionó este evento con el fin del mundo.

Aun la religión que sucedió al zoroastrismo en Persia estuvo marcadamente influida por éste. Cuando los sacerdotes iranios trataron de derribar las enseñanzas de Zoroastro, resucitaron la antigua adoración de Mitra, y el mitraísmo se difundió a lo largo y a lo ancho del Levante y de las regiones mediterráneas, siendo durante cierto tiempo contemporal tanto del judaísmo como del cristianismo. Las enseñanzas de Zoroastro de esta manera dejaron su huella sucesivamente sobre tres grandes religiones: el judaísmo y el cristianismo y a través de ellos, el mahometanismo.

Pero hay gran distancia entre las enseñanzas excelsas y los nobles salmos de Zoroastro y las perversiones modernas de su evangelio por parte de los persas con su gran temor de los muertos, combinado con las creencias en las sofisterías que Zoroastro jamás se dignó considerar.

Este gran hombre formó parte de ese grupo único que surgió en el siglo sexto antes de Cristo para que la luz de Salem no se apagara completamente y para siempre; en ese período en que brillaba tan exiguamente como para mostrar al hombre en su mundo oscurecido el camino de la luz que lleva a la vida eterna.

7. LAS ENSEÑANZAS DE SALEM EN ARABIA

Las enseñanzas de Melquisedek sobre el Dios único se establecieron en el desierto árabe en fecha comparativamente reciente. Así como fracasaron en Grecia, los misioneros de Salem también fracasaron en Arabia debido a su errónea comprensión de las instrucciones de Maquiventa sobre un exceso de organización. Pero no se vieron obstaculizados por su interpretación de las exhortaciones de éste contra todo esfuerzo por difundir el evangelio por la fuerza militar y la obligación civil.

Ni siquiera en la China ni en Roma fracasaron más completamente las enseñanzas de Melquisedek que en esta región desértica tan cercana a Salem mismo. Mucho después de que la mayoría de los pueblos del oriente y del occidente se volvieran budistas y cristianos respectivamente, el desierto de Arabia continuaba como lo había hecho durante miles de años. Cada tribu adoraba a sus antiguos fetiches, y muchas familias tenían sus propios dioses de la casa. Por mucho tiempo continuó la lucha entre Istar babilónica, Yahvé hebreo, Aura iranio y el Padre cristiano del Señor Jesucristo. Jamás pudo un concepto desplazar completamente a los otros.

Aquí y allí a lo largo y a lo ancho de Arabia hubo familias y clanes que se aferraron a una idea nebulosa del Dios único. Dichos grupos atesoraban las tradiciones de Melquisedek, Abraham, Moisés y Zoroastro. Hubo numerosos centros que podían haber respondido al evangelio jesuístico, pero los misioneros cristianos de las tierras desérticas constituían un grupo austero y rígido en contraste con los misioneros innovadores y prontos al compromiso que hicieron obra en los países mediterráneos. Si los seguidores de Jesús hubiesen tomado más en serio su exhortación de «ir a todo el mundo y predicar el evangelio», y hubiesen sido más graciosos en esa predicación, menos rígidos en las exigencias sociales colaterales de su propia invención, muchas tierras habrían recibido con alegría el sencillo evangelio del hijo del carpintero, Arabia entre ellas.

A pesar del hecho de que los grandes monoteísmos levantinos no consiguieron arraigarse en Arabia, esta tierra desértica fue capaz de producir una fe que, aunque menos exigente en sus requisitos sociales, fue sin embargo monoteísta.

Había un solo factor de naturaleza tribal, racial o nacional, en las creencias primitivas y desorganizadas del desierto, y ése era el respeto peculiar y general que casi todas las tribus árabes tenían por cierto fetiche que era una piedra oscura situada en cierto templo de Meca. Este punto de contacto común y reverencia posteriormente llevó al establecimiento de la religión islámica. Lo que Yahvé, el espíritu del volcán, fue para los semitas judíos, la piedra Kaaba llegó a ser para sus primos árabes.

La fuerza de Islam ha sido su presentación clara y bien definida de Alá como Deidad singular y única; su debilidad, el uso de la fuerza de las armas para su difusión, juntamente con la degradación de la mujer. Pero esta religión se ha mantenido fiel a la idea de la Deidad Única Universal de todos, «quien conoce lo invisible y lo visible. Él es el misericordioso y el compasionado». «Dios es verdaderamente pletórico de bondad para con todos los hombres». «Y cuando estoy enfermo, él es quien me cura». «Porque dondequiera que tres hombres hablen juntos, Dios está presente y es el cuarto», porque ¿acaso no es él «el primero y el último, aquel que se ve y aquel que está oculto»?

[Presentado por un Melquisedek de Nebadon.]

DOCUMENTO 96

YAHVÉ —EL DIOS DE LOS HEBREOS

AL CONCEBIR la Deidad, el hombre al principio incluye a todos los dioses, luego subordina todos los dioses extraños a su deidad tribal, y finalmente excluye a todos excepto el Dios único de valor final y supremo. Los judíos sintetizaron a todos los dioses en su más sublime concepto del Señor Dios de Israel. Los hindúes de la misma manera combinaron sus deidades múltiples en «una espiritualidad única de los dioses» descrita en el Rig Veda, mientras que los mesopotamios redujeron a sus dioses al concepto más centralizado de Bel Marduc. Estas ideas monoteístas maduraron en todo el mundo no mucho después de la aparición de Maquiventa Melquisedek en Salem de Palestina. Pero el concepto de Deidad de Melquisedek era distinto de la filosofía evolucionaria de inclusión, subordinación y exclusión; estaba basado exclusivamente en el *poder creador* y muy pronto influyó en los conceptos más altos de deidad en Mesopotamia, la India y Egipto.

La religión de Salem era reverenciada como tradición por los ceneos y varias otras tribus cananeas. Y éste fue uno de los propósitos de la encarnación de Melquisedek: que una religión de un solo Dios fuera fomentada de manera tal como para preparar el camino para el autootorgamiento en la tierra de un Hijo de ese Dios único. Micael no podía venir a Urantia hasta que existiese un pueblo que creyera en el Padre Universal y en el cual él pudiese aparecer.

La religión salemita persistió entre los ceneos en Palestina como su credo, y esta religión, tal como fue adoptada más adelante por los hebreos, recibió primero la influencia de las enseñanzas morales de los egipcios; más adelante, el pensamiento teológico babilónico; y en último término, los conceptos iranios del bien y del mal. En forma factual la religión hebrea está cimentada sobre el pacto entre Abraham y Maquiventa Melquisedek, evolucionalmente es la consecuencia de muchas circunstancias únicas de ubicación, pero culturalmente ha sabido pedir prestado libremente de la religión, de la moralidad y de la filosofía de todo el Levante. Es a través de la religión hebrea que mucha de la moralidad y del pensamiento religioso de Egipto, Mesopotamia e Irán fueron transmitidos a los pueblos occidentales.

1. LOS CONCEPTOS DE LA DEIDAD ENTRE LOS SEMITAS

Los semitas primitivos consideraban que todo tenía en sí a un espíritu residente. Había espíritus del mundo animal y el mundo vegetal; espíritus anuales, el señor de la progenie, espíritus del fuego, el agua y el aire; un verdadero panteón de espíritus que debían ser temidos y adorados. Y las enseñanzas de Melquisedek sobre un Creador Universal nunca destruyeron plenamente la creencia en estos espíritus subordinados o dioses de la naturaleza.

El progreso de los hebreos de politeísmo a través del henoteísmo al monoteísmo no fue un desarrollo conceptual continuo y sin interrupciones. Experimentaron muchos retrocesos en la evolución de sus conceptos de Deidad, mientras que en cualquiera de la épocas existieron ideas variables de Dios entre los distintos grupos de creyentes semitas. De vez en cuando numerosos términos fueron aplicados a sus conceptos de Dios, y para prevenir la confusión estos varios títulos de Deidad serán definidos en cuanto pertenecen a la evolución de la teología judía:

1. *Yahvé* fue el dios de las tribus del sur de Palestina, que asociaron este concepto de deidad con el Monte Horeb, el volcán del Sinaí. Yahvé era tan sólo uno de los cientos y los miles de dioses de la naturaleza que mantenían la atención y reclamaban la adoración de las tribus y pueblos semitas.

2. *El Elyón.* Durante siglos después de la estadía de Melquisedek en Salem su doctrina de la Deidad persistió en varias versiones pero fue generalmente denominada por el término El Elyón, el Dios Altísimo del cielo. Muchos semitas, incluyendo los descendientes inmediatos de Abraham, en distintas épocas adoraron tanto a Yahvé como a El Elyón.

3. *El Shaddai.* Es difícil explicar qué representaba El Shaddai. Esta idea de Dios era un compuesto derivado de las enseñanzas del Libro de la sabiduría de Amenemope, modificadas por la doctrina ikhnatonica de Atón y ulteriormente influidas por las enseñanzas de Melquisedek contenidas en el concepto de El Elyón. Pero en la forma en que el concepto de El Shaddai permeó la mente hebrea, se tornó completamente coloreado con las creencias yahveítas del desierto.

Una de las ideas dominantes de la religión de esta era fue el concepto egipcio de la Providencia divina, la enseñanza de que la prosperidad material fuese un premio por servir a El Shaddai.

4. *El.* Entre toda esta confusión de terminología y nubosidad de concepto, muchos creyentes devotos intentaron sinceramente adorar todas estas ideas evolutivas de la divinidad y creció la práctica de referirse a esta Deidad compuesta como El. Y este término incluía aún otros de los dioses de la naturaleza de los beduinos.

5. *Elohim.* En Cis y en Ur, por mucho tiempo persistieron grupos sumerio-caldeos que enseñaron un concepto de Dios de tres en uno fundado en las tradiciones de los días de Adán y de Melquisedek. Esta doctrina fue llevada a Egipto, donde esta Trinidad fue adorada bajo el nombre de Elohim, o en singular, como Eloah. Los círculos filosóficos de Egipto y más adelante los maestros alejandrinos de extracción hebraica enseñaron esta unidad de dioses pluralísticos, y muchos de los consejeros de Moisés a tiempo del éxodo, creían en esta Trinidad. Pero el concepto del Elohim trinitario nunca se volvió una parte auténtica de la teología hebrea hasta después de que los hebreos recibieran la influencia política de los babilonios.

6. *Nombres varios.* A los semitas no les gustaba pronunciar el nombre de su Deidad, y por consiguiente recurrieron a numerosos apelativos de vez en cuando, tales como: el Espíritu de Dios, el Señor, el Ángel del Señor, el Todopoderoso, el Santísimo, el Altísimo, Adonai, el Anciano de los Días, el Señor Dios de Israel, el Creador del Cielo y de la Tierra, Kyriós, Yah, el Señor de las Huestes y el Padre en el Cielo.

Jehová es un término que en tiempo reciente ha sido empleado para designar el concepto completo de Yahvé que finalmente ha evolucionado en la larga experiencia hebrea. Pero el nombre Jehová no entró en uso hasta mil quinientos años después de la época de Jesús.

Hasta alrededor del año 2000 a. de J. C., el Monte Sinaí mostró actividades intermitentes volcánicas, con erupciones ocasionales que ocurrieron hasta el momento de la estadía de los israelitas en esta región. El fuego y el humo, juntamente con las explosiones y truenos asociados con las erupciones de esta montaña volcánica, impresionaban y asustaban a los beduinos de las regiones circunvecinas y les hacían temer grandemente a Yahvé. Este espíritu del Monte Horeb más adelante se volvió el Dios de los semitas hebreos, y ellos finalmente creyeron en él como el supremo por encima de todos los demás dioses.

Los cananeos habían reverenciado por mucho tiempo a Yahvé, y aunque muchos de los ceneos creían más o menos en El Elyón, el superdios de la religión de Salem, una mayoría de los cananeos siguieron adorando en forma no estructurada a las viejas deidades tribales. No querían abandonar sus deidades nacionales en favor de un Dios internacional, por no decir un Dios interplanetario. No tenían una tendencia mental hacia una deidad universal, y por consiguiente estas tribus continuaron adorando a sus deidades tribales, incluyendo a Yahvé y los becerros de plata y oro que simbolizaban el concepto de los pastores beduinos del espíritu del volcán Sinaí.

Los sirios, mientras adoraban a sus dioses, también creían en el Yahvé de los hebreos, porque sus profetas dijeron al rey sirio: «Sus dioses son dioses de los montes; por eso fueron más fuertes que nosotros; pero luchemos contra ellos en la llanura, y con seguridad seremos más fuertes que ellos».

A medida que el hombre avanza en la cultura, los dioses menores son subordinados a una deidad suprema. El gran Júpiter persiste solamente como una exclamación. Los monoteístas mantienen a sus dioses subordinados como espíritus, demonios, hados, nereides, duendes, enanos y el mal de ojo. Los hebreos pasaron por el henoteísmo y creyeron durante mucho tiempo en la existencia de dioses distintos de Yahvé, pero cada vez más consideraron que estas deidades extrañas eran subordinadas a Yahvé. Pudieron conceder la actualidad de Quemos, dios de los amoritas, pero mantuvieron que era subordinado a Yahvé.

La idea de Yahvé ha sufrido el desarrollo más profundo de todas las teorías mortales de Dios. Su evolución progresiva tan sólo puede ser comparada con la metamorfosis del concepto de Buda en Asia, que finalmente llevó al concepto del Absoluto Universal justo cuando el concepto de Yahvé finalmente condujo a la idea del Padre Universal. Pero como un asunto de hecho histórico, debe comprenderse que, aunque los judíos cambiaron así sus puntos de vista sobre la Deidad a partir del dios tribal del Monte Horeb al Padre Creador amante y misericordioso de los tiempos más recientes, no cambiaron su nombre; siguieron siempre llamando a este concepto evolutivo de la Deidad, Yahvé.

2. LOS PUEBLOS SEMITAS

Los semitas del este eran jinetes bien organizados y bien dirigidos que invadieron las regiones occidentales de la fértil medialuna y allí se unieron con los babilonios. Los caldeos cerca de Ur estaban entre los más avanzados de los semitas occidentales. Los fenicios eran un grupo superior y bien organizado de semitas mezclados que mantenían la sección occidental de Palestina, a lo largo de la costa mediterránea. En cuanto a raza, los semitas estaban entre los más mezclados de los pueblos urantianos, puesto que exhibían factores hereditarios de casi todas las nueve razas mundiales.

Una y otra vez los semitas árabes se abrieron camino peleando hacia la Tierra Prometida del norte, la tierra que «fluía leche y miel», pero todas las veces fueron rechazados por los semitas y heteos mejor organizados y más altamente civilizados del norte. Más adelante, durante una carestía particularmente grave, estos beduinos vagabundos entraron en Egipto en grandes números como trabajadores contratados para los trabajos públicos egipcios, y se encontraron sufriendo la amarga experiencia de la esclavitud por el duro trabajo diario de los trabajadores comunes y explotados del valle del Nilo.

Fue sólo después de los días de Maquiventa Melquisedek y Abraham que ciertas tribus de los semitas, debido a sus creencias religiosas peculiares, fueron llamados los hijos de Israel y más adelante, hebreos, judíos y el «pueblo elegido». Abraham no fue el padre racial de todos los hebreos; no fue ni siquiera progenitor de todos los semitas beduinos que fueron mantenidos cautivos en Egipto; es cierto que sus vástagos, al salir de Egipto, formaron el núcleo del futuro pueblo judío, pero la vasta mayoría de los hombres y mujeres que se incorporaron en los clanes de Israel no habían vivido nunca en Egipto. Eran simplemente nómadas compañeros que eligieron seguir el liderazgo de Moisés cuando los hijos de Abraham y sus asociados semitas viajaron de Egipto, a través del norte de Arabia.

Las enseñanzas de Melquisedek sobre El Elyón, el Altísimo, y el pacto del favor divino a través de la fe, se había olvidado en gran parte hasta la época de la esclavitud en Egipto de los pueblos semitas que poco tiempo más tarde formarían la nación hebrea. Pero durante este período de cautiverio estos nómadas de Arabia mantuvieron una creencia tradicional residual en Yahvé como su deidad racial.

Yahvé era adorado por más de cien tribus arábigas distintas, y excepto por el vestigio del concepto de El Elyón de Melquisedek que persistía entre las clases más instruidas de Egipto, incluyendo a las cepas mezcladas hebreas y egipcias, la religión de la masa de los esclavos hebreos cautivos era una versión modificada del antiguo rito yahveíta de magia y sacrificio.

3. EL INCOMPARABLE MOISÉS

El comienzo de la evolución de los conceptos e ideales hebreos de un Creador Supremo data de la partida de los semitas de Egipto bajo la dirección de ese gran líder, maestro y organizador, Moisés. Su madre era de la familia real de Egipto. Su padre era un oficial de enlace semita entre el gobierno y los cautivos beduinos. Moisés por lo tanto poseía calidades derivadas de fuentes raciales superiores; su linaje estaba tan altamente mezclado que es imposible clasificarlo en un solo grupo racial. Si no hubiese sido de este tipo mezclado, no habría demostrado nunca la versatilidad y la adaptabilidad fuera de lo común que le permitió manejar la diversificada horda que finalmente se asoció con los semitas beduinos que huyeron de Egipto al desierto árabe bajo su liderazgo.

A pesar de los atractivos de la cultura del reino del Nilo, Moisés eligió unirse al pueblo de su padre. Mientras este gran organizador estaba formulando sus planes para la liberación final del pueblo de su padre, los cautivos beduinos casi no tenían una religión digna de ese nombre; carecían virtualmente de un concepto auténtico de Dios y de esperanza en el mundo.

Ningún líder emprendió nunca la reforma y elevación de un grupo de seres humanos más abandonados, deprimidos, rechazados e ignorantes. Pero estos esclavos llevaban posibilidades latentes de desarrollo en sus cepas hereditarias, y existía un número suficiente de líderes instruidos que habían sido educados por Moisés en preparación del día de la rebelión y la búsqueda de la libertad constituyendo un cuerpo de organizadores eficientes. Estos hombres superiores habían sido empleados como supervisores nativos de su pueblo; habían recibido cierta instrucción debido a la influencia de Moisés con los gobernantes egipcios.

Moisés intentó negociar en forma diplomática la liberación de sus semejantes semitas. Él y su hermano entraron en un pacto conjunto con el rey de Egipto mediante el cual se les otorgó el permiso de salir pacíficamente del valle del Nilo en dirección al desierto árabe. Iban a recibir un modesto pago de dinero y bienes como retribución por sus prolongados servicios en Egipto. Los hebreos por su parte celebraron un convenio de mantener relaciones amistosas con los faraones y de no unirse en ninguna alianza contra Egipto. Pero el rey, más adelante decidió repudiar este tratado, ofreciendo como razón la excusa de que sus espías habían descubierto deslealtad entre los esclavos beduinos. Él sostuvo que buscaban la libertad con el propósito de ir al desierto y organizar a los nómadas contra Egipto.

Pero Moisés no se desalentó; esperó su momento, y en menos de un año, cuando las fuerzas militares egipcias estaban totalmente ocupadas resistiendo los ataques simultáneos de un fuerte empuje libio del sur y una invasión naval griega desde el norte, este intrépido organizador condujo a sus compatriotas fuera de Egipto en una espectacular huida nocturna. Esta carrera hacia la libertad fue planeada cuidadosamente y hábilmente ejecutada. Y tuvieron éxito, a pesar de la intensa persecución del faraón y de un pequeño cuerpo de egipcios, que cayeron todos ante las defensas de los fugitivos, abandonando mucho botín; estas huestes de esclavos acumularon aún más botín en su avance hacia su ancestral hogar en el desierto.

4. LA PROCLAMACIÓN DE YAHVÉ

La evolución y elevación de las enseñanzas mosaicas ha influido prácticamente sobre la mitad del mundo, y aún lo hace hasta en el siglo veinte. Aunque Moisés comprendió la filosofía religiosa egipcia más avanzada, los esclavos beduinos poco sabían sobre estas enseñanzas, pero no habían olvidado nunca completamente al dios del Monte Horeb, a quien sus antepasados solían llamar Yahvé.

Moisés había oído de las enseñanzas de Maquiventa Melquisedek tanto de su padre como de su madre, siendo la creencia religiosa de ambos la causa de la unión fuera de lo común entre una mujer de sangre real y un hombre de una raza cautiva. El suegro de Moisés era un adorador ceneo de El Elyón, pero los padres del emancipador creían en El Shaddai. Moisés por lo tanto fue educado como el shaddaísta; por la influencia de su suegro se volvió un el elyonista; y al tiempo del campamento hebreo alrededor del Monte Sinaí después de la huida desde Egipto, había formulado un concepto nuevo y ampliado de la Deidad (derivado de todas sus creencias anteriores), que sabiamente decidió proclamar a su pueblo como concepto ampliado de su antiguo dios tribal, Yahvé.

Moisés había intentado enseñar a estos beduinos la idea de El Elyón, pero antes de dejar a Egipto, se había convencido de que éstos nunca comprenderían plenamente esta doctrina, por lo tanto determinó deliberadamente la adopción de compromiso de su dios tribal del desierto como el dios único de sus seguidores. Moisés no enseñó específicamente que otros pueblos y naciones no pudieran tener otros dioses, pero sí mantuvo en forma decidida que Yahvé estaba por encima de todos ellos, especialmente para los hebreos. Pero estuvo siempre plagado por la incómoda posición de tratar de presentar su idea nueva y más elevada de la Deidad a estos esclavos ignorantes bajo el aspecto del término antiguo de Yahvé, que siempre había sido simbolizado por el becerro de oro de las tribus beduinas.

El hecho de que Yahvé fue el Dios de los hebreos en huida explica por qué se quedaron tanto tiempo ante la montaña sagrada del Sinaí, y por qué allí recibieron los diez mandamientos que Moisés promulgó en el nombre de Yahvé, el dios de Horeb. Durante esta prolongada estadía ante el Sinaí se perfeccionaron los ceremoniales religiosos de esta adoración hebrea de la evolución reciente.

No parecería que Moisés hubiera tenido nunca éxito en el establecimiento de esta adoración ceremonial un tanto avanzada y en mantener a sus seguidores intactos durante un cuarto de siglo si no hubiese sido por la violenta erupción del Horeb durante la tercera semana de su estadía de adoración a sus pies. «El monte de Yahvé estuvo consumido por el fuego, y el humo subía como el humo de un horno, y todo el monte se estremecía en gran manera». En vista de este cataclismo no es sorprendente que Moisés pudiera convencer a sus hermanos sobre la enseñanza de que su Dios era «poderoso, terrible, un fuego devorador, temible y todopoderoso».

Moisés proclamó que Yahvé era el Señor Dios de Israel, que había escogido a los hebreos como su pueblo elegido; estaba construyendo una nueva nación, y sabiamente nacionalizó sus enseñanzas religiosas, diciendo a sus seguidores que Yahvé era un amo severo, un «Dios celoso». Pero sin embargo intentó ampliar su concepto de divinidad cuando les enseñó que Yahvé era el «Dios de los espíritus de toda la carne» y cuando dijo: «El eterno Dios es tu refugio, y acá abajo los brazos eternos». Moisés enseñó que Yahvé era un Dios que mantenía sus pactos; que él «no te dejará, ni te destruirá, ni se olvidará del pacto que les juró a tus padres, porque el Señor os ama y quiere guardar el juramento que juró a vuestros padres».

Moisés hizo un esfuerzo heroico por elevar a Yahvé a la dignidad de una Deidad suprema cuando lo presentó como el «Dios de la verdad y sin ninguna iniquidad, justo y recto en todas sus maneras». Y sin embargo, a pesar de esta enseñanza exaltada, la comprensión limitada de sus seguidores hizo necesario hablar de Dios como imagen del hombre, como sujeto a ataques de enojo, ira y severidad, aun a la venganza y fácilmente influido por la conducta del hombre.

Bajo las enseñanzas de Moisés este dios tribal de la naturaleza, Yahvé, se volvió el Señor Dios de Israel, quien lo siguió al desierto y aun al exilio, donde finalmente fue concebido como el Dios de todos los pueblos. El cautiverio posterior que esclavizó a los judíos en Babilonia finalmente liberó el concepto evolutivo de Yahvé para que asumiera el papel monoteísta del Dios de todas las naciones.

La característica más singular y sorprendente de la historia religiosa de los hebreos concierne esta continua evolución del concepto de Deidad desde el primitivo dios del Monte Horeb a través de las enseñanzas de sus sucesivos líderes espirituales hasta el elevado nivel de desarrollo ilustrado en las doctrinas de la Deidad de los Isaías, que proclamaron ese magnífico concepto del Padre Creador amante y misericordioso.

5. LAS ENSEÑANZAS DE MOISÉS

Moisés era una extraordinaria combinación de líder militar, organizador social y maestro religioso. Fue el maestro y líder individual más importante del mundo entre los tiempos de Maquiventa y los de Jesús. Moisés intentó introducir muchas reformas en Israel de las que no queda registro. En el espacio de vida de un solo hombre condujo a las huestes políglotas de los así llamados hebreos fuera de la esclavitud y de la actuación incivilizada mientras preparaba los cimientos para el nacimiento subsiguiente de una nación y la perpetuación de una raza.

Hay muy poco registro de la gran obra de Moisés porque los hebreos no tenían en la época del éxodo un lenguaje escrito. El registro de los tiempos y hechos de Moisés se derivó de las tradiciones mantenidas más de mil años después de la muerte del gran líder.

Muchos de los avances que Moisés realizó además de la religión de los egipcios y de las tribus levantinas circunvecinas fueron debido a las tradiciones ceneas del tiempo de Melquisedek. Sin las enseñanzas de Maquiventa a Abraham y a sus contemporáneos, los hebreos hubieran salido de Egipto en una oscuridad sin esperanzas. Moisés y su suegro, Jetro, reunieron los residuos de las tradiciones de los días de Melquisedek, y estas enseñanzas unidas con la instrucción de los egipcios, guiaron a Moisés en la creación de una religión perfeccionada y un mejor ritual para los israelitas. Moisés era un organizador; seleccionó lo mejor de la religión y las costumbres de Egipto y Palestina y, asociando estas prácticas con las tradiciones de las enseñanzas de Melquisedek, organizó el sistema ceremonial de adoración hebreo.

Moisés creía en la Providencia; estaba profundamente influido por las doctrinas de Egipto sobre el control sobrenatural del Nilo y de los demás elementos de la naturaleza. Tenía una gran visión de Dios, pero era totalmente sincero al enseñar a los hebreos que, si obedecían a Dios, «te amará, te bendecirá y te multiplicará. Multiplicará el fruto de tu vientre y el fruto de tu tierra —tu grano, tu vino, tu aceite y tus rebaños. Prosperarás por sobre todos los pueblos, y el Señor tu Dios te quitará toda enfermedad y no te dará ninguna de las malas plagas de Egipto». Incluso dijo: «Acuérdate del Señor tu Dios, porque él es quien te da el poder para hacer las riquezas». «Prestarás a muchas naciones, mas tú no tomarás prestado. Tendrás dominio sobre muchas naciones, pero sobre ti no tendrán dominio».

Pero era realmente penoso observar esta gran mente de Moisés en su esfuerzo por adaptar su concepto sublime de El Elyón, el Altísimo, a la comprensión de los hebreos ignorantes e iliteratos. Tronó a sus líderes reunidos: «El Señor vuestro Dios es un Dios; no hay otro fuera de él»; aunque a la multitud mezclada declaró: «¿Quién es como vuestro Dios entre todos los dioses?» Moisés realizó un esfuerzo valiente y en parte exitoso contra los fetiches y la idolatría, declarando: «Ninguna figura visteis en el día en que vuestro Dios os habló en Horeb de en medio del fuego». También prohibió que se hicieran imágenes de cualquier tipo.

Moisés temía proclamar la misericordia de Yahvé, prefiriendo asustar a su pueblo con el temor de la justicia de Dios, diciendo: «El Señor vuestro Dios es Dios de dioses, y Señor de señores, un gran Dios, un poderoso y temible Dios, que no hace acepción de personas». Nuevamente intentó controlar a los clanes turbulentos cuando declaró que «vuestro Dios mata cuando le desobedecéis; cura y da vida cuando le obedecéis». Pero Moisés enseñó a estas tribus que se volverían el pueblo elegido de Dios sólo a condición de que «cumplieran con todos sus mandamientos y obedecieran todos sus estatutos».

Se enseñó poco de la misericordia de Dios a los hebreos durante estos períodos primitivos. Aprendieron que Dios era «el Todopoderoso; el Señor guerrero, el Dios de las batallas, glorioso en el poder, que destruye a sus enemigos». «El Señor vuestro Dios anda en medio de tu campamento para librarte». Los israelitas imaginaban a su Dios como un Dios que los amaba, pero que también había «endurecido el corazón del faraón» y «maldecido a sus enemigos».

Aunque Moisés presentó a los hijos de Israel visiones fugaces de una Deidad universal beneficiosa a los hijos de Israel, en general, su concepto diario de Yahvé era el de un Dios un poco mejor que los dioses tribales de los pueblos circunvecinos. Su concepto de Dios era primitivo, burdo y antropomórfico; cuando Moisés murió, estas tribus beduinas recayeron rápidamente en las ideas semibarbáricas de sus dioses antiguos de Horeb y del desierto. La visión ampliada y más sublime de Dios que

Moisés de vez en cuando presentaba a sus líderes pronto se perdió de vista, mientras que la mayor parte de la gente volvió a la adoración de sus becerros de oro fetiches, el símbolo del pastor palestino de Yahvé.

Cuando Moisés pasó el mando de los hebreos a Josué, ya había reunido miles de descendientes colaterales de Abraham, Nacor, Lot y otras de las tribus relacionadas y los había disciplinado en una nación automantenida y parcialmente autorreglamentada de guerreros pastoriles.

6. EL CONCEPTO DE DIOS DESPUÉS DE LA MUERTE DE MOISÉS

Cuando Moisés falleció, su concepto elevado de Yahvé se deterioró rápidamente. Josué y los líderes de Israel continuaron manteniendo las tradiciones mosaicas del Dios sabio, beneficiente y todopoderoso, pero la gente común rápidamente volvió a las viejas ideas del desierto de Yahvé. Esta corriente retrógrada del concepto de la Deidad continuó cada vez más bajo el gobierno sucesivo de los varios jeques tribales, los así llamados jueces.

El encanto de la extraordinaria personalidad de Moisés había mantenido vivo en el corazón de sus seguidores la inspiración de un concepto cada vez más amplio de Dios; pero cuando llegaron a las tierras fértiles de Palestina, rápidamente evolucionaron de pastores nómadas a agricultores establecidos y un tanto sosegados. Y esta evolución de las prácticas de vida y cambio de punto de vista religioso exigía un cambio más o menos completo en el carácter de su concepción de la naturaleza de su Dios, Yahvé. Durante la época del comienzo de la transmutación del austero, burdo, exigente y tronador Dios del desierto del Sinaí en el concepto de aparición posterior de un Dios de amor, justicia y misericordia, los hebreos casi perdieron de vista las enseñanzas elevadas de Moisés. Estuvieron cerca de perder todo concepto de monoteísmo; casi perdieron su oportunidad de volverse el pueblo que serviría como eslabón vital en la evolución espiritual de Urantia, el grupo que conservaría las enseñanzas de Melquisedek de un solo Dios, hasta los tiempos de la encarnación de un Hijo autootorgador de ese Padre de todos.

Desesperadamente intentó Josué mantener el concepto de un Yahvé supremo en la mente de los hombres de la tribu, haciendo que se proclamara: «Así como estuve con Moisés, estaré contigo; no te dejaré ni te desampararé». Josué encontró necesario predicar un evangelio severo a este pueblo incrédulo, un pueblo que quería creer en su vieja religión pero no deseaba adelantarse en la religión de la fe y la rectitud. El peso de las enseñanzas de Josué fue: «Yahvé es un Dios santo; él es un Dios celoso; él no perdonará vuestras transgresiones ni vuestros pecados». El más elevado concepto de esta época ilustraba a Yahvé como un «Dios de poder, juicio y justicia».

Pero aún en esta edad de la oscuridad impenetrable, de vez en cuando un maestro solitario surgía proclamando el concepto mosaico de la divinidad: «Vosotros hijos del mal no podéis servir al Señor, porque él es un Dios santo». «¿Será el hombre mortal más justo que Dios? ¿Será el varón más limpio que su Hacedor?». «¿Podéis buscando hallar a vuestro Dios? ¿Podéis descubrir al Todopoderoso hasta la perfección? Mirad, Dios es grande y no lo conocemos. Tocando al Todopoderoso no podemos encontrarlo».

7. LOS SALMOS Y EL LIBRO DE JOB

Bajo el liderazgo de sus jeques y sacerdotes, los hebreos se volvieron vagamente establecidos en Palestina. Pero pronto volvieron a las oscuras creencias del desierto y se contaminaron con las prácticas religiosas menos avanzadas de los cananeos. Se volvieron idólatras y licenciosos, y su idea de la Deidad cayó muy por debajo de los conceptos egipcios y mesopotamios de Dios que estaban siendo mantenidos por ciertos grupos salemitas sobrevivientes, y que están registrados en algunos de los salmos y en el así llamado Libro de Job.

Los salmos son obra de una veintena o más de autores, muchos fueron escritos por maestros egipcios y mesopotamios. Durante estos tiempos, aunque en el Levante se adoraba a los dioses de la naturaleza, aún existía un buen número de gente que creía en la supremacía de El Elyón, el Altísimo.

Ninguna colección de escritos religiosos expresa la devoción y las ideas inspiradoras de Dios con tanta riqueza como el Libro de los salmos. Y sería muy útil si, al leer esta maravillosa colección de literatura de adoración, se considerara la fuente y cronología de cada himno separado de alabanza y adoración, recordando que ninguna colección individual cubre una gama tan grande de tiempo. Este Libro de los salmos es el registro de los conceptos variantes de Dios de los creyentes en la religión de Salem en todo Levante y abraza el entero período desde Amenemope a Isaías. En los salmos, Dios está descrito en todas las fases de concepción, desde la idea burda de una deidad tribal al ideal vastamente ampliado de los hebreos más recientes, en los que Yahvé está retratado como un gobernante amante y un Padre misericordioso.

Cuando se lo considera así, este grupo de salmos constituye la colección más valiosa y útil de sentimientos de devoción jamás reunida por el hombre hasta los tiempos del siglo veinte. El espíritu adorador de esta colección de himnos sobrepasa al de cualquier otro libro sagrado del mundo.

El abigarrado cuadro de la Deidad presentado en el Libro de Job fue producto de más de veinte maestros religiosos mesopotamios durante un período de casi trescientos años. Cuando leáis los elevados conceptos de divinidad que se encuentran en esta recopilación de las creencias mesopotámicas, reconoceréis que fue en las cercanías de Ur de Caldea donde la idea de un Dios real se conservó mejor durante los días oscuros de Palestina.

En Palestina la sabiduría y la omnipresencia de Dios se comprendían bastante bien, pero pocas veces se comprendían su amor y su misericordia. El Yahvé de aquellos tiempos «envía espíritus malignos para dominar el alma de sus enemigos»; hace prosperar a sus propios hijos obedientes, maldiciendo a la vez y enviando juicios sobre todos los demás. «Frustra los designios de los perversos y prende a los sabios en la astucia de ellos».

Sólo en Ur surgió una voz para declarar la misericordia de Dios diciendo: «Orará a Dios y hallará su favor y verá su faz con júbilo, pues Dios otorgará al hombre rectitud divina». Así desde Ur se predica la salvación, el favor divino, por la fe: «Es tierno para el que se arrepiente y dice: 'Redímelo del precipicio porque ha encontrado un rescate'. Si alguien dice, 'He pecado y pervertido lo que era justo, y no me arrojó ganancia', Dios salvará su alma del precipicio, y verá la luz». No se habían oído desde los tiempos de Melquisedek en el mundo levantino mensajes tan resonantes y sonoros de la salvación humana como esta extraordinaria enseñanza de Eliú , el profeta de Ur y sacerdote de los creyentes salemitas, que es el remanente de la antigua colonia de Melquisedek en Mesopotamia.

Así pues, los residuos de los misioneros de Salem en Mesopotamia mantenían la luz de la verdad durante el período de la desorganización de los pueblos hebreos hasta la aparición del primero en una larga línea de maestros de Israel que nunca dejaron de construir, concepto sobre concepto, hasta haber llegado a la realización del ideal del Padre Universal y Creador de todos, la cúspide de la evolución del concepto de Yahvé.

[Presentado por un Melquisedek de Nebadon.]

DOCUMENTO 97

EVOLUCIÓN DEL CONCEPTO DE DIOS ENTRE LOS HEBREOS

LOS dirigentes espirituales de los hebreos hicieron lo que nadie había conseguido hacer antes que ellos: desantropomorfizaron su concepto de Dios sin convertirlo en una abstracción de Deidad sólo comprensible para los filósofos. Aún la gente común podía considerar el concepto maduro de Yahvé como Padre, si no del individuo por lo menos de la raza.

El concepto de la personalidad de Dios, aunque enseñado con claridad en Salem en los días de Melquisedek, era vago y neblinoso al tiempo de la huída de Egipto y evolucionó tan sólo gradualmente en la mente hebraica de generación en generación en respuesta a las enseñanzas de los líderes espirituales. La percepción de la personalidad de Yahvé fue mucho más continua en su evolución progresiva que la de cualquier otro de los atributos de la Deidad. Desde Moisés hasta Malaquías hubo un crecimiento ideacional casi ininterrumpido de la personalidad de Dios en la mente hebrea, y este concepto fue eventualmente enaltecido y glorificado por las enseñanzas de Jesús sobre el Padre en el cielo.

1. SAMUEL —EL PRIMERO DE LOS PROFETAS HEBREOS

La presión hostil de los pueblos circunvecinos en Palestina enseñó muy pronto a los jeques hebreos que no tenían esperanza de sobrevivir a menos que confederaran sus organizaciones tribales en un gobierno centralizado. Y esta centralización de la autoridad administrativa ofreció a Samuel una mejor oportunidad de actuar como maestro y reformador.

Samuel surgió de una larga línea de maestros salemitas que habían persistido en mantener las verdades de Melquisedek como parte de sus formas de adoración. Este maestro era hombre viril y decidido. Sólo su gran devoción, combinada con su extraordinaria determinación, le permitieron soportar la oposición casi universal que encontró cuando se dispuso a atraer nuevamente a Israel a la adoración del supremo Yahvé de los tiempos de Moisés. Y aun entonces tan sólo triunfó parcialmente; consiguió atraer de vuelta al servicio del concepto más elevado de Yahvé tan sólo a la mitad más inteligente de los hebreos; la otra mitad continuó adorando a los dioses tribales del país y la concepción más baja de Yahvé.

Samuel era hombre decidido y rudo, un reformador práctico que era capaz de salir un día con sus asociados y derribar una veintena de sitios de Baal. El progreso que hacía se debía puramente a la fuerza de su compulsión; poco predicó, enseñó aún menos, pero sí actuó. Un día ridiculizaba al sacerdote de Baal; el próximo, deshacía a un rey cautivo. Creía devotamente en el Dios único, y tenía un concepto claro de ese Dios como creador del cielo y de la tierra: «Del Señor son las columnas de la tierra, y él afirmó sobre ellas el mundo».

Pero la mayor contribución que hizo Samuel al desarrollo del concepto de la Deidad fue su pronunciamiento resonante de que Yahvé era *invariable*, por siempre la misma incorporación de perfección y divinidad infalibles. En estos tiempos se concebía a Yahvé como un Dios caprichoso, atiborrado de antojos celosos, que lamentaba constantemente las cosas que había hecho; pero ahora por primera vez desde que los hebreos salieran de Egipto escucharon estas palabras sorprendentes: «El que es la Fuerza de Israel no mentirá ni se arrepentirá, porque no es hombre para que se arrepienta». Se proclamó la estabilidad en las relaciones con la divinidad. Samuel reiteró el pacto de Melquisedek con Abraham y declaró que el Señor Dios de Israel era la fuente de toda verdad, estabilidad y constancia. Los hebreos habían considerado siempre a su Dios como hombre, superhombre, espíritu exaltado de origen desconocido; ahora escuchaban el espíritu que fuera de Horeb exaltado como Dios inalterable de perfección creadora. Samuel contribuyó a que el concepto evolutivo de Dios ascendiera a las alturas, por encima del estado variable de la mente de los hombres y de las vicisitudes de la existencia mortal. Con sus enseñanzas, el Dios de los hebreos empezó el ascenso desde la idea a nivel de los dioses tribales al ideal de un Creador todopoderoso e invariable y *Supervisor* de toda la creación.

También renovó la predicación del hecho de la sinceridad de Dios, su confiabilidad como cumplidor de pactos. Dijo Samuel: «El Señor no desamparará a su pueblo». «Él ha hecho con nosotros un pacto perpetuo, ordenado en todas las cosas y será guardado». Así pues, en toda Palestina resonó el llamado de vuelta a la adoración del Yahvé supremo. Este enérgico maestro no se cansaba de proclamar: «¡Por tanto, tú te has engrandecido, oh Señor Dios, por cuanto no hay como tú, ni hay Dios fuera de ti!»

Hasta ese momento los hebreos habían considerado el favor de Yahvé principalmente en términos de prosperidad material. Causó gran impacto en Israel, y casi le cuesta la vida a Samuel, cuando se atrevió a proclamar: «El Señor empobrece, y él enriquece; abate y enaltece. Él levanta del polvo al pobre y exalta a los mendigos para hacerles sentarse con príncipes y heredar el trono de la gloria». No se habían proclamado promesas tan reconfortantes para los humildes y menos afortunados desde los tiempos de Moisés, y miles de seres desesperados entre los pobres comenzaron a alimentar la esperanza de poder mejorar su estado espiritual.

Pero Samuel no progresó mucho más allá del concepto del dios tribal. Proclamó a Yahvé que hizo a todos los hombres pero que se ocupó principalmente de los hebreos, su pueblo elegido. Aun así, como en los días de Moisés, nuevamente el concepto de Dios mostraba una Deidad santa y recta. «No hay nadie tan santo como el Señor. ¿Quién puede ser comparado con este santo Señor Dios?»

A medida que pasaban los años, el encanecido viejo dirigente progresó en la comprensión de Dios, pues declaró: «El Señor es el Dios del conocimiento y a él toca el pesar las acciones. El Señor juzgará los confines de la tierra, siendo misericordioso con los misericordiosos, y con el hombre recto también será recto». Ya aquí se encuentra el alba de la misericordia, aunque limitada a los que son misericordiosos. Más tarde llegó a adelantar un paso más cuando exhortó a su pueblo en la adversidad: «Caigamos ahora en manos del Señor, porque sus misericordias son muchas». «No hay limitación sobre el Señor para salvar a muchos o a pocos».

Y este desarrollo gradual del concepto del carácter de Yahvé continuó bajo el ministerio de los sucesores de Samuel. Intentaron presentar a Yahvé como un Dios que cumplía sus pactos, pero no llegaron a mantener el ritmo establecido por Samuel; fueron incapaces de desarrollar la idea de la misericordia de Dios tal como Samuel la había concebido en sus últimos años. Hubo una tendencia retrógrada constante hacia el reconocimiento de otros dioses, a pesar de que se mantuviera a Yahvé por encima de todos los demás. «Tuyo, oh Señor, es el reino, y tú eres excelso sobre todos».

El poder divino era la clave de esta era; los profetas de esta edad predicaban una religión concebida para fortalecer al rey en el trono hebreo. «Tuya es, oh Señor, la grandeza y el poder, la gloria, la victoria y la majestad. En tu mano está la fuerza y el poder, y tú puedes hacer grande y dar poder a todos». Y éste era el estado del concepto de Dios durante los tiempos de Samuel y de sus sucesores inmediatos.

2. ELÍAS Y ELISEO

En el décimo siglo antes de Cristo la nación hebrea se dividió en dos reinos. En ambas de estas divisiones políticas muchos maestros de la verdad intentaron detener la corriente reaccionaria de decadencia espiritual que se había desencadenado, y que prosiguió desastrosamente después de la guerra de separación. Pero estos esfuerzos por avanzar la religión hebraica no prosperaron hasta el momento en que comenzó sus enseñanzas ese decidido y valiente guerrero de la rectitud, Elías. Elías restauró en el reino del norte un concepto de Dios comparable con el que había sido mantenido en los días de Samuel. Elías tuvo poca oportunidad de presentar un concepto avanzado de Dios; estaba muy ocupado, tal como Samuel lo había estado antes que él, en derrotar los altares de Baal y demoler los ídolos de los dioses falsos. Y emprendió sus reformas frente a la oposición de un monarca idólatra; su tarea fue aun más gigantesca y difícil que a la que se había enfrentado Samuel.

Cuando Elías fue llamado, Eliseo, su asociado fiel, tomó en sus manos la tarea y, con la ayuda invaluable del poco conocido Micaías, mantuvo la luz de la verdad viva en Palestina.

Pero éstos no eran tiempos de progreso en el concepto de la Deidad. Los hebreos aún no habían ascendido siquiera al ideal mosaico. Cuando se cerró la era de Elías y de Eliseo las clases mejores estaban volviendo a la adoración del Yahvé supremo y presenciaban la restauración de la idea del Creador Universal más o menos en el punto en que la había dejado Samuel.

3. YAHVÉ Y BAAL

La prolongada controversia entre los creyentes en Yahvé y los seguidores de Baal era un choque socioeconómico de ideologías más que una diferencia en creencias religiosas.

Los habitantes de Palestina diferían en su actitud hacia la propiedad privada de la tierra. Las tribus sureñas o errantes de Arabia (los yahveítas) consideraban la tierra como inalienable —como un don de la Deidad al clan. Sostenían que la tierra no se podía vender ni hipotecar. «Yahvé habló y dijo: 'La tierra no se venderá, porque la tierra es mía'».

Los cananeos norteños y más establecidos (baalitas) compraban, vendían e hipotecaban libremente sus tierras. La palabra baal significa propietario. Se fundó el culto de Baal sobre la base de dos doctrinas principales: La primera, la validación del intercambio de propiedad, contratos y pactos —el derecho de comprar y vender tierra. La segunda, se suponía que Baal enviaba lluvia —era el Dios de la fertilidad del suelo. Las buenas cosechas dependían del favor de Baal. El culto se ocupaba en su mayor parte de la *tierra*, su propiedad y su fertilidad.

En general los baalitas poseían casas, tierras y esclavos. Eran terratenientes aristócratas y vivían en las ciudades. Cada Baal tenía un lugar secreto, un sacerdocio y sus «mujeres sagradas», las prostitutas rituales.

De esta diferencia básica respecto de la tierra, evolucionaron los amargos antagonismos de las actitudes sociales, económicas, morales y religiosas exhibidas por los cananeos y los hebreos. Esta controversia socioeconómica no se volvió asunto definitivamente religioso hasta los tiempos de Elías. A partir de los días de este agresivo profeta el asunto fue peleado en un campo más estrictamente religioso —Yahvé contra Baal— y terminó con el triunfo de Yahvé y el subsiguiente impulso hacia el monoteísmo.

Elías trasladó la controversia Yahvé-Baal del asunto tierra al aspecto religioso de las ideologías hebrea y cananea. Cuando Acab asesinó a los Nabot en una intriga para obtener posesión de sus tierras, Elías tornó las viejas costumbres de la posesión de tierra en un factor moral y lanzó su campaña vigorosa contra los baalitas. Ésta fue también la lucha de los campesinos contra la dominación de las ciudades. Fue principalmente bajo Elías que Yahvé se tornó Elohim. El profeta comenzó como reformador agrario y terminó exaltando la Deidad. Había muchos Baal, Yahvé era *uno* —el monoteísmo triunfó sobre el politeísmo.

4. AMÓS Y OSEAS

Un paso importante en la transición del dios tribal —del dios que por tanto tiempo habían servido con sacrificios y ceremonias, el Yahvé de los hebreos más primitivos —a un Dios que castigaría el crimen y la inmoralidad aun en su propio pueblo, fue tomado por Amós, que apareció de entre las colinas del sur para denunciar la criminalidad, embriaguez, opresión e inmoralidad de las tribus norteñas. No habían proclamado verdades tan resonantes en Palestina desde los tiempos de Moisés.

Amós no fue tan sólo un restaurador o reformador; fue un descubridor de nuevos conceptos de la Deidad. Él mucho proclamó sobre Dios lo que sus predecesores ya habían anunciado y valientemente atacó la creencia en un Ser Divino que tolerara el pecado en su así llamado pueblo elegido. Por primera vez desde los días de Melquisedek los oídos del hombre oyeron la denuncia de la doble norma de la justicia y la moralidad nacionales. Por primera vez en su historia los oídos hebreos oyeron que su propio Dios, Yahvé, no toleraría el crimen y el pecado en sus vidas así como no lo toleraba en la vida de otros pueblos. Amós visualizó al Dios severo y justo de Samuel y Elías, pero también vio a un Dios que no consideraba a los hebreos en forma diferente de cualquier otra nación cuando se trataba de castigar el mal. Éste era un ataque directo contra la doctrina egoísta del «pueblo elegido», y muchos hebreos de aquellos días lo resintieron amargamente.

Dijo Amós: «Aquel que formó los montes y creó el viento, buscad a aquel que hizo las Pléyades y el Orión, que torna la sombra de la muerte en amanecer y hace oscurecer el día como noche». Al denunciar a sus semejantes semirreligiosos, contemporizadores y a veces inmorales, intentó retratar la justicia inexorable de un Yahvé inalterable cuando dijo de los hacedores del mal: «Aunque se escondan en las profundidades del infierno, de allí los sacaré; aunque suban a las alturas de los cielos, de allí los haré bajar». «Y aunque fueren en cautiverio delante de sus enemigos, allí dirigiré la espada de la justicia y los matará». Amós sorprendió aún más a sus oyentes cuando, señalándolos con dedo acusador y reprobador, declaró en nombre de Yahvé: «Con seguridad jamás olvidaré lo que habéis hecho». «Que la casa de Israel sea zarandeada entre todas las naciones, como se zarandea el grano en una criba».

Amós proclamó a Yahvé el «Dios de todas las naciones» y amonestó a los israelitas con que el ritual no debe suplantar a la rectitud. Y antes de que este valiente maestro fuera matado a pedradas, había difundido suficiente levadura de verdad como para salvar la doctrina del supremo Yahvé; había asegurado la evolución ulterior de la revelación de Melquisedek.

Oseas vino después de Amós y de su doctrina de un Dios universal de justicia mediante la resurrección del concepto mosaico de un Dios de amor. Oseas predicó el perdón mediante el arrepentimiento, no mediante el sacrificio. Proclamó un evangelio de amor y misericordia divina, diciendo: «Yo te desposaré conmigo para siempre; sí, yo te desposaré en justicia, juicio, benignidad y en misericordias, e incluso te desposaré conmigo en fidelidad». «Los amaré libremente, porque ya se ha apartado de ellos mi ira».

Oseas siguió fielmente las advertencias morales de Amós, diciendo de Dios: «Los castigaré cuando lo desee». Pero los israelitas consideraron una crueldad que lindaba con la traición sus siguientes palabras: «Diré a aquellos que no eran mi pueblo, 'Vosotros sois mi pueblo'; y ellos dirán: 'Tú eres nuestro Dios'». Continuó predicando arrepentimiento y perdón, diciendo: «Yo sanaré su rebelión; los amaré libremente, porque mi ira ya se apartó de ellos». Oseas proclamó siempre la esperanza y el perdón. Por siempre el cargo de su mensaje fue: «Tendré compasión de mi pueblo. No conocerán a otro Dios sino a mí, porque no hay salvador fuera de mí».

Amós aceleró la conciencia nacional de los hebreos para el reconocimiento de que Yahvé no condonaría el crimen, ni el pecado entre ellos, porque fueran supuestamente el pueblo elegido, mientras que Oseas resonó las primeras notas de las cuerdas misericordiosas posteriores de la compasión divina y del amor divino que fueron cantadas tan exquisitamente por Isaías y sus asociados.

5. EL PRIMER ISAÍAS

Éstos eran aquellos tiempos en los que algunos proclamaban amenazas de castigo por pecados personales y crímenes nacionales entre los clanes del norte mientras que otros predicaban calamidades en retribución de las transgresiones del reino del sur. En este momento de despertar de conciencia y autoconciencia en las naciones hebreas, apareció el primer Isaías.

Isaías predicó la naturaleza eterna de Dios, su sabiduría infinita, su perfección inalterable de confianza. Representó al Dios de Israel diciendo: «Ajustaré el juicio a cordel y a nivel la rectitud». «El Señor te dará reposo de tu trabajo y de tu temor, y de la dura servidumbre en que te hicieron servir». «Y tus oídos oirán a tus espaldas palabra que diga: 'Este es el camino, andad por él'». «He aquí Dios es salvación mía; me aseguraré y no temeré, porque mi fortaleza y mi canción es el Señor». «'Venid luego', dice el Señor, 'y estemos a cuenta: si vuestros pecados fueren como la grana, como la nieve serán emblanquecidos; si fueren rojos como el carmesí, vendrán a ser como blanca lana'».

Al hablar de los hebreos dominados por el temor y hambrientos de alma, este profeta dijo: «Levántate, resplandece, porque ha venido tu luz, y la gloria del Señor ha nacido sobre ti». «El espíritu del Señor está sobre mí porque él me ha ungido; me ha enviado a predicar buenas nuevas a los humildes; a vendar a los quebrantados de corazón, a publicar libertad a los cautivos y a los presos apertura de la cárcel». «Me regocijo grandemente en el Señor, mi alma se alegrará en mi Dios, porque me vistió con las vestimentas de salvación y me rodeó de manto de rectitud». «En toda angustia de ellos él fue angustiado, y el ángel de su presencia los salvó. En su amor y en su clemencia los redimió»

Este Isaías fue seguido por Miqueas y Abdías, que confirmaron y embellecieron su evangelio que tanto satisfizo el alma. Y estos dos valientes mensajeros denunciaron audazmente los rituales sacerdotales de los hebreos y atacaron temerariamente todo el sistema de sacrificios.

Miqueas denunció a «los jefes que juzgan por cohecho, los sacerdotes que enseñan por precio y los profetas que adivinan por dinero». Enseñó sobre un futuro de libertad de la superstición y del clericalismo, diciendo: «Pero cada hombre se sentará bajo su propia vid, y nadie le infundirá temor, porque toda la gente vivirá, cada uno de acuerdo con su comprensión de Dios».

El mensaje principal de Miqueas fue: «¿Me presentaré ante Dios con ofrendas de holocausto? ¿Se alegrará Dios si le ofrezco mil carneros o diez mil arroyos de aceite? ¿O si le doy a mi primogénito en pago por mi transgresión, el fruto de mi cuerpo por el pecado de mi alma? Oh hombre, él me ha mostrado qué es bueno; y qué es lo que espera el Señor de ti sino que seas justo y que ames la misericordia y que camines humildemente con tu Dios». Y fue una gran edad; eran estos indudablemente tiempos emocionantes, cuando el hombre mortal oyó, y algunos entre ellos aun creyeron, estos mensajes emancipadores más de dos mil quinientos años atrás. Y si no hubiese sido por la resistencia testaruda de los sacerdotes, estos maestros habrían eliminado todo el ceremonial sangriento del ritual de adoración de los hebreos.

6. JEREMIÁS EL INTRÉPIDO

Aunque varios maestros continuaron explicando el evangelio de Isaías, le tocó a Jeremías tomar el próximo paso audaz en la internacionalización de Yahvé, Dios de los hebreos.

Jeremías declaró audazmente que Yahvé no estaba del lado de los hebreos en sus contiendas militares con otras naciones. Declaró que Yahvé era Dios de toda la tierra, de todas las naciones y de todos los pueblos. Las enseñanzas de Jeremías representaron el crescendo de la ola en aumento de la internacionalización del Dios de Israel; finalmente y por siempre este predicador intrépido proclamó que Yahvé era el Dios de todas las naciones, que no había Osiris para los egipcios, Bel para los babilonios, Asur para los asirios ni Dagón para los filisteos. Y así, la religión de los hebreos compartió en ese renacimiento del monoteísmo en todo el mundo alrededor de esta época y después de ella; por fin el concepto de Yahvé había ascendido al nivel de Deidad de dignidad planetaria y aún cósmica. Pero muchos de los asociados de Jeremías encontraban difícil concebir a Yahvé aparte de la nación hebrea.

Jeremías predicó también sobre el Dios justo y amante descrito por Isaías, declarando: «Sí, con amor eterno te he amado; por tanto, te prolongué mi misericordia». «Porque no aflige voluntariamente a los hijos de los hombres».

Dijo este intrépido profeta: «Recto es nuestro Señor, grandioso en su consejo y poderoso en su obra. Sus ojos están abiertos sobre todos los caminos de todos los hijos de los hombres, para dar a cada uno de acuerdo con su camino y de acuerdo con el fruto de sus obras». Pero se consideró traición blasfema cuando, durante el sitio de Jerusalén, él dijo: «Y ahora yo he puesto estas tierras en manos de Nabucodonosor, rey de Babilonia, mi siervo». Y cuando Jeremías aconsejó que se rindiera la ciudad, los sacerdotes y los gobernantes civiles le arrojaron en el foso cenagoso de un lúgubre calabozo.

7. EL SEGUNDO ISAÍAS

La destrucción de la nación hebrea y su cautiverio en Mesopotamia podrían haber resultado de gran beneficio para la expansión de su teología si no hubiese sido por la acción decidida de su sacerdocio. Su nación había caído ante los ejércitos de Babilonia, y su Yahvé nacionalista había sufrido debido a las predicaciones internacionalistas de los líderes espirituales. Fue resentimiento por la pérdida de su dios nacional lo que condujo a los sacerdotes judíos a inventar tantas fábulas y multiplicar acontecimientos de aspecto milagroso en la historia hebrea en sus esfuerzos por restaurar la idea de los judíos como pueblo elegido aún del concepto nuevo y ampliado de un Dios internacionalizado de todas las naciones.

Durante su cautiverio, los judíos fueron muy influídos por las tradiciones y las leyendas babilónicas, aunque debe notarse que mejoraron infaliblemente el tono moral y el significado espiritual de las cuentas caldeas que adoptaron, a pesar de que invariablemente las distorsionaron para reflejar honor y gloria sobre los antepasados y sobre la historia de Israel.

Estos sacerdotes y escribas hebreos tenían en su mente una idea fija, y ésa era la rehabilitación de la nación judía, la glorificación de las tradiciones hebreas y la exaltación de su historia racial. Si existe resentimiento por el hecho de que los sacerdotes transmitieron sus ideas erróneas a una porción tan grande del mundo occidental, debe recordarse que no lo hicieron intencionalmente; no declaraban escribir por inspiración; no hicieron profesión de escribir un libro sagrado. Estaban meramente preparando un libro de texto con el objeto de estimular el valor en decadencia de sus semejantes en cautiverio. Su objetivo era claramente mejorar el espíritu y el estado de ánimo nacional de sus compatriotas. Fueron los hombres de una época posterior los que reunieron estos escritos en un libro de guía de enseñanzas supuestamente infalibles.

El sacerdocio judío hizo uso liberal de estos escritos posteriormente a la época del cautiverio, pero se vieron grandemente dificultados en su influencia sobre sus semejantes cautivos por la presencia de un profeta joven e indomable, Isaías el segundo, que se había convertido plenamente al Dios de justicia, amor, rectitud y misericordia del Isaías más anciano. También creía con Jeremías que Yahvé se había vuelto el Dios de todas las naciones. Predicó estas teorías de la naturaleza de Dios con tal eficacia que convirtió del mismo modo a los judíos y a sus capturadores. Este joven predicador dejó en registros sus enseñanzas, mientras que los sacerdotes hostiles e implacables los intentaron divorciar de toda asociación con él, aunque el mero respeto por su belleza y su grandeza condujo a la incorporación de estos escritos entre los escritos del primer Isaías. Así pueden encontrarse los escritos de este segundo Isaías en el libro de ese nombre, comprendiendo los capítulos del cuarenta al cincuenta y cinco.

Ningún profeta ni maestro religioso desde Maquiventa hasta el tiempo de Jesús alcanzó el concepto elevado de Dios que Isaías el segundo proclamó durante estos días de cautiverio. El Dios que proclamó este dirigente espiritual no era pequeño, antropomorfo ni hecho por el hombre. «He aquí que hace desaparecer las islas como gotas». «Y como son más altos los cielos que la tierra, así son mis caminos más altos que vuestros caminos, y mis pensamientos más altos que vuestros pensamientos».

Por fin Maquiventa Melquisedek contemplaba maestros humanos que proclamaban al verdadero Dios ante el hombre mortal. Como Isaías el primero, este dirigente predicaba un Dios de creación y gobierno universales. «Yo hice la tierra y creé sobre ella al hombre. No la creé en vano; para que fuese habitada la formé». «Yo soy el primero y yo soy el postrero; y fuera de mí no hay Dios». Hablando del Señor Dios de Israel, este nuevo profeta dijo: «Los cielos podrán desaparecer y la tierra envejecer, pero mi justicia permanecerá perpetuamente y mi salvación, de generación en generación». «No temas, porque yo estoy contigo; no desmayes, porque yo soy tu Dios». «No hay Dios fuera de mí —Dios justo y un Salvador».

Y reconfortó a los cautivos judíos, tal como ha reconfortado a miles y miles de personas desde entonces al escuchar las siguientes palabras: «Ahora, así dice el Señor, 'Yo te he creado, yo te he redimido, yo te he llamado por tu nombre; mío eres tú». «Cuando pases por las aguas, yo estaré contigo puesto que eres preciado a mi vista». ¿Acaso puede una mujer olvidar a su niño que amamanta y no tener compasión de su hijo? Sí, ella puede olvidar, pero yo no olvidaré a mis hijos, porque los tengo esculpidos en la palma de mis manos; aún los he protegido con la sombra de mis manos». «Que el malvado abandone sus malos caminos y el hombre injusto sus pensamientos, que vuelva al Señor, y tendrá su misericordia y a nuestro Dios, porque él perdona abundantemente».

Volved a escuchar el evangelio de esta nueva revelación del Dios de Salem: «Como pastor apacentará su rebaño; en su brazo llevará los corderos y en su seno los llevará. Él da esfuerzo al cansado y multiplica las fuerzas al que no tiene ninguna. Los que esperan al Señor tendrán nuevas fuerzas; levantarán alas como águilas; correrán y no se cansarán; caminarán y no se fatigarán».

Este Isaías condujo una vasta propaganda del evangelio del concepto ampliado del supremo Yahvé. Rivalizaba con Moisés en su elocuencia al retratar al Señor Dios de Israel como el Creador Universal. Su ilustración de los atributos infinitos del Padre Universal era poética. Jamás se han vuelto a hacer declaraciones más hermosas sobre el Padre celeste. Como los salmos, los escritos de Isaías se encuentran entre las presentaciones más sublimes y verdaderas del concepto espiritual de Dios que hayan llegado jamás a oído mortal antes de la llegada de Micael a Urantia. Escuchad su retrato de la Deidad: «Yo soy el alto y el elevado que habita la eternidad». «Soy el primero y el postrero, y fuera de mí no hay otro Dios». «Y he aquí que no se ha acortado la mano del Señor para salvar, ni se ha agravado su oído para oír». Fue una doctrina nueva en el pueblo judaico cuando este profeta benigno, pero decidido, persistió en su predicación de la constancia divina, de la fidelidad de Dios. Declaró que «Dios no olvidará, Dios no abandonará».

Este audaz maestro proclamó que el hombre estaba relacionado estrechamente con Dios, diciendo: «Todos los llamados de mi nombre, para gloria mía los he creado, y ellos serán mi alabanza. Yo, yo mismo, soy el que borro sus trasgresiones para mi satisfacción, y no me acordaré sus pecados».

Escuchad a este gran hebreo derrocar el concepto de un Dios nacional proclamando gloriosamente la divinidad del Padre Universal, del cual dice: «El cielo es mi trono, y la tierra estrado de mis pies». Sin embargo, el Dios de Isaías era santo, majestuoso, justo e inescrutable. El concepto del Yahvé airado, vengativo y celoso de los beduinos del desierto prácticamente ha desaparecido. Un nuevo concepto del Yahvé supremo y universal ha aparecido en la mente del hombre mortal, para nunca más desaparecer. La realización de la justicia divina ha comenzado a destruir la magia primitiva y el miedo biológico. Por fin se presenta al hombre un universo de ley y orden y a un Dios universal de atributos confiables y finales.

Y este predicador del Dios excelso no cesó jamás de proclamar a este *Dios de amor*. «Yo habito en la altura y la santidad, y con el quebrantado y humilde de espíritu». Y aún más este gran maestro habló palabras de consuelo a sus contemporáneos: «El Señor te guiará continuamente y satisfacerá tu alma. Serás como huerto de riego y como manantial de aguas, cuyas aguas nunca faltan. Y si vendrá el enemigo como río, el espíritu del Señor levantará una defensa contra él». Nuevamente brilló el evangelio de Melquisedek, destructor del temor, y la religión de Salem que origina confianza para bendición de la humanidad.

El valiente y perspicaz Isaías eclipsó en forma eficaz al Yahvé nacionalista gracias a su descripción sublime de la majestad y omnipotencia universal del Yahvé supremo, Dios de amor, gobernante del universo y Padre afectuoso de toda la humanidad. Desde aquellos días pletóricos el concepto más elevado de Dios en el occidente ha comprendido la justicia universal, la misericordia divina y la rectitud eterna. En palabras bellísimas y con donaire inigualado, este gran maestro describió al Creador todopoderoso como un Padre omniamante.

Este profeta del cautiverio predicó a su pueblo y a aquellos de muchas naciones que le escucharon junto al río en Babilonia. Y este segundo Isaías hizo mucho para contrarrestar los muchos conceptos raciales egoístas y erróneos sobre la misión del Mesías prometido. Pero en su esfuerzo no triunfó totalmente. Si los sacerdotes no se hubiesen dedicado a aumentar un nacionalismo mal entendido, las enseñanzas de los dos Isaías habrían preparado el terreno para el reconocimiento y la recepción del Mesías prometido.

8. LA HISTORIA SAGRADA Y LA PROFANA

La costumbre de considerar el registro de las experiencias de los hebreos como historia sagrada, y las transacciones del resto del mundo historia profana, es responsable de mucha de la confusión que existe en la mente humana en cuanto a la interpretación de la historia. Y esta dificultad surge porque no existe una historia secular de los judíos. Una vez que los sacerdotes del exilio en Babilonia habían preparado su nuevo registro de las transacciones supuestamente milagrosas de Dios con los hebreos, la historia sagrada de Israel tal como se halla ilustrada en el Antiguo Testamento, destruyeron cuidadosa y completamente los registros existentes de los asuntos hebreos —libros tales como «Las obras de los reyes de Israel» y «Las obras de los reyes de Judá», juntamente con varios otros registros más o menos precisos de la historia hebrea.

Para comprender de qué manera la presión devastadora y la fuerza inescapable de la historia secular aterrorizaba a los judíos cautivos y dominados por extraños, hasta el punto que intentaron reescribir completamente y refundir su propia historia, debemos resumir brevemente el registro de su confusa experiencia nacional. Debe recordarse que los judíos no lograron desarrollar una filosofía no teológica adecuada de la vida. Lidiaban con su concepto original y egipcio de la recompensa divina por la rectitud combinada con los extremos castigos del pecado. El drama de Job fue en cierto modo una protesta contra esta filosofía errónea. El pesimismo franco en Eclesiastés fue, en términos mundanos, una reacción sabia a estas creencias excesivamente optimistas en la Providencia.

Pero quinientos años de dominación por gobernantes ajenos fue demasiado aún para los pacientes y sufridos judíos. Los profetas y los sacerdotes comenzaron a clamar: «¿Hasta cuándo, oh Señor, hasta cuándo?» Cuando los judíos honestos leían las Escrituras, su confusión se volvía aún más profunda. Un antiguo vidente había prometido que Dios protegería y redimiría a su «pueblo elegido». Amós había amenazado con que Dios abandonaría a Israel a menos que volviesen a establecer sus normas de rectitud nacional. El escriba del Deuteronomio había ilustrado la Gran Elección —entre el bien y el mal, entre la bendición y la maldición. Isaías el primero había predicado un rey liberador benéfico. Jeremías había proclamado una era de rectitud interior —el pacto escrito en las tablas del corazón. El segundo Isaías habló de salvación por sacrificio y redención. Ezequiel proclamó la salvación mediante el servicio de la devoción, y Esdras prometió prosperidad por adherencia a la ley. Pero a pesar de todo esto seguían en servidumbre, y la liberación no venía. Entonces Daniel presentó el drama de una «crisis» inminente —la destrucción de la gran imagen y el establecimiento inmediato del régimen perpetuo de la rectitud, el reino mesiánico.

Y todas estas falsas esperanzas condujeron a tal grado de desencanto y frustración raciales que los líderes de los judíos estaban tan confundidos que fueron incapaces de reconocer y aceptar la misión y el ministerio de un divino Hijo del Paraíso cuando éste finalmente vino a ellos en semejanza de la carne mortal —encarnado como el Hijo del Hombre.

Todas las religiones modernas se han equivocado gravemente al intentar dar una interpretación milagrosa a ciertas épocas de la historia humana. Aunque es verdad que Dios muchas veces ha interpuesto providencialmente su mano paterna en la corriente de los asuntos humanos, es un error considerar los dogmas teológicos y las supersticiones religiosas como una sedimentación sobrenatural que apareciera por acción milagrosa en esta corriente de la historia humana. El hecho de que «los Altísimos gobiernan en los reinos de los hombres» no convierte la historia secular en la así llamada historia sagrada.

Los autores del Nuevo Testamento y los escritores cristianos más recientes complicaron ulteriormente la distorsión de la historia hebrea a través de sus intentos bien intencionados de transcendentalizar a los profetas judíos. Así la historia hebrea ha sido explotada desastrosamente tanto por los escritores judíos como por los escritores cristianos. La historia secular hebrea ha sido profundamente dogmatizada. Ha sido convertida en una ficción de historia sagrada y se ha vinculado inextricablemente con los conceptos morales y enseñanzas religiosas de las así llamadas naciones cristianas.

Un breve resumen de los puntos sobresalientes de la historia hebrea ilustrará de qué manera fueron alterados los registros en Babilonia por parte de los sacerdotes judíos, hasta transformar la historia secular diaria de su pueblo en historia sagrada ficticia.

9. LA HISTORIA HEBREA

Nunca hubo doce tribus de israelitas —tan sólo tres o cuatro tribus se establecieron en Palestina. La nación hebrea surgió como resultado de la unión de los así llamados israelíes y cananeos. «Así los hijos de Israel habitaban entre los cananeos. Y tomaron de sus hijas por mujeres y dieron a sus hijas a los hijos de los cananeos». Los hebreos nunca echaron a los cananeos afuera de Palestina, a pesar del registro sacerdotal de estas cosas, que sin vacilación declara que lo hiciesen.

La conciencia israelita se originó en la tierra colinosa de Efraín; la conciencia judía posterior se originó en el clan sureño de Judá. Los judíos (judaítas) siempre intentaron difamar a los israelitas del norte (efrateos).

La historia hebrea pretenciosa comienza con la unión de los clanes del norte por acción de Saúl para resistir a un ataque de los amonitas contra la tribu de los galaaditas, al este del Jordán. Con un ejército de poco más de tres mil derrocó al enemigo, y esta empresa fue la que condujo a las tribus de las colinas a hacerle rey. Cuando los sacerdotes exilados reescribieron esta historia, aumentaron el ejército de Saúl a 330.000 personas y agregaron «Judá» a la lista de las tribus que habían participado en la batalla.

Inmediatamente después de la derrota de los amonitas, Saúl fue hecho rey por elección popular de sus tropas. No participaron sacerdotes ni profetas en este asunto. Pero los sacerdotes más adelante introdujeron en el registro la idea de que el profeta Samuel coronó a Saúl rey de acuerdo con directivas divinas. Esto lo hicieron para establecer un «linaje divino» para el reinado judaíta de David.

La mayor de todas las distorsiones de la historia judía tuvo que ver con David. Después de la victoria de Saúl sobre los amonitas (que él adscribió a Yahvé) los filisteos se alarmaron y comenzaron a atacar a los clanes norteños. David y Saúl nunca podían ponerse de acuerdo. David, con seiscientos hombres, entró en una alianza filistea y marchó a la costa de Esdraelón. En Gat los filisteos ordenaron que David se retirara; temían que se pasara a Saúl. David se retiró; los filisteos atacaron y derrotaron a Saúl. No podrían haberlo hecho si David hubiese sido leal a Israel. El ejército de David era una colección políglota de descontentos, formado en su mayor parte por inadaptados sociales y fugitivos de la justicia.

La trágica derrota de Saúl en Gilboa disminuyó la importancia de Yahvé entre los dioses a los ojos de los cananeos vecinos. Ordinariamente, la derrota de Saúl habría sido adscrita a la apostasía de Yahvé, pero esta vez los editores judaítas la atribuyeron a errores rituales. Requerían la tradición de Saúl y Samuel como antecedentes del reinado de David.

David, con su pequeño ejército, se estableció en la ciudad no hebrea de Hebrón. Dentro de poco sus compatriotas le proclamaron rey del nuevo reinado de Judá. Judá estaba formado principalmente de elementos no hebreos: los ceneos, los calebitas, los jebuseos y otros cananeos. Eran nómadas —pastores— y por consiguiente creían en la idea hebrea sobre la propiedad de la tierra. Mantenían las ideologías de los clanes del desierto.

La diferencia entre las historias sagrada y profana está bien ilustrada por las dos versiones distintas sobre el nombramiento de David como rey tal como se las encuentra en el Antiguo Testamento. Los sacerdotes, sin darse cuenta, dejaron en este registro una parte de la historia secular de cómo sus seguidores inmediatos (su ejército) le hicieron rey, preparando posteriormente el prolongado y prosaico relato de la historia sagrada en el que se ilustra cómo el profeta Samuel, por instrucción divina, seleccionó a David de entre sus hermanos y mediante ceremonias solemnes y elaboradas le ungió formalmente rey de los hebreos y luego lo proclamó sucesor de Saúl.

Muchas veces los sacerdotes, después de preparar sus relatos ficticios de las negociaciones milagrosas de Dios con Israel, dejaron borrar completamente las declaraciones sencillas y reales que ya existían en esos registros.

David intentó mejorar su posición política casando primero con la hija de Saúl, luego con la viuda de Nabal, el rico edomita, y posteriormente con la hija de Talmai, el rey de Geshur. Tomó seis esposas de entre las mujeres de Jebus, sin mencionar a Betsabé, la esposa del heteo.

Mediante estos métodos y con esta gente, David construyó la ficción de un reino divino de Judá como sucesor de la herencia y las tradiciones del reino norteño de Israel efrateo, en vías de desaparición. La tribu cosmopolita de David de Judá era más gentil que judía; sin embargo, los ancianos oprimidos de Efraín bajaron y «le ungieron rey de Israel». Después de una amenaza militar, David hizo un pacto conjunto con los jebuseos y estableció su capital del reino unido en Jebus (Jerusalén), que era una ciudad de muros poderosos a mitad de camino entre Judá e Israel. Los filisteos se sublevaron y pronto atacaron a David. Después de una feroz batalla fueron derrotados, y nuevamente se estableció Yahvé como «el Señor Dios de las Huestes».

Pero Yahvé debía, por fuerza, compartir parte de esta gloria con los dioses cananeos, porque la mayoría de los componentes del ejército de David no era hebrea. Por lo tanto aparece en vuestros registros (desapercibido de los editores judaítas) esta declaración reveladora: «Yahvé quebrantó a mis enemigos delante de mí. Por esto llamó el nombre de aquel lugar Baal-perazim». Y así lo hicieron porque el ochenta por ciento de los soldados de David eran baalitas.

David explicó la derrota de Saúl en Gilboa señalando que Saúl había atacado una ciudad cananea, Gabaón, cuyo pueblo tenía un tratado de paz con los efrateos. Por ello, Yahvé le abandonó. Aún en los tiempos de Saúl, David había defendido la ciudad cananea de Keila contra los filisteos, y luego hizo su capital en una ciudad cananita. De acuerdo con la política de compromiso con los cananeos, David entregó a siete de los descendientes de Saúl a los gabaonitas para que los ahorcaran.

Después de la derrota de los filisteos David ganó posesión del «arca de Yahvé», la trajo a Jerusalén e hizo oficial la adoración de Yahvé en su reino. A continuación estableció pesados tributos en las tribus vecinas: los edomitas, los moabitas, los amonitas y los sirios.

La maquinaria política corrompida de David empezó a tomar posesión personal de las tierras al norte, violando las costumbres hebreas establecidas, y pronto ganó control de las tarifas de las caravanas, anteriormente recolectadas por los filisteos. Luego se produjo una serie de atrocidades que culminaron con el asesinato de Urías. Se adjudicaban todas las apelaciones judiciales en Jerusalén; ya no podían «los ancianos» administrar la justicia. No es de extrañar que estallara una rebelión. Hoy en día, Absalón podría ser llamado demagogo; su madre era cananita. Había media docena de aspirantes al trono además del hijo de Betsabé —Salomón.

Después de la muerte de David, Salomón purgó la maquinaria política de toda influencia norteña, pero continuó la tiranía y los pesados impuestos del régimen de su padre. Salomón llevó a la nación a la bancarrota con los lujos de su corte y sus elaborados programas de construcción: existía la casa de Líbano, el palacio de la hija del faraón, el templo de Yahvé, el palacio del rey y la restauración de los muros de muchas ciudades. Salomón creó una vasta marina mercante hebrea, operada por marineros sirios y que comerciaba con todo el mundo. Su harén llegó a casi mil.

En esta época el templo de Yahvé en Siloh estaba desacreditado, y toda la adoración de la nación se centralizaba en Jebus, en la maravillosa capilla real. El reino del norte se volvió hacia la adoración de Elohim. Gozaban del favor de los faraones, que más tarde esclavizaban a Judá, colocando al reino del sur bajo tributo.

Hubo buenos y malos momentos —guerras entre Israel y Judá. Después de cuatro años de guerra civil y tres dinastías Israel cayó bajo el gobierno de los déspotas de la ciudad, que comenzaron a vender tierras. Aún el rey Omri intentó comprar las tierras de Semer. Pero el fin se desencadenó cuando Salmanasar III decidió controlar la costa mediterránea. El rey Acab, de Efraín, reunió a otros diez grupos y resistió en Karkar; la batalla fue un empate. Detuvieron al asirio pero los aliados estaban diezmados. Esta gran contienda ni siquiera está mencionada en el Antiguo Testamento.

Se produjeron nuevos problemas cuando el rey Acab intentó comprar tierra de Nabot. Su esposa fenicia falsificó el nombre de Acab en los documentos que instruían que se confiscara la tierra de Nabot porque éste había sido acusado de haber blasfemado los nombres de «Elohim y el rey». Él y sus hijos fueron ejecutados rápidamente. El vigoroso Elías apareció en la escena denunciando a Acab por el asesinato de los Nabot. Así pues Elías, uno de los más grandes profetas, comenzó sus enseñanzas como defensor de las viejas costumbres en cuanto a la tierra y contra la actitud baalista de vender tierras, contra el intento de las ciudades por dominar el campo. Pero la reforma no triunfó hasta que el terrateniente Jehú no unió sus fuerzas con el cacique gitano Jonadab para destruir a los profetas (agentes de inmobiliarios) de Baal en Samaria.

Apareció nueva vida cuando Joás y su hijo Jeroboán libraron a Israel de sus enemigos. Pero para esta época gobernaba en Samaria una nobleza gangsterista cuyas depredaciones rivalizaban las de la dinastía davídica de los viejos tiempos. El estado y la iglesia funcionaban del mismo modo. El intento de suprimir la libertad de palabra condujo a Elías, Amós y Oseas a comenzar sus escritos secretos, y éste fue el verdadero comienzo de las Biblias judía y cristiana.

Pero el reino del norte no desapareció de la historia hasta que el rey de Israel conspiró con el rey de Egipto y rehusó pagar tributos adicionales a Asiria. Allí comenzó el sitio que duró tres años, seguido por la dispersión total del reino del norte. Efraín (Israel) desapareció así. Judá —los judíos, «el resto de Israel»— había comenzado la concentración de las tierras en las manos de unos pocos, tal como dijo Isaías: «Juntando casa a casa y campo a campo». Dentro de poco había en Jerusalén un templo de Baal al lado del templo de Yahvé. Este reino de terror terminó mediante una sublevación monoteísta dirigida por el rey adolescente Joás, que dirigió las cruzadas de Yahvé durante treinta y cinco años.

El siguiente rey, Amasías, tuvo problemas por la sublevación de los contribuyentes edomitas y sus vecinos. Después de una victoria notable, atacó a sus vecinos del norte y fue igualmente derrotado. Entonces se rebelaron los campesinos; asesinaron al rey y sentaron en el trono a su hijo de dieciséis años. Éste fue Azarías, llamado Uzías por Isaías. Después de Uzías, las cosas fueron empeorando, y Judá existió durante cien años pagando tributos a los reyes de Asiria. Isaías el primero les dijo que Jerusalén, puesto que era la ciudad de Yahvé, jamás caería. Pero Jeremías no vaciló en proclamar su caída.

La verdadera destrucción de Judá se originó debido a un círculo de políticos corrompidos y ricos que operaban bajo el gobierno de un rey adolescente, Manasés. La economía cambiante favoreció el retorno de la adoración de Baal, cuyas negociaciones sobre la propiedad privada de la tierra iban contra la ideología de Yahvé. La caída de Asiria y la ascendencia de Egipto trajeron la liberación a Judá durante un tiempo, y los campesinos tomaron el poder. Bajo Josías ellos destruyeron el círculo de políticos corrompidos de Jerusalén.

Pero esta era llegó a un fin trágico cuando Josías presumió interceptar el poderoso ejército de Necao que se trasladaba por la costa desde Egipto para asistir a Asiria contra Babilonia. Y fue totalmente destruído, y Judá pasó a pagar tributo a Egipto. El partido político de Baal volvió a tener poder en Jerusalén, y así comenzó la *verdadera* esclavitud egipcia. Comenzó un período en el cual los políticos baal controlaban tanto los tribunales como el sacerdocio. La adoración de Baal era un sistema económico y social que tenía que ver con los derechos de propiedad así como también con la fertilidad del suelo.

Con la caída de Necao derrocado por Nabucodonosor, Judá cayó bajo el gobierno de Babilonia y se le otorgaron diez años de gracia, pero pronto se rebeló. Cuando Nabucodonosor alzó las armas contra ellos los judaítas comenzaron reformas sociales, como por ejemplo liberar a los esclavos, para influir sobre Yahvé. Cuando el ejército babilonio se retiró temporalmente, los hebreos se regocijaron de que su magia de reforma les había liberado. Fue durante este período cuando Jeremías les dijo de una ruina inminente, y poco después volvió Nabucodonosor.

Así pues el fin de Judá se produjo repentinamente. La ciudad fue destruída y el pueblo fue llevado a Babilonia. La lucha Yahvé-Baal terminó con el cautiverio. Y el cautiverio llevó los restos de Israel al monoteísmo.

En Babilonia los judíos llegaron a la conclusión de que no podían existir como pequeño grupo en Palestina, con sus propias costumbres sociales y económicas peculiares, y que, si sus ideologías habían de dominar, debían convertir a los gentiles. Así se originó su nuevo concepto de destino —la idea de que los judíos deben ser los servidores elegidos de Yahvé. La religión judía del Antiguo Testamento evolucionó realmente en Babilonia durante el cautiverio.

La doctrina de la inmortalidad también tomó forma en Babilonia. Los judíos habían pensado que la idea de la vida futura le quitaba importancia a su evangelio de justicia social. Ahora por primera vez la teología desplazaba a la sociología y a la economía. La religión estaba tomando forma como sistema de pensamiento y conducta humanos, separándose cada vez más de la política, la sociología y la economía.

Así pues la verdad sobre el pueblo judío divulga que mucho de lo que se ha considerado historia sagrada resulta ser no mucho más que la crónica de la historia profana común. El judaísmo fue el terreno en el cual creció el cristianismo, pero los judíos no eran un pueblo milagroso.

10. LA RELIGIÓN HEBREA

Sus dirigentes habían enseñado a los israelitas que ellos eran un pueblo elegido, no por indulgencia especial y monopolio del favor divino, sino por el servicio especial de llevar la verdad del Dios único a todas las naciones. Y habían prometido a los judíos que, si estos cumplían con su destino, se harían los líderes espirituales de todos los pueblos, y que el Mesías venidero reinaría sobre ellos y sobre todo el mundo como Príncipe de la Paz.

Cuando los judíos fueron liberados por los persas, volvieron a Palestina sólo para caer esclavos de su propio código dominado por el sacerdocio, de leyes, sacrificios y rituales. Y así como los clanes hebreos rechazaron la maravillosa historia de Dios presentada en la oración de despedida de Moisés a favor de los rituales de sacrificio y arrepentimiento, del mismo modo estos restos de la nación hebrea rechazaron el magnífico concepto del segundo Isaías a favor de las reglas, reglamentaciones y rituales de su sacerdocio en crecimiento.

El egoísmo nacional, la fe falsa y un mal entendido del concepto del Mesías prometido, y la esclavización y la tiranía, cada vez más pesadas, del sacerdocio, silenciaron para siempre las voces de los dirigentes espirituales (excepto Daniel, Ezequiel, Hageo y Malaquías); y desde aquel día hasta el tiempo de Juan Bautista, todo Israel experimentó una retrogresión espiritual cada vez más grave. Pero los judíos no perdieron jamás el concepto del Padre Universal; aún hasta el siglo veinte después de Cristo han continuado siguiendo este concepto de la Deidad.

Desde Moisés hasta Juan Bautista hubo una línea continua de maestros fieles que pasaron la antorcha de luz monoteísta de una generación a la otra, acusando cada vez más a los gobernantes inescrupulosos, denunciando a los sacerdotes comercializados y aún exhortando al pueblo a que adhiriese a la adoración del Yahvé supremo, el Señor Dios de Israel.

Como nación los judíos finalmente perdieron su identidad política, pero la religión hebrea de creencia sincera en el Dios único y universal continúa viviendo en el corazón de los exiliados dispersos. Y esta religión sobrevive porque ha funcionado eficazmente para conservar los valores más elevados de sus seguidores. La religión judía preservó los ideales de un pueblo pero no supo fomentar el progreso y alentar el descubrimiento filosófico creador en los reinos de la verdad. La religión judía tenía muchos defectos —era deficiente en filosofía y casi vacía de cualidades estéticas— pero sí conservó los valores morales; por lo tanto persistió. El Yahvé supremo, comparado con otros conceptos de la Deidad, era claro, vívido, personal y moral.

Los judíos amaban la justicia, la sabiduría, la verdad y la rectitud como pocos pueblos lo han hecho, pero contribuyeron menos que cualquier otro pueblo a la comprensión intelectual y el entendimiento espiritual de estas cualidades divinas. Aunque la teología hebrea se negó a expandirse, desempeñó un papel importante en el desarrollo de otras dos religiones mundiales: el cristianismo y el mahometanismo.

La religión judía persistió también debido a sus instituciones. Es difícil que una religión sobreviva como práctica privada de individuos aislados. Éste ha sido siempre el error de los dirigentes religiosos: al ver los males de la religión institucionalizada tratan de destruir la técnica de funcionamiento de grupo. En lugar de destruir todo el ritual, sería mejor que lo reformaran. A este respecto Ezequiel fue más sabio que sus contemporáneos; aunque se unió a ellos insistiendo en la responsabilidad moral personal, también se dispuso a establecer la observación fiel de un ritual superior y purificado.

Y así los sucesivos maestros de Israel cumplieron la mayor hazaña en la evolución de la religión que jamás se viera en Urantia: la transformación paulatina pero ininterrumpida del concepto bárbaro del demonio salvaje Yahvé, el dios celoso y el espíritu cruel del volcán Sinaí que fulmina, al concepto más reciente, exaltado y excelso del Yahvé supremo, creador de todas las cosas y Padre amante y misericordioso de toda la humanidad. Y este concepto hebraico de Dios fue la visualización humana más elevada del Padre Universal hasta el momento en que se expandió ulteriormente y fue ampliado tan exquisitamente por las enseñanzas personales y el ejemplo de vida de su Hijo, Micael de Nebadon.

[Presentado por un Melquisedek de Nebadon.]

DOCUMENTO 98

LAS ENSEÑANZAS DE MELQUISEDEK EN EL OCCIDENTE

LAS enseñanzas de Melquisedek llegaron a Europa por muchos caminos, pero principalmente llegaron por el camino de Egipto y fueron incorporadas en la filosofía occidental después de ser profundamente helenizadas y más tarde cristianizadas. Los ideales del mundo occidental eran básicamente socráticos, y su filosofía religiosa posterior llegó a ser la de Jesús, modificada y comprometida por el contacto con la filosofía y religión occidentales en evolución, todo lo cual culminó en la iglesia cristiana.

Por mucho tiempo en Europa, los misioneros salemitas prosiguieron con sus actividades, siendo gradualmente absorbidos en muchos de los cultos y grupos rituales que surgían periódicamente. Entre los que mantuvieron las enseñanzas de Salem en su forma más pura deben ser mencionados los cínicos. Estos predicadores de fe y confianza en Dios aún estaban actuando en la Europa romana en el primer siglo después de Cristo, siendo más tarde incorporados en la nueva religión cristiana que se estaba formando.

Mucho de la doctrina salemita fue diseminada en Europa por los soldados mercenarios judíos que pelearon en tantas de las contiendas militares occidentales. En los tiempos antiguos, los judíos tenían gran fama por su valor militar a la vez que por sus peculiaridades teológicas.

Las doctrinas básicas de la filosofía griega, la teología judía y la ética cristiana fueron fundamentalmente repercusiones de las primeras enseñanzas de Melquisedek.

1. LA RELIGIÓN DE SALEM ENTRE LOS GRIEGOS

Los misioneros salemitas podrían haber construido una gran estructura religiosa entre los griegos si no hubiese sido por la interpretación estricta de su juramento de ordenación, una promesa impuesta por Maquiventa que prohibía la organización de congregaciones exclusivas para la adoración, y que exaltaba el compromiso promesa de cada maestro de no funcionar jamás como sacerdote, de no recibir jamás pago por sus servicios religiosos, tan sólo alimento, vestimenta y techo. Cuando los maestros Melquisedek penetraron en la Grecia prehelénica, hallaron un pueblo que aún fomentaba las tradiciones de Adansón y las de los días de los anditas, pero estas enseñanzas se habían vuelto altamente adulteradas con las nociones y creencias de las hordas de esclavos inferiores que habían sido traídos a las orillas griegas en números cada vez mayores. Esta adulteración produjo una reversión a un animismo burdo con ritos sangrientos, llegando las clases inferiores hasta convertir en ceremonia la ejecución de los criminales condenados a muerte.

La influencia anterior de los maestros salemitas fue casi destruida por la así llamada invasión aria desde el sur de Europa y el este. Estos invasores helénicos trajeron consigo conceptos antropomórficos de Dios, similares a los que sus semejantes arios habían llevado a India. Esta importación inauguró la proliferación de la familia griega de dioses y diosas. Esta nueva religión se basó parcialmente en los cultos de los bárbaros helénicos que ingresaban, pero también compartió en los mitos de los habitantes más antiguos de Grecia.

Los griegos helénicos encontraron el mundo mediterráneo mayormente dominado por el culto a la madre, e impusieron sobre estos pueblos su hombre-dios, Dyaus-Zeus, que ya se había vuelto, como Yahvé entre los henoteístas semitas, la cabeza de un completo panteón griego de dioses subordinados. Los griegos finalmente habrían llegado a un monoteísmo auténtico en el concepto de Zeus si no hubiesen retenido la idea del supercontrol de los Hados. Un dios de valor final debe, en sí mismo, ser el árbitro de los hados y el creador del destino.

Como consecuencia de estos factores en la evolución religiosa, pronto se desarrolló la creencia popular en los dioses felices del Monte Olimpo, dioses más humanos que divinos, y dioses que los griegos inteligentes nunca consideraron muy seriamente. Ni amaron grandemente ni temieron grandemente a estas divinidades de su propia creación. Tenían sentimientos patrióticos y raciales hacia Zeus y su familia de medio hombres y medio dioses, pero es casi verdad que no reverenciaban ni adoraban a ninguno de ellos.

Los helenos tanto se impregnaron de las doctrinas anticlericales de los primeros maestros salemitas que jamás surgió en Grecia un sacerdocio de importancia. Aún el fabricar imágenes de los dioses se volvió más un trabajo de arte que de adoración.

Los dioses olímpicos ilustran el antropomorfismo típicamente humano, pero la mitología griega era más estética que ética. La religión griega fue útil en cuanto ilustró un universo gobernado por un grupo de deidades. Pero la moralidad griega, la ética y la filosofía finalmente avanzaron mucho más allá de su concepto de dios, y este desequilibrio entre el crecimiento intelectual y el crecimiento espiritual fue tan peligroso para Grecia como lo había sido para la India.

2. EL PENSAMIENTO FILOSÓFICO GRIEGO

Una religión considerada en forma superficial y con ligereza, no puede durar, especialmente cuando no cuenta con un sacerdocio que fomente sus formas y llene el corazón de los devotos de temor y respeto. La religión olímpica no prometía salvación, ni calmaba la sed espiritual de sus creyentes; por lo tanto estaba destinada a perecer. Dentro de un milenio de su eomienzo ya casi había desaparecido, y los griegos no tenían una religión nacional, habiendo perdido los dioses del Olimpo su influencia sobre las mejores mentes.

Tal era la situación cuando, durante el siglo sexto antes de Cristo, el Oriente y el Levante experimentaron un renacimiento de la conciencia espiritual y un nuevo despertar del reconocimiento del monoteísmo. Pero el oeste no participó en este nuevo desarrollo; ni Europa ni el norte de África participaron extensamente en este renacimiento religioso. Sin embargo, los griegos sí participaron en un magnífico avance intelectual. Habían comenzado a dominar el temor y ya no buscaban en la religión su antídoto, pero tampoco concebían la verdadera religión como cura para el hambre del alma, la inquietud espiritual y la desesperación moral. Buscaban el placer del alma en el pensamiento profundo —filosofía y metafísica. Pasaron de la contemplación de la autopreservación —salvación— a la autorrealización y a la autocomprensión.

Mediante un raciocinio riguroso los griegos intentaban alcanzar una conciencia de seguridad que sirviera como substituto de la creencia en la sobrevivencia, pero fracasaron completamente. Sólo los más inteligentes de entre las clases más altas de los pueblos helénicos pudieron captar esta nueva enseñanza; la masa de la progenie de los esclavos de generaciones anteriores no tenía capacidad ninguna para recibir este nuevo sustituto de la religión.

Los filósofos repudiaban toda forma de adoración, a pesar de que todos ellos se aferraban ligeramente a una creencia subyacente en la doctrina de Salem de la «Inteligencia del universo», «la idea de Dios» y «la Gran Fuente». En cuanto que los filósofos griegos reconocían lo divino y lo superfinito, eran francamente monoteístas; poco reconocimiento daban a la galaxia entera de dioses y diosas olímpicos.

Los poetas griegos del siglo quinto y sexto, particularmente Píndaro, intentaron reformar la religión griega. Elevaron sus ideales, pero eran más artistas que religionistas. No pudieron desarrollar una técnica de fomento y conservación de los valores supremos.

Xenófanes enseñó la existencia de un Dios, pero su concepto de la deidad era demasiado panteísta para ser el Padre personal para el hombre mortal. Anaxágoras fue un mecanicista excepto que reconoció una Causa Primera, una Mente Inicial. Sócrates y sus sucesores, Platón y Aristóteles, enseñaron que la virtud es conocimiento; la bondad, salud del alma; que es mejor sufrir injusticias que ser culpable de ellas, que está mal devolver mal por mal, y que los dioses son sabios y buenos. Sus virtudes cardinales eran: sabiduría, valor, moderación y justicia.

La evolución de la filosofía religiosa entre los pueblos helénico y hebreo ofrece una ilustración contrastante de la función de la iglesia como institución en la formación del progreso cultural. En Palestina, el pensamiento humano estaba tan controlado por el sacerdocio y dirigido por las escrituras que la filosofía y la estética fueron totalmente ahogadas por la religión y la moralidad. En Grecia, la ausencia casi completa de sacerdocio y de «escrituras sagradas» dejó libre y sin cadenas a la mente humana, dando como resultado un desarrollo sorprendente de la profundidad del pensamiento. Pero la religión como experiencia personal no consiguió mantenerse al ritmo de la investigación intelectual en la naturaleza y realidad del cosmos.

En Grecia, el creer estaba subordinado al pensar; en Palestina, el pensar estaba subordinado al creer. Mucha parte de la fuerza del cristianismo se debe al hecho de que éste pidió prestado tanto de la moralidad hebrea como del pensamiento griego.

En Palestina, el dogma religioso se volvió tan cristalizado como para poner en peligro un crecimiento ulterior; en Grecia, el pensamiento humano se volvió tan abstracto que el concepto de Dios se resolvió en un vapor neblinoso de especulación panteísta, no muy distinto de la impersonal Infinidad de los filósofos brahmanes.

Pero el hombre común de esos tiempos no podía captar la filosofía griega de la autorrealización ni la Deidad abstracta, ni tampoco le interesaba grandemente; en cambio anhelaba las promesas de salvación, combinadas con un Dios personal que pudiera escuchar sus oraciones. Exilaron a los filósofos, persiguieron los restos del culto salemita, habiéndose vuelto ambas doctrinas muy mezcladas, y se prepararon para la terrible sumersión orgiástica en las locuras de los cultos de misterio que por aquel entonces se estaban diseminando por las tierras mediterráneas. Los misterios eleusinianos crecieron dentro del panteón olímpico, una versión griega de la adoración de la fertilidad; floreció el culto de Dionisio a la naturaleza; lo mejor de los cultos fue la hermandad órfica, cuyas predicaciones morales y promesas de salvación tuvieron gran atractivo para muchos.

Toda Grecia fue permeada por estos nuevos métodos de obtener salvación, estos ceremoniales emotivos y ardientes. Ninguna nación alcanzó jamás tales alturas de filosofía artística en tan poco tiempo; ninguna creó jamás un sistema tan avanzado de ética prácticamente sin Deidad y enteramente libre de promesas de salvación humana. Ninguna nación se sumergió tan rápida, profunda y violentamente en tales profundidades de estancamiento intelectual, depravación moral y pobreza espiritual como este mismo pueblo griego, al arrojarse al remolino enloquecido de los cultos de misterio.

Las religiones han perdurado largamente sin apoyo filosófico, pero pocas filosofías, como tales, han persistido por mucho tiempo, sin identificarse de alguna manera con una religión. La filosofía es para la religión como el concepto es para la acción. Pero el estado ideal humano es aquel en que la filosofía, la religión y la ciencia se combinan en una unidad significativa mediante la acción conjunta de la sabiduría, la fe y la experiencia.

3. LAS ENSEÑANZAS DE MELQUISEDEK EN ROMA

Habiendo salido de las formas religiosas más antiguas de adoración de los dioses familiares y de reverencia tribal a Marte, el dios de la guerra, fue natural que la religión posterior de los latinos fuera más bien una observancia política que un sistema intelectual, como el de los griegos y el de los brahmanes o de religiones más espirituales como en la de varios otros pueblos.

En el gran renacimiento monoteísta del evangelio de Melquisedek durante el siglo sexto antes de Cristo, muy pocos misioneros salemitas penetraron en Italia, y los que lo hicieron no pudieron sobreponerse a la influencia del sacerdocio etrusco en rápida expansión con su nueva galaxia de dioses y templos, todos los cuales se organizaron en la religión estatal romana. Esta religión de las tribus latinas no era trivial y venal como la de los griegos, ni tampoco austera y tiránica como la de los hebreos. Consistía en su mayor parte en la observancia de meras formas, votos y tabúes.

La religión romana estaba grandemente influida por amplias importaciones culturales de Grecia. Finalmente la mayoría de los dioses olímpicos fueron transplantados e incorporados en el panteón latino. Los griegos adoraron por mucho tiempo el fuego del fogón familiar —Hestia era la diosa virgen del fogón; Vesta fue la diosa romana del hogar. Zeus se volvió Júpiter; Afrodita, Venus; y así sucesivamente con muchas otras deidades olímpicas.

La iniciación religiosa de los jóvenes romanos era ocasión de su consagración solemne al servicio del Estado. Los juramentos y las admisiones a la ciudadanía eran en realidad ceremonias religiosas. Los pueblos latinos mantenían templos, altares y santuarios y, en una crisis, consultaban a los oráculos. Preservaban los huesos de los héroes y más adelante los de los santos cristianos.

Este esquema formal y sin emociones de patriotismo seudorreligioso estaba destinado a caerse, tal como el sistema de adoración altamente intelectual y artística de los griegos había sucumbido ante la adoración férvida y profundamente emotiva de los cultos de misterio. El más grande de estos cultos devastadores fue la religión de misterio de la secta de la Madre de Dios, que tuvo su central, en aquellos días, en el preciso sitio de la presente iglesia de San Pedro en Roma.

El joven estado romano conquistó políticamente pero fue conquistado a su vez por los cultos, ritos, misterios y conceptos de dios de Egipto, Grecia y el Levante. Estos cultos importados continuaron floreciendo a lo largo y a lo ancho del estado romano hasta los tiempos de Augusto, quien puramente por razones políticas y cívicas, realizó un esfuerzo heroico y en cierto modo con éxito para destruir los misterios y revivir la religión política más antigua.

Uno de los sacerdotes de la religión del estado habló a Augusto de los intentos más primitivos de los maestros salemitas por diseminar la doctrina de un solo Dios, una Deidad final que preside por sobre todos los seres sobrenaturales; y esta idea se arraigó tan firmemente en la mente del emperador que éste construyó muchos templos, los llenó de bellas imágenes, reorganizó el sacerdocio estatal, volvió a establecer la religión estatal y se nombró a sí mismo alto sacerdote interino de todos, y como emperador no dudó en proclamarse el dios supremo.

Esta nueva religión del culto de Augusto floreció y fue observada en todo el imperio durante toda su vida, excepto en Palestina, la cuna de los judíos. Esta era de dioses humanos continuó hasta que el culto oficial romano llegó a contar con una lista de más de cuarenta deidades humanas autoelevadas, que suponían nacimientos milagrosos y otros atributos sobrehumanos.

El último esfuerzo del grupo menguante de creyentes salemitas fue realizado por un grupo sincero de predicadores, los cínicos, quienes exhortaron a los romanos a abandonar sus ritos religiosos salvajes y sin sentido y volver a una forma de adoración que incluyera el evangelio de Melquisedek tal como se había modificado y contaminado con el contacto de la filosofía de los griegos. Pero el pueblo en general rechazó a los cínicos; prefirieron sumergirse en los ritos de los misterios, que no sólo ofrecían esperanzas de salvación personal sino que también gratificaban el deseo de diversión, entusiasmo y entretenimiento.

4. LOS CULTOS DE MISTERIO

La mayoría de la masa del mundo grecorromano, habiendo perdido sus primitivas religiones familiares y estatales y siendo incapaces o no queriendo captar el significado de la filosofía griega, dirigieron su atención a los cultos espectaculares y emocionales de misterio provenientes de Egipto y del Levante. La gente común ansiaba promesas de salvación —el consuelo religioso para hoy y el seguro de la esperanza de la inmortalidad después de la muerte.

Los tres cultos de misterio más populares fueron:

1. El culto frigio de Cibeles y su hijo Atis.

2. El culto egipcio de Osiris y su madre Isis.

3. El culto iranio de la adoración de Mitras como salvador y liberador de la humanidad pecadora.

Los misterios frigio y egipcio enseñaban que el hijo divino (respectivamente Atis y Osiris) había sufrido la muerte y había resucitado por poder divino, y además que todos los que eran debidamente iniciados en el misterio, y que celebraban con reverencia el aniversario de la resurrección del dios, participarían de esta manera de su naturaleza divina y de su inmortalidad.

Las ceremonias frigias eran espectaculares pero degradantes; sus festivales sangrientos indican cuán retrógrados y primitivos estos misterios levantinos se habían vuelto. El día más sagrado era el viernes negro, el «día de la sangre» que conmemoraba la muerte autoinfligida de Atis. Después de tres días de celebración del sacrificio y muerte de Atis, el festival viraba hacia el regocijo en honor de su resurreción.

Los ritos del culto de Isis y Osiris eran más refinados e impresionantes que aquellos del culto frigio. Este rito egipcio estaba construido sobre la leyenda del dios Nilo de la antigüedad, un dios que había muerto y resucitado, cuyo concepto se había derivado de la observación de la interrupción de crecimiento de las plantas que recurría todos los años, seguido por la restauración de todas las plantas vivas en la primavera. La locura de la observancia de estos cultos de misterio y las orgías de sus ceremonias, que supuestamente llevaban al «entusiasmo» de la realización de la divinidad, eran a veces sumamente repugnantes.

5. EL CULTO DE MITRAS

Los misterios frigio y egipcio finalmente cedieron el paso al más grande de todos los cultos de misterio, la adoración de Mitras. El culto mitraico resultó atrayente para una amplia gama de la naturaleza humana y gradualmente suplantó a sus dos predecesores. El mitraísmo se difundió en el imperio romano por la propaganda de las legiones romanas reclutadas en el Levante, donde esta religión estaba de moda, porque ellos llevaron esta creencia a dondequiera que fuesen. Este nuevo rito religioso fue una gran mejora respecto de los anteriores cultos de misterio.

El culto de Mitras surgió en Irán y persistió por largo tiempo en su lugar de origen a pesar de la oposición militante de los seguidores de Zoroastro. Pero en el tiempo en que el mitraísmo llegó a Roma, había mejorado grandemente por la absorción de las enseñanzas de Zoroastro. Fue principalmente a través del culto mitraico como la religión de Zoroastro ejerció una influencia sobre el cristianismo que apareció más adelante.

El culto mitraico ilustraba a un dios militante que se había originado en una gran roca, que realizaba valientes hazañas, y hacía que surgiese agua de las rocas al herirlas con sus flechazos. Hubo una inundación de la cual había escapado un hombre en un bote construido especialmente y una última cena en la que Mitras celebraba con el dios solar antes de ascender al cielo. Este dios solar, o Sol Invictus, era una degeneración del concepto de deidad Aura-Mazda del zoroastrismo. Mitras fue concebido como el campeón sobreviviente del dios solar en su lucha contra el dios de la oscuridad. En reconocimiento de su matanza del toro sagrado mítico, Mitras fue transformado en inmortal, siendo elevado a la posición de intercesor para la raza humana ante los dioses de las alturas.

Los adherentes a este culto adoraban en cuevas y otros lugares secretos, cantando himnos, murmurando magia, comiendo la carne de los animales sacrificatorios y bebiendo su sangre. Tres veces por día adoraban, con ceremonias especiales semanales el día del dios sol y con la observancia más elaborada de todas en el festival anual de Mitras, el veinticinco de diciembre. Se creía que participar del sacramento aseguraba vida eterna, el pasaje inmediato, después de la muerte, al regazo de Mitras, para seguir allí en beatitud hasta el día del juicio. En el día del juicio, las llaves mitraicas del cielo abrirían las compuertas del Paraíso para recibir a los fieles; en ese momento todos los que no estaban bautizados entre los vivos y los muertos serían aniquilados durante el retorno de Mitras a la tierra. Se enseñaba que, cuando un hombre moría, iba ante Mitras para que le juzgara y, que al final del mundo Mitras convocaría a todos los muertos de sus tumbas para que se enfrentaran con el último juicio. Los malvados serían destruidos por el fuego, y los justos reinarían con Mitras por siempre.

Al principio fue una religión sólo para los hombres, y hubo siete órdenes diferentes en las que se iban iniciando sucesivamente los creyentes. Más adelante, las esposas e hijas de los creyentes fueron admitidas a los templos de la Gran Madre, que estaban adyacentes a los templos mitraicos. El culto de las mujeres era una mezcla del rito mitraico y las ceremonias del culto frigio de Cibeles, la madre de Atis.

6. EL MITRAÍSMO Y EL CRISTIANISMO

Antes de la llegada de los cultos de misterio y del cristianismo, la religión personal casi no se había desarrollado como institución independiente en las tierras civilizadas de África del norte y de Europa; era más un asunto de familia, estado ciudadal o político e imperial. Los griegos helénicos no desarrollaron jamás un sistema de adoración centralizado; el rito era local; no tenían sacerdocio ni «libros sagrados». Muy semejante al caso de los romanos, sus instituciones religiosas no tenían una agencia impulsante poderosa para la preservación de los valores morales y espirituales más altos. Aunque es verdadero que la institucionalización de la religión generalmente le ha quitado calidad espiritual, también es un hecho que ninguna religión hasta ahora ha podido sobrevivir sin el andamiaje de una organización institucional de mayor o menor grado.

La religión occidental así languideció hasta los días de los escépticos, los cínicos, los epicúreos y los estoicos, pero particularmente hasta los tiempos de la gran contienda entre el mitraísmo y el cristianismo, la nueva religión de Pablo.

Durante el tercer siglo después de Cristo, las iglesias mitraica y cristiana eran muy similares tanto en la apariencia como en el carácter de sus ritos. La mayoría de los lugares de adoración estaban bajo tierra, y ambos tenían altares que ilustraban en forma variada los sufrimientos del liberador que había traído salvación a una raza humana plagada por el pecado.

Había sido siempre práctica de los adoradores mitraicos, al entrar al templo, mojar los dedos en agua santa. Y puesto que en algunos distritos existían aquellos que en cierto momento habían pertenecido a ambas religiones, se introdujo esta costumbre en la mayoría de las iglesias cristianas en las cercanías de Roma. Ambas religiones empleaban el bautismo y compartían el sacramento del pan y el vino. La gran diferencia entre el mitraísmo y el cristianismo, aparte del carácter de Mitras y Jesús, estribaba en que el uno alentaba el militarismo mientras que el otro era ultrapacífico. La tolerancia del mitraísmo por otras religiones (excepto por el cristianismo más reciente) la llevó a su destrucción final. Pero el factor decisivo en la lucha entre las dos fue la admisión de las mujeres como participantes plenas en la fe cristiana.

Al fin la fe cristiana nominal dominó el occidente. La filosofía griega proveyó los conceptos de valor ético; el mitraísmo, el rito de la observancia del culto; y el cristianismo como tal, la técnica para la preservación de los valores morales y sociales.

7. LA RELIGIÓN CRISTIANA

El Hijo Creador no se encarnó en semejanza de carne mortal ni se autootorgó para la humanidad de Urantia para reconciliar a un Dios airado, sino más bien para que la humanidad entera reconociera el amor del Padre y comprendiera su filiación de Dios. Después de todo, aun el gran abogado de la doctrina de la expiación se dio cuenta de parte de esta verdad, pues declaró que «Dios estaba en Cristo reconciliando consigo al mundo».

No es provincia de este documento hablar del origen y diseminación de la religión cristiana. Baste con decir que está construida sobre la persona de Jesús de Nazaret, el

Hijo Micael de Nebadon encarnado humanamente, conocido en Urantia como Cristo, el ungido. El cristianismo se diseminó por el Levante y el occidente por obra de los seguidores de este galileo, y su entusiasmo misionero se asemejó al de sus ilustres predecesores, los setitas y salemitas, así como al de sus sinceros contemporáneos asiáticos, los maestros budistas.

La religión cristiana, como sistema urantiano de creencia, surgió por la combinación de las siguientes enseñanzas, influencias, creencias, cultos y actitudes personales individuales:

1. Las enseñanzas de Melquisedek, que son un factor básico en todas las religiones del occidente y del oriente que han surgido en los últimos cuatro mil años.

2. El sistema hebraico de moralidad, ética, teología y creencia tanto en la Providencia como en el Yahvé supremo.

3. El concepto zoroástrico de la lucha entre el bien y el mal cósmicos, que ya había dejado su marca tanto en el judaísmo como en el mitraísmo. Mediante un contacto prolongado debido a las luchas entre el mitraísmo y el cristianismo, las doctrinas del profeta iranio se volvieron un factor poderoso en la determinación de la apariencia y la estructura teológicas y filosóficas de los dogmas, creencias y cosmología de las versiones helenizada y latinizada de las enseñanzas de Jesús.

4. Los cultos de misterio, especialmente el mitraísmo pero también la adoración de la Gran Madre en el culto frigio. Aun las leyendas del nacimiento de Jesús en Urantia fueron coloreadas por la versión romana del nacimiento milagroso del héroe-liberador iranio Mitras, cuyo advenimiento a la tierra, supuestamente había sido presenciado tan sólo por un pequeño grupo de pastores portadores de dones que habían sido informados de este acontecimiento inminente por los ángeles.

5. El hecho histórico de la vida humana de Josué ben José, la realidad de Jesús de Nazaret como Cristo glorificado, el Hijo de Dios.

6. El punto de vista personal de Pablo de Tarso. Y debe registrarse que el mitraísmo era la religión dominante en Tarso durante su adolescencia. Pablo poco imaginó que sus cartas bien intencionadas a sus conversos algún día fueran consideradas por los cristianos más recientes «como la palabra de Dios». Estos maestros bien intencionados no deben ser considerados responsables del uso que se ha hecho de sus escritos por sus sucesores más recientes.

7. El pensamiento filosófico de los pueblos helénicos, desde Alejandría hasta Antioquía a través de Grecia a Siracusa y Roma. La filosofía de los griegos estaba más en armonía con la versión de Pablo del cristianismo que con cualquier otro sistema religioso contemporáneo y se volvió un importante factor en el éxito del cristianismo en el occidente. La filosofía griega, combinada con la teología de Pablo, aún constituye la base de la ética europea.

A medida que las enseñanzas originales de Jesús penetraron en el occidente, se volvieron occidentalizadas, y a medida que se occidentalizaron, comenzaron a perder su atracción potencialmente universal para todas las razas y tipos de hombres. El cristianismo hoy en día se ha vuelto una religión bien adaptada a las costumbres sociales, económicas y políticas de las razas blancas. Ha dejado de ser desde hace mucho la religión de Jesús a pesar de que aún retrata valerosamente una religión bella sobre Jesús para los individuos que buscan sinceramente seguir el camino de sus enseñanzas. Ha glorificado a Jesús como el Cristo, el ungido mesiánico de Dios, pero en gran parte ha olvidado el evangelio personal del Maestro: la Paternidad de Dios y la hermandad universal de todos los hombres.

Ésta es la larga historia de las enseñanzas de Maquiventa Melquisedek en Urantia. Hace casi cuatro mil años desde que este Hijo de urgencia de Nebadon se otorgó a sí mismo en Urantia, y en este tiempo las enseñanzas del «sacerdote de El Elyón, el Dios Altísimo», han penetrado en todas las razas y pueblos. Y Maquiventa consiguió el objetivo de su extraño autootorgamiento: cuando Micael se preparó para aparecer en Urantia, el concepto de Dios existía en el corazón de los hombres y mujeres, el mismo concepto de Dios que aún flamea en la experiencia espiritual viva de los muchos hijos del Padre Universal a medida que ellos viven sus fascinantes vidas temporales en los planetas girantes del espacio.

[Presentado por un Melquisedek de Nebadon.]

DOCUMENTO 99

LOS PROBLEMAS SOCIALES DE LA RELIGIÓN

LA RELIGIÓN alcanza su ministerio social más alto cuando tiene la menor conexión con las instituciones seculares de la sociedad. En eras pasadas, puesto que las reformas sociales estaban limitadas en gran parte a los dominios morales, la religión no se veía obligada a adaptarse a grandes cambios en los sistemas económico y político. El problema principal de la religión era la empresa de reemplazar el mal con el bien dentro del orden social existente de la cultura política y económica. La religión de esta manera tendía indirectamente a perpetuar el orden establecido de la sociedad, a fomentar el mantenimiento del tipo existente de civilización.

Pero la religión no debería ocuparse directamente de la creación de nuevos órdenes sociales ni de la preservación de los antiguos. La verdadera religión se opone a la violencia como técnica de evolución social, pero no se opone a los esfuerzos inteligentes de la sociedad por adaptar sus usos y ajustar sus instituciones a las nuevas condiciones económicas y requisitos culturales.

La religión en los siglos pasados aprobó ciertas reformas sociales ocasionales, pero en el siglo veinte necesariamente debe emprender su adaptación a una reconstrucción amplia y continuada en el ámbito social. Las condiciones de vida cambian tan rápidamente que las modificaciones institucionales deben ser grandemente aceleradas, y la religión, por consiguiente, se ve obligada a acelerar su adaptación a este orden social nuevo y en constante cambio.

1. LA RELIGIÓN Y LA RECONSTRUCCIÓN SOCIAL

Las invenciones mecánicas y la diseminación del conocimiento están modificando la civilización; son imperativos ciertos cambios sociales y adaptaciones económicas si se ha de evitar el desastre cultural. Este nuevo orden social que se aproxima no se establecerá complacidamente hasta por un milenio. La raza humana debe reconciliarse con un proceso de cambios, adaptaciones y readaptaciones. La humanidad está en marcha hacia un nuevo destino planetario no revelado.

La religión debe volverse una influencia poderosa para la estabilidad moral y el progreso espiritual que funciona dinámicamente en medio de estas condiciones constantemente cambiantes y de adaptaciones económicas interminables.

La sociedad de Urantia no puede esperar establecerse como lo ha hecho en eras pasadas. El barco de la sociedad ha zarpado de las bahías protegidas de la tradición establecida, navegando en los mares del destino evolucionario; y el alma del hombre, como nunca antes en la historia del mundo, necesita estudiar cuidadosamente sus mapas de moralidad y observar con gran cuidado la brújula de la guía religiosa. La misión principal de la religión como influencia social consiste en estabilizar los ideales de la humanidad durante estos tiempos peligrosos de transición de una fase de la civilización a otra, de un nivel de cultura a otro.

La religión no tiene nuevos deberes que cumplir, pero es urgentemente llamada a funcionar como guía sabia y consejero experto en todas estas situaciones nuevas y rápidamente cambiantes de la humanidad. La sociedad se está volviendo más mecánica, más compacta, más compleja y más críticamente interdependiente. La religión debe funcionar para evitar que estas nuevas interasociaciones íntimas se tornen mutuamente retrogresivas o aun destructivas. La religión ha de actuar como la sal cósmica que previene la destrucción del sabor cultural de la civilización por los fermentos del progreso. Estas nuevas relaciones sociales y revoluciones económicas pueden dar como resultado una fraternidad duradera sólo mediante el ministerio de la religión.

Un humanitarismo sin dios, hablando humanamente, es un gesto noble, pero la verdadera religión es la única potencia que puede aumentar en forma duradera la respuesta de un grupo social a las necesidades y sufrimientos de otros grupos. En el pasado, la religión institucional podía permanecer pasiva mientras que las capas superiores de la sociedad permanecían sordas a los sufrimientos y a la opresión de las capas inferiores desamparadas, pero en los tiempos modernos estas órdenes sociales más bajas ya no son tan abyectamente ignorantes ni están políticamente tan desamparadas.

La religión no debe integrarse orgánicamente en el trabajo secular de la reconstrucción social ni de la reorganización económica. Pero debe mantenerse activamente al ritmo de estos avances de la civilización mediante sus redeclaraciones claras y vigorosas de sus mandatos morales y preceptos espirituales, su filosofía progresiva de vida humana y supervivencia trascendente. El espíritu de la religión es eterno, pero la forma de su expresión debe ser redeclarada cada vez que se revisa el diccionario del lenguaje humano.

2. LA DEBILIDAD DE LA RELIGIÓN INSTITUCIONAL

La religión institucional no puede proporcionar inspiración ni proveer liderazgo en esta próxima reconstrucción social mundial y reorganización económica porque desafortunadamente se ha vuelto más o menos parte orgánica del orden social y del sistema económico que está destinado a ser reconstruido. Sólo la verdadera religión de la experiencia espiritual personal puede asistir y creativamente ayudar en la presente crisis de la civilización.

La religión institucional ha caído en el estancamiento de un círculo vicioso. No puede reconstruir a la sociedad sin reconstruirse a sí misma primero; y puesto que es parte tan integral del orden establecido, no puede reconstruirse a sí misma hasta que la sociedad no haya sido radicalmente reconstruida.

Los religionistas deben funcionar en la sociedad, en la industria y en la política como individuos, no como grupos, partidos ni instituciones. Un grupo religioso que tiene la presunción de funcionar como tal, aparte de las actividades religiosas, se torna inmediatamente un partido político, una organización económica o una institución social. El colectivismo religioso debe limitar sus esfuerzos al progreso de la causa religiosa.

Los religionistas no tienen más valor en las tareas de reconstrucción social que los no religionistas, excepto en cuanto su religión les confiere una mayor previsión cósmica y los dota de esa sabiduría social superior que nace del sincero deseo de amar a Dios en forma suprema y de amar a cada hombre como un hermano en el reino celestial. Un orden social ideal es aquel en el que cada hombre ama a su prójimo como se ama a sí mismo.

Puede haber parecido en el pasado que la iglesia institucionalizada haya servido a la sociedad glorificando los órdenes políticos y económicos establecidos, pero debe cesar rápidamente en dicha acción si ha de sobrevivir. Su única actitud adecuada consiste en enseñar la no violencia, la doctrina de la evolución pacífica en lugar de la revolución violenta —paz sobre la tierra y buena voluntad entre todos los hombres.

La religión moderna encuentra difícil ajustar su actitud hacia los cambios sociales rápidamente variables sólo porque se ha permitido a sí misma volverse tan completamente tradicionalizada, dogmatizada e institucionalizada. La religión de la experiencia viviente no encuentra dificultad alguna en mantenerse al ritmo de todos los desarrollos sociales y trastornos económicos, entre los que funciona siempre como estabilizador moral, guía social y piloto espiritual. La verdadera religión lleva de una era a la otra la cultura valiosa y la sabiduría que nacen de la experiencia de conocer a Dios y de tratar de ser como él.

3. LA RELIGIÓN Y EL RELIGIONISTA

El cristianismo primitivo estaba enteramente libre de toda vinculación civil, compromiso social y alianza económica. Sólo el cristianismo institucionalizado posterior se volvió parte orgánica de la estructura política y social de la civilización occidental.

El reino de los cielos no es un orden social ni económico; es una fraternidad exclusivamente espiritual de los individuos que conocen a Dios. Es verdad que tal hermandad es en sí misma un nuevo y sorprendente fenómeno social que produce asombrosas repercusiones políticas y económicas.

El religionista no es insensible al sufrimiento social, ni está inconsciente de la injusticia civil, ni está aislado del pensamiento económico, ni tampoco es insensible a la tiranía política. La religión influye directamente sobre la reconstrucción social porque espiritualiza e idealiza al ciudadano individual. Indirectamente, la civilización cultural está influida por la actitud de estos religiosos individuales a medida que ellos se vuelven miembros activos e influyentes de los varios grupos sociales, morales, económicos y políticos.

El logro de una alta civilización cultural exige, en primer término, el tipo ideal de ciudadano y, luego, mecanismos sociales ideales y adecuados mediante los cuales esta ciudadanía pueda controlar las instituciones económicas y políticas de una sociedad humana tan avanzada.

La iglesia, debido a un exceso de falso sentimiento, viene ministrando desde hace mucho tiempo a los menesterosos y los desafortunados, y todo eso ha estado bien, pero este mismo sentimiento ha llevado a la perpetuación imprudente de cepas racialmente degeneradas que han retardado tremendamente el progreso de la civilización.

Muchos reconstructores sociales individuales, aunque repudian vehementemente a la religión institucionalizada, son después de todo, altamente religiosos en la propagación de sus reformas sociales. Así la motivación religiosa, personal y más o menos no reconocida, juega un papel importante en el programa actual de reconstrucción social.

La gran debilidad de todo este tipo de actividad religiosa no reconocida e inconsciente yace en que es incapaz de aprovecharse de la crítica religiosa abierta y por lo tanto de obtener niveles beneficiosos de autocorrección. Es un hecho que la religión no crece a menos que se vea disciplinada por la crítica constructiva, ampliada por la filosofía, purificada por la ciencia, y alimentada por el compañerismo leal.

Siempre existe el gran peligro de que la religión se distorsione y se pervierta en pos de objetivos falsos, como por ejemplo, en tiempos de guerra, toda nación contendiente prostituye su religión en la propaganda militar. El fervor sin amor es siempre perjudicial para la religión, mientras que la persecución desvía las actividades de la religión hacia el logro de alguna exigencia sociológica o teológica.

La religión puede mantenerse libre de las alianzas seculares profanas sólo mediante:

1. Una filosofía críticamente correctiva.
2. Libertad de toda alianza social, económica y política.
3. Compañerismo creador, consolador y que engrandece al amor.
4. Enaltecimiento progresivo de la visión espiritual y de la apreciación de los valores cósmicos.
5. Prevención del fanatismo mediante las compensaciones ofrecidas por una actitud mental científica.

Los religionistas como grupo nunca deben ocuparse de nada que no sea la *religión*, aunque cada religionista en particular, como ciudadano individual, puede tornarse en líder destacado de algún movimiento social, económico o político de reconstrucción.

Es ámbito de la religión crear, sostener e inspirar tal lealtad cósmica en el ciudadano individual que le guíe al logro del éxito en el ascenso de todos estos servicios sociales difíciles pero deseables.

4. LAS DIFICULTADES DE LA TRANSICIÓN

La verdadera religión convierte al religionista en fragrancia social y es causa de discernimiento de la hermandad humana. Pero la formalización de los grupos religiosos muchas veces destruye aquellos mismos valores para la promoción de los cuales se organizara el grupo. La amistad humana y la religión divina se ayudan mutuamente y son significativamente esclarecientes si el crecimiento de cada uno está equilibrado y armonizado. La religión da nuevo sentido a todas las asociaciones de grupo: familias, escuelas y clubes. Imparte nuevos valores al juego y exalta el verdadero humor.

El liderazgo social se transforma por la compenetración espiritual; la religión impide que todo movimiento colectivo pierda de vista sus verdaderos objetivos. La religión, juntamente con los niños, es el gran unificador de la vida familiar, siempre y cuando sea una fe viviente y creciente. La vida familiar no puede existir sin niños; puede ser vivida sin religión, pero tal falta multiplica enormemente las dificultades de esta íntima asociación humana. Durante las primeras décadas del siglo veinte, la vida familiar, después de la experiencia religiosa personal, sufre mayormente por la decadencia consiguiente a la transición de las antiguas lealtades religiosas a los nuevos significados y valores que están surgiendo.

La verdadera religión es una manera significativa de vivir en forma dinámica frente a frente con las realidades comunes de la vida diaria. Pero si la religión ha de estimular el desarrollo individual del carácter y aumentar la integración de la personalidad, no debe ser estandardizada. Si ha de estimular la evaluación de la experiencia y servir como un señuelo que en sí mismo es un valor, no debe ser estereotipada. Si la religión ha de promover lealtades supremas, no debe ser formalizada.

Sean cuales fueran los trastornos que acompañen el crecimiento social y económico de la civilización, la religión es genuina y valiosa si fomenta en el individuo una experiencia en la cual la soberanía de la verdad, la belleza, y la bondad prevalece, puesto que tal es el verdadero concepto espiritual de la realidad suprema. Y a través del amor y de la adoración esto se vuelve significativo como hermandad con el hombre y filiación de Dios.

Después de todo, es lo que uno cree más bien que lo que uno sabe lo que determina la conducta y domina la actuación personal. El conocimiento puramente factual ejerce muy poca influencia sobre el hombre común a menos que se torne activado emocionalmente. Pero la activación de la religión es superemocional, unificando la entera experiencia humana en niveles trascendentes mediante el contacto con las energías espirituales y su liberación en la vida mortal.

Durante los tiempos psicológicamente agitados del siglo veinte, en el medio de los trastornos económicos, las corrientes encontradas de la moral y las mareas sociológicas de las transiciones ciclónicas de la era científica, miles y miles de hombres y mujeres se han dislocado humanamente; están ansiosos, desapacibles, temerosos, inseguros e inestables; como nunca antes en la historia del mundo, necesitan el consuelo y la estabilización de una religión sólida. Frente a los logros científicos y al desarrollo mecánico sin precedentes existe un estancamiento espiritual y un caos filosófico.

No hay peligro en que la religión se vuelva más y más un asunto privado —una experiencia personal— siempre y cuando no pierda su motivación de servicio social altruista y amante. La religión ha padecido de muchas influencias secundarias: una mezcla repentina de culturas, el cruce de credos, la disminución de la autoridad eclesiástica, el cambio de la vida familiar, juntamente con la urbanización y la mecanización.

El peligro espiritual más grande del hombre consiste en el progreso parcial, el problema de un crecimiento a medias: el abandono de las religiones evolucionarias del temor sin acogerse inmediatamente a la religión revelatoria del amor. La ciencia moderna, particularmente la psicología ha debilitado sólo aquellas religiones que son en tan gran parte dependientes del temor, la superstición y la emoción.

La transición siempre va acompañada de confusión, y habrá poca tranquilidad en el mundo religioso hasta que no se acabe la gran lucha entre las tres filosofías rivales de la religión:

1. La creencia espiritística (en una Deidad providencial) de muchas religiones.
2. La creencia humanística e idealística de muchas filosofías.
3. Las concepciones mecanicistas y naturalistas de muchas ciencias.

Estos tres avances parciales hacia la realidad del cosmos deben finalmente armonizarse con la presentación revelatoria de la religión, filosofía y cosmología que ilustra la existencia trina del espíritu, la mente y la energía procedentes de la Trinidad del Paraíso y obteniendo una unificación espacio-temporal dentro de la Deidad del Supremo.

5. LOS ASPECTOS SOCIALES DE LA RELIGIÓN

Aunque la religión sea exclusivamente una experiencia espiritual personal —conocer a Dios como Padre— el corolario de esta experiencia —conocer al hombre como hermano— comprende la adaptación del yo a otros yos, y eso involucra el aspecto social o de grupo de la vida religiosa. La religión es primero una adaptación interior o personal, y luego se vuelve un asunto de servicio social o de adaptación de grupo. El hecho de la tendencia gregaria del hombre forzosamente determina que surgirán grupos religiosos. Lo que sucede con esos grupos religiosos depende en gran parte de un liderazgo inteligente. En la sociedad primitiva el grupo religioso no es en general muy distinto de los grupos económicos o políticos. La religión siempre ha sido un conservador de la moral y un estabilizador de la sociedad. Y esto sigue siendo verdad, a pesar de las enseñanzas contrarias de muchos socialistas y humanistas modernos.

Recuerda siempre: la verdadera religión consiste en conocer a Dios como a tu Padre y al hombre como a tu hermano. La religión no es la creencia esclavizadora en las amenazas de castigo ni las promesas mágicas de premios místicos futuros.

La religión de Jesús es la influencia más dinámica que haya activado jamás a la raza humana. Jesús destruyó la tradición, derrumbó el dogma e invitó a la humanidad al logro de sus ideales más elevados en el tiempo y en la eternidad —ser perfectos, así como el Padre en los cielos es perfecto.

La religión tiene pocas posibilidades de funcionamiento hasta que el grupo religioso se separe de todos los demás grupos —la asociación social de la hermandad espiritual del reino de los cielos.

La doctrina de la maldad total del hombre destruyó gran parte del potencial de la religión para efectuar repercusiones sociales de naturaleza elevadora y de valor inspiracional. Jesús trató de restablecer la dignidad del hombre al declarar que todos los hombres son hijos de Dios.

Toda creencia religiosa que sea eficaz en la espiritualización del creyente ha de tener con toda seguridad repercusiones poderosas en la vida social de tal religionista. La experiencia religiosa infaliblemente produce los «frutos del espíritu» en la vida diaria del mortal guiado por el espíritu.

Tan ciertamente como los hombres comparten sus creencias religiosas, crean también un grupo religioso de algún tipo que eventualmente crea objetivos comunes. Algún día los religionistas se unirán y efectuarán una verdadera cooperación sobre la base de una unidad de ideales y objetivos en vez de intentar hacerlo sobre la base de opiniones psicológicas y creencias teológicas. Los objetivos, más bien que los credos, deberían unificar a los religiosos. Puesto que la verdadera religión es asunto de experiencia personal espiritual, es inevitable que cada religionista individual tenga su propia interpretación personal de la realización de la experiencia espiritual. Haced que el término «fe» sirva para definir la relación del individuo con Dios, más bien que la formulación credal sobre lo que un grupo de mortales ha conseguido ponerse de acuerdo en una actitud religiosa común. «¿Tienes fe? Entonces tenla contigo».

El hecho de que la fe se refiere tan sólo al abrazo de los valores ideales queda demostrado en la definición del Nuevo Testamento que declara que la fe es la sustancia de lo que se espera y la prueba de lo que no se ve.

El hombre primitivo hizo poco esfuerzo por transformar su convicción religiosa en palabras. Su religión era bailada más que pensada. El hombre moderno ha pensado muchos credos y creado muchas pruebas de la fe religiosa. Los religionistas futuros deben vivir su religión, dedicarse al servicio sincero de la hermandad del hombre. Ya es hora de que el hombre tenga una experiencia religiosa tan personal y tan sublime que tan sólo se pueda realizar y expresar en «sentimientos demasiado profundos para las palabras».

Jesús no requirió que sus seguidores se reunieran periódicamente y recitaran un conjunto de palabras indicativas de sus creencias comunes. Él tan sólo ordenó que se reunieran para *hacer algo* —compartir en una cena comunitaria para recordar su vida de autootorgamiento en Urantia.

¡Qué error cometen los cristianos cuando, al presentar a Cristo como ideal supremo del liderazgo espiritual, se atreven a exigir que los hombres y las mujeres conscientes de Dios rechacen el liderazgo histórico de los hombres que conocen a Dios y que han contribuido a su iluminación particular nacional o racial durante las edades pasadas!

6. LA RELIGIÓN INSTITUCIONAL

El sectarismo es una enfermedad de la religión institucional, el dogmatismo es el avasallamiento de la naturaleza espiritual. Es mucho mejor tener una religión sin iglesia que una iglesia sin religión. La agitación religiosa del siglo veinte no habla por sí misma de una decadencia espiritual. La confusión precede tanto al crecimiento como a la destrucción.

Existe un propósito auténtico en la socialización de la religión. El propósito de las actividades religiosas de grupo consiste en dramatizar las lealtades de la religión; magnificar el atractivo de la verdad, la belleza y la bondad; fomentar la atracción de los valores supremos; enaltecer el servicio de comunidad altruista; glorificar el potencial de la vida de familia; promover la educación religiosa; proveer asesoría sabia y guía espiritual; y alentar a la adoración comunitaria. Y todas las religiones vivas estimulan la amistad humana, conservan la moralidad, promueven el bienestar del vecindario y facilitan la difusión del evangelio esencial de sus respectivos mensajes de salvación eterna.

Pero cuando la religión se vuelve institucionalizada, se limita su poder para el bien, mientras que las posibilidades del mal se multiplican grandemente. Los peligros de una religión formalizada son: La fijación de las creencias y la cristalización de los sentimientos; la acumulación de los intereses establecidos con un aumento de la secularización; la tendencia a estandardizar y fosilizar la verdad; la desviación de la religión, del servicio a Dios al servicio a la iglesia; la tendencia de los líderes a volverse administradores en vez de ministros; la tendencia a formar sectas y divisiones competitivas; el establecimiento de una autoridad eclesiástica opresiva; la creación de una actitud aristocrática de «pueblo elegido»; el fomentar ideas falsas y exageradas de lo sagrado; la rutinización de la religión y la petrificación de la adoración; la tendencia a venerar el pasado, ignorando al mismo tiempo las demandas del presente; la incapacidad de hacer interpretaciones contemporáneas de la religión; el enredo con las funciones de las instituciones seculares; la creación de una discriminación maligna en forma de castas religiosas; el volverse juez intolerante de la ortodoxia; la incapacidad de mantener el interés de la juventud aventurosa y la pérdida gradual del mensaje salvador del evangelio de la salvación eterna.

La religión formal frena a los hombres en sus actividades espirituales personales en vez de liberarlos para un servicio enaltecido de constructores del reino.

7. LA CONTRIBUCIÓN DE LA RELIGIÓN

Aunque las iglesias y otros grupos religiosos deberían mantenerse separados de toda actividad secular, al mismo tiempo la religión no debe hacer nada que obstaculice o retarde la coordinación social de las instituciones humanas. El significado de vida debe crecer siempre; el hombre ha de seguir en su reforma de la filosofía y en su clarificación de la religión.

La ciencia política debe efectuar la reconstrucción de la economía y de la industria mediante las técnicas que aprende de las ciencias sociales y mediante las visiones y motivaciones proporcionadas por la vida religiosa. En toda reconstrucción social la religión provee una lealtad estabilizadora a un objetivo trascendente, una meta equilibradora más allá de los fines inmediatos y temporales. En el medio de las confusiones de un medio ambiente en rápido cambio, el hombre mortal necesita del apoyo de una amplia perspectiva cósmica.

La religión inspira al hombre a vivir valerosa y alegremente sobre la tierra; combina la paciencia con la pasión, la compenetración con la dedicación, la simpatía con el poder y los ideales con la energía.

El hombre no puede jamás decidir sabiamente sobre los asuntos temporales ni trascender el egoísmo de los intereses personales a menos que medite en presencia de la soberanía de Dios y tome en cuenta las realidades de los significados divinos y de los valores espirituales.

La interdependencia económica y la fraternidad social en último término conducirán a la hermandad. El hombre es por naturaleza un soñador, pero la ciencia lo está calmando de manera que la religión pueda finalmente activarlo con mucho menos peligro de precipitar reacciones fanáticas. Las necesidades económicas atan al hombre a la realidad, y la experiencia religiosa personal lleva a ese mismo hombre a enfrentarse con las realidades eternas de una ciudadanía cósmica en constante expansión y progreso.

[Presentado por un Melquisedek de Nebadon.]

DOCUMENTO 100

LA RELIGIÓN EN LA EXPERIENCIA HUMANA

LA EXPERIENCIA de una vida religiosa dinámica transforma al individuo mediocre en una personalidad de poder idealista. La religión sirve al progreso de todos porque fomenta el progreso de cada individuo, y el progreso de cada uno es aumentado por el logro de todos.

El crecimiento espiritual está mutuamente estimulado por la asociación íntima con otros religionistas. El amor provee el terreno para el crecimiento religioso —un aliciente objetivo en lugar de la gratificación subjetiva— que sin embargo otorga la satisfacción subjetiva suprema. Y la religión ennoblece la rutina común de la vida diaria.

1. EL CRECIMIENTO RELIGIOSO

Aunque la religión produzca el crecimiento de los significados y la elevación de los valores, siempre resulta el mal cuando se elevan las evaluaciones personales a niveles de los absolutos. Un niño evalúa la experiencia de acuerdo con el contenido de placer; la madurez es proporcional a la sustitución del placer personal por significados más elevados, aun lealtades a los conceptos más elevados de las situaciones diversificadas de la vida y de las relaciones cósmicas.

Algunas personas están demasiado ocupadas para crecer y por consiguiente corren el grave peligro de la fijación espiritual. Se debe disponer para el crecimiento de los significados en distintas edades, en culturas sucesivas y en las etapas que van pasando de la civilización en avance. Los principales inhibidores del crecimiento son el prejuicio y la ignorancia.

Dad a cada niño creciente la oportunidad de cultivar su propia experiencia religiosa; no debéis forzarlo a una experiencia adulta ya hecha. Recordad, el progreso año por año a través de un régimen de enseñanza establecido no significa necesariamente progreso espiritual y menos aún crecimiento espiritual. La ampliación del vocabulario no significa el desarrollo del carácter. El crecimiento no está auténticamente indicado por los meros productos sino más bien por el progreso. El crecimiento educativo verdadero está indicado por la elevación de los ideales, la mayor apreciación de los valores, los nuevos significados de los valores y una lealtad aumentada a los valores supremos.

Los niños reciben una impresión permanente tan sólo por las lealtades de sus asociados adultos; el precepto, o aun el ejemplo, no está duraderamente influyente. Las personas leales son personas en crecimiento, y el crecimiento es una realidad que impresiona e inspira. Vive lealmente hoy —crece— y mañana será otro día. La forma más rápida para que un renacuajo se torne rana, consiste en vivir lealmente cada momento como renacuajo.

El terreno esencial para el crecimiento religioso presupone una vida progresiva de autorrealización, la coordinación de las propensidades naturales, el ejercicio de la curiosidad y el goce en las aventuras razonables, la experimentación de sentimientos de satisfacción, el funcionamiento del estímulo del temor para la atención y la presencia de ánimo, el aliciente de la curiosidad, y una conciencia normal de la propia pequeñez, la humildad. El crecimiento también está predicado en el descubrimiento del yo acompañado por la autocrítica —la conciencia, porque la conciencia es en realidad la crítica del yo mediante sus propios hábitos de valor, ideales personales.

La experiencia religiosa está marcadamente influida por la salud física, el temperamento heredado y el medio ambiente social. Pero estas condiciones temporales no inhiben el progreso espiritual interior de un alma dedicada a hacer la voluntad del Padre en los cielos. En todos los mortales normales hay ciertos impulsos innatos hacia el crecimiento y la autorrealización que funcionan si no se les inhibe específicamente. La técnica segura de fomentar esta dote constitutiva del potencial del crecimiento espiritual consiste en mantener una actitud de devoción sincera a los valores supremos.

La religión no se puede regalar, recibir, prestar, aprender ni perder. Es una experiencia personal que crece proporcionalmente a la búsqueda creciente de los valores finales. El crecimiento cósmico, por lo tanto, consiste en la acumulación de los significados y la elevación, cada vez más amplia, de los valores. Pero la nobleza misma es siempre un crecimiento inconsciente.

Los hábitos religiosos de pensamiento y actuación contribuyen a la economía del crecimiento espiritual. Se pueden desarrollar predisposiciones religiosas para reaccionar favorablemente a los estímulos espirituales, un tipo de reflejo condicionado espiritual. Los hábitos que favorecen el crecimiento religioso comprenden la sensibilidad cultivada hacia los valores divinos, el reconocimiento de la vida religiosa en otros, la meditación reflexionante sobre los significados cósmicos, la solución adoradora de problemas, el compartir la vida espiritual con los semejantes, el evitar el egoísmo, negarse a presumir la misericordia divina, viviendo como en la presencia de Dios. Los factores del crecimiento religioso, pueden ser intencionales, pero el crecimiento mismo es invariablemente inconsciente.

La naturaleza inconsciente del crecimiento religioso no significa que éste sea una actividad que funciona en los dominios supuestamente subconscientes en el intelecto humano; más bien significa las actividades creadoras en los niveles superconscientes en la mente mortal. La experiencia de la realización de la realidad del crecimiento religioso inconsciente es una prueba positiva de la existencia funcional de la superconciencia.

2. EL CRECIMIENTO ESPIRITUAL

El desarrollo espiritual depende, en primer lugar, del mantenimiento de una conexión viva espiritual con las verdaderas fuerzas espirituales, y en segundo término, de la producción continua del fruto espiritual: el prodigar a los semejantes lo que se ha recibido de los benefactores espirituales. El progreso espiritual está predicado en el reconocimiento intelectual de la pobreza espiritual combinado con la autoconciencia del hambre de perfección, el deseo de conocer a Dios y de ser como él, el propósito sincero de hacer la voluntad del Padre en los cielos.

El crecimiento espiritual es en primer lugar, el despertar a las necesidades, luego el discernimiento de los significados y finalmente el descubrimiento de los valores. La prueba de verdadero desarrollo espiritual consiste en la exhibición de una personalidad humana motivada por el amor, activada por el ministerio altruista y dominada por la adoración sincera de los ideales de perfección de la divinidad. Y toda esta experiencia constituye la realidad de la religión, en contraste con las meras creencias teológicas.

La religión puede progresar a ese nivel de experiencia en el que se vuelva una técnica esclarecida y sabia de reacción espiritual al universo. Tal religión glorificada puede funcionar en tres niveles de la personalidad humana: el intelectual, el morontial y el espiritual; sobre la mente, en el alma en evolución y con el espíritu residente.

La espiritualidad se vuelve de inmediato el indicador de la propia cercanía a Dios y la medida de nuestra propia utilidad para con los semejantes. La espiritualidad eleva la habilidad de descubrir la belleza en las cosas, de reconocer la verdad en los significados y la bondad en los valores. El desarrollo espiritual está determinado por la capacidad para eso y es directamente proporcional a la eliminación de las características egoístas del amor.

El verdadero estado espiritual es la medida en que se aproxima uno a la Deidad, la sintonización con el Ajustador. El logro de la finalidad de la espiritualidad es equivalente al logro del máximo de la realidad, el máximo de la semejanza con Dios. La vida eterna es la búsqueda interminable de los valores infinitos.

El objetivo de la autorrealización humana debe ser espiritual, no material. Las únicas realidades por las que vale luchar son divinas, espirituales y eternas. El hombre mortal tiene derecho a gozar de los placeres físicos y a satisfacer los afectos humanos; se beneficia por la lealtad a las asociaciones humanas y a las instituciones temporales; pero éstos no constituyen los cimientos eternos sobre los que se construye la personalidad inmortal que debe trascender el espacio, conquistar el tiempo y alcanzar el destino eterno de la perfección divina y el servicio finalista.

Jesús ilustró la profunda seguridad del mortal conocedor de Dios cuando dijo: «Para un creyente del reino quien conoce a Dios, ¿que importa si todas las cosas terrenales se arruinan?» Las seguridades temporales son vulnerables, pero las certezas espirituales son impregnables. Cuando las mareas de la adversidad humana, el egoísmo, la crueldad, el odio, la maldad y los celos golpean el alma mortal, podéis reposar en la seguridad de que existe un bastión interior, la citadela del espíritu, que es absolutamente inatacable; por lo menos es verdad de cada ser humano que ha encomendado el mantenimiento de su alma al espíritu residente del Dios eterno.

Después de tal logro espiritual, se haya éste obtenido mediante crecimiento gradual o a través de una crisis específica, ocurre una nueva orientación de la personalidad, así como también el desarrollo de una nueva norma de valores. Estos individuos nacidos del espíritu reciben tal motivación nueva en la vida, que son capaces de presenciar con calma, la vista del arruinamiento de sus ambiciones más caras, del asolamiento de sus esperanzas más profundas; saben categóricamente que tales catástrofes no son sino cataclismos redirectores que estropean las creaciones temporales de uno, previo al inicio de las realidades más nobles y perdurables de un nivel nuevo y más sublime de logro universal.

3. LOS CONCEPTOS DE VALOR SUPREMO

La religión no es una técnica para llegar a una paz mental estática y dichosa; es un impulso hacia la organización del alma para el servicio dinámico. Es enlistar la totalidad del yo para el servicio leal del Dios amante y para servir al hombre. La religión paga cualquier precio esencial para el logro del fin supremo, el premio eterno. Hay una consagración tan completa en la lealtad religiosa que es soberbiamente sublime. Y estas lealtades son socialmente eficaces y espiritualmente progresivas.

Para el religionista, la palabra 'Dios', se vuelve un símbolo que significa el acercamiento a la realidad suprema y el reconocimiento del valor divino. Lo que place o disgusta a la humanidad no determina el bien o el mal; los valores morales no surgen de la satisfacción de los deseos ni de la frustración emocional.

En la contemplación de los valores debes distinguir entre lo que *es* valor y lo que *tiene* valor. Debes reconocer la relación entre las actividades placenteras y su integración significativa y realización enaltecida en niveles progresivamente cada vez más altos de experiencia humana.

El significado es algo que la experiencia agrega al valor; es la conciencia apreciativa de los valores. Un placer aislado y puramente egoísta, puede connotar una devaluación virtual de los significados, un goce sin sentido que linda con el mal relativo. Los valores son experienciales cuando las realidades son significativas y se asocian mentalmente, cuando tales relaciones son reconocidas y apreciadas por la mente.

Los valores no pueden ser jamás estáticos; la realidad significa cambio, crecimiento. El cambio sin crecimiento, expansión de significado y exaltación de valor, no tiene valor —es potencialmente mal. Cuanto más grande sea la calidad de adaptación cósmica, más significado tendrá toda experiencia. Los valores no son ilusiones conceptuales; son reales, pero siempre dependen del hecho de las interrelaciones. Los valores son siempre tanto actuales como potenciales —no lo que fue, sino lo que es y lo que será.

La asociación de los actuales y los potenciales equivale al crecimiento, la realización experiencial de los valores. Pero el crecimiento no es mero progreso. El progreso es siempre significativo, pero es relativamente sin valor en ausencia del crecimiento. El valor supremo de la vida humana consiste en el crecimiento de los valores, el progreso en los significados y la realización de la interrelación cósmica de estas dos experiencias. Y tal experiencia es equivalente a la conciencia de Dios. Un mortal con esta experiencia, aunque no sea sobrenatural, se está volviendo realmente sobrehumano; un alma inmortal está evolucionando.

El hombre no puede desencadenar el crecimiento, pero sí puede proveer las condiciones favorables. El crecimiento es siempre inconsciente, sea éste físico, intelectual o espiritual. El amor así crece; no puede ser creado, manufacturado ni comprado; debe crecer. La evolución es una técnica cósmica de crecimiento. El crecimiento social no puede asegurarse mediante la legislación, y el crecimiento moral no se obtiene por una administración mejorada. El hombre puede fabricar una máquina, pero su verdadero valor debe derivarse de la cultura humana y de la apreciación personal. La única contribución del hombre al crecimiento es la movilización de los poderes totales de su personalidad —la fe viviente.

4. LOS PROBLEMAS DEL CRECIMIENTO

La vida religiosa es una vida dedicada, y la vida dedicada es una vida creadora, original y espontánea. De los conflictos que inician la selección de hábitos de reacción nuevos y mejores en lugar de los esquemas más viejos e inferiores de reacción, surgen nuevas visiones religiosas. Los nuevos significados tan sólo surgen de entre conflicto; y el conflicto persiste tan sólo mientras perdura la actitud de negarse a adoptar los valores más elevados connotados en los significados superiores.

Las perplejidades religiosas son inevitables; no puede haber crecimiento ninguno sin conflicto psíquico y agitación espiritual. La organización de una norma filosófica de vida supone una conmoción considerable en los dominios filosóficos de la mente.

No se ejercitan lealtades a favor de lo grande, lo bueno, lo verdadero y lo noble en ausencia de la lucha. El esfuerzo se dirige a aclarar la visión espiritual y a aumentar la compenetración cósmica. Y el intelecto humano protesta cuando se le quitan energías no espirituales de existencia temporal. La mente indolente animal se rebela ante el esfuerzo necesario para luchar con la solución de problemas a nivel cósmico.

Pero el gran problema de la vida religiosa consiste en la tarea de unificar los poderes del alma de la personalidad mediante el dominio del amor. La salud, la eficacia mental y la felicidad surgen de la unificación de los sistemas físicos, de los sistemas espirituales. El hombre mucho entiende de salud y de cordura, pero de la felicidad realmente ha comprendido muy poco. La felicidad más elevada está indisolublemente vinculada con el progreso espiritual. El crecimiento espiritual produce un deleite duradero, una paz que trasciende toda comprensión.

En la vida física, los sentidos se percatan de la existencia de las cosas; la mente descubre la realidad de los significados; pero la experiencia espiritual revela al individuo los verdaderos valores de la vida. Estos altos niveles de vida humana se logran en el amor supremo de Dios y en el amor altruista del hombre. Si amas a tus semejantes, debes haber descubierto sus valores. Jesús amaba tanto a los hombres, porque les adjudicaba un valor tan alto. Puedes mejor descubrir los valores de tus asociados descubriendo sus motivaciones. Si alguien te irrita, te produce sentimientos de resentimiento, debes buscar con simpatía el discernimiento de su punto de vista, sus razones de una conducta tan censurable. Una vez que entiendas a tu prójimo, te volverás tolerante, y esta tolerancia crecerá en amistad y madurará en el amor.

Forma con los ojos de la mente el retrato de uno de vuestros antepasados primitivos de los tiempos de las cavernas —un hombre bajo, deforme, corpulento, sucio, hosco, de pie, con las piernas abiertas, blandiendo un garrote, emanando odio y animosidad, a medida que fija la vista delante de él con expresión feroz. Este cuadro no pinta la dignidad divina del hombre. Pero ampliemos el cuadro. Frente a este humano animado se agazapa un tigre de dientes sable. Detrás de él, una mujer y dos niños. Inmediatamente reconocerás que este cuadro simboliza los comienzos de mucho de lo que es noble y bueno en la raza humana; pero el hombre es el mismo en ambas situaciones. Sólo que en la segunda, tienes un horizonte más amplio. Allí disciernes la motivación de este mortal evolutivo. Su actitud se vuelve loable, porque lo comprendes. Si puedes tan sólo imaginar los motivos de tus asociados, cuanto mejor podrás comprenderlos. Si tan sólo puedes conocer a tus semejantes, finalmente te enamorarás de ellos.

No puedes realmente amar a tus semejantes por un simple acto de tu voluntad. El amor tan sólo nace de la comprensión completa de las motivaciones y sentimientos de tus semejantes. No es tan importante amar a todos los hombres hoy como lo es que cada día aprendes a amar aún a uno más entre los seres humanos. Si cada día o cada semana consigues comprender a uno más de entre tus semejantes, y si éste es el límite de tu habilidad, estás entonces ciertamente socializando y verdaderamente espiritualizando tu personalidad. El amor es contagioso, y cuando la devoción humana es inteligente y sabia, el amor es más contagioso que el odio. Pero tan sólo el amor genuino y altruista es verdaderamente contagioso. Si cada mortal pudiese volverse tan sólo el objeto de un afecto dinámico, este virus benigno del amor llenaría muy pronto la corriente sentimental de emoción de la humanidad hasta tal punto que toda civilización estaría comprendida por el amor y ésa sería la realización de la hermandad del hombre.

5. La conversión y el misticismo

El mundo está lleno de almas perdidas, no perdidas en el sentido teológico sino perdidas en el significado direccional, almas que vagan confusas entre los ismos y cultos de una era filosófica frustrada. Demasiado pocos han aprendido cómo reemplazar la autoridad religiosa con una filosofía de vida. (Los símbolos de la religión socializada no han de ser despreciados como canales para el crecimiento, aunque el lecho del río no es el río mismo, por él corren sus aguas.)

El progreso del crecimiento religioso conduce desde el estancamiento, a través del conflicto, a la coordinación; desde la inseguridad, a la fe firme; desde la confusión de la conciencia cósmica, a la unificación de la personalidad; desde el objetivo temporal, al eterno; desde la esclavitud del temor, a la libertad de la filiación divina.

Debe aclararse que las profesiones de lealtad a los ideales supremos —el conocimiento psíquico, emocional y espiritual de la conciencia de Dios— pueden crecer natural y gradualmente, o bien, a veces se les puede experientar en ciertas circunstancias, como en una crisis. El apóstol Pablo experimentó precisamente tal conversión repentina y espectacular, ese día pletórico en el camino a Damasco. Gautama Siddharta tuvo una experiencia similar la noche en la que permaneció sentado a solas y trató de penetrar el misterio de la verdad final. Muchos otros han tenido experiencias similares, y muchos creyentes sinceros han progresado en el espíritu sin conversión súbita.

La mayoría de los fenómenos espectaculares asociados con las así llamadas conversiones religiosas, son enteramente psicológicos en su naturaleza, pero de vez en cuando ocurren experiencias que son también espirituales en origen. Cuando la movilización mental es absolutamente total en cualquier nivel de alcance psíquico hacia el logro espiritual, cuando existe perfección de motivación humana en las lealtades a la idea divina, entonces muy frecuentemente ocurre un abrazo repentino del espíritu residente que se sincroniza con el propósito concentrado y consagrado de la mente superconsciente del mortal creyente. Y son tales experiencias de fenómenos intelectuales y espirituales unificados los que constituyen la conversión que consiste en factores más allá de la involucración puramente psicológica.

Pero la emoción por sí sola es una conversión falsa; hace falta tanto la fe como el sentimiento. En cuanto tal movilización de lealtad humana permanezca incompleta, hasta ese punto la experiencia de la conversión será una realidad mezclada de lo intelectual, lo emocional y lo espiritual.

Si uno está dispuesto a reconocer una mente subconsciente teórica como hipótesis práctica de trabajo en una vida intelectual por otra parte unificada, entonces, para ser constantes, habrá que postular un medio similar y correspondiente de actividad intelectual ascendente como nivel superconsciente, la zona de contacto inmediato con la entidad de espíritu residente, el Ajustador del Pensamiento. El gran peligro en todas estas especulaciones psíquicas consiste en que las visiones y otras experiencias así llamadas místicas, juntamente con sueños extraordinarios, pueden ser considerados comunicaciones divinas a la mente humana. En épocas pasadas, los seres divinos se han revelado a ciertas personas que conocen a Dios, no debido a sus trances místicos o visiones morbosas, sino a pesar de todos estos fenómenos.

El contraste con la búsqueda de la conversión, el acercamiento mejor a las zonas morontiales de posible contacto con el Ajustador del Pensamiento debe buscarse mediante una vida de fe viviente y de adoración sincera, y de oración franca y altruista.

Demasiado de lo que surge de los recuerdos de los niveles inconscientes de la mente humana se ha interpretado erróneamente como revelación divina y guía espiritual.

Existe gran peligro asociado con la práctica habitual de los ensueños religiosos; el misticismo puede volverse una técnica para evitar la realidad, aunque a veces haya sido un medio para la comunión espiritual genuina. Cortas temporadas de retiro de las escenas activas de la vida, pueden no ser gravemente peligrosas, pero el aislamiento prolongado de la personalidad no es deseable. No debe cultivarse nunca, bajo ninguna circunstancia, el estado semejante al trance de una conciencia visionaria como experiencia religiosa.

Las características del estado místico son, la difusión de la conciencia con vívidas islas de atención focal que operan sobre un intelecto comparativamente pasivo. Todo esto lleva la conciencia hacia el subconsciente en vez de llevarla en dirección de la zona de contacto espiritual, el superconsciente. Muchos místicos han llevado su disociación mental hasta un nivel de manifestaciones mentales anormales.

La actitud más sana de la meditación espiritual se ha de encontrar en la adoración reflexiva y en la oración de acción de gracias. La comunión directa con el Ajustador del Pensamiento, tal como ocurrió en los últimos años de la vida de Jesús en la carne, no debe ser confundida con estas experiencias así llamadas místicas. Los factores que contribuyen a la iniciación de la comunión mística son indicativos del peligro de tales estados psíquicos. El estado místico está favorecido por cosas tales como la fatiga física, el ayuno, la disociación psíquica, profundas experiencias estéticas, impulsos sexuales vívidos, temor, ansiedad, rabia y baile desenfrenado. Mucho del material que surge como resultado de esta preparación preliminar tiene su origen en la mente subconsciente.

Aunque las condiciones pudieran ser favorables para los fenómenos místicos, es necesario comprender claramente que Jesús de Nazaret no recurrió nunca a estos métodos para comunicarse con el Padre en el Paraíso. Jesús no tenía delirios subconscientes ni ilusiones superconscientes.

6. LAS MARCAS DEL VIVIR RELIGIOSO

Las religiones evolucionarias y las religiones revelatorias pueden diferir considerablemente en sus métodos, pero en su motivo hay una gran similitud. La religión no es una función específica de la vida; más bien es una forma de vida. La verdadera religión es una devoción incondicional a una realidad que el religionista considera de valor supremo para él y para toda la humanidad. Las características sobresalientes de todas las religiones son: lealtad incondicional y devoción sincera a los valores supremos. Esta devoción religiosa a los valores supremos se demuestra en la relación de la madre supuestamente no religiosa hacia su hijo y en la lealtad ferviente de los no religiosos a una causa abrazada.

El valor supremo aceptado por el religionista puede ser bajo o aun falso, pero es sin embargo religioso. Una religión es genuina en cuanto el valor que se considera supremo es verdaderamente una realidad cósmica de genuino valor espiritual.

Las marcas de la respuesta humana al impulso religioso comprenden las cualidades de la nobleza y la grandeza. El religioso sincero tiene conciencia de una ciudadanía en el universo y es consciente de ponerse en contacto con las fuentes de poder sobrehumano. El religionista está impulsado y energizado por la seguridad de pertenecer a una hermandad superior y ennoblecida de hijos de Dios. La conciencia del valor de su propio yo va aumentada por el estímulo de la búsqueda de los objetivos universales más elevados —las metas supremas.

El yo ha cedido al fascinante impulso de una motivación que todo lo abarca, que impone una mayor autodisciplina, disminuye el conflicto emocional y hace que la vida mortal valga realmente la pena vivir. El reconocimiento morboso de las limitaciones humanas se transforma en la conciencia natural de las limitaciones mortales, asociadas con la determinación moral y la aspiración espiritual de lograr los fines universales y superuniversales más elevados. Y esta intensa lucha por el logro de los ideales supermortales está siempre caracterizada por una mayor paciencia, fuerza y tolerancia.

Pero la verdadera religión es amor vivo, una vida de servicio. La separación del religionista de mucho de lo que es puramente temporal y trivial no conduce nunca al aislamiento social y no debería destruir jamás el sentido del humor. La religión genuina no quita nada de la existencia humana, sino que agrega nuevos significados a la vida entera; genera nuevos tipos de entusiasmo, fervor y valentía. Aun es posible que engendre el espíritu del cruzado, que es más que peligroso si no está controlado por la visión espiritual y la devoción leal a las obligaciones sociales comunes de las lealtades humanas.

Una de las características más sorprendentes de la vida religiosa, es esa paz dinámica y sublime, esa paz que trasciende toda comprensión humana, esa calma cósmica que simboliza la ausencia de toda duda y confusión. Tales niveles de estabilidad espiritual son inmunes a la decepción. Estos religionistas son como el apóstol Pablo, quien dijo: «Estoy seguro de que ni la muerte, ni la vida, ni ángeles, ni principados, ni potestades, ni lo presente, ni lo por venir, ni lo alto, ni lo profundo, ni ninguna otra cosa nos podrá separar del amor de Dios».

Existe un sentimiento de seguridad, asociado con la realización de la gloria triunfante, que reside en la conciencia del religioso que ha captado la realidad del Supremo, y que persigue el objetivo del Último.

Aun la religión evolucionaria es enteramente así en lealtad y grandeza, porque es una experiencia genuina. Pero la religión revelatoria es *excelente* como también genuina. Las nuevas lealtades de la visión espiritual ampliada crean nuevos niveles de amor y devoción, de servicio y hermandad; y toda esta visión social enaltecida produce una conciencia, cada vez más amplia, de la paternidad de Dios y de la fraternidad del hombre.

La diferencia característica entre la religión evolucionada y la religión revelada consiste en una nueva calidad de sabiduría divina que se agrega a la sabiduría humana puramente experiencial. Pero es la experiencia con las religiones humanas la que desarrolla la capacidad para la recepción subsiguiente de los dones en aumento de la sabiduría divina y de la compenetración cósmica.

7. LA CUMBRE DEL VIVIR RELIGIOSO

Aunque el mortal común de Urantia no puede esperar alcanzar la alta perfección de carácter que adquiriera Jesús de Nazaret durante su estadía mortal, es totalmente posible para cada creyente mortal desarrollar una personalidad fuerte y unificada de acuerdo con la manera perfeccionada de la personalidad de Jesús. La característica singular de la personalidad del Maestro era, no tanto su perfección, como su simetría, su exquisita y equilibrada unificación. La presentación más eficaz de Jesús consiste en seguir el ejemplo del que dijo, al señalar hacia el Maestro de pie ante sus acusadores: «¡Mirad al hombre!»

La ternura infalible de Jesús tocó el corazón de los hombres, pero su constante fuerza de carácter sorprendió a sus seguidores. Era verdaderamente sincero; en él no había nada de un hipocrítico. Estaba libre de toda afectación; era siempre tan refrescantemente genuino. Nunca se rebajó a pretensiones, ni recurrió a las imposturas. Vivió la verdad, incluso al enseñarla. Él fue la verdad. Se vio restringido en su proclamación de la verdad salvadora por su generación, aunque dicha sinceridad a veces le causó dolor. Era incondicionalmente leal a toda verdad.

Pero el Maestro era tan razonable, tan disponible. Demostró su sentido práctico en todo su ministerio, y todos su planes estaban caracterizados por un sentido común santificado. Estaba libre de toda tendencia extravagante, errática y excéntrica. No fue nunca caprichoso ni histérico. En todas sus enseñanzas y en cada cosa que hizo siempre había una discriminación exquisita asociada con un extraordinario sentido de lo apropiado.

El Hijo del Hombre siempre fue una personalidad aplomada. Aun sus enemigos no dejaron jamás de respetarlo plenamente; aun temían su presencia. Jesús no tenía temores. Estaba sobrecargado de entusiasmo divino, pero no se volvió jamás fanático. Era emocionalmente activo, pero nunca frívolo. Era imaginativo pero siempre práctico. Se enfrentaba francamente con las realidades de la vida, pero no fue jamás torpe ni prosaico. Era valiente, pero jamás precipitado; prudente, pero nunca cobarde. Era comprensivo pero no sentimental; singular pero no excéntrico. Era piadoso pero no mojigato. Y tenía tanto aplomo porque estaba tan perfectamente unificado.

La originalidad de Jesús era espontánea. No estaba vinculado por la tradición ni obstaculizado por la esclavitud de las convenciones estrechas. Hablaba con confianza indudable y enseñaba con autoridad absoluta. Pero su extraordinaria originalidad no lo llevó a descartar las perlas de verdad en las enseñanzas de sus predecesores y contemporáneos. Y la más original de sus enseñanzas fue el énfasis en el amor y la misericordia en lugar del temor y el sacrificio.

Jesús tenía una visión muy amplia. Él amonestaba a sus seguidores a que predicaran el evangelio a todos los pueblos. Estaba libre de toda estrechez de mente. Su corazón comprensivo abrazaba a la humanidad entera, aun a un universo. Siempre su invitación era: «Quienquiera que lo desee, que venga».

De Jesús se dijo con verdad: «Confiaba en Dios». Como hombre entre los hombres confiaba en la forma más sublime en el Padre en los cielos. Él confiaba en su Padre como un niñito confía en su padre terrenal. Su fe era perfecta, pero jamás presuntuosa. Aunque la naturaleza pareciera cruel o indiferente al bienestar del hombre en la tierra, Jesús nunca titubeó en su fe. Era inmune al desencanto e impermeable a la persecución. El fracaso aparente no le afectaba.

Él amó a los hombres como hermanos, reconociendo al mismo tiempo cómo diferían en dones innatos y calidades adquiridas. «Anduvo haciendo bienes».

Jesús era una persona particularmente alegre, pero no era un optimista ciego e irrazonable. Su constante palabra de exhortación fue: «Tened ánimo». Podía mantener esta actitud tranquila debido a su inquebrantable confianza en Dios y a su fe firme en el hombre. Siempre fue conmovedoramente considerado de todos los hombres, porque los amaba y creía en ellos. Pero siempre se mantuvo fiel a sus convicciones y magníficamente firme en su devoción de hacer la voluntad de su Padre.

El Maestro siempre fue generoso. Jamás se cansó de decir: «Más bienaventurado es dar que recibir». Él dijo: «De gracia recibisteis, dad de gracia». Y sin embargo, a pesar de su generosidad sin límites, nunca fue despilfarrador ni extravagante. Enseñó que debéis creer para recibir la salvación. «Porque el que pide, recibe».

Era sincero, pero siempre gentil. Dijo él: «Si así no fuera, yo os lo hubiera dicho». Era franco, pero siempre cordial. Hablaba libremente de su amor por el pecador y de su odio por el pecado. Pero a través de esta sinceridad sorprendente, fue infaliblemente *justo*.

Jesús siempre fue alegre, a pesar de que a veces bebió profundamente de la copa del dolor humano. Se enfrentó sin temores con las realidades de la existencia, y sin embargo estaba pletórico de entusiasmo por el evangelio del reino. Pero controlaba su entusiasmo; éste nunca lo controló a él. Estaba dedicado sin reservas a «los asuntos del Padre». Este entusiasmo divino condujo a sus hermanos menos espirituales a pensar que estaba fuera de sí mismo, pero el universo que le contemplaba lo juzgó un modelo de salud mental y el modelo original de la devoción mortal suprema a las altas normas de la vida espiritual. Y su entusiasmo controlado era contagioso; sus asociados se veían obligados a compartir su optimismo divino.

Este hombre de Galilea no fue hombre de sufrimientos; fue un alma de alegría. Siempre decía: «Regocijaos y sed sumamente alegres». Pero cuando el deber lo exigió, estuvo listo para andar valientemente a través del «valle de la sombra de la muerte». Era jubiloso pero humilde al mismo tiempo.

Su valentía era tan sólo igual a su paciencia. Cuando se le urgía a actuar prematuramente, él tan sólo respondía: «Mi hora no ha llegado aún». No tenía jamás prisa; su donaire era sublime. Pero frecuentemente se indignaba por el mal, era intolerante del pecado. Frecuentemente tuvo el fuerte impulso de resistir a aquello que consideraba contra el bienestar de sus hijos en la tierra. Pero su indignación contra el pecado no se transformó nunca en ira contra el pecador.

Su valor era magnífico, pero nunca fue temerario. Su palabra clave era: «No temáis». Su valentía era elevada y su coraje frecuentemente heroico. Pero su coraje estaba vinculado con la discreción y controlado por la razón. Era un coraje nacido de la fe, no la temeridad de la presunción ciega. Era verdaderamente valiente pero nunca fue audaz.

El Maestro era un modelo de reverencia. La oración, aun en su juventud, comenzaba «Padre nuestro que estás en los cielos, santificado sea tu nombre». Aun respetaba la adoración defectuosa de sus semejantes. Pero esto no le impidió atacar las tradiciones religiosas o asaltar los errores de las creencias humanas. Reverenciaba la verdadera santidad, y sin embargo podía apelar con justicia a sus semejantes diciendo: «¿Quién de vosotros me redarguye de pecado?».

Jesús fue grande porque era bueno; sin embargo, fraternizó con los niñitos. Era dulce y sin pretensiones en su vida personal, sin embargo era el hombre perfeccionado de un universo. Sus asociados le llamaron Maestro, sin que él lo pidiera.

Jesús fue la personalidad humana perfectamente unificada. Y hoy, como en Galilea, sigue unificando la experiencia mortal y coordinando las empresas humanas. Unifica la vida, ennoblece el carácter y simplifica la experiencia. Entra en la mente humana para elevar, transformar y transfigurar. Es literalmente verdad: «Si un hombre tiene dentro de sí a Jesús Cristo, es él una criatura nueva; las cosas viejas pasaron; he aquí todas son hechas nuevas».

[Presentado por un Melquisedek de Nebadon.]

DOCUMENTO 101

LA VERDADERA NATURALEZA DE LA RELIGIÓN

LA RELIGIÓN, como experiencia humana, progresa de la esclavitud del temor primitivo del salvaje evolutivo hasta la libertad de fe sublime y admirable de aquellos mortales civilizados que son magníficamente conscientes de la filiación con el Dios eterno.

La religión es el antepasado de la ética y moral avanzadas de la evolución social progresiva. Pero la religión como tal no es meramente un movimiento moral, aunque las manifestaciones exteriores y sociales de la religión estén poderosamente influidas por el impulso ético y moral de la sociedad humana. La religión es siempre la inspiración de la naturaleza del hombre en evolución, pero no es el secreto de esa evolución.

La religión —la fe y convicción de la personalidad— puede siempre triunfar sobre la lógica superficialmente contradictoria de la desesperación, nacida en la mente material no creyente. Existe realmente una verdadera y genuina voz interior, esa «luz verdadera que alumbra a todo hombre que entra en el mundo». Y esta guía espíritu es distinta del impulso ético de la conciencia humana. La sensación de seguridad religiosa es más que un sentimiento emotivo. La seguridad de la religión trasciende la razón de la mente, aun la lógica de la filosofía. La religión es fe, confianza y seguridad.

1. LA VERDADERA RELIGIÓN

La verdadera religión no es un sistema de creencia filosófica que se pueda razonar y sustanciar mediante pruebas naturales, tampoco es una experiencia fantástica y mística de sentimientos indescriptibles de éxtasis que tan sólo puedan disfrutar los devotos románticos del misticismo. La religión no es el producto de la razón, pero vista desde adentro, es totalmente razonable. La religión no se deriva de la lógica de la filosofía humana, pero como experiencia mortal es totalmente lógica. La religión es la experiencia de la divinidad en la conciencia del ser moral de origen evolucionario; representa la verdadera experiencia con las realidades eternas en el tiempo, la realización de las satisfacciones espirituales aún en la carne.

El Ajustador del Pensamiento no tiene mecanismos especiales para obtener la autoexpresión; no hay ninguna facultad religiosa mística para la recepción o la expresión de las emociones religiosas. Estas experiencias se vuelven disponibles mediante el mecanismo natural de la mente mortal. Y en esto yace la explicación de las dificultades del Ajustador para ponerse en comunicación directa con la mente material de su morada permanente.

El espíritu divino hace contacto con el hombre mortal, no mediante sentimientos o emociones, sino en el dominio del pensamiento más elevado y más espiritualizado.

Son vuestros *pensamientos* los que os conducen hacia Dios. Se puede percibir la naturaleza divina tan sólo con los ojos de la mente. Pero la mente que verdaderamente discierne a Dios, escucha al Ajustador residente, es la mente limpia. «Sin santidad ningún hombre podrá ver a Dios». Toda comunión interna y espiritual de este tipo se denomina discernimiento espiritual. Estas experiencias religiosas son el resultado de la impresión producida sobre la mente del hombre por la actuación combinada del Ajustador y del Espíritu de la Verdad a medida que éstos funcionan sobre y por intermedio de las ideas, ideales, visiones y luchas espirituales de los hijos evolutivos de Dios.

La religión vive y prospera, entonces no por la vista y el sentimiento, sino más bien por la fe y el discernimiento interior. Consiste, no en el descubrimiento de nuevos hechos o en el hallazgo de una experiencia única, sino más bien en el descubrimiento de *significados* nuevos y espirituales de los hechos ya bien conocidos por la humanidad. La experiencia religiosa más elevada no depende de actos previos de creencia, tradición y autoridad; tampoco es la religión el vástago de sentimientos sublimes y emociones puramente místicas. Más bien es una experiencia profundamente honda y real de comunión espiritual con las influencias espirituales residentes en la mente humana, y en cuanto dicha experiencia se pueda definir en términos de psicología, es simplemente la experiencia de experimentar la realidad de creer en Dios como la realidad de tal experiencia puramente personal.

Aunque la religión no sea el producto de las especulaciones racionalistas de una cosmología material, es, sin embargo, la creación de un discernimiento interior totalmente racional que se origina en la experiencia mental del hombre. La religión no nace de las meditaciones místicas ni de las contemplaciones aisladas, aunque sea por siempre más o menos misteriosa y siempre indefinible e inexplicable en términos de razón intelectual pura y de lógica filosófica. Los gérmenes de la verdadera religión se originan en el dominio de la conciencia moral del hombre, y son revelados en el crecimiento del discernimiento interior espiritual del hombre, esa facultad de la personalidad humana que crece como consecuencia de la presencia del Ajustador del Pensamiento revelador de Dios en la mente mortal hambrienta de Dios.

La fe une el discernimiento moral con las discriminaciones conscientes de los valores y el sentido de deber evolucionario preexistente, completa el linaje de la verdadera religión. La experiencia de la religión eventualmente da como resultado la conciencia certera de Dios y la seguridad indudable de la sobrevivencia de la personalidad creyente.

Así pues se puede ver que los deseos religiosos y los impulsos espirituales no son de naturaleza tal como para conducir a los hombres meramente a *querer* creer en Dios, sino más bien que son de una naturaleza y poder tal que los hombres quedan profundamente marcados por la convicción de que *deben* creer en Dios. El sentido de deber evolucionario y las obligaciones consiguientes a la iluminación de la revelación producen una impresión tan profunda sobre la naturaleza moral del hombre que éste finalmente llega a esa situación de la mente y actitud del alma en la que concluye que *no tiene derecho a no creer en Dios*. La sabiduría más elevada y superfilosófica de un individuo así esclarecido y disciplinado instruye en último término que dudar de Dios o desconfiar de su bondad equivaldría a traicionar la cosa más *real* y más *profunda* dentro de la mente y del alma humana —el Ajustador divino.

2. EL HECHO DE LA RELIGIÓN

La realidad de la religión consiste totalmente en la experiencia religiosa de los seres humanos racionales y promedios. Y éste es el único sentido en el cual la religión se puede considerar científica o aun psicológica. La prueba de que la revelación es revelación es este mismo hecho de la experiencia humana: el hecho de que la revelación sintetiza las ciencias aparentemente divergentes de la naturaleza y la teología de la religión en una filosofía uniforme y lógica del universo, una explicación coordinada y continua tanto de la ciencia como de la religión, creando así una armonía de mente y satisfacción de espíritu que responde en la experiencia humana a aquellas interrogaciones de la mente mortal que desea saber *cómo* cumple el Infinito su voluntad y sus planes en la materia, con las mentes y sobre el espíritu.

La razón es el método de la ciencia; la fe es el método de la religión; la lógica es la técnica intentada de la filosofía. La revelación compensa la ausencia del punto de vista morontial, proveyendo una técnica para llegar a la unidad en la comprensión de la realidad y de las relaciones de la materia y el espíritu por la mediación de la mente. La verdadera revelación no vuelve jamás artificial a la ciencia, irrazonable a la religión ni ilógica a la filosofía.

La razón, mediante el estudio de la ciencia, puede conducir, a través de la naturaleza, de vuelta a una Primera Causa, pero se necesita la fe religiosa para transformar la Primera Causa de la ciencia en un Dios de salvación; y la revelación se necesita ulteriormente para validar tal fe, tal discernimiento interior espiritual.

Existen dos razones básicas para creer en un Dios que fomenta la supervivencia humana:

1. La experiencia humana, la seguridad personal, la esperanza y confianza que de algún modo son registradas e iniciadas por el Ajustador del Pensamiento residente.

2. La revelación de la verdad, sea por ministerio personal directo del Espíritu de la Verdad, por el autootorgamiento mundial de Hijos divinos, o a través de las revelaciones de la palabra escrita.

La ciencia acaba su búsqueda por la razón en la hipótesis de una Primera Causa. La religión no se detiene en su trayectoria de fe hasta no estar segura de un Dios de salvación. El estudio discriminatorio de la ciencia sugiere lógicamente la realidad y existencia de un Absoluto. La religión cree sin reservas en la existencia y realidad de un Dios que fomenta la supervivencia de la personalidad. Lo que la metafísica completamente fracasa en hacer, lo que aun la filosofía parcialmente fracasa en hacer, lo hace la revelación; es decir, que afirma que esta Primera Causa de la ciencia y el Dios de salvación de la religión son *una y la misma Deidad*.

La razón es la prueba de la ciencia; la fe, la prueba de la religión; la lógica, la prueba de la filosofía, pero la revelación se valida sólo por la *experiencia* humana. La ciencia produce conocimiento; la religión produce felicidad; la filosofía produce unidad; la revelación confirma la armonía experimental de este alcance trino a la realidad universal.

La contemplación de la naturaleza puede tan sólo revelar a un Dios de la naturaleza, un Dios de movimiento. La naturaleza exhibe tan sólo la materia, el movimiento y la animación —la vida. La materia más la energía, bajo ciertas condiciones, se manifiesta en formas vivas, pero aunque la vida natural sea de esta manera relativamente continua como fenómeno, es totalmente transitoria en cuanto a las individualidades. La naturaleza no proporciona base para la creencia lógica en la supervivencia de la personalidad humana. El hombre religioso que encuentra a Dios en la naturaleza ya ha encontrado primero a este mismo Dios personal en su propia alma.

La fe revela a Dios en el alma. La revelación, el sustituto del discernimiento interior morontial en un mundo evolucionario, permite al hombre ver en la naturaleza al mismo Dios que la fe exhibe en su alma. Así pues la revelación consigue formar un puente entre lo material y lo espiritual, aun entre la criatura y el Creador, entre el hombre y Dios.

La contemplación de la naturaleza señala lógicamente que existe una guía inteligente, aun una supervisión viviente, pero no revela en ninguna forma satisfactoria a un Dios personal. Por otra parte, la naturaleza no demuestra nada que impida considerar al universo como obra del Dios de la religión. No se puede hallar a Dios a través de la naturaleza por sí sola, pero una vez que el hombre le haya encontrado de otra manera, el estudio de la naturaleza se vuelve completamente acorde con una interpretación más elevada y más espiritual del universo.

La revelación como fenómeno de época es periódica; como experiencia personal humana es continua. La divinidad funciona en la personalidad mortal como el don Ajustador del Padre, como el Espíritu de la Verdad del Hijo y como el Espíritu Santo del Espíritu del Universo; mientras que estas tres dotaciones supermortales se unifican en la evolución experiencial humana, como el ministerio del Supremo.

La verdadera religión es discernimiento interior de la realidad, el vástago de fe de la conciencia moral, y no un simple consentimiento intelectual en un cuerpo de doctrinas dogmáticas. La verdadera religión consiste en la experiencia de «que el Espíritu mismo da testimonio con nuestro espíritu, de que somos hijos de Dios». La religión consiste, no en proposiciones teológicas sino en discernimiento espiritual interior y sublimidad de la confianza del alma.

Tu naturaleza más profunda —el Ajustador divino— crea dentro de ti un hambre y sed de rectitud, un certero deseo de perfección divina. La religión es el acto de fe del reconocimiento de este impulso interior al alcance divino; así se obtiene esa confianza y seguridad del alma de la cual te vuelves consciente como camino hacia la salvación, la técnica de la supervivencia de la personalidad y todos aquellos valores que has llegado a considerar verdaderos y buenos.

La comprensión de la religión no ha sido nunca ni será jamás dependiente de gran saber o de lógica ingeniosa. Es discernimiento interior espiritual, y ésa es precisamente la razón por la cual algunos de los más grandes maestros religiosos del mundo, aun los profetas, a veces han poseído tan poco de la sabiduría del mundo. La fe religiosa está al alcance tanto de los cultos como de los incultos.

La religión debe ser por siempre su propio crítico y juez; no puede ser observada, ni mucho menos comprendida, desde afuera. La única seguridad que tienes de un Dios personal consiste en tu propio discernimiento en cuanto a tu creencia en las cosas espirituales y experiencia con ellas. Para todos aquellos de tus semejantes que hayan tenido una experiencia similar, no es necesario ningún argumento sobre la personalidad o la realidad de Dios, mientras que para todos los demás hombres que no están seguros de Dios de esta manera, no hay argumento posible que pueda ser jamás realmente convincente.

La psicología puede en efecto intentar estudiar los fenómenos de las reacciones religiosas al medio ambiente social, pero no puede esperar jamás penetrar los motivos y mecanismos reales e interiores de la religión. Tan sólo la teología, la provincia de la fe y la técnica de la revelación, puede proporcionar un recuento inteligente de la naturaleza y contenido de la experiencia religiosa.

3. LAS CARACTERÍSTICAS DE LA RELIGIÓN

La religión es tan vital que persiste en ausencia de la erudición. Vive a pesar de su contaminación con cosmologías erróneas y filosofías falsas; sobrevive aun a la confusión de la metafísica. A través de todas las vicisitudes históricas de la religión y en ellas siempre persiste aquello que es indispensable para el progreso y la supervivencia humanos: la conciencia ética y moral.

La fe-visión o intuición espiritual, es la dote de la mente cósmica en asociación con el Ajustador del Pensamiento, que constituye el don del Padre para el hombre. La razón espiritual, la inteligencia del alma, es la dote del Espíritu Santo, el don del Espíritu Creativo al hombre. La filosofía espiritual, la sabiduría de las realidades espirituales, es la dote del Espíritu de la Verdad, el don combinado de los Hijos autootorgadores a los hijos de los hombres. Y la coordinación e interasociación de estas dotes espirituales constituyen al hombre en una personalidad espiritual con un destino potencial.

Es lo que el Ajustador posee de esta misma personalidad espiritual en su forma primitiva y embrionaria lo que sobrevive a la muerte natural de la carne. Esta entidad compuesta de origen espiritual en asociación con la experiencia humana está habilitada, mediante el camino vivo previsto por los Hijos divinos, a sobrevivir (bajo la custodia del Ajustador) a la disolución del yo material de la mente y la materia cuando dicha asociación transitoria de lo material y lo espiritual se divorcia debido a la cesación del movimiento vital.

A través de la fe religiosa, el alma del hombre se revela a sí misma y demuestra la divinidad potencial de su naturaleza emergente por la forma característica en que induce a la personalidad mortal a reaccionar ante ciertas situaciones intelectuales y sociales difíciles y de prueba. La genuina fe espiritual (conciencia moral auténtica) se revela en que:

1. Ocasiona el progreso de la ética y de la moral a pesar de las tendencias animalísticas inherentes y adversas.

2. Produce una confianza sublime en la bondad de Dios aun frente a un amargo desencanto y una derrota total.

3. Genera profundo valor y confianza a pesar de la adversidad natural y la calamidad física.

4. Exhibe un aplomo inexplicable y una tranquilidad constante a pesar de la presencia de enfermedades desconcertantes y aun de sufrimiento físico agudo.

5. Mantiene un aplomo misterioso y un equilibrio de la personalidad frente al maltrato y las injusticias más flagrantes.

6. Mantiene una confianza divina en la victoria final a pesar de las crueldades de un hado aparentemente ciego y de la aparente indiferencia total al bienestar humano de las fuerzas naturales.

7. Persiste en la creencia indestructible en Dios a pesar de todas las demostraciones contrarias de la lógica y resiste con éxito todos los demás sofismas intelectuales.

8. Continúa exhibiendo una fe infalible en la supervivencia del alma a pesar de las enseñanzas engañosas de la ciencia falsa y de los delirios persuasivos de una filosofía defectuosa.

9. Vive y triunfa a pesar del peso demoledor de las civilizaciones complejas y parciales de los tiempos modernos.

10. Contribuye a la supervivencia continuada del altruismo a pesar del egoísmo humano, de los antagonismos sociales, las avideces industriales y los desajustes políticos.

11. Se adhiere en forma inquebrantable a la creencia sublime en la unidad universal y en la guía divina a pesar de la presencia desconcertante del mal y del pecado.

12. Continúa adorando a Dios a pesar de todo y de cada cosa. Se atreve a declarar «aunque me matare, seguiré sirviéndole».

Sabemos pues mediante tres fenómenos, que el hombre tiene un espíritu o espíritus divinos residentes en él: en primer término, por experiencia personal —la fe religiosa; en segundo término, por la revelación —personal y racial; y en tercer término, por la exhibición sorprendente de reacciones tan extraordinarias y poco naturales a su medio ambiente material como las que se ilustran en la enumeración arriba mencionada de doce actuaciones de aspecto espiritual en la presencia de tesituras reales y difíciles de la existencia humana real. Y aún hay más.

Y es precisamente tal actuación vital y vigorosa de la fe en el dominio de la religión la que da al hombre mortal derecho a afirmar la posesión personal y la realidad espiritual de esa dote coronadora de la naturaleza humana: la experiencia religiosa.

4. LAS LIMITACIONES DE LA REVELACIÓN

Puesto que vuestro mundo es en general ignorante de los orígenes, aun de los orígenes físicos, de vez en cuando nos ha parecido sabio proveer instrucción en cosmología. Y siempre esto ha producido problemas para el futuro. Las leyes de la revelación nos frenan considerablemente, debido a la prohibición de impartir conocimiento no ganado o prematuro. Toda cosmología presentada como parte de la religión revelada está destinada a ser superada en un período muy corto. Por lo tanto, los estudiantes futuros de tal revelación están tentados a descartar todo elemento de verdad religiosa genuina que pueda contener, debido a que descubren errores frente a las cosmologías asociadas que allí se presentan.

La humanidad debe comprender que nosotros, quienes participamos en la revelación de la verdad, estamos limitados muy rigurosamente por las instrucciones de nuestros superiores. No tenemos libertad para anticipar los descubrimientos científicos de mil años. Los reveladores deben actuar de acuerdo con las instrucciones que forman parte del mandato de revelación. No vemos forma alguna de superar dicha dificultad, ni ahora ni en un tiempo futuro. Bien sabemos que, mientras los hechos históricos y las verdades religiosas de esta serie de presentaciones reveladoras permanecerán en los registros de las eras venideras, dentro de pocos años muchas de nuestras declaraciones sobre las ciencias físicas necesitarán una revisión como consecuencia de desarrollos científicos adicionales y de nuevos descubrimientos. Estos nuevos desarrollos los anticipamos desde ya, pero se nos prohíbe incluir tales hechos aún no descubiertos por la humanidad en nuestros registros revelatorios. Aclaremos que las revelaciones no son necesariamente inspiradas. La cosmología de estas revelaciones *no es inspirada.* Está limitada por el permiso que tenemos para la coordinación y selección del conocimiento actual. Aunque el discernimiento divino o espiritual sea un don, la *sabiduría humana debe evolucionar.*

La verdad es siempre una revelación: autorrevelación cuando surge como resultado del trabajo del Ajustador residente; revelación de época cuando se presenta mediante la función de alguna otra agencia, grupo o personalidad celestial.

En último análisis, la religión debe juzgarse por sus frutos, de acuerdo con la manera y el grado en el que exhibe su propia excelencia inherente y divina.

La verdad puede ser tan sólo relativamente inspirada, aunque la revelación es invariablemente un fenómeno espiritual. Aunque las declaraciones referentes a la cosmología no son jamás inspiradas, esas revelaciones son de inmenso valor en cuanto por lo menos aclaran transitoriamente el conocimiento mediante:

1. La reducción de la confusión por la eliminación experta del error.

2. La coordinación de hechos y observaciones conocidos o a punto de ser conocidos.

3. La restitución de fragmentos importantes de conocimiento perdido relativo a transacciones de época en el pasado distante.

4. El abastecimiento de información que llene lagunas vitales en el conocimiento por otra parte ya ganado.

5. La presentación de datos cósmicos en una forma tal que ilumine las enseñanzas espirituales contenidas en la revelación acompañante.

5. LA RELIGIÓN AMPLIADA POR LA REVELACIÓN

La revelación es una técnica mediante la cual se le ahorran eras y eras de tiempo en el trabajo necesario de selección y para separar los errores de la evolución de las verdades de adquisición espiritual.

La ciencia trata de los *hechos*; la religión se preocupa tan sólo de los *valores*. Mediante la filosofía esclarecida la mente intenta unir los significados tanto de hechos como de valores, llegando así a un concepto completo de *realidad*. Recordad que la ciencia es el dominio del conocimiento, la filosofía el reino de la sabiduría, y la religión la esfera de la experiencia de la fe. Pero la religión, sin embargo, presenta dos fases de manifestación:

1. La religión evolucionaria. La experiencia de la adoración primitiva, la religión que se deriva de la mente.

2. La religión revelada. La actitud universal que se deriva del espíritu; la seguridad de —y la creencia en— la conservación de las realidades eternas, la supervivencia de la personalidad y el logro final de la Deidad cósmica cuyo propósito ha hecho todo esto posible. Es parte del plan universal que tarde o temprano la religión evolucionaria está destinada a recibir la ampliación espiritual de la revelación.

Tanto la ciencia como la religión comienzan suponiendo ciertas bases generalmente aceptadas para hacer deducciones lógicas. Así también ha de comenzar la filosofía su carrera basándose en la suposición de la realidad de tres cosas:

1. El cuerpo material.

2. La fase supermaterial del ser humano, el alma o aun el espíritu residente.

3. La mente humana, el mecanismo para la intercomunicación e interasociación entre el espíritu y la materia, entre lo material y lo espiritual.

Los científicos reúnen hechos, los filósofos coordinan ideas, mientras los profetas exaltan ideales. El sentimiento y la emoción son concomitantes invariables de la religión, pero no son la religión. La religión puede ser el sentimiento de la experiencia;

pero no podemos decir que sea la experiencia del sentimiento. Ni la lógica (racionalización) ni la emoción (sentimiento) son esencialmente parte de la experiencia religiosa, aunque ambas puedan estar asociadas en forma variada con el ejercicio de la fe en el adelanto del discernimiento espiritual de la realidad, todo de acuerdo con el estado y la tendencia temperamental de la mente individual.

La religión evolucionaria es la manifestación exterior de la dote del ayudante de la mente del universo local, encargado de crear y fomentar la tendencia a la adoración en el hombre evolutivo. Estas religiones primitivas se ocupan directamente de la ética y la moral, el sentido del *deber* humano. Estas religiones se basan en la seguridad de la conciencia y dan como resultado la estabilización de civilizaciones relativamente éticas.

Las religiones reveladas personalmente están patrocinadas por los espíritus de dotación que representan a las tres personas de la Trinidad del Paraíso y se ocupan especialmente de la expansión de la *verdad.* La religión evolucionaria lleva al individuo la idea del deber personal; la religión revelada acentúa cada vez más el amor, la regla de oro.

La religión evolucionada se apoya enteramente en la fe. La revelación tiene la seguridad adicional de su presentación ampliada de las verdades de la divinidad y de la realidad y el testimonio aun más valioso de la experiencia real que se acumula como consecuencia de la unión y práctica de trabajo de la fe evolucionaria con la verdad revelatoria. Tal unión trabajadora de fe humana y verdad divina constituye la posesión de un carácter que está bien encaminado hacia la adquisición real de una personalidad morontial.

La religión evolucionaria provee tan sólo la seguridad de la fe y la confirmación de la conciencia; la religión revelatoria provee la seguridad de la fe más la verdad de una experiencia viva en las realidades de la revelación. El tercer paso en la religión, o la tercera fase de la experiencia de la religión, tiene que ver con el estado morontial, la comprensión más firme de mota. En la progresión morontial las verdades de la religión revelada se van ampliando cada vez más; más y más conocerás la verdad de los valores supremos, de las bondades divinas, de las interrelaciones universales, las realidades eternas y los destinos últimos.

Cada vez más a lo largo de la progresión morontial la seguridad de la verdad va reemplazando la seguridad de la fe. Cuando finalmente seas llamado a las filas del verdadero mundo espiritual, las seguridades del discernimiento espiritual puro operarán en lugar de la fe y de la verdad o, más bien, juntamente con estas técnicas previas de seguridad de la personalidad, y superpuestas a ellas.

6. LA EXPERIENCIA RELIGIOSA PROGRESIVA

La fase morontial de la religión revelada tiene que ver con la *experiencia de supervivencia*, y su gran impulso consiste en el logro de la perfección del espíritu. También existe un ímpetu más elevado a la adoración asociado con un llamado poderoso a un mayor servicio ético. El discernimiento morontial facilita una conciencia, cada vez más amplia, del Séptuple, el Supremo y aun el Último.

A lo largo de toda experiencia religiosa, desde su más primitivo inicio en el nivel material hasta el tiempo de la obtención del estado pleno de un espíritu, el Ajustador es el secreto de la comprensión personal de la realidad de la existencia del Supremo; y este mismo Ajustador también guarda los secretos de tu fe en el alcance trascendental del Último. La personalidad experiencial del hombre en evolución, unida con la esencia Ajustador del Dios existencial, constituye la coronación potencial de la existencia suprema y es inherentemente la base para la eventuación superfinita de la personalidad trascendental.

La voluntad moral abraza decisiones basadas en el conocimiento razonado, aumentadas por la sabiduría y sancionadas por la fe religiosa. Estas elecciones son acciones de naturaleza moral y prueban la existencia de la personalidad moral, el precursor de la personalidad morontial y finalmente del verdadero estado espiritual.

El tipo evolucionario de conocimiento no es sino la acumulación de material de memoria protoplasmática; ésta es la forma más primitiva de conciencia de las criaturas. La sabiduría comprende las ideas formuladas a partir de la memoria protoplasmática en el proceso de asociación y recombinación, y estos fenómenos diferencian a la mente humana de la mera mente animal. Los animales tienen conocimiento, pero sólo el hombre posee la capacidad para la sabiduría. La verdad se hace accesible al individuo provisto con sabiduría por el don a dicha mente de los espíritus del Padre y de los Hijos: el Ajustador del Pensamiento y el Espíritu de la Verdad.

Cristo Micael, cuando se autootorgó en Urantia, vivió bajo el reino de la religión evolucionaria hasta el tiempo de su bautismo. Desde ese momento hasta el acontecimiento de su crucifixión llevó a cabo su obra mediante la guía combinada de la religión evolucionaria y revelada. Desde la mañana de su resurrección hasta su ascensión atravesó las múltiples fases de la vida morontial de transición mortal desde el mundo de la materia hasta el del espíritu. Después de su ascensión, Micael poseyó la experiencia de la Supremacía, la realización del Supremo; y puesto que era la persona única en Nebadon que poseía capacidad ilimitada para experimentar la realidad del Supremo, obtuvo inmediatamente el estado de la soberanía de supremacía en su universo local y para sí mismo.

Para el hombre, la fusión eventual y la unidad resultante con el Ajustador residente —la síntesis de la personalidad del hombre y la esencia de Dios— lo transforma, potencialmente, en parte viva del Supremo y asegura para dicho ser anteriormente mortal el derecho al nacimiento eterno de la búsqueda interminable de la finalidad del servicio universal para el Supremo y con él.

La revelación enseña al hombre mortal que, para comenzar tan magnífica y fascinante aventura a través del espacio mediante la progresión del tiempo, debe comenzar por organizar el conocimiento en ideas-decisiones; luego, exhortar a la sabiduría que trabaje sin descanso en su noble tarea de transformar las ideas autoposeídas en ideales cada vez más prácticos pero sin embargo excelsos, aun aquellos conceptos que son tan razonables como ideas y tan lógicos como ideales que el Ajustador se atreve a combinarlos y espiritualizarlos de modo de tornarlos disponibles para que se asocien en la mente finita en forma tal como para constituirlos en complementos humanos reales, así preparados para la acción del Espíritu de la Verdad de los Hijos, las manifestaciones espacio-temporales de la verdad del Paraíso —la verdad universal. La coordinación de ideas-decisiones, ideales lógicos y verdad divina constituye la posesión de un carácter recto, el prerrequisito para la admisión mortal a las realidades en constante expansión y cada vez más espirituales de los mundos morontiales.

Las enseñanzas de Jesús constituyeron la primera religión urantiana que comprendió tan plenamente una coordinación armoniosa de conocimiento, sabiduría, fe, verdad y amor, tan completa y simultáneamente como para proveer tranquilidad temporal, certidumbre intelectual, esclarecimiento moral, estabilidad filosófica, sensibilidad ética, conciencia de Dios y la seguridad positiva de la supervivencia personal. La fe de Jesús trazó el camino a la finalidad de la salvación humana, a lo último de la obtención mortal del universo, puesto que proveyó:

1. La salvación a partir de las cadenas materiales en la comprensión personal de la filiación de Dios, que es espíritu.

2. La salvación a partir de la esclavitud intelectual: el hombre conocerá la verdad y la verdad lo hará libre.

3. La salvación a partir de la ceguera espiritual, la comprensión humana de la fraternidad de los seres mortales y el conocimiento morontial de la hermandad de todas las criaturas universales; el descubrimiento por medio del servicio de la realidad espiritual y la revelación —a través del ministerio— de la bondad de los valores espirituales.

4. La salvación a partir de la condición incompleta del yo mediante la obtención de los niveles espirituales del universo y a través de la comprensión final de la armonía de Havona y de la perfección del Paraíso.

5. La salvación a partir del yo, la liberación de las limitaciones de la autoconciencia a través de la obtención de los niveles cósmicos de la mente Suprema y por coordinación con los logros de todos los demás seres autoconscientes.

6. La salvación a partir del tiempo, la obtención de una vida eterna de progresión sin fin en el reconocimiento de Dios y al servicio de Dios.

7. La salvación a partir de lo finito, la unión perfeccionada con la Deidad en el Supremo y a través de él, mediante la cual la criatura intenta el descubrimiento trascendental del Último en los niveles posfinales de lo absonito.

Esta salvación séptuple es el equivalente del carácter completo y perfecto de la realización de la experiencia última del Padre Universal. Y todo esto, potencialmente, está contenido dentro de la realidad de la fe de la experiencia humana de la religión. Y puede estar así contenido puesto que la fe de Jesús estuvo alimentada por realidades aún más allá de lo último y las reveló; la fe de Jesús se aproximó a un absoluto universal en cuanto como tal es posible manifestarse en el cosmos espacio-temporal en evolución.

Mediante la apropiación de la fe de Jesús, el hombre mortal puede empezar a saborear en el tiempo las realidades de la eternidad. Jesús hizo el descubrimiento, en la experiencia humana, del Padre Final, y sus hermanos en la carne de la vida mortal pueden seguirle en esta misma experiencia del descubrimiento del Padre. Aun pueden obtener, por lo que son, la misma satisfacción en esta experiencia con el Padre como lo logró Jesús por lo que era. Nuevos potenciales se actualizaron en el universo de Nebadon como consecuencia del autootorgamiento terminal de Micael, y uno de éstos fue la nueva iluminación del camino de la eternidad que conduce al Padre de todos y que puede ser emprendido aun por los mortales materiales, de carne y hueso, en su vida inicial en los planetas del espacio. Jesús fue y es el nuevo camino viviente por el cual el hombre puede alcanzar la herencia divina que el Padre ha decretado será suya si sólo la pide. En Jesús se demuestra abundantemente tanto el comienzo como el fin de la experiencia de fe de la humanidad, aun de la humanidad divina.

7. Una filosofía personal de la religión

Una idea es tan sólo un plan teórico de acción, mientras que una decisión positiva es un plan de acción ratificado. Un estereotipo es un plan de acción aceptado sin ratificación. Los materiales a partir de los cuales se puede construir una filosofía personal de la religión se derivan tanto de la experiencia interior como de la experiencia ambiental del individuo. El estado social, las condiciones económicas, las oportunidades de instrucción, las tendencias morales, las influencias institucionales, los desarrollos políticos, las tendencias raciales y las enseñanzas religiosas del propio tiempo y lugar, todos ellos se tornan factores que afectan la formulación de una filosofía personal de la religión. Aun el temperamento inherente y la tendencia intelectual determinan en forma marcada la configuración de la filosofía religiosa. La vocación, el matrimonio y los parientes también influyen sobre la evolución de las propias normas personales de vida.

La filosofía de la religión evoluciona del crecimiento básico de las ideas más el vivir experimental en la forma en que ambos son modificados por la tendencia a imitar a los asociados. La solidez de las conclusiones filosóficas depende de un pensamiento agudo, honesto y discriminante relacionado con una sensibilidad a los significados y precisión de evaluación. Los cobardes morales jamás obtienen altos niveles de pensamiento filosófico; se requiere valor para invadir los nuevos niveles de experiencia e intentar la exploración de mundos desconocidos de vida intelectual.

Tarde o temprano comienzan a surgir nuevos sistemas de valores; se alcanzan nuevas formulaciones de principios y normas; se modifican hábitos e ideales; se obtiene cierta idea de un Dios personal, y seguidamente, conceptos cada vez más amplios, de las relaciones correspondientes.

La gran diferencia entre una filosofía religiosa y una no religiosa del vivir consiste en la naturaleza y nivel de los valores reconocidos y en el objeto de las lealtades. Hay cuatro fases en la evolución de la filosofía religiosa: Dicha experiencia puede volverse meramente conformante, resignada a someterse a la tradición y a la autoridad. O puede satisfacerse con ligeros logros, lo suficiente para estabilizar la vida diaria, y por lo tanto queda detenida precozmente en este nivel adventicio. Estos mortales creen en mantener el status quo. Un tercer grupo progresa al nivel de la intelectualidad lógica, pero allí se estanca como consecuencia de la esclavitud cultural. Es verdaderamente penoso contemplar intelectos grandiosos mantenidos tan firmemente dentro del cruel abrazo de la esclavitud cultural. Es igualmente patético observar a aquellos que intercambian su esclavitud cultural por las cadenas materialistas de una ciencia, falsamente llamada así. El cuarto nivel de la filosofía obtiene la liberación de todas las dificultades convencionales y tradicionales y se atreve a pensar, a actuar y a vivir honesta, leal, valiente y sinceramente.

La prueba máxima de toda filosofía religiosa consiste en si ésta distingue entre las realidades del mundo material y de los mundos espirituales, reconociendo al mismo tiempo su unificación en el alcance intelectual y en el servicio social. Una filosofía religiosa sólida no confunde las cosas de Dios con las cosas del César. Tampoco reconoce el culto estético de la pura admiración como sustituto de la religión.

La filosofía transforma esa religión primitiva que era en gran parte cuento de hadas de la conciencia, en una experiencia viva en los valores ascendentes de la realidad cósmica.

8. LA FE Y LA CREENCIA

La creencia llega al nivel de la fe cuando motiva la vida y da forma a la manera de vivir. La aceptación de una enseñanza como verdadera no es fe; es meramente creencia; tampoco lo es la certidumbre ni la convicción. Un estado mental llega a los niveles de fe tan sólo cuando domina efectivamente la manera de vivir. La fe es un atributo vivo de la experiencia religiosa personal genuina. Una persona cree en la verdad, admira la belleza y reverencia la bondad, pero no las adora; esta actitud de fe salvadora está centrada solamente en Dios, quien es todas estas cosas personificadas e infinitamente más.

La creencia es siempre limitadora y astringente; la fe es expansiva y liberadora. La creencia fija, la fe libera. Pero la fe religiosa viva es más que la asociación de creencias nobles; es más que un sistema exaltado de filosofía; es una experiencia viva que comprende los significados espirituales, los ideales divinos y los valores supremos; es conocedora de Dios y servidora del hombre. Las creencias pueden volverse posesiones del grupo, pero la fe ha de ser personal. Se pueden sugerir las creencias teológicas a un grupo, pero la fe puede únicamente surgir en el corazón del religionista individual.

La fe traiciona su confianza cuando presume negar realidades y conferir sobre sus devotos un conocimiento asumido. La fe traiciona cuando fomenta la traición de la integridad intelectual y menosprecia la lealtad a los valores supremos y a los ideales divinos. La fe nunca escapa del deber de solucionar los problemas del vivir mortal. La fe viva no fomenta el fanatismo, la persecución ni la intolerancia.

La fe no encadena la imaginación creadora, tampoco mantiene un prejuicio irrazonable hacia los descubrimientos de la investigación científica. La fe vitaliza la religión y obliga al religionista a vivir heroicamente de acuerdo con la regla de oro. El fervor de la fe está de acuerdo con el conocimiento, y sus impulsos son el preludio a la paz sublime.

9. LA RELIGIÓN Y LA MORALIDAD

No se puede considerar auténtica ninguna revelación profesada de religión si no reconoce las demandas del deber de obligación ética que han sido creadas y fomentadas por la religión evolucionaria precedente. La revelación infaliblemente amplía el horizonte ético de la religión evolucionaria, expandiendo a la vez simultánea e infaliblemente las obligaciones morales de todas las revelaciones previas.

Cuando presumís juzgar críticamente la religión primitiva del hombre (o la religión del hombre primitivo), debéis recordar que hay que juzgar a estos salvajes y evaluar su experiencia religiosa de acuerdo con su esclarecimiento y estado de conciencia. No cometáis el error de juzgar la religión de otro con vuestras propias normas de conocimiento y verdad.

La verdadera religión es esa convicción sublime y profunda dentro del alma que amonesta obligatoriamente al hombre, que sería erróneo no creer en esas realidades morontiales que constituyen sus conceptos éticos y morales más elevados, su interpretación más elevada de los grandes valores de la vida y las realidades más profundas del universo. Y dicha religión es simplemente la experiencia de entregar lealtad intelectual a los dictados más altos de la conciencia espiritual.

La búsqueda de la belleza es parte de la religión sólo en tanto sea ética y hasta el punto que enriquezca el concepto de la moral. El arte es religioso tan sólo cuando está infundido de propósito que sea derivado de motivaciones espirituales elevadas.

La conciencia espiritual esclarecida del hombre civilizado no se preocupa tanto por una creencia intelectual específica o por un modo particular de vida como por descubrir la verdad del vivir, la técnica buena y justa de reaccionar a las situaciones constantemente recurrentes de la existencia mortal. La conciencia moral es tan sólo un nombre aplicado al reconocimiento y conocimiento humano de aquellos valores éticos y morontiales emergentes que el deber demanda que el hombre obedezca en el control y guía diarios de la conducta.

Aun reconociendo que la religión es imperfecta, existen por lo menos dos manifestaciones prácticas de su naturaleza y función:

1. El impulso espiritual y la presión filosófica de la religión tienden a hacer que el hombre proyecte su estimación de los valores morales directamente hacia afuera, hacia los asuntos de sus semejantes —la reacción ética de la religión.

2. La religión crea para la mente humana una conciencia espiritualizada de la realidad divina basada en conceptos antecedentes de valores morales y derivada por la fe de estos conceptos y coordinada con conceptos sobrepuestos de valores espirituales. La religión de esta manera se torna un censor de los asuntos mortales, una forma de fideicomiso moral glorificado y confianza en la realidad, las realidades enaltecidas del tiempo y las realidades más duraderas de la eternidad.

La fe se vuelve la conexión entre la conciencia moral y el concepto espiritual de la realidad duradera. La religión se vuelve la avenida de escape del hombre de las limitaciones materiales del mundo temporal y natural a las realidades excelsas del mundo eterno y espiritual mediante la técnica de la salvación, la transformación morontial progresiva.

10. LA RELIGIÓN COMO LIBERTADORA DEL HOMBRE

El hombre inteligente sabe que es hijo de la naturaleza, una parte del universo material; del mismo modo, discierne que no hay supervivencia de la personalidad individual en los movimientos y tensiones del nivel matemático del universo de energía. Tampoco puede el hombre jamás discernir la realidad espiritual mediante el examen de las causas y efectos físicos.

Un ser humano también sabe que es una parte de un cosmos ideacional, pero aunque este concepto pueda durar más allá de una vida mortal, no hay nada inherente en el concepto que indique la supervivencia personal de la personalidad que lo concibe. Tampoco va el agotamiento de las posibilidades de la lógica y de la razón a revelar jamás al ser lógico o al ser razonador la verdad eterna de la supervivencia de la personalidad.

El nivel material de la ley proporciona la continuidad de causalidad, la respuesta interminable del efecto a la acción antecedente; el nivel mental sugiere la perpetuación de la continuidad ideacional, el flujo incesante del potencial conceptual de los conceptos preexistentes. Pero ninguno de estos niveles del universo revela al mortal curioso una avenida de escape de la parcialidad del estado y del intolerable suspenso de ser una realidad transitoria en el universo, una personalidad temporal condenada a extinguirse cuando se agotan sus limitadas energías vitales.

Es sólo mediante el camino morontial, que conduce al discernimiento espiritual, mediante el que el hombre puede romper las cadenas inherentes a su estado mortal en el universo. La energía y la mente conducen de vuelta al Paraíso y a la Deidad, pero ni el don de la energía ni el don de la mente del hombre proceden directamente de dicha Deidad del Paraíso. Sólo en el sentido espiritual es el hombre hijo de Dios. Esto es verdad porque es sólo en el sentido espiritual que el hombre está presentemente dotado y residido por el Padre del Paraíso. La humanidad no podrá jamás descubrir la divinidad, excepto a través del camino de la experiencia religiosa y por el ejercicio de la fe verdadera. La aceptación por la fe de la verdad de Dios permite al hombre escapar de los límites circunscritos de las limitaciones materiales y le otorga una esperanza racional de alcanzar salvoconducto del mundo material mortal, al mundo espiritual, donde la vida es eterna.

El propósito de la religión no es satisfacer la curiosidad sobre Dios, sino más bien permitir la constancia intelectual y la seguridad filosófica, para estabilizar y enriquecer la vida humana combinando lo mortal con lo divino, lo parcial con lo perfecto, el hombre y Dios. Es a través de la experiencia religiosa a través de la que los conceptos de idealidad del hombre son dotados de realidad.

No podrá haber nunca prueba científica o lógica de la divinidad. La razón por sí sola no podrá jamás validar los valores y las bondades de la experiencia religiosa. Pero siempre será verdad: el que decida hacer la voluntad de Dios comprenderá la validez de los valores espirituales. Éste es el acercamiento más aproximado que pueda hacerse en un nivel mortal al ofrecimiento de pruebas de la realidad de la experiencia religiosa. Esta fe permite el único escape del abrazo mecánico del mundo material y de la distorsión errónea del estado no completo del mundo intelectual; es la única solución descubierta a la dificultad insuperable en el pensamiento mortal en cuanto a la supervivencia continuada de la personalidad individual. Es el único pasaporte para completar la realidad y para la eternidad de la vida en una creación universal de amor, ley, unidad y logro progresivo de la Deidad.

La religión eficazmente cura el sentido del hombre de aislamiento idealístico o de soledad espiritual; otorga al creyente la posición de hijo de Dios, ciudadano de un universo nuevo y significativo. La religión asegura al hombre que, al seguir el destello de la rectitud que discierne en su alma, se identifica de esa manera con el plan del Infinito y el propósito del Eterno. Tal alma liberada inmediatamente comienza a sentirse cómoda en este nuevo universo, su universo.

Cuando experimentes tal transformación de la fe, ya no serás una parte esclavizada del cosmos matemático, sino más bien un hijo liberado volitivo del Padre Universal. Tal hijo liberado ya no luchará solo contra el destino inexorable de la terminación de la existencia temporal; ya no luchará contra toda la naturaleza, con las posibilidades irremediablemente en contra suya; ya no le azotará el temor paralizante de que, tal vez, haya puesto su confianza en un fantasma sin esperanzas o colocado su fe en un error de la fantasía.

En cambio, ahora los hijos de Dios se unen en el fervor de la batalla para el triunfo de la realidad sobre las sombras parciales de la existencia. Finalmente, todas las criaturas se vuelven conscientes del hecho de que Dios y todas las huestes divinas de un universo casi ilimitado están de su lado en la lucha excelsa por obtener la eternidad de la vida y la divinidad de estado. Estos hijos liberados por la fe participan en forma certera en las luchas temporales del lado de las fuerzas supremas y de las personalidades divinas de la eternidad; aun las estrellas en su curso están ahora luchando por ellos; finalmente, contemplan el universo desde adentro, desde el punto de vista de Dios y todo se transforma de las inseguridades del aislamiento material a la certeza de la progresión espiritual eterna. Aun el tiempo mismo se torna una mera sombra de la eternidad, arrojada por las realidades del Paraíso sobre la panoplia móvil del espacio.

[Presentado por un Melquisedek de Nebadon.]

DOCUMENTO 102

LOS CIMIENTOS DE LA FE RELIGIOSA

PARA el materialista no creyente, el hombre es tan sólo un accidente evolucionario. Sus esperanzas de supervivencia están engarzadas en la ficción de la imaginación mortal; sus temores, amores, deseos y creencias no son sino la reacción de la yuxtaposición incidental de ciertos átomos de materia sin vida. No hay exhibición de energía ni expresión de confianza que puedan llevarle más allá de la tumba. Las labores devotas y el genio inspirador de los mejores entre los hombres están destinados a extinguirse en la muerte, esa larga y solitaria noche de olvido eterno y extinción del alma. La desesperación sin nombre es la única recompensa del hombre por vivir y luchar bajo el sol temporal de la existencia mortal. Cada día de vida lenta y seguramente aprieta el nudo de un destino despiadado decretado por un universo material hostil e implacable que será el último insulto para todo lo que en el deseo humano es hermoso, noble, elevado y bueno.

Pero éste no es el fin ni el eterno destino del hombre; esta visión no es más que el grito de desesperación pronunciado por un alma vagabunda que se ha perdido en la oscuridad espiritual, y que lucha valientemente frente a los sofismas mecanicistas de una filosofía material, enceguecido por la confusión y la distorsión de una erudición compleja. Y toda esta condena de oscuridad y todo este destino desesperado se disuelven para siempre con una valiente pincelada de fe pintada por el más humilde e ignorante de los hijos de Dios en la tierra.

Esta fe salvadora nace en el corazón humano cuando la conciencia moral del hombre comprende que los valores humanos pueden ser transformados en experiencia mortal de lo material a lo espiritual, de lo humano a lo divino, del tiempo a la eternidad.

1. LA SEGURIDAD DE LA FE

La tarea del Ajustador del Pensamiento constituye la explicación de la traducción del sentido del deber primitivo y evolucionario del hombre en una fe más elevada y más certera en las realidades eternas de la revelación. En el corazón del hombre debe existir hambre de perfección para que éste sea capaz de comprender los caminos de la fe hasta el logro supremo. Si un hombre elige hacer la voluntad divina, conocerá el camino de la verdad. Es literalmente verdad que «hay que conocer a las cosas humanas para poderlas amar, pero las cosas divinas deben ser amadas para poderlas conocer». Las dudas honestas y las preguntas sinceras no son pecado; estas actitudes simplemente demuestran un atraso en el viaje progresivo hacia el logro de la perfección. La confianza inocente del niño asegura al hombre el ingreso en el reino del ascenso celestial, pero el progreso depende totalmente del ejercicio vigoroso de una fe robusta y confiada del hombre adulto.

La razón de la ciencia se basa en los hechos observables del tiempo; la fe de la religión se basa en el programa espiritual de la eternidad. Lo que el conocimiento y la razón no pueden hacer por nosotros, la verdadera sabiduría nos indica que permitamos que la fe lo consiga a través de la visión religiosa y de la transformación espiritual.

Debido al aislamiento de la rebelión, la revelación de la verdad en Urantia demasiado a menudo se ha mezclado con declaraciones de ciertas cosmologías parciales y transitorias. La verdad permanece inalterada de generación en generación, pero las enseñanzas asociadas sobre el mundo físico varían de día a día y de año en año. La verdad eterna no debe ser despreciada porque se la encuentre al azar junto a ideas obsoletas sobre el mundo material. Cuanta más sepas de ciencia, menos podrás estar seguro; cuanta más religión *tengas*, más seguro estarás.

Las certidumbres de la ciencia proceden enteramente del intelecto; las certidumbres de la religión surgen de los cimientos mismos de la *entera personalidad*. La ciencia apela a la comprensión de la mente; la religión apela a la lealtad y devoción del cuerpo, la mente y el espíritu, aun de la personalidad total.

Dios es tan real y absoluto que no se pueden ofrecer signos materiales de prueba ni demostraciones de así llamados milagros como testimonio de su realidad. Siempre lo conoceremos porque confiamos en él, y nuestra creencia en él se basa totalmente en nuestra participación personal en las manifestaciones divinas de su realidad infinita.

El Ajustador del Pensamiento residente estimula infaliblemente en el alma del hombre una auténtica hambre de perfección juntamente con una vasta curiosidad que puede ser satisfecha adecuadamente tan sólo por la comunión con Dios, la fuente divina de ese Ajustador. El alma hambrienta del hombre se niega a satisfacerse con algo que sea menos que la realización personal del Dios vivo. Aunque Dios pueda ser mucho más que una personalidad moral elevada y perfecta, no puede ser menos en nuestro hambriento y finito concepto.

2. LA RELIGIÓN Y LA REALIDAD

Las mentes observadoras y las almas discriminadoras conocen la religión cuando la encuentran en la vida de sus semejantes. La religión no requiere definición; todos conocemos sus frutos sociales, intelectuales, morales y espirituales. Y esto se origina del hecho de que la religión es la propiedad de la raza humana; no es fruto de la cultura. Es verdad que la percepción de la religión sigue siendo humana y por lo tanto sujeta a la esclavitud de la ignorancia, la servidumbre de la superstición, las decepciones de la sofisticación y las ilusiones de la filosofía falsa.

Una de las peculiaridades características de la seguridad religiosa genuina es que, a pesar de la absolutez de sus afirmaciones y la rigidez de su actitud, el espíritu de su expresión es tan aplomado y está tan atemperado que nunca comunica la menor impresión de autoafirmación o de exaltación egoísta. La sabiduría de la experiencia religiosa es en cierto modo una paradoja, porque es a la vez humanamente original y derivada del Ajustador. La fuerza religiosa no es el producto de las prerrogativas personales del individuo sino más bien la creación de esa sociedad sublime del hombre con la fuente eterna de toda sabiduría. Así, las palabras y las acciones de la religión verdadera e inmaculada se tornan obligatoriamente autoritarias para todos los mortales esclarecidos.

Es difícil identificar y analizar los factores de una experiencia religiosa, pero no es difícil observar que tales practicantes religiosos viven y se conducen como si ya estuvieran ante la presencia del Eterno. Los creyentes reaccionan a esta vida temporal como si la inmortalidad ya estuviese en sus manos. En la vida de dichos mortales hay una originalidad válida y una espontaneidad de expresión que para siempre los separan de aquellos entre sus semejantes que tan sólo han bebido de la sabiduría del mundo. Los religionistas parecen vivir en emancipación eficaz del apuro cansador y de la tensión dolorosa de las vicisitudes inherentes a las corrientes temporales del tiempo; demuestran una estabilización de la personalidad y una tranquilidad de carácter que no son explicables por las leyes de la fisiología, la psicología y la sociología.

El tiempo es un elemento invariable en la obtención del conocimiento; la religión hace que sus dones se vuelvan inmediatamente disponibles, aunque haya un importante factor de crecimiento en la gracia, un avance definido en todas las fases de la experiencia religiosa. El conocimiento es una búsqueda eterna; siempre estás aprendiendo, pero jamás puedes llegar al conocimiento pleno de la verdad absoluta. En el conocimiento por sí solo no puede haber jamás una certidumbre absoluta, tan sólo una probabilidad en aumento de aproximación; pero el alma religiosa de iluminación espiritual *sabe*, y sabe *ahora*. Y sin embargo, esta certidumbre profunda y positiva no conduce al religionista de mente sólida a interesarse menos por los altibajos del progreso de la sabiduría humana, que está ligado en su extremo material con los desarrollos de la ciencia en progreso lento.

Aun los descubrimientos de la ciencia no son verdaderamente *reales* en la conciencia de la experiencia humana hasta tanto no se desenreden y correlacionen, hasta que sus hechos relevantes se vuelvan efectivamente *significativos* mediante su inclusión en las corrientes del pensamiento de la mente. El hombre mortal considera aún su medio ambiente físico desde el nivel de la mente, desde la perspectiva de su registro psicológico. Por lo tanto, no es extraño que el hombre coloque una interpretación altamente unificada sobre el universo y luego trate de identificar esta unidad de energía de su ciencia con la unidad espiritual de su experiencia religiosa. La mente es unidad; la conciencia mortal vive en el nivel mental y percibe las realidades universales mediante los ojos de la dote mental. La perspectiva mental no producirá la unidad existencial de la fuente de la realidad, la Primera Fuente y Centro, pero sí puede ilustrar y alguna vez efectivamente ilustrará al hombre la síntesis experiencial de energía, mente y espíritu en y como el Ser Supremo. Pero la mente no puede jamás tener éxito en esta unificación de la diversidad de la realidad a menos que dicha mente sea firmemente consciente de las cosas materiales, los significados intelectuales y los valores espirituales; sólo en la armonía de la triunidad de la realidad funcional hay unidad, y sólo en la unidad hay satisfacción de la personalidad de la comprensión de la constancia y uniformidad cósmicas.

La unidad se encuentra de la mejor manera en la experiencia humana a través de la filosofía. Y aunque el cuerpo del pensamiento filosófico deba basarse siempre en los hechos materiales, el alma y la energía de la dinámica filosófica verdadera es visión espiritual mortal.

Al hombre evolucionario no apetece naturalmente el trabajo duro. En su experiencia de vida, para mantenerse al ritmo de las obligatorias demandas y los impulsos poderosos de una experiencia religiosa necesita una actividad incesante en crecimiento espiritual, expansión intelectual, ampliación de los hechos y servicio social. No hay religión verdadera sin una personalidad altamente activa. Por lo tanto, los hombres más indolentes frecuentemente tratan de escapar a los rigores de las verdaderas actividades religiosas mediante un tipo de autoengaño ingenioso, recurriendo al retiro en el falso refugio de las doctrinas y los dogmas religiosos estereotipados. Pero la verdadera religión está viva. La cristalización intelectual de los conceptos religiosos es el equivalente de la muerte espiritual. No podéis concebir la religión sin ideas, pero cuando la religión se reduce tan sólo a una *idea,* ya no es religión; se ha vuelto meramente una especie de filosofía humana.

Nuevamente, hay otros tipos de almas inestables y con poca disciplina que quieren usar las ideas sentimentales de la religión como camino de escape de las irritantes demandas del vivir. Cuando ciertos mortales vacilantes y pusilánimes intentan escapar de la presión incesante de la vida evolucionaria, la religión, tal como ellos la conciben, parece ofrecer el refugio más cercano, el mejor camino de escape. Pero es misión de la religión preparar al hombre para enfrentarse valiente, aún heroicamente, a las vicisitudes de la vida. La religión es el don supremo del hombre evolucionario, la única cosa que le permite proseguir y «soportar para ver a Aquel que es invisible». El misticismo, sin embargo, es frecuentemente un tipo de retiro de la vida, abrazado por aquellos humanos a quienes no apetecen las actividades más robustas de vivir una vida religiosa en las arenas abiertas de la sociedad y el comercio humanos. La verdadera religión debe *actuar.* La conducta será el resultado de la religión cuando el hombre realmente la tiene, o más bien cuando la religión puede verdaderamente poseer al hombre. La religión no estará jamás satisfecha con el mero pensamiento o el sentimiento no actuante.

No nos ciega el hecho de que la religión frecuentemente actúa en forma poco sabia, aún en forma no religiosa, pero *actúa.* Las aberraciones de la convicción religiosa han llevado a persecuciones sangrientas, pero siempre y por siempre la religión hace algo; ¡es dinámica!

3. EL CONOCIMIENTO, LA SABIDURÍA Y EL DISCERNIMIENTO

La deficiencia intelectual o la pobreza de adiestramiento inevitablemente dificultan los logros religiosos más elevados, porque un ambiente así empobrecido de naturaleza espiritual roba a la religión su principal canal de contacto filosófico con el conocimiento del mundo científico. Los factores intelectuales de la religión son importantes, pero su desarrollo excesivo es del mismo modo a veces una dificultad y un obstáculo. La religión debe laborar continuamente bajo una necesidad paradójica: la necesidad de hacer uso eficaz del pensamiento, descartando al mismo tiempo la utilidad espiritual de todo proceso de pensamiento.

La especulación religiosa es inevitable, pero siempre perjudicial; la especulación invariablemente falsifica su objeto. La especulación tiende a traducir la religión en algo material o humanista, y así, mientras que interfiere directamente con la claridad del pensamiento lógico, indirectamente hace que la religión aparezca como una función del mundo temporal, el mismo mundo frente al cual debería estar constantemente en contraste. Por lo tanto, la religión siempre será caracterizada por paradojas, las paradojas que provienen de la ausencia de una conexión experiencial entre el nivel material y el nivel espiritual del universo —mota morontial, la sensibilidad superfilosófica para el discernimiento de la verdad y la percepción de la unidad.

Los sentimientos materiales, las emociones humanas, conducen directamente a las acciones materiales, a los actos egoístas. El discernimiento religioso, las motivaciones espirituales, conducen directamente a las acciones religiosas, los actos altruistas de servicio social y benevolencia altruista.

El deseo religioso es la búsqueda hambrienta de la realidad divina. La experiencia religiosa es la realización de la conciencia de haber encontrado a Dios. Y cuando un ser humano encuentra a Dios, experimenta en el alma una indescriptible inquietud de triunfo en el descubrimiento de que se ve impulsado a perseguir el contacto de servicio amante con sus semejantes menos iluminados, no para revelar que ha encontrado a Dios, sino más bien para permitir que el desborde de eterna bondad que rebasa su propia alma, refresque y ennoblezca a sus semejantes. La verdadera religión conduce a un mayor servicio social.

La ciencia, el conocimiento, conduce a la conciencia de los *hechos*; la religión, la experiencia, conduce a la conciencia de los *valores*; la filosofía, la sabiduría, conduce a la conciencia *coordinada*; la revelación (el sustituto de mota morontial) conduce a la conciencia de la *verdadera realidad*; mientras que la coordinación de la conciencia de hecho, valor y verdadera realidad constituye el conocimiento de la realidad de la personalidad, el máximo del ser, juntamente con la creencia en la posibilidad de la supervivencia de esa misma personalidad.

El conocimiento conduce a la categorización de los hombres, da origen a las capas y castas sociales. La religión conduce al servicio de los hombres, creando de esta manera la ética y el altruismo. La sabiduría conduce a una mejor y más elevada fraternidad, tanto de las ideas como con los semejantes. La revelación libera a los hombres y los impulsa hacia la aventura eterna.

La ciencia clasifica a los hombres; la religión ama a los hombres, aún como a ti mismo; la sabiduría hace justicia a los hombres diferentes; pero la revelación glorifica al hombre y revela su capacidad de asociarse con Dios.

La ciencia intenta vanamente crear la hermandad de la cultura; la religión produce la hermandad del espíritu. La filosofía intenta llegar a la hermandad de la sabiduría; la revelación retrata la hermandad eterna, el Cuerpo de Finalistas del Paraíso.

El conocimiento produce orgullo en el hecho de la personalidad; la sabiduría es la conciencia del significado de la personalidad; la religión es la experiencia del conocimiento del valor de la personalidad; la revelación es la seguridad de la supervivencia de la personalidad.

La ciencia trata de identificar, analizar y clasificar las porciones segmentadas del cosmos ilimitado. La religión capta la idea del todo, el entero cosmos. La filosofía intenta la identificación de los segmentos materiales de la ciencia con el concepto de discernimiento espiritual del todo. Allí donde la filosofía fracasa en este intento, la revelación triunfa, afirmando que el círculo cósmico es universal, eterno, absoluto e infinito. Este cosmos del Infinito YO SOY es por lo tanto sin fin, sin límites, y lo comprende todo —sin tiempo, sin espacio e incualificado. Somos testigos de que el Infinito YO SOY es también el Padre de Micael de Nebadon y el Dios de la salvación humana.

La ciencia indica la Deidad como *hecho*; la filosofía presenta la *idea* de un Absoluto; la religión visualiza a Dios como *personalidad espiritual* amante. La revelación afirma la *unidad* del hecho de la Deidad, la idea del Absoluto, y la personalidad espiritual de Dios y además presenta este concepto como nuestro Padre —el hecho universal de la existencia, la idea eterna de la mente y el espíritu infinito de la vida.

El perseguimiento del conocimiento constituye la ciencia; la búsqueda de la sabiduría es la filosofía; el amor de Dios es la religión; el hambre de la verdad *es* una revelación. Pero es el Ajustador del Pensamiento residente quien otorga el sentimiento de realidad al discernimiento espiritual del hombre en cuanto al cosmos.

En la ciencia, la idea precede a la expresión de su realización; en la religión, la experiencia de la realización precede a la expresión de la idea. Existe una vasta diferencia entre la voluntad evolucionaria de creer y el producto de la razón esclarecida, el discernimiento religioso y la revelación — *la voluntad que cree.*

En la evolución, la religión frecuentemente conduce al hombre a crear su concepto de Dios; la revelación exhibe el fenómeno de Dios fomentando la evolución del hombre, mientras que en la vida terrestre de Cristo Micael contemplamos el fenómeno de Dios que se revela a sí mismo ante el hombre. La evolución tiende a hacer a Dios a semejanza del hombre; la revelación tiende a hacer al hombre a semejanza de Dios.

La ciencia tan sólo se satisface con causas primeras, la religión con una personalidad suprema, y la filosofía con la unidad. La revelación afirma que estas tres cosas son una, y que todas son buenas. El *real eterno* es el bien del universo y no las ilusiones temporales del mal del espacio. En la experiencia espiritual de todas las personalidades, es siempre verdad que lo real es bueno y lo bueno es real.

4. EL HECHO DE LA EXPERIENCIA

Debido a la presencia del Ajustador del Pensamiento en vuestra mente, no es para vosotros más misterioso el conocer la mente de Dios que el estar seguros de la conciencia de conocer a cualquier otra mente, humana o superhumana. La religión y la conciencia social tienen lo siguiente en común: se basan en la conciencia de que hay otras mentes. La técnica por la cual puedes aceptar la idea de otro como tuya es la misma por la cual puedes «dejar que la mente que estaba en Cristo también esté en ti».

¿Qué es la experiencia humana? Es simplemente cualquier interacción entre un yo activo e interrogante y cualquier otra realidad activa y externa. La masa de la experiencia está determinada por la profundidad del concepto más la totalidad del reconocimiento de la realidad de lo exterior. El movimiento de la experiencia equivale a la fuerza de la imaginación expectante más la agudeza del descubrimiento sensorial de las cualidades exteriores de la realidad contactada. El hecho de la experiencia se encuentra en la autoconciencia juntamente con de que hay otras existencias: otras cosas, otras mentes y otros espíritus.

El hombre muy pronto se hace consciente de que no está solo en el mundo o en el universo. Se desarrolla una autoconciencia natural espontánea de la existencia de otras mentes en el medio ambiente del yo. La fe traduce esta experiencia natural en religión, el reconocimiento de Dios como la realidad —fuente, naturaleza y destino— de la existencia de *otras mentes*. Pero tal conocimiento de Dios es por siempre y para siempre una realidad de experiencia personal. Si Dios no fuese una personalidad, no podría tornarse una parte viva de la verdadera experiencia religiosa de la personalidad humana.

El elemento de error que está presente en la experiencia religiosa humana es directamente proporcional al contenido de materialismo que contamina el concepto espiritual del Padre Universal. La progresión del hombre en el universo como preespíritu consiste en la experiencia de liberarse de estas ideas erróneas de la naturaleza de Dios y de la realidad de espíritu puro y verdadero. La Deidad es más que espíritu, pero el enfoque espiritual es el único posible para el hombre ascendente.

La oración es indudablemente una parte de la experiencia religiosa, pero ha sido acentuada erróneamente por las religiones modernas, que han olvidado en gran parte la comunión de adoración, más esencial. Los poderes reflectivos de la mente se encuentran profundizados y ampliados por la adoración. La oración podrá enriquecer la vida, pero la adoración ilumina el destino.

La religión revelada es el elemento unificador de la existencia humana. La revelación unifica la historia, coordina la geología, la astronomía, la física, la química, la biología, la sociología y la psicología. La experiencia espiritual es la verdadera alma del cosmos del hombre.

5. LA SUPREMACÍA DEL POTENCIAL CON PROPÓSITO

Aunque el establecimiento del hecho de la creencia no es equivalente al establecimiento del hecho de aquello en lo cual se cree, sin embargo, la progresión evolucionaria de vida sencilla al estado de personalidad demuestra el hecho de la existencia del potencial de la personalidad desde un principio. Y en los universos temporales, lo potencial es siempre supremo sobre lo actual. En el cosmos evolutivo lo potencial es lo que será, y lo que será es el desarrollo de los mandatos de propósito de la Deidad.

Esta misma supremacía con propósito se observa en la evolución de la ideación de la mente cuando el temor primitivo animal se transforma en la reverencia constantemente profundizante de Dios y en el creciente respeto temeroso al universo. El hombre primitivo tenía más temor religioso que fe, y la supremacía de los potenciales espirituales sobre los actuales de la mente se demuestra cuando este miedo timorato se traduce en fe viviente en las realidades espirituales.

Podéis interpretar psicológicamente la religión evolucionaria, pero no la religión de la experiencia personal de origen espiritual. La moralidad humana puede reconocer valores, pero sólo la religión puede conservar, exaltar y espiritualizar dichos valores. Pero a pesar de dichas acciones, la religión es algo más que moralidad emocionalizada. La religión es para la moralidad lo que el amor es para el deber, lo que la filiación es para la servidumbre lo que la esencia es para la sustancia. La moralidad revela un Controlador todopoderoso, una Deidad a quien servirle; la religión revela un Padre todo amor, un Dios para ser adorado y amado. Nuevamente esto se debe a la potencialidad espiritual de la religión que domina sobre la realidad del deber de la moralidad evolutiva.

6. LA CERTEZA DE LA FE RELIGIOSA

La eliminación filosófica del temor religioso y el progreso constante de la ciencia contribuyen grandemente a la mortalidad de los dioses falsos; y aunque estas desapariciones de las deidades hechas por el hombre puedan momentáneamente nublar la visión espiritual, finalmente destruyen esa ignorancia y superstición que por tanto tiempo oscurecieron al Dios vivo del amor eterno. La relación entre la criatura y el Creador es una experiencia viva, una fe religiosa dinámica, que no está sujeta a una definición precisa. Aislar parte de la vida y llamarla religión es desintegrar la vida y distorsionar la religión. Y precisamente por esto el Dios de adoración exige fidelidad total o nada.

Los dioses de los hombres primitivos pueden no haber sido más que sombras de sí mismos; el Dios vivo es la luz divina, cuyas interrupciones constituyen las sombras de la creación sobre todo el espacio.

El religionista que alcanza logro filosófico tiene fe en un Dios personal de salvación personal, algo más que una realidad, un valor, un nivel de alcance, un proceso exaltado, una trasmutación, lo último del tiempo-espacio, una idealización, la personalización de la energía, la entidad de la gravedad, una proyección humana, la idealización del yo, el solevantamiento de la naturaleza, la tendencia a la bondad, el impulso hacia adelante de la evolución o una hipótesis sublime. El religionista tiene fe en un Dios de amor. El amor es la esencia de la religión y la fuente de una civilización superior.

La fe transforma al Dios filosófico de probabilidad en el Dios salvador de certeza en la experiencia personal religiosa. El escepticismo podrá desafiar las teorías de la teología, pero la confianza en la confiabilidad de la experiencia personal afirma la verdad de esa creencia que se ha transformado en fe.

Las convicciones sobre Dios pueden ser alcanzadas por sabio razonamiento, pero el individuo se torna consciente de Dios solamente por la fe, a través de la experiencia personal. En mucho de lo que pertenece a la vida, ha de contarse con la probabilidad, pero al ponerse en contacto con la realidad cósmica, la certeza puede ser experimentada cuando estos significados y valores son visualizados por la fe viva. El alma que conoce a Dios se atreve a decir «yo sé», aunque este conocimiento de Dios sea puesto en duda por el no creyente, que niega dicha certeza porque no está totalmente respaldada por la lógica intelectual. A todo ser que dude, el creyente tan sólo contesta: «¿Cómo sabes que yo no sé?».

Aunque la razón siempre puede dudar de la fe, la fe puede suplementar siempre tanto la razón como la lógica. La razón crea la probabilidad que la fe puede transformar en una certeza moral, aún una experiencia espiritual. Dios es la primera verdad y el último hecho; por lo tanto, toda la verdad se origina en él, mientras que todos los hechos existen en relación con él. Dios es la verdad absoluta. Como verdad, puede uno conocer a Dios, pero comprender —explicar— a Dios, para eso hay que explorar el hecho del universo de los universos. El vasto abismo entre la experiencia de la verdad de Dios y la ignorancia en cuanto al hecho de Dios puede ser salvada tan sólo por la fe viva. La razón por sí sola no puede alcanzar la armonía entre la verdad infinita y el hecho universal.

La creencia tal vez no pueda resistir a la duda y hacer frente al temor, pero la fe siempre triunfa sobre la duda, porque la fe es tanto positiva como viva. Lo positivo siempre está en ventaja respecto de lo negativo, la verdad sobre el error, la experiencia sobre la teoría, las realidades espirituales sobre los hechos aislados del tiempo y del espacio. La prueba convincente de esta certeza espiritual consiste en los frutos sociales del espíritu que tales creyentes, fehacientes, producen como resultado de esta genuina experiencia espiritual. Dijo Jesús: «Si amáis a vuestros semejantes como yo os he amado, todos los hombres sabrán que vosotros sois mis discípulos».

Para la ciencia Dios es una posibilidad, para la psicología, una cosa deseable, para la filosofía, una probabilidad, para la religión una certeza, una realidad de la experiencia religiosa. La razón exige que una filosofía que no puede encontrar al Dios de la probabilidad, respete esa fe religiosa que sí puede y que sí encuentra al Dios de la certeza. Tampoco debe la ciencia descartar la experiencia religiosa sobre la base de la credulidad, mientras persista en la suposición de que las dotes intelectuales y filosóficas del hombre surgieron de inteligencias cada vez menores a medida que se va hacia atrás en el tiempo, originándose finalmente en la vida primitiva que estaba totalmente vacía de pensamiento y sentimiento.

Los hechos de la evolución no deben ser dispuestos contra la verdad de la realidad de la certeza, de la experiencia espiritual, de la vida religiosa del mortal que conoce a Dios. Los hombres inteligentes deben dejar de razonar como niños y deberían intentar utilizar la lógica consistente del adulto —la lógica que tolera el concepto de la verdad juntamente con la observación del hecho. El materialismo científico está en la bancarrota cuando persiste, frente a cada fenómeno universal recurrente, en consolidar sus objeciones actuales refiriendo lo que admitidamente es más elevado a lo que es admitidamente más bajo. La consistencia exige el reconocimiento de las actividades de un Creador con propósito.

La evolución orgánica es un hecho; la evolución progresiva o deliberada es una verdad que presta sustancia a los fenómenos por otra parte contradictorios de los logros constantemente ascendentes de la evolución. Cuanto más alto progrese un científico en su ciencia de elección, más abandonará las teorías del hecho materialista en favor de la verdad cósmica del dominio de la Mente Suprema. El materialismo abarata la vida humana; el evangelio de Jesús la enaltece enormemente y exalta excelsamente a todo mortal. La existencia mortal debe ser visualizada como formada de la seductora y fascinante experiencia de la realización de la realidad del encuentro del anhelo humano tendido hacia arriba con la mano salvadora y divina tendida hacia abajo.

7. LA CERTIDUMBRE DE LO DIVINO

El Padre Universal, siendo autoexistente, es también autoexplicativo; él efectivamente vive en todo mortal racional. Pero no puedes estar seguro de Dios a menos que lo conozcas; la filiación es la única experiencia que hace certera la paternidad. El universo experimenta cambios por doquier. Un universo cambiante es un universo dependiente; tal creación no puede ser final ni absoluta. Un universo finito es totalmente dependiente del Último y del Absoluto. El universo y Dios no son idénticos; uno es la causa, el otro el efecto. La causa es absoluta, infinita, eterna e invariable; el efecto, espacio-temporal y trascendental pero constantemente cambiante, siempre en crecimiento.

Dios es el único hecho autocausado en el universo. Él es el secreto del orden, el plan y el propósito de la entera creación de cosas y seres. El universo en cambio por todas partes está regulado y estabilizado por leyes absolutamente invariables, los hábitos de un Dios invariable. La realidad de Dios, la ley divina, es invariable; la verdad de Dios, su relación con el universo es una revelación relativa que es siempre adaptable a un universo en continua evolución.

Los que quieren inventar una religión sin Dios son como los que quieren cosechar frutos sin árboles, tener hijos sin padres. No es posible tener efectos sin causas; sólo el YO SOY es sin causa. El hecho de la experiencia religiosa implica a Dios, y dicho Dios de la experiencia personal debe ser una Deidad personal. No podéis orar a una fórmula química, suplicar a una ecuación matemática, adorar una hipótesis, confiar en un postulado, comulgar con un proceso, servir una abstracción ni tener una relación amante con una ley.

Es verdad que muchos rasgos aparentemente religiosos pueden surgir de raíces no religiosas. El hombre puede, intelectualmente, negar a Dios y sin embargo ser moralmente bueno, leal, filial, honesto y aun idealista. El hombre puede injertar muchas ramas puramente humanistas en su naturaleza espiritual básica y así probar aparentemente sus opiniones a favor de una religión sin Dios, pero dicha experiencia está vacía de valores de supervivencia: el conocimiento de Dios y la ascensión a Dios. En semejante experiencia mortal sólo se producen los frutos sociales, pero no los espirituales. El injerto determina la naturaleza del fruto, a pesar de que el flujo vital provenga de las raíces del don divino original de mente y espíritu.

La marca intelectual de la religión es la certeza; la característica filosófica es la uniformidad; los frutos sociales son el amor y el servicio.

El individuo que conoce a Dios no es el que está cegado a las dificultades ni es inconsciente de los obstáculos que se presentan en el camino para encontrar a Dios en el laberinto de la superstición, la tradición y las tendencias materialistas de los tiempos modernos. Se ha enfrentado con todos estos obstáculos y ha triunfado sobre ellos, los ha superado mediante la fe viva, y ha alcanzado las alturas de la experiencia espiritual a pesar de ellos. Pero es verdad que muchos que interiormente están seguros de Dios temen declarar estos sentimientos de certeza debido a la multiplicidad y astucia de aquellos que acumulan objeciones y magnifican las dificultades sobre la creencia en Dios. No se requiere gran profundidad de intelecto para señalar faltas, hacer preguntas, o poner objeciones. Pero sí se requiere una mente brillante para responder a esas preguntas y solucionar esas dificultades; la certeza de la fe es la técnica mejor para tratar con todas estas opiniones superficiales.

Si la ciencia, la filosofía o la sociología atreven a volverse dogmáticas en sus discusiones con los profetas de la verdadera religión, los hombres conocedores de Dios deben contestar a tal dogmatismo no justificado con ese dogmatismo sagaz de la certeza de la experiencia espiritual personal: «Sé lo que he experimentado porque yo soy hijo del YO SOY». Si la experiencia personal de una persona de fe ha de ser desafiada por el dogma, entonces este hijo nacido en la fe del Padre experiencible puede responder con ese dogma imposible de desafiar, la declaración de su verdadera filiación con el Padre Universal.

Sólo una realidad incualificada, un absoluto, puede atreverse a ser dogmática consecuentemente. Aquellos que se atreven a ser dogmáticos deben, si son consistentes, tarde o temprano ser manejados hacia los brazos del Absoluto de la energía, el Universal de la verdad, y el Infinito del amor.

Si los enfoques no religiosos de la realidad cósmica se atreven a desafiar la certidumbre de la fe sobre la base de su estado no comprobado, entonces el que experimenta la verdad espiritual de la misma manera puede recurrir al desafío dogmático de los hechos de la ciencia y de las creencias de la filosofía sobre la base de que éstos, de igual manera, no han sido comprobados; son del mismo modo experiencias de la conciencia del científico o del filósofo.

De Dios, la más ineludible de todas las presencias, el más real de todos los hechos, la más viva de todas las verdades, la más amante de todas las amistades y el más divino de todos los valores, tenemos el derecho de estar más seguros que de cualquier otra experiencia universal.

8. Las pruebas de la religión

La más alta prueba de la realidad y eficacia de la religión consiste en el *hecho de la experiencia humana;* o sea, que el hombre, naturalmente temeroso y sospechoso, dotado de un fuerte instinto innato de autopreservación y del deseo de supervivencia después de la muerte, desea confiar plenamente los intereses más profundos de su presente y de su futuro a la protección y dirección de ese poder y persona designado por su fe como Dios. Ésa es la verdad central de toda religión. En cuanto a qué ese poder o persona exige del hombre para cuidarlo y finalmente salvarlo, no hay dos religiones que concuerden; de hecho, todas ellas están en mayor o menor desacuerdo.

En cuanto al estado de cualquier religión en la escala evolucionaria, se la podrá juzgar de la mejor manera por sus juicios morales y sus normas éticas. Cuanto más alto sea el tipo de una religión, más alienta y está alentada por una moralidad social y cultura ética en constante mejora. No podemos juzgar la religión por el estado de su civilización acompañante; es mejor estimar la verdadera naturaleza de una civilización por la pureza y nobleza de su religión. Muchos de los maestros religiosos más notables del mundo fueron virtualmente analfabetos. La sabiduría del mundo no es necesaria para ejercer la fe salvadora en las realidades eternas.

La diferencia en las religiones de las distintas edades depende totalmente de la diferencia en la comprensión de la realidad que posea el hombre y de su variable reconocimiento de los valores morales, las relaciones éticas y las realidades espirituales.

La ética es el externo espejo social o racial que refleja fielmente el progreso por otra parte no observable de los desarrollos espirituales y religiosos internos. El hombre siempre ha pensado en Dios en términos de lo mejor que sabía, de sus ideas más profundas y sus ideales más elevados. Aun la religión histórica siempre ha creado sus conceptos de Dios a partir de sus valores reconocidos más elevados. Toda criatura inteligente otorga el nombre de Dios a lo más alto y mejor que conoce.

La religión, cuando se reduce a los términos de la razón y de la expresión intelectual, siempre se ha atrevido a criticar la civilización y el progreso evolucionario, juzgándolos por sus propias normas de cultura ética y progreso moral.

Aunque la religión personal precede a la evolución de la moral humana, lamentablemente hemos de decir que la religión institucional invariablemente se ha mantenido a la retaguardia de las costumbres lentamente cambiantes de las razas humanas. La religión organizada ha demostrado ser conservadoramente atrasada. Los profetas generalmente han conducido a los pueblos hacia el desarrollo religioso; los teólogos generalmente los han frenado. La religión, siendo un asunto de experiencia interior o personal, no puede jamás desarrollarse en forma muy avanzada respecto de la evolución intelectual de las razas.

Pero la religión no se halla nunca enaltecida por una llamada a lo así denominado milagroso. La búsqueda de milagros se remonta a las religiones primitivas de la magia. La verdadera religión nada tiene que ver con los así llamados milagros, y la religión revelada no se apoya jamás en los milagros como prueba de autoridad. La religión está por siempre y para siempre arraigada y plantada en la experiencia personal. Y vuestra religión más elevada, la vida de Jesús, fue precisamente una experiencia personal: el hombre, el hombre mortal, que busca a Dios y lo encuentra plenamente en el curso de una corta vida en la carne, mientras que en la misma experiencia humana figuraba Dios que busca al hombre y lo encuentra en la plena satisfacción del alma perfecta de la supremacía infinita. Eso es religión, aún la más elevada que se haya revelado hasta ahora en el universo de Nebadon: la vida terrestre de Jesús de Nazaret.

[Presentado por un Melquisedek de Nebadon.]

DOCUMENTO 103

LA REALIDAD DE LA EXPERIENCIA RELIGIOSA

TODAS las reacciones verdaderamente religiosas del hombre son patrocinadas por el primitivo ministerio del ayudante de adoración y verificadas por el ayudante de la sabiduría. La primera dotación de supermente del hombre es la de la vinculación de la personalidad en el circuito del Espíritu Santo del Espíritu Creativo del Universo; y mucho antes de los autootorgamientos de los Hijos divinos o de la dotación universal de los Ajustadores, esta influencia funciona para ampliar el punto de vista del hombre sobre la ética, la religión y la espiritualidad. Después de los autootorgamientos de los Hijos del Paraíso, el Espíritu de la Verdad liberado, hace poderosas contribuciones a la expansión de la capacidad humana para percibir las verdades religiosas. A medida que la evolución avanza en un mundo habitado, los Ajustadores del Pensamiento participan cada vez más en el desarrollo de los tipos más altos de discernimiento religioso humano. El Ajustador del Pensamiento es la ventana cósmica a través de la cual la criatura finita puede vislumbrar por la fe las certezas y divinidades de la Deidad ilimitada, el Padre Universal.

Las tendencias religiosas de las razas humanas son innatas; se manifiestan universalmente y tienen un origen aparentemente natural; las religiones primitivas siempre son evolucionarias en su génesis. A medida que la experiencia religiosa natural continúa progresando, revelaciones periódicas de la verdad puntualizan el curso por otra parte lento de la evolución planetaria.

En Urantia, hoy en día, existen cuatro tipos de religión:

1. Religión natural o evolucionaria.
2. Religión supernatural o revelatoria.
3. Religión práctica o corriente, una mezcla en grados variables de la religión natural y la supernatural.
4. Religiones filosóficas, doctrinas teológicas hechas por el hombre o razonadas filosóficamente y religiones creadas por la razón.

1. LA FILOSOFÍA DE LA RELIGIÓN

La unidad de la experiencia religiosa de un grupo social o racial deriva de la naturaleza idéntica del fragmento de Dios que reside en el individuo. Es esta parte divina en el hombre la que origina su interés altruista en el bienestar de los demás. Pero puesto que la personalidad es única —no hay dos mortales idénticos— inevitablemente ocurre que no hay dos seres humanos que puedan interpretar en forma similar las tendencias e impulsos del espíritu de la divinidad que vive en su mente. Un grupo de mortales puede experimentar la unidad espiritual, pero no podrán jamás llegar a una uniformidad filosófica. Y esta diversidad de interpretación del pensamiento religioso y de la experiencia se ilustra por el hecho de que los teólogos y filósofos del siglo veinte han formulado más de quinientas definiciones distintas de la religión. En realidad, cada ser humano define la religión en términos de su propia interpretación experiencial de los impulsos divinos que emanan del espíritu de Dios que en él reside, y por lo tanto esta interpretación debe ser única y totalmente distinta de la filosofía religiosa de todos los demás seres humanos.

Cuando un mortal se encuentra en acuerdo total con la filosofía religiosa de un mortal semejante, ese fenómeno indica que estos dos seres han tenido una *experiencia religiosa* similar en cuanto a los asuntos que se refieren a su similaridad de interpretación religiosa filosófica.

Aunque tu religión sea un asunto de experiencia personal, es muy importante que te expongas al conocimiento de un vasto número de otras experiencias religiosas (las distintas interpretaciones de otros mortales distintos) para que puedas prevenir el peligro de que tu vida religiosa se torne egocéntrica —circunscrita, egoísta y no sociable.

El racionalismo es erróneo cuando supone que la religión es en primer término una creencia primitiva en algo que luego va seguido de la búsqueda de los valores. La religión es principalmente una búsqueda de valores primero, que luego formula un sistema de creencias interpretativas. Es mucho más fácil para los hombres concordar sobre valores religiosos —objetivos— que sobre creencias —interpretaciones. Y esto explica por qué la religión es capaz de llegar a un acuerdo en cuanto a valores y objetivos, exhibiendo al mismo tiempo el confuso fenómeno de creer en cientos de creencias conflictivas —credos. Esto también explica por qué una determinada persona puede mantener su experiencia religiosa frente a la experiencia de abandonar o cambiar muchas de sus creencias religiosas. La religión persiste a pesar de los cambios revolucionarios en las creencias religiosas. La teología no produce la religión; es la religión la que produce la filosofía teológica.

El hecho de que los religiosos hayan creído tantas cosas que eran falsas no invalida la religión, porque la religión se funda en el reconocimiento de valores y se valida por la fe de experiencia religiosa personal. La religión pues se basa en la experiencia y en el pensamiento religioso. La teología, la filosofía de la religión, es un intento honesto de interpretar esa experiencia. Estas creencias interpretativas pueden ser justas o erróneas o una mezcla de verdad y error.

La realización del reconocimiento de los valores espirituales es una experiencia que es superideacional. No existe una palabra en ningún idioma humano que pueda ser empleada para designar este «sentimiento», «sensación», «intuición» o «experiencia» que hemos elegido llamar conciencia de Dios. El espíritu de Dios que reside en el hombre no es personal —el Ajustador es prepersonal— pero este Monitor presenta un valor, exuda un sabor de divinidad que es personal en el sentido más alto e infinito. Si Dios no fuera por lo menos personal, no podría ser consciente, y si no fuera consciente, sería infrahumano.

2. La religión y el individuo

La religión es funcional en la mente humana y se ha realizado en la experiencia previamente a su aparición en la conciencia humana. Un niño ya existe alrededor de nueve meses antes de experimentar el *nacimiento*. Pero el «nacimiento» de la religión no es repentino, es más un surgimiento paulatino. Sin embargo, más tarde o más temprano hay un «día de nacimiento». No entras al reino de los cielos a menos que hayas «nacido nuevamente» —nacido del espíritu. Muchos nacimientos espirituales van acompañados por mucha angustia de espíritu y marcados de perturbaciones psicológicas, así como muchos nacimientos físicos están caracterizados por un «parto difícil» y otras anormalidades de «parto». Otros nacimientos espirituales son un crecimiento natural y normal del reconocimiento de los valores humanos con un enaltecimiento de la experiencia espiritual, aunque no ocurre desarrollo religioso sin esfuerzo consciente y determinación positiva e individual. La religión no es nunca una experiencia pasiva, una actitud negativa. Lo que se llama «nacimiento de la religión» no está directamente asociado con las así llamadas experiencias de conversión que generalmente caracterizan episodios religiosos que ocurren más adelante en la vida como resultado de conflictos mentales, represiones emocionales y sublevamientos temperamentales.

Pero aquellas personas criadas por sus padres de manera tal que crecieron en la conciencia de ser hijos de un Padre celestial amante, no deben despreciar a sus semejantes que tan sólo llegan a dicha conciencia de la asociación con Dios a través de una crisis psicológica o de trastornos emocionales.

El terreno evolucionario en la mente del hombre es donde germina la semilla de la religión revelada, es la naturaleza moral que tan tempranamente da origen a una conciencia social. Los primeros impulsos de la naturaleza moral de un niño no tienen que ver con el sexo, la culpa ni el orgullo personal, sino más bien con el ímpetu hacia la justicia, rectitud y bondad —el servicio y ayuda a los semejantes. Cuando estos precoces despertares morales son alimentados, ocurre un desarrollo gradual de la vida religiosa que está comparativamente libre de conflictos, trastornos y crisis.

Todo ser humano experimenta muy tempranamente algo del conflicto entre sus impulsos egoístas y sus impulsos altruistas, y muchas veces se llega a la primera experiencia de la conciencia de Dios como resultado de buscar una ayuda superhumana en la tarea de resolver dichos conflictos morales.

La psicología de un niño es naturalmente positiva, no negativa. Tantos mortales son negativos porque así fueron educados. Cuando se dice que el niño es positivo se hace referencia a sus impulsos morales, a esos poderes de la mente cuyo surgir señala la llegada del Ajustador del Pensamiento.

En ausencia de enseñanzas erróneas, la mente del niño normal se mueve en forma positiva, en el surgir de la conciencia religiosa, hacia la rectitud moral y el ministerio social, en vez de moverse negativamente, alejándose del pecado y de la culpa. Puede haber o no conflicto en el desarrollo de la experiencia religiosa, pero siempre están presentes las decisiones inevitables, el esfuerzo y la función de la voluntad humana.

La elección moral está generalmente acompañada por conflicto moral mayor o menor. Y este primer conflicto se desencadena en la mente del niño entre los impulsos del egoísmo y los impulsos del altruismo. El Ajustador del Pensamiento no descarta los valores de personalidad en la motivación egoísta, pero opera para colocar una ligera preferencia sobre el impulso altruista como conductor a la meta de la felicidad humana y a las alegrías del reino de los cielos.

Cuando un ser moral elige ser altruista, cuando se enfrenta al impulso a ser egoísta, se trata de una experiencia religiosa primitiva. Ningún animal puede hacer tal elección; esta decisión es humana y religiosa. Comprende el hecho de la conciencia de Dios y exhibe el impulso al servicio social, la base de la hermandad de los hombres. Cuando la mente elige un juicio moral justo por acción del libre albedrío, esta decisión constituye una experiencia religiosa.

Pero antes de que el niño se haya desarrollado suficientemente como para adquirir la capacidad moral y por lo tanto ser capaz de elegir el servicio altruista, ya ha desarrollado una naturaleza egoísta, fuerte y bien unificada. Y es esta situación factual la que da origen a la teoría de la lucha entre las naturalezas «superior» e «inferior», entre el «viejo hombre pecador» y la «nueva naturaleza» de la gracia.

Muy pronto en la vida el niño normal comienza a aprender que es «más bien aventurado dar que recibir».

El hombre tiende a identificar el impulso a atender a sus necesidades con su ego —con su yo. En contraste, se inclina a identificar la voluntad de ser altruista con alguna influencia fuera de sí mismo —Dios. Y efectivamente es justo este juicio, puesto que todos esos deseos altruistas en verdad se originan en la guía del Ajustador del Pensamiento residente, y este Ajustador es un fragmento de Dios. El impulso del Monitor espiritual es realizado en la conciencia humana como un impulso al altruismo, a la preocupación por los semejantes. Por lo menos ésta es la experiencia precoz y fundamental de la mente infantil. Si el niño en crecimiento no consigue unificar la personalidad, el impulso altruista puede desarrollarse tanto como para amenazar seriamente el bienestar del yo. Una conciencia desviada puede volverse responsable de muchos conflictos, preocupaciones y penas y un sinfín de infelicidad humana.

3. La religión y la raza humana

Aunque la creencia en los espíritus, los sueños y diversas otras supersticiones jugaron un papel en el origen evolucionario de las religiones primitivas, no debéis olvidar la influencia del espíritu de solidaridad del clan o tribal. En las relaciones de grupo existía la situación social precisa que proveía el desafío al conflicto egoísta-altruista en la naturaleza moral de la mente humana primitiva. A pesar de su creencia en los espíritus, en el foco de la religión de los australianos primitivos todavía está el clan. Con el tiempo, estos conceptos religiosos tienden a personalizarse, primero, en animales, y más adelante, en conceptos de superhombre o Dios. Aun tales razas inferiores como los bosquimanos africanos, que ni siquiera llegan a ser totémicos en sus creencias, reconocen la diferencia entre el autointerés y el interés del grupo, una distinción primitiva entre los valores de lo secular y lo sagrado. Pero el grupo social no es la fuente de la experiencia religiosa. Sea cual fuere la influencia de todas estas contribuciones primitivas a la religión primitiva del hombre, el hecho existe de que el verdadero impulso religioso tiene su origen en presencias espirituales genuinas que activan la voluntad al altruismo.

La religión más reciente está prefigurada por la creencia primitiva en los milagros naturales y los misterios, el impersonal 'maná'. Pero tarde o temprano, la religión en evolución exige que el individuo haga un sacrificio personal de alguna índole para el bien de su grupo social, algo que haga más feliz y mejor al pueblo. En último término, la religión está destinada a llegar a ser el servicio de Dios y del hombre.

La religión está designada para cambiar el medio ambiente del hombre, pero mucho de lo que se llama religión entre los mortales hoy en día se ha vuelto incapaz de hacerlo. Alguna que otra vez el medio ambiente ha dominado sobre la religión.

Recordad que en la religión de todas las edades la experiencia que es importantísima es el sentimiento de los valores morales y significados sociales, no el pensamiento sobre los dogmas teológicos o las teorías filosóficas. La religión evoluciona favorablemente a medida que se reemplaza el elemento de magia por el concepto de la moral.

El hombre evolucionó a través de las supersticiones de maná, magia, adoración de la naturaleza, temor de los espíritus y adoración de los animales, a los variados ceremoniales mediante los cuales la actitud religiosa del individuo se transformó en reacciones grupales del clan. Más tarde, estas ceremonias se enfocaron y cristalizaron en las creencias tribales, y eventualmente estos temores y fe se personalizaron en dioses. Pero en toda esta evolución religiosa, el elemento moral no estaba nunca totalmente ausente. El impulso del Dios dentro del hombre fue siempre poderoso. Y estas influencias poderosas —una humana y la otra divina— aseguraron la supervivencia de la religión a través de las vicisitudes de las edades, a pesar de que tan frecuentemente corrió ésta el peligro de sucumbir ante las miles de tendencias subversivas y antagonismos hostiles.

4. LA COMUNIÓN ESPIRITUAL

La diferencia característica entre una ocasión social y una reunión religiosa es de que, en contraste con lo secular, lo religioso exuda una atmósfera de *comunión*. De esta manera la asociación humana genera una sensación de hermandad con lo divino, y éste es el comienzo de la adoración grupal. El compartir una comida comunal fue el tipo más primitivo de comunión social, y por lo tanto las religiones primitivas dispusieron que alguna porción del sacrificio ceremonial fuera comida por los adoradores. Aun en el cristianismo, la Santa Cena retiene este modo de comunión. La atmósfera de la comunión provee un período refrescante y consolador de tregua en el conflicto del ego autoservidor con el impulso altruista del Monitor espiritual residente. Éste es el preludio de la verdadera adoración —la práctica de la presencia de Dios que eventúa en el surgimiento de la hermandad del hombre.

Cuando el hombre primitivo sentía que su comunión con Dios había sido interrumpida, recurría a alguna clase de sacrificio en su esfuerzo para hacer una expiación, para restaurar las relaciones amistosas. El hambre y la sed de rectitud conducen al descubrimiento de la verdad, y la verdad aumenta los ideales, y esto crea nuevos problemas para los religionistas individuales, puesto que nuestros ideales tienden a crecer en progresión geométrica, mientras que nuestra habilidad para vivir de acuerdo con ellos tan sólo aumenta en progresión aritmética.

El sentimiento de culpa (no la conciencia del pecado) se produce, sea a partir de la interrupción de la comunión espiritual, o porque se han rebajado los ideales morales. La liberación de este estado tan sólo puede producirse mediante la comprensión de que los propios ideales morales más elevados no son necesariamente sinónimos de la voluntad de Dios. El hombre no puede esperar vivir de acuerdo con sus ideales más elevados, pero puede ser fiel a su propósito de encontrar a Dios y de tornarse cada vez más como él.

Jesús eliminó todos los ceremoniales de sacrificio y expiación. Destruyó la base para toda esta culpa ficticia y sentido de aislamiento en el universo al declarar que el hombre es hijo de Dios; la relación criatura-Creador se tornó así una relación hijo-padre. Dios se vuelve el Padre amante para sus hijos e hijas mortales. Todas las ceremonias que no sean parte legítima de tal relación familiar íntima se eliminan para siempre.

Dios el Padre trata con el hombre su hijo a partir de la base, no de su virtud o valor real, sino en reconocimiento de la motivación del hijo —el propósito e intento de la criatura. Esta relación es una asociación de padre e hijo y está activada por el amor divino.

5. EL ORIGEN DE LOS IDEALES

La mente evolucionaria primitiva da origen a una sensación de deber social y obligación moral derivadas principalmente del temor emocional. El impulso más positivo de servicio social y el idealismo del altruismo se derivan del impulso directo del espíritu divino que reside en la mente humana.

Esta idea-ideal de hacer el bien a otros —el impulso de negarle algo al ego para beneficio del prójimo— está al principio muy circunscrito. El hombre primitivo considera prójimo tan sólo a aquellos que están muy cerca de él, a aquellos que lo tratan a él como prójimo; a medida que avanza la civilización religiosa, el prójimo se expande en su concepto hasta comprender el clan, la tribu, la nación. Y luego Jesús amplió el alcance del prójimo hasta comprender a toda la humanidad, hasta declarar que deberíamos amar a nuestros enemigos. Y hay algo dentro de cada ser humano normal que le dice que esta enseñanza es moral —justa. Aún aquellos que menos practican este ideal admiten que es justo en teoría.

Todos los hombres reconocen la moralidad de este impulso humano universal hacia el altruismo. El humanista adscribe el origen de este impulso al funcionamiento natural de la mente material; el religionista reconoce más correctamente que el impulso verdaderamente altruista de la mente mortal es en respuesta a la guía espiritual interior del Ajustador del Pensamiento.

Pero la interpretación del hombre de estos conflictos primitivos entre la voluntad egoísta y la voluntad altruista no es siempre confiable. Tan sólo una personalidad relativamente bien unificada puede arbitrar las opiniones multiformes de los deseos del ego y la conciencia social naciente. El yo tiene derechos tanto como los tienen sus prójimos. Ninguno de los dos ha de reclamar exclusivamente la atención y servicio del individuo. La incapacidad de resolver este problema da origen al tipo más primitivo de los sentimientos humanos de culpa.

La felicidad humana se alcanza tan sólo cuando el deseo egoísta del yo y el impulso altruista del yo superior (espíritu divino) están coordinados y reconciliados por la voluntad unificada de la personalidad integrante y supervisora. La mente del hombre evolucionario se enfrenta constantemente con el complejo problema de arbitrar la contienda entre la expansión natural de los impulsos emocionales y el crecimiento moral de los impulsos altruistas predicados en el discernimiento espiritual —la reflexion religiosa genuina.

El intento de asegurar un bien equivalente para el yo y para la mayor cantidad de otros yoes presenta un problema que no siempre puede ser resuelto satisfactoriamente dentro de un marco espacio-temporal. En una vida eterna, estos antagonismos pueden ser solucionados, pero en la corta vida humana es imposible solucionarlos. Jesús se refirió a dicha paradoja cuando dijo: «El que salve su vida la perderá, pero el que pierda su vida en nombre del reino, la hallará».

El perseguimiento del ideal —la lucha por ser semejante a Dios— es un esfuerzo continuo antes y después de la muerte. La vida después de la muerte no es esencialmente distinta de la existencia mortal. Todo lo bueno que hagamos en esta vida contribuye directamente al enaltecimiento de la vida futura. La religión real no fomenta la indolencia moral ni la pereza espiritual al alentar la vana esperanza de recibir todas las virtudes de un carácter noble como resultado de cruzar las puertas de la muerte natural. La verdadera religión no menosprecia el esfuerzo humano por progresar durante el contrato mortal de la vida. Todo logro mortal es una contribución directa al enriquecimiento de las primeras etapas de la experiencia de supervivencia inmortal.

Es fatal para el idealismo del hombre que se le enseñe que todos sus impulsos altruistas son meramente el desarrollo de sus instintos gregarios naturales. Pero se encuentra ennoblecido y poderosamente energizado cuando aprende que estos impulsos superiores de su alma emanan de las fuerzas espirituales que residen en su mente mortal.

Eleva al hombre por encima y más allá de sí mismo el comprender plenamente que dentro de él vive y afana algo que es eterno y divino. Y así pues una fe viva en el origen superhumano de nuestros ideales valida nuestra creencia de que somos los hijos de Dios y hace reales nuestras convicciones altruistas, los sentimientos de la hermandad del hombre.

El hombre, en su dominio espiritual, verdaderamente tiene una voluntad libre. El hombre mortal no es un esclavo desamparado de la soberanía inflexible de un Dios todopoderoso ni la víctima de una fatalidad sin esperanzas dentro de un determinismo mecanicista cósmico. El hombre es en verdad el arquitecto de su propio destino eterno.

Pero el hombre no halla la salvación ni se ennoblece por las presiones. El crecimiento espiritual emana desde el interior del alma en evolución. La presión puede deformar la personalidad, pero no estimula jamás el crecimiento. Aún la presión educativa es útil únicamente en forma negativa, en cuanto ayuda a prevenir experiencias desastrosas. El crecimiento espiritual es más grande cuando todas las presiones externas son mínimas. «Donde está el espíritu del Señor, allí hay libertad». El hombre se desarrolla mejor cuando las presiones del hogar, de la comunidad, la iglesia y el estado son menores. Pero esto no se debe interpretar como significando que no haya cabida en la sociedad progresiva para el hogar, las instituciones sociales, la iglesia y el estado.

Una vez que un miembro de un grupo social religioso haya cumplido con los requisitos de dicho grupo, debería ser alentado a disfrutar de libertad religiosa en la expresión plena de su propia interpretación personal de las verdades de la creencia religiosa y los hechos de la experiencia religiosa. La seguridad de un grupo religioso depende de la unidad espiritual, no de la uniformidad teológica. Un grupo religioso debería poder disfrutar de la libertad de pensar libremente, sin tener que volverse «librepensadores». Existe gran esperanza para toda iglesia que adore al Dios vivo, valide la hermandad de los hombres, y se atreva a quitar toda presión de credo de sus integrantes.

6. LA COORDINACIÓN FILOSÓFICA

La teología es el estudio de las acciones y reacciones del espíritu humano; no puede jamás volverse una ciencia, puesto que debe estar siempre combinada más o menos con la psicología en su expresión personal y con la filosofía en su marco sistemático. La teología es siempre el estudio de *tu* religión; el estudio de la religión de otros es psicología.

Cuando el hombre se acerca al estudio y al examen de su universo desde *afuera*, da origen a varias ciencias físicas; cuando encara la investigación del yo y del universo desde *adentro*, da origen a la teología y a la metafísica. El arte de la filosofía más reciente se desarrolla en un esfuerzo por armonizar las muchas discrepancias que están destinadas a aparecer al principio entre los hallazgos y enseñanzas de estas dos avenidas diametralmente opuestas de enfoque al universo de las cosas y de los seres.

La religión tiene que ver con el punto de vista espiritual, el conocimiento del *carácter interior* de la experiencia humana. La naturaleza espiritual del hombre le ofrece la oportunidad de volver el universo de afuera hacia adentro. Por lo tanto es verdad que, vista exclusivamente desde el interior de la experiencia de la personalidad, toda creación parece ser espiritual en su naturaleza.

Cuando el hombre inspecciona analíticamente el universo a través de las dotes materiales de sus sentidos físicos y la percepción mental asociada, el cosmos parece ser mecánico y hecho de materia-energía. Dicha técnica de estudiar la realidad consiste en volver el universo de adentro hacia afuera.

Un concepto filosófico lógico y coherente del universo no puede ser construido sobre los postulados ni del materialismo ni del espiritismo, pues ambos sistemas de pensamiento, cuando se los aplica en forma universal, obligan a ver el cosmos en una distorsión, el primero encarando el universo de adentro hacia afuera, el segundo comprendiendo la naturaleza del universo de afuera hacia adentro. Por consiguiente, ni la ciencia ni la religión, podrán jamás por sí mismas, en aislamiento, esperar ganar una comprensión adecuada de las verdades universales y de sus relaciones, sin la guía de la filosofía humana y el esclarecimiento de la revelación divina.

El espíritu interior del hombre debe depender siempre para su expresión y autorrealización del mecanismo y técnica de la mente. Del mismo modo, la experiencia exterior del hombre con la realidad material debe fundarse en la conciencia mental de la personalidad que la experimenta. Por lo tanto, las experiencias humanas espirituales y materiales —interiores y exteriores— están siempre correlacionadas con la función de la mente y condicionadas, en cuanto a su comprensión consciente, por la actividad de la mente. El hombre experimenta la materia en su mente; experimenta la realidad espiritual en el alma, pero se hace consciente de esta experiencia en la mente. El intelecto es el armonizador, el condicionador y calificador constante de la suma total de la experiencia mortal. Tanto las cosas-energía como los valores espirituales están coloreados por su interpretación a través del medio mental de la conciencia.

Vuestra dificultad para llegar a una coordinación más armoniosa entre la ciencia y la religión se debe a vuestra total ignorancia de la existencia intermedia del reino del mundo morontial de cosas y seres. El universo local consiste en tres grados, o etapas, de manifestación de la realidad: materia, morontia y espíritu. El ángulo morontial de enfoque borra toda divergencia entre los hallazgos de las ciencias físicas y el funcionamiento del espíritu de la religión. La razón es la técnica de comprensión de las ciencias; la fe es la técnica de discernimiento de la religión. Mota es la técnica del nivel morontial. Mota es una sensibilidad supermaterial a la realidad que está comenzando a compensar el crecimiento incompleto, y su sustancia es el conocimiento-razón y su esencia la fe-discernimiento. Mota es una reconciliación superfilosófica de la percepción divergente de la realidad que no es obtenible para las personalidades materiales; está basada en parte sobre la experiencia de haber sobrevivido la vida material en la carne. Pero muchos mortales han reconocido que es deseable tener algún método de reconciliación de la interrelación entre los vastamente separados dominios de la ciencia y la religión; y la metafísica es el resultado del vano intento del hombre por salvar este abismo bien reconocido. Pero la metafísica humana ha demostrado ser más desconcertante que esclarecedora. La metafísica representa un esfuerzo bien intencionado pero fútil del hombre por compensar la ausencia de la mota de morontia.

La metafísica ha resultado ser un fracaso; la mota, el hombre no puede percibirla. La revelación es la única técnica que puede compensar por la ausencia de la sensibilidad a la verdad de mota en un mundo material. La revelación aclara en forma determinada la mezcla de metafísica desarrollada por la razón en una esfera evolucionaria.

La ciencia es el intento del hombre de estudiar su medio ambiente físico, el mundo de la energía-materia; la religión es la experiencia del hombre con el cosmos de los valores espirituales; la filosofía ha sido desarrollada por el esfuerzo de la mente del hombre para organizar y correlacionar los hallazgos de estos conceptos vastamente separados en algo que se parezca a una actitud razonable y unificada hacia el cosmos.

La filosofía, aclarada por la revelación, funciona aceptablemente en ausencia de mota, y cuando la metafísica, que la razón del hombre ha creado en sustituto de mota, se derrumba y fracasa.

El hombre primitivo no diferenciaba entre el nivel energético y el nivel espiritual. Fueron la raza violeta y sus sucesores anditas quienes en primer término intentaron divorciar lo matemático de lo volicional. Cada vez más el hombre civilizado ha seguido los pasos de los primeros griegos y sumerios, quienes distinguieron entre lo inanimado y lo animado. A medida que la civilización progresa, la filosofía tendrá que arrojar puentes sobre los abismos cada vez más grandes entre el concepto del espíritu y el concepto de la energía. Pero en el tiempo del espacio estas divergencias son una en el Supremo.

La ciencia siempre debe basarse en la razón, aunque la imaginación y la conjetura son útiles en la extensión de sus límites. La religión depende para siempre de la fe, aunque la razón sea una influencia estabilizadora y una asistenta útil. Siempre ha habido, y siempre habrá, interpretaciones confusas de los fenómenos tanto del mundo natural como del mundo espiritual, ciencias y religiones falsamente llamadas así.

Basado en su comprensión incompleta de la ciencia, su leve captación de la religión, y sus intentos abortivos en cuanto a la metafísica, el hombre ha intentado construir sus formulaciones de filosofía. El hombre moderno verdaderamente construiría una filosofía valiosa y atractiva de sí mismo y de su universo si no fuese por la ruptura de su conexión metafísica importantísima e indispensable entre los mundos de la materia y del espíritu, el fracaso de la metafísica para tender un puente sobre el abismo morontial entre lo físico y lo espiritual. El hombre mortal no tiene el concepto de mente y materia morontiales, y la *revelación* es la única técnica para restaurar esta deficiencia en los datos conceptuales que el hombre tan urgentemente necesita para poder construir una filosofía lógica del universo y llegar a una comprensión satisfactoria de su lugar seguro y establecido en ese universo.

La revelación es la única esperanza del hombre evolucionario por tender un puente sobre el abismo morontial. La fe y la razón, sin ayuda de mota, no pueden concebir ni construir un universo lógico. Sin la visión de mota, el hombre mortal no puede discernir la bondad, el amor y la verdad en los fenómenos del mundo material.

Cuando la filosofía del hombre se inclina intensamente hacia el mundo de la materia, se vuelve racionalista o *naturalista*. Cuando la filosofía se inclina particularmente hacia el nivel espiritual, se vuelve *idealista* o aun mística. Cuando la filosofía es tan desafortunada como para inclinarse hacia la metafísica, infaliblemente se vuelve *escéptica*, confusa. En eras pasadas, la mayor parte del conocimiento del hombre y de sus evaluaciones intelectuales ha caído en una de estas tres distorsiones de percepción. La filosofía no se atreve a proyectar sus interpretaciones de la realidad en la forma lineal de la lógica; no debe fallar nunca en tomar en cuenta la simetría elíptica de la realidad y la curvatura esencial de todos los conceptos de relación.

La filosofía más elevada obtenible por el hombre mortal debe estar basada lógicamente en la razón de la ciencia, la fe de la religión, y el discernimiento de la verdad ofrecido por la revelación. Mediante esta unión el hombre puede compensar de algún modo su fracaso en desarrollar una metafísica adecuada y por su incapacidad para comprender la mota de morontia.

7. LA CIENCIA Y LA RELIGIÓN

La ciencia está sostenida por la razón, la religión por la fe. La fe, aunque no esté basada en la razón, es razonable; aunque independiente de la lógica, está sin embargo alentada por una lógica sólida. La fe no puede ser alimentada ni siquiera por una filosofía ideal; en efecto es, con la ciencia, la fuente misma de dicha filosofía. La fe, el discernimiento religioso humano, tan sólo puede ser instruida en forma segura por la revelación, puede ser seguramente elevada tan sólo por la experiencia mortal personal con la presencia espiritual Ajustadora del Dios que es espíritu.

La verdadera salvación es la técnica de la evolución divina de la mente mortal desde la identificación con la materia, a través de los dominios del vínculo morontial, al elevado estado universal de la correlación espiritual. Así como el instinto intuitivo material precede a la aparición del conocimiento razonado en la evolución terrestre, también la manifestación del discernimiento intuitivo espiritual presagia la aparición posterior de la razón y experiencia morontiales y espirituales en el programa excelso de la evolución celestial, el asunto de transmutar los potenciales del hombre temporal en la actualidad y divinidad del hombre eterno, un finalista en el Paraíso.

Pero a medida que el hombre ascendente se acerca interiormente y hacia el Paraíso buscando la experiencia con Dios, del mismo modo se acercará hacia afuera y hacia el espacio buscando la comprensión energética del cosmos material. La progresión de la ciencia no está limitada a la vida terrestre del hombre. Su experiencia de ascensión en el universo y en el superuniverso será en buena parte el estudio de la transmutación de la energía y de la metamorfosis de la materia. Dios es espíritu, pero Deidad es unidad, y la unidad de la Deidad comprende no sólo los valores espirituales del Padre Universal y del Hijo Eterno sino que también conoce los hechos energéticos del Controlador Universal y de la Isla del Paraíso, mientras que estas dos fases de la realidad universal están perfectamente correlacionadas en las relaciones mentales del Actor Conjunto y unificadas en el nivel finito en la Deidad surgente del Ser Supremo.

La unión de la actitud científica y el discernimiento religioso por la mediación de la filosofía experiencial es parte de la experiencia del hombre en su larga ascensión al Paraíso. Las aproximaciones de las matemáticas y las certezas del discernimiento siempre requerirán la función armonizadora de lógica mental en todos los niveles de la experiencia antes del logro máximo del Supremo.

Pero la lógica jamás podrá conseguir armonizar los hallazgos de la ciencia y los discernimientos de la religión a menos que tanto el aspecto científico como el religioso de una personalidad estén dominados por la verdad, sinceramente deseosos de seguir la verdad adondequiera que los conduzca sin preocuparse por las conclusiones que puedan derivar.

La lógica es la técnica de la filosofía, su método de expresión. Dentro del dominio de la verdadera ciencia, la razón puede responder siempre a la lógica genuina; dentro del dominio de la verdadera religión, la fe es siempre lógica desde la base del punto de vista interior, aunque dicha fe pueda parecer sin fundamentos desde el punto de vista interior del planteamiento científico. Desde afuera, mirando hacia adentro, el universo podrá parecer material; desde adentro, mirando hacia afuera, el mismo universo parece totalmente espiritual. La razón nace de la conciencia material, la fe de la conciencia espiritual, pero por la mediación de una filosofía fortalecida por la revelación, la lógica puede confirmar tanto la visión interior como la exterior, realizando de esta manera la estabilización tanto de la ciencia como de la religión. Así, mediante el contacto común con la lógica de la filosofía, tanto la ciencia como la religión se volverán cada vez más tolerantes cada una de la otra, y cada vez menos escépticas.

Lo que tanto la ciencia en desarrollo como la religión necesitan es una mirada más penetrante y una autocrítica sin miedo, una mayor conciencia de la condición incompleta del estado evolucionario. Los maestros tanto de la ciencia como de la religión frecuentemente muestran demasiada autoconfianza y son excesivamente dogmáticos.

La ciencia y la religión tan sólo pueden ser autocríticas de sus *hechos*. En cuanto uno se aleja de la etapa de los hechos, la razón abdica o bien degenera rápidamente en un consorte de lógica falsa.

La verdad —una comprensión de las relaciones cósmicas, de los hechos del universo, y los valores espirituales— puede ser alcanzada mejor a través del ministerio del Espíritu de la Verdad y puede ser criticada mejor por la *revelación*. Pero la revelación no origina ni una ciencia ni una religión; su función consiste en coordinar tanto la ciencia como la religión con la verdad de la realidad. Siempre, en ausencia de revelación o ante su incapacidad de aceptarla o entenderla, el hombre mortal ha recurrido a su fútil gesto de la metafísica, siendo ésa el único sustituto humano de la revelación de la verdad o de la mota de la personalidad morontial.

La ciencia del mundo material permite al hombre controlar, y hasta cierto punto dominar, su ambiente físico. La religión de la experiencia espiritual es la fuente del impulso a la fraternidad que permite a los hombres convivir en las complejidades de la civilización de una era científica. La metafísica, pero más certeramente la revelación, permite un punto de encuentro común para los descubrimientos de la ciencia y de la religión y hace posible el intento humano de correlacionar lógicamente estos dominios separados pero interdependientes del pensamiento en una filosofía bien equilibrada de estabilidad científica y certeza religiosa.

En el estado mortal, nada puede ser probado en forma absoluta; tanto la ciencia como la religión se basan en suposiciones. En el nivel morontial, los postulados tanto de la ciencia como de la religión pueden ser comprobados, parcialmente, por la lógica mota. En el nivel espiritual de estado máximo la necesidad de prueba finita se desvanece gradualmente ante la experiencia real de la realidad y con la misma; pero aun entonces existe mucho, más allá de lo finito, que queda sin comprobar.

Todas las divisiones del pensamiento humano se basan en ciertas suposiciones que se aceptan, aunque no estén comprobadas, mediante una sensibilidad constitutiva a la realidad de la dotación mental del hombre. La ciencia inicia su carrera de razonamiento *suponiendo* la realidad de tres cosas: la materia, el movimiento y la vida. La religión inicia su carrera con la suposición de la validez de tres cosas: la mente, el espíritu y el universo —el Ser Supremo.

La ciencia se vuelve el dominio del pensamiento de las matemáticas, de la energía y de lo material del tiempo en el espacio. La religión intenta tratar no sólo con el espíritu finito y temporal sino también con el espíritu de la eternidad y de la supremacía. Sólo a través de una larga experiencia en mota estos dos extremos de la percepción universal pueden hacer que produzcan interpretaciones análogas de orígenes, funciones, relaciones, realidades y destinos. La armonización máxima de la divergencia energía-espíritu está en el circuito de los Siete Espíritus Rectores; la primera unificación de esta divergencia, en la Deidad del Supremo; su unidad finalista, en la infinidad de la Primera Fuente y Centro, el YO SOY.

La razón es el acto de reconocer las conclusiones de la conciencia en cuanto a la experiencia en el mundo físico de energía y materia y con ese mismo mundo. *La fe* es el acto de reconocer la validez de la conciencia espiritual —algo que no admite otra prueba mortal. *La lógica* es la progresión sintética de la búsqueda de la verdad de la unidad de la fe y la razón y está fundada en las dotes constitutivas de la mente de los seres mortales, el reconocimiento innato de cosas, significados y valores.

Existe una verdadera prueba de realidad espiritual en la presencia del Ajustador del Pensamiento, pero la validez de esta presencia no es demostrable al mundo exterior sino sólo al que así experimenta la residencia de Dios. La conciencia del

Ajustador se basa en la recepción intelectual de la verdad, la percepción supermental de la bondad, y la motivación de la personalidad al amor.

La ciencia descubre el mundo material, la religión lo evalúa, y la filosofía intenta interpretar sus significados mientras coordina el punto de vista material científico con el concepto religioso espiritual. Pero la historia es el dominio en el que la ciencia y la religión tal vez no lleguen nunca a concordar totalmente.

8. LA FILOSOFÍA Y LA RELIGIÓN

Aunque tanto la ciencia como la filosofía pueden suponer la probabilidad de Dios mediante su razón y lógica, sólo la experiencia religiosa personal de un hombre conducido por el espíritu puede afirmar la certeza de dicha Deidad suprema y personal. Mediante la técnica de tal encarnación de la verdad viva, la hipótesis filosófica de la probabilidad de Dios se vuelve una realidad religiosa.

La confusión sobre la experiencia de la certidumbre de Dios surge de las interpretaciones y relaciones poco similares de esa experiencia por parte de los distintos individuos y de las diversas razas de los hombres. La experiencia de Dios puede ser totalmente válida, pero la disertación *sobre* Dios, siendo intelectual y filosófica, es divergente y a menudo confusamente falaz.

Un hombre bueno y noble puede estar totalmente enamorado de su esposa pero ser completamente incapaz de pasar en forma satisfactoria un examen escrito sobre la psicología del amor conyugal. Otro hombre, con muy poco amor o ninguno por su esposa, puede pasar el mismo examen aceptablemente. La imperfección del discernimiento del amante en la verdadera naturaleza del ser amado no invalida en lo más mínimo la realidad o la sinceridad de su amor.

Si crees sinceramente en Dios —por la fe lo conoces y lo amas— no permitas que la realidad de dicha experiencia sea de ninguna manera disminuida o substraída por las insinuaciones dudosas de la ciencia, las especulaciones de la lógica, los postulados de la filosofía, o las astutas sugerencias de almas bien intencionadas que quieren crear una religión sin Dios.

La certidumbre del religionista que conoce a Dios no debería ser alterada por la incertidumbre del materialista incrédulo; por el contrario, la incertidumbre del no creyente debería ser poderosamente desafiada por la profunda fe y la certidumbre inconmovible del creyente experiencial.

La filosofía, para servir mejor a la ciencia y la religión, debe evitar los extremos tanto del materialismo como del panteísmo. Sólo una filosofía que reconozca la realidad de la personalidad —la permanencia en la presencia del cambio— puede ser de valor moral para el hombre, puede servir de enlace entre las teorías de la ciencia material y de la religión espiritual. La revelación es la compensación de la fragilidad de la filosofía en evolución.

9. LA ESENCIA DE LA RELIGIÓN

La teología trata del contenido intelectual de la religión, la metafísica (revelación) de los aspectos filosóficos. La experiencia religiosa es el contenido espiritual de la religión. A pesar de los caprichos mitológicos y de las ilusiones psicológicas del contenido intelectual de la religión, las suposiciones metafísicas erróneas y las técnicas de autoengaño, las distorsiones políticas y las perversiones socioeconómicas del contenido filosófico de la religión, la experiencia espiritual de la religión personal permanece genuina y válida.

La religión tiene que ver con el sentimiento, la actuación, y el vivir, no meramente con el pensar. El proceso de pensar está más estrechamente vinculado con la vida material y debería ser dominado en su mayor parte, pero no totalmente, por la razón y los hechos de la ciencia y, en sus alcances no materiales hacia los dominios espirituales, por la verdad. Aunque la propia teología sea ilusoria y errónea, la propia religión puede ser totalmente genuina y eternamente verdadera.

El budismo en su forma original es una de las mejores religiones sin Dios que hayan surgido a lo largo de la historia evolucionaria de Urantia, aunque, en la forma en que esta fe se desarrolló, no permaneció sin Dios. La religión sin fe es una contradicción; sin Dios, una contradicción filosófica y un absurdo intelectual.

La paternidad mágica y mitológica de la religión natural no invalida la realidad y verdad de las religiones revelatorias posteriores y el profundo evangelio salvador de la religión de Jesús. La vida de Jesús y sus enseñanzas finalmente libraron a la religión de las supersticiones de la magia, las ilusiones de la mitología, y la esclavitud del dogmatismo tradicional. Pero esta primitiva magia y mitología prepararon efectivamente el terreno para una religión superior y más reciente, suponiendo la existencia y realidad de valores y seres supermateriales.

Aunque la experiencia religiosa es un fenómeno subjetivo puramente espiritual, dicha experiencia comprende una actitud positiva y de fe viviente hacia los más altos dominios de la realidad objetiva del universo. El ideal de la filosofía religiosa es tal fe-confianza que pueda conducir al hombre a depender sin condiciones del amor absoluto del Padre Infinito del universo de los universos. Tal experiencia religiosa genuina trasciende en mucho la objetivación filosófica del deseo idealista; en efecto, toma a la salvación como cosa normal y se preocupa tan sólo por aprender y hacer la voluntad del Padre en el Paraíso. Las marcas de dicha religión son: fe en una Deidad suprema, esperanza de supervivencia eterna, y amor, especialmente hacia el prójimo.

Cuando la teología domina la religión, la religión muere; se torna una doctrina en vez de una vida. La misión de la teología consiste meramente en facilitar la autoconciencia de la experiencia personal espiritual. La teología constituye el esfuerzo religioso de definir, aclarar, exponer y justificar las declaraciones experienciales de la religión que, en último análisis, tan sólo pueden ser validadas por la fe viviente. En la filosofía más elevada del universo, la sabiduría, como la razón, se alía a la fe. La razón, la sabiduría y la fe son los logros más elevados del hombre. La razón lleva al hombre al mundo de los hechos, de las cosas; la sabiduría le presenta el mundo de la verdad, de las relaciones; la fe le abre la puerta al mundo de la divinidad, la experiencia espiritual.

La fe lleva voluntariamente a la razón hasta donde ésta puede llegar, y luego sigue con la sabiduría hasta el límite filosófico total; finalmente se atreve a lanzarse en un viaje universal sin límites ni fin acompañada tan sólo por la VERDAD.

La ciencia (el conocimiento) se funda en la suposición inherente (espíritu ayudante) de que la razón es válida, de que el universo puede ser comprendido. La filosofía (comprensión coordinada) se funda en la suposición inherente (espíritu de sabiduría) de que la sabiduría es válida, de que el universo material puede ser coordinado con el espiritual. La religión (la verdad de la experiencia espiritual personal) se funda en la suposición inherente (Ajustador del Pensamiento) de que la fe es válida, de que Dios puede ser conocido y alcanzado.

La plena realización de la realidad de la vida mortal consiste en un deseo progresivo de creer en estas suposiciones de la razón, la sabiduría y la fe. Dicha vida está motivada por la verdad y dominada por el amor; y estos son los ideales de realidad cósmica objetiva cuya existencia no puede ser demostrada en forma material.

Cuando la razón reconoce el bien y el mal, exhibe sabiduría; cuando la sabiduría elige entre el bien y el mal, entre la verdad y el error, demuestra ser guiada por el espíritu. Y de esta manera las funciones de la mente, el alma y el espíritu están unidas estrechamente por siempre y funcionalmente interasociadas. La razón trata del conocimiento de los hechos; la sabiduría, de la filosofía y la revelación; la fe, de la experiencia espiritual viva. Mediante la verdad, el hombre alcanza la belleza y mediante el amor espiritual, asciende a la bondad.

La fe conduce a conocer a Dios, no meramente a un sentimiento místico de la presencia divina. La fe no debe estar influida excesivamente por sus consecuencias emotivas. La verdadera religión es una experiencia de creencia y conocimiento así como también una satisfacción de sentimiento.

Existe una realidad en la experiencia religiosa que es proporcional al contenido espiritual, y dicha realidad trasciende la razón, la ciencia, la filosofía, la sabiduría y todos los demás logros humanos. Las convicciones de dicha experiencia son inatacables; la lógica del vivir religioso es incontrovertible; la certidumbre de dicho conocimiento es superhumana; las satisfacciones son soberbiamente divinas, la valentía indomitable, las devociones incuestionables, las lealtades supremas, y los destinos finales —eternos, últimos y universales.

[Presentado por un Melquisedek de Nebadon.]

DOCUMENTO 104

EL CRECIMIENTO DEL CONCEPTO DE LA TRINIDAD

NO SE debe confundir el concepto de la Trinidad de la religión revelada con las creencias en las triadas de las religiones evolucionarias. Las ideas de las triadas surgieron de muchas relaciones sugestivas pero principalmente debido a las tres articulaciones de los dedos, y porque era necesario un mínimo de tres patas para estabilizar un taburete, porque tres puntos de apoyo podían sostener una tienda; además, el hombre primitivo por mucho tiempo no sabía contar más allá de tres.

Aparte de ciertas parejas naturales, tales como el pasado y el presente, el día y la noche, el calor y el frío, lo masculino y lo femenino, el hombre generalmente tiende a pensar en triadas: ayer, hoy y mañana; amanecer, mediodía y atardecer; padre, madre e hijo. Se aplaude tres veces al victorioso. Los muertos se entierran al tercer día, y el fantasma se aplaca mediante tres abluciones de agua.

Como consecuencia de estas asociaciones naturales en la experiencia humana, la triada apareció en la religión, mucho antes de que fueran reveladas a la humanidad la Trinidad Paradisiaca de Deidades, o aun alguna de sus representantes. Más adelante, los persas, hindúes, griegos, egipcios, babilonios, romanos y escandinavos todos tuvieron dioses en triadas, pero éstos aún no eran verdaderas trinidades. Las deidades en triadas tuvieron todas un origen natural y han aparecido en algún momento u otro entre la mayoría de los pueblos inteligentes de Urantia. A veces el concepto de una triada evolucionaria se ha mezclado con el de la Trinidad revelada; en estos casos es frecuentemente imposible distinguir la una de la otra.

1. LOS CONCEPTOS URANTIANOS DE LA TRINIDAD

La primera revelación en Urantia que conducía a la comprensión de la Trinidad del Paraíso provino del séquito del Príncipe Caligastia alrededor de medio millón de años atrás. Este primer concepto de la Trinidad se perdió para el mundo en los tiempos borrascosos que siguieron a la rebelión planetaria.

La segunda presentación de la Trinidad fue la de Adán y Eva en el primero y segundo jardines. Estas enseñanzas no se habían borrado completamente ni siquiera en los tiempos de Maquiventa Melquisedek, alrededor de treinta y cinco mil años más tarde, porque el concepto de la Trinidad de los setitas persistió en la Mesopotamia y en Egipto pero más específicamente en la India, donde fue perpetuado largamente en Agni, el dios védico del fuego con tres cabezas.

La tercera presentación de la Trinidad fue realizada por Maquiventa Melquisedek, y se simbolizaba esta doctrina con los tres círculos concéntricos que el sabio de Salem lucía en su pecho. Pero Maquiventa descubrió que era muy difícil enseñar a los beduinos palestinos sobre el Padre Universal, el Hijo Eterno y el Espíritu Infinito. La mayor parte de sus discípulos pensaban que la Trinidad consistía en los tres Altísimos de Norlatiadek; unos pocos concibieron la Trinidad como el Soberano del Sistema, el Padre de la Constelación y la Deidad Creadora del universo local; aun menos entre ellos captaron en forma muy remota la idea de la asociación en el Paraíso del Padre, el Hijo y el Espíritu.

A través de las actividades de los misioneros salemitas, las enseñanzas de Melquisedek sobre la Trinidad paulatinamente se difundieron bastante por Eurasia y el norte de África. Frecuentemente es difícil distinguir entre las triadas y las trinidades en las edades más recientes de los anditas y post-Melquisedek, épocas en las cuales ambos conceptos hasta cierto punto se entremezclaron y conglutinaron.

Entre los hindúes el concepto trinitario se arraigó como Ser, Inteligencia y Felicidad. (Un concepto indio posterior fue el de Brahma, Siva y Vishnu.) Aunque las primeras presentaciones de la Trinidad fueron llevadas a la India por los sacerdotes setitas, las ideas más recientes de la Trinidad fueron importadas por los misioneros salemitas y desarrolladas por los intelectos nativos de la India a través de un compuesto de estas doctrinas con los conceptos evolucionarios de la triada.

La fe budista desarrolló dos doctrinas de naturaleza trinitaria: la primera fue Maestro, Ley y Hermandad. Ésa fue la presentación hecha por Gautama Siddharta. La idea más reciente, que se desarrolló en la rama septentrional de los seguidores de Buda, comprendía al Señor Supremo, al Espíritu Santo y al Salvador Encarnado.

Estas ideas de los hindúes y budistas eran verdaderos postulados trinitarios, o sea, la idea de la manifestación triple de un Dios monoteísta. La verdadera concepción de la trinidad no es simplemente el agrupamiento de tres dioses separados.

Los hebreos conocían sobre la Trinidad de las tradiciones ceneas de los días de Melquisedek, pero su ardor monoteísta por el Dios único, Yahvé, había eclipsado estas enseñanzas de tal manera que al tiempo de la aparición de Jesús la doctrina Elohim se había prácticamente desarraigado de la teología judía. La mente hebrea no podía reconciliar el concepto trinitario con la creencia monoteísta en el Señor Único, el Dios de Israel.

Los seguidores de la fe islámica del mismo modo fueron incapaces de captar la idea de la Trinidad. Es siempre difícil para un monoteísmo emergente tolerar el trinitarismo cuando se enfrenta con el politeísmo. La idea de trinidad se arraiga mejor en aquellas religiones que poseen una tradición monoteísta firme combinada con flexibilidad doctrinal. Los grandes monoteístas, los hebreos y los mahometanos, encontraban difícil distinguir entre la adoración de tres dioses, politeísmo, y el trinitarismo, la adoración de una Deidad que existe en una manifestación triuna de divinidad y personalidad.

Jesús enseñó a sus apóstoles la verdad sobre las personas de la Trinidad del Paraíso, pero pensaron que les hablaba figurativa y simbólicamente. Habiendo sido alimentados en el monoteísmo hebraico, les resultaba difícil mantener una creencia que parecía estar en conflicto con su concepto dominante de Yahvé. Y los cristianos primitivos heredaron el prejuicio hebraico contra el concepto de la Trinidad.

La primera Trinidad del cristianismo fue proclamada en Antioquía y consistía en Dios, su Verbo y su Sabiduría. Pablo sabía de la Trinidad del Paraíso de Padre, Hijo y Espíritu, pero rara vez lo predicó y rara vez hizo mención de ello excepto en algunas de sus epístolas a las iglesias que se estaban formando. Además, así como hicieron los demás apóstoles, Pablo confundió a Jesús, el Hijo Creador del universo local, con la Segunda Persona de la Deidad, el Hijo Eterno del Paraíso.

El concepto cristiano de la Trinidad, que comenzó a ganar reconocimiento hacia fines del primer siglo después de Cristo, comprendía el Padre Universal, el Hijo

Creador de Nebadon y la Ministra Divina de Salvington —Espíritu Materno del universo local y consorte creativa del Hijo Creador.

Desde los tiempos de Jesús no se ha conocido en Urantia la identidad factual de la Trinidad del Paraíso (excepto por parte de unos pocos individuos a quienes esto les fue específicamente revelado) hasta su presentación en estas declaraciones revelatorias. Pero aunque el concepto cristiano de la Trinidad erró de hecho, era prácticamente verdadero respecto de las interrelaciones espirituales. Sólo en sus implicaciones filosóficas y consecuencias cosmológicas sufrió desconcierto este concepto: ha sido difícil para muchos de mente cósmica creer que la Segunda Persona de la Deidad, el segundo miembro de la infinita Trinidad, se hallaba una vez en Urantia; y aunque en espíritu esto es verdad, en la realidad no es un hecho. Los Creadores Micael incorporan plenamente la divinidad del Hijo Eterno, pero no son la personalidad absoluta.

2. LA UNIDAD DE LA TRINIDAD Y LA PLURALIDAD DE LA DEIDAD

El monoteísmo surgió como protesta filosófica contra la incoherencia del politeísmo. Se desarrolló primero a través de organizaciones tipo panteón con la departamentalización de las actividades supernaturales, luego a través de la exaltación henoteísta de un solo dios por encima de muchos, y finalmente hasta excluir a todos excepto al Dios Único de valor final.

El trinitarismo surge de la protesta experiencial contra la imposibilidad de concebir la calidad única de una Deidad desantropomorfizada solitaria, de significado universal sin relaciones. Con tiempo suficiente, la filosofía tiende a abstraer las cualidades personales del concepto de la Deidad del monoteísmo puro, reduciendo así esta idea de un Dios no relacionado al estado de un Absoluto panteísta. Siempre ha sido difícil comprender la naturaleza personal de un Dios que no tiene relaciones personales de igualdad con otros seres personales coordinados. La personalidad en la Deidad exige que dicha Deidad exista en relación con otra Deidad personal e igual.

A través del reconocimiento del concepto de la Trinidad la mente del hombre puede esperar captar algo de la interrelación de amor y ley en las creaciones espaciotemporales. A través de la fe espiritual el hombre alcanza el discernimiento del amor de Dios, pero pronto descubre que esta fe espiritual no tiene influencia sobre las leyes ordenadas del universo material. Aunque la creencia del hombre en Dios como Padre del Paraíso sea sumamente firme, los horizontes cósmicos en expansión exigen que también reconozca la realidad de la Deidad del Paraíso como ley universal, que reconozca la soberanía de la Trinidad que se extiende hacia afuera desde el Paraíso y que eclipsa aun los universos locales evolutivos de los Hijos Creadores y de las Hijas Creativas de las tres personas eternas cuya unión de deidad es el hecho y realidad e indivisibilidad eterna de la Trinidad del Paraíso.

Y esta misma Trinidad del Paraíso es una entidad real —no una personalidad pero sin embargo una realidad verdadera y absoluta; no una personalidad pero sin embargo compatible con personalidades co-existentes —las personalidades del Padre, el Hijo y el Espíritu. La Trinidad es una realidad de Deidad supersumativa que se eventúa de la conjunción de las tres Deidades del Paraíso. Las cualidades, características y funciones de la Trinidad, no son la simple suma de los atributos de las tres Deidades del Paraíso; las funciones de la Trinidad son algo único, original y no totalmente previsible a partir del análisis de los atributos del Padre, el Hijo y el Espíritu.

Por ejemplo: El Maestro, cuando estaba en la tierra, enseñó a sus seguidores que la justicia no es nunca una acción *personal*; es siempre una función de *grupo*. Tampoco los Dioses, como personas administran la justicia. Pero sí cumplen con esta misma función como un todo colectivo, como la Trinidad del Paraíso.

La comprensión conceptual de la asociación de la Trinidad de Padre, Hijo y Espíritu prepara a la mente humana para la presentación ulterior de ciertas otras relaciones triples. La razón teológica puede satisfacerse plenamente mediante el concepto de la Trinidad del Paraíso, pero la razón filosófica y cosmológica exigen el reconocimiento de otras asociaciones triunas de la Primera Fuente y Centro, aquellas triunidades en las que el Infinito funciona en varias ocupaciones no-Padre de manifestación universal —las relaciones del Dios de la fuerza, la energía, el poder, la causación, la reacción, la potencialidad, la actualidad, la gravedad, la tensión, el modelo, el principio y la unidad.

3. LAS TRINIDADES Y LAS TRIUNIDADES

Aunque la humanidad de cuando en cuando ha captado cierta comprensión de la Trinidad de las tres personas de la Deidad, la uniformidad exige que el intelecto humano perciba que hay ciertas relaciones entre los siete Absolutos. Pero todo lo que es verdad respecto de la Trinidad del Paraíso no es necesariamente verdad de una *triunidad*, porque una triunidad es algo distinto de una trinidad. En ciertos aspectos funcionales una triunidad puede ser análoga a una trinidad, pero no es nunca homóloga en su naturaleza a una trinidad.

En Urantia el hombre mortal está pasando por una gran era de horizontes en expansión y conceptos en ampliación, y su filosofía cósmica debe acelerar en su evolución para mantenerse al ritmo de la expansión de la arena intelectual del pensamiento humano. A medida que la conciencia cósmica del hombre mortal se expande, éste percibe la interrelación de todo lo que encuentra en su ciencia material, filosofía intelectual y discernimiento espiritual. Sin embargo, a pesar de toda esta creencia en la unidad del cosmos, el hombre percibe la diversidad de toda existencia. A pesar de todos los conceptos que conciernen la inmutabilidad de la Deidad, el hombre percibe que vive en un universo de cambio constante y crecimiento experiencial. Aparte de la comprensión de la supervivencia de los valores espirituales, el hombre tiene que tomar en cuenta constantemente las matemáticas y prematemáticas de la fuerza, la energía y el poder.

De alguna manera la eterna plenitud de la infinidad debe ser reconciliada con el crecimiento temporal de los universos en evolución y con la condición incompleta de los habitantes experienciales de los mismos. En cierto modo el concepto de la infintud total debe ser segmentado y cualificado de manera tal que el intelecto mortal y el alma morontial puedan aferrar este concepto de valor final y significado espiritualizador.

Aunque la razón exige una unidad monoteísta de realidad cósmica, la experiencia finita requiere el postulado de Absolutos plurales y de su coordinación en las interrelaciones cósmicas. Sin existencias coordinadas no hay posibilidad de aparición de diversidad de relaciones absolutas, no hay posibilidad para la operación de diferenciales, variables, modificadores, atenuadores, cualificadores y disminuidores.

En estos documentos la realidad total (infinidad) ha sido presentada como existe en los siete Absolutos:

1. El Padre Universal.
2. El Hijo Eterno.
3. El Espíritu Infinito.

4. La Isla del Paraíso.
5. El Absoluto de Deidad.
6. El Absoluto Universal.
7. El Absoluto No Cualificado.

La Primera Fuente y Centro, que es Padre del Hijo Eterno, es también el Modelo de la Isla del Paraíso. Él está no cualificado, en cuanto a la personalidad, en el Hijo, pero está potencializado en cuanto a la personalidad, en el Absoluto de Deidad. El Padre está revelado en cuanto a la energía, el Paraíso-Havona, y al mismo tiempo está oculto en lo que refiere a la energía, el Absoluto No Cualificado. El Infinito es por siempre revelado en las acciones incesantes del Actor Conjunto mientras que está eternamente funcionando en las actividades compensatorias, pero envueltas, del Absoluto Universal. Así pues el Padre está relacionado con los seis Absolutos iguales, y así los siete comprenden el círculo de la infinidad a lo largo de los ciclos interminables de la eternidad.

Parecería que la triunidad de las interrelaciones absolutas fuera inevitable. La personalidad busca la asociación con otras personalidades en un nivel absoluto así como también en todos los otros niveles. Y la asociación de las tres personalidades eterniza la primera triunidad, la unión de personalidad del Padre, del Hijo y del Espíritu. Porque cuando estas tres personas, *como personas*, se reúnen para una función unida, constituyen de esta manera una triunidad de unidad funcional, no una trinidad —una entidad orgánica— pero sin embargo una triunidad, una unanimidad funcional agregada triple.

La Trinidad del Paraíso no es una triunidad; no es una unanimidad funcional; más bien es Deidad individida e indivisible. El Padre, el Hijo y el Espíritu (como personas) pueden tener una relación con la Trinidad del Paraíso, porque la Trinidad *es* su Deidad individida. El Padre, el Hijo y el Espíritu no sostienen tales relaciones personales con la primera triunidad, porque ésa *es* su unión funcional como tres personas. Sólo como la Trinidad —como Deidad individida— mantienen colectivamente una relación externa con la triunidad de su agregación personal.

De este modo la Trinidad del Paraíso es única entre las relaciones absolutas, hay varias triunidades existenciales pero sólo una Trinidad existencial. Una triunidad *no* es una entidad. Es funcional más bien que orgánica. Sus miembros son socios más bien que corporativos. Los componentes de las triunidades pueden ser entidades, pero la triunidad misma es una asociación.

Existe sin embargo un punto de comparación entre la trinidad y la triunidad: ambas emanan en funciones que son algo distinto de la suma discernible de los atributos de los miembros componentes. Pero aunque sean así comparables desde un punto de vista funcional, por lo demás no exhiben ninguna relación categórica. Están groseramente relacionadas como la relación de la función a la estructura. Pero la función de la asociación de triunidad no es la función de la estructura o entidad de trinidad.

Las triunidades son sin embargo reales; muy reales. En ellas está la realidad total funcionalizada, y a través de ellas el Padre Universal ejercita un control inmediato y personal sobre las funciones directivas de la infinidad.

4. LAS SIETE TRIUNIDADES

Al intentar la descripción de las siete triunidades, se dirige la atención al hecho de que el Padre Universal es el miembro primario de cada una de ellas. Él es, era y siempre será: el Primer Padre-Fuente Universal, el Centro Absoluto, la Causa Primaria, el Controlador Universal, el Energizador Ilimitado, la Unidad Original, el Sostenedor No Cualificado, la Primera Persona de la Deidad, el Primer Modelo Cósmico y la Esencia de la Infinidad. El Padre Universal es la causa personal de los Absolutos; él es el absoluto de los Absolutos.

La naturaleza y significado de las siete triunidades pueden ser sugeridas como sigue:

La Primera Triunidad —la triunidad personal-propuesta. Ésta es la agrupación de las tres personalidades de la Deidad:

1. El Padre Universal.
2. El Hijo Eterno.
3. El Espíritu Infinito.

Ésta es la unión triple de amor, misericordia y ministerio —la asociación personal y de propósito-compuesta de las tres personalidades eternas del Paraíso. Ésta es la asociación divinamente fraternal, amante de la criatura, que actúa como un padre, y que promueve la ascensión. Las personalidades divinas de esta primera triunidad son Dioses que otorgan la personalidad, donan el espíritu y dotan a la mente.

Ésta es la triunidad de volición infinita; actúa a lo largo del presente eterno y en todo el flujo de tiempo pasado-presente-futuro. Esta asociación da como fruto la infinidad volitiva y provee los mecanismos por los cuales la Deidad personal se vuelve autorrevelatoria para las criaturas del cosmos evolutivo.

La Segunda Triunidad —la triunidad del poder-modelo, ya se trate de un diminuto ultimatón, una estrella llameante o una nébula en remolino, aun del universo central o de los superuniversos, desde la más pequeña hasta la más grande de las organizaciones materiales, siempre el modelo físico —la configuración cósmica— se deriva de la función de esta triunidad. Esta asociación consiste en:

1. El Padre-Hijo.
2. La Isla del Paraíso.
3. El Actor Conjunto.

Los agentes cósmicos de la Tercera Fuente y Centro organizan la energía; la energía está formada según el modelo del Paraíso, la materialización absoluta; pero detrás de toda esta manipulación incesante está la presencia del Padre-Hijo, cuya unión activó por primero el modelo original del Paraíso en la aparición de Havona, concomitante con el nacimiento del Espíritu Infinito, el Actor Conjunto.

En la experiencia religiosa, las criaturas se ponen en contacto con el Dios que es amor, pero tal discernimiento espiritual no debe eclipsar jamás el reconocimiento inteligente del hecho universal del modelo original que es el Paraíso. Las personalidades del Paraíso involucran la adoración voluntaria de todas las criaturas mediante el poder sobrecogedor del amor divino y conducen a todas estas personalidades nacidas del espíritu a las delicias excelsas del servicio interminable de los hijos finalistas de Dios. La segunda triunidad es el arquitecto del escenario espacial en el cual se desarrollan estas transacciones; ella determina los modelos de la configuración cósmica.

El amor puede caracterizar a la divinidad de la primera triunidad, pero el modelo original es la manifestación galáctica de la segunda triunidad. Lo que la primera triunidad es para las personalidades evolutivas, la segunda triunidad es para los universos evolutivos. El modelo y la personalidad son dos de las grandes manifestaciones de las acciones de la Primera Fuente y Centro; y aunque sea muy difícil de comprender, es sin embargo verdad que el poder-modelo y la persona amante son una y la misma realidad universal; la Isla del Paraíso y el Hijo Eterno son revelaciones iguales pero antípodas de la naturaleza insondable del Padre-Fuerza Universal.

La Tercera Triunidad —la triunidad espíritu-evolucional. La totalidad de la manifestación espiritual tiene su comienzo y su fin en esta asociación, que consiste en:

1. El Padre Universal.
2. El Hijo-Espíritu.
3. El Absoluto de Deidad.

Desde la potencia espiritual hasta el espíritu paradisiaco, todo espíritu encuentra expresión de realidad en esta asociación triuna de la esencia del espíritu puro del Padre, los valores activos de espíritu del Hijo-Espíritu y los potenciales espirituales ilimitados del Absoluto de Deidad. Los valores existenciales del espíritu tienen su génesis primordial, su manifestación completa, y su destino final en esta triunidad.

El Padre existe antes del espíritu; el Hijo-Espíritu funciona como espíritu activo creador; el Absoluto de Deidad existe como espíritu que todo lo abarca, aun más allá del espíritu.

La Cuarta Triunidad —la triunidad de la infinidad energética. Dentro de esta triunidad se eternizan los comienzos y los fines de toda realidad energética, desde la potencia del espacio hasta monota. Este grupo comprende lo siguiente:

1. El Padre-Espíritu.
2. La Isla del Paraíso.
3. El Absoluto No Cualificado.

El Paraíso es el centro de la activación de la fuerza-energía del cosmos —la posición universal de la Primera Fuente y Centro, el punto focal cósmico del Absoluto No Cualificado y la fuente de toda energía. Existencialmente presente dentro de esta triunidad está el potencial de energía del cosmos infinito, del cual el gran universo y el universo maestro son tan sólo manifestaciones parciales.

La cuarta triunidad controla absolutamente las unidades fundamentales de la energía cósmica y las libera del control del Absoluto No Cualificado en proporción directa a la aparición en las Deidades experienciales de capacidad subabsoluta de control y estabilización del cosmos en metamorfosis.

Esta triunidad es fuerza y energía. Las posibilidades sin fin del Absoluto No Cualificado están centradas alrededor del absolutum de la Isla del Paraíso, de la cual emanan las inimaginables agitaciones del estado de reposo por otra parte estático del No Cualificado. Y el latido sin fin del corazón material del Paraíso del cosmos infinito late en armonía con el modelo insondable y el plan misterioso del Energizador Infinito, la Primera Fuente y Centro.

La Quinta Triunidad —la triunidad de la infinidad reactiva. Esta asociación consiste en:

1. El Padre Universal.
2. El Absoluto Universal.
3. El Absoluto No Cualificado.

Esta agrupación produce la eternización de la realización de la infinidad funcional de todo lo que es actualizable dentro de los dominios de la realidad no deidad. Esta triunidad manifiesta una capacidad reactiva ilimitada a las acciones y las presencias volitivas, causativas, tensionales y modelnales de otras triunidades.

La Sexta Triunidad —la triunidad de la Deidad cósmico-asociada. Este grupo consiste en:

1. El Padre Universal.
2. El Absoluto de Deidad.
3. El Absoluto Universal.

Ésta es la asociación de la Deidad en el cosmos, la inmanencia de la Deidad en conjunción con la trascendencia de la Deidad. Éste es el último alcance de la divinidad en los niveles de infinidad hacia aquellas realidades que yacen fuera del dominio de la realidad deificada.

La Séptima Triunidad —la triunidad de la unidad infinita. Ésta es la unidad de infinidad manifiesta funcionalmente en el tiempo y en la eternidad, la unificación coordinada de los actuales y los potenciales. Este grupo consiste en:

1. El Padre Universal.
2. El Actor Conjunto.
3. El Absoluto Universal.

El Actor Conjunto integra universalmente los variables aspectos funcionales de toda la realidad actualizada en todos los niveles de manifestación, desde los finitos a los trascendentales y hasta los absolutos. El Absoluto Universal compensa perfectamente los diferenciales inherentes en los variables aspectos de toda realidad incompleta, desde las potencialidades ilimitadas de la realidad de Deidad activo-volitiva y causativa hasta las posibilidades sin fronteras de la realidad no deidad estática y reactiva en los incomprensibles dominios del Absoluto No Cualificado.

En su funcionamiento en esta triunidad, el Actor Conjunto y el Absoluto Universal responden del mismo modo a las presencias de Deidad y no deidad, así como también lo hace la Primera Fuente y Centro, que en esta relación es para todos los propósitos conceptualmente indiferenciable del YO SOY.

Estas aproximaciones son suficientes para dilucidar el concepto de las triunidades. No conociendo el nivel último de las triunidades, vosotros no podéis comprender plenamente las primeras siete. Aunque no creemos sabio intentar elaboraciones ulteriores, podemos declarar que hay quince asociaciones triunas de la Primera Fuente y Centro, ocho de las cuales no son reveladas en estos documentos. Estas asociaciones no reveladas se refieren a realidades, actualidades y potencialidades que están más allá del nivel experiencial de la supremacía.

Las triunidades son la rueda de equilibrio funcional de la infinidad, la unificación de la unicidad de los Siete Absolutos de Infinidad. Es la presencia existencial de las triunidades la que permite que el Padre-YO SOY experimente la unidad de infinidad funcional a pesar de la diversificación de la infinidad en siete Absolutos. La Primera Fuente y Centro es el miembro unificador de todas las triunidades; en él todas las cosas tienen sus comienzos incondicionados, sus existencias eternas, sus destinos infinitos —«en él consisten todas las cosas».

Aunque estas asociaciones no puedan aumentar la infinidad del Padre-YO SOY, parecen posibilitar las manifestaciones subinfinitas y subabsolutas de su realidad. Las siete triunidades multiplican la versatilidad, eternizan nuevas profundidades, deifican nuevos valores, divulgan nuevas potencialidades, revelan nuevos significados; y todas estas manifestaciones diversificadas en el tiempo y el espacio y en el cosmos eterno son existentes en la estasis hipotética de la infinidad original del YO SOY.

5. LAS TRIODIDADES

Existen ciertas otras relaciones triunas que son de constitución sin Padre, pero no son verdaderas triunidades, y están siempre diferenciadas de las triunidades con Padre. Han sido llamadas variadamente, triunidades asociativas, triunidades coordinadas, y *triodidades*. Son consiguientes a la existencia de las triunidades. Dos de estas asociaciones están constituidas como sigue:

La Triodidad de la Actualidad. Esta triodidad consiste en la interrelación de tres actuales absolutos:

1. El Hijo Eterno.
2. La Isla del Paraíso.
3. El Actor Conjunto.

El Hijo Eterno es el absoluto de la realidad espiritual, la personalidad absoluta. La Isla del Paraíso es el absoluto de la realidad cósmica, el modelo absoluto. El Actor Conjunto es el absoluto de la realidad mental, el coordinado de la realidad espiritual absoluta, y la síntesis existencial de Deidad de la personalidad y poder. Esta asociación triuna eventúa la coordinación de la suma total de la realidad actualizada —de espíritu, cosmica, o de mente. Es no cualificada en actualidad.

La Triodidad de la Potencialidad. Esta triodidad consiste en la asociación de los tres Absolutos de potencialidad:

1. El Absoluto de Deidad.
2. El Absoluto Universal.
3. El Absoluto No Cualificado.

De esta manera están interasociados los depósitos infinitos de toda realidad de energía latente —de espíritu, de mente o cósmica. Esta asociación produce la integración de toda la realidad de energía latente. Es potencialmente infinita.

Las triunidades se ocupan principalmente de la unificación funcional de la infinidad, y las triodidades se preocupan de la aparición cósmica de las Deidades experienciales. Las triunidades se ocupan indirectamente, pero las triodidades se preocupan directamente, por las Deidades experienciales: Suprema, Última y Absoluta. Aparecen en la síntesis emergente de poder-personalidad del Ser Supremo. Y para las criaturas del tiempo y del espacio, el Ser Supremo es una revelación de la unidad del YO SOY.

[Presentado por un Melquisedek de Nebadon.]

DOCUMENTO 105

LA DEIDAD Y LA REALIDAD

AUN para las altas órdenes de inteligencias universales la infinidad es tan sólo parcialmente comprensible, y la finalidad de la realidad es tan sólo relativamente comprensible. La mente humana, al tratar de penetrar la eternidad-misterio del origen y destino de todo lo que se llama *real*, puede encarar el problema en forma útil concibiendo que la eternidad-infinidad es una elipse casi ilimitada producida por una sola causa absoluta, y que funciona en todo este círculo universal de diversificación sin fin, buscando por siempre un potencial de destino absoluto e infinito.

Cuando el intelecto mortal intenta captar el concepto de la totalidad de realidad, esta mente finita se enfrenta con la infinidad-realidad; la totalidad de la realidad es infinidad y por lo tanto no puede ser comprendida jamás en forma plena por una mente cuya capacidad conceptual sea subinfinita.

La mente humana prácticamente no puede formar un concepto adecuado de las existencias de la eternidad, y sin dicha comprensión es imposible presentar aun nuestros conceptos de la totalidad de la realidad. Sin embargo, intentaremos una presentación, aunque tenemos plena conciencia de que nuestros conceptos han de sufrir una profunda distorsión en el proceso de traducción y modificación al nivel de comprensión de la mente humana.

1. EL CONCEPTO FILOSÓFICO DEL YO SOY

Los filósofos de los universos atribuyen la causación primaria absoluta en la infinidad al Padre Universal, que funciona como infinito, eterno y absoluto YO SOY.

Existen muchos elementos de peligro en la presentación al intelecto mortal de esta idea de un infinito YO SOY, puesto que este concepto está tan alejado de la comprensión experiencial humana que ocasiona serias distorsiones de los significados y malentendidos de los valores. Sin embargo, el concepto filosófico del YO SOY proporciona a los seres finitos cierta base para un intento de acercamiento a la comprensión parcial de los orígenes absolutos y de los destinos infinitos. Pero en nuestro intento de elucidar la génesis y fructificación de la realidad, permítasenos aclarar que este concepto del YO SOY es, en todos los significados y valores de la personalidad, sinónimo de la Primera Persona de la Deidad, el Padre Universal de todas las personalidades. Pero este postulado del YO SOY no es muy claramente identificable en los dominios no deificados de la realidad universal.

El YO SOY es el Infinito; el YO SOY es también la infinidad. Desde un punto de vista secuencial, temporal, toda realidad tiene su origen en el infinito YO SOY, cuya solitaria existencia en la eternidad infinita pasada debe ser el principal postulado filosófico de la criatura finita. El concepto del YO SOY connota *infinidad no cualificada*, la realidad no diferenciada de todo lo que podría ser para siempre en toda la eternidad infinita.

Como concepto existencial el YO SOY no es ni deificado ni no deificado, ni actual ni potencial, ni personal ni impersonal, ni estático ni dinámico. No se puede aplicar cualificación alguna al Infinito excepto que podemos decir que el YO SOY *es*. El postulado filosófico del YO SOY es un concepto universal un tanto más difícil de comprender que el del Absoluto No Cualificado.

Para la mente finita ha de haber sencillamente un comienzo, y aunque nunca hubo un verdadero comienzo de la realidad, sin embargo existen ciertas relaciones de fuente que la realidad manifiesta a la infinidad. La situación primordial de eternidad, que representa la prerrealidad, puede pensarse en cierto modo como sigue: en algún momento infinitamente distante, hipotético, en la eternidad pasada, el YO SOY puede ser concebido como cosa y como no cosa, como causa y como efecto, como volición y como respuesta. En este momento hipotético de la eternidad no hay diferencia alguna en toda la infinidad. La infinidad está colmada por el Infinito; el Infinito envuelve la infinidad. Éste es un momento hipotético estático de la eternidad; los actuales aún están contenidos dentro de sus potenciales, y los potenciales aún no han aparecido dentro de la infinidad del YO SOY. Pero aun en esta situación conjetural debemos suponer la existencia de la posibilidad de la autovoluntad.

Recordad siempre que la comprensión humana del Padre Universal es una experiencia personal. Dios, como vuestro Padre espiritual, es comprensible para vosotros y para todos los demás mortales; *pero vuestro concepto adorador experiencial del Padre Universal debe ser siempre menos que vuestro postulado filosófico de la infinidad de la Primera Fuente y Centro, el YO SOY*. Cuando hablamos del Padre, significamos a Dios en la forma en que es comprensible para sus criaturas tanto altas como bajas, pero hay mucho más en la Deidad que no es comprensible para las criaturas del universo. Dios, vuestro Padre y mi Padre, es esa fase del Infinito que percibimos en nuestras personalidades como una realidad actual experiencial, pero el YO SOY permanece por siempre como nuestra hipótesis de todo lo que nosotros creemos que no es conocible de la Primera Fuente y Centro. Aún esa hipótesis probablemente no alcanza a comprender la insondable infinidad de la realidad original.

El universo de los universos, con sus innumerables huestes de personalidades habitantes, es un vasto y complejo organismo, pero la Primera Fuente y Centro es infinitamente más compleja que los universos y personalidades que se han hecho reales en respuesta a sus mandatos volitivos. Cuando admiráis la magnitud del universo maestro, deteneos para considerar que aun esta creación inconcebible no puede ser más que una revelación parcial del Infinito.

La infinidad se encuentra efectivamente remota del nivel experiencial de la comprensión mortal, pero aun en esta era en Urantia vuestros conceptos de la infinidad están creciendo, y continuarán creciendo a lo largo de vuestras carreras sin fin que se extienden hacia adelante en la eternidad futura. La infinidad no cualificada no tiene sentido para la criatura finita, pero la infinidad es capaz de autolimitación y susceptible a la expresión de la realidad para todos los niveles de las existencias universales. Y el rostro que el Infinito ofrece a todas las personalidades del universo es el rostro de un Padre, el Padre Universal del amor.

2. EL YO SOY COMO TRIUNO Y SÉPTUPLE

Al considerar la génesis de la realidad, recordad siempre que toda realidad absoluta viene de la eternidad y no tiene principio de existencia. Cuando hablamos de realidad absoluta, nos referimos a las tres personas existenciales de la Deidad, la Isla del Paraíso, y los tres Absolutos. Estas siete realidades son coordinadamente eternas, aunque nosotros recurramos al lenguaje espacio-temporal en la presentación de sus orígenes secuenciales a los seres humanos.

Al seguir la ilustración cronológica de los orígenes de la realidad, debe haber un momento teórico postulado de «primera» expresión volitiva y «primera» reacción repercusiva dentro del YO SOY. En nuestro intento de describir la génesis y generación de la realidad, esta etapa puede ser concebida como la autodiferenciación de *El Uno Infinito* desde *La Infinitud*, pero la postulación de esta relación dual debe ser ampliada siempre a una concepción triuna mediante el reconocimiento del continuo eterno de *La Infinidad*, el YO SOY.

Esta autometamorfosis del YO SOY culmina en la diferenciación múltiple de la realidad deificada y de la realidad no deificada, de la realidad potencial y actual, y de ciertas otras realidades que difícilmente pueden ser clasificadas de este modo. Estas diferenciaciones del YO SOY monista-teórico están eternamente integradas por interrelaciones simultáneas que surgen dentro del mismo YO SOY —la prerrealidad prepotencial, preactual, prepersonal, monoteísta que, aunque infinita, se revela como absoluta en la presencia de la Primera Fuente y Centro y como personalidad en el amor ilimitado del Padre Universal.

Mediante estas metamorfosis internas el YO SOY está estableciendo la base para una autorrelación séptuple. El concepto filosófico (temporal) del YO SOY solitario y el concepto transicional (temporal) del YO SOY como triuno pueden ser ampliados ahora para abarcar el YO SOY como séptuple. Esta naturaleza séptuple —o de siete fases— puede ser sugerida de la mejor manera en relación con los Siete Absolutos de la Infinidad:

1. *El Padre Universal.* YO SOY padre del Hijo Eterno. Ésta es la relación primaria de personalidad de actualidades. La personalidad absoluta del Hijo hace absoluto el hecho de la paternidad de Dios y establece la filiación potencial de todas las personalidades. Esta relación establece la personalidad del Infinito y consuma su revelación espiritual en la personalidad del Hijo Original. Esta fase del YO SOY se puede experimentar parcialmente en niveles espirituales aun para los mortales que, aunque todavía en la carne, puedan adorar a nuestro Padre.

2. *El Controlador Universal.* YO SOY causa del Paraíso eterno. Ésta es la relación primaria impersonal de las actualidades, la asociación original no espiritual. El Padre Universal es Dios como amor; el Controlador Universal es Dios como modelo original. Esta relación establece el potencial de la forma —configuración— y determina el modelo maestro de las relaciones impersonales y no espirituales —el modelo maestro del cual se hacen todas las copias.

3. *El Creador Universal.* YO SOY uno con el Hijo Eterno. Esta unión del Padre y el Hijo (en la presencia del Paraíso) inicia el ciclo creador, que se consuma en la aparición de la personalidad conjunta y del universo eterno. Desde un punto de vista de un mortal finito, la realidad tiene su verdadero comienzo con la aparición en la eternidad de la creación de Havona. Este acto creador de la Deidad es por Dios de la Acción y a través de él, que es en esencia la unidad del Padre-Hijo manifestada en y para todos los niveles de lo actual. Por lo tanto la creatividad divina se caracteriza infaliblemente por la unidad, y esta unidad es el reflejo exterior de la unicidad absoluta de la dualidad de Padre-Hijo y de la Trinidad de Padre-Hijo-Espíritu.

4. *El Sustentador Infinito.* YO SOY autoasociativo. Ésta es la asociación primordial de los estáticos y los potenciales de la realidad. En esta relación, todos los cualificados y los no cualificados son compensados. Esta fase del YO SOY se comprende mejor como el Absoluto Universal —el unificador del Absoluto de Deidad y el Absoluto No Cualificado.

5. *El Potencial Infinito.* YO SOY autocualificado. Ésta es la marca de la infinidad, testimonio eterno de la autolimitación volitiva del YO SOY en virtud de la cual se alcanzó una autoexpresión y autorrevelación triple. Esta fase del YO SOY usualmente se comprende como el Absoluto de Deidad.

6. *La Capacidad Infinita.* YO SOY estático-reactivo. Ésta es la matriz sin fin, la posibilidad para todas las expansiones cósmicas futuras. Esta fase del YO SOY tal vez se conciba mejor como la presencia supergravedad del Absoluto No Cualificado.

7. *El Uno Universal de la Infinidad.* YO SOY como YO SOY. Ésta es la estasis o autorrelación de la Infinidad, el hecho eterno de la infinidad-realidad y la verdad universal de la realidad-infinidad. Hasta donde esta relación sea discernible como personalidad, se la revela a los universos en el Padre divino de toda personalidad —aun de la personalidad absoluta. Hasta donde esta relación sea expresable impersonalmente, es contactable por parte del universo como la coherencia absoluta de la energía pura y del espíritu puro en la presencia del Padre Universal. Hasta donde esta relación sea concebible como un absoluto, se la revela en la primacía de la Primera Fuente y Centro; en él todos nosotros vivimos y nos movemos y tenemos nuestro ser, desde las criaturas del espacio hasta los ciudadanos del Paraíso; y esto es tan cierto en cuanto al universo maestro como al ultimatón infinitésimal, tan cierto de lo que será como de lo que es y lo que ha sido.

3. LOS SIETE ABSOLUTOS DE LA INFINIDAD

Las siete relaciones primarias dentro del YO SOY se eternizan como los Siete Absolutos de la Infinidad. Pero aunque podamos describir los orígenes de la realidad y la diferenciación de la infinidad mediante una narrativa secuencial, de hecho los Siete Absolutos son no cualificada y coordinadamente eternos. Tal vez sea necesario para la mente mortal concebir sus comienzos, pero este concepto debería ser siempre opacado por la realización de que los siete Absolutos no tuvieron comienzo; son eternos y así lo han sido siempre. Los siete Absolutos son la premisa de la realidad. Han sido descritos en estos documentos como sigue:

1. *La Primera Fuente y Centro.* La Primera Persona de la Deidad y modelo primario de no deidad, Dios, el Padre Universal, creador, controlador y sustentador; amor universal, espíritu eterno y energía infinita; potencial de todos los potenciales y fuente de todos los actuales; estabilidad de toda estática y dinamismo de todo cambio; fuente del modelo original y Padre de las personas. Colectivamente, los siete Absolutos equivalen a la infinidad, pero el Padre Universal es realmente infinito.

2. *La Segunda Fuente y Centro.* La Segunda Persona de la Deidad, el Hijo Eterno y Original; las realidades de personalidad absolutas del YO SOY y la base para la realización-revelación del «YO SOY personalidad». Ninguna personalidad puede tener la esperanza de llegar al Padre Universal excepto a través de su Hijo Eterno; tampoco puede una personalidad lograr niveles espirituales de la existencia aparte de la acción y ayuda de este modelo absoluto para todas las personalidades.

En la Segunda Fuente y Centro el espíritu es no cualificado mientras que la personalidad es absoluta.

3. *El Paraíso la Fuente y Centro*. El segundo modelo no deidad, la eterna Isla del Paraíso; la base para la realización-revelación de «YO SOY fuerza» y los cimientos para el establecimiento del control gravitacionario a través de los universos. En cuanto a toda realidad actualizada, no espiritual, impersonal y no volitiva, el Paraíso es el absoluto de los modelos. Así como la energía espiritual se relaciona con el Padre Universal a través de la personalidad absoluta de la Madre-Hijo, del mismo modo se comprende la energía cósmica en el control gravitacionario de la primera Fuente y Centro mediante el modelo original absoluto de la Isla del Paraíso. El Paraíso no está en el espacio; el espacio existe relativo al Paraíso, y la cronicidad de movimiento está determinada a través de la relación con el Paraíso. La Isla Eterna está absolutamente en reposo; toda otra energía organizada y organizante está en eterno movimiento; en todo el espacio, sólo la presencia del Absoluto No Cualificado está quieta y el No Cualificado es coordinado con el Paraíso. El Paraíso existe en el foco del espacio, el No Cualificado lo satura, y toda existencia relativa tiene su ser dentro de este dominio.

4. *La Tercera Fuente y Centro*. La Tercera Persona de la Deidad, el Actor Conjunto; el integrador infinito de las energías cósmicas del Paraíso con las energías espirituales del Hijo Eterno; el coordinador perfecto de las motivaciones de la voluntad y la mecánica de la fuerza; el unificador de toda realidad actual y actualizante. Mediante las ministraciones de sus múltiples hijos el Espíritu Infinito revela la misericordia del Hijo Eterno mientras que al mismo tiempo funciona como manipulador infinito, por siempre tejiendo el modelo paradisiaco en las energías del espacio. Este mismo Actor Conjunto, este Dios de Acción es la expresión perfecta de los planes y propósitos sin límites del Padre-Hijo mientras que funciona por sí mismo como fuente de la mente y donador del intelecto para las criaturas de un vasto cosmos.

5. *El Absoluto de Deidad*. Las posibilidades causacionales, potencialmente personales de la realidad universal, la totalidad de todo el potencial de Deidad. El Absoluto de Deidad es el cualificador de propósito de las realidades no cualificadas, absolutas y no deidad. El Absoluto de Deidad es el cualificador de lo absoluto y el absolutizador de lo cualificado —el indicador del destino.

6. *El Absoluto No Cualificado*. Estático, reactivo y expectante; la infinidad cósmica no revelada del YO SOY; la totalidad de la realidad no deificada y la finalidad de todo potencial no personal. El espacio limita la función del No Cualificado pero la presencia del No Cualificado es sin límite, infinita. Hay una periferia de concepto en el universo maestro, pero la presencia del No Cualificado es ilimitada; aun la eternidad no puede agotar la inmovilidad ilimitada de este Absoluto no deidad.

7. *El Absoluto Universal*. Unificador de lo deificado y lo no deificado; correlacionador de lo absoluto y lo relativo. El Absoluto Universal (siendo estático, potencial y asociativo) compensa la tensión entre lo existente sempiterno y lo no completado.

Los Siete Absolutos de la Infinidad constituyen los comienzos de la realidad. Tal como lo puede concebir la mente mortal, la Primera Fuente y Centro parecería ser antecedente de todos los absolutos. Pero dicho postulado, aunque sea útil, está invalidado por la coexistencia eterna del Hijo, el Espíritu, los tres Absolutos, y la Isla del Paraíso.

Es una *verdad* que los Absolutos son manifestaciones del YO SOY-Primera Fuente y Centro; es un *hecho* que estos Absolutos nunca tuvieron un comienzo, sino que son igualmente eternos con la Primera Fuente y Centro. No siempre se pueden presentar las relaciones de los Absolutos en la eternidad en el lenguaje temporal y en los modelos de concepto del espacio sin incluir paradojas. Pero a pesar de cualquier confusión relativa al origen de los Siete Absolutos de la Infinidad, es tanto un hecho como una verdad que toda realidad se basa en su existencia eterna y sus relaciones infinitas.

4. LA UNIDAD, LA DUALIDAD Y LA TRIUNIDAD

Los filósofos del universo postulan la existencia en la eternidad del YO SOY como fuente primaria de toda realidad. Y concomitantemente postulan la autosegmentación del YO SOY en autorrelaciones primarias: las siete fases de la infinidad. Y simultáneamente con esta suposición existe el tercer postulado: la aparición en la eternidad de los Siete Absolutos de la Infinidad y la eternización de la asociación de dualidad de las siete fases del YO SOY y de estos siete Absolutos.

La autorrevelación del YO SOY procede de este modo a partir del yo estático a través de la autosegmentación y de la autorrelación a las relaciones absolutas, relaciones con los Absolutos autoderivados. La dualidad se torna así existente en la asociación eterna de los Siete Absolutos de la Infinidad con la infinidad séptuple de las fases autosegmentadas del autorrevelador YO SOY. Estas relaciones duales, que se eternizan en los universos como los siete Absolutos, eternizan los cimientos básicos para toda realidad universal.

Se ha dicho alguna vez que la unidad origina la dualidad, que la dualidad origina la triunidad, y que la triunidad es el antepasado eterno de todas las cosas. Existen en efecto tres grandes categorías de relaciones primordiales, y éstas son:

1. *Relaciones dentro de la unidad.* Relaciones existentes dentro del YO SOY como se concibe la unidad del mismo como autodiferenciación triple y entonces como séptuple.

2. *Relaciones dentro de la dualidad.* Las relaciones existentes entre el YO SOY como séptuple y los Siete Absolutos de la Infinidad.

3. *Relaciones dentro de la triunidad.* Éstas son las asociaciones funcionales de los Siete Absolutos de la Infinidad.

Las interrelaciones de triunidad surgen de los cimientos de la dualidad debido a la inevitabilidad de la interasociación de los Absolutos. Tales asociaciones de triunidad eternizan el potencial de toda realidad; abarcan tanto la realidad deificada como la no deificada.

El YO SOY es infinidad no cualificada como *unidad*. Las dualidades perpetuan para siempre los *cimientos* de la realidad. Las triunidades se eventúan en la realización de la infinidad como *función* universal.

Los preexistenciales se tornan existenciales en los siete Absolutos, y los existenciales se hacen funcionales en las triunidades, la asociación básica de los Absolutos. Y concomitantemente con la eternización de las triunidades el escenario universal está listo —los potenciales son existentes y los actuales están presentes— y la plenitud de la eternidad presencia la diversificación de la energía cósmica, la difusión del espíritu del Paraíso y la dotación de mente juntamente con la de la personalidad, por virtud de la cual todos estos derivativos de Deidad y paradisiacos son unificados en la experiencia a nivel de las criaturas y por otras técnicas en el nivel de las supercriaturas.

5. LA PROMULGACIÓN DE LA REALIDAD FINITA

Así como la diversificación original del YO SOY debe ser atribuida a la volición inherente y autocontenida, del mismo modo la promulgación de la realidad finita debe ser adscrita a los actos volitivos de la Deidad del Paraíso y a los ajustes repercusionales de las triunidades funcionales.

Antes de la deidadización de lo finito, parecería que toda diversificación de la realidad se produjo en niveles absolutos; pero la acción volitiva que promulga la realidad finita connota una cualificación de la absolutez e implica la aparición de relatividades.

Aunque presentamos esta narrativa en forma secuencial y describimos la aparición histórica de lo finito como derivativo directo de lo absoluto, es necesario recordar que los trascendentales tanto precedieron como siguieron a todo lo que es finito. Los últimos trascendentales finales son, en relación con lo finito, tanto causales como de consumación.

La posibilidad finita es inherente en el Infinito, pero la transmutación de posibilidad a probabilidad e inevitabilidad debe ser atribuida a la autoexistente voluntad libre de la Primera Fuente y Centro, que activa todas las asociaciones de la triunidad. Sólo la infinidad de la voluntad del Padre podría haber cualificado el nivel absoluto de existencia para eventuar un último o crear un finito.

Con la aparición de la realidad relativa y cualificada surge en la exitencia un nuevo ciclo de realidad —el ciclo de crecimiento— un majestuoso gesto hacia abajo desde las alturas de la infinidad hacia el dominio de lo finito, que por siempre se columpia hacia adentro, hacia el Paraíso y la Deidad, por siempre buscando aquellos altos destinos conmensurados con la fuente infinita.

Estas transacciones inconcebibles marcan el comienzo de la historia universal, marcan la llegada a la exitencia el tiempo mismo. Para una criatura, el comienzo de lo finito es la génesis de la realidad; visto por la mente de la criatura, no hay actualidad concebible antes de lo finito. Esta realidad finita de nueva aparición existe en dos fases originales:

1. *Máximos primarios*, la realidad supremamente perfecta, el tipo Havona de universo y criatura.

2. *Máximos secundarios*, la realidad supremamente perfeccionada, el tipo superuniversal de criatura y creación.

Éstas son, pues, las dos manifestaciones originales: lo constitutivamente perfecto y lo evolucionalmente perfeccionado. Las dos están coordinadas en las relaciones de la eternidad, pero dentro de los límites del tiempo son aparentemente diferentes. El factor temporal significa crecimiento para lo que crece; los finitos secundarios crecen; por lo tanto, los que están creciendo han de aparecer incompletos en el tiempo. Pero estas diferencias, que son tan importantes de este lado del Paraíso, son inexistentes en la eternidad.

Hablamos de lo perfecto y de lo perfeccionado como máximos primarios y secundarios, pero aún hay otro tipo: se producen relaciones trinidizadas y otras entre los primarios y los secundarios, dando como resultado la aparición de *máximos terciarios* —cosas, significados y valores que no son perfectos ni perfeccionados y que sin embargo están coordinados con ambos factores ancestrales.

6. LAS PERCUSIONES DE LA REALIDAD FINITA

La entera promulgación de las existencias finitas representa una transferencia de los potenciales a los actuales dentro de las asociaciones absolutas de la infinidad funcional. Entre las muchas repercusiones de la actualización creadora de lo finito, podemos citar:

1. *La respuesta en la deidad*, la aparición de los tres niveles de la supremacía experiencial: la actualidad de la supremacía del espíritu personal en Havona, el potencial para la supremacía del poder personal en lo que será el gran universo, y la capacidad para alguna desconocida función de la mente experiencial que actúa en algún nivel de supremacía en el futuro universo maestro.

2. *La respuesta en el universo* que ocurre en la activación de los planes arquitectónicos para el nivel espacial del superuniverso, y esta evolución aún está progresando por todas partes de la organización física de los siete superuniversos.

3. *La repercusión en forma de las criaturas.* Esta repercusión a la promulgación de la realidad finita dio como resultado la aparición de seres perfectos de la orden de los habitantes eternos de Havona y de ascendedores evolucionarios perfeccionados desde los siete superuniversos. Pero alcanzar la perfección como experiencia evolucionaria (témporo-creadora) implica algo distinto de perfección como punto de partida. Por lo tanto, aparece la imperfección en las creaciones evolucionarias. Y éste es el origen del mal potencial. La maladaptación, la desarmonía y el conflicto, todas estas cosas son inherentes al crecimiento evolucionario, desde los universos físicos hasta las criaturas personales.

4. *La respuesta en la divinidad.* Esta respuesta a la imperfección inherente en el retraso de la evolución se revela en la presencia compensadora de Dios el Séptuple, por cuyas actividades lo que se está perfeccionando es integrado tanto con lo perfecto como con lo perfeccionado. Este retraso temporal es inseparable de la evolución, que es creatividad en el tiempo. Debido a ella, así como también a otras razones, el poder todopoderoso del Supremo se basa en los éxitos de la divinidad de Dios el Séptuple. Esta demora de tiempo permite la participación de la criatura en la creación divina, haciendo que las personalidades en forma de las criaturas se vuelvan socios con la Deidad en la obtención del desarrollo máximo. Aun la mente material de la criatura mortal de este modo se torna socio con el Ajustador divino en la dualización del alma inmortal. Dios el Séptuple también provee técnicas de compensación para las limitaciones experienciales de la perfección inherente, así como también para compensar las limitaciones preascensionales de la imperfección.

7. LA EVENTUACIÓN DE LOS TRASCENDENTALES

Los trascendentales son subinfinitos y subabsolutos, pero superfinitos y supercriaturales. Los trascendentales se eventúan como nivel integrante correlacionando los supervalores de los absolutos con los máximos valores de los finitos. Desde el punto de vista de la criatura, lo que es trascendental parecería haberse eventuado como consecuencia de lo finito; desde el punto de vista de la eternidad, en anticipación de lo finito; y están los que lo han considerado un «pre-eco» de lo finito.

Lo que es trascendental no es necesariamente algo que no se desarrolla, pero es superevolucional en el sentido finito; tampoco es no experiencial, pero es superexperiencia en su significación para las criaturas. Tal vez la mejor ilustración de dicha paradoja sea el universo central de perfección: éste no es en realidad absoluto —sólo la Isla del Paraíso es verdaderamente absoluta en el sentido «materializado». Tampoco es una creación evolucionaria finita, como lo son los siete superuniversos. Havona es eterno pero no invariable en el sentido de ser un universo de no crecimiento. Está habitado por criaturas (nativos de Havona) que no fueron nunca realmente creadas, porque existen eternamente. Havona de este modo ilustra algo que no es exactamente finito ni aún absoluto. Havona, además, actúa como amortiguador entre el Paraíso absoluto y las creaciones finitas, ilustrando aún más la función de los trascendentales. Pero Havona misma no es trascendental —es Havona.

Así como el Supremo está asociado con los finitos, el Último está identificado con los trascendentales. Pero aunque así comparamos el Supremo con el Último, ellos difieren en más que grado; la diferencia también es asunto de cualidad. El Último es algo más que un super-Supremo proyectado en el nivel trascendental. El Último es todo eso, pero aún más; el Último es una eventuación de nuevas realidades de Deidad, la cualificación de nuevas fases de lo que hasta ese momento ha sido no cualificado.

Entre aquellas realidades que están asociadas con el nivel trascendental se encuentran las siguientes:

1. La presencia de Deidad del Último.
2. El concepto del universo maestro.
3. Los Arquitectos del Universo Maestro.
4. Las dos órdenes de organizadores de la fuerza del Paraíso.
5. Ciertas modificaciones en la potencia del espacio.
6. Ciertos valores del espíritu.
7. Ciertos significados de la mente.
8. Las cualidades y realidades absonitas.
9. La omnipotencia, la omniciencia y la omnipresencia.
10. El espacio.

El universo en el cual vivimos ahora puede ser concebido como existente en los niveles finito, trascendental y absoluto. Éste es el escenario cósmico en el cual se representa el drama sin fin del funcionamiento de la personalidad y de la metamorfosis de la energía.

Todas estas realidades múltiples están unificadas *absolutamente* por varias triunidades, *funcionalmente* por los Arquitectos del Universo Maestro, y *relativamente* por los Siete Espíritus Rectores, los coordinadores subsupremos de la divinidad de Dios el Séptuple.

Dios el Séptuple representa la revelación de la personalidad y la divinidad del Padre Universal a las criaturas de estado tanto máximo como submáximo, pero hay otras relaciones séptuples de la Primera Fuente y Centro que no pertenecen a la manifestación del ministerio espiritual divino del Dios que es espíritu.

En la eternidad del pasado las fuerzas de los Absolutos, los espíritus de las Deidades y las personalidades de los Dioses reaccionaron en respuesta a la autovoluntad primordial de la autovoluntad autoexistente. En esta era universal estamos todos presenciando las estupendas repercusiones del vasto panorama cósmico de las manifestaciones subabsolutas de los potenciales ilimitados de todas estas realidades. Y es totalmente posible que la continuada diversificación de la realidad original de la Primera Fuente y Centro pueda proceder hacia adelante y hacia afuera a lo largo y a lo ancho de las edades, más y más, hacia los horizontes lejanos e inconcebibles de la infinidad absoluta.

[Presentado por un Melquisedek de Nebadon.]

DOCUMENTO 106

LOS NIVELES DE LA REALIDAD EN EL UNIVERSO

NO ES suficiente que el mortal ascendente conozca algo de las relaciones de la Deidad con la génesis y las manifestaciones de la realidad cósmica; también debería comprender algo de las relaciones existentes entre él mismo y los numerosos niveles de realidades existenciales y experienciales, algo de las realidades potenciales y actuales. La orientación terrestre del hombre, su discernimiento cósmico y su direccionización espiritual están enaltecidos por una mejor comprensión de las realidades del universo y de sus técnicas de interasociación, integración y unificación.

El gran universo presente y el universo maestro emergente están hechos de muchas formas y fases de la realidad que, a su vez, existen en diversos niveles de actividad funcional. Estos existentes y latentes múltiples han sido previamente sugeridos en estos documentos, y ahora los agrupamos para conveniencia conceptual en las siguientes categorías:

1. *Finitos incompletos*. Éste es el estado presente de las criaturas ascendentes del gran universo, el estado presente de los mortales de Urantia. Este nivel abarca la existencia de las criaturas desde el humano planetario hasta, pero sin incluir, a los que han logrado el destino. Pertenece a los universos desde sus comienzos físicos primitivos hasta su establecimiento en luz y vida, pero sin incluir a este último. Este nivel constituye la periferia presente de la actividad creadora en el tiempo y el espacio. Parece estar moviéndose hacia afuera desde el Paraíso, porque el cierre de la presente era universal, que presenciará la llegada del gran universo de luz y vida, también y con toda seguridad presenciará la aparición de algún nuevo orden de crecimiento de desarrollo en el primer nivel del espacio exterior.

2. *Finitos máximos*. Éste es el estado presente en todas las criaturas experienciales que hayan llegado a su destino —destino tal como es revelado dentro del alcance de la presente era universal. Aun los universos pueden llegar al máximo de su estado, tanto espiritual como físicamente. Pero el término «máximo» es en sí mismo un término relativo —¿máximo en relación con qué? Y lo que es máximo, aparentemente final, en la presente era universal puede que no sea más que un verdadero comienzo en términos de las eras venideras. Algunas fases de Havona parecen ser de orden máxima.

3. *Trascendentales*. Este nivel superfinito (antecedentemente) sigue a la progresión finita. Implica la génesis prefinita de los comienzos finitos y el significado postfinito de todo fin o destino aparentemente finito. Mucho del Paraíso-Havona parece ser de orden trascendental.

4. *Últimos.* Este nivel abarca lo que es significativo para el universo maestro y hace impacto en el nivel del destino del universo maestro completado. El Paraíso-Havona (especialmente el circuito de los mundos del Padre) es en muchos aspectos de significación última.

5. *Coabsolutos.* Este nivel implica la proyección de los experienciales sobre un campo de expresión creadora atrás del universo maestro.

6. *Absolutos.* Este nivel implica la presencia en la eternidad de los siete Absolutos existenciales. También puede comprender cierto grado de alcance asociativo experiencial, pero si es así, no comprendemos de qué manera, tal vez mediante el potencial de contacto inherente en la personalidad.

7. *Infinidad.* Este nivel es preexistencial y postexperiencial. La unidad no cualificada de la infinidad es una realidad hipotética antes de todos los comienzos y después de todos los destinos.

Estos niveles de realidad son simbolizaciones convenientes de compromiso de la presente era universal y para la perspectiva mortal. Existen muchas otras maneras de observar la realidad desde una perspectiva distinta de la perspectiva mortal y desde el punto de vista de otras eras universales. Por lo tanto es necesario reconocer que los conceptos aquí presentados son enteramente relativos, relativos en el sentido de que están condicionados y limitados por:

1. Las limitaciones de la lengua mortal.

2. Las limitaciones de la mente mortal.

3. El desarrollo limitado de los siete superuniversos.

4. Vuestra ignorancia de los seis propósitos primarios de desarrollo del superuniverso que no se refieren a la ascensión mortal al Paraíso.

5. Vuestra incapacidad de captar un punto de vista aun parcial de la eternidad.

6. La imposibilidad de describir la evolución cósmica y el destino en relación con todas las eras del universo, no tan sólo respecto de la era presente de desarrollo evolucionario de los siete superuniversos.

7. La incapacidad de toda criatura de captar lo que realmente se quiere significar por preexistenciales o postexperienciales —lo que yace antes de los comienzos y después de los destinos.

Las circunstancias de las sucesivas eras universales condicionan el crecimiento de la realidad. El universo central no sufrió ningún cambio evolucionario en la era de Havona, pero en las épocas presentes de la edad superuniversal está experimentando ciertos cambios progresivos inducidos por la coordinación con los superuniversos evolucionarios. Los siete superuniversos presentemente en evolución, alguna vez lograrán el estado establecido en luz y vida, lograrán el límite de crecimiento para la presente edad universal. Pero sin ninguna duda, la próxima edad, la edad del primer nivel del espacio exterior, liberará a los superuniversos de las limitaciones de destino de la era presente. La saciedad está continuamente siendo superpuesta sobre la consumación.

Éstas son algunas de las limitaciones que encontramos al intentar presentar un concepto unificado del crecimiento cósmico de las cosas, los significados y los valores y de su síntesis en niveles en constante ascensión de la realidad.

1. La asociación primaria de los funcionales finitos

Las fases primarias o de origen espiritual de la realidad finita encuentran expresión inmediata en los niveles de las criaturas como personalidades perfectas y en los niveles del universo como la creación perfecta de Havona. Aun la Deidad experiencial está así expresada en la persona espiritual de Dios el Supremo en Havona. Pero las fases secundarias —evolucionarias, condicionadas por el tiempo y la materia— de lo finito se tornan integradas cósmicamente tan sólo como resultado del crecimiento y del logro. Finalmente todos los finitos secundarios o perfeccionantes han de lograr un nivel equivalente al de la perfección primaria, pero este destino está sujeto a un retraso temporal, una cualificación constitutiva en el superuniverso que no se encuentra genéticamente en la creación central. (Sabemos de la existencia de finitos terciarios, pero la técnica de su integración no ha sido aún revelada).

Esta demora temporal superuniversal, este obstáculo al alcance de la perfección, provee la participación de las criaturas en el crecimiento evolucionario. De este modo es posible que la criatura entre en sociedad con el Creador para la evolución de esa misma criatura. Y durante estos tiempos de crecimiento expansivo, lo incompleto está correlacionado con lo perfecto mediante el ministerio de Dios el Séptuple.

Dios el Séptuple significa el reconocimiento por parte de la Deidad del Paraíso de las barreras del tiempo en los universos evolucionarios del espacio. Una personalidad material sobreviviente puede originarse en la parte más alejada del Paraíso, en lo más profundo del espacio, pero siempre estará presente Dios el Séptuple ocupado en el ministerio amante y misericordioso de la verdad, la belleza y la bondad para tal criatura incompleta, esforzada y evolucionaria. El ministerio de divinidad del Séptuple alcanza hacia adentro, a través del Hijo Eterno, al Padre del Paraíso y hacia afuera, a través de los Ancianos de los Días, a los Padres de los universos —los Hijos Creadores.

El hombre, un ser personal y ascendente por progresión espiritual, encuentra la divinidad personal y espiritual de la Deidad Séptuple; pero existen otras fases del Séptuple que no están relacionadas con la progresión de la personalidad. Los aspectos de divinidad de este grupo de Deidades están actualmente integrados en la vinculación entre los Siete Espíritus Rectores y el Actor Conjunto, pero están destinados a ser eternamente unificados en la personalidad emergente del Ser Supremo. Las demás fases de la Deidad Séptuple están variadamente integradas en la presente edad universal, pero todos ellos están del mismo modo destinados a ser unificados en el Supremo. El Séptuple, en todas sus fases, es la fuente de la unidad relativa de la realidad funcional del gran universo presente.

2. La integración secundaria o finita suprema

Así como Dios el Séptuple coordina funcionalmente la evolución finita, el Ser Supremo finalmente sintetiza la llegada al destino. El Ser Supremo es la culminación de deidad de la evolución del gran universo —evolución física alrededor de un núcleo espiritual y dominio final del núcleo espiritual sobre los reinos circundantes y girantes de la evolución física. Todo esto ocurre de acuerdo con los mandatos de la personalidad: la personalidad del Paraíso en el sentido más alto, la personalidad Creadora en el sentido universal, la personalidad mortal en el sentido humano, la personalidad Suprema en el sentido culminante o experiencial totalizador.

El concepto del Supremo debe proveer el reconocimiento diferencial de la persona espiritual, el poder evolucionario, y la síntesis de poder-personalidad —la unificación del poder evolucionario con la personalidad espiritual y dominada por la misma.

El espíritu, en último análisis, viene del Paraíso a través de Havona. La energía-materia aparentemente evoluciona en las profundidades del espacio y es organizada como poder por los hijos del Espíritu Infinito en conjunción con los Hijos Creadores de Dios. Y todo esto es experiencial; es una transacción en el tiempo y el espacio la que comprende una amplia gama de seres vivientes incluyendo aun divinidades Creadoras y criaturas evolucionarias. La dominación del poder por parte de las divinidades Creadoras en el gran universo se amplia lentamente para abarcar el establecimiento y la estabilización evolucionaria de las creaciones espacio-temporales, y éste es el florecimiento del poder experiencial del Dios el Séptuple. Abarca la entera gama de logro de la divinidad en el tiempo y en el espacio desde las dotaciones de los Ajustadores por parte del Padre Universal hasta las vidas de autoogorgamiento de los Hijos Paradisiacos. Éste es poder ganado, poder demostrado, poder experiencial; contrasta con el poder de la eternidad, el poder insondable, el poder existencial de las Deidades del Paraíso.

Este poder experiencial que surge de los logros de la divinidad del mismo Dios el Séptuple, manifiesta las cualidades cohesivas de la divinidad sintetizándose —totalizándose— como el poder todopoderoso del dominio obtenido experiencial de las creaciones evolutivas. Y este poder todopoderoso a su vez encuentra cohesión de personalidad de espíritu en la esfera piloto del cinturón externo de los mundos havoneros en unión con la personalidad espiritual de la presencia havonera del Dios el Supremo. Así culmina la Deidad experiencial la larga lucha evolucionaria envolviendo el producto del poder del tiempo y el espacio con la presencia espiritual y la personalidad divina residente en la creación central.

Así finalmente el Ser Supremo logra abarcar a todo lo que evoluciona en el tiempo y en el espacio, confiriendo personalidad espiritual a estas cualidades. Puesto que las criaturas, aun los mortales, participan como personalidades en esta transacción majestuosa, alcanzan con certidumbre la capacidad de conocer al Supremo y de percibir al Supremo como verdaderos hijos de dicha Deidad evolucionaria.

Micael de Nebadon es similar al Padre del Paraíso porque comparte de su perfección paradisiaca; así los mortales evolucionarios alguna vez alcanzarán parentesco con el Supremo experiencial, porque verdaderamente comparten de su perfección evolucionaria.

Dios el Supremo es experiencial; por lo tanto es completamente experienciable. Las realidades existenciales de los siete Absolutos no son percibibles mediante la técnica de la experiencia; solo las *realidades de la personalidad* del Padre, Hijo y Espíritu pueden ser captadas por la personalidad de la criatura finita en actitud de oración adoradora.

Dentro de la síntesis completada de poder-personalidad del Ser Supremo habrá asociado toda la absolutez de las varias triodidades que podrían así ser asociadas, y esta majestuosa personalidad de la evolución será alcanzable experiencialmente y comprensible por parte de todas las personalidades finitas. Cuando los que ascienden alcancen la postulada séptima etapa de existencia espiritual, allí experimentarán la realización de un nuevo valor-significado de la absolutez y la infinidad de las triodidades tal como se revela en los niveles subabsolutos del Ser Supremo, que es experimentable. Pero el alcance de estas etapas de desarrollo máximo probablemente aguardará el establecimiento coordinado en luz y vida de todo el gran universo.

3. LA ASOCIACIÓN TERCIARIA TRASCENDENTAL DE LA REALIDAD

Los arquitectos absonitos eventúan el plan; los Creadores Supremos lo traen en la existencia; el Ser Supremo consumará su plenitud tal como fue creado en el tiempo por los Creadores Supremos y proyectado en el espacio por los Arquitectos Maestros.

Durante la presente edad universal la coordinación administrativa del universo maestro es función de los Arquitectos del Universo Maestro. Pero la aparición del Supremo Todopoderoso al final de la presente edad universal significará que lo finito evolucionario ha alcanzado la primera etapa del destino experiencial. Este acontecimiento conducirá con certidumbre a la función completa de la primera Trinidad experiencial: la unión de los Creadores Supremos, el Ser Supremo y los Arquitectos del Universo Maestro. Esta Trinidad está destinada a efectuar la integración evolucionaria ulterior de la creación maestra.

La Trinidad del Paraíso es verdaderamente la de infinidad, y ninguna Trinidad puede ser infinita si no incluye esta Trinidad original. Pero la Trinidad original es una eventualidad de la asociación exclusiva de Deidades absolutas; los seres subabsolutos nada tuvieron que ver con esta asociación primaria. Las trinidades que aparecen posteriormente y que son experienciales abarcan las contribuciones aun de las personalidades de criaturas. Con toda seguridad esto es verdad en el caso de la Trinidad Última, donde la presencia misma de los Hijos Creadores Mayores entre los miembros Creadores Supremos de la misma presagia la presencia concomitante de la experiencia real y bona fide de la criatura *dentro* de esta asociación Trinitaria.

La primera Trinidad experiencial dispone para el logro grupal de eventualidades últimas. Las asociaciones de grupo pueden anticipar, aun trascender, las capacidades individuales; esto es verdad aun más allá del nivel finito. En las edades venideras, después de que los siete superuniversos hayan sido establecidos en luz y vida, el Cuerpo de Finalistas indudablemente promulgará los propósitos de las Deidades del Paraíso tal como éstos son dictados por la Trinidad Última, y unificados en cuanto a poder y personalidad en el Ser Supremo.

A lo largo de todos los gigantescos acontecimientos universales de la eternidad pasada y futura, detectamos la expansión de los elementos comprensibles del Padre Universal. Como el YO SOY, postulamos filosóficamente su permeación de la infinidad total, pero ninguna criatura es capaz de abarcar experiencialmente dicho postulado. A medida que los universos se expanden, y a medida que la gravedad y el amor llegan al espacio en proceso de organizarse en el tiempo, podemos comprender más y más la Primera Fuente y Centro. Observamos la acción de la gravedad penetrando la presencia espacial del Absoluto No Cualificado, y detectamos criaturas espirituales que evolucionan y se expanden dentro de la presencia de divinidad del Absoluto de Deidad, mientras que la evolución tanto cósmica como espiritual son unificadas por la mente y la experiencia en niveles de deidad finitos en calidad de Ser Supremo y son coordinados en los niveles trascendentales como Trinidad Última.

4. LA INTEGRACIÓN CUARTA O ÚLTIMA

La Trinidad del Paraíso coordina certeramente en sentido último pero funciona en este aspecto como un absoluto autocualificado; la Trinidad Última experiencial coordina lo trascendental como trascendental. En el futuro eterno esta Trinidad experiencial, mediante un aumento de la unidad, activará ulteriormente la presencia eventuante de la Deidad Última.

Aunque la Trinidad Última está destinada a coordinar la creación maestra, Dios el Último es la poder-personalización trascendental de la direccionalización de todo el universo maestro. La eventuación completada del Último implica que se completó la creación maestra e indica el surgimiento pleno de esta Deidad trascendental.

Los cambios que se inauguren mediante el surgimiento pleno del Último no los conocemos. Pero así como el Supremo está ahora espiritual y personalmente presente en Havona, del mismo modo el Último está allí presente pero en un sentido absonito y superpersonal. Habéis sido informados de la existencia de los Vicerregentes Cualificados del Último, aunque no se os ha informado sobre sus ubicaciones o funciones presentes.

Pero aparte de las repercusiones administrativas concomitantes al surgimiento de la Deidad Última, los valores personales de su divinidad trascendental serán experienciables por todas las personalidades que hayan participado en la actualización de este nivel de Deidad. La trascendencia de lo finito puede conducir tan sólo al logro último. Dios el Último existe en la trascendencia del tiempo y del espacio pero sin embargo es subabsoluto a pesar de la inherente capacidad de asociación funcional con los absolutos.

5. LA ASOCIACIÓN DE LA QUINTA FASE O COABSOLUTA

El Último es la cumbre de la realidad trascendental así como el Supremo es el coronamiento de la realidad evolucionaria-experiencial. Y el surgimiento de estas dos Deidades experienciales establece los cimientos para la segunda Trinidad experiencial. Ésta es la Trinidad Absoluta, la unión del Dios el Supremo, Dios el Último y el no revelado Consumador del Destino Universal. Y esta Trinidad tiene la capacidad teórica de activar a los Absolutos de potencialidad —de Deidad, Universal y No Cualificado. Pero la formación completada de esta Trinidad Absoluta tan sólo podría tener lugar después de la evolución completada del entero universo maestro, desde Havona hasta el cuarto y más exterior nivel del espacio.

Es necesario aclarar que estas Trinidades experienciales son correlativas, no sólo de las cualidades de personalidad de la Divinidad experiencial, sino también de todas las cualidades distintas de las personales que caracterizan su alcanzada unidad de Deidad. Aunque esta presentación trata principalmente de las fases personales de la unificación del cosmos, es sin embargo verdad que los aspectos impersonales del universo de los universos están igualmente destinados a experimentar la unificación tal como se ilustra por la síntesis de poder-personalidad que en estos momentos se está produciendo en relación con la evolución del Ser Supremo. Las cualidades espíritu-personales del Supremo son inseparables de las prerrogativas de poder del Todopoderoso, y ambas están complementadas por el potencial desconocido de la mente Suprema. Tampoco puede Dios el Último como persona ser considerado separadamente de los aspectos distintos de lo personal de la Deidad Última. Y en el nivel absoluto del Absoluto de Deidad y el Absoluto No Cualificado son inseparables e indistinguibles en presencia del Absoluto Universal.

Las Trinidades son, en ellas mismas, no personales, pero tampoco están en contravención de la personalidad. Más bien la abarcan y la correlacionan, en un sentido colectivo, con las funciones impersonales. Las Trinidades son pues, siempre realidad de *deidad* pero nunca realidad de *personalidad*. Los aspectos de personalidad de una trinidad son inherentes a sus miembros individuales, y como personas individuales éstos *no* son esa trinidad. Tan sólo como ente colectivo son ellos trinidad; eso es trinidad. Pero la trinidad siempre incluye toda deidad comprendida; trinidad es unidad de deidad.

Los tres Absolutos —de Deidad, Universal y No Cualificado— no son trinidad, porque no todos son deidad. Sólo lo deificado puede volverse trinidad; toda otra asociación es triunidad o triodidad.

6. LA INTEGRACIÓN DE LA SEXTA FASE O ABSOLUTA

El potencial presente del universo maestro no es realmente absoluto, aunque bien pueda ser casi último, y consideramos imposible alcanzar la revelación plena de los significado-valores absolutos dentro del alcance del cosmos subabsoluto. Por lo tanto tropezamos con dificultades considerables al intentar concebir una expresión total de las posibilidades ilimitadas de los tres Absolutos o aun intentar visualizar la personalización experiencial del Dios el Absoluto en el nivel presentemente impersonal del Absoluto de Deidad.

El escenario espacial del universo maestro parece ser adecuado para la actualización del Ser Supremo, para la formación y función plena de la Trinidad Última, para la eventuación de Dios el Último, y aun para el principio de la Trinidad Absoluta. Pero nuestros conceptos sobre la función plena de esta Trinidad experiencial segunda parecen implicar algo más allá aun del vasto universo maestro.

Si suponemos un cosmos infinito —un cosmos ilimitable más allá del universo maestro— y si concebimos que los desarrollos finales de la Trinidad Absoluta tomarán lugar allí afuera en tal escenario superúltimo de acción, se torna posible conjeturar que la función completa de la Trinidad Absoluta alcanzará la expresión final en las creaciones de la infinidad y consumará la actualización absoluta de *todos* los potenciales. La integración y asociación de segmentos en constante ampliación de la realidad se irá acercando a la absolutez del estado proporcionalmente a la inclusión de toda realidad dentro de los segmentos así asociados.

Dicho de otra manera: la Trinidad Absoluta, como su nombre implica, es realmente absoluta en función total. No sabemos cómo una función absoluta puede lograr una expresión total sobre una base cualificada, limitada o de otra manera restringida. Por lo tanto debemos suponer que toda función de totalidad semejante será no condicionada (potencialmente). Y parecería también que el no condicionado también sería sin límites, por lo menos desde un punto de vista cualitativo, aunque no estamos igualmente seguros en cuanto a las relaciones cuantitativas.

Sin embargo, de lo siguiente estamos seguros: aunque la existencial Trinidad del Paraíso es infinita, y aunque la experiencial Trinidad Última es subinfinita, la Trinidad Absoluta no es tan fácil de clasificar. Aunque experiencial en su génesis y constitución, se interpone en forma clara en los Absolutos existenciales de la potencialidad.

Aunque no sea beneficioso para la mente humana tratar de captar estos conceptos tan alejados y superhumanos, nos gustaría sugerir que la acción de eternidad de la Trinidad Absoluta puede ser considerada como la culminación de cierto tipo de experiencialización de los Absolutos de la potencialidad. Esto parecería una conclusión razonable respecto del Absoluto Universal, si no del Absoluto No Cualificado; por lo menos sabemos que el Absoluto Universal no es tan sólo estático y potencial sino también asociativo en el sentido deífico total de esas palabras. Pero en cuanto a los valores concebibles de la divinidad y la personalidad, estos acontecimientos conjeturados implican la personalización del Absoluto de Deidad y la aparición de esos valores superpersonales y esos significados ultrapersonales inherentes en el carácter completo de la personalidad del Dios el Absoluto —la tercera y última de las Deidades experienciales.

7. LA FINALIDAD DEL DESTINO

Algunas de las dificultades al formar conceptos de la integración de la realidad infinita son inherentes al hecho de que dichas ideas comprenden algo de la finalidad del desarrollo universal, un tipo de realización experiencial de todo lo que puede ser jamás. Y es inconcebible que la infinidad cuantitativa pueda jamás tornarse completamente real en finalidad. Siempre deben quedar posibilidades no exploradas en los tres Absolutos potenciales que ninguna cantidad de desarrollo experiencial podría agotar jamás. La eternidad misma, aunque absoluta, no es más de absoluta.

Aun un concepto hipotético de integración final es inseparable de los frutos de la eternidad no cualificada y es por lo tanto prácticamente no alcanzable en cualquier momento futuro concebible.

Las Deidades que constituyen la Trinidad del Paraíso establecen el destino por su acción volitiva; el destino se establece en la vastedad de los tres grandes potenciales cuyo absolutez abarca las posibilidades de todo desarrollo futuro; el destino se consume probablemente por la acción del Consumador del Destino Universal, y este acto tiene probablemente que ver con el Supremo y el Último en la Trinidad Absoluta. Todo destino experiencial puede ser comprendido por lo menos parcialmente por las criaturas experienciales; pero un destino que hace impacto con los existenciales infinitos es difícilmente comprensible. El destino en la finalidad es un logro existencial-experiencial que parece comprender el Absoluto de Deidad. Pero el Absoluto de Deidad mantiene una relación de eternidad con el Absoluto No Cualificado por virtud del Absoluto Universal. Y estos tres Absolutos, experienciales en posibilidad, son efectivamente existenciales y más, siendo ilimitados, sin tiempo, sin espacio, sin límites y sin medida, —verdaderamente infinitos.

La improbabilidad del alcance de la meta no previene sin embargo la teorización filosófica sobre tales destinos hipotéticos. La actualización del Absoluto de Deidad como un Dios absoluto alcanzable puede ser prácticamente imposible en cuanto a su realización; sin embargo, tal fruto de finalidad sigue siendo una posibilidad teórica. La participación del Absoluto No Cualificado en algún cosmos infinito inconcebible puede ser inmensurablemente remoto en la futuridad de la eternidad sin fin, pero dicha hipótesis es sin embargo válida. Los mortales, los morontiales, los espíritus, los finalistas, los Trascendentales y otros, juntamente con los universos mismos y todas las demás fases de la realidad, ciertamente tienen un *destino potencialmente final que es absoluto en valor*; pero dudamos que un ser o universo pueda alcanzar completamente jamás todos los aspectos de dicho destino.

Por más que crezcas en la comprensión de Padre, tu mente siempre va a titubear ante la infinidad no revelada del Padre-YO SOY, la vastedad inexplorada la cual siempre permanecerá insondable e incomprensible a través de todos los ciclos de la eternidad. Aunque alcancéis mucho de Dios, siempre habrá más de él, la existencia del cual vosotros jamás sospecharéis siquiera. Y creemos que esto es igualmente verdad en lo niveles trascendentales como lo es en los dominios de la existencia finita. ¡La búsqueda de Dios no tiene fin!

Dicha incapacidad para alcanzar a Dios en un sentido final no debería desalentar en manera alguna a las criaturas del universo; en realidad, podéis alcanzar y en efecto alcanzáis niveles de Deidad del Séptuple, el Supremo y el Último, lo cual significa para vosotros lo que la comprensión infinita de Dios el Padre significa para el Hijo

Eterno y el Actor Conjunto en su estado absoluto de existencia en la eternidad. En lugar de acosar a la criatura, la infinidad de Dios debería ser el seguro supremo de que a lo largo de la futuridad sin fin una personalidad ascendente tendrá ante sí las posibilidades del desarrollo de la personalidad y asociación con la Deidad que aun la eternidad no agotará ni terminará jamás.

Para las criaturas finitas del gran universo, el concepto del universo maestro parece ser casi infinito, pero indudablemente los arquitectos absonitos del mismo perciben su relación con los desarrollos futuros y no imaginados dentro del YO SOY sin fin. Aun el espacio mismo no es más que una condición última, una condición de cualificación *dentro* de lo absoluto relativo de las zonas quietas del espacio medio.

En el inconcebiblemente remoto momento futuro en la eternidad en que se complete finalmente el universo maestro entero, indudablemente todos volveremos los ojos hacia atrás, sobre la entera historia, visualizándola tan sólo como el comienzo, simplemente la creación de ciertos cimientos finitos y trascendentales para metamorfosis aun mayores y más cautivantes en el infinito inexplorado. En tal momento futuro de la eternidad, el universo maestro aun parecerá juvenil; en efecto, será siempre joven frente a las posibilidades ilimitadas de la eternidad sin fin.

La improbabilidad del alcance del destino infinito no previene en lo más mínimo el surgimiento de ideas sobre dicho destino, y no vacilamos en decir que, si los tres potenciales absolutos pudieran en algún momento actualizarse completamente, sería posible concebir la integración final de la realidad total. Esta realización de desarrollo está basada en la actualización completa de los Absolutos No Cualificado, Universal y de Deidad, las tres potencialidades cuya unión constituye la latencia del YO SOY, las realidades suspendidas de la eternidad, las posibilidades expectantes de toda la futuridad, y más.

Dichas eventualidades son más bien remotas por lo menos; sin embargo, en los mecanismos, personalidades y asociaciones de las tres Trinidades creemos detectar la posibilidad teórica de reunir las siete fases absolutas del Padre-YO SOY. Y esto nos lleva a enfrentarnos con el concepto de la Trinidad triple que abarca la Trinidad del Paraíso de estado existencial y las dos Trinidades de aparición subsiguiente de naturaleza y origen experienciales.

8. LA TRINIDAD DE TRINIDADES

La naturaleza de la Trinidad de Trinidades es difícil de ilustrar para la mente humana; es la suma real de la totalidad de la infinidad experiencial tal como se manifiesta en la infinidad teórica de realización en la eternidad. En la Trinidad de Trinidades el infinito experiencial alcanza la identidad con el infinito existencial, y ambos son como uno en el YO SOY preexperiencial, preexistencial. La Trinidad de Trinidades es la expresión final de todo lo que está implícito en las quince triunidades y triodidades asociadas. Los seres relativos tienen dificultad en comprender las finalidades, sean éstas existenciales o experienciales; por lo tanto siempre se las debe presentar como relatividades.

La Trinidad de Trinidades existe en varias fases. Contiene posibilidades, probabilidades e inevitabilidades que asombran las imaginaciones de seres muy por encima del nivel humano. Tiene implicaciones que son probablemente insospechadas por los filósofos celestiales, porque estas implicaciones están en las triunidades, y las triunidades son, en último análisis, insondables.

Existen varias formas en las que se puede describir la Trinidad de Trinidades. Pero elegimos presentar el concepto en tres niveles, como sigue:

1. El nivel de las tres Trinidades.

2. El nivel de la Deidad experiencial.

3. El nivel del YO SOY.

Éstos son niveles de unificación creciente. En realidad la Trinidad de Trinidades es el primer nivel, mientras que el segundo y el tercer nivel son unificación-derivativos del primero.

EL PRIMER NIVEL: En este nivel inicial de asociación se cree que las tres Trinidades funcionan como agrupamiento perfectamente sincronizado aunque diferenciado de las personalidades de Deidad.

1. *La Trinidad del Paraíso*, la asociación de las tres Deidades del Paraíso: Padre, Hijo y Espíritu. Debe recordarse que la Trinidad del Paraíso implica una función triple —una función absoluta, una función trascendental (Trinidad de Ultimidad) y una función finita (Trinidad de Supremacía). La Trinidad del Paraíso es cualquiera de todas éstas en cualquier momento.

2. *La Trinidad Última*. Ésta es la asociación de deidad de los Creadores Supremos, Dios el Supremo y los Arquitectos del Universo Maestro. Aunque ésta sea una presentación adecuada de los aspectos de divinidad de esta Trinidad, debe registrarse que existen otras fases de esta Trinidad las cuales sin embargo parecen estar perfectamente coordinadas con los aspectos de divinidad.

3. *La Trinidad Absoluta*. Ésta es la agrupación de Dios el Supremo, Dios el Último y el Consumador del Destino Universal respecto de todos los valores de la divinidad. Ciertas otras fases de este grupo triuno tienen que ver con valores distintos de los de divinidad en el cosmos expansivo. Pero éstos se unifican con las fases de divinidad así como los aspectos de poder y personalidad de las Deidades experienciales están actualmente en proceso de síntesis experiencial.

La asociación de estas tres Trinidades en la Trinidad de Trinidades provee una integración posible ilimitada de la realidad. Esta agrupación contiene causas, intermedios y finales; iniciadores, realizadores y consumadores; comienzos, existencias y destinos. La asociación Padre-Hijo se ha vuelto Hijo-Espíritu y luego Espíritu-Supremo y sucesivamente Supremo-Último y Último-Absoluto, aun hasta Absoluto y Padre-Infinito —completándose así el ciclo de la realidad. Del mismo modo, en otras fases no tan inmediatamente relacionadas con la divinidad y la personalidad, la Primera Gran Fuente y Centro autorrealiza la condición ilimitada de la realidad alrededor del círculo de la eternidad, desde la absolutez de la autoexistencia, a través del sinfin de la autorrevelación a la finalidad de la autorrealización —desde lo absoluto de los existenciales a la finalidad de los experienciales.

EL SEGUNDO NIVEL: La coordinación de las tres Trinidades comprende inevitablemente la unión asociativa de las Deidades experienciales, que están genéticamente asociadas con estas Trinidades. La naturaleza de este segundo nivel ha sido algunas veces presentada como sigue:

1. *El Supremo*. Ésta es la consecuencia de deidad de la unidad de la Trinidad del Paraíso en enlace experiencial con los hijos Creadores e hijas Creativas de las Deidades

del Paraíso. El Supremo es la incorporación de deidad de la finalización de la primera etapa de la evolución finita.

2. *El Último*. Ésta es la consecuencia de deidad de la unidad eventuada de la segunda Trinidad, la personificación trascendental y absonita de la divinidad. El Último consiste en una unidad variablemente considerada de muchas cualidades, y el concepto humano de él debería incluir por lo menos aquellas fases de ultimidad que son directoras del control, experienciables personalmente, unificadoras por tensión, pero existen muchos otros aspectos no revelados de la Deidad eventuada. Aunque el Último y el Supremo sean comparables, no son idénticos, tampoco es el Último simplemente una amplificación del Supremo.

3. *El Absoluto*. Existen muchas teorías en cuanto al carácter del tercer miembro del segundo nivel de la Trinidad de Trinidades. Dios el Absoluto está indudablemente involucrado en esta asociación como la consecuencia de personalidad de la función final de la Trinidad Absoluta, sin embargo el Absoluto de Deidad es una realidad existencial del estado eterno.

La dificultad conceptual en cuanto al tercer miembro es inherente al hecho de que la presuposición de tal asociación implica en realidad tan sólo un Absoluto. Teóricamente, si ocurriera tal acontecimiento, deberíamos presenciar la unificación *experiencial* de los tres Absolutos en uno. Y se nos enseña que, en la infinidad y *existencialmente*, hay un solo Absoluto. Aunque esté por lo menos claro quién puede ser este tercer miembro, a menudo se postula que éste consista en el Absoluto de Deidad, el Absoluto Universal y el Absoluto No Cualificado en alguna forma de enlace inimaginado y manifestación cósmica. Ciertamente, la Trinidad de Trinidades difícilmente podría alcanzar funcionalidad completa sin unificación plena de los tres Absolutos, y los tres Absolutos difícilmente podrían unificarse sin la realización completa de todas las potencialidades infinitas.

Probablemente sería tan sólo una distorsión mínima de la verdad si se concibiese al tercer miembro de la Trinidad de Trinidades como el Absoluto Universal, siempre y cuando este concepto visualice al Universal, no tan sólo como estático y potencial, sino también como asociativo. Pero aún no percibimos la relación con los aspectos creador y evolucionario de la función de la Deidad total.

Aunque sea difícil formar un concepto completo de la Trinidad de Trinidades, un concepto cualificado no es tan difícil. Si el segundo nivel de la Trinidad de Trinidades se concibe como esencialmente personal, se torna enteramente posible postular la unión del Dios el Supremo, Dios el Último y Dios el Absoluto como repercusión personal de la unión de las Trinidades personales quienes son antepasadas de estas Deidades experienciales. Aventuramos la opinión de que estas tres Deidades experienciales con certidumbre se unificarán en el segundo nivel como consecuencia directa de la unidad creciente de sus Trinidades ancestrales y causativas que constituyen el primer nivel.

El primer nivel consiste en tres Trinidades; el segundo nivel existe como la asociación de personalidades de Deidad experiencial-evolucionadas, experiencial-eventuadas y experiencial-existenciales. Y aparte de toda dificultad conceptual en la comprensión de la completa Trinidad de Trinidades, la asociación personal de estas tres Deidades en el segundo nivel se ha hecho manifiesta a nuestra propia edad universal en el fenómeno de la deidadización de Majestón, quien fue actualizado en este segundo nivel por el

Absoluto de Deidad, actuando a través del Último y en respuesta al mandato creador inicial del Ser Supremo.

EL TERCER NIVEL: En una hipótesis no cualificada del segundo nivel de la Trinidad de las Trinidades, está comprendida la correlación de toda fase de todo tipo de realidad que es, fue o podría ser en toda la entera infinidad. El Ser Supremo no es solamente espíritu sino también mente y poder y experiencia. El Último es todo esto y mucho más, mientras que, en el concepto conjunto de la unicidad de los Absolutos de Deidad, Universal y No Cualificado, está incluida la finalidad absoluta de toda realización de la realidad.

En la unión del Supremo, el Último y el Absoluto completo, podría ocurrir la reunión funcional de aquellos aspectos de la infinidad que fueron originalmente segmentados por el YO SOY, y que dieron como resultado la aparición de los Siete Absolutos de la Infinidad. Aunque los filósofos del universo consideran ésta una probabilidad muy remota, sin embargo, frecuentemente hacemos esta pregunta: Si el segundo nivel de la Trinidad de Trinidades pudiera alguna vez alcanzar unidad de la trinidad, ¿qué ocurriría como consecuencia de tal unidad de deidad? No lo sabemos, pero confiamos que conduciría directamente a la realización del YO SOY como experiencial alcanzable. Desde el punto de vista de los seres personales podría significar que el YO SOY no conocible se torne experienciable como Padre-Infinito. Lo que estos destinos absolutos podrían significar desde un punto de vista no personal es otro asunto que tan sólo la eternidad podría posiblemente aclarar. Pero así como consideramos estas eventualidades remotas como criaturas personales, deducimos que el destino final de todas las personalidades es el conocimiento final del Padre Universal y de estas mismas personalidades.

Así como concebimos filosóficamente el YO SOY en la eternidad pasada, él está solo, no hay nadie junto a él. Mirando hacia adelante a la eternidad futura, no vemos que el YO SOY pudiera cambiar como existencial, pero nos inclinamos a pronosticar una vasta diferencia experiencial. Dicho concepto del YO SOY implica una autorrealización plena —abarca esa galaxia ilimitada de personalidades que se han tornado participantes volitivos en la autorrevelación del YO SOY, y que permanecerán eternamente como partes volitivas absolutas de la totalidad de la infinidad, hijos finales del Padre absoluto.

9. LA UNIFICACIÓN EXISTENCIAL INFINITA

En el concepto de la Trinidad de Trinidades postulamos la unificación experiencial posible de la realidad ilimitada, y a veces teorizamos que todo esto puede suceder en la eternidad más lejana y alejada. Sin embargo hay una unificación actual y presente de la infinidad en esta misma edad así como en todas las edades pasadas y futuras del universo; dicha unificación es existencial en la Trinidad del Paraíso. La unificación de la Infinidad como realidad experiencial es impensablemente remota, pero una unidad no cualificada de la infinidad domina ahora el momento presente de la existencia universal y une las divergencias de toda realidad con una majestuosidad existencial que es *absoluta*.

Cuando las criaturas finitas intentan concebir la unificación infinita de los niveles de la finalidad de la eternidad consumada, se enfrentan con las limitaciones intelectuales inherentes a sus existencias finitas. El tiempo, el espacio y la experiencia constituyen barreras para el concepto de la criatura; y aún, sin tiempo, aparte del espacio y exceptuando la experiencia, ninguna criatura podría alcanzar ni siquiera una comprensión limitada de la realidad universal. Sin sensibilidad por el tiempo, ninguna criatura evolucionaria podría posiblemente percibir las relaciones de secuencia. Sin percepción del espacio, ninguna criatura podría imaginar las relaciones de simultaneidad. Sin experiencia, ninguna criatura evolucionaria podría siquiera existir; sólo los Siete Absolutos de la Infinidad verdaderamente trascienden la experiencia, y aun éstos pueden ser experienciales en ciertas fases.

El tiempo, el espacio y la experiencia son los mayores auxilios del hombre para la percepción relativa de la realidad y sin embargo son sus obstáculos más formidables para la plena percepción de la realidad. Los mortales y muchas otras criaturas del universo encuentran necesario pensar en los potenciales como siendo actualizados en el espacio y evolucionando hasta dar frutos en el tiempo, pero todo este proceso es un fenómeno espacio-temporal que en realidad no ocurre en el Paraíso y la eternidad. En el nivel absoluto no hay ni tiempo ni espacio; todos los potenciales pueden ser percibidos allí como actuales.

El concepto de la unificación de toda realidad, en esta o en cualquier otra edad universal, es básicamente doble: existencial y experiencial. Dicha unidad está en proceso de realización experiencial en la Trinidad de Trinidades, pero el grado de la actualización aparente de esta Trinidad triple es directamente proporcional a la desaparición de las cualificaciones e imperfecciones de la realidad en el cosmos. Pero la integración total de la realidad está eterna y existencialmente presente en forma no cualificada en la Trinidad del Paraíso, dentro de la cual, en este mismo momento universal, la realidad infinita está absolutamente unificada.

La paradoja creada por los puntos de vista experiencial y existencial es inevitable y se basa en parte en el hecho de que la Trinidad del Paraíso y la Trinidad de Trinidades son cada una de ellas una relación en la eternidad que los mortales tan sólo pueden percibir como relatividad espacio-temporal. El concepto humano de la actualización experiencial gradual de la Trinidad de Trinidades —el punto de vista temporal— debe ser suplementado por el postulado adicional de que es ya un hecho —el punto de vista de la eternidad. Pero ¿cómo pueden ser reconciliados estos dos puntos de vista? Para los mortales finitos sugerimos la aceptación de la verdad de que la Trinidad del Paraíso es la unificación existencial de la infinidad, y que la incapacidad de detectar la presencia actual y la manifestación completa de la Trinidad de Trinidades experienciales se debe en parte a una distorsión recíproca debido a:

1. El punto de vista humano limitado, la incapacidad de captar el concepto de eternidad no cualificada.

2. El estado imperfecto del ser humano, la posición remota respecto del nivel absoluto de los experienciales.

3. El propósito de la existencia humana, el hecho de que la humanidad está destinada a evolucionar mediante la técnica de la experiencia y por lo tanto debe ser inherente y constitucionalmente dependiente de la experiencia. Tan sólo un Absoluto puede ser a la vez existencial y experiencial.

El Padre Universal en la Trinidad del Paraíso es el YO SOY de la Trinidad de Trinidades, y la incapacidad de experimentar al Padre como infinito se debe a las limitaciones finitas. El concepto del YO SOY —*existencial*, solitario y no alcanzable, un ente que existe antes de la Trinidad— y el postulado del YO SOY —*experiencial* y alcanzable, un ente que existe después de la Trinidad de Trinidades— constituyen la misma hipótesis; ningún cambio actual ha ocurrido en el infinito; todo desarrollo aparente se debe a una mayor capacidad de recepción de la realidad y apreciación cósmica.

El YO SOY, en el análisis final, debe existir *antes* de todos los existenciales y *después* de todos los experienciales. Aunque estas ideas puedan no aclarar las paradojas de la eternidad y la infinidad en la mente humana, deberían por lo menos estimular estos intelectos finitos a una renovada preocupación por estos problemas sin fin, problemas que continuarán intrigándoos en Salvington y más adelante como finalistas y aun más a través del futuro sin fin de vuestras carreras eternas en los vastos universos.

Tarde o temprano todas las personalidades universales comienzan a comprender que la búsqueda final de la eternidad es la exploración sin fin de la infinidad, el viaje que nunca acaba de descubrimiento hacia la absolutez de la Primera Fuente y Centro. Tarde o temprano todos nos damos cuenta de que todo crecimiento de la criatura es proporcional a la identificación con el Padre. Llegamos a la comprensión de que vivir la voluntad de Dios es el pasaporte eterno a la posibilidad sin fin de la infinidad misma. Los mortales alguna vez entienden que el éxito en la exploración del Infinito es directamente proporcional al alcance de la semejanza con el Padre, y que en esta edad universal se revelarán las realidades del Padre dentro de las cualidades de la divinidad. Y estas cualidades de la divinidad pueden ser apropiadas en forma personal por parte de las criaturas del universo mediante la experiencia de vivir divinamente, y que vivir divinamente significa realmente vivir la voluntad de Dios.

Para las criaturas materiales, finitas, evolucionarias, una vida basada en vivir la voluntad del Padre conduce directamente al alcance de la supremacía del espíritu en la arena de la personalidad y lleva a dichas criaturas un paso más cerca de la comprensión del Padre-Infinito. Tal vida para el Padre está basada en la verdad, es sensible a la belleza, y está dominada por la bondad. Una persona que sí conoce a Dios está iluminada interiormente por la adoración y exteriormente se dedica al servicio totalmente sincero de la hermandad universal de todas las personalidades, un ministerio de servicio que está lleno de misericordia y motivado por el amor, mientras que estas cualidades de vida están unificadas en la personalidad evolutiva sobre los niveles en constante ascensión de sabiduría cósmica, autorrealización, encuentro con Dios y adoración del Padre.

[Presentado por un Melquisedek de Nebadon.]

DOCUMENTO 107

EL ORIGEN Y LA NATURALEZA DE LOS AJUSTADORES DEL PENSAMIENTO

AUNQUE el Padre Universal resida personalmente en el Paraíso, en el centro mismo de los universos, también está realmente presente en los mundos del espacio en las mentes de sus incontables hijos temporales, porque mora en ellos en forma de Monitores Misteriosos. El Padre eterno está a la vez más lejos que nadie y más íntimamente asociado que nadie con sus hijos mortales planetarios.

Los Ajustadores son la actualidad del amor del Padre encarnado en las almas de los hombres; son la promesa verdadera de la carrera eterna del hombre, aprisionada dentro de la mente mortal; son la esencia de la personalidad perfeccionada de finalista del hombre, que puede anticipar en el tiempo a medida que domina progresivamente la técnica divina de llegar a vivir la voluntad del Padre, paso a paso, a través de la ascensión de universo a universo hasta que realmente alcance la presencia divina de su Padre en el Paraíso.

Dios, habiendo mandado al hombre que sea perfecto, así como él es perfecto, ha descendido en forma de Ajustador para tornarse el socio experiencial del hombre en el logro del destino excelso que ha sido así ordenado. El fragmento de Dios que reside en la mente del hombre es el seguro absoluto y no condicionado de que el hombre puede encontrar al Padre universal en asociación con este Ajustador divino, que vino de Dios para encontrar al hombre y afiliarlo aun en los días de la carne.

Todo mortal que haya visto al Hijo Creador ha visto al Padre Universal, y el que contiene a un Ajustador divino contiene al Padre del Paraíso. Todo mortal que, consciente o inconscientemente, siga la guía de su Ajustador residente vive de acuerdo con la voluntad de Dios. La conciencia de la presencia del Ajustador es conciencia de la presencia de Dios. La fusión eterna del Ajustador con el alma evolucionaria del hombre es una experiencia de hecho de la unión eterna con Dios como asociado universal de la Deidad.

Es el Ajustador el que crea dentro del hombre ese deseo insaciable y ese incesante anhelo de ser como Dios, de alcanzar el Paraíso, y allí, ante la persona actual de la Deidad, adorar la fuente infinita del don divino. El Ajustador es la presencia viva que efectivamente vincula el hijo mortal con su Padre del Paraíso y le atrae cada vez más cerca del Padre. El Ajustador es nuestra igualación compensatoria de la enorme tensión universal creada por la distancia de la separación entre el hombre y Dios y por el grado de su parcialidad en contraste con la universalidad del Padre eterno.

El Ajustador es una esencia absoluta de un ser infinito aprisionada en la mente de una criatura finita que, según la selección de dicho mortal, puede finalmente consumar esta unión temporal de Dios y hombre y verdaderamente actualizar una nueva orden de ser para servicio universal sin fin. El Ajustador es la realidad universal divina que hace hecho la verdad de que Dios es el Padre del hombre. El Ajustador es la brújula cósmica infalible del hombre, que apunta constante e infaliblemente el alma hacia Dios.

En los mundos evolucionarios, las criaturas volitivas atraviesan tres etapas generales de desarrollo del ser: desde la llegada del Ajustador hasta un crecimiento pleno comparativo, unos veinte años de edad en Urantia, los Monitores a veces se denominan Cambiadores de Pensamiento. Desde este momento hasta el alcance de la edad de la discreción, unos cuarenta años, los Monitores Misteriosos se denominan Ajustadores del Pensamiento. Desde el alcance de la discreción hasta la liberación de la carne, frecuentemente se los denomina Controladores del Pensamiento. Estas tres fases de la vida mortal no tienen relación alguna con las tres etapas del progreso del Ajustador en la duplicación de la mente y en la evolución del alma.

1. EL ORIGEN DE LOS AJUSTADORES DEL PENSAMIENTO

Puesto que los Ajustadores del Pensamiento son de la esencia de la Deidad original, nadie puede tener la presunción de discurrir con autoridad sobre su naturaleza y origen; yo tan sólo puedo impartir las tradiciones de Salvington y las creencias de Uversa; tan sólo puedo explicar cómo consideramos a estos Monitores Misteriosos y sus entidades asociativas en todo el gran universo.

Aunque hay opiniones distintas sobre el modo de la dotación de los Ajustadores del Pensamiento, no existen tales diferencias en cuanto a su origen; todos están de acuerdo de que éstos proceden directamente del Padre Universal, la Primera Fuente y Centro. No son seres creados; son entidades fragmentadas que constituyen la presencia de hecho del Dios infinito. Juntamente con sus muchos asociados no revelados, los Ajustadores son divinidad no diluida ni mezclada, porciones no condicionadas ni atenuadas de la Deidad; son de Dios, y en cuanto podemos discernir, *son Dios*.

En cuanto al tiempo del comienzo de sus existencias separadas aparte de la absolutez de la Primera Fuente y Centro, no lo sabemos; tampoco sabemos su número. Muy poco sabemos sobre sus carreras hasta que llegan a los planetas del tiempo para residir en las mentes humanas, pero desde ese momento en adelante tenemos cierta familiaridad con su progresión cósmica, hasta, e incluyendo, la consumación de sus destinos triunos: obtención de la personalidad por fusión con un ascendente mortal, obtención de la personalidad por mandato del Padre Universal, o liberación de los encargos conocidos de los Ajustadores del Pensamiento.

Aunque no lo sabemos, suponemos que los Ajustadores están siendo constantemente individualizados a medida que se amplía el universo, y a medida que aumentan en número los candidatos para fusión con el Ajustador. Pero también es igualmente posible que estemos errados en intentar asignar una magnitud numérica a los Ajustadores; como Dios mismo, estos fragmentos de su naturaleza insondable pueden ser existencialmente infinitos.

La técnica del origen de los Ajustadores del Pensamiento es una de las funciones no reveladas del Padre Universal. Tenemos motivo para creer que ninguno de los otros asociados absolutos de la Primera Fuente y Centro tiene nada que ver con la producción de los fragmentos del Padre. Los Ajustadores son simple y eternamente los dones divinos; son de Dios y provienen de Dios, y son como Dios.

En su relación con las criaturas de fusión revelan un amor excelso y un ministerio espiritual que profundamente confirma la declaración de que Dios es espíritu. Pero hay mucho que ocurre además de este ministerio trascendente y que no se ha revelado jamás a los mortales de Urantia. Tampoco comprendemos plenamente qué es lo que realmente ocurre cuando el Padre Universal da de sí mismo para que sea parte de la personalidad de una criatura temporal. Tampoco ha revelado completamente la progresión ascendente de los finalistas del Paraíso las posibilidades plenas inherentes a esta asociación excelsa de hombre y Dios. En último análisis, los fragmentos Paternales deben ser un don del Dios absoluto a aquellas criaturas cuyo destino abarca la posibilidad del alcance de Dios como absoluto.

Así como el Padre Universal fragmenta su Deidad prepersonal, el espíritu Infinito individualiza porciones de su espíritu premente para residir en las almas evolucionarias de los mortales sobrevivientes que pertenecen a la serie de fusión con el espíritu y realmente fusionarse en ellas. Pero la naturaleza del Hijo Eterno no es fragmentable de esta manera; el espíritu del Hijo Original es difuso o discretamente personal. Las criaturas fusionadas con el Hijo están unidas con dotes individualizadas del espíritu de los Hijos Creadores del Hijo Eterno.

2. LA CLASIFICACIÓN DE LOS AJUSTADORES

Los Ajustadores son individualizados como entidades vírgenes, y todos están destinados a tornarse liberados, fusionados o Monitores Personalizados. Comprendemos que existen siete órdenes de Ajustadores del Pensamiento, aunque no comprendemos totalmente estas categorías. Frecuentemente nos referimos a las diferentes órdenes como sigue:

1. *Ajustadores vírgenes*, los que sirven en su encargo inicial en la mente de los candidatos evolucionarios para la sobrevivencia eterna. Los Monitores Misteriosos son eternamente uniformes en su naturaleza divina. También son uniformes en su naturaleza experiencial cuando salen primeramente de Divinington; la diferenciación experiencial subsiguiente es el resultado de una experiencia actual de ministerio universal.

2. *Ajustadores avanzados*, los que han servido una o más temporadas con criaturas volitivas en los mundos donde la fusión final ocurre entre la identidad de la criatura temporal y una porción individualizada del espíritu de la manifestación en el universo local de la Tercera Fuente y Centro.

3. *Ajustadores supremos*, los Monitores que han servido en la aventura del tiempo en los mundos evolucionarios, pero cuyos asociados humanos por alguna razón renunciaron a la sobrevivencia eterna; y los que han sido posteriormente asignados a otras aventuras en otros mortales en otros mundos evolutivos. Un Ajustador supremo, aunque no más divino que un Monitor virgen, ha tenido más experiencia, y puede hacer en la mente humana cosas que un Ajustador menos experto no podría hacer.

4. *Ajustadores desaparecidos*. Aquí se produce una laguna en nuestros esfuerzos por seguir las carreras de los Monitores Misteriosos. Existe una cuarta etapa de servicio sobre la cual no estamos seguros. Los Melquisedek enseñan que los Ajustadores de cuarta etapa están ocupados en encargos separados, deambulando por el universo de los universos. Los Mensajeros Solitarios se inclinan a creer que son uno con la Primera Fuente y Centro, disfrutando de un período de refrescante asociación con el Padre mismo. Y es enteramente posible que un Ajustador pueda deambular por el universo maestro simultáneamente por el hecho de estar unido con el Padre omnipresente.

5. *Ajustadores liberados*, los Monitores Misteriosos que han sido eternamente liberados del servicio temporal para los mortales de las esferas en evolución. Cuáles sean sus funciones, no lo sabemos.

6. *Ajustadores fusionados* —finalistas— los que se han hecho uno con las criaturas ascendentes de los superuniversos, los socios en la eternidad de los ascensores

del tiempo en el Cuerpo Paradisiaco de la Finalidad. Los Ajustadores del Pensamiento ordinariamente se fusionan con los mortales temporales ascendentes, y con tales mortales sobrevivientes son registrados a su entrada y salida de Ascendington; siguen el curso de los seres ascendentes. Después de fusionarse con el alma ascendente evolucionaria, parecería que el Ajustador se trasladara del nivel existencial absoluto del universo, al nivel existencial finito de la asociación funcional con la personalidad ascendente. Aunque retenga todo el carácter de la naturaleza divina existencial, un Ajustador Fusionado se torna indisolublemente vinculado con la carrera ascendente de un mortal sobreviviente.

7. *Ajustadores Personalizados*, los que han servido con los Hijos del Paraíso encarnados, juntamente con muchos que han alcanzado una distinción poco común durante su residencia en un mortal, pero cuyos sujetos rehusaron la supervivencia. Tenemos razones para creer que dichos Ajustadores son personalizados por recomendación de los Ancianos de los Días del superuniverso de su encargo.

Hay muchas maneras en las cuales estos misteriosos fragmentos de Dios pueden ser clasificados: de acuerdo con el encargo universal, por la medida de éxito en su residencia en un mortal individual, o aun por las raíces raciales del candidato mortal para la fusión.

3. EL HOGAR DE LOS AJUSTADORES EN DIVININGTON

Todas las actividades universales relacionadas con el envío, gestión, dirección y retorno de los Monitores Misteriosos del servicio en los siete superuniversos parecen estar centradas en la esfera sagrada de Divinington. Por lo que yo sé, nadie, excepto los Ajustadores y otras entidades del Padre, ha estado en esa esfera. Parece probable que numerosas entidades prepersonales no reveladas compartan a Divinington como esfera de residencia con los Ajustadores. Conjeturamos que estas entidades semejantes puedan de alguna manera estar asociadas con el ministerio presente y futuro de los Monitores Misteriosos. Pero en realidad no lo sabemos.

Cuando los Ajustadores del Pensamiento retornan al Padre, vuelven al dominio de origen supuesto, Divinington; y probablemente como parte de esta experiencia exista un contacto real con la personalidad paradisiaca del Padre, así como también con la manifestación especializada de la divinidad del Padre que se dice estar situada en esta esfera secreta.

Aunque sabemos algo de las siete esferas secretas del Paraíso, sabemos menos sobre Divinington que sobre las otras. Los seres de órdenes espirituales elevadas reciben tan sólo tres amonestaciones divinas, y éstas son:

1. Mostrar siempre respeto adecuado por la experiencia y las dotes de sus decanos y superiores.

2. Ser siempre considerados de las limitaciones y la inexperiencia de sus subordinados e inferiores.

3. No intentar jamás aterrizar en Divinington.

Con frecuencia pienso que sería totalmente inútil para mí ir a Divinington; probablemente sería incapaz de ver a los seres residentes excepto tales como los Ajustadores Personalizados, y los he visto en otros sitios. Estoy muy seguro de que no hay nada en Divinington de verdadero valor o beneficio para mí, nada esencial a mi crecimiento y desarrollo, si no, no se me habría prohibido ir allí.

Puesto que Divinington nos ofrece poco o nada para aprender de la naturaleza y origen de los Ajustadores, estamos obligados a recoger datos de mil y una fuentes distintas, y es necesario reunir, asociar y correlacionar estos datos acumulados para que dicho conocimiento pueda ser informativo.

El valor y la sabiduría exhibidos por los Ajustadores del Pensamiento sugieren que se han sometido a una capacitación de enorme alcance y amplitud. Puesto que no son personalidades, este adiestramiento debe ser impartido en las instituciones de capacitación en Divinington. Los singulares Ajustadores Personalizados sin duda constituyen el personal de las escuelas de capacitación de Ajustadores en Divinington. Y sabemos que este cuerpo central y supervisor está presidido por el Ajustador ahora Personalizado del primer Hijo Paradisiaco de la Orden de Micael que completara su séptuple encarnación en las razas y pueblos de sus dominios universales.

En realidad muy poco sabemos sobre los Ajustadores no personalizados; tan sólo nos comunicamos y contactamos con las órdenes personalizadas. Se les pone el nombre a estas órdenes en Divinington y siempre son conocidas por su nombre y no por su número. Los Ajustadores Personalizados están domiciliados permanentemente en Divinington; esa esfera sagrada es su hogar. Salen de esa residencia sólo por la voluntad del Padre Universal. Muy pocos se encuentran en los dominios de los universos locales, pero están presentes en grandes números en el universo central.

4. LA NATURALEZA Y LA PRESENCIA DE LOS AJUSTADORES

Decir que un Ajustador del Pensamiento es divino es meramente reconocer la naturaleza de su origen. Es altamente probable que tal pureza de divinidad abarque la esencia del potencial de todos los atributos de la Deidad que pueden ser contenidos dentro de tal fragmento de la esencia absoluta de la presencia universal del Padre del Paraíso eterno e infinito.

La verdadera fuente del Ajustador debe ser infinita, y antes de la fusión con el alma inmortal de un mortal evolutivo, la realidad del Ajustador debe lindar con la absolutez. Los Ajustadores no son absolutos en el sentido universal, en el sentido de Deidad, pero probablemente son verdaderos absolutos dentro de las potencialidades de su naturaleza fragmentada. Son condicionados en cuanto a la universalidad pero no en cuanto a la naturaleza. En extensión están limitados, pero en intensidad de significado, valor y hecho *son absolutos*. Por esta razón a veces denominamos los dones divinos, fragmentos absolutos cualificados del Padre.

Ningún Ajustador ha sido nunca desleal al Padre del Paraíso; las órdenes más bajas de criaturas personales pueden a veces tener que luchar con semejantes desleales, pero los Ajustadores jamás; son supremos e infalibles en su esfera excelsa de ministerio para las criaturas y función universal.

Los Ajustadores no personalizados son visibles tan sólo a los Ajustadores Personalizados. Mi orden, los Mensajeros Solitarios, juntamente con los Espíritus Trinitarios Inspirados, puede detectar la presencia de los Ajustadores por medio de fenómenos reactivos espirituales; y aun los serafines a veces pueden discernir la luminosidad espiritual supuestamente asociada con la presencia de los Monitores en las mentes materiales de los hombres; pero ninguno de nosotros es capaz de discernir realmente la verdadera presencia de los Ajustadores, a menos que éstos hayan sido personalizados, aunque sus naturalezas son percibibles en unión con las personalidades fusionadas de los mortales ascendentes de los mundos evolucionarios. La invisibilidad universal de los Ajustadores sugiere fuertemente su origen y naturaleza divinos, exclusivos y elevados.

Hay una luz característica, una luminosidad del espíritu, que acompaña esta presencia divina, y que ha sido asociada en general con los Ajustadores del Pensamiento. En el universo de Nebadon esta luminosidad paradisiaca se conoce vastamente como «luz piloto»; en Uversa se la denomina «luz de la vida». En Urantia este fenómeno a veces ha sido referido como «la verdadera luz que ilumina a todo hombre que llega al mundo».

Para todos los seres que han alcanzado al Padre Universal, los Ajustadores del Pensamiento Personalizados son visibles. Los Ajustadores de todas las etapas, juntamente con todos los demás seres, entidades, espíritus, personalidades y manifestaciones espirituales, son siempre discernibles por parte de aquellas Personalidades Creadoras Supremas que se originan en las Deidades del Paraíso, y que presiden los principales gobiernos del gran universo.

¿Puedes realmente comprender el verdadero significado de que un Ajustador reside en ti? ¿Puedes realmente imaginar qué significa tener un fragmento absoluto de la Deidad absoluta e infinita, el Padre Universal, que reside en vosotros y se fusiona con vuestra naturaleza mortal finita? Cuando el hombre mortal se fusiona con un fragmento real de la Causa existencial del cosmos total, no se puede colocar límite alguno sobre el destino de tal asociación sin precedentes e inimaginable. En la eternidad, el hombre descubrirá no sólo la infinidad de la Deidad objetiva sino también la potencialidad sin fin del fragmento subjetivo de este mismo Dios. Por siempre el Ajustador estará revelando a la personalidad mortal la maravilla de Dios, y jamás podrá esta revelación excelsa llegar a un fin, porque el Ajustador es de Dios y como Dios para el hombre mortal.

5. LOS AJUSTADORES TIENEN MENTE

Los mortales evolucionarios tienden a considerar la mente una mediación cósmica entre el espíritu y la materia, puesto que ése es en efecto el ministerio principal de la mente, por lo que vosotros podéis discernir. Por lo tanto es muy difícil para los humanos percibir que los Ajustadores del Pensamiento tienen mente, puesto que los Ajustadores son fragmentaciones de Dios en un nivel absoluto de realidad que es no sólo prepersonal sino también previo a toda divergencia entre la energía y el espíritu. En un nivel monista, que es antecedente a la diferenciación entre la energía y el espíritu, no podría existir ninguna función mediadora de la mente, porque no habría divergencias que necesitaran ser mediadas.

Puesto que los Ajustadores pueden planificar, trabajar y amar, han de tener poderes de yo conmensurados con la mente. Están poseídos por una habilidad ilimitada de comunicarse entre sí, o sea, todas las formas de los Monitores por encima de los grupos primeros o vírgenes. En cuanto a la naturaleza y propósito de su intercomunicación, muy poco podemos revelar, porque no sabemos. Sabemos ulteriormente que deben tener mente de alguna manera porque si no, no podrían jamás ser personalizados.

La dote de mente del Ajustador del Pensamiento es como la *dote de mente* del Padre Universal y del Hijo Eterno, la que es ancestral a las *mentes* del Actor Conjunto.

El tipo de mente postulado en un Ajustador debe ser similar a la dote mental de numerosas otras órdenes de entidades prepersonales que según se supone se originan de la misma manera de la Primera Fuente y Centro. Aunque muchas de estas órdenes no han sido reveladas en Urantia, todas exhiben cualidades mentales. Es también posible para estas individualizaciones de la Deidad original tornarse unificadas con numerosos tipos en evolución de seres no mortales y aun con un número limitado de seres no evolucionarios que hayan desarrollado la capacidad para la fusión con dichos fragmentos de la Deidad.

Cuando un Ajustador del Pensamiento se fusiona con el alma morontial inmortal en evolución del humano sobreviviente, la mente del Ajustador tan sólo puede ser identificada como persistiendo separada de la mente de la criatura hasta que el mortal ascendente alcanza los niveles espirituales de progresión universal.

En el momento del logro de los niveles de la experiencia ascendente de los finalistas, estos espíritus de la sexta etapa parecen transmutar algún factor mental que representa la unión de ciertas fases de la mente del mortal y del Ajustador que previamente habían funcionado como vínculo entre la fase divina y la humana de dichas personalidades ascendentes. Esta calidad experiencial de la mente probablemente se «suprematiza» y subsiguientemente aumenta la dote experiencial de la Deidad evolucionaria —el Ser Supremo.

6. LOS AJUSTADORES COMO ESPÍRITUS PUROS

En la forma en que se encuentran los Ajustadores del Pensamiento en la experiencia de las criaturas, divulgan la presencia y la guía de una influencia espiritual. El Ajustador es en efecto un espíritu, espíritu puro, pero espíritu y más. No hemos podido jamás clasificar satisfactoriamente a los Monitores Misteriosos; todo lo que podemos decir con certeza de ellos es que son verdaderamente como Dios.

El Ajustador es la posibilidad del hombre para lograr la eternidad; el hombre es la posibilidad del Ajustador para lograr personalidad. Vuestro Ajustador individual trabaja para espiritualizaros en la esperanza de eternizar vuestra identidad temporal. Los Ajustadores están saturados de amor bello y autodonante del Padre de los espíritus. Os aman divina y verdaderamente; son los prisioneros de la esperanza espiritual confinados en la mente del hombre. Esperan anhelosamente que vuestra mente mortal alcance la divinidad para que pueda terminar su soledad, para que puedan ser liberados con vosotros de las limitaciones de la vestimenta material y de la indumentaria del tiempo.

Vuestro camino hacia el Paraíso es el camino del alcance espiritual, y la naturaleza Ajustadora presentará fielmente la revelación de la naturaleza espiritual del Padre Universal. Más allá del ascenso al Paraíso y en las etapas postfinalistas de la carrera eterna, el Ajustador tal vez se ponga en contacto con el que fuera su socio humano en ministerio distinto del espiritual; pero el ascenso al Paraíso y la carrera finalista son la sociedad entre el hombre espiritualizante que conoce a Dios y el ministerio espiritual del Ajustador revelador de Dios.

Sabemos que los Ajustadores del Pensamiento son espíritus, espíritus puros, se supone que son espíritus absolutos. Pero el Ajustador debe ser también algo más que exclusiva realidad espiritual. Además de la dote de mente conjeturada, también existen factores de energía pura. Si recordáis que Dios es la fuente de energía pura y de espíritu puro, no será tan difícil percibir que sus fragmentos sean ambas cosas. Es un hecho que los Ajustadores atraviesan el espacio por circuitos instantáneos y universales de gravedad de la Isla del Paraíso.

El hecho de que los Monitores Misteriosos estén de esta manera asociados con los circuitos materiales del universo de los universos es verdaderamente sorprendente. Pero sigue siendo un hecho que fulguran a través de todo el gran universo por los circuitos de la gravedad material. Es enteramente posible que aun puedan penetrar los niveles del espacio exterior; seguramente podrían seguir la presencia gravitacional del

Paraíso en estas regiones, y aunque mi orden de personalidad puede atravesar los circuitos de la mente del Actor Conjunto aun más allá de los confines del gran universo, no hemos estado nunca seguros de detectar la presencia de Ajustadores en las regiones inexploradas del espacio exterior.

Y sin embargo, aunque los Ajustadores utilizan los circuitos de la gravedad material, no están sujetos a ella como lo está la creación material. Los Ajustadores son fragmentos del antepasado de la gravedad, no de las consecuenciales de la gravedad; se han segmentado en un nivel universal de existencia que es hipotéticamente anterior a la aparición de la gravedad.

Los Ajustadores del Pensamiento no tienen descanso desde el momento de su dotación hasta el día de su liberación para dirigirse a Divinington en el momento de la muerte natural de su sujeto mortal. Y aquellos cuyo sujeto no pasa a través de las compuertas de la muerte natural ni siquiera experimentan este respiro provisional. Los Ajustadores del Pensamiento no requieren ingestión de energía; son energía, energía de la orden más elevada y más divina.

7. LOS AJUSTADORES Y LA PERSONALIDAD

Los Ajustadores del Pensamiento no son personalidades, pero son entidades reales; son verdadera y perfectamente individualizados, aunque no se vuelven nunca, durante su período de residencia en el alma mortal, personalizados. Los Ajustadores del Pensamiento no son personalidades auténticas; son *realidades auténticas*, realidades de la orden más pura conocida en el universo de los universos —son la presencia divina. Aunque no personales, estos maravillosos fragmentos del Padre se denominan comúnmente seres y a veces, en vista de las fases espirituales de su ministerio presente a los mortales, entidades espirituales.

Si los Ajustadores del Pensamiento no son personalidades con prerrogativas de voluntad y poderes de selección, ¿cómo pueden seleccionar los sujetos mortales y decidir voluntariamente residir en estas criaturas del mundo evolucionario? Ésta es una pregunta que es fácil preguntar, pero probablemente ningún ser en el universo de los universos ha encontrado jamás la respuesta precisa. Aun mi orden de personalidad, los Mensajeros Solitarios, no comprende plenamente la dote de volición, selección y amor en las entidades que no son personales.

Frecuentemente hemos especulado que los Ajustadores del Pensamiento deben tener volición en todos los niveles de selección *prepersonales*. Deciden voluntariamente morar en los seres humanos, diseñan planes para la carrera eterna del hombre, los adaptan, modifican y substituyen de acuerdo con las circunstancias, y estas actividades denotan una volición genuina. Tienen afectos por los mortales, funcionan en las crisis universales, siempre están listos para actuar en forma decisiva de acuerdo con la selección humana, y todas éstas son reacciones altamente volitivas. En todas las situaciones que no se refieran al dominio de la voluntad humana, indudablemente exhiben una conducta que denota el ejercicio de poderes en todo sentido equivalentes a la voluntad, a la decisión llevada al máximo.

¿Por qué entonces, si los Ajustadores del Pensamiento poseen volición, son subsirvientes a la voluntad mortal? Creemos que esto se debe a que la volición del Ajustador, aunque absoluta en su naturaleza, es prepersonal en su manifestación. La voluntad humana funciona en el nivel de personalidad de la realidad universal, y en todo el cosmos lo impersonal —lo no personal, lo subpersonal y lo prepersonal— por siempre responde a la voluntad y a las acciones de la personalidad existente.

En todo el universo de seres creados y energías no personales no observamos voluntad, volición, selección y amor manifestados aparte de la personalidad. Excepto en los Ajustadores y otras entidades similares nosotros no presenciamos estos atributos de la personalidad funcionando en asociación con realidades impersonales. No sería correcto designar a un Ajustador como subpersonal, tampoco sería apropiado referirse a tal entidad como superpersonal, pero sería enteramente permisible definir a tal ser como prepersonal.

Para nuestras órdenes de seres estos fragmentos de la Deidad son conocidos como los dones divinos. Reconocemos que los Ajustadores son de origen divino, y que constituyen la prueba probable y demostración de la reserva del Padre Universal de la posibilidad de dirigir y comunicarse ilimitadamente con cualquiera y todas las criaturas materiales en sus virtualmente infinitos dominios, y todo ello totalmente aparte de su presencia en las personalidades de sus Hijos del Paraíso o a través de las ministraciones indirectas en las personalidades del Espíritu Infinito.

No existen seres creados que no estén encantados de ser anfitriones de los Monitores Misteriosos, pero ninguna orden de seres los recibe excepto las criaturas volitivas evolucionarias de destino finalista.

[Presentado por un Mensajero Solitario de Orvonton.]

DOCUMENTO 108

LA MISIÓN Y EL MINISTERIO DE LOS AJUSTADORES DEL PENSAMIENTO

LA MISIÓN de los Ajustadores del Pensamiento para las razas humanas consiste en representar, en ser, el Padre Universal para las criaturas mortales del tiempo y del espacio; ésa es la tarea fundamental de estos dones divinos. Su misión consiste también en elevar la mente mortal y en trasladar el alma inmortal de los hombres a las alturas divinas y a los niveles espirituales de la perfección del Paraíso. En la experiencia de transformar de esta manera la naturaleza humana de la criatura temporal en la naturaleza divina del finalista eterno, el Ajustador origina a un tipo singular de ser, un ser que consiste en la unión eterna del Ajustador perfecto y de la criatura perfeccionada, que es imposible de duplicar por ninguna otra técnica universal.

Nada en el universo entero puede substituir el hecho de la experiencia en los niveles no existenciales. El Dios infinito es, como siempre, repleto y completo, infinitamente inclusivo de todas las cosas excepto el mal y la experiencia de las criaturas. Dios no puede hacer el mal; es infalible. Dios no puede conocer experiencialmente lo que nunca ha experimentado personalmente. El preconocimiento de Dios es existencial. Por lo tanto el espíritu del Padre desciende del Paraíso para participar con los mortales finitos en cada experiencia bona fide de la carrera ascendente; es tan sólo mediante este método mediante el que el Dios existencial puede volverse en verdad y en hecho el Padre experiencial del hombre. La infinidad del Dios eterno abarca el potencial para la experiencia finita, que en efecto se torna actual en el ministerio de los fragmentos Ajustadores, los cuales efectivamente comparten las experiencias de las vicisitudes del vivir de los seres humanos.

1. LA SELECCIÓN Y LA ASIGNACIÓN

Cuando se envían los Ajustadores desde Divinington para el servicio mortal, ellos son idénticos en su dote a la divinidad existencial, pero varían en cualidades experienciales proporcionalmente al contacto previo con las criaturas evolucionarias y en ellas. No podemos explicar la base de la asignación del Ajustador, pero conjeturamos que estos dones divinos son otorgados de acuerdo con una política sabia y eficiente de idoneidad eterna de adaptación a la personalidad en la que residirán. Observamos frecuentemente que, cuanto más experto sea el Ajustador, el anfitrión pertenecerá a un tipo de mente humano más elevado; la herencia humana por lo tanto ha de ser un factor considerable en la determinación de la selección y asignación.

Aunque no lo sabemos con seguridad, creemos firmemente que todos los Ajustadores del Pensamiento son voluntarios. Pero antes de que se ofrezcan como voluntarios, poseen todos los datos sobre el candidato anfitrión. Los bosquejos seráficos del árbol genealógico y el modelo proyectado de conducta de vida son trasmitidos vía el Paraíso al cuerpo de reserva de Ajustadores en Divinington por la técnica de reflexividad que se extiende hacia adentro desde las capitales de los universos locales hasta las sedes de los superuniversos. Este pronóstico ampara no solamente los antecedentes hereditarios del candidato mortal, sino también la estimación de la dote intelectual probable y de la capacidad espiritual. Los Ajustadores entonces se ofrecen como voluntarios para residir en la mente de aquellas naturalezas íntimas sobre las cuales han recibido información plena.

El Ajustador voluntario se interesa particularmente en tres calificaciones del candidato humano:

1. *Capacidad intelectual.* ¿Es normal la mente? ¿Cuál es el potencial intelectual, la capacidad de la inteligencia? ¿Podrá el individuo desarrollarse en una criatura volitiva bona fide? ¿Tendrá oportunidad de funcionar la sabiduría?

2. *Percepción espiritual.* Los prospectos de desarrollo reverencial, el nacimiento y crecimiento de la naturaleza religiosa. ¿Cuál es el potencial del alma, la capacidad espiritual probable de receptividad?

3. *Poderes intelectuales y espirituales combinados.* El grado hasta el cual puedan posiblemente estas dos dotes asociarse, combinarse, para producir un fuerte carácter humano y contribuir a la evolución certera de un alma inmortal con valor de supervivencia.

Con estos hechos ante ellos, es nuestra creencia que los Monitores se ofrecen libremente como voluntarios para la asignación. Probablemente haya más de un Ajustador que ofrece sus servicios: tal vez las órdenes personalizadas supervisoras seleccionen de este grupo de Ajustadores voluntarios al más indicado para la tarea de espiritualizar y eternizar la personalidad del candidato mortal. (Para la asignación y servicio de los Ajustadores el sexo de la criatura no es una consideración).

El corto período comprendido entre la acción de ofrecerse como voluntario y el envío del Ajustador transcurre, se supone, en las escuelas de Divinington de los Monitores Personalizados, donde se utiliza un modelo de trabajo de la mente mortal esperada para instruir al Ajustador asignado en cuanto a los planes más eficaces para el acercamiento a la personalidad y la espiritualización de la mente. Se formula este modelo de mente mediante una combinación de los datos abastecidos por el servicio de reflexividad del superuniverso. Por lo menos así es como lo entendemos, una creencia que mantenemos como resultado de la acumulación de información recibida por contacto con muchos Ajustadores Personalizados en el curso de las largas carreras universales de los Mensajeros Solitarios.

Una vez que se envían los Ajustadores desde Divinington, prácticamente no pasa tiempo alguno entre ese momento y la hora de su aparición en la mente de los sujetos seleccionados. El tiempo medio de tránsito de un Ajustador desde Divinington hasta Urantia es de 117 horas, 42 minutos y 7 segundos. Virtualmente todo este tiempo está ocupado por la fase de registro en Uversa.

2. LOS PRERREQUISITOS PARA QUE EL AJUSTADOR RESIDA EN UN MORTAL

Aunque los Ajustadores se ofrecen como voluntarios para el servicio tan pronto como los pronósticos de la personalidad están retransmitidos a Divinington, no se asignan hasta que la personalidad de los sujetos humanos toman su primera decisión moral. La primera elección moral del niño humano se indica automáticamente en el séptimo ayudante de la mente y se registra instantáneamente, a través del Espíritu Creativo del universo local, trasmitiéndose por el circuito universal de la gravedad-mente del Actor Conjunto a la presencia del Espíritu Rector de jurisdicción del superuniverso, quien inmediatamente despacha esta información a Divinington. Los Ajustadores llegan a sus sujetos humanos en Urantia, término medio, justo antes del sexto cumpleaños del ser humano. En la generación presente, esta fecha corresponde a cinco años, diez meses, y cuatro días; o sea, el día 2134 de vida terrestre.

Los Ajustadores no pueden invadir la mente mortal hasta que ésta no haya sido preparada debidamente por el ministerio residente de los espíritus ayudantes de la mente y haya sido incorporada en el circuito del Espíritu Santo. Y se requiere la función coordinada de los siete ayudantes para cualificar así a la mente humana para la recepción de un Ajustador. La mente de la criatura debe exhibir el alcance de adoración e indicar la función de la sabiduría, exhibiendo la habilidad de elegir entre los valores nacientes del bien y el mal —la selección moral.

Así pues se prepara el escenario de la mente humana para la recepción de los Ajustadores, pero como regla general éstos no aparecen inmediatamente para residir en dichas mentes excepto en aquellos mundos en los que el Espíritu de la Verdad está funcionando como coordinador espiritual de estos diferentes ministerios espirituales. Si este espíritu de los Hijos autootorgadores está presente, los Ajustadores vienen infaliblemente en el instante en que el séptimo espíritu ayudante de la mente comienza a funcionar y señala al Espíritu Materno del Universo que ha logrado en potencial la coordinación de los seis ayudantes asociados de ministerio previo con este intelecto mortal. Por lo tanto en Urantia, desde el día de Pentecostés los Ajustadores divinos se han otorgado universalmente a todas las mentes normales de condición moral.

Aun con una mente dotada del Espíritu de la Verdad, el Ajustador no puede invadir arbitrariamente el intelecto mortal antes de la aparición de la decisión moral. Pero cuando se ha hecho dicha decisión moral, este espíritu asistente toma la jurisdicción directamente desde Divinington. No existen intermediarios ni otras autoridades ni poderes intermedios que funcionen entre los Ajustadores divinos y sus sujetos humanos; Dios y el hombre están relacionados directamente.

Antes de los tiempos del derramamiento del Espíritu de la Verdad sobre los habitantes de un mundo evolucionario, la dotación de los Ajustadores parece ser determinada por muchas influencias espirituales y actitudes de personalidad. No comprendemos plenamente las leyes que gobiernan estas dotaciones; no comprendemos qué es precisamente lo que determina la liberación de los Ajustadores que se han ofrecido como voluntarios para residir en tales mentes evolucionarias. Pero observamos numerosas influencias y condiciones que parecen estar asociadas con la llegada del Ajustador en tales mentes antes del otorgamiento del Espíritu de la Verdad, y éstas son:

1. La asignación de guardianes seráficos personales. Si un mortal no ha sido previamente habitado por un Ajustador, la asignación de un guardián personal, trae al Ajustador en seguida. Existe alguna relación muy definida pero desconocida entre el ministerio de los Ajustadores y el ministerio de los guardianes seráficos.

2. El logro del tercer círculo del alcance intelectual y del logro espiritual. He observado que los Ajustadores llegan a la mente mortal en el momento de la conquista del tercer círculo aún antes de que dicho cumplimiento sea señalado a las personalidades del universo local que se ocupan de estos asuntos.

3. En el momento en que se toma una decisión suprema de importancia espiritual extraordinaria. Tal conducta humana en una crisis planetaria personal generalmente va acompañada por la llegada inmediata del Ajustador expectante.

4. El espíritu de la fraternidad. Aparte del logro de los círculos psíquicos y la asignación de guardianes personales —en ausencia de algo que se parezca a una decisión en una crisis— cuando un mortal en evolución se llena de amor por sus semejantes y se consagra al ministerio altruista a sus hermanos en la carne, el Ajustador expectante invariablemente desciende para residir en la mente de tal ministro mortal.

5. Declaración de la intención de hacer la voluntad de Dios. Observamos que muchos mortales en los mundos del espacio pueden aparentemente estar listos para recibir al Ajustador, y sin embargo los Monitores no aparecen. Seguimos observando a tales criaturas en su vida diaria, y de pronto y en forma muy solapada, casi inconscientemente, éstas llegan a tomar la decisión de comenzar a tratar de hacer la voluntad del Padre en los cielos. Entonces observamos el envío inmediato de los Ajustadores del Pensamiento.

6. Influencia del Ser Supremo. En los mundos en los que los Ajustadores no se fusionan con las almas evolutivas de los habitantes mortales, observamos que los Ajustadores a veces son donados en respuesta a influencias que están totalmente más allá de nuestra comprensión. Conjeturamos que están determinadas estas donaciones por alguna acción refleja cósmica que se origina en el Ser Supremo. En cuanto a por qué estos Ajustadores no pueden fusionarse ni se fusionan con estos tipos de mentes mortales evolutivas, no lo sabemos. Dichas transacciones nunca nos han sido reveladas.

3. LA ORGANIZACIÓN Y LA ADMINISTRACIÓN

Por lo que sabemos, los Ajustadores están organizados como unidad de trabajo independiente en el universo de los universos, y están aparentemente bajo la administración directa de Divinington. Son uniformes en los siete superuniversos, siendo todos los universos locales servidos por tipos idénticos de Monitores Misteriosos. Sabemos por haberlo observado que existen numerosas series de Ajustadores con una organización seriada que se extiende a través de las razas, por encima de las dispensaciones, y a mundos, sistemas y universos. Sin embargo, es excesivamente difícil seguir la huella de estos dones divinos puesto que funcionan en forma intercambiable por todo el gran universo.

El registro de los Ajustadores es tan sólo conocido en las sedes de los siete superuniversos (fuera de Divinington). El número y la orden de cada Ajustador residente en cada criatura ascendente son informados por las autoridades del Paraíso a la sede del superuniverso, y desde allí se los comunica a la sede del universo local correspondiente y se los trasmite al planeta particular correspondiente. Pero los registros del universo local no revelan el número pleno de los Ajustadores del Pensamiento; los registros de Nebadon tan sólo contienen el número de asignación en el universo local tal como está designado por los representantes de los Ancianos de los Días. Tan sólo en Divinington se conoce el significado real del número completo del Ajustador.

Frecuentemente se conocen los sujetos humanos por el número de su Ajustador; los mortales no reciben verdaderos nombres universales hasta después de la fusión con el Ajustador, unión señalada por la dotación de un nuevo nombre para la nueva criatura por parte del guardián del destino.

Aunque tenemos los registros de los Ajustadores del Pensamiento en Orvonton, y aunque no tenemos autoridad alguna sobre ellos ni conexión administrativa con ellos, creemos firmemente que existe una conexión administrativa muy estrecha entre los mundos individuales de los universos locales y la ubicación central de los dones divinos en Divinington. Sabemos que, después de la aparición de un Hijo autootorgador Paradisiaco, un Ajustador Personalizado es asignado al mundo evolucionario correspondiente como supervisor planetario de los Ajustadores.

Es interesante observar que los inspectores del universo local cuando están efectuando un examen planetario siempre se dirigen al jefe planetario de los Ajustadores del Pensamiento, del mismo modo que hacen encargos a los jefes de los serafines y a los líderes de otras órdenes de seres relacionados con la administración de un mundo en evolución. No hace mucho tiempo, Urantia tuvo una inspección periódica de este tipo por parte de Tabamantia, el supervisor soberano de todos los planetas de experimento de vida en el universo de Nebadon. Y los registros revelan, que además de entregar sus advertencias y procesos a los varios jefes de personalidades superhumanas, también transmitió el siguiente mensaje al jefe de los Ajustadores, ubicado o en el planeta, o en Salvington, o en Uversa, o en Divinington, no lo sabemos exactamente, pero dijo:

«Ahora pues me apersono ante vosotros, superiores muy por encima mío, habiendo sido colocado a cargo temporal de la serie planetaria experimental; y deseo expresar admiración y profundo respeto por este grupo magnífico de ministros celestiales, los Monitores Misteriosos, quienes se han ofrecido como voluntarios para servir en esta esfera irregular. Sea cual fuere la crisis, vosotros jamás falláis. No se encuentra en todos los registros de Nebadon ni ante las comisiones de Orvonton acusación alguna contra un Ajustador divino. Habéis sido leales a vuestro fideicomiso. Habéis permanecido divinamente fieles. Habéis ayudado a ajustar los errores y a compensar las limitaciones de todos los que laboran en este confuso planeta. Vosotros sois seres maravillosos, guardianes del bien en las almas de este reino atrasado. Yo me inclino ante vosotros, aunque estéis aparentemente bajo mi jurisdicción como ministros voluntarios. Yo os hago una reverencia en reconocimiento humilde de vuestro exquisito altruismo, vuestro ministerio comprensivo, y vuestra devoción imparcial. Vosotros merecéis el nombre de servidores semejantes a Dios de los habitantes mortales de este mundo destrozado por las luchas, afligido por el sufrimiento y afectado por las enfermedades. ¡Yo os honro! Casi os adoro!»

Como resultado de muchas líneas sugestivas de evidencia, creemos que los Ajustadores están bien organizados, que existe una administración directiva profundamente inteligente y eficaz de estos dones divinos que proviene desde alguna fuente muy distante y central, probablemente Divinington. Sabemos que vienen de Divinington a los mundos, e indudablemente retornan allí cuando mueren sus sujetos.

Entre las órdenes más elevadas de espíritus es extremadamente difícil descubrir los mecanismos de la administración. Mi orden de personalidades, aunque ocupado en el cumplimiento de nuestros deberes específicos, participa indudablemente en forma inconsciente con numerosos otros grupos personales e impersonales de subdeidad que en forma unida están funcionando como correlacionadores del vasto universo. Sospechamos que servimos de este modo porque somos el único grupo de criaturas personalizadas (aparte de los Ajustadores Personalizados) uniformemente conscientes de la presencia de numerosas órdenes de entidades prepersonales.

Nos percatamos de la presencia de los Ajustadores, que son fragmentos de la Deidad prepersonal de la Primera Fuente y Centro. Tenemos sensibilidad por la presencia de los Espíritus Trinitarios Inspirados, quienes son expresiones superpersonales de la

Trinidad del Paraíso. Del mismo modo detectamos infaliblemente la presencia espiritual de ciertas órdenes no reveladas, que surgen del Hijo Eterno y del Espíritu Infinito. Y no somos totalmente insensibles a otras entidades, que no han sido reveladas a vosotros.

Los Melquisedek de Nebadon enseñan que los Mensajeros Solitarios son los coordinadores de la personalidad de estas varias influencias tal como se registran en la Deidad expansiva del Ser Supremo evolucionario. Es muy posible que participemos en la unificación experiencial de muchos de los fenómenos inexplicados del tiempo, pero no estamos seguros conscientemente de funcionar de esta manera.

4. LA RELACIÓN CON OTRAS INFLUENCIAS ESPIRITUALES

Aparte de la posible coordinación con otros fragmentos de la Deidad, los Ajustadores están completamente solos en su esfera de actividad en la mente mortal. Los Monitores Misteriosos demuestran elocuentemente el hecho de que, aunque el Padre haya aparentemente renunciado al ejercicio de todo poder personal directo y toda autoridad en todo el gran universo, a pesar de este acto de abnegación a favor de los hijos Creadores Supremos entre las Deidades del Paraíso, el Padre indudablemente se ha reservado para sí mismo el derecho inalienable de estar presente en las mentes y almas de sus criaturas evolutivas, para poder de esta manera actuar de modo tal como para atraer a toda la creación en forma de las criaturas hacia sí mismo, coordinadamente con la gravedad espiritual de los Hijos del Paraíso. Vuestro Hijo Paradisiaco autootorgador, cuando aún estaba en Urantia, dijo: «Yo, si soy elevado, atraeré a todos los hombres». Este poder de atracción espiritual de los Hijos del Paraíso y de sus asociadas creativas lo reconocemos y comprendemos, pero no comprendemos tan plenamente los métodos del funcionamiento del omnisapiente Padre de estos Monitores Misteriosos que viven y trabajan tan gallardamente dentro de la mente humana y a través de ella.

Aunque no estén subordinadas, coordinadas ni aparentemente relacionadas con la obra del universo de los universos, aunque actuen independientemente en la mente de los hijos de los hombres, estas misteriosas presencias impulsan incesantemente a las criaturas en las que residen hacia los ideales divinos, atrayéndolas constantemente hacia arriba en dirección de los propósitos y objetivos de una vida futura y mejor. Estos Monitores Misteriosos ayudan continuamente al establecimiento del dominio espiritual de Micael en todo el universo de Nebadon, contribuyendo a la vez misteriosamente a la estabilización de la soberanía de los Ancianos de los Días en Orvonton. Los Ajustadores *son* la voluntad de Dios, y puesto que los hijos de Dios Creadores Supremos, también incorporan personalmente esa misma voluntad, es inevitable que las acciones de los Ajustadores y la soberanía de los gobernantes del universo sean mutuamente interdependientes. Aunque aparentemente no conectadas, la presencia Paternal de los Ajustadores y la soberanía Paternal de Micael de Nebadon deben ser manifestaciones diversas de la misma divinidad.

Los Ajustadores del Pensamiento parecen ir y venir en forma muy independiente de toda otra presencia espiritual; parecen funcionar de acuerdo con las leyes del universo, completamente separados de las que gobiernan y controlan el funcionamiento de todas las demás influencias espirituales. Pero a pesar de tal independencia aparente, la observación por largo tiempo revela incuestionablemente que funcionan en la mente humana perfectamente sincronizados y coordinados con todos los demás ministerios espirituales, incluyendo los espíritus ayudantes de la mente, el Espíritu Santo, el Espíritu de la Verdad y otras influencias.

Cuando un mundo está aislado, debido a la rebelión, cuando un planeta está separado de todo circuito de comunicación con el exterior, tal como sucedió con Urantia después del sublevamiento de Caligastia, aparte de los mensajeros personales tan sólo queda una posibilidad de comunicación interplanetaria o universal directa, y ésta es a través del enlace de los Ajustadores de las esferas. Sea como fuere lo que sucede en un mundo o en un universo, los Ajustadores nunca se ocupan directamente. El aislamiento de un planeta no atañe de manera alguna a los Ajustadores ni su capacidad para comunicarse con cualquier porción del universo local, del superuniverso o del universo central. Y ésta es la razón por la cual tan frecuentemente se hacen contactos con los Ajustadores supremos y autoactuantes del cuerpo de reserva del destino en los mundos en cuarentena. Se recurre a dicha técnica para eludir las dificultades ocasionadas por el aislamiento planetario. En años recientes el circuito de los arcángeles ha funcionado en Urantia, pero ese medio de comunicación está limitado en gran parte a las transacciones del cuerpo mismo de los arcángeles.

Conocemos muchos fenómenos espirituales en el vasto universo que no podemos comprender plenamente. Aún no dominamos completamente todo lo que ocurre alrededor nuestro; y yo creo que mucho de esta obra inescrutable está forjada por los Mensajeros de Gravedad y por ciertos tipos de Monitores Misteriosos. No creo que los Ajustadores se dediquen exclusivamente a rehacer las mentes mortales. Estoy persuadido de que los Monitores Personalizados y otras órdenes de espíritus prepersonales no revelados son representativas del contacto directo e inexplicado del Padre Universal con las criaturas de los reinos.

5. La misión de los Ajustadores

Los Ajustadores aceptan un encargo difícil cuando se ofrecen como voluntarios para morar en seres tan complejos como los que viven en Urantia. Pero han tomado a cargo la tarea de existir en vuestras mentes, para recibir allí las admoniciones de las inteligencias espirituales de los reinos y a su vez dictar o traducir estos mensajes espirituales para la mente material; son indispensables para la ascensión al Paraíso.

Lo que el Ajustador del Pensamiento no puede utilizar en vuestra vida presente, esas verdades que no puede trasmitir exitosamente al hombre de su pareja, preservará fielmente para uso en la próxima etapa de la existencia, tal como ahora lleva de círculo en círculo aquellas cosas que no consigue registrar en la experiencia del sujeto humano, debido a la incapacidad o fracaso de la criatura de ofrecer un grado suficiente de cooperación.

En una cosa podéis confiar: los Ajustadores no perderán jamás nada de lo que se entrega a su cuidado; no hemos oído jamás de una falla en estos ayudantes espirituales. Los ángeles y otros tipos elevados de seres espirituales, sin exceptuar a los Hijos del tipo del universo local, pueden ocasionalmente abrazar el mal, pueden ocasionalmente alejarse del camino divino, pero los Ajustadores no fallan jamás. Son absolutamente confiables, y esto es así en todos los siete grupos.

Tu Ajustador es el potencial de tu nueva y próxima orden de existencia, el don por adelantado de tu filiación eterna con Dios. Por medio de tu voluntad y con su consentimiento, el Ajustador tiene el poder de someter las tendencias de la mente de la criatura material a las acciones transformadoras de las motivaciones y propósitos del alma morontial surgente.

Los Monitores Misteriosos no son asistentes del pensamiento; son ajustadores del pensamiento. Trabajan con la mente material con el propósito de construir, mediante ajuste y espiritualización, una nueva mente para los nuevos mundos y el nuevo nombre de tu carrera futura. Su misión corresponde principalmente a la vida futura, no a esta vida. Son llamados ayudantes celestiales, no ayudantes terrestres. No están interesados en hacer fácil la carrera mortal; más bien les interesa hacer vuestra vida razonablemente difícil y áspera, para que las decisiones estén estimuladas y multiplicadas. La presencia de un gran Ajustador del Pensamiento no significa una vida fácil ni la liberación de arduo razonamiento, pero dicho don divino ha de conferir una paz sublime de mente y una extraordinaria tranquilidad de espíritu.

Tus emociones pasajeras y eternamente cambiantes de alegría y pena son en su mayor parte reacciones puramente humanas y materiales al clima de tu psiquis interior y a tu medio ambiente material exterior. No recurras pues al Ajustador para recibir consuelo egoísta y refugio mortal. Es trabajo del Ajustador prepararte para la aventura eterna, para asegurar tu sobrevivencia. No es misión del Monitor Misterioso calmar tus sentimientos alborotados ni ministrar a tu orgullo herido; es la preparación de tu alma para la larga carrera ascendente la que ocupa la atención y exige el tiempo del Ajustador.

Dudo ser capaz de explicaros exactamente qué es lo que los Ajustadores hacen en vuestra mente y para vuestra alma. No sé si conozco plenamente lo que realmente sucede en la asociación cósmica de un Monitor divino y una mente humana. Todo ello es algo misterioso para nosotros, no en cuanto al plan y propósito sino en cuanto a la modalidad real de cumplimiento. Y es ése el motivo por el cual nos enfrentamos con tantas dificultades al buscar un término apropiado con que llamar estos dones excelsos concedidos a los hombres mortales.

Los Ajustadores del Pensamiento querrían reemplazar vuestros sentimientos de temor por convicciones de amor y confianza; pero no pueden hacer estas cosas mecánica y arbitrariamente; ésa es tarea vuestra. Al ejecutar aquellas decisiones que os liberen de las cadenas del temor, vosotros abastecéis literalmente el fulcro psíquico sobre el cual el Ajustador podrá posteriormente aplicar la palanca espiritual de iluminación elevada y progresiva.

Cuando se trata de conflictos agudos y bien definidos entre las tendencias más elevadas y las más bajas de las razas, entre lo que *realmente es* recto o erróneo (no tan meramente lo que podríais llamar el recto y el erróneo), podéis confiar en que el Ajustador siempre participará en alguna forma definida y activa en dichas experiencias. El hecho de que tal actividad del Ajustador pueda ser inconsciente para el socio humano, no disminuye en lo más mínimo su valor y realidad.

Si tienes un guardián personal del destino y fracasas en obtener la supervivencia, ese ángel guardián debe ser adjudicado para reivindicar su ejecución fiel del fideicomiso. Pero los Ajustadores del Pensamiento no están de esta manera sujetos al examen cuando sus sujetos fracasan en la supervivencia. Todos sabemos que aunque un ángel pueda posiblemente realizar con menos perfección su ministerio, los Ajustadores del Pensamiento trabajan en la forma de la perfección del Paraíso; se caracteriza su ministerio por una técnica sin defectos que está más allá de la posibilidad de crítica por parte de todo ser fuera de Divinington. Tenéis guías perfectos; por lo tanto el objetivo de la perfección es por cierto alcanzable.

6. DIOS EN EL HOMBRE

Es realmente una maravilla de condescendencia divina que los excelsos y perfectos Ajustadores se ofrezcan a sí mismos para existir verdaderamente en la mente de las criaturas materiales, tales como los mortales de Urantia, para efectivamente consumar la unión de prueba con los seres de origen animal de la tierra.

Sea cual fuere el estado previo de los habitantes de un mundo, después del autootorgamiento de un Hijo divino y después de la dotación del Espíritu de la Verdad a todos los humanos, los Ajustadores acuden a dicho mundo para residir en la mente de todas las criaturas volitivas normales. Una vez completada la misión de un Hijo autootorgador Paradisiaco, estos Monitores verdaderamente se tornan en el «reino de los cielos dentro de vosotros». Mediante la dotación de los dones divinos el Padre se acerca de la manera más estrecha posible al pecado y al mal, pues es literalmente verdad que el Ajustador debe coexistir en la mente mortal aun en el medio mismo de la injusticia humana. Aquellos pensamientos que son puramente sórdidos y egoístas atormentan extremadamente a los Ajustadores residentes; están apenados por la irreverencia por todo lo que sea bello y divino, y virtualmente obstaculizados en su tarea por muchos de los tontos temores animales y ansiedades infantiles del hombre.

Los Monitores Misteriosos son indudablemente el don del Padre Universal, el reflejo de la imagen de Dios a lo largo del universo. Un gran maestro amonestó cierta vez a los hombres, que debían renovarse en el espíritu de su mente; que se vuelvan hombres nuevos que son creados, como Dios, en la rectitud y en el cumplimiento de la verdad. El Ajustador es la marca de la divinidad, la presencia de Dios. La «imagen de Dios», no se refiere a la semejanza física ni a las limitaciones estrechas de las dotes de la criatura material, sino más bien al don de la presencia espiritual del Padre Universal en el excelso regalo de los Ajustadores del Pensamiento a las humildes criaturas de los universos.

El Ajustador es la fuente del logro espiritual y la esperanza del carácter divino dentro de vosotros. Él es el poder, el privilegio y la posibilidad de supervivencia, que tan plena y eternamente os distingue de las meras criaturas animales. Él es el más elevado y verdaderamente interior estímulo espiritual del pensamiento, en contraste con el estímulo exterior y físico, que llega a la mente por el mecanismo de la energía nerviosa del cuerpo material.

Estos custodios fieles de la carrera futura infaliblemente duplican toda creación mental en una contraparte espiritual; así lenta y seguramente te recrean como verdaderamente eres (sólo espiritualmente) para la resurrección en los mundos de supervivencia. Y todas estas exquisitas recreaciones espirituales se preservan en la realidad naciente de tu mente evolutiva e inmortal, tu yo morontial. Estas realidades están realmente allí, a pesar de que el Ajustador rara vez puede exaltar estas creaciones duplicadas suficientemente como para exhibirlas a la luz de la conciencia.

Así como tú eres el padre humano, del mismo modo el Ajustador es el padre divino de tu verdadero yo, tu yo más elevado y en avance, tu mejor yo morontial y futuro espiritual. Esta alma morontial evolutiva es la que los jueces y censores disciernen cuando decretan tu supervivencia y te transfieren hacia arriba a los nuevos mundos y a la existencia interminable en enlace eterno con tu socio fiel —Dios, el Ajustador.

Los Ajustadores son los antepasados eternos, los originales divinos, de vuestras almas inmortales evolutivas; son el impulso incesante que conduce al hombre a intentar el dominio de la existencia material y presente a la luz de la carrera espiritual y futura. Los Monitores son los prisioneros de la esperanza imperecedera, los manantiales de la progresión sempiterna. ¡Y cuánto disfrutan en la comunicación con sus sujetos a través de canales más o menos directos! ¡Cuánto se regocijan cuando pueden descartar símbolos y otros métodos indirectos y trasmitir sus mensajes directamente al intelecto de sus socios humanos!

Vosotros los humanos habéis comenzado una progresión sin fin de panorama casi infinito, una expansión sin límites de esferas de oportunidad que nunca acaban, en constante ampliación para el servicio regocijante, la aventura sin par, la incertidumbre sublime y el logro ilimitado. Cuando se acumulan las nubes allá arriba, vuestra fe debe aceptar el hecho de la presencia del Ajustador residente, y así deberíais poder contemplar más allá de las nieblas de la incertidumbre mortal el brillo claro del sol de la rectitud eterna en las alturas acogedoras de los mundos de estancia de Satania.

[Presentado por un Mensajero Solitario de Orvonton.]

DOCUMENTO 109

LA RELACIÓN DE LOS AJUSTADORES CON LAS CRIATURAS DEL UNIVERSO

LOS Ajustadores del Pensamiento son los hijos de la carrera universal, y en efecto los Ajustadores vírgenes deben ganar experiencia mientras que las criaturas mortales crecen y se desarrollan. Así como la personalidad del niño humano se expande para prepararse para las luchas de la existencia evolucionaria, del mismo modo el Ajustador se hace grande en los ensayos para la próxima etapa de la vida ascendente. Así como el niño adquiere versatilidad de adaptación para sus actividades adultas mediante la vida social y de juego de la primera infancia, del mismo modo el Ajustador residente logra pericia para la próxima etapa de vida cósmica por virtud del planeamiento y ensayo mortal preliminar de estas actividades que tienen que ver con la carrera morontial. La existencia humana constituye un período de práctica que el Ajustador utiliza efectivamente en la preparación para las responsabilidades aumentadas y las mayores oportunidades de una vida futura. Pero los esfuerzos del Ajustador, mientras vive dentro de ti, no se ocupan tanto de los asuntos de la vida temporal y de la existencia planetaria. Hoy día los Ajustadores del Pensamiento están ensayando, por decirlo así, las realidades de la carrera universal en la mente evolutiva de los seres humanos.

1. EL DESARROLLO DE LOS AJUSTADORES

Debe existir un plan completo y elaborado para el adiestramiento y desarrollo de los Ajustadores vírgenes antes de que éstos sean enviados desde Divinington, pero realmente no sabemos mucho sobre este asunto. Indudablemente también existe un amplio sistema para la recapacitación de los Ajustadores con experiencia de residente antes de que éstos se embarquen en nuevas misiones de asociación mortal, pero nuevamente, en realidad, no lo sabemos.

Me han dicho los Ajustadores Personalizados que cada vez que un mortal con un Monitor residente no logra sobrevivir, cuando el Ajustador vuelve a Divinington, se anota en un curso prorrogado de adiestramiento. Esta capacitación adicional se hace posible por el hecho de la experiencia de haber residido en un ser humano, y se imparte siempre antes de que el Ajustador sea enviado nuevamente a los mundos temporales evolucionarios.

La experiencia de vida real no tiene sustituto cósmico. La perfección de la divinidad de un Ajustador del Pensamiento recién formado no dota de manera alguna a este Monitor Misterioso de pericia ministrativa experta. La experiencia es inseparable de la existencia viva; es la única cosa que ninguna magnitud de dote divina puede absolverte de la necesidad de obtener mediante la *vida real*. Por lo tanto, lo mismo que todos los seres que viven y funcionan dentro de la esfera presente del Supremo, los Ajustadores del Pensamiento deben adquirir experiencia; deben evolucionar del grupo más bajo e inexperto a los grupos más elevados y más expertos.

Los Ajustadores pasan a través de una clara carrera de desarrollo en la mente mortal; adquieren una realidad de logro que es eternamente suya. Progresivamente adquieren pericia y habilidad de Ajustador como resultado de cada uno y de todos los contactos con las razas materiales, tanto si sus específicos sujetos mortales sobreviven como si no sobreviven. También, son socios iguales de la mente humana al fomentar la evolución del alma inmortal de capacidad de supervivencia.

El Ajustador alcanza la primera etapa de la evolución con la fusión con el alma sobreviviente de un ser mortal. Así, mientras vosotros estáis por naturaleza evolucionando hacia adentro y hacia arriba de hombre a Dios, los Ajustadores están por naturaleza evolucionando hacia afuera y hacia abajo de Dios a hombre; así el producto final de esta unión de divinidad y humanidad será eternamente el hijo del hombre y el hijo de Dios.

2. LOS AJUSTADORES AUTOACTUANTES

Se os ha informado sobre la clasificación de los Ajustadores relativa a la experiencia: virgen, avanzado y supremo. También debéis reconocer cierta clasificación funcional: los Ajustadores autoactuantes. Un Ajustador autoactuante es el que:

1. Ha tenido cierta experiencia de requisito en la vida evolutiva de una criatura volitiva, sea como residente provisional en un tipo de mundo en el que los Ajustadores tan sólo son prestados a los sujetos mortales o en un planeta de fusión en donde fracasó la supervivencia del ser humano. Este Monitor es un Monitor avanzado o un Ajustador supremo.

2. Ha adquirido el equilibrio del poder espiritual en un humano que ha llegado al tercer círculo psíquico y se le ha asignado a este humano un guardián seráfico personal.

3. Tiene un sujeto que ha hecho la decisión suprema, ha entrado en un compromiso solemne y sincero con el Ajustador. El Ajustador anticipa el tiempo de la fusión misma y considera la unión como un hecho.

4. Tiene un sujeto que ha entrado en uno de los cuerpos de reserva del destino en un mundo evolucionario de ascensión mortal.

5. En algún momento, durante el sueño humano, se ha separado temporalmente de la mente de encarcelamiento mortal para realizar alguna obra de enlace, contacto, reinscripción u otro servicio extrahumano asociado con la administración espiritual del mundo asignado.

6. Ha servido en un período de crisis en la experiencia de un ser humano que fuera el complemento material de una personalidad espiritual encargada de la realización de algún logro cósmico esencial para la economía espiritual del planeta.

Los Ajustadores autoactuantes parecen poseer un grado considerable de voluntad en todos los asuntos que no pertenecen a las personalidades humanas en las cuales residen inmediatamente, tal como se indica por las numerosas obras tanto dentro como fuera de los sujetos mortales de vinculación. Estos Ajustadores participan en numerosas actividades del reino, pero más frecuentemente funcionan como residentes no detectados de los tabernáculos terrestres de su propia elección.

Indudablemente estos tipos más elevados y más expertos de Ajustadores pueden comunicarse con los de otros reinos. Pero aunque los Ajustadores autoactuantes así se intercomunican, tan sólo lo hacen en el nivel de su tarea mutua y para el propósito de preservar los datos custodiales esenciales para el ministerio Ajustador de los reinos de su estadía, aunque en ocasiones se ha sabido que funcionan en asuntos interplanetarios durante momentos de crisis.

Los Ajustadores supremos y autoactuantes pueden abandonar el cuerpo humano a voluntad. Los residentes no son una parte orgánica o biológica de la vida mortal; son superimposiciones divinas. En los planes originales de vida los Ajustadores estaban previstos, pero no son indispensables a la existencia material. Sin embargo es necesario declarar que muy raramente abandonan, aunque fuese temporalmente, sus tabernáculos mortales una vez que establecen en él su residencia.

Los Ajustadores superactuantes son los que han alcanzado la conquista de las tareas que se les encomendaron y tan sólo aguardan la disolución del vehículo de vida material o el traslado del alma inmortal.

3. La relación de los Ajustadores con los tipos mortales

El carácter de la tarea encomendada a los Monitores Misteriosos varía según la naturaleza de sus asignaciones, según que sean Ajustadores de *enlace* o de *fusión*. Algunos Ajustadores son meramente prestados para la vida temporal de sus sujetos; otros se donan como candidatos a la obtención de la personalidad con permiso para una fusión eterna si sus sujetos sobreviven. También existe una ligera variación en su tarea entre los distintos tipos planetarios así como también en los diferentes sistemas y universos. Pero en general, su labor es notablemente uniforme, más que los deberes de cualquier otra orden creada de seres celestiales.

En ciertos mundos primitivos (del grupo serie uno) el Ajustador reside en la mente de la criatura en forma de una capacitación experiencial, principalmente por autocultura y desarrollo progresivo. Los Ajustadores vírgenes usualmente se envían a tales mundos durante las épocas tempranas cuando el hombre primitivo está llegando al valle de la decisión, pero cuando comparativamente pocos elegirán ascender a las alturas morales más allá de las colinas del autodominio y de la adquisición del carácter para alcanzar los niveles más elevados de la espiritualidad naciente. (Muchos, sin embargo, que no consiguen fusionarse con el Ajustador sobreviven como ascendentes fusionados con el Espíritu). Los Ajustadores reciben una capacitación valiosa y adquieren una experiencia extraordinaria en la asociación transitoria con las mentes primitivas, y subsiguientemente son capaces de utilizar esta experiencia para beneficio de los seres superiores de otros mundos. *Jamás se pierde nada de lo que tenga valor de supervivencia en todo el enorme universo.*

En otro tipo de mundo (el del grupo serie dos) los Ajustadores son meramente prestados a los seres mortales. Aquí los Monitores jamás pueden alcanzar la fusión de la personalidad mediante tal residencia en ella, pero sí proporcionan gran ayuda a sus sujetos humanos durante la vida mortal, mucho más de la que pueden dar a los mortales de Urantia. Se prestan los Ajustadores a las criaturas mortales por una sola vida como modelos para sus logros espirituales más elevados, asistentes provisionales en la fascinante tarea de perfeccionar un carácter de supervivencia. Los Ajustadores no retornan después de la muerte natural; estos mortales sobrevivientes alcanzan vida eterna mediante la fusión con el Espíritu.

En mundos tales como Urantia (grupo de la serie tres) existe un verdadero compromiso con los dones divinos, un acuerdo de vida y muerte. Si sobrevives, habrá una unión eterna, una fusión sempiterna, la combinación del hombre y el Ajustador en un ser.

En los mortales de tres cerebros de esta serie de mundos, los Ajustadores pueden ganar mucho más contacto real con sus sujetos durante la vida temporal que en los tipos de uno o dos cerebros. Pero en la carrera después de la muerte, el tipo de tres cerebros procede tal como lo hacen el tipo de un cerebro y los pueblos de dos cerebros —las razas de Urantia.

En los mundos con humanos de dos cerebros, posteriormente a la estadía de un Hijo autootorgador Paradisiaco, raramente se asignan Ajustadores vírgenes a personas que tengan la capacidad incuestionable de supervivencia. Es nuestra creencia que en tales mundos prácticamente todos los Ajustadores que residen en hombres y mujeres inteligentes con capacidad de supervivencia pertenecen al tipo avanzado o al supremo.

En muchas de las razas evolucionarias primitivas de Urantia, existían tres grupos de seres. Estaban los que eran tan animales como para que les faltara casi totalmente la capacidad de recibir a un Ajustador. Existían los que exhibían capacidad indudable de recibir a los Ajustadores y prontamente los recibían cuando llegaban a la edad de responsabilidad moral. Existía una tercera clase que ocupaba una posición limítrofe; éstos tenían la capacidad de recibir a un Ajustador, pero los Monitores podían residir la mente tan sólo por petición personal del individuo.

Pero con aquellos seres que están virtualmente descalificados para la supervivencia por la nefasta herencia de antepasados inferiores e ineptos, muchos Ajustadores vírgenes han servido una experiencia preliminar valiosa de contacto con la mente evolucionaria y de este modo se han vuelto mejor calificados para una asignación subsiguiente a un tipo más elevado de mente en algún otro mundo.

4. LOS AJUSTADORES Y LA PERSONALIDAD HUMANA

Las formas más elevadas de intercomunicación inteligente entre los seres humanos reciben gran asistencia de los Ajustadores residentes. Los animales sí tienen sentimientos de prójimo, pero no se comunican conceptos entre sí; pueden expresar emociones pero no ideas ni ideales. Tampoco experimentan los hombres de origen animal un tipo elevado de relación intelectual o comunión espiritual con su prójimo hasta que se haya efectuado la dotación de los Ajustadores del Pensamiento aunque, cuando dichas criaturas evolucionarias desarrollan el habla, están en camino de recibir a los Ajustadores.

Los animales se comunican entre sí de una manera burda, pero no hay prácticamente *personalidad* en tales contactos primitivos. Los Ajustadores no son personalidad; son seres prepersonales. Pero vienen de la fuente de la personalidad, y su presencia aumenta las manifestaciones cualitativas de la personalidad humana; esto es especialmente verdad si el Ajustador ha tenido experiencia previa.

El tipo de Ajustador tiene mucho que ver con el potencial para la expresión de la personalidad humana. A lo largo de las edades, muchos de los grandes líderes intelectuales y espirituales de Urantia han ejercido su influencia principalmente por la superioridad y experiencia previa de sus Ajustadores residentes.

Los Ajustadores residentes han cooperado en no pequeña medida con otras influencias espirituales en la transformación y humanización de los descendientes de los hombres primitivos de las edades antiguas. Si los Ajustadores que residen en la mente de los habitantes de Urantia fueran retirados, el mundo retornaría lentamente a muchas de las escenas y prácticas de los hombres primitivos; los Monitores divinos son uno de los verdaderos potenciales de la civilización en avance.

Yo he observado a un Ajustador del Pensamiento que reside en una mente en Urantia quien, según los archivos de Uversa, ha residido previamente en quince mentes en Orvonton. No sabemos si este Monitor ha tenido experiencias similares en otros superuniversos, pero pienso que sí. Éste es un maravilloso Ajustador y una de las fuerzas más útiles y potentes en Urantia durante esta era presente. Lo que otros han perdido, por haberse negado a sobrevivir, este ser humano (y vuestro mundo entero) gana ahora. Al que no posea cualidades de supervivencia, se le quitará aun ese Ajustador experto que ahora posee, mientras que al que tenga probabilidades de supervivencia se le dará aun el Ajustador que haya experimentado previamente a un desertor holgazán.

En cierto sentido los Ajustadores pueden tal vez fomentar cierto grado de intercambio planetario en los dominios de la verdad, la belleza y la bondad. Pero pocas veces se les otorgan dos experiencias de residencia en los mortales en el mismo planeta; no hay en este momento en Urantia un Ajustador que haya estado previamente en este mundo. Yo sé de qué hablo, puesto que tenemos sus números y registros en los archivos de Uversa.

5. LOS OBSTÁCULOS MATERIALES QUE ENCUENTRAN LOS AJUSTADORES AL RESIDIR DENTRO DE LOS MORTALES

Los Ajustadores supremos y autoactuantes frecuentemente son capaces de contribuir factores de importancia espiritual a la mente humana cuando fluye libremente en los canales liberados pero controlados de la imaginación creadora. En tales momentos, y a veces durante el sueño, el Ajustador puede arrestar las corrientes mentales, detener el flujo, y luego desviar la procesión de las ideas; y se hace todo esto para efectuar transformaciones espirituales profundas en los recesos más elevados de la superconciencia. De este modo las fuerzas y energías mentales se ajustan más plenamente a la clave de los tonos de contacto del nivel espiritual del presente y del futuro.

Es a veces posible que se ilumine la mente, que se oiga la voz divina que habla continuamente dentro de ti, de manera que puedas volverte parcialmente consciente de la sabiduría, verdad, bondad y belleza de la personalidad potencial que constantemente reside en ti.

Pero vuestras actitudes mentales inquietas y en rápido cambio frecuentemente dificultan los planes e interrumpen la tarea de los Ajustadores. Su tarea no está tan sólo interferida por la naturaleza innata de las razas mortales, sino que también se retarda considerablemente este ministerio por vuestras propias opiniones preconcebidas, ideas fijas y prejuicios antiguos. Debido a estos obstáculos, muchas veces sólo sus creaciones no terminadas emergen a la conciencia, y por consiguiente es inevitable la confusión del concepto. Por lo tanto, al escrutar las situaciones mentales, hay seguridad tan sólo en el reconocimiento pronto de cada pensamiento y toda experiencia lo que éste real y fundamentalmente es, desechando enteramente lo que podría haber sido.

El gran problema de la vida es el ajuste de las tendencias ancestrales del vivir a las demandas de los impulsos espirituales iniciados por la presencia divina del Monitor Misterioso. Aunque en las carreras en el universo y en el superuniverso ningún hombre puede servir a dos amos, en la vida que vosotros vivís ahora en Urantia cada hombre debe por fuerza servir a dos amos. Debe volverse hábil en el arte del compromiso humano temporal continuo, otorgando al mismo tiempo lealtad espiritual a un solo amo; por esto tantos tropiezan y fracasan, se agotan y sucumben a la presión de la lucha evolucionaria.

Aunque el legado hereditario de la dote cerebral y del supercontrol electroquímico operan para delimitar la esfera de la actividad eficiente del Ajustador, ningún impedimento hereditario (en las mentes normales) previene jamás el logro espiritual final. La herencia podrá interferir con el grado de conquista de la personalidad, pero no previene la consumación final de la aventura ascendente. Si cooperas con tu Ajustador, el don divino evolucionará, tarde o temprano, el alma morontial inmortal y, posteriormente a la fusión con la misma, presentará a la nueva criatura ante el Hijo Mayor del universo local y finalmente ante el Padre de los Ajustadores en el Paraíso.

6. LA PERSISTENCIA DE LOS VALORES VERDADEROS

Los Ajustadores no fallan jamás; nunca se pierde nada que valga la supervivencia; todo valor significativo en toda criatura volitiva con toda seguridad sobrevivirá, sin depender de la supervivencia o no supervivencia de la personalidad descubridora o evaluadora de dicho significado. Así es que una criatura mortal puede rechazar la supervivencia; pero la experiencia de vida no se desperdicia; el Ajustador eterno lleva las características valiosas de esa vida de aparente fracaso a algún otro mundo y allí dona estos significados y valores sobrevivientes a un tipo más elevado de mente mortal, uno que tenga capacidad de supervivencia. Ninguna experiencia valiosa ocurre jamás en vano; ningún significado verdadero o valor real perece jamás.

En cuanto se relaciona a los candidatos para la fusión, si un Monitor Misterioso es desertado por su asociado mortal, si el socio humano no decide proseguir la carrera ascendente, cuando es liberado por la muerte natural (o antes de ésta), el Ajustador se lleva todo lo que tenga valor de supervivencia que haya evolucionado en la mente de esa criatura no sobreviviente. Si un Ajustador falla repetidamente en su intento de obtener personalidad por la fusión debido a la no supervivencia de sujetos humanos sucesivos, y si este Monitor posteriormente fuese personalizado, toda la experiencia adquirida por haber residido en estas mentes mortales y haberlas aprendido se tornaría posesión real de tal Ajustador recientemente Personalizado, una dote que sería disfrutada y utilizada a lo largo de todas las edades futuras. Un Ajustador Personalizado de esta orden es un conjunto compuesto de todas las características de supervivencia de todos sus anfitriones anteriores.

Cuando los Ajustadores con larga experiencia universal se ofrecen como voluntarios para residir en un Hijo divino en misiones autootorgadoras, saben plenamente que no pueden obtener personalidad mediante este servicio. Pero frecuentemente el Padre de los espíritus otorga personalidad a estos voluntarios y los establece como directores de su género. Éstas son personalidades honradas con autoridad en Divinington. Y sus naturalezas singulares incorporan el mosaico de humanidad de sus múltiples experiencias de haber residido dentro de los mortales, y también la transcripción espiritual de la divinidad humana del Hijo autootorgador Paradisiaco de la experiencia terminal de haber residido dentro de los mortales.

Las actividades de los Ajustadores en vuestro universo local son dirigidas por el Ajustador Personalizado de Micael de Nebadon, ese mismo Monitor que lo guió paso a paso cuando éste vivió su vida humana en la carne de Josué ben José. Fiel a su encargo fue este extraordinario Ajustador, y sabiamente dirigió este valeroso Monitor la naturaleza humana, guiando constantemente la mente mortal del Hijo del Paraíso en la selección del camino de la voluntad perfecta del Padre. Este Ajustador había servido previamente con Maquiventa Melquisedek en los días de Abraham y había realizado obras tremendas tanto antes de esta residencia como entre estas experiencias de autootorgamiento.

Este Ajustador sí triunfó en la mente humana de Jesús —esa mente que en cada una de las situaciones recurrentes de la vida mantuvo una dedicación consagrada a la voluntad del Padre, diciendo: «Que se haga, no mi voluntad, sino la tuya». Esta consagración decisiva constituye el verdadero pasaporte desde las limitaciones de la naturaleza humana a la finalidad del logro divino.

Este mismo Ajustador refleja ahora en la naturaleza inescrutable de su personalidad poderosa la humanidad prebautismal de Josué ben José, la transcripción eterna y viviente de los valores eternos y vivientes que el más grande de todos los urantianos creó de las circunstancias humildes de una vida común tal como fue vivida hasta el pleno agotamiento de los valores espirituales logrables en la experiencia mortal.

Se asegura la supervivencia eterna a toda cosa de valor permanente que se encomienda a un Ajustador. En ciertos casos el Monitor mantiene estas posesiones para donarlas a una mente mortal de residencia futura; en otros, y después de la personalización, estas realidades sobrevivientes y conservadas se mantienen en fideicomiso para utilización futura al servicio de los Arquitectos del Universo Maestro.

7. El destino de los Ajustadores personalizados

No podemos decir si los fragmentos no Ajustador del Padre son personalizables, pero se os ha informado de que la personalidad es la dotación soberana del libre albedrío del Padre Universal. Por lo que sabemos, el tipo Ajustador del fragmento del Padre alcanza la personalidad sólo mediante la adquisición de atributos personales a través del servicio y ministerio a un ser personal. Estos Ajustadores Personalizados tienen su hogar en Divinington, donde enseñan y dirigen a sus asociados prepersonales.

Los Ajustadores del Pensamiento Personalizados son los estabilizadores y compensadores no asignados, libres de trabas y soberanos del vasto universo de los universos. Ellos combinan experiencia de Creador y de criatura —existencial y experiencial. Son conjuntamente seres temporales y de la eternidad. Asocian lo prepersonal y lo personal en la administración del universo.

Los Ajustadores Personalizados son los ejecutivos omnisapientes y poderosos de los Arquitectos del Universo Maestro. Son los agentes personales del ministerio pleno del Padre Universal —personal, prepersonal y superpersonal. Son los ministros personales de lo extraordinario, de lo poco común y lo inesperado en todos los reinos de las esferas absonitas trascendentales del dominio del Dios el Último, y aun hasta los niveles de Dios el Absoluto.

Son los seres exclusivos de los universos que comprenden dentro de su ser todas las relaciones de personalidad conocidas; son omnipersonales —están antes de la personalidad, son la personalidad y están después de la personalidad. Ministran la personalidad del Padre Universal en el pasado eterno, el presente eterno y el futuro eterno.

El Padre le donó al Hijo Eterno, la personalidad existencial en el orden de lo infinito y lo absoluto, pero eligió reservar para su propio ministerio la personalidad experiencial del tipo de Ajustador Personalizado otorgada al Ajustador existencial prepersonal; y de este modo están ambos destinados a la futura superpersonalidad eterna del ministerio trascendental de los dominios absonitos del Último, el Supremo-Último, y aun en los niveles del Último-Absoluto.

Pocas veces se ve a los Ajustadores Personalizados en los universos. Ocasionalmente consultan con los Ancianos de los Días, y a veces los Ajustadores Personalizados de los Hijos Creadores séptuples vienen a los mundos de sede central de las constelaciones para conferenciar con los gobernantes Vorondadek.

Cuando el observador Vorondadek planetario de Urantia —el Altísimo custodio que desde no hace mucho ha tomado la regencia de urgencia de vuestro mundo— declaró su autoridad en presencia del gobernador general residente, comenzó su administración de urgencia de Urantia con un personal pleno de su propia selección. Inmediatamente asignó los deberes planetarios a todos sus asociados y asistentes. Pero no seleccionó a los tres Ajustadores Personalizados que aparecieron ante su presencia en el instante en que asumió la regencia. Ni siquiera sabía que aparecerían así, porque no manifestaron su presencia divina en el momento de una regencia previa. Y el Altísimo regente no asignó servicio ni designó deberes para estos Ajustadores Personalizados voluntarios. Sin embargo, estos tres seres omnipersonales fueron entre los más activos de las numerosas órdenes de seres celestiales que por entonces servían en Urantia.

Los Ajustadores Personalizados realizan una amplia gama de servicios para numerosas órdenes de personalidades universales, pero no se nos permite discurrir de estos ministerios con las criaturas evolucionarias resididas por un Ajustador. Estas extraordinarias divinidades humanas están entre las personalidades más notables de todo el gran universo, y nadie se atreve a predecir cuáles podrán ser sus misiones futuras.

[Presentado por un Mensajero Solitario de Orvonton.]

DOCUMENTO 110

LA RELACIÓN DE LOS AJUSTADORES CON LOS SERES MORTALES

LA DOTACIÓN de la libertad a seres imperfectos entraña inevitablemente tragedias, y es de la naturaleza de la Deidad ancestral perfecta compartir universal y afectuosamente estos sufrimientos en una asociación de amor.

Por cuanto yo conozco de los asuntos de un universo, considero el amor y la devoción de un Ajustador del Pensamiento como el afecto más verdaderamente divino en toda la creación. El amor de los Hijos en su ministerio para las razas es extraordinario, pero la devoción de un Ajustador al individuo es conmovedoramente sublime, divinamente semejante al Padre. El Padre del Paraíso aparentemente se ha reservado esta forma de contacto personal con sus criaturas individuales como prerrogativa exclusiva del Creador. No hay nada en todo el universo de universos exactamente comparable al maravilloso ministerio de estas entidades impersonales que tan fascinadoramente residen en los hijos de los planetas evolucionarios.

1. RESIDIENDO EN LA MENTE MORTAL

No debe pensarse que los Ajustadores viven en el cerebro material de los seres humanos. No son parte orgánica de las criaturas físicas de los reinos. El Ajustador del Pensamiento se puede visualizar en forma más apropiada como residiendo dentro de la mente mortal del hombre más bien que como existiendo dentro de los confines de un órgano físico específico. Y el Ajustador constantemente se comunica, indirectamente, y sin reconocimiento con el sujeto humano, especialmente durante aquellas experiencias sublimes de contacto adorador de la mente con el espíritu en la superconciencia.

Me gustaría que me fuera posible ayudar a los mortales en evolución a que alcancen una comprensión mejor y consigan una apreciación más plena de la tarea altruista y extraordinaria de los Ajustadores que viven dentro de ellos, quienes son tan devotamente fieles a la tarea de fomentar el bienestar espiritual del hombre. Estos Monitores son ministros eficientes para las fases más elevadas de la mente del hombre; son manipuladores sabios y expertos del potencial intelectual del intelecto humano. Estos ayudantes celestiales se dedican a la estupenda tarea de guiaros certeramente hacia adentro y hacia arriba en dirección al refugio celestial de la felicidad. Estos trabajadores incansables están consagrados a la personificación futura del triunfo de la verdad divina en vuestra vida eterna. Son los operarios vigilantes que pilotean la mente humana consciente de Dios, alejándola de los escollos del mal y al mismo tiempo guiando expertamente el alma evolutiva del hombre hacia las bahías divinas de la perfección en orillas eternas y vastamente distantes. Los Ajustadores son directores amantes, vuestras guías seguras y certeras a través de los laberintos oscuros e inciertos de vuestra corta carrera terrenal; son los maestros pacientes que os impulsan constantemente hacia adelante en los caminos de la perfección progresiva. Son los custodios cuidadosos de los valores sublimes del carácter de la criatura. Me gustaría que pudierais amarlos más, cooperar con ellos más plenamente y atesorarlos más afectuosamente.

Aunque los residentes divinos están principalmente preocupados por vuestra preparación espiritual para la próxima etapa de la existencia sin fin, también se interesan profundamente por vuestro bienestar temporal y vuestros logros reales en la tierra. Les regocija contribuir a vuestra salud, felicidad y prosperidad auténtica. No son indiferentes a vuestro éxito en todos los asuntos de avance planetario que no sean contrarios a vuestra vida futura de progreso eterno.

Los Ajustadores están interesados y preocupados por vuestras acciones diarias y los múltiples detalles de vuestra vida hasta el grado en que éstos influyan en la determinación de vuestras elecciones temporales significativas y decisiones espirituales vitales que, por lo tanto, son factores en la solución de vuestro problema de la supervivencia y del progreso eterno del alma. El Ajustador, aunque pasivo respecto del bienestar puramente temporal, es divinamente activo en todos los asuntos de vuestro futuro eterno.

El Ajustador permanece con vosotros en todo desastre y a través de toda enfermedad que no destruya totalmente la mentalidad. Pero, cuán cruel manchar y de alguna otra manera corromper deliberadamente el cuerpo físico, que debe servir como tabernáculo terrestre de este don maravilloso de Dios. Todo veneno físico atrasa considerablemente los esfuerzos del Ajustador por exaltar la mente material, mientras que los venenos mentales del temor, la ira, la envidia, los celos, las sospechas y la intolerancia del mismo modo interfieren terriblemente con el progreso espiritual del alma evolutiva.

Hoy en día estás pasando por un período de galanteo con tu Ajustador; y si demuestras ser fiel a la confianza puesta en ti por el espíritu divino que busca a tu mente y a tu alma en la unión eterna, eventualmente se producirá esa unidad morontial, esa armonía excelsa, esa coordinación cósmica, esa sincronización divina, esa fusión celestial, esa mezcla de identidad sin fin, esa unidad de ser que es tan perfecta y final que aun las personalidades más expertas jamás pueden segregar o reconocer como identidades separadas a los socios de la fusión: el hombre mortal y el Ajustador divino.

2. LOS AJUSTADORES Y LA VOLUNTAD HUMANA

Cuando los Ajustadores del Pensamiento moran en la mente humana, traen con ellos las carreras modelo, las vidas ideales, tal como determinadas y preordenadas por ellos mismos y por los Ajustadores Personalizados en Divinington, que han sido certificados por el Ajustador Personalizado de Urantia. Así empiezan su tarea con un plan definido y predeterminado para el desarrollo intelectual y espiritual de sus sujetos humanos, pero no incumbe a ningún ser humano aceptar este plan. Vosotros estáis todos sujetos a la predestinación, pero no está preordenado que debáis aceptar esta predestinación divina; tenéis plena libertad para rechazar cualquier porción del programa de los Ajustadores del Pensamiento o todo el programa. Es su misión efectuar en la mente aquellos cambios y hacer aquellos ajustes espirituales que vosotros autoricéis voluntaria e inteligentemente, para el fin de ganar más influencia sobre la direccionalización de la personalidad; pero bajo ninguna circunstancia se aprovechan estos divinos Monitores de vosotros ni influyen arbitrariamente en vuestras elecciones y decisiones. Los Ajustadores respetan vuestra soberanía de la personalidad; *siempre están sometidos a vuestra voluntad.*

Son persistentes, ingeniosos y perfectos en sus métodos de trabajo, pero jamás actúan violentamente sobre el yo volitivo de su anfitrión. Ningún ser humano será jamás espiritualizado contra su propia voluntad por un Monitor divino; la supervivencia es un don de los Dioses que debe ser deseada por las criaturas del tiempo. En último análisis, sea lo que fuere lo que el Ajustador consiguió por ti, los registros mostrarán que se ha realizado la transformación con tu consentimiento cooperativo; habrás sido un socio voluntarioso del Ajustador en el logro de cada paso de la tremenda transformación de la carrera de ascensión.

El Ajustador no intenta controlar vuestro pensamiento como tal, sino más bien espiritualizarlo, para eternizarlo. Ni los ángeles ni los Ajustadores se dedican directamente a influir sobre el pensamiento humano; ésa es prerrogativa exclusiva de vuestra personalidad. Los Ajustadores están dedicados a mejorar, modificar, ajustar y coordinar vuestros procesos de pensamiento; pero más especial y específicamente laboran por construir las contrapartes espirituales de vuestra carrera, las transcripciones morontiales de vuestro verdadero yo en avance, para fines de supervivencia.

Los Ajustadores trabajan en las esferas de los niveles más altos de la mente humana, buscando incesantemente producir duplicados morontiales de cada concepto del intelecto mortal. Existen por lo tanto dos realidades que influyen, y están centradas en, los circuitos de la mente humana: una, el yo mortal evolucionado de los planes originales de los Portadores de Vida, la otra, una entidad inmortal desde las altas esferas de Divinington, un don residente de Dios. Pero el yo mortal es también un yo personal; tiene personalidad.

Tú, como criatura personal, tienes mente y voluntad. El Ajustador, como criatura prepersonal, tiene premente y prevoluntad. Si te conformas tan plenamente con la mente del Ajustador, como veis con los mismos ojos, entonces vuestras mentes se vuelven una sola, y tú recibes el refuerzo de la mente del Ajustador. Posteriormente, si tu voluntad ordena y obliga a la ejecución de las decisiones de esta nueva mente combinada, la voluntad prepersonal del Ajustador obtiene expresión de personalidad a través de tu decisión, y en cuanto se refiera a ese proyecto en particular, tú y el Ajustador seréis uno. Tu mente ha alcanazado la sincronización divina, y la voluntad del Ajustador ha logrado expresión de personalidad.

Hasta el grado en que se efectúe esta identidad, estás mentalmente acercándote a la orden de existencia morontial. La mente morontial es un término que significa la sustancia y suma total de las mentes en cooperación de naturaleza diversamente material y espiritual. El intelecto morontial, por lo tanto, denota una mente doble en el universo local dominada por una voluntad. Y con los mortales ésta es una voluntad, de origen humano, que se está tornando divina a través de que el hombre indentifique la mente humana con la dote mental de Dios.

3. LA COOPERACIÓN CON EL AJUSTADOR

Los Ajustadores se juegan el juego sagrado y extraordinario de las edades; se ocupan en una de las aventuras supremas del tiempo en el espacio. Y cuán felices son cuando vuestra cooperación les permite prestar ayuda en vuestras cortas luchas del tiempo, a medida que continúan ejecutando sus tareas más vastas de la eternidad. Pero usualmente, cuando vuestro Ajustador intenta comunicarse con vosotros, el mensaje se pierde en las corrientes materiales de los caudales de energía de la mente humana; tan sólo de vez en cuando oís un eco, un eco leve y distante, de la voz divina.

El éxito de tu Ajustador en la empresa de pilotearte a través de la vida mortal y de obtener tu supervivencia depende, no tanto de las teorías de tus creencias, sino de tus decisiones, determinaciones, y *fe* constante. Todos estos movimientos de crecimiento de la personalidad se vuelven influencias poderosas que ayudan para tu avance porque te ayudan a cooperar con el Ajustador; te ayudan a cesar la resistencia. Los Ajustadores del Pensamiento tienen éxito o parecen fracasar en sus empresas terrenales solamente hasta el grado en que los mortales tienen éxito o fracasan en cooperar con el esquema por el cual avanzan a lo largo del camino ascendente del logro de la perfección. El secreto de la supervivencia se envuelve en el deseo supremo humano de ser semejante a Dios y en la disposición asociada a hacer y ser una y todas las cosas que son esenciales para el logro final de ese anhelo sobrecogedor.

Cuando hablamos del éxito o del fracaso de un Ajustador, estamos hablando en términos de supervivencia humana. *Los Ajustadores jamás fracasan*; son de esencia divina y siempre salen triunfadores de cada una de sus empresas.

No puedo sino observar que tantos de entre vosotros pasáis tanto tiempo y pensamiento en las meras trivialidades del vivir, mientras que olvidáis casi totalmente las realidades más esenciales de importancia duradera, aquellos mismos logros que se refieren al desarrollo de un acuerdo más armonioso de trabajo entre vosotros y vuestro Ajustador. La meta magna de la existencia humana consiste en sincronizarse con la divinidad del Ajustador residente; el gran logro de la vida mortal es alcanzar una consagración verdadera y comprensiva a los objetivos eternos del espíritu divino que aguarda y trabaja dentro de tu mente. Pero un esfuerzo dedicado y determinado a la realización del destino eterno es totalmente compatible con una vida regocijada y alegre y con una carrera de éxito y honorable en la tierra. La cooperación con el Ajustador del Pensamiento no comprende autotortura, piedad falsa, ni autohumillación hipócrita y ostentosa; la vida ideal es una vida de servicio amante y no una existencia de aprehensión temerosa.

La confusión, el estar perplejos, aun a veces desalentados y distraídos, no significa necesariamente resistencia a la guía del Ajustador residente. Estas actitudes a veces pueden significar falta de cooperación activa con el Monitor divino y por lo tanto pueden demorar en cierto modo el progreso espiritual, pero estas dificultades intelectuales y emocionales no interfieren en lo más mínimo con la supervivencia certera del alma que conoce a Dios. La ignorancia por sí sola no puede prevenir jamás la supervivencia; tampoco pueden las dudas confusas ni la incertidumbre temerosa. Sólo la resistencia consciente a la guía del Ajustador puede prevenir la supervivencia del alma inmortal evolutiva.

No debes considerar la cooperación con tu Ajustador como un proceso particularmente consciente, porque no lo es; pero tus motivos y tus decisiones, tus determinaciones fieles y tus deseos supremos, constituyen la cooperación real y eficaz. Puedes aumentar conscientemente la armonía Ajustadora al:

1. Elegir responder a la guía divina; basar sinceramente la vida humana en la conciencia más alta de la verdad, la belleza y la bondad, y luego coordinar estas cualidades divinas a través de la sabiduría, la adoración, la fe y el amor.

2. Amar a Dios y desear ser como él —reconocimiento genuino de la paternidad divina y adoración amante del Padre celeste.

3. Amar al hombre y sinceramente desear servirle —reconocimiento sincero de la hermandad de los hombres acoplado con un afecto inteligente y sabio por cada uno de tus semejantes mortales.

4. Aceptación regocijada de la ciudadanía cósmica —reconocimiento honesto de tus obligaciones progresivas al Ser Supremo, conciencia de la interdependencia del hombre evolucionario y de la Deidad evolutiva. Éste es el nacimiento de la moralidad cósmica y el alba de la comprensión del deber universal.

4. LA TAREA DEL AJUSTADOR EN LA MENTE

Los Ajustadores son capaces de recibir la corriente continua de la inteligencia cósmica que proviene de los circuitos principales del tiempo y del espacio; están plenamente en contacto con la inteligencia y energía espirituales de los universos. Pero estos residentes poderosos son incapaces de trasmitir mucho de su riqueza de sabiduría y verdad a las mentes de sus sujetos mortales, debido a una falta de semejanza de naturaleza y a la ausencia de reconocimiento sensible.

El Ajustador del Pensamiento está ocupado en un esfuerzo constante de espiritualizar a tu mente en cuanto a desarrollar tu alma morontial; pero tú mismo estás mayormente inconsciente de este ministerio interior. Eres totalmente incapaz de distinguir el producto de tu intelecto material de el de las actividades conjuntas de tu alma y el Ajustador.

Ciertas presentaciones repentinas de pensamientos, conclusiones y otras imágenes de la mente son a veces resultado del trabajo directo o indirecto del Ajustador; pero mucho más frecuentemente, son la emergencia súbita a la conciencia de ideas que se han ido agrupando en los niveles mentales sumergidos, sucesos naturales y diarios de la función psíquica normal y ordinaria inherentes a los circuitos de la mente animal evolutiva. (En contraste con estas emanaciones subconscientes, las revelaciones del Ajustador aparecen a través de los reinos de lo superconsciente.)

Confiad todos los asuntos de la mente más allá del nivel de la conciencia a la custodia de los Ajustadores. En el momento propicio, si no en este mundo entonces en los mundos de estancia, os rendirán cuenta de su custodia, y finalmente traerán a luz esos significados y valores confiados a su cuidado y control. Resurgirán todo tesoro valioso de la mente mortal, si vosotros sobrevivís.

Existe un amplio abismo entre lo humano y lo divino, entre el hombre y Dios. Las razas urantianas son tan considerablemente controladas en forma eléctrica y química, tan altamente semejantes a los animales en su conducta común, tan emotivas en sus reacciones diarias, que resulta extremadamente difícil para los Monitores guiarlas y dirigirlas. Vosotros estáis tan vacíos de decisiones valientes y cooperación consagrada que vuestro Ajustador residente encuentra casi imposible comunicarse directamente con la mente humana. Aun cuando ellos consiguen trasmitir un resplandor de la nueva verdad al alma mortal evolutiva, esta revelación espiritual, frecuentemente, ciega tanto a la criatura como para precipitarla en una convulsión de fanatismo o iniciar algún otro trastorno intelectual que resulta desastroso. Muchas religiones nuevas y muchos extraños «ismos» han nacido de las comunicaciones abortadas, imperfectas, mal entendidas, y confusas de los Ajustadores del Pensamiento.

Durante muchos miles de años, tal como muestran los registros de Jerusem, en cada generación han vivido menos y menos seres que podían funcionar con seguridad con los Ajustadores autoactuantes. Éste es un cuadro alarmante, y las personalidades supervisoras de Satania consideran con favor la propuesta de algunos de vuestros supervisores planetarios más inmediatos que preconizan la inauguración de medidas diseñadas para fomentar y conservar los tipos espirituales más elevados de las razas urantianas.

5. LOS CONCEPTOS ERRÓNEOS DE LA GUÍA DEL AJUSTADOR

No confundáis ni mezcléis la misión de influencia del Ajustador con lo que comúnmente se conoce como la conciencia moral; no están relacionadas directamente. La conciencia moral es una reacción humana y puramente psíquica. No debe despreciarse, pero no es la voz de Dios en el alma, como en efecto sería la del Ajustador si tal voz pudiera ser oída. La conciencia moral, con justicia, os amonesta para que hagáis el bien; pero el Ajustador, además, intenta deciros qué es verdaderamente el bien; o sea, lo hace cuando, y, si sois capaces de percibir la guía del Monitor.

Las experiencias oníricas del hombre, esa procesión desordenada y desconectada de la mente durmiente no coordinada, ofrecen prueba adecuada del fracaso de los Ajustadores en la armonización y asociación de los factores divergentes de la mente del hombre. En una sola vida humana, los Ajustadores simplemente no pueden coordinar y sincronizar arbitrariamente dos tipos tan dispares y distintos de pensamiento tales como el humano y el divino. Cuando lo hacen, así como lo han hecho a veces, dichas almas son trasladadas directamente a los mundos de estancia sin necesidad de pasar a través de la experiencia de la muerte.

Durante el sueño el Ajustador intenta obtener tan sólo a quello que la voluntad de la personalidad residida haya previamente aprobado plenamente por decisiones y elecciones que fueron hechas durante los momentos de conciencia plenamente despierta, y que por lo tanto se han alojado en los reinos de la supermente, el dominio de enlace de la interrelación humana y divina.

Mientras sus anfitriones mortales duermen, los Ajustadores intentan registrar sus creaciones en los niveles más altos de la mente material, y algunos de vuestros sueños grotescos indican que no han conseguido hacer un contacto eficaz. Lo absurdo de la vida onírica no sólo atestigua la presión de las emociones no expresadas sino también atestigua la distorsión horrible de las representaciones de los conceptos espirituales presentados por los Ajustadores. Vuestras propias pasiones, impulsos, y otras tendencias innatas se traducen en el cuadro y sustituyen sus deseos inexpresados a los mensajes divinos que los residentes intentan colocar en los registros psíquicos durante el sueño inconsciente.

Es extremadamente peligroso postular el contenido Ajustador de la vida onírica. Los Ajustadores sí trabajan durante el sueño, pero vuestras experiencias ordinarias de sueños son fenómenos puramente fisiológicos y psicológicos. Del mismo modo, es arriesgado intentar la diferenciación del registro del Ajustador de la recepción más o menos continua y consciente de los dictados de la conciencia mortal. Éstos son problemas que deberán solucionarse mediante la discriminación individual y la decisión personal. Pero un ser humano haría mejor en errar rechazando la expresión de un Ajustador creyéndola una experiencia puramente humana que en equivocarse al exaltar una reacción de la mente mortal a la esfera de dignidad divina. Recordad que la influencia del Ajustador del Pensamiento es en su mayor parte, aunque no totalmente, una experiencia superconsciente.

Vosotros os comunicáis con vuestro Ajustador en grados variables y cada vez más a medida que ascendéis los círculos psíquicos, a veces directamente, pero con más frecuencia indirectamente. Pero es peligroso jugar con la idea de que cada nuevo concepto que se origina en la mente humana sea el dictado del Ajustador. Más frecuentemente, en los seres de vuestra orden, aquello que aceptáis como la voz del Ajustador es en realidad la emanación de vuestro propio intelecto. Éste es terreno peligroso, y cada ser humano debe solucionar estos problemas por sí mismo de acuerdo con su sabiduría humana natural y su discernimiento superhumano.

El Ajustador del ser humano a través del cual se realiza esta comunicación disfruta de tal amplia gama de actividad principalmente debido a la indiferencia casi total de este humano hacia cualquier manifestación exterior de la presencia interior del Ajustador; es en efecto una suerte que permanezca conscientemente tan despreocupado de todo el proceso. Él contiene a uno de los Ajustadores altamente expertos de su época y generación, y sin embargo el guardián del destino considera su reacción pasiva e inactiva a los fenómenos asociados con la presencia en su mente de este Ajustador versátil, una reacción rara y afortunada. Todo ello constituye una coordinación favorable de influencias, favorable tanto para el Ajustador en la esfera más elevada de acción como para el socio humano desde el punto de vista de su salud, eficacia y tranquilidad.

6. LOS SIETE CÍRCULOS PSÍQUICOS

La suma total de la realización de la personalidad en un mundo material está contenida dentro de la conquista sucesiva de los siete círculos psíquicos de la potencialidad mortal. El ingreso en el séptimo círculo marca el comienzo de la verdadera función de la personalidad humana. El completar el primer círculo denota una madurez relativa del ser mortal. Aunque atravesar los siete círculos del crecimiento cósmico no equivale a la fusión con el Ajustador, el dominio de estos círculos marca el logro de aquellos pasos que son preliminares a la fusión con el Ajustador.

El Ajustador es tu socio igualitario en el logro de los siete círculos —el logro de una madurez mortal comparativa. El Ajustador asciende los círculos contigo desde el séptimo hasta el primero, pero progresa al estado de supremacía y autoactividad independientemente de la cooperación activa de la mente mortal.

Los círculos psíquicos no son exclusivamente intelectuales, tampoco son totalmente morontiales; tienen que ver con el estado de la personalidad, el logro de la mente, el crecimiento del alma y la sincronización con el Ajustador. La travesía exitosa de estos niveles requiere el funcionamiento armónico de *toda la personalidad,* no meramente de alguna fase de la misma. El crecimiento de las partes no equivale a la maduración auténtica del todo; en realidad las partes crecen en proporción a la expansión del yo entero —todo el yo— material, intelectual y espiritual.

Cuando el desarrollo de la naturaleza intelectual procede más rápido que el de la espiritual, esta situación vuelve tanto difícil como peligrosa la comunicación con el Ajustador del Pensamiento. Del mismo modo, el desarrollo espiritual excesivo tiende a producir una interpretación fanática y pervertida de la guía espiritual del residente divino. La falta de capacidad espiritual dificulta la transmisión a dicho intelecto material de las verdades espirituales residentes en la superconciencia más elevada. Es en la mente perfectamente equilibrada, en un cuerpo de hábitos limpios, energías neurales estabilizadas y función química equilibrada —cuando los poderes físicos, mentales y espirituales están en triuna armonía de desarrollo— en la que se puede impartir un máximo de luz y verdad con un mínimo de peligro o riesgo temporal al bienestar real de dicho ser. Mediante este crecimiento equilibrado el hombre asciende los círculos de la progresión planetaria uno por uno, del séptimo al primero.

Los Ajustadores siempre están cerca de vosotros y en vosotros, pero raramente os pueden hablar directamente, como otro ser. De círculo en círculo tus decisiones intelectuales, elecciones morales y desarrollo espiritual añaden a la habilidad del Ajustador para funcionar en tu mente; de círculo en círculo tú de este modo asciendes de las etapas más bajas de asociación con el Ajustador y afinamiento de la mente, de modo que el Ajustador cada vez más puede registrar sus ilustraciones del destino con vividez y convicción aumentadas en la conciencia evolutiva de esta mente-alma en busca de Dios.

Cada decisión que haces impide o facilita la función del Ajustador; del mismo modo estas mismas decisiones determinan tu avance en los círculos del logro humano. Es verdad que la supremacía de una decisión, su relación con una crisis, tiene mucho que ver con la influencia hacedora de círculo; sin embargo son esenciales también muchas decisiones, repeticiones frecuentes, repeticiones persistentes, para alcanzar una certeza formadora de hábitos de tales reacciones.

Es difícil definir precisamente los siete niveles de la progresión humana, debido a que estos niveles son personales; son variables para cada individuo y están aparentemente determinados por la capacidad de crecimiento de cada ser humano. Se refleja la conquista de estos niveles de evolución cósmica de tres maneras:

1. *Sincronización con el Ajustador*. La mente que se torna cada vez más espiritual se acerca a la presencia Ajustadora proporcionalmente al logro de los círculos.

2. *Evolución del alma*. La emergencia del alma morontial indica el grado y profundidad del dominio de los círculos.

3. *Realidad de la personalidad*. La conquista de los círculos determina directamente el grado de realidad del yo. Las personas se vuelven más reales a medida que ascienden del séptimo al primer nivel de la existencia mortal.

A medida que se atraviesan los círculos, el niño de evolución material está creciendo en un humano maduro de potencialidad inmortal. La realidad insubstancial de la naturaleza embriónica del que está en el séptimo círculo va dejando lugar a la manifestación más clara de la naturaleza morontial naciente de un ciudadano del universo local.

Aunque sea imposible definir precisamente los siete niveles, o círculos psíquicos, del crecimiento humano, es permisible sugerir los límites mínimo y máximo de estas etapas de realización de la madurez:

El séptimo círculo. Los seres humanos entran a este nivel cuando desarrollan poderes de elección personal, decisión individual, responsabilidad moral, y la capacidad de alcanzar individualidad espiritual. Esto significa la función unida de los siete espíritus ayudantes de la mente bajo la dirección del espíritu de la sabiduría, la admisión de la criatura mortal en los circuitos de influencia del Espíritu Santo y, en Urantia, el funcionamiento inicial del Espíritu de la Verdad, juntamente con la recepción de un Ajustador del Pensamiento en la mente mortal. El ingreso al séptimo círculo constituye una criatura mortal en un auténtico ciudadano potencial del universo local.

El tercer círculo. El trabajo del Ajustador es mucho más eficaz una vez que el humano ascendiente llega al tercer círculo y recibe un guardián seráfico personal del destino. Aunque no exista aparentemente una concordancia de esfuerzo entre el Ajustador y el guardián seráfico, sin embargo se puede observar un mejoramiento claro en todas las fases de logro cósmico y desarrollo espiritual posteriormente a la asignación del ayudante seráfico personal. Cuando se llega al tercer círculo, el Ajustador intenta morontializar la mente del hombre durante el resto de la vida mortal, para llegar a los círculos restantes y lograr la etapa final de la asociación divino-humana antes de que la muerte natural disuelva esta asociación singular.

El primer círculo. El Ajustador no puede ordinariamente hablar directa e inmediatamente contigo hasta que llegues al primero y final círculo de logro mortal progresivo. Este nivel representa la realización más alta posible de la relación mente—Ajustador en la experiencia humana previamente a la liberación del alma morontial evolutiva de las cadenas del cuerpo material. En cuanto a la mente, las emociones y el discernimiento cósmico, este logro del primer círculo psíquico es el acercamiento más último posible de la mente material y del Ajustador espiritual en la experiencia humana.

Tal vez sería mejor denominar estos círculos psíquicos de progresión mortal como *niveles cósmicos* —comprensiones reales de significados y realizaciones de valor del acercamiento progresivo a la conciencia morontial de la relación inicial del alma evolutiva con el Ser Supremo emergente. Y es esta misma relación la que hace por siempre imposible explicar plenamente el significado de los círculos cósmicos a la mente material. Estos logros de círculo están tan sólo relativamente relacionados con la conciencia de Dios. Un ser en el séptimo o sexto círculo puede ser casi tan auténticamente conocedor de Dios —consciente de la filiación— como alguien que esté en el segundo o primer círculo, pero estos seres de círculos más bajos están mucho menos conscientes de la relación experiencial con el Ser Supremo, la ciudadanía universal. El logro de estos círculos cósmicos se volverá parte de la experiencia de los que ascienden en los mundos de estancia si no consiguen dicho logro antes de la muerte natural.

La motivación de la fe hace experiencial la realización plena de la filiación del hombre con Dios, pero la *acción*, la finalización de las decisiones, es esencial para el logro evolucionario de la conciencia del parentesco progresivo con la *actualidad cósmica* del Ser Supremo. En el mundo espiritual la fe transforma los potenciales en actuales, pero los potenciales se vuelven actuales en los reinos finitos del Supremo tan sólo mediante la realización de la experiencia de la elección. Pero elegir hacer la voluntad de Dios une la fe espiritual a las decisiones materiales en la acción de la personalidad y de esta manera provee un fulcro divino y espiritual para el funcionamiento más eficaz de la palanca humana y material del hambre de Dios. Dicha sabia coordinación de fuerzas materiales y espirituales aumenta grandemente tanto la realización cósmica del Supremo como la comprensión morontial de las Deidades del Paraíso.

El dominio de los círculos cósmicos se relaciona con el crecimiento cuantitativo del alma morontial, la comprensión de los significados supremos. Pero el estado cualitativo de esta alma inmortal es *totalmente* dependiente de qué comprensión la fe viviente tiene del hecho-valor paraíso-potencial de que el hombre mortal es hijo del Dios eterno. Por lo tanto el que está en el séptimo círculo va a los mundos de estancia para obtener una comprensión cuantitativa adicional del crecimiento cósmico así como lo hace alguien que esté en el segundo o aun en el primer círculo.

Existe tan sólo una relación indirecta entre el logro de círculos cósmicos y la experiencia religiosa espiritual real; dichos logros son recíprocos y por lo tanto mutuamente beneficiosos. El desarrollo puramente espiritual puede tener muy poco que ver con la prosperidad material planetaria, pero el alcance de los círculos siempre aumenta el potencial para el éxito humano y para el logro mortal.

Desde el séptimo hasta el tercer círculo se produce una acción aumentada y unificada por los siete espíritus ayudantes de la mente en la tarea de liberar a la mente mortal en su dependencia de las realidades de los mecanismos de la vida material, en preparación para una mayor introducción a los niveles morontiales de experiencia. Desde el tercer círculo en adelante, la influencia de los ayudantes disminuye progresivamente.

Los siete círculos comprenden la experiencia mortal, del más alto nivel puramente animal hasta el nivel morontial más bajo y verdaderamente contactual en el cual la autoconciencia es una experiencia de la personalidad. El dominio del primer círculo cósmico señala el alcance de la madurez mortal premorontial y marca la terminación del ministerio conjunto de los espíritus ayudantes de la mente como influencia exclusiva sobre la acción mental en la personalidad humana. Más allá del primer círculo, la mente se vuelve cada vez más semejante a la inteligencia de la etapa morontial de la evolución, el ministerio conjunto de la mente cósmica y de la dote superayudante del Espíritu Creador de un universo local.

Los grandes días en las carreras individuales de los Ajustadores son: primero, cuando el sujeto humano llega al tercer círculo psíquico, asegurando así al Monitor el alcance de la autoactividad y de una gama de función aumentada (siempre y cuando el residente no fuera ya autoactuante); luego, cuando el socio humano consigue el primer círculo psíquico, él y su Ajustador pueden intercomunicarse, por lo menos hasta cierto grado; y finalmente cuando son final y eternamente fusionados.

7. EL LOGRO DE LA INMORTALIDAD

El logro de los siete círculos cósmicos no iguala la fusión con el Ajustador. Hay muchos mortales que viven en Urantia que han alcanzado sus círculos; pero la fusión depende de logros espirituales aun mayores y más sublimes: del logro de una sincronización final y completa de la voluntad mortal con la voluntad de Dios tal como reside en el Ajustador del Pensamiento.

Cuando un ser humano ha completado los círculos de logro cósmico, y más allá, cuando la elección final de la voluntad mortal permite que el Ajustador complete la asociación de la identidad humana con el alma morontial durante la vida evolucionaria y física, estos enlaces consumados, entre el alma y el Ajustador, proceden independientemente a los mundos de estancia, y entonces se promulga el mandato de Uversa que provee la fusión inmediata del Ajustador y del alma morontial. Esta fusión durante la vida física consume instantáneamente al cuerpo material; los seres humanos que pudieran presenciar tal espectáculo tan sólo observarían al mortal que está siendo trasladado, desaparecer «en carros de fuego».

La mayoría de los Ajustadores que han trasladado a sus sujetos desde Urantia eran altamente expertos y se habían inscrito como residentes previos en numerosos mortales en otras esferas. Recordad, los Ajustadores ganan valiosa experiencia de residencia en los planetas del orden de préstamo; no se deduce que los Ajustadores ganan experiencia tan sólo para el trabajo avanzado en aquellos sujetos mortales que no sobreviven.

Subsiguiente a la fusión mortal, los Ajustadores comparten vuestro destino y experiencia; *ellos son vosotros*. Después de la fusión del alma morontial inmortal y el Ajustador asociado, toda la experiencia y todos los valores del uno se vuelven finalmente posesión del otro, de manera que los dos son efectivamente una entidad. En cierto sentido, este nuevo ser es del pasado eterno así como también para el futuro eterno. Todo lo que fuera cierta vez humano en el alma sobreviviente y todo lo que es experiencialmente divino en el Ajustador se vuelven la posesión real de la personalidad universal nueva y siempre ascendente. Pero en cada nivel del universo el Ajustador puede dotar a la nueva criatura tan sólo con aquellos atributos que tienen sentido y valor para ese nivel. Se puede lograr una *unicidad* absoluta con el Monitor divino, un agotamiento completo de la dote de un Ajustador, tan sólo en la eternidad subsiguiente al logro final del Padre Universal, el Padre de los espíritus, por siempre la fuente de estos dones divinos.

Cuando el alma evolutiva y el Ajustador divino son fusionados final y eternamente, cada uno gana todas las cualidades experienciables del otro. Esta personalidad coordinada posee toda la memoria experiencial de supervivencia poseída anteriormente por la mente mortal ancestral y residente luego en el alma morontial, y además este finalista potencial comprende toda la memoria experiencial del Ajustador de todos los casos en que residía en los mortales en todos los tiempos. Pero hace falta una eternidad en el futuro para que un Ajustador dote por completo a esta asociación de personalidad de los significados y valores que el Monitor divino trae desde la eternidad del pasado.

Pero con la gran mayoría de los habitantes urantianos el Ajustador debe aguardar pacientemente la llegada de la liberación de la muerte; ha de aguardar la liberación del alma naciente de la dominación casi completa de los esquemas energéticos y de las fuerzas químicas inherentes a vuestra orden material de existencia. La dificultad principal que vosotros experimentáis al poneros en contacto con vuestro Ajustador consiste en esta misma naturaleza material inherente. Sólo tan pocos mortales son verdaderos pensadores; vosotros no desarrolláis ni disciplináis espiritualmente a vuestras mentes hasta el punto de realizar un enlace favorable con los Ajustadores divinos. El oído de la mente humana es casi sordo a las solicitudes espirituales que el Ajustador traduce de los mensajes múltiples de las transmisiones universales de amor que proceden del Padre de las misericordias. El Ajustador encuentra casi imposible registrar estas guías espirituales inspiradoras en una mente animal tan completamente dominada por las fuerzas químicas y eléctricas inherentes a vuestra naturaleza física.

Los Ajustadores se regocijan con ponerse en contacto con la mente mortal; pero deben ser pacientes a lo largo de los muchos años de estadía silenciosa durante los cuales son incapaces de abrirse paso por la resistencia animal y de comunicarse directamente con vosotros. Cuanto más alto ascienden los Ajustadores del Pensamiento en la escala del servicio, más eficaces se vuelven. Pero jamás pueden saludaros, en la carne, con el mismo afecto pleno, comprensivo y lleno de expresión con que lo harán cuando los discernáis de mente a mente en los mundos de estancia.

Durante la vida mortal el cuerpo material y la mente te separan de tu Ajustador y previenen la comunicación libre; después de la muerte, posteriormente a la fusión eterna, tú y el Ajustador seréis uno solo —no os podréis diferenciar como seres separados— y por lo tanto no existirá necesidad de comunicación tal como la entiendes.

Aunque la voz del Ajustador está siempre dentro de vosotros, la mayoría de vosotros rara vez la oiréis durante la vida mortal. Los seres humanos por debajo del tercero y segundo círculo de logro raramente oyen la voz directa del Ajustador excepto en los momentos de deseo supremo, en una situación suprema y después de una decisión suprema.

Durante la realización y ruptura de un contacto entre la mente mortal de un reservista del destino y los supervisores planetarios, a veces el Ajustador residente está situado de tal manera que se hace posible trasmitir un mensaje al socio mortal. No hace mucho, en Urantia, un Ajustador autoactuante trasmitió tal mensaje a su asociado humano, un miembro del cuerpo de reserva del destino. Este mensaje comenzaba con estas palabras: «Ahora, sin injuria ni peligro para el sujeto de mi devoción solícita y sin intento de desalentar ni castigar, para mí, registrad mi súplica».

A continuación se oyó una admonición bellamente conmovedora y emotiva. Entre otras cosas, el Ajustador imploró, «que me otorgue más fielmente su cooperación sincera, que tolere más alegremente las tareas de mi emplazamiento, que lleve a cabo más fielmente el programa de mi arreglo, que pase más pacientemente las pruebas de mi selección, que camine más persistente y alegremente por el camino de mi elección, que reciba más humildemente crédito para que se acumule como resultado de mis esfuerzos incesantes —trasmitid ésta mi súplica al hombre en quien resido. En él vierto la devoción suprema y el afecto de un espíritu divino. Y más, decid a mi sujeto amado que funcionaré con sabiduría y poder hasta el fin mismo, hasta que se acabe la última contienda terrestre; seré fiel a mi fideicomiso de personalidad. Y le exhorto a la supervivencia, para que no me desilusione, para que no me prive de la recompensa a mi lucha paciente e intensa. De la voluntad humana depende nuestro logro de la personalidad. De círculo en círculo he ascendido pacientemente a esta mente humana, y tengo testimonio de que el jefe de mi propia clase me otorga su aprobación. De círculo en círculo estoy prosiguiendo hacia el juicio. Aguardo con placer y sin aprehensión la llamada del destino; estoy preparado a someterme a todos los tribunales de los Ancianos de los Días».

[Presentado por un Mensajero Solitario de Orvonton.]

DOCUMENTO 111

EL AJUSTADOR Y EL ALMA

LA PRESENCIA del Ajustador divino en la mente humana hace imposible para siempre que la ciencia o la filosofía alcancen una comprensión satisfactoria del alma evolutiva de la personalidad humana. El alma morontial es hija del universo y tan sólo se la puede llegar a conocer a través del discernimiento cósmico y del descubrimiento espiritual.

El concepto de un alma y de un espíritu residente no es nuevo en Urantia; ha aparecido frecuentemente en los diversos sistemas de creencia del planeta. Muchas de las fes orientales, así como también algunas de las occidentales han percibido que el hombre es divino en su linaje, así como también humano en su herencia. La sensación de la presencia interior, además de la omnipresencia exterior de la Deidad, por largo tiempo ha formado parte de muchas religiones urantianas. Los hombres han creído por mucho tiempo que existe algo que crece dentro de la naturaleza humana, algo vital que está destinado a perdurar más allá del corto tramo de la vida temporal.

Antes de que el hombre se diera cuenta de que un espíritu divino engendró su alma en evolución, se creía que ésta residía en diversos órganos físicos: el ojo, el hígado, el riñón, el corazón, y más adelante, el cerebro. El salvaje asociaba el alma con la sangre, el aliento, la sombra y aun con el reflejo del yo en el agua.

En el concepto del *atman* los maestros hindúes verdaderamente se aproximaron a una apreciación de la naturaleza y presencia del Ajustador, pero no supieron distinguir la copresencia del alma en evolución y potencialmente inmortal. Los chinos sin embargo reconocieron dos aspectos del ser humano, el *yang* y el *yin*, el alma y el espíritu. Los egipcios y muchas tribus africanas también creían en dos factores, el *ka* y el *ba*; por lo general no se consideraba el alma preexistente, tan sólo el espíritu.

Los habitantes del valle del Nilo creían que todo individuo favorecido había recibido como don, al tiempo de su nacimiento, o poco después, un espíritu protector que llamaban el ka. Enseñaban que este espíritu guardián permanecía con el sujeto mortal a lo largo de la vida y pasaba delante de él al estado futuro. En las paredes de un templo de Luxor, se ilustra el nacimiento de Amenhotep III, y el pequeño príncipe se retrata en los brazos del dios del Nilo, y junto a él hay otro niño, de apariencia idéntica al príncipe, que es un símbolo de esa entidad que los egipcios llamaban el ka. Esta imagen esculpida se completó en el siglo quince antes de Cristo.

El ka se consideraba un genio espiritual superior que deseaba guiar al alma mortal asociada hacia caminos mejores de vida temporal pero, más específicamente, influir sobre las fortunas del sujeto humano en el más allá. Cuando un egipcio de este período moría, se esperaba que su ka lo estaría aguardando del otro lado del Gran Río. Al principio, se suponía que tan sólo los reyes tenían ka, pero finalmente se llegó a creer que todos los hombres rectos lo poseían. Un gobernante egipcio, al hablar del ka dentro de su corazón dijo: «No hice caso omiso de sus palabras; temía transgredir su guía. Por ello prosperé grandemente; así que triunfé en virtud de lo que se me indujo que hiciera; fui distinguido por su guía». Muchos creían que el ka era un «oráculo de Dios en todos». Muchos creían que debían de «transcurrir la eternidad con el regocijo del corazón en el favor del Dios que está en ti».

Cada raza de mortales urantianos evolutivos tiene una palabra que equivale al concepto del alma. Muchos pueblos primitivos creían que el alma observaba el mundo a través de los ojos humanos; por ello temían tan intensamente la malevolencia del mal de ojo. Por mucho tiempo han creído que «el espíritu del hombre es la lámpara del Señor». Dice el Rig Veda: «Mi mente habla a mi corazón».

1. LA MENTE, TERRENO DE ELECCIÓN

Aunque la tarea de los Ajustadores es de naturaleza espiritual, deben, por fuerza, hacer todo su trabajo sobre una base intelectual. La mente es el terreno humano del cual el espíritu Monitor debe evolucionar el alma morontial con la cooperación de la personalidad anfitriona.

Existe una unidad cósmica en los distintos niveles mentales del universo de los universos. Los yos intelectuales tienen su origen en la mente cósmica tal como las nebulosas tienen su origen en las energías cósmicas del espacio universal. En el nivel humano (por lo tanto personal) de los yos intelectuales, el potencial de evolución espiritual se torna dominante con el consentimiento de la mente moral, debido a las dotes espirituales de la personalidad humana, juntamente con la presencia creadora de una entidad de valor absoluto en tales yos humanos. Pero tal dominio del espíritu sobre la mente material requiere dos experiencias: esta mente debe haber evolucionado a través del ministerio de los siete espíritus ayudantes de la mente, y el yo material (personal) debe elegir cooperar con el Ajustador residente para crear y fomentar el yo morontial, el alma evolucionaria y potencialmente inmortal.

La mente material es la arena en la cual viven las personalidades humanas, tienen autoconciencia, toman decisiones, eligen a Dios o lo abandonan, se eternizan o se destruyen a sí mismos.

La evolución material te ha proveído con una máquina vital, tu cuerpo; el Padre mismo te ha dotado de la realidad espiritual más pura conocida en el universo, tu Ajustador del Pensamiento. Pero en tus manos, sujeta a tu libre albedrío, se te ha dado la mente, y es por la mente por la que vives o mueres. Es dentro de la mente y con la mente que tomas esas decisiones morales que te permiten alcanzar semejanza con el Ajustador, que es semejanza con Dios.

La mente mortal es un sistema temporal de intelecto prestado a los seres humanos para uso durante una vida material, y según usen esta mente, estarán o aceptando o rechazando el potencial de la existencia eterna. La mente es prácticamente todo lo que tienes de realidad universal que está sujeta a tu voluntad, y el alma —el yo morontial —ilustrará fielmente la cosecha de las decisiones temporales que hace el yo mortal. La conciencia humana descansa suavemente sobre el mecanismo electroquímico que está más abajo, y toca delicadamente el sistema de energía espíritu-morontial que está más arriba. Durante su vida mortal, el ser humano nunca está plenamente consciente de ninguno de estos dos sistemas; por lo tanto debe trabajar en la mente, de la cual está consciente. Y no es tanto lo que la mente comprende, sino más bien lo que desea comprender, aquello que asegura la supervivencia; no es tanto cómo es la mente, sino cómo está tratando de ser la mente lo que constituye la identificación espiritual. No es tanto que el hombre esté consciente de Dios cuanto que el hombre anhele a Dios lo que resulta en la ascensión en el universo. Lo que eres hoy no es tan importante como lo que llegues a ser día a día y en la eternidad.

La mente es el instrumento cósmico sobre el cual la voluntad humana puede tocar la discordia de la destrucción, o sobre el cual esta misma voluntad puede extraer las melodías exquisitas de la identificación con Dios y la consiguiente supervivencia eterna. El Ajustador donado al hombre es, en último análisis, impermeable al mal e incapaz de pecar, pero la mente mortal puede efectivamente ser distorsionada, torcida y volverse malvada y fea por las maquinaciones pecaminosas de una voluntad humana perversa y autogratificante. Del mismo modo esta mente puede tornarse noble, bella, verdadera y buena —realmente grande— de acuerdo con la voluntad iluminada por el espíritu de un ser humano que conoce a Dios.

La mente evolucionaria es tan sólo estable y confiable cuando se manifiesta en los dos extremos de la intelectualidad cósmica: el extremo totalmente mecanizado y el extremo totalmente espiritualizado. Entre los extremos intelectuales del puro control mecánico y de la verdadera naturaleza espiritual se interpone ese enorme grupo de mentes en evolución y en ascensión cuya estabilidad y tranquilidad dependen de la elección de la personalidad y de la identificación con el espíritu.

Pero el hombre no rinde su voluntad pasiva y servilmente al Ajustador. Más bien elige activa, positiva y cooperativamente seguir la guía del Ajustador cuando y como dicha guía difiere conscientemente de los deseos e impulsos de la mente mortal natural. Los Ajustadores manipulan pero nunca dominan la mente del hombre contra su voluntad; para los Ajustadores la voluntad humana es suprema. Y mucho respetan y reverencian la voluntad humana mientras tratan de alcanzar los objetivos espirituales de ajuste del pensamiento y transformación del carácter en la arena casi sin límites del intelecto humano en evolución.

La mente es tu buque, el Ajustador es tu piloto, la voluntad humana es el capitán. El dueño del barco mortal debería tener la sabiduría de confiar en el piloto divino para guiar a su alma ascendente a los puertos morontiales de la supervivencia eterna. Sólo mediante el egoísmo, la pereza y el pecado puede la voluntad del hombre rechazar la guía de un piloto tan amante y finalmente naufragar su carrera mortal en los acantilados malignos de la misericordia rechazada y contra las rocas del pecado aceptado. Con tu consentimiento, este piloto fiel te conducirá con seguridad a través de las barreras del tiempo y de los obstaculos del espacio a la fuente misma de la mente divina y aun más allá, aun hasta el Padre Paradisiaco de los Ajustadores.

2. La naturaleza del alma

A lo largo y a lo ancho de las funciones mentales de la inteligencia cósmica, la totalidad de la mente domina las partes de la función intelectual. La mente, en su esencia, es una unidad funcional; por lo tanto, la mente no deja nunca de manifestar esta unidad constitutiva, aun cuando se encuentra dificultada y obstaculizada por las acciones y elecciones tontas de un yo descarriado. Y esta unidad de la mente invariablemente busca la coordinación del espíritu en todos los niveles de su asociación con los yoes de dignidad volitiva y prerrogativas de ascensión.

La mente material del hombre mortal es el telar cósmico que lleva el tejido morontial sobre el cual el Ajustador del Pensamiento residente teje los diseños espirituales de un carácter universal de valores duraderos y significados divinos —un alma sobreviviente de destino último y carrera sin fin, un finalista potencial.

La personalidad humana se identifica con la mente y el espíritu, vinculados en enlace funcional por la vida en un cuerpo material. Este enlace funcional de mente y espíritu no da como resultado una combinación de las cualidades o atributos de la mente y del espíritu, sino más bien da un valor universal enteramente nuevo, original y único de perduración potencialmente eterna: el *alma.*

Existen tres y no dos factores en la creación evolucionaria de tal alma inmortal. Estos tres antecedentes del alma morontial humana son:

1. *La mente humana* y todas las influencias cósmicas antecedentes a ella y relacionadas con ella.

2. *El espíritu divino* que mora en esta mente humana y todos los potenciales inherentes en tal fragmento de espiritualidad absoluta, juntamente con todas las influencias y factores espirituales asociados en la vida humana.

3. *La relación entre la mente material y el espíritu divino*, que connota un valor y lleva un significado que no se encuentran en ninguno de los factores contribuyentes a dicha asociación. La realidad de esta relación singular no es ni material ni espiritual, sino morontial. Es el alma.

Desde hace mucho los seres intermedios han denominado esta alma evolutiva del hombre la mente intermedia, para distinguirla de la mente material o más baja y la mente cósmica o más elevada. Esta mente intermedia es realmente un fenómeno morontial, puesto que existe en el reino entre lo material y lo espiritual. El potencial de tal evolución morontial es inherente en los dos impulsos universales de la mente: el impulso de la mente finita de la criatura de conocer a Dios y alcanzar la divinidad del Creador, y el impulso de la mente infinita del Creador de conocer al hombre y alcanzar la *experiencia* de la criatura.

Esta transacción excelsa de evolución del alma inmortal es posible porque la mente mortal es primero personal y, segundo, está en contacto con las realidades superanimales; posee una dote supermaterial de ministerio cósmico que asegura la evolución de una naturaleza mortal capaz de hacer decisiones morales, efectuando de este modo un contacto creador bona fide con los ministros espirituales asociados y con el Ajustador del Pensamiento residente.

El resultado inevitable de tal espiritualización por contacto de la mente humana es el nacimiento gradual de un alma, el vástago conjunto de una mente ayudante dominada por una voluntad humana que ansía conocer a Dios, trabajando en enlace con las fuerzas espirituales del universo que están bajo el control de un fragmento real del Dios mismo de toda creación —el Monitor Misterioso. Así, la realidad material y mortal del yo trasciende las limitaciones temporales de la máquina de vida física y alcanza una nueva expresión y una nueva identificación en el vehículo en evolución para la continuidad del yo: el alma morontial e inmortal.

3. EL ALMA EN EVOLUCIÓN

Los errores de la mente mortal y las equivocaciones de la conducta humana pueden atrasar marcadamente la evolución del alma, aunque no pueden inhibir dicho fenómeno morontial una vez que éste haya sido iniciado por el Ajustador residente con el consentimiento de la voluntad de la criatura. Pero en cualquier momento, previamente a la muerte mortal, esta misma voluntad material y humana tiene el poder de rescindir dicha elección y rechazar la supervivencia. Aun después de la supervivencia el mortal ascendente aún retiene esta prerrogativa de elección de rechazo de la vida eterna; en cualquier momento antes de la fusión con el Ajustador la criatura en evolución y en ascensión puede elegir abandonar la voluntad del Padre del Paraíso. La fusión con el Ajustador señala el hecho de que el mortal ascendente ha elegido perdurablemente, y sin ninguna reserva, a hacer la voluntad del Padre.

Durante la vida en la carne, el alma en evolución tiene la posibilidad de reforzar las decisiones supermateriales de la mente mortal. Siendo supermaterial, el alma no funciona por sí misma en el nivel material de la experiencia humana. Tampoco puede esta alma subespiritual, sin la colaboración de algún espíritu de la Deidad, tal como el Ajustador, funcionar por encima del nivel morontial. Tampoco toma el alma las decisiones finales hasta que la muerte o la traslación al cielo la divorcien de la asociación material con la mente mortal, excepto cuando y si esta mente material delega dicha autoridad, libremente y de buena gana, a dicha alma morontial de función asociada. Durante la vida la voluntad mortal, el poder de la personalidad de decisión y elección reside en los circuitos materiales de la mente; a medida que procede el crecimiento mortal terrestre, este yo, con sus invalorables poderes de elección, se vuelve cada vez más identificado con la entidad emergente alma morontial; después de la muerte y después de la resurrección en el mundo de estancia, la personalidad humana está completamente identificada con el yo morontial. El alma, de este modo, es el embrión del futuro vehículo morontial de la identidad de la personalidad.

Al principio, esta alma inmortal, es de naturaleza totalmente morontial, pero posee tal capacidad de desarrollo que invariablemente asciende a los niveles de verdadero espíritu de valor de fusión con los espíritus de la Deidad, generalmente con el mismo espíritu del Padre Universal que inició tal fenómeno creador en la mente de la criatura.

Tanto la mente humana como el Ajustador divino están conscientes de la presencia y de la naturaleza diferencial del alma en evolución —el Ajustador plenamente, la mente parcialmente. El alma se vuelve cada vez más consciente tanto de la mente como del Ajustador como identidades asociadas, proporcionalmente a su propio crecimiento evolucionario. El alma comparte las cualidades tanto de la mente humana como del espíritu divino, pero persistentemente evoluciona hacia el aumento del control espiritual y del dominio divino a través de la acción de fomentar una función de la mente cuyos significados tratan de coordinar con el verdadero valor espiritual.

La carrera mortal, la evolución del alma, es no tanto un período de prueba como un período de capacitación. La fe en la supervivencia de los valores supremos es el corazón de la religión; la experiencia religiosa genuina consiste en la unión de los valores supremos y de los significados cósmicos como una realización de la realidad universal.

La mente conoce cantidad, realidad y significados. Pero la cualidad —los valores— *se sienten*. Lo que siente es la creación mutua de la mente, que sabe, y del espíritu asociado, que la hace real.

Siempre y cuando el alma morontial evolutiva del hombre se satura de verdad, belleza y bondad como valor-realización de la conciencia acerca de Dios, el ser resultante se volverá indestructible. Si no hay supervivencia de los valores eternos en el alma evolutiva del hombre, entonces la existencia mortal no tiene significado, y la vida misma es una ilusión trágica. Pero es por siempre verdad: lo que comenzáis en el tiempo, terminaréis indudablemente en la eternidad —si es que vale la pena terminarlo.

4. LA VIDA INTERIOR

El reconocimiento es un proceso intelectual que consiste en ubicar las impresiones sensoriales recibidas del mundo exterior en los esquemas de la memoria del individuo. Comprender implica que esas impresiones sensoriales reconocidas y sus esquemas de memoria asociados han sido integrados u organizados en una red dinámica de principios.

Los significados se derivan de la combinación del reconocimiento y la comprensión. Los significados son inexistentes en un mundo totalmente material o sensorial. Los significados y los valores se perciben tan sólo en las esferas más interiores o supermateriales de la experiencia humana.

Todos los avances de la verdadera civilización nacen en este mundo interior de la humanidad. Es tan sólo la vida interior la que es realmente creadora. Las civilizaciones difícilmente podrán progresar si la mayoría de la juventud de cualquier generación dedica sus intereses y energías al perseguimiento materialista del mundo sensorial o exterior.

Los mundos interior y exterior tienen un esquema de valores distinto. Cualquier civilización se encuentra en peligro si tres cuartos de su juventud se dedican a profesiones materialistas y al perseguimiento de las actividades sensoriales del mundo exterior. La civilización corre peligro cuando la juventud deja de interesarse en la ética, la sociología, la eugenesia, la filosofía, las artes, la religión y la cosmología.

Sólo en los niveles más elevados de la mente superconsciente a medida que se inmiscuye en el mundo espiritual de la experiencia humana, podéis encontrar esos conceptos más elevados en asociación con los modelos originales eficaces que contribuirán a la construcción de una civilización mejor y más duradera. La personalidad es inherentemente creadora, pero funciona así tan sólo en la vida interior del individuo.

Los cristales de nieve son siempre de forma hexagonal, pero no hay dos que sean idénticos. Los niños corresponden a tipos, pero no hay dos que sean exactamente idénticos, aun en el caso de los mellizos. La personalidad concuerda con los tipos, pero es siempre única.

La felicidad y el regocijo se originan en la vida interior. No puedes experimentar verdadero regocijo completamente solo. Una vida solitaria es fatal para la felicidad. Aun las familias y las naciones disfrutarán más de la vida si la comparten con otros.

No puedes controlar completamente el mundo exterior —el medio ambiente. Es la creatividad del mundo interior la que está más sujeta a tu dirección porque allí tu personalidad está tan grandemente liberada de las cadenas de las leyes de la causalidad antecedente. Existe en asociación con la personalidad una soberanía limitada de la voluntad.

Puesto que esta vida interior del hombre es verdaderamente creadora, cada persona tiene la responsabilidad de elegir si esta creatividad será espontánea y totalmente azarosa, o controlada, dirigida y constructiva. ¿Cómo puede una imaginación creativa producir niños valiosos si el escenario sobre el que actúa ya está atiborrado de prejuicio, odio, temores, resentimientos, venganza e intolerancias?

Las ideas pueden originarse en los estímulos del mundo exterior, pero los ideales nacen sólo en los reinos creadores del mundo interior. Actualmente las naciones del mundo son dirigidas por hombres que tienen superabundancia de ideas, pero gran pobreza de ideales. Ésta es la explicación de la pobreza, divorcio, guerra y odios raciales.

Éste es el problema: si el hombre que goza de libre albedrío está dotado de poderes de creatividad en su fuero interior, debemos reconocer entonces que la creatividad de libre albedrío comprende el potencial de la destructividad por el libre albedrío. Y cuando la creatividad se torna destructividad, os enfrentáis con la devastación del mal y del pecado: la opresión, la guerra y la destrucción. El mal es una parcialidad de la creatividad que tiende hacia la desintegración y destrucción final. Todo conflicto es malo en cuanto inhibe la función creadora de la vida interior —es una especie de guerra civil en la personalidad.

La creatividad interior contribuye a ennoblecer el carácter a través de la integración de la personalidad y de la unificación del yo. Es por siempre verdad: el pasado es incambiable; tan sólo el futuro puede ser cambiado por el ministerio de la creatividad presente del yo interior.

5. LA CONSAGRACIÓN DE LA ELECCION

Hacer la voluntad de Dios es ni más ni menos que una exhibición de la disposición de la criatura a compartir la vida interior con Dios —con el mismo Dios que ha hecho posible esa vida de valor y significado interior para la criatura. Compartir es semejante a Dios —es divino. Dios comparte todo con el Hijo Eterno y el Espíritu Infinito, y ellos a su vez comparten todas las cosas con los Hijos divinos y las Hijas espíritu de los universos.

La imitación de Dios es la clave para la perfección; hacer su voluntad es el secreto de la sobrevivencia y de la perfección en la supervivencia.

Los mortales viven en Dios, y así Dios ha querido vivir en los mortales. Así como los hombres se confían en él, del mismo modo él, y en primer término, ha confiado una porción de sí mismo para que esté con los hombres; ha consentido en vivir en los hombres y residir en los hombres sujeto a la voluntad humana.

La paz en esta vida, la supervivencia en la muerte, la perfección en la vida próxima, el servicio en la eternidad —todos éstos se logran (en el espíritu) *ahora* cuando la personalidad de la criatura consiente —elige— someter la voluntad de la criatura a la voluntad del Padre. Y el Padre ya ha elegido hacer que un fragmento de sí mismo esté sujeto a la voluntad de la personalidad de la criatura.

Esta elección de la criatura no es un rendimiento de la voluntad. Es una consagración de la voluntad, una expansión de la voluntad, una glorificación de la voluntad, un perfeccionamiento de la voluntad; tal elección eleva la voluntad de la criatura del nivel de significado temporal a ese estado tanto más elevado en el que la personalidad del hijo criatura comulga con la personalidad del Padre espíritu.

Esta elección de la voluntad del Padre es el hallazgo espiritual del Padre espíritu por el hombre mortal, aunque deba pasar una edad antes de que el hijo criatura pueda verdaderamente encontrarse de hecho ante la presencia de Dios en el Paraíso. Esta elección no consiste tanto en la negación de la voluntad de la criatura: «Que se haga no mi voluntad sino la tuya»; sino que consiste en la afirmación positiva de la criatura: «Es *mi* voluntad que se haga *tu* voluntad». Y si se hace esta elección, tarde o temprano el hijo que eligió a Dios hallará una unión interior (fusión) con el fragmento residente de Dios, mientras que este mismo hijo en perfeccionamiento encontrará suprema satisfacción de la personalidad en la comunión adoradora de la personalidad del hombre y la personalidad de su Hacedor, dos personalidades cuyos atributos creativos se unen eternamente y autovolitivamente en una mutualidad de expresión —el nacimiento de otra unión eterna de la voluntad del hombre y la voluntad de Dios.

6. LA PARADOJA HUMANA

Muchos de los problemas temporales del hombre mortal surgen de su relación dual con el cosmos. El hombre es parte de la naturaleza —existe en la naturaleza— y sin embargo es capaz de trascender la naturaleza. El hombre es finito, pero reside dentro de él un destello de infinidad. Dicha situación dual no sólo provee el potencial para el mal sino que también engendra muchas situaciones sociales y morales cargadas de gran incertidumbre y considerable ansiedad.

La valentía que se requiere para efectuar la conquista de la naturaleza y trascender a sí mismo es una valentía que puede sucumbir ante las tentaciones del autoorgullo. El mortal que puede trascenderse a sí mismo podría rendirse a la tentación de deificar su propia autoconciencia. El dilema mortal consiste en el doble hecho de que el hombre está encadenado a la naturaleza mientras que al mismo tiempo posee una libertad única: la libertad de la elección y acción espiritual. En los niveles materiales el hombre se encuentra subsirviente a la naturaleza, mientras que en los niveles espirituales triunfa sobre la naturaleza y sobre todas las cosas temporales y finitas. Dicha paradoja es inseparable de la tentación, del mal potencial, de los errores de decisión, y cuando el yo se vuelve orgulloso y arrogante, es posible que evolucione el pecado.

El problema del pecado no es autoexistente en el mundo finito. El hecho de la finitez no es malo ni pecaminoso. Un Creador infinito hizo al mundo finito —es la obra de sus Hijos divinos— y por lo tanto debe ser *bueno*. Es el mal uso, la distorsión y la perversión de lo finito lo que da origen al mal y al pecado.

El espíritu puede dominar a la mente; entonces la mente puede controlar la energía. Pero la mente puede controlar la energía sólo a través de su propia manipulación inteligente de los potenciales metamórficos inherentes en el nivel matemático de las causas y efectos de los dominios físicos. La mente de la criatura no controla inherentemente la energía; ésa es una prerrogativa de la Deidad. Pero la mente de las criaturas puede manipular la energía —y lo hace— en cuanto se vuelve experta en los secretos de la energía del mundo físico.

Cuando el hombre desea modificar la realidad física, sea ésta él mismo o su medio ambiente, lo consigue hasta el punto en que haya descubierto los caminos y maneras de controlar la materia y dirigir la energía. La mente sin asistencia es impotente para influir sobre lo material, salvo sobre su propio mecanismo físico, con el cual está ineludiblemente vinculada. Pero a través del uso inteligente del mecanismo del cuerpo, el hombre puede crear otros mecanismos, aun relaciones energéticas y enlaces vivientes, mediante la utilización de los cuales la mente puede controlar cada vez más y aun dominar su nivel físico en el universo.

La ciencia es la fuente de los hechos, y la mente no puede operar sin hechos. Son los ladrillos en la construcción de la sabiduría que están cementados unos a otros por la experiencia de la vida. El hombre puede encontrar, aun sin hechos, el amor de Dios, y el hombre puede descubrir, aun sin amor, las leyes de Dios, pero el hombre no puede jamás comenzar a apreciar la infinita simetría, la armonía excelsa, la exquisita plenitud de la naturaleza, que todo lo comprende, de la Primera Fuente y Centro hasta no haber encontrado la ley divina y el amor divino y haber unificado experiencialmente estos elementos en su propia filosofía cósmica evolutiva.

La expansión del conocimiento material permite una mayor apreciación intelectual del significado de las ideas y de los valores de los ideales. Un ser humano puede hallar la verdad en su experiencia interior, pero necesita un claro conocimiento de los hechos para aplicar su descubrimiento personal de la verdad a las exigencias cruelmente prácticas de la vida diaria.

Es tan sólo natural que el hombre mortal sufra sentimientos de inseguridad al verse inextricablemente atado a la naturaleza mientras posee al mismo tiempo poderes espirituales totalmente trascendentes a todas las cosas temporales y finitas. Sólo la confianza religiosa —la fe viviente— puede sostener al hombre entre estos problemas tan difíciles y confusos.

De todos los peligros que acechan la naturaleza mortal del hombre y arriesgan su integridad espiritual, el orgullo es el peor. La valentía es valerosa, pero el egocentrismo es vanaglorioso y suicida. Una autoconfianza razonable no ha de ser deplorada. La habilidad del hombre de transcenderse a sí mismo es lo que lo distingue del reino animal.

El orgullo es engañoso, intoxicante y originador del pecado tanto en el individuo como en el grupo, en la raza o en la nación. Es literalmente verdad: «Antes del quebrantamiento es la soberbia».

7. EL PROBLEMA DEL AJUSTADOR

La incertidumbre con seguridad es la esencia de la aventura al Paraíso —incertidumbre en el tiempo y en la mente, incertidumbre en cuanto a los acontecimientos del ascenso progresivo al Paraíso; seguridad en el espíritu y en la eternidad, seguridad en la confianza no cualificada del hijo criatura en la compasión divina y el infinito amor del Padre Universal; incertidumbre como ciudadano inexperto del universo; seguridad como hijo ascendente en las estancias del universo de un Padre todopoderoso, omnisapiente y omniamante.

¿Puedo yo aconsejarte que atiendas al eco distante del fiel llamado del Ajustador a tu alma? El Ajustador residente no puede detener, ni siquiera materialmente alterar, tu carrera de lucha en el tiempo; el Ajustador no puede disminuir las dificultades de la vida mientras atraviesas este mundo de trabajo agotador. El residente divino tan sólo puede pacientemente soportar mientras que luchas la batalla de la vida tal como se la vive en tu planeta; pero podrías, si tan sólo quisieras —al trabajar y preocuparte, al luchar y trabajar— permitir que el valiente Ajustador luche contigo y para ti. Podrías ser reconfortado e inspirado de este modo, seducido y cautivado, si permitieses que el Ajustador te traiga constantemente las ilustraciones del verdadero motivo, el objetivo final y el propósito eterno de esta difícil lucha hacia arriba contra los problemas comunes de tu mundo material presente.

¿Por qué no ayudas al Ajustador en su tarea de mostrarte la contraparte espiritual de todos estos cansadores esfuerzos materiales? ¿Por qué no permites que el Ajustador te fortifique con las verdades espirituales del poder espiritual mientras luchas con las dificultades temporales de la existencia de las criaturas? ¿Por qué no alientas a este ayudante celestial a que te alegre con la visión clara del enfoque eterno de la vida universal mientras contemplas perplejo los problemas de la hora pasajera? ¿Por qué te rehusas ser esclarecido e inspirado por el punto de vista universal mientras sufres entre las dificultades del tiempo y te pierdes en el laberinto de las incertidumbres que acosan tu viaje en la vida mortal? ¿Por qué no permitir que el Ajustador espiritualice tu pensamiento, aunque tus pies deban caminar por las avenidas materiales de las empresas terrestres?

Las razas humanas más elevadas de Urantia están mezcladas en forma compleja; son una combinación de muchas razas y cepas de orígenes diferentes. Esta naturaleza compuesta hace extremadamente difícil el trabajo eficiente de los Monitores durante la vida y aumenta indudablemente los problemas tanto del Ajustador como del serafín guardián después de la muerte. No hace mucho estuve presente en Salvington y escuché a un guardián del destino presentar una declaración formal como disculpa de las dificultades de ministrar a su sujeto mortal. Este serafín dijo:

«Muchas de mis dificultades se debieron al conflicto interminable entre las dos naturalezas de mi sujeto: el impulso de la ambición opuesto a la indolencia animal; los ideales de un pueblo superior mezclados con los instintos de una raza inferior; los altos propósitos de una gran mente antagonizados por el impulso de una herencia primitiva; la visión a largo plazo de un Monitor perspicaz contrapuesta a la miopía de una criatura del tiempo; los planes progresivos de un ser ascendente modificados por los deseos y anhelos de una naturaleza material; los destellos de la inteligencia universal cancelados por los mandatos químico-energéticos de la raza en evolución; el impulso de los ángeles opuesto por las emociones de un animal; el adiestramiento de un intelecto anulado por las tendencias del instinto; la experiencia del individuo opuesta por las propensidades acumuladas de la raza; los fines de los mejores sobrecogidos por la corriente de los peores; el destello de genio neutralizado por la gravedad de la mediocridad; el progreso de lo bueno retardado por la inercia de lo malo; el arte de lo hermoso manchado por la presencia del mal; la fuerza de la salud neutralizada por la debilidad de la enfermedad; la fuente de la fe contaminada por los venenos del temor; el manantial del regocijo amargado por las aguas del dolor; la felicidad de la anticipación desilusionada por la amargura de la realización; los regocijos del vivir constantemente amenazados por los dolores de la muerte. ¡Qué vida y en qué planeta! Y sin embargo, debido a la ayuda e impulso constantemente presentes del Ajustador del Pensamiento, esta alma alcanzó un justo grado de felicidad y éxito y aun ahora ha ascendido a los salones de juicio de los mundos de estancia».

[Presentado por un Mensajero Solitario de Orvonton.]

DOCUMENTO 112

LA SOBREVIVENCIA DE LA PERSONALIDAD

LOS planetas evolucionarios son las esferas del origen humano, los mundos iniciales de la carrera mortal ascendente. Urantia es tu punto de partida; aquí tú y tu Ajustador del Pensamiento divino os combináis en una unión temporal. Has recibido el don de una guía perfecta; por lo tanto, si corres la carrera del tiempo con sinceridad y ganas la meta final de la fe, la recompensa de las edades será tuya; estarás eternamente unido con tu Ajustador residente. Allí empezarás tu vida real, la vida de ascensión, de la cual tu estado mortal presente es tan sólo el vestíbulo. Luego comenzaréis vuestra misión exaltada y progresiva como finalistas en la eternidad que se extiende ante vosotros. Y a través de todas estas edades y etapas sucesivas de crecimiento evolucionario, existe una parte de ti que permanece absolutamente inalterada, y ésa es la personalidad —la permanencia en presencia del cambio.

Aunque sería presuntuoso intentar definir la personalidad, puede resultar útil un recuento de algunas de las cosas que se conocen sobre la personalidad:

1. La personalidad es esa cualidad en la realidad donada por el Padre Universal mismo o por el Actor Conjunto, que actúa en nombre del Padre.

2. Cualquier sistema viviente de energía que incluya la mente o el espíritu, puede recibir este don.

3. No está totalmente sujeta a las cadenas de la causación antecedente. Es relativamente creadora o cocreadora.

4. Cuando la reciben las criaturas materiales evolucionarias, hace que el espíritu anhele el dominio de la energía-materia a través de la mediación de la mente.

5. La personalidad, aunque no tiene identidad, puede unificar la identidad de cualquier sistema viviente de energía.

6. Tan sólo revela respuestas cualitativas al circuito de personalidad, en contraste con las tres energías que muestran respuestas tanto cualitativas como cuantitativas a la gravedad.

7. La personalidad es inalterable en presencia del cambio.

8. Puede dar un don a Dios: dedicación del libre albedrío a hacer la voluntad de Dios.

9. Se caracteriza por la moralidad —consciencia de la relatividad de las relaciones con otras personas. Discierne los niveles de conducta y discrimina selectivamente entre ellos.

10. La personalidad es única, absolutamente única: es única en el tiempo y en el espacio; es única en la eternidad y en el Paraíso; es única cuando se la recibe como don —no hay duplicados; es única durante cada momento de la existencia; es única en relación a Dios —él no tiene favoritos, pero tampoco las suma entre sí, porque no son sumables —son asociables pero no totalizables.

11. La personalidad responde directamente a la presencia de otras personalidades.

12. Es la cosa singular que se puede agregar al espíritu, ilustrando así la primacía del Padre en relación con el Hijo. (La mente no necesita ser agregada al espíritu).

13. La personalidad puede sobrevivir a la muerte mortal con identidad en el alma sobreviviente. El Ajustador y la personalidad son inalterables; la relación entre ellos (en el alma) no es sino cambio, evolución continuada; y si este cambio (crecimiento) cesara, el alma cesaría.

14. La personalidad es consciente en forma única del tiempo, y esto es algo distinto de la percepción del tiempo que tienen la mente o el espíritu.

1. LA PERSONALIDAD Y LA REALIDAD

El Padre Universal otorga la personalidad a sus criaturas como un don potencialmente eterno. Tal don divino está destinado a funcionar en numerosos niveles y en situaciones universales sucesivas que van desde lo finito más bajo a lo absonito más elevado, aun hasta los límites de lo absoluto. La personalidad funciona pues en tres planes cósmicos o en tres fases universales:

1. *Estado de ubicación.* La personalidad funciona con igual eficiencia en el universo local, en el superuniverso y en el universo central.

2. *Estado de significado.* La personalidad funciona eficazmente en los niveles de lo finito, lo absonito y aun junto a los límites de lo absoluto.

3. *Estado de valor.* La personalidad se puede realizar experiencialmente en los reinos progresivos de lo material, lo morontial y lo espiritual.

La personalidad tiene una gama perfeccionada de actuación dimensional cósmica. Las dimensiones de la personalidad finita son tres, y son funcionales a grandes rasgos como sigue:

1. *La longitud* representa la dirección y naturaleza de la progresión —movimiento a través del espacio y según el tiempo— evolución.

2. *La profundidad* vertical comprende los impulsos y actitudes del organismo, los variados niveles de autorrealización y el fenómeno general de reacción al medio ambiente.

3. *La amplitud* comprende el campo del dominio de la coordinación, la asociación y la organización del yo.

El tipo de personalidad que es donado a los mortales urantianos tiene una potencialidad de siete dimensiones de autoexpresión o realización de la persona. Estos fenómenos dimensionales son realizables como tres en el nivel finito, tres en el nivel absonito, y uno en el nivel absoluto. En los niveles subabsolutos esta dimensión séptima o de la totalidad es experienciable como el *hecho* de la personalidad. Esta suprema dimensión es un absoluto asociable y, aunque no infinito, es dimensionalmente potencial para la penetración subinfinita de lo absoluto.

Las dimensiones finitas de la personalidad tienen que ver con la longitud, profundidad y amplitud cósmicas. La longitud indica significado; la profundidad significa valor; la amplitud comprende el discernimiento —la capacidad de experimentar una conciencia indiscutible de la realidad cósmica.

En el nivel morontial todas estas dimensiones finitas del nivel material están grandemente enaltecidas, y ciertos nuevos valores dimensionales son realizables. Todas estas experiencias dimensionales ampliadas del nivel morontial se unen maravillosamente con la dimensión suprema, o sea, de la personalidad a través de la influencia de mota y también por la contribución de las matemáticas morontiales.

Se podrían evitar muchos de los problemas experimentados por los mortales en su estudio de la personalidad humana si la criatura finita recordara que los niveles dimensionales y los niveles espirituales no están coordinados en la realización experiencial de la personalidad.

La vida es realmente un proceso que tiene lugar entre el organismo (yo) y su medio ambiente. La personalidad imparte el valor de identidad y significados de continuidad a esta asociación organismal-ambiental. Así pues se reconocerá que el fenómeno de la respuesta al estímulo no es un mero proceso mecánico, puesto que la personalidad funciona como un factor en la situación total. Es por siempre verdad que los mecanismos son pasivos en forma innata; los organismos son inherentemente activos.

La vida física es un proceso que tiene lugar no tanto dentro del organismo como *entre* el organismo y el medio ambiente. Y cada uno de estos procesos tiende a crear y establecer modelos de reacción organismal a este medio ambiente. Todos estos *modelos directivos* son altamente influyentes en la selección de las metas.

A través de la mediación de la mente, el yo y el medio ambiente establecen un contacto significativo. La habilidad y el consentimiento del organismo de hacer tales contactos significativos con el medio ambiente (respuesta a un impulso) representa la *actitud* de la personalidad entera.La personalidad no puede funcionar muy bien en aislamiento.

El hombre es naturalmente una criatura social; lo domina el anhelo de pertenecer. Es literalmente verdad que «ningún hombre vive para sí».

Pero el concepto de la personalidad como sentido de la totalidad de la criatura viviente y funcionante significa mucho más que la integración de las relaciones; significa la *unificación* de todos los factores de la realidad así como también la coordinación de las relaciones. Las relaciones existen entre dos objetos, pero tres o más objetos resultan en un *sistema*, y dicho sistema es mucho más que tan sólo una relación ampliada o compleja. Esta distinción es vital, porque en un sistema cósmico los miembros individuales no están conectados entre sí excepto en relación con el todo y a través de la individualidad del todo.

En el organismo humano la suma de sus partes constituye el yo —la individualidad— pero dicho proceso no tiene absolutamente nada que ver con la personalidad, que es el unificador de todos estos factores en cuanto se relacionan a las realidades cósmicas.

En los agregados las partes se suman; en los sistemas las partes se *arreglan*. Los sistemas son significativos debido a la organización —a los valores de posición. En un buen sistema todos los factores están en posición cósmica. En un sistema malo hay algo que falta o que está desplazado —desarreglado. En el sistema humano es la personalidad la que unifica todas las actividades y a su vez imparte las cualidades de identidad y creatividad.

2. EL YO

En cuanto al estudio del yo es útil recordar lo siguiente:

1. Los sistemas físicos son subordinados.
2. Los sistemas intelectuales son coordinados.
3. La personalidad es superordenada.
4. La fuerza espiritual residente es potencialmente directiva.

En todos los conceptos del yo es necesario reconocer que el hecho de la vida viene primero, su evaluación o interpretación más tarde. El niño humano primero vive y posteriormente *piensa* sobre su vivir. En la economía cósmica el discernimiento precede a la previsión.

El hecho universal de Dios que se vuelve hombre ha cambiado para siempre todos los significados y ha alterado todos los valores de la personalidad humana. En el verdadero sentido de la palabra, el amor connota respeto mutuo de personalidades enteras, sean éstas humanas o divinas o humanas y divinas. Las partes del yo pueden funcionar de muchas maneras —pensando, sintiendo, deseando— pero sólo los atributos coordinados de la personalidad entera están enfocados en la acción inteligente; y todos estos poderes están asociados con la dote espiritual de la mente mortal cuando un ser humano sincera y altruísticamente ama a otro ser, humano o divino.

Se basan todos los conceptos mortales de la realidad en la suposición de la actualidad de la personalidad humana; todos los conceptos de las realidades superhumanas se basan en la experiencia de la personalidad humana con la realidad cósmica de ciertas entidades espirituales asociadas y personalidades divinas y en la misma. Todo lo que sea no espiritual en la experiencia humana, a excepción de la personalidad, es un medio para un fin. Toda verdadera relación del hombre mortal con otras personas —humanas o divinas— es un fin en sí mismo. Y dicho compañerismo con la personalidad de la Deidad es el objetivo eterno de la ascensión universal.

La posesión de la personalidad identifica al hombre como ser espiritual, puesto que la unidad del yo y la autoconciencia de la personalidad son dotes del mundo supermaterial. El hecho mismo de que un materialista mortal pueda negar la existencia de las realidades supermateriales demuestra por sí mismo la presencia, e indica la operación de la síntesis espiritual y conciencia cósmica en su mente humana.

Existe una gran laguna cósmica entre la materia y el pensamiento, y esta laguna es inmensurablemente mayor entre la mente material y el amor espiritual. No se puede explicar la conciencia, y aun menos la autoconciencia por ninguna teoría de asociación electrónica mecanicista o de fenómeno materialista de la energía.

A medida que la mente persigue la realidad en su último análisis, la materia se desvanece para los sentidos materiales pero puede aún permanecer real en la mente. Cuando el discernimiento espiritual persigue esa realidad que permanece después de la desaparición de la materia y la persigue hasta su último análisis, ésta se desvanece de la mente, pero el discernimiento del espíritu aun puede percibir las realidad cósmicas y valores supremos de una naturaleza espiritual. De tal manera la ciencia da paso a la filosofía, mientras que la filosofía debe rendirse a las conclusiones inherentes a la experiencia espiritual genuina. El pensamiento se rinde a la sabiduría, y la sabiduría se pierde en la adoración esclarecida y reflexiva.

En la ciencia el yo humano observa el mundo material; la filosofía es la observación de esta observación del mundo material; la religión, la verdadera experiencia espiritual, es la realización experiencial de la realidad cósmica de la observación de la observación de toda esta síntesis relativa de los materiales de energía del tiempo y del espacio. Construir una filosofía del universo basada exclusivamente en el materialismo es ignorar el hecho de que todas las cosas materiales son concebidas inicialmente como reales en la experiencia de la conciencia humana. El observador no puede ser lo observado; la evaluación exige cierto grado de trascendencia de la cosa que está siendo evaluada.

Con el tiempo, el pensamiento lleva a la sabiduría y la sabiduría conduce a la adoración; en la eternidad, la adoración conduce a la sabiduría, y la sabiduría resulta en la finalidad del pensamiento.

La posibilidad de la unificación del ser evolutivo es inherente a las cualidades de sus factores constitutivos: las energías básicas, los tejidos principales, el supercontrol químico fundamental, las ideas supremas, los motivos supremos, los objetivos supremos y el espíritu divino del don del Paraíso —el secreto de la autoconciencia de la naturaleza espiritual humana.

El propósito de la evolución cósmica consiste en adquirir la unidad de la personalidad a través de un dominio cada vez mayor del espíritu, de una respuesta volitiva a la enseñanza y conducción del Ajustador del Pensamiento. Se caracteriza la personalidad, tanto humana como superhumana, por una cualidad cósmica inherente que puede llamarse «la evolución del dominio», la expansión del control tanto del yo como del medio ambiente.

Una personalidad ascendente otrora humana pasa a través de dos grandes fases de dominio volitivo en aumento sobre el yo en el universo:

1. La experiencia prefinalista o buscadora de Dios mediante una mayor autorrealización a través de una técnica de expansión y actualización de la identidad juntamente con la solución de los problemas cósmicos y el consiguiente dominio del universo.

2. La experiencia postfinalista o reveladora de Dios de la expansión creadora de autorrealización a través de la revelación del Ser Supremo de la experiencia a las inteligencias que buscan a Dios y que aún no han logrado los niveles divinos de la semejanza con Dios.

Las personalidades descendentes logran experiencias análogas a través de sus varias aventuras universales al tratar de ampliar su capacidad de determinar y ejecutar las voluntades divinas de las Deidades Suprema, Última y Absoluta.

El yo material, la entidad del ego en la identidad humana, depende durante su vida física de la función continuada del vehículo material de la vida, de la existencia continuada del equilibrio desequilibrado de energías e intelecto que, en Urantia, se le ha dado el nombre de *vida*. Pero el yo de valor de supervivencia, el yo que puede trascender la experiencia de la muerte, tan sólo evoluciona mediante el establecimiento de una transferencia potencial del asiento de la identidad de la personalidad evolutiva desde el vehículo transitorio de la vida —el cuerpo material— al vehículo de naturaleza más duradera e inmortal del alma morontial y aun más allá a aquellos niveles en los que el alma se infunde de realidad espiritual y eventualmente logra el estado de la misma. Esta transferencia misma a partir de la asociación material a la identificación morontial se efectúa mediante la sinceridad, persistencia y firmeza de las decisiones de la criatura humana que busca a Dios.

3. EL FENÓMENO DE LA MUERTE

Los urantianos generalmente reconocen un solo tipo de muerte, la cesación física de las energías vitales; pero en cuanto a la supervivencia de la personalidad existen en realidad tres tipos de muerte:

1. *Muerte espiritual (muerte del alma).* Si y cuando el hombre mortal rechaza finalmente la supervivencia; si ha sido pronunciado espiritualmente insolvente, morontialmente en bancarrota, en la opinión conjunta del Ajustador y del serafín sobreviviente, una vez que se haya registrado dicho consejo coordinado en Uversa, y después que los Censores y sus asociados reflectores han verificado estos hallazgos, los gobernantes de Orvonton ordenan la liberación inmediata del Monitor residente. Pero esta liberación del Ajustador de ninguna manera afecta los deberes del serafín personal o de grupo en cuanto a ese individuo abandonado por el Ajustador. Este tipo de muerte es final en su significación a pesar de la continuación temporal de las energías vivientes de los mecanismos físicos y mentales. Desde el punto de vista cósmico, este mortal ya está muerto; la vida que continúa indica meramente la persistencia del impulso material de las energías cósmicas.

2. *Muerte intelectual (muerte de la mente).* Cuando los circuitos vitales del ministerio ayudante más elevado se interrumpen por las aberraciones del intelecto o por la destrucción parcial del mecanismo del cerebro, y si estas condiciones pasan a cierto punto crítico de irreparabilidad, se libera inmediatamente el Ajustador residente para partir hacia Divinington. En los registros universales una personalidad mortal se considera muerta cuando los circuitos esenciales de la mente de la acción volitiva humana han sido destruidos. Nuevamente, ésta es la muerte, a pesar de la función continuada de los mecanismos vivientes del cuerpo físico. El cuerpo menos la mente volitiva ya no es humano, pero de acuerdo con la selección previa de la voluntad humana, el alma de dicho individuo puede sobrevivir.

3. *Muerte física (muerte del cuerpo y de la mente).* Cuando la muerte sobrecoge a un ser humano, el Ajustador permanece en la citadela de la mente hasta que ésta cesa su función como mecanismo inteligente, más o menos en el momento en que las energías medibles del cerebro cesan sus pulsaciones rítmicas vitales. Después de esta disolución, el Ajustador se despide de esta mente evaneciente, sin ceremonia, tal como entrara en ella años atrás, y procede a Divinington vía Uversa.

Después de la muerte, el cuerpo material retorna al mundo elemental del cual se derivó, pero persisten dos factores no materiales de la personalidad sobreviviente: el Ajustador del Pensamiento preexistente, con la transcripción de la memoria de la carrera mortal, se dirige a Divinington; al mismo tiempo el alma morontial inmortal del humano fallecido permanece en la custodia del guardián del destino. Estas fases y formas del alma, estas fórmulas de identidad otrora cinéticas pero en este momento estáticas, son esenciales para la repersonalización en los mundos morontiales; y es la reunión del Ajustador con el alma la que vuelve a constituir la personalidad sobreviviente, la que te vuelve conciencia al tiempo del despertar morontial.

Para los que no tienen guardianes seráficos personales, los custodios de grupo efectúan fiel y eficientemente el mismo servicio de mantenimiento seguro de la identidad y resurrección de la personalidad. Los serafines son indispensables para volver a reunir la personalidad.

En el momento de la muerte el Ajustador del Pensamiento pierde temporalmente la personalidad, pero no la identidad; el sujeto humano pierde temporalmente la identidad, pero no la personalidad; en los mundos de estancia ambos se reúnen en manifestación eterna. Un Ajustador del Pensamiento que haya partido no vuelve jamás a la tierra como el ser en el cual residiera anteriormente; personalidad no se manifiesta jamás sin la voluntad humana; y un ser humano des-Ajustadorizado no manifiesta jamás, después de la muerte, una identidad activa ni establece comunicación alguna con los seres vivos de la tierra. Estas almas des-Ajustadorizadas están total y absolutamente inconscientes durante el sueño largo o corto de la muerte. No puede haber exhibición alguna de ningún tipo de personalidad ni habilidad de comunicación con otras personalidades hasta que se haya completado la supervivencia. Aquellos que van a los mundos de estancia no se les permite enviar mensajes a sus seres queridos. Es política de todos los universos prohibir dicha comunicación durante el período de una dispensación corriente.

4. LOS AJUSTADORES DESPUÉS DE LA MUERTE

Cuando ocurre la muerte, sea ésta de naturaleza material, intelectual o espiritual, el Ajustador se despide de su anfitrión mortal y parte hacia Divinington. Desde las sedes centrales del universo local y los superuniversos se hace un contacto reflexivo con los supervisores de ambos gobiernos, y el Monitor se registra ausente por el mismo número que indicó su ingreso en los dominios del tiempo.

De alguna manera no plenamente comprendida, los Censores Universales son capaces de apoderarse de un epítome de la vida humana tal como se incorpora en la transcripción duplicada del Ajustador de los valores espirituales y significados morontiales de la mente en la que residió. Los Censores pueden apoderarse de la versión preparada por el Ajustador sobre el carácter de supervivencia del humano fallecido y sus cualidades espirituales, y todos estos datos, juntamente con los registros seráficos, están disponibles para ser presentados al tiempo de la adjudicación del individuo correspondiente. También se utiliza esta información para confirmar aquellos mandatos superuniversales que posibilitan que ciertos seres ascendentes comiencen inmediatamente su carrera morontial, en el momento de su disolución mortal, para proceder a los mundos de estancia antes de la terminación formal de una dispensación planetaria.

Después de la muerte física, excepto en los individuos trasladados de entre los vivientes, el Ajustador liberado va inmediatamente a su esfera hogareña de Divinington. Los detalles de lo que ocurre en ese mundo durante el tiempo en que se aguarda la reaparición misma del mortal sobreviviente dependen principalmente de si el ser humano asciende a los mundos de estancia por su propio derecho universal o aguarda un llamado dispensacional de los sobrevivientes durmientes de una edad planetaria.

Si el mortal asociado pertenece a un grupo que será personalizado al fin de una dispensación, el Ajustador no retornará inmediatamente al mundo de estancia del sistema previo de su servicio sino que, a su discreción, entrará en uno de los siguientes encargos temporales:

1. Se incorporará a las filas de los Monitores desaparecidos para un servicio no revelado.

2. Será asignado por un período a la observación del régimen del Paraíso.

3. Será incorporado en una de las muchas academias de capacitación de Divinington.

4. Será asignado por un período como estudiante observador en una de las otras seis esferas sagradas que constituyen el circuito del Padre de los mundos del Paraíso.

5. Será asignado al servicio de mensajería de los Ajustadores Personalizados.

6. Será nombrado instructor asociado en las escuelas de Divinington dedicadas a la capacitación de los Monitores pertenecientes al grupo virgen.

7. Se le encargará la selección de un grupo de mundos en los cuales posiblemente podría servir en el caso de que existan causas razonables para creer que el socio humano puede haber rechazado la supervivencia.

Si, al sobrecogerte la muerte, has alcanzado el tercer círculo o un reino más alto y por lo tanto se te ha asignado un guardián personal de destino, y si éste certifica incondicionalmente que la transcripción final del resumen del carácter de supervivencia presentado por el Ajustador y, si tanto el serafín como el Ajustador concuerdan esencialmente en cada artículo de sus registros y recomendaciones de vida, si los Censores Universales y sus asociados reflexivos en Uversa confirman estos datos y lo hacen sin reservas ni dudas, en tal caso los Ancianos de los Días envían el mandato de posición avanzada por los circuitos de comunicación a Salvington, y, con este mandato, los tribunales del Soberano de Nebadon decretarán el pasaje inmediato del alma sobreviviente a las salas de resurrección de los mundos de estancia.

Si el individuo humano sobrevive sin atraso, el Ajustador, así se me ha dicho, se registra en Divinington, procede a la presencia Paradisiaca del Padre Universal, vuelve inmediatamente y es abrazado por Ajustadores Personalizados del superuniverso y del universo local de asignación, recibe el reconocimiento del jefe de los Monitores Personalizados de Divinington y luego, inmediatamente, pasa a la «realización de la transición de la identidad», siendo convocado desde allí en el tercer período y habiéndose preparado en el mundo de estancia la forma real de personalidad para la recepción del alma sobreviviente del mortal terrestre tal como el guardián del destino la ha proyectado.

5. LA SUPERVIVENCIA DEL YO HUMANO

El yo es una realidad cósmica ya sea en forma material, morontial o espiritual. La actualidad de lo *personal* es el don del Padre Universal que actúa por sí mismo o a través de sus múltiples agencias universales. Decir que un ser es personal es reconocer la individualización relativa de tal ser dentro del organismo cósmico. El cosmos viviente es un agregado integrado casi infinito de unidades reales, todas las cuales están relativamente sujetas al destino del todo. Pero se han dotado a los que son personales de una real elección de aceptación de destino o de rechazo de destino.

Lo que proviene del Padre es como el Padre, eterno, y esto es igualmente cierto de la personalidad, que Dios otorga por su propia elección libre, como ocurre con el Ajustador del Pensamiento, un fragmento real de Dios. La personalidad del hombre es eterna, pero en cuanto a la identidad es una realidad eterna condicionada. Habiendo aparecido en respuesta a la voluntad del Padre, la personalidad alcanzará el destino de Deidad, pero el hombre debe elegir si estará o no presente en el momento del logro de tal destino. Si no se realiza dicha elección, la personalidad alcanza la Deidad experiencial directamente, volviéndose parte del Ser Supremo. El ciclo está predestinado, pero la participación del hombre en él es facultativo, personal y experiencial.

La identidad mortal es una condición transitoria de tiempo y vida en el universo; es real sólo en cuanto la personalidad elige volverse un fenómeno universal permanente. Ésta es la diferencia esencial entre el hombre y un sistema de energía: el sistema de energía debe continuar, no tiene elección; pero el hombre es responsable de la determinación de su propio destino. El Ajustador es verdaderamente el camino al Paraíso, pero el hombre mismo debe tomar ese camino por su propia decisión, por su elección del libre albedrío.

Los seres humanos poseen identidad sólo en el sentido material. Estas cualidades del yo son expresadas por la mente material al funcionar en el sistema de energía del intelecto. Cuando se dice que el hombre tiene identidad, se reconoce que él posee un circuito mental que ha sido colocado en subordinación a las acciones y elecciones de la voluntad de la personalidad humana. Pero ésta es una manifestación material y puramente temporal, del mismo modo que el embrión humano es una etapa transitoria parasitaria de la vida humana. Los seres humanos, desde una perspectiva cósmica, nacen, viven y mueren en un instante relativo del tiempo; no son perdurables. Pero la personalidad mortal, por su propia selección posee el poder de transferir su asiento de identidad del sistema material intelectual pasajero al sistema más elevado del alma morontial que, en asociación con el Ajustador del Pensamiento, es creada como nuevo vehículo para la manifestación de la personalidad.

Es este mismo poder de elección, la insignia universal de lo que el hombre es criatura con libre albedrío, lo que constituye su mayor oportunidad y su suprema responsabilidad cósmica. De la integridad de la volición humana depende el destino eterno del finalista futuro; de la sinceridad del libre albedrío mortal el Ajustador divino depende para su personalidad eterna; de la fidelidad de la elección mortal depende el Padre Universal para la realización de un nuevo hijo ascendente; de la constancia y sabiduría de las acciones y decisiones depende el Ser Supremo para la actualidad de la evolución experiencial.

Aunque los círculos cósmicos del crecimiento de la personalidad deben ser alcanzados finalmente, si los accidentes del tiempo y las dificultades de la existencia material te previenen, sin culpa tuya, de lograr estos niveles en tu planeta nativo, si tus intenciones y deseos son de valor de supervivencia, se emitirán decretos de extensión del período de prueba. Se te permitirá tiempo adicional para que te pruebes.

Si en algún momento hubiese dudas en cuanto a la aconsejabilidad de avanzar a una determinada identidad humana a los mundos de estancia, los gobiernos del universo invariablemente deciden a favor del interés personal de ese individuo; avanzan sin titubeos a dicha alma a un estado de ser transicional, mientras continúan sus observaciones del intento morontial naciente y del propósito espiritual. Así la justicia divina está segura de cumplirse, y la misericordia divina recibe una oportunidad más de extender su ministerio.

Los gobiernos de Orvonton y Nebadon no afirman perfección absoluta para el funcionamiento minucioso del plan universal de la repersonalización mortal, pero sí declaran manifestar y efectivamente manifiestan paciencia, tolerancia, comprensión y compasión misericordiosa. Deberíamos más bien correr el riesgo de una rebelión en el sistema que cortejar el peligro de privar a un mortal que lucha, de cualquier mundo evolucionario, de la felicidad eterna de perseguir la carrera de ascensión.

Esto no significa que los seres humanos han de disfrutar de una segunda oportunidad frente al rechazo de la primera, de ninguna manera. Pero sí significa que toda criatura volitiva ha de experimentar la oportunidad auténtica de hacer una elección sin dudas, autoconsciente y final. Los Jueces soberanos del universo no privarán a ningún ser de estado de personalidad, si ese ser no ha hecho su elección eterna en forma final y plena; el alma del hombre debe tener y se le da, la plena y amplia oportunidad de revelar su verdadero intento y propósito auténtico.

Cuando los mortales más avanzados espiritual y cósmicamente mueren, proceden inmediatamente a los mundos de estancia; en general, esta disposición opera para los que se haya asignado un guardián personal seráfico. Se puede detener otros mortales hasta el momento en que se complete una adjudicación de sus asuntos, después de lo cual pueden proceder a los mundos de estancia, o ser asignados a las filas de los sobrevivientes durmientes que serán repersonalizados en masa al fin de la presente dispensación planetaria.

Existen dos dificultades que obstaculizan mis esfuerzos para explicar exactamente lo que *te* ocurre en la muerte, el *tú* sobreviviente que es distinto del Ajustador que parte. Una de éstas consiste en la imposibilidad de llevar a vuestro nivel de comprensión una descripción adecuada de la transacción en la región fronteriza de los dominios físico y morontial. La otra ocurre debido a las restricciones colocadas sobre mi comisión como revelador de la verdad por las autoridades gubernamentales celestiales de Urantia. Existen muchos detalles interesantes que podría presentar, pero no lo hago por consejo de vuestros supervisores planetarios inmediatos. Sin embargo, dentro de los límites de mi permiso, puedo decir tanto como esto:

Existe algo real, algo de la evolución humana, algo adicional al Monitor Misterioso, que sobrevive a la muerte. Esta entidad de nueva aparición es el alma, y sobrevive a la muerte tanto del cuerpo físico como de la mente material. Esta entidad es el hijo conjunto de la vida combinada y los esfuerzos del tú humano en enlace con el tú divino, el Ajustador. Este hijo de parentesco humano y divino constituye el elemento sobreviviente del origen terrestre; es el yo morontial, el alma inmortal.

Este hijo de significado persistente y valor sobreviviente está totalmente inconsciente durante el período que corre desde la muerte hasta la repersonalización y está bajo la custodia del guardián seráfico de destino a lo largo de esta temporada de espera. No funcionarás como ser consciente, después de la muerte, hasta no haber logrado la nueva conciencia morontial en los mundos de estancia de Satania.

En el momento de la muerte la identidad funcional asociada con la personalidad humana se interrumpe a través de la cesación del movimiento vital. La personalidad humana, aunque transcienda sus partes constituyentes, depende de ellas para su identidad funcional. La interrupción de la vida destruye los esquemas cerebrales físicos para la dote mental, y la destrucción de la mente termina la conciencia mental. La conciencia de esa criatura no puede posteriormente volver a aparecer hasta que no se haya establecido una situación cósmica que permita que esa misma personalidad humana pueda funcionar nuevamente en relación con la energía viva.

Durante el tránsito de los mortales sobrevivientes desde el mundo de origen hasta los mundos de estancia, sea que experimenten la reconstitución de la personalidad en el tercer período o que asciendan al tiempo de una resurrección de grupo, los arcángeles de sus mundos de actividades especiales preservan fielmente el registro de la constitución de la personalidad. Estos seres no son los custodios de la personalidad (como los guardianes serafines lo son del alma), pero sin embargo es verdad que todo factor identificable de la personalidad está salvaguardado eficazmente en la custodia de estos fideicomisos confiables de la supervivencia mortal. En cuanto a la ubicación exacta de la personalidad mortal durante el tiempo comprendido entre la muerte y la sobrevivencia, no lo sabemos.

La situación que hace posible la repersonalización ocurre en las salas de la resurrección de los planetas receptores morontiales de un universo local. Aquí, en estas cámaras de reconstitución de vida, las autoridades supervisoras proveen esa relación de energía universal —morontial, mental y espiritual— que hace posible el retorno de la conciencia del sobreviviente durmiente. La reconstitución de las partes constituyentes de una personalidad en otro tiempo material comprende:

1. La fabricación de una forma apta, un modelo de energía morontial, en el cual el nuevo sobreviviente pueda hacer contacto con la realidad no espiritual, y dentro de la cual la variación morontial de la mente cósmica pueda conectarse con sus circuitos.

2. El retorno del Ajustador a la criatura morontial en espera. El Ajustador es el custodio eterno de tu identidad ascendente; tu Monitor es el seguro absoluto de que tú mismo y ningún otro ocuparás la forma morontial creada para tu personalidad que despierta. Y el Ajustador estará presente en la reconstitución de tu personalidad para retomar nuevamente el papel de guía al Paraíso de tu ser sobreviviente.

3. Cuando se han reunido estos tres requisitos de la repersonalización, el custodio seráfico de las potencialidades del alma inmortal dormida, con la asistencia de numerosas personalidades cósmicas, dona esta entidad morontial a la forma morontial de mente y cuerpo que está esperando y confía este hijo evolucionario del Supremo a la asociación eterna con el Ajustador en espera. Y esto completa la repersonalización, reconstitución de la memoria, discernimiento y conciencia —identidad.

El hecho de la repersonalización consiste en la detención de la fase morontial, conectada con los circuitos, de la mente cósmica recientemente segregada por parte del yo humano que despierta. El fenómeno de la personalidad depende de la persistencia de la identidad de la reacción del yo al medio ambiente universal; y esto tan sólo puede realizarse a través del medio de la mente. La entidad yo persiste a pesar de un cambio continuo en todos los factores componentes del yo; en la vida física el cambio es gradual; en la muerte y después de la repersonalización, el cambio es repentino. La auténtica realidad de toda entidad del yo (personalidad) puede funcionar sensiblemente a las condiciones del universo por virtud de un cambio incesante de sus partes constituyentes; el estancamiento termina en la muerte inevitable. La vida humana es un cambio incesante de los factores de la vida, unificados por la estabilidad de una personalidad incambiable.

Cuando así despiertas en los mundos de estancia de Jerusem, estarás tan cambiado, la transformación espiritual será tan grande que, si no fuera por tu Ajustador del Pensamiento y tu guardián del destino, que tan plenamente conectan tu nueva vida en los nuevos mundos con tu vieja vida en el primer mundo, tendrías al principio dificultad en relacionar la nueva conciencia morontial con la memoria renaciente de tu identidad previa. A pesar de la continuidad del yo personal, mucho de la vida mortal parecería al principio un vago y confuso sueño. Pero el tiempo aclarará muchas asociaciones mortales.

El Ajustador del Pensamiento recordará y volverá a recontar para ti sólo aquellos recuerdos y experiencias que son parte de tu carrera universal y que son esenciales para ésta. Si el Ajustador ha sido un socio en la evolución de alguna cosa en la mente humana, estas experiencias valiosas sobrevivirán en la conciencia eterna del Ajustador. Pero mucho de tu vida pasada y sus recuerdos, que no han tenido ni significado espiritual ni valor morontial, perecerá con tu cerebro material; mucho de la experiencia material desaparecerá como antiguos andamios que, habiéndote ayudado a pasar al nivel morontial, ya no tienen un propósito en el universo. Pero la personalidad y los enlaces entre personalidades no son jamás andamios; la memoria mortal de las relaciones con las personalidades tiene valor cósmico y persistirá. En los mundos de estancia conocerás y serás conocido, y más, recordarás y serás recordado por tus asociados de antaño en la corta pero estimulante vida en Urantia.

6. EL YO MORONTIAL

Así como surge la mariposa de su etapa de oruga, del mismo modo las verdaderas personalidades de los seres humanos surgen en los mundos de estancia, por primera vez libres de la vestimenta de antaño en la carne material. La carrera morontial en el universo local tiene que ver con la elevación continuada del mecanismo de la personalidad desde el nivel morontial inicial de existencia del alma hasta el nivel morontial final de espiritualidad progresiva.

Es difícil instruiros acerca de vuestras formas de personalidad morontial para la carrera en el universo local. Se os dotará de modelos morontiales de manifestabilidad de la personalidad, y éstas son vestimentas que, en último análisis, están más allá de vuestra comprensión. Estas formas, aunque enteramente reales, no son modelos de energía del orden material que comprendéis ahora. Sin embargo sirven el mismo propósito en los mundos del universo local que cumplen vuestros cuerpos materiales en los planetas de natividad humana.

Hasta cierto punto, la aparición de la forma material del cuerpo es una respuesta al carácter de la identidad de la personalidad; el cuerpo físico refleja en grado limitado algo de la naturaleza inherente de la personalidad. Aun más lo hace la forma morontial. En la vida física, los mortales pueden ser hermosos por fuera aunque feos por dentro; en la vida morontial, y cada vez más en sus niveles más elevados, la forma de la personalidad variará directamente de acuerdo con la naturaleza de la persona interior. En el nivel espiritual, la forma exterior y la naturaleza interior comienzan a aproximar una identificación completa, que se hace más y más perfecta en los niveles espirituales cada vez más altos.

En el estado morontial se le otorga al mortal ascendente con la modificación nebadónica de la dote de mente cósmica del Espíritu Rector de Orvonton. El intelecto mortal como tal ha perecido, ha cesado de existir como entidad universal enfocada aparte de los circuitos indiferenciados de la mente del Espíritu Creativo. Pero los significados y valores de la mente mortal no han perecido. Ciertas fases de la mente se continúan en el alma sobreviviente; el Ajustador mantiene ciertos valores experienciales de la mente humana previa; y persiste en el universo local el registro de la vida humana como fue vivida en la carne, juntamente con ciertos registros vivos en los numerosos seres preocupados con la evaluación final del mortal ascendente, seres que van de los serafines a los Censores Universales y probablemente más allá hasta el Supremo.

La volición de la criatura no puede existir sin la mente, pero persiste a pesar de la pérdida del intelecto material. Durante los tiempos inmediatamente subsiguientes a la supervivencia, la personalidad ascendente está en gran medida guiada por los modelos de carácter heredados de la vida humana y por la acción de nueva aparición de la mota morontial. Y estas guías hacia la conducta de los mundos de estancia funcionan aceptablemente en las primeras etapas de la vida morontial y previamente a la emergencia de la voluntad morontial como expresión volitiva plena de la personalidad ascendente.

No existen en la carrera del universo local influencias comparables a los siete espíritus ayudantes de la mente de la existencia humana. La mente morontial debe evolucionar por contacto directo con la mente cósmica, de la manera en que esta mente cósmica ha sido modificada y traducida por la fuente creadora del intelecto del universo local —la Ministra Divina.

La mente mortal, antes de la muerte, es autoconscientemente independiente de la presencia Ajustadora; la mente que está bajo la influencia de los ayudantes, necesita tan sólo el modelo asociado de energía material para poder operar. Pero el alma morontial, estando encima de la influencia de los ayudantes, no retiene la autoconciencia sin el Ajustador cuando pierde el mecanismo de la mente material. Esta alma evolutiva posee sin embargo un carácter continuado que deriva de las decisiones de su mente que estaba bajo la influencia de los ayudantes y con la cual estaba previamente asociada, y este carácter se vuelve memoria activa cuando se energizan los modelos de la misma al regreso del Ajustador.

La persistencia de la memoria es prueba de la retención de la identidad de la individualidad original; es esencial para completar la autoconciencia de la continuidad y expansión de la personalidad. Aquellos mortales que ascienden sin Ajustadores dependen de la instrucción de los asociados seráficos para la reconstrucción de la memoria humana; las almas morontiales de los mortales fusionados con el Espíritu no están limitadas en otros aspectos. El esquema de memoria persiste en el alma, pero este modelo requiere la presencia del Ajustador anterior para volverse *inmediatamente* autorrealizable como memoria continuada. Se requiere considerable tiempo sin el Ajustador para que el sobreviviente mortal vuelva a explorar, vuelva a aprender y vuelva a captar, la conciencia memorativa de los significados y valores de una existencia previa.

El alma de valor de supervivencia refleja fielmente las acciones y motivaciones tanto cualitativas como cuantitativas del intelecto material, el asiento anterior de la identidad del yo. Al elegir la verdad, la belleza y la bondad, la mente mortal entra en su carrera universal premorontial bajo la protección de los siete espíritus ayudantes de la mente unificados bajo la dirección del espíritu de sabiduría. Posteriormente, al cumplir los siete círculos de logro premorontial, la superposición de la dote de la mente morontial sobre la mente ayudante inicia la carrera preespiritual o morontial de progresión en el universo local.

Cuando una criatura sale de su planeta nativo, deja atrás al ministro ayudante y se vuelve dependiente solamente del intelecto morontial. Cuando un alma ascendente deja el universo local, ha logrado el nivel espiritual de la existencia, habiendo pasado más allá del nivel morontial. Esta entidad espiritual de nueva aparición se sincroniza entonces con el ministerio directo de la mente cósmica de Orvonton.

7. LA FUSIÓN CON EL AJUSTADOR

La fusión con el Ajustador del Pensamiento imparte a la personalidad actualidades eternas que previamente eran tan sólo potenciales. Entre estas nuevas dotes podemos mencionar: fijación de la cualidad de divinidad, experiencia y memoria de la eternidad pasada, inmortalidad y una fase de la absolutez potencial cualificada.

Cuando hayas recorrido tu curso terrestre en tu forma temporal, te despertarás en las orillas de un mundo mejor, y finalmente te reunirás con tu fiel Ajustador en un abrazo eterno. Esta fusión constituye el misterio de hacer uno solo de Dios y el hombre, el misterio de la evolución de la criatura finita, pero es eternamente verdadero. La fusión es el secreto de la esfera sagrada de Ascendington, y ninguna criatura, salvo las que han experimentado la fusión con el espíritu de la Deidad, puede comprender el verdadero significado de los valores actuales que se combinan cuando la identidad de una criatura del tiempo se torna eternamente una con el espíritu de la Deidad Paradisiaca.

Generalmente se efectúa la fusión con el Ajustador mientras el ascendente reside dentro de su sistema local. Puede suceder en el planeta de natividad como trascendencia de la muerte natural; puede ocurrir en cualquiera de los mundos de estancia o en la sede del sistema; aun se puede retrasar hasta el tiempo de la estadía en la constelación; o, en casos especiales, puede no ser consumada hasta que el ascendente no esté en la capital del universo local.

Cuando se ha efectuado la fusión con el Ajustador, ya no puede existir ningún peligro futuro que amenace la carrera eternal de dicha personalidad. Los seres celestiales pasan por pruebas a lo largo de una larga experiencia, pero los mortales pasan por un período de pruebas relativamente corto e intenso en los mundos evolucionarios y morontiales.

La fusión con el Ajustador no ocurre jamás hasta tanto no se pronuncien los mandatos del superuniverso relativos a que la naturaleza humana ha hecho su elección final e irrevocable a favor de la carrera eterna. Ésta es la autorización de unicidad, que, cuando se la emite, constituye el permiso para que la personalidad fusionada finalmente abandone las fronteras del universo local para proceder en algún momento a la sede central del superuniverso, desde cuyo punto el peregrino del tiempo en un futuro distante se enseconafinará para el prolongado viaje al universo central de Havona y la aventura a la Deidad.

En los mundos evolucionarios, el yo es material; es un objeto en el universo y como tal está sujeto a las leyes de la existencia material. Es un hecho en el tiempo y responde a las vicisitudes del mismo. *Aquí se deben formular las decisiones de supervivencia.* En el estado morontial el yo se ha vuelto una realidad universal nueva y más duradera, y su crecimiento continuado se basa en una sincronización cada vez mayor con los circuitos mentales y espirituales de los universos. *Ahora se confirman las decisiones de supervivencia.* Cuando el yo alcanza el nivel espiritual, se ha vuelto un valor seguro en el universo, y se funda este nuevo valor en el hecho de que *se han tomado las decisiones de supervivencia*, hecho que ha sido atestiguado por la fusión eterna con el Ajustador del Pensamiento. Y habiendo alcanzado el estado de un verdadero valor universal, la criatura se vuelve potencialmente liberada para la búsqueda del valor universal más elevado —Dios.

Estos seres fusionados son duales en sus reacciones con el universo: son individuos morontiales discretos no muy distintos de los serafines, y también son seres potencialmente de la orden de los finalistas del Paraíso.

Pero el individuo fusionado es realmente una personalidad, un ser, cuya unidad desafía todo intento de análisis por parte de cualquier inteligencia de los universos. Así pues, habiendo pasado los tribunales del universo local desde el más bajo hasta el más elevado, ninguno de los cuales ha sido capaz de identificar al hombre o al Ajustador, el uno aparte del otro, finalmente serás llevado ante el Soberano de Nebadon, el Padre de tu universo local. Y allí, por acción del ser mismo cuya paternidad creadora en este universo del tiempo ha hecho posible el hecho de tu vida, recibirás aquellas credenciales que te permitirán eventualmente proceder en tu carrera en el superuniverso en búsqueda del Padre Universal.

¿Acaso el Ajustador triunfante ha ganado estado de personalidad gracias a su magnífico servicio a la humanidad, o bien es que el valiente ser humano ha adquirido estado de inmortalidad a través de sus sinceros esfuerzos por alcanzar un estado de semejanza con el Ajustador? No es ninguna de las dos cosas; los dos juntos han logrado la evolución de un miembro de una de las órdenes únicas de personalidades ascendentes del Supremo, que será por siempre hallado útil, fiel y eficaz, un candidato para crecimiento y desarrollo ulteriores, por siempre dirigido hacia arriba y que no cesa jamás la ascensión excelsa hasta atravesar los siete circuitos de Havona y hasta que el alma antaña de origen terrestre se encuentre en reconocimiento adorador de la personalidad real del Padre en el Paraíso.A través de esta magnífica ascensión, el Ajustador del Pensamiento es la garantía divina de la estabilización espiritual futura y plena del mortal ascendente. Mientras tanto, la presencia del libre albedrío mortal permite al Ajustador un canal eterno para liberar la naturaleza divina e infinita. Ahora, estas dos identidades se han vuelto una; ningún acontecimiento del tiempo o de la eternidad podrá jamás separar al hombre y al Ajustador; son inseparables, están eternamente fusionados.

En los mundos de fusión con el Ajustador, el destino del Monitor Misterioso es idéntico al del mortal ascendente: el Cuerpo de Finalistas en el Paraíso. Y ni el Ajustador ni el mortal pueden lograr este objetivo único sin la cooperación plena y la ayuda fiel del otro. Esta unión extraordinaria es uno de los fenómenos cósmicos más fascinantes y asombrosos de esta época universal.

A partir del tiempo de la fusión con el Ajustador, el estado del ascendente es el de una criatura evolucionaria. El miembro humano fue el primero en disfrutar de personalidad, y por consiguiente, está por encima del Ajustador en todo asunto relacionado con el reconocimiento de la personalidad. La sede Paradisiaca de este ser fusionado es Ascendington, no Divinington, y esta combinación única de Dios y hombre se considera como un mortal ascendente hasta llegar al Cuerpo de los Finalistas.

Una vez que un Ajustador se fusiona con un mortal ascendente, el número de ese Ajustador se borra de los registros del superuniverso. Lo que pasa en los registros de Divinington yo no lo sé, pero supongo que el registro de ese Ajustador se traslada a los círculos secretos de las cortes interiores de Grandfanda, el jefe interino del Cuerpo de los Finalistas.

Con la fusión Ajustadora, el Padre Universal ha cumplido su promesa del don de sí mismo a sus criaturas materiales; ha satisfecho la promesa, ha consumado el plan, del otorgamiento de divinidad sobre la humanidad. Ahora comienza el intento humano de realizar y actualizar las posibilidades ilimitadas que son inherentes a la sociedad excelsa con Dios que de este modo se ha tornado un hecho.

El destino presente conocido de los mortales sobrevivientes es el Cuerpo de los Finalistas del Paraíso; éste también es la meta del destino de todos aquellos Ajustadores del Pensamiento que se unen en eterna unión con sus compañeros mortales. En el presente, los finalistas del Paraíso trabajan en todo el gran universo en muchas empresas, pero todos conjeturamos que tendrán otras tareas aun más excelsas de cumplir en el futuro distante después de que los siete superuniversos se hayan establecido en luz y vida, y cuando el Dios finito haya finalmente emergido del misterio que rodea ahora a esta Deidad Suprema.

Se os ha instruido hasta cierto punto sobre la organización y el personal del universo central, los superuniversos y los universos locales; algo se os ha dicho sobre el carácter y origen de algunas de las varias personalidades que ahora gobiernan estas extensas creaciones. También se os ha informado acerca del proceso de organización de vastas galaxias de universos mucho más allá de la periferia del gran universo, en el primer nivel del espacio exterior. En el curso de estos relatos también se ha sugerido que el Ser Supremo revelará su función terciaria aún no revelada en esas regiones inexploradas del espacio exterior. También se os ha dicho que los finalistas del cuerpo del Paraíso son los hijos experienciales del Supremo.

Creemos que los mortales fusionados con el Ajustador, juntamente con sus asociados finalistas, están destinados a funcionar de alguna manera en la administración de los universos del primer nivel del espacio exterior. No tenemos la menor duda de que eventualmente estas enormes galaxias se tornarán universos habitados. Y estamos igualmente convencidos de que entre los administradores de aquéllos se encontrará a los finalistas del Paraíso cuyas naturalezas son la consecuencia cósmica de la combinación de criatura y Creador.

¡Qué aventura! ¡Qué romance! Una creación gigantesca para ser administrada por los hijos del Supremo, esos Ajustadores personalizados y humanizados, mortales Ajustadorizados y eternizados, estas combinaciones misteriosas y asociaciones eternas de la manifestación más elevada conocida de la esencia de la Primera Fuente y Centro y la forma más baja de vida inteligente capaz de comprender y alcanzar al Padre Universal. Concebimos que tales seres amalgamados, tales asociaciones de Creador y criatura, llegarán a ser gobernantes extraordinarios, administradores incomparables y directores comprensivos y compasivos para todas las formas de vida inteligente que puedan existir algún día en todos estos futuros universos del primer nivel del espacio exterior.

Es verdad que vosotros los mortales sois de origen terrestre, animal; vuestro cuerpo en realidad es de polvo. Pero si realmente lo queréis, pero si verdaderamente lo deseáis, seguramente la herencia de las edades será vuestra, y algún día serviréis a lo largo y a lo ancho de los universos en vuestro carácter verdadero: hijos del Dios Supremo de la experiencia e hijos divinos del Padre del Paraíso de todas las personalidades.

[Presentado por un Mensajero Solitario de Orvonton.]

DOCUMENTO 113

LOS GUARDIANES SERÁFICOS DEL DESTINO

HABIENDO presentado los relatos acerca de los Espíritus de Ministerio del Tiempo y de las Huestes de Mensajeros del Espacio, llegamos a la consideración de los ángeles guardianes, los serafines dedicados al ministerio de los mortales individuales, para cuya elevación y perfeccionamiento ha sido proveído todo este vasto esquema de supervivencia de progresión espiritual. Durante edades pasadas en Urantia, estos guardianes del destino eran prácticamente el único grupo reconocido de ángeles. Los serafines planetarios son efectivamente espíritus ministrantes enviados para servir a los que sobrevivirán. Estos serafines asistentes han funcionado como asistentes espirituales del hombre mortal en todos los grandes acontecimientos del pasado y del presente. En muchas revelaciones «la palabra fue dicha por medio de los ángeles»; muchos de los mandatos del cielo han sido «recibidos por disposición de los ángeles».

Los serafines son los ángeles tradicionales del cielo; son los espíritus ministrantes que viven tan cerca de vosotros y tanto hacen por vosotros. Han ministrado en Urantia desde los primeros tiempos de la inteligencia humana.

1. LOS ÁNGELES GUARDIANES

La enseñanza sobre los ángeles guardianes no es un mito; ciertos grupos de seres humanos en realidad tienen ángeles personales. Fue en reconocimiento de esto por lo que Jesús, al hablar de los niños del reino de los cielos, dijo: «Cuidad que no despreciéis a ninguno de estos pequeños, pues yo os digo, que sus ángeles contemplan constantemente la presencia del espíritu de mi Padre».

Originalmente, los serafines se asignaron claramente a las distintas razas separadas de Urantia. Pero desde el autootorgamiento de Micael, se los ha asignado según la inteligencia, la espiritualidad y el destino humanos. Intelectualmente, la humanidad se divide en tres clases:

1. Los de mente subnormal —los que no ejercen un poder de voluntad normal; los que no toman decisiones promedio. Esta clase comprende a los que no pueden entender a Dios; les falta la capacidad para la adoración inteligente de la Deidad. Los seres subnormales de Urantia son ministrados por un cuerpo de serafines, una compañía, con un batallón de querubines, encargados de vigilar que se les extienda justicia y misericordia en las luchas de la vida en la esfera.

2. El tipo normal, promedio de mente humana. Desde el punto de vista del ministerio seráfico, la mayor parte de los hombres y mujeres se dividen en siete clases de acuerdo con su estado al ir alcanzando los círculos de progreso humano y desarrollo espiritual.

3. Los que tienen mente supernormal —aquellos de gran poder de decisión e indudable potencial de logro espiritual; hombres y mujeres que disfrutan de mayor o menor contacto con sus Ajustadores residentes; miembros de los distintos cuerpos de reserva del destino. Sea cual fuere el círculo en el cual se encuentre un ser humano, si este individuo es convocado a las filas de cualquiera de los varios cuerpos de reserva del destino, en ese mismo momento se le asignan serafines personales, y desde ese momento hasta que termina su carrera terrestre, ese mortal disfrutará del ministerio continuo y el cuidado incesante de un ángel guardián. También, cuando un ser humano toma la decisión suprema, cuando hay un verdadero compromiso con el Ajustador, se asigna inmediatamente un guardián personal a esa alma.

En el ministerio de los así llamados seres normales, las asignaciones seráficas se realizan de acuerdo con el logro humano de los círculos de intelectualidad y espiritualidad. Comienzas en tu mente de dote mortal en el séptimo círculo y te trasladas hacia adentro en la tarea de la autocomprensión, la autoconquista y el autodominio; y de círculo en círculo avanzas hasta alcanzar (si la muerte natural no termina tu carrera transfiriendo tus luchas a los mundos de estancia) el primer círculo o círculo interior de contacto y comunión relativos con el Ajustador residente.

Los seres humanos en el círculo inicial o séptimo cuentan con un ángel guardián con una compañía de querubines asistentes asignados al cuidado y custodia de mil mortales. En el sexto círculo, se asigna un par seráfico con una compañía de querubines a guiar a estos mortales ascendentes en grupos de quinientos. Cuando se alcanza el quinto círculo, los seres humanos se agrupan en compañías de aproximadamente cien, y un par de guardianes serafines con un grupo de querubines se asigna a su cargo. Al conseguir el cuarto círculo, los seres mortales son reunidos en grupos de diez, y nuevamente el encargo se entrega a un par de serafines, asistidos por una compañía de querubines.

Cuando una mente mortal rompe la inercia de la herencia animal y alcanza el tercer círculo de la intelectualidad humana y de la espiritualidad adquirida, un ángel personal (en realidad dos) se dedicarán desde ese momento entera y exclusivamente a este mortal ascendente. Así estas almas humanas, además de la presencia constante y cada vez más eficaz de los Ajustadores del Pensamiento residentes, reciben la ayuda indivisa de estos guardianes personales del destino en todos sus esfuerzos por terminar el tercer círculo, atravesar el segundo y alcanzar el primero.

2. LOS GUARDIANES DEL DESTINO

No se conoce a los serafines como guardianes del destino hasta el momento en que se los asigna a la asociación de un alma humana que ha alcanzado uno o más de tres logros: ha hecho la decisión suprema de volverse semejante a Dios, ha entrado al tercer círculo o ha sido hecho partícipe de uno de los cuerpos de reserva del destino.

En la evolución de las razas se asigna un guardián del destino al primer ser humano que alcanza el círculo requerido de conquista. En Urantia el primer mortal que tuvo un guardián personal fue Rantowoc, un hombre sabio de la raza roja de hace mucho tiempo.

Se hacen todas las asignaciones angélicas a partir de un grupo de serafines voluntarios, y estos nombramientos están siempre de acuerdo con las necesidades humanas y con la consideración del estado del par angélico —a la luz de la experiencia, pericia y sabiduría seráficas. Se asigna como guardianes del destino sólo a los serafines de servicio prolongado, los tipos más expertos y probados. Muchos guardianes han ganado gran experiencia valiosa en aquellos mundos que son de la serie de no fusión con el Ajustador. Como los Ajustadores, los serafines se ocupan de estos seres durante una sola vida y son luego liberados para nuevas asignaciones. Muchos guardianes en Urantia han tenido esta previa experiencia práctica en otros mundos.

Cuando los seres humanos no llegan a sobrevivir, sus guardianes personales o de grupo pueden servir repetidamente en capacidad similar en el mismo planeta. Los serafines desarrollan un respeto sentimental por los mundos individuales y mantienen un afecto especial por ciertas razas y tipos de criaturas mortales con las cuales se han asociado tan estrecha e íntimamente.

Los ángeles desarrollan un gran afecto por sus asociados humanos; y vosotros, si tan sólo pudierais visualizar a los serafines, también desarrollaríais un cálido afecto por ellos. Liberados de los cuerpos materiales y puestos en formas espirituales, estaríais muy cerca de los ángeles en muchos atributos de la personalidad. Comparten la mayor parte de vuestras emociones y experimentan algunas más. La única emoción que os impulsa y que es para ellos algo difícil de comprender es la herencia del temor animal que ocupa tanto lugar en la vida mental del habitante promedio de Urantia. Los ángeles verdaderamente encuentran difícil comprender por qué vosotros permitís tan persistentemente que vuestros poderes intelectuales más elevados, aun vuestra fe religiosa, estén tan dominados por el temor, tan profundamente desmoralizados por el pánico irracional del miedo y de la ansiedad.

Todos los serafines tienen nombres individuales, pero en los registros de asignación al servicio en el mundo, se los designa frecuentemente por sus números planetarios. En la sede central del universo están registrados por nombre y número. El guardián del destino del sujeto humano utilizado en esta comunicación de contacto es el número 3 del grupo 17, de la compañía 126, del batallón 4, de la unidad 384, de la legión 6, de la hueste 37, del ejército seráfico 182.314 de Nebadon. El número de la asignación planetaria actual de este serafín en Urantia y para con este sujeto humano es 3.641.852.

En el ministerio de la custodia personal, la asignación de ángeles con el encargo de guardianes del destino, los serafines siempre ofrecen voluntariamente sus servicios. En la ciudad anfitriona de esta visitación, cierto mortal fue recientemente admitido al cuerpo de reserva del destino, y puesto que un ángel guardián asiste personalmente a los humanos en estas condiciones, más de cien serafines calificados se ofrecieron para el cargo. El director planetario seleccionó a doce de los individuos más expertos y posteriormente nombró al serafín que seleccionó como el mejor para guiar a este ser humano por la jornada de su vida. O sea, seleccionaron a cierto par de serafines igualmente calificados; uno de los dos de este par seráfico está siempre de centinela.

Las tareas seráficas pueden ser incansables, pero cada uno de los dos del par angélico es capaz de satisfacer todas las responsabilidades del ministerio. Como los querubines, los serafines generalmente sirven en pares, pero a diferencia de sus asociados menos avanzados, los serafines a veces trabajan individualmente. En prácticamente todos sus contactos con los seres humanos, pueden funcionar como individuos. Se requieren los dos ángeles tan sólo para comunicación y servicio en los circuitos más elevados de los universos.

Cuando un par seráfico acepta la asignación de custodia, sirve a ese ser humano por el resto de su vida. El complemento del ser (uno de los dos ángeles) se vuelve el registrador de la empresa. Estos serafines complementarios son los ángeles registradores de los mortales de los mundos evolucionarios. Un par de querubines (un querubín y un sanobín) que están siempre asociados con los guardianes seráficos, mantienen los registros pero siempre uno de los serafines patrocina estos registros.

Para los fines de descansar y volver a cargarse con la energía vital de los circuitos del universo, el guardián es reemplazado periódicamente por su complemento, y durante su ausencia el querubín asociado funciona como registrador, tal como ocurre también cuando el serafín complementario se encuentra similarmente ausente.

3. LA RELACIÓN CON OTRAS INFLUENCIAS ESPIRITUALES

Una de las cosas más importantes que hace el guardián del destino para su sujeto mortal es efectuar una coordinación personal de las numerosas influencias espirituales impersonales que residen y rodean la mente y el alma de la criatura material en evolución. Los seres humanos son personalidades, y es excesivamente difícil para los espíritus no personales y las entidades prepersonales, hacer un contacto directo con estas mentes tan altamente materiales y discretamente personales. En el ministerio del ángel guardián todas estas influencias están más o menos unificadas y hechas más fácilmente apreciables por la naturaleza expansiva moral de la personalidad humana en evolución.

Más específicamente, puede el guardián seráfico correlacionar las múltiples agencias e influencias del Espíritu Infinito, y lo hace, desde los dominios de los controladores físicos y los espíritus ayudantes de la mente hasta el Espíritu Santo de la Ministra Divina y la presencia del Espíritu Omnipresente de la Tercera Fuente y Centro del Paraíso. Habiendo unificado así y hecho más personales estos vastos ministerios del Espíritu Infinito, el serafín procede a correlacionar esta influencia integrada del Actor Conjunto con la presencia espiritual del Padre y la del Hijo.

El Ajustador es la presencia del Padre; el Espíritu de la Verdad es la presencia de los Hijos. El ministerio de los serafines guardianes unifica y coordina estas dotes divinas en los niveles más bajos de la experiencia espiritual humana. Los servidores angélicos tienen el don de combinar el amor del Padre y la misericordia del Hijo en su ministerio a las criaturas mortales.

Y aquí se revela la razón por la cual el guardián seráfico finalmente se vuelve el custodio personal de los esquemas mentales, de las fórmulas de la memoria y de las realidades del alma del mortal sobreviviente durante ese intervalo entre la muerte física y la resurrección morontial. Nadie, si no los hijos ministerosos del Espíritu Infinito, podría así funcionar para bien de la criatura humana durante esta fase de transición de un nivel del universo a otro nivel más elevado. Aun cuando caes en tu sueño terminal de transición, cuando pasas del tiempo a la eternidad, un alto supernafín comparte del mismo modo el tránsito contigo como custodio de la identidad de la criatura y de la seguridad de la integridad personal.

En el nivel espiritual, el serafín hace personales muchos ministerios por otra parte impersonales y prepersonales del universo; son coordinadores. En un nivel intelectual, son los correlacionadores de la mente y la morontia; son intérpretes. Y en un nivel físico, manipulan el medio ambiente terrestre mediante su vinculación con los Controladores Físicos Decanos y a través del ministerio cooperativo de los seres intermedios.

Éste es un relato de las funciones múltiples e intricadas de un serafín asistente; pero, ¿de qué manera tal personalidad angélica subordinada, creada tan sólo un poco por encima del nivel universal de la humanidad, puede hacer cosas tan difíciles y complejas? Realmente no lo sabemos, pero conjeturamos que este ministerio fenomenal está facilitado de alguna manera no divulgada por el trabajo no reconocido ni revelado del Ser Supremo, la Deidad, que se está actualizando, de los universos evolutivos del tiempo y del espacio. Por todas partes del reino entero de supervivencia progresiva en el Ser Supremo, y a través de él, los serafines forman una parte esencial de la progresión mortal continuada.

4. LOS DOMINIOS DE ACCIÓN SERÁFICA

Los serafines guardianes no son mente, aunque surgen de la misma fuente que también da origen a la mente mortal: el Espíritu Creativo. Los serafines son estimuladores de la mente; intentan continuamente promover en la mente humana las decisiones que cumplen los círculos. Lo hacen, no de la manera en que lo hace el Ajustador, operando desde adentro y a través del alma, sino más bien desde afuera hacia adentro, trabajando a través del medio ambiente social, ético y moral de los seres humanos. Los serafines no son la atracción divina en forma de Ajustador del Padre Universal, pero funcionan como agencia personal del ministerio del Espíritu Infinito.

El hombre mortal, sujeto a la dirección del Ajustador, es también sensible a la guía seráfica. El Ajustador es la esencia de la eterna naturaleza humana; el serafín es el maestro de la naturaleza evolutiva del hombre —en esta vida, la mente mortal, en la próxima, el alma morontial. En los mundos de estancia tendréis conciencia y conoceréis a los instructores seráficos; pero en la primera vida los hombres generalmente no tienen conciencia de ellos.

Los serafines funcionan como maestros de los hombres guiando los pasos de la personalidad humana hacia caminos de experiencias nuevas y progresivas. Aceptar la guía de un serafín raramente significa conseguir una vida fácil. Al seguir esta guía, con seguridad encontrarás, y si tienes la valentía, atravesarás, las empinadas colinas de la elección moral y del progreso espiritual.

El impulso a la adoración se origina en gran parte en las estimulaciones espirituales de los ayudantes de la mente más elevados, reforzadas por la guía del Ajustador. Pero el impulso a la oración tan frecuentemente experimentado por los mortales conscientes de Dios surge muy frecuentemente como resultado de la influencia seráfica. El serafín guardián está manipulando constantemente el medio ambiente mortal para el propósito de aumentar el discernimiento cósmico del ascendente humano con el fin de que dicho candidato para la supervivencia pueda adquirir una realización enaltecida de la presencia del Ajustador residente y de esta manera pueda dar una mayor cooperación a la misión espiritual de la presencia divina.

Aunque aparentemente no hay comunicación entre los Ajustadores residentes y los serafines que rodean al hombre, siempre parecen trabajar en perfecta armonía y exquisito acuerdo. Los guardianes son más activos en aquellos tiempos en que los Ajustadores están menos activos, pero su ministerio está en cierto modo extrañamente correlacionado. Tal extraordinaria cooperación difícilmente podría ser o accidental o incidental.

La personalidad de ministerio del serafín guardián, la presencia Divina del Ajustador residente, la acción en circuito del Espíritu Santo y la conciencia del Hijo del Espíritu de la Verdad están todas divinamente correlacionadas en una unidad significativa de ministerio espiritual en la personalidad mortal y para la misma. Aunque provienen de diferentes fuentes y niveles diferentes, estas influencias celestiales están todas integradas en la presencia acogedora y evolutiva del Ser Supremo.

5. EL MINISTERIO SERÁFICO A LOS MORTALES

Los ángeles no invaden la santidad de la mente humana; no manipulan la voluntad de los mortales; tampoco se ponen en contacto directo con los Ajustadores residentes.

El guardián del destino te influye de toda manera posible que siempre esté de acuerdo con la dignidad de tu personalidad; bajo ninguna circunstancia interfieren estos ángeles con la libre acción del libre albedrío humano. Ni los ángeles ni ninguna otra orden de personalidad universal tienen poder ni autoridad para limitar o cercenar las prerrogativas de la elección humana.

Los ángeles están tan cerca de vosotros y con tanto sentimiento os cuidan, que figurativamente «lloran por vuestra intolerancia y testarudez intencionadas». Los serafines no esparcen lágrimas físicas; no tienen cuerpos físicos; tampoco poseen alas. Pero sí tienen emociones espirituales, y experimentan sentimientos y sensaciones de naturaleza espiritual que son en ciertas maneras comparables a las emociones humanas.

Los serafines actúan para vuestro bien independientemente de vuestras solicitudes directas; ejecutan los mandatos de sus superiores, y por lo tanto funcionan a pesar de vuestros antojos pasajeros o de vuestros estados cambiantes de ánimo. Esto no implica que vosotros no podáis hacer más fácil o más difícil sus tareas, sino más bien que a los ángeles no les concierne directamente vuestras solicitudes ni vuestras oraciones.

En la vida de la carne la inteligencia de los ángeles no está directamente disponible para los hombres mortales. No son dueños ni directores; son simplemente guardianes. Los serafines os *vigilan*; no buscan directamente influiros; vosotros debéis trazar vuestro propio curso de acción, pero estos ángeles entonces actúan para hacer el mejor uso posible del curso que habéis elegido. No intervienen (generalmente) arbitrariamente en los asuntos rutinarios de la vida humana. Pero cuando reciben instrucciones de sus superiores para efectuar alguna obra poco común, podéis estar seguros de que estos guardianes encontrarán la manera de llevar a cabo estos mandatos. Por lo tanto, no se entremeten en el cuadro del drama humano excepto en urgencias, y entonces generalmente por orden directa de sus superiores. Son los seres que os seguirán por muchas edades, y por eso están recibiendo una introducción a su obra futura y asociación con la personalidad.

Los serafines pueden funcionar como ministros materiales para los seres humanos bajo ciertas circunstancias, pero su acción en esta función es muy rara. Pueden, con la ayuda de los seres intermedios y de los controladores físicos, funcionar en una amplia gama de actividades para bien de los seres humanos, aun hacer contacto real con la humanidad, pero estos acontecimientos son muy poco frecuentes. En la mayor parte de los casos las circunstancias del reino material proceden sin alteraciones por la acción seráfica, aunque han surgido ocasiones en las que algún eslabón vital de la cadena de la evolución humana corría peligro, y entonces los guardianes seráficos han actuado, y adecuadamente, por su propia iniciativa.

6. LOS ÁNGELES GUARDIANES DESPUÉS DE LA MUERTE

Habiéndoos dicho algo sobre el ministerio de los serafines durante la vida natural, intentaré informaros acerca de la conducta de los guardianes del destino al tiempo de la disolución mortal de sus asociados humanos. Después de tu muerte, tus registros, especificaciones de identidad y la entidad morontial del alma humana —evolucionada por el ministerio conjunto de la mente mortal y del Ajustador divino— son fielmente conservados por el guardián del destino juntamente con todos los demás valores relacionados con tu existencia futura, todo lo que constituye tu yo, tu real yo, excepto la identidad de la existencia continuada, representada por el Ajustador que parte y la actualidad de la personalidad.

En el momento en que desaparece la luz piloto en la mente humana, la luminosidad espiritual que los serafines asocian con la presencia del Ajustador, el ángel guardián se apersona ante los ángeles comandantes, sucesivamente, del grupo, compañía, batallón, unidad, legión y hueste; y después de haber sido debidamente registrado para la aventura final del tiempo y del espacio, dicho ángel recibe la certificación del jefe planetario de serafines para presentarse ante la Estrella Vespertina (o algún otro asistente de Gabriel) que manda el ejército seráfico de este candidato para la ascensión universal. Cuando el comandante de la más alta de las unidades organizacionales le otorga el permiso, dicho guardián del destino procede al primer mundo de estancia y allí aguarda la concientización de su protegido en la carne.

En caso de que el alma humana no llegue a sobrevivir después de haber recibido la asignación de un ángel personal, el serafín asistente debe proceder a la sede central del universo local para atestiguar sobre la exactitud de los registros completos de su complemento, tal como fueron trasmitidos previamente. Luego comparece ante los tribunales de los arcángeles para ser absuelto de culpa en el asunto del fracaso del sujeto a su cargo en la empresa de la supervivencia, y a continuación regresa a los mundos, para ser asignado nuevamente a otro mortal de potencialidad ascendente o a alguna otra división del ministerio seráfico.

Pero los ángeles ministran a las criaturas evolucionarias de muchas maneras además de los servicios de custodia personal y de grupo. Los guardianes personales cuyos sujetos no van inmediatamente a los mundos de estancia, no permanecen ociosos esperando el llamado dispensacional del juicio; se los vuelve a asignar a numerosas misiones de ministerio por todo el universo.

El guardián serafín es el fideicomiso de custodia de los valores de sobrevivencia del alma durmiente del hombre mortal, así como el Ajustador ausente *es* la identidad de ese ser universal inmortal. Cuando estos dos colaboran en las salas de resurrección del mundo de estancia en conjunción con la forma morontial recién fabricada, ocurre la reconstitución de los factores constituyentes de la personalidad del mortal ascendente.

El Ajustador te identificará; el serafín guardián te repersonalizará y luego te volverá a presentar al Monitor fiel de tus días terrestres.

Y aún así, cuando acaba una edad planetaria, cuando se reúnen los que están en los círculos inferiores del logro mortal, son sus guardianes de grupo los que los reúnen en las salas de resurrección de las esferas de estancia, así como dice vuestro registro: «Y él enviará sus ángeles con gran voz y juntará a sus escogidos desde un extremo del reino a otro».

La técnica de la justicia exige que los guardianes personales o de grupo respondan al llamado dispensacional en nombre de todas las personalidades no sobrevivientes. Los Ajustadores de tales seres no sobrevivientes no retornan, y cuando se pasa lista, los serafines responden, pero los Ajustadores no dan ninguna respuesta. Esto constituye la «resurrección de los injustos», en realidad, el reconocimiento formal de la cesación de la existencia de la criatura. Este llamado de la justicia siempre ocurre inmediatamente después del llamado de la misericordia, la resurrección de los sobrevivientes dormidos. Pero estos son asuntos que no conciernen a nadie sino a los supremos y omniscientes Jueces de los valores de supervivencia. Estos problemas de adjudicación realmente no nos conciernen.

Los guardianes de grupo pueden servir en un planeta una edad tras otra y por fin volverse custodios de las almas durmientes de miles y miles de sobrevivientes durmientes. Pueden servir en muchos mundos distintos de un sistema dado puesto que la respuesta de la resurrección ocurre en los mundos de estancia.

Todos los guardianes personales y de grupo en el sistema de Satania que se descarriaron en la rebelión de Lucifer, a pesar de que muchos se arrepintieron sinceramente de su locura, han de permanecer detenidos en Jerusem hasta la adjudicación final de la rebelión. Ya los Censores Universales han privado arbitrariamente a estos guardianes desobedientes e infieles de todos los aspectos de sus fideicomisos de almas, habiendo entregado estas realidades morontiales a los cuidados de los seconafines voluntarios para su salvaguardia.

7. Los serafines y la carrera ascendente

Es realmente memorable en la carrera del mortal ascendente este primer despertar en las orillas del mundo de estancia; allí, por primera vez, ver en realidad a tus compañeros angélicos amados por largo tiempo y siempre presentes durante los días en la tierra; allí también hacerse verdaderamente consciente de la identidad y presencia del Monitor divino que por tanto tiempo residió en tu mente sobre la tierra. Tal experiencia constituye un despertar glorioso, una verdadera resurrección.

En las esferas morontiales los serafines asistentes (hay dos de ellos) son abiertamente tus compañeros. Estos ángeles no solamente se asocian contigo a medida que progresas a través de la carrera de los mundos de transición, asistiéndote de toda manera posible en la adquisición del estado morontial y espiritual, sino que también aprovechan la oportunidad de avanzar por el estudio en las academias de expansión para serafines evolucionarios que existen en los mundos de estancia.

La raza humana fue creada apenas por debajo de los tipos más sencillos de las órdenes angélicas. Por lo tanto, vuestra primera asignación del trabajo que os aguarda inmediatamente después de que obtengáis conciencia de la personalidad, posteriormente a vuestra liberación de los vínculos de la carne será como asistentes al serafín.

Antes de abandonar los mundos de estancia, todos los mortales tendrán asociados o guardianes seráficos permanentes. Y a medida que ascendáis en las esferas morontiales, eventualmente serán los guardianes seráficos aquellos que atestiguarán y certificarán los decretos de vuestra unión eterna con los Ajustadores del Pensamiento. Juntos han establecido vuestras identidades de personalidad como hijos de la carne de los mundos del tiempo. Luego, con vuestro logro del estado morontial maduro, os acompañan a través de Jerusem y los mundos asociados del progreso y la cultura del sistema. Después de eso van con vosotros a Edentia y a sus setenta esferas de socialización avanzada, y posteriormente os pilotearán a los Melquisedek y os seguirán a lo largo de la estupenda carrera en los mundos de sede central del universo. Y cuando hayáis aprendido la sabiduría y cultura de los Melquisedek, os llevarán a Salvington, en donde os encontraréis frente a frente con el Soberano de todo Nebadon. Y aún os seguirán estos guías seráficos a través de los sectores menor y mayor del superuniverso y más allá a los mundos de recepción de Uversa, permaneciendo con vosotros hasta que finalmente os enseconafinaréis para el largo viaje a Havona.

Algunos de los guardianes del destino asignados durante la carrera mortal siguen el curso de los peregrinos ascendentes a través de Havona. Los demás se despiden temporalmente de sus asociados mortales de tanto tiempo y luego, mientras estos mortales atraviesan los círculos del universo central, alcanzan los círculos de Serafington. Y estarán esperando en las orillas del Paraíso cuando sus asociados mortales despierten del último sueño de tránsito del tiempo a las nuevas experiencias de la eternidad. Estos serafines ascendentes entran posteriormente en servicios divergentes en el cuerpo de finalistas y el Cuerpo Seráfico de Consumación.

El hombre y el ángel pueden o no ser reunidos en servicio eterno, pero donde sea que la asignación seráfica los lleve, los serafines están siempre en comunicación con sus previos protegidos en los mundos evolucionarios, con los mortales ascendentes del tiempo. Las asociaciones íntimas y los contactos afectivos de los mundos de origen humano no son nunca olvidados ni jamás completamente rotos. En las edades eternas, hombres y ángeles cooperarán en el servicio divino así como lo hicieron en la carrera del tiempo.

Para los serafines, la manera más segura de llegar a las Deidades del Paraíso es mediante la guía conseguida de un alma de origen evolucionario hasta las compuertas del Paraíso. Por lo tanto la asignación de guardián del destino es la tarea más altamente codiciada del trabajo seráfico.

Sólo los guardianes del destino son llamados al Cuerpo de los Finalistas primario o el de los mortales, y dichos pares están ocupados en la suprema aventura de la obtención de la unicidad de las identidades; los dos seres han alcanzado biunificación espiritual en Serafington antes de su admisión al Cuerpo de Finalistas. En esta experiencia las dos naturalezas angélicas, tan complementarias en todas sus funciones universales, alcanzan una condición espiritual última de dos en uno, lo cual repercute en una nueva capacidad para la recepción de un fragmento no Ajustador del Padre del Paraíso y fusión con él. Así algunos de vuestros asociados seráficos amantes en el tiempo también se vuelven vuestros asociados finalistas en la eternidad, hijos del Supremo e hijos perfeccionados del Padre del Paraíso.

[Presentado por el jefe de los serafines estacionados en Urantia.]

DOCUMENTO 114

EL GOBIERNO PLANETARIO SERÁFICO

LOS Altísimos gobiernan en los reinos de los hombres a través de muchas fuerzas y agencias celestiales pero principalmente a través del ministerio de los serafines.

Hoy al mediodía cuando pasamos lista a los ángeles y guardianes planetarios y otros ángeles en Urantia había 501.234.619 pares de serafines. Asignados a mi comando había doscientas huestes de serafines: 597.196.800 pares de serafines ó 1.194.393.600 ángeles individuales. El registro sin embargo muestra 1.002.469.238 individuos. Por consiguiente se deduce que estaban ausentes de este mundo, 191.294.362 ángeles en misiones de transporte, de mensajería y de muerte. (En Urantia existe alrededor del mismo número de querubines que serafines, y están organizados en forma similar).

Los serafines y sus querubines asociados tienen mucho que ver con los detalles del gobierno superhumano de un planeta, especialmente de los mundos que han sido aislados por la rebelión. Los ángeles, ayudados hábilmente por los seres intermedios, funcionan en Urantia como verdaderos ministros supermateriales que ejecutan los mandatos del gobernador general residente y de todos sus asociados y subordinados. Los serafines como clase se ocupan de muchas asignaciones fuera de aquellas de custodia personal y de grupo.

Urantia tiene una supervisión apropiada y eficaz tanto por parte del sistema, como de la constelación y de los gobernantes del universo. Pero el gobierno planetario es distinto del de cualquier otro mundo en el sistema de Satania, aun en todo Nebadon. La singularidad de vuestro plan de supervisión se debe a una serie de circunstancias poco comunes:

1. El estado de modificación de la vida en Urantia.

2. Las exigencias de la rebelión de Lucifer.

3. Los desbaratamientos ocasionados por la falta adánica.

4. Las irregularidades que surgieron del hecho de que Urantia fue uno de los mundos de autootorgamiento del Soberano del Universo. Micael de Nebadon es el Príncipe Planetario de Urantia.

5. La función especial de los veinticuatro directores planetarios.

6. La ubicación en el planeta de un circuito de los arcángeles.

7. La reciente designación del otrora encarnado Maquiventa Melquisedek como Príncipe Planetario vicerregente.

1. LA SOBERANÍA DE URANTIA

La soberanía original de Urantia estaba en manos del soberano del sistema de Satania. Éste la delegó primero a una comisión conjunta de Melquisedek y Portadores de Vida, y este grupo funcionó en Urantia hasta la llegada de un Príncipe Planetario debidamente constituido. Posteriormente a la caída del príncipe Caligastia, cuando la rebelión de Lucifer, Urantia no tuvo una relación segura y establecida con el universo local y sus divisiones administrativas hasta el momento en que se completó el autootorgamiento de Micael, cuando el Unión de los Días le proclamó Príncipe Planetario de Urantia. Dicha proclamación estableció de una vez por todas y en principio el estado de vuestro mundo, pero en la práctica el Hijo Creador Soberano no ha dado señal de administración personal del planeta aparte de establecer la comisión jerusemita de veinticuatro ex habitantes de Urantia con autoridad para representarlo en el gobierno de Urantia y en todos los demás planetas en cuarentena en el sistema. Presentemente un miembro de este consejo reside constantemente en Urantia como gobernador general residente.

Recientemente se ha conferido la autoridad de vicerregente a Maquiventa Melquisedek para actuar en nombre de Micael como Príncipe Planetario, pero este Hijo del universo local no ha tomado medida alguna hacia la modificación del presente régimen planetario de las administraciones sucesivas de los gobernadores generales residentes.

Es dudoso que se efectúen cambios marcados en el gobierno de Urantia durante la dispensación presente a menos que el vicerregente del Príncipe Planetario llegue a asumir sus responsabilidades titulares. Según algunos de nuestros asociados, en algún momento en el futuro cercano el plan de enviar a uno de los veinticuatro consejeros a Urantia para actuar como gobernador general será reemplazado por la llegada formal de Maquiventa Melquisedek con su mandato de vicerregente de la soberanía de Urantia. Como Príncipe Planetario interino él indudablemente continuaría a cargo del planeta hasta la adjudicación final de la rebelión de Lucifer y probablemente más allá en el futuro distante del establecimiento planetario en luz y vida.

Algunos creen que Maquiventa no vendrá a tomar la dirección personal de los asuntos de Urantia hasta el fin de la dispensación corriente. Otros consideran que tal vez el Príncipe vicerregente no vendrá, como tal, hasta que Micael vuelva en algún momento a Urantia tal como lo prometió cuando aún estaba en la carne. Aún otros, incluyendo este narrador, esperan la aparición de Melquisedek en cualquier día o momento.

2. El consejo de supervisores planetarios

Desde los tiempos del autootorgamiento de Micael en vuestro mundo, el manejo general de Urantia se le ha confiado a un grupo especial de veinticuatro ex habitantes de Urantia en Jerusem. Las calificaciones para formar parte de esta comisión nos son desconocidas, pero hemos observado que aquellos que han sido así encargados todos han contribuido a la ampliación de la soberanía del Supremo en el sistema de Satania. Por naturaleza eran todos verdaderos líderes cuando actuaban en Urantia, y (a excepción de Maquiventa Melquisedek) estas cualidades de liderazgo se han aumentado ulteriormente por la experiencia en el mundo de estancia y se han suplementado por la capacitación de la ciudadanía en Jerusem. Los miembros son propuestos para el grupo de veinticuatro por el gabinete de Lanaforge, secundados por los Altísimos de Edentia, aprobados por el Centinela Asignado de Jerusem, y nombrados por Gabriel de Salvington de acuerdo con el mandato de Micael. Los seres nombrados con carácter temporal funcionan tan plenamente como lo hacen los miembros permanentes de esta comisión de supervisores especiales.

Este consejo de directores planetarios está especialmente preocupado con la supervisión de aquellas actividades en este mundo que resultan del hecho de que Micael experimentó aquí su autootorgamiento final. Se mantienen en contacto estrecho e inmediato con Micael mediante las actividades de enlace de cierta Brillante Estrella Vespertina, el mismo ser que acompañó a Jesús en el curso de su autootorgamiento en forma de un mortal.

En los tiempos presentes cierto Juan, conocido por vosotros como «el Bautista», preside este consejo cuando éste entra en sesión en Jerusem. Pero el jefe exoficio de este consejo es el Centinela Asignado de Satania, el representante directo y personal del Inspector Asociado de Salvington y del Ejecutivo Supremo de Orvonton.

Los miembros de esta misma comisión de los ex habitantes de Urantia también actúan como supervisores y asesores de los treinta y seis otros mundos aislados por la rebelión del sistema; realizan un servicio valioso manteniendo a Lanaforge, el Soberano del Sistema, en contacto estrecho y compasivo con los asuntos de estos planetas que aún permanecen más o menos bajo el supercontrol de los Padres de la Constelación de Norlatiadek. Estos veinticuatro consejeros hacen viajes individuales frecuentes a cada uno de los planetas en cuarentena, especialmente a Urantia.

Cada uno de los demás mundos aislados, es aconsejado por comisiones similares de número variable de sus ex habitantes, pero estas otras comisiones están subordinadas al grupo urantiano de los veinticuatro. Aunque los miembros de esta última comisión estén así activamente interesados en cada fase del progreso humano en cada mundo en cuarentena en Satania, se preocupan especial y particularmente por el bienestar y avance de las razas mortales de Urantia, porque únicamente supervisan inmediata y directamente los asuntos de Urantia, pero no de ninguno de los otros planetas, y aun aquí su autoridad no es completa excepto en ciertos dominios relacionados con la supervivencia mortal.

Nadie sabe por cuánto tiempo estos veinticuatro consejeros de Urantia continuarán en su estado presente, separados del programa regular de actividades del universo. Indudablemente continuarán sirviendo en su capacidad presente hasta que se produzca algún cambio en el estado planetario, tal como el fin de una dispensación, la asunción de la autoridad plena por parte de Maquiventa Melquisedek, la adjudicación final de la rebelión de Lucifer o la reaparición de Micael en el mundo de su autootorgamiento final. El actual gobernador general residente de Urantia se inclina a opinar que todos, excepto Maquiventa, tal vez serán exonerados de la tarea presente para ascender al Paraíso en el momento en que el sistema de Satania sea devuelto al sistema de los circuitos de la constelación. Pero también existen otras opiniones.

3. EL GOBERNADOR GENERAL RESIDENTE

Cada cien años del tiempo de Urantia, el cuerpo de Jerusem de veinticuatro supervisores planetarios designa a uno de sus miembros para que resida en vuestro mundo y actúe como su representante ejecutivo, como gobernador general residente. Durante los tiempos de preparación de estos relatos fue reemplazado este oficial ejecutivo sucediendo el gobernador número veinte al número diecinueve. El nombre del supervisor planetario actual se os oculta porque el hombre mortal tiende a venerar, aun a deificar, a sus compatriotas extraordinarios y sus superiores superhumanos.

El gobernador general residente no tiene autoridad personal en la gestión de los asuntos del mundo excepto como representante de los veinticuatro consejeros en Jerusem. Actúa como coordinador de la administración superhumana y es el jefe respetado y líder universalmente reconocido de los seres celestiales que funcionan en Urantia. Todas las órdenes de las huestes angélicas lo consideran su director coordinador, mientras que los seres intermedios unidos, desde la partida de 1-2-3 el primero en ingresar al grupo de los veinticuatro consejeros, realmente consideran a los sucesivos gobernadores generales como sus padres planetarios.

Aunque el gobernador general no posee autoridad real y personal en el planeta, emite docenas de decisiones y juicios cada día que son aceptados como finales por todas las personalidades correspondientes. Es mucho más consejero paternal que gobernante formal. En cierta forma funciona como lo haría un Príncipe Planetario, pero su administración se asemeja mucho más estrechamente a la de los Hijos Materiales.

El gobierno de Urantia está representado en los consejos de Jerusem, de acuerdo con una disposición por la cual el ex gobernador general participa como miembro temporal en el gabinete del Soberano del Sistema que compone los Príncipes Planetarios. Se esperaba, cuando Maquiventa fue nombrado Príncipe vicerregente, que asumiría inmediatamente su asiento en el consejo de los Príncipes Planetarios de Satania, pero hasta ahora no ha dado señal alguna en esta dirección.

El gobierno supermaterial de Urantia no mantiene una relación orgánica muy estrecha con las unidades más elevadas del universo local. En cierto modo, el gobernador general residente representa a Salvington a la vez que a Jerusem, puesto que actúa en nombre de los veinticuatro consejeros, que son representantes directos de Micael y Gabriel. Y siendo ciudadano de Jerusem, el gobernador planetario puede funcionar como vocero del Soberano del Sistema. Las autoridades de la constelación están representadas directamente por un Hijo Vorondadek, el observador de Edentia.

4. EL ALTÍSIMO OBSERVADOR

La soberanía de Urantia también está complicada por el embargo arbitrario de antaño de la autoridad planetaria por parte del gobierno de Norlatiadek, poco después de la rebelión planetaria. Aún reside en Urantia un Hijo Vorondadek, un observador en nombre de los Altísimos de Edentia, y, en ausencia de una acción directa de Micael, fideicomiso de la soberanía planetaria. El presente observador Altísimo (y a veces regente) es el número veintitrés que así sirve en Urantia.

Existen ciertos grupos de problemas planetarios que aún están bajo el control de los Altísimos de Edentia, habiendo sido tomada la jurisdicción sobre ellos al tiempo de la rebelión de Lucifer. Ejerce la autoridad en estos asuntos un Hijo Vorondadek, el observador de Norlatiadek, quien mantiene relaciones de carácter de asesoría muy estrechas con los supervisores planetarios. Los comisionados de la raza son muy activos en Urantia, y sus varios jefes de grupo están informalmente relacionados con el observador Vorondadek residente, quien actúa como su director asesor.

En una crisis, el jefe real y soberano del gobierno, a excepción de ciertos asuntos puramente espirituales, sería este Hijo Vorondadek de Edentia actualmente a cargo de la observación. (En estos problemas exclusivamente espirituales y en ciertos asuntos puramente personales, la autoridad suprema parece haber sido conferida al arcángel en comando, agregado a la sede central divisional de esa orden, que recientemente se estableció en Urantia).

Un observador Altísimo tiene el poder de tomar en sus manos el gobierno planetario si así lo considera en tiempos de grave crisis planetaria, y los registros indican que esto ha ocurrido treinta y tres veces en la historia de Urantia. En tales momentos, el observador Altísimo funciona como regente Altísimo, ejerciendo autoridad incuestionable sobre todos los ministros y administradores residentes en el planeta a excepción solamente de la organización divisional de los arcángeles.

Las regencias Vorondadek no son peculiares en los planetas aislados por la rebelión, porque los Altísimos pueden intervenir en cualquier momento en los asuntos de los mundos habitados, interponiendo la sabiduría superior de los gobernantes de la constelación en los asuntos de los reinos de los hombres.

5. EL GOBIERNO PLANETARIO

La administración actual de Urantia es verdaderamente difícil de describir. No existe un gobierno formal según las líneas de la organización del universo, tal como la separación de los departamentos legislativo, ejecutivo y judicial. Los veinticuatro consejeros son los que más se acercan a parecerse a la rama legislativa del gobierno planetario. El gobernador general es un jefe ejecutivo provisional y asesor, estando el poder de veto en las manos del observador Altísimo. En el planeta no operan poderes judiciales con autoridad absoluta —tan sólo comisiones de conciliación.

La mayoría de los problemas que comprenden a los serafines y a los seres intermedios son, por consentimiento mutuo, decididos por el gobernador general. Pero excepto cuando éste pronuncia los mandatos de los veinticuatro consejeros, sus decisiones están sujetas a apelación a las comisiones conciliadoras, a las autoridades locales constituidas para la función planetaria, o aun al Soberano del Sistema de Satania.

La ausencia del séquito corpóreo de un Príncipe Planetario y del régimen material de un Hijo e Hija Adánicos se compensa parcialmente por el ministerio especial de los serafines y por los servicios poco comunes de los seres intermedios. La ausencia del Príncipe Planetario está efectivamente compensada por la presencia triuna de los arcángeles, el observador Altísimo y el gobernador general.

Este gobierno de organización más bien casual y administrado en forma un tanto personal es más eficaz de lo esperado, gracias a la ayuda de los arcángeles la cual ahorra tiempo, y de su circuito siempre listo lo cual se utiliza tan frecuentemente en urgencias planetarias y dificultades administrativas. Técnicamente, el planeta está aún espiritualmente aislado de los circuitos de Norlatiadek, pero ahora, en un caso de urgencia, se puede obviar esta dificultad mediante la utilización del circuito de los arcángeles. El aislamiento planetario es, por supuesto, de escasa importancia para los mortales individuales desde el momento en que se derramó el Espíritu de la Verdad sobre toda carne mil novecientos años atrás.

Cada día administrativo en Urantia comienza con una conferencia de consulta, atendida por el gobernador general, el jefe planetario de los arcángeles, el observador Altísimo, los supernafines supervisores, el jefe de los Portadores de Vida residentes, y huéspedes invitados de entre los elevados Hijos del universo o de entre algunos de los estudiantes visitantes que se encuentren al azar visitando el planeta.

El gabinete administrativo mismo del gobernador general consiste en doce serafines, los jefes interinos de los doce grupos de los ángeles especiales que actúan como directores superhumanos inmediatos del progreso y estabilidad planetarios.

6. LOS SERAFINES DECANOS DE LA SUPERVISIÓN PLANETARIA

Cuando llegó a Urantia el primer gobernador general, coincidiendo con el esparcimiento del Espíritu de la Verdad, venía acompañado de doce cuerpos de serafines especiales, graduados de Serafington, quienes se asignaron inmediatamente a ciertos servicios especiales planetarios. Estos ángeles exaltados son conocidos como los serafines decanos de supervisión planetaria y están, aparte del supercontrol del observador planetario Altísimo, bajo la dirección inmediata del gobernador general residente.

Estos doce grupos de ángeles, aunque funcionan bajo la supervisión del gobernador general residente, están dirigidos por el consejo seráfico de los doce: los jefes interinos de cada grupo. Este consejo también sirve como gabinete voluntario del gobernador general residente.

Como jefe planetario de los serafines, presido este consejo de jefes seráficos, y soy un supernafín voluntario de la orden primaria que sirve en Urantia como sucesor del antaño jefe de las huestes angélicas del planeta que cayó en falta al tiempo de la secesión de Caligastia.

Los doce cuerpos de los serafines maestros de supervisión planetaria son funcionales en Urantia como sigue:

1. *Los ángeles de la época.* Éstos son los ángeles de la era corriente, el grupo dispensacional. Estos servidores celestiales están encargados de la supervisión y dirección de los asuntos de cada generación, tales como son diseñados que adapten al mosaico de la edad en la cual ocurren. El actual cuerpo de ángeles de la época que sirve en Urantia es el tercer grupo asignado al planeta durante la dispensación corriente.

2. *Los ángeles del progreso.* Estos serafines están encargados de la tarea de iniciar el progreso evolucionario de las sucesivas edades sociales. Fomentan el desarrollo de la tendencia progresiva inherente de las criaturas evolucionarias; trabajan incesantemente para hacer que las cosas sean lo que deben ser. El grupo presentemente en servicio es el segundo que haya sido asignado al planeta.

3. *Los guardianes religiosos.* Éstos son los «ángeles de las iglesias», los contendientes sinceros por lo que es y lo que ha sido. Intentan mantener los ideales de lo que ha sobrevivido para el tránsito seguro de los valores morales de una época a la otra. Son los jaque y mates de los ángeles del progreso, y buscan trasladar constantemente de una generación a la otra los valores imperecederos de las formas antiguas y pasadas en los esquemas de pensamiento y conducta más nuevos y por lo tanto menos estabilizados. Estos ángeles luchan por las formas espirituales, pero no son la fuente del ultrasectarismo y de las divisiones controversiales, sin sentido, de los religionistas profesantes. El cuerpo ahora funcional en Urantia es el quinto que así sirve.

4. *Los ángeles de la vida nacional.* Éstos son los «ángeles de las trompetas», directores de las actuaciones políticas de la vida nacional en Urantia. El grupo que funciona ahora en el supercontrol de las relaciones internacionales es el cuarto cuerpo que sirve así en el planeta. Es particularmente a través del ministerio de esta división seráfica a través del que «los Altísimos gobiernan en los reinos de los hombres».

5. *Los ángeles de las razas.* Aquellos que trabajan por la conservación de las razas evolucionarias del tiempo, sin importarles sus problemas políticos y agrupaciones religiosas. En Urantia existen restos de nueve razas humanas que se han mezclado y combinado en el pueblo de los tiempos modernos. Estos serafines están estrechamente asociados con el ministerio de los comisionados de la raza, y el grupo presentemente en Urantia es el cuerpo original asignado al planeta poco después del día de Pentecostés.

6. *Los ángeles del futuro*. Éstos son los ángeles de proyección, que pronostican una edad futura y planean la realización de cosas mejores de una nueva dispensación en avance; son los arquitectos de las eras sucesivas. El grupo ahora en el planeta ha funcionado así desde el comienzo de la dispensación corriente.

7. *Los ángeles del esclarecimiento*. Urantia recibe actualmente la ayuda del tercer cuerpo de serafines dedicados a fomentar la instrucción planetaria. Estos ángeles se ocupan de la capacitación mental y moral en cuanto ésta afecta a los individuos, familias, grupos, escuelas, comunidades, naciones y razas enteras.

8. *Los ángeles de la salud*. Éstos son los ministros seráficos asignados a la asistencia de aquellas agencias mortales dedicadas a la promoción de la salud y a la prevención de la enfermedad. El cuerpo vigente es el sexto grupo que sirve durante esta dispensación.

9. *Los serafines del hogar*. Urantia disfruta ahora de los servicios del quinto grupo de ministros angélicos, dedicados a la preservación y avance del hogar, la institución básica de la civilización humana.

10. *Los ángeles de la industria*. Este grupo seráfico se ocupa de fomentar el desarrollo industrial y de mejorar las condiciones económicas entre los pueblos de Urantia. Se ha reemplazado este cuerpo siete veces desde el autootorgamiento de Micael.

11. *Los ángeles de la diversión*. Éstos son los serafines que fomentan los valores del juego, el humor y el descanso. Intentan elevar constantemente las diversiones recreacionales del hombre y promover así una utilización más aprovechable del tiempo libre humano. El presente cuerpo es el tercero de esa orden que ministra en Urantia.

12. *Los ángeles del ministerio superhumano*. Éstos son los ángeles de los ángeles, aquellos serafines que están asignados a ministrar toda otra vida superhumana en el planeta, provisional o permanente. Este cuerpo ha servido desde el comienzo de la dispensación presente.

Cuando estos cuerpos de serafines decanos están en desacuerdo en asuntos de política o procedimiento planetario, usualmente el gobernador general resuelve sus diferencias, pero todas las decisiones de éste están sujetas a apelación según la naturaleza y gravedad de los asuntos comprendidos en el desacuerdo.

Ninguno de estos grupos angélicos ejerce un control directo o arbitrario sobre los dominios de sus asignaciones. No pueden controlar plenamente los asuntos de sus respectivos reinos de acción, pero pueden manipular las condiciones planetarias y asociar circunstancias de manera de influir favorablemente en las esferas de la actividad humana a las cuales están asignados, y así lo hacen.

Los serafines decanos de supervisión planetaria utilizan muchas agencias para cumplir con sus misiones. Funcionan como centros ideacionales de distribución, enfocadores de la mente y promovedores de proyectos. Aunque incapaces de inyectar conceptos nuevos y más elevados en las mentes humanas, frecuentemente actúan para intensificar algún ideal elevado que ya haya aparecido en un intelecto humano.

Pero aparte de estas muchas formas de acción positiva, los serafines decanos aseguran el progreso planetario contra los peligros vitales mediante la movilización, la capacitación y mantenimiento del cuerpo de reserva del destino. La función principal de estos reservistas consiste en asegurarse contra la interrupción del progreso evolucionario; son las precauciones formadas por las fuerzas celestiales contra la sorpresa; son la garantía contra el desastre.

7. El cuerpo de reserva del destino

El cuerpo de reserva del destino consiste en hombres y mujeres vivientes que han sido admitidos al servicio especial de la administración superhumana de los asuntos del mundo. Este cuerpo está constituido de hombres y mujeres de cada generación que son elegidos por los directores de espíritu del reino para asistir en la conducta del ministerio de misericordia y sabiduría a los hijos del tiempo en los mundos evolucionarios. Es práctica general en la conducta de los asuntos de los planes de ascensión, comenzar esta utilización vinculatoria de las criaturas volitivas mortales inmediatamente en el momento en que éstas sean competentes y confiables para asumir tales responsabilidades. Consiguientemente, en cuanto aparecen hombres y mujeres en el escenario de la acción temporal con suficiente capacidad mental, adecuado estado moral y espiritualidad según los requisitos, rápidamente son asignados al grupo celestial apropiado de personalidades planetarias en calidad de asistentes mortales de enlace humano.

Cuando se eligen seres humanos como protectores del destino planetario, cuando éstos se vuelven individuos clave en los planes que los administradores del mundo están persiguiendo, en ese momento el jefe planetario de los serafines confirma su relación temporal con el cuerpo seráfico y nombra guardianes personales del destino para que sirvan a estos reservistas mortales. Todos los reservistas tienen Ajustadores autoconscientes, y la mayoría de ellos funcionan en los círculos cósmicos más elevados de logro intelectual y alcance espiritual.

Se elige a los mortales del reino para servir en el cuerpo de reservistas del destino en los mundos habitados por:

1. Su capacidad especial para ser preparados secretamente para numerosas posibles misiones de urgencia en la conducta de varias actividades en los asuntos del mundo.

2. La dedicación incondicional a alguna causa especial social, económica, política, espiritual u otra, acoplada con el deseo de servir sin reconocimientos ni recompensas humanos.

3. La posesión de un Ajustador del Pensamiento de extraordinaria versatilidad y probable experiencia preurantiana para enfrentarse con dificultades planetarias y luchar con inminentes situaciones de urgencia mundial.

Se le proporciona a cada división del servicio celestial planetario un cuerpo de enlace constituido de estos mortales del destino. El mundo habitado promedio emplea setenta cuerpos del destino separados, los que están íntimamente conectados con la conducta superhumana corriente de los asuntos de ese mundo. En Urantia hay doce cuerpos de reservistas del destino, uno para cada uno de los grupos planetarios de supervisión seráfica.

Los doce grupos de reservistas urantianos del destino están formados por habitantes mortales de la esfera que han sido preparados para numerosas posiciones cruciales en la tierra y se mantienen prontos a actuar en posibles urgencias planetarias. Este cuerpo combinado consiste ahora de 962 personas. El cuerpo más pequeño tiene 41, y el más grande 172. Con excepción de menos de una veintena de personalidades de contacto, los miembros de este grupo único, están totalmente inconscientes de su preparación para posible función en ciertas crisis planetarias. Estos mortales reservistas son elegidos por el cuerpo al cual se los conecta y de la misma manera son capacitados y preparados en su mente profunda mediante la técnica combinada del

Ajustador del Pensamiento y el ministerio del guardián seráfico. Muchas veces numerosas otras personalidades celestiales participan en esta capacitación inconsciente y en toda esta preparación especial los seres intermedios realizan servicios valiosos e indispensables.

En muchos mundos los seres intermedios secundarios mejor adaptados son capaces de llegar a grados variables de contacto con los Ajustadores del Pensamiento de ciertos mortales constituidos en forma favorable, a través de la penetración experta en la mente en la que reside dicho Ajustador. (Fue precisamente mediante tal combinación fortuita de ajustes cósmicos como estas revelaciones se materializaron en el idioma inglés en Urantia). Estos mortales de contacto potencial de los mundos evolucionarios son movilizados en los numerosos cuerpos de reserva, y es, hasta cierto grado, a través de estos pequeños grupos de personalidades de visión amplia a través de los que se avanza la civilización espiritual y los Altísimos pueden gobernar en los reinos de los hombres. Los hombres y mujeres de estos cuerpos de reservistas tienen así distintos grados de contacto con sus Ajustadores a través del ministerio interpósito de los seres intermedios; pero estos mismos mortales son poco conocidos por sus semejantes excepto en aquellas raras urgencias sociales y exigencias espirituales en las cuales estas personalidades reservistas funcionan para la prevención de la interrupción de la cultura evolucionaria o de la extinción de la luz de la verdad viva. En Urantia estos reservistas del destino raramente se engalanan en las páginas de la historia humana.

Los reservistas actúan inconscientemente como conservadores de la información planetaria esencial. Muchas veces, cuando un reservista muere, se realiza una transferencia de ciertos datos importantes de la mente del reservista que fallece a un sucesor más joven mediante la vinculación de dos Ajustadores del Pensamiento. Los Ajustadores indudablemente funcionan de muchas otras maneras desconocidas para nosotros en relación con estos cuerpos de reservistas.

En Urantia el cuerpo de reservistas del destino, aunque no tiene un jefe permanente, tiene sus propios consejos permanentes que constituyen su organización de gobierno. Estos comprenden el consejo judicial, el consejo de historicidad, el consejo de soberanía política y muchos otros. De vez en cuando, de acuerdo con la organización del cuerpo, los jefes titulares (mortales) de todo el cuerpo de reservistas han sido comisionados por estos consejos permanentes para funciones específicas. La duración del encargo de estos jefes reservistas es generalmente asunto de pocas horas, estando limitada al cumplimiento de alguna tarea específica.

El cuerpo de reservistas de Urantia tuvo su mayor cantidad de miembros en los días de los adanitas y los anditas, disminuyendo en forma constante con la dilución de la sangre violeta y alcanzando el punto más bajo alrededor de la época de Pentecostés, desde cuyo momento el número de reservistas ha ido aumentando constantemente.

(El cuerpo de reservistas cósmicos de ciudadanos conscientes del universo en Urantia llega ahora a más de mil mortales cuyo discernimiento de la ciudadanía cósmica transciende en mucho la esfera de su residencia terrestre, pero se me ha prohibido revelar la verdadera naturaleza de la función de este grupo singular de seres humanos vivientes.)

Los mortales de Urantia no deben permitir que el aislamiento espiritual comparativo de su mundo respecto de ciertos circuitos del universo local produzca una sensación de abandono cósmico o de orfandad planetaria. Opera en el planeta una supervisión superhumana muy definida y eficaz de los asuntos del mundo y de los destinos humanos.

Pero es verdad que vosotros tenéis, en el mayor de los casos, tan sólo una idea limitada del gobierno planetario ideal. Desde los tiempos primitivos del Príncipe Planetario, Urantia ha adolecido del aborto del plan divino de crecimiento mundial y desarrollo racial. No se gobiernan los mundos habitados leales de Satania como se gobierna Urantia, sin embargo en comparación con otros mundos aislados, vuestros gobiernos planetarios no han sido tan inferiores; sólo uno o dos mundos pueden ser considerados peores, y unos pocos pueden ser ligeramente mejores, pero la mayoría están en un nivel de igualdad con vosotros.

Nadie en el universo local parece saber cuándo terminará el estado de confusión de la administración planetaria. Los Melquisedek de Nebadon tienden a opinar que habrá pocos cambios en el gobierno y administración planetario hasta la segunda llegada personal de Micael en Urantia. Indudablemente en ese momento, si no antes, se efectuarán enormes cambios en la gestión del planeta. Pero en cuanto a la naturaleza de dichas modificaciones de la administración del mundo, nadie parece poder conjeturarlo siquiera. No hay precedente para tal episodio en toda la historia de los mundos habitados del universo de Nebadon. Entre las muchas cosas difíciles de comprender en cuanto al futuro gobierno de Urantia, una muy destacada es la ubicación en el planeta de un circuito y centro divisional de arcángeles.

Vuestro mundo aislado no está olvidado por los consejeros del universo. Urantia no es un huérfano cósmico, manchado por el pecado y separado del cuidado divino por la rebelión. Desde Uversa hasta Salvington y hasta Jerusem, aun en Havona y en el Paraíso, todos saben que nosotros estamos aquí; y vosotros los mortales que habitáis ahora en Urantia sois tan tiernamente amados y tan fielmente cuidados como si esta esfera no hubiese sido traicionada jamás por el Príncipe Planetario infiel, y más aun. Es eternamente verdad: «El Padre mismo os ama».

[Presentado por el Jefe de los serafines estacionados en Urantia.]

DOCUMENTO 115

EL SER SUPREMO

CON Dios el Padre, la filiación es la relación más importante. Con Dios el Supremo, el logro es el prerrequisito del estado: es necesario hacer algo, así como ser alguien.

1. LA RELATIVIDAD DE LOS MARCOS CONCEPTUALES

Los intelectos parciales, incompletos y en evolución estarían desamparados en el universo maestro, serían incapaces de formular aun la primera configuración racional de pensamiento, si no fuese por la habilidad innata de toda mente, elevada o baja, para formar un *marco universal* dentro del cual pensar. Si la mente no puede desentrañar conclusiones, si no puede penetrar los verdaderos orígenes, dicha mente infaliblemente postulará conclusiones e inventará orígenes para tener un medio de pensamiento lógico dentro del marco de estos postulados creados por la mente. Aunque dichos marcos universales para el pensamiento de la criatura son indispensables para las operaciones intelectuales racionales, son, sin excepción, erróneos en mayor o menor grado.

Los marcos conceptuales del universo son tan sólo relativamente verdaderos; constituyen un andamio útil que eventualmente debe dejar paso a la expansión de la comprensión cósmica, cada vez más amplia. Las comprensiones de la verdad, la belleza y la bondad, la moralidad, la ética, el deber, el amor, la divinidad, el origen, la existencia, el propósito, el destino, el tiempo, el espacio, aun la Deidad, son tan sólo relativamente verdaderas. Dios es mucho, mucho más que un Padre, pero el concepto de Padre es el más elevado que tiene el hombre de Dios; sin embargo se mejorará la representación del Padre-Hijo de la relación Creador-criatura por medio de aquellos conceptos supermortales de la Deidad que se obtendrán en Orvonton, en Havona y en el Paraíso. El hombre tiene que pensar dentro de un marco universal mortal, pero eso no significa que no pueda visualizar otros marcos más elevados dentro de los cuales pueda tener cabida el pensamiento.

Para facilitar la comprensión mortal del universo de los universos se han designado finito, absonito y absoluto los diversos niveles de la realidad cósmica. De éstos, sólo el absoluto es no cualificadamente eterno, verdaderamente existencial. Los absonitos y los finitos son derivativos, modificaciones, cualificaciones y atenuaciones de la original y primordial realidad absoluta de la infinidad.

Los reinos de lo finito existen por virtud del propósito eterno de Dios. Las criaturas finitas, altas y bajas, pueden proponer teorías, y lo han hecho, en cuanto a la necesidad de lo finito en la economía cósmica, pero en último análisis, existe porque Dios lo quiso. No se puede explicar el universo, tampoco puede una criatura finita ofrecer una razón racional de su propia existencia individual sin apelar a los actos previos y a la volición preexistente de los seres ancestrales: Creadores o procreadores.

2. LA BASE ABSOLUTA PARA LA SUPREMACÍA

Desde el punto de vista existencial, no puede ocurrir nada nuevo en todas las galaxias, porque el cumplimiento de la infinidad inherente en el YO SOY está eternamente presente en los siete Absolutos, está funcionalmente asociada en las triunidades, y asociada en forma transmisible en las triodidades. Pero el hecho de que la infinidad está de este modo existencialmente presente en estas asociaciones absolutas no hace de ninguna manera imposible realizar nuevos experienciales cósmicos. Desde el punto de vista de una criatura finita, la infinidad contiene mucho que es potencial, mucho que es del orden de una posibilidad futura más bien que una actualidad presente.

El valor es un elemento único en la realidad universal. No comprendemos de qué manera se puede aumentar el valor de lo que sea infinito y divino. Pero descubrimos que se puede modificar, o si no aumentar los *significados*, aun en las relaciones de la Deidad infinita. Para los universos experienciales, aun los valores divinos se aumentan como actualidades mediante la comprensión ampliada de los significados de la realidad.

Todo el esquema de la creación y evolución universal en todos los niveles de experiencia es aparentemente un asunto de conversión de potencialidades en actualidades; y esta transmutación tiene que ver igualmente con los reinos de la potencia espacial, de la potencia mental y de la potencia espiritual.

El método aparente por el cual las posibilidades del cosmos se llevan en la existencia actual varía de nivel en nivel, siendo la evolución experiencial en lo finito y la emanación experiencial en lo absonito. La infinidad existencial es efectivamente no cualificada en su omniinclusividad, y esta misma omniinclusividad debe, por fuerza, comprender aun la posibilidad para la experiencia evolucionaria finita. La posibilidad de tal crecimiento experiencial se torna actualidad universal a través de las relaciones de triodidad que lindan en el Supremo y en él.

3. LO ORIGINAL, LO ACTUAL Y LO POTENCIAL

El cosmos absoluto es conceptualmente sin límite; definir el grado y naturaleza de esta realidad primaria es colocar cualificaciones sobre la infinidad y atenuar el concepto puro de la eternidad. La idea de lo infinito-eterno, lo eterno-infinito, es no cualificada en grado y absoluta de hecho. No existe ningún idioma adecuado en el pasado, en el presente o en el futuro de Urantia para expresar la realidad de la infinidad o la infinidad de la realidad. El hombre, una criatura finita en un cosmos infinito, debe contentarse con reflexiones distorsionadas y conceptos atenuados de esa existencia sin límites, sin fronteras, que no comienza jamás ni termina jamás, la comprensión de la cual está realmente más allá de su capacidad.

La mente no puede jamás esperar captar el concepto de un Absoluto sin intentar primero romper la unidad de tal realidad. La mente es unificadora de todas las divergencias, pero en la ausencia misma de tales divergencias la mente no encuentra base sobre la cual intentar formular conceptos de comprensión.

La estasis primordial de la infinidad requiere una segmentación antes de que el humano intente su comprensión. Existe una unidad en la infinidad que se expresa en estos documentos como el YO SOY —el postulado primordial de la mente de la criatura. Pero una criatura no puede jamás comprender cómo esta unidad se torna dualidad, triunidad y diversidad permaneciendo al mismo tiempo unidad no cualificada. El hombre encuentra un problema similar cuando se detiene para discurrir la Deidad Trinitaria no dividida juntamente con la personalización plural de Dios.

Es tan sólo la distancia del hombre de la infinidad lo que hace que este concepto se exprese con una sola palabra. Aunque la infinidad es por una parte UNIDAD, por otra parte es DIVERSIDAD sin fin o límite. La infinidad, tal como se la observan los seres finitos inteligentes, es la paradoja máxima de la filosofía de la criatura y de la metafísica finita. Aunque la naturaleza espiritual del hombre se extiende hacia arriba en la experiencia de la adoración al Padre, que es infinito, el concepto máximo del Ser Supremo agota la capacidad de comprensión intelectual del hombre. Más allá del Supremo, los conceptos son cada vez más tan sólo nombres; cada vez menos son designaciones auténticas de la realidad; cada vez más llegan a ser la proyección de la criatura de la comprensión finita hacia lo superfinito.

Una concepción básica del nivel absoluto comprende un postulado de tres fases:

1. *Lo Original*. El concepto no cualificado de la Primera Fuente y Centro, esa manifestación fuente en forma del YO SOY de la cual se origina toda realidad.

2. *Lo Actual*. La unión de los tres Absolutos de actualidad: la Segunda y la Tercera Fuentes y Centros y la Fuente y Centro del Paraíso. Esta triodidad del Hijo Eterno, el Espíritu Infinito y la Isla del Paraíso constituye la revelación actual de la originalidad de la Primera Fuente y Centro.

3. *Lo Potencial*. La unión de los tres Absolutos de potencialidad: el Absoluto de Deidad, el Absoluto No Cualificado y el Absoluto Universal. Esta triodidad de la potencialidad existencial, constituye la revelación potencial de la originalidad de la Primera Fuente y Centro.

La interasociación de lo Original, lo Actual y lo Potencial produce las tensiones dentro de la infinidad dando como resultado la posibilidad de crecimiento de todo el universo; y el crecimiento es la naturaleza del Séptuple, el Supremo y el Último.

En la asociación del Absoluto de Deidad, el Absoluto Universal y el Absoluto No Cualificado, la potencialidad es absoluta mientras que la actualidad es emergente; en la asociación de la Segunda y la Tercera Fuente y Centro y de la Fuente y Centro del Paraíso, la actualidad es absoluta mientras que la potencialidad es emergente; en la originalidad de la Primera Fuente y Centro, no podemos decir que ni la actualidad ni la potencialidad sean existentes o emergentes —*el Padre es*.

Desde el punto de vista temporal, lo Actual es lo que fue y es; lo Potencial es lo que está por ser y será; lo Original es lo que es. Desde el punto de vista de la eternidad, las diferencias entre lo Original, lo Actual y lo Potencial no son aparentes de esta manera. Estas cualidades triunas no se distinguen de este modo en los niveles paradisiaco-eternos. En la eternidad todo es —pero aún no todo se ha revelado en el tiempo y en el espacio.

Desde el punto de vista de la criatura, la actualidad es sustancia, la potencialidad es capacidad. La actualidad existe en el centro mismo y se expande desde allí hacia la infinidad periférica; la potencialidad viene hacia adentro desde la periferia de la infinidad y converge en el centro de todas las cosas. La originalidad es lo que causa primero, y luego equilibra, los movimientos dobles del ciclo de la metamorfosis de la realidad desde los potenciales hasta los actuales y la potencialización de los actuales existentes.

Los tres Absolutos de la potencialidad son operativos en un nivel puramente eterno del cosmos, por lo tanto no funcionan nunca como tales en los niveles subabsolutos. En los niveles descendentes de la realidad, la triodidad de potencialidad se manifiesta con el Último y sobre el Supremo. Lo potencial puede fracasar en la actualización temporal respecto de una parte en algún nivel subabsoluto, pero nunca en la suma. En último término, la voluntad de Dios prevalece no siempre en cuanto se refiere al individuo, pero invariablemente en cuanto se refiere al total.

Es en la triodidad de actualidad en que los existentes del cosmos tienen su centro; sea éste espíritu, mente o energía, todos se centralizan en esta asociación del Hijo, el Espíritu y el Paraíso. La personalidad del Hijo espiritu es el modelo maestro para toda personalidad a lo largo y a lo ancho de todos los universos. La sustancia de la Isla del Paraíso es el modelo maestro del cual Havona es una revelación perfecta, y los superuniversos son una revelación cada vez más perfecta. El Actor Conjunto es al mismo tiempo la activación mental de la energía cósmica, la conceptualización del propósito espiritual y la integración de las causas y efectos matemáticos de los niveles materiales con los propósitos y motivos volitivos del nivel espiritual. En un universo finito y hacia éste mismo, el Hijo, el Espíritu y el Paraíso funcionan en el Último y sobre él, tal como éste está condicionado y cualificado en el Supremo.

La actualidad (de la Deidad) es lo que el hombre busca en la ascensión al Paraíso. La potencialidad (de la divinidad humana) es en lo que el hombre evoluciona en esa búsqueda. Lo Original es lo que hace posibles la coexistencia y la integración del hombre actual, del hombre potencial y del hombre eterno.

La dinámica final del cosmos tiene que ver con la transferencia continua de la realidad desde potencialidad a la actualidad. En teoría, puede existir un fin de esta metamorfosis, pero de hecho esto es imposible puesto que lo Potencial y lo Actual están ambos dentro del circuito de lo Original (el YO SOY), y esta identificación hace por siempre imposible colocar un límite en la progresión de desarrollo del universo. Todo lo que se identifique con el YO SOY no puede jamás encontrar fin a la progresión puesto que la actualidad de los potenciales del YO SOY es absoluta, y la potencialidad de los actuales del YO SOY también es absoluta. Por siempre abrirán los actuales nuevos caminos de realización de los potenciales imposibles hasta ese momento —cada decisión humana no sólo actualiza una nueva realidad en la experiencia humana sino que también abre una nueva capacidad para el crecimiento humano. El hombre vive en todo niño, y el progresor morontial reside en el hombre maduro que conoce a Dios.

La estática en crecimiento no puede aparecer nunca en el cosmos total puesto que la base del crecimiento —los actuales absolutos— es no cualificada, y puesto que las posibilidades de crecimiento —los potenciales absolutos— son ilimitadas. Desde un punto de vista práctico, los filósofos del universo han llegado a la conclusión de que no hay tal cosa como el *fin*.

Desde un punto de vista circunscrito hay efectivamente muchos fines, muchas terminaciones de actividades, pero desde un punto de vista más amplio en un nivel elevado del universo, no hay fines sino meramente transiciones de una fase de desarrollo a otra. La principal cronicidad del universo maestro se preocupa de varias edades universales: la edad Havona, la edad superuniversal y las edades de los universos exteriores. Pero aún estas divisiones básicas de relaciones de secuencia no pueden ser más que hitos relativos en la carretera interminable de la eternidad.

La penetración final de la verdad, la belleza y la bondad del Ser Supremo puede tan sólo abrir para la criatura en progreso aquellas cualidades absonitas de divinidad última que yacen más allá de los niveles conceptuales de la verdad, la belleza y la bondad.

4. LAS FUENTES DE LA REALIDAD SUPREMA

Toda consideración de los *orígenes* de Dios el Supremo debe comenzar con la Trinidad del Paraíso, puesto que la Trinidad es Deidad original mientras que el Supremo es Deidad derivada. Toda consideración del *crecimiento* del Supremo debe tomar en cuenta las triodidades existenciales, puesto que abarcan toda actualidad absoluta y toda potencialidad infinita (en conjunción con la Primera Fuente y Centro). Y el Supremo evolucionario es el foco culminante y personalmente volitiva de la transmutación —la transformación— de potenciales en actuales en el nivel finito de existencia y sobre éste. Las dos triodidades, actual y potencial, comprenden la totalidad de las interrelaciones de crecimiento en los universos.

La fuente del Supremo está en la Trinidad del Paraíso —Deidad eterna, actual y no dividida. El Supremo es antes que nada una persona espiritual, y esta persona espiritual surge de la Trinidad. Pero el Supremo es en segundo término una Deidad de crecimiento —crecimiento evolucionario— y este crecimiento deriva de las dos triodidades: la actual y la potencial.

Si es difícil comprender que las triodidades infinitas puedan funcionar en el nivel finito, deteneos para considerar que su misma infinidad debe en sí misma contener la potencialidad de lo finito; la infinidad comprende todas las cosas, desde la existencia finita más baja y más cualificada hasta las realidades más elevadas y no cualificadamente absolutas.

No es tan difícil comprender que lo infinito contiene lo finito, como lo es comprender de qué manera este infinito se manifiesta en realidad a lo finito. Pero los Ajustadores del Pensamiento que residen en los hombres mortales son una de las pruebas eternas de que aun el Dios absoluto (como absoluto) puede hacer y efectivamente hace contacto directo aun con las más bajas y menores entre todas las criaturas volitivas del universo.

Las triodidades que colectivamente comprenden lo actual y lo potencial se manifiestan en el nivel finito en conjunción con el Ser Supremo. La técnica de dicha manifestación es tanto directa como indirecta: directa en cuanto las relaciones de la triodidad repercuten directamente en el Supremo, e indirecta en cuanto se derivan a través del nivel eventuado de lo absonito.

La realidad Suprema, que es realidad finita total, está en proceso de crecimiento dinámico entre los potenciales no cualificados del espacio exterior y los actuales no cualificados del centro de todas las cosas. El dominio finito actualiza así a través de la cooperación de las agencias absonitas del Paraíso y de las Personalidades Creadoras Supremas del tiempo. El acto de madurar las posibilidades cualificadas de los tres grandes Absolutos potenciales es la función absonita de los Arquitectos del Universo Maestro y de sus asociados trascendentales. Cuando estas eventualidades han obtenido cierto punto de maduración, las Personalidades Creadoras Supremas emergen del Paraíso para ocuparse de la larga tarea de llevar los universos evolutivos a la existencia de hecho.

El crecimiento de la Supremacía se deriva de las triodidades; la persona espiritual del Supremo, de la Trinidad; pero las prerrogativas de poder del Todopoderoso se basan en los éxitos de la divinidad de Dios el Séptuple, mientras que el juntamiento de las prerrogativas de poder del Supremo Todopoderoso con la persona espiritual de Dios el Supremo ocurre en virtud del ministerio del Actor Conjunto, quien donó la mente del Supremo como factor conjuntador en esta Deidad evolucionaria.

5. LA RELACIÓN DEL SUPREMO CON LA TRINIDAD DEL PARAÍSO

El Ser Supremo es absolutamente dependiente de la existencia y acción de la Trinidad del Paraíso para la realidad de su naturaleza personal y espiritual. Aunque el crecimiento del Supremo sea asunto de enlace de triodidad, la personalidad espiritual de Dios el Supremo depende y se deriva de la Trinidad del Paraíso, que por siempre permanece como centro y fuente absoluta de la estabilidad perfecta e infinita alrededor de la cual se despliega progresivamente el crecimiento evolucionario del Supremo.

La función de la Trinidad está relacionada con la función del Supremo, porque la Trinidad es funcional en todos los niveles (totales), incluyendo el nivel de la función de la Supremacía. Pero a medida que la era de Havona da paso a la era de los superuniversos, del mismo modo la acción discernible de la Trinidad como creador inmediato da paso a los actos creadores de los hijos de las Deidades del Paraíso.

6. LA RELACIÓN DEL SUPREMO CON LAS TRIODIDADES

La triodidad de actualidad sigue funcionando directamente en las épocas post-Havona; la gravedad del Paraíso capta las unidades básicas de existencia material, la gravedad espiritual del Hijo Eterno opera directamente sobre los valores fundamentales de la existencia espiritual, y la gravedad mental del Actor Conjunto capta infaliblemente todos los significados vitales de la existencia intelectual.

Pero a medida que cada etapa de la actividad creativa se desplaza hacia afuera a través del espacio desconocido, funciona y existe cada vez más lejos de la acción directa de las fuerzas creadoras y personalidades divinas del emplazamiento central: la Isla del Paraíso absoluta y las Deidades infinitas allí residentes. Estos sucesivos niveles de existencia cósmica se vuelven por lo tanto cada vez más dependientes de los desarrollos dentro de las tres potencialidades Absolutas de la infinidad.

El Ser Supremo abarca posibilidades de ministerio cósmico que aparentemente no se manifiestan en el Hijo Eterno, en el Espíritu Infinito o en las realidades no personales de la Isla del Paraíso. Esta declaración se hace tomando debidamente en cuenta la absolutez de estas tres actualidades básicas, pero el crecimiento del Supremo no sólo está basado en estas actualidades de la Deidad y del Paraíso, sino que también comprende desarrollos dentro del Absoluto de Deidad, el Absoluto Universal y el Absoluto No Cualificado.

El Supremo crece no solamente a medida que los Creadores y las criaturas de los universos evolutivos alcanzan semejanza con Dios, sino que esta Deidad finita también experimenta crecimiento como resultado del dominio de la criatura y del Creador sobre las posibilidades finitas del gran universo. El movimiento del Supremo es doble: intensamente hacia el Paraíso y la Deidad y extensamente hacia el estado ilimitado de los Absolutos de lo potencial.

En la presente edad del universo se revela este movimiento doble en las personalidades descendentes y ascendentes del gran universo. Las Personalidades Creadoras Supremas y todos sus asociados divinos reflejan el movimiento divergente hacia afuera del Supremo, mientras que los peregrinos ascendentes de los siete superuniversos indican la convergente tendencia hacia adentro de la Supremacía.

La Deidad finita está constantemente buscando la correlación doble, hacia adentro, hacia el Paraíso y las Deidades contenidas en éste, y hacia afuera, hacia la infinidad y los Absolutos contenidos en ésta. La poderosa erupción de la divinidad paradisiaco-creadora que se hace personalidad en los Hijos Creadores y se hace poder en los controladores del poder, significa el vasto movimiento de la Supremacía hacia afuera, hacia los dominios de la potencialidad, mientras que la procesión interminable de las criaturas ascendentes del gran universo atestigua el poderoso movimiento de la Supremacía hacia adentro, hacia la unidad con la Deidad Paradisiaca.

Los seres humanos han aprendido que a veces se puede discernir el movimiento de lo invisible mediante la observación de sus efectos sobre lo visible; y nosotros, en los universos, hemos aprendido hace mucho tiempo a detectar los movimientos y tendencias de la Supremacía mediante la observación de las repercusiones de dichas evoluciones en las personalidades y los esquemas del gran universo.

Aunque no estamos seguros, creemos que, como reflejo finito de la Deidad del Paraíso, el Supremo se ocupa en una progresión eterna hacia el espacio exterior; pero como cualificación de los tres potenciales Absolutos del espacio exterior, este Ser Supremo está por siempre buscando la coherencia Paradisiaca. Y estos movimientos duales parecen explicar la mayoría de las actividades básicas en los universos presentemente organizados.

7. LA NATURALEZA DEL SUPREMO

En la Deidad del Supremo el Padre-YO SOY ha alcanzado una liberación relativamente completa de las limitaciones inherentes al estado de infinidad, eternidad de ser y de la absolutez de naturaleza. Pero Dios el Supremo se ha librado de todas las limitaciones existenciales sólo mediante su sumisión a las cualificaciones experienciales de la función universal. Al obtener la capacidad para la experiencia, el Dios finito también se vuelve sujeto a la necesidad de la misma; al alcanzar la liberación de la eternidad, el Todopoderoso encuentra las barreras del tiempo; y el Supremo tan sólo podría conocer el crecimiento y el desarrollo como consecuencia de la parcialidad de existencia y la incompletez de la naturaleza, la no absolutez del ser.

Todo esto debe estar de acuerdo con el plan del Padre, que ha basado el progreso finito en el esfuerzo, los logros de las criaturas en la perseverancia, y el desarrollo de la personalidad en la fe. Al ordenar así la experiencia y la evolución del Supremo, el Padre ha posibilitado que las criaturas finitas existan en los universos y, por progresión experiencial, alguna vez alcancen la divinidad de la Supremacía.

Toda realidad, incluyendo al Supremo y aun al Último, exceptuando los valores no cualificados de los siete Absolutos, es relativa. El hecho de la Supremacía se basa en el poder Paradisiaco, la personalidad Hijo y la acción Conjunta, pero el crecimiento del Supremo está relacionado con el Absoluto de Deidad, el Absoluto No Cualificado y el Absoluto Universal. Y esta Deidad en proceso de sintetización y unificación —Dios el Supremo— es la personificación de la sombra finita arrojada a lo ancho del gran universo por la unidad infinita de la naturaleza inescrutable del Padre del Paraíso, la Primera Fuente y Centro.

Las triodidades, hasta donde operen directamente en el nivel finito, hacen contacto con el Supremo, quien es el enfoque de la Deidad y suma cósmica de las cualificaciones finitas de las naturalezas de lo Actual Absoluto y de lo Potencial Absoluto.

La Trinidad Paradisiaca se considera la inevitabilidad absoluta; los Siete Espíritus Rectores son aparentemente inevitabilidades Trinitarias; la actualización de poder-mente-espíritu-personalidad del Supremo debe ser la inevitabilidad evolucionaria.

Dios el Supremo no parece haber sido inevitable en la infinidad no cualificada, pero parece serlo en todos los niveles de la relatividad. Él es el factor indispensable que enfoca la experiencia evolucionaria, que la resume y la abarca entre sí, y que unifica eficazmente los resultados de esta modalidad de la percepción de la realidad en su naturaleza de Deidad. Y todo esto parece hacer con el propósito de contribuir a la aparición de la *eventuación inevitable*, la superexperiencia y manifestación superfinita de Dios el Último.

No se puede apreciar plenamente el Supremo sin tomar en consideración la fuente, la función y el destino: la relación con la Trinidad que lo originó, con el universo de actividad y con la Trinidad Última que representa su destino inmediato.

Mediante el proceso de sumar la experiencia evolucionaria el Supremo conecta lo finito con lo absonito, así como la mente del Actor Conjunto integra la espiritualidad divina del Hijo personal con las energías inmutables del modelo original del Paraíso, y así como la presencia del Absoluto Universal unifica la activación de la Deidad con la reactividad No Cualificada. Y esta unidad debe ser una revelación del funcionamiento no detectado de la unidad original de la Primera Causa-Padre y Modelo-Fuente de todas las cosas y todos los seres.

[Patrocinado por un Mensajero Poderoso residente temporalmente en Urantia.]

DOCUMENTO 116

EL SUPREMO TODOPODEROSO

SI EL HOMBRE reconociera que sus Creadores —sus supervisores inmediatos— aunque divinos son también finitos, y que el Dios del tiempo y del espacio es una Deidad evolutiva y no absoluta, las discrepancias de las desigualdades temporales cesarían de ser profundas paradojas religiosas. La fe religiosa ya no se prostituiría promoviendo la satisfacción vanidosa social de los afortunados y al mismo tiempo incitando tan sólo a la resignación estoica a las víctimas desafortunadas de las privaciones sociales.

Al visualizar las esferas exquisitamente perfectas de Havona, es tanto razonable como lógico creer que fueron creadas por un Creador perfecto, infinito y absoluto. Pero esa misma razón lógica obligaría a todo ser honesto, al visualizar la confusión, las imperfecciones e injusticias de Urantia, a concluir que vuestro mundo fue hecho y gestionado por Creadores que eran subabsolutos, preinfinitos y no perfectos.

El crecimiento experiencial implica una asociación criatura-Creador —Dios y el hombre en asociación. El crecimiento es la marca de la deidad experiencial: Havona no creció; Havona es y siempre fue; es existencial como los Dioses eternos que están en su fuente. Pero el crecimiento caracteriza al gran universo.

El Supremo Todopoderoso es una Deidad viva y evolutiva de poder y personalidad. Su dominio actual, el gran universo, es también un reino en crecimiento de poder y personalidad. Su destino es la perfección, pero su experiencia presente comprende los elementos del crecimiento y del estado incompleto.

El Ser Supremo funciona principalmente en el universo central como una personalidad espiritual; secundariamente en el gran universo como Dios el Todopoderoso, una personalidad de poder. La función terciaria del Supremo en el universo maestro es ahora latente: existe tan sólo como un potencial mental desconocido. Nadie sabe qué divulgará precisamente este tercer desarrollo del Ser Supremo. Algunos creen que, cuando se establezcan los universos en luz y vida, el Supremo se tornará funcional desde Uversa como el soberano todopoderoso y experiencial del gran universo expandiendo al mismo tiempo su poder como el supertodopoderoso de los universos exteriores. Otros especulan que la tercera etapa de Supremacía comprenderá el tercer nivel de la manifestación de la Deidad. Pero nadie de entre nosotros lo sabe verdaderamente.

1. LA MENTE SUPREMA

La experiencia de toda personalidad de criatura en evolución es una fase de la experiencia del Supremo Todopoderoso. La subyugación inteligente de todos los segmentos físicos de los superuniversos es una parte del control creciente del

Supremo Todopoderoso. La síntesis creadora del poder y la personalidad es una parte del impulso creador de la Mente Suprema y es la esencia misma del crecimiento evolucionario de la unidad en el Ser Supremo.

La unión de los atributos del poder y la personalidad de la Supremacía es la función de la Mente Suprema; y la evolución completada del Supremo Todopoderoso dará como resultado una Deidad unificada y personal —no una asociación vagamente coordinada de atributos divinos. Desde una perspectiva más amplia, no habrá Todopoderoso aparte del Supremo, no habrá Supremo aparte del Todopoderoso.

A través de las edades evolucionarias el potencial de poder físico del Supremo está investido en los Siete Directores Supremos del Poder, y el potencial mental descansa en los Siete Espíritus Rectores. La Mente Infinita es la función del Espíritu Infinito; la mente cósmica, el ministerio de los Siete Espíritus Rectores; la Mente Suprema está en proceso de actualizar en la coordinación del gran universo y en la asociación funcional con la revelación y alcance de Dios el Séptuple.

La mente espacio-temporal, la mente cósmica, funciona diferentemente en los siete superuniversos, pero está coordinada por alguna técnica asociativa desconocida en el Ser Supremo. El supercontrol Todopoderoso del gran universo no es exclusivamente físico y espiritual. En los siete superuniversos es principalmente material y espiritual, pero también existen fenómenos del Supremo que son tanto intelectuales como espirituales.

En realidad sabemos menos de la mente de la Supremacía que de otros aspectos de esta Deidad en evolución. Es indudablemente activa en todo el gran universo, y se cree que tiene un destino potencial de función en el universo maestro que es de amplio alcance. Pero esto sí sabemos: aunque el físico pueda conseguir un crecimiento completo, y mientras el espíritu pueda alcanzar la perfección de desarrollo, la mente no cesa jamás de progresar —es la técnica experiencial del progreso sin fin. El Supremo es una Deidad experiencial y por lo tanto no alcanza jamás el fin del logro mental.

2. EL TODOPODEROSO Y DIOS EL SÉPTUPLE

La aparición de la presencia de poder universal del Todopoderoso es concomitante con la aparición en el escenario de acción cósmica de los altos creadores y controladores de los superuniversos evolucionarios.

Dios el Supremo deriva sus atributos espirituales y los de personalidad de la Trinidad del Paraíso, pero está actualizándose en poder en los hechos de los Hijos Creadores, los Ancianos de los Días y los Espíritus Rectores, cuyas acciones colectivas son la fuente de su poder creciente como soberano todopoderoso para los siete superuniversos y en ellos.

La Deidad No Cualificada del Paraíso es incomprensible para las criaturas evolutivas del tiempo y del espacio. La eternidad y la infinidad connotan un nivel de realidad de deidad que las criaturas espacio-temporales no pueden comprender. La infinidad de la deidad y la absolutez de la soberanía son inherentes a la Trinidad del Paraíso, y la Trinidad es una realidad que yace un tanto más allá de la comprensión del hombre mortal. Las criaturas espacio-temporales tienen que tener orígenes, relatividades y destinos para captar las relaciones universales y comprender los valores significativos de la divinidad. Por lo tanto la Deidad del Paraíso atenúa y de otra manera cualifica las personalizaciones extraparadisiacas de la divinidad, trayendo así a la existencia los Creadores Supremos y sus asociados, que por siempre llevan la luz de la vida cada vez más allá desde su fuente en el Paraíso hasta que encuentra su expresión más distante y bella en las vidas terrestres de los Hijos autootorgadores en los mundos evolucionarios.

Y éste es el origen de Dios el Séptuple, cuyos sucesivos niveles el hombre mortal los encuentra en el orden siguiente:

1. Los Hijos Creadores (y los Espíritus Creativos).
2. Los Ancianos de los Días.
3. Los Siete Espíritus Rectores.
4. El Ser Supremo.
5. El Actor Conjunto.
6. El Hijo Eterno.
7. El Padre Universal.

Los primeros tres niveles son los Creadores Supremos; los últimos tres niveles son las Deidades del Paraíso. El Supremo interviene constantemente como personalización espiritual experiencial de la Trinidad del Paraíso y como foco experiencial del poder evolucionario todopoderoso de los hijos creadores de las Deidades del Paraíso. El Ser Supremo es la revelación máxima de la Deidad a los siete superuniversos y a la presente edad del universo.

Mediante la técnica de la lógica mortal se podía deducir que la reunificación experiencial de los actos colectivos de los primeros tres niveles de Dios el Séptuple, podrían equivaler al nivel de la Deidad del Paraíso, pero esto no es el caso. La Deidad del Paraíso es Deidad *existencial.* Los Creadores Supremos, en su divina unidad de poder y personalidad, son constitutivos y expresivos de un nuevo potencial de poder de Deidad *experiencial.* Y este potencial de poder de origen experiencial encuentra unión inevitable e inescapable con la Deidad experiencial de origen Trinitario: el Ser Supremo.

Dios el Supremo no es la Trinidad del Paraíso, tampoco es él ninguno o todo de esos Creadores de los superuniversos cuyas actividades funcionales efectivamente sintetizan su poder todopoderoso en evolución. Dios el Supremo, aunque tiene su origen en la Trinidad, se manifiesta a las criaturas evolucionarias como una personalidad de poder sólo a través de las funciones coordinadas de los primeros tres niveles de Dios el Séptuple. El Supremo Todopoderoso ahora se factualiza en el tiempo y en el espacio a través de las actividades de las Personalidades Creadoras Supremas, así como en la eternidad el Actor Conjunto destelló en ser por la voluntad del Padre Universal y del Hijo Eterno. Estos seres de los primeros tres niveles de Dios el Séptuple son la naturaleza misma y la fuente del poder del Supremo Todopoderoso; por lo tanto por siempre deben acompañar y sostener sus actos administrativos.

3. EL TODOPODEROSO Y LA DEIDAD DEL PARAÍSO

Las Deidades del Paraíso no sólo actúan directamente en sus circuitos de gravedad por todo el gran universo, sino que también funcionan a través de sus varias agencias y otras manifestaciones, tales como:

1. *Los enfoques de la mente de la Tercera Fuente y Centro.* Los dominios finitos de energía y espíritu están literalmente mantenidos juntos por las presencias mentales del Actor Conjunto. Esto es verdad del Espíritu Creativo en un universo local a través

de los Espíritus Reflexivos de un superuniverso hasta los Espíritus Rectores en el gran universo. Los circuitos de la mente que emanan de estos varios focos de inteligencia representan la arena cósmica de la elección de la criatura. La mente es la realidad flexible que las criaturas y los Creadores pueden manipular de inmediato; es el eslabón vital que conecta la materia con el espíritu. El don de la mente de la Tercera Fuente y Centro unifica a la persona espiritual de Dios el Supremo con el poder experiencial del Todopoderoso evolucionario.

2. *Las revelaciones de personalidad de la Segunda Fuente y Centro.* Las presencias de mente del Actor Conjunto unifican el espíritu de la divinidad con el modelo original de la energía. Las encarnaciones autootorgadoras del Hijo Eterno y de sus Hijos Paradisiacos unifican, realmente fusionan, la naturaleza divina de un Creador con la naturaleza en evolución de una criatura. El Supremo es tanto criatura como creador; la posibilidad de que él sea así, se revela en las acciones de autootorgamiento del Hijo Eterno y de sus Hijos coordinados y subordinados. Las órdenes autootorgadoras de filiación —los Micaeles y los Avonales— efectivamente aumentan sus naturalezas divinas con naturalezas bona fide de criatura que se han hecho suyas por vivir una vida real de las criaturas en los mundos evolucionarios. Cuando la divinidad se torna como la humanidad, existe inherentemente a esta relación la posibilidad de que la humanidad se pueda tornar divina.

3. *Las presencias residentes de la Primera Fuente y Centro.* La mente unifica las causaciones espirituales con las reacciones energéticas; el ministerio de autootorgamiento unifica los descensos de la divinidad con el ascenso de las criaturas; y los fragmentos residentes del Padre Universal efectivamente unifican la criatura en evolución con Dios en el Paraíso. Hay muchas tales presencias del Padre que residen en numerosas órdenes de personalidades, y en los hombres mortales estos fragmentos divinos de Dios son los Ajustadores del Pensamiento. Los Monitores Misteriosos son para los seres humanos lo que la Trinidad del Paraíso es para el Ser Supremo. Los Ajustadores son cimientos absolutos, y sobre los cimientos absolutos la elección del libre albedrío puede ocasionar la evolución de la realidad divina de una naturaleza eterna, naturaleza finalista en el caso del hombre, naturaleza de Deidad en Dios el Supremo.

Los autootorgamientos en forma de las criaturas por parte de las órdenes de filiación Paradisiaca permiten que estos Hijos divinos enriquezcan sus personalidades por la adquisición de la naturaleza real de las criaturas del universo, mientras que dichos autootorgamientos infaliblemente revelan a las criaturas mismas el camino al Paraíso, hacia el alcance de la divinidad. Las dotes de los Ajustadores del Padre Universal le permiten atraer hacia sí mismo a las personalidades de las criaturas de voluntad volitiva. Y en todas estas relaciones en los universos finitos el Actor Conjunto es la fuente siempre presente del ministerio de la mente por virtud del cual toman lugar estas actividades.

En estas y muchas otras maneras las Deidades del Paraíso participan en las evoluciones del tiempo a medida que éstas se desenvuelven en los planetas girantes del espacio, y cuando culminan en la emergencia de la personalidad Suprema como consecuencia de toda la evolución.

4. EL TODOPODEROSO Y LOS CREADORES SUPREMOS

La unidad del Todo Supremo depende de la unificación progresiva de las partes finitas; la actualización del Supremo resulta de estas mismas unificaciones de los factores de supremacía y además los produce —los creadores, criaturas, inteligencias y energías de los universos.

Durante aquellas épocas en las que la soberanía de la Supremacía pasa por su desarrollo en el tiempo, el poder todopoderoso del Supremo depende de las acciones de divinidad del Dios el Séptuple mientras que parece existir una relación particularmente estrecha entre el Ser Supremo y el Actor Conjunto juntamente con sus personalidades primarias, los Siete Espíritus Rectores. El Espíritu Infinito como Actor Conjunto funciona de muchas maneras que compensan la condición incompleta de la Deidad evolutiva y sostiene relaciones muy estrechas con el Supremo. Se comparte en medida esta estrechez de relación por todos los Espíritus Rectores pero especialmente por el Espíritu Rector Número Siete, quien habla en nombre del Supremo. Este Espíritu Rector conoce al Supremo —está en contacto personal con él.

Al principio durante la proyección del esquema de creación del superuniverso, los Espíritus Rectores se unieron con la Trinidad ancestral en la cocreación de los cuarenta y nueve Espíritus Reflexivos, y correlativamente el Ser Supremo funcionó creativamente como el culminador de los actos conjuntos de la Trinidad del Paraíso y de los hijos creativos de la Deidad del Paraíso. Apareció Majestón, y desde entonces ha enfocado la presencia cósmica de la Mente Suprema, mientras los Espíritus Rectores continúan siendo la fuente y centro para el vasto ministerio de la mente cósmica.

Pero los Espíritus Rectores continúan supervisando los Espíritus Reflexivos. El Séptimo Espíritu Rector (en su supervisión total de Orvonton desde el universo central) está en contacto personal con los siete Espíritus Reflexivos ubicados en Uversa (y tiene el supercontrol de los mismos). En sus controles y administraciones intersuperuniversales e intrasuperuniversales, está en contacto reflexivo con los Espíritus Reflexivos de su propio tipo ubicados en cada capital de los superuniversos.

Estos Espíritus Rectores no son solamente los que apoyan y aumentan la soberanía de la Supremacía, sino que a su vez son afectados por los propósitos creadores del Supremo. Ordinariamente, las creaciones colectivas de los Espíritus Rectores son de orden cuasimaterial (directores del poder, etc.), mientras que sus creaciones individuales son de orden espiritual (supernafines, etc.). Pero cuando los Espíritus Rectores produjeron *colectivamente* a los Siete Espíritus de los Circuitos en respuesta a la voluntad y propósito del Ser Supremo, es de notar que los vástagos de este acto creador son espirituales, no materiales ni cuasimateriales.

Así como ocurre con los Espíritus Rectores de los superuniversos, del mismo modo ocurre con los gobernantes triunos de estas supercreaciones: los Ancianos de los Días. Estas personificaciones de la justicia y juicio de la Trinidad en el tiempo y en el espacio son los fulcros para la movilización del poder todopoderoso del Supremo, sirviendo como los siete puntos de foco para la evolución de la soberanía trinitaria en los dominios del tiempo y del espacio. Desde su posición de ventaja a mitad de camino entre el Paraíso y los mundos en evolución, estos soberanos de origen Trinitario ven ambos lados, conocen ambos lados y coordinan ambos lados.

Pero los universos locales son los verdaderos laboratorios en los que se realizan los experimentos de la mente, las aventuras galácticas, los despliegues de la divinidad y las progresiones de la personalidad que, cuando se suman dentro del marco cósmico, constituyen los reales cimientos sobre los que el Supremo logra su evolución de deidad en la experiencia y por la misma.

En los universos locales aun los Creadores evolucionan: la presencia del Actor Conjunto evoluciona desde un foco de poder vivo hasta un estado de personalidad divina de un Espíritu Materno del Universo; el Hijo Creador evoluciona desde la naturaleza de divinidad existencial del Paraíso a la naturaleza experiencial de soberanía suprema. Los universos locales son los puntos de origen de la verdadera evolución, los terrenos de germinación de personalidades imperfectas bona fide dotadas de elección de libre albedrío de volverse cocreadores de sí mismos tal como han de ser en el futuro.

Los Hijos Magisteriales en sus autootorgamientos en los mundos evolucionarios finalmente adquieren naturalezas expresivas de la divinidad Paradisiaca en unificación experiencial con los valores espirituales más elevados de la naturaleza humana material. Y a través de estos autootorgamientos y de otros, los Creadores Micael del mismo modo adquieren la naturaleza y el punto de vista cósmico de sus verdaderos hijos del universo local. Estos Hijos Creadores Mayores aproximan el cumplimiento de la experiencia subsuprema; y cuando su soberanía del universo local se amplía para comprender a sus asociados, los Espíritus Creativos, se puede decir que aproximan los límites de la supremacía dentro de los potenciales presentes del gran universo evolucionario.

Cuando los Hijos autootorgadores le revelan nuevos caminos al hombre de encontrar a Dios, no están creando estos caminos de alcance de la divinidad; más bien están iluminando las carreteras perdurables de progresión que conducen, a través de la presencia del Supremo, a la persona del Padre Paradisiaco.

El universo local es el punto de partida para aquellas personalidades que están más lejos de Dios y que, por lo tanto, pueden experimentar el más alto grado de ascenso espiritual en el universo, pueden lograr el máximo de participación experiencial en la cocreación de sí mismos. Estos mismos universos locales del mismo modo proveen la mayor profundidad posible de experiencia para las personalidades descendentes, que por este medio logran algo que es para ellos tan significativo como lo es la ascensión al Paraíso para una criatura en evolución.

Parece que el hombre mortal es necesario para la función plena del Dios el Séptuple, puesto que este agrupamiento de divinidad culmina en el Supremo, quien se va actualizando. Existen muchas órdenes de personalidades universales que son igualmente necesarias para la evolución del poder todopoderoso del Supremo, pero este relato se presenta para edificación de los seres humanos, por lo tanto se limita en gran parte a aquellos factores que operan en la evolución de Dios el Séptuple y que están relacionados con el hombre mortal.

5. EL TODOPODEROSO Y LOS CONTROLADORES SÉPTUPLES

Se os ha instruido sobre la relación de Dios el Séptuple con el Ser Supremo, y ahora deberíais poder reconocer que el Séptuple abarca a los controladores así como también a los creadores del gran universo. Estos controladores séptuples del gran universo comprenden lo siguiente:

1. Los Controladores Físicos Decanos.
2. Los Centros Supremos de Poder.
3. Los Directores Supremos del Poder.
4. El Supremo Todopoderoso.
5. El Dios de Acción —el Espíritu Infinito.
6. La Isla del Paraíso.
7. La Fuente del Paraíso —el Padre Universal.

Estos siete grupos son funcionalmente inseparables de Dios el Séptuple y constituyen el nivel de control físico de esta asociación de Deidad.

La bifurcación de energía y espíritu (que surge de la presencia conjunta del Hijo Eterno y de la Isla del Paraíso) fue simbolizada en un sentido superuniversal cuando los Siete Espíritus Rectores se ocuparon en forma unida de su primera acción de creación colectiva. Este episodio presenció la aparición de los Siete Directores Supremos del Poder. Correlativamente con esto, los circuitos espirituales de los Espíritus Rectores se diferenciaron contrastivamente de las actividades físicas de la supervisión de los directores del poder, e inmediatamente la mente cósmica apareció como nuevo factor coordinador de la materia y del espíritu.

El Supremo Todopoderoso está evolucionando como el supercontrolador del poder físico del gran universo. En la era universal presente este potencial de poder físico parece estar centrado en los Siete Directores Supremos del Poder, que operan a través de ubicaciones fijas de los centros de poder y mediante las presencias móviles de los controladores físicos.

Los universos temporales no son perfectos; la perfección es su destino. La lucha por la perfección pertenece no sólo a los niveles intelectual y espiritual sino también al nivel físico de la energía y la masa. El establecimiento de los siete superuniversos en luz y vida presupone su logro de estabilidad física. Y se conjetura que el logro final del equilibrio material significará la evolución completada del control físico del Todopoderoso.

En los primeros días de la construcción del universo aun los Creadores Paradisiacos se ocupan principalmente de el equilibrio material. El esquema de un universo local toma forma no sólo como resultado de las actividades de los centros de poder, sino también debido a la presencia en el espacio del Espíritu Creativo. A lo largo de estas primeras épocas de construcción del universo local, el Hijo Creador exhibe un atributo poco comprendido de control material, y no sale de su planeta capital hasta que no se haya establecido un equilibrio total en el universo local.

En último análisis, toda la energía responde a la mente, y los controladores físicos son los hijos del Dios mente, que es el activador del modelo original del Paraíso. La inteligencia de los directores del poder está incansablemente dedicada a la tarea de obtener el control material. Su lucha por la dominación física sobre las relaciones de la energía y los movimientos de la masa no cesa jamás hasta que alcancen la victoria finita sobre las energías y las masas que constituyen los dominios perpetuos de sus actividades.

Las luchas espirituales del tiempo y del espacio tienen que ver con la evolución de la dominación del espíritu sobre la materia por mediación de la mente (personal); la evolución física (no personal) de los universos tiene que ver con la armonización de la energía cósmica con los conceptos de equilibrio de la mente sujeta al supercontrol del espíritu. La evolución total de todo el gran universo es un asunto de unificación de la personalidad de la mente controladora de la energía con el intelecto coordinado con el espíritu, y se revelará en la plena aparición del poder todopoderoso del Supremo.

La dificultad para llegar a un estado de equilibrio dinámico es inherente al hecho del cosmos en crecimiento. La aparición de nueva energía y nueva masa amenaza continuamente los circuitos establecidos de la creación física. Un universo en crecimiento es un universo no equilibrado; por lo tanto, ninguna parte del todo cósmico puede hallar una verdadera estabilidad hasta que la plenitud del tiempo no presencie la consumación material de los siete superuniversos.

En los universos establecidos en luz y vida no hay acontecimientos físicos inesperados de importancia. Se ha logrado un control relativamente completo sobre la creación material; sin embargo siguen a existir los problemas de la relación de los universos establecidos con los universos en evolución, que desafían la pericia de los Directores del Poder Universal. Pero estos problemas desaparecerán gradualmente con la disminución de nueva actividad creadora a medida que el gran universo se acerca a la culminación de la expresión evolucionaria.

6. LA DOMINACIÓN DEL ESPÍRITU

En los superuniversos evolucionarios la energía-materia es dominante, excepto en la personalidad, donde el espíritu, a través de la mediación de la mente, lucha por el dominio. La meta de los universos evolucionarios es la subyugación de la energía-materia por parte de la mente, la coordinación de la mente con el espíritu y todo ello en virtud de la presencia creadora y unificadora de la personalidad. Así pues, en relación con la personalidad los sistemas físicos se vuelven subordinados; los sistemas mentales, coordinados; y los sistemas espirituales, directivos.

Esta unión de poder y personalidad se expresa en los niveles de Deidad, en el Supremo y como él. Pero la evolución real para la dominación del espíritu es un crecimiento que se basa en las acciones de libre albedrío de los Creadores y de las criaturas del gran universo.

En los niveles absolutos la energía y el espíritu son uno solo. Pero en el momento en que uno parte de tales niveles absolutos, aparece la diferencia y a medida que la energía y el espíritu se desplazan hacia el espacio desde el Paraíso, el desplazamiento entre ellos se ensancha hasta que en los universos locales se vuelven muy divergentes. Ya no son idénticos, ni siquiera semejantes, y la mente debe intervenir para interrelacionarlos.

El hecho de que la energía pueda ser direccionalizada por la acción de las personalidades controladoras revela la sensibilidad de la energía a la acción de la mente. El hecho de que la masa pueda ser estabilizada mediante la acción de estas mismas entidades controladoras indica la sensibilidad de la masa a la presencia productora de orden de la mente. Y el hecho de que el espíritu mismo en la personalidad volitiva pueda buscar a través de la mente el dominio de la energía y de la materia revela la unidad potencial de toda creación finita.

Existe una interdependencia de todas las fuerzas y personalidades a lo largo y a lo ancho del universo de los universos. Los Hijos Creadores y los Espíritus Creativos dependen de la función creadora de los centros de poder y de los controladores físicos en la organización de los universos; los Directores Supremos del Poder son incompletos sin el supercontrol de los Espíritus Rectores. En el ser humano, el mecanismo de la vida física es sensible en parte a los dictámenes de la mente (personal). Esta misma mente puede a su vez ser dominada por la guía de espíritu con propósito, y el resultado de tal desarrollo evolucionario es la producción de un nuevo hijo del Supremo, una nueva unificación personal de los varios tipos de realidad cósmica.

Así como ocurre con las partes, también ocurre con el todo; la persona espiritual de la Supremacía requiere el poder evolucionario del Todopoderoso para lograr el cumplimiento de la Deidad y alcanzar el destino de la asociación Trinitaria. El esfuerzo lo hacen las personalidades del tiempo y del espacio, pero la culminación y consumación de este esfuerzo es acción del Supremo Todopoderoso. Mientras el crecimiento del todo es de este modo el resultado total del crecimiento colectivo de las partes, igualmente se deduce que la evolución de las partes es el reflejo segmentado del crecimiento premeditado del todo.

En el Paraíso, monota y el espíritu son uno solo —indistinguibles excepto por su nombre. En Havona, materia y espíritu, aunque distinguiblemente distintos, son al mismo tiempo innatamente armoniosos. En los siete superuniversos, sin embargo, existe gran divergencia; existe una gran laguna entre la energía cósmica y el espíritu divino; por lo tanto hay una mayor potencialidad experiencial para la acción de la mente en la armonización y finalmente la unificación del modelo físico con los propósitos espirituales. En los universos en evolución temporal del espacio hay mayor atenuación de la divinidad, problemas más difíciles que deben ser solucionados y una oportunidad mayor de adquirir experiencia en su solución. Esta entera situación superuniversal origina una arena más grande de existencia evolucionaria en la cual la posibilidad de experiencia cósmica se pone a disposición por igual tanto de la criatura como del Creador —aun de la Deidad Suprema.

La dominación del espíritu, que es existencial en los niveles absolutos, se torna una experiencia evolucionaria en los niveles finitos y en los siete superuniversos. Todos comparten esta experiencia por igual, desde el hombre mortal hasta el Ser Supremo. Todos luchan, luchan personalmente, por este logro; todos participan, participan personalmente, en el destino.

7. EL ORGANISMO VIVIENTE DEL GRAN UNIVERSO

El gran universo no es solamente una creación material de grandeza física, sublimidad espiritual y magnitud intelectual, sino que también es un magnífico y sensible organismo viviente. Existe vida real que late a través del mecanismo de la vasta creación del cosmos vibrante. La realidad física de los universos es simbólica de la realidad perceptible del Supremo Todopoderoso; y este organismo material y vivo es penetrado por los circuitos de la inteligencia, así como el cuerpo humano está atravesado por una red de caminos neurales de sensaciones. Las corrientes de energía que activan eficazmente la creación material permean este universo físico así como el cuerpo humano está alimentado y energizado por la distribución circulatoria de los productos de la alimentación asimilables como energía. El vasto universo no está vacío de esos centros de coordinación de magnífico supercontrol los cuales se pueden compararse con el delicado sistema de control químico del mecanismo humano. Pero si tan sólo supierais algo sobre el aspecto físico de un centro de poder, podríamos, por analogía, deciros mucho más sobre el universo físico.

Así como los mortales buscan el mantenimiento de la vida en la energía solar, del mismo modo el gran universo depende de las energías infalibles que emanan del Paraíso bajo para mantener las actividades materiales y los movimientos cósmicos del espacio.

La mente ha sido otorgada a los mortales para que ellos puedan volverse autoconscientes de la identidad y de la personalidad; y la mente —aun una Mente Suprema— ha sido donada a la totalidad de lo finito para que el espíritu de esta personalidad naciente del cosmos trate constantemente de dominar la energía-materia.

El hombre mortal responde a la guía espiritual, así como el gran universo responde a la atracción extensa de gravedad espiritual del Hijo Eterno, la cohesión supermaterial universal de los valores espirituales eternos de todas las creaciones del cosmos finito del tiempo y del espacio.

Los seres humanos son capaces de lograr una autoidentificación eterna con la realidad universal total e indestructible —fusión con el Ajustador del Pensamiento residente. De la misma manera, el Supremo depende eternamente de la estabilidad absoluta de la Deidad Original, la Trinidad del Paraíso.

El impulso del hombre por la perfección del Paraíso, su lucha por llegar a Dios, crea una genuina tensión de divinidad en el cosmos vivo, que puede tan sólo ser solucionada por la evolución de un alma inmortal; esto es lo que sucede con la experiencia de una criatura mortal individual. Pero cuando todas las criaturas y todos los Creadores en el gran universo del mismo modo se esfuerzan por llegar a Dios y a la perfección divina, se acumula una profunda tensión cósmica que tan sólo puede encontrar resolución en la síntesis divina del poder todopoderoso con la persona espiritual del Dios evolutivo de todas las criaturas: el Ser Supremo.

[Patrocinado por un Mensajero Poderoso temporalmente residente en Urantia]

DOCUMENTO 117

DIOS EL SUPREMO

EN LA MEDIDA en que nosotros hagamos la voluntad de Dios en cualquiera de las estaciones universales en las que vivamos nuestra existencia, en esa misma medida el potencial todopoderoso del Supremo se acercará un paso más al actual. La voluntad de Dios es el propósito de la Primera Fuente y Centro tal como está potencializado en los tres Absolutos, personalizado en el Hijo Eterno, conjuntado para la acción universal en el Espíritu Infinito y eternizado en los modelos perdurables del Paraíso. Y Dios el Supremo está tornándose la manifestación finita más elevada de la voluntad total de Dios.

Si todo el gran universo lograra relativamente alguna vez el vivir plenamente la voluntad de Dios, las creaciones espacio-temporales estarían establecidas en luz y vida, y entonces el Todopoderoso, la deidad potencial de la Supremacía, se tornará un hecho cuando surja la personalidad divina de Dios el Supremo.

Cuando una mente en evolución se sincroniza con los circuitos de la mente cósmica, cuando un universo en evolución se vuelve estabilizado según el modelo original del universo central, cuando un espíritu en avance se pone en contacto con el ministerio unido de los Espíritus Rectores, cuando una personalidad mortal ascendente finalmente se sincroniza con la guía divina del Ajustador residente, entonces la actualidad del Supremo se torna un grado más real en los universos; entonces la divinidad de la Supremacía ha avanzado un paso más hacia la realización cósmica.

Las partes e individuos del gran universo evolucionan como reflejo de la evolución total del Supremo, mientras a su vez el Supremo es el total cumulativo sintético de toda la evolución del gran universo. Desde el punto de vista mortal ambos son recíprocos evolucionarios y experienciales.

1. LA NATURALEZA DEL SER SUPREMO

El Supremo es la belleza de la armonía física, la verdad del significado intelectual y la bondad del valor espiritual. Él es la dulzura del verdadero éxito y el regocijo del logro perdurable. Él es la superalma del gran universo, la conciencia del cosmos finito, lo completo de la realidad finita y la personificación de la experiencia Creador-criatura. A lo largo de toda la eternidad futura Dios el Supremo será el vocero de la realidad de la experiencia volitiva en las relaciones trinitarias de la Deidad.

En las personas de los Creadores Supremos, los Dioses han descendido del Paraíso a los dominios del tiempo y del espacio, para crear allí y evolucionar criaturas con capacidad del logro del Paraíso que puedan ascender allí en búsqueda del Padre. Esta procesión universal de Creadores descendentes que revelan a Dios y criaturas buscadoras de Dios ascendentes es reveladora de la evolución de la Deidad del Supremo, en el cual tanto los que descienden como los que ascienden logran una mutualidad de comprensión, el descubrimiento de la hermandad eterna y universal. El Ser Supremo de este modo se vuelve la síntesis finita de la experiencia de la causa Creador-perfecta y la respuesta criatura- perfeccionante.

El gran universo contiene la posibilidad de una completa unificación, y eso es lo que busca por siempre, y esto surge del hecho de que esta existencia cósmica es una consecuencia de los actos creadores y de los mandatos de poder de la Trinidad del Paraíso, que es unidad no cualificada. Esta misma unidad trinitaria está expresada en el cosmos finito en el Supremo, cuya realidad se vuelve cada vez más aparente a medida que los universos alcanzan el nivel máximo de identificación con la Trinidad.

La voluntad del Creador y la voluntad de la criatura son cualitativamente diferentes, pero también son semejantes experiencialmente, puesto que la criatura y el Creador pueden colaborar en el logro de la perfección del universo. El hombre puede trabajar en enlace con Dios y de esta manera cocrear a un finalista eterno. Dios puede trabajar aun como humanidad en las encarnaciones de sus Hijos, que de esa manera logran la supremacía de la experiencia de la criatura.

El Creador y la criatura se unen en el Ser Supremo en una Deidad cuya voluntad es expresiva de una personalidad divina. Y esta voluntad del Supremo es algo más que la voluntad o de la criatura o del Creador, así como la voluntad soberana del Hijo Soberano de Nebadon es algo más que la combinación de la voluntad de la divinidad y de la humanidad. La unión de la perfección Paradisiaca y de la experiencia espacio-temporal produce un nuevo significado de valor en los niveles de deidad de la realidad.

La naturaleza divina en evolución del Supremo se está volviendo una representación fiel de la experiencia inigualada de todas las criaturas y de todos los Creadores en el gran universo. En el Supremo, la creadoridad y la criaturidad son la misma cosa; están por siempre unidas por esa experiencia que naciera de las vicisitudes que acompañaron la solución de los múltiples problemas que acechan a toda creación finita mientras ésta prosigue el camino eterno en pos de la perfección y liberación de las cadenas de la imperfección.

La verdad, la belleza y la bondad están correlacionadas en el ministerio del Espíritu, la grandeza del Paraíso, la misericordia del Hijo y la experiencia del Supremo. Dios el Supremo *es* verdad, belleza y bondad, porque estos conceptos de la divinidad representan máximos finitos de la experiencia ideacional. Las fuentes eternas de estas cualidades triunas de la divinidad están en los niveles superfinitos, pero una criatura tan sólo puede concebir de tales fuentes como superverdad, superbelleza y superbondad.

Micael, un creador, reveló el amor divino del Padre Creador para sus hijos terrestres. Y habiendo descubierto y recibido este afecto divino, el hombre puede aspirar a revelar este amor a sus hermanos en la carne. Este afecto de la criatura es un reflejo auténtico del amor del Supremo.

El Supremo es simétricamente inclusivo. La Primera Fuente y Centro es potencial en los tres grandes Absolutos, es actual en el Paraíso, en el Hijo y en el Espíritu; pero el Supremo es tanto actual como potencial, un ser de supremacía personal y de poder todopoderoso, que responde de igual manera al esfuerzo de la criatura y al propósito del Creador; autoactuante sobre el universo y autorreactivo a la suma total del universo; y al mismo el Creador supremo y la criatura suprema. La Deidad de la Supremacía es de este modo expresiva de la suma total de lo finito entero.

2. LA FUENTE DEL CRECIMIENTO EVOLUCIONARIO

El Supremo es Dios en el tiempo; él es el secreto del crecimiento de la criatura en el tiempo; también es suya la conquista del presente incompleto y la consumación del futuro en proceso de perfeccionamiento. Y los frutos finales de todo crecimiento finito son: control del poder por el espíritu mediante la mente en virtud de la presencia unificadora y creadora de la personalidad. La consecuencia culminante de todo este crecimiento es el Ser Supremo.

Para el hombre mortal, la existencia equivale al crecimiento. Así en efecto parecería ser, aun en un sentido universal más amplio, porque la existencia guiada por el espíritu, parece dar como resultado el crecimiento experencial —aumento de estado. Sin embargo, por mucho tiempo hemos mantenido, que el crecimiento presente que caracteriza la existencia de la criatura en la presente edad universal es una función del Supremo. También sostenemos que este tipo de crecimiento es peculiar a la edad de crecimiento del Supremo, y que terminará cuando se complete el crecimiento del Supremo.

Considerad el estado de los hijos trinidizados por criaturas: nacen y viven en la presente edad universal; tienen personalidad, juntamente con dotes mental y espiritual. Tienen experiencias y la memoria de éstas, pero no *crecen* como lo hacen los ascendentes. Es nuestra creencia y comprensión que estos hijos trinidizados por criaturas, aunque se encuentran *en* la presente edad universal, son realmente *de* la próxima edad universal —la edad que seguirá cuando se complete el crecimiento del Supremo. Por lo tanto no están *en* el Supremo en su estado presente de incompletez y de crecimiento consiguiente. Por lo tanto no participan del crecimiento experiencial de la presente edad universal, siendo mantenidos en reserva para la próxima edad universal.

Mi propia orden de Mensajeros Poderosos, siendo abrazada por la Trinidad, no es participante en el crecimiento en la presente edad universal. En cierto sentido nosotros somos, en cuanto a nuestro estado, como de la edad universal precedente así como de hecho lo son los Hijos Estacionarios de la Trinidad. Una cosa es segura: nuestro estado está fijado por el abrazo de la Trinidad, y la experiencia ya no eventúa en crecimiento.

Esto no es verdad en cuanto a los finalistas ni a cualquier otra orden evolucionaria y experiencial que sea participante en el proceso de crecimiento del Ser Supremo. Vosotros los mortales que vivís ahora en Urantia y que acaso aspiráis al logro del Paraíso y al estado de finalista debéis comprender que dicho destino tan sólo es realizable porque estáis en el Supremo y sois de él, por lo tanto participáis en el ciclo del crecimiento del Supremo.

En algún momento llegará el fin del crecimiento del Supremo; su estado logrará el cumplimiento (en el sentido de energía-espíritu). Esta terminación de la evolución del Supremo también presenciará la terminación de la evolución de la criatura como parte de la Supremacía. No sabemos qué tipo de crecimiento caracterizará a los universos del espacio exterior. Pero estamos muy seguros de que será algo muy distinto de todo lo que se ha visto en la edad presente de la evolución de los siete superuniversos. Será indudablemente función de los ciudadanos evolucionarios del gran universo compensar a los del espacio exterior por esta deprivación de crecimiento de la Supremacía.

En cuanto existente en el momento de la consumación de la edad universal presente, el Ser Supremo funcionará como un soberano experiencial en el gran universo.

Los habitantes del espacio exterior —ciudadanos de la próxima edad universal— tendrán una potencialidad de crecimiento postsuperuniversal, una capacidad de logro evolucionario que presupondrá la soberanía del Supremo Todopoderoso, excluyendo por lo tanto la participación de las criaturas en la síntesis de poder y personalidad de la presente edad universal.

Por esto se podría considerar la condición incompleta del Supremo como una virtud, puesto que hace posible el crecimiento evolucionario de la creación que se exhibe como criaturas de los universos presentes. El vacío tiene sus virtudes, porque puede ser llenado experiencialmente.

Una de las preguntas más curiosas en la filosofía finita es ésta: ¿Se actualiza el Ser Supremo en respuesta a la evolución del gran universo, o evoluciona progresivamente este cosmos finito en respuesta a la actualización paulatina del Supremo? O bien, ¿es posible que sean mutualmente interdependientes en cuanto a su desarrollo? ¿Que sean recíprocos evolucionarios, iniciando cada uno el crecimiento del otro? De esto estamos seguros: las criaturas y los universos, altos y bajos, evolucionan dentro del Supremo, y a medida que evolucionan, va apareciendo la suma unificada de toda la actividad finita de esta edad universal. Y esta es la aparición del Ser Supremo, para todas las personalidades la evolución del poder todopoderoso de Dios el Supremo.

3. EL SIGNIFICADO DEL SUPREMO PARA LAS CRIATURAS DEL UNIVERSO

Esa realidad cósmica que se diversamente designa como el Ser Supremo, Dios el Supremo y el Supremo Todopoderoso, es la síntesis compleja y universal de las fases nacientes de todas las realidades finitas. La vasta diversificación de la energía eterna, el espíritu divino y la mente universal logra su culminación finita en la evolución del Supremo, que es el total de la suma de todo crecimiento finito, autorrealizado en los niveles de deidad del cumplimiento máximo de lo finito.

El Supremo es el canal divino a través del cual fluye la infinitud creativa de las triodidades que cristaliza en el panorama galáctico del espacio, contra el cual tiene lugar el magnífico drama de la personalidad en el tiempo: la conquista espiritual de la energía-materia a través de la mediación de la mente.

Dijo Jesús: «Yo soy el camino vivo», y así él es el camino vivo desde el nivel material de la autoconciencia hasta el nivel espiritual de la conciencia de Dios. Y así como él es el camino vivo de ascensión desde el yo hasta Dios, del mismo modo el Supremo es el camino vivo desde la conciencia finita a la trascendencia de la conciencia, aun al discernimiento de lo absonito.

Vuestro Hijo Creador puede realmente ser un canal vivo desde la humanidad hasta la divinidad puesto que ha experimentado personalmente la plenitud de la travesía de este camino universal de progresión, desde la verdadera humanidad de Josué ben José, el Hijo del Hombre, hasta la divinidad Paradisiaca de Micael de Nebadon, el Hijo del Dios infinito. Similarmente el Ser Supremo puede funcionar como acercamiento universal a la trascendencia de las limitaciones finitas, porque él es la personificación real y el epítome personal de toda evolución, progresión y espiritualización de las criaturas. Aun las experiencias en el gran universo de las personalidades descendentes del Paraíso son esa parte de su experiencia que complementa la suma de las experiencias ascendentes de los peregrinos del tiempo.

El hombre mortal está más que figurativamente hecho a imagen de Dios. Desde un punto de vista físico esta declaración difícilmente es verdad, pero con referencia a ciertas potencialidades universales es un hecho verdadero. En la raza humana, se está desarrollando algo del mismo drama del logro evolucionario que toma lugar, en una escala vastamente más grande, en el universo de los universos. El hombre, una personalidad volitiva, se vuelve creativa en vinculación con un Ajustador, una entidad impersonal, en presencia de las potencialidades finitas del Supremo, y el resultado es el florecimiento de un alma inmortal. En los universos las personalidades Creadoras del tiempo y del espacio funcionan en enlace con el espíritu impersonal de la Trinidad del Paraíso y se vuelven de ese modo creadoras de un nuevo potencial de poder de la realidad de Deidad.

El hombre mortal, siendo una criatura, no es exactamente como el Ser Supremo, que es deidad, pero la evolución del hombre de alguna manera se asemeja al crecimiento del Supremo. El hombre crece conscientemente desde lo material hacia lo espiritual por la fuerza, poder y persistencia de sus propias decisiones; también crece a medida que su Ajustador del Pensamiento desarrolla nuevas técnicas para alcanzar hacia abajo desde el nivel espiritual a los niveles morontiales del alma; y una vez que se origina el alma, ésta comienza a crecer en sí misma y por sí misma.

Esto es en cierto modo semejante a la forma en la cual se expande el Ser Supremo. Su soberanía crece dentro y a partir de los hechos y logros de las Personalidades Creadoras Supremas; ésa es la evolución de la majestad de su poder como gobernante del gran universo. Su naturaleza de deidad es del mismo modo dependiente de la unidad preexistente de la Trinidad del Paraíso. Pero hay aún otro aspecto en la evolución del Dios Supremo; no es sólo evolucionado por Creador y derivado de la Trinidad, sino es también autoevolucionado y autoderivado. Dios el Supremo es él mismo un participante volitivo y creativo de su propia actualización como deidad. El alma humana morontial es del mismo modo un socio volitivo, cocreativo de su propia inmortalización.

El Padre colabora con el Actor Conjunto en manipular las energías del Paraíso y en hacerlas sensibles al Supremo. El Padre colabora con el Hijo Eterno en la producción de las personalidades Creadoras cuyos actos alguna vez culminarán en la soberanía del Supremo. El Padre colabora tanto con el Hijo como con el Espíritu en la creación de las personalidades de la Trinidad para que funcionen como gobernantes del gran universo hasta el momento en que se complete la evolución del Supremo calificándolo así para tomar esa soberanía. El Padre coopera con sus coordinados de Deidad y de no Deidad en estas y en muchas otras maneras para el avance de la evolución de la Supremacía, pero también funciona por sí solo en estos asuntos. Y probablemente se revela mejor esta función solitaria en el ministerio de los Ajustadores del Pensamiento y de sus entidades semejantes.

La Deidad es unidad, existencial en la Trinidad, experiencial en el Supremo y, en los mortales, realizada por parte de la criatura en la fusión con el Ajustador. La presencia de los Ajustadores del Pensamiento en el hombre mortal revela la unidad esencial del universo, pues el hombre, el tipo más bajo posible de personalidad universal, contiene dentro de sí mismo un verdadero fragmento de la realidad más elevada y eterna: el del Padre original de todas las personalidades.

El Ser Supremo evoluciona por virtud de su vinculación con la Trinidad del Paraíso y en consecuencia de los éxitos de la divinidad por parte de los hijos creadores y administradores de esa Trinidad. El alma inmortal del hombre desarrolla su propio destino eterno por asociación con la presencia divina del Padre del Paraíso y de acuerdo con las decisiones de la mente humana que tienen que ver con la personalidad. Lo que la Trinidad es para Dios el Supremo, el Ajustador es para el hombre en evolución.

Durante la actual edad universal, el Ser Supremo aparentemente es incapaz de funcionar directamente como creador excepto en aquellos casos en los que las agencias creadoras del tiempo y del espacio han agotado las posibilidades finitas de acción. Hasta ahora en la historia universal esto ha ocurrido tan sólo una vez; cuando se habían agotado las posibilidades de acción finita en el asunto de la reflexividad universal, entonces el Supremo funcionó como creador culminador de todas las acciones creadoras antecedentes. Creemos que nuevamente funcionará como culminador en eras futuras cada vez que la autoría creadora antecedente haya completado un ciclo apropiado de actividad creativa.

El Ser Supremo no creó al hombre, pero el hombre fue literalmente creado de la potencialidad del Supremo y su vida misma fue derivada de ella. Tampoco evoluciona él al hombre; sin embargo el Supremo mismo es la esencia misma de la evolución. Desde un punto de vista finito, realmente vivimos, nos movemos y tenemos nuestro ser dentro de la inmanencia del Supremo.

El Supremo aparentemente no puede iniciar una causación original pero parece ser el catalizador de todo crecimiento universal y aparentemente está destinado a proveer la culminación de la totalidad en cuanto al destino de todos los seres experiencial-evolucionarios. El Padre origina el concepto del cosmos finito; los Hijos Creadores factualizan esta idea en el tiempo y en el espacio con el consentimiento y cooperación de los Espíritus Creativos; el Supremo culmina el finito total y establece su relación con el destino de lo absonito.

4. EL DIOS FINITO

Al contemplar las luchas incesantes de las criaturas por alcanzar la perfección de estado y la divinidad del ser, no podemos sino creer que estos esfuerzos sin fin reflejan la lucha incesante del Supremo por la autorrealización divina. Dios el Supremo es la Deidad finita, y debe enfrentarse con los problemas de lo finito en el sentido total de esa palabra. Nuestras luchas con las vicisitudes del tiempo en las evoluciones del espacio son reflejos de sus esfuerzos por alcanzar la realidad del yo y completar la soberanía dentro de la esfera de acción que su naturaleza evolutiva está expandiendo hacia los límites más extremos de la posibilidad.

A lo largo y a lo ancho del gran universo el Supremo lucha por expresarse. Su evolución divina se basa en cierta medida en la acción y sabiduría de toda personalidad en existencia. Cuando un ser humano elige la supervivencia eterna, está cocreando el destino; y en la vida de este mortal ascendente el Dios finito encuentra una medida mayor de autorrealización de la personalidad y una ampliación de la soberanía experiencial. Pero si una criatura rechaza la carrera eterna, esa parte del Supremo que es dependiente de la elección de esta criatura experimenta un atraso inescapable, una deprivación que debe ser compensada por una experiencia substitucional o colateral; en cuanto a la personalidad del que no sobrevive, ésta es absorbida en la superalma de la creación; volviéndose parte de la Deidad del Supremo.

Dios tanto confía, tanto ama, que otorga una porción de su naturaleza divina a las manos aun de los seres humanos para su salvaguardia y autorrealización. La naturaleza Paternal, la presencia Ajustadora, es indestructible sea cual fuere la elección del ser mortal. El hijo del Supremo, el yo en evolución, puede ser destruido a pesar de que la personalidad potencialmente unificadora de tal yo desviado persistirá como elemento de la Deidad de Supremacía.

La personalidad humana puede verdaderamente destruir la individualidad de su criaturidad, y a pesar que todo lo que era valioso en la vida de tal suicida cósmico persistirá, *estas cualidades no persistirán como criatura individual.* El Supremo nuevamente encontrará expresión en las criaturas de los universos pero nunca más en esa persona en particular; la personalidad única de un ser que no asciende retorna al Supremo como una gota de agua retorna al mar.

Toda acción aislada de las partes personales de lo finito tiene comparativamente poco que ver con la aparición final del Todo Supremo pero el todo es sin embargo dependiente de los actos totales de las partes múltiples. La personalidad del mortal individual es insignificante frente a la totalidad de la Supremacía, pero la personalidad de cada ser humano representa un valor de significado irremplazable en lo finito; la personalidad, una vez expresada, no encuentra nunca de nuevo una expresión idéntica excepto en la existencia continuada de esa personalidad viviente.

Así, mientras luchamos por la autoexpresión, el Supremo lucha en nosotros y con nosotros, por la expresión de la deidad. Así como encontramos al Padre, el Supremo ha encontrado nuevamente al Creador Paradisiaco de todas las cosas. A medida que vamos dominando los problemas de la autorrealización, el Dios de la experiencia va ganando supremacía todopoderosa en los universos del tiempo y del espacio.

La humanidad no asciende sin esfuerzos en el universo, tampoco evoluciona el Supremo sin acción inteligente y propósito. Las criaturas no alcanzan la perfección por mera pasividad, ni tampoco puede el espíritu de la Supremacía factualizar el poder del Todopoderoso sin el ministerio y servicio incesante a la creación finita.

La relación temporal del hombre con el Supremo es el cimiento de la moralidad cósmica, la sensibilidad universal al *deber*, y la aceptación del mismo. Ésta es una moralidad que transciende el sentido temporal del bien y del mal relativos; es una moralidad directamente basada en la apreciación autoconsciente de la criatura de la obligación experiencial a la Deidad experiencial. El hombre mortal y todas las otras criaturas finitas son creadas a partir del potencial de energía vivo, de mente y espíritu existente en el Supremo. Le incumbe al Supremo que el ascendente Ajustador-mortal extraiga fuerza para la creación del carácter inmortal y divino de un finalista. Es de la realidad misma del Supremo de la que el Ajustador, con el consentimiento de la voluntad humana, teje los tejidos de la naturaleza eterna de un hijo ascendente de Dios.

La evolución del progreso Ajustador en la espiritualización y eternización de una personalidad humana directamente rinde una ampliación de la soberanía del Supremo. Dichos logros en la evolución humana son al mismo tiempo logros en la actualización evolucionaria del Supremo. Aunque es verdad que las criaturas no podrían evolucionar sin el Supremo, es probablemente también verdad que la evolución del Supremo nunca podría ser obtenida plenamente independiente de la evolución cumplida de todas las criaturas. Aquí yace la gran responsabilidad cósmica de las personalidades autoconscientes: que la Deidad Suprema es en cierto sentido dependiente de la elección de la voluntad mortal. La progresión mutua de la evolución de la criatura y de la evolución del Supremo se indica fiel y plenamente a los Ancianos de los Días mediante los inescrutables mecanismos de la reflexividad universal.

El gran desafío que se le ha dado al hombre mortal es éste: ¿Decidirás personalizar los significados de valor experienciables del cosmos en tu propio yo en evolución? O si rechazas la supervivencia, ¿permitirás que estos secretos de la Supremacía yazcan durmientes, esperando la acción de otra criatura en alguna otra época que en su manera intente una contribución de criatura a la evolución del Dios finito? Pero ésa será su contribución al Supremo, no la tuya.

La gran lucha de esta edad del universo es entre lo potencial y lo actual —la búsqueda de la actualización por todo aquello que aún queda no expresado. Si el hombre mortal procede en la aventura al Paraíso, sigue los movimientos del tiempo, que fluyen como corrientes dentro del caudal de la eternidad; si el hombre mortal rechaza la carrera eterna, va en contra de la corriente de los acontecimientos en los universos finitos. La creación mecánica procede inexorablemente de acuerdo con el propósito en desvolvimiento, tendido por el Padre del Paraíso, pero la creación volitiva tiene la elección de aceptar o rechazar el papel de la participación de la personalidad en la aventura de la eternidad. El hombre mortal no puede destruir los valores supremos de la existencia humana, pero puede muy definitivamente prevenir la evolución de estos valores en su propia experiencia personal. Hasta el punto de que el ser humano rehúsa de este modo tomar parte en la ascensión al Paraíso, hasta ese punto nada más el Supremo se encuentra retrasado en obtener la expresión de la divinidad en el gran universo.

Se le han otorgado al cuidado del hombre mortal, no sólo la presencia Ajustadora del Padre Paradisiaco, sino también el control sobre el destino de una fracción infinitesimal del futuro del Supremo. Porque así como el hombre alcanza su destino humano, del mismo modo alcanza el Supremo el destino en niveles de deidad.

Así pues la decisión aguarda a cada uno de vosotros así como antaño aguardó a cada uno de nosotros: ¿Fallarás al Dios del tiempo, que tanto depende de las decisiones de la mente finita? ¿Fallarás a la personalidad suprema de los universos por la indolencia de la retrogresión animalística? ¿Fallarás al gran hermano de todas las criaturas, que tanto depende de cada una de ellas? ¿Puedes permitirte entrar al reino de lo no realizado cuando ante ti yace la visión encantadora de la carrera universal — el descubrimiento divino del Padre del Paraíso y la participación divina en la búsqueda y evolución del Dios de la Supremacía?

Los dones de Dios —su dote de realidad— no son divorcios de sí mismo; él no aliena a la creación de sí mismo, pero ha establecido tensiones en las creaciones que circundan al Paraíso. Dios primero ama al hombre y le confiere el potencial de la inmortalidad —la realidad eterna. Y a medida que el hombre ama a Dios, se vuelve el hombre eterno en actualidad. Y he aquí el misterio: cuánto más estrechamente se acerque el hombre a Dios a través del amor, tanto más grande será la realidad —actualidad— de ese hombre. Cuánto más se aleja el hombre de Dios, más se acercará a la no realidad —a la cesación de la existencia. Cuando el hombre consagra su voluntad a hacer la voluntad del Padre, cuando el hombre da a Dios todo lo que *tiene*, Dios hace que ese hombre sea más de lo que es.

5. LA SUPERALMA DE LA CREACIÓN

El gran Supremo es la superalma cósmica del gran universo. En él las cualidades y cantidades del cosmos encuentran su reflejo de deidad; su naturaleza de deidad es un compuesto en forma de mosaico de la vastedad total de toda la naturaleza de la criatura-Creador en todos los universos en evolución. El Supremo es también una Deidad que se actualiza incorporando en sí una voluntad creativa que abarca un propósito evolutivo del universo.

Los yos intelectuales, potencialmente personales de lo finito nacen de la Tercera Fuente y Centro y alcanzan síntesis de Deidad espacio-temporal en el Supremo. Cuando la criatura se somete a la voluntad del Creador no sumerge ni cede su personalidad; los participantes individuales con personalidad en la actualización del Dios finito no pierden su yo volitivo por funcionar así. Más bien estas personalidades se aumentan progresivamente por su participación en esta gran aventura a la Deidad; mediante dicha unión con la divinidad el hombre exalta, enriquece, espiritualiza y unifica su yo en evolución hasta el umbral mismo de la Supremacía.

El alma inmortal evolutiva del hombre, la creación conjunta de la mente material y del Ajustador, asciende como tal al Paraíso y posteriormente, cuando es aceptada en el Cuerpo de los Finalistas, se torna aliada de alguna manera nueva con el circuito de gravedad espiritual del Hijo Eterno mediante una técnica de la experiencia, conocida como *trascendación finalista*. Estos finalistas se vuelven así candidatos aceptables para el reconocimiento experiencial como personalidades de Dios el Supremo. Y cuando estos intelectos mortales en asignaciones futuras no reveladas del Cuerpo de los Finalistas logran la séptima etapa de existencia espiritual, dichas mentes duales se volverán triunas. Estas dos mentes sincronizadas, la humana y la divina, serán glorificadas en unión con la mente experiencial del por entonces actualizado Ser Supremo.

En el futuro eterno, Dios el Supremo será actualizado —expresado creativamente y representado espiritualmente— en la mente espiritualizada, el alma inmortal del hombre ascendente, así como en la vida terrestre de Jesús se reveló de este modo el Padre Universal.

El hombre no se une con el Supremo sumergiendo su identidad personal, pero las repercusiones universales de la experiencia de todos los hombres forman parte de esta manera de la experiencia divina del Supremo. «La acción es nuestra las consecuencias, de Dios».

La personalidad en progreso deja una huella de realidad actualizada al pasar a través de los niveles ascendentes de los universos. Sean éstas o de mente, o de espíritu o de energía, las creaciones crecientes del tiempo y el espacio se modifican por la progresión de la personalidad a través de sus dominios. Cuando el hombre actúa, el Supremo reacciona, y esta transacción constituye el hecho de la progresión.

Los grandes circuitos de energía, mente y espíritu, no son nunca posesiones permanentes de la personalidad ascendente; estos ministerios permanecen por siempre parte de la Supremacía. En la experiencia mortal el intelecto humano reside en las pulsaciones rítmicas de los espíritus ayudantes de la mente y realiza sus decisiones dentro de la arena producida por la participación en los circuitos dentro de este ministerio. En el momento de la muerte mortal se separa el yo humano eternamente del circuito de los ayudantes. Aunque estos ayudantes no parecen trasmitir nunca experiencia desde una personalidad a la otra, pueden trasmitir, y lo hacen, las repercusiones impersonales de la decisión-acción a través de Dios el Séptuple a Dios el Supremo. (Por lo menos esto es verdad en cuanto a los ayudantes de adoración y sabiduría).

Así pues ocurre en los circuitos espirituales: el hombre los utiliza en su ascensión a través de los universos pero nunca los posee como parte de su personalidad eterna. Pero estos circuitos de ministerio espiritual, sean ellos el Espíritu de la Verdad, el Espíritu Santo u otras presencias espirituales superuniversales, son receptivos y reactivos a los valores nacientes en la personalidad ascendente, y estos valores son trasmitidos fielmente a través del Séptuple al Supremo.

Aunque las influencias espirituales tales como el Espíritu Santo y el Espíritu de la Verdad son ministraciones del universo local, su guía no está totalmente confinada a los límites geográficos de una creación local determinada. A medida que el mortal ascendente pasa más allá de las fronteras de su universo local de origen, no está enteramente privado del ministerio del Espíritu de la Verdad que tan constantemente le ha enseñado y guiado a través de los laberintos filosóficos de los mundos materiales y morontiales, en cada crisis de ascensión dirigiendo infaliblemente el peregrino al Paraíso por siempre diciendo: «Éste es el camino». Cuando sales de los dominios del universo local, a través del ministerio del espíritu del Ser Supremo emergente y a través de las disposiciones de la reflexividad del superuniverso, aún serás guiado en tu ascenso al Paraíso por el consolador espíritu directivo de los Hijos de Dios autootorgadores Paradisiacos.

¿De qué manera registran estos múltiples circuitos de ministerio cósmico los significados, valores y hechos de la experiencia evolucionaría en el Supremo? No estamos muy seguros, pero creemos que este registro ocurre a través de las personas de los Creadores Supremos de origen Paradisiaco que son los donadores inmediatos de estos circuitos del tiempo y del espacio. Las acumulaciones de experiencia mental de los siete espíritus ayudantes de la mente, en su ministerio al nivel físico del intelecto, son una parte de la experiencia del universo local de la Ministra Divina y a través de este Espíritu Creativo probablemente se registran en la mente de la Supremacía. Del mismo modo las experiencias mortales con el Espíritu de la Verdad y con el Espíritu Santo probablemente sean registradas por técnicas similares en la persona de la Supremacía.

Aun la experiencia del hombre y del Ajustador debe encontrar un eco en la divinidad del Dios el Supremo, porque, de la forma en que los Ajustadores logran experiencia son como el Supremo, y el alma evolutiva del hombre mortal es creada de la posibilidad preexistente de tal experiencia dentro del Supremo.

De esta manera las múltiples experiencias de toda la creación se vuelven parte de la evolución de la Supremacía. Las criaturas meramente utilizan las cualidades y cantidades de lo finito mientras ascienden hacia el Padre; las consecuencias impersonales de tal utilización permanecen para siempre como parte del cosmos vivo, la persona Suprema.

Lo que el hombre mismo lleva consigo como posesión de la personalidad son las consecuencias para el carácter de la experiencia de haber usado los circuitos de la mente y del espíritu del gran universo en su ascensión al Paraíso. Cuando el hombre decide, y cuando consuma esta decisión en acción, el hombre obtiene experiencia, y los significados y los valores de esta experiencia son por siempre parte de su carácter eterno en todos los niveles, desde el finito hasta el final. El carácter cósmicamente moral y divinamente espiritual representa la acumulación de capital de la criatura de decisiones personales que han sido iluminadas por la adoración sincera, glorificadas por el amor inteligente, y consumadas en servicio fraternal.

El Supremo en evolución finalmente compensará a las criaturas finitas por su inhabilidad de no alcanzar más que el contacto limitado de experiencia con el universo de los universos. Las criaturas pueden llegar al Padre del Paraíso, pero sus mentes evolucionarias, siendo finitas, son incapaces de comprender realmente al Padre infinito y absoluto. Pero puesto que toda experiencia de la criatura se registra en el Supremo y es parte de él, cuando todas las criaturas alcancen el nivel final de la existencia finita, y después de que el desarrollo universal total haga posible su alcance de Dios el Supremo como presencia real de divinidad, entonces, inherentemente al hecho de dicho contacto, existe el contacto con la experiencia total. Lo finito del tiempo contiene dentro de sí mismo las semillas de la eternidad; y se nos enseña que, cuando la plenitud de la evolución presencia el agotamiento de la capacidad para el crecimiento cósmico, el finito total se embarcará en las fases absonitas de la carrera eterna en búsqueda del Padre como Último.

6. LA BÚSQUEDA DEL SUPREMO

Buscamos al Supremo en los universos, pero no lo encontramos. «Él es el interior y exterior de todas las cosas y seres, en movimiento e inmóviles. Irreconocible en su misterio, aunque distante, está cerca». El Supremo Todopoderoso es «la forma de lo que aún no formado, el modelo de lo que aún no creado». El Supremo es tu hogar universal, y cuando lo hallas, será como volver al hogar. Él es tu padre experiencial, y aun como en la experiencia de los seres humanos, así ha crecido en la experiencia de la paternidad divina. Os conoce porque es semejante a la criatura así como también es semejante al Creador.

Si verdaderamente deseáis encontrar a Dios, no podéis sino tener en vuestra mente la conciencia del Supremo. Así como Dios es vuestro Padre divino, del mismo modo el Supremo es vuestra Madre divina, en la cual sois alimentados a lo largo de vuestra vida como criaturas universales. «¡Cuán universal es el Supremo —él está en todas partes! Las cosas ilimitadas de la creación dependen de su presencia para la vida, y a nadie se le niega».

Lo que Micael es para Nebadon, el Supremo es para el cosmos finito; su Deidad es la gran avenida a través de la cual el amor del Padre fluye hacia toda la creación, y es la gran avenida a través de la cual las criaturas finitas pasan hacia dentro en su búsqueda del Padre, quien es amor. Aun los Ajustadores del Pensamiento están relacionados con él; en naturaleza y divinidad original son como el Padre, pero cuando obtienen las experiencias de las transacciones del tiempo en los universos del espacio, se vuelven como el Supremo.

La elección de la criatura de hacer la voluntad del Creador es un valor cósmico y tiene un significado universal que desencadena inmediatamente una reacción por parte de una fuerza ubicua pero no revelada de coordinación, probablemente el funcionamiento de la acción en constante ampliación del Ser Supremo.

El alma morontial de un mortal en evolución es realmente el hijo de la acción Ajustadora del Padre Universal y el niño de la reacción cósmica del Ser Supremo, la Madre Universal. La influencia materna domina la personalidad humana a través de la infancia en el universo local del alma en crecimiento. La influencia de ambos padres de Deidad se torna más igual después de la fusión con el Ajustador y durante la carrera superuniversal, pero cuando las criaturas del tiempo comienzan la travesía del universo central de la eternidad, la naturaleza Paternal se torna cada vez más manifiesta, alcanzando su máximo de manifestación finita con el reconocimiento del Padre Universal y la admisión al Cuerpo de los Finalistas.

En la experiencia del logro del estado finalista y a través de ella las cualidades maternales experienciales del yo ascendente llegan a ser afectadas enormemente por el contacto y la infusión de la presencia espiritual del Hijo Eterno y la presencia mental del Espíritu Infinito. Luego, a lo largo de los reinos de la actividad de los finalistas en el gran universo aparece un nuevo despertar del potencial maternal latente del Supremo, una nueva realización de significados experienciales, y una nueva síntesis de valores experienciales de la entera carrera de ascensión. Parecería que esta realización del yo continuara en las carreras del universo de los finalistas de la sexta etapa hasta que la herencia maternal del Supremo logra una sincronía finita con la herencia Ajustadora del Padre. Este fascinante período de la función en el gran universo representa la carrera adulta continuada del mortal ascendente y perfeccionado.

Al completarse la sexta etapa de existencia y al ingresar en la séptima y final etapa de estado espiritual, probablemente comenzarán edades en avance de experiencia enriquecedora, sabiduría maduradora y realización de divinidad. En la naturaleza del finalista esto probablemente equivaldrá al logro completo de la lucha de la mente por la autorrealización espiritual, el cumplimiento de la coordinación de la naturaleza ascendente humana con la naturaleza Ajustadora divina dentro de los límites de las posibilidades finitas. Un yo universal tan magnífico se vuelve de esta manera el hijo finalista eterno del Padre del Paraíso así como también el hijo eterno universal de la Madre Suprema, un yo universal calificado para representar tanto al

Padre como a la Madre de los universos y de las personalidades en cualquier actividad o empresa que pertenezca a la administración finita de cosas y seres creados, en creación o en evolución.

Todos los humanos que evolucionan un alma son literalmente los hijos evolucionarios de Dios el Padre y de Dios la Madre, el Ser Supremo. Pero hasta el momento en que el hombre mortal se vuelve consciente en el alma de su herencia divina, debe comprender por la fe esta seguridad del parentesco con la Deidad. La experiencia de la vida humana es el capullo cósmico en el que las dotes universales del Ser Supremo y la presencia universal del Padre Universal (ninguna de las cuales son personalidades) están evolucionando el alma morontial del tiempo y el carácter finalista humano-divino de destino universal y de servicio eterno.

Demasiado frecuentemente los hombres olvidan que Dios es la experiencia más grande en la existencia humana. Otras experiencias están limitadas en su naturaleza y contenido, pero la experiencia de Dios no tiene límites excepto los de la capacidad de comprensión de la criatura, y esta misma experiencia es en sí misma ampliadora de la capacidad. Cuando los hombres buscan a Dios, lo buscan todo. Cuando encuentran a Dios han encontrado todo. La búsqueda de Dios es el don ilimitado de amor acompañado por descubrimientos sorprendentes de amor nuevo y aun más grande capaz de ser donado.

Todo amor verdadero viene de Dios, y el hombre recibe el afecto divino así como él mismo dona su amor a sus semejantes. El amor es dinámico. No puede ser apresado jamás; está vivo, libre, conmovedor y siempre en movimiento. El hombre no puede tomar jamás el amor del Padre y aprisionarlo en su corazón. El amor del Padre puede llegar a ser real para el hombre mortal sólo al pasar a través de la personalidad del hombre cuando a su vez dona ese amor a sus semejantes. El gran circuito del amor viene del Padre, a través de los hijos a los hermanos y de ahí al Supremo. El amor del Padre aparece en la personalidad mortal por ministerio del Ajustador residente. Este hijo que conoce a Dios revela este amor a sus hermanos universales, y este afecto fraternal es la esencia del amor del Supremo.

No hay acercamiento al Supremo excepto a través de la experiencia, y en las épocas actuales de la creación existen tan sólo tres avenidas para el acercamiento de la criatura a la Supremacía:

1. Los ciudadanos del Paraíso descienden de la Isla Eterna a través de Havona, donde adquieren la capacidad de la comprensión de la Supremacía a través del diferencial de realidad del Paraíso-Havona y por el descubrimiento exploratorio de las múltiples actividades de las Personalidades Creadoras Supremas, que van de los Espíritus Rectores hasta los Hijos Creadores.

2. Los ascendentes espacio-temporales que van subiendo desde los universos evolucionarios de los Creadores Supremos se van acercando al Supremo en la travesía de Havona como paso preliminar al aumento de la apreciación de la unidad de la Trinidad Paradisiaca.

3. Los nativos de Havona adquieren una comprensión del Supremo a través de los contactos con los peregrinos descendentes del Paraíso y con los peregrinos ascendentes de los siete superuniversos. Los nativos de Havona están intrínsecamente en una posición que les permite armonizar los puntos de vista esencialmente diferentes de los ciudadanos de la Isla eterna y de los ciudadanos de los universos evolucionarios.

Para las criaturas evolucionarias existen siete grandes avenidas de acercamiento al Padre Universal, y cada una de estas ascensiones al Paraíso pasa a través de la divinidad de uno de los siete Espíritus Rectores; y cada una de estas avenidas está posibilitada por una ampliación de la receptibilidad a la experiencia consiguiente al hecho de que la criatura ha servido en el superuniverso reflectivo de la naturaleza de ese Espíritu Rector. La suma total de estas siete experiencias constituye los límites conocidos en el presente de la conciencia de una criatura de la realidad y actualidad de Dios el Supremo.

No es solamente la limitación propia del hombre la que le previene de hallar al Dios finito; es también la condición incompleta del universo, aun la condición incompleta de todas las criaturas —pasadas, presentes y futuras— la que hace que el Supremo sea inaccesible. Cada individuo que haya logrado el nivel divino de semejanza con Dios puede encontrar a Dios el Padre, pero Dios el Supremo no será descubierto personalmente jamás por ninguna criatura *individual* hasta ese momento muy distante en el tiempo en que, a través del logro universal de la perfección, *todas* las criaturas le encontrarán simultáneamente.

A pesar del hecho de que no podéis, en esta edad universal, encontrarlo personalmente así como podéis encontrar y encontraréis al Padre, el Hijo y el Espíritu, sin embargo, el ascenso al Paraíso y la subsiguiente carrera universal gradualmente crearán en vuestra conciencia el reconocimiento de la presencia universal y de la acción cósmica del Dios de toda experiencia. Los frutos del espíritu son la sustancia del Supremo como él es realizable en la experiencia humana.

El logro del Supremo por parte del hombre en algún momento es consiguiente a su fusión con el espíritu de la Deidad del Paraíso. Para los habitantes de Urantia este espíritu es la presencia Ajustadora del Padre Universal; y aunque el Monitor Misterioso proviene del Padre y es como el Padre, dudamos que aun tal don divino pueda lograr la tarea imposible de revelar la naturaleza del Dios infinito a una criatura finita. Sospechamos que lo que los Ajustadores revelarán a los futuros finalistas de la séptima etapa, será la divinidad y naturaleza de Dios el Supremo. Y esta revelación será para una criatura finita lo que la revelación del infinito sería para un ser absoluto.

El Supremo no es infinito, pero probablemente abarca lo todo de la infinidad que una criatura finita pueda jamás comprender. ¡Comprender más que el Supremo sería ser más que finito!

Todas las creaciones experienciales son interdependientes en su realización de destino. Sólo la realidad existencial es autocontenida y autoexistente. Havona y los siete superuniversos se necesitan mutuamente para alcanzar el máximo del logro finito. Del mismo modo serán alguna vez dependientes de los universos futuros del espacio exterior para su trascendencia finita.

Un ascendente humano puede encontrar al Padre; Dios es existencial y por lo tanto real, sea cual fuere el estado de la experiencia en el universo total. Pero ninguna persona que asciende hallará jamás al Supremo hasta que todos los que ascienden hayan alcanzado esa máxima madurez universal que los califica simultáneamente para participar en este descubrimiento.

El Padre no tiene favoritos; trata a cada uno de sus hijos ascendentes como individuos cósmicos. El Supremo de la misma manera no tiene favoritos; trata a sus hijos experienciales como un todo cósmico.

El hombre puede descubrir al Padre en su corazón, pero tendrá que buscar al Supremo en el corazón de todos los demás hombres; y cuando todas las criaturas revelen perfectamente el amor del Supremo, se volverá una actualidad universal para todas las criaturas. Ésa no es más que otra manera de decir que los universos serán establecidos en luz y vida.

El logro de autorrealización perfeccionada por todas las criaturas más el logro del equilibrio perfeccionado a través de los universos iguala el logro del Supremo y presencia la liberación de toda realidad finita de las limitaciones de la existencia incompleta. Tal agotamiento de todos los potenciales finitos da como fruto el logro completado del Supremo y se puede definir de otra manera como la actualización evolucionaría completa del Ser Supremo mismo.

Los hombres no hallan al Supremo en forma repentina y espectacular como un terremoto abre abismos en las rocas, sino que lo encuentran lenta y pacientemente como un río que va desgastando quietamente su lecho.

Cuando hallas al Padre, hallas la gran causa de tu ascensión espiritual en los universos; cuando hallas al Supremo descubrirás el gran resultado de tu carrera de progresión al Paraíso.

Pero ningún mortal que conoce a Dios puede estar nunca solo en su viaje a través del cosmos, porque sabe que el Padre camina a su lado a cada paso, mientras que el camino mismo que está atravesando es la presencia del Supremo.

7. EL FUTURO DEL SUPREMO

La realización completa de todos los potenciales finitos equivale a la realización completa de toda experiencia evolucionaría. Esto sugiere la emergencia final del Supremo como una presencia de Deidad todopoderosa en los universos. Creemos que el Supremo, en esta etapa de desarrollo, será tan discretamente personalizado como lo es el Hijo Eterno, tan concretamente poderizado como lo es la Isla del Paraíso, y tan completamente unificado como lo es el Actor Conjunto, y todo esto dentro de las limitaciones de las posibilidades finitas de la Supremacía en la culminación de la presente era universal.

Aunque éste sea un concepto enteramente apropiado del futuro del Supremo, quisiéramos llamar la atención sobre ciertos problemas intrínsecos en este concepto:

1. Los Supervisores No Cualificados del Supremo difícilmente podrían ser deidadizados en una etapa previa a su evolución completa, y sin embargo, estos mismos supervisores aun ahora ejercen en forma cualificada la soberanía de la supremacía en cuanto a los universos establecidos en luz y vida.

2. El Supremo difícilmente podría funcionar en la Trinidad Última hasta haber alcanzado actualidad completa de estado universal, y sin embargo la Trinidad Última aun ahora es una realidad cualificada, y se os ha informado de la existencia de los Vicegerentes Cualificados del Último.

3. El Supremo no es completamente real para las criaturas del universo, pero hay muchas razones para deducir que es muy real para la Deidad Séptuple, llegando desde el Padre Universal en el Paraíso hasta los Hijos Creadores y los Espíritus Creativos de los universos locales.

Puede ser que en los límites superiores de lo finito, donde el tiempo linda con el tiempo transcendido, exista cierto tipo de desdibujo y mezcla de secuencia. Puede ser que el Supremo sea capaz de pronosticar su presencia universal en estos niveles del supertiempo y luego en un grado limitado anticipar la evolución futura reflejando este pronóstico futuro de vuelta hacia los niveles creados como la Inmanencia de lo Incompleto Proyectado. Se pueden observar tales fenómenos cada vez que lo finito hace contacto con lo superfinito, como ocurre en las experiencias de los seres humanos en los que residen los Ajustadores del Pensamiento, que son verdaderas predicciones de los logros universales futuros del hombre a través de toda la eternidad.

Cuando se admiten los mortales ascendentes al cuerpo de los finalistas en el Paraíso, hacen un juramento a la Trinidad del Paraíso, y al hacer este juramento de lealtad, juran fidelidad eterna al Dios el Supremo, quien es la Trinidad tal como es comprendida por todas las personalidades de criaturas finitas. Posteriormente, cuando las compañías de finalistas funcionan en todos los universos evolutivos, tan sólo responden a los mandatos de origen del Paraíso hasta los tiempos pletóricos del establecimiento de los universos locales en luz y vida. A medida que las nuevas organizaciones gubernamentales de estas creaciones perfeccionadas empiezan a ser reflexivas de la soberanía emergente del Supremo, observamos que las compañías de finalistas reconocen la autoridad jurisdiccional de dichos nuevos gobiernos. Parecería que Dios el Supremo estuviera evolucionando como un unificador de los Cuerpos de los Finalistas evolucionarios, pero es altamente probable que el destino eterno de estos siete cuerpos será dirigido por el Supremo como miembro de la Trinidad Última.

El Ser Supremo contiene tres posibilidades superfinitas para la manifestación universal:

1. Colaboración Absonita en la primera Trinidad experiencial.

2. Relación coabsoluta en la segunda Trinidad experiencial.

3. Participación coinfinita en la Trinidad de Trinidades, pero no tenemos un concepto satisfactorio en cuanto a qué significa esto en realidad.

Ésta es una de las hipótesis generalmente aceptadas del futuro del Supremo, pero también existen muchas especulaciones sobre sus relaciones con el gran universo presente posteriormente al logro del estado el luz y vida.

La meta presente de los superuniversos es tornarse, como son y dentro de sus potenciales, perfectos, así como lo es Havona. Esta perfección pertenece al logro físico y espiritual, aun al desarrollo administrativo, gubernamental y fraternal. Se cree que, en las edades venideras, las posibilidades de desarmonía, desajuste y desadaptación finalmente se agotarán en los superuniversos. Los circuitos de energía estarán en equilibrio perfecto y completamente sojuzgados a la mente, mientras que el espíritu, en presencia de la personalidad, habrá alcanzado el dominio de la mente.

Se conjetura que en ese momento distante en el tiempo, la persona espiritual del Supremo y el poder alcanzado del Todopoderoso habrán logrado un desarrollo coordinado, y que ambos, unificados en la Mente Suprema y por la misma, se actualizarán como el Ser Supremo, una actualidad completa en los universos —una factualidad que será observable por todas las inteligencias de las criaturas, ante quien reaccionarán todas las energías creadas, que será coordinada en todas las entidades espirituales y experienciada por todas las personalidades universales.

Este concepto implica la soberanía actual del Supremo en el gran universo. Es totalmente posible que los presentes administradores Trinitarios continuarán siendo sus vicegerentes, pero creemos que las demarcaciones actuales entre los siete universos gradualmente desaparecerán, y que todo el gran universo funcionará como un todo perfeccionado.

Es posible que el Supremo resida personalmente en ese entonces en Uversa, la sede central de Orvonton, desde la cual dirigirá la administración de las creaciones del tiempo. Pero esto en realidad es tan sólo una conjetura. Seguramente, sin embargo, será definitivamente posible ponerse en contacto con la personalidad del Ser Supremo en alguna ubicación específica, aunque la ubicuidad de su presencia de Deidad probablemente continuará permeando el universo de los universos.

No sabemos cuál será la relación de los ciudadanos del superuniverso de aquella edad con el Supremo, pero puede ser algo semejante a la relación presente entre los nativos de Havona y la Trinidad del Paraíso.

El gran universo perfeccionado de aquellos días futuros será vastamente distinto de lo que es en el presente. Habrán desaparecido las emocionantes aventuras de la organización de las galaxias del espacio, la implantación de la vida en los mundos inciertos del tiempo y la evolución de la armonía a partir del caos, de la belleza a partir de los potenciales, de la verdad a partir de los significados, y de la bondad a partir de los valores. ¡Estos universos del tiempo habrán alcanzado la satisfacción del destino finito! Tal vez durante un espacio habrá descanso, reposo de una lucha que durara toda una edad para la perfección evolucionaría. ¡Pero no por mucho tiempo! Seguro, certera e inexorablemente el enigma de la Deidad emergente de Dios el Último desafiará a estos ciudadanos perfeccionados de los universos establecidos, así como sus antepasados evolucionarios luchadores fueron desafiados antaño por la búsqueda de Dios el Supremo. La cortina del destino cósmico se abrirá para revelar la grandeza trascendental de la atractiva búsqueda absonita por el logro del Padre Universal en aquellos niveles nuevos y más altos revelados en lo último de la experiencia de la criatura.

[Patrocinado por un Mensajero Poderoso temporalmente residente en Urantia.]

DOCUMENTO 118

EL SUPREMO Y EL ÚLTIMO —EL TIEMPO Y EL ESPACIO

EN CUANTO a las diversas naturalezas de la Deidad, se puede decir que:

1. El Padre es un yo autoexistente.
2. El Hijo es un yo coexistente.
3. El Espíritu es un yo conjunto-existente.
4. El Supremo es un yo evolucionario-experiencial.
5. El Séptuple es divinidad autodistributiva.
6. El Último es un yo transcendental-experiencial.
7. El Absoluto es un yo existencial-experiencial.

Aunque Dios el Séptuple es indispensable para el logro evolucionario del Supremo, el Supremo es también indispensable para la emergencia eventual del Último. Y la presencia dual del Supremo y del Último constituye la asociación básica de la Deidad subabsoluta y derivada, porque son interdependientemente complementarios en el logro del destino. Juntos constituyen el puente experiencial que vincula los comienzos y los cumplimientos de todo crecimiento creador en el universo maestro.

El crecimiento creador es sin fin pero es por siempre satisfactorio, sin fin en extensión pero siempre puntualizado por aquellos momentos de satisfacción de la personalidad por el logro pasajero de un objetivo que sirve tan eficazmente como preludio de la movilización hacia nuevas aventuras en el crecimiento cósmico, la exploración del universo y el logro de la Deidad.

Aunque el dominio de las matemáticas está repleto de limitaciones cualitativas, provee a la mente finita con una base conceptual para discurrir la infinidad. No existen limitaciones cuantitativas a los números, ni siquiera en la comprensión de la mente finita. Aunque el número concebido sea muy grande, puedes visualizar la posibilidad de que se le agregue uno más. Además puedes comprender que eso está por debajo de la infinidad, porque aunque repitas esta adición muchísimas veces, siempre se podrá agregar un número más.

Al mismo tiempo, se puede totalizar la serie infinita en cualquier punto específico, y este total (más adecuadamente un subtotal) proporciona la plenitud de la dulzura del logro del objetivo para una persona determinada en un momento y estado determinados. Pero tarde o temprano esta misma persona comienza a tener hambre y anhelo de objetivos nuevos y más grandes, y dichas aventuras en el crecimiento aparecerán para siempre en la plenitud del tiempo y en los ciclos de la eternidad.

Cada edad universal sucesiva es una antecámara de la era siguiente de crecimiento cósmico, y cada época universal provee un destino inmediato para todas las etapas precedentes. Havona, en sí misma y por sí misma, es una creación perfecta pero limitada por su perfección; la perfección de Havona, que se expande hacia afuera hacia los superuniversos evolucionarios, encuentra no solamente el destino cósmico sino también la liberación de las limitaciones de la existencia preevolucionaria.

1. EL TIEMPO Y LA ETERNIDAD

Es útil para la orientación cósmica del hombre obtener toda comprensión posible de la relación de la Deidad con el cosmos. Aunque la Deidad absoluta es eterna en su naturaleza, los Dioses están relacionados con el tiempo como experiencia en la eternidad. En los universos evolucionarios la eternidad es la perdurabilidad temporal —el *ahora* sempiterno.

La personalidad de la criatura mortal puede eternizarse mediante la autoidentificación con el espíritu morador a través de la técnica de elegir hacer la voluntad del Padre. Dicha consagración de la voluntad es equivalente a la realización de la eternidad-realidad de propósito. Esto significa que el propósito de la criatura se ha vuelto fijo en cuanto se refiere a la sucesión de los momentos; dicho de otra manera, que la sucesión de los momentos no presenciará ningún cambio en el propósito de la criatura. Un millón o mil millones de momentos no significan una diferencia. El número ha cesado de tener significado en cuanto al propósito de la criatura. Así, la elección de la criatura más la elección de Dios eventúan en las realidades eternas de la unión perdurable del espíritu de Dios y la naturaleza del hombre en el servicio eterno de los hijos de Dios y de su Padre del Paraíso.

Existe una relación directa entre la madurez y la unidad de la conciencia del tiempo en cualquier intelecto determinado. La unidad de tiempo puede ser un día, un año o un período más prolongado, pero inevitablemente es el criterio por el cual el yo consciente evalúa las circunstancias de la vida, y por el cual el intelecto que concibe mide y evalúa los hechos de la existencia temporal.

La experiencia, la sabiduría y el juicio son los concomitantes de la prolongación de las unidades del tiempo en la experiencia mortal. A medida que la mente humana piensa hacia atrás en el pasado, evalúa la experiencia pasada con el propósito de aplicarla a la situación presente. Cuando una mente va hacia el futuro, intenta evaluar el significado futuro de una acción posible. Habiendo así tomado en cuenta tanto la experiencia como la sabiduría, la voluntad humana despliega una decisión y juicio en el presente y el plan de acción así nacido del pasado y del futuro se vuelve existente.

En la madurez del yo en desarrollo, el pasado y el futuro se unen para iluminar el verdadero significado del presente. A medida que el yo madura, busca la experiencia cada vez más atrás en el pasado, mientras que sus pronósticos de sabiduría intentan penetrar cada vez más profundamente en el futuro desconocido. A medida que el ser que concibe extiende su alcance cada vez más lejos tanto en el pasado como en el futuro, del mismo modo su juicio se vuelve cada vez menos dependiente del presente momentario. De esta manera la acción de tomar decisiones comienza a escaparse de las cadenas del presente transitorio, empezando a la vez a tomar aspectos de significación pasada-futura.

Los mortales, cuyas unidades de tiempo son cortas, practican la paciencia; la verdadera madurez trasciende la paciencia en un refrenamiento nacido de la verdadera comprensión.

Madurar significa vivir más intensamente en el presente, escapándose al mismo tiempo de las limitaciones del presente. Los planes de madurez, fundados en la experiencia pasada, se están concretando en el presente para de tal manera enaltecer los valores del futuro.

La unidad de tiempo de la inmadurez concentra el significado-valor en el momento presente para de tal manera divorciar el presente de su relación auténtica con el no presente —el pasado-futuro. La unidad de tiempo de la madurez está dimencionada para de tal modo revelar la relación coordinada del pasado-presente-futuro que el yo comienza a obtener discernimiento en la totalidad de los acontecimientos, comienza a visualizar el paisaje del tiempo desde una perspectiva panorámica de horizontes ampliados, comienza tal vez a sospechar el continuo eterno, sin comienzo ni fin, los fragmentos del cual se llaman tiempo.

En los niveles de lo infinito y de lo absoluto, el momento presente contiene todo el pasado, así como también todo el futuro. YO SOY significa también YO FUI y YO SERÉ. Y esto representa nuestro mejor concepto de la eternidad y de lo eterno.

En el nivel absoluto y eterno, la realidad potencial es tan significativa como la realidad actual. Sólo en el nivel finito y para las criaturas ligadas al tiempo, parecería que existiera tan enorme diferencia. Para Dios, como absoluto, un mortal ascendente que ha hecho la decisión eterna ya es un finalista del Paraíso. Pero el Padre Universal, a través del Ajustador del Pensamiento residente, no está limitado de esta manera en su conciencia, sino que también puede saber y participar en toda lucha temporal con los problemas del ascenso de la criatura desde los niveles de la semejanza con los animales hasta los niveles de la existencia de la semejanza con Dios.

2. LA OMNIPRESENCIA Y LA UBICUIDAD

No se debe confundir la ubicuidad de la Deidad con la ultimidad de la omnipresencia divina. Es volitivo del Padre Universal que el Supremo, el Último y el Absoluto compensen, coordinen y unifiquen su ubicuidad espacio-temporal y su omnipresencia que trasciende el tiempo y el espacio con su presencia universal y absoluta sin tiempo y sin espacio. Y debéis recordar que, aunque la ubicuidad de la Deidad pueda ser tan frecuentemente asociada con el espacio, no está necesariamente condicionada por el tiempo.

Como seres ascendentes mortales y morontiales discernís progresivamente a Dios a través del ministerio de Dios el Séptuple. A través de Havona descubrís a Dios el Supremo. En el Paraíso lo encontráis como persona, y luego como finalistas finalmente intentaréis conocerlo como el Último. Siendo finalistas, parecería que hubiese tan sólo un curso para seguir después de haber obtenido al Último, y ése sería comenzar la búsqueda del Absoluto. Ningún finalista será atribulado por las incertidumbres del logro del Absoluto de Deidad puesto que al fin de las ascensiones suprema y última ha encontrado a Dios el Padre. Sin duda dichos finalistas creerán que, aunque consiguieran encontrar a Dios el Absoluto, tan sólo estarían descubriendo al mismo Dios, el Padre del Paraíso que se manifiesta en niveles más aproximadamente infinitos y universales. Indudablemente, el logro de Dios en lo absoluto revelaría al Antepasado Primario de los universos así como también al Padre Final de las personalidades.

Dios el Supremo podría no ser una demostración de la omnipresencia espacio-temporal de la Deidad, pero es literalmente una manifestación de la ubicuidad divina. Entre la presencia espiritual del Creador y las manifestaciones materiales de la creación hay un vasto dominio del *devenir* ubicuo —la emergencia universal de la Deidad evolucionaria.

Si Dios el Supremo toma en algún momento el control directo de los universos del tiempo y del espacio, estamos seguros que dicha administración por la Deidad funcionará bajo el supercontrol del Último. En tal caso Dios el Último comenzaría a hacerse manifiesto a los universos del tiempo como el Todopoderoso trascendental (el Omnipotente) ejerciendo el supercontrol del supertiempo y del espacio trascendido en cuanto a las funciones administrativas del Supremo Todopoderoso.

La mente mortal puede preguntar, así como lo hacemos nosotros: si la evolución de Dios el Supremo a autoridad administrativa en el gran universo va acompañada de un aumento de las manifestaciones de Dios el Último, ¿irá una emergencia correspondiente de Dios el Último en los universos postulados del espacio exterior acompañada de similares revelaciones enaltecidas de Dios el Absoluto? Pero realmente no lo sabemos.

3. LAS RELACIONES ESPACIO-TEMPORALES

Sólo por la ubicuidad podría unificar la Deidad las manifestaciones espacio-temporales a la concepción finita, porque el tiempo es una sucesión de instantes mientras que el espacio es un sistema de puntos asociados. Después de todo, vosotros percibís el tiempo por el análisis y el espacio por la síntesis. Coordináis y asociáis estos dos conceptos distintos mediante la integración del discernimiento de la personalidad. De todo el mundo animal sólo el hombre posee esta perceptibilidad del tiempo y del espacio. Para los animales el movimiento tiene un significado, pero el movimiento exhibe valor tan sólo para una criatura con estado de personalidad.

El tiempo condiciona las cosas, pero la verdad no conoce el tiempo. Cuanto más verdad conozcas más *serás* verdad, más entenderás del pasado y más comprenderás del futuro.

La verdad es inamovible —perennemente libre de todas las vicisitudes transitorias, aunque jamás muerta ni formal, siempre vibrante y adaptable —radiantemente viva. Pero cuando la verdad se vincula con el hecho, tanto el tiempo como el espacio condicionan sus significados y correlacionan sus valores. Tales realidades de la verdad unidas con el hecho se tornan conceptos y por lo tanto se los relega al dominio de las realidades cósmicas relativas.

La vinculación de la verdad absoluta y eterna del Creador con la experiencia factual de la criatura finita y temporal eventúa un nuevo y emergente valor del Supremo. El concepto del Supremo es esencial para la coordinación del supermundo divino e invariable con el mundo inferior finito y en cambio constante.

El espacio es, de todas las cosas no absolutas, la que más se acerca a ser absoluta. El espacio es aparentemente absolutamente último. La dificultad real que tenemos para comprender el espacio en el nivel material se debe al hecho de que, aunque los cuerpos materiales existen en el espacio, el espacio también existe en estos mismos cuerpos materiales. Aunque el espacio cuenta con mucho que es absoluto, eso no significa que el espacio sea absoluto.

Tal vez sea útil para comprender las relaciones espaciales conjeturar que, hablando en términos relativos, el espacio es, después de todo, una propiedad de todos los cuerpos materiales. Por lo tanto, cuando un cuerpo se mueve a través del espacio también lleva consigo todas sus propiedades, incluso el espacio que está en tal cuerpo en movimiento y es parte del mismo.

Todos los modelos de la realidad ocupan espacio en los niveles materiales, pero los modelos espirituales tan sólo existen en relación con el espacio; no ocupan espacio ni lo desplazan, tampoco lo contienen. Pero para nosotros el enigma principal del espacio corresponde a la forma de una idea. Cuando penetramos el dominio de la mente encontramos muchos enigmas. ¿Acaso la forma —la realidad— de una idea ocupa espacio? Realmente no lo sabemos aunque estamos seguros de que la forma de la idea no contiene espacio. Pero sería incorrecto postular que lo inmaterial es siempre no espacial.

4. LA CAUSALIDAD PRIMARIA Y LA SECUNDARIA

Muchas de las dificultades teológicas y de los dilemas metafísicos del hombre mortal se deben al hecho de que el hombre desubica la personalidad de la Deidad y la consiguiente asignación de los atributos infinito y absoluto, a la Divinidad subordinada y a la Deidad evolucionaria. No debéis olvidar que, aunque realmente existe una verdadera Primera Causa, también hay huestes de causas coordinadas y subordinadas, causas tanto asociadas como secundarias.

La distinción vital entre causas primeras y causas segundas es que las causas primeras producen efectos originales libres de la herencia de todo factor derivado de toda causalidad antecedente. Las causas secundarias producen efectos que invariablemente exhiben la herencia de otra causalidad precedente.

Los potenciales puramente estáticos inherentes en el Absoluto No Cualificado son reactivos a esas causaciones del Absoluto de Deidad que se producen por las acciones de la Trinidad del Paraíso. En presencia del Absoluto Universal estos potenciales estáticos impregnados de causalidad se vuelven de pronto activos y reactivos a la influencia de ciertas agencias trascendentales cuyas acciones dan como resultado la transmutación de estos potenciales activados al estado de verdaderas posibilidades universales para el desarrollo, capacidades actualizadas para el crecimiento. Es sobre dichos potenciales madurados sobre los cuales los creadores y controladores del gran universo ejecutan el drama interminable de la evolución cósmica.

La causalidad, si dejamos de lado los existenciales, es triple en su constitución básica. Al operar en esta edad universal y refiriéndose al nivel finito de los siete superuniversos, se la puede concebir como sigue:

1. *Activación de los potenciales estáticos.* El establecimiento del destino en el Absoluto Universal por las acciones del Absoluto de Deidad, que funciona en el Absoluto No Cualificado y sobre éste y como consecuencia de los mandatos volitivos de la Trinidad del Paraíso.

2. *Eventuación de las capacidades universales.* Esto comprende la transformación de los potenciales no diferenciados en planes segregados y bien definidos. Ésta es la acción de la Ultimidad de la Deidad y de las múltiples agencias del nivel trascendental. Dichas acciones son en anticipación perfecta a las necesidades futuras de todo el universo maestro. Es en relación con la segregación de potenciales que existen los Arquitectos del Universo Maestro como verdaderas incorporaciones del concepto de la Deidad, mantenido en los universos. Parece que sus planes son, en último término, limitados en su extensión por el espacio, por la periferia conceptual del universo maestro, pero, *como planes* no están condicionados de ninguna otra manera por el tiempo o el espacio.

3. *Creación y evolución de actuales en los universos.* Es sobre un cosmos impregnado de la presencia productora de capacidad de la Ultimidad de la Deidad, sobre el cual los Creadores Supremos actúan para efectuar las transmutaciones temporales de los potenciales madurados en actuales experienciales. Dentro del universo maestro toda actualización de la realidad potencial está limitada por la capacidad última para el desarrollo y está condicionada espacio-temporalmente en las etapas

finales de su emergencia. Los Hijos Creadores que salen del Paraíso son, en actualidad, creadores *transformadores* en el sentido cósmico. Pero esto no invalida de manera alguna el concepto que tiene el hombre sobre ellos como creadores; desde el punto de vista finito ellos indudablemente pueden crear, y por cierto lo hacen.

5. LA OMNIPOTENCIA Y LA COMPOSIBILIDAD

La omnipotencia de la Deidad no implica el poder de hacer lo que no se puede hacer. Dentro del marco espacio-temporal y desde un punto de referencia intelectual de la comprensión mortal, aun el Dios infinito no puede crear círculos cuadrados ni producir mal que sea inherentemente bueno. Dios no puede hacer lo que no se parezca a Dios. Dicha contradicción de términos filosóficos es equivalente a una no entidad e implica que nada se crea de esta manera. Un rasgo de la personalidad no puede ser al mismo tiempo semejante y no semejante a Dios. La composibilidad es innata en el poder divino. Y todo esto se deriva del hecho de que la omnipotencia no sólo crea cosas con una naturaleza sino que también da origen a la naturaleza de todas las cosas y seres.

En el comienzo el Padre lo hace todo, pero a medida que el panorama de la eternidad se va abriendo en respuesta a la voluntad y a los mandatos del Infinito, se hace cada vez más aparente que las criaturas, aun los hombres, han de volverse los socios de Dios en la realización de la finalidad del destino. Y esto es verdad inclusive en el caso de la vida en la carne; cuando el hombre y Dios forman una asociación no se puede poner limitación alguna sobre las posibilidades futuras de tal asociación. Cuando el hombre se da cuenta de que el Padre Universal es su socio en la progresión eterna, cuando se fusiona con la presencia Paterna residente en él, ha roto, en espíritu, las cadenas del tiempo y ya ha entrado en las progresiones de la eternidad en pos del Padre Universal.

La conciencia mortal procede del hecho, al significado, y luego al valor. La conciencia del Creador procede del pensamiento-valor, a través de la palabra-significado, al hecho de la acción. Dios siempre debe actuar para romper el impase de la unidad no cualificada inherente a la infinidad existencial. La Deidad debe proporcionar siempre el universo que funciona como modelo, las personalidades perfectas, la verdad, belleza y bondad originales que anhelan todas las creaciones subdeidades. Dios debe siempre encontrar primero al hombre para que el hombre pueda más tarde encontrar a Dios. Siempre debe haber un Padre Universal antes de que pueda haber filiación universal y consiguiente hermandad universal.

6. LA OMNIPOTENCIA Y LA OMNIFICENCIA

Dios es verdaderamente omnipotente, pero no es omnificente, —no hace personalmente todo lo que se hace. La omnipotencia comprende el potencial de poder del Supremo Todopoderoso y del Ser Supremo, pero las acciones volitivas de Dios el Supremo no son acciones personales de Dios el Infinito.

Abogar en pro la omnificencia de la Deidad primaria equivaldría a quitar las franquicias de casi un millón de Hijos Creadores Paradisiacos, sin mencionar las innumerables huestes de varias otras órdenes de asistentes creadores concurrentes. No hay sino una Causa no causada en todo el universo. Todas las demás causas son derivativas de esta Primera Gran Fuente y Centro. Nada en esta filosofía viola de manera alguna el libre albedrío de las miríadas de hijos de la Deidad esparcidos por un vasto universo.

Dentro de un marco local, la volición puede parecer funcionar como causa no causada, pero exhibe infaliblemente los factores de la herencia que establecen la relación con las Primeras Causas únicas, originales y absolutas.

Toda volición es relativa. En el sentido original, sólo el Padre-YO SOY posee la finalidad de volición; en el sentido absoluto, sólo el Padre, el Hijo y el Espíritu exhiben las prerrogativas de volición incondicionada por el tiempo e ilimitada por el espacio. El hombre mortal está dotado de libre albedrío, el poder de elección, y aunque dicha elección no sea absoluta es sin embargo relativamente final en un nivel finito y en cuanto respecta al destino de la personalidad que selecciona.

La volición en cualquier nivel que no llegue al absoluto encuentra limitaciones, las cuales son constitutivas en la personalidad misma que ejerce el poder de elección. El hombre no puede elegir más allá de la gama de lo que es elegible. No puede, por ejemplo, elegir ser otra cosa en vez de un ser humano, salvo que puede elegir ser más que un hombre; puede elegir embarcarse en el viaje de la ascensión en los universos, pero esto se debe a que la elección humana y la voluntad divina coinciden en este punto. Y lo que el hijo anhela y el Padre desea, ciertamente ocurrirá.

En la vida mortal, se abren y se cierran continuamente caminos diferenciales de conducta, y durante los tiempos en los que es posible la elección, la personalidad humana está constantemente decidiendo entre estos muchos cursos de acción. La volición temporal se vincula al tiempo y debe aguardar el paso del tiempo para encontrar la oportunidad de expresión. La volición espiritual ha comenzado a saborear la liberación de las cadenas del tiempo, habiendo alcanzado un escape parcial de la secuencia temporal, y eso se debe a que la volición espiritual se autoidentifica con la voluntad de Dios.

La volición, el acto de elegir, debe funcionar dentro del marco universal que se ha actualizado en respuesta a una elección previa y más elevada. La entera gama de la voluntad humana está estrictamente limitada por lo finito, excepto en un detalle: cuando el hombre elige encontrar a Dios y ser como él, dicha elección es superfinita; sólo la eternidad podrá revelar si esta elección es también super-absonita.

Reconocer la omnipotencia de la Deidad consiste en disfrutar de seguridad en tu experiencia de ciudadanía cósmica, poseer la certeza de la seguridad en el largo viaje al Paraíso. Pero aceptar la falacia de la omnificencia es abrazar el colosal error del panteísmo.

7. LA OMNICIENCIA Y LA PREDESTINACIÓN

La función de la voluntad del Creador y de la voluntad de la criatura, en el gran universo, opera dentro de los límites y de acuerdo con las posibilidades establecidas por los Arquitectos Maestros. Esta preordenación de estos límites máximos no limita, sin embargo, en lo más mínimo la soberanía de la voluntad de la criatura dentro de estas fronteras. Tampoco constituye el preconocimiento último —con la plena libertad de toda elección finita— una abrogación de la volición finita. Un ser humano maduro y con visión podría tal vez pronosticar en forma más precisa la decisión de un asociado más joven, pero este preconocimiento no quita nada de la libertad y autenticidad de la decisión misma. Los Dioses han sabiamente limitado la gama de acción de la voluntad inmadura, pero ésta es sin embargo voluntad auténtica dentro de estos límites definidos.

Aun la correlación suprema de toda elección pasada, presente y futura, no invalida la autenticidad de estas elecciones. Más bien indica la tendencia preordenada del cosmos y sugiere preconocimiento de aquellos seres volitivos que van, o no, a elegir volverse partes contributivas de la actualización experiencial de toda realidad.

El error en la elección finita está ligado al tiempo y limitado a éste. Puede existir sólo en el tiempo y *dentro* de la presencia evolutiva del Ser Supremo. Tal elección errónea es posible en el tiempo e indica (además de la incompletez del Supremo) esa cierta gama de elección con la cual han de estar dotadas las criaturas inmaduras para disfrutar de la progresión universal al hacer un contacto por libre albedrío con la realidad.

El pecado en el espacio condicionado por el tiempo prueba claramente la libertad temporal —aún la licencia— de la voluntad finita. El pecado ilustra la inmadurez deslumbrada por la libertad de la voluntad relativamente soberana de la personalidad, que al mismo tiempo no es capaz de percibir las obligaciones y deberes supremos de la ciudadanía cósmica.

La iniquidad en los dominios finitos revela la realidad transitoria de todo yo no identificado con Dios. Sólo cuando una criatura se identifica con Dios se vuelve verdaderamente real en los universos. La personalidad finita no es autocreada, pero en la arena superuniversal de elección autodetermina su destino.

El otorgamiento de la vida hace que los sistemas de energía material sean capaces de autoperpetuación, autopropagación y autoadaptación. La dotación de personalidad imparte a los organismos vivos las prerrogativas ulteriores de la autodeterminación, autoevolución y autoidentificación con un espíritu de Deidad, capaz de fusión.

Las cosas vivas subpersonales indican que la mente puede activar la energíamateria, primero en forma de controladores físicos y luego como espíritus ayudantes de la mente. La dotación de la personalidad proviene del Padre e imparte prerrogativas únicas de elección al sistema viviente. Pero si la personalidad tiene la prerrogativa de ejercer la elección volitiva de la identificación con la realidad, y si esto es una elección verdadera y libre, entonces la personalidad en evolución también debe tener la opción de elegir volverse autoconfusa, autodesorganizadora y autodestructiva. No se puede evitar la posibilidad de la autodestrucción cósmica si la personalidad en evolución ha de ser verdaderamente libre en el ejercicio de la voluntad finita.

Por lo tanto hay mayor seguridad si se aminoran los límites de la elección de la personalidad a través de los niveles más bajos de la existencia. La elección se vuelve cada vez más liberada a medida que se asciende en los universos; la elección eventualmente aproxima la libertad divina cuando la personalidad ascendente alcanza divinidad de estado, supremacía de consagración a los propósitos del universo, llenura del logro de la sabiduría cósmica y alcanza finalidad de identificación de la criatura con la voluntad y el camino de Dios.

8. EL CONTROL Y EL SUPERCONTROL

En las creaciones del tiempo y el espacio, el libre albedrío está cercado de restricciones, de limitaciones. La evolución de la vida material es primero mecánica, luego activada por la mente y (después de la dotación de la personalidad) puede llegar a ser dirigida por el espíritu. Se limita físicamente la evolución orgánica en los mundos habitados por los potenciales de las implantaciones originales de vida física de los Portadores de Vida.

El hombre mortal es una máquina, un mecanismo vivo; sus raíces están verdaderamente en el mundo físico de la energía. Muchas reacciones humanas son de naturaleza mecánica; mucho de su vida es semejante a la máquina. Pero el hombre, un mecanismo, es mucho más que una máquina; está dotado de mente y residido por el espíritu; y aunque a través de toda su vida material no pueda jamás escapar a la mecánica química y eléctrica de su existencia, puede aprender cada vez más cómo subordinar su máquina de vida física a la sabiduría directiva de la experiencia por el proceso de consagrar la mente humana a la ejecución de los impulsos espirituales del Ajustador del Pensamiento residente.

El espíritu libera, y el mecanismo limita, la función de la voluntad. La elección imperfecta, no controlada por el mecanismo ni identificada con el espíritu es peligrosa e inestable. La dominancia mecánica asegura la estabilidad en detrimento del progreso; la alianza con el espíritu libera la elección del nivel físico y al mismo tiempo asegura la estabilidad divina producida por un mayor discernimiento universal y una mayor comprensión cósmica.

El gran peligro que acecha a la criatura es de que, al lograr la liberación de las cadenas del mecanismo de la vida, fracasará al compensar esta pérdida de estabilidad mediante una vinculación armoniosa funcional con el espíritu. La elección de la criatura, cuando está relativamente liberada de la estabilidad mecánica, puede intentar una autoliberación ulterior independientemente de la identificación más elevada con el espíritu.

El principio entero de la evolución biológica hace imposible que el hombre primitivo aparezca en los mundos habitados con una dote grande de autocontrol. Por lo tanto este mismo diseño creador que determinó la evolución, del mismo modo provee aquellos controles exteriores en el tiempo y en el espacio, tales como el hambre y el temor, que circunscriben eficazmente la gama de elección subespiritual de estas criaturas poco cultas. A medida que la mente del hombre sobrepasa con éxito barreras cada vez más difíciles, este mismo diseño creador también ha proveído una lenta acumulación de herencia racial de sabiduría experiencial penosamente ganada —en otras palabras: el mantenimiento de un equilibrio entre los controles exteriores en disminución y los controles interiores en aumento.

La lentitud de la evolución, del progreso cultural humano, atestigua la eficacia de ese freno —inercia material— que tan eficientemente opera para retardar las velocidades peligrosas del progreso. Así amortigua el tiempo mismo y distribuye los resultados, que de otra manera serían fatales, de la huida prematura de las barreras que más inmediatamente afectan la acción humana. Porque cuando la cultura avanza demasiado rápidamente, cuando el logro material va más rápido que la evolución de la adoración-sabiduría, la civilización contiene dentro de sí misma las semillas de la retrogresión; y a menos que se las refuerce por un rápido aumento de la sabiduría experiencial, tales sociedades humanas retrocederán de los niveles de logro elevados pero prematuros, y las «edades de las tinieblas» del interregno de la sabiduría, atestiguarán la restauración inexorable de un desequilibrio entre la autolibertad y el autocontrol.

La iniquidad de Caligastia consistió en desviar el factor de tiempo en la liberación progresiva del hombre —la destrucción gratuita de las barreras de freno, barreras que las mentes mortales de aquellos tiempos aún no habían sobrepasado experiencialmente.

La mente que puede llevar a cabo una reducción parcial del tiempo y del espacio, por esta misma acción se prueba a sí misma como poseyente de las semillas de una sabiduría que puede servir eficazmente en lugar de la barrera de freno trascendida.

Lucifer intentó en forma similar destruir el factor de tiempo que opera como freno del logro prematuro de ciertas libertades en el sistema local. Un sistema local establecido en luz y vida ha logrado experiencialmente aquellos puntos de vista y discernimientos que hacen posible la operación de muchas técnicas que serían destructivas y desgarradoras en las eras anteriores al establecimiento en ese mismo reino.

A medida que el hombre se sacude el peso del temor, a medida que cruza continentes y océanos con sus máquinas y generaciones y siglos con sus registros, debe sustituir cada freno trascendido con un freno nuevo, asumido voluntariamente, de acuerdo con los dictados morales de la sabiduría humana en expansión. Estos frenos autoimpuestos son al mismo tiempo el más poderoso y el más tenue de todos los factores de la civilización humana —los conceptos de justicia y los ideales de fraternidad. El hombre llega a calificarse a sí mismo para llevar las vestimentas restringentes de la misericordia cuando se atreve a amar a sus semejantes, mientras que logra el comienzo de la hermandad espiritual cuando elige tratarlos como le gustaría ser tratado a sí mismo, tratarlos como él concibe que Dios los trataría.

Una reacción universal automática es estable y, en cierta forma, continua en el cosmos. Una personalidad que conoce a Dios y que desea hacer su voluntad, que tiene discernimiento espiritual, es divinamente estable y eternamente existente. La gran aventura universal del hombre consiste en el tránsito de su mente mortal desde la estabilidad de la estática mecánica a la dinámica espiritual de la divinidad, y logra esta transformación por la fuerza y la constancia de sus propias decisiones que afectan personalidad, declarando en cada una de las situaciones de su vida: «Es mi voluntad que se haga tu voluntad».

9. LOS MECANISMOS DEL UNIVERSO

El tiempo y el espacio constituyen un mecanismo conjunto del universo maestro. Son los dispositivos por los cuales las criaturas finitas están capacitadas para coexistir en el cosmos con el Infinito. Las criaturas finitas están eficazmente aisladas de los niveles absolutos por el tiempo y el espacio. Pero este medio de aislamiento, sin el cual no podría existir ningún mortal, opera directamente para limitar la gama de la acción finita. Sin éstos ninguna criatura podría actuar, pero por la presencia de éstos las acciones de cada criatura están claramente limitadas.

Los mecanismos producidos por las mentes más elevadas funcionan para liberar sus fuentes creadoras pero hasta cierto punto invariablemente limitan la acción de todas las inteligencias subordinadas. Para las criaturas de los universos esta limitación se evidencia en el mecanismo de los universos. El hombre no tiene libre albedrío ilimitado; hay límites a su gama de elección, pero dentro del radio de esta elección su voluntad es relativamente soberana.

El mecanismo de vida de la personalidad mortal, el cuerpo humano, es el producto del diseño creador supermortal; por lo tanto el hombre mismo no puede nunca controlarlo perfectamente. Sólo cuando el hombre ascendente, en enlace con el Ajustador fusionado, autocrea el mecanismo para la expresión de la personalidad, alcanzará el control perfeccionado del mismo.

El gran universo es mecanismo así como organismo, mecánico y viviente —un mecanismo vivo activado por una Mente Suprema, un mecanismo que se coordina con el Espíritu Supremo, y que encuentra expresión en los niveles máximos de la unificación del poder y la personalidad como Ser Supremo. Pero negar el mecanismo de la creación finita es negar el hecho y dejar de ver la realidad.

Los mecanismos son los productos de la mente, la mente creadora que actúa sobre los potenciales cósmicos y en éstos. Los mecanismos son las cristalizaciones fijas del pensamiento del Creador, y por siempre funcionan de acuerdo con el concepto volitivo que les diera origen. Pero el propósito de la existencia de cada mecanismo está en su origen, no en su función.

No se deben considerar estos mecanismos como una limitación de la acción de la Deidad; más bien es verdad que en estos mismos mecanismos la Deidad ha alcanzado una fase de expresión eterna. Los mecanismos básicos del universo han comenzado a existir como respuesta a la voluntad absoluta de la Primera Fuente y Centro y por lo tanto funcionarán eternamente en armonía perfecta con el plan del Infinito; son en verdad los rasgos no volitivos de ese mismo plan.

Comprendemos algo de cómo el mecanismo del Paraíso se correlaciona con la personalidad del Hijo Eterno; ésta es la función del Actor Conjunto. Y tenemos teorías a propósito de las operaciones del Absoluto Universal en cuanto a los mecanismos teóricos del Absoluto No Cualificado y a la persona potencial del Absoluto de Deidad. Pero en las Deidades evolutivas del Supremo y del Último observamos que ciertas fases impersonales se unen efectivamente con sus contrapartes volitivas y por lo tanto una nueva relación está evolucionándose entre el modelo y la persona.

En la eternidad del pasado el Padre y el Hijo encontraron unión en la unidad de la expresión del Espíritu Infinito. Si, en la eternidad del futuro, los Hijos Creadores y los Espíritus Creativos de los universos locales del tiempo y del espacio fueran a lograr la unión creadora en los reinos del espacio exterior, ¿qué crearía su unidad como expresión combinada de sus naturalezas divinas? Es muy posible que presenciaremos una manifestación hasta ahora no revelada de la Deidad Última, un nuevo tipo de superadministrador. Estos seres comprenderían prerrogativas únicas de personalidad, siendo la unión, por una parte, de la experiencia de un Creador personal, de un Espíritu Creativo impersonal y de las criaturas mortales, y por otra, de la personalización progresiva de la Ministra Divina. Tales seres podrían ser últimos en cuanto comprenderían la realidad personal e impersonal, mientras que combinaran las experiencias del Creador y de la criatura. Sean cuales fueren los atributos de tales terceras personas de estas trinidades funcionales postuladas de las creaciones del espacio exterior, mantendrán una relación un tanto similar con sus Padres Creadores y sus Madres Creativas a la que mantiene el Espíritu Infinito con el Padre Universal y el Hijo Eterno.

Dios el Supremo es la personalización de toda la experiencia universal, el enfoque de toda evolución finita, la maximación de toda realidad de la criatura, la consumación de la sabiduría cósmica, la incorporación de las bellezas armoniosas de las galaxias del tiempo, la verdad de los significados mentales cósmicos y la bondad de los supremos valores espirituales. Y Dios el Supremo en el futuro eterno, sintetizará estas múltiples diversidades finitas en un todo experiencialmente significativo, así como están ahora unidos existencialmente en los niveles absolutos en la Trinidad del Paraíso.

10. LAS FUNCIONES DE LA PROVIDENCIA

La providencia no significa que Dios ha decidido todo para nosotros y por adelantado. Dios nos ama demasiado como para hacer eso, porque eso sería prácticamente tiranía cósmica. El hombre tiene poderes relativos de elección. Tampoco es el amor divino, ese afecto miope que mimaría y consentiría a los hijos del hombre.

El Padre, el Hijo y el Espíritu —como Trinidad— no son el Supremo Todopoderoso, pero la supremacía del Todopoderoso no puede nunca manifestarse sin ellos. El *crecimiento* del Todopoderoso está centrado en los Absolutos de actualidad y basado en los Absolutos de potencialidad. Pero las *funciones* del Supremo Todopoderoso están relacionadas con las funciones de la Trinidad del Paraíso.

Parecería que, en el Ser Supremo, todas las fases de la actividad universal están siendo parcialmente reunidas por la personalidad de esta Deidad experiencial. Cuando, por lo tanto, deseamos visualizar la Trinidad como un Dios, y si limitamos este concepto al gran universo actualmente conocido y organizado, descubrimos que el Ser Supremo en evolución es la representación parcial de la Trinidad del Paraíso. Ulteriormente descubrimos que esta Deidad Suprema está evolucionando como síntesis de personalidad de la materia, la mente y el espíritu finitos en el gran universo.

Los Dioses tienen atributos pero la Trinidad tiene funciones, y como la Trinidad, la providencia *es* una función, el compuesto del supercontrol distinto de personal del universo de los universos, que se extiende de los niveles evolucionarios del Séptuple, sintetizándose en poder del Todopoderoso hasta los dominios trascendentales de la Ultimidad de la Deidad.

Dios ama a cada criatura como a un hijo, y ese amor acompaña a cada criatura a lo largo de todo el tiempo y de la eternidad. La providencia funciona respecto al total y trata de la función de cualquier criatura en cuanto tal función esté relacionada con el total. La intervención providencial respecto de un ser específico es indicativa de la importancia de la *función* de ese ser en cuanto al crecimiento evolucionario de algún total; dicho total puede ser la raza total, la nación total, el planeta total o aun un total más elevado. Es la importancia de la función de la criatura la que ocasiona la intervención providencial, no la importancia de la criatura como persona.

Sin embargo, el Padre como persona puede en cualquier momento interponer una mano paterna en la corriente de los acontecimientos cósmicos, todo de acuerdo con la voluntad de Dios y en consonancia con la sabiduría de Dios y motivado por el amor de Dios.

Lo que el hombre llama providencia es demasiado frecuentemente el producto de su propia imaginación, la yuxtaposición fortuita de las circunstancias del azar. Existe sin embargo una providencia real y emergente en el reino finito de la existencia universal, una correlación verdadera y actualizante de las energías del espacio, los movimientos del tiempo, los pensamientos del intelecto, los ideales del carácter, los deseos de las naturalezas espirituales y las acciones volitivas determinadas de las personalidades en evolución. Las circunstancias de los mundos materiales encuentran integración finita final en las presencias entrelazadas del Supremo y del Último.

A medida que los mecanismos del gran universo se van perfeccionando hasta el punto de una precisión final a través del supercontrol de la mente, y a medida que la mente de la criatura asciende a la perfección del logro de la divinidad a través de la integración perfeccionada con el espíritu, y a medida que el Supremo, consiguientemente, emerge como un unificador *actual* de todos estos fenómenos universales, del mismo modo la providencia se vuelve cada vez más discernible.

Algunas de las condiciones sorprendentemente fortuitas que ocasionalmente prevalecen en los mundos evolucionarios pueden ser debidas a la presencia en gradual emergencia del Supremo, la anticipación de sus actividades universales futuras. La mayor parte de lo que un mortal llamaría providencial no lo es; su juicio en estos asuntos está muy dificultado por la falta de visión perspicaz en los verdaderos significados de las circunstancias de la vida. Mucho de lo que un mortal llamaría buena suerte puede ser en realidad mala suerte; la sonrisa de la fortuna, que dona tiempo libre no ganado y riqueza no merecida puede ser la mayor de las aflicciones humanas; la crueldad aparente del hado perverso que acumula tribulaciones sobre un mortal sufriente puede ser en realidad un fuego templador que está transmutando el hierro blando de la personalidad inmadura en el acero duro del verdadero carácter.

Existe una providencia en los universos en evolución, y las criaturas pueden descubrirla hasta el punto en que ellas hayan alcanzado la capacidad de percibir el propósito de los universos en evolución. La capacidad completa de discernir los propósitos universales equivale a haber completado la evolución de la criatura y se puede expresar de otra manera como el logro del Supremo dentro de los límites del estado presente de los universos incompletos.

El amor del Padre actúa directamente en el corazón del individuo, independientemente de las acciones o reacciones de todos los demás individuos; la relación es personal —hombre y Dios. La presencia impersonal de la Deidad (el Supremo Todopoderoso y la Trinidad del Paraíso) manifiesta respeto por el todo y no por la parte. La providencia del supercontrol de la Supremacía se vuelve cada vez más aparente a medida que las sucesivas partes del universo progresan en el logro de los destinos finitos. A medida que los sistemas, constelaciones, universos y superuniversos se establecen en luz y vida, el Supremo emerge cada vez más como correlativo significativo de todo lo que ocurre, mientras que el Último emerge gradualmente como unificador trascendental de todas las cosas.

En los comienzos de un mundo evolucionario los sucesos naturales de orden material y los deseos personales de los seres humanos frecuentemente parecen ser antagónicos. Es muy difícil para el hombre mortal comprender mucho de lo que ocurre en un mundo en evolución —la ley natural tan frecuentemente parece ser cruel, sin corazón e indiferente a todo lo que es verdadero, bello y bueno en la comprensión humana. Pero a medida que la humanidad progresa en el desarrollo planetario, observamos que este punto de vista se ve modificado por los siguientes factores:

1. *La visión en aumento del hombre* —su comprensión creciente del mundo en el cual vive; su capacidad que se va ampliando para la comprensión de los hechos materiales del tiempo, las ideas significativas del pensamiento y los ideales valiosos del discernimiento espiritual. Mientras los hombres midan tan sólo con la vara de las cosas de naturaleza física no pueden esperar jamás encontrar unidad en el tiempo y en el espacio.

2. *El control en aumento del hombre* —la acumulación gradual del conocimiento de las leyes del mundo material, los propósitos de la existencia espiritual y las posibilidades de la coordinación filosófica de estas dos realidades. El hombre, el salvaje, estaba desamparado ante los ataques de las fuerzas naturales, era esclavo ante el dominio cruel de sus propios temores interiores. El hombre semicivilizado comienza a abrir la puerta del almacén de los secretos de los reinos naturales y su ciencia está destruyendo lenta, pero eficazmente, sus supersticiones, mientras que al mismo tiempo provee una base nueva y ampliada de hecho para la comprensión de los significados de la filosofía y de los valores de la verdadera experiencia espiritual. El hombre civilizado algún día alcanzará un dominio relativo de las fuerzas físicas de su planeta; esparcirá el amor de Dios en su corazón hacia afuera en forma eficaz como amor hacia sus semejantes, mientras que los valores de la existencia humana se aproximarán a los límites de la capacidad mortal.

3. *Integración del hombre con el universo* —el aumento de discernimiento humano más el aumento del logro experiencial humano le trae hacia una armonía más estrecha con las presencias unificadoras de la Supremacía —la Trinidad del Paraíso y el Ser Supremo. Esto es lo que establece la soberanía del Supremo en los mundos que se han establecido por mucho tiempo en luz y vida. Tales planetas avanzados son efectivamente poemas de armonía, retratos de la belleza de la bondad lograda, conseguida mediante la búsqueda de la verdad cósmica. Si tales cosas pueden suceder en un planeta, cosas aun más grandes pueden suceder en un sistema y en las unidades más grandes del gran universo a medida que éstos también logren un establecimiento que indique el agotamiento de los potenciales para el crecimiento finito.

En un planeta de este orden avanzado, la providencia se ha vuelto una actualidad, las circunstancias de la vida están correlacionadas, pero esto no se debe solamente a que el hombre ha llegado a dominar los problemas materiales de su mundo; es también porque ha comenzado a vivir de acuerdo con la tendencia de los universos; está siguiendo el camino de la Supremacía para el logro del Padre Universal.

El reino de Dios está en el corazón de los hombres; y cuando este reino se vuelve actual en el corazón de cada individuo de un mundo, la regla de Dios se ha vuelto actual en el planeta; ésta es la soberanía lograda del Ser Supremo.

Para realizar la providencia en el tiempo el hombre debe cumplir la tarea de alcanzar la perfección. Pero el hombre aun ahora puede saborear por adelantado esta providencia en sus significados eternos cuando discurre en el hecho universal de que todas las cosas, ya sean buenas o malas, cooperan para el avance de los mortales que conocen a Dios en su búsqueda del Padre de todo.

La providencia se vuelve cada vez más discernible a medida que los hombres se dirigen hacia arriba desde lo material a lo espiritual. El logro del discernimiento espiritual completado permite que la personalidad ascendente detecte armonía en lo que hasta ese momento era caos. Aun la mota morontial representa un avance real en esta dirección.

La providencia es en parte el supercontrol del Supremo incompleto manifestada en los universos incompletos, y por lo tanto por siempre debe ser:

1. *Parcial* —debido a la condición incompleta de la actualización del Ser Supremo;

2. *Imprevisible* —debido a las fluctuaciones de la actitud de la criatura, que por siempre varía de un nivel a otro, causando así aparentemente una respuesta variable recíproca en el Supremo.

Cuando los hombres oran para requerir la intervención providencial en las circunstancias de la vida, muchas veces la respuesta a sus oraciones es su propia actitud cambiada hacia la vida. Pero la providencia no es caprichosa, tampoco es fantástica ni mágica. Es la emergencia lenta y segura del soberano poderoso de los universos finitos, cuya presencia majestuosa detectan ocasionalmente las criaturas en evolución en sus progresiones universales. La providencia es la marcha segura y certera de las galaxias del espacio y de las personalidades del tiempo hacia las metas de la eternidad, primero en el Supremo, luego en el Último y tal vez en el Absoluto. Y en la infinidad creemos que existe la misma providencia y que ésta es la voluntad, las acciones, el propósito de la Trinidad del Paraíso que motiva así el panorama cósmico de universos tras universos.

[Patrocinado por un Mensajero Poderoso residente temporalmente en Urantia.]

DOCUMENTO 119

LOS AUTOOTORGAMIENTOS DE CRISTO MICAEL

ME LLAMO Gavalia, soy el Jefe de las Estrellas Vespertinas de Nebadon, y he sido asignado a Urantia por Gabriel, para la revelación de la historia de los siete autootorgamientos del Soberano del Universo, Micael de Nebadon. Al hacer esta presentación, me adhiero estrictamente a las limitaciones impuestas por mi comisión.

El atributo de autootorgamiento es inherente a los Hijos Paradisiacos del Padre Universal. En su deseo de acercarse a las experiencias de vida de sus criaturas vivientes subordinadas, las varias órdenes de Hijos del Paraíso reflejan la naturaleza divina de sus padres Paradisiacos. El Hijo Eterno de la Trinidad del Paraíso marcó el camino de esta práctica, habiéndose autootorgado siete veces en los siete circuitos de Havona durante los tiempos de la ascensión de Grandfanda y los primeros peregrinos del tiempo y del espacio. Y el Hijo Eterno continúa autootorgándose en los universos locales del espacio en la persona de sus representantes, los Hijos Micael y Avonal.

Cuando el Hijo Eterno otorga a un Hijo Creador a un universo local proyectado, ese Hijo Creador asume completa responsabilidad para que se complete, controle y componga ese nuevo universo, incluyendo el juramento solemne a la Trinidad eterna de no asumir la plena soberanía de la nueva creación hasta no completar con éxito sus siete autootorgamientos en forma de criaturas y que éstos hayan sido certificados por los Ancianos de los Días del superuniverso correspondiente. Todos los Hijos Micael que se ofrecen como voluntarios para salir del Paraíso y ocuparse de la organización y creación de un universo, asumen esta obligación.

El propósito de estos autootorgamientos en forma de las criaturas consiste en permitir que dichos Creadores se tornen soberanos sabios, compasivos, justos y comprensivos. Estos Hijos divinos son innatamente justos, pero se vuelven comprensivamente misericordiosos como resultado de estas experiencias sucesivas de autootorgamiento; son por naturaleza misericordiosos, pero estas experiencias los tornan misericordiosos en formas nuevas y adicionales. Estos autootorgamientos constituyen el último paso en su instrucción y capacitación para la tarea sublime de gobierno de los universos locales en la justicia divina y por rectitud de juicio.

Aunque se acumulan numerosos beneficios incidentales en los varios mundos, sistemas y constelaciones, así como también para las diferentes órdenes de inteligencias universales afectadas y beneficiadas por estos autootorgamientos, éstos tienen el objetivo principal de completar la capacitación personal y el adiestramiento universal de un Hijo Creador. Estos autootorgamientos no son esenciales para la gestión sabia, justa y eficaz de un universo local, pero son absolutamente necesarios para una administración imparcial, misericordiosa y comprensiva de dicha creación, en la que pululan distintas formas de vida y miríadas de criaturas inteligentes pero imperfectas.

Los Hijos Micael comienzan su trabajo de organización universal con plena y justa comprensión de las varias órdenes de seres que han creado. Tienen vastas reservas de misericordia para todas estas criaturas diferentes, aun piedad por aquellos que erran y se empantanan en el lodo egoísta que ellos mismos producen. Pero dichas dotes de justicia y rectitud no serán suficientes en la estimación de los Ancianos de los Días. Estos gobernantes triunos de los superuniversos jamás certificarán a un Hijo Creador como Soberano Universal hasta que éste no haya realmente adquirido el punto de vista de sus propias criaturas mediante una experiencia real en el medio ambiente en el que existen y como una de estas mismas criaturas. De esta manera estos Hijos se vuelven gobernantes inteligentes y comprensivos; llegan a *conocer* los varios grupos sobre los que gobiernan y ejercen autoridad universal. Mediante la experiencia viviente, adquieren misericordia práctica, juicio recto y la paciencia nacida de la existencia experiencial como criatura.

El universo local de Nebadon está actualmente gobernado por un Hijo Creador que ha completado sus autootorgamientos; reina en supremacía justa y misericordiosa sobre todos los vastos reinos de su universo en evolución y en perfeccionamiento. Micael de Nebadon es el otorgamiento 611.121 del Hijo Eterno para los universos del tiempo y del espacio, y comenzó la organización de vuestro universo local unos cuatrocientos mil millones de años atrás. Micael se preparó para su primera aventura de autootorgamiento alrededor de la época en que Urantia estaba adoptando su forma presente, hace mil millones de años. Sus autootorgamientos han ocurrido aproximadamente cada ciento cincuenta millones de años, habiendo tomado lugar el último en Urantia mil novecientos años atrás. Ahora procederé a revelar la naturaleza y carácter de estos autootorgamientos, tan plenamente como mi comisión lo permite.

1. EL PRIMER AUTOOTORGAMIENTO

Fue una ocasión solemne en Salvington casi mil millones de años atrás cuando los directores y jefes reunidos del universo de Nebadon oyeron a Micael anunciar que su hermano mayor, Emanuel, asumiría pronto la autoridad en Nebadon mientras él (Micael) se ausentaba en una misión no explicada. No se hizo ningún otro anuncio relativo a esta transacción, excepto que la transmisión de despedida a los Padres de la Constelación, entre otras instrucciones, decía: «Y durante este período os pongo al cuidado y protección de Emanuel, mientras yo cumplo el mandato de mi Padre en el Paraíso».

Después de enviar su transmisión de despedida, Micael apareció en el campo de despacho de Salvington, así como lo había hecho en muchas ocasiones previas al prepararse para partir hacia Uversa o al Paraíso, excepto que esta vez se presentó solo. Concluyó su declaración de partida con estas palabras: «Os dejo por una corta temporada. Muchos de vosotros, lo sé, querrían ir conmigo, pero allí donde voy, vosotros no podéis venir. Lo que estoy por hacer, vosotros no lo podéis hacer. Yo voy para hacer la voluntad de las Deidades del Paraíso, y cuando haya completado mi misión y haya adquirido esta experiencia, volveré a ocupar mi sitio entre vosotros». Habiendo hablado así, Micael de Nebadon se desvaneció de la vista de todos los que estaban allí reunidos y no volvió a aparecer durante veinte años de tiempo estándar. En todo Salvington, tan sólo la Ministra Divina y Emanuel sabían lo que estaba ocurriendo, y el Unión de los Días compartía su secreto tan sólo con el ejecutivo en jefe del universo, Gabriel, la Brillante Estrella Matutina.

Todos los habitantes de Salvington y aquellos que residían en los mundos sedes de las constelaciones y de los sistemas se reunieron en sus respectivas estaciones de recepción para escuchar la inteligencia universal, esperando recibir alguna noticia sobre la misión y las andanzas del Hijo Creador. No fue hasta el tercer día después de la partida de Micael hasta que se recibió un mensaje posiblemente significativo. En este día se registró una comunicación en Salvington desde la esfera Melquisedek, la sede de esa orden en Nebadon, que simplemente registraba esta transacción extraordinaria y jamás oída anteriormente: «Hoy al mediodía apareció en el campo de recepción de este mundo un extraño Hijo Melquisedek, que no pertenece a nuestras filas pero que es totalmente igual a nuestra orden. Venía acompañado de un omniafín solitario que traía credenciales desde Uversa y presentó órdenes dirigidas a nuestro jefe, derivadas de los Ancianos de los Días y certificadas por Emanuel de Salvington, instruyendo que este nuevo Hijo Melquisedek fuera recibido en nuestra orden y asignado al servicio de urgencia de los Melquisedek en Nebadon. Así como fue ordenado, así lo hicimos».

Esto es prácticamente todo lo que aparece en los registros de Salvington relativo al primer autootorgamiento de Micael. Nada más aparece hasta cien años más tarde, medidos en tiempo de Urantia, cuando se registra el hecho del retorno de Micael, que vuelve a tomar sin anuncio previo, la dirección de los asuntos del universo. Pero se encuentra un registro extraño en el mundo Melquisedek, una narración del servicio de este singular Hijo Melquisedek del cuerpo de urgencia de esa época. Este registro se preserva en un sencillo templo que ocupa ahora la parte de adelante del hogar del Padre Melquisedek, y comprende el relato del servicio de este Hijo Melquisedek transitorio en relación con su asignación a veinticuatro misiones de urgencia en el universo. Y este registro, que tan recientemente he repasado, concluye así:

«Al mediodía de este día, sin previo anuncio y presenciado tan sólo por tres de nuestra fraternidad, este Hijo visitante de nuestra orden desapareció de nuestro mundo así como había llegado, acompañado tan sólo por un omniafín solitario; este expediente ha sido cerrado con la certificación de que este visitante vivió como un Melquisedek, en semejanza de Melquisedek trabajó como un Melquisedek, y realizó fielmente todas sus asignaciones como Hijo de urgencia de nuestra orden. Por consentimiento universal se ha tornado jefe de los Melquisedek, habiéndose ganado nuestro amor y adoración por su sabiduría incomparable, amor supremo y extraordinaria devoción al deber. Él nos amó, nos comprendió y sirvió con nosotros, y por siempre seremos sus compañeros Melquisedek leales y devotos, pues este extraño en nuestro mundo se ha vuelto ahora eternamente un ministro universal de naturaleza Melquisedek».

Esto es todo cuanto se me permite deciros sobre el primer autootorgamiento de Micael. Nosotros, por supuesto, comprendemos plenamente que este extraño Melquisedek que tan misteriosamente sirviera con los Melquisedek mil millones de años atrás, no era otro sino el Micael encarnado, en la misión de su primer autootorgamiento. Los registros no declaran específicamente que este Melquisedek único y eficiente era Micael, pero se cree universalmente que así fue. Probablemente no se puede encontrar la declaración de este hecho fuera de los registros de Sonarington, y los registros de ese mundo secreto no están abiertos para nosotros. Sólo en este mundo sagrado de los Hijos divinos se conocen plenamente los misterios de la encarnación y el autootorgamiento. Todos conocemos los hechos de los autootorgamientos de Micael, pero no comprendemos de qué manera se realizan. No sabemos cómo el gobernante de un universo, el creador de los Melquisedek, puede tan repentina y misteriosamente volverse uno de ellos, y como uno de ellos, puede vivir y trabajar como un Hijo Melquisedek por cien años. Pero eso fue lo que ocurrió.

2. EL SEGUNDO AUTOOTORGAMIENTO

Durante casi ciento cincuenta millones de años después del autootorgamiento Melquisedek de Micael, todo anduvo bien en el universo de Nebadon, hasta que comenzaron a producirse ciertos problemas en el sistema 11 de la constelación 37. Estos problemas comprendían un mal entendido por parte de un Hijo Lanonandek, un Soberano del Sistema, que había sido juzgado por los Padres de la Constelación y su fallo aprobado por el Fiel de los Días, el consejero del Paraíso para esa constelación; pero el Soberano del Sistema que protestaba no estaba plenamente reconciliado con el veredicto. Después de más de cien años de insatisfacción, condujo a sus asociados a una de las rebeliones más vastas y desastrosas contra la soberanía del Hijo Creador jamás instigada en el universo de Nebadon, una rebelión que desde hace mucho tiempo los Ancianos de los Días en Uversa, adjudicaron y terminaron.

Este Soberano del Sistema rebelde, Lutentia, reinó supremo en su planeta sede central por más de veinte años de tiempo nebadónico estándar; en ese momento, los Altísimos, con aprobación de Uversa, ordenaron su segregación y solicitaron a los gobernantes de Salvington que designaran a un nuevo Soberano del Sistema para que asumiese la dirección de ese sistema de mundos habitados confuso y destrozado por las luchas.

Simultáneamente con la recepción de esta solicitud en Salvington, Micael inició la segunda de esas extraordinarias proclamaciones de intención de ausentarse de la sede central del universo con el fin de «hacer el mandato de mi Padre del Paraíso», prometiendo «retornar al tiempo adecuado» y concentrando toda autoridad en las manos de su hermano del Paraíso, Emanuel, el Unión de los Días.

Luego, mediante la misma técnica observada al tiempo de su partida en relación con el autootorgamiento Melquisedek, Micael nuevamente se despidió de su esfera sede central. Tres días después de esta partida inexplicada apareció entre el cuerpo de reserva de los Hijos primarios Lanonandek de Nebadon, un nuevo miembro desconocido. Este nuevo Hijo apareció al mediodía, sin anuncio previo y acompañado por un solo terciafín que llevaba credenciales de los Ancianos de los Días de Uversa, certificadas por Emanuel de Salvington, ordenando que este nuevo Hijo fuera asignado al sistema 11 de la constelación 37 como sucesor del depuesto Lutentia y con plena autoridad como Soberano del Sistema interino hasta el nombramiento de un nuevo soberano.

Por más de diecisiete años de tiempo del universo este extraño y desconocido gobernante provisional administró los asuntos y adjudicó sabiamente las dificultades de este confuso y desmoralizado sistema local. Ningún Soberano del Sistema fue jamás amado más ardientemente, ni honrado y respetado más ampliamente. Con justicia y misericordia este nuevo gobernante calmó el turbulento sistema, ordenándolo mientras ministraba con gran cuidado a todos sus sujetos, aun ofreciendo a su predecesor rebelde el privilegio de compartir el trono de autoridad del sistema si tan sólo le pedía perdón a Emanuel por sus indiscreciones. Pero Lutentia despreció estos ofrecimientos misericordiosos, sabiendo bien que este nuevo y extraño Soberano del Sistema no era sino Micael, el gobernante mismo del universo a quien tan recientemente había desafiado. Pero millones de sus seguidores desviados e ilusos aceptaron el perdón de este nuevo gobernante, conocido en aquella edad como el Soberano Salvador del sistema de Palonia.

Luego llegó ese día pletórico en el cual llegó el Soberano del Sistema recién nombrado, designado por las autoridades universales como sucesor permanente del depuesto Lutentia, y toda Palonia lamentó la partida del más noble y más benigno gobernante del sistema que Nebadon había conocido jamás. Era amado por todo el sistema y adorado por sus semejantes de todos los grupos de los Hijos Lanonandek. Su partida no fue sin ceremonias; se organizó una gran celebración cuando partió de la sede central del sistema. Aun su predecesor errado envió este mensaje: «Justo y recto eres tú en todas tus acciones. Aunque sigo rechazando la regla del Paraíso, me veo obligado a confesar que tú eres un administrador justo y misericordioso».

Entonces este gobernante transitorio de un sistema rebelde, se despidió del planeta de su corta estadía administrativa, y al tercer día después de esto Micael apareció en Salvington y volvió a tomar la dirección del universo de Nebadon. Poco después siguió la tercera proclamación de Uversa sobre la jurisdicción en aumento de la soberanía y autoridad de Micael. Hizo la primera proclamación al tiempo de su llegada a Nebadon; la segunda la emitió poco después de que completara su autootorgamiento Melquisedek, y ahora la tercera sigue a la terminación de la segunda misión, o misión Lanonandek.

3. EL TERCER AUTOOTORGAMIENTO

El consejo supremo de Salvington acababa de considerar la solicitud de los Portadores de Vida en el planeta 217 del sistema 87 de la constelación 61 en el sentido de que se enviara la ayuda de un Hijo Material. Este planeta estaba ubicado en un sistema de mundos habitados donde otro Soberano del Sistema se había descarriado, la segunda de estas rebeliones en todo Nebadon hasta ese momento.

A pedido de Micael, se postergó la acción relativa a la solicitud de los Portadores de Vida de este planeta hasta que fuera considerada y juzgada por Emanuel. Éste era un procedimiento irregular, y bien recuerdo que todos anticipamos algo fuera de lo común, y no tuvimos que esperar demasiado. Micael delegó la dirección del universo en las manos de Emanuel, confiando al mismo tiempo el mando de las fuerzas celestiales a Gabriel; habiendo así dispuesto de sus responsabilidades administrativas, se despidió del Espíritu Materno del Universo y desapareció del campo de despacho de Salvington precisamente como lo había hecho en las dos ocasiones previamente.

Como era de esperarse, al tercer día desde este acontecimiento apareció, sin anuncio, en el mundo sede central del sistema 87 de la constelación 61, un extraño Hijo Material, acompañado por un solo seconafín, acreditado por los Ancianos de los Días de Uversa y certificado por Emanuel de Salvington. Inmediatamente el Soberano del Sistema interino nombró a este nuevo y misterioso Hijo Material como Príncipe Planetario interino del mundo 217, e inmediatamente los Altísimos de la constelación 61 confirmaron esta designación.

De este modo este Hijo Material único comenzó su difícil carrera en un mundo de secesión, rebelión y en cuarentena, ubicado en un sistema sitiado, sin comunicación directa alguna con el universo exterior, trabajando a solas durante una entera generación de tiempo planetario. Este Hijo Material de urgencia logró conseguir el arrepentimiento y la reclamación del incumplido Príncipe Planetario y de su entero séquito y presenció la restauración del planeta al servicio leal de la ley del Paraíso tal como estaba establecida en los universos locales. A su debido tiempo, llegaron un Hijo y una Hija Materiales a este mundo rejuvenecido y redimido, y después de haber sido nombrados debidamente como gobernantes planetarios visibles, el Príncipe Planetario transitorio o de urgencia se despidió formalmente, desapareciendo cierto día al mediodía. Al tercer día posteriormente, Micael volvió a aparecer en su lugar acostumbrado en Salvington, y muy pronto las transmisiones del superuniverso difundieron la cuarta proclamación de los Ancianos de los Días anunciando el avance ulterior de la soberanía de Micael en Nebadon.

Lamento no tener permiso para narrar la paciencia, fuerza de carácter y pericia con la cual este Hijo Material se enfrentó a las difíciles situaciones de este confuso planeta. La reclamación de este mundo aislado es uno de los capítulos más hermosamente conmovedores en los anales de la salvación de todo Nebadon. A fines de esta misión todo Nebadon comprendió por qué su amado gobernante elegía embarcarse en estos autootorgamientos repetidos a semejanza de alguna orden subordinada de seres inteligentes.

Los autootorgamientos de Micael como Hijo Melquisedek, luego como Hijo Lanonandek y luego como Hijo Material son igualmente misteriosos y desafían explicaciones. En cada caso apareció *repentinamente* y como individuo plenamente desarrollado del grupo de autootorgamiento. El misterio de dichos autootorgamientos jamás será conocido excepto por parte de los que tienen acceso al círculo interior de los registros en la sagrada esfera de Sonarington.

Nunca, desde este maravilloso autootorgamiento como Príncipe Planetario de un mundo en aislamiento y rebelión, han caído los Hijos o Hijas Materiales de Nebadon en la tentación de quejarse de sus asignaciones o encontrar falla en las dificultades de sus misiones planetarias. Por siempre los Hijos Materiales saben que en el Hijo Creador del universo cuentan con un soberano comprensivo y un amigo compasivo, con alguien que ha «sido probado y comprobado en todos los aspectos», así como ellos mismos también deben ser probados.

Cada una de estas misiones fue seguida por una edad de servicio en aumento y mayor lealtad entre todas las inteligencias celestiales de origen universal, mientras que cada era sucesiva de autootorgamiento se caracterizó por avance y mejora en todos los métodos de administración universal y en todas las técnicas de gobierno. Desde este autootorgamiento ningún Hijo o Hija Material jamás se ha unido con conocimiento de causa, a una rebelión contra Micael; ellos le aman y respetan con gran devoción como para jamás rechazarlo conscientemente. Tan sólo a través de engaños y sofismas han llegado los Adanes de tiempos recientes a ser desviados por tipos más elevados de personalidades rebeldes.

4. EL CUARTO AUTOOTORGAMIENTO

Fue al final de una de las veces en que se llama lista periódica milenaria en Uversa cuando Micael confió el gobierno de Nebadon a Emanuel y Gabriel; y naturalmente, recordando lo que había sucedido en tiempos pasados después de dicha acción, todos nos preparamos para presenciar la desaparición de Micael en su cuarta misión de autootorgamiento, y no tuvimos que esperar mucho puesto que poco después se dirigió al campo de despacho de Salvington y desvaneció de nuestra vista.

Al tercer día después de esta desaparición autootorgadora observamos, en las emisiones universales de Uversa, esta significativa noticia proveniente de la sede central seráfica de Nebadon: «Informamos de la llegada sin anuncio de un serafín desconocido, acompañado por un supernafín solitario y por Gabriel de Salvington. Este serafín no registrado califica en la orden de Nebadon y lleva credenciales de los Ancianos de los Días de Uversa, certificadas por Emanuel de Salvington. Este serafín responde a las pruebas demostrando que pertenece a la orden suprema de los ángeles de un universo local y se le asigna al cuerpo de los asesores de la enseñanza».

Micael estuvo ausente de Salvington durante este autootorgamiento seráfico por un período de más de cuarenta años estándar del universo. Durante este período sirvió de asesor seráfico de enseñanza, lo que podríais denominar secretario privado, asignado a veintiséis distintos instructores decanos que funcionaban en veintidós mundos diferentes. Su asignación última o terminal fue como consejero y asistente de una misión de autootorgamiento de un Hijo Instructor Trinitario en el mundo 462 del sistema 84 de la constelación 3 en el universo de Nebadon.

Nunca, a través de los siete años de esta asignación, estuvo este Hijo Instructor Trinitario plenamente persuadido de la identidad de su asociado seráfico. Es verdad que durante aquella edad se consideraban a todos los serafines con particular interés y escrutinio. Sabíamos plenamente que nuestro amado Soberano estaba de viaje en el universo, bajo la guisa de un serafín, pero no podíamos nunca estar seguros de su identidad. No fue jamás identificado positivamente hasta el momento de su asignación a la misión de autootorgamiento de este Hijo Instructor Trinitario. Pero siempre a lo largo de esta era todos los serafines supremos eran considerados con solicitud especial, por si uno de nosotros pudiera encontrarse con que había sido, sin saberlo, anfitrión del Soberano del universo en misión de autootorgamiento en la forma de una criatura. Y se ha vuelto verdad para siempre, en cuanto se refiere a los ángeles, que su Creador y Gobernante ha sido «probado y comprobado en todos los aspectos a semejanza de la personalidad seráfica».

A medida que estos autootorgamientos sucesivos compartían cada vez más de la naturaleza de las formas más bajas de la vida universal, Gabriel se volvió cada vez más un asociado de estas aventuras de encarnaciones actuando como enlace universal entre el Micael autootorgado y Emanuel el gobernante interino del universo.

Ya ha pasado Micael a través de la experiencia autootorgadora de tres órdenes de sus Hijos universales creados: los Melquisedek, los Lanonandek y los Hijos Materiales. Luego condesciende en personalizarse en la semejanza de la vida angélica de un serafín supremo antes de volver su atención a las varias fases de las carreras ascendentes de la forma más baja de las criaturas volitivas: los mortales evolucionarios del tiempo y del espacio.

5. EL QUINTO AUTOOTORGAMIENTO

Poco más de trescientos millones de años atrás, según se mide el tiempo en Urantia, presenciamos otra de esas transferencias de autoridad universal a Emanuel y observamos las preparaciones de Micael para la partida. Esta ocasión fue distinta de las anteriores en cuanto anunció que su destino era Uversa, sede central del superuniverso de Orvonton. A su debido tiempo nuestro Soberano partió, pero las transmisiones del superuniverso no mencionaron en ningún momento la llegada de Micael a las cortes de los Ancianos de los Días. Poco después de su partida de Salvington apareció en las emisoras de Uversa esta declaración significativa: «Hoy llegó sin anuncio y sin número un peregrino ascendente de origen mortal del universo de Nebadon, certificado por Emanuel de Salvington y acompañado por Gabriel de Nebadon. Este ser no identificado demuestra ser un verdadero espíritu y ha sido recibido en nuestra fraternidad».

Si fuerais a visitar Uversa hoy, oiríais el relato de los días en que Eventod se quedó allí, este particular peregrino desconocido del tiempo y del espacio que con ese nombre se conoció en Uversa. Y este mortal ascendente, por lo menos una maravillosa personalidad en semejanza exacta de la etapa espiritual de los mortales ascendentes, vivió y funcionó en Uversa por un período de once años del tiempo estándar de Orvonton. Este ser recibió las asignaciones y llevó a cabo los deberes de un mortal espiritual en común con sus semejantes provenientes de los varios universos locales de Orvonton. Él «fue probado y comprobado en todos los aspectos, así como sus semejantes», y en todas las ocasiones se demostró merecedor de la confianza y fe de sus superiores, mereciendo al mismo tiempo infaliblemente el respeto y la admiración leal de los espíritus sus semejantes.

En Salvington seguimos la carrera de este espíritu peregrino con gran interés, sabiendo muy bien, por la presencia de Gabriel, que este peregrino sin número y sin pretensiones no era sino el gobernante autootorgador de nuestro universo local. Esta primera aparición de Micael en el papel de una etapa de la evolución mortal fue un acontecimiento que emocionó y cautivó a todo Nebadon. Habíamos oído de tales cosas y ahora las contemplamos. Apareció en Uversa como un espíritu mortal plenamente desarrollado y perfectamente capacitado y, como tal, continuó su carrera hasta la ocasión del avance de un grupo de mortales ascendentes a Havona; en ese momento se comunicó con los Ancian os de los Días e inmediatamente, en compañía de Gabriel, se despidió repentinamente y sin ceremonias de Uversa, apareciendo poco después en su lugar acostumbrado en Salvington.

No fue sino hasta que se completó este autootorgamiento hasta que finalmente comprendimos que Micael probablemente se encarnaría a semejanza de sus varias órdenes de personalidades del universo, desde los más elevados Melquisedek hasta los más inferiores mortales de carne y hueso en los mundos evolucionarios del tiempo y del espacio. Alrededor de esta época los colegios Melquisedek comenzaron a enseñar la probabilidad de la encarnación futura de Micael como mortal de la carne, y hubo muchas especulaciones en cuanto a la posible técnica de tal inexplicable autootorgamiento. El hecho de que Micael había actuado personalmente el papel de un mortal ascendente prestó nuevo y adicional interés a todo el esquema de la progresión de la criatura hacia arriba a través del universo local y del superuniverso.

Sin embargo, la técnica de estos autootorgamientos sucesivos seguía siendo un misterio. Aun Gabriel confiesa que no comprende el método por el cual este Hijo del Paraíso y Creador del universo podía, por su voluntad, tomar la personalidad y vivir la vida de una de sus propias criaturas subordinadas.

6. EL SEXTO AUTOOTORGAMIENTO

Estando todo Salvington ya familiarizado con los preliminares de un autootorgamiento inminente, Micael reunió a los residentes del planeta sede central y, por primera vez, reveló el resto de su plan de encarnaciones, anunciando que pronto saldría de Salvington con el propósito de asumir la carrera de un mortal morontial en las cortes de los Padres Altísimos en el planeta sede central de la quinta constelación. Luego oímos por primera vez el anuncio de que su séptimo y final autootorgamiento se realizaría, en semejanza de la carne mortal, en algún mundo evolucionario.

Antes de salir de Salvington para su sexto autootorgamiento Micael dirigió la palabra a los habitantes reunidos de la esfera y partió a plena vista de todos ellos, acompañado por un solo serafín y por la Estrella Brillante Matutina de Nebadon. Aunque la dirección del universo se había confiado nuevamente a Emanuel, hubo una distribución más amplia de las responsabilidades administrativas.

Micael apareció en la sede central de la constelación cinco como un completo mortal morontial de estado ascendente. Lamento que se me haya prohibido revelaros los detalles de esta carrera mortal morontial sin número, pero fue una de las épocas más extraordinarias y sorprendentes en la experiencia autootorgadora de Micael, sin exceptuar siquiera su estadía dramática y trágica en Urantia. Pero entre las muchas restricciones que se me han impuesto al aceptar esta comisión está la que me prohíbe revelar los detalles de esta maravillosa carrera de Micael como mortal morontial de Endantun.

Cuando Micael volvió de este autootorgamiento morontial fue aparente para nosotros que nuestro Creador se había vuelto una criatura como nosotros, que el Soberano del Universo era también el amigo y ayudante compasivo aun de las formas más bajas de inteligencia creadas en sus reinos. Habíamos observado esta adquisición progresiva del punto de vista de la criatura en la administración universal antes de llegar a este punto, porque ésta había ido apareciendo gradualmente, pero se hizo más aparente después de que se completó el autootorgamiento mortal morontial, y aun más después de su retorno de la carrera del hijo de un carpintero en Urantia.

Gabriel nos había informado por adelantado cuándo se liberaría Micael de su autootorgamiento morontial, y por lo tanto organizamos una recepción adecuada en Salvington. Millones y millones de seres se reunieron desde los mundos sede central de las constelaciones en Nebadon, y una mayoría de los residentes en los mundos adyacentes a Salvington se reunieron para darle la bienvenida de vuelta al gobierno de su universo. En respuesta a nuestros muchos discursos de bienvenida y expresiones de apreciación de un Soberano tan vitalmente interesado en sus criaturas, tan sólo respondió: «He estado simplemente ocupado en los asuntos de mi Padre. Tan sólo cumplo las disposiciones de los Hijos del Paraíso que aman a sus criaturas y anhelan comprenderlas».

Pero desde ese día hasta la hora en que Micael se embarcó en su aventura en Urantia como Hijo del Hombre, todo Nebadon continuó hablando de las muchas obras de su Gobernante Soberano cuando éste actuaba en Endantun, autootorgado en un mortal morontial en ascensión evolucionaria, habiendo sido probado en todos los campos como lo son sus semejantes de todos los mundos materiales reunidos en la entera constelación de su residencia.

7. EL SÉPTIMO Y ÚLTIMO AUTOOTORGAMIENTO

Por decenas de miles de años todos anticipamos el séptimo y final autootorgamiento de Micael. Gabriel nos había enseñado que se haría este autootorgamiento terminal a semejanza de la carne mortal, pero éramos totalmente ignorantes en cuanto al tiempo, lugar y manera de esta aventura culminante.

El anuncio público de que Micael había seleccionado a Urantia como teatro de su autootorgamiento final fue hecho poco después de que oímos acerca de la contumacia de Adán y Eva. Y por eso, durante más de treinta y cinco mil años vuestro mundo ocupó un lugar muy conspicuo en los consejos del universo entero. No había secretos (aparte del misterio de la encarnación) en relación con lo que tuvo que ver con el autootorgamiento en Urantia. Desde el principio hasta el fin, hasta el retorno final y triunfante de Micael a Salvington como Soberano supremo del Universo, hubo la más plena publicidad universal de todo lo que ocurría en vuestro pequeño pero altamente honrado mundo.

Aunque creíamos que éste sería el método, nunca supimos, hasta el momento mismo del suceso, que Micael aparecería en la tierra como infante desamparado del reino. Hasta ese momento siempre había aparecido como un individuo plenamente desarrollado del grupo de personalidades seleccionado para el autootorgamiento y fue un anuncio emocionante el que se emitió desde Salvington informando de que el infante de Belén había nacido en Urantia.

Entonces nos dimos cuenta no sólo de que nuestro Creador y amigo estaba dando el más precario paso de toda su carrera, aparentemente arriesgando su posición y autoridad en este autootorgamiento como bebé desamparado, sino que también comprendimos que su experiencia en este autootorgamiento final y mortal lo colocaría eternamente en el trono como soberano indisputado y supremo del universo de Nebadon. Durante un tercio de siglo de tiempo terrestre todos los ojos de todas las partes de este universo local estuvieron dirigidos a Urantia. Todas las inteligencias se dieron cuenta de que estaba en progreso el último autootorgameinto, y como por mucho tiempo habíamos sabido de la rebelión de Lucifer en Satania y de la deslealtad de Caligastia en Urantia, bien comprendimos la intensidad de la lucha que se produciría cuando nuestro gobernante condescendiera a encarnarse a Urantia en la humilde forma y semejanza de la carne mortal.

Josué ben José, el niño judío, fue engendrado y nació en el mundo tal como cualquier otro bebé antes y desde entonces, *excepto* que este bebé en particular fue la encarnación de Micael de Nebadon, un Hijo divino Paradisiaco y el Creador de este entero universo local de cosas y seres. Y este misterio del autootorgamiento de la Deidad dentro de la forma humana de Jesús, por otra parte de origen natural en el mundo, permanecerá por siempre sin solución. Aun en la eternidad jamás conoceréis la técnica y método del autootorgamiento del Creador en la forma y semejanza de sus criaturas. Ése es el secreto de Sonarington, y estos misterios son posesión exclusiva de aquellos Hijos divinos que han pasado por la experiencia del autootorgamiento.

Ciertos hombres sabios de la tierra sabían de la próxima llegada de Micael. A través de los contactos de un mundo a otro, estos hombres sabios de discernimiento espiritual supieron del autootorgamiento próximo de Micael en Urantia. Y los serafines, a través de los seres intermedios, hicieron el anuncio a un grupo de sacerdotes caldeos cuyo dirigente era Ardnón. Estos hombres de Dios visitaron al recién nacido. El único acontecimiento sobrenatural relacionado con el nacimiento de Jesús fue este anuncio a Ardnón y a sus asociados por parte de los serafines que anteriormente habían sido asignados a Adán y Eva en el primer jardín.

Los padres humanos de Jesús eran personas comunes y corrientes de su día y generación, y este Hijo encarnado de Dios nació así de una mujer y fue criado de la manera común de los niños de esa raza y edad.

La historia de la estadía de Micael en Urantia, el relato del autootorgamiento mortal del Hijo Creador en vuestro mundo es un asunto que va más allá del alcance y propósito de esta narrativa.

8. EL ESTADO POSTAUTOOTORGADOR DE MICAEL

Después del autootorgamiento final y triunfante de Micael en Urantia, no sólo fue aceptado por los Ancianos de los Días como gobernante soberano de Nebadon, sino que también el Padre Universal lo reconoció como director establecido del universo local de su propia creación. En el momento de su retorno a Salvington, este Micael, el Hijo del Hombre y el Hijo de Dios, fue proclamado el gobernante establecido de Nebadon. Desde Uversa se emitió la octava proclamación de la soberanía de Micael, mientras que desde el Paraíso llegó el pronunciamiento conjunto del Padre Universal y del Hijo Eterno constituyendo esta unión de Dios y hombre como único jefe del universo y ordenando al Unión de los Días asignado a Salvington que notificara su intención de retirarse al Paraíso. Los Fieles de los Días en las sedes centrales de las constelaciones también recibieron la orden de retirarse de los consejos de los Altísimos. Pero Micael no quiso consentir al retiro de los Hijos Trinitarios de sus funciones de asesoría y cooperación. Los reunió en Salvington y les solicitó personalmente que permaneciesen para siempre en servicio en Nebadon. Indicaron su deseo de cumplir con su solicitud a sus directores en el Paraíso, y poco después se emitieron aquellos mandatos de divorcio del Paraíso que por siempre asignaron a estos Hijos del universo central a la corte de Micael de Nebadon.

Llevó casi mil millones de años de tiempo de Urantia, completar la carrera de autootorgamientos de Micael y efectuar el establecimiento final de su autoridad suprema en el universo de su propia creación. Micael nació creador, fue instruido como administrador, capacitado como ejecutivo, pero se le exigió que ganara su soberanía por la experiencia. Así pues vuestro pequeño mundo ha llegado a ser conocido en todo Nebadon como la arena en la cual Micael completó la experiencia exigida de todo Hijo Creador Paradisiaco antes de que éste reciba el control ilimitado y la dirección del universo de su propia creación. A medida que vosotros ascendéis en el universo local, aprenderéis más sobre los ideales de las personalidades relativos a los autootorgamientos previos de Micael.

Al completar sus autootorgamientos en criaturas, Micael no estaba tan sólo estableciendo su propia soberanía sino que también estaba aumentando la soberanía evolutiva de Dios el Supremo. En el curso de estos autootorgamientos el Hijo Creador no sólo se preocupó de la exploración descendente de las varias naturalezas de la personalidad de la criatura, sino que también logró la revelación de las voluntades variamente diversificadas de las Deidades del Paraíso, cuya unidad sintética, tal como fue revelada por los Creadores Supremos, es revelatoria de la voluntad del Ser Supremo.

Estos varios aspectos de la voluntad de las Deidades está personalizada eternamente en las naturalezas diferentes de los Siete Espíritus Rectores, y cada uno de los autootorgamientos de Micael fue específicamente revelador de una de estas manifestaciones de la divinidad. En su autootorgamiento Melquisedek manifestó la voluntad unida del Padre, el Hijo y el Espíritu; en su autootorgamiento Lanonandek, la voluntad del Padre y del Hijo; en el autootorgamiento adánico reveló la voluntad del Padre y del Espíritu; en el autootorgamiento seráfico, la voluntad del Hijo y del Espíritu; en el autootorgamiento mortal en Uversa, ilustró la voluntad del Actor Conjunto; en el autootorgamiento mortal morontial, la voluntad del Hijo Eterno; y en el autootorgamiento material en Urantia vivió la voluntad del Padre Universal aun como mortal de carne y hueso.

El hecho de que se completaron estos siete autootorgamientos liberó la soberanía suprema de Micael y también dio como resultado la creación de la posibilidad de la soberanía del Supremo en Nebadon. En ninguno de sus autootorgamientos Micael reveló a Dios el Supremo, pero la suma total de los siete autootorgamientos es una nueva revelación en Nebadon del Ser Supremo.

En la experiencia de descender de Dios al hombre, Micael estaba experimentando correlativamente el ascenso de la parcialidad de manifestabilidad a la supremacía de la acción finita y a la finalidad de la liberación de su potencial para la función absonita. Micael, un Hijo Creador, es un creador espacio-temporal, pero Micael, un Hijo Mayor séptuple, es un miembro de uno de los cuerpos divinos que constituyen la Trinidad Última.

Al pasar a través de la experiencia de revelar las voluntades Trinitarias de los Siete Espíritus Rectores, el Hijo Creador ha pasado a través de la experiencia de revelar la voluntad del Supremo. Al funcionar como revelador de la voluntad de la Supremacía, Micael, juntamente con todos los demás Hijos Mayores, se ha identificado eternamente con el Supremo. En esta edad universal él revela al Supremo y participa en la actualización de la soberanía de la Supremacía. Pero en la próxima edad universal creemos que estará colaborando con el Ser Supremo en la primera Trinidad experiencial para los universos del espacio exterior y en los mismos.

Urantia es el templo sentimental de todo Nebadon, el principal de diez millones de mundos habitados, el hogar mortal de Cristo Micael, soberano de todo Nebadon, un ministro Melquisedek para los reinos, un salvador de sistema, un liberador adánico, un semejante seráfico, un asociado de los espíritus ascendentes, un progresor morontial, un Hijo del Hombre a semejanza de la carne mortal y el Príncipe Planetario de Urantia. Y vuestros registros expresan la verdad cuando dicen que este mismo Jesús ha prometido alguna vez retornar al mundo de su autootorgamiento terminal, el Mundo de la Cruz.

[Este documento, que ilustra los siete autootorgamientos de Cristo Micael, es el sexagésimo tercero de una serie de presentaciones, patrocinadas por numerosas personalidades, que narran la historia de Urantia hasta el tiempo de la aparición de Micael en la tierra a semejanza de la carne mortal. Una comisión de doce seres de Nebadon autorizaron estos documentos actuando bajo la dirección de Mantutia Melquisedek. Redactamos estos relatos y los pusimos en idioma inglés mediante una técnica autorizada por nuestros superiores, en el año 1935 d. de J.C. del tiempo de Urantia.]

PARTE IV

LA VIDA Y LAS ENSEÑANZAS DE JESÚS

Esta colección de documentos ha sido patrocinada por una comisión de doce seres intermedios de Urantia, bajo la supervisión de un Melquisedek, director del grupo revelador. La base para esta narración fue suministrada por el ser intermedio secundario a quien le fuera encomendada la custodia superhumana del Apóstol Andrés.

PARTE IV

La vida y las enseñanzas de Jesús

DOCUMENTO 120

EL AUTOOTORGAMIENTO DE MICAEL EN URANTIA

HE SIDO encomendado por Gabriel para supervisar la nueva presentación de la vida de Micael durante su estadía en Urantia en semejanza de carne mortal. Soy el director Melquisedek de la comisión reveladora a cargo de esta tarea, y he sido autorizado para presentar esta narrativa de ciertos acontecimientos inmediatamente precedentes a la llegada del Hijo Creador a Urantia para recorrer la última etapa de su experiencia autootorgadora en el universo. Vivir tales vidas idénticas a la que él impone a los seres inteligentes de su propia creación, otorgándose así en semejanza de sus varias órdenes de seres creados, es parte del precio que cada Hijo Creador debe pagar si quiere adquirir la soberanía plena y suprema en el universo de cosas y seres por él creado.

Antes de los eventos que estoy a punto de relatar, Micael de Nebadon se había ya otorgado seis veces, a semejanza de seis órdenes diferentes de su diversa creación de seres inteligentes. Después de estos autootorgamientos se aprontó para descender a Urantia a semejanza de los seres mortales, siendo ésta la orden más baja de sus criaturas inteligentes volitivas y como tal ser humano del dominio material, ejecutar el último acto del drama de la adquisición de la soberanía sobre su universo de acuerdo con el mandato de los divinos Gobernantes Paradisiacos del universo de los universos.

En el curso de cada una de los autootorgamientos precedentes Micael no sólo adquirió la experiencia finita de un grupo de sus seres creados, sino que también adquirió una experiencia esencial en cooperación con el Paraíso que de sí misma y por sí misma contribuiría a convertirlo en el soberano del universo por él creado. En cualquier momento durante todo el tiempo pasado en el universo local, Micael podría haber declarado su soberanía personal como Hijo Creador, y como Hijo Creador podría haber gobernado su universo según sus propias preferencias. Si eso hubiera ocurrido, Emanuel y los Hijos del Paraíso asociados se hubieran ido del universo. Pero Micael no deseaba gobernar a Nebadon solamente sobre la base de su propio derecho como Hijo Creador. Deseaba ascender, a través de una auténtica experiencia de subordinación cooperativa con la Trinidad del Paraíso, hasta esa elevada posición en el estado universal que le permitiera gobernar su universo y administrar sus asuntos con la perfección del discernimiento y la sabiduría de ejecución que alguna vez serán características del excelso gobierno del Ser Supremo. Su aspiración no era la perfección de gobierno como Hijo Creador, sino la supremacía administrativa como incorporación misma de la sabiduría universal y de la experiencia divina del Ser Supremo.

Por consiguiente, Micael tenía un doble propósito al efectuar estos siete autootorgamientos a las varias órdenes de sus criaturas universales. En primer término, completaba la experiencia necesaria para la comprensión de las criaturas, que se le exige de todos los Hijos Creadores antes de que asuman la soberanía completa. Los Hijos Creadores pueden en cualquier momento gobernar su universo por su propio derecho, pero tan sólo pueden gobernar como representantes supremos de la Trinidad del Paraíso después de pasar por los siete autootorgamientos en las criaturas del universo. En segundo lugar, aspiraba al privilegio de representar la autoridad máxima de la Trinidad del Paraíso, que puede ser ejercida en la administración directa y personal de un universo local. Por consiguiente, durante la experiencia de cada uno de sus autootorgamientos en el universo, Micael, voluntariamente supo subordinarse perfectamente y con éxito a las voluntades combinadas de las diversas asociaciones de las personas de la Trinidad del Paraíso. Es decir que, durante el primer autootorgamiento se sometió a la voluntad combinada del Padre, el Hijo y el Espíritu; durante el segundo autootorgamiento, a la voluntad del Padre y del Hijo; durante el tercero autootorgamiento, a la voluntad del Padre y del Espíritu; durante el cuarto autootorgamiento, a la voluntad del Hijo y del Espíritu; durante el quinto autootorgamiento, a la voluntad del Espíritu Infinito; durante el sexto autootorgamiento, a la voluntad del Hijo Eterno; y durante el séptimo y último autootorgamiento en Urantia, a la voluntad del Padre Universal.

Por consiguiente, Micael combina en su soberanía personal la voluntad divina de las siete fases de los Creadores universales con la experiencia de comprensión a sus criaturas del universo local. Así su administración representará el poder y la autoridad más altos posibles, pero estará libre de toda suposición arbitraria. Su poder será ilimitado porque deriva de la asociación experiencial con las Deidades del Paraíso; su autoridad será incuestionable porque es adquirida a través de una auténtica experiencia en semejanza a las criaturas del universo; su soberanía será suprema porque abarca al mismo tiempo los puntos de vista séptuples de la Deidad del Paraíso y el punto de vista de la criatura del tiempo y el espacio.

Después de haber determinado la época para su autootorgamiento final y de seleccionar el planeta en el cual este extraordinario evento habría de tener lugar, Micael celebró su habitual conferencia pre-autootorgamiento con Gabriel, luego se presentó ante Emanuel, su hermano mayor y consejero Paradisiaco. A continuación Micael entregó a la custodia de Emanuel todos aquellos poderes de la administración del universo que ya no habían sido transferidos a Gabriel. Y momentos antes de la partida de Micael al autootorgamiento urantiano, Emanuel aceptó la custodia del universo por el período del autootorgamiento en Urantia de su hermano, y impartió los consejos que servirían de guía de encarnación para Micael cuando éste crecería en Urantia como un mortal del dominio.

Sobre este tema debe recordarse que Micael había elegido otorgarse en semejanza de la carne mortal, sujeto a la voluntad del Padre del Paraíso. El Hijo Creador no necesitaba recibir instrucciones de nadie para llevar a cabo esto autootorgamiento con el solo propósito de obtener la soberanía universal; pero se había embarcado en un programa de revelación del Supremo que comprendía la función cooperativa con las diversas voluntades de las Deidades del Paraíso. Así, su soberanía que final y personalmente adquiriría, abarcaría efectivamente la séptuple voluntad de la Deidad tal como culmina en el Supremo. Por lo tanto, ya había recibido instrucciones seis veces de los representantes personales de las varias Deidades del Paraíso y de sus asociaciones; y en esta oportunidad las instrucciones provenían del Unión de los Días, el Embajador de la Trinidad del Paraíso ante el universo local de Nebadon, que actuaba en nombre del Padre Universal.

El agrado con que este poderoso Hijo Creador se subordinaba nuevamente a la voluntad de las Deidades del Paraíso (esta vez a la del Padre Universal) había de producir ventajas inmediatas y enormes compensaciones. Gracias a esta decisión de efectuar tal subordinación asociativa, Micael experimentaría en esta encarnación no solamente la naturaleza del hombre mortal, sino también la voluntad del Padre Paradisiaco de todos. Y además, podía comenzar este singular autootorgamiento con la seguridad completa de que Emanuel aplicaría la plena autoridad del Padre Paradisiaco en la administración de su universo durante su ausencia debida a su autootorgamiento en Urantia, y con el conocimiento reconfortante de que los Ancianos de los Días del superuniverso habían decretado la seguridad completa de su reino durante el entero período de su autootorgamiento.

Y tal pues era la situación en el momento importantísimo en que Emanuel presentó el séptimo cometido de autootorgamiento. Se me ha permitido trasmitir los siguientes pasajes, extraídos de la encomienda preautootorgadora emitida por Emanuel al gobernante de un universo que poco después se tornaría en Jesús de Nazaret (Cristo Micael) en Urantia.

1. EL SÉPTIMO COMETIDO DE AUTOOTORGAMIENTO

Mi hermano Creador, estoy a punto de presenciar tu séptimo y último autootorgamiento al universo. Con gran fidelidad y perfección has ejecutado los seis cometidos previos, y confío que saldrás igualmente triunfante de éste, tu último autootorgamiento camino a la soberanía. Hasta ahora, apareciste en tus esferas de autootorgamiento como un ser plenamente desarrollado y de la orden de tu selección. Pero esta vez vas a aparecer en Urantia, el desordenado y turbulento planeta que has elegido, no en forma de mortal adulto, sino como un recién nacido desamparado. Será, compañero mío, una experiencia nueva y no probada para ti. Estás a punto de pagar el precio total del autootorgamiento y de experimentar el esclarecimiento completo de la encarnación de un Creador en la semejanza de una criatura.

«En cada uno de tus autootorgamientos anteriores has querido someterte a la voluntad de las tres Deidades del Paraíso y de sus interasociaciones divinas. Te has sometido en tus anteriores autootorgamientos a todas las siete fases de la voluntad del Supremo, excepto a la voluntad personal de tu Padre Paradisiaco. Ahora, has decidido someterte por entero a la voluntad de tu Padre durante este, tu séptimo autootorgamiento, y yo, en mi calidad de representante personal de nuestro Padre, asumo la jurisdicción ilimitada de tu universo por el período de tu encarnación.

«Al emprender el autootorgamiento en Urantia, has dejado voluntariamente todo el apoyo y ayuda especial extraplanetaria que pudiera ser dada por cualquier criatura de tu propia creación. Así como tus hijos creados de Nebadon dependen plenamente de ti para su salvoconducto a través de sus carreras en el universo, del mismo modo deberás tú depender enteramente y sin reservas de tu Padre Paradisiaco para tu salvoconducto a través de las desconocidas vicisitudes de tu próxima carrera mortal. Y cuando hayas completado esta experiencia de autootorgamiento, conocerás en verdad misma el rico y total significado de esa fe-confianza que tú tan invariablemente exiges que tus criaturas dominen como parte de su relación íntima contigo, su Creador y Padre en el universo local.

«En el curso de tu autootorgamiento en Urantia una sola preocupación debe acompañarte: la comunión ininterrumpida entre ti y tu Padre Paradisiaco; la perfección de esa relación permitirá que el mundo de tu autootorgamiento y todo el universo de tu creación obtengan una nueva y más comprensible revelación de tu Padre y mi Padre, el Padre Universal de todos. Tu preocupación será solamente de tu vida personal en Urantia. Mientras yo me haré plena y efectivamente responsable por la seguridad y administración ininterrumpida de tu universo desde el momento de tu renunciación voluntaria a la autoridad de éste, hasta el momento de tu retorno a nuestro seno, como el Soberano Universal, confirmado por el Paraíso, y en ese momento recibirás nuevamente de mis manos, ya no la autoridad de vicegerente que ahora me entregas, sino el poder supremo y la jurisdicción total de tu universo.

«Y para que estés seguro en que estoy autorizado para realizar todo lo que te estoy prometiendo (a sabiendas de que soy yo mismo la afirmación de todo el Paraíso para el fiel cumplimiento de mi palabra), te anuncio que me acaban de comunicar un mandato de los Ancianos de los Días en Uversa que prevendrá todo peligro espiritual en Nebadon durante todo el período de tu autootorgamiento voluntario. Desde el momento en que voluntariamente dejes de estar consciente (en el instante inicial de tu encarnación mortal) hasta el momento en que regreses a nuestro seno en calidad de soberano supremo e incondicional de este universo de tu propia creación y organización, nada grave podrá ocurrir en todo Nebadon. En este interín de tu encarnación tengo en mis manos el mandato de los Ancianos de los Días que aseguran no cualificadamente la destrucción instantánea y automática de todo ser rebelde o instigador de insurrecciones en el universo de Nebadon durante tu ausencia en este autootorgamiento. Hermano mío, ten por seguro que, gracias a la autoridad del Paraíso inherente en mi presencia y reforzada por el mandato judicial de Uversa, tu universo y todas tus criaturas leales están a salvo durante el período de tu autootorgamiento. Puedes emprender tu misión con un pensamiento único: la revelación más amplia de nuestro Padre a los seres inteligentes de tu universo.

«Como en cada uno de tus autootorgamientos anteriores, quiero recordarte que ejerceré la jurisdicción de tu universo en calidad de hermano y fideicomisario. La autoridad y el poder que yo ejerza serán exclusivamente en tu nombre. Actuaré como lo haría nuestro Padre del Paraíso y de acuerdo con tu solicitud explícita de que actúe así en tu nombre. Y siendo ésta la situación, toda esta autoridad delegada en mí será nuevamente tuya en cualquier momento en que decidas reclamar nuevamente tu autoridad universal. Tu encarnación es total y enteramente voluntaria. Como mortal encarnado en el reino no tendrás dotes celestiales, pero tu poder que has dejado puede ser nuevamente tuyo al instante en cuanto decidas reasumir tu autoridad universal. Recuerda que si eliges reasumir tu poder y autoridad, lo harás por razones enteramente *personales* puesto que yo soy la promesa viviente y suprema cuya presencia y compromiso garantizan la administración segura de tu universo según la voluntad de nuestro Padre. Durante tu ausencia de Salvington debido a tu autootorgamiento no hay posibilidades de que se produzca una rebelión (como ocurriera ya tres veces en el pasado en Nebadon). Para el período correspondiente a tu autootorgamiento urantiano los Ancianos de los Días han decretado que toda rebelión en Nebadon contendrá la semilla de su propia destrucción automática.

«Durante el tiempo en que estés ausente debido a este último y extraordinario autootorgamiento, me comprometo (con la cooperación de Gabriel) a la administración fiel de tu universo; y al encomendarte la misión de este ministerio de revelación divina y de esta experiencia para la comprensión perfeccionada de los humanos, actúo en nombre de mi Padre y tu Padre y pronuncio los siguientes consejos, que han de guiarte en tu vida terrena a medida que tomes progresivamente conciencia de la misión divina en tu morada en la carne.

2. LAS LIMITACIONES DEL AUTOOTORGAMIENTO

«1. Según las costumbres y en conformidad con la técnica de Sonarington —en cumplimiento a los mandatos del Hijo Eterno del Paraíso— he tomado las medidas necesarias para el comienzo inmediato de este autootorgamiento mortal, en armonía con los planes formulados por ti y entregados a mí por Gabriel. Crecerás en Urantia como hijo del reino, completarás tu educación humana —en todo momento sujeto a la voluntad de tu Padre del Paraíso— y vivirás tu vida en Urantia como lo determinaste, terminarás tu estadía planetaria, te prepararás para la ascensión a tu Padre y de sus manos recibirás la soberanía suprema de tu universo.

«2. Aparte de tu misión en la tierra y de tu revelación universal, pero inherente a las ambas, te aconsejo que, una vez te hayas volviendo suficiente autoconsciente de tu identidad divina, te encargues de terminar técnicamente la rebelión de Lucifer en el sistema de Satania, y hacerlo como el Hijo del Hombre; así, como criatura mortal del reino, que en su debilidad es hecho poderoso por la fesumision a la voluntad de tu Padre, te sugiero que lleves a cabo con donaire la acción que repetidamente te negaste a realizar arbitrariamente por poder y fuerza cuando erais dotado con tales poderes en el tiempo del comienzo de esta rebelión pecaminosa e injustificada. Tu regreso a nuestro seno como Hijo del Hombre, Príncipe Planetario de Urantia, además de Hijo de Dios y soberano supremo de tu universo sería digno broche final de tu autootorgamiento como mortal. Como hombre mortal, el más bajo de las criaturas inteligentes en Nebadon, ¡enfrenta y adjudica las pretensiones blasfémicas de Caligastia y Lucifer, y en ese tu humilde estado voluntario, termina para siempre las falsedades vergonzosas de estos Hijos caídos de la luz! Ya que continuamente no has querido acabar a estos rebeldes con el peso de tus atributos de Creador, sería conveniente que lo hagas ahora al asumir la semejanza de las criaturas más bajas de tu creación, arrancando el poder de las manos de estos Hijos caídos; y así todo tu universo local podrá reconocer claramente y para siempre la justicia y honestidad de tus acciones porque verá que decidiste tomar estas medidas en tu vida mortal, puesto que tu misericordia no te permitía tomarlas arbitrariamente desde una posición de poder y autoridad. Así pues habrás establecido mediante tu autootorgamiento la posibilidad de la soberanía del Supremo en Nebadon, y al mismo tiempo habrás cerrado para siempre los asuntos no adjudicados de todas las insurrecciones precedentes, a pesar del mayor o menor tiempo que te lleve completar estas tareas. Esta acción eliminará de hecho los desacuerdos pendientes en tu universo. Por otra parte, cuando recibas la soberanía suprema sobre tu universo, en ninguna región de tu gran creación personal podrán producirse nuevos o similares desafíos a tu autoridad.

«3. Cuando hayas triunfado en terminar la secesión en Urantia, como indudablemente lo harás, te aconsejo que aceptes de Gabriel el título de 'Príncipe Planetario de Urantia' como reconocimiento eterno de tu universo por tu experiencia final de autootorgamientos; y que además tomes las medidas necesarias, dentro del tenor de tu autootorgamiento, para compensar por el dolor y la confusión causados en Urantia por la traición de Caligastia y la subsiguiente falta adánica.

«4. De acuerdo con tu solicitud, Gabriel y todas las partes interesadas cooperarán contigo en realizar tu deseo expresado de que tu autootorgamiento en Urantia culmine en el pronunciamiento de un juicio dispensacional del reino, acompañado por la terminación de una era, la resurrección de los mortales sobrevivientes durmientes y el establecimiento de la dispensación del otorgamiento del Espíritu de la Verdad.

«5. En cuanto al planeta de tu autootorgamiento y a la generación de hombres contemporánea a tu estadía mortal, te aconsejo que actúes mayormente en función de maestro. Presta atención, en primer lugar, a la liberación e inspiración de la naturaleza espiritual del hombre. Ilumina luego la oscuridad intelectual del hombre, cura las almas de los hombres, y emancipa sus mentes de los viejos temores. Atiende también, según tu sabiduría mortal, al bienestar físico y a la comodidad material de tus hermanos en la carne. Vive una vida religiosa ideal para inspiración y edificación de todo tu universo.

«6. En el planeta de tu autootorgamiento, libera al espíritu del hombre segregado por la rebelión. En Urantia, haz una contribución más a la soberanía del Supremo, para que dicha soberanía abarque todos los vastos dominios de tu creación personal. En este, tu autootorgamiento material en semejanza de carne, experimentarás el esclarecimiento final de un Creador espacio-temporal, la doble experiencia del trabajo dentro de la naturaleza del hombre, con la voluntad de tu Padre Paradisiaco. En tu vida temporal la voluntad de la criatura finita y la voluntad del Creador infinito deberán llegar a ser una sola así como se están uniendo en la Deidad evolutiva del Ser Supremo. Derrama sobre el planeta de tu autootorgamiento el Espíritu de la Verdad para que todos los mortales normales de esa aislada esfera se vuelvan inmediata y enteramente accesibles al ministerio de la presencia segregada de nuestro Padre del Paraíso, los Ajustadores del Pensamiento.

«7. En todas tus acciones en el mundo de tu autootorgamiento, ten presente que estás viviendo una vida para instrucción y edificación de tu entero universo. Estás *otorgando* esta vida de encarnación mortal a Urantia, pero debes *vivir* dicha vida para la inspiración espiritual de toda inteligencia humana y superhumana que vivió, ahora existe, o podrá aún vivir en cada uno de los mundos habitados que haya formado parte en el pasado, forme ahora o pueda formar parte en el futuro de la vasta galaxia de tu dominio administrativo. Tu vida terrestre en semejanza de carne mortal no será vivida para *ejemplo* de los mortales de Urantia durante los días de tu residencia en la tierra ni tampoco para cualquier generación subsiguiente de seres humanos en Urantia o de cualquier otro mundo. Más bien, tu vida urantiana en la carne será la *inspiración* para todos los seres de todos los mundos de Nebadon y por todas las generaciones en tiempos por venir.

«8. La gran misión de tu encarnación mortal que realizaréis y experimentaréis, se incluye en tu decisión de vivir una vida totalmente dedicada a hacer la voluntad de tu Padre del Paraíso, o sea *revelar a Dios*, tu Padre, en la carne y especialmente a las criaturas de carne. Al mismo tiempo tambien *interpretarás*, con mayor acrecentamiento, a nuestro Padre a los seres supermortales de todo Nebadon. Juntamente con este ministerio de nueva revelación e interpretación aumentada del Padre del Paraíso para las mentes humanas y las mentes de tipo superhumano, también funcionarás de tal manera que harás una nueva revelación del hombre a Dios. Ilustra con tu corta vida en la carne, como nunca antes se había visto en Nebadon, las posibilidades trascendentes que puede alcanzar un humano conocedor de Dios durante su corta carrera de existencia mortal, e *interpreta* ahora y para siempre en forma novedosa y esclarecedora a todas las inteligencias superhumanas de Nebadon al hombre y sus vicisitudes de su vida planetaria. Descenderás a Urantia en semejanza de carne mortal, y viviendo la vida de un hombre de tu tiempo y generación, actuarás de tal manera que ilustrarás para todo tu universo el ideal e una técnica perfeccionada en el compromiso supremo de los asuntos de tu vasta creación: el logro de que Dios que, buscando al hombre, lo encuentra y el fenómeno del hombre que, buscando a Dios, lo encuentra; y lo harás para satisfacción mutua y lo harás en el corto período de vida mortal en la carne.

«9. Te recomiendo que recuerdes siempre que, aunque de hecho llegarás a ser un hombre del reino, común y corriente, potencialmente seguirás siendo un Hijo Creador del Padre del Paraíso. Durante esta encarnación, aunque vivirás y actuarás como Hijo del Hombre, los atributos creadores de tu divinidad personal te seguirán de Salvington a Urantia. En todo momento después de la llegada de tu Ajustador del Pensamiento podrás dar por terminada tu encarnación mediante un acto volitivo. Antes de la llegada y recepción del Ajustador yo garantizo la integridad de tu personalidad. Pero después de la llegada de tu Ajustador y a medida que vayas reconociendo progresivamente la naturaleza e importancia de tu misión autootorgadora, deberás abstenerte de usar tu volición superhumana o poderes para alcanzar objetivos determinados, en vista de que tus prerrogativas creadoras permanecerán asociados con tu personalidad mortal porque estos atributos son inseparables de tu presencia personal. Pero no habrá ninguna repercusión superhumana en tu carrera terrestre aparte de la voluntad del Padre del Paraíso, a menos que tú, mediante un acto volitivo consciente y deliberado, tomes una decisión cabal que terminaría en una elección por la personalidad total.

3. LOS CONSEJOS Y LAS ADMONICIONES ADICIONALES

«Y ahora, hermano mío, al despedirme de ti antes de tu partida a Urantia, habiéndote aleccionado sobre la conducta general de tu autootorgamiento, déjame transmitirte algunas admoniciones, frutos de conversaciones con Gabriel, que se refieren a ciertos aspectos menores de tu vida mortal. Te sugerimos pues:

«1. Que, en la búsqueda del ideal de tu vida mortal terrestre, también deberás dar alguna atención a la realización y ejemplificación de algunas cosas prácticas e inmediatamente beneficiosas para tus hermanos mortales.

«2. En cuanto a las relaciones familiares, dad prioridad a las costumbres aceptadas de la vida familiar que encuentres establecidas en el tiempo y la generación de tu autootorgamiento. Vive tu vida familiar y comunitaria de acuerdo con las prácticas del pueblo en lo que has elegido aparecer.

«3. En tus relaciones con el orden social te aconsejamos que limites tus esfuerzos mayormente a la regeneración espiritual y a la emancipación intelectual. Evita todo embrollo con la estructura económica y los compromisos políticos de tu tiempo. Más específicamente, dedícate a vivir la vida religiosa ideal en Urantia.

«4. Bajo ninguna circunstancia, ni siquiera en los detalles menos importantes, deberás interferir en la evolución normal, ordenada y progresiva de las razas de Urantia. Sin embargo, esta prohibición no debe ser interpretada como una limitación en tus esfuerzos por dejar detrás tuyo en Urantia un sistema duradero y mejorado de *ética religiosa positiva*. Como Hijo dispensacional tienes ciertos privilegios para mejorar el estado *espiritual y religioso* de los pueblos del mundo.

«5. Si lo consideras conveniente, podrás identificarte con movimientos religiosos y espirituales como puedan encontrarse en Urantia, pero evita a toda manera el establecimiento formal de un culto organizado, de una religión cristalizada o de una agrupación ética segregada de seres mortales. Tu vida y tus enseñanzas están destinadas a ser patrimonio común de todas las religiones y de todos los pueblos.

«6. Para que no contribuyas innecesariamente a la creación de sistemas subsiguientes estereotipados de creencias religiosas en Urantia o a la formación de otros tipos poco progresivos de lealtades religiosas, te aconsejamos además que no dejes documentos escritos de tu paso por el planeta. No escribas en materiales permanentes; pide encarecidamente a tus asociados que no hagan imágenes ni retratos de ti. Asegúrate antes de tu partida de que no quede nada potencialmente idólatra de tu paso por la tierra.

«7. Aunque vivirás una vida normal y socialmente común y corriente del planeta, sieno un individuo normal del sexo masculino, posiblemente no entrarás en relaciones matrimoniales, las cuales sin embargo serían totalmente honorables y compatibles con tu autootorgamiento; pero debo recordarte que uno de los mandatos de Sonarington relativos a la encarnación prohibe que un Hijo de origen del Paraíso deje descendencia humana en cualquier planeta de autootorgamiento.

«8. Para todos los demás detalles de tu autootorgamiento te encomendamos a la dirección de tu Ajustador residente, a las enseñanzas del espíritu divino siempre presente que guía a los seres humanos, y al juicio y la razón de tu mente humana cada vez más amplia, de dotación hereditaria. Esta asociación de atributos de criatura y Creador te permitirá vivir para nuestra edificación la vida perfecta del hombre en las esferas planetarias; no necesariamente considerada perfecta por un hombre en particular de una generación específica en un mundo determinado (menos aun en Urantia), sino total y supremamente colmada, como es evaluada en los mundos más altamente perfeccionados y en vía de perfección de tu vasto universo.

«Y ahora, que tu Padre y mi Padre, quien siempre nos ha apoyado en todas las empresas pasadas, te guíe, te apoye y esté contigo desde el momento de tu partida, cuando pierdas la conciencia de tu personalidad, a través del descubrimiento gradual de tu identidad divina encarnada en forma humana, y allende ese período, y por la duración de la experiencia autootorgadora en Urantia hasta la liberación de la carne y tu ascensión a la derecha soberana de nuestro Padre. Cuando vuelva a verte en Salvington, saludaremos en ti al soberano supremo e incondicional de este universo de tu creación, que habrás servido y sabrás comprenderlo en forma total.

«En tu lugar reino yo. Asumo la jurisdicción de todo Nebadon como soberano interino durante el período de tu séptimo y mortal autootorgamiento en Urantia. A ti, Gabriel, te encomiendo la custodia del Hijo del Hombre a punto de ser, hasta el momento en que retorne a mí envuelto en poder y gloria, como Hijo del Hombre e Hijo de Dios. Y, Gabriel, hasta que así vuelva Micael, yo seré tu soberano».

* * *

En seguida, ante la presencia de todo Salvington reunido, Micael desapareció de nuestro medio, y ya no volvimos a verlo en su sitio acostumbrado hasta su retorno como soberano supremo y personal del universo, después del cumplimiento de su carrera autootorgadora en Urantia.

4. LA ENCARNACIÓN —HACER DE DOS UNO

Así pues ciertos hijos indignos de Micael, que habían acusado a su padre-Creador de obtener el poder del gobernante en forma egoísta y se habían atrevido a insinuar que el Hijo Creador se mantenía en el poder arbitraria y autocráticamente debido a la lealtad ciega de un universo engañado de criaturas serviles, estos hijos serían silenciados para siempre, y dejados confundidos y desilusionados por la vida de servicio altruista que comenzaba a vivir el Hijo de Dios como Hijo del Hombre —siempre sometiéndose a «la voluntad del Padre del Paraíso».

Pero no nos engañemos: aunque Cristo Micael era verdaderamente un ser de origen dual, no fue nunca una personalidad doble. No fue Dios en asociación *con* el hombre; más bien fue Dios *encarnado* en el hombre. Y fue siempre precisamente ese ser combinado. El único factor progresivo en esa relación incomprensible era la comprensión y el reconocimiento autoconscientes y graduales (por parte de la mente humana) de este hecho de ser Dios y hombre.

Cristo Micael no progresó hasta llegar a ser Dios. Dios no se transformó en hombre en cierto momento vital de la vida terrestre de Jesús. Jesús fue Dios *y* hombre —por siempre y para siempre. Y este Dios y este hombre eran y son *uno*, igual que la Trinidad del Paraíso compuesta de tres seres es en realidad *una* Deidad.

No olvidéis jamás el hecho de que el fin espiritual supremo de la encarnación de Micael era el aumentar de la *revelación de Dios*.

Los mortales de Urantia tienen conceptos diversos de lo milagroso, pero para nosotros quienes vivimos como ciudadanos del universo local, hay pocos milagros, y entre éstos los más sobrecogedores son los autootorgamientos encarnacionales de los Hijos del Paraíso. Consideramos un milagro la aparición, aparentemente por procesos naturales, de un Hijo divino en vuestro mundo. Las leyes universales que rigen estos misterios están más allá de nuestra comprensión. Jesús de Nazaret fue una persona milagrosa.

En y a través de esta extraordinaria experiencia Dios el Padre eligió manifestarse como siempre lo hace, —*de manera habitual*— en la forma normal, natural y confiable de la acción divina.

DOCUMENTO 121

LOS TIEMPOS DEL AUTOOTORGAMIENTO DE MICAEL

SOY el ser intermedio secundario previamente asignado al apóstol Andrés. Bajo la supervisión de una comisión de la Fraternidad de los Seres Intermedios Unidos de Urantia, compuesta por doce miembros, y el patrocinio conjunto del presidente de nuestra orden y del Melquisedek de registro, he sido autorizado para narrar los actos de la vida de Jesús de Nazaret según fueron observados por mi orden de seres terrestres. Mi relato también se basa en parte en los escritos del sujeto humano a la sazón en mi custodia temporal. Andrés, consciente de que su Maestro evitaba escrupulosamente dejar documentos escritos de su paso por la tierra, no permitió que proliferaran los ejemplares de su propio relato escrito. Los demás apóstoles de Jesús compartían esta preocupación, de aquí que pasara un largo tiempo para la escritura de los Evangelios.

1. EL OCCIDENTE EN EL PRIMER SIGLO DESPUÉS DE CRISTO

Jesús no vino a este mundo en una era de decadencia espiritual; al tiempo de su nacimiento, Urantia vivía un período de revitalización del pensamiento espiritual y de la vida religiosa de una intensidad tal, que no se había conocido en la historia postadánica ni se ha repetido desde entonces. Cuando Micael se encarnó en Urantia, el mundo ofrecía las condiciones más favorables para el autootorgamiento del Hijo Creador, que se hubieran dado jamás o que se hayan dado desde entonces. En los siglos apenas anteriores a esta época, la cultura y el idioma griegos se habían expandido hacia el Occidente y hacia el Oriente cercano. Los judíos, raza levantina que por su naturaleza eran parte occidentales y parte orientales, contaban con las dotes ideales para utilizar ese ambiente cultural y lingüístico como medio de difusión de una nueva religión tanto al este como al oeste. Estas circunstancias altamente favorables se daban además en un medio particularmente auspicioso, debido a la política tolerante de los romanos en el mundo mediterráneo.

Podemos ver claramente esta combinación de influencias mundiales en las actividades de Pablo: hebreo entre los hebreos por su cultura religiosa, y él mismo ciudadano romano, predicó el evangelio de un Mesías judío en lengua griega.

No se ha visto en el Occidente ni previamente ni desde aquel entonces nada que se parezca a la civilización de los tiempos de Jesús. La civilización europea estaba unida y coordinada bajo una triple influencia extraordinaria:

1. El sistema político y social romano.

2. La cultura y el idioma griegos —así como, hasta cierto punto, la filosofía griega.

3. La influencia en rápida expansión de las enseñanzas religiosas y morales de los judíos.

Cuando nació Jesús, el mundo mediterráneo constituía un imperio unificado. Por primera vez en la historia, había buenas carreteras entre los principales centros habitados. Los mares estaban libres de piratas, y una gran época de comercio y de viajes avanzaba rápidamente. Europa no volvió a disfrutar de períodos tan activos en movilidad y comercio hasta el siglo diecinueve d. de J.C.

A pesar de la paz interior y de la prosperidad superficial del mundo grecorromano, la mayoría de los habitantes del imperio languidecían en miseria y pobreza. La pequeña clase alta era rica; pero la gran mayoría de la humanidad pertenecía a una clase baja miserable y empobrecida. En aquellos tiempos no había una clase media feliz y próspera; hasta ahora estaba empezando a hacer su aparición en la sociedad romana.

Las primeras luchas entre los estados expansivos romano y parto, habían concluido en el reciente pasado, quedando Siria en manos de los romanos. En los tiempos de Jesús, Palestina y Siria disfrutaban de un período de prosperidad, de relativa paz y de extensas relaciones comerciales activas tanto con el este como con el oeste.

2. EL PUEBLO JUDÍO

Los judíos formaban parte de la más antigua raza semita, la cual incluía también a los babilonios, a los fenicios, y a los más recientes enemigos de Roma: los cartagineses. Durante la primera parte del primer siglo después de Cristo, los judíos eran el grupo más influyente entre las gentes semitas, y ocupaban una posición geográfica particularmente estratégica en el mundo tal como estaba, por ese entonces, gobernado y organizado para el comercio.

Muchas de las grandes carreteras que unían a las naciones de la antigüedad pasaban por Palestina, que de este modo se convirtió en el cruce de tres continentes. Por Palestina pasaron los viajeros, los comerciantes y los ejércitos de Babilonia, Asiria, Egipto, Siria, Grecia, Partia y Roma. Desde tiempos inmemoriales muchas de las rutas de las caravanas del Oriente pasaban por alguna parte de esta región para llegar a los escasos buenos puertos del extremo oriental del Mediterráneo; de allí zarpaban los barcos que llevaban mercancías al Occidente marítimo. Más de la mitad de estas caravanas pasaba a través, o cerca de la pequeña ciudad de Nazaret en Galilea.

Aunque Palestina fue el manantial de la cultura religiosa judía y la cuna del cristianismo, los judíos ya estaban diseminados en todo el mundo, vivían en muchos países distintos y comerciaban en todas las provincias de los estados romano y parto.

Grecia proveyó el idioma y la cultura, Roma construyó las carreteras y unificó un imperio, pero la dispersión de los judíos, que tenían más de doscientas sinagogas y comunidades religiosas bien organizadas a lo largo y a lo ancho del mundo romano, proporcionó los centros culturales que fueron los primeros en recibir el nuevo evangelio del reino del cielo, que de allí se divulgó con el tiempo aun a las regiones más remotas del mundo.

Cada sinagoga hebrea toleraba a un grupo marginado de creyentes gentiles, «devotos» o «temerosos de Dios», y fue precisamente en este grupo marginado de prosélitos en que Pablo logró la mayor parte de sus primeros conversos al cristianismo. Aun el templo de Jerusalén tenía una ornamentada plazuela de los gentiles. Había una relación estrecha de cultura, comercio y culto entre Jerusalén y Antioquía. En Antioquía los discípulos de Pablo fueron llamados por primera vez «cristianos».

El que el culto de templo se centralizó en Jerusalén constituyó tanto el secreto de la supervivencia de su monoteísmo como la promesa de nutrir y difundir al mundo un nuevo concepto ampliado: el de un solo Dios de todas las naciones, y Padre de todos los mortales. El servicio religioso de templo en Jerusalén representaba la supervivencia de un concepto cultural religioso ante las persecuciones raciales y dominaciones de una serie de jefes nacionales gentiles.

El pueblo judío de ese tiempo, aunque bajo el señorío romano, gozaba de considerable autonomía. Recordaban con orgullo los entonces recientes actos heroicos de liberación de Judas Macabeo y de sus inmediatos sucesores, y anticipaban con entusiasmo la aparición inminente de un liberador aún más magnífico, el ansiado Mesías.

El secreto de la supervivencia de Palestina, el reino de los judíos, como un estado semiindependiente, radicaba en la política exterior del gobierno romano, que deseaba mantener control sobre la carretera que, pasando por Palestina, unía a Siria y a Egipto, así como sobre las estaciones terminales occidentales de las rutas de las caravanas entre Oriente y Occidente. Roma quería evitar el advenimiento de un poder en el Levante que restringiera su expansión futura en estas regiones. La política de intriga que tenía por objeto el careo entre la Siria seléucida y el Egipto tolemaico necesitaba de un estado palestino separado e independiente. La política romana, la decadencia de Egipto y el progresivo debilitamiento de los seléucidas ante el creciente poder de Partia, explican el por qué un grupo pequeño y poco poderoso de judíos pudo mantener su independencia durante varias generaciones a pesar de las presiones de los seléucidas al norte y de los tolomeos al sur. Los judíos atribuyeron esta libertad e independencia fortuitas del régimen político de los pueblos más fuertes que los rodeaban, al hecho de que ellos eran «el pueblo elegido» gracias a la interposición directa de Yahvé. Esta actitud de superioridad racial hizo que les resultará aun más difícil soportar el señorío romano cuando éste finalmente se hizo sentir en su tierra. Pero aun en ese momento angustioso los judíos no quisieron ver que su misión en el mundo no era política sino espiritual.

En los tiempos de Jesús los judíos vivían en un estado de aprensión y sospecha, porque estaban gobernados por un foráneo, Herodes el Idumeo, quien había agarrado la jurisdicción de Judea por medio de una hábil amistad con los gobernantes romanos. Aunque profesara su lealtad a la observación de las ceremonias hebreas, Herodes había mandado construir varios templos a muchos dioses extraños.

Las relaciones amistosas de Herodes con los gobernantes romanos garantizaban la seguridad para los viajeros judíos, por lo tanto abrió el camino para una mayor penetración de los judíos con el nuevo evangelio del reino celeste aun a regiones distantes del Imperio Romano y a varias naciones aliadas. El reinado de Herodes también contribuyó a una mayor mezcla de las filosofías hebrea y helenística.

Herodes construyó el puerto de Cesarea, abriendo así nuevos caminos que fortalecieron la posición de Palestina como la encrucijada del mundo civilizado. Murió en el año 4 a. de J.C., y su hijo Herodes Antipas gobernó en Galilea y Perea durante la juventud y el ministerio de Jesús, hasta el año 39 d. de J.C.. Antipas fue, como su padre, un gran constructor. Reconstruyó muchas de las ciudades de Galilea, incluyendo el importante centro comercial de Seforis.

Los dirigentes religiosos de Jerusalén y los maestros rabínicos no les tenían gran simpatía a los galileos. Cuando nació Jesús, Galilea era más gentil que judía.

3. ENTRE LOS GENTILES

Aunque las condiciones sociales y económicas del estado romano no eran del nivel más alto, la paz y la prosperidad interna que se habían logrado eran propicias para el autootorgamiento de Micael. En el primer siglo después de Cristo la sociedad del mundo mediterráneo se dividía en cinco clases bien definidas:

1. *La aristocracia*. Las clases altas con dinero y poder oficial, los grupos privilegiados y reinantes.

2. *Los grupos comerciales*. Los mercaderes más poderosos, los banqueros, los negociantes —los grandes importadores y exportadores— los mercaderes internacionales.

3. *La pequeña clase media*. Este grupo pequeño pero muy influyente, proporcionó moralmente la espina dorsal de la iglesia cristiana primitiva, la que los alentó a persistir en sus varias artesanías y comercios. Entre los judíos, muchos de los fariseos pertenecían a esta clase de tenderos.

4. *El proletariado libre*. Este grupo tenía muy poco peso en la sociedad. Aunque estaban orgullosos de su libertad, se veían obligados a competir desventajosamente con la mano de obra de los esclavos. Las clases altas los miraban con cierto desprecio, considerando que sólo servían para «fines de reproducción».

5. *Los esclavos*. La mitad de la población del estado romano estaba constituida por esclavos; había entre ellos personas brillantes que se abrían camino rápidamente en el proletariado libre y aun en la clase de tenderos. La mayoría, sin embargo, era o mediocre o muy inferior.

La esclavitud, incluso de personas superiores, era una consecuencia de las conquistas militares de los romanos. El poder del dueño sobre el esclavo era ilimitado. La iglesia cristiana primitiva estaba compuesta en gran parte por las clases bajas y por los esclavos.

Los esclavos más capaces frecuentemente recibían salarios y con sus ahorros conseguían eventualmente comprar su libertad. Muchos de estos esclavos así emancipados llegaron a ocupar altas posiciones en el estado, en la iglesia y en el mundo del comercio. Precisamente por este motivo la iglesia cristiana primitiva se mostró tan tolerante de esta forma modificada de esclavitud.

En el Imperio Romano del primer siglo después de Cristo no había vastos problemas sociales. La mayoría de la población se contentaba con seguir perteneciendo a la clase en la que le había tocado en suerte nacer. Siempre había una puerta abierta para que los individuos de talento y capacidad treparan de la capa inferior a la capa superior de la sociedad romana, pero la mayoría se conformaba con su categoría social. No tenían conciencia de clase, ni tampoco consideraban injustas o erróneas estas distinciones de clase. El cristianismo no fue en ningún sentido un movimiento económico con propósito de aliviar los sufrimientos de las clases oprimidas.

Aunque la mujer disfrutaba de mayor libertad en el Imperio Romano que en su posición restricta en Palestina, la devoción a la familia y la afectividad natural de los judíos transcendían en mucho a las del mundo gentil.

4. LA FILOSOFÍA GENTIL

Desde un punto de vista moral, los gentiles eran ligeramente inferiores a los judíos; sin embargo estaba presente en los corazones de los gentiles más nobles, abundante terreno de bondad natural y un potencial de afecto humano por lo que era posible que germinara la semilla del cristianismo rendiendo una abundante cosecha de carácter moral y logro espiritual. El mundo gentil estaba dominado por ese entonces por cuatro grandes filosofías, todas estas derivadas en mayor o menor grado del platonismo más antiguo de los griegos. Estas escuelas filosóficas eran:

1. *La escuela epicúrea.* Esta escuela de pensamiento se dedicaba a la búsqueda de la felicidad. Los mejores epicúreos no cometían excesos sensuales. Por lo menos, esta doctrina permitió liberar a los romanos de una forma más perniciosa de fatalismo, pues enseñaba que los hombres podían hacer algo en mejoramiento de su situación en la tierra. Combatía eficazmente las supersticiones nacidas de la ignorancia.

2. *La escuela estoica.* El estoicismo era la filosofía superior de las clases más altas. Los estoicos creían que la naturaleza estaba dominada por un HadoRazón controlador. Enseñaban que el alma del hombre era divina; que estaba aprisionada en un cuerpo maligno de naturaleza física. El alma del hombre podía llegar a la libertad viviendo en armonía con la naturaleza y con Dios; por consiguiente, la virtud era su propio premio. El estoicismo ascendía a una moralidad sublime, a ideales que no han sido jamás trascendidos por ningún otro sistema de filosofía puramente humano. Aunque los estoicos profesaban ser «el vástago de Dios», no supieron conocerlo y por consiguiente no supieron encontrarlo. El estoicismo siguió siendo una filosofía; no llegó nunca a ser una religión. Sus seguidores intentaban adaptar su mente a la armonía de la Mente Universal; pero no supieron verse a sí mismos como hijos de un Padre amante. Pablo se inclinó fuertemente hacia el estoicismo cuando escribió: «He aprendido a contentarme, cualquiera que sea mi situación».

3. *La escuela cínica.* La filosofía de los cínicos derivaba de Diógenes de Atenas; sin embargo buena parte de su doctrina se puede remontar a lo que quedara de los restos de las enseñanzas de Maquiventa Melquisedek. El cinismo había sido primero una religión, más que una filosofía. Debe notarse que la religión-filosofía cínica tenía elementos democráticos. Los cínicos pregonaban su doctrina en los campos y en los mercados, enseñando que «el hombre puede salvarse a sí mismo si quiere». Predicaban la sencillez y la virtud y alentaban a los hombres a enfrentarse sin temor con la muerte. Estos cínicos sacerdotes ambulantes hicieron mucho en preparar al pueblo espiritualmente hambriento para los misioneros cristianos que llegaron después. Su sistema de predicar al pueblo se parecía mucho en estilo y esquema al que se vislumbra en las epístolas de Pablo.

4. *La escuela escéptica.* El escepticismo afirmaba que todo conocimiento es falaz, toda certidumbre y persuasión, imposibles. Su actitud puramente negativa nunca tuvo gran aceptación.

Todas estas filosofías tenían características semirreligiosas; muchas veces eran vigorizantes, éticas y ennoblecedoras; pero en general estaban más allá del alcance de la gente común. Con la posible excepción del cinismo, se trataba de filosofías para los fuertes y los sabios, y no de religiones liberadoras aun para los pobres y los débiles.

5. LAS RELIGIONES GENTILES

Durante todas las eras precedentes, la religión había sido fundamentalmente un asunto tribal o nacional; casi nunca una preocupación del individuo. Los dioses no eran personales, sino tribales o nacionales. En verdad estos sistemas religiosos no satisfacían las necesidades espirituales de la persona común.

En los tiempos de Jesús las religiones de Occidente incluían:

1. *Los cultos paganos.* Eran la combinación de la mitología, el patriotismo y la tradición helénicos y latinos.

2. *Adoración al emperador*. Esta deificación del hombre como símbolo del estado fue disputada muy seriamente por los judíos y por los cristianos primitivos; de allí que estas dos iglesias sufrieran amargas persecuciones por parte del gobierno romano.

3. *Astrología*. Esta pseudociencia de Babilonia llegó a ser una religión en el imperio grecorromano. Aun en el siglo veinte el hombre no se ha liberado completamente de estas creencias supersticiosas.

4. *Las religiones de misterio*. En ese mundo tan espiritualmente hambriento proliferaban los cultos misteriosos, nuevas y extrañas religiones provenientes del Levante, que seducían al hombre común con la promesa de la salvación *individual*. Estas religiones fueron aceptadas rápidamente entre las clases bajas del mundo grecorromano. En verdad prepararon el camino para la rápida expansión de las muy superiores enseñanzas cristianas que presentaron un concepto majestuoso de la Deidad, asociado con una teología fascinante para los inteligentes y el ofrecimiento generoso de la salvación de todos los hombres, incluso del hombre común e ignorante, pero espiritualmente hambriento, de aquellos tiempos.

Las religiones de misterio marcaron el fin de la era de las creencias nacionales dando origen a numerosos cultos personales. Había muchos cultos de misterio, pero todos tenían ciertas características comunes, a saber:

1. Una leyenda mística, un misterio —de allí su nombre. En general el misterio tenía que ver con la vida, muerte y resurrección de un dios, tal como se ilustra en las enseñanzas del mitraismo, contemporáneas por algún tiempo con el culto del cristianismo primitivo de Pablo, y competidoras del mismo.

2. Las religiones de misterio no tenían barreras nacionales ni raciales. Eran personales y abiertas y originaron muchas fraternidades religiosas y sociedades sectarias.

3. En cuanto a sus servicios se caracterizaban por elaboradas ceremonias de iniciación y espectaculares sacramentos de adoración. Algunos de estos ritos y rituales secretos podían llegar a ser espantosos y repugnantes.

4. Pero sea cual fuere la naturaleza de sus ceremonias o el grado de sus excesos, estos misterios invariablemente prometían la *salvación* a los devotos, «la liberación del mal, la supervivencia después de la muerte, y una vida perdurable en el reino de la dicha, más allá de este mundo de penas y esclavitud».

Pero, no cometáis el error de confundir las enseñanzas de Jesús con los misterios. La popularidad de estas religiones de misterio revela la búsqueda del hombre por sobrevivir, su verdadera sed y hambre de una religión personal y una rectitud individual. Aunque estos misterios no podían satisfacer adecuadamente este anhelo, prepararon el camino para la aparición subsiguiente de Jesús, quien en verdad trajo a este mundo el pan y el agua de la vida.

Pablo en un esfuerzo por aprovechar la gran popularidad de las mejores religiones de misterio, hizo ciertas adaptaciones a las enseñanzas de Jesús para que fueran más aceptables y atrajeran a un mayor número de conversos potenciales. Pero aun el compromiso paulino de las enseñanzas de Jesús (el cristianismo) era superior a lo mejor en las religiones de misterio en que:

1. Pablo enseñaba una redención moral, una salvación ética. El cristianismo abría el camino para una nueva vida y proclamaba un nuevo ideal. Pablo abandonó los ritos mágicos y los encantamientos ceremoniales.

2. El cristianismo representaba una religión que trataba las soluciones profundas del problema humano, porque no sólo ofrecía la salvación del sufrimiento y aun de la muerte, sino que prometía también la liberación del pecado y la consiguiente dotación de un carácter recto, con cualidades de supervivencia eterna.

3. Los misterios se basaban en los mitos. El cristianismo, tal como lo predicaba Pablo, se basaba en un hecho histórico: el autootorgamiento de Micael, el Hijo de Dios a la humanidad.

Entre los gentiles, la moralidad no estaba necesariamente relacionada ni con la filosofía ni con la religión. Fuera de Palestina no siempre se le ocurría a la gente que los sacerdotes de la religión debían llevar una vida moral. La religión judía, y luego, las enseñanzas de Jesús y la consiguiente evolución del cristianismo de Pablo representaron en Europa las primeras religiones que hacían hincapié sobre la moral y la ética, exigiendo que los religionistas pusieran cuidado a ambas.

Así pues, nació Jesús en Palestina, en el seno de una generación dominada por sistemas incompletos de filosofía y confundida por cultos religiosos complejos. A esta misma generación Jesús dio su evangelio de religión personal —la filiación con Dios.

6. LA RELIGIÓN HEBREA

Hacia fines del primer siglo antes de Cristo, el pensamiento religioso de Jerusalén había sido enormemente influído y un tanto modificado por las enseñanzas culturales griegas y aun por la filosofía griega. En la larga contienda entre la corriente oriental y la corriente occidental de las escuelas de pensamiento hebreo, Jerusalén y el resto de Occidente así como el Levante en general habían adoptado finalmente el punto de vista occidental judío o el modificado helénico.

En los días de Jesús prevalecían tres idiomas en Palestina: la gente común hablaba algún dialecto del arameo; los sacerdotes y rabinos hablaban hebreo; las clases instruídas y las clases altas de judíos en general hablaban griego. El que las escrituras hebreas habían sido traducidas al griego en Alejandría en facha temprana, contribuyó, en gran parte, al predominio subsiguiente del sector griego dentro de la cultura y teología judías. Y muy poco tiempo después aparecerían los escritos de los maestros cristianos en el mismo idioma. El renacimiento del judaísmo data de la traducción griega de las escrituras hebreas. Fue esto una influencia vital que posteriormente determinó que el culto cristiano de Pablo se propagaba más hacia el oeste que hacia el este.

Aunque las creencias judías helenizadas no habían sido influidas mayormente por las enseñanzas de los epicúreos, sí las habían sido influidas muy marcadamente por la filosofía de Platón y las doctrinas de autoabnegación de los estoicos. La gran influencia del estoicismo se ejemplifica en el cuarto Libro de los macabeos; la penetración de la filosofía platónica así como también de las doctrinas estoicas se observa en la Sabiduría de Salomón. Los judíos helenizados interpretaban las escrituras hebreas en forma alegórica; por eso pudieron conformar sin dificultad la teología hebrea con la filosofía de Aristóteles, altamente respetada por ellos. Pero todo esto ocasionó una desastrosa confusión, que sólo pudo disiparse gracias a Filón de Alejandría, quien armonizó y sistematizó la filosofía griega y la teología hebrea en un sistema compacto y bastante uniforme de creencias y prácticas religiosas. Y era esta enseñanza más reciente de combinación de filosofía griega y teología hebrea la que prevalecía en Palestina cuando vivía y enseñaba Jesús, y la que Pablo utilizó como cimientos sobre los que edificó su más avanzado e iluminador culto del cristianismo.

Filón fue un gran maestro; desde los tiempos de Moisés no había vivido un hombre que haya ejercido tan profunda influencia sobre el pensamiento ético y religioso del mundo occidental. En el asunto de la combinación de los mejores elementos de los sistemas contemporáneos de enseñanzas éticas y religiosas hubo siete maestros humanos sobresalientes: Sethard, Moisés, Zoroastro, Lao-Tse, Buda, Filón y Pablo.

Pablo supo reconocer muchas, aunque no todas, de las incongruencias contenidas en las enseñanzas de Filón, que provenían del propósito de combinar la filosofía mística griega y las doctrinas romanas estoicas con la teología legalista de los hebreos; y eliminó prudentemente muchas de estas discrepancias en su teología básica precristiana. Filón abrió el camino para que Pablo pudiera establecer más plenamente el concepto de la Trinidad del Paraíso, que había estado latente durante mucho tiempo en la teología judía. En un solo asunto Pablo no siguió al mismo paso con Filón, y no trascendí las enseñanzas de este judío rico e instruído de Alejandría, y ese asunto fue el de la doctrina de la expiación; Filón enseñó la liberación de la doctrina de obtener el perdón por el derramamiento de sangre. Es posible que Filón vislumbrara la realidad y presencia de los Ajustadores del Pensamiento más claramente que Pablo. Pero la teoría de Pablo del pecado original: las doctrinas de la culpa hereditaria y del mal innato y de la redención de éste, era de origen parcialmente mitraico y tenía muy poco en común con la teología hebrea, con la filosofía de Filón, o con las enseñanzas de Jesús. Algunas porciones de las enseñanzas de Pablo relativas al pecado original y a su expiación eran sus ideas originales.

El evangelio de Juan, el último de los relatos sobre la vida terrestre de Jesús, se dirigía a los occidentales y encara la crónica desde el punto de vista de los cristianos alejandrinos de un período más reciente, quienes también eran discípulos de las enseñanzas de Filón.

Alrededor de los tiempos de Cristo ocurrió en Alejandría un extraño cambio de actitud hacia los judíos, y de este sitio que previamente había sido un fuerte judío, se difundió una ola virolenta de persecución que llegó hasta Roma, de la cual fueron desterrados miles de judíos. Pero esta campaña de desnaturalización duró poco; muy pronto el gobierno imperial restableció plenamente las libertades reducidas de los judíos a lo largo y a lo ancho del imperio.

En cualquier parte del mundo entero dondequiera que se encontraran los judíos dispersos ya por el comercio o las persecuciones, su corazón estaba siempre enfocado hacia el templo sagrado de Jerusalén. La teología judía sobrevivió tal como se la había interpretado y practicado en Jerusalén, siendo salvada del olvido varias veces por la intervención oportuna de ciertos maestros de Babilonia.

Hasta dos millones y medio de estos judíos dispersos solían dirigirse a Jerusalén para la celebración de sus festivales religiosos nacionales. A pesar de las diferencias teológicas o filosóficas entre los judíos orientales (de Babilonia) y los occidentales (helénicos), todos estaban de acuerdo en considerar a Jerusalén el centro de su culto y aguardando siempre la llegada del Mesías.

7. LOS JUDÍOS Y LOS GENTILES

En los tiempos de Jesús los judíos tenían un concepto establecido de su origen, historia y destino. Habían construido un rígido muro de separación entre ellos y el mundo gentil; consideraban los hábitos gentiles con desprecio total. Adoraban la ley en sí misma y se complacían en una forma de rectitud moral basada en el falso orgullo de la descendencia. Se habían formado conceptos preconcebidos sobre el prometido Mesías, y la mayoría de estas anticipaciones visualizaban a un Mesías que llegaría como parte de su historia nacional y racial. Para los hebreos de aquellos días la teología judía estaba irrevocablemente establecida, fija para siempre.

Las enseñanzas y las prácticas de Jesús sobre la tolerancia y benevolencia, contradecían la actitud por largo tiempo establecida de los judíos hacia los demás pueblos, a quienes consideraban paganos. Los judíos habían cultivado durante generaciones una actitud hacia el mundo exterior que les hizo imposible aceptar las enseñanzas del Maestro sobre la fraternidad espiritual del hombre. Eran reacios a compartir a Yahvé en términos de igualdad con los gentiles e igualmente reacios a aceptar como Hijo de Dios al que enseñaba tales doctrinas tan nuevas y extrañas.

Los escribas, los fariseos y los sacerdotes mantenían al pueblo judío en una horrible esclavitud de ritualismo y legalismo, una esclavitud mucho más real que la del reinado político romano. Los judíos del tiempo de Jesús estaban sometidos no solamente a la *ley* sino también a las demandas esclavizantes de las *tradiciones*, las que penetraban e invadían todos los dominios de la vida personal y social. Estas detalladas reglas de conducta dominaban a todo judío leal, y no es extraño que rechazaran rápidamente al que entre ellos tenía la presunción de pasar por alto sus sagradas tradiciones y se atrevía a burlarse de las antiguas reglas de conducta social. No podían considerar con seriedad enseñanzas de él que no vacilaba en contradecir los dogmas establecidos por el mismo Padre Abraham. Moisés les había dado la ley y no estaban dispuestos a hacer compromisos.

Durante el primer siglo después de Cristo la interpretación oral de la ley por los maestros reconocidos, los escribas, tenía más autoridad que la misma ley escrita. Y este ambiente ayudó a ciertos líderes religiosos de los judíos a predisponer a la gente en contra de aceptar un nuevo evangelio.

Estas circunstancias impidieron que los judíos cumplieran su destino divino de mensajeros del nuevo evangelio de libertad religiosa y espiritual. No fueron capaces de romper las cadenas de la tradición. Jeremías había hablado de una «ley que se escribía en el corazón de los hombres», Ezequiel de un «nuevo espíritu que morará en el alma del hombre», y el salmista rogaba a Dios que «creara un corazón limpio y renovara el espíritu recto.» Pero cuando la religión judía de buenas obras y esclavitud a la ley cayó víctima de la inercia tradicionalista, el movimiento de la evolución religiosa, se dirigió al oeste, a los pueblos europeos.

Así una gente diferente fue llamada para llevar al mundo una teología avanzada, un sistema de enseñanzas que comprendía la filosofía de los griegos, la ley de los romanos, la moralidad de los hebreos y el evangelio de la santidad de la personalidad y de la libertad espiritual formulado por Pablo y basado en las enseñanzas de Jesús.

El culto paulino del cristianismo derivaba su moralidad de los hebreos. Los judíos consideraban que la historia era la providencia de Dios: Yahvé en trabajo. Los griegos contribuyeron a las nuevas enseñanzas con conceptos más claros de la vida eterna. Las doctrinas de Pablo se llegaron influidas, en cuanto a su teología y su filosofía, no sólo por las enseñanzas de Jesús sino también por Platón y Filón. En ética estaba inspirado no solamente por Cristo sino también por los estoicos.

El evangelio de Jesús, incorporado por Pablo en el culto del cristianismo de Antioquía, se mezcló con las siguientes enseñanzas:

1. El razonamiento filosófico de los prosélitos griegos, convertidos al judaísmo, que incluía algunos de sus conceptos sobre la vida eterna.

2. Las atractivas enseñanzas de los cultos de misterio en boga en esa época, especialmente las doctrinas mitraicas de redención, expiación y salvación mediante el sacrificio hecho por algún dios.

3. La moralidad sólida de la religión judía establecida.

El imperio Romano mediterráneo, el reino de Partia y los pueblos vecinos de los tiempos de Jesús, todos ellos tenían ideas primitivas y burdas sobre la geografía del mundo, la astronomía, la salud y la enfermedad; naturalmente les asombraron las nuevas y sorprendentes declaraciones del carpintero de Nazaret. Las ideas de ser poseído por un espíritu, que podía ser bueno o malo, se aplicaba no solamente a los seres humanos, sino también a las rocas y a los árboles, según muchos, también podían ser poseídos por espíritus. Era una era de encantamientos; y todo el mundo creía los milagros como ocurrencias diarias.

8. LOS ESCRITOS PREVIOS

Siempre que se pudiera, y de acuerdo con nuestro mandato, hemos tratado de utilizar y hasta cierto punto de coordinar los escritos existentes en Urantia sobre la vida de Jesús. Aunque hemos tenido acceso a los escritos perdidos del apóstol Andrés y a la colaboración de una vasta hueste de seres celestiales que estuvieron en la tierra durante los tiempos del autootorgamiento de Micael (notablemente su Ajustador ahora Personalizado), también ha sido nuestro propósito usar los así llamados evangelios según Mateo, Marcos, Lucas y Juan.

Estos escritos del Nuevo Testamento se originaron en las siguientes circunstancias:

1. *El evangelio según Marcos.* Juan Marcos escribió el primero (a excepción de las notas de Andrés), el más breve, y el más simple relato de la vida de Jesús. Presentó al Maestro como un ministro, un hombre entre los hombres. Aunque Marcos, un joven en la época que describe, presenció muchos de los hechos que relata, sus escritos son en realidad el evangelio según Simón Pedro. Estuvo asociado primero con Pedro, más tarde con Pablo. Marcos escribió este texto por instigación de Pedro y por solicitud sincera por parte de la iglesia en Roma. Marcos, al igual que los apóstoles y otros discípulos importantes, sabiendo que el Maestro se había negado repetida y constantemente a escribir sus enseñanzas durante su vida terrestre en la carne, no se decidía a poner por escrito estos hechos. Pero Pedro notaba que a la iglesia en Roma le hacía falta la ayuda de tal narración escrita, de modo que Marcos accedió a preparar dicha narrativa. Tomó muchas notas antes de la muerte de Pedro en el año 67 d. de J.C., y comenzó a escribir el evangelio de acuerdo con el esbozo aprobado por Pedro y para la iglesia de Roma. El comenzó los escritos poco después de la muerte de Pedro. El evangelio fue completado hacia fines del año 68 d. de J.C. Marcos lo escribió basándose enteramente en su propia memoria y en la de Pedro. Desde entonces el relato original ha sido cambiado considerablemente, habiéndose eliminado muchos pasajes y habiéndose agregado material en la última parte para reemplazar la última quinta parte del evangelio original que se perdió en el primer manuscrito antes de que éste fuera copiado. Todos los evangelios subsiguientes que trataron de describir la vida y las enseñanzas de Jesús se basaron en los escritos de Marcos y las notas de Andrés y de Mateo.

2. *El evangelio de Mateo.* El así llamado evangelio según Mateo es el relato de la vida del Maestro escrito para edificación de los cristianos judíos. Su autor trata constantemente de mostrar en la vida de Jesús que mucho de lo que hizo, fue «para que se cumplieran las palabras del profeta.» El evangelio según Mateo describe a Jesús como hijo de David, altamente respetuoso de la ley y los profetas.

El apóstol Mateo no fue el autor de este evangelio. Este evangelio fue escrito por Isador, uno de sus discípulos, que tenía como referencia para este trabajo no solamente los recuerdos personales de Mateo sino también ciertas notas de Mateo sobre las palabras de Jesús, tomadas inmediatamente después de la crucifixión. Los escritos de Mateo eran en arameo; Isador escribió en griego. No hubo intención de engaño al atribuir el escrito a Mateo. En aquellos tiempos, ésa era la forma en que los discípulos honraban a sus maestros.

Los escritos originales de Mateo fueron editados y ampliados en el año 40 d. de J.C., poco antes de que Mateo partiera de Jerusalén para predicar el evangelio. Se trataba de escritos personales y el último ejemplar en existencia fue destruido en el incendio de un monasterio sirio en el año 416 d. de J.C..

Isador huyó de Jerusalén en el año 70 d. de J.C., después del bloqueo de la ciudad por los ejércitos de Tito, y se llevó a Pella una copia de las notas de Mateo. En el año 71, estando en Pella, Isador escribió el evangelio según Mateo. También tenía consigo las primeras cuatro quintas partes del relato de Marcos.

3. *El evangelio según Lucas.* Lucas, el médico gentil de Antioquía en Pisidia, fue convertido por Pablo, y escribió una historia de muchas maneras distinta de la vida del Maestro. En el año 47 d. de J.C. se hizo seguidor de Pablo y comenzó a enterarse de la vida y las enseñanzas de Jesús. Lucas preserva mucho de la «gracia del Señor Jesucristo» en su recopilación de datos recogidos de las palabras de Pablo y de otros. La imagen del Maestro pintada por Lucas es la del «amigo de los publicanos y los pecadores». Organizó en forma de evangelio sus muchas notas sólo después de la muerte de Pablo. Lucas escribió en Acaya durante el año 82. Pensaba escribir tres libros sobre la historia de Cristo y del cristianismo, pero murió en el año 90 d. de J.C., cuando estaba a punto de terminar la segunda de estas obras: «Hechos de los Apóstoles».

El evangelio de Lucas se basaba principalmente en la historia de la vida de Jesús tal como Pablo se la había narrado. En este sentido el evangelio de Lucas es, en cierto modo, el evangelio según Pablo. Pero Lucas contaba con otras fuentes de información. No solamente entrevistó a decenas de testigos de los numerosos episodios de la vida de Jesús que él relata, sino que también contaba con un ejemplar del evangelio de Marcos, es decir, de los primeros cuatro quintos de dichos escritos, el texto de Isador y un breve artículo escrito en el año 78 d. de J.C. en Antioquía por un creyente cuyo nombre era Cedes. Lucas también contaba con un ejemplar mutilado y muy modificado de algunas notas atribuídas al apóstol Andrés.

4. *El evangelio de Juan.* El evangelio según Juan relata gran parte del trabajo de Jesús en Judea y alrededor de Jerusalén que no se menciona en los otros escritos. Éste es el así llamado evangelio según Juan el hijo de Zebedeo, y aunque Juan no fue el autor, sí fue su inspirador. Desde el principio ha sido corregido repetidamente para que pareciera escrito por Juan mismo. Cuando se escribió esta narrativa, Juan tenía los otros evangelios, observando que se habían omitido numerosos hechos; por eso, en el año 101 d. de J.C. le propuso a su colaborador Natán, un judío griego de Cesarea, que emprendiera la tarea de escribir. Juan proporcionaba el material de su memoria y en los tres evangelios ya existentes. No tenía escrito nada sobre el tema. La epístola denominada «La primera de San Juan», fue escrita por él mismo como una carta explicatoria del trabajo que Natán había ejecutado bajo su dirección.

Todos estos autores describían honestamente a Jesús tal como ellos lo habían visto, lo recordaban o habían sabido de él, y a medida que su concepto de estos distantes acontecimientos había sido afectado por la subsiguiente adopción de la teología paulina del cristianismo. Estos escritos, a pesar de todas sus imperfecciones, han bastado para cambiar el curso de la historia de Urantia durante casi dos mil años.

[*Reconocimiento:* Para llevar a cabo mi misión, que consiste en volver a relatar las enseñanzas y las circunstancias de la vida de Jesús de Nazaret, he recurrido libremente a todos los archivos y fuentes de información planetaria. Mi principal motivo al emprender esta tarea era el de preparar un documento que no solamente sea iluminador para la generación de seres humanos que ahora viven, pero para que sea provechoso para todos las futuras generaciones. Seleccioné los elementos más adecuados para cumplir este propósito de la amplia gama de información que me fue proporcionada. Siempre que pude, extraje mi información de fuentes puramente humanas. Sólo cuando dichas fuentes resultaban insuficientes he recurrido a los archivos superhumanos. Siempre que las ideas y los conceptos de la vida y las enseñanzas de Jesús estuvieran expresados en forma aceptable por una mente humana, invariablemente preferí utilizar las conformaciones aparentemente humanas de pensamiento. Aunque traté de ajustar la expresión verbal para que corresponda mejor a nuestro concepto del verdadero significado y de la real importancia de la vida y las enseñanzas del Maestro, siempre que fuera posible me limité al concepto humano y al modo de pensamiento humano en todos mis relatos. Bien sé que los conceptos originados en la mente humana son más aceptables y útiles para todas demás mentes humanas. Allí donde no pude hallar los conceptos necesarios en los archivos humanos o en las expresiones humanas, recurrí entonces a la memoria de mi propia orden de criaturas terrestres, los seres intermedios. En los casos en que esta fuente secundaria de información resultó inadecuada, recurrí sin titubeos a las fuentes superplanetarias de información.

Los memorandos que he reunido, y de los cuales he preparado este relato de la vida y las enseñanzas de Jesús —aparte de la memoria de los escritos del apóstol Andrés— abarcan joyas del pensamiento y conceptos superiores de las enseñanzas de Jesús, recopilados por más de dos mil seres humanos que vivieron en la tierra desde los tiempos de Jesús hasta el momento de redacción de estas revelaciones, que más correctamente debería llamar repasos. El permiso revelatorio sólo ha sido utilizado cuando los escritos y los conceptos humanos no ofrecían un esquema de pensamiento adecuado. Mi comisión reveladora me prohibe recurrir a fuentes extrahumanas para información o expresión hasta que atestiguara que había agotado todas las posibilidades para encontrar la expresión conceptual necesaria en las fuentes puramente humanas.

Aunque yo, en colaboración con mis once compañeros asociados seres intermedios y bajo la supervisión del Melquisedek a cargo, he encarado este relato de acuerdo con mi concepto de organización efectiva y mi elección de expresión inmediata, sin embargo, la mayoría de las ideas y algunas de las expresiones que he utilizado se originaron en la mente de los hombres de muchas razas y de muchas generaciones sucesivas que han vivido o que durante este trabajo viven aún en la tierra. En realidad he actuado como recopilador y corrector más que como narrador original. Me he apropiado sin titubeos de las ideas y conceptos, preferiblemente humanos, que permitieran crear el retrato más auténtico de la vida de Jesús y reiterar sus enseñanzas sin parangón mediante una fraseología altamente provechosa y universalmente esclarecedora. En nombre de la Fraternidad de los Seres Intermedios Unidos de Urantia, deseo expresar nuestra inmensa gratitud a todas las fuentes y archivos de hechos y conceptos que hemos utilizado para elaborar este nuestro repaso de la vida de Jesús en la tierra].

DOCUMENTO 122

EL NACIMIENTO Y LA INFANCIA DE JESÚS

SERÍA casi imposible explicar plenamente las muchas razones que llevaron a la selección de Palestina como el país del autootorgamiento de Micael y especialmente el por qué se escogió la familia de José y María como el marco inmediato para la aparición de este Hijo de Dios en Urantia.

Después de estudiar un informe especial sobre el estado de los mundos segregados, preparado por los Melquisedek, con el asesoramiento de Gabriel, Micael finalmente seleccionó a Urantia como el planeta en donde ejecutaría su último autootorgamiento. Posteriormente a esta decision Gabriel visitó personalmente a Urantia y como resultado de su estudio de los grupos humanos y de realizar una encuesta sobre las características espirituales, intelectuales, raciales y geográficas del mundo y de sus gentes, decidió que los hebreos reunían aquellas relativas ventajas que justificaban la selección de esta raza como la raza del autootorgamiento. Cuando Micael aprobó esta decisión, Gabriel nombró y envió a Urantia la Comisión de Familia de los Doce —seleccionada entre las órdenes más altas de las personalidades del universo— con el encargo específico de investigar la vida familiar judía. Al finalizar esta comisión su tarea, Gabriel se encontraba en Urantia y recibió el informe nominando a tres posibles parejas, que en la opinión de la comisión, eran igualmente favorables como familias del autootorgamiento para la proyectada encarnación de Micael.

De las tres parejas nominadas, Gabriel personalmente seleccionó entre ellas a José y María. Posteriormente compareció ante María, dándole la grata nueva de que ella había sido seleccionada para ser la madre terrenal del niño autootorgador.

1. JOSÉ Y MARÍA

José, el padre humano de Jesús (Josué ben José) era un hebreo entre los hebreos, aunque llevara muchos rasgos raciales no judíos que habían sido agregados a su árbol genealógico de vez en cuando por las líneas femeninas de sus progenitores. Las raíces del padre de Jesús se remontaban a los días de Abraham, y por intermedio de ese venerable patriarca, a los sumerios y noditas y, a través de las tribus sureñas del antiguo hombre azul, hasta Andón y Fonta. David y Salomón no se encontraban en la línea directa de descendencia de José, ni tampoco se remontaba el origen de José directamente a Adán. Los antepasados inmediatos de José eran obreros: constructores, carpinteros, albañiles y herreros. José mismo era carpintero, y posteriormente contratista. Su familia pertenecía a una larga e ilustre nobleza de la gente común, apareciendo de cuando en cuando personalidades destacadas, cuya actuación se había distinguido durante la evolución de la religión en Urantia.

María, la madre terrenal de Jesús, descendía de una larga línea de inimitables antepasados que comprendía muchas de las mujeres más notables de la historia racial de Urantia. Aunque María era una mujer promedio de su tiempo y generación, con un temperamento relativamente normal, contaba entre sus antepasados a mujeres muy bien conocidas tales como Annón, Támar, Ruth, Betsabé, Ansie, Cloa, Eva, Enta y Ratta. No había en aquel tiempo otra mujer judía con una genealogía más ilustre de progenitores comunes y corrientes, o una que se remontara a los más auspiciosos comienzos. Tanto los antepasados de María como los de José habían sido de temperamento fuerte pero común dando de vez en cuando numerosas personalidades destacadas en la marcha de la civilización y la evolución progresiva de la religión. Desde un punto de vista racial, no es plenamente apropiado considerar a María como judía. Era judía por cultura y creencias, pero en dote hereditaria era más bien una combinación de razas, a saber: siria, hitita, fenicia, griega y egipcia, o sea que su herencia racial era más heterogénea que la de José.

De todas las parejas que vivían en Palestina en el tiempo del proyectado autootorgamiento de Micael, José y María poseían la combinación más ideal de vastos vínculos raciales y promedio elevado de dotes de personalidad. Era el plan de Micael aparecer en la tierra como un hombre *común*, para que las gentes comunes pudieran comprenderlo y recibirlo; por esto Gabriel seleccionó a personas tales como José y María para ser los padres de autootorgamiento.

2. GABRIEL SE APARECE ANTE ELIZABETH

En verdad el trabajo de Jesús en Urantia fue comenzado por Juan Bautista. Zacarías, el padre de Juan, era un sacerdote judío, y su madre Elizabeth pertenecía a la rama más próspera del mismo amplio grupo familiar de María, la madre de Jesús. Zacarías y Elizabeth, aunque casados por muchos años, no tenían hijos.

A fines del mes de junio del año 8 a. de J.C., unos tres meses después de los esponsales de José y María, Gabriel apareció al mediodía ante Elizabeth, tal como más tarde se presentaría ante María, y dijo Gabriel:

«Mientras tu marido Zacarías oficia ante el altar en Jerusalén, y mientras el pueblo reunido ora por la llegada del liberador, yo, Gabriel, he venido para anunciarte que pronto tendrás un hijo, quien será el precursor del maestro divino, y que tú lo llamarás a tu hijo Juan. Crecerá dedicado al Señor tu Dios, y cuando llegue a la madurez, alegrará tu corazón porque llevará muchas almas a Dios, y también proclamará el advenimiento del sanador de almas de tu pueblo, y el libertador del espíritu de la humanidad entera. Tu parienta María será la madre de este hijo de promesa, y yo también me apareceré ante ella.»

Esta visión muy aterrorizó a Elizabeth. Después de la partida de Gabriel, le dio vueltas y más vueltas a esta experiencia en su cabeza, reflexionando detenidamente sobre las palabras de este majestuoso visitante. Pero no mencionó nada a nadie, sino a su marido, hasta principios de febrero del año siguiente, fecha en que visitó a María.

Elizabeth no reveló este secreto a su marido inmediatamente, sino tan sólo cinco meses más tarde. Cuando le contó la historia de la visita de Gabriel, Zacarías la consideró con escepticismo, dudando de toda la experiencia por varias semanas; solamente comenzó a medio creer, aunque sin demasiado entusiasmo, en la visita de Gabriel a su esposa cuando ya no pudo dudar de que ella estaba encinta. Zacarías estaba grandemente perplejo y confundido por el embarazo de Elizabeth, aunque, a pesar de su propia edad avanzada, no dudaba de la virtud de su esposa. Unas seis semanas antes del nacimiento de Juan, Zacarías tuvo un sueño muy notable y entonces pudo convencerse de que Elizabeth daría a luz un hijo de destino, el que prepararía el camino para la llegada del Mesías.

Gabriel hizo su aparición ante María a mediados de noviembre del año 8 a. de J.C., mientras ella estaba trabajando en su casa de Nazaret. Más adelante, cuando María supo sin lugar a dudas que iba a ser madre, persuadió a José que le permitiera viajar a la Ciudad de Judá, más de seis kilómetros en las colinas al oeste de Jerusalén, para visitar a Elizabeth. Gabriel había informado a cada una de estas futuras madres de su aparición ante la otra. Naturalmente deseaban encontrarse, comparar sus experiencias y hablar del futuro de sus hijos. María permaneció con ésta, su prima lejana por tres semanas. Mucho hizo Elizabeth para fortalecer la fe de María en la visión de Gabriel, de modo que ésta regresó al hogar más plenamente dedicada a su misión futura de madre del hijo de destino, a quien muy pronto daría a luz, presentándole al mundo un bebé indefenso, como cualquier otro, común y normal del reino.

Juan nació en la Ciudad de Judá el 25 de marzo del año 7 a. de J.C. Zacarías y Elizabeth tuvieron un gran regocijo con la llegada del hijo tal como Gabriel había prometido. Al octavo día, cuando presentaron al niño para la circuncisión, lo llamaron formalmente Juan así como se les había mandado. Un sobrino de Zacarías ya había partido para Nazaret, para entregar a María el recado de Elizabeth, la buena nueva del nacimiento de un hijo cuyo nombre sería Juan.

Los padres aleccionaron a Juan desde su más tierna infancia para que supiera que su destino consistía en ser un dirigente espiritual y un maestro religioso. Y el terreno de su corazón siempre respondió a la semilla de esta idea. Aun cuando niño, se le encontraba frecuentemente en el templo durante los oficios de su padre, y profundamente le impresionó la significación de todo lo que veía.

3. La anunciación de Gabriel a María

Cierta tarde al ponerse el sol, antes de que José hubiera regresado al hogar, Gabriel apareció ante María junto a una mesa baja de piedra y, una vez que ella recobró su compostura, díjole: «Vengo a instancias de mi Maestro, a quien tu amarás y nutrirás. A ti María, te traigo gratas nuevas al anunciarte que la concepción dentro de ti es mandato del cielo, y en el momento propicio serás la madre de un hijo; lo llamarás Josué, y él inaugurará el reino del cielo en la tierra y entre los hombres. No menciones esto a nadie excepto a José y a Elizabeth, tu parienta, ante quien también he aparecido, y quien pronto dará a luz un hijo cuyo nombre será Juan, y quien preparará el camino para el mensaje de liberación que tu hijo sabrá proclamar con gran fuerza y profunda convicción a todos los hombres. Y no dudéis de mi palabra María, pues éste es el hogar que se escogió como morada mortal del hijo de destino. Mi bendición te acompaña, el poder de los Altísimos te fortalecerá y el Señor de toda la tierra te cobijará.

Durante muchas semanas María guardó el secreto en su corazón, reflexionando a solas sobre esta visitación; hasta que estuvo segura de que estaba encinta. Sólo entonces se atrevió a revelar estos acontecimientos inusitados a su marido. Al escuchar José este relato, aunque confiaba plenamente en María, quedó muy preocupado y perdió el sueño durante muchas noches. Primero dudaba la visitación de Gabriel. Eventualmente, cuando se persuadió casi totalmente de que María había realmente oído la voz y contemplado la forma del mensajero divino, su mente se vio convulsionada al reflexionar sobre cómo podían ocurrir tales cosas. ¿Cómo era posible que un hijo de seres humanos fuera un hijo de destino divino? José no podía reconciliar estas ideas contradictorias hasta que, después de varias semanas de reflexión, tanto él como María llegaron a la conclusión de que habían sido elegidos como padres del Mesías, aunque el concepto judío no presuponía que el liberador esperado fuera de naturaleza divina. Al llegar a esta conclusión importantísima, María se apresuró a ir a visitar a Elizabeth.

En el viaje de vuelta, María visitó a sus padres, Joaquín y Ana. Sus dos hermanos, sus dos hermanas y sus padres consideraban con escepticismo la misión divina de Jesús, aunque por supuesto en ese entonces nada sabían de la visitación de Gabriel. Pero María sí le confió a su hermana Salomé que creía que su hijo estaba destinado a ser un gran maestro.

La anunciación de Gabriel a María ocurrió al día siguiente de la concepción de Jesús y constituyó el único acontecimiento de naturaleza supernatural del embarazo y alumbramiento del hijo prometido.

4. EL SUEÑO DE JOSÉ

José no llegaba a aceptar la idea de que María daría a luz un hijo extraordinario, hasta él cierta noche experimentó un sueño muy impresionante. En el sueño se le apareció un resplandeciente mensajero celestial que le dijo entre otras cosas: «José, por mandato de Aquel que reina en las alturas, aparezco ante ti para hablarte del hijo que aguarda María, y quien llegará a ser una gran luz en el mundo. En él habrá vida y su vida será la luz de la humanidad. Primero vendrá a tu pueblo, pero ellos casi no lo recibirán; pero a todos cuantos sepan recibirlo, a todos ellos revelará que son hijos de Dios». Después de esta experiencia José no volvió a dudar jamás del relato de María sobre la visitación de Gabriel ni de que su futuro hijo estaba destinado a ser un mensajero de Dios para el mundo.

En todas estas visitaciones no hubo mención alguna de la casa de David. Nada se dijo que indicara que Jesús estaba destinado a ser el «liberador de los judíos», ni tampoco que sería el ansiado Mesías. Jesús no era el Mesías como lo habían anticipado los judíos, sino el *libertador del mundo*. Su misión era para con todas las razas y los pueblos, no para un solo grupo.

José no provenía del linaje del rey David. María tenía más descendencia davídica que José. Es verdad que José tuvo que ir a Belén, la ciudad de David, para registrarse en el censo romano, pero eso se debía al hecho de que, seis generaciones antes, el antepasado paterno de esa generación de José, siendo un huérfano, había sido adoptado por Sadoc, un descendiente directo de David; de allí que José también fuera considerado como formando parte de la «casa de David».

Se intentó atribuir a Jesús muchas de las así llamadas profecías mesiánicas del Antiguo Testamento, mucho tiempo después de su vida mortal en la tierra. Durante siglos los profetas hebreos habían proclamado la llegada de un liberador, y esas promesas se habían interpretado por generaciones sucesivas como refiriéndose a un nuevo gobernante judío que ocuparía el trono de David, y que usando los mismos métodos milagrosos de Moisés establecería a los judíos en Palestina como una nación poderosa, libre de toda dominación extranjera. También, muchos pasajes figurados encontrados en las escrituras hebreas posteriormente se aplicaron erróneamente a la misión de la vida de Jesús. Las escrituras del Antiguo Testamento fueron en varios casos modificadas y distorsionadas para aparecer que se conformaban con uno u otro episodio de la vida terrestre del Maestro. Jesús mismo negó cierta vez públicamente toda conexión con la casa real de David. Aun el pasaje que decía «una joven dará a luz un hijo», se cambió a «una virgen dará a luz un hijo». Lo mismo ocurrió con los muchos escritos que se refieren al árbol genealógico de José y María, originados después de la carrera terrestre de Micael. Muchos de estas cepas contienen bastante del linaje del Maestro, pero en general no son genuinos y no es posible confiar en ellos como ciertos. Los primeros discípulos de Jesús sucumbieron más de una vez a la tentación de modificar las antiguas profecías para conformarlas con la vida de su Señor y Maestro.

5. LOS PADRES TERRENALES DE JESÚS

José era hombre de temperamento dulce, extremadamente escrupuloso, y en todos los aspectos fiel a las convenciones y prácticas religiosas de su pueblo. Hablaba poco pero pensaba mucho. La dura condición del pueblo judío apenaba a José. En su juventud, conviviendo con sus ocho hermanos y hermanas, había sido de carácter más alegre, pero durante los primeros años de su vida matrimonial (durante la niñez de Jesús) sufrió períodos de leve desaliento espiritual. Estas manifestaciones temperamentales se habían mejorado considerablemente poco antes de su muerte prematura; y después de que la situación económica de su familia había mejorado por su progreso de carpintero a próspero contratista.

El temperamento de María era casi opuesto al de su marido. Usualmente alegre, siempre de buen talante y dispuesta, raramente se dejaba dominar por la depresión. María expresaba libre y frecuentemente sus sentimientos emocionales y no se la vio nunca triste hasta después de la muerte súbita de José. Apenas si se había recuperado de este golpe cuando hubo de enfrentar las ansiedades y dudas que surgían de la extraordinaria carrera de su hijo mayor, quien tan rápidamente se estaba desarrollando ante sus ojos asombrados. Pero durante toda esta experiencia inusitada, María se mantuvo serena y animosamente demostró buen tino en sus relaciones con su hijo mayor, que era extraño y difícil de comprender, así como también con sus hermanos y hermanas sobrevivientes.

Jesús había heredado de su padre su dulzura extraordinaria y su maravillosa comprensión de la naturaleza humana; y de su madre sus grandes dones didácticos y su extraordinaria capacidad de indignación recta frente a las injusticias. Emotivamente Jesús reaccionaba a veces al medio ambiente de su vida adulta como su padre, mostrándose meditabundo y adorador y a veces parecía triste; pero más a menudo actuaba de la manera optimista y decidida de su madre. En general el temperamento de María trató de dominar la carrera del Hijo divino durante su crecimiento y sus pasos importantísimos hacia la edad adulta. En ciertos aspectos Jesús combinaba los rasgos de sus padres; en otros, los rasgos de uno de ellos predominaban sobre los del otro.

De José derivó Jesús su conocimiento estricto sobre el uso de las ceremonias judías y su conocimiento poco común de las escrituras hebreas; de María derivó un punto de vista más amplio de la vida religiosa y un concepto más liberal de la libertad espiritual personal.

Las familias de José y de María eran muy instruidas para su tiempo. José y María poseían instrucción muy por encima del promedio para su tiempo y posición social. Él era un pensador; ella sabía planear, era experta en adaptarse y práctica en la ejecución inmediata. José era trigueño de ojos negros; María, rubia oscura de ojos pardos.

Si José hubiera vivido, sin lugar a dudas hubiera llegado a ser un firme creyente en la misión divina de su hijo mayor. María alternaba entre la fe y la duda, influída grandemente por las opiniones expresadas de sus otros hijos, de sus amigos y parientes, pero en último término su fe se veía constantemente fortalecida por el recuerdo de la aparición de Gabriel inmediatamente después de la concepción de su hijo.

María era una tejedora experta y en casi todas las artes hogareñas, más hábil que el promedio de su época; era una excelente ama de casa. Tanto José como María eran buenos maestros, y se aseguraron de que sus hijos e hijas fueran bien instruídos en las enseñanzas de esos tiempos.

Cuando José era joven, fue contratado por el padre de María, para construir una adición a la casa. Allí se conocieron José y María, cuando ésta le llevó una taza de agua para el almuerzo; allí comenzó la relación de esta pareja que estaba destinada a ser los padres de Jesús.

José y María se casaron de acuerdo con las costumbres judías, en la casa de María en las afueras de Nazaret, cuando José contaba veintiún años de edad. Esta boda fue la culminación de un noviazgo normal de casi dos años. Poco tiempo después se mudaron a su nueva casa en Nazaret, que había sido construida por José con la ayuda de dos de sus hermanos. La casa estaba ubicada al pie de una elevación que dominaba un bello paisaje. La joven pareja se preparaba para recibir en esta casa, alistada con tanto amor, al hijo prometido, sin saber que este acontecimiento de gran importancia para un universo ocurriría lejos de su hogar, en Belén de Judea.

La mayor parte de la familia de José se convirtieron en creyentes de las enseñanzas de Jesús, pero muy pocos de los parientes de María creyeron en él hasta después de su partida de este mundo. José se inclinaba más hacia el concepto espiritual del Mesías esperado, mientras que María y su familia, en particular su padre, mantenían la idea de un Mesías como el liberador temporal y gobernante político. Los antepasados de María se habían identificado notoriamente con las actividades de los Macabeos de ese entonces, de los tiempos recientes.

José sostenía preceptos de la tendencia oriental o de Babilonia dentro de la religión judía; María por otra parte tenía una visión más liberal y amplia, occidental o helenística de la ley y de los profetas.

6. LA CASA EN NAZARET

La casa de Jesús no estaba lejos de la elevada colina situada en la parte norte de Nazaret, a cierta distancia de la fuente de la aldea, que estaba en la sección oriental de la ciudad. La familia de Jesús vivía en las afueras de la ciudad, lo cual posteriormente le permitió a Jesús disfrutar de frecuentes caminatas en el campo y subir a la cumbre de la elevación cercana, que constituía la colina más alta del sur de Galilea, a excepción del Monte Tabor al este y de la colina de Naín, que tenía aproximadamente la misma altura. Su casa estaba ubicada hacia el sur y el este del promontorio sur de esta colina y aproximadamente a mitad de distancia entre la base de esta elevación y el camino que conducía de Nazaret a Caná. A Jesús le encantaba subir a la colina; otra de sus caminatas favoritas era un angosto sendero que rodeaba la base de la colina en dirección noreste hasta el punto en donde se unía al camino a Séforis.

La casa de José y María era una estructura de piedra de una habitación con techo plano y un edificio adyacente para los animales. Los muebles consistían en una mesa baja de piedra, vasijas de barro, platos y ollas de piedra, un telar, una lámpara, varios bancos pequeños y alfombras para dormir sobre el piso de piedra. Detrás de la casa, cerca de la construcción para los animales, había un tejado que protegía el horno y el molino para moler trigo. Se necesitaban dos personas para utilizar este tipo de molino, uno para moler y otro para echar el grano. Cuando niño, Jesús frecuentemente echaba grano en este molino mientras que su madre lo hacía girar.

En el transcurso de los años, a medida que crecía la familia, todos ellos se sentaban en el piso alrededor de la mesa agrandada de piedra para disfrutar de sus comidas, sirviéndose de un plato u olla común. Durante el invierno la cena estaba iluminada por una pequeña lámpara chata de arcilla, colocada sobre la mesa, con aceite de oliva como combustible. Después del nacimiento de Marta, José construyó un agregado a esta casa, una habitación amplia, que se utilizaba como taller de carpintería de día y como dormitorio de noche.

7. EL VIAJE A BELÉN

En el mes de marzo del año 8 a. de J.C. (el mes en que José y María se casaron) César Augusto decretó que todos los habitantes del Imperio Romano debían ser contados, que se realizaría un censo para mejorar el sistema de impuestos. Los judíos siempre estuvieron en contra de los intentos de «contar a la gente»; este hecho sumado a las graves dificultades internas del gobierno de Herodes, rey de Judea, había conspirado para ocasionar el aplazamiento del censo en el reino judío por un año. En todo el Imperio Romano este censo se realizó en el año 8 a. de J.C., pero en el reino palestino de Herodes ocurrió un año más tarde, el año 7 a. de J.C.

No era necesario que María fuera a Belén para registrarse, pues José tenía autorización para registrar a toda su familia, pero María, siendo una persona enérgica y que amaba la aventura, insistió en acompañarle. Temía quedarse sola por si el niño nacía durante la ausencia de José, y puesto que Belén no estaba lejos de la Ciudad de Judá, María anticipaba una posible visita agradable a su parienta Elizabeth.

José prácticamente prohibió a María que lo acompañara, pero no sirvió de nada; María preparó alimentos para los dos, suficientes para tres o cuatro días, aprontándose para el viaje. Pero antes de partir ya José se había reconciliado con la idea de que María lo acompañara, y al alba partieron alegremente de Nazaret.

María y José eran pobres, y puesto que tenían un solo animal de carga, María, que estaba encinta, cabalgaba el animal con las provisiones mientras que José caminaba conduciendo a la bestia. El construir y amueblar la casa había sido un gasto grande para José quien también tenía que contribuir para mantener a sus padres, puesto que su padre había sido incapacitado poco tiempo antes. Así partió esta pareja judía de su humilde hogar una mañana temprana, el 18 de agosto del año 7 a. de J.C. en dirección a Belén.

El primer día de viaje los llevó al pie del Monte Gilboa, donde acamparon durante la noche junto al río Jordán, conversando largamente de qué clase de hijo les nacería; José lo veía como maestro espiritual y María como un Mesías judío, un liberador de la nación hebrea.

Bien temprano a la mañana siguiente del 19 de agosto, José y María reanudaron su viaje. Tomaron su almuerzo al pie del Monte Sartaba que domina el valle jordano, y prosiguieron su viaje, llegando por la noche a Jericó, donde se alojaron en una posada del camino en las afueras de la ciudad. Después de la cena y las conversaciones sobre la opresión practicada por el gobierno romano, Herodes, el censo, y la influencia comparativa de Jerusalén y Alejandría como centros de conocimiento y cultura judíos, los viajeros nazarenos se retiraron para descansar. Muy temprano por la mañana del 20 de agosto reanudaron su viaje, llegando a Jerusalén antes del medio día; allí visitaron el templo y luego siguieron camino hacia su destino, llegando a Belén a media tarde.

La posada estaba repleta, y José buscó alojarse con parientes lejanos, pero todos los cuartos en Belén estaban totalmente ocupados a capacidad. Al volver al patio de la posada, le informaron que los establos para las caravanas, labrados en los lados de la roca y situados justo por debajo de la hostería, habían sido vaciados y limpiados para alojar viajeros. Habiendo dejado el burro en el patio, José cargó con las bolsas de indumentos y provisiones y descendió con María los escalones de piedra hasta su alojamiento. Se encontraron ubicados en lo que había sido un cuarto para almacenar granos frente a los establos y a los pesebres de los animales. Habían colgado cortinas de lona, y ellos se consideraron afortunados de haber conseguido un alojamiento tan cómodo.

José había pensado salir inmediatamente para registrarse, pero María estaba cansada; se sentía mal y le rogó que permaneciera a su lado, a lo cual él accedió.

8. EL NACIMIENTO DE JESÚS

Durante toda esa noche María estaba inquieta, de manera que ninguno de los dos durmió mucho. Al alba los dolores de parto ya se habían evidenciado, y al mediodía del 21 de agosto del año 7 a. de J.C., con la ayuda tierna de otras viajeras, María dio a luz un niño varón. Jesús de Nazaret había nacido en el mundo, se le envolvió en ropas que María había traído por precaución, y se le puso en el pesebre cercano.

Así nació el niño prometido; es decir, de misma manera que todos los niños que antes y desde entonces han llegado al mundo. Y al octavo día de su nacimiento y de acuerdo con la práctica judía, fue circuncidado y se le llamó formalmente Josué (Jesús).

Al día siguiente del nacimiento de Jesús, José fue a registrarse. Se encontró con un hombre con el que ellos habían conversado dos noches antes en Jericó, y éste lo llevó a ver a un amigo rico de él, y éste tenía una habitación en la posada, y dijo que con placer intercambiaría las habitaciones con la pareja de Nazaret. Esa misma tarde se mudaron a la posada, donde permanecieron casi tres semanas hasta que consiguieron hospedaje en la casa de un pariente lejano de José.

El segundo día después del nacimiento de Jesús, María envió un mensaje a Elizabeth diciéndole que había llegado su hijo; Elizabeth respondió invitando a José a ir a Jerusalén para hablar de todos sus asuntos con Zacarías. A la semana siguiente José fue a Jerusalén para encontrarse con Zacarías. Tanto Zacarías como Elizabeth estaban sinceramente convencidos de que Jesús estaba destinado a ser el liberador judío, el Mesías, y que el hijo de ellos, Juan, sería con el tiempo el jefe de sus ayudantes, el hombre de destíno y su brazo derecho. Como María compartía esas opiniones, no fue difícil convencer a José de que se quedaran en Belén, la Ciudad de David, para que Jesús eventualmente pudiera llegar a ocupar el trono de Israel como sucesor de David. Por consiguiente, permanecieron más de un año en Belén, dedicándose José a su oficio de carpintero.

Ese mediodía en que naciera Jesús, los serafines de Urantia, reunidos bajo sus directores, verdaderamente cantaron himnos de gloria sobre el pesebre de Belén, pero estos cantos de gloria no fueron detectados por oídos humanos. No hubo pastores ni otras criaturas mortales que vinieran a rendir homenaje al niño de Belén hasta el día de la llegada de ciertos sacerdotes de Ur, que habían sido enviados desde Jerusalén por Zacarías.

A estos sacerdotes provenientes de la Mesopotamia, se les fue contado tiempo atrás por un extraño maestro religioso de su país, que él había tenido un sueño en el cual se le informaba que la «luz de la vida» estaba a punto de aparecer sobre la tierra en forma de niño, en el pueblo judío. Los tres sacerdotes partieron pues en búsqueda de esta «luz de la vida». Después de muchas semanas de búsqueda infructuosa en Jerusalén, estaban por volverse a Ur cuando conocieron a Zacarías, quien les trasmitió su creencia de que Jesús era el objeto de su búsqueda y los envió a Belén, donde encontraron al niño y dejaron ofrendas junto a María, su madre terrenal. El niño tenía casi tres semanas al tiempo de esta visita.

Ninguna estrella guió a estos hombres sabios a Belén. La hermosa leyenda de la estrella de Belén se originó de esta manera: Jesús nació al mediodía del 21 de agosto del año 7 a. de J.C. El 29 de mayo del año 7 a. de J.C. hubo una extraordinaria conjunción de Júpiter y Saturno en la constelación de Piscis. Y es un hecho astronómico notable el que conjunciones similares ocurrieran el 29 de septiembre y el 5 de diciembre del mismo año. Sobre la base de estos acontecimientos extraordinarios, pero totalmente naturales, los creyentes bien intencionados de las generaciones sucesivas construyeron la atractiva leyenda de la estrella de Belén y de los Reyes Magos adoradores conducidos por la estrella al pesebre para contemplar y adorar al recién nacido. La mente oriental y del cercano Oriente se deleita en las fábulas, e inventa constantemente bellos mitos sobre la vida de sus dirigentes religiosos y de sus héroes políticos. En la ausencia de la imprenta, cuando la mayor parte del conocimiento humano se trasmitía oralmente de una generación a la otra, era muy fácil que los mitos se tornaran tradiciones y que las tradiciones finalmente se aceptaran como hechos.

9. LA PRESENTACIÓN EN EL TEMPLO

Moisés había enseñado a los judíos que todos los hijos primogénitos pertenecían al Señor, y que, en lugar de su sacrificio tal cual se acostumbraba entre las naciones paganas, ese hijo primogénito podría vivir, siempre y cuando sus padres lo redimieran mediante el pago de cinco siclos a un sacerdote autorizado. También existía una reglamentación mosaica que mandaba que la madre, después de cierto período de tiempo, se presentara (o que alguien hiciera el sacrificio correspondiente en su nombre) en el templo para purificarse. Era costumbre efectuar ambas ceremonias al mismo tiempo. Por consiguiente, José y María fueron al templo de Jerusalén en persona para presentar a Jesús a los sacerdotes para su redención y hacer a la vez el sacrificio apropiado para asegurar la purificación ceremonial de María de la supuesta suciedad del alumbramiento.

En las cortes del templo se encontraban con frecuencia dos personajes notables: Simeón el cantor, y Ana, una poetisa. Simeón era de Judea, pero Ana, de Galilea. Casi siempre estaban juntos, y ambos eran íntimos amigos del sacerdote Zacarías, quien les había confiado el secreto de Juan y de Jesús. Tanto Simeón como Ana anhelaban presenciar la llegada del Mesías, y su confianza en Zacarías los llevó a creer que Jesús fuese el esperado liberador de los judíos.

Zacarías sabía qué día vendrían José y María al templo con Jesús, y había prometido indicar a Simeón y Ana, mediante un gesto especial de saludo con la mano, en la procesión de niños primogénitos, cuál era Jesús.

Para esta ocasión Ana había escrito un poema que Simeón cantó, para sorpresa de José, de María y de todos los que se encontraban reunidos en los patios del templo. Éste fue su himno de redención del hijo primogénito:

Bendito sea el Señor, Dios de Israel
Porque nos ha visitado y ha traído redención a su pueblo;
Arrojando un ancla de salvación para todos
En la casa de su siervo David.

Así como habló por boca de sus santos profetas—
Salvación de nuestros enemigos, y de la mano de todos los que nos odian;
Para mostrar su misericordia a nuestros progenitores y recordar
el santo pacto—
Juramiento que hizo a Abraham nuestro padre
Otorgándonos la dádiva de la liberación de nuestros enemigos para
que podamos
Servirle sin temores,
En santidad y rectitud delante de él, todos nuestros días.
Y tú, niño prometido, te llamarás el Profeta del Altísimo.
Porque irás delante de la presencia del Señor para establecer su reino
Para dar conocimiento de salvación a su pueblo
En la remisión de sus pecados.
Regocijáos en la tierna misericordia de nuestro Dios porque
nos visitó desde lo alto la aurora
Para dar luz a los que habitan en tinieblas y en sombra de muerte
Para encaminar nuestros pies por camino de paz.
Dejad, oh Señor, que éste tu siervo se aleje en paz,
de acuerdo con tus palabras,
Porque mis ojos han contemplado la salvación
Que tú has preparado delante del rostro de todos los pueblos.
Luz resplandeciente para esclarecimiento aun de gentiles
Y para la gloria de tu pueblo de Israel.

Camino de vuelta a Belén, José y María permanecieron silenciosos —confundidos y sin alientos. María estaba turbada por las palabras de despedida de Ana, la anciana poetisa, José no aprobaba este esfuerzo prematuro por hacer de Jesús el Mesías ansiado del pueblo judío.

10. HERODES ACTÚA

Pero los espías de Herodes no estaban ociosos. Cuando le informaron acerca de la visita a Belén de los sacerdotes de Ur, Herodes mandó que estos caldeos aparecieran ante su presencia. Los interrogó diligentemente a estos hombres sabios acerca del nuevo «rey de los judíos», pero le proporcionaron muy poca satisfacción, explicando que el niño había nacido de una mujer venida a Belén con su marido para registrarse en el censo. Herodes, insatisfecho con esta respuesta, les despidió con una bolsa de dinero mandándoles que encontraran al niño, para que Herodes también pudiera adorarle, puesto que habían dicho que su reino sería espiritual y no temporal. Pero como estos hombres sabios no regresaron, Herodes entró en sospecha. Mientras pensaba en estos hechos, volvieron sus espías y le dieron un informe completo sobre los recientes acontecimientos en el templo, trayéndole una copia de parte de la canción que Simeón había cantado en las ceremonias de redención de Jesús. Pero no se les había ocurrido seguir a José y María. Herodes se enfadó con ellos cuando le dijeron que no sabían a dónde se había dirigido la pareja con el niño. Mandó que partieran espías para ubicar a José y María. Habiéndose enterado Zacarías y Elizabeth de que Herodes había mandado buscar a la familia de Nazaret, permanecieron alejados de Belén. Al mismo tiempo se ocultó al niño varón en la casa de unos parientes de José.

José tenía miedo de buscar trabajo, y sus pocos ahorros estaban desapareciendo rápidamente. Aun durante el tiempo de las ceremonias de la purificación en el templo, José se consideraba lo suficientemente pobre como para justificar su oferta de dos palomas jóvenes para la purificación de María, tal como Moisés había mandado para la purificación de las madres pobres.

Como después de más de un año de búsqueda, los espías de Herodes aún no habían ubicado a Jesús; y puesto que se sospechaba que el niño todavía estaba oculto en Belén, Herodes ordenó una búsqueda sistemática en todas las casas de Belén, y el asesinato de todos los niños varones de menos de dos años de edad. Así Herodes pensaba asegurar la destrucción del que sería al crecer el «rey de los judíos». Así perecieron en un día dieciséis niños varones en Belén de Judea. La intriga y el asesinato eran acontecimientos comunes en la corte de Herodes, aun dentro de su familia inmediata.

La matanza de estos infantes ocurrió a mediados de octubre del año 6 a. de J.C., cuando Jesús tenía poco más de un año de edad. Pero había creyentes en la venida del Mesías aun entre los miembros de la corte de Herodes, y uno de ellos, al enterarse de la matanza de los niños de Belén, se puso en contacto con Zacarías quien a su vez despachó un mensajero a José; la noche antes de la masacre José y María salieron con el niño de Belén, camino a Alejandría en Egipto. Para evitar atraer la atención, viajaron solos a Egipto con Jesús. Zacarías les dio el dinero necesario para ir a Alejandría, donde José trabajó de carpintero, María y Jesús se alojaron con parientes de la familia de José en buena situación económica. Así vivieron en Alejandría por dos años enteros, regresando a Belén tan sólo después de la muerte de Herodes.

DOCUMENTO 123

LA INFANCIA DE JESÚS

DEBIDO a las incertidumbres y ansiedades de su estadía en Belén, María no destetó al niño sino al llegar sin contratiempos a Alejandría, donde la familia pudo llevar una vida normal. Vivieron con parientes, y José pudo mantener a su familia porque consiguió trabajo poco después de su llegada. Por varios meses trabajó de carpintero; luego lo promovieron a capataz de un grupo grande de obreros que estaban empleados en la construcción en uno de los edificios públicos erigidos en esa época. Esta nueva experiencia le dio la idea de volverse contratista y constructor al regresar a Nazaret.

Durante estos primeros años de infancia indefensa de Jesús, María mantuvo una larga y constante vigilia sobre él, para evitar que ocurriera algo que pudiese poner en peligro su bienestar o de alguna manera estropear su futura misión en la tierra; jamás hubo madre tan dedicada al bienestar de su hijo. En el hogar en que Jesús se encontraba había dos otros niños aproximadamente de su misma edad, y en el vecindario otros seis niños cuyas edades les permitían ser aceptables compañeros de juego. Al principio María trataba de mantener a Jesús muy a su lado. Temía que le ocurriese algo si se le permitía jugar en el jardín con los otros niños, pero José, con la ayuda de sus parientes, consiguió convencerla de que esa actitud privaría a Jesús de la útil experiencia de aprender cómo conducirse con otros niños de la misma edad. María se dio cuenta de que tanta y tan exagerada protección podría resultar en que el niño se volviera cohibido y un tanto egocéntrico; por consiguiente, acabó por permitir que el hijo prometido creciera como cualquier otro niño; pero aunque cumplió con esta decisión, no dejaba de vigilar constantemente a los pequeños cuando jugaban ellos en la casa o en el jardín. Sólo el amor afectuoso materno puede comprender los temores que María llevaba en su corazón por la seguridad de su hijo durante los primeros años de su infancia y niñez.

Durante los dos años de su estadía en Alejandría, Jesús gozó de buena salud y siguió creciendo normalmente. Aparte de algunos amigos y parientes, a nadie se le dijo que Jesús fuera el «hijo prometido». Uno de los parientes de José se lo reveló a unos amigos de Menfis, descendientes del distante Ikhnatón; y éstos se reunieron con un pequeño grupo de creyentes de Alejandría en la suntuosa casa del pariente y benefactor de José poco antes del retorno de la familia nazarena a Palestina, para augurarles buenaventura y homenajear al niño. En esta ocasión los amigos reunidos regalaron a Jesús un ejemplar completo de la traducción griega de las escrituras hebreas. Sin embargo, primero intentaron nuevamente convencer a José y María de que se quedaran en Egipto, y sólo cuando ellos rechazaron su invitación, los amigos menfitos y alejandrinos le entregaron las escrituras a José. Estos creyentes afirmaban que el hijo del destino ejercería una influencia mundial mucho más grande como residente de Alejandría que de cualquier lugar determinado en Palestina. La insistencia de estos creyentes hizo que José y María demoraran su regreso a Palestina por un tiempo después de recibir la noticia de la muerte de Herodes.

José y María zarparon de Alejandría en un barco de su amigo, Esraeon, con destino a Jope, puerto al cual llegaron a fines de agosto del año 4 a. de J.C. Se dirigieron directamente a Belén, y allí pasaron todo el mes de septiembre en conversaciones con sus amigos y parientes para decidir si debían quedarse allí o volver a Nazaret.

María aún acariciaba la idea de que Jesús creciera en Belén, la Ciudad de David. José no creía en realidad que su hijo fuera a ser el rey libertador de Israel. Además, sabía que él mismo en verdad no descendía de David, sino que pertenecía a la familia davídica sólo porque uno de sus antepasados había sido adoptado por esa familia muchos años antes. María naturalmente consideraba la ciudad de David el lugar más apropiado para criar al candidato que ocuparía el trono de David, pero José prefirió echar su suerte con Herodes Antipas más bien que con su hermano Arquelao. Mucho temía por la seguridad del niño en Belén o en cualquier otra ciudad de Judea, y concluía que era más probable que Arquelao, más bien que Antipas en Galilea, continuara con la amenazadora política de su padre Herodes. A pesar de todas estas razones, José abiertamente dejaba saber que prefería vivir en Galilea, porque la consideraba un sitio más indicado para criar y educar al niño; sin embargo le llevó tres semanas superar las objeciones de María.

Para el primer día de octubre José había conseguido convencer a María y a todos sus amigos de que lo mejor para ellos sería regresar a Nazaret. Por consiguiente, a principios de octubre del año 4 a. de J.C. partieron de Belén rumbo a Nazaret por el camino de Lida y Escitópolis. Salieron un domingo temprano por la mañana, María y el niño cabalgando la bestia de carga que acababan de adquirir, mientras que José y cinco parientes los acompañaban a pie; la familia de José no quiso permitir que viajasen solos. Temían ir a Galilea camino de Jerusalén y el valle del Jordán, y las rutas occidentales no eran del todo seguras para dos viajeros solitarios con un niño pequeño.

1. DE REGRESO A NAZARET

Después del cuarto día de viaje, el grupo llegó sano y salvo a su destino. Llegaron sin haber sido anunciados a la casa de Nazaret, ocupada desde hacía más de tres años por uno de los hermanos casados de José. Éste demostró gran sorpresa al verlos; tan secreto se había mantenido su viaje, que ni la familia de José ni la de María estaban enteradas aun de su partida de Alejandría. Al día siguiente el hermano de José se mudó con su familia, y María, por primera vez desde el nacimiento de Jesús, pudo disfrutar con su pequeña familia de la vida en su propio hogar. En menos de una semana José consiguió trabajo como carpintero, y estaban supremamente felices.

Jesús tenía unos tres años y dos meses cuando volvieron a Nazaret. Había soportado todos estos viajes muy bien, gozaba de excelente salud y estaba lleno de entusiasmo y alegría infantil al tener un lugar propio para correr y jugar. Sin embargo, extrañaba mucho a sus compañeros de juego de Alejandría.

Camino a Nazaret, José persuadió a María de que era más conveniente callar entre los amigos y parientes galileanos el hecho de que Jesús fuera un hijo de promesa. Acordaron no mencionar a nadie estos asuntos. Ambos cumplieron fielmente esta promesa.

El cuarto año de vida de Jesús fue un período de desarrollo físico normal y de enorme actividad mental. Mientras tanto se había hecho muy amigo de un niño vecino aproximadamente de su edad, cuyo nombre era Jacob. Jesús y Jacob siempre estaban felices juntos, y juntos crecieron en gran amistad y leal compañerismo.

El próximo acontecimiento importante en la vida de esta familia de Nazaret fue el nacimiento del segundo niño, Santiago, ocurrido al alba del 2 de abril del año 3 a. de J.C. Jesús estaba feliz de tener un hermanito, y permanecía largas horas observando las actividades del bebé.

Promediaba el verano de ese mismo año cuando José construyó un pequeño taller cerca de la fuente de la aldea y de la parada de las caravanas. De allí en adelante pocas veces hacía trabajo de carpintería durante el día. Se asoció con dos de sus hermanos y varios otros trabajadores, a quienes enviaba a trabajar afuera mientras que permanecía en el taller fabricando arados, yugos y haciendo otros trabajos con madera. También trabajaba el cuero, la soga y la lona. A medida que Jesús crecía, y cuando no estaba en la escuela, repartía su tiempo entre ayudar a su madre en los quehaceres domésticos y observar a su padre en el trabajo del taller, escuchando al mismo tiempo las conversaciones y los chismes de los conductores de caravana y de todos los viajeros que provenían de los cuatro rincones de la tierra.

En julio de ese año, un mes antes de cumplir Jesús los cuatro años, se produjo en Nazaret una epidemia de trastornos intestinales, por contagio con los viajeros de las caravanas. María se asustó tanto del peligro que pudiera correr Jesús de contagiarse con esta enfermedad epidémica, vistió a sus dos hijos y huyó con ellos a la casa de campo de su hermano, varios kilómetros al sur de Nazaret, en la carretera de Meguido cerca de Sarid. No volvieron a Nazaret por más de dos meses; Jesús disfrutó mucho de esta su primera experiencia en una granja.

2. EL QUINTO AÑO (AÑO 2 A. DE J.C.)

Poco más de un año después del regreso a Nazaret, el niño Jesús llegó a la edad de su primera decisión personal y sinceramente moral; y para entonces llegó a morar en él un Ajustador del Pensamiento, el don divino del Padre del Paraíso. Este Ajustador había servido anteriormente a Maquiventa Melquisedek, o sea que ya había obtenido una experiencia en relación con la encarnación de un ser supermortal en la semejanza de la carne mortal. Este acontecimiento ocurrió el 11 de febrero del año 2 a. de J.C. Jesús no tuvo más conciencia de la llegada del Monitor divino que la que tienen millones y millones de otros niños quienes hasta entonces y desde ese día, han recibido del mismo modo al Ajustador del Pensamiento para que resida en su mente, y trabaje por la espiritualización última de estas mentes y la supervivencia eterna de su alma inmortal evolutiva.

En este mismo día de febrero terminó la supervisión directa y personal de los Gobernantes del Universo en lo que respecta a la integridad de la encarnación de Micael en semejanza de niño. Desde entonces y a lo largo del período de la encarnación, la custodia de Jesús fue encomendada al Ajustador que en él residía y a los guardianes seráficos asociados, suplementados de vez en cuando por el ministerio de los seres intermedios, asignados a realizar ciertas tareas específicas de acuerdo con las instrucciones de sus superiores planetarios.

Jesús cumplió cinco años en agosto de este año y por consiguiente llamaremos este año el quinto año (calendario) de su vida. En este año, el año 2 a. de J.C., poco antes de su quinto cumpleaños, Jesús tuvo la gran alegría de la llegada de su hermana Miriam, que nació durante la noche del 11 de julio. A la tarde del día siguiente Jesús tuvo una larga conversación con su padre sobre cómo nacen al mundo distintos grupos de cosas vivas como seres individualizados. La parte más valiosa de la temprana educación de Jesús, la obtuvo gracias a las respuestas que sus padres daban a sus preguntas inteligentes y curiosas. José no dejó jamás de cumplir plenamente con su deber; siempre supo encontrar tiempo para contestar las numerosas preguntas del niño. Desde los cinco hasta los diez años, Jesús no hacía más que preguntar. Aunque José y María no siempre podían contestar a sus preguntas, nunca dejaron de conversar con él, de discutir sus indagaciones y de ayudarle en toda forma posible en sus esfuerzos por llegar a una solución satisfactoria del problema que su mente despierta había sugerido.

Desde el retorno a Nazaret, la familia estaba muy ocupada, y José aún más con la construcción de su nuevo taller y el retorno a sus negocios. Tan ocupado estaba que no había encontrado tiempo para hacer una cuna para Santiago, pero pudo hacerlo mucho antes del nacimiento de Miriam, de modo que ella contó con una cuna muy cómoda en la que se anidaba ante los ojos admiradores de su familia. El niño Jesús participaba de todo corazón en todas estas experiencias naturales y normales del hogar. Disfrutaba de su hermanito y de su hermanita y ayudaba mucho a María en el cuidado de ellos.

Pocos hogares en el mundo gentil de aquellos días podían ofrecer a un niño una mejor educación intelectual, moral y religioso que los hogares judíos de Galilea. Estos judíos contaban con un programa sistemático para la crianza y la educación de sus hijos. Dividían la vida de un niño en siete etapas:

1. El niño recién nacido, del primero al octavo día.
2. El niño de pecho.
3. El destete.
4. El período de dependencia de la madre, hasta fines del quinto año.
5. El comienzo de la independencia del niño, cuando, en el caso de hijos varones, el padre asumía la responsabilidad de su educación.
6. La adolescencia de los niños y de las niñas.
7. Los jóvenes varones y las jóvenes mujeres.

Era costumbre de los judíos de Galilea que la madre tuviera a su cargo la educación del niño hasta el quinto cumpleaños; después, si el niño era varón, el padre se encargaba de su educación. Ese año, por consiguiente, Jesús entró en la quinta etapa de la vida de un niño judío de Galilea; así ocurrió que, el 21 de agosto del año 2 a. de J.C. María formalmente entregó a José la educación futura de su hijo.

Aunque José se hizo cargo directamente de la educación intelectual y religiosa de Jesús, su madre seguía ocupándose de su educación hogareña. Le enseñó a cuidar de las hiedras y las flores que crecían en las paredes del jardín que rodeaban completamente el terreno hogareño. Cuidó de que hubiera sobre el techo de la casa (el dormitorio de verano), cajones de arena en los que Jesús hacía mapas y practicaba su escritura en arameo, griego y más adelante en hebreo porque, con el tiempo, aprendió a leer, escribir y hablar perfectamente estos tres idiomas.

Jesús tenía la apariencia de un niño físicamente perfecto y continuaba progresando normalmente en las esferas mental y emocional. Tuvo un ligero problema digestivo, su primera leve enfermedad, en la última parte de su quinto año calendario.

Aunque José y María hablaban frecuentemente del futuro de su hijo mayor, si te hubieras encontrado allí, habrías tan sólo observado el crecimiento de un niño normal y sano de ese tiempo y lugar, libre de preocupaciones, pero altamente inquisitivo.

3. Acontecimientos del sexto año (año 1 a. de J.C.)

Con la ayuda de su madre, Jesús ya había dominado el dialecto galileo de la lengua aramea; ahora, su padre comenzó a enseñarle el griego. María hablaba muy poco griego, pero José hablaba bien tanto el arameo como el griego. El texto para el estudio del idioma griego era aquel ejemplar de las escrituras hebreas —una versión completa de las leyes y de los profetas, que incluía los salmos— que les habían regalado a su partida de Egipto. Sólo había dos ejemplares completos de las escrituras en griego en toda la ciudad de Nazaret, y la posesión de uno de ellos por la familia del carpintero tornó el hogar de José en un imán que atraía a las gentes y que permitió a Jesús, durante su niñez, conocer una procesión casi interminable de estudiantes dedicados sinceramente a la búsqueda de la verdad. Antes de que terminara ese año, Jesús había asumido la custodia de ese manuscrito invaluable, habiéndosele dicho en su sexto cumpleaños que el libro sagrado le había sido obsequiado por los amigos y parientes de Alejandría. En muy poco tiempo pudo leerlo sin titubeos.

La primera gran sorpresa de su joven vida la experimentó Jesús cuando aún no había cumplido los seis años. Le parecía al niño que su padre, o por lo menos su padre y su madre juntos, lo sabían todo. Imaginaos pues la sorpresa de este niño curioso cuando al preguntar a su padre la causa de un leve terremoto que acababa de ocurrir, oyó que José le respondía: «Hijo mío, no lo sé». Así comenzó una prolongada y sorprendente desilusión al descubrir Jesús que sus padres terrenales no eran omnisapientes.

El primer pensamiento de José fue decirle a Jesús que el terremoto había sido causado por Dios, pero un momento de reflexión le convenció que dicha respuesta provocaría inmediatamente ulteriores y aun más embarazosas preguntas. Aun a una edad muy temprana era muy difícil contestar las preguntas de Jesús sobre los fenómenos físicos o sociales diciéndole sin pensar que el responsable era Dios o el diablo. De acuerdo con la creencia difundida entre el pueblo judío, Jesús, durante mucho tiempo, estaba dispuesto a aceptar la doctrina de los buenos y de los malos espíritus como posible explicación de los fenómenos mentales y espirituales, pero muy pronto comenzó a dudar de que dichas influencias invisibles fueran responsables de los acontecimientos físicos del mundo natural.

Antes de que Jesús cumpliera los seis años, a principios del verano del año 1 a. de J.C., Zacarías e Elizabeth con su hijo Juan visitaron a la familia de Nazaret. Jesús y Juan disfrutaron mucho durante esta visita, la primera según recordaban. Aunque los visitantes tan sólo pudieron quedarse unos pocos días, los padres hablaron de muchas cosas, incluso el futuro de sus hijos. Mientras así hablaban, los niños jugaban con trozos de madera en la caja de arena sobre el techo de la casa y también se divertían de muchas otras maneras como niños que eran.

Después de conocer a Juan que venía de los alrededores de Jerusalén, Jesús empezó a manifestar un inusitado interés por la historia de Israel y comenzó a preguntar en gran detalladamente sobre el significado de los ritos del sábado, los sermones de la sinagoga y las fiestas de conmemoración recurrentes. Su padre le explicó el significado de todas estas celebraciones. El primero, la festividad de la luz, a mediados de enero, duraba ocho días, y las celebraciones comenzaban prendiendo una vela la primera noche, agregándose en forma sucesiva una más cada noche; en este festival se conmemoraba la dedicación del templo después de la restauración de los servicios mosaicos por Judas Macabeo. Luego, venía la celebración de Purim a comienzos de la primavera, la celebración de Ester que liberó a Israel. Luego seguía la solemne Pascua, la cual los adultos celebraban en Jerusalén siempre que fuera posible, mientras que los niños en el hogar debían recordar que no se comía pan con levadura durante toda la semana. Más adelante, el festival de los primeros frutos, la recolección de la cosecha; y por último la festividad más solemne de todas ellas, la fiesta del año nuevo, el día de la expiación. Aunque algunas de estas celebraciones y ritos eran difíciles de comprender para la mente joven de Jesús, las consideró con suma seriedad y luego participó con gran alegría en la fiesta de los tabernáculos, el festival anual de vacaciones del pueblo judío, época en que acampaban afuera en casillas hechas de hojas y se entregaban al júbilo y a la alegría.

Durante este año José y María no sabían qué hacer con la forma en que rezaba Jesús. Jesús insistía en dirigirse a su Padre celestial como si se estuviera dirigiendo a José, su padre terrenal. Este alejamiento de las formas más solemnes y reverentes de comunicación con la Deidad preocupaba a sus padres, especialmente a su madre, pero no podían persuadirlo de que cambiase; recitaba sus oraciones tal como se le había enseñado, después de lo cual insistía en tener «una pequeña charla con mi Padre en el cielo».

En junio de este año José entregó su taller de Nazaret a sus hermanos e ingresó formalmente en el trabajo de constructor. Antes de que terminara el año los ingresos de la familia se habían más de triplicado. La familia de Nazaret no volvió a sufrir pobreza hasta después de la muerte de José. La familia creció, y gastaban mucho dinero en educación y viajes, pero los crecientes ingresos de José se mantenían al ritmo con los gastos.

Durante los años subsiguientes José hizo muchas obras en Caná, Belén (de Galilea), Magdala, Naín, Séforis, Capernaum y Endor, así como también mucha tarea de constucción en Nazaret y sus alrededores. A medida que Santiago crecía y podía ayudar a su madre en los quehaceres domésticos y en el cuidado de los más pequeños, Jesús hizo varios viajes con su padre a estas ciudades y aldeas vecinas. Jesús era un observador agudo y acumuló muchos conocimientos prácticos en estos viajes lejos de su hogar; se interesaba particularmente por el hombre y su forma de vivir en la tierra.

En este año Jesús aprendió a mitigar sus fuertes emociones y vigorosos impulsos y a adaptarse a las demandas de la cooperación familiar y de la disciplina hogareña. María era una madre amante pero creía en una disciplina bastante estricta. Sin embargo, en muchos aspectos José ejercía un mayor control sobre Jesús puesto que solía sentarse con el muchacho y explicarle las verdaderas razones por las que era necesario limitar la satisfacción de los deseos personales mediante la disciplina, para contribuir al bienestar y la tranquilidad de toda la familia. Cuando se le explicaba la situación, Jesús siempre cooperaba inteligente y voluntariosamente con los deseos paternos y con las reglas familiares.

Dedicaba mucho de su tiempo libre —cuando su madre no necesitaba de su ayuda en los quehaceres— al estudio de las flores y de las plantas durante el día, y de las estrellas por las noches. Causaba preocupación su costumbre de recostarse de espaldas mirando con curiosidad los cielos estrellados mucho después de la hora en que debía irse a dormir en este bien organizado hogar nazareno.

4. El séptimo año (año 1 d. de J.C.)

Éste fue en realidad un año lleno de acontecimientos en la vida de Jesús. A principios de enero hubo una gran tormenta de nieve en Galilea. La nieve se acumuló más de medio metro, la más grande tormenta de nieve que Jesús viera durante toda su vida y una de las más grandes que ocurrieran en Nazaret en cien años.

La vida recreativa de los niños judíos en los tiempos de Jesús estaba bastante limitada; con frecuencia los niños jugaban imitando las actividades serias que observaban en los adultos. Mucho jugaban a bodas y funerales, ceremonias que presenciaban con tanta frecuencia y que les resultaban tan espectaculares. Bailaban y cantaban, pero contaban con pocos juegos organizados como los que disfrutan los niños de generaciones más recientes.

A Jesús, en compañía de un niño vecino y después a su hermano Santiago, les encantaba jugar en el rincón más alejado del taller de carpintería de la familia, donde se divertían con el aserrín y los trozos de madera. Le resultaba siempre difícil a Jesús comprender por qué ciertos tipos de juegos estaban mal y eran prohibidos el sábado, pero nunca dejó de conformarse a los deseos de sus padres. Tenía gran capacidad para los juegos y mucho sentido del humor que pocas veces podía expresar en el medio ambiente de su tiempo y generación; pero hasta los catorce años durante la mayor parte del tiempo se mostró alegre y de buen humor.

María mantenía un palomar encima del establo junto a la casa, y usaba las ganancias que provenían de la venta de las palomas como fondo especial de caridad, el cual Jesús administraba después de deducir el diezmo y entregárselo al empleado de la sinagoga.

El único verdadero accidente que sufriera Jesús hasta ese momento fue una caída por las escaleras de piedra del jardín que conducían al dormitorio que tenía techo de lona. Sucedió en julio durante una inesperada tormenta de arena con vientos del este. Los vientos cálidos que traían soplos de arena fina se producían generalmente durante la temporada de lluvias, particularmente en marzo y abril. Una tormenta de este tipo era totalmente inesperada en el mes de julio. Cuando se desencadenó la tormenta, Jesús estaba jugando en el techo de la casa, como era su costumbre, porque durante buena parte de la temporada seca éste era su lugar preferido de juegos. La arena lo enceguecíó mientras bajaba las escaleras, por eso se cayó. Después de este accidente José construyó una balaustrada a ambos lados de la escalinata.

Este accidente no habría podido ser prevenido de ninguna manera. No se podía culpar de negligencia a los seres intermedios, los guardianes temporales, teniendo en cuenta que un ser intermedio primario y uno ser intermedio secundario habían sido asignados para custodiar al niño; tampoco se podía culpar al serafín guardián. Sencillamente no se podía haber evitado. Pero este ligero accidente, que ocurrió mientras José estaba en Endor, ocasionó tal ansiedad en la mente de María que ella trató, sin mucho tino, de mantener a Jesús a su lado por varios meses.

Los accidentes materiales, acontecimientos comunes de naturaleza física, no son sucesos en los cuales las personalidades celestiales interfieran arbitrariamente. Bajo condiciones ordinarias sólo los seres intermedios pueden intervenir en las condiciones materiales para salvaguardar a las personas de los hombres y las mujeres del destino, y aun en situaciones especiales estos seres pueden actuar así sólo obedeciendo a los mandatos específicos de sus superiores.

Y éste fue tan sólo uno de una serie de contratiempos menores que posteriormente sufriera este joven aventuroso e inquisitivo. Si imaginas la niñez y la juventud comunes de un niño sano e impulsivo, tendrás una idea bastante clara de la carrera juvenil de Jesús, y podrás imaginar cuánta ansiedad les ocasionaba a sus padres, especialmente a su madre.

El cuarto hijo de la familia de Nazaret, José, nació el miércoles 16 de marzo del año 1 d. de J.C.

5. LOS DÍAS ESCOLARES EN NAZARET

Jesús ya tenía siete años, edad en que los niños judíos supuestamente comenzaban su educación formal en las escuelas de la sinagoga. Por consiguiente, en agosto de ese año comenzó en Nazaret su vida escolar llena de acontecimientos. Este niño ya leía, escribía y hablaba dos idiomas: el arameo y el griego. Ahora le tocaba aprender a leer, escribir y hablar el hebreo. Y estaba lleno de entusiasmo por comenzar su nueva vida escolar, que estaba por llegar.

Durante tres años —hasta los diez años— asistió a la escuela elemental de la sinagoga de Nazaret. Durante estos tres años estudió los rudimentos del Libro de la Ley tal como se lo conoce en la lengua hebrea. Durante los siguientes tres años estudió en la escuela avanzada y memorizó, mediante el método de repetición en voz alta, las enseñanzas más profundas de la ley sagrada. Se graduó de esta escuela de la sinagoga a los trece años y los dirigentes de la sinagoga lo entregaron a sus padres como un educado «hijo de los mandamientos» —de ahí en adelante, un ciudadano responsable de la comunidad de Israel, con derecho de asistir a la Pascua en Jerusalén; por consiguiente ese año concurrió a su primera Pascua en compañía de su padre y su madre.

En Nazaret los estudiantes se sentaban en el piso formando un semicírculo, mientras que su maestro, el chazán, empleado de la sinagoga, se sentaba frente a ellos. Comenzaban con el Libro Levítico, y seguían con el estudio de los demás libros de la ley, el de los Profetas y el de los Salmos. La sinagoga de Nazaret poseía un ejemplar completo de las escrituras en hebreo. Hasta los doce años se estudiaban solamente las escrituras. En los meses de verano las horas escolares se reducían considerablemente.

Jesús se volvió muy pronto experto en hebreo, y cuando joven, si ningún visitante prominente se encontraba a la sazón en Nazaret, frecuentemente se le pedía a él que leyera las escrituras en hebreo a los creyentes reunidos en la sinagoga para los servicios regulares del sábado.

Por supuesto las escuelas de sinagoga no tenían libros de texto. El chazán enseñaba diciendo algo que los estudiantes repetían en coro. Cuando tenían acceso a los libros escritos de la ley, los estudiantes aprendían su lección leyendo en voz alta y por medio de la repetición constante.

Además de la educación escolar formal, Jesús comenzó a hacer contacto con la naturaleza humana proveniente de todos los rincones del mundo, porque por el taller de reparación de su padre pasaban viajeros provenientes de muchas tierras distintas. Más tarde cuando creció conversaba libremente con los integrantes de las caravanas que se detenían cerca a la fuente para descansar y comer. Puesto que hablaba muy bien el griego no tenía problemas de comunicación con la mayoría de los viajeros y conductores de las caravanas.

Nazaret era una estación de caravanas y una encrucijada de viajeros, la mayoría de la población era gentil; al mismo tiempo se la conocía como un centro de la interpretación liberal de la ley tradicional judía. En Galilea los judíos se mezclaban más libremente con los gentiles que en Judea. De entre todas las ciudades de Galilea, los judíos de Nazaret eran los más liberales en su interpretación de las restricciones sociales las cuales eran basadas en el temor de la contaminación como resultado del contacto con los gentiles. Y esta situación originó un dicho común en Jerusalén: «¿Qué puede salir de bueno de Nazaret?»

Jesús recibió su educación moral y cultura espiritual principalmente en su propio hogar. La mayor parte de su educación intelectual y teológica provino del chazán. Pero su verdadera educación —esa dote de mente y corazón que permite afrontar los difíciles problemas de la vida— la obtuvo mezclándose con sus semejantes. Esta asociación estrecha con sus semejantes jóvenes y viejos, judíos y gentiles, le ofreció la oportunidad de conocer a la raza humana. Jesús estaba altamente educado en el sentido de que comprendía completamente a los hombres y los amaba con devoción.

A lo largo de sus años en la sinagoga fue un estudiante brillante, con una gran ventaja puesto que hablaba tres idiomas. El chazán de Nazaret, en ocasión de la graduación de Jesús, comentó a José que temía que él mismo «había aprendido más con las preguntas penetrantes de Jesús» de lo que le había podido «enseñar al muchacho».

A lo largo de su curso de estudio Jesús aprendió mucho y derivó gran inspiración de los sermones regulares del sábado en la sinagoga. Se acostumbraba solicitar a los visitantes distinguidos que pasaban por Nazaret los sábados que hablaran a la congregación. Durante su juventud Jesús escuchó los puntos de vista de muchos de los grandes pensadores del entero mundo judío, algunos de los cuales no se podían considerar judíos ortodoxos, puesto que la sinagoga de Nazaret era un centro avanzado y liberal del pensamiento y la cultura hebreos.

Al ingresar a la escuela a los siete años (en ese tiempo los judíos acababan de inaugurar una ley de educación obligatoria), era habitual que los estudiantes seleccionaran su «texto de aniversario», una especie de regla de oro que los guiaría a lo largo de sus estudios, y sobre el cual frecuentemente se explayaban al tiempo de su graduación cuando cumplían trece años. El texto que seleccionó Jesús era del profeta Isaías: «El espíritu del Señor Dios está sobre mí, porque me ungió el Señor; me ha enviado a predicar buenas nuevas a los abatidos, a vendar a los quebrantados de corazón, a publicar la libertad a los cautivos, y a los presos espirituales apertura de la cárcel».

Nazaret era uno de los veinticuatro centros de sacerdotes de la nación hebrea. Pero los sacerdotes galileos eran más liberales en su interpretación de las leyes tradicionales que los escribas y rabinos judeos. En Nazaret eran también más liberales en cuanto a la observación del sábado. Era por consiguiente costumbre que José llevara a Jesús a caminar en las tardes del sábado, siendo una de sus caminatas favoritas el subir a la colina cerca de su casa, desde la cual podían contemplar una vista panorámica de toda Galilea. Al noroeste, en días despejados, veían el largo perfil del Monte Carmelo deslizándose hacia el mar; y muchas veces Jesús escuchó a su padre relatar la historia de Elías, uno de los primeros de la larga línea de profetas hebreos, quien criticó a Acab y puso al descubierto a los sacerdotes de Baal. Al norte se levantaba el Monte Hermón, con su pico nevado en majestuoso esplendor que monopolizaba el horizonte, mostrando casi 1.000 metros de las resplandecientes laderas cubiertas de nieve perpetua. Hacia el lejano este, podían discernir el valle del Jordán y más allá las rocosas colinas de Moab. Hacia el sur y el este, cuando el sol brillaba sobre sus muros de mármol, podían ver las ciudades grecorromanas de Decápolis, con sus anfiteatros y ostentosos templos, y cuando permanecían mirando la caída del sol, hacia el oeste podían distinguir los barcos de vela en el Mediterráneo distante.

Desde cuatro direcciones Jesús podía observar las caravanas que se encaminaban hacia Nazaret y desde Nazaret, y al sur veía la amplia y fértil llanura de Esdraelón, que se extendía hasta el Monte Gilboa y Samaria.

Cuando no trepaban a las alturas para embelesarse ante los distantes panoramas, caminaban por el campo y estudiaban la naturaleza en sus distintas manifestaciones según las estaciones. Las primeras enseñanzas recibidas por Jesús fuera del hogar tenían que ver con un contacto reverente y comprensivo con la naturaleza.

Antes de cumplir los ocho años, era conocido por todas las madres y las mujeres jóvenes de Nazaret, que lo encontraban y le hablaban junto al manantial próximo a su casa, que era uno de los centros sociales y de chismorreo de la ciudad entera. En este año Jesús aprendió a ordeñar la vaca de la familia y a cuidar de los demás animales. También aprendió en este año y el siguiente a hacer queso y a usar el telar. A los diez años era un experto tejedor. Aproximadamente en esta época Jesús y el muchacho vecino llamado Jacob se hicieron amigos de un ceramista que tenía un taller cerca del manantial; al observar los hábiles dedos de Natán que formaban la arcilla en la rueda, muchas veces ambos se prometieron especializarse en cerámica cuando crecieran. Natán quería mucho a los muchachos y a menudo les daba arcilla para que jugaran, tratando de estimular su imaginación creadora al sugerirles esfuerzos competitivos de modelación de varios objetos y animales.

6. Su octavo año (año 2 d. de J.C.)

Éste fue un año interesante en la escuela. Aunque Jesús no era un estudiante fuera de lo común, era un alumno diligente y pertenecía al tercio más avanzado de la clase; hacía sus tareas tan bien que se le permitía una semana de vacaciones por mes. Generalmente pasaba esa semana con su tío el pescador en las orillas del mar de Galilea cerca de Magdala, o en la granja de su otro tío (hermano de su madre) ocho kilómetros al sur de Nazaret.

Aunque su madre temía mucho por la salud y la seguridad del muchacho, poco a poco se reconcilió con estas ausencias del hogar. Los tíos y las tías de Jesús lo querían mucho, y se formó cierta alegre actitud competitiva entre ellos, para conseguir el privilegio de su compañía durante estas visitas mensuales durante el curso de este año y de los años inmediatamente subsiguientes. Su primera semana de estadía en la granja de su tío (desde la infancia), ocurrió en enero de este año; la primera semana de su experiencia como pescador en el mar de Galilea ocurrió en el mes de mayo.

Alrededor de esta época Jesús conoció a un maestro de matemáticas proveniente de Damasco, y al aprender algunas técnicas nuevas relativas a los números, se dedicó mucho tiempo a las matemáticas durante varios años. Desarrollando un agudo entendimiento de los números, las distancias y las proporciones.

Jesús disfrutaba mucho de la compañía de su hermano Santiago y hacia fines de este año había empezado a enseñarle el alfabeto.

En ese año Jesús hizo arreglos para intercambiar productos lecheros por clases de arpa. Tenía una predilección especial por todo lo que fuera musical. Más adelante promovió el interés en la música vocal entre sus compañeros jóvenes. A los once años de edad ya era un arpista habilidoso y mucho disfrutaba tocando sus extraordinarias interpretaciones e interesantes improvisaciones para esparcimiento de su familia y amigos.

Aunque Jesús continuaba haciendo envidiables progresos en la escuela, no todo estaba tranquilo para los padres ni para los maestros. Persistía en hacer muchas preguntas embarazosas tanto en el campo de la ciencia como en el de la religión, particularmente en relación con la geografía y la astronomía. Tenía particular interés en averiguar por qué había una temporada seca y una temporada de lluvias en Palestina. Repetidamente buscó la explicación de la gran diferencia entre la temperatura de Nazaret y la del valle del Jordán. Simplemente no paraba nunca de hacer estas preguntas inteligentes pero complicadas.

Su tercer hermano, Simón, nació por la tarde del viernes 14 de abril de este año, el 2 d. de J.C.

En febrero, Nacor, uno de los maestros de la academia rabínica de Jerusalén, vino a Nazaret para observar a Jesús, habiendo cumplido una misión similar en la casa de Zacarías cerca de Jerusalén. Vino a Nazaret por consejo del padre de Juan. Aunque al principio le escandalizó un tanto la franqueza de Jesús y su manera poco convencional de relacionarse con cosas religiosas, atribuyó estas características a la lejanía de Galilea de los centros de enseñanza y cultura hebreas, y aconsejó a José y María que le permitieran llevarse a Jesús con él a Jerusalén, donde contaría con las ventajas de la educación y de la enseñanza en el centro de la cultura judía. María estaba casi decidida a dar el permiso; estaba convencida de que su hijo mayor llegaría a ser el Mesías, el libertador de los judíos; José dudaba; estaba igualmente persuadido de que Jesús crecería a ser un hombre de destino, pero tenía mucha incertidumbre en cuanto a cuál sería ese destino. Nunca dudó sin embargo de que su hijo cumpliría una gran misión en la tierra. Cuanto más pensaba en el consejo de Nacor, más dudaba de la sabiduría en la propuesta estadía en Jerusalén.

Debido a esta diferencia de opiniones entre José y María, Nacor solicitó permiso para plantearle el asunto directamente a Jesús. Jesús escuchó con atención, habló con José, con María, con un vecino, con Jacobo el albañil, cuyo hijo era su compañero favorito, y dos días más tarde les dijo que, puesto que había tal diferencia de opinión entre sus padres y consejeros, y puesto que no se sentía competente para asumir la responsabilidad de tal decisión, porque no tenía ideas definidas a favor de una u otra alternativa, en vista de la situación entera, finalmente había decidido «hablar con mi Padre que está en el cielo»; y aunque no estaba perfectamente seguro de la respuesta, pensaba que sería mejor que se quedara en su casa «con mi padre y mi madre», agregando: «Ellos que tanto me aman harán más por mí y me guiarán mejor que un grupo de extraños que tan sólo ven mi cuerpo y observan mi mente, pero que difícilmente me conocen verdaderamente.» Todos se maravillaron, y Nacor se regresó a Jerusalén. Pasaron muchos años antes de que se considerara nuevamente la posibilidad de que Jesús se fuese de su hogar.

DOCUMENTO 124

LA NIÑEZ POSTERIOR DE JESÚS

AUNQUE Jesus hubiera tenido en Alejandría mejores oportunidades educacionales que en Galilea, no se hubiera encontrado en un medio ambiente tan espléndido para hacer frente a sus problemas de la vida, con el mínimo de guía didáctica, disfrutando al mismo tiempo de la gran ventaja de una relación constante con tan gran cantidad de hombres y mujeres de todo tipo que provenían de todas las regiones del mundo civilizado. Si hubiera permanecido en Alejandría su educación habría sido dirigida por los judíos según principios exclusivamente judíos. En Nazaret recibió una educación y una capacitación que lo prepararon mucho mejor para comprender a los gentiles y le proporcionaron una idea mejor y más equilibrada de los relativos méritos de los puntos de vista oriental o babilónico, y occidental o helénico de la teología hebrea.

1. EL NOVENO AÑO DE JESÚS (AÑO 3 D. DE J.C.)

Aunque no se pueda decir que Jesús hubiera estado jamás gravemente enfermo, sufrió algunas de las enfermedades menores de la infancia durante este año, juntamente con sus hermanos y su hermanita.

En la escuela, seguía siendo un estudiante favorecido, con una semana libre por mes; también seguía dividiendo su tiempo en partes más o menos iguales entre viajes a las ciudades vecinas con su padre, estadías en la granja de su tío al sur de Nazaret y excursiones de pesca desde Magdala.

La dificultad más grave que ocurriera hasta el momento en la escuela se produjo a fines del invierno cuando Jesús se atrevió a discutir la enseñanza del chazán, de que todas las imágenes, pinturas y dibujos eran de naturaleza idólatra. A Jesús le gustaba dibujar paisajes y modelar en arcilla una gran variedad de objetos. Todo eso estaba estrictamente prohibido por la ley judía, pero hasta ese momento había podido controlar las objeciones de sus padres para que le permitieran continuar con estas actividades.

Pero hubo problemas en la escuela cuando uno de los estudiantes menos brillantes descubrió a Jesús haciendo un retrato al carbón del maestro sobre el piso del aula. Ahí estaba el retrato, tan claro como la luz del día, y muchos de los ancianos lo vieron antes de reunirse en consejo y apersonarse ante José para exigirle que algo tenía que hacer para reprimir la desobediencia de su hijo mayor. Aunque no era la primera vez que José y María recibían quejas sobre las reacciones de su versátil y enérgico niño, se trataba de la acusación más seria hasta el momento. Por un rato Jesús escuchó las acusaciones relativas a sus esfuerzos artísticos, sentado en una gran piedra junto a la puerta trasera. Le molestó que culparan a su padre por sus así llamados pecados; entonces entró a la casa, enfrentándose sin temor a sus acusadores. Los ancianos quedaron desconcertados. Algunos tendían a ver el aspecto humorístico de este episodio, mientras que uno o dos parecían pensar que el niño era sacrílego, o por lo menos blasfemo. José estaba perplejo, María estaba indignada, pero Jesús insistió en que se le escuchara. Lo dejaron hablar, y defendió valientemente su punto de vista, concluyendo con gran dominio de sí mismo que acataría la decisión de su padre tanto en este asunto como en toda otra divergencia. Y el consejo de ancianos partió en silencio.

María intentó convencer a José de que le permitiera a Jesús modelar la arcilla en la casa, siempre y cuando prometiese no llevar este tipo de actividad dudosa a la escuela, pero José se vio obligado a decidir que la interpretación rabínica del segundo mandamiento debía prevalecer. Y desde ese día, mientras Jesús vivió en la casa de su padre, no volvió a dibujar ni modelar objetos. Pero no estaba convencido de que lo que había hecho fuera un mal, y abandonar una actividad para él tan placentera fue una de las cosas más difíciles de su niñez.

En la segunda parte de junio, Jesús, en compañía de su padre, trepó por primera vez a la cumbre del Monte Tabor. Era un día claro y el panorama, espléndido. A este niño de nueve años le pareció que, a excepción de la India, África y Roma, veía el mundo entero.

La segunda hermana de Jesús, Marta, nació durante la noche del jueves 13 de septiembre. Tres semanas después de la llegada de Marta, José, que a la sazón se encontraba en casa, empezó a construir un agregado a la casa, un cuarto que sería combinación de taller y dormitorio. También se construyó un pequeño banco de trabajo para Jesús, que por primera vez en su vida poseía herramientas propias. Durante muchos años y en distintos momentos trabajó en su banco y aprendió a hacer yugos con gran pericia.

Ese invierno y el siguiente fueron los más fríos en Nazaret de muchas décadas. Jesús había visto nieve en las montañas, y varias veces había nevado en Nazaret, aunque allí se derretía casi en seguida; pero hasta ese invierno no había visto hielo. El hecho de que el agua pudiera ser sólida, líquida y gaseosa —hacía mucho tiempo que observaba el vapor que escapaba del agua hirviente— dio al joven mucho que pensar sobre el mundo físico y su constitución. A pesar de que la personalidad encarnada en este niño en desarrollo había creado y organizado todas estas cosas a lo largo y a lo ancho del vasto universo.

El clima de Nazaret no era severo. Enero era el mes más frío con una temperatura media de alrededor de 10°C. Durante julio y agosto, los meses más calurosos, la temperatura variaba entre 23° y 32°C. Desde las montañas hasta el Jordán y el valle del Mar Muerto, el clima de Palestina pasaba de frígido a tórrido. Así los judíos estaban preparados para vivir prácticamente en cualquier clima variable del mundo.

Aun durante los meses más calurosos del verano generalmente soplaba una brisa fresca del mar desde el oeste a partir de las 10 de la mañana y hasta las 10 de la noche. Pero de vez en cuando, vientos muy cálidos provenientes del desierto oriental soplaban sobre toda Palestina. Estos vientos cálidos generalmente aparecían en febrero y marzo, hacia fines de la temporada de las lluvias. Por aquel entonces la lluvia caía en chaparrones refrescantes de noviembre hasta abril, pero no llovía en forma constante. Tan sólo había dos estaciones en Palestina: el verano y el invierno; la temporada seca y la temporada de las lluvias. En enero empezaban a abrirse las flores, y hacia fines de abril la tierra entera parecía un vergel florido.

En mayo de ese año, en la granja de su tío, Jesús ayudó por primera vez a cosechar trigo. Antes de cumplir los trece años ya había averiguado algo de prácticamente todo trabajo que desempeñaban los hombres y mujeres en Nazaret, excepto el trabajo en metal; cuando fue mayor, después de la muerte de su padre, pasó varios meses en el taller de un herrero.

Cuando había poco trabajo y disminuían las caravanas, hacía viajes de placer o de negocios con su padre a las ciudades cercanas de Caná, Endor y Naín. Incluso desde joven visitaba con frecuencia Séforis, a aproximadamente cinco kilómetros al noroeste de Nazaret, ciudad que era la capital de Galilea desde el año 4 a. de J.C. hasta alrededor del año 25 d. de J.C., y una de las residencias de Herodes Antipas.

Jesús seguía creciendo física, intelectual, social y espiritualmente. Los viajes afuera del hogar le proporcionaron una comprensión mejor y más generosa de su propia familia; a esta altura, sus padres aprendían de él tanto como seguían enseñándole. Jesús era un pensador original y un maestro experto aun en su juventud. Se encontraba en conflicto constante con la así llamada «ley oral», pero siempre intentaba adaptarse a las prácticas de su familia. Se llevaba muy bien con los niños de su edad, pero a menudo se desalentaba porque la mente de estos niños era de reacción lenta. Antes de los diez años ya era el líder de un grupo de siete muchachos que formaron una sociedad para promover la conquista de la vida adulta, tanto física como intelectual y religiosa. Con estos muchachos Jesús con éxito introdujo muchos juegos nuevos y varias formas mejoradas de recreación física.

2. EL DÉCIMO AÑO (AÑO 4 D. DE J.C.)

El cinco de julio, el primer sábado del mes, Jesús, mientras paseaba por el campo con su padre, dio por primera vez expresión a sentimientos e ideas que indicaban que estaba empezando a adquirir conciencia de la naturaleza de su extraordinaria misión en la vida. José escuchó atentamente las palabras importantes de su hijo pero hizo muy pocos comentarios; tampoco contribuyó información alguna. Al día siguiente Jesús tuvo una charla similar pero más larga con su madre. María también escuchó su razonamiento, pero tampoco proporcionó información alguna. Pasaron casi dos años antes de que Jesús nuevamente hablara con sus padres sobre la creciente revelación, dentro de su propia conciencia, sobre la naturaleza de su personalidad y el carácter de su misión en la tierra.

En agosto ingresó a la escuela avanzada de la sinagoga. En la escuela creaba constantes problemas por sus preguntas permanentes. Más y más, mantenía a Nazaret en batahola. Sus padres no querían prohibirle que hiciera esas preguntas inquietantes, y su maestro principal se interesaba mucho en la curiosidad, inteligencia y sed de conocimientos del muchacho.

Los compañeros de juego de Jesús no veían nada sobrenatural en su conducta; en la mayoría de los aspectos él era semejante a ellos. Su interés por el estudio era un tanto superior al término medio pero no totalmente singular. Es verdad que hacía más preguntas en la escuela que los demás niños en su clase.

Tal vez la más desusada y notable característica era el hecho de que se negara a luchar por sus derechos. Era un muchacho bien desarrollado para su edad, por eso sus compañeros de juego se sorprendían de que no se defendiera de las injusticias ni de los abusos personales. En realidad, no sufrió mucho por este rasgo debido a su amistad con Jacob, su vecino, que era un año mayor. Jacob era hijo del albañil, socio de José. Jacob admiraba profundamente a Jesús y se aseguraba de que nadie se aprovechase de la aversión de Jesús por la lucha física. Varias veces ocurrió que jóvenes mayores y mal educados atacaron a Jesús, contando con su notoria docilidad, pero siempre sufrieron un castigo expedito y seguro de su autonombrado campeón y siempre listo defensor, Jacob, el hijo del albañil.

Jesús era el líder aceptado entre los muchachos nazarenos que tenían los ideales más elevados de su tiempo y generación. Sus amigos juveniles lo amaban verdaderamente, no sólo porque era justo, sino también porque poseía una rara comprensión que llegaba al amor y que rayaba en la compasión discreta.

Ese año empezó a mostrar una marcada preferencia por la compañía de personas mayores. Le gustaba hablar de temas culturales, educacionales, sociales, económicos, políticos y religiosos con mentes más adultas, y su profundidad de raciocinio y agudeza de observación tanto encantaban a los adultos que lo conocían, que siempre estaban dispuestos a conversar con él. Hasta el momento en que tuvo que hacerse cargo de mantener el hogar, sus padres trataban de que se asociese con los de su propia edad en vez de conversar con adultos mejor informados con quienes el prefería estar.

Hacia fines de ese año, pasó dos meses con su tío en el Mar de Galilea, pescando y aprendiendo mucho. Antes de llegar a la vida adulta, ya era un experto pescador.

Su desarrollo físico continuaba; era un estudiante avanzado y privilegiado en la escuela; se llevaba relativamente bien en el hogar con sus hermanos y hermanas más jóvenes, teniendo la ventaja de contar con tres años y medio más que el mayor de otros niños. Todos tenían buena opinión de él en Nazaret a excepción de los padres de algunos de los niños menos inteligentes, que le acusaban de impertinencia, opinando que no mostraba suficiente humildad y reserva juvenil. Cada vez más intentaba dirigir las actividades de juego de sus amigos juveniles hacia campos más serios y razonables. Era un maestro innato y no podía dejar de actuar como tal aun cuando supuestamente jugaba.

José comenzó muy pronto a enseñar a Jesús las diversas maneras de ganarse la vida, explicándole las ventajas de la agricultura sobre la industria y el comercio. Galilea era un distrito más hermoso y próspero que el de Judea, y vivir en Galilea costaba un cuarto de lo que costaba vivir en Jerusalén y Judea. Era una provincia formada de aldeas agrícolas y florecientes ciudades industriales, con más de doscientas ciudades de más de cinco mil habitantes cada una y treinta de más de quince mil habitantes.

Cuando viajó por primera vez con su padre para estudiar la industria pesquera en torno al lago de Galilea, Jesús prácticamente decidió hacerse pescador; pero su relación estrecha con la vocación de su padre le impulsó más adelante a hacerse carpintero, y aun más tarde decidió, debido a una combinación de influencias diversas, que sería un maestro religioso de una nueva orden.

3. El onceavo año (año 5 d. de J.C.)

En el curso de este año nuestro mancebo viajó repetidas veces con su padre, también visitaba frecuentemente a la granja de su tío y de cuando en cuando iba a Magdala para pescar con el tío pescador que tenía su base cerca de esa ciudad.

A veces José y María estuvieron tentados en mostrar favoritismo por Jesús, o revelar su conocimiento de que era el hijo de promesa, el hijo del destino. Pero ambos padres eran extraordinariamente sagaces y sabios en estos asuntos. Las pocas veces cuando dejaron traslucir una preferencia por él, aun en pequeñísimo grado, el muchacho inmediatamente rechazó toda consideración especial.

Jesús pasaba mucho tiempo en la tienda de abastecimientos de las caravanas, y conversando con los viajeros de todas las regiones del mundo, adquirió un conocimiento sobre los asuntos internacionales, el cual era sorprendente para su edad. Éste fue el último año en que pudo disfrutar de juegos y de la alegría juvenil; de aquí en adelante las dificultades y las responsabilidades se multiplicaron en la vida de este joven.

Durante la noche del miércoles 24 de junio del año 5 d. de J.C., nació Judá. Hubo complicaciones en el alumbramiento de este séptimo niño. María estuvo tan enferma por varias semanas que José se quedó en la casa. Jesús estuvo muy ocupado trabajando para su padre y ocupándose de las múltiples tareas ocasionadas por la grave enfermedad de su madre. Nunca más pudo este joven volver a la actitud infantil de sus primeros años. Desde el momento de la enfermedad de su madre —poco antes que él cumpliera los once años— tuvo que asumir las responsabilidades inherentes al hijo primogénito y hacerlo todo uno o dos años antes de lo que normalmente hubiera sido el caso.

El chazán pasaba una velada por semana con Jesús ayudándole a aprender las escrituras hebreas. Le interesaba mucho el progreso de este prometedor estudiante; por eso estaba dispuesto a ayudarlo como pudiera. Este pedagogo judío ejerció gran influencia sobre la mente en crecimiento de Jesús, pero nunca pudo comprender por qué Jesús era tan indiferente a sus sugerencias sobre la perspectiva de que fuese a Jerusalén para continuar su educación con los rabinos eruditos.

Promediaba el mes de mayo cuando el joven acompañó a su padre en un viaje de trabajo a Escitópolis, la principal ciudad griega de la Decápolis, la antigua ciudad hebrea de Bet-seán. Por el camino José le contó mucho de la antigua historia del rey Saúl, los filisteos y los subsiguientes acontecimientos de la turbulenta historia de Israel. Jesús quedó gratamente impresionado por la limpieza y el orden que dominaban a esta llamada ciudad pagana. Se maravilló del teatro al aire abierto y admiró el hermoso templo de mármol dedicado a la adoración de los dioses «paganos». José se preocupó mucho por este entusiasmo del joven y trató de contrarrestar estas impresiones favorables hablándole de la belleza y de la magnificencia del templo judío en Jerusalén. Jesús muchas veces había observado con curiosidad esta magnífica ciudad griega desde la colina de Nazaret, preguntando qué eran las amplias obras públicas y los elegantes edificios, pero su padre siempre evitaba contestar estas preguntas. Ahora, encontrándose cara a cara con las bellezas de esta ciudad gentil, José no pudo ya dejar de prestar atención a las preguntas de Jesús.

Ocurrió que por aquella época se estaban realizando los juegos competitivos anuales y las demostraciones públicas de proeza física entre las ciudades griegas de la Decápolis en el anfiteatro de Escitópolis. Jesús insistió que lo llevase a ver los juegos, e insistió tanto que José no pudo negárselo. El joven se entusiasmó con los juegos y participó de todo corazón en el espíritu de las demostraciones de desarrollo físico y habilidad atlética. José se escandalizó inefablemente al observar el entusiasmo de su hijo que miraba estas «paganas» exhibiciones de vanagloria. Una vez que los juegos hubieron terminado, José recibió la sorpresa de su vida, al oír que Jesús no sólo expresaba su aprobación a los juegos, sino que sugería que los jóvenes de Nazaret también deberían tener la oportunidad de practicar estas sanas actividades físicas. José tuvo una larga y seria conversación con Jesús tratando de hacerle ver la naturaleza proterva de estas prácticas pero sabía muy bien que el joven no estaba convencido.

La única vez que Jesús vio a su padre enfadado con él fue esa noche cuando, en el cuarto de la posada, el niño se olvidó a tal punto los principios del pensamiento judío, que llegó a sugerir que se vuelvan a casa y actúen en favor de la construcción de un anfiteatro en Nazaret. Al oír José a su primogénito expresar pensamientos tan poco judíos, olvidó su calma habitual y, aferrándolo por el hombro, exclamó con enojo: «¡Que no te oiga nunca más en tu vida expresar pensamientos tan protervos, hijo mío!» La explosión de su padre sorprendió a Jesús; por primera vez sentía en carne propia la indignación paternal, y se quedó pasmado y sobresaltado. Se limitó a contestar: «Muy bien, padre, así será». Nunca más, en vida de su padre, aludió el muchacho a los juegos o otras actividades atléticas de los griegos.

Más tarde vio Jesús el anfiteatro griego en Jerusalén y comprendió cuán odiosas podían ser tales cosas desde el punto de vista judío. Sin embargo, intentó integrar en su vida actividades de sana recreación y más tarde, dentro de lo que la práctica judía permitía, programas regulares de actividades para sus doce apóstoles.

Al fin de su undécimo año de vida, Jesús era un joven vigoroso, bien desarrollado, moderadamente dotado del sentido del humor, y con tendencias optimistas, pero de allí en adelante pasaba con más frecuencia períodos de profunda meditación y seria contemplación. Mucho pensaba en cómo cumplir con sus obligaciones familiares y obedecer al mismo tiempo al llamado de su misión en el mundo; ya había concebido la idea de que su ministerio no se limitaría al mejoramiento del pueblo judío.

4. EL AÑO DOCEAVO (AÑO 6 D. DE J.C.)

Éste fue un año memorable de la vida de Jesús. Continuó progresando en la escuela y estudiaba la naturaleza sin cansarse; al mismo tiempo, se interesaba cada vez más por los métodos que usaba la gente para ganarse la vida. Empezó a trabajar regularmente en el taller de carpintería y se le permitió que manejara sus ganancias, un arreglo muy poco común en una familia judía. Ese año también aprendió la cordura de mantener tales cosas como secreto de familia. Estaba adquiriendo conciencia sobre la manera como él había causado problemas en la aldea, y de allí en adelante se volvió más discreto, ocultando todo aquello que lo hiciera aparecer distinto de sus compañeros.

Durante todo este año tuvo muchas temporadas de inseguridad, y hasta de dudas, respecto a la naturaleza de su misión. Su mente humana en desarrollo natural aún no podía comprender llenamente la realidad de su doble naturaleza. El hecho de que tenía una sola personalidad, lo hizo difícil para su conciencia reconocer el doble origen de esos factores que componían la naturaleza asociada con la misma personalidad.

Desde ese momento en adelante las relaciones con sus hermanos y hermanas mejoraron mucho. Había adquirido más tacto; su actitud estaba siempre llena de compasión y consideración por el bienestar y la felicidad de sus hermanos, y mantuvo buenas relaciones con ellos hasta el principio de su trabajo público. Para ser más explícito: se llevó muy bien con Santiago, Miriam y los dos niños más pequeños Amós y Ruth (que aún no habían nacido). Siempre se llevó bastante bien con Marta. Los problemas que tuvo en el hogar surgían de fricciones con José y Judá y particularmente con éste último.

Criar a un ser que reunía tan inaudita combinación de divinidad y humanidad fue tarea sumamente difícil para José y María; son pues merecedores de admiración por haber cumplido con sus deberes paternos tan fielmente y con tanto éxito. Los padres de Jesús sentían cada vez más que había algo de sobrehumano en su hijo mayor, pero nunca se imaginaron que este hijo de promesa fuese en verdad el creador de este universo local de cosas y seres. José y María vivieron y murieron sin llegar a saber que su hijo Jesús era realmente el Creador del Universo, encarnado en carne mortal.

Durante este año Jesús se ocupó más que nunca de la música, mientras continuaba enseñando a sus hermanos y hermanas en el hogar. En esta época el muchacho se volvió agudamente consciente de la diferencia entre el punto de vista de José y el de María sobre la naturaleza de su misión. Mucho reflexionó sobre las opiniones opuestas de sus padres, escuchando frecuentemente sus discusiones cuando creían que estaba dormido. Cada vez más se inclinaba hacia el punto de vista de su padre, de modo que su madre estaba destinada a sufrir al darse cuenta de que poco a poco, su hijo no aceptaba sus consejos en asuntos que tuvieran que ver con su carrera en la vida. Con los años esta brecha de incomprensión entre ellos fue incrementándose. María comprendía cada vez menos el significado de la misión de Jesús, y cada vez más a esta buena madre le dolía la omisión de su hijo favorito de llevar a cabo sus esperanzas anheladas.

José cada vez se convencía más de la naturaleza espiritual de la misión de Jesús. Aparte de otras razones más importantes, es una pena que no hubiera vivido para ver la realización de su idea del autootorgamiento de Jesús en la tierra.

Durante su último año en la escuela, cuando contaba doce años, Jesús recriminaba a su padre la costumbre hebrea de tocar un trozo de pergamino clavado en el marco de la puerta y luego besar el dedo que lo había tocado, cada vez que entraban o salían de la casa y era costumbre decir, como parte de este rito: «El Señor protege nuestra entrada y nuestra salida, de ahora en adelante y para siempre jamás». José y María habían explicado a Jesús repetidas veces la razón por las que estaba prohibido dibujar, pintar o moldear imágenes, alegando que estas creaciones podían ser usadas para fines idólatras. Aunque Jesús no comprendía plenamente la prohibición de dibujos e imágenes, tenía una mente altamente lógica y por consiguiente manifestó a su padre la naturaleza esencialmente idólatra de esta costumbre del pergamino en la puerta. José acabó por quitar el pergamino después de las objeciones de Jesús.

Con el correr del tiempo Jesús modificó considerablemente la práctica religiosa de su familia, tales como los rezos y otras costumbres. Muchas de estas cosas eran posibles en Nazaret porque su sinagoga estaba bajo la influencia de la escuela liberal de rabinos, como por ejemplo el renombrado maestro de Nazaret, Josué.

Durante el curso de este año y de los dos siguientes Jesús sufrió grave aflicción mental al tratar constantemente de reconciliar su punto de vista personal sobre prácticas religiosas y amenidades sociales con las creencias de sus padres. Lo perturbaba el conflicto entre el impulso de lealtad hacia sus propias convicciones y los dictados de su conciencia que le ordenaban sumisión a sus padres; este supremo conflicto se desarrollaba entre los dos grandes mandatos de suprema importancia en su mente juvenil. Uno era: «Sé fiel a los dictámenes de tus más altas convicciones de verdad y rectitud»; el otro: «Honrarás a tu padre y tu madre porque ellos te han dado el ser y crianza». Sin embargo, nunca dejó de lado la responsabilidad de hacer ajustes diarios entre la lealtad a sus convicciones personales y el deber para con su familia, y consiguió la satisfacción de poder reconciliar cada vez más sus convicciones personales con las obligaciones familiares, y adquirió así un excepcional concepto de solidaridad de grupo basado en la lealtad, la justicia, la tolerancia y el amor.

5. EL AÑO TRECEAVO (AÑO 7 D. DE J.C.)

Éste fue el año en que el muchacho de Nazaret pasó de la niñez a la adolescencia, el comienzo de la edad adulta; su voz empezó a cambiar y otros rasgos mentales y físicos evidenciaron el advenimiento del estado adulto.

Durante la noche del domingo del 9 de enero del año 7 d. de J.C. nació su hermanito Amós. Judá aún no contaba dos años de edad, y su hermanita Ruth aún no había nacido. Se ve pues que Jesús tenía una familia numerosa de niños pequeños que quedaron a su cuidado cuando, el año siguiente, su padre murió en un accidente.

Promediaba el mes de febrero cuando Jesús estuvo humanamente seguro de que estaba destinado a realizar una misión sobre la tierra para el esclarecimiento del hombre y la revelación de Dios. Decisiones fundamentales y planes de gran envergadura se estaban formando en la mente de este joven que parecía exteriormente un muchacho judío común de Nazaret. La vida inteligente de todo Nebadon contemplaba fascinada y maravillada lo que había empezado a desarrollar en el pensamiento y las acciones de este hijo adolescente de un carpintero.

El primer día de la semana, el 20 de marzo del año 7 d. de J.C., Jesús se graduó en la escuela local de la sinagoga de Nazaret. Era un día muy importante en la vida de toda familia judía ambiciosa, el día en que el hijo primogénito era nombrado «hijo de los mandamientos» y el primogénito rescatado del Señor Dios de Israel un «hijo del Altísimo» y siervo del Señor para toda la tierra.

El viernes de la semana anterior, José había regresado de Séforis donde estaba trabajando en una nueva obra pública, para presenciar esta ocasión feliz. El maestro de Jesús creía firmemente que este alumno alerta y diligente estaba destinado a una carrera distinguida, a una misión importante. Los ancianos, a pesar de los problemas con las tendencias no conformistas de Jesús, estaban muy orgullosos del muchacho y ya hacían planes para que pudiera ir a Jerusalén y continuar su educación en las renombradas academias hebreas.

Jesús oía de vez en cuando las discusiones relativas a estos planes, y se convencía cada vez más de que nunca iría a Jerusalén para estudiar con los rabinos. Pero no podía imaginarse la inminente tragedia que le haría abandonar todos esos planes, pues tendría que asumir la responsabilidad de mantener y guiar a su numerosa familia, que en ese momento consistía en cinco hermanos y tres hermanas además de él y su madre. Jesús tuvo una experiencia más amplia y prolongada en la crianza de su familia que la que tuvo José, su padre; y vivió de acuerdo con los principios que subsiguientemente estableciera para sí mismo: ser un maestro y hermano mayor sabio, paciente, comprensivo y eficaz dentro de esta familia —su familia— tan repentinamente afligida por el dolor y tan inesperadamente acongojada.

6. EL VIAJE A JERUSALÉN

Jesús, en el umbral de la vida adulta y ya graduado de las escuelas de la sinagoga, reunía las condiciones necesarias para ir a Jerusalén con sus padres y participar con ellos en la celebración de su primera Pascua. El festival de la Pascua de este año caía un sábado, el 9 de abril del año 7 d. de J.C. Un grupo numeroso (103) se preparó para salir de Nazaret temprano por la mañana del lunes 4 de abril, camino a Jerusalén. Viajaron hacia el sur en dirección a Samaria, pero al llegar a Jezreel se encaminaron hacia el este, rodeando el Monte Gilboa en el valle del Jordán para evitar cruzar Samaria. José y su familia hubieran querido cruzar Samaria pasando por el pozo de Jacob y por Betel, pero los judíos no querían mezclarse con los samaritanos, por lo tanto la familia de Jesús decidió seguir camino con sus vecinos a través del valle del Jordán.

El muy temido Arquelao había sido depuesto, y no temían llevar a Jesús a Jerusalén. Habían pasado doce años desde que el primer Herodes intentó destruir al niño de Belén, y nadie pensaría en asociar ese acontecimiento con el desconocido muchacho de Nazaret.

Antes de llegar al cruce de Jezreel, y al continuar el viaje, muy pronto, a su izquierda, pasaron por delante la antigua aldea de Sunem, y Jesús escuchó otra vez la historia de la virgen más bella de todo Israel que había vivido allí y también de las fantásticas obras que Eliseo había realizado allí. Al pasar por Jezreel, los padres de Jesús relataron las hazañas de Acab y Jezabel y las de Jehú. Pasando alrededor del Monte Gilboa hablaron mucho de Saúl, que había inmolado su vida en las pendientes de esta montaña, del rey David y de los importantes acontecimientos de ese lugar histórico.

Al pasar por la periferia de Gilboa los peregrinos podían ver la ciudad griega de Escitópolis a la derecha. Miraron con curiosidad desde lejos las estructuras de mármol, pero no se acercaron a la ciudad gentil por temor a profanarse, lo cual no les permitiría participar en las solemnes y sagradas ceremonias de la Pascua en Jerusalén. María no podría entender, por qué ni José ni Jesús hablaran de Escitópolis. No sabía nada acerca de su altercado del año anterior, porque nunca le contaron tal episodio.

El camino descendía rápidamente desde allí hasta el valle tropical del Jordán, y muy pronto Jesús pudo contemplar el serpenteante y tortuoso río Jordán, fluyendo hacia el Mar Muerto con sus resplandecientes y ondulantes aguas agitadas por el viento. Se quitaron los abrigos mientras proseguían hacia el sur en este valle tropical, disfrutando de los fértiles campos de trigo y de los bellos oleandros cubiertos de flores rosadas, mientras a lo lejos, hacia el norte el majestuoso Monte Hermón cubierto de nieve dominaba el histórico valle. A unas tres horas de viaje desde Escitópolis llegaron a una fuente burbujeante, y allí acamparon durante la noche bajo un cielo estrellado.

Durante el segundo día de viaje pasaron por donde el río Jaboc, proveniente del este, fluye en el Jordán; contemplando este valle hacia el este, recordaron los días de Gideón, cuando los medianitas bajaron a esta región ocupando el país. Hacia fines del segundo día de viaje acamparon junto a la montaña más alta que domina el valle del Jordán, el Monte Sartaba, en cuya cumbre estaba la fortaleza alejandrina donde Herodes había encerrado a una de sus esposas y sepultado a sus dos hijos estrangulados.

En el tercer día de viaje pasaron por dos aldeas que habían sido construidas recientemente por Herodes y observaron la excelente arquitectura y sus hermosos jardines de palmas. Al anochecer llegaron a Jericó, y allí permanecieron hasta el día siguiente. Esa noche José, María y Jesús caminaron un par de kilómetros hasta el sitio del Jericó antiguo, donde Josué por quien Jesús había sido llamado, había realizado sus renombradas hazañas según la tradición judía.

Durante el cuarto y último día de viaje, el camino era una procesión continua de peregrinos. Comenzaron entonces a subir las colinas que llevaban a Jerusalén. Al acercarse a la cumbre, pudieron ver más allá del valle del Jordán las montañas y las aguas quietas del Mar Muerto. A mitad de camino a Jerusalén, Jesús vio por primera vez el Monte de los Olivos (región que jugaría un papel tan importante en su vida futura), y José le indicó que la Ciudad Santa estaba allende esa altura. El corazón del muchacho aceleró su ritmo en feliz anticipación de mirar pronto a la ciudad y a la casa de su Padre celeste.

Sobre las pendientes orientales del Oliveto pausaron para descansar junto a una aldea llamada Betania. Los hospitalarios aldeanos atendieron a los peregrinos; y por casualidad, la familia de José se había detenido cerca de la casa de un tal Simón, que tenía tres hijos de la edad de Jesús: María, Marta y Lázaro. Invitaron a la familia de Nazaret para que entrara a descansar, y de allí empezó una amistad que habría de durar toda la vida entre las dos familias. Durante su vida, llena de acontecimientos, Jesús se detuvo muchas veces en esa casa.

Así siguieron camino, y pronto llegaron a la cumbre del Oliveto y desde allí Jesús vio por primera vez (en su memoria) la Ciudad Santa, los imponentes palacios y el inspirador templo de su Padre. Nunca vivió Jesús una emoción tan puramente humana como la que le sobrecogió en ese momento, al contemplar embelesado, por primera vez a Jerusalén en ese atardecer de abril sobre el Monte de los Olivos. Años después, en este mismo lugar se detuvo y lloró por la ciudad que estaba a punto de rechazar a otro profeta, al último y al más grande de sus maestros celestiales.

Siguieron de prisa su viaje a Jerusalén. Era el jueves por la tarde. Al llegar a la ciudad pasaron por el templo; Jesús no había visto jamás tal multitud de seres humanos. Meditó profundamente sobre cómo se había reunido aquí esta congregación de judíos llegados de los lugares más distantes del mundo conocido.

Poco después llegaron al lugar donde iban a alojarse durante su estadía para la semana de Pascua, la amplia casa de un pariente rico de María, uno quien por Zacarías conocía algo de la historia de Juan y de Jesús. Al día siguiente, el día de la preparación, se aprontaron para la apropiada celebración del sábado de Pascua.

Aunque todo Jerusalén estaba activo y ocupado con las preparaciones de la Pascua, José encontró tiempo para llevar a su hijo de visita a la academia donde se había pensado que proseguiría su educación dos años más tarde, en cuanto cumpliera la edad requerida de quince años. José estaba verdaderamente perplejo cuando observaba el poco interés de Jesús por estos cuidadosos planes.

Jesús, estaba profundamente impresionado por el templo, todos sus servicios y las otras actividades relacionadas. Por primera vez desde los cuatro años estaba tan preocupado por sus propios pensamientos que se le olvidó hacer muchas preguntas. Sin embargo consiguió plantearle a su padre varias preguntas embarazosas (como ya lo había hecho en previas ocasiones) como por qué el Padre celestial exigía el sacrificio de tantos animales inocentes y desamparados. Bien sabía su padre, porque podía leerlo en la expresión del rostro del muchacho, que sus respuestas y explicaciones no satisfacían a este hijo de pensamientos profundos y raciocinio preclaro.

El día antes del sábado de Pascua, una oleada de iluminación espiritual llenó la mente mortal y el corazón humano de Jesús de desbordante y afectuosa piedad por las multitudes espiritualmente ciegas y moralmente ignorantes reunidas para celebrar la antigua conmemoración de Pascua. Fue éste uno de los días más extraordinarios que el Hijo de Dios viviera en la carne; y durante la noche, por primera vez en su carrera terrenal, apareció ante él un mensajero autorizado de Salvington, enviado por Emanuel, que dijo: «Ha llegado tu hora. Ya es tiempo que comiences los asuntos de tu Padre».

Así, cuando las pesadas responsabilidades de la familia de Nazaret descendían sobre sus hombros juveniles, llegaba al mismo tiempo un mensajero celestial para recordar a este muchacho, que aún no había cumplido los trece años, que había llegado la hora de empezar la reanudación de las responsabilidades de un universo. Fue éste el primer acto de una larga sucesión de acontecimientos que finalmente culminaron en la consumación de la encarnación del Hijo en Urantia y de la colocación del «gobierno de un universo sobre sus hombros humanos-divinos».

Con el paso del tiempo, el misterio de la encarnación se tornó para todos nosotros cada vez más incomprensible. Apenas podíamos comprender que este muchacho de Nazaret era el creador de todo Nebadon. Y todavía no comprendemos cómo el espíritu de este mismo Hijo Creador y el espíritu de su Padre Paradisiaco están asociados con las almas de la humanidad. A medida que pasaba el tiempo, podíamos observar que su mente humana discernía cada vez más el hecho de que, mientras vivía su vida en la carne, en espíritu la responsabilidad de un universo estaba sobre sus hombros.

Así termina la carrera del niño de Nazaret, y comienza el relato de su adolescencia —de este ser humano divino cada vez más autoconsciente— que ahora comienza a discurrir su carrera en el mundo mientras lucha por integrar su gran propósito de vida con los deseos de sus padres y las obligaciones para con su familia y para con la sociedad de su tiempo y edad.

DOCUMENTO 125

JESÚS EN JERUSALÉN

NINGÚN episodio de la extraordinaria carrera terrenal de Jesús fue más conmovedor, más humanamente estremecedor, que esta su primera recordable visita a Jerusalén. El hecho de haber ido por su cuenta a presenciar las discusiones en el templo le resultó particularmente estimulante y se grabó en su memoria durante mucho tiempo como el acontecimiento más importante de su niñez y de su juventud. Fue ésta su primera oportunidad de disfrutar de unos pocos días de vida independiente, el regocijo de ir y venir sin sujeción ni restricciones. Este breve período de vivir a su antojo, durante la semana siguiente a la Pascua, representó la primera, total liberación de las obligaciones que hubiera disfrutado jamás. Muchos años habrían de transcurrir antes de que pudiera de igual manera liberarse, aunque fuera por un corto tiempo, de todo sentido de responsabilidad.

Las mujeres rara vez iban a Jerusalén para la Pascua, pues no era de rigor que hicieran acto de presencia. Sin embargo, Jesús virtualmente rehusó ir a menos que los acompañara su madre. Cuando ella finalmente decidió ir, muchas otras nazarenas se sintieron motivadas a emprender el viaje, de manera que la expedición pascual estuvo compuesta del mayor número de mujeres que jamás había ido de Nazaret a la celebración pascual —en relación con el número de hombres. Camino a Jerusalén, los viajeros entonaban por momentos el salmo ciento treinta.

Desde el momento en que salieron de Nazaret hasta que llegaron a la cima del Monte de los Olivos, Jesús sintió el apremio de una prolongada expectativa. En el transcurso de su alegre infancia había escuchado con reverencia las alusiones a Jerusalén y su templo; por fin podría contemplarlos con sus propios ojos. Desde el Monte de los Olivos, y más tarde desde afuera, al observarlo más de cerca, el templo era todo lo que él esperaba y más; pero al traspasar los sagrados pórticos, comenzó la gran desilusión.

En compañía de sus padres, Jesús atravesó los recintos del templo para reunirse con el grupo de nuevos hijos de la ley que estaban a punto de ser consagrados ciudadanos de Israel. Sintió el primer desencanto por el comportamiento general de las multitudes que llenaban el templo; pero la primera gran conmoción del día se produjo cuando su madre tuvo que dejarles para dirigirse al atrio de las mujeres. A Jesús nunca se le había ocurrido que su madre no le acompañaría en las ceremonias de consagración, y mucho le indignó que ella tuviese que sufrir tan injusta discriminación. Aunque estaba muy resentido por este hecho, nada dijo, excepto unas palabras de protesta a su padre. Pero mucho pensó y muy profundamente reflexionó, tal como lo demostrarían las preguntas que hizo a los escribas y maestros una semana después.

Participó en la ceremonia de la consagración, pero le decepcionó su naturaleza rutinaria, casi mecánica; echaba de menos ese interés personal que caracterizaba las ceremonias de la sinagoga de Nazaret. Luego de regresar para saludar a su madre, se preparó para acompañar a su padre en su primer recorrido del templo y de sus varios patios, atrios y corredores. Los recintos del templo podían dar cabida a más de doscientos mil creyentes a la vez, y aunque la vastedad de estos edificios —en comparación con cualquiera que hubiera visto nunca— causó una gran impresión en su mente, más le intrigaba la contemplación de la significación espiritual de las ceremonias del templo y el culto que con éstas se asociaba.

Aunque muchos de los rituales del templo conmovieron vivamente su sentido de lo bello y lo simbólico, la explicación del verdadero significado de estas ceremonias que le daban sus padres respondiendo a sus muchas preguntas curiosas le desilusionaba una y otra vez. Jesús simplemente no podía aceptar las explicaciones de culto y devoción religiosa basadas en la idea de la ira de Dios o de la cólera del Todopoderoso. Después de la visita al templo, mientras seguían conversando sobre estos asuntos, su padre le insistía suavemente que se aviniera a aceptar las creencias ortodoxas judías; Jesús se volvió repentinamente hacia sus padres y, fijando la mirada llena de fervor en los ojos de su padre, le dijo: «Padre, no puede ser verdad —no es posible que el Padre celestial considere de este modo a sus hijos descarriados en la tierra. No es posible que el Padre celestial ame menos a sus hijos de lo que tú me amas a mí. Yo bien sé que tú nunca darías rienda suelta a tu cólera, derramando tu ira sobre mi cabeza, sean cuales fueran las necedades que yo pudiera cometer. Si tú, mi padre terrenal, posees ese reflejo humano de lo Divino, cuánto más lleno de bondad y rebosante de misericordia deberá ser el Padre celestial. Me niego a creer que mi Padre que está en los cielos me ame menos que mi padre que está en la tierra».

Al oír José y María estas palabras de su hijo primogénito, guardaron silencio. De allí en adelante no trataron nunca más de cambiar sus ideas sobre el amor de Dios y la misericordia del Padre celestial.

1. JESÚS VISITA EL TEMPLO

Al recorrer los patios del templo, se encontró Jesús por doquier con un espíritu de irreverencia que le llenó el corazón de disgusto y pesadumbre. Juzgaba que la conducta de las multitudes no armonizaba con el hecho de que estaban presentes en «la casa de su Padre». Pero su joven corazón se estremeció particularmente al conducirle su padre al patio de los gentiles donde se topó con la jerga ruidosa de las masas que gritaban y maldecían en voz alta, mezclada indiscriminadamente con el balido de las ovejas y la cháchara que traicionaba la presencia de los cambistas y de los vendedores que pregonaban animales sacrificiales y otras mercancías.

Pero por sobre todo su sentido de la decencia se sublevaba a la vista de las frívolas cortesanas que deambulaban dentro del recinto del templo, mujeres pintarrajeadas como las que había visto recientemente en su visita a Séforis. Esta profanación del templo suscitó su plena indignación juvenil, que no titubeó en expresar libremente a José.

Jesús admiraba el concepto y el oficio del templo, pero le acongojaba la fealdad espiritual que descubría en el rostro de tantos adoradores desconsiderados.

De allí descendieron al patio de los sacerdotes bajo el saliente rocoso que se encontraba en el frente del templo, donde se levantaba el altar, para observar la matanza de las manadas de animales y la lavada de la sangre de las manos, en la fuente de bronce, de los sacerdotes que oficiaban la masacre. El piso manchado de sangre, las manos ensangrentadas de los sacerdotes y el balido de los animales agonizantes era más de lo que podía soportar este muchacho amante de la naturaleza. El terrible espectáculo descompuso al joven nazareno, aferrando la mano de su padre le imploró que se lo llevara de allí. Regresaron cruzando el patio de los gentiles, y las risas groseras y las bromas profanas de la multitud le parecieron más soportables que lo que acababa de presenciar.

Al ver José de qué manera habían afectado a su hijo los ritos del templo, prudentemente lo llevó a ver «la hermosa puerta», la artística puerta de bronce corintio. Pero Jesús ya había visto bastante para esta primera visita al templo. Regresaron pues al patio superior en busca de María y salieron a caminar al aire libre, distanciándose por una hora de la multitud; contemplaron el palacio asmoneo, la imponente residencia de Herodes, y la torre de los guardias romanos. Durante este paseo José explicó a Jesús que sólo los habitantes de Jerusalén podían presenciar los sacrificios diarios en el templo, y que los galileos tan sólo concurrían al templo tres veces por año para participar de las ceremonias: en la Pascua, en la fiesta de Pentecostés (siete semanas después de Pascua), y en octubre para la fiesta de los tabernáculos. Estos festivales habían sido establecidos por Moisés. Hablaron también de las dos fiestas establecidas con posterioridad: la de la dedicación y la de Purim. Después regresaron a su albergue y se prepararon para la celebración de la Pascua.

2. JESÚS Y LA PASCUA

Cinco familias de Nazaret habían sido invitadas por la familia de Simón de Betania para celebrar la Pascua. Simón había comprado el cordero pascual para compartirlo con sus invitados. El sacrificio de un número tan enorme de estos corderos es lo que tanto había afectado a Jesús en su visita al templo. José y María habían pensado festejar la Pascua con los parientes de María, pero Jesús persuadió a sus padres que aceptaran la invitación de ir a Betania.

Esa noche se reunieron para los ritos de la Pascua, comiendo la carne asada con pan ázimo e hierbas amargas. Se le pidió a Jesús, como novel hijo del pacto, que relatara la historia del origen de la Pascua; así lo hizo pues, desconcertando sin embargo un poco a sus padres con comentarios que reflejaban suavemente las impresiones captadas por su mente joven, pero lúcida, de lo mucho que tan recientemente había visto y oído. Esta cena marcó el comienzo de los siete días de ceremonias de la fiesta pascual.

Ya en esta parte de su vida, aunque nada dijo a sus padres sobre estos asuntos, Jesús había comenzado a darle vueltas en la cabeza a la idea de celebrar la Pascua sin el cordero sacrificado. Estaba plenamente seguro de que el Padre celestial no se complacía con este espectáculo de ofrendas sacrificatorias y, con el paso de los años, estaba cada vez más determinado de que algún día establecería una celebración incruenta de la Pascua.

Esa noche Jesús durmió muy poco. Su descanso se vio gravemente turbado por horribles pesadillas de matanzas y sufrimientos. Su mente estaba perturbada y su corazón torturado por los elementos contradictorios y absurdos que descubría en la teología de todo el sistema ceremonial judío. Sus padres tampoco pudieron dormir. Estaban muy desconcertados por los acontecimientos del día que acababa de terminar. El corazón y la mente de ellos estaban perturbados por la actitud, según ellos, extraña y empecinada del mancebo. María pasó la primera mitad de la noche en gran agitación mientras José se mantenía calmo, aunque estaba igualmente perplejo. No se atrevían a encarar francamente estos problemas con el joven, aunque Jesús hubiera conversado libremente con sus padres si éstos se hubiesen atrevido a alentarlo.

Al día siguiente las ceremonias en el templo fueron más aceptables para Jesús, borrando en parte los recuerdos desagradables del día anterior. A la mañana siguiente el joven Lázaro se hizo cargo de Jesús; juntos emprendieron una exploración sistemática de Jerusalén y sus alrededores. Antes de que acabara el día, Jesús ya había descubierto los varios sitios, alrededor del templo, en los que se daban cursos y conferencias de enseñanza y se respondía a las preguntas de los asistentes; de allí en adelante, aparte de unas cuantas visitas al santo de los santos para contemplar el velo de separación, preguntándose qué era lo que realmente se ocultaba tras el mismo, Jesús pasó la mayor parte de su tiempo en torno al templo asistiendo a dichas conferencias docentes.

Durante toda la semana de Pascua, Jesús ocupó su lugar entre los nuevos hijos de los mandamientos, o sea debía sentarse fuera de la baranda divisoria que separaba a los que no disfrutaban de la plena ciudadanía de Israel. Habiéndosele así recordado su juventud, se abstuvo pues Jesús de hacer las muchas preguntas que acudían una y otra vez a su mente; por lo menos, se abstuvo hasta que concluyera la celebración de la Pascua y se levantaran las restricciones impuestas sobre los jóvenes recién consagrados.

El miércoles de la semana de Pascua, le permitieron a Jesús ir a la casa de Lázaro para pasar la noche en Betania. Esa noche escucharon Lázaro, Marta y María las palabras de Jesús sobre asuntos temporales y eternos, humanos y divinos, y desde aquella noche los tres lo amaron como si hubiera sido su propio hermano.

Para el fin de la semana, Jesús vio menos a Lázaro puesto que éste no tenía derecho a entrar ni siquiera en el círculo exterior de las discusiones del templo, aunque asistía a algunas de las charlas públicas dictadas en los patios externos. Lázaro tenía la misma edad que Jesús, pero en Jerusalén los jóvenes rara vez eran admitidos a la consagración de los hijos de la ley antes de cumplir los trece años de edad.

Una y otra vez, durante la semana pascual, los padres de Jesús lo encontraban sentado a solas, con su cabeza joven entre las manos, profundamente pensativo. Nunca lo habían visto comportarse de este modo y, desconociendo cuán confundido de mente y cuán atribulado de espíritu estaba, debido a la experiencia por la que atravesaba, estaban dolorosamente perplejos, sin saber qué hacer. No veían la hora de que pasara la semana de Pascua, ansiando volver a la calma de Nazaret con este hijo que actuaba de manera tan extraña.

Día a día Jesús se debatía entre estos problemas. Para el fin de la semana ya había hecho muchos ajustamientos; pero cuando llegó la hora de regresar a Nazaret, su mente juvenil aún estaba repleta de perplejidad y acosada por cientos de preguntas sin respuesta y de problemas sin solución.

José y María, antes de partir de Jerusalén, en compañía del maestro nazareno de Jesús, habían tomado medidas definidas para que Jesús regresara a Jerusalén cuando cumpliera los quince años con el propósito de comenzar un prolongado curso de estudios en una de las más renombradas academias rabínicas. Jesús visitó la academia en compañía de sus padres y su maestro, pero todos ellos estaban afligidos al ver cuán indiferente parecía Jesús a todo lo que decían y hacían. María estaba profundamente dolida por la reacción de Jesús a la visita a Jerusalén, mientras que José estaba profundamente perplejo por los extraños comentarios y la sorprendente conducta del muchacho.

Después de todo, la semana de Pascua había sido un acontecimiento imponente en la vida de Jesús. Tuvo la oportunidad de conocer a decenas de muchachos de su misma edad, candidatos a la consagración como él, y aprovechó la ocasión para aprender cómo vivía la gente en Mesopotamia, Turquestán, Partia y en las provincias más occidentales del Imperio Romano. Ya él conocía bastante bien el modo de vida de los jóvenes egipcios y el de otras regiones próximas a Palestina. Había miles de jóvenes en Jerusalén en ese momento, y el adolescente de Nazaret conoció personalmente, y entrevistó más o menos extensamente, a más de ciento cincuenta. Le interesaban en particular los que provenían del Lejano Oriente y de los remotos países del Occidente. Como resultado de estos intercambios, el joven comenzó a abrigar el deseo de viajar por el mundo con el fin de aprender cómo se ganaban la vida los diversos grupos de sus semejantes.

3. LA PARTIDA DE JOSÉ Y MARÍA

Se había dispuesto que el grupo de Nazaret debía reunirse en la zona del templo al promediar la mañana del primer día de la semana siguiente al festival de la Pascua. Así lo hicieron, y allí comenzaron su viaje de regreso a Nazaret. Jesús había ido al templo para escuchar los debates mientras sus padres aguardaban la llegada de sus compañeros de viaje. Enseguida los nazarenos se prepararon para partir, separándose como era costumbre en estos viajes de ida o vuelta a las festivales de Jerusalén en un grupo de hombres y uno de mujeres. En el viaje de ida Jesús había acompañado a su madre y a las otras mujeres. Pero ahora, siendo un joven consagrado, se suponía que viajaría de vuelta a Nazaret con su padre en el grupo de los hombres. Sin embargo, al emprender los nazarenos el camino de regreso hacia Betania, Jesús aún se encontraba en el templo, tan absorto en escuchar una discusión sobre los ángeles, que había perdido completamente la noción del tiempo y se le pasó la hora indicada para partir con sus padres. No se dio cuenta de que se había quedado atrás hasta el receso del mediodía de los debates en el templo.

Los viajantes nazarenos por su parte tampoco se dieron cuenta de la ausencia de Jesús, porque María suponía que él se había integrado al grupo de los hombres, mientras que José pensaba que viajaría con las mujeres, puesto que en el viaje de ida había ido con ellas, conduciendo el asno de María. Así pues no descubrieron la ausencia de Jesús hasta llegar a Jericó y prepararse para pasar la noche. Después de preguntarles a los rezagados que iban llegando a Jericó y de enterarse de que ninguno de ellos había visto a su hijo, pasaron una noche sin reposo haciendo conjeturas de toda índole sobre qué podía haberle ocurrido a Jesús, rememorando a la vez sus extrañas reacciones ante los acontecimientos de la semana pascual, y regañándose suavemente el uno al otro por no haberse asegurado de su presencia en el grupo antes de salir de Jerusalén.

4. EL PRIMER DÍA Y EL SEGUNDO DÍA EN EL TEMPLO

Entretanto Jesús había permanecido en el templo durante toda la tarde escuchando las discusiones y disfrutando de una atmósfera más apacible y decorosa, puesto que las grandes multitudes de la semana de Pascua casi habían desaparecido. Al concluir las discusiones de la tarde, en ninguna de las cuales participó Jesús, se dirigió a Betania, llegando precisamente cuando la familia de Simón se disponía a sentarse a la mesa. Los tres jóvenes se regocijaron mucho de ver a Jesús, el cual pasó la noche en casa de Simón. Poco participó en las conversaciones esa velada, permaneciendo en cambio a solas largo rato en el jardín, sumido en sus meditaciones.

Al día siguiente Jesús se levantó temprano, dirigiéndose al templo. En la cresta del Monte de los Olivos se detuvo y lloró el espectáculo que se desenvolvía ante sus ojos — el de un pueblo espiritualmente empobrecido, encadenado por las tradiciones, viviendo bajo la vigilancia de las legiones romanas. Al promediar la mañana se encontraba en el templo, decidido a tomar parte en los debates. Mientras tanto, José y María también se habían levantado al amanecer con la intención de desandar el camino a Jerusalén. Primero acudieron apresuradamente a la casa de sus parientes en la que todos ellos se habían hospedado durante la semana pascual; pero por averiguaciones dedujeron de hecho que nadie había visto a Jesús. Después de buscar todo el día sin hallar rastros de él, regresaron a la casa de sus parientes para pasar la noche.

En la segunda conferencia, Jesús se atrevió a hacer algunas preguntas, participando de un modo sorprendente en las discusiones del templo, aunque siempre respetuoso, como correspondía a su corta edad. En ocasiones, sus preguntas directas ponían en aprietos a los eruditos maestros de la ley judía, pero tan clara e ingenuamente se manifestaba su noción sincera de la justicia y tan evidente era su sed de conocimiento que casi todos los maestros del templo estaban dispuestos a tratarle con la mayor consideración. Pero cuando se atrevió a poner en tela de juicio la justicia en la pena de muerte para un gentil que, embriagado, se había salido del patio de los gentiles penetrando inadvertidamente en los recintos prohibidos, supuestamente sacros, del templo, uno de los maestros más intolerantes se impacientó con la crítica implícita del muchacho y, fulminándole con la mirada desde su imponente altura, le preguntó cuántos años tenía. Jesús replicó: «Trece años aunque me falta un poco más de cuatro meses para cumplirlos». «Entonces», reiteró el airado maestro, «¿qué haces aquí, si ni siquiera tienes edad suficiente para ser hijo de la ley?» Al explicar Jesús que había sido consagrado durante la Pascua, y que era un estudiante graduado de las escuelas de Nazaret, los maestros replicaron al unísono con aire burlón: «Haberlo sabido: ¡es de Nazaret!» Pero el jefe arguyó que Jesús no tenía la culpa si los dirigentes de la sinagoga nazarena le habían permitido que se graduara formalmente a los doce años en lugar de los trece; aunque varios de sus detractores se levantaron y se fueron, se dictaminó pues que el muchacho podía seguir asistiendo como alumno a las discusiones en el templo.

Al acabar ésta, su segunda jornada en el templo, nuevamente fue Jesús a Betania para pasar la noche. Nuevamente salió al jardín para meditar y orar. Bien se podía ver que su mente se debatía bajo el peso de problemas muy serios.

5. EL TERCER DÍA EN EL TEMPLO

Durante esta tercera jornada de Jesús en el templo con los escribas y maestros, se reunió en la sinagoga una muchedumbre curiosa, pues se había corrido la voz de la presencia de este mancebito de Galilea que confundía a los sabios de la ley. También vino Simón desde Betania, para ver qué estaba haciendo el muchacho. Durante toda la jornada José y María seguían buscando ansiosamente a Jesús, e incluso llegaron a entrar varias veces al templo, pero no se les ocurrió acercarse a los diversos grupos de discusión, aunque en una ocasión se encontraban casi al alcance de la fascinante voz del joven.

Antes de que terminara el día, la atención del grupo de debate principal del templo estuvo monopolizada por las preguntas de Jesús. Algunas de estas preguntas eran:

1. ¿Qué es lo que hay realmente en el santo de los santos, detrás del velo?

2. ¿Por qué las madres de Israel deben separarse de los creyentes varones en el templo?

3. Si Dios es un padre que ama a sus hijos, ¿por qué tanta matanza de animales para ganar el favor divino? ¿Es que se han interpretado erróneamente las enseñanzas de Moisés?

4. Puesto que el templo está dedicado al culto del Padre celestial, ¿no resulta incongruente permitir allí la presencia de los que se dedican a los negocios y comercio seculares?

5. ¿Será el esperado Mesías un príncipe temporal que ocupe el trono de David, o será más bien la luz de la vida, en el establecimiento de un reino espiritual?

Durante la entera jornada se admiraron los espectadores de estas preguntas, y nadie estaba más atónito que Simón. Durante más de cuatro horas este joven nazareno acosó a los maestros judíos con preguntas que estimulaban el intelecto y obligaban al examen de conciencia. Hizo pocos comentarios sobre las observaciones de sus mayores. Trasmitía sus enseñanzas con las preguntas que hacía. Mediante la agudeza y sutileza con que planteaba su pregunta, conseguía a la vez poner en tela de juicio las enseñanzas de ellos y sugerir las suyas propias. Había tan encantadora combinación de sagacidad y humor en su forma de preguntar, que suscitaba la simpatía aun entre aquellos que resentían en mayor o menor grado su juventud. Al hacer estas preguntas penetrantes, su tono se mantenía en todo momento altamente imparcial y considerado. En esta tarde memorable en el templo, se mostró tan reacio a derrotar a los opositores por medios desleales, como se mostraría siempre en su subsecuente ministerio público. Tanto de joven como más adelante cuando hombre, parecía estar completamente libre de todo deseo egoísta de ganar una discusión sólo para experimentar el triunfo de su lógica sobre la de sus contrincantes: su interés supremo sólo y exclusivamente residía en proclamar la verdad, sempiterna revelando así más plenamente al Dios eterno.

Al terminar el día, Simón y Jesús se dirigieron de regreso a Betania. Durante la mayor parte del camino, el hombre y el niño callaron. Nuevamente se detuvo Jesús en la cresta del Monte de los Olivos; pero ya no lloró al contemplar la ciudad y su templo, sino que inclinó la cabeza en devoción silenciosa.

Después de la cena en Betania nuevamente rehusó la invitación de participar en la alegre rueda de conversación, yéndose al jardín. Allí permaneció largas horas, hasta bien entrada la noche, en vano intentando esbozar un plan definido de acción para acometer el problema de su misión en la vida, y para decidir cuál sería la mejor manera de enfrentar la tarea de revelar a sus compatriotas tan espiritualmente ciegos un concepto más bello del Padre celestial, librándolos así de las duras cadenas de la ley, los ritos, las ceremonias y las tradiciones enmohecidas. Pero la luz esclarecedora no se le presentaba a este joven que tanto anhelaba la verdad.

6. EL CUARTO DÍA EN EL TEMPLO

Jesús estaba extrañamente despreocupado de sus padres terrenales. Aun cuando, durante el desayuno, la madre de Lázaro le comentó que sus padres debían ya estar por llegar al hogar, no se le ocurrió a Jesús que tal vez estarían un poco preocupados por su ausencia.

Se dirigió nuevamente al templo, esta vez sin detenerse en la cresta del Monte de los Olivos para meditar. Mucho se habló esa mañana de la ley y de los profetas, y los maestros se asombraron de los extraordinarios conocimientos de Jesús sobre las escrituras, tanto en hebreo como en griego. Pero más les asombraba su juventud que su conocimiento de la verdad.

En la conferencia de la tarde no habían hecho más que empezar a responder a su pregunta sobre cuál era el propósito de la oración, cuando el jefe invitó al mancebo a que se acercara, y sentando a su lado le solicitó que expusiera su punto de vista respecto a la oración y la adoración.

La noche antes, los padres de Jesús habían oído hablar de este extraño mancebo que tan hábilmente se ponía a la altura de los intérpretes de la ley, pero no se les había ocurrido que ese joven fuera su hijo. Estaban a punto de dirigirse a la casa de Zacarías, pensando que Jesús podría haber ido hasta allá para visitar a Elizabeth y a Juan. Pero, reflexionando que tal vez Zacarías estaría en el templo, se detuvieron allí, camino a la Ciudad de Judá. Mientras deambulaban por los patios, imaginaos su sorpresa y asombro cuando reconocieron la voz de su hijo extraviado, y le vieron sentado entre los maestros del templo.

José se quedó mudo; pero María dio rienda suelta al temor y la ansiedad largamente reprimidos, corrió hacia el mancebo, quien se había levantado para saludar a sus atónitos padres, diciendo: «Hijo mío, ¿por qué nos tratas así? Hace más de tres días que tu padre y yo te buscamos acongojados. ¿Qué te llevó a abandonarnos?» Fue un momento de tensión. Todas las miradas se volvieron hacia Jesús para ver cómo respondería. Su padre lo miraba con reproche pero no decía nada.

Debe recordarse que Jesús era supuestamente un joven adulto. Había completado el curso escolar normal para un niño, había sido reconocido como hijo de la ley y consagrado como ciudadano de Israel. Y sin embargo su madre acababa de regañarlo más que suavemente ante el público reunido, en medio del esfuerzo más serio y sublime de su joven existencia, poniendo fin ignominiosamente a una de las mejores oportunidades que se le habían presentado hasta ese momento de enseñar la verdad, predicar la justicia y revelar el carácter amoroso de su Padre celestial.

Pero el joven supo hacerle frente a la situación. Si tomáis en cuenta con imparcialidad todos los factores que se combinaron para dar lugar a esta situación, estaréis mejor preparados para medir la sabiduría de la respuesta del niño a la inintencionada reprimenda de su madre. Después de pensar un momento, Jesús le respondió diciendo: «¿Por qué me habéis buscado durante tanto tiempo? ¿No os imaginabais que me encontraríais en la casa de mi Padre, puesto que ha llegado el momento para mí de ocuparme de los asuntos de mi Padre?»

Todo el mundo se asombró de la manera de hablar del mancebo. Todos se retiraron en silencio, dejándolo a solas con sus padres. De inmediato el joven alivió la embarazosa situación de los tres, al decir de manera más suave: «Vamos, padres míos, nadie hizo sino nada que no considerara su deber. Nuestro Padre que está en los cielos ha ordenado estas cosas; vamos a casa.»

En silencio emprendieron el viaje; por la noche llegaron a Jericó. Sólo una vez se detuvieron, y eso en la cima del Oliveto donde levantó el joven su cayado hacia el cielo, y temblando con intensa emoción de pies a cabeza, dijo: «Oh Jerusalén, Jerusalén, oh habitantes de Jerusalén ¡cuán esclavizados estáis —sometidos al yugo romano, víctimas de vuestras propias tradiciones— pero yo volveré para purificar el templo y liberar a mi pueblo de esta esclavitud!»

Poco habló Jesús durante los tres días de viaje a Nazaret; sus padres tampoco dijeron mucho en su presencia. En verdad no comprendían la conducta de su hijo primogénito, pero las palabras de Jesús se habían grabado en su corazón, aunque ellos no entendieran plenamente su significado.

Al llegar al hogar, Jesús hizo una breve declaración a sus padres, reiterándoles su afecto de un modo que sugería tácitamente que ya no debían temer que nuevamente les ocasionara ansiedades con su conducta. Concluyó esta importante declaración diciéndoles: «Si bien debo hacer la voluntad de mi Padre celestial, no dejaré de obedecer a mi padre terrenal. He de aguardar a que llegue mi hora».

Aunque Jesús muchas veces después rehusaría mentalmente *consentir* con los esfuerzos, ciertamente bien intencionados pero descaminados, de sus padres de dictar el curso de su pensamiento y de promulgar el plan de su obra en la tierra, siempre trató por todos los medios posibles, dentro de su dedicación al cumplimiento de la voluntad de su Padre del Paraíso, de *conformarse* con mucho donaire a los deseos de su padre terrenal y a las costumbres de su familia en la carne. Aun cuando no pudiera consentir, haría todo lo posible por conformarse. En el delicado equilibrio entre deber y lealtad, Jesús fue un verdadero artista, pues siempre supo balancear su dedicación al deber con sus obligaciones para con su familia y la sociedad.

José estaba perplejo, pero María, después de reflexionar sobre estos acontecimientos, encontró consuelo, pues acabó por ver en las palabras de Jesús en el Oliveto una profecía de la misión mesiánica de su hijo como liberador de Israel. Con renovada energía se dedicó ella pues a moldear la mente de Jesús con pensamientos nacionalistas y patrióticos, aliándose con su hermano, el tío favorito de Jesús; y en todo sentido la madre de Jesús se entregó a la tarea de preparar a su hijo primogénito para que se convirtiera en el líder de los que restaurarían el trono de David, rompiendo para siempre las cadenas de la dominación política de los gentiles.

DOCUMENTO 126

LOS DOS AÑOS CRUCIALES

DE TODAS las experiencias de la vida terrenal de Jesús, los años catorce y quince de su vida fueron los más cruciales. Estos dos años, después de que comenzara Jesús a cobrar conciencia de su divinidad y destino, y antes de que lograra un alto grado de comunicación con su Ajustador residente fueron los más atribulados de su extraordinaria vida en Urantia. Es este período de dos años el que debería llamarse la gran prueba, la verdadera tentación. Ningún joven humano, al experimentar las confusiones y los problemas de adaptación inherentes a la adolescencia, hubo de someterse jamás a una prueba más crucial que aquella por la que pasó Jesús durante su transición de la niñez a la juventud.

Este importante período en el desarrollo juvenil de Jesús comenzó al término de su visita a Jerusalén y a su regreso a Nazaret. Al principio María estaba feliz con la idea de haber nuevamente recobrado a su hijo, de que Jesús había vuelto al hogar como hijo obediente, como siempre lo había sido, y que de ahí en adelante sería más receptivo a los planes de ella para su vida futura. Pero no habría de solazarse por mucho tiempo en este sol de ilusión materna y de orgullo familiar no confesado; muy pronto habría de desilusionarse aun más. Cada vez más gozaba el muchacho en la compañía de su padre; cada vez acudía menos a ella con sus problemas; al mismo tiempo ambos padres cada vez más tenían dificultades en entender las frecuentes fluctuaciones de Jesús entre los asuntos de este mundo y la contemplación de su relación con los asuntos de su Padre. Francamente, no lo comprendían, aunque lo amaban tiernamente.

A medida que Jesús crecía, se profundizaban en su corazón la compasión y el amor por el pueblo judío; pero con el paso de los años se fue acentuando en su mente un recto resentimiento por la presencia de los sacerdotes nombrados por razones políticas en el templo del Padre. Jesús tenía un gran respeto a los fariseos sinceros y a los escribas honestos, pero mucho despreciaba a los fariseos hipócritas y a los teólogos deshonestos, y miraba con desdén a todos los líderes religiosos que no eran sinceros. Cuando escudriñaba el liderazgo de Israel, le tentaba a veces contemplar la posibilidad de convertirse en el Mesías que esperaban los judíos, pero no cayó nunca en esa tentación.

La crónica de sus hazañas entre los sabios del templo en Jerusalén causó placer en Nazaret, especialmente entre los antiguos maestros de Jesús en la escuela de la sinagoga. Durante un tiempo las alabanzas andaban en labios de todos. La aldea entera relataba su sabiduría y su conducta ejemplar cuando niño y predecía que estaba destinado a convertirse en un gran líder de Israel; finalmente saldría de Nazaret de Galilea un maestro verdaderamente superior. Todos ellos anhelaban el momento en que Jesús cumpliera los quince años, porque entonces se le permitiría leer regularmente las escrituras en la sinagoga durante los servicios del sábado.

1. EL AÑO DECIMOCUARTO (AÑO 8 D. DE J.C.)

Es éste el año calendario de su catorze cumpleaños. Había aprendido muy bien a hacer yugos y también sabía trabajar la lona y el cuero. Tambíen se estaba convirtiendo rápidamente en carpintero y ebanista experto. Ese verano frecuentemente trepaba a la cima de la colina situada al noroeste de Nazaret, para orar y meditar. Gradualmente iba cobrando más y más conciencia de la naturaleza de su autootorgamiento en la tierra.

Esta colina había sido, poco más de cien años antes, el «lugar alto de Baal»; allí se encontraba la tumba de Simeón, renombrado santo varón de Israel. Desde la cima de la colina de Simeón, Jesús dominaba Nazaret y el campo circundante. Divisaba Meguido y recordaba la historia del ejército egipcio que allí ganó su primera gran victoria en Asia; y cómo, posteriormente, otro ejército como ése derrotó al rey judeo Josías. No muy lejos de allí podía divisar Taanac, allí donde Débora y Barac derrotaron a Sísara. A lo lejos se asomaban las colinas de Dotán, donde, según le habían enseñado, los hermanos de José lo vendieron como esclavo a los egipcios. Al volver la vista hacia Ebal y Gerizim, rememoraba las tradiciones de Abraham, Jacob y Abimelec. Así que recordaba y reflexionaba sobre los acontecimientos históricos y tradicionales del pueblo de su padre José.

Proseguía con sus cursos avanzados de lectura bajo la dirección de los maestros de la sinagoga; al mismo tiempo también se ocupaba de la educación en el hogar de sus hermanos y hermanas a medida que crecían.

A principios de este año, José dispuso ahorrar los ingresos que proveían de sus propiedades en Nazaret y Capernaum para pagar el prolongado curso de estudios de Jesús en Jerusalén puesto que se había planeado que Jesús vaya a Jerusalén en agosto del año siguiente, después de cumplir los quince años.

Ya para comienzos de este año abrigaban José y María frecuentes dudas acerca del destino de su hijo primogénito. Por cierto, Jesús era un muchacho brillante y amable, pero él era tan difícil de comprender, tan evasivo de entender; además, nada acontecía que tuviera visos de extraordinario o de milagroso. Decenas de veces, esta madre orgullosa había esperado ansiosamente, casi sin respirar, un gesto sobrehumano, una acción milagrosa de su hijo; pero siempre esta esperanza anhelante se había visto destruida, dando paso a la desilusión más cruel. Esta situación era desalentadora, aun descorazonadora. El pueblo devoto de aquellos tiempos creía sinceramente que los profetas y los hombres de promesa manifestaban siempre su misión y establecían su autoridad divina por realizar milagros y por hacer maravillas. Pero Jesús no hacía nada de eso; por lo cual la confusión de sus padres se acrecentaba con el paso del tiempo al contemplar el futuro de este hijo.

De muchas maneras se reflejaba en el hogar la situación económica más desahogada de esta familia de Nazaret, siendo una de ellas la aparición de mayor cantidad de tablillas blancas lisas que se usaban como pizarras en las que se escribía con carbón. También pudo Jesús reanudar sus clases de música, pues le encantaba tocar el arpa.

A lo largo de este año puede decirse en verdad que Jesús «creció en el favor de los hombres y de Dios». Las perspectivas de la familia parecían buenas; el futuro, resplandeciente.

2. LA MUERTE DE JOSÉ

Todo marchaba bien hasta aquel aciago martes 25 de septiembre; ese día un mensajero proveniente de Séforis trajo a esta casa nazarena la trágica noticia de que José, mientras trabajaba en la residencia del gobernador, había sufrido graves lesiones al desmoronarse una cabría. El mensajero de Séforis, camino a la casa de José, se detuvo en el taller, donde informó a Jesús del accidente de su padre; ambos fueron juntos a la casa para llevar la triste nueva a María. Jesús quería ir inmediatamente a ver a su padre, pero María no quiso atender razones excepto que sólo sabía que debía correr a estar junto a su marido. Decidió que iría a Séforis en compañía de Santiago, por entonces de diez años de edad, mientras que Jesús se quedaría en la casa cuidando de los niños más pequeños hasta su regreso, pues no sabía cuán grave era el estado de José. Pero José murió como consecuencia de sus lesiones antes de la llegada de María. Lo trajeron a Nazaret y al día siguiente se le enterró junto a sus padres.

En el preciso momento en que el futuro parecía sonreírles lleno de buenas perspectivas, una mano al parecer cruel había derribado al jefe de esta familia de Nazaret, desgarrando el corazón de este hogar; los planes para Jesús y para su educación futura quedaron destruidos. Este joven carpintero, que acababa de cumplir catorce años, despertó a una cruel realidad: no sólo tendría que cumplir con el mandato de su Padre celestial, o sea revelar la naturaleza divina en la tierra y en la carne, sino que en su joven naturaleza humana debería asumir también la responsabilidad de su madre viuda y de siete hermanos y hermanas y de la que aún no había nacido. Este joven nazareno se convirtió de golpe en el único sostén y consuelo de su familia tan súbitamente afligida por la desgracia. Así pues se permitió que ocurriesen en Urantia estos acontecimientos de orden natural que obligarían a este joven de destino a asumir tan pronto la responsabilidad, onerosa pero a la vez altamente educacional y disciplinaria, de convertirse en el jefe de una familia humana, padre de sus propios hermanos y hermanas, sostén y apoyo de su madre, guardián de la casa de su padre, el único hogar que había de conocer mientras estuvo en este mundo.

Jesús supo aceptar con buena disposición las responsabilidades caídas tan súbitamente sobre sus hombros y cumplió fielmente con estas obligaciones hasta el fin. Por lo menos se había resuelto, aunque en forma trágica, un gran problema, una dificultad prevista en su vida —ya no tendría que ir a Jerusalén para estudiar con los rabinos. Siempre fue verdad que Jesús «no se doblegó ante los pies de nadie». Estaba siempre dispuesto a aprender de quien fuese, aun del más humilde entre los niños, pero jamás derivó de fuentes humanas la autoridad para enseñar la verdad.

Aún nada sabía de la visitación de Gabriel a su madre antes de su nacimiento; lo supo por Juan el día de su bautismo, al comienzo de su ministerio público.

Según pasaban los años, este joven carpintero de Nazaret valoraba cada vez más las instituciones de la sociedad y las costumbres religiosas con un criterio invariable: ¿Qué es lo que hace por el alma humana? ¿Acerca Dios al hombre? ¿Acerca el hombre a Dios? Aunque el joven no había abandonado por completo el aspecto recreativo y social de la vida, cada vez más dedicaba su tiempo y energías a sólo dos fines: el cuidado de su familia y la preparación para hacer en la tierra la voluntad celestial de su Padre.

En las noches de invierno de este año, los vecinos se hicieron el hábito de aparecerse por la casa para escuchar a Jesús tocar el arpa, relatar historias (porque el mancebo era un narrador magistral) y leer las escrituras en griego.

Los asuntos económicos de la familia seguían andando bastante bien pues había quedado una suma considerable de dinero en el momento de la muerte de José. Jesús no tardó en demostrar que poseía un agudo sentido de los negocios y sagacidad en los asuntos financieros. Era liberal, pero frugal; ahorrativo, pero generoso, y demostró ser un administrador prudente y eficaz de la herencia de su padre.

Pero a pesar de todos los esfuerzos de Jesús y de los vecinos nazarenos por traer un poco de alegría a la casa, María y aun los pequeños estaban sumidos en la tristeza. José ya no estaba. José había sido un marido y un padre excepcional, y todos lo extrañaban. Su muerte parecía aun más trágica por no haber podido ellos hablarle ni recibir su última bendición.

3. EL AÑO DECIMOQUINTO (AÑO 9 D. DE J.C.)

A mediados de este quinceavo año —estamos computando el tiempo según el calendario del siglo veinte, no de acuerdo con el calendario judío— Jesús había tomado firmemente en sus manos la administración de los asuntos de su familia. Antes de finalizar el año ya casi habían desaparecido los ahorros de la familia, y tuvo que enfrentarse pues con la necesidad de vender una de las casas de Nazaret que José y su vecino Jacobo poseían en sociedad.

El miércoles 17 de abril del año 9 d. de J.C., por la noche, nació Ruth, la más pequeña de la familia; Jesús hizo todo lo que pudo por tomar el lugar de su padre, siendo el sostén y consuelo de su madre en estos momentos particularmente difíciles y colmados de tristeza. Durante casi veinte años (hasta que comenzó su ministerio público) ningún padre pudo haber amado y educado a su hija más afectuosa y fielmente de lo que Jesús cuidó a la pequeña Ruth. Fue un padre igualmente bueno para con los demás miembros de la familia.

Durante este año compuso Jesús la oración que posteriormente enseñaría a sus apóstoles, y que muchos conocen como «El Padre Nuestro». En cierto modo fue ésta algo que evolucionó antes del altar familiar, pues tenían ellos muchas fórmulas de alabar y varias oraciones formales. Después de la muerte de su padre, Jesús intentó enseñar a los niños mayores que podían expresarse individualmente en sus oraciones —así como le gustaba a él hacerlo— pero no alcanzaban a entender su pensamiento e invariablemente volvían a caer en la repetición de las oraciones aprendidas de memoria. Para estimular a los mayores entre sus hermanos y hermanas a que se expresaran espontáneamente en sus rezos, Jesús trataba de mostrarles el camino con palabras y frases sugestivas; de manera tal que, sin intención alguna por su parte, resultó que todos ellos utilizaban oraciones basadas casi enteramente en lo que Jesús les había sugerido.

Finalmente, Jesús renunció a la idea de que cada uno de los miembros de su familia formule sus oraciones espontáneas, y una noche de octubre, sentando junto a la mesa baja de piedra, escribió a la luz de la pequeña lámpara en una tablilla de cedro de unos cincuenta centímetros de cada lado, con un pedazo de carbón, la oración que desde ese momento sería la que habría de pronunciar normalmente toda su familia.

Durante este año Jesús estuvo atormentado por pensamientos confusos. La responsabilidad familiar le había quitado por el momento toda intención de dedicarse de inmediato a «los asuntos de su Padre» según se le había mandado durante la visitación que ocurriera en Jerusalén. Con justicia razonaba Jesús que el cuidado de la familia de su padre terrenal tenía prioridad sobre todos los demás deberes, que mantener a su familia debía ser su primera obligación.

En el curso de este año halló Jesús en el así llamado Libro de Enoc un pasaje que le sugirió la adopción futura del término «Hijo del Hombre» para designar su misión autootorgadora en Urantia. Mucho había reflexionado sobre la idea del Mesías judío y estaba firmemente convencido de que él no había de ser ese Mesías. Anhelaba ayudar al pueblo de su padre, pero no pensó nunca en conducir a los ejércitos judíos para derrocar la dominación extranjera en Palestina. Sabía que jamás ocuparía el trono de David en Jerusalén. Tampoco creía Jesús que su misión de liberador espiritual o de maestro de los valores morales se limitara únicamente al pueblo judío. Por eso su misión de vida no podía ser de ninguna manera el cumplimiento de los intensos anhelos y de las presuntas profecías mesiánicas de las escrituras hebreas; por lo menos no de la manera en que comprendían los judíos estas predicciones de los profetas. Asímismo estaba seguro de que nunca habría de aparecer como el Hijo del Hombre descrito por el profeta Daniel.

Pero cuando le llegara la hora de salir al mundo para desarrollar su misión de maestro universal, ¿cómo se llamaría a sí mismo? ¿De qué manera definiría su misión? ¿Por qué nombre lo llamarían las multitudes que acabarían por creer en sus enseñanzas?

Mientras le daba vueltas y más vueltas a estos problemas en su mente encontró, en la biblioteca de la sinagoga de Nazaret, entre los libros apocalípticos que había estado estudiando, este manuscrito llamado «El Libro de Enoc»; y aunque estaba seguro que no había sido escrito por el Enoc de antaño, le resultó muy interesante y lo leyó y releyó muchas veces. Un pasaje en particular le hizo mucha impresión, un pasaje en el cual aparecía este término de «Hijo del Hombre». El autor del llamado Libro de Enoc hablaba del Hijo del Hombre, describiendo la obra que habría de hacer en la tierra y explicando que este Hijo del Hombre, antes de descender a esta tierra para salvar a la humanidad, había caminado por los atrios de la gloria celestial junto a su Padre, el Padre de todos; y que le había dado la espalda a la majestad y la gloria para descender a la tierra con el fin de proclamar la salvación a los mortales necesitados. Según Jesús leía estos pasajes (sabiendo muy bien que gran parte del misticismo oriental entremezclado con esas enseñanzas era falaz), sintió en su corazón y reconoció en su mente que, de todas las predicciones mesiánicas de las escrituras hebreas y de todas las teorías acerca del liberador judío, ninguna estaba tan cerca de la verdad como este relato escondido en las páginas del Libro de Enoc, sólo parcialmente acreditado; allí mismo y en ese mismo momento decidió pues que adoptaría el nombre de «Hijo del Hombre» como título inaugural de su misión; cosa que efectivamente hizo más adelante al comenzar su ministerio público. Jesús tenía una habilidad infalible para reconocer la verdad, y nunca vacilaba en abrazar la verdad, no importa de cuál fuente pareciera emanar.

Por esta época ya había decidido mucho acerca de su obra futura para el mundo, pero nada dijo de estos asuntos a su madre, que seguía aferrándose a la idea de que él sería el Mesías judío.

La gran confusión de la época juvenil de Jesús volvió a surgir en estos momentos. Habiendo definido en cierto modo la naturaleza de su misión en la tierra, «ocuparse de los asuntos de su Padre» —revelar para toda la humanidad la naturaleza amorosa de su Padre— nuevamente se puso a discurrir las muchas declaraciones de las escrituras que se referían a la venida de un libertador nacional, un maestro o un rey judío. ¿A qué acontecimiento se referían estas profecías? ¿Acaso no era él judío? ¿Lo era o no era? ¿Era o no era él de la casa de David? Su madre afirmaba que lo era; su padre había dictaminado que no lo era. Él decidió que no. Pero, ¿habían confundido los profetas la naturaleza y misión del Mesías?

Después de todo, ¿era acaso posible que su madre tuviera razón? En la mayoría de los casos, cuando habían surgido diferencias de opinión en el pasado, ella había tenido razón. Si es cierto que él sería un nuevo maestro y *no* el Mesías, ¿cómo haría para reconocer al Mesías judío si apareciese éste en Jerusalén durante el tiempo de su misión terrestre? Más aun ¿cuál habría de ser su relación con este Mesías judío? Después de emprender su misión en la vida, ¿cuál habría de ser su relación con su familia, con la comunidad y la religión judías, con el Imperio Romano, con los gentiles y sus religiones? Cada uno de estos problemas importantísimos pasaban por la mente de este joven galileo quien los consideraba seriamente mientras seguía trabajando en el banco de carpintero, ganándose laboriosamente la vida, y ganándola para su madre y otras ocho bocas hambrientas.

Antes del fin de este año María vio que los fondos de la familia disminuían; delegó la venta de palomas a Santiago. Compraron una segunda vaca, y con la ayuda de Miriam comenzaron a vender leche a sus vecinos de Nazaret.

Sus períodos de meditación profundos, sus frecuentes viajes a lo alto de la colina para orar, y las muchas ideas extrañas que Jesús proponía de vez en cuando, alarmaban considerablemente a su madre. A veces ella pensaba que el joven estaba fuera de sí, pero se tranquilizaba al recordar que él era, después de todo, un hijo de promesa y, de alguna manera, diferente de los otros jóvenes.

Pero Jesús estaba aprendiendo a no expresar todos sus pensamientos, a no presentar todas sus ideas al mundo; ni siquiera a su propia madre. A partir de este año, las revelaciones de Jesús acerca de lo que pasaba por su mente fueron reduciéndose cada vez más; es decir, que cada vez hablaba menos de asuntos incomprensibles para una persona corriente, cuya mención pudiera llevar a otros a considerarlo raro, diferente del común de la gente. En apariencia se volvió un ser común y convencional, aunque anhelaba encontrarse con alguien que pudiera entender sus problemas. Deseaba tener un amigo fiel y de confianza, pero sus problemas eran demasiado complejos para la comprensión de los seres humanos que lo rodeaban. La singularidad de su situación especial le obligó a soportar a solas el peso de sus cargas.

4. EL PRIMER SERMÓN EN LA SINAGOGA

Al cumplir los quince años, Jesús ya podía ocupar oficialmente el púlpito de la sinagoga los sábados. Muchas veces antes, cuando faltaban oradores, le habían pedido a Jesús que leyese las escrituras, pero ahora había llegado el día en que, según la ley, podía oficiar el servicio. Por consiguiente, el primer sábado después de su decimoquinto cumpleaños el chazán dispuso que Jesús dirigiera los oficios matutinos en la sinagoga. Cuando todos los fieles en Nazaret se hubieron congregado, el joven, haciendo su selección de las escrituras, se levantó y comenzó a leer:

«El espíritu del Señor Dios está sobre mí, porque me ungió el Señor; me ha enviado a predicar buenas nuevas a los abatidos, a vendar a los quebrantados de corazón, a publicar la libertad a los cautivos, y a los presos espirituales apertura de la cárcel, a proclamar el año de la buena voluntad de Dios y el día de venganza del Dios nuestro; a consolar a todos los enlutados, a darles belleza en lugar de ceniza, óleo de gozo en lugar de luto, canto de alabanza en vez de espíritu angustiado; y serán llamados árboles de justicia, plantío del Señor, para gloria suya.

«Buscad lo bueno, y no lo malo, para que viváis, porque así el Señor, el Dios de los ejércitos, estará con vosotros. Aborreced el mal y amad el bien; estableced el juicio en la puerta. Quizá el Señor Dios tendrá piedad del remanente de José.

«Lavaos y limpiaos; quitad la iniquidad de vuestras obras de delante de mis ojos; dejad de hacer lo malo y aprended a hacer el bien; buscad el juicio, restituid al agraviado. Haced justicia al huérfano, amparad a la viuda.

«¿Con qué me presentaré el Señor, a inclinarme ante el Señor de toda la tierra? ¿Me presentaré ante él con holocaustos, con becerros de un año? ¿Se agradará el Señor de millares de carneros, decenas de millares de ovejas, o con ríos de aceite? ¿Daré mi primogénito por mi rebelión, el fruto de mis entrañas por el pecado de mi alma? ¡No!, porque el Señor nos ha mostrado, oh hombres, lo que es bueno. Y qué pide el Señor de ti: solamente hacer justicia, amar misericordia, y caminar humildemente con tu Dios».

«¿A quién, pues, haréis semejante a Dios que está sentado sobre el círculo de la tierra? Levantad en alto vuestros ojos y mirad quien creó todos estos mundos, quien saca y cuenta su ejército, a todos llama por sus nombres. Él hace todas estas cosas por la grandeza de su poder, y porque es poderoso ninguna faltará. Él da esfuerzo al cansado, y multiplica las fuerzas al que no tiene ningunas. No temas, porque yo estoy contigo; no desmayes, porque yo soy tu Dios. Te esfuerzo y te ayudaré; sí, te sustentaré con la diestra de mi justicia, porque yo soy el Señor tu Dios. Y te sostiene de tu mano derecha, y te dice: no temas, yo te ayudo.

«Y vosotros sois mis testigos, dice el Señor, y mi siervo que yo escogí, para que me conozcáis y creáis en mí, y entendáis que yo soy el Eterno. Yo, sólo yo, soy el Señor, y fuera de mí no hay quien salve».

Después de leer así se sentó, y la gente se fue a sus casas discurriendo las palabras que con tanto donaire les había leído. Nunca le habían visto los de su pueblo tan magníficamente solemne; nunca le habían oído leer con una voz tan apremiante y tan sincera; nunca lo habían observado tan decidido y maduro, con tanta autoridad.

Ese mismo sábado por la tarde escaló Jesús la colina de Nazaret en compañía de Santiago. Al regresar al hogar Jesús escribió con un carbón sobre dos tablillas los Diez Mandamientos en griego. Luego Marta coloreó y adornó estas tablillas y durante mucho tiempo estuvieron colgadas en la pared sobre el pequeño banco de trabajo de Santiago.

5. LA LUCHA FINANCIERA

Paulatinamente, Jesús y su familia retornaron a la vida simple de sus primeros años. Sus ropas e incluso sus alimentos se simplificaron. Tenían leche, mantequilla y queso en abundancia, y durante la estación apropiada disfrutaban de los frutos de su huerto; pero cada mes que pasaba los obligaba a una mayor frugalidad. Su desayuno era muy simple, pues guardaban los mejores alimentos para la cena. Sin embargo, entre estos judíos la falta de riqueza no implicaba inferioridad social.

Ya este joven había llegado a tener una comprensión casi completa de cómo vivían los hombres de su tiempo. Y cuán bien entendía él la vida del hogar, del campo y del taller de trabajo quedó claramente demostrado en sus enseñanzas posteriores, que tan pletóricamente revelan su íntimo contacto con todas las fases de la experiencia humana.

El chazán de Nazaret seguía aferrado a la creencia de que Jesús había de convertirse en un gran maestro, probablemente en sucesor del famoso Gamaliel en Jerusalén.

Aparentemente todos los planes de Jesús para una carrera se habían desbaratado. Tal como estaban las cosas, el futuro no parecía sonreírle. Pero no vaciló ni se desalentó, sino que vivía, día tras día, desempeñando bien su deber presente y cumpliendo fielmente con las obligaciones *inmediatas* de su situación en el mundo. La vida de Jesús es el consuelo sempiterno de todos los idealistas desilusionados.

El pago de los carpinteros jornaleros iba disminuyendo lentamente. A fines de este año Jesús podía ganar, trabajando de sol a sol, sólo el equivalente de unos veinticinco centavos de dólar diarios. El año siguiente les resultó difícil pagar los impuestos civiles, sin hablar de la contribución a la sinagoga y el impuesto de medio siclo del templo. El recaudador de impuestos intentó sacarle aun más dinero a Jesús durante este año, llegando hasta amenazar con llevarse su arpa.

Temiendo que el ejemplar de las escrituras en griego pudiera ser descubierto y confiscado por los recaudadores de impuestos, Jesús lo obsequió a la biblioteca de la sinagoga de Nazaret en ocasión de su decimoquinto cumpleaños; fue ésta su ofrenda de madurez al Señor.

El peor momento de su decimoquinto año de vida lo pasó Jesús en Séforis cuando se encontraba allí para escuchar el veredicto de Herodes, ante quien había apelado para resolver una disputa sobre el pago adeudado a José en el momento de su muerte accidental. Jesús y María esperaban recibir una suma considerable de dinero, pero el tesorero de Séforis les había ofrecido una cantidad ínfima. Los hermanos de José resolvieron pues apelar ante el mismo Herodes; por eso se encontraba ahora Jesús en el palacio, de pie ante Herodes, y le escuchó decretar que nada se le debía a su padre en el momento de su muerte. Esta decisión tan injusta bastó para que Jesús no volviera a confiar nunca más en Herodes Antipas; no es sorprendente que en una ocasión se refiriera a Herodes como «ese zorro».

El duro trabajo de Jesús en el banco de carpintero durante este año y los subsiguientes, le impidió departir con los viajeros de las caravanas. Ya un tío suyo se había hecho cargo de la tienda de provisiones de la familia, y Jesús trabajaba en el taller de la casa para poder estar cerca de su familia y así ayudar a María en cuanto a los niños. Por aquel entonces, empezó a enviar a Santiago a la parada de las caravanas donde alimentaban a los camellos para obtener noticias sobre los acontecimientos mundiales; de este modo intentaba Jesús mantenerse al día.

Según se adentraba en la madurez, hubo de pasar por los conflictos y confusiones típicos de todo joven promedio de todas las eras humanas anteriores y subsecuentes. Y la dura disciplina inherente a la obligación de mantener a su familia fue una salvaguarda segura contra el que haya tenido tiempo para la meditación ociosa o la complacencia en tendencias místicas.

Éste fue el año en que Jesús arrendó una parcela considerable de terreno justo al norte de la casa, para que la familia tuviera su huerto. Se subdividió el terreno para que cada uno de los hermanos mayores tuviera su propia parcela, y compitieron entre sí al dedicarse con entusiasmo a las faenas agrícolas. Durante la temporada de cultivo de las legumbres, Jesús, su hermano mayor, pasaba algún tiempo con ellos todos los días en el huerto. Al trabajar con sus hermanos menores en el huerto, Jesús muchas veces abrigó el deseo de vivir con su familia en el campo, en una granja, para disfrutar de la libertad de una vida sin trabas. Pero no estaban en el campo, y Jesús, siendo tan un joven profundamente práctico como un idealista, atacó vigorosa e inteligentemente su problema tal como lo encontró, haciendo todo lo que estaba a su alcance para que él y su familia se adaptaran a la realidad de su situación y tratando de satisfacer en el mayor grado posible sus aspiraciones individuales y colectivas.

En cierto momento abrigó Jesús la vaga esperanza de poder comprar una pequeña granja con el dinero que le debían a su padre por su trabajo en la construcción del palacio de Herodes, siempre y cuando pudieran recaudar esa suma considerable de dinero. Había pensado seriamente en establecer a su familia en el campo. Pero al negarse Herodes a pagarles el dinero que se le debía a José, tuvieron que renunciar a la ambición de tener una casa en el campo. Tal como estaban las cosas, se las ingeniaban para disfrutar de muchas de las experiencias de la vida campestre, puesto que ahora tenían tres vacas, cuatro ovejas, una cría de pollos, un asno y un perro, además de las palomas. Aun los más pequeños tenían sus obligaciones regulares dentro del plan de administración bien organizado que caracterizaba la vida doméstica de esta familia nazarena.

Al concluir su decimoquinto año concluyó Jesús la peligrosa y difícil travesía de ese período intermedio de la vida humana, ese período de transición entre la despreocupación y complacencia de la niñez y la noción del advenimiento de la edad adulta con su carga de responsabilidades y oportunidades para la adquisición de la experiencia avanzada en el desarrollo de un carácter noble. Ya había concluído el período de crecimiento mental y físico; ahora comenzaría la verdadera carrera de este joven nazareno.

DOCUMENTO 127

LOS AÑOS DE LA ADOLESCENCIA

AL ENTRAR a los años de su adolescencia, Jesús se encontró como jefe y único sostén de una numerosa familia. Pocos años después de la muerte de su padre habían perdido todas sus propiedades. Según pasaba el tiempo, Jesús iba cobrando conciencia de su preexistencia; al mismo tiempo se daba cuenta cada vez más plenamente de que su presencia en la tierra y en la carne respondía al propósito explícito de revelar su Padre Paradisiaco a los hijos de los hombres.

Ningún adolescente que haya vivido o haya de vivir en este mundo o en otro, ha tenido o tendrá jamás problemas tan difíciles y profundos que resolver ni tan intrincadas dificultades que desentrañar. Ningún joven de Urantia tendrá que pasar jamás por los conflictos angustiosos y las duras pruebas por los que Jesús mismo tuvo que atravesar durante esos arduos años que median entre los quince y los veinte de su edad.

Habiendo tenido pues la experiencia real de vivir estos años de adolescencia en un mundo asediado por el mal y perturbado por el pecado, el Hijo del Hombre llegó a poseer pleno conocimiento de la experiencia vital de los jóvenes de todos los dominios de Nebadon, y así para siempre se convirtió en el comprensivo refugio de los adolescentes acongojados y perplejos de todas las edades y de todos los mundos del universo local.

Lentamente y con certidumbre y a través de la experiencia real, este Hijo divino *gana* el derecho de convertirse en el soberano de su universo, el gobernante supremo e indisputado de todas las inteligencias creadas en todos los mundos del universo local, el comprensivo refugio de los seres de todas las edades y de todos los grados de dotes y experiencias personales.

1. EL AÑO DECIMOSEXTO (AÑO 10 D. DE J.C.)

El Hijo encarnado tuvo una infancia y niñez sin experiencias extraordinarias. Emergió luego de la penosa y difícil etapa de transición entre la infancia y la juventud —llegó a ser el Jesús adolescente.

Este año alcanzó él su plena estatura física. Era un hermoso joven viril, cada vez más serio y reservado, al mismo tiempo que compasivo y amable. Tenía una mirada dulce, pero inquisitiva; su sonrisa era siempre simpática y reconfortante; su voz, musical y al mismo tiempo fuerte y enérgica; su saludo, cordial, pero sin afectación. Siempre, incluso en los contactos más comunes, parecía traslucirse la esencia de una doble naturaleza: la humana y la divina. Siempre se trasmitía esa combinación de amigo cordial y de maestro autoritario. Y estos rasgos de personalidad comenzaron a manifestarse desde temprano, ya desde su adolescencia.

Este joven físicamente robusto y fuerte también había adquirido el pleno desarrollo de su intelecto humano, aunque no la completa experiencia del pensamiento humano pero sí la plena capacidad para tal desarrollo del intelecto. Poseía un cuerpo sano y bien proporcionado, una mente aguda y analítica, una disposición de ánimo generosa y compasiva, un temperamento un tanto fluctuante pero acometedor, cualidades éstas que se estaban integrando en una personalidad fuerte, admirable y atractiva.

Según pasaba el tiempo, se hacía más difícil para su madre y sus hermanos y hermanas comprenderle; sus palabras los confundían e interpretaban mal sus acciones. No estaban preparados para comprender la vida de su hermano mayor, porque su madre les había dado a entender que él estaba destinado a ser el libertador del pueblo judío. Después de oír de labios de María tales insinuaciones como secretos de familia, imaginaos su confusión cuando escuchaban a Jesús negar categóricamente toda idea e intención en este sentido.

Este año Simón comenzó la escuela, y la familia se vio obligada a vender otra casa. Santiago se encargaba de la enseñanza de sus tres hermanas, dos de las cuales ya tenían edad para emprender estudios serios. Tan pronto como Ruth creció, confiaron su educación a Miriam y Marta. Ordinariamente las muchachas de las familias judías recibían poca educación, pero Jesús opinaba (y su madre convenía en esto) que las chicas debían ir a la escuela lo mismo que los varones, y puesto que la escuela de la sinagoga no las admitiría, hubo que establecer clases privadas especialmente para ellas en el hogar.

Durante este año entero Jesús no pudo alejarse casi nunca de su banco de carpintero. Afortunadamente tenía trabajo de sobra; la calidad de su producción era tal que no estuvo nunca ocioso aunque escasease el trabajo en esa región. A veces tenía tanto que hacer que Santiago lo ayudaba.

Para fines de este año ya casi había tomado la decisión de dedicarse públicamente, después de criar a sus hermanos y verlos casados, a su labor de maestro de la verdad y revelador del Padre celestial en el mundo. Sabía que no se convertiría en el Mesías que esperaban los judíos, pero decidió que no valía la pena hablar de estos asuntos con su madre; puesto que sus palabras en el pasado poco o nada habían hecho para convencerla, y recordaba además que su padre no había conseguido nunca hacerle cambiar de opinión, le pareció más práctico permitirle que siguiera abrigando las ilusiones que quisiese. A partir de este año conversó cada vez menos con su madre y con otros acerca de estos problemas. Su misión era tan singular que ningún ser habitante de la tierra podía aconsejarlo respecto a su consecución.

Pese a su juventud fue un verdadero padre para la familia; pasaba todo el tiempo posible con los pequeños, que lo amaban de todo corazón. Su madre sufría de verlo trabajar tan duro; se apenaba de que estuviera atado día tras día al banco de carpintero para mantener a la familia, en lugar de estar en Jerusalén y estudiar junto a los rabinos, como con tanto cariño lo habían planeado. Si bien en muchos aspectos María no lo comprendía, amaba a su hijo y estaba llena de admiración y gratitud por la buena voluntad de Jesús al asumir la responsabilidad del hogar.

2. El año decimoséptimo (año 11 d. de J.C.)

Por esta época había bastante agitación, especialmente en Jerusalén y en Judea, a favor de una rebelión contra el pago de los impuestos a Roma. Estaba surgiendo un fuerte partido nacionalista, que al poco tiempo se llamaría el partido de los zelotes. Los zelotes, a diferencia de los fariseos, no estaban dispuestos a esperar la llegada del Mesías, sino que proponían resolver la situación mediante una revuelta política.

Desde Jerusalén llegó un groupo de organizadores a Galilea, y encontraron un terreno fértil para sus ideas hasta que llegaron a Nazaret. Cuando visitaron a Jesús, él los escuchó atentamente y les hizo muchas preguntas, pero rehusó incorporarse al partido. Se negó a explicar en detalle todos los motivos de esta decisión, y su actitud influyó sobre muchos de sus jóvenes amigos nazarenos que tampoco quisieron afiliarse.

María hizo lo que pudo para inducirle a afiliarse, pero no hubo caso de convencerle. Hasta llegó a insinuar María que su actitud al negarse a abrazar la causa nacionalista como ella se lo pedía equivalía a una insubordinación, una violación de la promesa que él había hecho a su regreso de Jerusalén de que obedecería a sus padres; pero en respuesta a esta insinuación, él se limitó a apoyar una mano con ternura sobre su hombro y mirándola a los ojos le dijo: «Madre mía, ¿no te da vergüenza?», y María se desdijo inmediatamente.

Uno de los tíos de Jesús (Simón, el hermano de María) ya se había unido al grupo, llegando a convertirse con el tiempo en oficial de la división galilea, lo cual dio lugar a que se produjera cierto distanciamiento entre Jesús y su tío durante varios años.

Pero en Nazaret se estaba levantando una verdadera tormenta. La actitud de Jesús en estos asuntos había traído como resultado una división entre los jóvenes judíos de la ciudad. Aproximadamente la mitad se había incorporado a la organización nacionalista, y la otra mitad formó un grupo de oposición de patriotas más moderados, con la idea de que Jesús asumiera el liderazgo. Mucho se asombraron cuando rehusó el honor que le ofrecían, presentando como excusa sus pesadas obligaciones familiares, lo cual todos ellos admitieron. Pero la situación se complicó aún más cuando poco después, Isaac, un judío rico, prestamista de los gentiles, propuso comprometerse a mantener a la familia de Jesús si abandonaba sus herramientas de trabajo y asumía el liderazgo de estos patriotas de Nazaret.

Jesús, que por ese entonces contaba apenas diecisiete años, tuvo que enfrentarse con una de las situaciones más difíciles y delicadas de su joven vida. Siempre es difícil para un líder espiritual tomar partido en los asuntos y sentimientos patrióticos, especialmente cuando éstos están complicados con un sistema opresor extranjero que recauda impuestos; en este caso la situación era doblemente difícil debido a la implicación de la religión judía misma en toda esta agitación contra Roma.

La posición de Jesús se vio aun más dificultada porque su madre, su tío e incluso su hermano menor Santiago, lo instaban a abrazar la causa nacionalista. El mejor elemento judío de Nazaret ya se había afiliado, y los jóvenes que aún no se habían incorporado al movimiento lo harían con toda seguridad al instante que Jesús cambiara de opinión. Contaba Jesús con un solo consejero sensato en todo Nazaret, su antiguo maestro, el chazán, que lo asesoró sobre cómo responder al consejo de ciudadanos de Nazaret cuando viniera a pedirle una respuesta a la demanda pública que se había hecho. En toda la juventud de Jesús, fue ésta la primera vez cuando tuvo que recurrir conscientemente a la estrategia pública. Hasta ese entonces, siempre había confiado en la técnica de la verdad lisa y llana para esclarecer cualquier situación, pero en este caso no podía declarar la plena verdad. No podía sugerir que era algo más que tan sólo un hombre; no podía revelar su idea de la misión que le aguardaba para cuando alcanzara una edad más madura. Pese a estas limitaciones, su fidelidad religiosa y su lealtad nacional se vieron directamente confrontadas. Su familia se encontraba perturbada, sus jóvenes amigos divididos, el pueblo judío de todo Nazaret estaba presa de gran agitación. ¡Y pensar que él era el culpable de todo! ¡Cuán lejos de sus intenciones crear problemas de cualquier clase; aún menos este disturbio!

Había que hacer algo. Tenía que aclarar su posición; así lo hizo, con coraje y diplomáticamente, para satisfacción de muchos, aunque no de todos. Se adhirió él a los términos de su argumento original, declarando que su primer deber era para con su familia, que una madre viuda y ocho hermanos y hermanas necesitaban algo más que lo que pudiera comprar el dinero —las necesidades físicas de la vida— que tenían derecho a los cuidados y al apoyo de un padre, y que con la conciencia limpia no podía eximirse de la obligación que un cruel accidente había arrojado sobre sus hombros. Elogió a su madre y a su segundo hermano que estaban dispuestos a exonerarlo de esa responsabilidad, pero reiteró que la lealtad a su padre muerto le impedía abandonar a la familia a pesar de que se donase dinero para su sostén material, e hizo la inolvidable afirmación de que «el dinero no puede amar». En el curso de esta declaración Jesús hizo varias referencias veladas a la «misión de su vida», pero explicó que, fuera o no dicha misión compatible con la acción militar, había sido puesta de lado juntamente con otros intereses de su vida, para poder cumplir fielmente con las obligaciones para con su familia. En Nazaret todos sabían que Jesús era un buen padre para su familia; siendo además éste un asunto tan allegado a los sentimientos de todo judío de noble espíritu, encontró la súplica de Jesús una respuesta apreciativa en el corazón de muchos de entre ellos que le escucharon. Otros corazones menos sensibles fueron cautivados por un discurso de Santiago, que no estaba en el programa, pero que fue pronunciado en ese momento. El chazán se lo había hecho ensayar a Santiago ese mismo día —pero lo habían mantenido en secreto.

Santiago declaró que estaba seguro de que Jesús estaría dispuesto a colaborar para la liberación de su pueblo si él (Santiago) tuviera la edad suficiente para hacerse cargo de la familia; que, si consentían en permitir que Jesús permaneciera «con nosotros, como nuestro padre y maestro, la familia de José os dará, no ya tan sólo un dirigente, sino también cinco nacionalistas leales, porque ¿acaso no hay cinco varones entre nosotros, prontos para crecer, guiados por nuestro hermano-padre, y ponernos al servicio de nuestra nación?» De este modo pudo el muchacho llevar a feliz término esa situación tan tensa y amenazadora.

Se había superado la crisis por el momento; pero el incidente no se olvidó jamás en Nazaret. La agitación persistía; Jesús ya no contaba con el favor universal; la diferencia de sentimientos no llegó nunca a superarse del todo. Este hecho, combinado más tarde con otros acontecimientos, fue uno de los motivos principales por los cuales años después Jesús se mudó a Capernaum. De ahí en adelante los sentimientos sobre el Hijo del Hombre en Nazaret permanecerían divididos.

Ese año Santiago terminó sus estudios en la escuela y comenzó a trabajar jornada completa en la carpintería. Se había vuelto muy diestro en el uso de las herramientas y se hizo cargo de la fabricación de los yugos y arados mientras que Jesús se dedicaba a los trabajos de ebanistería y de marquetería para la construcción.

Durante este año pudo Jesús hacer grandes progresos en la organización de su mente. Gradualmente había logrado unir su naturaleza humana con su naturaleza divina llevando a cabo esta ardua organización intelectual por la fuerza de sus propias *decisiones* y con la ayuda única de su Monitor residente, Monitor semejante al que todos los mortales normales de todos los mundos de postdispensación del Hijo llevan dentro de su mente. Hasta ahora nada sobrenatural había ocurrido en la carrera de este joven, excepto la visita de un mensajero enviado por su hermano mayor Emanuel, que una vez se le apareció en Jerusalén durante la noche.

3. EL AÑO DECIMOCTAVO (AÑO 12 D. DE J.C.)

En el curso de este año se liquidó toda la propiedad de la familia, excepto la casa y el huerto. Se vendió la última propiedad en Capernaum (excepto la plusvalía en otra), que ya estaba hipotecada. Las ganancias se usaron para pagar impuestos, comprar herramientas nuevas para Santiago, y hacer un pago sobre la antigua tienda de reparación y abastos de la familia cerca de la parada de las caravanas, la cual Jesús había decidido comprar de vuelta puesto que Santiago ya tenía suficiente edad como para trabajar en el taller que estaba en la casa y ayudar a María en el hogar. Al aliviarse de este modo, por el momento, la presión financiera, Jesús decidió llevar a Santiago a la celebración de la Pascua. Salieron de viaje con tiempo, queriendo llegar a Jerusalén un día antes para estar solos; tomaron el camino de Samaria. Iban a pie; Jesús le iba mostrando a Santiago los lugares históricos que había a lo largo de la ruta, tal como lo había hecho su padre con él en un viaje muy semejante, cinco años atrás.

Muchas cosas extrañas veían al pasar por Samaria. Mucho conversaron en el trayecto sobre múltiples problemas de carácter personal, familiar y nacional. Santiago poseía fuertes sentimientos religiosos y aunque no se encontraba plenamente de acuerdo con las ideas de su madre sobre la misión vital de Jesús; aunque muy poco era lo que él sabía al respecto, anhelaba llegar a la edad necesaria para poder hacerse cargo de la familia, permitiendo así que Jesús comenzara a cumplir su misión. Estaba muy agradecido por haberle Jesús llevado a Jerusalén para las ceremonias pascuales; conversaron largo y tendido sobre el futuro, como nunca lo habían hecho antes.

Mucho meditó Jesús al cruzar Samaria, especialmente en Betel y cuando se detuvieron a beber del pozo de Jacob. Hablaron él y su hermano sobre las tradiciones de Abraham, Isaac y Jacob. Con sus palabras Jesús preparó a Santiago para lo que presenciaría en Jerusalén, tratando de aminorar la impresión convulsiva de esta experiencia, pues bien recordaba la conmoción que había causado en él mismo su primera visita al templo. Pero Santiago no era tan sensible a ciertos espectáculos como lo había sido él. Hizo algunos comentarios sobre la forma indiferente y fría en que llevaban a cabo sus deberes algunos de los sacerdotes, pero en general disfrutó enormemente su estadía en Jerusalén.

Jesús llevó a su hermano a Betania para la cena pascual. Simón había fallecido y yacía junto a sus antepasados; Jesús ocupó pues el lugar de jefe de la familia pascual, habiendo traído el cordero pascual del templo.

Después de la cena pascual, María se sentó a conversar con Santiago mientras que Marta, Lázaro y Jesús estuvieron hablando hasta muy entrada la noche. Al día siguiente asistieron a los oficios del templo, y Santiago fue recibido en la comunidad de Israel. Esa mañana, al detenerse ellos en la cresta del Monte de los Olivos para ver desde allí el templo y mientras Santiago se deshacía en exclamaciones de maravilla, Jesús contempló la ciudad en silencio. Santiago no podía comprender el comportamiento de su hermano. Esa noche de nuevo regresaron a Betania y habrían partido para su casa al día siguiente, pero Santiago insistió en volver a visitar el templo, explicando que quería escuchar a los maestros. Y si bien esto era verdad, en el corazón anhelaba secretamente presenciar la participación de Jesús en los debates, tal como su madre le había contado. Así pues, fueron al templo y escucharon los debates, pero Jesús no hizo ninguna pregunta. Todo le parecía tan pueril e insignificante a esta mente en vías de despertar de hombre y de Dios, que tan sólo podía tenerles lástima. Santiago sufrió una gran desilusión por el silencio de Jesús. A sus preguntas, Jesús tan sólo respondió: «Aún no ha llegado mi hora».

Al día siguiente emprendieron el regreso pasando por Jericó y el valle de Jordán, y Jesús le contó a Santiago muchas historias por el camino, entre ellas, su primer viaje por esta misma senda cuando tenía trece años.

Al regresar a Nazaret, Jesús comenzó a trabajar en el antiguo taller de reparaciones de la familia; estaba muy contento de poder encontrarse a diario con tanta gente de todas partes del país y de los distritos circunvecinos. Jesús amaba a la gente de todo corazón —gente simple de pueblo. Iba pagando las cuotas de la compra del taller todos los meses y, con la ayuda de Santiago, mantenía a su familia.

Varias veces por año, siempre que no hubiera visitantes para desempeñar esta función, Jesús leía las escrituras para la celebración del sábado en la sinagoga, ofreciendo en muchas ocasiones comentarios sobre la lección, pero generalmente seleccionaba los pasajes de modo tal que los comentarios no eran necesarios. Era tan hábil y sagaz que sabía ordenar la lectura consecutiva de los distintos pasajes de manera que uno iluminara el significado del otro. Durante las tardes del sábado, siempre que hubiera buen tiempo, llevaba a sus hermanos y hermanas a paseos por el campo, en comunión con la naturaleza.

Aproximadamente por esa época el chazán inauguró un club juvenil para la discusión de temas filosóficos. Las reuniones se celebraban en la casa de los diferentes miembros y a menudo en la del chazán, y Jesús llegó a ser un socio prominente de este grupo. De este modo pudo recobrar parte del prestigio local que había perdido al tiempo de las recientes controversias nacionalistas.

Su vida social, si bien restringida, no era inexistente. Contaba con muy buenos amigos y devotos admiradores entre los jóvenes y las muchachas de Nazaret.

En septiembre vinieron de visita a Nazaret Elizabeth y Juan. Juan, habiendo perdido a su padre, se proponía regresar a las colinas de Judea para dedicarse a la agricultura y a la cría de ovejas, a menos que Jesús le aconsejara radicarse en Nazaret para dedicarse a la carpintería o a otro oficio. No se habían enterado ellos de que la familia nazarena estaba prácticamente sin dinero. Cuanto más hablaban María y Elizabeth de sus hijos, más se convencían de que sería bueno que estos dos jóvenes trabajasen juntos y se vieran más frecuentemente.

Jesús y Juan tuvieron varias conversaciones a solas; hablando de muchos asuntos íntimos y personales. Al concluir esta discusión, los jóvenes acordaron que no volverían a verse hasta tanto no pudieran encontrarse en su ministerio público, cuando «recibieran el llamado del Padre celestial» para el cumplimiento de su obra. Juan quedó muy impresionado por todo lo que vio en Nazaret, tanto que se convenció de que debía regresar a su casa y trabajar para mantener a su madre. Estaba convencido de que habría de participar en la misión de la vida de Jesús, pero vio que Jesús tenía muchos años por delante para completar la crianza de su familia. Por eso se conformó con regresar a su hogar y ocuparse de su pequeña granja y atender a las necesidades de su madre. Juan y Jesús no volvieron a verse hasta aquel día en que el Hijo del Hombre se presentó junto al Jordán para ser bautizado.

Durante la tarde del sábado 3 de diciembre de este año, la muerte visitó por segunda vez a esta familia de Nazaret. El pequeño Amós, el hermanito menor, falleció por una fiebre alta que duró una entera semana. En este período tan doloroso y desamparado, su hijo primogénito fue para María su único sostén y consuelo; finalmente, y en el sentido más pleno, ella reconoció en Jesús al verdadero jefe de la familia; y él fue siempre digno de ese título.

Durante los últimos cuatro años, el nivel de vida de esta familia había declinado constantemente; año tras año, sentían los embates de una pobreza cada vez mayor. Hacia fines de este año se enfrentaron con una de las experiencias más difíciles de todas sus duras luchas. Santiago todavía ganaba muy poco, y los gastos de un funeral sumados a todo lo demás los dejaron casi en la bancarrota. Pero Jesús sólo le diría a su madre ansiosa y apesadumbrada: «Madre María, la congoja no nos lleva a ninguna parte; hacemos lo que podemos, y acaso una sonrisa materna podría inspirarnos a progresar. Día tras día nos fortalece la esperanza de tiempos mejores y emprendemos nuestra tarea con mayor vigor». Su optimismo práctico y tenaz era en verdad contagioso; los niños vivían en una atmósfera de espera de tiempos mejores y de cosas mejores. Esta actitud valiente y esperanzada contribuyó poderosamente al desarrollo de caracteres fuertes y nobles, a pesar del sentimiento de depresión que su pobreza pudiera causar.

Jesús poseía la habilidad de movilizar efectivamente todos sus poderes de mente, alma y cuerpo en la tarea que le ocupaba a la sazón. Podía concentrar su mente profunda en el problema específico que quería resolver, y esto, unido a su incansable *paciencia* le permitió soportar serenamente todas las pruebas de una difícil existencia mortal —vivir como si estuviera «viendo a Aquel que es invisible».

4. El año decimonoveno (año 13 d. de J.C.)

Ya para esta época, Jesús y María se llevaban mucho mejor. Ella le consideraba menos como un hijo, más como un padre para los hijos de ella. La vida cotidiana abundaba en dificultades inmediatas y prácticas. Hablaban con menos frecuencia de la misión de Jesús en la vida, porque, según pasaba el tiempo, todos sus pensamientos estaban dedicados mutuamente al sostén y crianza de su familia de cuatro varones y tres mujeres.

A comienzos de este año, Jesús había acabado por convencer a su madre de las ventajas de su propio método de educación de los niños —la estimulación positiva para que hicieran el bien en vez del método judío más antiguo de la prohibición del mal. Tanto en su hogar como más tarde en su carrera pública, Jesús usó invariablemente la formula de exhortación *positiva.* Siempre y en todas partes solía decir: «Haréis esto, debéis hacer aquello». Nunca empleó el método negativo de enseñar derivado de los antiguos tabúes. Evitaba acentuar el mal mediante su prohibición; exaltaba la importancia del bien mandando su ejecución. La hora de la oración en esta casa era la ocasión para hablar de cada uno y todos los asuntos que se relacionaran con el bienestar de la familia.

Jesús tan sabiamente disciplinó a sus hermanos y hermanas desde su más temprana edad que poco o ningún castigo fue menester jamás para asegurar su pronta y total obediencia. La única excepción era Judá, a quien en diversas ocasiones Jesús hubo de castigar por sus infracciones a las reglas del hogar. En las tres ocasiones en las que se juzgó prudente castigar a Judá por confesas y deliberadas violaciones de las reglas de conducta de la familia, su castigo fue establecido por el decreto unánime de los hermanos mayores y sancionado por Judá mismo antes de que le fuera infligido.

Aunque Jesús era altamente metódico y sistemático en todo lo que hacía, había a la vez en sus decisiones administrativas una novedosa elasticidad de interpretación y una individualidad de adaptación que imponían en todos los niños una gran admiración por el espíritu de justicia con que actuaba su padre-hermano. No disciplinó nunca arbitrariamente a sus hermanos y hermanas, y esa su constante justicia y consideración personal hizo que Jesús fuese muy querido por toda su familia.

Santiago y Simón crecieron tratando de seguir las enseñanzas de Jesús, y muchas veces trataban de aplacar a sus belicosos y a veces airados compañeros de juego mediante la persuasión y la falta de resistencia, y muchas veces lo consiguieron; José y Judá en cambio, si bien asentían a tales enseñanzas en el hogar, se apresuraban a defenderse cuando eran agredidos por sus compañeros; Judá en particular era culpable de violar el espíritu de estas doctrinas. Pero la resistencia pasiva no constituía una *regla* de la familia. No se imponía ningún castigo por la violación de estas enseñanzas personales.

En general, todos los pequeños, especialmente las niñas, consultaban a Jesús acerca de sus problemas infantiles y le confiaban secretos, como lo harían con un padre cariñoso.

Santiago se estaba convirtiendo en un joven bien equilibrado y de buen carácter, pero no tenía la misma inclinación espiritual de Jesús. Era mucho mejor estudiante que José, quien, si bien muy trabajador, tenía aún menos una mentalidad espiritual. A José, si bien trabajaba mucho, le faltaba aptitudes y el nivel intelectual de los otros niños. Simón era un muchacho bien intencionado pero excesivamente soñador, y demoraba en establecerse en su vida práctica. Él era la causa de considerable ansiedad para Jesús y María, pero siempre fue un chico bueno y bien intencionado. Judá era un revolucionario de ideales más elevados, pero de temperamento inestable. Poseía mucho de la determinación y la agresividad de su madre, pero carecía de su gran sentido de la medida y de la discreción.

Miriam era una hija equilibrada y sensata con una aguda apreciación de lo noble y lo espiritual. Marta era lenta de pensamiento y de acción, pero una chica altamente responsable y eficiente. La pequeña Ruth era el sol de la casa; aunque hablaba sin pensar, era de corazón sincero y adoraba a su hermano mayor y padre; pero ellos no la consentían. Era una bella niña, pero no tan hermosa como Miriam, quien era la belleza de la familia, si no de la ciudad.

A medida que pasaba el tiempo, Jesús se liberalizó considerablemente y modificó las doctrinas y prácticas de la familia relativas a la observancia del sábado y a otros aspectos religiosos. María aprobaba de todo corazón estos cambios. Por ese entonces Jesús era el jefe indisputado de la casa.

Este año Judá comenzó la escuela, y Jesús tuvo que vender su arpa para afrontar el gasto. Así desapareció el último de sus placeres recreativos. Amaba tocar el arpa cuando tenía la mente cansada y el cuerpo fatigado; pero se consoló pensando que por lo menos el arpa no había caído en manos del cobrador de impuestos.

5. REBECA, LA HIJA DE ESDRAS

Aunque Jesús era pobre, su nivel social en Nazaret no había sufrido menoscabo. Era uno de los jóvenes más destacados de la ciudad y casi todas las doncellas lo consideraban con gran respeto. Puesto que Jesús era un espléndido ejemplar de robustez física y desarrollo intelectual, y teniendo en cuenta su reputación de líder espiritual, no es de extrañar que Rebeca, la hija mayor de Esdras, un rico mercader de Nazaret, descubriera que se estaba enamorando de este hijo de José. Primero le confió sus sentimientos a Miriam, la hermana de Jesús, quien a su vez se lo comentó a su madre. María se alarmó mucho. ¿Es que iba ella a perder a su hijo ahora, cuando se había convertido en el indispensable jefe de familia? ¿Es que sus tribulaciones nunca tendrían fin? ¿Qué más podría ocurrir? También meditó sobre qué efecto podría tener el matrimonio para la futura carrera de Jesús. No muy a menudo, pero por lo menos de cuando en cuando aún recordaba el hecho de que Jesús era un «hijo de promesa». Después de discutir el asunto entre ellas, María y Miriam decidieron tratar de frenarlo antes de que Jesús se enterara, hablando directamente con Rebeca, contándole toda la historia y explicándole francamente que creían que Jesús era un hijo del destino, que había de convertirse en un gran líder religioso, tal vez en el mismo Mesías.

Rebeca escuchó atentamente, estremecida y más decidida que nunca a echar su suerte con este hombre de su elección y compartir su carrera de liderazgo. Argüía (consigo misma) que un hombre de tan especial naturaleza necesitaba aun más que otros de una esposa fiel y hacendosa. Interpretó el ansia de María por disuadirla como una reacción natural al temor de perder al jefe y el único sostén de su familia; pero sabiendo que su padre aprobaba de su atracción por el hijo del carpintero, pensó que no tendría inconveniente en proveer a la familia con suficientes ingresos como para compensar ampliamente la pérdida de las ganancias de Jesús; y tenía razón. Cuando su padre manifestó que así lo haría, Rebeca habló nuevamente varias veces con María y Miriam, pero al no conseguir su apoyo, decidió armarse de valor y acudir directamente a Jesús. Así lo hizo pues con la cooperación de su padre, quien invitó a Jesús a su casa para la celebración de los diecisiete años de Rebeca.

Jesús escuchó atenta y compasivamente la exposición de estos sentimientos, primero del padre de Rebeca, y luego de ella misma. Replicó con gentileza que no había suma de dinero que pudiera rescatarlo de su obligación personal para con la familia de su padre, «de cumplir con el deber humano más sagrado —la lealtad a la propia carne y sangre de uno». El padre de Rebeca se sintió profundamente conmovido por las palabras con que Jesús expresaba su devoción familiar y se retiró de la entrevista. Su único comentario a María, su esposa, fue: «No podemos tenerle como hijo; es demasiado noble para nosotros».

Allí comenzó esa extraordinaria conversación con Rebeca. Hasta ese momento de su vida, poca distinción había hecho Jesús entre muchachos y muchachas, jóvenes y doncellas. Su mente estaba tan ocupada con los problemas de los asuntos terrenales prácticos y la fascinante contemplación de su carrera futura «en los asuntos de su Padre», que jamás había considerado seriamente la consumación del amor personal en el matrimonio humano. Se encontraba ahora frente a frente con otro de esos problemas que todo ser humano común debe enfrentar y solucionar. En verdad fue él «tentado en todo según vuestra semejanza».

Después de escucharla con gran atención, expresó Jesús su gratitud por la admiración explícita que Rebeca le profesaba, añadiendo: «Aliviará mis penas y me consolará todos los días de mi vida»; pero le explicó que no era libre de entrar en relaciones con mujer alguna, más allá de las de fraterno afecto y pura amistad. Repitió que su primero y supremo deber era para con la familia de su padre, y que no podía albergar ideas matrimoniales hasta tanto no completara la tarea de la crianza de sus hermanos. Añadió luego: «Si en verdad soy un hijo del destino, no debo asumir obligaciones de por vida hasta que llegue el momento en que mi destino se haga manifiesto».

Grande fue la desesperación de Rebeca. No hubo forma de consolarla, y con el corazón adolorido, insistió con su padre para que se fueran de Nazaret, hasta que finalmente él convino en mudarse a Séforis. En los años que siguieron, Rebeca no tuvo más que una respuesta para los muchos hombres que pretendían su mano en matrimonio. Vivía para un único propósito —esperar la hora en que éste a quien ella consideraba el más grande hombre de todos los tiempos comenzara su carrera como maestro de la verdad viviente. Devotamente le siguió ella durante los años memorables de labor pública, estando presente (sin que Jesús advirtiera su presencia) el día de su ingreso triunfal a Jerusalén; y estuvo «entre las otras mujeres» junto a María, esa tarde fatídica y trágica en que estaba el Hijo del Hombre en la cruz, porque para ella, como para incontables mundos en lo alto, él era «el del amor total, el más grande entre diez mil».

6. Su vigésimo año (año 14 d. de J.C.)

La historia del amor de Rebeca por Jesús se cuchicheaba en Nazaret y posteriormente en Capernaum, de manera que, si bien en los años que siguieron muchas mujeres lo amaron así como lo amaban los hombres, nunca más tuvo que rechazar una ofrenda de amor y devoción de otra buena mujer. Desde ese momento en adelante, el amor humano por Jesús se manifestó más bien como adoración y culto. Hombres y mujeres lo amaban devotamente, por lo que él era, sin abrigar deseos de satisfacción personal ni de posesión afectiva. Pero durante muchos años, doquiera se contara la historia de la personalidad humana de Jesús, se relataba la devoción de Rebeca.

Miriam, que bien conocía la historia de Rebeca y había visto a su hermano rechazar hasta el amor de una hermosa doncella (sin darse ella cuenta del factor de su futura carrera de destino), llegó a idealizar a Jesús y a amarlo con un profundo y conmovedor afecto, considerándolo padre y hermano a la vez.

Aunque tenían poco dinero, Jesús sentía un extraño deseo de ir a Jerusalén para la Pascua. Su madre, pensando en su reciente experiencia con Rebeca, lo instó prudentemente a que emprendiera el viaje. Aunque no estaba muy consciente de esto, lo que más deseaba Jesús era la oportunidad de conversar con Lázaro y de hablar con Marta y María. Después de su familia, estas tres personas eran las que más amaba.

En este viaje a Jerusalén, tomó por el camino de Meguido, Antípatris y Lida, cubriendo en parte la misma ruta que atravesaron sus padres cuando lo trajeron de vuelta a Nazaret desde Egipto. El trayecto le llevó cuatro días y mucho pudo reflexionar sobre los acontecimientos del pasado acaecidos en Meguido y sus alrededores, el campo de batalla internacional de Palestina.

Jesús pasó por Jerusalén, deteniéndose tan sólo para contemplar el templo y las multitudes de visitantes. Sentía una extraña y creciente aversión por este templo construido por Herodes, con su sacerdocio sujeto a nombramientos políticos. Lo que más anhelaba era ver a Lázaro, a Marta y a María. Lázaro tenía su misma edad y ya se desempeñaba también como jefe de la familia, pues por el tiempo de esta visita, la madre de Lázaro había fallecido también. Marta era poco más de un año mayor que Jesús, mientras que María era dos años más joven, y Jesús era el ideal idolizado de los tres.

Durante esta visita ocurrió uno de esos brotes periódicos de rebelión contra la tradición —la expresión de resentimiento de Jesús ante prácticas ceremoniales que según él adulteraban la representación de su Padre celestial. No sabiendo que venía Jesús, Lázaro se había dispuesto a celebrar la Pascua con unos amigos en una aldea vecina sobre el camino a Jericó. Jesús propuso ahora que celebraran la fiesta donde estaban, en casa de Lázaro. «Pero», dijo Lázaro, «no tenemos cordero pascual». Y allí inició Jesús una prolongada y convincente disertación para demostrar que el Padre celestial en verdad no les daba importancia a ciertos rituales tan infantiles y carentes de significado. Después de pronunciar una solemne y ferviente oración, se levantaron y dijo Jesús: «Dejad que la mente infantil y oscurecida de mi pueblo sirva a su Dios como Moisés mandó; es mejor que así lo hagan. Pero dejad que nosotros que hemos visto la luz de la vida no nos dirijamos al Padre a través de la oscuridad de la muerte. Dejad que seamos libres en el conocimiento de la verdad del amor eterno de nuestro Padre».

A la hora del crepúsculo se sentaron pues los cuatro a la mesa y compartieron la primera fiesta de Pascua celebrada por judíos piadosos sin cordero pascual. El pan ázimo y el vino habían sido aprontados ya para la Pascua, y estos símbolos sirvió Jesús a sus compañeros, llamándolos «el pan de la vida» y el «agua de la vida», y comieron en solemne conformidad con las enseñanzas que Jesús acababa de impartir. De allí en adelante fue su costumbre oficiar este rito sacramental cada vez que visitaba Betania. Cuando volvió a casa, se lo contó todo a su madre, quien al principio se espantó, pero gradualmente fue comprendiendo su punto de vista; sin embargo, grande fue su alivio cuando Jesús le aseguró que no pensaba introducir esta nueva idea de la Pascua en su propia familia. En su hogar con sus hermanos siguió, año tras año, celebrando la Pascua «según la ley de Moisés».

Fue durante este año durante durante el que María tuvo una larga conversación con Jesús acerca del matrimonio. Le preguntó francamente si consideraría la idea de casarse en caso de no tener ya obligaciones familiares. Jesús le explicó que, puesto que un deber inmediato le impedía el matrimonio, poco había discurrido en este tema. Él agregó que no creía que llegaría a casarse alguna vez pero que estos asuntos debían aguardar «mi hora», cuando «comience la obra de mi Padre». Habiendo decidido ya que no sería padre de hijos carnales, dejó de pensar en el tema del matrimonio humano.

Este año reinició la difícil tarea de entrelazar sus naturalezas divina y humana en una trama que terminaría por ser una *individualidad humana* simple y efectiva. Seguía creciendo en elevación moral y en comprensión espiritual.

Aunque todas sus propiedades en Nazaret (a excepción de la casa en que vivían) se habían perdido, este año recibieron cierto dinero adicional de la venta de la plusvalía en una propiedad en Capernaum. Esto era lo último que quedaba de la herencia de José. Este trato de bienes raíces en Capernaum se llevó a cabo con un constructor de barcas llamado Zebedeo.

José se graduó en la escuela de la sinagoga este año y se preparó para comenzar a trabajar en el pequeño banco de carpintero del taller que tenían en la casa. Aunque ya no quedaban bienes de su padre, las perspectivas de salir de la pobreza habían mejorado, pues ahora serían tres los que trabajaban regularmente.

Jesús se está convirtiendo rápidamente en hombre, no simplemente un joven adulto, sino un adulto. Ha aprendido bien a cumplir con sus obligaciones. Sabe sobreponerse a las desilusiones, y no se amilana cuando se frustran sus planes y cuando sus propósitos resultan temporalmente derrotados. Ha aprendido a ser equitativo y justo aun frente a la injusticia, y está aprendiendo a ajustar sus ideales de vida espiritual a las demandas prácticas de la existencia terrestre. Está aprendiendo a proyectar la consecución de metas idealistas más distantes y elevadas mientras labora seriamente por la consecución de objetivos necesarios más cercanos e inmediatos. Está desarrollando el arte de ajustar sus aspiraciones a las demandas convencionales de los acontecimientos humanos. Está a punto de dominar la técnica de utilización de la energía del impulso espiritual para mover el mecanismo del logro material. Lentamente está aprendiendo a vivir su vida celestial mientras continúa viviendo la vida terrestre. Cada vez más se acoge a la orientación y dirección final de su Padre celestial a la vez que asume el papel paterno de orientar y dirigir a los hijos de su familia terrestre. Se está volviendo experto en arrancar la victoria de las fauces mismas de la derrota; está aprendiendo a transformar las dificultades temporales en triunfos de la eternidad.

Así pues, según pasan los años, este joven nazareno sigue experimentando la vida como se la vive en la carne mortal de los mundos del tiempo y del espacio. Vive una vida plena, repleta, representativa en Urantia. Al partir de este mundo, llevó toda la experiencia que sus criaturas atraviesan durante los cortos y arduos años de su primera vida, la vida en la carne. Y esta total experiencia humana, es una posesión eterna del Soberano del Universo. Él es nuestro hermano comprensivo, nuestro amigo compasivo, nuestro soberano experto y nuestro padre misericordioso.

Cuando niño acumuló un vasto conjunto de conocimientos; cuando joven arregló, clasificó y correlacionó esta información; y ahora como un hombre del reino, comienza a organizar estas posesiones mentales en preparación para su utilización subsecuente en la enseñanza, el ministerio y el servicio de sus hermanos mortales de este mundo y de todas las demás esferas habitadas del entero universo de Nebadon.

Nacido en el mundo como un niño del reino, ha vivido su infancia y ha pasado por las distintas etapas de la adolescencia y juventud; está ahora en el umbral de la plena edad adulta, rico en la experiencia del vivir humano, repleto de comprensión de la naturaleza humana, y lleno de compasión por las flaquezas de la naturaleza humana. Se está volviendo experto en el arte divino de revelar su Padre del Paraíso a las criaturas mortales de todas las edades y etapas.

Ya hombre plenamente crecido —un adulto del reino— se dispone a continuar su suprema misión de revelar Dios a los hombres y de conducir a los hombres hacia Dios.

DOCUMENTO 128

LOS PRIMEROS AÑOS DE LA VIDA ADULTA DE JESÚS

AL COMENZAR Jesús de Nazaret los primeros años de su vida adulta, había vivido, y seguía viviendo en la tierra, una vida humana común y corriente. Jesús vino a este mundo como viene cualquier niño humano. Nada tuvo que ver con la selección de sus padres, aunque sí eligió este mundo para llevar a cabo su séptimo y último autootorgamiento, su encarnación en la semejanza de la carne mortal; pero en todos los demás aspectos entró en el mundo de una manera natural, creció como cualquier otro hijo del reino y luchó con las vicisitudes de su ambiente como lo hacen todos los mortales de este mundo y de los otros mundos semejantes.

Tened siempre presente el doble propósito del autootorgamiento de Micael en Urantia:

1. Obtener la maestría de la experiencia en la carne mortal de vivir la vida completa de una criatura humana, o sea la culminación de su soberanía en Nebadon.

2. Revelar el Padre Universal a los moradores mortales de los mundos del tiempo y del espacio y conducir a estos moradores más eficazmente hacia una mejor comprensión del Padre Universal.

Todo beneficio adicional para las criaturas, toda ventaja adicional para el universo serían incidentales y secundarios comparados con los propósitos fundamentales del autootorgamiento mortal.

1. EL AÑO VEINTIUNO (AÑO 15 D. DE J.C.)

Al llegar a los años adultos, Jesús se dispuso con todo empeño y con plena conciencia de sí mismo a la tarea de completar la experiencia y conocer a fondo la vida de la forma más baja de sus criaturas inteligentes, para así ganar final y plenamente el derecho al gobierno incondicional de este universo por él creado. Se dedicó a esta tarea formidable con el conocimiento pleno de su doble naturaleza. Pero ya había conseguido eficazmente combinar estas dos naturalezas en una sola: la de Jesús de Nazaret.

Josué ben José sabía muy bien que él era un hombre, un hombre mortal, nacido de una mujer. Así lo demostró al seleccionar como su primer título el de *Hijo del Hombre*. En verdad compartió la carne y la sangre, e incluso ahora, al presidir con autoridad soberana los destinos de un universo, conserva entre sus numerosos y bien ganados títulos, el de Hijo del Hombre. Es literalmente cierto que el Verbo creador —el Hijo Creador— del Padre Universal «se hizo carne y habitó como hombre en el reino de Urantia». Trabajó, se cansó, descansó y durmió. Tuvo hambre, y la sació con alimentos; tuvo sed, y apagó su sed con agua. Sintió en carne propia toda la gama de las emociones y los sentimientos humanos; fue «tentado en todo según vuestra semejanza», y padeció y murió.

Obtuvo conocimientos, adquirió experiencia, y los combinó en la sabiduría, tal como lo hacen otros mortales del reino. Hasta después de su bautismo no se aprovechó de ningún poder sobrenatural. Ningún medio utilizó que no fuera parte de su dote humana como hijo de José y María.

En cuanto a los atributos de su existencia prehumana, se despojó de aqellos. Antes del comienzo de su trabajo público, su conocimiento de los hombres y de los sucesos estaba limitado exclusivamente a su propia experiencia. Fue un verdadero hombre entre los hombres.

Es una eterna y gloriosa verdad que «tenemos un alto gobernante que sabe conmoverse con el sentimiento de nuestros debilidades. Tenemos un Soberano que fue probado y tentado en todos los aspectos como nosotros, pero no pecó». Puesto que él mismo sufrió, fue probado y comprobado, puede comprender y ministrar plenamente a los que están confundidos y agobiados.

Ya el carpintero de Nazaret comprendía plenamente la obra que tenía por delante, pero eligió vivir su vida humana de acuerdo con la corriente natural. Y en algunos de estos asuntos es ciertamente un ejemplo para sus criaturas mortales, aun así está escrito: «Dejad que esta mente haya en vosotors que hubo tambíen en Cristo Jesús, el cual siendo de la naturaleza de Dios, no consideraba extraño ser igual a Dios. Sin embargo, quiso darse ínfima importancia y, tomando la forma de una criatura, nació a semejanza de los hombres. Así pues en semblanza de hombre supo ser humilde, se hizo obediente hasta la muerte, aun hasta la muerte de cruz».

Vivió su vida mortal como todos los otros miembros de la familia humana pueden vivir la suya, como «quien en los días de la carne tan frecuentemente elevó oraciones y súplicas, aun con gran emoción y llantos copiosos, a Aquel que puede salvarnos del mal, y sus oraciones surtían efecto porque él tenía fe». Por tal motivo era menester que él se hiciera *en todos los aspectos* como sus hermanos para que así pudiera llegar a ser un soberano misericordioso y comprensivo sobre ellos.

Sobre su naturaleza humana nunca abrigó duda alguna; ésta era evidente y siempre estaba presente en su conciencia. Pero sobre su naturaleza divina siempre cabían las dudas y las conjeturas, por lo menos hasta el momento de su bautismo. La conciencia de su divinidad fue adquirida lentamente y, desde el punto de vista humano, constituyó una revelación evolutiva natural. Esta revelación y comprensión de su divinidad, comenzó en Jerusalén con el primer acontecimiento sobrenatural de su existencia humana, cuando no tenía aún trece años; y esta experiencia de realización de la naturaleza divina fue completada en el momento de su segunda experiencia sobrenatural durante su vida humana, episodio que se produjo cuando Juan lo bautizó en el Jordán, suceso éste que señaló el comienzo de su carrera pública de ministerio y enseñanza.

Entre estas dos visitas celestiales, una a los trece años y la otra durante su bautismo, no ocurrió nada sobrenatural ni sobrehumano en la vida de este Hijo Creador encarnado. No obstante, el niño de Belén, el muchacho, el joven, el hombre de Nazaret, eran verdaderamente el Creador encarnado de un universo; pero durante el transcurso de su vida humana hasta el día de su bautismo por Juan, no utilizó este poder ni siquiera una vez, ni se valió de la guía de las personalidades celestiales, aparte de la de su serafín guardián. Y los que aquí atestiguamos, conocemos muy bien lo que estamos diciendo.

Sin embargo, a través de todos estos años de su vida en la carne, era verdaderamente divino. En verdad era un Hijo Creador del Padre del Paraíso. Después de comenzar la carrera pública, y después de completar técnicamente su experiencia puramente mortal para la adquisición de la soberanía, no dudó en admitir públicamente que era el Hijo de Dios. No dudó al declarar: «Yo soy Alfa y Omega, el principio y el fin, el primero y el último.» No protestó en años posteriores, cuando se le llamaba Señor de la Gloria, Gobernante de un Universo, el Dios Señor de toda la creación, el Santo de Israel, el Señor de todo, nuestro Señor y nuestro Dios, Dios con nosotros, el que tiene un nombre que está por encima de todos los nombres y en todos los mundos, la Omnipotencia de un universo, la Mente Universal de esta creación, Aquel que guarda todos los tesoros de la sabiduría y del conocimiento, la plenitud de Aquel que llena todas las cosas, el Verbo eterno del Dios eterno, Aquel que era antes de todas las cosas y en quien consisten todas las cosas, el Creador de los cielos y de la tierra, el Sostenedor de un universo, el Juez de la tierra entera, el Dador de vida eterna, el Verdadero Pastor, el Libertador de los mundos y el Capitán de nuestra salvación.

No objetó nunca el uso de ninguno de estos títulos que se le dieron, después de salir de su vida puramente humana, a los siguientes años en los que ya tenía conciencia plena del ministerio de la divinidad en la humanidad, por la humanidad, y para la humanidad en este mundo y para todos los otros mundos. Jesús sólo objetó a un título: cierta vez, cuando lo llamaron Emanuel, simplemente replicó, «Yo no, él es mi hermano mayor».

Siempre, incluso después de su prominencia en gran escala de la vida en la tierra, Jesús estuvo humildemente sujeto a la voluntad del Padre en los cielos.

Después de su bautismo, no le preocupó el permitir que los sinceros creyentes y sus seguidores agradecidos lo adoraran. Incluso mientras luchaba con la pobreza y trabajaba con sus manos para proveer las primeras necesidades de su familia, su conciencia de que él era Hijo de Dios crecía; sabía que fue el hacedor de los cielos y de esta misma tierra en la cual estaba viviendo su existencia humana. Y las huestes de seres celestiales de todo el grandioso universo que lo estaban contemplando conocían asímismo que este hombre de Nazaret era su amado Soberano y su padre-Creador. Un profundo suspenso invadió el universo de Nebadon durante esos años, todos los ojos celestiales estaban continuamente fijos en Urantia —en Palestina.

Este año Jesús fue a Jerusalén con José para celebrar la Pascua. Habiendo llevado ya a Santiago al templo para su consagración, creía que era su deber llevar a José. Jesús nunca mostró ningún grado de parcialidad en el trato con su familia. Fue con José a Jerusalén por la ruta usual del valle del Jordán, pero regresó a Nazaret por el camino del este del Jordán, que pasaba por Amatus. Bajando por el Jordán, Jesús le contó a José varios episodios de la historia judía y durante el viaje de regreso le relató las experiencias de las famosas tribus de Rubén, Gad y Gilead que tradicionalmente habían habitado en estas regiones al este del río.

José le hizo a Jesús muchas preguntas sugestivas a su misión en la vida, pero a la mayoría de estas indagaciones Jesús sólo replicaba: «Aún no ha llegado mi hora». Sin embargo, en estas discusiones íntimas se dijeron muchas palabras que José recordaría durante los tumultuosos sucesos de los próximos años. Jesús y José pasaron esta Pascua con sus tres amigos en Betania, como era siempre costumbre de Jesús cuando en Jerusalén asistiendo a estos festivales conmemorativas.

2. El año veintidós (año 16 d. de J.C.)

Éste fue uno de los años durante el cual los hermanos y hermanas de Jesús se enfrentaron a las pruebas y tribulaciones propias de los problemas y reajustes de la adolescencia. Jesús tenía ahora hermanos y hermanas entre los siete y los dieciocho años de edad, y se mantuvo ocupado ayudándolos en su adaptación al nuevo despertar de su vida intelectual y emocional. Así pues tuvo que luchar con los problemas de la adolescencia a medida que se iban manifestando en la vida de sus hermanos y hermanas menores.

Este año Simón terminó la escuela y comenzó a trabajar con el viejo amigo de infancia de Jesús, su siempre listo defensor, Jacob el albañil. Después de varios consejos familiares se decidió que no era prudente que todos los muchachos se dedicaran a la carpintería. La idea era que, si diversificaban sus oficios, estarían preparados para tomar contratos de construcción de edificios enteros. Además desde que eran tres, los que estaban tiempo completo en el taller de carpintería, no habían tenido tanto trabajo como para mantenerlos ocupados a todos.

Jesús siguió trabajando este año en marquetería y ebanistería, pero dedicó la mayor parte de su tiempo al taller de reparaciones para las caravanas. Santiago estaba comenzando a trabajar también en el taller de reparaciones, alternándose con Jesús para atenderlo. La última parte de este año, como el trabajo de carpintería en Nazaret escaseaba, Jesús dejó a Santiago a cargo del taller de reparaciones y a José en el banco de carpintero de la casa, yéndose a Séforis para trabajar con un herrero. Estuvo trabajando el metal durante seis meses y adquirió considerable experiencia en el yunque.

Antes de comenzar su nuevo trabajo en Séforis, Jesús celebró uno de sus periódicos consejos de familia, en el curso del cual nombró solemnemente a Santiago, que acababa de cumplir dieciocho años, como jefe interino de la familia. Le prometió a su hermano su sincero apoyo y su plena cooperación e hizo que cada uno de los miembros de la familia prometiera formalmente obediencia a Santiago. A partir de ese día Santiago asumió el control pleno de las finanzas de la familia, entregándole Jesús a su hermano su pago semanal. Nunca más Jesús le quitó a Santiago las riendas del hogar. Mientras trabajaba en Séforis, podía haber regresado caminando a su casa todas las noches si era necesario, pero con toda intención permaneció ausente, culpando de esto al mal tiempo u otras cosas. Su verdadero motivo sin embargo era entrenar a Santiago y a José a hacerse cargo de las responsabilidades familiares. Había él comenzado el proceso de separarse lentamente de su familia. Jesús volvía a Nazaret todos los sábados, y a veces durante la semana cuando lo exigía la ocasión, para ver cómo andaban las cosas, o para aconsejar o hacer sugerencias útiles.

Al vivir gran parte del tiempo en Séforis, seis meses, Jesús tuvo la oportunidad de conocer mejor al punto de vista de los gentiles sobre la vida. Trabajaba con gentiles, vivía con gentiles, y se dedicó a estudiar de cerca y con sumo cuidado los hábitos de vida y la mentalidad de los gentiles.

Las normas morales de ésta, la ciudad hogareña de Herodes Antipas, eran tan laxas que estaban aun más bajos que las de Nazaret, la ciudad de las caravanas. Por eso Jesús, después de una estadía de seis meses en Séforis, no vaciló en encontrar una excusa para regresar a Nazaret. El grupo para el cual trabajaba estaba a punto de ser contratado en la construcción de ciertas obras públicas tanto en Séforis como en la nueva ciudad de Tiberias, y Jesús estaba renuente a cualquier tipo de tarea que estuviese bajo la supervisión de Herodes Antipas. También había otras razones, que indicaban que sería prudente, en la opinión de Jesús, regresar a Nazaret. Volvió al taller de reparaciones, pero no volvió a asumir la dirección personal de los asuntos familiares. Trabajaba en la tienda en asociación con Santiago y le permitía a éste, hasta donde fuera posible, seguir supervisando los asuntos del hogar. La administración de los gastos de la familia y del presupuesto doméstico, que estaba en manos de Santiago, no sufrió ningún cambio.

Así preparaba Jesús el camino, mediante esta planificación tan sabia e inteligente, para su futura separación de la participación activa en los asuntos de la familia. Cuando Santiago tuviera dos años de experiencia como jefe de familia —y dos años antes de que él (Santiago) se casase— a José se le encargó los fondos de la familia y se le confió su administración general.

3. El año veintitrés (año 17 d. de J.C.)

Este año la presión financiera cedió ligeramente ya que había cuatro miembros de la familia trabajando. Miriam ganaba bastante dinero con la venta de leche y mantequilla; Marta se había convertido en una tejedora experta. Se había pagado más de un tercio del precio de compra del taller de reparaciones. La situación era tal que Jesús dejó de trabajar durante tres semanas para llevar a Simón a Jerusalén para la Pascua, siendo éste el período más largo de tiempo libre de los quehaceres diarios que había disfrutado desde la muerte de su padre.

Viajaron a Jerusalén por el camino de las Decápolis y a través de Pella, Gerasa, Filadelfia, Hesbón, y Jericó. Regresaron a Nazaret por la ruta costera, haciendo escala en Lida, Jope, Cesarea, y de allí, bordeando el Monte Carmelo, a Tolemaida y Nazaret. Este viaje le dio a Jesús la oportunidad de conocer bastante bien toda Palestina al norte del distrito de Jerusalén.

En Filadelfia, Jesús y Simón conocieron a un mercader de Damasco quien gustó mucho de los jóvenes nazarenos e insistió se detuvieran con él en su centro de operaciones en Jerusalén. Mientras Simón visitaba el templo, Jesús pasó la mayor parte de su tiempo conversando sobre los acontecimientos del mundo con este hombre erudito y muy viajado. Este mercader poseía más de cuatro mil camellos de caravana, tenía intereses en todo el mundo romano y estaba por viajar a Roma. Le propuso a Jesús que fuese a Damasco para trabajar en su negocio de importaciones de mercancías orientales, pero Jesús le explicó que no le parecía justificable ir tan lejos de su familia en este momento. Sin embargo, durante el viaje de regreso mucho pensó Jesús acerca de esas ciudades distantes y de los países aun más remotos del Lejano Occidente y del Lejano Oriente, países de los que con tanta frecuencia oía hablar a los pasajeros y conductores de las caravanas.

Mucho disfrutó Simón su visita a Jerusalén. Fue debidamente recibido en la comunidad de Israel mediante la consagración pascual de los nuevos hijos de los mandamientos. Mientras Simón asistía a las ceremonias pascuales, Jesús se mezclaba con las multitudes de visitantes y participaba en muchas interesantes conversaciones personales con numerosos prosélitos gentiles.

Acaso el más notable de todos estos encuentros fue el con un joven helenista llamado Esteban. Este joven visitaba Jerusalén por primera vez y se encontró casualmente con Jesús el jueves por la tarde de la semana de Pascua. Se conocieron junto al palacio asmoneo pues ambos estaban paseando por allí, y Jesús comenzó una conversación casual que despertó un interés mutuo, lo cual llevó a una discusión de cuatro horas sobre el estilo de vida y el verdadero Dios y su culto. Esteban quedó muy impresionado con lo que decía Jesús, y nunca olvidó sus palabras.

Y fue éste el mismo Esteban que posteriormente se convertiría en creyente de las enseñanzas de Jesús, y cuya audacia al predicar este nuevo evangelio provocó la ira de los judíos, que terminaron por apedrearlo a muerte. Parte del extraordinario coraje de Esteban al proclamar su fe en el nuevo evangelio provenía directamente de esa conversación anterior con Jesús. Pero Esteban jamás supuso que el joven galileo con quien había conversado unos quince años antes era la misma persona a quien él llamaría el Salvador del mundo, y por quien pronto daría su vida, convirtiéndose así en el primer mártir de la nueva fe cristiana en evolución. Cuando Esteban dio su vida en pago de su ataque al templo judío y a sus prácticas tradicionales, estaba presente un ciudadano de Tarso llamado Saulo. Al ver Saulo cómo supo este griego dar la vida por su fe, nació en su corazón la emoción que finalmente lo llevaría a abrazar la causa misma por la cual murió Esteban; más tarde se convertiría en el acometedor e indómito Pablo, el filósofo, si no el único fundador, de la religión cristiana.

El domingo después de la semana de Pascua Simón y Jesús comenzaron su viaje de regreso a Nazaret. Simón nunca olvidaría lo que Jesús le enseñó en este viaje. Siempre había amado a Jesús, pero ahora sentía que había comenzado a conocer a su padre-hermano. Pudieron tener muchas conversaciones íntimas y cordiales mientras viajaban por el campo preparando sus comidas a la vera del camino. Llegaron a la casa el jueves a mediodía, y Simón mantuvo a la familia despierta hasta tarde en la noche relatándoles sus experiencias.

Mucho se preocupó María al oír a Simón contar que Jesús había pasado la mayor parte del tiempo en Jerusalén «conversando con los extranjeros, especialmente los que provenían de países remotos». La familia de Jesús nunca pudo comprender su gran interés en la gente, su impulso de hablar con todos, de averiguar el estilo de vida de cada uno, y de averiguar lo que pensaba.

Esta familia nazarena estaba cada vez más enfrascada en sus problemas inmediatos y humanos; pocas veces se mencionaba la futura misión de Jesús, y él mismo muy rara vez hablaba de su carrera futura. Rara vez pensaba su madre en que él era un hijo de promesa. Poco a poco iba renunciando a la idea de que Jesús habría de cumplir una misión divina en la tierra, aunque de cuando en cuando la llama de su fe se reavivaba al recordar ella la visitación de Gabriel antes de que el niño naciera.

4. EL EPISODIO EN DAMASCO

Los últimos cuatro meses de este año los pasó Jesús en Damasco, como huésped del mercader a quien conociera por primera vez en Filadelfia, cuando iba camino de Jerusalén. Un representante de este mercader, que se encontraba de paso en Nazaret, buscó a Jesús y lo escoltó a Damasco. Este mercader medio judío proponía donar una cuantiosa suma de dinero para el establecimiento de una escuela de filosofía religiosa en Damasco. Soñaba con crear un centro de estudios que pudiera rivalizar y ser superior al de Alejandría. Le propuso a Jesús que emprendiera inmediatamente una larga gira por los centros educacionales del mundo, como paso preparatorio para convertirse luego en el director de este nuevo proyecto. Fue ésta una de las más grandes tentaciones que Jesús tuvo que enfrentar en el curso de su carrera puramente humana.

También este mercader trajo ante Jesús a un grupo de doce mercaderes y banqueros quienes habían acordado patrocinar la proyectada academia. Jesús manifestó un profundo interés en la escuela proyectada, ayudándoles a planificar su organización, pero siempre expresó el temor de que sus otras obligaciones previas, no declaradas, le impedirían aceptar la dirección de una empresa tan ambiciosa. Su pretendido benefactor era persistente; empleó a Jesús como traductor pago en su casa, mientras que él, su esposa, y sus hijos e hijas trataban de convencerlo de que aceptara el honor que se le ofrecía. Pero no se dejó convencer. Bien sabía que su misión en la tierra no requería el patrocinio de ninguna institución de enseñanza; sabía que no debía comprometerse en lo más mínimo a la dirección de los «consejos de los hombres», aunque fueran éstos muy bien intencionados.

Quien fue rechazado por los líderes religiosos de Jerusalén aun después de haber demostrado su liderazgo, fue reconocido y aclamado como maestro magistral por los empresarios y banqueros de Damasco, y todo esto cuando no era aún sino un oscuro y desconocido carpintero de Nazaret.

Él jamás mencionó esta oferta a su familia; a fines de este mismo año nuevamente estaba en Nazaret, cumpliendo con sus deberes cotidianos como si no hubiera tenido que vencer la tentación de las halagadoras propuestas de sus amigos de Damasco. Tampoco asociaron nunca estos hombres de Damasco al futuro ciudadano de Capernaum, que tanto cambiaría el mundo judío, con el excarpintero nazareno que se había atrevido a rechazar el honor que sus fortunas combinadas podrían haberle procurado.

Con gran sagacidad e intencionalmente Jesús se ingenió para separar varios episodios de su vida para que estos nunca llegaran asociarse, a los ojos del mundo, como acciones realizadas por un mismo individuo. Muchas veces, en años posteriores, escuchó el relato de esta misma historia, la crónica de un extraño galileo que declinó la oportunidad de fundar una academia en Damasco para competir con Alejandría.

Uno de los propósitos que Jesús tenía en mente al procurar la separación de ciertos aspectos de su experiencia terrenal, era prevenir la formación de una trayectoria tan versátil y espectacular, que pudiera llevar a las generaciones futuras a venerar al maestro en vez de obedecer la verdad que él había vivido y enseñado. No quería Jesús que una imagen de actuación humana tan destacada llegara a distraer la atención de sus enseñanzas. Muy pronto reconoció que sus seguidores estarían tentados a elaborar una religión *basada en* él, que tal vez habría de competir con el evangelio del reino que se proponía proclamar al mundo. Por consiguiente, intentó en todo momento suprimir todo elemento de su extraordinaria carrera en la tierra, que, según él, pudiera alimentar esta tendencia humana natural de exaltar al maestro en lugar de proclamar sus enseñanzas.

Este mismo motivo explica también por qué permitió que le conocieran por diferentes títulos durante las distintas épocas de su diversificada vida en la tierra. Además, no quería ejercer cualquier clase de influencia sobre su familia, u otros, que pudieran llevarlos a creer en él, en contra de sus propias convicciones honestas. Siempre rehusó aprovecharse indebida o injustamente de la mente humana. Quería que los hombres creyeran en él sólo si el corazón de ellos respondía sinceramente a las realidades espirituales reveladas por sus enseñanzas.

Hacia fines de este año las cosas marchaban bastante bien en el hogar de Nazaret. Los niños crecían, María se estaba acostumbrando a las ausencias de Jesús. Seguía entregándole sus ganancias a Santiago para el sostén de la familia, reservándose sólo una pequeña porción para sus gastos personales más inmediatos.

Según pasaban los años, resultaba más difícil darse cuenta de que este hombre era un Hijo de Dios sobre la tierra. Parecía tornarse bien semejante a cualquier nativo del reino, un hombre entre los hombres. El Padre celestial había ordenado que el autootorgamiento debiese desarrollarse precisamente de esta manera.

5. El año veinticuatro (año 18 d. de J.C.)

Fue éste el primer año para Jesús de relativa libertad de las obligaciones familiares. Santiago, con la ayuda de Jesús en asesoría y finanzas, administraba con éxito los asuntos del hogar.

La semana que siguió a la Pascua de este año vino a Nazaret un joven de Alejandría para concordar de un encuentro, más adelante en el año, entre Jesús y un grupo de judíos alejandrinos, a celebrarse en algún lugar de la costa de Palestina. Se resolvió que dicha reunión tendría lugar a mediados de junio, y Jesús fue a Cesarea para encontrarse con cinco judíos prominentes de Alejandría, quienes le propusieron que se estableciera en su ciudad como maestro religioso, ofreciéndole como incentivo inicial la posición de ayudante del chazán de la sinagoga principal de la ciudad.

Los portavoces de este consejo explicaron a Jesús que Alejandría estaba destinada a convertirse en el centro de la cultura judía para todo el mundo; que la tendencia helenística en los asuntos judíos había sobrepasado considerablemente a la escuela babilónica de pensamiento. Le recordaron a Jesús los sordos ecos nefastos de rebelión que corrían en Jerusalén y en toda Palestina; le aseguraron que una sublevación de los judíos palestinos equivaldría a un suicidio nacional, que la mano de hierro de Roma aplastaría la rebelión en tres meses, y que Jerusalén sería destruida y el templo demolido, sin que quedara piedra sobre piedra.

Jesús los escuchó atentamente, les agradeció su confianza, y, al rechazar la invitación de ir a Alejandría, les dijo en esencia: «Aún no ha llegado mi hora». Se quedaron desconcertados ante la aparente indiferencia de Jesús al honor que habían querido conferirle. Antes de despedirse de Jesús, quisieron entregarle una bolsa de dinero como muestra de la estima de sus amigos alejandrinos y en compensación por el tiempo y el gasto que incurrió Jesús al viajar a Cesarea para conferenciar con ellos. Pero él del mismo modo rehusó el dinero, diciendo: «La casa de José no ha recibido nunca limosnas; no podemos comer el pan de otro mientras tenga yo brazos fuertes y mis hermanos puedan trabajar».

Sus amigos de Egipto se embarcaron de regreso a su tierra, y en años posteriores, al oír rumores sobre cierto constructor de barcas en Capernaum que tal conmoción estaba creando en Palestina, pocos de entre ellos pudieron imaginar que se tratara del niño de Belén ya adulto, del mismo galileo de extraña conducta que tan poco ceremoniosamente rechazó la invitación de convertirse en un gran maestro en Alejandría.

Jesús regresó a Nazaret. Los seis meses restantes de este año fueron los más tranquilos de toda su carrera. Mucho disfrutó de este respiro pasajero, de este período libre de problemas y dificultades. Estaba en frecuente comunión con su Padre en los cielos e hizo formidables progresos en el dominio de su mente humana.

Pero los asuntos humanos en los mundos del tiempo y el espacio nunca gozan de calma por mucho tiempo. En diciembre, Santiago tuvo una conversación privada con Jesús para explicarle que estaba enamorado de Esta, una doncella de Nazaret, y que le gustaría casarse en el momento que fuera posible. Le recordó que José estaba por cumplir dieciocho años y que sería una buena experiencia para él tener la oportunidad de servir de jefe interino de la familia. Jesús acordó que Santiago se casara dos años más tarde, siempre y cuando en el ínterin le enseñara a José todo lo necesario para que éste asumiera la responsabilidad del hogar.

Ahora empezaron a pasar cosas: había ecos de esponsales en el aire. Como Santiago había obtenido el consentimiento de Jesús, Miriam se sintió con valor suficiente para presentarse ante su padre-hermano con sus propios planes. Jacob, el joven albañil, antiguamente autonombrado defensor de Jesús y presentemente socio de Santiago y José, aspiraba desde hacía mucho tiempo a la mano de Miriam en matrimonio. Al haber Miriam presentado sus planes ante Jesús, él replicó que Jacob debería presentarse ante él para pedir oficialmente la mano de Miriam, prometiéndole a la vez su bendición tan pronto como ella creyera que Marta estaba preparada para asumir los deberes de hija mayor.

Mientras se encontraba en Nazaret, Jesús seguía enseñando en la escuela nocturna tres veces por semana, frecuentemente leía las escrituras los sábados en la sinagoga, conversaba con su madre, enseñaba a los niños, y en general se conducía como un digno y respetable ciudadano de Nazaret dentro de la comunidad de Israel.

6. EL AÑO VEINTICINCO (AÑO 19 D. DE J.C.)

Este año encontró a la familia de Nazaret en buena salud, con todos los niños habiendo terminado sus cursos de la escuela regular, a excepción de las labores que Marta debía hacer por Ruth.

Jesús era uno de los ejemplares más robustos y refinados de hombre que aparecieron en la tierra desde los días de Adán. Su desarrollo físico era extraordinario; su mente, activa, aguda, y penetrante —en comparación con la mentalidad promedio de sus contemporáneos, la de Jesús alcanzaba proporciones gigantescas— y su espíritu era por cierto humanamente divino.

Las finanzas de la familia se hallaban en las mejores condiciones desde la desaparición de los bienes de José. Se habían hecho los últimos pagos en el taller de reparaciones de las caravanas; no le debían nada a nadie y, por primera vez en años, contaban con algunos fondos. Por eso, y puesto que había llevado a sus otros hermanos a Jerusalén para que participaran en sus primeras ceremonias pascuales, Jesús decidió acompañar a Judá (que acababa de graduarse de la escuela de la sinagoga) en su primera visita al templo.

Fueron a Jerusalén y regresaron por la misma ruta, el valle del Jordán, pues Jesús temía tener algún problema si pasaba con su joven hermano por Samaria. Ya en Nazaret, Judá se había metido en pequeños líos varias veces por su carácter impulsivo, combinado con su intenso sentimiento patriótico.

Llegaron a Jerusalén a su debido tiempo y se habían encaminado hacia el templo, la mera vista del cual había emocionado y entusiasmado a Judá hasta lo más profundo de su alma, cuando se encontraron por casualidad con Lázaro de Betania. Mientras Jesús conversaba con Lázaro y hacía arreglos para celebrar la Pascua juntos, Judá se metió en un lío que les complicó la vida a todos ellos. Un centinela romano, de pie a pocos pasos de distancia, hizo algunos comentarios indecorosos sobre una muchacha judía que pasaba en ese momento. Judá se sonrojó de indignación y no vaciló en expresar su resentimiento sobre tal impropiedad directamente y al alcance de los oídos del soldado. Ahora bien, los legionarios romanos eran muy sensibles a todo lo que se aproximara a una falta de respeto por parte de los judíos; de manera que el centinela de inmediato arrestó a Judá. Fue demasiado esto para el joven patriota y antes de que Jesús pudiera prevenirle con una mirada de advertencia, ya había dado rienda suelta a una voluble denuncia de sentimientos antirromanos reprimidos, lo cual no hizo más que empeorar la situación. Judá, con Jesús a su lado, fue conducido al instante a la prisión militar.

Jesús trató de obtener, o bien una audiencia inmediata, o bien que pusieran en libertad a Judá a tiempo para la celebración pascual de esa noche, pero fracasó en su gestión. Puesto que el día siguiente había una «sagrada convocación» en Jerusalén, ni siquiera los romanos se atreverían a enjuiciar a un judío en ese día. En consecuencia, Judá permaneció confinado hasta la mañana del segundo día después de su arresto, y Jesús permaneció en la prisión con él. No estuvieron presentes en el templo para la consagración de los hijos de la ley y su ingreso en la plena ciudadanía de Israel. Judá no participó de esta ceremonia formal hasta varios años más tarde, cuando se encontraba en Jerusalén para la Pascua y en relación a su trabajo de propaganda en favor de los zelotes, la organización patriótica a la que pertenecía y en la cual era muy activo.

Durante la mañana que siguiera a su segundo día en la cárcel, Jesús compareció ante el magistrado militar en nombre de Judá. Jesús tan hábilmente supo excusar la extrema juventud de su hermano, explicando a la vez reposada y cuerdamente la naturaleza provocadora del episodio que había conducido al arresto de su hermano. Tan sabiamente manejó Jesús el caso, que el magistrado terminó por expresar la opinión de que acaso hubiera excusa que pudiera justificar el violento acceso de ira del joven judío. Después de advertir a Judá que no se permitiera otra vez ser culpable de semejantes arrebatos, le dijo a Jesús al despedirlos: «Haríais bien en vigilar al muchacho; es capaz de crearos grandes problemas a todos vosotros». El juez romano tuvo razón. Judá le causó grandes problemas a Jesús, y siempre el problema era de la misma naturaleza: choques con las autoridades civiles debido a sus imprudentes e impensados estallidos de patriotismo.

Jesús y Judá caminaron hasta Betania para pasar la noche; allí explicaron el motivo por el cual no habían podido participar en la cena pascual, y salieron para Nazaret al día siguiente. Jesús nada dijo a su familia sobre el arresto de su joven hermano en Jerusalén, pero unas tres semanas después de su regreso, tuvo una larga conversación con Judá sobre este asunto. Después de esta conversación con Jesús, Judá mismo relató el suceso a la familia. Jamás olvidó Judá la paciencia y el dominio de sí mismo que su hermano-padre puso de manifiesto durante esta difícil experiencia.

Fue ésta la última Pascua la que pasara Jesús con un miembro de su familia. Cada vez más el Hijo del Hombre se iría separando de una asociación estrecha con los de su propia sangre.

Este año sus temporadas de profunda meditación se veían interrumpidas a menudo por Ruth y sus compañeras de juego. Siempre estuvo Jesús presto a posponer la contemplación de su obra futura por el mundo y el universo para compartir la alegría infantil, la resplandeciente felicidad de estos pequeños, que nunca se cansaban de escuchar a Jesús relatar las experiencias de sus diversos viajes a Jerusalén. Mucho también disfrutaban de sus historias sobre los animales y la naturaleza.

Los niños siempre eran bienvenidos en el taller de reparaciones. Jesús les ponía arena, bloques y piedras al costado del taller, y los niños acudían en bandadas y allí se entretenían. Cuando se cansaban de jugar, los más atrevidos espiaban las actividades en el taller, y si veían a Jesús desocupado, se metían al taller diciendo: «Tío Josué, sal y cuéntanos un cuento largo». Lo tomaban de la mano, arrastrándolo hasta su piedra favorita junto a la esquina del taller, y allí se sentaba él con los niños formando un semicírculo, sentados en el suelo frente a él. ¡Cuánto disfrutaban los pequeños de su tío Josué! Con él aprendían a reír, a reír de todo corazón. Era costumbre que uno o dos de los más pequeños se encaramaran sobre sus rodillas y allí se quedaran sentados, contemplando extasiados sus rasgos expresivos mientras les narraba cuentos. Los niños amaban a Jesús, y Jesús amaba a los niños.

Para sus amigos era difícil comprender la amplitud de la gama de sus actividades intelectuales, cómo él podía pasar en forma tan súbita y completa de la discusión profunda de temas políticos, filosóficos o religiosos a la total despreocupación de los alegres juegos infantiles de esos pequeños de cinco a diez años de edad. A medida que sus propios hermanos y hermanas crecían, a medida que él contaba con más tiempo libre, y antes de que llegaran los nietos, mucha atención les dedicaba a estos pequeños. Pero él no vivió en la tierra lo suficiente, para que pudiera disfrutar por mucho tiempo de los nietos.

7. El año veintiséis (año 20 d. de J.C.)

A comienzos de este año, Jesús de Nazaret se hizo muy consciente de la amplia gama de poder potencial que poseía. Pero estaba asímismo plenamente persuadido de que este poder no había de ser empleado por su personalidad como Hijo del Hombre, al menos hasta que llegara su hora.

En esta época, aunque poco decía, mucho pensó sobre su relación con su Padre en los cielos. La conclusión de tanta reflexión fue expresada cierta vez en su oración en la cumbre de la colina, cuando dijo: «Sea yo quien fuere y sea cual fuere el poder que yo pueda ejercer o no, he estado siempre y siempre estaré sujeto a la voluntad de mi Padre Paradisiaco». Sin embargo, mientras este hombre iba y venía del trabajo a la casa y de la casa al trabajo en Nazaret, era literalmente cierto —en cuanto a un vasto universo— que «en él se ocultaban todos los tesoros de la sabiduría y del conocimiento».

Todo este año, los asuntos de la familia anduvieron bastante bien excepto por los problemas creados por Judá. Durante años tuvo Santiago dificultades con este hermano menor, quien no tenía inclinación por el trabajo ni se le podía confiar que contribuyera a los gastos domésticos. Aunque vivía en la casa, no era escrupuloso en contribuir su parte para el mantenimiento de la familia como le correspondía.

Jesús era un hombre de paz, y de vez en cuando lo avergonzaban las explosiones beligerantes y los numerosos arrebatos patrióticos de Judá. Santiago y José querían echarlo de la casa, pero Jesús no daba su consentimiento. Cada vez que la paciencia de ellos llegaba al límite, Jesús se limitaba a aconsejar: «Tened paciencia. Sed sabios en vuestro consejo y elocuentes en vuestras vidas, que vuestro hermano menor pueda conocer el mejor camino primero, y ser obligado luego a seguiros en él». El sabio y amoroso consejo de Jesús previno la fragmentación de la familia; permanecieron juntos. Pero Judá no serenó sus sentidos hasta después de su matrimonio.

María rara vez hablaba de la misión futura de Jesús. Siempre que se mencionaba este asunto, Jesús sólo replicaba: «Aún no ha llegado mi hora». Ya casi había acabado Jesús la difícil tarea de independizar a su familia de la necesidad de la inmediata presencia de su personalidad. Rápidamente se preparaba para el día en que pudiera sin conmoción alejarse de este hogar de Nazaret para comenzar el preludio más activo de su verdadero ministerio para los hombres.

Nunca perdáis de vista el hecho de que la primera misión de Jesús en su séptimo autootorgamiento fue la adquisición de la experiencia como criatura, el logro de la soberanía de Nebadon. En el acto de acumular esta experiencia misma hizo la suprema revelación del Padre del Paraíso a Urantia y a todo su universo local. Concomitante con los anteriores propósitos también se dedicó Jesús a desenmarañar los complicados asuntos de este planeta así como estaban relacionados con la rebelión de Lucifer.

Este año Jesús disfrutaba de más tiempo libre, y lo dedicó a adiestrar a Santiago en la administración del taller de reparaciones y a José en la dirección de los asuntos domésticos. María presentía que se estaba preparando para dejarlos. Dejarlos, ¿para ir adonde? ¿A hacer qué? Ya casi había renunciado a la idea de que Jesús sería el Mesías. No podía comprenderlo; simplemente, no entendía a su primogénito.

Jesús pasó gran parte de su tiempo, este año, con cada uno de los miembros de su familia. Frecuentemente salía con ellos haciendo largas caminatas por los campos y las colinas. Antes de la cosecha, llevó a Judá a visitar al tío granjero que vivía al sur de Nazaret; pero Judá no se quedó mucho tiempo después de la cosecha, sino que se escapó de la granja del tío. Poco tiempo después lo encontró Simón viviendo con los pescadores del lago. Cuando Simón lo trajo de vuelta al hogar, Jesús tuvo una conversación con el fugitivo muchacho y, puesto que quería ser pescador, lo llevó a Magdala, entregándolo a la custodia de un pariente que era pescador; de allí en adelante Judá trabajó bastante bien y con regularidad hasta que se casó, y continuó trabajando de pescador después de su matrimonio.

Finalmente el día había llegado en que todos los hermanos de Jesús habían elegido sus oficios y se habían establecido en ellos. Se estaba preparando el escenario para la partida de Jesús de su hogar.

En noviembre hubo una doble boda. Santiago y Esta, Miriam y Jacob se unieron en esponsales. Fue ésa una ocasión de verdadero júbilo. Hasta María nuevamente se sintió feliz, excepto por momentos, cuando se daba cuenta de que Jesús se estaba preparando para irse. Ella sufría bajo el peso de una gran incertidumbre: le hubiera gustado que Jesús se sentara y hablara libremente con ella como cuando era niño; pero él se había vuelto muy reservado; estaba profundamente silencioso acerca del futuro.

Santiago y su novia, Esta, se mudaron a una casita, regalo del padre de ella, en la parte oeste del pueblo. Aunque Santiago continuaba manteniendo el hogar de su madre, se redujo su contribución a la mitad después de su boda, y José fue nombrado formalmente por Jesús jefe de la familia. Finalmente Judá también enviaba fielmente cada mes su contribución a la casa. La boda de Jacob y de Miriam ejerció una influencia muy benéfica sobre Judá, y al partir para la zona pesquera el día después de la doble boda, le aseguró a José que podía confiar en él: «Cumpliré plenamente con mi deber, y más si es necesario», y mantuvo su promesa.

Miriam vivía al lado de María, en la casa de Jacob, cuyo padre, Jacobo el viejo, había fallecido y sepultado junto a sus padres. Marta tomó el lugar de Miriam en el hogar, y antes del fin de ese año la nueva organización ya funcionaba sin problemas.

Al día siguiente de la doble boda Jesús tuvo una conversación importante con Santiago, a quien le dijo, confidencialmente, que se estaba preparando para irse. Le presentó el título de propiedad del taller de reparaciones, y formal y solemnemente abdicó al título de jefe de la casa de José, y de la manera más conmovedora instaló a su hermano Santiago como «jefe y protector de la casa de mi padre». Redactó y luego ambos firmaron un pacto secreto en el cual se estipulaba que, a cambio del obsequio del taller de reparaciones, Santiago asumiría de allí en adelante la plena responsabilidad de las finanzas de la familia, exonerando a Jesús de toda ulterior obligación en este asunto. Después de firmar el contrato, y de preparar un presupuesto que permitiera hacer frente a los gastos de la familia sin ninguna contribución de Jesús, éste dijo a Santiago: «Pero, hijo mío, yo seguiré enviándote algo todos los meses hasta que haya llegado mi hora; lo que yo envíe, tú lo usarás como lo exija la ocasión. Dedica mis fondos a las necesidades o a los placeres de la familia, tal como te parezca apropiado. Úsalos en caso de enfermedad o para enfrentar inesperadas urgencias que puedan sobrevenir a cualquier miembro de la familia».

Así pues se preparaba Jesús para ingresar a la segunda fase de su vida adulta, en la cual se separaría de su casa, para dedicarse públicamente a los asuntos de su Padre.

DOCUMENTO 129

LA VIDA ADULTA DE JESÚS

JESÚS se había separado total y definitivamente de la administración de los asuntos domésticos de la familia nazarena y de la participación inmediata en guiar a cada uno de sus miembros. Hasta el día de su bautismo siguió contribuyendo a las finanzas de la familia y manteniendo un vívido interés personal en el bienestar espiritual de cada uno de sus hermanos y hermanas. Estaba siempre dispuesto a hacer todo lo que fuera humanamente posible para asegurar la comodidad y la felicidad de su madre viuda.

El Hijo del Hombre ya había emprendido todo preparativo necesario para separarse permanentemente de su hogar en Nazaret; por cierto lo no había sido fácil para él. Jesús amaba naturalmente a su gente; amaba a su familia, y este afecto natural se había aumentado enormemente por su extraordinaria devoción hacia ellos. Cuanto más nos entregamos a nuestros semejantes, tanto más llegamos a amarlos; puesto que Jesús se había entregado tan plenamente a su familia, la amaba con un afecto grande y ferviente.

Paulatinamente la familia estaba despertando al comprender que Jesús se preparaba para dejarles. La tristeza de la separación anticipada apenas si se mitigaba por la forma gradual que Jesús les preparaba para el anuncio de su futura partida. Hacía más de cuatro años que se habían dado cuenta de que Jesús estaba aprontándose para esta eventual separación.

1. EL AÑO VEINTISIETE (AÑO 21 D. DE J.C.)

En enero de este año, el 21 d. de J.C., durante una lluviosa mañana de un domingo, Jesús partió sin ceremonia del seno de su familia, explicándoles tan sólo que iba a Tiberias y luego a visitar otras ciudades en torno al Mar de Galilea. Así les dejó, y nunca más volvería a ser un miembro regular de esta familia.

Pasó una semana en Tiberias, la nueva ciudad que pronto sucedería a Séforis como capital de Galilea; poco encontró allí que le interesara, procediendo pues sucesivamente a Magdala y Betsaida hasta llegar a Capernaum, donde se detuvo para visitar al amigo de su padre, Zebedeo. Los hijos de Zebedeo eran pescadores, él mismo era fabricante de barcas. Jesús de Nazaret era experto tanto en las tareas de diseño como de construcción y un verdadero especialista en el trabajo de madera; y Zebedeo conocía ya desde antes la habilidad de este artesano nazareno. Hacía mucho tiempo que Zebedeo quería construir mejores botes; expuso pues sus planes a Jesús, y le invitó al carpintero visitante a asociarse con él para esta empresa. Jesús prestamente aceptó la invitación.

Jesús tan sólo trabajó con Zebedeo poco más de un año, pero durante ese tiempo creó un nuevo estilo de barca y estableció métodos completamente nuevos para su fabricación. Mediante una técnica superior y métodos altamente perfeccionados de vaporizar las tablas, Jesús y Zebedeo comenzaron a construir barcas de superior calidad y clase, embarcaciones mucho más seguras para navegar en el lago que las de tipo más antiguo. Durante varios años Zebedeo tuvo más trabajo, fabricando barcas de esta nueva clase, de lo que su pequeño establecimiento podía ocuparse; en menos de cinco años prácticamente todas las embarcaciones que navegaban en el lago habían sido construidas en el taller de Zebedeo en Capernaum. Jesús llegó a ser muy conocido entre los pescadores galileos como el diseñador de las nuevas barcas.

Zebedeo era un hombre de posición relativamente acomodada; sus astilleros estaban sobre el lago al sur de Capernaum, y su casa estaba situada junto a la orilla del lago cerca de los centros de pesca de Betsaida. Jesús vivió en la casa de Zebedeo durante el año largo de su estadía en Capernaum. Durante mucho tiempo había trabajado solas en el mundo, es decir, sin padre, y mucho disfrutaba de este período de trabajar con un socio-padre.

La mujer de Zebedeo, Salomé, era parienta de Anás, quien había sido sumo sacerdote en Jerusalén y seguía siendo el hombre más influyente de los saduceos, pues tan sólo había sido depuesto ocho años antes. Salomé llegó a admirar grandemente a Jesús. Lo amaba como a sus propios hijos, Santiago, Juan y David; sus cuatro hijas llegaron a considerar a Jesús como a su hermano mayor. Jesús salía a menudo a pescar con Santiago, Juan y David quienes descubrieron que era tan buen pescador como experto constructor de barcas.

Durante el curso de este año, Jesús envió dinero a Santiago todos los meses. Regresó a Nazaret en octubre para asistir a la boda de Marta. Desde entonces no volvió a ir a Nazaret por más de dos años, cuando regresó poco antes de la doble boda de Simón y Judá.

Jesús continuó durante este año construyendo barcas mientras seguía observando cómo vivían los hombres en la tierra. Frecuentemente salía a visitar la parada de las caravanas, ya que Capernaum estaba en la ruta directa de Damasco hacia el sur. Capernaum era un importante puesto militar romano, y el comandante de la guarnición era un gentil creyente de Yahvé, «un hombre piadoso» como los judíos gustaban de designar a estos prosélitos. Este oficial pertenecía a una rica familia romana, y tomó por sí mismo el trabajo de construir una hermosa sinagoga en Capernaum, donándola a los judíos poco tiempo antes de que Jesús viniera a vivir con Zebedeo. Durante este año, Jesús ofició en esta nueva sinagoga más de la mitad de las veces, y algunos de los viajeros de las caravanas que tuvieron la oportunidad de asistir, le recordaban como el carpintero de Nazaret.

En el patrón de impuestos Jesús se inscribió como un «artesano especializado de Capernaum». A partir de ese día y hasta el fin de su vida terrenal, se le conoció como residente de Capernaum. El nunca declaró residencia legal en ningún otro lugar, aunque, por diversas razones, permitió que otros le asignaran residencia en Damasco, Betania, Nazaret e incluso Alejandría.

En la sinagoga de Capernaum encontró muchos libros nuevos en las arcas de la biblioteca, y pasaba por lo menos cinco noches por semana estudiando intensamente. Dedicaba una noche a hacer vida social con los ancianos, otra, con los jóvenes. En la personalidad de Jesús había algo graciable e inspirador que atraía invariablemente a los jóvenes. A ellos siempre hacía sentir cómodos en su presencia. Acaso el gran secreto de su popularidad con ellos consistía en el doble hecho de que siempre mostraba interés en lo que ellos estaban haciendo, aunque rara vez les ofrecía consejo a menos que se lo pidieran.

La familia de Zebedeo casi adoraba a Jesús, y todos asistían fielmente a las sesiones de preguntas y respuestas que presidía cada noche después de la cena, antes de irse a estudiar a la sinagoga. Frecuentemente los jóvenes del vecindario también acudían a estas reuniones de sobremesa. Jesús les impartía enseñanzas variadas y avanzadas, dentro de lo que ellos podían comprender. Hablaba de manera abierta, expresando sus ideas e ideales sobre política, sociología, ciencia y filosofía, pero nunca presumía de hablar con finalidad autoritaria excepto cuando discutía de religión —la relación del hombre con Dios.

Una vez por semana celebraba Jesús una reunión con todos los jornaleros que trabajaban en la casa, en el taller y en el puerto, pues Zebedeo tenía muchos empleados. Y fue entre estos obreros entre los que Jesús fue llamado por primera vez «el Maestro». Todos ellos lo amaban. Disfrutaba de sus labores con Zebedeo en Capernaum, pero extrañaba a los niños que jugaban junto al taller de carpintería en Nazaret.

Entre los hijos de Zebedeo, Santiago era el más interesado en Jesús como maestro, como filósofo. A Juan le interesaban su enseñanza y opiniones religiosas. David lo respetaba como mecánico pero no le interesaban mucho sus puntos de vista religiosos ni sus enseñanzas filosóficas.

Judá comparecía frecuentemente los sábados para escuchar a Jesús en la sinagoga y se quedaba para conversar con él. Cuanto más veía Judá a su hermano mayor, tanto más se convencía de que Jesús era realmente un gran hombre.

Este año hizo Jesús grandes progresos en la dominación ascendente de su mente humana y alcanzó nuevos y elevados niveles de contacto consciente con su Ajustador del Pensamiento.

Fue éste el último año de vida estable que tuvo. Nunca más pudo Jesús vivir un año entero en un solo lugar, ni ocuparse de una sola empresa. Rápidamente se acercaban los días de sus peregrinaciones terrestres. No estaban lejos en el futuro los períodos de intensa actividad, pero el período que se avecinaba, entre su simple pero intensa vida activa del pasado y su aun más intenso y arduo ministerio público, sería de unos pocos años de extensos viajes y de actividad personal muy diversificada. Su formación como hombre del reino, tenía que ser completada antes de que pudiera entrar a su carrera de enseñanza y predicación como el Dios-hombre perfeccionado de las fases divina y posthumana de su autootorgamiento en Urantia.

2. EL AÑO VEINTIOCHO (AÑO 22 D. DE J.C.)

En marzo del año 22 d. de J.C., Jesús se despidió de Zebedeo y de Capernaum. Pidió una pequeña suma de dinero para costear sus gastos de viaje a Jerusalén. Mientras trabajaba con Zebedeo tan sólo había cobrado pequeñas sumas de dinero, que mensualmente enviaba a su familia en Nazaret. Algunos meses iba José a Capernaum por el dinero, otros meses iba Judá para recibir el dinero y llevarlo a Nazaret. El centro pesquero donde trabajaba Judá estaba unos pocos kilómetros al sur de Capernaum.

Cuando Jesús se despidió de la familia de Zebedeo, convino en permanecer en Jerusalén hasta la Pascua, y ellos prometieron viajar a Jerusalén para esa ocasión. Incluso dispusieron celebrar juntos la cena pascual. Todos ellos lamentaban la partida de Jesús, especialmente las hijas de Zebedeo.

Antes de irse de Capernaum, Jesús tuvo una larga conversación con su nuevo amigo e íntimo compañero Juan Zebedeo. Le dijo que pensaba viajar extensamente hasta «que llegue mi hora» y le pidió que se ocupara en su lugar de enviar dinero a su familia en Nazaret todos los meses, hasta que se agotaran los fondos acumulados por él durante ese año. Y Juan así le expresó su promesa: «Maestro mío, ocúpate de tus asuntos, haz tu obra en el mundo; yo actuaré por ti en éste y en cualquier otro asunto, y velaré por tu familia como cuidaría de mi propia madre y de mis propios hermanos y hermanas. Emplearé tus fondos, guardados por mi padre tal como tú le pediste, según ellos los necesiten; cuando ya tu dinero se haya acabado, si no recibo nada más de ti, y si tu madre está necesitada, compartiré pues mis propias ganancias con ella. Vete en paz. Actuaré en tu lugar en todos estos asuntos».

Por tanto, cuando Jesús partió para Jerusalén, Juan consultó con su padre, Zebedeo, respecto del dinero que le debían a Jesús, sorprendiéndose de que fuera una suma tan considerable. Como Jesús había dejado el asunto enteramente en sus manos, convinieron que sería mejor invertir estos fondos en propiedades y usar los ingresos para asistir a la familia de Nazaret; y puesto que Zebedeo conocía de una casita en Capernaum que tenía una hipoteca y estaba en venta, mandó a Juan a comprar esta casa con el dinero de Jesús y mantener el título en fideicomiso para su amigo, y así lo hizo Juan. Por dos años la renta de la casa se aplicaría a la hipoteca, y ésta, aumentada por cierto dinero que Jesús poco después envió a Juan para ser usado como la familia lo necesitara, casi igualaba la suma de esta obligación; y Zebedeo suplió la diferencia, de manera que Juan pagó el resto de la hipoteca a su debido tiempo, asegurando así un título limpio para esta casita de dos piezas. De este modo Jesús sin saberlo, se convirtió en propietario de una casa en Capernaum.

Cuando se enteró la familia en Nazaret de que Jesús había partido de Capernaum, puesto que nada sabían de su pacto financiero con Juan, creyeron que había llegado la hora de que se arreglaran sin más ayuda de Jesús. Santiago recordó su contrato con Jesús y, con la ayuda de sus hermanos, de ahí en adelante asumió plena responsabilidad por el cuidado de la familia.

Pero, regresemos ahora a observar a Jesús en Jerusalén. Durante casi dos meses pasó la mayor parte de su tiempo escuchando las discusiones en el templo y visitando ocasionalmente las diversas escuelas rabínicas. Pasaba la mayoría de los sábados en Betania.

Jesús había llevado consigo a Jerusalén una carta de presentación de Salomé, la esposa de Zebedeo, dirigida al ex sumo sacerdote Anás, expresando que «es como si fuera mi propio hijo». Anás pasó mucho tiempo con él, llevándole personalmente a visitar las muchas academias de los maestros religiosos de Jerusalén. Aunque Jesús inspeccionaba estas escuelas concienzudamente y observaba con atención sus métodos de enseñanza, nunca hizo ni una sola pregunta en público. Aunque Anás consideró a Jesús un gran hombre, no sabía cómo asesorarlo. Le parecía tonto sugerirle que ingresara como estudiante en una de aquellas escuelas de Jerusalén, pero por otra parte sabía bien que no podría Jesús alcanzar la categoría de maestro regular porque no había recibido instrucción en ninguna de estas escuelas.

Ya se acercaba la época de la Pascua, y junto con las multitudes que venían de todos los rincones de la tierra, de Capernaum llegaron Zebedeo y su entera familia. Todos ellos se hospedaron en la espaciosa casa de Anás, donde celebraron la Pascua como una familia feliz.

Antes del fin de esta semana pascual, por una aparente casualidad, Jesús conoció a un rico viajero y a su hijo, un joven de unos diecisiete años. Estos viajeros procedían de la India camino a Roma y a otros lugares del Mediterráneo, y habían planeado visitar Jerusalén durante la Pascua, con la esperanza de encontrar a alguien a quien pudieran contratar como intérprete para ambos y tutor para el hijo. Al conocer a Jesús, el padre insistió que los acompañara en su viaje. Jesús le habló de su familia, agregando que no le parecía justo abandonarla por un período de casi dos años, período durante el cual podría correr el riesgo de pasar necesidades. Este viajero del Oriente le propuso pues a Jesús adelantarle los jornales correspondientes a un año de trabajo, para que él se los entregase a una persona de su confianza, asegurando así la protección de su familia contra cualquier necesidad. Y Jesús convino entonces en viajar con ellos.

Jesús entregó esta importante suma de dinero a Juan el hijo de Zebedeo. Ya sabéis cómo utilizó Juan este dinero para la liquidación de la hipoteca de la propiedad en Capernaum. Jesús le contó a Zebedeo todo el arreglo de este viaje por el Mediterráneo, pero le hizo prometer que no se lo diría a nadie, ni aun a su propia familia; y Zebedeo jamás reveló su conocimiento sobre el paradero de Jesús durante este largo período de casi dos años. Antes del retorno de Jesús, la familia en Nazaret ya casi lo había dado por muerto. Sólo las aseveraciones de Zebedeo, quien en varias ocasiones los visitaba con su hijo Juan en Nazaret, mantenían viva la esperanza en el corazón de María.

Durante este período le iba bastante bien a la familia nazarena; Judá había aumentado considerablemente su cuota y mantuvo esta contribución adicional hasta que se casó. Pese a que no parecían necesitar ayuda, Juan Zebedeo se hizo a la costumbre de llevar obsequios a María y Ruth todos los meses tal como Jesús le había instruido.

3. El año veintinueve (año 23 d. de J.C.)

Todo el vigésimo noveno año de su vida lo pasó Jesús completando su gira por el mundo mediterráneo. Los principales acontecimientos, dentro de lo que se nos ha permitido divulgar de estas experiencias, constituyen el objeto de las narraciones que siguen inmediatamente a este documento.

A través de esta gira por el mundo romano, por muchas razones a Jesús se le conoció como el *escriba de Damasco*. En Corinto y en otras escalas del viaje de regreso se le conoció, sin embargo, como el *tutor judío*.

Fue éste un período extraordinario en la vida de Jesús. Durante este viaje se puso en contacto con muchos de sus semejantes, sin embargo esta experiencia es la una fase de su vida que él nunca reveló ni a su familia ni a ninguno de los apóstoles. Jesús vivió su vida en la carne y partió de este mundo sin que nadie (salvo Zebedeo de Betsaida) supiera que él había hecho este extenso viaje. Algunos de sus amigos pensaron que había regresado a Damasco; otros pensaron que se había ido a la India. Su propia familia se inclinaba a creer que estaba en Alejandría, ya que sabían que una vez había sido invitado a ir allí con el objeto de convertirse en asistente de un chazán.

Cuando Jesús regresó a Palestina, nada hizo para cambiar la opinión de su familia de que había ido de Jerusalén a Alejandría; les dejó creer que todo el tiempo que había estado ausente de Palestina lo había pasado en esa ciudad de erudición y de cultura. Sólo Zebedeo, el fabricante de botes de Betsaida, conocía lo que era el hecho acerca de estos asuntos, y Zebedeo nunca dijo nada a nadie.

En todos vuestros esfuerzos para descifrar el propósito de la vida de Jesús en Urantia, debéis recordar la motivación del autootorgamiento de Micael. Si queréis comprender el significado de muchas de sus acciones aparentemente extrañas, debéis discernir el propósito de su estadía en vuestro mundo. En todo momento cuidó de que su carrera personal no resultara desproporcionadamente atrayente, de que no monopolizara la atención de los seres humanos. No quería atraer a sus semejantes en una forma excepcional o sobrecogedora. Estaba dedicado a la obra de revelar el Padre celestial a sus semejantes mortales y al mismo tiempo consagrado a la sublime tarea de vivir su vida terrena mortal, siempre sujeta a la voluntad del mismo Padre del Paraíso.

También será siempre provechoso comprender la vida de Jesús en la tierra, si los estudiantes mortales de este divino autootorgamiento recuerdan que, aunque vivió esta vida de encarnación *en* Urantia, la vivió *para* todo su universo. En la vida que vivió en la carne de naturaleza mortal había algo especial e inspirador para cada una de las esferas habitadas de todo el universo de Nebadon. Lo mismo también se aplica a todos aquellos mundos que han llegado a ser habitables después de la era memorable de su estadía en Urantia. Y esto es igualmente cierto de todos los mundos que puedan llegar a ser habitados por criaturas volitivas en toda la historia futura de este universo local.

El Hijo del Hombre, durante la época y mediante las experiencias adquiridas en su viaje por el mundo romano, completó prácticamente su preparación por educación y contacto con los pueblos diversificados del mundo de su día y de su generación. Al tiempo de su regreso a Nazaret, gracias a lo que había aprendido viajando, prácticamente ya sabía cómo vive el hombre y cómo forja su existencia en Urantia.

El verdadero propósito de este viaje alrededor de la cuenca del Mediterráneo fue *conocer a los hombres*. El llegó a estar muy cerca de centenares de seres humanos en este viaje. Conoció y amó a toda clase de hombres, ricos y pobres, de todas las clases sociales, negros y blancos, eruditos y menos eruditos, cultos e incultos, animalisticos y espirituales, religiosos e irreligiosos, rectos e inmorales.

En este viaje por el Mediterráneo hizo Jesús grandes progresos en su tarea humana de dominar la mente material y mortal, y su Ajustador residente hizo grandes progresos en la ascensión y conquista espiritual de este mismo intelecto humano. Al finalizar este viaje Jesús virtualmente conocía —con toda humana certeza— que él era un Hijo de Dios, un Hijo Creador del Padre Universal. El Ajustador pudo cada vez más evocar en la mente del Hijo del Hombre nebulosas memorias de su experiencia en el Paraíso en asociación con su Padre divino, antes de que él viniera a organizar y administrar este universo local de Nebadon. Así pues el Ajustador, poco a poco, trajo a la conciencia humana de Jesús esos recuerdos necesarios de su existencia anterior y divina en las diferentes épocas de su pasado casi eterno. El último episodio de su experiencia prehumana que el Ajustador le evocó fue su diálogo de despedida con Emanuel de Salvington poco antes de hacer entrega de su personalidad consciente para embarcarse en la encarnación urantiana. Y esta última imagen de recuerdo de su existencia prehumana se hizo claro en la conciencia de Jesús el mismo día de su bautismo por Juan en el río Jordán.

4. EL JESÚS HUMANO

Para las inteligencias celestiales del universo local que lo presenciaban, este viaje por el Mediterráneo fue el más cautivante de todas las experiencias terrenas de Jesús, por lo menos de toda su carrera hasta a su crucifixión y muerte. Fue éste el período fascinante de su *ministerio personal*, en contraste con la época de ministerio público que pronto le seguiría. Este episodio singular fue tanto más estupefaciente porque por entonces era aún el carpintero de Nazaret, el constructor de barcas de Capernaum, el escriba de Damasco; aún era el Hijo del Hombre. Todavía no había logrado el completo dominio de su mente humana; el Ajustador aún no había dominado y equiparado plenamente la identidad mortal. Aún él era un hombre entre los hombres.

La experiencia religiosa puramente humana —el crecimiento espiritual personal— del Hijo del Hombre alcanzó prácticamente su ápice durante este su vigésimo noveno año de edad. Esta experiencia de desarrollo espiritual fue un crecimiento uniformemente gradual desde el momento de la llegada de su Ajustador del Pensamiento hasta el día en que se completó y se confirmó esa relación humana normal y natural entre la mente material del hombre y la dote mental del espíritu —el fenómeno de hacer de estas dos mentes una sola, la experiencia que el Hijo del Hombre alcanzó en forma completa y final, como mortal encarnado del reino, el día de su bautismo en el Jordán.

A través de todos estos años, si bien no parecía estar en comunión frecuente con su Padre celestial, perfeccionó métodos cada vez más eficaces de comunicación personal con la presencia espiritual residente de su Padre del Paraíso. Vivió una vida verdadera, una vida plena y una vida verdaderamente normal, natural y común en la carne. Conoce por experiencia personal el equivalente verdadero de la suma y substancia completas del vivir la vida de los seres humanos en los mundos materiales del tiempo y del espacio.

El Hijo del Hombre experimentó la entera gama de las emociones humanas que van desde la alegría más espléndida hasta la pena más profunda. Fue un niño alegre y un ser de raro buen humor; asímismo fue un «varón de dolores, experimentado en quebranto». En un sentido espiritual, vivió su vida mortal de abajo hacia arriba, del principio al fin. Desde un punto de vista material, podría parecer que escapó de vivir en los dos extremos sociales de la existencia humana, pero intelectualmente llegó a estar completamente familiarizado con toda la experiencia completa de la humanidad.

Jesús conoce los pensamientos y los sentimientos, los deseos y los impulsos, de los mortales evolucionarios y ascendentes de los reinos, desde su nacimiento hasta su muerte. Ha vivido la vida humana desde los comienzos del yo físico, intelectual y espiritual, pasando por la infancia, la adolescencia, la juventud y la edad adulta, llegando hasta la experiencia humana de la muerte. No sólo pasó a través de estos períodos humanos comunes y conocidos de avance intelectual y espiritual, sino que *también* experimentó plenamente esas fases más elevadas y avanzadas que consisten en la reconciliación del humano con el Ajustador, que tan pocos mortales de Urantia consiguen alcanzar. Así pues experimentó la plena vida del hombre mortal, no sólo como la se vive en vuestro mundo, sino también como se la vive en todos los otros mundos evolucionarios del tiempo y del espacio, incluso en los más elevados y avanzados de todos los mundos ya establecidos en luz y vida.

Aunque esta vida perfecta que vivió en semejanza de la carne mortal puede no haber recibido la aprobación no cualificada y universal de sus semejantes mortales que tuvieron la oportunidad de ser sus contemporáneos en la tierra, sin embargo, la vida que Jesús de Nazaret vivió en la carne y en Urantia recibió la plena y no cualificada aprobación del Padre Universal: constituía al mismo tiempo, y en la misma vida de la personalidad, la plenitud de la revelación del Dios eterno, al hombre mortal y la presentación de una personalidad humana perfeccionada a la satisfacción del Creador Infinito.

Y era éste su verdadero y supremo propósito. No descendió a Urantia para vivir un ejemplo perfecto y detallado para cualquier niño o adulto, cualquier hombre o mujer, de esa época o de cualquier otra. De hecho todos podemos encontrar en su vida plena, rica, hermosa y noble mucho que es exquisitamente ejemplar, de inspiradora divinidad. Pero esto se debe a que vivió una vida verdadera y genuinamente humana. Jesús no vivió su vida en la tierra como un ejemplo para que la copiaran todos los demás seres humanos. Vivió su vida en la carne mediante el mismo ministerio de misericordia que todos vosotros podéis vivir vuestras vidas en la tierra; y así como vivió su vida mortal en su día y *como él era*, así pues dejó un ejemplo para que todos nosotros vivamos nuestras vidas en nuestros días y *como somos*. No podéis aspirar a vivir su vida, pero podéis resolver que *viviréis vuestra vida*, así como, y por los mismos medios que él vivió la suya. Puede que Jesús no sea el ejemplo técnico y detallado para todos los mortales de todas las edades en todos los reinos de este universo local, pero es perdurablemente la inspiración y el guía de todos los peregrinos al Paraíso que proceden de los mundos de ascensión inicial a través de un universo de universos y a través de Havona al Paraíso. Jesús es l*a senda nueva y viviente* que va del hombre a Dios, desde lo parcial hasta lo perfecto, de lo terrenal a lo celestial, del tiempo a la eternidad.

A fines de su vigésimo noveno año, Jesús de Nazaret había terminado virtualmente la experiencia de vivir la vida como se les exige a los mortales moradores en la carne. Vino a la tierra para que se le manifestase la plenitud de Dios al hombre; ya se ha convertido casi en la perfección del hombre que aguarda la ocasión de manifestarse a Dios. Y todo esto lo hizo antes de cumplir los treinta años de edad.

DOCUMENTO 130

EN EL CAMINO A ROMA

LA GIRA por el mundo romano consumió la mayor parte del vigésimo octavo y todo el vigésimo noveno años de la vida de Jesús en la tierra. Jesús y los dos nativos de la India —Gonod y su hijo Ganid— salieron de Jerusalén por la mañana del domingo 26 de abril del año 22 d. de J.C. La gira procedió según se la había programado; Jesús se despidió del padre y el hijo en la ciudad de Charax en el Golfo Pérsico el día 10 de diciembre del siguiente año, 23 d. de J.C.

Saliendo de Jerusalén por el camino de Jope llegaron a Cesarea, donde se embarcaron para Alejandría. Desde Alejandría navegaron hasta Lasea en Creta. Siguieron desde Creta por mar hasta Cartago, haciendo escala en Cirene. En Cartago tomaron un barco para Neápolis, que hizo escala en Malta, Siracusa y Mesana. Desde Neápolis se dirigieron a Capua, y desde allí, a Roma por la vía Apia.

Al cabo de su estadía en Roma, fueron por tierra a Tarento, donde se hicieron a la vela para Atenas haciendo escala en Nicópolis y Corinto. Desde Atenas fueron a Efeso vía Troas, y desde Efeso, por barco, a Chipre, parándose en Rodas. Permanecieron en Chipre, recorriendo la isla y descansando, por un período prolongado de tiempo antes de zarpar hacia Antioquía de Siria. Una vez en Antioquía, siguieron viaje hacia el sur hasta Sidón y de allí a Damasco. Desde Damasco viajaron con una caravana a la Mesopotamia, pasando por Tapsacos y Larisa. Pasaron un período en Babilonia, visitaron Ur y otros lugares, y luego fueron a Susa. Desde Susa procedieron a Charax, donde Gonod y Ganid se embarcaron para la India.

Durante un período de trabajo de cuatro meses en Damasco, Jesús había adquirido los rudimentos del idioma que hablaban Gonod y Ganid. Mientras estuvo allí, dedicó gran parte de su tiempo a traducir del griego a uno de los idiomas de la India, siendo asistido en este trabajo por un hombre oriundo del distrito natal de Gonod.

En el curso de esta gira mediterránea Jesús pasaba aproximadamente medio día en función de tutor de Ganid e intérprete de Gonod en las entrevistas de negocios y encuentros sociales de éste. El resto del día estaba a su disposición, y lo dedicaba Jesús a relacionarse personalmente con sus semejantes, a entablar las estrechas relaciones con los mortales de este mundo, las cuales tanto caracterizaron sus actividades de estos años inmediatamente precedentes a su ministerio público.

Jesús conoció pues por observación directa, de primera mano y por contacto real, la más elevada civilización material e intelectual del Occidente y del Levante; de Gonod y su brillante hijo mucho aprendió sobre la civilización y la cultura de la India y de la China, porque Gonod, que era ciudadano de la India, había hecho tres largos viajes al imperio de la raza amarilla.

Ganid, el joven, aprendió mucho de Jesús durante esta larga e íntima asociación. Llegaron a tenerse mucho afecto mútuo, y el padre del muchacho trato de persuadir a Jesús en muchas ocasiones de que los acompañara cuando regresaran a la India, pero Jesús siempre rehusó la invitación, alegando que era menester volver a su familia en Palestina.

1. EN JOPE —DISCURSO SOBRE JONÁS

Durante su estadía en Jope, Jesús conoció a Gadía, un intérprete filisteo que trabajaba para un tal Simón, curtidor. Los agentes de Gonod en Mesopotamia habían hecho muchos negocios con este Simón; por eso Gonod y su hijo deseaban visitarlo camino a Cesarea. En el curso de esta visita en Jope, Jesús y Gadía se hicieron buenos amigos. El joven filisteo buscaba la verdad; Jesús era el dador de la verdad. El *era* la verdad para esa generación en Urantia. Cuando un gran buscador de la verdad se encuentra con un gran dador de la verdad, se produce un esclarecimiento grande y liberador nacido de la experiencia de la nueva verdad.

Cierto día cuando, después de la cena, deambulaban Jesús y el joven filisteo por la orilla del mar, Gadía, sin saber que este «escriba de Damasco» era tan versado en las tradiciones hebreas, señaló a Jesús el embarcadero desde el cual supuestamente se había embarcado Jonás en su desafortunado viaje a Tarsis. Al concluir sus comentarios, le pregunto el joven a Jesús: «¿Pero crees tú que el gran pez realmente se tragó a Jonás?» Jesús percibió que esta tradición había influido tremendamente sobre la vida del joven, y que la contemplación de este episodio le había inculcado la idea disparatada de tratar de escapar al deber. Por lo tanto, Jesús nada dijo que pudiera destruir repentinamente los cimientos de las motivaciones actuales de Gadía para la vida práctica. Al responder a su pregunta, Jesús dijo: «Amigo mío, todos nosotros somos como Jonás, con una vida que hemos de vivir de acuerdo con la voluntad de Dios, y cada vez que intentamos escapar al deber que nos impone la vida diaria, fugándonos hacia remotas tentaciones, nos ponemos al instante en las manos de aquellas influencias que no están regidas por los poderes de la verdad ni por las fuerzas de la justicia. Escapar al deber es sacrificar la verdad. Escapar al servicio de la luz y la vida sólo puede conducir a esos penosos conflictos con las difíciles ballenas del egoísmo que llevan a la larga a la oscuridad y la muerte, a menos que estos Jonases que han abandonado a Dios sepan volver su corazón, aun en los momentos en que se encuentren sumergidos en la más profunda desesperación, en procura de Dios y de su bondad. Y cuando tales almas afligidas buscan sinceramente a Dios —hambrientas de verdad y sedientas de justicia— nada podrá retenerlas más en cautiverio. Sea cual fuere el abismo en el que puedan haber caído, cuando buscan la luz de todo corazón, el espíritu del Señor Dios del cielo las librará de su cautiverio; las circunstancias malignas de la vida las arrojarán a la tierra firme de las nuevas oportunidades para un servicio renovado y una vida más sabia».

Mucho conmovió a Gadía la lección de Jesús, y siguieron conversando junto a la orilla del mar hasta muy entrada la noche, y antes de irse a sus respectivos albergues, oraron juntos y el uno por el otro. Este mismo Gadía escucharía posteriormente los sermones de Pedro, convirtiéndose en un profundo creyente en Jesús de Nazaret y celebrando cierta noche, en casa de Dorcas, un memorable debate con Pedro. También tuvo Gadía mucho que ver con la decisión final de Simón, el rico mercader de cueros, de abrazar el cristianismo.

(De acuerdo con el permiso que se nos ha dado, en este relato de la obra personal de Jesús con sus semejantes mortales durante la gira por el Mediterráneo, traduciremos libremente sus palabras a una fraseología corriente usada en Urantia al tiempo de esta presentación).

La última visita de Jesús con Gadía tuvo que ver con una discusión sobre el bien y el mal. Este joven filisteo estaba bastante atribulado por la sensación de injusticia que le producía la presencia del mal conviviendo con el bien en el mundo. Decía: «¿Cómo puede ser que Dios, si es infinitamente bueno, permita que suframos las penas del mal?; después de todo, ¿quién crea el mal?» En aquellos tiempos muchos aún creían que Dios es el creador tanto del bien como del mal, pero Jesús nunca enseñó tal concepto falaz. Al responder a esta pregunta, dijo Jesús: «Hermano mío, Dios es amor; por tanto él debe ser bueno, y su bondad es tan grande y real que no puede contener las cosas pequeñas e irreales del mal. Dios es tan positivamente bueno que absolutamente no hay cabida alguna en él para el mal negativo. El mal es la elección inmadura y el desliz irracional de los que se resisten a la bondad, rechazan la belleza y traicionan la verdad. El mal sólo es la inadaptación de la inmadurez o la influencia disociadora y distorsionadora de la ignorancia. El mal es la oscuridad inevitable que pisa los talones del necio rechazo de la luz. El mal es lo tenebroso y lo falso y, si se le abraza conscientemente y se le endosa voluntariamente, se convierte en pecado.

«Tu Padre celestial, al dotarte de la facultad de elegir entre la verdad y el error, creó el negativo potencial del camino positivo de la luz y la vida; pero tales errores del mal son realmente inexistentes hasta el momento en que una criatura inteligente los quiere existir mediante un acto equivocado al seleccionar él la manera de vivir. Esos males posteriormente son exaltados a la categoría de pecado por elección consciente y deliberada de esa misma criatura obstinada y rebelde. Es por esto que nuestro Padre celestial permite que el bien y el mal marchen uno al lado del otro hasta el fin de la vida, así como la naturaleza permite que el trigo y la cizaña crezcan juntos hasta el momento de la siega». Gadía quedó plenamente satisfecho con la respuesta de Jesús a su pregunta después de la discusión que mantuvieron aclaró en su mente el verdadero significado de estas importantes declaraciones.

2. EN CESAREA

Jesús y sus amigos se quedaron en Cesarea más tiempo del que esperaban porque se descubrió que uno de los aspas gigantes del timón de la nave en la que pensaban embarcarse corría peligro de quebrarse. El capitán decidió permanecer en puerto mientras fabricaban una aspa nueva, y puesto que había escasez de carpinteros hábiles para esta tarea, Jesús se ofreció para ayudar. Por las noches Jesús y sus amigos caminaban por la hermosa muralla que formaba el paseo costanero alrededor del puerto. Ganid se interesó mucho en la explicación de Jesús sobre el sistema de aguas públicas de la ciudad y la técnica por la cual se utilizaban las mareas para lavar las calles y alcantarillas de la ciudad. Mucho impresionó a este joven de la India el templo de Augusto, situado en una elevación y rematado por una estatua colosal del emperador romano. La segunda tarde de su estadía los tres asistieron a una función en el enorme anfiteatro que podía acomodar a veinte mil personas, y esa misma noche fueron a ver un drama griego en el teatro. Fueron éstos los primeros espectáculos de este tipo que Ganid jamás habia presenciado, y mucho le preguntó a Jesús acerca de ellos. Por la mañana del tercer día visitaron formalmente el palacio del gobernador, porque Cesarea era la capital de Palestina y la residencia del procurador romano.

En la posada donde se hospedaban también se alojaba un mercader de Mongolia, y puesto que este hombre del Lejano Oriente hablaba griego bastante bien, Jesús varias veces conversó con él largamente. Este hombre quedó muy impresionado con la filosofía de la vida de Jesús y nunca olvidó sus sabias palabras: «Vivir una vida celestial, mientras está en la tierra, mediante la diaria sumisión a la voluntad del Padre celestial». Este mercader era un taoísta, y por eso había llegado a ser un firme creyente en la doctrina de una Deidad universal. Al regresar a Mongolia, comenzó a enseñar estas verdades avanzadas a sus vecinos y a sus asociados de negocios, y como resultado directo de tales actividades su hijo mayor decidió hacerse sacerdote taoísta. Este joven ejerció una gran influencia al propagar la verdad avanzada durante toda su vida y fue sucedido por un hijo y luego por un nieto quienes asímismo fueron devotamente leales a la doctrina del Dios Único —el Supremo Gobernante del Cielo.

Aunque la rama oriental de la iglesia cristiana primitiva, que tenía su centro en Filadelfia, se atuvo más fielmente a las enseñanzas de Jesús que hicieron los hermanos en Jerusalén, es lamentable que no hubiera un Pedro que fuera a China, o un Pablo que viajara a la India, países en los cuales el terreno espiritual por ese entonces era tan favorable para plantar la semilla del nuevo evangelio del reino. Estas mismas enseñanzas de Jesús, tal como fueron sostenidas por los filadelfianos, habrían suscitado en los pueblos asiáticos tan espiritualmente hambrientos, el mismo interés inmediato e intenso que suscitaran los sermones de Pedro y Pablo en el oeste.

Uno de los jóvenes que cierto día trabajaban con Jesús en la construcción del aspa, se mostró muy interesado en las palabras que él hablaba hora trás hora mientras que trabajaban en el astillero. Al sugerir Jesús que el Padre celestial se interesaba por el bienestar de sus hijos en la tierra, este joven griego, Anaxando, dijo: «Si los Dioses se interesan en mí ¿por qué no alejan al capataz cruel e injusto que está a cargo de este taller?» Se sorprendió cuando Jesús replicó: «Puesto que conoces los caminos de la amabilidad y valoras la justicia, tal vez los Dioses han puesto este hombre equivocado cerca de ti para que le conduzcas por un mejor camino. Tal vez seas tú la sal que ha de hacer a este hermano más agradable para el gusto de todos los demás hombres; es decir, si no has perdido tu sabor. Así como están las cosas, este hombre es tu amo porque sus modos malvados ejercen una influencia desfavorable sobre ti. Por qué no afirmar tu señorío sobre el mal por virtud del poder de la bondad, convirtiéndote así tú en el amo en toda relación entre vosotros dos? Puedo predecir que el bien que hay en ti podría vencer el mal que hay en él si le dieras una oportunidad ecuánime y viva. No hay aventura más apasionante en el curso de la existencia mortal que el regocijo de actuar como socio de la vida material que se une con la energía espiritual y la verdad divina en una de sus luchas victoriosas contra el error y el mal. Es una experiencia maravillosa y transformadora tornarse en el canal viviente de la luz espiritual que ha de iluminar al mortal que permanece en la oscuridad espiritual. Si estás más bendecido con la verdad que este hombre, su necesidad debería ser para ti un desafío. ¡No por cierto eres el cobarde que, parado a la orilla del mar puede mirar como perece un semejante que no sabe nadar! ¡Cuánto más valiosa es el alma de este hombre que se debate en las tinieblas, comparada con su cuerpo que se ahoga en el mar!»

Mucho conmovieron a Anaxando las palabras de Jesús. Poco después le refirió a su jefe lo que Jesús le había dicho, y esa misma noche juntos fueron en busca de Jesús para que los aconsejara sobre el bienestar de sus almas. Con el tiempo, después de que se proclamó en Cesarea el mensaje cristiano, estos dos hombres, uno griego y el otro romano, creyeron en los sermones de Felipe y serían miembros prominentes de la iglesia que él fundó. Más tarde este joven griego fue nombrado el ayudante de un centurión romano, Cornelio, que se hizo creyente a través del ministerio de Pedro. Anaxando continuó ministrando la luz a los que habitaban en las tinieblas hasta los tiempos de la encarcelación de Pablo en Cesarea; entonces pereció por accidente, en la gran matanza de veinte mil judíos, mientras estaba socorriendo a los que sufrían y a los moribundos.

Por esta época Ganid, había empezado a darse cuenta de que su tutor empleaba sus ratos de ocio en este ministerio personal poco común para con sus semejantes, y el joven indio decidió descubrir el motivo de esta actividad incesante. Preguntó: «¿Por qué te ocupas continuamente de hablar con extraños?» Y Jesús respondió: «Ganid, ningún hombre es extraño para el que conoce a Dios. En la experiencia de encontrar al Padre en el cielo descubres que todos los hombres son tus hermanos, y ¿qué tiene de raro que uno se regocije con el encuentro con un hermano recién descubierto? Conocer a nuestros hermanos y hermanas, entender sus problemas y aprender a amarlos, es la suprema experiencia de la vida».

Fue ésta una conversación que duró hasta bien entrada la noche, en el curso de la cual, el joven le pidió a Jesús que le explicara la diferencia entre la voluntad de Dios y ese acto mental humano de elección que también se llama voluntad. En substancia Jesús dijo: la voluntad de Dios es el camino de Dios, el asociarse con la elección de Dios frente a cualquier alternativa potencial. Hacer la voluntad de Dios, por lo tanto, es la experiencia progresiva de llegar a parecerse cada vez más a Dios, y Dios es el origen y el destino de todo lo que es bueno y bello y verdadero. La voluntad del hombre es el camino del hombre, la suma y substancia de lo que el mortal elige ser y hacer. La voluntad es la deliberada elección de un ser autoconsciente que lleva a una decisión-conducta basada en una reflexión inteligente.

Esa tarde Jesús y Ganid se habían divertido jugando con un perro pastor muy inteligente, y Ganid quería saber si el perro tenía alma, si tenía voluntad, y en respuesta a sus preguntas, Jesús dijo: «El perro tiene una mente que puede conocer al hombre material, su amo, pero no puede conocer a Dios, que es espíritu; por lo tanto el perro no posee una naturaleza espiritual y no puede disfrutar de una experiencia espiritual. El perro puede tener una voluntad derivada de la naturaleza y aumentada por el adiestramiento, pero tal poder de la mente no es una fuerza espiritual, ni es comparable a la voluntad humana, porque no es *reflexiva* —no es el resultado de la discriminación de significados más elevados y morales o de la elección de valores espirituales y eternos. Es la posesión de estos poderes de discriminación espiritual y de elección de la verdad lo que hace al hombre mortal un ser moral, una criatura dotada con los atributos de la responsabilidad espiritual y el potencial de la supervivencia eterna». Jesús siguió explicando que es la ausencia de tales poderes mentales lo que hace para siempre imposible al mundo animal desarrollar un lenguaje en el tiempo o experimentar algo que se parezca a la supervivencia de la personalidad en la eternidad. Como resultado de la lección de esto día, Ganid no creyó nunca más en la transmigración de las almas humanas a los cuerpos de los animales.

Al día siguiente Ganid discutió de todo esto con su padre, y fue en respuesta a una pregunta de Gonod que Jesús explicó que «las voluntades humanas que están tan sólo dedicadas a tomar decisiones temporales relativas a los problemas materiales de la existencia animal, están condenadas a perecer en el tiempo. Las que toman sinceras decisiones morales y elecciones espirituales incondicionadas se van así identificando progresivamente con el espíritu residente y divino, y por esto están transformándose así cada vez más en los valores de la supervivencia eterna: progresión interminable de servicio divino».

Fue este mismo día que oímos por primera vez esa verdad monumental que, puesta en términos modernos, significaría: «La voluntad es esa manifestación de la mente humana que capacita a la conciencia subjetiva a expresarse objetivamente y a experimentar el fenómeno de aspirar a ser semejante a Dios». Y es en este mismo sentido, en que todo ser humano reflexivo y de mente espiritual puede llegar a ser *creativo*.

3. EN ALEJANDRÍA

La estadía en Cesarea había estado plena de acontecimientos; cuando estuvo listo el barco, Jesús y sus dos amigos zarparon hacia Alejandría en Egipto un día al mediodía.

La travesía fue sumamente agradable para los tres. Ganid estaba encantado con el viaje y mantenía a Jesús ocupado contestando a sus preguntas. Según se acercaban al puerto de la ciudad, el joven se emocionó al ver el gran faro de Faros, situada en la isla que Alejandro había unido por un malecón con la tierra firme, creando de este modo dos magníficos puertos y haciendo por tanto de Alejandría la encrucijada de las rutas comerciales marítimas de África, Asia y Europa. Este gran faro era una de las siete maravillas del mundo, y fue el precursor de todos los faros subsiguientes. Se levantaron temprano por la mañana para contemplar este formidable dispositivo salvavidas creado por el hombre, y en medio de las exclamaciones de Ganid, Jesús dijo: «Y tú, hijo mío, serás como este faro cuando regreses a la India, aun cuando tu padre ya no sea; llegarás a ser la luz de vida para los que estén a tu alrededor en la oscuridad, mostrando a todo el que lo desee el camino seguro para llegar al puerto de la salvación». Apretándole la mano a Jesús, Ganid le dijo: «Lo seré».

Nuevamente anotamos que los primeros maestros de la religión cristiana cometieron un grave error al concentrarse tan exclusivamente en la civilización occidental del mundo romano. Las enseñanzas de Jesús como las observaban los creyentes de Mesopotamia en el siglo primero, habrían sido recibidas prontamente por los diversos grupos de religionistas asiáticos.

A las cuatro horas de desembarcar ya estaban instalados cerca del extremo oriental de la larga y amplia avenida, de unos treinta metros de ancho y ocho kilómetros de largo, que cruzaba esta ciudad de un millón de habitantes hasta sus límites occidentales. Después de recorrer a vuelo de pájaro las principales atracciones de la ciudad —la universidad (el museo), la biblioteca, el mausoleo imperial de Alejandro, el palacio, el templo de Neptuno, el teatro y el gimnasio— Gonod se dedicó a sus negocios mientras Jesús y Ganid fueron a la biblioteca, la más grande del mundo. Había aquí cerca de un millón de manuscritos de todo el mundo civilizado: Grecia, Roma, Palestina, Partia, India, China e incluso el Japón. En esta biblioteca Ganid vio la colección más grande de literatura india de todo el mundo; y durante toda su estadía en Alejandría pasaban ellos un rato en este lugar todos los días. Jesús le contó a Ganid que las escrituras hebreas habían sido traducidas al griego en este lugar. Mucho hablaron de todas las religiones del mundo, esforzándose Jesús en señalar a esta mente joven la verdad que se podía encontrar en cada una, añadiendo siempre: «Pero Yahvé es el Dios que fue desarrollado de las revelaciones de Melquisedek y del pacto con Abraham. Los judíos fueron la progenie de Abraham y posteriormente ocuparon la misma tierra donde Melquisedek había vivido y enseñado, y desde la cual envió maestros a todo el mundo; y su religión finalmente representó un reconocimiento más claro del Señor Dios de Israel como Padre Universal en el cielo que ninguna otra religión del mundo».

Bajo la dirección de Jesús, Ganid hizo una recopilación de las enseñanzas de todas las religiones del mundo que reconocían una Deidad Universal, aunque pudieran otorgar mayor o menor reconocimiento también a deidades subordinadas. Después de mucha discusión, Jesús y Ganid decidieron que los romanos no tenían ningún Dios verdadero en su religión, que su religión era poco más que el culto al emperador. Llegaron a la conclusión de que los griegos habían desarrollado una filosofía, pero difícilmente una religión con un Dios personal. Descartaron los cultos de misterio debido a la confusión de su multiplicidad, y a que los variados conceptos de Deidad parecían derivarse de otras religiones y de las religiones más antiguas.

Aunque estas traducciones fueron hechas en Alejandría, Ganid no arregló estas selecciones y les añadió sus propias conclusiones personales en forma final, sino hasta cerca del fin de su estadía en Roma. Mucho le sorprendió descubrir que los mejores autores del mundo de literatura sagrada, todos reconocían más o menos claramente la existencia de un Dios eterno y concordaban respecto al carácter de este Dios y su relación con el hombre mortal.

Jesús y Ganid pasaron mucho tiempo en el museo durante su estadía en Alejandría. Este museo no era una colección de objetos raros, sino más bien una universidad de bellas artes, ciencia y literatura. Profesores eruditos dictaban clases diarias allí, y en aquellos tiempos éste era el centro intelectual del mundo occidental. Todos los días Jesús interpretaba las conferencias para Ganid; cierto día durante la segunda semana el joven exclamó: «Maestro Josué, sabes más que estos profesores; debes levantarte y decirles las grandes cosas que me has enseñado; están obnubilados por pensar demasiado. Yo hablaré con mi padre para que así lo disponga». Jesús sonrió y le dijo: «Eres un alumno admirador, pero estos maestros no están dispuestos a que tú y yo les enseñemos nada. El orgullo de la erudición no espiritualizada es cosa traicionera en la experiencia humana. El verdadero maestro mantiene su integridad intelectual tan sólo si sigue siendo un aprendiz».

Alejandría era el crisol de las culturas del Occidente y la ciudad más grande y magnífica del mundo después de Roma. Aquí estaba la sinagoga judía más grande del mundo, el asiento del gobierno del sanedrín alejandrino, los setenta ancianos dirigentes.

Entre los muchos hombres con quienes Gonod hizo transacciones mercantiles había cierto banquero judío, Alejandro, cuyo hermano, Filón, era un famoso filósofo religioso de esa época. Filón estaba empeñado en la laudable pero extremadamente difícil tarea de armonizar la filosofía griega con la teología hebrea. Ganid y Jesús conversaron mucho acerca de las enseñanzas de Filón y esperaban asistir a algunas de sus conferencias, pero durante todo el período de su estadía en Alejandría este famoso judío helenista yacía en cama, enfermo.

Mucho había en la filosofía griega y en la doctrina de los estoicos que Jesús recomendó a Ganid, pero le inculcó al muchacho la verdad de que estos sistemas de creencia, así como las enseñanzas de las doctrinas indefinidas de algunos de su propio pueblo, eran religiones sólo en el sentido de que conducían a los hombres a encontrar a Dios y a disfrutar la experiencia viviente de conocer al Eterno.

4. EL DISCURSO SOBRE LA REALIDAD

La noche antes de su partida de Alejandría, Ganid y Jesús tuvieron una larga conversación con uno de los profesores de gobierno en la universidad. El profesor dio una conferencia sobre las doctrinas de Platón. Jesús actuó de intérprete para el erudito maestro griego, pero sin contribuir ninguna enseñanza propia para refutar la filosofía griega. Gonod se encontraba fuera de la casa esa noche, ocupado en asuntos de negocios; por consiguiente, después de la partida del profesor, el maestro y su discípulo tuvieron un largo y abierto diálogo sobre las doctrinas de Platón. Si bien Jesús prestó una aprobación limitada a algunas de las enseñanzas griegas sobre la teoría de que las cosas materiales del mundo eran tan sólo reflejos vagos de realidades espirituales invisibles pero más substanciales, intentaba establecer cimientos más sólidos para el pensamiento del joven; por eso se embarcó en una larga disertación sobre la naturaleza de la realidad en el universo. En substancia y en expresión moderna Jesús dijo a Ganid:

El origen de la realidad universal es el Infinito. Las cosas materiales de creación finita son las repercusiones espacio-temporales del Modelo Paradisiaco y de la Mente Universal del Dios eterno. La causación en el mundo físico, la autoconciencia en el mundo intelectual, y el yo progresivo en el mundo espiritual —estas realidades, proyectadas a escala universal, combinadas en conexión eterna, y experienciadas con perfección de cualidad y divinidad de valor— constituyen la *realidad del Supremo.* Pero en el universo siempre cambiante la Personalidad Original de la causación, la inteligencia y la experiencia espiritual es inmutable y absoluta. Todas las cosas, incluso en un universo eterno de valores ilimitados y cualidades divinas, pueden cambiar, y a menudo cambian, excepto los Absolutos y aquello que haya alcanzado el estado físico, la adopción intelectual o la identidad espiritual que es absoluto.

El más alto nivel al cual puede llegar una criatura finita es el reconocimiento del Padre Universal y el conocimiento del Supremo. Aun entonces tales seres con destino de finalidad siguen experienciando cambios en los movimientos del mundo físico y en sus fenómenos materiales. Asímismo permanecen conscientes de la progresión del yo en su continua ascensión del universo espiritual y de conciencia cada vez mayor en su apreciación cada vez más profunda del cosmos intelectual, y su reacción al mismo. Sólo en la perfección, armonía y unanimidad de la voluntad puede la criatura llegar a ser una con el Creador; y tal estado de divinidad sólo se puede alcanzar y mantener mediante el continuo vivir de la criatura en el tiempo y en la eternidad conformando constantemente su voluntad personal y finita a la voluntad divina del Creador. Siempre debe ser supremo en el alma y dominar en la mente de un hijo ascendente de Dios el deseo de hacer la voluntad del Padre.

Jamás podrá un tuerto visualizar la profundidad de la perspectiva. Igualmente no podrán los materialistas científicos tuertos ni los místicos y alegoristas espirituales tuertos visualizar correctamente ni comprender adecuadamente las verdaderas profundidades de la realidad del universo. Todos los valores auténticos de la experiencia de la criatura se ocultan en la profundidad del reconocimiento.

La causación sin mente no puede desarrollar lo refinado y lo complejo a partir de lo burdo y lo simple, tampoco puede la experiencia sin espíritu evolucionar los caracteres divinos de eterna supervivencia a partir de las mentes materiales de los mortales del tiempo. El único atributo del universo que caracteriza de manera tan exclusiva a la Deidad infinita es la inacabable dotación creadora de la personalidad que puede sobrevivir en un progresivo logro de la Deidad.

La personalidad es esa dote cósmica, esa fase de la realidad universal, que puede coexistir con cambios ilimitados y al mismo tiempo conservar su identidad en la presencia misma de todos estos cambios, y para siempre después.

La vida es una adaptación de la causación cósmica original a las demandas y posibilidades de las situaciones universales, y llega a existir por medio de la acción de la Mente Universal y de la activación por la chispa espiritual de Dios que es espíritu. El significado de la vida es su adaptabilidad, el valor de la vida es su capacidad de progresar —incluso hasta las alturas de la conoscientización de Dios.

La mala adaptación de la vida autoconsciente al universo produce la desarmonía cósmica. La divergencia final de la voluntad de la personalidad a partir de las tendencias de los universos, termina en el aislamiento intelectual y la segregación de la personalidad. La pérdida del espíritu conductor residente se sobreviene en forma de cesación espiritual de la existencia. Por consiguiente, la vida inteligente y progresiva es en sí misma y por sí misma prueba incontrovertible de la existencia de un universo con un fin determinado que expresa la voluntad de un Creador divino. Y esta vida, en su conjunto, lucha por alcanzar valores más altos, siendo su meta final el Padre Universal.

Sólo en cuestión de grado es la mente del hombre superior a la del nivel animal, aparte de las ministraciones más elevadas y cuasiespirituales del intelecto. Por lo tanto los animales (careciendo de la facultad de adoración y de sabiduría) no pueden experimentar la superconciencia, la conciencia de la conciencia. La mente animal sólo tiene conciencia del universo objetivo.

El conocimiento es la esfera de la mente material o discernidora de los hechos. La verdad es el dominio del intelecto espiritualmente dotado que está consciente de conocer a Dios. El conocimiento se puede demostrar; la verdad se experimenta. El conocimiento es una posesión de la mente; la verdad una experiencia del alma, del yo en progresión. El conocimiento es una función del nivel no espiritual; la verdad es una fase del nivel mental-espiritual de los universos. El ojo de la mente material percibe un mundo de conocimiento sobre los hechos; el ojo del intelecto espiritualizado discierne un mundo de valores verdaderos. Estos dos puntos de vista, sincronizados y armonizados, revelan el mundo de la realidad, en el cual la sabiduría interpreta los fenómenos del universo en términos de la experiencia personal progresiva.

El error (el mal) es el castigo de la imperfección. Las cualidades de imperfección o los hechos de una falsa adaptación se revelan en el nivel material mediante la observación crítica y el análisis científico; en el nivel moral, por la experiencia humana. La presencia del mal constituye la prueba de las imprecisiones de la mente y de la falta de madurez del yo evolutivo. El mal es, por lo tanto, también una medida de la imperfección en la interpretación del universo. La posibilidad de cometer errores es inherente a la adquisición de la sabiduría, el esquema de progreso desde lo parcial y lo temporal a lo completo y lo eterno, desde lo relativo e imperfecto a lo final y perfeccionado. El error es la sombra del estado relativo de lo incompleto, que necesariamente debe caer sobre la senda ascendente universal del hombre hacia la perfección del Paraíso. El error (el mal) no es una cualidad real en el universo; es simplemente la observación de una relatividad en el hecho de que la imperfección de lo finito y los niveles ascendentes del Supremo y el Último están relacionados.

Aunque Jesús dijo todo esto al joven en el idioma más apropiado para su comprensión, al fin de la exposición Ganid tenía los párpados pesados y pronto cayó presa del sueño. A la mañana siguiente se levantaron temprano para subir al barco rumbo a Lasea en la isla de Creta. Pero antes de embarcarse, el mancebo aún tenía otras preguntas por hacer acerca del mal, a las cuales Jesús replicó:

El mal es un concepto de la relatividad. Surge de la observación de las imperfecciones que aparecen en la sombra proyectada por un universo finito de cosas y seres a medida que tal cosmos oscurece la luz viviente de la expresión universal de las realidades eternas del Único Infinito.

El mal potencial es inherente al estado necesariamente incompleto de la revelación de Dios como expresión espacio-temporalmente limitada de la infinitud y la eternidad. El hecho de lo parcial en presencia de lo completo constituye la relatividad de la realidad, crea la necesidad de la elección intelectual, y establece niveles de valor de reconocimiento y respuesta espiritual. El concepto incompleto y finito del Infinito mantenido por la mente temporal y limitada de la criatura es, en sí mismo y por sí mismo, *mal potencial*. Pero el error cada vez mas amplio de la deficiencia injustificada en una rectificación espiritual razonable de estas desarmonías intelectuales e insuficiencias espirituales originalmente inherentes, equivale a la realización del *mal actual*, es decir, el mal ya no potencial.

Todos los conceptos estáticos, muertos, son potencialmente malignos. La sombra finita de la verdad relativa y viviente está en continuo movimiento. Los conceptos estáticos invariablemente atrasan la ciencia, la política, la sociedad y la religión. Los conceptos estáticos pueden representar cierto conocimiento, pero les falta sabiduría y están desprovistos de verdad. Pero no permitas que el concepto de relatividad tanto te desoriente que no puedas reconocer la coordinación del universo bajo la guía de la mente cósmica, y su control estabilizado por la energía y el espíritu del Supremo.

5. EN LA ISLA DE CRETA

Los viajeros no tenían más que un propósito al ir a Creta, y ése era distraerse, pasear por la isla y escalar las montañas. Los cretenses de esa época no disfrutaban de una reputación envidiable entre los pueblos vecinos. No obstante, Jesús y Ganid ganaron muchas almas para los niveles más elevados del pensamiento y de la vida, estableciendo así los cimientos que permitieron la rápida recepción de las enseñanzas evangélicas posteriores cuando llegaron los primeros predicadores de Jerusalén. Jesús amaba a estos cretenses, pese a las duras palabras con que Pablo más tarde se referiría a ellos, cuando posteriormente envió a Tito a la isla para reorganizar sus iglesias.

En las montañas de Creta, tuvo Jesús su primera larga conversación con Gonod sobre la religión. Y el padre quedó muy impresionado, diciendo: «No me extraña que el chico crea todo lo que le dices; pero yo no sabía que existiese tal religión en Jerusalén, mucho menos en Damasco». Fue durante la estadía en la isla cuando Gonod por primera vez propuso a Jesús que fuera con ellos a la India, y Ganid estaba encantado con el pensamiento de que Jesús pudiera consentir a tal arreglo.

Cierto día, al preguntarle Ganid a Jesús por qué no se dedicaba a enseñar públicamente, le respondió: «Hijo mío, todo ha de aguardar su hora. Naces en el mundo, pero no hay ansiedad ni manifestación de impaciencia capaces de hacerte crecer. En todos estos asuntos, hay que darle tiempo al tiempo. Sólo el tiempo madurará la fruta verde en el árbol. Una estación sucede a la otra, y el atardecer sigue al amanecer sólo con el paso del tiempo. Ahora estoy yo camino a Roma con tu padre y contigo, y eso es suficiente por hoy. Mi mañana esta totalmente en las manos de mi Padre en el cielo». Y procedió Jesús luego relatándole a Ganid la historia de Moisés y de sus cuarenta años de vigilante espera y continua preparación.

Una cosa sucedió en una visita a Buenos Puertos que Ganid nunca olvidó; el recuerdo de este episodio siempre le hacía desear que pudiera hacer algo para cambiar el sistema de castas de su India natal. Un ebrio degenerado estaba atacando a una joven esclava en la carretera pública. Al ver Jesús el apuro de la muchacha, se abalanzó hacia ellos, rescatando a la doncella del asalto del loco. Mientras la niña empavorecida se asía de él, Jesús mantenía al hombre enloquecido a una distancia prudencial con su poderoso brazo derecho extendido, hasta que el pobre tipo quedó poco a poco agotado de tanto lanzar golpes furiosos en el aire. Ganid sentía un fuerte impulso de ayudar a Jesús en manejar este incidente, pero su padre se lo prohibió. Aunque no hablaban el idioma de la muchacha, ella podía entender su acto de misericordia y manifestó claramente su gratitud de alma mientras los tres la acompañaban hasta su casa. Fue éste tal vez lo más parecido a un tropiezo personal con un semejante que Jesús hubiera tenido a lo largo de toda su vida en la carne. Pero esa tarde le costó bastante hacerle entender a Ganid por qué no había golpeado al borracho. Según Ganid hubiera sido justo golpear a este hombre por lo menos tantas veces como había golpeado a la joven.

6. EL JOVEN QUE TENÍA MIEDO

Mientras estaban en las montañas, Jesús tuvo una larga conversación con un joven que estaba temeroso y abatido. No pudiendo encontrar consuelo y coraje en la relación con sus semejantes, este joven había buscado la soledad de las colinas; había crecido con un sentimiento de desamparo e inferioridad. Estas tendencias naturales se habían visto acrecentadas por las numerosas circunstancias difíciles que el muchacho había experimentado al crecer, especialmente la pérdida de su padre cuando el niño contaba doce años de edad. Al encontrarse, Jesús le dijo: «¡Saludos, amigo mío!, ¿por qué tan triste en un día tan hermoso? Si algo ha pasado para fligirte, tal vez pueda yo ofrecerte alguna ayuda. En todo caso, es para mi un placer ofrecer mis servicios».

El joven parecía no querer hablar, entonces Jesús probó otra manera para llegar al alma del muchacho, diciendo: «Comprendo que te acercas a estas colinas para escaparte de la gente; por eso es natural que no quieras conversar conmigo; pero me gustaría saber si conoces bien estas colinas, ¿conoces la dirección de los senderos? ¿Puedes acaso indicarme cómo mejor encontrara mi camino a Fénix?» Ahora bien, este joven conocía muy bien estas montañas y se interesó mucho por mostrar a Jesús el camino para ir a Fénix, hasta tal punto que dibujó en la tierra todos los senderos, explicándole todo detalle. Pero se sorprendió y se llenó de curiosidad cuando Jesús, después de decir adiós y de hacer como si se estuviera yendo, se volvió repentinamente hacia él diciéndole: «Bien sé que deseas quedarte a solas con tu desconsuelo; pero no sería ni amable ni justo de mi parte, recibir tan generosa ayuda de ti en cuanto al mejor camino para llegar a Fénix y luego sin pensar seguir de largo sin hacer el menor esfuerzo por responder a tu implorante pedido de ayuda y orientación para encontrar la mejor ruta hacia el destino que buscas en tu corazón mientras pasas tu tiempo aquí en las colinas. Así como conoces tan bien las sendas que conducen a Fénix, por haberlas recorrido muchas veces, conozco yo el camino a la ciudad de tus decepcionadas esperanzas y de tus ambiciones incumplidas. Puesto que me has pedido ayuda, no te desilusionaré». El joven estaba casi sobrecogido; apenas si pudo balbucear: «Pero —no te pedí nada—». Y Jesús poniéndole suavemente la mano en el hombro, le dijo: «No, hijo, nada pediste con palabras, pero supiste hablar a mi corazón con tu mirada anhelosa. Hijo mío, para él que ama a sus semejantes es fácil ver una elocuente súplica de ayuda en tu actitud de desaliento y desesperación. Siéntate a mi lado, y te diré de las sendas de servicio y de los caminos de la felicidad que conducen de las penas del yo a las alegrías de las acciones de amor dentro de la hermandad de los hombres y en el servicio del Dios en el cielo».

Ya a esta altura el joven sentía muchos deseos de hablar con Jesús, y cayó a sus pies de rodillas implorando a Jesús que lo ayudara, que le mostrara el camino para escapar de su mundo de pena y derrota personales. Jesús le dijo: «Amigo mío, ¡levántate! ¡Ponte de pie como un hombre! Puede que te rodeen enemigos insignificantes y que muchos obstáculos obstruyan tu marcha, pero las grandes cosas y las cosas reales de este mundo y del universo están de tu parte. El sol sale todas las mañanas para saludarte a ti como al hombre más poderoso y próspero de la tierra. Mira —tienes un cuerpo fuerte y músculos poderosos— tu físico es mejor que el del hombre promedio. Por supuesto, prácticamente no sirve para nada mientras te quedes sentado aquí en las montañas, lamentándote de tus infortunios, reales o inventados. Pero podrías hacer grandes cosas con tu cuerpo si te apuraras adonde hay grandes cosas por hacer. Tratas de huir de tu ser infeliz; pero eso no puede ocurrir. Tanto tú como tus problemas del vivir son reales; no podrás escapar de ellos mientras estés vivo. Pero, piensa otra vez, verás que tu mente es clara y capaz. Tu cuerpo robusto tiene una mente inteligente que lo dirige. Pon tu mente a trabajar para resolver sus problemas; enseña a tu intelecto a que trabaje para ti; no te dejes más dominar por el temor, como si fueras un animal que no piensa. Tu mente debe ser tu aliado valiente para la solución de los problemas de tu vida en vez de ser tú, como lo has sido, su abyecto esclavo atemorizado, siervo de la depresión y la derrota. Pero lo más valioso de todo, tu potencial para del logro verdadero, es el espíritu que vive dentro de ti, que estimulará e inspirará tu mente para que se controle a sí misma y active a tu cuerpo, si lo liberas de las cadenas del temor, permitiendo así que tu naturaleza espiritual comience a liberarte de los males de la inacción mediante el poder-presencia de la fe viviente. Verás entonces que esta fe derrotará el miedo a los hombres mediante la presencia apremiante del nuevo y tododominante *amor por tus semejantes* que pronto llenará tu alma hasta rebasarla gracias a la conciencia que habrá nacido en tu corazón de que eres un hijo de Dios.

«Este día, hijo mío, renacerás, restablecido como hombre de fe, coraje y dedicado servicio al hombre, para la gloria de Dios. Y cuando te hayas reajustado así con la vida dentro de ti, también te habrás reajustado con el universo; habrás vuelto a nacer —nacer del espíritu— y de ahí en adelante toda tu vida será de logro victorioso. Los problemas aumentarán tu vigor; la desilusión te servirá de acicate; las dificultades serán un desafío; los obstáculos, un estímulo. ¡Levántate pues, joven! Dile adiós a la vida de terrores humillantes y de evasiva cobardía. Corre, regresa al deber y vive tu vida en la carne como un hijo de Dios, como un mortal dedicado al servicio ennoblecedor del hombre en la tierra, destinado al excelso y eterno servicio de Dios en la eternidad».

Este joven, Fortunato, se convertiría posteriormente en el líder de los cristianos en Creta y el íntimo asociado de Tito en su labor de elevación de los creyentes cretenses.

Los viajeros se sentían refrescados y realmente descansados cuando al mediodía de cierto día se dispusieron a zarpar hacia Cartago, al norte de África. Hicieron una escala de dos días en Cirene. Fue aquí donde Jesús y Ganid le prestaron servicios de primeros auxilios a un mancebo llamado Rufo que había resultado lesionado por la rotura de una carreta de bueyes cargada. Lo llevaron a la casa de su madre, y su padre, Simón, jamás podría haber imaginado que el hombre cuya cruz él cargaría en el futuro por orden de un soldado romano era el mismo extranjero que cierta vez le ofreciera amistad a su hijo.

7. EN CARTAGO —EL DISCURSO SOBRE EL TIEMPO Y EL ESPACIO

La mayor parte del tiempo en ruta hacia Cartago, Jesús conversó con sus compañeros de viaje sobre temas sociales, políticos y comerciales; casi nada se dijo sobre religión. Por primera vez Gonod y Ganid descubrieron que Jesús era un buen narrador, y le mantuvieron ocupado contándoles anécdotas de su vida en Galilea. También se enteraron que él se había criado en Galilea y no en Jerusalén ni en Damasco.

Cuando Ganid, habiendo notado que la mayoría de las personas con quienes se encontraban por casualidad se sentían atraídas por Jesús, preguntó que podía hacer uno para ganar amigos, su maestro le dijo: «Interésate por tus semejantes; aprende a amarlos y aguarda la oportunidad de hacer algo por ellos, algo que estás seguro de que ellos lo quieren» y luego citó el antiguo proverbio judío: «Un hombre que quiere tener amigos debe mostrarse amistoso».

En Cartago tuvo Jesús una larga conversación memorable con un sacerdote mitraísta sobre la inmortalidad, sobre el tiempo y la eternidad. Este persa se había educado en Alejandría, y realmente deseaba aprender de Jesús. Puesto en palabras de hoy, he aquí en sustancia lo que Jesús respondió a sus muchas preguntas:

El tiempo es la corriente de los acontecimientos temporales percibidos por la conciencia de la criatura. Tiempo es un nombre dado al orden de sucesión por el cual los eventos se reconocen y segregadan. El universo del espacio es un fenómeno relacionado con el tiempo siempre y cuando se le observe desde cualquier posición interior, fuera de la morada fija del Paraíso. El movimiento del tiempo sólo se revela en relación con algo que no se mueve en el espacio, como un fenómeno temporal. En el universo de universos, el Paraíso y sus Deidades trascienden tanto el tiempo como el espacio. En los mundos habitados, la personalidad humana (habitada y orientada por el espíritu del Padre del Paraíso) es la única realidad físicamente relacionada que puede trascender la secuencia material de los eventos temporales.

Los animales no perciben el tiempo como lo hace el hombre; e incluso para el hombre, debido a su visión seccional y circunscrita, el tiempo aparece como una sucesión de acontecimientos; pero según el hombre asciende, según progresa hacia adentro, la visión en aumento de esta procesión de acontecimientos es tal que cada vez más se la discierne en su totalidad. Lo que anteriormente aparecía como una sucesión de acontecimientos se verá ahora como un ciclo completo y perfectamente relacionado; de este modo la simultaneidad circular desplazará cada vez más la conciencia anterior de una secuencia lineal de los eventos.

Hay siete conceptos diferentes del espacio según está condicionado por el tiempo. El espacio se mide por el tiempo, no el tiempo por el espacio. La confusión del científico surge del fracaso de reconocer la realidad del espacio. El espacio no es meramente un concepto intelectual de la variación en la relación entre los objetos del universo. El espacio no está vacío, y la única cosa que el hombre conoce que puede llegar a trascender aun parcialmente el espacio es la mente. La mente puede funcionar independientemente del concepto de que los objetos materiales están relacionados con el espacio. El espacio es relativa y comparativamente finito para todos los seres del estado de las criaturas. Cuanto más se acerca la conciencia al conocimiento de las siete dimensiones cósmicas, tanto más el concepto de espacio potencial se acerca a la ultimidad. Pero el potencial del espacio es realmente último tan sólo en el nivel absoluto.

Debe ser evidente que la realidad universal tiene un significado cada vez más extenso y siempre relativo en los niveles ascendentes y de perfeccionamiento del cosmos. Últimamente, los mortales supervivientes alcanzan la identidad en un universo septidimensional.

El concepto espacio-temporal de una mente de origen material está destinado a pasar por sucesivas ampliaciones según la personalidad consciente y pensante asciende los niveles del universo. Cuando el hombre alcanza la mente intermedia entre los planos material y espiritual de la existencia, sus ideas del tiempo-espacio se expandirán enormemente tanto en lo que respecta a la calidad de la percepción como a la cantidad de la experiencia. Los conceptos cósmicos cada vez más amplios de una personalidad espiritual que está avanzando se deben al aumento tanto en la profundidad del discernimiento como en el alcance de la conciencia. A medida que la personalidad procede, hacia arriba y hacia dentro, a los niveles trascendentales de la semejanza de la Deidad, el concepto del espacio-tiempo se acercará cada vez más a los conceptos, sin tiempo y sin espacio, de los Absolutos. Relativamente, y de acuerdo con el logro trascendental, estos conceptos del nivel absoluto han de ser contemplados por los hijos de destino último.

8. EN EL CAMINO A NEÁPOLIS Y ROMA

La primera escala camino a Italia fue en la isla de Malta. Aquí Jesús tuvo una larga conversación con un joven desalentado y descorazonado llamado Claudo. Este muchacho había contemplado quitarse la vida, pero después de conversar con el escriba de Damasco, dijo: «Voy a enfrentar la vida como un hombre; ya basta con hacer el papel de cobarde. Voy a volver con mi gente y empezar de nuevo». Poco tiempo después, él se convertiría en un predicador entusiasta de los cínicos, y más tarde se uniría a Pedro para proclamar el cristianismo en Roma y en Neápolis, y después de la muerte de Pedro fue a España a predicar el evangelio. Pero nunca supo que el hombre que lo inspirara en la isla de Malta era el mismo Jesús a quien posteriormente proclamaría el Libertador del mundo.

Pasaron una semana completa en Siracusa. El evento más notable de esta escala fue la rehabilitación de Esdras, el judío descarriado, que era el tabernero del lugar donde Jesús y sus compañeros se hospedaban. Esdras estaba encantado de que Jesús le abordó y él le pidió que lo ayudara a volver a la fe de Israel. Expresó su desesperanza diciendo: «Quiero ser un verdadero hijo de Abraham, pero no consigo encontrar a Dios». Jesús le dijo: «Si realmente quieres encontrar a Dios, ese deseo es en sí prueba de que ya lo has encontrado. Tu problema no es que no puedas encontrar a Dios, porque el Padre ya te ha encontrado a ti; tu problema es simplemente que no conoces a Dios. ¿Acaso no has leído las palabras del profeta Jeremías: 'me buscaréis y me hallaréis cuando me busquéis de todo vuestro corazón'? Acaso no dice también este mismo profeta: 'y te daré corazón para que me conozcas que yo soy el Señor y tú pertenecerás a mi pueblo, y yo seré tu Dios'? ¿Y no has leído en las escrituras donde dice: 'Él mira a los hombres, y si alguno dijere: he pecado y he pervertido lo que era justo, y no me ha aprovechado, entonces Dios librará el alma de ese hombre de la oscuridad, y verá la luz'?» Así Esdras encontró a Dios para satisfacción de su alma. Posteriormente, este judío, en sociedad con un próspero prosélito griego, construyó la primera iglesia cristiana en Siracusa.

En Mesana se detuvieron un solo día, pero lo suficiente para cambiar la vida de un muchacho, un vendedor de frutas, a quien Jesús le compró frutas y a su vez alimentó con el pan de la vida. El muchacho no olvidaría jamás las palabras de Jesús y la bondadosa mirada que las acompañó cuando, apoyando la mano sobre el hombro del muchacho, le dijo: «Adiós, hijo mío, sé valiente mientras te haces hombre, y después de alimentar el cuerpo aprende también a alimentar el alma. Mi Padre que está en el cielo estará contigo y te guiará». El muchacho se hizo devoto de la religión mitraíca y posteriormente se convirtió a la fe cristiana.

Finalmente llegaron a Neápolis, ya sintiendo que se estaban acercando a su destino final, Roma. Gonod tenía muchas transacciones de negocios en Neápolis, y aparte del tiempo en que Jesús era necesitado como intérprete, él y Ganid dedicaban los ratos libres a visitar y explorar la ciudad. Ganid se estaba haciendo adepto en detectar a aquellos que parecían necesitar ayuda. Encontraron mucha pobreza en esta ciudad y distribuyeron muchas limosnas. Pero Ganid nunca comprendió el significado de las palabras de Jesús cuando, después de darle una moneda a un mendigo, se negó a detenerse y consolar al hombre. Jesús dijo: «Por qué gastar palabras con los que no pueden percibir el significado de lo que dices? El espíritu del Padre no puede enseñar y salvar a alguien que no tiene capacidad para la filiación». Lo que Jesús quiso decir era que el hombre no era de mente normal; que carecía de la facultad de reacción a la guía espiritual.

No ocurrió ninguna experiencia especial en Neápolis; Jesús y el joven recorrieron toda la ciudad, repartiendo buenos augurios y sonrisas a cientos de hombres, mujeres y niños.

De aquí siguieron hacia Roma por el camino de Capua, donde permanecieron tres días antes de seguir viaje. Por la vía Apia anduvieron a buen paso junto a sus animales de carga en dirección a Roma, ansiosos los tres de ver esta reina del imperio y la ciudad más grande del mundo.

DOCUMENTO 131

LAS RELIGIONES DEL MUNDO

DURANTE la estadía de Jesús, Gonod y Ganid en Alejandría, el joven pasó buena parte de su tiempo y gastó no poco dinero de la fortuna de su padre recopilando las enseñanzas de las religiones del mundo sobre Dios y sus relaciones con el hombre mortal. Ganid empleó más de tres veintenas de traductores eruditos en la redacción de este resumen de las doctrinas religiosas del mundo relativas a las deidades. Debe aclararse que en este escrito todas estas enseñanzas que describen el monoteísmo provenían en gran medida, directa o indirectamente, de la predicación de los misioneros de Maquiventa Melquisedek, quienes partieron de su sede en Salem para divulgar la doctrina de un Dios único —el Altísimo— hasta los confines de la tierra.

Presentamos aquí un resumen del manuscrito de Ganid, que preparó en Alejandría y en Roma, y que fue preservado en la India por centenares de años después de su muerte. Organizó este material bajo los diez epígrafes siguientes:

1. CINISMO

Los residuos de las enseñanzas de los discípulos de Melquisedek, con excepción de las que sobrevivieron en la religión judía, se preservaron de la mejor manera en las doctrinas de los cínicos. La selección de Ganid abarca lo siguiente:

«Dios es supremo; es el Altísimo del cielo y de la tierra. Dios es el círculo perfeccionado de la eternidad, y rige el universo de los universos. Él es el único hacedor de los cielos y de la tierra. Cuando decreta una cosa, esa cosa es. Nuestro Dios es un Dios único, y es compasivo y misericordioso. Todo lo que es elevado, santo, verdadero y bello es semejante a nuestro Dios. El Altísimo es la luz del cielo y de la tierra; él es el Dios del este, el oeste, el norte y el sur.

«Aun si la tierra hubiera de perecer, la faz resplandeciente del Supremo permanecería en majestad y gloria. El Altísimo es el primero y el último, el principio y el fin de todo. No hay sino un solo Dios y su nombre es la Verdad. Dios es autoexistente, y carece de toda ira y enemistad; es inmortal e infinito. Nuestro Dios es omnipotente y generoso. Si bien tiene muchas manifestaciones, adoramos solamente a Dios mismo. Dios lo sabe todo: nuestros secretos y nuestras proclamaciones; conoce también lo que cada uno de nosotros merece. Su poder es igual a todas las cosas.

«Dios es un dador de paz y protector fiel de todos los que le temen y en él confían. Da salvación a todos los que le sirven. Toda la creación existe en el poder del Altísimo. Su amor divino surge de la santidad de su poder, y el afecto nace de la fuerza de su grandeza. El Altísimo ha decretado la unión del cuerpo y el alma y ha dotado al hombre de su propio espíritu. Lo que el hombre hace debe llegar a un fin, pero lo que el Creador hace continúa para siempre. Obtenemos el conocimiento de la experiencia del hombre, pero derivamos la sabiduría de la contemplación del Altísimo.

«Dios derrama la lluvia sobre la tierra, hace que el sol brille sobre el grano maduro y nos da la abundante cosecha de cosas buenas de la vida, y la salvación eterna en el mundo que viene. Nuestro Dios ejerce gran autoridad; su nombre es Excelente, su naturaleza, insondable. Cuando estás enfermo es el Altísimo quien te sana. Dios está lleno de bondad hacia todos los hombres; no tenemos mejor amigo que el Altísimo. Su misericordia llena todo sitio y su bondad abarca todas las almas. El Altísimo es inmutable; él es el que nos ayuda en todo momento de necesidad. Dondequiera que dirijamos nuestra mirada al orar, he allí la faz del Altísimo y el oído atento de nuestro Dios. Puedes esconderte de los hombres, pero no de Dios. Dios no está lejos de nosotros; él es omnipresente. Dios llena todos los lugares y vive en el corazón del hombre que teme su santo nombre. La creación está en el Creador y el Creador en su creación. Buscamos al Altísimo y luego lo encontramos en nuestro corazón. Vas en pos de un amigo querido, y luego lo descubres dentro de tu alma.

«El hombre que conoce a Dios considera a todos los hombres como sus iguales; ellos son sus hermanos. Los que son egoístas, los que ignoran a sus hermanos en la carne, sólo tienen cansancio por recompensa. Los que aman a sus semejantes y los que tienen un corazón limpio verán a Dios. Dios nunca olvida la sinceridad. Él guiará a los de corazón sincero a la verdad, porque Dios es verdad.

«En vuestras vidas destruid el error y venced el mal por el amor de la verdad viviente. En todas vuestras relaciones con los hombres haced bien por mal. El Señor Dios es misericordioso y amante; es indulgente. Amemos a Dios, porque él nos amó primero. Por el amor de Dios y por su misericordia seremos salvados. Los ricos y los pobres son hermanos. Dios es su Padre. El mal que no querras que te hagan, no lo hagas a otros.

«En todo momento invoca su nombre, y según creerás en su nombre, así tu oración será oída. ¡Qué gran honor es adorar al Altísimo! Todos los mundos y todos los universos adoran al Altísimo. Y con todas tus oraciones da las gracias —asciende para adorar. El culto piadoso rehuye del mal y prohibe el pecado. En todo momento, alabemos el nombre del Altísimo. El hombre que se abriga en el Altísimo oculta sus defectos del universo. Cuando compareces ante Dios con el corazón limpio, nada temes en toda la creación. El Altísimo es como un padre y una madre amantes; realmente nos ama a nosotros, sus hijos en la tierra. Nuestro Dios nos perdonará y guiará nuestros pasos por los caminos de salvación. Nos tomará de la mano y nos conducirá a su presencia. Dios salva a los que en él confían; no compele al hombre a servir su nombre.

«Si la fe del Altísimo ha penetrado en tu corazón entonces morarás libre de temor todos los días de tu vida. No te inquietes a causa de la prosperidad de los impíos; no temas a los que traman maldades; aparta el alma del pecado y pon toda tu confianza en el Dios de la salvación. El alma cansada del mortal errante encuentra descanso eterno en los brazos del Altísimo; el hombre sabio anhela el abrazo divino; el hijo de la tierra anhela la seguridad de los brazos del Padre Universal. El hombre noble busca ese elevado estado en el cual el alma del mortal se mezcla con el espíritu del Supremo. Dios es justo: el fruto que no recibamos de nuestra siembra en este mundo lo recibiremos en el venidero».

2. El judaísmo

Los ceneos de Palestina salvaron muchas de las enseñanzas de Melquisedek, y de esos registros, tal como fueron preservados y modificados por los judíos, Jesús y Ganid hicieron la selección siguiente:

«En el principio creó Dios los cielos y la tierra y todas las cosas que en ellos hay. Y, he aquí que todas las cosas que el creó fueron muy buenas. El Señor, él es Dios; no hay nadie junto a él arriba en el cielo o abajo en la tierra. Por tanto amarás al Señor tu Dios de todo tu corazón y de toda tu alma y con toda tu fuerza. La tierra será llena del conocimiento del Señor como las aguas cubren el mar. Los cielos declaran la gloria de Dios, y el firmamento anuncia la obra de sus manos. Un día emite palabra a otro día; y una noche a otra noche declara conocimiento. No hay lenguaje ni palabras donde su voz no sea oída. La obra del Señor es grande y en sabiduría ha hecho todas las cosas; la grandeza del Señor es inescrutable. Conoce el número de las estrellas y las llama a todas por sus nombres.

«El poder del Señor es grande y su entendimiento es infinito. Dice el Señor: 'Como son más altos los cielos que la tierra, así son mis caminos más altos que vuestros caminos, y mis pensamientos más altos que vuestros pensamientos'. Dios revela las cosas profundas y las cosas escondidas porque con él mora la luz. Misericordioso y clemente es el Señor; es paciente y rico en bondad y verdad. Bueno y recto es el Señor; encaminará a los humildes por el juicio. ¡Gustad y ved que es bueno el Señor! Bendito el varón que confía en Dios. Dios es nuestro amparo y fortaleza, nuestro pronto auxilio en las tribulaciones.

«La misericordia del Señor es desde eternidad y hasta la eternidad sobre los que le temen y su justicia sobre los hijos de nuestros hijos. El Señor es clemente y lleno de compasión. El Señor es bueno con todos y sus tiernas misericordias sobre toda su creación; él sana a los quebrantados de corazón y venda sus heridas. ¿Adonde me iré del espíritu de Dios? ¿Adonde huiré de la presencia divina? Así dice el Alto y Sublime, el que habita la eternidad, y cuyo nombre es el Santo: '¡Yo habito en la altura y en el lugar sagrado; y también con aquel que es de corazón contrito y de espíritu humilde!' Ninguno puede esconderse de nuestro Dios, porque él llena el cielo y la tierra. Alégrense los cielos y gócese la tierra. ¡Y digan en las naciones: el Señor reina! Dad gracias a Dios, porque su misericordia permanece para siempre.

«Los cielos declaran la justicia de Dios, y toda la gente ha visto su gloria. Es Dios quien nos ha hecho, y no nosotros mismos; pueblo suyo somos, las ovejas de su prado. Su misericordia es para siempre, y su verdad permanece para todas las generaciones. Nuestro Dios es gobernador entre las naciones. ¡Que toda la tierra sea llena de su gloria! ¡Oh, que los hombres alaben al Señor por su bondad y por sus dones maravillosos para con los hijos de los hombres!

«Dios ha hecho al hombre un poco menos que divino y le ha coronado de amor y misericordia. El Señor conoce el camino de los justos, mas la senda de los impíos perecerá. El temor del Señor es el principio de la sabiduría; el conocimiento del Supremo es comprensión. Dice el Dios Todopoderoso: 'Anda delante de mí y sé perfecto' No olvidéis que antes del quebrantamiento es la soberbia, y antes de la caída la ativez de espíritu. El que rige su espíritu es más poderoso que el que toma una ciudad. Dice el Señor Dios, el Santo: 'Al regresar a vuestro descanso espiritual seréis salvados; en la quietud y la confianza será vuestra fortaleza'. Los que esperan al Señor tendrán nuevas fuerzas; levantáran alas como las águilas. Correrán y no se cansarán; caminarán y no se fatigarán. El Señor te dará reposo de tu temor. Dice el Señor: 'No temas, porque estoy contigo. No desmayes, porque soy tu Dios. Yo te esfuerzo; yo te ayudaré; sí, yo te sostendré con la diestra de mi justicia'.

«Dios es nuestro Padre; el Señor es nuestro redentor. Dios ha creado las huestes del universo, y las preserva a todas. Su justicia es como los montes y su juicio como la gran profundidad. Él nos hace beber del río de sus placeres, y en su luz veremos la luz. Bueno es dar gracias al Señor y cantar alabanzas al Altísimo; mostrar paciencia amante en la mañana y fidelidad divina cada noche. El reino de Dios es un reino sempiterno, y su señorío permanece a través de todas las generaciones. El Señor es mi pastor; nada me faltará. En lugares de pastos verdes me hará descansar; junto a aguas de repose me pastoreará. Confortará mi alma. Me guiará por sendas de justicia. Sí, aunque ande en valle de sombra de muerte, no temeré mal alguno, porque Dios está conmigo. Ciertamente el bien y la misericordia me seguirán todos los días de mi vida, y en la casa del Señor moraré para siempre.

«Yahvé es el Dios de mi salvación; por tanto en el nombre divino pondré mi confianza. Confiaré en el Señor con todo mi corazón; y en mi propio entendimiento no me apoyaré. En todos mis caminos lo reconoceré, y él dirigirá mi senda. El Señor es fiel, él mantendrá su palabra con los que le sirven; el justo vivirá por la fe. Si no hacéis bien, es porque el pecado está a la puerta; los hombres recogerán el mal que han plantado y el pecado que siembren. No te inpacientes a causa de los que hacen el mal. Si guardas iniquidad en tu corazón, el Señor no te escuchará; si pecas contra Dios, atentarás también contra tu propia alma. Dios traerá a juicio toda obra del hombre, con toda cosa encubierta, ya sea buena o mala. Porque cual es el pensamiento del hombre en su corazón, tal es él.

«Cercano está el Señor a todos los que le invocan de sinceridad y de veras. El llanto durará por la noche, pero a la mañana vendrá la alegría. Un corazón alegre hace bien como una medicina. Ninguna cosa buena negará Dios a los que andan rectamente. Teme a Dios y guarda sus mandamientos, porque esto es todo el deber del hombre. Así dice el Señor que creó los cielos y formó la tierra: 'No hay más Dios que yo, un Dios justo y un salvador. Mirad a mí y sed salvos, todos los confines de la tierra. Si me buscáis, me hallaréis, si procuráis por mí de todo vuestro corazón'. Los mansos heredarán la tierra y se regocijarán en una abundancia de paz. Quien siembra iniquidad cosechará calamidad; quien siembra viento recogerá tempestades.

«'Venid ahora, razonemos juntos', dice el Señor. 'Aunque vuestros pecados fueren como la grana, como la nieve serán emblanquecidos. Aunque fueren rojos como el carmesí, vendrán a ser como blanca lana'. Pero no hay paz para los malvados; son vuestros pecados los que os han negado las cosas buenas. Dios es la salud de mi semblante y el gozo de mi alma. El Dios eterno es mi fortaleza; él es nuestra morada, y debajo están los brazos sempiternos. El Señor está cerca de los quebrantados de corazón, él salva a los que tienen un espíritu como un niño. Muchas son las aflicciones del justo, pero de todas ellas el Señor le salva. Encomienda al Señor tu camino —confía en él— y él lo llevará a cabo. El que habita en el lugar secreto del Altísimo morará bajo la sombra del Omnipotente.

«Ama a tu semejante como a ti mismo; no guardes rencor contra ningún hombre. Lo que tú aborreces, no se lo hagas a nadie. Ama a tu hermano porque el Señor ha dicho: 'Amaré a mis hijos libremente'. La senda de los justos es como una luz resplandeciente que brilla más y más hasta que el día es perfecto. Los que son sabios brillarán como el resplandor del firmamento, y los que traen a muchos a la justicia, como las estrellas para siempre jamás. Que los malvados abandonen su mal camino y el hombre injusto sus pensamientos rebeldes. Dice el Señor: 'Regresad a mí, y tendré misericordia de vosotros; os perdonaré abundantemente'.

«Dice Dios, el creador de los cielos y la tierra: 'Gran paz tienen los que aman mi ley. Mis mandamientos son: Me amarás con todo tu corazón; no tendrás otros dioses ante mí; no tomarás mi nombre en vano; acuérdate el sábado para santificarlo; honra a tu padre y a tu madre; no matarás; no cometerás adulterio; no hurtarás; no hablarás falso testimonio; no codiciarás'.

«Y a todos los que aman al Señor por sobre todas las cosas y a sus semejantes como a sí mismos el Dios de los cielos dice: 'Os rescataré de la tumba; os redimiré de la muerte. Seré misericordioso para vuestros hijos y también justo. ¿No he dicho a mis criaturas de la tierra que sois los hijos del Dios viviente? ¿No os he amado con un amor sempiterno? ¿No os he llamado a convertiros a mi semejanza y morar para siempre conmigo en el Paraíso?'»

3. EL BUDISMO

Ganid tuvo una gran sorpresa al descubrir cuán cerca estaba el budismo de ser una religión grande y hermosa pero sin Dios, sin una Deidad personal y universal. Sin embargo, encontró algunos escritos de ciertas creencias primitivas que reflejaban algo de la influencia de las enseñanzas de los misioneros de Melquisedek, quienes continuaron su obra en la India incluso hasta los tiempos de Buda. Jesús y Ganid seleccionaron las siguientes declaraciones de la literatura budista:

«De un corazón limpio brotará la alegría hacia el Infinito; todo mi ser estará en paz con este regocijo supermortal. Mi alma está llena de contento, y mi corazón se desborda de dicha con una confianza apacible. No tengo ningún temor; estoy libre de ansiedad. Habito en la seguridad, y mis enemigos no pueden alarmarme. Estoy satisfecho con los frutos de mi confianza. He encontrado que el acceso al Inmortal es fácil. Ruego que la fe me sostenga en el largo viaje; sé que esa fe que proviene de más allá no me faltará. Sé que mis hermanos prosperarán si llegan a imbuirse de la fe del Inmortal, aun la fe que crea la modestia, la rectitud, la sabiduría, el coraje, el conocimiento y la perseverancia. Abandonemos la pena y desdeñemos el temor. Sostengamos por medio de la fe la verdadera rectitud y la auténtica virilidad. Aprendamos a meditar sobre la justicia y la misericordia. La fe es la verdadera riqueza del hombre; es la dote de virtud y de gloria.

«La injusticia es despreciable; el pecado es desdeñable. El mal es degradante ya sea de pensamiento o de obra. El dolor y la pena siguen la senda del mal como el polvo sigue al viento. La felicidad y la tranquilidad siguen al pensamiento puro y la vida virtuosa como la sombra sigue a la substancia de las cosas materiales. El mal es el fruto de un pensamiento mal dirigido. Es mal ver pecado donde no hay pecado; no ver pecado donde lo hay. El mal es la senda de las doctrinas falsas. Los que evitan el mal mirando las cosas como son, ganan la alegría porque así abrazan la verdad. Pon fin a tu miseria odiando el pecado. Cuando mires al Magnánimo, apártate del pecado con todo el corazón. No te excuses por el mal; no hagas excusas para el pecado. Por tus esfuerzos para hacer enmiendas por los pecados pasados adquirirás fortaleza para resistir las tendencias futuras a pecar. La moderación nace del arrepentimiento. No dejes ninguna falta inconfesada ante el Magnánimo.

«La alegría y el deleite son las recompensas de los deberes bien cumplidos y para la gloria del Inmortal. Ningún hombre podrá robar la libertad de tu propia mente. Cuando la fe de tu religión haya emancipado tu corazón, cuando la mente, como una montaña, esté establecida y sea inamovible, entonces la paz del alma fluirá tranquilamente como un río de aguas. Los que están seguros de la salvación estarán eternamente libres de la lujuria, la envidia, el odio y las ilusiones de la riqueza. Si bien la fe es la energía de la vida mejor, debes, empero, llevar a cabo tu propia salvación con perseverancia. Si quieres estar seguro de tu salvación final, asegúrate pues de que buscas sinceramente el cumplimiento de toda justicia. Cultiva la seguridad del corazón que surge desde adentro y ven de este modo a disfrutar el éxtasis de la salvación eterna.

«Ningún religionista puede esperar alcanzar el esclarecimiento de la sabiduría inmortal si persiste en ser perezoso, indolente, débil, holgazán, desvergonzado y egoísta. Pero el que sea considerado, prudente, reflexivo, ferviente y sincero —incluso mientras aun vive en la tierra— podrá alcanzar el esclarecimiento supremo de la paz y la libertad de la sabiduría divina. Recordad, toda acción recibirá su recompensa. El mal tiene por resultado la pena y el pecado termina en dolor. El gozo y la felicidad son el resultado de una buena vida. Incluso el que comete malas acciones disfruta de una temporada de gracia antes del tiempo de la plena maduración de sus malas acciones, pero inevitablemente llegará el tiempo de la plena cosecha de su maldad. Que ningún hombre piense con ligereza en el pecado, diciendo en su corazón: 'El castigo por hacer el mal no llegará hasta mí'. Lo que haces, te será hecho, en el juicio de la sabiduría. La injusticia hecha a tus semejantes volverá a caer sobre tu cabeza. La criatura no puede evadir el destino de sus acciones.

«El necio ha dicho en su corazón: 'El mal no se apoderará de mí'; pero la seguridad se encuentra solamente cuando el alma anhela censura y la mente busca sabiduría. El sabio es un alma noble que sabe ser amistosa en medio de sus enemigos, tranquila entre los turbulentos, y generosa entre los mezquinos. El amor a sí mismo es como la cizaña en un sembrado. El egoísmo conduce a la pesadumbre; la ansiedad perpetua mata. La mente que ha sido domada produce felicidad. El más grande de los guerreros es el que vence y se somete a sí mismo. La moderación en todas las cosas es buena. Sólo se considera una persona superior la que estima la virtud y cumple con su deber. No dejes que la ira y el odio te dominen. No hables de nadie con severidad. El contento es la mayor riqueza. Lo que se da con prudencia está bien guardado. No hagas a los otros las cosas que no deseas que te hagan. Paga bien por mal; vence el mal con el bien.

«Un alma justa es más deseable que la soberanía de toda la tierra. La inmortalidad es la meta de la sinceridad; la muerte es el fin de una vida incauta. Los sinceros no mueren; los irreflexivos ya están muertos. Benditos son los que ya han discernido el estado sin muerte. Los que torturan a los vivos hallarán poco felicidad después de la muerte. Los altruistas van al cielo, donde se regocijan en la dicha de la liberalidad infinita y siguen creciendo en noble generosidad. Todo mortal que piense rectamente, hable noblemente y actúe altruistamente no sólo disfrutará de la virtud aquí durante esta breve vida sino que, después de la disolución del cuerpo, también continuará disfrutando de las delicias del cielo».

4. EL HINDUISMO

Los misioneros de Melquisedek llevaron consigo, dondequiera que fueron, las enseñanzas del Dios único. Gran parte de esta doctrina monoteísta, junto con otros y previos conceptos, se incorporó a las enseñanzas subsecuentes del hinduismo. Jesús y Ganid proporcionaron el resumen siguiente:

«Él es el Dios grande, supremo en todo sentido. Él es el Señor que abarca todas las cosas. Es el Creador y controlador del universo de los universos. Dios es un Dios único; él está solo y por sí mismo. Él es el único. Este Dios único es nuestro Hacedor y el último destino del alma. El Supremo es indescriptiblemente brillante; él es la Luz de las Luces. Esta luz divina ilumina todos los corazones y todos los mundos. Dios es nuestro protector —no abandona a sus criaturas— y los que aprenden a conocerlo serán inmortales. Dios es la gran fuente de energía; él es el Alma Grande. Él ejerce señorío universal sobre todo. Este Dios único es amoroso, glorioso y adorable. Nuestro Dios es supremo en poder y habita en la morada suprema. Esta Persona verdadera es eterna y divina; él es el Señor primordial del cielo. Todos los profetas le han alabado, y él se ha revelado a nosotros. Lo adoramos. ¡Oh Suprema Persona, origen de los seres, Señor de la creación y gobernante del universo, revélanos a nosotros, tus criaturas, el poder por el cual permaneces inmanente! Dios ha hecho el sol y las estrellas; él es brillante, puro y autoexistente. Su eterno conocimiento es divinamente sabio. El mal no puede penetrar en el Eterno. Por cuanto el universo surgió de Dios, él lo rige adecuadamente. Él es la causa de la creación, y de aquí que todas las cosas estén establecidas en él.

«Dios es el refugio seguro de todos los hombres buenos cuando estén necesitados; el Inmortal cuida de toda la humanidad. La salvación de Dios es vigorosa y su bondad es compasiva. Él es un protector amante y un defensor bendito. Dice el Señor: 'Yo habito dentro de sus propias almas como una lámpara de sabiduría. Yo soy el esplendor de los espléndidos y la bondad de los buenos. Donde dos o tres se reúnan, allí también estaré yo'. La criatura no puede escaparse de la presencia del Creador. El Señor llega incluso a contar los incesantes parpadeos de los ojos de todos los mortales; y adoramos a este Ser divino como nuestro compañero inseparable. Él prevalece en todo. Es magnífico, omnipresente, e infinitamente generoso. El Señor es nuestro gobernante, nuestro refugio y nuestro controlador supremo, y su espíritu prístino habita dentro del alma mortal. El Testigo Eterno del vicio y de la virtud habita en el corazón del hombre. Meditemos largamente sobre el Vivificador adorable y divino; dejemos que su espíritu dirija plenamente nuestros pensamientos. ¡De este mundo irreal condúcenos al real! ¡De las tinieblas llévanos a la luz! ¡De la muerte guíanos a la inmortalidad!

«Con nuestro corazón purgado de todo odio, adoremos al Eterno. Nuestro Dios es el Señor de la oración; él oye el clamor de sus hijos. Dejad que los hombres sometan su voluntad a él, el Resoluto. Deleitémonos en la liberalidad del Señor de la oración. Haced de la oración vuestro amigo más íntimo y de la adoración el sostén de vuestra alma. 'Si sólo me adoraréis en amor', dice el Eterno, 'yo os daré la sabiduría para llegar a mí, porque mi culto es la común virtud de todas las criaturas'. Dios es la luz que ilumina a los melancólicos y la fuerza de los que flaquean. Desde que Dios es nuestro amigo fuerte, ya nada tememos. Alabamos el nombre del Conquistador que nunca ha sido conquistado. Lo adoramos porque él es el que ayuda al hombre fiel y eternamente. Dios es nuestro conductor firme y nuestro guía infalible. Él es el gran padre de los cielos y de la tierra, poseedor de ilimitada energía y de sabiduría infinita. Su resplandor es sublime y su belleza divina. Él es el refugio supremo del universo y el guardián inmutable de la ley sempiterna. Nuestro Dios es el Señor de la vida y el Consolador de todos los hombres; el que ama a la humanidad y el que ayuda a los que están afligidos. Él es el dador de nuestra vida y el Buen Pastor del rebaño humano. Dios es nuestro padre, nuestro hermano y nuestro amigo, y nosotros anhelamos conocer a este Dios en nuestro ser más íntimo.

«Hemos aprendido a ganar la fe por el vivo deseo de nuestros corazones. Hemos alcanzado la sabiduría por la contención de nuestros sentidos y con la sabiduría hemos experimentado la paz en el Supremo. El que está lleno de fe adora verdaderamente cuando su ser íntimo está dedicado a Dios. Nuestro Dios lleva los cielos como un manto y también habita los otros seis extensos universos. Él es supremo sobre todo y en todos. Imploramos el perdón del Señor por todas nuestras transgresiones contra nuestros semejantes; y exculpamos a nuestro amigo del mal que nos ha hecho. Nuestro espíritu aborrece todo mal; por tanto, oh Señor, líbranos de toda mancha de pecado. Oramos a Dios como consolador, protector y salvador —el que nos ama.

«El espíritu del Guardián Universal entra en el alma de la criatura simple. Es sabio el hombre que adora al Dios Único. Los que se esfuerzan por llegar a la perfección deben ciertamente conocer al Supremo Señor. Nunca teme el que conoce la bendita seguridad del Supremo, porque el Supremo dice a los que le sirven, 'No temáis porque estoy con vosotros'. El Dios de la providencia es nuestro Padre. Dios es la verdad. Y es el deseo de Dios que sus criaturas lo comprendan, que lleguen a conocer plenamente la verdad. La verdad es eterna; sostiene el universo. Nuestro deseo supremo será unirnos con el Supremo. El Gran Controlador es el generador de todas las cosas, todo evoluciona de él. He aquí la suma del deber: que ningún hombre haga a otro lo que a él le repugnaría; no abriguéis malicia, no castiguéis al que os castiga, conquistad la ira con la misericordia, y disipad el odio con la benevolencia. Todo esto debemos hacer porque Dios es un amigo generoso y un padre misericordioso que hace remisión de todas nuestras ofensas terrenales.

«Dios es nuestro Padre, la tierra es nuestra madre, y el universo es nuestra cuna. Sin Dios el alma está prisionera; conocer a Dios libera el alma. Por la meditación sobre Dios, por la unión con él, viene la liberación de las ilusiones del mal y la salvación última de todas las cadenas materiales. Cuando el hombre enrolle el espacio como una pieza de cuero, entonces llegará el fin del mal porque el hombre ha encontrado a Dios. ¡Oh Dios sálvanos de la triple ruina del infierno: la lujuria, la ira, y la avaricia! ¡Oh alma, prepárate para la lucha espiritual de la inmortalidad! Cuando llegue el fin de la vida mortal, no titubees en abandonar este cuerpo en pos de una forma más apropiada y hermosa y para despertar en el reino del Supremo e Inmortal, allí donde no hay ni temor, ni pena, ni hambre, ni sed, ni muerte. Conocer a Dios es cortar las ataduras de la muerte. El alma que conoce a Dios se eleva en el universo como la crema aparece sobre la superficie de la leche. Adoramos a Dios el hacedor de todo, la Gran Alma, que por siempre tiene su asiento en el corazón de sus criaturas. Los que saben que Dios está entronizado en el corazón humano están destinados a hacerse semejantes a él —inmortales. El mal debe quedar atrás en este mundo, pero la virtud sigue al alma a los cielos.

«Sólo es el protervo el que dice: El universo no tiene ni verdad ni gebernante; tan sólo fue concebido para satisfacer nuestra lujuria. Estas almas son engañadas por la mezquindad de su mente. Por eso se abandonan a los placeres de la lujuria y privan a sus almas del gozo de la virtud y de los placeres de la rectitud. ¿Qué puede ser más grande que el experimentar la salvación a partir del pecado? El hombre que ha visto al Supremo es inmortal. Los amigos carnales del hombre no pueden sobrevivir la muerte; sólo la virtud anda con el hombre en su viaje hacia los campos jubilosos y soleados del Paraíso».

5. EL ZOROASTRISMO

Zoroastro estuvo en contacto directo con los descendientes de los primeros misioneros de Melquisedek, y la doctrina de ellos sobre el Dios único se convirtió en una enseñanza central de la religión que fundó en Persia. Con excepción del judaísmo, ninguna otra religión de ese tiempo contenía más de estas enseñanzas de Salem. Ganid extrajo el siguiente resumen de los documentos de esta religión:

«Todas la cosas proceden y pertenecen al Dios Único —el omnisapiente, el bueno, el justo, el santo, el resplandeciente y el glorioso. Este nuestro Dios es la fuente de toda luminosidad. Él es el creador, el Dios de todos los buenos propósitos, el protector de la justicia en el universo. La conducta prudente en la vida es actuar en consonancia con el espíritu de la verdad. Dios todo lo ve, y contempla tanto las malas acciones del protervo como las buenas obras del justo; nuestro Dios observa todas las cosas con una mirada centelleante. Su contacto es el toque de la salud. El Señor es un benefactor todopoderoso. Dios extiende su mano benéfica al justo y al impío. Dios estableció el mundo y ordenó las recompensas para el bien y para el mal. El Dios omnisciente ha prometido la inmortalidad a las almas pías de pensamiento puro y acciones rectas. Según sea tu deseo supremo, así serás. La luz del sol es como la sabiduría para los que perciben a Dios en el universo.

«Alabad a Dios buscando los placeres del Sabio. Adorad al Dios de la luz caminando alegremente por las sendas ordenadas por su religión revelada. No hay más que un Dios Supremo, el Señor de las Luces. Adoramos a aquel que hizo las aguas, las plantas, los animales, la tierra y los cielos. Nuestro Dios es el Señor, el más benévolo. Adoramos al más hermoso, al Inmortal magnífico, dotado de luz eterna. Dios es lo más distante de nosotros y al mismo tiempo lo más próximo, porque habita en nuestras almas. Nuestro Dios es el divino y santísimo Espíritu del Paraíso, y sin embargo es más amigo del hombre que la más amistosa de todas las criaturas. Dios nos ayuda más en ésta, la más grande de todas las labores, el conocimiento de él mismo. Dios es nuestro amigo más adorable y justo; él es nuestra sabiduría, nuestra vida, y el vigor de nuestra alma y de nuestro cuerpo. Mediante nuestros buenos pensamientos el sabio Creador nos permite que hagamos su voluntad, alcanzando así la realización de todo lo que es divinamente perfecto.

«Señor, enséñanos a vivir esta vida en la carne mientras nos preparamos para la vida venidera del espíritu. Háblanos, Señor, y te obedeceremos. Enséñanos las buenas sendas, y andaremos rectos. Permítenos que nos unamos a ti. Sabemos que la religión es buena cuando conduce a la unión con la rectitud. Dios es nuestra naturaleza sabia, nuestro óptimo pensamiento y nuestra acción recta. ¡Que Dios nos conceda la unidad con el espíritu divino e inmortalidad en él!

«Esta religión del Sabio purifica al creyente de todo mal pensamiento y acto pecaminoso. Me inclino ante el Dios de los cielos en arrepentimiento si lo he ofendido en pensamiento, palabra o acto —intencional o involuntariamente— y ofrezco oraciones para pedir misericordia y alabanzas para pedir perdón. Sé que cuando hago confesión, si me propongo no volver a hacer el mal, que el pecado será lavado de mi alma. Sé que el perdón disuelve las ataduras del pecado. Los que hacen el mal serán castigados, pero los que siguen la verdad disfrutarán de la dicha de la salvación eterna. Tómanos en tu mano mediante la gracia y aplica el bálsamo del poder salvador a nuestras almas. Clamamos misericordia porque aspiramos alcanzar la perfección; queremos ser semejantes a Dios».

6. EL SUDUANISMO (JAINISMO)

El tercero de los grupos de creyentes religiosos que preservaron la doctrina de un Dios único en la India —la supervivencia de las enseñanzas de Melquisedek— se los conocía por entonces como los suduanistas. Últimamente se conoce a estos creyentes como los seguidores del jainismo. Ellos enseñaban:

«El Señor del Cielo es supremo. Los que pecan no ascenderán a lo alto, pero los que caminan por la senda de la rectitud hallarán un lugar en el cielo. Si conocemos la verdad nuestra vida eterna está asegurada. El alma del hombre podrá ascender hasta el más alto de los cielos, para desarrollar allí su verdadera naturaleza espiritual, para alcanzar la perfección. El estado celoso libera al hombre de la servidumbre del pecado y lo introduce a las beatitudes últimas; el hombre recto ya ha experimentado el fin del pecado y de todas las miserias que le acompañan. El yo es el invencible adversario del hombre, y el yo se manifiesta en las cuatro pasiones más grandes del hombre: la ira, el orgullo, el engaño y la codicia. La victoria más grande del hombre es la conquista de sí mismo. Cuando el hombre pone su mirada en Dios en pos de perdón, y cuando se atreve a disfrutar de tal libertad, se libera del temor. El hombre ha de pasar por la vida tratando a sus semejantes como a él le gustaría que lo trataran».

7. EL SINTOÍSMO

Hacía poco tiempo que habían llegado a la biblioteca de Alejandría los manuscritos de esta religión del Lejano Oriente. Era la única religión del mundo de la cual Ganid nunca había oído hablar. Esta creencia contenía también restos de las primitivas enseñanzas de Melquisedek, como puede verse en el siguiente resumen:

«Dice el Señor: 'Vosotros sois los que reciben mi poder divino; todos los hombres disfrutan de mi ministerio de misericordia. Me complazco en la multiplicación de los justos en toda la tierra. Tanto en las bellezas de la naturaleza como en la virtud de los hombres se revela el Príncipe del Cielo y muestra su naturaleza recta. Como los de antaño no conocían mi nombre, me manifesté naciendo en el mundo como una existencia visible y sufrí tal humillación para que el hombre no olvidara mi nombre. Yo soy el hacedor del cielo y de la tierra; el sol y la luna y todas las estrellas obedecen mi voluntad. Soy el soberano de todas las criaturas en la tierra y en los cuatro mares. Aunque soy yo grande y supremo, tengo oídos aún para la oración del más pobre entre los hombres. Si una criatura me adorará, oiré su oración y le concederé el deseo de su corazón'.

«'Cada vez que el hombre cede a la ansiedad, se aleja un paso del espíritu guiador de su corazón'. El orgullo oscurece a Dios. Si quieres obtener la ayuda del cielo, aparta tu orgullo; cualquier indicio de orgullo obstruye la luz salvadora, como si fuera una gran nube. Si no tenéis rectitud adentro es inútil que oréis por lo que ha quedado afuera. 'Si oigo tus oraciones, es porque vienes ante mí con el corazón limpio, libre de falsedades y de hipocresías, con un alma que refleja la verdad como un espejo. Si quieres ganar la inmortalidad, renuncia al mundo y ven a mí'».

8. EL TAOÍSMO

Los mensajeros de Melquisedek penetraron hasta el corazón de la China, y la doctrina del Dios único se hizo parte de las enseñanzas primitivas de varias religiones chinas; la que perduró por más tiempo, y que contenía la mayor parte de la verdad monoteísta, fue el taoísmo, y Ganid extrajo de las enseñanzas de su fundador lo que se presenta a continuación:

«¡Cuán puro y sereno es el Supremo y sin embargo cuán poderoso y fuerte, cuán profundo e insondable! Este Dios de los cielos es el venerado antecesor de todas las cosas. Si conoces al Eterno, eres esclarecido y sabio. Si al Eterno no le conoces, entonces esa ignorancia se manifiesta como el mal, y así surgen las pasiones del pecado. Este Ser maravilloso existía antes que fueran los cielos y la tierra. Él es verdaderamente espiritual; él está solo y no cambia. Él es ciertamente la madre del mundo, y toda creación gira en torno suyo. Este Gran Único se da a los hombres y así les permite superarse y sobrevivir. Aunque una criatura no tenga sino un poco de conocimiento, podrá aun caminar por la senda del Supremo; podrá cumplir con la voluntad del cielo.

«Todas las buenas obras de servicio verdadero proceden del Supremo. Todas las cosas dependen del Gran Origen para la vida. El Gran Supremo no busca alabanzas por sus dádivas. Él es supremo en poder, si bien permanece oculto a nuestros ojos. Incesantemente transforma sus atributos mientras perfecciona a sus criaturas. La Razón celestial es lenta y paciente en sus designios pero segura de sus logros. El Supremo rebasa el universo y lo sostiene todo. ¡Cuán grande y poderosa es su influencia desbordante, su poder de atracción! La verdadera bondad es como el agua que todo bendice y nada daña. Como el agua, la verdadera bondad busca los lugares más bajos, incluso aquellos niveles que otros evitan, y lo hace porque es afín con el Supremo. El Supremo crea todas las cosas, en la naturaleza las nutre y en el espíritu las perfecciona. Y es un misterio cómo el Supremo alimenta, protege, y perfecciona a la criatura sin compelerla. Él orienta y dirige, pero sin presunción. Él asiste en el progreso, pero sin dominación.

«El hombre sabio universaliza su corazón. Un poco de conocimiento es una cosa peligrosa. Los que aspiran a la grandeza deben aprender la humildad. En la creación el Supremo se convirtió en la madre del mundo. Conocer a la madre es reconocer su filiación. Es sabio el hombre que considera a todas las partes desde el punto de vista del todo. Relaciónate con cada hombre como si estuvieras en su lugar. Recompensa la injuria con la bondad. Si amas a la gente, la gente se sentirá atraída a ti —no tendrás dificultad alguna en atraerla.

«El Gran Supremo todo lo penetra; él está a la diestra y a la siniestra; él sostiene toda la creación y habita en todos los seres verdaderos. No puedes encontrar al Supremo, ni puedes ir a un lugar donde él no esté. Si un hombre reconoce el camino del mal y se arrepiente sinceramente del pecado, entonces podrá buscar el perdón; podrá liberarse del castigo; podrá transformar la calamidad en bendición. El Supremo es el refugio seguro de toda la creación; él es el guardián y el salvador de la humanidad. Si le buscas diariamente, lo encontrarás. Puesto que él puede perdonar pecados, es en verdad el más preciado por todos los hombres. Recuerda siempre que Dios no recompensa al hombre por lo que hace sino por lo que es; por tanto, socorre a tus semejantes sin pensar en recompensas. Haz el bien sin pensar en beneficiarte.

«Los que conocen las leyes del Eterno son sabios. La ignorancia de la ley divina es sufrimiento y desastre. Los que conocen las leyes de Dios son liberales de pensamiento. Si conoces al Eterno, aunque tu cuerpo perezca, tu alma sobrevivirá en el servicio espiritual. Serás verdaderamente sabio cuando reconozcas tu insignificancia. Si habitas a la luz del Eterno, disfrutarás de la iluminación del Supremo. Los que dedican sus personas al servicio del Supremo son felices en esta búsqueda del Eterno. Cuando el hombre muere, el espíritu comienza a alzar su largo vuelo en el gran viaje de regreso al hogar».

9. EL CONFUCIANISMO

Aun la religión que menos reconocía a Dios entre las grandes religiones mundiales pagó tributo al monoteísmo de los misioneros de Melquisedek y de sus persistentes sucesores. He aquí el resumen sobre el confucianismo preparado por Ganid:

«Lo que dispone el Cielo es sin error. La verdad es real y divina. Todas las cosas se originan en el Cielo, y el Gran Cielo no comete errores. El Cielo ha nombrado a muchos subordinados para que instruyan y eleven a las criaturas inferiores. Grande, muy grande es el Dios Único que rige al hombre desde lo alto. Dios es majestuoso en su poder y temible en su juicio. Pero este Gran Dios ha conferido un sentido moral incluso a muchas criaturas inferiores. La abundancia del Cielo no se agota jamás. La benevolencia es el don más precioso del Cielo a los hombres. El Cielo ha otorgado su nobleza al alma del hombre; las virtudes del hombre son el fruto de esta dádiva de nobleza celestial. El Gran Cielo todo lo discierne y acompaña al hombre en todas sus acciones. Es bueno que llamemos al Gran Cielo nuestro Padre y nuestra Madre. Si somos pues siervos de nuestros divinos antepasados, podemos orar al Cielo con confianza. En todos los tiempos y en todas las cosas, temamos a la majestad del Cielo.

Reconocemos, oh Dios, Altísimo y soberano Potentado, que el juicio es tuyo, y que toda misericordia procede del corazón divino.

«Dios está con nosotros; por tanto no tenemos pavor en nuestro corazón. Si hubiese alguna virtud en mí, es la manifestación del Cielo que permanece conmigo. Pero este Cielo dentro de mí, exige duramente a menudo de mi fe. Si Dios es conmigo, he determinado que no albergo dudas en mi corazón. La fe ha de hallarse muy cerca de la verdad de las cosas, y no veo cómo un hombre puede vivir sin esta buena fe. El bien y el mal no acontecen a los hombres sin causa. El Cielo se ocupa del alma del hombre de acuerdo a su propósito. Cuando te encuentres en el error, no titubees en confesar tu error y sé presto a enmendarlo.

«El sabio se ocupa de la búsqueda de la verdad, no tan sólo el mero vivir. Alcanzar la perfección del Cielo es la meta del hombre. El hombre superior sabe adaptarse y está libre de la ansiedad y del temor. Dios está contigo; no albergues dudas en tu corazón. Toda buena acción tiene su recompensa. El hombre superior no murmura contra el Cielo ni alimenta rencores contra los hombres. Lo que no te gusta que a ti te hagan, no se lo hagas a otro. Que la compasión sea parte de todo castigo; de todas formas trata de transformar el castigo en una bendición. Tal es el camino del Gran Cielo. Si bien todas las criaturas deben morir y regresar a la tierra, el espíritu del hombre noble se eleva para que se le vea en las alturas y asciende a la gloriosa luz del resplandor final».

10. «NUESTRA RELIGIÓN»

Después de la ardua labor de recopilar las enseñanzas de las religiones del mundo sobre el Padre del Paraíso, Ganid se impuso la tarea de preparar lo que consideraba un resumen de su concepto de Dios como resultado de las enseñanzas de Jesús. Se había hecho este joven el hábito de denominar tales creencias como «nuestra religión». He aquí sus apuntes:

«El Señor nuestro Dios es un solo Señor, y debes amarle con toda la mente y el corazón; mientras que haces todo lo que puedes por amar a sus hijos como te amas a ti mismo. Este Dios único es nuestro Padre celestial, en quien radican todas las cosas, y quien habita por medio de su espíritu, en toda alma humana sincera. Nosotros, los hijos de Dios, debemos aprender a confiar nuestra alma en su custodia como a un fiel Creador. Con nuestro Padre celestial todas las cosas son posibles. Puesto que él es el Creador, que ha hecho todas las cosas y todos los seres, no podría ser de otro modo. Aunque no podamos ver a Dios, podemos conocerlo. Y viviendo diariamente la voluntad del Padre celestial, podemos revelarlo a nuestros semejantes.

«Las riquezas divinas del carácter de Dios deben ser infinitamente profundas y eternamente sabias. No podemos buscar a Dios por medio del conocimiento, pero podemos conocerle en nuestro corazón por medio de la experiencia personal. Aunque no podamos comprender su justicia, el ser más humilde en la tierra puede recibir su misericordia. El Padre llena el universo, pero también vive en nuestro corazón. La mente del hombre es humana, mortal; pero el espíritu del hombre es divino, inmortal. Dios no es tan sólo todopoderoso sino que también es omnisapiente. Si nuestros padres terrenales, aun con su tendencia al mal, saben cómo amar a sus hijos y dispensarles buenas dádivas, cuanto más sabrá el buen Padre celestial cómo amar sabiamente a sus hijos terrenales y otorgarles las bendiciones apropiadas.

«El Padre celestial no permitirá que uno solo de sus hijos perezca si ese hijo desea encontrar al Padre y verdaderamente anhela asemejarse a él. Nuestro Padre ama aun al malvado y es siempre bondadoso con el ingrato. Si tan sólo más seres humanos pudieran conocer la bondad de Dios, serían ciertamente conducidos al arrepentimiento por sus maldades y sabrían renunciar a todo pecado conocido. Todas las cosas buenas descienden del Padre de la luz, en quien no hay variabilidad ni sombra de cambio. El espíritu del Dios verdadero está en el corazón del hombre. El quiere que todos los hombres sean hermanos. Cuando los hombres comienzan a sentir en pos de Dios, he allí la prueba de que Dios los ha encontrado, y de que están en busca del conocimiento de Dios. Vivimos en Dios y Dios habita en nosotros.

«Ya no me basta con creer que Dios es el Padre de todo mi pueblo; de ahora en adelante también creeré que él es *mi* Padre. Por siempre trataré de adorar a Dios con la ayuda del Espíritu de la Verdad, que me ayudará cuando yo conozca de veras a Dios. Pero primero voy a practicar la adoración de Dios aprendiendo a hacer la voluntad de Dios en la tierra; o sea que haré todo lo posible por tratar a cada uno de mis semejantes mortales tal como yo creo que a Dios le gustaría que yo lo tratase. Si vivimos así esta vida en la carne, muchas cosas podremos pedir a Dios, y él nos dispensará el deseo de nuestro corazón para que podamos estar mejor preparados para servir a nuestros semejantes. Y todo este amoroso servicio a los hijos de Dios aumenta nuestra capacidad de recibir y tener la experiencia de gozar los bienes del cielo, los grandes placeres del ministerio del espíritu del cielo.

«Cada día daré gracias a Dios por sus dones inefables; le alabaré por sus obras maravillosas para con los hijos de los hombres. Para mi él es el Todopoderoso, el Creador, el Poder, y la Misericordia, pero por sobre todas las cosas, él es mi Padre espiritual, y como su hijo terrenal yo alguna vez saldré para verlo. Y mi tutor ha dicho que al buscarlo yo llegaré a ser semejante a él. Por la fe en Dios yo he alcanzado la paz con él. Esta nueva religión nuestra está llena de regocijo y genera una felicidad perdurable. Confío que seré fiel hasta la misma muerte y que con seguridad recibiré la corona de la vida eterna.

«Estoy aprendiendo a comprobar todas las cosas y adherirme a lo que es bueno. Lo que quisiera yo que hicieran para conmigo los hombres, así haré yo para con mis semejantes. Por esta nueva fe, sé que el hombre puede llegar a ser el hijo de Dios, pero a veces me aterra detenerme a pensar que todos los hombres son mis hermanos, aunque debe ser verdad. No veo cómo puedo regocijarme en la paternidad de Dios si rechazo la fraternidad del hombre. El que invocare el nombre del Señor será salvado. Si eso es verdad, entonces todos los hombres deben ser mis hermanos.

«De aquí en adelante haré mis actos de bondad en secreto; también oraré especialmente cuando me encuentre a solas. No juzgaré, para no caer en la injusticia para con mis semejantes. Voy a aprender a amar a mis enemigos; en verdad aún no domino completamente esta práctica de ser semejante a Dios. Aunque veo a Dios en estas otras religiones, lo encuentro en 'nuestra religión' más bello, amante, misericordioso, personal y positivo. Pero sobre todo, este Ser grande y glorioso es mi Padre espiritual; yo soy su hijo. Y no podré finalmente encontrarlo y eternamente servirle sino por medio de mi honesto deseo de asemejarme a él. Por fin tengo una religión con un Dios, un Dios maravilloso, y él es el Dios de la salvación eterna».

DOCUMENTO 132

LA ESTADÍA EN ROMA

PUESTO que Gonod era portador de los saludos de los príncipes de la India para el gobernador romano Tiberio, los dos indios y Jesús comparecieron ante éste al tercer día de su llegada a Roma. El malhumorado emperador estaba excepcionalmente alegre ese día y conversó largo rato con los tres. Cuando ellos se hubieron retirado de su presencia, el emperador, refiriéndose a Jesús, le comentó al ayudante que estaba de pie a su diestra: «Si tuviera yo el porte real de ese tipo y sus elegantes maneras, sería un verdadero emperador, ¿verdad?».

Mientras estaba en Roma, Ganid disponía de horas regulares para el estudio y para visitar lugares de interés en la ciudad. Su padre tenía muchos negocios que hacer, y deseando que su hijo madurara y creciera con la capacidad para sucederle dignamente en el manejo de sus vastos intereses comerciales, pensó que había llegado el momento de presentar al muchacho en el mundo de los negocios. Había en Roma muchos ciudadanos de la India, y frecuentemente uno de los propios empleados de Gonod le acompañaba en calidad de intérprete, de manera que Jesús contaba a veces con enteros días libres; esto le permitió llegar a conocer bien esta ciudad de dos millones de habitantes. Se le encontraba con frecuencia en el foro, el centro de la vida política, legal y comercial. A menudo subía al Capitolio y allí ponderaba sobre la esclavitud de ignorancia en que estaban sumidos los romanos, mientras contemplaba el magnífico templo dedicado a Júpiter, Juno y Minerva. También pasaba mucho tiempo en la colina Palatina, asiento de la residencia del emperador, el templo de Apolo, y las bibliotecas griega y latina.

En esta época el Imperio Romano incluía todo el sur de Europa, el Asia Menor, Siria, Egipto, y el noroeste de África; entre sus habitantes se contaban ciudadanos de todos los países del hemisferio oriental. Su deseo de estudiar y de mezclarse con este conjunto cosmopolita de mortales urantianos era la razón principal por la cual había Jesús convenido en participar en este viaje.

Jesús aprendió mucho sobre los hombres durante su estadía en Roma, pero la más valiosa de las múltiples experiencias de su permanencia de seis meses en esa ciudad fue su contacto con los líderes religiosos de la capital del imperio y la influencia que ejerció sobre ellos. Antes del fin de su primera semana en Roma, Jesús ya había localizado, y había trabado conocimiento con los principales líderes de los cínicos, los estoicos, y los cultos de misterio, en particular los del grupo mitraísta. Supiera o no Jesús que los judíos rechazarían su misión, previó con toda seguridad que sus mensajeros no tardarían en venir a Roma para proclamar el reino del cielo; y por lo tanto se dedicó a preparar, de la manera más sorprendente, el camino para la mejor y más segura recepción de su mensaje. Seleccionó a cinco entre los líderes de los estoicos, once de entre los cínicos, y dieciséis de los cultos de misterio y pasó gran parte de su tiempo libre durante casi seis meses en íntima asociación con estos maestros religiosos. Fue éste su método de instrucción: no atacó nunca sus errores ni tampoco mencionó jamás los defectos en las enseñanzas de estos líderes. En cada caso, seleccionaba la verdad dentro de lo que enseñaban y la embellecía e iluminaba ante sus ojos de manera que en muy breve tiempo esta expansión de la verdad desplazaba por sí sola al error que la acompañaba; así pues estos hombres y mujeres aleccionados por Jesús se preparaban para el subsecuente reconocimiento de verdades adicionales y similares en las enseñanzas de los primeros misioneros cristianos. Fue esta precoz aceptación de las doctrinas de los predicadores evangélicos la que dio tan poderoso impulso al rápido crecimiento del cristianismo en Roma y desde allí a todo el imperio.

La significación de esta su acción notable podrá entenderse mejor cuando os relatamos a vosotros el hecho de que, de este grupo romano de treinta y dos líderes religiosos aleccionados por Jesús, sólo dos no dieron frutos; los otros treinta se tornaron en individuos pivotales en el establecimiento del cristianismo en Roma, y algunos entre ellos contribuyeron incluso en la conversión del templo mitraísta principal en la primera iglesia cristiana de esa ciudad. Nosotros, que contemplamos las actividades humanas tras las bambalinas y a la luz de diecinueve siglos de tiempo, reconocemos sólo tres factores de valor fundamental en la temprana preparación del terreno para la expansión rápida del cristianismo por todas partes de Europa, a saber:

1. La elección y mantenimiento de Simón Pedro como apóstol.

2. La conversación en Jerusalén con Esteban, cuya muerte condujo a la conversión de Saulo de Tarso.

3. La preparación preliminar de estos treinta romanos para el subsiguiente liderazgo de la nueva religión en Roma y en todo el imperio.

En todas sus experiencias, ni Esteban ni los treinta elegidos jamás se dieron cuenta de que habían hablado cierta vez con la persona cuyo nombre llegaría a ser el tema de las enseñanzas religiosas de ellos. La obra de Jesús para con estos treinta y dos fue enteramente personal. Al laborar con estos individuos, el escriba de Damasco nunca se reunió con más de tres de ellos a la vez, rara vez con más de dos, y la mayoría de las veces les enseñaba individualmente. Pudo él llevar a cabo esta gran obra de enseñanza religiosa, porque estos hombres y mujeres no estaban atados a las tradiciones; no eran víctimas de prejuicios establecidos en cuanto al desarrollo futuro de las religiones.

Muchas veces en los años venideros Pedro, Pablo, y los otros maestros cristianos de Roma oyeron hablar de este escriba de Damasco que les había precedido, y quien tan obviamente (y, según pensaban ellos, inadvertidamente) había preparado el camino para la llegada del nuevo evangelio que ellos traían. Aunque Pablo no llegó nunca a sospechar la verdadera identidad de este escriba de Damasco, poco antes de su muerte, debido a la similitud de ciertas descripciones de la persona, llegó a la conclusión de que el «Hacedor de tiendas de Antioquía» era también el mismo «escriba de Damasco». En cierta ocasión, mientras predicaba en Roma, Simón Pedro, al escuchar una descripción del escriba de Damasco, sospechó que este individuo podría haber sido Jesús, pero desechó rápidamente la idea, sabiendo muy bien (según creía) que el Maestro no había estado nunca en Roma.

1. LOS VALORES VERDADEROS

Fue con Angamón, el líder de los estoicos, con que Jesús pasó una noche entera conversando durante los primeros días de su estadía en Roma. Este hombre posteriormente se convirtió en un gran amigo de Pablo y resultó ser uno de los principales sostenedores de la iglesia cristiana en Roma. En esencia, y dicho en lenguaje moderno, Jesús enseñó a Angamón:

La norma de los valores verdaderos debe buscarse en el mundo espiritual y en los niveles divinos de la realidad eterna. Un mortal ascendente debe reconocer que todas las normas inferiores y materiales son efímeras, parciales e inferiores. El científico, como tal, está limitado al descubrimiento de las conexiones entre los hechos materiales. Formalmente, no tiene el derecho de afirmar que es un materialista o idealista, porque al hacerlo está renunciando a la actitud de un verdadero científico, ya que todas y cada una de tales afirmaciones son la esencia misma de la filosofía.

Si el discernimiento moral y el alcance espiritual de la humanidad no aumentan proporcionalmente, el avance ilimitado de una cultura puramente materialista puede llegar a ser finalmente una amenaza para la civilización. Una ciencia puramente materialista alberga dentro de sí la simiente potencial de la destrucción de toda aspiración científica, porque esta actitud misma presagia el colapso final de una civilización que ha abandonado su sentido de los valores morales y ha repudiado su meta espiritual del logro.

El científico materialista y el idealista extremo están destinados a una disputa constante. Esto no se aplica a aquellos entre los científicos e idealistas que posean una norma común compartida de valores morales elevados y de altos niveles de prueba espiritual. En toda época, los científicos y los religionistas deben reconocer que están a prueba ante el tribunal de la necesidad humana. Deben rechazar toda guerra entre ellos a la vez que han de luchar valientemente para justificar su supervivencia mediante una mayor devoción al servicio del progreso humano. Si la así llamada ciencia o religión de una época determinada es falsa, deberá purificar sus actividades o desaparecer antes de la emergencia de una ciencia material o una religión espiritual de orden más verdadero y más digno.

2. EL BIEN Y EL MAL

Mardus era el líder reconocido de los cínicos en Roma, y se hizo muy amigo del escriba de Damasco. Día tras día conversaba con Jesús, noche tras noche escuchaba sus extraordinarias enseñanzas. Entre las conversaciones más importantes con Mardus, hubo una cuyo objeto consistía en responder a la sincera pregunta de este cínico relativa al bien y al mal. En esencia, y en lenguaje del siglo veinte, dijo Jesús:

Hermano mío, el bien y el mal no son sino palabras que simbolizan niveles relativos de la comprensión humana del universo observable. Si eres éticamente holgazán y socialmente indiferente, puedes tomar como tu norma del bien las costumbres sociales corrientes. Si eres espiritualmente indolente y sin anhelos de progreso moral, puedes tomar como norma del bien las prácticas y tradiciones religiosas de tus contemporáneos. Pero el alma que sobrevive más allá del tiempo y que emerge en la eternidad debe hacer una elección viviente y personal entre el bien y el mal tal como están definidos por los verdaderos valores de las normas espirituales establecidas por el espíritu divino que el Padre celestial ha enviado a residir dentro del corazón del hombre. Este espíritu residente es la norma de la supervivencia de la personalidad.

La bondad, al igual que la verdad, es siempre relativa e infaliblemente está contrastada por el mal. Es la percepción de estas cualidades de bondad y verdad la que capacita a las almas evolutivas de los hombres para tomar las decisiones personales de elección que son esenciales para la supervivencia eterna.

Los individuos espiritualmente ciegos que siguen lógicamente los dictados de la ciencia, las costumbres sociales y el dogma religioso están en grave peligro de sacrificar su libertad moral y de perder su libertad espiritual. Tal alma está destinada a convertirse en un papagayo intelectual, un autómata social y un esclavo de la autoridad religiosa.

La bondad siempre avanza hacia nuevos niveles de creciente libertad de autorrealización moral y de alcance de la personalidad espiritual —el descubrimiento del Ajustador residente y la identificación con él. Una experiencia es buena cuando eleva la apreciación de la belleza, aumenta la voluntad moral, amplía el discernimiento de la verdad, acrecienta la capacidad de amar y de servir a nuestros semejantes, exalta los ideales espirituales, y enlaza los motivos humanos supremos del tiempo con los planes eternos del Ajustador residente, todo lo cual conduce directamente a un creciente deseo de hacer la voluntad del Padre, alimentando así la pasión divina de encontrar a Dios y de asemejarse más a él.

Según asciendes la escala universal del desarrollo de la criatura, encontrarás mayor bondad y menor mal en perfecto acuerdo con tu capacidad de experimentar la bondad y discernir la verdad. La capacidad de albergar el error o de experimentar el mal no se perderá por completo hasta que el alma humana ascendente no alcance los niveles finales de los espíritus.

La bondad es viviente, relativa, siempre progresiva, invariablemente una experiencia personal y sempiternamente correlacionada con el discernimiento de la verdad y de la belleza. La bondad se encuentra en el reconocimiento de los verdad-valores positivos del nivel espiritual, los cuales deben ser contrastados, en la experiencia humana, con la contraparte negativa —las sombras del mal potencial.

Hasta que alcances los niveles del Paraíso, la bondad será siempre más una búsqueda que una posesión, más una meta que una experiencia de logro. Pero, hambriento y sediento de rectitud, experimentarás una satisfacción creciente en el alcance parcial de la bondad. La presencia del bien y del mal en el mundo es, en sí misma, una prueba positiva de la existencia y de la realidad de la voluntad moral del hombre, la personalidad, que así identifica estos valores y es capaz de elegir entre éstos.

Cuando el mortal ascendente alcance el Paraíso, su capacidad para identificar al yo con los verdaderos valores espirituales, se ha aumentado hasta el punto en que resulta el logro de la perfección de la posesión de la luz de la vida. Tal personalidad espiritual perfeccionada llega a unificarse tan completa, divina y espiritualmente con las cualidades supremas y positivas de la bondad, la belleza y la verdad que no queda ninguna posibilidad de que dicho espíritu recto pueda arrojar sombra negativa alguna de mal potencial al ser expuesto a la penetrante luminosidad de la luz divina de los infinitos Gobernantes del Paraíso. En todas estas personalidades espirituales, la bondad ya no es parcial, contrastante y comparativa; se ha convertido en divinamente completa y en espiritualmente plena; se acerca a la pureza y a la perfección del Supremo.

La *posibilidad* del mal es necesaria para la elección moral, pero la actualidad del mal no es necesaria. Una sombra es sólo relativamente real. El mal actual no es necesario como experiencia personal. El mal potencial actúa igualmente bien como estímulo para la decisión en los reinos del progreso moral en los niveles más bajos del desarrollo espiritual. El mal se vuelve una realidad de la experiencia personal sólo cuando una mente moral hace del mal su elección.

3. LA VERDAD Y LA FE

Nabón era un judío griego y el más importante de los líderes del principal culto de misterio en Roma, el mitraísta. Si bien este sumo sacerdote del mitraísmo celebró muchas conferencias con el escriba de Damasco, más permanentemente influyó la conversación que mantuvieron una noche sobre la verdad y la fe. Nabón había pensado convertir a Jesús y hasta le había propuesto que regresase a Palestina como maestro mitraísta. No sabía que Jesús estaba preparándole para que se convirtiera entre los primeros al evangelio del reino. Puesto en lenguaje moderno, he aquí la esencia de lo que Jesús le enseñó:

La verdad no se puede definir en palabras, sino tan sólo viviéndola. La verdad es siempre más que conocimiento. El conocimiento pertenece a las cosas observadas, pero la verdad trasciende esos niveles puramente materiales porque se asocia con la sabiduría y abarca tales imponderables como la experiencia humana, incluso las realidades espirituales y vivientes. El conocimiento se origina en la ciencia; la sabiduría, en la filosofía auténtica; la verdad, en la experiencia religiosa de la vida espiritual. El conocimiento tiene que ver con los hechos; la sabiduría, con las relaciones; la verdad, con los valores de la realidad.

El hombre tiende a cristalizar la ciencia, a formular la filosofía, y a dogmatizar la verdad porque tiene pereza mental para ajustarse a la lucha progresiva del vivir, a la vez que también teme terriblemente lo desconocido. El hombre natural es lento para iniciar cambios en sus hábitos de pensamiento y en su técnica de vivir.

La verdad revelada, la verdad descubierta personalmente, es el deleite supremo del alma humana; es la creación conjunta de la mente material y del espíritu residente. La salvación eterna de esta alma que discierne la verdad y que es amante de la belleza está asegurada por el hambre y sed de bondad que conducen a este mortal a desarrollar una singularidad de propósito dedicada a hacer la voluntad del Padre, a encontrar a Dios y a asemejarse a él. Nunca hay conflicto entre el verdadero conocimiento y la verdad. Puede haber conflictos entre el conocimiento y las creencias humanas, creencias coloreadas por el prejuicio, distorsionadas por el temor y dominadas por el miedo de enfrentarse con nuevos hechos, producidos por el descubrimiento material o el progreso espiritual.

Pero la verdad no puede convertirse nunca en una posesión del hombre sin el ejercicio de la fe. Esto es cierto porque los pensamientos, la sabiduría, la ética y los ideales del hombre no se elevarán nunca más allá de su fe, de su esperanza sublime. Y toda esta fe verdadera está predicada en la reflexión profunda, la autocrítica sincera y una conciencia moral intransigente. La fe es la inspiración de la imaginación creadora espiritizada.

La fe actúa para descargar las actividades sobrehumanas de la chispa divina, el germen inmortal, que vive dentro de la mente del hombre, y que es el potencial de la supervivencia eterna. Las plantas y los animales sobreviven en el tiempo mediante la técnica de pasar partículas idénticas de sí mismos de una generación a otra. El alma humana (la personalidad) sobrevive a la muerte por asociación de identidad con esta chispa de divinidad residente, que es inmortal, y que funciona para perpetuar la personalidad humana en un nivel continuo y más elevado de existencia progresiva en el universo. La simiente oculta del alma humana es un espíritu inmortal. La segunda generación del alma es la primera de una sucesión de manifestaciones de la personalidad de existencias espirituales y cada vez más avanzadas que terminan tan sólo cuando esta entidad divina alcanza la fuente de su existencia, el origen personal de toda existencia, Dios, el Padre Universal.

La vida humana continúa —sobrevive— porque tiene una función universal, la tarea de encontrar a Dios. El alma del hombre activada por la fe no puede menos que alcanzar esta meta de su destino; y una vez que ha logrado esa meta divina, no puede tener fin porque ha llegado a ser como Dios —eterna.

La evolución espiritual es una experiencia de la elección creciente y voluntaria de la bondad asistida por una disminución igual y progresiva de la posibilidad del mal. Con el logro de la finalidad de elección de la bondad y de una plena capacidad para la apreciación de la verdad, surge a la existencia una perfección de la belleza y de la santidad cuya rectitud inhibe eternamente la posibilidad de que surja aun el concepto del mal potencial. Un alma conocedora de Dios como ésta, no arroja ninguna sombra de mal dudoso cuando funciona en tan alto nivel espiritual de bondad divina.

La presencia del espíritu del Paraíso en la mente del hombre constituye la promesa de revelación y la garantía de fe de una existencia eterna de progresión divina para todas las almas que tratan de alcanzar identidad con este fragmento espiritual inmortal y residente del Padre Universal.

El progreso en el universo se caracteriza por la creciente libertad de la personalidad porque se relaciona con el logro progresivo de niveles cada vez más altos de autocomprensión y de consecuente moderación voluntaria. El alcanzar la perfección de la moderación espiritual equivale a la consumación de la libertad universal y de la libertad personal. La fe alimenta y mantiene el alma del hombre en medio de la confusión de su orientación primitiva en un universo tan vasto, en tanto que la oración se convierte en el gran unificador de las diversas inspiraciones de la imaginación creativa y los impulsos de la fe de un alma que trata de identificarse con los ideales espirituales de la presencia divina residente y asociada.

Nabón quedó muy impresionado por estas palabras, así como por cada una de sus conversaciones con Jesús. Estas verdades ardían para siempre dentro de su corazón, y él fue de gran ayuda cuando, en el futuro, llegaron los predicadores del evangelio de Jesús.

4. EL MINISTERIO PERSONAL

Jesús no dedicó la totalidad de su tiempo libre mientras estaba en Roma a la tarea de preparar a hombres y mujeres para que se convirtieran en futuros discípulos del reino venidero. Mucho de su tiempo lo dedicó a la adquisición de un conocimiento íntimo de todas las razas y tipos de seres humanos que vivían en esta, la ciudad más grande y más cosmopolita del mundo. En cada uno de esos numerosos contactos humanos, Jesús tenía un doble propósito: deseaba conocer las reacciones de ellos a la vida que vivían en la carne, y también tenía en mente decir o hacer algo que pudiera enriquecer la vida de ellos, que la hiciera más digna de ser vivida. Sus enseñanzas religiosas durante esas semanas no diferían de las que caracterizaron su vida posterior como maestro de los doce y predicador de multitudes.

La tesis de su mensaje era siempre: la realidad del amor del Padre celestial y la verdad de su misericordia, estos hechos sumados a la buena nueva de que el hombre es un hijo de fe de este mismo Dios de amor. La técnica que Jesús acostumbraba utilizar en sus relaciones sociales consistía en extraer las opiniones y sentimientos de los seres con quienes conversaba haciéndoles preguntas. Usualmente la conversación empezaba con Jesús haciendo las preguntas, y terminaba con los interlocutores haciéndole preguntas a Jesús. Era igualmente hábil en la enseñanza haciendo preguntas él o contestándolas. Como regla, a los que enseñaba más, menos decía. Los que más beneficios derivaron de su ministerio personal fueron mortales agobiados, ansiosos y deprimidos, que encontraban alivio en la oportunidad que se les ofrecía de desahogarse en su oído compasivo y comprensivo, pues él sabía escuchar y mucho más. Cuando esos seres humanos inadaptados le contaban a Jesús sus problemas, él siempre sabía ofrecer sugerencias prácticas e inmediatamente útiles para corregir los problemas auténticos, sin dejar por ello de pronunciar palabras de consuelo inmediato y de bienestar del momento. E invariablemente les hablaba a estos mortales afligidos sobre el amor de Dios y de varias y distintans maneras les trasmitía el mensaje de que ellos eran los hijos de este Padre amante en el cielo.

Así Jesús, durante su estadía en Roma, entró personalmente en contacto afectivo y edificante con unos quinientos mortales del reino. De este modo obtuvo un conocimiento de las diferentes razas de la humanidad que jamás hubiera podido adquirir ni en Jerusalén, ni tampoco en Alejandría. Siempre consideró que esos seis meses fueron de los períodos más ricos e informativos de su vida terrenal.

Como era de esperarse, un hombre tan versátil y acometedor no podía actuar así durante seis meses en la metrópolis del mundo sin ser abordado por numerosas personas que deseaban obtener sus servicios en relación con algún negocio o, más a menudo, para un proyecto de enseñanza, reforma social o movimiento religioso. Recibió más de una docena de tales ofrecimientos, y él se valió de cada uno de estos como una oportunidad para impartir alguna enseñanza de ennoblecimiento espiritual, con palabras bien escogidas o mediante un servicio complaciente. Amaba Jesús hacer algo útil, aun cosas pequeñas, para toda clase de gente.

Sostuvo una conversación sobre política y asuntos de estado con un senador romano, y este único encuentro con Jesús tanto le impresionó a este legislador que él pasó el resto de su vida tratando en vano de convencer a sus colegas que cambiaran el curso de la política reinante a partir de la idea de un gobierno que mantenía y alimentaba al pueblo a la de un pueblo que mantuviera al gobierno. Jesús pasó una noche conversando con un rico amo de esclavos, le habló del hombre como hijo de Dios, y al día siguiente este hombre, Claudio, otorgó la libertad a ciento diecisiete esclavos. Cenó con un médico griego, le recordó que sus pacientes tenían mente y alma además de cuerpo, y de allí en adelante este médico capaz intentó un ministerio más amplio para con sus pacientes. Conversaba con toda suerte de personas, de todos los ambientes y profesiones. El único lugar que no visitó en Roma fueron los baños públicos. Rehusó acompañar a sus amigos a los baños debido a la promiscuidad sexual que allí prevalecía.

Caminando con un soldado romano junto al Tiber le dijo: «Sé valiente de corazón así como de brazo. Atrévete a hacer justicia y ten la entereza de ser misericordioso. Obliga a tu naturaleza inferior a que obedezca a tu naturaleza superior del mismo modo que tú obedeces a tus superiores. Reverencia la bondad y exalta la verdad. Elige la belleza en lugar de la fealdad. Ama a tus semejantes y acércate a Dios con todo tu corazón, porque Dios es tu Padre en el cielo».

Al orador del foro le dijo: «Tu elocuencia es agradable, tu lógica es admirable, el sonido de tu voz es grato, pero tus enseñanzas no reflejan la verdad. Si pudieras disfrutar la satisfacción inspiradora de conocer que Dios es tu Padre espiritual, tal vez podrías emplear tu capacidad de orador para liberar a tus semejantes del yugo de las tinieblas y de la esclavitud de la ignorancia». Fue éste aquel Marcos que oyó a Pedro predicar en Roma y que luego fue su sucesor. Cuando crucificaron a Simón Pedro, éste fue aquel que desafió a los perseguidores romanos y audazmente continuó predicando el nuevo evangelio.

Al encontrarse con un pobre que había sido falsamente acusado, Jesús fue con él ante el magistrado y, habiéndosele concedido permiso especial para hablar por él, formuló ese excelente discurso durante el cual dijo: «Es la justicia la que hace una nación grande, y cuanto más grande una nación más solícita será en asegurarse de que no sufra injusticias ni siquiera el más humilde de sus ciudadanos. Ay de la nación en la que sólo los que poseen dinero e influencia cuentan con la seguridad de una justicia pronta ante sus tribunales. Es deber sagrado del magistrado absolver al inocente así como lo es castigar al culpable. De la imparcialidad, equidad e integridad de sus tribunales depende la perdurabilidad de una nación. El gobierno civil se basa en la justicia, así como la verdadera religión se basa en la misericordia». El juez volvió a abrir el caso, y después de examinar las pruebas, exoneró al prisionero. De todas las actividades de Jesús durante este período de ministerio personal, ésta fue la que más se acercó a una aparición pública.

5. LOS CONSEJOS PARA UN RICO

Cierto hombre rico, ciudadano romano y estoico, se interesó vivamente en las enseñanzas de Jesús, que le había sido presentado por Angamón. Después de muchas conversaciones íntimas este rico ciudadano le preguntó a Jesús qué haría él con la riqueza, si la poseyera, y Jesús le respondió: «Dedicaría la riqueza material al mejoramiento de la vida material, así como dedicaría el conocimiento, la sabiduría y el servicio espiritual al enriquecimiento de la vida intelectual, al ennoblecimiento de la vida social y al adelanto de la vida espiritual. Administraría la riqueza material como guardián prudente y eficaz de los recursos de una generación para el beneficio y el ennoblecimiento de la generación próxima y de las generaciones sucesivas».

Pero el rico no estaba del todo satisfecho con la respuesta de Jesús. Se atrevió a preguntar nuevamente: «¿Pero qué crees tú que deba hacer un hombre en mi posición con su riqueza? ¿Debo quedarme con ella, o debo repartirla?» Cuando Jesús se dio cuenta de que este hombre deseaba sinceramente conocer más profundamente la verdad sobre su lealtad a Dios y su deber para con sus semejantes, le dijo además: «Mi buen amigo, entiendo que buscas sinceramente la sabiduría y que honestamente amas la verdad; por eso pienso exponer mi punto de vista sobre la solución de tus problemas relacionados con las responsabilidades de la riqueza. Lo hago porque tú has *solicitado* mi consejo, y al ofrecértelo, no estoy pensando en la riqueza de ningún otro hombre rico; mi consejo es sólo para ti, para tu orientación personal. Si honestamente deseas considerar tu riqueza como un fideicomiso, si realmente deseas convertirte en un guardián prudente y eficaz de tu riqueza acumulada, entonces te aconsejaría que hicieras el siguiente análisis de los orígenes de tus riquezas: pregúntate, y trata de hallar la respuesta honesta, ¿de dónde vino esta riqueza? Y como ayuda en el análisis de los orígenes de tu gran fortuna, te sugeriría que recordaras los siguientes diez métodos distintos de acumular riquezas materiales:

«1. Riqueza heredada —que proviene de los padres y otros antepasados.

«2. Riqueza descubierta —que proviene de los recursos no cultivados de la madre tierra.

«3. Riqueza comercial —obtenida como ganancia justa en el intercambio y trueque de bienes materiales.

«4. Riqueza injusta —que proviene de la explotación injusta o de la esclavitud de nuestros semejantes.

«5. Riqueza de interés —que proviene de la posibilidad de ganancia justa y equitativa de un capital invertido.

«6. Riqueza de genio —que proviene de las recompensas por las dotes creadoras e inventivas de la mente humana.

«7. Riqueza accidental —que se deriva de la generosidad de un semejante, o de las circunstancias de la vida.

«8. Riqueza robada —que se obtuvo mediante iniquidades, deshonestidad, robo o fraude.

«9. Fondos fiduciarios —riqueza puesta en tus manos por un semejante para un uso específico, ahora o en el futuro.

«10. Riqueza ganada —riqueza que proviene directamente de tu trabajo personal, la justa y equitativa recompensa de tu diario esfuerzo de mente y cuerpo.

«Así pues, amigo mío, si quieres ser un fiel y justo guardián de tu gran fortuna, ante Dios y al servicio de los hombres, debes dividir aproximadamente tu riqueza en estos diez grandes grupos, y luego proceder con la administración de cada porción según la interpretación sabia y honesta de las leyes de la justicia, de la equidad, de la imparcialidad y de la verdadera eficacia; aunque el Dios del cielo no te condenará si a veces yerras, en situaciones dudosas, a favor de la consideración misericordiosa y altruista de la aflicción de las víctimas que sufren las infortunadas circunstancias de la vida mortal. Cuando tengas una duda honesta acerca de la equidad y justicia en una situación material, deja que tus decisiones favorezcan a los necesitados. Favorece a los que sufren el infortunio de penurias inmerecidas».

Después de discutir estos asuntos durante varias horas, y respondiendo a la solicitud del rico que deseaba una instrucción más amplia y detallada, Jesús expandió su consejo, diciendo en sustancia: «Al ofrecerte estas sugerencias ulteriores relativas a tu actitud hacia la riqueza, te advierto que debes considerar mis consejos como observaciones exclusivamente para ti y para tu orientación personal. Tan sólo hablo por mí y para ti en calidad de amigo que quiere saber. Te suplico que no te conviertas en un dictador en cuanto a cómo otros ricos deben tratar su riqueza. Te aconsejaría pues:

«1. Como guardián de riquezas heredadas debes considerar sus orígenes. Tienes la obligación moral de representar a la generación anterior en la transmisión honesta de riquezas legítimas a las generaciones venideras después de sustraer un monto justo para el beneficio de la generación presente. Pero no estás obligado a perpetuar deshonestidades ni injusticias que puedan haberse producido en la acumulación indebida de riquezas de tus antepasados. Podrás desembolsar cualquier porción de tu riqueza heredada que resulte provenir del fraude o de la iniquidad según tus convicciones de justicia, generosidad y restitución. Podrás utilizar el resto de tu herencia legítima equitativamente y trasmitirlo en seguro fideicomiso de una generación a otra. Un prudente sentido de discernimiento y un sano juicio deben guiar tus decisiones en cuanto al legado de las riquezas a tus sucesores.

«2. Todo el que disfrute de riquezas descubiertas debe recordar que una persona tan sólo vive en la tierra una corta temporada y debe, por consiguiente, disponer adecuadamente para que estos descubrimientos puedan ser compartidos de la manera más útil con el mayor número posible de sus semejantes. Si bien no debe negársele al descubridor toda recompensa por su trabajo de búsqueda y descubrimiento, tampoco deberá éste reclamar con egoísmo todas las ventajas y beneficios que puedan obtenerse del descubrimiento de recursos atesorados por la naturaleza.

«3. Hasta tanto elijan los hombres conducir los negocios del mundo mediante el comercio y el trueque, tienen derecho a una ganancia justa y legítima. Todo comerciante merece un pago por sus servicios; el mercader tiene derecho a su salario. La equidad en el comercio y el trato honesto acordado a los semejantes en el negocio organizado del mundo crea muchos y diversos tipos de riqueza por ganancia, y cada una de estas fuentes de riqueza debe ser juzgada por el metro de los principios más elevados de la justicia, la honestidad y la equidad. El mercader honesto no debe dudar en recibir la misma ganancia que con equidad le otorgaría a su colega en una transacción similar. Aunque este tipo de riqueza no es idéntico a los ingresos ganados individualmente, cuando los negocios se llevan a cabo en gran escala, al mismo tiempo, esta riqueza acumulada honestamente le otorga a su poseedor una considerable equidad que le asegura el derecho de tener voz en las decisiones relativas a su distribución subsiguiente.

«4. Ningún mortal que conozca a Dios y trate de hacer la voluntad divina podrá caer tan bajo como para participar en la opresión mediante el poder de la riqueza. Ningún hombre de noble corazón podrá dedicarse a acumular el poder de la riqueza mediante la esclavización o la explotación injusta de sus hermanos en la carne. Las riquezas son una maldición moral y un estigma espiritual cuando provienen del sudor del hombre mortal oprimido. Toda riqueza así obtenida debe ser restituída a quien le fuera de esta manera robada o a sus hijos o a los hijos de sus hijos. No puede edificarse una civilización perdurable sobre la práctica de robarle al trabajador su salario.

«5. La riqueza honesta tiene derecho a cobrar interés. Hasta tanto los hombres pidan prestado y reciban préstamos, puede recaudarse un justo interés siempre y cuando el capital prestado provenga de una riqueza legítima. Purifica primero tu capital y podrás entonces reclamar el interés. No permitas que tu avidez te haga caer en la práctica de la usura. No permitas que tu egoísmo te lleve a emplear el poder del dinero para ganar ventajas injustas sobre tus semejantes en dificultades. No caigas en la tentación de recibir usura de tu hermano que está en apuros financieros.

«6. Si llegas a la riqueza por tu genio, si tus riquezas se derivan de las recompensas por tus dotes de inventiva, no pretendas una porción injusta de tales recompensas. El genio le debe algo tanto a sus antepasados como a su progenie; también le debe a su raza, a su nación y las circunstancias de sus descubrimientos e invenciones; también debe recordar que elaboró y llevó a cabo sus invenciones en su calidad de hombre entre los hombres. Al mismo tiempo, sería igualmente injusto privar al genio de toda posibilidad de aumentar su riqueza. Será por siempre imposible que los hombres establezcan leyes y reglas que se puedan aplicar igualmente a todos los problemas relacionados con una distribución equitativa de la riqueza. Primero debes reconocer al hombre como tu hermano, y si deseas honestamente hacer por él lo que quisieras que él hiciese por ti, los dictados elementales de la justicia, la honestidad y la equidad te guiarán en la disposición justa e imparcial de todos los problemas recurrentes de la recompensa económica y la justicia social.

«7. A excepción de los honorarios justos y legítimos correspondientes a la tarea de la administración, ningún hombre debe reclamar para sí una riqueza que el tiempo y la ocasión puedan haber depositado en sus manos. Las riquezas accidentales deben ser consideradas en cierto modo como un fideicomiso que ha de administrarse para beneficio del propio grupo económico o social. A los poseedores de tales riquezas se les debe conceder la voz principal en la determinación de una distribución prudente y efectiva de estos recursos no ganados. El hombre civilizado no siempre considerará todo lo que controla como su posesión personal y privada.

«8. Si una porción determinada de tu fortuna se ha obtenido a sabiendas mediante el fraude; si alguna parte de tu riqueza ha sido acumulada mediante prácticas deshonestas o métodos no equitativos; si tus riquezas provienen de tratos injustos con tus semejantes, apresúrate a restituir estos bienes mal habidos a sus legítimos dueños. Haz plena retribución y de este modo limpia tu fortuna de toda riqueza mal habida.

«9. La administración de la riqueza de una persona para el beneficio de otras es una responsabilidad solemne y sagrada. No comprometas ni pongas en peligro ese fideicomiso. Toma para ti de un fideicomiso tan sólo lo que permitiría cada hombre honesto.

«10. Esa parte de tu fortuna que corresponda a lo que ganaste con tus propios esfuerzos mentales y físicos —si has hecho tu trabajo en justicia y equidad— es verdaderamente tuya. Ningún hombre podrá negarte el derecho de conservar y usar esa porción de tu riqueza siempre y cuando el ejercicio de este derecho no perjudique en modo alguno a tus semejantes».

Cuando Jesús hubo terminado su discurso, este romano rico se levantó de su silla y, al darle las buenas noches, le hizo esta promesa: «Mi buen amigo, percibo que eres hombre de gran sabiduría y bondad, y mañana mismo comenzaré a administrar mis bienes de acuerdo con tu consejo».

6. EL MINISTERIO SOCIAL

Aquí en Roma fue donde también ocurrió ese conmovedor evento en el cual el Creador de un universo pasó varias horas en devolver un niño perdido a su ansiosa madre. Este niño se había alejado de su casa, y Jesús lo encontró llorando desconsoladamente. El y Ganid iban camino a las bibliotecas, pero se ocuparon de llevar al niño a su casa. Ganid nunca olvidó el comentario de Jesús: «Sabes, Ganid, que la mayoría de los seres humanos son como este niño perdido. Lloran de temor y sufren de pena la mayor parte del tiempo, sin ver que en verdad no están sino a corta distancia de la seguridad y del salvamento, así como este niño estaba en realidad muy cerca de su casa. Los que conocen el camino de la verdad y disfrutan la seguridad de conocer a Dios deberían considerar que es un privilegio para ellos y no un deber, ofrecer orientación a sus semejantes en sus esfuerzos por encontrar las satisfacciones de la vida. ¿Acaso no fue para nosotros una satisfacción sublime ayudar a este niño a volver donde su madre? Del mismo modo, los que conducen a los hombres a Dios experimentan la satisfacción suprema del servicio humano». A partir de ese momento y por el resto de su vida, Ganid estuvo siempre atento por si se perdía un niño, para devolverlo a su hogar.

Había una viuda con cinco hijos, cuyo marido había muerto accidentalmente. Jesús le contó a Ganid cómo había perdido a su padre en un accidente, y muchas veces fueron ambos a llevar consuelo a esta madre y a sus hijos, mientras que Ganid le pidió dinero a su padre para proveerles alimento y ropa. No cesaron en sus esfuerzos hasta conseguir trabajo para el hijo mayor para que de este modo pudiera ayudar a mantener a la familia.

Esa noche, al escuchar Gonod la crónica de estas experiencias, le dijo a Jesús, de muy buen talante: «Me propongo hacer de mi hijo un erudito o un hombre de negocios, y vienes tú y lo conviertes en filósofo y filántropo». Y Jesús sonriendo replicó: «Quizás consignamos las cuatro cosas; así, tendrá pues una satisfacción cuádruple en la vida, porque cuando su oído reconozca la melodía humana, podrá apreciar cuatro tonos en vez de uno». Y Gonod le respondió: «Me doy cuenta de que eres realmente un filósofo. Debes escribir un libro para las generaciones futuras». Jesús le replicó: «No un libro — mi misión es vivir una vida en esta generación y para todas las generaciones. Yo...», pero interrumpió diciéndole a Ganid: «Hijo mío, es hora de ir a dormir».

7. LOS VIAJES FUERA DE ROMA

Jesús, Gonod y Ganid hicieron cinco viajes desde Roma para visitar varios puntos de interés en los alrededores cercanos y lejanos. Durante su visita a los lagos del norte de Italia, Jesús tuvo con Ganid esa larga conversación sobre la imposibilidad de enseñarle a un hombre acerca de Dios si ese hombre no desea conocer a Dios. Se habían encontrado por casualidad con un pagano irreflexivo, camino a los lagos, y Ganid se sorprendió de que Jesús no siguiera su práctica usual de entablar con este hombre una conversación que condujera naturalmente a la discusión de asuntos espirituales. Al preguntarle Ganid a su maestro por qué mostraba tan poco interés en este pagano, Jesús respondió:

«Ganid, este hombre no estaba sediento de verdad. No estaba insatisfecho consigo mismo. No estaba presto a pedir ayuda, los ojos de su mente no estaban abiertos para recibir luz para el alma. Ese hombre no estaba maduro para la cosecha de la salvación; hay que darle más tiempo para que las pruebas y dificultades de la vida lo preparen para recibir la sabiduría y un conocimiento superior. O bien, si pudiéramos llevarle a vivir con nosotros, tal vez podríamos mediante nuestra manera de vivir mostrarle al Padre celestial, y tal vez tanto lo atraería nuestra vida de hijos de Dios que se vería obligado a preguntarnos acerca de nuestro Padre. No puedes revelar a Dios a los que no lo buscan; no se puede conducir al regocijo de la salvación a las almas que no quieren ser salvadas. Es necesario que el hombre llegue a anhelar la verdad como resultado de las experiencias de la vida, o que desee conocer a Dios como resultado del contacto con la vida de los que han conocido al Padre divino, antes de que otro ser humano pueda actuar como medio para conducir a ese mortal al Padre celestial. Si conocemos a Dios, nuestra tarea verdadera en la tierra es vivir de modo tal que el Padre pueda revelarse en nuestra vida, y así todas las personas que buscan a Dios verán al Padre y pedirán nuestra ayuda para averiguar más acerca del Dios que de ese modo encuentra expresión en nuestra vida».

Fue durante la visita a Suiza, en las montañas, durante la que Jesús tuvo una conversación de un día entero con el padre y el hijo acerca del budismo. Muchas veces Ganid le había hecho a Jesús preguntas directas acerca de Buda, recibiendo sin embargo siempre respuestas más o menos evasivas. Ahora, en presencia de su hijo, el padre le hizo a Jesús una pregunta directa acerca de Buda, y recibió una respuesta directa. Gonod dijo: «De verdad me gustaría saber qué piensas de Buda». Y Jesús respondió:

«Vuestro Buda fue mucho mejor que vuestro budismo. Buda fue un gran hombre, incluso un profeta para su pueblo, pero fue un profeta huérfano; quiero decir con esto que muy pronto perdió de vista a su Padre espiritual, el Padre celestial. Su experiencia fue trágica. Trató de vivir y de enseñar como mensajero de Dios, pero sin Dios. Buda timoneó su nave de salvación casi hasta el puerto seguro, hasta la entrada misma del puerto de salvación de los mortales, pero allí, como las cartas de navegación estaban equivocadas, la buena nave encalló. Allí se ha quedado por estas muchas generaciones, inmóvil, casi desesperadamente varada. Allí se han quedado también muchos de vuestro pueblo por todos estos años. Viven a muy corta distancia de las seguras aguas del descanso, pero se niegan a entrar porque a la noble nave del buen Buda le ocurrió el percance de vararse precisamente a la entrada del puerto. Los pueblos budistas no entrarán jamás al puerto si no abandonan la nave filosófica de su profeta y se aferran a su noble espíritu. Si vuestro pueblo hubiese permanecido fiel al espíritu de Buda, ya habría entrado hace mucho al puerto de la tranquilidad espiritual, del descanso del alma y de la seguridad de la salvación.

»Ves, Gonod, Buda conocía a Dios en espíritu, pero no supo descubrirle claramente en la mente; los judíos descubrieron a Dios en la mente, pero no supieron mayormente conocerle en espíritu. Hoy, los budistas dan tumbos dentro de una filosofía sin Dios, mientras que mi pueblo está lastimosamente esclavizado al temor de un Dios sin una filosofía salvadora de vida y libertad. Vosotros tenéis una filosofía sin Dios; los judíos tienen un Dios pero carecen en gran parte de una filosofía de la vida pertinente. Buda, al no conseguir ver a Dios como espíritu y como Padre, no consiguió ofrecer en su doctrina la energía moral y el poderoso impulso espiritual que debe poseer una religión si ha de cambiar a una raza y ha de exaltar a una nación».

Entonces exclamó Ganid: «Maestro, formemos tú y yo una nueva religión, una religión que sea suficientemente buena para la India y suficientemente grande para Roma, y quizás podamos cambiársela a los judíos por Yahvé». Y Jesús replicó: «Ganid, las religiones no se hacen. Las religiones del hombre maduran durante largos períodos de tiempo, a la vez que las revelaciones de Dios fulguran sobre la tierra en la vida de los hombres que revelan Dios a sus semejantes». Pero ellos no comprendieron el significado de estas palabras proféticas.

Esa noche, cuando se acostaron, Ganid no podía dormir. Habló largamente con su padre y finalmente le dijo, «Sabes, padre, a veces pienso que Josué es un profeta». Su padre medio dormido sólo le replicó: «Hijo mío, hay otros—».

A partir de ese día, y durante el resto de su vida natural, Ganid siguió desarrollando una religión propia. En su mente se conmovía profundamente por la liberalidad, equidad y tolerancia de Jesús. En todas las conversaciones de ellos sobre filosofía y religión no experimentó este joven nunca sentimientos de resentimiento ni reacciones de antagonismo.

¡Qué escena para la contemplación de las inteligencias celestiales!, este espectáculo del joven indio proponiéndole al Creador de un universo que hagan una nueva religión! Aunque el joven no lo supiera, estaban realmente formando una nueva y perdurable religión en ese mismo momento y lugar —este nuevo camino de la salvación, la revelación de Dios al hombre a través de Jesús y en Jesús. Lo que el joven más ansiaba hacer, estaba inconscientemente haciéndolo en ese momento. Así fue, y así es, por siempre. Lo que una imaginación humana esclarecida y reflexiva, que ha recibido la enseñanza y la guía espirituales, quiere sincera y altruísticamente ser y hacer, se torna mediblemente creativo según el grado de dedicación del mortal a la ejecución divina de la voluntad del Padre. Cuando el hombre se asocia con Dios, pueden ocurrir, y ocurren, realmente cosas grandiosas.

DOCUMENTO 133

EL REGRESO DE ROMA

CUANDO se preparaba para marcharse de Roma, Jesús no se despidió de ninguno de sus amigos. El escriba de Damasco apareció en Roma sin anunciarse y desapareció de la misma manera. Había de transcurrir un año entero antes de que los que lo conocieron y lo amaron perdieran toda esperanza de volver a verlo. Antes del fin del segundo año se fueron formando pequeños grupos de los que lo habían conocido y que se vieron atraídos unos a los otros por el interés común en sus enseñanzas y los buenos recuerdos de las horas con él compartidas. Y estos pequeños grupos de estoicos, cínicos y miembros de cultos de misterio, continuaron celebrando estas reuniones irregulares e informales hasta el momento en que los primeros predicadores de la religión cristiana hicieron su aparición en Roma.

Tantas cosas habían comprado Gonod y Ganid en Alejandría y en Roma que despacharon todas sus pertenencias de antemano por recua a Tarento, mientras que los tres viajeros emprendieron a pie y con tranquilidad el viaje a través de Italia por la gran vía Apia. Se encontraron por el trayecto con toda clase de seres humanos. Vivían sobre la vía Apia muchos nobles ciudadanos romanos y colonos griegos, pero ya la progenie de gran número de esclavos inferiores estaba comenzando a hacer su aparición.

Cierto día mientras descansaban a la hora del almuerzo, aproximadamente a mitad camino de Tarento, Ganid le preguntó a Jesús en forma directa qué opinaba sobre el sistema de castas de la India. Contestó Jesús: «Aunque los seres humanos difieren de muchas maneras unos de otros, ante Dios y en el mundo espiritual, todos los mortales están en igualdad de condiciones. Ante los ojos de Dios sólo existen dos grupos de mortales: los que desean hacer su voluntad y los que no lo desean. Al contemplar el universo un mundo habitado, del mismo modo discierne dos grandes clases: los que conocen a Dios y los que no lo conocen. Los que no pueden conocer a Dios se cuentan entre los animales de un reino dado. La humanidad se puede clasificar con propiedad en muchas clases conforme a diferentes calificaciones desde un punto de vista físico, mental, social, vocacional o moral, pero cuando estas diferentes clases de mortales comparecen ante el tribunal de Dios, lo hacen en igualdad de condiciones. Dios en verdad no tiene favoritos. Aunque no sea posible escapar al reconocimiento de las diversas capacidades y dotes humanas en asuntos intelectuales, sociales y morales, no deberías hacer tales distinciones dentro de la fraternidad espiritual de los hombres cuando se reúnen para adorar en la presencia de Dios».

1. LA MISERICORDIA Y LA JUSTICIA

Cierta tarde ocurrió un episodio muy interesante a la vera del camino, al aproximarse ellos a Tarento. Observaron que un robusto joven rudo atacaba brutalmente a un muchacho más pequeño. Jesús se apresuró a asistir al joven asaltado, y después de rescatarlo, retuvo firmemente al agresor para que el pequeño pudiera huir. En el momento en que Jesús soltó al atacante, Ganid se le abalanzó encima, propinándole una soberana paliza, pero ante su asombro, Jesús intervino rápidamente, sujetando a Ganid y permitiendo así que el asustado muchacho escapara. Tan pronto como recobró el aliento, exclamó Ganid acaloradamente: «Maestro, no alcanzo a comprenderte. Si la misericordia demanda el rescate del muchacho más pequeño, ¿no exige la justicia el castigo del más grande, del agresor?». Jesús le respondió:

«Ganid, es verdad que no comprendes. El ministerio de la misericordia es siempre la obra del individuo, pero el castigo de la justicia es la función de los grupos sociales, gubernamentales, o administrativos del universo. Como individuo estoy obligado a mostrar misericordia; debo rescatar al muchacho agredido, y podré con toda justicia, emplear la fuerza para contener al agresor. Y eso es exactamente lo que hice. Logré liberar al muchacho agredido; he aquí el fin del ministerio de la misericordia. Retuve luego por la fuerza al agresor el tiempo necesario para permitir la huida de la parte más débil de la disputa, y luego me desentendí del asunto. No juzgué al agresor, examinando el móvil —evaluando todos los factores que pudieran haber contribuido al ataque contra su semejante— ni emprendí la realización del castigo que pudiera dictaminar mi mente como justa recompensa por su mala acción. Ganid, la misericordia puede ser profusa, pero la justicia es precisa. ¿No te das cuenta de que difícilmente podrían dos personas ponerse de acuerdo sobre un castigo que pudiera satisfacer las exigencias de la justicia? Uno impondría cuarenta latigazos, otro, veinte, mientras que un tercero sostendría que el aislamiento penal es el único castigo justo. ¿No te das cuenta de que en este mundo es mejor que tales responsabilidades recaigan sobre el grupo o sean administradas por los representantes nombrados por el grupo? En el universo, el juicio está investido sobre aquellos que conocen plenamente los antecedentes de todos los males así como también sus móviles. En la sociedad civilizada y en un universo organizado, la administración de la justicia presupone el dictamen de una sentencia justa después de un juicio justo, y esta prerrogativa corresponde a los grupos jurídicos de los mundos y a los administradores omnisapientes de los universos más altos de toda la creación».

Durante varios días conversaron sobre el problema de manifestar misericordia y administrar justicia. Ganid llegó a comprender, por lo menos en parte, el por qué Jesús se negaba a participar en luchas físicas personales. Pero Ganid le hizo una última pregunta, a la que nunca recibió una respuesta plenamente satisfactoria; y esa pregunta fue: «Pero, Maestro, si una criatura más fuerte y airada te atacara y amenazara con destruirte, ¿qué harías tú? ¿No harías ningún esfuerzo por defenderte?» Aunque Jesús no podía responder completa y satisfactoriamente a la pregunta del muchacho, porque no estaba dispuesto a revelarle que él (Jesús) estaba viviendo en la tierra como ejemplo del amor del Padre del Paraíso para todo un universo espectador, pudo decirle cuanto sigue:

«Ganid, bien comprendo que estos problemas te dejan perplejo, y trataré de responder a tu pregunta. Primero, en cualquier ataque que pudiera hacerse contra mi persona, yo determinaría si es el agresor un hijo de Dios —mi hermano en la carne— o no, y si pensara que esa criatura no posee juicio moral ni razón espiritual, sin titubeos me defendería hasta el límite de mi resistencia, a pesar de las consecuencias para el agresor. Pero no agrediría yo del mismo modo a un semejante, hijo de Dios, ni siquiera en defensa propia. Es decir que no le castigaría de antemano y sin juicio por haberme agredido. Trataría por todos los medios posibles de prevenir el ataque y de disuadirle de que me agrediera, y trataría de mitigar la intensidad de ese ataque si no consiguiera evadirlo. Ganid, tengo confianza absoluta en la protección de mi Padre celestial. Estoy consagrado a hacer la voluntad de mi Padre que está en el cielo. No creo que pueda acontecerme ningún daño *real*; no creo que la obra de mi vida pueda en realidad peligrar a manos de mis enemigos, y de seguro que no hemos de temer violencia alguna por parte de nuestros amigos. Estoy absolutamente convencido de que el universo entero es cordial para conmigo —insisto en creer esta verdad todopoderosa con la confianza más sincera pese a todas las apariencias de lo contrario».

Pero Ganid no estaba plenamente satisfecho. Muchas veces conversaron sobre estos temas, y Jesús le contó sus experiencias juveniles, y le contó de Jacob, el hijo del albañil. Al oír cómo Jacob se había erigido defensor de Jesús, dijo Ganid: «¡Oh, ahora comienzo a entender! En primer lugar, raramente se le ocurriría a una persona normal atacar a una persona tan bondadosa como tú, pero aunque eso ocurriera, si alguien fuera tan irracional como para atacarte, habría con toda seguridad muy cerca otro mortal dispuesto a acudir corriendo en tu ayuda, así como tú siempre acudes a rescatar al que se encuentre en dificultad. En mi corazón, Maestro, convengo contigo, pero en mi cabeza, aún pienso que de haber yo sido Jacob, con placer habría castigado a esos seres malvados que se atrevían a agredirte sólo porque pensaban que tú no te defenderías. Supongo que estás bastante a salvo en el transcurso de tu vida, puesto que mucho de tu tiempo lo dedicas a ayudar a otros y a consolar a tus semejantes en desgracia; así pues, supongo que probablemente habrá siempre alguien cerca, listo para defenderte». Y Jesús replicó: «Esa prueba aún no ha llegado, Ganid, y cuando llegue, debemos atenernos a la que es la voluntad del Padre». Y fue eso casi todo lo que pudo el muchacho sacarle a su maestro sobre el difícil tema de la defensa propia y la falta de resistencia. En otra ocasión, consiguió él sacarle a Jesús que, en su opinión, la sociedad organizada tenía todo el derecho de emplear la fuerza para la ejecución de sus justos mandatos.

2. EL EMBARQUE EN TARENTO

Mientras aguardaban en el embarcadero, esperando que el barco descargara, los viajeros observaron a un hombre que maltrataba a su mujer. Como era su costumbre, Jesús intervino en favor de la persona agredida. Se acercó a espaldas del iracundo marido, y tocándole suavemente el hombro dijo: «Amigo mío, ¿me permites que te hable en privado un instante?» El airado marido, desconcertado, tartamudeó después de un momento de titubeo: «¿Eh? ¿Por qué? Sí. ¿Qué quieres de mí?» Jesús le llevó aparte, diciéndole: «Amigo mío, percibo que te ocurrió algo grave; mucho deseo que me expliques qué pudo suceder para que un hombre fuerte como tú ataque así a su mujer, a la madre de sus hijos, aquí, a la vista de todo el mundo. Seguramente crees que hay una buena razón para este asalto. ¿Qué hizo esta mujer para merecer semejante trato de su marido? Te observo y creo discernir en tu rostro el amor por la justicia, si no el deseo de ser misericordioso. Me atrevo a decir que, si tú me encontraras a la vera del camino, a la merced de un grupo de asaltantes, no titubearías ni un instante, correrías a rescatarme. Me atrevería a decir incluso que has realizado muchas de estas acciones valientes en el curso de tu vida. Ahora bien, amigo mío, dime ¿qué pasa? ¿Es que tu mujer hizo algo malo, o es que tú perdiste la cabeza tontamente agrediéndola sin pensar?» No fue tanto lo que Jesús le dijo sino su bondadosa mirada y su compasiva sonrisa lo que conmovió el corazón de este hombre, el cual respondió: «Supongo que eres un sacerdote de los cínicos, y te agradezco que me hayas frenado. Mi mujer no ha cometido ningún gran mal; es una buena mujer, pero me irrita porque se la agarra conmigo en público, me saca de quicio. Lamento mi falta de autodominio y prometo tratar de cumplir mi promesa de antaño ante uno de tus hermanos, quien me enseñó la senda más alta hace ya muchos años. Te lo prometo.»

Al decirle adiós continuó Jesús: «Hermano mío, recuerda siempre que el hombre no tiene ninguna autoridad legítima sobre la mujer a menos que ésta le haya concedido voluntariamente tal autoridad. Tu esposa se ha comprometido a recorrer contigo el trayecto de la vida, a ayudarte en las luchas, y a asumir el mayor peso en la crianza de tus hijos; a cambio de este servicio especial es justo que reciba de ti esa protección especial que el hombre puede dar a la mujer, a la compañera que concibe, da a luz y nutre a los hijos. La solicitud y la consideración que un hombre está dispuesto a conceder a su esposa y a sus hijos son la medida por la cual conoce el alcance de los niveles más altos de su autoconciencia espiritual y creativa. ¿No sabes acaso que los hombres y las mujeres son los socios de Dios, en el sentido de que cooperan para crear seres que crecen y que llegan también a poseer el potencial de un alma inmortal? El Padre celestial trata a la Madre Espíritu de los hijos del universo como su igual. Convivir tu vida y todo lo que en la vida está contenido, en términos de igualdad con la compañera y madre que tan plenamente comparte contigo esa experiencia divina de reproduciros en las vidas de vuestros hijos, es una acción casi divina. Si puedes amar a tus hijos como Dios te ama a ti, amarás y apreciarás a tu esposa como el Padre en el cielo honra y exalta al Espíritu Infinito, la madre de todos los hijos espirituales de un vasto universo».

Al subir a bordo, se volvieron para contemplar la escena de la pareja abrazada, en silencio, con lágrimas en los ojos. Habiendo oído la última parte del mensaje de Jesús al hombre, Gonod pasó el día entero discurriéndolo, y decidió que reorganizaría su hogar cuando regresara a la India.

La travesía a Nicópolis fue agradable pero lenta, porque el viento no era favorable. Los tres pasaron muchas horas reviviendo sus experiencias en Roma y recordando todo lo que les había sucedido desde que se conocieron en Jerusalén. Ganid estaba siendo imbuido con el espíritu del ministerio personal. Se dedicó al despensero del barco, pero al segundo día, al encontrarse cada vez más enredado en problemas religiosos, llamó a Josué en su socorro.

Pasaron varias días en Nicópolis, la ciudad que había fundado Augusto unos cincuenta años antes en conmemoración de la batalla de Actium, llamándola «la ciudad de la victoria», pues en este sitio había acampado su ejército antes de la batalla. Se hospedaron en la casa de un tal Jerami, un prosélito griego de la fe judía, a quien habían conocido a bordo del barco. El apóstol Pablo pasó todo el invierno con el hijo de Jerami en la misma casa en el curso de su tercer viaje misionero. Desde Nicópolis, navegaron en el mismo barco hasta Corinto, la capital de la provincia romana de Acaya.

3. EN CORINTO

Por el tiempo en que llegaron a Corinto, Ganid se estaba interesando mucho en la religión judía. No fue extraño pues que, al pasar ellos cierto día frente a la sinagoga y ver a la gente que entraba, Ganid le pidiera a Jesús que lo acompañara y que asistieran a las ceremonias. Ese día escucharon el discurso de un rabino erudito sobre el «Destino de Israel» y después del oficio religioso conocieron a un tal Crispo, el principal de la sinagoga. Muchas otras veces asistieron a las ceremonias de la sinagoga, pero principalmente volvían para encontrarse con Crispo. Ganid le tomó gran afecto a Crispo, a su mujer y a su familia de cinco hijos. Le deleitaba observar cómo conducía su vida familiar un judío.

Mientras Ganid estudiaba la vida de familia, Jesús le enseñaba a Crispo las mejores sendas de la vida religiosa. Jesús tuvo más de veinte sesiones con este judío progresista; y no es sorprendente que años más tarde, al predicar Pablo en esta misma sinagoga, y al rechazar los judíos su mensaje y al votar ellos que se le prohibiera seguir predicando en la sinagoga, y al ir Pablo donde los gentiles, ese mismo Crispo abrazara, juntamente con toda su familia, la nueva religión, y llegara a ser uno de los pilares de la iglesia cristiana que Pablo posteriormente organizara en Corinto.

Durante los diez y ocho meses que Pablo pasó predicando en Corinto, uniéndosele más tarde Silas y Timoteo, conoció él a muchos otros que habían sido enseñados por «el tutor judío del hijo de un mercader indio».

En Corinto conocieron a gente de todas las razas que provenían de tres continentes. Después de Alejandría y Roma, era ésta la ciudad más cosmopolita del imperio mediterráneo. Mucho había para ver en esa ciudad, y Ganid no se cansaba de visitar la ciudadela que se alzaba a casi seiscientos metros por encima del nivel del mar. También pasaba gran parte de su tiempo libre alrededor de a la sinagoga y en la casa de Crispo. Al principio se escandalizó, pero posteriormente le encantó la condición de la mujer en el hogar judío; ésta fue una revelación para este joven indio.

Jesús y Ganid eran a menudo huéspedes de otro hogar judío, el de Justo, un mercader devoto que habitaba al lado de la sinagoga. Tiempo más tarde, en muchas ocasiones, hubo de escuchar el Apóstol Pablo cuando se hospedaba en esa misma casa, la crónica de estas visitas del muchacho indio y de su tutor judío, y tanto Pablo como Justo se preguntaban qué habría sido de ese maestro hebreo tan sabio y brillante.

Cuando estaban en Roma, había observado Ganid que Jesús se negaba a acompañarles a los baños públicos. Posteriormente, varias veces trató el joven de inducir a Jesús a que se expresara más ampliamente respecto a las relaciones de los sexos. Aunque contestaba él las preguntas del joven, no parecía nunca estar dispuesto a discutir exhaustivamente estos asuntos. Cierta tarde al pasear ellos en Corinto, allí donde la muralla de la ciudadela desciende hacia el mar, fueron abordados por dos mujeres de la vida. Ganid, empapado como estaba de la idea, por otra parte correcta, de que Jesús era hombre de altos ideales, que aborrecía todo lo que pudiera oler a impureza y saber a mal, se dirigió severamente a estas mujeres empujándolas con rudeza a que se alejaran. Al ver esto Jesús, le dijo a Ganid: «Tus intenciones son buenas, pero no debes tú tener la presunción de hablarles de este modo a las hijas de Dios, aunque sean ellas sus hijas descarriadas. ¿Quiénes somos nosotros para juzgar a estas mujeres? ¿Acaso conoces tú las circunstancias que las obligaron a ganarse la vida de esta manera? Deteneos aquí conmigo, hablemos de estas cosas». Al escuchar sus palabras, las cortesanas se quedaron aun más atónitas que Ganid mismo.

Mientras allí permanecían, de pie a la luz de la luna, Jesús continuó: «En la mente de cada ser humano vive un espíritu divino, la dádiva del Padre celestial. Este buen espíritu lucha constantemente por conducirnos a Dios, por ayudarnos a encontrar a Dios y a conocer a Dios; pero en los mortales también hay muchas tendencias físicas naturales que el Creador puso allí para servir al bienestar del individuo y de la raza. Ahora bien, a veces los hombres y las mujeres, al esforzarse por comprenderse a sí mismos y por enfrentarse con las múltiples dificultades de ganarse la vida en un mundo tan dominado por el egoísmo y el pecado, llegan a confundirse. Percibo, Ganid, que estas dos mujeres no son por voluntad propia malas. Leo en sus ojos que han padecido muchas penas; que mucho han sufrido a manos de un destino aparentemente cruel; que no han elegido intencionalmente este tipo de vida; en su desaliento, su desesperación casi, se han rendido a la presión del momento y han aceptado esta manera desagradable de ganarse la vida, considerándola la mejor forma de escapar de una situación que les parecía sin esperanzas. Ganid, hay gente verdaderamente mala de corazón; ellos deliberadamente eligen hacer lo que es protervo, pero, dime, al contemplar tú estos rostros, ahora bañados de lágrimas, ¿ves en ellos algo malo, protervo?» Y al interrumpirse Jesús para que el joven contestara, tartamudeó Ganid, con la voz ahogada de emoción: «No, Maestro, no veo nada de eso. Lamento mi rudeza. Imploro su perdón». Dijo entonces Jesús: «Te digo en nombre de ellas que te han perdonado, así como les digo a ellas en nombre de mi Padre que está en el cielo que él las ha perdonado. Ahora venid conmigo todos vosotros a la casa de un amigo mío donde tomaremos un refrigerio y haremos planes para una vida nueva y mejor en el futuro.» Hasta este momento las atónitas mujeres no habían proferido ni una sola palabra; se miraron entre sí y siguieron a los hombres en silencio.

Imagínense la sorpresa de la mujer de Justo cuando a estas altas horas de la noche, apareció Jesús con Ganid y estas dos mujeres extrañas, diciendo: «Nos perdonarás por venir a esta hora, pero Ganid y yo deseamos comer alguna cosa, y quisiéramos compartirla con estas nuevas amigas, que también necesitan alimento; además, venimos a ti porque pensamos que te interesaría consultar con nosotros sobre la mejor manera de ayudar a estas mujeres a que comiencen una nueva vida. Ellas podrán contar su historia, pero yo supongo que han sufrido muchas penas, y su presencia misma en tu casa atestigua su profundo y sincero anhelo de conocer a gente buena, y cuán voluntariosamente desean la oportunidad de mostrarle a todo el mundo —hasta a los ángeles en el cielo— cuán nobles y valientes pueden llegar a ser».

Cuando Marta, la esposa de Justo, hubo servido la comida en la mesa, Jesús, despidiéndose inesperadamente, dijo: «Como se hace tarde y el padre del joven está aguardándonos, rogamos nos disculpen mientras aquí juntas os dejamos —las tres mujeres— las amadas hijas del Altísimo. Yo oraré por vuestra orientación espiritual mientras hacéis planes para una vida nueva y mejor en la tierra y una vida eterna en el gran más allá».

De este modo se despidieron Jesús y Ganid de las mujeres. Hasta este momento las dos cortesanas no habían dicho nada; mudo quedó también Ganid. Y también quedó Marta muda un instante, pero se recobró rápidamente, haciendo por estas extraños todo lo que Jesús había esperado que ella hiciera. La mayor de estas dos mujeres murió poco tiempo después, consolada por la esperanza de la vida eterna; la más joven consiguió trabajo en el negocio de Justo y más tarde se asoció de por vida a la primera iglesia cristiana de Corinto.

Varias veces en el hogar de Crispo, Jesús y Ganid se encontraron con un tal Gayo, que posteriormente se convirtió en un leal partidario de Pablo. Durante esos dos meses transcurridos en Corinto, ellos sostuvieron conversaciones íntimas con veintenas de valiosos individuos, y como resultado de estos encuentros aparentemente casuales, más de la mitad de estas personas, llegaron a ser miembros de la comunidad cristiana subsiguiente.

Cuando Pablo fue a Corinto por primera vez, no iba con la intención de quedarse mucho tiempo. Pero no sabía cuán bien había preparado el tutor judío el terreno para su labor. También descubrió que ya se había despertado gran interés por obra de Aquila y Priscila, siendo Aquila uno de los cínicos con los que se había relacionado Jesús cuando estuvo en Roma. Eran ellos una pareja de refugiados judíos de Roma, y abrazaron rápidamente las enseñanzas de Pablo. El vivió con ellos y trabajó con ellos, porque eran también fabricantes de tiendas. Fue debido a esas circunstancias debido a las que Pablo prolongó su estadía en Corinto.

4. LA OBRA PERSONAL EN CORINTO

Jesús y Ganid tuvieron muchas otras experiencias interesantes en Corinto. Tuvieron íntimas conversaciones con un gran número de personas que sacaron gran provecho de las instrucciones de Jesús.

Le enseñó al molinero cómo moler el grano de la verdad en el molino de la experiencia viva para que las cosas difíciles de la vida divina resultaran fácilmente aceptables aun entre los más débiles de nuestros semejantes. Jesús dijo: «Da la leche de la verdad a los que son niños en percepción espiritual. En tu ministerio viviente y amoroso sirve alimento espiritual en forma atractiva y adecuada a la capacidad receptiva de cada uno de los que te pregunten».

Al centurión romano le dijo: «Da al césar lo que es del césar y a Dios lo que es de Dios. El sincero servicio de Dios y el leal servicio de césar no entran en conflicto a menos que césar quiera para sí el homenaje que sólo puede ser reclamado por la Deidad. La lealtad a Dios, si lo llegas a conocer, te hará aun más leal y fiel en tu dedicación a un emperador digno».

Al líder sincero del culto mitraísta le dijo: «Haces bien en buscar una religión de salvación eterna, pero yerras en ir en pos de esa gloriosa verdad entre los misterios inventados por el hombre y las filosofías humanas. ¿No sabes que el misterio de la salvación eterna habita dentro de tu propia alma? ¿No sabes que el Dios del cielo ha enviado su espíritu para vivir dentro de ti, y que este espíritu conducirá a todos los mortales amantes de la verdad y servidores de Dios allende esta vida y a través de los pórticos de la muerte hasta las alturas eternas de la luz donde Dios aguarda para recibir a sus hijos? Y no olvides nunca: vosotros los que conocéis a Dios sois los hijos de Dios si realmente anheláis ser semejantes a él.»

Al maestro epicúreo le dijo: «Haces bien en elegir lo mejor y apreciar lo bueno, pero ¿eres sabio si no eres capaz de discernir las grandes cosas de la vida mortal que están incorporadas en los reinos espirituales derivados de la comprensión de que Dios está presente en el corazón humano? La gran cosa de toda experiencia humana es el llegar a conocer a Dios cuyo espíritu vive dentro de vosotros y procura conducirnos por ese largo y casi interminable viaje a la presencia personal de nuestro Padre común, el Dios de toda creación, el Señor de los universos».

Al contratista y constructor griego le dijo: «Amigo mío, así como construyes las estructuras materiales de los hombres, erige un carácter espiritual semejante al espíritu divino dentro de tu alma. No dejes que tus éxitos como constructor temporal sobrepasen a tu logro como hijo espiritual en el reino del cielo. Al construir las mansiones temporales para otros, no dejes de asegurar tu título de propiedad a las mansiones de la eternidad para ti mismo. Recuerda siempre, existe una ciudad cuyos cimientos son la rectitud y la verdad, y cuyo constructor y hacedor es Dios».

Al juez romano le dijo: «Al juzgar a los hombres, recuerda que tú mismo algún día serás llevado a juicio ante el tribunal de los Gobernantes de un universo. Juzga con rectitud, incluso misericordiosamente, tal como algún día anhelarás consideración misericordiosa de las manos del Arbitro Supremo. Juzga como querrías ser juzgado bajo circunstancias similares, guíate por el espíritu de la ley, no sólo por su letra. Y así como impartes la justicia con ecuanimidad a la luz de las necesidades de los que ante ti comparecen, así tendrás el derecho de esperar justicia atemperada por la misericordia cuando en algún momento comparezcas ante el Juez de toda la tierra».

A la dueña de la hostería griega le dijo: «Ministra tu hospitalidad como la que recibe a los hijos del Altísimo. Eleva los esfuerzos de tu quehacer diario a los altos niveles de un verdadero arte mediante la creciente comprensión de que ministras a Dios en las personas en las que él habita por su espíritu que ha descendido para residir dentro del corazón de los hombres, para transformar de esta manera la mente y conducir el alma de ellos al conocimiento del Padre del Paraíso y de todos estos dones otorgados por el espíritu divino».

Jesús tuvo muchas conversaciones con un mercader chino. Al despedirse de él, le amonestó: «Adora sólo a Dios, que es tu verdadero antepasado espiritual. Recuerda que el espíritu del Padre vive siempre dentro de ti y siempre dirige tu alma en dirección al cielo. Si sigues la guía, de que no eres consciente, de este espíritu inmortal, estarás seguro de continuar en el camino elevado del hallazgo de Dios. Y cuando hayas alcanzado al Padre en el cielo, será porque buscándole te habrás hecho cada vez más semejante a él. Así pues, adiós, Chang, pero sólo por una temporada, porque nos reuniremos nuevamente en los mundos de la luz, donde el Padre de las almas espirituales ha provisto muchas agradables escalas para los que van al Paraíso».

Al viajero británico le dijo: «Hermano mío, percibo que buscas la verdad, e insinúo que el espíritu del Padre de toda verdad tal vez resida dentro de ti. ¿Has probado sinceramente alguna vez a hablar con el espíritu de tu propia alma? Tal cosa es ciertamente difícil y rara vez produce la sensación consciente del éxito. Pero todo intento honesto de la mente material por comunicarse con su espíritu residente alcanza cierto éxito, a pesar de que la mayoría de tales experiencias humanas magníficas deben permanecer mucho tiempo como anotaciones superconscientes en el alma de tales mortales que conocen a Dios».

Al muchacho fugitivo Jesús le dijo: «Recuerda, hay dos cosas de las que no puedes escapar: de Dios y de ti mismo. Dondequiera que vayas, tu yo va contigo, asímismo va el espíritu del Padre celestial que habita dentro de tu corazón. Hijo mío, no te engañes más; ten el coraje de enfrentarte a los hechos de la vida; afiérrate a la seguridad de la filiación de Dios y la certeza de la vida eterna, como te he instruido. A partir de este día, propónte ser un hombre verdadero, un hombre decidido a encarar la vida con valentía e inteligencia».

Al criminal condenado le dijo en su última hora: «Hermano mío, has caído en tiempos malos. Extraviaste tu camino; te enredaste en las mallas del crimen. Al hablar contigo, bien sé que no tenías la intención de hacer lo que ahora te cuesta tu vida temporal. Pero ciertamente cometiste ese mal, y tus semejantes te han encontrado culpable; y han decidido que debes morir. Ni tú ni yo podemos negarle al estado este derecho a defenderse como le parezca apropiado. No parece haber manera alguna de que humanamente escapes al castigo por tu delito. Tus semejantes deben juzgarte por lo que has hecho, pero hay un Juez a quien puedes apelar por el perdón, y quien te juzgará por tus verdaderos móviles y tus mejores intenciones. No temas enfrentarte al juicio de Dios si tu arrepentimiento es genuino y tu fe, sincera. El hecho de que tu error acarrea la pena de muerte impuesta por el hombre, no afecta la oportunidad de tu alma para obtener justicia y misericordia ante los tribunales celestiales».

Jesús sostuvo muchas conversaciones íntimas con gran número de almas hambrientas, tantas que no es posible incluirlas todas aquí. Los tres viajeros disfrutaron de su estadía en Corinto. Con la excepción de Atenas, que era más famosa como centro educacional, Corinto era la ciudad más importante de Grecia en esta época romana, y su estadía de dos meses en este próspero centro comercial les ofreció la oportunidad a los tres de adquirir una experiencia valiosísima. Su estadía en esta ciudad fue una de las escalas más interesantes en su camino de regreso de Roma.

Gonod tenía muchos intereses en Corinto, pero finalmente completó sus transacciones, y se prepararon para embarcarse en dirección a Atenas. Viajaron en un pequeño barco que podía ser transportado por tierra de uno de los puertos de Corinto al otro, a una distancia de dieciséis kilómetros.

5. EN ATENAS —EL DISCURSO SOBRE LA CIENCIA

En breve llegaron al antiguo centro de la ciencia y del saber griegos, y Ganid estaba encantado de encontrarse en Atenas, en Grecia, en el centro cultural de lo que en un tiempo fuera el imperio de Alejandro, que había extendido sus fronteras incluso hasta su patria misma, la India. Allí había pocos negocios que hacer; de manera que Gonod pasó la mayor parte del tiempo con Jesús y Ganid, visitando los muchos sitios de interés, escuchando las interesantes conversaciones del mancebo y de su versátil maestro.

Aún florecía en Atenas una gran universidad, y el trío hizo frecuentes visitas a sus aulas. Jesús y Ganid habían discutido ampliamente las enseñanzas de Platón cuando asistieron a las conferencias en el museo de Alejandría. Todos disfrutaban del arte de Grecia, ejemplos del cual aún se encontraban aquí y allá por toda la ciudad.

Tanto el padre como el hijo disfrutaron mucho también la discusión sobre ciencia que Jesús tuvo con un filósofo griego, una noche en la hostería donde se alojaban. Una vez que acabó este pedante su discurso de casi tres horas, Jesús dijo, traducido en términos de pensamiento moderno:

Los científicos podrán algún día llegar a medir la energía, las manifestaciones de la fuerza, de la gravedad, de la luz y la electricidad, pero estos mismos científicos nunca podrán (científicamente) deciros qué *son* estos fenómenos del universo. La ciencia se ocupa de las actividades de la energía física; la religión se ocupa de los valores eternos. La verdadera filosofía parte de la sabiduría, que trata de correlacionar estas observaciones cuantitativas y cualitativas. Siempre existe el peligro de que el científico puramente físico pueda llegar a sufrir del placer del orgullo matemático y el egoísmo estadístico, sin dejar de mencionar la ceguera espiritual.

La lógica es válida en el mundo material, y las matemáticas son confiables cuando su aplicación se limita a las cosas físicas; pero ni la una ni la otra han de considerarse completamente confiables o infalibles cuando se aplican a los problemas de la vida. La vida incluye fenómenos que no son totalmente materiales. La aritmética dice que si un hombre puede trasquilar una oveja en diez minutos, entonces diez hombres podrían trasquilarla en un minuto. Es una verdad matemática, pero es falaz, porque los diez hombres no podrían hacerlo así; se tropezarían los unos a los otros de tal manera que el trabajo demoraría mucho más tiempo.

Las matemáticas afirman que, si una persona simboliza cierta unidad de valor intelectual y moral, diez personas simbolizarían diez veces este valor. Pero al tratar con la personalidad humana estaría más cerca de la verdad el decir que tal asociación de personalidades es una suma igual al cuadrado del número de personalidades relacionadas con la ecuación, más bien que la simple suma aritmética. Un grupo social de seres humanos que trabajan en armonía coordinada representa una fuerza mucho más grande que la simple suma de sus partes.

La cantidad puede identificarse como un *hecho*, haciéndose así una uniformidad científica. La calidad, estando sujeta a la interpretación de la mente, representa un cálculo aproximado de *valores* y debe, por tanto, permanecer como una experiencia del individuo. Cuando la ciencia y la religión sean menos dogmáticas y más tolerantes de la crítica, comenzará entonces la filosofía a lograr la *unidad* en la comprensión inteligente del universo.

Hay unidad en el universo cósmico, si sólo se pudiera observar su funcionamiento en realidad. El universo real es cordial y acogedor para con todos los hijos del Dios eterno. El verdadero problema es: ¿Cómo puede la mente finita del hombre alcanzar una unidad de pensamiento lógica, verdadera y correspondiente? Este estado mental de conocimiento del universo tan sólo puede alcanzarse si se concibe la idea de que el hecho cuantitativo y el valor cualitativo tienen una causa común en el Padre del Paraíso. Tal concepción de la realidad produce una visión más amplia de la unidad de propósito de los fenómenos universales; e incluso revela una meta espiritual de logro progresivo por parte de la personalidad. Y éste es un concepto de unidad que puede percibir los antecedentes inmutables de un universo viviente de relaciones impersonales continuamente cambiantes y de relaciones personales evolutivas.

La materia, el espíritu y el estado intermedio entre ellos, son tres niveles interrelacionados e interasociados de la verdadera unidad del universo real. Independientemente de cuán divergentes parezcan ser los fenómenos universales de hecho y valor, éstos están, después de todo, unificados en el Supremo.

La realidad de la existencia material se vincula a la energía no reconocida como también a la materia visible. Cuando las energías del universo se hacen tan lentas que adquieren el grado requerido de movimiento, entonces, bajo condiciones favorables, estas mismas energías se convierten en masa. Y no olvides que la mente que es la única que puede percibir la presencia de las realidades aparentes, es en sí misma también real. La causa fundamental de este universo de energía-masa, mente y espíritu, es eterna —existe y radica en la naturaleza y en las reacciones del Padre Universal y sus coordinados absolutos.

Estaban todos más que asombrados de las palabras de Jesús, y cuando el griego se despidió de ellos les dijo: «Al fin mis ojos han visto un judío que piensa en algo más que en la superioridad racial y que sabe hablar de algo más que de religión». Y ellos se retiraron por el resto de la noche.

La estadía en Atenas fue agradable y productiva, pero no particularmente fructífera en contactos humanos. Demasiados entre los atenienses de ese tiempo estaban intelectualmente orgullosos de su reputación del pasado o eran mentalmente estúpidos e ignorantes, siendo los descendientes de los esclavos inferiores de los períodos más antiguos, cuando había gloria en Grecia y sabiduría en la mente de su pueblo. Sin embargo, aún se podía encontrar mucha gente talentosa entre los ciudadanos de Atenas.

6. EN EFESO —EL DISCURSO SOBRE EL ALMA

Al salir de Atenas, los viajeros fueron por el camino de Troas a Efeso, la capital de la provincia romana de Asia. Allí visitaron muchas veces el famoso templo de Artemisa de los Efesios, a unos tres kilómetros de la ciudad. Artemisa era la diosa más famosa de toda Asia Menor y perpetuaba el culto aún más antiguo de la diosa madre de la antigua Anatolia. Se decía que el grosero ídolo que se exhibía en el enorme templo dedicado a su culto había caído del cielo. No toda la primera educación de Ganid de respetar a las imágenes como símbolo de la divinidad había sido erradicada, y pensó que sería bueno comprarse un pequeño santuario de plata en honor de esta diosa de la fertilidad del Asia Menor. Esa noche, mucho conversaron sobre la adoración de las cosas hechas por manos humanas.

Al tercer día de su estadía caminaron junto al río para observar el dragado de la boca del puerto. A mediodía tuvieron oportunidad de conversar con un joven fenicio lleno de nostalgia de su tierra y de desaliento; pero sobre todo estaba envidioso de cierto joven a quien habían promovido en su lugar. Jesús le dirigió palabras de consuelo y citó el viejo proverbio hebreo: «La dádiva del hombre le asegura una posición y le lleva delante de los grandes».

De todas las grandes ciudades que visitaron en este viaje por el Mediterráneo, aquí fue donde menos pudieron hacer para preparar el terreno para los futuros misioneros cristianos. El cristianismo se estableció inicialmente en Efeso en gran medida gracias a los esfuerzos de Pablo, que residió aquí por más de dos años, ganándose la vida con la fabricación de tiendas y dictando conferencias todas las noches sobre religión y filosofía en el salón principal de la escuela de Tirano.

Había en esta escuela local de filosofía un pensador progresista con quien sostuvo Jesús varias conversaciones provechosas. En el curso de estas conversaciones, Jesús usaba repetidamente la palabra «alma». Al fin este griego erudito le preguntó que quería decir él por «alma», y Jesús replicó:

«El alma es aquella parte del hombre que es autorreflexiva, discierne la verdad y percibe el espíritu, elevando por siempre al ser humano por encima del nivel del mundo animal. La autoconciencia por sí sola, no es el alma. La autoconciencia moral es la verdadera autorrealización humana y constituye la base del alma humana, y el alma es esa parte del hombre que representa el valor potencial de la supervivencia de la experiencia humana. La elección moral y el logro espiritual, la capacidad de conocer a Dios y el impulso de ser semejante a él, son las características del alma. El alma del hombre no puede existir aparte del pensamiento moral y de la actividad espiritual. Un alma estancada es un alma moribunda. Pero el alma del hombre es distinta del espíritu divino que reside dentro de la mente. El espíritu divino llega simultáneamente con la primera actividad moral de la mente humana, y esa es la ocasión del nacimiento del alma.

«La salvación o pérdida de un alma dependen de si la conciencia moral alcanza o no un estado de supervivencia a través de la alianza eterna con su dote espiritual e inmortal asociada. La salvación es la espiritualización de la autorrealización de la conciencia moral que de ese modo llega a ser poseída de un valor de supervivencia. Todos los conflictos del alma consisten en la falta de armonía entre la autoconciencia moral o espiritual, y la autoconciencia puramente intelectual.

«El alma humana madura ennoblecida y espiritualizada, se acerca al estado celestial porque llega casi a ser una entidad intermedia entre lo material y lo espiritual, el yo material y el espíritu divino. Es difícil describir y aun más difícil demostrar el alma evolutiva de un ser humano, porque no puede ser descubierta ni por los métodos de investigación material ni por pruebas espirituales. La ciencia material no puede demostrar la existencia del alma, ni tampoco puede demostrarla una prueba puramente espiritual. Aunque tanto la ciencia material como las normas espirituales no puedan demostrar la existencia del alma humana, todo mortal moralmente consciente *conoce* la existencia de *su* alma como una verdadera y *real* experiencia personal».

7. LA ESTADÍA EN CHIPRE —EL DISCURSO SOBRE LA MENTE

Poco después, los viajeros se hicieron a la vela hacia Chipre, haciendo escala en Rodas. Mucho disfrutaron ellos de la prolongada travesía marítima y llegaron a la isla de destino descansados de cuerpo y refrescados de espíritu.

Habían decidido disfrutar de un período de verdadero descanso y esparcimiento durante la estadía en Chipre, al llegar a su fin la gira por el Mediterráneo. Desembarcaron en Pafos y en seguida comenzaron a reunir las provisiones para su estadía de varias semanas en las montañas cercanas. Al tercer día después de su llegada emprendieron el camino hacia los montes con su recua bien cargada.

Pasaron todos dos semanas sumamente agradables, al cabo de la cuales, repentinamente, el joven Ganid cayó gravemente enfermo. Por dos semanas padeció de una fiebre violenta, que a menudo lo hacía caer en el delirio; tanto Jesús como Gonod se dedicaron de lleno a cuidar del muchacho enfermo. Con gran habilidad y ternura se ocupó Jesús del chico y el padre estaba asombrado por la delicadeza y la pericia que puso de manifiesto en su ministerio del joven postrado. Estaban lejos de toda morada humana, y el muchacho no estaba en condición de ser trasladado; tuvieron pues que arreglarse lo mejor posible para atenderlo a fin de que recuperara la salud ahí mismo en las montañas.

Durante la convalecencia de Ganid que duró tres semanas, Jesús le contó muchas cosas interesantes sobre la naturaleza y sus diversas manifestaciones. Cuánto se divirtieron mientras andaban por las montañas, el muchacho haciendo preguntas, Jesús respondiéndoselas, y el padre maravillándose de toda la escena.

La última semana de su estadía en las montañas, Jesús y Ganid tuvieron una larga conversación sobre las funciones de la mente humana. Después de varias horas de discusión el mancebo hizo esta pregunta: «Pero, Maestro, ¿qué quieres decir al observar que el hombre experimenta una forma superior de conciencia de sí mismo que la de los animales más evolucionados?» Y expresado en lenguaje moderno, así respondió Jesús:

Hijo mío, ya te he hablado mucho de la mente del hombre y del espíritu divino que vive dentro de la mente, pero ahora permíteme acentuar el que la autoconciencia es una *realidad*. Cuando un animal desarrolla una conciencia de sí mismo, se convierte en un hombre primitivo. Esta evolución deriva de una coordinación de funciones entre la energía impersonal y la mente capaz de concebir el espíritu, y es este fenómeno el que justifica el otorgamiento de un punto focal absoluto para la personalidad humana: el espíritu del Padre celestial.

Las ideas no son tan sólo un registro de las sensaciones. Las ideas son sensaciones más las interpretaciones reflexivas del yo personal; y el yo es más que la suma de las sensaciones. Comienza a haber un acercamiento a la unidad en un yo evolutivo, y esa unidad se deriva de la presencia residente de una parte de la unidad absoluta que activa espiritualmente a esa mente autoconsciente de origen animal.

Los animales no podrían poseer una autoconciencia temporal. Los animales poseen una coordinación fisiológica de la asociación del reconocimiento de los sensaciones y la memoria de éstas, pero ningún animal experimenta aquel reconocimiento de las sensaciones que discierne su significado ni muestra aquella asociación de estas experiencias físicas combinadas que ve su propósito, tal como se manifiesta en las conclusiones de las interpretaciones humanas inteligentes y reflexivas. Y este hecho de una existencia autoconsciente, asociado con la realidad de su subsecuente experiencia espiritual, constituye al hombre como un hijo potencial del universo y prefigura su alcance final de la Suprema Unidad del universo.

Pero el yo humano no es meramente la suma de estados de conciencia sucesivos. No habría, sin el funcionamiento eficaz de un clasificador y asociador de la conciencia, unidad suficiente para justificar la designación de un yo. Tal mente no unificada difícilmente podría alcanzar los niveles de conciencia que pertenecen al estado humano. Si las asociaciones mentales en la conciencia fueran simplemente un accidente, exhibiría la mente de todos los mortales las asociaciones incontroladas y al azar de ciertas fases de locura mental.

Una mente humana construida tan sólo sobre la base de la conciencia de las sensaciones físicas, no podría alcanzar nunca los niveles espirituales; este tipo de mente material carecería totalmente de valores morales y del sentido de orientación dominado por el espíritu que es tan esencial para lograr una unidad armoniosa de la personalidad en el tiempo, y que es inseparable de la supervivencia de la personalidad en la eternidad.

La mente humana comienza desde muy temprano a manifestar cualidades que son supermateriales; el intelecto humano verdaderamente reflexivo no está completamente sujeto a las limitaciones del tiempo. Que los individuos difieran tanto en su actuación en la vida, indica, no sólo las variables dotes hereditarias y las diferentes influencias del medio ambiente, sino también el grado de unificación que el yo ha logrado con el espíritu residente del Padre, la medida de la identificación del uno con el otro.

La mente humana no soporta bien el conflicto de una doble lealtad. Es un peso muy grande para el alma sufrir la experiencia de esforzarse por servir al bien y al mal a la vez. La mente supremamente feliz y eficazmente unificada es aquella dedicada por entero a hacer la voluntad del Padre celestial. Los conflictos no resueltos destruyen la unidad y pueden dar lugar a la dislocación de la mente. Pero el carácter de supervivencia del alma no se alimenta intentando asegurar la paz mental a cualquier precio, abandonando nobles aspiraciones o comprometiendo ideales espirituales; más bien tal paz se alcanza por la afirmación decidida del triunfo de lo que es verdadero, y esta victoria se logra venciendo el mal con la poderosa fuerza del bien.

Al día siguiente partieron hacia Salamina, donde se embarcaron para Antioquía en la costa de Siria.

8. EN ANTIOQUÍA

Antioquía era la capital de la provincia romana de Siria, y aquí tenía su residencia el gobernador imperial. Antioquía contaba con medio millón de habitantes; era la tercera ciudad del imperio en tamaño y la primera en protervidad e inmoralidad flagrante. Gonod tenía que llevar a cabo muchas transacciones de negocios, de manera que Jesús y Ganid estaban más bien librados a su antojo. Visitaron todo lo que había que ver en esta ciudad políglota excepto el bosque de Dafne. Gonod y Ganid sí visitaron este conocido templo de la vergüenza, pero Jesús se negó a acompañarles. Estas escenas podían no resultar tan chocantes para los indios, pero eran repelentes a los ojos de un idealista hebreo.

Jesús se iba poniendo cada vez más serio y reflexivo a medida que se acercaban a Palestina y al fin de su viaje. Habló con pocas personas en Antioquía; rara vez deambulaba por la ciudad. Después de mucho preguntarle por qué manifestaba su maestro tan poco interés en Antioquía, Ganid finalmente indujo a Jesús a decir: «Esta ciudad no está tan lejos de Palestina; quizás regrese aquí alguna vez».

Ganid tuvo una experiencia muy interesante en Antioquía. Este joven había demostrado ser un discípulo apto y ya había comenzado a hacer uso práctico de algunas de las enseñanzas de Jesús. Había cierto indio relacionado con los negocios de su padre en Antioquía que se había vuelto tan desagradable y malhumorado que estaban considerando despedirlo. Cuando Ganid lo supo, se dirigió al establecimiento de su padre y tuvo una larga conversación con su compatriota. Este hombre pensaba que lo habían colocado en una posición para él inadecuada. Ganid le habló del Padre celestial y de muchas maneras amplió su punto de vista sobre la religión. Pero de todo lo que Ganid le dijo, la cita de un proverbio hebreo fue lo que mejor efecto le hizo; y esa perla de sabiduría fue: «Todo lo que te viniere a la mano para hacer, hazlo con toda tu fuerza».

Después de preparar su equipaje para la caravana de camellos, descendieron a Sidón y de allí a Damasco, y a los tres días se aprontaron para el largo trayecto a través del desierto.

9. EN MESOPOTAMIA

El viaje en caravana a través del desierto no fue una experiencia nueva para esos hombres tan viajados. Al observar Ganid cómo ayudó su maestro a cargar a sus veinte camellos, y al observar que se ofreció voluntariamente a conducir el camello de ellos, exclamó: «Maestro, ¿hay algo que no sepas hacer?» Jesús solamente sonrió diciendo: «El maestro indudablemente siempre tiene mérito a los ojos de un discípulo diligente». Así pues se encaminaron a la antigua ciudad de Ur.

Jesús estaba muy interesado en la historia antigua de Ur, el lugar de nacimiento de Abraham, y estaba igualmente fascinado con las ruinas y tradiciones de Susa, tanto que Gonod y Ganid prolongaron por tres semanas su estadía en estas regiones, a fin de darle más tiempo a Jesús para que llevara a cabo sus investigaciones y también encontrar una mejor oportunidad para persuadirle de que fuese a la India con ellos.

Fue en Ur donde Ganid sostuvo una larga conversación con Jesús respecto a la diferencia entre el conocimiento, la sabiduría y la verdad. Y mucho le gustó el dicho del sabio hebreo: «Sabiduría ante todo; adquiere sabiduría. En tu búsqueda del conocimiento, obtén comprensión. Exalta la sabiduría y ella te hará progresar. Te traerá honores si tan sólo la exaltas a ella».

Finalmente llegó el día de la separación. Todos ellos se condujeron con entereza, especialmente el joven, pero fue una dura prueba. Había lágrimas en sus ojos, pero valor en su corazón. Al decirle adiós a su maestro, Ganid le dijo: «Adiós, Maestro, pero no para siempre. Cuando vuelva a Damasco, iré a buscarte. Te amo, porque creo que el Padre de los cielos debe parecérsete; al menos yo sé que eres muy semejante a lo que me has dicho acerca de él. Recordaré tus enseñanzas, pero sobre todo, nunca te olvidaré a ti». Dijo el padre: «Adiós a un gran maestro, a aquel que nos ha hecho mejores y nos ha ayudado a conocer a Dios». Y Jesús le replicó: «Que la paz sea con vosotros, y que la bendición del Padre celestial habite por siempre con vosotros». Y Jesús se quedó en la costa, contemplando la pequeña barca que les iba llevando al barco anclado fuera de la rada. Así se despidió el maestro de sus amigos de la India en Charax, para no volver a verlos en este mundo; ni ellos supieron jamás en este mundo, que el hombre que posteriormente apareció como Jesús de Nazaret era este mismo amigo de quien ellos se acababan de despedir: Josué su maestro.

En la India, Ganid creció y se volvió un hombre influyente, un digno sucesor de su eminente padre, y divulgó muchas de las nobles verdades que había aprendido de Jesús, su amado maestro. Más tarde en el curso de su vida, supo del extraño maestro de Palestina que terminó su carrera en una cruz, aunque reconoció la similitud entre el evangelio de este Hijo del Hombre y las enseñanzas de su mentor judío, no se le ocurrió jamás pensar que esos dos hombres fuesen en realidad la misma persona.

Así terminó ese documento de la vida del Hijo del Hombre que bien podría llamarse: *La misión de Josué, el maestro*.

DOCUMENTO 134

LOS AÑOS DE TRANSICIÓN

DURANTE el viaje por el Mediterráneo, Jesús había estudiado cuidadosamente a las personas con quien se encontraba y los países por los cuales pasaba, y por esta época llegó a tomar su decisión final respecto a lo que le faltaba por vivir en la tierra. Había considerado en todos sus detalles y ahora finalmente aprobado el plan que estipulaba que nacería de padres judíos en Palestina, y por lo tanto, regresó deliberadamente a Galilea para esperar el comienzo de su tarea de la vida como maestro público de la verdad; comenzó a trazar planes para una carrera pública en la tierra del pueblo de su padre José, y esto lo hizo por su propia voluntad.

Jesús había descubierto por experiencia personal y humana, que Palestina sería el teatro más adecuado, dentro del entero mundo romano, para el desenvolvimiento y representación de los últimos capítulos de las escenas finales de su vida en la tierra. Por primera vez, le satisfizo plenamente la idea de manifestar sin ambages su verdadera naturaleza y de revelar su identidad divina entre los judíos y los gentiles de su nativa Palestina. Definitivamente decidió terminar su vida mortal en la carne en la misma tierra en la que había comenzado su experiencia humana como niño indefenso. Su carrera en Urantia había comenzado en Palestina entre los judíos, y decidió cerrar el capítulo de su vida, en Palestina, entre los judíos.

1. EL AÑO TREINTA (24 D. DE J.C.)

Después de despedirse de Gonod y de Ganid en Charax (en diciembre del año 23 d. de J.C.) Jesús regresó por el camino de Ur a Babilonia, donde se unió a una caravana del desierto que se dirigía a Damasco. De Damasco fue a Nazaret, deteniéndose sólo unas pocas horas en Capernaum para visitar a la familia de Zebedeo. Se encontró allí con su hermano Santiago, quien estaba desde hacía algún tiempo trabajando en su lugar en el astillero de Zebedeo. Después de conversar con Santiago y con Judá, que también se encontraba por casualidad en Capernaum; y de hacer a su hermano Santiago el traspaso de propiedad de la casita que Juan Zebedeo había comprado en su nombre, Jesús siguió camino a Nazaret.

Al finalizar su viaje por el Mediterráneo, Jesús había ganado dinero suficiente como para cubrir los gastos diarios casi hasta el momento del comienzo mismo de su ministerio público. Pero, a excepción de Zebedeo de Capernaum, y de los que le conocieron en el curso de esta gira extraordinaria, el mundo nada supo de este viaje. Su familia creía que había pasado ese período de tiempo estudiando en Alejandría. Jesús nunca confirmó estas suposiciones, pero tampoco hizo nada por refutarlas abiertamente.

Durante su estancia de unas pocas semanas en Nazaret, Jesús departió con su familia y sus amigos, y estuvo por algún tiempo en el taller de reparaciones con su hermano José, pero la mayor parte de su atención la dedicó a María y a Ruth. Estaba Ruth por cumplir los quince años, y era ésta la primera oportunidad que se le ofrecía a Jesús de conversar con ella desde que se había convertido en doncella.

Tanto Simón como Judá deseaban casarse desde hacía algún tiempo, pero no querían hacerlo sin el consentimiento de Jesús; por eso habían pospuesto estos eventos a la espera del retorno de su hermano mayor. Aunque todos consideraban a Santiago como el jefe de la familia en casi todos los asuntos, en lo que se refería al matrimonio deseaban recibir la bendición de Jesús. Así pues, Simón y Judá se casaron en una doble boda a principios de marzo de este año, el 24 d. de J.C. Ya todos los hijos mayores estaban casados; sólo Ruth, la más joven, aún estaba con María en la casa paterna.

Jesús departía con toda naturalidad con cada uno de los integrantes de su familia por separado, pero cuando se encontraban todos reunidos era tan poco lo que tenía que decir, que todos lo comentaban entre ellos. Especialmente María estaba desconcertada por este comportamiento tan peculiar y extraño de su hijo primogénito.

Por la época en que Jesús se estaba aprontando para irse de Nazaret, el conductor de una gran caravana, a la sazón en la ciudad, cayó gravemente enfermo y Jesús, que era políglota, se ofreció para reemplazarlo. Puesto que este viaje significaría que se ausentaría por un año, y puesto que todos sus hermanos ya estaban casados y su madre vivía en la casa paterna con Ruth, Jesús convocó un consejo de familia para proponer que María y Ruth se mudaran a Capernaum, para habitar en la casa que le había traspasado recientemente a Santiago. Así, pocos días después de la partida de Jesús con la caravana, se mudaron María y Ruth a Capernaum, donde vivieron por el resto de la vida de María en la casa que Jesús les había proporcionado. José se mudó con su familia a la vieja casa de Nazaret.

Fue éste uno de los años más excepcionales en la experiencia íntima del Hijo del Hombre; hubo gran progreso en la tarea de alcanzar una armonía funcional entre su mente humana y el Ajustador residente. El Ajustador se había ocupado activamente de la reorganización del pensamiento y la preparación de la mente para los grandes acontecimientos que se anunciaban en un futuro ya no muy distante. La personalidad de Jesús se estaba preparando para su gran cambio de actitud hacia el mundo. Fue ésta la época intermedia, la etapa de transición de este ser, que comenzó la vida como Dios que aparece como hombre, y que ahora se estaba preparando para completar su carrera terrenal como hombre que aparece como Dios.

2. EL VIAJE CON LA CARAVANA AL CASPIO

Era el primero de abril del año 24 d. de J. C. cuando Jesús partió de Nazaret con la caravana, con destino a la región del Mar Caspio. La caravana a la que se unió Jesús como conductor iba desde Jerusalén, por el camino de Damasco y del Lago de Urmia, cruzando Asiria, Media y Partia, hasta la región sudoriental del Mar Caspio. Un año entero transcurrió antes de su regreso.

Esta caravana fue para Jesús otra aventura de exploración y ministerio personal. Fue para él una experiencia interesante convivir con la familia de la caravana —pasajeros, guardias y conductores de camellos. Veintenas de hombres, mujeres y niños, que habitaban a lo largo de la ruta seguida por la caravana, vivieron vidas más ricas como resultado de su encuentro con Jesús, que fue para ellos el extraordinario conductor de una caravana ordinaria. No todos los que tuvieron la oportunidad de disfrutar de estas ocasiones de ministerio personal supieron sacar provecho de éstas, pero la gran mayoría de aquellos que le conocieron y conversaron con él, fueron personas mejores el resto de sus vidas.

De todos sus viajes por el mundo, el que hizo al Mar Caspio fue el que más acercó a Jesús a Oriente, y le permitió adquirir una mejor comprensión de los pueblos del lejano Oriente. Se relacionó íntima y personalmente con cada una de las razas sobrevivientes en Urantia, con excepción de la roja. Disfrutó igualmente de su ministerio personal con cada una de estas diversas razas y pueblos mestizos, y todos ellos fueron receptivos a la verdad viviente que les traía. Los europeos del extremo occidente y los asiáticos del extremo oriente prestaron atención en igual medida a sus palabras de esperanza y de vida eterna, y fueron igualmente influidos por la vida de amoroso servicio y ministerio espiritual que tan compasivamente vivió entre ellos.

El viaje con la caravana fue un éxito en todos los sentidos. Fue éste uno de los episodios más interesantes en la vida humana de Jesús, porque desempeñó durante este año una función de carácter ejecutivo, siendo responsable del material confiado a su cuidado y de la conducción segura de los viajeros que integraban la caravana. Cumplió con sus múltiples deberes con la mayor lealtad, eficiencia y prudencia.

Al regreso de la región caspiana, Jesús renunció a la dirección de la caravana en el Lago Urmia, donde permaneció poco más de dos semanas. Regresó como pasajero en una caravana posterior que se dirigía a Damasco, donde los propietarios de los camellos le rogaron que permaneciese a su servicio. Al rehusar esta oferta, siguió viaje con la caravana hasta Capernaum, donde llegó el primero de abril del año 25 d. de J. C.. Ya no consideraba a Nazaret como su hogar. Capernaum se había convertido en el hogar de Jesús, de Santiago, de María y de Ruth. Pero Jesús no volvió nunca más a vivir con su familia; cuando se encontraba en Capernaum, se hospedaba en la casa de los Zebedeo.

3. Las conferencias de Urmia

Camino del Mar Caspio, Jesús se había detenido varios días en la vieja ciudad persa de Urmia, sobre la costa occidental del Lago Urmia, para descansar y recuperarse. En la isla más grande, de un grupo situado a corta distancia de la costa cerca de Urmia, se levantaba un gran edificio, un anfiteatro para conferencias, dedicado al «espíritu de la religión». En realidad esta estructura era un templo dedicado a la filosofía de las religiones.

Este templo había sido construido por un rico mercader, ciudadano de Urmia, y sus tres hijos. Este hombre se llamaba Cimboitón, y sus antepasados provenían de muchos pueblos distintos.

Las conferencias y discusiones comenzaban en esta escuela religiosa a las 10:00 de la mañana. Las sesiones de la tarde comenzaban a las 3:00, y los debates nocturnos se iniciaban a las 8:00 de la noche. Estas sesiones de enseñanza, discusión y debate eran presididas siempre por Cimboitón o por uno de sus tres hijos. El fundador de esta escuela religiosa tan singular vivió y murió sin divulgar jamás sus creencias religiosas personales.

Varias veces participó Jesús en estas discusiones, y antes de que partiera de Urmia, Cimboitón acordó con Jesús que, durante su viaje de regreso, se hospedara con ellos dos semanas, dictara veinticuatro conferencias sobre «la fraternidad de los hombres», y dirigiera doce sesiones nocturnas de preguntas, discusiones y debates sobre sus conferencias en particular, y sobre la fraternidad de los hombres en general.

Conforme a este acuerdo, Jesús se detuvo en Urmia en su viaje de regreso y dictó las conferencias. Fue ésta la más formal y sistemática de las enseñanzas del Maestro en Urantia. Nunca antes ni después dijo tantas cosas sobre el mismo tema como en estas conferencias y discusiones sobre la fraternidad de los hombres. En realidad, tales conferencias fueron sobre el «Reino de Dios» y los «Reinos de los hombres».

Más de treinta religiones y cultos religiosos estaban representados en el cuerpo docente del templo de filosofía religiosa. Los profesores eran elegidos, mantenidos y plenamente acreditados por sus respectivos grupos religiosos. Por esta época, el cuerpo docente constaba aproximadamente de setenta y cinco profesores, los cuales vivían en cabañas con espacio para unas doce personas cada una. Durante la luna nueva se echaba la suerte para cambiar los grupos. La intolerancia, un espíritu pendenciero u otro rasgo que pudiera interferir con el funcionamiento apacible de la comunidad, daba lugar al despido inmediato y sumario del responsable. Éste era despedido sin ceremonia, y el suplente tomaba inmediatamente su puesto.

Estos maestros de religiones diferentes hacían un gran esfuerzo por mostrar cuán semejantes eran sus religiones en cuanto a los aspectos fundamentales de esta vida y de la próxima. Para obtener una cátedra en esta facultad bastaba que aceptase una doctrina —cada uno de los maestros debía representar una religión que reconociera a Dios— o algún tipo de Deidad suprema. En el cuerpo docente había cinco maestros independientes, que no representaban a una religión organizada, y como tal compareció Jesús ante ellos.

[Cuando nosotros, los seres intermedios, preparamos por primera vez el resumen de las enseñanzas de Jesús en Urmia, surgió un desacuerdo entre los serafines de las iglesias y los serafines del progreso sobre si sería o no prudente incluir estas enseñanzas en la Revelación de Urantia. Las condiciones imperantes en el siglo veinte, tanto en el campo religioso como en el de los gobiernos humanos, son tan diferentes de las que predominaban en los tiempos de Jesús que ciertamente era muy difícil adaptar las enseñanzas del Maestro en Urmia a los problemas del reino de Dios y de los reinos de los hombres, tal como estas funciones mundiales existen en el siglo veinte. Nunca conseguimos esbozar una exposición de las enseñanzas del Maestro que fuera aceptable para ambos grupos de estos serafines del gobierno planetario. Finalmente, el Melquisedek presidente de la comisión reveladora, nombró una comisión de tres de nosotros para que preparáramos nuestro punto de vista sobre las enseñanzas del Maestro en Urmia, adaptadas a las condiciones religiosas y políticas del siglo veinte en Urantia. Por consiguiente, nosotros tres, seres intermedios secundarios, completamos dicha adaptación de las enseñanzas de Jesús, expresando de nuevo sus pronunciamientos de una forma aplicable a las condiciones mundiales contemporáneas, y ahora presentamos esta exposición tal como quedó después de haber sido revisada por el presidente Melquisedek de la comisión reveladora.]

4. LA SOBERANÍA —DIVINA Y HUMANA

La fraternidad de los hombres está basada en la paternidad de Dios. La familia de Dios se deriva del amor de Dios —Dios es amor. Dios el Padre ama a sus hijos con un amor divino, a todos ellos.

El reino del cielo, el gobierno divino, se basa en el hecho de la soberanía divina: Dios es espíritu. Puesto que Dios es espíritu, este reino es espiritual. El reino del cielo no es material ni meramente intelectual; es un enlace espiritual entre Dios y el hombre.

Si las diferentes religiones reconocen la soberanía espiritual de Dios el Padre, todas estas religiones permanecerán en paz. Sólo cuando una religión supone que es, de alguna manera, superior a todas las otras y que posee autoridad exclusiva sobre las otras, dicha religión resulta ser intolerante con las otras religiones o se atreve a perseguir otros creyentes religiosos.

La paz religiosa —la fraternidad— no puede existir a menos que todas las religiones estén dispuestas a despojarse completamente de toda autoridad eclesiástica, y a renunciar plenamente a todo concepto de soberanía espiritual. Sólo Dios es el soberano espiritual.

No es posible que exista igualdad entre las religiones (libertad religiosa) sin guerras religiosas, a menos que todas las religiones consientan en transferir toda soberanía religiosa a un nivel sobrehumano, a Dios mismo.

El reino del cielo en el corazón de los hombres creará la unidad religiosa (no necesariamente la uniformidad), porque todos y cada uno de los grupos religiosos, compuestos de estos creyentes religiosos, estarán libres de toda noción de autoridad eclesiástica —soberanía religiosa.

Dios es espíritu, y Dios dispensa un fragmento de su ser espiritual para que resida en el corazón del hombre. Espiritualmente, todos los hombres son iguales. El reino del cielo no reconoce castas, clases, niveles sociales ni grupos económicos. Todos vosotros sois hermanos.

Pero en cuanto perdáis de vista la soberanía espiritual de Dios el Padre, alguna religión comenzará a afirmar su superioridad sobre las otras religiones; entonces, en lugar de paz en la tierra y buena voluntad entre los hombres, habrá desacuerdo, recriminaciones, e incluso guerras religiosas, o por lo menos, guerras entre los religiosos.

Los seres que gozan de libre albedrío y que se consideran iguales, a menos que se reconozcan mutuamente como súbditos de una soberanía superior, de una autoridad que está por encima de todos ellos, tarde o temprano caen en la tentación de probar su capacidad para imponer su poder y autoridad sobre otras personas y grupos. El concepto de igualdad no conduce nunca a la paz, a menos que exista un reconocimiento mutuo de una influencia controladora de soberanía superior.

Los religiosos de Urmia vivían juntos en relativa paz y tranquilidad, porque habían renunciado completamente a toda noción de soberanía religiosa. Espiritualmente, todos ellos creían en un Dios soberano; socialmente, la autoridad plena e indiscutible residía en su presidente —Cimboitón. Todos sabían qué le pasaría al maestro que tuviera la presunción de dominar a sus colegas. No puede haber una paz religiosa duradera en Urantia hasta que todos los grupos religiosos renuncien libremente a toda noción de favor divino, de pueblo elegido y de soberanía religiosa. Sólo cuando se conciba a Dios el Padre como supremo, podrán los hombres llegar a ser hermanos religiosos, y a vivir juntos en paz religiosa sobre la tierra.

5. LA SOBERANÍA POLÍTICA

[Aunque la enseñanza del Maestro sobre la soberanía de Dios es una verdad —complicada solo por la subsiguiente aparición entre las religiones del mundo de la religión formada alrededor de su persona—, sus exposiciones sobre la soberanía política se vieron complicadas en gran manera por la evolución política de las divisiones nacionales durante los últimos mil novecientos y tantos años. En la época de Jesús había solamente dos grandes potencias mundiales: el Imperio Romano en el occidente, y el Imperio Han en el oriente, y estaban ampliamente separados por el reino de la Partia y otras tierras intermedias de las regiones caspiana y turquestaní. Por lo tanto, en la siguiente presentación nos hemos apartado aun más de la substancia de las enseñanzas del Maestro en Urmia relativas a la soberanía política, intentando al mismo tiempo describir la esencia de dichas enseñanzas en la medida en que sean aplicables a la etapa especialmente crítica de la evolución de la soberanía política en el siglo veinte después de Cristo.]

Las guerras en Urantia no han de acabar nunca mientras las naciones se afierren a las nociones ilusorias de ilimitada soberanía nacional. Tan sólo hay dos niveles de soberanía relativa en un mundo habitado: el libre albedrío espiritual del mortal como individuo y la soberanía colectiva de toda la humanidad. Entre el nivel del ser humano individual y el nivel de la humanidad total, todas las agrupaciones y asociaciones son relativas, transitorias y de valor, únicamente si mejoran el bienestar y el progreso del individuo y de la humanidad en conjunto —el hombre y la humanidad.

Los maestros religiosos deben recordar siempre que la soberanía espiritual de Dios está por encima de todas las lealtades espirituales interpuestas e intermedias. Algún día aprenderán los gobernantes civiles que los Altísimos son quienes gobiernan en los reinos de los hombres.

El reinado de los Altísimos en los reinos de los hombres, no es para el beneficio exclusivo de un grupo especialmente favorecido de mortales. No existe tal cosa como un «pueblo elegido». El reinado de los Altísimos, los supercontroladores de la evolución política, es un régimen formado con el objeto de fomentar el máximo bien, para el máximo número de *hombres*, y durante un tiempo de la máxima longitud.

La soberanía es poder, y crece mediante la organización. Dicho crecimiento de la organización del poder político es bueno y apropiado, porque tiende a abarcar segmentos cada vez mayores de toda la humanidad. Pero este mismo crecimiento de las organizaciones políticas crea un problema en cada etapa intermedia entre la organización inicial y natural del poder político —la familia— y la resultante final del crecimiento político —el gobierno de toda la humanidad, por toda la humanidad y para toda la humanidad.

Partiendo del poder paterno en el grupo familiar, la soberanía política evoluciona mediante la organización, a medida que las familias se van superponiendo en clanes consanguíneos que, por varias razones, se unen en unidades tribales —las agrupaciones políticas superconsanguíneas. De allí, mediante el comercio, el intercambio y la conquista, las tribus se unifican en naciones, y las naciones a veces se unen en un imperio.

A medida que la soberanía pasa de grupos más pequeños a grupos más grandes, las guerras disminuyen. Es decir que disminuyen las guerras menores entre naciones más pequeñas, mientras que aumenta el potencial de guerras más grandes en la medida en que las naciones que ejercen la soberanía se hacen más y más extensas. Finalmente, cuando todo el mundo haya sido explorado y ocupado, cuando los países sean pocos, fuertes y poderosos, cuando estas naciones grandes y supuestamente soberanas lleguen a tocarse en las fronteras, cuando sólo los océanos las separen, se habrá preparado el escenario para grandes guerras, conflictos mundiales. Las así llamadas naciones soberanas, no pueden rozarse sin generar conflictos y provocar guerras.

La dificultad en la evolución de la soberanía política, desde el núcleo familiar hasta la humanidad en bloque, yace en la inercia-resistencia que se observa en todos los niveles intermedios. Las familias desafían en ocasiones a su clan, en tanto que los clanes y las tribus a menudo estaban subversivos en cuanto a la soberanía del estado territorial. Cada evolución nueva y progresiva de la soberanía política se encuentra (y se ha encontrado siempre) estorbada y entorpecida por las «etapas de andamio» de las evoluciones anteriores en la organización política. Y esto ocurre porque la lealtad humana, una vez en movimiento, es difícil de cambiar. La misma lealtad que posibilita la evolución de la tribu, dificulta la evolución de la supertribu —el estado territorial. Y la misma lealtad (el patriotismo) que hace posible la evolución del estado territorial, complica enormemente el desarrollo evolutivo del gobierno de toda la humanidad.

La soberanía política se crea a partir de la renuncia a la autodeterminación, primero del individuo dentro del núcleo familiar, y luego de la familia y del clan dentro de la tribu y de las agrupaciones más grandes. Esta transferencia progresiva de la autodeterminación, desde las organizaciones políticas más pequeñas a las cada vez más grandes, ha seguido su curso prácticamente sin interrupciones en el Oriente, desde el establecimiento de las dinastías Ming y Mogol. En el Occidente siguió durante más de mil años hasta el fin de la Guerra Mundial, momento este en el que un desafortunado movimiento retrógrado revirtió temporalmente esta tendencia normal restableciendo la soberanía política sumergida de numerosos grupos pequeños de Europa.

Urantia no disfrutará de una paz duradera hasta que las llamadas naciones soberanas no cedan inteligente y plenamente sus poderes soberanos en las manos de la fraternidad de los hombres —el gobierno de la humanidad. El internacionalismo —las ligas de las naciones— no puede asegurar la paz permanente a la humanidad. Las confederaciones mundiales de las naciones podrán prevenir eficazmente las guerras menores, y podrán controlar de forma aceptable a las naciones más pequeñas, pero no pueden prevenir las guerras mundiales, ni controlar a los tres, cuatro o cinco gobiernos más poderosos. En presencia de un conflicto real, una de estas potencias mundiales se retirará de la Liga y declarará guerra. Es imposible evitar que las naciones entren en guerra mientras éstas estén infectadas con el virus engañoso de la soberanía nacional. El internacionalismo es un paso en la dirección adecuada. Una policía internacional podrá prevenir muchas guerras menores, pero no hará ningún efecto en la prevención de las guerras mayores, los conflictos entre los grandes gobiernos militares de la tierra.

A medida que disminuye el número de las naciones verdaderamente soberanas (grandes potencias), aumenta tanto la posibilidad como la necesidad del gobierno de la humanidad. Cuando existan tan sólo unas pocas (grandes) potencias realmente soberanas, éstas tendrán que embarcarse en una lucha a muerte por la supremacía nacional (imperial) o, mediante la renuncia voluntaria a ciertas prerrogativas de la soberanía, crearán el núcleo esencial de la potencia supernacional que marcará el comienzo de la verdadera soberanía de toda la humanidad.

No habrá paz en Urantia hasta que todas las naciones llamadas soberanas entreguen el poder de declarar la guerra en las manos de un gobierno representativo de toda la humanidad. La soberanía política es innata en los pueblos del mundo. Cuando todos los pueblos de Urantia creen un gobierno mundial, tendrán el derecho y el poder de hacer que dicho gobierno sea SOBERANO; y cuando esa potencia mundial representativa o democrática, controle las fuerzas terrestres, aéreas, y navales del mundo, la paz en la tierra y la buena voluntad entre los hombres podrán prevalecer, pero no hasta entonces.

Podemos utilizar una ilustración importante de los siglos diecinueve y veinte: los cuarenta y ocho estados de la unión federal norteamericana viven en paz desde hace mucho tiempo. Ya no hay guerras entre éstos. Han renunciado a su soberanía, entregándosela a un gobierno federal, y por medio del arbitraje en caso de guerra, abandonaron toda pretensión ilusoria de autodeterminación. Aunque cada uno de los estados regula sus asuntos internos, no se ocupa de las relaciones exteriores, tarifas, inmigración, asuntos militares, ni comercio interestatal. Tampoco se ocupan los estados individuales de los asuntos de la ciudadanía. Los cuarenta y ocho estados sufren los azotes de la guerra sólo cuando se encuentra en peligro la soberanía del gobierno federal.

Estos cuarenta y ocho estados, al abandonar el doble sofisma de la soberanía y la autodeterminación, disfrutan de paz y tranquilidad interestatal. Así comenzarán a disfrutar de la paz las naciones de Urantia, cuando renuncien libremente a su soberanía para confiársela a un gobierno mundial —la soberanía de la fraternidad de los hombres. En este estado mundial las naciones más pequeñas serán tan poderosas como las más grandes, así como el pequeño estado de Rhode Island tiene sus dos senadores en el Congreso norteamericano, al igual que el estado de Nueva York con su gran población, o que el estado de Texas con su gran territorio.

La soberanía (estatal) limitada de estos cuarenta y ocho estados, fue instituida por los hombres y para los hombres. La soberanía superestatal (nacional) de la unión federal norteamericana fue creada por los primeros trece estados para su propio beneficio, y para el beneficio de los hombres. Del mismo modo las naciones crearán alguna vez la soberanía supernacional del gobierno planetario de la humanidad, para su propio beneficio y para el beneficio de todos los hombres.

Los ciudadanos no nacen para el beneficio de los gobiernos; los gobiernos son organizaciones creadas y concebidas para el beneficio de los hombres. La evolución de la soberanía política no puede sino terminar en la aparición del gobierno soberano de todos los hombres. Todas las demás soberanías son de valor relativo, de significado intermedio y de carácter subordinado.

Con el progreso científico, las guerras serán cada vez más devastadoras, hasta volverse prácticamente un suicidio racial. ¿Cuántas guerras mundiales habrán de librarse, cuántas ligas de naciones habrán de fracasar, para que el hombre esté dispuesto a establecer el gobierno de la humanidad, y empiece a disfrutar de las bendiciones de la paz permanente, y a recoger los frutos de la tranquilidad de la buena voluntad entre sí mismos —la buena voluntad mundial—?

6. LA LEY, LA LIBERTAD Y LA SOBERANÍA

El hombre que ansía la libertad, la libertad completa, debe recordar que *todos* los demás hombres también la anhelan. Los grupos de mortales amantes de la libertad, no pueden convivir en paz a menos que los integrantes se sometan a leyes, normas y reglamentaciones que garanticen el mismo grado de libertad para cada uno de ellos, salvaguardando al mismo tiempo igual grado de libertad para todos sus semejantes. Si un hombre es absolutamente libre, entonces otro habrá de ser un esclavo absoluto. La relativa naturaleza de la libertad es verdadera, social, económica y políticamente. La libertad es el don de la civilización, hecho posible por el vigor de la LEY.

La religión permite la realización espiritual de la fraternidad de los hombres, pero hace falta un gobierno humano que regule los problemas sociales, económicos y políticos, relacionados con ese objetivo de felicidad y eficiencia humanas.

Habrá guerras y rumores de guerras —las naciones se alzarán unas contra otras— mientras que la soberanía política del mundo esté dividida, e injustamente mantenida, entre las manos de un grupo de estados nacionales. Inglaterra, Escocia y Gales no acabaron de guerrear entre sí hasta que cedieron su respectiva soberanía al Reino Unido.

Otra guerra mundial enseñará a los así llamadas naciones soberanas a formar una federación de algún tipo, creando así las condiciones necesarias para prevenir las guerras menores, las guerras entre las naciones más pequeñas. Pero las guerras mundiales continuarán hasta que se cree el gobierno de la humanidad. La soberanía mundial es la única solución para prevenir las guerras mundiales —no hay otra salida.

Los cuarenta y ocho estados libres norteamericanos conviven en paz. Entre los ciudadanos de estos cuarenta y ocho estados se encuentran todas las diversas nacionalidades y razas que viven en los países europeos en pugna constante. Entre los norteamericanos se encuentran casi todas las religiones, sectas religiosas y cultos de todo el mundo, y sin embargo aquí en Norteamérica conviven en paz. Lo cual sucede simplemente porque estos cuarenta y ocho estados han renunciado a su soberanía, abandonando toda noción falaz del así llamado derecho a la autodeterminación.

No se trata de armamento o de desarme. Tampoco influyen sobre el problema del mantenimiento de la paz mundial, los factores correspondientes al servicio militar obligatorio o voluntario. Si le quitáis a las naciones poderosas todas las armas mecánicas modernas y todos los tipos de explosivos, pelearán con los puños, piedras y palos, mientras que persistan en la ilusión de su derecho divino a la soberanía nacional.

La guerra no es la gran y terrible enfermedad del hombre; la guerra es un síntoma, un resultado. La verdadera enfermedad es el virus de la soberanía nacional.

Las naciones de Urantia no han poseído una soberanía verdadera; no han tenido nunca una soberanía que las protegiera de los estragos y devastaciones de las guerras mundiales. Al crear un gobierno mundial de la humanidad, las distintas naciones no dejan su soberanía como tal, sino que crean en realidad una soberanía mundial verdadera y permanente, que de ahí en adelante podrá protegerlas de todas las guerras. Los asuntos locales serán manejados por los gobiernos locales; los asuntos nacionales, por los gobiernos nacionales; los asuntos internacionales serán administrados por el gobierno mundial.

No se puede mantener la paz mundial mediante tratados, diplomacia, política exterior, alianzas, equilibrio de poderes, ni por otras medidas paliativas basadas en las soberanías del nacionalismo. Una ley mundial debe ser creada y puesta en vigencia por un gobierno mundial —la soberanía de toda la humanidad.

Con el gobierno mundial, el individuo gozará de una libertad mucho mayor. Hoy en día, los ciudadanos de las grandes potencias están gravados, regulados y controlados casi opresivamente, y gran parte de esta interferencia corriente con la libertad individual se desvanecerá cuando los gobiernos nacionales estén dispuestos a depositar su soberanía, en lo que se refiera a los asuntos internacionales, en las manos del gobierno mundial.

Bajo un gobierno mundial, los distintos grupos nacionales tendrán una oportunidad auténtica de realizar y disfrutar la libertad personal inherente a una verdadera democracia. Habrá terminado la noción falaz de la autodeterminación. Con un control a nivel mundial del dinero y del comercio, llegará la nueva era de la paz mundial. Poco después surgirá posiblemente un idioma mundial, y existirá por lo menos la esperanza de que haya en algún momento una religión mundial —o bien religiones con un punto de vista mundial.

La seguridad colectiva nunca podrá garantizar la paz, hasta que la colectividad incluya a toda la humanidad.

La soberanía política de un gobierno representativo de la humanidad traerá una paz duradera en la tierra, y la fraternidad espiritual de los hombres asegurará para siempre la buena voluntad entre todos ellos. No existe otro camino para conseguir la paz en la tierra y la buena voluntad entre los hombres.

* * *

Después de la muerte de Cimboitón, sus hijos encontraron grandes dificultades para mantener la paz en el cuerpo docente. Las repercusiones de las enseñanzas de Jesús habrían sido mucho más grandes si los maestros cristianos que posteriormente se unieron al cuerpo docente de Urmia, hubieran manifestado más sabiduría y ejercido más tolerancia.

El hijo mayor de Cimboitón recurrió a Abner en Filadelfia, para que le ayudara; pero desafortunadamente los maestros que Abner eligió resultaron ser de carácter rígido e intransigente. Estos maestros procuraban hacer que su religión dominara sobre todas las otras creencias. Jamás sospecharon que las tan mentadas conferencias del conductor de caravanas habían sido dictadas por Jesús mismo.

Al aumentar la confusión dentro del cuerpo docente, los tres hermanos retiraron su apoyo financiero, y al cabo de cinco años esta academia fue cerrada. Posteriormente volvió a abrir sus puertas como templo mitráico, el cual desapareció finalmente en un incendio como resultado de una de sus celebraciones orgiásticas.

7. El año treinta y uno (25 d. de J. C.)

Al regresar Jesús del Mar Caspio, sabía que sus viajes por el mundo prácticamente habían acabado. Tan sólo salió de Palestina una vez más para viajar a Siria. Después de una breve visita a Capernaum, fue a Nazaret, quedándose allí unos pocos días. A mediados de abril salió de Nazaret para Tiro. Desde allí viajó hacia el norte, pasando unos días en Sidón, pero su destino era Antioquía.

Éste es el año de los viajes solitarios de Jesús por Palestina y Siria. Durante este año de viajes se le conoció por distintos nombres en diferentes partes del país: el carpintero de Nazaret, el armador de Capernaum, el escriba de Damasco y el maestro de Alejandría.

En Antioquía, el Hijo del Hombre vivió durante más de dos meses, trabajando, observando, estudiando, visitando, ministrando y aprendiendo todo el tiempo cómo viven los hombres, cómo piensan, cómo sienten y cómo reaccionan ante el medio de la existencia humana. Durante tres semanas de este período, trabajó como fabricante de tiendas. Permaneció más tiempo en Antioquía que en ningún otro lugar durante este viaje. Diez años más tarde, al predicar el apóstol Pablo en Antioquía, y oír que sus seguidores hablaban de las doctrinas del *escriba de Damasco*, no se dio cuenta de que éstos habían oído la voz y escuchado las enseñanzas del Maestro mismo.

Desde Antioquía Jesús viajó hacia el sur, a lo largo de la costa, hasta Cesarea, donde permaneció unas pocas semanas, continuando luego por la costa hasta Jope. Desde Jope se internó hasta Jamnia, Asdod y Gaza. Desde Gaza se alejó de la costa en dirección a Beerseba, donde permaneció una semana.

Comenzó entonces Jesús su gira final de incógnito, por el corazón de Palestina, caminando de Beerseba en el sur hasta Dan en el norte. En este viaje hacia el norte, paró en Hebrón, Belén (donde vio el sitio de su nacimiento), Jerusalén (no visitó Betania), Beerot, Lebona, Sicar, Siquem, Samaria, Geba, En-Ganim, Endor, Madón; cruzó Magdala y Capernaum, y prosiguió hacia el norte; y pasó al este de las Aguas de Merom, caminó de Cárata, hasta Dan o Cesarea de Filipo.

El Ajustador del Pensamiento residente condujo a Jesús a apartarse de los lugares habitados por los hombres y ascender al Monte Hermón para terminar allí la labor de conquista de su mente humana y completar la tarea de su consagración plena al resto de su ministerio en la tierra.

Fue ésta una de esas épocas inusitadas y extraordinarias en la vida terrenal del Maestro en Urantia. Otra muy similar fue la que experimentó al retirarse solitario a las colinas cercanas a Pella, inmediatamente después de su bautismo. Este período de aislamiento en el Monte Hermón marcó la terminación de su carrera puramente humana, es decir, la terminación de hecho del autootorgamiento en semejanza de un mortal, mientras que el aislamiento posterior señaló el comienzo de la fase más divina del autootorgamiento. Jesús vivió a solas con Dios durante seis semanas en las faldas del Monte Hermón.

8. LA ESTADÍA EN EL MONTE HERMÓN

Después de pasar algún tiempo en la vecindad de Cesarea de Filipo, Jesús preparó sus provisiones, y tras conseguir una bestia de carga y los servicios de un muchacho llamado Tiglat, se dirigió por el camino de Damasco a una aldea conocida en otro tiempo como Beit Jenn, al pie del Monte Hermón. Aquí, a mediados de agosto del año 25 d. de J.C., estableció su centro de operaciones, y dejando las provisiones bajo la custodia de Tiglat, ascendió la solitaria ladera de la montaña. Durante este primer día de ascensión, Tiglat acompañó a Jesús hasta un punto designado a unos 2000 metros de altura sobre el nivel del mar, donde construyeron un depósito de piedra, en el cual Tiglat colocaría alimentos dos veces por semana.

Ese primer día, después de separarse de Tiglat, Jesús no había ascendido más que un breve tramo de la montaña cuando se detuvo para orar. Entre otras cosas le pidió a su Padre que enviara a su serafín guardián para que «acompañara a Tiglat». Pidió que se le permitiera enfrentarse a solas en su último combate con las fuerzas de la existencia mortal. Y esta petición le fue concedida. Acudió a la gran prueba con la única ayuda y respaldo de su Ajustador residente.

Jesús comió frugalmente durante su permanencia en las montañas; se abstuvo de todo alimento sólo un día o dos a la vez. Los seres superhumanos que se le enfrentaron en la montaña, contra quienes luchó en espíritu y a quienes derrotó en poder, eran *verdaderos*; eran sus enemigos acérrimos en el sistema de Satania; no eran fantasmas de la imaginación producidos por los desvaríos mentales de un mortal debilitado y hambriento que ya no podía distinguir la realidad de las visiones de una mente desordenada.

Jesús pasó las últimas tres semanas de agosto y las primeras tres semanas de septiembre en el Monte Hermón. Durante este período completó la tarea mortal de lograr los círculos de comprensión de la mente y de control de la personalidad. A lo largo de este período de comunión con su Padre celestial, también completó el Ajustador residente los servicios que se le habían asignado. La meta mortal de esta criatura terrenal fue alcanzada allí. Sólo faltaba la consumación de la fase final de armonización de la mente con el Ajustador.

Al cabo de más de cinco semanas de ininterrumpida comunión con su Padre del Paraíso, Jesús estuvo plenamente seguro de su propia naturaleza, y de la certidumbre de su triunfo sobre los niveles materiales de la manifestación espacio-temporal de su personalidad. Creía plenamente en la ascendencia de su naturaleza divina sobre su naturaleza humana y no dudó en afirmarlo.

Hacia el final de su estancia en la montaña, Jesús pidió a su Padre que le permitiera celebrar una conferencia con sus enemigos de Satania en su calidad de Hijo del Hombre, de Josué ben José. Esta petición le fue concedida. Durante la última semana en el Monte Hermón, tuvo lugar la gran tentación, la prueba cósmica. Satanás (representando a Lucifer) y el rebelde Príncipe Planetario Caligastia, estuvieron presentes con Jesús y se le hicieron plenamente visibles. Y esta «tentación», esta prueba final de la lealtad humana, en presencia de las tergiversaciones de las personalidades rebeldes, nada tuvo que ver con su falta de alimento, los pináculos del templo, ni acciones presuntuosas. No tuvo que ver con los reinos de este mundo, sino con la soberanía de un universo poderoso y glorioso. El simbolismo de las escrituras estaba destinado a las eras atrasadas del pensamiento infantil del mundo. Y las generaciones subsiguientes deben entender mejor la gran lucha por que pasó el Hijo del Hombre ese día extraordinario en el Monte Hermón.

A las muchas propuestas y contrapropuestas de los emisarios de Lucifer, Jesús solamente replicaba: «Que la voluntad de mi Padre del Paraíso prevalezca, y que tú, mi hijo rebelde, seas juzgado de acuerdo con las leyes divinas, por los Ancianos de los Días. Yo soy vuestro padre-Creador, no puedo juzgaros con justicia, y ya habéis desdeñado mi misericordia. Os remito a los jueces de un universo más grande».

Ante todas las componendas y expedientes temporales sugeridas por Lucifer, ante todas esas engañosas propuestas relativas al autootorgamiento en forma de encarnación, Jesús solamente tenía una respuesta: «Que se haga la voluntad de mi Padre que está en el Paraíso». Cuando la dura prueba hubo terminado, el serafín guardián volvió al lado de Jesús para confortarle.

Una tarde a finales del verano, entre los árboles y el silencio de la naturaleza, Micael de Nebadon ganó la indisputada soberanía de su universo. Ese día completó la tarea que han de cumplir los Hijos Creadores, la de vivir plenamente la vida encarnada en la semejanza de la carne mortal, en los mundos evolutivos del tiempo y del espacio. El anuncio del universo sobre este logro monumental no se efectuó hasta el día de su bautismo, meses más tarde, pero en realidad tuvo lugar ese día en la montaña. Y cuando Jesús descendió de su estancia en el Monte Hermón, la rebelión luciferina en Satania, y la secesión caligastiana en Urantia, quedaron prácticamente terminadas. Jesús había pagado el último precio que se le exigía para alcanzar la soberanía de su universo, que por sí misma regula el estado de todos los rebeldes y determina que toda sublevación futura (si se produce) se resuelva de manera sumaria y eficaz. En consecuencia, puede verse que la llamada «gran tentación» de Jesús tuvo lugar cierto tiempo antes de su bautismo, y no poco después de ese acontecimiento.

Al descender Jesús al final de su estancia en la montaña, se encontró con Tiglat que ascendía llevando alimentos al depósito. Al indicarle Jesús que se volviera, tan sólo le dijo: «El período de descanso ha terminado; debo volver a los asuntos de mi Padre». Parecía un hombre muy cambiado y taciturno durante su viaje de regreso a Dan. Al llegar allí, se despidió del mancebo, donándole el burro de carga. Luego siguió hacia el sur por el mismo camino que había venido, hasta Capernaum.

9. El período de espera

Ya estaba terminándose el verano, y se acercaba la fecha del día de la expiación y la fiesta de los tabernáculos. Jesús se reunió con su familia en Capernaum el sábado, y al día siguiente se dirigió a Jerusalén con Juan, el hijo de Zebedeo, tomando el camino al este del lago, y por Gérasa, y bajando por el valle del Jordán. Aunque Jesús departía de vez en cuando con su compañero de viaje por el camino, Juan notó en él un gran cambio.

Jesús y Juan se detuvieron en Betania donde pasaron la noche con Lázaro y sus hermanas, habiendo salido por la mañana siguiente a primera hora rumbo a Jerusalén. Pasaron casi tres semanas en la ciudad y en sus alrededores, por lo menos así lo hizo Juan. Muchos días, Juan fue solo a Jerusalén, mientras Jesús deambulaba por las colinas cercanas, dedicado a la comunión espiritual con su Padre en el cielo.

Ambos estuvieron presentes en los solemnes oficios del día de la expiación. Juan estaba muy conmovido por las ceremonias de este día importantísimo del ritual de la religión judía, pero Jesús permaneció como un espectador pensativo y taciturno. Esta ceremonia le resultaba penosa y patética al Hijo del Hombre. La veía como una tergiversación del carácter y de los atributos de su Padre celestial. Consideraba los sucesos de este día como una farsa de los hechos de la justicia divina y de la verdad de la misericordia infinita. Ardía en deseos de expresar abiertamente la verdad sobre el carácter amoroso y la conducta misericordiosa de su Padre en el universo, pero su fiel Monitor le advirtió que su hora aún no había llegado. Sin embargo, esa noche en Betania, Jesús hizo numerosos comentarios que perturbaron mucho a Juan; y Juan no acabó nunca de entender por completo el verdadero significado de lo que Jesús les dijo esa noche.

Jesús se proponía quedarse con Juan durante toda la semana de la fiesta de los tabernáculos. Esta fiesta era la fiesta anual de toda Palestina; era la época de las vacaciones de los judíos. Aunque Jesús no participó del júbilo de la ocasión, era evidente que se complacía y experimentaba satisfacción al contemplar la alegría y el gozoso abandono de jóvenes y ancianos.

A mediados de la semana de celebraciones, antes de que terminaran las festividades, Jesús se despidió de Juan, diciendo que deseaba retirarse a las colinas para comulgar mejor con su Padre Paradisiaco. Juan quería acompañarlo, pero Jesús insistió en que se quedara hasta el fin de las festividades, diciendo: «No necesitas llevar el peso del Hijo del Hombre; basta con que el centinela mantenga la vigilia, mientras la ciudad duerme en paz». Jesús no regresó a Jerusalén. Después de pasar casi una semana a solas en las colinas cerca de Betania, partió para Capernaum. Camino del hogar, pasó un día y una noche de soledad en las laderas de Gilboa, cerca de donde el rey Saúl se había quitado la vida; y cuando llegó a Capernaum, parecía más alegre que cuando se había despedido de Juan en Jerusalén.

A la mañana siguiente, Jesús se dirigió hacia el baúl que había dejado en el taller de Zebedeo y que contenía sus efectos personales; se puso su delantal, y se presentó al trabajo, diciendo: «Es menester que me mantenga ocupado mientras espero que llegue mi hora». Junto con su hermano Santiago, trabajó varios meses, hasta enero del año siguiente, en el taller de barcas. Después de trabajar junto a Jesús durante este período, y a pesar de las dudas que oscurecían su comprensión sobre la obra del Hijo del Hombre en la vida, Santiago nunca más renunció real y totalmente a su fe en la misión de Jesús.

Durante este período final de Jesús en el taller de barcas, dedicó la mayor parte de su tiempo al acabado interior de algunas de las barcas más grandes. Ponía gran cuidado en su artesanía, y parecía experimentar la satisfacción del logro humano cada vez que completaba una pieza digna de alabanza. Aunque no perdía el tiempo con pequeñeces, era un artesano paciente en la fabricación de los detalles esenciales de cualquier encargo que le encomendaban.

A medida que pasaba el tiempo, llegaban a Capernaum rumores de la aparición de un tal Juan que predicaba y bautizaba a los penitentes en el Jordán, y que su predicación era: «El reino del cielo se aproxima; arrepentíos y sed bautizados». Jesús escuchó estos informes mientras Juan remontaba lentamente el valle del Jordán desde el vado del río que estaba cerca de Jerusalén. Pero Jesús siguió trabajando, haciendo barcas, hasta que Juan llegó río arriba a un punto cercano a Pella, en el mes de enero del siguiente año, 26 d. de J. C. Entonces dejó sus herramientas, declarando, «Ha llegado mi hora», y seguidamente se presentó ante Juan para ser bautizado.

Pero un gran cambio se había producido en Jesús. Pocos de los que habían disfrutado de sus visitas y servicios en sus idas y venidas por la tierra, reconocerían más tarde en el maestro público a quien habían conocido y amado como persona privada en años anteriores. Había una razón para que estos primeros beneficiarios suyos no lo reconocieran en su papel posterior de maestro público lleno de autoridad. Durante muchos años, había estado en proceso ésta transformación de mente y espíritu, y se completó durante su extraordinaria permanencia en el Monte Hermón.

DOCUMENTO 135

JUAN EL BAUTISTA

JUAN el Bautista nació el 25 de marzo del año 7 a. de J. C., según la promesa que Gabriel le hizo a Elizabeth en junio del año anterior. Durante cinco meses mantuvo Elizabeth el secreto de la visitación de Gabriel; cuando ella se lo dijo a su marido, Zacarías, grande fue la turbación de éste, que sólo acabó por creer totalmente en el relato de su mujer después que tuvo un sueño singular, unas seis semanas antes del nacimiento de Juan. Con excepción de la visitación de Gabriel a Elizabeth y del sueño de Zacarías, no hubo nada extraño ni sobrenatural relacionado con el nacimiento de Juan el Bautista.

Al octavo día Juan fue circuncidado conforme a la tradición judía. Día tras día y año tras año, creció como otros niños, en la pequeña aldea conocida por entonces como la Ciudad de Judá, situada a unos seis kilómetros al oeste de Jerusalén.

El acontecimiento notable de la infancia de Juan fue la visita que, en compañía de sus padres, hizo a Jesús y a la familia de Nazaret. Esta visita tuvo lugar en el mes de junio del año 1 a. de J. C., cuando contaba poco más de seis años de edad.

Después de su regreso de Nazaret, los padres de Juan emprendieron en forma sistemática la educación del muchacho. No había en esa pequeña aldea escuelas de la sinagoga; sin embargo, como Zacarías era un sacerdote, era un hombre bastante bien instruido; Elizabeth por su parte tenía mucha más instrucción que el común de las mujeres en Judea de la época; también ella pertenecía al sacerdocio, puesto que era descendiente de las «hijas de Aarón». Como Juan era hijo único, podían dedicar mucho tiempo a su capacitación mental y espiritual. Zacarías sólo tenía que oficiar en el templo en Jerusalén por breves períodos de manera que dedicaba mucho de su tiempo a la enseñanza de su hijo.

Zacarías y Elizabeth tenían una pequeña granja donde criaban ovejas. No alcanzaban a ganarse la vida con esta tierra, pero Zacarías recibía un estipendio regular de los fondos del templo dedicados al sacerdocio.

1. JUAN SE HACE NAZAREO

No había escuela en la cual Juan pudiera graduarse a los catorce años, pero sus padres habían seleccionado éste como el año apropiado para que tomara el voto formal de nazareo. En consecuencia, Zacarías y Elizabeth llevaron a su hijo a En-Gedi, junto al Mar Muerto. Esta era la sede que la hermandad nazarea tenía en el sur, y allí el joven fue debida y solemnemente iniciado por vida en esta orden. Después de las ceremonias y de hacer voto de abstención de toda bebida intoxicante, de dejarse crecer el pelo y de no tocar a los muertos, la familia se encaminó a Jerusalén, donde Juan completó frente al templo, las ofrendas requeridas de los que tomaban los votos nazareos.

Juan hizo los mismos votos vitalicios que habían sido administrados a sus ilustres predecesores: Sansón y el profeta Samuel. Un nazareo vitalicio se consideraba una personalidad santificada y sagrada. Los judíos tenían por los nazareos casi la misma veneración y respeto que les merecía el sumo sacerdote, y esto no es de extrañar, puesto que los nazareos de consagración vitalicia eran los únicos, con excepción de los sumos sacerdotes, a quienes les estaba permitido penetrar en el santo de los santos en el templo.

Juan regresó de Jerusalén a la casa de su padre para cuidar de las ovejas; creció robusto y de carácter noble.

A los dieciséis años Juan, como resultado de una lectura acerca de Elías, quedó tan lleno de admiración por el profeta del Monte Carmelo que decidió adoptar su manera de vestir. Desde entonces, Juan se vistió siempre con un indumento velludo con un cinto de cuero. A los dieciséis años ya medía más de un metro ochenta de altura y casi había alcanzado su pleno desarrollo. Con su cabello largo suelto y ese modo peculiar de vestir, ciertamente resultaba un joven pintoresco. Sus padres esperaban grandes cosas de éste su único hijo, un hijo de promesa y nazareo vitalicio.

2. LA MUERTE DE ZACARÍAS

Después de una enfermedad que duró varios meses, Zacarías murió en julio del año 12 d. de J. C., cuando Juan apenas contaba dieciocho años. Fue éste un momento de gran desconcierto para Juan puesto que el voto nazareo le prohibía todo contacto con los muertos, incluso con los de la propia familia. Aunque Juan intentó cumplir con las restricciones inherentes a su voto en cuanto a la contaminación de los muertos, no estaba seguro de haber obedecido totalmente los requisitos de la orden nazarea; por lo tanto, después del entierro de su padre, fue a Jerusalén, donde, en el rincón de los nazareos del atrio de las mujeres, ofreció los sacrificios requeridos para su purificación.

En septiembre de este año Elizabeth y Juan hicieron un viaje a Nazaret para visitar a María y a Jesús. Juan estaba prácticamente decidido a dar comienzo a su obra, pero le convencieron no sólo las exhortaciones de Jesús sino también su ejemplo de que era mejor regresar al hogar, dedicarse a cuidar a su madre, y aguardar «la llegada de la hora del Padre». Después de despedirse de Jesús y de María al final de esta agradable visita, Juan no volvería a ver a Jesús hasta el momento del bautismo de éste en el Jordán.

Juan y Elizabeth regresaron a su hogar y comenzaron a hacer planes para el futuro. Puesto que Juan rehusó aceptar el estipendio de sacerdote que se le adeudaba de los fondos del templo, al cabo de dos años habían perdido todo y estaban a punto de perder su casa; por eso decidieron trasladarse al sur con su rebaño de ovejas. Como consecuencia, el verano en que Juan cumplió veinte años presenció su traslado a Hebrón. En el llamado «desierto de Judea» Juan cuidaba de sus ovejas junto a un arroyo que era tributario de una corriente de agua más grande que desembocaba en el Mar Muerto a la altura de En-Gedi. La colonia de En-Gedi incluía no solamente a los nazareos de voto perpetuo y de consagración temporal, sino también a otros numerosos pastores ascéticos que se congregaban en esta región con sus rebaños y fraternizaban con la hermandad de los nazareos. Se ganaban la vida con la cría de las ovejas y con la ayuda de las dádivas que los ricos judíos le hacían a la orden.

Según pasaba el tiempo, Juan regresaba cada vez menos frecuentemente a Hebrón, mientras que visitaba En-Gedi con frecuencia cada vez mayor. Era tan completamente diferente de la mayoría de los nazareos que le resultaba muy difícil fraternizar en forma plena con la hermandad. Pero le tenía gran afecto a Abner, el reconocido líder y jefe de la colonia de En-Gedi.

3. LA VIDA DE UN PASTOR

Junto al valle de este arroyuelo Juan construyó no menos de una docena de refugios de piedra y corrales nocturnos, hechos de piedras superpuestas, desde donde podía observar y salvaguardar a sus rebaños de ovejas y de cabras. La vida de pastor le dejaba a Juan mucho tiempo para pensar. Mucho conversaba con Ezda, un niño huérfano de Bet-sur, a quien en cierto modo había adoptado, y que cuidaba de los rebaños cuando Juan se iba a Hebrón para visitar a su madre y vender ovejas, así como cuando descendía a En-Gedi para los oficios del sábado. Juan y el muchacho vivían una vida muy simple, alimentándose de carnero, leche de cabras, miel silvestre, y las langostas comestibles de la región. De cuando en cuando, suplementaban esta dieta diaria con provisiones traídas de Hebrón y de En-Gedi.

Elizabeth mantenía a Juan al tanto de los asuntos de Palestina y del mundo. Cada vez se hacía más profunda su convicción de que se avecinaba rápidamente el momento en que habría de acabar el viejo orden; que él sería el mensajero del advenimiento de una nueva era, «el reino del cielo». Este rudo pastor tenía gran predilección por los escritos del profeta Daniel. Mil veces había leído la descripción danielita de la gran imagen, la que, según Zacarías le había relatado, representaba la historia de los grandes imperios del mundo, comenzando con Babilonia, luego Persia, Grecia y finalmente Roma. Juan percibía que ya Roma estaba compuesta de pueblos y razas tan políglotas, que jamás podría llegar a consolidar firmemente un imperio sobre sólidos cimientos. El creía que Roma aun entonces estaba dividida en Siria, Egipto, Palestina y otras provincias; y entonces leyó que «en los días de estos reyes, el Dios del cielo levantará un reino que no será jamás destruido. Ni será este reino dejado a otro pueblo, sino desmenuzará y consumirá a todos estos reinos, y permanecerá para siempre». «Y le fue dado dominio y gloria y un reino para que todos los pueblos, naciones y lenguas le sirvieran. Su dominio es dominio eterno, que nunca pasará, y su reino uno que no será destruido». «El reino y el dominio y la grandeza del reino debajo de todo el cielo será dado al pueblo de los santos del Altísimo, cuyo reino es reino eterno, y todos los dominios le servirán y le obedecerán».

Juan no consiguió nunca emerger por completo de la confusión provocada por lo que les había oído decir a sus padres respecto a Jesús y los pasajes que leía en las escrituras. En el libro de Daniel leía: «Miraba yo en la visión de la noche, y he aquí con las nubes del cielo venía uno como un Hijo de Hombre, y le fue dado dominio y gloria y un reino». Pero estas palabras del profeta no se armonizaban con lo que le habían enseñado sus padres. Por otra parte tampoco correspondía su conversación con Jesús, con ocasión de su visita cuando tenía dieciocho años, con estas declaraciones de las escrituras. A pesar de esta confusión, en el medio de su perplejidad, su madre le aseguraba que su primo lejano, Jesús de Nazaret, sería el verdadero Mesías, que había venido para ocupar el trono de David, y que él (Juan) habría de ser el mensajero de su advenimiento y su principal apoyo.

Por todo lo que oía Juan sobre el vicio y la iniquidad en Roma y el libertinaje y la esterilidad moral del imperio, por lo que él sabía de las fechorías de Herodes Antipas y de los gobernadores de Judea, se inclinaba a pensar que se acercaba el fin de la era. Le parecía a este noble y rudo hijo de la naturaleza que el mundo estaba maduro para el fin de la era del hombre, para el alborear de una era nueva y divina: el reino del cielo. En el corazón de Juan fue creciendo la convicción de que había de ser el último de los antiguos profetas y el primero de los nuevos. Vibraba con el sobrecogedor impulso de salir y proclamar a todos los hombres: «¡Arrepentíos! ¡Andad bien con Dios! Preparaos para el fin; preparaos para el advenimiento del nuevo orden eterno de los asuntos terrenales, el reino del cielo».

4. LA MUERTE DE ELIZABETH

El 17 de agosto del año 22 d. de J. C., cuando Juan tenía veinte y ocho años de edad, su madre falleció repentinamente. Los amigos de Elizabeth, conociendo las restricciones nazareas respecto al contacto con los muertos, incluso los de la propia familia, hicieron todos los arreglos para el entierro de Elizabeth antes de mandar a llamar a Juan. Al recibir Juan la noticia de la muerte de su madre, instruyó a Ezda que condujera sus rebaños a En-Gedi y partió hacia Hebrón.

A su regreso a En-Gedi, después del funeral de su madre, donó sus rebaños a la hermandad y durante una temporada se apartó del mundo exterior para ayunar y orar. Juan tan sólo conocía los métodos antiguos de acercarse a la divinidad; tan sólo conocía las historias de Elías, Samuel y Daniel. Elías era su ideal de profeta. Fue el primero de los maestros de Israel que llegó a ser considerado un profeta; Juan creía verdaderamente que habría de ser el último en este largo e ilustre linaje de mensajeros del cielo.

Por dos años y medio vivió Juan en En-Gedi, convenciendo a la mayoría de los miembros de la hermandad de que «se acercaba el fin de la era», que «el reino del cielo estaba por aparecer». Sus primeras enseñanzas de esa época estaban basadas en la idea y concepto judíos, corrientes por ese entonces, de un Mesías que habría de ser el liberador prometido de la nación judía; el que la habría de liberar de la dominación de sus potentados gentiles.

Durante todo este período Juan leyó mucho los escritos sagrados que encontró en la morada de los nazareos en En-Gedi. Le impresionaron especialmente los escritos de Isaías y Malaquías, los últimos profetas hasta ese momento. Leía y releía los últimos cinco capítulos de Isaías, y creía en estas profecías. Luego leía en Malaquías: «He aquí, yo os envío el profeta Elías antes que venga el gran y terrible día del Señor; y él hará volver el corazón de los padres hacia los hijos, y el corazón de los hijos hacia los padres, no sea que yo venga e hiera la tierra con maldición». Y solamente fue esta promesa de Malaquías de que Elías habría de regresar lo que hizo que Juan se abstuviera de salir a predicar sobre el advenimiento del reino y de exhortar a sus compatriotas a que escaparan de la ira venidera. Juan estaba listo para la proclamación del mensaje del advenimiento del reino, pero la anticipación del regreso de Elías lo frenó por más de dos años. Sabía que él no era Elías. ¿Qué quería decir Malaquías? ¿Era la profecía literal o figurada? ¿Cómo podía conocer la verdad? Finalmente se atrevió a pensar que, puesto que el primero de los profetas se llamaba Elías, así también el último sería conocido finalmente por el mismo nombre. A pesar de todo, mucho dudaba Juan, tanto dudaba que nunca se llamó a sí mismo Elías.

Fue la influencia de Elías lo que hizo que Juan adoptara sus métodos de ataque directo contra los pecados y vicios de sus contemporáneos. Vestía como Elías, intentaba hablar como Elías; en su aspecto exterior, era en todo semejante al antiguo profeta. Precisamente era tal su aspecto de robusto y pintoresco hijo de la naturaleza, tal predicador intrépido y temerario de la rectitud. Juan no era iletrado, bien conocía las sagradas escrituras judías, pero distaba de ser un hombre culto. Era un pensador claro, un orador poderoso y un denunciador fogoso. No era un ejemplo para su época, sino más bien una censura elocuente.

Finalmente elaboró su método para proclamar la nueva era, el reino de Dios; aceptó que habría de convertirse en el heraldo del Mesías; apartó todas las dudas y partió de En-Gedi un día de marzo del año 25 d. de J. C. para comenzar su corta pero brillante carrera como predicador público.

5. EL REINO DE DIOS

Para comprender el mensaje de Juan, debe tenerse en cuenta la situación del pueblo judío en el momento en que apareció él en escena. Por casi cien años todo Israel se venía enfrentando con un dilema; nadie podía explicar el por qué de su continuado sometimiento a los amos gentiles. ¿Acaso no enseñaba Moisés que la rectitud siempre sería recompensada con la prosperidad y el poder? ¿Acaso no eran ellos el pueblo elegido de Dios? ¿Por qué estaba desolado y vacante el trono de David? A la luz de las doctrinas mosaicas y de los preceptos de los profetas, era difícil para los judíos encontrar explicaciones para su tan prolongada y desolada situación nacional.

Unos cien años antes de los tiempos de Jesús y de Juan había surgido en Palestina una nueva escuela de maestros religiosos: los apocalipsistas. Estos nuevos maestros desarrollaron un sistema de creencias que explicaba los sufrimientos y la humillación de los judíos como expiación por los pecados de la nación. Se basaban en las razones históricamente bien conocidas que se habían invocado para explicar el cautiverio en Babilonia y en otros lugares en tiempos pasados. Pero, según enseñaban los apocalipsistas, Israel debía consolarse; los días de su aflicción estaban por terminar; el castigo del pueblo elegido de Dios estaba llegando a su término; la paciencia de Dios para con los extranjeros gentiles se estaba agotando. El fin del dominio de Roma era sinónimo del fin de la era y, en cierto sentido, del fin del mundo. Estos nuevos maestros basaban sus enseñanzas, en gran parte en las predicciones de Daniel, y sistemáticamente enseñaban que la creación estaba por entrar en su etapa final; los reinos de este mundo estaban por convertirse en el reino de Dios; para la mente de los judíos de esa época éste era el significado de esa frase —el reino del cielo— que recurre en todas las enseñanzas de Juan y de Jesús. Para los judíos de Palestina la frase «el reino del cielo» sólo tenía un significado: un estado de absoluta rectitud en el cual Dios (el Mesías) regiría a las naciones de la tierra en perfección de poder así como él reinaba en el cielo: «Hágase tu voluntad, como en el cielo, también en la tierra».

En los tiempos de Juan, los judíos se preguntaban ansiosamente: «¿Cuándo llegará el reino?» Había una sensación general de que se estaba acercando el fin del dominio de las naciones gentiles. Corría por todo el pueblo hebreo la vívida esperanza y la anticipación ansiosa de que la consumación del deseo de todos los tiempos ocurriría durante esa generación.

Aunque había entre los judíos grandes diferencias de opinión en la evaluación de la naturaleza del reino venidero, todos ellos estaban de acuerdo en su creencia de que el acontecimiento era inminente, próximo, en el umbral mismo del tiempo. Muchos entre los que interpretaban literalmente el Antiguo Testamento aguardaban ansiosamente al nuevo rey de Palestina, imaginando una nación judía reconstituida, liberada de sus enemigos y gobernada por el sucesor del rey David, el Mesías que rápidamente sería reconocido como el gobernante legítimo y recto del mundo entero. Otro grupo, más pequeño, de devotos judíos tenía una opinión muy distinta de este reino de Dios. Enseñaban que el reino venidero no era de este mundo, que el mundo se estaba acercando a su fin, y que «un nuevo cielo y una nueva tierra» anunciarían el establecimiento del reino de Dios; que este reino había de ser un dominio sempiterno, que se pondría fin al pecado, y que los ciudadanos del nuevo reino se tornarían inmortales, disfrutando para siempre de esta dicha sin fin.

Todos estaban de acuerdo en que un castigo drástico o una purga purificadora precedería necesariamente el establecimiento del nuevo reino en la tierra. Los literalistas enseñaban que se desencadenaría una guerra mundial que destruiría a todos los infieles, mientras que los fieles alcanzarían rápidamente una victoria universal y eterna. Los espiritualistas enseñaban que el reino sería anunciado por el gran juicio de Dios que relegaría a los inicuos a su bien merecido juicio de castigo y destrucción final, elevando al mismo tiempo a los santos creyentes del pueblo elegido a los tronos de honor y de autoridad junto al Hijo del Hombre, quien regiría sobre las naciones redimidas en nombre de Dios. Y este último grupo incluso creía que muchos gentiles devotos podrían llegar a ser admitidos a la hermandad del nuevo reino.

Algunos de los judíos mantenían la opinión de que Dios tal vez establecería este nuevo reino por intervención directa y divina, pero la vasta mayoría creía que interpondría a un representante intermediario, el *Mesías*. Y ése era el único significado posible de la palabra Mesías en la mente de los judíos de la generación de Juan y de Jesús. Mesías no podía de ningún modo referirse a una persona que tan sólo enseñara la voluntad de Dios o proclamara la necesidad de vivir una vida justa. A tales personas santas, los judíos les otorgaban el título de *profetas*. El Mesías habría de ser más que un profeta; el Mesías habría de traer el establecimiento del nuevo reino, el reino de Dios. Nadie que dejara de hacer esto podía ser el Mesías en el sentido tradicional judío.

¿Quién sería pues este Mesías? En este asunto también diferían los maestros judíos. Los más viejos se aferraban a la doctrina del hijo de David. Los más jóvenes enseñaban que, puesto que el nuevo reino era un reino celestial, el nuevo soberano también podría ser una personalidad divina, alguien que por mucho tiempo se había sentado a la diestra de Dios en el cielo; y aunque parezca extraño, los que así concebían al soberano del nuevo reino lo imaginaban no como un Mesías humano, no como un simple *hombre*, sino como «el Hijo del Hombre» —un Hijo de Dios— un Príncipe celestial, mantenido durante mucho tiempo en espera para asumir la soberanía de la tierra renovada. Tales eran los antecedentes religiosos del mundo judío cuando Juan salió a proclamar: «¡Arrepentíos, el reino del cielo se aproxima!»

Se entiende pues, que el anuncio de Juan de la inminente llegada del reino tenía no menos de media docena de significados diferentes en la mente de los que escucharon su predicación apasionada. Pero pese al significado asignado por los oyentes a las palabras de Juan, cada uno de estos diversos grupos de judíos que esperaban el advenimiento del reino judío se conmovía con las declaraciones de este predicador sincero, entusiasta y rudo que hablaba de rectitud y de arrepentimiento, que tan solemnemente exhortaba a sus oyentes a que «huyeran de la ira venidera».

6. JUAN COMIENZA A PREDICAR

A principios del mes de marzo del año 25 d. de J. C., Juan viajó por la costa occidental del Mar Muerto y río arriba por el Jordán hasta llegar frente a Jericó, al antiguo vado por el cual Josué y los hijos de Israel pasaron cuando entraron por primera vez en la tierra prometida; y al cruzar al otro lado del río, se estableció cerca de la entrada del vado y comenzó a predicar a la gente que cruzaba el río en ambas direcciones. Era éste el más frecuentado de todos los cruces del Jordán.

Era evidente para todos los que le oían, que Juan era más que un predicador. La gran mayoría de los que escuchaban a este hombre extraño que había salido del desierto de Judea se alejaban convencidos que habían oído la voz de un profeta. No es de extrañar que el alma de estos cansados y esperanzados judíos se agitara profundamente al presenciar este fenómeno. En el transcurso de toda la historia judía, jamás habían los devotos hijos de Abraham tanto anhelado «la consolación de Israel» ni deseado más ardientemente «la restauración del reino». En toda la historia judía, el mensaje de Juan no hubiera podido nunca tener un impacto tan profundo y universal como el que tuvo cuando apareció misteriosamente junto a la orilla de este cruce meridional del río Jordán para anunciar el advenimiento de «el reino del cielo».

Juan era pastor como Amós. Vestía como el antiguo Elías y fulminaba con sus admoniciones y lanzaba sus advertencias según el «espíritu y el poder de Elías». No es sorprendente que este extraño predicador sacudiera el alma misma de la Palestina entera a medida que los viajeros iban llevando por doquier la nueva de su predicación junto al río Jordán.

Había además otro rasgo más *nuevo* en la obra de este predicador nazareo: bautizaba a cada uno de sus creyentes en el Jordán «para la remisión de los pecados». Aunque el bautismo no era una ceremonia nueva entre los judíos, no la habían visto nunca usada como Juan la estaba utilizando. Hacía mucho tiempo que se acostumbraba bautizar a los prosélitos gentiles al tiempo de su ingreso en la comunión del patio exterior del templo, pero no se les había pedido nunca a los judíos mismos que se sometieran al bautismo del arrepentimiento. Sólo quince meses pasaron entre el momento en que Juan comenzó a predicar y a bautizar y su arresto y encarcelación por instigación de Herodes Antipas, pero en este corto tiempo bautizó a más de cien mil penitentes.

Juan predicó durante cuatro meses junto al vado de Betania, antes de remontar el Jordán hacia el norte. Decenas de millares de personas, algunos por curiosidad, pero muchos con sinceridad y seriedad acudieron de todas partes de Judea, Perea y Samaria para escucharle; hasta vinieron algunos desde Galilea.

En mayo de este año, aún estando junto al vado de Betania, los sacerdotes y levitas enviaron una delegación para que le preguntara si decía ser él el Mesías, y quien le había otorgado la autoridad para predicar. Juan les respondió a estos preguntadores diciendo: «Id y decid a vuestros amos que habéis oído 'la voz del que clama en el desierto' así como lo dijo el profeta, y que esa voz os dijo: 'Preparad camino al Señor, enderezad las sendas para nuestro Dios. Todo valle sea alzado y bájese todo monte y collado; el terreno accidentado se hará plano, y los sitios rocosos se convertirán en valles allanados. Y toda carne verá la salvación de Dios'».

Juan era un predicador heroico, pero sin tacto. Cierto día, cuando estaba predicando y bautizando en la ribera occidental del Jordán, un grupo de fariseos y cierto número de saduceos llegaron hasta él y se presentaron para ser bautizados. Antes de conducirlos al agua, Juan dirigiéndose al grupo les dijo: «¿Quién os advirtió que huyerais, como víboras ante el fuego, de la ira venidera? Yo os bautizaré, pero os advierto: debéis dar frutos dignos de sincero arrepentimiento si queréis recibir la remisión de vuestros pecados. No me digáis que Abraham es vuestro padre. Os declaro que Dios es capaz de hacer surgir de estas doce piedras que aquí veis ante vosotros, hijos dignos de Abraham. Ya ahora está el hacha en la raíz misma de los árboles. El árbol que no traiga buen fruto está destinado a que se le corte y se le eche en el fuego». (Las doce piedras a las cuales se refería eran las famosas piedras conmemorativas erigidas por Josué para rememorar el cruce de «las doce tribus» en este mismo punto cuando éstas entraron por primera vez en la tierra prometida).

Juan daba clases a sus discípulos, en el curso de las cuales los instruía sobre los detalles de su nueva vida y trataba de responder a sus muchas preguntas. Aconsejaba a los maestros que instruyeran en el espíritu, no sólo en la letra de la ley. Enseñaba a los ricos a que alimentaran a los pobres; a los recaudadores de impuestos decía: «No arranquéis sino lo que se os debéis». A los soldados decía: «No inflijáis violencia ni demandéis nada injustamente —contentaos con vuestros salarios». Y a todos aconsejaba: «Preparaos para el fin de la era —el reino del cielo se aproxima».

7. JUAN VIAJA AL NORTE

Juan todavía tenía ideas confusas del advenimiento del reino y de su rey. Cuanto más predicaba, más confuso estaba, pero ésta incertidumbre intelectual sobre la naturaleza del reino venidero no empañó en ningún momento su convicción de la certeza del advenimiento inmediato del reino. En mente podía Juan sufrir confusiones, en espírtu, nunca jamás. No dudaba de la llegada del reino, pero distaba de estar seguro si Jesús sería o no sería el gobernante de ese reino. Mientras se aferraba Juan a la idea de la restauración del trono de David, las enseñanzas de sus padres de que Jesús, nacido en la Ciudad de David, había de ser el libertador tan esperado, le parecían consecuentes; pero por momentos, cuando se inclinaba hacia la doctrina de un reino espiritual y el fin de la era temporal en la tierra, le invadía la duda sobre el papel que habría de desempeñar Jesús en tales acontecimientos. A veces llegaba a ponerlo todo en tela de juicio, pero no por mucho tiempo. Realmente hubiera deseado conversar sobre todo esto con su primo, pero eso estaba en contra del acuerdo explícito que ambos habían convenido.

Mientras viajaba hacia el norte, mucho pensó Juan en Jesús. Se detuvo en más de una docena de lugares al remontar el Jordán. En Adam fue donde primero hizo referencia a «otro que viene tras de mí» en respuesta a la pregunta directa que sus discípulos le hicieron: «¿Eres tú el Mesías?» Siguió diciendo: «Tras de mí vendrá uno que es más grande que yo, del cual yo no soy digno de desaltar las correas de las sandalias. Yo os bautizo con agua, pero él os bautizará con el Espíritu Santo. En su mano lleva la pala y va a limpiar cuidadosamente su era; recogerá su trigo en el granero, pero la paja la quemará con el fuego del juicio».

En respuesta a las preguntas de sus discípulos, Juan siguió ampliando sus enseñanzas día a día añadiendo más información útil y consoladora, además del mensaje críptico con que comenzara su ministerio: «Arrepentíos y sed bautizados». Por esta época, llegaban multitudes de Galilea y de la Decápolis. Veintenas de creyentes sinceros se detenían con su adorado maestro día tras día.

8. ENCUENTRO DE JESÚS Y JUAN

Por diciembre del año 25 d. de J. C., al llegar Juan al vecindario de Pella en su viaje remontando el Jordán, su fama ya se había extendido por toda Palestina y su obra había llegado a ser el tema principal de conversación en todos los pueblos alrededor del Lago de Galilea. Jesús había hablado favorablemente sobre el mensaje de Juan, y esto había dado lugar a que muchos en Capernaum se unieran al culto de arrepentimiento y bautismo de Juan. Santiago y Juan, los pescadores hijos de Zebedeo, habían ido en diciembre, poco después que Juan comenzara a predicar cerca de Pella, y se habían ofrecido para el bautismo. Iban a ver a Juan una vez por semana y le traían a Jesús las últimas noticias de la obra del evangelista.

Los hermanos de Jesús, Santiago y Judá, habían hablado de ir a ver a Juan para ser bautizados; cuando Judá vino a Capernaum para los oficios del sábado, ambos decidieron después de escuchar el discurso de Jesús en la sinagoga, asesorarse con él respecto a estos planes. Ocurrió esto el sábado por la noche del 12 de enero del año 26 d. de J. C.. Jesús les pidió que pospusieran la discusión hasta el día siguiente cuando les daría su respuesta. Poco durmió esta noche, pues estaba en estrecha comunión con el Padre celestial. Había dispuesto almorzar con sus hermanos y aconsejarles respecto al bautismo por Juan. Esa mañana del domingo, estaba Jesús trabajando como de costumbre en el taller de barcas. Santiago y Judá habían llegado con el almuerzo y le esperaban en el cuarto de depósito, pues aún no había llegado la hora del receso de mediodía, y ellos sabían que Jesús era muy formal respecto de esas cosas.

Poco antes del receso de mediodía, apartó Jesús sus herramientas, se quitó su delantal de trabajo, anunció con sencillez a los tres trabajadores que estaban en el cuarto con él: «Ha llegado mi hora». Fue en busca de sus hermanos Santiago y Judá, repitiendo: «Ha llegado mi hora —vamos a donde Juan». Inmediatamente partieron en dirección a Pella, tomando su almuerzo por el camino. Esto ocurrió el domingo 13 de enero. Pasaron la noche en el valle del Jordán, llegando al lugar donde estaba Juan bautizando al mediodía del día siguiente.

Juan acababa de comenzar a bautizar a los candidatos de ese día. Veintenas de penitentes habían formado fila esperando su turno; Jesús y sus dos hermanos ocuparon su lugar en esta fila de hombres y mujeres sinceros que creían en la predicación de Juan sobre el reino venidero. Juan les había preguntado a los hijos de Zebedeo por Jesús. Estaba al tanto de los comentarios de Jesús sobre su obra y día a día esperaba verlo aparecer, pero no esperaba encontrarle en la fila de los candidatos bautismales.

Absorto como lo estaba en los detalles de bautizar rápidamente a un número tan grande de conversos, Juan no levantó la vista ni vio a Jesús sino hasta que el Hijo del Hombre estuvo en su inmediata presencia. Cuando Juan reconoció a Jesús, se interrumpieron por un momento las ceremonias al saludar a su primo carnal y preguntarle: «Pero ¿por qué bajas tú hasta el agua para saludarme?» Y Jesús respondió: «Para ser bautizado por ti». Y Juan replicó: «Pero yo necesito ser bautizado por ti. ¿Cómo es que tú vienes a mí?» Y Jesús le susurró a Juan: «Sé paciente conmigo ahora porque corresponde que les demos este ejemplo a mis hermanos que aquí están junto a mí, y para que la gente pueda saber que ha llegado mi hora».

Tan intenso y persuasivo era el tono de finalidad y autoridad en la voz de Jesús, que Juan se dispuso, temblando de emoción, a bautizar a Jesús de Nazaret en el Jordán al mediodía del lunes 14 de enero del año 26 d. de J. C.. Así Juan bautizó a Jesús y a sus dos hermanos Santiago y Judá. Y cuando Juan hubo bautizado a estos tres, despidió a los otros por el resto del día, anunciando que reanudaría los bautismos al mediodía del día siguiente. Mientras la gente se marchaba, los cuatro hombres, aún de pie en el agua, oyeron un sonido extraño y en seguida, por un instante, vislumbraron una aparición por sobre la cabeza de Jesús, y oyeron una voz que decía: «Éste es mi hijo amado en quien tengo complacencia». Sobrevino un gran cambio en el semblante de Jesús, que saliendo del agua en silencio se apartó de ellos, dirigiéndose hacia las colinas al oriente. Nadie le volvió a ver por cuarenta días.

Juan siguió a Jesús lo suficiente para relatarle la visitación de Gabriel a su madre antes de que ninguno de los dos hubiera nacido, tal como él tantas veces lo había escuchado de labios de su madre. Dejó que Jesús continuara su camino después de decirle: «Ahora sé de seguro que tú eres el Libertador». Pero Jesús nada le respondió.

9. Los cuarenta dias de predicación

Cuando Juan regresó junto a sus discípulos (ya por entonces unas veinticinco a treinta personas moraban constantemente con él), los encontró discutiendo seriamente los acontecimientos del bautismo de Jesús que acababa de ocurrir. Aun más asombrados quedaron ellos al contarles Juan la historia de la visitación de Gabriel a María antes del nacimiento de Jesús, y el hecho de que Jesús no pronunciara palabra al relatarle Juan este acontecimiento. Esa noche no llovió, y los treinta conversaron largamente en la noche estrellada. Se preguntaban dónde estaría Jesús, cuándo le volverían a ver.

Después del acontecimiento de este día, la predicación de Juan adquirió una nueva resonancia de proclamación segura del reino venidero y del Mesías esperado. Fue un período de gran tensión, estos cuarenta días de espera, aguardando el regreso de Jesús. Pero Juan continuó predicando con más vigor, y sus discípulos comenzaron aproximadamente por esta época a predicar a las desbordantes multitudes que se reunían en torno a Juan, a orillas del Jordán.

En el curso de estos cuarenta días de espera, muchos fueron los rumores que se esparcieron por la tierra llegando incluso a Tiberias y a Jerusalén. Millares acudían para ver la nueva atracción en el campamento de Juan, el notorio Mesías, pero no estaba Jesús allí para que le vieran. Al afirmar los discípulos de Juan que el extraño hombre de Dios se había marchado a las colinas, muchos dudaron de toda la historia.

Unas tres semanas después de la partida de Jesús, llegó a Pella una nueva delegación de los sacerdotes y fariseos de Jerusalén. Le preguntaron a Juan directamente si él era Elías o el profeta que Moisés había prometido; y al contestar Juan, «No soy yo», se atrevieron a preguntarle, «¿Eres tú el Mesías?», y Juan respondió: «No soy yo». Entonces estos hombres de Jerusalén le dijeron: «Si no eres Elías, ni el profeta, ni el Mesías, ¿por qué entonces bautizas a la gente creando tanto alboroto?» y Juan replicó: «Son los que me han escuchado y han recibido mi bautismo quienes deberían deciros quién soy, pero yo os digo que si bien yo bautizo con agua, estuvo entre nosotros aquel que volverá para bautizaros con el Espíritu Santo».

Estos cuarenta días fueron un período difícil para Juan y sus discípulos. ¿Cual sería la relación de Juan con Jesús? Se planteaban cientos de preguntas. La política, las preferencias egoístas comenzaron a asomarse en el ambiente. Proliferaban las discusiones intensas sobre las distintas ideas y conceptos del Mesías. ¿Se convertiría él en un líder militar y en un rey davídico? ¿Aniquilaría a los ejércitos romanos como lo había hecho Josué con los cananeos? ¿O establecería un reino espiritual? Juan pareció llegar a la conclusión, compartida por una minoría, de que Jesús había venido para establecer el reino de los cielos, aunque no tenía completamente claro en su mente qué habría de incluirse dentro de esta misión del establecimiento del reino de los cielos.

Fueron días arduos para Juan, y oraba para que Jesús regresara. Algunos de los discípulos de Juan organizaron grupos de exploración para ir en busca de Jesús, pero Juan lo prohibió, diciendo: «Nuestro tiempo está en las manos del Dios de los cielos; él es quien guiará a su Hijo predilecto».

Fue en las primeras horas de la mañana del sábado, 23 de febrero, cuando la comitiva de Juan, reunida para compartir su comida matinal, vio, al levantar la vista hacia el norte, a Jesús que venía hacia ellos. Al acercarse Jesús, Juan se encaramó sobre una gran roca y, levantando su voz sonora, dijo: «¡Mirad al Hijo de Dios, el liberador del mundo! De este es de quien he dicho, 'tras mí vendrá aquel que es el elegido antes que yo porque fue antes que yo'. Por esta causa he salido yo del desierto para predicar el arrepentimiento y bautizar con agua, proclamando que se aproxima el reino del cielo. Ya, viene aquel que os bautizará con el Espíritu Santo. Yo he visto al espíritu divino descendiendo sobre este hombre, y he oído la voz de Dios decir, 'Éste es mi hijo amado de quien estoy bien complacido'».

Jesús les rogó que volviesen a su comida, sentándose él a comer con Juan, pues sus hermanos Santiago y Judá ya habían regresado a Capernaum.

Temprano en la mañana del día siguiente se despidió de Juan y sus discípulos, para regresar a Galilea. Nada les dijo de cuándo volverían a verle. A las preguntas de Juan acerca de su propia predicación y misión, Jesús solamente dijo: «Mi Padre te guiará ahora y en el futuro como lo ha hecho en el pasado». Así se separaron estos dos grandes hombres, esa mañana a orillas del Jordán, y no se habrían de encontrar nunca más en la carne.

10. JUAN VIAJA AL SUR

Puesto que Jesús se había dirigido al norte, a Galilea, Juan se sintió llamado a desandar sus pasos rumbo al sur. Por consiguiente, el domingo 3 de marzo por la mañana, Juan y los que quedaban entre sus discípulos comenzaron su viaje hacia el sur. Aproximadamente un cuarto de los discípulos inmediatos de Juan habían partido mientras tanto hacia Galilea en pos de Jesús. Permanecía en Juan la tristeza de la confusión. Nunca más volvió a predicar como lo había hecho antes de bautizar a Jesús. En cierto modo sentía que la responsabilidad del reino venidero ya no estaba sobre sus hombros. Percibía que su obra estaba casi terminada; estaba desconsolado y solitario. Pero, predicó, bautizó, y siguió viajando rumbo al sur.

Junto a la aldea de Adam, se detuvo Juan por varias semanas, y allí fue que lanzó su memorable ataque contra Herodes Antipas por haber tomado ilegalmente a la mujer de otro. En junio de este año (26 d. de J. C.) Juan se encontraba nuevamente en el vado del Jordán en Betania, allí donde había comenzado su predicación del reino venidero más de un año antes. En las semanas que siguieron al bautismo de Jesús, el carácter de la predicación de Juan fue cambiando paulatinamente, convirtiéndose en una proclamación de la misericordia para la gente común, al tiempo que siguió denunciando con renovada vehemencia a los líderes políticos y religiosos corruptos.

Herodes Antipas, en cuyo territorio predicaba Juan, se alarmó, temiendo que él y sus discípulos pudieran comenzar una rebelión. También resentía Herodes que Juan criticara en público sus asuntos domésticos. En vista de todo esto, decidió Herodes encarcelar a Juan. Así pues, muy temprano en la mañana del 12 de junio, antes de que se congregara la multitud para escuchar su predicación y presenciar los bautismos, los agentes de Herodes arrestaron a Juan. Como pasaban las semanas sin que fuera liberado, sus discípulos se esparcieron por toda Palestina, y muchos de ellos fueron a Galilea para unirse a los seguidores de Jesús.

11. JUAN EN LA CARCEL

Juan tuvo una solitaria y un tanto amarga experiencia en la cárcel. Pocos entre sus discípulos pudieron obtener permiso para visitarlo. Anhelaba ver a Jesús, pero hubo de contentarse con escuchar los relatos de su obra a través de aquellos entre sus discípulos que se habían convertido en creyentes del Hijo del Hombre. Frecuentemente caía en la tentación de dudar de Jesús y de su misión divina. Si Jesús era realmente el Mesías, ¿por qué no hacía nada por liberarle de esta insoportable encarcelación? Más de un año y medio languideció este robusto hombre de las tierras amplias de Dios, en esa vil prisión. Esta experiencia fue una gran prueba de su fe en Jesús y de su lealtad a él. En verdad, esta experiencia fue una gran prueba de la fe de Juan aun en Dios. Muchas veces cayó en la tentación de dudar hasta de la autenticidad de su propia misión y experiencia.

Ya hacía varios meses que permanecía encarcelado cuando le visitó un grupo de sus discípulos y, después de relatarle las actividades públicas de Jesús, así hablaron: «Ya ves, Maestro, aquel que estuvo contigo en el alto Jordán prospera y recibe a todos los que vienen a él. Hasta llega a festejar con publicanos y pecadores. Tú atestiguaste con valentía por él, pero él nada hace para conseguir tu liberación». Pero Juan respondió a sus amigos: «Este hombre nada puede hacer que no le haya sido dado por su Padre celestial. Recordad bien lo que dije, 'Yo no soy el Mesías, pero soy el enviado con la misión de preparar el camino para él'. Y eso es lo que yo hice. El que tiene la novia es el novio, pero el amigo del novio que está junto a él y le oye se regocija grandemente por el sonido de su voz. Ya pues se ha cumplido este mi regocijo. El debe aumentar, yo, disminuir. Yo soy de esta tierra y he proclamado mi mensaje. Jesús de Nazaret descendió a la tierra desde el cielo y está por sobre todos nosotros. El Hijo del Hombre ha descendido de Dios, y os declarará las palabras de Dios. Porque el Padre celestial no escatima el espíritu a su propio Hijo. El Padre ama a su Hijo y pronto todo lo pondrá en las manos de este Hijo. El que cree en el Hijo tendrá vida eterna. Y estas palabras que yo hablo son verdaderas y perdurables».

Asombráronse los discípulos del pronunciamiento de Juan, tanto que se retiraron en silencio. Juan también estaba muy agitado, porque percibía que acababa de pronunciar una profecía. De allí en adelante no volvió a dudar de la misión y divinidad de Jesús. Pero fue para Juan una amarga desilusión que Jesús no le enviara mensaje alguno, que no le visitara y que nada hiciera, utilizando su gran poder para liberarle de la prisión. Pero Jesús bien sabía todo esto. Grande era su amor por Juan, pero conociendo ya su naturaleza divina, sabiendo plenamente las grandes cosas que se preparaban para Juan cuando éste partiera de este mundo y conociendo también que la obra de Juan en la tierra estaba terminada, se obligó a no interferir con la evolución natural de la carrera del gran predicador profeta.

Esta prolongada espera en la cárcel era humanamente insoportable. Pocos días antes de su muerte Juan nuevamente envió mensajeros de confianza a Jesús, preguntándole: «¿Está concluida mi obra? ¿Por qué languidezco en la cárcel? ¿Eres tú verdaderamente el Mesías, o hemos de esperar por otro?» Cuando estos dos discípulos le entregaron este mensaje a Jesús, el Hijo del Hombre replicó: «Volved a Juan, decidle que yo no lo he olvidado, pero que también en esto tenga paciencia, porque corresponde que nosotros cumplamos toda rectitud. Contadle a Juan lo que habéis visto y oído —que se predican buenas nuevas a los pobres— y, finalmente, decidle al amado heraldo de mi misión terrenal que será abundantemente bendecido en la edad venidera si no halla ocasión de dudar y cometer un desliz por mí». Fueron éstas las últimas palabras que recibió Juan de Jesús. Mucho lo consoló este mensaje, consolidando su fe y preparándole para el trágico fin de su vida en la carne que siguió muy de cerca a esta memorable ocasión.

12. LA MUERTE DE JUAN EL BAUTISTA

Como Juan estaba trabajando en el sur de Perea cuando fue arrestado, se le condujo inmediatamente a la prisión de la fortaleza de Macaerus, donde estuvo encarcelado hasta su ejecución. Herodes gobernaba en Perea así como en Galilea, y mantenía residencia en esta época tanto en Julias como en Macaerus de Perea. En Galilea la residencia oficial se había trasladado de Séforis a la nueva capital de Tiberias.

Herodes temía poner en libertad a Juan por miedo de que instigase una rebelión. Temía matarle por miedo de que la multitud se sublevase en la capital, porque millares de pereos creían que Juan era un hombre santo, un profeta. De aquí que Herodes mantuviera al predicador nazareo en la cárcel, no sabiendo qué hacer con él. Varias veces Juan había estado ante Herodes, pero no se avino nunca ni a abandonar los dominios de Herodes ni a renunciar a toda actividad pública una vez que fuera puesto en libertad. Y la creciente agitación en constante efervescencia, en cuanto a Jesús de Nazaret, advertía a Herodes que éste no era el momento para dejar en libertad a

Juan. Además, Juan era también blanco del intenso y amargo odio de Herodías, la mujer ilegal de Herodes.

En numerosas ocasiones Herodes conversó con Juan sobre el reino del cielo, y aunque a veces se turbaba seriamente con su mensaje, no se atrevía a liberarlo de la prisión.

Puesto que todavía se estaban construyendo muchos edificios en Tiberias, Herodes pasaba considerable tiempo en sus residencias de Perea, y le tenía preferencia a la fortaleza de Macaerus. Habrían de transcurrir varios años antes de que todos los edificios públicos y la residencia oficial de Tiberias estuvieran terminados.

Para celebrar su cumpleaños organizó Herodes una gran fiesta en el palacio de Macaerus para sus funcionarios principales y otras personalidades de alto rango en los concilios del gobierno de Galilea y Perea. Como Herodías no había conseguido persuadir a Herodes de que aplicara a Juan la pena de muerte, se dedicó a la tarea de urdir un astuto plan para lograr este propósito.

En el curso de las festividades y espectáculos de la velada, Herodías presentó a su hija para que bailara ante los comensales. Herodes quedó muy complacido con la danza de la doncella y, llamándola ante él, le dijo: «Eres encantadora. Estoy complacido contigo. Pídeme en éste mi cumpleaños lo que desees, que yo te lo daré, aunque fuese la mitad de mi reino». Y Herodes así habló después de haber bebido mucho vino. La doncella se apartó y le preguntó a su madre, qué debía pedirle a Herodes. Herodías le dijo: «Ve a Herodes y pídele la cabeza de Juan el Bautista». Y la joven, regresando a la mesa del banquete dijo a Herodes: «Quiero que me entregues la cabeza de Juan el Bautista en una bandeja».

Llenóse el corazón de Herodes de pavor y pena, pero había dado su palabra ante todos los comensales que le rodeaban, y no pudo rechazar la solicitud de la doncella. Envió pues Herodes Antipas a un soldado, ordenándole que trajese la cabeza de Juan. Así fue decapitado Juan esa noche en la prisión, y trajo el soldado la cabeza del profeta en una bandeja y se la presentó a la joven en el fondo del salón del banquete; y la doncella entregó la bandeja a su madre. Cuando los discípulos de Juan supieron de este suceso, vinieron a la prisión para recoger el cuerpo de Juan, y después de darle sepultura, acudieron donde Jesús y le relataron lo ocurrido.

DOCUMENTO 136

EL BAUTISMO Y LOS CUARENTA DÍAS

JESÚS comenzó su ministerio público en el apogeo del interés popular por la predicación de Juan y en la época en que el pueblo judío de Palestina esperaba ansiosamente la aparición del Mesías. Había un gran contraste entre Juan y Jesús. Juan trabajaba con afán y ahínco, mientras que Jesús ponía manos a la obra en una forma apacible y llena de alegría; sólo unas pocas veces en toda su vida se le vio apresurarse. Jesús era un consuelo para el mundo y en cierto modo un ejemplo; Juan en cambio no era ni un consuelo ni un ejemplo. El predicaba el reino de los cielos pero no mencionaba mucho de su felicidad. Aunque Jesús se refirió a Juan como el más grande de los profetas del antiguo orden, también dijo que el más humilde de entre los que vieran la gran luz de la nueva senda y por lo tanto penetraran en el reino del cielo sería en verdad más grande que Juan.

Cuando Juan predicaba del reino venidero, toda la fuerza de su mensaje era: ¡Arrepentíos! Huid de la ira venidera. Cuando Jesús comenzó a predicar, aunque mantuvo la exhortación al arrepentimiento, ese mensaje estaba siempre ligado al evangelio, a la buena nueva de la felicidad y la libertad que traería el nuevo reino.

1. LOS CONCEPTOS DEL MESÍAS ESPERADO

Los judíos tenían muchas ideas distintas sobre la naturaleza del libertador esperado; cada una de estas diferentes escuelas de enseñanza mesiánica podía invocar como prueba de sus creencias distintas declaraciones de las escrituras hebreas. En general, los judíos consideraban que la historia de su nación comenzaba con Abraham y culminaría en el Mesías y de la nueva era del reino de Dios. En los siglos anteriores habían concebido a este libertador como «el siervo del Señor», luego como «el Hijo del Hombre», mientras que últimamente algunos hasta habían llegado a referirse al Mesías como el «Hijo de Dios». Pero, bien sea que se le llamara «la simiente de Abraham» o «el hijo de David», todos estaban de acuerdo en que había de ser el Mesías, el «ungido». Así pues evolucionó el concepto apartir de «siervo del Señor» a «hijo de David», «Hijo del Hombre» e «Hijo de Dios».

En los tiempos de Juan y Jesús, los judíos más cultos habían desarrollado una idea del Mesías venidero como el israelita perfeccionado y representativo, el que reuniría en sí mismo como «siervo del Señor», el triple cargo de profeta, sacerdote y rey.

Los judíos creían devotamente que, tal como Moisés había liberado a sus antepasados de la esclavitud egipcia mediante hazañas milagrosas, así liberaría el Mesías venidero al pueblo judío de la dominación romana mediante prodigios aun más milagrosos y hazañas de triunfo racial. Los rabinos habían reunido casi quinientas citas de las Escrituras que, a pesar de sus contradicciones aparentes, según ellos eran profecías del advenimiento del Mesías. En medio de todos estos detalles de tiempo, técnica y función, perdieron de vista casi por completo la *personalidad* del Mesías prometido. Anhelaban el restablecimiento de la gloria nacional judía —la exaltación temporal de Israel— en vez de anhelar la salvación del mundo. Es evidente por lo tanto que Jesús de Nazaret no hubiera podido satisfacer jamás este concepto mesiánico materialista de la mente judía. Si hubieran sabido ver estas predicciones supuestamente mesiánicas bajo una luz diferente, estos pronunciamientos proféticos les habrían preparado la mente en forma muy natural para el reconocimiento de Jesús como aquel que cerraba una era para inaugurar una nueva y mejor dispensación de misericordia y salvación para todas las naciones.

Los judíos habían sido criados con la creencia en la doctrina de la *Shekinah*. Pero este supuesto símbolo de la Presencia Divina no se veía en el templo. Creían que la venida del Mesías efectuaría su restauración. Tenían ideas confusas sobre el pecado racial y la supuesta naturaleza malvada del hombre. Algunos enseñaban que el pecado de Adán había sido causa de la maldición de la raza humana, y que el Mesías levantaría esa maldición y restituiría el favor divino al hombre. Otros enseñaban que Dios, al crear al hombre, había combinado en él naturalezas buenas y malas; que cuando observó el resultado de esta creación, fue grande su desilusión, y que «se arrepintió de haber creado así al hombre». Y los que así enseñaban creían que el Mesías vendría para redimir al hombre de esta inherente naturaleza malvada.

La mayoría de los judíos creía que ellos seguían languideciendo bajo el poder romano debido a sus pecados colectivos y a la frialdad de los prosélitos gentiles. La nación judía no se había *arrepentido* de todo corazón; por eso el Mesías retrasó su advenimiento. Mucho se hablaba de arrepentimiento; eso explica la atracción poderosa e inmediata de la predicación de Juan: «Arrepentíos y sed bautizados porque el reino del cielo se acerca». Y el reino del cielo no tenía sino un solo significado para todo judío devoto: la venida del Mesías.

Había un rasgo del autootorgamiento de Micael que era completamente ajeno al concepto judío del Mesías y éste era la *unión* de las dos naturalezas: la humana y la divina. Los judíos habían concebido al Mesías de distintas maneras como humano perfeccionado, sobrehumano, e incluso divino, pero no se les había ocurrido jamás el concepto de la *unión* de lo humano y lo divino. Fue ésta el gran escollo de los primeros discípulos de Jesús. Comprendían el concepto humano del Mesías como el hijo de David, tal como había sido presentado por los antiguos profetas; como el Hijo del Hombre, la idea sobrehumana de Daniel y de algunos de los profetas posteriores; e incluso como el Hijo de Dios, tal como había sido descrito por el autor del Libro de Enoc y por algunos de sus contemporáneos; pero no llegaron nunca, ni por un solo instante, a considerar el verdadero concepto de la unión en una personalidad terrenal de las dos naturalezas: la humana y la divina. La encarnación del Creador en forma de criatura no había sido revelada de antemano. Sólo fue revelada en Jesús; el mundo nada sabía de tales cosas hasta que el Hijo Creador se hizo carne y habitó entre los mortales del reino.

2. EL BAUTISMO DE JESÚS

Jesús fue bautizado en la época del apogeo de la predicación de Juan, en el momento en que Palestina se hallaba fervorosa con la anticipación de su mensaje —«el reino de Dios se acerca»— en el momento en que todo el pueblo judío se estaba dedicando a un examen de conciencia serio y solemne. El sentido judío de la solidaridad racial era muy profundo. Los judíos no sólo creían que los pecados del padre podían afligir a los hijos, sino que también creían firmemente que el pecado de un individuo podía llevar a la perdición al pueblo entero. Por consiguiente, no todos los que se sometían al bautismo de

Juan se consideraban culpables de los pecados específicos que Juan denunciaba. Muchas almas devotas eran bautizadas por Juan para el bien de Israel. Temían que la ignorancia por parte de ellos de algún pecado pudiera retrasar la venida del Mesías. Sentían que pertenecían a una nación culpable y maldita por el pecado, y se sometían al bautismo para manifestar de este modo los frutos del arrepentimiento de la raza. Es por lo tanto evidente que Jesús no recibió de ninguna manera el bautismo de Juan como rito de arrepentimiento ni para la remisión de los pecados. Al aceptar el bautismo de manos de Juan, Jesús estaba simplemente siguiendo el ejemplo de muchos israelitas píos.

Cuando Jesús de Nazaret bajó al Jordán para ser bautizado, era un mortal de este mundo que había alcanzado el pináculo de la ascensión evolutiva humana en todos los aspectos relacionados con la conquista de la mente y la identificación del yo con el espíritu. Estuvo de pie en el Jordán ese día, como un mortal perfeccionado de los mundos evolutivos del tiempo y del espacio. Una sincronía perfecta y una comunicación plena se habían establecido entre la mente mortal de Jesús y el Ajustador espiritual residente, el don divino de su Padre en el Paraíso. Un Ajustador como éste, reside en todos los seres normales que viven en Urantia desde la ascensión de Micael al liderazgo de su universo, excepto que el Ajustador de Jesús había sido preparado previamente para esta misión especial porque había habitado de manera similar en otro sobrehumano encarnado en la semejanza de la carne mortal: Maquiventa Melquisedek.

Ordinariamente, cuando un mortal llega a tales altos niveles de perfección de la personalidad, ocurren esos fenómenos preliminares de elevación espiritual que culminan finalmente en la fusión del alma madura del mortal con su Ajustador divino asociado. Y aparentemente debía producirse un cambio de esta naturaleza en la experiencia de la personalidad de Jesús de Nazaret ese mismo día en que descendió al Jordán acompañado por sus dos hermanos para ser bautizado por Juan. Esta ceremonia era el acto final de su vida puramente humana en Urantia, y muchos observadores superhumanos esperaban presenciar la fusión del Ajustador con la mente que habitaba, pero estaban destinados todos ellos a sufrir una desilusión. Ocurrió algo nuevo y aun más grande. Mientras Juan ponía sus manos sobre Jesús para bautizarlo, el Ajustador residente se despidió para siempre del alma humana perfeccionada de Josué ben José. Pocos momentos después, esta entidad divina regresó de Diviningtón como un Ajustador Personalizado y jefe de su clase en todo el universo local de Nebadon. Así pues pudo Jesús ver a su propio ex espíritu divino descendiendo sobre él de regreso en forma personalizada. Y oyó ahora a este mismo espíritu de origen del Paraíso hablar y decir: «Éste es mi Hijo amado en quien tengo complacencia». Juan, y los dos hermanos de Jesús, también oyeron estas palabras. Los discípulos de Juan, que estaban a la orilla del río, no oyeron estas palabras ni vieron la aparición del Ajustador Personalizado. Sólo los ojos de Jesús contemplaron al Ajustador Personalizado.

Cuando así hubo hablado el Ajustador Personalizado, regresado y ahora exaltado, todo fue silencio. Y mientras los cuatro permanecían de pie en el agua, Jesús, volviendo la mirada hacia arriba, al Ajustador que se encontraba cerca, oró de este modo: «Padre mío que reinas en el cielo, santificado sea tu nombre. ¡Venga tu reino! Que se haga tu voluntad en la tierra, así como se hace en el cielo». Cuando hubo orado, «se abrieron los cielos», y el Hijo del Hombre vio la visión, presentada por el Ajustador ahora Personalizado, de sí mismo como Hijo de Dios tal como era antes de venir a la tierra en semejanza de la carne mortal, y como volvería a ser cuando terminara su vida encarnada. Esta visión celestial fue solamente para los ojos de Jesús.

Fue la voz del Ajustador Personalizado la que Juan y Jesús oyeron, hablando en nombre del Padre Universal, porque el Ajustador es del Padre y como el Padre del Paraíso. Por el resto de la vida terrenal de Jesús estuvo este Ajustador Personalizado asociado con él en todas sus obras; Jesús estuvo en constante comunión con este Ajustador exaltado.

Cuando Jesús fue bautizado no se arrepintió de error alguno; no hizo confesión alguna de pecados. Su bautismo fue su consagración al cumplimiento de la voluntad del Padre celestial. Durante su bautismo oyó el inequívoco llamado de su Padre, el mandato final de que se ocupara de los asuntos de su Padre, y se retiró a solas durante cuarenta días para discurrir estos múltiples problemas. Al retirarse así por una temporada del contacto personal activo con sus asociados terrenales, Jesús, tal como era, y al estar en Urantia, estaba siguiendo el mismo procedimiento que se observa en los mundos morontiales cuandoquiera que un alma ascendente se fusiona con la presencia interior del Padre Universal.

Este día de bautismo llevó a su término la vida puramente humana de Jesús. El Hijo divino ha encontrado a su Padre, el Padre Universal ha encontrado a su Hijo encarnado, y se hablan el uno al otro.

(Jesús tenía casi treinta y un años y medio cuando fue bautizado. Si bien Lucas dice que Jesús fue bautizado en el año quince del reinado de Tiberio César, que sería en el año 29 d. de J. C. puesto que Augusto murió en el año 14 d. de J. C., debe recordarse que Tiberio fue coemperador con Augusto por dos años y medio antes de la muerte de Augusto, habiéndose acuñado monedas en su honor en octubre del año 11 d. de J. C. El decimoquinto año de su reinado fue por lo tanto, en efecto, este mismo año 26 d. de J. C. en que Jesús se bautizó. Fue también éste el año en que Poncio Pilato tomó el cargo de gobernador de Judea.)

3. LOS CUARENTA DÍAS

Jesús había resistido a la gran tentación de su autootorgamiento en semejanza de un mortal antes de su bautismo, cuando se había humedecido con el rocío del Monte Hermón durante seis semanas. Allí en el Monte Hermón, como un mortal del mundo sin ayuda alguna, se había enfrentado con el pretendiente de Urantia, Caligastia, el príncipe de este mundo, y lo había derrotado. En ese día lleno de acontecimientos, según se ve en los archivos del universo, Jesús de Nazaret se convirtió en el Príncipe Planetario de Urantia. Este Príncipe de Urantia, que muy pronto sería proclamado Soberano supremo de Nebadon, iniciaba ahora cuarenta días de retiro, para elaborar sus planes y seleccionar la técnica que utilizaría para proclamar el nuevo reino de Dios en el corazón de los hombres.

Después de su bautismo comenzó el período de cuarenta días de ajuste a las relaciones cambiadas del mundo y del universo, debidas a la personalización de su Ajustador. Durante este período de aislamiento en las colinas de Perea, Jesús determinó el criterio que emplearía y los métodos que aplicaría en la nueva y cambiada fase de la vida terrenal que estaba por inaugurar.

El retiro de Jesús no fue motivado por el propósito de ayunar ni tampoco para la aflicción de su alma. No era un asceta, y había venido para destruir para siempre esas ideas sobre cómo acercarse a Dios. Sus motivos al procurar este retiro eran enteramente diferentes de los que habían motivado a Moisés y a Elías e incluso a Juan el Bautista. Jesús estaba entonces plenamente consciente de su relación con el universo por él creado así como también con el universo de los universos, supervisado por el

Padre del Paraíso, su Padre celestial. Ya recordaba plenamente el encargo de autootorgamiento y las instrucciones que le diera su hermano mayor, Emanuel, antes de ingresar en su encarnación en Urantia. Ya comprendía clara y plenamente todas estas vastas relaciones, y deseaba encontrarse a solas, lejos de todos, durante una temporada de meditación, con el objeto de elaborar los planes y seleccionar los procedimientos para el cumplimiento de su ministerio público para beneficio de este mundo y de todos los demás mundos de su universo local.

Mientras deambulaba por las colinas, en busca de un refugio apropiado, Jesús se encontró con el ejecutivo en jefe de su universo, Gabriel, el Brillante Estrella Matutina de Nebadon. Gabriel restablecía ahora la comunicación personal con el Hijo Creador del universo; se encontraron directamente por primera vez desde que Micael se despidiera de sus asociados en Salvington al ir a Edentia con el objeto de prepararse para el comienzo de su autootorgamiento en Urantia. Gabriel, siguiendo las instrucciones de Emanuel y autorizado por los Ancianos de los Días de Uversa, puso ante Jesús la información que indicaba que la experiencia de su autootorgamiento en Urantia estaba prácticamente terminada en cuanto a alcanzar la soberanía perfeccionada de su universo y la terminación de la rebelión de Lucifer. Lo primero ocurrió el día de su bautismo, cuando la personalización de su Ajustador demostró la perfección y plenitud de su autootorgamiento en la semejanza de la carne mortal, y lo último fue el hecho histórico ese día en que descendió del Monte Hermón para reunirse con el joven Tiglat que lo esperaba. Ahora recibía Jesús la noticia, proveniente de la más alta autoridad del universo local y del superuniverso, de que su obra autootorgadora había terminado en lo que se refería a su estado personal en relación con la soberanía y la rebelión. Ya había recibido esta garantía directamente del Paraíso en su visión bautismal y en el fenómeno de la personalización de su Ajustador del Pensamiento residente.

Mientras estaba en la montaña conversando con Gabriel, el Padre de la Constelación de Edentia apareció en persona ante Jesús y Gabriel y dijo: «Los antecedentes están completos. La soberanía de Micael 611.121 sobre su universo de Nebadon se entroniza por completo a la diestra del Padre Universal. Yo te traigo de Emanuel, tu hermano y patrocinador de tu encarnación en Urantia, la exoneración del autootorgamiento. Ahora o en cualquier momento subsiguiente, en la forma que tú selecciones, podrás dar por terminada la encarnación autootorgadora, ascender a la diestra de tu Padre, recibir tu soberanía, y tomar tu bien ganado gobierno incondicional de todo Nebadon. También doy fe de que se han completado, por autorización de los Ancianos de los Días, los expedientes del superuniverso, relativos a la terminación de rebeliones pecaminosas en tu universo y que se te ha otorgado autoridad plena e ilimitada para enfrentarte con todas y cada una de tales posibles sublevaciones en el futuro. Tu obra en Urantia y en la carne de la criatura mortal está formalmente terminada. De ahora en adelante, lo que hagas dependerá de tu propia elección».

Cuando el Altísimo Padre de Edentia se hubo despedido, Jesús departió largo rato con Gabriel sobre el bienestar del universo y, al enviar a Emanuel saludos, reiteró su promesa de que siempre recordaría, en la obra que estaba por emprender en Urantia, los consejos recibidos en Salvington, antes del comienzo del autootorgamiento.

Durante estos cuarenta días de aislamiento, Santiago y Juan, los hijos de Zebedeo, estaban atareados buscando a Jesús. Muchas veces estuvieron a poca distancia de su morada, pero nunca lo pudieron hallar.

4. Los planes para el ministerio público

Día tras día, allí en las colinas, Jesús elaboraba planes para el resto de su autootorgamiento en Urantia. Primero pensó Jesús que no enseñaría contemporáneamente con Juan. Decidió permanecer en relativo retiro hasta que la obra de Juan cumpliese su propósito, o bien hasta que ésta fuera interrumpida en forma súbita por su encarcelación. Bien sabía Jesús que la forma temeraria e imprudente de predicar de Juan suscitaría pronto el temor y la enemistad de los gobernantes civiles. En vista de la situación precaria de Juan, Jesús se dedicó a planear definidamente su programa de esfuerzos públicos para el bien de su pueblo, del mundo y para el bien de todos los mundos habitados de su vasto universo. El autootorgamiento de Micael en la semejanza de un ser mortal fue *en* Urantia pero *para* todos los mundos de Nebadon.

Lo primero que hizo Jesús, después de elaborar completamente el plan general para la coordinación de su programa con el movimiento de Juan, fue repasar mentalmente las instrucciones de Emanuel. Reflexionó profundamente sobre los consejos de su hermano mayor relativos a los métodos de trabajo y la exhortación de que no dejara escritos permanentes en el planeta. De allí en adelante, Jesús nunca volvió a escribir sino sobre arena. En su visita subsiguiente a Nazaret, con gran pena de su hermano José, Jesús destruyó todos los escritos suyos que se conservaban en las tablillas del taller de carpintería y colgadas en las paredes de la vieja casa. Mucho discurrió Jesús en los consejos de Emanuel relativos a su actitud hacia el mundo en el campo económico, social y político tal como lo encontraría por esa época.

Jesús no ayunó durante estos cuarenta días de aislamiento. El período más largo que pasó sin alimentos fue durante los primeros dos días en las colinas, porque tan ensimismado estaba en sus pensamientos que se olvidó de comer. Pero al tercer día fue en busca de alimento. Tampoco fue él *tentado* en este período por espíritus malignos ni por personalidades rebeldes de este mundo o de cualquier otro mundo.

Estos cuarenta días fueron la ocasión del diálogo final entre la mente divina y la humana, o más bien, el primer funcionamiento real de estas dos mentes que ahora formaban una sola. El resultado de esta temporada de meditación, pletórica de acontecimientos, demostró en forma conclusiva que la mente divina ya dominaba triunfal y espiritualmente al intelecto humano. De ahora en adelante, la mente del hombre se ha convertido en la mente de Dios, y aunque la individualidad de la mente del hombre está constantemente presente, siempre esta mente humana espiritualizada dice: «No se haga mi voluntad sino la tuya».

Las transacciones de este momento extraordinario no fueron las visiones fantasmagóricas de una mente hambrienta y debilitada, ni tampoco fueron los simbolismos confusos y pueriles que más tarde se transmitirían como las «tentaciones de Jesús en el desierto». Más bien fue ésta una temporada para la meditación sobre la memorable y variada carrera del autootorgamiento en Urantia y para la preparación cuidadosa de esos planes para el ministerio ulterior que pudieran servir mejor a este mundo y contribuir a la vez al mejoramiento de todas las otras esferas aisladas por la rebelión. Jesús discurrió en toda la gama de la vida humana en Urantia, desde los días de Andón y Fonta, pasando por la falta de Adán, y llegando hasta el ministerio de Melquisedek de Salem.

Gabriel le había recordado a Jesús que tenía dos caminos que podía seguir para manifestarse al mundo en caso de que decidiera permanecer en Urantia por un tiempo. También se le aclaró a Jesús que su elección en este asunto nada tendría que ver ni con su soberanía universal ni con la terminación de la rebelión de Lucifer. Estos dos caminos de ministerio para el mundo eran:

1. Su propia senda —La senda que pudiera parecerle más agradable y fructífera desde el punto de vista de las necesidades inmediatas de este mundo y de la edificación presente de su propio universo.

2. La senda del Padre —La ejemplificación de un ideal a largo plazo en cuanto a la vida de las criaturas, visualizada por las altas personalidades de la administración Paradisiaca del universo de los universos.

Así pues se le aclaró a Jesús que podía tomar dos caminos para ordenar el resto de su vida terrena. Cada uno de estos caminos tenía puntos a su favor a la luz de la situación inmediata. El Hijo del Hombre vio claramente que su elección entre estos dos modos de conducta nada tenía que ver con su recepción de la soberanía de su universo; que ése era un asunto ya establecido y sellado en los archivos del universo de los universos y que sólo esperaba su reclamación en persona. Pero se le indicó a Jesús que mucho complacería a Emanuel, su hermano del Paraíso, si Jesús juzgara conveniente completar su carrera terrenal de encarnación tan noblemente como la había comenzado, siempre sujeto a la voluntad del Padre. Al tercer día de su aislamiento Jesús se prometió a sí mismo que volvería al mundo para terminar su carrera terrenal, y que en cualquier situación que conllevara los dos caminos, siempre elegiría la voluntad del Padre. Así vivió pues el resto de su vida terrestre, siempre fiel a esa resolución. Hasta el amargo fin, invariablemente subordinó su voluntad soberana a la de su Padre celestial.

Los cuarenta días de soledad en el desierto montañoso no fueron un período de grandes tentaciones sino más bien el período de las *grandes decisiones* del Maestro. Durante estos días de solitaria comunión consigo mismo y con la presencia inmediata de su Padre —el Ajustador Personalizado (ya no tenía él un guardián serafín personal)— tomó, una por una, las grandes decisiones que controlarían su política y conducta por el resto de su carrera terrenal. Posteriormente surgió la tradición de la gran tentación durante este período de aislamiento debido a la confusión con la crónica fragmentaria de la lucha en el Monte Hermón, y además porque era costumbre que todos los grandes profetas y líderes humanos comenzaran su carrera pública sometiéndose a un supuesto período de ayuno y de oración. Había sido siempre la costumbre de Jesús, cada vez que se enfrentaba con decisiones nuevas o importantes, retirarse para comulgar con su propio espíritu, para llegar a conocer la voluntad de Dios.

A través de toda su planificación para el resto de su vida terrenal, Jesús estuvo siempre dividido en su corazón humano por dos formas opuestas de conducta:

1. Abrigaba el intenso deseo de ganar a su pueblo —y al mundo entero— para que creyeran en él y aceptaran su nuevo reino espiritual. Y bien conocía las ideas de ellos sobre el Mesías venidero.

2. Vivir y obrar de la manera que sabía que su Padre aprobaría, llevar a cabo su obra para otros mundos necesitados, y continuar, en el establecimiento del reino, revelando el Padre y mostrando su carácter amante divino.

A lo largo de estos días extraordinarios Jesús vivió en una antigua caverna rocosa, un refugio en la ladera de la colina cerca de una aldea en un tiempo llamada Beit Adis. Bebía del pequeño manantial que corría por la falda de la colina hasta cerca de este refugio rocoso.

5. LA PRIMERA GRAN DECISIÓN

Al tercer día después de comenzar esta conferencia consigo mismo y con su Ajustador Personalizado, se le presentó a Jesús la visión de las huestes celestiales de Nebadon reunidas y enviadas por sus comandantes para aguardar la voluntad de su amado Soberano. Esta hueste poderosa abarcaba doce legiones de serafines y un número proporcional de cada una de las órdenes de inteligencia universal. La primera gran decisión de Jesús en su retiro consistió en determinar si haría uso o no de estas personalidades poderosas en relación con el próximo programa de su obra pública en Urantia.

Jesús decidió que *no* utilizaría ni una sola personalidad de esta vasta asamblea a menos que resultara evidente que el uso era la *voluntad de su Padre*. A pesar de esta decisión general, estas vastas huestes permanecieron con él por el resto de su vida terrenal, siempre listas para obedecer la menor expresión de la voluntad de su Soberano. Aunque Jesús no contemplaba constantemente con sus ojos humanos a estas personalidades asistentes, su Ajustador Personalizado asociado las veía constantemente y podía comunicarse con ellas en todo momento.

Antes de descender de su retiro de cuarenta días en las montañas, Jesús asignó el mando inmediato de estas huestes de personalidades universales asistentes a su Ajustador recientemente Personalizado, y por más de cuatro años, medidos en tiempo de Urantia, estas personalidades seleccionadas de todas las divisiones de las inteligencias universales, obediente y respetuosamente funcionaron bajo la prudente dirección de este exaltado y experto Monitor Misterioso Personalizado. Al asumir el mando de esta poderosa asamblea, el Ajustador, siendo a la vez parte y esencia del Padre del Paraíso, aseguró a Jesús que estas agencias sobrehumanas no serían permitidas servirle, manifestarse, o actuar en favor de su carrera terrenal, a menos que ocurriese que dicha intervención fuera la voluntad del Padre. Así pues, en virtud de una gran decisión, se privó Jesús voluntariamente de toda cooperación sobrehumana en todos los asuntos que tuvieran que ver con el resto de su carrera mortal, a menos que el Padre eligiese independientemente participar en un determinado acto o episodio de la obra terrenal del Hijo.

Al aceptar el mando de las huestes universales que servían a Cristo Micael, el Ajustador Personalizado insistió en señalar a Jesús que, si bien sería posible limitar en el *espacio* las actividades de esa asamblea de criaturas universales mediante la autoridad delegada de su Creador, tales limitaciones no se aplicaban en relación con su función en el *tiempo*. Esta limitación se debía al hecho de que los Ajustadores, una vez que han sido personalizados, son seres sin tiempo. Por consiguiente se le advirtió a Jesús que, aunque el control del Ajustador sobre las inteligencias vivas colocadas bajo su mando sería completo y perfecto en todos los asuntos relacionados con el *espacio*, no podrían imponerse tales limitaciones perfectas en los asuntos relacionados con el *tiempo*. Dijo el Ajustador: «Impediré, tal como tú me lo has ordenado, la intervención de estas huestes de inteligencias universales servidoras en todo aspecto que se relacione con tu carrera terrenal, excepto en aquellos casos en los que el Padre del Paraíso me instruya que exima a tales agencias de la prohibición a fin de que se cumpla su voluntad divina a la que tú has elegido someterte, y en aquellos casos en los que tú puedas emprender una elección o acción de tu voluntad divina-humana que tan sólo implique desviaciones del orden terrestre natural relacionadas con el *tiempo*. En todos los eventos de esta índole, soy impotente, y tus criaturas aquí reunidas en perfección y unidad de poder son del mismo modo impotentes. Si tus naturalezas unidas abrigan en algún momento tales deseos, estos mandatos de tu elección serán inmediatamente ejecutados. Tu deseo en todos esos asuntos constituirá la condensación del tiempo, y la cosa proyectada es existente. Bajo mi autoridad esto constituye la limitación más plena posible que pueda imponerse a tu soberanía potencial. En mi autoconciencia, el tiempo es no existente, por lo tanto no puedo limitar a tus criaturas en ningún asunto relacionado con el tiempo».

Así llegó Jesús a enterarse de cómo se manifestaría su decisión de seguir viviendo como hombre entre los hombres. En virtud de una única decisión había él excluido a todas sus huestes asistentes universales de variadas inteligencias de la participación en su próximo ministerio público, excepto en asuntos relacionados exclusivamente con el *tiempo*. Se hace pues evidente que todo posible acompañamiento sobrenatural o supuestamente sobrehumano del ministerio de Jesús pertenecería exclusivamente a la eliminación del tiempo, a menos que el Padre celestial dictaminara específicamente lo contrario. Ningún milagro, ministerio de misericordia, ni ningún otro evento posible que ocurriera en relación con lo que quedaba por hacer de la obra terrenal de Jesús podía ser de la naturaleza o carácter de una acción que trascendiera las leyes naturales establecidas y regularmente funcionales en los asuntos del hombre en su vida en Urantia, *excepto* en este asunto expresamente definido del *tiempo*. Por supuesto, ningún límite podía ser impuesto a las manifestaciones de «la voluntad del Padre». La eliminación del tiempo en relación con el deseo expreso de este Soberano potencial de un universo, sólo podía evitarse por la acción directa y explícita de la *voluntad* de este Dios-hombre en el sentido de que el tiempo, en la medida en que se relacionara con la acción o evento específico, *no debía ser acortado o eliminado*. A fin de prevenir la ocurrencia de *milagros temporales* aparentes, fue menester que Jesús permaneciera constantemente consciente del tiempo. Un lapso suyo de la conciencia del tiempo, en conexión con la consideración de un deseo definido, era equivalente al efectuar la cosa concebida en la mente de este Hijo Creador, sin la intervención del tiempo.

Gracias al control supervisor de su Ajustador asociado y Personalizado, era posible para Micael, limitar perfectamente sus actividades personales en la tierra en lo que se refería al espacio, pero no era posible para el Hijo del Hombre, limitar de la misma manera su nueva situación en la tierra como Soberano potencial de Nebadon en lo que se refería al *tiempo*. Y éste era el estado real de Jesús de Nazaret cuando salió para comenzar su ministerio público en Urantia.

6. La segunda decisión

Habiendo aclarado su línea de conducta en relación con todas las personalidades de todas las clases de las inteligencias por él creadas, hasta donde se la pudiera determinar en vista del potencial inherente a su nuevo estado de divinidad, Jesús dirigió sus pensamientos sobre sí mismo. ¿Qué podía él, ahora plenamente consciente de que era el creador de todas las cosas y de todos los seres existentes de este universo, hacer con estas prerrogativas creadoras en las situaciones recurrentes de la vida con que se enfrentaría inmediatamente al regresar a Galilea para reanudar su obra entre los hombres? En efecto, ya, allí mismo donde se hallaba en estas colinas solitarias, se le había presentado a la fuerza este problema en cuanto a conseguir comida. Al tercer día de sus meditaciones solitarias, el cuerpo humano sintió hambre. ¿Debía acaso ir en busca de alimento como cualquier común mortal, o bien ejercer simplemente sus poderes normales creadores, y producir allí donde se encontraba alimento apropiado para nutrir su cuerpo? Esta gran decisión del Maestro os ha sido descrita como una tentación —como un reto de supuestos enemigos, desafiándolo a que «mandara que estas piedras se convirtieran en panes».

Así pues estableció Jesús otra línea de conducta uniforme para el resto de su obra terrenal. En lo que se referiría a sus necesidades personales, y en general, aun en sus relaciones con otras personalidades, eligió deliberadamente, en ese momento, seguir la senda de la existencia terrenal normal; se decidió firmemente en contra de una línea de conducta que trascendiera, violara, o alterara las leyes naturales por él establecidas. Pero no podía prometerse a sí mismo, tal como ya le había advertido su Ajustador Personalizado, que estas leyes naturales no pudieran, bajo ciertas circunstancias concebibles, resultar considerablemente *aceleradas*. En principio, Jesús decidió que la obra de su vida se organizaría y procedería en conformidad con la ley natural y en armonía con la organización social existente. El Maestro eligió por ende un programa de vida que equivalía a una decisión en contra de milagros y prodigios. Una vez más se pronunció a favor de «la voluntad del Padre»; una vez más puso todas las cosas en las manos de su Padre del Paraíso.

La naturaleza humana de Jesús dictaminaba que el primer deber era la autopreservación; ésa es la actitud normal del hombre natural en los mundos del tiempo y del espacio, y es, por consiguiente, una reacción legítima de un mortal de Urantia. Pero las preocupaciones de Jesús no se limitaban tan sólo a este mundo y sus criaturas; estaba viviendo una vida destinada a la instrucción e inspiración de las muchas criaturas de un vastísimo universo.

Antes de su esclarecimiento bautismal había vivido en perfecta sumisión a la voluntad y orientación de su Padre celestial. Enfáticamente decidió continuar en esa misma implícita dependencia mortal de la voluntad del Padre. Se propuso seguir un curso no natural —decidió que no procuraría la autopreservación. Eligió continuar con su línea de conducta según la cual se negaba a defenderse. Expresó sus conclusiones en las palabras de las Escrituras conocidas a su mente humana: «No sólo de pan vivirá el hombre, mas de toda palabra que sale de la boca de Dios». Al llegar a esta conclusión sobre el apetito de la naturaleza física tal como se expresa en el hambre de alimento, el Hijo del Hombre hacía su declaración final sobre todos los demás instintos de la carne y los impulsos naturales de la naturaleza humana.

Tal vez podría usar su poder sobrehumano para ayudar a otros, pero para sí mismo, nunca. Y se mantuvo fiel a esta línea de conducta por siempre y hasta el fin, cuando de él se dijo con sarcasmo: «A otros salvó, a sí mismo no puede salvarse» —porque no lo quiso.

Los judíos esperaban a un Mesías que hiciera aun mayores maravillas que Moisés, de quien se decía que había hecho manar agua de la roca en el desierto y que también había alimentado con maná a sus antepasados en el desierto. Jesús conocía la clase de Mesías que esperaban sus compatriotas, y tenía todos los poderes y prerrogativas para equipararse con sus más ardientes esperanzas, pero decidió en contra de tan magnífico programa de poder y gloria. Jesús consideraba semejante curso de acciones milagrosas esperadas como un retroceso a los tiempos antiguos de magia ignorante y a las prácticas depravadas de los hechiceros salvajes. Quizás, para la salvación de sus criaturas, se aviniera a acelerar la ley natural, pero transgredir sus propias leyes, ya fuese para su propio beneficio o para deslumbrar a sus semejantes, eso no lo haría. Y la decisión del Maestro fue final.

Jesús se condolía de su pueblo; entendía plenamente cómo habían sido conducidos a esperar al Mesías venidero, cuando «la tierra producirá diez mil veces más frutos, y una vid tendrá mil pámpanos, y cada pámpano producirá mil racimos, y cada racimo producirá mil uvas, y cada uva producirá un barril de vino». Los judíos creían que el

Mesías inauguraría una era de milagrosa abundancia. Durante mucho tiempo se nutrieron los hebreos de tradiciones de milagros y leyendas de prodigios.

No era él un Mesías que venía para multiplicar el pan y el vino. No venía para ministrar tan sólo las necesidades temporales; venía para revelar su Padre celestial a sus hijos terrenales, mientras trataba de conducir a estos hijos para que con él hicieran el esfuerzo sincero de vivir haciendo la voluntad del Padre celestial.

Con esta decisión, Jesús de Nazaret demostraba para un universo espectador, cuán tonto y pecaminoso es prostituir los talentos divinos y la capacidad dada por Dios para el engrandecimiento personal o para beneficio y gloria puramente egoístas. Había sido ése el pecado de Lucifer y Caligastia.Esta gran decisión de Jesús ilustra dramáticamente la verdad de que la satisfacción egoísta y la gratificación sensual, de por sí solas, no pueden dar la felicidad a los seres humanos evolutivos. Hay valores más elevados en la existencia mortal —maestría intelectual y avance espiritual— que trascienden de lejos la gratificación necesaria de los apetitos e impulsos puramente físicos del hombre. Las dotes naturales de talento y habilidad del hombre deberían aplicarse principalmente al desarrollo y ennoblecimiento de sus más elevados poderes de mente y espíritu.

Jesús revelaba así a las criaturas de su universo la técnica de un camino nuevo y mejor, los valores morales más elevados del vivir y las satisfacciones espirituales más profundas de la existencia humana evolucionaria en los mundos del espacio.

7. LA TERCERA DECISIÓN

Habiendo tomado pues sus decisiones sobre los asuntos relacionados con el alimento y la ministración física de las necesidades de su cuerpo material, el cuidado de su salud y de la salud de sus asociados, aún quedaban otros problemas por resolver. ¿Cuál sería su actitud al enfrentarse con situaciones de peligro personal? Decidió ejercer una vigilancia normal sobre su seguridad humana y tomar precauciones razonables para prevenir el fin prematuro de su carrera en la carne, pero decidió que se abstendría de toda intervención sobrehumana cuando sobreviniera la crisis de su vida en la carne. Al tomar esta decisión, estaba Jesús sentado a la sombra de un árbol, sobre un saliente rocoso, y a sus pies se abría un precipicio. Se daba plena cuenta de que podía deslizarse del saliente y arrojarse al espacio, sin que nada le sucediera que lo lastimara, siempre y cuando revocara su primera gran decisión de no invocar la interposición de sus ayudantes celestiales en la continuación de su obra en Urantia, y siempre y cuando abrogara su segunda decisión respecto a su actitud hacia la autoconservación.

Jesús sabía que sus compatriotas esperaban un Mesías que estuviera por encima de la ley natural. Bien le habían enseñado esa Escritura que dice: «No te sobrevendrá mal, ni plaga tocará tu morada. Pues a sus ángeles mandará acerca de ti, que te guarden en todos tus caminos. En las manos te llevarán, para que tu pie no tropiece en piedra». ¿Se justificaría una presunción de esta índole, este desafío a las leyes de gravedad de su Padre, para protegerse de heridas o, acaso para ganar la confianza de su pueblo mal enseñado y desorientado? Pero este curso de acción, por más gratificante que fuera para los judíos a la espera de un signo, sería, no una revelación de su Padre, sino un dudoso juego con las leyes establecidas del universo de los universos.

Si entendéis todo esto y sabéis que el Maestro se negó a desafiar las leyes de la naturaleza por él establecidas en cuanto a lo que se refiriera a su conducta personal, sabéis con certidumbre que él nunca caminó sobre las aguas ni hizo ninguna otra cosa que constituyera un insulto a su orden material de administrar el mundo; pero, por supuesto, recordad siempre que aún no se había encontrado la manera de librarlo completamente de la falta de control sobre el elemento de tiempo en conexión con los asuntos encomendados a la jurisdicción del Ajustador Personalizado.

Durante toda su vida terrenal Jesús fue constantemente fiel a esta decisión. Aunque los fariseos lo provocaron pidiéndole un signo, o aunque los espectadores en el Calvario le desafiaron a que descendiera de la cruz, se adhirió firmemente a la decisión que en esa hora tomó en la montaña.

8. LA CUARTA DECISIÓN

El gran problema siguiente con que hubo de luchar este Dios-hombre y que decidió en definitiva de acuerdo con la voluntad del Padre celestial, consistía en si debía o no emplear alguno de sus poderes sobrehumanos para atraer la atención y ganar la adhesión de sus semejantes. ¿Debía él, en algún grado o manera, prestar sus poderes universales para la gratificación del ansia de los judíos por lo espectacular y lo maravilloso? Decidió que no. Se decidió por una línea de conducta que eliminaba todas esas prácticas como método de llevar su misión a la atención de los hombres. Cumplió constantemente con esta gran decisión. Incluso cuando permitió la manifestación de numerosas ministraciones de misericordia acortadoras del tiempo, casi invariablemente amonestaba a los que recibían su ministerio curativo para que nada dijeran a ningún hombre sobre los beneficios que habían recibido. Siempre rechazó el reto burlón de sus enemigos que le desafiaban a «darnos un signo» como prueba y demostración de su divinidad.

Jesús sabiamente vio que hacer milagros y ejecutar prodigios tan sólo atraería una lealtad superficial en intimidar la mente material. Tales acciones no revelarían a Dios ni salvarían a los hombres. Se negó a ser simplemente un hacedor de milagros. Resolvió que se ocuparía de una sola tarea: el establecimiento del reino del cielo.

Durante todo este diálogo monumental de Jesús consigo mismo, siempre estaba presente el elemento humano que preguntaba y casi dudaba, porque Jesús era hombre a la vez que Dios. Era evidente que nunca sería recibido por los judíos como el Mesías si no hacía prodigios. Además, si consentía en hacer tan sólo una cosa no natural, la mente humana sabría con certidumbre que estaba sometida a una mente verdaderamente divina. ¿Estaba de acuerdo con «la voluntad del Padre» que la mente divina hiciera esa concesión a la naturaleza incrédula de la mente humana? Jesús decidió que no, y citó la presencia del Ajustador Personalizado como prueba suficiente de la divinidad asociada con la humanidad.

Jesús había viajado mucho; recordaba Roma, Alejandría y Damasco. Conocía las maneras del mundo —sabía cómo obtenían sus propósitos los hombres en la política y en el comercio por medio de compromisos y diplomacia. ¿Utilizaría él este conocimiento en la realización de su misión en la tierra? ¡No! También decidió contra todo compromiso con la sabiduría del mundo y la influencia de las riquezas en el establecimiento del reino. Nuevamente, eligió depender exclusivamente de la voluntad del Padre.

Jesús tenía plena conciencia de los atajos que se abrían para una personalidad con sus poderes. Conocía muchas maneras de atraer inmediatamente la atención de la nación y del mundo entero sobre su persona. Pronto se celebraría la Pascua en Jerusalén; la ciudad estaría llena de visitantes. Podía ascender al pináculo del templo y ante las multitudes asombradas andar en el aire; ése era el tipo de Mesías que la gente esperaba. Pero después los desilusionaría puesto que no había venido para volver a establecer el trono de David. Y conocía la futilidad del método de Caligastia de tratar de adelantarse al modo natural, lento y seguro de cumplir el propósito divino. Nuevamente se sometió el Hijo del Hombre obedientemente a los procedimientos del Padre, a la voluntad del Padre.

Jesús eligió establecer el reino del cielo en el corazón de la humanidad por métodos naturales, comunes, difíciles y esforzados, los mismos procedimientos que tendrían que seguir en el futuro sus hijos terrenales para ampliar y expandir ese reino celestial. Porque bien sabía el Hijo del Hombre que sería «a través de muchas tribulaciones que muchos de los hijos de todas las edades entrarían en el reino». Jesús estaba pasando ahora por la gran prueba del hombre civilizado, la de tener el poder y negarse continua y firmemente a utilizarlo para fines puramente egoístas o personales.

En vuestra consideración de la vida y experiencia del Hijo del Hombre, deberíais tener siempre presente el hecho de que el Hijo de Dios estaba encarnado en la mente de un ser humano del siglo primero, no en la mente de un mortal del siglo veinte ni de otro siglo. Con esto deseamos transmitiros la idea de que las dotes humanas de Jesús eran de adquisición natural. Él era el producto de factores hereditarios y ambientales de su época, sumados a la influencia de su crianza y educación. Su humanidad era genuina, natural, plenamente derivada y nutrida por los antecedentes de la condición intelectual real y de las condiciones económicas y sociales de ese día y de esa generación. Aunque en la experiencia de este Dios-hombre siempre existía la posibilidad de que la mente divina trascendiera el intelecto humano, sin embargo, siempre que funcionaba su mente humana, lo hacía como una auténtica mente mortal lo haría bajo las condiciones del ambiente humano de esa época.

Jesús ilustró para todos los mundos de su vasto universo la tontería de crear situaciones artificiales con el propósito de exhibir una autoridad arbitraria o de permitirse un poder excepcional para perfeccionar los valores morales o acelerar el progreso espiritual. Jesús decidió que no prestaría su misión en la tierra a una repetición de la desilusión del reinado de los Macabeos. Se negó a prostituir sus atributos divinos para adquirir una popularidad no merecida o para ganar prestigio político. No consentiría a la transmutación de la energía divina y creadora en poder nacional o en prestigio internacional. Jesús de Nazaret se negó a hacer compromisos con el *mal*, mucho menos a asociarse con el pecado. El Maestro colocó triunfalmente la fidelidad a la voluntad de su Padre por encima de toda otra consideración terrena y temporal.

9. La quinta decisión

Habiendo establecido el criterio sobre lo que se refería a sus relaciones individuales con la ley natural y con el poder espiritual, dirigió su atención a la elección de los métodos que emplearía para proclamar y establecer el reino de Dios. Juan ya había comenzado este trabajo; ¿cómo podría continuar el mensaje? ¿Cómo podría él seguir con la misión de Juan? ¿Cómo debería organizar a sus seguidores para que el esfuerzo resultara eficaz y la cooperación, inteligente? Jesús ya estaba llegando a la decisión final que le prohibiría seguir considerándose el Mesías judío, por lo menos el Mesías tal como lo concebía la mente común de esa época.

Los judíos imaginaban un libertador que llegaría investido de poder milagroso para derribar a los enemigos de Israel y establecer a los judíos como gobernantes del mundo, libres de necesidades y opresión. Jesús sabía que esta esperanza no se materializaría jamás. Sabía que el reino del cielo tenía que ver con el derrocamiento del mal en el corazón de los hombres, y que era un asunto de interés puramente espiritual. Reflexionó sobre la conveniencia de inaugurar el reino espiritual con un despliegue brillante y estremecedor de poder —cosa que era permisible y que estaba totalmente dentro de la jurisdicción de Micael— pero decidió en contra de dicho plan. No quería comprometerse con las técnicas revolucionarias de Caligastia. En potencial ya había ganado el mundo sometiéndose a la voluntad de su Padre, y se proponía terminar su obra como la había empezado, como el Hijo del Hombre.

¡Es casi imposible para vosotros imaginar qué habría sucedido en Urantia si este Dios-hombre, ahora en posesión potencial de todo el poder del cielo y de la tierra, hubiera decidido desplegar el estandarte de la soberanía, e invocar en formación militar a sus batallones de hacedores de maravillas! Pero no se avenía a tal cosa. No estaba dispuesto a ponerse al servicio del mal para que, según es de suponer, triunfara el culto de Dios. Acataba tan sólo la voluntad del Padre. Proclamaría a todo un universo espectador: «Adoraréis al Señor vuestro Dios y a él sólo serviréis».

A medida que pasaban los días, Jesús percibía con claridad cada vez mayor qué clase de revelador de la verdad sería él. Discernía que el camino de Dios no iba a ser el camino fácil. Comenzaba a darse cuenta que posiblemente el resto de su experiencia humana sería un amargo cáliz pero igual bebería de él.

Aun su mente humana se está despidiendo del trono de David. Paso a paso esta mente humana sigue la senda de lo divino. La mente humana aún hace preguntas pero infaliblemente acepta las respuestas divinas como dictámenes finales en esta vida conjunta de vivir como un hombre en el mundo mientras todo el tiempo someterse incondicionalmente a hacer la voluntad eterna y divina del Padre.

Roma era el ama del mundo occidental. El Hijo del Hombre, ahora en su aislamiento, elaborando estas decisiones importantísimas, con las huestes del cielo a su disposición, representaba la última oportunidad del pueblo judío para ganar señorío mundial; pero este judío que había nacido en la tierra, dotado de tan extraordinaria sabiduría y poder, se negó a usar sus dotes universales tanto para su propio engrandecimiento como para la entronización de su pueblo. El veía, por decirlo así, «los reinos de este mundo» y poseía el poder para apoderarse de ellos. Los Altísimos de Edentia le habían entregado estos poderes en las manos, pero no los quería. Los reinos de la tierra eran cosas mezquinas, indignas del interés del Creador y Gobernante de un universo. Uno solo era su propósito: la ulterior revelación de Dios al hombre, el establecimiento del reino, la soberanía del Padre celestial en el corazón de la humanidad.

La idea de batalla, contienda y matanza repugnaba a Jesús; nada de eso quería él. Aparecería en la tierra como el Príncipe de Paz para revelar al Dios del amor. Antes de su bautismo, había rechazado nuevamente una oferta de los zelotes para encabezar su rebelión contra los opresores romanos. Ahora pues tomaba su decisión final sobre las Escrituras que su madre le había enseñado, que decían entre otras cosas: «El Señor me ha dicho: 'Mi Hijo eres tú; yo te engendré hoy. Pídeme, y te daré por herencia los paganos y como posesión tuya las partes más remotas de la tierra. Los quebrantarás con una vara de hierro; como vasija de alfarero los despedazarás'».

Jesús de Nazaret llegó a la conclusión de que tales pronunciamientos no se referían a él. Por último y finalmente la mente humana del Hijo del Hombre se despojó de todas estas dificultades y contradicciones mesiánicas —las escrituras hebreas, las enseñanzas paternas y las del chazán, las expectativas de los judíos y los ambiciosos anhelos humanos; de una vez por todas decidió su curso de acción. Regresaría a Galilea y comenzaría calladamente la proclamación del reino, confiando en su Padre (el Ajustador Personalizado) para todos los detalles de procedimiento día a día.

Con estas decisiones estableció Jesús un digno ejemplo para todos los seres de todos los mundos de un vasto universo, al negarse a aplicar pruebas materiales a la verificación de los problemas espirituales, al negarse al desafío presuntuoso de las leyes naturales. Y dio un ejemplo inspirador de lealtad universal y de nobleza moral al negarse a tomar el poder temporal como preludio de la gloria espiritual.

Si el Hijo del Hombre abrigaba alguna duda respecto de su misión y de la naturaleza de ésta al ascender la montaña después de su bautismo, ya no le cabía duda alguna al descender al seno de sus semejantes después de los cuarenta días de aislamiento y de decisiones.

Jesús ha elaborado un programa para el establecimiento del reino del Padre. No habrá de dedicarse a la gratificación física de la gente. No distribuirá pan a las multitudes como viera hacer tan recientemente en Roma. No atraerá la atención haciendo prodigios, a pesar de que los judíos esperan a un libertador de precisamente esta índole. Tampoco intentará ganar la aceptación de un mensaje espiritual mediante una exhibición de autoridad política o de poder temporal.

Al rechazar estos métodos de embellecimiento del reino venidero ante los ojos esperanzados de los judíos, Jesús se aseguró de que estos mismos judíos rechazaran certera y finalmente su derecho a la autoridad y la divinidad. Conociendo todo esto, Jesús durante mucho tiempo trató de evitar que sus primeros seguidores se refirieran a él con el nombre de Mesías.

A través de su entero ministerio público hubo de enfrentarse constantemente con la necesidad de tratar con tres situaciones recurrentes: el clamor de los hambrientos, la insistente demanda de milagros, y la solicitud final de los que lo seguían que les permitieran coronarlo rey. Pero Jesús no se apartó jamás de las decisiones que tomó durante estos días de aislamiento en las colinas de Perea.

10. La sexta decisión

El último día de este memorable retiro, antes de comenzar el descenso del monte para reunirse con Juan y sus discípulos, el Hijo del Hombre tomó su decisión final. Así, con estas palabras comunicó esta decisión al Ajustador Personalizado: «Y en todos los demás asuntos, así como en estas decisiones ya registradas, te prometo que me someteré a la voluntad de mi Padre». Cuando así hubo hablado comenzó el descenso de la montaña. Y su faz resplandecía con la gloria de la victoria espiritual y del triunfo moral.

DOCUMENTO 137

EL TIEMPO DE ESPERA EN GALILEA

EN LAS primeras horas de la mañana del sábado 23 de febrero del año 26 d. de J.C., Jesús descendió de las montañas para reunirse con el grupo de Juan, que acampaba en Pella. Durante todo ese día, Jesús se mezcló con las multitudes. Ministró a un muchacho que se había lesionado en una caída y lo llevó a la vecina aldea de Pella para entregárselo a salvo a sus padres.

1. LA SELECCIÓN DE LOS PRIMEROS CUATRO APÓSTOLES

Durante ese sábado, dos de los principales discípulos de Juan pasaron muchas horas con Jesús. De todos los discípulos de Juan, uno llamado Andrés era el que estaba más profundamente afectado por Jesús; lo acompañó a Pella con el muchacho lesionado. En el camino de vuelta al campamento de Juan, le hizo a Jesús muchas preguntas, y poco antes de llegar a su destino, se detuvieron, conversando un rato, durante el cual dijo Andrés: «Te observo desde que viniste a Capernaum, y creo que eres el nuevo Maestro, y aunque no comprendo tus enseñanzas por completo, estoy plenamente decidido a seguirte; me sentaré a tus pies y aprenderé toda la verdad sobre el nuevo reino». Jesús entonces, con cordial afirmación recibió a Andrés como el primero de sus apóstoles, ese grupo de doce que trabajarían con él en la obra de establecer el nuevo reino de Dios en el corazón de los hombres.

Andrés era un observador silencioso y creyente sincero de la obra de Juan, y tenía un hermano muy capaz y entusiasta, llamado Simón, que era uno de los principales discípulos de Juan. Se podría decir en verdad que Simón era uno de los partidarios más importantes de Juan.

Poco después de regresar Jesús y Andrés al campamento, Andrés buscó a su hermano Simón, y llevándole aparte, le dijo que estaba convencido de que Jesús era el gran Maestro, y se había comprometido a ser su discípulo. Continuó diciéndole que Jesús había aceptado su oferta de servicio, y le sugirió que él (Simón) fuera también a donde Jesús y se ofreciera para servir en la hermandad del nuevo reino. Dijo Simón: «Desde que vino ese hombre a trabajar en el taller de Zebedeo, he creído que había sido enviado por Dios, pero, ¿qué haremos con Juan? ¿Vamos a abandonarle? ¿Crees tú que sería correcto eso?» Convinieron pues que enseguida irían donde Juan para consultarle. Juan se entristeció con la idea de perder a dos de sus mejores consejeros y discípulos más prometedores, pero respondió valerosamente a sus preguntas, diciendo: «Éste no es más que el comienzo; pronto mi obra llegará a su fin, y seremos todos discípulos de él». Entonces Andrés pidió a Jesús que se apartara de la muchedumbre, anunciándole que su hermano deseaba entrar al servicio del nuevo reino. Al recibir a Simón como su segundo apóstol, Jesús dijo: «Simón, tu entusiasmo es encomiable, pero peligroso para el trabajo del reino. Te recomiendo que pienses lo que dices. Te cambiaré tu nombre al de Pedro.»

Los padres del joven lastimado que vivían en Pella le habían rogado a Jesús que pasara la noche con ellos, que considerara su casa como la casa de él, y él había aceptado. Antes de despedirse de Andrés y de su hermano, Jesús dijo: «Mañana temprano iremos a Galilea».

Cuando Jesús regresó a Pella para pasar la noche y estando Andrés y Simón aún hablando sobre la naturaleza de su servicio en el establecimiento del reino venidero, llegaron Santiago y Juan, los hijos de Zebedeo, de regreso de su larga e infructuosa búsqueda en las colinas por descubrir el paradero de Jesús. Al oír de labios de Simón Pedro cómo él y su hermano, Andrés, se habían convertido en los primeros consejeros aceptados del nuevo reino, y que saldrían temprano al día siguiente con su nuevo Maestro para Galilea, Santiago y Juan se entristecieron. Conocían a Jesús desde hacía tiempo, y lo amaban. Lo habían buscado por muchos días en las montañas, y al regresar se enteraron de que otros habían sido preferidos en lugar de ellos. Preguntaron adónde había ido Jesús y se dirigieron de prisa a buscarle.

Jesús estaba durmiendo cuando llegaron a la morada, pero lo despertaron, diciéndole: «¿Cómo puede ser que mientras nosotros que por tanto tiempo hemos convivido contigo te estábamos buscando en las montañas, tú elegiste a otros en nuestro lugar, seleccionando a Andrés y a Simón como tus primeros asociados en el nuevo reino?» Jesús les respondió: «Serenad vuestro corazón y preguntaos, '¿quién os mandó buscar al Hijo del Hombre cuando estaba ocupado con los asuntos de su Padre?'». Cuando relataron los detalles de su larga búsqueda en las montañas, Jesús siguió amonestándolos: «Debéis aprender a buscar el secreto del nuevo reino en vuestro corazón y no en las colinas. Lo que buscabais ya estaba presente en vuestra alma. Por cierto sois mis hermanos —no necesitáis ser recibidos por mí— ya estabais en el reino, y debéis estar de buen ánimo, preparaos también para ir con nosotros a Galilea mañana». Se atrevió entonces Juan a preguntar: «Pero, Maestro, ¿seremos Santiago y yo tus asociados en el nuevo reino, igual que Andrés y Simón?» y Jesús, poniendo su mano sobre el hombro de cada uno de ellos dijo: «Hermanos míos, ya estabais conmigo en el espíritu del reino, aun antes de que estos otros solicitaran ser recibidos. Vosotros, hermanos míos, no tenéis necesidad de solicitar entrada en el reino; habéis estado conmigo en el reino desde el principio. Ante los hombres, es posible que otros tomen precedencia sobre vosotros, pero en mi corazón yo os he contado en los concilios del reino, aun antes de que pensarais en pedírmelo. Aun así, podríais haber sido vosotros los primeros ante los hombres si no os hubieseis ausentado para dedicaros a una tarea bien intencionada, pero impuesta por vosotros mismos, de buscar a aquel que no estaba perdido. En el reino venidero, no os preocupéis por lo que nutre vuestra ansiedad, preocupaos más bien en todo momento de hacer solamente la voluntad del Padre que está en el cielo».

Santiago y Juan recibieron el regaño de buen modo; nunca más tuvieron envidia de Andrés y Simón. Y se aprontaron pues, con los otros dos apóstoles asociados, a partir para Galilea a la mañana siguiente. Desde este día en adelante la palabra 'apóstol' fue empleada para distinguir a la familia elegida de los consejeros de Jesús de la vasta multitud de discípulos creyentes que posteriormente le siguieron.

Tarde esa noche Santiago, Juan, Andrés y Simón se sentaron a conversar con Juan el Bautista, y con los ojos llenos de lágrimas pero la voz serena el fornido profeta judeo entregó a dos de sus mejores discípulos para que fueran los apóstoles del Príncipe galileo del reino venidero.

2. La elección de Felipe y Natanael

En la mañana del domingo 24 de febrero del año 26 d. de J.C., junto al río cerca de Pella, Jesús se despidió de Juan el Bautista a quien no volvería a ver nunca más en la carne.

Ese día, al partir Jesús con sus cuatro discípulos-apóstoles hacia Galilea, había gran tumulto en el campamento de los seguidores de Juan. La primera gran división estaba a punto de ocurrir. El día anterior, Juan había hecho su pronunciamiento positivo a Andrés y a Esdras en el sentido de que Jesús era el Libertador. Andrés decidió seguir a Jesús, pero Esdras rechazó al manso carpintero de Nazaret, proclamando a sus asociados: «Dice el profeta Daniel que el Hijo del Hombre vendrá envuelto en las nubes del cielo, en poder y gran gloria. Este carpintero galileo, este constructor de barcas de Capernaum, no puede ser el Liberador. ¿Es posible que semejante don divino salga de Nazaret? Este Jesús es pariente de Juan, y por la bondad de su corazón ha sido engañado nuestro maestro. Mantengámonos apartados de este falso Mesías». Cuando Juan regañó a Esdras por estos pronunciamientos, éste se separó, llevándose a muchos discípulos y dirigiéndose hacia el sur. Este grupo siguió bautizando en nombre de Juan y finalmente fundó una secta de los que creían en Juan pero se negaban a aceptar a Jesús. Hasta el día de hoy aún queda en Mesopotamia un resto de este grupo.

Mientras se producían estos disturbios entre los seguidores de Juan, Jesús y sus cuatro discípulos-apóstoles adelantaban camino hacia Galilea. Antes de cruzar el Jordán para ir por el camino de Naín a Nazaret, Jesús, al posar la mirada sobre el camino, vio a un tal Felipe de Betsaida que venía hacia ellos con un amigo. Jesús conocía a Felipe de tiempo antes, y era éste también conocido de los cuatro noveles apóstoles. Iba con su amigo Natanael a donde Juan, en Pella, para conocer más acerca del mentado advenimiento del reino de Dios, y se encantó de saludar a Jesús. Felipe admiraba a Jesús desde que éste vino a Capernaum. Pero Natanael, que vivía en Caná de Galilea, no conocía a Jesús. Felipe se aproximó pues para saludar a sus amigos mientras Natanael descansaba bajo la sombra de un árbol a la orilla del camino.

Pedro llevó aparte a Felipe y le explicó que ellos, refiriéndose a él, Andrés, Santiago y Juan, acababan de asociarse con Jesús en el nuevo reino e instó a Felipe con apremio que se alistara también como voluntario para este servicio. ¡Qué dilema para Felipe! ¿Qué hacer? Aquí, de sopetón —junto al camino, cerca del Jordán— se le planteaba para su resolución inmediata la decisión más importante de su vida. A esta altura se encontraba sumido en conversación intensa con Pedro, Andrés y Juan mientras Jesús trazaba para Santiago el itinerario de viaje a través de Galilea hasta Capernaum. Finalmente, le sugirió Andrés a Felipe: «¿Por qué no le preguntas al Maestro?».

Repentinamente despertó Felipe a la idea de que Jesús era un gran hombre, posiblemente el Mesías, y decidió que aceptaría la decisión de Jesús en este asunto; y fue derecho a él, preguntándole: «Maestro, ¿debo descender donde Juan, o unirme a mis amigos que te siguen?» Jesús le respondió: «Sígueme». Felipe se emocionó con la seguridad de que había encontrado al Liberador.

Con un gesto, indicó Felipe a sus amigos que aguardaran un momento mientras él se dirigía apresuradamente a contarle la nueva de su decisión a su amigo Natanael, quien permanecía sentado debajo de la morera, reflexionando sobre las muchas cosas que había oído respecto de Juan el Bautista, el reino venidero, y el Mesías esperado. Felipe interrumpió su meditación, exclamando: «He encontrado al Libertador, aquel de quien escribieron Moisés y los profetas y a quien Juan ha proclamado». Natanael levantó la vista e inquirió: «¿De dónde viene este Maestro?» Felipe le replicó: «Es

Jesús de Nazaret, el hijo de José, el carpintero, recientemente residente de Capernaum». Muy sorprendido, preguntó Natanael: «¿Puede algo tan bueno venir de Nazaret?» Pero Felipe, tomándole del brazo, le dijo: «Ven y ve».

Condujo pues Felipe a Natanael donde Jesús, quien, mirando benignamente el rostro de este incrédulo honesto, dijo: «He aquí un auténtico israelita, en quien no hay engaño. Sígueme». Y Natanael, volviéndose a Felipe, le dijo: «Tienes razón. Él es en verdad un maestro de los hombres. Yo también le seguiré, si soy digno». Jesús haciéndole un gesto afirmativo a Natanael, volvió a decirle: «Sígueme».

Ya había reunido Jesús la mitad de su futuro cuerpo de asociados íntimos, cinco que le habían conocido por algún tiempo, más un extraño, Natanael. Sin más dilación cruzaron el Jordán, y pasando por la aldea de Naín, llegaron a Nazaret en las últimas horas de esa tarde.

Todos ellos pasaron la noche con José, en la casa de la niñez de Jesús. Los asociados de Jesús no comprendían por qué su nuevo maestro estaba tan preocupado por destruir completamente todo vestigio de sus escritos que aún quedaban en la casa, tales como los Diez Mandamientos y otras frases y dichos. Pero esta acción, juntamente con el hecho de que no le vieron nunca más escribir —excepto en el polvo o en la arena— se grabó en la mente de los apóstoles en forma indeleble.

3. LA VISITA A CAPERNAUM

Al día siguiente envió Jesús a sus apóstoles a Caná, ya que todos ellos habían sido invitados a la boda de una prominente doncella de ese pueblo, mientras se preparaba a hacerle una breve visita a su madre en Capernaum, deteniéndose en Magdala para ver a su hermano Judá.

Antes de salir de Nazaret, los nuevos asociados de Jesús relataron a José y a otros miembros de la familia de Jesús los acontecimientos maravillosos del pasado entonces reciente y expresaron libremente su creencia de que Jesús era el libertador por tanto tiempo esperado. Los familiares de Jesús conversaron sobre estos relatos, y José dijo: «Tal vez, después de todo, tenía razón nuestra madre —tal vez nuestro extraño hermano sea el futuro rey».

Judá había estado presente en el bautismo de Jesús y, con su hermano Santiago, se había convencido totalmente de la misión de Jesús en la tierra. Aunque tanto Santiago como Judá estaban muy perplejos respecto a la naturaleza de la misión de su hermano, su madre había resucitado todas sus primeras esperanzas de que Jesús sería el Mesías, el hijo de David, y alentaba a sus hijos a que tuvieran fe en su hermano como el libertador de Israel.

Jesús llegó a Capernaum el lunes por la noche, pero no fue a su propia casa en la que habitaban Santiago y su madre; fue directamente a la casa de Zebedeo. Todos sus amigos de Capernaum advirtieron en él un gran cambio positivo. Nuevamente parecía estar relativamente contento y más parecido a como había sido en años anteriores, cuando vivía en Nazaret. Durante varios años, antes de su bautismo y de los períodos de retiro, justo antes y después, se había vuelto cada vez más serio y reservado. Ahora, les parecía a todos ellos que había vuelto a ser como era antes. Había en él un porte majestuoso y aspecto exaltado y parecía nuevamente despreocupado y alegre.

María rebozaba de esperanza. Preveía que la promesa de Gabriel estaba próxima a cumplirse. Esperaba que muy pronto toda Palestina se asustaría y se asombraría ante la revelación milagrosa de su hijo como rey sobrenatural de los judíos. Pero a las muchas preguntas de su madre, Santiago, Judá y Zebedeo, Jesús solamente replicaba sonriendo: «Es mejor que me quede aquí por algún tiempo; debo hacer la voluntad de mi Padre que está en el cielo».

Al día siguiente, martes, viajaron todos a Caná para asistir a la boda de Noemí, que tendría lugar el próximo día. A pesar de que Jesús les había advertido repetidamente que nada dijeran a nadie sobre su misión «hasta que llegara la hora del Padre», pero todos ellos divulgaron en secreto la nueva de que habían encontrado al Libertador. Todos ellos confiaban que Jesús inauguraría la asunción de su autoridad mesiánica en las próximas bodas de Caná, y que lo haría con gran poder y sublime grandeza. Recordaban lo que se les había relatado sobre los fenómenos ocurridos en ocasión de su bautismo, y creían que su rumbo futuro en la tierra estaría marcado por manifestaciones siempre crecientes de maravillas sobrenaturales y demostraciones milagrosas. Por consiguiente, toda la región se preparaba para reunirse en Caná para los esponsales de Noemí y Johab el hijo de Natán.

Hacía muchos años que María no estaba tan feliz. Viajó a Caná con el espíritu de la reina madre que se dispone a presenciar la coronación de su hijo. La familia y los amigos de Jesús no lo habían visto tan despreocupado y alegre, tan considerado y comprensivo de los deseos de sus asociados, tan enternecedoramente compasivo desde que tenía él trece años. Así pues susurraban entre ellos, en pequeños grupos, preguntándose qué sucedería. ¿Qué iba a hacer ahora esta extraña persona? ¿De qué manera anunciaría la gloria del reino venidero? Todos ellos estaban emocionados porque estarían presentes para contemplar la revelación del poder y la potencia del Dios de Israel.

4. LAS BODAS DE CANÁ

Para el mediodía del miércoles habían llegado a Caná casi mil huéspedes, más de cuatro veces el número de invitados a la fiesta nupcial. Era costumbre judía celebrar bodas los miércoles, las invitaciones habían sido enviadas con un mes de antelación. En la mañana y durante las primeras horas de la tarde, más parecía ésta una recepción pública para Jesús que una boda. Todo el mundo quería saludar a este galileo casi famoso, y él era muy cordial con todos, jóvenes y viejos, judíos y gentiles. Todos se regocijaron cuando Jesús consintió en dirigir la procesión nupcial preliminar.

Ya estaba Jesús plenamente consciente de su existencia humana, su preexistencia divina, y la condición de sus naturalezas humana y divina combinadas o fusionadas. Con perfecto equilibrio podía él al mismo tiempo jugar su papel humano o inmediatamente asumir las prerrogativas de la personalidad de la naturaleza divina.

A medida que pasaba el día, Jesús se fue haciendo cada vez más consciente de que la gente estaba esperando que realizara algún milagro; más especialmente, reconocía que su familia y sus seis discípulos-apóstoles esperaban que anunciara su reino venidero en forma apropiada mediante alguna manifestación sorprendente y sobrenatural.

En las primeras horas de la tarde María llamó a Santiago, y juntos se atrevieron a acercarse a Jesús para preguntarle si estaba dispuesto a compartir el secreto, si les diría a qué hora y en qué punto en relación con las ceremonias de la boda tenía planeado manifestarse como el «sobrenatural». Tan pronto como hablaron estas palabras ante Jesús vieron que habían provocado su indignación característica. Sólo dijo: «Si me amáis, estad dispuestos a aguardar mientras espero la voluntad de mi Padre que está en el cielo». Pero la elocuencia de su reproche se manifestaba en la expresión de su rostro.

Esta acción de su madre mucho desilusionó al Jesús humano, y mucho le pesó su propia reacción a la sugerencia de ella de que se permitiera una demostración exterior de su divinidad. Era ésa precisamente una de las cosas que él había decidido tan recientemente, durante su retiro en las montañas, no hacer. Por varias horas María estuvo muy deprimida. Le dijo a Santiago: «No puedo comprenderle; ¿qué significa todo esto? ¿es que no ha de acabar nunca su extraña conducta?» Santiago y Judá trataron de consolar a su madre, mientras que Jesús se retiraba para pasar en soledad una hora. Pero regresó a la fiesta y nuevamente se mostró animado y alegre.

La ceremonia nupcial proseguía en medio de un silencio de expectativa, pero se terminó sin que el huésped honrado hiciera un gesto ni pronunciara una sola palabra. Entonces se susurró que el carpintero, el constructor de barcas, anunciado por Juan como «el Libertador», mostraría su poder durante las festividades de la noche, quizás en la cena nupcial. Pero toda esperanza de tales demostraciones fue borrada de la mente de los seis discípulos-apóstoles cuando los juntó un momento antes de la cena nupcial y con gran intensidad les dijo: «No penséis que he venido a este lugar para obrar milagros para la gratificación de los curiosos o para convencer a los incrédulos. Más bien estamos aquí para esperar la voluntad de nuestro Padre que está en el cielo». Pero al ver María y los demás a Jesús en consulta con sus asociados, se persuadieron plenamente de que algo extraordinario estaba por ocurrir. Y todos se sentaron a disfrutar de la cena nupcial y de la buena compañía en un ambiente festivo.

El padre del novio había provisto vino abundante para todos los huéspedes e invitados a la fiesta nupcial, pero, ¿cómo iba él a imaginarse que la boda de su hijo habría de convertirse en un acontecimiento tan íntimamente asociado con la esperada manifestación de Jesús como el libertador mesiánico? Estaba encantado de tener el honor de contar al célebre galileo entre sus huéspedes, pero antes de que la cena nupcial llegara a su término, los criados le trajeron la desconcertante noticia de que el vino se estaba acabando. Cuando ya se había acabado la cena formal y los huéspedes paseaban por el jardín, la madre del novio le confió a María que la provisión de vino estaba exhausta. Y María con gran confianza le dijo: «No os preocupéis —hablaré con mi hijo. El nos ayudará». Así pues se atrevió ella a hablar, a pesar del reproche de unas pocas horas antes.

Por muchos años, María se había dirigido siempre a Jesús en busca de ayuda para todas las crisis de su vida hogareña en Nazaret, de manera que era tan sólo natural que ella pensara en acudir a él en este momento. Pero esta madre ambiciosa tenía otros motivos al acudir a su hijo primogénito en esta ocasión. Jesús estaba de pie a solas en un rincón del jardín cuando se le acercó su madre y le dijo: «Hijo mío, no tienen vino». Y Jesús respondió: «Mi buena mujer, ¿qué tengo yo que ver con eso?». María dijo: «Pero yo creo que tu hora ha llegado; ¿no puedes tú ayudarnos?» Jesús replicó: «Nuevamente declaro que no he venido para hacer las cosas de esa manera. ¿Por qué me atribulas otra vez con estos asuntos?» Entonces, quebrantada en lágrimas, María le suplicó: «Pero, hijo mío, yo les prometí que tú nos ayudarías; ¿por favor, no querrías hacer algo por mí?». Habló Jesús entonces: «Mujer, ¿qué tienes tú que ver con hacer tales promesas? Cuídate de no volverlas a hacer. Debemos en todas las cosas esperar la voluntad del Padre que está en el cielo».

María, la madre de Jesús, estaba desesperada; ¡estaba aturdida! Al verla parada frente a él, inmóvil, con el rostro bañado de lágrimas, el corazón humano de Jesús se inundó de compasión por la mujer que le había dado el ser en la carne; e inclinándose hacia adelante, apoyó tiernamente la mano sobre su cabeza diciéndole: «Basta, basta madre María, no llores por mis palabras aparentemente duras, porque ¿no te he dicho muchas veces que he venido solamente para hacer la voluntad de mi Padre celestial? Con cuánta alegría haría yo lo que me pides si fuera parte de la voluntad de mi Padre—» y Jesús se detuvo de pronto, vacilando. María pareció percibir que estaba sucediendo algo. Le arrojó impulsivamente los brazos al cuello, lo besó, y corrió hasta donde estaban los criados diciendo: «Lo que mi hijo os diga, así lo haréis». Pero Jesús no dijo nada. Se daba cuenta de que él ya había dicho —o más bien había deseado— demasiado.

María danzaba de júbilo. No sabía cómo se produciría el vino, pero confiaba en que finalmente había persuadido a su hijo primogénito a afirmar su autoridad, atreverse a manifestarse y reclamar su posición y exhibir su poder mesiánico. Y, debido a la presencia y a la asociación de ciertos poderes y personalidades universales, que todos los allí presentes ignoraban completamente, ella no habría de ser defraudada. El vino que deseaba María y que Jesús, el Dios-hombre, humana y compasivamente también había deseado, se estaba produciendo.

Había allí cerca seis grandes vasijas de piedra, llenas de agua, con capacidad para unos ochenta litros cada una. El agua estaba destinada a las ceremonias finales de purificación de la celebración nupcial. La conmoción de los criados alrededor de estas enormes vasijas de agua, bajo la atareada dirección de su madre, atrajo la atención de Jesús, que al acercarse, observó que estaban vertiendo vino en jarras de las ánforas de agua.

Gradualmente Jesús se fue dando cuenta de lo que había sucedido. De entre todas las personas que estaban presentes en la fiesta matrimonial de Caná, Jesús era el que más sorprendido estaba. Otros habían esperado que él obrara un prodigio, pero eso era precisamente lo que se había propuesto no hacer. Y recordó entonces el Hijo del Hombre la admonición de su Ajustador del Pensamiento Personalizado en las montañas. Recordó que el Ajustador le había advertido acerca de la incapacidad de todo poder o personalidad de privarlo de su prerrogativa creadora de ser independiente del tiempo. En esta ocasión, los transformadores del poder, los seres intermedios, y todas las demás personalidades requeridas estaban reunidas junto al agua y a los otros elementos necesarios, y en presencia del deseo expreso del Soberano Creador del Universo, no había forma de evitar la aparición instantánea del *vino*. Este acontecimiento se confirmaba doblemente pues el Ajustador Personalizado había significado que la ejecución del deseo del Hijo no representaba en modo alguno una contravención de la voluntad del Padre.

Pero éste no fue en ningún sentido un milagro. No se había modificado, abrogado, ni trascendido ninguna ley de la naturaleza. No sucedió nada sino la abrogación del *tiempo* en asociación con la acumulación celestial de los elementos químicos que se requieren para la elaboración del vino. En Caná, en esta ocasión, los agentes del Creador hicieron vino tal como lo hacen mediante procesos naturales ordinarios, *excepto* que lo hicieron independientemente del tiempo y con la intervención de las agencias sobrehumanas en cuanto a acumular en el espacio los ingredientes químicos necesarios.

Además, era evidente que la realización de este llamado milagro no era contraria a la voluntad del Padre del Paraíso, pues de otra manera no hubiera ocurrido, ya que Jesús se había sometido en todas las cosas a la voluntad del Padre.

Cuando los criados llevaron este nuevo vino y se lo ofrecieron al padrino, el «maestro de ceremonias», y cuando lo hubo probado, se dirigió al novio, diciéndole: «Es costumbre servir el buen vino primero y, cuando los huéspedes han bien bebido, ofrecer el fruto inferior de la vid; pero tú has guardado el mejor vino para la culminación de la fiesta.»

María y los discípulos de Jesús mucho se regocijaron ante el supuesto milagro, que pensaban Jesús había llevado a cabo intencionalmente, pero Jesús se retiró a un rincón solitario del jardín y se puso a meditaciones serias durante breves momentos. Finalmente decidió que el episodio estaba más allá de su control personal bajo las circunstancias en que se produjo y, no siendo adverso a la voluntad de su Padre, era inevitable. Cuando apareció nuevamente entre los invitados, todos lo contemplaron con temor; todos creían en él como el Mesías. Pero Jesús estaba dolorosamente perplejo, sabiendo que creían en él sólo debido al suceso extraño que inadvertidamente habían presenciado. De nuevo se retiró Jesús a la azotea de la casa para meditar sobre los sucesos que acababan de pasar.

Ya comprendía Jesús plenamente que debería mantenerse continuamente en guardia para que sus sentimientos de simpatía y lástima no produjesen una repetición de episodios de esta naturaleza. Sin embargo, muchos eventos semejantes ocurrieron antes de que el Hijo del Hombre se despidiera definitivamente de su vida mortal en la carne.

5. DE REGRESO A CAPERNAUM

Aunque muchos de los invitados se quedaron durante toda la semana de festividades nupciales, Jesús, con los recién elegidos discípulos-apóstoles —Santiago, Juan, Andrés, Pedro, Felipe y Natanael— partieron muy de mañana para Capernaum, alejándose sin despedirse de nadie. La familia de Jesús y todos sus amigos en Caná estaban muy afligidos por la repentina desaparición de Jesús, y Judá, su hermano menor, salió en su busca. Jesús y sus apóstoles fueron directamente a la casa de Zebedeo en Betsaida. Durante este viaje habló Jesús de muchas cosas de importancia para el reino venidero con sus asociados recién elegidos y les advirtió especialmente que no mencionaran la conversión del agua en vino. También les advirtió que evitaran las ciudades de Séforis y Tiberias en su trabajo futuro.

Esa noche después de la cena, en ésta, la casa de Zebedeo y Salomé, se celebró una de las conferencias más importantes de toda la carrera terrenal de Jesús. En esta reunión sólo estuvieron presentes los seis apóstoles; Judá llegó en el momento en que estaban por separarse. Estos seis hombres elegidos habían venido desde Caná a Betsaida con Jesús, caminando como sobre nubes. Estaban pletóricos de esperanza y conmovidos con la idea de haber sido seleccionados para ser los asociados íntimos del Hijo del Hombre. Pero cuando Jesús les aclaró quién era él y cuál habría de ser su misión en la tierra y cómo acabaría tal vez, se quedaron pasmados. No podían entender lo que les estaba diciendo. Se quedaron mudos; aun Pedro estaba anonadado de manera indescriptible. Sólo Andrés, el pensador profundo, se atrevió a replicar a las palabras que Jesús había pronunciado a la manera de consejo. Cuando percibió Jesús que ellos no comprendían su mensaje, cuando vio que sus ideas sobre el Mesías judío estaban completamente cristalizadas, los mandó a descansar mientras caminaba conversando con su hermano Judá. Antes de despedirse Judá de Jesús, le dijo con gran sentimiento: «Mi padre-hermano, nunca te he comprendido. No sé de cierto si eres lo que mi madre nos ha enseñado, y no comprendo plenamente el reino venidero, pero sé de seguro que eres un poderoso hombre de Dios. He oído la voz en el Jordán, y creo en ti, no importa quien eres tú». Y cuando hubo hablado, se marchó, yéndose a su casa en Magdala.

Esa noche Jesús no durmió. Envuelto en su manta, permaneció sentado junto a la orilla del lago, pensando, pensando hasta el alba del día siguiente. Después de las largas horas de esa noche de meditación Jesús llegó a entender claramente que jamás conseguiría que sus discípulos lo vieran de otra manera que como el Mesías por mucho tiempo esperado. Finalmente reconoció que no había otro camino para lanzar su mensaje del reino que no fuera el del cumplimiento de la predicción de Juan, y de aquel que estaban esperando los judíos. Después de todo, aunque no era él el Mesías de tipo davídico, era en verdad el cumplimiento de las profecías de los visionarios más espiritualmente dispuestos de antaño. No volvió pues a negar por completo que fuera el Mesías. Decidió dejar la resolución final de esta complicada situación a la voluntad del Padre.

A la mañana siguiente Jesús se reunió con sus amigos para desayunar, pero formaban un grupo melancólico. Conversó con ellos y al final del desayuno los reunió en torno suyo y les dijo: «Es la voluntad de mi Padre que nos quedemos por aquí durante una temporada. Vosotros habéis oído a Juan decir que había venido para preparar el camino para el reino; por lo tanto nos corresponde a nosotros aguardar que Juan termine su predicación. Cuando el precursor del Hijo del Hombre haya terminado su obra, comenzaremos nosotros a proclamar la buena nueva del reino». Mandó pues a sus apóstoles a que regresaran junto a sus redes de pesca mientras él se preparaba para ir con Zebedeo al taller, prometiendo verles al día siguiente en la sinagoga, donde hablaría, y dándoles cita para conferenciar con ellos ese sábado por la tarde.

6. LOS ACONTECIMIENTOS DE UN DÍA SÁBADO

La primera aparición pública de Jesús luego de su bautismo fue en la sinagoga de Capernaum el sábado 2 de marzo del año 26 d. de J.C. La sinagoga estaba desbordante de gente. La crónica del bautismo en el Jordán se veía ahora magnificada por las recientes noticias de Caná de la conversión del agua en vino. Jesús dio asientos de honor a sus seis apóstoles, y sentados con ellos estaban sus hermanos carnales, Santiago y Judá. Su madre, que había regresado la noche antes a Capernaum con Santiago, también estaba presente, sentada en la sección correspondiente a las mujeres de la sinagoga. El público estaba sobre ascuas; esperaban contemplar alguna manifestación extraordinaria de poder sobrenatural que sería un testimonio apropiado a la naturaleza y la autoridad de aquel que les hablaría en este día. Pero estaban destinados a sufrir una desilusión.

Cuando se levantó Jesús, el rector de la sinagoga le entregó el rollo de la Escritura, y así leyó del profeta Isaías: «Así dice el Señor: 'El cielo es mi trono, y la tierra estrado de mis pies ¿Dónde está la casa que me habéis de edificar? ¿Y dónde el lugar de mi morada? Mi mano hizo todas estas cosas', dice el Señor. 'Pero miraré a este hombre, aun al que es pobre y de espíritu contrito, y que tiembla a mi palabra'. Oíd palabra del Señor, vosotros los que tembláis y teméis: 'Vuestros hermanos os odiaron y os echaron fuera por causa de mi nombre'. Pero sea glorificado el Señor. El aparecerá ante vosotros en alegría y todos los otros serán avergonzados. Una voz de la ciudad, voz del templo, voz del Señor dice: 'Antes que estuviese ella de parto, antes que le viniesen dolores, dio a luz un hijo varón'. ¿Quién oyó cosa semejante? ¿Concebirá la tierra en un día? ¿O puede una nación nacer de una vez? Pero así dice el Señor: 'He aquí que extenderé la paz como un río, y la gloria hasta de los gentiles será como una torrente que fluye. Como aquel a quien consuela su madre, así os consolaré yo a vosotros. Y aun en Jerusalén seréis consolados. Y cuando veréis estas cosas, se alegrará vuestro corazón'».

Para cuando terminó de leer, Jesús le devolvió el rollo a su custodio. Antes de sentarse, dijo simplemente: «Sed pacientes y veréis la gloria de Dios; del mismo modo será con todos los que aguardan conmigo y aprenden así a hacer la voluntad de mi Padre que está en el cielo». La gente se fue a sus casas, preguntándose qué significaba todo esto.

Esa tarde Jesús y sus apóstoles, con Santiago y Judá, entraron en una barca y se alejaron un poco de la orilla, y echaron ancla mientras él les hablaba acerca del reino venidero. Luego comprendieron más que habían entendido la noche del jueves.

Jesús les mandó que se ocuparan de sus deberes regulares hasta «que llegara la hora del reino». Y para alentarles, dio el ejemplo regresando regularmente a su trabajo en el astillero. Al explicarles que habrían de pasar tres horas por noche estudiando y en preparación para su trabajo futuro, Jesús añadió: «Permaneceremos por aquí hasta que el Padre me mande llamaros. Cada uno de vosotros debe regresar a su trabajo de costumbre, como si nada hubiera sucedido. No le habléis a ningún hombre de mí y recordad que mi reino no ha de venir con estruendo y pompa, sino más bien vendrá mediante el gran cambio que forjará mi Padre en vuestro corazón y en el corazón de aquellos que sean llamados a unirse a vosotros en los concilios del reino. Sois ahora mis amigos; confío en vosotros y os amo; pronto seréis mis asociados personales. Sed pacientes, sed tiernos. Sed siempre obedientes a la voluntad del Padre. Preparaos para el llamado del reino. Aunque experimentaréis gran gozo en el servicio de mi Padre, debéis también prepararos para las dificultades, porque os advierto que será sólo con mucha tribulación que muchos entrarán en el reino. Pero para los que hayan hallado el reino, su gozo será completo, y serán llamados los benditos de toda la tierra. Pero no abriguéis falsas esperanzas; el mundo se tropezará con mis palabras. Aun vosotros, amigos míos, no percibís plenamente lo que estoy desplegando antes vuestras mentes confusas. No os equivoquéis; trabajaremos para una generación que busca signos. Demandarán que haga milagros como prueba de que soy el enviado de mi Padre, y serán lentos en reconocer las credenciales de mi misión en la revelación del *amor* de mi Padre».

Esa noche, cuando volvieron a la tierra firme, antes de irse cada cual por su rumbo, Jesús oró, de pie a orillas del agua: «Padre mío, doy gracias por estos pequeños que, a pesar de sus dudas, ya mismo creen. Para el bien de ellos me he reservado yo para hacer tu voluntad. Que ahora aprendan pues a ser uno, así como tú y yo somos uno».

7. CUATRO MESES DE CAPACITACIÓN

Durante cuatro largos meses —de marzo, abril, mayo y junio— continuó este compás de espera; Jesús celebró más de cien sesiones de capacitación largas e intensas, aunque también llenas de alegría y gozo, con estos seis asociados y su propio hermano Santiago. Debido a enfermedad en su familia, Judá rara vez podía asistir a estas clases. Santiago, el hermano de Jesús, no perdió la fe en él, pero María, durante estos meses de postergación e inacción casi llegó a desesperar de su hijo. Su fe, que había alcanzado tales alturas en Caná, se hundía hasta los niveles más bajos. Sólo atinaba a recurrir a su exclamación tan frecuentemente repetida: «No alcanzo a comprenderlo. No me puedo imaginar qué significa todo esto». Pero la mujer de Santiago hizo mucho para fortalecer el valor de María.

Durante estos cuatro meses estos siete creyentes, uno de ellos su propio hermano carnal, estaban conociendo a Jesús; estaban acostumbrándose a la idea de vivir con este Dios-hombre. Aunque le llamaban Rabino, estaban aprendiendo a no temerle. Jesús poseía esa gracia inigualable de la personalidad que le permitía vivir entre ellos sin desalentarlos con su divinidad. Encontraban que ser «amigos de Dios», Dios encarnado en la semejanza de carne mortal, les resultaba sumamente fácil. Este compás de espera fue una fuerte y dura prueba para todo el grupo de creyentes. Nada, absolutamente nada milagroso sucedió; día tras día seguían haciendo ellos su trabajo ordinario, noche tras noche se sentaban a los pies de Jesús. Y se mantenían unidos por su personalidad sin par y por las elocuentes palabras con que les hablaba noche tras noche.

Este período de espera y enseñanza fue especialmente arduo para Simón Pedro. En repetidas ocasiones trató de persuadir a Jesús para que se lanzara a la predicación del reino en Galilea mientras Juan seguía predicando en Judea. Pero la respuesta de Jesús a Pedro era siempre: «Ten paciencia, Simón. Progresa. Ninguno de nosotros estará demasiado preparado para cuando el Padre nos llame». Andrés tranquilizaba a Pedro de vez en cuando con su consejo más maduro y filosófico. Andrés estaba muy impresionado con la naturalidad humana de Jesús. No se cansaba de contemplar a aquel que, viviendo tan cerca de Dios, podía ser tan cordial y misericordioso con los hombres.

Durante todo este período Jesús no habló en la sinagoga sino dos veces. Hacia el fin de estas muchas semanas de espera, los comentarios acerca de su bautismo y del vino de Caná habían comenzado a aquietarse. Y Jesús se aseguró de que no ocurrieran más milagros aparentes durante este período. Pero aunque vivían ellos tan apaciblemente en Betsaida, informes de los extraños hechos de Jesús habían llegado a oídos de Herodes Antipas, quien a su vez envió espías para enterarse de lo que ocurría. Pero Herodes estaba más preocupado por la predicación de Juan. Decidió pues no importunar a Jesús, cuya obra proseguía tan apaciblemente en Capernaum.

Durante este tiempo de espera, Jesús se esforzó en enseñar a sus asociados cuál debía ser su actitud hacia los varios grupos religiosos y partidos políticos de Palestina. Las palabras de Jesús eran siempre: «Procuramos ganarlos a todos ellos, pero no pertenecemos a ninguno *de* ellos».

Los escribas y rabinos, en conjunto, eran llamados fariseos. Se referían a sí mismos como los «asociados». De muchos modos eran el grupo más progresista entre los judíos, pues habían adoptado muchas enseñanzas que no se encontraban claramente en las escrituras hebreas, como la creencia en la resurrección de los muertos, una doctrina que sólo era mencionada por Daniel, un profeta posterior.

Los saduceos se componían del sacerdocio y de ciertos judíos ricos. No eran tan estrictos en cuanto a los detalles del cumplimiento de la ley. Los fariseos y los saduceos eran realmente partidos religiosos, más bien que sectas.

Los esenios eran una verdadera secta religiosa, que se originó durante la revolución macabea, y cuyas normas eran en algunos aspectos más exigentes que las de los fariseos. Habían adoptado muchas creencias y prácticas persas, vivían como una hermandad en monasterios, se abstenían del matrimonio, y tenían todas las cosas en común. Se especializaban en las enseñanzas acerca de los ángeles.

Los zelotes eran un grupo de fervientes patriotas judíos. Sostenían que cualquier método se justificaba en la lucha para librarse de la esclavitud del yugo romano.

Los herodianos eran un partido puramente político que abogaba por la emancipación del gobierno directo de Roma mediante la restauración de la dinastía herodiana.

En el centro mismo de Palestina vivían los samaritanos, con quienes «los judíos no tenían trato», pese a que ellos mantenían muchos puntos de vista similares a las enseñanzas judías.

Todos estos partidos y sectas, incluyendo la pequeña hermandad nazarea, creían en el advenimiento del Mesías. Todos esperaban al libertador nacional. Pero Jesús fue muy preciso en aclarar que él y sus discípulos no se aliarían a ninguna de estas escuelas de pensamiento o práctica. El Hijo del Hombre no sería ni nazareo ni esenio.

Sí bien Jesús posteriormente instruyó a los apóstoles que debían salir, tal como había hecho Juan, y predicar el evangelio e instruir a los creyentes, hizo hincapié en la proclamación de la «buena nueva del reino del cielo». Inculcó infatigablemente en sus asociados que debían «mostrar amor, compasión y comprensión». Desde el principio enseñó a sus seguidores que el reino del cielo era una experiencia espiritual que tenía que ver con la entronización de Dios en el corazón de los hombres.

Mientras así aguardaban antes de comenzar su predicación pública activa, Jesús y los siete pasaban dos noches por semana en la sinagoga, estudiando las escrituras hebreas. En años posteriores, después de temporadas de intenso trabajo público, los apóstoles recordarían estos cuatro meses como los más preciados y productivos de su entera asociación con el Maestro. Jesús enseñó a estos hombres todo lo que podían asimilar. No cometió el error de enseñarles por demás. No precipitó su confusión presentándoles una verdad que rebasara su capacidad de comprensión.

8. EL SERMÓN SOBRE EL REINO

El sábado 22 de junio, poco antes de salir ellos en su primera gira de predicación y unos diez días después del arresto de Juan, Jesús ocupó el púlpito de la sinagoga por segunda vez desde su llegada a Capernaum con sus apóstoles.

Unos días antes de la predicación de este sermón sobre «el Reino», mientras estaba Jesús trabajando en el astillero, Pedro le trajo la noticia del arresto de Juan. Jesús otra vez dejó sus herramientas, se quitó el delantal, y le dijo a Pedro: «La hora del Padre ha llegado. Preparémonos para proclamar el evangelio del reino».

Jesús hizo su último trabajo en el banco de carpintería este martes 18 de junio del año 26 d. de J.C. Pedro se apresuró a salir del taller y hacia el mediodía había reunido a todos sus asociados, y dejándoles en un huerto junto a la costa, fue en busca de Jesús. Pero no pudo encontrarlo, porque el Maestro había ido a otro huerto diferente a orar. Y ellos no volvieron a verle hasta tarde esa noche cuando regresó a la casa de Zebedeo y pidió comida. Al día siguiente envió a su hermano Santiago para que solicitara el privilegio de hablar en la sinagoga el sábado siguiente. El rector de la sinagoga mucho se complació de que Jesús deseaba nuevamente conducir los oficios.

Antes de predicar Jesús este memorable sermón del reino de Dios, el primer esfuerzo ambicioso de su carrera pública, leyó en las Escrituras estos pasajes: «Vosotros seréis para mí un reino de sacerdotes, una gente santa. Yahvé es nuestro juez, Yahvé es nuestro legislador, Yahvé es nuestro rey; él mismo nos salvará. Yahvé es rey mio y Dios mio. Él es un rey grande sobre toda la tierra. La benevolencia recae sobre Israel en este reino. Bendita sea la gloria del Señor porque él es nuestro Rey».

Cuando terminó de leer, dijo Jesús:

«He venido para proclamar el establecimiento del reino del Padre. Y este reino incluirá las almas adorantes de judíos y gentiles, ricos y pobres, libres y esclavos, porque mi Padre no tiene favoritos; su amor y su misericordia son para todos.

«El Padre, que está en el cielo, envía su espíritu para que habite la mente de los hombres, y cuando yo haya terminado mi obra en la tierra, asimismo será derramado el Espíritu de la Verdad sobre toda carne. El espíritu de mi Padre y el Espíritu de la Verdad os establecerán en el reino venidero de comprensión espiritual y rectitud divina. Mi reino no es de este mundo. El Hijo del Hombre no conducirá ejércitos en batalla para el establecimiento de un trono de poderío o un reino de mundana gloria. Cuando haya venido mi reino, conoceréis al Hijo del Hombre como el Príncipe de la Paz, la revelación del Padre sempiterno. Los hijos de este mundo luchan por el establecimiento y expansión de los reinos de este mundo, pero mis discípulos entrarán en el reino del cielo por sus decisiones morales y por sus victorias espirituales; y cuando hayan entrado, encontrarán gozo, rectitud y vida eterna.

«Los que busquen primeramente entrar en el reino, luchando por alcanzar una nobleza de carácter semejante a la de mi Padre, poseerán finalmente todas las demás cosas que les son necesarias. Pero os digo con toda sinceridad: a menos que busquéis entrar en el reino con la fe y la dependencia confiada de un niñito, no seréis en modo alguno admitidos.

«Pero no os engañéis por los que vienen diciéndoos que aquí está el reino o que allí está el reino, porque el reino de mi Padre nada tiene que ver con cosas visibles y materiales. Y este reino ya está entre vosotros, porque donde el espíritu de Dios enseña y dirige al alma del hombre, allí en realidad está el reino del cielo. Y este reino de Dios es rectitud, paz y gozo en el Espíritu Santo.

«Juan ciertamente os bautizó como símbolo del arrepentimiento y para la remisión de vuestros pecados, pero cuando entréis en el reino celestial, seréis bautizados con el Espíritu Santo.

«En el reino de mi Padre no habrá ni judío ni gentil, sólo los que buscan la perfección mediante el servicio, porque declaro que el que quisiese ser grande en el reino de mi Padre debe primero hacerse siervo de todos. Si queréis servir a vuestros semejantes, os sentaréis conmigo en mi reino, así como, sirviendo en la similitud de la criatura, yo dentro de poco estaré sentado con mi Padre en su reino.

«Este nuevo reino es semejante a una semilla que crece en tierra fértil. No alcanza rápidamente su plena fructificación. Hay un intervalo de tiempo entre el establecimiento del reino en el alma del hombre y la hora en que el reino madura hasta llegar a su plena fructificación de la justicia perdurable y la salvación eterna.

«Y este reino que os declaro no es un gobierno de poder y abundancia. El reino del cielo no es asunto de comida y bebida sino más bien de una vida de rectitud progresiva y de creciente gozo en el servicio perfeccionador de mi Padre que está en el cielo. Porque no ha dicho acaso el Padre de sus hijos del mundo: 'es mi voluntad que lleguéis a ser perfectos, así como yo soy perfecto'.

«He venido a predicar la buena nueva del reino. No he venido a aumentar las cargas pesadas de los que quieran entrar en este reino. Proclamo un camino nuevo y mejor, y los que puedan entrar en el reino venidero disfrutarán del descanso divino. Sea lo que fuere que os costare en las cosas del mundo, sea el que fuere el precio que paguéis para entrar en el reino del cielo, recibiréis muchas veces más en gozo y progreso espiritual en este mundo, y vida eterna en la era venidera.

«La entrada en el reino del Padre no aguarda los ejércitos que marchan, el derrocamiento de los reinos de este mundo, ni el quebrantamiento del yugo de los cautivos. El reino del cielo está cerca, y todo el que entrare ahí encontrará libertad abundante y salvación dichosa.

«Este reino es un dominio eterno. Los que entran en el reino ascenderán hasta mi Padre; ciertamente alcanzarán la diestra de su gloria en el Paraíso. Y todos los que entren en el reino del cielo se convertirán en los hijos de Dios, y en la era venidera ascenderán hasta el Padre. Y yo no he venido a llamar a los que van a ser justos sino a los pecadores y a los que están hambrientos y sedientos de la rectitud de perfección divina.

«Juan vino a predicar arrepentimiento para prepararos para el reino; ahora yo he venido a proclamar la fe, el regalo de Dios, como el precio de entrada en el reino del cielo. Si únicamente creéis en que mi Padre os ama con un amor infinito, ya estáis en el reino de Dios».

Cuando hubo hablado así, se sentó. Todos los que le oyeron se maravillaron de sus palabras. Sus discípulos se admiraron. Pero la gente no estaba preparada para recibir la buena nueva de labios de este Dios-hombre. Aproximadamente un tercio de los que le oyeron, creyeron en el mensaje, aunque no podían comprenderlo plenamente; aproximadamente un tercio se dispuso a rechazar en su corazón tal concepto puramente espiritual del reino esperado, en tanto que el tercio restante no pudo comprender sus palabras, y muchos realmente creían que él «estaba fuera de sí».

DOCUMENTO 138

LA CAPACITACIÓN DE LOS MENSAJEROS DEL REINO

DESPUÉS de predicar el sermón sobre «el Reino», Jesús reunió a los seis apóstoles esa tarde y comenzó a exponerles sus planes para visitar las ciudades en torno al Mar de Galilea y en sus inmediaciones. Sus hermanos Santiago y Judá estaban muy resentidos porque no se les había llamado para participar en esta conferencia. Hasta ese momento se habían considerado como pertenecientes al círculo íntimo de los asociados de Jesús. Pero Jesús había decidido que no tendría parientes cercanos en el grupo de los directores apostólicos del reino. El no admitir a Santiago y a Judá en el grupo de los elegidos, juntamente con su aparente alejamiento de su madre desde la experiencia de Caná, fue el punto de partida de una brecha cada vez más pronunciada entre Jesús y su familia. Esta situación persistió a lo largo de todo su ministerio público —ellos casi llegaron a rechazarlo— y estas diferencias no fueron plenamente superadas hasta después de su muerte y resurrección. Su madre vacilaba constantemente entre la fe y la esperanza por un lado, y sentimientos cada vez más poderosos de desilusión, humillación, y desesperación por el otro. Sólo Ruth, la más pequeña, permaneció constantemente leal a su padre-hermano.

Hasta después de la resurrección, toda la familia de Jesús tuvo muy poco que ver con su ministerio. Nadie es profeta en su tierra, ni es apreciado o entendido por su familia.

1. LAS INSTRUCCIONES FINALES

Al día siguiente, domingo 23 de junio del año 26 d. de J.C., Jesús impartió sus instrucciones finales a los seis. Les mandó que salieran, de dos en dos, para enseñar la buena nueva del reino. Les prohibió que bautizaran y les aconsejó que no predicaran públicamente. También les explicó que más adelante les permitiría predicar en público, pero que durante una temporada, y por muchas razones, deseaba que adquiriesen experiencia práctica en tratar personalmente con sus semejantes. Jesús se proponía que la primera gira de sus apóstoles fuese enteramente de *obra personal.* Aunque este anuncio fue en cierto modo una desilusión para los apóstoles, veían, por lo menos en parte, la razón de Jesús para comenzar de este modo la proclamación del reino, y empezaron de buen ánimo, con confianza y entusiasmo. Los envió de dos en dos, Santiago y Juan a Queresa, Andrés y Pedro a Capernaum, Felipe y Natanael a Tariquea.

Antes de que comenzaran las primeras dos semanas de su servicio, Jesús les anunció que deseaba ordenar doce apóstoles para continuar la obra del reino después de su partida, y autorizó a cada uno de ellos para que eligiera entre sus primeros conversos a un hombre para que entrase a formar parte del proyectado cuerpo de los apóstoles. Juan tomó la palabra, preguntando: «Pero, Maestro, ¿vendrán estos seis hombres a nuestro medio y compartirán todas las cosas con nosotros que hemos estado contigo desde el Jordán y hemos oído todas tus enseñanzas en preparación para ésta, nuestra primera labor por el reino?» Y replicó Jesús: «Sí, Juan, los hombres que elijáis serán como uno con nosotros, y vosotros les enseñaréis todo lo pertinente al reino, así como yo os he enseñado». Después de hablar así, Jesús los dejó.

Antes de salir a cumplir su misión los seis estuvieron juntos intercambiando muchas ideas sobre el mandato de Jesús de que cada uno de ellos debería elegir un nuevo apóstol. Finalmente prevaleció el consejo de Andrés, y se marcharon ellos a sus tareas. En esencia Andrés dijo: «El Maestro tiene razón; somos demasiado pocos para abarcar toda la tarea. Necesitamos más instructores, y el Maestro expresa su gran confianza en nosotros al encomendarnos la elección de estos seis nuevos apóstoles». Esa mañana, al separarse para cumplir su obra, había un dejo oculto de depresión en el corazón de cada uno de ellos. Sabían que extrañarían a Jesús, y además de su temor y apocamiento, éste no era el modo en que se habían imaginado que se inauguraría el reino del cielo.

Se había dispuesto que los seis fueran a trabajar por dos semanas, después de lo cual regresarían al hogar de Zebedeo para conferenciar. Entre tanto Jesús fue a Nazaret para visitar a José, Simón y otros miembros de su familia que vivían en esa vecindad. Jesús hizo todo lo que humanamente podía hacer, dentro del marco de su dedicación al cumplimiento de la voluntad de su Padre, para retener la confianza y el afecto de su familia. En este asunto, él cumplió plenamente con su deber y aún más.

Mientras los apóstoles partían en esta misión, Jesús pensó mucho en Juan ahora encarcelado. Era una gran tentación usar sus poderes potenciales para liberarlo, pero una vez más se resignó a «esperar la voluntad del Padre».

2. La selección de los seis

Esta primera gira misionera de los seis fue eminentemente fructífera. Todos ellos descubrieron la gran importancia de las relaciones personales y directas con los hombres. Regresaron a Jesús dándose cuenta más plenamente que, después de todo, la religión es pura y completamente un asunto de *experiencia personal.* Empezaron a ver cuán hambrientas estaban las gentes comunes de oír palabras de consuelo religioso y de aliento espiritual. Cuando se reunieron alrededor de Jesús, todos querían hablar a la vez, pero Andrés se hizo cargo de la situación, y según él los llamaba uno por uno, presentaron formalmente sus informes al Maestro y sus postulaciones para los seis nuevos apóstoles.

Jesús, después de que cada apóstol hubo presentado su selección para los nuevos apóstoles, les pidió a los demás que votaran por los candidatos; así pues los seis nuevos apóstoles fueron formalmente aceptados por los seis primeros. Entonces anunció Jesús que todos ellos visitarían a estos candidatos y les anunciarían el llamado al servicio.

Los nuevos apóstoles elegidos fueron:

1. *Mateo Leví*, el recaudador de aduanas de Capernaum, que tenía su oficina al este de la ciudad, cerca de los límites de Batanea. Él fue seleccionado por Andrés.

2. *Tomás Dídimo*, pescador de Tariquea y anteriormente carpintero y albañil de Gadara. Él fue seleccionado por Felipe.

3. *Jacobo Alfeo*, pescador y agricultor de Queresa, fue seleccionado por Santiago Zebedeo.

4. *Judas Alfeo*, el hermano gemelo de Jacobo Alfeo, también pescador, fue seleccionado por Juan Zebedeo.

5. *Simón el Zelote* era un alto funcionario de la organización patriótica de los zelotes, puesto que abandonó para unirse a los apóstoles de Jesús. Antes de unirse a los zelotes, Simón había sido mercader. Él fue seleccionado por Pedro.

6. *Judas Iscariote* era el hijo único de judíos ricos que vivían en Jericó. Era seguidor de Juan el Bautista, y sus padres saduceos lo habían repudiado. Estaba buscando trabajo en estas regiones cuando lo encontraron los apóstoles de Jesús, y Natanael lo invitó a unirse a sus filas especialmente porque era experto en asuntos financieros. Judas Iscariote era el único judeo entre los apóstoles.

Jesús pasó un día entero con los seis, respondiendo a sus preguntas y escuchando los detalles de sus informes, pues tenían muchas cosas interesantes y muchas experiencias fructíferas que relatar. Ahora veían la sabiduría del plan del Maestro de que trabajaran de una manera tranquila y a nivel personal antes de lanzarse a una campaña pública más ambiciosa.

3. EL LLAMADO DE MATEO Y SIMÓN

Al día siguiente Jesús y los seis fueron a ver a Mateo, el recaudador de aduanas. Mateo los esperaba, pues ya había puesto en orden los libros y preparado para traspasarle los asuntos de su oficina a su hermano. Al aproximarse a la casa de aduanas, Andrés se adelantó con Jesús, quien, fijando la mirada en Mateo le dijo: «Sígueme»; y él se levantó y se fue a su casa con Jesús y los apóstoles.

Mateo le dijo a Jesús que él había organizado un banquete para esa noche, por lo menos, dijo que deseaba ofrecerles una cena a su familia y amigos si Jesús estaba de acuerdo y si consentía en ser el huésped de honor. Jesús consintió con un gesto. Entonces Pedro llevó a Mateo aparte y le explicó que había invitado a un tal Simón a que se uniera a los apóstoles y se aseguró de que Simón también fuera invitado a la fiesta.

Después de almorzar a medio día en casa de Mateo, se fueron todos con Pedro a llamar a Simón el Zelote, a quien encontraron en su antiguo lugar de trabajo, el cual estaba ahora a cargo de su sobrino. Pedro condujo a Jesús donde Simón; el Maestro saludó al ardiente patriota y sólo le dijo: «Sígueme».

Regresaron entonces todos a la casa de Mateo, donde mucho hablaron de política y religión hasta la hora de la cena. La familia Leví se dedicaba desde hacía mucho tiempo a los negocios y a la recaudación de impuestos; por lo tanto, muchos de los convidados de Mateo a este banquete habrían sido llamados «publicanos y pecadores» por los fariseos.

En aquellos tiempos, cuando se ofrecía a una persona destacada una recepción-banquete de este tipo, era costumbre que todos lo que tuvieran interés merodearan por el salón del banquete para observar a los convidados y escuchar la conversación y los discursos de los huéspedes de honor. Por consiguiente, se encontraban presente en esta ocasión la mayoría de los fariseos de Capernaum, para observar la conducta de Jesús en esta inusual reunión social.

Según avanzaba la cena, la alegría de los convidados iba en aumento, haciéndose desbordante, y todos estaban pasando un rato tan espléndido que los espectadores fariseos comenzaron a criticar en su corazón a Jesús por su participación en una cosa tan frívola y ligera. Más tarde, durante los discursos, uno de los fariseos más malignos llegó a criticar la conducta de Jesús ante Pedro, diciendo: «Cómo te atreves a enseñar que este hombre es justo cuando come con publicanos y pecadores prestando su presencia a estas escenas de frivolidad». Pedro le susurró este comentario a Jesús antes de que éste impartiera la bendición de despedida a la reunión. Dijo Jesús cuando comenzó a hablar: «Al venir aquí esta noche para dar la bienvenida a Mateo y Simón en nuestra hermandad, me complace presenciar vuestra alegría y esparcimiento, pero debéis regocijaros aún más porque muchos entre vosotros entraréis en el reino venidero del espíritu, en el cual disfrutaréis más abundantemente de las cosas buenas del reino del cielo. A los que curiosean y me critican en su corazón porque he venido aquí a alegrarme con estos amigos, sabed que he venido a proclamar gozo a los socialmente afligidos y libertad espiritual a los cautivos morales. ¿Es necesario recordaros que los sanos no necesitan de médico, sino más bien los que están enfermos? Yo he venido, no a llamar a los justos, sino a los pecadores».

En verdad era éste un extraño espectáculo en el ambiente judío: ver a un hombre de carácter recto y de sentimientos nobles departiendo libre y alegremente con la gente común, incluso con una multitud frívola e irreligiosa de publicanos y supuestos pecadores. Simón el Zelote quería hacer un discurso en esta reunión en la casa de Mateo, pero Andrés, sabiendo que Jesús no quería que el reino venidero se confundiera con el movimiento de los zelotes, lo convenció de que no hiciese comentarios públicos.

Jesús y los apóstoles pasaron la noche en la casa de Mateo, y la gente al irse a sus hogares no hablaba más que de una cosa: de la bondad y la cordialidad de Jesús.

4. EL LLAMADO DE LOS GEMELOS

Por la mañana siguiente se dirigieron los nueve en barca hasta Queresa, para hacer el llamado formal de los próximos dos apóstoles, Jacobo y Judas los hijos gemelos de Alfeo, los candidatos de Santiago y Juan Zebedeo. Los gemelos pescadores sabían que vendrían Jesús y sus apóstoles y los aguardaban en la playa. Santiago Zebedeo presentó al Maestro a los pescadores de Queresa, y Jesús, fijando en ellos su mirada, les hizo un gesto de asentimiento y dijo: «Seguidme».

Esa tarde, que pasaron juntos, Jesús les instruyó plenamente sobre la asistencia a las reuniones festivas, concluyendo sus comentarios con estas palabras: «Todos los hombres son mis hermanos. Mi Padre celestial no menosprecia a ninguna de las criaturas de nuestra creación. El reino del cielo está abierto para todos los hombres y mujeres. Ningún hombre puede cerrar la puerta de la misericordia a un alma hambrienta que procura entrar. Nos sentaremos a comer con todos los que deseen oír sobre el reino. A los ojos de nuestro Padre que nos contempla desde lo alto, todos los hombres son iguales. No os negaréis pues a romper el pan con un fariseo o un pecador, un saduceo o un publicano, un romano o un judío, un rico o un pobre, un hombre libre o un esclavo. La puerta del reino está abierta de par en par para todos los que deseen conocer la verdad y encontrar a Dios».

Esa noche en una simple cena en casa de Alfeo, los hermanos gemelos fueron recibidos en la familia apostólica. Más tarde esa noche impartió Jesús a sus apóstoles su primera lección sobre el origen, naturaleza y destino de los espíritus impuros, pero no pudieron comprender la importancia de lo que les decía. Les resultaba muy fácil amar y admirar a Jesús pero muy difícil comprender muchas de sus enseñanzas.

Después de una noche de descanso, todo el grupo, que ahora ascendía a once, se fue por barca hasta Tariquea.

5. El llamado de Tomás y Judas

Tomás el pescador y Judas el vagabundo se encontraron con Jesús y los apóstoles en el atracadero de las barcas pesqueras en Tariquea, y Tomás los condujo hasta su casa, que quedaba cerca. Felipe presentó a Tomás como su candidato para el apostolado y Natanael del mismo modo presentó a Judas Iscariote, el judeo. Dijo Jesús, mirando a Tomás: «Tomás, tú careces de fe; sin embargo, yo te recibo. Sígueme». A Judas Iscariote le dijo el Maestro: «Judas, somos todos de la misma carne, y al recibirte en nuestro medio, oro porque seas siempre leal a tus hermanos galileos. Sígueme».

Cuando estuvieron descansados, Jesús llevó a los doce aparte para orar con ellos y les instruyó sobre la naturaleza y la obra del Espíritu Santo, pero nuevamente no comprendieron plenamente el significado de estas maravillosas verdades que él intentaba enseñarles. Uno de ellos entendía un concepto mientras que otro comprendía otro concepto, pero ninguno de ellos alcanzaba a comprender la entera gama de sus enseñanzas. Intentaban constante y erróneamente adaptar el nuevo evangelio de Jesús a sus viejas formas de creencia religiosa. No podían captar el concepto de que Jesús había venido para proclamar un nuevo evangelio de salvación y establecer un nuevo modo de encontrar a Dios; no percibían que él era una nueva revelación del Padre celestial.

Al día siguiente Jesús dejó completamente solos a sus doce apóstoles; quería que se conocieran y deseaba que pudieran comentar entre ellos lo que les había enseñado. El Maestro regresó para la cena, y durante la sobremesa les habló del ministerio de los serafines, y algunos de los apóstoles entendieron sus enseñanzas. Descansaron esa noche y al día siguiente partieron en barca para Capernaum.

Zebedeo y Salomé se habían ido a vivir con su hijo David, para que su amplia casa pudiera estar a disposición de Jesús y de sus doce apóstoles. Aquí pasó Jesús un sábado tranquilo con sus mensajeros elegidos; bosquejó cuidadosamente los planes para proclamar el reino y explicó plenamente la importancia de evitar conflictos con las autoridades civiles, diciendo: «Si es necesario censurar a los gobernantes civiles, dejadme a mí esa tarea. Cuidaos de no hacer denuncias de césar o de sus siervos». Fue esta misma noche que Judas Iscariote llevó a Jesús aparte para preguntarle por qué nada se hacía para liberar a Juan de la prisión. Pero Judas no quedó totalmente satisfecho con la actitud de Jesús.

6. La semana de capacitación intensiva

La semana siguiente fue dedicada a un programa intensivo de capacitación. Durante el día, cada uno de los seis apóstoles nuevos trabajaba con el apóstol que lo había seleccionado inicialmente, quien le proporcionaba un repaso completo de todo lo que los primeros discípulos habían aprendido y experimentado en su preparación para el trabajo del reino. Los primeros apóstoles repasaban cuidadosamente, para beneficio de los seis más nuevos, las enseñanzas de Jesús hasta ese momento dadas. Por las noches se reunían todos ellos en el jardín de Zebedeo para recibir las enseñanzas de Jesús.

Por aquella época estableció Jesús un día de asueto en la mitad de la semana para descanso y recreación. Y se adhirieron ellos a este programa de descanso semanal por el resto de la vida material del Maestro. Como regla general, los miércoles no llevaban a cabo sus actividades regulares. En este día feriado semanal generalmente Jesús se apartaba de ellos, diciendo: «Hijitos míos, id por un día de esparcimiento. Descansad de las arduas labores del reino y disfrutad del refrescante efecto que proviene de volveros a vuestras antiguas vocaciones o de descubrir nuevas actividades recreativas». Aunque Jesús, en este período de su vida terrenal, no necesitaba realmente de este día de descanso, se adaptó a este plan porque sabía que era mejor para sus asociados humanos. Jesús era el instructor —el Maestro; sus asociados eran sus alumnos —sus discípulos.

Jesús se esforzó en hacer entender a sus apóstoles la diferencia entre sus enseñanzas y su *vida entre ellos* y las enseñanzas que subsecuentemente podrían surgir *sobre* él. Dijo Jesús «Mi reino y el evangelio asociado con éste deben constituir el tema de vuestro mensaje. No os desviéis, predicando *sobre* mí y *sobre* mis enseñanzas. Proclamad el evangelio del reino y describid mi revelación del Padre en el cielo pero no os extraviéis por los senderos de crear leyendas y construir un culto que tenga que ver con creencias y enseñanzas *sobre* mis creencias y enseñanzas». Pero nuevamente no comprendieron ellos por qué hablaba así, y nadie se atrevió a preguntarle por qué les enseñaba de este modo.

En estas primeras enseñanzas Jesús trató de evitar hasta donde fue posible las controversias con sus apóstoles, a excepción de las que tuvieran que ver con conceptos erróneos sobre su Padre en el cielo. En estos asuntos no vaciló nunca en corregir las creencias erróneas. Había *un* solo motivo de la vida postbautismal de Jesús en Urantia y ésta era una revelación mejor y más verdadera de su Padre Paradisiaco; él era el pionero de la nueva y mejor senda para llegar a Dios: el camino de la fe y el amor. Siempre, su exhortación a los apóstoles era: «Buscad a los pecadores; encontrad a los afligidos y consolad a los ansiosos».

Jesús tenía un entendimiento perfecto de la situación; poseía poder ilimitado, que podría haber sido utilizado para el avance de su misión; pero estaba plenamente satisfecho con los medios y personalidades que la mayoría de la gente habrían considerado inadecuados y habrían percibido como insignificantes. Estaba embarcado en una misión de enormes posibilidades dramáticas, pero insistió en dedicarse a los asuntos de su Padre de la manera más discreta y menos espectacular; evitó cuidadosamente toda exhibición de poder. Ahora pues se proponía trabajar en forma discreta, por lo menos durante varios meses, con sus doce apóstoles en las cercanías del Mar de Galilea.

7. OTRA DESILUSIÓN

Jesús había proyectado una tranquila campaña misionera de obra personal de cinco meses. No les había dicho a los apóstoles cuánto duraría; laboraban de semana a semana. Y temprano el primer día de esta semana, precisamente cuando estaba él a punto de anunciar este plan a sus doce apóstoles, Simón Pedro, Santiago Zebedeo y Judas Iscariote vinieron a verlo para hablar en privado. Llevando a Jesús aparte, Pedro se atrevió a decir: «Maestro, venimos a instancias de nuestros asociados para preguntar si acaso está propicio el momento de entrar en el reino; y ¿proclamarás tú el reino en Capernaum, o hemos de proseguir a Jerusalén? Y cuándo sabremos, cada uno de nosotros, el puesto que hemos de ocupar contigo en el establecimiento del reino...» y Pedro hubiera continuado haciendo otras preguntas, pero Jesús levantó una mano con gesto de admonestación y lo interrumpió. Haciendo señas a los otros apóstoles a que se le acercaran, Jesús dijo: «Hijitos míos, ¡hasta cuándo tendré que ser indulgente! ¿No os he aclarado que mi reino no es de este mundo? Os he dicho muchas veces que no he venido para sentarme en el trono de David, y ahora ¿cómo es que estáis inquiriendo qué lugar ocupará cada uno de vosotros en el reino del Padre? ¿Acaso no percibís que os he llamado como embajadores de un reino espiritual? ¿No comprendéis que pronto, muy pronto, me representaréis en el mundo y en la proclamación del reino? así como yo represento ahora a mi Padre que está en el cielo? ¿Puede ser que yo os haya elegido e instruido como mensajeros del reino, y sin embargo vosotros no comprendáis la naturaleza y significación de este reino venidero de preeminencia divina en el corazón de los hombres? Amigos míos, oídme una vez más. Quitaos de la mente la idea de que mi reino es un gobierno de poder o un reinado de gloria. En verdad, todo el poder en el cielo y en la tierra será dentro de poco entregado en mis manos, pero no es la voluntad del Padre que usemos esta dote divina para glorificarnos en esta era. En otra edad ciertamente os sentaréis conmigo en poder y gloria, pero ahora nos corresponde someternos a la voluntad del Padre y salir en humilde obediencia para ejecutar su mandato en la tierra».

Nuevamente estuvieron sus asociados estupefactos y pasmados. Jesús les envió de dos en dos a orar, pidiéndoles que regresaran a él al mediodía. En esta mañana crucial cada uno de ellos trató de encontrar a Dios, y se esforzaron por alentarse y fortalecerse unos a los otros, y regresaron a Jesús tal como les había pedido.

Jesús rememoró para beneficio de ellos ahora la venida de Juan, el bautismo en el Jordán, la fiesta de bodas en Caná, la reciente selección de los seis y la separación de sus propios hermanos en la carne, y les advirtió que los enemigos del reino tratarían también de separarlos. Después de esta plática breve pero intensa, los apóstoles se levantaron, bajo el liderazgo de Pedro, para declarar su devoción indomable a su Maestro y prometer su lealtad inamovible al reino, en las palabras de Tomás, «a este reino venidero, sea lo que fuere y aunque no lo comprenda yo plenamente». Todos ellos verdaderamente *creían en Jesús*, aunque no comprendían plenamente sus enseñanzas.

Jesús les preguntó entonces cuánto dinero tenían entre ellos; también inquirió qué habían dispuesto para mantener a sus familias. Cuando se vio que no tenían entre todos fondos suficientes para mantenerse por dos semanas, dijo: «No es la voluntad de mi Padre que comencemos a trabajar de este modo. Nos quedaremos aquí junto al mar por dos semanas para pescar o hacer todo lo que encuentren nuestras manos; mientras tanto, bajo la dirección de Andrés, el primer apóstol elegido, os organizaréis con el fin de proveer todo lo necesario para vuestra obra futura, tanto en el presente ministerio personal como cuando yo subsecuentemente os ordene predicar el evangelio e instruir a los creyentes». Mucho se alegraron con estas palabras; ésta fue la primera sugerencia clara e inequívoca que tuvieron de que Jesús proyectaba en el futuro hacer un esfuerzo público más ambicioso y agresivo y de más vasto alcance.

Los apóstoles pasaron el resto del día perfeccionando su organización y preparando las barcas y redes para salir a pescar al día siguiente. Todos ellos habían decidido que se dedicarían a la pesca; la mayoría de ellos habían sido pescadores, incluso Jesús era un constructor de barcas y pescador experto. Muchas de las barcas que ellos usaron en esos años habían sido construidas por las propias manos de Jesús. Y eran barcas buenas y seguras.

Jesús les mandó que pescaran durante dos semanas, añadiendo: «Y luego os convertiréis en pescadores de hombres». Pescaban en tres grupos: Jesús salía con un grupo diferente cada noche. ¡Cuánto disfrutaban todos ellos de la compañía de Jesús! Era buen pescador, camarada alegre y amigo inspirador; cuanto más trabajaban con él, más lo amaban. Mateo dijo un día: «Hay gente, que cuanto más la comprende uno, menos la admira; pero este hombre, aunque le comprendo cada vez menos, lo amo cada vez más».

Este plan de pescar por dos semanas y luego hacer obra personal en nombre del reino por dos semanas, se llevo a cabo por más de cinco meses, e incluso hasta fines de este año, 26 d. de J.C., hasta que cesaron las persecuciones dirigidas contra los discípulos de Juan después de su arresto.

8. LA PRIMERA LABOR DE LOS DOCE

Después de vender el fruto de la pesca de dos semanas, Judas Iscariote, el que había sido elegido tesorero de los doce, dividió los fondos apostólicos en seis porciones iguales, pues los fondos para el cuidado de las familias dependientes ya habían sido obtenidos. Así pues casi a mediados de agosto del año 26 d. de J.C., se marcharon de dos en dos a los campos de trabajo asignados por Andrés. Las primeras dos semanas Jesús salió con Andrés y Pedro, las segundas dos semanas, con Santiago y Juan, y así sucesivamente con las otras parejas en el orden de su elección. De este modo él pudo salir por lo menos una vez con cada pareja antes de reunirlas para el comienzo de su ministerio público.

Jesús les enseñó a predicar el perdón de los pecados mediante la *fe en Dios* sin penitencia ni sacrificio, y que el Padre celestial ama a todos sus hijos con el mismo amor eterno. Ordenó a sus discípulos que se abstuvieran de discutir:

1. La obra y el encarcelamiento de Juan el Bautista.

2. La voz que se oyera cuando su bautismo. Jesús dijo: «Solamente los que oyeron la voz pueden referirse a ésa. Hablad solamente de las cosas que habéis oído de mí; no habléis los rumores».

3. La conversión del agua en vino en Caná. Jesús les admonestó seriamente, diciendo: «No digáis a ningún hombre nada acerca del agua y el vino».

Pasaron una época maravillosa durante estos cinco o seis meses en que trabajaban de pescadores cada dos semanas alternas, ganando así el dinero suficiente para mantenerse durante las dos semanas sucesivas de obra misionera para el reino.

La gente común se admiraba de las enseñanzas y ministerio de Jesús y sus apóstoles. Durante mucho tiempo los rabinos habían enseñado a los judíos que el ignorante no podía ser ni piadoso ni recto. Pero los apóstoles de Jesús eran así piadosos como justos; sin embargo ignoraban alegremente gran parte del saber de los rabinos y de la sabiduría del mundo.

Jesús les aclaró a sus apóstoles la diferencia entre el arrepentimiento por las así llamadas buenas obras que enseñaban los judíos y el cambio producido en la mente por la fe —el nuevo nacimiento— que él exigía como precio de admisión en el reino. Enseñó a sus apóstoles que *la fe* era el único requisito para entrar en el reino del Padre. Juan les había enseñado: «Arrepentíos —huid de la ira venidera». Jesús enseñaba: «La fe es la puerta abierta para entrar en el amor presente, perfecto y eterno de Dios». Jesús no hablaba como profeta, uno que viene a declarar la palabra de Dios. Parecía hablar de sí mismo como de aquel que tiene autoridad. Jesús trataba de desviar el pensamiento de ellos de la búsqueda del milagro y dirigirlo hacia el hallazgo de una experiencia verdadera y personal en la satisfacción y seguridad de que el espíritu de amor y misericordia salvadora de Dios reside en ellos.

Los discípulos aprendieron muy pronto que el Maestro tenía un profundo respeto y una compasiva consideración por *todo* ser humano con quien se encontraba, y mucho les conmovía esta consideración uniforme e invariable que él tan sistemáticamente brindaba a toda clase de hombres, mujeres y niños. A veces se interrumpía en el medio de un profundo discurso, para salir al camino y ofrecer unas palabras de aliento a una mujer que pasaba agobiada por el peso de su cuerpo y de su alma. Interrumpía una intensa conversación con sus apóstoles para fraternizar con un niño intruso. No había para Jesús nada más importante que ese *individuo humano* que al azar estaba en su presencia inmediata. Era instructor y maestro, pero era aun más —era también un amigo y un vecino, un camarada comprensivo.

Aunque la enseñanza pública de Jesús consistía fundamentalmente en parábolas y en discursos breves, invariablemente enseñaba a sus apóstoles mediante preguntas y respuestas. Posteriormente interrumpiría siempre sus discursos públicos para responder a las preguntas sinceras.

Al principio los apóstoles se asombraron de la forma en que trataba Jesús a las mujeres, pero pronto se acostumbraron; les hizo saber muy claramente que las mujeres habían de tener iguales derechos que los hombres en el reino.

9. CINCO MESES DE PRUEBA

Este período un tanto monótono en que se alternaban la pesca y la obra personal resultó ser una experiencia agotadora para los doce apóstoles, pero soportaron la prueba. Pese a sus quejas, incertidumbres e insatisfacciones pasajeras, permanecieron fieles en sus votos de devoción y lealtad al Maestro. Fue su asociación personal con Jesús durante estos meses de prueba lo que hizo que tanto lo amaran, que todos ellos (salvo Judas Iscariote) permanecieran leales y fieles a él incluso en las horas tenebrosas del juicio y la crucifixión. Los hombres cabales no podían realmente abandonar a un maestro venerado que tan cerca de ellos había vivido y que tanto se había dedicado a ellos como lo hizo Jesús. Durante las horas sombrías de la muerte del Maestro, los apóstoles apartaron de su corazón toda razón, juicio, y lógica para dar cabida a una sola emoción humana extraordinaria —el supremo sentimiento de amistad-lealtad. Estos cinco meses de trabajo con Jesús llevaron a estos apóstoles, a cada uno de ellos, a considerarle como su mejor *amigo* en todo el mundo. Y fue este sentimiento humano, más que sus extraordinarias enseñanzas o sus acciones maravillosas, lo que les mantuvo juntos hasta después de la resurrección y de la renovación de la proclamación del evangelio del reino.

Estos meses de trabajo tranquilo no fueron solamente una gran prueba para los apóstoles, prueba que supieron superar, sino que esta temporada de inactividad pública fue también una gran prueba para la familia de Jesús. Por la época en que Jesús estaba listo para comenzar su ministerio público, toda su familia (excepto Ruth) prácticamente lo había abandonado. Sólo en unas pocas ocasiones intentaron, de allí en adelante, comunicarse con él, y en esos casos, era para tratar de persuadirlo de que regresara al hogar con ellos, pues casi se habían convencido de que estaba fuera de sí. Sencillamente, no podían comprender su filosofía ni a entender sus enseñanzas; todo esto era demasiado para los de su propia carne.

Los apóstoles prosiguieron con su obra personal en Capernaum, Betsaida-Julias, Corazín, Gérasa, Hipos, Magdala, Caná, Belén de Galilea, Jotapata, Ramá, Safed, Giscala, Gadara y Abila. Además de estas ciudades, también trabajaban en muchas aldeas así como en la campiña. A fines de este período los doce habían establecido planes bastante satisfactorios para atender a las necesidades de sus respectivas familias. La mayoría de los apóstoles eran casados, algunos tenían varios hijos, pero pudieron arreglar tan bien las cosas para el mantenimiento de la familia que, con un poco de ayuda de los fondos apostólicos, podían dedicar todas sus energías a trabajar con el Maestro sin tener que preocuparse por el bienestar económico de sus familias.

10. LA ORGANIZACIÓN DE LOS DOCE

Los apóstoles se organizaron muy pronto de la siguiente manera:

1. Andrés, el primer apóstol elegido, fue nombrado presidente y director general de los doce.

2. Pedro, Santiago y Juan fueron nombrados compañeros personales de Jesús. Habían de asistirlo día y noche, atender a sus diversas necesidades materiales, y acompañarlo en esas vigilias de oración y comunión misteriosa con el Padre celestial.

3. Felipe fue nombrado mayordomo del grupo. Era su deber proveer alimentos y asegurarse de que los visitantes, y aun a veces las multitudes que acudían para escucharlos, tuvieran algo de comer.

4. Natanael velaba por las necesidades de las familias de los doce. Recibía informes regulares sobre las necesidades de la familia de cada uno de los apóstoles y, mediante requisición solicitada a Judas, el tesorero, enviaba fondos cada semana a los que se encontraban necesitados.

5. Mateo era el agente fiscal del cuerpo apostólico. Era su deber cuidar de que el presupuesto estuviera balanceado, y la tesorería, abastecida. Si no llegaban fondos para el mantenimiento de todos ellos, si no se recibían donaciones suficientes para mantener al grupo, Mateo tenía la autoridad de ordenar a los doce que regresaran a sus redes de pescadores durante una temporada. Pero esto no fue nunca necesario, una vez que comenzaron su trabajo público; siempre tuvo Mateo fondos suficientes en la tesorería para financiar las actividades del grupo.

6. Tomás era el que administraba el itinerario. Era de su incumbencia planear el alojamiento y en general seleccionar los lugares para la enseñanza y la predicación asegurando así un programa de viaje bien organizado y sin pérdidas de tiempo.

7. Jacobo y Judas, los hijos gemelos de Alfeo, fueron asignados a la dirección de las multitudes. Su tarea consistía en comisionar un número suficiente de ujieres asistentes para mantener el orden en el público durante la predicación.

8. A Simón el Zelote se le puso a cargo de la recreación y esparcimiento. Preparaba el programa de los miércoles y también buscaba proporcionar unas pocas horas de esparcimiento y diversión cada día.

9. Judas Iscariote fue nombrado tesorero. Llevaba la bolsa, pagaba todos los gastos y llevaba los libros. Hacía la proyección del presupuesto para Mateo de semana en semana y también preparaba informes semanales para Andrés. Judas hacía pagos contra los fondos con autorización de Andrés.

De este modo funcionaron los doce desde su primitiva organización hasta el momento en que se hizo necesaria una reorganización debido a la deserción de Judas, el traidor. El Maestro y sus discípulos-apóstoles siguieron viviendo en este estilo sencillo de vida hasta el domingo 12 de enero del año 27 d. de J.C., día en que los llamó y los ordenó formalmente embajadores del reino y predicadores de la buena nueva. Poco después se aprestaron a salir para Jerusalén y Judea en su primera gira de predicación pública.

DOCUMENTO 139

LOS DOCE APÓSTOLES

ES UN testimonio elocuente del encanto y rectitud de la vida terrenal de Jesús que, aunque destruyó en repetidas ocasiones las esperanzas de sus apóstoles y redujo a jirones todas sus ambiciones de exaltación personal, sólo uno de ellos lo abandonó.

Los apóstoles aprendieron de Jesús acerca de lo concerniente al reino del cielo, y Jesús aprendió mucho de ellos acerca del reino de los hombres, de la naturaleza humana tal como se vive en Urantia y en otros mundos evolucionarios del tiempo y del espacio. Estos doce hombres representaban diversos tipos de temperamento humano, y no se habían vuelto *parecidos* por el aprendizaje. Muchos de estos pescadores galileos llevaban bastante sangre gentil en sus venas, como resultado de la conversión forzosa, cien años antes, de la población gentil de Galilea.

No cometáis el error de pensar que los apóstoles eran totalmente ignorantes e incultos. Todos ellos, excepto los mellizos Alfeo, eran graduados de las escuelas de la sinagoga, habían estudiado profundamente las escrituras hebreas y habían aprendido gran parte de los conocimientos de su día. Siete de ellos eran graduados de las escuelas de la sinagoga de Capernaum, y no había mejores escuelas judías en toda Galilea.

Cuando vuestros escritos se refieren a estos mensajeros del reino como seres «sin letras y del vulgo», lo que querían significar era que se trataba de laicos que no habían sido instruidos en el saber de los rabinos ni en los métodos de la interpretación rabínica de las Escrituras. Carecían de la así llamada educación superior. En tiempos modernos ciertamente serían considerados gente poco instruida, y en algunos círculos sociales incluso incultos. Una cosa es cierta: no todos habían pasado por el mismo programa rígido y estereotipado de educación. Desde su adolescencia en adelante habían tenido experiencias diferentes en el aprendizaje del vivir.

1. ANDRÉS, EL PRIMER ELEGIDO

Andrés, presidente del cuerpo apostólico del reino, nació en Capernaum. Era el mayor de una familia de cinco: él, su hermano Simón, y tres hermanas. Su padre, por entonces ya fallecido, había sido socio de Zebedeo en el negocio de la preparación de pescado seco en Betsaida, el puerto pesquero de Capernaum. Cuando se convirtió en apóstol, Andrés era soltero, pero vivía con su hermano casado, Simón Pedro. Ambos eran pescadores y socios de Santiago y Juan, los hijos de Zebedeo.

En el año 26 d. de J.C., el año en que fue elegido apóstol, Andrés tenía 33 años, era un año mayor que Jesús y el mayor de los apóstoles. Provenía de excelente linaje y era el más capaz de los doce. Estaba a la altura de sus asociados en casi todas las capacidades imaginables, excepción hecha de la oratoria. Jesús no le aplicó a Andrés ningún sobrenombre, ninguna designación fraterna. Pero así como pronto comenzaron los apóstoles a llamar Maestro a Jesús, también empezaron a llamar a Andrés con un nombre que equivalía a Jefe.

Andrés era un buen organizador pero un administrador aún mejor. Era uno de los cuatro apóstoles del círculo íntimo, pero cuando Jesús lo nombró jefe del grupo apostólico, fue necesario que permaneciera en su puesto con sus hermanos, mientras los otros tres disfrutaban de una comunión muy estrecha con el Maestro. Hasta el fin, Andrés siguió siendo el decano del cuerpo apostólico.

Aunque Andrés nunca fue efectivo como predicador, fue muy eficaz en su obra personal; fue pionero en la labor misionera del reino puesto que, al ser elegido primero, inmediatamente atrajo a Jesús a su hermano, Simón, y éste posteriormente se convirtió en uno de los mejores predicadores del reino. Andrés fue el principal partidario de la política de Jesús en el sentido de utilizar el programa de la obra personal como un medio de preparación de los doce para que fueran mensajeros del reino.

Si enseñaba Jesús en privado a los apóstoles o predicaba a las multitudes, Andrés generalmente conocía lo que estaba ocurriendo; era un ejecutivo comprensivo y un administrador eficaz. Resolvía prestamente todos los asuntos que se le consultaban, a menos que considerara que el problema estaba más allá del ámbito de su autoridad, en cuyo caso consultaba directamente con Jesús.

Andrés y Pedro eran muy distintos en carácter y en temperamento, pero debe registrarse sempiternamente para su crédito que se llevaban estupendamente bien. Jamás tuvo Andrés celos de la elocuencia de Pedro. Pocas veces se da que un hermano mayor como Andrés ejerza una influencia tan profunda sobre un hermano más joven y talentoso. Andrés y Pedro no parecían tener nunca el más mínimo celo uno del otro, de su capacidad o sus triunfos. Tarde en la noche del día de Pentecostés, cuando se sumaron dos mil almas al reino, en gran medida gracias a la predicación enérgica e inspiradora de Pedro, Andrés le dijo a su hermano: «Yo no podría haberlo hecho, pero me hace feliz tener un hermano que puede hacerlo». A lo cual replicó Pedro: «Y si tú no me hubieras atraído al Maestro y si tu persistencia no me hubiera *retenido* a su lado, no habría yo estado aquí para hacerlo». Andrés y Pedro eran la excepción a la regla, una prueba de que aun los hermanos pueden convivir apaciblemente y trabajar juntos con gran eficacia.

Después de Pentecostés Pedro fue famoso, pero jamás se irritó Andrés, el hermano mayor, aunque se le presentara, por el resto de su vida, como «el hermano de Simón Pedro».

De todos los apóstoles, Andrés era el que mejor juzgaba a los hombres. Sabía que el corazón de Judas Iscariote estaba lleno de problemas, aunque ninguno de los otros sospechaba nada mal en el tesorero; pero a nadie mencionó sus temores. El gran servicio de Andrés al reino consistió en aconsejar a Pedro, Santiago y Juan sobre la elección de los primeros misioneros que se enviaron a proclamar el evangelio, y en asesorar estos primeros líderes sobre la organización de los asuntos administrativos del reino. Andrés tenía un don especial para descubrir en los jóvenes sus recursos ocultos y talentos latentes.

Poco después de que Jesús había ascendido a lo alto, Andrés comenzó a escribir una crónica personal de muchos de los dichos y hechos de su Maestro que ya había partido. Después de la muerte de Andrés, se hicieron otras copias de esta crónica privada, que circularon libremente entre los primeros maestros de la iglesia cristiana. Estas notas casuales de Andrés posteriormente fueron corregidas, enmendadas, alteradas y se les agregaron datos hasta convertirse en una narración relativamente cronológica de la vida terrenal del Maestro. El último de estos ejemplares alterados y enmendados fue destruido en un incendio en Alejandría, unos cien años después de que fuera escrito el original por el primer elegido de los doce apóstoles.

Andrés era un hombre de clara visión, de pensamiento lógico y de decisión firme, cuya gran fuerza de carácter estaba cimentada en una estupenda estabilidad. El mayor defecto de su temperamento era su falta de entusiasmo; muchas veces olvidaba alentar a sus asociados con alabanzas juiciosas. Esta, su reticencia en alabar las acciones meritorias de sus amigos, provenía de su aborrecimiento de la lisonja y de la falta de sinceridad. Andrés era uno de esos hombres íntegros, ecuánimes, que alcanzan su posición por su propio esfuerzo y que tienen éxito en una forma modesta.

Todos los apóstoles amaban a Jesús, pero es verdad que cada uno de los doce había sido atraído a él por un rasgo específico de su personalidad que tocaba una fibra íntima de ese apóstol en particular. Andrés admiraba a Jesús por su sinceridad constante, su dignidad sin afectación. Una vez que los hombres conocían a Jesús, se sentían poseídos del deseo de compartirlo con sus amigos; realmente deseaban que todo el mundo lo conociera.

Cuando las subsiguientes persecuciones dispersaron finalmente a los apóstoles de Jerusalén, Andrés viajó por Armenia, la Asia Menor y Macedonia y, después de atraer al reino a muchos millares de almas, finalmente fue apresado y crucificado en Patras en Acaya. Este hombre robusto duró dos días enteros antes de expirar en la cruz; durante esas horas trágicas no dejó de proclamar en forma convincente la buena nueva de la salvación en el reino del cielo.

2. SIMÓN PEDRO

Cuando Simón se unió a los apóstoles, tenía treinta años. Estaba casado, tenía tres hijos y vivía en Betsaida, cerca de Capernaum. Su hermano, Andrés, y su suegra vivían con él. Tanto Pedro como Andrés eran pescadores y socios de los hijos de Zebedeo.

El Maestro ya conocía a Simón desde hacía algún tiempo cuando Andrés se lo presentó como el segundo de los apóstoles. Al dar Jesús a Simón el nombre de Pedro, lo hizo con una sonrisa; era una especie de apodo. Simón era bien conocido entre sus amigos por su temperamento errático e impulsivo. Es verdad que, más tarde, le dio Jesús una importancia nueva y significativa a este apodo originalmente otorgado a la ligera.

Simón Pedro era hombre impulsivo y optimista. Había crecido libremente, permitiéndose ceder a los sentimientos más fuertes; constantemente se metía en líos porque persistía en hablar sin pensar. Esta impulsividad también les causaba problemas incesantes a todos sus amigos y asociados y era la causa de que su Maestro muchas veces le regañara suavemente. El único motivo por el cual Pedro no se metía en más líos aun por su forma impulsiva de hablar era que desde muy temprano aprendió a compartir muchos de sus planes y proyectos con su hermano Andrés, antes de aventurarse a proponerlos en público.

Pedro era un orador locuaz, elocuente y dramático. También era un líder natural que sabía inspirar a las multitudes, un pensador sagaz pero no un razonador profundo. Hacía más preguntas él solo que todos los apóstoles juntos, y aunque la mayoría de sus preguntas tenían sentido y valían la pena, muchas eran impensadas y tontas. Pedro no tenía una mente profunda, pero conocía su mente bastante bien. Por consiguiente, era hombre de decisiones rápidas y acción repentina. Mientras otros conversaban asombrados viendo a Jesús en la playa, Pedro se zambullía al agua y nadaba hacia la costa para encontrarse con el Maestro.

El rasgo que Pedro más admiraba en Jesús era su extrema ternura. Pedro no se cansaba jamás de discurrir la paciencia de Jesús. Jamás olvidaría la lección acerca de perdonar al malhechor no siete veces tan sólo sino setenta veces más siete. Mucho pensó sobre estas impresiones del carácter misericordioso del Maestro durante esos lúgubres días de desesperación que vivió inmediatamente después de negar a Jesús sin pensarlo, y sin intención, en el patio del sumo sacerdote.

Simón Pedro era angustiosamente vacilante; pasaba en forma repentina de un extremo al otro. Primero se negó a que Jesús le lavara los pies, pero, al oír la réplica de su Maestro, le pidió que le lavara todo el cuerpo. Pero, después de todo, Jesús sabía que las faltas de Pedro provenían de la cabeza y no del corazón. Era Pedro una de las más inexplicables combinaciones de coraje y cobardía que jamás vivieran sobre la tierra. Su gran fortaleza de carácter era su lealtad, su amistad. Pedro amaba realmente y sinceramente a Jesús. Pero a pesar de la extraordinaria fuerza de su devoción, era tan inestable y variable que pudo una joven criada azuzarlo a que negara a su Maestro y Señor. Pedro podía hacerle frente a la persecución y a todo tipo de ataque directo, pero se empequeñecía y se marchitaba ante el ridículo. Soldado valiente ante un ataque frontal, reaccionaba como un cobarde medroso ante un ataque sorpresivo desde la retaguardia.

Pedro fue el primero entre los apóstoles en defender valientemente la obra de Felipe entre los samaritanos y la de Pablo entre los gentiles; pero más tarde, en Antioquía, al ser confrontado por un grupo de judaizantes que lo ridiculizaban se retractó, alejándose temporalmente de los gentiles, para luego traer sobre su cabeza la audaz denuncia de Pablo.

Fue el primero entre los apóstoles en hacer una sincera confesión de la humanidad y la divinidad combinadas de Jesús y el primero —con excepción de Judas— en negarlo. Pedro no tenía mucho de soñador, pero le disgustaba descender de las nubes del éxtasis y del entusiasmo de la complacencia dramática al mundo ordinario de la realidad concreta.

Al seguir a Jesús, literal y figurativamente, conducía él a veces la procesión y otras veces la seguía —«la seguía de lejos». Pero, era el predicador más destacado de los doce; hizo más que cualquier otro hombre individual, a excepción de Pablo, para establecer el reino y enviar a sus mensajeros a los cuatro confines de la tierra en una generación.

Después de haber negado impulsivamente al Maestro, volvió a encontrarse a sí mismo, y con la orientación comprensiva y compasiva de Andrés, nuevamente encabezó el camino de vuelta a las redes de pesca mientras los apóstoles se quedaban a la espera de lo que sucedería después de la crucifixión. Cuando estuvo plenamente seguro que Jesús lo había perdonado y supo que había sido recibido de vuelta en el redil del Maestro, las llamas del reino ardieron tan brillantemente en su alma que se convirtió en una gran luz salvadora para millares que vivían en las tinieblas.

Después de partir de Jerusalén y antes de que Pablo se convirtiera en la fuerza motriz de las iglesias cristianas gentiles, Pedro viajó mucho, visitando todas las iglesias desde Babilonia hasta Corinto. Incluso visitó y ministró a muchas de las iglesias que habían sido fundadas por Pablo. Aunque mucho diferían Pedro y Pablo en temperamento y educación, incluso en teología, trabajaron juntos armoniosamente para la edificación de las iglesias durante sus últimos años.

Se advierte algo del estilo y las enseñanzas de Pedro en los sermones parcialmente documentados por Lucas y en el Evangelio según Marcos. Su estilo vigoroso se muestra mejor en la carta conocida como la Primera Epístola de Pedro; por lo menos, así era antes de que ésta fuera posteriormente modificada por un discípulo de Pablo.

Pero Pedro persistió en cometer el error de tratar de convencer a los judíos de que Jesús era, después de todo, real y verdaderamente el Mesías judío. Hasta el día de su muerte, la mente de Simón Pedro siguió confundida entre los conceptos de Jesús como el Mesías judío, Cristo como el redentor del mundo y el Hijo del Hombre como la revelación de Dios, el Padre amante de toda la humanidad.

La esposa de Pedro era una mujer muy capaz. Trabajó durante muchos años de manera aceptable como miembro de la organización de las mujeres, y cuando Pedro tuvo que irse de Jerusalén, lo acompañó ella en todos sus viajes a las iglesias y en todas sus excursiones misioneras. Y el día en que su ilustre marido entregó su vida, ella fue arrojada a las bestias salvajes en la arena de Roma.

Así pues este hombre, Pedro, que tan cerca había estado de Jesús, que había pertenecido a su círculo íntimo, partió de Jerusalén y proclamó la buena nueva del reino con poder y gloria hasta cumplir la plenitud de su ministerio; se consideró él altamente honrado cuando sus captores le dijeron que moriría como había muerto su Maestro —en la cruz. Así pues fue Simón Pedro crucificado en Roma.

3. SANTIAGO ZEBEDEO

Santiago, el mayor de los dos apóstoles hijos de Zebedeo, a quienes Jesús apodó «los hijos del trueno», tenía treinta años cuando se convirtió en apóstol. Estaba casado, tenía cuatro hijos, y vivía cerca de sus padres en las afueras de Capernaum, en Betsaida. Era pescador, y siguió su llamado con su hermano menor, Juan, y en asociación con Andrés y Simón. Santiago y su hermano Juan disfrutaban la ventaja de haber conocido a Jesús mucho antes que todos los demás apóstoles.

Este apóstol hábil era una contradicción de temperamento; parecía poseer realmente dos naturalezas, ambas activadas por sentimientos fuertes. Era especialmente vehemente cuando algo le provocaba indignación. Tenía un temperamento fogoso cuando se le provocaba y, cuando pasaba la tormenta, siempre solía justificar y excusar su ira diciendo que se trataba únicamente de una manifestación de justa cólera. Aparte de estos estallidos periódicos de ira, la personalidad de Santiago mucho se parecía a la de Andrés. No poseía la discreción o el discernimiento de la naturaleza humana de Andrés, pero era mejor orador público que éste. Después de Pedro, o tal vez después de Mateo, Santiago era el mejor orador entre los doce.

Aunque no se podía decir que Santiago fuera caprichoso, se le veía a veces quieto y taciturno un día, muy locuaz y lleno de historias el siguiente. Hablaba generalmente con Jesús, pero entre los doce, permanecía a veces callado durante varios días seguidos. Su única gran debilidad eran estos períodos de silencio inexplicables.

El rasgo más destacado de la personalidad de Santiago era su habilidad para ver todas las facetas de cualquier asunto. De los doce, era el que estaba más cerca de comprender plenamente la importancia y significación verdadera de la enseñanza de Jesús. También había sido lento, al principio, en entender al Maestro, pero una vez que se completó su preparación, adquirió un concepto superior del mensaje de Jesús. Santiago era capaz de comprender una amplia gama de la naturaleza humana. Se llevaba bien con el versátil Andrés, con el impetuoso Pedro, y con su reservado hermano Juan.

Aunque Santiago y Juan tenían sus problemas a veces cuando intentaban trabajar juntos, era una experiencia inspiradora observar lo bien que se llevaban. No llegaban a tener una relación tan buena como la de Andrés y Pedro, pero se llevaban mucho mejor de lo que ordinariamente se espera de dos hermanos, especialmente de dos hermanos de carácter tan recio y determinado. Pero, por extraño que parezca, estos dos hijos de Zebedeo eran mucho más tolerantes el uno con el otro que con los extraños. Se tenían gran afecto; siempre habían sido buenos compañeros de juego. Eran estos «hijos del trueno» los que querían pedir fuego al cielo para que aniquilara a los samaritanos que se habían atrevido a demostrar irreverencia para con su Maestro. Pero la prematura muerte de Santiago mucho cambió el temperamento vehemente de su hermano menor Juan.

El rasgo de la personalidad de Jesús que Santiago más admiraba era la compasión afectuosa del Maestro. El interés comprensivo de Jesús en los pequeños y en los grandes, en los ricos y en los pobres, le resultaba muy atractivo.

Santiago Zebedeo era un pensador y un planificador bien equilibrado. Junto con Andrés, era uno de los más sensatos del grupo apostólico. Era un individuo vigoroso pero nunca estaba de prisa. Era un excelente contrapeso de Pedro.

Era modesto, no era espectacular en su actuación; era un servidor diario, un trabajador sin pretensiones, que una vez que hubo comprendido el verdadero significado del reino, no pretendió ninguna recompensa especial. E incluso cuando se cuenta que la madre de Santiago y de Juan pidió que se colocase a sus hijos a la diestra y a la siniestra de Jesús, debe recordarse que fue la madre quien hizo esta solicitud. Cuando ellos dieron a entender que estaban listos para asumir tales responsabilidades, debe reconocerse que conocían los peligros que acompañaban la supuesta rebelión del Maestro contra el poder de Roma, y que también estaban dispuestos a pagar el precio. Cuando Jesús preguntó si estaban prestos a beber de la copa, respondieron que lo estaban. Y en lo que se refiere a Santiago, esto fue literalmente cierto —bebió de la copa con el Maestro, ya que fue el primero de los apóstoles en sufrir el martirio, y muy pronto fue ejecutado por la espada de Herodes Agripa. Santiago fue pues el primero de los doce que sacrificó su vida en el nuevo frente de batalla del reino. Herodes Agripa temía a Santiago más que a todos los demás apóstoles. Sí, ciertamente permanecía a menudo quieto y taciturno, pero demostró ser valiente y decidido cuando sus convicciones fueron puestas a prueba.

Santiago vivió su vida plenamente, y cuando llegó el fin, se comportó con tal gracia y fortaleza que aun su acusador e informante, que asistió a su juicio y ejecución, tanto se conmovió que huyó de la escena del último suplicio de Santiago para unirse a los discípulos de Jesús.

4. JUAN ZEBEDEO

Cuando se convirtió en apóstol, Juan tenía veinticuatro años y era el más joven de los doce. Era soltero y vivía con sus padres en Betsaida; era pescador y trabajaba con su hermano Santiago, en sociedad con Andrés y Pedro. Tanto antes como después de convertirse en apóstol, fue Juan el representante personal de Jesús en relación con la familia del Maestro, y continuó llevando esta responsabilidad durante toda la vida de María, la madre de Jesús.

Puesto que Juan era el más joven de los doce, y estaba tan estrechamente unido a Jesús en sus asuntos de familia, era muy querido por el Maestro, pero no se puede decir en verdad que era «el discípulo a quien Jesús amaba». No podéis sospechar que una personalidad tan magnánima como Jesús pudiese mostrar favoritismos, pudiese amar a uno de sus apóstoles más que a los otros. El hecho de que Juan fuera uno de los tres ayudantes personales de Jesús le prestó más credibilidad a esta idea errónea, además de que Juan, junto con su hermano Santiago, conocía a Jesús desde hacía mucho más tiempo que los otros.

Pedro, Santiago y Juan fueron asignados como ayudantes personales de Jesús poco después de convertirse en apóstoles. Poco después de la selección de los doce y cuando Jesús nombró a Andrés como director del grupo, le dijo: «Ahora deseo que nombres a dos o tres de tus asociados para que estén junto a mí y permanezcan a mi lado, me consuelen y ministren mis necesidades diarias». Y Andrés pensó que lo mejor era seleccionar para este deber especial a los tres apóstoles que habían sido elegidos primero, después de él. Hubiera querido ofrecerse voluntario para ese bienaventurado servicio, pero el Maestro ya le había dado su cometido; por consiguiente, dispuso inmediatamente que Pedro, Santiago y Juan se dedicaran a esa función.

Juan Zebedeo tenía muchos rasgos atractivos de carácter, pero un rasgo poco atractivo, era su engreimiento desmedido, aunque usualmente bien ocultado. Su prolongada asociación con Jesús produjo muchos y grandes cambios en su carácter. Este su engreimiento mucho disminuyó, pero al envejecer y volverse un tanto infantil, esta vanidad volvió a aparecer en cierta medida, de modo tal que, cuando guiaba a Natán en la redacción del evangelio que ahora lleva su nombre, el anciano apóstol no titubeó en referirse a sí mismo repetidamente como el «discípulo a quien Jesús amaba». En vista del hecho de que Juan llegó a ser, más que cualquier otro mortal terrestre, el camarada de Jesús, y de que fue su elegido representante personal para tantos y diversos asuntos, no es extraño que llegese a considerarse a sí mismo como el «discípulo a quien Jesús amaba» puesto que ciertamente sabía que era el discípulo en quien Jesús con mayor frecuencia confiaba.

El rasgo más sobresaliente del carácter de Juan era su confiabilidad; era presto y valiente, fiel y devoto. Su mayor debilidad era su característico engreimiento. Era el más joven en la familia de su padre, el más joven del cuerpo apostólico. Quizás estaba un poquito consentido; tal vez lo habían mimado un poco. Pero el Juan de años posteriores fue una persona muy diferente de ese joven arbitrario y pagado de sí mismo que se incorporara a las filas de los apóstoles de Jesús a los veinticuatro años de edad.

Las características de Jesús que apreciaba Juan más eran el amor y el altruismo del Maestro; estos rasgos le impresionaron tanto que el resto de su vida estuvo dominado por los sentimientos de amor y de devoción fraternal. Habló del amor y escribió acerca del amor. Este «hijo del trueno» se convirtió en el «apóstol del amor»; en Efeso, cuando, ya anciano obispo, no podía estar de pie en el púlpito y predicar sino que tenían que llevarle en una silla a la iglesia, y al final de la ceremonia cuando le pedían que dijera unas pocas palabras a los creyentes, durante años solía decir tan sólo: «Hijitos míos, amaos los unos a los otros».

Juan era hombre de muy pocas palabras, excepto cuando se encolerizaba. Pensaba mucho pero decía poco. Al envejecer, su temperamento se hizo más dócil, mejor controlado, pero nunca llegó a vencer completamente su falta de locuacidad; no llegó nunca a dominar esta reticencia por completo. Pero estaba dotado de una imaginación notable y creadora.

Había otra faceta de Juan que no esperaba uno encontrar en persona tan taciturna e introspectiva. Era un tanto prejuicioso y desmedidamente intolerante. En este aspecto él y Santiago se parecían mucho —ambos querían que el cielo aniquilara con su fuego a los samaritanos irrespetuosos. Si se topaba Juan con extraños que enseñaban en el nombre de Jesús, inmediatamente les prohibía que continuaran. Pero, no era él el único de los doce infectado con esta clase de amor propio y de sentimiento de superioridad.

Mucho influyó sobre la vida de Juan ver a Jesús vivir sin hogar propio, porque bien sabía cuán fielmente se había ocupado el Maestro de disponer para el cuidado de su madre y de su familia. También simpatizaba Juan profundamente con Jesús al ver la falla de su familia en comprenderlo, el hecho de que ellos se iban distanciando cada vez más de Jesús. Toda esta situación, juntamente con su observación de que Jesús siempre sometía hasta sus más insignificantes deseos a la voluntad del Padre en el cielo, y su vivir diario lleno de confianza implícita, tan profundamente impresionó a Juan que produjo en él notables y permanentes cambios de carácter, cambios que se manifestarían a lo largo del resto de su vida.

Juan tenía un valor frío y temerario que pocos poseían entre los otros apóstoles. Fue el único apóstol que permaneció con Cristo la noche de su arresto y se atrevió a acompañar a su Maestro hasta las fauces mismas de la muerte. Estuvo presente y próximo hasta la última hora terrenal de Jesús y cumplió fielmente con su fideicomiso respecto a la madre de Jesús, y se mantuvo presto para recibir las instrucciones adicionales que tal vez se le impartirían en los últimos momentos de la existencia mortal del Maestro. Una cosa es indudable: Juan era completamente digno de confianza. Juan se sentaba usualmente a la diestra de Jesús cuando los doce compartían la cena. Fue el primero entre los doce en creer sincera y plenamente en la resurrección, y fue el primero en reconocer al Maestro cuando vino hacia ellos en la costa después de su resurrección.

Este hijo de Zebedeo estuvo muy estrechamente ligado con Pedro en las primeras actividades del movimiento cristiano, llegando a ser uno de los principales sostenedores de la iglesia de Jerusalén. Fue la mano derecha de Pedro el día de Pentecostés.

Varios años después del martirio de Santiago, Juan se casó con la viuda de su hermano. Durante los últimos veinte años de su vida recibió los cuidados de una nieta amorosa.

Juan fue encarcelado varias veces y fue desterrado a la isla de Patmos por un período de cuatro años, hasta que otro emperador ascendió al poder en Roma. Si no hubiera sido Juan tan prudente y sagaz, indudablemente habría sido matado como su hermano Santiago, que se expresaba con llaneza mucho mayor. Según pasaron los años, Juan junto con Santiago el hermano del Señor, aprendió a practicar una prudente conciliación cuando comparecían ellos ante los magistrados civiles. Habían descubierto que una «respuesta suave aplaca la ira». Aprendieron también a representar a la iglesia como una «hermandad espiritual dedicada al servicio social de la humanidad» más bien que como «el reino del cielo». Enseñaron servicio misericordioso en vez de poder de gobierno —el reino y el rey.

Durante su exilio temporal en Patmos, Juan escribió el libro del Apocalipsis, que vosotros ahora tenéis en su forma muy resumida y distorsionada. Este libro del Apocalipsis contiene los fragmentos que quedaron de una gran revelación, porque se perdieron grandes porciones, otras fueron eliminadas después de que Juan las escribiera. Se lo preserva tan sólo en forma fragmentaria y adulterada.

Juan viajó mucho, trabajó incesantemente y, después de llegar a ser obispo de las iglesias de Asia se estableció en Efeso. Dirigió a su asociado, Natán, en la redacción del así llamado «Evangelio según Juan» en Efeso, cuando tenía noventa y nueve años de edad. Entre los doce apóstoles, Juan Zebedeo finalmente terminó por ser el teólogo más destacado. Murió de muerte natural en Efeso en el año 103 d. de J.C. a los ciento un años de edad.

5. FELIPE EL CURIOSO

Felipe fue el quinto apóstol en ser escogido, siendo llamado cuando Jesús y sus primeros cuatro apóstoles se dirigían desde el campamento de Juan en el Jordán hacia Caná de Galilea. Como vivía en Betsaida, Felipe conocía algo a Jesús desde hacía algún tiempo, pero no había pensado que Jesús fuese realmente un gran hombre, hasta ese día en el valle del Jordán en que éste le dijo «Sígueme». También influyó en parte sobre Felipe el hecho de que Andrés, Pedro, Santiago y Juan habían aceptado a Jesús como el Libertador.

Felipe tenía veintisiete años cuando se unió a los apóstoles; hacía poco que se había casado, pero no tenía hijos por esa época. El sobrenombre que le dieron los apóstoles significaba «curiosidad». Felipe siempre quería que le mostraran. No parecía ver muy lejos en ninguna proposición. No era necesariamente torpe, pero carecía de imaginación. Esta falta de imaginación era la gran debilidad de su carácter. Era una persona común y concreta.

Cuando los apóstoles se organizaron para el servicio, Felipe fue hecho mayordomo; era su deber velar para que no les faltaran provisiones en ningún momento. Y fue un buen mayordomo. Su característica más destacada era su minuciosidad metódica; era al mismo tiempo matemático y sistemático.

Felipe provenía de una familia de siete hermanos: tres niños y cuatro niñas. Era el segundo, y después de la resurrección, bautizó a toda su familia en el reino. La familia de Felipe eran pescadores. Su padre era un hombre muy hábil, un pensador profundo, pero su madre provenía de una familia muy mediocre. No podía esperarse de Felipe que hiciera grandes cosas, pero era hombre de hacer cosas pequeñas en grande, hacerlas bien y en forma aceptable. Sólo algunas veces en cuatro años no tuvo alimentos listos para satisfacer las necesidades de todos. Incluso las muchas situaciones de urgencia que surgían en la vida que vivían, rara vez lo encontraron desprevenido. El departamento de abastecimiento de la familia apostólica era administrado con inteligencia y eficiencia.

El punto fuerte de Felipe era su confiabilidad metódica; el punto flaco, su total falta de imaginación, su falta de capacidad para sumar dos más dos y obtener cuatro. Era matemático en el sentido abstracto, pero no constructivo en su imaginación. El carecía casi completamente de cierto tipo de imaginación. Era el típico hombre promedio y común de todos los días. Había muy muchos hombres y mujeres como él entre las multitudes que acudían a escuchar las enseñanzas y predicaciones de Jesús, y todos ellos derivaban consuelo al observar que había alguien semejante a ellos que había sido elevado a una posición honrado en los concilios del Maestro; el hecho de que alguien como ellos ya hubiese encontrado un alto puesto en los asuntos del reino los llenaba de coraje. Y mucho aprendió Jesús sobre cómo funciona la mente de algunos hombres al escuchar pacientemente las tontas preguntas de Felipe y al consentir tantas veces en la solicitud de su mayordomo de que «le mostrara».

La cualidad de Jesús que Felipe admiraba tan continuamente era la infalible generosidad del Maestro. Jamás halló Felipe nada en Jesús que fuera pequeño, mezquino o avaro, y él adoraba esta constante e infalible generosidad.

Poco existía en la personalidad de Felipe que llamara particularmente la atención. A menudo se habla de él como «Felipe de Betsaida, el pueblo donde viven Andrés y

Pedro». Casi no poseía una visión discernidora; era incapaz de comprender las posibilidades dramáticas de una situación dada. No era pesimista; era simplemente prosaico. Carecía también en gran medida de discernimiento espiritual. No titubeaba en interrumpir a Jesús en medio de uno de los discursos más profundos del Maestro para hacerle una pregunta al parecer tonta. Pero Jesús no lo regañó nunca por su imprudencia; fue paciente con él y comprensivo de su incapacidad para entender los significados más profundos de la enseñanza. Bien sabía Jesús que, si llegaba a regañar a Felipe, por estas preguntas inoportunas, no sólo heriría a un alma honesta, sino que tal reprimenda tanto ofendería a Felipe, que nunca más se atrevería a preguntar nada. Jesús sabía que en sus mundos del espacio había incontables millones de millones de mortales semejantes de pensamiento lento, y quería alentarlos a que se le acercaran y tuvieran siempre la libertad de acudir a él con sus preguntas y problemas. Después de todo, en realidad a Jesús más le interesaban las tontas preguntas de Felipe que el sermón que pudiera estar predicando. Jesús estaba supremamente interesado en los *hombres*, en todos los hombres.

El mayordomo apostólico no era buen orador, pero en la obra personal era muy persuasivo y tenía mucho éxito. No se descorazonaba con facilidad; era tenaz y laborioso en todo lo que emprendía. Poseía el grande y raro don de decir «ven». Cuando su primer converso, Natanael, quiso discutir los méritos y deméritos de Jesús y de Nazaret, la eficaz respuesta de Felipe fue «ven y ve». No era un predicador dogmático que exhortaba a sus oyentes a que «fueran» —a hacer esto o aquello. Enfrentaba todas las situaciones que surgieran en su trabajo con «ven —ven conmigo; te mostraré el camino». Y es ésta siempre la técnica más eficaz en todas las formas y fases de la enseñanza. Aun los padres pueden aprender de Felipe el mejor modo de decir a sus hijos *no* que «vayan a hacer esto y aquello» sino más bien: «venid con nosotros y os mostraremos y compartiremos con vosotros el mejor camino».

La incapacidad de Felipe para adaptarse a una nueva situación quedó ilustrada muy bien cierta vez, cuando los griegos vinieron a él en Jerusalén, diciéndole: «Señor, deseamos ver a Jesús». Ahora bien, Felipe le habría dicho a cualquier judío que hiciese tal pregunta, «ven». Pero estos hombres eran extranjeros, y Felipe no recordaba ninguna instrucción de sus superiores sobre este tema; así pues lo único que se le ocurrió hacer fue consultar al jefe, Andrés, y luego ambos escoltaron a los curiosos griegos hasta Jesús. Del mismo modo, cuando fue a Samaria para predicar y bautizar a los creyentes, según le había mandado su Maestro, se abstuvo de poner sus manos sobre los conversos como símbolo de que habían recibido el Espíritu de la Verdad. Esto lo hacían Pedro y Juan, que habían venido de Jerusalén para observar su obra en nombre de la iglesia madre.

Felipe vivió el duro período de la muerte del Maestro, participó en la reorganización de los doce, y fue el primero en salir a ganar almas para el reino allende las filas de los judíos, siendo su trabajo con los samaritanos y sus labores subsecuentes en nombre del evangelio siempre muy fructíferos.

La esposa de Felipe, que había sido miembro eficiente del grupo de las mujeres, se asoció activamente con su marido en la obra evangelística cuando huyeron de las persecuciones en Jerusalén. Su esposa era una mujer temeraria. Permaneció al pie de la cruz de Felipe, alentándolo a que proclamara la buena nueva aun a sus asesinos, y cuando él ya no tuvo fuerza, ella siguió relatando la historia de la salvación por medio de la fe en Jesús, y sólo pudieron silenciarla los airados judíos apedriándola a muerte. Su hija mayor, Lea, continuó la obra de ambos, llegando a ser posteriormente la famosa profetiza de Hierápolis.

Felipe, el mayordomo de los doce, fue un hombre poderoso en el reino, ganando almas dondequiera que iba; y fue finalmente crucificado por su fe y enterrado en Hierápolis.

6. EL HONESTO NATANAEL

Natanael, el sexto y último de los apóstoles escogidos por el Maestro mismo, fue llevado a Jesús por su amigo Felipe. Estuvo asociado en varias empresas de negocios con Felipe y, con él, se dirigía a ver a Juan el Bautista cuando se encontraron con Jesús.

Cuando Natanael se unió a los apóstoles tenía veinticinco años y era el segundo más joven del grupo. Era el menor de una familia de siete, era soltero y el único sostén de padres ancianos y enfermos con quienes vivía en Caná; sus hermanos y su hermana estaban casados o habían fallecido, y ninguno vivía allí. Natanael y Judas Iscariote eran los más instruídos entre los doce. Natanael había pensado en hacerse mercader.

Jesús no le puso un sobrenombre a Natanael, pero los doce no tardaron en hablar de él en términos que significaban honestidad, sinceridad. Actuaba «sin engaño». Y ésta era su gran virtud; era honesto y sincero. La debilidad de su carácter era el orgullo; estaba muy orgulloso de su familia, su ciudad, su reputación y su país, todo lo cual es encomiable si no se lleva a extremos. Pero Natanael tenía la tendencia a llegar a extremos con sus prejuicios personales. Tendía a prejuzgar a los individuos de acuerdo con sus opiniones personales. No titubeaba en preguntar, aun antes de conocer a Jesús: «¿Puede venir algo bueno de Nazaret?» Pero Natanael no era obstinado, aunque sí era orgulloso. No vaciló en cambiar de opinión cuando contempló el rostro de Jesús.

En muchos aspectos Natanael era el genio excéntrico de los doce. Era el filósofo apostólico y el soñador, pero era un tipo muy práctico de soñador. Alternaba entre períodos de filosofía profunda y manifestaciones de un sentido del humor original y poco común; con el estado de ánimo apropiado, era probablemente, el mejor narrador de historias entre los doce. Jesús disfrutaba enormemente escuchando a Natanael conversar de cosas tanto serias como frívolas. Natanael progresivamente fue tomando más seriamente a Jesús y el reino, pero nunca se tomó a sí mismo demasiado en serio.

Todos los apóstoles amaban y respetaban a Natanael, y él se llevaba muy bien con todos ellos, excepto con Judas Iscariote. Judas no creía que Natanael se tomaba su apostolado suficientemente en serio y una vez tuvo la temeridad de ir secretamente a Jesús y quejarse en contra de él. Jesús le dijo: «Judas, vigila cuidadosamente tus pasos; no exageres tu cargo. ¿Quién entre nosotros puede juzgar a su hermano? No es la voluntad del Padre que sus hijos deban participar solamente de las cosas serias de la vida. Déjame repetirte: he venido para que mis hermanos en la carne puedan tener más gozo, alegría y abundancia de vida. Vete pues, Judas, y haz bien lo que se te ha encomendado, pero deja que Natanael, tu hermano, le rinda cuenta de sí mismo a Dios». El recuerdo de este episodio, juntamente con el de otras experiencias similares, vivió por mucho tiempo en el corazón iluso de Judas Iscariote.

Muchas veces, cuando Jesús se iba a la montaña con Pedro, Santiago y Juan, y había tensión y confusión entre los apóstoles, e incluso Andrés no sabía qué decir a sus desconsolados hermanos, Natanael aliviaba la tensión con una pizca de filosofía o un granito de humor; de buen humor, también.

El deber de Natanael era velar sobre el bienestar de las familias de los doce. Frecuentemente estaba ausente de los concilios apostólicos, porque en cuanto se enteraba de una enfermedad o de algún acontecimiento fuera de lo común que afectaba a una de las personas a su cargo, no perdía tiempo en llegar a esa casa. Los doce estaban tranquilos, porque sabían que, en manos de Natanael, el bienestar de sus familias estaba a salvo.

Natanael reverenciaba a Jesús particularmente por su tolerancia. No se cansaba de contemplar la tolerancia y la compasiva generosidad del Hijo del Hombre.

El padre de Natanael (Bartolomé) murió poco después de Pentecostés, después de lo cual este apóstol viajó a Mesopotamia y a la India, proclamando la buena nueva del reino y bautizando a los creyentes. Sus hermanos apóstoles nunca supieron lo que fue del otrora filósofo, poeta y humorista. Pero él también fue un gran hombre en el reino e hizo mucho por divulgar las enseñanzas de su Maestro, aun cuando no participó en la organización de la subsecuente iglesia cristiana. Natanael murió en la India.

7. MATEO LEVÍ

Mateo, el séptimo de los apóstoles, fue escogido por Andrés. Mateo pertenecía a una familia de cobradores de impuestos, o publicanos, pero él mismo era un recaudador de aduanas en Capernaum, donde vivía. Contaba con treinta y un años, era casado y tenía cuatro hijos. Era un hombre de moderada riqueza, el único de los que pertenecían al cuerpo apostólico con ciertos medios. Era un buen hombre de negocios, una persona sociable, y tenía el don de hacer amigos y de llevarse muy bien con una gran variedad de personas.

Andrés nombró a Mateo representante financiero de los apóstoles. En cierto modo, él era el agente fiscal y el portavoz publicitario de la organización apostólica. Era un juez agudo de la naturaleza humana y un propagandista muy eficaz. Su personalidad es difícil de visualizar, pero fue un discípulo honesto y su fe en la misión de Jesús y en la certeza del reino creció con el tiempo. Jesús no le dio sobrenombre a Leví, pero sus hermanos apóstoles comúnmente se referían a él como el «que consigue dinero».

El punto fuerte de Leví era su devoción sincera a la causa. El hecho de que él, un publicano, hubiera sido aceptado por Jesús y sus apóstoles llenaba de gratitud a este ex-recaudador de impuestos. Sin embargo, llevó algún tiempo para que el resto de los apóstoles, especialmente Simón el Zelote y Judas Iscariote, se llegaran a reconciliar con la presencia del publicano en su medio. La debilidad de Mateo era su visión materialista y miope de la vida. Pero en todos estos asuntos, progresó mucho según pasaban los meses. Él, por supuesto, tenía que ausentarse de muchas de las más preciadas temporadas de instrucción porque era su deber mantener provista la tesorería.

Lo que Mateo más apreciaba era la disposición del Maestro para perdonar. Nunca dejaba de repetir que la fe era lo único que se necesitaba en el asunto de encontrar a Dios. Siempre se complacía en referirse al reino como «este asunto de encontrar a Dios».

Aunque Mateo era un hombre que tenía su pasado, daba una excelente impresión de sí mismo y según pasó el tiempo, sus asociados se enorgullecieron de las acciones del publicano. Fue uno de los apóstoles que tomaban amplias notas sobre los dichos de Jesús, y estas notas se utilizaron para la subsecuente narrativa de Isador sobre los dichos y hechos de Jesús, que ha llegado a conocerse como el Evangelio según Mateo.

La vida buena y útil de Mateo, el hombre de negocios y el recaudador de aduanas de Capernaum, ha sido el medio que ha llevado a millares y millares de otros hombres de negocios, funcionarios públicos y políticos a través de las edades, a escuchar también la voz atractiva del Maestro que dice «sígueme». Mateo era realmente un político sagaz, pero fue intensamente leal a Jesús y supremamente devoto a la tarea de asegurarse de que los mensajeros del reino venidero fueran adecuadamente financiados.

La presencia de Mateo entre los doce fue el medio de mantener las puertas del reino abiertas de par en par para la multitud de almas afligidas y excluidas que se encontraban desde hacía mucho sin los consuelos de la religión. Hombres y mujeres rechazados por la sociedad, desesperados, acudían a escuchar a Jesús, y él nunca rechazó ni a uno solo de ellos.

Mateo recibía las ofrendas espontáneas y libremente entregadas de los discípulos creyentes y de los que escuchaban directamente las enseñanzas del Maestro, pero nunca solicitó abiertamente fondos de las multitudes. Hizo todo su trabajo financiero de una manera discreta y personal, recaudando la mayor parte del dinero entre la clase más pudiente de los creyentes interesados. Entregó prácticamente toda su modesta fortuna a la obra del Maestro y sus apóstoles, pero ellos nunca se enteraron de esta generosidad, salvo Jesús, que sabia todo al respecto. Vacilaba en contribuir abiertamente a los fondos apostólicos por temor de que Jesús y sus asociados pudiesen considerar que su dinero era indigno; de manera que dio mucho de lo suyo en nombre de otros creyentes. Durante los primeros meses, sabiendo Mateo que su presencia entre ellos estaba, en cierto modo, un tormento, muchas veces tuvo la tentación de decirles que era su dinero el que les suplía a menudo el pan cotidiano, pero jamás lo hizo. Cuando afloraba el desdén del grupo por el publicano, Leví ardía en deseos de revelarles su generosidad, pero consiguió siempre callar.

Cuando no alcanzaban los fondos para hacerle frente a los gastos estimados de la semana, Leví a menudo recurría a sus propios recursos, haciendo generosos aportes. Otras veces, cuando le resultaban particularmente fascinantes las enseñanzas de Jesús, se quedaba para escucharlas, aun sabiendo que tendría que contribuir de su bolsillo para compensar por no haber solicitado los fondos necesarios. Pero, ¡cuánto deseaba Leví que Jesús supiera que buena parte del dinero provenía de su bolsillo! No se daba cuenta de que el Maestro lo sabía todo. Los apóstoles murieron sin saber que Mateo fue su benefactor a tal extremo que, cuando fue a proclamar el evangelio del reino después del comienzo de las persecuciones, estaba prácticamente en la miseria.

Cuando estas persecuciones obligaron a los creyentes a abandonar a Jerusalén, Mateo viajó al norte, predicando el evangelio del reino y bautizando a los creyentes. Sus antiguos asociados apostólicos nada más supieron de él, pero siguió predicando y bautizando en Siria, Capadocia, Galacia, Bitinia y Tracia. Y fue en Tracia, en Lisimaquia, que ciertos judíos infieles conspiraron con los soldados romanos para disponer su muerte. Este publicano regenerado murió triunfante en la fe de la salvación que él había aprendido con tanta seguridad de las enseñanzas del Maestro durante su reciente estadía en la tierra.

8. TOMÁS EL DÍDIMO

Tomás fue el octavo apóstol, escogido por Felipe. En tiempos posteriores se le conoció como «Tomás el incrédulo», pero sus hermanos apóstoles no lo consideraban un incrédulo crónico. Sí, tenía una mente lógica y escéptica, pero al mismo tiempo era de una lealtad tan valiente, que les impedía a los que le conocieron íntimamente considerarle un escéptico frívolo.

Cuando Tomás se unió a los apóstoles, tenía veintinueve años, estaba casado y tenía cuatro hijos. Anteriormente había sido carpintero y albañil, pero luego se convirtió en pescador y residía en Tariquea, en la ribera occidental del Jordán, allí donde el río fluye del Mar de Galilea, y se le consideraba el ciudadano más importante de esta pequeña aldea. Tenía poca educación, pero poseía una mente aguda y racional y era hijo de padres excelentes, que vivían en Tiberias. Tomás tenía la única mente verdaderamente analítica de los doce; era el científico verdadero del cuerpo apostólico.

Los primeros años de la vida hogareña de Tomás habían sido desafortunados; sus padres no eran completamente felices en su matrimonio, y esto se reflejaba en su experiencia adulta. Creció con un temperamento desagradable y pendenciero. Incluso su esposa se alegró de que se uniera a los apóstoles; la idea de que su pesimista marido estaría lejos del hogar casi todo el tiempo, le resultaba un alivio. También tenía Tomás una tendencia a la suspicacia que hacía muy difícil llevarse bien con él. Al principio Pedro estuvo muy molesto por la presencia de Tomás, quejándose a su hermano, Andrés, de que Tomás era «malo, feo y siempre suspicaz». Pero a medida que sus asociados fueron conociendo mejor a Tomás, más lo quisieron. Descubrieron que era extremadamente honesto y resueltamente leal. Era perfectamente sincero e incuestionablemente veraz, pero era un crítico nato y se había convertido en un pesimista empedernido. Su mente analítica estaba envenenada por la suspicacia. Cuando se asoció con los doce y pudo de este modo conocer el noble carácter de Jesús, estaba a punto de perder la fe en sus semejantes. Esta asociación con el Maestro comenzó a transformar inmediatamente su disposición de ánimo, efectuando grandes cambios en su forma de reaccionar mentalmente con sus semejantes.

La gran fuerza de Tomás era su mente en extremo analítica combinada con la solidez de su valor, una vez que tomaba una determinación. Su gran debilidad era su incredulidad suspicaz, que nunca llegó a vencer del todo durante su vida terrenal.

En la organización de los doce, se le encomendó a Tomás que se encargara de preparar y dirigir el itinerario; fue un director hábil de la obra y los movimientos del cuerpo apostólico. Era un ejecutivo capaz, excelente hombre de negocios, pero estaba limitado por su talante altamente variable; parecía ser una persona un día y otra completamente distinta al día siguiente. Cuando se unió a los apóstoles tenía inclinación por la melancolía, pero el contacto con Jesús y los apóstoles lo curó en gran medida de esta morbosa tendencia a la introspección.

Mucho disfrutaba Jesús de la compañía de Tomás y tuvo muchas conversaciones largas y personales con él. Su presencia entre los apóstoles fue de gran consuelo para todos los incrédulos honestos y alentó a muchas mentes atribuladas a entrar en el reino, aunque no pudieran comprender completamente todas las fases espirituales y filosóficas de las enseñanzas de Jesús. La presencia de Tomás en el grupo de los doce fue una declaración permanente de que Jesús amaba incluso a los incrédulos honestos.

Los otros apóstoles reverenciaban a Jesús por algún rasgo especial y distinguido de su desbordante personalidad, pero Tomás reverenciaba a su Maestro por su carácter magníficamente equilibrado. Tomás admiraba y honraba cada vez más a aquel que era tan amorosamente misericordioso y al mismo tiempo tan inflexiblemente justo y equitativo; tan firme pero nunca obstinado; tan calmo, pero nunca indiferente; tan socorrido y tan compasivo, pero nunca entrometido ni dictatorial; tan fuerte y al mismo tiempo tan manso; tan positivo, pero nunca áspero ni rudo; tan tierno pero nunca vacilante; tan puro e inocente, pero al mismo tiempo tan viril, enérgico y fuerte; tan verdaderamente valiente, pero nunca temerario ni imprudente; tan amante de la naturaleza pero tan libre de toda tendencia de reverenciar a la naturaleza; tan lleno de humor y tan jovial, pero tan libre de ligereza y de frivolidad. Era esta inigualable simetría de la personalidad lo que tanto encantaba a Tomás. Probablemente disfrutaba él de la más elevada comprensión intelectual y apreciación de la personalidad de Jesús entre los doce.

En los concilios de los doce, Tomás siempre era cauto, aconsejaba siempre una política de seguridad en primer término, pero si se votaba en contra de su conservadurismo o se lo vetaba, era siempre el primero en proceder intrépidamente con la ejecución del programa que se había aprobado. Una y otra vez se pronunció contra un proyecto determinado por considerarlo imprudente y presuntuoso; él debatía hasta el fin amargo, pero cuando Andrés sometía la proposición al voto, y cuando los doce elegían hacer algo contra lo cual había él tan apasionadamente argumentado, Tomás era el primero en decir: «¡Vamos!». Era un buen perdedor. No guardaba rencor ni alimentaba resentimientos. Una y otra vez se opuso a permitir que Jesús se expusiera al peligro, pero cuando el Maestro decidía correr riesgos, era siempre Tomás quien animaba a los apóstoles con sus valientes palabras: «Vamos, hermanos, vamos a morir con él».

En algunos aspectos, Tomás era como Felipe; quería «que le mostraran», pero las expresiones de su duda se basaban en mecanismos intelectuales completamente diferentes. Tomás era analítico, no meramente escéptico. En cuanto al coraje físico personal, era uno de los más valientes entre los doce.

Tomás tenía algunos días muy malos; a veces estaba triste y abatido. La pérdida de su hermana gemela, a los nueve años, le había producido mucha tristeza en sus primeros años, contribuyendo a sus problemas temperamentales en su vida adulta. Cuando Tomás estaba deprimido, a veces Natanael era quien lo ayudaba a recobrarse, otras veces Pedro, y con cierta frecuencia, uno de los gemelos Alfeo. Desafortunadamente, cuando estaba más deprimido, trataba de evitar el contacto directo con Jesús. Pero el Maestro conocía todo esto y tenía gran compasión por su apóstol cuando éste estaba afligido por la depresión y atormentado por las dudas.

A veces Tomás obtenía permiso de Andrés para ausentarse a solas por uno o dos días. Pero pronto se dio cuenta de que este sistema no era prudente; pronto descubrió que era mejor, cuando estaba deprimido, aferrarse a su trabajo y quedarse junto a sus asociados. Pero a pesar de lo que ocurriera en su vida emocional, siempre era un apóstol. Cuando llegaba el momento de proceder, siempre era Tomás el que decía: «¡Vamos!».

Tomás es el gran ejemplo de un ser humano que tiene dudas, las encara y las vence. Tenía una mente preclara, no era un criticón frívolo. Era un pensador lógico; fue la prueba del ácido para Jesús y sus hermanos apóstoles. Si Jesús y su obra no hubiesen sido genuinos no habrían podido retener a un hombre como Tomás desde el principio hasta el fin. Tenía un sentido muy preciso y agudo de *lo real*. Al primer síntoma de fraude o de engaño Tomás los habría abandonado a todos. Es posible que los científicos no comprendan plenamente a Jesús y su obra en la tierra, pero vivió y laboró con el Maestro y sus asociados humanos un hombre, cuya mente era la de un verdadero científico —Tomás el Dídimo— y él creyó en Jesús de Nazaret.

Tomás pasó momentos difíciles durante los días del juicio y la crucifixión. Estuvo sumido en la más profunda desesperación por un tiempo, pero recobró su coraje, se quedó con los apóstoles y estaba presente con ellos para dar la bienvenida a Jesús en el Mar de Galilea. Sucumbió por un tiempo a la depresión de la incredulidad, pero finalmente supo recuperar su fe y su valor. Aconsejó sabiamente a los apóstoles después de Pentecostés y, cuando la persecución dispersó a los creyentes, fue a Chipre, a Creta, a la costa norafricana y a Sicilia, predicando la buena nueva del reino y bautizando a los creyentes. Y Tomás siguió predicando y bautizando hasta que fue arrestado por los agentes del gobierno romano y ejecutado en Malta. Sólo unas pocas semanas antes de su muerte había comenzado a escribir sobre la vida y las enseñanzas de Jesús.

9. Y 10. JACOBO Y JUDAS ALFEO

Jacobo y Judas, los hijos de Alfeo, los pescadores gemelos que vivían cerca de Queresa, el noveno y el décimo apóstol, fueron escogidos por Santiago y Juan Zebedeo. Tenían veintiséis años y estaban casados, Jacobo tenía tres hijos y Judas dos.

No hay mucho que decir acerca de estos dos pescadores comunes. Amaban a su Maestro, y Jesús los amaba, pero jamás interrumpían sus palabras con preguntas. Muy poco comprendían de las discusiones filosóficas o de los debates teológicos de los otros apóstoles, pero les complacía contarse entre los integrantes de este grupo de hombres notables. Estos dos hombres eran casi idénticos en su apariencia física, en sus características mentales y en el alcance de su percepción espiritual. Lo que se diga de uno de ellos puede aplicarse al otro.

Andrés les asignó el trabajo de velar por el mantenimiento del orden de las multitudes. Eran los conserjes principales durante las horas de predicación y, en efecto, los siervos generales y los recaderos de los doce. Ayudaban a Felipe con los suministros, llevaban a las familias el dinero que Natanael les enviaba, y siempre estaban dispuestos a brindar ayuda a cualquiera de los apóstoles.

Las multitudes de gente común alentaban sus esperanzas al ver a dos personas como ellos que ocupaban un lugar honroso en el grupo de los apóstoles. Por el hecho de haber sido aceptados como apóstoles, estos mellizos mediocres fueron el medio para atraer al reino a numerosos creyentes de corazón débil. Además, la gente común aceptaba mejor las órdenes y direcciones impartidas por conserjes oficiales que mucho se parecían a ellos mismos.

Jacobo y Judas, que también eran llamados Tadeo y Lebeo, no tenían características fuertes ni puntos flacos. Los sobrenombres que les dieron los discípulos eran apodos tiernos que reflejaban su mediocridad. Eran «los menos importantes entre todos los apóstoles»; lo sabían y les complacía.

Jacobo Alfeo amaba especialmente a Jesús por la sencillez del Maestro. Los gemelos no podían comprender la mente de Jesús, pero sentían el lazo comprensivo entre ellos y el corazón de su Maestro. Su mente no era de un orden elevado; hasta se les podría considerar, con reverencia, estúpidos, pero tenían una experiencia auténtica en su naturaleza espiritual. Creían en Jesús; eran hijos de Dios y miembros del reino.

Judas Alfeo se sentía atraído por Jesús por la humildad sin ostentación del Maestro. Esa humildad, vinculada con tan grande dignidad personal, le resultaba particularmente atractiva a Judas. El hecho de que Jesús les ordenara siempre que no mencionaran sus acciones extraordinarias, grandemente impresionaba a este simple hijo de la naturaleza.

Los gemelos eran asistentes de buen corazón y mente ingenua, y todos los amaban. Jesús recibió a estos jóvenes, con un solo talento, en puestos de honor en su séquito personal en el reino, porque hay incontables millones de otras almas igualmente simples y temerosas en los mundos del espacio a quienes, del mismo modo, desea acoger en una comunión activa y creyente con él y su efusivo Espíritu de la Verdad. Jesús no desprecia la pequeñez, sino tan sólo el mal y el pecado. Jacobo y Judas eran *pequeños*, pero también eran *fieles*. Eran simples e ignorantes, pero también eran de corazón generoso, compasivos y afables.

Cuán gratamente orgullosos estaban estos hombres humildes el día en que el Maestro se negó a aceptar a cierto hombre rico como evangelista, a menos que vendiera sus bienes y ayudara a los pobres. Cuando las multitudes se enteraron de esto y al mismo tiempo contemplaron a los gemelos entre sus consejeros, se convencieron de que Jesús no tenía favoritos. ¡Pero sólo una institución divina —el reino del cielo— podía edificarse sobre un cimiento humano tan mediocre!

Sólo una o dos veces en toda su asociación con Jesús se atrevieron los gemelos a hacer preguntas en público. Cierta vez Judas decidió hacer una pregunta a Jesús, cuando el Maestro estaba hablando de revelarse abiertamente al mundo. Sentía cierta desilusión pues ya no habría secretos que tan sólo pertenecieran a los doce, y se atrevió a preguntar: «Pero, Maestro, cuando así te declares al mundo ¿cómo nos favorecerás a nosotros con manifestaciones especiales de tu bondad?».

Los gemelos sirvieron fielmente hasta el fin, hasta los días sombríos del proceso, la crucifixión y la desesperanza. En su corazón, nunca perdieron su fe en Jesús y (con excepción de Juan) fueron los primeros en creer en su resurrección. Pero no podían comprender el establecimiento del reino. Poco después de que su Maestro fue crucificado, regresaron a sus familias y a sus redes; había concluido su obra. No tenían la capacidad para seguir en las batallas más complejas del reino. Pero vivieron y murieron conscientes de haber sido honrados y bendecidos con cuatro años de íntima y personal asociación con un Hijo de Dios, el hacedor soberano de un universo.

11. SIMÓN EL ZELOTE

Simón el Zelote, el onceavo apóstol, fue escogido por Simón Pedro. Era hombre hábil, de buen linaje y vivía con su familia en Capernaum. Tenía veintiocho años cuando se unió a los apóstoles. Era un vigoroso agitador y también un hombre que hablaba mucho sin pensar. Había sido mercader en Capernaum antes de dedicar toda su atención a la organización patriótica de los zelotes.

Simón el Zelote fue puesto a cargo de las diversiones y de la recreación del grupo apostólico y fue un organizador muy eficaz del solaz y esparcimiento de los doce.

La fuerza de Simón radicaba en su lealtad inspiradora. Cuando los apóstoles encontraban un hombre o una mujer que estaban indecisos respecto a entrar al reino, enviaban a Simón. Usualmente le bastaban unos quince minutos a este entusiasta defensor de la salvación por la fe en Dios para aclarar toda duda y eliminar todas las indecisiones, y presenciar el nacimiento de una nueva alma a la «libertad de la fe y el gozo de la salvación».

La gran debilidad de Simón era su mente materialista. Le costaba trabajo transformarse rápidamente de judío nacionalista a internacionalista de mente espiritual. Cuatro años no bastaron para hacer tal transformación intelectual y emocional, pero Jesús siempre fue paciente con él.

Lo que más admiraba Simón en Jesús era la calma del Maestro, su seguridad, su equilibrio y su inexplicable serenidad.

Aunque Simón era un revolucionario apasionado, un agitador temerario, gradualmente mitigó su fiera naturaleza hasta llegar a ser un predicador poderoso y efectivo de «la paz en la tierra y la buena voluntad entre los hombres». Simón era un gran polemista; le gustaba discutir. Cuando se trataba de vérselas con las mentes legalistas de los judíos cultos o con los sofismas intelectuales de los griegos, siempre se le asignaba esta tarea a Simón.

Era un rebelde por naturaleza y un iconoclasta por formación, pero Jesús supo ganarlo para los conceptos más elevados del reino del cielo. Siempre se había identificado con el partido de la protesta, pero ahora se unía al partido del progreso, de la progresión ilimitada y eterna del espíritu y de la verdad. Simón era hombre de lealtades intensas y cálida devoción personal, y amaba profundamente a Jesús.

Jesús no temía identificarse con hombres de negocios, peones, optimistas, pesimistas, filósofos, escépticos, publicanos, políticos o patriotas.

El Maestro tuvo con Simón muchas conversaciones, pero no consiguió convertir completamente en internacionalista a este ferviente nacionalista judío. Jesús a menudo le dijo a Simón que era adecuado procurar la mejora del orden social, económico y político, pero él siempre añadía: «Ese no es asunto del reino del cielo. Debemos dedicarnos a hacer la voluntad del Padre. Nuestro trabajo es ser embajadores de un gobierno espiritual en lo alto, y no debemos ocuparnos de inmediato de ninguna cosa que no sea la representación de la voluntad y del carácter del Padre divino que preside el gobierno de cuyas credenciales somos portadores». Todo ello era difícil de entender para Simón, pero gradualmente comenzó a comprender algo del significado de las enseñanzas del Maestro.

Después de la dispersión debida a las persecuciones en Jerusalén, Simón ingresó en un retiro temporal. Estaba literalmente deshecho. Como patriota nacionalista, se había rendido en deferencia a las enseñanzas de Jesús; ahora, todo estaba perdido. Estaba sumido en la desesperación, pero en unos pocos años reanimó sus esperanzas y salió a proclamar el evangelio del reino.

Fue a Alejandría, y después de remontar el Nilo, penetró en el corazón de África, predicando en todas partes el evangelio de Jesús y bautizando a los creyentes. Así trabajó hasta llegar a ser anciano y endeble. Cuando murió fue enterrado en el corazón de África.

12. JUDAS ISCARIOTE

Judas Iscariote, el duodécimo apóstol, fue escogido por Natanael. Había nacido en Queriot, un pequeño pueblo del sur de Judea. Cuando era un muchacho, sus padres se mudaron a Jericó, donde vivió y trabajó en las varias empresas de su padre hasta que se interesó en la predicación y la obra de Juan el Bautista. Los padres de Judas eran saduceos, y cuando su hijo se unió a los discípulos de Juan, lo repudiaron.

Cuando Natanael encontró a Judas en Tariquea, éste estaba buscando trabajo en una empresa de secar pescado en el extremo sur del Mar de Galilea. Tenía treinta años y era soltero cuando se unió a los apóstoles. Era probablemente el más instruido entre los doce y era el único judeo en la familia apostólica del Maestro. Judas no poseía ningún rasgo notable de vigor personal, aunque sí una apariencia externa de cultura y los modales de una persona bien educada. Era un pensador inteligente pero no siempre un pensador verdaderamente *honesto*. Judas en realidad no se entendía a sí mismo; no era realmente sincero consigo mismo.

Andrés nombró a Judas tesorero del grupo, posición para la cual estaba eminentemente dotado, y hasta el momento de traicionar a su Maestro, llevó a cabo las obligaciones de su posición con honestidad, fidelidad y con la mayor eficacia.

No había ningún rasgo especial en Jesús que Judas admirara más que admiraba en general la personalidad atractiva y exquisitamente encantadora del Maestro. Judas nunca fue capaz de superar sus prejuicios judeos contra sus asociados galileos; aun llegaría a criticar, en su mente, muchas cosas de Jesús mismo. Este nativo de Judea satisfecho de sí mismo, a menudo se atrevía a albergar crítica en su corazón sobre aquel a quien once de los apóstoles consideraban el hombre perfecto, «aquel totalmente encantador, el más señalado entre diez mil». Realmente llegó a pensar que Jesús era timorato, que tenía cierto miedo de proclamar su poder y autoridad.

Judas era un buen hombre de negocios. Se requería tacto, habilidad y paciencia, así como una devoción arduo, para administrar los asuntos financieros de un idealista como Jesús, sin mencionar lidiar con los métodos sin ton ni son, en el campo de los negocios, de algunos de sus apóstoles. Judas era realmente un ejecutivo excelente, un financiero capaz y previsor, y austero en materia de organización. Ninguno de los doce jamás criticó a Judas. Hasta donde podían ver, Judas Iscariote era un tesorero sin par, un hombre culto, un apóstol leal (aunque crítico a veces), y en todo sentido de la palabra, una persona de gran éxito. Los apóstoles amaban a Judas; él era realmente uno de ellos. Debe haber *creído* en Jesús, pero dudamos de que realmente *amara* al Maestro de todo corazón. El caso de Judas ilustra la verdad de aquel proverbio que dice: «Hay un camino que al hombre le parece justo pero cuyo fin es la muerte». Es totalmente posible caer víctimas del grato engaño que lleva de una adaptación placentera a las sendas del pecado y de la muerte. Estad seguros de que Judas fue siempre leal a su Maestro y a sus compañeros apóstoles en el aspecto financiero. El dinero no pudo nunca haber sido el móvil de la traición a su Maestro.

Judas era el hijo único de no muy sabios padres. Lo consintieron y mimaron cuando muy pequeño; era un niño malcriado. Creció con una noción exagerada de su propia importancia. No era buen perdedor. Tenía ideas vagas y distorsionadas sobre la justicia; se permitía emociones como el odio y la suspicacia. Era experto en tergiversar las palabras y las acciones de sus amigos. Durante toda su vida Judas había cultivado el hábito de vengarse de aquellos que según él le habían tratado injustamente. Su sentido de los valores y de las lealtades era defectuoso.

Para Jesús, Judas era una aventura en la fe. Desde el principio el Maestro entendió plenamente las debilidades de este apóstol y supo muy bien los peligros de admitirlo en el círculo de los apóstoles. Pero está en la naturaleza de los Hijos de Dios dar a todos los seres creados una oportunidad plena e igual de salvación y supervivencia. Jesús quería que no sólo los mortales de este mundo sino los observadores de innumerables otros mundos supieran que, cuando existen dudas sobre la sinceridad y el entusiasmo de la devoción de una criatura por el reino, es práctica invariable de los Jueces de los hombres aceptar plenamente al candidato dudoso. La puerta de la vida eterna está abierta de par en par para todos; «todo el que quiera puede venir»; no hay restricciones ni cualificaciones salvo *la fe* de aquel que viene.

Es ésta pues sencillamente la razón por la cual Jesús permitió que Judas siguiera hasta el fin, haciendo siempre todo lo posible por transformar y salvar a este apóstol débil y confundido. Pero cuando la luz no es recibida con honestidad y cuando se no vive según la luz, tiende a hacerse tinieblas dentro del alma. Judas creció intelectualmente con las enseñanzas de Jesús sobre el reino, pero no hizo progresos en la adquisición de un carácter espiritual, como lo hicieron los otros apóstoles. Falló en obtener un progreso satisfactorio personal en la experiencia espiritual.

Judas cavilaba cada vez más frecuentemente sobre sus desilusiones personales, cayendo finalmente víctima del resentimiento. Tantas veces habían sido heridos sus sentimientos, que terminó en una forma anormal por recelar de sus mejores amigos, y aun hasta del Maestro. Finalmente terminó por estar obsesionado con la idea de desquitarse, de hacer lo que fuera para vengarse, sí, hasta de traicionar a sus compañeros y a su Maestro.

Pero estas ideas malignas y peligrosas no cobraron forma definitiva hasta el día en que una mujer agradecida rompió una valiosa caja de incienso a los pies de Jesús. A Judas le pareció esto un desperdicio, y cuando expresó este sentimiento públicamente, sólo para ser terminantemente acallado por Jesús ahí mismo, en presencia de todos, éste fue el factor desencadenante. Ese acontecimiento determinó la movilización del odio, el agravio, la malicia, el prejuicio, los celos y la venganza acumulados durante toda una vida, y allí mismo decidió vengarse, aun sin saber de quién; pero cristalizó toda la maldad de su naturaleza en la *única* persona inocente en el drama sórdido de su vida infortunada, sencillamente porque ocurrió que Jesús fue el actor principal en el episodio que determinó su tránsito desde el reino progresivo de la luz hasta el dominio autoelegido de las tinieblas.

El Maestro había advertido a Judas en muchas ocasiones, tanto en privado como en público, que se estaba descarriando, pero las advertencias divinas suelen ser inútiles frente a una naturaleza humana amargada. Jesús hizo todo lo posible, dentro del marco compatible con la libertad moral del hombre, para evitar que Judas eligiera el camino equivocado. Finalmente llegó la gran prueba. El hijo del resentimiento fracasó; cedió a los dictados amargos y sórdidos de una mente orgullosa y vengativa que exageraba su propia importancia, y que rápidamente lo precipitó en la confusión, la desesperación y la depravación.

Judas ingresó en la intriga vil y vergonzosa para traicionar a su Señor y Maestro y prestamente llevó a cabo el nefasto proyecto. Durante el proceso de ejecución de sus planes traicioneros concebidos en la cólera, tuvo momentos de pesar y de vergüenza, y en estos intervalos de lucidez cobardemente concebía, como una defensa en su propia mente, la idea de que Jesús posiblemente ejercería su poder y se salvaría a último momento.

Cuando este asunto sórdido y pecaminoso estuvo concluido, este mortal renegado, que con tanta ligereza vendió a su amigo por treinta piezas de plata para satisfacer su anhelo de venganza por tanto tiempo acariciado, se apresuró a cometer el acto final en su dramática fuga de las realidades de la existencia mortal —el suicidio.

Los once apóstoles estaban horrorizados, estupefactos. Jesús tan sólo tuvo lástima del traidor. Los mundos encuentran difícil perdonar a Judas, y su nombre ha sido execrado en todo un vasto universo.

DOCUMENTO 140

LA ORDENACIÓN DE LOS DOCE

POCO antes del mediodía del domingo 12 de enero del año 27 d. de J.C., Jesús reunió a los apóstoles para su ordenación como predicadores públicos del evangelio del reino. Los doce esperaban ser llamados en cualquier momento; por eso no se habían alejado mucho de la costa esa mañana para pescar. Varios de ellos estaban junto a la playa, reparando las redes y trabajando con sus artefactos de pesca.

Jesús se encaminó hacia la playa para congregar a los apóstoles, y llamó primero a Andrés y Pedro, que estaban pescando cerca de la costa; luego, atrajo con un gesto a Santiago y Juan, que se encontraban ahí cerca en una barca, conversando con su padre Zebedeo y remendando sus redes. De dos en dos reunió a los otros apóstoles, y cuando los doce estuvieron todos juntos, se dirigió con ellos a las alturas al norte de Capernaum, y allí procedió a instruirlos para prepararlos para la ordenación formal.

Por una vez, los doce apóstoles permanecían en silencio; hasta Pedro estaba meditabundo. ¡Por fin había llegado el momento largamente esperado! Se irían aparte con el Maestro para participar en cierto tipo de ceremonia solemne de consagración personal y dedicación colectiva al trabajo sagrado de representar a su Maestro en la proclamación del advenimiento del reino de su Padre.

1. LA INSTRUCCIÓN PRELIMINAR

Antes de los servicios de ordenación, Jesús habló a los doce que estaban sentados a su alrededor: «Hermanos míos, ha llegado esta hora del reino. Os he traído a este lugar apartado, para presentaros al Padre como embajadores del reino. Algunos entre vosotros me habéis oído hablar de este reino en la sinagoga, cuando al principio os llamé. Cada uno de vosotros ha aprendido más sobre el reino del Padre trabajando conmigo en las ciudades próximas al Mar de Galilea. Pero ahora mismo tengo que deciros algo más respecto a este reino.

«El nuevo reino que mi Padre está a punto de establecer en el corazón de sus hijos terrenales será un dominio eterno. No habrá fin a este gobierno de mi Padre en el corazón de los que desean hacer su voluntad divina. Os declaro que mi Padre no es el Dios de los judíos, ni de los gentiles. Muchos vendrán del este y del oeste para sentarse con nosotros en el reino del Padre, mientras que muchos de los hijos de Abraham se negarán a entrar en esta nueva hermandad del dominio del espíritu del Padre en el corazón de los hijos del hombre.

«El poder de este reino no consistirá en la fuerza de los ejércitos, ni en el poderío de las riquezas, sino más bien en la gloria del espíritu divino que vendrá a enseñar a las mentes y a gobernar el corazón de los ciudadanos renacidos de este reino celestial, los hijos de Dios. Ésta es la hermandad de amor en la que reina la rectitud, y cuyo grito de batalla será: Paz sobre la tierra y buena voluntad entre todos los hombres. Este reino, que vosotros muy pronto iréis a proclamar, es el deseo de los hombres de buena voluntad de todos los tiempos, la esperanza de la tierra entera y el cumplimiento de las promesas sabias de todos los profetas.

«Pero para vosotros, hijitos míos, y para todos los otros que os seguirán en este reino, una dura prueba se impone. Sólo la fe os abrirá sus pórticos, pero vosotros deberéis rendir los frutos del espíritu de mi Padre si queréis continuar ascendiendo en la vida progresiva de la comunidad divina. De cierto, de cierto os digo que no entrará en el reino del cielo todo aquel que diga 'Señor, Señor', sino más bien el que haga la voluntad de mi Padre que está en el cielo.

«Vuestro mensaje para el mundo será: buscad en primer término el reino de Dios y su justicia, y una vez que los encontréis, de allí en adelante tendréis de seguro todas las demás cosas esenciales para la supervivencia eterna. Ahora os digo y os aclaro que este reino de mi Padre no se anunciará con muestras exteriores de poder ni con demostraciones indecorosas. No deberéis proclamar el reino diciendo, 'está aquí' o 'está allí', porque este reino del que predicaréis es Dios dentro de vosotros.

«El que quiera ser grande en el reino de mi Padre será un ministro para todos; y el que quiera ser el primero entre vosotros, dejad que sea el siervo de sus hermanos. Pero cuando hayáis verdaderamente sido recibidos como ciudadanos en el reino celestial, ya no seréis siervos sino hijos, hijos del Dios viviente. Así progresará este reino en el mundo, hasta derribar cada barrera y conducir a todos los hombres al conocimiento de mi Padre y a creer en la verdad salvadora que yo he venido a declarar. Ya, se acerca el reino, y algunos entre vosotros no morirán hasta que hayan visto venir el reino de Dios revestido de gran poder.

«Lo que vuestros ojos contemplan, este pequeño núcleo inicial de doce hombres comunes, se multiplicará y crecerá hasta que finalmente toda la tierra se colme con alabanzas a mi Padre. Y no será tanto por las palabras que vosotros habléis, sino por la vida que vosotros viváis que los hombres conocerán que habéis estado conmigo y que habéis aprendido sobre realidades del reino. Y aunque no deposito cargas pesadas sobre vuestra mente, estoy a punto de depositar sobre vuestra alma la responsabilidad solemne de representarme en el mundo cuando yo dentro de poco os deje, así como ahora yo represento a mi Padre en esta vida que estoy viviendo en la carne». Y cuando hubo terminado de hablar, se levantó.

2. LA ORDENACIÓN

Ahora Jesús les dijo a los doce mortales que acababan de escuchar sus palabras sobre el reino, que se arrodillaran a su alrededor. Luego, el Maestro puso las manos sobre la cabeza de cada uno de los apóstoles, comenzando con Judas Iscariote y terminando con Andrés. Después de bendecirlos, extendió las manos y oró:

«Padre mío, he aquí que te traigo a estos hombres, mis mensajeros. Entre nuestros hijos en la tierra he elegido a estos doce para que salgan y me representen así como yo vine a representarte. Ámalos y acompáñalos como me has amado y me has acompañado a mí. Ahora pues, Padre mío, otorga sabiduría a estos hombres, mientras yo deposito todos los asuntos del reino venidero en las manos de ellos. Y yo desearía, si es tu voluntad, permanecer en la tierra por un tiempo más para ayudarlos en su labor en pos del reino. Nuevamente, Padre mío, te doy las gracias por estos hombres, y los encomiendo a tu cuidado mientras yo me dedico a terminar el trabajo que tú me has encomendado».

Cuando Jesús terminó de orar, los apóstoles permanecieron en su sitio, con la cabeza inclinada. Y pasaron muchos minutos antes de que hasta Pedro se atreviese a levantar la mirada para contemplar al Maestro. Uno por uno abrazaron a Jesús, pero nadie dijo nada. Un gran silencio invadió ese lugar mientras las huestes de seres celestiales contemplaban tan solemne y sagrado espectáculo —el Creador de un universo que encomendaba los asuntos de la hermandad divina del hombre a la dirección de mentes humanas.

3. El sermón de la ordenación

Entonces habló Jesús, diciendo: «Ahora, que ya sois embajadores del reino de mi Padre, ingresáis en una clase separada y distinta de todos los otros hombres de la tierra. Ya no sois hombres entre los hombres, sino que seréis, entre las criaturas ignorantes de este mundo en tinieblas, ciudadanos esclarecidos de otro país, un país celestial. Ya no basta que viváis como habéis vivido antes de este momento, sino que en adelante debéis vivir como los que han probado la gloria de una vida mejor y han sido enviados de vuelta a la tierra como embajadores del Soberano de ese mundo nuevo y mejor. Más se espera del maestro que del alumno; del amo más se exige que del siervo. De los ciudadanos del reino celestial, más es requerido que de los ciudadanos del gobierno terrestre. Algunas de las cosas que estoy a punto de deciros os parecerán duras, pero vosotros habéis elegido representarme en el mundo, así como yo ahora represento al Padre; y como mis representantes en la tierra, estaréis obligados a acatar las enseñanzas y prácticas que reflejan mi ideal de vida mortal en los mundos del espacio, y que ejemplifico en mi vida terrestre de revelación del Padre que está en los cielos.

«Os envío a que proclaméis la libertad a los cautivos espirituales, la felicidad a los que están encadenados por el temor, y que curéis a los enfermos, según la voluntad de mi Padre en los cielos. Cuando encontréis a mis hijos en aflicción, hablad palabras de aliento, diciendo:

«Bienaventurados los pobres de espíritu, los humildes, porque de ellos serán los tesoros del reino del cielo.

«Bienaventurados los que tienen hambre y sed de rectitud, porque ellos serán saciados.

«Bienaventurados los mansos, porque ellos recibirán la tierra por heredad.

«Bienaventurados los limpios de corazón, porque ellos verán a Dios.

«Y aun así, hablad a mis hijos estas otras palabras de consuelo y promesa espiritual:

«Bienaventurados los que están de luto, porque ellos serán consolados. Bienaventurados los que lloran, porque ellos recibirán el espíritu del regocijo.

«Bienaventurados los misericordiosos, porque ellos obtendrán misericordia.

«Bienaventurados los pacificadores, porque ellos serán llamados hijos de Dios.

«Bienaventurados los que son perseguidos por causa de su rectitud, porque de ellos es el reino del cielo. Bienaventurados seréis cuando os vituperen y os persigan y digan toda clase de mal contra vosotros falsamente. Alegraos y gozaos porque grande será vuestra galardón en los cielos.

«Hermanos míos, así como yo os estoy enviando, vosotros sois la sal de la tierra, la sal con gusto de salvación. Pero si la sal ha perdido su gusto, ¿con qué se la salará? Ya no sirve para nada más que para ser arrojada y pisoteada por los hombres.

«Vosotros sois la luz del mundo. Una ciudad asentada sobre un monte no se puede esconder. Ni tampoco se enciende una luz y se la pone debajo de un almud, sino sobre el candelero y alumbra a todos los que están en la casa. Brille así vuestra luz delante de los hombres, para que vean vuestras buenas obras y los guíe a glorificar a vuestro Padre que está en los cielos.

«Os envío al mundo para que me representéis y actuéis como embajadores del reino de mi Padre, y así como salís para proclamar la buena nueva, poned vuestra confianza en el Padre, cuyos mensajeros sois. No resistáis las injusticias por la fuerza; no coloquéis vuestra confianza en el poder de la carne. Si vuestro prójimo os golpea en la mejilla derecha, ponedle también la otra. Preferid sufrir una injusticia a poner pleito entre vosotros. En bondad y con misericordia ministrad a todos los desconsolados y a los necesitados.

«Yo os digo: amad a vuestros enemigos, haced bien a los que os odian, bendecid a los que os maldicen y orad por los que os ultrajan. Y todo lo que vosotros creáis que haría yo para los hombres, hacedlo vosotros.

«Vuestro Padre en los cielos hace brillar el sol sobre malvados al igual que sobre buenos; del mismo modo él envía lluvia sobre justos e injustos. Vosotros sois los hijos de Dios; aún más, sois ahora los embajadores del reino de mi Padre. Sed misericordiosos, así como Dios es misericordioso, y en el eterno futuro del reino seréis perfectos, así como vuestro Padre celeste es perfecto.

«Se os ha encomendado para salvar a los hombres, no para juzgarlos. Al fin de vuestra vida terrestre, todos vosotros esperaréis misericordia; por ello, os pido que durante vuestra vida mortal mostréis misericordia hacia todos vuestros hermanos en la carne. No cometáis el error de quitar la mota del ojo de vuestro hermano cuando hay una viga en el vuestro. Quitad primero la viga de vuestro ojo y así podréis ver mejor para quitar la mota del ojo de vuestro hermano.

«Discernid claramente la verdad; vivid sin temor la vida recta; y así seréis mis apóstoles y los embajadores de mi Padre. Habéis oído que se ha dicho: 'Si el ciego conduce al ciego, ambos caerán al abismo'. Si queréis guiar otros al reino, debéis vosotros mismos caminar en la luz clara de la verdad viviente. En todos los asuntos del reino os exhorto que mostréis juicio justo y sabiduría sagaz. No presentéis lo que es santo a los perros, ni hagáis os culpables de echar vuestras perlas delante de los cerdos, no sea que pisoteen vuestras gemas y se vuelvan y os despedacen.

«Os pongo en guardia contra los falsos profetas que vendrán a vosotros vestidos de oveja, mientras por dentro serán como lobos rapaces. Por sus frutos los conoceréis. ¿Recogen los hombres uvas de las espinas o higos de los cardos? Así pues todo buen árbol da buen fruto, pero el árbol corrupto da fruto malo. Un buen árbol no puede dar fruto malo, ni puede un árbol corrupto producir fruta buena. Todo árbol que no da buen fruto ha de ser arrancado y arrojado en el fuego. Para entrar al reino del cielo, el motivo es lo que cuenta. Mi Padre mira dentro del corazón de los hombres y juzga por sus deseos íntimos y sus intenciones sinceras.

«En el gran día del juicio del reino, muchos me dirán: '¿No profetizamos en tu nombre y en tu nombre hicimos muchas obras maravillosas?' Pero yo me veré obligado a decirles, 'Yo nunca os conocí; apartaos de mí vosotros, falsos maestros'. Pero todo el que escuche este encargo y ejecute sinceramente su misión de representarme ante los hombres, así como yo he representado a mi Padre ante vosotros, hallará entrada abundante en mi servicio y en el reino del Padre celestial».

Los apóstoles no habían oído nunca antes a Jesús hablar de este modo, pues les habló como aquel que tiene autoridad suprema. Descendieron de la montaña al atardecer, pero nadie preguntó nada a Jesús.

4. VOSOTROS SOIS LA SAL DE LA TIERRA

El así llamado «sermón del monte» no es el evangelio de Jesús. Sí contiene muchas enseñanzas útiles, pero fue más bien lo que Jesús encomendó a los doce apóstoles en su ordenación. Fue el encargo personal del Maestro a quienes habrían de seguir predicando el evangelio y que aspiraban a representarlo en el mundo de los hombres así como él tan elocuente y perfectamente era el representante de su Padre.

«Vosotros sois la sal de la tierra, la sal con gusto de salvación. Pero si la sal ha perdido su gusto, ¿con qué se la salará? Ya no sirve para nada más que para ser arrojada y pisoteada por los hombres».

En los tiempos de Jesús la sal era un elemento precioso. Hasta se la utilizaba como moneda. La palabra moderna «salario» deriva de «sal». La sal no sólo condimenta los alimentos, sino que también los conserva. Da más sabor a las cosas, y por lo tanto sirve como se usa.

«Vosotros sois la luz del mundo. Una ciudad asentada sobre un monte no se puede esconder. Ni tampoco se enciende una luz y se la pone debajo de un almud, sino sobre el candelero y alumbra a todos los que están en la casa. Brille así vuestra luz delante de los hombres, para que vean vuestras buenas obras y los guíe a glorificar a vuestro Padre que está en los cielos.»

Aunque la luz dispersa las tinieblas, también puede ser tan «enceguecedora» que confunda y frustre. Se nos advierte que permitamos que nuestra luz alumbre *de manera tal que* nuestros hermanos sean guiados hacia nuevos caminos divinos de la vida enaltecida. Nuestra luz debe brillar de manera tal que no atraiga la atención sobre el yo. Hasta la vocación personal puede emplearse como un eficaz «reflector» para diseminar esta luz de vida.

La fortaleza de carácter *no* se deriva de no hacer el mal, sino de hacer el bien. La generosidad es la marca de la grandeza humana. Los niveles más altos de autorrealización se obtienen mediante la adoración y el servicio. La persona feliz y eficiente está motivada, no por el temor de hacer el mal, sino por el amor a hacer el bien.

«Por sus frutos los conoceréis». La personalidad básicamente es invariable; lo que cambia —lo que crece— es el carácter moral. El error más grande de las religiones modernas es el negativismo. El árbol que no da fruto ha de ser «arrancado y arrojado en el fuego». El valor moral no deriva de la simple represión —de la obediencia a la admonición «no harás». El temor y la vergüenza son motivaciones indignas de la vida religiosa. La religión es válida sólo cuando revela la paternidad de Dios e intensifica la hermandad de los hombres.

Una filosofía eficaz del vivir se forma por una combinación del discernimiento cósmico y la suma de las reacciones emocionales del yo frente al medio social y económico. Recordad: aunque no se puedan modificar fundamentalmente los impulsos heredados, se pueden cambiar las respuestas emocionales a estos impulsos; por consiguiente, la naturaleza moral se puede modificar, el carácter se pude mejorar. En un carácter fuerte las respuestas emocionales están integradas y coordinadas, configurando así una personalidad unificada. Una unificación deficiente debilita la naturaleza moral y genera desdicha.

Sin una meta valiosa, la vida pierde todo objetivo y provecho, y acarrea profunda desdicha. El discurso de Jesús en ocasión de la ordenación de los doce constituye una filosofía magistral de la vida. Jesús exhortó a sus seguidores a que ejercitaran fe experiencial. Les advirtió que no dependieran meramente del consentimiento intelectual, la credulidad y la autoridad establecida.

La educación debiera ser una técnica de aprendizaje (descubrimiento) de los mejores métodos de gratificación de nuestros impulsos naturales y heredados, y la felicidad es el total que resulta de estas técnicas perfeccionadas de satisfacción emocional. La felicidad poco depende del medio ambiente, aunque un ambiente agradable pueda contribuir grandemente a ésta.

Todo mortal anhela verdaderamente ser una persona completa, ser perfecto así como el Padre en el cielo es perfecto, y tal logro es posible porque, en el último análisis, el «universo es verdaderamente paterno».

5. EL AMOR PATERNO Y EL FRATERNO

Desde el Sermón del monte hasta el discurso de la Última cena, Jesús enseñó a sus seguidores a manifestar amor *paterno* en vez de amor *fraterno*. El amor fraterno significa amar al prójimo como a uno mismo, y esto sería el cumplimiento adecuado de la «regla de oro». Pero el afecto paterno requiere que ames a tus semejantes como Jesús te ama a ti.

Jesús ama a la humanidad con un afecto dual. Vivió sobre la tierra como una personalidad dual: humana y divina. Como Hijo de Dios, ama al hombre con un amor paterno —es el Creador del hombre, su Padre en el universo. Como Hijo del Hombre, Jesús ama a los mortales como a un hermano —fue realmente un hombre entre los hombres.

Jesús no esperaba que sus seguidores lograran una manifestación imposible de amor fraterno, pero sí esperaba que se esforzaran tanto por llegar a ser como Dios —perfectos, así como es perfecto el Padre en los cielos— hasta el punto de poder ver al hombre como Dios ve a sus criaturas y pudieran así empezar a amar a los hombres como Dios los ama —mostrar un asomo de afecto paterno. En el curso de estas exhortaciones a los doce apóstoles, Jesús trató de revelar este nuevo concepto de *amor paterno* tal como éste se relaciona con ciertas actitudes emocionales pertinentes cuando se hace numerosos ajustes sociales al medio ambiente.

El Maestro comenzó este importante discurso llamando la atención sobre cuatro actitudes de *fe*, como preludio de la descripción subsecuente de sus cuatro reacciones trascendentales y supremas de amor paterno en comparación con las limitaciones del simple amor fraterno.

Primero habló de los que son pobres de espíritu, de los que tienen sed de rectitud, de los que sobrellevan la mansedumbre y de los de corazón limpio. Es posible esperar de estos mortales quienes disciernen al espíritu, niveles tales de generosidad divina como para ser capaces de intentar el extraordinario ejercicio del afecto *paterno*; es posible esperar que aun cuando estén de luto podrán tener la fuerza de mostrar misericordia, promover la paz y soportar las persecuciones, y al mismo tiempo y a pesar de todo, amar con un amor paterno aun a la humanidad poco amable. El afecto de un padre puede llegar a niveles de devoción que trascienden inconmensurablemente al afecto de un hermano.

La fe y el amor de estas beatitudes fortalecen el carácter moral y crean felicidad. El temor y la ira debilitan el carácter y destruyen la felicidad. Este sermón monumental comenzó con una nota de bienaventuranza.

1. *«Bienaventurados los pobres de espíritu —los humildes»*. Para un niño, la felicidad es la satisfacción de un deseo inmediato que da placer. El adulto está dispuesto a sembrar las semillas de la abstención con el objeto de cosechar en el futuro una felicidad mayor. En los tiempos de Jesús y desde entonces, la felicidad se ha relacionado demasiado frecuentemente con la idea de la posesión de riquezas. En la historia del fariseo y del publicano que oran en el templo, el uno se sentía rico en espíritu —egotista; el otro se sentía «pobre de espíritu» —humilde. El uno era autosuficiente; el otro era receptivo a la enseñanza y buscaba la verdad. Los pobres de espíritu buscan las metas de riqueza espiritual: Dios. Y aquellos que buscan la verdad no tienen que

esperar sus galardones en un futuro lejano; son galardonados ahora. Encuentran el reino del cielo dentro de su corazón, y disfrutan ahora de esa felicidad.

2. *«Bienaventurados los que tienen hambre y sed de rectitud, porque ellos serán saciados»*. Sólo los que se sienten pobres de espíritu tienen sed de rectitud. Sólo los humildes buscan la fortaleza divina y anhelan el poder espiritual. Pero, es sumamente peligroso practicar a sabiendas el ayuno espiritual para aumentar el apetito de las dotes espirituales. El ayuno físico se vuelve peligroso a los cuatro o cinco días; puede uno perder todo deseo de alimentarse. El ayuno prolongado, tanto físico como espiritual, tiende a destruir el apetito.

La rectitud experiencial es un placer, no un deber. La rectitud de Jesús es amor dinámico —afecto paterno-fraterno. No es el tipo de rectitud del mandato negativo, el «no harás». ¿Cómo podría uno jamás tener hambre de algo negativo —de algo que «no harás»?

No es fácil enseñar estas dos primeras beatitudes a una mente infantil, pero la mente madura deberá comprender su significado.

3. *«Bienaventurados los mansos, porque ellos recibirán la tierra por heredad»*. La mansedumbre genuina no tiene relación alguna con el temor. Es más bien una actitud del hombre que coopera con Dios —«hagase tu voluntad». Comprende la paciencia y la tolerancia y está motivada por la fe inamovible en un universo ordenado y cordial. Domina todas las tentaciones de rebelión contra la dirección divina. Jesús fue el manso ideal de Urantia, y heredó un vasto universo.

4. *«Bienaventurados los limpios de corazón, porque ellos verán a Dios»*. La pureza espiritual no es una cualidad negativa, excepto que no contiene sospecha ni venganza. Al hablar de la pureza, Jesús no intentó tratar exclusivamente de las actitudes sexuales del hombre. Se refería más a esa fe que el hombre debe tener en su semejante; esa fe que tiene un padre en su hijo, y que le permite amar a sus semejantes así como un padre los amaría. El amor de un padre no necesita malcriar, y no perdona el mal, pero nunca es cínico. El amor paterno tiene un propósito único, y siempre busca lo mejor en el hombre; ésa es la actitud de un verdadero padre.

Ver a Dios —por la fe— significa adquirir verdadero discernimiento espiritual. El discernimiento espiritual aumenta la guía del Ajustador, y estos dos terminan por aumentar la conciencia de Dios. Cuando conoces al Padre, estás seguro de la filiación divina, y puedes amar cada vez más a cada uno de tus hermanos en la carne no sólo como hermano —con amor fraterno— sino también como padre —con afecto paterno.

Es fácil enseñar esta admonición aun a un niño. Los niños son por naturaleza confiados, y los padres deberían hacer todo lo posible para que no pierdan esa fe sencilla. Al tratar con niños, evitad todo engaño y no despertéis en ellos sospechas. Ayudadlos con sabiduría a elegir sus héroes y sus tareas en la vida.

Siguió pues Jesús enseñando a sus seguidores cómo alcanzar el propósito fundamental de toda la lucha humana el logro de la perfección —aun la divina. Siempre les exhortaba: «Sed perfectos, así como vuestro Padre en los cielos es perfecto». No exhortó a los doce a que amaran al prójimo como se amaban a sí mismos. Esa habría sido un logro noble; habría indicado el alcance del amor fraterno. Más bien, amonestó a sus apóstoles a que amaran a los hombres como él los había amado a ellos —que amaran con un afecto *paterno*, así como también fraterno. Y lo ilustró, indicando cuatro reacciones supremas del amor paterno:

1. *«Bienaventurados los que están de luto, porque ellos serán consolados»*. El así llamado sentido común o la lógica óptima no sugería nunca que la felicidad pueda

surgir del luto. Pero Jesús no se refería al luto ostentoso o exterior. Se refería a la actitud emotiva de la ternura. Es un grave error enseñar a los niños varones y a los jóvenes que no es varonil mostrar ternura, dar rienda suelta a las emociones o quejarse de los sufrimientos físicos. La sensibilidad es un atributo valioso tanto en el hombre como en la mujer. No hace falta ser duro para ser varonil. Esta es la manera errónea de crear hombres valientes. Los grandes hombres del mundo no temen exteriorizar su sufrimiento. Moisés el sufriente fue un gran hombre, más que Sansón o Goliat. Moisés fue un líder extraordinario, pero era también un hombre de mansedumbre. Tener sensibilidad y saber responder a las necesidades de los hombres genera una felicidad genuina y duradera, y estas actitudes cordiales a la vez salvan el alma de las influencias destructoras de la ira, el odio y la sospecha.

2. *«Bienaventurados los misericordiosos, porque ellos obtendrán misericordia».* La misericordia denota aquí la amplitud, anchura y profundidad de la amistad más auténtica —la bondad del amor. La misericordia puede ser a veces pasiva, pero aquí es activa y dinámica —la paternidad suprema. Un padre amante no vacila en perdonar a su hijo, aun muchas veces. En un niño bien educado, el impulso de aliviar el sufrimiento le es natural. En cuanto tienen edad suficiente para apreciar las condiciones reales, los niños son normalmente benevolentes y compasivos.

3. *«Bienaventurados los pacificadores, porque ellos serán llamados hijos de Dios».* Los que escuchaban a Jesús anhelaban una liberación militar, no a los pacificadores. Pero la paz de Jesús no es de tipo pacífico y negativo. Frente a las pruebas y persecuciones él dijo: «Mi paz os dejo con vosotros». «No se turbe vuestro corazón, ni tengáis miedo». Ésta es la paz que previene conflictos desastrosos. La paz personal se integra a la personalidad. La paz social previene el temor, la codicia y la ira. La paz política previene los antagonismos raciales, la suspicacia entre naciones y la guerra. Trabajar por la paz es la cura de las desconfianzas y las sospechas.

Es fácil enseñar a los niños a trabajar como pacificadores. Ellos disfrutan de las actividades de grupo; les gusta jugar juntos. Dijo el Maestro en otra ocasión: «Quien quiera salvar su vida la perderá, pero quien quiera perderla la hallará».

4. *«Bienaventurados los que son perseguidos por causa de su rectitud, porque de ellos es el reino del cielo. Bienaventurados seréis cuando os vituperen y os persigan y digan toda clase de mal contra vosotros falsamente. Alegraos y regocijaos porque grande será vuestra galardón en los cielos».*

La persecución a menudo sigue a la paz. Pero los jóvenes y los adultos valientes nunca huyen de las dificultades ni del peligro. «El amor más grande que el hombre puede experimentar es dar la vida por sus amigos». Y el amor paterno puede hacer todas estas cosas libremente —las cosas que el amor fraterno difícilmente puede abarcar. Y el progreso ha sido siempre la cosecha final de la persecución.

Los niños siempre responden al desafío de la valentía. La juventud está siempre dispuesta a «el desafío». Todo niño debería aprender tempranamente a sacrificarse.

Así pues se revela que las bienaventuranzas del Sermón del monte están basadas en la fe y el amor y no en la ley —ética y deber.

El amor paterno se regocija al devolver el bien por el mal, hacer el bien para vengarse la injusticia.

6. LA NOCHE DE LA ORDENACIÓN

El domingo al anochecer, al llegar a la casa de Zebedeo desde las colinas al norte de Capernaum, Jesús y los doce compartieron una sencilla cena. Más tarde, Jesús fue a caminar por la playa, y los doce se quedaron conversando entre ellos. Tras un breve intercambio, mientras los gemelos encendían un pequeño fuego para dar calor y un poco de luz, Andrés fue a buscar a Jesús, y cuando llegó junto a él, le dijo: «Maestro, mis hermanos no alcanzan a comprender lo que tú has dicho sobre el reino. No nos sentimos capaces de comenzar esta obra hasta que nos hayas enseñado algo más. He venido para pedirte que te reúnas con nosotros en el jardín y nos ayudes a comprender el significado de tus palabras». Y Jesús fue con Andrés para encontrarse con los apóstoles.

Cuando entró al jardín, reunió a los apóstoles a su alrededor y siguió enseñándoles, con estas palabras: «Encontráis difícil recibir mi mensaje porque queréis construir las nuevas enseñanzas directamente sobre las viejas, pero yo os declaro que vosotros debéis renacer. Debéis comenzar nuevamente como niñitos y estar dispuestos a confiar en mis enseñanzas y creer en Dios. El nuevo evangelio del reino no puede ser amoldado a lo que ya es y existe. Tenéis ideas erróneas sobre el Hijo del Hombre y su misión en la tierra. Pero no cometáis el error de pensar que yo he venido para poner de lado la ley y a los profetas; no he venido para destruir sino para completar, para ampliar e iluminar. No he venido para transgredir la ley sino más bien para inscribir estos nuevos mandamientos en las tablas de vuestro corazón.

«Exijo de vosotros una rectitud que excederá a la rectitud de los que buscan obtener los favores del Padre con la limosna, la oración y el ayuno. Si queréis entrar al reino, debéis tener una rectitud que consista en amor, misericordia y verdad —el deseo sincero de hacer la voluntad de mi Padre en el cielo».

Entonces dijo Simón Pedro: «Maestro, si tienes un nuevo mandamiento, quisiéramos oírlo. Revélanos la nueva senda». Jesús le contestó a Pedro: «Lo habéis oído decir de los que enseñan la ley: 'no matarás; que el que mate estará sujeto al juicio'. Pero yo miro más allá del acto, para descubrir el motivo. Os declaro que todo el que esté airado contra su hermano está en peligro de condena. El que alimenta el odio en su corazón y proyecta la venganza en su mente corre el peligro de ser juzgado. Vosotros debéis juzgar a vuestros semejantes por sus acciones; el Padre celestial juzga por las intenciones.

«Habéis oído a los maestros de la ley decir, 'no cometerás adulterio'. Pero yo os digo que todo hombre que contemple a una mujer con intento de lujuria, ya ha cometido adulterio con ella en su corazón. Vosotros tan sólo podéis juzgar a los hombres por sus actos, pero mi Padre mira dentro del corazón de sus hijos y los juzga con misericordia, de acuerdo con sus intenciones y deseos verdaderos».

Jesús pensaba seguir hablando de los otros mandamientos, cuando le interrumpió Santiago Zebedeo, preguntándole: «Maestro, ¿qué hemos de enseñarles a las gentes sobre el divorcio? ¿Hemos de permitir que un hombre divorcie a su mujer tal como Moisés lo ordenó?» Cuando Jesús oyó esta pregunta, dijo: «No he venido para legislar sino para esclarecer. No he venido para reformar los reinos de este mundo sino más bien para establecer el reino del cielo. No es la voluntad de mi Padre que ceda yo a la tentación de enseñaros reglas de gobierno, comercio o conducta social que, aunque puedan ser buenas para el día de hoy, estarían lejos de ser adecuadas para la sociedad de otra época. Estoy en la tierra solamente para consolar la mente, liberar el espíritu y salvar el alma de los hombres. Pero diré, sobre esta cuestión del divorcio que, aunque Moisés lo tolerara, no era así en los tiempos de Adán y en el Jardín».

Una vez que los apóstoles hubieron conversado entre ellos por un breve período, Jesús siguió diciendo: «Debéis reconocer siempre los dos puntos de vista de toda conducta mortal —el humano y el divino; los caminos de la carne y la senda del espíritu; la valoración del tiempo y el punto de vista de la eternidad». Aunque los doce no podían comprender por completo lo que él les enseñaba, este consejo mucho les ayudó.

Entonces dijo Jesús: «Pero tropezáis con mis enseñanzas porque queréis interpretar mi mensaje literalmente; sois lentos en discernir el espíritu de mis enseñanzas. Nuevamente debéis recordar que sois mis mensajeros; debéis vivir vuestra vida así como yo he vivido la mía en espíritu. Sois mis representantes personales; pero no cometáis el error de esperar que todos los hombres vivan como vivís vosotros en todos los aspectos. También debéis recordar que yo tengo ovejas que no son de este rebaño, y que tengo obligaciones también para con ellos, porque debo proveerles el modelo para cumplir con la voluntad de Dios mientras vivo la vida de una naturaleza mortal».

Entonces preguntó Natanael: «Maestro, ¿es que no hemos de dar lugar alguno a la justicia? La ley de Moisés dice, 'ojo por ojo y diente por diente'. ¿Qué hemos de decir nosotros?» Y Jesús contestó: «Vosotros devolveréis el bien por el mal. Mis mensajeros no deben luchar con los hombres, sino tratarlos con dulzura. Vuestra regla no será 'la medida con que medís, os será medido'. Quienes gobiernan a los hombres pueden tener tales leyes, pero no el reino; la misericordia determinará siempre vuestro juicio y el amor, vuestra conducta. Si esto os parece duro, aun ahora podéis iros. Si encontráis que los requisitos del apostolado son demasiado exigentes, podéis retornar al camino menos riguroso de los discípulos».

Al escuchar estas sorprendentes palabras, los apóstoles se apartaron entre ellos por un momento, pero pronto retornaron, y Pedro dijo: «Maestro, queremos seguir contigo; ninguno entre nosotros quiere irse. Estamos plenamente preparados para pagar el precio adicional; beberemos de la copa. Queremos ser apóstoles, no tan sólo discípulos».

Cuando Jesús oyó esto, dijo: «Estad pues dispuestos a cumplir vuestra responsabilidad y seguirme. Haced el bien en secreto; cuando hagáis limosna, que no sepa vuestra mano izquierda lo que hace vuestra derecha. Cuando oréis, apartaos a solas y no uséis vanas repeticiones y frases estereotipadas. Recordad siempre que el Padre conoce lo que necesitáis aun antes de que se lo solicitéis. Y no os pongáis a ayunar con expresión triste para que os vean los hombres. Como mis apóstoles elegidos, apartados ahora para servir al reino, no acumuléis sobre vosotros los tesoros en la tierra, sino que, mediante vuestro servicio generoso, acumuléis tesoros en el cielo, porque allí donde estén vuestros tesoros, allí también estará vuestro corazón.

«La lámpara del cuerpo es el ojo; si pues vuestro ojo es generoso, vuestro cuerpo entero estará lleno de luz. Pero si vuestro ojo es egoísta, vuestro cuerpo entero estará lleno de tinieblas. Si la luz misma que está dentro de vosotros se vuelve tinieblas, ¡cuán grande será la oscuridad!»

Entonces Tomás preguntó a Jesús si debían «continuar compartiéndolo todo». Dijo el Maestro: «Sí hermanos míos, deseo que vivamos juntos como una familia llena de comprensión. Se os confía una gran tarea, y yo anhelo vuestro servicio exclusivo. Sabéis que bien se ha dicho: 'ningún hombre podrá servir a dos señores'. No podéis adorar sinceramente a Dios y al mismo tiempo servir de todo corazón a mammón. Alistados ya sin reservas en el trabajo del reino, no sintáis ansiedad por vuestras vidas; menos aun os preocupéis de lo que comáis o bebáis; o en cuanto a vuestros cuerpos, de cómo los cubriréis. Ya habéis aprendido que manos con voluntad y corazones honestos no pasarán hambre. Ahora cuando os preparáis a dedicar todas vuestras energías al trabajo del reino, estad seguros de que el Padre no se olvidará de vuestras necesidades. Buscad primero el reino de Dios, y cuando hayáis hallado la puerta de entrada, todas las cosas necesarias os serán dadas. No os pongáis pues ansiosos por el mañana. Basta a cada día su propio afán».

Cuando vio Jesús que ellos estaban dispuestos a quedarse levantados toda la noche para hacerle preguntas, les dijo: «Hermanos míos, vosotros sois vasijas de barro; es mejor que vayáis a descansar para estar listos para el trabajo de mañana». Pero el sueño se había alejado de sus ojos. Pedro se aventuró a pedir a su Maestro «una breve conversación privada contigo. No es que quiera yo tener secretos para con mis hermanos, pero mi espíritu está atribulado y si, acaso, merezco un reproche de mi Maestro, podría soportarlo mejor a solas contigo». Jesús le dijo: «Ven conmigo Pedro» —dirigiéndose a la casa. Cuando Pedro regresó del encuentro con su Maestro profundamente animado y alentado, Santiago decidió entrar y hablar con Jesús. Y así sucesivamente, hasta las primeras horas de la madrugada, los demás apóstoles entraron uno por uno para hablar con el Maestro. Cuando todos ellos habían hablado en privado con él, excepto los gemelos, que se habían quedado dormidos, Andrés entró a ver a Jesús y le dijo: «Maestro, los gemelos se han quedado dormidos en el jardín junto al fuego; ¿debo despertarlos para preguntarles si también quieren hablar contigo?». Y sonriente, Jesús le dijo a Andrés: «Hacen bien —no los molestes». Terminaba ya la noche y despuntaba la luz de un nuevo día.

7. LA SEMANA POSTERIOR A LA ORDENACIÓN

Después de pocas horas de sueño, cuando los doce se encontraban reunidos compartiendo con Jesús un desayuno tardío, él dijo: «Ahora debéis comenzar vuestra obra de predicación de la buena nueva y de instrucción a los creyentes. Preparaos para ir a Jerusalén». Cuando hubo hablado Jesús, Tomás reunió valor suficiente para decir: «Yo sé, Maestro, que ya deberíamos estar listos para poner manos a la obra, pero temo que aún no seamos capaces de cumplir esta gran misión. ¿Consentirías que permaneciéramos por aquí unos pocos días más antes de comenzar el trabajo del reino?». Y cuando Jesús vio que todos los apóstoles estaban poseídos por el mismo temor, dijo: «Será como habéis pedido; permaneceremos aquí hasta el sábado».

Por semanas y semanas llegaban a Betsaida en pequeños grupos sinceros buscadores de la verdad para ver a Jesús, pero llegaba también gente simplemente curiosa. Las noticias sobre él ya se habían difundido por toda la región; llegaba gente deseosa de saber desde ciudades tan lejanas como Tiro, Sidón, Damasco, Cesarea y Jerusalén. Hasta ese momento, Jesús acogía a esas gentes y les enseñaba sobre el reino, pero ahora el Maestro encomendó esta tarea a los doce. Andrés seleccionaba a uno de los apóstoles y le asignaba un grupo de visitantes, y a veces los doce estaban todos ocupados a la vez en esta misión.

Trabajaron durante dos días; enseñaban de día y mantenían hasta tarde en la noche sus conversaciones privadas. Al tercer día Jesús fue a visitar a Zebedeo y Salomé y envió a sus apóstoles a que «fueran a pescar, hicieran algo agradable y distinto, o visitaran sus familias». El jueves regresaron para comenzar tres días más de enseñanza.

Durante esta semana de ensayo, Jesús muchas veces repitió a sus apóstoles los dos grandes motivos de su misión postbautismal en la tierra:

1. Revelar el Padre al hombre.

2. Conducir a los hombres a la conciencia de filiación: a que se dieran cuenta por medio de la fe de que eran ellos hijos del Altísimo.

Una semana de experiencias tan variadas hizo mucho bien a los doce; algunos entre ellos hasta empezaron a tener demasiada confianza en sí mismos. En la última conferencia, la noche después del sábado, Pedro y Santiago se acercaron a Jesús diciendo: «Estamos listos; salgamos ahora a conquistar el reino». Y Jesús replicó: «Que vuestra sabiduría iguale vuestro celo y vuestro coraje compense vuestra ignorancia».

Aunque los apóstoles no comprendían muchas de sus enseñanzas, no dejaron de comprender el significado de la hermosa y encantadora vida que él vivió con ellos.

8. EL JUEVES POR LA TARDE EN EL LAGO

Bien sabía Jesús que sus apóstoles no asimilaban del todo sus enseñanzas. Decidió impartir instrucciones especiales a Pedro, Santiago y Juan, con la esperanza de que pudieran ellos aclarar las ideas de sus asociados. Veía que, aunque algunas características de la idea de un reino espiritual eran comprendidas por los doce, ellos persistían en relacionar estas nuevas enseñanzas espirituales directamente con los antiguos y arraigados conceptos literales del reino del cielo como la restauración del trono de David y el restablecimiento de Israel como un poder temporal en la tierra. Por consiguiente, el jueves por la tarde Jesús se alejó de la costa en una barca con Pedro, Santiago y Juan, para hablar de los asuntos del reino. Fue ésta una lección instructiva de cuatro horas, que comprendió decenas de preguntas y respuestas, y para los fines de esta narración, es más provechoso reorganizar el resumen que, de esa tarde importantísima, hiciera Simón Pedro a su hermano Andrés a la mañana siguiente:

1. *Hacer la voluntad del Padre*. Las enseñanzas de Jesús en cuanto a confiar en el cuidado del Padre celestial no era un fatalismo ciego y pasivo. Esa tarde citó con aprobación un viejo dicho hebreo: «El que no trabaja no come». Señaló su propia experiencia como ilustración suficiente de sus enseñanzas. Sus preceptos sobre la confianza en el Padre no deben juzgarse sobre la base de las condiciones sociales o económicas de los tiempos modernos ni de ninguna otra época. Sus enseñanzas abarcan los principios ideales del vivir cerca de Dios en todas las épocas y en todos los mundos.

Jesús les aclaró a los tres la diferencia entre las exigencias del apostolado y las del discipulado. Aun entonces no prohibió a los doce el ejercicio de la prudencia y de la previsión. Su prédica no iba contra la previsión sino contra la ansiedad, la preocupación. Enseñaba la sumisión activa y alerta a la voluntad de Dios. En respuesta a muchas de sus preguntas sobre la frugalidad y la economía, les llamó sencillamente la atención sobre su propia vida como carpintero, fabricante de barcas y pescador, y su cuidadosa organización de los doce. Trató de aclarar que el mundo no debe ser considerado un enemigo; que las circunstancias de la vida constituyen un plan divino que actúa junto con los hijos de Dios.

Jesús encontró grandes dificultades en hacerles comprender su práctica personal de no resistencia. Se negaba en forma absoluta a defenderse a sí mismo, y les pareció a los apóstoles que le hubiera gustado que ellos siguieran la misma política. Les enseñó a no resistir el mal, a no combatir la injusticia o la injuria, pero no les enseñó a tolerar pasivamente las maldades. Indicó muy claramente en esa tarde que él aprobaba el castigo social de los malhechores y criminales, y que el gobierno civil a veces debe emplear la fuerza para mantener el orden social y aplicar la justicia.

No dejó nunca de advertir a sus discípulos contra la práctica malvada de la *represalia*; no permitía la venganza, la idea de desquitarse. Deploraba guardar rencor. Desaprobaba la idea de ojo por ojo y diente por diente. Le desagradaba todo el concepto de la venganza privada y personal, y prefería asignar estos asuntos al gobierno civil por una parte, y al juicio de Dios por la otra. Les aclaró a los tres que sus enseñanzas se referían al *individuo*, y no al estado. Resumió sus instrucciones hasta ese momento sobre estos asuntos como sigue:

Amad a vuestros enemigos —recordad las exigencias morales de la hermandad humana.

La futilidad del mal: un agravio no se corrige con la venganza. No cometáis el error de luchar contra el mal con sus propias armas.

Tened fe —confianza en el triunfo final de la justicia divina y de la bondad eterna.

2. *Actitud política.* Advirtió a sus apóstoles que fuesen discretos en sus comentarios relativos a las difíciles relaciones existentes a la sazón entre el pueblo judío y el gobierno romano; les prohibió que en modo alguno se enredaran en estas dificultades. Él siempre tuvo cuidado de evitar las trampas políticas de sus enemigos, siempre respondiendo: «Dad al césar las cosas que son de césar y a Dios las que son de Dios». No permitía que su atención fuese desviada de su misión de establecer un nuevo camino de salvación; no se permitía a sí mismo preocuparse por otras cosas. En su vida personal siempre cumplió fielmente con todas las leyes y reglas civiles; y en sus enseñanzas públicas ignoró los ámbitos cívicos, sociales y económicos. Les dijo a los tres apóstoles que a él sólo le preocupaban los principios de la vida espiritual interior y personal del hombre.

Jesús no fue pues un reformador político. No vino para reorganizar el mundo; aunque lo hubiese hecho, sólo podría haber sido aplicable a esa época y a esa generación. Sin embargo, mostró al hombre la óptima manera de vivir, y ninguna generación está exenta de la tarea de descubrir como adaptar de la mejor manera, la vida de Jesús a sus propios problemas. Pero, no cometáis jamás el error de identificar las enseñanzas de Jesús con alguna teoría política o económica, con algún sistema social o industrial.

3. *Actitud social.* Los rabinos judíos venían debatiendo desde hacía mucho el problema: ¿Quién es mi prójimo? Jesús llegó con la idea de una generosidad activa y espontánea, un amor por los semejantes tan genuino que expandía el concepto de vecino hasta incluir al mundo entero, tornando en vecinos por lo tanto a todos los hombres. Pero pese a todo esto, Jesús estaba interesado solamente en el individuo, no en la masa. Jesús no era un sociólogo, pero se esforzó por echar por tierra toda forma de aislamiento egoísta. Enseñó comprensión pura, compasión. Micael de Nebadon es un Hijo dominado por la misericordia; la compasión es su naturaleza propia.

El Maestro no dijo que los hombres nunca debían agasajar a sus amigos, pero sí dijo que sus discípulos deberían ofrecer fiestas a los pobres y a los desafortunados. Jesús tenía un firme sentido de la justicia, pero era una justicia siempre atemperada por la misericordia. No enseñó a sus apóstoles que se dejaran dominar por los parásitos sociales ni por los buscadores profesionales de limosnas. Lo más cercano a un comentario sociológico que hizo Jesús fue: «No juzguéis, para que no seáis juzgados».

Dijo claramente que la lástima indiscriminada puede producir muchos males sociales. Al día siguiente Jesús instruyó en forma clara a Judas de que no debían entregarse fondos apostólicos en limosnas excepto si él o dos de los apóstoles juntos se lo pedían. En todos estos asuntos era práctica de Jesús decir siempre: «Sed tan sabios como serpientes pero tan inocuos como palomas». Parecía ser su propósito en toda situación social enseñar paciencia, tolerancia y perdón.

La familia ocupaba el centro mismo de la filosofía de la vida de Jesús —aquí y en lo sucesivo. Las enseñanzas sobre Dios las basaba en la familia, tratando al mismo tiempo de corregir la tendencia judía de honrar excesivamente a los antepasados. Exaltaba la vida familiar como el deber más alto de la humanidad, pero decía claramente que las relaciones familiares no deben interferir con las obligaciones religiosas. Llamaba la atención sobre el hecho de que la familia es una institución temporal; que no sobrevive a la muerte. Jesús no vaciló en dejar a su familia cuando la familia fue en contra de la voluntad del Padre. Enseñó la nueva y más amplia hermandad del hombre —la de los hijos de Dios. En los tiempos de Jesús, el divorcio era fácil tanto en Palestina como en todo el Imperio Romano. Se negó repetidamente a establecer leyes sobre el matrimonio y el divorcio, pero muchos de los primeros seguidores de Jesús tenían opiniones definidas sobre el divorcio y no vacilaron en atribuírselas a él. Todos los escritores del Nuevo Testamento se adhirieron a estas ideas más estrictas y avanzadas sobre el divorcio, excepto Juan Marcos.

4. *Actitud económica.* Jesús trabajó, vivió y actuó en el mundo tal como lo encontró. No era un reformador económico, a pesar de que llamó frecuentemente la atención sobre la injusticia de una distribución desigual de la riqueza. Pero no ofreció sugerencia alguna para remediarla. Dijo claramente a los tres que, aunque sus apóstoles no debían tener propiedad privada, no predicaba contra la riqueza y la propiedad, sino solamente contra su distribución desigual e injusta. Reconocía la necesidad de la justicia social y la ecuanimidad industrial, pero no ofrecía regla alguna para lograrlas.

No enseñó nunca a sus seguidores a que evitaran las posesiones terrestres, sólo a sus doce apóstoles. Lucas, el médico, creía firmemente en la igualdad social, y mucho hizo por interpretar las palabras de Jesús en armonía con sus creencias personales. Jesús no dijo nunca personalmente a sus discípulos que adoptaran un modo de vida comunal; no hizo ningún pronunciamiento de ningún tipo sobre estos asuntos.

Jesús advirtió frecuentemente a sus seguidores contra la codicia, declarando que «la felicidad de un hombre no consiste en la abundancia de sus posesiones materiales». Reiteraba constantemente: «¿Qué gana un hombre si llega a poseer el mundo entero y pierde su propia alma?» Nunca atacó directamente la propiedad privada, pero insistía que lo esencial eternamente es la primacía de los valores espirituales. En sus enseñanzas posteriores trató de corregir muchas erróneas opiniones urantianas sobre la vida, con numerosas parábolas que presentó en el curso de su ministerio público. Jesús no tuvo nunca la intención de elaborar teorías económicas; bien sabía que cada época debe desarrollar sus propios remedios para los problemas existentes. Si Jesús estuviera en la tierra hoy día, viviendo su vida en la carne, sería una gran desilusión para la mayoría de los hombres y mujeres buenos, por la sencilla razón de que no tomaría partido en las disputas políticas, sociales o económicas del día corriente. Se mantendría apartado de estas cosas, en cambio os enseñaría cómo perfeccionar vuestra vida espiritual interior para haceros mucho más capaces de solucionar vuestros problemas puramente humanos.

Jesús haría que todos los hombres fueran semejantes a Dios y luego se apartaría para contemplar con compasión como estos hijos de Dios solucionarían sus propios problemas sociales, políticos y económicos. No era la riqueza lo que denunciaba, sino lo que hace la riqueza con la mayoría de sus devotos. Este jueves por la tarde, por primera vez dijo Jesús a sus asociados que «es más bendito dar que recibir».

5. *Religión personal.* Vosotros, así como lo hicieron sus apóstoles, podréis comprender mejor las enseñanzas de Jesús por su vida. Vivió una vida perfeccionada en Urantia, y sus enseñanzas singulares sólo pueden ser comprendidas cuando

se visualiza esa vida dentro de su ambiente inmediato. Es su vida, y no sus lecciones a los doce ni los sermones a las multitudes, la que os ayudará a revelar el carácter divino y la personalidad amante del Padre.

Jesús no atacó las enseñanzas de los profetas hebreos ni de los moralistas griegos. El Maestro reconocía las muchas cosas buenas que estos grandes pensadores preconizaban, pero había venido a la tierra para enseñar *algo más*: «la conformidad voluntaria de la voluntad del hombre a la voluntad de Dios». Jesús no quería sencillamente producir un *hombre religioso*, un mortal totalmente ocupado con sentimientos religiosos y sólo estimulado por impulsos espirituales. Si vosotros hubierais podido verlo aunque hubiera sido una sola vez, habríais conocido que Jesús era un hombre real de gran experiencia en las cosas de este mundo. Las enseñanzas de Jesús en este respecto han sido groseramente pervertidas y grandemente tergiversadas a través de los siglos de la era cristiana; también habéis tenido ideas pervertidas sobre la mansedumbre y humildad del Maestro. Su propósito en su vida fue al parecer un *gran respeto por sí mismo*. Aconsejaba al hombre a que se humillara para llegar a ser realmente exaltado; lo que realmente buscaba era una humildad auténtica ante Dios. Mucho valoraba la sinceridad —un corazón puro. La fidelidad era una virtud cardinal en su evaluación del carácter, mientras que el *coraje* estaba el corazón mismo de sus enseñanzas. «No temáis» era su consigna, y la resistencia paciente, su ideal de fuerza de carácter. Las enseñanzas de Jesús constituyen una religión de valor, coraje y heroísmo. Precisamente por esto escogió como sus representantes personales a doce hombres comunes y corrientes, la mayoría de los cuales eran pescadores toscos, viriles y varoniles.

Jesús poco tenía que decir sobre los vicios sociales de su era; pocas veces se refirió a la delincuencia moral. Era un maestro positivo de la virtud verdadera. Evitaba cuidadosamente el método negativo de impartir instrucción; se negaba a publicar el mal. No era ni siquiera un reformador moral. Bien sabía, y enseñó a sus apóstoles, que los impulsos sensuales de la humanidad no se reprimen mediante el reproche religioso ni las prohibiciones legales. Sus pocas denuncias estaban dirigidas en gran parte contra el orgullo, la crueldad, la opresión y la hipocresía.

Jesús ni siquiera denunció con vehemencia a los fariseos como lo hiciera Juan. Sabía que muchos de los escribas y fariseos eran de corazón honesto; comprendía que eran esclavos de las tradiciones religiosas. Jesús insistía en «primero sanar el árbol». Reiteró a los tres que él valoraba toda la vida, y no sólo unas pocas virtudes especiales.

Lo único que aprendió Juan de esta lección fue que el corazón de la religión de Jesús consistía en lograr un carácter compasivo combinado con una personalidad motivada para hacer la voluntad del Padre en el Paraíso.

Pedro entendió la idea de que el evangelio que estaban a punto de proclamar era realmente un nuevo comienzo para toda la raza humana. Más tarde transmitió esta impresión a Pablo, quien de allí elaboró su doctrina de Cristo como «el segundo Adán».

Santiago comprendió la estremecedora verdad de que Jesús deseaba que sus hijos en la tierra vivieran como si fuesen ciudadanos del reino de los cielos ya completado.

Jesús sabía que cada hombre es distinto de los demás, y así enseñó a sus apóstoles. Repetidamente les advirtió que no intentaran moldear a los discípulos y a los creyentes según un modelo preestablecido. Lo que buscaba era que cada alma pudiera desarrollarse a su propia manera, como individuo distinto y en vías de perfeccionamiento ante Dios. En respuesta a una de las muchas preguntas de Pedro, el Maestro dijo: «Quiero liberar a los hombres para que puedan empezar de nuevo como niños una vida nueva y mejor». Jesús siempre insistía que la verdadera bondad debe ser inconsciente, y que al hacer caridad no se permita que la mano izquierda sepa lo que está haciendo la mano derecha.

Los tres apóstoles se escandalizaron esa tarde cuando se dieron cuenta de que la religión de su Maestro no tenía disposición alguna para un examen de conciencia espiritual. Todas las religiones antes y después de los tiempos de Jesús, aun el cristianismo, ofrecen medios cuidadosos para realizar examen de conciencia. Pero no la religión de Jesús de Nazaret. La filosofía de vida de Jesús carece de introspección religiosa. El hijo del carpintero nunca enseñó la *formación* del carácter; enseñó el *crecimiento* del carácter, declarando que el reino del cielo es como un grano de mostaza. Pero Jesús nada dijo que proscribiera el autoanálisis con el objeto de prevenir todo egotismo arrogante.

El derecho de entrar en el reino está condicionado por la fe, la creencia personal. El costo de permanecer en la ascensión progresiva del reino es una perla de gran precio; para poseerla, el hombre vende todo lo que tiene.

Las enseñanzas de Jesús son una religión para todos, no solamente para débiles y esclavos. Su religión no se cristalizó (en su época) en credos y leyes teológicas; no dejó una sola línea escrita. Su vida y sus enseñanzas fueron legadas al universo como herencia inspiradora e ideal para la guía espiritual e instrucción moral en todas las épocas en todos los mundos. Y aun hoy, las enseñanzas de Jesús se distinguen de todas las religiones, como tales, aunque son la esperanza viviente de cada una de éstas.

Jesús no enseñó a sus apóstoles que la religión es la única ocupación del hombre en la tierra; ésa era la idea judía de servir a Dios. Pero sí insistió en que la religión fuera la ocupación exclusiva de los doce. Jesús nada enseñó que desviara a sus creyentes de la búsqueda de la cultura genuina; tan sólo quiso apartarse de las escuelas religiosas de Jerusalén, las cuales estaban esclavizadas por las tradiciones. Era liberal, de gran corazón, culto y tolerante. La mojigatería no tiene lugar en su filosofía de un recto vivir.

El Maestro no ofrecía soluciones para los problemas no religiosos de su propia época ni de las épocas subsiguientes. Jesús deseaba desarrollar el discernimiento espiritual para captar las realidades eternas y estimular la iniciativa en la originalidad en el vivir; se dedicaba exclusivamente a las necesidades espirituales fundamentales y permanentes de la raza humana. Revelaba una bondad igual a Dios. Exaltaba el amor —la verdad, la belleza y la bondad— como ideal divino y realidad eterna.

El Maestro vino para crear en el hombre un nuevo espíritu, una voluntad nueva — para impartir una capacidad nueva para conocer la verdad, experienciar la compasión y elegir la virtud— la voluntad de estar en armonía con la voluntad de Dios, combinada con el impulso eterno de volverse perfecto, así como es perfecto el Padre en los cielos.

9. El día de la consagración

El sábado siguiente lo dedicó Jesús a sus apóstoles, regresando a las tierras altas en donde los había ordenado; y allí, después de un largo y alentador mensaje personal, bellamente conmovedor, inició el acto solemne de la consagración de los doce. Esa tarde Jesús reunió a los apóstoles a su alrededor en la colina y los entregó en la mano de su Padre celestial, en preparación para el día en que se vería obligado a dejarlos solos en el mundo. No hubo enseñanzas nuevas en esta ocasión, sino tan sólo conversación y comunión.

Jesús resumió muchas de las enseñanzas del sermón de ordenación, pronunciado en ese mismo lugar, y luego, llamándolos ante sí uno por uno, les encomendó a salir al mundo como sus representantes. El encargo de consagración del Maestro fue: «Id a todo el mundo y predicad la buena nueva del reino. Liberad a los cautivos espirituales, confortad a los oprimidos, y ministrad a los afligidos. Libremente habéis recibido, dad pues libremente».

Jesús les aconsejó que no llevaran consigo ni dinero ni atuendos adicionales, diciendo: «El obrero merece su salario». Y finalmente dijo: «He aquí que os envío como corderos entre los lobos; sed pues tan sabios como serpientes y tan inocuos como palomas. Pero cuidado, porque vuestros enemigos os llevarán ante sus concilios, y en sus sinagogas os castigarán. Ante gobernadores y rectores seréis llevados porque creéis en este evangelio, y vuestro testimonio mismo será testigo de mí ante ellos. Y cuando os lleven a juicio, no os preocupéis de lo que digáis, porque el espíritu de mi Padre vive en vosotros y en tales momentos hablará por vosotros. Algunos entre vosotros seréis ajusticiados, y antes de que establezcáis el reino en la tierra, seréis odiados por muchas gentes por causa de este evangelio; pero no temáis, yo estaré con vosotros, y mi espíritu os precederá en el mundo entero. Y la presencia de mi Padre habitará en vosotros cuando os dirijáis primero a los judíos, luego a los gentiles».

Cuando descendieron de la montaña, regresaron a su morada en la casa de Zebedeo.

10. LA NOCHE DESPUÉS DE LA CONSAGRACIÓN

Esa noche al enseñar dentro de la casa, porque había comenzado a llover, Jesús habló largamente, tratando de mostrar a los doce cómo debían *ser*, no lo que debían *hacer*. Ellos tan sólo conocían una religión que imponía el *obrar* de cierta manera para alcanzar el estado de rectidud —la salvación. Pero Jesús reiteraba: «En el reino, debéis *ser* rectos para hacer el trabajo». Muchas veces repitió: «*Sed* perfectos, así como vuestro Padre en los cielos es perfecto». Todo el tiempo el Maestro explicaba a sus perplejos apóstoles que la salvación que había venido a traer al mundo se alcanzaba tan sólo *creyendo*, por medio de la fe simple y sincera. Decía Jesús: «Juan predicó un bautismo de arrepentimiento, de pena por la vieja manera de vivir. Vosotros debéis proclamar el bautismo del compañerismo con Dios. Predicad arrepentimiento a los que necesitan tales enseñanzas, pero a los que ya están buscando sinceramente entrar al reino, abrid las puertas de par en par e invitadlos a entrar en la jubilosa hermandad de los hijos de Dios». Pero era difícil tarea persuadir a estos pescadores galileos de que, en el reino, *ser* rectos, por medio de la fe, debía preceder al *obrar* rectamente en la vida diaria de los mortales en la tierra.

Otra gran dificultad en el trabajo de enseñar a los doce residía en su tendencia a tomar principios altamente idealistas y espirituales de verdad religiosa y transformarlos en reglas concretas de conducta personal. Jesús les presentaba el espíritu hermoso de la actitud del alma, pero ellos insistían en traducir estas enseñanzas en reglas de conducta personal. Muchas veces, cuando se esforzaban en recordar lo que el Maestro decía, solían casi de cierto olvidarse de lo que *no* decía. Pero poco a poco asimilaron sus enseñanzas porque Jesús *era* todo lo que enseñaba. Lo que no conseguían obtener de sus instrucciones verbales, paulatinamente lo adquirieron viviendo con él.

Los apóstoles no veían manifiesto que su Maestro estaba viviendo una vida de inspiración espiritual para todas las personas de todas las eras de todos los mundos de un extenso universo. A pesar de que Jesús les decía esto de vez en cuando, los apóstoles no alcanzaban a comprender la idea de que estaba haciendo una labor *en* este mundo pero *para* todos los otros mundos de su vasta creación. Jesús vivió su vida terrestre en Urantia, no para dar un ejemplo personal de vida mortal a los hombres y mujeres de este mundo, sino más bien para crear *un ideal altamente espiritual e inspirador* para todos los seres mortales de todos los mundos.

Esta misma noche Tomás le preguntó a Jesús: «Maestro, tú dices que debemos llegar a ser como niñitos antes de poder entrar al reino del Padre, y sin embargo nos has advertido que no nos dejemos engañar por falsos profetas ni que nos hagamos culpables de echar nuestras perlas delante de los cerdos. Pues, estoy sinceramente perplejo. No puedo comprender tus enseñanzas». Jesús le replicó a Tomás: «¿Cuánta paciencia habré de tenerte! Siempre insistes en entender literalmente todo lo que yo enseño. Cuando os pedí que lleguéis a ser como niñitos como precio para entrar al reino, no me refería a la facilidad de caer en el engaño, al mero afán de creer, ni tampoco al impulso de confiar en cautivantes extraños. Lo que deseaba que vosotros pudierais entender con esta figura era la relación entre hijo y padre. Tú eres el hijo, y es el reino de *tu* padre adonde quieres entrar. Está presente ese afecto natural entre todo niño normal y su padre que asegura una relación comprensiva y amante, y que precluye para siempre toda inclinación a regatear para obtener el amor y la misericordia del padre. Y el evangelio que vais a predicar tiene que ver con esta salvación que crece del descubrimiento por la fe de esta misma y eterna relación entre niño y padre».

La característica fundamental de las enseñanzas de Jesús consistía en la *moralidad* de su filosofía originada en la relación personal del individuo con Dios —esta misma relación niño-padre. Jesús hacía hincapié en el *individuo*, no en la raza ni en la nación. Mientras comían la cena, Jesús tuvo una conversación con Mateo en la que le explicó que la moralidad de cualquier acción está determinada por la motivación del individuo. La moralidad de Jesús siempre era positiva. La regla de oro tal como Jesús la rerradactó exige un activo contacto social; la antigua regla negativa podía ser obedecida en la soledad. Jesús liberó la moral de todas las reglas y ceremonias y la elevó a niveles majestuosos de pensamiento espiritual y de vida verdaderamente recta.

Esta nueva religión de Jesús no carecía completamente de implicaciones prácticas, pero todo valor práctico político, social o económico que se pueda hallar en sus enseñanzas es una consecuencia natural de esta experiencia interior del alma tal como manifiesta los frutos del espíritu en el espontáneo ministerio diario de una genuina experiencia religiosa personal.

Cuando Jesús y Mateo terminaron de conversar, Simón el Zelote preguntó: «Pero, Maestro, ¿son *todos* los hombres hijos de Dios?» Y Jesús contestó: «Sí, Simón, todos los hombres son hijos de Dios, y ésa es la buena nueva que vais a proclamar». Pero los apóstoles no conseguían comprender tal doctrina; era un pronunciamiento nuevo, extraño y sorprendente. Y fue debido a su deseo de inculcarles esta verdad debido al que Jesús enseñó a sus discípulos a tratar a todos los hombres como hermanos.

En respuesta a una pregunta de Andrés, el Maestro aclaró que la moralidad de su enseñanza era inseparable de la religión de su vivir. Enseñaba la moralidad, no fundándola en la *naturaleza* del hombre, sino en la *relación* del hombre con Dios.

Juan le preguntó a Jesús: «Maestro, ¿qué es el reino de los cielos?» Y Jesús respondió: «El reino del cielo consiste en estas tres cosas esenciales: primero, el reconocimiento del hecho de la soberanía de Dios; segundo, la creencia en la verdad de que sois hijos de Dios; y tercero, la fe en la eficacia del supremo deseo humano de hacer la voluntad de Dios —de ser como Dios. Y ésta es la buena nueva del evangelio: que mediante la fe, todo mortal puede obtener estas cosas esenciales para la salvación».

Ahora pues la semana de espera llegaba a su cierre, y ellos se preparaban para partir hacia Jerusalén al día siguiente.

DOCUMENTO 141

EL COMIENZO DE LA OBRA PÚBLICA

JESÚS y los doce apóstoles se prepararon para partir de su centro de operaciones en Betsaida el 19 de enero del año 27 d. de J.C., que era el primer día de esa semana. Los doce nada sabían de los planes de su Maestro excepto que irían a Jerusalén para presenciar las festividades de la Pascua en abril, y que la intención era viajar por el camino del valle del Jordán. No salieron de la casa de Zebedeo hasta cerca del mediodía, porque las familias de los apóstoles y otros de los discípulos habían venido para despedirlos y darles la enhorabuena en la nueva obra que estaban por comenzar.

Poco antes de partir, los apóstoles no podían encontrar al Maestro, y Andrés fue a buscarlo. Después de una breve búsqueda, encontró a Jesús sentado en una barca junto a la playa, y estaba llorando. Los doce habían visto a su Maestro apenado muchas veces, y habían contemplado sus breves temporadas de seria preocupación mental, pero ninguno de ellos lo había visto nunca llorar. Andrés estaba un tanto sorprendido al ver al Maestro así afectado en vísperas de su partida hacia Jerusalén y se atrevió a acercarse a Jesús y preguntarle: «Maestro, en este día auspicioso en que estamos a punto de partir hacia Jerusalén para proclamar el reino del Padre, ¿por qué lloras? ¿Quién entre nosotros te ha ofendido?» Y Jesús, volviendo en compañía de Andrés para reunirse con los doce, le respondió: «Nadie entre vosotros me ha causado pena. Estoy triste tan sólo porque nadie de la familia de mi padre José, ha pensado en venir a despedirse.» En esta época, Ruth estaba de visita en la casa de su hermano José en Nazaret. Los demás miembros de su familia se mantenían alejados por orgullo, desilusión, falta de comprensión y pequeños resentimientos, emociones que surgían de sus sentimientos heridos.

1. LA SALIDA DE GALILEA

Capernaum no estaba lejos de Tiberias, y la fama de Jesús se había difundido por toda Galilea y aun más allá. Jesús sabía que Herodes pronto comenzaría a notar el desarrollo de su obra; por eso pensó que sería mejor viajar al sur y entrar a Judea con sus apóstoles. Un grupo de más de cien creyentes expresaron el deseo de acompañarlos, pero Jesús les habló convenciéndolos de que no acompañaran al grupo apostólico en su viaje por el valle del Jordán. Aunque consintieron en quedarse atrás, muchos de ellos siguieron al Maestro pocos días después.

El primer día, Jesús y los apóstoles sólo viajaron hasta Tariquea, donde pasaron la noche. Al día siguiente llegaron hasta un punto en el Jordán, cerca de Pella, donde Juan había predicado tan sólo un año antes, y donde Jesús había recibido el bautismo. Aquí permanecieron más de dos semanas, enseñando y predicando. Hacia fines de la primera semana, se habían reunido varios cientos de personas en un campamento cerca de la morada de Jesús y los doce, y habían venido de Galilea, Fenicia, Siria, la Decápolis, Perea y Judea.

Jesús no hizo ninguna predicación pública. Andrés dividió la multitud en grupos y asignó predicadores para las asambleas de la mañana y de la tarde; después de la cena, Jesús habló con los doce. No les enseñó nada nuevo sino que repasó sus enseñanzas anteriores y respondió a sus muchas preguntas. En una de estas noches, algo dijo a los doce sobre los cuarenta días que había transcurrido en las montañas, cerca de ese lugar.

Muchos de los que venían de Perea y Judea habían sido bautizados por Juan y estaban interesados en averiguar más sobre las enseñanzas de Jesús. Los apóstoles mucho progresaron en enseñar a los discípulos de Juan, puesto que en nada desmerecían la predicación de Juan, y además, en esa época, ni siquiera bautizaban a los nuevos discípulos. Pero siempre fue un tropiezo para los seguidores de Juan el hecho de que Jesús, si era realmente todo lo que Juan había anunciado que sería, nada había hecho por sacarlo de la cárcel. Los discípulos de Juan nunca pudieron comprender por qué Jesús no previno la muerte cruel de su amado líder.

Noche tras noche Andrés instruía cuidadosamente a sus compañeros apóstoles en la tarea delicada y difícil de llevarse bien con los seguidores de Juan el Bautista. Durante este primer año del ministerio público de Jesús, más de tres cuartos de sus seguidores habían seguido previamente a Juan y habían recibido su bautismo. Este entero año 27 d. de J.C. transcurrió en la tarea sosegada de hacerse cargo del trabajo de Juan en Perea y Judea.

2. LA LEY DE DIOS Y LA VOLUNTAD DEL PADRE

La noche antes de partir de Pella, Jesús impartió instrucciones ulteriores a los apóstoles sobre el nuevo reino. Dijo el Maestro: «Se os ha enseñado a esperar el advenimiento del reino de Dios, y ahora yo he venido anunciando que este reino por tanto tiempo esperado está cerca, que en efecto ya está aquí, en nuestro medio. En todo reino debe de haber un rey sentado en su trono que establece las leyes del reino. Por eso habéis desarrollado un concepto del reino del cielo como el gobierno glorificado del pueblo judío sobre todos los pueblos de la tierra, con el Mesías sentado en el trono de David promulgando desde este lugar de milagroso poder las leyes para el mundo entero. Pero, hijos míos, no estáis viendo con los ojos de la fe, ni oyendo con la comprensión del espíritu. Yo os declaro que el reino del cielo es la comprensión y la aceptación del gobierno de Dios en el corazón de los hombres. En verdad hay un Rey en este reino, y ese Rey es mi Padre y vuestro Padre. Somos en verdad sus súbditos fieles, pero la verdad transformadora que en mucho trasciende este hecho es que nosotros somos sus *hijos*. En mi vida esta verdad se hará manifiesta para todos. Nuestro Padre también está sentado en un trono, pero no un trono hecho por manos humanas. El trono del Infinito es la morada eterna del Padre en el cielo de los cielos; él llena todas las cosas y proclama sus leyes a los universos tras los universos. Y el Padre también gobierna dentro del corazón de sus hijos en la tierra, mediante el espíritu que él ha enviado para que more en el alma de los hombres mortales.

«Cuando súbditos de este reino, en verdad debéis escuchar la ley del Gobernante Universal; pero cuando, gracias al evangelio del reino que yo he venido para declarar, vosotros descubrís por la fe que sois hijos, de allí en adelante no os consideraréis como criaturas sujetas a la ley de un rey todopoderoso, sino como los hijos privilegiados de un Padre amante y divino. De cierto, de cierto os digo, que cuando la voluntad del Padre es vuestra *ley*, aún no estáis en el reino. Pero cuando la voluntad del Padre se hace verdaderamente vuestra *voluntad*, entonces estaréis vosotros en verdad en el reino, porque el reino se ha tornado de esta manera una experiencia establecida en vosotros. Cuando la voluntad de Dios es vuestra ley, sois nobles súbditos esclavos; pero cuando creéis en este nuevo evangelio de filiación divina, la voluntad de mi Padre se hace vuestra voluntad, y seréis elevados a la alta posición de hijos libres de Dios, hijos liberados del reino».

Algunos de los apóstoles comprendieron algo de esta enseñanza, pero ninguno de ellos comprendió el significado pleno de este extraordinario anuncio, excepto tal vez Santiago Zebedeo. Sin embargo, estas palabras se grabaron en su corazón, emergiendo para alegrar su ministerio durante los años posteriores de servicio.

3. LA ESTADÍA EN AMATUS

El Maestro y sus apóstoles permanecieron cerca de Amatus casi tres semanas. Los apóstoles continuaron su predicación a la multitud dos veces por día, y Jesús predicó todos los sábados por la tarde. Resultaba imposible continuar con la rutina de recreación los miércoles; por eso Andrés decidió que los apóstoles descansarían de dos en dos, uno de los seis días de la semana, mientras que todos trabajarían durante los servicios del sábado.

Pedro, Santiago y Juan hicieron la mayor parte de la predicación pública. Felipe, Natanael, Tomás y Simón hicieron la mayor parte del trabajo personal y dictaron clases para grupos especiales de interesados; los mellizos continuaron con su supervisión policíaca general, mientras que Andrés, Mateo y Judas se combinaron en un comité general ejecutivo de tres, aunque cada uno de ellos también realizó una considerable tarea religiosa.

Andrés estaba muy atareado solucionando los malentendidos y desacuerdos que recurrían constantemente entre los discípulos de Juan y los discípulos más nuevos de Jesús. Surgían situaciones graves cada tantos días, pero Andrés, con la ayuda de sus asociados apostólicos, consiguió inducir a las partes en disputa a que llegaran a algún tipo de acuerdo, por lo menos temporalmente. Jesús se negaba a participar en estas conferencias; tampoco ofrecía consejo alguno sobre la manera de arreglar estas dificultades. No ofreció sugerencias ni una sola vez a los apóstoles sobre cómo solucionar estos problemas preocupantes. Cuando Andrés se acercaba a Jesús con estos asuntos, siempre decía: «El invitado no ha de participar en las querellas de sus huéspedes; un padre sabio no toma nunca partido en las disputas de sus hijos».

El Maestro demostraba gran sabiduría y manifestaba una ecuanimidad perfecta en todas sus deliberaciones con sus apóstoles y con todos sus discípulos. Jesús era de veras un maestro de hombres; ejercía una gran influencia sobre sus semejantes, debido a la combinación de encanto y fuerza que integraba su personalidad. Su vida ruda, nomádica y sin hogar ejercía una influencia sutil y llena de autoridad. Había en su manera firme y llena de autoridad de enseñar, en su lógica lúcida, en la fuerza de su razonamiento, en su perspicacia sagaz, en la claridad de su mente, en su donaire incomparable y en su sublime tolerancia, una atractividad intelectual y un imán espiritual. Era sencillo, varonil, honesto y sin miedo. Además de esta gran influencia física e intelectual que se manifestaba en la presencia del Maestro, también se transmitían esos encantos espirituales del ser que se han asociado a través del tiempo con su personalidad: la paciencia, la ternura, la mansedumbre, la compasión y la humildad.

Jesús de Nazaret era en verdad una personalidad fuerte y enérgica; era una fuerza intelectual y un baluarte espiritual. Su personalidad atraía no sólo a las mujeres con inclinación espiritual entre sus discípulos, sino también al Nicodemo erudito e intelectual y al rudo soldado romano, al capitán a quien se encargara la vigilancia de la cruz, quien después de ver morir al Maestro, dijo: «De veras, éste era un Hijo de Dios». Y los toscos y enérgicos pescadores galileos le llamaban Maestro.

Los retratos de Jesús han sido altamente desafortunados. Estas pinturas de Cristo han ejercido una influencia deletérea sobre la juventud; los mercaderes del templo no hubieran huido ante Jesús si hubiese sido un hombre tal como lo retratan generalmente vuestros artistas. Su virilidad era digna; él era bueno, pero natural. Jesús no posaba de místico manso, dulce, gentil y afable. Su manera de enseñar era dinámica, electrizante. No solamente tenía *buenas intenciones* sino que *hacía* realmente *el bien.*

El Maestro nunca dijo: «Venid a mí, todos vosotros que sois indolentes y todos vosotros que sois soñadores». Pero dijo muchas veces: «Venid a mí, todos vosotros que *laboráis*, y yo os daré descanso —fuerza espiritual». El yugo del Maestro es en verdad fácil de llevar, pero aun así, nunca lo impone; cada uno debe aceptar ese yugo por su propio libre albedrío.

Jesús enseñaba que la conquista era fruto del sacrificio, el sacrificio del orgullo y del egoísmo. Al ejercer la misericordia intentó ilustrar la liberación espiritual de todos los afanes, los rencores, la ira, y el deseo egoísta de poderío y venganza. Y cuando dijo: «No resistáis el mal», explicó más tarde que no significaba que se tolerara el pecado ni que se fraternizara con la iniquidad. Intentaba más bien enseñar a perdonar «a no resistir el mal trato contra la personalidad de uno, la injuria malintencionada a la dignidad personal».

4. LAS ENSEÑANZAS SOBRE EL PADRE

Durante la estadía en Amatus, Jesús pasó mucho tiempo con los apóstoles instruyéndolos sobre el nuevo concepto de Dios; una y otra vez les repitió que *Dios es un Padre*, y no un contador supremo ocupado principalmente en asentar en los libros los pecados y el mal de sus hijos descarriados en la tierra, la computación de sus maldades, para usarlos luego contra ellos al abrir juicio como justo Juez de toda la creación. Los judíos habían concebido desde hacía mucho tiempo a Dios como el rey de todos, aun como el Padre de la nación, pero nunca antes habían contemplado grandes números de hombres mortales la idea de Dios como Padre amante de *cada individuo*.

En respuesta a la pregunta de Tomás: «¿Quién es este Dios del reino?» Jesús replicó: «Dios es tu Padre, y la religión —mi evangelio— no es ni más ni menos que el reconocimiento creyente de la verdad de que tú eres su hijo. Y yo estoy aquí entre vosotros en la carne para iluminar con mi vida y enseñanzas estas dos ideas».

También trató Jesús de liberar la mente de sus apóstoles de la idea de ofrecer sacrificios de animales como deber religioso. Pero estos hombres, criados en la religión del sacrificio diario, tardaban en comprender lo que él quería decir. Sin embargo, el Maestro nunca se cansaba de enseñarles. Cuando no conseguía impresionar la mente de todos los apóstoles mediante una ilustración, volvía a repetir su mensaje empleando otro tipo de parábola para esclarecer el concepto.

Por esta época empezó Jesús a enseñar a los doce en forma más completa sobre la misión de ellos de «consolar a los afligidos y ministrar a los enfermos». Mucho les enseñó el Maestro sobre el hombre completo —la unión del cuerpo, la mente y el espíritu para formar al individuo, hombre o mujer. Jesús explicó a sus asociados los tres tipos de aflicción que encontrarían, y luego les explicó cómo deberían ministrar a todos los que sufren las penas de la enfermedad humana. Les enseñó a reconocer:

1. Las enfermedades de la carne —las aflicciones generalmente consideradas enfermedades físicas.

2. Las mentes atribuladas —esas aflicciones que no son físicas que posteriormente fueron consideradas como desórdenes y disturbios emocionales y mentales.

3. Los poseídos por los espíritus malignos.

Jesús explicó a sus apóstoles en varias ocasiones la naturaleza y algo del origen de estos espíritus malignos, que en aquella época también se llamaban frecuentemente, espíritus impuros. El Maestro bien conocía la diferencia entre ser poseído por los espíritus malignos y la locura, pero los apóstoles no la conocían. Tampoco era posible para Jesús, en vista del conocimiento limitado de ellos sobre la historia primitiva de Urantia, tratar de hacer plenamente comprensible este asunto. Pero muchas veces les dijo, aludiendo a estos espíritus malignos: «No volverán a molestar a los hombres cuando yo haya ascendido a la diestra de mi Padre en el cielo y después de que haya derramado mi espíritu sobre toda la carne, cuando llegue el reino en gran poder y gloria espiritual».

Semana a semana y mes a mes, a lo largo de todo este año, los apóstoles prestaron más y más atención al ministerio curativo de los enfermos.

5. LA UNIDAD ESPIRITUAL

Una de las conferencias nocturnas más pletóricas en Amatus fue la que tuvo que ver con la conversación sobre la unidad espiritual. Santiago Zebedeo había preguntado: «Maestro, ¿cómo podremos aprender a ver las cosas de las misma manera y de ese modo disfrutar de mayor armonía entre nosotros?» Al oír Jesús la pregunta, se sintió tan agitado en su espíritu que inmediatamente replicó: «Santiago, Santiago, ¿cuándo os enseñé que debéis ver las cosas todos vosotros de la misma manera? He venido al mundo para proclamar la libertad espiritual, para que los mortales tengan la fuerza de vivir su vida individual con originalidad y libertad ante Dios. No deseo que se compre la armonía social y la paz fraternal al precio del sacrificio de la personalidad libre y de la originalidad espiritual. Lo que yo os pido, mis apóstoles, es *unidad espiritual* —y ésa podréis experimentar en el regocijo de vuestra dedicación unida a hacer de todo corazón, la voluntad de mi Padre en el cielo. No hace falta que veáis las cosas de la misma manera ni que las sintáis de la misma manera ni tampoco que penséis de la misma manera para *ser iguales* espiritualmente. La unidad espiritual deriva de la conciencia de que cada uno de vosotros está habitado, y cada vez más dominado, por el don espiritual del Padre celestial. Vuestra armonía apostólica ha de crecer del hecho de que la esperanza espiritual de cada uno de vosotros es idéntica en origen, naturaleza y destino.

«Así podréis experimentar una unidad perfeccionada de propósito espiritual y de comprensión espiritual que crecen de la conciencia mutua de la identidad de cada uno de vuestros espíritus Paradisiacos residentes; y podréis disfrutar de esta profunda unidad espiritual dentro de la diversidad extrema de actitudes individuales en cuanto a pensamiento intelectual, sentimiento temperamental y conducta social. Vuestra personalidad bien puede ser encantadoramente distinta y marcadamente variada, y vuestra naturaleza espiritual y los frutos espirituales de la adoración divina y del amor fraternal pueden estar al mismo tiempo tan unificados que todos los que contemplen vuestra vida reconocerán con toda seguridad esta identidad de espíritu y unidad de alma; reconocerán que vosotros habéis estado conmigo y que de esa manera habéis aprendido, y habéis aprendido aceptablemente, cómo hacer la voluntad del Padre en el cielo. Podéis pues lograr la unidad del servicio de Dios, aunque cada uno de vosotros cumpla tal servicio de acuerdo con la técnica de las propias dotes originales de mente, cuerpo y alma.

«Vuestra unidad de espíritu implica dos cosas, que siempre armonizan en la vida de cada uno de los creyentes: Primero, estáis poseídos por un motivo común de vida de servicio; todos vosotros deseáis por sobre todas las cosas hacer la voluntad del Padre en el cielo. Segundo, todos tenéis un propósito común de existencia; todos os proponéis encontrar al Padre en el cielo, probando así al universo que os habéis tornado como él».

Muchas veces, durante el período de capacitación de los doce, Jesús volvió sobre este tema. Repetidas veces les dijo que no era su deseo que los que creyeran en él se volvieran dogmatizado y estandardizados según las interpretaciones religiosas de los hombres, aun de los hombres buenos. Una y otra vez admonestó a los apóstoles contra la elaboración de credos y el establecimiento de tradiciones como medio para guiar y controlar a los creyentes en el evangelio del reino.

6. LA ÚLTIMA SEMANA EN AMATUS

Hacia fines de la última semana en Amatus, Simón el Zelote trajo a Jesús a un tal Tejerma, un persa que estaba haciendo negocios en Damasco. Tejerma había oído hablar de Jesús y había venido a Capernaum para verlo, y cuando descubrió allí que Jesús se había ido con sus apóstoles río abajo por el Jordán camino de Jerusalén, salió a buscarlo. Andrés se lo presentó a Simón para que le enseñara. Simón consideraba al persa un «adorador del fuego», aunque Tejerma explicó con sumo cuidado que el fuego era tan sólo el símbolo visible de Aquel que es Puro y Santo. Después de hablar con Jesús, el persa manifestó su intención de permanecer varios días allí para escuchar las enseñanzas y la predicación.

Cuando Simón el Zelote y Jesús estuvieron a solas, Simón le preguntó al Maestro: «¿Por qué no pude yo persuadirle? ¿Por qué tanto se resistió él a mis esfuerzos y tan rápidamente se dispuso a escuchar tus palabras?» Jesús respondió: «Simón, Simón, ¿cuántas veces te he enseñado a abandonar tus esfuerzos por *quitar* algo del corazón de los que buscan la salvación? ¿Cuántas veces te he dicho que trabajes solamente para poner algo *dentro* de estas almas hambrientas? Conduce a los hombres al reino, y las grandes verdades vivientes del reino finalmente disiparán todo error grave. Cuando hayas comunicado al hombre mortal la buena nueva de que Dios es su Padre, podrás persuadirle más fácilmente de que él es, en realidad, un hijo de Dios. Y habiendo hecho eso, habrás traído la luz de la salvación al que está sentado en las tinieblas. Simón, cuando el Hijo del Hombre vino primero a ti, ¿vino acaso denunciando a Moisés y a los profetas y proclamando un camino de vida nuevo y mejor? No. Yo vine, no para eliminar lo que tú habías recibido de tus antepasados, sino para mostrarte la visión perfeccionada de lo que tus padres sólo habían podido vislumbrar en parte. Vete Simón, vete a enseñar y predicar el reino, y cuando veas que un hombre está a salvo y seguro en el reino, recién en ese momento, cuando aquel venga con sus preguntas, impártele la instrucción relacionada con el avance progresivo del alma dentro del reino divino».

Simón estaba asombrado por estas palabras, pero hizo lo que Jesús le había instruído, y Tejerma, el persa, se contó entre los que entraron al reino.

Esa noche Jesús les dio a los apóstoles un discurso sobre la nueva vida en el reino. Dijo en parte: «Cuando entréis al reino, habréis renacido. No podéis enseñar las cosas profundas del espíritu a los que tan sólo han nacido en la carne; primero haced que los hombres nazcan del espíritu antes de instruirle sobre los caminos avanzados del espíritu. No tratéis de mostrar a los hombres las bellezas del templo antes de llevarles al templo. Presentad los hombres a Dios y *como* hijos de Dios, antes de hablarles de las doctrinas de la paternidad de Dios y de la filiación de los hombres. No disputéis con los hombres —sed siempre pacientes. No es vuestro el reino; tan sólo sois sus embajadores. Salid simplemente proclamando: este es el reino del cielo —Dios es vuestro Padre y vosotros sois sus hijos, y esta buena nueva *es* vuestra salvación eterna si creéis en ésta de todo corazón».

Los apóstoles hicieron grandes progresos durante su estadía en Amatus. Pero estaban muy desilusionados de que Jesús no les diera sugerencias sobre cómo tratar con los discípulos de Juan. Aun en el importante asunto del bautismo, todo lo que Jesús dijo fue: «Efectivamente, Juan bautizaba con agua, pero cuando entréis en el reino del cielo, seréis bautizados con el espíritu».

7. EN BETANIA MÁS ALLÁ DEL JORDÁN

El 26 de febrero, Jesús, sus apóstoles y un grupo grande de seguidores viajaron hacia el sur, siguiendo el Jordán hasta el vado cerca de Betania en Perea, el lugar donde Juan había proclamado por primera vez sobre el reino venidero. Jesús permaneció allí con sus apóstoles, enseñando y predicando durante cuatro semanas, antes de seguir viaje a Jerusalén.

La segunda semana de su estadía en Betania allende el Jordán, Jesús llevó a Pedro, Santiago y Juan a las colinas del otro lado del río y al sur de Jericó para descansar por tres días. El Maestro enseñó a estos tres muchas verdades nuevas y avanzadas sobre el reino del cielo. Para los fines de esta narración hemos reorganizado y clasificado estas enseñanzas como sigue:

Jesús se empeñó en aclararles que deseaba que sus discípulos, habiendo probado de las realidades buenas del espíritu del reino, vivieran su vida en tal forma que, al *contemplarla* los hombres, se tornaran conscientes del reino y fueran conducidos por esa conciencia a preguntar a los creyentes el camino del reino. Todos los seres que de tal manera sinceramente buscan la verdad están siempre felices *de oír* la buena nueva del don de fe que asegura la entrada al reino con sus realidades espirituales eternas y divinas.

El Maestro intentó convencer a todos los instructores del evangelio del reino de que su tarea exclusiva consistía en revelar al hombre individual que Dios era su Padre —en conducir a ese hombre individual a la conciencia de su filiación; luego, presentar ese mismo hombre a Dios como su hijo en la fe. Estas dos revelaciones esenciales se cumplen en Jesús. Él fue efectivamente «el camino, la verdad y la vida». La religión de Jesús estaba totalmente basada en el vivir de su vida autootorgadora en la tierra. Cuando Jesús partió de este mundo, no dejó libros, leyes ni otras formas de organización humana que afectaran la vida religiosa del individuo.

Jesús aclaró que él había venido para establecer relaciones personales y eternas con los hombres, relaciones que para siempre habrían de tomar precedencia sobre toda otra relación humana. Y accentuó que esta íntima hermandad espiritual debía extenderse a todos los hombres de todas las edades y todas las condiciones sociales de todos los pueblos. La única recompensa que ofrecía a sus hijos era: en este mundo — felicidad espiritual y comunión divina; en el mundo siguiente —vida eterna en el progreso de las realidades espirituales divinas del Padre del Paraíso.

Jesús hacía hincapié sobre las dos verdades que él llamaba de principal importancia en las enseñanzas del reino, y éstas son: el alcanzar la salvación mediante la fe, y la fe por sí sola, asociada con la enseñanza revolucionaria de alcanzar la libertad del hombre, mediante el reconocimiento sincero de la verdad: «conoceréis la verdad, y la verdad os hará libres». Jesús era la verdad hecha manifiesta en la carne, y él prometió enviar su Espíritu de la Verdad al corazón de todos sus hijos después de su retorno al Padre en el cielo.

El Maestro estaba enseñando a estos apóstoles la esencia de la verdad para una era entera sobre la tierra. Frecuentemente escuchaban ellos sus enseñanzas, aunque en realidad lo que él decía era para inspiración y edificación de otros mundos. Ejemplificaba un plan de vida nuevo y original. Desde el punto de vista humano, era en verdad un judío, pero vivió su vida para todo el mundo como un mortal de la tierra.

Para asegurar el reconocimiento de su Padre en el desarrollo del plan del reino, Jesús explicó que a propósito había ignorado a los «poderosos de la tierra». Comenzó su trabajo con los pobres, la clase social que había sido desechada por la mayoría de las religiones evolucionarias de los tiempos precedentes. No despreciaba a ningún hombre; su plan era mundial, aun universal. Fue tan osado y tan enfático en estos anuncios que hasta Pedro, Santiago y Juan estuvieron tentados a pensar que tal vez pudiera estar él fuera de sí.

Trató de impartir suavemente a estos apóstoles la verdad de que había venido en esta misión autootorgadora, no para dar el ejemplo a unas pocas criaturas en la tierra, sino para establecer y demostrar una norma de vida humana para todos los pueblos de todos los mundos de todo su universo. Y esta norma se acercaba a la más alta perfección, aun a la bondad final del Padre universal. Pero los apóstoles no podían comprender el significado de sus palabras.

Anunció que había venido como instructor, maestro enviado del cielo para presentar la verdad espiritual a la mente material. Y esto fue exactamente lo que hizo. Era instructor, no predicador. Desde el punto de vista humano, Pedro era mucho más eficaz como predicador que Jesús. La predicación de Jesús era tan arrolladora debido a su personalidad singular, no tanto por una irresistible atracción oratoria o emotiva. Jesús hablaba directamente al alma de los hombres. Enseñaba al espíritu del hombre, pero a través de la mente. Vivía con los hombres.

En esta ocasión Jesús, dio a Pedro, a Santiago y a Juan a entender que su trabajo en la tierra estaba en cierto modo limitado por la encomienda de su «asociado en lo alto», refiriéndose a los consejos de su hermano Paradisiaco, Emanuel, antes del autootorgamiento. Les dijo que el había venido a hacer la voluntad de su Padre y sólo la voluntad de su Padre. Estando pues motivado por una exclusividad de propósito totalmente sincera, no sufría mucha preocupación ni ansiedad por las maldades del mundo.

Los apóstoles estaban empezando a reconocer la cordialidad sin afectación de Jesús. Aunque era fácil acercarse al Maestro, siempre vivía independientemente de todos los seres humanos y por encima de ellos. No estuvo jamás ni por un momento, dominado por una influencia puramente mortal ni sujeto al frágil juicio humano. No prestó atención alguna a la opinión pública, y las alabanzas no lo afectaban. Pocas veces se detuvo para corregir los malentendidos o resentir una interpretación errónea. Nunca les pidió consejo a los hombres; jamás pidió a nadie que orara.

Santiago estaba asombrado de cómo Jesús parecía ver el fin desde el principio. El Maestro rara vez parecía sorprenderse. No estaba nunca excitado, enojado o desconcertado. No le pidió nunca disculpas a nadie. A veces estaba triste, pero nunca desalentado.

Más claramente reconocía Juan que, a pesar de todas sus dotes divinas, después de todo, él era humano. Jesús vivió como un hombre entre los hombres y les comprendió, les amó y conoció como tratar con los hombres. En su vida personal era tan humano y sin embargo, tan sin defecto. Y siempre, tan generoso.

Aunque Pedro, Santiago y Juan no podían comprender mucho de lo que Jesús dijo en esta ocasión, sus graciables palabras se grabaron en su corazón, y después de la crucifixión y resurrección, surgieron a su memoria para enriquecer y regocijar su ministerio subsiguiente. No es de extrañar que estos apóstoles no comprendieron completamente las palabras del Maestro, porque les estaba proyectando el plan de una nueva era.

8. EL TRABAJO EN JERICÓ

Durante las cuatro semanas de estadía en Betania allende el Jordán, varias veces cada semana Andrés asignaba parejas apostólicas para que fueran a Jericó por uno o dos días. Juan tenía muchos creyentes en Jericó, y la mayoría de ellos aceptaron con placer las enseñanzas más avanzadas de Jesús y sus apóstoles. Durante estas visitas a Jericó, los apóstoles comenzaron a llevar a cabo más específicamente las instrucciones de Jesús sobre el ministerio a los enfermos; visitaron cada casa de la ciudad y trataron de confortar a cada persona afligida.

Los apóstoles hicieron algún trabajo público en Jericó, pero sus esfuerzos eran principalmente de una naturaleza más tranquila y personal. Descubrieron por entonces que la buena nueva del reino reconfortaba mucho a los enfermos; que su mensaje llevaba curación a los afligidos. Y fue en Jericó donde el encargo de Jesús a los doce de que predicaran la buena nueva del reino y ministraran a los afligidos fue llevado a cabo plenamente por primera vez.

Se detuvieron en Jericó camino a Jerusalén y fueron alcanzados por una delegación de la Mesopotamia que había venido para conferenciar con Jesús. Los apóstoles habían proyectado pasar un solo día allí, pero cuando llegaron estos buscadores orientales de la verdad, Jesús pasó con ellos tres días, y éstos regresaron a sus distintos hogares a lo largo del Eufrates felices de poseer el conocimiento de la nueva verdad del reino del cielo.

9. LA PARTIDA PARA JERUSALÉN

El lunes, el último día de marzo, Jesús y los apóstoles comenzaron su viaje cuesta arriba hacia Jerusalén. Lázaro de Betania había viajado al Jordán dos veces para ver a Jesús, y se habían hecho todos los arreglos para que el Maestro y sus apóstoles tomaran como base de operaciones la casa de Lázaro y sus hermanas en Betania por todo el tiempo que desearan permanecer en Jerusalén.

Los discípulos de Juan permanecieron en Betania allende el Jordán enseñando y bautizando a las multitudes, de modo que Jesús iba acompañado tan sólo por los doce cuando llegó a la casa de Lázaro. Allí Jesús y sus apóstoles permanecieron durante cinco días, descansando y reponiéndose antes de seguir viaje a Jerusalén para la Pascua. Fue un gran acontecimiento en la vida de Marta y María tener al Maestro y sus apóstoles en el hogar de su hermano y poder atender a sus necesidades.

El domingo por la mañana, 6 de abril, Jesús y los apóstoles bajaron a Jerusalén; y fue ésta la primera vez que el Maestro y los doce se encontraban allí todos juntos.

DOCUMENTO 142

LA PASCUA EN JERUSALÉN

DURANTE el mes de abril, Jesús y los apóstoles trabajaron en Jerusalén, saliendo de la ciudad todas las tardes para pasar la noche en Betania. Jesús mismo pasó una o dos noches por semana en Jerusalén en la casa de Flavio, un judío griego, donde concurrían en secreto muchos judíos prominentes para entrevistarse con él.

El primer día en Jerusalén Jesús visitó a su amigo de años pasados, Anás, ex sumo sacerdote y pariente de Salomé, la esposa de Zebedeo. Anás había oído informes sobre las enseñanzas de Jesús, y cuando Jesús llegó a la casa del sumo sacerdote, fue recibido con mucha reserva. Al percibir Jesús la frialdad de Anás, se despidió inmediatamente, diciendo al partir: «El miedo es el esclavizador principal del hombre, y el orgullo, su mayor debilidad; ¿te traicionarás a ti mismo obligándote a la esclavitud de estos dos destructores de la felicidad y de la libertad?». Pero Anás no respondió. El Maestro no volvió a ver a Anás hasta el momento en que éste se sentó con su yerno en juicio del Hijo del Hombre.

1. LA ENSEÑANZA EN EL TEMPLO

Durante todo este mes, Jesús o uno de los apóstoles enseñaban diariamente en el templo. Cuando las multitudes pascuales eran demasiado numerosas para entrar al templo y escuchar la enseñanza, los apóstoles conducían muchos grupos de enseñanza fuera de los precintos sagrados. Lo esencial de su mensaje era:

1. El reino del cielo se acerca.

2. Mediante la fe en la paternidad de Dios, podéis entrar en el reino del cielo y así ser hijos de Dios.

3. El amor es la regla del vivir dentro del reino —devoción suprema a Dios al amar al prójimo como a vosotros mismos.

4. La obediencia a la voluntad del Padre, que produce los frutos del espíritu en la vida personal, es la ley del reino.

Las multitudes que venían a celebrar la Pascua escucharon estas enseñanzas de Jesús, y cientos entre ellos se regocijaron de la buena nueva. Los altos sacerdotes y rectores de los judíos mucho se preocuparon acerca de Jesús y sus apóstoles y discutieron qué deberían hacer con ellos.

Además de enseñar dentro y fuera del templo, los apóstoles y otros creyentes hacían mucho trabajo personal entre las multitudes pascuales. Estos hombres y mujeres interesados llevaron la nueva del mensaje de Jesús, escuchada durante la celebración pascual, a los puntos más remotos del Imperio Romano y también al oeste. Fue éste el comienzo de la expansión del evangelio del reino al mundo exterior. El trabajo de Jesús ya no se limitaría a Palestina.

2. LA IRA DE DIOS

Se encontraba en Jerusalén para asistir a las festividades de la Pascua un tal Jacobo, rico mercader judío proveniente de Creta, que fue a ver a Andrés con la solicitud de reunirse con Jesús en privado. Andrés arregló ese encuentro secreto con Jesús en la casa de Flavio para la tarde del día siguiente. Este hombre no podía comprender las enseñanzas del Maestro, y había venido porque deseaba hacer preguntas más completas sobre el reino de Dios. Jacobo le dijo a Jesús: «Pero, Rabino, Moisés y los profetas de antaño nos dicen que Yahvé es un Dios celoso, un Dios de gran ira e intenso enojo. Los profetas dicen que él odia a los malhechores y que se venga de los que no obedecen su ley. Tú y tus discípulos nos enseñan que Dios es un Padre clemente y compasivo que tanto ama a todos los hombres que les daría la bienvenida en este nuevo reino del cielo, que tú proclamas que se está acercando».

Cuando Jacobo terminó de hablar, Jesús le contestó: «Jacobo, has expresado bien las enseñanzas de los antiguos profetas que enseñaban a los hijos de su generación de acuerdo con las luces de su época. Nuestro Padre en el Paraíso es inmutable. Pero el concepto de su naturaleza se ha ampliado y ha crecido desde los días de Moisés a través de los tiempos de Amós y aun hasta la generación del profeta Isaías. Ahora pues he venido yo en la carne para revelar el Padre en nueva gloria y para mostrar su amor y misericordia para con todos los hombres de todos los mundos. A medida que el evangelio de este reino se derrame sobre el mundo con su mensaje de felicidad y buena voluntad para todos los hombres, se irán desarrollando mejores relaciones entre las familias de toda las naciones. A medida que pase el tiempo, los padres y sus hijos se amarán más, y así surgirá una mayor comprensión del amor del Padre en el cielo por sus hijos en la tierra. Recuerda, Jacobo, que un padre verdadero y bueno no sólo ama a su familia en su totalidad —como una familia— sino que también ama verdaderamente y cuida afectuosamente de cada miembro *individual* de la familia».

Después de una larga conversación sobre el carácter del Padre celestial, Jesús pausó para decir: «Tú, Jacobo, padre de muchos como tú eres, bien conoces la verdad de mis palabras». Y Jacobo dijo: «Pero Maestro, ¿quién te dijo que soy padre de seis hijos? ¿Cómo es que tú sabías esto sobre mí?» Y respondió el Maestro: «Basta con decir que el Padre y el Hijo conocen todas las cosas, porque en verdad lo ven todo. Como tú amas a tus hijos como padre sobre la tierra, así debes ahora aceptar la realidad del amor del Padre celestial hacia *ti* —no sólo hacia todos los hijos de Abraham, sino hacia ti, tu alma individual».

Siguió diciendo Jesús: «Cuando tus hijos son muy pequeños e inmaduros, y cuando tú debes castigarlos, es posible que piensen que su padre está enojado y lleno de ira y resentimiento. Su inmadurez no consigue penetrar más allá del castigo para discernir el afecto previsor y correctivo del padre. Pero cuando estos mismos hijos se vuelven hombres y mujeres adultos, ¿no es acaso una locura para ellos mantener estos conceptos previos y erróneos sobre su padre? Como hombres y mujeres ya deberían discernir el amor de su padre en estos castigos tempranos. ¿Acaso no debería la humanidad, a medida que pasan los siglos, llegar a una mejor comprensión de la verdadera naturaleza y carácter amante del Padre en el cielo? ¿Qué habéis ganado de las generaciones sucesivas de esclarecimiento espiritual si persistís en ver a Dios tal como lo veían Moisés y los profetas? Te digo, Jacobo, que bajo la luz brillante de este momento deberías ver al Padre como ninguno de los que han venido antes pudo jamás contemplarle. Y al verlo así, deberías regocijarte de entrar al reino en el que gobierna tan misericordioso Padre, y deberías tratar de que su voluntad de amor domine tu vida de ahora en adelante».

Y Jacobo contestó: «Rabino, yo creo; deseo que me conduzcas al reino del Padre».

3. EL CONCEPTO DE DIOS

Los doce apóstoles, la mayoría de los cuales habían escuchado esta conversación sobre el carácter de Dios, hicieron a Jesús muchas preguntas esa noche sobre el Padre en el cielo. Las respuestas del Maestro a estas preguntas pueden presentarse mejor mediante el resumen siguiente, puesto en lenguaje moderno:

Jesús reprochó suavemente a los doce, diciendo en substancia: ¿No conocéis acaso las tradiciones de Israel relacionadas con el crecimiento de la idea Yahvé, y sois acaso ignorantes de las enseñanzas de las Escrituras sobre la doctrina de Dios? Luego el Maestro procedió a instruir a los apóstoles sobre la evolución del concepto de la Deidad a lo largo del curso del desarrollo del pueblo judío. Les llamó la atención sobre las siguientes fases del crecimiento de la idea de Dios:

1. *Yahvé*: El dios de los clanes del Sinaí. Era éste el concepto primitivo de la Deidad, que Moisés exaltó al nivel más alto del Señor Dios de Israel. El Padre en el cielo nunca deja de aceptar la adoración sincera de sus hijos en la tierra, aunque su concepto de la Deidad sea burdo, y sea cual fuere el nombre que para ellos simboliza la naturaleza divina.

2. *El Altísimo*. Este concepto del Padre en el cielo fue proclamado por Melquisedek a Abraham y fue llevado muy lejos desde Salem por los que subsiguientemente creyeron en esta idea ampliada y expandida de la Deidad. Abraham y su hermano se fueron de Ur debido al establecimiento de la adoración del sol, y se tornaron creyentes en las enseñanzas de Melquisedek sobre El Elyón —el Dios Altísimo. El concepto de ellos era un concepto compuesto de Dios que consistía en una mezcla de las ideas mesopotámicas más antiguas con la doctrina del Altísimo.

3. *El Shaddai*. Durante estos tiempos primitivos muchos de los hebreos adoraban El Shaddai, el concepto egipcio del Dios del cielo, que habían aprendido durante su cautiverio en la tierra del Nilo. Mucho tiempo después de la época de Melquisedek, estos tres conceptos de Dios se unieron para formar la doctrina de la Deidad creadora, el Señor Dios de Israel.

4. *Elohim*. Las enseñanzas de la Trinidad Paradisiaca han persistido desde los tiempos de Adán. ¿Recordáis cómo las escrituras comienzan declarando que «en el principio los Dioses crearon los cielos y la tierra»? Esto indica que cuando se registró esto, el concepto de la Trinidad, de los tres Dioses en uno, había encontrado lugar en la religión de nuestros antepasados.

5. *El Yahvé Supremo*. En los tiempos de Isaías, estas creencias sobre Dios se habían ampliado en el concepto de un Creador Universal que era simultáneamente todopoderoso y todo misericordioso. Este concepto de Dios en desarrollo y ampliación suplantó virtualmente todas las ideas previas sobre la Deidad en la religión de nuestros padres.

6. *El Padre en el cielo.* Ahora pues, conocemos a Dios como nuestro Padre en el cielo. Nuestra enseñanza provee una religión en la que el creyente es hijo de Dios. Esta es la buena nueva del evangelio del reino del cielo. Coexisten con el Padre, el Hijo y el Espíritu, y la revelación de la naturaleza y ministerio de estas Deidades del Paraíso continuará ampliándose e iluminándose a lo largo de las eras sin fin de la progresión espiritual eterna de los hijos ascendentes de Dios. En todos los tiempos y durante todas las épocas la verdadera adoración de todo ser humano —en cuanto se relaciona con el progreso espiritual individual— es reconocida por el espíritu residente como un homenaje al Padre en el cielo.

Nunca antes habían estado los apóstoles tan anonadados como en este momento, al escuchar el relato del crecimiento del concepto de Dios en la mente judía de las generaciones previas; estaban demasiado confundidos como para hacer preguntas. Mientras permanecían sentados ante Jesús en silencio, el Maestro continuó: «Y habríais conocido estas verdades si hubieseis leído las Escrituras. ¿Acaso no habéis leído a Samuel donde dice: 'Y la ira del Señor se encendió contra Israel, de tal modo que incitó a David contra ellos, ordenándole que hiciese censo de Israel y Judá'? Y eso no era extraño porque en los días de Samuel los hijos de Abraham realmente creían que Yahvé había creado tanto el bien como el mal. Pero cuando un escritor posterior narró estos acontecimientos, después de la ampliación del concepto judío sobre la naturaleza de Dios, no se atrevió atribuir el mal a Yahvé, por consiguiente dijo: 'Y Satanás se levantó contra Israel e incitó a David a que hiciese censo de Israel' ¿Acaso no sois capaces de discernir que tales narraciones de las Escrituras muestran claramente como el concepto de la naturaleza de Dios continuó creciendo de una generación a la otra?

«También deberíais haber discernido el crecimiento de la comprensión de la ley divina, en perfecta armonía con estos conceptos ampliados de la divinidad. Cuando los hijos de Israel salieron de Egipto, en los días antes de la revelación ampliada de Yahvé, tenían diez mandamientos que les sirvieron de ley hasta el momento en que acamparon frente al Sinaí. Y estos diez mandamientos eran:

«1. No adorarás a otro dios, porque el Señor es un Dios celoso.

«2. No harás imágenes fundidas de dios.

«3. No dejarás de santificar la fiesta del pan ázimo.

«4. De todos los hombres varones y animales machos, los primogénitos son míos, dice el Señor.

«5. Seis días trabajarás, pero el séptimo día descansarás.

«6. No dejarás de santificar la fiesta de las primeras frutas y la fiesta de la cosecha a la salida del año.

«7. No ofrecerás la sangre de los sacrificios con pan leudado.

«8. El sacrificio de la fiesta de Pascua no debe dejarse hasta la mañana.

«9. Las primicias de los primeros frutos de la tierra llevarás a la casa del Señor tu Dios.

«10. No cocerás el cabrito en la leche de su madre.

«Y luego, entre truenos y relámpagos en el Sinaí, Moisés les dio los nuevos diez mandamientos, que todos vosotros estaréis de acuerdo en que son pronunciamientos más nobles, más de acuerdo con los conceptos yahvéitas ampliados de la Deidad. ¿Acaso nunca notasteis que estos mandamientos, tal como aparecen dos veces en las Escrituras, en el primer caso consideran que la liberación del cautiverio en Egipto es la razón para acatar el sábado, mientras que en el segundo, el progreso de las creencias religiosas de nuestros antepasados exigía que el hecho de la creación se reconociera como la motivación de la observancia del sábado?

«Y luego, recordaréis que una vez más —en la época más espiritualmente esclarecida de Isaías— estos diez mandamientos negativos fueron cambiados en la gran ley positiva del amor, la exhortación de amar a Dios en forma suprema y a vuestro prójimo como a vosotros mismos. Esta suprema ley de amor hacia Dios y hacia el hombre es la que yo también os declaro, como el deber total del hombre».

Cuando terminó de hablar, nadie le preguntó nada. Se alejaron cada uno a su sitio de descanso.

4. FLAVIO Y LA CULTURA GRIEGA

Flavio, el judío griego, era un prosélito del portal, pues no había sido circuncidado ni bautizado, y puesto que mucho amaba lo bello en arte y escultura, la casa que ocupaba durante su estadía en Jerusalén era un hermoso edificio. Esta casa estaba exquisitamente adornada con tesoros invaluables, que él había recogido aquí y allí en sus viajes por el mundo. Cuando se le ocurrió por primera vez invitar a Jesús a su casa, temía que el Maestro pudiese ofenderse a la vista de tantas así llamadas imágenes. Pero Flavio estuvo agradablemente sorprendido cuando Jesús entró a la casa y, en vez de reprocharle el poseer estos objetos supuestamente idólatras esparcidos por toda la casa, manifestó gran interés en la colección entera e hizo muchas preguntas apreciativas sobre cada objeto a medida que Flavio lo acompañaba de cuarto en cuarto, mostrándole sus estatuas favoritas.

El Maestro vio que su anfitrión estaba sorprendido por su actitud positiva sobre el arte; por consiguiente, cuando terminaron de ver la entera colección, Jesús dijo: «Porque sabes apreciar la belleza de las cosas creadas por mi Padre y hechas por las manos artísticas del hombre, ¿esperas que yo te reproche? Sólo porque Moisés intentó combatir la idolatría y la adoración de los dioses falsos, ¿por qué deben todos los hombres ponerse en contra de la reproducción de la elegancia y de la belleza? Yo te digo, Flavio, que los hijos de Moisés no supieron interpretarlo y ahora crean falsos dioses aun de sus prohibiciones de las imágenes de los objetos del cielo y de la tierra. Pero, aunque Moisés enseñara estas restricciones a la mente en tinieblas de aquellos días, ¿qué tiene eso que ver con esta época, en la que el Padre en el cielo se revela como el Gobernante Espiritual universal por sobre todas las cosas? Flavio, yo declaro que en el reino venidero ya no enseñarán, 'no adoréis esto y no adoréis aquello'; ya no se preocuparán de instar a que evitéis esto y a que no hagáis aquello, sino más bien, todos se ocuparán de un deber supremo. Y éste deber del hombre está expresado en dos grandes privilegios: adoración sincera del Creador infinito, del Padre del Paraíso, y servicio amante dado a los semejantes. Si amas a tu prójimo como te amas a ti mismo, realmente conocerás que eres hijo de Dios.

«En una época en que mi Padre no era bien comprendido, Moisés estaba justificado en sus intentos de resistir la idolatría, pero en la era venidera el Padre habrá sido revelado en la vida del Hijo; y esta nueva revelación de Dios hará por siempre innecesario confundir al Padre Creador con los ídolos de piedra o las imágenes de oro y plata. De aquí en adelante los hombres inteligentes podrán disfrutar de los tesoros del arte sin confundir la apreciación material de la belleza con la adoración y servicio del Padre del Paraíso, el Dios de todas las cosas y de todos los seres».

Flavio creyó todo lo que Jesús le enseñaba. Al día siguiente fue a Betania allende el Jordán y fue bautizado por los discípulos de Juan. Hizo esto porque los apóstoles de Jesús aún no bautizaban a los creyentes. Cuando Flavio retornó a Jerusalén, hizo una gran fiesta para Jesús e invitó a sesenta de sus amigos. Muchos de esos invitados también se hicieron creyentes en el mensaje del reino venidero.

5. EL DISCURSO SOBRE LA CERTIDUMBRE

Uno de los grandes sermones que predicó Jesús en el templo durante esa semana de Pascua fue en respuesta a una pregunta de uno de los oyentes, un hombre de Damasco. Éste preguntó a Jesús: «Pero, Rabino, ¿cómo sabremos con certidumbre que tú has sido enviado por Dios, y que nosotros podremos en verdad entrar en este reino que tú y tus discípulos declaran venidero?» Y Jesús respondió:

«En cuanto a mi mensaje y a las enseñanzas de mis discípulos, debéis juzgarlos por sus frutos. Si os proclamamos las verdades del espíritu, el espíritu atestiguará en vuestro corazón que nuestro mensaje es genuino. En cuanto al reino y a vuestra certidumbre de que seréis aceptados por el Padre celestial, permitidme preguntaros ¿qué padre entre vosotros, digno de llamarse padre y con un corazón tierno, abandonaría a su hijo en la ansiedad o en el suspenso sobre su posición dentro de la familia o su sitio asegurado en el afecto del corazón de su padre? ¿Acaso vosotros, padres terrestres, disfrutáis torturando a vuestros hijos con incertidumbres sobre el lugar de amor que ocupan en vuestro corazón paterno humano? Tampoco abandona vuestro Padre en el cielo a sus hijos de fe del espíritu en la incertidumbre de no saber cuál es su posición en el reino. Si recibís a Dios como vuestro Padre, de verdad y de veras seréis hijos de Dios. Y si sois hijos, os encontraréis seguros en vuestra posición en todo cuanto se refiera a la filiación eterna y divina. Si creéis mis palabras, creéis de este modo en Aquel que me envió; y creyendo así en el Padre os habéis asegurado vuestro estado en la ciudadanía celestial. Si hacéis la voluntad del Padre en el cielo, no dejaréis jamás de alcanzar la vida eterna de progreso en el reino divino.

«El Espíritu Supremo será testigo con vuestro espíritu de que sois realmente hijos de Dios. Y si sois hijos de Dios, habéis nacido del espíritu de Dios; y el que haya nacido del espíritu, tiene dentro de sí el poder de sobreponerse a toda duda, y ésta es la victoria que se sobrepone a toda incertidumbre, aun vuestra fe.

«Dijo el profeta Isaías hablando de estos tiempos: 'cuando el espíritu se derrame sobre nosotros desde lo alto, entonces la labor de la rectitud significará paz, reposo, y seguridad para siempre'. Para todos aquellos que crean verdaderamente en este evangelio, yo seré la garantía de su recepción en la misericordia eterna y en la vida perdurable del reino de mi Padre. Así pues vosotros que oís de este mensaje y creéis en este evangelio del reino sois hijos de Dios, y tenéis vida para siempre; y la prueba para todo el mundo de que habéis nacido del espíritu está en que vosotros os amáis sinceramente los unos a los otros».

El gentío de escuchadores permaneció muchas horas con Jesús haciéndole preguntas y escuchando atentamente sus respuestas consoladoras. Aun los apóstoles se sentían fortalecidos por las enseñanzas de Jesús, y pudieron predicar el evangelio del reino con más fuerza y certidumbre. Esta experiencia en Jerusalén fue una gran inspiración para los doce. Fue su primer contacto con multitudes tan enormes, y aprendieron muchas lecciones valiosas que les resultaron de gran ayuda en su trabajo posterior.

6. EL ENCUENTRO CON NICODEMO

Una tarde en la casa de Flavio vino a ver a Jesús un cierto Nicodemo, rico y anciano miembro del sanedrín judío. Mucho había oído él sobre las enseñanzas de este galileo, y por eso fue una tarde a escucharle cuando enseñaba en los patios del templo. Hubiera querido ir a menudo a escuchar las enseñanzas de Jesús, pero temía ser visto por la gente que estaba presente en estas conferencias, porque ya los rectores judíos estaban tan en contra de Jesús que ningún miembro del sanedrín quería identificarse abiertamente con él. Por consiguiente, Nicodemo había arreglado con Andrés de ver a Jesús en privado, después de la caída del sol, esta tarde en particular. Pedro, Santiago y Juan estaban en el jardín de Flavio cuando comenzó la entrevista, pero más tarde entraron a la casa en donde continuó el diálogo.

Al recibir a Nicodemo, Jesús no demostró una deferencia especial; al hablar con él, no había concesión ni tampoco un tono indebidamente persuasivo. El Maestro no hizo ningún intento de rechazar a su visitante sigiloso, ni tampoco lo trató con sarcasmo. En todo su trato con el distinguido visitante, Jesús se mostró calmo, honesto y digno. Nicodemo no era un delegado oficial del sanedrín; vino a ver a Jesús solamente debido a su interés personal y sincero en las enseñanzas del Maestro.

Al ser presentado por Flavio, dijo Nicodemo: «Rabino, sabemos que eres un maestro enviado por Dios, porque ningún mero hombre podría enseñar así a menos que Dios estuviese con él. Y estoy deseoso de conocer más de tus enseñanzas sobre el reino venidero».

Jesús respondió a Nicodemo: «De cierto, de cierto te digo, Nicodemo, que si un hombre no naciere de lo alto, no puede ver el reino de Dios». Entonces replicó Nicodemo: «Pero, ¿cómo puede un hombre nacer de nuevo cuando ya es viejo? No puede entrar por segunda vez en el vientre de su madre para nacer».

Dijo Jesús: «Sin embargo, yo te declaro que, a menos que un hombre naciere del espíritu, no podrá entrar en el reino de Dios. Lo que nace de la carne, carne es, y lo que nace del espíritu, espíritu es. Pero no debes sorprenderte de que yo haya dicho que debes nacer de lo alto. Cuando sopla el viento, oyes el murmullo de las hojas, pero no ves el viento —de donde viene y adonde va— y así es con todo aquel que nace del espíritu. Con los ojos de la carne puedes contemplar las manifestaciones del espíritu, pero no puedes en verdad discernir el espíritu».

Replicó Nicodemo: «Pero no comprendo; ¿cómo puede eso ser?» Dijo Jesús: «¿Es posible que tú seas un maestro en Israel y sin embargo ignores todo esto? Se vuelve pues el deber de los que conocen las realidades del espíritu revelar estas cosas a los que disciernen tan sólo las manifestaciones del mundo material. Pero ¿nos creerás a nosotros, si te decimos las verdades celestiales? ¿Tienes tú el coraje, Nicodemo, de creer en el que ha descendido del cielo, aun en el Hijo del Hombre?»

Y dijo Nicodemo: «Pero ¿cómo podré yo comenzar a captar este espíritu que ha de rehacerme en preparación para entrar al reino?» Respondió Jesús: «El espíritu del Padre en el cielo ya reside en ti. Si te dejas conducir por este espíritu que viene de lo alto, muy pronto comenzarás a ver con los ojos del espíritu. Cuando esto ocurra y tú elijas de todo corazón seguir la dirección del espíritu, nacerás del espíritu, puesto que tu único propósito del vivir será hacer la voluntad de tu Padre que está en el cielo. Al encontrarte nacido del espíritu, y feliz en el reino de Dios, comenzarás a rendir en tu vida diaria los frutos abundantes del espíritu».

Nicodemo era completamente sincero. Estaba profundamente afectado, pero se alejó perplejo. Nicodemo era una persona con un yo bien desarrollado y con buen autocontrol, y aun poseía altas cualidades morales. Era refinado, egoísta y altruista; pero no sabía como *someter* su voluntad a la voluntad del Padre divino así como un niño se somete voluntariamente a la guía y a la dirección de un padre terrestre sabio y amante, para volverse verdaderamente hijo de Dios, heredero progresivo del reino eterno.

Pero Nicodemo supo tener fe suficiente para llegar al reino. Protestó tímidamente cuando sus colegas del sanedrín quisieron condenar a Jesús sin audición; y más tarde, con José de Arimatea, confesó valientemente su fe y reclamó el cuerpo de Jesús, aun cuando la mayoría de los discípulos habían huido atemorizados de la escena del sufrimiento final y muerte del Maestro.

7. LA LECCIÓN SOBRE LA FAMILIA

Después del activo período de enseñanza y trabajo personal durante la semana Pascual en Jerusalén, Jesús pasó el miércoles siguiente en Betania con sus apóstoles, descansando. Esa tarde, Tomás hizo una pregunta que produjo una respuesta larga e instructiva. Dijo Tomás: «Maestro, el día que nos seleccionaste como embajadores del reino, nos dijiste muchas cosas, nos instruiste sobre nuestro modo personal de vida, pero, ¿qué le enseñaremos a la multitud? ¿Cómo deben vivir estas personas después de que el reino llegue más plenamente? ¿Deberán tus discípulos poseer esclavos? ¿Cortejarán tus creyentes la pobreza y rechazarán la propiedad privada? ¿Reinará la misericordia por sí sola de modo tal que ya no habrá ley ni justicia?» Jesús y los doce pasaron toda la tarde y la noche después de la cena discutiendo las preguntas de Tomás. Para los fines de esta narración presentamos el siguiente resumen de las instrucciones del Maestro:

Jesús, en primer lugar, trató de aclarar a sus apóstoles que él estaba en la tierra para vivir una vida excepcional en la carne y que ellos, los doce, habían sido llamados para participar en esta experiencia de autootorgamiento del Hijo del Hombre; y que, como colaboradores, también debían compartir muchas de las restricciones y obligaciones propias de toda la experiencia del autootorgamiento. Hubo una sugerencia velada de que el Hijo del Hombre era el único que jamás hubiera vivido en la tierra, capaz de ver simultáneamente dentro del corazón mismo de Dios y de las profundidades del alma del hombre.

Jesús explicó muy claramente que el reino del cielo era una experiencia evolutiva, que comenzaba aquí en la tierra y progresaba a través de las estaciones sucesivas de vida hasta el Paraíso. En el curso de la noche declaró definitivamente que en una etapa futura del desarrollo del reino, volvería a visitar este mundo, en poder espiritual y gloria divina.

Luego explicó que la «idea del reino» no era la mejor manera de ilustrar la relación del hombre con Dios; empleaba estos tropos porque el pueblo judío estaba esperando el reino y porque Juan había predicado en términos del reino venidero. Dijo Jesús: «Los pueblos de otra era comprenderán mejor el evangelio del reino cuando se lo presente en términos que expresen la relación familiar —cuando el hombre comprenda la religión como la enseñanza de la paternidad de Dios y de la hermandad de los hombres, la filiación con Dios». Luego el Maestro discurrió con cierta amplitud sobre la familia terrestre como ilustración de la familia celestial, volviendo a declarar las dos leyes fundamentales del vivir: el primer mandamiento de amor al padre, el jefe de la familia, y el segundo mandamiento de amor mutuo entre los hijos, de amar a tu hermano como a ti mismo. Procedió luego explicando que esta cualidad de afecto fraternal se manifestaría invariablemente en servicio social, generoso y amante.

Después de esto, sobrevino la memorable conversación sobre las características fundamentales de la vida familiar y su aplicación a la relación existente entre Dios y el hombre. Jesús declaró que una verdadera familia está fundada en los siguientes siete hechos:

1. *El hecho de la existencia.* Las relaciones discernibles en la naturaleza y los fenómenos del parecido entre los mortales están vinculados a la familia: los niños heredan ciertos rasgos de los padres. Los hijos se originan de los padres. La existencia de la personalidad depende del acto de los padres. La relación del padre y el hijo es inherente en toda la naturaleza y llena todas las existencias vivientes.

2. *La seguridad y el placer.* Los verdaderos padres derivan gran placer de la satisfacción de las necesidades de sus hijos. Muchos padres no se contentan con satisfacer tan sólo las necesidades de sus hijos, sino que disfrutan en disponer también para sus placeres.

3. *La educación y la capacitación.* Los padres sabios planean cuidosamente la educación y la capacitación adecuada de sus hijos e hijas. Se prepara así a los jóvenes para las responsabilidades mayores de la vida futura.

4. *La disciplina y el establecimiento de limitaciones.* Los padres previsores también disponen para la necesaria disciplina, guía, corrección y, de vez en cuando limitaciones, para sus hijos pequeños e inmaduros.

5. *El camaraderismo y la lealtad.* El padre afectuoso mantiene una relación íntima y amante con sus hijos. Está siempre dispuesto a escuchar sus solicitudes; está dispuesto a compartir sus penas y ayudarlos en sus dificultades. El padre está supremamente interesado en el bienestar progresivo de su progenie.

6. *El amor y la misericordia.* Un padre compasivo perdona libremente; los padres no alimentan recuerdos vengativos contra sus hijos. Los padres no son como los jueces, los enemigos o los acreedores. Las familias verdaderas están construidas sobre los cimientos de la tolerancia, la paciencia y el perdón.

7. *Las disposiciones para el futuro.* Los padres temporales desean dejar una herencia para sus hijos. La familia continúa de una generación a otra. La muerte sólo acaba con una generación para marcar el comienzo de la siguiente. La muerte termina una vida individual pero no necesariamente la familia.

El Maestro habló durante horas de la aplicación de estas características de la vida familiar a las relaciones del hombre, el hijo terrestre, con Dios, el Padre del Paraíso. Ésta fue su conclusión: «Yo conozco a la perfección toda la relación de un hijo con el Padre, porque todo lo que debéis alcanzar en la filiación en el futuro eterno, ya he alcanzado. El Hijo del Hombre está preparado para ascender a la diestra del Padre, de modo que en mí está el camino, ahora abierto aún más, para que todos vosotros veáis a Dios y cuando hayáis completado la progresión gloriosa, os tornéis perfectos así como vuestro Padre en el cielo es perfecto».

Cuando los apóstoles escucharon estas palabras sorprendentes, recordaron los pronunciamientos que Juan hizo al tiempo del bautismo de Jesús, y también recordaron vívidamente esta experiencia después de la muerte y resurrección del Maestro, en relación con sus predicciones y enseñanzas.

Jesús es un Hijo divino, uno que cuenta con la confianza plena del Padre Universal. Había estado con el Padre y lo comprendía plenamente. Ahora, había vivido su vida terrestre para la satisfacción plena del Padre, y esta encarnación en la carne le había permitido comprender plenamente al hombre. Jesús era la perfección del hombre; había alcanzado la misma perfección que todos los creyentes verdaderos están destinados a alcanzar en él y a través de él. Jesús reveló al hombre un Dios de perfección y le presentó en sí mismo el hijo perfeccionado de los dominios a Dios.

Aunque Jesús habló por varias horas, Tomás aún no estaba satisfecho, pues dijo: «Pero, Maestro, no parece que el Padre en el cielo nos trate siempre con clemencia y misericordia. Muchas veces sufrimos duramente en la tierra, y no siempre son contestadas nuestras oraciones. ¿En qué punto fracasamos en captar el significado de tus enseñanzas?»

Jesús replicó: «Tomás, Tomás, ¿cuánto tiempo pasará hasta que adquieras la habilidad de escuchar con el oído del espíritu? ¿Cuánto tiempo pasará hasta que disciernas que este reino es un reino espiritual, y que mi Padre es también un ser espiritual? ¿Acaso no comprendes que estoy enseñándoos como hijos espirituales en la familia espiritual del cielo, de la cual el jefe paterno es un espíritu infinito y eterno? ¿No me permitiréis usar a la familia terrestre como ilustración de las relaciones divinas sin aplicar mis enseñanzas tan literalmente a los asuntos materiales? ¿En vuestra mente no podréis separar las realidades espirituales del reino, de los problemas materiales, sociales, económicos y políticos de la época? Cuando hablo el lenguaje del espíritu, ¿por qué insistís en traducir mi significado en un lenguaje de la carne cuando yo empleo relaciones comunes y literales para fines de ilustración? Hijos míos, imploro que ceséis de aplicar las enseñanzas del reino del espíritu a los asuntos sórdidos de la esclavitud, la pobreza, las casas y las tierras, y a los problemas materiales de la ecuanimidad y la justicia humanas. Estos asuntos temporales son la preocupación de los hombres de este mundo, y aunque en cierto modo afectan a todos los hombres, vosotros habéis sido llamados para representarme en el mundo, así como yo represento a mi Padre. Sois los embajadores espirituales de un reino espiritual, los representantes especiales del Padre espíritu. A esta altura debería ser posible para mí instruiros como hombres adultos de mi reino espiritual. ¿Acaso debo dirigirme siempre a vosotros como si fuerais niños? ¿Es que no creceréis nunca en la sensibilidad espiritual? Sin embargo, os amo y os tendré paciencia hasta el fin de nuestra asociación en la carne. Y aun entonces mi espíritu os precederá en el mundo».

8. EN LA JUDEA DEL SUR

A fines de abril la oposición a Jesús entre los fariseos y saduceos se había vuelto tan pronunciada que el Maestro y sus apóstoles decidieron alejarse de Jerusalén por un tiempo, dirigiéndose al sur para trabajar en Belén y Hebrón. Todo el mes de mayo fue dedicado a hacer trabajo personal en estas ciudades y entre la gente de las aldeas vecinas. Durante este viaje no hubo predicación pública, sino tan sólo visitas de casa en casa. Parte de este tiempo, mientras los apóstoles enseñaban el evangelio y ministraban a los enfermos, Jesús y Abner lo pasaron en En-Gedi, visitando la colonia nazarea. Juan el Bautista había salido de este lugar, y Abner había sido jefe de este grupo. Muchos de los que pertenecían a la hermandad nazarea se hicieron creyentes de Jesús, pero la mayoría de estos hombres ascéticos y excéntricos se negaron a aceptarlo como un maestro enviado del cielo porque no enseñaba a ayunar ni otras formas de abnegación.

La gente que vivía en esta región no sabía que Jesús había nacido en Belén. Siempre supusieron que el Maestro había nacido en Nazaret, así como la mayoría de sus discípulos, pero los doce sabían la verdad.

La estadía en el sur de Judea fue una temporada de labor fructífera y serena; muchas almas fueron sumadas al reino. Para los primeros días de junio la agitación contra Jesús en Jerusalén se había calmado lo suficiente como para que el Maestro y los apóstoles retornaran para instruir y consolar a los creyentes.

Aunque Jesús y los apóstoles pasaron todo el mes de junio en Jerusalén y sus cercanías, no hicieron enseñanza pública durante este período. Vivían la mayor parte del tiempo en tiendas que montaban en un parque o jardín sombreado, conocido en esa época como Getsemaní. Este parque estaba situado en la ladera occidental del Monte de los Olivos, no lejos del arroyo Cedrón. Los sábados, o sea los fines de semana, usualmente los pasaban con Lázaro y sus hermanas en Betania. Jesús entró dentro de los muros de Jerusalén sólo unas pocas veces, pero un gran número de interesados concurría a Getsemaní para conversar con él. Un viernes por la noche, Nicodemo y un tal José de Arimatea se atrevieron a salir fuera de la ciudad para visitar a Jesús pero al llegar a la entrada de la tienda del Maestro, por miedo no se atrevieron a entrar y se devolvieron y, por supuesto, no percibieron que Jesús sabía todo lo que estaban haciendo.

Cuando los rectores de lo judíos se enteraron de que Jesús había regresado a Jerusalén, se prepararon para arrestarlo; pero cuando observaron que no predicaba en público, concluyeron que se había asustado por su reacción anterior y decidieron permitirle que continuara con su enseñanza en esa forma privada sin molestarlo más. Así pues los asuntos siguieron en forma tranquila hasta los últimos días de junio, cuando un cierto Simón, miembro del sanedrín, abrazó públicamente las enseñanzas de Jesús, después de declararlo ante los rectores de los judíos. Inmediatamente surgió una nueva agitación en favor del encarcelamiento de Jesús y este movimiento tanto creció que el Maestro decidió retirarse a las ciudades de Samaria y la Decápolis.

DOCUMENTO 143

DE PASO POR SAMARIA

A FINES de junio del año 27 d. de J.C., y en vista de la oposición cada vez mayor que manifestaban los dirigentes religiosos judíos, Jesús y los doce partieron de Jerusalén, después de enviar sus tiendas y sus escasos efectos personales a la casa de Lázaro en Betania para que allí fueran guardados. Procedieron hacia el norte a Samaria, y pasaron el sábado en Betel. Predicaron aquí durante varios días a la gente que

había venido de Gofna y Efraín. Llegó un grupo de ciudadanos de Arimatea y Tamna para invitar a Jesús a que visitara sus aldeas. El Maestro y sus apóstoles pasaron más de dos semanas enseñando a los judíos y samaritanos de esta región, muchos de los cuales hasta venían de Antipatris, que estaba bastante lejos, para escuchar la buena nueva del reino.

Los habitantes del sur de Samaria escuchaban con regocijo a Jesús, y los apóstoles, a excepción de Judas Iscariote, pudieron sobreponerse considerablemente a su prejuicio contra los samaritanos. A Judas le resultaba muy difícil amar a estos samaritanos. La última semana de julio, Jesús y sus asociados se prepararon para partir hacia las nuevas ciudades griegas de Fasaelis y Arquelais, cerca del Jordán.

1. LAS PREDICACIONES EN ARQUELAIS

Durante la primera mitad del mes de agosto, el grupo apostólico estableció su cuartel general en las ciudades griegas de Arquelais y Fasaelis, donde por primera vez enseñaban casi exclusivamente a grupos de gentiles —griegos, romanos y sirios— ya que vivían pocos judíos en estas dos ciudades griegas. En sus encuentros con estos ciudadanos romanos, los apóstoles se enfrentaron con nuevas dificultades en la proclamación del mensaje del reino venidero y oyeron nuevas objeciones a las enseñanzas de Jesús. En una de las muchas conversaciones nocturnas con sus apóstoles, Jesús escuchó atentamente estas objeciones al evangelio del reino, mientras los doce relataban sus experiencias de labor personal.

Una pregunta de Felipe ilustró claramente sus dificultades. Dijo Felipe: «Maestro, estos griegos y romanos toman nuestro mensaje con cierta ligereza, pues dicen que estas enseñanzas son sólo adecuadas para los débiles y los esclavos. Afirman que la religión de los paganos es superior a nuestras enseñanzas, porque inspira a la formación de un carácter fuerte, robusto y agresivo. Afirman que queremos convertir a los hombres en seres debilitados, pasivos y sin resistencia que muy pronto desaparecerían de la superficie de la tierra. A ti te aprecian, Maestro, y admiten libremente que tus enseñanzas son celestiales e ideales, pero a nosotros no nos toman en serio. Afirman que tu religión no es para este mundo; que los hombres no pueden vivir según tus palabras. Ahora bien, Maestro, ¿qué hemos de decir a estos gentiles?»

Después de escuchar Jesús objeciones similares al evangelio del reino presentadas por Tomás, Nataniel, Simón el Zelote y Mateo, les dijo a los doce:

«He venido a este mundo para hacer la voluntad de mi Padre y para revelar su carácter amante a toda la humanidad. Ésta es, hermanos míos, mi misión. Y ésta es la única cosa que haré, aunque los judíos o gentiles de esta época o de otras generaciones interpreten mal mis enseñanzas. Pero no debéis olvidar que aun el amor divino conlleva una disciplina severa. El amor de un padre por su hijo obliga muchas veces al padre a reprimir las acciones tontas de su hijo imprudente. El hijo no siempre comprende los motivos sabios y amantes de la disciplina restrictiva del padre. Pero yo os declaro que mi Padre en el Paraíso gobierna un universo de universos por la irresistible fuerza de su amor. El amor es la más grande de todas las realidades espirituales. La verdad es una revelación liberadora, pero el amor es la relación suprema. Sean cuales fueren los errores que puedan cometer vuestros semejantes en la organización del mundo de hoy, el evangelio que os declaro gobernará este mismo mundo en una era futura. El propósito final del progreso humano es el reconocimiento reverente de la paternidad de Dios y la materialización amante de la hermandad del hombre.

«Pero, ¿quién os dijo que mi evangelio sólo es para esclavos y débiles? ¿Acaso vosotros, mis apóstoles elegidos, sois débiles? ¿Parecía débil Juan? ¿Me veis acaso esclavizado por el temor? Es verdad que predicamos el evangelio a los pobres y a los oprimidos de esta generación. Las religiones de este mundo descuidan a los pobres, pero mi Padre no hace acepción de personas. Además, en esta época los pobres son los primeros en responder al llamado al arrepentimiento y aceptar la filiación de hijos de Dios. El evangelio del reino debe ser predicado a todos los hombres —judíos y gentiles, griegos y romanos, ricos y pobres, libres y esclavizados— y en igual medida a jóvenes y viejos, hombres y mujeres.

«Aunque mi Padre es un Dios de amor que se regocija en la práctica de la misericordia, no creáis que será cosa fácil y monótona servir al reino. La ascensión al Paraíso es la aventura suprema de todos los tiempos, el duro logro de la eternidad. El servicio del reino sobre la tierra requerirá toda la virilidad valerosa que podáis reunir vosotros y vuestros asociados. Muchos de vosotros seréis matados por vuestra lealtad al evangelio de este reino. Es fácil morir en el frente de batalla física, cuando la presencia de vuestros compañeros de lucha fortalece la valentía, pero se necesita una forma más elevada y profunda de valentía y devoción humanas para dar la vida a solas y con serenidad, por el amor de una verdad albergada en vuestro corazón mortal.

«Puede que hoy se burlen los incrédulos porque predicáis un evangelio de no resistencia y vivís una vida sin violencia, pero vosotros sois los primeros voluntarios de una larga línea de creyentes sinceros en este evangelio del reino, que sorprenderán a toda la humanidad por su devoción heroica a estas enseñanzas. Nunca ningún ejército en el mundo ha demostrado nunca más coraje y valor que el que manifestaréis vosotros y vuestros leales sucesores cuando salgáis al mundo para proclamar la buena nueva —la paternidad de Dios y la hermandad de los hombres. La valentía física es la forma más baja de coraje. La valentía de la mente es un tipo más alto de coraje humano, pero el más elevado y supremo consiste en la lealtad sin compromiso a las convicciones esclarecidas de las realidades profundas del espíritu. Este coraje constituye el heroísmo del hombre que conoce a Dios. Y todos vosotros conocéis a Dios; sois, en toda verdad, los asociados personales del Hijo del Hombre».

Esto no fue todo lo que dijo Jesús en esta ocasión pero sólo es la introducción de su disertación. Después amplió e ilustró exhaustivamente esta declaración. Fue éste uno de los discursos más apasionados que Jesús jamás pronunció ante los doce.

Pocas veces hablaba el Maestro a sus apóstoles con tanta pasión, pero ésta fue una de esas pocas ocasiones en las que se expresó con intensidad manifiesta y gran emoción.

El efecto sobre la predicación pública y el ministerio personal de los apóstoles fue inmediato; desde ese mismo día el mensaje de ellos denotó un nuevo matiz valeroso. Los doce continuaron adquiriendo el espíritu de agresión positiva en el nuevo evangelio del reino. De ahí en adelante ya no se preocuparon tanto por predicar las virtudes negativas y las exhortaciones pasivas de la muchas facetas del mensaje de su Maestro.

2. LA LECCIÓN SOBRE EL AUTODOMINIO

El Maestro era un ejemplar perfeccionado del autodominio humano. Si lo vilipendiaban, él no vilipendiaba; cuando sufría, no amenazaba a sus torturadores; cuando fue denunciado por sus enemigos, se remitió simplemente al juicio justo del Padre en el cielo.

En una de las conferencias nocturnas, Andrés le preguntó a Jesús: «Maestro, ¿hemos de practicar la abnegación, tal como nos enseñara Juan, o hemos de tratar de adquirir el autocontrol que tú nos enseñas? ¿En qué difiere lo que enseñas tú de lo que enseñaba Juan?» Jesús respondió: «Efectivamente, Juan os enseñó el camino de la justicia de acuerdo con las luces y leyes de sus progenitores, la religión de la introspección y del sacrificio. Pero yo he venido con un nuevo mensaje de autoolvido y autocontrol. Os muestro el camino de la vida tal como me lo reveló mi Padre en el cielo.

«De cierto, de cierto os digo, que el que sepa gobernarse a sí mismo es más grande que el que conquista una ciudad. El autodominio es la medida de la naturaleza moral del hombre y el indicador de su desarrollo espiritual. En el viejo orden, vosotros ayunabais y orabais; como criaturas nuevas, renacidas del espíritu, se os enseña a creer y a regocijaros. En el reino del Padre habréis de transformaros en criaturas nuevas; las cosas viejas habrán de perecer; he aquí que os muestro cómo todas las cosas se han de renovar. Y por vuestro amor mutuo, convenceréis al mundo de que habéis pasado de la esclavitud a la libertad, de la muerte a la vida eterna.

«Por el viejo método buscáis suprimir, obedecer y conformar a las reglas del vivir; por el nuevo camino, primero seréis *transformados* por el Espíritu de la Verdad y así vuestra alma se verá fortalecida por la constante renovación espiritual de vuestra mente; de este modo estaréis dotados de la fuerza para hacer con seguridad y júbilo la voluntad misericordiosa, aceptable y perfecta de Dios. No olvidéis: es vuestra fe personal en las extraordinariamente grandes y preciosas promesas de Dios, la que os asegura que participaréis de la naturaleza divina. Así pues, mediante vuestra fe y la transformación del espíritu, llegaréis a ser en realidad, templos de Dios, y su espíritu vive verdaderamente dentro de vosotros. Si el espíritu vive dentro de vosotros, ya no seréis esclavos encadenados por la carne, sino hijos del espíritu libres y liberados. La nueva ley del espíritu os dota de la libertad del autodominio, reemplazando la vieja ley del temor, basada en la autoesclavitud y en las cadenas de la abnegación.

«Muchas veces, cuando habéis hecho el mal, habéis pensado en culpar la influencia del demonio en vuestros actos, aunque en realidad habéis errado guiados por vuestras propias tendencias naturales. ¿Acaso no os dijo el profeta Jeremías hace mucho tiempo que el corazón humano es engañoso por sobre todas las cosas, y a veces, aun desesperadamente perverso? ¡Cuán fácil es engañaros a vosotros mismos y caer así en temores tontos, deseos arrolladores, placeres esclavizantes, malicia, envidia y aun en odio vengativo!

«La salvación se obtiene mediante la regeneración del espíritu y no por las acciones santurronas de la carne. Estáis justificados por la fe y acompañados por la gracia, no por el temor y la abnegación de la carne, aunque los hijos del Padre que han nacido del espíritu son siempre y para siempre *dueños* de su ser y de todo lo que corresponde a los deseos de la carne. Cuando sabéis que os salva la fe, tendréis paz verdadera con Dios. Y todos los que sigan el camino de esta paz celestial están destinados a ser santificados al servicio eterno de los hijos del Dios eterno, hijos en constante progreso. De aquí en adelante, ya no será un deber, sino más bien un gran privilegio para vosotros purificaros de todos los males de la mente y del cuerpo mientras buscáis la perfección en el amor de Dios.

«Vuestra filiación está fundada en la fe, y debéis permanecer impasibles ante el temor. Vuestro regocijo nace de la confianza en el verbo divino, por consiguiente no dudaréis de la realidad del amor y de la misericordia del Padre. Es la bondad misma de Dios la que conduce a los hombres a un arrepentimiento verdadero y genuino. El secreto de vuestro autodominio está ligado con vuestra fe en el espíritu residente, que siempre labora por amor. La fe salvadora misma no proviene de vosotros; sino que es otro don de Dios. Al ser hijos de esta fe viviente, ya no seréis los esclavos de vuestro yo, sino más bien los dueños triunfantes de vuestro yo, los hijos liberados de Dios.

«Si entonces, hijos míos, nacéis del espíritu, estaréis por siempre libres de la esclavitud autoconsciente de una vida de abnegación y vigilancia continua sobre los deseos de la carne; seréis trasladados al reino jubiloso del espíritu, en el cual haréis resaltar espontáneamente los frutos del espíritu en vuestra vida diaria. Los frutos del espíritu son la esencia del tipo más elevado de autocontrol ennoblecedor y regocijante, aun el alcance máximo del logro mortal terrenal: el verdadero autodominio».

3. LA RECREACIÓN Y EL ESPARCIMIENTO

Por este tiempo se desarrolló entre los apóstoles y sus discípulos asociados inmediatos, un estado de gran tensión nerviosa y emocional. Aún no se habían acostumbrado a convivir y trabajar juntos. Les resultaba cada vez más difícil mantener relaciones armoniosas con los discípulos de Juan. El contacto con los gentiles y samaritanos era una dura tribulación para estos judíos. Más aún, las recientes declaraciones de Jesús habían contribuido a la perturbación de su mente. Andrés estaba casi fuera de sí; ya no sabía qué hacer, y por eso recurrió al Maestro con sus problemas y perplejidades. Cuando Jesús hubo escuchado a su jefe apostólico relatar sus problemas, dijo: «Andrés, no puedes disuadir a la gente de sus incertidumbres cuando han llegado a tal comportamiento y cuando tantas personas con sentimientos tan fuertes están inmiscuidas. No puedo hacer lo que tú me pides —no deseo participar en estas dificultades sociales personales— pero os acompañaré en disfrutar un período de tres días de descanso y esparcimiento. Ve a tus hermanos y anúnciales que iremos todos al Monte Sartaba, donde deseo descansar por uno o dos días.

«Pero debes dirigirte a cada uno de tus once hermanos en privado, diciéndoles: 'el Maestro desea que nos apartemos con él por una temporada para descansar y calmarnos. Puesto que todos hemos pasado por un período de desazón espiritual y tensión mental, sugiero que no mencionemos estas tribulaciones y problemas durante estas vacaciones. ¿Puedo confiar en ti para que cooperes conmigo en este asunto?' Habla pues en privado y personalmente con cada uno de tus hermanos de esta manera». Y Andrés hizo tal como el Maestro le había ordenado.

Fue ésta una maravillosa ocasión en la experiencia de cada uno de ellos; jamás olvidaron el día que subieron a la montaña. Durante todo el viaje apenas si se mencionó una palabra de sus problemas. Al llegar a la cima de la montaña, Jesús les indicó que se sentaran a su alrededor mientras decía: «Hermanos míos, todos vosotros debéis aprender el valor del descanso y la eficacia del esparcimiento. Debéis daros cuenta de que la mejor manera de solucionar problemas enmarañados consiste en alejarse de ellos por un tiempo. Así, cuando volváis descansados después de un período de esparcimiento o de adoración, podréis atacar vuestros problemas con mente más clara y mano más firme, y desde luego, con el corazón más resuelto. Muchas veces veréis que el problema se ha achicado en tamaño y proporción durante vuestro reposo de la mente y el cuerpo».

Al día siguiente Jesús asignó un tema de discusión a cada uno de los doce. El día entero fue dedicado a las reminiscencias y a los asuntos no relacionados con su trabajo religioso. Se quedaron ellos anonadados por un momento cuando vieron que Jesús no dio las gracias —oralmente— al romper el pan para el almuerzo del mediodía. Era ésta la primera vez que lo habían observado no cumplir con tales formalidades.

Cuando subieron a la montaña la mente de Andrés se debatía en una maraña de problemas. Las perplejidades carcomían el corazón de Juan. El alma de Santiago estaba dolorosamente atribulada. Mateo no tenía suficientes fondos debido a la estadía de ellos entre los gentiles. Pedro estaba agitado y más temperamental que nunca. Judas sufría uno de sus ataques periódicos de susceptibilidad y egoísmo. Simón se preocupaba más que de costumbre por el esfuerzo de armonizar su patriotismo y la idea del amor de la hermandad de los hombres. Felipe estaba más y más confundido por el desarrollo de los acontecimientos. El sentido del humor de Nataniel había disminuido desde que habían comenzado su obra entre las poblaciones gentiles, y Tomás sufría una grave temporada de depresión. Sólo los gemelos se mostraban normales y sin perturbaciones. Todos ellos estaban dominados por la preocupación de encontrar una manera para convivir en paz con los discípulos de Juan.

Al tercer día, cuando comenzaron el descenso de la montaña para regresar al campamento, se había operado en ellos un gran cambio. Habían hecho el importante descubrimiento de que muchas perplejidades humanas son en realidad inexistentes, muchos problemas aparentemente graves son la creación del temor exagerado y el resultado del recelo magnificado. Habían aprendido que tales perplejidades se manejan mejor alejándose de ellas; al poner un poco de distancia, habían dejado que esos problemas se solucionaran por sí mismos.

Su retorno de este descanso, marcó el comienzo de un período caracterizado por relaciones altamente mejoradas con los seguidores de Juan. Muchos de los doce dieron rienda suelta a la hilaridad en cuanto observaron el cambio de su estado de ánimo y la liberación de esa irritabilidad nerviosa que venían sufriendo; y todo esto, gracias a los tres días de alejamiento de la rutina diaria. Siempre existe el peligro de que la monotonía de las relaciones humanas multiplique las perplejidades y magnifique las dificultades.

No muchos de los gentiles en las dos ciudades griegas de Arquelais y Fasaelis creyeron en el evangelio, pero este primer período de trabajo intenso entre poblaciones exclusivamente gentiles fue una experiencia valiosa para los doce. Un lunes por la mañana, alrededor de la mitad del mes, Jesús le dijo a Andrés: «Vamos a Samaria». Inmediatamente salieron hacia la ciudad de Sicar, cerca del pozo de Jacob.

4. LOS JUDÍOS Y LOS SAMARITANOS

Durante más de seiscientos años los judíos de Judea, y más tarde también los de Galilea, habían permanecido en enemistad con los samaritanos. Este sentimiento negativo entre los judíos y los samaritanos resultó de esta manera: unos setecientos años a. de J.C., Sargón, rey de Asiria, al aplastar una revuelta en la Palestina central, se llevó en cautiverio a más de veinticinco mil judíos del reino septentrional de Israel e instaló en su lugar un número casi igual de descendientes de los cutitas, sefarvitas y amatitas. Más adelante Asurbanipal envió otros grupos más de colonos a Samaria.

La enemistad religiosa entre los judíos y los samaritanos databa del retorno de aquellos del cautiverio en Babilonia; en esa ocasión, los samaritanos trataron activamente de prevenir la reconstrucción de Jerusalén. Más adelante ofendieron a los judíos porque ofrecieron ayuda a los ejércitos de Alejandro. En recompensa por su amistad, Alejandro dio permiso a los samaritanos para que construyeran un templo sobre el Monte Gerizim, donde adoraban a Yahvé y a sus dioses tribales y ofrecían sacrificios, todo esto muy en manera de los servicios del templo de Jerusalén. Continuaron practicando este culto hasta el tiempo de los macabeos, cuando Juan Hircano destruyó su templo en el Monte Gerizim. El apóstol Felipe, en su obra entre los samaritanos después de la muerte de Jesús, celebró muchas reuniones en el sitio de este viejo templo samaritano.

Los antagonismos entre los judíos y los samaritanos eran históricos, estaban sancionados por el tiempo; la separación entre los dos grupos había ido en aumento desde la época de Alejandro. Los doce apóstoles no eran contrarios a predicar en las ciudades griegas y en otras ciudades gentiles de la Decápolis y en Siria, pero fue para ellos una prueba difícil de su lealtad al Maestro cuando éste dijo, «vamos a Samaria». Sin embargo, durante más del año de convivencia con Jesús, habían desarrollado una lealtad personal que aun transcendía la fe de ellos en sus enseñanzas y los prejuicios contra los samaritanos.

5. La mujer de Sicar

Cuando el Maestro y los doce llegaron al pozo de Jacob, Jesús, como estaba cansado del viaje, se detuvo junto al pozo mientras Felipe se llevaba a los apóstoles para traer la comida y las tiendas desde Sicar, ya que estaban dispuestos a permanecer en este sitio por un tiempo. Pedro y los hijos de Zebedeo se hubieran quedado con Jesús, pero él les pidió que se fueran con sus hermanos diciendo: «No temáis por mí, los samaritanos serán cordiales; sólo nuestros hermanos, los judíos, quieren hacernos daño». Eran casi las seis de esta tarde de verano cuando Jesús se sentó junto al pozo para esperar el regreso de los apóstoles.

El agua del pozo de Jacob contenía menos minerales que el de los pozos de Sicar y por eso era muy apreciada como agua potable. Jesús tenía sed, pero no tenía ningún artefacto para sacar agua del pozo. Por eso, cuando llegó una mujer de Sicar con su cántaro para sacar agua del pozo, Jesús le dijo: «Dame de beber». Esta mujer de Samaria sabía que Jesús era judío por su apariencia y vestimenta y supuso que era un judío de Galilea por su acento. El nombre de la mujer era Nalda, y era ella una bella criatura. Mucho se sorprendió de que un hombre judío le hablara así junto al pozo y le pidiera de beber, porque no se consideraba apropiado en aquellos días que un hombre respetable hablara con una mujer en público y mucho menos que un judío conversara con una samaritana. Por eso Nalda le preguntó a Jesús: «¿Cómo tú, siendo judío, me pides de beber a mí, que soy una mujer samaritana?» Jesús contestó: «En verdad te he pedido de beber, pero si tú pudieras comprender, me pedirías a mí que te diera de beber el agua viva». Entonces dijo Nalda: «Pero Señor, no tienes con qué sacarla, el pozo es hondo; ¿de dónde, pues, tienes esa agua viva? ¿Es que tú eres más que nuestro padre Jacob que nos dio el pozo y del cual bebió y bebieron sus hijos y sus ganados?»

Jesús respondió: «Todo el que beba de esta agua volverá a tener sed, pero el que beba del agua del espíritu vivo no volverá a tener sed nunca más. Y esta agua viva se convertirá en él en un manantial refrescante que brotará para la vida eterna». Nalda dijo entonces: «Dame de esa agua para que no tenga más sed y no tenga que venir aquí a sacarla. Además, todo lo que una mujer samaritana pueda recibir de un judío tan digno será un placer».

Nalda no sabía cómo interpretar el hecho de que Jesús le había dirigido la palabra. Contemplaba en el rostro del Maestro la expresión de un hombre justo y santo, pero interpretó su cordialidad como familiaridad, y su metáfora, como un avance con intenciones lascivas. Siendo ella una mujer de poca moral, estaba dispuesta a flirtear abiertamente, pero Jesús, mirándola fijamente a los ojos, díjole con voz autoritaria: «Vete mujer, llama a tu marido y vuelve acá». Esta orden devolvió a Nalda sus cabales. Vio que había juzgado erróneamente la gentileza del Maestro, percibió que había interpretado mal sus palabras. Se asustó. Se dio cuenta de que estaba en la presencia de un ser especial, y buscando en su mente una respuesta apropiada, en gran confusión dijo: «Pero Señor, no puedo llamar a mi marido, porque no tengo marido». Entonces dijo Jesús: «Has hablado la verdad porque, aunque una vez tuviste marido, el con que ahora vives no es marido tuyo. Mejor sería que dejaras de jugar con mis palabras y buscaras el agua viva que te he ofrecido en este día».

Ahora Nalda se puso seria, y se despertó su buen sentido moral. No era una mujer ligera sólo por elección. Había sido repudiada dura e injustamente por su marido y encontrándose en una situación desesperada, había consentido en cohabitar con cierto griego como su esposa, pero sin casarse. En ese instante pues, Nalda mucho se avergonzó de haber hablado a Jesús con tanta ligereza, y se dirigió al Maestro con tono penitente, diciendo: «Señor mío, me arrepiento de la forma en que te hablé, porque percibo que eres un hombre santo o tal vez un profeta». Y estaba a punto de solicitar una ayuda directa y personal del Maestro, cuando hizo lo que tantos han hecho antes y después de ella —evitar la cuestión de la salvación personal, embarcándose en cambio en una discusión de teología y filosofía. Cambió el tema de conversación, de sus propias necesidades espirituales a un debate teológico. Señalando el Monte Gerizim, continuó: «Nuestros padres adoraron en este monte, pero *tú* decidirás que el lugar donde los hombres deben adorar está en Jerusalén; ¿cuál es pues el lugar apropriado para adorar a Dios?»

Jesús percibió que el alma de esta mujer intentaba evitar un contacto directo e investigador con su Hacedor, pero también vio en su alma el deseo de conocer el mejor camino de la vida. Después de todo, había en el corazón de Nalda una verdadera sed de agua viva; por eso la trató con paciencia, diciéndole: «Mujer, déjame que te diga que pronto vendrá el día en el cual no adoraréis al Padre ni en este monte ni en Jerusalén. Pero ahora, vosotros adoráis lo que no conocéis, una mezcla de religiones de muchos dioses paganos y filosofías gentiles. Los judíos por lo menos conocen a quien adoran. Han eliminado toda confusión concentrando su adoración en un solo Dios, Yahvé. Pero debes creerme cuando te digo que la hora está por venir —ya está aquí— en que todos los que adoren sinceramente, adorarán al Padre en el espíritu y en la verdad, porque estos son los creyentes que el Padre busca. Dios es espíritu, y los que lo adoran, deben adorarlo en espíritu y en verdad. Tu salvación nace, no de conocer cómo deberían adorar otros, o dónde, sino de recibir en tu corazón esa agua viva que aun en este momento te ofrezco».

Pero Nalda persistía en evitar la difícil cuestión personal de su vida sobre la tierra y del estado de su alma ante Dios. Una vez más, recurrió a preguntas de religión en general, diciendo: «Sí, yo sé, Señor, que Juan ha predicado sobre el advenimiento del Convertidor, el que será llamado el Libertador, de el que, cuando venga, nos declarará todas las cosas...» y Jesús, interrumpiéndola, dijo con sorprendente seguridad: «Yo que te estoy hablando, soy él».

Fue ésta la primera declaración directa, positiva y clara de su naturaleza divina y filiación que hiciera Jesús sobre la tierra; y esta declaración fue hecha a una mujer, a una mujer samaritana, a una mujer de reputación dudosa ante los ojos de los hombres hasta este momento, pero una mujer en quien los ojos divinos vieron a una persona contra cuya integridad habían otros pecado más de lo que ella hubiera pecado por su propio deseo, un alma humana que *ahora* deseaba la salvación, la deseaba sinceramente y de todo corazón, y eso bastó.

Cuando Nalda estaba a punto de pronunciar su deseo real y personal de cosas mejores y de un camino más noble del vivir, en el momento en que estaba lista para hablar del verdadero deseo de su corazón, volvieron de Sicar los doce apóstoles, y al contemplar el espectáculo de Jesús que estaba hablando tan íntimamente con esta mujer —esta mujer samaritana, y a solas— se quedaron más que sorprendidos. Rápidamente depositaron sus abastecimientos y se retiraron a un lado, atreviéndose nadie a reprocharle, mientras Jesús decía a Nalda: «Mujer, vete por tu camino; Dios te ha perdonado. De ahora en adelante, vivirás una nueva vida. Has recibido el agua viva, y un nuevo regocijo surgirá dentro de tu alma y serás tú hija del Altísimo». Y la mujer, percibiendo la desaprobación de los apóstoles, dejó su cántaro y huyó a la ciudad.

Al llegar a la ciudad, proclamó a todos los que encontraba: «Id al pozo de Jacob, id inmediatamente para que veáis a un hombre que me ha dicho todo lo que he hecho. ¿No será el Convertidor?» Antes de que se pusiera el sol, se había reunido una gran multitud junto al pozo de Jacob para escuchar a Jesús, y el Maestro les habló sobre el agua viva, el don del espíritu residente.

Los apóstoles no dejaban de asombrarse de la buena voluntad de Jesús de hablar con mujeres, mujeres de reputación dudosa, aun mujeres inmorales. Era muy difícil para Jesús enseñar a sus apóstoles que las mujeres, aun las así llamadas mujeres inmorales, tienen un alma capaz de elegir a Dios como su Padre, y así convertirse en hijas de Dios y candidatas para la vida eterna. Aun después de diecinueve siglos, muchos tienen la misma falta de deseo a comprender las enseñanzas del Maestro. Hasta la religión cristiana se ha construido persistentemente sobre el hecho de la muerte de Cristo en lugar de la verdad de su vida. El mundo debería ocuparse más de su vida feliz y reveladora de Dios que de su trágica y triste muerte.

Al día siguiente, Nalda relató toda la historia al apóstol Juan, pero él nunca la divulgó completamente a los demás apóstoles, y Jesús no les habló en detalle a los doce.

Nalda le dijo a Juan que Jesús le había dicho «todo lo que he hecho». Juan muchas veces quiso consultar a Jesús sobre este encuentro con Nalda, pero nunca lo hizo. Jesús le dijo a Nalda una sola cosa sobre la vida de ella, pero al mirarla fijamente y su forma de hablarle le trajeron a la mente tal visión panorámica de su vida, que desde ese momento asoció esta autorrevelación con la mirada y la palabra del Maestro. Jesús no le dijo que ella había tenido cinco maridos. Ella había vivido con cuatro hombres distintos desde que su marido la repudió, y este hecho, juntamente con la visión de todo su pasado, se le presentó tan vívidamente a la memoria en el momento en que se dio cuenta de que Jesús era un hombre de Dios, que posteriormente le repitió a Juan que Jesús efectivamente se lo había dicho todo.

6. EL RENACIMIENTO SAMARITANO

La tarde en que Nalda atrajo las multitudes de Sicar para ir a ver a Jesús, los doce acababan de volver con comida, e instaron a Jesús a que comiese con ellos en vez de hablar a la gente, porque habían estado sin comer todo el día y tenían hambre. Pero Jesús sabía que pronto caería la noche. Por eso persistió en su determinación de hablar con el pueblo antes de despedirlos. Cuando Andrés intentó persuadirle a que comiera algo poco antes de dirigirse a la multitud, Jesús le dijo: «Tengo un alimento del que vosotros no sabéis». Al escuchar esto los apóstoles, se dijeron unos a otros: «¿Le habrá traído alguien de comer? ¿Es posible que la mujer le dio comida además de bebida?» Cuando Jesús les oyó conversar entre ellos, antes de hablar a la gente se volvió para decirles a los doce: «Mi alimento es hacer la voluntad de Aquel que me ha enviado y llevar a cabo su obra. Ya no debéis decir vosotros falta tanto y tanto para la cosecha. He aquí a esta gente que sale de una ciudad samaritana para escucharnos; yo os digo que los campos ya blanquean para la cosecha. Aquel que siega, recibe salario y recoge estos frutos para la vida eterna; así pues, los sembradores y los segadores se alegran juntos, porque en esto es verdadero el refrán: 'uno es el sembrador y otro el segador'. Os envío ahora a segar donde vosotros no habéis trabajado; otros han trabajado, y vosotros ahora estáis a punto de uniros con su trabajo». Esto dijo refiriéndose a la predicación de Juan el Bautista.

Jesús y los apóstoles fueron a Sicar y predicaron dos días antes de establecer su campamento en el Monte Gerizim. Muchos de los habitantes de Sicar creyeron en el evangelio y pidieron ser bautizados, pero los apóstoles de Jesús aún no bautizaban.

La primera noche en el campamento en el Monte Gerizim los apóstoles esperaban que Jesús les reprochara su actitud hacia la mujer junto al pozo de Jacob, pero él no habló del asunto. En cambio, les dio un discurso memorable sobre «las realidades que son centrales en el reino de Dios». En cualquier religión, es muy fácil que los valores se vuelvan desproporcionados y que los hechos ocupen el lugar de la verdad en la teología personal. El hecho de la cruz se volvió el centro mismo del cristianismo subsiguiente. Pero éste no es la verdad central de la religión que se puede derivar de la vida y enseñanzas de Jesús de Nazaret.

El tema de la enseñanza de Jesús en el Monte Gerizim fue de que él desea que todos los hombres vean a Dios como a un Padre-amigo así como él (Jesús) es un hermano-amigo. Una y otra vez les repitió que el amor es la relación más grande en el mundo —en el universo— así como la verdad es la declaración más grande del cumplimiento de estas relaciones divinas.

Jesús se declaró tan plenamente ante los samaritanos porque podía hacerlo sin peligro, y porque sabía que no volvería a visitar el corazón de Samaria para predicar el evangelio del reino.

Jesús y los doce acamparon en el Monte Gerizim hasta fines de agosto. Durante el día predicaron la buena nueva del reino —la paternidad de Dios— a los samaritanos de las ciudades y pasaron las noches en el campamento. El trabajo que Jesús y los doce llevaron a cabo en estas ciudades samaritanas rindió muchas almas para el reino e hizo mucho para preparar el terreno para la obra maravillosa de Felipe en estas regiones, después de la muerte y resurrección de Jesús, posteriormente a la dispersión de los apóstoles hasta los confines del mundo debido a la amarga persecución de los creyentes en Jerusalén.

7. LAS ENSEÑANZAS SOBRE LA ORACIÓN Y LA ADORACIÓN

En las conferencias nocturnas en el Monte Gerizim, Jesús enseñó muchas grandes verdades y en particular, acentuó lo siguiente:

La verdadera religión es el acto de un alma en sus relaciones autoconscientes con el Creador; la religión organizada es el intento del hombre de *socializar* la adoración de los religionistas individuales.

La adoración —la contemplación de lo espiritual— debe alternar con el servicio, el contacto con la realidad material. El trabajo debe alternar con el esparcimiento; la religión debe ser equilibrada por el buen humor. La filosofía profunda debe ser aliviada por el ritmo de la poesía. El esfuerzo del vivir —la tensión temporal de la personalidad— debe ser aliviada por el reposo de la adoración. Las sensaciones de inseguridad que surgen del temor al aislamiento de la personalidad en el universo, deben ser contrarrestradas por la contemplación, en fe, del Padre y por el intento de comprender al Supremo.

La oración tiene el objeto de hacer que el hombre piense menos pero que *comprenda* más; no está hecha para aumentar el conocimiento, sino más bien para ampliar el discernimiento.

La adoración tiene el objeto de anticipar una vida mejor en el futuro y después reflejar estas nuevas significaciones espirituales sobre la vida en el presente. La oración sostiene a uno espiritualmente, pero la adoración es divinamente creadora.

La adoración es la técnica de buscar en el *Único* la inspiración para servir a *muchos*. La adoración es la vara que mide el grado de desprendimiento del alma del universo material y su vinculación simultánea y segura a las realidades espirituales de toda la creación.

El orar es recordar a sí mismo —pensamiento sublime; el adorar es olvidar a sí mismo —superpensamiento. La adoración es atención sin esfuerzo, descanso real e ideal del alma, ejercicio espiritual que lleva al sosiego.

La adoración es el acto de una parte que se identifica con el Todo; lo finito con lo Infinito; el hijo con el Padre; el tiempo en el acto de marcar el paso con la eternidad. La adoración es el acto de comunión personal del hijo con el Padre divino, la asunción de actitudes refrescantes, creadoras, fraternales y románticas por parte del alma-espíritu humano.

Aunque los apóstoles sólo comprendieron algunas de sus enseñanzas en el campamento, otros mundos las comprendieron, y otras generaciones en la tierra las comprenderán.

DOCUMENTO 144

EN GILBOA Y EN LA DECÁPOLIS

PASARON los meses de septiembre y octubre en retiro en un campamento aislado sobre las laderas del Monte Gilboa. El mes de septiembre lo pasó Jesús a solas con sus apóstoles, enseñando e instruyéndolos en las verdades del reino.

Había varias razones por las cuales Jesús y sus apóstoles se habían aislado en este período en la frontera de Samaria y la Decápolis. Los líderes religiosos de Jerusalén eran muy antagonistas; Herodes Antipas aún retenía a Juan en la cárcel, temeroso tanto de ponerlo en libertad como de ajusticiarlo, y al mismo tiempo sospechaba que había una relación entre Juan y Jesús. En estas condiciones no era prudente planear una labor dinámica en Judea o en Galilea. Había una tercera razón: la tensión lentamente en aumento entre los líderes de los discípulos de Juan y los apóstoles de Jesús, que iba empeorando a medida que crecía el número de creyentes.

Jesús sabía que el período de trabajo preliminar de enseñanza y predicación ya estaba por terminar, que el paso siguiente sería el comienzo del esfuerzo pleno y final de su vida en la tierra, y no quería que el lanzamiento de esta empresa resultara de alguna manera difícil o embarazosa para Juan el Bautista. Jesús por consiguiente había decidido pasar cierto tiempo en aislamiento, preparando a sus apóstoles y luego trabajando discretamente en las ciudades de la Decápolis, hasta que Juan fuera ajusticiado o puesto en libertad para unirse a ellos en un esfuerzo conjunto.

1. EL CAMPAMENTO DE GILBOA

A medida que pasaba el tiempo, aumentaba la devoción de los doce por Jesús y el trabajo del reino. Esta devoción era en gran parte una cuestión de lealtad personal. No comprendían las múltiples facetas de su enseñanza; tampoco comprendían plenamente la naturaleza de Jesús ni el significado de su autootorgamiento en la tierra.

Jesús les aclaró a sus apóstoles que se habían retirado por tres motivos:

1. Para confirmar su comprensión y fe en el evangelio del reino.

2. Para permitir que se aquietara la oposición contra su obra en Judea y Galilea.

3. Para aguardar el destino de Juan el Bautista.

Mientras permanecían en Gilboa, Jesús narró a los doce muchos detalles de sus primeros años de vida y de sus experiencias en el Monte Hermón; también les reveló algo de lo que sucedió en las colinas durante los cuarenta días inmediatamente después de su bautismo. Al mismo tiempo les advirtió que nada contaran a nadie sobre estas experiencias hasta que él volviera al Padre.

Durante esas semanas de septiembre descansaron, conversaron, rememoraron sus experiencias desde que Jesús los había llamado al servicio, y se esforzaron sinceramente por coordinar lo que el Maestro les había enseñado hasta ese momento. En cierta medida todos ellos sentían que sería ésta la última oportunidad que tenían de un descanso prolongado. Se daban cuenta de que el próximo esfuerzo público en Judea o en Galilea, marcaría el comienzo de la proclamación final del reino venidero, pero no tenían una idea fija de cómo sería el reino cuando por fin llegara. Juan y Andrés pensaban que el reino ya había llegado. Pedro y Santiago creían que aún no había llegado. Natanael y Tomás confesaban francamente que estaban perplejos. Mateo, Felipe y Simón el Zelote estaban indecisos y confusos. Los gemelos no hacían caso alguno de la controversia. Y Judas Iscariote estaba taciturno, y no tomaba partido.

Mucha parte de este período Jesús se iba por su cuenta a la montaña cerca del campamento. A veces se llevaba a Pedro, Santiago o Juan, pero más frecuentemente se iba a solas, para orar o comulgar. Después del bautismo de Jesús y de los cuarenta días en las colinas de Perea, ya no se puede decir que estas temporadas de comunión con el Padre fueran períodos de oración, tampoco se puede hablar de que Jesús se dedicaba a la adoración; pero es totalmente correcto aludir a estas temporadas como de comunión personal con su Padre.

El tema central de las discusiones a lo largo de este mes de septiembre fue la oración y la adoración. Después de haber hablado de la adoración durante varios días, Jesús finalmente pronunció su memorable discurso sobre la oración en respuesta a la solicitud de Tomás: «Maestro, enséñanos a orar».

Juan había enseñado a sus discípulos una oración, una oración para la salvación en el reino venidero. Aunque Jesús nunca prohibió a sus seguidores que usaran la oración de Juan, los apóstoles percibieron muy pronto que su Maestro no aprobaba plenamente de la práctica de pronunciar oraciones establecidas y formales. Sin embargo, los creyentes solicitaban constantemente que se les enseñara a orar. Los doce anhelaban saber qué tipo de súplica aprobaría Jesús. Principalmente debido a esta necesidad de una súplica sencilla para la gente común, Jesús consintió, respondiendo a la solicitud de Tomás, en sugerirles una forma de oración. Esta lección de Jesús tuvo lugar una tarde durante la tercera semana de la estadía del grupo en el Monte Gilboa.

2. EL DISCURSO SOBRE LA ORACIÓN

«Efectivamente Juan os enseñó una forma sencilla de oración: '¡Oh Padre, límpianos del pecado, muéstranos tu gloria, revélanos tu amor, y deja que tu espíritu santifique nuestro corazón para siempre jamás, amén!' Él os enseñó esta oración para que vosotros tuvierais algo que enseñar a las multitudes. No era su intención que usarais tan establecida y convencional súplica como expresión de vuestra propia alma en la oración.

«La oración es una expresión enteramente personal y espontánea de la actitud del alma hacia el espíritu; el rezo debe ser la comunión de la filiación y la expresión de la hermandad. La oración dictada por el espíritu, conduce al progreso espiritual cooperativo. La oración ideal es una forma de comunión espiritual que conduce a la adoración inteligente. La oración verdadera es la actitud sincera en pos de los cielos para alcanzar vuestros ideales.

«La oración es el aliento del alma y debe conduciros a persistir en vuestro intento de conocer la voluntad del Padre. Si alguno de vosotros tiene un vecino, y vas a verle a la media noche para decirle: 'amigo mío, préstame tres panes, porque acaba de llegar un viajero amigo mío, y nada tengo para darle'; y tu vecino responde, 'ya no me molestes; mi puerta ya está cerrada y mis hijos y yo ya estamos acostados; por eso no puedo levantarme a darte pan', pero perseverarás y explicarás que tu amigo tiene hambre, y que no tienes comida para darle. Y yo te digo que si tu vecino no quiere levantarse para darte pan por amistad, se levantará y te dará tantos panes como necesites simplemente para que no lo importunes más. Así pues, si la perseverancia gana el favor de un simple mortal, imaginaos cuanto más ganará vuestra perseverancia en el espíritu, el pan de la vida de las manos generosas del Padre en el cielo. Nuevamente os digo, pedid y se os dará; buscad y encontraréis, golpead la puerta y se os abrirá. Porque el que pide recibe; el que busca encuentra; y el que golpea la puerta de la salvación, la puerta se le abrirá.

«¿Qué padre entre vosotros, ante la súplica inmadura del hijo, vacilaría en dar según la sabiduría paterna, y no de acuerdo con la solicitud errónea del hijo? Si el niño necesita pan, ¿le darás una piedra sólo porque insensantemente la solicitó? Si tu hijo necesita pescado, ¿le darás una serpiente de agua sólo porque apareció en la red con el pez y el niño tontamente la pide? Si vosotros, mortales y finitos, sabéis cómo responder a las súplicas y dar a vuestros hijos dones buenos y apropiados, ¡cuánto más dará espíritu y cuantas bendiciones adicionales dará vuestro Padre celestial a los que se lo pidan! Los hombres deben siempre orar sin perder nunca la esperanza.

«Dejadme contaros la historia de cierto juez que vivía en una ciudad donde dominaba el mal. Este juez no temía a Dios ni respetaba a los hombres. Habitaba en esa ciudad una viuda menesterosa que fue repetidamente a ver a este juez injusto, diciendo: 'Protégeme de mi adversario'. Durante cierto tiempo no le prestó él atención, pero finalmente observó para sus adentros: 'Aunque no temo a Dios ni respeto a los hombres, será mejor que reivindique a esta viuda para que deje ya de molestarme con sus continuas súplicas'. Os cuento estas historias para alentaros a perseverar en la oración; no para sugerir que vuestras súplicas puedan cambiar al Padre justo y recto en el cielo. Vuestra perseverancia no es para ganar el favor de Dios, sino que cambiará vuestra actitud terrestre y ampliará la capacidad de vuestra alma para recibir el espíritu.

«Pero cuando oráis, ejercéis tan poca fe. La fe genuina es capaz de mover montañas de dificultades materiales encontradas en el camino de la expansión del alma y del progreso espiritual».

3. LA ORACIÓN DEL CREYENTE

Pero los apóstoles aún no estaban satisfechos; querían que Jesús les diese una oración modelo para que ellos pudieran enseñársela a los nuevos discípulos. Después de escuchar las palabras de Jesús sobre la oración, Santiago Zebedeo dijo: «Muy bien, Maestro, pero no pedimos una fórmula de oración para nosotros, sino más bien para los nuevos creyentes que tan frecuentemente nos imploran: 'enseñadnos a orar en una forma que sea aceptable al Padre en los cielos'».

Cuando Santiago terminó de hablar, Jesús dijo: «Si pues, aún deseáis tal oración, os daré la que enseñé a mis hermanos y hermanas en Nazaret»:

Padre nuestro que estás en los cielos,
Santificado sea tu nombre.
Venga tu reino; hágase tu voluntad
En la tierra así como se hace en el cielo.
Danos hoy nuestro pan para mañana;
  Refresca nuestra alma con el agua de la vida.
Y perdónanos nuestras deudas
  Así como también perdonamos a nuestros deudores.
Sálvanos de la tentación, líbranos del mal,
  Y haznos cada vez tan perfectos como tú.

No es raro que los apóstoles desearan que Jesús les enseñase una oración modelo para los creyentes. Juan el Bautista había enseñado a sus seguidores varias oraciones; todos los grandes maestros habían formulado oraciones para sus discípulos. Los maestros religiosos de los judíos tenían unas veinticinco o treinta oraciones establecidas que recitaban en las sinagogas y aun en la calle. Jesús estaba particularmente en contra de orar en público. Hasta este momento, los doce tan sólo le habían escuchado rezar unas pocas veces. Observaban que pasaba noches enteras orando o dedicado a la adoración, y tenían mucha curiosidad por saber la manera o forma de sus oraciones. Realmente no sabían qué contestar a las multitudes que suplicaban que se les enseñara a rezar así como Juan había enseñado a sus discípulos.

Jesús enseñó a los doce que debían orar siempre en secreto; que debían alejarse a solas, en la serenidad de la naturaleza, o encerrarse en sus cuartos para orar.

Después de la muerte de Jesús y de su ascensión al Padre, muchos creyentes optaron por agregar al final de esta oración, así llamada el Padre nuestro, estas palabras —«En el nombre de Señor Jesús Cristo». Más tarde se perdieron dos líneas al copiarse la oración, y fue agregada una cláusula adicional, como sigue: «Porque tuyo es el reino y el poder y la gloria, por siempre jamás»

Jesús dio esta oración a los apóstoles en su forma colectiva, tal como se la rezaba en la casa de Nazaret. No enseñó nunca una oración personal formal, sino tan sólo súplicas para grupos, familias o reuniones sociales; aun así, tampoco accedió a hacerlo espontáneamente.

Jesús enseñaba que la oración eficaz debe ser:

1. Altruista —no solamente para uno mismo.
2. Creyente —de acuerdo con la fe.
3. Sincera —de corazón honesto.
4. Inteligente —de acuerdo con las propias luces.
5. Confiada —en sumisión a la voluntad omnisapiente del Padre.

Cuando Jesús pasaba noches enteras en la montaña rezando, lo hacía principalmente en súplica para sus discípulos, sobre todo para los doce. El Maestro muy poco oraba por sí mismo, aunque sí practicaba mucha adoración de naturaleza de la comunión de entendimiento con su Padre en el Paraíso.

4. MÁS SOBRE LA ORACIÓN

Durante varios días después del discurso sobre la oración, los apóstoles continuaron preguntando al Maestro sobre esta práctica importantísima y adoradora. Las enseñanzas de Jesús sobre la oración y la adoración impartidas a los apóstoles durante estos días pueden ser resumidas y expuestas en lenguaje moderno, como sigue:

La repetición sincera y honesta de una súplica, cuando esta oración es la expresión sincera de un hijo de Dios y es pronunciada con fe, aunque desatinada o imposible de responder directamente, siempre servirá para expandir la capacidad de recepción espiritual del alma.

En toda oración, recordad que la filiación es un *don*. Ningún niño tiene que hacer nada para *ganar* el estado de hijo o hija. El hijo terrestre adquiere el ser por voluntad de sus padres. De la misma manera llega el hijo de Dios a la gracia y a la nueva vida del espíritu por voluntad del Padre en el cielo. Por consiguiente, el reino del cielo —la filiación divina— debe ser *recibida* por el hijo como si fuese un niño pequeño. La rectitud —el desarrollo progresivo del carácter— se gana, pero la filiación se recibe mediante la gracia y por la fe.

La oración condujo a Jesús a la supercomunión de su alma con los Gobernantes Supremos del universo de los universos. La oración conducirá a los mortales de la tierra a la comunión de una verdadera adoración. La capacidad espiritual del alma para recibir determina la cantidad de bendiciones celestiales que pueden conseguirse personalmente y que se pueden percibir conscientemente como respuesta a la oración.

La oración, y la adoración con que ésta se vincula, es una técnica para apartarse de la rutina diaria de la vida, del agobio y monotonía de la existencia material. Es un camino para acercarse a la autorrealización y la individualidad espiritualizadas que constituyen un logro intelectual y religioso.

La oración es el antídoto contra la introspección nociva; por lo menos, el rezo así como el Maestro lo enseñó es tal ministerio beneficioso para el alma. Jesús siempre usó la influencia benéfica de la oración para sus semejantes. El Maestro generalmente rezaba en plural, no en singular. Sólo en las grandes crisis de su vida terrestre rezó Jesús para sí mismo.

La oración es el aliento de la vida del espíritu en medio de la civilización material de las razas humanas. La adoración es la salvación para las generaciones de mortales en busca de placer.

Orar es como recargar las baterías espirituales del alma, y adorar sería como sintonizar el alma para captar las transmisiones universales del espíritu infinito del Padre Universal.

La oración es la mirada sincera y anhelante del hijo dirigida a su Padre espíritu; es el proceso psicológico de intercambio de la voluntad humana por la voluntad divina. La oración es una parte del plan divino para transformar lo que es en lo que debería ser.

Una de las razones por las cuales Pedro, Santiago y Juan, quienes con frecuencia acompañaron a Jesús en sus largas noches de vigilia, nunca le escucharon rezar, fue porque su Maestro no solía pronunciar con palabras sus oraciones. Casi todo su orar, Jesús lo hizo en el espíritu y en el corazón —en silencio.

De todos los apóstoles, Pedro y Santiago estuvieron más cerca de comprender las enseñanzas del Maestro sobre la oración y la adoración.

5. OTRAS FORMAS DE ORACIÓN

De vez en cuando, durante el resto de su estadía en la tierra, Jesús trajo al conocimiento de los apóstoles varias otras fórmulas de oración, pero lo hizo tan sólo para ilustrar otros asuntos, recomendándoles que no enseñaran estas «oraciones en forma de parábolas» a las multitudes. Muchas de ellas provenían de otros planetas habitados, pero Jesús no reveló este hecho a los doce. Entre estas oraciones estaban las siguientes:

Padre nuestro en quien radican los reinos del universo,
   Alabado sea tu nombre y glorificado tu carácter.
Tu presencia nos abarca, y tu gloria se manifiesta
   Imperfectamente en nosotros así como es perfecta en lo alto.
Danos hoy las fuerzas vitalizadoras de la luz,
   Y no nos dejes errar por los perversos caminos de nuestra imaginación,
Porque tuya es la morada gloriosa, el poder perdurable,
   Y para nosotros, el don eterno del amor infinito de tu Hijo.
Aun así, eternamente verdadero.

Padre nuestro creador, que estás en el centro del universo,
Otórganos tu naturaleza y danos tu carácter.
Haznos tus hijos e hijas por la gracia
Y glorifica tu nombre a través de nuestro perfeccionamiento eterno.
Danos tu espíritu ajustador y controlador para que habite
y more en nosotros
Para que podamos hacer tu voluntad en esta esfera así como
los ángeles cumplen tu mandato en la luz.
Sostiénenos este día en nuestro progreso por el camino de la verdad.
Líbranos de la inercia, del mal y de toda transgresión pecaminosa.
Sé paciente con nosotros así como nosotros dispensamos
amor y comprensión a nuestros semejantes.
Derrama el espíritu de tu misericordia en nuestros corazones mortales.
Llévanos de la mano, paso a paso, por el incierto laberinto de la vida,
Y cuando llegue nuestro fin, recibe en tu seno nuestro espíritu fiel.
Aun así que no se cumplan nuestros deseos sino tu voluntad.

* * *

Padre nuestro, celestial, perfecto y justo,
Guía y dirige hoy nuestra travesía.
Santifica nuestros pasos y coordina nuestros pensamientos
Condúcenos para siempre por los caminos del progreso eterno.
Llénanos de sabiduría hasta la plenitud del poder
Y danos vitalidad con tu energía infinita.
Inspíranos con la conciencia divina de la presencia y guía
de las huestes seráficas.
Condúcenos por siempre en nuestro ascenso por el camino de la luz;
Reivindícanos plenamente en el día del gran juicio.
Haznos como tú en gloria eterna
Y recíbenos en tu servicio eterno en lo alto.

* * *

Padre nuestro que eres en el misterio,
Revélanos tu santo carácter.
Haz que hoy tus hijos en la tierra
Vean el camino, la luz y la verdad.
Muéstranos el camino del progreso eterno,
Y danos la voluntad para marchar en él.
Afianza en nosotros tu reino divino
Y concédenos así el pleno dominio de nosotros mismos.
No nos dejes errar por los caminos de la oscuridad y la muerte;
Condúcenos por siempre junto a las aguas de vida.
Escucha éstas, nuestras oraciones, y acógelas;
Complácete en hacernos más y más como tú.
Finalmente, por tu Hijo divino,
Recíbenos en tu abrazo eterno.
Aun así, no se hará nuestra voluntad sino la tuya.

* * *

Glorioso Padre y Madre, en uno combinados,
Leales seamos a tu naturaleza divina.

Que tu esencia misma reviva en nosotros y a través de nosotros
Por el don y otorgamiento de tu espíritu divino.
Reproduciéndote así imperfectamente en esta esfera
Así como te muestras perfecta y majestuosamente en lo alto.
Danos día a día tu dulce ministerio de hermandad
Y condúcenos en todo momento por el camino del servicio amoroso.
Sé por siempre e incansablemente paciente con nosotros
Así como nosotros mostramos nuestra paciencia con nuestros hijos.
Danos la sabiduría divina que todo lo hace bien
Y el amor infinito que se vuelca a todas las criaturas.
Concédenos tu paciencia y clemencia,
Para que nuestra caridad abrace a los débiles del reino.
Y cuando nuestra carrera se acaba, haz que honre y glorifique tu nombre,
Que complazca a tu buen espíritu, y que satisfaga
a quienes cuidan nuestra alma.
No según nuestros deseos, Padre nuestro amante,
sino según tus deseos de bien eterno para tus hijos mortales.
Que así sea.

* * *

Nuestra Fuente infinitamente fiel y Centro todopoderoso,
Que sea santificado y reverenciado el nombre de tu Hijo misericordioso.
Tu gracia y tus bendiciones han descendido sobre nosotros,
Dándonos fuerza para hacer tu voluntad y cumplir tu mandato.
Danos en todo momento el alimento del árbol de la vida;
Refréscanos día a día con el agua viva del río de la vida.
Condúcenos paso a paso fuera de la oscuridad y hacia la luz divina.
Renueva nuestra mente por las transformaciones del espíritu residente,
Y cuando finalmente nos llegue nuestro fin mortal,
Acógenos en ti e instálanos en la eternidad.
Cíñe nuestra cabeza con las diademas celestiales de servicio fructífero,
Y glorificaremos al Padre, al Hijo y a la Influencia Santa.
Que así sea, para siempre jamás en un universo sin fin.

* * *

Padre nuestro que moras en los lugares secretos del universo,
Honrado sea tu nombre, reverenciada tu misericordia y
respetado tu juicio.
Haz que el sol de la justicia brille sobre nosotros con el fulgor del mediodía.
Mientras te imploramos que guíes nuestros pasos extraviados
en la luz vacilante del atardecer.
Llévanos de la mano en los caminos que tú elijas,
Y no nos abandones cuando el camino sea difícil y las horas oscuras.
No nos olvides así como nosotros tan a menudo te olvidamos
y te abandonamos.
Pero sé misericordioso y ámanos así como nosotros deseamos amarte a ti.
Contémplanos con compasión y perdónanos con misericordia
Así como nosotros perdonamos en justicia a los que nos afligen e injurian.
Que el amor, la devoción y el autootorgamiento del Hijo majestuoso,
Nos de vida eterna con tu infinita misericordia y amor.
Que el Dios de los universos nos dispense la plena medida de su espíritu;
Danos la gracia de someternos a la dirección de este espíritu.

Por el ministerio amoroso de las dedicadas huestes seráficas
    Que nos conduzca y guíe el Hijo hasta el fin de la era.
Haznos por siempre y cada vez más como tú
    Y cuando lleguemos al fin, recíbenos en el eterno abrazo del Paraíso.
Que así sea, en nombre del Hijo autootorgador
    Y para honor y gloria del Padre Supremo.

Aunque no se les permitió a los apóstoles usar en sus enseñanzas públicas estas lecciones de cómo orar, todas estas revelaciones les resultaron muy provechosas en sus experiencias religiosas personales. Jesús utilizó éstos y otros modelos de oración como ilustraciones para la instrucción exclusiva de los doce. Y se nos otorgó un permiso especial para transcribir estos siete modelos de oración en esta narración.

6. LA CONFERENCIA CON LOS APÓSTOLES DE JUAN

Alrededor del primero de octubre, Felipe y algunos de los otros apóstoles estaban en una aldea cercana comprando alimentos, cuando se encontraron con algunos de los apóstoles de Juan el Bautista. Como resultado de este encuentro casual en el mercado se reunieron por tres semanas, en el campamento de Gilboa, los apóstoles de Jesús y los de Juan, porque éste recientemente había nombrado a doce de sus líderes como apóstoles, siguiendo el ejemplo de Jesús. Juan había hecho esto por sugerencia de Abner, jefe de sus leales seguidores. Jesús estuvo presente en el campamento de Gilboa durante la primera semana de esta reunión, pero se ausentó durante las dos últimas.

A principios de la segunda semana de este mes, Abner había reunido a todos sus asociados en este campamento de Gilboa y estaba preparado para iniciar el diálogo con los apóstoles de Jesús. Durante tres semanas, estos veinticuatro hombres se reunieron tres veces por día, seis días por semana. La primera semana Jesús se mezcló con ellos entre las reuniones de la mañana, la tarde y la noche. Los participantes deseaban que el Maestro se reuniese con ellos y presidiese las deliberaciones conjuntas, pero se negó categóricamente participar en sus discusiones, aunque consintió en dirigirles la palabra en tres ocasiones. Estos discursos de Jesús a los veinticuatro trataron de la compasión, la cooperación y la tolerancia.

Andrés y Abner presidieron alternativamente estas reuniones conjuntas de los dos grupos apostólicos. Estos hombres tenían muchas dificultades que discutir y numerosos problemas que resolver. Una y otra vez llevaron sus problemas a Jesús, pero éste se limitaba a decir: «Tan sólo me preocupan vuestros problemas personales y puramente religiosos. Yo soy el representante del Padre ante el *individuo*, no ante el grupo. Si tenéis dificultades personales en vuestras relaciones con Dios, venid a mí, y os escucharé y os aconsejaré para la solución de vuestro problema. Pero si os ocupáis de coordinar divergentes interpretaciones humanas acerca de cuestiones religiosas, así como de socializar la religión, estáis destinados a solucionar tales problemas por vuestras propias decisiones. No obstante, contad con mi comprensión e interés; cuando lleguéis a una conclusión sobre estos asuntos sin importancia espiritual, os prometo por adelantado, siempre y cuando estéis todos de acuerdo, mi aprobación plena y mi cooperación sincera. Ahora bien, para no estorbar vuestras deliberaciones, os dejaré por dos semanas. No os preocupéis por mí, porque yo regresaré a vosotros. Estaré ocupado en los asuntos de mi Padre, puesto que tenemos otros reinos además de éste».

Después de hablar así, Jesús descendió por la montaña y no le volvieron a ver por dos semanas enteras. Y nunca supieron donde había ido ni qué había hecho durante esos días. Desconcertados por la ausencia del Maestro, los veinticuatro tardaron un tiempo hasta reanudar la seria consideración de sus problemas. Al cabo de una semana estaban sin embargo nuevamente sumergidos en sus discusiones, y no podían recurrir a Jesús para que los ayudara.

El primer tema sobre el cual el grupo llegó a un acuerdo fue adoptar la oración que Jesús les había enseñado recientemente. Se aceptó por unanimidad que sería ésta la oración que enseñarían ambos grupos de apóstoles a los creyentes.

En segundo término, se decidió que, mientras Juan viviera, en la cárcel o fuera de cárcel ambos grupos de doce apóstoles continuarían con su obra, y que se celebrarían reuniones conjuntas de una semana de duración cada tres meses en sitios por determinarse.

Pero el más grave de todos sus problemas era la cuestión del bautismo. Sus dificultades eran tanto más serias porque Jesús se había negado a pronunciarse sobre el tema. Finalmente se pusieron de acuerdo: mientras viviera Juan o hasta el momento en que modificaran todos ellos en conjunto esta decisión, sólo los apóstoles de Juan bautizarían a los creyentes, y sólo los apóstoles de Jesús instruirían a los nuevos discípulos. Por consiguiente, desde ese momento hasta la muerte de Juan, dos de los apóstoles de Juan acompañaron a Jesús y sus apóstoles para bautizar a los creyentes, ya que el concilio conjunto había votado por unanimidad que el bautismo sería el paso inicial para presentar un frente común en relación con los asuntos del reino.

A continuación se decidió que, en caso de morir Juan, sus apóstoles comparecerían ante Jesús y se someterían a su dirección, y que ya no bautizarían a menos que recibieran autorización de Jesús o de sus apóstoles.

Después votaron que, en caso de morir Juan, los apóstoles de Jesús comenzarían a bautizar con agua como símbolo del bautismo del Espíritu divino. La cuestión de si el *arrepentimiento* debía vincularse o no con la predicación del bautismo, se dejó a criterio de cada grupo; no se tomaron decisiones obligatorias. Los apóstoles de Juan predicaban: «Arrepentíos y sed bautizados». Los apóstoles de Jesús proclamaban: «Creed y sed bautizados».

Ésta es pues la historia del primer intento de los seguidores de Jesús a coordinar esfuerzos divergentes, reconciliar diferencias de opinión, organizar iniciativas de grupo, regular las observancias externas y socializar las prácticas religiosas personales.

Se consideraron también muchos otros asuntos de menor importancia que fueron resueltos por unanimidad. Estos veinticuatro hombres tuvieron una experiencia verdaderamente notable durante estas dos semanas, al verse obligados a enfrentar problemas y resolver dificultades sin Jesús. Aprendieron a disentir, debatir, disputar, orar y transigir, y a ser capaces de comprender el punto de vista ajeno y a mantener por lo menos cierto grado de tolerancia por sus opiniones honestas.

En la tarde de la discusión final sobre los asuntos financieros, regresó Jesús, se enteró de sus deliberaciones, escuchó sus decisiones y dijo: «Éstas pues, son vuestras conclusiones, y ayudaré a cada uno de vosotros a llevar a cabo el espíritu de vuestras decisiones conjuntas».

Dos meses y medio después de esto, Juan fue ejecutado y durante todo este período los apóstoles de Juan permanecieron con Jesús y los doce. Todos ellos trabajaron juntos y bautizaron a los creyentes durante esta temporada de obras en las ciudades de la Decápolis. El campamento de Gilboa se levantó el 2 de noviembre del año 27 d. de J.C..

7. EN LAS CIUDADES DE LA DECÁPOLIS

A través de los meses de noviembre y diciembre, Jesús y los veinticuatro trabajaron tranquilamente en las ciudades griegas de la Decápolis, en especial en Escitópolis, Gerasa, Abila y Gadara. Fue éste en realidad el final del período preliminar en que se hicieron cargo del trabajo y la organización de Juan. La religión de una nueva revelación, al socializarse, siempre ha de pagar el precio de un compromiso con las formas y usos ya establecidos de la religión precedente a la cual procura salvar. El bautismo fue el precio que pagaron los seguidores de Jesús para llevar consigo, como grupo religioso socializado, a los seguidores de Juan el Bautista. Los seguidores de Juan, al unirse con los seguidores de Jesús, renunciaron a casi todo excepto el bautismo con agua.

Jesús hizo poca enseñanza pública durante esta misión en las ciudades de la Decápolis. Pasó mucho tiempo enseñando a los veinticuatro y tuvo muchas reuniones especiales con los doce apóstoles de Juan. Con el tiempo comenzaron a comprender por qué Jesús no iba a visitar a Juan en la cárcel, y por qué no había hecho esfuerzo alguno para liberarlo. Pero nunca pudieron comprender por qué Jesús no realizaba obras milagrosas, por qué rehusaba a mostrar signos exteriores de su autoridad divina. Antes de ir al campamento de Gilboa, ellos creían en Jesús sobre todo por el testimonio de Juan, pero pronto empezaron a creer como resultado del contacto con el Maestro y sus enseñanzas.

Durante estos dos meses el grupo trabajó la mayor parte del tiempo en pares, saliendo del campamento uno de los apóstoles de Jesús con uno de los de Juan. El apóstol de Juan bautizaba, el de Jesús enseñaba, y ambos predicaban el evangelio del reino tal como lo entendían. Así ganaron muchas almas entre estos gentiles y judíos apóstatas.

Abner, el jefe de los apóstoles de Juan, se convirtió en creyente devoto de Jesús y más adelante fue nombrado dirigente de un grupo de setenta instructores a quienes el Maestro encomendó la predicación del evangelio.

8. EN EL CAMPAMENTO CERCA DE PELLA

A fines de diciembre se trasladaron cerca del Jordán, a la altura de Pella, donde reanudaron la enseñanza y la predicación. Tanto judíos como gentiles acudían a este campamento para escuchar el evangelio. Una tarde, mientras Jesús estaba enseñando a la multitud, algunos amigos íntimos de Juan trajeron al Maestro el último mensaje que habría de recibir de Juan.

Juan llevaba un año y medio en prisión, y la mayor parte de este tiempo Jesús había trabajado muy silenciosamente; por consiguiente no era extraño que Juan se preguntara qué pasaba con el reino. Los amigos de Juan interrumpieron las enseñanzas de Jesús para decir: «Juan el Bautista nos envía a que te preguntemos —¿eres de veras el Liberador, o hemos de buscar a otro?»

Jesús hizo una pausa para decir a los amigos de Juan: «Volved y decid a Juan que él no ha sido olvidado. Decidle lo que habéis visto y oído, que se predican buenas nuevas a los pobres». Tras hablar con los mensajeros de Juan, Jesús se volvió nuevamente hacia la multitud y dijo: «No penséis que Juan duda acerca del evangelio del reino. Pregunta tan sólo para reconfortar a sus discípulos, que son también mis discípulos. No es que Juan sea débil. Dejadme preguntaros, a vosotros que habéis escuchado a Juan predicar, antes de que Herodes lo encarcelara: qué contemplasteis en Juan —¿una rama sacudida por el viento? ¿Un hombre caprichoso, en vestimenta suave? En general, quienes viven con ricas vestiduras y entre lujos están en las cortes de los reyes y en las mansiones de los ricos. Pero ¿qué visteis cuando contemplabais a Juan? ¿Un profeta? Sí, yo os digo, y mucho más que un profeta. De Juan estaba escrito: 'He aquí, yo envío a mi mensajero; él preparará el camino delante de ti'».

«De cierto, de cierto os digo, que entre los nacidos de mujer no hay nadie más grande que Juan el Bautista; sin embargo el más insignificante en el reino del cielo es más grande porque ha nacido del espíritu y sabe que se ha convertido en hijo de Dios».

Muchos de los que escucharon a Jesús ese día se sometieron al bautismo de Juan, declarando de este modo públicamente la entrada al reino. Y los apóstoles de Juan permanecieron firmemente unidos a Jesús desde ese día en adelante. Este acontecimiento marcó la verdadera unión de los seguidores de Juan y de Jesús.

Después de que los mensajeros hubieron conversado con Abner, partieron hacia Macaerus para relatar todo esto a Juan. Las palabras de Jesús y el mensaje de Abner lo reconfortaron y fortalecieron su fe.

Esa tarde Jesús continuó enseñando: «¿Con quién pues compararé esta generación? Muchos de entre vosotros no queréis recibir el mensaje de Juan ni mis enseñanzas. Sois como chiquillos que juegan en la plaza y se gritan unos a otros diciendo: 'os hemos tocado la flauta y no habéis bailado; hemos gemido y no habéis llorado'. Así pues sois, algunos entre vosotros. Vino Juan que no comía ni bebía, y ellos dijeron que tenía al demonio. Vino el Hijo del Hombre que come y bebe, y esta misma gente dicen: '¡He aquí un comilón y un bebedor de vino, amigo de publicanos y pecadores!' En verdad la sabiduría la justifican sus hijos.

«Parecería que el Padre en el cielo hubiese ocultado de los sabios y orgullosos algunas de estas verdades, revelándoselas en cambio a los chiquillos. Pero el Padre hace todas las cosas bien; el Padre se revela al universo con métodos de su propia elección. Venid pues todos vosotros que laboráis y lleváis pesadas cargas y encontraréis descanso para vuestras almas. Aceptad el yugo divino, y experimentaréis la paz de Dios, que está más allá de toda comprensión».

9. LA MUERTE DE JUAN EL BAUTISTA

Juan el Bautista fue ajusticiado por orden de Herodes Antipas la noche del 10 de enero del año 28 d. de J.C. Al día siguiente, algunos discípulos de Juan que habían ido a Macaerus oyeron de su ejecución y yendo ante Herodes, pidieron que les fuera entregado su cuerpo, que colocaron en una tumba, dándole más tarde sepultura en Sebaste, de donde era Abner. Al día siguiente, 12 de enero, partieron hacia el norte al campamento de los apóstoles de Juan y Jesús cerca de Pella, e informaron a Jesús de la muerte de Juan. Tras escuchar esto Jesús, despidió a la multitud y llamando a los veinticuatro les dijo: «Juan ha muerto. Herodes lo ha hecho decapitar. Esta noche, reuníos en concilio y arreglad vuestros asuntos como corresponde. Ya no habrá más postergaciones. Ha llegado la hora de proclamar el reino abiertamente y con poder. Mañana marchamos a Galilea».

Por consiguiente, temprano en la mañana del 13 de enero del año 28 d. de J.C., Jesús y los apóstoles, acompañados por unos veinticinco discípulos, se dirigieron a Capernaum y se alojaron esa noche en la casa de Zebedeo.

DOCUMENTO 145

CUATRO DÍAS MEMORABLES EN CAPERNAUM

JESÚS y los apóstoles llegaron a Capernaum la tarde del martes 13 de enero. Como de costumbre, establecieron su cuartel general en la casa de Zebedeo en Betsaida. Ya Juan el Bautista había sido ajusticiado, y Jesús se preparaba para lanzar abierta y públicamente su primera gira de predicación en Galilea. La nueva del regreso de Jesús se corrió rápidamente por toda la ciudad, y al día siguiente, temprano, María la madre de Jesús partió apresuradamente camino a Nazaret para visitar a su hijo José.

Jesús pasó el miércoles, el jueves y el viernes en la casa de Zebedeo, instruyendo a sus apóstoles en preparación de la primera gira prolongada de predicación pública. También recibió a muchos interesados sinceros a quienes enseñó tanto en grupos como individualmente. Encargó a Andrés que dispusiera lo necesario para que Jesús hablase en la sinagoga ese sábado.

El viernes al fin de la tarde la hermana menor de Jesús, Ruth, lo visitó en secreto. Pasaron juntos casi una hora, en una barca anclada a poca distancia de la costa. Ningún ser humano supo de esta visita, salvo Juan Zebedeo, a quien se le advirtió que nada dijera a nadie. Ruth fue la única entre los familiares de Jesús que creyó en la divinidad de su misión en la tierra constantemente y sin vacilaciones desde la temprana adquisición de su conciencia espiritual, y a lo largo del pletórico ministerio de Jesús, su muerte, su resurrección y ascensión; finalmente pasó Ruth a los mundos del más allá sin haber dudado jamás del carácter sobrenatural de la misión en la carne de su padre-hermano. A través de las duras tribulaciones del proceso, el repudio y la crucifixión, la pequeña Ruth fue el mayor consuelo de Jesús en cuanto se refería a su familia terrestre.

1. LA REDADA DE LOS PECES

En la mañana del viernes de esta misma semana, al estar Jesús enseñando junto al lago, la multitud tanto se le fue acercando que prácticamente lo empujó hasta la orilla misma; entonces llamó Jesús con un gesto a unos pescadores que estaban cerca de allí en una barca, para que fueran a rescatarlo. Subiendo a la barca, continuó pues enseñando a la multitud congregada más de dos horas. La barca llevaba el nombre de «Simón», habiendo sido anteriormente la barca de pesca de Simón Pedro, la cual había sido construida por Jesús mismo. Esta mañana usaban la barca David Zebedeo y dos de sus socios, que acababan de volver después de una noche de pesca infructuosa en el lago. Estaban limpiando y remendando sus redes cuando Jesús los llamó a que lo ayudaran.

Cuando terminó Jesús de enseñar a las gentes, dijo a David: «Como hubisteis de interrumpir vuestro trabajo para acudir en mi ayuda, dejadme ahora trabajar con vosotros. Vamos a pescar. Vayamos allí, donde las aguas son profundas, y arrojad las redes». Pero Simón, uno de los ayudantes de David, respondió: «Maestro, no vale la pena. Trabajamos toda la noche, y nada pescamos. Sin embargo, si es tu voluntad, iremos a donde es hondo y arrojaremos las redes». Simón estuvo dispuesto a seguir las instrucciones de Jesús porque su amo David así se lo indicó con un gesto. Cuando llegaron al sitio señalado por Jesús, arrojaron las redes y juntaron tal cantidad de peces que temían que se rompieran las redes, tanto que llamaron a sus asociados que estaban en la costa para que vinieran a ayudarlos. Cuando hubieron cargado las tres barcas de tal cantidad de peces que estaban a punto de hundirse, este Simón se arrojó a los pies de Jesús diciendo: «Apártate de mí, Maestro, porque soy un pecador». Simón y todos los demás estaban asombrados por la abundancia de peces. Desde ese día, David Zebedeo, este Simón y sus asociados abandonaron sus redes y siguieron a Jesús.

Pero no había sido ésta en ningún sentido una pesca milagrosa. Jesús era un observador atento de la naturaleza; era, a la vez, un pescador experto y conocía los hábitos de los peces en el Mar de Galilea. En esta ocasión, se limitó a señalar a estos hombres el sitio al que generalmente convergían los peces a esa hora del día. Pero los seguidores de Jesús siempre lo consideraban un milagro.

2. LA TARDE EN LA SINAGOGA

El sábado siguiente, en el servicio de la tarde de la sinagoga, Jesús predicó su sermón sobre «La voluntad del Padre en el cielo». Por la mañana, Simón Pedro había predicado sobre «El reino». En la reunión del jueves por la noche en la sinagoga había enseñado Andrés, siendo su tema «El nuevo camino». En ese momento había más creyentes de Jesús en Capernaum que en ninguna otra ciudad de la tierra.

Cuando Jesús enseñó en la sinagoga ese sábado por la tarde, de acuerdo con la costumbre tomó el primer texto de la ley, leyendo del Libro del Exodo: «Y servirás al Señor tu Dios, y él bendecirá tu pan y tu agua, y toda enfermedad te será quitada». Eligió el segundo texto de los Profetas, leyendo de Isaías: «Levántate, resplandece, porque ha venido tu luz, y la gloria del Señor se ha levantado sobre ti. Podrá la oscuridad cubrir la tierra y podrán las tinieblas envolver a la gente, mas sobre ti amanecerá el espíritu del Señor y contigo será vista la gloria divina. Aun los gentiles andarán a esta luz, y muchas mentes preclaras se rendirán ante el resplandor de esta luz».

Jesús predicó este sermón para aclarar el hecho de que la religión es una *experiencia personal*. Entre otras cosas dijo el Maestro:

«Bien sabéis que aunque un padre de corazón tierno ama a su familia en su totalidad, los considera así en grupo, debido a su poderoso afecto por cada uno de los individuos que forman esa familia. Ya no tienes que acercarte al Padre en el cielo como hijo de Israel, sino como *hijo de Dios*. Como grupo, sois efectivamente los hijos de Israel, pero como individuos, cada uno de vosotros es hijo de Dios. Yo he venido, no para revelar el Padre a los hijos de Israel, sino más bien para traer este conocimiento de Dios y la revelación de su amor y misericordia al creyente individual, como una genuina experiencia personal. Todos los profetas os han enseñado que Yahvé ama a su pueblo, que Dios ama a Israel. Pero yo he venido entre vosotros para proclamar una verdad aun más grande, una verdad que muchos de los últimos profetas también alcanzaron a comprender, o sea, que Dios *os ama* —a cada uno de vosotros— como individuos. Durante todas estas generaciones habéis vosotros tenido una religión nacional o racial; yo he venido ahora para daros una religión personal.

«Pero aun ésta no es una idea nueva. Muchos de entre vosotros con sensibilidad espiritual han conocido esta verdad, en la medida en que algunos de los profetas así os han instruido. Acaso no habéis leído en las Escrituras que dice el profeta Jeremías: 'En aquellos días no dirán más: los padres comieron las uvas agrias y los dientes de los hijos tienen la dentera. Cada cual morirá por su propia maldad; los dientes de todo hombre que comiere las uvas agrias, tendrán la dentera. He aquí que vienen días en los cuales haré nuevo pacto con mi pueblo, no como el pacto que hice con sus padres el día que los sacé de la tierra de Egipto, sino que será el pacto según el nuevo camino. Escribiré aun mi ley en su corazón. Yo seré a ellos por Dios, y ellos me serán por pueblo. En aquello día no dirán, un hombre a su vecino: ¿conoces al Señor? ¡No!, porque todos me conocerán, desde el más pequeño hasta el más grande'.

«¿Acaso no habéis leído estas promesas? ¿Acaso no creéis en las Escrituras? ¿Acaso no comprendéis que las palabras del profeta se cumplen en lo que contempláis en este día? ¿Acaso no os exhortó Jeremías a que hicierais la religión en un asunto del corazón, a que os relacionarais con Dios como individuos? ¿Acaso no os dijo el profeta que Dios del cielo escudriña cada corazón individual? ¿No se os advirtió que el corazón humano por naturaleza es engañoso más que todas las cosas y muchas veces desesperadamente perverso?

«¿Acaso no habéis leído también donde Ezequiel enseñó a vuestros padres que la religión debe llegar a ser realidad en vuestra experiencia individual? Ya no usaréis el proverbio que dice: 'los padres comieron las uvas agrias y los dientes de los hijos tienen la dentera'. 'Así como yo vivo', dice el Señor Dios, 'He aquí que todas las almas son mías; como el alma del padre, así el alma del hijo. Sólo el alma que peca morirá'. Y luego, Ezequiel llegó a predecir este día cuando habló en nombre de Dios diciendo: 'También os daré corazón nuevo, y pondré espíritu nuevo dentro de vosotros'.

«Ya no temáis que Dios castigue una nación por el pecado de un individuo; tampoco castigará el Padre en el cielo a uno de sus hijos creyentes por los pecados de una nación, a pesar de que cada integrante de una familia sufra a menudo las consecuencias materiales de los errores de la familia y de las transgresiones del grupo. ¿Acaso no os dais cuenta de que la esperanza de una nación mejor —o de un mundo mejor— está vinculada con el progreso y esclarecimiento del individuo?»

Luego dijo el Maestro que, una vez que el hombre discierne esta libertad espiritual, el Padre en el cielo manda que sus hijos en la tierra comiencen esa ascensión eterna de la carrera hacia el Paraíso que consiste en la respuesta consciente de la criatura al impulso divino del espíritu residente por encontrar a su Creador, por conocer a Dios y por esforzarse en llegar a ser como él.

Los apóstoles mucho aprendieron de este sermón. Todos ellos se percataron más plenamente de que el evangelio del reino es un mensaje dirigido al individuo y no a la nación.

Aunque el pueblo de Capernaum conocía las enseñanzas de Jesús, se asombraron al escuchar su sermón de este día sábado. Él enseñaba verdaderamente como aquel que tiene autoridad, y no como los escribas.

En el momento en que Jesús terminaba de hablar, un joven oyente que mucho se había turbado por sus palabras, cayó en un violento ataque epiléptico acompañado de fuertes gritos. Al fin del ataque, cuando estaba volviendo en sí, habló en un estado de ensueño, diciendo: «¿Qué tenemos que ver nosotros contigo, Jesús de Nazaret? Tú eres el santo enviado por Dios; ¿has venido para destruirnos?» Jesús mandó a la multitud que callara y, tomando al joven de la mano, dijo: «Recúperate»; y éste inmediatamente despertó.

Este joven no estaba poseído por un espíritu impuro o un demonio; era simplemente víctima de la epilepsia. Pero se le había enseñado lo que poseía un espíritu maligno, que ésa era la causa de su aflicción. Él así lo creía y así actuaba en todo lo que pensaba o decía sobre su enfermedad. Todos creían que estos fenómenos se debían directamente a la presencia de espíritus impuros. Por consiguiente, creyeron que Jesús había arrojado un demonio desde el ser este hombre. Pero en realidad Jesús no curó la epilepsia del joven en esa ocasión. No fue hasta más tarde, después de la puesta del sol, que este joven fue sanado. Mucho después del día de Pentecostés, el apóstol Juan, quien fue el último en escribir sobre las obras de Jesús, evitó toda referencia a estos así llamados actos de «echar a los demonios», y así lo hizo porque ya no ocurrieron estos casos de posesión por el demonio después de Pentecostés.

Como resultado de este incidente trivial, se corrió rápidamente por todo Capernaum la noticia de que Jesús había echado a un demonio del ser de cierto hombre, curándolo milagrosamente en la sinagoga al terminar su sermón vespertino. El sábado era el día más indicado para que estos rumores tan sorprendentes se corrieran tan velozmente. Los relatos llegaron hasta las poblaciones más pequeñas que rodeaban a Capernaum, y muchos los creyeron.

La esposa de Simón Pedro y la madre de ella se ocupaban de la mayor parte del trabajo doméstico y de cocinar en la gran casa de Zebedeo, que se había convertido en el cuartel general de Jesús y los doce. La casa de Pedro estaba cerca de la de Zebedeo; y Jesús y sus amigos se detuvieron allí, camino de vuelta de la sinagoga, porque la suegra de Pedro estaba enferma desde hacía varios días, con fiebre y escalofríos. Ocurrió pues que, mientras Jesús estaba de pie junto a la mujer enferma y le apretaba la mano y le acariciaba la frente hablándole palabras de consuelo y aliento, la fiebre la abandonó. Jesús aún no había tenido tiempo de explicar a sus apóstoles que no se había producido milagro alguno en la sinagoga; y con este episodio tan fresco y vívido en su mente, y al recordar además el incidente del agua y el vino en Caná, interpretaron esta coincidencia como otro milagro, y algunos de ellos corrieron a dar la nueva por toda la ciudad.

Amata, la suegra de Pedro, sufría de paludismo. En esa ocasión no fue sanada milagrosamente por Jesús. Su curación no se produjo hasta varias horas más tarde, después de la puesta del sol, en conexión con el acontecimiento extraordinario que ocurrió en el patio delante de la casa de Zebedeo.

Estos casos son ejemplos típicos de la forma en que una generación con anhelos de acontecimientos maravillosos, un pueblo que amaba pensar en milagros, se aferraba indefectiblemente de estas coincidencias como pretexto para proclamar que Jesús había producido otro milagro.

3. LA CURACIÓN A LA PUESTA DEL SOL

Cuando Jesús y sus apóstoles se preparaban para compartir su cena al terminarse este sábado memorable, ya en Capernaum y sus alrededores había cundido la curiosidad y la zozobra por los así llamados milagros de curación; y todos los que estaban enfermos o afligidos empezaron a prepararse para ir adonde Jesús o para que sus amigos los llevaran allí en cuanto se pusiera el sol. Según las enseñanzas judías no está permitido ni siquiera ir en busca de salud durante las horas sagradas del sábado.

Así pues, tan pronto como el sol desapareció detrás del horizonte, decenas de hombres, mujeres y niños afligidos se encaminaron a la casa de Zebedeo en

Betsaida. Un hombre salió con su hija paralítica en cuanto se ocultó el sol tras la casa de su vecino.

Los acontecimientos de todo ese día venían preparando el escenario para este extraordinario espectáculo a la puesta del sol. Hasta el texto que Jesús eligiera para su sermón de la tarde parecía sugerir que la enfermedad se desterraría; ¡él había hablado con tanta autoridad y poder! ¡Y tan apremiante había sido su mensaje! Sin apelar a la autoridad humana, había hablado directamente a la conciencia y al alma de los hombres. Sin recurrir a la lógica ni a la sutileza legal, ni a la elocuencia ingeniosa, había apelado poderosa, directa, clara y personalmente al corazón de sus oyentes.

Ese sábado fue un gran día en la vida de Jesús en la tierra y en la vida de un universo. Para el universo local, la pequeña ciudad judía de Capernaum era en ese momento realmente la capital de Nebadon. El puñado de judíos que se encontraban en la sinagoga de Capernaum no eran los únicos en escuchar las palabras estremecedoras con que Jesús concluyó su sermón: «El odio es la sombra del temor; la venganza, la máscara de la cobardía». Tampoco podían los oyentes olvidar sus palabras benditas, que declaraban: «El hombre es hijo de Dios; no es hijo del diablo».

Poco después de la puesta del sol, mientras Jesús y sus apóstoles departían en la sobremesa, la esposa de Pedro oyó voces en el patio y, al ir a la puerta, vio una multitud de enfermos que convergían hacia la casa y muchos más que se iban acercando por el congestionado camino de Capernaum, en busca de curación en las manos de Jesús. Al contemplar este espectáculo, ella volvió inmediatamente e informó a su marido, quien se lo dijo a Jesús.

Cuando el Maestro salió de la puerta de entrada de la casa de Zebedeo, sus ojos se encontraron con una gran masa de humanidad enferma y afligida. Contempló casi mil seres humanos enfermos y sufrientes; por lo menos, ésa era la multitud congregada delante de él. No todos los presentes estaban afligidos; algunos traían a sus seres queridos para que se sanaran.

El espectáculo de estos mortales afligidos, hombres, mujeres y niños sumidos en el sufrimiento, debido en gran parte a los errores y malas obras de sus propios Hijos confiados, de la administración del universo, conmovió profundamente el corazón humano de Jesús y puso a prueba la misericordia divina de este benévolo Hijo Creador. Pero Jesús bien sabía que no era posible construir un movimiento espiritual duradero sobre los cimientos de milagros puramente materiales. Se había abstenido constantemente de exhibir sus prerrogativas de creador de acuerdo con su política fijada. Desde el episodio de Caná no había habido ningún acontecimiento sobrenatural ni milagroso durante su enseñanza; sin embargo, esta multitud afligida conmovió profundamente su corazón compasivo y apeló fuertemente a su compasivo cariño.

Una voz en el frente del patio exclamó: «Maestro, di la palabra, devuélvenos la salud, cúranos de nuestras enfermedades y salva nuestras almas». Ni bien fueron pronunciadas estas palabras, cuando un vasto séquito de serafines, controladores físicos, Portadores de Vida y seres intermedios, siempre presente junto a este Creador encarnado de un universo, se preparó para actuar con poder creativo en el caso de que diera una señal su Soberano. Fue éste uno de esos momentos de la carrera terrestre de Jesús en los que la sabiduría divina y la compasión humana se entrelazaron de tal modo en el juicio del Hijo del Hombre, que éste buscó refugio en apelar a la voluntad de su Padre.

Cuando Pedro imploró al Maestro que escuchara el llanto de desamparo de la multitud, Jesús, bajando la mirada sobre esa masa de aflicción, contestó: «He venido al mundo para revelar al Padre y establecer su reino. Para este propósito he vivido mi vida hasta este momento. Si, por lo tanto, fuera voluntad de Aquel que me envió y no estuviera en desacuerdo con mi dedicación a la proclamación del evangelio del reino del cielo, desearía ver a mis hijos sanados— y...» pero las palabras siguientes de Jesús se perdieron en el tumulto.

Jesús había pasado la responsabilidad de esta decisión de curación al fallo de su Padre. Evidentemente la voluntad del Padre no puso objeción alguna, porque ni bien pronunció el Maestro estas palabras, el séquito de personalidades celestiales que servía bajo el mando del Ajustador de Pensamiento Personalizado de Jesús entró en poderosa actividad. El vasto séquito descendió en el medio de esta multitud abigarrada de mortales afligidos, y en un instante de tiempo 683 hombres, mujeres y niños fueron sanados, perfectamente curados de todas sus enfermedades físicas y de otros trastornos materiales. Un espectáculo semejante no se había visto en la tierra nunca antes de este día, ni tampoco después. Y para todos nosotros que estuvimos presentes, el contemplar esta oleada creadora de curaciones fue en verdad un espectáculo estremecedor.

Pero entre todos los seres sorprendidos por esta explosión repentina e inesperada de curaciones sobrenaturales, Jesús era el que más sorprendido estaba. En un momento, cuando su interés y compasión humanos convergían en el espectáculo de sufrimiento y aflicción desplegado ante sus ojos, descuidó en su mente humana las advertencias admonitorias de su Ajustador Personalizado sobre la imposibilidad de limitar el elemento temporal de las prerrogativas creadoras de un Hijo Creador bajo ciertas condiciones y en ciertas circunstancias. Jesús deseaba ver sanados a estos mortales sufrientes, siempre y cuando ello no violara la voluntad de su Padre. El Ajustador Personalizado de Jesús falló instantáneamente que dicho acto de energía creadora en ese momento no transgrediría la voluntad del Padre del Paraíso, y por esa decisión —en vista de la expresión del deseo de sanar que la había precedido— el acto creador *se hizo realidad.* Lo que un *Hijo Creador* desea y lo que es *voluntad* del Padre, SE HACE REALIDAD. Durante el resto de la vida de Jesús en la tierra no volvió a darse ningún otro episodio de curaciones físicas en masa.

Como era de esperarse, la fama de estas curaciones en Betsaida de Capernaum a la puesta del sol se difundió a lo largo y a lo ancho de Galilea, de Judea y más allá. Nuevamente se despertó el temor de Herodes, que envió observadores a que le informaran sobre la obra y las enseñanzas de Jesús y averiguaran si era el ex carpintero de Nazaret o Juan el Bautista resucitado de entre los muertos.

Desde ese momento en adelante y hasta el fin de su carrera terrestre, Jesús fue considerado, sobre todo debido a esta demostración no deliberada de curaciones físicas, tanto médico como predicador. Aunque sí continuó enseñando, su obra personal consistió mayormente en ministrar a los enfermos y a los angustiados, mientras que sus apóstoles hacían el trabajo de predicación pública y bautizaban a los creyentes.

Pero la mayoría de los que recibieron esta curación física sobrenatural o creadora en esta demostración de energía divina después de la puesta del sol, no tuvieron un beneficio espiritual permanente de esta extraordinaria manifestación de misericordia. Unos pocos fueron incitados a la virtud por este ministerio físico, pero el reino espiritual no progresó en el corazón de los hombres debido a esta extraordinaria erupción de curación creadora instantánea.

Los portentos curativos que de cuando en cuando se hicieron presentes durante la misión de Jesús sobre la tierra, no formaban parte de su plan de proclamación del reino. Eran incidentalmente inherentes al hecho de que hubiera en la tierra un ser divino de prerrogativas creadoras casi ilimitadas, en el contexto de una combinación sin precedentes de misericordia divina y compasión humana. Pero estos así llamados milagros dieron a Jesús muchos problemas, porque producían una publicidad que fomentaba prejuicios y se permitían mucha notoriedad no deseada.

4. LA NOCHE SIGUIENTE

Durante toda la noche que siguió a esta gran explosión de curación, la multitud regocijante y dichosa invadió la casa de Zebedeo, y los apóstoles de Jesús llegaron al nivel más alto posible de entusiasmo emotivo. Desde un punto de vista humano, éste fue probablemente el día más grande de todos los días inolvidables de la asociación de ellos con Jesús. Nunca antes ni después pudo su esperanza alcanzar tales alturas de confianza expectativa. Unos pocos días antes les había dicho Jesús cuando aún se encontraban en Samaria, que ya había llegado la hora de la proclamación del reino en *pleno poderío*, y ahora habían contemplado sus ojos lo que suponían el cumplimiento de esta promesa. Se estremecían imaginando lo que estaba por venir, si esta extraordinaria manifestación de poder curativo era tan sólo el comienzo. Desapareció por completo toda incertidumbre sobre la divinidad de Jesús. Estaban literalmente embriagados de éxtasis, como bajo un encantamiento.

Pero cuando buscaron a Jesús, no pudieron hallarlo. El Maestro estaba muy turbado por lo que había ocurrido. Estos hombres, mujeres y niños que habían sido curados de sus diversas enfermedades se quedaron hasta tarde en la noche, esperando el regreso de Jesús para expresarle su gratitud. Los apóstoles no podían entender la conducta del Maestro a medida que pasaban las horas y él permanecía en reclusión; la dicha de ellos habría sido plena y perfecta si no hubiera sido por su ausencia continuada. Cuando regresó Jesús entre ellos, ya era tarde, y prácticamente todos los beneficiarios del episodio de curación se habían vuelto a su casa. Jesús rechazó las congratulaciones y la adoración de los doce y de los otros que se habían quedado para saludarlo, diciendo tan sólo: «No os regocijéis de que mi Padre tiene el poder para curar el cuerpo, sino más bien de que tiene la fuerza para salvar el alma. Vayamos a descansar, porque mañana tenemos que ocuparnos de los asuntos del Padre».

Nuevamente, doce hombres desilusionados, perplejos y con el corazón lleno de pena fueron a su descanso; pocos entre ellos, excepto los gemelos, durmieron mucho esa noche. Tan pronto como el Maestro hacía algo que les alegraba el alma y les regocijaba el corazón, inmediatamente después hacía añicos la esperanza de los apóstoles y destruía completamente los cimientos de su coraje y entusiasmo. Al mirarse entre sí estos pescadores perplejos, sólo tenían un pensamiento: «No podemos comprenderlo. ¿Qué es lo que significa todo esto?»

5. DOMINGO POR LA MADRUGADA

Tampoco Jesús durmió mucho este sábado por la noche. Se daba cuenta de que el mundo estaba lleno de sufrimiento físico y repleto de dificultades materiales, y discurría el grave peligro de verse obligado a dedicar mucho de su tiempo al cuidado de los enfermos y afligidos, que su misión de establecimiento del reino espiritual en el corazón de los hombres habría de sufrir interferencias o por lo menos se subordinaría al ministerio de las cosas materiales. Por estos pensamientos y otros similares que ocupaban la mente mortal de Jesús durante la noche, se levantó el domingo por la mañana mucho antes del amanecer y se fue a solas a uno de sus sitios favoritos para comunicarse con su Padre. El tema de la oración de Jesús esta madrugada era pedir sabiduría y juicio suficientes para refrenar su compasión humana en combinación con su misericordia divina, conmoverse tanto en presencia del sufrimiento mortal que lo llevara a dedicar todo su tiempo al ministerio físico, descuidando el ministerio espiritual. Aunque no deseaba evitar por completo el ministerio a los enfermos, sabía que también tenía que hacer el trabajo más importante de la enseñanza espiritual y la capacitación religiosa.

Jesús iba tan a menudo a las colinas para orar porque no había allí cuartos privados que se adecuaran a su devoción personal.

Pedro no pudo dormir esa noche; por eso, muy temprano, poco después de que Jesús se había ido a orar, despertó a Santiago y a Juan, y los tres se fueron a buscar al Maestro. Después de buscarlo por más de una hora lo encontraron y le rogaron que les explicara la razón de su extraña conducta. Deseaban saber por qué parecía estar preocupado por la erupción espectacular del espíritu de curación, mientras que todo el mundo estaba tan lleno de dicha y los apóstoles tanto se regocijaban.

Por más de cuatro horas trató Jesús de explicar a estos tres apóstoles lo que había ocurrido. Les enseñó lo que había acontecido y les explicó los peligros de tales manifestaciones. Jesús les dijo en confianza el motivo por el cual había salido a orar. Trató de aclararles a sus asociados personales las razones reales de por qué el reino del Padre no se podía construir sobre la base de portentos y curaciones físicas. Pero ellos no podían comprender sus enseñanzas.

Mientras tanto, temprano por la mañana del domingo, otras multitudes de almas afligidas y muchos curiosos empezaron a congregarse alrededor de la casa de Zebedeo. Clamaban que querían ver a Jesús. Andrés y los apóstoles estaban tan perplejos que, mientras Simón el Zelote hablaba a la asamblea, Andrés, con varios de sus asociados, fue a buscar a Jesús. Cuando Andrés hubo ubicado a Jesús en compañía de los tres, dijo: «Maestro, ¿por qué nos dejas solos con la multitud? He aquí que todos los hombres te buscan; nunca antes tantos han buscado tus enseñanzas. Aun en este momento la casa está rodeada de los que han venido de lejos y de cerca por tus obras poderosas. ¿Es que no vas a volver con nosotros para ministrar a ellos?»

Cuando Jesús escuchó esto, contestó: «Andrés, ¿acaso no te enseñé a ti y a estos otros que mi misión en la tierra es la revelación del Padre, y mi mensaje, la proclamación del reino del cielo? ¿Cómo puede ser pues que quieras que yo me desvíe de mi misión para gratificar a los curiosos y para satisfacer a los que buscan signos y portentos? ¿Acaso no hemos estado entre estas gentes durante todos estos meses? ¿Acaso han venido ellos antes en multitudes para escuchar la buena nueva del reino? ¿Por qué vienen ahora a importunarnos? ¿No buscan acaso curar su cuerpo físico en vez de regocijarse porque han recibido la verdad espiritual para la salvación de su alma? Cuando los hombres son atraídos a nosotros por manifestaciones extraordinarias, muchos de ellos vienen buscando, no la verdad y la salvación, sino más bien la curación de sus dolencias físicas y la redención de sus dificultades materiales.

«Durante todo este tiempo estuve en Capernaum, y tanto en la sinagoga como junto al mar he proclamado la buena nueva del reino a todos los que tenían oídos para escuchar y corazón para recibir la verdad. No es la voluntad de mi Padre que vuelva contigo para ocuparme de estos curiosos ni que me dedique al ministerio de las cosas materiales con exclusión de las espirituales. Os he ordenado para que prediquéis el evangelio y para que ministréis a los enfermos, pero no debo dedicar todos mis esfuerzos a sanar cuerpos, en vez de enseñar la verdad. No, Andrés, no voy a volver contigo. Vete y dile a la gente que crean en lo que les hemos enseñado y que se regocijen en la libertad de los hijos de Dios, y prepara las cosas para nuestra partida a las otras ciudades de Galilea, donde ya ha sido preparado el camino para la predicación de la buena nueva del reino. Con este propósito vine yo del Padre. Vete pues, y prepara nuestra partida inmediata, y yo aguardaré aquí tu retorno».

Cuando Jesús hubo hablado, Andrés y sus compañeros apóstoles tristemente se encaminaron de vuelta a la casa de Zebedeo, despidieron a la multitud reunida y rápidamente se prepararon para el viaje, como Jesús les había mandado. Así pues, por la tarde del domingo 18 de enero del año 28 d. de J.C., Jesús y los apóstoles comenzaron su primera gira realmente pública y abierta de predicación en las ciudades de Galilea. Durante esta primera gira predicaron el evangelio del reino en muchas ciudades, pero no visitaron a Nazaret.

Ese domingo por la tarde, poco después de que Jesús y sus apóstoles partieron en dirección a Rimón, sus hermanos Santiago y Judá vinieron a visitarlo, presentándose en la casa de Zebedeo. Alrededor del mediodía de ese día Judá había buscado a su hermano Santiago e insistido en que fueran a ver a Jesús. Pero cuando Santiago finalmente consintió en ir con Judá, Jesús ya había partido.

Los apóstoles lamentaban abandonar el ambiente de gran interés que había surgido en Capernaum. Pedro calculaba que no menos de mil creyentes pudieron haber sido bautizados en el reino. Jesús les escuchó pacientemente, pero no consintió en volver. Prevaleció el silencio por un rato, y luego Tomás se dirigió a sus compañeros apóstoles diciendo: «¡Vamos! El Maestro ha hablado. No importa que no comprendamos plenamente los misterios del reino de los cielos, pues una cosa es segura: Seguimos a un maestro que no busca la gloria para sí mismo». Y a regañadientes salieron para predicar la buena nueva en las ciudades de Galilea.

DOCUMENTO 146

LA PRIMERA GIRA DE PREDICACIÓN EN GALILEA

LA PRIMERA gira de predicación pública en Galilea comenzó el domingo 18 de enero del año 28 d. de J.C. y prosiguió aproximadamente por dos meses, finalizando con el retorno a Capernaum el 17 de marzo. En esta gira Jesús y los doce apóstoles, con la asistencia de los ex apóstoles de Juan, predicaron el evangelio y bautizaron a los creyentes en Rimón, Jotapata, Ramá, Zabulón, Irón, Giscala, Corazín, Madón, Caná, Naín y Endor. En estas ciudades se detuvieron para enseñar, mientras que en muchas otras de las ciudades más pequeñas, proclamaron el evangelio del reino mientras pasaban por éstas.

Fue ésta la primera vez cuando Jesús permitió a sus asociados predicar sin restricciones. Durante el curso de esa gira, les llamó la atención en tres ocasiones solamente; les advirtió que se mantuvieran lejos de Nazaret y que fueran discretos al pasar por Capernaum y Tiberias. Fue fuente de gran satisfacción para los apóstoles tener por fin la libertad de predicar y enseñar sin restricciones, y se volcaron con gran entusiasmo y gozo a la tarea de predicar el evangelio, ministrando a los enfermos y bautizando a los creyentes.

1. LA PREDICACIÓN EN RIMÓN

La pequeña ciudad de Rimón estuvo una vez dedicada a la adoración de un dios babilónico del aire, Ramán. Los rimonitas aún conservaban muchas creencias basadas en las antiguas enseñanzas babilónicas y las posteriores zoroastras; por consiguiente, Jesús y los veinticuatro dedicaron mucho de su tiempo a la tarea de aclarar la diferencia entre estas viejas creencias y el nuevo evangelio del reino. Aquí predicó Pedro uno de los grandes sermones del principio de su carrera sobre «Aarón y el becerro de oro».

Aunque muchos de los ciudadanos de Rimón se convirtieron en creyentes de las enseñanzas de Jesús, en años posteriores crearon muchos problemas para sus hermanos. Es muy difícil convertir, en el corto espacio de una sola generación, a los que adoran la naturaleza en miembros plenos de una hermandad que adora un ideal espiritual.

Muchas de las mejores ideas babilónicas y persas sobre la luz y la oscuridad, el bien y el mal, el tiempo y la eternidad, fueron incorporadas más tarde en las doctrinas del así llamado cristianismo, y este hecho hizo que las enseñanzas cristianas resultaran más fácilmente aceptables entre los pueblos del Cercano Oriente. Del mismo modo, la incorporación de muchas de las teorías de Platón sobre el espíritu ideal o modelos invisibles de todas las cosas visibles y materiales, adaptadas más tarde por Filón a la teología hebrea, hizo que las enseñanzas cristianas de Pablo fueran aceptadas más fácilmente entre los griegos occidentales.

Fue aquí en Rimón donde Todán oyó hablar por primera vez del evangelio del reino; más tarde llevaría este mensaje hasta la Mesopotamia y mucho más allá. El se contó entre los primeros predicadores que llevaron la buena nueva a los que moraban más allá del Eufrates.

2. EN JOTAPATA

Aunque la gente común de Jotapata escuchó a Jesús y sus apóstoles con alegría y muchos aceptaron el evangelio del reino, lo que distingue esta misión en Jotapata es el discurso que pronunció Jesús a los veinticuatro durante la segunda noche de su estadía en esta pequeña ciudad. Natanael tenía cierta confusión mental sobre las palabras del Maestro relativas a la oración, la acción de gracias, y la adoración, y en respuesta a su pregunta Jesús habló largamente ampliando y explicando sus enseñanzas. Resumida en idioma moderno, esta disertación puede ser presentada haciendo hincapié sobre los siguientes puntos:

1. La iniquidad albergada consciente y persistentemente en el corazón del hombre va destruyendo poco a poco la conexión establecida por la oración en el alma humana, con los circuitos espirituales de comunicación entre el hombre y su Hacedor. Naturalmente, Dios oye la súplica de su hijo, pero cuando el corazón humano alberga deliberada y constantemente los conceptos de iniquidad, se produce gradualmente una pérdida de comunión personal entre el hijo terrenal y su Padre celestial.

2. La oración en desacuerdo con las leyes de Dios conocidas y establecidas, es abominable para las Deidades del Paraíso. Si un hombre no escucha a los Dioses cuando hablan a su creación en las leyes del espíritu, de la mente y de la materia, tal acto de desprecio deliberado y consciente de la criatura, hace que las personalidades del espíritu ya no presten oído a las súplicas personales de tales mortales desobedientes y sin ley. Jesús citó a sus apóstoles las palabras del profeta Zacarías: «Pero se negaron a escuchar, volvieron la espalda y taparon sus oídos para no oír. Sí, endurecieron su corazón como una pierda, para no oír mi ley y las palabras que enviaba por mi espíritu por medio de los profetas; por los resultados de sus malos pensamientos vinieron como gran enojo sobre sus cabezas culpables. Y aconteció que clamaron por misericordia, pero nadie les escuchó». Y luego Jesús citó el refrán del hombre sabio que dijo: «El que aparta su oído para no oír la ley divina, aun su oración será abominable».

3. Al abrir los mortales el terminal humano del canal de comunicación entre Dios y el hombre, la corriente constante del ministerio divino a las criaturas de los mundos, se hace inmediatamente disponible. Cuando el hombre escucha las palabras del espíritu de Dios dentro del corazón humano, existe inherente a esta experiencia el hecho de que Dios escucha simultáneamente la súplica del hombre. Aun el perdón de los pecados también opera en esta misma forma infalible. El Padre en el cielo te ha perdonado aun antes de que hayas pensado en pedírselo, pero dicho perdón no es asequible en tu experiencia religiosa personal hasta tanto no perdones tú a tus semejantes. El perdón de Dios —como *hecho*— no depende de que perdones a tus semejantes, pero en *experiencia* depende en forma precisa de este factor. Y este hecho de la sincronía del perdón divino y humano fue así reconocido y vinculado en la oración que Jesús enseñó a los apóstoles.

4. Existe una ley básica de justicia en el universo que la misericordia encuentra impotente de eludir. No es posible que las generosas glorias del Paraíso sean recibidas

por una criatura totalmente egoísta de los reinos del tiempo y del espacio. Ni siquiera el amor infinito de Dios podrá imponer la salvación de la vida eterna a una criatura mortal que no elija sobrevivir. La misericordia otorga dones con gran liberalidad, pero, después de todo, existen mandatos de la justicia que no pueden ser efectivamente abrogados ni siquiera por la fuerza combinada del amor y la misericordia. Nuevamente citó Jesús las escrituras hebreas: «Os llamé, y no quisisteis oír; extendí mi mano, y no hubo quien atendiese. Sino desechasteis mi consejo y mi reprensión rechazasteis, y por esta actitud rebelde es inevitable que cuando me llaméis no recibáis respuesta. Habéis rechazado el camino de la vida; y aunque me busquéis con diligencia en vuestro sufrimiento, no me hallaréis».

5. Aquellos que reciban misericordia, deberán mostrar misericordia; no juzguéis, para que no seáis juzgados. Se os juzgará con el mismo espíritu con el cual vosotros juzguéis al prójimo. La misericordia no abroga por completo la justicia universal. Finalmente será verdad, «el que cierra sus oídos al clamor del pobre, también él clamará algún día por ayuda, y nadie le oirá». La sinceridad de cualquier oración asegura que será escuchada; la sabiduría espiritual y la coherencia con el universo de una súplica, determina el momento, la manera y el grado de la respuesta. Un padre sabio no responde literalmente a las súplicas tontas de sus hijos ignorantes e inexpertos, aunque estos hijos pueden derivar gran placer y una real satisfacción del alma al hacer súplicas tan absurdas.

6. Cuando estés totalmente dedicado a hacer la voluntad del Padre en el cielo, recibirás respuesta a todas tus súplicas, porque orarás en total y pleno acuerdo con la voluntad del Padre, y la voluntad del Padre se manifiesta para siempre en todo su vasto universo. Lo que desea el hijo verdadero y lo que es voluntad del Padre infinito, SE HACE REALIDAD. Tal oración no puede permanecer sin respuesta, y no hay otro tipo de súplica que pueda ser contestado plenamente.

7. La súplica de los rectos es el acto de fe del hijo de Dios que abre la compuerta de la bodega Paterna llena de bondad, verdad y misericordia; y estos buenos dones aguardan desde hace mucho el acercamiento y apropiación personal del hijo. La oración no cambia la actitud divina hacia el hombre, pero sí cambia la actitud del hombre hacia el Padre inmutable. El motivo de la oración le presta acceso al oído divino, y no el estado social, económico o religioso exterior del ser que ora.

8. La oración no se puede emplear para evitar las postergaciones del tiempo ni para trascender los obstáculos del espacio. La oración no es una técnica para el engrandecimiento del yo ni para aprovecharse deslealmente de los semejantes. Un alma totalmente egoísta es incapaz de orar en el verdadero sentido de la palabra. Dijo Jesús: «Que tu supremo regocijo sea por el carácter de Dios, y él, con toda seguridad te otorgará los sinceros deseos de tu corazón». «Dedica tu camino al Señor; confía en él, y él actuará». «En efecto el Señor escucha el lamento de los menesterosos y contemplará la súplica de los desamparados».

9. «Yo he venido del Padre; si, por lo tanto, dudas sobre qué puedes pedirle al Padre, suplica en mi nombre y yo presentaré tu solicitud de acuerdo con tus necesidades y deseos reales y de acuerdo con la voluntad de mi Padre». Cuidate del grave peligro del tornarse egocéntrico en tus oraciones. Evita el mucho suplicar para ti mismo. Ora en cambio por el progreso espiritual de tus hermanos. Evita la oración materialista; ora en el espíritu y por la abundancia de los dones del espíritu.

10. Cuando oréis por los enfermos y los afligidos, no esperéis que vuestra súplica reemplace los cuidados amantes e inteligentes que estos seres afligidos necesitan. Orad por el bienestar de familiares, amigos y compañeros, pero especialmente orad por los que os maldicen, y haced súplicas amantes para los que os persiguen. «Pero no te diré cuándo debes orar. Sólo el espíritu que habita dentro de ti te puede instar a que pronuncies las súplicas que mejor expresen tu relación íntima con el Padre de los espíritus».

11. Muchos recurren a la oración sólo cuando están atribulados. Es una práctica engañosa e irreflexiva. Sí, haces bien en orar cuando algo te aflige, pero también debes, como un hijo, hablar con el Padre cuando tu alma está serena. Que todas tus súplicas sinceras sean siempre en secreto. No permitas que los hombres escuchen tus oraciones personales. Las oraciones en expresión de la gratitud son apropiadas para los grupos de adoradores pero la oración del alma es un asunto personal. No hay sino una sola forma de oración que es apropiada para todos los hijos de Dios, y ésa es, «a pesar de todo, se hará la voluntad tuya».

12. Todos los que creen en este evangelio deben orar sinceramente por la expansión del reino del cielo. De todas las oraciones contenidas en las Escrituras hebreas, él comentó favorablemente sobre la siguiente súplica del salmista: «Crea en mí, oh Dios, un corazón limpio, y renueva un espíritu recto dentro de mí. Purifícame de los pecados secretos y protégeme de las transgresiones presuntuosas». Jesús habló largo y tendido sobre la vinculación del rezo con un lenguaje ligero y ofensivo, citando: «Oh Señor, pon guarda ante mi boca, y guarda la puerta de mis labios». «La lengua humana», dijo Jesús, «es un algo que muy pocos hombres pueden domar; pero el espíritu interior puede transformar este órgano poco dócil, en una dulce voz de tolerancia y un ministro inspirador de misericordia».

13. Jesús enseñó que la oración por la guía divina a través del camino de la vida en este mundo, le seguía en importancia a la súplica por el conocimiento de la voluntad del Padre. En realidad esto significa orar por la sabiduría divina. Jesús nunca enseñó que pudieran obtenerse conocimientos y artes específicas humanas mediante la oración. Pero sí enseñó que la oración contribuye a ampliar la capacidad del ser para recibir la presencia del espíritu divino. Cuando Jesús enseñó a sus asociados a que oraran en el espíritu y en la verdad, explicó que eso significaba orar con sinceridad y de acuerdo con el esclarecimiento de cada cual, orar de todo corazón y con inteligencia, con honestidad y con constancia.

14. Jesús advirtió a sus seguidores que las oraciones no se volverían más eficaces mediante repeticiones elegantes, una fraseología elocuente, el ayuno, la penitencia o los sacrificios. Exhortó a sus creyentes a que emplearan la oración como medio para llegar a la verdadera adoración mediante la acción de gracias. Jesús lamentaba el hecho de que se encontrara tan poco del espíritu de gratitud en las oraciones y culto de sus seguidores. Citó en esta ocasión de las Escrituras, diciendo: «Bueno es dar gracias al Señor y cantar alabanzas al nombre del Altísimo, anunciar por la mañana su compasión amante y su fidelidad cada noche, porque Dios me ha dado la dicha con su obra. Daré pues gracias por todas las cosas según la voluntad de Dios».

15. Luego dijo Jesús: «No estés constantemente con ansiedad excesiva en cuanto a tus necesidades diarias. No os atribules por los problemas de tu existencia terrestre; en todas estas cosas, orando y suplicando con un espíritu sincero de gratitud, despliega tus necesidades ante los ojos de tu Padre que está en el cielo». Citó luego de las Escrituras:

«Alabaré yo el nombre de Dios con cántico y lo engrandeceré en gratiutud. Y agradará al Señor más que sacrificio de buey o becerro con cuernos y pezuñas».

16. Jesús enseñó a sus seguidores a que, después de elevar sus oraciones al Padre, permanecieran en acallada receptividad por un tiempo ofreciendo así al espíritu residente una mejor oportunidad para hablar al alma dispuesta a escuchar. El espíritu del Padre se comunica mejor con el hombre cuando la mente humana está en actitud de verdadera adoración. Adoramos a Dios con ayuda del espíritu residente del Padre y por el esclarecimiento de la mente humana mediante el ministerio de la verdad. La adoración, enseñó Jesús, lo hace a uno cada vez más semejante al ser que está adorando. La adoración es una experiencia transformadora por medio de la cual lo finito se va gradualmente acercando hasta finalmente alcanzar la presencia de lo Infinito.

Y muchas otras verdades dijo Jesús a sus apóstoles sobre la comunión del hombre con Dios, pero no muchos de ellos fueron capaces de abarcar plenamente sus enseñanzas.

3. LA PARADA EN RAMÁ

En Ramá Jesús tuvo esa memorable conversación con el anciano filósofo griego que enseñaba que la ciencia y la filosofía bastaban para satisfacer las necesidades de la experiencia humana. Jesús escuchó con paciencia y simpatía a este maestro griego, aceptando la verdad de las muchas cosas que decía pero indicando, una vez que había terminado, que no había logrado explicar en su conversación sobre la existencia humana el «de dónde, por qué, y adonde», y agregó: «allí donde terminas tú, nosotros comenzamos». La religión es una revelación al alma humana que se refiere a las realidades espirituales que la mente por sí sola jamás podría descubrir ni desentrañar completamente. El esfuerzo intelectual puede revelar los hechos de la vida, pero el evangelio del reino da a conocer las *verdades* de ser. Tú has hablado de las sombras materiales de la verdad; ¿quieres ahora escuchar mientras yo expongo las realidades eternas y espirituales que arrojan estas sombras transitorias temporales de los hechos materiales y de la existencia mortal?». Durante más de una hora, Jesús enseñó a este griego las verdades salvadoras del evangelio del reino. El anciano filósofo era sensible a la forma de encarar las cosas del Maestro, y su corazón era sinceramente honesto; así pues creyó rápidamente en este evangelio de salvación.

Los apóstoles estaban un tanto desconcertados al ver que Jesús parecía concordar abiertamente con muchas de las propuestas del griego, pero Jesús más tarde les dijo en privado: «Hijos míos, no os sorprendáis de mi tolerancia por la filosofía del griego. La auténtica y genuina certidumbre interior nada teme del análisis exterior ni resiente la verdad de la crítica honesta. No olvidéis que la intolerancia es la máscara que oculta secretas incertidumbres sobre la verdad de las creencias de uno. Ningún hombre nunca se molesta por la actitud de su prójimo, si tiene absoluta confianza en la verdad de lo que cree de todo corazón. El coraje es confianza en la total honestidad de lo que profesamos creer. Los hombres sinceros no temen el examen crítico de sus convicciones firmes e ideales nobles».

La segunda noche en Ramá, Tomás hizo a Jesús esta pregunta: «Maestro ¿cómo puede un nuevo creyente de tus enseñanzas realmente saber, estar realmente seguro, sobre la verdad de este evangelio del reino?»

Le dijo Jesús a Tomás: «Tu seguridad de haber entrado en la familia del reino del Padre y de sobrevivir eternamente con los hijos del reino, es plenamente un asunto de experiencia personal —la fe en la palabra de la verdad. La seguridad espiritual equivale a tu experiencia religiosa personal en las realidades eternas de la verdad divina, y es de otra manera igual a tu comprensión inteligente de las realidades de la verdad más tu fe espiritual y menos tus dudas honestas.

«El Hijo está por naturaleza dotado de la vida del Padre. Puesto que estáis dotados del espíritu viviente del Padre, sois hijos de Dios. Sobrevivís a vuestra vida en el mundo material de la carne, porque estáis identificados con el espíritu viviente del Padre, el don de la vida eterna. Muchos, en verdad, ya tenían esta vida antes de que yo viniera del Padre, y muchos más recibieron este espíritu porque creyeron en mis palabras; pero yo os declaro que, cuando vuelva al Padre, él enviará su espíritu al corazón de todos los hombres.

«Aunque no podéis observar la obra del espíritu divino en vuestra mente, existe un método práctico que os permite determinar hasta qué punto habéis puesto el control de los poderes de vuestra alma al servicio de las enseñanzas y dirección de este espíritu residente del Padre celestial, y ése es: la magnitud de vuestro amor al prójimo. Este espíritu del Padre comparte el amor del Padre, y a medida que va dominando al hombre, lo conduce infaliblemente en la dirección de la adoración divina y del amor y respeto por los semejantes. Al principio, creéis que sois hijos de Dios porque mis enseñanzas os permiten apercibiros de la presencia guiadora de nuestro Padre en vuestro corazón; pero pronto se derramará sobre toda la carne el Espíritu de la Verdad, y vivirá entre los hombres y les enseñará, así como yo ahora vivo entre vosotros y os hablo las palabras de la verdad. Y este Espíritu de la Verdad, que habla por las dotes espirituales de vuestra alma, os ayudará a conocer que sois los hijos de Dios. Prestará testimonio infalible mediante la presencia residente del Padre, vuestro espíritu, que para entonces residirá en todos los hombres así como ahora reside en algunos, diciéndoos que sois en realidad hijos de Dios.

«Todo hijo terrenal que siga la dirección de este espíritu finalmente conocerá la voluntad de Dios, y el que se someta a la voluntad de mi Padre, vivirá para siempre. No se os ha aclarado el camino que conduce de la vida terrestre al estado eterno, pero hay un camino, siempre lo ha habido, y yo he venido para hacer nuevo y vivo ese camino. El que entra en el reino ya tiene vida eterna —jamás perecerá. Pero mucho de esto comprenderéis mejor cuando haya regresado a mi Padre y podáis visualizar vuestras experiencias corrientes retrospectivamente».

Y todos los que escucharon estas palabras benditas se llenaron de regocijo. Las enseñanzas judías sobre la supervivencia de los rectos eran confusas e inciertas, y resultaba para los seguidores de Jesús refrescante e inspirador escuchar estas palabras tan definidas y positivas que aseguraban la supervivencia eterna de todos los creyentes sinceros.

Los apóstoles continuaron predicando y bautizando a los creyentes, manteniendo al mismo tiempo la práctica de ir de casa en casa, consolando a los deprimidos y ministrando a los dolientes y afligidos. La organización apostólica se había ampliado en el sentido de que cada uno de los apóstoles de Jesús contaba ahora con uno de los asociados de Juan. Abner estaba asociado con Andrés; y este sistema se mantuvo hasta que fueron a Jerusalén para la siguiente Pascua.

La instrucción especial dada por Jesús durante la estadía en Zabulón se refirió especialmente a conversaciones ulteriores sobre las obligaciones mutuas del reino y comprendió explicaciones aclaratorias de las diferencias entre la experiencia religiosa personal y la amistad en las obligaciones religiosas sociales. Fue ésta una de las pocas veces en que el Maestro discurrió sobre los aspectos sociales de la religión. A lo largo de toda su vida en la tierra Jesús impartió a sus seguidores muy pocas instrucciones sobre la socialización de la religión.

En Zabulón el pueblo era de raza mezclada, ni judía ni gentil, y pocos entre ellos de veras creyeron en Jesús, a pesar de que habían oído sobre la curación de los enfermos en Capernaum.

4. EL EVANGELIO EN IRÓN

En Irón, al igual que en muchas otras de las ciudades aun más pequeñas de Galilea y Judea, había una sinagoga, y durante los primeros tiempos del ministerio de Jesús era su costumbre hablar en estas sinagogas los sábados. A veces, hablaba durante el oficio matutino, mientras que Pedro u otro de los apóstoles predicaba por la tarde. Jesús y los apóstoles también predicaban y enseñaban frecuentemente en las asambleas vespertinas de la sinagoga durante los días de semana. Aunque el antagonismo de los líderes religiosos de Jerusalén contra Jesús había crecido, no ejercían éstos control directo sobre las sinagogas fuera de Jerusalén. Sólo mucho más tarde en el ministerio público de Jesús consiguieron ellos crear tan extenso sentimiento en contra de él, que prácticamente todas las sinagogas cerraron sus puertas a sus enseñanzas. Pero en este momento todas las sinagogas de Galilea y Judea estaban abiertas a él.

Irón era un centro minero importante para ese entonces y puesto que Jesús no había compartido jamás la vida de un minero, pasó la mayor parte de su estadía en Irón, en las minas. Mientras los apóstoles visitaban los hogares y predicaban en los lugares públicos, Jesús trabajó en las minas con estos obreros subterráneos. La fama de Jesús como curador se había divulgado hasta esta remota aldea, y muchos enfermos y afligidos buscaron la ayuda de sus manos, y muchos se beneficiaron por su ministerio curador. Pero el Maestro no hizo allí los llamados milagros, en ninguno de estos casos, excepto en el del leproso.

Al finalizar la tarde del tercer día en Irón, camino de regreso de las minas, pasó Jesús por casualidad por una angosta calle lateral en dirección a su hospedaje. Se acercaba a la escuálida choza de cierto leproso, cuando éste, conociendo la fama sanadora de Jesús, se atrevió a acercársele cuando pasaba por su puerta diciendo mientras se arrodillaba ante él: «Señor, si tan sólo quisieras, podrías hacerme limpio. Escuché el mensaje de tus instructores y querría entrar al reino si pudieras hacerme limpio». Así habló el leproso, porque entre los judíos, los leprosos no podían concurrir a la sinagoga ni participar de otra manera en la adoración pública. Este hombre creía realmente que no se le aceptaría en el reino venidero a menos que curara su lepra. Y cuando Jesús vio su aflicción y oyó sus palabras de fe perseverante, se conmovió su corazón humano, y la mente divina se llenó de compasión. Mientras Jesús lo contemplaba, el hombre cayó de bruces y adoró. Entonces tendió el Maestro la mano y, tocándolo, dijo: «Lo quiero —quedas limpio». Y el enfermo sanó de inmediato; la lepra no más le afligía.

Jesús lo ayudó a incorporarse, luego le advirtió: «No hables con nadie de esta curación más bien vete y ocúpate tranquilamente de atender tus asuntos, preséntate ante el sacerdote y ofrece los sacrificios mandados por Moisés en testimonio de tu limpieza». Pero este hombre no cumplió con las instrucciones de Jesús. Corrió en cambio por las calles de la aldea proclamando que Jesús le había curado la lepra, y puesto que todos lo conocían, pudieron ver claramente que estaba limpio de su enfermedad. No fue adonde los sacerdotes como Jesús le había exhortado. Tanto se corrió la voz de esta nueva curación por el relato de este hombre, que el Maestro estuvo tan asediado por los enfermos que se vio forzado a levantarse temprano la mañana siguiente y partir de la aldea. Aunque no volvió Jesús a esa ciudad, permaneció en las afueras por dos días, cerca de las minas, enseñando el evangelio del reino a los mineros creyentes.

Esta limpieza del leproso fue el primero de los así llamados milagros que Jesús hubiera realizado intencional y deliberadamente hasta ese momento. Era un caso auténtico de lepra.

Desde Irón fueron a Giscala pasando allí dos días en la proclamación del evangelio y luego pasaron a Corazín donde estuvieron casi una semana predicando la buena nueva; pero no consiguieron ganar muchos creyentes para el reino en Corazín. Nunca había tropezado Jesús, con un rechazo tan general de su mensaje en el curso de sus enseñanzas. La estadía en Corazín fue muy deprimente para la mayoría de los apóstoles, y Andrés y Abner tuvieron dificultades para conseguir que sus asociados no perdieran la valentía. Así pues, pasando silenciosamente por Capernaum, fueron a la aldea de Madón, donde no tuvieron mucho más éxito. Prevalecía en la mente de la mayoría de apóstoles la idea de que no habían logrado éxito en estas ciudades recientemente visitadas porque Jesús insistía que, en sus enseñanzas y predicaciones, no debían referirse a él como curador de enfermos. ¡Cómo deseaban que limpiara a otro leproso o manifestara de alguna otra manera su poder, para atraer la atención de la gente! Pero el Maestro se mantuvo impertérrito ante sus ruegos sinceros.

5. DE VUELTA EN CANÁ

El grupo apostólico se alegró mucho cuando Jesús anunció: «Mañana vamos a Caná». Sabían que en Caná tendrían un público comprensivo, porque Jesús era muy conocido allí. Estaban trabajando bien en su obra de atraer a las gentes al reino, cuando, al tercer día, llegó a Caná cierto ciudadano prominente de Capernaum, llamado Tito, que creía a medias, y cuyo hijo estaba gravemente enfermo. Oyó que Jesús estaba en Caná, y de prisa fue a verlo. Los creyentes de Capernaum pensaban que Jesús podía curar cualquier enfermedad.

Cuando este noble ubicó a Jesús en Caná, le suplicó que se apresurara camino a Capernaum para curar a su hijo afligido. Mientras los apóstoles lo rodeaban anhelantes de esperanza, Jesús, contemplando al padre del muchacho enfermo, dijo: «¿Cuánta paciencia debo teneros? El poder de Dios está en vuestro medio, pero si vosotros no veis signos de milagros ni contempláis maravillas os negáis a creer». Pero el noble hombre le encareció a Jesús: «Señor mío, yo sí creo, pero ven adonde mi hijo que se está muriendo, porque cuando le dejé ya estaba a punto de perecer». Y después de inclinar Jesús la cabeza por un momento en meditación silenciosa, repentinamente habló: «Vuelve a tu hogar; tu hijo vivirá». Tito creyó las palabras de Jesús y de prisa se encaminó de vuelta a Capernaum. Mientras caminaba sus siervos salieron a su encuentro diciendo: «Regocíjate, pues tu hijo está mejor —vive». Tito les preguntó a qué hora había empezado la mejoría del muchacho, y cuando los siervos respondieron, «ayer alrededor de la hora séptima bajó la fiebre», el padre recordó pues que alrededor de esa hora le había dicho Jesús: «Tu hijo vivirá». De allí en adelante Tito creyó de todo corazón, y su familia entera también creyó. Este hijo llegó a ser un poderoso ministro del reino y más tarde inmoló su vida con los que sufrían en Roma. Aunque todos los familiares de Tito, sus amigos y aun los apóstoles consideraron este episodio un milagro, no lo fue. Por lo menos no fue un milagro de curación de una enfermedad física. Fue simplemente un caso de preconocimiento de los procesos de la ley natural, el tipo de conocimiento previo al cual Jesús recurrió frecuentemente después de su bautismo.

Nuevamente tuvo Jesús que salir apresuradamente de Caná debido a la excesiva atención atraída por el segundo episodio de este tipo ocurrido durante su ministerio en esta aldea. Los habitantes de la ciudad recordaban el asunto del agua y el vino, y ahora decían que había curado a distancia al hijo del noble. Por eso acudían a él ya no tan sólo con los enfermos y afligidos, sino que también le enviaban mensajeros para que curara a distancia a los dolientes. Y cuando Jesús vio que toda la región era presa de tanta excitación dijo: «Vamos a Naín».

6. Naín y el hijo de la viuda

Esta gente creía en los signos; era una generación buscadora de milagros. Ya por esta época el pueblo de la Galilea central y meridional asociaba a Jesús y su ministerio personal con actuaciones milagrosas. Cientos y cientos de personas honestas que sufrían de desórdenes puramente nerviosos y estaban afligidas por trastornos emocionales acudían ante Jesús y luego volvían a su casa, anunciando a sus amigos que Jesús los había curado. Y estos casos de curación mental eran considerados por estos seres, de mente simple, como curaciones físicas, curas milagrosas.

Cuando Jesús se alejó de Caná en dirección a Naín, lo siguió una gran multitud de creyentes y curiosos. Estaban decididos a presenciar milagros y maravillas, y no estaban dispuestos a ser desilusionados. Al acercarse Jesús y sus apóstoles a las puertas de la ciudad, se toparon con una procesión fúnebre que se dirigía al cementerio cercano, y que llevaba al hijo único de una madre viuda de Naín. Esta mujer era muy respetada, y la mitad de la gente de la aldea seguía la procesión fúnebre de este muchacho supuestamente muerto. Cuando la procesión fúnebre llegó adonde Jesús y sus seguidores, la viuda y sus amigos reconocieron al Maestro y le suplicaron que volviera el hijo a la vida. A tal punto había llegado su expectativa de milagros que creían que Jesús podía curar cualquier enfermedad humana y, ¿por qué no podría semejante sanador levantar a los muertos? Así pues importunado, Jesús se adelantó y, levantando la tapa del ataúd, examinó al muchacho. Descubrió así que el joven no estaba verdaderamente muerto, y percibió la tragedia que su presencia podía evitar. Por eso se dirigió a la madre, y le dijo: «No llores. Tu hijo no está muerto. Está dormido, volverá a tus brazos». Y tomando al joven de la mano le dijo: «Despiértate y levántate». Y el joven supuestamente muerto se levantó y comenzó a hablar, y Jesús los envió de vuelta a sus hogares.

En vano intentó Jesús sosegar a la multitud, en vano intentó explicarles que el muchacho no estaba muerto, que él no le había devuelto la vida; no hubo caso. La multitud que le seguía, y toda la aldea de Naín, había llegado al máximo nivel de frenesí emocional. Muchos estaban dominados por el temor, otros por el pánico, mientras otros caían de rodillas para rezar y llorar por sus pecados. Fue imposible dispersar a la clamorosa multitud hasta mucho después de la caída de la noche. Naturalmente, a pesar de que Jesús les había dicho que el muchacho no estaba muerto, todos insistían que se había producido un milagro, que aun había levantado a un muerto. Aunque Jesús les dijo que el muchacho había caído simplemente en un sueño profundo, explicaron que esa era la forma de expresarse de Jesús y llamaron la atención sobre el hecho de que él siempre trataba de ocultar sus milagros con gran modestia.

Así pues, se corrió la nueva por toda Galilea y Judea de que Jesús había rescatado de la muerte al hijo de la viuda, y muchos de los que oyeron este relato, creyeron que era verídico. Jesús jamás pudo convencer plenamente ni siquiera a sus apóstoles de que el hijo de la viuda no estaba realmente muerto cuando le ordenó que se despertara y se levantara. Pero sí los impresionó bastante para tener por efecto de que no incluyeron este episodio en las narraciones subsiguientes, excepto Lucas, que narró este episodio tal como le fuera relatado. Otra vez fue tan asediado Jesús por sus virtudes médicas que partió al día siguiente temprano camino a Endor.

7. EN ENDOR

En Endor Jesús escapó por unos días de las multitudes clamorosas en búsqueda de curación física. Durante su estadía en este lugar el Maestro rememoró para instrucción de sus apóstoles la historia del rey Saúl y la bruja de Endor. Jesús les dijo claramente a sus apóstoles que los seres intermedios rebeldes y descarriados que a menudo habían asumido la personalidad de supuestos espíritus de los muertos, serían puestos pronto bajo control para que no pudieran volver a hacer estas cosas extrañas. Les dijo a sus apóstoles que, cuando volviera junto al Padre y se derramara el espíritu sobre la carne, ya no podrían estos seres semiespirituales —así llamados espíritus impuros— poseer entre los mortales a los de mente débil y a los de mente perversa.

Jesús explicó además a sus apóstoles que los espíritus de los seres humanos muertos no vuelven a su mundo original para comunicarse con sus semejantes vivos. Sólo después de haber pasado una época dispensacional, podría el espíritu en progreso de un hombre mortal volver a la tierra, y aun entonces, sólo en casos excepcionales y como parte de la administración espiritual del planeta.

Después de descansar dos días, Jesús dijo a sus apóstoles: «Mañana volvemos a Capernaum para estar allí y enseñar mientras se tranquiliza la campiña. Allí en mi tierra ya se habrán recobrado un poco de tanto frenesí».

DOCUMENTO 147

EL INTERLUDIO EN JERUSALÉN

JESÚS y los apóstoles llegaron a Capernaum el miércoles 17 de marzo y pasaron dos semanas en su cuartel general en Betsaida antes de partir para Jerusalén. Durante estas dos semanas, los apóstoles enseñaron a la gente en la playa, mientras que Jesús pasó mucho tiempo a solas en las colinas, ocupado en los asuntos de su Padre. En este período Jesús, acompañado por Santiago y Juan Zebedeo, hizo dos viajes en secreto a Tiberias, para encontrarse con los creyentes e instruirlos en el evangelio del reino.

Muchos de los integrantes de la casa de Herodes creían en Jesús y asistían a estas reuniones. Fue la influencia de estos creyentes dentro de la familia oficial de Herodes la que contribuyó a que la enemistad del gobernador contra Jesús amainara un tanto. Los creyentes de Tiberias habían explicado plenamente a Herodes que el «reino» proclamado por Jesús era de naturaleza espiritual y no una aventura política. Herodes confiaba, hasta cierto punto, en estos miembros de su familia, por esto la diseminación de los informes sobre las enseñanzas y curaciones de Jesús no lo alarmó excesivamente. No tenía objeciones al trabajo de Jesús como curador o maestro religioso. A pesar de la actitud favorable de muchos de los consejeros de Herodes, y aun de Herodes mismo, había entre sus subordinados un grupo que, estaba tan influenciado por los líderes religiosos de Jerusalén, que alimentaba contra Jesús y sus apóstoles sentimientos amargos y amenazadores, los que más tarde mucho dificultaron sus actividades públicas. Los líderes religiosos de Jerusalén representaban para Jesús un peligro mucho mayor que Herodes. Por esta misma razón, Jesús y los apóstoles pasaron tanto tiempo e hicieron la mayor parte de su predicación pública en Galilea más bien que en Jerusalén y en Judea.

1. EL SIERVO DEL CENTURIÓN

El día anterior a la partida del grupo apostólico para la fiesta de la Pascua en Jerusalén, Mangus, un centurión o capitán de la guardia romana estacionado en Capernaum, fue a ver a los rectores de la sinagoga, dijo: «Mi ordenanza fiel está enfermo y a punto de morir. ¿Podéis vosotros ir a ver a Jesús en mi nombre e implorarle que cure a mi siervo?» El capitán romano decidió proceder de este modo, porque pensaba que los líderes judíos tendrían más influencia sobre Jesús. Así pues, los ancianos fueron a ver a Jesús y su vocero dijo: «Maestro, te imploramos que vayas a Capernaum y salves al siervo favorito del centurión romano, quien es digno de tu atención porque ama nuestra nación y aun nos ha construido la sinagoga en la que has hablado tantas veces».

Y cuando Jesús les oyó, dijo: «Iré con vosotros». Así pues fue con ellos a la casa del centurión, y antes de entrar ellos al patio, el soldado romano envió afuera a sus amigos para que saludaran a Jesús, instruyéndoles que dijeran: «Señor, no te molestes en entrar a mi casa, pues yo no soy digno de que entres bajo mi techo. Tampoco me consideré yo digno de ir a verte; por eso envié a los ancianos de tu pueblo. Pero sé que puedes decir la palabra desde donde estás y mi siervo sanará. En efecto, yo mismo tengo jefes que me ordenan, y yo ordeno a mis soldados, y le digo a éste que vaya y él va; le digo a este otro que venga y él viene y a mis siervos que hagan esto y aquello, y lo hacen».

Y cuando Jesús oyó estas palabras, se volvió y dijo a sus apóstoles y a los que estaban con ellos: «Me maravilla la fe de este gentil. De cierto, de cierto os digo, no he encontrado una fe tan grande, no, no en Israel». Jesús dio la espalda a la casa, y dijo: «Vayámonos de aquí». Y los amigos del centurión entraron a la casa y le dijeron a Mangus lo que Jesús había dicho. Desde ese momento el siervo comenzó a sanar y finalmente recobró por completo su salud y utilidad normal.

Pero nunca supimos exactamente qué pasó en aquella ocasión. Éste es simplemente el relato, y no fue revelado a los que acompañaban a Jesús si los seres invisibles operaron la curación del siervo del centurión o no. Sólo conocemos el hecho de la recuperación completa del siervo.

2. EL VIAJE A JERUSALÉN

El martes 30 de marzo, por la mañana temprano, Jesús y el grupo apostólico comenzaron su viaje a Jerusalén para la Pascua, tomando el camino del valle del Jordán. Llegaron por la tarde del viernes 2 de abril, y se establecieron como siempre en Betania. Al pasar por Jericó, se detuvieron para descansar mientras Judas depositaba ciertos fondos comunes en el banco de un amigo de su familia. Era ésta la primera vez que Judas tenía un superávit de dinero, y esta suma permaneció en el banco hasta que ellos pasaron nuevamente por Jericó en su último viaje a Jerusalén, poco antes del juicio y muerte de Jesús.

El grupo viajó sin mayores eventos hasta Jerusalén, pero apenas si se habían instalado en Betania cuando ya se congregó una multitud que venía de cerca y de lejos en busca de cura para el cuerpo, consuelo para la mente confusa y salvación para el alma, de modo que poco pudo descansar Jesús. Por consiguiente, levantaron tiendas en Getsemaní, y el Maestro iba y venía de Betania a Getsemaní para evitar las multitudes que tan constantemente lo asediaban. El grupo apostólico pasó casi tres semanas en Jerusalén, pero Jesús los exhortó a que no predicaran en público, sino tan sólo enseñaran en privado e hicieran obra personal.

En Betania celebraron la Pascua tranquilamente. Fue ésta la primera vez que Jesús y los doce compartían la fiesta pascual sin derramamiento de sangre. Los apóstoles de Juan no compartieron la Pascua con Jesús y sus apóstoles; celebraron la fiesta con Abner y muchos de los primeros creyentes en las predicaciones de Juan. Fue ésta la segunda Pascua que celebraba Jesús con sus apóstoles en Jerusalén.

Cuando Jesús y los doce partieron hacia Capernaum, los apóstoles de Juan no retornaron con ellos. Bajo la dirección de Abner, permanecieron en Jerusalén y sus alrededores, trabajando discreta y silenciosamente para la expansión del reino, mientras que Jesús y los doce volvieron a hacer obra en Galilea. Nunca más estuvieron los veinticuatro todos juntos hasta poco antes del encargo y envío de los setenta evangelistas. Pero los dos grupos cooperaban entre ellos, y a pesar de sus diferencias de opinión, prevalecían los mejores sentimientos.

3. EN EL ESTANQUE DE BETESDA

Durante la tarde del segundo sábado en Jerusalén, mientras el Maestro y los apóstoles estaban a punto de participar en los servicios del templo, Juan le dijo a Jesús:

«Ven conmigo, quiero mostrarte algo». Juan condujo a Jesús, saliendo por una de las puertas de Jerusalén, hasta un estanque de agua llamado Betesda. Alrededor de este estanque había una estructura de cinco pórticos bajo la cual se encontraba un grupo grande de enfermos, en busca de curación. Había allí un manantial caliente, cuyas aguas rojizas burbujeaban a intervalos irregulares debido a las acumulaciones de gases en las cavernas rocosas debajo del estanque. Se creía que este fenómeno periódico de las aguas calientes se debía a una influencia sobrenatural, y era creencia popular que el primero que entrara al agua después del burbujeo se sanaría de su enfermedad.

Los apóstoles estaban un tanto inquietos por las restricciones impuestas por Jesús, y Juan, el más joven de los doce, encontraba particularmente difícil aceptar estas restricciones. Había traído a Jesús al estanque pensando que el espectáculo de los afligidos allí reunidos tanto conmovería la compasión del Maestro que lo llevaría a efectuar un milagro de curación, asombrando así a todo Jerusalén que de este modo terminaría por creer en el evangelio del reino. Dijo Juan a Jesús: «Maestro, mira a todos estos seres que sufren; ¿es que no hay nada que podamos hacer por ellos?» Y Jesús replicó: «Juan, ¿por qué me tientas a que me desvíe del camino que he elegido? ¿Por qué quieres reemplazar la proclamación del evangelio de la verdad eterna por las obras milagrosas y la curación de los enfermos? Hijo mío, no puedo hacer lo que deseas, pero, reúne a estos enfermos y afligidos para que les diga algunas palabras de aliento y consuelo eterno».

Al hablar a los allí reunidos, Jesús dijo: «Muchos entre vosotros estáis aquí, enfermos y afligidos, por vuestros muchos años de mal vivir. Algunos entre vosotros sufrís de los accidentes del tiempo, otros, por los errores de vuestros antepasados, y otros aun lucháis con las dificultades que se derivan de las condiciones imperfectas de vuestra existencia temporal. Pero mi Padre trabaja, y yo trabajaré, para mejorar vuestra condición en la tierra, más especialmente para aseguraros la vida eterna. Ninguno de nosotros puede cambiar en mucho las dificultades de la vida, a menos que descubramos que ésa es la voluntad del Padre en el cielo. Después de todo, todos debemos hacer la voluntad del Eterno. Si pudierais todos vosotros ser curados de lo que os aflige físicamente, indudablemente os admiraríais, pero es aun más admirable que seáis limpiados de toda enfermedad espiritual y que os encontréis curados de todas las dolencias morales. Todos vosotros sois hijos de Dios; sois los hijos del Padre celestial. Tal vez penséis que os afligen las cadenas del tiempo, pero el Dios de la eternidad os ama. Y cuando llegue la hora del juicio, no temáis, encontraréis no sólo justicia, sino abundancia de misericordia. De cierto, de cierto os digo: el que escuche el evangelio del reino y crea en esta enseñanza de la filiación de Dios, tendrá vida eterna; ya estos creyentes pasan del juicio y la muerte a la luz y a la vida. Ya se acerca la hora en la que aun los que están en las tumbas escucharán la voz de la resurrección.»

Muchos de los oyentes creyeron en el evangelio del reino. Algunos entre los afligidos tanto se inspiraron y revivificaron espiritualmente que anduvieron proclamando que también se habían sanado de sus enfermedades físicas.

Un hombre que había sufrido por años depresiones y enfermedades graves de su mente atribulada, se regocijó al escuchar las palabras de Jesús y, levantando su lecho, salió caminando a su casa, aunque era el día sábado. Este pobre hombre esperó todos esos años que viniera *alguien* a ayudarlo; su sensación de inutilidad era tal que no se le había ocurrido ni una vez ayudarse a sí mismo, cosa que debería haber hecho desde el principio para curarse —levantar su lecho y salir caminando.

Entonces le dijo Jesús a Juan: «Partamos antes de que lleguen los altos sacerdotes y los escribas y se ofendan porque hablamos palabras de vida a estos seres afligidos». Y volvieron al templo para reunirse con sus compañeros, y luego todos ellos partieron para pasar la noche en Betania. Pero Juan nunca relató a los otros apóstoles esta visita que él y Jesús hicieron al estanque de Betesda ese sábado en la tarde.

4. LA REGLA DEL VIVIR

En la tarde de este mismo sábado, en Betania, mientras Jesús, los doce y un grupo de creyentes estaban reunidos alrededor del fuego en el jardín de Lázaro, Natanael hizo a Jesús la siguiente pregunta: «Maestro, aunque nos enseñas la versión positiva de la vieja regla de la vida, instruyéndonos que debemos hacer para los demás lo que quisiéramos que ellos hicieran para nosotros, no discierno plenamente de qué manera podremos cumplir siempre con este mandato. Permíteme ilustrar mi pensamiento citando el ejemplo de un hombre lujurioso que de este modo contempla con protervas intenciones a su futura consorte en el pecado. ¿Cómo podremos enseñar que este hombre de malas intenciones debe hacer para los demás lo que quisiera que hiciesen para él?»

Cuando Jesús escuchó la pregunta de Natanael, inmediatamente se puso de pie y, señalando al apóstol con el dedo, dijo: «¡Natanael, Natanael! ¿Qué razonamiento es ése que alberga tu corazón? ¿Acaso no recibes tú mis enseñanzas como un ser nacido del espíritu? ¿Acaso no escucháis la verdad como hombres sabios y con comprensión espiritual? Cuando os advertí que debéis hacer para con los demás como queréis que hagan ellos para vosotros, me dirigía a hombres de ideales elevados, y no a los que podrían caer en la tentación de distorsionar mis enseñanzas, convirtiéndolas en una licencia para actuar en el mal».

Cuando hubo hablado el Maestro, Natanael se levantó y dijo: «Pero, Maestro, no debes tú pensar que yo apruebe semejante interpretación de tus enseñanzas. Hice esta pregunta porque me imagino que muchos de estos hombres podrían interpretar erróneamente tus admoniciones, y esperaba que pudieras darnos más instrucción sobre estos asuntos». Cuando Natanael se hubo sentado, Jesús continuó hablando: «Bien sé yo, Natanael, que tu mente no aprueba tal idea de maldad, pero me desalienta el hecho de que ninguno entre vosotros interprete en forma genuinamente espiritual la mayor parte de mis enseñanzas comunes, instrucciones que debo impartir a vosotros en el lenguaje humano y como los hombres deben hablar sobre estos asuntos. Ahora os enseñaré sobre los diversos niveles de significado que se relacionan con la interpretación de esta regla del vivir, esta admonición de 'hacer para los demás así como vosotros deseáis que los demás hagan para vosotros':

«1. *El nivel de la carne*. Tal interpretación puramente egoísta y lujuriosa está bien ejemplificada por la suposición de la pregunta de Natanael.

«2. *El nivel de los sentimientos*. Este plano está un nivel más alto que el de la carne e implica que la comprensión y la piedad elevarían la interpretación personal de esta regla del vivir.

«3. *El nivel de la mente*. En este nivel entran en acción el razonamiento de la mente y la inteligencia de la experiencia. El buen juicio dicta que esta regla del vivir se interprete de acuerdo con el más alto idealismo integrado en la nobleza del respeto profundo por sí mismo.

«4. *El nivel del amor fraternal*. Aún más alto se descubre el nivel de la devoción generosa al bienestar del prójimo. En este plano más elevado de servicio social sincero que crece de la conciencia de la paternidad de Dios y del consiguiente reconocimiento de la fraternidad del hombre, se descubre una interpretación nueva y mucho más hermosa de esta regla básica de la vida.

«5. *El nivel moral.* Y cuando lleguéis a verdaderos niveles filosóficos de interpretación; cuando tengáis verdadero discernimiento de la *rectitud* y el *error* en las cosas, cuando percibáis la idoneidad eterna de las relaciones humanas, comenzaréis a visualizar tal problema de interpretación imaginándoos como visualizaría e interpretaría una tercera persona de mente elevada, idealista, sabia e imparcial, ese concepto aplicado a vuestros problemas personales de adaptación a las situaciones de vuestra vida.

«6. *El nivel espiritual.* Por último llegamos al nivel más elevado de todos, el del discernimiento del espíritu y de la interpretación espiritual que nos impulsa a reconocer en esta regla de vida el mandato divino de tratar a todos los hombres así como concebimos que Dios los trataría. Ése es el ideal del universo en cuenta a las relaciones humanas. Ésta es pues vuestra actitud frente a todos estos problemas cuando vuestro deseo supremo es hacer por siempre la voluntad del Padre. Deseo por ello que hagáis para todos los hombres lo que sabéis que yo haría en circunstancias semejantes».

Nada de lo que Jesús había dicho a los apóstoles hasta ese momento los había impresionado tanto. Siguieron discutiendo las palabras del Maestro mucho después de él haberse retirado. Aunque Natanael tardó en recobrarse de la impresión de que Jesús no había interpretado bien el espíritu de su pregunta, los demás estaban más que agradecidos de que su filosófico compañero apóstol hubiera tenido el valor de hacer una pregunta que tan abundante respuesta había inspirado.

5. LA VISITA A SIMÓN EL FARISEO

Aunque Simón no era un miembro del sanedrín judío, era un fariseo influyente en Jerusalén. Era un creyente a medias, y aunque corría el riesgo de que se le criticara gravemente por eso, se atrevió a invitar a Jesús y a sus asociados personales Pedro, Santiago y Juan, a cenar a su casa. Simón observaba al Maestro desde hacía mucho tiempo y estaba muy impresionado con sus enseñanzas y aun más con su personalidad.

Los fariseos ricos se dedicaban a hacer la caridad, y no ocultaban la publicidad sobre su filantropía. Aun llegaban a veces a tocar el clarín cuando se disponían a hacerle la caridad a un mendigo. Era costumbre de estos fariseos, cuando ofrecían un banquete a invitados distinguidos, dejar abiertas las puertas de la casa para que hasta los mendigos de la calle pudieran entrar y permanecer de pie contra la pared de la sala detrás de los sofás de los comensales, listos para recibir las porciones de comida que les pudieran arrojar los invitados.

En esta ocasión en la casa de Simón, entre los que habían venido de la calle había una mujer de mala reputación que recientemente se había vuelto creyente de la buena nueva del evangelio del reino. Esta mujer era bien conocida en todo Jerusalén como la ex dueña de uno de los burdeles considerados de alta categoría, ubicado junto al patio de los gentiles del templo. Al aceptar las enseñanzas de Jesús, ella cerró su abominable negocio, e indujo a la mayoría de las mujeres con ella asociadas a que aceptaran el evangelio y cambiaran su forma de vida; a pesar de esto, los fariseos seguían despreciándola y estaba obligada a llevar el pelo suelto —insignia de la prostitución. Esta mujer anónima había traído una gran vasija de loción perfumada para ungir y, parada detrás del sofá de Jesús mientras éste se reclinaba para comer, comenzó a ungirle los pies mojándoselos al mismo tiempo con sus lágrimas de gratitud, y secándolos con su cabello. Cuando hubo terminado de ungir siguió llorando y besándole los pies.

Cuando vio esto Simón, se dijo para sus adentros: «Si este hombre fuera un profeta, se habría dado cuenta de quién es esta mujer y de qué tipo de persona es quien así lo toca; que es una pecadora de mala fama». Y Jesús, sabiendo lo que pasaba por la mente de Simón, habló diciendo: «Simón, hay algo que me gustaría decirte». Simón respondió: «Maestro, dime». Entonces dijo Jesús: «Cierto prestamista rico tenía dos deudores. Uno le debía quinientos denarios y otro le debía cincuenta. Ahora bien, como ninguno de los dos tenía con qué pagar, les perdonó a los dos. ¿Quién crees tú, Simón, que le amaría más?» Simón respondió: «Supongo que aquel a quien se le perdonó más». Y Jesús dijo: «Has juzgado bien», y señalando a la mujer, continuó: «Simón, mira bien a esta mujer. Yo entré a tu casa como invitado, sin embargo no me diste agua para los pies. Esta mujer agradecida me ha lavado los pies con lágrimas y me los ha secado con su propio cabello. Tú no me diste un beso de bienvenida, pero esta mujer, desde que entró, no ha cesado de besarme los pies. Tú no me has ungido la cabeza con aceite, pero ella ungió mis pies con lociones preciosas. ¿Cuál es el significado de todo esto? Simplemente que sus muchos pecados han sido perdonados, y esto la ha llevado a amar tanto. Pero los que no han recibido sino poco perdón a veces no aman sino poco». Y volviéndose hacia la mujer, la tomó de la mano, y levantándola, dijo: «De veras, te has arrepentido de tus pecados, y se te han perdonado. No te desalientes por la actitud dura e incomprensiva de tus semejantes; vete en la dicha y la libertad del reino del cielo».

Cuando Simón y sus amigos sentados a la mesa con él escucharon estas palabras, estuvieron aún más sorprendidos, y empezaron a susurrar entre ellos: «¿Quién es este hombre que se atreve así a perdonar pecados?» Y cuando Jesús les escuchó murmurar así, se volvió para despedir a la mujer, diciendo: «Mujer, vete en paz; tu fe te ha salvado».

Cuando Jesús se levantó con sus amigos para irse, se volvió hacia Simón y dijo: «Conozco tu corazón, Simón, y cómo está dividido entre la fe y la incertidumbre, cómo estás atribulado por el temor y confundido por el orgullo; pero yo oro por ti para que puedas darle entrada a la luz y puedas experimentar en tu paso por la vida transformaciones de mente y espíritu tan grandes que puedan ser comparables a los extraordinarios cambios que el evangelio del reino ya ha producido en el corazón de la que viniera aquí sin ser invitada ni bienvenida. Os declaro a todos que el Padre ha abierto las puertas del reino celestial a todos los que tengan la fe necesaria para entrar, y ningún hombre y ningún grupo de hombres podrá cerrar esas puertas ni siquiera al alma más humilde ni al pecador supuestamente más flagrante de la tierra si esa persona busca sinceramente entrar». Y Jesús, con Pedro, Santiago y Juan, se despidieron de su anfitrión y fueron a reunirse con el resto de los apóstoles en el campamento del jardín de Getsemaní.

Esa misma noche Jesús dio a los apóstoles el inolvidable discurso sobre el valor relativo del estado ante Dios y el progreso en la ascensión eterna al Paraíso. Dijo Jesús: «Hijitos míos, si existe una conexión verdadera y viviente entre el hijo y el Padre, con certeza el hijo progresará continuamente hacia los ideales del Padre. Es verdad que el hijo podrá al principio progresar lentamente, pero ese progreso sin embargo será seguro. Lo importante no es la rapidez de vuestro progreso sino su seguridad. Vuestro logro real no es tan importante como el hecho de que la *dirección* de vuestro progreso es hacia Dios. Lo que lleguéis a ser día tras día es infinitamente más importante que lo que sois hoy.

«Esta mujer transformada que algunos de vosotros visteis en la casa de Simón hoy, está, en este momento, viviendo en un nivel vastamente inferior al de Simón y al de sus asociados bien intencionados; pero mientras estos fariseos están ocupados con el falso progreso en la ilusión de traspasar los círculos engañosos de los servicios ceremoniales sin sentido, esta mujer ha comenzado, con gran honestidad, la larga y pletórica búsqueda de Dios, y su camino hacia el cielo no está obstruido por el orgullo espiritual ni por la autosatisfacción moral. Esta mujer está, hablando desde un punto de vista humano, mucho más lejos de Dios que Simón, pero su alma está en movimiento progresivo; está encaminada hacia un objetivo eterno. Hay en esta mujer extraordinarias posibilidades espirituales para el futuro. Algunos entre vosotros podréis no estar en niveles reales de alma y espíritu particularmente elevados, pero estáis progresando diariamente en el camino vivo que se os ha abierto, a través de la fe, en dirección a Dios. Existen enormes posibilidades en cada uno de vosotros para el futuro. Es mucho mejor tener una fe pequeña pero viva y en crecimiento que poseer un gran intelecto con sus ramas muertas de sabiduría mundana y de descreimiento espiritual».

Pero Jesús puso en guardia a sus apóstoles contra la tontería del hijo de Dios que cree poder aprovecharse del amor del Padre. Declaró que el Padre celestial no es un padre tontamente indulgente, condescendiente y débil, siempre listo a condonar el pecado y perdonar la imprudencia. Advirtió a sus oyentes que no aplicaran erróneamente sus descripciones explicativas de la relación entre el padre y el hijo; que no interpretaran a Dios como uno de esos padres excesivamente condescendientes y poco sabios que conspiran con los tontos de la tierra para ocultar la ruina moral de sus hijos imprudentes, y que de esta manera en forma cierta y directa contribuyen a la delincuencia y a la desmoralización temprana de sus propios vástagos. Dijo Jesús: «Mi Padre no condona indulgentemente esos actos y prácticas de sus hijos que son autodestructivos y suicidas para todo crecimiento moral y progreso espiritual. Esas prácticas pecaminosas son una abominación ante los ojos de Dios».

Jesús concurrió a muchas otras reuniones semiprivadas y banquetes con los encumbrados y los humildes, los ricos y los pobres de Jerusalén, antes de que él y sus apóstoles partieran finalmente hacia Capernaum. Y muchos, en efecto, se hicieron creyentes del evangelio del reino y posteriormente fueron bautizados por Abner y sus asociados, quienes permanecieron allí para fomentar los intereses del reino en Jerusalén y sus alrededores.

6. EL REGRESO A CAPERNAUM

Durante la última semana de abril, Jesús y los doce partieron de su cuartel general en Betania cerca de Jerusalén, comenzando su viaje de vuelta a Capernaum camino de Jericó y del Jordán.

Los altos sacerdotes y los líderes religiosos de los judíos celebraron muchas reuniones secretas con el objeto de decidir qué hacer con Jesús. Estaban todos de acuerdo en que algo había que hacer para poner fin a sus enseñanzas, pero no estaban de acuerdo en el método. Habían tenido la esperanza de que las autoridades civiles dispusieran de él así como Herodes había dispuesto de Juan, pero descubrieron que Jesús conducía su obra de manera tal que los oficiales romanos no se alarmaban mucho por sus predicaciones. Por consiguiente, en una reunión que fue celebrada el día antes de la partida de Jesús para Capernaum, se decidió que debería ser aprehendido, acusado de un delito religioso y puesto a juicio por el sanedrín. Así pues se nombró una comisión de seis espías secretos para que siguieran a Jesús, observaran sus acciones y palabras, y, cuando hubieran acumulado pruebas suficientes de blasfemia y desobediencia a la ley, volvieran a Jerusalén con sus informes. Estos seis judíos alcanzaron al grupo apostólico, de unos treinta, en Jericó, y bajo la excusa de que deseaban hacerse discípulos, se unieron a la familia de seguidores de Jesús, permaneciendo con el grupo hasta el comienzo de la segunda gira de predicación por Galilea; momento en el cual tres de ellos volvieron a Jerusalén para presentar su informe a los altos sacerdotes y al sanedrín.

Pedro predicó a la multitud reunida en el cruce del Jordán, y a la mañana siguiente prosiguieron río arriba hacia Amatus. Querían seguir derecho hasta Capernaum, pero se reunió tal multitud aquí que se quedaron tres días, predicando, enseñando y bautizando. Se encaminaron de vuelta a casa el sábado temprano en la mañana, primer día de mayo. Los espías de Jerusalén estaban seguros de que ya podían anotar la primera acusación contra Jesús —el desobedecer la ley del sábado— puesto que había decidido comenzar su viaje el día sábado. Pero estaban destinados a sufrir una desilusión porque, justo antes de la partida, Jesús llamó a Andrés ante sí y delante de todos ellos le instruyó que procedieran una distancia de sólo unos mil metros, el viaje legal judío para el día del sábado.

Pero no tuvieron que esperar mucho los espías para tener una oportunidad de acusar a Jesús y a sus asociados de desobedecer la ley del sábado. A medida que el grupo pasaba a lo largo de un camino angosto, el trigo ondeante, que en esa época estaba madurando, estaba al alcance de la mano a ambos lados, y algunos de los apóstoles, como tenían hambre, arrancaron el grano maduro y se lo comieron. Era costumbre de los viajeros servirse grano al pasar por el camino, y por consiguiente nadie pensó que hubiera nada malo en esta conducta. Pero los espías tomaron esto como pretexto para atacar a Jesús. Cuando vieron que Andrés machacaba el grano entre las manos, se le acercaron y dijeron: «¿Acaso no sabes que es ilegal arrancar grano y machacarlo el sábado?» Andrés respondió: «Pero tenemos hambre y sólo machacamos la cantidad suficiente para nuestras necesidades; y ¿desde cuándo es pecado comer grano el sábado?» Pero los fariseos contestaron: «No es pecado comer, pero desobedecéis la ley al arrancar y machacar el grano entre las manos; vuestro Maestro seguramente no aprobaría tales acciones». Entonces dijo Andrés: «Pero si no es pecado comer el grano, seguramente machacarlo entre las manos no puede ser más trabajo que masticarlo, cosa que vosotros permitís; ¿por qué hacer semejante montaña de un grano de arena?» Al sugerir Andrés que eran sofistas, ellos se indignaron y regresando rápidamente hasta donde iba caminando Jesús en conversación con Mateo, y protestaron, diciendo: «He aquí, Maestro, que tus apóstoles hacen lo que está prohibido el día sábado; arrancan, machacan y comen el grano. Estamos seguros de que tú les mandarás que no lo hagan». Entonces dijo Jesús a los acusadores: «Sois en verdad celosos protectores de la ley, y hacéis bien en recordar el sábado para santificarlo; pero ¿acaso no leísteis en las Escrituras que cierto día, cuando David tenía hambre, él y los que con él estaban entraron a la casa de Dios y se comieron el pan de la proposicion, que estaba prohibido para todos excepto los sacerdotes? Y David también dio este pan a los que estaban con él; y ¿acaso no habéis leído en nuestra ley que es legal hacer muchas cosas necesarias el sábado? y ¿acaso no os veré yo antes de que termine el día, comer lo que habéis traído para vuestras necesidades de hoy? Buenos hombres, hacéis bien en defender celosamente el sábado, pero haríais mejor en guardar la salud y el bienestar de vuestros semejantes. Os declaro que el sábado fue hecho para el hombre y no el hombre para el sábado. Y si estáis aquí entre nosotros para vigilar mis palabras, proclamaré abiertamente que el Hijo del Hombre es también amo del sábado».

Los fariseos se asombraron y se confundieron por las palabras de discernimiento y sabiduría de Jesús. Por el resto del día se mantuvieron separados y no se atrevieron a preguntar ninguna otra cosa.

El antagonismo de Jesús para con las tradiciones judías y los ceremoniales esclavizantes siempre fue *positivo*. Consistía en lo que él hacía y en lo que afirmaba. El Maestro no malgastaba el tiempo en denuncias negativas. Enseñó que los que conocen a Dios podrán disfrutar de la libertad del vivir sin engañarse a sí mismos con las licencias del pecado. Dijo Jesús a sus apóstoles: «Hombres, si estáis esclarecidos por la verdad y realmente conocéis lo que hacéis, seréis benditos; pero si no conocéis el camino divino, seréis desdichados y ya habréis desobedecido la ley».

7. DE VUELTA EN CAPERNAUM

Fue alrededor del mediodía del lunes 3 de mayo que Jesús y los doce llegaron a Betsaida por barco desde Tariquea. Viajaron por barco para escapar de los que los seguían. Pero para el día siguiente los demás, incluyendo los espías oficiales de Jerusalén, nuevamente habían encontrado a Jesús.

El martes por la tarde Jesús estaba conduciendo una de sus clases habituales de preguntas y respuestas cuando el líder del grupo de seis espías le dijo: «Hoy estaba hablando con uno de los discípulos de Juan que está aquí asistiendo a tu enseñanza, y no podíamos entender por qué nunca mandas a tus discípulos a que ayunen y oren tal como nosotros los fariseos ayunamos y tal como Juan mandó a sus seguidores». Y Jesús, refiriéndose a una declaración de Juan, respondió a este preguntador: «¿Acaso ayunan los hijos de la cámara nupcial cuando el novio está con ellos? Mientras el novio permanece con ellos, no pueden ayunar. Pero se acerca la hora en que el novio será llevado de allí, y entonces los hijos de la cámara nupcial indudablemente ayunarán y orarán. Orar es natural para los hijos de la luz, pero ayunar no es parte del evangelio del reino del cielo. Recordad que el sastre sabio no cose un trozo de tela nueva y sin encoger sobre una túnica vieja, porque, cuando se moja, podría encoger y producir un defecto aun más grave. Tampoco ponen los hombres vino nuevo en odres viejas, para que el vino nuevo no rompa las odres destruyendo así tanto el vino como las odres. El hombre sabio pone el vino nuevo en odres nuevas. Por eso mis discípulos demuestran sabiduría al no traer muchas cosas del viejo orden a la nueva enseñanza del evangelio del reino. Vosotros que habéis perdido a vuestro maestro podéis tener justificación en ayunar por un tiempo. Ayunar puede ser una parte apropiada de la ley de Moisés, pero en el reino venidero los hijos de Dios se liberarán del temor y se regocijarán en el espíritu divino». Y cuando escucharon estas palabras, los discípulos de Juan se consolaron mientras que los fariseos mismos estuvieron aun más confundidos.

A continuación el Maestro advirtió a sus oyentes que esto no significaba que todas las viejas enseñanzas debían ser reemplazadas completamente por nuevas doctrinas. Dijo Jesús: «Lo que es viejo y también *verdadero* debe quedar. Del mismo modo, lo que es nuevo pero falso debe ser rechazado. Pero lo que es nuevo y también verdadero, tened la fe y la valentía de aceptarlo. Recordad que está escrito: 'No abandonéis a un viejo amigo, porque el nuevo no se le compara. Como el vino nuevo, así es el amigo nuevo; si envejece, lo beberéis con regocijo'».

8. LA FIESTA DE LA BONDAD ESPIRITUAL

Esa noche, mucho después de que se hubieron retirado los oyentes habituales, Jesús continuó enseñando a sus apóstoles. Comenzó esta lección especial citando al profeta Isaías:

«'¿Por qué habéis ayunado? ¿Por qué razón afligís vuestras almas mientras seguís encontrando placer en la opresión y regocijo en la injusticia? He aquí, que ayunáis por amor a la contienda y a la disputa y para golpear con el puño de la maldad. Pero no ayunaréis de esta manera para que vuestras voces sean oídas en lo alto.

«'¿Es éste el ayuno que yo he elegido —un día para que un hombre aflija su alma? ¿Es para que baje la cabeza como un junco, para que se humille vestido de saco y cenizas? ¿Os atreveréis a decir que éste es un ayuno y un día aceptable a los ojos del Señor? ¿Acaso no es éste el ayuno que yo elegiría: soltar las cadenas de la maldad, deshacer los nudos de las cargas pesadas, dejar ir libres a los oprimidos, y romper todo yugo? ¿No es acaso compartir mi pan con el hambriento y traer bajo mi techo a los que no tienen casa y son pobres? Y cuando vea a los desnudos, los vestiré.

«'Entonces vuestra luz brillará como la mañana y vuestro bienestar no tendrá límites. Vuestra rectitud os precederá mientras que la gloria del Señor será vuestra retaguardia. Entonces invocaréis al Señor, y él os responderá; clamaréis, y dirá él —Heme aquí. Y todo esto él hará si os negáis a la opresión, a la condenación y a la vanidad. El Padre desea que ofrezcáis vuestro corazón a los hambrientos, que administréis a las almas afligidas; entonces vuestra luz brillará en la obscuridad; y aun vuestra obscuridad será como el mediodía. Entonces el Señor os guiará continuamente, satisfaciendo vuestra alma y renovando vuestra fortaleza. Y seréis como huerto de riego, y como manantial cuyas aguas nunca faltan. Y los que hagan estas cosas restituirán la gloria perdida; establecerán los cimientos de muchas generaciones; se los llamará los reconstructores de los muros rotos, los restauradores de los caminos seguros en los cuales se puede habitar'».

Luego, hasta muy entrada la noche, expuso Jesús a sus apóstoles la verdad de que era la fe de ellos la que les aseguraba el reino del presente y del futuro, y no la aflicción de su alma ni el ayuno de su cuerpo. Exhortó a los apóstoles a que por lo menos estuvieran a la altura de las ideas del antiguo profeta y expresó la esperanza de que también progresarían mucho más allá de los ideales de Isaías y de los antiguos profetas. Sus últimas palabras esa noche fueron: «Creced en la gracia por medio de esa fe viviente que es capaz de comprender el hecho de que sois hijos de Dios y a la vez de reconocer a todos los hombres como hermanos».

Eran más de las dos de la mañana cuando Jesús dejó de hablar y cada uno se fue a su lugar de descanso.

DOCUMENTO 148

LA CAPACITACIÓN DE LOS EVANGELISTAS EN BETSAIDA

DESDE el 3 de mayo hasta el 3 de octubre del año 28 d. de J.C., Jesús y el cuerpo apostólico residieron en Betsaida, en la casa de Zebedeo. A lo largo de este período de cinco meses correspondiente a la temporada de la sequía, se mantuvo un enorme campamento junto al lago, cerca de la residencia de Zebedeo, que había sido ampliada considerablemente para hacer lugar para la creciente familia de Jesús. Este campamento junto al lago, ocupado por una población constantemente cambiante de buscadores de la verdad, candidatos para curaciones y devotos de la curiosidad, contaba entre quinientas y mil quinientas personas. Esta ciudad de tiendas estaba bajo la supervisión general de David Zebedeo, asistido por los gemelos Alfeo. El campamento era un modelo de orden y sanidad así como también de administración general. Los enfermos de diversas enfermedades estaban segregados y estaban bajo la supervisión de un médico creyente, un sirio llamado Elman.

Durante todo este período, los apóstoles iban a pescar por lo menos un día por semana, y vendían el fruto de su pesca a David, para la alimentación de los habitantes del campamento junto al lago. Los fondos así obtenidos eran entregados al tesorero del grupo. Los doce tenían permiso para pasar una semana de cada mes con sus familiares o amigos.

Aunque Andrés seguía estando a cargo de todas las actividades apostólicas, Pedro estaba plenamente a cargo la escuela evangelista. Todos los apóstoles contribuían a la enseñanza de los diversos grupos de evangelistas por la mañana, y tanto los instructores como los alumnos enseñaban a la gente por la tarde. Después de la cena, cinco noches por semana, los apóstoles conducían clases de preguntas para beneficio de los evangelistas. Una vez por semana, Jesús presidía esta sesión, contestando las preguntas que habían quedado pendientes de las sesiones anteriores.

En cinco meses pasaron varios miles de personas por este campamento. Personas interesadas provenientes de todos los rincones del Imperio Romano y de las tierras situadas al este del Eufrates asistían con frecuencia. Fue éste el período estacionario y bien organizado más prolongado de la enseñanza del Maestro. La familia inmediata de Jesús pasó la mayor parte de este tiempo en Nazaret o Caná.

El campamento no se gobernaba como una comunidad de intereses comunes, como era la manera de la familia apostólica. David Zebedeo dirigió esta gran ciudad de tiendas en una forma que permitió que se convirtiera en una empresa capaz de autoabastecerse, aunque nunca se rechazó a nadie. Este campamento en constante cambio fue una característica indispensable para la escuela de instrucción evangelista de Pedro.

1. UNA NUEVA ESCUELA DE PROFETAS

Pedro, Santiago y Andrés formaban el comité nombrado por Jesús para evaluar a los que solicitaban ingreso en la escuela de evangelistas. En esta nueva escuela de profetas estaban representadas todas las razas y nacionalidades del mundo romano y del oriente, incluso de la India. El plan de enseñanza en esta escuela era aprender y luego poner en práctica lo aprendido. Lo que aprendían los estudiantes por la mañana, lo enseñaban por la tarde a la asamblea junto al mar. Después de la cena, dialogaban libremente sobre lo que habían aprendido por la mañana y lo que habían enseñado por la tarde.

Cada uno de los instructores apostólicos enseñaba su punto de vista sobre el evangelio del reino. No hacían ningún esfuerzo por enseñar exactamente igual; no había fórmulas normalizadas ni dogmáticas de las doctrinas teológicas. Aunque todos ellos enseñaban la *misma verdad*, cada apóstol presentaba su propia interpretación de las enseñanzas del Maestro. Jesús defendía y sostenía esta presentación de la diversidad de experiencias personales en las cosas del reino, armonizando y coordinando infaliblemente estas muchas visiones divergentes del evangelio, durante la hora semanal de preguntas que presidía. A pesar de este alto grado de libertad personal en los asuntos de la enseñanza, Simón Pedro solía dominar el campo teológico en la escuela evangelista. Después de Pedro, Santiago Zebedeo era el que ejercía la mayor influencia personal.

Los más de cien evangelistas instruidos durante estos cinco meses junto al lago representaron el material del cual (a excepción de Abner y los apóstoles de Juan) se forjaron más tarde los setenta instructores y predicadores del evangelio. La escuela de evangelistas no tenía todo en común al mismo nivel que lo tenían los doce.

Estos evangelistas, aunque enseñaban y predicaban el evangelio, no bautizaron a los creyentes hasta después de haber sido ordenados y comisionados por Jesús como los setenta mensajeros del reino. De todos los que habían sido curados un memorable atardecer en este sitio, sólo siete se contaron entre estos estudiantes evangelistas. El hijo del noble de Capernaum fue uno de los que se entrenaron para el servicio evangélico en la escuela de Pedro.

2. EL HOSPITAL DE BETSAIDA

En conexión con el campamento junto al mar, Elman, el médico sirio, con la ayuda de un grupo de veinticinco mujeres jóvenes y doce hombres, organizó y dirigió durante cuatro meses lo que debe ser considerado el primer hospital del reino. En este dispensario ubicado a corta distancia al sur de la ciudad de tiendas, se trataba a los enfermos según todos los métodos materiales conocidos así como también mediante las prácticas espirituales de la oración y los incentivos de la fe. Jesús visitaba a los enfermos de este campamento no menos de tres veces por semana y se puso en contacto personal con cada uno de los sufrientes. Por lo que sabemos, no ocurrió ningún así llamado milagro de curación sobrenatural entre los mil afligidos y dolientes que se fueron de este dispensario mejorados o curados. Sin embargo, la vasta mayoría de estos individuos así beneficiados no dejó de proclamar que Jesús los había curado.

Muchas de las curas efectuadas por Jesús en conexión con su ministerio para los pacientes de Elman mucho se asemejaban en verdad a efectos milagrosos, pero se nos informó que se trataba en realidad tan sólo de esas transformaciones de mente y espíritu que se dan a veces en la experiencia de las personas llenas de esperanza y dominadas por la fe cuando se encuentran bajo la influencia inmediata e inspiradora de una personalidad fuerte, positiva y beneficiosa, cuyo ministerio disipa el temor y destruye la ansiedad.

Elman y sus asociados intentaron enseñar a estos enfermos la verdad sobre la «posesión de los espíritus malignos», pero poco fue su éxito. La creencia de que la enfermedad física y los desórdenes mentales podían ser causados por un espíritu así llamado impuro que habitaba en la mente o en el cuerpo de la persona afligida era prácticamente universal.

En todos sus contactos con los enfermos y afligidos, cuando se trataba de una técnica de tratamiento o de divulgar las causas desconocidas de una enfermedad, Jesús no desatendió las instrucciones que le impartiera su hermano del Paraíso, Emanuel, antes de embarcarse él en la aventura de la encarnación en Urantia. Sin embargo, los que cuidaban a los enfermos aprendieron muchas lecciones útiles observando la forma en que Jesús inspiraba la fe y la confianza en los enfermos y sufrientes.

El campamento se desbandó poco antes de que comenzara la temporada que se caracteriza por la proliferación de los resfriados y las fiebres.

3. LOS ASUNTOS DEL PADRE

A lo largo de este período, Jesús condujo servicios públicos en el campamento menos de una docena de veces y sólo habló en la sinagoga de Capernaum una sola vez, el segundo sábado antes de partir para la segunda gira pública de predicación en Galilea con los evangelistas recién instruidos.

Desde la época de su bautismo, no había estado el Maestro tanto tiempo a solas como durante este período de instrucción de los evangelistas en el campamento de Betsaida. Cada vez que uno de los apóstoles se atrevía a preguntar a Jesús por qué estaba tan frecuentemente ausente de su medio, contestaba invariablemente que estaba «ocupado en los asuntos del Padre».

Durante estos períodos de ausencia, Jesús iba acompañado por sólo dos de los apóstoles. Había liberado temporalmente a Pedro, Santiago y Juan de sus obligaciones como asistentes personales, para que pudieran también participar en la instrucción de los nuevos candidatos evangelistas, que eran más de cien. Cuando el Maestro deseaba ir a las montañas para ocuparse de los asuntos del Padre, llamaba a los dos apóstoles que se encontraban desocupados a la sazón, para que lo acompañaran. De esta manera, cada uno de los doce tuvo la oportunidad de una asociación estrecha y un contacto íntimo con Jesús.

Para los fines de esta narración no ha sido revelado, pero se nos han dado indicios que nos llevan a deducir que el Maestro, durante muchas de estas temporadas solitarias en las colinas, estuvo en asociación directa y ejecutiva con muchos de sus dirigentes principales a cargo de los asuntos del universo. Desde el momento de su bautismo, este Soberano encarnado de nuestro universo tomaba parte cada vez más activa y conscientemente en la dirección de ciertas fases de la administración universal. Y siempre somos de opinión que, de alguna manera no revelada a sus asociados inmediatos, durante estas semanas de menor participación en los asuntos terrestres, se ocupó de dirigir aquellas altas inteligencias espirituales que estaban a cargo de administrar un vasto universo, y que el Jesús humano eligió designar estas actividades suyas como «los asuntos de su Padre».

Muchas veces, cuando Jesús pasaba horas a solas, pero dos de sus apóstoles estaban cerca, observaron éstos que los rasgos del Maestro sufrían cambios múltiples y rápidos, aunque no le oían hablar palabra. Tampoco observaron manifestación visible alguna de seres celestiales que pudieran estar comunicándose con su Maestro, tal como algunos de ellos presenciaron en una ocasión subsiguiente.

4. EL MAL, EL PECADO Y LA INIQUIDAD

Era costumbre de Jesús celebrar, dos noches por semana, un diálogo especial con los individuos que desearan hablar con él, en cierto rincón aislado y protegido del jardín de

Zebedeo. En una de estas conversaciones vespertinas en privado, Tomás hizo al Maestro la siguiente pregunta: «¿Por qué es necesario que los hombres nazcan del espíritu para entrar al reino? ¿Es que el renacimiento es necesario para liberarse del control del diablo? Maestro, ¿qué es el mal?». Al oír Jesús estas preguntas, le dijo a Tomás:

«No cometas el error de confundir el *mal* con el *diablo*, más correctamente llamado el *inicuo*. El que vosotros llamáis el diablo es hijo del amor propio, aquel alto administrador que se rebeló a sabiendas y deliberadamente contra el gobierno de mi Padre y de sus Hijos leales. Pero ya yo subyugué a estos rebeldes pecaminosos. Aclara en tu mente estas actitudes diferentes hacia el Padre y su universo. No olvides nunca estas leyes relacionadas con la voluntad del Padre:

«El mal es la transgresión inconsciente o sin intención de la ley divina, la voluntad del Padre. El mal es, del mismo modo, la medida de la imperfección de la obediencia a la voluntad del Padre.

«El pecado es la transgresión consciente, conocedora y deliberada de la ley divina, la voluntad del Padre. El pecado es la medida de la renuencia a la guía divina y a la dirección espiritual.

«La iniquidad es la transgresión voluntaria, decidida y persistente de la ley divina, la voluntad del Padre. La iniquidad es la medida del rechazo constante del plan amante del Padre para la supervivencia de la personalidad y del ministerio misericordioso de los Hijos para la salvación.

«Por naturaleza, antes del renacimiento del espíritu, el hombre mortal está sujeto a inherentes tendencias perversas pero estas imperfecciones naturales de conducta no constituyen ni pecado ni iniquidad. El hombre mortal recién empieza su larga ascensión hacia la perfección del Padre en el Paraíso. El que uno es imperfecto o parcial en lo que la naturaleza le otorgó, no es pecaminoso. El hombre está en verdad sujeto al mal, pero no es en ningún sentido hijo del diablo, a menos que escoja a sabiendas y deliberadamente los caminos del pecado y una vida de iniquidad. El mal es inherente al orden natural de este mundo, pero el pecado es una actitud de rebelión consciente que fue traída a este mundo por los que cayeron de la luz espiritual a las profundísimas tinieblas.

«Tú, Tomás, estás confundido por las doctrinas de los griegos y los errores de los persas. No comprendes las relaciones del mal y del pecado, porque visualizas a la humanidad como si hubiera empezado en la tierra con un Adán perfecto, degenerando rápidamente, a través del pecado, hasta la deplorable condición actual del hombre. Pero, ¿por qué te niegas a comprender el significado de la narración que revela que Caín, el hijo de Adán, fue a la tierra de Nod y allí encontró mujer? ¿Por qué te niegas a interpretar el significado de la narración que relata cómo los hijos de Dios encontraron mujer entre las hijas de los hombres?

«Es verdad que los hombres son malos por naturaleza, pero no son necesariamente pecadores. El nuevo nacimiento —el bautismo del espíritu— es esencial para liberarse del mal y necesario para entrar al reino del cielo, pero no menoscaba el hecho de que el hombre es hijo de Dios. Tampoco significa esta presencia inherente del mal potencial que el hombre está separado en alguna forma misteriosa del Padre en el cielo de modo tal que debe, como ajeno, extranjero o hijastro, tratar de que el Padre lo adopte legalmente. Todas estas ideas nacieron en primer término de vuestra falta de comprensión del Padre y, en segundo término, de vuestra ignorancia en cuanto al origen, naturaleza y destino del hombre.

«Los griegos y otros os enseñaron que el hombre va descendiendo gradualmente de la perfección divina, al olvido o la destrucción; yo he venido para mostrar que el hombre, mediante su entrada en el reino, asciende a Dios y a la perfección divina en forma segura y certera. Todo ser que de alguna manera no alcance a los ideales divinos y espirituales de la voluntad del Padre eterno es potencialmente perverso, pero no es en ningún sentido un pecador, ni mucho menos, inicuo.

«Acaso no leíste en las Escrituras, Tomás, donde está escrito: 'Vosotros sois los hijos del Señor vuestro Dios'. 'Yo seré su Padre y él será mi hijo'. 'Lo he elegido para que sea mi hijo —yo seré su Padre'. 'Trae de lejos mis hijos, y mis hijas de los confines de la tierra; trae todos los llamados de mi nombre, pora gloria mía los he creado'. 'Sois los hijos del Dios viviente'. 'Los que tienen el espíritu de Dios son en verdad hijos de Dios'. Mientras hay una parte material del padre humano en el hijo natural, hay también una parte espiritual del Padre celestial en cada hijo de la fe del reino.»

Todo esto y mucho más dijo Jesús a Tomás, y mucho de ello el apóstol comprendió, aunque Jesús le advirtió que «no hables con los demás sobre estos asuntos hasta que yo haya vuelto al Padre». Y Tomás no mencionó este diálogo hasta después de la partida del Maestro de este mundo.

5. El propósito de la aflicción

En otro de estos diálogos privados en el jardín, Natanael preguntó a Jesús: «Maestro, aunque comienzo a comprender por qué te niegas a practicar indiscriminadamente tus dotes curativas, aún no entiendo por qué el Padre amante en el cielo permite que tantos de sus hijos sobre la tierra sufran tantas aflicciones». El Maestro respondió a Natanael, diciendo:

«Natanael, tú y muchos otros estáis perplejos porque no comprendéis de qué manera ha sido tantas veces convulsionado el orden natural de este mundo, debido a las aventuras pecaminosas de ciertos traidores que se rebelaron contra la voluntad del Padre. Yo he venido para empezar a poner en orden estas cosas. Pero se necesitarán muchos siglos para devolver esta parte del universo a los caminos anteriores y así aliviar a los hijos del hombre de la carga adicional del pecado y la rebelión. La presencia del mal por sí sola prueba al hombre suficientemente en su ascensión —el pecado no es esencial para la supervivencia.

«Pero, hijo mío, debes saber que el Padre no aflige a sus hijos deliberadamente. El hombre desencadena sobre sí mismo aflicción innecesaria como resultado de su negación persistente a marchar en los buenos caminos de la voluntad divina. La aflicción está en potencia en el mal, pero buena parte de ella se produce por el pecado y la iniquidad. Muchos acontecimientos inusitados han acaecido en este mundo, y no es raro que todos los hombres pensadores se preocupen por el espectáculo que presencian de sufrimiento y aflicción. Pero puedes estar seguro de una cosa: el Padre no envía aflicción como castigo arbitrario de la fechoría. Las imperfecciones y desgracias del mal son inherentes; los castigos del pecado son inevitables; las consecuencias destructoras de la iniquidad son inexorables. El hombre no debe culpa a Dios por las aflicciones que son el resultado natural de la vida que él elige vivir; tampoco debe el hombre quejarse de esas experiencias que son parte de la vida tal como se la vive en este mundo. Es la voluntad del Padre que el hombre mortal trabaje con perseverancia y firmemente hacia el mejoramiento de su condición en la tierra. La aplicación inteligente permitirá al hombre sobreponerse a buena parte de su miseria en la tierra.

«Natanael, es nuestra misión ayudar a los hombres a que solucionen sus problemas espirituales y de esta manera agilicen su mente para encontrarse mejor preparados e inspirados para resolver sus múltiples problemas materiales. Conozco tu confusión porque has leído las Escrituras. Demasiadas veces ha prevalecido la tendencia de asignar a Dios la responsabilidad de todo lo que el hombre ignorante no puede comprender. El Padre no es personalmente responsable de todo lo que vosotros no podéis comprender. Si estás afligido por haber transgredido inocente o deliberadamente una orden divina, no dudes del amor del Padre sólo porque él ordenó esa ley justa y sabia.

«Pero, Natanael, mucho hay en las Escrituras que te habría instruido si hubieras leído con discernimiento. Acaso no recuerdas que está escrito: 'No desdeñes, hijo mio, el castigo del Señor; ni te fatigues de su corrección, porque el Señor al que ama regaña, como el padre regaña al hijo a quien quiere'. 'El Señor no aflige voluntariamente'. 'Antes que fuera yo afligido me descarrié, mas ahora cumplo la ley. Bueno me es haber sido afligido para que aprenda los estatutos divinos'. 'Conozco tus angustias. El eterno Dios es tu refugio, y acá abajo los brazos eternos'. 'El Señor también es el refugio de los oprimidos, el puerto de reposo durante la tormenta'. 'El Señor lo sustentará sobre el lecho de aflicción; el Señor no olvidará a los dolientes'. 'Como el padre se compadece de sus hijos, se compadece el Señor de los que le temen. Él conoce vuestro cuerpo; se acuerda de que sois polvo'. 'Él sana a los quebrantados de corazón y venda sus heridas'. 'Él es la esperanza al pobre, la fortaleza al menestroso en sus penas, el refugio contra el turbión, la sombra contra el calor sofocante'. 'Él da esfuerzo al cansado y multiplica las fuerzas al que no tiene ningunas'. 'No quebrará la caña cascada, ni apagará el pápilo que humeare!' 'Cuando pases por las aguas de la aflicción, yo estaré contigo, y cuando los ríos de la adversidad te sobrecojan, no te abandonaré'. 'Él me ha enviado a vendar los quebrantados de corazón, a publicar libertad a los cautivos y a consolar a todos los enlutados'. 'Hay corrección en el sufrimiento; la aflicción no sale del polvo'».

6. La interpretación errónea del sufrimiento —El discurso sobre Job

Esa misma tarde en Betsaida Juan también preguntó a Jesús por qué tantos seres aparentemente inocentes sufrían tantas enfermedades y experimentaban tantas aflicciones. Al responder a las preguntas de Juan, entre varias otras cosas, dijo el Maestro:

«Hijo mío, no comprendes el significado de la adversidad ni la misión del sufrimiento. Acaso no has leído esa obra maestra de la literatura semita —la historia en las Escrituras sobre las aflicciones de Job? ¿Acaso no recuerdas cómo comienza esta maravillosa parábola con la narración de la prosperidad material del siervo del Señor? Bien recuerdas tú que Job estaba bendecido con hijos, riqueza, dignidad, posición, salud y todas las demás cosas que los hombres valoran en esta vida temporal. De acuerdo con las enseñanzas tradicionales de los hijos de Abraham, esta prosperidad material era prueba suficiente del favor divino. Pero tales posesiones materiales y tal prosperidad temporal no indican el favor de Dios. Mi Padre en el cielo ama a los pobres tanto como a los ricos; él no hace acepción de personas.

«Aunque la transgresión de la ley divina cosecha, tarde o temprano, el castigo, aunque los hombres indudablemente terminan por cosechar lo que sembraron, debes saber que el sufrimiento humano no es siempre castigo por un pecado anterior. Tanto Job como sus amigos trataron en vano de hallar la respuesta verdadera de sus perplejidades. Y gracias a la luz de que disfrutas ahora, no asignarías ni a Satanás ni a Dios los papeles que ambos juegan en esta parábola singular. Aunque Job no encontró, a través del sufrimiento, la resolución de sus problemas intelectuales ni la solución de sus dificultades filosóficas, ganó él grandes victorias; aun cuando enfrentado con la desintegración de sus defensas teológicas, ascendió a esas alturas espirituales en las que podía decir con sinceridad: 'yo me aborrezco'; entonces pues se le dispensó la salvación de una visión de Dios. Así pues, aun a través del sufrimiento mal entendido, Job ascendió al plano sobrehumano de comprensión moral y discernimiento espiritual. Cuando el siervo que sufre tiene una *visión de Dios*, se produce una paz en el alma que sobrepasa toda comprensión humana.

«El primero de los amigos de Job, Elifaz, exhortó al sufriente a que ejerciera en sus aflicciones la misma fortaleza que había prescrito a otros en los días de su prosperidad. Dijo este falso consolador: 'Confía en tu religión, Job; recuerda que los que sufren son los protervos, no los que son rectos. Debes de merecerte este castigo, o no serías afligido de este modo. Bien sabes que ningún hombre puede ser recto ante los ojos de Dios. Sabes que los malvados nunca prosperan. De todos modos, parece que el hombre está predestinado a sufrir, y tal vez el castigo del Señor sea por tu bien'. No es de sorprender que el pobre Job no hallara gran consuelo en esta interpretación del problema del sufrimiento humano.

« Pero el consejo de su segundo amigo, Bildad, fue aun más deprimente, a pesar de su tino desde el punto de vista de la teología aceptada en aquella época. Dijo Bildad: 'Dios no puede ser injusto. Tus hijos han de haber sido pecadores, puesto que perecieron; tú debes haber errado, o no sufrirías tanto. Si eres verdaderamente recto, seguramente te librará Dios de todas tus aflicciones. Debes aprender de la historia de los tratos de Dios con el hombre que el Todopoderoso tan sólo destruye a los protervos'.

« Y recuerdas tú cómo respondió Job a sus amigos, diciendo: 'Yo bien se que Dios no oye mi lamento. ¿Cómo es posible que Dios sea justo y al mismo tiempo no haga caso alguno de mi inocencia? Estoy aprendiendo que no consigo satisfacción apelando al Todopoderoso. ¿Acaso no veis que Dios tolera las persecuciones de los malos contra los buenos? Puesto que el hombre es tan débil, ¿qué posibilidades tiene de que un Dios omnipotente lo tome en cuenta? Dios me ha hecho lo que soy, y cuando él se pone en mi contra, no tengo defensa. ¿Por qué me creó Dios, para que yo sufra de esta manera tan miserable?'

«¿Y quién puede criticar la actitud de Job en vista del consejo de sus amigos y de las ideas erróneas sobre Dios que ocupaban su mente? ¿No es acaso cierto que Job ansiaba un Dios *humano*, que tenía sed de comunicarse con un Ser divino que conociera la condición mortal del hombre y comprendiera que los justos muchas veces deben sufrir, siendo inocentes, como parte de esta primera vida en la larga ascensión al Paraíso? Así pues el Hijo del Hombre ha venido del Padre para vivir tal vida en la carne que lo hace capaz de consolar y socorrer a todos los que de aquí en adelante sean llamados a soportar las aflicciones de Job.

«El tercer amigo de Job, Zofar, habló entonces palabras aun menos reconfortantes al decir: 'Es tonto que digas que eres recto, si consideras tus sufrimientos. Pero admito que es imposible comprender la forma de obrar de Dios. Acaso haya un propósito recóndito en tus aflicciones.' Y cuando Job hubo escuchado a sus tres amigos, apeló directamente a Dios para que lo ayudara, invocando el hecho de que 'el hombre nacido de una mujer, está corto de días, y hastiado de sinsabores'.

«Comenzó entonces la segunda sesión con sus amigos. Elifaz se volvió más severo, acusador y sarcástico. Bilbad se indignó por el desprecio de Job por sus amigos. Zofar repitió su consejo melancólico. Job a esta altura se había disgustado con sus amigos y apeló nuevamente a Dios, y ahora apelaba a un Dios justo contra el Dios de la injusticia representado por la filosofía de sus amigos y venerado hasta por su propia actitud religiosa. Luego, Job buscó refugio en el consuelo de una vida futura, en la cual las iniquidades de la existencia mortal pudieran ser rectificadas por mayor justicia. La imposibilidad de recibir ayuda del hombre lleva Job a Dios. Hay una gran lucha en su corazón entre la fe y las dudas. Finalmente, el humano sufriente comienza a ver la luz de la vida. Su alma torturada asciende a nuevas alturas de esperanza y valentía; puede que él siga sufriendo y aun muera, pero su alma esclarecida pronuncia ahora el grito de triunfo, '¡mi Reivindicador vive!'.

«Job tenía razón en poner en tela de juicio la doctrina de que Dios aflige a los hijos para castigar a sus padres. Job estaba pronto a admitir que Dios es recto, pero anhelaba una revelación que pudiera satisfacer su alma sobre el carácter personal del Eterno. Y ésa es nuestra misión en la tierra. Ya no se negará a los mortales sufrientes el consuelo de conocer el amor de Dios y de comprender la misericordia del Padre en el cielo. Aunque el discurso de Dios expresado como un torbellino fue un concepto majestuoso para el día en que fue pronunciado, tú ya has aprendido que el Padre no se revela de ese modo, sino que más bien habla dentro del corazón humano con voz suave y baja, diciendo: 'éste es el camino; andad por él'. ¿Acaso no comprendes que Dios reside dentro de ti?, ¡que se ha hecho como eres tú para que pueda hacerte como es él!»

Luego hizo Jesús su declaración final: «El Padre en el cielo no aflige a propósito a los hijos de los hombres. El hombre sufre, primero, por los accidentes del tiempo y por las imperfecciones que se originan del mal en una existencia física inmadura. Luego, sufre las consecuencias inexorables del pecado —la transgresión de las leyes de la vida y de la luz. Finalmente, el hombre cosecha el fruto de su persistencia inicua en la rebelión contra la gobierno recto del cielo en la tierra. Pero los sufrimientos del hombre no son un castigo *personal* del juicio divino. El hombre puede hacer, y hará, mucho para disminuir sus sufrimientos temporales. Pero, apártate de una vez por todas de la superstición de que Dios aflige al hombre por mandato del diablo. Estudia el Libro de Job sólo para descubrir cuántas ideas erróneas sobre Dios pueden aun los hombres buenos honestamente albergar; y luego observa cómo aun el dolorosamente afligido Job halló el Dios del consuelo y de la salvación a pesar de estas enseñanzas erróneas. Por fin su fe penetró las nubes del sufrimiento para discernir la luz de la vida que se derramaba del Padre como misericordia sanadora y rectitud perdurable».

Juan reflexionó en su corazón sobre estas palabras por muchos días. Toda su vida después de esta ocasión fue considerablemente cambiada como resultado de esta conversación con el Maestro en el jardín, y mucho hizo él, en tiempos posteriores, para que los otros apóstoles cambiaran su punto de vista relativo a la fuente, naturaleza y propósito de las aflicciones humanas más comunes. Pero Juan nunca habló de esta conversación hasta después de la partida del Maestro.

7. EL HOMBRE DE LA MANO SECA

El segundo sábado antes de la partida de los apóstoles y del nuevo cuerpo de evangelistas para la segunda gira de predicación por Galilea, Jesús habló en la sinagoga de Capernaum sobre «Las alegrías de una vida de rectitud». Cuando Jesús terminó de hablar, un grupo grande de mutilados, lisiados y afligidos se reunió a su alrededor, buscando cura. En este grupo también estaban los apóstoles, muchos de los nuevos evangelistas, y los espías fariseos de Jerusalén. Dondequiera que fuese Jesús (excepto cuando iba a las colinas, ocupado en los asuntos de su Padre) los seis espías de Jerusalén siempre lo seguían.

Mientras Jesús hablaba con la gente, el jefe de los espías fariseos indujo a un hombre que tenía una mano seca, a que se le acercara y le preguntara si era legal ser curado el día del sábado o si debía buscar curación otro día. Cuando Jesús vio al hombre, escuchó sus palabras, y percibió que había sido enviado por los fariseos, dijo: «Ven, acércate, y te haré una pregunta. Si tuvieras una oveja y ésta se cayera en un foso el sábado, ¿irías tú al foso, socorrerías a la oveja, la rescatarías? ¿Está permitido hacer tal cosa el día del sábado?» Y el hombre le respondió: «Sí, Maestro, está permitido hacer el bien de esta manera el sábado». Entonces dijo Jesús, dirigiéndose a todos ellos: «Sé por qué habéis puesto a este hombre ante mí. Queréis encontrar en mí causa de ofensa haciéndome caer en la tentación de mostrar misericordia el sábado. En silencio todos estáis de acuerdo de que está permitido sacar a una oveja desafortunada de un foso, aun el sábado, y yo os llamo a testimonio de que está permitido exhibir comprensión y amor el sábado no sólo a los animales sino también a los hombres. ¡Cuánto más valioso es un hombre que una oveja! Os proclamo que está permitido hacer el bien a los hombres el sábado». Mientras todos ellos estaban de pie en silencio ante él, Jesús, dirigiéndose al hombre de la mano seca, le dijo: «Ponte de pie aquí a mi lado para que todos te puedan ver. Y ahora, para que supieses que es la voluntad de mi Padre que hagas el bien el sábado, si tienes fe en sanarte, yo te mando que extiendas la mano».

Al extender el hombre su mano seca, fue sanada. La gente estaba a punto de atacar a los fariseos, pero Jesús les ordenó que se calmaran, diciendo: «Acabo de deciros que está permitido hacer el bien el sábado, para salvar una vida, pero no os he dicho que hagáis daño y que os dejéis llevar por el deseo de matar». Los fariseos encolerizados se alejaron, y a pesar de que era sábado, se apresuraron en dirección a Tiberias y fueron a consultar a Herodes, haciendo todo lo posible por suscitar su prejuicio, con el objeto de que los herodianos se aliaran con ellos en contra de Jesús. Pero Herodes se negó a tomar medidas contra Jesús, aconsejándoles que llevaran sus quejas a Jerusalén.

Éste es el primer caso de un milagro producido por Jesús en reacción a un desafío de sus enemigos. El Maestro realizó este así llamado milagro, no como demostración de su capacidad para curar, sino como protesta eficaz contra el hacer del descanso religioso del sábado una verdadera esclavitud de restricciones sin significado para la humanidad. Este hombre volvió a trabajar como albañil, y demostró ser uno de los en que la curación produjo una vida de gratitud y rectitud.

8. Última semana en Betsaida

La última semana de la estadía en Betsaida, los espías de Jerusalén se dividieron en su actitud hacia Jesús y sus enseñanzas. Tres de estos fariseos estaban enormemente impresionados por lo que habían visto y oído. Mientras tanto, en Jerusalén, Abraham, un joven miembro influyente del sanedrín, abrazó públicamente las enseñanzas de Jesús y fue bautizado por Abner en el estanque de Siloam. En Jerusalén existía un vivo interés por este acontecimiento, e inmediatamente fueron despachados mensajeros a Betsaida para llamar de vuelta a los seis espías fariseos.

El filósofo griego que había sido ganado para el reino durante la gira anterior de Galilea volvió con ciertos judíos ricos de Alejandría, y una vez más ellos invitaron a Jesús a que fuera a su ciudad con el objeto de establecer una academia conjunta de filosofía y religión y un hospital para los enfermos. Pero Jesús cortésmente rehusó la invitación.

Aproximadamente por esta época llegó al campamento de Betsaida un individuo que profetizaba cuando estaba en trance; provenía de Bagdad, y se llamaba Quirmet. Este supuesto profeta tenía visiones peculiares cuando estaba en trance y sueños fantásticos cuando alguien interrumpía su sueño. Creó considerable zozobra en el campamento, y Simón el Zelote opinaba que sería bueno tratar con cierta rudeza a este pretendido profeta que se engañaba a sí mismo, pero Jesús intervino y le otorgó entera libertad de acción por unos días. Todos los que escucharon su predicación, pronto se dieron cuenta de que sus enseñanzas no eran sólidas si se las juzgaba de acuerdo con el evangelio del reino. Poco después este individuo retornó a Bagdad, llevándose tan sólo a una media docena de almas inestables y erráticas. Pero antes de que Jesús intercediera por el profeta de Bagdad, David Zebedeo, asistido por un comité nombrado por él mismo, llevó a Quirmet al lago y, después de sumergirlo varias veces en el agua, le aconsejó que se fuera y construyera su propio campamento.

Ese mismo día, Bet-Marión, una mujer fenicia, se volvió tan fanática que perdió la cabeza y casi se ahogó porque había tratado de caminar sobre el agua; sus amigos la enviaron a su casa.

El nuevo converso jerusaleno, Abraham el fariseo, donó todos sus bienes terrenales al tesoro apostólico, y esta contribución mucho ayudó para que se pudiera enviar inmediatamente a los cien evangelistas recién capacitados. Andrés ya había anunciado el cierre del campamento, y todos se prepararon, bien para volver a su casa o bien para seguir a los evangelistas a Galilea.

9. La curación del paralítico

El viernes por la tarde del 1 de octubre, cuando Jesús estaba celebrando su última reunión con los apóstoles, evangelistas y otros líderes del campamento en desbande, y con los seis fariseos de Jerusalén sentados en la primera fila de esta asamblea en la espaciosa y agrandada habitación delantera de la casa de Zebedeo, ocurrió uno de los episodios más extraños y singulares de toda la vida de Jesús en la tierra. El Maestro estaba en ese momento hablando de pie en esta gran habitación, que había sido construida para permitir estas reuniones durante la temporada de lluvia. La casa estaba completamente rodeada por una vasta multitud que tendía el oído para escuchar algunas palabras del discurso de Jesús.

Mientras la casa estaba de esta manera llena de gente y completamente rodeada de oyentes ansiosos, fue traído de Capernaum en una pequeña litera por sus amigos, un hombre paralítico desde hacía mucho tiempo. Este paralítico había escuchado que Jesús estaba a punto de irse de Betsaida, y habiendo hablado con Aarón el albañil, que tan recientemente había sido curado, resolvió que le llevaran a la presencia de Jesús, para que pudiera obtener curación. Sus amigos trataron de entrar a la casa de Zebedeo tanto por la puerta de adelante como por la de atrás, pero había demasiada gente. Pero el paralítico no quiso resignarse; pidió a sus amigos que buscaran las escaleras y así subieron al techo de la habitación en la cual Jesús estaba hablando, y después de aflojar las tejas, audazmente bajaron al enfermo con su litera mediante sogas hasta que el afligido se encontró en el piso directamente delante del Maestro. Cuando Jesús vio lo que esta gente había hecho, dejó de hablar, mientras que los que estaban con él en la habitación se maravillaron con la perseverancia de este enfermo y de sus amigos. Dijo el paralítico: «Maestro, no quiero molestarte en tus enseñanzas, pero estoy decidido a sanar. Yo no soy como los que recibieron tu curación e inmediatamente se olvidaron de tus enseñanzas. Yo deseo curarme para poder servir en el reino del cielo». A pesar de que la aflicción de este hombre había sido producida por su propia vida malgastada, Jesús, viendo su fe, le dijo al paralítico: «Hijo, no temas; tus pecados están perdonados. Tu fe te salvará».

Cuando los fariseos de Jerusalén, juntamente con otros escribas y abogados que estaban sentados con ellos, escucharon esta declaración de Jesús, empezaron a decir entre ellos: «¿Cómo se atreve este hombre a hablar de esta manera? ¿Acaso no entiende que estas palabras son blasfemia? ¿Quién puede perdonar un pecado, sino

Dios?» Jesús, habiendo percibido en su espíritu que así pensaban ellos y comentaban entre ellos, les habló diciéndoles: «¿Por qué razonáis así en vuestro corazón? ¿Quiénes sois vosotros que os atrevéis a juzgarme? ¿Qué diferencia hay si yo digo a este paralítico, tus pecados están perdonados, o, levántate, levanta tu litera y anda? Pero, para que vosotros que presenciáis todo esto podáis finalmente saber que el Hijo del Hombre tiene autoridad y poder en la tierra para perdonar los pecados, diré a este hombre afligido: Levántate, levanta tu litera, y vete a tu casa». Y cuando Jesús hubo hablado así, el paralítico se levantó, y mientras la multitud se abría para dejarle paso, salió delante de todos ellos. Y los que vieron estas cosas estaban asombrados. Pedro despidió la asamblea, mientras muchos oraban y glorificaban a Dios, confesando que no habían visto nunca antes tan extraños acontecimientos.

Aproximadamente en este momento los mensajeros del sanedrín llegaron para ordenar a los seis espías que retornaran a Jerusalén. Cuando escucharon este mensaje, cayeron en una seria disputa entre ellos; y una vez que hubieron terminado sus discusiones, el líder y dos de sus asociados volvieron con los mensajeros a Jerusalén, mientras que tres de los espías fariseos confesaron su fe en Jesús y, dirigiéndose inmediatamente al lago, fueron bautizados por Pedro y acogidos por los apóstoles como hijos del reino.

DOCUMENTO 149

LA SEGUNDA GIRA DE PREDICACIÓN

LA SEGUNDA gira de predicación pública en Galilea comenzó el domingo 3 de octubre del año 28 d. de J.C., y prosiguió durante casi tres meses, llegando a su fin el 30 de diciembre. Participaron en este esfuerzo Jesús y sus doce apóstoles, asistidos por el grupo recientemente reclutado de 117 evangelistas y por numerosos otros interesados. En esta gira visitaron Gadara, Tolemaida, Jafia, Dabarita, Meguido, Jezreel, Escitópolis, Tariquea, Hipos, Gamala, Betsaida-Julias, y muchas otras ciudades y aldeas.

Ese domingo por la mañana, antes de partir, Andrés y Pedro pidieron a Jesús que asignara personalmente el cometido final a los nuevos evangelistas, pero el Maestro rehusó, diciendo que no era responsabilidad suya hacer cosas que otros podían hacer aceptablemente. Después de las debidas deliberaciones se decidió que Santiago Zebedeo asignaría el cometido. Cuando concluyó el discurso de Santiago, Jesús dijo a los evangelistas: «Salid pues a hacer la obra que os ha sido encargada, y más adelante, cuando os hayáis mostrado competentes y fieles, yo os ordenaré para que prediquéis el evangelio del reino».

En esta gira sólo Santiago y Juan viajaban con Jesús; Pedro y los demás apóstoles conducían una docena de evangelistas cada uno, manteniéndose en cercano contacto con ellos mientras llevaban a cabo su obra de predicación y enseñanza. A medida que los creyentes estaban listos para entrar al reino, los apóstoles les administraban el bautismo. Jesús y sus dos compañeros viajaron mucho durante estos tres meses, visitando a menudo dos ciudades en un solo día para observar el trabajo de los evangelistas y alentarlos en sus esfuerzos por establecer el reino. Esta segunda gira de predicación fue principalmente para que los nuevos 117 evangelistas adquirieran experiencia.

A lo largo de este período y posteriormente, hasta el último viaje a Jerusalén de Jesús y los doce, David Zebedeo mantuvo el cuartel general permanente para el trabajo del reino en la casa de su padre en Betsaida. Fue éste el centro de distribución del trabajo de Jesús en la tierra y el centro de transmisión para el servicio de mensajería que usaba David entre los trabajadores en las distintas zonas de Palestina y las regiones adyacentes. Todo esto lo hizo él por su propia iniciativa, pero con la aprobación de Andrés. David empleó de cuarenta a cincuenta mensajeros en esta división de información de la obra del reino en rápida expansión. Mientras se ocupaba de esta función, se ganaba la vida, en parte, con su viejo trabajo de pescador.

1. LA PROPAGACIÓN DE LA FAMA DE JESÚS

Cuando pusieron fin al campamento de Betsaida, la fama de Jesús, particularmente como curador, ya se había extendido a todas partes de Palestina y más allá hasta Siria y los países limítrofes. Durante semanas después de su partida de Betsaida siguieron llegando enfermos que al no encontrar al Maestro y al enterarse por David de donde había ido, salían en su búsqueda. Durante esta gira Jesús no realizó en forma deliberada ningún así llamado milagro de curación. Sin embargo, cientos de afligidos volvieron a encontrar su salud perdida y su felicidad como resultado del poder reconstituyente de la intensa fe que los impulsaba a buscar la curación.

Aproximadamente en la época de esta misión comenzaron a aparecer —y continuaron apareciendo a lo largo del resto de la vida de Jesús en la tierra— una serie de fenómenos peculiares e inexplicables de curación. En el curso de esta gira de tres meses más de cien hombres, mujeres y niños de Judea, Idumea, Galilea, Siria, Tiro y Sidón, y del otro lado del Jordán fueron beneficiados por esta curación inconsciente de Jesús y, al volver a sus hogares, contribuyeron a la expansión de la fama de Jesús. Esto lo hicieron a pesar de que Jesús cada vez que observaba uno de estos casos de curación espontánea, pedía a los beneficiarios que «no le dijeran nada a nadie».

No se nos reveló jamás exactamente qué ocurría en estos casos de curación espontánea o inconsciente. El Maestro nunca explicó a sus apóstoles cómo se efectuaban estas curaciones, excepto que en varias ocasiones simplemente dijo: «Percibo que el poder ha emanado de mí». En una ocasión observó, al tocar a un niño enfermo: «Percibo que la vida emanó de mí».

En ausencia de una declaración directa del Maestro sobre la naturaleza de estos casos de curación espontánea, sería presunción por nuestra parte tratar de explicar cómo se realizaban estas curaciones, pero es lícito que registremos nuestra opinión sobre estos fenómenos de curación. Creemos que muchos de estos milagros aparentes de curación que se produjeron en el curso del ministerio de Jesús en la tierra, fueron el resultado de la coexistencia de las siguientes tres influencias, poderosas, potentes y asociadas:

1. La presencia, en el corazón del ser humano, de una fe fuerte, dominadora y viva que buscaba con perseverancia la curación, juntamente con el deseo sincero de esa curación por sus beneficios espirituales más bien que para la restauración del bienestar puramente físico.

2. La existencia, concomitantemente con dicha fe humana, de la gran compasión y comprensión del Hijo Creador de Dios encarnado, dominado por la misericordia, quien realmente poseía en su persona poderes creadores de curación y prerrogativas casi ilimitados e incondicionadas por el tiempo.

3. Además de la fe de la criatura y la vida del Creador, también debemos notar que este Dios-hombre era la expresión personificada de la voluntad del Padre. Si, en el contacto de la necesidad humana con el poder divino capaz de satisfacer esa necesidad el Padre no deseaba lo contrario, los dos se volvían uno solo, y la curación ocurría inconscientemente para el Jesús humano, pero era inmediatamente reconocida por la naturaleza divina de Jesús. La explicación pues de muchos de estos casos de curación ha de buscarse en una gran ley que conocemos desde hace mucho tiempo, es decir: lo que el Hijo Creador desea y es voluntad del Padre eterno, SE REALIZA.

Es pues nuestra opinión que, ante la presencia personal de Jesús, ciertas formas de profunda fe humana literal y verdaderamente eran *irresistibles* a que se manifestara el poder curativo de ciertas fuerzas y personalidades creadoras del universo en ese momento íntimamente asociadas con el Hijo del Hombre. Se comprueba pues como hecho que Jesús frecuentemente permitía que los hombres, en su presencia, se curaran a sí mismos por medio de la poderosa fe personal de ellos.

Muchos otros buscaban la curación por motivos totalmente egoístas. Una viuda rica de Tiro vino con su séquito, para procurar la cura de sus enfermedades, que eran muchas; y siguió a Jesús por Galilea, ofreciéndole más y más dinero, como si el poder de Dios fuera algo que se vende al mejor postor. Pero ella no llegó nunca a interesarse en el evangelio del reino; tan sólo buscaba la curación de sus sufrimientos físicos.

2. LA ACTITUD DE LA GENTE

Jesús comprendía la mentalidad de los hombres. Sabía lo que había en el corazón del hombre, y si sus enseñanzas hubieran quedado tal como él las había impartido, sin más comentario que el de la inspiración proveniente de la interpretación de su vida en la tierra, todas las naciones y todas las religiones del mundo habrían abrazado rápidamente el evangelio del reino. Los esfuerzos bien intencionados de los primeros seguidores de Jesús por adaptar sus enseñanzas para que fueran más aceptables a ciertas naciones, razas y religiones, sólo resultaron en que dichas enseñanzas fueran menos aceptables para todas las demás naciones, razas y religiones.

El apóstol Pablo, en sus esfuerzos por presentar las enseñanzas de Jesús bajo una luz favorable a ciertos grupos de su época, escribió muchas cartas de instrucción y admonición. Otros instructores del evangelio de Jesús hicieron lo mismo, pero ninguno de ellos pensó que algunos de estos escritos serían posteriormente puestos juntos y presentados como esencia de las enseñanzas de Jesús. Así pues, aunque el así llamado cristianismo contiene más del evangelio del Maestro que ninguna otra religión, también contiene mucho que Jesús no enseñó. Aparte de incorporar muchas enseñanzas de los misterios persas y de la filosofía griega en el cristianismo primitivo, se cometieron dos grandes errores:

1. El esfuerzo por vincular las enseñanzas del evangelio directamente con la teología judía, como se ilustra en la doctrina cristiana del arrepentimiento —la enseñanza de que Jesús fue el Hijo que se sacrificó para satisfacer la rígida justicia del Padre y aplacar su ira divina. Estas enseñanzas se originaron en el bien intencionado esfuerzo por hacer que el evangelio del reino resultara más aceptable para los judíos incrédulos. Aunque no consiguieron atraer a los judíos, sí confundieron y alienaron a muchas almas honestas de todas las generaciones subsiguientes.

2. El segundo grave error de los primitivos seguidores del Maestro, error que todas las generaciones subsiguientes persisten en perpetuar, fue el de organizar las enseñanzas cristianas tan completamente sobre la base de la *persona* de Jesús. El énfasis excesivo sobre la personalidad de Jesús en la teología del cristianismo ha contribuido a oscurecer sus enseñanzas, lo cual a su vez ha hecho aun más difícil para judíos, mahometanos, hindúes y otros religiosos orientales aceptar las enseñanzas de Jesús. No queremos restarle importancia a la personalidad de Jesús en una religión que pueda llevar su nombre, pero tampoco queremos permitir que dicha consideración eclipse su vida inspirada o suplante su mensaje salvador: la paternidad de Dios y la fraternidad de los hombres.

Los que enseñan la religión de Jesús deberían visualizar otras religiones sabiendo reconocer las verdades que éstas comparten (muchas de las cuales provienen directa o indirectamente del mensaje de Jesús) sin prestar excesiva atención a las diferencias.

Aunque en aquella época la fama de Jesús mucho se basó en su reputación como curador, eso no significa que siguió siendo así. A medida que pasaba el tiempo, más y más buscaban en él ayuda espiritual. Pero fueron sus curaciones físicas las que tuvieron más atractivo directa e inmediatamente para la gente común. Jesús era buscado, lo buscaban más y más las víctimas de la esclavitud moral y del vejamen mental, e invariablemente les enseñaba el camino de la liberación. Los padres solicitaban su consejo sobre la crianza de sus hijos, y las madres buscaban su ayuda para guiar a sus hijas. Los que estaban sentados en las tinieblas acudían a él, y él les revelaba la luz de la vida. Siempre prestaba oído a las penas de la humanidad, y siempre ayudaba a los que buscaban su ministerio.

Cuando el Creador mismo estuvo en la tierra, encarnado en la semejanza de la carne mortal, era inevitable que ocurrieran ciertos acontecimientos extraordinarios. Pero nunca debéis acercaros a Jesús a través de estos sucesos así llamados milagrosos. Aprended a acercaros al milagro a través de Jesús, pero no cometáis el error de acercaros a Jesús a través del milagro. Y esta admonición es valedera, a pesar de que Jesús de Nazaret fue el único fundador de una religión que realizó actos supermateriales en la tierra.

El rasgo más sorprendente y revolucionario de la misión de Micael en la tierra fue su actitud para con las mujeres. En una época y generación en que no correspondía que un hombre saludara en la plaza pública ni siquiera a su propia mujer, Jesús se atrevió a llevar mujeres como instructoras del evangelio durante su tercera gira de Galilea. Tuvo la cabal valentía de hacerlo a la luz de las enseñanzas rabínicas que declaran que «mejor sería quemar las palabras de la ley que entregárselas a las mujeres».

En una sola generación Jesús supo rescatar a las mujeres del irrespetuoso olvido y de la monotonía esclavizante de todas las épocas anteriores. Y es una vergüenza de la religión que tuvo la presunción de tomar el nombre de Jesús que no haya tenido la valentía moral de seguir este noble ejemplo en su actitud subsiguiente hacia las mujeres.

Cuando Jesús se mezclaba con la gente, todos lo encontraban enteramente libre de las supersticiones de esa época. Estaba libre de todo prejuicio religioso; no fue nunca intolerante. No había en su corazón nada que se asemejara al antagonismo social. Aunque cumplía con lo que había de bueno en la religión de sus padres, no vacilaba en hacer caso omiso de las tradiciones supersticiosas y esclavizantes inventadas por el hombre. Se atrevió a enseñar que las catástrofes de la naturaleza, los accidentes del tiempo y otros acontecimientos calamitosos no son resultado del juicio divino ni dispensaciones misteriosas de la Providencia. Denunció la devoción esclavizante a los ceremoniales vacíos y desenmascaró la falacia de la adoración materialista. Proclamó valientemente la libertad espiritual del hombre y se atrevió a enseñar que los mortales son, real y verdaderamente, hijos del Dios viviente.

Jesús transcendió todas las enseñanzas de sus precursores cuando tuvo la osadía de reemplazar las manos limpias por un corazón limpio como marca de la religión verdadera. Puso la realidad en el lugar de la tradición y eliminó toda pretensión de vanidad e hipocresía. Sin embargo este osado hombre de Dios no dio rienda suelta a crítica destructiva ni manifestó desprecio por las costumbres religiosas, sociales, económicas y políticas de su época. Él no era un revolucionario militante; era un evolucionario progresista. Sólo destruía lo que *era* cuando podía ofrecer reemplazarlo simultáneamente a sus semejantes por el concepto superior de lo que *debía ser*.

Jesús inspiraba sus seguidores a la obediencia, sin exigirla. Sólo tres de los hombres que él llamó personalmente se negaron a responder a su llamado y seguirlo como discípulos. Él ejercía sobre los hombres un poder particular de atracción, sin ser dictatorial. Inspiraba gran confianza, y nadie se resintió jamás de que él mandara. Tenía sobre sus discípulos autoridad absoluta pero nadie la objetó jamás. Permitía que sus seguidores lo llamaran Maestro.

Todos los que conocieron al Maestro lo admiraban, excepto los que tenían prejuicios religiosos muy arraigados o los que imaginaban discernir un peligro político en sus enseñanzas. Los hombres se asombraban de su originalidad y del tono de autoridad en su enseñanza. Se maravillaban con su paciencia en el trato con interesados poco instruidos y difíciles. Inspiraba esperanza y confianza en el corazón de todos los que recibieron su ministerio. Sólo los que no le habían conocido le temían, y tan sólo le odiaban los que veían en él al campeón de esa verdad que estaba destinada a derrotar el mal y el error que ellos querían albergar a toda costa en su corazón.

Él ejercía una influencia poderosa y peculiarmente fascinante sobre amigos y enemigos por igual. Las multitudes lo seguían semanas enteras, tan sólo para escuchar sus palabras misericordiosas y contemplar su vida sencilla. Hombres y mujeres devotos amaban a Jesús con un afecto casi sobrehumano, y cuanto mejor lo conocían, más lo amaban. Esto es verdad hasta el día de hoy; actualmente, y en todas las épocas futuras, cuanto mejor conozca el hombre a este Dios-hombre, más lo amará y más lo seguirá.

3. LA HOSTILIDAD DE LOS LÍDERES RELIGIOSOS

A pesar de que la gente común recibía favorablemente las enseñanzas de Jesús, los líderes religiosos en Jerusalén se iban alarmando y tornando antagonistas cada vez más. Los fariseos habían formulado una teología sistemática y dogmática. Jesús no enseñaba en forma sistemática, lo hacía según se presentara la ocasión. Jesús enseñaba basándose no tanto en la ley, sino en la vida misma, mediante parábolas. (Y cuando empleaba una parábola para ilustrar su mensaje, su intención era utilizar sólo *una* característica de la historia para ese propósito. Es posible llegar a muchas conclusiones erróneas sobre las enseñanzas de Jesús si se quieren transformar sus parábolas en alegorías.)

Los líderes religiosos en Jerusalén se estaban poniendo frenéticos por la reciente conversión del joven Abraham y la deserción de tres de los espías, que habían sido bautizados por Pedro, y se habían unido a los evangelistas en esta segunda gira de predicación en Galilea. El temor y el prejuicio enceguecían cada vez más a los líderes judíos, cuyo corazón estaba endurecido por el continuado rechazo de las cautivantes verdades del evangelio del reino. Cuando los hombres se cierran a la llamada del espíritu que reside en ellos, poco puede hacerse para modificar su actitud.

La primera vez que Jesús se reunió con los evangelistas en el campamento de Betsaida, al concluir su discurso, dijo: «Debéis recordar que en cuerpo y mente —emocionalmente— los hombres reaccionan como individuos. Lo único *uniforme* que tienen los hombres es el espíritu residente. Aunque los espíritus divinos puedan variar un tanto en su naturaleza y grado de experiencia, ellos reaccionan en forma uniforme a todos los llamados espirituales. Sólo a través de este espíritu, y por la llamada a él, puede la humanidad alcanzar algún día la unidad y la fraternidad». Pero muchos de los líderes de los judíos habían cerrado las puertas de su corazón a la llamada espiritual del evangelio. Desde este día en adelante no cesaron de conspirar y urdir la destrucción del Maestro. Estaban convencidos de que Jesús debía ser detenido, condenado y ajusticiado como ofensor de la religión por haber violado las enseñanzas cardinales de la sagrada ley judía.

4. EL PROGRESO DE LA GIRA DE PREDICACIÓN

Jesús hizo muy poco trabajo público durante esta gira de predicación, pero condujo muchas clases vespertinas para los creyentes en la mayoría de las ciudades y aldeas en las que a la sazón se detenía con Santiago y Juan. En una de estas reuniones vespertinas, uno de los evangelistas más jóvenes hizo a Jesús una pregunta sobre la ira, y el Maestro entre otras cosas dijo en respuesta:

«La ira es una manifestación material que representa, de manera general, la medida del fracaso de la naturaleza espiritual en la tarea de ganar el control sobre las naturalezas intelectual y física combinadas. La ira indica vuestra falta de amor fraternal tolerante más vuestra falta de respeto propio y de autocontrol. La ira afecta la salud, envilece la mente, y limita al instructor espiritual del alma del hombre. ¿Acaso no habéis leído en las Escrituras que 'la ira mata al tonto', y que el hombre 'se destruye a sí mismo en su ira'? ¿Que 'el que tarda en airarse es grande de entendimiento', mientras que 'el que es impaciente de espíritu enaltece la necedad'. Todos vosotros sabéis que 'la blanda respuesta quita la ira', y que 'las palabras ásperas hacen subir el furor'. 'La cordura detiene el furor' mientras que 'como ciudad derribada y sin muro, es el hombre cuyo yo no tiene rienda'. 'Cruel es la ira, e impetuoso el furor'. 'Los hombres iracundos levantan contiendas, y los furiosos multiplican sus errores'. 'No te apresures en tu espíritu, porque el enojo reposa en el seno de los necios'». Antes de terminar de hablar Jesús también dijo: «Dejad que vuestro corazón esté tan dominado por el amor, que el espíritu guía pueda con poca dificultad libraros de la tendencia a dejaros llevar por esas explosiones de ira animal que son inconsistentes con el estado de filiación divina.»

En esta misma ocasión el Maestro les habló al grupo sobre la importancia de poseer un carácter bien equilibrado. El reconocía que la mayoría de los hombres tienen que dedicarse al dominio de una vocación, pero deploraba el exceso de especialización, tendencia que limita la mente y circunscribe las actividades vitales. Mencionó el hecho de que toda virtud, si se la lleva a extremos, puede volverse vicio. Jesús siempre predicó la moderación y enseñó la constancia —una adaptación proporcional a los problemas de la vida. Observó que el exceso de compasión y piedad puede degenerar en una grave inestabilidad emocional; que el entusiasmo puede llevar al fanatismo. Mencionó el hecho de un ex asociado de ellos, cuya imaginación lo había llevado a empresas visionarias e imprácticas. Al mismo tiempo, les advirtió contra los peligros de la monotonía inherente en una mediocridad demasiado conservadora.

Luego habló Jesús de los peligros del coraje y de la fe, y de cómo estos dos factores a veces llevan a un alma no reflexiva a la presunción y la imprudencia. También mostró cómo la prudencia y la discreción, llevadas a los extremos, conducen a la cobardía y al fracaso. Exhortó a sus oyentes a que procuraran la originalidad, pero evitando caer en la excentricidad. La comprensión no debe caer en sentimentalismo, ni la piedad en beatería. Enseñó reverencia libre de miedo y superstición.

No fueron tanto las enseñanzas de Jesús sobre un carácter equilibrado las que impresionaban a sus asociados, sino el hecho de que su propia vida era ejemplo elocuente de estas enseñanzas. Vivía él en medio de apremios y tempestades, pero jamás vaciló. Sus enemigos continuamente preparaban trampas, pero nunca cayó en ésas. Los sabios e instruidos trataban de hacerlo tropezar, pero nunca tropezó. Trataban de enredarlo en debates, pero sus respuestas eran siempre esclarecedoras, dignas y definitivas. Cuando interrumpían sus disertaciones con múltiples preguntas, sus respuestas eran siempre significativas y definitivas. No recurrió jamás a tácticas indignas cuando se enfrentaba con la presión constante de sus enemigos, que no vacilaban en emplear todo tipo de ataque falso, injusto y desleal.

Aunque es verdad que muchos hombres y mujeres deben dedicarse asiduamente a una vocación específica para ganarse la vida, es sin embargo enteramente deseable que los seres humanos cultiven una amplia gama de familiaridad cultural con la vida tal como se la vive en la tierra. Las personas verdaderamente cultas no se conforman con permanecer en la ignorancia respecto de la forma de vida y las hazañas de sus semejantes.

5. LA LECCIÓN SOBRE EL CONTENTAMIENTO

Cierta vez, al encontrarse Jesús visitando a un grupo de evangelistas que trabajaban bajo la supervisión de Simón el Zelote, durante su reunión de la noche Simón preguntó al Maestro: «¿Por qué ocurre que algunas personas están tanto más dichosas y conformes que otras? ¿Es el contentamiento asunto de experiencia religiosa?» Entre otras cosas, Jesús dijo en respuesta a la pregunta de Simón:

«Simón, algunas personas son por naturaleza más felices que otras. Muchísimo depende del deseo del hombre de ser conducido y dirigido por el espíritu del Padre que reside en él. ¿Acaso no habéis leído en las Escrituras las palabras del sabio: 'El espíritu del hombre es la candela del Señor, la cual escudriña lo más profundo de todo el ser'? También sabéis, que los hombres conducidos por el espíritu dicen: 'Las cuerdas me cayeron en lugares deleitosos; y es hermosa la heredad que me ha tocado'. 'Mejor es lo poco del justo, que las riquezas de muchos protervos', porque 'el hombre bueno encuentra satisfacción dentro de sí mismo'. 'El corazón alegre hermosea el rostro y es una fiesta constante. Mejor es lo poco con el temor al Señor, que el gran tesoro donde hay turbación. Mejor es la comida de legumbres donde hay amor, que de buey engordado donde hay odio. Mejor es lo poco con justicia que la muchedumbre de frutos sin derecho'. 'Un corazón alegre es como un buen remedio'. 'Más vale un puño lleno con descanso, que ambos puños llenos con pena y aflicción de espíritu'.

«Mucho de la pena del hombre nace de la desilusión de sus ambiciones y de las heridas a su orgullo. Aunque los hombres tienen el deber para consigo mismos de hacer lo mejor que pueden con sus vidas en la tierra, habiendo hecho ese sincero esfuerzo deberían aceptar su destino con alegría y aplicar su ingenio a sacar el mayor provecho de lo que les tocó en suerte. Muchísimos de los problemas de los hombres se originan en el temor que alberga su propio corazón. 'Huye el impío sin que nadie lo persiga'. 'Los impíos son como un mar en tempestad, que no puede estarse quieto y sus aguas arrojan cieno y lodo; no hay paz, dice Dios, para los impíos'.

«No busquéis pues la paz falsa y el gozo pasajero, sino la seguridad de la fe y la certidumbre de la filiación divina, que dan serenidad, contentamiento y gozo supremo en el espíritu».

Jesús no consideraba este mundo un «valle de lágrimas». Más bien lo consideraba la esfera donde nacen los espíritus eternos e inmortales en la ascensión al Paraíso, «el valle para forjar almas».

6. El «temor al Señor»

Fue en Gamala, durante la lección de la tarde, donde Felipe dijo a Jesús: «¿Maestro, por qué nos instruyen las Escrituras que 'temamos al Señor' mientras tú quieres que contemplemos sin temores al Padre en el cielo? ¿Cómo podremos armonizar estas enseñanzas?» y Jesús replicó a Felipe, diciendo:

«Hijitos míos, no me sorprendo de que preguntéis tales cosas. Al principio, el hombre sólo podía aprender la reverencia por medio del temor, pero yo he venido para revelar el amor del Padre, para que vosotros seáis atraídos a la adoración del Eterno por el imán del reconocimiento afectuoso de un hijo y la devoción recíproca al amor profundo y perfecto del Padre. Yo os liberaré de la esclavitud que os lleva por el temor al servicio difícil de un Dios-Rey celoso e iracundo. Yo os instruiré en la relación Padre-hijo de Dios y el hombre, para que podáis ser conducidos con dicha a la adoración libre, excelsa y sublime de un Padre-Dios amante, justo y misericordioso.

«El 'temor al Señor' ha tenido significados diferentes a través de las épocas, partiendo del temor, pasando por la angustia y el terror, hasta llegar al respeto y a la reverencia. Ahora quiero llevaros de la reverencia, a través del reconocimiento, la comprensión y la apreciación, al amor. Cuando el hombre reconoce sólo las obras de Dios, tiende a temer al Supremo; pero cuando el hombre comienza a comprender y a experimentar la personalidad y carácter del Dios vivo, es conducido cada vez más al *amor* de un Padre tan bueno y perfecto, tan universal y eterno. Es este cambio de la relación del hombre con Dios el que constituye la misión del Hijo del Hombre en la tierra.

«Los hijos inteligentes no temen a su padre para poder recibir dádivas de sus manos; pero habiendo ya recibido la abundancia de las buenas cosas donadas por los dictados del afecto del padre hacia sus hijos y sus hijas, estos hijos muy amados llegan a amar a su padre en reconocimiento sensible y apreciación de tan magnífica beneficencia. La bondad de Dios conduce al arrepentimiento; la beneficencia de Dios conduce al servicio; la misericordia de Dios conduce a la salvación; mientras que el amor de Dios conduce a la adoración inteligente y espontánea.

«Vuestros antepasados temían a Dios porque era poderoso y misterioso. Vosotros lo adoraréis porque es magnífico en su amor, pletórico en su misericordia, y glorioso en su verdad. El poder de Dios engendra temor en el corazón del hombre, pero la nobleza y la rectitud de su personalidad originan reverencia, amor y adoración voluntariosa. Un hijo cumplido y afectuoso no teme ni tiene terror de un padre aunque éste sea poderoso y noble. He venido al mundo para poner amor en el lugar del temor, gozo en el lugar de la pena, confianza en el lugar del terror, servicio amante y adoración apreciativa en lugar de esclavitud encadenada y ceremonias sin significado. Pero aún es verdad para los que se sientan en las tinieblas que 'el temor al Señor es el comienzo de la sabiduría'. Sin embargo, cuando la luz haya llegado aún más, los hijos de Dios serán conducidos a alabar al Infinito por lo que él *es* en vez de temerlo por lo que él *hace*.

«Cuando los hijos son pequeños e impulsivos, se les debe exhortar a honrar a sus padres; pero cuando crecen y comienzan a apreciar mejor los beneficios del ministerio y protección paterna, son conducidos, a través del respeto comprensivo y del afecto cada vez más grande, a ese nivel de experiencia en el que realmente aman a sus padres por lo que son, más que por lo que han hecho. El padre naturalmente ama al hijo, pero el hijo debe desarrollar su amor por el padre a partir del temor de lo que el padre pueda hacer, a través del respeto, el terror, la dependencia y la reverencia, hasta el respeto apreciativo y afectuoso del amor.

«Se os ha enseñado que vosotros debéis 'temer a Dios y guarda sus mandamientos, porque ése es el todo deber del hombre'. Pero yo he venido para daros un nuevo mandamiento aún más alto. Quiero enseñaros a 'amar a Dios y aprender a hacer su voluntad, porque ése es el privilegio más elevado de los hijos liberados de Dios'. A vuestros padres se enseñó a 'temer a Dios —el Rey Todopoderoso', yo os enseño 'a amar a Dios —el Padre todomisericordioso'.

«En el reino del cielo, que he venido para declarar, no hay reyes altos y poderosos; este reino es una familia divina. El centro y jefe universalmente reconocido y adorado sin reservas de esta vasta hermandad de seres inteligentes es mi Padre y vuestro Padre. Yo soy su Hijo, y vosotros también sois sus hijos. Por consiguiente es eternamente verdadero que vosotros y yo somos hermanos en el estado celestial, y más aún desde que nos hemos hecho hermanos de carne en la vida terrenal. Dejad pues de temer a Dios como a un rey o de servirle como a un amo; aprended a tenerle reverencia como Creador; a honrarle como al Padre de vuestro juventud espiritual; a amarlo como a un defensor misericordioso; y finalmente, a adorarlo como al Padre amante y omnisapiente de vuestra comprensión y apreciación espiritual más maduras.

«De vuestros conceptos erróneos sobre el Padre en el cielo surgen vuestras falsas ideas de humildad y nace mucha de vuestra hipocresía. El hombre puede ser un gusano en el polvo por su naturaleza y origen, pero cuando lo habita el espíritu de mi Padre, ese hombre se hace divino en su destino. El espíritu otorgado por mi Padre volverá con toda seguridad a la fuente divina y al nivel universal de origen, y el alma humana del hombre mortal que habrá llegar a ser el hijo renacido de este espíritu residente ascenderá certeramente con el espíritu divino hasta la presencia misma del Padre eterno.

«La humildad en verdad corresponde al hombre mortal que recibe todos estos dones del Padre en el cielo, si bien existe en cada uno de estos candidatos de la fe para la ascensión eterna al reino del cielo una dignidad divina. Las prácticas vacías y necias de una humildad ostentosa y falsa son incompatibles con a apreciación de la fuente de vuestra salvación y con el reconocimiento del destino de vuestras almas nacidas del espíritu. La humildad ante Dios por cierto corresponde en la profundidad de vuestro corazón; la mansedumbre ante los hombres es loable; pero la hipocresía de la humildad autoconsciente y ostentosa es infantil e indigna de los hijos esclarecidos del reino.

«Hacéis bien en ser mansos ante Dios y en controlaros ante los hombres, pero haced que vuestra mansedumbre sea de origen espiritual y no la exteriorización autoengañosa de un sentido autoconsciente de superioridad presuntuosa. El profeta habló sabiamente cuando dijo, 'caminad humildemente con Dios' porque, aunque el Padre en el cielo es el Infinito y el Eterno, él también habita 'con aquel que tiene mente contrita y espíritu humilde'. Mi Padre desprecia el orgullo, detesta la hipocresía, y aborrece la iniquidad. Es precisamente para acentuar el valor de la sinceridad y confianza perfectas en el apoyo amante y la guía fiel de nuestro Padre celestial, para que yo tan frecuentemente uso el ejemplo de un niño, para ilustrar la actitud mental y la respuesta espiritual que son tan esenciales para que el hombre mortal entre en las realidades espirituales del reino del cielo.

«Bien describió el profeta Jeremías a muchos mortales cuando dijo: 'Cerca estás tú de Dios en tu boca, pero lejos de él en tu corazón'. Y acaso no habéis leído también esa terrible advertencia del profeta que dijo: 'Sus sacerdotes enseñan por precio y sus profetas adivinan por dinero. Al mismo tiempo profesan piedad y alegan que el Señor está con ellos'. ¿Acaso no habéis sido puestos en guardia contra los que 'hablan paz con sus prójimos, pero la maldad está en su corazón', los que 'hablan con labios lisonjeros, y con doblez de corazón'? De todas las penas de un hombre confiado, ninguna es tan terrible como la de ser 'herido en la casa de su amigo en quien confía'».

7. EL RETORNO A BETSAIDA

Andrés, en consulta con Simón Pedro y con la aprobación de Jesús, había instruido a David en Betsaida a que despachara mensajeros a los varios grupos de predicadores, con instrucciones de que finalizaran la gira y retornaran a Betsaida a cualquier hora del jueves, 30 de diciembre. A la hora de la cena de ese día lluvioso, todos los integrantes del grupo apostólico y los instructores evangelistas habían llegado a la casa de Zebedeo.

Permanecieron todos juntos hasta el sábado, alojándose en las casas de Betsaida o en las casas cercanas a Capernaum, después de lo cual todo el grupo tuvo dos semanas de descanso para volver a ver a sus familiares, visitar a sus amigos o ir a pescar. Los dos o tres días que pasaron juntos en Betsaida estuvieron efectivamente llenos de entusiasmo e inspiración; aun los instructores más viejos se vieron edificados por los jóvenes predicadores que relataban sus experiencias.

De los 117 evangelistas que participaron en esta segunda gira de predicación en Galilea, sólo setenta

y cinco sobrevivieron la prueba de la experiencia real y estuvieron prestos para que se los enviara a servir cuando terminaron las dos semanas de descanso. Jesús, con Andrés, Pedro, Santiago y Juan, permaneció en la casa de Zebedeo y pasó mucho tiempo en reuniones dedicadas al bienestar y a la expansión del reino.

DOCUMENTO 150

LA TERCERA GIRA DE PREDICACIÓN

EN LA tarde del domingo 16 de enero del año 29 d. de J.C., Abner y los apóstoles de Juan llegaron a Betsaida para celebrar al día siguiente, una conferencia conjunta con Andrés y los apóstoles de Jesús. Abner y sus asociados tenían su cuartel general en Hebrón y acostumbraban venir a Betsaida periódicamente para asistir a estas reuniones.

Entre los muchos asuntos tratados en el curso de esta conferencia conjunta, se consideró la práctica de ungir a los enfermos con ciertos tipos de aceite mientras se pronunciaban oraciones para su curación. Nuevamente, Jesús se negó a participar en las discusiones o expresar su opinión sobre las conclusiones de ellos. Los apóstoles de Juan siempre habían usado el aceite para ungir en su ministerio de los enfermos y afligidos, y trataron de establecer esta práctica uniformemente para ambos grupos, pero los apóstoles de Jesús se negaron a acogerse a esta regla.

El martes 18 de enero en la casa de Zebedeo en Betsaida, se unieron a los veinte y cuatro, los evangelistas que habían pasado la prueba de la experiencia, unos setenta y cinco en total, en preparación para ser enviados a la tercera gira de predicación por Galilea. Esta tercera misión continuó durante un período de siete semanas.

Los evangelistas fueron enviados en grupos de cinco en cinco mientras que Jesús y los doce viajaron juntos la mayor parte del tiempo, saliendo los apóstoles en grupos de dos en dos para bautizar a los creyentes según requiriera la ocasión. Durante un período de casi tres semanas Abner y sus asociados también trabajaron con los grupos evangelistas, asesorándolos y bautizando a los creyentes. Visitaron Magdala, Tiberias, Nazaret, y todas las ciudades principales y aldeas de la región central y sur de Galilea, todos los sitios visitados previamente y muchos otros más. Fue éste el último mensaje a Galilea, a excepción de las regiones del norte.

1. EL CUERPO EVANGELISTA DE MUJERES

De todas las acciones audaces de Jesús en relación con su carrera terrenal, la más extraordinaria fue anunciada súbitamente en la tarde del 16 de enero: «Mañana seleccionaremos a diez mujeres para trabajar en el ministerio del reino». Al comienzo del período de dos semanas, durante el cual los apóstoles y evangelistas estarían ausentes de Betsaida de vacaciones, Jesús pidió a David que llamara a sus padres de vuelta a la casa y que enviara mensajeros convocando a Betsaida a diez mujeres devotas que habían servido en la administración del antiguo campamento y del dispensario de tiendas. Todas estas mujeres habían escuchado la instrucción impartida a los jóvenes evangelistas, pero jamás se les había ocurrido ni a ellas ni a sus instructores que Jesús se atrevería a comisionar a las mujeres para que enseñaran el evangelio del reino y ministraran a los enfermos. Estas diez mujeres seleccionadas y comisionadas por

Jesús fueron: Susana, la hija del ex chazán de la sinagoga de Nazaret; Joana, la esposa de Chuza, el asistente de Herodes Antipas; Elizabeth, la hija de un judío rico de Tiberias y Séforis; Marta, la hermana mayor de Andrés y Pedro; Raquel, la cuñada de Judá, el hermano carnal del Maestro; Nasanta, la hija de Elman, el médico sirio; Milca, una prima del apóstol Tomás; Ruth, la hija mayor de Mateo Leví; Celta, la hija de un centurión romano; y Agaman, una viuda de Damasco. Posteriormente, Jesús agregó dos mujeres más a este grupo: María Magdalena y Rebeca, la hija de José de Arimatea.

Jesús autorizó a estas mujeres a que establecieran su propia organización, y ordenó a Judas que proveyera fondos para su equipo y para los animales de carga. Las diez nombraron jefe a Susana y tesorera a Joana. De ahí en adelante se abastecieron por sí mismas; nunca más pidieron apoyo monetario a Judas.

Era sorprendente en esa época, considerando que las mujeres no podían ni siquiera ser admitidas al atrio principal de la sinagoga (estando confinadas a la galería de mujeres), que se las reconociera como instructoras autorizadas del nuevo evangelio del reino. El cometido que Jesús dio a estas diez mujeres al seleccionarlas para enseñar el evangelio y ministrar fue la proclamación de la emancipación; lo cual liberó a las mujeres para todos los tiempos; ya no debían los hombres considerar espiritualmente inferiores a las mujeres. Esto produjo una contundente zozobra aun entre los doce apóstoles. A pesar de que muchas veces habían escuchado al Maestro decir que «en el reino del cielo no hay ricos ni pobres, ni libres ni esclavos, ni hombres ni mujeres, todos son igualmente hijos e hijas de Dios», estaban literalmente pasmados cuando él propuso comisionar formalmente a estas diez mujeres como instructoras religiosas y aun permitirles que viajaran con ellos. El país entero se agitó ante este procedimiento, y los enemigos de Jesús sacaron provecho de esta acción para usarla contra él, pero por todas partes las mujeres creyentes en la buena nueva tomaron firmemente partido por sus hermanas elegidas entonando con gran convicción su aprobación más plena de este reconocimiento, aunque tardío, del sitio que debe ocupar la mujer en el trabajo religioso. Y esta liberación de la mujer, dándoles el debido reconocimiento, fue practicada por los apóstoles inmediatamente después de la partida del Maestro, aunque las generaciones subsiguientes volvieron a caer en las viejas costumbres. En los albores de la iglesia cristiana las mujeres instructoras y ministras eran llamadas *diaconisas* y se les acordaba reconocimiento general. Sin embargo Pablo, a pesar de profesar que estaba de acuerdo con todo esto en teoría, no supo incorporarla sinceramente en su propia actitud y personalmente le resultó difícil practicarla.

2. LA PARADA EN MAGDALA

Al salir el grupo apostólico de Betsaida, las mujeres viajaban en la retaguardia. Durante las conferencias, siempre se sentaban en grupo al frente y a la derecha del que hablaba. Cada vez más mujeres se convertían en creyentes en el evangelio del reino; había sido fuente de dificultades y muy embarazoso el que alguna de ellas deseara conversar personalmente con Jesús o con uno de los apóstoles. Pero todo esto había cambiado. Si una de las mujeres creyentes deseaba ver al Maestro o conferenciar con los apóstoles, iba a ver a Susana, e inmediatamente la acompañaba una de las doce mujeres evangelistas ante la presencia del Maestro o de uno de sus apóstoles.

En Magdala fue donde las mujeres demostraron por primera vez su utilidad y reivindicaron la sabiduría de su selección. Andrés había impuesto reglas un tanto estrictas a sus asociados en lo que concernía al trabajo personal con las mujeres, especialmente con aquellas de conducta dudosa. Pero al llegar el grupo a Magdala, les estaba permitido a estas diez mujeres evangelistas entrar libremente en las casas que albergaban el mal, y allí predicar la buena nueva directamente a las que allí habitaban. En el ministerio de los enfermos, estas mujeres entablaban fácilmente relaciones íntimas con sus hermanas afligidas. Como resultado del ministerio de estas diez mujeres (más adelante conocidas como las doce mujeres) en este lugar, María Magdalena fue ganada para el reino. A través de una sucesión de infortunios y como consecuencia de la actitud de la sociedad convencional hacia las mujeres que cometen tales errores de juicio, esta mujer se encontraba en uno de los antros de perdición de Magdala. Marta y Raquel fueron quienes explicaron a María que las puertas del reino estaban abiertas aun para las personas de su calaña. María creyó en la buena nueva y fue bautizada por Pedro al día siguiente.

María Magdalena se convirtió en la más eficaz instructora del evangelio en este grupo de doce mujeres evangelistas. Fue seleccionada para este servicio, juntamente con Rebeca, en Jotapata, unas cuatro semanas después de su conversión. María y Rebeca, con otras de este grupo, siguieron laborando fiel y eficazmente para el esclarecimiento y elevación de sus hermanas oprimidas hasta el fin de la vida terrenal de Jesús; y cuando se desarrolló el último y trágico episodio en el drama de la vida de Jesús, a pesar de que todos los apóstoles menos uno huyeron, estas mujeres estuvieron todas presentes, y ni una sola entre ellas negó a Jesús ni lo traicionó.

3. EL SÁBADO EN TIBERIAS

Andrés, siguiendo las instrucciones de Jesús, puso el servicio del sábado del grupo apostólico a cargo de las mujeres. Esto significaba, naturalmente, que no se podían celebrar en la nueva sinagoga. Las mujeres seleccionaron a Joana para que se hiciera cargo de esta ocasión, y la reunión se celebró en la sala de banquetes del nuevo palacio de Herodes, porque Herodes estaba a la sazón residiendo en Julias de Perea. Joana leyó de las Escrituras sobre la obra de la mujer en la vida religiosa de Israel, haciendo referencia a Miriam, Débora, Ester y otras.

Tarde esa noche Jesús pronunció ante el grupo reunido un memorable discurso sobre «La magia y la superstición». En aquellos días, la aparición de una estrella brillante y supuestamente nueva era considerada un signo del nacimiento de un gran hombre en la tierra. Como se había observado recientemente una estrella semejante, Andrés preguntó a Jesús si estas creencias tenían fundamento. En la larga respuesta a la pregunta de Andrés, el Maestro habló en forma extensa sobre el tema de la superstición humana. La declaración de Jesús en esa ocasión puede ser resumida en fraseología moderna como sigue:

1. El curso de las estrellas en los cielos nada tiene que ver con los acontecimientos de la vida humana en la tierra. La astronomía es un interés apropiado de la ciencia, pero la astrología es una masa de errores supersticiosos que no tiene lugar en el evangelio del reino.

2. El examen de los órganos de un animal recientemente sacrificado nada puede revelar del tiempo atmosférico, los acontecimientos futuros o la conducta de los asuntos humanos.

3. Los espíritus de los muertos no regresan para comunicarse con sus familiares ni con sus amigos vivos.

4. Los amuletos y las reliquias son impotentes contra las enfermedades, no previenen los desastres ni influyen sobre los espíritus malvados; la creencia en estas formas materiales de influir sobre el mundo espiritual no es sino superstición flagrante.

5. Echar la suerte, aunque pueda ser una forma conveniente de resolver muchas dificultades menores, no es un método creado para revelar la voluntad divina. Los resultados de estas actividades tan sólo son casualidades de orden material. La única forma de comunión con el mundo espiritual corresponde al don del espíritu otorgado a la humanidad; el espíritu residente del Padre, juntamente con el espíritu derramado del Hijo y la influencia omnipresente del Espíritu Infinito.

6. La adivinación, la hechicería y la brujería son supersticiones de mentes ignorantes, lo mismo que la ilusión de la magia. La creencia en números mágicos, en signos de buena suerte y presagios de mala suerte, es pura superstición y sin ningún fundamento.

7. La interpretación de los sueños es en gran parte un sistema supersticioso y sin fundamento de especulación ignorante y fantástica. El evangelio del reino no debe tener nada en común con los sacerdotes adivinos de las religiones primitivas.

8. Los espíritus del bien o del mal no pueden habitar en símbolos materiales de arcilla, madera o metal; los ídolos no son más que la sustancia de la cual están hechos.

9. Las prácticas de los encantadores, magos, hechiceros y brujos provienen de las supersticiones de los egipcios, los asirios, los babilonios y los antiguos cananeos. Los amuletos y toda suerte de encantamientos son fútiles tanto para ganar la protección de los buenos espíritus como para protegerse de los así llamados espíritus impuros.

10. Desenmascaró y denunció la creencia en encantamientos, ordalías, hechicerías, maldiciones, signos, mandrágoras, cuerdas anudadas, y todas las demás formas de superstición ignorante y esclavizante.

4. EL ENVÍO DE LOS APÓSTOLES EN GRUPOS DE DOS EN DOS

La siguiente tarde, habiéndose reunido con los doce apóstoles, los apóstoles de Juan y el grupo de mujeres recientemente comisionado, Jesús dijo: «Podéis ver, vosotros mismos, que la cosecha es abundante, pero los trabajadores son pocos. Oremos pues todos al Señor de la cosecha para que nos envíe aún más trabajadores para sus campos. Mientras yo permanezco aquí para reconfortar e instruir a los instructores más jóvenes, enviaré a los mayores en grupos de dos en dos para que puedan abarcar rápidamente toda Galilea predicando el evangelio del reino mientras la situación continúe siendo propicia y pacífica». Luego nombró los pares de apóstoles tal como deseaba que salieran y éstos fueron: Andrés y Pedro, Santiago y Juan Zebedeo, Felipe y Natanael, Tomás y Mateo, Jacobo y Judas Alfeo, Simón el Zelote y Judas Iscariote.

Jesús estableció la fecha en que se encontraría con los doce en Nazaret y al despedirse, dijo: «En esta misión, no vayáis a ninguna de las ciudades de los gentiles, ni tampoco a Samaria, pero id adonde están las ovejas descarriadas de la casa de Israel. Predicad el evangelio del reino y proclamad la verdad salvadora de que el hombre es hijo de Dios. Recordad que el discípulo no está por encima de su maestro ni el siervo es superior a su amo. Basta con que el discípulo sea igual a su maestro y el siervo llegue a ser como su amo. Si alguien se ha atrevido a llamar al amo de la casa asociado de Beelzebú, ¡cuánto más considerarán así a los de su casa! Pero no debéis temer de estos enemigos incrédulos. Os declaro que nada de lo que está cubierto dejará de ser revelado; no hay nada oculto que no se conocerá. Lo que os he enseñado privadamente, predicadlo abiertamente con sabiduría. Lo que os he revelado dentro de la casa, proclamadlo desde los tejados cuando llegue la ocasión. Y yo os digo, amigos y discípulos míos, no temáis a los que pueden matar el cuerpo pero no son capaces de destruir el alma; colocad vuestra confianza en Aquel que puede sostener el cuerpo y salvar el alma.

«¿Acaso no se venden dos gorriones por un céntimo? Sin embargo yo os declaro que ninguno de ellos está olvidado en los ojos de Dios. ¿Acaso no sabéis que hasta los cabellos de vuestra cabeza están contados? No temáis pues; vosotros sois de más valor que muchos gorriones. No os avergoncéis de mi enseñanza; salid proclamando paz y buena voluntad, pero no os engañéis —la paz no siempre acompañará vuestra predicación. He venido para traer paz a la tierra, pero cuando los hombres rechazan mi don, se producen divisiones y alborotos. Cuando todos los de una familia reciben el evangelio del reino, en verdad la paz habita en esa casa; pero cuando alguno de la familia entra en el reino y otros rechazan el evangelio, esa división tan sólo puede producir pesadumbre y tristeza. Laborad intensamente para salvar a toda la familia para que no se vuelvan los enemigos de un hombre los de su propia casa. Pero cuando hayáis hecho todo lo posible para todos los de cada familia, yo os declaro que el que ame al padre o a la madre más que este evangelio no es digno del reino».

Cuando los doce escucharon estas palabras, se prepararon para partir. No volvieron a verse hasta el momento en que concurrieron a Nazaret para reunirse con Jesús y con los otros discípulos, tal como el Maestro lo había dispuesto.

5. ¿QUÉ DEBO HACER PARA SER SALVADA?

Cierta tarde en Sunem, después del regreso a Hebrón de los apóstoles de Juan, y después de que los apóstoles de Jesús habían sido enviados en grupos de dos en dos, cuando el Maestro estaba ocupado en enseñar a un grupo de doce de los evangelistas más jóvenes que laboraban bajo la dirección de Jacob, juntamente con las doce mujeres, Raquel hizo a Jesús esta pregunta: «Maestro, qué debemos responder cuando las mujeres nos preguntan ¿qué debo hacer para ser salvada?» Cuando Jesús escuchó esta pregunta, respondió:

«Cuando los hombres y las mujeres preguntan qué deben hacer para ser salvados, vosotras contestaréis: cree en este evangelio del reino; acepta el perdón divino. Por la fe reconoce el espíritu residente de Dios, cuya aceptación te hace hijo de Dios. Acaso no habéis leído en las Escrituras donde dice: 'en el Señor encuentro yo rectitud y fuerza'. También allí donde el Padre dice: 'cercana está mi rectitud se acerca; ha salido mi salvación, y mis brazos abrazarán a mi pueblo'. 'Mi alma se alegrará en el amor de mi Dios, porque me vistió con vestiduras de salvación y me rodeó de manto de su rectitud'. Acaso no habéis leído también del Padre que su nombre 'será el Señor de nuestra rectitud'. 'Llevad estos harapos sucios de presunción y vestid a mi hijo con el manto de rectitud divina y de salvación eterna'. Es para siempre verdad que, 'el justo por su fe vivirá'. El ingreso en el reino del Padre es completamente libre, pero el progreso —el crecimiento en la gracia— es esencial para seguir permaneciendo allí.

«La salvación es el don del Padre, y es revelada por sus Hijos. Vuestra aceptación mediante la fe os permite compartir de la naturaleza divina, ser hijo o hija de Dios. Por la fe estáis justificados; por la fe sois salvados; y por la misma fe avanzaréis eternamente en el camino de la perfección progresiva y divina. Por la fe Abraham fue justificado y tomó conciencia de la salvación por las enseñanzas de Melquisedek. A través de todas las edades esta misma fe ha salvado a los hijos del hombre, pero ahora ha venido un Hijo de donde el Padre para hacer que esa salvación sea más real y aceptable».

Cuando Jesús terminó de hablar, hubo gran regocijo entre los que habían oído sus reconfortantes palabras, y en los días que siguieron, todos ellos proclamaron el evangelio del reino con nueva fuerza y renovada energía y entusiasmo. Las mujeres se regocijaron aún más al saber que se las había incluido en estos planes para el establecimiento del reino en la tierra.

Al resumir su declaración final, Jesús dijo: «No podéis comprar la salvación; no podéis ganar la rectitud. La salvación es el don de Dios, y la rectitud es el fruto natural de la vida nacida del espíritu de la filiación en el reino. No seréis salvados porque viváis una vida recta, sino que viviréis una vida recta porque ya habéis sido salvados, habéis reconocido la filiación como un don de Dios y el servicio en el reino como el gozo supremo de la vida en la tierra. Cuando los hombres creen en este evangelio, que es una revelación de la bondad de Dios, serán conducidos al arrepentimiento voluntario de todo pecado conocido. La comprensión de la filiación es incompatible con el deseo de pecar. Los creyentes en el reino tienen sed de rectitud y hambre de perfección divina».

6. LAS LECCIONES VESPERTINAS

Durante las conversaciones vespertinas, Jesús habló de muchos temas. Durante el resto de esta gira —antes de que se volvieran a reunir en Nazaret— habló de «el amor de Dios», «los sueños y las visiones», «la malicia», «la humildad y la mansedumbre», «el coraje y la lealtad», «la música y la adoración», «el servicio y la obediencia», «el orgullo y la presunción», «el perdón en relación con el arrepentimiento», «la paz y la perfección», «el mal hablar y la envidia», «el mal, el pecado y la tentación», «las dudas y la incredulidad», «la sabiduría y la adoración». Puesto que los apóstoles más viejos estaban ausentes, estos grupos más jóvenes de hombres y mujeres participaban más libremente en el diálogo con el Maestro.

Después de pasar dos o tres días con un grupo de doce evangelistas, Jesús seguía viaje para unirse a otro grupo, siendo informado de la ubicación y movimientos de todos estos trabajadores por los mensajeros de David. Siendo esta su primera gira, las mujeres permanecieron buena parte del tiempo con Jesús. Mediante el servicio de mensajeros, cada uno de estos grupos se mantenía plenamente informado sobre el progreso de la gira, la llegada de noticias de los otros grupos era siempre fuente de estímulo para estos trabajadores diseminados y separados.

Antes de su partida, se había acordado de que los doce apóstoles, juntamente con los evangelistas y el cuerpo de mujeres, concurrirían a Nazaret el viernes 4 de marzo para reunirse con el Maestro. Por lo tanto, alrededor de la fecha indicada, estos varios grupos de apóstoles y evangelistas dispersados por Galilea central y meridional comenzaron a convergir hacia Nazaret. Al promediar la tarde, Andrés y Pedro, los últimos en llegar, se encontraron en el campamento preparado por los primeros en llegar, situado en las tierras altas al norte de la ciudad. Fue ésta la primera vez cuando Jesús volvía a Nazaret desde el comienzo de su ministerio público.

7. LA ESTADÍA EN NAZARET

Este viernes por la tarde Jesús anduvo caminando por Nazaret sin ser observado ni reconocido. Pasó por la casa de su niñez y por el taller de carpintería y estuvo una media hora en la colina que tanto le había agradado cuando niño. Desde el día de su bautismo por Juan en el Jordán, el Hijo del Hombre no había sentido tal inundación de emoción humana en su alma. Al descender del monte, oyó los sonidos familiares de la trompeta que anunciaba la puesta del sol, tal como los había oído muchas veces cuando niño en Nazaret. Antes de volver al campamento, pasó por la sinagoga donde había ido a la escuela y su mente se entretuvo en los muchos recuerdos de sus días de infancia. Temprano ese día, Jesús había enviado a Tomás a que dispusiera lo necesario con el jefe de la sinagoga para poder predicar en los servicios matutinos del sábado.

El pueblo de Nazaret no había sido nunca famoso por su piedad ni espejo de vida recta. Con el pasar de los años, esta aldea se había contaminado cada vez más con la baja moral característica de la cercana ciudad de Séforis. Durante la juventud de Jesús y sus primeros años de vida adulta, las opiniones de Nazaret sobre él estaban divididas; su decisión de mudarse a Capernaum suscitó gran resentimiento. Aunque los habitantes de Nazaret mucho habían oído sobre las obras de su ex carpintero, estaban ofendidos porque no había incluido su aldea natal en ninguna de sus giras de predicación anteriores. La nueva de la fama de Jesús había llegado hasta allí, desde luego; pero la mayoría de los nazarenos estaban airados porque Jesús no había realizado ninguna de sus grandes obras en la ciudad de su juventud. Durante meses se había hablado mucho de Jesús en el pueblo de Nazaret, pero en general, predominaban las opiniones desfavorables.

Así pues el Maestro se encontró en medio de una atmósfera que en vez de darle la bienvenida al hogar, se manifestaba decididamente hostil e hipercrítica. Pero esto no era todo. Sus enemigos, sabiendo que pasaría el sábado en Nazaret y suponiendo que hablaría en la sinagoga, habían empleado a numerosos hombres rudos y groseros para acosarlo, hostilizarlo y armar lío en toda forma posible.

La mayoría de los viejos amigos de Jesús, incluyendo el maestro chazán que tanto lo amó en su juventud, habían muerto o se habían ido de Nazaret, y la generación más joven tendía a resentir su fama y alimentaba intensos sentimientos de celos y envidia. No querían recordar su temprana devoción a la familia de su padre, y lo criticaban amargamente porque no visitaba a su hermano ni a sus hermanas casadas que vivían en Nazaret. La actitud de la familia de Jesús también contribuyó a aumentar los sentimientos hostiles del pueblo. Los ortodoxos de entre los judíos aun llegaron a criticar a Jesús porque iba demasiado rápido camino a la sinagoga este sábado por la mañana.

8. EL SERVICIO DEL SÁBADO

Este sábado fue un hermoso día, y todo Nazaret, amigos y enemigos, concurrió a la sinagoga para escuchar a su ex compatriota. En el séquito apostólico, muchos tuvieron que quedarse afuera, pues no había lugar en la sinagoga para todos los que habían venido a escucharlo. Cuando joven, muchas veces había hablado Jesús en este templo, y esta mañana, al entregarle el rector de la sinagoga los escritos sagrados de los que leería la lección de la Escritura, nadie de los allí presentes pareció recordar que éste era el mismo manuscrito que él había donado a la sinagoga.

Los servicios se celebraron este día tal como cuando Jesús era muchacho. Ascendió a la plataforma con el rector de la sinagoga, y se inició el servicio con dos oraciones: «Bendito sea el Señor, Rey del mundo, creador de la luz y de las tinieblas, hacedor de la paz, creador de todo; quien en su misericordia, da luz a la tierra y a los que en ésa moran; que en su bondad renueva día tras día y cada día, las obras de la creación. Bendito sea el Señor nuestro Dios por la gloria de sus obras y por las luces que iluminan que él ha hecho para su alabanza. Selá. Bendito sea el Señor nuestro Dios, hacedor de la luz».

Después de una corta pausa, nuevamente oraron: «Con gran amor el Señor nuestro Dios nos ha amado, y con piedad desbordante nos ha compadecido, nuestro

Padre y nuestro Rey, por amor a nuestros padres que confiaron en él. Tú les enseñaste los estatutos de la vida. Ten merced de nosotros y enséñanos. Esclarece nuestros ojos en la ley; haz que nuestro corazón cumpla con tus mandamientos; aúne nuestros corazones para que te amemos y temamos tu nombre, y no pasaremos vergüenza, mundo sin fin. Porque tú eres el Dios de la salvación, y nos elegiste entre todas las naciones y todas las lenguas, y en verdad nos has traído cerca de tu gran nombre —Selá— para que podamos alabar tu unidad con amor. Bendito sea el Señor, que en amor eligió su pueblo de Israel».

La congregación recitó luego el Shemá, del credo judío. Este rito consistía en la repetición de numerosos pasajes de la ley e indicaba que los creyentes aceptaban el yugo del reino del cielo, y el yugo de los mandamientos tanto de día como de noche.

Luego siguió la tercera oración: «Es verdad que tú eres Yahvé, nuestro Dios y el Dios de nuestros padres, nuestro Rey y el Rey de nuestros padres; nuestro Salvador y el Salvador de nuestros padres; nuestro Creador y la roca de nuestra salvación; nuestra ayuda y nuestro libertador. Tu nombre es desde lo sempiterno, y no hay otro Dios sino tú. Una nueva canción cantaron a los que fueron liberados y la entonaron a la orilla del mar alabando tu nombre; juntos te alabaron y te reconocieron como Rey y dijeron: Yahvé reinará, mundo sin fin. Bendito es el Señor que salva a Israel».

El rector de la sinagoga tomó luego su posición ante el arca, o cofre, que contenía las escrituras sagradas y comenzó a recitar las diecinueve eulogías de oración, o sea, bendiciones. Pero en esta ocasión era deseable acortar el servicio para que el distinguido huésped pudiera tener más tiempo para su discurso; por consiguiente, sólo recitó la primera y la última de las bendiciones. La primera era: «Bendito es el Señor nuestro Dios, y el Dios de nuestros padres, el Dios de Abraham, y el Dios de Isaac y el Dios de Jacob; el grande, el poderoso y el terrible Dios, que muestra misericordia y ternura, que crea todas las cosas, que recuerda las misericordiosas promesas a los padres y que trae un salvador a los hijos de los hijos para la gloria de su nombre, y en amor. Oh Rey, sostén, salvador y escudo. Bendito eres tú, oh Yahvé, escudo de Abraham».

Luego siguió la última bendición: «Oh otorga a tu pueblo Israel gran paz para siempre, pues tú eres Rey y Señor de toda paz. Y es bueno en tus ojos bendecir a Israel en todo momento y en toda hora con paz. Bendito eres tú, Yahvé, que bendices a tu pueblo Israel con paz». La congregación no miraba al rector mientras éste recitaba las bendiciones. Después de las bendiciones, ofreció una oración casual adaptada para la ocasión, y cuando concluyó, toda la congregación se unió para decir amén.

Luego el chazán fue al arca y trajo un rollo, que dio a Jesús para que pudiera leer la lección de la Escritura. Era costumbre llamar a siete personas para que leyeran no menos de tres versos de la ley, pero esta práctica no se cumplió en esta ocasión, para que el visitante pudiera leer la lección de su propia selección. Jesús, tomando el rollo, se puso de pie y comenzó a leer del Deuteronomio: «Este mandamiento que yo te ordeno hoy no está oculto de ti, ni está lejos. No está en el cielo para que digas: ¿Quién subirá por nosotros al cielo y nos lo traerá y nos lo hará oír para que cumplamos? Ni está al otro lado del mar, para que digas: ¿Quién pasará por nosotros el mar, para que nos lo traiga y nos lo haga oír, a fin que lo cumplamos? No, muy cerca de ti está la palabra de vida, en tu presencia y en tu corazón para que la conozcas y la obedezcas».

Cuando terminó de leer del libro de la ley, comenzó a leer de Isaías: «El espíritu del Señor está sobre mí porque él me ungió para que predique buenas nuevas a los pobres. Me ha enviado a publicar libertad a los cautivos y recuperación de la vista a los ciegos, para liberar a los que están lastimados y proclamar el año favorable del Señor».

Jesús cerró el libro y, después de devolvérselo al rector de la sinagoga, se sentó y comenzó a hablar a la gente. Comenzó diciendo: «Hoy se cumplen estas Escrituras». Y luego Jesús habló casi quince minutos sobre «los hijos e hijas de Dios». Muchos en el público se regocijaron con su discurso, y se maravillaron con su donaire y sabiduría.

Era costumbre en la sinagoga, después de la conclusión del oficio formal, que el orador permaneciera allí para que los que tenían interés pudieran hacerle preguntas. Por consiguiente, esta mañana de sábado, Jesús bajó de la tarima, mezclándose con la multitud que se adelantaba para hacer preguntas. En este grupo había muchas personas turbulentas con la mente llena de fechoría, y alrededor de la multitud pululaban esos seres abyectos que habían sido empleados para armar lío contra Jesús. Muchos de los discípulos y evangelistas que se habían quedado afuera comenzaron a forcejear para entrar a la sinagoga y en seguida se dieron cuenta de que se estaba preparando una tormenta. Trataron de sacar de allí al Maestro, pero él no quiso ir con ellos.

9. EL RECHAZO EN NAZARET

Jesús se encontró rodeado en la sinagoga por una gran multitud de enemigos y unos pocos de sus propios seguidores, y en respuesta a las rudas preguntas y burlas crueles, observó en tono semijocoso: «Sí, yo soy el hijo de José; yo soy el carpintero, y no me sorprende que vosotros evoquéis el proverbio 'médico, cúrate a ti mismo', y que me desafiéis a que yo haga en Nazaret lo que habéis oído que hice en Capernaum; pero yo os llamo a que atestigüéis que hasta las Escrituras declaran: 'nadie es profeta en su tierra ni en su propio pueblo'».

Pero lo recibieron a empellones, y apuntándole con un dedo acusador le dijeron: «Tú crees que eres mejor que el pueblo de Nazaret; tú nos abandonaste, pero tu hermano trabaja aquí de trabajador común y tus hermanas aún viven entre nosotros. Conocemos a tu madre, María. ¿Donde están ellos hoy? Oímos sobre ti grandes cosas, pero vemos que no haces portento alguno aquí cuando vuelves». Jesús les contestó: «Amo a la gente que vive en la ciudad en la que crecí, y me regocijaría de veros a todos entrar en el reino del cielo, pero no me corresponde determinar las obras de Dios. Las transformaciones de la gracia se forjan en respuesta a la fe viviente de los que son sus beneficiarios».

Jesús hubiera podido controlar a la multitud con un poco de buen humor y desarmar aun a sus enemigos más violentos, de no haber sido por un error táctico de uno de sus propios apóstoles, Simón el Zelote, quien, con la ayuda de Nacor, uno de los evangelistas más jóvenes, había llamado a un grupo de amigos de Jesús que se encontraban entre la multitud y, en actitud beligerante, mandó a los enemigos del Maestro que se fueran de allí. Jesús había enseñado repetidamente a sus apóstoles que una respuesta mansa desarma la ira, pero sus seguidores no estaban acostumbrados a ver a su instructor amado, a quien con tanto respeto llamaban Maestro, tratado con tal descortesía y desdeño. Fue demasiado para ellos, y se encontraron expresando un resentimiento apasionado y vehemente, que tan sólo consiguió encender los ánimos de turba en este grupo grosero y rudo. Así pues, bajo el liderazgo de los mercenarios, estos rufianes aferraron a Jesús y lo sacaron de la sinagoga, llevándolo a la cima de una cercana colina empinada, con la intención de matarlo arrojándolo al precipicio. Pero en el momento en que estaban a punto de empujarlo, Jesús se volvió de pronto hacia sus capturadores, y enfrentándoseles, se cruzó de brazos tranquilamente. Nada dijo, pero sus amigos estuvieron más que sorprendidos cuando, al empezar él a caminar hacia adelante, la multitud se separó y le permitió pasar sin molestarlo.

Jesús, seguido de sus discípulos, se fue a su campamento, y allí relataron todo lo ocurrido. Y esa tarde se aprontaron para volver a Capernaum temprano al día siguiente, tal como Jesús había ordenado. Este final turbulento de la tercera gira de predicación pública sirvió de seria valoración de los hechos para todos los seguidores de Jesús. Comenzaron a darse cuenta del significado de algunas de las enseñanzas del Maestro; estaban despertando al hecho de que el reino sólo vendría después de mucha pesadumbre y amargos desencantos.

Partieron de Nazaret ese domingo por la mañana, y viajando por caminos distintos, se reunieron finalmente en Betsaida al mediodía del jueves 10 de marzo. Al reunirse, constituían un grupo desilusionado, cabizbajo y meditabundo de predicadores del evangelio de la verdad y no un ejército entusiasta y arrebatador de cruzados triunfantes.

DOCUMENTO 151

LA ESTADÍA Y LA ENSEÑANZA JUNTO AL MAR

PARA el 10 de marzo, todos los grupos de predicación y enseñanza se habían reunido en Betsaida. El jueves por la noche y el viernes muchos de ellos fueron a pescar, mientras que el día del sábado asistieron a la sinagoga para escuchar a un anciano judío de Damasco hablar sobre la gloria del padre Abraham. Jesús pasó la mayor parte de este día sábado a solas en las colinas. Ese sábado por la noche el Maestro habló más de una hora a los grupos reunidos sobre «la misión de las adversidades y el valor espiritual del desencanto». Fue ésta una memorable ocasión y sus oyentes jamás olvidaron la lección por él impartida.

Jesús aún no se había recobrado completamente de la pesadumbre del reciente rechazo sufrido en Nazaret; los apóstoles se apercibían de una tristeza peculiar que empañaba su conducta generalmente alegre. Santiago y Juan estaban con él la mayor parte del tiempo, pues Pedro estaba muy ocupado con las muchas responsabilidades que tenían que ver con el bienestar y la dirección del nuevo cuerpo de evangelistas. Este compás de espera antes de salir rumbo a Jerusalén para la Pascua, lo pasaron las mujeres visitando de casa en casa, enseñando el evangelio y ministrando a los enfermos en Capernaum y en las ciudades y aldeas circunvecinas.

1. LA PARÁBOLA DEL SEMBRADOR

Por esta época empezó Jesús a emplear por primera vez el método de la parábola en sus enseñanzas a las multitudes que tan frecuentemente se congregaban a su alrededor. Puesto que Jesús había hablado con los apóstoles y otros casi hasta la madrugada, este domingo por la mañana muy pocos del grupo estaban levantados a la hora del desayuno; por eso se dirigió a la orilla del mar y se sentó solo en una barca, la vieja barca de pesca de Andrés y Pedro, que se mantenía siempre a su disposición, y meditó sobre el paso siguiente en la tarea de expandir el reino. Pero el Maestro no permaneció a solas mucho tiempo. Muy pronto empezó a llegar gente de Capernaum y de las aldeas cercanas, y para las diez de la mañana, se habían congregado casi mil personas en la orilla del mar cerca de la barca de Jesús y clamaban su atención. Pedro ya se había levantado y, dirigiéndose a la barca, dijo a Jesús: «Maestro, ¿debo hablarles?» Pero Jesús respondió: «No, Pedro, yo les contaré un cuento». Entonces Jesús comenzó el relato de la parábola del sembrador, una de las primeras en una larga serie de dichas parábolas que enseñó a las multitudes que le seguían. Esta barca tenía un asiento elevado en el que él se sentó (porque era costumbre entonces enseñar sentados) mientras hablaba a la multitud congregada a lo largo de la costa. Una vez que Pedro habló unas palabras, Jesús dijo:

«Un sembrador salió a sembrar, y ocurrió que al sembrar, algunas de las semillas cayeron en el camino y fueron pisadas y devoradas por los pájaros del cielo. Otra semilla cayó entre las rocas, donde había poca tierra, e inmediatamente esa semilla brotó porque la tierra no era muy honda, pero pronto brilló el sol y la quemó porque como no tenía raíz no podía absorber humedad. Otra semilla cayó entre espinos, y los espinos crecieron y la ahogaron, de modo que no dio grano. Pero otra semilla cayó en buena tierra y, al crecer, dio buenas espigas, y algunas espigas dieron treinta granos, otras setenta, y algunas cien». Cuando terminó de hablar esta parábola, dijo a la multitud: «El que tiene oído para oír, que oiga».

Los apóstoles y los que estaban con ellos, cuando oyeron a Jesús enseñar a la gente de esta manera, estuvieron grandemente perplejos; y después de mucho conversar entre ellos, esa noche en el jardín de Zebedeo, Mateo dijo a Jesús: «Maestro, ¿cuál es el significado de las obscuras palabras que hablas a la multitud? ¿Por qué les hablas en parábolas a los que buscan la verdad?» Jesús contestó:

«Con paciencia os he instruido todo este tiempo. A vosotros os han sido dados a conocer los misterios del reino del cielo, pero a las muchedumbres que no disciernen y a aquellos que buscan nuestra destrucción, los misterios del reino les serán presentados de ahora en adelante en parábolas. Así lo haremos, para que los que realmente desean entrar al reino puedan discernir el significado de la enseñanza y de este modo hallar la salvación, mientras que los que escuchan con la intención de tendernos una trampa queden aún más confundidos, porque verán sin ver y oirán sin oír. Hijos míos, acaso no percibís la ley del espíritu que decreta que al que tiene, se le dará aún más y tendrá en abundancia; pero al que no tiene, hasta lo poco que tiene se le quitará. Por lo tanto, de aquí en adelante mucho hablaré yo a la gente en parábolas, para que nuestros amigos y los que desean conocer la verdad puedan encontrar lo que buscan, y nuestros enemigos y los que no aman la verdad puedan oír sin comprender. Mucha de esta gente no siguen el camino de la verdad. El profeta realmente supo describir todas estas almas sin discernimiento cuando dijo: 'Porque engruesa el corazón de este pueblo, y agrava sus oídos, y ciega sus ojos, para que no discierna la verdad, ni la entienda en su corazón'».

Los apóstoles no comprendieron plenamente el significado de las palabras del Maestro. Mientras Andrés y Tomás siguieron conversando con Jesús, Pedro y los demás apóstoles se retiraron a otra parte del jardín, y allí se pusieron a discutir intensa y largamente.

2. La interpretación de la parábola

Pedro y el grupo a su alrededor llegó a la conclusión de que la parábola del sembrador era una alegoría, que cada faceta contenía un significado oculto, y decidieron ir adonde Jesús y pedirle una explicación. Por lo tanto, Pedro se acercó al Maestro, diciendo: «No podemos penetrar el significado de esta parábola y deseamos que nos la expliques, puesto que dices que se nos da para conocer los misterios del reino». Al oír estas palabras Jesús le dijo a Pedro: «Hijo mío, nada deseo ocultarte, pero primero, ¿por qué no me dices qué estuvisteis discutiendo; cuál es tu interpretación de la parábola?»

Después de un momento de silencio, Pedro dijo: «Maestro, mucho hemos conversado sobre esta parábola, y ésta es la interpretación a la que yo llegué: El sembrador es el predicador del evangelio; la semilla es la palabra de Dios. La semilla que cae al camino representa los que no comprenden las enseñanzas del evangelio. Los pájaros que devoran la semilla que cayó sobre la tierra endurecida representan a Satanás, o al diablo, que roba lo que ha sido sembrado en el corazón de estos seres ignorantes. La semilla que cayó sobre las rocas y que creció tan prontamente, representa a esas personas superficiales y no reflexivas que, al escuchar la buena nueva, reciben el mensaje con regocijo; pero como la verdad no echa raíces verdaderas en su comprensión más profunda, su devoción dura poco cuando se enfrenta con las tribulaciones y las persecuciones. Al encontrar obstáculos, estos creyentes tropiezan; se desvían por la tentación. La semilla que cayó sobre los espinos representa los que oyen la palabra con mucha voluntad, pero permiten que los cuidados mundanos y el engaño de las riquezas ahoguen la palabra de la verdad, de modo que no da frutos. Pero la semilla que cayó en buena tierra y creció dando espigas, de treinta, sesenta, y cien granos, representa a los que, cuando oyen la verdad, la reciben en variados grados de apreciación —dependiendo de sus diversas dotes intelectuales— y así manifiestan estos distintos grados de experiencia religiosa».

Jesús, después de escuchar la interpretación de Pedro de la parábola, preguntó a los demás apóstoles si no tenían también alguna sugerencia. Sólo Natanael respondió a esta invitación. El dijo: «Maestro, aunque reconozco las buenas cosas de la interpretación de Simón Pedro de esta parábola, no estoy en pleno acuerdo con él. Mi idea de esta parábola sería: la semilla representa el evangelio del reino, mientras que el sembrador representa los mensajeros del reino. La semilla que cayó en el camino sobre tierra endurecida representa a los que poco saben del evangelio, a los que son indiferentes al mensaje y a los de corazón endurecido. Los pájaros del cielo que devoran la semilla que cayó en el camino representan las propias costumbres de vida, la tentación del mal, y los deseos de la carne. La semilla que cayó en las rocas representa esas almas emocionales que reciben la nueva enseñanza rápidamente y con igual rapidez abandonan la verdad cuando se enfrentan con las dificultades y realidades de vivir a la altura de esta verdad; les falta percepción espiritual. La semilla que cayó entre los espinos representa a los que son atraídos por las verdades del evangelio; tienen la intención de seguir sus enseñanzas, pero el orgullo de vida, los celos, la envidia y las ansiedades de la existencia humana se lo impiden. La semilla que cayó en buena tierra, brotando hasta dar, algunas espigas treinta, otras sesenta y otras cien granos, representa los distintos niveles naturales de capacidad para comprender la verdad y responder a las enseñanzas espirituales según las diversas dotes de iluminación espiritual de los hombres y mujeres».

Cuando Natanael terminó de hablar, los apóstoles y sus asociados entraron en una discusión seria y un debate sincero, sosteniendo algunos la exactitud de la interpretación de Pedro, mientras que prácticamente el mismo número defendía la explicación de Natanael de la parábola. Mientras tanto, Pedro y Natanael se habían retirado a la casa, esforzándose vigorosa y decididamente el uno para convencer al otro de que cambiara de opinión.

El Maestro dejó que esta confusión alcanzara su punto de expresión más intensa; luego golpeó las manos y los llamó a que se acercaran. Cuando todos ellos estuvieron nuevamente reunidos a su alrededor, dijo: «Antes de que os hable sobre esta parábola, ¿tiene alguno entre vosotros algo más que decir?» Después de un momento de silencio, Tomás habló: «Sí, Maestro, deseo decir unas pocas palabras. Recuerdo que tú cierta vez nos dijiste que nos cuidáramos de esto mismo. Nos instruiste que, al usar ilustraciones en nuestra predicación, debemos emplear historias verdaderas, y no fábulas, y que debemos seleccionar la historia que mejor se adapte a la ilustración de una verdad central y vital que deseemos enseñar a la gente, y que, después de usar así dicha historia, no hemos de intentar la aplicación espiritual de todos los detalles menores relativos al relato mismo. Sostengo que tanto Pedro como Natanael se equivocan en su intento de interpretar la parábola. Admiro la habilidad de ellos para hacer tales cosas, pero estoy igualmente seguro de que el intento de forzar una parábola natural a que arroje analogías espirituales en todos sus aspectos, tan sólo puede dar como resultado la confusión y una interpretación gravemente errónea del verdadero propósito de dicha parábola. El que yo tenga razón está plenamente comprobado por el hecho de que, aunque hace una hora nosotros estábamos todos de acuerdo, ahora estamos divididos en dos grupos separados que mantienen opiniones diferentes sobre esta parábola y sostienen dichas opiniones con tanta intensidad como para interferir, en mi opinión, con nuestra habilidad para aprehender plenamente la gran verdad que tú tenías en mente cuando presentaste esta parábola a la muchedumbre y posteriormente cuando nos pediste que comentáramos sobre ésta».

Las palabras que habló Tomás tuvieron un efecto tranquilizante sobre todos ellos. Les hizo recordar lo que Jesús les había enseñado en ocasiones anteriores, y antes de que Jesús comenzara nuevamente a hablar, Andrés se puso de pie, diciendo: «Estoy persuadido de que Tomás tiene razón, y me gustaría que él nos dijera qué significado le adjudica a la parábola del sembrador». Al indicar Jesús con un gesto a Tomás que hablara, él dijo: «Hermanos míos, no querría prolongar esta discusión, pero si lo deseáis, diré lo que pienso y es que esta parábola fue dicha para enseñarnos una gran verdad. Esa verdad es que nuestra enseñanza del evangelio del reino, independientemente de que nosotros ejecutemos nuestra comisión divina fiel y eficientemente, encontrará grados variados de éxito; y que todas estas diferencias en los resultados se deben directamente a las condiciones inherentes a las circunstancias de nuestro ministerio, condiciones sobre las cuales prácticamente no tenemos control».

Cuando Tomás terminó de hablar, la mayoría de sus hermanos predicadores estaba a punto de concordar con él, hasta Pedro y Natanael se le estaban acercando para conversar con él, cuando Jesús se puso de pie y dijo: «Bien hecho, Tomás; has discernido el verdadero significado de las parábolas; pero tanto Pedro como Natanael os han hecho igual bien a todos, porque ilustraron tan plenamente el peligro que se corre al querer convertir mis parábolas en alegorías. En vuestro corazón podéis emprender frecuentemente y con beneficio estos vuelos de la imaginación especulativa, pero cometéis un error si intentáis ofrecer vuestras conclusiones como parte de vuestra enseñanza pública».

Habiendo ya desaparecido la tensión, Pedro y Natanael se felicitaron mutuamente por sus interpretaciones, y con la excepción de los gemelos Alfeo, cada uno de los apóstoles intentó hacer una interpretación de la parábola del sembrador antes de retirarse por la noche. Aun Judas Iscariote ofreció una interpretación muy plausible. Los doce intentarían frecuentemente, entre ellos, interpretar las parábolas del Maestro como lo harían con una alegoría, pero nunca más consideraron seriamente esas especulaciones. Fue ésta una sesión muy beneficiosa para los apóstoles y sus asociados, especialmente porque de allí en adelante, Jesús empleó más y más parábolas en sus enseñanzas públicas.

3. Más sobre las parábolas

Los apóstoles tenían predilección por las parábolas, tanto que toda la noche siguiente fue dedicada a ulteriores conversaciones sobre las parábolas. Jesús inauguró la conferencia de la noche diciendo: «Amados míos, al enseñar debéis siempre saber adaptar vuestra presentación de la verdad a la mente y corazón de los presentes. Cuando os halláis frente a una muchedumbre de intelectos y temperamentos variados, no podéis hablar palabras diferentes para cada tipo de oyente, pero sí podéis contar una historia que trasmita vuestra enseñanza. Cada grupo, aun cada individuo hará así su propia interpretación de vuestra parábola, de acuerdo con sus propias dotes intelectuales y espirituales. Debéis hacer que vuestra luz brille, pero hacedlo con sabiduría y discreción. Ningún hombre, al encender una lámpara, la cubre con una vasija ni la coloca debajo de la cama; pone su lámpara sobre un pedestal, allí donde todos puedan contemplar la luz. Yo os digo que nada se oculta en el reino del cielo que no se manifieste finalmente; tampoco hay secretos que a la larga no se sepan. Finalmente, todas estas cosas serán iluminadas. Pensad no sólo en las multitudes y cómo oirán la verdad; prestad atención también a cómo la oiréis vosotros. Recordad que muchas veces os he dicho: al que tiene, más se le dará, pero al que no tiene, hasta lo poco que cree que tiene se le quitará».

La prolongada conversación sobre las parábolas y las instrucciones ulteriores en cuanto a su interpretación pueden ser resumidas y expresadas en fraseología moderna como sigue:

1. Jesús aconsejó que no se usaran fábulas ni alegorías en la enseñanza de las verdades del evangelio. Sí recomendó el uso libre de las parábolas, especialmente de las parábolas relacionadas con la naturaleza. Destacó el valor de utilizar la analogía existente entre los mundos natural y espiritual, como medio para enseñar la verdad. Frecuentemente aludió a lo natural como «la sombra irreal y huidiza de las realidades del espíritu».

2. Jesús narró tres o cuatro parábolas de las escrituras hebreas, llamando la atención sobre el hecho de que este método de enseñanza no era completamente nuevo. Sin embargo, se transformó casi en un método nuevo de enseñanza en la manera en que lo empleó él desde ese momento en adelante.

3. Al enseñar a los apóstoles el valor de las parábolas, Jesús llamó la atención sobre los siguientes puntos:

La parábola posibilita la llamada simultánea a niveles vastamente diferentes de mente y espíritu. La parábola estimula la imaginación, desafía la discriminación y provoca el pensamiento crítico; promueve la simpatía sin despertar el antagonismo.

La parábola va de las cosas conocidas al discernimiento de lo desconocido. La parábola utiliza lo material y lo natural como medio de introducción de lo espiritual y lo supermaterial.

Las parábolas favorecen la toma de decisiones morales con imparcialidad. La parábola evade gran parte de los prejuicios y coloca una nueva verdad en la mente y lo hace con donaire y hace todo esto casi sin despertar la autodefensa del resentimiento personal.

Rechazar la verdad contenida en una analogía parabólica requiere una acción intelectual consciente que está directamente en contradicción con el propio juicio honesto y decisión justa. La parábola conduce a esforzar el pensamiento por el sentido del oído.

El uso de parábola como medio de enseñanza permite al instructor presentar nuevas y aun sorprendentes verdades evitando al mismo tiempo, en gran parte, toda controversia y enfrentamiento exterior con la tradición y las autoridades establecidas.

La parábola también posee la ventaja de estimular la memoria de la verdad enseñada, cuando los oyentes subsiguientemente encuentran las mismas escenas familiares.

De esta manera intentaba Jesús hacer que sus seguidores conocieran muchas de las razones por las cuales usaba cada vez más las parábolas en su enseñanza pública.

Hacia el final de la lección de la noche Jesús hizo su primer comentario sobre la parábola del sembrador. Dijo que la parábola se refería a dos cosas: Primero, era una revisión de su propio ministerio hasta ese momento y un pronóstico de lo que le ocurriría a él por el resto de su vida en la tierra. En segundo lugar, también era una alusión a lo que los apóstoles y otros mensajeros del reino podían esperar en su ministerio, de generación en generación, a medida que pasaba el tiempo.

Jesús también recurrió al uso de las parábolas como la mejor refutación posible del esfuerzo consciente de los líderes religiosos de Jerusalén por enseñar que la obra de él se llevaba a cabo con la ayuda de los demonios y del príncipe de los diablos. La mención de la naturaleza estaba en contravención con dicha enseñanza, puesto que en esa época el pueblo consideraba que todos los fenómenos naturales eran producto de la acción directa de seres espirituales y fuerzas supernaturales. También había determinado este método de enseñanza porque le permitía proclamar verdades vitales a los que deseaban conocer el mejor camino, ofreciendo al mismo tiempo menos oportunidades para que sus enemigos detectaran material ofensivo y apilaran acusaciones contra él.

Antes de despedir al grupo por la noche, Jesús dijo: «Ahora os diré la última de las parábolas del sembrador. Quiero probaros para saber cómo recibiréis esto: El reino del cielo es también como un hombre que echa buena semilla sobre la tierra; y mientras dormía por la noche y hacía su trabajo durante el día, la semilla brotó y creció, y aunque no sabía cómo eso había ocurrido, la planta dio fruto. Primero hubo una hoja, luego una espiga, finalmente el grano entero en su espiga. Y cuando el grano estuvo maduro, trajo su hoz, y fue el fin de la cosecha. El que tiene oído para oír, que oiga».

Muchas veces reflexionaron los apóstoles sobre estas palabras, pero el Maestro nunca volvió a mencionar esta ampliación de la parábola del sembrador.

4. MÁS PARÁBOLAS JUNTO AL MAR

Al día siguiente Jesús nuevamente enseñó a la gente desde la barca, diciendo: «El reino del cielo es como un hombre que ha sembrado buena semilla en su campo; pero mientras dormía, vino su enemigo y sembró malas hierbas en medio del trigo y huyó. Cuando el trigo creció y se formó la espiga apareció también la mala hierba. Entonces los siervos de la casa fueron a decirle al amo: 'Señor, si la semilla que sembraste en el campo era buena, ¿de dónde ha salido la mala hierba?' El amo les respondió: 'algún enemigo lo ha hecho'. Entonces los siervos le preguntaron: '¿quieres que vayamos a arrancar la mala hierba?' Pero él les dijo: 'no, porque al arrancar la mala hierba podéis arrancar también el trigo. Lo mejor es dejarlos que crezcan juntos hasta la cosecha; entonces mandaré que los que han de recogerla aparten primero la mala hierba y la aten en manojos para quemarla, y que después guarden el trigo en mi granero'».

Después de algunas preguntas de la multitud, Jesús dijo otra parábola: «El reino del cielo es como una semilla de mostaza que un hombre sembró en su campo. La semilla de mostaza es por cierto, la más pequeña de todas las semillas; pero cuando crece, se hace la más grande de todas las hierbas y llega a ser como un árbol, tan grande que las aves del cielo van y reposan en sus ramas».

«El reino del cielo también es como la levadura que una mujer tomó y mezcló en tres medidas de harina para que de este modo se fermente toda la masa».

«El reino del cielo también es como un tesoro escondido en un terreno, que un hombre descubre. En su regocijo va y vende todo lo que tiene para así poder comprar ese terreno».

«El reino del cielo es también como un comerciante que anda buscando perlas finas; y habiendo encontrado una perla de gran valor, va y vende todo lo que tiene para poder comprar esa perla extraordinaria».

«También, el reino del cielo es como una red que se echa al mar y recoge toda clase de pez. Cuando la red se llena, los pescadores la sacan a la playa, y allí se sientan a escoger el pescado; guardan los buenos en vasijas, y arrojan los malos».

Muchas otras parábolas habló Jesús a las multitudes. En efecto, desde ese momento en adelante, pocas veces enseñó a las masas excepto mediante este método. Después de hablar a las audiencias públicas en parábolas, durante las clases vespertinas explicaba más plena y explícitamente sus enseñanzas a los apóstoles y a los evangelistas.

5. LA VISITA A QUERESA

La multitud siguió creciendo a lo largo de esa semana. El sábado Jesús se fue a las colinas, pero cuando llegó el domingo por la mañana, las multitudes volvieron. Jesús les habló por la tarde temprano después de la predicación de Pedro, y cuando hubo terminado, dijo a sus apóstoles: «Estoy cansado de las multitudes; crucemos al otro lado para que podamos descansar un día».

Al cruzar el lago, se toparon con una de esas violentas y repentinas tormentas de viento características del mar de Galilea, especialmente en esta temporada del año. Esta extensión de agua está unos dos cientos metros por debajo del nivel del mar, rodeada de altos acantilados, especialmente hacia el oeste. Hay gargantas empinadas que van del lago a las colinas, durante el día el aire caliente se eleva formando una bolsa sobre el lago, después de la caída del sol al enfriarse el aire hay una tendencia de que el aire en las gargantas se lance sobre el lago. Estas oleadas se producen de golpe y a veces también se desvanecen en forma igualmente repentina.

Así pues uno de estos ventarrones vespertinos alcanzó la barca que llevaba a Jesús al otro lado del lago durante esta tarde del domingo. La seguían tres barcas más con algunos de los evangelistas más jóvenes. Era una tormenta violenta, aunque limitada a esta región del lago, pues no había signos de tormenta en la orilla occidental. El viento era tan fuerte que las olas caían sobre la barca. El fuerte viento desgarró la vela antes de que los apóstoles pudieran enrollarla, y sólo dependían de los remos, sobre los que se inclinaban tratando esforzadamente de llegar a la orilla, a poco más de dos kilómetros de distancia.

Mientras tanto, Jesús permanecía dormido en la popa bajo un pequeño cobertizo. El Maestro estaba cansado cuando partieron de Betsaida, y para poder descansar un poco les había ordenado que levantaran vela para cruzar al otro lado del lago. Estos ex pescadores remaban con fuerza y eran expertos, pero ésta era una de las peores tormentas de viento que jamás habían encontrado. Aunque el viento y las olas sacudían la barca como si fuera un barquito de juguete, Jesús seguía durmiendo sin molestarse. Pedro estaba remando a la derecha, cerca de la popa. Cuando la barca empezó a llenarse de agua, dejó su remo y, apresurándose adonde Jesús, lo sacudió vigorosamente para despertarlo, y cuando se despertó, Pedro dijo: «Maestro, ¿acaso no sabes que estamos en el medio de una violenta tormenta? Si no nos salvas, pereceremos todos».

Al salir Jesús en medio de la lluvia, primero miró a Pedro, luego escudriñó en las tinieblas a los que remaban con esfuerzo, y nuevamente volviendo la mirada a Simón Pedro quien, en su agitación, no había retornado aún a su remo, dijo: «¿Por qué tenéis tanto miedo todos vosotros? ¿Adonde está vuestra fe? Paz, callaos». Apenas si acababa Jesús de pronunciar este reproche a Pedro y a los demás apóstoles, apenas si había alcanzado a ordenar a Pedro que se calmara, que aquietara su alma atribulada, cuando la atmósfera tormentosa, habiendo alcanzado su equilibrio, se calmó de pronto. Las olas airadas casi inmediatamente se serenaron, los oscuros nubarrones, habiéndose derretido en una corta lluvia, se desvanecieron, y brillaron las estrellas en el cielo. Según podemos juzgar esto ocurrió por pura coincidencia; pero los apóstoles, particularmente Simón Pedro, nunca dejaron de considerar como un milagro de la naturaleza este episodio. Era especialmente fácil para los hombres de aquella época creer en milagros de la naturaleza, puesto que creían firmemente que la naturaleza toda era un fenómeno directamente controlado por las fuerzas espirituales y los seres sobrenaturales.

Jesús explicó claramente a los doce que sus palabras se habían dirigido al espíritu atribulado de ellos y a su mente sacudida por el terror, que no había mandado a los elementos que lo obedecieran, pero fue en vano. Los seguidores del Maestro siempre persistieron en interpretar a su manera todas estas coincidencias. Desde ese día en adelante insistieron en pensar que el Maestro poseía un poder absoluto sobre los elementos naturales. Pedro no se cansó nunca de proclamar cómo «aun los vientos y las olas obedecen a él».

Era tarde en la noche cuando Jesús y sus asociados alcanzaron la orilla, y puesto que era una bella y calmada noche, todos ellos descansaron en las barcas, sin bajar a la playa hasta poco después del amanecer del día siguiente. Cuando se reunieron, unos cuarenta en total, Jesús dijo: «Vayamos a las colinas más allá y permanezcamos allí unos pocos días mientras discurrimos en los problemas del reino del Padre».

6. EL LUNÁTICO DE QUERESA

Aunque la mayor parte de la cercana orilla oriental del lago estaba integrada por suaves pendientes que subían a las colinas que las rodeaban en este sitio en el que se encontraban había una colina empinada que en algunos puntos bajaba abruptamente hasta el lago. Señalando la ladera de la colina cercana, Jesús dijo: «Trepemos esta ladera para desayunar allí y reposar y conversar en un refugio».

Toda esta pendiente estaba llena de grutas forjadas en la roca. Muchos de estos nichos eran antiguos sepulcros. Aproximadamente a mitad de camino por la ladera en una pequeña planicie se encontraba el cementerio de la pequeña aldea de Queresa. Cuando Jesús y sus asociados pasaron junto a este cementerio, un lunático que vivía en estas cuevas de la ladera corrió a su encuentro. Este hombre demente era bien conocido en esas regiones, habiendo estado en una época atado con sogas y cadenas y confinado en una de las grutas. Hacía mucho tiempo que había roto sus cadenas y vagabundeaba a su antojo entre las tumbas y los sepulcros abandonados.

Este hombre, cuyo nombre era Amós, estaba afligido por una forma periódica de locura. Había períodos considerablemente largos durante los cuales buscaba abrigo y se conducía relativamente bien entre sus semejantes. Durante uno de estos intervalos de lucidez, había ido a Betsaida, donde había escuchado la predicación de Jesús y de los apóstoles, y en ese momento se había vuelto medio creyente en el evangelio del reino. Pero poco después una etapa tormentosa de su enfermedad reapareció, y huyó a las tumbas, donde gemía, gritaba a voz en cuello y se conducía de un modo que aterrorizaba a todos los que al azar pasaban por allí.

Cuando Amós reconoció a Jesús, cayó a sus pies y exclamó: «Yo te conozco, Jesús, pero estoy poseído por muchos diablos, y te imploro que no me atormentes». Este hombre creía verdaderamente que su aflicción mental periódica era debida al hecho de que, en esos momentos, lo penetraban espíritus malignos o impuros que dominaban su mente y cuerpo. Pero su afección era más que nada de carácter emocional —su cerebro no estaba gravemente enfermo.

Jesús, bajando la mirada al hombre agazapado como un animal a sus pies, se inclinó y, tomándolo de la mano, hizo que se pusiera de pie y le dijo: «Amós, tú no estás poseído por diablo ninguno; ya has oído la buena nueva de que eres hijo de Dios. Te ordeno que salgas de este ataque». Cuando Amós escuchó a Jesús hablar estas palabras ocurrió tal transformación de su intelecto que inmediatamente se restableció su mente sana y el control normal de sus emociones. Ya para entonces se había congregado una muchedumbre considerable proveniente de la aldea cercana, y esta gente, además de un grupo de pastores de cerdos que venían de la meseta más arriba, se sorprendieron al ver al lunático sentado junto a Jesús y a sus seguidores en posesión de su mente sana y conversando libremente con ellos.

Mientras los pastores de cerdos se precipitaron a la aldea para comunicar la nueva de que el lunático había sido domado, los perros atacaron una pequeña manada de unos treinta cerdos que habían quedado sin atención, y los empujaron hasta el precipicio de modo tal que la mayoría cayó al mar. Y este acontecimiento incidental en relación con la presencia de Jesús y la curación supuestamente milagrosa del lunático, dio origen a la leyenda de que Jesús había curado a Amós echando de su ser a una legión de diablos, y que esos diablos se habían metido en una manada de cerdos, obligándolos a caer de cabeza por un precipicio hasta su muerte en el lago. Antes de que terminara ese día, este episodio fue trasmitido a los cuatro vientos por los pastores de cerdos, y la aldea entera lo creyó. Amós ciertamente creía en esta historia pues bien había visto él a los cerdos caer de cabeza desbarrancándose por el precipicio momentos después de recobrar él la lucidez, y siempre creyó que los cerdos se habían llevado a los mismos espíritus malos que durante tanto tiempo lo habían atormentado y afligido. Mucho tuvo esto que ver con el hecho de que su curación fue permanente. Es igualmente cierto que todos los apóstoles de Jesús (salvo Tomás) creyeron que el episodio de los cerdos estaba directamente relacionado con la curación de Amós.

Jesús no consiguió el descanso que estaba buscando. La mayor parte de ese día estuvo asediado por los que vinieron en respuesta a la noticia de que Amós había sido curado, y atraídos por la historia de que los diablos se habían escapado del lunático metiéndose en la manada de cerdos. Así pues, después de sólo una noche de descanso, el martes por la mañana temprano Jesús y sus amigos fueron despertados por una delegación de esos gentiles criadores de cerdos, que venían a solicitarle que se fuera desde la región. Les dijo el portavoz a Pedro y Andrés: «Pescadores de Galilea, idos de aquí y llévaos a vuestro profeta. Sabemos que es un santo varón, pero los dioses de nuestro país no lo conocen, y corremos el riesgo de perder muchos cerdos. El temor de vosotros ha descendido sobre nosotros, por eso rogamos que os vayáis». Y cuando Jesús les oyó, le dijo a Andrés: «Volvamos a nuestro lugar».

Cuando estaban a punto de partir, Amós imploró a Jesús que le permitiese volver con ellos, pero el Maestro no consintió. Díjole Jesús a Amós: «No olvides que eres hijo de Dios. Vuélvete con tu pueblo y muéstrales qué grandes cosas ha hecho Dios por ti». Amós anduvo contando a diestra y siniestra que Jesús había echado a una legión de diablos de su alma atribulada, y que estos malos espíritus se habían metido en una manada de cerdos, arrastrándolos a una destrucción repentina. Y no paró hasta no haber ido a todas las ciudades de la Decápolis declarando qué grandes cosas Jesús había hecho por él.

DOCUMENTO 152

LOS ACONTECIMIENTOS QUE CONDUJERON A LA CRISIS DE CAPERNAUM

LA HISTORIA de la curación de Amós, el lunático de Queresa, ya había llegado a Betsaida y Capernaum, de manera de que una gran multitud aguardaba a Jesús cuando su barca llegó a la playa ese martes por la mañana. En esta multitud se encontraban los nuevos observadores enviados por el sanedrín de Jerusalén que venían a Capernaum con el objeto de reunir pruebas para el arresto y enjuiciamiento del Maestro. Mientras Jesús hablaba con los que se habían reunido para saludarle, Jairo, uno de los rectores de la sinagoga, se adelantó entre la multitud y, cayendo a sus pies, le tomó de la mano implorándole que fuera de inmediato con él, diciendo: «Maestro, mi única hijita yace en mi casa, a punto de morir. Te ruego que vengas conmigo y la cures». Cuando Jesús escuchó la petición de este padre, dijo: «Iré contigo».

Mientras Jesús iba con Jairo, y la gran multitud que había oído el ruego de ese padre los seguía para ver qué pasaría. Poco antes de llegar a la casa del rector, mientras caminaban de prisa por una calle estrecha y la muchedumbre lo empujaba, Jesús se detuvo de pronto, exclamando: «Alguien me ha tocado». Cuando los que estaban junto a él negaron haberlo tocado, Pedro habló: «Maestro, bien puedes ver que el gentío nos atropella hasta casi aplastarnos, y sin embargo tú dices 'alguien me ha tocado'. ¿Qué quieres decir?» Entonces dijo Jesús: «Pregunté quién me tocó, porque percibí emanar de mí la energía de vida». Al mirar Jesús a su alrededor, su mirada cayó sobre una mujer allí próxima, quien, adelantándose, se arrodilló a sus pies y dijo: «Hace años que me aflige una hemorragia flagelante. Muchas cosas he sufrido de muchos médicos; gasté toda mi fortuna, pero nadie ha podido curarme. Entonces escuché hablar de ti, y pensé que si tan sólo pudiera tocar el ruedo de tu manto, con toda seguridad me curaría. Así pues me abrí paso entre el gentío que te sigue hasta llegar junto a ti, Maestro, y toqué el ruedo de tu manto, y fui curada; he sido curada de mi aflicción».

Cuando Jesús escuchó esto, tomó a la mujer de la mano y, levantándola, dijo: «Hija, tu fe te ha curado; vete en paz». Era su *fe* y no su *toque* lo que la había curado. Este caso es una buena ilustración de muchas curas aparentemente milagrosas que acompañaron la carrera terrenal de Jesús, pero que no mandó conscientemente que pasaran en sentido alguno. El paso del tiempo demostró que esta mujer estaba realmente curada de su enfermedad. Su fe era el tipo de fe que se asía directamente del poder creador contenido en la persona del Maestro. Con la fe que ella tenía, tan sólo bastaba con que se acercase a la persona del Maestro. No hacía falta de ninguna manera tocar su manto; ésa era tan sólo la parte supersticiosa de su creencia. Jesús llamó a esta mujer, Verónica de Cesarea de Filipo, ante su presencia para corregir dos errores que podrían haberse alojado en su mente, o en la mente de los que habían presenciado esta cura: no quería que Verónica se fuera pensando que su temor de pedir, manifestado en el intento de robar la cura, había surtido efecto, ni que su idea supersticiosa de tocar el manto de Jesús para curarse tuviera algo que ver con su curación. Deseaba que todos supieran que era su *fe* pura y viviente la que había forjado la cura.

1. EN LA CASA DE JAIRO

Jairo estaba por supuesto terriblemente impaciente por la demora en llegar a su casa; por eso se apresuraron a buen paso. Aun antes de entrar ellos en el patio del rector, uno de los siervos salió diciendo: «No molestes al Maestro; tu hija está muerta». Jesús pareció no oír las palabras del siervo, porque, llevándose a Pedro, Santiago y Juan, se volvió diciendo al padre desconsolado: «No temas; tan sólo, cree». Al entrar a la casa, ya estaban allí los flautistas junto a las plañideras y los parientes llorando y lamentándose, formando un tumulto indecoroso. Después de echar del cuarto a todas las plañideras, entró Jesús con el padre, la madre y sus tres apóstoles. Les había dicho a las plañideras que la niña no estaba muerta, pero se rieron de él con desprecio. Ahora pues, Jesús se volvió a la madre, diciéndole: «Tu hija no está muerta; sólo está dormida». Y cuando se hubo tranquilizado la casa, Jesús, acercándose al lecho de la niña, la tomó de la mano y dijo: «Hija, escúchame: ¡despiértate y levántate!» Cuando la niña escuchó esas palabras, inmediatamente se levantó y caminó por el cuarto. Una vez que la niña se hubo recuperado del aturdimiento, Jesús indicó que le trajeran algo de comer porque no había tomado alimento por mucho tiempo.

Como había en Capernaum mucha turbulencia en contra de Jesús, reunió a la familia y les explicó que la niña había caído en un coma después de una fiebre persistente, y que él no la había rescatado de la muerte sino que la había despertado. Asimismo explicó todo esto a sus apóstoles, pero fue en vano; todos ellos creyeron que había rescatado a la niña de los muertos. Lo que dijera Jesús para explicar muchos de estos milagros aparentes surtía poco efecto sobre sus seguidores. Los milagros los fascinaban, y no perdían la oportunidad de atribuirle otro portento a Jesús. Jesús y los apóstoles retornaron a Betsaida después de que él exhortara específicamente a todos ellos de que nada dijeran a ningún hombre sobre este acontecimiento.

Cuando salió de la casa de Jairo, dos ciegos conducidos por un muchacho mudo lo siguieron clamando que los curara. En esta época, la reputación de Jesús como curador estaba en su apogeo. Fuera donde fuese, ahí lo esperaban enfermos y afligidos. El Maestro parecía exhausto, y todos sus amigos se preocupaban, pues temían que se esforzara en su labor de enseñanza y curación hasta el colapso.

Los apóstoles de Jesús no podían comprender la naturaleza y atributos de este Dios-hombre, y la gente común entendía aún menos. Ninguna de las generaciones subsiguientes tampoco han podido evaluar lo que ocurrió en la tierra en la persona de Jesús de Nazaret. Y no habrá jamás oportunidad de que la ciencia o la religión examinen estos acontecimientos notables, por la sencilla razón de que tal situación extraordinaria no puede ocurrir otra vez, ni en este mundo ni en ningún otro mundo de Nebadon. Nunca más aparecerá, en ningún mundo del universo, un ser en semejanza de carne mortal que combine simultáneamente todos los atributos de la energía creadora aunados con las dotes espirituales que trascienden el tiempo y la mayor parte de las limitaciones materiales.

Nunca, antes de que Jesús viniera a la tierra, ni desde entonces, ha sido posible procurar en forma tan directa y gráfica los resultados concomitantes de una fe fuerte y viviente de los hombres y mujeres mortales. Para repetir estos fenómenos, sería necesario que llegáramos ante la presencia inmediata de Micael, el Creador, y lo halláramos tal cual fue en aquellos días —el Hijo del Hombre. Del mismo modo, hoy en día, por su ausencia, tales manifestaciones materiales no son posibles, debéis evitar imponer cualquier tipo de limitación sobre la posible manifestación de su *poder espiritual*. Aunque el Maestro esté ausente como ser material, está presente como influencia espiritual en el corazón de los hombres. Jesús posibilitó, mediante su partida de este mundo, que su espíritu viviera junto con el de su Padre que reside en la mente de toda la humanidad.

2. LA COMIDA PARA CINCO MIL

Jesús continuó enseñando a la gente durante el día e instruyendo a los apóstoles y evangelistas por las noches. El viernes decretó una semana de vacaciones para que sus seguidores pudieran volver a sus casas o visitar sus amigos por unos días, antes de prepararse para ir a Jerusalén para la Pascua. Pero más de la mitad de sus discípulos se negaron a abandonarle, y la multitud aumentaba diariamente tanto, que David Zebedeo propuso establecer un nuevo campamento, pero Jesús no le dio su consentimiento. El Maestro no pudo descansar mucho el sábado, por lo que intentó el domingo 27 de marzo por la mañana alejarse de la multitud. Quedarían allí algunos de los evangelistas con el encargo de hablar a la multitud, mientras que Jesús y los doce planeaban escapar sin ser vistos al otro lado del lago, donde podrían obtener un merecido y necesario descanso en un hermoso parque al sur de Betsaida-Julias. Esta región era la zona de elección de los habitantes de Capernaum para pasar las vacaciones; todos conocían bien estos parques en la costa oriental.

Pero, la muchedumbre no los dejó. Al ver la dirección que tomaba la barca de Jesús, alquilaron todo navío disponible y salieron en su seguimiento. Los que no consiguieron embarcaciones partieron a pie, caminando alrededor del lago por el norte.

Al caer la tarde, más de mil personas ya habían ubicado al Maestro en uno de los parques, y él les habló brevemente, y después de él habló Pedro. Muchos habían traído comida, y después de cenar, se reunieron en pequeños grupos mientras los apóstoles y discípulos de Jesús les enseñaban.

Para el lunes por la tarde la multitud había aumentado a más de tres mil personas. Y todavía —hasta bien entrada la noche— seguía llegando gente trayendo cantidades de enfermos de todo tipo. Cientos de interesados habían planeado parar en Capernaum, camino de la Pascua, para ver y oír a Jesús, y no había forma de que se resignaran a no verlo. Para el mediodía del miércoles se encontraban reunidos unos cinco mil hombres, mujeres y niños en este parque al sur de Betsaida-Julias. El tiempo estaba agradable, siendo casi el fin de la temporada de lluvia en esta región.

Felipe había traído provisiones suficientes para tres días para Jesús y los doce, encargando su custodia al mancebo Marcos, el mandadero de ellos. Para la tarde de este día, el tercero para casi la mitad de esta multitud, ya prácticamente se había acabado la comida que había traído la gente. David Zebedeo no contaba aquí con una ciudad de tiendas que pudiera alimentar y cobijar a las multitudes. Tampoco había provisto Felipe alimentos para tan grande multitud. Pero la gente, aunque hambrienta, no se iba. Se rumoreaba en voz baja que Jesús, deseando evitar problemas tanto con Herodes como con los líderes de Jerusalén, había elegido este lugar tranquilo, fuera de la jurisdicción de todos sus enemigos, considerándolo el sitio adecuado para ser coronado rey. El entusiasmo de la gente aumentaba de hora en hora. Nadie dijo una sola palabra de esto a Jesús, aunque, por supuesto, él sabía todo lo que estaba pasando. Hasta los doce apóstoles estaban contaminados por estas ideas, y los evangelistas más jóvenes, todavía más. Los apóstoles que estaban a favor de la idea de proclamar rey a Jesús eran Pedro, Juan, Simón el Zelote, y Judas Iscariote. Los que estaban en contra de este plan eran Andrés, Santiago, Natanael, y Tomás. Mateo, Felipe y los gemelos Alfeo no tenían opinión decidida. El cabecilla de esta conspiración para coronarlo rey era Joab, uno de los jóvenes evangelistas.

Ésta era pues la situación a eso de las cinco de la tarde del miércoles, cuando Jesús pidió a Jacobo Alfeo que llamara a Andrés y Felipe. Dijo Jesús: «¿Qué vamos a hacer con la multitud? Ya hace tres días que están con nosotros, y muchos entre ellos tienen hambre. No tienen comida». Felipe y Andrés se intercambiaron una mirada, y entonces Felipe contestó: «Maestro, deberías despedir a esta gente para que vayan a las aldeas cercanas y se compren alimentos». Andrés, que temía se materializara la confabulación para coronar rey a Jesús, inmediatamente se puso de parte de Felipe, diciendo: «Sí, Maestro, pienso que lo mejor sería que disuelvas la asamblea para que esta gente se vaya por su camino y consiga comida, mientras tú reposas una temporada». A esta altura se habían acercado al grupo otros de los doce. Entonces dijo Jesús: «Pero no deseo despedirlos hambrientos; ¿acaso no podéis alimentarlos?» Esto fue demasiado para Felipe, que inmediatamente contestó: «Maestro, en este lugar de campo, ¿adonde hemos de comprar pan para esta multitud en este sitio descampado? Doscientos denarios no bastarían para el almuerzo».

Antes de que los apóstoles tuvieran la oportunidad de expresarse, Jesús se volvió a Andrés y Felipe, diciendo: «No quiero despedir a esta gente. Están aquí, como ovejas sin pastor. Me gustaría alimentarlos. ¿Qué tenemos de comer?» Mientras Felipe conversaba con Mateo y Judas, Andrés llamó al mancebo Marcos para determinar cuánto quedaba de sus provisiones. Volvió a Jesús, diciendo: «El muchacho tan sólo tiene cinco panes de cebada y dos pescados secos» —y Pedro inmediatamente agregó: «Aún no hemos comido esta noche».

Por un momento estuvo Jesús en silencio. Había en sus ojos una expresión lejana. Los apóstoles nada dijeron. Jesús se volvió repentinamente hacia Andrés y dijo: «Tráeme los panes y los peces». Y cuando Andrés hubo traído la canasta a Jesús, el Maestro dijo: «Ordenad a la gente que se siente en el césped en grupos de cien y que nombren un jefe para cada grupo, mientras vosotros traéis aquí a todos los evangelistas».

Jesús tomó los panes en las manos, y después de haber dado las gracias, partió el pan y se lo dio a los apóstoles, quienes se lo pasaron a sus asociados, y quienes a su vez se lo llevaron a la multitud. De la misma manera partió Jesús y distribuyó los peces. Y esta multitud comió y fue saciada. Cuando terminaron de comer, Jesús dijo a los discípulos: «Recoged los trozos que quedan para que nada se pierda». Cuando hubieron ellos terminado de juntar los pedazos, tenían doce canastas llenas. Los que comieron de este extraordinario festín fueron unos cinco mil hombres, mujeres y niños.

Éste fue el primero y único milagro de la naturaleza que realizó Jesús por premeditación consciente. Es verdad que sus discípulos estaban dispuestos a llamar milagros muchas cosas que no lo eran, pero ésta fue una ministración genuinamente sobrenatural. Se nos enseñó, que en este caso, Micael multiplicó los elementos de la comida, tal como siempre lo hace, excepto que eliminó el factor tiempo y el canal vital visible.

3. EL EPISODIO DE LA CORONACIÓN

Este festín para las cinco mil personas, mediante la energía sobrenatural, fue otro de esos casos en los que la piedad humana se sumó al poder creador para dar como resultado lo que sucedió. Ya la multitud había sido saciada, y allí mismo y en ese instante la fama de Jesús tanto se acrecentó por este extraordinario portento, que la idea de apoderarse del Maestro y proclamarlo rey ya no necesitaba de ningún cabecilla. La idea pareció propagarse como un contagio entre la muchedumbre. La reacción de la multitud ante esta satisfacción repentina y espectacular de sus necesidades físicas fue profunda y sobrecogedora. Por mucho tiempo a los judíos se les había enseñado que el Mesías, el hijo de David, cuando viniera, inundaría la tierra, nuevamente, con leche y miel, y que el pan de la vida llovería sobre ellos como había supuestamente caído el maná del cielo sobre sus antepasados en el desierto. ¿Acaso todas estas expectativas no habían sido plenamente satisfechas ante sus ojos? Cuando esta multitud hambrienta y sin alimentos se sació de alimento milagroso, tan sólo hubo una reacción unánime: «He aquí a nuestro rey». Había llegado el liberador portentoso de Israel. En los ojos de esta gente de mente sencilla, el poder de dar de comer llevaba en sí mismo el derecho al gobierno. No es pues de extrañar que la multitud, en cuanto terminó su festín, se puso de pie al unísono clamando: «¡Hacedlo rey!».

Este poderoso grito entusiasmó a Pedro y a los entre los apóstoles que aún mantenían la esperanza de que Jesús afirmara su derecho a gobernar. Pero, poco durarían estas falsas esperanzas. Aún se oían los ecos de este poderoso grito de la multitud que rebotaban de las rocas cercanas, cuando Jesús se trepó a una enorme piedra y, levantando la mano derecha para imponer silencio, dijo: «Hijitos míos, vosotros tenéis buenas intenciones, pero sois de vista corta y de mentalidad material». Hubo una corta pausa; este fornido galileo se erguía majestuoso contra el resplandor encantador del atardecer oriental. Cada centímetro de su semblante se veía verdaderamente como el de un rey mientras siguió hablando a la multitud que lo contemplaba sin aliento: «Vosotros queréis hacerme rey, no porque vuestra alma se haya iluminado de una gran verdad, sino porque vuestro estómago está lleno de pan. ¿Cuántas veces os he dicho que mi reino no es de este mundo? Este reino del cielo que nosotros proclamamos es una hermandad espiritual, y ningún hombre gobierna sobre este reino sentado en un trono material. Mi Padre en el cielo es el omnisapiente y todopoderoso Gobernante de esta hermandad espiritual de los hijos de Dios en la tierra. ¿Es que tanto he fallado en revelaros al Padre de los espíritus, que vosotros queréis hacer de su Hijo en la carne un rey? Idos pues todos a casa. Si debéis tener rey, que el Padre de las luces sea coronado en el corazón de cada uno de vosotros como el espíritu Gobernante de todas las cosas».

Estas palabras de Jesús despidieron a la multitud, pasmada y desilusionada. Muchos de los que habían creído en él, se fueron y, a partir de ese día, ya no le siguieron. Los apóstoles estaban anonadados; permanecieron de pie en silencio, reunidos alrededor de los doce canastos llenos de trozos de comida; sólo el mandadero, el mancebo Marcos, dijo: «Y se negó a ser nuestro rey». Jesús, antes de irse por su cuenta a las colinas, se volvió hacia Andrés y dijo: «Lleva a tus hermanos de vuelta a la casa de Zebedeo y ora con ellos, especialmente por tu hermano, Simón Pedro».

4. LA VISIÓN NOCTURNA DE SIMÓN PEDRO

Los apóstoles, sin su Maestro —que los había enviado de vuelta solos— subieron a la barca y en silencio empezaron a remar hacia Betsaida, en la orilla occidental del lago. Ninguno de los doce estaba más deprimido y anonadado que Simón Pedro. Apenas si se habló una palabra; estaban todos pensando en el Maestro, solo; en las colinas. ¿Acaso los había abandonado? Nunca antes los había enviado a todos de vuelta, negándose a volverse con ellos. ¿Qué significaba todo esto?

La oscuridad descendió sobre ellos, porque soplaba un fuerte viento en contra que les impedía avanzar. A medida que pasaban las horas de oscuridad y duro remar, Pedro, agotado, cayó en un profundo sueño. Andrés y Santiago lo acarrearon al asiento acojinado en la popa de la barca. Mientras los demás apóstoles luchaban contra el viento y las olas, Pedro tuvo un sueño; vio una visión de Jesús que se les acercaba caminando sobre el mar. Cuando ya parecía el Maestro caminar pasando de largo junto a la barca, Pedro gritó: «Sálvanos, Maestro, sálvanos». Los que estaban cerca de la popa de la barca le oyeron decir algunas de estas palabras. Continuó esta aparición nocturna en la mente de Pedro, y soñó que Jesús decía: «Estad de buen ánimo; sí, soy yo; no temáis». Fue éste como el bálsamo de Gilead para el alma atribulada de Pedro; serenó su espíritu preocupado, de modo que (en su sueño) gritó al Maestro: «Señor, si eres realmente tú, convídame a que camine contigo sobre las aguas». Y salió Pedro caminando sobre el agua, y las olas embravecidas lo asustaron, y a punto de hundirse, gritó: «Señor, ¡sálvame!» Muchos entre los doce oyeron su grito. Entonces Pedro soñó que Jesús venía a rescatarlo y, dándole la mano, lo aferraba y lo levantaba, diciendo: «Oh, tú con tan poca fe, ¿por qué dudaste?».

En relación con la última parte de su sueño, Pedro en realidad se levantó del asiento sobre el que dormía y salió de la barca al agua. Y despertó de su sueño cuando Andrés, Santiago y Juan corrieron a sacarlo del mar.

Para Pedro, esta experiencia fue siempre real. Creía sinceramente que Jesús había venido durante la noche. Convenció sólo parcialmente a Juan Marcos, lo cual explica por qué Marcos dejó de mencionar en su narrativa una porción de esta historia. Lucas, el médico, quien investigó cuidadosamente estos asuntos, concluyó que el episodio fue una visión de Pedro y por consiguiente se negó a incluir este relato en la preparación de su narrativa.

5. DE VUELTA EN BETSAIDA

El jueves por la mañana, antes del amanecer, echaron ancla cerca de la casa de Zebedeo y fueron a dormir hasta alrededor del mediodía. Andrés fue el primero en levantarse y, yéndose a caminar junto al mar, encontró a Jesús en compañía del muchacho mandadero, sentado en una piedra al borde del agua. Mientras muchos seguidores y jóvenes evangelistas buscaban a Jesús toda esa noche y buena parte del día siguiente por las colinas orientales, poco después de la medianoche él y el mancebo Marcos habían partido, caminando alrededor del lago y cruzando el río, de vuelta a Betsaida.

De los cinco mil que habían sido milagrosamente alimentados y que, con el estómago lleno y el corazón vacío, habían querido proclamarlo rey, sólo unos quinientos persistieron en seguirlo. Pero antes de que éstos recibieran noticia de que él estaba de vuelta en Betsaida, Jesús pidió a Andrés que congregara a los doce apóstoles y a sus asociados, incluyendo las mujeres, diciendo: «Deseo hablarles». Y cuando todos estuvieron atentos, Jesús dijo:

«¿Hasta cuándo tendré que teneros paciencia? Es que sois todos débiles de comprensión espiritual y deficientes en fe viviente? Todos estos meses os he enseñado las verdades del reino, sin embargo os dejáis dominar por motivos materiales y no por consideraciones espirituales. ¿Es que no habéis leído siquiera en las Escrituras, allí donde Moisés exhorta a los hijos descreídos de Israel, diciendo: 'No temáis, estad firmes y ved la salvación del Señor'? Dijo el cantor: 'Confiad en el Señor'. 'Sé paciente, aguarda al Señor, ten ánimo. Él fortalecerá tu corazón'. 'Echa sobre el Señor tu carga, y él te sustentará. Confiad en él en todo tiempo y derramad delante de él vuestro corazón, porque Dios es vuestro refugio'. 'El que habita en el lugar secreto del Altísimo, morará bajo la sombra del Todopoderoso'. 'Mejor es confiar en el Señor que confiar en los príncipes humanos'.

«¿No veis acaso que el producir milagros y el hacer prodigios materiales no ganan almas para el reino espiritual? Nosotros saciamos a la multitud, pero eso no los condujo a tener hambre por el pan de la vida ni sed por las aguas de la rectitud espiritual. Cuando su hambre fue saciada, no buscaron entrar en el reino del cielo, sino más bien quisieron proclamar rey al Hijo del Hombre, a la manera de los reyes de este mundo, sólo porque quieren seguir comiendo pan sin tener que ganárselo con el sudor de la frente. Y todo esto, en lo que muchos entre vosotros participasteis en mayor o menor grado, nada hace por revelar el Padre celestial o por adelantar su reino en la tierra. ¿Acaso no tenemos suficientes enemigos entre los líderes religiosos del país sin necesidad de enemistarnos también con los potentados civiles por nuestras acciones? Oro porque mi Padre unja vuestros ojos para que podáis ver y abra vuestros oídos para que podáis oír, para que lleguéis a tener fe plena en el evangelio que os he enseñado».

Jesús anunció luego que deseaba retirarse por unos días para descansar con sus apóstoles, antes de aprontarse para ir a Jerusalén para la Pascua, y prohibió a los discípulos y a la multitud que lo siguieran. Así pues, se embarcaron a la región de Genesaret para reposar y dormir. Jesús se estaba preparando para la gran crisis de su vida en la tierra, y por lo tanto pasó mucho tiempo en comunión con su Padre en el cielo.

La nueva de la comida a los cinco mil y del intento de coronar a Jesús despertó gran curiosidad y aumentó el temor de los líderes religiosos y de los gobernantes civiles a lo largo y a lo ancho de Galilea y Judea. Aunque este gran milagro nada hizo en pos del adelanto del evangelio del reino en las almas de los creyentes con predilecciones para los bienes materiales y con reservas, sirvió el propósito de poner fin a las ansias de milagros y pretensiones regias de la familia inmediata de Jesús o sea sus apóstoles y discípulos más íntimos. Este episodio espectacular puso fin a la primera etapa de enseñanza, entrenamiento y curación, preparando así el camino para la inauguración de este último año de proclamación de las fases más altas y más espirituales del nuevo evangelio del reino: filiación divina, libertad espiritual y salvación eterna.

6. EN GENESARET

Mientras reposaba en la casa de un rico creyente de la región de Genesaret, Jesús mantuvo conferencias casuales con los doce todas las tardes. Los embajadores del reino formaban un serio, sombrío y abatido grupo de hombres desilusionados. Pero aun después de todo lo ocurrido, tal como lo indicaron los acontecimientos subsiguientes, estos doce hombres aún no se habían librado completamente de sus ideas heredadas y largamente acariciadas sobre la llegada del Mesías judío. Los acontecimientos de las pocas semanas anteriores habían ocurrido demasiado rápidamente como para que estos sorprendidos pescadores pudieran comprender su pleno significado. Se necesita tiempo para que los hombres y las mujeres cambien radical y ampliamente sus conceptos básicos y fundamentales de conducta social, actitudes filosóficas y convicciones religiosas.

Mientras Jesús y los doce estaban descansando en Genesaret, las multitudes se dispersaron, volviendo algunos a sus hogares, mientras que otros se dirigían a Jerusalén para la Pascua. En menos de un mes, los seguidores entusiastas y abiertos de Jesús, que contaban más de cincuenta mil tan sólo en Galilea, se redujeron a menos de quinientos. Jesús deseaba que sus apóstoles tuvieran esta experiencia de cuán efímera es la aclamación popular para que no se dejaran tentar por estas manifestaciones de histeria religiosa transitoria cuando él los dejara solos en el trabajo del reino; pero tan sólo tuvo un éxito parcial en este esfuerzo.

La segunda noche de su estadía en Genesaret el Maestro nuevamente relató a los apóstoles la parábola del sembrador y agregó estas palabras: «Como podéis ver, hijitos míos, el llamado a los sentimientos humanos es transitorio y totalmente descorazonador; apelar exclusivamente al intelecto del hombre es práctica igualmente vacía y estéril; sólo si apeláis al espíritu que vive dentro de la mente humana, podéis esperar éxito duradero, realizar esas maravillosas transformaciones del carácter humano que efectivamente se manifiestan en abundantes frutos genuinos del espíritu, en la vida diaria de todos los que así son liberados de las tinieblas de la incertidumbre por el nacimiento del espíritu en la luz de la fe —el reino del cielo».

Jesús enseñó que apelar a las emociones constituye una técnica para captar y enfocar la atención intelectual. Consideró una mente así despertada y estimulada como la puerta del alma, allí donde reside esa naturaleza espiritual del hombre que debe reconocer la verdad y responder al llamado espiritual del evangelio para producir resultados permanentes de verdaderas transformaciones del carácter.

Así Jesús intentaba preparar a los apóstoles para un inminente cataclismo —la crisis de la actitud pública hacia él, que se desencadenaría en unos pocos días. Explicó a los doce que los dirigentes religiosos de Jerusalén conspirarían con Herodes Antipas para tramar su destrucción. Los doce comenzaron a comprender mejor (aunque no del todo) que Jesús no se sentaría en el trono de David. Vieron más plenamente que la verdad espiritual no progresaba mediante portentos materiales. Empezaron a darse cuenta de que el episodio de los cinco mil y el movimiento popular que quiso coronar rey a Jesús constituían el punto culminante de la expectativa de un pueblo en busca de milagros y prodigios y la cumbre de la ovación de Jesús por la plebe. Vagamente discernían y a duras penas anticipaban los tiempos de sacudida espiritual y adversidad cruel que se aproximaban. Estos doce hombres lentamente despertaban a la comprensión de la verdadera naturaleza de su tarea como embajadores del reino, y comenzaron una fuerte preparación para las pruebas difíciles y sobrecogedoras del último año del ministerio del Maestro sobre la tierra.

Antes de salir de Genesaret, Jesús los instruyó sobre el acontecimiento milagroso de los cinco mil, diciéndoles precisamente por qué había emprendido esta extraordinaria manifestación de poder creativo y reiterándoles que, antes de dejarse llevar por su compasión por la multitud hambrienta, se había asegurado de que eso estaba «de acuerdo con la voluntad del Padre».

7. EN JERUSALÉN

El domingo 3 de abril, Jesús, acompañado tan sólo por los doce apóstoles, comenzó desde Betsaida su viaje a Jerusalén. Para evitar las multitudes y para atraer tan poca atención como fuera posible, viajaron por Gérasa y Filadelfia. Les prohibió toda enseñanza pública en este viaje; tampoco les permitió que enseñaran ni predicaran durante su estadía en Jerusalén. Llegaron a Betania, cerca de Jerusalén, tarde en la noche del miércoles 6 de abril. Esa noche la pasaron en la casa de Lázaro, Marta y María, pero al día siguiente se separaron. Jesús, con Juan, permaneció en la casa de un creyente llamado Simón, cerca de la casa de Lázaro en Betania. Judas Iscariote y Simón el Zelote pararon con amigos en Jerusalén, mientras que el resto de los apóstoles residió, de dos en dos, en diferentes casas.

Jesús entró a Jerusalén sólo una vez durante esta Pascua, y eso ocurrió en el gran día de la fiesta. Muchos de los creyentes de Jerusalén, fueron traídos por Abner para reunirse con Jesús en Betania. Durante esta estadía en Jerusalén los doce aprendieron cuán resentidos estaban los ánimos contra su Maestro. Partieron de Jerusalén creyendo todos que estaba a punto de desencadenarse una crisis.

El domingo 24 de abril, Jesús y los apóstoles partieron de Jerusalén en dirección a Betsaida, camino de las ciudades costales de Jope, Cesarea y Tolemaida. Desde allí cruzaron por Ramá y Corazín a Betsaida, llegando el viernes 29 de abril. En cuanto llegaron, Jesús inmediatamente envió a Andrés a que solicitara permiso del rector de la sinagoga para hablar al día siguiente, que era sábado, en el servicio de la tarde. Bien sabía Jesús que esa sería la última vez que se le permitiría hablar en la sinagoga de Capernaum.

DOCUMENTO 153

LA CRISIS EN CAPERNAUM

EL VIERNES, por la noche del día de su llegada a Betsaida, y el sábado por la mañana, los apóstoles observaron que Jesús estaba seriamente ocupado con un problema de gran importancia; se daban cuenta de que el Maestro prestaba una atención poco común a algún asunto importante. No desayunó, y comió poco al mediodía. Todo el sábado por la mañana y la noche anterior, los doce y sus asociados se reunieron en pequeños grupos alrededor de la casa, en el jardín y en la playa. Pesaba sobre todos ellos una nube de incertidumbre y aprehensión. Jesús poco les había hablado desde que salieron de Jerusalén.

No veían al Maestro tan preocupado y poco comunicativo desde hacía meses. Aun Simón Pedro estaba deprimido y abatido. Andrés no sabía qué hacer por sus entristecidos asociados. Natanael observó que estaban en un período de «calma antes de la tormenta». Tomás expresó la opinión de que «está por suceder algo fuera de lo ordinario». Felipe aconsejó a David Zebedeo que «olvidara todo plan de alimentar y hospedar a la multitud, hasta que sepamos qué es lo que está pensando el Maestro». Mateo estaba tratando con renovado esfuerzo de surtir el tesoro. Santiago y Juan conversaron sobre el próximo sermón en la sinagoga, perdiéndose en especulaciones relativas a su probable naturaleza y alcance. Simón el Zelote expresó la opinión, en realidad la esperanza, de que «el Padre en los cielos tal vez esté a punto de intervenir de alguna manera inesperada para reivindicación y apoyo de su Hijo», mientras que Judas Iscariote se atrevió a albergar el pensamiento de que tal vez Jesús estaba oprimido por el arrepentimiento por no haber «tenido el coraje y la osadía de permitir a los cinco mil que lo proclamaran rey de los judíos».

Fue pues partiendo de este grupo de seguidores deprimidos y desconsolados que Jesús se abrió paso en esta bella tarde de sábado para predicar en la sinagoga de Capernaum su trascendental sermón. Las únicas palabras de alegría y buenos augurios de todos sus seguidores inmediatos, provinieron de los inocentes gemelos Alfeo quienes, al salir Jesús de la casa camino de la sinagoga, lo saludaron alegremente diciendo: «Oramos porque el Padre te ayude, y porque tengamos multitudes más grandes que nunca».

1. LA PREPARACIÓN DEL ESCENARIO

Una congregación distinguida recibió a Jesús a las tres de la tarde de este bellísimo sábado, en la nueva sinagoga de Capernaum. Jairo presidía y entregó a Jesús las Escrituras para leer. El día anterior, habían llegado de Jerusalén cincuenta y tres fariseos y saduceos; también estaban presentes más de treinta de los líderes y rectores de las sinagogas vecinas. Estos líderes religiosos judíos actuaban directamente bajo las órdenes del sanedrín de Jerusalén, y constituían la vanguardia ortodoxa que venía para inaugurar una guerrilla abierta contra Jesús y sus discípulos. Sentados junto a estos dirigentes judíos, en los asientos de honor de la sinagoga, estaban los observadores oficiales de Herodes Antipas, enviados por él para que averiguaran la verdad sobre los preocupantes rumores de que la plebe había intentado en tierras de su hermano Felipe, proclamar a Jesús rey de los judíos.

Jesús comprendía que estaba por enfrentarse con una inmediata declaración de guerra abierta y jurada por parte de sus enemigos en aumento, y audazmente eligió tomar la ofensiva. Al alimentar a los cinco mil había desafiado las ideas de éstos sobre el Mesías material; ahora, nuevamente decidió poner abiertamente en tela de juicio el concepto del libertador judío. Esta crisis, que comenzó con la alimentación de los cinco mil y culminó con este sermón de la tarde del sábado, marcó el momento en que se redujo drásticamente la corriente de su fama y popularidad. De allí en adelante, el trabajo del reino estaría cada vez más dedicado a la tarea más importante de ganar conversos espirituales duraderos para la hermandad verdaderamente religiosa de la humanidad. Este sermón marca la crisis en la transición, del período de discusión, controversia y decisión, al de guerra abierta y aceptación final o rechazo final.

El Maestro bien sabía que muchos de sus seguidores estaban, lenta pero seguramente, preparándose mentalmente para un rechazo final. Del mismo modo sabía que muchos de sus discípulos estaban, lenta pero seguramente, pasando por esa capacitación de la mente y esa disciplina del alma que les permitirían triunfar sobre la duda y valientemente afirmar su fe madura en el evangelio del reino. Jesús comprendía plenamente cómo se preparan los hombres para tomar decisiones en una crisis y realizar acciones inmediatas y audaces mediante un lento proceso de selección reiterada entre situaciones recurrentes de bien y mal. Sometió a sus mensajeros elegidos a repetidas pruebas de desilusión y les proporcionó con frecuencia oportunidades llenas de dificultad para que seleccionaran entre el camino justo y el camino erróneo de enfrentar las pruebas espirituales. Sabía que podía confiar en sus seguidores, cuando éstos se enfrentaran con la prueba final, que ellos tomarían sus decisiones vitales de acuerdo con actitudes mentales y reacciones espirituales previas y habituales.

Esta crisis en la vida terrenal de Jesús comenzó con el episodio de la comida para los cinco mil y terminó con este sermón en la sinagoga; la crisis en la vida de los apóstoles comenzó con este sermón en la sinagoga y continuó durante todo un año, terminando tan sólo con el juicio y crucifixión del Maestro.

Mientras estaban sentados allí en la sinagoga esa tarde, antes de que Jesús comenzara a hablar, un solo gran misterio, una sola pregunta suprema, se alojaba en la mente de todos. Tanto sus amigos como sus enemigos tenían un solo pensamiento, y era éste: «¿Por qué sofocó él tan deliberada y eficazmente el entusiasmo popular?» Fue inmediatamente antes e inmediatamente después de este sermón, cuando la incertidumbre y el desencanto de sus seguidores desilusionados cundieron en una oposición inconsciente que finalmente se transformó en auténtico encono. Fue después de este sermón en la sinagoga cuando Judas Iscariote acarició su primer pensamiento consciente de deserción. Pero supo, por el momento, dominar eficazmente tales inclinaciones.

Todos se encontraban en un estado de perplejidad. Jesús los había dejado confundidos y en zozobra. Recientemente, se había lanzado a la más grande demostración de poder sobrenatural de toda su carrera. El episodio en que sació a los cinco mil fue el acontecimiento singular de su vida terrenal que más apeló al concepto judío del Mesías esperado. Pero esta extraordinaria ventaja fue inmediatamente contrarrestada en forma inexplicable por su pronto e inequívoco rechazo de la corona de rey.

El viernes por la noche, y nuevamente el sábado por la mañana, los dirigentes de Jerusalén trataron de convencer a Jairo de que impidiera el discurso de Jesús en la sinagoga, pero sin resultados. La única respuesta de Jairo a sus ruegos fue: «Yo he otorgado su solicitud, y no me retractaré».

2. EL MEMORABLE SERMÓN

Jesús comenzó este sermón leyendo de la ley tal como se encuentra en el Deuteronomio: «Pero acontecerá que, si el pueblo no obedece la voz de Dios, con seguridad vendrán sobre ellos las maldiciones de la transgresión. El Señor te entregará derrotado delante de tus enemigos; serás vejado por todos los reinos de la tierra. El Señor te llevará a ti y al rey que hubieres puesto sobre ti, a una nación extranjera. Serás motivo de horror, y servirás de refrán y de burla entre todas las naciones. Tus hijos e hijas irán en cautiverio. Los extranjeros que estarán en medio de ti se elevarán sobre ti muy alto y tú descenderás muy abajo. Y estarán todas estas cosas sobre ti y tu descendencia para siempre por cuanto no habrás atendido a la palabra del Señor. Servirás, por tanto, a tus enemigos que vendrán contra ti. Sufrirás hambre y sed y llevarás este yugo ajeno de hierro. El Señor traerá contra ti una nación de lejos, del extremo de la tierra, nación cuya lengua no entiendas, gente fiera de rosto, nación que no tendrá respeto a ti. Pondrá sitio a todas tus ciudades hasta que caigan tus muros altos y fortificados en que tú confías; y toda la tierra caerá en sus manos. Y sucederá que llegarás a comer el fruto de tu vientre, la carne de tus hijos e hijas, en el sitio y en el apuro con que te angustiarán tus enemigos».

Cuando Jesús hubo terminado esta lectura, pasó a los Profetas, y leyó de Jeremías: «'Si no atendéis a las palabras de mis siervos los profetas que os he enviado, yo pondré esta casa como Silo, y esta ciudad la pondré por maldición a todas las naciones de la tierra'. Y los sacerdotes y los maestros oyeron a Jeremías hablar estas palabras en la casa del Señor. Y sucedió que, cuando Jeremías terminó de decir todo lo que el Señor le había ordenado que dijera a todo el pueblo, los sacerdotes y los maestros lo agarraron, diciendo: 'De cierto morirás'. Y todo el pueblo se agolpó en la casa del Señor alrededor de Jeremías. Cuando los príncipes de Judá oyeron estas cosas, se sentaron para abrir juicio contra Jeremías. Entonces hablaron los sacerdotes y maestros a los príncipes y a todo el pueblo, diciendo: 'En pena de muerte ha incurrido este hombre porque profetizó contra nuestra ciudad, y vosotros lo habéis oído con vuestros oídos'. Entonces habló Jeremías a los príncipes y a todo el pueblo: 'El Señor me envió a profetizar contra esta casa y esta ciudad todas las palabras que habéis oído. Mejorad ahora vuestros caminos y vuestras obras, y obedeced la voz del Señor vuestro Dios para libraros de los males que se han pronunciado contra vosotros. En lo que a mí toca, he aquí estoy en vuestras manos. Haced conmigo lo que os parezca bueno y recto. Mas sabed de cierto, que si me matáis, sangre inocente echaréis sobre vosotros y sobre este pueblo, porque en verdad el Señor me envió para que dijese todas estas palabras en vuestros oídos'.

«Los sacerdotes y maestros de ese día querían matar a Jeremías, pero los jueces no dieron su consentimiento, aunque sí castigaron sus palabras de advertencia, mandando que lo ataran con sogas y lo bajaran a un calabozo inmundo, hundiéndolo en el lodo hasta las axilas. Eso fue lo que esta gente le hizo al profeta Jeremías cuando él, obedeciendo la orden del Señor, advirtió a sus hermanos sobre su inminente caída política. Hoy, deseo preguntaros: ¿qué harán los altos sacerdotes y los líderes religiosos de este pueblo con aquél que se atreve a advertirles sobre el día de su ruina espiritual? ¿Querréis condenar también a muerte al maestro que se atreve a proclamar la palabra del Señor, y que no teme deciros que os negáis a caminar en el camino de la luz que conduce a la entrada del reino del cielo?

«¿Qué es lo que buscáis como prueba de mi misión en la tierra? Os hemos dejado tranquilos en vuestra posición de influencia y poder, mientras predicábamos buenas nuevas a los pobres y a los parías. No hemos lanzado ningún ataque hostil contra lo que vosotros reverenciáis, sino más bien hemos proclamado una nueva libertad para el alma temerosa del hombre. He venido al mundo para revelar a mi Padre y para establecer sobre la tierra la hermandad espiritual de los hijos de Dios, el reino del cielo. Aunque muchas veces os he recordado que mi reino no es de este mundo, sin embargo mi Padre os ha otorgado muchas manifestaciones de portentos materiales, además de las transformaciones y regeneraciones espirituales más evidentes.

«¿Qué nuevo signo buscáis de mis manos? Os declaro que ya tenéis pruebas suficientes para permitiros tomar una decisión. De cierto, de cierto digo a muchos que están sentados ante mí este día: os enfrentáis con la necesidad de seleccionar qué camino seguiréis. Y yo os digo, como Josué dijera a vuestros antepasados: 'elige tú este día a quién servirás'. Hoy, muchos de vosotros os encontráis ante la bifurcación de los caminos.

«Algunos entre vosotros, cuando no pudieron encontrarme después del festín de la multitud en la otra orilla, contratasteis la flotilla de pesca de Tiberias, que una semana antes se había refugiado ahí cerca durante una tormenta, para ir en mi seguimiento, y ¿para qué? ¡No en pos de la verdad y la rectitud, ni para aprender cómo mejor servir y ministrar a vuestros semejantes! No, más bien fue para conseguir más pan sin haber que trabajar por éste. No buscabais llenar vuestra alma con la palabra viva, sino tan sólo llenar vuestro estómago con el pan fácil. Por largo tiempo se os ha enseñando que el Mesías, cuando llegara, realizaría portentos que harían agradable y fácil la vida para todo el pueblo elegido. No es de extrañar pues que habiendo recibido estas enseñanzas, anheléis panes y peces. Pero yo os declaro que ésta no es la misión del Hijo del Hombre. Yo he venido para proclamar la libertad espiritual, enseñar la verdad eterna, y promover la fe viviente.

«Hermanos míos, no anheléis la carne que perece, sino más bien, buscad el alimento espiritual que alimenta aun hasta la vida eterna; y éste es el pan de la vida que el Hijo da a todos los que lo tomen y lo coman, porque el Padre ha dado esta vida al Hijo sin limitaciones. Cuando vosotros me preguntasteis: '¿qué hemos de hacer para realizar la obra de Dios?', yo os dije claramente: 'ésta es la obra de Dios, que creáis en aquel que él ha enviado.'»

Luego dijo Jesús, indicando una imagen de vasija de maná que decoraba el dintel de esta nueva sinagoga, embellecida con racimos de uva: «Habéis creído que vuestros antepasados en el desierto comieron maná —el pan del cielo— pero yo os digo que ése era el pan de la tierra. Aunque Moisés no dio a vuestros antepasados el pan del cielo, mi Padre ahora está pronto para daros el verdadero pan de la vida. El pan del cielo es lo que desciende de Dios y da vida eterna a los hombres del mundo. Y cuando vosotros me digáis, danos este pan viviente, yo os contestaré: yo soy el pan de la vida. El que viene a mí no pasará hambre, el que cree en mí, jamás tendrá sed. Me habéis visto, habéis vivido conmigo, habéis contemplado mis obras, sin embargo no creéis que he venido del Padre. Pero a los que sí creen —no temáis. Todos los que son conducidos por el Padre vendrán a mí, y el que venga a mí no será rechazado.

«Ahora, permitidme que os declare, de una vez por todas, que he venido a la tierra, no para hacer mi propia voluntad, sino la voluntad de Aquél que me envió. Y ésta es la voluntad final de Aquél que me envió, que de todos los que él me ha entregado, no debo perder ni uno. Y ésta es la voluntad del Padre: que todo el que contemple al Hijo y crea en él, tendrá vida eterna. Sólo ayer os di pan para vuestro cuerpo; hoy, os ofrezco el pan de la vida para vuestras almas hambrientas. ¿Tomaréis pues ahora el pan del espíritu con tanto entusiasmo como entonces comisteis el pan de este mundo?»

Al pausar Jesús un momento para contemplar la congregación, uno de los maestros de Jerusalén (miembro del sanedrín) se levantó y preguntó: «¿Debo comprender yo según lo que tú dices que eres el pan que viene del cielo, y que el maná que Moisés diera a nuestros antepasados en el desierto no lo era?» Jesús respondió al fariseo: «Comprendiste bien». Entonces dijo el fariseo: «Pero, ¿no eres tú Jesús de Nazaret, el hijo de José, el carpintero? ¿Acaso no son tu padre y tu madre, así como también tus hermanos y hermanas, bien conocidos de muchos entre nosotros? ¿Cómo puede ser que vengas aquí a la casa de Dios y declares que has venido del cielo?»

A esta altura tanto murmullo había en la sinagoga, y tal amenaza de un tumulto, que Jesús se puso de pie y dijo: «Seamos pacientes; la verdad no sufre nunca por un escrutinio honesto. Yo soy todo lo que tú dices, pero aun más. El Padre y yo somos uno; el Hijo hace tan sólo lo que el Padre le enseña, y todos los que el Padre entrega al Hijo, el Hijo recibirá para sí. Habéis leído donde dice en los Profetas, 'todos seréis enseñados por Dios', y que 'los enseñados por el Padre también oirán a su Hijo'. Todo el que se entrega a la enseñanza del espíritu residente del Padre, finalmente vendrá a mí. Nadie ha visto al Padre, pero el espíritu del Padre vive dentro del hombre. Y el Hijo que bajó del cielo, con toda seguridad ha visto al Padre. Y los que realmente creen en este Hijo, ya tienen vida eterna.

«Yo soy el pan de la vida. Vuestros padres comieron maná en el desierto y están muertos. Pero este pan que desciende de Dios, si un hombre come de él, nunca morirá en el espíritu. Repito: yo soy este pan viviente, y toda alma que llegue a alcanzar esta naturaleza unida de Dios y hombre vivirá por siempre. Este pan de vida que yo doy a todos quienes quieren recibirlo, es mi propia naturaleza viva y combinada. El Padre en el Hijo y el Hijo uno con el Padre —esa es mi revelación dadora de vida al mundo y mi don salvador para todas las naciones».

Cuando Jesús terminó de hablar, el rector de la sinagoga despidió a la congregación, pero no se iban. Se congregaron alrededor de Jesús para hacer más preguntas, mientras otros murmuraban y discutían entre ellos. Este estado de cosas continuó por más de tres horas. Eran más de las siete de la noche cuando el público finalmente se dispersó.

3. LA REUNIÓN DESPUÉS DEL SERMÓN

Muchas fueron las preguntas hechas a Jesús durante esta reunión después del sermón. Algunas fueron formuladas por sus perplejos discípulos, pero más provinieron de los críticos descreídos que tan sólo trataban de poner a Jesús en apuros y hacerlo caer en una trampa.

Uno de los fariseos visitantes, montado en un farol, gritó esta pregunta: «Nos dices que eres el pan de la vida. ¿Cómo puedes darnos tú tu carne para comer y tu sangre para beber? ¿De qué vale tu enseñanza si no puede ser llevada a cabo?» Jesús respondió a esta pregunta diciendo: «No os enseñé que mi carne es el pan de la vida ni que mi sangre es el agua viva. Pero he dicho que mi vida en la carne es un don del pan del cielo. El hecho del Verbo de Dios hecha carne y el fenómeno del Hijo del Hombre sujeto a la voluntad de Dios, constituyen una realidad de experiencia que es equivalente al alimento divino. No podéis comer mi carne ni beber mi sangre, pero podéis en espíritu volveros uno conmigo, aun como yo soy uno en espíritu con el Padre. Podéis alimentaros con la palabra eterna de Dios, que es verdaderamente el pan de la vida, y que ha sido donada en la semejanza de la carne mortal; podéis regar vuestra alma con el espíritu divino, que es verdaderamente el agua viva. El Padre me ha enviado al mundo, para mostraros cómo desea morar en todos los hombres y guiarlos; y he vivido esta vida en la carne para inspirar a todos los hombres para siempre a que también traten de conocer y hacer la voluntad del Padre celestial que en ellos reside».

Entonces uno de los espías de Jerusalén que había estado observando a Jesús y a sus apóstoles, dijo: «Vemos que ni tú ni tus apóstoles os laváis las manos en forma adecuada antes de comer pan. Bien debéis saber que la práctica de comer con las manos sucias e impuras es una transgresión de la ley de los ancianos. Tampoco laváis en forma adecuada vuestras copas de beber y vuestras vasijas de comer. ¿Por qué mostráis tal falta de respeto por las tradiciones de los padres y las leyes de nuestros ancianos?» Cuando Jesús lo oyó hablar, respondió: «¿Por qué transgredís los mandamientos de Dios con las leyes de la tradición? El mandamiento dice, 'honrarás a tu padre y tu madre', y os ordena que compartáis con ellos vuestra sustancia si es necesario; pero vosotros aplicáis una ley basada en la tradición, que permite que los hijos desobedientes digan que el dinero que pudiera haber ayudado a los padres, ha sido 'entregado a Dios'. Así libera la ley de los ancianos a estos hijos mañosos de sus responsabilidades, sin tomar en cuenta el hecho de que estos hijos subsiguientemente utilizan el dinero para su propia comodidad. ¿Por qué anuláis de este modo el mandamiento, basándoos en vuestra tradición? Bien profetizó Isaías vuestra hipocresía diciendo: 'Con sus labios este pueblo me honra, pero su corazón está lejos de mí. En vano me adoran, enseñando como doctrinas los preceptos de los hombres'.

«Bien podéis ver cómo olvidáis el mandamiento, aferrándoos en cambio a las tradiciones de los hombres. Rechazáis sin titubear la palabra de Dios, mientras mantenéis vuestra tradición. De muchas otras maneras os atrevéis a emplazar vuestras enseñanzas por encima de la ley y de los profetas».

Entonces se dirigió Jesús a todos los que estaban presentes, diciendo: «Pero, prestadme atención todos vosotros. No es lo que entra por la boca, lo que ensucia espiritualmente al hombre, sino más bien, lo que procede de la boca y del corazón». Pero ni siquiera los apóstoles pudieron captar plenamente el significado de sus palabras, porque Simón Pedro también le preguntó: «Para que algunos de tus oyentes no se sientan innecesariamente ofendidos, ¿puedes explicarnos el significado de estas palabras?» Entonces le dijo Jesús a Pedro: «¿Es que tú también eres duro de comprensión? ¿Acaso no sabes que toda planta que no haya sembrado mi Padre será desarraigada? Presta atención a los que quieren conocer la verdad. No puedes obligar a los hombres a que amen la verdad. Muchos de estos maestros, son guías ciegos. Y tú sabes que, si un ciego conduce a un ciego, ambos caerán al precipicio. Pero, prestad atención cuando os digo la verdad sobre esas cosas que ensucian moralmente y contaminan espiritualmente a los hombres. Yo declaro que no es lo que entra al cuerpo por la boca o llega a la mente por los ojos y los oídos, lo que ensucia al hombre. El hombre tan sólo se ensucia por el mal que puede originarse dentro de su corazón, y que encuentra expresión en las palabras y acciones de estas personas impuras. ¿Acaso no sabes que es del corazón de donde provienen los malos pensamientos, los protervos proyectos de asesinato, robo y adulterio, juntamente con los celos, el orgullo, la ira, la venganza, los regaños y el falso testimonio? Estas son precisamente las cosas que ensucian al hombre, y no el comer pan con las manos ceremonialmente sucias».

Ya los comisionados fariseos del sanedrín de Jerusalén estaban casi convencidos de que había que arrestar a Jesús por blasfemia o porque se mofaba de la ley sagrada de los judíos; por eso intentaban enredarlo en discusiones sobre algunas de las tradiciones de los ancianos, las así llamadas leyes orales del país, para darle la oportunidad de que las atacara. Sin importarles el hecho que hubiera escasez de agua, estos judíos encadenados por las tradiciones no dejaban jamás de realizar el lavado ceremonial de las manos antes de cada comida. Era su creencia que «es mejor morir, que transgredir los mandamientos de los ancianos». Los espías hicieron esta pregunta, porque sabían que Jesús había dicho «la salvación es asunto de corazón limpio más bien que de manos limpias». Pero estas creencias, cuando se vuelven parte de una religión, son difíciles de eliminar. Aun muchos años después de este día, el apóstol Pedro seguía siendo esclavo temeroso de muchas de estas tradiciones sobre la limpieza y la impureza, y finalmente se liberó mediante la experiencia de un sueño extraordinario y vívido. Todo esto se puede comprender mejor si se recuerda que estos judíos consideraban que comer sin lavarse las manos equivalía a comerciar con una prostituta, y ambas acciones eran igualmente castigables de excomunión.

Así pues, eligió el Maestro discutir y exponer la locura del entero sistema rabínico de reglas y reglamentaciones representado por la ley oral —las tradiciones de los ancianos, todas las cuales eran consideradas más sagradas y más obligatorias para los judíos que las enseñanzas mismas de las Escrituras. Y Jesús habló con menos reserva, porque sabía que había llegado la hora en la que nada más podía hacer para prevenir una ruptura abierta de las relaciones con estos dirigentes religiosos.

4. LAS ÚLTIMAS PALABRAS EN LA SINAGOGA

Durante esta reunión después de los servicios, en el medio de las discusiones, uno de los fariseos de Jerusalén condujo ante Jesús a un joven perturbado, poseído por un espíritu rebelde y turbulento. Después de conducir a este mancebo demente ante Jesús, dijo: «¿Qué puedes hacer tú por semejante aflicción? ¿Puedes echar afuera a los diablos?» Cuando el Maestro contempló al joven, fue conmovido por la compasión y, señalando al muchacho que se le acercara, lo tomó de la mano y dijo: «Tú sabes quién soy yo; sal de él; ¡y yo ordeno a uno de tus semejantes leales que se asegure de que no vuelvas!» Inmediatamente el joven se sintió normal y recobró su mente sana. Éste es el primer caso en el que Jesús realmente echó a un «espíritu malvado» fuera de un ser humano. Todos los casos previos sólo habían sido supuestamente poseídos por el diablo; pero éste era un caso genuino de posesión demoníaca, tal como de cuando en cuando ocurría en aquellos días y hasta el día de Pentecostés, cuando el espíritu del Maestro fue derramado sobre toda la carne, haciendo por siempre imposible que estos pocos rebeldes celestiales se aprovecharan de ciertos tipos inestables de seres humanos.

Al mostrar el pueblo admiración, uno de los fariseos se puso de pie y acusó a Jesús de que podía hacer estas cosas porque estaba aliado con los diablos; que admitía en el lenguaje mismo que empleó para echar fuera a este diablo, que se conocían; y siguió diciendo que los instructores y dirigentes religiosos en Jerusalén habían decidido que Jesús realizaba todos sus así llamados milagros por el poder de Beelzebú, el príncipe de los diablos. Dijo el fariseo: «No os asociéis con este hombre; es socio de Satanás».

Entonces dijo Jesús: «¿Cómo puede Satanás echar afuera a Satanás? Un reino dividido contra sí mismo no puede permanecer; si una casa está dividida contra sí misma, pronto cae en la desolación. ¿Puede resistir el sitio una ciudad desunida? Si Satanás echa a Satanás, está dividido contra sí mismo; ¿de qué manera pues puede perdurar su reino? Pero deberíais saber que nadie puede entrar en la casa de un hombre fuerte y despojarlo de sus bienes, si antes no lo vence y lo ata. Así pues, si yo por el poder de Beelzebú echo afuera a los demonios, ¿por qué poder los echan vuestros hijos? Por eso ellos serán vuestros jueces. Pero si yo, por el espíritu de Dios, echo fuera a los diablos, entonces el reino de Dios ha de veras venido sobre vosotros. Si no estuvierais cegados por el prejuicio y confundidos por el temor y el orgullo, fácilmente percibiríais que el que es más grande que los diablos está en vuestro medio. Me obligáis a declarar que el que no está conmigo, está contra mí, que el que no cosecha conmigo lo dispersa todo a los cuatro vientos. ¡Dejadme pronunciar una advertencia solemne, a vosotros que presumís, con los ojos abiertos y con malicia premeditada, atribuir a sabiendas la obra de Dios a las acciones de los diablos! De cierto, de cierto os digo que todos vuestros pecados serán perdonados, aun todas vuestras blasfemias, pero la blasfemia deliberada y maligna contra Dios no os será perdonada. Puesto que estos obreros persistentes de la iniquidad nunca buscarán ni recibirán perdón, son culpables del pecado de rechazar eternamente el perdón divino.

«Muchos entre vosotros habéis llegado este día a la bifurcación de los caminos; habéis llegado al comienzo de la elección inevitable entre la voluntad del Padre y los caminos autoelegidos de las tinieblas. Así como vosotros elegís ahora, así seréis con el tiempo. Debéis hacer bueno el árbol y bueno su fruto, o de lo contrario el árbol será corrupto y corrupto su fruto. Yo declaro que en el reino eterno de mi Padre, el árbol se conoce por sus frutos. Pero algunos entre vosotros que sois como víboras, ¿cómo podéis, habiendo ya elegido el mal, dar buenos frutos? Después de todo, por vuestra boca habla la abundancia del mal en vuestro corazón».

Entonces otro fariseo se puso de pie, diciendo: «Maestro, querríamos que nos dieses un signo predeterminado conque todos estemos de acuerdo que estableces tu autoridad y derecho de enseñar. ¿Estás de acuerdo con este arreglo?» Y cuando Jesús escuchó esto, dijo: «Esta generación incrédula y buscadora de signos desea un portento, pero ningún signo se os dará excepto el que ya tenéis, y el que veréis cuando el Hijo del Hombre parta de entre vosotros».

Y cuando hubo terminado de hablar, sus apóstoles lo rodearon y lo condujeron fuera de la sinagoga. En silencio se dirigieron con él a la casa en Betsaida. Todos estaban sorprendidos y un tanto atemorizados por el repentino cambio en las tácticas de enseñanza del Maestro. No estaban acostumbrados para nada a verle actuar de esa forma tan militante.

5. El sábado por la tarde

Una y otra vez Jesús había hecho añicos las esperanzas de sus apóstoles, repetidamente había destruido sus expectativas más ansiadas, pero ningún período de desilusión ni temporada de pesadumbre igualó jamás la que ahora estaban sufriendo. Además, esta vez, a la depresión se mezclaba el temor por su propio bienestar. Estaban todos sorprendidos y asombrados por la deserción tan repentina y completa de la plebe. Al mismo tiempo, también los desconcertaba y asustaba un tanto la audacia inesperada y la determinación asertiva, exhibidas por los fariseos que habían venido de Jerusalén. Pero más que nada estaban pasmados por el repentino cambio en las tácticas de Jesús. Bajo circunstancias ordinarias, se habrían alegrado de la aparición de esta actitud más militante, pero apareciendo como había aparecido, juntamente con tantas otras cosas inesperadas, se sorprendieron.

Como si todo esto fuera poco, cuando llegaron a casa, Jesús se negó a comer. Se aisló durante horas en uno de los cuartos de arriba. Era casi la medianoche cuando Joab, el líder de los evangelistas, volvió e informó que un tercio de sus asociados habían desertado. A lo largo de toda esa noche, fueron y vinieron discípulos leales, trayendo la noticia de que el cambio de actitud hacia el Maestro era general en Capernaum. Los dirigentes de Jerusalén no vacilaron en alimentar este sentimiento de desafecto y en fomentar de todas las formas posibles el movimiento de abandono de Jesús y de sus enseñanzas. Durante estas horas difíciles, las doce mujeres se encontraban reunidas en la casa de Pedro. Estaban atormentadas sobremanera, pero ninguna de ellas desertó.

Poco después de la medianoche, Jesús bajó de la habitación del piso superior y se detuvo entre los doce y sus asociados, unos treinta en total. Dijo: «Reconozco que este cernido del reino os preocupa, pero es inevitable. Sin embargo, después de toda la enseñanza que habéis recibido, ¿había alguna buena razón para que tropezaréis con mis palabras? ¿Por qué estáis llenos de miedo y consternación al ver que el reino está liberándose de estas multitudes poco convencidas, estos discípulos que creen a medias? ¿Por qué os apenáis mientras surge un nuevo día para gloria renovada de las enseñanzas espirituales del reino del cielo? Si encontráis difícil soportar esta prueba, ¿qué haréis cuando el Hijo del Hombre deba retornar al Padre? ¿Cuándo y cómo os prepararéis para el tiempo en que yo ascienda al lugar del que vine a este mundo?

«Amados míos, debéis recordar que es el espíritu el que da la vida; la carne y todo lo que le pertenece es de poco provecho. Las palabras que yo he dicho a vosotros son espíritu y vida. ¡Estad de buen ánimo! No os he abandonado. Muchos se ofenderán por las palabras claras de estos días. Ya habéis vosotros oído que muchos de mis discípulos me han dado la espalda; ya no caminan conmigo. Desde el comienzo, yo sabía que estos creyentes a medias quedarían por el camino. ¿Acaso no os elegí a vosotros doce y os separé como embajadores del reino? Ahora, en circunstancias como éstas, ¿queréis desertar vosotros también? Que cada uno de vosotros contemple su propia fe, porque uno de vosotros corre grave peligro». Cuando Jesús hubo terminado de hablar, Simón Pedro dijo: «Sí, Señor, estamos apesadumbrados y perplejos, pero jamás te abandonaremos. Tú nos has enseñado las palabras de la vida eterna. Hemos creído en ti y te hemos seguido todo este tiempo. No te volveremos la espalda, porque sabemos que eres enviado de Dios». Y cuando Pedro terminó de hablar, todos ellos de total acuerdo bajaron la cabeza en signo de aprobación de su promesa de lealtad.

Entonces dijo Jesús: «Id a descansar, porque se aproximan épocas de mucho trabajo para nosotros; se están acercando días muy activos».

DOCUMENTO 154

LOS ÚLTIMOS DÍAS EN CAPERNAUM

EN LA memorable noche del sábado 30 de abril, mientras Jesús decía palabras de consuelo y valor a sus deprimidos y perplejos discípulos, se estaba celebrando en Tiberias un concilio entre Herodes Antipas y un grupo de comisionados especiales que representaban el sanedrín de Jerusalén. Estos escribas y fariseos instaron a Herodes a que arrestara a Jesús; hicieron todo lo posible por convencerlo de que Jesús inflamaba la plebe, incitándola a la oposición y aun a la rebelión. Pero Herodes se negó a tomar acción contra él como delincuente político. Los consejeros de Herodes le habían informado correctamente sobre el episodio al otro lado del lago, cuando la multitud quiso proclamar rey a Jesús y como él rechazó esa propuesta.

Uno de los miembros de la familia oficial de Herodes, Chuza, cuya esposa pertenecía al cuerpo del servicio de mujeres, le había informado de que Jesús no se proponía entrometerse en los asuntos del gobierno terrestre; que tan sólo le interesaba el establecimiento de la hermandad espiritual de sus creyentes, hermandad que llamaba el reino del cielo. Herodes confiaba en los informes de Chuza, tanto que se negó a interferir en las actividades de Jesús. En ese momento también influía en la actitud de Herodes hacia Jesús su temor supersticioso de Juan Bautista. Herodes era uno de esos judíos apóstatas que, aunque nada creía, a todo le temía. Tenía la conciencia manchada por haber dispuesto la muerte de Juan, y no quería enmarañarse en estas intrigas contra Jesús. Conocía muchos casos de enfermedad que habían sido aparentemente curados por Jesús, y lo consideraba un profeta o un fanático religioso relativamente inocuo.

Al amenazar los judíos que informarían a césar de que él protegía a un traidor, Herodes los echó de la cámara del concilio. Así quedaron pues estos asuntos por una semana, durante la cual Jesús preparó a sus seguidores para la dispersión inminente.

1. UNA SEMANA DE ASESORÍA

Desde el 1º hasta el 7 de mayo Jesús sostuvo consultas íntimas con sus seguidores en la casa de Zebedeo. Sólo los discípulos probados y de confianza fueron admitidos a estas conferencias. En esta época sólo había unos cien discípulos con suficiente fuerza moral para enfrentarse valerosamente a la oposición de los fariseos y declarar abiertamente su adhesión a Jesús. Con este grupo celebró sesiones por la mañana, por la tarde y por la noche. Todas las tardes se reunían junto al mar pequeños grupos de interesados, y algunos de los evangelistas o apóstoles conversaban con ellos. Estos grupos pocas veces llegaban a ser más de cincuenta.

El viernes de esta semana los dirigentes de la sinagoga de Capernaum tomaron acción oficial al cerrar la casa de Dios a Jesús y a todos sus seguidores. Esta acción fue tomada por instigación de los fariseos de Jerusalén. Jairo presentó su renuncia como rector principal, aliándose abiertamente con Jesús.

La última reunión junto al mar se celebró el sábado 7 de mayo por la tarde. Jesús dirigió la palabra a menos de ciento cincuenta personas reunidas en esa oportunidad. Este sábado por la noche marcó el punto más bajo de la corriente de popularidad de Jesús y de sus enseñanzas. Desde allí en adelante hubo un aumento constante, lento pero más saludable y sólido, de sentimiento favorable; se iba formando un nuevo grupo de seguidores, construido sobre cimientos más sólidos de fe espiritual y verdadera experiencia religiosa. Ya se había terminado definitivamente esa etapa más o menos mixta y comprometida de transición entre los conceptos materialistas del reino, mantenidos por los seguidores del Maestro, y los conceptos más ideales y espirituales enseñados por Jesús. De este momento en adelante se proclamó más abiertamente el evangelio del reino en su alcance más amplio y en sus vastas implicaciones espirituales.

2. UNA SEMANA DE DESCANSO

El domingo 8 de mayo del año 29 d. de J.C., en Jerusalén, el sanedrín aprobó un decreto que cerraba todas las sinagogas de Palestina a Jesús y a sus seguidores. Ésta fue una nueva usurpación de autoridad sin precedentes por parte del sanedrín de Jerusalén. Hasta ese momento cada sinagoga existía y funcionaba como una congregación independiente de creyentes, bajo el mando y dirección de su propio consejo de rectores. Sólo las sinagogas de Jerusalén se habían sometido a la autoridad del sanedrín. Esta sumaria acción del sanedrín motivó la renuncia de cinco de sus miembros. Se despacharon inmediatamente cien mensajeros para trasmitir y hacer cumplir este decreto. En el corto espacio de dos semanas, todas las sinagogas de Palestina se plegaron a este manifiesto del sanedrín, a excepción de la de Hebrón. Los rectores de la sinagoga de Hebrón se negaron a reconocer la jurisdicción del sanedrín sobre su consejo directivo. Esta negación a someterse al decreto de Jerusalén se basaba en el punto de vista de la autonomía de la congregación más que en una simpatía por la causa de Jesús. Poco tiempo después, la sinagoga de Hebrón fue destruida por un incendio.

Este mismo domingo por la mañana, Jesús decretó una semana de vacaciones, urgiendo a todos sus discípulos que retornaran a sus hogares o fueran a visitar a sus amigos para descansar sus almas atribuladas y decir palabras de aliento a sus seres queridos. Dijo: «Idos a casa para buscar esparcimiento o pescar, mientras oráis por la expansión del reino».

Esta semana de descanso permitió a Jesús visitar a muchas familias y grupos junto al mar. También fue a pescar con David Zebedeo en varias ocasiones, y aunque permaneció a solas buena parte del tiempo, dos o tres de los más fieles mensajeros de David Zebedeo le vigilaron constantemente, velando por la seguridad de Jesús de acuerdo con las órdenes precisas de su jefe. No hubo enseñanza pública de ningún tipo durante esta semana de descanso.

Fue ésta la semana en la que Natanael y Santiago Zebedeo sufrieron una enfermedad bastante grave. Durante tres días y tres noches estuvieron agudamente afligidos por un doloroso disturbio digestivo. Durante la tercera noche, Jesús envió a Salomé, la madre de Santiago, a que descansara, mientras él ministraba a sus apóstoles dolientes. Por supuesto, Jesús podría haber curado instantáneamente a estos dos hombres, pero no era éste el método de elección del Hijo ni del Padre para tratar estas dificultades y aflicciones comunes de los hijos del hombre en los mundos evolucionarios del tiempo y del espacio. Jesús no recurrió ni siquiera una vez, a lo largo de su pletórica vida en la carne, a ministraciones sobrenaturales para con los miembros de su familia terrestre o para beneficio de uno de sus seguidores inmediatos.

Es necesario enfrentar las dificultades del universo y aprender a salvar los obstáculos planetarios como parte del entrenamiento por medio de la experiencia, provista para el crecimiento y desarrollo, el perfeccionamiento progresivo, del alma evolutiva de las criaturas mortales. La espiritualización del alma humana requiere una experiencia íntima del proceso educacional que significa resolver una amplia gama de problemas universales reales. La naturaleza animal y las formas más bajas de las criaturas volitivas no progresan favorablemente en un ambiente fácil. Las situaciones problemáticas, combinadas con los estímulos del esfuerzo, conspiran para producir esas actividades de la mente, el alma y el espíritu que contribuyen poderosamente al logro de objetivos valiosos de progresión mortal y al alcance de niveles más altos de destino espiritual.

3. La segunda reunión en Tiberias

El 16 de mayo se convocó la segunda reunión de las autoridades de Jerusalén con Herodes Antipas en Tiberias. Estaban presentes los líderes religiosos y políticos de Jerusalén. Los líderes judíos pudieron informar a Herodes que prácticamente todas las sinagogas de Galilea y de Judea ya habían cerrado sus puertas a las enseñanzas de Jesús. Nuevamente intentaron convencer a Herodes que mandara arrestar a Jesús, pero él nuevamente se negó a hacerlo. Sin embargo, el 18 de mayo, Herodes aprobó un plan que permitía que las autoridades del sanedrín arrestaran a Jesús y lo llevaran a juicio en Jerusalén acusado de infracciones religiosas, siempre y cuando el gobernador romano de Judea estuviera de acuerdo. Mientras tanto, los enemigos de Jesús se dedicaron activamente a correr el rumor por toda Galilea de que Herodes se había vuelto hostil a Jesús, y que tenía la intención de exterminar a todos los que creyeran en sus enseñanzas.

La noche del sábado 21 de mayo, llegó a Tiberias la noticia de que las autoridades civiles de Jerusalén no objetaban el acuerdo entre Herodes y los fariseos en el sentido de que se arrestara a Jesús y se lo llevara a Jerusalén para juzgarlo ante el sanedrín, acusado de burlarse de las leyes sagradas de la nación judía. Por consiguiente, justo antes de la media noche de este día, Herodes firmó el decreto que autorizaba a los oficiales del sanedrín a arrestar a Jesús dentro de los dominios de Herodes y a llevarlo por la fuerza a Jerusalén para someterlo a juicio. Gran presión de muchos lados fue ejercida sobre Herodes antes de que éste consintiera en otorgar este permiso, y él bien sabía que Jesús no podía esperar un juicio imparcial ante sus encarnizados enemigos de Jerusalén.

4. El sábado por la noche en Capernaum

Este mismo sábado por la noche, se reunió en la sinagoga de Capernaum un grupo de cincuenta ciudadanos sobresalientes para discutir la cuestión candente del momento: «¿Qué hemos de hacer con Jesús?» Hablaron y discutieron hasta después de la medianoche, pero no pudieron encontrar un terreno común para el acuerdo. Aparte de unas pocas personas que se inclinaban a creer que Jesús tal vez fuera el Mesías, al menos un santo varón, o tal vez un profeta, la asamblea estaba dividida en cuatro grupos casi iguales que sostenían, respectivamente, los siguientes puntos de vista sobre Jesús:

1. Que era un fanático religioso iluso e inocuo.

2. Que era un agitador peligroso y alevoso, capaz de incitar a la rebelión.

3. Que estaba aliado con los diablos, que podía aun ser un príncipe de los diablos.

4. Que estaba fuera de sí, que estaba loco, mentalmente desequilibrado.

Mucho se habló sobre el que Jesús predicaba doctrinas con efecto perturbador sobre la gente común; sus enemigos sostenían que sus enseñanzas no eran prácticas, que se correría el peligro de una desintegración total si todo el mundo decidiera esforzarse honestamente por vivir de acuerdo con sus ideas. Y los hombres de muchas generaciones subsiguientes han dicho las mismas cosas. Muchos hombres inteligentes y con buenas intenciones, aun en las edades más esclarecidas de estas revelaciones, sostienen que no se podría haber construido la civilización moderna sobre las enseñanzas de Jesús; y en parte tienen razón. Pero todos estos descreídos olvidan que se podría haber construido una civilización mucho mejor sobre sus enseñanzas, y que alguna vez así se hará. Este mundo no ha intentado nunca llevar a cabo seriamente y en gran escala las enseñanzas de Jesús, a pesar de los muchos intentos semientusiastas por seguir las doctrinas del así llamado cristianismo.

5. EL MEMORABLE DOMINGO POR LA MAÑANA

El 22 de mayo fue un día memorable en la vida de Jesús. Este domingo por la mañana, antes del amanecer, uno de los mensajeros de David llegó de gran prisa de Tiberias, trayendo la noticia de que Herodes había autorizado, o estaba a punto de autorizar, el arresto de Jesús por parte de los oficiales del sanedrín. Al recibir la noticia de este peligro inminente, David Zebedeo despertó a sus mensajeros y los envió a todos los grupos locales de discípulos, llamándolos para un concilio de emergencia a las siete de esa misma mañana. Cuando la cuñada de Judá (hermano de Jesús) escuchó este informe alarmante, rápidamente pasó la noticia a todos los de la familia de Jesús que vivían cerca, convocándolos a la casa de Zebedeo. En respuesta a este llamado de urgencia, pronto se congregaron María, Santiago, José, Judá y Ruth.

En esta reunión temprano por la mañana, Jesús impartió sus instrucciones de despedida a los discípulos reunidos; o sea, que se despidió de ellos por el momento, porque bien sabía que pronto serían dispersados de Capernaum. Les instó a que buscaran a Dios para que los guiara, y que llevaran a cabo la obra del reino sin temer las consecuencias. Los evangelistas debían laborar como mejor les pareciera hasta el momento en que se los llamara. Seleccionó a doce entre los evangelistas para que lo acompañaran; ordenó a los doce apóstoles que permanecieran con él pasara lo que pasara. Instruyó a las doce mujeres que permanecieran en la casa de Zebedeo y en la casa de Pedro hasta que él enviara por ellas.

Jesús aprobó que David Zebedeo continuara con el servicio de mensajeros por todo el país, y David, al despedirse del Maestro, dijo: «Maestro, sal y haz tu obra. No te dejes atrapar por los fanáticos, y no dudes que los mensajeros estarán siempre a tu alcance. Mis hombres no te perderán nunca de vista, y por su intermedio estarás informado sobre el progreso del reino en otras regiones, y por ellos sabremos nosotros de ti. Nada puede ocurrirme que interfiera con este servicio, porque he nombrado líderes sustitutos en primero, segundo y aun tercer término. No soy instructor ni predicador, pero mi corazón me exige que haga esto, y nadie podrá disuadirme».

A eso de las 7:30 de esta mañana dio comienzo Jesús a su discurso de despedida a casi cien creyentes que se apiñaban en el interior de la casa para escucharlo. Era ésta una ocasión solemne para todos los presentes, pero Jesús parecía estar especialmente alegre; había vuelto a ser él mismo. La seriedad de las últimas semanas había desaparecido y los inspiró con palabras de fe, esperanza y valor.

6. LLEGA LA FAMILIA DE JESÚS

Eran aproximadamente las ocho de la mañana de este domingo cuando cinco miembros de la familia terrenal de Jesús llegaron al lugar en respuesta al llamado urgente de la cuñada de Judá. De todos sus parientes en la carne, sólo Ruth creía constantemente y de todo corazón en la divinidad de su misión en la tierra. Judá, Santiago, y aun José, todavía mantenían mucha de la fe en Jesús, pero habían permitido que el orgullo interfiriera con su mejor criterio y sus verdaderas inclinaciones espirituales. María estaba igualmente dividida entre el amor y el temor, entre el amor materno y el orgullo familiar. Aunque las dudas le atormentaban, no podía olvidar del todo la visita de Gabriel antes del nacimiento de Jesús. Los fariseos habían intentado persuadir a María de que Jesús estaba fuera de sí, demente. La urgían a que fuera a verlo con sus hijos, a que tratara de disuadirlo de sus esfuerzos de enseñanza pública. Aseguraban a María de que la salud de Jesús estaba a punto de quebrantarse, y que si se le permitía seguir por ese camino, el deshonor y la ignominia terminarían por caer sobre la familia entera. Así pues, cuando la cuñada de Judá trajo la noticia, los cinco partieron inmediatamente a la casa de Zebedeo, pues se encontraban todos juntos en casa de María, donde se habían reunido con los fariseos la noche anterior. Habían conversado con los líderes de Jerusalén hasta muy entrada la noche, y todos ellos estaban más o menos convencidos de que Jesús, desde hacía un tiempo, actuaba en forma extraña. Aunque Ruth no encontraba explicaciones para todos sus actos, insistió que Jesús había sido siempre recto para con su familia, y se negó a participar en el plan de disuadirlo a continuar con su obra.

Camino a la casa de Zebedeo, hablaron de estas cosas y decidieron tratar de persuadir a Jesús que se volviera con ellos, porque, según dijo María: «Sé que puedo influenciar a mi hijo si él regresa a casa y me escucha». Santiago y Judá habían oído rumores sobre el plan de arrestar a Jesús y llevarlo a Jerusalén para juzgarlo. También temían por su propia seguridad. No se habían preocupado gran cosa mientras Jesús gozó de popularidad, pero al volverse el pueblo de Capernaum y los líderes de Jerusalén repentinamente contra él, empezaron a sentir agudamente la presión de la supuesta ignominia de su posición comprometida.

Pensaban pues encontrarse con Jesús, apartarse con él, e instarlo a que regresara con ellos a la casa. Tenían decidido asegurarle que olvidarían su abandono —que olvidarían y le perdonarían todo— siempre y cuando él desistiera de la tontería de predicar una nueva religión que tan sólo le ocasionaría problemas y desencadenaría el oprobio sobre su familia. A todo esto Ruth sólo decía: «Le diré a mi hermano que pienso que es un hombre de Dios, y que espero que esté dispuesto a morir antes de permitir que estos malvados fariseos pongan fin a su predicación». José prometió que vigilaría a Ruth mientras los demás argumentaban con Jesús.

Cuando llegaron a la casa de Zebedeo, Jesús estaba en medio de su discurso de despedida a los discípulos. Trataron de entrar, pero la gente estaba tan apiñada que fue imposible. Terminaron por instalarse en la terraza de atrás y pasar la voz de persona a persona, hasta que finalmente Simón Pedro le susurró la nueva a Jesús, interrumpiendo su discurso para este fin, y diciéndole: «He aquí que tu madre y tus hermanos están fuera, y ansían hablar contigo.» No se le había ocurrido a su madre cuán importante era este mensaje de despedida a sus seguidores, tampoco sabía ella que dicho discurso podía ser interrumpido en cualquier momento por la llegada de sus aprehensores. Ella realmente pensó que, después de tan prolongada aparente desavenencia, habiendo ella y sus hermanos tenido la benevolencia de acudir adonde él, Jesús interrumpiría inmediatamente su discurso para reunirse con ellos en cuanto se enterara de que lo estaban esperando.

Fue éste otro de esos casos en los que su familia terrestre no podía comprender que él debía ocuparse de los asuntos de su Padre. Así pues María y sus hermanos se sintieron profundamente heridos cuando, a pesar de que interrumpió su discurso para recibir el mensaje, en vez de salir corriendo a su encuentro, levantó su voz melodiosa para decir: «Decid a mi madre y a mis hermanos que no teman por mí. El Padre que me envió a este mundo no me abandonará; tampoco sufrirá mi familia daño alguno. Decidles que tengan coraje y que confíen en el Padre del reino. Pero, después de todo, ¿quién es mi madre y quiénes son mis hermanos?» Y abriendo los brazos a todos sus discípulos reunidos en la sala, dijo: «Yo no tengo madre; yo no tengo hermanos. ¡Contemplad a mi madre y a mis hermanos! Puesto que el que haga la voluntad de mi Padre que está en el cielo, ése es mi madre, mi hermano y mi hermana.»

Al oír estas palabras, María cayó desmayada en los brazos de Judá. La llevaron al jardín para reanimarla mientras Jesús articulaba las palabras finales de su mensaje de despedida. Quiso ir entonces a conferenciar con su madre y sus hermanos, pero llegó un mensajero urgente de Tiberias trayendo la noticia de que ya venían los oficiales del sanedrín con permiso para arrestar a Jesús y llevarlo a Jerusalén. Andrés recibió este mensaje e interrumpiendo a Jesús, se lo transmitió.

Andrés no recordaba que David había apostado unos veinte y cinco centinelas alrededor de la casa de Zebedeo, para que nadie pudiera sorprenderlos; por eso preguntó a Jesús qué debían hacer. El Maestro permaneció de pie, callado, mientras su madre, habiendo oído las palabras, «yo no tengo madre», se estaba recuperando del golpe en el jardín. En ese preciso instante, una mujer en la sala se puso de pie y exclamó: «Bendito sea el vientre que te dio a luz y benditos sean los pechos que te amamantaron». Jesús se volvió por un momento de su conversación con Andrés para responder a esta mujer diciendo: «No, más bien bendito es aquel que escucha la palabra de Dios y se atreve a obedecerla.»

María y los hermanos de Jesús pensaban que Jesús no los comprendía, que había perdido el interés en ellos, sin darse cuenta que eran ellos los que no comprendían a Jesús. Jesús comprendía plenamente cuán difícil era para los hombres romper con su pasado. Sabía cómo gana el predicador a los seres humanos con su elocuencia, cómo responde la conciencia al llamado emocional así como la mente responde a la lógica y a la razón, pero también sabía cuánto más difícil es persuadir a los hombres a que *deshereden el pasado*.

Es por siempre verdad que todos los que piensan que son mal comprendidos o que no son apreciados tienen en Jesús un amigo comprensivo y un consejero compasivo. El había advertido a sus apóstoles que los enemigos de un hombre pueden estar en su propia casa, pero apenas si se había percatado cuán cerca estaba esta predicción de su propia experiencia. Jesús no abandonó a su familia terrenal para hacer el trabajo de su Padre —ellos lo abandonaron a él. Más tarde, después de la muerte y resurrección del Maestro, cuando Santiago se relacionó con el primitivo movimiento cristiano, sufrió inconmensurablemente por no haber sabido disfrutar esta asociación anterior con Jesús y sus discípulos.

Al pasar por estos acontecimientos, Jesús eligió ser guiado por el conocimiento limitado de su mente humana. Deseó pasar la experiencia con sus asociados como un ser humano y nada más. En la mente humana de Jesús estaba su intención de ver a su familia antes de irse. No quiso interrumpir su discurso, porque no deseaba transformar este primer encuentro después de tan larga separación en un espectáculo público. Tenía la intención de terminar su discurso y luego reunirse con ellos antes de partir, pero este plan fue frustrado por la conspiración de los acontecimientos que siguieron inmediatamente.

La urgencia de su huida se acrecentó por la llegada a la puerta de atrás de la casa de Zebedeo de un grupo de mensajeros de David. La conmoción producida por estos hombres asustó a los apóstoles que pensaron que ya llegaban los aprehensores, y temiendo un arresto inmediato, salieron de prisa por la puerta de adelante, hacia la barca que estaba esperando. Y todo esto explica por qué Jesús no vio a su familia que estaba esperando en la terraza de atrás.

Pero sí dijo a David Zebedeo al subir a la barca en rápida huida: «Diles a mi madre y a mis hermanos que agradezco su venida, y que tenía la intención de verlos. Adviérteles que no se ofendan, sino más bien que traten de buscar el conocimiento de la voluntad de Dios y de obtener la gracia y el coraje para hacer esa voluntad.»

7. LA APRESURADA HUIDA

Así pues la mañana de este domingo 22 de mayo del año 29 d. de J.C., Jesús se embarcó con sus doce apóstoles y los doce evangelistas, huyendo apresuradamente de los oficiales del sanedrín que se dirigían a Betsaida con el permiso de Herodes Antipas para arrestarlo y llevarlo a Jerusalén, donde lo juzgarían porque había sido acusado de blasfemia y de otras contravenciones a las leyes sagradas de los judíos. Eran casi las ocho y media de esta hermosa mañana cuando estos veinte y cinco se sentaron en la barca y remaron hacia la costa oriental del Mar de Galilea.

Seguía a la barca del Maestro una embarcación más pequeña, que contenía a seis de los mensajeros de David, quienes tenían instrucciones de mantenerse en contacto con Jesús y sus asociados y asegurarse de que la información de sus andanzas y de su seguridad se transmitiera regularmente a la casa de Zebedeo en Betsaida, que había servido como cuartel general de la obra del reino durante cierto tiempo. Pero Jesús no se albergaría nunca más en la casa de Zebedeo. De aquí en adelante, por el resto de su vida en la tierra, el Maestro verdaderamente «no tendría dónde recostar su cabeza». Ya no tenía ni siquiera la semejanza de una morada establecida.

Remaron hasta cerca de la aldea de Queresa, confiaron la barca a los cuidados de amigos, y comenzaron las peregrinaciones de este último año memorable en la vida del Maestro en la tierra. Permanecieron cierto tiempo en los dominios de Felipe, yendo de Queresa a Cesarea de Filipo, y de ahí camino hacia la costa de Fenicia.

La multitud permaneció alrededor de la casa de Zebedeo observando estas dos embarcaciones que navegaban por el lago hacia la orilla oriental. Ya estaban bien alejados cuando llegaron los oficiales de Jerusalén buscando a Jesús. Se negaban a creer que se les había escapado, y mientras Jesús y sus asociados estaban viajando hacia el norte por Batanea, los fariseos y sus asistentes pasaron casi una semana entera buscándole en vano en las cercanías de Capernaum.

La familia de Jesús volvió a su casa en Capernaum, y allí pasaron casi una semana hablando, discutiendo y orando. Estaban llenos de confusión y consternación. No pudieron tranquilizarse hasta el jueves por la tarde, cuando volvió Ruth de visitar la casa de Zebedeo, y les dijo que había oído de David que su padre-hermano estaba a salvo y en buena salud, abriéndose camino hacia la costa de Fenicia.

DOCUMENTO 155

LA HUIDA POR LA GALILEA DEL NORTE

POCO después de echar ancla cerca de Queresa en este memorable domingo, Jesús y los veinticuatro anduvieron un tramo hacia el norte, donde pasaron la noche en un hermoso parque al sur de Betsaida-Julias. Conocían este sitio para acampar, habiéndose detenido allí en el pasado. Antes de retirarse por la noche, el Maestro convocó a su alrededor a sus seguidores y habló con ellos de los planes para la gira proyectada a través de Batanea y Galilea del norte, hasta la costa fenicia.

1. ¿POR QUÉ SE AMOTINAN LOS PAGANOS?

Dijo Jesús: «Todos vosotros deberíais recordar cómo habló el salmista sobre estos tiempos, diciendo: '¿Por qué se amotinan los paganos, y los pueblos conspiran en vano? Se levantarán los reyes de la tierra, y los príncipes de los pueblos consultarán unidos contra el Señor y contra su ungido, diciendo: rompamos las cadenas de la misericordia y echemos de nosotros las cuerdas del amor'.

«Hoy veis cumplirse todo esto ante vuestros ojos. Pero no veréis cumplido el resto de la profecía del salmista, porque él tenía ideas erróneas sobre el Hijo del Hombre y su misión en la tierra. Mi reino está fundado en el amor, proclamado en la misericordia y establecido mediante el servicio generoso. Mi Padre no está sentado en el cielo riéndose y burlándose de los paganos. No está lleno de furor en su gran desagrado. Es verdad la promesa de que el Hijo heredará a los así llamados paganos (en realidad, sus hermanos ignorantes y que no han recibido enseñanza). Yo recibiré a estos gentiles con los brazos abiertos con misericordia y afecto. Toda esta amante misericordia será mostrada a los así llamados paganos, a pesar de la desafortunada declaración en las escrituras que anuncia que el Hijo triunfante 'los quebrantará con vara de hierro, y como vasijas de alfarero los desmenuzará'. El salmista os exhortó: 'servid al Señor con temor'; yo os pido que ingreséis a los exaltados privilegios de filiación divina por la fe; él os ordena que os alegréis con temblor. Yo os pido que os regocijéis con seguridad. Él dice: 'Besad al Hijo, para que se no enoje, y perezcáis al inflamarse su furor'. Pero vosotros habéis vivido conmigo y bien sabéis que el enfado y la ira no forman parte del establecimiento del reino del cielo en el corazón de los hombres. Sin embargo, el salmista vislumbró la verdadera luz cuando, al cerrar esta exhortación, dijo: 'Benditos sean los que en este Hijo confían'».

Jesús continuó enseñando a los veinticuatro, diciendo: «Los paganos tienen cierta razón al rabiar contra nosotros. Debido a que su enfoque es limitado y estrecho, pueden concentrar sus energías con entusiasmo. Su objetivo es cercano y más o menos visible; por eso luchan con valentía y eficacia para que se lo logren. Vosotros que habéis profesado entrar al reino del cielo, sois demasiado vacilantes e imprecisos en vuestra conducta de la enseñanza. Los paganos atacan directamente por sus objetivos; vosotros sois culpables de añoranza excesiva y crónica. Si deseáis entrar al reino,

¿por qué no lo tomáis con un asalto espiritual así como los paganos toman una ciudad sitiada? Casi no sois merecedores del reino si vuestro servicio consiste en tan gran parte en una actitud de deplorar del pasado, lamento por el presente, y vana esperanza por el futuro. ¿Por qué rabian los paganos? Porque no conocen la verdad. ¿Por qué vosotros languidecéis en fútiles añoranzas? Porque *no obedecéis* la verdad. Dejad vuestras añoranzas inútiles y adelantaos valientemente haciendo lo que corresponde al establecimiento del reino.

«En todo lo que hacéis, no os volváis dogmáticos y superespecializados. Los fariseos que buscan nuestra destrucción, de cierto piensan que están sirviendo a Dios. Tanto los ha limitado la tradición, que están enceguecidos por el prejuicio y endurecidos por el terror. Considerad a los griegos, que tienen una ciencia sin religión, mientras que los judíos, tienen una religión sin ciencia. Y cuando los hombres se desorientan de esta manera, aceptando una desintegración estrecha y confusa de la verdad, su única esperanza de salvación es coordinarse en la verdad —convertirse.

«Dejadme declarar enfáticamente esta verdad eterna: si vosotros, mediante la coordinación en la verdad, aprendéis a ejemplificar en vuestras vidas esta hermosa totalidad de rectitud, vuestros semejantes os seguirán entonces para ganar lo que habéis así adquirido. La medida en que atraéis a los buscadores de la verdad representa la medida de vuestra dotación de la verdad, vuestra rectitud. El esfuerzo que tengáis que hacer para llegar al pueblo con vuestro mensaje es, en cierto modo, la medida de vuestra deficiencia para vivir una vida plena o recta, la vida coordinada en la verdad».

Muchas otras cosas el Maestro enseñó a sus apóstoles y los evangelistas antes de que ellos le desearan las buenas noches y apoyaran la cabeza sobre la almohada.

2. LOS EVANGELISTAS EN CORAZÍN

El lunes 23 de mayo por la mañana Jesús ordenó a Pedro que fuera a Corazín con los doce evangelistas, mientras él, con los once, partía hacia Cesarea de Filipo por la vía del Jordán hasta la carretera de Damasco—Capernaum, de allí al noreste hasta la unión con la carretera a la ciudad de Cesarea de Filipo, en donde permanecieron y enseñaron por dos semanas. Llegaron por la tarde del martes 24 de mayo.

Pedro y los evangelistas permanecieron en Corazín durante dos semanas, predicando el evangelio del reino a un grupo pequeño, pero sincero, de creyentes. Pero no pudieron ganar muchos conversos nuevos. Ninguna ciudad de Galilea entregó al reino tan pocas almas como Corazín. De acuerdo con las instrucciones de Pedro, los doce evangelistas poco dijeron sobre curaciones —las cosas físicas— mientras predicaban y enseñaban con vigor aumentado, las verdades espirituales del reino celestial. Estas dos semanas en Corazín constituyeron un verdadero bautismo de adversidades para los doce evangelistas porque fue el período más difícil y menos productivo de su carrera hasta ese momento. Sintiéndose así privados de la satisfacción de ganar almas para el reino, cada uno de ellos evaluó más honesta y sinceramente su propia alma y su progreso en los caminos espirituales de la nueva vida.

Cuando fue aparente que no había más gente que deseara entrar al reino, el martes 7 de junio, Pedro reunió a sus asociados y partió para Cesarea de Filipo para reunirse con Jesús y los apóstoles. Llegaron alrededor del mediodía del miércoles y pasaron la entera tarde comentando sus experiencias que tuvieron con los no creyentes de Corazín. Durante las discusiones de esta tarde, Jesús hizo otra referencia a la parábola del sembrador y les enseñó mucho sobre el significado del aparente fracaso de las empresas de la vida.

3. EN CESAREA DE FILIPO

Aunque Jesús no hizo ningún trabajo público durante estas dos semanas de estadía cerca de Cesarea de Filipo, los apóstoles celebraron numerosas reuniones vespertinas tranquilas en la ciudad, y muchos de los creyentes concurrieron al campamento para hablar con el Maestro. Muy pocos fueron agregados al grupo de creyentes como resultado de esta visita. Jesús habló con los apóstoles cada día, y discernieron más claramente que estaba empezando una nueva fase de la tarea de predicación del reino del cielo. Estaban comenzando a comprender que el «reino del cielo no es comida y bebida, sino la comprensión de la felicidad espiritual de la aceptación de la filiación divina».

La estadía en Cesarea de Filipo fue una verdadera prueba para los once apóstoles; fueron dos semanas difíciles para todos ellos. Estaban muy deprimidos, y extrañaban la estimulación periódica de la entusiasta personalidad de Pedro. En estos momentos, era realmente una gran aventura y una prueba creer en Jesús y seguirlo. Aunque lograron pocos conversos durante esas dos semanas, mucho aprendieron de las conferencias diarias con el Maestro, lo que les fue altamente beneficioso.

Los apóstoles aprendieron que los judíos estaban espiritualmente estancados y moribundos porque habían cristalizado la verdad en un credo; que cuando la verdad se formula como una línea divisoria de exclusividad farisaica y engreída, en lugar de servir como signo de guía y progreso espiritual, estas enseñanzas pierden su poder creador y dador de vida y, en último término, se tornan meramente preservativas y fosilizantes.

Cada vez más aprendieron de Jesús a considerar a las personalidades humanas en términos de sus posibilidades en el tiempo y en la eternidad. Aprendieron que muchas almas pueden ser conducidas mejor a amar al Dios invisible si se les enseña primero a amar a sus hermanos a quienes pueden ver. Y fue en relación con esto, en que se asignó un nuevo significado a la declaración del Maestro sobre el servicio desprendido a los semejantes: «Lo que hicisteis por uno de los más humildes de mis hermanos, lo hicisteis por mí.»

Una de las grandes lecciones de esta estadía en Cesarea tuvo que ver con el origen de las tradiciones religiosas, con el grave peligro de permitir que se les atribuya una importancia sagrada a objetos no sagrados, a ideas comunes o acontecimientos cotidianos. De una de las conferencias emergieron con la enseñanza de que la verdadera religión era la lealtad plena del hombre a sus convicciones más altas y más veraces.

Jesús advirtió a sus creyentes que, si sus deseos religiosos eran puramente materiales, un mayor conocimiento de la naturaleza los privaría en última instancia de su fe en Dios debido al desplazamiento progresivo del origen supuestamente supernatural de las cosas. Pero que, si su religión era espiritual, el progreso de la ciencia física no podría jamás alterar su fe en las realidades eternas y en los valores divinos.

Aprendieron que, cuando la religión es totalmente espiritual en su motivación, hace más valiosa la vida entera, llenándola de altos propósitos, dignificándola con valores transcendentales, inspirándola con motivos elevados, y consolando mientras tanto al alma humana con una sublime y alentadora esperanza. La verdadera religión tiene el propósito de disminuir el esfuerzo de la existencia; libera la fe y el valor para la vida diaria y el servicio desinteresado. La fe promueve la vitalidad espiritual y los frutos de la rectitud.

Jesús enseñó repetidamente a sus apóstoles que ninguna civilización puede sobrevivir por largo tiempo, la pérdida de lo mejor de su religión. No se cansó nunca de hacerles observar a los doce el gran peligro de aceptar símbolos y ceremonias religiosos en lugar de la experiencia religiosa. Su entera vida terrenal fue constantemente dedicada a la misión de derretir las formas congeladas de la religión en las libertades líquidas de la filiación esclarecida.

4. EN EL CAMINO A FENICIA

El jueves 9 de junio por la mañana, después de recibir noticia sobre el progreso del reino, traída de Betsaida por los mensajeros de David, este grupo de veinticinco instructores de la verdad partió de Cesarea de Filipo para comenzar su viaje a la costa de Fenicia. Pasaron rodeando la región pantanosa, camino a Luz, hasta el punto de unión con el camino de Magdala al Monte Líbano, de allí al cruce con el camino que conducía a Sidón, llegando allí el viernes por la tarde.

Al pausar para almorzar bajo la sombra de unas rocas inclinadas, cerca de Luz, Jesús hizo uno de los más notables discursos que sus apóstoles le habían escuchado jamás a lo largo de todos sus años de asociación con él. Acababan de sentarse para romper pan cuando Simón Pedro le preguntó a Jesús: «Maestro, puesto que el Padre en el cielo lo sabe todo, y puesto que su espíritu es nuestro apoyo en el establecimiento del reino del cielo en la tierra, ¿por qué huimos de las amenazas de nuestros enemigos? ¿Por qué nos negamos a enfrentarnos con los enemigos de la verdad?» Pero antes de que Jesús hubiera comenzado a contestar la pregunta de Pedro, Tomás interrumpió diciendo: «Maestro, realmente quisiera saber qué hay de erróneo en la religión de nuestros enemigos en Jerusalén. ¿Cuál es la real diferencia entre su religión y la nuestra? ¿Por qué tenemos tantas creencias diversas si todos nosotros profesamos

servir al mismo Dios?» Cuando Tomás hubo terminado, Jesús dijo: «Aunque no deseo ignorar la pregunta de Pedro, porque bien sé cuán fácil sería interpretar mal mis razones para evitar un encuentro abierto con los potentados de los judíos en este preciso momento, será más útil para todos vosotros que yo elija más bien responder a la pregunta de Tomás. Y eso es pues lo que haré cuando hayáis terminado vuestro almuerzo».

5. EL DISCURSO SOBRE LA VERDADERA RELIGIÓN

Este memorable discurso sobre la religión, resumido y expresado en fraseología moderna, dio expresión a las siguientes verdades:

Aunque las religiones del mundo tienen un doble origen —natural y revelatoria— en cualquier momento y en cualquier pueblo se encuentran tres formas distintas de devoción religiosa. Y estas tres manifestaciones del impulso religioso son:

1. *La religión primitiva*. El impulso seminatural e instintivo de temer las energías misteriosas y adorar las fuerzas superiores, principalmente una religión de la naturaleza física, la religión del miedo.

2. *La religión de la civilización*. Los conceptos y prácticas religiosos en avance de las razas en vías de civilización —la religión de la mente— la teología intelectual de la autoridad de una tradición religiosa establecida.

3. *La verdadera religión —la religión de la revelación*. La revelación de los valores supernaturales, una visión parcial de las realidades eternas, una diminuta visión de la bondad y belleza del carácter infinito del Padre en el cielo —la religión del espíritu tal como es demostrada en la experiencia humana.

El Maestro se negó a menospreciar la religión de los sentidos físicos y los temores supersticiosos del hombre natural, aunque deploró el hecho de que tanto de esta forma primitiva de adoración hubiera de persistir en las formas religiosas de las razas más inteligentes de la humanidad. Jesús aclaró que la gran diferencia entre la religión de la mente y la religión del espíritu es que, mientras la primera es sostenida por la autoridad eclesiástica, la última está completamente basada en la experiencia humana.

Luego el Maestro, en su hora de enseñanza, aclaró así estas verdades:

Hasta que las razas se vuelvan altamente inteligentes y más plenamente civilizadas, persistirán muchas de esas ceremonias infantiles y supersticiosas que son tan características de las prácticas religiosas evolucionarias de los pueblos primitivos y atrasados. Hasta que la raza humana progrese al nivel de un reconocimiento más alto y más general de las realidades de la experiencia espiritual, gran número de hombres y mujeres continuarán mostrando una preferencia personal por esas religiones autoritarias que requieren tan sólo consentimiento intelectual, en contraste con la religión del espíritu, que presupone la participación activa de la mente y del alma en la aventura de fe de luchar cuerpo a cuerpo con las realidades rigurosas de la progresiva experiencia humana.

La aceptación de las religiones tradicionales autoritarias presenta el camino más fácil para el impulso humano de buscar la satisfacción de los deseos de su naturaleza espiritual. Las religiones establecidas, cristalizadas y monolíticas de autoridad permiten un refugio inmediato, al que puede acogerse el alma distraída y afligida del hombre, cuando la atormenta el miedo y la aflige la inseguridad. Tal religión requiere de sus devotos, como precio por sus satisfacciones y garantías, sólo un consentimiento pasivo y puramente intelectual.

Por mucho tiempo vivirán en la tierra esos individuos temerosos, miedosos y titubeantes que preferirán asegurarse de esta manera sus consuelos religiosos, aunque, al unirse a las religiones de autoridad, comprometan la soberanía de su personalidad, rebajen la dignidad del autorrespeto, y abandonen completamente el derecho a participar en la más conmovedora e inspiradora de todas las experiencias humanas posibles: la búsqueda personal de la verdad, la alegría de enfrentar los peligros del descubrimiento intelectual, la determinación de explorar las realidades de la experiencia religiosa personal, la satisfacción suprema de experimentar el triunfo personal de la comprensión real de la victoria de la fe espiritual sobre las dudas intelectuales, ganada honestamente en la suprema aventura de toda existencia humana —el hombre buscando a Dios, para sí y como tal, y encontrándolo.

La religión del espíritu significa esfuerzo, lucha, conflicto, fe, determinación, amor, lealtad, y progreso. La religión de la mente —la teología de la autoridad— requiere poco o nada de estos esfuerzos de sus creyentes formales. La tradición es un refugio seguro y un camino fácil para esas almas temerosas e indiferentes que instintivamente evitan las luchas espirituales y las incertidumbres mentales asociadas con esos viajes de osada aventura de la fe, a los altos mares de la verdad no explorada, en búsqueda de las orillas más lejanas de las realidades espirituales, como pueden ser descubiertas por la progresiva mente humana y experimentadas por el alma humana en evolución.

Jesús continuó diciendo: «En Jerusalén, los líderes religiosos han formulado las varias doctrinas, de sus instructores tradicionales y de profetas de otros tiempos, dentro de un sistema establecido de creencias intelectuales, la religión de autoridad. Estas religiones atraen principalmente a la mente. Ahora estamos a punto de entrar en un conflicto devastador con ese tipo de religión, puesto que pronto comenzaremos la audaz proclamación de una nueva religión —una religión que no es religión según el significado de hoy de esta palabra, una religión que apela principalmente al espíritu divino de mi Padre que reside en la mente del hombre; una religión que derivará su autoridad de los frutos de su aceptación, que tan certeramente aparecerán en la experiencia personal de todos los que real y verdaderamente se vuelvan creyentes de las verdades de esta comunión espiritual más elevada».

Señalando a cada uno de los veinticuatro y llamándolos por su nombre, Jesús dijo: «Ahora pues, ¿cuál de vosotros prefiere tomar el camino fácil de la conformidad a una religión establecida y fosilizada, tal como es defendida por los fariseos en Jerusalén, en vez de sufrir las dificultades y persecuciones que acompañarán la misión de proclamar un mejor camino de salvación para los hombres, mientras comprendéis la satisfacción de descubrir por vosotros mismos las bellezas de las realidades de una experiencia viviente y personal en las verdades eternas y grandezas supremas del reino del cielo? ¿Estáis temerosos, buscáis la comodidad, la facilidad? ¿Tenéis miedo de confiar vuestro futuro en las manos del Dios de la verdad, cuyos hijos sois vosotros? ¿Acaso no confiáis en el Padre, cuyos hijos sois vosotros? ¿Volveréis al fácil camino de la seguridad y de la quietud intelectual de la religión de autoridad tradicional, o bien os prepararéis para adelantaros conmigo en el incierto y atribulado futuro de proclamar las nuevas verdades de la religión del espíritu, el reino del cielo en el corazón de los hombres?»

Todos sus veinticuatro oyentes se pusieron de pie, para significar su respuesta unida y leal a éste, uno de los pocos llamados emocionales que Jesús jamás les hiciera, pero él levantó la mano y los detuvo, diciendo: «Apartaos ahora por vuestra cuenta, cada hombre a solas con el Padre, y encontrad allí la respuesta no emotiva a mi pregunta, y habiendo encontrado esa actitud verdadera y sincera del alma, enunciad esa respuesta, libre y audazmente, a mi Padre y vuestro Padre, cuya infinita vida de amor es el espíritu mismo de la religión que proclamamos».

Los evangelistas y apóstoles se apartaron por su cuenta durante un corto período. Su espíritu estaba elevado, su mente inspirada, y sus emociones, poderosamente sacudidas por las palabras de Jesús. Pero cuando Andrés los reunió, el Maestro tan sólo dijo: «Reanudemos pues nuestro viaje. Vamos a Fenicia para pasar una temporada, y todos vosotros debéis orar al Padre para que transforme vuestras emociones de mente y cuerpo en las más elevadas lealtades de mente y más satisfactorias experiencias del espíritu».

Al reanudar su viaje por el camino, los veinticuatro estaban callados, pero finalmente comenzaron a hablarse unos a los otros, y a las tres de esa tarde ya no podían seguir caminando; se detuvieron y Pedro, acercándose a Jesús, dijo: «Maestro, tú nos has hablado las palabras de la vida y de la verdad. Quisiéramos oír más; te imploramos que nos hables más sobre estos asuntos».

6. El segundo discurso sobre la religión

Así pues, mientras pausaban a la sombra de la colina, Jesús continuó enseñándoles sobre la religión del espíritu, diciendo en substancia:

Habéis salido de entre aquellos de vuestros semejantes que se quedan satisfechos con una religión de la mente, ansían la seguridad y prefieren el conformismo. Habéis elegido cambiar vuestros sentimientos de seguridad autoritaria por la seguridad del espíritu de fe progresiva y aventurosa. Habéis osado protestar contra la esclavitud abrumadora de la religión institucional y rechazar la autoridad de las tradiciones registradas que ahora se consideran la palabra de Dios. Nuestro Padre en efecto habló a través de Moisés, Elías, Isaías, Amós y Oseas. Pero no cesó de ministrar palabras de verdad al mundo cuando estos profetas de la antigua edad dejaron de pronunciarlas. Mi Padre no hace acepción de razas ni de generaciones, no vierte la palabra de la verdad sobre una era y se niega a concederla a otra. No cometáis la locura de llamar divino lo que es completamente humano, y no dejéis de discernir las palabras de la verdad que no vienen a través de los oráculos tradicionales de la supuesta inspiración.

Os he llamado para que renazcáis, para que nazcáis del espíritu. Os he llamado de las tinieblas de la autoridad y de la letargia de la tradición a la luz trascendental de la comprensión de la posibilidad de hacer por vosotros mismos el más grande descubrimiento posible para el alma humana —la excelsa experiencia de encontrar a Dios por vosotros mismos, en vosotros mismos y de vosotros mismos, y de hacer todo esto como un hecho de vuestra experiencia personal. Así pues podréis pasar desde la muerte a la vida, desde la autoridad de la tradición a la experiencia de conocer a Dios; así pasaréis de las tinieblas a la luz, de la fe racial heredada a una fe personal alcanzada por experiencia real; y así progresaréis de una teología de la mente traspasada por vuestros antepasados a una verdadera religión del espíritu que será construida en vuestras almas como dote eterna.

Vuestra religión cambiará de la mera creencia intelectual en la autoridad tradicional a la experiencia real de esa fe viviente que es capaz de alcanzar la realidad de Dios y todo lo que se relaciona con el espíritu divino del Padre. La religión de la mente os vincula sin esperanzas al pasado; la religión del espíritu consiste en la revelación progresiva y os llama constantemente a alcances más altos y santos en ideales espirituales y en realidades eternas.

Aunque la religión de autoridad pueda impartir un sentimiento inmediato de seguridad establecida, pagáis por esa satisfacción pasajera el precio de la pérdida de vuestra libertad espiritual y religiosa. Mi Padre no requiere de vosotros como precio para entrar al reino del cielo que os forcéis a suscribiros a una creencia en cosas que son espiritualmente repugnantes, profanas y falsas. No se os requiere que vuestro propio sentido de la misericordia, justicia y verdad sea ofendido por la sumisión a un sistema desgastado de formas y ceremonias religiosas. La religión del espíritu os deja por siempre libres para seguir la verdad, dondequiera os lleve la guía del espíritu. ¿Quién puede juzgar —tal vez este espíritu tenga algo que impartir a esta generación que otras generaciones se han negado a escuchar?

¡Vergüenza deberían tener esos falsos instructores religiosos que arrastran almas hambrientas de vuelta al oscuro y distante pasado y allí las dejan! Así pues estas desafortunadas personas están destinadas a asustarse de todo nuevo descubrimiento, y a desconcertarse ante toda nueva revelación de la verdad. El profeta que dijo: «Aquel cuyo pensamiento persevera en Dios será conservado en paz perfecta» no era un simple creyente intelectual en la teología autoritaria. Este ser humano conocedor de la verdad había descubierto a Dios; no estaba meramente hablando sobre Dios.

Os advierto que abandonéis la práctica de citar constantemente a los profetas del pasado y de alabar a los héroes de Israel; aspirad más bien a tornaros profetas vivientes del Altísimo y héroes espirituales del reino venidero. Honrar a los antiguos líderes conocedores de Dios indudablemente puede ser algo que vale la pena, pero ¿por qué, al hacerlo, debéis sacrificar la experiencia suprema de la existencia humana: encontrar a Dios por vosotros mismos y conocerle en vuestra propia alma?

Cada raza de la humanidad tiene su propio enfoque mental sobre la existencia humana; por consiguiente, la religión de la mente siempre debe ser fiel a estos varios puntos de vista raciales. Las religiones de autoridad no pueden jamás llegar a la unificación. La unidad humana y la hermandad de los mortales pueden ser alcanzadas tan sólo por la superdote de la religión del espíritu y a través de ésta. Las mentes raciales pueden diferir, pero la humanidad toda está habitada por el mismo espíritu divino y eterno. La esperanza de la hermandad humana tan sólo puede realizarse cuando y a medida que la ennoblecedora y unificante religión del espíritu —la religión de la experiencia personal espiritual— las impregne y las eclipse las religiones mentales de autoridad divergentes.

Las religiones de autoridad tan sólo pueden dividir a los hombres y ponerlos en orden de batalla consciente, los unos contra los otros; la religión del espíritu atraerá progresivamente a los hombres unos a los otros y hará que se tornen compasivamente comprensivos los unos de los otros. Las religiones de autoridad requieren de los hombres una uniformidad en la creencia, pero esto es imposible de lograr en el presente estado del mundo. La religión del espíritu requiere tan sólo unidad de experiencia —uniformidad de destino— permitiendo la plena diversidad de la creencia. La religión del espíritu requiere solamente uniformidad de discernimiento, no uniformidad de punto de vista ni de opinión. La religión del espíritu no exige uniformidad de puntos de vista intelectuales, tan sólo unidad de sentimientos espirituales. Las religiones de autoridad se cristalizan en credos sin vida; la religión del espíritu crece en el regocijo y libertad en aumento en las acciones ennoblecedoras de servicio amante y ministración misericordiosa.

Pero cuidaos de considerar con desdén a los hijos de Abraham, porque hayan caído en estos malos tiempos de esterilidad tradicional. Nuestros antepasados se dedicaron de lleno a la búsqueda persistente y apasionada de Dios, y lo encontraron como ninguna otra raza humana lo ha conocido desde los tiempos de Adán, quien mucho sabía de todo esto puesto que él mismo era Hijo de Dios. Mi Padre no ha dejado de apreciar la larga e incansable lucha de Israel por encontrar a Dios y conocer a Dios desde los días de Moisés. Durante largas generaciones, los judíos no han dejado de trabajar, sudar, luchar, penar y soportar los sufrimientos y experimentar las pesadumbres de un pueblo despreciado y mal comprendido, todo ello para acercarse un poco más al descubrimiento de la verdad sobre Dios. A pesar de todos los fracasos y errores de Israel, nuestros antepasados, desde Moisés hasta los tiempos de Amós y Oseas, revelaron cada vez más para todo el mundo una imagen cada vez más clara y más verdadera del Dios eterno. Así pues fue preparado el camino para la revelación aún más grande del Padre que vosotros habéis sido llamados a compartir.

No olvidéis jamás que hay tan sólo una aventura que es más satisfactoria y emocionante que el intento de descubrir la voluntad del Dios vivo, y ésa es la experiencia suprema de tratar honestamente de hacer la voluntad divina. No dejéis de recordar que la voluntad de Dios puede cumplirse en cualquier ocupación terrenal. No hay unas vocaciones que sean santas y otras que sean seculares. Todas las cosas son sagradas en la vida de los que son conducidos por el espíritu; o sea, subordinados a la verdad, ennoblecidos por el amor, dominados por la misericordia, y controlados por la ecuanimidad —la justicia. El espíritu que mi Padre y yo enviaremos al mundo es no solamente el Espíritu de la Verdad, sino también el espíritu de la belleza idealista.

Debéis dejar de buscar la palabra de Dios tan sólo en las páginas de los viejos libros de la autoridad teológica. Los que han nacido del espíritu de Dios de ahora en adelante discernirán la palabra de Dios sea donde fuere que ésta parezca originarse. La verdad divina no debe ser desechada porque el canal de su transmisión sea aparentemente humano. Muchos de vuestros hermanos aceptan la teoría de Dios con la mente pero espiritualmente no consiguen comprender la presencia de Dios. Ésta es justamente la razón por la cual tan a menudo os he enseñado que el reino del cielo puede ser comprendido mejor si se adquiere la actitud espiritual de un niño sincero. No es la inmadurez mental del niño la que os recomiendo, sino más bien *la simpleza espiritual* de un pequeño que cree con facilidad y confía plenamente. No es tan importante que conozcáis el hecho de Dios como que crezcáis cada vez más en la habilidad de *sentir la presencia de Dios.*

Cuando empecéis a encontrar a Dios en vuestra alma, pronto comenzaréis a descubrirlo en el alma de otros hombres y a su debido tiempo en todas las criaturas y creaciones de un poderoso universo. Pero ¿qué oportunidad tiene el Padre de aparecer como un Dios de lealtades supremas e ideales divinos en el alma de los hombres que dedican poco o ningún tiempo a la contemplación reflexiva de estas realidades eternas? Aunque la mente no es el asiento de la naturaleza espiritual, es por cierto la compuerta.

Pero no cometáis el error de tratar de probar a otros hombres que habéis encontrado a Dios; no podéis producir conscientemente tal prueba válida, aunque existen dos demostraciones positivas y poderosas del hecho de que conocéis a Dios. Éstas son:

1. Los frutos del espíritu de Dios que se muestran en vuestra vida rutinaria diaria.

2. El hecho de que todo el plan de vuestra vida ofrece una prueba positiva de que habéis arriesgado sin reserva todo lo que sois y tenéis, en la aventura de la supervivencia después de la muerte, en perseguir la esperanza de encontrar al Dios de la eternidad, cuya presencia habéis saboreado por anticipado en el tiempo.

Ahora bien, no os equivoquéis, mi Padre siempre responderá a la más débil llama de fe. Él presta atención a las emociones físicas y supersticiosas del hombre primitivo. Y con esas almas honestas pero temerosas, cuya fe es tan débil que no llega a ser mucho más que conformidad intelectual a una actitud pasiva de consentimiento a las religiones de autoridad, el Padre está siempre alerta para honrar y promover aun estos débiles intentos de llegar a él. Pero vosotros, que habéis sido llamados de las tinieblas a la luz, debéis creer con todo vuestro corazón; vuestra fe dominará las actitudes combinadas de cuerpo, mente y espíritu.

Sois mis apóstoles; y para vosotros la religión no se volverá un refugio teológico al que podáis huir cuando temáis enfrentaros con las duras realidades del progreso espiritual y de la aventura idealista; sino más bien, vuestra religión se tornará el hecho de la experiencia real que atestigua que Dios os ha encontrado, os ha idealizado, ennoblecido y espiritualizado, y que os habéis embarcado en la aventura eterna de encontrar a Dios, quien así os ha encontrado y os ha hecho sus hijos.

Y cuando Jesús terminó de hablar, llamó a Andrés con un gesto y, señalando hacia el oeste, hacia Fenicia, dijo: «Sigamos pues nuestro camino».

DOCUMENTO 156

LA ESTADÍA EN TIRO Y SIDÓN

EL VIERNES 10 de junio por la tarde, Jesús y sus asociados llegaron a las cercanías de Sidón donde se detuvieron en la casa de una mujer pudiente que había sido paciente en el hospital de Betsaida en los tiempos en que Jesús estaba en la cumbre del favor popular. Los evangelistas y los apóstoles se alojaron con amigos de ella en el vecindario inmediato y descansaron el día del sábado en un ambiente sereno. Pasaron casi dos semanas y media en Sidón y en sus cercanías antes de prepararse para visitar las ciudades costeras del norte.

Este sábado de junio fue de gran tranquilidad. Los evangelistas y los apóstoles estaban completamente absortos en sus meditaciones sobre los discursos del Maestro acerca de la religión que habían escuchado camino a Sidón. Todos eran capaces de apreciar algo de lo que él les había dicho pero ninguno de ellos comprendía plenamente la importancia de su enseñanza.

1. LA MUJER SIRIA

Cerca de la casa de Karuska, donde se alojaba el Maestro, vivía una mujer siria que mucho había oído sobre Jesús como gran curador y maestro, y este sábado por la tarde vino con su hijita. La niña, de unos doce años de edad, estaba afligida por un doloroso trastorno nervioso que se caracterizaba por convulsiones y otras manifestaciones penosas.

Jesús había encargado a sus asociados que a nadie dijeran nada de su presencia en la casa de Karuska explicando que deseaba descansar. Aunque ellos obedecieron las instrucciones de su Maestro, la criada de Karuska fue a la casa de esta mujer siria, Norana, para informarle que Jesús se hallaba alojado en la casa de su ama y urgió a esta madre ansiosa que trajera a su hija afligida para que la curara. Esta madre, por supuesto, creía que su hija estaba poseída por un demonio, un espíritu impuro.

Cuando Norana llegó con su hija, los gemelos Alfeo explicaron mediante un intérprete que el Maestro estaba descansando y no podía ser molestado; por lo cual Norana replicó que ella y la niña permanecerían allí hasta que el Maestro terminara su descanso. Pedro también trató de razonar con ella y de persuadirla que se volviese a su casa. Explicó que Jesús estaba cansado de tanta enseñanza y curación, y que había venido a Fenicia para pasar un período de tranquilidad y descanso. Pero fue inútil. Norana no quería irse. Ante las exhortaciones de Pedro, ella tan sólo replicó: «No me iré hasta tanto no haya visto a vuestro Maestro. Yo sé que él puede echar al demonio que posee a mi niña, y no me iré hasta que el curador haya visto a mi hija».

Entonces Tomás trató de despedir a la mujer, pero tampoco tuvo éxito. Ella le dijo a él: «Tengo fe de que vuestro Maestro puede echar a este demonio que atormenta a mi hija. Me he enterado de sus obras poderosas en Galilea, y creo en él. ¿Qué es lo que os ha pasado a vosotros, sus discípulos, que despedís a los que vienen en busca de la ayuda de vuestro Maestro?» Y cuando así ella habló, Tomás se retiró.

Vino luego Simón el Zelote para argüir con Norana. Dijo Simón: «Mujer, eres una gentil que habla griego. No es justo que esperes que el Maestro tome el pan reservado a los hijos de la casa favorita y se lo eche a los perros». Pero Norana no se ofendió por las palabras de Simón. Tan sólo replicó: «Sí, maestro, comprendo tus palabras. Yo no soy sino un perro a los ojos de los judíos, pero en cuanto a vuestro Maestro, soy un perro creyente. Estoy decidida a que él vea a mi hija porque estoy persuadida de que, si tan sólo la mira, la curará. Y aun tú, buen hombre, no te atreverías a quitarle a los perros el privilegio de comer las migajas de pan que suelen caer de la mesa de los niños».

Precisamente en ese momento, la niñita sufrió una violenta convulsión delante de todos ellos, y la madre gritó: «He aquí, bien podéis ver que mi niña está poseída por un mal espíritu. Si nuestra necesidad no os conmueve, sí conmoverá a vuestro Maestro, quien según me han dicho, ama a todos los hombres y aun se atreve a curar a los gentiles cuando estos creen. Vosotros no sois dignos de ser sus discípulos. No me iré hasta que mi hija no esté curada».

Jesús, que había escuchado toda esta conversación por una ventana abierta, salió pues con gran sorpresa de ellos y dijo: «Oh mujer, grande es tu fe, tan grande que no puedo negarte lo que tú deseas; vete en paz. Tu hija ya ha sido curada». Y la niñita estuvo bien desde ese momento. Cuando Norana y la niña se despidieron, Jesús les advirtió que a nadie relataran este suceso; y aunque sus asociados sí cumplieron con esta solicitud, la madre y la niña no cesaron de proclamar el hecho de la curación de la pequeña a lo largo y a lo ancho de la región y aun en Sidón, tanto que Jesús halló conveniente mudarse de residencia pocos días más tarde.

Al día siguiente, al enseñar Jesús a sus apóstoles, comentando sobre la curación de la hija de la mujer siria, dijo: «Así ha sido desde un principio; podéis ver vosotros mismos cómo los gentiles son capaces de alimentar una fe salvadora en las enseñanzas del evangelio del reino del cielo. De cierto, de cierto os digo que los gentiles van tomar posesión del reino del Padre si los hijos de Abraham no están dispuestos a mostrar la fe necesaria para entrar en él».

2. La enseñanza en Sidón

Al llegar a Sidón, Jesús y sus asociados pasaron por un puente, el primero que muchos de ellos habían visto jamás. Al caminar sobre este puente, Jesús, entre otras cosas, dijo: «Este mundo es tan sólo un puente; podéis pasar por él, pero no debéis pensar en construir sobre él vuestra morada».

Mientras los veinticuatro comenzaron su labor en Sidón, Jesús fue a residir en una casa al norte de la ciudad, la casa de Justa y de su madre Berenice. Jesús enseñó a los veinticuatro todas las mañanas en la casa de Justa, y ellos salían a Sidón por la tarde y por la noche para enseñar y predicar.

Los apóstoles y los evangelistas estaban altamente regocijados por la forma en que los gentiles de Sidón recibían su mensaje; durante su corta estadía muchos fueron recibidos en el reino. Este período de unas seis semanas en Fenicia fue una época muy fructífera en el trabajo de ganar almas, pero los escritores judíos que más tarde escribieron los evangelios intentaron pasar por alto la cálida recepción de las enseñanzas de Jesús por parte de estos gentiles, en el momento preciso en que tantos de su propio pueblo se alineaban hostilmente contra él.

De muchas maneras los creyentes gentiles apreciaban las enseñanzas de Jesús más plenamente que los judíos. Muchos de estos sirofenicios de habla griega llegaron a saber no sólo que Jesús era como Dios sino también que Dios era como Jesús. Estos así llamados paganos alcanzaron a comprender bien las enseñanzas del Maestro sobre la uniformidad de las leyes de este mundo y del universo entero. Alcanzaron a entender la enseñanza de que Dios no hace acepción de personas, razas o naciones; que no hay favoritismos para el Padre universal; que el universo es completamente y para siempre respetuoso de la ley e infaliblemente confiable. Estos gentiles no tenían miedo de Jesús; se atrevieron a aceptar su mensaje. A través de todos los tiempos, los hombres no han sido incapaces de comprender a Jesús; han tenido miedo a hacerlo.

Jesús aclaró a los veinticuatro que él no había huido de Galilea porque le faltara el coraje para enfrentarse con sus enemigos. Ellos comprendieron que él no estaba aún listo para una batalla abierta con la religión establecida, y que no buscaba convertirse en mártir. Fue durante una de estas conferencias en la casa de Justa cuando el Maestro dijo por primera vez a sus discípulos que «aunque desaparezcan el cielo y la tierra, mis palabras de verdad no desaparecerán».

El tema de las instrucciones de Jesús durante la estadía en Sidón fue la progresión espiritual. Les dijo que no podían quedarse inmóviles; debían seguir adelantando en rectitud o retroceder en el mal y el pecado. Les advirtió que «olvidaran esas cosas que están en el pasado, y lucharan por adelantarse hasta abrazar las realidades más grandes del reino». Les imploró que no se conformaran con ser niños en el evangelio sino que lucharan por alcanzar la estatura plena de la filiación divina en la comunión del espíritu y en la hermandad de los creyentes.

Dijo Jesús: «Mis discípulos deben no sólo cesar de hacer el mal, sino que deben aprender a hacer el bien; debéis no solamente limpiaros de todo pecado consciente, sino también negaros a albergar aun los sentimientos de culpa. Si confesáis vuestros pecados, éstos serán perdonados; por consiguiente debéis mantener una conciencia libre de ofensa.»

Jesús mucho disfrutaba del agudo sentido del humor que exhibían estos gentiles. Fue el sentido del humor demostrado por Norana, la mujer siria, así como también su gran fe persistente, lo que tanto conmovió el corazón del Maestro y atrajo su misericordia. Jesús mucho lamentaba que su gente —los judíos— fueran tan faltos de humor. Cierta vez le dijo a Tomás: «Mi pueblo se toma a sí mismo demasiado en serio; casi son incapaces de apreciar el humor. La opresiva religión de los fariseos no podría haberse originado en un pueblo con sentido del humor. Les falta visión de conjunto; cuelan el mosquito y se tragan el camello.»

3. EL VIAJE COSTA ARRIBA

El martes 28 de junio, el Maestro y sus asociados partieron de Sidón, subiendo por la costa a Porfireón y Heldua. Fueron bien recibidos por los gentiles, y muchos fueron acogidos al reino durante esta semana de enseñanza y predicación. Los apóstoles predicaron en Porfireón y los evangelistas enseñaron en Heldua. Mientras los veinticuatro estaban así ocupados en su obra, Jesús los dejó por un período de tres o cuatro días, visitando la ciudad costera de Berito, donde conversó con un sirio llamado Malac, quien era creyente y había estado en Betsaida el año anterior.

El miércoles 6 de julio, todos ellos retornaron a Sidón y permanecieron en la casa de Justa hasta el domingo por la mañana, saliendo entonces rumbo a Tiro, hacia el sur a lo largo de la costa, por el camino de Sarepta, y llegando a Tiro el lunes 11 de julio. Para esta época, los apóstoles y los evangelistas estaban empezando a habituarse a trabajar entre los así llamados gentiles, que eran en realidad en gran parte descendientes de las antiguas tribus cananeas de aún anterior origen semita. Todos estos pueblos hablaban griego. Fue una gran sorpresa para los apóstoles y evangelistas observar el anhelo de estos gentiles por escuchar el evangelio y notar la prontitud con la que muchos de ellos creían.

4. En Tiro

Desde el 11 de julio hasta el 24 de julio enseñaron en Tiro. Cada uno de los apóstoles se llevó a uno de los evangelistas, y así de dos en dos enseñaron y predicaron en todas partes de Tiro y sus alrededores. La población políglota de este activo puerto marítimo los escuchaba con regocijo, y muchos fueron bautizados en la hermandad exterior del reino. Jesús estableció su cuartel general en la casa de un judío denominado José, un creyente, que vivía unos cinco o seis kilómetros al sur de Tiro, no lejos de la tumba de Hiram, que había sido rey de la ciudad-estado de Tiro en la era de David y Salomón.

Todos los días, durante este período de dos semanas, los apóstoles y evangelistas entraban a Tiro por el muelle de Alejandro para dirigir pequeñas reuniones, y todas las noches la mayoría de ellos retornaba al campamento en la casa de José al sur de la ciudad. Todos los días los creyentes salían de la ciudad para hablar con Jesús en su lugar de descanso. El Maestro habló en Tiro sólo una vez, en la tarde del 20 de julio, cuando enseñó a los creyentes sobre el amor del Padre por toda la humanidad y sobre la misión del Hijo de revelar el Padre a todas las razas humanas. Había tanto interés en el evangelio del reino entre estos gentiles que, en esta ocasión, se le abrieron las puertas del templo de Melcart, y es interesante notar que en años subsiguientes se construyó una iglesia cristiana en el mismo sitio del antiguo templo.

Muchos de los dirigentes de la industria de la púrpura de Tiro, el colorante que hiciera famosas a Tiro y Sidón en todo el mundo, y que tanto contribuyó a su comercio mundial y consiguiente enriquecimiento, creían en el reino. Cuando, poco tiempo después, comenzó a disminuir la población de los animales marinos de los que se extraía este colorante, los fabricantes de colorante salieron en busca de estos mariscos en otros lugares. Y emigrando así hasta los fines de la tierra, llevaron con ellos el mensaje de la paternidad de Dios y de la hermandad del hombre —el evangelio del reino.

5. La enseñanza de Jesús en Tiro

Este miércoles por la tarde, durante su discurso, Jesús primero relató a sus seguidores la historia del lirio blanco que levanta su pura cabeza nevada hacia el sol mientras que sus raíces están metidas en el lodo y el barro del suelo tenebroso. «Del mismo modo», dijo él, «el hombre mortal, aunque tenga las raíces de su origen y ser en el suelo animal de la naturaleza humana, puede, por la fe, elevar su naturaleza espiritual al sol de la verdad celestial y dar realmente los nobles frutos del espíritu».

En el curso de este mismo sermón Jesús utilizó la primera y única parábola que tenía que ver con su propio oficio —la carpintería. Al advertir que es necesario «establecer buenos cimientos para el crecimiento de un carácter noble con dotes espirituales», él dijo: «Para dar frutos del espíritu, debéis haber nacido del espíritu. Debéis ser enseñados por el espíritu y ser conducidos por el espíritu si queréis vivir una vida llena de espíritu entre vuestros semejantes. Pero no cometáis el error del tonto carpintero que pierde tiempo valioso encuadrando, midiendo y cepillando su madera carcomida por los gusanos e interiormente podrida y luego, después de haber puesto tanto de su trabajo en esta viga inútil, tiene que rechazarla puesto que no es adecuada para los cimientos del edificio que va a construir, el cual debe ser capaz de resistir los embates del tiempo y las tormentas. Que todo hombre se asegure de que los cimientos intelectuales y morales de su carácter tengan la fuerza necesaria para aguantar adecuadamente la superestructura de la naturaleza espiritual ennobleciente y en expansión, la cual transformará a la mente mortal y luego, en asociación con esa mente recreada, alcanzará el desarrollo del alma de destino inmortal. Vuestra naturaleza espiritual —el alma conjuntamente creada— es un crecimiento viviente, pero la mente y los sentimientos morales del individuo constituyen la tierra de la cual han de brotar estas manifestaciones más elevadas del desarrollo humano y del destino divino. El suelo del alma en desarrollo es humano y material, pero el destino de esta criatura combinada de mente y espíritu, es espiritual y divino».

Por la tarde de este mismo día, Natanael preguntó a Jesús: «Maestro, ¿por qué oramos a Dios para que no nos conduzca a la tentación, si bien sabemos por tu revelación del Padre que él nunca hace tales cosas?» Jesús le contestó a Natanael:

«No es extraño que hagas estas preguntas, puesto que estás comenzando a conocer al Padre así como yo lo conozco, y no como los profetas hebreos tan nebulosamente le veían. Bien sabes que nuestros antepasados estaban dispuestos a ver a Dios en casi todas las cosas que sucedían. Buscaban la mano de Dios en todas los acontecimientos naturales y en cada episodio poco común de la experiencia humana. Relacionaban a Dios tanto con el bien como con el mal. Pensaban que había ablandado el corazón de Moisés y endurecido el corazón del faraón. Si el hombre sentía un fuerte impulso por hacer algo, bueno o malo que fuera, tenía por costumbre considerar estas emociones inusitadas diciendo: 'el Señor me habló y me dijo, haz esto y aquello, o ve aquí o allí'. Así pues, ya que los hombres tan a menudo y tan violentamente caen en la tentación, se tornó costumbre de nuestros antepasados creer que Dios los conducía a la tentación para probarlos, castigarlos o fortalecerlos. Pero ya sabes que no es así. Sabes que los hombres demasiado frecuentemente son conducidos a la tentación por el ímpetu de su propio egoísmo y los impulsos de su naturaleza animal. Cuando seas tentado de esta manera, te advierto que reconozcas honesta y sinceramente la tentación por lo que es, y más bien canalices con inteligencia las energías de espíritu, mente y cuerpo, que tratan de expresarse, hacia caminos más elevados y metas más idealistas. Así podrás transformar las tentaciones en el tipo más elevado de ministerio mortal edificante, evitando a la vez casi completamente esos ruinosos conflictos debilitantes entre la naturaleza animal y la naturaleza espiritual.

«Pero déjame advertirte contra la locura de intentar sobreponerse a la tentación por el esfuerzo de reemplazar un deseo por otro supuestamente superior mediante la sola fuerza de la voluntad humana. Si quieres realmente triunfar sobre las tentaciones de la naturaleza más baja e inferior, debes llegar a ese punto de ventaja espiritual en el que real y verdaderamente habrás desarrollado interés y amor por esas formas más elevadas e idealistas de conducta que tu mente desea sustituir por estos hábitos de conducta más bajos y menos idealistas que reconoces como tentación. Así pues, serás librado por la transformación espiritual en vez de cargarte cada vez más con el peso de la supresión engañosa de los deseos mortales. Lo viejo e inferior será olvidado mediante el amor por lo nuevo y lo superior. La belleza siempre triunfa sobre la fealdad en el corazón de todos los que están iluminados por el amor a la verdad. Hay gran poder en la energía expulsiva de un afecto espiritual nuevo y sincero. Nuevamente te digo, no te dejes conquistar por el mal, sino más bien conquista el mal con el bien».

Los apóstoles y los evangelistas continuaron haciendo preguntas hasta bien entrada la noche, y de las muchas respuestas presentamos los siguientes pensamientos, expresados en fraseología moderna:

La ambición enérgica, el juicio inteligente y la sabiduría madura son esenciales para el éxito material. El liderazgo depende de la habilidad natural, la discreción, la fuerza de voluntad y la determinación. El destino espiritual depende de la fe, el amor y la devoción a la verdad —hambre y sed de rectitud— el deseo de todo corazón de encontrar a Dios y de ser como él.

No os desalentéis al descubrir que sois humanos. La naturaleza humana puede tener tendencia al mal pero no es inherentemente pecaminosa. No os deprimáis por vuestra incapacidad para olvidar completamente algunas de vuestras experiencias más lamentables. Los errores que no podéis olvidar en el tiempo, serán olvidados en la eternidad. Aliviad la carga de vuestra alma adquiriendo rápidamente una visión a larga distancia de vuestro destino, una expansión universal de vuestra carrera.

No cometáis el error de estimar el valor del alma sobre la base de las imperfecciones de la mente o de los apetitos del cuerpo. No juzguéis al alma ni midáis su destino por el metro de un solo episodio humano desafortunado. Vuestro destino espiritual está condicionado solamente por vuestros deseos y propósitos espirituales.

La religión es la experiencia exclusivamente espiritual del alma inmortal evolutiva del hombre conocedor de Dios, pero el poder moral y la energía espiritual son fuerzas poderosas que pueden ser utilizadas para tratar situaciones sociales difíciles y resolver problemas económicos complicados. Estas dotes morales y espirituales enriquecen todos los niveles del vivir humano y los hacen más significativos.

Si tan sólo aprendéis a amar a los que os aman, estaréis destinados a vivir una vida limitada y mezquina. Por cierto, el amor humano puede ser recíproco, pero el amor divino, en toda su busca de la satisfacción, se dirige hacia afuera. Cuanto menos amor haya en la naturaleza de una criatura, más grande será su necesidad de amor y más tratará el amor divino de satisfacer esa necesidad. El amor no es jamás egoísta, y no puede ser autorregalado. El amor divino no puede ser autocontenido; debe ser donado generosamente.

Los creyentes del reino deben tener una fe implícita, una creencia de toda el alma, en el triunfo seguro de la rectitud. Los constructores del reino no deben dudar de la verdad del evangelio de la salvación eterna. Los creyentes deben aprender cada vez más a apartarse del bullicio de la vida —escapar de los agobios de la existencia material— mientras refrescan su alma, inspiran la mente, y renovan el espíritu mediante la comunión de adoración.

Los individuos conocedores de Dios no se desalientan por la desgracia ni se deprimen por las desilusiones. Los creyentes son inmunes a la depresión consiguiente a los cataclismos puramente materiales; los que viven en el espíritu no están perturbados por los episodios del mundo material. Los candidatos para la vida eterna practican una técnica vigorizante y constructiva para enfrentarse a todas las vicisitudes y todos los agobios de la vida mortal. Cada día que vive un verdadero creyente, encuentra *más fácil* hacer lo que es recto.

La vida espiritual aumenta poderosamente el verdadero respeto de sí mismo. Pero el autorrespeto no significa autoadmiración. El autorrespeto está siempre coordinado con el amor y el servicio a los semejantes. No es posible respetarse a sí mismo más de lo que se ama al prójimo; el uno es la medida de la capacidad del otro.

A medida que pasan los días, todo creyente sincero se torna más hábil en atraer a sus semejantes al amor de la verdad eterna. ¿Eres más ingenioso en la revelación del bien a la humanidad hoy, de lo que fuiste ayer? ¿Sabes recomendar mejor la rectitud este año, que el año pasado? ¿Te estás volviendo cada vez más artístico en la técnica que utilizas para conducir a las almas hambrientas al reino espiritual?

¿Son tus ideales suficientemente elevados para asegurar tu salvación eterna, mientras que tus ideas son tan prácticas como para convertirte en un ciudadano útil que funciona en la tierra en asociación con tus semejantes mortales? En el espíritu, vuestra ciudadanía es en el cielo; en la carne, aún sois ciudadanos de los reinos terrestres. Dad a los Césares las cosas que son materiales y a Dios las que son espirituales.

La medida de la capacidad espiritual del alma evolutiva es tu fe en la verdad y tu amor por el prójimo, pero la medida de tu fuerza de carácter humano es tu capacidad para resistir el resentimiento y soportar las cavilaciones cuando te enfrentas con la pesadumbre más profunda. La derrota es el espejo verdadero en el cual puedes honestamente contemplar tu auténtico yo.

A medida que crecéis en edad y os volvéis más expertos en los asuntos del reino, ¿seréis más discretos en vuestro trato con los mortales fastidiosos y seréis más tolerantes en la convivencia con vuestros asociados testarudos? El tacto es el fulcro del poderío social, y la tolerancia es la marca de un alma grande. Si poseéis estos raros y encantadores dones, a medida que pasan los días os volveréis más alertas y expertos en vuestros valiosos esfuerzos por evitar todo malentendido social innecesario. Estas almas sabias son capaces de evitar muchos de los problemas que infaliblemente atribulan a los que sufren por falta de ajuste emocional, los que se niegan a madurar, y los que se niegan a envejecer con garbo.

Evitad la deshonestidad y la injusticia en todos vuestros esfuerzos por predicar la verdad y proclamar el evangelio. No busquéis un reconocimiento no ganado y no anheléis una simpatía que no merecéis. Amad, recibid libremente de las fuentes divinas y humanas sea cual fuere vuestro merecido, y amad libremente en retribución. Pero en todas las otras cosas relacionadas con el honor y la adulación, buscad tan sólo lo que honestamente os pertenece.

El mortal consciente de Dios está seguro de la salvación; no tiene miedo de la vida; es honesto y constante. Sabe cómo soportar valientemente los sufrimientos inevitables; no se queja al enfrentarse con dificultades inescapables.

El creyente sincero no se cansa de hacer el bien solamente porque esté frustrado. Las dificultades inflaman el ardor del amante de la verdad, mientras que los obstáculos sólo sirven de reto a los esfuerzos del constructor intrépido del reino.

Y muchas otras cosas les enseñó Jesús antes de que se prepararan para partir de Tiro.

El día antes de salir de Tiro para retornar a la región del mar de Galilea, Jesús reunió a sus asociados y ordenó a los doce evangelistas que volviesen por una ruta diferente de la que él y los doce apóstoles iban a tomar. Y después de despedirse de Jesús estos evangelistas, no volvieron a estar nunca más tan íntimamente asociados con él.

6. EL REGRESO DE FENICIA

Alrededor del mediodía del domingo 24 de julio, Jesús y los doce salieron de la casa de José, al sur de Tiro, bajando a Tolemaida por la costa. Allí permanecieron durante un día, hablando palabras de consuelo al grupo de creyentes que allí residían. Pedro les predicó la noche del 25 de julio.

El martes partieron de Tolemaida, dirigiéndose tierra adentro al este, hasta cerca de Jotapa, por el camino de Tiberias. El miércoles se detuvieron en Jotapata y dieron más instrucciones a los creyentes sobre las cosas del reino. El jueves salieron de Jotapata, dirigiéndose al norte por el camino de Nazaret—Monte Líbano a la aldea de Zabulón, por el camino de Ramá. Celebraron reuniones en Ramá el viernes y se quedaron el sábado. Llegaron a Zabulón el domingo 31, celebraron una reunión esa noche y partieron a la mañana siguiente.

Al partir de Zabulón, caminaron hasta encontrar el camino de Magdala—Sidón cerca de Giscala, y de ahí se abrieron camino a Genesaret por la costa occidental del lago de Galilea, al sur de Capernaum, donde planeaban encontrarse con David Zebedeo, y donde tenían la intención de consultar sobre el próximo paso a tomar en el trabajo de predicación del evangelio del reino.

Durante una breve reunión con David se enteraron de que muchos líderes estaban en ese momento reunidos en el lado opuesto del lago, cerca de Queresa, y por consiguiente, esa misma noche cruzaron el lago en barca. Descansaron tranquilamente en las colinas un día entero, dirigiéndose al día siguiente al parque cercano, donde el Maestro alimentó a los cinco mil. Aquí descansaron unos tres días y celebraron conferencias diarias, a las que asistieron unos cincuenta hombres y mujeres, los que quedaban del grupo otrora numeroso de creyentes que residían en Capernaum y sus alrededores.

Durante la ausencia de Jesús de Capernaum y Galilea, el período de su estadía en Fenicia, sus enemigos concluyeron que todo el movimiento había sido destruido, que la prisa de Jesús en alejarse de allí era prueba de su gran temor, y que probablemente ya nunca más volvería a importunarlos. Había amainado, prácticamente, toda oposición activa a sus enseñanzas. Nuevamente los creyentes reanudaban sus reuniones públicas, y se estaba cimentando una consolidación gradual pero eficaz de los sobrevivientes probados y sinceros después del gran torbellino que acababan de pasar los creyentes del evangelio.

Felipe, el hermano de Herodes, se había vuelto un creyente a medias en Jesús y envió un mensaje al Maestro informándole que podía vivir y trabajar libremente en sus tierras.

El mandato de cerrar las sinagogas de todo el mundo judío a las enseñanzas de Jesús y sus seguidores había tenido un efecto adverso sobre los escribas y fariseos. Al desaparecer Jesús como objeto de controversia, inmediatamente se produjo una reacción en todo el pueblo judío; hubo un resentimiento general contra los fariseos y los líderes del sanedrín de Jerusalén. Muchos de los rectores de las sinagogas comenzaron subrepticiamente a abrir sus sinagogas a Abner y a sus asociados, declarando que estos instructores eran seguidores de Juan y no discípulos de Jesús.

Aun Herodes Antipas experimentó un cambio de sentimiento y, al enterarse de que Jesús estaba residiendo al otro lado el lago en el territorio de su hermano Felipe, le envió un mensaje que decía que, aunque él había firmado órdenes para su captura en Galilea, no había autorizado su arresto en Perea, indicando de esta manera que Jesús no sería molestado si permanecía fuera de Galilea; y comunicó esta misma decisión a los judíos de Jerusalén.

Ésa era pues la situación alrededor del 1 de agosto del año 29 d. de J.C., cuando el Maestro retornó de la misión fenicia y comenzó la reorganización de sus fuerzas desparramadas, probadas y diezmadas para el último y memorable año de su misión en la tierra.

Al prepararse el Maestro y sus asociados para comenzar la proclamación de una nueva religión, la religión del espíritu del Dios viviente que reside en la mente de los hombres, las cuestiones a batallarse están bien definidas.

DOCUMENTO 157

EN CESAREA DE FILIPO

ANTES de que Jesús se llevara a los doce para una breve estadía cerca de Cesarea Filipo, arregló por medio de los mensajeros de David un encuentro con su familia en Capernaum el domingo 7 de agosto. Según los planes, esta visita habría de ocurrir en el taller de barcas de Zebedeo. David Zebedeo concertó con Judá, el hermano de Jesús, que toda la familia de Nazaret se encontraría presente —María y todos los hermanos y hermanas de Jesús— y Jesús fue con Andrés y Pedro para este encuentro. Era indudablemente intención de María y de sus hijos concurrir a esta cita, pero sucedió que un grupo de fariseos, sabiendo que Jesús estaba del otro lado del lago en los dominios de Felipe, decidió visitar a María para averiguar lo que pudieran sobre las andanzas de Jesús. La llegada de estos emisarios de Jerusalén perturbó grandemente a María, y observando la tensión y nerviosidad de toda la familia, concluyeron que Jesús estaba por visitarlos. Por consiguiente se instalaron en la casa de María y, después de llamar refuerzos, esperaron pacientemente la llegada de Jesús. Esto, naturalmente, impidió la partida de la familia para concurrir a la cita con Jesús. Varias veces durante ese día, tanto Judá como Ruth trataron de eludir la vigilancia de los fariseos para enviar un mensaje a Jesús, pero fue en vano.

Temprano esa tarde los mensajeros de David trajeron a Jesús el mensaje de que los fariseos estaban acampados en el umbral de la casa de su madre, y por lo tanto él no intentó visitar a su familia. Así pues nuevamente, y sin que fuese culpa de ninguna de las dos partes, Jesús y su familia terrenal no pudieron reunirse.

1. EL RECOLECTOR DE IMPUESTOS DEL TEMPLO

Mientras Jesús, con Andrés y Pedro, permanecía junto al lago cerca del taller de barcas, se les acercó un recolector de impuestos del templo y, reconociendo a Jesús, llamó a Pedro aparte y dijo: «¿Acaso no paga vuestro Maestro el impuesto del templo?» Pedro estuvo tentado de manifestar indignación ante la sugerencia de que Jesús debía contribuir al mantenimiento de las actividades religiosas de sus enemigos jurados, pero, observando la expresión peculiar del rostro del recolector de impuestos, supuso justamente que su propósito era atraparlos en el acto de negarse a pagar el acostumbrado medio siclo para el apoyo de los servicios del templo en Jerusalén. Por consiguiente, Pedro contestó: «Por supuesto, el Maestro paga el impuesto del templo. Espera junto al portón, enseguida volveré con el dinero».

Pero, Pedro había hablado sin pensar. Judas llevaba los fondos del grupo, y estaba del otro lado del lago. Ni él, ni su hermano ni Jesús habían traído dinero alguno. Sabiendo además que los fariseos los estaban buscando, no podían ir a Betsaida para obtener dinero. Cuando Pedro le contó a Jesús lo del recolector y que le había prometido el dinero, Jesús dijo: «Si has prometido, debes pagar. Pero ¿con qué cumplirás tu promesa? ¿Volverás a ser pescador para poder honrar tu palabra? Sin embargo,

Pedro, está bien, que bajo las circunstancias pagaremos el impuesto. No demos a estos hombres ocasión alguna de que nuestra actitud los ofenda. Esperaremos aquí mientras tú vas con la barca y echas la red, y cuando hayas vendido los peces en el mercado de más allá, pagarás al recolector por nosotros tres».

El mensajero secreto de David, que estaba ahí cerca, oyó esta conversación, e hizo una seña a un asociado, que estaba pescando cerca de la costa, para que volviera pronto. Pedro se preparaba para salir a pescar en la barca, cuando este mensajero y su amigo pescador le dieron varias cestas grandes de peces y le ayudaron a llevarlas hasta el vendedor de pescado que estaba cerca, quien compró los peces, pagando suficiente más lo que agregó el mensajero de David, para pagar el impuesto del templo para los tres. El recolector aceptó el impuesto sin cobrar la multa por pago atrasado pues ellos habían estado ausentes de Galilea por un tiempo.

No es extraño que tengáis escritos que describen a Pedro pescando un pez que llevaba un siclo en la boca. En aquellos días eran muy comunes los relatos de tesoros encontrados en la boca de los peces; estas narraciones de seudomilagros eran frecuentes. Así pues, cuando Pedro los dejó para dirigirse a la barca, Jesús observó, con cierto humorismo: «Es extraño que los hijos del rey deban pagar tributo; generalmente es el extranjero quien debe pagar el impuesto para mantener la corte; pero es bueno que no seamos un escollo para las autoridades. ¡Vete pues! tal vez pesques el pez que lleva un siclo en la boca». Habiendo pues hablado así Jesús, y habiendo regresado Pedro tan rápidamente con el impuesto para el templo, no es sorprendente que este episodio más tarde se convirtiera en un milagro, tal como se ve en las palabras del que escribió el evangelio según Mateo.

Jesús, con Andrés y Pedro, esperó junto a la orilla del mar prácticamente hasta el atardecer. Los mensajeros le trajeron el mensaje de que la casa de María aún seguía estando bajo vigilancia. Por consiguiente, cuando oscureció, los tres hombres que aguardaban subieron a su barca y lentamente remaron hacia la costa este del Mar de Galilea.

2. EN BETSAIDA-JULIAS

El lunes 8 de agosto, mientras Jesús y los doce apóstoles estaban acampados en el parque de Magadán, cerca de Betsaida-Julias, más de cien creyentes, los evangelistas, el cuerpo de mujeres, y otros interesados en el establecimiento del reino, vinieron de Capernaum para conferenciar. También vinieron muchos de los fariseos, al enterarse que Jesús estaba allí. A estas alturas, algunos de los saduceos se habían unido a los fariseos en sus esfuerzos por atrapar a Jesús. Antes de comenzar una conferencia a puertas cerradas con los creyentes, Jesús celebró una reunión pública en la que estuvieron presentes los fariseos, que provocaron al Maestro y de otras maneras trataron de alborotar la asamblea. Dijo el dirigente de estos alborotadores: «Maestro, nos gustaría que nos divulgues qué será el signo de tu autoridad para enseñar, y luego, cuando éste ocurra, todos los hombres sabrán que has sido enviado por Dios». Y Jesús les respondió: «Cuando cae la noche, vosotros decís que hará buen tiempo, porque el cielo está rojo. Por la mañana hará mal tiempo, porque el cielo está rojo y bajo. Cuando veis una nube que sube al oeste, decís que lloverá; cuando el viento sopla del sur, decís que hará gran calor. ¿Cómo puede ser que sepáis tan bien discernir el rostro del cielo, pero seáis tan totalmente incapaces de discernir los signos de los tiempos? Los que quieren conocer la verdad, ya han recibido un signo; pero ningún signo será otorgado a una generación de gente malévola e hipócrita».

Después de hablar así, Jesús se retiró y se preparó para la conferencia de la noche con sus seguidores. En esta conferencia se decidió emprender una misión unida por todas las ciudades y aldeas de la Decápolis en cuanto Jesús y los doce retornaran de su propuesta visita a Cesarea de Filipo. El Maestro participó en este planeamiento para la misión en la Decápolis y, despidiendo al grupo, dijo: «Yo os digo, cuidaos del fermento de los fariseos y los saduceos. No os engañéis por su exhibición de gran conocimiento y por su profunda lealtad a las formas de la religión. Preocupaos solamente por el espíritu de la verdad viviente y el poder de la religión verdadera. No es el temor de una religión muerta lo que os salvará, sino más bien vuestra fe en una experiencia viviente de las realidades espirituales del reino. No os dejéis enceguecer por el prejuicio ni paralizar por el miedo. Tampoco permitáis que la reverencia por las tradiciones tanto pervierta vuestra comprensión que vuestros ojos no vean y vuestros oídos no oigan. No es propósito de la religión verdadera simplemente traer paz, sino más bien, asegurar el progreso. No puede haber paz en el corazón ni progreso en la mente, a menos que os enamoréis de todo corazón de la verdad, de los ideales de las realidades eternas. Los asuntos de la vida y de la muerte se exponen ante vosotros —los placeres pecaminosos del tiempo contra las realidades justas de la eternidad. Aun ahora, deberíais comenzar a liberaros de la esclavitud del temor y de la duda al entrar a vivir una nueva vida de fe y esperanza. Cuando los sentimientos del servicio para con vuestros semejantes surjan en vuestra alma, no los ahoguéis; cuando las emociones del amor por vuestro prójimo desborden en vuestro corazón, expresad estos impulsos de afecto en un ministerio inteligente de las necesidades auténticas de vuestros semejantes».

3. LA CONFESIÓN DE PEDRO

El martes por la mañana temprano, Jesús y los doce apóstoles partieron del parque de Magadán hacia Cesarea de Filipo, la capital del dominio del tetrarca Felipe. Cesarea de Filipo estaba situada en una región de gran belleza, anidada en un valle encantador, entre pintorescas colinas, allí donde el Jordán surgía de su curso de una caverna subterránea. Las alturas del Monte Hermón estaban a plena vista hacia el norte, mientras que las colinas hacia el sur ofrecían una vista maravillosa de la porción superior del Jordán y del Mar de Galilea.

Jesús había ido al Monte Hermón en su primera experiencia con los asuntos del reino, y ahora, al ingresar en la etapa final de su obra, deseaba retornar a este monte de prueba y triunfo, donde esperaba que los apóstoles pudieran alcanzar una nueva visión de sus responsabilidades y adquirir nuevas fuerzas para los tiempos difíciles que se avecinaban. Al viajar por el camino, aproximadamente cuando estaban por pasar al sur de las Aguas de Merom, los apóstoles empezaron a conversar entre ellos sobre las recientes experiencias en Fenicia y en otros lugares y a relatar cómo había sido recibido su mensaje, y de qué manera consideraban al Maestro los diferentes pueblos.

Al pausar para almorzar, Jesús repentinamente planteó a los doce la primera pregunta sobre sí mismo que jamás les hubiera dirigido. Les hizo esta sorprendente pregunta: «¿Quién dicen los hombres que soy yo?»

Jesús había pasado largos meses enseñando a estos apóstoles sobre la naturaleza y carácter del reino del cielo, y bien sabía que había llegado el momento en que debía comenzar a enseñarles más sobre su propia naturaleza y su relación personal con el reino. Ahora pues, mientras estaban todos ellos sentados bajo las moreras, el Maestro se preparó para celebrar una de las más importantes sesiones de su larga asociación con los apóstoles elegidos.

Más de la mitad de los apóstoles participaron en responder a la pregunta de Jesús. Le dijeron que era considerado un profeta o un hombre extraordinario por todos quienes lo conocían; que aun sus enemigos mucho le temían, explicando su poder por la acusación de que estaba aliado con el príncipe de los diablos. Le dijeron que algunos en Judea y Samaria que no lo habían conocido personalmente, creían que era Juan el Bautista resucitado. Pedro explicó que Jesús había sido comparado, en diversos momentos y por personas distintas, con Moisés, Elías, Isaías y Jeremías. Cuando Jesús escuchó este informe se puso de pie, y bajando la mirada a los doce sentados a su alrededor en semicírculo, con énfasis sorprendente los señaló con un gesto amplio de la mano y preguntó: »Pero, ¿quién decís vosotros que soy yo?» Hubo un momento de tenso silencio. Los doce no le quitaron los ojos de encima al Maestro. Luego Simón Pedro, incorporándose de un salto, exclamó: »Tú eres el Liberador, el Hijo del Dios viviente». Y los once apóstoles sentados se pusieron de pie al unísono, indicando de esta manera que Pedro había hablado por todos ellos.

Después de señalarles Jesús que se sentaran nuevamente, estando él aún de pie frente a ellos, dijo: »Esto os ha sido revelado por mi Padre. Ha llegado la hora de que vosotros conozcáis la verdad sobre mí. Pero, por ahora, os encargo que no digáis nada de esto a ningún hombre. Vayámonos de aquí».

Así pues reanudaron su viaje a Cesarea de Filipo. Llegaron tarde esa noche y se alojaron en la casa de Celsus, quien los estaba esperando. Los apóstoles durmieron poco esa noche; parecían sentir que había ocurrido un acontecimiento trascendental en su vida y en la obra del reino.

4. LA CONVERSACIÓN SOBRE EL REINO

Desde el momento en que Jesús fue bautizado por Juan, y después de la transformación del agua en vino en Caná, los apóstoles virtualmente lo habían aceptado, en varias ocasiones, como el Mesías. Por cortos períodos, algunos de ellos habían creído sinceramente que él era el Liberador esperado. Pero si bien surgían esas esperanzas en su corazón, el Maestro las hacía añicos mediante una palabra devastadora o una acción desilusionante. Hacía mucho tiempo que vivían ellos en un torbellino constante debido al conflicto entre el concepto del Mesías esperado que tenían en su mente y la experiencia de su asociación extraordinaria con este hombre que llevaban en el corazón.

Era tarde por la mañana de este miércoles cuando los apóstoles se reunieron en el jardín de Celsus para almorzar. Durante buena parte de la noche y desde que se levantaron esa mañana, Simón Pedro y Simón el Zelote se habían empeñado en convencer a sus hermanos de que aceptaran al Maestro de todo corazón, no solamente como el Mesías, sino también como el Hijo divino del Dios viviente. Los dos Simones estaban casi completamente de acuerdo en su estimación de Jesús, y trabajaron diligentemente para convencer a sus hermanos de que aceptaran plenamente su punto de vista. Aunque Andrés continuaba siendo el director general del cuerpo apostólico, su hermano Simón Pedro se estaba volviendo cada vez más, por consentimiento general, el portavoz de los doce.

Estaban todos sentados en el jardín a eso del mediodía, cuando apareció el Maestro. Todos ellos lucían una expresión solemne y digna, y todos se pusieron de pie cuando él se acercó. Jesús alivió la tensión con esa sonrisa fraternal y amistosa tan característica en él toda vez que sus seguidores se tomaban a sí mismos, o tomaban un acontecimiento con ellos relacionado, demasiado en serio. Con un gesto perentorio indicó que se sentaran. Nunca más recibieron los doce a su Maestro poniéndose de pie al aparecer él ante ellos. Se dieron cuenta de que no le agradaban esas muestras exteriores de respeto.

Después de compartir el almuerzo y de discutir los planes para la gira venidera de la Decápolis, Jesús inesperadamente fijó en ellos la mirada diciendo: »Ya que ha pasado un día entero desde que estuvisteis de acuerdo con la declaración de Simón Pedro sobre la identidad del Hijo del Hombre, deseo preguntaros si vuestra decisión aún es la misma». Al oír esto, los doce se pusieron de pie, y Simón Pedro, adelantándose unos pocos pasos hacia Jesús, dijo: «Sí, Maestro, sí. Creemos que tú eres el Hijo del Dios viviente». Y enseguida Pedro se sentó con sus hermanos.

Jesús, aún de pie, dijo entonces a los doce: «Sois mis embajadores elegidos, pero sé que, en estas circunstancias, no podéis basar esta creencia en un simple conocimiento humano. Ésta es una revelación del espíritu de mi Padre a vuestra alma más íntima. Así pues, al hacer vosotros esta confesión por el entendimiento del espíritu de mi Padre que reside en vosotros, me veo llevado a declarar que sobre estos cimientos construiré yo la hermandad del reino del cielo. Sobre esta roca de realidad espiritual construiré el templo viviente de la hermandad espiritual en las realidades eternas del reino de mi Padre. Ninguna fuerza del mal, ninguna hueste del pecado podrá prevalecer contra esta fraternidad humana del espíritu divino. Aunque el espíritu de mi Padre por siempre será la guía divina y el mentor de todos los que abrazan el vínculo de la hermandad espiritual, a vosotros y a vuestros sucesores entrego yo ahora las llaves del reino exterior —la autoridad sobre las cosas temporales —las características sociales y económicas de esta asociación de hombres y mujeres, como hermanos en el reino». Nuevamente les ordenó que por el momento no dijeran a ningún hombre que él era el Hijo de Dios.

Jesús estaba empezando a tener confianza en la lealtad e integridad de sus apóstoles. El Maestro comprendía que una fe capaz de soportar lo que sus representantes elegidos tan recientemente habían tenido que pasar, sobrellevaría indudablemente las duras pruebas que se aproximaban y emergería del naufragio aparente de todas sus esperanzas, a la nueva luz de una nueva dispensación, pudiendo así salir para iluminar un mundo envuelto en tinieblas. En este día el Maestro comenzó a creer en la fe de sus apóstoles, salvo uno.

Y desde entonces ha estado Jesús construyendo ese templo viviente sobre los mismos cimientos eternos de su filiación divina, y los que así llegan a tener autoconciencia de que ellos son hijos de Dios son las piedras humanas que integran este templo viviente de filiación, erigido para glorificar y honrar la sabiduría y el amor del Padre eterno de los espíritus.

Y cuando Jesús hubo así hablado, ordenó a los doce que se retiraran a solas, en las colinas, para procurar sabiduría, fuerza y guía espiritual hasta la hora de la comida vespertina. Así pues hicieron ellos lo que el Maestro les advirtió.

5. EL NUEVO CONCEPTO

La característica nueva y vital de la confesión de fe de Pedro fue el reconocimiento claro de que Jesús era el Hijo de Dios, de su divinidad incuestionable. Desde su bautismo y la boda de Caná, estos apóstoles le consideraban de varias maneras el Mesías, pero no formaba parte del concepto judío del libertador nacional, que él fuera *divino*. Los judíos no habían enseñado que el Mesías surgiría de la divinidad; él sería «el ungido», pero apenas si habían considerado que era «el Hijo de Dios». En la segunda confesión, se subrayó el hecho de la *naturaleza combinada*, la realidad excelsa de que él era a la vez el Hijo del Hombre *y* el Hijo de Dios, y sobre esta gran verdad de la unión de la naturaleza humana con la naturaleza divina declaró Jesús que construiría el reino del cielo.

Jesús había tratado de vivir su vida en la tierra y completar su misión de autootorgamiento como el Hijo del Hombre. Sus seguidores se inclinaban a considerarlo el Mesías esperado. Sabiendo que no satisfaría jamás esas expectativas mesiánicas, él intentó modificar el concepto de ellos sobre el Mesías en una forma que le permitiera satisfacer parcialmente las ansias de ellos. Pero ahora se había dado cuenta de que ese plan casi no podía ser llevado a cabo con éxito. Por consiguiente, eligió audazmente revelar un tercer plan —anunciar abiertamente su divinidad, reconocer la verdad de la confesión de fe de Pedro, y proclamar directamente a los doce que él era el Hijo de Dios.

Durante tres años había proclamado Jesús que él era el «Hijo del Hombre» mientras que durante esos mismos tres años, los apóstoles insistieron en opinar con creciente convencimiento que él era el Mesías judío esperado. Ahora pues, él revelaba que era el Hijo de Dios, y que construiría el reino del cielo sobre el concepto de la *naturaleza combinada* del Hijo del Hombre y del Hijo de Dios. Había decidido que ya no se esforzaría por convencerlos de que él no era el Mesías. Se proponía en cambio revelar audazmente lo que él es, sin prestar atención a la determinación de ellos de persistir en considerarlo el Mesías.

6. LA TARDE SIGUIENTE

Jesús y los apóstoles permanecieron otro día en la casa de Celsus, esperando a los mensajeros con algún dinero, enviados por David Zebedeo. Después del colapso de la popularidad de Jesús, los ingresos disminuyeron considerablemente. Cuando llegaron a Cesarea de Filipo, el tesoro estaba vacío. Mateo no quería abandonar a Jesús y a sus hermanos en ese momento, y no disponía de fondos propios para entregar a Judas, como lo había hecho tantas veces anteriormente. Sin embargo, David Zebedeo previó esta probable disminución de los ingresos; por lo tanto instruyó a sus mensajeros que, mientras se abrían camino a través de Judea, Samaria y Galilea, actuaran como recolectores de dinero para llevarlo a los apóstoles y a su Maestro exiliados. Así pues, por la noche de ese día, los mensajeros llegaron de Betsaida trayendo fondos suficientes para el sostén de los apóstoles hasta su retorno, antes de embarcarse en la gira por la Decápolis. Mateo calculaba que para entonces tendría un dinero proveniente de la venta de su última propiedad en Capernaum y ya había dispuesto que ese dinero fuera entregado anónimamente a Judas.

Ni Pedro ni los demás apóstoles tenían un concepto adecuado de la divinidad de Jesús. Apenas si comprendían que éste era el comienzo de una nueva época en la carrera terrenal de su Maestro, el tiempo en que el instructor-curador se transformaría en el Mesías según un nuevo concepto —el Hijo de Dios. De ahí en adelante apareció en el mensaje del Maestro una nueva nota. De aquí en adelante su único ideal del vivir fue la revelación del Padre, y la única idea en enseñar, la de presentar a su universo la personificación de esa sabiduría suprema que tan sólo puede ser comprendida si se la vive. Él vino, para que podamos tener vida y tenerla más abundantemente.

Ya pues entraba Jesús en la cuarta y última etapa de su vida humana en la carne. La primera etapa fue la de su niñez, un período en el que tan sólo tenía una conciencia nebulosa de su origen, naturaleza y destino como ser humano. La segunda etapa correspondió a los años de desarrollo de la autoconciencia, su juventud y su ingreso en la edad adulta, durante la cual comprendió más claramente su naturaleza divina y su misión humana. Esta segunda etapa finalizó con las experiencias y revelaciones asociadas con su bautismo. La tercera etapa de la experiencia terrenal del Maestro se extendió desde el bautismo, a través de los años de su ministerio como Maestro y curador, hasta el momento importante de la confesión de fe de Pedro, en Cesarea de Filipo. Este tercer período de su vida terrenal comprendió la época en que sus apóstoles y seguidores inmediatos le conocieron como el Hijo del Hombre y le consideraron el Mesías. El cuarto y último período de su carrera terrenal comenzó aquí, en Cesarea de Filipo, continuando hasta la crucifixión. Esta etapa de su ministerio fue caracterizada por su reconocimiento de una divinidad, y comprendió las labores de su último año en la carne. Durante este cuarto período, aunque la mayoría de sus seguidores aún le consideraban el Mesías, fue conocido por los apóstoles como el Hijo de Dios. La confesión de Pedro marcó el comienzo de un nuevo período de mayor comprensión de la verdad de su ministerio supremo para todo un universo como Hijo autootorgador en Urantia, y el reconocimiento de ese hecho, por lo menos en forma nebulosa, por parte de sus embajadores elegidos.

Así pues ejemplificó Jesús en su vida lo que enseñó en su religión: el crecimiento de la naturaleza espiritual mediante la técnica del progreso del vivir. No hizo hincapié, aunque sí lo hicieron sus seguidores más adelante, sobre la lucha incesante entre el alma y el cuerpo. Más bien enseñó que el espíritu vencerá fácilmente a los dos y reconciliará eficaz y provechosamente muchos de los elementos de esta guerrilla entre intelecto e instinto.

A partir de este momento se vincula una nueva significación a todas las enseñanzas de Jesús. Antes de Cesarea de Filipo, él explicó el evangelio del reino presentándose como su instructor principal. Después de Cesarea de Filipo, ya no apareció meramente como maestro, sino como representante divino del Padre eterno que es el centro y circunferencia de este reino espiritual; y fue necesario que hiciera todo esto como ser humano, como el Hijo del Hombre.

Jesús había intentado sinceramente conducir a sus seguidores al reino espiritual actuando como instructor, luego como instructor-curador, pero no hubo caso. Bien sabía que su misión en la tierra no podría de ninguna manera satisfacer las expectativas mesiánicas del pueblo judío; los antiguos profetas habían concebido a un Mesías que él jamás podría ser. Intentó establecer el reino de su Padre actuando como Hijo del Hombre, pero sus seguidores no pudieron seguirlo en esa senda. Jesús viendo esto, decidió pues salir al encuentro de sus creyentes, preparándose así para asumir abiertamente el papel de Hijo de Dios autootorgador.

Por lo tanto, este día en el jardín, los apóstoles escucharon de Jesús muchas cosas nuevas. Algunas de sus declaraciones les resultaban extrañas aun a ellos. Entre otros anuncios sorprendentes escucharon declaraciones como las siguientes:

«De ahora en adelante, si un hombre quiere asociarse con nosotros, que cargue con las obligaciones de la filiación y que me siga. Cuando ya no esté con vosotros, no penséis que el mundo os tratará mejor de lo que trató a vuestro Maestro. Si me amáis, preparaos para poner a prueba este afecto mediante vuestra disposición a hacer el sacrificio supremo».

«Y prestad oído a mis palabras: no he venido para llamar a los rectos, sino a los pecadores. El Hijo del Hombre no vino para ser servido, sino para servir y para otorgar su vida como don para todos. Yo os declaro que he venido para buscar y salvar a los que están perdidos».

«En este mundo ningún hombre ve al Padre ahora, excepto el Hijo que vino del Padre. Pero si el Hijo es elevado, atraerá a todos los hombres hacia él, y el que crea esta verdad de la naturaleza combinada del Hijo, tendrá una vida más perdurable, una vida que transcenderá las edades».

«Aún no podemos proclamar abiertamente que el Hijo del Hombre es el Hijo de Dios, pero esto ya os ha sido revelado; por eso os hablo audazmente en cuanto a estos misterios. Aunque estoy ante vosotros en esta presencia física, he venido de Dios el Padre. Antes de que Abraham fuese, yo soy. Yo he venido del Padre a este mundo así como me habéis conocido, y os declaro que pronto debo partir de este mundo y retornar a la obra de mi Padre».

«Ahora pues, ¿puede comprender vuestra fe la verdad de estas declaraciones, si tenéis presente mi advertencia de que el Hijo del Hombre no satisfacerá las expectativas de vuestros antepasados y de su concepto del Mesías? Mi reino no es de este mundo. ¿Podéis creer la verdad sobre mí, si tenéis presente que los zorros tienen guaridas y las aves del cielo nidos, pero yo no tengo dónde recostar la cabeza?»

«Sin embargo, yo os digo que el Padre y yo somos uno. El que me ha visto a mí, ha visto al Padre. Mi Padre trabaja conmigo en todas estas cosas, y jamás me dejará solo en mi misión, así como yo nunca os abandonaré cuando finalmente salgáis para proclamar este evangelio por todo el mundo.

«Así pues, os he traído aquí conmigo y os he pedido que os apartéis a solas un corto período para que podáis comprender la gloria, entender la grandeza, de la vida a la cual os he llamado: la fe-aventura del establecimiento del reino de mi Padre en el corazón de la humanidad, la construcción de mi hermandad de asociación viviente con las almas de todos los que creen en este evangelio».

Los apóstoles escucharon en silencio estas declaraciones audaces y sorprendentes; estaban pasmados. Se dispersaron luego en pequeños grupos para reflexionar y comentar las palabras del Maestro. Habían confesado que él era el Hijo de Dios, pero no podían captar plenamente el significado de lo que habían sido conducidos a hacer.

7. LOS DIÁLOGOS DE ANDRÉS

Esa noche Andrés decidió celebrar diálogos personales indagatorios con cada uno de sus hermanos, y tuvo conversaciones provechosas y consoladoras con todos sus asociados, excepto con Judas Iscariote. Andrés no había tenido nunca con Judas la asociación personal e íntima que compartía con los demás apóstoles; por consiguiente, no le había dado importancia al hecho de que Judas no abría nunca su corazón libre y confidencialmente al jefe del cuerpo apostólico. Pero en esta ocasión estaba Andrés tan preocupado por la actitud de Judas que, más tarde esa noche, cuando todos los apóstoles estuvieron profundamente dormidos, buscó a Jesús y le planteó la causa de su ansiedad. Dijo Jesús: «No es erróneo, Andrés, que tú vengas a mí con este asunto; pero ya no podemos hacer nada más. Tan sólo sigue brindándole la máxima confianza a este apóstol. Y nada digas a tus hermanos sobre esta conversación conmigo».

Esto fue todo lo que pudo sacarle Andrés a Jesús. Siempre había habido una sensación extraña entre este judío y sus hermanos galileos. Judas mucho sufrió por la muerte de Juan el Bautista, se sintió gravemente herido por los reproches del Maestro en varias ocasiones, sufrió gran desencanto cuando Jesús se negó a ser rey, se sintió humillado cuando Jesús huyó de los fariseos, dolorido porque se negó a aceptar el desafío de los fariseos que le pedían un signo, confundido porque su Maestro no quería manifestar su poder, y más recientemente, deprimido y a veces desalentado porque las arcas estaban vacías. Además, Judas extrañaba el estímulo de las multitudes.

Los demás apóstoles también estaban afectados en mayor o menor grado por estas mismas pruebas y tribulaciones, pero amaban a Jesús. Por lo menos, deben haber amado al Maestro más de lo que lo amaba Judas, porque le siguieron hasta el amargo fin.

Siendo de Judea, Judas tomó como ofensa personal la reciente advertencia de Jesús a los apóstoles, «guardaos del fermento de los fariseos»; se inclinaba a considerar esta declaración como una referencia velada a él mismo. Pero el gran error de Judas fue: una y otra vez, cuando Jesús enviaba a sus apóstoles a que oraran a solas, Judas, en vez de buscar una comunión sincera con las fuerzas espirituales del universo, se dejaba llevar por pensamientos basados en el temor humano y persistía en albergar dudas insidiosas sobre la misión de Jesús, dejándose llevar por su tendencia desafortunada a cobijar sentimientos de venganza.

Ahora pues, Jesús quería llevar a sus apóstoles consigo al Monte Hermón, donde había decidido inaugurar la cuarta fase de su ministerio terrenal como Hijo de Dios. Algunos de ellos habían estado presentes en su bautismo en el Jordán y habían presenciado el comienzo de su carrera como Hijo del Hombre, y él deseaba que algunos de ellos también estuvieran presentes para escuchar su autoridad para la asunción del nuevo y público papel de Hijo de Dios. Por consiguiente, en la mañana del viernes 12 de agosto, Jesús dijo a los doce: «Preparad provisiones y preparaos para viajar allende la montaña, donde el espíritu me pide que vaya para ser provisto para terminar mi obra en la tierra. Y deseo llevar conmigo a mis hermanos para que también puedan ser fortalecidos para los tiempos difíciles de esta experiencia que se aproxima».

DOCUMENTO 158

EL MONTE DE LA TRANSFIGURACIÓN

ERA casi el atardecer del viernes 12 de agosto del año 29 d. de J.C., cuando Jesús y sus asociados llegaron al pie del Monte Hermón, cerca del mismo lugar donde el joven Tiglat aguardara cierta vez mientras el Maestro ascendía la montaña a solas para resolver los destinos espirituales de Urantia y terminar técnicamente con la rebelión de Lucifer. Aquí permanecieron durante dos días, en preparación espiritual para los acontecimientos que pronto se desencadenarían.

En forma general, Jesús sabía de antemano qué ocurriría en la montaña, y mucho deseaba que todos sus apóstoles pudieran compartir esta experiencia. Fue para prepararlos para esta revelación de sí mismo para que permaneció con ellos al pie de la montaña. Pero no podían ellos alcanzar los niveles espirituales que justificaran su exposición a la experiencia plena de la inminente visitación de los seres celestiales sobre la tierra. Y puesto que no podía llevar a todos sus asociados con él, decidió llevar únicamente a los tres que habitualmente lo acompañaban en tales vigilias especiales. Por consiguiente, sólo Pedro, Santiago y Juan compartieron por lo menos cierta parte de esta experiencia singular con el Maestro.

1. LA TRANSFIGURACIÓN

Temprano por la mañana del lunes 15 de agosto, Jesús y los tres apóstoles comenzaron su ascensión al Monte Hermón, seis días después de la memorable confesión de Pedro, un mediodía a la orilla del camino bajo las moreras.

Jesús había sido llamado para ascender solo a la montaña, para tratar importantes asuntos que tenían que ver con el progreso de su autootorgamiento, en cuanto se relacionaba esta experiencia con el universo de su creación. Es significativo que este extraordinario evento aconteciera precisamente cuando Jesús y los apóstoles estaban en tierra de los gentiles, y que efectivamente ocurrió en una montaña de gentiles.

Llegaron a su destino, aproximadamente a mitad de camino por la montaña, poco después de mediodía, y mientras almorzaban, Jesús relató a los tres apóstoles algo de su experiencia en las colinas al este del Jordán, poco después de su bautismo, así como también un poco más de su experiencia en el Monte Hermón en relación con su visita anterior a este retiro solitario.

Cuando era niño, Jesús acostumbraba ascender a las colinas cerca de su casa y soñar con las batallas de los ejércitos de los imperios en las planicies de Esdraelón; ahora, ascendía el Monte Hermón para recibir la dotación que lo prepararía para descender a las planicies del Jordán y ejecutar las escenas finales del drama de su autootorgamiento en Urantia. El Maestro podría haber abandonado la lucha este día en el Monte Hermón, volviendo al gobierno de sus dominios universales, pero no solamente eligió cumplir con los requisitos de su orden de filiación divina, comprendidos en el mandato del Hijo Eterno del Paraíso, sino que también eligió enfrentarse con la última y plena medida de la voluntad presente de su Padre del Paraíso. En este día de agosto, tres de sus apóstoles le vieron rehusar que le confirieran la autoridad plena del universo. Ellos contemplaron pasmados mientras partían los mensajeros celestiales, dejándolo solo para terminar su vida terrenal como Hijo del Hombre y como Hijo de Dios.

La fe de los apóstoles llegó a su cumbre en el momento del episodio de la alimentación de los cinco mil, habiendo caído después rápidamente hasta casi cero. Pero ahora, debido a que el Maestro había admitido su divinidad, la retardada fe de los doce se elevó hasta su más alta cúspide en las siguientes pocas semanas, sólo para declinar después progresivamente. La tercera revitalización de su fe no ocurrió hasta después de la resurrección del Maestro.

Eran aproximadamente las tres de esta bella tarde cuando Jesús se despidió de los tres apóstoles, diciendo: «Me alejo a solas por un tiempo, para comulgar con el Padre y sus mensajeros; os exhortó que os quedéis aquí y, mientras aguardáis mi retorno, oréis porque se haga la voluntad del Padre en toda vuestra experiencia en relación con el resto de la misión autootorgadora del Hijo del Hombre». Después de hablarles así, Jesús se retiró para conferenciar largamente con Gabriel y con el Padre Melquisedek, y no retornó hasta aproximadamente las seis de la tarde. Cuando Jesús vio la ansiedad de sus apóstoles por su prolongada ausencia, dijo: «¿Por qué temíais? Bien sabéis que debo ocuparme de los asuntos de mi Padre; ¿por qué dudáis cuando yo no estoy con vosotros? Declaro ahora que el Hijo del Hombre ha elegido continuar con su vida plena en vuestro medio y como uno de vosotros. Estad de buen ánimo; no os abandonaré hasta no haber terminado mi obra».

Mientras compartían la escasa cena, Pedro preguntó al Maestro: «¿Por cuánto tiempo nos quedaremos en esta montaña, lejos de nuestros hermanos?» Jesús contestó: «Hasta que veáis la gloria del Hijo del Hombre y conozcáis que todo lo que os he declarado es verdad». Hablaron pues de los asuntos de la rebelión de Lucifer mientras estaban sentados alrededor de las brasas centelleantes del fuego que habían encendido, hasta que los envolvieron las tinieblas y los párpados de los apóstoles se hicieron pesados porque habían empezado su viaje muy temprano esa mañana.

Los tres dormían profundamente desde hacía una media hora, cuando fueron repentinamente despertados por un cercano ruido chispeante, y ante su maravilla y consternación, al mirar a su alrededor, contemplaron a Jesús en íntima conversación con dos seres resplandecientes vestidos con los indumentos de luz del mundo celestial. Y el rostro y la silueta de Jesús brillaban con la luminosidad de una luz celestial. Estos tres conversaban en un extraño idioma, pero por ciertas cosas dichas, Pedro conjeturó erróneamente que los seres con Jesús eran Moisés y Elías; en realidad, eran Gabriel y el Padre Melquisedek. Los controladores físicos habían dispuesto, por solicitud de Jesús, que los apóstoles presenciaran esta escena.

Los tres apóstoles estaban tan asustados que les llevó un tiempo en recuperarse completamente, pero Pedro, que fue el primero en volver en sí, dijo, mientras la deslumbrante visión se desvanecía ante ellos y observaban a Jesús, de pie solo: «Jesús, Maestro, es bueno haber estado aquí. Nos regocijamos de ver esta gloria. No queremos volver a descender al mundo ignominioso. Si tú quieres, déjanos morar aquí, y erigiremos tres tiendas, una para ti, una para Moisés, y otra para Elías». Pedro dijo esto debido a su confusión y porque en ese momento no se le ocurría ninguna otra cosa.

Mientras Pedro aún estaba hablando, cayó una nube plateada que los envolvió a los cuatro en sombras. Los apóstoles se aterrorizaron aun más, y al caer de bruces para adorar, oyeron una voz, la misma que había hablado en ocasión del bautismo de Jesús, decir: «Éste es mi Hijo amado; prestadle atención». Y cuando se hubo desvanecido la nube, nuevamente estuvo Jesús solo con los tres y se inclinó y los tocó, diciendo: «Levantaos y no temáis; veréis cosas aun más grandes que ésta». Pero los apóstoles estaban verdaderamente aterrorizados; al prepararse para descender la montaña, poco antes de la medianoche, formaban un trío silencioso y pensativo.

2. EL DESCENSO DE LA MONTAÑA

Durante la primera mitad del camino de vuelta, al bajar de la montaña, no se habló una sola palabra. Jesús luego comenzó la conversación observando: «Aseguraos de no decir a ningún hombre, ni siquiera a vuestros hermanos, lo que habéis visto y oído en la montaña, hasta que el Hijo del Hombre haya resucitado de entre los muertos». Los tres apóstoles estaban anonadados y pasmados por las palabras del Maestro, «hasta que el Hijo del Hombre haya resucitado de entre los muertos». Tan recientemente habían reafirmado su fe en él como el Libertador, Hijo de Dios, y acababan de contemplarlo transfigurado en gloria ante sus propios ojos, ¡y ahora hablaba él de «resucitado de entre los muertos!»

Pedro temblaba ante la idea de la muerte del Maestro —era una idea demasiado aborrecible— y temiendo que Santiago o Juan pudieran hacer alguna pregunta relativa a esta declaración, pensó que sería más conveniente iniciar una conversación sobre otro tema y, sin saber de qué otra cosa podía hablar, expresó el primer pensamiento que se asomó a su mente, que fue: «Maestro, ¿por qué dicen los escribas que debe aparecer Elías antes de que aparezca el Mesías?» Y Jesús, sabiendo que Pedro trataba de evitar referirse a su muerte y resurrección, respondió: «En efecto Elías viene primero, para preparar el camino para el Hijo del Hombre, que debe sufrir muchas cosas y finalmente ser rechazado. Pero yo os digo que Elías ya ha venido, y ellos no le recibieron, sino que hicieron con él lo que quisieron». Entonces percibieron los tres apóstoles que se refería a Juan el Bautista como Elías. Jesús sabía que, si insistían en considerarlo a él el Mesías, debían pues considerar que Juan era el Elías de la profecía.

Jesús les exhortó a que guardaran silencio sobre lo que habían presenciado, la anticipación de su gloria después de la resurrección, porque no quería estimular en ellos la idea de que, siendo ahora recibido como el Mesías, pudiera él satisfacer en mayor o menor grado el erróneo concepto de un liberador portentoso. Aunque Pedro, Santiago y Juan reflexionaron sobre todo esto, no hablaron de esto con ningún hombre hasta después de la resurrección del Maestro.

Mientras seguían descendiendo la montaña, Jesús les dijo: «No quisisteis recibirme como el Hijo del Hombre; por eso yo he consentido en ser recibido de acuerdo con vuestra determinación establecida, pero, no os equivoquéis, la voluntad de mi Padre debe prevalecer. Si elegís de esta manera seguir la inclinación de vuestra propia voluntad, debéis prepararos para sufrir muchos desencantos y experimentar muchas pruebas, pero la enseñanza que yo os he dado debería bastar para haceros triunfar aun a través de estas penas de vuestra propia elección».

Jesús no llevó a Pedro, Santiago y Juan con él a la montaña de la transfiguración porque pensó que estaban mejor preparados que los otros apóstoles para presenciar lo que ocurrió, ni porque estuvieran espiritualmente más preparados para disfrutar de tan raro privilegio. De ninguna manera. Bien sabía que ninguno de los doce estaba calificado espiritualmente para esta experiencia; por lo tanto, se llevó consigo solo a los tres apóstoles que estaban encargados de acompañarlo en los momentos en que deseaba estar solo para disfrutar de una comunión solitaria.

3. EL SIGNIFICADO DE LA TRANSFIGURACIÓN

Lo que Pedro, Santiago y Juan presenciaron en la montaña de la transfiguración fue una vislumbre pasajera del espectáculo celestial que transcendió en ese día memorable en el Monte Hermón. La transfiguración fue ocasión de:

1. La aceptación —en su totalidad— del autootorgamiento de la vida encarnada de Micael en Urantia por el Madre-Hijo Eterno del Paraíso. En cuanto al cumplimiento de los requisitos puestos por el Hijo Eterno, Jesús recibió entonces la certidumbre de la satisfacción de los mismos. Gabriel fue quien trajo a Jesús esa atestación.

2. El testimonio de la satisfacción del Espíritu Infinito en cuanto a la plenitud del autootorgamiento en Urantia en la semejanza de la carne mortal. El representante universal del Espíritu Infinito, el asociado inmediato de Micael en Salvington y su siempre presente colaborador, en esta ocasión habló a través del Padre Melquisedek.

Jesús aceptó este testimonio del éxito de su misión terrenal, presentado por los mensajeros del Hijo Eterno y del Espíritu Infinito, pero observó que su Padre no indicaba que el autootorgamiento urantiano hubiera terminado; la presencia invisible del Padre tan sólo fue atestiguada a través del Ajustador Personalizado de Jesús, diciendo: «Éste es mi hijo amado; prestadle atención». Esto fue dicho en palabras para que fueran oídas también por los tres apóstoles.

Después de esta visitación celestial, Jesús intentó conocer la voluntad de su Padre y decidió seguir su autootorgamiento mortal hasta su fin natural. Éste fue lo que la transfiguración significó para Jesús. Para los tres apóstoles, fue el acontecimiento que marcó el ingreso del Maestro en la fase final de su carrera terrenal como Hijo de Dios e Hijo del Hombre.

Después de la visitación formal de Gabriel y del Padre Melquisedek, Jesús celebró conversaciones casuales con éstos, sus Hijos de ministerio, y comulgó con ellos sobre los asuntos del universo.

4. EL MUCHACHO EPILÉPTICO

Fue poco después de la hora del desayuno, este martes por la mañana, cuando Jesús y sus compañeros llegaron al campamento apostólico. A medida que se acercaban, vieron una multitud apreciable reunida alrededor de los apóstoles y pronto empezaron a oír las palabras en alta voz de una discusión y disputa de este grupo de unas cincuenta personas que comprendía nueve apóstoles y segmentos equivalentes de escribas de Jerusalén y discípulos creyentes que habían seguido a Jesús y a sus asociados en su viaje desde Magadán.

Aunque la multitud estaba discutiendo numerosos temas, la controversia principal se refería a cierto ciudadano de Tiberias que había llegado el día anterior en busca de Jesús. Este hombre, Santiago de Safad, tenía un hijo de unos catorce años, hijo único, gravemente afligido de epilepsia. Además de esta enfermedad nerviosa, este muchacho era poseído por uno de esos seres intermedios vagabundos, traviesos y rebeldes, que por entonces existían sin control en la tierra, de modo que el joven estaba al mismo tiempo epiléptico y poseído por un demonio.

Durante casi dos semanas este padre ansioso, un oficial menor de Herodes Antipas, había vagado por los límites occidentales de los dominios de Felipe buscando a

Jesús, para pedirle que curara a su hijo afligido. Y no alcanzó al grupo apostólico hasta alrededor del mediodía de este día, mientras Jesús estaba en la montaña con los tres apóstoles.

Los nueve apóstoles se sorprendieron y se turbaron considerablemente cuando este hombre, acompañado por casi cuarenta personas que también buscaban a Jesús, llegó de pronto ante ellos. Al tiempo de la llegada de este grupo, los nueve apóstoles, por lo menos la mayoría de ellos, habían caído en su antigua tentación —la de discutir quién sería el más importante en el reino venidero; estaban muy ocupados en discutir las probables posiciones que serían asignadas a cada apóstol. No conseguían liberarse completamente de la idea, largamente acariciada, de una misión material del Mesías. Ahora que Jesús mismo había aceptado la confesión de ellos de que él era realmente el Libertador —por lo menos había admitido el hecho de su divinidad— qué más natural para ellos que ponerse a hablar de esas esperanzas y ambiciones que tan importante lugar ocupaban en su corazón, durante este período de separación del Maestro. Estaban pues ocupados en estas conversaciones, cuando Santiago de Safad y los demás que buscaban a Jesús llegaron junto a ellos.

Andrés se adelantó para saludar a este padre y a su hijo, diciendo: «¿A quién buscáis?» Dijo Santiago: «Buen hombre, busco a vuestro Maestro. Busco curación para mi hijo afligido. Deseo que Jesús eche a este diablo que posee a mi niño». Acto seguido, el padre procedió a relatar a los apóstoles cómo estaba de afligido su hijo, que muchas veces estuvo a punto de perder la vida como resultado de estos ataques malignos.

Mientras los apóstoles escuchaban, Simón el Zelote y Judas Iscariote se acercaron al padre, diciendo: «Nosotros podemos curarlo; no necesitas esperar el regreso del Maestro. Somos los embajadores del reino; estos hechos ya no los mantenemos en secreto. Jesús es el Libertador, y nos han sido entregadas las llaves del reino». Andrés y Tomás se apartaron, consultándose. Natanael y los demás contemplaban la escena, pasmados; todos ellos estaban horrorizados por la súbita audacia, por no llamarle presunción, de Simón y Judas. Entonces dijo el padre: «Si os ha sido dado el poder de hacer estas obras, os ruego que digáis las palabras que liberen a mi hijo de esta esclavitud». Entonces Simón se adelantó y, colocando la mano sobre la cabeza del niño, lo miró fijo a los ojos y ordenó: «Sal de él, espíritu impuro; en nombre de Jesús, obedéceme». Pero el muchacho cayó en un ataque aún más violento, mientras los escribas se mofaban burlonamente de los apóstoles, y los creyentes desilusionados sufrían las burlas de estos críticos hostiles.

Andrés estaba apenado por este esfuerzo equivocado y su fracaso catastrófico. Llamó aparte a los apóstoles para conversar y orar. Después de esta temporada de meditación, sintiendo agudamente el ardor de la derrota y la humillación que caía sobre todos ellos, Andrés intentó nuevamente echar al demonio, pero sólo el fracaso respondió a sus esfuerzos. Andrés confesó francamente su derrota y solicitó que el padre se quedara allí durante la noche o hasta el retorno de Jesús, diciendo: «Tal vez esta clase de demonio no desaparece, a menos que se lo ordene personalmente el Maestro».

Así pues, mientras Jesús descendía de la montaña con los exuberantes y estáticos Pedro, Santiago y Juan, sus nueve hermanos tampoco podían conciliar el sueño, pues se debatían en la confusión y la humillación más deprimente. Formaban un grupo descorazonado y abatido. Pero Santiago de Safad no se dio por vencido. Aunque no le podían decir cuándo volvería Jesús, decidió quedarse allí hasta que el Maestro regresara.

5. JESÚS CURA AL MUCHACHO

Al acercarse Jesús, los nueve apóstoles se sentían más que aliviados de recibirlo de vuelta, y alentados grandemente al contemplar el regocijo y entusiasmo poco común que se leía en los rostros de Pedro, Santiago y Juan. Todos corrieron a saludar a Jesús y a sus tres hermanos. Mientras intercambiaban saludos, el gentío se fue acercando y Jesús preguntó: «¿Qué es lo que estabais discutiendo cuando nosotros llegamos?» Pero antes de que los desconcertados y humillados apóstoles pudieran responder a la pregunta del Maestro, el ansioso padre del muchacho afligido se adelantó y, arrodillándose a los pies de Jesús, dijo: «Maestro, tengo un hijo, mi único hijo, que está poseído por un espíritu maligno. No sólo grita de terror, con espuma en la boca, y cae como un muerto cuando tiene un ataque, sino que muchas veces este espíritu inmundo que lo posee lo retuerce en convulsiones y a veces lo ha arrojado al agua y aun al fuego. Con tanto rechinar de dientes y como resultado de tantos golpes, mi hijo se está consumiendo. Su vida es peor que la muerte; su madre y yo tenemos el corazón triste y el espíritu quebrantado. Alrededor del mediodía de ayer, buscándote a ti, encontré a tus discípulos, y mientras estábamos esperando, tus apóstoles trataron de echar a este demonio, pero no pudieron hacerlo. Así pues, Maestro: ¿lo harás tú para nosotros, curarás a mi hijo?»

Cuando Jesús oyó este relato, tocó al padre arrodillado y le ordenó que se levantara mientras miraba uno tras otro a los apóstoles que estaban cerca. Luego dijo Jesús a todos los que estaban de pie ante él: «Oh generación incrédula y perversa, ¿hasta cuándo tendré que teneros paciencia? ¿Hasta cuándo estaré con vosotros? ¿Cuándo aprenderéis que las obras de la fe no surgen si se las manda con descreimiento y duda?» Luego, señalando al padre consternado, Jesús dijo: «Trae pues a tu hijo». Y cuando Santiago hubo traído al muchacho ante Jesús, él preguntó: «¿Cuánto hace que este niño está así afligido?» El padre respondió: «Desde que era muy pequeño». Mientras hablaban, el joven sufrió un violento ataque y cayó ante ellos, rechinando los dientes y echando espuma por la boca. Después de una sucesión de convulsiones violentas, estaba tendido como si estuviera muerto, a los pies de ellos. Nuevamente se arrodilló el padre a los pies de Jesús, mientras imploraba al Maestro, diciendo: «Si puedes curarlo, te suplico que tengas compasión de nosotros y nos liberes de esta aflicción». Cuando Jesús escuchó estas palabras, bajó la mirada al rostro ansioso del padre, diciendo: «No dudes del poder amante de mi Padre, sino tan sólo de la sinceridad y alcance de tu fe. Para el que cree de veras, todo es posible». Entonces Santiago de Safad habló esas palabras inolvidables, mezcla de fe y duda: «Señor, yo creo. Te oro que me ayudes en mi incredulidad».

Cuando Jesús escuchó estas palabras, se adelantó y, tomando al niño de la mano, dijo: «Esto haré de acuerdo con la voluntad de mi Padre y en honor de la fe viviente. Hijo mío, ¡levántate! Vete, espíritu desobediente, y no vuelvas a él». Colocando luego la mano del niño en la de su padre, Jesús dijo: «Idos por vuestro camino. El Padre ha otorgado el deseo de vuestra alma». Todos los que estaban presentes, aun los enemigos de Jesús, se asombraron de lo que veían.

Fue realmente una desilusión para los tres apóstoles que tan recientemente habían disfrutado del éxtasis espiritual de las escenas y experiencias de la transfiguración, regresar así ante este espectáculo de derrota y frustración de los demás apóstoles. Pero así ocurrió siempre, con estos doce embajadores del reino. No hacían sino pasar constantemente de la exaltación a la humillación en las experiencias de su vida.

Fue ésta una curación verdadera de una doble aflicción: una enfermedad física y una enfermedad espiritual. A partir de ese momento, el muchacho estuvo permanentemente curado. Cuando Santiago hubo partido con su hijo sanado, Jesús dijo: «Ahora vamos a Cesarea de Filipo; aprontaos de inmediato». Formaban ellos un grupo callado al encaminarse hacia el sur con la multitud que los seguía.

6. EN EL JARDÍN DE CELSUS

Pasaron la noche con Celsus, y esa tarde en el jardín, después de haber comido y descansado, los doce se reunieron alrededor de Jesús, y Tomás dijo: «Maestro, puesto que los que nos quedamos atrás permanecemos ignorantes de lo que transcendió en la montaña, y que tan grandemente regocijó a nuestros hermanos que te acompañaron, anhelamos que nos hables de nuestra derrota y nos instruyas en estos asuntos, ya que las cosas que ocurrieron en la montaña no pueden ser reveladas en este momento».

Jesús le respondió a Tomás, diciendo: «Todo lo que tus hermanos escucharon en la montaña os será revelado en el momento apropiado. Pero, os mostraré ahora la causa de vuestra derrota en vuestro tan imprudente intento. Mientras vuestro Maestro y sus compañeros, vuestros hermanos, ayer ascendían la montaña para mejor conocer la voluntad del Padre y pedir una más rica dote de sabiduría, para poder así hacer eficazmente esa voluntad divina, vosotros quienes permanecisteis aquí en vigilia, con instrucciones de ampliar la visión espiritual de vuestra mente y de orar con nosotros para una revelación más plena de la voluntad del Padre, en vez de ejercitar la fe que está a vuestra disposición, caísteis en la tentación de sucumbir a las viejas malas tendencias de buscar para vosotros una posición de preferencia en el reino del cielo —el reino material y temporal que persistís en discurrir. Y os aferráis a estos conceptos erróneos, a pesar de mi declaración reiterada de que mi reino no es de este mundo.

«Ni bien capta vuestra fe la identidad del Hijo del Hombre, vuestro deseo egoísta de favoritismos mundanos os posee nuevamente, y os encontráis conversando entre vosotros, tratando de decidir quién será el mayor en el reino del cielo, un reino que, así como vosotros persistís en concebirlo, no existe, ni existirá jamás. ¿Acaso no os he dicho que el que quiere ser el mayor en el reino de la hermandad espiritual de mi Padre, ha de ser humilde ante sus propios ojos y así ser el servidor de sus hermanos? La grandeza espiritual consiste en un amor comprensivo que es semejante al amor de Dios, no en el goce de un poderío material en pos de la exaltación del yo. En lo que vosotros intentasteis, fracasasteis tan completamente porque vuestro propósito no era puro. Vuestro motivo no era divino. Vuestro ideal no era espiritual. Vuestra ambición no era altruista. Vuestro procedimiento no estaba basado en el amor, y vuestro objetivo no era la voluntad del Padre en el cielo.

«Cuánto tiempo os llevará aprender que no podéis acortar el tiempo que requiere el curso de los fenómenos naturales establecidos, a menos que estas cosas estén de acuerdo con la voluntad del Padre? Tampoco podéis hacer obra espiritual, sin poder espiritual. Y nada de esto podéis hacer, aunque exista el potencial, sin la existencia de ese tercer y esencial factor humano, la experiencia personal de la posesión de la fe viviente. ¿Es que siempre necesitáis manifestaciones materiales para atraer a las realidades espirituales del reino? ¿Acaso no sois capaces de captar el significado espiritual de mi misión sin exhibiciones visibles de obras inusitadas? ¿Cuándo se podrá confiar en que os adhiráis a las realidades espirituales más elevadas del reino sin prestar atención a la apariencia exterior de todas las manifestaciones materiales?»

Luego de hablar así Jesús a los doce, agregó: «Ahora pues, id a vuestro descanso, porque mañana volveremos a Magadán y allí discutiremos nuestra misión en las ciudades y aldeas de la Decápolis. Concluyendo pues las experiencias de este día, dejadme declarar a cada uno de vosotros lo que hablé a vuestros hermanos en la montaña; y que estas palabras se graben profundamente en vuestro corazón: el Hijo del Hombre comprende ahora la última fase de su autootorgamiento. Estamos por comenzar las labores que finalmente conducirán a la gran prueba final de vuestra fe y devoción, cuando seré entregado a las manos de los hombres que buscan mi destrucción. Y recordad lo que os estoy diciendo: darán muerte al Hijo del Hombre, pero resucitará».

Se retiraron tristemente para irse a dormir. Estaban confundidos; no podían comprender estas palabras. Aunque no se atrevieron a hacer preguntas sobre lo que había dicho, recordaron cada una de sus palabras después de su resurrección.

7. LA PROTESTA DE PEDRO

Ese miércoles por la mañana temprano, Jesús y los doce partieron de Cesarea de Filipo hacia el parque de Magadán, cerca de Betsaida-Julias. Los apóstoles habían dormido muy poco esa noche, así pues estaban levantados y listos para partir bien temprano. Aun los imperturbables gemelos Alfeo estaban afectados por esta conversación sobre la muerte de Jesús. Al viajar hacia el sur, poco más allá de las Aguas de Merón, llegaron al camino de Damasco, y deseando evitar a los escribas y otros que, según bien sabía Jesús, estaban por llegar para seguirlos, ordenó que prosiguieran a Capernaum por el camino de Damasco que pasa a través de Galilea. Así lo hizo porque sabía que los que lo perseguían tomarían el camino al este del Jordán, puesto que pensaban que Jesús y los apóstoles no se atreverían a cruzar el territorio de Herodes Antipas. Jesús intentaba eludir a sus críticos y a la multitud que le seguía para estar a solas con sus apóstoles este día.

Prosiguieron viaje a través de Galilea hasta bien pasada la hora del almuerzo, luego se detuvieron a la sombra para descansar. Después de compartir el refrigerio, Andrés, hablando a Jesús, dijo: «Maestro, mis hermanos no comprenden tus palabras profundas. Hemos llegado a creer plenamente que tú eres el Hijo de Dios. Pero ahora, escuchamos estas extrañas palabras de que nos abandonarás, de que morirás. No comprendemos tu enseñanza. ¿Es que nos hablas en parábolas? Te imploramos que nos hables directamente y en forma clara».

Respondiéndole a Andrés, Jesús dijo: «Hermanos míos, es porque habéis confesado que soy el Hijo de Dios que me veo forzado a desplegar ante vosotros la verdad sobre el fin del autootorgamiento del Hijo del Hombre en la tierra. Insistís en aferraros a la creencia de que soy el Mesías, y no abandonáis la idea de que el Mesías debe sentarse en el trono en Jerusalén; por ello persisto yo en deciros que el Hijo del Hombre pronto debe ir a Jerusalén, sufrir muchas cosas, ser rechazado por los escribas, los ancianos y los altos sacerdotes, y después de todo eso, ser matado y resucitar de entre los muertos. Y no os hablo en parábolas. Os hablo la verdad, para que vosotros podáis prepararos para estos hechos que pronto sobrevendrán sobre nosotros». Mientras aún estaba hablando, Simón Pedro, corriendo impetuosamente hacia él, apoyó la mano sobre el hombro del Maestro y dijo: «Maestro, está lejos de nosotros discutir contigo, pero yo declaro que estas cosas jamás te ocurrirán».

Pedro habló así porque amaba a Jesús; pero la naturaleza humana del Maestro reconoció, en estas palabras de afecto bien intencionado, una sugerencia sutil para tentarlo a que él modificara su decisión de terminar su autootorgamiento en la tierra según la voluntad de su Padre del Paraíso. Precisamente porque detectó el peligro inherente en permitir, aun de estos amigos afectuosos y leales, que intentaran disuadirlo, se volvió a Pedro y a los otros apóstoles, diciendo: «Vete detrás de mí. Saboreas el espíritu del adversario, el tentador. Cuando habláis de esta manera no estáis conmigo, sino que os aliáis con nuestro enemigo. Así, convertís vuestro amor por mí en un obstáculo en mi cumplimiento de la voluntad del Padre. No os preocupéis por los caminos de los hombres, sino pensad más bien en la voluntad de Dios».

Cuando se recobraron del primer impacto del punzante reproche de Jesús, y antes de resumir su viaje, el Maestro siguió hablando: «El que quiera seguirme, que se olvide de sí mismo, que cargue con su responsabilidad diaria y que me siga. Porque el que quiera salvar su vida egoístamente, la perderá, pero el que pierda la vida por causa mía y por el evangelio, la salvará. ¿De qué le sirve al hombre ganar el mundo entero, si pierde su alma? ¿Qué daría un hombre a cambio de la vida eterna? No os avergoncéis de mí y de mis palabras en esta generación pecaminosa e hipócrita, así como yo no me avergonzaré de saludaros cuando aparezca en gloria ante mi Padre en la presencia de todas las huestes celestiales. Sin embargo, muchos entre vosotros que estáis aquí de pie ante mí no experimentaréis la muerte hasta que hayáis visto venir este reino de Dios en poder».

Así pues aclaró Jesús a los doce el doloroso camino lleno de conflictos que debían tomar si querían seguirle. ¡Qué impresión causaron estas palabras en estos pescadores de Galilea, que persistían en soñar en un reino terrenal con posiciones de honor para sí mismos! Pero su corazón leal se llenó de emoción ante este llamado valiente, y ni uno entre ellos pensó en abandonarlo. Jesús no los enviaba solos a la lucha; él los conducía. Sólo les pedía que lo siguieran valientemente.

Lentamente los doce estaban captando la idea de que Jesús les estaba diciendo algo sobre la posibilidad de su muerte. Sólo vagamente comprendían lo que él decía sobre su muerte, y su declaración sobre resucitar de entre los muertos no se grabó en absoluto en sus mentes. A medida que pasaban los días, Pedro, Santiago y Juan, recordando la experiencia en el monte de la transfiguración, llegaron a una comprensión más plena de algunos de estos asuntos.

En toda la asociación de los doce con el Maestro, sólo pocas veces vieron ellos ese ojo relampagueante y oyeron esas rápidas palabras de reproche que fueron impartidas a Pedro y al resto de ellos en esta ocasión. Jesús siempre había sido paciente para con sus limitaciones humanas, pero no cuando se enfrentaba con una amenaza inminente contra su plan de llevar a cabo, implícitamente, la voluntad de su Padre por el resto de su carrera terrenal. Los apóstoles estaban literalmente pasmados, estaban sorprendidos y horrorizados. No podían encontrar palabras para expresar su congoja. Lentamente comenzaban a percatarse lo que el Maestro debía soportar y de que ellos debían de acompañarlo en estas experiencias, pero no despertaron a la realidad de estos acontecimientos que se aproximaban hasta mucho después de haber escuchado estas primeras sugerencias de la tragedia inminente en los últimos días del Maestro.

En silencio Jesús y los doce emprendieron el viaje hacia el campamento del parque Magadán, pasando por Capernaum. A medida que pasaba la tarde, aunque no conversaron con Jesús, mucho hablaron entre ellos; Andrés mientras tanto dialogaba con el Maestro.

8. EN LA CASA DE PEDRO

Al llegar a Capernaum al anochecer, fueron directamente, por caminos poco frecuentados, a la casa de Simón Pedro para cenar. Mientras David Zebedeo se preparaba para llevarlos al otro lado del lago, permanecieron en la casa de Simón, y

Jesús, levantando la mirada hacia Pedro y los demás apóstoles, preguntó: «Al viajar juntos esta tarde, ¿de qué conversabais tan absortos entre vosotros?» Los apóstoles se quedaron callados porque muchos de ellos habían continuado la discusión comenzada en el Monte Hermón sobre las posiciones que ocuparían en el reino venidero; cuál sería el mayor, y así sucesivamente. Jesús, conociendo qué ocupaba los pensamientos de ellos ese día, llamó con un gesto a uno de los hijitos de Pedro y, sentando al niño entre ellos, dijo: «De cierto, de cierto os digo, si no cambiáis y os volvéis más como este niño, poco progreso haréis en el reino del cielo. El que se humille a sí mismo y sea como este pequeño, ése será el más grande en el reino del cielo. El que reciba a este pequeño, me recibirá a mí. Y los que me reciban, también reciben a Aquél que me envió. Si queréis ser primeros en el reino, buscad el ministrar estas buenas verdades a vuestros hermanos en la carne. Pero al que haga tropezar a uno de estos pequeños, mejor le sería que se atase al cuello una piedra de molino y se le arrojase al mar. Si las cosas que hacéis con vuestras manos o las cosas que veis con vuestros ojos, os ofenden en el progreso del reino, sacrificad esos ídolos amados, porque es mejor entrar al reino sin muchas de las cosas amadas de la vida que aferrarse a estos ídolos y encontrarse fuera del reino. Pero más que nada, aseguraos de no despreciar a uno solo de estos pequeños, porque sus ángeles contemplan siempre el rostro de las huestes celestiales».

Cuando Jesús hubo terminado de hablar, subieron a la barca y navegaron al otro lado hacia Magadán.

DOCUMENTO 159

LA GIRA POR LA DECÁPOLIS

CUANDO Jesús y los doce llegaron al parque Magadán, los estaban aguardando un grupo de casi cien evangelistas y discípulos, incluyendo el cuerpo de mujeres, prontos para comenzar inmediatamente la gira de enseñanza y predicación de las ciudades de la Decápolis.

En la mañana de este jueves 18 de agosto, el Maestro reunió a sus seguidores y ordenó a cada uno de los apóstoles que se asociara con uno de los doce evangelistas, y que con otros de los evangelistas salieran en doce grupos para trabajar en las ciudades y aldeas de la Decápolis. Ordenó al cuerpo de mujeres y otros de los discípulos que permanecieran con él. Jesús dedicó cuatro semanas a esta gira, instruyendo a sus seguidores a que regresaran a Magadán no más tarde del viernes 16 de septiembre. Prometió visitarlos a menudo durante este período. En el curso de este mes estos doce grupos laboraron en Gérasa, Gamala, Hipos, Zafón, Gadara, Abila, Edrei, Filadelfia, Hesbón, Dium, Escitópolis, y muchas otras ciudades. Durante toda la gira no ocurrió ningún acontecimiento de curaciones milagrosas ni otros portentos.

1. EL SERMÓN DEL PERDÓN

Una tarde en Hipos, en respuesta a la pregunta de uno de los discípulos, Jesús enseñó la lección sobre el perdón. Dijo el Maestro:

«Si un hombre de corazón tierno tiene cien ovejas y una de ellas se extravía, ¿acaso no dejará inmediatamente a las noventa y nueve para ir en busca de la que se ha extraviado? Y si es un buen pastor, ¿acaso no perseverará en su búsqueda de la oveja extraviada hasta hallarla? Y luego cuando encuentre el pastor su oveja perdida, se la echará al hombro y camino a su casa con regocijo llamará a sus amigos y vecinos, diciéndoles: 'regocijaos conmigo, porque hallé a mi oveja perdida'. Os declaro que hay más felicidad en el cielo cuando se arrepiente un pecador que por noventa y nueve personas rectas que no necesitan arrepentimiento. Aun así, no es la voluntad de mi Padre en el cielo que se extravíe uno de estos pequeños, mucho menos, que perezca. En vuestra religión, Dios puede recibir a los pecadores arrepentidos; en el evangelio del reino, el Padre sale a buscarlos aun antes de que ellos hayan pensado seriamente en arrepentirse.

«El Padre en el cielo ama a sus hijos, por eso debéis vosotros aprender a amaros los unos a los otros; el Padre en el cielo os perdona vuestros pecados, por lo tanto, debéis aprender a perdonaros los unos a los otros. Si tu hermano peca contra ti, ve, háblale con tacto y paciencia y muéstrale su error. Y haz todo esto a solas con él. Si te escucha, has ganado a tu hermano. Pero si tu hermano no te escucha, si persiste en el error, ve, háblale nuevamente, llevándote a uno o dos amigos comunes, para así contar con dos o aun tres testigos que confirmen tu testimonio y establezcan el hecho de que has tratado con justicia y misericordia a tu hermano ofensor. Si tampoco escucha él a vuestros hermanos, podrás relatar todo el hecho a la congregación, y si él se niega a escuchar a la hermandad, deja que el grupo decida una acción justa; que este miembro rebelde se vuelva un paria del reino. Aunque no podáis pretender sentaros en juicio del alma de vuestros semejantes, aunque no podáis perdonar pecados ni de otra manera presumir usurpar las prerrogativas de los supervisores de las huestes celestiales, sin embargo el mantener el orden temporal del reino sobre la tierra está en vuestras manos. Aunque no podáis entrometeros en los decretos divinos sobre la vida eterna, vosotros determinaréis los asuntos de conducta que se refieren al bienestar temporal de la hermandad en la tierra. Así pues, en todos estos asuntos relacionados con la disciplina de la hermandad, lo que decretéis en la tierra será reconocido en el cielo. Aunque no podáis determinar el hado eterno del individuo, podréis legislar la conducta del grupo, porque, cuando dos o tres de vosotros estéis de acuerdo sobre una de estas cosas y me elevéis vuestra solicitud, así se hará por vosotros, siempre y cuando vuestro pedido no esté en desacuerdo con la voluntad de mi Padre en el cielo. Todo esto es por siempre verdad, porque toda vez que se reúnan dos o tres creyentes, allí estaré yo entre ellos».

Simón Pedro era el apóstol a cargo de los trabajadores en Hipos, y cuando oyó así hablar a Jesús, preguntó: «Señor, ¿cuántas veces pecará mi hermano contra mí, y yo le perdonaré? ¿Hasta siete veces?» Jesús le respondió a Pedro: «No sólo siete veces, sino aun setenta veces y siete veces más. Así pues, se puede comparar el reino del cielo con cierto rey que, cierta vez, se puso a hacer las cuentas con sus mayordomos de palacio. En cuanto empezaron a rendir cuentas, trajeron ante su presencia al mayordomo principal que confesó que debía a su rey diez mil talentos. Pero este funcionario de la corte del rey se lamentó que estaba pasando por un período difícil, y que no tenía con qué pagar su obligación. Así pues, el rey mandó que sus propiedades fueran confiscadas y que sus hijos fueran vendidos para pagar su deuda. Al escuchar este mayordomo tan duro decreto, cayó de bruces ante el rey y le imploró que tuviera misericordia y que le diera un poco más de tiempo, diciendo, 'Señor, ten un poco más de paciencia conmigo, y yo te lo pagaré todo'. Cuando el rey contempló a este siervo negligente y a su familia, se despertó su compasión. Ordenó que fuera liberado y que se le perdonara completamente el préstamo.

«Este mayordomo, habiendo recibido así misericordia y perdón de las manos del rey, se fue por su camino, y al toparse con uno de mayordomos subordinados que le debía tan sólo cien denarios, lo detuvo, lo aferró por el cuello y le dijo: 'págame todo lo que me debes'. El subordinado cayó de rodillas ante él implorándole: 'tenme un poco de paciencia, y pronto podré pagarte'. Pero este funcionario no supo mostrar misericordia sobre su subalterno, sino que lo arrojó en un calabozo hasta que pagara su deuda. Cuando los demás funcionarios vieron lo que había ocurrido, tanto les dolió que fueron y le relataron el hecho a su señor y maestro, el rey. Al oír el rey el comportamiento de este mayordomo, hizo llamar a este hombre sin gratitud ni perdón ante su presencia y le dijo: 'eres un siervo malvado e indigno. Cuando buscabas compasión, yo te perdoné generosamente toda tu deuda. ¿Por qué no tratas a tu subalterno con misericordia, así como yo te traté a ti con misericordia?' Tan airado estaba el rey, que mandó entregar a este siervo indigno a los carceleros para que lo metieran en un calabozo hasta que pagara todo lo que debía. Así pues, derramará mi Padre celestial la más abundante misericordia sobre los que son generosamente misericordiosos para con sus semejantes. ¿Cómo puedes implorar a Dios que te tenga consideración por tus imperfecciones, si castigas a tus hermanos culpables de las mismas debilidades humanas? Yo os digo a todos vosotros: habéis recibido generosamente las cosas buenas del reino; dad pues generosamente a vuestros semejantes en la tierra».

Así enseñó Jesús los peligros e ilustró la injusticia de presumir juzgar a los semejantes. La disciplina debe ser mantenida, la justicia debe ser administrada, pero en todos estos asuntos debe prevalecer la sabiduría de la hermandad. Jesús impartió la autoridad legislativa y judicial al *grupo*, no al *individuo*. Aun esta autoridad del grupo no debe ser ejercida como autoridad personal. Siempre existe el peligro de que la decisión de un individuo se vea distorsionada por el prejuicio o por la pasión. El juicio del grupo puede prevenir más fácilmente los peligros y eliminar las injusticias de la opinión personal. Jesús trató siempre de minimizar los elementos de la injusticia, la venganza y la represalia.

[El uso del término setenta y siete como ilustración de la misericordia y perdón, se derivó de las Escrituras, allí donde se lee el júbilo de Lamec por las armas de metal con que contaba su hijo Tubal-Caín, quien, comparando estos instrumentos superiores con los de sus enemigos, exclamó: «Si Caín, sin armas en la mano, fue vengado siete veces, yo seré ahora vengado setenta y siete».]

2. EL EXTRAÑO PREDICADOR

Jesús fue a Gamala para visitar a Juan y a los que trabajaban con él en ese lugar. Esa noche, después de la sesión de preguntas y respuestas, Juan le dijo a Jesús: «Maestro, ayer fui a Astarot para ver a un hombre que enseñaba en tu nombre y aun proclamaba que puede echar a los diablos. Pero este hombre no ha estado nunca con nosotros, ni tampoco nos sigue; por consiguiente, le prohibí hacer semejantes cosas». Entonces dijo Jesús: «No se lo prohíbas. ¿No percibes acaso que pronto este evangelio del reino será proclamado en todo el mundo? ¿Cómo puedes esperar que todos los que crean en el evangelio se sometan a tu dirección? Regocíjate de que ya nuestras enseñanzas hayan comenzado a manifestarse más allá de los límites de nuestra influencia personal. ¿Acaso no ves, Juan, que los que profesan hacer grandes obras en mi nombre llegarán a apoyar nuestra causa? Por cierto no se pondrán a hablar mal de mí. Hijo mío, en estos asuntos, es mejor que pienses que el que no está contra nosotros está a nuestro favor. En las generaciones venideras, muchos habrá que, sin ser enteramente merecedores, harán muchas cosas extrañas en mi nombre pero yo no lo prohibiré. Yo te digo que, cada vez que alguien dé una vasija de agua fría a un alma sedienta, los mensajeros del Padre siempre anotarán ese servicio de amor».

Esta instrucción dejó a Juan grandemente perplejo. ¿Acaso no había oído decir al Maestro: «El que no está conmigo está en contra de mí?» Él no percibía que, en este caso, Jesús se refería a la relación personal del hombre con las enseñanzas espirituales del reino, mientras que en el otro, había hecho referencia a las vastas relaciones sociales exteriores de los creyentes, relacionadas con cuestiones de control administrativo y jurisdicción de un grupo de creyentes sobre el trabajo de otros grupos, que finalmente integrarán la hermandad mundial venidera.

Pero Juan relató muchas veces esta experiencia en relación con sus labores subsiguientes en nombre del reino. Sin embargo, los apóstoles muchas veces se ofendieron con los que se atrevían a enseñar en nombre del Maestro. Siempre les pareció inapropiado que los que no se habían sentado nunca a los pies de Jesús, se atrevieran a enseñar en su nombre.

Este hombre a quien Juan prohibió enseñar y trabajar en nombre de Jesús, no acató la orden del apóstol. Siguió laborando en Canata hasta reunir un grupo considerable de creyentes, luego prosiguió hasta Mesopotamia. Este hombre, Aden, había sido conducido a la fe en Jesús por el testimonio del demente a quien Jesús curara cerca de Queresa, aquel que creía firmemente que los supuestos espíritus malignos que el Maestro había echado de él, habían invadido la manada de cerdos arrastrándolos al precipicio y a su destrucción.

3. LA INSTRUCCIÓN PARA MAESTROS Y CREYENTES

En Edrei, donde trabajaban Tomás y sus asociados, Jesús pasó un día y una noche y, en el curso de la conversación vespertina, expresó los principios que debían guiar a los que predican la verdad y activar a todos los que enseñan el evangelio del reino. Resumidos y expresados en fraseología moderna, Jesús enseñó:

Respetad siempre la personalidad del hombre. Una causa recta no se ha de avanzar jamás por la fuerza; las victorias espirituales sólo se pueden alcanzar mediante el poder espiritual. Esta amonestación contra el empleo de influencias materiales atañe tanto a la fuerza psíquica como a la fuerza física. No se deben emplear argumentos avasalladores ni superioridad mental para obligar a los hombres y a las mujeres a entrar al reino. La mente del hombre no debe ser aplastada por el solo peso de la lógica ni sobrecogida por la elocuencia sagaz. Aunque no se puede del todo eliminar la emoción como factor en las decisiones humanas, los que quieran avanzar la causa del reino no deben apelar directamente a las emociones en sus enseñanzas. Apelad directamente al espíritu divino que habita en la mente de los hombres. No recurráis al temor, la piedad ni el mero sentimiento. Al apelar a los hombres, sed justos; ejerced autocontrol y exhibid discreción; mostrad respeto adecuado por la personalidad de vuestros alumnos. Recordad que yo he dicho: «He aquí que llego a la puerta y golpeo, y si alguien me abre, yo entraré».

Al atraer a los hombres al reino, no disminuyáis ni destruyáis su autorrespeto. Aunque un excesivo respeto de sí mismo puede llegar a destruir la humildad y culminar en orgullo, vanidad y arrogancia, la pérdida del respeto propio lleva a menudo a una parálisis de la voluntad. Es propósito de este evangelio, restaurar el autorrespeto en los que lo han perdido y controlarlo en los que lo tienen. No cometáis el error de limitaros a condenar las equivocaciones en la vida de vuestros alumnos; recordad que también debéis reconocer generosamente las cosas dignas de alabanza en su vida. No olvidéis que nada me detendrá en mis esfuerzos por restaurar el autorrespeto de los que lo han perdido y sinceramente desean recuperarlo.

Cuidad de no herir el respeto propio de las almas temerosas y miedosas. No empleéis sarcasmo con mis hermanos de mente sencilla. No os mostréis cínicos con mis hijos dominados por el temor. El ocio destruye el respeto a sí mismo; por lo tanto, advertid a vuestros hermanos que se mantengan ocupados en su tarea de elección, y esforzaos por asegurar trabajo a los que se encuentran sin empleo.

No cometáis el error de utilizar tácticas despreciables como por ejemplo, la de intentar por medio del terror que los hombres y las mujeres entren al reino. Un padre amante no aterroriza a sus hijos para conseguir que obedezcan sus exigencias justas.

Alguna vez comprenderán los hijos del reino que las sensaciones fuertes de emoción no equivalen a la guía del espíritu divino. Si se siente una fuerte y extraña emoción en pos de hacer algo o de ir a cierto lugar, no significa esto necesariamente que tales impulsos se originen en el espíritu residente.

Advertid de antemano a todos los creyentes que habrán de atravesar un mar de conflictos al pasar de la vida como se la vive en la carne, a la vida más elevada como se la vive en el espíritu. Los que moren exclusivamente en uno de los dos medios, sufrirán muy poco conflicto o confusión, pero todos están destinados a experimentar mayor o menor inseguridad en los tiempos de transición entre los dos niveles del vivir. Al entrar al reino, no podéis escapar sus responsabilidades ni evitar sus obligaciones, pero recordad: el yugo del evangelio es fácil y la carga de la verdad es ligera.

El mundo está lleno de almas que se mueren de hambre en la presencia misma del pan de la vida; los hombres mueren buscando a Dios, sin ver que él mora en ellos. Los hombres van en pos de los tesoros del reino con el corazón anhelante y los pies cansados, sin ver que esos tesoros están al alcance inmediato de la fe viviente. La fe es para la religión, lo que la vela es para la nave; es un aumento de poder, no una carga adicional en la vida. Para los que entran al reino, la lucha es una sola, o sea, trabar la buena lucha de la fe. El creyente tiene que dar una sola batalla: la batalla contra la duda —la incredulidad.

Al predicar el evangelio del reino, estáis enseñando, simplemente, la amistad con Dios. Y esta hermandad apela por igual a hombres y mujeres, porque ambos encontrarán en ella lo que más verdaderamente satisface sus anhelos e ideales característicos. Decid a mis hijos que, aunque me enternezca yo por sus sentimientos y tenga paciencia con sus debilidades, también soy despiadado con el pecado e intolerante de la iniquidad. Soy en verdad manso y humilde en la presencia de mi Padre, pero soy igual e implacablemente inexorable allí donde haya maldad deliberada y rebelión pecaminosa contra la voluntad de mi Padre en el cielo.

No describáis a vuestro Maestro como varón de dolores. Las futuras generaciones deben conocer también nuestra felicidad radiante, el entusiasmo de nuestra buena voluntad, y la inspiración de nuestro buen humor. Proclamamos un mensaje de buenas noticias, contagioso en su poder transformador. Nuestra religión late con nueva vida y nuevos significados. Los que aceptan esta enseñanza se llenan de alegría y su corazón los impulsa a regocijarse para siempre. Una felicidad en crecimiento constante es siempre la experiencia de todos los que están seguros de Dios.

Enseñad a todos los creyentes a que no se apoyen en las tablas inseguras de la falsa compasión. No podéis desarrollar caracteres fuertes si os entregáis a compadeceros a vosotros mismos; intentad honestamente evitar la influencia engañosa de compartir pesares. Ofreced vuestra compasión a los valientes y los valerosos, limitando vuestra piedad por aquellas almas cobardes que tan sólo enfrentan a medias las pruebas del vivir. No brindéis consuelo a los que sucumben a sus problemas sin luchar. No ofrezcáis simpatía a vuestros semejantes con el solo objeto de conseguir que ellos a su vez simpaticen con vosotros.

Cuando mis hijos tengan autoconciencia de la seguridad de la presencia divina, esa fe les expandirá la mente, les ennoblecerá el alma, les reforzará la personalidad, les aumentará la felicidad, les profundizará la percepción espiritual, y aumentará su capacidad para amar y ser amados.

Enseñad a todos los creyentes que los que entran al reino no se vuelven inmunes a los accidentes del tiempo ni a las catástrofes ordinarias de la naturaleza. El creer en el evangelio no prevendrá los problemas, pero sí asegurará que vosotros actuaréis *sin miedo* cuando los problemas ocurran. Si os atrevéis a creer en mí y procedéis de todo corazón en mis huellas, vosotros al así hacerlo os encaminaréis sin lugar a dudas por una senda certeramente dificultosa. No os prometo liberaros del mar de adversidades, pero sí os prometo que navegaré a través de todas ellas con vosotros.

Y mucho más enseñó Jesús a este grupo de creyentes antes de que se retiraran para descansar esa noche. Y los que oyeron sus palabras las atesoraron en su corazón, recitándolas a menudo para edificación de los apóstoles y discípulos que no habían estado presentes cuando fueron pronunciadas.

4. La conversación con Natanael

Luego Jesús fue a Abila, donde trabajaban Natanael y sus asociados. Natanael estaba muy preocupado por algunas de las declaraciones de Jesús, que parecían menoscabar la autoridad de las escrituras hebreas reconocidas. Por consiguiente, esa noche, después del usual período de preguntas y respuestas, Natanael condujo a Jesús lejos de los demás y preguntó: «Maestro, ¿podrías tú confiar en mí para que yo conozca la verdad sobre las Escrituras? Observo que tú nos enseñas sólo una parte de las escrituras sagradas —la mejor parte en mi opinión— y deduzco que rechazas las enseñanzas de los rabinos que indican que las palabras de la ley son las palabras mismas de Dios, y que estas palabras han estado con Dios en el cielo aun antes de los días de Abraham y Moisés. ¿Cuál es la verdad de las Escrituras?» Cuando Jesús oyó la pregunta de su perplejo apóstol, respondió:

«Natanael, tú has juzgado correctamente; yo no contemplo las Escrituras, como lo hacen los rabinos. Te hablaré sobre este asunto, a condición de que tú nada digas de estas cosas a tus hermanos, pues no todos ellos están preparados para recibir esta enseñanza. Las palabras de la ley de Moisés y las enseñanzas de las Escrituras no existían antes de Abraham. Sólo en tiempos recientes se han recopilado las Escrituras en la forma como las conocemos. Aunque contienen los mejores pensamientos y los anhelos más elevados del pueblo judío, también contienen mucho que está lejos de ser representativo del carácter y de las enseñanzas del Padre en el cielo; por lo tanto, yo debo elegir, entre las mejores enseñanzas, aquellas verdades que han de recogerse para el evangelio del reino.

«Estos escritos son obra de los hombres, algunos santos, otros, no tan santos. Las enseñanzas de estos libros representan el punto de vista y el nivel de esclarecimiento de los tiempos en los que se originaron. Como revelación de la verdad, los más recientes son más confiables que los más antiguos. Las Escrituras contienen errores y su origen es puramente humano, pero ten la seguridad de que constituyen la mejor recopilación de sabiduría religiosa y verdad espiritual que hay en el mundo entero en este momento.

«Muchos de estos libros no fueron escritos por las personas cuyos nombres llevan, pero eso no disminuye de ninguna manera el valor de las verdades que contienen. Aunque la historia de Jonás no fuera un hecho, aun si Jonás no hubiera existido, la profunda verdad de este relato, el amor de Dios por Nínive y los así llamados paganos, no sería menos preciosa a los ojos de todos aquellos que aman a sus semejantes. Las Escrituras son sagradas porque presentan los pensamientos y acciones de los hombres que buscaban a Dios, y que nos dejaron en estos escritos sus más elevados conceptos de rectitud, verdad y santidad. Las Escrituras contienen mucho que es verdad, mucho, pero tú ya sabes, a la luz de las enseñanzas que habéis recibido, que estos escritos contienen también mucho que tergiversa la imagen del Padre en el cielo, el Dios amante que yo he venido para revelar a todos los mundos.

«Natanael, no te permitas ni por un instante creer en aquellos documentos de las Escrituras que dicen que el Dios del amor ordenó a tus antepasados que salieran a batallar para destruir a todos sus enemigos: hombres, mujeres y niños. Estos documentos son palabras de hombres, hombres no muy santos, no son la palabra de

Dios. Las Escrituras siempre reflejaron y siempre reflejarán el estado intelectual, moral y espiritual de los que las crean. ¿Acaso no has notado que los conceptos de Yahvé crecen en belleza y gloria a través de los escritos de los profetas, desde Samuel hasta Isaías? Y recuerda también, que el propósito de las Escrituras es la instrucción religiosa y la guía espiritual. No son obra de historiadores ni de filósofos.

«Lo más deplorable es, no solamente esta idea errónea de la perfección absoluta de las Escrituras y de la infalibilidad de sus enseñanzas, sino más bien la confusa y errónea interpretación de estos escritos sagrados por los escribas y fariseos de Jerusalén, esclavos de la tradición. Ahora pues, emplearán ellos tanto la doctrina de inspiración de las Escrituras como sus propias tergiversaciones para resistirse decididamente a las enseñanzas más nuevas del evangelio del reino. Natanael, no olvides jamás que el Padre no limita la revelación de la verdad a una sola generación ni a un solo pueblo. Muchos buscadores sinceros de la verdad se han encontrado confundidos y desilusionados por esta doctrina de la perfección de las Escrituras, y lo estarán también en el futuro.

«La autoridad de la verdad es el espíritu mismo que mora en sus manifestaciones vivientes, no las palabras muertas de hombres menos iluminados y supuestamente inspirados de generaciones pasadas. Aunque estos santos varones de antaño sí vivieron vidas inspiradas y llenas de espíritu, eso no significa que sus *palabras* eran similarmente inspiradas espiritualmente. Hoy, no ponemos por escrito las enseñanzas de este evangelio del reino, para que, después de mi partida, vosotros os separéis rápidamente en distintos grupos, cada uno convencido de poseer la verdad como resultado de la diversidad de vuestras interpretaciones de mis enseñanzas. Durante esta generación, es mejor que *vivamos* estas verdades evitando dejar documentos escritos.

«Presta atención a mis palabras, Natanael: nada de lo que toque la naturaleza humana puede ser considerado infalible. Indudablemente podrá brillar la verdad divina a través de la mente humana pero siempre con pureza relativa y divinidad parcial. La infalibilidad puede ser anhelo de la criatura pero sólo los Creadores la poseen.

«Pero el error más grande de las enseñanzas que se refieren a las Escrituras, consiste en la doctrina de que éstas son libros sellados de misterio y de sabiduría que tan sólo se atreven a interpretar las mentes sabias de la nación. Las revelaciones de la verdad divina no están selladas sino por la ignorancia humana, el fanatismo y la intolerancia de miras estrechas. Sólo el prejuicio y la superstición empañan la luz de las Escrituras. Un falso temor de lo sagrado ha impedido que la religión fuera salvaguardada por el sentido común. El temor de la autoridad de los escritos sagrados del pasado impide eficazmente que las almas honestas de hoy acepten la nueva luz del evangelio, la misma luz que aquellos hombres de otra generación conocedores de Dios tan intensamente anhelaban ver.

«Pero lo más triste de todo esto es, que algunos de los que enseñan la santidad de este tradicionalismo, conocen esta misma verdad. Ellos comprenden más o menos plenamente estas limitaciones de las Escrituras, pero sufren de cobardía moral y deshonestidad intelectual. Conocen la verdad relativa a los sagrados escritos, pero prefieren ocultar del pueblo estos hechos perturbadores. Así pues, pervierten y distorsionan las Escrituras, tornándolas guías de detalles esclavizantes de la vida diaria y autoridad en cosas no espirituales, en vez de apelar a las escrituras sagradas como minas de sabiduría moral, inspiración religiosa y enseñanzas espirituales de los hombres conocedores de Dios de otras generaciones».

Natanael resultó iluminado y pasmado ante el pronunciamiento del Maestro. Largamente reflexionó sobre esta conversación en las profundidades de su alma, pero a nadie dijo nada sobre este diálogo hasta la ascensión de Jesús; y aun entonces, tenía temor de impartir la historia completa de las instrucciones del Maestro.

5. LA NATURALEZA POSITIVA DE LA RELIGIÓN DE JESÚS

En Filadelfia, donde trabajaba Santiago, Jesús enseñó a los discípulos sobre la naturaleza positiva del evangelio del reino. Cuando, en el curso de sus palabras, sugirió que algunas partes de las Escrituras contenían más verdades que otras y advirtió a sus oyentes que alimentaran su alma con el mejor alimento espiritual, Santiago interrumpió al Maestro, preguntando: «¿Quieres, Maestro, tener la bondad de sugerirnos cómo podremos elegir los mejores pasajes de las Escrituras para nuestra edificación personal?» Jesús replicó: «Sí, Santiago, cuando leáis las Escrituras, buscad aquellas enseñanzas eternamente verdaderas y divinamente hermosas, como:

«Crea en mi, Oh Señor, un corazón limpio.

«El Señor es mi pastor; nada me faltará.

«Ama a tu prójimo como a ti mismo.

«Porque yo, el Señor tu Dios, te tomaré de la mano derecha, y te dice: No temas; yo te ayudo.

«Ni tampoco se adiestrarán más las naciones para la guerra».

Esto ilustra la forma en que Jesús, día tras día, se apropiaba de lo mejor de las Escrituras hebreas para instruir a sus seguidores y para incluirlas en las enseñanzas del nuevo evangelio del reino. Otras religiones habían sugerido la idea de la cercanía de Dios al hombre, pero Jesús convirtió el amparo de Dios al hombre como la solicitud del padre amante por el bienestar de sus hijos dependientes, haciendo de esta enseñanza el cimiento de su religión. Así pues la doctrina de la paternidad de Dios convirtió en obligatoria la práctica de la hermandad de los hombres. La adoración de Dios y el servicio del hombre se tornaron la suma y sustancia de su religión. Jesús tomó lo mejor de la religión judía y lo tradujo en un valioso conjunto de nuevas enseñanzas del evangelio del reino.

Jesús puso un espíritu de acción positiva en las doctrinas pasivas de la religión judía. En lugar de la obediencia negativa a los requisitos ceremoniales, Jesús impuso una actuación positiva en pos de lo que su nueva religión exigía de los que la aceptaban. La religión de Jesús consistió no solamente en *creer*, sino en verdaderamente *hacer*, esas cosas que el evangelio requería. No enseñó que la esencia de su religión consistía en el servicio social, sino más bien, que el servicio social era uno de los efectos seguros de la posesión del espíritu de la verdadera religión.

Jesús no vaciló en apropiarse de la mejor mitad de las Escrituras, repudiando al mismo tiempo las porciones menos valiosas. Su gran exhortación, «ama a tu prójimo como a ti mismo», la tomó de las Escrituras en donde dice: «No te vengarás contra los hijos de tu pueblo, sino amarás a tu prójimo como a ti mismo». Jesús se apropió de la porción positiva de esta escritura, rechazando, al mismo tiempo, la porción negativa. Aun se oponía a la no-resistencia negativa o puramente pasiva. Dijo: «Cuando un enemigo te bofetea, no reacciones pasiva y tontamente, sino vuelve la otra mejilla en actitud positiva; o sea, haz lo mejor posible para alejar activamente a tu hermano errado de los caminos del mal y conducirlo hacia los caminos mejores de la vida recta». Jesús exigía que sus seguidores reaccionaran positiva y enérgicamente en toda situación de la vida. El acto de volver la otra mejilla, o lo que esa acción pudiera tipificar, exige iniciativa, requiere una expresión vigorosa, activa y valiente de la personalidad del creyente.

Jesús no apoyaba una práctica de sumisión negativa a las indignidades de los que pudieran buscar a sabiendas aprovechar de los que practican la no-resistencia contra el mal, sino más bien, que sus seguidores fueran sabios y estuvieran alertas para reaccionar rápida y positivamente con el bien frente al mal, con el objeto de conquistar eficazmente el mal con el bien. No olvidéis que el bien verdadero es invariablemente más poderoso que el mal más maligno. El Maestro enseñó una norma positiva de rectitud: «El que quiera ser mi discípulo, que se olvide de sí mismo y asuma la entera medida de su responsabilidad diaria para seguirme». Vivió él mismo de una manera tal que «anduvo haciendo el bien». Este aspecto del evangelio estuvo bien ilustrado por las muchas parábolas que más adelante dijo a sus seguidores. Nunca exhortó a sus seguidores a que soportaran pacientemente sus obligaciones sino más bien a que asumieran la medida plena de su responsabilidad humana y privilegios divinos, con energía y entusiasmo, en el reino de Dios.

Cuando Jesús instruyó a sus apóstoles que si les quitaban injustamente el abrigo, ofrecieran la otra prenda, se refería no tanto a una segunda prenda, literalmente, sino a la idea de hacer algo *positivo* para salvar al que erraba, en vez de seguir el antiguo consejo de la venganza —«ojo por ojo» y así sucesivamente. Jesús aborrecía la idea de la venganza, así mismo la de convertirse en un mero sufriente pasivo o una víctima de la injusticia. En esta ocasión, les enseñó tres maneras de encarar el mal y resistirlo:

1. Devolver el mal con el mal —el método positivo, pero no recto.

2. Sufrir el mal sin queja y sin resistencia —el método puramente negativo.

3. Devolver el bien por el mal, afirmar la voluntad para adueñarse de la situación, para conquistar el mal con el bien —el método positivo y recto.

Uno de los apóstoles cierta vez preguntó: «Maestro, ¿qué debo hacer si un extraño me fuerza a llevar su carga por una milla?» Jesús respondió: «No te sientes y suspires de alivio mientras insultas en voz baja al extraño. La rectitud no proviene de las actitudes pasivas. Si no puedes pensar en nada más eficazmente positivo, por lo menos podrás llevar la carga por una segunda milla. Es indudable que esa acción habrá de desafiar al injusto extraño impío».

Los judíos sabían de un Dios que perdona a los pecadores arrepentidos y trata de olvidar sus errores, pero hasta la llegada de Jesús, los hombres nunca habían oído hablar de un Dios que fuera en busca de las ovejas perdidas, que tomara la iniciativa de buscar a los pecadores, que se regocijara cuando los encontraba deseosos de volver a la casa del Padre. Esta nota positiva en la religión, la expandió Jesús hasta sus oraciones. Y convirtió la regla de oro negativa en una admonición positiva de ecuanimidad humana.

En todas sus enseñanzas, Jesús infaliblemente evitó los detalles que distraían. Evitó el lenguaje florido y evitó las meras imágenes poéticas de los juegos de palabras. Habitualmente expresaba grandes significados en expresiones sencillas. Para fines de ilustración, Jesús invertía el significado corriente de muchos términos, tales como sal, levadura, pesca y niñitos. Empleaba la antítesis con la mayor eficacia, comparando lo pequeño con lo infinito y así sucesivamente. Sus ilustraciones eran sobrecogedoras, como por ejemplo, «el ciego que conduce al ciego». Pero la mayor fuerza que se puede encontrar en su enseñanza ilustrativa era su naturalidad. Jesús trajo la filosofía de la religión desde el cielo a la tierra. Describió las necesidades elementales del alma con una nueva visión y una nueva dote de afecto.

6. EL RETORNO A MAGADÁN

La misión de cuatro semanas en la Decápolis tuvo un éxito moderado. Cientos de almas fueron recibidas en el reino, y los apóstoles y evangelistas acumularon experiencia valiosa al llevar a cabo su trabajo sin la inspiración de la inmediata presencia personal de Jesús.

El viernes 16 de septiembre, todo el cuerpo de trabajadores se reunió, tal como se había establecido, en el parque de Magadán. El día sábado se celebró un consejo de más de cien creyentes en el que se consideraron a fondo los planes futuros para la ampliación del trabajo del reino. Asistieron los mensajeros de David e informaron sobre el bienestar de los creyentes en Judea, Samaria, Galilea y los distritos adyacentes.

Pocos de los seguidores de Jesús apreciaban plenamente en ese momento el gran valor de los servicios del cuerpo de mensajeros. Los mensajeros no sólo mantenían a los creyentes en contacto unos con los otros, con Jesús y los apóstoles por toda Palestina, sino que durante estos días difíciles también servían como recolectores de fondos, no sólo para el mantenimiento de Jesús y sus asociados, sino también para ayudar a las familias de los doce apóstoles y de los doce evangelistas.

Aproximadamente en esta época, Abner trasladó su centro de operaciones de Hebrón a Belén, y este último lugar fue también el centro de operaciones en Judea para los mensajeros de David. David mantenía un servicio de mensajeros de difusión de noticias de la tarde a la mañana, entre Jerusalén y Betsaida. Estos corredores salían de Jerusalén todas las tardes, se relevaban en Sicar y Escitópolis, y llegaban a Betsaida a la hora del desayuno de la mañana siguiente.

Ahora Jesús y sus asociados se dispusieron a tomar una semana de descanso antes de prepararse para empezar la última época de sus labores para el reino. Fue éste su último descanso porque la misión de Perea se desarrolló en una campaña de predicación y enseñanza que continuó hasta el momento de su llegada a Jerusalén y del advenimiento de los episodios finales de la carrera terrenal de Jesús.

DOCUMENTO 160

RODÁN DE ALEJANDRÍA

EL DOMINGO 18 de septiembre por la mañana, Andrés anunció que no se programaba trabajo alguno para la semana siguiente. Todos los apóstoles, excepto Natanael y Tomás, fueron a su casa para visitar a sus familias o estar con sus amigos. Esta semana Jesús disfrutó de un período de descanso casi completo, pero Natanael y Tomás estuvieron muy ocupados en conversaciones con cierto filósofo griego de Alejandría, llamado Rodán. Este griego se había hecho recientemente discípulo de Jesús a través de la enseñanza de uno de los asociados de Abner que había conducido una misión en Alejandría. Rodán estaba en esos momentos totalmente sumergido en la tarea de armonizar su filosofía de la vida con las nuevas enseñanzas religiosas de Jesús, y había venido a Magadán con la esperanza de que el Maestro quisiera hablar con él sobre estos problemas. También deseaba obtener una versión directa y autorizada del evangelio de labios de Jesús o de uno de sus apóstoles. Aunque el Maestro rehusó la invitación de participar en las conversaciones con Rodán, lo recibió amablemente e inmediatamente ordenó que Natanael y Tomás escucharan todo lo que tenía que decir y le hablaran sobre el evangelio.

1. LA FILOSOFÍA GRIEGA DE RODÁN

Temprano el lunes por la mañana, Rodán comenzó una serie de diez discursos a Natanael, Tomás y un grupo de unas dos docenas de creyentes que se encontraban a la sazón en Magadán. Estas conversaciones, condensadas, combinadas y expresadas en fraseología moderna, expresan los siguientes pensamientos:

La vida humana consiste en tres grandes impulsos: ímpetus, deseos y atracciones. Un carácter fuerte, una personalidad imponente, se adquiere tan sólo mediante la conversión del impulso natural de la vida en arte social del vivir, transformando los deseos presentes en esos anhelos más elevados que son capaces de un logro duradero, mientras que la atracción común de la existencia debe ser transferida de las propias ideas convencionales y establecidas a los dominios más elevados de las ideas no exploradas y de los ideales no descubiertos.

Cuánto más compleja se vuelva la civilización, más difícil será el arte del vivir. Cuánto más rápidos los cambios en los hábitos sociales, más complicada será la tarea del desarrollo del carácter. Cada diez generaciones, la humanidad debe aprender nuevamente el arte de vivir si el progreso ha de continuar. Si el hombre se torna tan ingenioso como para aumentar las complejidades de la sociedad a paso más acelerado, habrá que aprender de nuevo el arte de vivir mucho más frecuentemente, tal vez, en cada generación. Si la evolución del arte de vivir no se mantiene al ritmo de la técnica de la existencia, la humanidad volverá a caer rápidamente en el simple impulso del vivir —la búsqueda de la satisfacción de los deseos presentes. Así pues, la humanidad seguirá siendo inmadura; la sociedad no conseguirá crecer hasta la madurez plena.

La madurez social es equivalente al grado en que el hombre esté dispuesto a renunciar a la nueva gratificación de deseos pasajeros e inmediatos, para abrigar aquellos anhelos superiores cuya obtención proporciona las satisfacciones más abundantes del avance progresivo hacia objetivos permanentes. Pero la verdadera indicación de la madurez social de un pueblo es su capacidad y voluntad de ceder su derecho a vivir apacible y contentamente bajo las normas promotoras de comodidad basadas en el aliciente de las creencias establecidas y las ideas convencionales, en vez del atractivo zozobrador, devorador de energía, de la búsqueda de posibilidades no exploradas para lograr propósitos no descubiertos de realidades espirituales ideales.

Los animales responden noblemente al impulso de la vida, pero sólo el hombre puede alcanzar el arte de vivir, aunque la mayoría de la humanidad sólo experimenta el impulso animal a vivir. Los animales sólo conocen este impulso ciego e instintivo; el hombre es capaz de trascender este impulso a la función natural. El hombre puede elegir vivir en un alto plano de arte inteligente, aun en un plano de felicidad celestial y éxtasis espiritual. Los animales no se preguntan el propósito de la vida; por consiguiente, no se preocupan jamás, ni tampoco cometen suicidio. Entre los hombres el suicidio atestigua que esos seres han emergido de la etapa puramente animal de la existencia, y que sus esfuerzos de exploración han fracasado en el logro de niveles artísticos de la experiencia mortal. Los animales no conocen el significado de la vida; el hombre no sólo posee la capacidad para reconocer los valores y la comprensión de los significados, sino que también tiene conciencia del significado de los significados —es autoconsciente de su discernimiento.

Cuando los hombres se atreven a abandonar una vida de anhelos naturales en favor de una vida de arte aventurera y lógica incierta, deben estar preparados a soportar los inevitables riesgos de heridas emocionales —conflictos, infelicidad e incertidumbres— por lo menos hasta el momento en que alcancen cierto grado de madurez intelectual y emocional. El desaliento, la preocupación y la indolencia son prueba positiva de la inmadurez moral. La sociedad humana se enfrenta con dos problemas: cómo alcanzar la madurez del individuo y cómo alcanzar la madurez de la raza. El ser humano maduro pronto comienza a ver a todos los demás mortales con sentimientos de ternura y con emociones de tolerancia. Los hombres maduros tratan a los seres inmaduros con el amor y la compasión que un padre tiene hacia sus hijos.

Vivir con éxito no es más ni menos que el arte del dominio de técnicas confiables para solucionar problemas comunes. El primer paso en la solución de todo problema consiste en ubicar la dificultad, aislar el problema y reconocer francamente su naturaleza y gravedad. El gran error es que, cuando los problemas de la vida despiertan nuestros temores profundos, nos negamos a reconocerlos. Del mismo modo, cuando el reconocimiento de nuestras dificultades comprende la reducción de nuestro largamente acariciado engreimiento, la admisión de la envidia, o el abandono de prejuicios profundamente arraigados, la persona común prefiere aferrarse a sus antiguas ilusiones de seguridad y a los falsos sentimientos de inmunidad largamente acariciados. Sólo una persona valiente está dispuesta a admitir honestamente y a enfrentar sin temor, lo que descubre una mente sincera y lógica.

La solución sabia y eficaz de todo problema exige que la mente esté libre de ideas preconcebidas, pasión, y todo otro prejuicio puramente personal que pueda interferir con la encuesta desinteresada de los factores reales que constituyen el problema que se presenta para su solución. La solución de los problemas de la vida requiere coraje y sinceridad. Sólo las personas honestas y valientes son capaces de seguir valerosamente a través del perturbador y desconcertante laberinto del vivir hasta donde los pueda conducir la lógica de una mente sin temor. Esta emancipación de la mente y del alma no puede producirse nunca sin el poder impulsor de un entusiasmo inteligente, casi celo religioso. Se requiere la atracción de un gran ideal para impulsar al hombre en pos de un objetivo cargado de problemas materiales difíciles y múltiples riesgos intelectuales.

Aunque estés efectivamente armado para encarar las situaciones difíciles de la vida, no puedes esperar mucho éxito a menos que estés equipado de esa sabiduría de mente y encanto de personalidad que te permite ganar el apoyo y la cooperación sincera de tus semejantes. No puedes esperar una amplia medida de éxito, ni en el trabajo secular ni en el trabajo religioso, a menos que aprendas cómo persuadir a tus semejantes, cómo convencer a los hombres. Simplemente, debes tener tacto y tolerancia.

Pero el mejor de todos los métodos para solucionar problemas lo aprendí de Jesús, vuestro Maestro. Me refiero a aquello que él practica tan constantemente, y que tan fielmente os ha enseñado: el aislamiento para la meditación adoradora. En esta costumbre de Jesús de apartarse tan frecuentemente para comulgar con el Padre en el cielo, se ha de encontrar la técnica, no sólo para reunir la fuerza y sabiduría necesarias en los conflictos ordinarios del vivir, sino también para apropiarse de la energía necesaria en la solución de los problemas más elevados de naturaleza moral y espiritual. Pero aun los métodos correctos de solucionar problemas no compensarán los defectos inherentes de la personalidad ni la ausencia de hambre y sed de la verdadera rectitud.

Me impresiona profundamente el hábito de Jesús de apartarse a solas para pasar esas temporadas de encuesta solitaria de los problemas del vivir; buscar nuevas reservas de sabiduría y energía para así poder enfrentarse a las múltiples demandas del servicio social; acelerar y profundizar el supremo propósito del vivir sometiendo verdaderamente la personalidad total a la conciencia de estar en contacto con la divinidad; luchar por alcanzar métodos nuevos y mejores de adaptarse a las situaciones en constante cambio de la existencia viviente; efectuar aquellas reconstrucciones vitales y reajustes de las actitudes personales que son tan esenciales para un mayor discernimiento de todo lo que es válido y real; y hacer todo esto con el único propósito de la gloria de Dios —enviar como aliento a los cielos la oración favorita de vuestro Maestro: «Que se haga, no mi voluntad, sino la tuya».

Esta práctica de adoración de vuestro Maestro trae ese reposo que renueva la mente; esa iluminación que inspira el alma; ese valor que permite enfrentarse valientemente con los propios problemas; esa autocomprensión que borra el temor debilitante; y esa conciencia de la unión con la divinidad que da al hombre la seguridad necesaria para atreverse a ser como Dios. El reposo de la adoración, o comunión espiritual, como la practica el Maestro, alivia la tensión, elimina los conflictos y aumenta poderosamente los recursos totales de la personalidad. Y toda esta filosofía, más el evangelio del reino, constituyen la nueva religión tal como yo la comprendo.

El prejuicio enceguece el alma en el reconocimiento de la verdad, y el prejuicio puede ser eliminado sólo por la devoción sincera del alma a la adoración de una causa capaz de abrazar e incluir a todos los semejantes. El prejuicio está vinculado inseparablemente con el egoísmo. El prejuicio tan sólo se puede eliminar si se abandona el egoísmo y se lo reemplaza por la búsqueda de la satisfacción que produce el servicio de una causa que sea no sólo más grande que el yo, sino aun más grande que toda la humanidad —la búsqueda de Dios, al alcance de la divinidad. El indicio de la madurez de la personalidad consiste en la transformación del deseo humano de manera tal que busque constantemente la realización de esos valores que son los más elevados y los más divinamente reales.

En un mundo en continuo cambio, en medio de un orden social en evolución, es imposible mantener propósitos rígidos y establecidos de destino. La estabilidad de la personalidad tan sólo puede ser experimentada por los que han descubierto y abrazado al Dios viviente como meta eterna de alcance infinito. El transferir de este modo el propio objetivo del tiempo a la eternidad, de la tierra al Paraíso, de lo humano a lo divino, requiere que el hombre se regenere, se convierta, nazca nuevamente; que se vuelva el hijo recreado del espíritu divino; que gane el ingreso en la hermandad del reino del cielo. Todas las filosofías y religiones que no llegan a estos ideales, son inmaduras. La filosofía que yo enseño, vinculada con el evangelio que vosotros predicáis, representa la nueva religión de la madurez, el ideal de todas las generaciones futuras. Y esto es verdad porque nuestro ideal es final, infalible, eterno, universal, absoluto e infinito.

Mi filosofía me impulsó a buscar las realidades del verdadero alcance, el objetivo de la madurez. Pero mi impulso era impotente; mi búsqueda carecía de fuerza impulsadora; mi indagación sufría, por faltarle la certidumbre de una dirección. Estas deficiencias han sido abundantemente corregidas por este nuevo evangelio de Jesús, con su enaltecimiento de vistas, con su elevación de ideales, y con su certidumbre de objetivos. Sin dudas ni recelos puedo ahora de todo corazón entrar en la aventura eterna.

2. EL ARTE DE VIVIR

Tan sólo hay dos maneras en las que los mortales pueden convivir: la manera material o animal y la manera espiritual o humana. Por medio de signos y sonidos, los animales pueden comunicarse entre ellos en una forma limitada. Pero estas formas de comunicación no transmiten significados, valores ni ideas. La única diferencia entre el hombre y el animal es de que el hombre puede comunicarse con sus semejantes mediante *símbolos* que por supuesto designan e identifican significados, valores, ideas y aun ideales.

Puesto que los animales no pueden comunicarse ideas, no pueden desarrollar una personalidad. El hombre desarrolla la personalidad, porque puede comunicarse de esta manera con sus semejantes tanto sobre ideas como sobre ideales.

Es esta habilidad de comunicar y compartir significados lo que constituye la cultura humana y permite al hombre, a través de las asociaciones sociales, erigir civilizaciones. El conocimiento y la sabiduría se tornan cumulativos debido a la habilidad del hombre de comunicar estas posesiones a las generaciones sucesivas. De esta manera surgen las actividades culturales de la raza: el arte, la ciencia, la religión y la filosofía.

La comunicación simbólica entre los seres humanos predetermina la aparición de los grupos sociales. El más eficaz de todos los grupos sociales es la familia, más específicamente los *dos padres*. El afecto personal es el lazo espiritual que mantiene la unidad de estas asociaciones materiales. Una relación tan eficaz también es posible entre dos personas del mismo sexo, tal como se ha ilustrado tan abundamente en la devoción de las verdaderas amistades.

Estas asociaciones de amistad y afecto mutuo son socializantes y ennoblecedoras porque fomentan y facilitan los siguientes factores esenciales de los niveles más elevados del arte del vivir:

1. *La autoexpresión y la autocomprensión mutuas*. Muchos nobles impulsos humanos perecen porque no hay nadie que escuche su expresión. De veras, no es bueno para el hombre estar solo. Cierto grado de aprobación y cierta cantidad de apreciación son esenciales para el desarrollo del carácter humano. Sin el amor genuino del hogar, ningún niño puede lograr el desarrollo pleno de un carácter normal. El carácter es algo más que mente y sentimiento moral. De todas las relaciones sociales calculadas para desarrollar el carácter, la más eficaz e ideal es la amistad afectuosa y comprensiva del hombre y la mujer en el abrazo mutuo del matrimonio inteligente. El matrimonio, con sus múltiples relaciones, es el mejor medio para traer a la superficie esos preciosos impulsos y esos motivos más elevados que son indispensables para el desarrollo de un carácter fuerte. No vacilo en glorificar así la vida familiar porque vuestro Maestro eligió sabiamente la relación padre-hijo como la piedra angular misma de su nuevo evangelio del reino. Y tal incomparable comunidad de relación, el hombre y la mujer en el abrazo afectuoso que expresa los más altos ideales del tiempo, es una experiencia tan valiosa y satisfactoria que para obtenerla vale la pena cualquier precio, cualquier sacrificio.

2. *La unión de las almas* —la movilización de la sabiduría. Todo ser humano adquiere, tarde o temprano, cierto concepto de este mundo y cierta visión del próximo. Ahora bien, es posible, a través de la asociación de las personalidades, unificar estos conceptos de la existencia temporal y de las perspectivas eternas. De este modo la mente de uno aumenta sus valores espirituales porque gana mucho del entendimiento del otro. Así pues, los hombres enriquecen su alma aunando sus respectivas posesiones espirituales. De esta manera, también consigue el hombre escapar de la siempre presente tendencia a caer víctima de una visión distorsionada, un punto de vista prejuiciado y una estrechez de juicio. El temor, la envidia y el engreimiento pueden ser prevenidos únicamente mediante el contacto íntimo con otras mentes. Llamo vuestra atención sobre el hecho de que el Maestro no os envía jamás solos a trabajar para la expansión del reino; siempre os envía de a dos. Y puesto que la sabiduría es superconocimiento, es lógico deducir que, en la unión de la sabiduría, el grupo social, pequeño o grande, comparte mutuamente todo conocimiento.

3. *El entusiasmo por el vivir*. El aislamiento tiende a agotar la carga de energía del alma. La asociación con los semejantes es esencial para mantener el entusiasmo por la vida, e indispensable para alimentar la valentía necesaria en las batallas inherentes a la ascensión a los niveles más altos del vivir humano. La amistad intensifica el gozo y glorifica los triunfos de la vida. Las asociaciones humanas amantes e íntimas tienden a liberar al sufrimiento de su pesadumbre y a la dificultad de mucho de su amargura. La presencia de un amigo aumenta toda belleza y exalta toda bondad. Por medio de símbolos inteligentes, el hombre es capaz de acelerar y ampliar la capacidad de apreciación de sus amigos. Una de las glorias máximas de la amistad humana es este poder y posibilidad de estimulación mutua de la imaginación. Hay gran poder espiritual inherente en la conciencia de una devoción absoluta a una causa común, la lealtad mutua a una Deidad cósmica.

4. *El aumento de la defensa contra todo mal*. La asociación de las personalidades y el afecto mutuo es un seguro eficiente contra el mal. Las dificultades, la pesadumbre, el desencanto, y la derrota son más dolorosos y desalentadores cuando se los sufre a solas. La asociación no transforma el mal en rectitud, pero mucho contribuye a mitigar el golpe. Dijo vuestro Maestro: «Bienaventurados serán los que están de luto» —si hay un amigo cerca que los consuele. Hay una fuerza positiva en el conocimiento de que vives para el bienestar de otros, y que estos otros, del mismo modo, viven para tu bienestar y adelanto. El hombre languidece en el aislamiento.

Los seres humanos infaliblemente se desalientan cuando ven únicamente las transacciones transitorias del tiempo. El presente, cuando está divorciado del pasado y del futuro, se torna exasperantemente trivial. Tan sólo una vislumbre del círculo de la eternidad puede inspirar al hombre a dar lo mejor de sí mismo y llevar lo mejor que hay en él a su máxima expresión. Y cuando el hombre de este modo llega a su mejor potencial, vive de la manera más generosa para el bien de los demás, de sus semejantes transeúntes en el tiempo y en la eternidad.

Repito: una asociación tan inspiradora y ennoblecedora encuentra sus posibilidades ideales en la relación humana del matrimonio. Es verdad que mucho se obtiene fuera del matrimonio, y muchos, muchos matrimonios fracasan completamente en producir estos frutos morales y espirituales. Demasiadas veces contraen matrimonio aquellos que buscan otros valores, más bajos que estas características superiores de la madurez humana. El matrimonio ideal debe ser fundado en algo más estable que las fluctuaciones del sentimiento y la transitoriedad de la mera atracción sexual; debe basarse en la devoción personal genuina y mutua. Así pues, si podéis fomentar estas pequeñas unidades tan confiables y eficaces de asociación humana, cuando éstas se reúnan en un todo, el mundo contemplará una estructura social grande y glorificada, la civilización de madurez mortal. Tal raza podría comenzar a realizar algo del ideal de vuestro Maestro de «paz en la tierra y buena voluntad entre los hombres». Aunque tal sociedad no sería perfecta ni estaría enteramente libre del mal, se acercaría por lo menos a la estabilización de la madurez.

3. LOS ALICIENTES DE LA MADUREZ

El esfuerzo hacia la madurez necesita trabajo, y el trabajo requiere energía. ¿De dónde vendrá el poder para realizar todo esto? Se puede ver las cosas físicas como algo evidente, pero el Maestro bien ha dicho: «No sólo de pan vive el hombre». Una vez que poseamos un cuerpo normal y una salud razonablemente buena, debemos buscar esas atracciones que actúen como estímulos para despertar las durmientes fuerzas espirituales del hombre. Jesús nos ha enseñado que Dios vive en el hombre; ¿cómo podemos pues inducir al hombre a liberar esos poderes de divinidad e infinidad de dentro del alma? ¿Cómo inducir a los hombres a liberar a Dios para que él pueda salir adelante y refrescar nuestra alma al pasar hacia afuera y luego esclarecer, elevar y bendecir innumerables otras almas? ¿Cómo puedo yo de la mejor manera despertar estos poderes latentes del bien que yacen durmientes en vuestra alma? De una cosa estoy seguro: la excitación emocional no es el estímulo espiritual ideal. La excitación no aumenta la energía; más bien agota los poderes tanto de la mente como del cuerpo. ¿De dónde viene pues la energía para hacer estas grandes cosas? Contemplad a vuestro Maestro. Aun ahora él está allí en las colinas llenándose de fuerza mientras nosotros estamos aquí gastando energía. El secreto de todo este problema se encuentra encubierto en la comunión espiritual, en la adoración. Desde un punto de vista humano es una cuestión de meditación y reposo combinados. La meditación pone en contacto la mente con el espíritu. El reposo determina la capacidad para la receptividad espiritual. Este intercambio de fuerza en vez de debilidad, valor en vez de temor, voluntad de Dios en vez de mente humana, constituye la adoración. Por lo menos, así es como lo ve el filósofo.

Cuando estas experiencias se repiten frecuentemente, se cristalizan en hábitos, hábitos vigorizantes y llenos de adoración, y estos hábitos gradualmente se traducen en carácter espiritual, y este carácter finalmente es reconocido por nuestros semejantes como una *personalidad madura*. Estas prácticas son difíciles y llevan mucho tiempo al principio, pero cuando se vuelven habituales, son a la vez fuente de descanso y de ahorro de tiempo. Cuánto más compleja se vuelva la sociedad, cuánto más se multipliquen los alicientes y encantos de la civilización, más urgente será la necesidad para los individuos conocedores de Dios de establecer tales prácticas habituales de protección, con el objeto de conservar y aumentar su energía espiritual.

Otro requisito para la obtención de la madurez es el ajuste cooperativo de los grupos sociales a un medio ambiente en constante cambio. El individuo inmaduro despierta el antagonismo de sus semejantes; el hombre maduro gana la cooperación sincera de sus asociados, multiplicando así muchas veces los frutos de los esfuerzos de su vida.

Mi filosofía me dice que hay épocas en las que debo pelear, si hace falta, para defender mi concepto de la rectitud, pero no dudo de que el Maestro, con un tipo de personalidad más madura, ganaría fácil y elegantemente una victoria igual mediante su técnica superior y cautivante de tacto y tolerancia. Demasiado frecuentemente, cuando luchamos por lo bien, ocurre que tanto el vencedor como los vencidos han sido derrotados. Ayer mismo oí que el Maestro dijo: «El hombre sabio, cuando trata de entrar por una puerta cerrada, no destruye la puerta sino que busca la llave para abrirla». Demasiado frecuentemente nos embrollamos en una lucha sólo para convencernos de que no tenemos miedo.

Este nuevo evangelio del reino rinde un gran servicio al arte de vivir en cuanto provee un incentivo nuevo y más rico para un vivir más elevado. Presenta un nuevo y exaltado objetivo de destino, un supremo propósito de la vida. Estos nuevos conceptos de propósito eterno y divino de la existencia son por sí mismos estímulos trascendentales, que sacan a relucir la reacción de lo mejor que existe en la naturaleza superior del hombre. En cada cima del pensamiento intelectual se encuentra reposo para la mente, fuerza para el alma y comunión para el espíritu. Desde tales puntos ventajosos de vida elevada, el hombre es capaz de trascender las irritaciones materiales de los niveles más bajos del pensamiento: la preocupación, los celos, la envidia, la venganza, y el orgullo de la personalidad inmadura. Estas almas elevadas se liberan a sí mismas de una multitud de conflictos entrecruzados de las cosas triviales del vivir, y así son libres de alcanzar conciencia de las corrientes más altas del concepto espiritual y de la comunicación celestial. Pero el propósito de la vida debe ser celosamente protegido contra la tentación de buscar logros fáciles y pasajeros; del mismo modo se lo debe promover de manera tal como para que sea inmune a las desastrosas amenazas del fanatismo.

4. EL EQUILIBRIO DE LA MADUREZ

Mientras os dedicáis a la obtención de las realidades eternas, debéis también disponer para las necesidades de la vida temporal. Aunque el espíritu sea nuestra meta, la carne es un hecho. Ocasionalmente, puede que lo necesario para vivir caiga en nuestras manos por casualidad, pero en general, debemos trabajar con inteligencia para conseguirlo. Los dos problemas principales de la vida son: ganarse la vida temporal y obtener la supervivencia eterna. Aun el problema de ganarse la vida necesita de la religión para su solución ideal. Estos dos problemas son altamente personales. La verdadera religión, de hecho, no funciona separada del individuo.

Los factores esenciales de la vida temporal, tal como yo los veo, son:

1. La buena salud.
2. El pensamiento claro y limpio.

3. La habilidad y la pericia.
4. La riqueza —las posesiones de la vida.
5. La habilidad para soportar la derrota.
6. La cultura —la educación y la sabiduría.

Aun los problemas físicos de la salud del cuerpo y de su eficiencia se solucionan de la mejor manera cuando se los considera desde el punto de vista religioso de las enseñanzas de nuestro Maestro: que el cuerpo y la mente del hombre son la morada del don de los dioses, el espíritu de Dios que llega a ser el espíritu del hombre. Así pues, la mente del hombre se vuelve la mediadora entre las cosas materiales y las realidades espirituales.

Se requiere inteligencia para garantizarse uno mismo una porción de las cosas deseables en la vida. Es totalmente erróneo suponer que la fidelidad al propio trabajo diario asegura las recompensas de la riqueza. Aparte de la adquisición ocasional y accidental de la riqueza, las recompensas materiales de la vida temporal fluyen en ciertos canales bien organizados, y sólo los que tienen acceso a estos canales pueden esperar ser bien recompensados por sus esfuerzos temporales. La pobreza será por siempre el destino de los hombres que buscan la riqueza en canales aislados e individuales. Por consiguiente, el planeamiento sabio se torna el elemento esencial para llegar a la prosperidad en el mundo. El éxito requiere, no solamente devoción al propio trabajo, sino también funcionar como parte de uno de los canales de la riqueza material. Si no eres sabio, puedes entregar una vida de dedicación a tu generación, sin obtener recompensa material; si eres un beneficiario accidental de la corriente de la riqueza, podrás nadar en lujo aunque no hayas hecho nada valioso para tus semejantes.

La habilidad es lo que heredas, mientras que la pericia es lo que adquieres. La vida no es real para el que no sepa hacer bien —expertamente— por lo menos una cosa. La pericia es una de las fuentes reales de satisfacción en la vida. La habilidad implica el don de la prudencia, de tener una visión futurista. No te dejes engañar por las recompensas tentadoras de las empresas deshonestas; está dispuesto a trabajar en pos de las recompensas futuras, inherentes en la conducta honesta. El hombre sabio es capaz de distinguir entre los medios y los fines; pues, a veces el excesivo planeamiento del futuro resulta contraproducente. Un buscador de los placeres como tú eres, debes tratar siempre de ser tanto productor como consumidor.

Entrena tu memoria para mantener en fideicomiso sagrado los episodios vigorizantes y valiosos de la vida para que puedas recordarlos, cuando querrás, para tu placer y edificación. De esta manera construye en ti y para ti galerías donde tienes en reserva belleza, bondad y grandeza artística. Pero el recuerdo más noble de todos es la evocación atesorada de los grandes momentos de una amistad sin par. Todos estos tesoros de la memoria irradian sus más preciosas y exaltadoras influencias bajo el toque liberador de la adoración espiritual.

Pero la vida será una carga pesada a menos que aprendas a enfrentar los fracasos con donaire. Es un arte aceptar las derrotas, y las almas nobles siempre lo adquieren; debes saber cómo perder, sin perder el ánimo; no debes temer el desencanto. No vaciles jamás en admitir el fracaso. No intentes ocultar el fracaso bajo sonrisas engañosas y falso optimismo. Suena bien pretender tener siempre éxito, pero los resultados finales son desastrosos. Tal técnica conduce directamente a la creación de un mundo de irrealidad y al choque inevitable del desencanto final.

El éxito puede generar valor y promover confianza, pero la sabiduría sólo proviene de las experiencias del ajuste al resultado de los propios fracasos. Los hombres que prefieren las ilusiones optimistas a la realidad, jamás podrán ser sabios. Sólo los que se enfrentan con los hechos y los adaptan a los ideales pueden llegar a la sabiduría. La sabiduría abraza tanto el hecho como el ideal y por consiguiente salva a sus devotos de esos extremos estériles de la filosofía —al hombre cuyo idealismo excluye los hechos y al materialista que está vacío de visión espiritual. Esas almas tímidas que sólo pueden mantener la lucha de la vida mediante las continuadas ilusiones falsas del éxito están destinadas a sufrir el fracaso y experimentar la derrota cuando finalmente despierten del mundo de ensueño de su propia imaginación.

En este asunto de enfrentarse con el fracaso y adaptarse a la derrota es donde la visión de largo alcance de la religión ejerce su influencia suprema. El fracaso es simplemente un episodio educacional —un experimento cultural en la adquisición de la sabiduría— en la experiencia del hombre que busca a Dios, embarcado en la aventura eterna de la exploración de un universo. Para esos hombres, la derrota no es sino un medio nuevo para el alcance de niveles más altos de la realidad universal.

La carrera del hombre que busca a Dios puede ser triunfal a la luz de la eternidad, aunque toda su vida temporal parezca un fracaso completo, siempre y cuando cada uno de sus fracasos durante la vida haya producido la cultura de la sabiduría y el alcance del espíritu. No cometas el error de confundir el conocimiento, la cultura y la sabiduría. Están relacionados en la vida, pero representan valores espirituales vastamente diferentes; la sabiduría por siempre domina al conocimiento y para siempre glorifica la cultura.

5. LA RELIGIÓN DEL IDEAL

Me habéis dicho que vuestro Maestro considera que la religión humana genuina es la experiencia del individuo con las realidades espirituales. Yo he considerado la religión como la experiencia del hombre que reacciona a algo que le parece digno de homenaje y devoción de toda la humanidad. En este sentido, la religión simboliza nuestra suprema devoción a lo que representa nuestro concepto más elevado de los ideales de la realidad y el alcance más amplio de nuestra mente hacia las posibilidades eternas del logro espiritual.

Cuando los hombres reaccionan a la religión en un sentido tribal, nacional o racial, es porque consideran que los que no pertenecen a su grupo no son realmente humanos. Nosotros siempre consideramos el objeto de nuestra lealtad religiosa digno de reverencia por parte de todos los hombres. La religión no puede nunca ser asunto de mera creencia intelectual o razonamiento filosófico; la religión es siempre y para siempre una forma de reaccionar a las situaciones de la vida; es una especie de conducta. La religión engloba el pensar, el sentir y el actuar con reverencia hacia una realidad que consideramos digna de adoración universal.

Si algo se ha vuelto religión en tu experiencia, es evidente que ya te has vuelto evangelista activo de esa religión, puesto que consideras el supremo concepto de tu religión digno de la adoración de toda la humanidad, de todas las inteligencias del universo. Si no eres un evangelista positivo y misionario de tu religión, te autoengañas, y eso que llamas religión es tan sólo una creencia tradicional o un mero sistema filosófico intelectual. Si tu religión es una experiencia espiritual, tu objeto de adoración debe ser la realidad espiritual universal y el ideal de todos tus conceptos espiritualizados. Todas las religiones que se basan en el temor, la emoción, la tradición y la filosofía, las denomino religiones intelectuales, mientras que las que se basan en la verdadera experiencia espiritual, las denominaría religiones verdaderas. El objeto de la devoción religiosa puede ser material o espiritual, verdadero o falso, real o irreal, humano o divino. Las religiones, por consiguiente, pueden ser buenas o malas.

La moralidad y la religión no son necesariamente la misma cosa. Un sistema de moral, si adopta un objeto de adoración, puede volverse una religión. Una religión, al perder su atracción universal a la lealtad y a la devoción suprema, puede volverse un sistema de filosofía o un código moral. Esta cosa, ser, estado, u orden de existencia, o posibilidad de obtención que constituye el ideal supremo de la lealtad religiosa, y que es el receptor de la devoción religiosa de los que adoran, es Dios. Sea cual fuere el nombre aplicado a este ideal de la realidad espiritual, es Dios.

Las características sociales de una religión verdadera consisten en el hecho de que ésta busca invariablemente convertir al individuo y transformar el mundo. La religión implica la existencia de ideales no descubiertos, que trascienden en mucho las normas conocidas de ética y moralidad comprendidas incluso en los usos sociales más elevados de las instituciones más maduras de la civilización. La religión busca ideales no descubiertos, realidades no exploradas, valores sobrehumanos, sabiduría divina, y verdadero alcance espiritual. La verdadera religión hace todo esto; todas las demás creencias, no son dignas de ese nombre. No podéis tener una religión espiritual genuina sin el ideal supremo y excelso de un Dios eterno. Una religión sin este Dios es una invención del hombre, una institución humana de creencias intelectuales sin vida y ceremonias emocionales sin sentido. Una religión puede aclamar como objeto de su devoción a un gran ideal. Pero tales ideales irreales no son alcanzables; tal concepto es ilusorio. Los únicos ideales susceptibles del logro humano son las realidades divinas de los valores infinitos residentes en el hecho espiritual del Dios eterno.

La palabra Dios, la *idea* de Dios en contraposición con el *ideal* de Dios, puede volverse parte de cualquier religión aunque sea una religión altamente pueril o falsa. Y esta idea de Dios puede llegar a ser cualquier cosa que los que la albergan tal vez elijan hacerla. Las religiones más bajas forjan sus ideas de Dios para coincidir con el estado natural del corazón humano; las religiones más altas exigen que el corazón humano cambie para satisfacer las demandas de los ideales de la verdadera religión.

La religión de Jesús trasciende todos nuestros conceptos anteriores de la idea de adoración, en cuanto no solamente describe a su Padre como el ideal de la realidad infinita, sino que declara positivamente que esta fuente divina de valores y el centro eterno del universo es verdadera y personalmente obtenible por cada criatura mortal que elija entrar al reino del cielo en la tierra, reconociendo así la aceptación de la filiación a Dios y de la hermandad con el hombre. Eso, en mi opinión, es el más elevado concepto de religión que el mundo haya conocido jamás, y declaro que no puede haber nunca un concepto más alto, puesto que este evangelio abraza la infinidad de las realidades, la divinidad de los valores y la eternidad de los alcances universales. Dicho concepto constituye la realización de la experiencia del idealismo de lo supremo y lo último.

No sólo me intrigan los ideales cabales de esta religión de vuestro Maestro, sino que estoy poderosamente impulsado a profesar mi creencia en su anuncio de que estos ideales de las realidades espirituales son alcanzables; que vosotros y yo podemos embarcarnos en esta larga y eterna aventura con su garantía de la certidumbre de nuestra llegada final a las puertas del Paraíso. Hermanos míos, yo soy un creyente, me he embarcado; me he encaminado con vosotros en esta aventura eterna. El Maestro dice que él vino del Padre, y que nos mostrará el camino. Estoy plenamente persuadido de que profesa la verdad. Por fin estoy convencido de que no existen ideales alcanzables de realidad ni valores de perfección fuera del Padre eterno y Universal.

Vengo pues a adorar, no meramente al Dios de las existencias, sino al Dios de la posibilidad de toda existencia futura. Por lo tanto debe vuestra devoción a un ideal supremo, si ese ideal es real, ser devoción a este Dios de los universos pasados, presentes y futuros de las cosas y los seres. Y no hay otro Dios, porque no es posible que haya ningún otro Dios. Todos los otros dioses son invenciones de la imaginación, ilusiones de la mente mortal, distorsiones de la lógica falsa, e ídolos falaces de los que los crean. Sí, podéis tener una religión sin este Dios, pero no significará nada. Si buscáis sustituir la palabra Dios por la realidad de este ideal del Dios viviente, tan sólo os habéis engañado a vosotros mismos poniendo una idea en el lugar de un ideal, una realidad divina. Estas creencias son meramente religiones de una fantasía anhelante.

Veo en las enseñanzas de Jesús la religión en su mejor expresión. Este evangelio nos permite buscar al verdadero Dios y encontrarlo. Pero, ¿estamos dispuestos a pagar el precio de esta entrada en el reino del cielo? ¿Estamos dispuestos a renacer? ¿A ser rehechos? ¿Estamos dispuestos a someternos a este terrible y agotador proceso de autodestrucción y reconstrucción del alma? Acaso no ha dicho el Maestro: «El que quiera salvar su vida tiene que perderla. No creáis que he venido para traer paz sino más bien lucha por el alma». Es verdad que después que paguemos el precio de la dedicación a la voluntad del Padre, experimentaremos gran paz, siempre y cuando sigamos caminando por los caminos espirituales del vivir consagrado.

Ahora pues, estamos verdaderamente abandonando las atracciones del orden conocido de existencia convencional, dedicándonos sin reservas a buscar las atracciones de lo desconocido y lo no explorado dentro de la existencia de una vida futura de aventura en los mundos espirituales del idealismo más alto de la realidad divina. Y buscamos esos símbolos de significado por medio de los cuales podamos transmitir a nuestros semejantes estos conceptos de la realidad del idealismo de la religión de Jesús, y no dejaremos de orar por ese día en que toda la humanidad se conmoverá por la visión común de esta suprema verdad. Ahora mismo, nuestro concepto focalizado del Padre, tal como lo albergamos en nuestro corazón, es que Dios es espíritu; tal como lo trasmitimos a nuestros semejantes, es que Dios es amor.

La religión de Jesús exige experiencia espiritual y viviente. Otras religiones podrán consistir en creencias tradicionales, sentimientos emocionales, conciencias filosóficas, y todo eso, pero la enseñanza del Maestro requiere el alcance de niveles reales de verdadera progresión espiritual.

La conciencia del impulso a ser como Dios no es verdadera religión. El sentir la emoción de adorar a Dios no es verdadera religión. El conocimiento de la convicción de olvidar al yo para servir a Dios no es verdadera religión. La sabiduría del razonamiento de que esta religión es la mejor de todas, no es religión como experiencia personal y espiritual. La verdadera religión se refiere al destino y realidad de lo que se obtiene, así como también a la realidad e idealismo de lo que se acepta totalmente por la fe. Y todo esto debe hacérsenos personal mediante la revelación del Espíritu de la Verdad.

Así pues terminaron las disertaciones del filósofo griego, uno de los más grandes de su raza, que se había vuelto creyente del evangelio de Jesús.

DOCUMENTO 161

LAS CONVERSACIONES ULTERIORES CON RODÁN

EL DOMINGO 25 de septiembre del año 29 d. de J.C., los apóstoles y los evangelistas se reunieron en Magadán. Esa tarde, después de una larga conferencia con sus asociados, Jesús sorprendió a todos anunciando que, temprano al día siguiente, él y los doce apóstoles partirían para Jerusalén para asistir a la fiesta de los tabernáculos. Ordenó que los evangelistas visitaran a los creyentes en Galilea, y que el cuerpo de mujeres regresara por un tiempo a Betsaida.

Cuando llegó la hora de partir para Jerusalén, Natanael y Tomás aún estaban en medio de sus diálogos con Rodán de Alejandría, y solicitaron el permiso del Maestro para quedarse en Magadán por unos días. Así pues, mientras Jesús y los diez partieron rumbo a Jerusalén, Natanael y Tomás estaban ocupados en un intenso debate con Rodán. La semana anterior, durante la cual Rodán había expuesto su filosofía, Tomás y Natanael se habían turnado para presentar el evangelio del reino al filósofo griego. Rodán descubrió que había sido bien instruido en las enseñanzas de Jesús por uno de los anteriores apóstoles de Juan el Bautista, que había sido su maestro en Alejandría.

1. LA PERSONALIDAD DE DIOS

Había un asunto sobre el cual Rodán y los dos apóstoles no tenían la misma opinión, y ése era el de la personalidad de Dios. Rodán aceptó prontamente todo lo que se le explicó sobre los atributos de Dios, pero sostenía que el Padre en el cielo no es, no puede ser, una persona concebida como concibe el hombre la personalidad. Aunque los apóstoles tropezaban con dificultades al tratar de probar que Dios es una persona, Rodán encontraba aun más difícil probar que no es una persona.

Rodán sostenía que el hecho de la personalidad consiste en el hecho coexistente de la comunicación plena y mutua entre seres del mismo nivel, seres que son capaces de comprenderse. Dijo Rodán: «Para ser una persona, Dios debe poseer símbolos de comunicación espiritual que le permitan ser plenamente comprendido por los que entren en contacto con él. Pero, puesto que Dios es infinito y eterno, el Creador de todos los demás seres, se desprende que, en cuanto a seres del mismo nivel, Dios está solo en el universo. No hay nadie que esté a su nivel; no hay nadie con quien él se pueda comunicar de igual a igual. Dios puede bien ser la fuente de toda personalidad, pero como tal él trasciende la personalidad, así como el Creador está más allá de la criatura».

Este punto de vista preocupó grandemente a Tomás y Natanael, y pidieron a Jesús que los ayudara, pero el Maestro se negó a participar en las discusiones. Pero sí le dijo a Tomás: «Poco importa qué *idea* del Padre podáis tener, siempre y cuando conozcáis espiritualmente el *ideal* de su naturaleza infinita y eterna».

Tomás sostenía que Dios se comunica con el hombre, y por consiguiente que el Padre es una persona, aun dentro de la definición de Rodán. Esto fue rechazado por el griego sobre la base de que Dios no se revela personalmente; que Dios es todavía un misterio. Entonces Natanael apeló a su propia experiencia personal con Dios, y eso lo aceptó Rodán afirmando que recientemente había tenido experiencias similares, pero estas experiencias, sostenía él, probaban solamente la *realidad* de Dios, y no su *personalidad*.

Para el lunes por la noche Tomás se rindió. Pero el martes por la noche Natanael había convencido a Rodán de que creyera en la personalidad del Padre, y había conseguido cambiar la opinión del griego mediante los siguientes pasos de razonamiento:

1. El Padre en el Paraíso goza igualdad de comunicación por lo menos con dos otros seres que son totalmente iguales a él mismo, y completamente como él: el Hijo Eterno y el Espíritu Infinito. En vista de la doctrina de la Trinidad, el griego tuvo que reconocer la posibilidad de la personalidad del Padre Universal. (Fue la consideración posterior de estas discusiones la que llevó al concepto ampliado de la Trinidad en la mente de los doce apóstoles. Por supuesto, era creencia general que Jesús era el Hijo Eterno).

2. Puesto que Jesús era igual al Padre, y puesto que este Hijo había logrado manifestar su personalidad a sus hijos en la tierra, este fenómeno constituía prueba del hecho, y demostración de la posibilidad, de la posesión de personalidad por parte de las tres Deidades, y solucionaba para siempre la cuestión sobre la habilidad de Dios para comunicarse con el hombre y la posibilidad del hombre de comunicarse con Dios.

3. Que Jesús estaba en términos de asociación mutua y comunicación perfecta con el hombre; que Jesús era el Hijo de Dios. Que la relación del Hijo y el Padre presupone una igualdad de comunicación y una mutualidad de comprensión afín; que Jesús y el Padre eran uno. Que Jesús mantenía al mismo tiempo una comunicación comprensiva tanto con Dios como con el hombre, y que, puesto que tanto Dios como el hombre comprendían el significado de los símbolos de la comunicación de Jesús, tanto Dios como el hombre poseían los atributos de la personalidad en cuanto se refería a los requisitos necesarios para intercomunicarse. Que la personalidad de Jesús demostraba la personalidad de Dios, mientras probaba conclusivamente la presencia de Dios en el hombre. Que dos cosas que están relacionadas con una tercera, están relacionadas entre sí.

4. Que la personalidad representa el concepto más elevado que tiene el hombre de realidad humana y valores divinos; que Dios también representa el concepto más elevado del hombre de la realidad divina y de los valores infinitos; por consiguiente, que Dios debe ser una personalidad divina e infinita, una personalidad en la realidad aunque infinita y eternamente trascendente del concepto del hombre y de la definición de la personalidad, pero sin embargo siempre y universalmente una personalidad.

5. Que Dios debe ser una personalidad puesto que él es el Creador de toda personalidad y el destino de toda personalidad. Rodán había sido enormemente influido por la enseñanza de Jesús: «Sé pues perfecto, así como es perfecto tu Padre en el cielo».

Cuando Rodán escuchó estos argumentos, dijo: «Estoy convencido. Confesaré a Dios como persona si vosotros me permitís cualificar mi confesión de esta creencia otorgando al significado de personalidad un grupo de valores ampliados, tales como sobrehumano, trascendental, supremo, infinito, eterno, final y universal. Estoy ahora convencido de que, mientras Dios debe ser infinitamente más que una personalidad, no puede ser nada menos. Estoy satisfecho de concluir esta discusión y de aceptar a Jesús como la revelación personal del Padre y la satisfacción de todos los factores no satisfechos en la lógica, la razón y la filosofía».

2. LA NATURALEZA DIVINA DE JESÚS

Puesto que Natanael y Tomás habían aprobado tan plenamente los puntos de vista de Rodán sobre el evangelio del reino, tan sólo quedaba un punto más por considerar: la enseñanza que trata de la naturaleza divina de Jesús, una doctrina que acababa de ser anunciada públicamente. Natanael y Tomás conjuntamente presentaron sus puntos de vista sobre la naturaleza divina del Maestro, y la siguiente narrativa es una presentación condensada, reorganizada y mantenida de nuevo de sus enseñanzas:

1. Jesús ha admitido su divinidad, y nosotros le creemos. Muchas cosas notables han sucedido en relación con su ministerio, que podemos comprender sólo si creemos que él es el Hijo de Dios así como también el Hijo del Hombre.

2. Su vida con nosotros ejemplifica el ideal de la amistad humana; sólo un ser divino podría ser un amigo humano de esta índole. Es la persona más verdaderamente generosa que hemos conocido jamás. Es amigo aun de los pecadores; se atreve a amar a sus enemigos. Es muy leal con nosotros. Aunque no vacila en reprocharnos, está claro para todos que nos ama verdaderamente. Cuanto más lo conozcáis, más lo amaréis. Os encantará su devoción constante. A lo largo de todos estos años a pesar de nuestro fracaso para comprender su misión, ha sido un amigo fiel. Aunque no hace uso de la lisonja, nos trata a todos con igual dulzura; es invariablemente tierno y compasivo. Ha compartido su vida y todo lo demás con nosotros. Nosotros somos una comunidad feliz; compartimos todas las cosas. No creemos que un mero ser humano podría vivir una vida tan limpia de culpa bajo tales circunstancias difíciles.

3. Pensamos que Jesús es divino porque nunca hace nada mal; no comete errores. Su sabiduría es extraordinaria; su piedad, enorme. Vive día tras día en acuerdo perfecto con la voluntad del Padre. Nunca se arrepiente de malas acciones porque no transgrede ninguna de las leyes del Padre. Ora por nosotros y con nosotros, pero nunca nos pide que oremos por él. Creemos que está constantemente libre de pecado. No creemos que un ser sólo humano nunca haya profesado vivir una vida semejante. Afirma que vive una vida perfecta, y nosotros vemos que así lo es. Nuestra piedad nace del arrepentimiento, pero su piedad nace de la rectitud. Aun profesa perdonar pecados y cura enfermedades. Nadie quien tan sólo es un hombre mortal pero está en su sano juicio, profesaría perdonar pecados; ésa es una prerrogativa divina. Y nos ha aparecido así de perfecto en su rectitud desde los tiempos de nuestros primeros contactos con él. Nosotros crecemos en la gracia y en el conocimiento de la verdad, pero nuestro Maestro exhibe madurez de rectitud desde el principio. Todos los hombres, buenos y malos, reconocen estos elementos de bondad en Jesús. Sin embargo, su piedad no es jamás sobrecogedora ni ostentosa. Es a la vez humilde y audaz. Parece aprobar nuestra creencia en su divinidad. Es lo que profesa ser, o de lo contrario es el hipócrita y fraude más grande que el mundo haya conocido jamás. Nosotros estamos persuadidos de que él es exactamente lo que dice ser.

4. La singularidad de su carácter y la perfección de su control emocional nos convencen de que es una combinación de humanidad y divinidad. Responde infaliblemente al espectáculo de la necesidad humana; el sufrimiento no deja nunca de conmoverlo. Su compasión se despierta del mismo modo por el sufrimiento físico, la angustia mental o la pesadumbre espiritual. Reconoce rápidamente y con generosidad la presencia de la fe o cualquier otra gracia en sus semejantes. Es tan justo y recto y al mismo tiempo tan misericordioso y considerado. Se apena por la obstinación espiritual de la gente y se regocija cuando ellos consienten en ver la luz de la verdad.

5. Parece conocer los pensamientos de la mente de los hombres y comprender los anhelos de su corazón. Es siempre comprensivo con nuestros espíritus atribulados. Parece poseer todas nuestras emociones humanas, pero magníficamente glorificadas. Ama poderosamente la bondad e igualmente odia el pecado. Posee una conciencia sobrehumana de la presencia de la Deidad. Ora como un hombre, pero actúa como un Dios. Parece conocer las cosas de antemano; aun ahora se atreve a hablar de su muerte, una referencia mística a su futura glorificación. Aunque es tierno, también es valiente y valeroso. Nunca vacila en el cumplimiento de su deber.

6. Constantemente nos impresiona el fenómeno de su conocimiento sobre-humano. Casi no pasa un día en que no transcienda alguna cosa que revela que el Maestro sabe lo que está ocurriendo lejos de su inmediata presencia. También parece saber de los pensamientos de sus asociados. Indudablemente comulga con las personalidades celestiales; indudablemente vive en un plano espiritual muy por encima del resto de nosotros. Todo parece estar abierto a su comprensión singular. Nos hace preguntas para estimularnos, no para obtener información.

7. Recientemente el Maestro no ha vacilado en afirmar su sobrehumanidad. Desde el día de nuestra ordenación como apóstoles, hasta los tiempos recientes, no ha negado nunca que proviene del Padre en el cielo. Habla con la autoridad de un Maestro divino. El Maestro no vacila en refutar las enseñanzas religiosas de hoy y en declarar el nuevo evangelio con autoridad positiva. Es positivo, firme y confirmativo. Aun Juan el Bautista, cuando escuchó a Jesús hablar, declaró que era el Hijo de Dios. Parece ser muy suficiente dentro de sí mismo. No anhela el apoyo de las multitudes. Es indiferente a la opinión de los hombres. Es valiente y sin embargo tan libre de orgullo.

8. Habla constantemente de Dios como un asociado siempre presente en todo lo que hace. No hace sino el bien, porque Dios parece estar en él. Hace las declaraciones más sorprendentes sobre sí mismo y su misión en la tierra, afirmaciones que serían absurdas si no fuese divino. Cierta vez declaró: «Antes de que fuera Abraham, yo soy». Definitivamente ha afirmado su divinidad; profesa estar en asociación con Dios. Prácticamente agota las posibilidades del lenguaje en la reiteración de su declaración de una asociación íntima con el Padre celestial. Aun se atreve a afirmar que él y el Padre son uno. Dice que el que lo haya visto a él, ha visto al Padre. Dice y hace todas estas cosas extraordinarias con tal naturalidad infantil. Se refiere a su asociación con el Padre de la misma manera en que se refiere a su asociación con nosotros. Parece estar tan seguro de Dios que habla de estas relaciones en una forma perfectamente natural.

9. En su vida de oración parece comunicarse directamente con su Padre. Hemos oído pocas de sus oraciones, pero estas pocas parecen indicar que habla con Dios, en

realidad como si estuvieran cara a cara. Parece conocer el futuro tan bien como el pasado. Simplemente no podría ser y hacer todas estas cosas extraordinarias a menos que fuera algo más que humano. Sabemos que es humano, estamos seguros de eso, pero estamos casi igualmente seguros de que es también divino. Creemos que es divino. Estamos convencidos de que es el Hijo del Hombre y el Hijo de Dios.

Al concluir Natanael y Tomás sus diálogos con Rodán, se fueron de prisa en dirección a Jerusalén para reunirse con los demás apóstoles, llegando el viernes de esa semana. Ésta había sido una gran experiencia en la vida de estos tres creyentes, y los demás apóstoles mucho aprendieron del relato de Natanael y Tomás sobre estas experiencias.

Rodán regresó a Alejandría, donde enseñó largamente su filosofía en la escuela de Meganta. Con el tiempo llegó a ser un personaje poderoso en los asuntos del reino del cielo; fue un creyente fiel hasta el fin de sus días en la tierra, habiendo entregado su vida con otros en Grecia, cuando las persecuciones estaban en su apogeo.

3. LAS MENTES HUMANA Y DIVINA DE JESÚS

La conciencia de la divinidad creció gradualmente en la mente de Jesús hasta la ocasión de su bautismo. Después de hacerse plenamente autoconsciente de su naturaleza divina, de su existencia prehumana y de sus prerrogativas universales, parece haber poseído el poder de limitar en forma variada la conciencia humana de su divinidad. Nos parece que desde el bautismo hasta la crucifixión, era enteramente potestativo para Jesús depender sólo de su mente humana, o utilizar el conocimiento tanto de la mente humana como de la divina. Por momentos parecía usar solamente la información que albergaba su intelecto humano. En otras ocasiones, parecía actuar con tal plenitud de conocimiento y sabiduría que tan sólo la utilización del contenido sobrehumano de su conciencia divina podía originarlo.

Podemos comprender su actuación singular sólo si aceptamos la teoría de que podía, según su voluntad, autolimitar la conciencia inherente en su divinad. Tenemos pleno conocimiento de que él frecuentemente ocultaba de sus asociados su preconocimiento de los acontecimientos, y que tenía conciencia de la naturaleza de los pensamientos y planeamientos de ellos. Comprendemos que no deseaba que sus seguidores supieran demasiado que era capaz de discernir sus pensamientos y de penetrar sus planes. No deseaba trascender demasiado el concepto de lo humano tal como se cobijaba en la mente de sus apóstoles y discípulos.

Nos resulta imposible diferenciar entre su práctica de autolimitación de la conciencia divina y la técnica que aplicaba para ocultar su preconocimiento y discernimiento del pensamiento de sus asociados humanos. Estamos convencidos de que usó ambas técnicas, pero no siempre podemos en cada caso en particular, especificar qué método pudo haber empleado. Frecuentemente lo observamos actuar únicamente con el contenido humano de la conciencia; luego, lo contemplábamos en conferencia con los dirigentes de las huestes celestiales del universo y discernimos el funcionamiento indudable de su mente divina. Aún más, en ocasiones casi innumerables, presenciamos el funcionamiento de su personalidad combinada de hombre y de Dios tal como era activada por la unión aparentemente perfecta de la mente humana y la divina. Éste es el límite de nuestros conocimientos sobre estos fenómenos; realmente no conocemos la plena verdad sobre este misterio.

DOCUMENTO 162

EN LA FIESTA DE LOS TABERNÁCULOS

CUANDO Jesús salió hacia Jerusalén con los diez apóstoles, pensaba pasar por Samaria, que era el camino más corto. Por eso, se dirigieron por la costa oriental del lago y, a través de Escitópolis, cruzaron el límite de Samaria. Al anochecer, Jesús envió a Felipe y Mateo a una aldea en la pendiente oriental del Monte Gilboa para conseguir alojamiento para todo el grupo. Ocurrió que estos aldeanos tenían graves prejuicios contra los judíos, aun más que la mayoría de los samaritanos y en este momento estaban particularmente enardecidos debido a que tantos judíos estaban camino a la fiesta de los tabernáculos. Esta gente muy poco sabía sobre Jesús, y se negaron a proporcionarle alojamiento, porque él y sus asociados eran judíos. Cuando Mateo y Felipe manifestaron su indignación y observaron que estos samaritanos se negaban a recibir al Santo Varón de Israel, los aldeanos enfurecidos los echaron de su pequeña ciudad con palos y piedras.

Cuando Felipe y Mateo regresaron con sus compañeros e informaron de que los habían echado de la aldea, Santiago y Juan se acercaron a Jesús y dijeron: «Maestro, rogamos que nos permitas que ordenemos que caiga fuego de los cielos para arrasar con estos samaritanos insolentes e impenitentes». Pero cuando Jesús oyó estas palabras de venganza, se volvió a los hijos de Zebedeo y los reprochó severamente: «Por lo que estáis diciendo no sabéis la actitud que estáis manifestando. La venganza no tiene cabida en el reino de los cielos. En vez de discutir, encaminémonos a la pequeña aldea junto al vado del Jordán». Así pues, debido a un prejuicio sectario, estos samaritanos se vieron privados del honor de ofrecer hospitalidad al Hijo Creador de un universo.

Jesús y los diez pasaron la noche en la aldea junto al vado del Jordán. Temprano por la mañana siguiente, cruzaron el río y continuaron camino a Jerusalén por la carretera del este del Jordán, llegando a Betania tarde por la noche del miércoles. Tomás y Natanael llegaron el viernes porque se habían atrasado debido a sus conversaciones con Rodán.

Jesús y los doce permanecieron en la cercanía de Jerusalén hasta fines del mes siguiente (octubre), unas cuatro semanas y media. Jesús mismo fue sólo pocas veces a la ciudad, y estas breves visitas ocurrieron en los días de la fiesta de los tabernáculos. Pasó gran parte del mes de octubre con Abner y sus asociados en Belén.

1. LOS PELIGROS DE LA VISITA A JERUSALÉN

Mucho antes de huir ellos de Galilea, los seguidores de Jesús le habían implorado que fuera a Jerusalén para proclamar el evangelio del reino, para que su mensaje tuviera el prestigio de ser predicado en el centro de la cultura y de la sabiduría judaicas; pero ahora que Jesús llegaba en realidad a Jerusalén a enseñar, temían por su vida. Sabiendo que el sanedrín quería enjuiciar a Jesús en Jerusalén, y recordando las declaraciones recientemente reiteradas por el Maestro sobre el tema de que sería puesto a muerte, los apóstoles habían quedado literalmente pasmados por la decisión imprevista del Maestro de asistir a la fiesta de los tabernáculos. Siempre había contestado a las previas súplicas de que él fuera a Jerusalén con: «La hora aún no ha llegado». Ahora, al expresar ellos su temor, tan sólo respondió: «Pero ha llegado la hora».

Durante la fiesta de los tabernáculos, Jesús fue intrépidamente a Jerusalén en varias ocasiones y enseñó públicamente en el templo. Esto hizo a pesar de los esfuerzos de sus apóstoles por disuadirlo. Aunque le habían urgido durante mucho tiempo que proclamara su mensaje en Jerusalén, ahora temían verle entrar a la ciudad, sabiendo muy bien que los escribas y fariseos estaban decididos a ocasionar su muerte.

La audaz aparición de Jesús en Jerusalén confundió aun más a sus seguidores. Muchos de sus discípulos, y aun Judas Iscariote el apóstol, se habían atrevido a pensar que Jesús había huido a Fenicia porque temía a los dirigentes judíos y a Herodes Antipas. No comprendían el significado de los movimientos del Maestro. Su presencia en Jerusalén en la fiesta de los tabernáculos, aun en contra del consejo de sus seguidores, consiguió poner fin para siempre a todo rumor sobre su temor y cobardía.

Durante la fiesta de los tabernáculos, miles de creyentes de todas partes del imperio romano vieron a Jesús, lo oyeron enseñar, y muchos aun fueron hasta Betania para dialogar con él sobre el progreso del reino en sus tierras natales.

Muchas eran las razones por las cuales Jesús pudo predicar públicamente en los patios del templo durante los días de la fiesta, y la razón principal era el temor que había sobrecogido a los oficiales del sanedrín como resultado de la división secreta de sentimientos en sus propias filas. Era un hecho de que muchos de los miembros del sanedrín creían secretamente en Jesús o si no, estaban decididamente en contra de arrestarlo durante la fiesta, cuando había tanta gente en Jerusalén, muchos entre los cuales creían en él o por lo menos tenían simpatía por el movimiento espiritual que patrocinaba.

Los esfuerzos de Abner y sus asociados en Judea también habían hecho mucho por consolidar un sentimiento favorable al reino, tanto que los enemigos de Jesús no se atrevían a expresar demasiado abiertamente su oposición. Ésta fue una de las razones por las cuales Jesús pudo visitar públicamente Jerusalén y salir de allí con vida. Uno o dos meses antes de esto seguramente le hubieran dado muerte.

Pero el audaz atrevimiento de Jesús al aparecer en público en Jerusalén sobrecogió a sus enemigos; no estaban preparados para enfrentarse con un desafío tan abierto. Varias veces durante este mes, el sanedrín hizo débiles intentos de arrestar al Maestro, pero nada consiguieron con sus esfuerzos. Sus enemigos estaban tan sorprendidos por la inesperada aparición pública de Jesús en Jerusalén, que supusieron que las autoridades romanas le habían prometido protección. Sabiendo que Felipe (el hermano de Herodes Antipas) era casi un seguidor de Jesús, los miembros del sanedrín especularon que Felipe había conseguido para Jesús promesas de protección contra sus enemigos. Jesús ya había partido del territorio bajo su jurisdicción, antes de que ellos despertaran al hecho de que se habían equivocado en creer que su aparición repentina y audaz en Jerusalén se debía a un convenio secreto con los oficiales romanos.

Sólo los doce apóstoles sabían que Jesús planeaba asistir a la fiesta de los tabernáculos cuando partieron de Magadán. Los demás seguidores del Maestro mucho se sorprendieron cuando apareció en los patios del templo y comenzó a enseñar públicamente, y las autoridades judías estuvieron indescriptiblemente sorprendidas cuando se les informó que estaba enseñando en el templo.

Aunque sus discípulos no anticipaban que Jesús asistiera a la fiesta, la vasta mayoría de los peregrinos que venían de lejos, que habían oído hablar de él, tenían la esperanza de poder verlo en Jerusalén. No fueron desilusionados, porque en varias ocasiones enseñó en la logia de Salomón y en otras partes de los patios del templo. Estas enseñanzas fueron en realidad el anuncio oficial o solemne al pueblo judío y a todo el mundo de la divinidad de Jesús.

Las multitudes que escucharon las enseñanzas del Maestro se encontraban divididas en sus opiniones. Algunos decían que era un buen hombre; otros, que un profeta; otros, que era verdaderamente el Mesías; otros, que era un entrometido malicioso, que conducía a la gente por el mal camino con sus extrañas doctrinas. Sus enemigos titubeaban en denunciarlo abiertamente porque temían a sus creyentes, mientras que sus amigos temían reconocerlo abiertamente por temor de los líderes judíos, sabiendo que el sanedrín estaba decidido a ponerlo a muerte. Pero aun sus enemigos se maravillaron de sus enseñanzas, sabiendo que no había sido instruido en las escuelas rabínicas.

Cada vez que iba Jesús a Jerusalén, sus apóstoles vivían aterrorizados. Tenían tanto más miedo puesto que, día tras día, escuchaban sus declaraciones cada vez más audaces sobre la naturaleza de su misión en la tierra. No estaban acostumbrados a escuchar a Jesús hacer declaraciones tan positivas y afirmaciones tan sorprendentes aun cuando predicaba entre sus amigos.

2. EL PRIMER DISCURSO EN EL TEMPLO

La primera tarde que enseñó Jesús en el templo, un grupo considerable estaba sentado escuchando sus palabras que ilustraban la libertad del nuevo evangelio y el regocijo de los que creen en la buena nueva, cuando un oyente curioso le interrumpió para preguntar: «Maestro, ¿cómo puede ser que tú puedas citar las Escrituras y enseñar a la gente con tanta elocuencia cuando me dicen que no has sido instruido en las enseñanzas de los rabinos?» Jesús contestó: «Ningún hombre me ha enseñado las verdades que os declaro. Esta enseñanza no es mía, sino de Aquél que me envió. Todo hombre que desee realmente hacer la voluntad de mi Padre, verdaderamente sabrá de mi enseñanza, si es la de Dios, o bien si hablo por mi propia cuenta. El que habla por sí mismo busca su propia gloria, pero cuando yo declaro las palabras del Padre, busco la gloria de Aquél que me envió. Pero antes de que intentéis entrar a la nueva luz, ¿no debéis acaso seguir la luz que ya tenéis? Moisés os dio la ley, sin embargo, ¿cuántos entre vosotros buscáis honestamente satisfacer sus exigencias? Moisés os manda en esta ley, 'no matarás'; a pesar de este mandato, algunos entre vosotros queréis matar al Hijo del Hombre».

Cuando la multitud escuchó estas palabras, empezaron a argüir entre ellos. Algunos dijeron que estaba loco; otros, que tenía un diablo. Otros dijeron que éste era en verdad el profeta de Galilea a quien los escribas y fariseos querían matar desde hacía mucho tiempo. Algunos dijeron que las autoridades religiosas tenían miedo de molestarlo; otros pensaban que no lo arrestaban porque creían en él. Después de un prolongado debate, uno desde el gentío se adelantó y preguntó a Jesús: «Por qué los potentados buscan matarte?» El respondió: «Los potentados buscan matarme porque resienten mi enseñanza sobre las buenas nuevas del reino, un evangelio que libera a los hombres de las pesadas tradiciones de una religión formal de ceremonias que estos maestros quieren mantener a toda costa. Hacen la circuncisión según la ley el día sábado pero quieren matarme porque yo cierta vez, un sábado, liberé a un hombre esclavo de su aflicción. Me siguen el sábado, para espiarme, pero quieren matarme porque, en otra ocasión, elegí curar el día sábado a un hombre gravemente enfermo. Buscan matarme porque bien saben que, si creéis honestamente y os atrevéis a aceptar mis enseñanzas, su sistema de religión tradicional será derrocado, destruido para siempre. Así pues, perderán ellos su autoridad sobre aquello a lo que han dedicado su vida, puesto que se niegan firmemente a aceptar este evangelio nuevo y más glorioso del reino de Dios. Ahora, apelo a cada uno de vosotros: no juzguéis de acuerdo con las apariencias exteriores, sino más bien juzgad por el espíritu verdadero de estas enseñanzas; juzgad con rectitud».

Entonces dijo otro oyente: «Sí, Maestro, buscamos al Mesías, pero cuando llegue, sabemos que su aparición será en misterio. Sabemos de dónde eres tú. Tú has estado entre tus hermanos desde el comienzo. El libertador llegará en poder para restaurar el trono del reino de David. ¿Es que realmente dices ser el Mesías?» Jesús respondió: «Dices que me conoces y que sabes de dónde vengo. Ojalá que tus palabras fueran verdaderas porque entonces realmente encontrarías vida abundante en ese conocimiento. Pero yo declaro que no he venido a vosotros por mí mismo; he sido enviado por el Padre, y aquél que me envió es verdadero y fiel. Al negaros a escucharme, os estáis negando a recibir a aquél que me envía. Tú, si recibes este evangelio, llegarás a conocer a aquél que me envió. Yo conozco al Padre, porque vengo del Padre para declararlo y revelarlo a vosotros».

Los agentes de los escribas querían apresarlo, pero temían la multitud porque muchos creían en él. La obra de Jesús desde su bautismo se había vuelto bien conocida por todo el pueblo judío, y a medida que esta gente recordaba estas cosas, decían entre ellos: «Aunque este Maestro sea de Galilea, y aunque no satisfaga nuestras expectativas del Mesías, no sabemos si el libertador, cuando llegue, verdaderamente hará cosas más maravillosas de las que ya ha hecho este Jesús de Nazaret».

Cuando los fariseos y sus agentes escucharon a la gente hablar así, se asesoraron con sus líderes y decidieron que había que hacer algo inmediatamente para impedir estas apariciones públicas de Jesús en los patios del templo. Los líderes de los judíos, en general, preferían evitar un enfrentamiento con Jesús, porque creían que las autoridades romanas le habían prometido inmunidad. No podían explicarse de otra manera su audacia al venir en esta época a Jerusalén; pero los funcionarios del sanedrín no creían completamente en este rumor. Razonaban que los gobernadores romanos no harían tal cosa en secreto y sin el conocimiento del grupo gobernante más elevado de la nación judía.

Por consiguiente, Eber, el oficial del sanedrín, con dos asistentes, fue enviado a arrestar a Jesús. Mientras Eber se abría camino hacia Jesús, el Maestro dijo: «No temas acercarte a mí. Acércate mientras escuchas mis enseñanzas. Sé que se os ha enviado para que me arrestéis, pero debéis comprender que nada le pasará al Hijo del Hombre hasta que llegue su hora. No estáis dispuestos en contra de mí; tan sólo venís por orden de vuestros amos, y aun estos dirigentes de los judíos, en verdad piensan que están haciendo el servicio de Dios al buscar secretamente mi destrucción.

«Yo no desprecio a ninguno de vosotros. El Padre os ama, y por lo tanto deseo vuestra liberación de las cadenas del prejuicio y de las tinieblas de la tradición. Os ofrezco la libertad de la vida y el regocijo de la salvación. Proclamo un nuevo camino viviente, la liberación del mal y la rotura de las cadenas del pecado. He venido para que tengáis vida, para que la tengáis eternamente. Vosotros buscáis liberaros de mí y de mis enseñanzas inquietantes. ¡Si tan sólo pudierais ver que estaré con vosotros solamente poco tiempo! Dentro de muy poco tiempo volveré a Aquél que me envió a este mundo. Entonces muchos entre vosotros me buscaréis diligentemente, pero no descubriréis mi presencia porque adonde yo iré, vosotros no podéis venir. Pero todos los que buscan verdaderamente encontrarme, alguna vez alcanzarán la vida que conduce ante la presencia de mi Padre».

Algunos de los que se burlaban dijeron entre ellos: «¿Adónde irá este hombre donde no lo podremos encontrar? ¿Se irá acaso a vivir entre los griegos? ¿Se destruirá a sí mismo? ¿Qué significa cuando declara que pronto se saldrá de entre nosotros, y que nosotros no podemos ir adonde vaya él?»

Eber y sus asistentes se negaron a arrestar a Jesús; volvieron a su lugar de reunión sin él. Entonces, cuando los altos sacerdotes y los fariseos recriminaron a Eber y sus asistentes porque no habían traído a Jesús con ellos, Eber tan sólo replicó: «Tuvimos temor de arrestarlo en el medio de la multitud, porque muchos creen en él. Además, jamás habíamos oído a un hombre hablar como este hombre. Hay en este instructor algo fuera de lo ordinario. Haríais bien todos vosotros en ir y escucharlo». Y cuando los principales oyeron estas palabras, se sorprendieron y dijeron burlonamente a Eber: «¿Acaso tú también te has extraviado? ¿Estás a punto de creer en este impostor? ¿Acaso oíste decir que algunos de nuestros sabios y nuestros rectores creen en él? ¿Es que alguno de los escribas o de los fariseos ha sido engañado por sus astutas enseñanzas? ¿Cómo puede ser que estés tú influido por la conducta de esta multitud ignorante que no conoce la ley ni los profetas? ¿No sabes acaso que tal gente ignorante está maldita?» Entonces respondió Eber: «Aun así, amos míos, este hombre habla a la multitud palabras de misericordia y esperanza. Levanta el ánimo de los deprimidos, y sus palabras consuelan aun nuestras almas. ¿Qué puede haber de malo en estas enseñanzas aunque no sea el Mesías de las Escrituras? Y aun así, ¿es que nuestra ley no requiere justicia? ¿Acaso condenamos a un hombre antes de escucharlo?» El jefe del sanedrín se enfureció contra Eber y, volviéndose hacia él, dijo: «¿Te has vuelto loco? ¿Acaso eres tú también de Galilea? Busca en las Escrituras, y descubrirás que de Galilea no surge ningún profeta, y mucho menos el Mesías».

El sanedrín se dispersó en confusión, y Jesús se retiró a Betania para pasar la noche.

3. LA MUJER ADULTERA

Fue durante esta visita a Jerusalén durante la que Jesús trató con cierta mujer de mala reputación traída ante su presencia por los acusadores de ella y los enemigos de él. Los escritos distorsionados que tenéis de este episodio sugieren que esta mujer fue traída ante Jesús por los escribas y fariseos, y que Jesús trató con ellos de manera tal como para indicar que estos líderes religiosos de los judíos podían ser ellos mismos culpables de inmoralidad. Jesús bien sabía que, aunque los escribas y fariseos eran ciegos espiritualmente y llenos de prejuicios intelectuales debido a su lealtad a la tradición, se contaban sin embargo entre los hombres más completamente morales de ese día y generación.

Lo que realmente sucedió fue esto: temprano durante la tercera mañana de la fiesta, cuando Jesús se acercó al templo, se encontró con un grupo de agentes mercenarios del sanedrín que arrastraban a una mujer. Cuando se acercaron, el portavoz dijo: «Maestro, a esta mujer la descubrieron cometiendo adulterio —in fraganti. Ahora bien, la ley de Moisés manda que debemos apedrearla. ¿Qué dices tú que deberíamos hacer con ella?»

Los enemigos de Jesús pensaban que, si éste acataba la ley de Moisés que requería que la pecadora confesa fuera apedreada, tendría dificultades con los dirigentes romanos, quienes negaban a los judíos el derecho de infligir la pena de muerte sin la aprobación de un tribunal romano. Si prohibía apedrear a la mujer, entonces lo acusarían ante el sanedrín por considerarse a sí mismo por encima de Moisés y de la ley judía. Si permanecía en silencio, lo acusarían de cobardía. Pero el Maestro manejó la situación de manera tal que el plan entero se despedazó por su propio peso sórdido.

Esta mujer, que alguna ocasión fue hermosa, era la esposa de un ciudadano de clase baja de Nazaret, un hombre que había creado problemas para Jesús durante toda su juventud. El hombre, habiéndose casado con esta mujer, la forzó descaradamente a que se ganara la vida haciendo comercio de su cuerpo. Había traído a su esposa a la fiesta de Jerusalén, para que prostituyera sus encantos físicos por dinero. Había negociado con los mercenarios de los dirigentes judíos, para traicionar de esta manera a su propia esposa en el vicio comercializado de ella. Así pues, trajeron ellos a la mujer y su compañero de transgresión, con el objeto de hacer caer a Jesús en una trampa obligándolo a hacer una declaración que se pudiera usar contra él en caso de su arresto.

Jesús, paseando la mirada sobre el gentío, vio al marido, parado detrás de los demás. Sabía qué tipo de hombre era él y percibió que formaba parte de esta transacción vergonzosa. Jesús caminó alrededor de la multitud para acercarse al sitio donde se encontraba parado este marido degenerado y escribió unas pocas palabras sobre la arena que motivaron su apresurada partida. Luego, volvió ante la mujer y nuevamente escribió en la tierra para beneficio de sus supuestos acusadores; y cuando ellos leyeron sus palabras, también se alejaron, uno por uno. Cuando el Maestro escribió por tercera vez en la arena, el compañero malvado de la mujer también se alejó, de manera que, cuando el Maestro se incorporó del suelo, después de escribir, contempló a la mujer sola, parada frente a él. Jesús dijo: «Mujer, ¿adonde están tus acusadores? ¿Es que no ha quedado nadie para apedrearte?» La mujer, levantando la mirada, respondió: «Nadie, Señor». Entonces dijo Jesús: «Yo sé de ti; y no te condeno. Vete en paz». Y esta mujer, Hildana, abandonó a su malvado marido y se unió a los discípulos del reino.

4. LA FIESTA DE LOS TABERNÁCULOS

La presencia de gente de todo el mundo conocido, desde España hasta la India, hacía de la fiesta de los tabernáculos una ocasión ideal para que Jesús proclamara públicamente por primera vez todo su evangelio en Jerusalén. En esta fiesta la gente vivía mucho al aire libre, en chozas hechas de hojas. Era la fiesta de la cosecha, y al ocurrir en los meses frescos del otoño, generalmente venían más judíos de todas partes que para la Pascua a fin del invierno o para Pentecostés al comienzo del verano. Los apóstoles finalmente contemplaban a su Maestro haciendo el audaz anuncio de su misión en la tierra ante el mundo entero.

Era ésta la fiesta de las fiestas, puesto que todo sacrificio que se había dejado hacer en los otros festivales se podría hacer en éste. En esta ocasión se recibían las ofrendas para el templo; era una combinación de los placeres de las vacaciones, con los ritos solemnes del culto religioso. Era éste un momento de regocijo racial, mezclado con sacrificios, cantos levíticos, y las notas solemnes de las trompetas de plata de los sacerdotes. Por la noche, el extraordinario espectáculo del templo y sus multitudes de peregrinos estaba brillantemente alumbrado por los grandes candelabros que ardían centelleantes en el patio de las mujeres, así como también por los resplandores de cientos de antorchas colocadas en los patios del templo. Toda la ciudad estaba decorada alegremente, excepto el castillo romano de Antonia, que se veía sombrío ante esta escena festiva, llena de adoración. ¡Y cuánto odiaban los judíos este símbolo siempre presente del yugo romano!

Durante la fiesta se sacrificaban setenta bueyes, símbolo de las setenta naciones de paganismo. La ceremonia del agua simbolizaba el esparcimiento del espíritu divino. Esta ceremonia del agua se producía después de la procesión de los sacerdotes y levitas al amanecer. Los fieles bajaban por los peldaños que conducían del patio de Israel al patio de las mujeres, mientras se tocaban notas sucesivas en las trompetas de plata. Luego, los fieles marchaban hasta el Hermoso portón, que se abría al patio de los gentiles. Aquí, se volvían para mirar al oeste, repetir sus cantos, y continuar la procesión del agua simbólica.

El último día de la fiesta, oficiaban casi cuatrocientos cincuenta sacerdotes con un número correspondiente de levitas. Al amanecer se reunían los peregrinos de todas las partes de la ciudad, cada cual llevando en la mano derecha un manojo de ramas de mirto, sauce y palma, mientras que en la mano izquierda llevaban una rama de manzana del paraíso: la cidra, o la «fruta prohibida». Estos peregrinos se dividían en tres grupos para esta ceremonia matutina. Un grupo permanecía en el templo para asistir a los sacrificios matutinos; otro bajaba en procesión de Jerusalén hasta cerca de Maza para cortar las ramas de sauce destinadas a adornar el altar del sacrificio, mientras que el tercer grupo formaba una procesión para marchar desde el templo siguiendo al sacerdote con el agua, quien, al son de las trompetas de plata, llevaba la jarra de oro que contenía el agua simbólica, saliendo por Ofel hasta cerca de Siloé, donde se encontraba el Portón de la fuente. Una vez que se había llenado la jarra de oro en el estanque de Siloé, la procesión marchaba de vuelta al templo, entrando por el Portón del agua y dirigiéndose directamente al patio de los sacerdotes, donde el sacerdote que llevaba la jarra de agua se unía al sacerdote que llevaba el vino para la ofrenda de bebida. Estos dos sacerdotes se dirigían luego a los embudos de plata que conducían a la base del altar, y echaban en ellos el contenido de las jarras. La ejecución de este rito de echar vino y agua señalaba el momento en que los peregrinos reunidos comenzaban a cantar los salmos 113 al 118 inclusive, alternativamente con los levitas. A medida que repetían estos versos, hacían ondular sus manojos de ramas hacia el altar. Luego se realizaban los sacrificios para ese día, asociados con la repetición del salmo del día, relegando el salmo ochenta y dos para el último día de la fiesta, comenzando con el quinto verso.

5. EL SERMÓN SOBRE LA LUZ DEL MUNDO

Por la noche del penúltimo día de la fiesta, cuando se encontraba la escena brillantemente iluminada por las luces de los candelabros y de las antorchas, Jesús se paró en el medio de la multitud reunida y dijo:

«Yo soy la luz del mundo. El que me sigue, no andará en tinieblas sino que tendrá la luz de la vida. Presumís enjuiciarme y sentaros para juzgarme, y declaráis que, si doy testimonio de mí mismo, mi testimonio no puede ser verdadero. Pero la criatura no puede enjuiciar al Creador. Aunque doy testimonio de mí mismo, mi testimonio es eternamente verdadero, porque sé de dónde vine, quién soy, y adónde voy. Vosotros, que queréis matar al Hijo del Hombre, no sabéis de dónde vine, quién soy ni adónde voy. Vosotros juzgáis sólo por las apariencias de la carne; no percibís las realidades del espíritu. Yo no juzgo a ningún hombre, ni siquiera a mi archienemigo. Pero si decidiera juzgar, mi juicio sería verdadero y recto porque yo no juzgaría solo, sino con mi Padre que me envió al mundo, y que es la fuente de todo juicio verdadero. Aun vosotros decís que se puede aceptar el testimonio de dos personas confiables —pues bien, yo atestiguo estas verdades; y también lo hace mi Padre en el cielo. Y cuando ayer yo os dije esto mismo, en vuestras tinieblas me preguntasteis, '¿dónde está tu Padre?' En verdad no me conocéis a mí ni a mi Padre, porque si me conocierais a mí, también conoceríais a mi Padre.

«Ya os he dicho que yo partiré, y que me buscaréis pero no me encontraréis, porque adonde yo voy, vosotros no podéis venir. Vosotros, los que rechazáis esta luz, sois de lo bajo; yo soy de lo alto. Vosotros, los que preferís sentaros en las tinieblas, sois de este mundo; yo no soy de este mundo, y vivo en la luz eterna del Padre de las luces. Ya habéis tenido abundantes oportunidades para aprender quién soy yo, pero tendréis aún otra prueba que confirma la identidad del Hijo del Hombre. Yo soy la luz de la vida, y todo aquél que rechace deliberadamente y a sabiendas esta luz salvadora, morirá en sus pecados. Mucho tengo que deciros, pero sois incapaces de recibir mis palabras. Sin embargo, aquél que me envió es verdadero y fiel; mi Padre ama aun a sus hijos descarriados. Y todo lo que mi Padre ha hablado, yo también proclamo al mundo.

«Cuando el Hijo del Hombre sea elevado, entonces conoceréis que yo soy él, y que no he hecho nada por mí mismo, sino según me enseñó el Padre. Hablo estas palabras para vosotros y para vuestros hijos. Aquél que me envió, aun ahora está conmigo; no me ha dejado solo, porque yo hago siempre lo que a él le agrada».

Al enseñar así Jesús a los peregrinos en los patios del templo, muchos creyeron. Y ningún hombre se atrevió a arrestarlo.

6. El discurso sobre el agua de la vida

El último día, el gran día de la fiesta, cuando la procesión proveniente del estanque de Siloé pasó a través de los patios del templo, e inmediatamente después de que los sacerdotes echaron el agua y el vino en el altar, Jesús, de pie entre los peregrinos, dijo: «El que tenga sed, que acuda a mí y beba. Del Padre en lo alto traigo a este mundo el agua viva. El que cree en mí se llenará del espíritu que este agua representa, porque aun las Escrituras han dicho: 'de él fluirán ríos de agua viva'. Cuando el Hijo del Hombre haya completado su obra en la tierra, se derramará sobre toda la carne el Espíritu vivo de la Verdad. Los que reciban este espíritu jamás tendrán sed espiritual».

Jesús no interrumpió el servicio para hablar estas palabras. Se dirigió a los adoradores inmediatamente después del canto del Halel, la lectura de los salmos acompañada por el ondear de las ramas ante el altar. En ese momento, había una pausa mientras se preparaban los sacrificios, y fue en ese momento en el que los peregrinos escucharon la voz fascinadora del Maestro declarar que él era el dador del agua viva para todas las almas con sed de espíritu.

Al concluir de este servicio matutino, Jesús continuó enseñando a las multitudes, diciendo: «¿Acaso no habéis leído en las Escrituras: 'He aquí que las aguas caen sobre la tierra y las bebe el suelo reseco, así otorgaré yo el espíritu de santidad para que lo beban mis hijos en una bendición que llegará hasta los hijos de sus hijos'? ¿Por qué tenéis sed del ministerio del espíritu mientras tratáis de aplacar la sed de vuestra alma con el agua de las tradiciones de los hombres, vertida de las jarras rotas del servicio ceremonial? Lo que veis aquí en este templo es la forma en que vuestros padres intentaron simbolizar el otorgamiento del espíritu divino sobre los hijos de la fe, y habéis hecho bien en perpetuar estos símbolos, aun hasta el día de hoy. Pero ahora, a esta generación ha llegado la revelación del Padre de los espíritus, a través del autootorgamiento de su Hijo, y todo esto será certeramente seguido por el otorgamiento del espíritu del Padre y del Hijo sobre los hijos de los hombres. Para todo el que tenga fe, este otorgamiento del espíritu será el verdadero maestro del camino que conduce a la vida eterna, a las verdaderas aguas de la vida en el reino del cielo sobre la tierra y allende en el Paraíso del Padre».

Y Jesús continuó contestando las preguntas de la multitud y de los fariseos. Algunos lo consideraban un profeta; otros, creían que él era el Mesías; y aún otros decían que no podía ser el Cristo puesto que venía de Galilea, y que el Mesías debía restaurar el trono de David. Pero aun así, no se atrevieron a arrestarlo.

7. EL DISCURSO SOBRE LA LIBERTAD ESPIRITUAL

En la tarde del último día de la fiesta, como los apóstoles no consiguieron persuadirlo de que huyera de Jerusalén, Jesús fue nuevamente al templo para enseñar. Al encontrar un gran grupo de creyentes reunidos en la logia de Salomón, les habló diciendo:

«Si mis palabras moran en vosotros y queréis hacer la voluntad de mi Padre, seréis verdaderamente mis discípulos. Conoceréis la verdad, y la verdad os hará libres‘. Yo sé cómo me contestaréis: somos los hijos de Abraham, no somos esclavos de ninguno; ¿cómo entonces se puede hacernos libres? Aun así, no hablo del sometimiento exterior al señorío de otro; me refiero a la libertad del alma. De cierto, de cierto os digo, el que cometa pecado es el siervo de la esclavitud del pecado. Y sabéis que el siervo raramente mora para siempre en la casa del amo. También sabéis que el hijo permanece en la casa de su padre. Así pues, si el Hijo os hará libres, os hará hijos, seréis en verdad libres.

«Yo sé que vosotros sois de la semilla de Abraham, sin embargo vuestros líderes quieren matarme porque no han permitido que mi palabra ejerza su influencia transformadora en sus corazones. Su alma está sellada por el prejuicio y enceguecida por el orgullo de la venganza. Yo os declaro la verdad que me señala el Padre eterno, mientras estos maestros engañados tratan de hacer las cosas que aprendieron tan sólo de sus padres temporales. Y cuando contestáis que Abraham es vuestro padre, os digo que, si fuereis hijos de Abraham, haríais las obras de Abraham. Algunos entre vosotros, creéis en mis enseñanzas, pero otros buscáis destruirme porque os he dicho la verdad que he recibido de Dios. Pero Abraham no trató así la verdad de Dios. Percibo que algunos entre vosotros estáis decididos a hacer las obras del diablo. Si Dios fuera vuestro Padre, me conoceríais y amaríais la verdad que os revelo. ¿Es que no veis que he venido del Padre, que he sido enviado por Dios, que no estoy haciendo esta obra por mí mismo? ¿Por qué no comprendéis mis palabras? ¿Es acaso porque habéis elegido haceros hijos del mal? Si sois los hijos de las tinieblas, no podréis caminar en la luz de la verdad que os revelo. Los hijos del mal sólo siguen los caminos de su padre, quien fue un impostor y no defendió la verdad porque no llegó a haber verdad en él. Pero ahora viene el Hijo del Hombre, que habla y vive la verdad, y muchos entre vosotros os negáis a creer.

«¿Quién entre vosotros me condena por pecador? Si yo proclamo y vivo la verdad que me muestra mi Padre, por qué no creéis? Quien es de Dios escucha con regocijo las palabras de Dios; por esta causa, muchos entre vosotros no oís mis palabras porque no sois de Dios. Vuestros maestros aun tuvieron la presunción de decir que yo hago mis obras por el poder del príncipe de los demonios. Uno, aquí cerca, acaba de decir que yo tengo un demonio, que soy hijo del diablo. Pero todos los que entre vosotros os ocupáis honestamente de vuestra propia alma, sabéis muy bien que yo no soy un diablo. Sabéis que honro al Padre aunque mientras tanto vosotros me deshonráis. No busco mi propia gloria, sino tan sólo la gloria de mi Padre en el Paraíso. Yo no os juzgo, porque hay uno que juzga por mí.

«De cierto, de cierto os digo a vosotros los que creéis en el evangelio, que, si el hombre mantiene esta palabra de verdad viva en su corazón, no saboreará jamás la muerte. Ahora pues, aquí a mi lado dice un escriba que esta declaración prueba que tengo un diablo, puesto que Abraham está muerto, y también los profetas. Y él pregunta: '¿es que tú eres tanto más importante que Abraham y que los profetas que te atreves a pararte aquí y decir que el que crea en tu palabra no saboreará la muerte? ¿Quién dices tú que eres para atreverte a pronunciar tales blasfemias?' A todo esto yo digo que, si me glorifico a mí mismo, mi gloria no es nada. Pero es el Padre el que me glorificará, aun el mismo Padre que vosotros llamáis Dios. Pero vosotros no habéis logrado conocer a éste, vuestro Dios y mi Padre, y yo he venido para que os encontréis el uno al otro, para mostraros cómo llegar a ser verdaderamente hijos de Dios. Aunque no conozcáis al Padre, yo lo conozco de veras. Aun Abraham se regocijó de ver mi día, y por la fe lo vio y se regocijó».

Cuando los judíos descreídos y los agentes del sanedrín que se habían reunido a esta altura oyeron estas palabras, levantaron un tumulto, gritando: «Tú no tienes cincuenta años, y sin embargo hablas de ver a Abraham; ¡eres hijo del diablo!» Jesús no pudo continuar el discurso. Tan sólo dijo al partir: «De cierto, de cierto os digo, antes de que fuera Abraham, yo soy». Muchos de los incrédulos corrieron a buscar piedras para arrojárselas, y los agentes del sanedrín trataron de arrestarlo, pero el Maestro se alejó rápidamente por los corredores del templo y escapó a un lugar secreto de encuentro cerca de Betania donde lo aguardaban Marta, María y Lázaro.

8. La visita con Marta y María

Se había dispuesto que Jesús se alojara con Lázaro y sus hermanas en la casa de un amigo, mientras los apóstoles se dispersaban aquí y allá en pequeños grupos, habiéndose tomado estas precauciones porque las autoridades judías estaban nuevamente planeando en forma audaz arrestarlo.

Por muchos años había sido costumbre de estos tres abandonar toda tarea para escuchar las enseñanzas de Jesús cada vez que él los visitaba. Desde la muerte de sus padres, Marta había tomado la responsabilidad del hogar, y por consiguiente en esta ocasión, mientras Lázaro y María se sentaban a los pies de Jesús, bebiendo de sus enseñanzas refrescantes, Marta preparó la cena. Es necesario explicar que Marta tendía a distraerse innecesariamente en numerosas tareas inútiles, y acabar agobiada de trabajos triviales. Ésa era su forma de ser.

Mientras Marta se atareaba en estos supuestos deberes, le perturbaba el hecho de que María nada hiciera por ayudarla. Por lo tanto, fue adonde Jesús y dijo: «Maestro, ¿acaso te tiene sin cuidado que mi hermana me haya abandonado con todas las tareas por hacer? ¿No quieres mandarla que venga y me ayude?» Jesús respondió: «Marta, Marta, ¿por qué estás siempre tan ansiosa por tantas cosas y te preocupas por tantos pormenores? Sólo una cosa vale verdaderamente la pena, y puesto que María ha elegido esta cosa buena y necesaria, no se la quitaré. Pero, ¿cuándo aprenderéis ambas a vivir como os he enseñado: sirviendo ambas en cooperación y ambas refrescando vuestra alma al unísono? ¿Acaso no podéis aprender que hay una hora para todo —que los asuntos menores de la vida deben hacerse a un lado ante las grandes cosas del reino celestial?»

9. En Belén con Abner

Durante la semana que siguió a la fiesta de los tabernáculos, decenas de creyentes se reunieron en Betania y recibieron instrucciones de los doce apóstoles. El sanedrín no hizo esfuerzo alguno por alborotar estas reuniones puesto que Jesús no estaba presente; durante todo este período, estaba trabajando en Belén con Abner y sus asociados. Jesús había partido para Betania el día siguiente al final de la fiesta, y no volvió a enseñar en el templo durante esta visita a Jerusalén.

En esta época, Abner tenía su cuartel general en Belén, y desde ese centro se habían enviado muchos trabajadores a las ciudades de Judea y del sur de Samaria y aun hasta Alejandría. A los pocos días de su llegada, Jesús y Abner completaron los convenios para la consolidación de la obra de los dos grupos de apóstoles.

Durante toda su estadía en la fiesta de los tabernáculos, Jesús había repartido su tiempo en forma prácticamente igual entre Betania y Belén. En Betania, pasó mucho tiempo con sus apóstoles; en Belén, impartió mucha enseñanza a Abner y a los demás ex apóstoles de Juan. Este contacto íntimo fue lo que finalmente los condujo a creer en él. Estos ex apóstoles de Juan el Bautista estuvieron influidos por el coraje que él mostró en sus enseñanzas públicas en Jerusalén así como también por la compasiva comprensión que mostraba en sus enseñanzas privadas en Belén. Todas estas influencias ganaron final y plenamente a cada uno de los asociados de Abner a una aceptación plenamente sincera del reino y de todo lo que esto implicaba.

Antes de partir por última vez de Belén, el Maestro dispuso que ellos se reunieran con él en un esfuerzo unido que precedería el fin de su carrera terrenal en la carne. Se acordó que Abner y sus asociados se reunirían con Jesús y los doce en el parque de Magadán en un futuro cercano.

De acuerdo con este convenio, a principios de noviembre Abner y sus once apóstoles se unieron con Jesús y los doce y trabajaron con ellos como una sola organización hasta el momento mismo de la crucifixión.

Hacia fines de octubre, Jesús y los doce se retiraron de la cercanía inmediata de Jerusalén. El domingo 30 de octubre, Jesús y sus asociados partieron de la ciudad de Efraín, donde Jesús había estado descansando en reclusión por unos días, y dirigiéndose por la carretera oeste del Jordán directamente al parque de Magadán, llegaron allí en las últimas horas de la tarde del miércoles 2 de noviembre.

Los apóstoles estaban muy aliviados porque nuevamente se encontraba el Maestro en terreno amistoso; ya nunca más le pidieron que fuera a Jerusalén para proclamar el evangelio del reino.

DOCUMENTO 163

LA ORDENACIÓN DE LOS SETENTA EN MAGADÁN

POCOS días después del retorno de Jesús y los doce a Magadán desde Jerusalén, llegaron de Belén, Abner y un grupo de unos cincuenta discípulos. En esta época, también se encontraban reunidos en el campamento de Magadán el cuerpo de evangelistas, el cuerpo de mujeres, y unos ciento cincuenta otros discípulos verdaderos y sinceros de todas partes de Palestina. Después de dedicar unos pocos días a departir con sus seguidores y a la reorganización del campamento, Jesús y los doce dieron comienzo a un curso de capacitación intensiva para este grupo especial de creyentes; de este grupo de discípulos capacitados y expertos seleccionó el Maestro posteriormente a los setenta instructores que envió para proclamar el evangelio del reino. Esta instrucción sistemática comenzó el viernes 4 de noviembre y continuó hasta el sábado 19 de noviembre.

Jesús habló a este grupo todas las mañanas. Pedro les enseñó métodos de predicación pública. Natanael les instruyó en el arte de la enseñanza; Tomás les explicó cómo responder a las preguntas; y Mateo dirigió la organización de las finanzas del grupo. Los demás apóstoles también participaron en este trabajo de enseñanza de acuerdo con sus experiencias especiales y talentos naturales.

1. LA ORDENACIÓN DE LOS SETENTA

El sábado 19 de noviembre por la tarde, en el campamento de Magadán, Jesús ordenó a los setenta y Abner fue nombrado jefe de estos predicadores e instructores del evangelio. Este cuerpo de setenta consistía en Abner y diez de los ex apóstoles de Juan, cincuenta y uno de los primeros evangelistas, y otros ocho discípulos que se habían distinguido en el servicio del reino.

Alrededor de las dos de la tarde de este sábado, entre chaparrones de lluvia, un grupo de creyentes, aumentado por la llegada de David y de la mayoría de sus mensajeros, llegando a más de cuatrocientas personas, se reunió junto a la orilla del Lago de Galilea para presenciar la ordenación de los setenta.

Antes de poner Jesús sus manos sobre la cabeza de cada uno de los setenta para nombrarlos mensajeros del evangelio, al dirigirles la palabra les dijo: «La cosecha es verdaderamente abundante, pero los labradores son pocos; por eso os exhorto a todos que oréis para que el Señor de la cosecha envíe aún más labradores a su cosecha. Estoy a punto de nombraros mensajeros del reino; estoy a punto de enviaros a judíos y gentiles como corderos entre los lobos. Cuando vayáis por vuestro camino, de dos en dos, os instruyo que no llevéis ni bolsa ni indumentos extra porque salís en esta primera misión por una corta temporada. No saludéis a ningún hombre por el camino, ocupaos sólo de vuestra tarea. Cuando quiera que os alojéis en un hogar, decid primero: que la paz sea con vosotros en este hogar. Si los que en él moran aman la paz, allí moraréis; si no, partiréis. Cuando hayáis seleccionado esta casa, permaneced allí durante vuestra estadía en esa ciudad, comiendo y bebiendo lo que os sirvan. Esto lo haréis porque el obrero tiene derecho a su sostén. No os trasladéis de casa en casa porque os ofrezcan mejor alojamiento. Recordad, al salir para proclamar paz sobre la tierra y buena voluntad entre los hombres, debéis luchar con enemigos amargados e insidiosos; por eso, sed tan sabios como serpientes y tan inocuos como palomas.

«Dondequiera que vayáis, predicad diciendo, 'el reino del cielo está cerca', y ministrad a todos los que puedan estar enfermos de mente o de cuerpo. Habéis recibido generosamente de las buenas cosas del reino; dad pues generosamente. Si el pueblo de una ciudad os recibe, encontrarán abundante entrada al reino del Padre; pero aun si el pueblo de una ciudad se niega a recibir este evangelio, proclamaréis vuestro mensaje al abandonar esa comunidad descreída, diciendo, mientras os alejáis a los que rechazan vuestras enseñanzas: 'a pesar de que vosotros rechazáis la verdad, el reino de Dios ha estado cerca de vosotros'. El que os oye a vosotros, me oye a mí. Y el que me oye a mí, oye a Aquél que me envió. El que rechaza vuestro mensaje del evangelio, me rechaza a mí. Y el que me rechaza a mí, rechaza a Aquél que me envió.»

Después de hablar Jesús así a los setenta, mientras se arrodillaban en un círculo a su alrededor, puso sus manos sobre la cabeza de cada uno de los hombres, comenzando con Abner.

Al día siguiente, temprano por la mañana, Abner envió a los setenta mensajeros a todas las ciudades de Galilea, Samaria y Judea. Y estas treinta y cinco parejas salieron predicando y enseñando por unas seis semanas, retornando todos ellos al nuevo campamento cerca de Pella, en Perea, el viernes 30 de diciembre.

2. EL JOVEN RICO Y OTROS

Más de cincuenta discípulos que querían ser ordenados y nombrados miembros de los setenta fueron rechazados por el comité nombrado por Jesús para seleccionar a estos candidatos. Este comité consistía en Andrés, Abner, y el jefe del cuerpo evangelista. En todos los casos en que este comité de tres miembros no llegaba a un acuerdo unánime, llevaban al candidato ante Jesús, y aunque el Maestro no rechazó a ninguno de los que ansiaban ser ordenados mensajeros del evangelio, hubo más de una docena que, después de hablar con Jesús, ya no desearon ser mensajeros del evangelio.

Un discípulo serio vino adonde Jesús, diciendo: «Maestro, quiero ser uno de los nuevos apóstoles, pero mi padre es muy viejo y está a punto de morir; ¿se me permitiría regresar al hogar para enterrarlo?» A este hombre le dijo Jesús: «Hijo mío, los zorros tienen guaridas y las aves del cielo tienen nidos, pero el Hijo del Hombre no tiene donde recostar su cabeza. Tú eres un discípulo fiel, y puedes seguir siéndolo al retornar a tu hogar y ministrar a tus seres queridos, pero eso no ocurre con los mensajeros de mi evangelio. Ellos lo han abandonado todo para seguirme y proclamar el reino. Si quieres ser ordenado instructor, debes dejar que otros entierren a los muertos, mientras tú sales para difundir la buena nueva». Y este hombre se alejó, grandemente desilusionado.

Otro discípulo vino ante el Maestro y dijo: «Quisiera ser ordenado mensajero, pero quisiera ir a mi casa por un corto período para consolar a mi familia». Jesús replicó: «Si quieres ser ordenado, debes estar dispuesto a abandonarlo todo. Los mensajeros del evangelio no pueden tener afectos divididos. Ningún hombre que habiendo puesto la mano en el arado se vuelve atrás, es merecedor de ser mensajero del reino».

Entonces trajo Andrés ante Jesús a cierto joven rico que era un creyente devoto y que deseaba recibir la ordenación. Este joven, Matadormo, era miembro del sanedrín de Jerusalén; había escuchado a Jesús enseñar y posteriormente había sido instruido en el evangelio del reino por Pedro y los demás apóstoles. Jesús habló con Matadormo sobre los requisitos de la ordenación y le solicitó que pospusiera la decisión hasta después de haber reflexionado más plenamente sobre el asunto. Temprano por la mañana siguiente, cuando Jesús salía a caminar, este joven se le acercó y dijo: «Maestro, quisiera saber de ti la seguridad de la vida eterna. Puesto que he observado todos los mandamientos desde mi juventud, quisiera saber, ¿qué más debo hacer para ganar vida eterna?» En respuesta a esta pregunta, Jesús dijo: «Si cumples con todos los mandamientos —no cometes adulterio, no matas, no robas, no das falso testimonio, no engañas, honras a tu padre y a tu madre— haces bien, pero la salvación es la recompensa de la fe, no sólo de las obras. ¿Crees tú en este evangelio del reino?» Y Matadormo contestó: «Sí, Maestro, creo todo lo que tú y tus apóstoles me han enseñado». Jesús dijo: «Entonces, tú eres de veras mi discípulo y un hijo del reino».

Entonces dijo el joven: «Pero, Maestro, no me conformo con ser tu discípulo; quiero ser uno de tus nuevos mensajeros». Cuando Jesús escuchó esto, lo contempló con gran amor y dijo: «Te haré uno de mis mensajeros si estás dispuesto a pagar el precio, si pudieras proveer la única cosa que te falta». Matadormo respondió: «Maestro, haré lo que sea si se me permite que te siga». Jesús, besando en la frente al joven arrodillado, dijo: «Si quieres ser mi mensajero, vete y vende todo lo que tienes y, después de donar el producto a los pobres o a tus hermanos, ven y sígueme y tendrás tesoro en el reino del cielo».

Cuando Matadormo oyó estas palabras, su rostro se alteró. Se levantó y se alejó apenado, porque tenía grandes posesiones. Este rico joven fariseo había sido criado en la creencia de que la riqueza era símbolo del favor de Dios. Jesús sabía que no estaba él libre del amor de sí mismo y de sus riquezas. El Maestro quería liberarlo del amor a la riqueza, no necesariamente de la riqueza misma. Aunque los discípulos de Jesús no abandonaban sus bienes mundanos, los apóstoles y los setenta sí lo hacían. Matadormo deseaba ser uno de los setenta nuevos mensajeros, y por ese motivo Jesús le pedía que abandonara todas sus posesiones temporales.

Casi todos los seres humanos temen particularmente desprenderse de algún vicio malo para ellos predilecto, pero el ingreso al reino del cielo lo requiere como parte del precio de entrada. Si Matadormo hubiera abandonado su riqueza, probablemente ésta habría sido colocada nuevamente en sus manos para que la administrara como tesorero de los setenta. Aunque más adelante, después del establecimiento de la iglesia en Jerusalén, sí obedeció la exhortación del Maestro, si bien ya era demasiado tarde para entrar a formar parte de los setenta, y fue el tesorero de la iglesia de Jerusalén, de la cual Santiago, el hermano del Señor en la carne, era el jefe.

Así pues, siempre fue y por siempre será: los hombres deben tomar su propia decisión. Existe cierta gama de libertad de selección que los mortales pueden ejercer. Las fuerzas del mundo espiritual no obligan al hombre; le permiten tomar el camino de su elección.

Jesús preveía que Matadormo, con sus riquezas, no podía de ninguna manera ser ordenado en asociación de hombres que lo habían abandonado todo por el evangelio; al mismo tiempo, veía que, sin sus riquezas, podría ser el líder máximo de todos ellos. Pero, como los propios hermanos de Jesús, nunca fue importante en el reino porque se privó de esa asociación íntima y personal con el Maestro lo cual sí podría haber sido su experiencia si hubiera estado dispuesto en ese momento a hacer lo que Jesús le pedía y que, varios años después, en efecto hizo.

La riqueza nada tiene que ver directamente con el ingreso en el reino del cielo, pero *el amor por la riqueza*, sí. Las lealtades espirituales del reino son incompatibles con la servidumbre a los ídolos materialistas. El hombre no puede compartir su lealtad suprema a un ideal espiritual con una devoción material.

Jesús nunca enseñó que fuera erróneo poseer riquezas. Sólo pidió que los doce y los setenta dedicaran todas sus posesiones mundanas a la causa común. Aun entonces, permitió la liquidación de las propiedades de ellos con ganancia, como en el caso del apóstol Mateo. Jesús muchas veces asesoró a sus discípulos de buena posición así como había enseñado al rico en Roma. El Maestro consideraba la inversión sabia de las ganancias en exceso de las necesidades como una forma legítima de seguro contra adversidades futuras e inevitables. Cuando el tesoro apostólico estaba lleno, Judas puso fondos en depósito para ser usados posteriormente, cuando sufrieran necesidades debido a la disminución de los ingresos. Esto lo hizo Judas después de consultar con Andrés. Jesús nunca tuvo nada que ver personalmente con las finanzas apostólicas excepto en casos de desembolsos caritativos. Pero había un abuso económico que muchas veces condenó, y ese era la explotación injusta de los débiles, ignorantes y menos afortunados entre los hombres, por parte de sus semejantes más fuertes, sagaces e inteligentes. Jesús declaró que ese tratamiento inhumano de hombres, mujeres y niños era incompatible con los ideales de la hermandad del reino del cielo.

3. LA DISCUSIÓN SOBRE LA RIQUEZA

Cuando Jesús terminó de hablar con Matadormo, Pedro y algunos de los apóstoles se habían reunido a su alrededor, y al partir el rico joven, Jesús se volvió para enfrentarse con los apóstoles y dijo: «¡Veis cuán difícil es para los que tienen riquezas entrar de lleno en el reino de Dios! La adoración espiritual no puede ser compartida con las devociones materiales; ningún hombre puede servir a dos amos. Tenéis un dicho de que 'es más fácil que un camello pase por el ojo de una aguja, que los paganos hereden la vida eterna'. Y yo os declaro que es más fácil para ese camello pasar por el ojo de la aguja, que para estos ricos autosatisfechos entrar al reino del cielo».

Cuando Pedro y los apóstoles oyeron estas palabras, se quedaron extremadamente sorprendidos, tanto que Pedro dijo: «¿Quién pues, Señor, puede ser salvado? ¿Es que todos los que tienen riquezas deberán ser excluidos del reino?» Jesús replicó: «No, Pedro, pero todos los que pongan su confianza en las riquezas difícilmente podrán entrar en la vida espiritual que conduce al progreso eterno. Pero aun entonces, mucho de lo que es imposible para el hombre, no está más allá del alcance del Padre en el cielo; más bien deberíamos reconocer que con Dios todo es posible».

Cada cual se fue por su lado y Jesús lamentó que Matadormo no permaneciera con ellos porque lo amaba grandemente. Cuando bajaron al lago, se sentaron junto al agua y Pedro, hablando por lo doce (que estaban todos presentes en ese momento), dijo: «Nos preocupan tus palabras al joven rico. ¿Debemos pedir a los que quieran seguirte que abandonen sus riquezas mundanas?» Jesús dijo: «No, Pedro, sólo los que quieren ser apóstoles, y los que desean vivir conmigo como vosotros lo hacéis y como una familia. Pero el Padre requiere que el afecto de sus hijos sea puro y total. Cualquier cosa o persona que se entrometa entre vosotros y el amor de las verdades del reino debe ser abandonada. Si la riqueza no invade los precintos del alma, no tiene consecuencia alguna en la vida espiritual de los que quieran entrar en el reino».

Entonces dijo Pedro: «Pero, Maestro, nosotros lo hemos abandonado todo para seguirte, ¿qué tendremos nosotros?» Y Jesús les dijo a los doce: «De cierto, de cierto os digo, no hay hombre que haya abandonado riqueza, hogar, esposa, hermanos, padres o hijos por mí y por el reino del cielo que no reciba muchas veces más en este mundo —tal vez con algunas persecuciones— y en el mundo venidero, la vida eterna. Pero muchos que ahora son los primeros, serán los últimos, mientras que los últimos, frecuentemente, serán los primeros. El Padre trata a sus criaturas de acuerdo con las necesidades de ellas y en obediencia a sus leyes justas de consideración misericordiosa y amante por el bienestar del universo.

«El reino del cielo es como un amo que empleaba a muchos hombres, y que salió temprano por la mañana para contratar obreros para que trabajaran en su viña. Después de acordar con los trabajadores que les pagaría un denario por día, los mandó a las viñas. Entonces salió a eso de las nueve, y viendo a otros obreros parados ociosos en el mercado, les dijo: 'id vosotros también a trabajar en mi viña y lo que sea justo os pagaré'. Y se fueron inmediatamente a trabajar. Nuevamente salió a eso de las doce y a eso de las tres e hizo lo mismo. Yendo al mercado alrededor de las cinco de la tarde, encontró aún otros obreros parados ociosamente, y les preguntó, '¿por qué estáis ociosos todo el día?' Los hombres contestaron, 'porque nadie nos ha empleado'. Entonces dijo el amo: 'id vosotros también a trabajar en mi viña, y lo que sea justo os pagaré'.

«Cuando llegó la noche, el amo de la viña dijo a su asistente: 'llama a los trabajadores y págales su jornal, empezando por los últimos empleados y terminando con los primeros'. Cuando los que habían sido empleados a eso de las cinco llegaron, recibieron un denario cada uno y así fue con cada uno de los otros trabajadores. Cuando los hombres que fueron contratados al principio del día vieron como se les retribuía a los que habían llegado más tarde, esperaban recibir más que el monto acordado. Pero como los otros, cada hombre recibió tan sólo un denario. Y cuando cada uno hubo recibido su paga, se quejaron al amo, diciendo: 'Estos hombres que fueron empleados de último trabajaron sólo una hora, sin embargo les has pagado lo mismo que a nosotros que hemos llevado la carga todo el día bajo el sol abrasador'.

«Entonces contestó el amo: 'Amigos míos, no cometo ninguna injusticia. ¿Acaso no acordasteis trabajar por un denario por día? Tomad pues lo que es vuestro e id por vuestro camino porque es mi deseo dar a los que llegaron de último tanto como os he dado a vosotros. ¿Acaso no está permitido por la ley que haga lo que quiera con lo mío? ¿Acaso os resentís por mi generosidad, porque deseo hacer el bien y mostrar misericordia?'»

4. LA DESPEDIDA DE LOS SETENTA

El día que salieron los setenta en su primera misión fue una ocasión emocionante en el campamento de Magadán. Temprano por la mañana, en su última conversación con los setenta, Jesús hizo hincapié sobre lo siguiente:

1. El evangelio del reino debe ser proclamado a todo el mundo, tanto a los gentiles como a los judíos.

2. Al ministrar a los enfermos, no les enseñéis a esperar milagros.

3. Proclamad una hermandad espiritual de los hijos de Dios, no un reino material de poder mundano y gloria temporal.

4. Procurad no perder el tiempo en excesivas interacciones sociales y otras trivialidades que puedan desmerecer vuestra devoción total a la predicación del evangelio.

5. Si la primer casa que seleccionéis como centro de operaciones es un hogar digno, morad allí durante toda vuestra estadía en esa ciudad.

6. Aclarad a todos los creyentes fieles que ya ha llegado el momento de una ruptura completa con los líderes religiosos de los judíos de Jerusalén.

7. Enseñad que el deber total del hombre se resume en este solo mandamiento: Ama al Señor tu Dios con toda tu mente y alma, y a tu prójimo como a ti mismo. (Esto debían ellos enseñar como deber completo del hombre, en lugar de las 613 reglas del vivir expuestas por los fariseos.)

Cuando Jesús hubo hablado así a los setenta en presencia de todos los apóstoles y discípulos, Simón Pedro se los llevó consigo y les predicó su sermón de ordenación, que era una elaboración del encargo del Maestro dado en el momento en que él puso las manos sobre la cabeza de cada uno de ellos y los nombró mensajeros del reino. Pedro exhortó a los setenta a que estimaran en su experiencia las siguientes virtudes:

1. *La devoción consagrada*. Orar constantemente para que se envíen más trabajadores a la cosecha del evangelio. Explicó que, cuando así se ora, es más probable que uno diga: «Aquí estoy; envíame». Los exhortó a que no olvidaran su adoración diaria.

2. *El coraje verdadero*. Les advirtió que encontrarán hostilidades y con seguridad serían perseguidos. Pedro les dijo que su misión no era para cobardes y les advirtió que los que tuvieran miedo se separaran antes de empezar. Pero nadie se separó.

3. *La fe y la confianza*. Debían salir en esta corta misión sin provisiones algunas; debían confiar en que el Padre los proveería con comida, techo, y demás cosas necesarias.

4. *El celo y la iniciativa*. Debían estar poseídos de celo y entusiasmo inteligente. Debían ocuparse estrictamente de los asuntos de su Maestro. La forma oriental de saludar constituía una ceremonia prolongada y elaborada; por consiguiente, se les había instruido que «no saludaran a nadie por el camino», lo que comúnmente era el método usado para decir que se ocupara uno de su tarea sin perder el tiempo. Nada tenía que ver esto con un saludo cordial.

5. *La gentileza y la cortesía*. El Maestro les había instruido que evitaran pérdidas de tiempo innecesarias en ceremonias sociales, pero les ordenó cortesía hacia todos aquellos con los que se encontraran. Debían mostrar trato cordial para con los que los recibían en su hogar. Tenían estricta advertencia contra abandonar un hogar modesto en favor de uno más cómodo o de mayor influencia social.

6. *El ministerio a los enfermos*. Pedro encargó a los setenta que buscaran a los enfermos de mente y cuerpo e hicieran todo lo posible para aliviar o curar sus enfermedades.

Después de haber recibido pues el cometido y las instrucciones, partieron, de dos en dos, a su misión en Galilea, Samaria y Judea.

Aunque los judíos tenían un respeto especial por el número setenta, considerando a veces que las naciones de paganismo sumaban setenta, y aunque estos setenta mensajeros debían llevar el evangelio a todos los pueblos, aun así, por lo que nosotros podemos discernir, fue tan sólo una coincidencia que este grupo estuviera constituido por setenta personas. Es indudable que Jesús hubiera aceptado a no menos de media docena más, pero ellos no estaban dispuestos a pagar el precio de abandonar riqueza y familia.

5. EL TRASLADO DEL CAMPAMENTO A PELLA

Ahora, Jesús y los doce se prepararon para establecer su último centro de operaciones en Perea, cerca de Pella, donde el Maestro había sido bautizado en el Jordán. Los últimos diez días de noviembre transcurrieron en concilio en Magadán, y el martes 6 de diciembre, todo el grupo de casi trescientos partió al amanecer, con todos sus efectos, para pasar la noche cerca de Pella, junto al río. Fue éste el mismo lugar donde, cerca del manantial, Juan el Bautista estableció su campamento años atrás.

Después de levantarse el campamento de Magadán, David Zebedeo retornó a Betsaida y comenzó inmediatamente a reducir su servicio de mensajeros. El reino estaba entrando en una nueva fase. Diariamente llegaban peregrinos de todas partes de Palestina y aun de otras regiones remotas del imperio romano. Venían ocasionalmente creyentes de Mesopotamia y de las tierras al este del Tigris. Por consiguiente, el domingo 18 de diciembre, David con la ayuda de su cuerpo de mensajeros, cargó los enseres del campamento sobre los animales de carga; estos enseres provenían del anterior campamento junto al lago de Betsaida y que hasta entonces se habían guardado en la casa de su padre. Despidiéndose de Betsaida por el momento, procedió hacia el sur por la orilla del lago y a lo largo del Jordán hasta cierto punto situado a aproximadamente un kilómetro al norte del campamento apostólico; y en menos de una semana estaba preparado para ofrecer hospitalidad a casi mil quinientos peregrinos. El campo apostólico podía alojar a unos quinientos. Era ésta la temporada de lluvias en Palestina, y se necesitaba este refugio para el número de interesados en constante aumento, en su mayoría sinceros, que venían a Perea para ver a Jesús y escuchar sus enseñanzas.

David hizo todo esto de su propia iniciativa, a pesar de que se había asesorado con Felipe y Mateo en Magadán. Colocó la mayor parte de su cuerpo anterior de mensajeros como asistentes para la administración de este campamento; en este momento, utilizaba menos de veinte hombres en servicios regulares de mensajeros. Cerca de fines de diciembre y antes del retorno de los setenta, casi ochocientos visitantes estaban reunidos alrededor del Maestro, y encontraron alojamiento en el campamento de David.

6. EL RETORNO DE LOS SETENTA

El viernes 30 de diciembre, mientras Jesús se había retirado a las colinas cercanas con Pedro, Santiago y Juan, los setenta mensajeros iban llegando al centro de operaciones de Pella en parejas, acompañados por numerosos creyentes. A eso de las cinco de la tarde, estaban los setenta reunidos en el sitio dedicado a la enseñanza, cuando Jesús retornó al campamento. La cena se postergó más de una hora mientras estos entusiastas del evangelio del reino relataban sus experiencias. Ya los mensajeros de David habían traído a los apóstoles muchas de estas noticias durante las semanas anteriores, pero fue realmente inspirador escuchar a estos instructores del evangelio recientemente ordenados relatar personalmente de qué manera recibían su mensaje los judíos y gentiles hambrientos de verdad. Por fin Jesús pudo ver que los hombres salían y difundían la buena nueva sin su presencia personal. El Maestro supo entonces que podía dejar este mundo sin dificultar seriamente el progreso del reino.

Cuando los setenta relataron que «hasta los diablos se sometían» a ellos, se referían a las extraordinarias curas que pudieron realizar en distintos casos de víctimas de trastornos nerviosos. Sin embargo, hubo algunos casos de verdadera posesión de los espíritus, que estos ministros habían aliviado, y refiriéndose a éstos, Jesús dijo: «No es extraño que estos desobedientes espíritus menores se sometan a vosotros, puesto que yo vi a Satanás caer del cielo como un rayo. Pero no os regocijéis tanto por este asunto porque yo os declaro que, en cuanto yo vuelva a mi Padre, enviaremos nuestro espíritu a la mente misma de los hombres para que ya no puedan estos pocos espíritus perdidos penetrar la mente de los mortales desafortunados. Me regocijo con vosotros de que tengáis poder con los hombres, pero no os sintáis entusiastas por esta experiencia, sino que más bien debéis regocijaros de que vuestros nombres estén inscritos en las listas del cielo, y que así iréis vosotros hacia adelante en la carrera sin fin de la conquista espiritual».

Y fue en este momento, poco antes de compartir la cena, en que Jesús experimentó uno de esos raros momentos de éxtasis emocional que sus seguidores ocasionalmente presenciaron. Dijo: «Yo te agradezco, Padre mío, Señor del cielo y de la tierra, que, aunque este maravilloso evangelio se ocultaba de los sabios y de los hipócritas, el espíritu ha revelado estas glorias espirituales a estos hijos del reino. Sí, Padre mío, debe ser de tu agrado hacer esto, y me regocijo de saber que la buena nueva se extenderá a todo el mundo aun después de que yo haya vuelto a ti y a la obra que me has encomendado. Me emociona profundamente percatarme que estás a punto de entregar toda autoridad en mis manos, que sólo tú sabes en realidad quién soy yo, que sólo yo realmente te conozco, y aquellos a quienes yo te he revelado. Y cuando haya completado esta revelación a mis hermanos en la carne, continuaré revelándola a tus criaturas en lo alto».

Después de hablar así Jesús al Padre, se apartó para hablar con sus apóstoles y ministros: «Benditos sean los ojos que ven y los oídos que oyen estas cosas. Dejadme deciros que muchos profetas y muchos de los grandes hombres de eras pasadas desearon contemplar lo que vosotros veis ahora, pero no les fue otorgado. Y muchas generaciones venideras de hijos de la luz, cuando oigan de estas cosas, os envidiarán a vosotros que las habéis oído y visto».

Luego, hablando a todos los discípulos, dijo: «Habéis oído cuántas ciudades y aldeas han recibido la buena nueva del reino, y de qué manera fueron recibidos mis ministros e instructores tanto por los judíos como por los gentiles. De veras son benditas estas comunidades que han elegido creer el evangelio del reino. Pero, ¡ay de los habitantes de Corazín, Betsaida-Julias y Capernaum!, que rechazan la luz, ¡ay de las ciudades que no recibieron bien a estos mensajeros! Yo declaro que si las obras poderosas hechas en estos lugares hubieran sido hechas en Tiro y Sidón, el pueblo de estas ciudades así llamadas paganas se habría arrepentido inmediatamente y vestiría túnica de penitente. Será por cierto más tolerable para Tiro y Sidón en el día del juicio.»

Siendo el día siguiente sábado, Jesús se apartó con los setenta y les dijo: «En verdad me regocijé con vosotros cuando volvisteis trayendo buenas noticias de la recepción del evangelio del reino por parte de tanta gente en toda Galilea, Samaria y Judea. Pero, ¿por qué estabais vosotros tan sorprendentemente exaltados? ¿Acaso no anticipabais que vuestro mensaje sería poderoso en su manifestación? ¿Es que salisteis con tan poca fe en este evangelio que cuando regresasteis os sorprendió su eficacia? Ahora bien, aunque no quisiera ahogar vuestro espíritu de regocijo, deseo advertiros severamente contra las insidias del orgullo, del orgullo espiritual. Si podéis comprender la caída de Lucifer, el inicuo, rechazaréis solemnemente todo tipo de orgullo espiritual.

«Habéis ingresado en esta gran tarea de enseñar al hombre mortal que él es hijo de Dios. Os he mostrado el camino; salid y haced vuestro deber y no os canséis de hacer el bien. A vosotros y a todos los que sigan vuestras huellas a través de las edades, dejadme deciros: Yo siempre estoy cerca, y mi llamado es y por siempre será: Acudid a mí, todos vosotros que laboráis y lleváis la pesada carga, y yo os daré descanso. Someteos a mi yugo y aprended de mí, porque soy fiel y leal, y encontraréis descanso espiritual para vuestra alma».

Comprobaron la verdad de las palabras del Maestro cuando pusieron a prueba sus promesas. Y desde ese día, incontables millares también han probado y comprobado la veracidad de esas promesas.

7. La preparación para la última misión

Los días inmediatos subsiguientes estuvieron muy atareados en el campamento de Pella; se estaban completando las preparaciones para la misión de Perea. Jesús y sus asociados estaban a punto de emprender su última misión, la gira de tres meses por toda Perea, que tan sólo terminó cuando el Maestro entró a Jerusalén para llevar a cabo su labor final en la tierra. A lo largo de este período, el centro de operaciones de Jesús y los doce apóstoles se mantuvo aquí en el campamento de Pella.

Ya no era necesario que Jesús saliera para enseñar al pueblo. Ahora, la gente acudía a él, más numerosa cada semana, de todas partes, no sólo de Palestina sino de todo el mundo romano y del cercano oriente. Aunque el Maestro participó con los setenta en la gira de Perea, pasó mucho de su tiempo en el campamento de Pella, enseñando a las multitudes e instruyendo a los doce. A lo largo de este período de tres meses, por lo menos diez de los apóstoles permanecieron con Jesús.

El cuerpo de mujeres también se preparó para salir, de dos en dos, con los setenta para laborar en las ciudades más grandes de Perea. Este grupo original de doce mujeres recientemente había entrenado a un cuerpo mayor de cincuenta mujeres en la tarea de visitar hogares y en el arte de ministrar a los enfermos y a los afligidos. Perpetua, la esposa de Simón Pedro, se unió a esta nueva división del cuerpo de mujeres y le fue confiado el liderazgo del trabajo de las mujeres, bajo la dirección de Abner. Después de Pentecostés, ella permaneció con su ilustre marido, acompañándolo en todas sus giras misioneras; y el día en que Pedro fue crucificado en Roma, ella fue arrojada a las bestias en la arena. Este nuevo cuerpo de mujeres también contaba entre sus miembros con las esposas de Felipe y Mateo y con la madre de Santiago y Juan.

El trabajo del reino estaba por ingresar en su fase final bajo el liderazgo personal de Jesús. Y esta fase se caracterizó por su profundidad espiritual en contraste con las de los pasados días de popularidad en Galilea, llenas de multitudes buscadoras de milagros y portentos que seguían al Maestro. Sin embargo, aún había entre sus seguidores gran número de personas que se preocupaban de los bienes materiales, que no llegaron a captar la verdad de que el reino del cielo es la hermandad espiritual del hombre fundada en el hecho eterno de la paternidad universal de Dios.

DOCUMENTO 164

EN LA FIESTA DE LA CONSAGRACIÓN DEL TEMPLO

MIENTRAS se establecía el campamento de Pella, Jesús, habiéndose llevado a Natanael y a Tomás, se dirigió en secreto a Jerusalén para asistir a la fiesta de la consagración. Los dos apóstoles no se dieron cuenta de que su Maestro se dirigía a Jerusalén, hasta que cruzaron el Jordán en el vado de Betania. Cuando se percataron de que realmente quería estar presente en la fiesta de la consagración, discutieron con él con la mayor intensidad, y utilizando toda suerte de razonamientos, intentaron disuadirlo. Pero sus esfuerzos fueron en vano; Jesús estaba decidido a ir a Jerusalén. A todas las observaciones de ellos y todas sus advertencias sobre la locura y el peligro de caer en las manos del sanedrín, él sólo respondía: «Quiero dar a estos instructores de Israel otra oportunidad para que vean la luz, antes de que llegue mi hora».

Así pues, prosiguieron hacia Jerusalén, mientras los dos apóstoles continuaban expresando sentimientos de temor y dudas sobre la sabiduría de una acción tan aparentemente presuntuosa. Llegaron a Jericó a eso de las cuatro y media de la tarde y se dispusieron a alojarse allí por la noche.

1. LA HISTORIA DEL BUEN SAMARITANO

Al anochecer se reunió alrededor de Jesús y de los dos apóstoles un grupo considerable de gente para hacer preguntas, muchas de las cuales respondieron los apóstoles, mientras que el Maestro respondió a las otras. En el curso de la noche, cierto abogado, que trataba de enredar a Jesús en una disputa comprometedora, dijo: «Instructor, me gustaría preguntarte ¿qué precisamente debo hacer para heredar la vida eterna?» Jesús contestó: «¿Qué es lo que está escrito en la ley y los profetas; cómo lees tú las Escrituras?» El abogado, conociendo las enseñanzas tanto de Jesús como de los fariseos, respondió: «Amar al Señor Dios con todo el corazón, el alma, la mente y la fuerza, y al prójimo como a uno mismo.» Entonces dijo Jesús: «Has contestado bien; esto, si realmente lo haces, te llevará a la vida eterna».

Pero el abogado no se mostraba completamente sincero al hacer esta pregunta, y deseando justificarse y al mismo tiempo poner a Jesús en una situación incómoda, se atrevió a hacer otra pregunta. Acercándose un poco más al Maestro, dijo: «Pero, Instructor, me gustaría que tú me dijeras, ¿quién es precisamente mi prójimo?» El abogado hizo esta pregunta con la esperanza de hacer caer a Jesús en una trampa, una declaración que fuera en contravención de la ley judía que definía que al prójimo como «los hijos del pueblo de uno». Los judíos consideraban que todos los demás eran «perros gentiles». Este abogado tenía cierta familiaridad con las enseñanzas de Jesús y por consiguiente bien sabía que el Maestro pensaba en forma diferente; así pues, esperaba llevarlo a declarar algo que se pudiera interpretar como un ataque contra la ley sagrada.

Pero Jesús discernió la motivación del abogado, y en vez de caer en la trampa, relató a sus oyentes una historia que podía ser plenamente apreciada por cualquier público en Jericó. Dijo Jesús: «Un cierto hombre venía a Jericó desde Jerusalén, y cayó en manos de crueles bandidos, los cuales lo despojaron, lo robaron, le hirieron, y se fueron dejándole medio muerto. Muy poco después, aconteció que por casualidad venía un sacerdote por aquel camino y viendo al hombre herido y sufriente, pasó de largo. Asimismo un levita también, habiendo llegado cerca de aquel lugar y viendo al hombre, pasó de largo. Y luego un samaritano, que viajaba a Jericó, llegó junto al hombre herido; y cuando vio cómo le habían robado y cómo lo habían golpeado, se llenó de compasión su corazón y acercándose al desafortunado, vendó sus heridas, echándoles aceite y vino, y, habiéndolo montado en su cabalgadura, lo llevó al mesón y cuidó de él. Al otro día al partir, sacó unos denarios y, dándoselos al mesonero, dijo: 'cuida bien de mi amigo, y si lo que gastas es más, cuando yo regrese te lo pagaré'. Ahora, yo te pregunto: ¿Quién de estos tres era en tu opinión el prójimo del que cayó en manos de los ladrones?» Cuando el abogado se percató de que había caído en su propia trampa respondió: «El que fue misericordioso para con él». Y Jesús dijo: «Ve pues y haz tú lo mismo».

El abogado dijo, «el que fue misericordioso para con él», para no pronunciar la palabra odiada: samaritano. El abogado se vio forzado a dar la respuesta que Jesús quería a la pregunta «¿quién es mi prójimo?», y que, si la hubiese contestado Jesús, habría corrido el peligro de que le acusaran de herejía. Jesús no sólo confundió a ese abogado deshonesto, sino que relató a sus oyentes una historia que era, al mismo tiempo, una bella admonición para todos sus seguidores y un reproche agudo para todos los judíos por su actitud hacia los samaritanos. Y esta historia continúa promoviendo el amor fraternal entre todos los que posteriormente han creído en el evangelio de Jesús.

2. EN JERUSALÉN

Jesús había asistido a la fiesta de los tabernáculos para proclamar el evangelio a los peregrinos de todas partes del imperio; ahora iba a la fiesta de la consagración con un sólo propósito: el de ofrecer otra oportunidad al sanedrín y a los líderes judíos para que vieran la luz. El acontecimiento principal de estos pocos días en Jerusalén sucedió el viernes por la noche en la casa de Nicodemo. Estaban aquí reunidos unos veinticinco líderes judíos que creían en las enseñanzas de Jesús. En el grupo había catorce hombres que eran en ese momento, o habían sido hasta recientemente, miembros del sanedrín. Esta reunión fue presenciada por Eber, Matadormo y José de Arimatea.

En esta ocasión, los oyentes de Jesús eran hombres eruditos, y tanto ellos como los dos apóstoles se sorprendieron de la amplitud y profundidad de las observaciones que el Maestro hizo ante este grupo distinguido. No había él exhibido tal sabiduría y conocimiento desde los tiempos en que enseñara en Alejandría, en Roma y en las islas del Mediterráneo, ni había mostrado tal comprensión de los asuntos de los hombres, tanto seculares como religiosos.

Cuando la pequeña reunión se disolvió, todos se fueron impresionados por la personalidad del Maestro, encantados con sus maneras desenvueltas, y enamorados del hombre. Habían intentando asesorar a Jesús en relación con su deseo de ganar a los restantes miembros del sanedrín. El Maestro escuchó atentamente, pero en silencio, sus propuestas. Bien sabía que ninguno de los planes de ellos funcionaría. Suponía que la mayoría de los líderes judíos jamás aceptaría el evangelio del reino; sin embargo, les proporcionó otra oportunidad de elección. Pero cuando salió esa noche, con Natanael y Tomás, para alojarse en el Monte de los Olivos, no había decidido qué método utilizar para llevar nuevamente su obra a la atención del sanedrín.

Esa noche, Natanael y Tomás poco durmieron; estaban demasiado impresionados por todo lo que habían escuchado en la casa de Nicodemo. Mucho pensaron sobre la declaración final de Jesús en relación con la oferta de los miembros y ex miembros del sanedrín de acompañarlo ante los setenta. El Maestro dijo: «No, hermanos míos, no serviría para nada. Multiplicaríais vosotros la ira que recaerá sobre vuestra cabeza, pero no mitigaríais en lo más mínimo el odio que ellos me tienen. Id, cada uno de vosotros, cumplid con los asuntos del Padre según os guíe el espíritu, mientras yo llevo nuevamente el reino a la atención de ellos en la forma en que mi Padre me lo indique».

3. LA CURACIÓN DEL PORDIOSERO CIEGO

A la mañana siguiente, los tres fueron a la casa de Marta en Betania, para tomar el desayuno, y luego se dirigieron inmediatamente a Jerusalén. Esta mañana de sábado, al acercarse Jesús y sus dos apóstoles al templo, se toparon con un pordiosero bien conocido, un hombre que había nacido ciego, sentado en su lugar de siempre. Aunque estos mendigos no solicitaban ni recibían limosna el día sábado, se les permitía que se sentaran en sus lugares de siempre. Jesús se detuvo para contemplar al mendigo. Al mirar a este hombre que había nacido ciego, se le ocurrió cómo traer nuevamente su misión en la tierra a la atención del sanedrín y de los demás líderes judíos e instructores religiosos.

Mientras el Maestro estaba de pie frente al ciego, sumido en sus reflexiones, Natanael, pensando en la posible causa de la ceguera de este hombre, preguntó: «Maestro, ¿quién pecó, este hombre o sus padres, para que naciera ciego?»

Los rabinos enseñaban que todos los casos de ceguera de nacimiento se debían al pecado. No sólo serían los niños concebidos y nacidos en el pecado, sino que un niño podía nacer ciego como castigo por un pecado específico cometido por su padre. Aun enseñaban que el niño mismo podría pecar antes de nacer al mundo. También enseñaban que estos defectos podían ser causados por un pecado u otro vicio por parte de la madre mientras lo llevaba en el seno.

Existía en todas estas regiones, un remanente de la creencia en la reencarnación. Los antiguos instructores judíos, juntamente con Platón, Filón y muchos de los esenios, toleraban la teoría de que el hombre puede cosechar en una encarnación lo que siembra en una existencia previa; del mismo modo se creía que estaban expiando en una vida los pecados cometidos en vidas precedentes. El Maestro encontraba dificultad en convencer a los hombres de que su alma no había tenido existencia previa.

Sin embargo, aunque esto no parezca lógico, aunque la ceguera se consideraba resultado del pecado, los judíos opinaban al mismo tiempo que era altamente meritorio dar limosna a los mendigos ciegos. Era costumbre de estos ciegos cantar constantemente a los que pasaban: «Oh corazones tiernos, haced mérito ayudando al ciego».

Jesús comenzó con Natanael y Tomás la discusión de este caso, no sólo porque ya había decidido utilizar a este ciego para traer nuevamente en ese día su misión a la atención prominente de los dirigentes judíos, sino también porque siempre alentaba a sus apóstoles a que buscaran las verdaderas causas de todos los fenómenos, tanto naturales como espirituales. Muchas veces les había advertido que evitaran la tendencia común de asignar causas espirituales a los acontecimientos físicos comunes.

Jesús decidió utilizar a este pordiosero en sus planes para la obra de ese día, pero antes de hacer nada por el ciego, cuyo nombre era Josías, contestó la pregunta de Natanael. Dijo el Maestro: «Ni este hombre pecó, ni sus padres lo hicieron para que se manifiesten en él las obras de Dios. Su ceguera fue producida por el curso natural de los acontecimientos, pero ahora debemos hacer la obra de Aquél que me envió, antes de que se acabe el día, porque vendrá con toda seguridad aquella noche en que será imposible hacer la obra que estamos a punto de realizar. Cuando estoy en el mundo, yo soy la luz del mundo, pero dentro de muy poco tiempo ya no estaré con vosotros».

Cuando Jesús acabó de hablar, les dijo a Natanael y Tomás: «Vamos a crear la vista para este ciego en este día sábado, de modo que los escribas y los fariseos tengan amplia oportunidad de acusar al Hijo del Hombre». Luego, inclinándose, escupió en la tierra y mezcló la arcilla con la saliva, y, hablando de todo esto para que el ciego pudiera oír, se acercó a Josías y puso la arcilla sobre sus ojos sin vista, diciendo: «Hijo mío, vete, lávate esta arcilla en el estanque de Siloé, e inmediatamente recibirás la vista». Y cuando Josías se hubo lavado en el estanque de Siloé, volvió junto a sus amigos y parientes, viendo.

Como había sido siempre un pordiosero, no sabía hacer otra cosa; por consiguiente, en cuanto pasó el primer entusiasmo de la creación de su vista, volvió a sentarse en el mismo sitio en que solía pedir limosna. Sus amigos, sus vecinos y todos los que lo conocían, al observar que veía, dijeron: «¿No es éste Josías el mendigo ciego?» Algunos contestaron que sí, pero otros dijeron: «No, se le parece, pero este hombre ve». Pero cuando le preguntaron a él mismo, respondió: «Yo soy».

Cuando le preguntaron cómo había ocurrido que tenía vista, les respondió: «Pasó por aquí un hombre llamado Jesús, se puso a hablar de mí con sus amigos, e hizo arcilla con su saliva, me ungió los ojos, y mandó que me los lavara en el estanque de Siloé. Así lo hice, e inmediatamente pude ver. Eso ocurrió hace tan sólo pocas horas. Aún no conozco el significado de muchas de las cosas que veo». Cuando la gente que empezaba a congregarse a su alrededor le preguntó dónde podrían encontrar al extraño hombre que lo había curado, Josías sólo pudo responder que no lo sabía.

Éste es uno de los más extraños de todos los milagros del Maestro. Este ciego no pidió que lo curaran. No sabía que el Jesús que lo había mandado a que se lavara los ojos en Siloé, y que le había prometido que vería, era el profeta de Galilea que predicó en Jerusalén durante la fiesta de los tabernáculos. Tenía poca fe de que obtendría la visión, pero la gente de aquel entonces tenía gran fe en la eficacia de la saliva de un gran hombre o de un santo varón; y de la conversación de Jesús con Natanael y Tomás, Josías había concluido que su posible benefactor era un gran hombre, un instructor sabio o un santo profeta; por eso, hizo lo que Jesús le había ordenado.

Jesús usó la arcilla y la saliva y le ordenó que se lavara en el estanque simbólico de Siloé por tres motivos:

1. Este episodio no fue una respuesta milagrosa a la fe de un individuo. Fue éste un portento que Jesús decidió realizar para fines propios, pero lo hizo de una manera que permitiera que este hombre derivara beneficios duraderos.

2. Como el ciego no había pedido la curación, ni tenía una fe profunda, Jesús sugirió estas acciones materiales con el propósito de alentarlo. Él sí creía en la superstición de la eficacia de la saliva, y sabía que el estanque de Siloé era un lugar semisagrado. Pero no hubiera ido ahí de no haber sido necesario lavar la arcilla de la unción. Había en esta transacción la cantidad suficiente de ingrediente ceremonial que induciría al ciego a actuar.

3. Pero Jesús tenía un tercer motivo para recurrir a estos medios materiales en relación con esta transacción singular: éste fue un milagro forjado obedeciendo tan sólo su propia elección, y por este medio, deseaba enseñar a sus seguidores de ese día y de todas las edades subsiguientes que no se deben despreciar ni olvidar los elementos materiales en la curación de los enfermos. Quería enseñarles que dejaran de pensar que el único método para la curación de las enfermedades humanas eran los milagros.

Jesús otorgó la vista a este hombre mediante un milagro, esta mañana de sábado en Jerusalén, cerca del templo, con el propósito principal de desafiar abiertamente con esta acción al sanedrín y a todos los instructores judíos y líderes religiosos. Fue ésta su manera de proclamar una ruptura abierta con los fariseos. Siempre fue positivo en todas sus acciones. Con el propósito de traer estos asuntos ante la atención del sanedrín, había llevado Jesús a sus dos apóstoles junto a este pordiosero, temprano por la tarde de este día sábado, y así provocó deliberadamente aquellas conversaciones que obligaron a los fariseos a prestar atención a este milagro.

4. JOSÍAS ANTE EL SANEDRÍN

Al promediar la tarde, la curación de Josías había ocasionado tantos comentarios alrededor del templo que los líderes del sanedrín decidieron convocar el concilio en su acostumbrado lugar de reunión en el templo. E hicieron esto en violación de la regla vigente que prohibía la reunión del sanedrín el día sábado. Jesús sabía que el incumplimiento de la santificación del sábado constituiría una de las acusaciones principales contra él cuando llegara la prueba final, y quería que lo convocaran ante el sanedrín para acusarlo de haber curado a un ciego el día sábado, cuando la alta corte judía reunida para juzgar su acto de misericordia estuviera deliberando sobre estos asuntos el día sábado, en violación directa de sus propias leyes autoimpuestas.

Pero no llamaron a Jesús ante ellos; temían hacerlo. En cambio, mandaron llamar a Josías. Después de algunas preguntas preliminares, el portavoz del sanedrín (ante la presencia de unos cincuenta miembros) instruyó a Josías que les dijera lo que le había sucedido. Josías había escuchado, desde su curación esa mañana, de labios de Tomás, Natanael y otros que los fariseos estaban enojados por esta curación llevada a cabo un sábado, y que probablemente alborotarían a todos; pero Josías no percibía que Jesús era aquél llamado el Libertador. Por eso, cuando los fariseos lo interrogaron, dijo: «Este hombre vino, puso arcilla sobre mis ojos, me dijo que fuera a lavármelos en Siloé, y ahora yo veo».

Uno de los fariseos más viejos, después de pronunciar un largo discurso dijo: «No es posible que este hombre venga de Dios, pues, como podéis ver, no celebra el sábado. Desobedece la ley, en primer lugar porque prepara la arcilla, luego porque envía a este pordiosero a que se lave en Siloé el día sábado. Este hombre no puede ser un maestro enviado por Dios».

Entonces uno de los más jóvenes, que creía en secreto en Jesús, dijo: «Si este hombre no ha sido enviado por Dios, ¿cómo puede hacer estas cosas? Sabemos que un pecador común no puede realizar estos milagros. Todos conocemos a este pordiosero y sabemos que nació ciego; pero ahora ve. ¿Persistís en decir que este profeta hace estos portentos mediante el poder del príncipe de los diablos?» Por cada fariseo que se atrevía a acusar y denunciar a Jesús, había otro que se levantaba y planteaba preguntas difíciles y comprometedoras, de manera que se creó una grave división entre ellos. El presidente se dio cuenta de que lo que estaba sucediendo, y para apaciguar los ánimos se preparó a interrogar nuevamente al hombre. Volviéndose a Josías, le dijo: «¿Qué puedes decir de este hombre, este Jesús, quien tú dices que te abrió los ojos?» Y Josías respondió: «Creo que es un profeta».

Los líderes quedaron muy preocupados y, como no sabían qué otra cosa podían hacer, decidieron mandar a llamar a los padres de Josías para saber si realmente había nacido ciego. No querían creer que el pordiosero había sido curado.

Era bien sabido en Jerusalén no sólo que se había prohibido la entrada de Jesús a todas las sinagogas, sino también que todos los que creían en sus enseñanzas habían sido expulsados de las sinagogas, excomunicados de la congregación de Israel; esto significaba que les estaban negados todos los derechos y privilegios de toda índole del pueblo judío excepto el derecho de comprar las necesidades para la subsistencia.

Por consiguiente, cuando los padres de Josías, pobres y con almas temerosas, aparecieron ante el augusto sanedrín, tenían miedo de hablar libremente. Dijo el portavoz del tribunal: «¿Es éste vuestro hijo? ¿Hemos de entender que nació ciego? Si eso es verdad, ¿cómo puede ser que ahora vea?» Entonces el padre de Josías, secundado por de la madre, contestó: «Sabemos que éste es nuestro hijo y que nació ciego, pero, cómo llegó ahora a ver, o quién le abrió los ojos, no lo sabemos. Preguntadle a él; es mayor de edad; que hable por sí mismo».

Entonces volvieron a llamar a Josías ante ellos. No conseguían cumplir con su plan de celebrar un juicio formal, y algunos se sentían molestos por estar haciendo esto el día sábado; por lo tanto, cuando volvieron a llamar a Josías, intentaron enredarlo mediante una forma diferente de ataque. El funcionario del tribunal habló al ex ciego diciéndole: «¿Por qué no le das gloria a Dios por este acontecimiento? ¿Por qué no nos dices toda la verdad sobre lo que sucedió? Todos nosotros sabemos que este hombre es un pecador. ¿Por qué te niegas a discernir la verdad? Bien sabes que tanto tú como este hombre, sois culpables de desobedecer la ley del sábado. ¿Por qué no expías tu pecado reconociendo que Dios fue el que te curó, si aún persistes en declarar que tus ojos se abrieron en este día?»

Pero Josías no era tonto ni le faltaba sentido del humor; por lo tanto respondió al funcionario del tribunal: «Si este hombre es un pecador, yo no lo sé; pero una cosa sí sé — que, así como antes era ciego, ahora veo». Como no conseguían hacer caer a Josías en la trampa, siguieron interrogándolo: «¿De qué manera te abrió los ojos? ¿Qué es lo que hizo en realidad? ¿Qué te dijo? ¿Te pidió que creyeras en él?»

Josías respondió, con cierta impaciencia: «Os he dicho exactamente lo que sucedió, y si no creéis en mi testimonio, ¿para qué lo queréis oír otra vez? ¿Queréis acaso también vosotros haceros sus discípulos?» Cuando Josías habló así, explotó en el sanedrín la confusión, casi la violencia, ya que los líderes se precipitaron sobre Josías exclamando airadamente: «Tú puedes hablar de ser discípulo de este hombre, pero nosotros somos discípulos de Moisés, y somos los instructores de las leyes de Dios. Sabemos que Dios nos habló a través de Moisés, pero en cuanto a este hombre Jesús, no sabemos de donde viene».

Entonces Josías, parado sobre un taburete, gritó a todos los que podían oír, diciendo: «Escuchad, vosotros que clamáis ser maestros de todo Israel, mientras os declaro que aquí hay una gran maravilla puesto que vosotros confeséis que no sabéis de dónde sea este hombre, y sin embargo sabéis con seguridad, por el testimonio que habéis oído, que a mí me abrió los ojos. Todos sabemos que Dios no hace tales obras para los impíos; que Dios sólo haría tal cosa a solicitud de un creyente auténtico —de aquél que es santo y recto. Sabéis que desde el principio del mundo no se ha oído que alguno abriese los ojos a uno que nació ciego. ¡Miradme pues, todos vosotros, y percataos qué se ha hecho en este día en Jerusalén! Yo os digo, que si este hombre no viniera de Dios, no podría hacer esto». Y al disolverse la reunión del sanedrín y partir los miembros airados y confusos, le gritaron: «Naciste en pecado, ¿y ya tienes la presunción de enseñarnos a nosotros? Tal vez no naciste realmente ciego, y aunque tus ojos se abrieron en este día sábado, eso fue obra del príncipe de los diablos». Inmediatamente se fueron a la sinagoga para expulsar a Josías.

Josías llegó a este juicio con escasas ideas sobre Jesús y la naturaleza de su curación. La mayor parte del testimonio audaz que tan sagaz y valientemente presentó ante este tribunal supremo de todo Israel se formó en su mente a medida que el juicio procedía de una manera tan injusta y poco recta.

5. LA ENSEÑANZA EN LA LOGIA DE SALOMÓN

Mientras se desenvolvía toda esta sesión del sanedrín en una de las cámaras del templo, en violación de la ley del sábado, Jesús andaba por las cercanías, enseñando a la gente en la logia de Salomón, con la esperanza de que lo llamaran ante el sanedrín, para que pudiera comunicarles la buena nueva de la libertad y el gozo de la filiación divina en el reino de Dios. Pero el sanedrín temía enviar por él. Estas apariciones repentinas y públicas de Jesús en Jerusalén, siempre los desconcertaban. Ahora, Jesús les brindaba la oportunidad que ellos tan ardientemente habían buscado, pero temían mandarlo traer ante el sanedrín aun como testigo, y más todavía temían arrestarlo.

Promediaba el invierno en Jerusalén, y la gente buscaba el refugio parcial de la logia de Salomón; mientras allí se encontraba Jesús, las multitudes le hacían muchas preguntas y él les enseñó durante más de dos horas. Algunos de los instructores judíos intentaron hacerlo caer en una trampa preguntándole públicamente: «¿Por cuánto tiempo nos dejarás en la incertidumbre? ¿Si tú eres el Mesías, por qué no nos lo dices claramente?» Dijo Jesús: «Muchas veces os he hablado de mí y de mi Padre, pero no queréis creerme. ¿Acaso no podéis ver que las obras que hago en nombre de mi Padre atestiguan por mí? Pero muchos entre vosotros no creéis porque no pertenecéis a mi redil. El instructor de la verdad atrae solamente a los que tienen hambre de verdad y sed de rectitud. Mis ovejas oyen mi voz y yo las conozco y ellas me siguen. A todos los que siguen mis enseñanzas, yo concedo vida eterna; jamás perecerán, ni nadie los arrebatará de mi mano. Mi Padre, que me ha dado a estos hijos, es más grande que todos, y nadie los puede arrebatar de la mano de mi Padre. El Padre y yo somos uno». Algunos de los judíos descreídos corrieron allí donde aún se estaba construyendo el templo para buscar piedras y arrojárselas a Jesús, pero los creyentes los detuvieron.

Jesús continuó sus enseñanzas: «Muchas obras amantes os he mostrado de mi Padre, y ahora quiero preguntaros ¿por cuál de ésas queréis apedrearme?» Entonces respondió uno de los fariseos: «Por buena obra no queremos apedrearte sino por la blasfemia, porque tú, siendo un hombre, te atreves a considerarte igual a Dios». Y Jesús respondió: «Acusas al Hijo del Hombre de blasfemia porque te niegas a creer en mí cuando yo declaro que Dios me ha enviado. Si no hago las obras de Dios, no me creas, pero si hago las obras de Dios aunque no creas en mí, por lo menos deberías creer en las obras. Pero para que estés seguro de lo que yo proclamo, déjame que nuevamente afirme que el Padre está en mí y yo en el Padre y que, así como el Padre está en mí, así moraré yo en cada uno de los que creen este evangelio». Y cuando la gente oyó estas palabras, muchos de entre ellos corrieron a buscar piedras para arrojárselas, pero él se alejó por los precintos del templo; y encontrándose con Natanael y Tomás, que habían asistido a la sesión de sanedrín, aguardó con ellos cerca del templo hasta que salió Josías de la cámara del concilio.

Jesús y los dos apóstoles no fueron a buscar a Josías a su casa hasta que oyeron que había sido expulsado de la sinagoga. Cuando llegaron a su casa, Tomás lo llamó al patio, y Jesús, hablándole, dijo: «Josías, ¿crees tú en el Hijo de Dios?» Josías contestó: «Dime quién es, para que yo crea en él». Jesús dijo: «Le has visto y le has oído, y es aquél que ahora te habla». Y Josías dijo: «Señor, yo creo», y cayendo de rodillas, lo adoró.

Cuando Josías se enteró de que había sido expulsado de la sinagoga, al principio se deprimió grandemente pero mucho se consoló cuando Jesús le ordenó que se preparara para ir inmediatamente con ellos al campamento de Pella. Este hombre de Jerusalén, de mente simple, en efecto había sido expulsado de una sinagoga judía, pero he aquí que el Creador de un universo lo llevó a que se asociara con la nobleza espiritual de ese día y generación.

Ahora Jesús abandonó Jerusalén, para no regresar hasta poco antes de la época en que se preparaba para abandonar este mundo. Con los dos apóstoles y Josías, el Maestro regresó a Pella. Josías demostró ser uno de los que dieron frutos entre los que recibieron el ministerio milagroso del Maestro porque se volvió predicador del evangelio del reino por toda su vida.

DOCUMENTO 165

COMIENZA LA MISIÓN DE PEREA

EL MARTES, 3 de enero del año 30 d. de J.C., Abner, el ex jefe de los doce apóstoles de Juan el Bautista, un nazareo, anteriormente jefe de la escuela nazarea de En-Gedi, ahora jefe de los setenta mensajeros del reino, reunió a sus asociados y les dio las instrucciones finales antes de enviarlos en misión a todas las ciudades y aldeas de Perea. Esta misión de Perea duró casi tres meses y fue el último ministerio del Maestro. Jesús pasó directamente de esta labor a Jerusalén para vivir su experiencia final en la carne. Los setenta, ayudados por la labor periódica de Jesús y de los doce apóstoles, trabajaron en las siguientes ciudades y aldeas, además de unas cincuenta aldeas adicionales: Zafón, Gadara, Macad, Arbela, Ramat, Edrei, Bosora, Caspin, Mispé, Gérasa, Ragaba, Sucot, Amatus, Adam, Penuel, Capitolias, Dion, Hatita, Gada, Filadelfia, Jogbeha, Galaad, Bet-Nimra, Tiro, Eleale, Livias, Hesbón, Callirhue, Bet-Peor, Sitim, Sibma, Medeba, Bet-Meón, Areópolis y Aroer.

Durante toda esta gira en Perea, el cuerpo de mujeres, que ya contaba con sesenta y dos miembros, se hizo cargo de la mayor parte de la tarea de ministrar a los enfermos. Este fue el período final del desarrollo de los aspectos espirituales más elevados del evangelio del reino, y por lo tanto, no hubo milagros. En ninguna otra parte de Palestina trabajaron los apóstoles y discípulos de Jesús tan a fondo, y en ninguna otra región aceptaron en forma tan general los mejores grupos de ciudadanos las enseñanzas del Maestro.

En esta época, la población de Perea era aproximadamente mitad gentil y mitad judía, porque en general los judíos habían sido desalojados de estas regiones durante los tiempos de Judas Macabeo. Perea era la provincia más bella y pintoresca de toda Palestina. Los judíos se referían en general a ella como «las tierras más allá del Jordán».

Durante este período, Jesús repartió su tiempo entre el campamento de Pella y giras realizadas con los doce para ayudar a los setenta en las diversas ciudades en las que éstos enseñaban y predicaban. Bajo la dirección de Abner, los setenta bautizaban a los creyentes a pesar de que Jesús no les había encargado que lo hicieran.

1. EN EL CAMPAMENTO DE PELLA

A mediados de enero, se habían reunido más de mil doscientas personas en Pella, y Jesús enseñaba a esta multitud por lo menos una vez cada día cuando se encontraba en el campamento, hablando generalmente a las nueve de la mañana si no se lo impedía la lluvia. Pedro y los demás apóstoles enseñaban todas las tardes. Jesús reservaba las noches para las sesiones usuales de preguntas y respuestas con los doce y otros discípulos avanzados. Los grupos nocturnos eran, término medio, de unos cincuenta.

A mediados del mes de marzo, época en la que inició Jesús su viaje hacia Jerusalén, más de cuatro mil personas componían el amplio público que escuchaba la prédica de

Jesús o de Pedro cada mañana. El Maestro decidió poner fin a su obra en la tierra en el momento en que el interés en su mensaje alcanzaba una cumbre, la más alta cumbre de esta segunda fase, fase no milagrosa, del progreso del reino. Aunque tres cuartos de los integrantes de la multitud eran buscadores de la verdad, también había gran número de fariseos de Jerusalén y de otras partes, juntamente con muchas personas dudosas y cavilosas.

Jesús y los doce apóstoles dedicaron mucho de su tiempo a la multitud reunida en el campamento de Pella. Los doce casi no prestaron atención al trabajo en el terreno, limitándose a acompañar a Jesús de vez en cuando para visitar a los asociados de Abner. Abner conocía muy bien el distrito de Perea, puesto que éste fue el terreno en el cual su maestro anterior, Juan el Bautista, había realizado la mayor parte de su obra. Después del comienzo de la misión de Perea, Abner y los setenta no volvieron nunca más al campamento de Pella.

2. EL SERMÓN DEL BUEN PASTOR

Un grupo de más de trescientas personas de Jerusalén, fariseos y otros, siguió a Jesús hacia el norte hasta Pella, cuando rápidamente se alejó de la jurisdicción de los dirigentes judíos al finalizar la fiesta de la consagración; y fue en presencia de estos instructores y líderes judíos, así como también de los doce apóstoles, que Jesús predicó el sermón del «Buen Pastor». Después de media hora de conversaciones casuales, hablando a un grupo de unos cien, Jesús dijo:

«Esta noche tengo mucho que deciros, y puesto que muchos entre vosotros sois mis discípulos y algunos entre vosotros, mis amargos enemigos, presentaré mis enseñanzas en una parábola para que cada uno de vosotros tome de ella lo que encuentre acogida en su corazón.

«Esta noche, hay ante mí hombres que serían capaces de morir por mí y por el evangelio del reino, y algunos de entre ellos así lo harán en años venideros; y hay aquí también algunos entre vosotros, esclavos de la tradición, que me habéis seguido desde Jerusalén, y que, con vuestros líderes tenebrosos e ilusos, queréis matar al Hijo del Hombre. La vida que ahora vivo en la carne a ambos os juzgará, a los buenos pastores y a los falsos pastores. Si los falsos pastores fueran ciegos, no tendrían pecado; mas vosotros afirmáis que veis; vosotros profesáis ser maestros en Israel; por eso, vuestro pecado permanecerá en vosotros.

«El buen pastor junta su rebaño en el redil por la noche en tiempos de peligro. Y cuando llega la mañana, entra en el corral por la puerta, y cuando llama, las ovejas conocen su voz. Pero el pastor que entra al corral por otros medios y no por la puerta, es un ladrón y un salteador. El buen pastor entra al corral después que el portero le abre la puerta, y su rebaño, conociendo su voz, sale cuando llama; y cuando ha sacado afuera todas sus ovejas, el buen pastor va delante de ellas; las conduce y las ovejas le siguen. Sus ovejas le siguen porque conocen su voz; no seguirían a un extraño. Huirán de un extraño porque no conocen su voz. Esta multitud que está aquí reunida a nuestro alrededor es como el rebaño sin pastor, pero cuando les hablamos ellos conocen la voz del pastor, y nos seguirán; por lo menos, los que tienen hambre de verdad y sed de rectitud lo harán. Algunos entre vosotros no sois de mi redil; no conocéis mi voz y no me seguiréis. Puesto que sois pastores falsos, las ovejas no conocen vuestra voz y no os seguirán».

Cuando hubo Jesús dicho esta parábola, nadie preguntó nada. Después de un tiempo nuevamente comenzó a hablar, siguiendo la conversación sobre la parábola:

«Si vosotros queréis ser los ayudantes del pastor de los rebaños de mi Padre, debéis ser, no solamente líderes meritorios, sino que también debéis *alimentar* al rebaño con buena comida; no sois buenos pastores a menos que conduzcáis vuestro rebaño a los pastos verdes junto a las aguas calmas.

«Ahora bien, por miedo a que algunos entre vosotros comprendan demasiado fácilmente esta parábola, yo os declaro que soy a la vez la puerta del corral del Padre y el buen pastor de los rebaños de mi Padre. Todo pastor que busca entrar al corral sin mí fracasará, y las ovejas no oirán su voz. Yo, con los que ministran conmigo, soy la puerta. Toda alma que entre al camino eterno por los medios que yo he creado y ordenado, será salvada y podrá proseguir hasta llegar a los pastos eternos del Paraíso.

«Pero también soy yo el pastor verdadero que hasta es capaz de dar su vida por el rebaño. El ladrón se mete en el corral sólo para robar, matar y destruir; pero yo he venido para que podáis tener vida y tenerla más abundantemente. El asalariado huye ante el peligro, y deja que las ovejas se dispersen y sean destruidas; pero el pastor verdadero no huye cuando viene el lobo; protege su rebaño, y si hace falta, da su vida por sus ovejas. De cierto, de cierto os digo, amigos y enemigos, yo soy el pastor verdadero; yo conozco a los míos y los míos me conocen a mí. No huiré frente al peligro. Completaré este servicio hasta que la voluntad de mi Padre sea hecha, y no abandonaré al rebaño que el Padre ha confiado a mis cuidados.

«Pero tengo muchas otras ovejas que no son de este redil, y estas palabras son verdaderas no sólo para este mundo. Estas otras ovejas también oyen y reconocen mi voz, y yo he prometido al Padre que todas serán conducidas a un mismo rebaño, a una sola hermandad de los hijos de Dios. Entonces todos vosotros conoceréis la voz de un solo pastor, el pastor verdadero, y todos reconocerán la paternidad de Dios.

«Así pues sabréis por qué el Padre me ama y ha puesto en mis manos todos sus rebaños de este dominio para que los cuide; es porque el Padre sabe que yo no dejaré de proteger mi rebaño ni abandonaré mis ovejas y que, si hace falta, no vacilaré en dar mi vida al servicio de sus muchos rebaños. Pero, recordad, que si doy mi vida, la tomaré de nuevo. Ningún hombre, ni ninguna otra criatura puede quitarme la vida. Tengo el derecho y el poder de dar mi vida, y tengo igual derecho y poder para tomarla nuevamente. Vosotros no podéis comprender esto, pero yo recibí esta autoridad de mi Padre, aun antes de que existiera este mundo».

Cuando oyeron estas palabras, sus apóstoles quedaron confundidos, sus discípulos estaban asombrados, mientras que los fariseos de Jerusalén y de los alrededores salieron en la noche diciendo: «Está fuera de sí o poseído por un diablo». Pero aun algunos de los maestros de Jerusalén dijeron: «Habla como quien tiene autoridad; además, ¿quién ha visto a uno poseído por un diablo abrir los ojos de un hombre que nació ciego y hacer todas las cosas maravillosas que este hombre ha hecho?»

Al día siguiente cerca de la mitad de estos maestros judíos profesaron su creencia en Jesús, y la otra mitad retornó espantada a Jerusalén y a sus hogares.

3. EL SERMÓN DEL SÁBADO EN PELLA

A fines de enero, las multitudes de los sábados por la tarde eran casi de tres mil personas. El sábado 28 de enero, Jesús predicó el sermón memorable sobre «Confianza y preparación espiritual». Después de las observaciones preliminares de Simón Pedro, el Maestro dijo:

«Lo que muchas veces he dicho a mis apóstoles y a mis discípulos, declaro ahora a esta multitud: guardaos de la levadura de los fariseos, que es la hipocresía, nacida del prejuicio y alimentada por la esclavitud de las tradiciones, aunque muchos de estos fariseos sean de corazón honesto y algunos entre ellos permanecen aquí como mis discípulos. Pronto todos vosotros comprenderéis mis enseñanzas porque no hay nada que esté ahora escondido, que no será revelado. Lo que se oculta de vosotros se os hará evidente cuando el Hijo del Hombre haya completado su misión en la tierra y en la carne.

«Pronto, muy pronto, lo que nuestros enemigos confabulan ahora en secreto, en las tinieblas, saldrá a la luz y será proclamado desde las azoteas. Mas yo os digo, amigos míos, no les temáis a ellos cuando traten de destruir al Hijo del Hombre. No temáis a los que, aunque puedan matar el cuerpo, después ya no tendrán poder alguno sobre vosotros. Yo os advierto que no temáis a nadie, ni en el cielo ni en la tierra, sino que os regocijéis en el conocimiento de Aquél que tiene el poder de liberaros de toda injusticia y de presentaros sin culpa ante el asiento de justicia de todo el universo.

«¿No se venden cinco pajarillos por dos cuartillos? Sin embargo, cuando estos pajaritos vuelan en busca de alimento, ni uno de ellos existe sin el conocimiento del Padre, la fuente de toda vida. Para los guardianes seráficos, hasta los cabellos de vuestra cabeza están numerados. Si todo esto es verdad, ¿por qué vivir temerosos de las muchas pequeñeces que surgen en vuestra vida diaria? Yo os digo: no temáis; vosotros valéis mucho más que muchos pajarillos.

«Todos los que entre vosotros habéis tenido el valor de confesar vuestra fe en mi evangelio ante los hombres, yo presentaré a los ángeles del cielo; pero el que rechace a sabiendas la verdad de mis enseñanzas ante los hombres, será rechazado por el guardián de su destino aun ante los ángeles del cielo.

«Digáis lo que digáis sobre el Hijo del Hombre, se os perdonará; pero el que presuma blasfemar contra Dios, difícilmente encontrará perdón. Cuando los hombres llegan hasta el extremo de asignar las obras de Dios a las fuerzas del mal, esos rebeldes deliberados difícilmente buscarán el perdón de sus pecados.

«Y cuando nuestros enemigos os lleven ante los rectores de las sinagogas y ante otras altas autoridades, no os preocupéis por lo que debéis decir, ni os aflijáis por cómo contestar a sus preguntas, porque el espíritu que reside en vosotros os enseñará certeramente en esa misma hora lo que debéis decir en honor del evangelio del reino.

«¿Por cuánto tiempo permaneceréis en el valle de la indecisión? ¿Por qué vaciláis entre dos opiniones? ¿Por qué titubean los judíos o los gentiles en aceptar la buena nueva de que son hijos del Dios eterno? ¿Cuánto tiempo nos llevará persuadiros que entréis con regocijo en vuestra herencia espiritual? Yo vine a este mundo para revelar a vosotros el Padre y conduciros al Padre. Lo primero ya he hecho, pero lo segundo no puedo hacer sin vuestro consentimiento; el Padre jamás obliga a nadie a entrar en el reino. La invitación siempre existió y siempre existirá: el que quiera, que venga y que comparta libremente del agua viva».

Cuando Jesús hubo terminado de hablar, muchos salieron para ser bautizados por los apóstoles en el Jordán, mientras él escuchaba las preguntas de los que se quedaban allí.

4. La división de la herencia

Mientras los apóstoles bautizaban a los creyentes, el Maestro hablaba con los que se quedaban allí. Y cierto joven le dijo: «Maestro, mi padre murió dejándonos muchas propiedades a mí y a mi hermano, pero mi hermano se niega a darme lo que es mío. ¿Quieres tú pues ordenar a mi hermano que comparta esta herencia conmigo?»

Jesús se indignó ligeramente de que este joven de mentalidad material trajera a colación tal cuestión de negocios; pero aprovechó la ocasión para impartir una enseñanza ulterior. Dijo Jesús: «Hombre, ¿quién me ha puesto de divisor entre vosotros? ¿De dónde sacaste la idea de que yo me ocupo de los asuntos materiales de este mundo?» Luego, volviéndose a los que estaban a su alrededor, dijo: «Cuidaos, guardaos de la codicia; la vida del hombre no consiste en la abundancia de los bienes que posea. La felicidad no viene del poder de la riqueza, el gozo no surge de la riqueza. La riqueza en sí no es una maldición, pero el amor a la riqueza muchas veces conduce a una devoción tal por las cosas de este mundo, que el alma se enceguece a las bellas atracciones de las realidades espirituales del reino de Dios en la tierra y al regocijo de la vida eterna en el cielo.

«Os contaré la historia de cierto rico cuya tierra había producido mucho; cuando se volvió muy rico, empezó a pensar dentro de sí, diciendo: '¿Qué haré con todas mis riquezas? Ahora tengo tanto que no tengo dónde almacenar mi riqueza'. Y después de meditar sobre este problema, se dijo: 'Esto haré; derribaré mis graneros, y los edificaré más grandes, y así tendré lugar abundante para almacenar mis frutos y mis bienes. Diré luego a mi alma: alma, muchas riquezas tienes guardadas por muchos años; ahora pues reposa; come, bebe y regocíjate, porque eras rica y tienes muchos bienes'.

«Pero este hombre rico también era necio. Al preocuparse por los asuntos materiales de su mente y cuerpo, se había olvidado de almacenar tesoros en el cielo para satisfacción del espíritu y salvación del alma. Tampoco pudo gozar del placer de consumir su riqueza acumulada porque esa noche misma su alma fue llamada. Esa noche llegaron unos bandidos que asaltaron su casa y lo mataron, y después de robar las cosas de sus graneros, los incendiaron para que nada quedara. Y lo que los ladrones no se llevaron de la propiedad se disputaron sus herederos. Este hombre acumuló sus tesoros en la tierra, pero no fue rico para con Dios».

Así trató Jesús al joven y su herencia porque sabía que su problema era la codicia. Si este no hubiese sido el caso, el Maestro no habría interferido, porque él nunca se metía en los asuntos temporales ni siquiera de sus apóstoles, y mucho menos de sus discípulos.

Cuando Jesús hubo terminado su relato, otro se levantó y le preguntó: «Maestro, sé que tus apóstoles han vendido todas sus posesiones terrenales para seguirte y que tienen todas las cosas en común tal como lo hacen los esenios, pero ¿es que quieres que todos nosotros, tus discípulos, hagamos lo mismo? ¿Es acaso pecado poseer riqueza honesta?» Y Jesús respondió a esta pregunta: «Amigo mío, no es pecado poseer riquezas honorables; pero lo es si conviertes la riqueza de las posesiones materiales en *tesoros* que absorban tus intereses y desvíen tu afecto de la devoción a los asuntos espirituales del reino. No hay pecado ninguno en tener posesiones honestas en la tierra, siempre y cuando tu tesoro esté en el cielo, porque donde esté tu *tesoro*, allí también estará tu corazón. Hay una gran diferencia entre la riqueza que conduce a la avaricia y al egoísmo y la que tienen y dispensan en espíritu de fideicomiso los que tienen abundancia de bienes mundanos, y que tan generosamente contribuyen a mantener a los que dedican todas sus energías al trabajo del reino. Muchos de entre vosotros que estáis aquí sin dinero, recibís comida y albergue en la ciudad de tiendas, gracias a las contribuciones de hombres y mujeres generosos, de buena posición, que son dadas para estos fines a vuestro anfitrión, David Zebedeo.

«Pero, no olvidéis jamás que, después de todo, la riqueza no perdura. El amor por la riqueza ofusca demasiado a menudo, aun destruye, la visión espiritual. No dejéis de reconocer el peligro de que la riqueza se vuelva en vez de vuestro siervo vuestro amo».

Jesús no enseñó ni propició la negligencia, el ocio, ni la indiferencia en proveer las necesidades físicas para la familia; tampoco aconsejó depender de la limosna. Pero sí enseñó que las cosas materiales y temporales deben estar subordinadas al bienestar del alma y al progreso de la naturaleza espiritual en el reino del cielo.

Luego, mientras la gente bajó al río para presenciar el bautismo, el primer joven vino a ver en privado a Jesús para hablar de su herencia, porque le parecía que Jesús lo había tratado con cierta dureza; y cuando el Maestro le escuchó nuevamente, contestó: «Hijo mío, ¿por qué pierdes la oportunidad de comer el pan de la vida en un día como éste, cuando de veras podrías satisfacer tu avaricia? ¿Acaso no sabes que las leyes judías de la herencia serán administradas con justicia si compareces con tu queja ante el tribunal de la sinagoga? ¿Acaso no puedes ver que mi obra tiene que ver con asegurarme de que tú sepas sobre tu herencia celestial? No has leído en la Escritura: 'Hay el que acumula riquezas con avaricia y sacrificio, y ésta es la porción de su recompensa: cuando dice, ya hallé reposo y ahora podré comerme mis bienes, pero no sabe lo que el tiempo le traerá, y que también deberá abandonar todas estas cosas a otros, cuando muera'. Acaso no has leído el mandamiento: 'No codiciarás'. Y nuevamente: 'Ellos comieron y se llenaron y engordaron, y luego se volvieron hacia otros dioses'. Has leído en los Salmos que 'el Señor odia a los codiciosos' y que 'mejor es lo poco del justo, que las riquezas de muchos protervos'. 'Si se aumentan las riquezas, no pongas el corazón en ellas'. Has leído lo que dice Jeremías: 'Que no se alabe el rico en sus riquezas'; y Ezequiel habló la verdad cuando dijo: 'sus labios hablan de amor, pero el corazón de ellos anda en pos de su avaricia».

Jesús despidió pues al joven, diciéndole: «Hijo mío, ¿de qué te valdrá ganar el mundo entero si pierdes tu propia alma?»

A otro que estaba cerca y que preguntó a Jesús cómo serían juzgados los ricos el día del juicio, él respondió: «Yo no he venido para juzgar ni a ricos ni a pobres, pero la vida que viven los hombres será el juez de todos. Aparte de cualquier otra cosa que concierna a los ricos en el juicio, los que adquieren grandes riquezas deben responder por lo menos tres preguntas, y estas preguntas son:

«1. ¿Cuánta riqueza has acumulado?

«2. ¿De qué manera conseguiste esta riqueza?

«3. ¿Cómo usaste tu riqueza?»

Luego Jesús fue a su tienda para descansar un rato antes de la cena. Cuando los apóstoles terminaron de bautizar, también volvieron y querían hablar con él sobre la riqueza en la tierra y los tesoros en el cielo, pero él estaba dormido.

5. LAS CONVERSACIONES CON LOS APÓSTOLES SOBRE LA RIQUEZA

Esa noche después de la cena, cuando Jesús y los doce se reunieron para su conferencia diaria, Andrés dijo: «Maestro, mientras nosotros bautizábamos a los creyentes, tú hablaste muchas palabras a la multitud que allí permanecía, pero que nosotros no escuchamos. ¿Querrías repetir esas palabras para nuestro beneficio?» En respuesta a la solicitud de Andrés, Jesús dijo:

«Sí, Andrés, os hablaré de estos asuntos de la riqueza y de la autosuficiencia, pero mis palabras para vosotros, los apóstoles, deben ser un tanto diferentes de las que hablé a los discípulos y a la multitud, puesto que vosotros lo habéis abandonado todo, no sólo para seguirme a mí, sino para ser ordenados embajadores del reino. Ya habéis tenido varios años de experiencia, y sabéis que el Padre cuyo reino proclamáis no os abandonará. Habéis dedicado vuestra vida al ministerio del reino; por lo tanto, no os angustiéis ni os preocupéis por las cosas de la vida temporal, por lo que comeréis, ni que pondréis sobre vuestros cuerpos. El bienestar del alma es más que comida y bebida; el progreso en el espíritu está muy por encima de la necesidad del atavío. Cuando os tiente dudar de la seguridad de vuestro pan, pensad en los cuervos; ni siembran ni cosechan ni tienen almacenes ni graneros, y sin embargo el Padre provee comida para todo el que la busca. ¡Y cuánto más valiosos sois vosotros que muchos pájaros! Además, la angustia y la incertidumbre nada harán por proveeros vuestras necesidades materiales. ¿Quién entre vosotros podrá, sólo por angustiarse, agregar una palma a vuestra estatura o un día a vuestra vida? Puesto que estos asuntos no están en vuestras manos, ¿por qué preocuparos por ellos?

«Pensad en los lirios, y como crecen; no se afanan ni hilan; mas os digo que ni aun Salomón con toda su gloria se vistió como uno de estos. Si Dios así viste la hierba del campo, que está viva hoy y mañana se corta y se echa al fuego, cuanto más él os vestiré a vosotros, embajadores del reino celestial. O vosotros ¡cuán poca fe tenéis! Cuando os dedicáis de todo corazón a la proclamación del evangelio del reino, no deberíais albergar incertidumbre en vuestra mente por vuestro sostén ni por la familia que habéis dejado. Si realmente dedicáis vuestra vida al evangelio, viviréis por el evangelio. Si tan sólo sois discípulos creyentes, debéis ganaros vuestro pan y contribuir al mantenimiento de todos los que enseñan y predican y curan. Si os preocupáis por vuestro pan y agua, ¿de qué manera diferís de las naciones del mundo que tan diligentemente buscan dichas necesidades? Dedicaos a vuestra obra, creed que tanto el Padre como yo conocemos vuestras necesidades. Dejadme aseguraros de una vez por todas de que, si dedicáis vuestra vida a la obra del reino, todas vuestras necesidades reales serán suministradas. Buscad las cosas más grandes, y las menos importantes serán halladas; pedid cosas celestiales y las cosas materiales estarán incluidas. La sombra por seguro sigue a la sustancia.

«Tan sólo sois un grupo pequeño, pero si tenéis fe, si no tropezáis con el temor, yo os declaro que será satisfacción de mi Padre daros este reino. Habéis puesto vuestro tesoro allí donde la bolsa no envejece, donde el ladrón no puede saquear, y donde la polilla no puede destruir. Como dije a la multitud, allí donde está el tesoro, también estará vuestro corazón.

«Pero en la tarea que nos aguarda, y en lo que queda para vosotros después que yo vuelva al Padre, habréis de pasar duras pruebas. Guardaos todos contra el temor y las dudas. Cada uno de vosotros, preparad vuestra mente y dejad que vuestra lámpara siga encendida. Guardaos como hombres que están esperando el regreso de su amo de una fiesta nupcial, para que, cuando él vuelva y golpee en la puerta, podáis abrirle con rapidez. A estos siervos vigilantes los bendecirá, pues los encuentra fieles en momentos tan importantes. Entonces hará el amo que los siervos se sienten y él les servirá. De cierto, de cierto os digo, que una crisis se avecina a vuestras vidas, y os corresponde vigilar y estar listos.

«Bien comprendéis que ningún hombre permitirá que entren ladrones a su casa si sabe la hora en que llegarán esos ladrones. Cuidad también de vosotros mismos, porque en el momento en que menos lo penséis y en la forma que menos sospechéis, el Hijo del Hombre partirá».

Los doce permanecieron sentados en silencio por varios minutos. Algunas de estas advertencias las habían oído antes, pero no dentro del marco que se les presentaba en esta ocasión.

6. LA RESPUESTA A LA PREGUNTA DE PEDRO

Mientras estaban allí sentados pensando, Simón Pedro preguntó: «¿Es que dices esta parábola para nosotros, tus apóstoles, o para todos los discípulos?» Y Jesús contestó:

«En los momentos de prueba se revela el alma del hombre; la prueba revela lo que verdaderamente alberga su corazón. Cuando el siervo haya pasado la prueba, el amo de la casa pondrá a este siervo al frente de la casa y le confiará su hogar, sabiendo con tranquilidad que sus hijos serán debidamente cuidados y alimentados. Asimismo, yo pronto sabré en quien podré confiar el bienestar de mis hijos, cuando regrese al Padre. Así como el amo de la casa pondrá los buenos y probados siervos a cargo de los asuntos de su familia, del mismo modo yo pondré a cargo de los asuntos de mi reino a los que resistan las pruebas de este período.

«Pero si el siervo es holgazán y piensa en su corazón, 'mi amo tarda en llegar', y comienza a maltratar a los demás siervos y come y bebe con los borrachos, y entonces el amo regresará en el momento en que él no lo espera y, encontrándolo infiel, lo expulsará en deshonra. Por lo tanto hacéis bien en prepararos para ese día en que de pronto seréis visitados inesperadamente. Recordad, mucho se os ha dado; por lo tanto, mucho se esperará de vosotros. Duras pruebas se os avecinan. Yo tengo un bautismo que me bautizará, y vigilaré hasta que esto se haya llevado a cabo. Vosotros predicáis paz en la tierra, pero mi misión no traerá paz en los asuntos materiales de los hombres, por lo menos, no por un tiempo. La división es el único resultado posible cuando dos miembros de una familia creen en mí y tres de ellos rechazan este evangelio. Amigos, parientes y seres queridos están destinados a estar los unos contra los otros por causa del evangelio que vosotros predicáis. Es verdad que cada uno de estos creyentes tendrá una gran paz duradera en su corazón, pero la paz en la tierra no llegará hasta tanto no estén todos dispuestos a creer y a ingresar en la herencia gloriosa de la filiación de Dios. Sin embargo, salid a todo el mundo y proclamad este evangelio a todas las naciones, a todo hombre, mujer y niño».

Fue éste el fin de un día sábado pletórico y fructífero. Al día siguiente, Jesús y los doce fueron a las ciudades del norte de Perea para visitar a los setenta, quienes estaban trabajando en estas regiones bajo la supervisión de Abner.

DOCUMENTO 166

LA ÚLTIMA VISITA AL NORTE DE PEREA

DESDE el 11 hasta el 20 de febrero, Jesús y los doce hicieron una gira de todas las ciudades y aldeas del norte de Perea donde trabajaban los asociados de Abner y los miembros del cuerpo de mujeres. Encontraron que estos mensajeros del evangelio tenían éxito en su misión, y Jesús llamó repetidamente la atención de los apóstoles sobre el hecho de que el evangelio del reino se podía difundir sin necesidad de milagros ni portentos.

Toda esta misión de tres meses en Perea fue llevada a cabo con éxito con poca ayuda de los doce apóstoles, y el evangelio desde ese momento en adelante reflejó, más que la personalidad de Jesús, sus *enseñanzas*. Pero sus seguidores no se acogieron por mucho tiempo a sus instrucciones, pues poco después de la muerte y resurrección de Jesús, se alejaron de sus enseñanzas y comenzaron a construir la iglesia primitiva sobre la base de los conceptos milagrosos y los recuerdos glorificados de su personalidad divina-humana.

1. LOS FARISEOS EN RAGABA

El día sábado 18 de febrero, Jesús se encontraba en Ragaba, donde vivía un rico fariseo llamado Natanael; puesto que muchos fariseos seguían a Jesús y a los doce por todo el país, este sábado por la mañana Natanael preparó un desayuno para todos ellos, unos veinte, e invitó a Jesús como huésped de honor.

Cuando Jesús llegó al desayuno, la mayoría de los fariseos, con dos o tres abogados, ya se encontraban sentados a la mesa. El Maestro inmediatamente tomó su asiento a la izquierda de Natanael sin ir a la vasija de agua para lavarse las manos. Muchos de los fariseos, especialmente los que estaban a favor de las enseñanzas de Jesús, sabían que tan sólo se lavaba las manos para fines de higiene, que detestaba estas acciones puramente ceremoniales; por esto, no se sorprendieron de que viniera directamente a la mesa sin lavarse la manos dos veces. Pero Natanael se horrorizó de que el Maestro no cumpliera con los estrictos requisitos de las prácticas fariseas. Tampoco se lavó Jesús las manos, como lo hacían los fariseos, después de cada plato ni al final del desayuno.

Después de mucho susurro entre Natanael y un fariseo hostil sentado a su derecha y después de mucho levantar de cejas y expresiones de desagrado de los que estaban sentados frente al Maestro, Jesús finalmente dijo: «Creí que me habíais invitado a esta casa para compartir con vosotros el pan y tal vez para preguntarme sobre la proclamación del nuevo evangelio del reino de Dios; pero percibo que me habéis traído aquí para presenciar una exhibición de devoción ceremonial a vuestra propia mojigatería. Ese servicio ya me lo habéis hecho; ¿con qué más me honraréis como huésped en esta ocasión?»

Cuando el Maestro hubo así hablado, todos bajaron la vista y permanecieron callados. Como nadie hablaba, Jesús continuó: «Muchos de vosotros los fariseos estáis aquí conmigo como mis amigos, algunos, aun como mis discípulos, pero la mayoría de los fariseos persisten en negarse a ver la luz y reconocer la verdad, aun cuando la obra del evangelio se les presenta con gran poder. ¡Cuán cuidadosamente limpiáis lo de afuera de los vasos y de los platos mientras que las vasijas del alimento espiritual están sucias e impuras! Os aseguráis de presentar una apariencia piadosa y santa ante el pueblo, pero vuestra alma interior está llena de mojigatería, codicia, extorsión, y todo tipo de maldad espiritual. Aun vuestros líderes se atreven a confabular y planear el asesinato del Hijo del Hombre. ¿Acaso no comprendéis, hombres necios, que el Dios del cielo ve tanto los motivos íntimos del alma así como vuestras pretensiones exteriores y vuestras manifestaciones de devoción? No creáis que dar limosnas y pagar diezmos os limpia de injusticias y os permite aparecer puros en la presencia del Juez de todos los hombres. ¡Ay de vosotros fariseos que habéis persistido en rechazar la luz de la vida! Sois meticulosos en pagar el diezmo y ostentosos en dar limosna, pero a sabiendas rechazáis la visitación de Dios y negáis la revelación de su amor. Aunque esté bien para vosotros prestar atención a estos deberes menores, no deberíais haber dejado sin hacer esos requisitos más importantes. ¡Ay de los que ignoran la justicia, desdeñan la misericordia y rechazan la verdad! ¡Ay de todos los que desprecian la revelación del Padre mientras buscan los asientos principales en la sinagoga y anhelan el saludo halagador en el mercado!»

Cuando Jesús se levantó para partir, uno de los abogados sentados a la mesa, dirigiéndose a él, dijo: «Pero, Maestro, en algunas de tus declaraciones también nos reprochas a nosotros. ¿Es que no hay nada bueno entre los escribas, los fariseos, los abogados?» Jesús, de pie, replicó al abogado: «Vosotros, como los fariseos, os deleitáis en los mejores lugares en los festines y en lucir largos hábitos mientras ponéis cargas pesadas, difíciles de llevar, sobre los hombros de la gente. Cuando las almas de los hombres se tambalean bajo esas pesadas cargas, no levantáis ni siquiera un dedo. ¡Ay de aquellos cuyo mayor regocijo es el de construir tumbas para los profetas que vuestros padres mataron! Y vuestro beneplácito para con lo que hicieron vuestros padres se manifiesta en el hecho de que ahora pensáis en matar a los que vienen en este día para hacer lo que hicieron los profetas en su día: proclamar la justicia de Dios y revelar la misericordia del Padre celestial. Pero de todas las generaciones pasadas, a esta generación perversa e hipócrita se le cobrará la sangre de los profetas y de los apóstoles. ¡Ay de todos vosotros los abogados que habéis quitado la llave del conocimiento a la gente común! Vosotros mismos os negáis a entrar en el camino de la verdad, y al mismo tiempo queréis impedir la entrada a los que la buscan. Pero no podéis cerrar así las puertas del reino del cielo; pues las hemos abierto a todos los que tienen la fe para entrar; y estos portales de misericordia no se cerrarán por el prejuicio y la arrogancia de los instructores mentirosos y de los falsos pastores que son como sepulcros blanqueados que, aunque por fuera aparecen hermosos, por dentro están llenos de los huesos de los muertos y de todo tipo de suciedad espiritual».

Cuando Jesús hubo terminado de hablar en la mesa de Natanael, salió de la casa sin haber compartido la comida. Y de los fariseos que escucharon estas palabras, algunos se hicieron creyentes de sus enseñanzas y entraron al reino, pero la mayoría persistió en el camino de las tinieblas y cada vez estaban más resueltos a acecharlo hasta el momento en que pudieran usar algunas de sus propias palabras como anzuelo para enjuiciarlo y condenarlo ante el sanedrín de Jerusalén.

Sólo había tres cosas a las que los fariseos prestaban particular atención:

1. La práctica estricta del diezmo.
2. La práctica escrupulosa de las leyes de purificación.
3. El evitar la asociación con todos los que no fueran fariseos.

En este momento, Jesús trataba de desenmascarar la aridez espiritual de las primeras dos prácticas, mientras que reservaba sus comentarios concebidos para reprochar a los fariseos su rechazo de todo tipo de relación social con los que no fueran fariseos para otra ocasión subsiguiente en la que nuevamente estuviera él cenando con muchos de estos mismos fariseos.

2. LOS DIEZ LEPROSOS

Al día siguiente Jesús fue con los doce a Amatus, cerca de la frontera de Samaria, y al acercarse a la ciudad, se encontraron con un grupo de diez leprosos que temporalmente vivían cerca de ese lugar. Nueve de este grupo eran judíos y uno era samaritano. Ordinariamente, estos judíos hubieran evitado toda asociación o contacto con este samaritano, pero su enfermedad común era más que suficiente para sobreponerse a todo prejuicio religioso. Mucho habían oído de Jesús y de sus primeros milagros de curación, y puesto que los setenta tenían la costumbre, cuando el Maestro estaba en gira con los doce, de anunciar la hora en que se esperaba la llegada de Jesús, los diez leprosos se habían enterado de que se le esperaba en esta zona por este tiempo; por esto, estaban apostados en las afueras de la ciudad donde esperaban atraer su atención y pedirle la curación. Cuando los leprosos vieron que Jesús se les iba acercando, como no se atrevían a aproximarse a él permanecieron a la distancia, implorándole en voz alta: «Maestro, ten compasión de nosotros; límpianos de nuestra aflicción. Cúranos así como has curado a otros».

Jesús acababa de explicar a los doce por qué los gentiles de Perea, juntamente con los judíos menos ortodoxos, estaban más dispuestos a creer en el evangelio predicado por los setenta que los judíos de Judea, más ortodoxos y más atados a la tradición. Les había llamado la atención sobre el hecho de que su mensaje fue recibido más rápidamente por los galileos y aun por los samaritanos, pero los doce apóstoles aún no estaban dispuestos a albergar sentimientos tiernos hacia los samaritanos por tanto tiempo despreciados.

Por lo tanto, cuando Simón el Zelote observó a un samaritano entre los leprosos, trató de inducir al Maestro a que pasara de largo hacia la ciudad sin siquiera parar para saludarlos. Dijo Jesús a Simón: «Pero, ¿qué pasa si el samaritano ama a Dios tanto como los judíos? ¿Acaso debemos sentarnos en juicio de nuestros semejantes? ¿Quién puede decirlo? Si curamos a estos diez hombres, tal vez el samaritano resulte ser más agradecido aun que los judíos. ¿Es que estás tan seguro de tus opiniones, Simón?» Simón replicó de inmediato: «Si los curas, pronto te darás cuenta». Y Jesús contestó: «Así será pues, Simón, y pronto conocerás la verdad sobre la gratitud de los hombres y la misericordia amante de Dios».

Jesús, acercándose a los leprosos, dijo: «Si queréis ser curados, id y mostraos a los sacerdotes como lo requiere la ley de Moisés». Y en la ida fueron curados. Pero, cuando el samaritano vio que estaba curado, se volvió y, buscando a Jesús, comenzó a glorificar a Dios en voz alta. Y cuando hubo encontrado al Maestro, cayó de rodillas a sus pies y dio gracias por su curación. Los otros nueve, los judíos, también habían descubierto su curación, y aunque estaban agradecidos por ello, siguieron por su camino para mostrarse a los sacerdotes.

Mientras el samaritano permanecía arrodillado a los pies de Jesús, el Maestro, mirando a los doce y especialmente a Simón el Zelote, dijo: «¿Acaso no se curaron los diez? ¿Dónde están los otros nueve, los judíos? Sólo uno, este extranjero, ha vuelto para glorificar a Dios». Luego dijo al samaritano: «Levántate y vete por tu camino; tu fe te ha curado».

Jesús nuevamente fijó la mirada en sus apóstoles mientras partía el extranjero. Todos los apóstoles lo miraron, menos Simón el Zelote, que había bajado la mirada. Los doce no dijeron ni una palabra. Tampoco habló Jesús; no era necesario.

Aunque estos diez hombres creían verdaderamente que eran leprosos, sólo cuatro tenían esta enfermedad. Los otros seis fueron curados de una enfermedad de la piel que se había confundido con la lepra. Pero el samaritano tenía realmente lepra.

Jesús ordenó a los doce que nada dijeran sobre la curación de los leprosos, y cuando entraban a Amatus, observó: «Veis pues como los hijos de la casa, aunque desobedezcan la voluntad de su Padre, igual piensan que les corresponden sus bendiciones. Piensan que es de poca importancia dejar de agradecer al Padre cuando él les otorga una curación, pero los extranjeros, cuando reciben dones del amo de la casa, se desbordan en asombro y se sienten obligados a dar las gracias por las buenas cosas recibidas». Tampoco dijeron nada los apóstoles en respuesta a las palabras del Maestro.

3. El sermón en Gérasa

Cuando Jesús y los doce se reunieron con los mensajeros del reino en Gérasa, uno de los fariseos creyentes hizo esta pregunta: «Señor, ¿habrá pocos o muchos que se salvarán?» Jesús dijo en respuesta:

«Se os ha enseñando que sólo los hijos de Abraham serán salvados, que sólo los gentiles adoptados pueden esperar la salvación. Algunos entre vosotros habéis razonado que, puesto que las Escrituras dicen que sólo Caleb y Josué entre todas las huestes que salieron de Egipto vivieron para entrar a la tierra prometida, tan sólo comparativamente pocos entre los que buscan el reino del cielo podrán entrar a él.

«También existe entre vosotros otro proverbio, que contiene mucha verdad: que el camino que conduce a la vida eterna es recto y angosto, que la puerta de entrada es asimismo angosta, de manera que, de todos los que buscan la salvación, pocos pueden conseguir entrar por esta puerta. También conocéis una enseñanza de que el camino que conduce a la destrucción es amplio, que la entrada a la misma es ancha, y que muchos eligen seguir este camino. Este proverbio indudablemente tiene significado. Pero yo declaro que la salvación es en primer término un asunto de selección personal. Aunque la puerta que conduce al camino de la vida sea angosta, es lo suficientemente ancha como para admitir a todos los que buscan sinceramente entrar, porque yo soy esa puerta. Y el Hijo jamás le negará ingreso a un hijo del universo que, por la fe, busca encontrar al Padre a través del Hijo.

«Pero he aquí el peligro para todos los que quieren posponer su entrada al reino mientras siguen buscando los placeres de la inmadurez y permitiéndose las satisfacciones del egoísmo: habiéndose negado a entrar al reino como experiencia espiritual, puede que más tarde ellos busquen entrar allí cuando la gloria del mejor camino se revele en las edades venideras. Por lo tanto, para los que despreciaron el reino cuando yo vine en semejanza de humanidad, buscan la entrada cuando se la revela en semejanza de divinidad, yo les diré a todos esos seres egoístas: no sé de dónde venís. Tuvisteis vuestra oportunidad para prepararos para esta ciudadanía celestial, pero rechazasteis estas ofertas de misericordia; rechazasteis toda invitación a entrar, mientras la puerta estaba abierta. Ahora pues, para vosotros que habéis rechazado la salvación, la puerta está cerrada. Esta puerta no está abierta para los que quieren entrar al reino por gloria egoísta. No es la salvación para los que no están dispuestos a pagar el precio de la dedicación total a hacer la voluntad de mi Padre. Cuando en espíritu y alma habéis vuelto la espalda al reino del Padre, es inútil pararse en mente y cuerpo ante esta puerta y golpear diciendo, 'Señor, ábrenos; nosotros también queremos ser grandes en el reino'. Entonces yo declararé que vosotros no sois de mi redil. No os recibiré para que estéis entre los que lucharon la buena lucha de la fe y ganaron la recompensa del servicio altruista en el reino sobre la tierra. Y cuando vosotros digáis: '¿acaso no comimos y bebimos contigo, acaso no enseñaste en nuestras calles?' entonces yo nuevamente os declararé que vosotros sois extranjeros espirituales; que no servimos juntos en el ministerio de misericordia del Padre en la tierra; que yo no os conozco; y entonces el Juez de toda la tierra os dirá: 'idos de nosotros, todos vosotros que os habéis deleitado en las obras de la iniquidad'.

«Pero, no temáis, todo el que desee sinceramente encontrar la vida eterna entrando al reino de Dios, con toda seguridad hallará esa salvación eterna. Pero vosotros que rechazáis esta salvación, veréis algún día a los profetas de la semilla de Abraham sentados con los creyentes de las naciones gentiles en este reino glorificado, compartiendo el pan de la vida y refrescándose con el agua viva. Y los que así tomarán el reino en poder espiritual y por los asaltos persistentes de la fe viviente, vendrán del norte y del sur y del este y del oeste. He aquí que muchos de los que son los primeros, serán los últimos y aquellos que son los últimos, muchas veces serán los primeros».

Era ésta realmente una versión nueva y extraña del viejo proverbio familiar sobre el camino recto y angosto.

Lentamente los apóstoles y muchos de los discípulos aprendían el significado de la declaración inicial de Jesús: «A menos que renazcáis, que nazcáis del espíritu, vosotros no podéis entrar en el reino de Dios». Sin embargo, para todos los de corazón honesto y fe sincera, es eternamente verdad que: «He aquí que yo estoy ante la puerta del corazón de los hombres y golpeo, y si un hombre me abre, yo entraré y compartiré con él la cena y lo alimentaré con el pan de la vida; seremos uno solo, en espíritu y propósito, y así por siempre seremos hermanos en el largo y fructífero servicio de la búsqueda del Padre del Paraíso». Así pues, si muchos o pocos serán salvados, completamente depende de si serán muchos o pocos los que acepten la invitación: «Yo soy la puerta, yo soy el nuevo camino viviente, y aquel que así lo quiera podrá entrar para embarcarse en la búsqueda sin fin de la verdad de la vida eterna».

Aun los apóstoles eran incapaces de comprender plenamente su enseñanza sobre la necesidad de utilizar la fuerza espiritual para el propósito de romper toda resistencia material y para sobreponerse a todo obstáculo terrenal que pudiera dificultar el alcance de los valores espirituales fundamentales de la nueva vida en el espíritu como hijos liberados de Dios.

4. LA ENSEÑANZA SOBRE LOS ACCIDENTES

Aunque la mayoría de los palestinos comían sólo dos comidas al día, era costumbre de Jesús y los apóstoles, cuando viajaban, pausar al mediodía para descansar y disfrutar de un refrigerio. Así pues, en una de estas paradas del mediodía, camino a

Filadelfia, Tomás le preguntó a Jesús: «Maestro, después de haber escuchado tus palabras mientras viajábamos esta mañana, me gustaría preguntar si los seres espirituales tienen que ver con la producción de acontecimientos extraños y extraordinarios en el mundo material y además, si los ángeles y otros seres espirituales son capaces de prevenir accidentes».

En respuesta a la pregunta de Tomás, Jesús dijo: «¡Hace tanto tiempo que estoy con vosotros y sin embargo continuáis haciéndome estas preguntas! ¿Acaso no habéis observado que el Hijo del Hombre vive como uno de vosotros y repetidamente se niega a emplear las fuerzas del cielo para su satisfacción personal? ¿Acaso no vivimos todos de la misma manera en que existen los hombres? ¿Veis acaso el poder del mundo espiritual manifestado en la vida material de este mundo, excepto en la revelación del Padre y la curación esporádica de sus hijos afligidos?

«Demasiado tiempo creyeron vuestros antepasados que la prosperidad era un signo de aprobación divina; las adversidades, manifestaciones de la ira de Dios. Yo declaro que estas creencias son supersticiones. ¿Acaso no observáis que los pobres reciben con regocijo y en mucho mayor número el evangelio y entran inmediatamente al reino? Si la riqueza es prueba del poder divino ¿por qué se niegan los ricos tan frecuentemente a creer en esta buena nueva del cielo?

«El Padre hace caer su lluvia sobre el justo y el injusto; el sol del mismo modo brilla sobre el recto y el que no lo es. Vosotros sabéis de aquellos galileos cuya sangre Pilato mezcló con los sacrificios, pero yo os digo que esos galileos no eran de ninguna manera más pecadores que sus semejantes sólo porque les sucedió esto. También sabéis de los dieciocho hombres sobre los que cayó la torre de Siloé, matándolos a todos. No penséis que estos hombres así destruidos eran más pecadores que todos sus hermanos en Jerusalén. Estos seres fueron simplemente víctimas inocentes de uno de los accidentes temporales.

«Existen tres tipos de acontecimientos que pueden ocurrir en vuestras vidas:

«1. Podéis compartir de aquellos acontecimientos normales que son parte de la vida que vivís vosotros y vuestros semejantes en la tierra.

«2. Podéis por casualidad caer víctimas de uno de los accidentes de la naturaleza, o de uno de los infortunios de los hombres, sabiendo plenamente que estos sucesos no están de ninguna manera predeterminados ni son por otra parte producidos por fuerzas espirituales.

«3. Podéis cosechar los frutos de vuestros esfuerzos directos por cumplir con las leyes naturales que gobiernan el mundo.»

«Hubo cierto hombre que plantó una higuera en su patio, y después de ir muchas veces a la higuera buscando frutos y al no haber encontrado ninguno, llamó a los viñateros ante su presencia y dijo: 'He aquí que he venido por estas tres temporadas buscando frutos en esta higuera y no he encontrado ninguno. Derribad este árbol estéril; ¿por qué tiene que estar aquí ocupando lugar?' El jardinero en jefe respondió a su amo: 'Déjalo tranquilo por un año más para que yo pueda cavar alrededor de él y darle fertilizante, y luego el año que viene, si no produce frutos, lo cortaremos'. Así pues, cuando cumplieron ellos con las leyes de la fecundidad, puesto que el árbol estaba vivo y en buen estado, fueron recompensados con una cosecha abundante.

«En el asunto de la enfermedad y de la salud, debéis saber que los dos estados corporales son resultado de causas materiales; la salud no es la sonrisa del cielo ni es la aflicción, la ira de Dios.

«Los hijos humanos del Padre tienen igual capacidad para recibir las bendiciones materiales; por lo tanto, él dona las cosas físicas a los hijos de los hombres sin discriminación. Cuando se trata de los dones espirituales, el Padre se limita a la capacidad que el hombre tiene para recibir estos dones divinos. Aunque el Padre no hace acepción de personas, en su entrega de los dones espirituales está limitado por la fe del hombre y por el deseo de éste de acatar siempre la voluntad del Padre».

Mientras viajaban a Filadelfia, Jesús continuó enseñándoles y respondiendo a sus preguntas sobre los accidentes, la enfermedad y los milagros, pero no podían comprender plenamente su instrucción. Una hora de enseñanza no podrá cambiar completamente las creencias de una vida entera, de manera que Jesús halló necesario reiterar su mensaje para decir una y otra vez lo que él deseaba que ellos comprendieran; y aun así, no llegaron a comprender el significado de su misión terrenal hasta después de su muerte y resurrección.

5. LA CONGREGACIÓN EN FILADELFIA

Jesús y los doce estaban yendo a visitar a Abner y a sus asociados, quienes predicaban y enseñaban en Filadelfia. De todas las ciudades de Perea, Filadelfia fue la que tuvo el grupo más grande de judíos y gentiles, ricos y pobres, sabios e ignorantes, que aceptaron las enseñanzas de los setenta, habiendo entrado así al reino del cielo. La sinagoga de Filadelfia no se sometió nunca a la supervisión del sanedrín de Jerusalén, por lo tanto no había cerrado nunca sus puertas a las enseñanzas de Jesús y sus asociados. Por esta época, Abner enseñaba tres veces por día en la sinagoga de Filadelfia.

Esta misma sinagoga se convirtió más tarde en una iglesia cristiana y fue el centro misionero para la promulgación del evangelio en las regiones orientales. Por mucho tiempo fue la ciudadela de las enseñanzas del Maestro y erigiéndose durante siglos en esta región como el único centro del conocimiento cristiano.

Los judíos de Jerusalén siempre habían tenido problemas con los judíos de Filadelfia. Y después de la muerte y resurrección de Jesús, la iglesia de Jerusalén, de la cual era jefe Santiago, el hermano del Señor, empezó a tener dificultades graves con la congregación de creyentes de Filadelfia. Abner se convirtió en jefe de la iglesia de Filadelfia, continuando en esa posición hasta su muerte. Esta alienación de Jerusalén explica por qué nada se menciona sobre Abner y su trabajo en las narraciones evangélicas del Nuevo Testamento. Esta disputa entre Jerusalén y Filadelfia duró a través de los tiempos de Santiago y Abner y continuó cierto tiempo después de la destrucción de Jerusalén. Filadelfia fue, en verdad, el centro de la iglesia primitiva en el sur y en el este, así como Antioquía lo fue en el norte y oeste.

Fue aparentemente desafortunado para Abner, estar en desacuerdo con todos los líderes de la iglesia cristiana primitiva. Tuvo desavenencias con Pedro y Santiago (el hermano de Jesús) sobre cuestiones de administración y de la jurisdicción de la iglesia de Jerusalén; estuvo en desacuerdo con Pablo sobre cuestiones de filosofía y teología. Abner era más babilónico que helenista en su filosofía, y se resistió tozudamente a todos los intentos de Pablo por rehacer las enseñanzas de Jesús para presentar, en primer término a los judíos y luego a los creyentes greco-romanos de los misterios, menos elementos ofensivos.

Así, estuvo Abner obligado a vivir una vida de aislamiento. Era jefe de una iglesia no reconocida por Jerusalén. Se había atrevido a desafiar a Santiago, el hermano del Señor, quien posteriormente tuvo el apoyo de Pedro. Esta conducta lo aisló efectivamente de todos sus asociados anteriores. Además, se atrevió a resistirse a Pablo. Aunque estaba totalmente de acuerdo con la misión de Pablo entre los gentiles, y aunque lo apoyaba en sus disputas con la iglesia de Jerusalén, estuvo amargamente opuesto a la versión de las enseñanzas de Jesús que Pablo eligió predicar. En sus últimos años, Abner denunció a Pablo como el «sagaz corruptor de las enseñanzas de la vida de Jesús de Nazaret, el Hijo del Dios viviente».

Durante los últimos años de Abner y por cierto tiempo después, los creyentes de Filadelfia se acogieron más estrictamente a la religión de Jesús, tal como la había vivido y enseñado, que cualquier otro grupo sobre la tierra.

Abner vivió hasta los 89 años de edad, habiendo muerto en Filadelfia el 21 de noviembre del año 74 d. de J.C. Hasta el fin, fue un creyente fiel del evangelio del reino celestial e instructor del mismo.

DOCUMENTO 167

LA VISITA A FILADELFIA

A LO largo de este período de ministerio en Perea, cuando se menciona que Jesús y los apóstoles visitaron varias localidades donde se encontraban trabajando los setenta, es bueno recordar que, como regla general, sólo diez apóstoles lo acompañaban puesto que era costumbre dejar por lo menos a dos de los apóstoles en Pella para que predicaran a la multitud. Al prepararse Jesús para seguir viaje a Filadelfia, Simón Pedro y su hermano Andrés regresaron al campamento de Pella para enseñar a la gente allí reunida. Cuando el Maestro dejaba el campamento de Pella para recorrer Perea, no era infrecuente que lo siguieran entre trescientos y quinientos de los acampantes. Cuando llegó a Filadelfia, iba acompañado por más de seiscientos seguidores.

Ningún milagro había ocurrido durante la reciente gira de predicación a través de la Decápolis y, a excepción de la cura de los diez leprosos, hasta ese momento no había habido milagro alguno en esta misión en Perea. Éste era un período en el que el evangelio se proclamaba con pleno poder, sin milagros, y la mayor parte del tiempo sin la presencia personal de Jesús ni tampoco de sus apóstoles.

Jesús y los diez apóstoles llegaron a Filadelfia el miércoles 22 de febrero, y pasaron el jueves y el viernes descansando de su recientes viajes y labores. Ese viernes por la noche Santiago habló en la sinagoga, y se convocó un concilio general para el atardecer del día siguiente. Mucho se regocijaban ellos por el progreso del evangelio en Filadelfia y las aldeas cercanas. Los mensajeros de David también trajeron la noticia del avance mayor del reino por toda Palestina, así como también buenas nuevas de Alejandría y Damasco.

1. EL DESAYUNO CON LOS FARISEOS

Vivía en Filadelfia un fariseo muy rico e influyente que había aceptado las enseñanzas de Abner; este fariseo invitó a Jesús a su casa el sábado por la mañana, para tomar el desayuno. Se sabía que Jesús estaría en Filadelfia por esta época; por consiguiente un gran número de visitantes, entre ellos muchos fariseos, habían venido de Jerusalén y de otras partes. Por lo tanto, unos cuarenta de estos personajes importantes y algunos abogados fueron invitados a este desayuno, que se había organizado en honor del Maestro.

Mientras Jesús se detenía en la puerta hablando con Abner, y una vez que el anfitrión se hubo sentado, entró al aposento uno de los fariseos principales de Jerusalén, miembro del sanedrín, y como era su costumbre, se dirigió directamente al asiento de honor, a la izquierda del anfitrión. Pero puesto que este lugar había sido reservado para el Maestro y el de la derecha para Abner, el anfitrión señaló al fariseo de

Jerusalén que se sentara cuatro asientos a la izquierda, y este dignatario mucho se ofendió por no haber sido ubicado en el asiento de honor.

Pronto estuvieron todos sentados y disfrutando de la conversación entre ellos, ya que la mayoría de los que estaban presentes eran discípulos de Jesús o por lo menos tenían una actitud cordial hacia el evangelio. Sólo sus enemigos observaron el hecho de que él no cumplía con la ceremonia de lavarse las manos antes de sentarse a la mesa. Abner se lavó las manos al comienzo de la comida pero no mientras la servían.

Hacia fines de la comida llegó de la calle un hombre que había sido afligido durante mucho tiempo por una enfermedad crónica y que se encontraba en esos momentos en estado hidrópico. Este hombre era un creyente, bautizado recientemente por los asociados de Abner. No pidió a Jesús que lo curara, pero el Maestro bien sabía que este hombre afligido había concurrido al desayuno con la esperanza de no perderse entre las multitudes que siempre rodeaban a Jesús, tal vez así conseguir llamar más fácilmente la atención del Maestro. Este hombre sabía que en esta época se realizaban pocos milagros; sin embargo, había reflexionado consigo mismo que tal vez su triste condición pudiera apelar a la compasión del Maestro. No se equivocó porque, al entrar él al comedor, su presencia llamó la atención tanto de Jesús como del fariseo mojigato de Jerusalén. El fariseo no titubeó en manifestar su resentimiento porque se le permitiera entrar a la sala a un ser semejante. Pero Jesús contempló al enfermo y sonrió con tanta benignidad que éste se le acercó y se sentó en el piso. Como el desayuno estaba llegando a su fin, el Maestro paseó la mirada por los demás huéspedes y luego, después de mirar significativamente al hombre con hidropesía dijo: «Amigos míos, maestros de Israel y sabios abogados, me complacería haceros una pregunta: ¿es legal o no curar a los enfermos y afligidos el día sábado?» Pero los que estaban presentes conocían muy bien a Jesús y permanecieron callados; no respondieron a su pregunta.

Entonces fue Jesús a donde estaba sentado el enfermo y, tomándolo de la mano, dijo: «Levántate y vete por tu camino. No has pedido que te curara, pero yo conozco el deseo de tu corazón y la fe de tu alma». Antes de que el hombre hubiera salido de la sala, Jesús volvió a su asiento y, dirigiéndose a los comensales, dijo: «Mi Padre hace estas obras no para tentaros a que entréis al reino, sino para revelarse a los que ya están en el reino. Podéis percibir que corresponde al carácter del Padre hacer precisamente estas cosas, porque ¿cuál de entre vosotros, que posea un animal preferido y que éste caiga en el pozo el día sábado, no iría inmediatamente a rescatarlo?» Como nadie le contestó, y puesto que su anfitrión evidentemente aprobaba lo que estaba ocurriendo, Jesús se puso de pie y habló a todos los que estaban presentes: «Hermanos míos, cuando se os invita a un festín de boda, no os sentéis en el asiento principal en caso de que haya un hombre más merecedor que vosotros entre los invitados, y el anfitrión tenga que venir a vosotros y pediros que dejéis vuestro sitio a este otro huésped honrado. En este caso, tendréis que pasar la vergüenza de trasladaros a un sitio de menos honra en la mesa. Cuando se os invita a una fiesta, es demostración de sabiduría, al llegar a la mesa del festín, buscar el lugar más humilde y allí sentarse, para que, cuando el anfitrión contemple a sus huéspedes, pueda decirte: 'Amigo mío, ¿por qué te sientas en el asiento del más humilde? Ven más arriba'; así aquél tendrá gloria en la presencia de los demás invitados. No os olvidéis: el que se exalta a sí mismo será humillado, mientras que el que verdaderamente se humilla será exaltado. Por lo tanto, cuando tengáis convidados a cenar, no invitéis siempre a vuestros amigos, vuestros hermanos, vuestros parientes o vuestros vecinos ricos para que ellos os devuelvan atenciones invitándoos a sus fiestas, y de este modo recibáis vosotros la recompensa. Cuando hagáis banquete, invitad de cuando en cuando a los pobres, los tullidos y los ciegos. De esta manera obtendréis bendiciones en el corazón, porque vosotros bien sabéis que el cojo y el ciego no os pueden recompensar por vuestro ministerio amante».

2. LA PARÁBOLA DE LA GRAN CENA

Cuando Jesús terminó de hablar en la mesa de desayuno del fariseo, uno de los abogados presentes, para interrumpir el silencio, dijo sin pensar: «Bienaventurado el que coma pan en el reino de Dios» —siendo ése un dicho común de aquellos días. Entonces Jesús dijo una parábola, que aun su cordial anfitrión se vio obligado a tomar en serio. Dijo:

«Cierto gobernante hizo una gran cena, y habiendo invitado a muchos huéspedes, despachó a sus siervos a la hora de la cena para decir a los convidados: 'venid, pues ya está todo listo'. Y todos a la vez empezaron a excusarse. El primero dijo: 'acabo de comprar una hacienda, y necesito ir a verla; os ruego que me excuséis'. Otro dijo: 'compré cinco yuntas de bueyes, y voy a recibirlas; os ruego que me excuséis'. Otro dijo: 'soy recién casado, y por lo tanto no puedo acudir'. Así pues los siervos volvieron y comunicaron esto a su amo. Cuando el amo de la casa oyó esto, se airó, y volviéndose hacia los siervos, dijo: 'He preparado este festín de boda; los lechones han sido matados, y todo está listo para mis huéspedes, pero han despreciado mi invitación; se han ido cada uno en pos de sus tierras y su mercancía, y aun les faltan el respeto a mis siervos que los invitan a que vengan a mi festín. Id pronto a las calles y senderos de la ciudad, a las carreteras y a los caminos, y traed de allí a los pobres y a los parias, a los ciegos y a los cojos, para que haya huéspedes en el festín de boda'. Y los siervos hicieron tal como el amo les mandó, y aun entonces había lugar para más huéspedes. Entonces dijo el amo a sus siervos: 'Id ahora a los caminos y por los campos e insistid en que los que estén allí vengan para que mi casa esté llena. Yo os digo que ninguno de los que fueron invitados primero probará de mi cena'. Los siervos hicieron como les había ordenado el amo, y la casa estuvo llena».

Cuando oyeron estas palabras, todos partieron; y cada uno se fue a su casa. Por lo menos uno de los fariseos despreciativos que estaban presentes esa mañana comprendió el significado de esta parábola porque fue bautizado ese día e hizo confesión pública de su fe en el evangelio del reino. Abner predicó sobre esta parábola esa noche en el concilio general de los creyentes.

Al día siguiente todos los apóstoles se ocuparon del ejercicio filosófico de interpretar el significado de esta parábola de la gran cena. Aunque Jesús escuchó con interés las diversas interpretaciones, se negó repetidamente a ofrecerles ayuda adicional para comprender la parábola. Tan sólo dijo: «Que cada uno halle el significado por sí mismo y en su propia alma».

3. LA MUJER DE DEBILIDAD DE ESPÍRITU

Abner había dispuesto que el Maestro enseñara en la sinagoga este día sábado; era ésta la primera vez que Jesús entraba en una sinagoga desde que todas se habían cerrado a sus enseñanzas por orden del sanedrín. Al final del servicio, Jesús bajó la mirada sobre la gente que estaba ante él y contempló a una mujer anciana de expresión triste y cuerpo encorvado. Hacía mucho tiempo que el temor dominaba a esta mujer, y todo regocijo había desaparecido de su vida. Al bajar Jesús del púlpito, se le acercó y, tocando el hombro de su forma encorvada, dijo: «Mujer, si tan sólo creyeras, te liberarías completamente de tu espíritu de debilidad». Esta mujer, vencida y encorvada por las depresiones del temor durante más de dieciocho años, creyó las palabras del Maestro y por la fe se irguió inmediatamente. Cuando esta mujer se dio cuenta de que estaba erguida, levantó la voz glorificando a Dios.

Aunque la aflicción de esta mujer era totalmente mental, siendo su espalda encorvada el resultado de su mente deprimida, la gente pensó que Jesús había curado un verdadero trastorno físico. Si bien la congregación de la sinagoga en Filadelfia mostraba sentimientos cordiales hacia las enseñanzas de Jesús, el rector principal de la sinagoga era un fariseo poco amistoso. Al compartir la opinión de la congregación de que Jesús acababa de curar un trastorno físico, se indignó porque Jesús tenía la presunción de hacer tal cosa el día sábado, y poniéndose de pie ante la congregación, dijo: «¿Acaso no hay seis días en los que los hombres han de hacer todo su trabajo? Venid pues durante esos días de trabajo y sed curados, pero no el día sábado».

Cuando así habló este rector hostil, Jesús volvió al púlpito y dijo: «Por qué jugar el papel de los hipócritas? ¿Acaso no saca cada uno de vosotros al buey de su establo y lo conduce a que tome agua el día sábado? Si ese servicio es permisible el día sábado, ¿por qué no puede esta mujer, hija de Abraham, doblegada por su mal durante estos dieciocho años, liberarse de esta esclavitud y ser conducida a compartir del agua de la libertad y de la vida, aunque sea sábado?» Mientras la mujer continuaba glorificando a Dios, su crítico se avergonzó, y la congregación se regocijó con ella de que había sido curada.

Como resultado de criticar así en público a Jesús este sábado, el rector principal de la sinagoga fue depuesto, y reemplazado por un seguidor de Jesús.

Jesús frecuentemente liberaba a estas víctimas del temor de su debilidad de espíritu, de su depresión mental y de la esclavitud del temor. Pero la gente consideraba todas estas aflicciones como verdaderas enfermedades físicas o consecuencias de la posesión de las víctimas por los espíritus malignos.

Jesús enseñó nuevamente en la sinagoga el domingo, y Abner bautizó muchos al mediodía de ese día en el río que fluía al sur de la ciudad. Al día siguiente, Jesús y los diez apóstoles hubieran empezado el viaje de vuelta al campamento de Pella, de no ser por la llegada de uno de los mensajeros de David, quien trajo un mensaje urgente a Jesús de sus amigos en Betania, cerca de Jerusalén.

4. EL MENSAJE DE BETANIA

Muy tarde el domingo por la noche del 26 de febrero, un mensajero de Betania llegó a Filadelfia, trayendo un mensaje de Marta y María que decía: «Señor, aquél que amas está muy enfermo». El mensaje le llegó a Jesús al final de la conferencia de la tarde y en el momento en que estaba dándoles las buenas noches a los apóstoles. Al principio Jesús nada respondió. Entonces se produjo uno de aquellos extraños interludios, un período en el cual parecía estar en comunicación con algo que estaba fuera de él y por encima de él. Luego, levantando la vista, se dirigió al mensajero, al alcance del oído de los apóstoles, diciendo: «Esta enfermedad no es en realidad para muerte. No dudéis que será para glorificar a Dios y exaltar al Hijo».

Jesús les tenía mucho cariño a Marta, María y a su hermano Lázaro; los amaba con afecto ferviente. Su primer pensamiento humano fue acudir inmediatamente en su ayuda, pero otra idea se presentó a su mente combinada. Casi había perdido la esperanza de que los líderes judíos de Jerusalén aceptaran el reino, pero él aún amaba a su pueblo, y se le ocurrió en este momento un plan, mediante el cual los escribas y fariseos de Jerusalén tendrían otra oportunidad más de aceptar sus enseñanzas; y decidió, de acuerdo con la voluntad del Padre, hacer de este último llamado a Jerusalén la obra de exteriorización más profunda y estupenda de toda su carrera terrenal. Los judíos se aferraban a la idea de un liberador hacedor de milagros. Aunque se negaba a ceder a la realización de maravillas materiales y a representar exhibiciones temporales de poder político, pidió ahora el consentimiento del Padre para manifestar su poder, hasta ese momento no exhibido, sobre la vida y la muerte.

Los judíos acostumbraban enterrar a sus muertos el día de su fallecimiento; ésta era una práctica necesaria en ese clima tan cálido. Frecuentemente sucedía que enterraban a alguien que tan sólo estaba en coma, de modo que el segundo, o aun el tercer día esa persona emergía de la tumba. Pero era creencia de los judíos que, aunque el espíritu o el alma pudiera permanecer cerca del cuerpo por dos o tres días, no se detenía nunca allí después del tercer día; que para el cuarto día, ya estaba avanzada la putrefacción, y que nadie podía volver jamás de la tumba después de tal lapso de tiempo. Por estas razones Jesús permaneció en Filadelfia dos días enteros más antes de prepararse para ir a Betania.

Así pues, temprano el miércoles por la mañana dijo a sus apóstoles: «Preparémonos inmediatamente para volver a Judea». Cuando los apóstoles oyeron las palabras de su Maestro, se alejaron por un momento para consultar entre ellos. Santiago dirigió la conversación, en el curso de la cual todos estuvieron de acuerdo que era una locura permitir que Jesús volviera a Judea, de manera que volvieron todos juntos a donde Jesús y así se lo dijeron. Dijo Santiago: «Maestro, estuviste en Jerusalén hace unas pocas semanas, y los líderes querían matarte y el pueblo quería apedrearte. Ya en aquel momento ofreciste a esos hombres la oportunidad de recibir la verdad, y no permitiremos que vuelvas a Judea».

Entonces dijo Jesús: «Pero, ¿acaso no comprendéis que el día tiene doce horas en las que se pueden hacer obras sin peligro? Si un hombre camina de día, no tropieza porque tiene luz. Si un hombre camina de noche, puede que tropiece porque no tiene luz. Mientras dure mi día, no temo entrar a Judea. Quiero hacer otra obra poderosa para estos judíos; quiero darles otra oportunidad más para creer, aun en sus propios términos —con condiciones de gloria exterior y la manifestación visible del poder del Padre y del amor del Hijo. Además, ¡acaso no entendéis que nuestro amigo Lázaro duerme, y quiero despertarlo de su sueño!»

Entonces dijo uno de los apóstoles: «Maestro, si Lázaro duerme, con más seguridad sanará». Era costumbre de los judíos de esos tiempos hablar de la muerte como una forma de sueño, pero como los apóstoles no entendían que Jesús quería decir que Lázaro había partido de este mundo, les dijo claramente: «Lázaro ha muerto. Me alegro de no haber yo estado allí, aunque no se salven los demás, porque así tendréis nuevo motivo para creer en mí; y lo que veréis os fortalecerá en preparación de ese día en el que me despediré de vosotros para ir al Padre».

Como no pudieron persuadirlo que no fuera a Judea, y como algunos de los apóstoles tenían miedo aun de acompañarle, Tomás se dirigió a sus hermanos, diciendo: «Ya le hemos manifestado al Maestro nuestros temores, pero él está decidido a ir a Betania. Estoy seguro que esto significa el fin; con toda seguridad le matarán, pero si es ésa la elección del Maestro, conduzcámonos como hombres de valor; vayamos también con él para que podamos morir con él». Así fue por siempre; en los asuntos que requerían coraje decidido y constante, Tomás siempre fue el principal sostén de los doce apóstoles.

5. EN EL CAMINO A BETANIA

Camino a Judea, Jesús iba seguido de un grupo de casi cincuenta amigos y enemigos. Durante el almuerzo del mediodía, el día miércoles, habló a sus apóstoles y a este grupo de seguidores sobre los «Términos de la salvación»; y al fin de esta lección relató la parábola del fariseo y el publicano (un recolector de impuestos). Dijo Jesús: «Veis pues que el Padre otorga salvación a los hijos de los hombres, y esta salvación es un don para todos los que tienen la fe necesaria para recibir la filiación en la familia divina. No hay nada que el hombre pueda hacer para merecer esta salvación. Las obras de mojigatería no compran el favor de Dios, las oraciones públicas no expían la falta de fe viviente en el corazón. Podréis engañar a los hombres con vuestro servicio exterior, pero Dios mira dentro de vuestra alma. Lo que yo os digo está bien ilustrado por dos hombres que fueron a orar al templo, el uno un fariseo, y el otro un publicano. El fariseo estuvo de pie y oró para sí mismo: 'Dios, doy gracias porque no soy como los demás hombres, que son extorsionadores, ignorantes, injustos, adúlteros o aun como este publicano. Yo ayuno dos veces por semana; doy diezmos de todo lo que gano'. Pero el publicano, parado a la distancia, ni siquiera se atrevió a levantar los ojos al cielo, sino que golpeándose el pecho dijo, 'Dios, ten compasión de este pecador'. Yo os digo que el publicano se fue a casa con la aprobación de Dios, más bien que el fariseo, pues el que se exalta a sí mismo será humillado, pero el que se humilla será exaltado».

Esa noche en Jericó, los fariseos hostiles trataron de hacer caer al Maestro en una trampa, enredándolo en discusiones sobre el matrimonio y el divorcio, así como lo habían hecho otros cierta vez en Galilea, pero Jesús hábilmente evitó sus esfuerzos de ponerlo en conflicto con sus leyes relativas al divorcio. Así como el publicano y el fariseo ilustraban la buena religión y la mala religión, sus prácticas de divorcio servían para contrastar las mejores leyes matrimoniales del código judío con la laxitud condenable de la interpretación farisea de estos estatutos mosaicos del divorcio. El fariseo se juzgaba a sí mismo por la norma más baja; el publicano se medía por el ideal más alto. La devoción, para el fariseo, era una manera de inducir una inactividad santurrona y la confianza en una falsa seguridad espiritual; la devoción, para el publicano, era una manera de estimular el alma a la comprensión de la necesidad de arrepentimiento, confesión y aceptación, por la fe, del perdón misericordioso. El fariseo buscaba justicia; el publicano buscaba misericordia. La ley del universo es: pide y recibirás; busca y encontrarás.

Aunque Jesús se negó a participar en controversias con los fariseos sobre el divorcio, sí proclamó una enseñanza positiva de los ideales más altos del matrimonio. Exaltó el matrimonio como la relación más elevada e ideal de todos los enlaces humanos. Asimismo sugirió su desaprobación intensa de las prácticas laxas e injustas de divorcio aplicadas por los judíos de Jerusalén, que en esa época permitían que el hombre divorciara a su esposa por las razones más insignificantes, como por ejemplo porque no cocinaba bien, porque no era buena ama de casa, o simplemente porque se había enamorado de una mujer más hermosa.

Los fariseos aun habían llegado a enseñar que esta fácil variedad de divorcio era una dispensación especial, otorgada al pueblo judío, a los fariseos en particular. Por eso, aunque Jesús se negó a hacer declaraciones sobre el matrimonio y el divorcio, denunció con la mayor amargura estas burlas vergonzosas de la relación matrimonial y señaló su injusticia para con las mujeres y los niños. Nunca sancionó práctica alguna de divorcio que otorgara al hombre ventajas sobre la mujer; el Maestro tan sólo aprobaba aquellas enseñanzas que otorgaban igualdad entre mujeres y hombres.

Aunque Jesús no ofreció nuevos mandatos para el matrimonio y el divorcio, urgió a los judíos a que cumplieran con sus propias leyes y con sus enseñanzas más elevadas. Apeló constantemente a las Escrituras en su esfuerzo por mejorar las prácticas de ellos en estos asuntos sociales. Jesús supo subrayar los conceptos más elevados e idealistas del matrimonio, evitando hábilmente el debate con sus interrogadores sobre las prácticas sociales representadas tanto por las leyes escritas como por sus muy amados privilegios de divorcio.

Era muy difícil para los apóstoles comprender la renuencia del Maestro a hacer declaraciones positivos sobre los problemas científicos, sociales, económicos y políticos. No entendían plenamente que su misión terrenal estaba exclusivamente dedicada a la revelación de las verdades espirituales y religiosas.

Después de hablar Jesús así sobre el matrimonio y el divorcio, más tarde, esa noche, sus apóstoles le hicieron privadamente muchas preguntas adicionales, y las respuestas a estas preguntas liberaron la mente de ellos de muchas interpretaciones incorrectas. Al final de esta conferencia, Jesús dijo: «El matrimonio es loable y todos los hombres lo deberían desear. El hecho de que el Hijo del Hombre cumpla solo su misión terrenal, no debe de ninguna manera reflejarse en forma negativa sobre la deseabilidad del matrimonio. Es voluntad del Padre que yo trabaje de esta manera, pero el mismo Padre ha ordenado la creación del hombre y de la mujer, y es voluntad divina que los hombres y las mujeres encuentren su servicio más elevado y regocijo consiguiente en el establecimiento del hogar para recibir y criar a los hijos, en cuya creación estos padres se asocian con los Hacedores del cielo y de la tierra. Por esta causa el hombre dejará a padre y madre para unirse con su esposa, y los dos llegarán a ser uno solo».

De esta manera liberó Jesús la mente de los apóstoles de muchas preocupaciones sobre el matrimonio y aclaró muchas interpretaciones erróneas sobre el divorcio; al mismo tiempo, hizo mucho por exaltar sus ideales de unión social e incrementar el respeto de ellos para con las mujeres, los niños y el hogar.

6. LA BENDICIÓN DE LOS NIÑOS

Esa noche el mensaje de Jesús sobre el matrimonio y la bienaventuranza de los niños se difundió por todo Jericó, de modo tal que por la mañana siguiente, mucho antes de que Jesús y los apóstoles estuvieran preparados para partir, aun antes de la hora del desayuno, decenas de madres vinieron adonde Jesús, trayendo a sus niños en los brazos y llevándolos de la mano, y deseaban que bendijera a los pequeños. Cuando los apóstoles salieron y vieron esta asamblea de mujeres con sus hijos, intentaron despedirlas, pero las mujeres se negaron a partir antes de que colocara el Maestro sus manos sobre los niños y los bendijera. Cuando los apóstoles reprendieron en voz alta a estas madres, Jesús, habiendo oído el tumulto, salió indignado y los censuró, diciendo: «Dejad a los niños que vengan a mí; no lo impidáis, porque de ellos es el reino del cielo. De cierto, de cierto os digo que el que no reciba el reino de Dios como un niño, difícilmente podrá entrar en él y crecer hasta la estatura plena de la hombría espiritual».

Cuando el Maestro hubo hablado a sus apóstoles, recibió a todos los niños, tocándoles, mientras decía a las madres palabras de valor y esperanza.

Jesús muchas veces habló a sus apóstoles sobre las mansiones celestiales y les enseñó que los hijos de Dios en avance deben allí crecer espiritualmente como crecen los niños físicamente en este mundo. Así pues muchas veces lo sagrado parece como lo común, como en este día los niños y sus madres no se dieron cuenta de que las inteligencias observadoras de Nebadon contemplaban a los niños de Jericó jugar con el Creador de un universo.

La posición de la mujer en Palestina mucho mejoró por las enseñanzas de Jesús; así habría sucedido en todo el mundo, si sus seguidores no se hubiesen alejado tanto de lo que él tan esmeradamente les había enseñado.

Fue también en Jericó, en relación con una conversación sobre la temprana capacitación religiosa de los niños en los hábitos de adoración divina, donde Jesús explicó a sus apóstoles el gran valor de la belleza como influencia que estimula a adorar, especialmente con los niños. El Maestro por precepto y ejemplo enseñó el valor de adorar al Creador en el ambiente natural de la creación. Prefería comunicarse con el Padre celestial en los bosques y rodeado por las criaturas más bajas del mundo natural. Se regocijaba de contemplar al Padre a través del espectáculo inspirador de los reinos llenos estelares de los Hijos Creadores.

Cuando no sea posible adorar a Dios en los tabernáculos de la naturaleza, el hombre debería proveer edificios bellos, santuarios de atrayente sencillez y belleza artística para que pueda despertarse la más alta de las emociones humanas, asociada con un enfoque intelectual a la comunión espiritual con Dios. La verdad, la belleza y la santidad son auxilios poderosos y eficaces para la verdadera adoración. Pero la comunión espiritual no se estimula meramente con los adornos masivos y el embellecimiento exagerado de un arte humano elaborado y ostentoso. La perfección es tanto más religiosa cuanto más sencilla y semejante a la naturaleza sea. ¡Qué pena que los niños pequeños conozcan por primera vez los conceptos de adoración pública en fríos, estériles aposentos, tan despojados de belleza y vacíos de toda sugerencia de alegría y santidad inspiradora! El niño debería acercarse primero a la adoración en un medio natural; más tarde, acompañado por sus padres, debería poder concurrir a un templo público religioso que sea por lo menos tan atrayente materialmente y artísticamente hermoso, como el hogar en el cual vive a diario.

7. La conversación sobre los ángeles

Mientras viajaban por las colinas de Jericó en dirección a Betania, Natanael anduvo casi todo el camino al lado de Jesús, y su conversación sobre los niños relacionada con el reino de los cielos, llevó indirectamente a la consideración del ministerio de los ángeles. Natanael finalmente le hizo al Maestro esta pregunta: «Puesto que el sumo sacerdote es un saduceo, y puesto que los saduceos no creen en los ángeles, ¿qué debemos enseñar al pueblo sobre los ministros celestiales?» Entonces, entre otras cosas, Jesús dijo:

«Las huestes angélicas son una orden separada de seres creados; son enteramente diferentes de la orden material de las criaturas mortales, y funcionan como un grupo destacado de inteligencias universales. Los ángeles no pertenecen a ese grupo de criaturas llamados en las Escrituras «Hijos de Dios»; tampoco son ellos los espíritus glorificados de hombres mortales que han seguido en su progresión por las mansiones en lo alto. Los ángeles son una creación directa, y no se reproducen. Las huestes angélicas tienen tan sólo un parentesco espiritual con la raza humana. A medida que el hombre progresa en el viaje hacia el Padre del Paraíso, atraviesa un estado de ser, por cierto tiempo análogo al estado de los ángeles, pero el hombre mortal no se vuelve nunca un ángel.

«Los ángeles no mueren nunca como muere el hombre. Los ángeles son inmortales a menos que, al azar, se envuelvan en el pecado, así como lo hicieron algunos de ellos con el engaño de Lucifer. Los ángeles son los siervos espirituales en el cielo, y no lo saben todo ni son todopoderosos. Pero todos los ángeles leales son verdaderamente puros y santos.

«¿Acaso no recordas que yo os he dicho ya una vez que si vuestros ojos espirituales estuvieran ungidos, podríais ver los cielos que se abren y contemplar los ángeles de Dios que ascienden y descienden? Es mediante el ministerio de los ángeles mediante el que un mundo puede estar en contacto con otros mundos, porque ¿acaso no os he dicho repetidamente que tengo otras ovejas que no son de este redil? Estos ángeles no son los espías del mundo espiritual que os vigilan y luego van al Padre y le dicen los pensamientos de vuestro corazón y cuentan sobre las acciones de la carne. El Padre no necesita tal servicio porque su propio espíritu habita en vosotros. Pero estos espíritus angélicos funcionan para mantener informada una parte de la creación celestial sobre los acontecimientos de otras partes remotas del universo. Y muchos de los ángeles, mientras funcionan en el gobierno del Padre y los universos de los Hijos, son asignados al servicio de las razas humanas. Cuando os enseñé que muchos de estos serafines son espíritus ministrantes, no os hablé en lenguaje figurativo ni en términos poéticos. Y todo esto es verdad, sea cual fuera tu dificultad en comprender estos asuntos.

«Muchos de estos ángeles se ocupan de la obra de salvar a los hombres, porque, ¿acaso no os he dicho de la felicidad seráfica cuando un alma elige abandonar el pecado y comienza a buscar a Dios? Aun os dije de la felicidad en la *presencia de los ángeles* del cielo cuando un pecador se arrepiente, indicando así la existencia de otras órdenes más elevadas de seres celestiales que del mismo modo se ocupan del bienestar espiritual y del progreso divino del hombre mortal.

«También estos ángeles se ocupan mucho de la manera en que se libera el espíritu del hombre de los tabernáculos de la carne y a su alma se le escolta a las mansiones, o bien, las estadias del cielo. Los ángeles son los guías certeros y celestiales del alma del hombre durante ese período desconocido y de tiempo indefinido que ocurre entre la muerte de la carne y la nueva vida en las moradas espirituales».

Habría hablado más con Natanael sobre el ministerio de los ángeles pero fue interrumpido por la llegada de Marta, quien había recibido información de que el Maestro se estaba acercando a Betania; esta información provenía de amigos que le habían visto ascender las colinas hacia el este. Por eso ella ahora se daba prisa para recibirlo.

DOCUMENTO 168

LA RESURRECCIÓN DE LÁZARO

ERA poco después del mediodía cuando Marta salió al encuentro de Jesús que se asomaba allende la colina cerca de Betania. Su hermano Lázaro estaba muerto desde hacía cuatro días y había sido sepultado en el sepulcro privado, en un extremo alejado del jardín, al atardecer del domingo. Por la mañana de ese día jueves hicieron rodar la piedra a la entrada de la tumba.

Cuando Marta y María enviaron el mensaje a Jesús sobre la enfermedad de Lázaro, confiaban en que el Maestro haría algo. Sabían que su hermano estaba desesperadamente enfermo, y aunque apenas se atrevían esperar que Jesús abandonara su obra de enseñanza y predicación para acudir a socorrerlos, tanto confiaban en su poder para curar enfermedades que pensaron que bastaría con que él pronunciara palabras de curación, y Lázaro inmediatamente sería curado. Y cuando Lázaro murió, pocas horas después de que partiera el mensajero de Betania camino a Filadelfia, razonaron que eso sucedió porque el Maestro no supo de la enfermedad de su hermano hasta demasiado tarde, cuando ya estaba éste muerto desde hacía varias horas.

Pero tanto ellas como todos sus amigos creyentes se sorprendieron grandemente por el mensaje que trajo de vuelta el mensajero, al regresar a Betania la mañana del martes. El mensajero insistió que había oído a Jesús decir: «... esta enfermedad no es en realidad para muerte». Tampoco podían comprender ellos por qué él no les había enviado mensaje alguno ni les había ofrecido ayuda.

Muchos amigos de las aldeas cercanas y otros de Jerusalén vinieron para consolar a las apesadumbradas hermanas. Lázaro y sus hermanas eran hijos de un judío noble, de buena posición económica, y que había sido el caudillo principal de la pequeña aldea de Betania. A pesar de que ellos tres eran, desde hacía mucho tiempo, seguidores apasionados de Jesús, eran altamente respetados por todos los que los conocían. Habían heredado grandes viñedos y olivares en este vecindario, y su riqueza también se demostraba por el hecho de que podían permitirse un sepulcro privado en sus propias tierras. Sus padres yacían en ese sepulcro.

María había abandonado la idea de que viniera Jesús y se había dejado llevar por su dolor. Pero Marta siguió aferrándose a la esperanza de que vendría Jesús, aun hasta el momento en que, esa misma mañana, hicieron rodar la piedra hasta la tumba y sellaron la entrada. Aun entonces ella encargó a un joven vecino que vigilara la carretera de Jericó desde la cresta de la colina al este de Betania; este muchacho fue quien trajo a Marta la nueva de que Jesús y sus amigos se acercaban.

Cuando Marta se encontró con Jesús, cayó a sus pies, exclamando: «Maestro, ¡si hubieras estado tú aquí, mi hermano no hubiera muerto!» Muchos temores pasaron por la mente de Marta, pero no expresó ninguna duda, ni tampoco se atrevió a criticar ni a poner en tela de juicio la conducta del Maestro en relación con la muerte de Lázaro. Cuando ella hubo hablado, Jesús se inclinó y, haciendo que se levantara, dijo:

«Solamente ten fe, Marta, y tu hermano se levantará nuevamente». Entonces respondió Marta: «Sé que se levantará en la resurrección del último día; y aun ahora yo creo que lo que tú le pidas a Dios, nuestro Padre te lo otorgará».

Entonces dijo Jesús, mirándola fijamente a los ojos: «Yo soy la resurrección y la vida; el que crea en mí, aunque muera, vivirá. En verdad, el que viva y crea en mí en realidad nunca morirá. Marta, ¿crees tú esto?» Y Marta respondió al Maestro: «Sí, hace mucho tiempo que creo que tú eres el Libertador, el Hijo del Dios vivo, aun el que debía venir a este mundo».

Habiendo Jesús preguntado por María, Marta se dirigió inmediatamente a la casa y susurrándole a su hermana le dijo: «El Maestro está aquí y ha preguntado por ti». Cuando María oyó esto, en seguida se levantó y salió de prisa para encontrar a Jesús, quien permanecía en el mismo sitio donde se había encontrado con Marta, no muy lejos de la casa. Los amigos que acompañaban a María para consolarla, cuando vieron que se levantaba tan de prisa y salía, la siguieron suponiendo que se dirigía a llorar junto a la tumba.

Muchos de los presentes eran enemigos acerbos de Jesús. Por eso había salido Marta por su cuenta para recibir a Jesús, por eso también había vuelto a la casa en secreto para informar a María que él preguntaba por ella. Marta, aún anhelando ver a Jesús, quería evitar en lo posible todo disgusto que la súbita llegada de Jesús en medio de un gran grupo de sus enemigos de Jerusalén pudiera ocasionar. Era la intención de Marta permanecer en la casa con sus amigos mientras María salía para saludar a Jesús, pero fracasó en su intento, porque todos ellos siguieron a María y de este modo se encontraron inesperadamente en la presencia del Maestro.

Marta condujo a María hasta donde Jesús, y cuando ésta lo vio, cayó a sus pies, exclamando: «¡Si tan sólo hubieras estado aquí, mi hermano no habría muerto!» Y cuando Jesús vio cuán grande era la aflicción de todos por la muerte de Lázaro, su alma se llenó de compasión.

Al ver los demás que María había ido a saludar a Jesús, se retiraron a corta distancia, mientras Marta y María estaban con el Maestro y recibían sus palabras de consuelo y exhortaciones de mantenerse firmes en su fe en el Padre y de resignarse completamente a la voluntad divina.

La mente humana de Jesús se conmovió profundamente por el conflicto entre su amor por Lázaro y por sus acongojadas hermanas, y su desprecio y desdén por las muestras exteriores de afecto manifestadas por algunos de estos judíos escépticos, con intenciones de asesinato en el corazón. Jesús resentía profundamente el espectáculo forzado de sufrimiento exterior por la muerte de Lázaro de algunos de estos supuestos amigos, porque esa falsa pena estaba asociada en el corazón de ellos con tan amarga enemistad contra él. Algunos de estos judíos, sin embargo, eran sinceros en su luto, porque eran en verdad amigos de la familia.

1. JUNTO A LA TUMBA DE LÁZARO

Después de pasar Jesús unos momentos consolando a Marta y María, apartados de los demás, les preguntó: «¿Adónde lo habéis puesto?» Entonces Marta dijo: «Ven y verás». Mientras el Maestro seguía en silencio a las dos sufrientes hermanas, lloró. Cuando los amigos judíos que los seguían vieron sus lágrimas, uno de ellos dijo: «Mirad cómo lo amaba él. ¿Acaso el que abriera los ojos de un ciego no podría haber prevenido la muerte de este hombre?» En ese momento ya se encontraban de pie frente al sepulcro familiar, que era una pequeña cueva natural o declive en el reborde de la roca que se levantaba unos diez metros en el extremo más alejado del jardín.

Es difícil explicar a la mente humana por qué lloró Jesús. Aunque tenemos acceso al registro de las emociones humanas combinadas con el pensamiento divino, como se anotan en la mente del Ajustador Personalizado, no estamos completamente seguros de la causa real de las manifestaciones emocionales. Nos inclinamos a creer que Jesús lloró debido a una cantidad de pensamientos y sentimientos que pasaban por su mente en ese momento, tales como:

1. Sentía una compasión genuina y dolorosa por Marta y María; tenía un afecto humano profundo y real por estas hermanas que habían perdido a su hermano.

2. Su mente se perturbó por la presencia de la multitud de plañideros, algunos sinceros, otros meramente fingidos. Siempre resentía él estas exteriorizaciones de pesar. Sabía que las hermanas amaban a su hermano y tenían fe en la sobrevivencia de los creyentes. Estas emociones conflictivas posiblemente expliquen por qué lloraba al acercarse a la tumba.

3. Verdaderamente titubeó antes de traer a Lázaro de vuelta a la vida mortal. Sus hermanas en verdad lo necesitaban, pero Jesús lamentaba tener que traer de vuelta a su amigo para que experimentara la amarga persecución que sabía que Lázaro habría de sufrir como resultado de protagonizar la más grande de las demostraciones de poder divino del Hijo del Hombre.

Ahora podemos relatar un hecho interesante e instructivo: aunque esta narrativa se desarrolla como un conjunto aparentemente natural y normal de acontecimientos humanos, tiene ciertas manifestaciones colaterales sumamente interesantes. Cuando el mensajero fue adonde Jesús el domingo para decirle de la enfermedad de Lázaro, Jesús envió su mensaje de que «no era para la muerte», sin embargo, cuando fue personalmente a Betania, preguntó a las hermanas: «¿Adónde lo habéis puesto?» Aunque todo esto parecería indicar que el Maestro procedía según la forma de esta vida y de acuerdo con el conocimiento limitado de la mente humana, sin embargo, los registros del universo revelan que el Ajustador Personalizado de Jesús impartió órdenes de que se detuviera indefinidamente en el planeta al Ajustador del Pensamiento de Lázaro después de la muerte de éste, y esta orden se registró tan sólo quince minutos antes de que Lázaro expirara.

¿Acaso la mente divina de Jesús ya sabía, aun antes de que muriera Lázaro, que lo despertaría de los muertos? No lo sabemos. Sólo sabemos lo que aquí narramos.

Muchos de los enemigos de Jesús tendían a mofarse de sus manifestaciones de afecto, y decían entre ellos: «Si tanto apreciaba a este hombre, ¿por qué tardó tanto en venir a Betania? Si él es lo que dicen que es, ¿por qué no salvó a su querido amigo? ¿Qué beneficio representa curar extraños en Galilea si no puede salvar a los que ama?» Y de muchas otras maneras desdeñaron y restaron importancia a las enseñanzas y obras de Jesús.

Así pues, este jueves por la tarde a eso de las dos y media, estuvo listo el escenario en esta pequeña aldea de Betania para la realización de la más grande de las obras relacionadas con el ministerio terrenal de Micael de Nebadon, la más grande manifestación de poder divino durante su encarnación, puesto que su propia resurrección ocurrió después de haberse él liberado de los vínculos de la morada mortal.

El pequeño grupo reunido ante la tumba de Lázaro no podía darse cuenta de la presencia cercana de vastas huestes de todas las órdenes de seres celestiales reunidas bajo la guía de Gabriel y aguardando la dirección del Ajustador Personalizado de Jesús, vibrando de expectativa y listos para ejecutar la solicitud de su amado Soberano.

Cuando Jesús pronunció esas palabras ordenando: «Quitad la piedra», las huestes celestiales reunidas se prepararon para actuar el drama de la resurrección de Lázaro en la semejanza de su carne mortal. Esta forma de resurrección comprende dificultades de ejecución que en mucho transcienden la técnica usual de la resurrección de las criaturas mortales en forma morontial y requiere muchas más personalidades celestiales y una organización mucho mayor de recursos universales.

Cuando Marta y María oyeron la orden de Jesús de que quitaran la piedra a la entrada de la tumba, se llenaron de emociones opuestas. María esperaba que Lázaro resucitara de entre los muertos. Pero Marta, aunque hasta cierto punto compartía la fe de su hermana, más sufría por el temor de que Lázaro no estuviera presentable, en su apariencia, ante Jesús, los apóstoles y sus amigos. Dijo Marta: «¿Realmente debemos quitar la piedra? Mi hermano ya hace cuatro días que murió, ya ha empezado su cuerpo a descomponerse». Marta dijo esto, también porque no estaba segura de la razón por la cual el Maestro había pedido que se quitara la piedra; pensó que tal vez Jesús tan sólo quería ver a Lázaro por última vez. Ella no era de carácter firme ni constante en su actitud. Como titubeaban antes de quitar la piedra, Jesús dijo: «¿Acaso no os dije desde el principio que esta enfermedad no era para la muerte? ¿Acaso no he venido para cumplir mi promesa? Después de llegar aquí, ¿acaso no dije que, si tan sólo creéis, veréis la gloria de Dios? ¿Por qué dudáis? ¿Cuánto hay que esperar antes de que vosotros creáis y obedezcáis?»

Cuando Jesús terminó de hablar, sus apóstoles, con la ayuda de vecinos serviciales, se acercaron a la piedra y la hicieron rodar hasta que se descubrió la entrada de la tumba.

Era creencia común de los judíos que la gota de hiel en la punta de la espada del ángel de la muerte comenzaba a actuar al fin del tercer día, de modo que su efecto pleno se manifestaba al cuarto día. Aceptaban que el alma del hombre pudiera rezagarse junto a la tumba hasta el fin del tercer día, tratando de reanimar al cuerpo muerto; pero creían firmemente que esa alma se iba a la morada de los espíritus antes de que amaneciera el cuarto día.

Estas creencias y opiniones sobre los muertos y la partida de los espíritus de los muertos sirvieron para asegurar, en la mente de todos los que ahora estaban presentes junto a la tumba de Lázaro y posteriormente para todos los que oyeron lo que estaba por ocurrir, que éste era real y verdaderamente un caso de resurrección de entre los muertos por obra personal de el que declaró que él era «la resurrección y la vida».

2. LA RESURRECCIÓN DE LÁZARO

Mientras este grupo de unos cuarenta y cinco mortales estaba de pie delante de la tumba, podían ver vagamente la forma de Lázaro, envuelto en mortajas de lino, descansando en el nicho inferior derecho de la cueva fúnebre. Mientras estas criaturas terrenales estaban allí de pie en un silencio estupefacto, las vastas huestes de seres celestiales ocuparon su lugar, preparándose para responder a la señal de acción en el instante en que la diera Gabriel, su comandante.

Jesús levantó la vista y dijo: «Padre, estoy agradecido de que hayas oído y otorgado mi solicitud. Sé que siempre me oyes, pero te hablo así por los que están aquí junto a mí para que puedan creer que tú me has enviado al mundo, para que sepan que trabajas conmigo en lo que estamos por realizar.» Y después de orar, dijo en voz muy alta: «Lázaro, ¡ven fuera!»

Aunque los observadores humanos permanecieron inmóviles, las vastas huestes celestiales se activaron al unísono obedeciendo la palabra del Creador. En tan sólo doce segundos de tiempo terrenal, la forma hasta ese momento sin vida de Lázaro comenzó a moverse y finalmente se sentó en el borde de piedra sobre la que había yacido. Su cuerpo estaba atado por las mortajas, su rostro, cubierto con un paño. Cuando se puso de pie delante de ellos —vivo— Jesús dijo: «Aflojad sus vendajes y dejadlo salir».

Todos, excepto los apóstoles, Marta y María, huyeron a la casa. Estaban pálidos de terror y sobrecogidos por el asombro. Aunque algunos permanecieron allí, muchos regresaron corriendo a su hogar.

Lázaro saludó a Jesús y a los apóstoles y preguntó qué significaban las mortajas y por qué se había despertado en el jardín. Jesús y los apóstoles se apartaron, mientras Marta le contó a Lázaro sobre su muerte, entierro y resurrección. Tuvo que explicarle que él había muerto el domingo, habiendo resucitado a la vida el jueves, porque él no tenía conciencia del tiempo desde el momento en que había caído en el sueño de la muerte.

Mientras Lázaro salía de la tumba, el Ajustador Personalizado de Jesús, que ahora era el jefe de su clase en este universo local, mandó al ex Ajustador de Lázaro, que se encontraba ahora esperando, que volviese a residir en la mente y alma del hombre resucitado.

Entonces fue Lázaro adonde Jesús y, con sus hermanas, se arrodilló a los pies del Maestro para manifestar su gratitud y ofrecer alabanza a Dios. Jesús, tomando a Lázaro de la mano, lo levantó diciendo: «Hijo mío, lo que te ha ocurrido a ti también lo experimentarán todos los que creen en este evangelio, excepto que resucitarán en una forma más gloriosa. Tú serás un testigo viviente de la verdad que yo he hablado —yo soy la resurrección y la vida. Pero vayamos ahora todos a la casa y compartamos alimentos para estos cuerpos físicos».

Mientras caminaban hacia la casa, Gabriel despidió a los grupos adicionales de las huestes celestiales allí reunidas, mientras anotaba en los registros el primer caso en Urantia, y el último, en que una criatura mortal había resurgido de la muerte con el mismo cuerpo físico.

Lázaro casi no podía comprender lo que había sucedido. Sabía que había estado muy enfermo, pero tan sólo podía recordar haberse dormido y haber sido despertado. Nunca pudo relatar nada de lo ocurrido estos cuatro días en la tumba porque había estado completamente inconsciente. El tiempo no existe para los que duermen el sueño de la muerte.

Aunque muchos creyeron en Jesús como resultado de esta obra extraordinaria, otros tan sólo endurecieron su corazón aún más para rechazarlo. Para el mediodía del día siguiente se había difundido por todo Jerusalén la noticia de este acontecimiento. Decenas de hombres y mujeres fueron a Betania para contemplar a Lázaro y hablar con él, y los fariseos alarmados y desconcertados convocaron una reunión de urgencia del sanedrín para poder determinar qué debían hacer respecto de estos nuevos acontecimientos.

3. LA REUNIÓN DEL SANEDRÍN

Aunque el testimonio de este hombre resucitado de los muertos mucho hizo para consolidar la fe de la masa de creyentes en el evangelio del reino, tuvo poca o ninguna influencia sobre la actitud de los líderes y dirigentes religiosos de Jerusalén, excepto que aceleró su decisión de destruir a Jesús y terminar su obra.

A la una del día siguiente, viernes, el sanedrín se reunió para deliberar de nuevo sobre el asunto, «¿qué hemos de hacer con Jesús de Nazaret?» Después de más de dos horas de discusión y debate violento, cierto fariseo presentó una resolución que pedía la muerte inmediata de Jesús, proclamando que éste era una amenaza para toda Israel y comprometiendo formalmente al sanedrín a la decisión de la muerte, sin juicio y desafiando todo precedente.

Una y otra vez este augusto cuerpo de líderes judíos decretó que Jesús debía ser aprehendido y sometido a juicio, acusado de blasfemia y de numerosas otras transgresiones a la ley sagrada judía. Ya una vez habían llegado hasta declarar que debía morir, pero ésta era la primera vez que el sanedrín registraba el deseo de decretar su muerte aun antes del juicio. Pero esta resolución no fue votada puesto que catorce miembros del sanedrín renunciaron al tiempo cuando se propuso tal acción insólita. Aunque no se formalizaron estas renuncias por casi dos semanas, este grupo de catorce abandonó el sanedrín ese mismo día para no sentarse nunca más en el concilio. Cuando estas renuncias fueron posteriormente aceptadas, se expulsaron a otros cinco miembros porque sus asociados creían que éstos alimentaban sentimientos cordiales hacia Jesús. Con la eliminación de estos diez y nueve hombres, el sanedrín estaba en posición de enjuiciar y condenar a Jesús con una solidaridad que llegaba casi a la unanimidad.

La semana siguiente, Lázaro y sus hermanas fueron convocados ante el sanedrín. Cuando se hubo oído su testimonio, no quedó duda alguna de que Lázaro había resucitado de los muertos. Aunque las transacciones del sanedrín virtualmente admitieron la resurrección de Lázaro, el registro iba acompañado de una resolución que atribuía esto y otros portentos realizados por Jesús al poder del príncipe de los diablos, con el cual se declaró que Jesús estaba aliado.

Fuera cual fuese la fuente de este poder portentoso, estos líderes judíos estaban persuadidos de que, si no paraban a Jesús inmediatamente, muy pronto toda la gente común creería en él. Además, surgirían serias complicaciones con las autoridades romanas puesto que muchos de los creyentes lo consideraban el Mesías, el libertador de Israel.

Fue en esta misma reunión del sanedrín en la que Caifás, el sumo sacerdote, expresó por primera vez un viejo proverbio judío que luego repitió muchas veces: «Es mejor que un hombre muera a que perezca la comunidad».

Aunque Jesús había recibido aviso de las acciones del sanedrín este fatídico viernes por la tarde, no estaba en lo más mínimo perturbado y continuó descansando durante el sábado con amigos en Betfagé, una aldea cercana a Betania. Temprano el domingo por la mañana, Jesús y los apóstoles se reunieron, como habían planeado, en la casa de Lázaro, y despidiéndose de la familia de Betania, partieron de vuelta hacia el campamento de Pella.

4. LA RESPUESTA A LA ORACIÓN

Camino de Betania a Pella los apóstoles hicieron muchas preguntas a Jesús, todas las cuales el Maestro respondió libremente excepto las que se referían a detalles de la resurrección de los muertos. Estos problemas estaban más allá de la capacidad de comprensión de sus apóstoles; por lo tanto, el Maestro se negó a hablar de estos asuntos con ellos. Puesto que partieron de Betania en secreto, estaban solos. Jesús, por consiguiente, aprovechó la oportunidad para decir a los diez muchas cosas que pensaba los prepararían para los difíciles días que se avecinaban.

Las mentes de los apóstoles estaban perturbadas y pasaron mucho tiempo discutiendo sus experiencias recientes en relación con la oración y la respuesta a la oración. Todos recordaban la declaración de Jesús al mensajero de Betania en Filadelfia, cuando dijo claramente: «Esta enfermedad no es en realidad para muerte». Sin embargo, a pesar de esta promesa, Lázaro realmente murió. Todo ese día, una y otra vez, volvieron a hablar de esta cuestión de la respuesta a la oración.

La respuesta de Jesús a sus muchas preguntas puede ser resumida como sigue:

1. La oración es la expresión de la mente finita en su esfuerzo por acercarse al Infinito. Por lo tanto el acto de orar debe estar limitado por el conocimiento, la sabiduría y los atributos de lo finito; del mismo modo, la respuesta debe condicionarse por la visión, los fines, los ideales y las prerrogativas del Infinito. No puede nunca observarse una continuidad ininterrumpida de fenómenos materiales entre el acto de orar y la recepción de la plena respuesta espiritual.

2. Cuando una oración aparentemente no recibe respuesta, esta demora frecuentemente representa una respuesta mejor, aunque, por alguna razón valedera, es largamente demorada. Cuando Jesús dijo que la enfermedad de Lázaro no era realmente para la muerte, éste ya había muerto hacía once horas. No se niega la respuesta a ninguna oración sincera, excepto cuando el punto de vista superior del mundo espiritual ha encontrado una respuesta mejor, una respuesta que satisface la solicitud del espíritu del hombre en contraste con la oración de la mera mente humana.

3. Las oraciones temporales, cuando son iniciadas por el espíritu y expresadas en la fe, son a menudo tan vastas y tanto abarcan que tan sólo pueden ser contestadas en la eternidad; la solicitud finita está a veces tan llena del alcance de lo Infinito, que la respuesta ha de aguardar largamente, hasta tanto se haya creado una capacidad adecuada de receptividad; la oración de fe puede llegar a ser tan completa que tan sólo se podrá recibir su respuesta en el Paraíso.

4. Las respuestas a la oración de la mente mortal son frecuentemente de naturaleza tal que pueden ser recibidas y reconocidas sólo después de que esa misma mente oradora haya alcanzado el estado inmortal. Muchas veces la oración de un ser material puede ser respondida tan sólo cuando ese ser haya progresado al nivel del espíritu.

5. La ignorancia puede distorsionar y la superstición deformar tanto la oración de una persona que conoce a Dios que la respuesta a ésa sea altamente indeseable. En estos casos los seres espirituales que intervienen tienen que traducir de tal manera esa oración que la respuesta, cuando llega, no puede ser reconocida por el suplicante como respuesta a su oración.

6. Todas las oraciones verdaderas son dirigidas a los seres espirituales, y todas estas solicitudes deben ser respondidas en términos espirituales, y todas estas respuestas deben consistir en realidades espirituales. Los seres espirituales no pueden otorgar respuestas materiales a las solicitudes espirituales, ni siquiera a las de los seres materiales. Los seres materiales pueden orar eficazmente sólo cuando «oran en el espíritu».

7. Ninguna oración puede esperar una respuesta a menos que haya nacido del espíritu y haya sido alimentada por la fe. Vuestra fe sincera implica que habéis otorgado virtualmente por adelantado a los que oigan vuestra oración el pleno derecho

de responder a vuestras solicitudes de acuerdo con esa sabiduría suprema y ese amor divino que vuestra fe ilustra como el motor constante de esos seres a quienes oráis.

8. El niño está siempre en su derecho cuando se atreve a solicitarle al padre; y el padre está siempre dentro de sus obligaciones paternas hacia el niño inmaduro, cuando su sabiduría superior dicta que la respuesta a la oración del niño se postergue, modifique, segregue, transcienda o posponga hasta otra etapa de la ascensión espiritual.

9. No titubeéis en orar las oraciones de los anhelos del espíritu; no dudéis de que recibiréis respuesta a vuestra solicitud. Estas respuestas podrán estar en depósito, aguardando el momento en que vosotros alcancéis aquellos niveles espirituales futuros del auténtico logro cósmico, en este mundo o en los otros, en los que os resultará posible reconocer las respuestas tan largamente esperadas y apropiaros de ellas finalmente, pues corresponden a vuestras solicitudes previas pero hechas prematuramente.

10. Todas las solicitudes nacidas genuinamente del espíritu tendrán, con certeza, respuesta. Pedid y recibiréis. Pero debéis recordar que sois criaturas progresivas del tiempo y del espacio; por lo tanto, debéis considerar siempre el factor espacio-temporal en la experiencia de vuestra recepción personal de las respuestas plenas a vuestras muchas oraciones y solicitudes.

5. QUÉ PASÓ CON LÁZARO

Lázaro permaneció en la casa de Betania, siendo el centro de gran interés de muchos creyentes sinceros y de numerosos curiosos, hasta la semana de la crucifixión de Jesús, cuando él recibió mensaje de que el sanedrín había decretado su muerte. Los líderes de los judíos estaban decididos a detener la difusión ulterior de las enseñanzas de Jesús, y juzgaron atinadamente que sería inútil matar a Jesús si permitían que Lázaro, quien representaba la cumbre misma de las obras portentosas de Jesús, viviera y atestiguara el hecho de que Jesús lo había resucitado de los muertos. Ya había Lázaro sufrido a causa de ellos amargas persecuciones.

Así pues, Lázaro se despidió apresuradamente de sus hermanas en Betania, huyendo a través de Jericó al otro lado del Jordán, sin permitirse el descanso hasta llegar a Filadelfia. Lázaro conocía bien a Abner, y aquí se sentía seguro de las intrigas asesinas del malvado sanedrín.

Poco después de este acontecimiento, Marta y María dispusieron de sus tierras en Betania y se reunieron con su hermano en Perea. Mientras tanto, Lázaro había sido nombrado tesorero de la iglesia en Filadelfia. Fue un decidido defensor de Abner en su controversia con Pablo y con la iglesia de Jerusalén y finalmente murió, a los 67 años, de la misma enfermedad que le había llevado a la tumba cuando era más joven en Betania.

DOCUMENTO 169

LA ÚLTIMA ENSEÑANZA EN PELLA

EL FINALIZAR la tarde del lunes 6 de marzo, Jesús y los diez apóstoles llegaron al campamento de Pella. Era ésta la última semana de la estadía de Jesús aquí, y estuvo muy activo enseñando a la multitud e instruyendo a los apóstoles. Predicaba todas las tardes a las multitudes y todas las noches respondía a las preguntas de los apóstoles y de algunos de los discípulos más avanzados que residían en el campamento.

La noticia de la resurrección de Lázaro había llegado al campamento dos días antes de la llegada del Maestro, y toda la agrupación estaba vivamente interesada. Desde el episodio en que se sació a cinco mil personas, no había ocurrido nada que tanto estimulara la imaginación del pueblo. Así fue en la cumbre misma de la segunda fase del ministerio público del reino cuando Jesús se dispuso a enseñar durante esta única y corta semana en Pella para luego comenzar la gira del sur de Perea que conduciría directamente a las experiencias finales y trágicas de la última semana en Jerusalén.

Los fariseos y los altos sacerdotes habían comenzado a formular sus acusaciones y cristalizar sus denuncias. Objetaban las enseñanzas del Maestro por los siguientes motivos:

1. Es amigo de publicanos y pecadores; recibe a los impíos y aun comparte con ellos la comida.

2. Blasfema; habla sobre Dios como si fuera su Padre y piensa que es igual a Dios.

3. Está en contravención de la ley. Cura enfermedades el día sábado y de muchas otras maneras se burla de la ley sagrada de Israel.

4. Está aliado con los diablos. Hace obras portentosas y milagros aparentes por el poder de Beelzebú, el príncipe de los diablos.

1. LA PARÁBOLA DEL HIJO PERDIDO

El jueves por la tarde Jesús habló a la multitud sobre la «gracia de la salvación». En el curso de este sermón volvió a relatar la historia de las ovejas perdidas y de la moneda perdida y luego agregó su parábola favorita del hijo pródigo. Dijo Jesús:

«Los profetas, desde Samuel hasta Juan os han advertido que busquéis a Dios — que busquéis la verdad. Siempre os dijeron: 'buscad al Señor mientras se le pueda hallar'. Y toda esta enseñanza debe tomarse como verdad. Pero yo he venido para mostraros que, mientras vosotros buscáis a Dios, Dios del mismo modo os busca a vosotros. Muchas veces os he relatado la historia del buen pastor que dejó a las noventa y nueve ovejas en el redil para salir a buscar a la que se había extraviado, y cómo, cuando encontró a la oveja descarriada, se la echó al hombro y la llevó tiernamente de vuelta al redil. Y cuando la oveja perdida volvió al redil, recordaréis que el buen pastor llamó a sus amigos y los invitó a que se regocijaran con él porque había encontrado a la oveja que se había extraviado. Nuevamente os digo que hay más regocijo en el cielo cuando se arrepiente un pecador que por noventa y nueve justos que no necesitan arrepentimiento. El hecho de que las almas están *extraviadas* sólo acrecienta el interés del Padre celestial. Yo he venido a este mundo para hacer los deseos de mi Padre, y en verdad se ha dicho del Hijo del Hombre que él es amigo de publicanos y pecadores.

«Se os ha enseñado que la aceptación divina viene después de vuestro arrepentimiento y como resultado de vuestras obras de sacrificio y penitencia, pero yo os aseguro que el Padre os acepta aun antes de que os hayáis arrepentido y envía al Hijo y a sus asociados para encontraros y traeros, con regocijo, de vuelta al redil, el reino de la filiación y del progreso espiritual. Todos vosotros sois como ovejas que se han descarriado, y yo he venido para buscaros y salvar a los que estén perdidos.

«También debéis recordar la historia de la mujer que después de utilizar diez piezas de plata para hacer un collar de adorno, perdió una pieza, y después de encender la lámpara barrió diligentemente la casa y siguió buscando hasta encontrar la pieza de plata perdida. En cuanto encontró la moneda que había perdido, llamó a sus amigos y vecinos diciendo: 'regocijaos conmigo porque encontré la pieza que se había perdido'. Nuevamente os digo, siempre hay felicidad en presencia de los ángeles del cielo cuando se arrepiente un pecador y vuelve al redil del Padre. Os relato esta historia para que comprendáis que el Padre y su Hijo salen en *busca* de aquellos que están perdidos, y en esta búsqueda empleamos todas las influencias capaces de ofrecer ayuda en nuestros esfuerzos diligentes por encontrar a los que se han extraviado, los que necesitan ser salvados. Así pues, mientras el Hijo del Hombre sale al desierto para buscar a la oveja descarriada, también busca la moneda que se ha perdido en la casa. La oveja se aleja sin intención; la moneda está cubierta con el polvo del tiempo y oscurecida por la acumulación de las cosas humanas.

«Ahora me gustaría contaros la historia del hijo desconsiderado de un agricultor de buena posición que *deliberadamente* dejó la casa de su padre y se fue a tierra extranjera donde sufrió muchas tribulaciones. Recordáis que la oveja se descarrió sin intención, pero este joven abandonó su casa con premeditación. Esto fue lo que ocurrió:

«Cierto hombre tenía dos hijos; uno, el más joven, era despreocupado y libre de cuidados, buscando siempre pasarla bien y evitando las responsabilidades, mientras que su hermano mayor era serio, sobrio, trabajador y dispuesto a cargar con las responsabilidades. Ahora bien, estos dos hermanos no se llevaban bien; estaban constantemente discutiendo y riñendo. El más joven era alegre y vivaz, pero indolente y no se podía confiar en él; el mayor era serio y activo, pero también egocéntrico, arrogante y presumido. El más joven disfrutaba de jugar pero evitaba el trabajo; el mayor estaba siempre dispuesto a trabajar pero pocas veces jugaba. Esta asociación se tornó tan desagradable que el hijo menor fue adonde su padre y le dijo: 'Padre, dame la tercera parte de tus bienes que yo heredaría y permíteme que me vaya al mundo para buscar mi suerte'. Cuando el padre escuchó esta solicitud, sabiendo cuán desdichado el joven estaba en el hogar y con su hermano mayor, repartió sus bienes, dándole al joven su parte.

«A las pocas semanas el joven reunió todos sus fondos y salió de viaje a un país lejano, y como no encontró nada que fuera provechoso y al mismo tiempo agradable, en poco tiempo derrochó su herencia viviendo perdidamente. Y cuando todo lo hubo malgastado, vino una prolongada escasez en aquel país, y todo comenzó a faltarle. Así pues, cuando sufrió hambre y su desesperación fue grande, encontró empleo con uno de los ciudadanos de aquella tierra, quien le envió a su hacienda para que apacentase cerdos. El joven gustosamente se hubiera llenado con las cáscaras que comían los cerdos, pero nadie le daba nada.

«Cierto día, cuando tenía mucha hambre, volvió en sí y se dijo: 'Cuántos jornaleros en casa de mi padre tienen abundancia de pan y más que suficiente mientras que yo perezco de hambre, apacentando cerdos aquí en un país extranjero! Me levantaré e iré a mi padre y le diré: Padre, he pecado contra el cielo y contra ti, no soy digno de ser llamado tu hijo; hazme como a uno de tus jornaleros'. Y cuando el joven llegó a esta decisión, se levantó y partió para la casa de su padre.

«El padre mucho había penado por este hijo; extrañaba a este alegre, aunque descuidado, muchacho. Este padre amaba a su hijo y constantemente esperaba su retorno, de manera que el día en que el hijo se fue acercando a la casa, aun desde muy lejos, el padre lo vio y sintiendo una compasión amante, corrió a su encuentro, y lo saludó con afecto abrazándolo y besándolo. Después de encontrarse así, el hijo levantó la vista al rostro bañado de lágrimas de su padre y dijo: 'Padre, he pecado contra el cielo y ante tus ojos, ya no soy digno de ser llamado tu hijo' —pero el muchacho no tuvo oportunidad de completar su confesión, porque el padre regocijado dijo a los siervos que en este momento ya llegaban a la carrera: 'Traedle el mejor vestido, el que yo guardé, y vestidle, y poned en su mano el anillo de hijo y buscad sandalias para sus pies'.

«Luego, después de haber conducido el padre feliz a su hijo cansado y con los pies doloridos hasta la casa, llamó a sus siervos: 'Traed el becerro gordo y matadlo, comamos y hagamos fiesta, porque este hijo que estaba muerto, ahora vive nuevamente; estaba perdido y ahora lo he encontrado'. Y todos rodearon al padre para regocijarse con él por el retorno de este hijo.

«En ese momento, mientras estaban celebrando, llegó su hijo mayor de su jornada de trabajo en el campo, y al acercarse a la casa, oyó la música y las danzas. Cuando llegó a la puerta de atrás, llamó a uno de los criados y le preguntó cuál era el significado de este festín. Entonces dijo el criado: 'Tu hermano perdido hace mucho tiempo ha vuelto a casa, y tu padre ha hecho matar el becerro para regocijarse por el retorno de su hijo. Entra para que tú también puedas saludar a tu hermano y recibirlo nuevamente en la casa de tu padre'.

«Pero cuando el hermano mayor oyó esto, estuvo tan dolorido y enojado que no quiso entrar. Cuando el padre supo de su resentimiento por la recepción al hermano menor, salió para hablar con él. Pero el hijo mayor no quiso dejarse convencer por la persuasión de su padre. Respondió a su padre diciendo: 'He aquí que te he servido tantos años, no habiéndote desobedecido jamás, y sin embargo nunca me has dado ni siquiera una cabritilla para celebrar yo un festín con mis amigos. Me he quedado aquí para cuidarte todos estos años, y nunca te regocijaste por mi servicio fiel, pero cuando volvió este hijo tuyo, después de haber derrochado tu fortuna con rameras, corres a hacerle matar el becerro y regocijarte con él'.

«Como este padre amaba verdaderamente a sus dos hijos, trató de razonar con el hijo mayor: 'Pero hijo mío, has estado conmigo todo este tiempo, y todas mis cosas son tuyas. Hubieras podido tener una cabritilla en cualquier momento para gozarte en júbilo con tus amigos si los hubieras tenido. Mas es apropiado que compartas conmigo la fiesta y el regocijo por el retorno de tu hermano. Piensa en ello, hijo mío, tu hermano se había perdido y ha sido hallado; ¡ha vuelto vivo a nosotros!'»

Fue ésta una de las parábolas más emotivas y eficaces de todas las que Jesús presentó para inculcar en sus oyentes el deseo del Padre de recibir a todos los que buscan entrada en el reino del cielo.

A Jesús le gustaba relatar estas tres historias al mismo tiempo. Presentaba la historia de la oveja descarriada para mostrar que, cuando los hombres se alejan involuntariamente del camino de la vida, el Padre está consciente de estos seres *extraviados* y sale, con sus Hijos, los verdaderos pastores del rebaño, a buscar la oveja descarriada. Luego relataba la historia de la moneda perdida en la casa para ilustrar cuán profunda es la *búsqueda* divina de todos los que están confusos, inciertos, o de otra manera cegados espiritualmente por las preocupaciones materiales y las acumulaciones del vivir. Luego se lanzaba a contar el relato de la parábola del hijo perdido, la recepción del hijo pródigo que retorna, para mostrar cuán completa es la *restauración* del hijo perdido en la casa y en el corazón de su padre.

Muchas, muchas veces durante sus años de enseñanzas, Jesús relató y volvió a relatar esta historia del hijo pródigo. Esta parábola y la historia del buen samaritano eran sus formas preferidas de enseñar el amor al Padre y la sociabilidad de los hombres.

2. LA PARÁBOLA DEL MAYORDOMO SAGAZ

Cierto anochecer Simón el Zelote, comentando sobre una de las declaraciones de Jesús, dijo: «Maestro, ¿qué significaste hoy cuando dijiste que muchos de los hijos del mundo son más sabios en su generación que los hijos del reino puesto que tienen la habilidad de hacer amistad con el mammón de la perversidad?» Jesús respondió:

«Algunos entre vosotros, antes de entrar al reino, erais muy astutos al tratar con vuestros asociados de negocios. Si erais injustos y a menudo faltos de rectitud, al mismo tiempo erais prudentes y teníais visión en cuanto realizabais vuestros negocios con el ojo puesto únicamente en vuestra ganancia presente y vuestra seguridad futura. ¿Acaso no deberíais de la misma manera ordenar vuestra vida en el reino, para proporcionar vuestra felicidad presente asegurándoos al mismo tiempo el disfrute futuro de los tesoros acumulados en el cielo? Si erais tan diligentes en acumular ganancias cuando trabajabais para vosotros mismos, ¿por qué mostrar menos diligencia en ganar almas para el reino ahora que sois siervos de la hermandad del hombre y mayordomos de Dios?

«Podéis todos vosotros aprender una lección si escucháis la historia de cierto rico que tenía un mayordomo astuto pero injusto. Este mayordomo no sólo agobiaba a los clientes de su amo para su propia ganancia egoísta, sino que también había malgastado y derrochado directamente los fondos de su amo. Cuando esto finalmente llegó a oídos de su amo, éste llamó al mayordomo ante su presencia y le preguntó el significado de estos rumores y requirió que le rindiera cuenta inmediatamente de su trabajo y se preparara para transferir su mayordomía a otro mayordomo.

«Ahora bien, este mayordomo infiel dijo para sí: '¿Qué haré? Porque estoy a punto de perder mi mayordomía. Para cavar, me falta fuerza; para mendicar, me da vergüenza. Ya sé lo que haré para asegurarme de que, cuando me quiten mi mayordomía, me reciban en sus casas todos los que hacen negocios con mi amo'. Luego, llamando a cada uno de los deudores de su amo, dijo al primero: '¿Cuánto debes a mi amo?' Éste respondió: 'Cien medidas de aceite'. Entonces dijo el mayordomo: 'toma la tabla de cera de tu cuenta, siéntate pronto, y cámbiala a cincuenta'. Después dijo a otro deudor: '¿Cuánto debes tú?' Y éste replicó: 'cien medidas de trigo'. Entonces dijo el mayordomo: 'toma tu cuenta y escribe ochenta'. Esto hizo pues con numerosos otros deudores. Así, este mayordomo deshonesto trataba de hacer amigos para su beneficio para cuando le quitaran la mayordomía. Aun su señor y amo, cuando posteriormente descubrió esto, se vio obligado a admitir que su mayordomo infiel había demostrado por lo menos sagacidad en la forma en que disponía las cosas para sus días futuros de necesidad y adversidad.

«De esta manera pues, los hijos de este mundo muestran a veces más sabiduría en su preparación para el futuro que los hijos de la luz. A vosotros que profesáis adquirir tesoros en el cielo, yo os digo: Aprended de los que hacen amistad con el mammón, las riquezas de la perversidad, y del mismo modo conducid vuestra vida para entablar amistad eterna con las fuerzas de la rectitud para que, cuando todas las cosas terrenales fallen, podáis ser recibidos jubilosamente en las moradas eternas.

«Yo afirmo que el que es fiel en lo pequeño también será fiel en lo mucho, mientras que el que es injusto en lo pequeño, también lo será en lo mucho. Si no habéis demostrado visión e integridad en los negocios de este mundo, ¿cómo podéis esperar ser fieles y prudentes cuando se os confíe la mayordomía de las verdaderas riquezas del reino celestial? Si no sois buenos mayordomos y banqueros fieles, si no habéis sido fieles en lo que es de otro, ¿quién puede ser tan necio como para daros un gran tesoro para que lo tengáis en vuestro propio nombre?

«Nuevamente os declaro que ningún hombre puede servir a dos señores; o bien odiará a uno y amará al otro, o bien respetará a uno mientras desprecia al otro. No podéis servir a Dios y a mammón».

Cuando los fariseos que estaban presentes escucharon esto, comenzaron a burlarse y reírse, puesto que amaban adquirir riquezas. Estos oyentes hostiles trataron de atrapar a Jesús en disputas poco provechosas, pero él se negó a debatir con sus enemigos. Cuando los fariseos empezaron a reñir entre ellos, sus voces altas atrajeron gran número de los que acampaban en los alrededores; y cuando estos a su vez comenzaron a discutir entre ellos, Jesús se retiró, yendo a su tienda para pasar la noche.

3. El rico y el pordiosero

Cuando la reunión se volvió demasiado ruidosa, Simón Pedro, poniéndose de pie, se hizo cargo diciendo: «Hombres y hermanos, no es apropiado disputar de esta manera entre vosotros. El Maestro ha hablado, y haríais bien en reflexionar sobre sus palabras. No es nueva esta doctrina que él proclama a vosotros. ¿Acaso no habéis escuchado también la alegoría de los nazareos sobre el rico y el pordiosero? Algunos entre nosotros hemos escuchado a Juan el Bautista pregonar esta parábola de advertencia a los que aman la riqueza y codician los bienes deshonestos. Aunque esta vieja parábola no es según el evangelio que nosotros predicamos, haríais todos bien en aprender sus lecciones hasta el momento en que podáis comprender la nueva luz del reino del cielo. La historia tal como Juan la relató es así:

«Había cierto hombre rico llamado Dives, que, vestía de púrpura y de lino fino, vivía en esplendidez y alegría todos los días. Había también cierto mendigo llamado Lázaro, que estaba echado a la puerta del rico, cubierto de llagas y deseando que le dieran para comer las migajas que caían de la mesa del rico. Aun los perros venían y le lamían las llagas. Ocurrió que el mendigo murió y fue llevado por los ángeles al seno de Abraham. Eventualmente el rico también murió y fue enterrado con gran pompa y esplendor real. Cuando el rico partió de este mundo, despertó en Hades, y encontrándose atormentado, levantó la vista y vio a Abraham allá lejos y a Lázaro en su seno. Entonces Dives gritó: 'Padre Abraham, ten misericordia de mí y envíame a Lázaro para que moje la punta de su dedo en agua y refresque mi lengua, porque estoy atormentado con mi castigo'. Abraham replicó: 'Hijo mío, deberías recordar que recibiste tus bienes en tu vida mientras que Lázaro de igual manera recibió los males. Pero ahora todo eso está cambiado, pues Lázaro ha sido consolado mientras que tú estás atormentado. Además, un gran espacio está puesto entre nosotros de manera que no podemos ir adonde tú, ni puedes tú venir adonde nosotros'. Entonces le dijo Dives a Abraham: 'Te suplico que envíes a Lázaro de vuelta a la casa de mi padre, porque tengo cinco hermanos, para que testifique sobre lo que ocurre, a fin de que no vengan ellos también a este lugar de tormento'. Pero Abraham dijo: 'Hijo mío, tienen a Moisés y a los profetas; que los escuchen a ellos'. Entonces respondió Dives: '¡No, no, padre Abraham! Pero si alguno fuere a ellos de entre los muertos, se arrepentirán'. Y entonces dijo Abraham: 'Si no oyen a Moisés y a los profetas, tampoco se persuadirán si se levantare alguno de entre los muertos'».

Después de que Pedro recitó esta antigua parábola de la hermandad nazarea, y como la multitud se había aquietado, Andrés se levantó y los despidió por la noche. Aunque ambos apóstoles y sus discípulos frecuentemente hacían preguntas a Jesús sobre la parábola de Dives y Lázaro, nunca consintió en hacer comentario alguno.

4. EL PADRE Y SU REINO

Jesús siempre tuvo dificultad en explicar a los apóstoles que, aunque ellos proclamaban el establecimiento el reino de Dios, el Padre en el cielo *no era un rey*. En la época en que Jesús vivió en la tierra y enseñó en la carne, la gente de Urantia sabía más que nada de reyes y emperadores en el gobierno de las naciones, y los judíos habían contemplado desde hacía mucho tiempo el advenimiento del reino de Dios. Por éstas y otras razones, el Maestro consideró más conveniente designar la hermandad espiritual del hombre con el nombre de el reino del cielo, y la cabeza espiritual de esta hermandad como el *Padre en el cielo*. Jesús no se refirió jamás a su Padre como el rey. En sus conversaciones íntimas con los apóstoles siempre se refería a sí mismo como el Hijo del Hombre y como el hermano mayor de ellos. Describía a todos sus seguidores como servidores de las humanidad y mensajeros del evangelio del reino.

Jesús nunca dio a sus apóstoles una lección sistemática sobre la personalidad y los atributos del Padre en el cielo. Nunca pidió a los hombres que creyeran en su Padre; dio por hecho que así lo hacían. Jesús nunca se empequeñeció profiriendo pruebas de la realidad del Padre. Sus enseñanzas sobre el Padre se centraban todas en la declaración de que él y el Padre son uno; que el que ha visto al Hijo, ha visto al Padre; que el Padre, como el Hijo, conoce todas las cosas; que sólo el Hijo realmente conoce al Padre, y aquél a quien el Hijo se lo revela; que el que conoce al Hijo también conoce al Padre; y que el Padre lo envió al mundo para revelar sus naturalezas combinadas y para mostrar su trabajo conjunto. Nunca hizo otras declaraciones sobre su Padre, excepto a la mujer de Samaria junto al pozo de Jacob, cuando declaró: «Dios es espíritu».

Aprendéis de Dios a través de Jesús, observando la divinidad de su vida, no dependiendo de sus enseñanzas. De la vida del Maestro cada uno de vosotros puede asimilar ese concepto de Dios que representa la medida de vuestra capacidad para percibir las realidades espiritual y divina, las verdades real y eterna. El finito jamás puede esperar comprender al Infinito, excepto en cuanto estuvo el Infinito enfocado en la personalidad espacio-temporal de la experiencia finita de la vida humana de Jesús de Nazaret.

Jesús bien sabía que Dios tan sólo puede ser conocido por las realidades de la experiencia; no se lo puede comprender nunca por la mera enseñanza de la mente. Jesús enseñó a sus apóstoles que, aunque jamás podrían comprender llenamente a Dios, con certeza podían *conocerle*, aun como habían conocido al Hijo del Hombre. Podéis conocer a Dios, no tanto entendiendo lo que dijo Jesús, sino más bien conociendo lo que fue Jesús. Jesús *fue* una revelación de Dios.

Excepto cuando citaba las escrituras hebreas, Jesús se refirió a la Deidad sólo por dos nombres: Dios y Padre. Cuando el Maestro hacía referencia a su Padre como Dios, generalmente empleaba la palabra hebrea que significa el Dios plural (la Trinidad) y no la palabra Yahvé, que representaba el concepto progresivo del Dios tribal de los judíos.

Jesús nunca llamó rey al Padre, y mucho lamentaba que la esperanza de un reino restaurado que alimentaban los judíos y la proclamación hecha por Juan sobre un reino venidero lo forzaron a llamar su propuesta hermandad espiritual, el reino del cielo. Con una excepción —la declaración de que «Dios es espíritu»— Jesús nunca se refirió a la Deidad de una forma que no fuera en términos descriptivos de su relación personal con la Primera Fuente y Centro del Paraíso.

Jesús empleó la palabra Dios para designar la *idea* de la Deidad y la palabra Padre para designar la *experiencia* de conocer a Dios. Cuando la palabra Padre se emplea para denotar a Dios, debe comprenderse en su más amplio significado posible. La palabra Dios no puede ser definida y por consiguiente representa el concepto infinito del Padre, mientras que el término Padre, como puede ser parcialmente definido, puede ser empleado para representar el concepto humano del Padre divino como está asociado con el hombre durante el curso de la existencia mortal.

Para los judíos, Elohim era el Dios de los dioses, mientras que Yahvé era el Dios de Israel. Jesús aceptaba el concepto de Elohim y llamaba Dios a este grupo supremo de seres. En lugar del concepto de Yahvé, la deidad racial, introdujo la idea de la paternidad de Dios y de la hermandad mundial del hombre. Elevó el concepto de Yahvé, de Padre deificado de la raza, a la idea del Padre de todos los hijos de los hombres, un Padre divino de cada creyente. Además enseñó que este Dios de los universos y este Padre de todos los hombres eran la misma Deidad del Paraíso.

Jesús nunca afirmó que él fuera la manifestación de Elohim (Dios) en la carne. Nunca declaró que era una revelación de Elohim (Dios). Nunca enseñó que el que le viera a él vería a Elohim (Dios). Pero se proclamó a sí mismo como la revelación del Padre en la carne, y dijo que todos los que lo vieran a él, verían al Padre. Como Hijo divino afirmó que representaba sólo al Padre.

Él era realmente el Hijo aun del Dios Elohim; pero en la semejanza de la carne mortal y para los hijos mortales de Dios, eligió limitar su revelación de vida a la ilustración del carácter de su Padre hasta donde tal revelación pudiera ser comprensible para el hombre mortal. En cuanto al carácter de las otras personas de la Trinidad del Paraíso, nos conformaremos con la enseñanza de que ellos son del todo como el Padre, que ha sido revelado en el retrato personal de la vida de su Hijo encarnado, Jesús de Nazaret.

Aunque Jesús reveló la verdadera naturaleza del Padre celestial en su vida terrenal, poco enseñó sobre él. En efecto, enseñó sólo dos cosas: que Dios en sí mismo es espíritu, y que, en todos los asuntos de las relaciones con sus criaturas, él es un Padre. Esta noche, Jesús hizo la declaración final de su relación con Dios cuando afirmó: «He venido del Padre, y he venido al mundo; nuevamente, dejaré el mundo para ir al Padre».

Pero, ¡recordad siempre! Jesús nunca dijo: «El que me haya oído a mí, ha oído a Dios». Pero él sí dijo: «El que me haya visto, ha *visto* al Padre». Escuchar las enseñanzas de Jesús no equivale a conocer a Dios; pero *ver* a Jesús es una experiencia que en sí misma es una revelación del Padre al alma. El Dios de los universos gobierna una vasta creación, pero es el Padre en el cielo el que envía su espíritu para que habite en vuestra mente.

Jesús es el lente espiritual en semejanza humana que hace visible a la criatura material a Aquél que es invisible. Él es vuestro hermano mayor que, en la carne, hace que vosotros *conozcáis* un Ser de atributos infinitos a quien ni siquiera las huestes celestiales pueden suponer comprender plenamente. Pero todo esto debe consistir en la experiencia personal de *cada creyente*. Dios que es espíritu puede ser conocido sólo como experiencia espiritual. Dios puede ser revelado a los hijos finitos de los mundos materiales, por el Hijo divino de los reinos espirituales, sólo como un Padre. Podéis conocer al Eterno como un *Padre*; podéis adorarlo como el Dios de los universos, el Creador infinito de todas las existencias.

DOCUMENTO 170

EL REINO DEL CIELO

POR la tarde del sábado 11 de marzo, Jesús predicó su último sermón en Pella. Éste se contó entre los discursos más notables de su ministerio público, pues comprendía un discurso pleno y completo del reino del cielo. Se daba cuenta de la confusión que existía en la mente de sus apóstoles y discípulos sobre el sentido y el significado de los términos «reino del cielo» y «reino de Dios», que usaba indistintamente en su misión en la carne. Aunque este término mismo de reino del *cielo* debería haber sido suficiente para separar su significado de toda conexión con los reinos *terrenales* y los gobiernos temporales, no lo era. La idea de un rey temporal estaba demasiado profundamente arraigada en la mente judía para que se la pudiera desalojar en una sola generación. Por consiguiente, Jesús al principio no se opuso abiertamente a este concepto largamente acariciado del reino.

Este sábado por la tarde el Maestro intentó aclarar la enseñanza sobre el reino del cielo; trató del tema desde todo punto de vista, intentando aclarar los muchos y diferentes sentidos en los que se había usado el término. En esta narrativa vamos a ampliar el discurso, agregando numerosas declaraciones hechas por Jesús en ocasiones previas e incluyendo algunas observaciones hechas solamente a los apóstoles durante las discusiones vespertinas de este mismo día. También vamos a hacer ciertos comentarios relativos a la evolución subsiguiente de la idea de reino en lo que se relaciona con la subsiguiente iglesia cristiana.

1. LOS CONCEPTOS DEL REINO DEL CIELO

En relación con la declaración del sermón de Jesús, debe notarse que en todas las escrituras hebreas había un concepto dual del reino del cielo. Los profetas presentaban el reino de Dios como:

1. Una realidad presente; y como:

2. Una esperanza futura —cuando el reino se realizaría en su plenitud en el momento en que apareciese el Mesías. Éste es el concepto de reino que enseñaba Juan el Bautista.

Desde el principio, Jesús y los apóstoles enseñaron ambos conceptos. Había otras dos ideas del reino que es bueno recordar:

3. El concepto posterior judío de un reino mundial trascendental de origen sobrenatural y de inauguración milagrosa.

4. Las enseñanzas persas que ilustraban el establecimiento al fin del mundo, de un reino divino como logro del triunfo del bien sobre el mal.

Poco antes del advenimiento de Jesús en la tierra, los judíos combinaron y confundieron todas estas ideas del reino en su concepto apocalíptico del advenimiento del Mesías para establecer la era del triunfo de los judíos, la edad eterna del gobierno supremo de Dios sobre la tierra, el nuevo mundo, la era en la que la humanidad toda adoraría a Yahvé. Al escoger y utilizar este concepto del reino del cielo, Jesús eligió apropiarse de la herencia más vital y culminante tanto de la religión judía como de la persa.

El reino del cielo, tal como ha sido comprendido e interpretado erróneamente durante todos los siglos de la era cristiana, comprende cuatro grupos distintos de ideas:

1. El concepto de los judíos.

2. El concepto de los persas.

3. El concepto de la experiencia personal de Jesús: «el reino del cielo dentro de vosotros».

4. Los conceptos compuestos y confusos que los fundadores y promulgadores del cristianismo han tratado de imponer al mundo.

En momentos distintos y en circunstancias diversas parece que Jesús pudiese haber presentado numerosos conceptos del «reino» en sus enseñanzas públicas, pero a sus apóstoles siempre enseñó que el reino comprende la experiencia personal del hombre en relación con sus semejantes en la tierra y con el Padre en el cielo. En relación con el reino, sus últimas palabras siempre fueron: «el reino está dentro de vosotros».

Los siglos de confusión que sobrevinieron, respecto del significado del término «reino del cielo», se debieron a tres factores:

1. La confusión ocasionada por la observación de la idea de «reino» tal como fue pasando a través de las varias fases progresivas de su modificación por parte de Jesús y de sus apóstoles.

2. La confusión que inevitablemente estaba asociada con el transplante del cristianismo primitivo de suelo judío a suelo gentil.

3. La confusión inherente al hecho de que el cristianismo se transformó en una religión organizada sobre la idea central de la persona de Jesús; el evangelio del reino se tornó más y más una religión *sobre* él.

2. EL CONCEPTO DE JESÚS SOBRE EL REINO

El Maestro aclaró que el reino del cielo debe comenzar con el concepto dual de la verdad de la paternidad de Dios y el hecho correlacionado de la hermandad de los hombres, y debe centrarse en esto. La aceptación de esta enseñanza, aclaró Jesús, liberaría al hombre de su larga esclavitud de miedo animal y al mismo tiempo enriquecería el vivir humano con los siguientes dones de la nueva vida de libertad espiritual:

1. La posesión de un nuevo valor y mayor poder espiritual. El evangelio del reino iba a liberar al hombre e inspirarlo para que se atreviera a albergar la esperanza de vida eterna.

2. El evangelio llevaba un mensaje de nueva confianza y verdadero consuelo para todos los hombres, aun los pobres.

3. En sí mismo era una nueva norma de valores morales, una nueva vara de ética para medir la conducta humana. Ilustraba el ideal del nuevo orden de la sociedad humana que resultaría de él.

4. Enseñaba la preeminencia de lo espiritual en comparación con lo material; glorificaba las realidades espirituales y exaltaba los ideales sobrehumanos.

5. Este nuevo evangelio presentaba el alcance espiritual como meta auténtica del vivir. La vida humana recibía una nueva dotación de valor moral y dignidad divina.

6. Jesús enseñó que las realidades eternas eran el resultado (la recompensa) del esfuerzo recto en la tierra. La estadía mortal del hombre en la tierra adquirió nuevo significado como consecuencia del reconocimiento de un destino noble.

7. El nuevo evangelio afirmaba que la salvación humana es la revelación de un propósito divino de largo alcance que debe ser satisfecho y realizado en el destino futuro del servicio sin fin de los hijos salvados de Dios.

Estas enseñanzas comprenden la idea ampliada del reino que enseñó Jesús. Este gran concepto casi no se pudo encontrar en las enseñanzas del reino, elementales y confusas, de Juan el Bautista.

Los apóstoles eran incapaces de aprehender el significado real de las declaraciones del Maestro sobre el reino. La distorsión subsiguiente de las enseñanzas de Jesús, tal como se las encuentra en el Nuevo Testamento, se debe al hecho de que el concepto de los que escribieron los evangelios estaba teñido por la creencia de que Jesús en ese momento se había ausentado del mundo tan sólo por un corto tiempo; que pronto retornaría para establecer el reino en poder y gloria —la misma idea que ellos habían mantenido mientras estaba él con ellos en la carne. Pero Jesús no vinculaba el establecimiento del reino con la idea de su retorno a este mundo. El hecho de que hayan pasado siglos sin ningún signo de la aparición de la «Nueva Era» no está de ninguna manera en desacuerdo con las enseñanzas de Jesús.

El gran esfuerzo contenido en este sermón fue un intento de traducir el concepto del reino del cielo en un ideal de la idea de hacer la voluntad de Dios. Durante mucho tiempo había enseñado el Maestro a sus seguidores a que oraran: «Venga tu reino; hágase tu voluntad»; y en este momento intentó con gran intensidad inducirlos a que abandonaran el uso del término *reino de Dios* en favor del equivalente más práctico, *la voluntad de Dios*. Pero no tuvo éxito.

Jesús deseaba sustituir la idea de reino, rey y súbditos por el concepto de familia celestial, Padre celestial, e hijos liberados de Dios ocupados en el servicio gozoso y voluntario de sus semejantes y en la adoración sublime e inteligente de Dios el Padre.

Hasta este momento, los apóstoles habían adoptado un doble punto de vista del reino; lo consideraban:

1. Un asunto de experiencia personal presente en ese momento en el corazón de los verdaderos creyentes, y

2. Una cuestión de fenómeno racial o mundial; que el reino existiría en el futuro, algo que se podría añorar.

Consideraban el advenimiento del reino en el corazón de los hombres como un desarrollo gradual, como la levadura en la masa o como el crecimiento de la semilla de mostaza. Creían que el advenimiento del reino en el sentido racial o mundial sería tanto repentino como espectacular. Jesús nunca se cansó de decirles que el reino del cielo era su experiencia personal en la comprensión de las cualidades más altas de la vida espiritual; que esas realidades de la experiencia espiritual se traducen progresivamente en niveles nuevos y más altos de certeza divina y grandeza eterna.

Esa tarde, el Maestro les enseñó claramente un nuevo concepto de la doble naturaleza del reino, al ilustrar las siguientes dos fases:

«Primero. El reino de Dios en este mundo, el supremo deseo de hacer la voluntad de Dios, el amor altruista del hombre que rinde los buenos frutos de una mejor conducta ética y moral.

«Segundo. El reino de Dios en el cielo, la meta de los creyentes mortales, el estado en el que el amor por Dios se ha perfeccionado, y se cumple la voluntad de Dios más divinamente».

Jesús enseñó que, por la fe, el creyente entra *ahora* al reino. En los varios discursos enseñó que dos cosas son esenciales para ingresar al reino por la fe:

1. *La fe, la sinceridad*. Venir como un niñito, para recibir el don de la filiación como un regalo; someterse a hacer, sin preguntas, la voluntad del Padre, y con una genuina y plena confianza en la sabiduría del Padre; entrar al reino, libre de prejuicios y preconceptos; tener la mente abierta y dispuesta a aprender como un niño pequeño.

2. *El hambre de la verdad*. La sed de rectitud, un cambio de la actitud mental, la adquisición de la motivación para ser como Dios y para encontrar a Dios.

Jesús enseñó que el pecado no es hijo de una naturaleza defectuosa, sino más bien el descendiente de una mente conocedora dominada por una voluntad no sumisa. Sobre el pecado, enseñó que Dios *ha* perdonado; que nosotros podemos disponer personalmente de ese perdón mediante el acto de perdonar a nuestros semejantes. Cuando perdonas a tu hermano en la carne, creas de esa manera en tu alma la capacidad para recibir la realidad del perdón de Dios por tus errores.

Cuando el apóstol Juan comenzó a escribir la historia de la vida y las enseñanzas de Jesús, los primeros cristianos ya habían tenido tantos problemas con la idea del reino de Dios y las persecuciones por ella generadas que prácticamente habían abandonado el uso de este término. Juan habla mucho sobre la «vida eterna». Jesús a menudo se refirió a esta idea como el «reino de la vida». También mencionó frecuentemente «el reino de Dios dentro de vosotros». Una vez habló de tal experiencia como «la hermandad de la familia con Dios el Padre». Jesús intentó reemplazar «reino» por muchos términos, pero siempre sin éxito. Entre otros usó: la familia de Dios, la voluntad del Padre, los amigos de Dios, la comunidad de los creyentes, la hermandad del hombre, el redil del Padre, los niños de Dios, la comunidad de los fieles, el servicio del Padre, y los hijos liberados de Dios.

Pero no pudo escapar al uso de la idea del reino. Tan sólo más de cincuenta años más tarde, después de la destrucción de Jerusalén por los ejércitos romanos, este concepto del reino comenzó a transformarse en el culto de la vida eterna a medida que sus aspectos sociales e institucionales fueron incorporados por la iglesia cristiana en rápida expansión y cristalización.

3. EN RELACIÓN CON LA RECTITUD

Jesús intentó constantemente hacer comprender a sus apóstoles y discípulos que debían adquirir, por la fe, una rectitud que excediera la rectitud de las acciones esclavizantes que algunos de los escribas y fariseos con tanta vanagloria mostraban al mundo.

Aunque Jesús enseñó que la fe, la simple creencia parecida a la de un niño, es la llave de la puerta del reino, también enseñó que, habiendo entrado, hay pasos progresivos de rectitud que todo niño creyente debe ascender para crecer hasta la estatura plena de los vigorosos hijos de Dios.

Es en la consideración de la técnica de *recepción* del perdón de Dios que el alcance de la rectitud del reino es revelado. La fe es el precio que pagas para entrar en la familia de Dios; pero el perdón es el acto de Dios que acepta tu fe como precio de entrada. Y la recepción del perdón de Dios por un creyente del reino comprende una experiencia definida y real y consiste en seguir cuatro pasos, los pasos del reino de la rectitud interior:

1. El perdón de Dios se hace realmente disponible y el hombre lo experimenta personalmente sólo en la medida en que él mismo perdona a sus semejantes.

2. El hombre no perdona de verdad a sus semejantes, a menos que los ame como a sí mismo.

3. Amar así a tu prójimo como a ti mismo es la ética más elevada.

4. La conducta moral, la verdadera rectitud, se torna entonces en el resultado natural de dicho amor.

Es evidente por lo tanto, que la religión verdadera e interior del reino tiende infaliblemente y cada vez más a manifestarse en avenidas prácticas de servicio social. Jesús enseñó una religión viva que impelía a sus creyentes a que hicieran obra de servicio amante. Pero Jesús no puso la ética en el lugar de la religión. Él enseñó religión como causa y ética como resultado.

La rectitud de todo acto debe ser medida por el motivo; las formas más elevadas de virtud son, por ende inconscientes. Jesús nunca se preocupó ni por la moral ni la ética como tales. Se preocupó siempre y plenamente por aquella relación interior y espiritual con Dios el Padre, que tan certera y directamente se manifiesta exteriormente en el servicio amante a los hombres. Enseñó que la religión del reino es una experiencia personal genuina que ningún hombre puede contener dentro de sí mismo; que la conciencia de ser miembro de la familia de los creyentes conduce inevitablemente a la práctica de los preceptos de la conducta familiar, al servicio a los propios hermanos y hermanas en el esfuerzo de elevar y expandir la hermandad.

La religión del reino es personal e individual; los frutos, los resultados, son familiares y sociales. Jesús nunca dejó de exaltar lo sagrado del individuo en contraste con la comunidad. Pero también reconocía que el hombre desarrolla su carácter mediante el servicio altruista; que desenvuelve su naturaleza moral en las relaciones amantes con sus semejantes.

Al enseñar que el reino está dentro de uno, al exaltar al individuo, Jesús dio el golpe de gracia a la antigua sociedad, en cuanto abrió la puerta para la nueva dispensación de la verdadera rectitud social. Este nuevo orden social poco lo conoce el mundo porque se ha negado a practicar los principios del evangelio del reino del cielo. Y cuando este reino de preeminencia espiritual llegue a la tierra, no se manifestará simplemente en mejores condiciones sociales y materiales, sino más bien en la gloria de aquellos valores espirituales elevados y enriquecidos que son característicos de la era que se avecina de mejores relaciones humanas y de alcances espirituales cada vez más avanzadas.

4. LAS ENSEÑANZAS DE JESÚS SOBRE EL REINO

Jesús nunca ofreció una definición precisa del reino. En cierto momento hablaba de una fase del reino, en otro momento conversaba de un aspecto diferente de la hermandad del reino de Dios en el corazón de los hombres. En el curso de este sermón del sábado por la tarde Jesús mencionó no menos de cinco fases, o épocas, del reino, y éstas fueron:

1. Como parte de la vida espiritual, la experiencia personal e interior de la comunidad del creyente individual con Dios el Padre.

2. La hermandad en crecimiento de los creyentes del evangelio, los aspectos sociales de moral más elevada y de ética más noble que resultan del reinado del espíritu de Dios en el corazón de los creyentes individuales.

3. La hermandad supermortal de los seres espirituales invisibles que prevalece en la tierra y en el cielo, el reino sobrehumano de Dios.

4. La perspectiva de una satisfacción más completa de la voluntad de Dios, el avance hacia el amanecer de un nuevo orden social en relación con un vivir espiritual mejorado —la próxima etapa del hombre.

5. El reino en su plenitud, la era espiritual futura de luz y vida en la tierra.

Por lo tanto, es necesario siempre que examinemos las enseñanzas del Maestro, para determinar a cuál de estas cinco fases puede estar haciendo referencia cuando usa el término reino del cielo. Mediante este proceso de modificación gradual de la voluntad del hombre, que a su vez afecta las decisiones humanas, Micael y sus asociados de igual modo gradual pero certero están cambiando el entero curso de la evolución humana, tanto social como en otros aspectos.

En esta ocasión, el Maestro hizo hincapié sobre los siguientes cinco puntos como representación de las características cardinales del evangelio del reino:

1. La preeminencia del individuo.
2. La voluntad como factor determinante en la experiencia del hombre.
3. La comunidad espiritual con Dios el Padre.
4. Las satisfacciones supremas del servicio amoroso del hombre.
5. La trascendencia en la personalidad humana de lo espiritual sobre lo material.

Este mundo no ha probado nunca seria, sincera u honestamente estas ideas dinámicas, estos ideales divinos de la doctrina de Jesús del reino del cielo. Pero no debéis desalentaros por el progreso aparentemente lento de la idea del reino en Urantia. Recordad que el orden de la evolución progresiva está sujeto a periódicos cambios repentinos e inesperados tanto en el mundo material como en el mundo espiritual. El autootorgamiento de Jesús como Hijo encarnado fue precisamente un acontecimiento extraño e inesperado de esa naturaleza en la vida espiritual del mundo. No cometáis tampoco el error fatal, al buscar la manifestación del reino en la era, de no ocuparos de establecerlo en vuestra alma.

Aunque Jesús atribuyó una fase del reino al futuro y, en numerosas ocasiones, sugirió que dicho evento podría aparecer como parte de una crisis mundial; y aunque también con certidumbre, en varias ocasiones, prometió definitivamente que algún día retornaría a Urantia, es necesario aclarar que nunca vinculó positivamente estas dos ideas entre sí. Prometió una nueva revelación del reino sobre la tierra en algún tiempo futuro; también prometió que alguna vez volvería en persona a este mundo;

pero no dijo que los dos acontecimientos fueran sinónimos. Por todo lo que sabemos, estas promesas pueden referirse al mismo acontecimiento, o no.

Sus apóstoles y discípulos vincularon con certeza estas dos enseñanzas. Cuando el reino no se materializó tal como ellos habían esperado, recordando la enseñanza del Maestro sobre un reino futuro y recordando su promesa de volver, llegaron a la conclusión de que estas promesas se referían a un acontecimiento idéntico; por lo tanto vivieron en la esperanza de un segundo advenimiento inmediato con el fin de establecer el reino en su plenitud y con poder y gloria. Así también han vivido generaciones sucesivas de creyentes en la tierra con la misma esperanza inspiradora pero desalentadora.

5. Las ideas posteriores sobre el reino

Habiendo resumido las enseñanzas de Jesús sobre el reino del cielo, se nos permite narrar ciertas ideas posteriores atribuidas al concepto del reino y hacer un pronóstico profético del reino tal como puede evolucionar en la era venidera.

A lo largo de los primeros siglos de propaganda cristiana, la idea del reino del cielo estuvo enormemente influida por los conceptos, por aquel entonces en rápida difusión, del idealismo griego, la idea de lo natural como sombra de lo espiritual —lo temporal como sombra de lo eterno en el tiempo.

Pero el gran paso que marcó el transplante de las enseñanzas de Jesús de un suelo judío a un suelo gentil, se tomó cuando el Mesías del reino se volvió el Redentor de la iglesia, una organización religiosa y social que creció de las actividades de Pablo y de sus sucesores y que se basó en las enseñanzas de Jesús, suplementadas por las ideas de Filón y las doctrinas persas del bien y del mal.

Las ideas e ideales de Jesús, comprendidas en la enseñanza del evangelio del reino, casi no se realizaron ya que sus seguidores distorsionaban progresivamente sus declaraciones. El concepto del reino explicado por el Maestro fue notablemente modificado por dos grandes tendencias:

1. Los creyentes judíos persistieron en considerarle el *Mesías*. Creían que Jesús pronto retornaría para establecer realmente el reino mundial y más o menos material.

2. Los cristianos gentiles comenzaron muy pronto a aceptar las doctrinas de Pablo que llevaban cada vez más a la creencia general de que Jesús era el *Redentor* de los hijos de la iglesia, que era la sucesora nueva e institucional del concepto anterior de hermandad puramente espiritual del reino.

La iglesia, como desarrollo social del reino, habría sido totalmente natural y aun deseable. El mal de la iglesia no estribó en su existencia sino más bien en el hecho de que suplantó casi completamente el concepto del reino elaborado por Jesús. La iglesia institucionalizada de Pablo se volvió virtualmente el sustituto del reino del cielo que Jesús había proclamado.

Pero no dudéis, este mismo reino del cielo que el Maestro enseñó existe en el corazón del creyente, y resta ser proclamado a esta iglesia cristiana, y aun a todas las demás religiones, razas y naciones de la tierra —aun a cada ser.

El reino enseñado por Jesús, el ideal espiritual de la rectitud individual y el concepto de la comunidad divina del hombre con Dios, se fue sumergiendo paulatinamente en el concepto místico de la persona de Jesús como Redentor-Creador y cabeza espiritual de una comunidad religiosa socializada. De esta manera, una iglesia formal e institucional se volvió el sustituto de una hermandad del reino formada por individuos guiados por el espíritu.

La iglesia fue el resultado *social* inevitable y útil de la vida y de las enseñanzas de Jesús; la tragedia consistió en el hecho de que esta reacción social a las enseñanzas del reino desplazara tan plenamente el concepto espiritual del verdadero reino tal como Jesús lo había enseñado y vivido.

El reino, para los judíos, era la *comunidad* israelita; para los gentiles se volvió la *iglesia* cristiana. Para Jesús el reino era la suma de aquellos *seres* que habían confesado su fe en la paternidad de Dios, declarando de ese modo su dedicación total a hacer la voluntad de Dios, volviéndose así miembros de la hermandad espiritual del hombre.

El Maestro se daba cuenta plenamente de que aparecerían en el mundo ciertos resultados sociales como consecuencia de la diseminación del evangelio del reino; pero era su intención que todas estas manifestaciones sociales deseables aparecieran como crecimientos inconscientes e inevitables, o frutos naturales, de la experiencia personal interior de los individuos creyentes, de la comunidad espiritual y comunión con el espíritu divino que reside en todos los creyentes y los activa.

Jesús previó que una organización social, o iglesia, seguiría el progreso del verdadero reino espiritual, y por eso no se opuso nunca a que los apóstoles practicaran el rito del bautismo de Juan. Enseñó que el alma amante de la verdad, el alma que tiene hambre y sed de rectitud, de Dios, es admitida por la fe al reino espiritual; al mismo tiempo, los apóstoles enseñaron que dicho creyente es admitido a la organización social de los discípulos mediante el rito exterior del bautismo.

Cuando los seguidores inmediatos de Jesús descubrieron que el ideal del establecimiento del reino en el corazón de los hombres mediante el dominio y la guía del espíritu en cada creyente les había fracasado parcialmente, dispusieron salvar sus enseñanzas del total olvido sustituyendo el ideal del reino del Maestro por la creación gradual de una organización social visible: la iglesia cristiana. Después de efectuar este programa de sustitución, para mantener la uniformidad y asegurar el reconocimiento de las enseñanzas del Maestro sobre el hecho del reino, proyectaron la idea del reino al futuro. La iglesia, en cuanto estuvo bien establecida, comenzó a enseñar que el reino aparecería en realidad cuando culminara la era cristiana, con el segundo advenimiento de Cristo.

De esta manera, el reino se tornó el concepto de una era, la idea de una visitación futura, y el ideal de la redención final de los santos del Altísimo. Los primeros cristianos (y muchos de los que vinieron después) perdieron de vista en general la idea del Padre e hijo que era la esencia de las enseñanzas de Jesús sobre el reino, sustituyéndola por la bien organizada comunidad social de la iglesia. La iglesia de este modo se volvió principalmente una hermandad *social* que desplazó efectivamente el concepto e ideal de Jesús de una hermandad *espiritual*.

El concepto ideal de Jesús fracasó en gran parte, pero sobre los cimientos de la vida personal y las enseñanzas del Maestro, suplementados por los conceptos griego y persa de vida eterna y aumentados por la doctrina de Filón de lo temporal contrastado con lo espiritual, Pablo construyó una de las sociedades humanas más progresivas que hayan existido jamás en Urantia.

El concepto de Jesús aún vive en las religiones avanzadas del mundo. La iglesia cristiana de Pablo es la sombra socializada y humanizada de lo que Jesús quería que fuera el reino del cielo —y lo que con toda seguridad será. Pablo y sus sucesores transfirieron parcialmente los asuntos de la vida eterna, de cada individuo, a la iglesia. Cristo, de este modo, se tornó en el dirigente de la iglesia, en vez de ser el hermano mayor de cada creyente dentro de la familia del Padre del reino. Pablo y sus contemporáneos aplicaron todas las implicaciones espirituales de Jesús que se referían a él mismo y a cada creyente, a la *iglesia* como grupo de creyentes; y al hacer así, dieron un golpe mortal al concepto de Jesús del reino divino en el corazón de cada creyente.

Así pues, durante siglos, la iglesia cristiana ha laborado en una situación altamente embarazosa porque se atrevió a reclamar para sí aquellos poderes y privilegios misteriosos del reino, que tan sólo pueden ser ejercidos y experimentados entre Jesús y sus hermanos creyentes espirituales. De este modo resulta aparente que la asociación con la iglesia no significa necesariamente la comunidad del reino; una es espiritual, la otra, principalmente social.

Tarde o temprano surgirá otro Juan el Bautista más grande, que proclamará que «el reino de Dios está cerca» —significando un retorno del elevado concepto espiritual de Jesús, quien proclamó que el reino es la voluntad de su Padre celestial que domina y trasciende en el corazón del creyente —y haciéndolo así sin referirse de ninguna manera ni a la iglesia visible en la tierra ni al segundo advenimiento anticipado de Cristo. Es necesario que ocurra un renacimiento de las enseñanzas *verdaderas* de Jesús, una redeclaración que deshaga el trabajo de sus primeros seguidores, quienes procuraron crear un sistema socio-filosófico de creencias sobre el *hecho* de la estadía de Micael en la tierra. En poco tiempo, la enseñanza de esta historia *sobre* Jesús prácticamente suplantó la predicación del evangelio del reino de Jesús. Así pues, una religión histórica desplazó aquella enseñanza en la cual Jesús había combinado las ideas morales y los ideales espirituales más elevados del hombre con la esperanza más sublime del hombre para el futuro —la vida eterna. Y ése era el evangelio del reino.

Es justamente porque el evangelio de Jesús tenía tantas facetas, que en el curso de pocos siglos los estudiantes de los documentos sobre sus enseñanzas se dividieron en tantos cultos y sectas. La triste subdivisión de los creyentes cristianos resulta del fracaso de discernir en las muchas enseñanzas del Maestro la singularidad divina de su incomparable vida única. Pero algún día, los verdaderos creyentes de Jesús no estarán así divididos espiritualmente en su actitud ante los no creyentes. Siempre podremos tener diversidad de comprensión intelectual e interpretación, aun diversos grados de socialización, pero la falta del sentimiento de fraternidad espiritual es inexcusable y reprensible.

¡No os equivoquéis! Existe en las enseñanzas de Jesús una naturaleza eterna que no le permitirá permanecer por siempre sin frutos en el corazón de los hombres pensadores. El reino, tal como lo concibió Jesús, ha fracasado en gran parte en la tierra; por ahora, una iglesia exterior ha tomado su lugar; pero debéis comprender que esta iglesia es tan sólo la etapa larval del reino espiritual impedido, que lo llevará a través de esta era material, a una dispensación más espiritual en la que las enseñanzas del Maestro gozarán de una oportunidad más plena para su desarrollo. Así pues, la así llamada iglesia cristiana se vuelve el capullo en el cual está ahora durmiendo el concepto del reino de Jesús. El reino de la hermandad divina aún está vivo y saldrá finalmente y con certeza de su largo letargo, con tanta certeza como surge finalmente la mariposa, como la bella evolución de su menos atrayente criatura de desarrollo metamórfico.

DOCUMENTO 171

CAMINO A JERUSALÉN

AL DÍA siguiente del memorable sermón sobre «el reino del cielo», Jesús anunció que el próximo día él y los apóstoles partirían para asistir a la Pascua en Jerusalén, visitando numerosas ciudades del sur de Perea por el camino.

El discurso sobre el reino y el anuncio de que iría a la celebración de la Pascua hicieron que todos sus seguidores pensaran que salía hacia Jerusalén para inaugurar el reino temporal de la supremacía judía. Dijera lo que dijese Jesús sobre el carácter no material del reino, no podía eliminar completamente de la mente de sus oyentes judíos la idea de que el Mesías establecería algún tipo de gobierno nacionalista, con sede central en Jerusalén.

Lo que Jesús dijo en su sermón del sábado tan sólo consiguió confundir la mayoría de sus seguidores. Muy pocos fueron esclarecidos por el discurso del Maestro. Los líderes comprendieron algo de sus enseñanzas sobre el reino interior, «el reino del cielo dentro de vosotros», pero también sabían que había hablado de otro reino futuro, y éste era el reino que ellos creían que estaba a punto de ir a Jerusalén para establecer. Cuando esta expectativa sufrió una desilusión, cuando él fue rechazado por los judíos, y más tarde, cuando Jerusalén fue literalmente destruida, aún se aferraron a esta esperanza, creyendo sinceramente que el Maestro pronto retornaría al mundo en gran poder y gloria majestuosa para establecer el reino prometido.

Fue este domingo por la tarde cuando Salomé, la madre de Santiago y Juan Zebedeo, vino adonde Jesús con sus dos hijos apóstoles y, como si se dirigiera a un potentado oriental, intentó que Jesús le prometiera por adelantado otorgarle lo que ella le pidiese. Pero el Maestro no quiso prometer nada; en cambio, le preguntó: «¿Qué es lo que quieres que haga por ti?» Entonces respondió Salomé: «Maestro, ahora que vayas a Jerusalén para establecer el reino, quisiera pedirte por adelantado que me prometas que éstos mis hijos sean honrados contigo, uno sentado a tu diestra y el otro sentado a tu izquierda en tu reino».

Cuando Jesús escuchó el pedido de Salomé, dijo: «Mujer, no sabes qué es lo que pides». Luego, fijando la mirada en los ojos de los dos apóstoles buscadores de honor, dijo: «Teniendo en cuenta que hace mucho que os conozco y os amo; que aun he vivido en la casa de vuestra madre; que Andrés os ha encargado que estéis conmigo en todo momento; por todo esto, habéis permitido que vuestra madre venga a verme en secreto, con esta petición indecorosa. Pero yo os pregunto: ¿sois capaces de beber de la copa de la que estoy a punto de beber?» Sin titubeo, Santiago y Juan contestaron: «Sí, Maestro, sí somos capaces». Dijo Jesús: «Me apesadumbra ver que no sabéis por qué vamos a Jerusalén; me duele que no comprendáis la naturaleza de mi reino; me desilusiona que traigáis a vuestra madre para que me haga esta petición; pero yo sé que me amáis en vuestro corazón; por eso declaro que en verdad beberéis de mi copa de amargura y compartiréis de mi humillación, pero que os sentéis a mi derecha y a mi izquierda no está en mi poder daros. Esos honores están reservados para los que han sido designados por mi Padre».

Para entonces alguien había llevado a Pedro y a los otros apóstoles la noticia de esta conferencia, y estaban ellos muy indignados de que Santiago y Juan buscaran ser preferidos entre los demás, y que fueran en secreto con su madre a hacer esta petición. Cuando empezaron a discutir entre ellos, Jesús los reunió y dijo: «Bien comprendéis cómo los gobernantes de los gentiles dominan a sus súbditos, y cómo los que son grandes ejercen su autoridad. Pero no será así en el reino del cielo. El que quiera ser grande entre vosotros, que sea primero vuestro siervo. El que quiera ser primero en el reino, que sea vuestro ministro. Yo os declaro que el Hijo del Hombre no vino para ser ministrado sino para ministrar; y ahora voy a Jerusalén para dar mi vida haciendo la voluntad del Padre y sirviendo a mis hermanos». Cuando los apóstoles escucharon estas palabras se retiraron por su cuenta para orar. Ese anochecer, en respuesta a los esfuerzos de Pedro, Santiago y Juan se disculparon en forma adecuada ante los diez y recuperaron las buenas gracias de sus hermanos.

Al pedir sitios a la derecha y a la izquierda de Jesús en Jerusalén, los hijos de Zebedeo no se daban cuenta de que en menos de un mes su amado Maestro estaría clavado en una cruz romana con un ladrón moribundo a un lado y otro transgresor al otro lado. Y la madre de ellos, que estuvo presente en la crucifixión, recordaba muy bien la petición necia que ella había hecho a Jesús en Pella relativo a los honores que tan tontamente buscara para sus hijos apóstoles.

1. LA PARTIDA DE PELLA

Durante la mañana del lunes 13 de marzo, Jesús y sus doce apóstoles se despidieron finalmente del campamento de Pella, partiendo hacia el sur en su gira de las ciudades del sur de Perea, donde trabajaban los asociados de Abner. Pasaron más de dos semanas visitando a los setenta y luego fueron directamente a Jerusalén para la Pascua.

Cuando el Maestro salió de Pella, los discípulos acampados con los apóstoles, que contaban unos mil, los siguieron. Aproximadamente la mitad de este grupo lo abandonó en el vado del Jordán junto al camino a Jericó cuando se enteraron de que él iba a Hesbón, y después de que él había predicado el sermón sobre «el calcular los gastos». Se dirigieron a Jerusalén, mientras que la otra mitad lo siguió por dos semanas, visitando las ciudades del sur de Perea.

En general, la mayoría de los seguidores inmediatos de Jesús comprendía que el campamento de Pella había sido abandonado, pero en realidad pensaban que esto indicaba que su Maestro por fin tenía la intención de ir a Jerusalén y reclamar el trono de David. Una amplia mayoría de sus seguidores nunca pudo captar ningún otro concepto del reino del cielo; sea lo que fuere lo que él les enseñara, no querían desprenderse de la idea judía del reino.

Siguiendo las instrucciones del apóstol Andrés, David Zebedeo cerró el campamento para peregrinos en Pella el miércoles 15 de marzo. En ese entonces había unos cuatro mil peregrinos residiendo allí, sin incluir a las más de mil personas que vivían con los apóstoles en lo que se conocía como el campamento de los maestros, y que fueron al sur con Jesús y los doce. Aunque a regañadientes, David vendió todo el equipo a numerosos compradores y procedió con los fondos a Jerusalén, habiendo entregado posteriormente el dinero a Judas Iscariote.

David estaba presente en Jerusalén durante la última semana trágica, y se llevó a su madre de vuelta a Betsaida después de la crucifixión. Mientras esperaba a Jesús y a los apóstoles, David se detuvo para visitar a Lázaro en Betania y se agitó enormemente al ver cómo los fariseos lo perseguían y lo atribulaban desde su resurrección. Andrés había instruido a David que descontinuara el servicio de mensajería; todos interpretaron esto como una indicación del pronto establecimiento del reino en Jerusalén. David se encontró sin trabajo, y había prácticamente decidido volverse el defensor autonombrado de Lázaro, cuando finalmente este objeto de su solicitud indignada huyó apresuradamente a Filadelfia. Por lo tanto, poco tiempo después de la resurrección y también después de la muerte de su madre, David se fue a Filadelfia, no sin antes ayudar a Marta y María en disponer de sus bienes; allí, en asociación con Abner y Lázaro, pasó el resto de su vida, volviéndose el supervisor financiero de todos aquellos grandes intereses del reino que tuvieron su centro en Filadelfia durante la vida de Abner.

Dentro de un corto período después de la destrucción de Jerusalén, Antioquía se tornó el centro del *cristianismo paulino*, mientras que Filadelfia siguió siendo el centro del *reino del cielo abneriano*. De Antioquía, la versión paulina de las enseñanzas de Jesús y sobre Jesús se difundió a todo el mundo occidental; desde Filadelfia los misioneros de la versión abneriana del reino del cielo se desparramaron por toda Mesopotamia y Arabia hasta que más adelante estos emisarios inflexibles de las enseñanzas de Jesús, fueron sobrecogidos por la emergencia súbita del islam.

2. SOBRE CÓMO CALCULAR EL GASTO

Cuando Jesús y la compañía de casi mil seguidores llegó al vado de Betania sobre el Jordán a veces llamado Betábara, sus discípulos comenzaron a darse cuenta de que no se dirigía directamente a Jerusalén. Mientras titubeaban y discutían entre ellos, Jesús se trepó a una enorme piedra y pronunció ese discurso que es conocido como «el calcular el gasto». El Maestro dijo:

«Vosotros los que queréis seguirme de ahora en adelante debéis estar dispuestos a pagar el precio de la dedicación total a hacer la voluntad de mi Padre. Si queréis ser mis discípulos, debéis estar dispuestos a abandonar padre, madre, esposa, hijos, hermanos y hermanas. Si cualquiera entre vosotros quiere ahora ser mi discípulo, debéis estar dispuestos a abandonar aun vuestra vida así como el Hijo del Hombre está a punto de ofrecer su vida para completar la misión de hacer la voluntad del Padre en la tierra y en la carne.

«Si no estás dispuesto a pagar el precio entero, no puedes ser mi discípulo. Antes de que sigamos, cada uno de vosotros debería sentarse y calcular el gasto de ser mi discípulo. ¿Quién entre vosotros construiría una torre de vigilia sobre sus predios sin sentarse primero a sumar el costo y ver si tiene suficiente dinero para completar la obra? Si no calculas así el gasto, después de haber echado los cimientos, es posible que descubras que eres incapaz de terminar lo que has comenzado, y por lo tanto todos tus vecinos se mofarán de ti diciendo: 'he aquí que este hombre empezó a construir pero no puede terminar su obra'. También, ¿qué rey, cuando se preparara a guerrear contra otro rey, no se sienta primero a asesorarse sobre si podrá, con diez mil hombres, luchar contra el que se le enfrenta con veinte mil? Si el rey no puede enfrentarse con su enemigo porque no está preparado, envía un embajador a este otro rey, aunque se encuentre muy lejos, pidiéndole términos de paz.

«Ahora bien, cada uno de vosotros debe sentarse y calcular el gasto de ser mi discípulo. De ahora en adelante no podrás seguirnos, escuchando las enseñanzas y contemplando las obras; tendrás que enfrentar amargas persecuciones y dar prueba de este evangelio frente a un desencanto aplastante. Si no estás dispuesto a renunciar a todo lo que eres y a dedicar todo lo que tienes, no mereces ser mi discípulo. Si ya te has conquistado a ti mismo dentro de tu corazón, no debes temer esa victoria exterior que pronto deberás ganar cuando el Hijo del Hombre sea rechazado por los altos sacerdotes y los saduceos y entregado a las manos de los descreídos que se mofan.

«Ahora debes examinarte para hallar tu motivación de ser discípulo mío. Si buscas honor y gloria, si tu mente es mundana, eres como la sal que ha perdido su sabor. Y cuando lo que vale por su salinidad ha perdido su sabor, ¿con qué lo sazonaremos? Es inútil tal condimento; sólo sirve para echarlo a la basura. Ahora os he advertido que os volváis a vuestro hogar en paz, si no estáis dispuestos a beber conmigo la copa que está siendo preparada. Una y otra vez os he dicho que mi reino no es de este mundo, pero no me creéis. El que tenga oído para oír, que oiga lo que yo digo».

Inmediatamente después de decir estas palabras, Jesús a la cabeza de los doce, partió en dirección a Hesbón, seguido por unos quinientos. Después de una breve demora, la otra mitad de la multitud se dirigió a Jerusalén. Sus apóstoles, juntamente con los discípulos principales, mucho reflexionaron sobre estas palabras, pero aún seguían aferrándose a la creencia de que, después de este breve período de adversidad y prueba, el reino sería establecido con certeza, relativamente de acuerdo con sus esperanzas largamente acariciadas.

3. LA GIRA EN PEREA

Durante más de dos semanas Jesús y los doce, seguidos por una multitud de varios centenares de discípulos, viajaron por el sur de Perea, visitando todas las ciudades en las que laboraban los setenta. Muchos gentiles vivían en esta región, y puesto que pocos iban a pasar la fiesta de la Pascua en Jerusalén, los mensajeros del reino continuaron con su trabajo de enseñanza y predicación sin interrupciones.

Jesús se encontró con Abner en Hesbón, y Andrés instruyó que no se interrumpieran las labores de los setenta durante la fiesta de Pascua; Jesús aconsejó que los mensajeros continuaran con su obra sin prestar atención alguna a lo que estaba por suceder en Jerusalén. También aconsejó a Abner que permitiese que el cuerpo de mujeres, por lo menos los miembros que así lo deseaban, fueran a Jerusalén para la Pascua. Fue ésta la última vez que Abner vio a Jesús en la carne. Su despedida de Abner fue: «Hijo mío, yo sé que tú serás fiel al reino, y oro para que el Padre te otorgue sabiduría de modo que puedas amar y comprender a tus hermanos».

Mientras viajaban de ciudad en ciudad, grandes números de sus seguidores desertaron para ir a Jerusalén de manera que, cuando Jesús empezó el viaje para la Pascua, el número de los que lo seguían todos los días había disminuido a menos de doscientos.

Los apóstoles comprendían que Jesús iba a Jerusalén para la Pascua. Sabían que el sanedrín había difundido un mensaje a todo Israel informado que había sido condenado a muerte e instruyendo a todos los que supieran dónde estaba que informaran al sanedrín; sin embargo, a pesar de todo esto, no estaban tan alarmados como lo habían estado cuando él les había anunciado en Filadelfia que iba a Betania para ver a Lázaro. Este cambio de actitud de un temor tan intenso a un estado de discreta expectativa, se debía sobre todo a la resurrección de Lázaro. Habían llegado a la conclusión de que Jesús podría, en caso de urgencia, afirmar su poder divino y avergonzar a sus enemigos. Esta esperanza, combinada con su fe más profunda y madura en la supremacía espiritual de su Maestro, era la fuente del valor exterior manifestado por sus seguidores inmediatos, quienes ahora se prepararon para seguirle a

Jerusalén y hacer frente directamente a la declaración abierta del sanedrín de que debía morir.

La mayoría de los apóstoles y muchos de sus discípulos más íntimos no creían posible que Jesús muriese; ellos, creyendo que él era «la resurrección y la vida», lo consideraban inmortal y ya triunfante sobre la muerte.

4. LA ENSEÑANZA EN LIVIAS

El miércoles 29 de marzo al atardecer, Jesús y sus seguidores acamparon en Livias, camino de Jerusalén, después de haber completado su gira de las ciudades del sur de Perea. Fue durante esta noche en Livias cuando Simón el Zelote y Simón Pedro, habiendo conspirado para recibir en este sitio más de cien espadas, las cuales fueron distribuidas a todos los que quisieron aceptarlas y ceñírselas ocultas bajo sus mantos. Simón Pedro aún llevaba la espada la noche de la traición al Maestro en el jardín.

El jueves por la mañana temprano, antes de que se despertaran los demás, Jesús llamó a Andrés y dijo: «¡Despierta a tus hermanos! Tengo algo que decirles». Jesús sabía de las espadas y cuáles de sus apóstoles las habían recibido y las llevaban, pero nunca les reveló que sabía de estas cosas. Cuando Andrés hubo despertado a sus asociados, y se hubieron reunido entre ellos, Jesús dijo: «Hijos míos, habéis estado conmigo mucho tiempo, y yo os he enseñado mucho de lo que se necesita para este período, pero ahora deseo advertiros que no pongáis vuestra confianza en las incertidumbres de la carne ni en la fragilidad de la defensa humana contra las pruebas que nos esperan. Os he llamado aparte aquí para poder deciros nuevamente y claramente que vamos a Jerusalén, donde vosotros sabéis que el Hijo del Hombre ya ha sido condenado a muerte. Nuevamente os digo que el Hijo del Hombre será entregado a las manos de los altos sacerdotes y de los líderes religiosos; que ellos lo condenarán y luego lo entregarán a las manos de los gentiles. Así pues, se mofarán del Hijo del Hombre, aun lo escupirán y lo flagelarán, y lo entregarán a la muerte. Y cuando maten al Hijo del Hombre, no desmayéis, porque os declaro que el tercer día resucitará. Cuidaos y recordad que os he avisado».

Nuevamente estuvieron los apóstoles pasmados y anonadados; pero no podían convencerse de considerar sus palabras literalmente; no podían comprender que el Maestro significaba exactamente lo que decía. Estaban tan cegados por su persistente creencia en el reino temporal sobre la tierra, con su centro en Jerusalén, que simplemente no podían —no querían— permitirse aceptar literalmente las palabras de Jesús. Durante todo ese día reflexionaron sobre cuál podía ser el significado de tan extrañas declaraciones del Maestro. Pero ninguno de ellos se atrevió a hacerle preguntas sobre estas declaraciones. Estos confundidos apóstoles no despertaron hasta después de la muerte de Jesús a la comprensión de que el Maestro les había hablado clara y directamente en anticipación de su crucifixión.

Fue aquí en Livias, justo antes del desayuno, donde ciertos fariseos simpatizantes vinieron adonde Jesús y dijeron: «Huye de prisa de estas regiones porque Herodes, así como persiguió a Juan, ahora tratará de matarte a ti. Teme una revuelta del pueblo y ha decidido matarte. Te traemos esta advertencia para que puedas huir».

Esto era parcialmente verdad. La resurrección de Lázaro atemorizó y alarmó a Herodes, y sabiendo que el sanedrín se había atrevido a condenar a Jesús, aun antes del juicio, Herodes decidió o matar a Jesús o echarlo afuera de sus tierras. En realidad, deseaba hacer lo segundo, puesto que tanto le temía que esperaba no verse obligado a ejecutarlo.

Cuando Jesús escuchó lo que tenían que decir los fariseos, replicó: «Bien sé de Herodes y de su temor de este evangelio del reino, pero no os equivoquéis, él mucho preferiría que el Hijo del Hombre fuera a Jerusalén para sufrir y morir a manos de los altos sacerdotes; no anhela, habiéndose manchado las manos con la sangre de Juan, responsabilizarse de la muerte del Hijo del Hombre. Id vosotros y decid a ese zorro que el Hijo del Hombre predica hoy en Perea, mañana va a Judea, y después de unos pocos días, habrá completado su misión en la tierra y se preparará para ascender al Padre».

Luego, volviéndose a sus apóstoles, Jesús dijo: «Desde tiempos antiguos han perecido los profetas en Jerusalén, y corresponde que el Hijo del Hombre vaya a la ciudad de la casa del Padre, para ser ofrecido como precio del fanatismo humano y como resultado del prejuicio religioso y de la ceguera espiritual. ¡Oh Jerusalén, Jerusalén, que matas a los profetas y apedreas a los maestros de la verdad! ¡Cuántas veces hubiera querido juntar a tus hijos así como una gallina junta a sus polluelos bajo sus alas, pero no me dejaste hacerlo! ¡He aquí que tu casa pronto quedará desolada! Muchas veces querrás verme, pero no podrás. Me buscarás entonces, pero no me hallarás». Y cuando hubo hablado, se volvió a los que lo rodeaban y dijo: «Sin embargo, vayamos a Jerusalén para asistir a la Pascua y hacer lo que nos corresponde para satisfacer la voluntad del Padre en el cielo».

Era un grupo confuso y turbado de creyentes el que este día siguió a Jesús hasta Jericó. Los apóstoles tan sólo podían discernir una nota certera de triunfo final en las declaraciones de Jesús sobre el reino; no podían dejarse llevar a ese punto en que estuvieran dispuestos a captar las advertencias de una inminente catástrofe. Cuando Jesús habló de «resucitar el tercer día», se aferraron de esta declaración interpretando que significaba un triunfo seguro del reino inmediatamente después de una escaramuza preliminar y desagradable con los líderes religiosos judíos. El «tercer día» era una expresión judía frecuente que significaba «pronto» o «poco después». Cuando Jesús habló de «resucitar», pensaron que se refería a que «resucitaría el reino».

Jesús había sido aceptado por estos creyentes como el Mesías, y los judíos poco o nada sabían de un Mesías sufriente. No comprendían que Jesús conseguiría con su muerte muchas cosas que no podría haber conseguido nunca con su vida. Mientras fue la resurrección de Lázaro la que estimuló a los apóstoles a tener el valor de entrar a Jerusalén, fue la memoria de la transfiguración la que sostuvo al Maestro en este duro período de su autootorgamiento.

5. EL CIEGO EN JERICÓ

El jueves 30 de marzo al finalizar la tarde, Jesús y sus apóstoles, a la cabeza de un grupo de alrededor de doscientos seguidores, se acercaron a los muros de Jericó. Al aproximarse a la puerta de la ciudad, se toparon con una multitud de mendigos, entre ellos cierto Bartimeo, hombre anciano que había sido ciego desde su juventud. Este mendigo ciego había oído hablar mucho sobre Jesús y sabía todo sobre su curación del ciego Josías en Jerusalén. No supo de la última visita de Jesús a Jericó hasta que éste ya había partido a Betania. Bartimeo había decidido que no permitiría nunca más que Jesús visitara a Jericó sin apelar a él para que le restaurara la vista.

La noticia de la llegada de Jesús se había difundido por todo Jericó, y cientos de habitantes se congregaron para salir a su encuentro. Cuando este gran gentío volvió escontando al Maestro por las calles de la ciudad, Bartimeo, al oír el ritmo de los pasos de la multitud, supo que ocurría algo insólito, y por lo tanto preguntó a los que estaban de pie junto a él qué pasaba. Uno de los mendigos contestó: «Está pasando

Jesús de Nazaret». Cuando Bartimeo oyó que Jesús estaba cerca, levantó la voz y comenzó a clamar a gritos: «Jesús, Jesús ¡ten compasión de mí!» Así continuó clamando cada vez más fuerte, y algunos de los que estaban cerca de Jesús se le acercaron para reprocharlo, pidiéndole que se quedara quieto; pero fue en vano; él gritó aún más y más fuerte.

Cuando Jesús oyó los lamentos del ciego, se detuvo. Y cuando lo vio, dijo a sus amigos: «Traedme a ese hombre». Entonces fueron ellos adonde Bartimeo, diciendo: «Está de buen ánimo; ven con nosotros, porque el Maestro te llama». Cuando Bartimeo oyó estas palabras, echó su manto a un lado, saltando al medio del camino, mientras que los que estaban cerca lo guiaban hacia Jesús. Dirigiéndose a Bartimeo, Jesús dijo: «¿Qué quieres que haga por ti?» Entonces contestó el ciego: «Quiero que me devuelvas la vista». Cuando Jesús escuchó su pedido y vio su fe, dijo: «Recibirás tu vista; vete por tu camino, tu fe te ha curado». Inmediatamente recibió la vista, y permaneció junto a Jesús, glorificando a Dios, hasta que el Maestro partió al día siguiente hacia Jerusalén, y luego fue ante la multitud declarando a todos cómo le había sido devuelta la vista en Jericó.

6. LA VISITA A ZAQUEO

Cuando la procesión del Maestro entró a Jericó, era cerca de la puesta del sol, y dispusieron pernoctar allí. Al pasar Jesús frente a la aduana, Zaqueo el jefe publicano, o recolector de impuestos, estaba de casualidad allí, y mucho deseaba ver a Jesús. Este jefe publicano era muy rico y mucho había oído sobre este profeta de Galilea. Había resuelto que la próxima vez que Jesús visitara Jericó quería ver qué clase de hombre era éste, por lo tanto, Zaqueo trató de abrirse paso entre el gentío, pero éste era demasiado grande, y siendo él bajo de estatura, no podía ver por encima de la cabeza de la gente. Así pues, el jefe publicano siguió a la multitud hasta que llegaron cerca del centro de la ciudad y no lejos de donde él vivía. Al ver que no podría abrirse paso en el gentío, y pensando que Jesús tal vez cruzaría la ciudad sin parar, se adelantó corriendo y trepó a un sicómoro cuyas abundantes ramas pendían sobre el camino. Sabía que de esta manera podría ver bien al Maestro cuando éste pasara. Y no sufrió una desilusión porque, al pasar Jesús, se detuvo, y levantando la mirada a Zaqueo, dijo: «Apresúrate, Zaqueo, y baja, porque esta noche he de morar en tu casa». Cuando Zaqueo oyó esas palabras asombrosas, estuvo a punto de caerse del árbol en su prisa por bajar, y acercándose a Jesús, expresó su gran gozo de que el Maestro quisiera parar en su casa.

Fueron enseguida a la casa de Zaqueo, y los que vivían en Jericó se sorprendieron mucho de que Jesús consintiera en morar con el jefe publicano. Aun mientras el Maestro y sus apóstoles se detenían momentáneamente con Zaqueo en la puerta de su casa, uno de los fariseos de Jericó, de pie cerca, dijo: «Podéis ver cómo este hombre ha ido a morar con un pecador, un hijo apóstata de Abraham que es extorsionador y ladrón de su propio pueblo». Cuando Jesús escuchó esto, bajó la mirada sobre Zaqueo y sonrió. Entonces Zaqueo se subió sobre un taburete y dijo: «Hombres de Jericó, ¡oídme! Tal vez sea yo publicano y pecador, pero el gran Maestro ha venido a morar en mi casa; y antes de que entre, yo os digo que donaré la mitad de mis bienes a los pobres, y a partir de mañana, si algo he recolectado injustamente de algún hombre, le devolveré cuatro veces tanto. Voy a buscar la salvación con todo mi corazón y a aprender a hacer rectitud ante los ojos de Dios».

Cuando Zaqueo terminó de hablar, Jesús dijo: «Hoy ha llegado la salvación a esta casa, y tú te has vuelto en verdad un hijo de Abraham». Volviéndose a la multitud congregada alrededor de ellos, Jesús dijo: «No os sorprendáis por mis palabras ni os ofendáis por lo que hacemos, porque yo he declarado desde el principio que el Hijo del Hombre ha venido para buscar y salvar a aquel que está perdido».

Se alojaron con Zaqueo esa noche. A la mañana siguiente se levantaron y tomaron el camino de «la carretera de los ladrones» a Betania camino de la Pascua en Jerusalén.

7. «AL PASAR JESÚS»

Jesús difundía buen ánimo dondequiera que fuese. Estaba lleno de donaire y de verdad. Sus asociados nunca dejaron de sorprenderse de las palabras compasivas que salían de sus labios. Sí, podéis cultivar la gracia, pero el donaire es el aroma de la amistad que emana de un alma saturada por el amor.

La bondad siempre obliga al respeto, pero cuando está vacía de gracia muchas veces rechaza el afecto. La bondad es universalmente atrayente sólo cuando está acompañada de la gracia. La bondad es eficaz sólo cuando es atrayente.

Jesús realmente comprendía a los hombres; por lo tanto podía él manifestar compasión genuina y mostrar comprensión sincera. Pero pocas veces cedía a la piedad. Mientras su compasión era ilimitada, su comprensión era práctica, personal y constructiva. Su familiaridad con el sufrimiento no dio nunca origen a la indiferencia, y él podía ministrar a las almas atormentadas sin acrecentar en ellas la compasión de sí mismas.

Jesús podía ayudar tanto a los hombres porque los amaba tan sinceramente. Verdaderamente amaba a todo hombre, a toda mujer y a todo niño. Podía ser un amigo tan leal debido a su notable discernimiento —sabía plenamente lo que había en el corazón y en la mente del hombre. Era un observador interesado y agudo. Era experto en la comprensión de la necesidad humana, sagaz en detectar los anhelos humanos.

Jesús no estaba nunca de prisa. Tenía tiempo para consolar a sus semejantes «al pasar», y siempre hacía que sus amigos se sintieran cómodos. Era un oyente encantador. Nunca era impertinente escudriñando las almas de sus asociados. Al consolar a la mente hambrienta y ministrar a las almas sedientas, los recipientes de su misericordia no sentían que *se le* estaban confesando sino más bien que estaban conferenciando *con* él. Tenían una confianza sin límites en él porque veían que él tenía tanta fe en ellos.

No parecía tener nunca curiosidad por la gente, nunca manifestaba el deseo de dirigir, manejar o seguir a los hombres. Inspiraba una autoconfianza profunda y un robusto coraje en todos los que disfrutaban de una asociación con él. Cuando le sonreía a un hombre, ese mortal experimentaba mayor capacidad para solucionar sus muchos problemas.

Jesús amaba tanto y tan sabiamente a los hombres que nunca titubeó en ser severo con ellos cuando la ocasión requería disciplina. Frecuentemente se disponía a ayudar a una persona, pidiéndole su ayuda. De esta manera estimulaba el interés, apelando a la mejor parte de la naturaleza humana.

El Maestro podía discernir la fe salvadora en la superstición ignorante de la mujer que buscó la curación tocando el ruedo de su manto. Siempre estaba pronto y listo para interrumpir un sermón o detener a una multitud con el objeto de ministrar las necesidades de una sola persona, aun de un niñito. Grandes cosas sucedían no sólo porque la gente tenía fe en Jesús, sino también porque Jesús tenía tanta fe en ellos.

La mayoría de las cosas realmente importantes que Jesús dijo o hizo parecían suceder por casualidad «al pasar él». Tan poco había de lo profesional, lo planeado, lo premeditado en el ministerio terrenal del Maestro. Dispensaba salud y esparcía felicidad en una forma natural y llena de gracia mientras viajaba por la vida. Era literalmente verdad, «caminaba haciendo el bien».

Y corresponde a los seguidores del Maestro de todos los tiempos aprender a ministrar «al pasar» —hacer el bien altruista al cumplir con sus deberes diarios.

8. LA PARÁBOLA DE LAS MINAS

No salieron de Jericó hasta cerca de mediodía puesto que la noche anterior estuvieron sentados hasta tarde mientras Jesús enseñaba a Zaqueo y a su familia el evangelio del reino. Aproximadamente a mitad camino de la carretera que subía hacia Betania, el grupo se detuvo para almorzar, mientras pasaban multitudes camino de Jerusalén, sin saber que Jesús y los apóstoles morarían esa noche en el Monte de los Olivos.

La parábola de las minas, a diferencia de la parábola de los talentos, que era para todos los discípulos, fue relatada más exclusivamente para los apóstoles y se basaba mayormente en la experiencia de Arquelao y su intento fútil de tomar las riendas del reino de Judea. Ésta es una de las pocas parábolas del Maestro cimentada en un personaje histórico auténtico. No es extraño que surgiera Arquelao a la mente puesto que la casa de Zaqueo en Jericó estaba muy cerca del adornado palacio de Arquelao, y su acueducto pasaba a lo largo del camino por el cual habían partido ellos de Jericó.

Dijo Jesús: «Creéis que el Hijo del Hombre va a Jerusalén para recibir un reino, pero yo declaro que estáis destinados a sufrir una desilusión. ¿Acaso no recordáis la historia de cierto príncipe que fue a un país lejano para recibir un reino, pero aun antes de poder retornar, los ciudadanos de su provincia, que en su corazón ya lo habían rechazado, enviaron una delegación tras él, que decía: 'no toleramos que este hombre reine sobre nosotros'? Así como este rey fue rechazado en el gobierno temporal, del mismo modo el Hijo del Hombre será rechazado en el gobierno espiritual. Nuevamente declaro que mi reino no es de este mundo; pero si el Hijo del Hombre hubiera recibido el gobierno espiritual de su pueblo, habría aceptado tal reino de las almas de los hombres y habría reinado sobre tal dominio de corazones humanos. A pesar de que ellos rechazan mi gobierno espiritual sobre ellos, yo retornaré nuevamente para recibir de otros el mismo reino del espíritu que ahora me niegan. Veréis que el Hijo del Hombre será rechazado ahora, pero en otra época, lo que ahora rechazan los hijos de Abraham, será recibido y exaltado.

«Ahora bien, como el noble rechazado de esta parábola, yo quiero llamar ante mí a mis doce siervos, los mayordomos especiales, y dando a cada uno de vosotros la suma de una mina, quiero advertiros que cumpláis bien con mis instrucciones de diligente comercio con vuestro fondo fiduciario durante mi ausencia para que tenáis algo con que justificar vuestra mayordomía cuando yo retorne, y se os pidan cuentas.

«Si este Hijo rechazado no volviese, otro Hijo será enviado para recibir este reino, y este Hijo enviará luego por todos vosotros para recibir vuestro informe de mayordomía y para regocijarse de vuestras ganancias.

«Y cuando estos mayordomos fueron llamados posteriormente para rendir cuentas, se adelantó el primero, diciendo: 'Señor, con tu mina yo he hecho diez minas más'. Y su amo le dijo: 'bien hecho; eres un buen siervo; como te has demostrado fiel en este asunto, te daré autoridad sobre diez ciudades'. Vino el segundo, diciendo: 'la mina que me dejaste Señor, ha producido cinco minas'. Y el amo dijo: 'por lo tanto te haré yo gobernante de cinco ciudades'. Así sucesivamente con todos los otros hasta que el último de los siervos, al ser llamado para rendir cuentas, dijo: 'Señor, he aquí tu mina, que he guardado celosamente en esta servilleta. Esto hice porque tuve miedo de ti; creí que fueras irrazonable viendo que tomas lo que no pusiste y siegas lo que no sembraste'. Entonces dijo el amo: '¡Oh siervo negligente e infiel, por tu propia boca te juzgaré! Sabías que yo siego lo que aparentemente no he sembrado; por lo tanto sabías que te pediría cuentas. Sabiéndolo, por lo menos deberías haber dado mi dinero al banquero para que a mi vuelta lo tuviera con el interés apropiado'.

«Luego dijo este gobernante a los que estaban cerca: 'Quitadle la mina a este siervo infiel y dadla al que tiene las diez minas'. Cuando le recordaron al señor que aquel ya tenía diez minas, él dijo: 'A todo aquel que tenga, más se le dará, pero aquel que no tiene, aun lo poco que tenga se le quitará'».

Luego los apóstoles intentaron entender la diferencia entre el significado de esta parábola y el de la anterior parábola de los talentos, pero Jesús sólo dijo, en respuesta a sus muchas preguntas: «Reflexionad bien sobre estas palabras en vuestro corazón hasta que cada uno de vosotros halle el verdadero significado».

Fue Natanael quien también enseñó el significado de estas dos parábolas en años posteriores, resumiendo sus enseñanzas en estas conclusiones:

1. La habilidad es la medida práctica de las oportunidades de la vida. No serás nunca responsable por cumplir con lo que está más allá de tus habilidades.

2. La fidelidad es la medida inequívoca de la confiabilidad humana. Aquel que es fiel en las pequeñas cosas, también probablemente exhibirá fidelidad en todo que sea de acuerdo con sus dotes.

3. El Maestro otorga menos recompensa a una menor fidelidad cuando la oportunidad es igual.

4. El otorga la misma recompensa por igual fidelidad cuando hay menos oportunidad.

Cuando terminaron su almuerzo, y una vez que la multitud de seguidores salió hacia Jerusalén, Jesús, de pie ante los apóstoles a la sombra de una roca a la orilla del camino, señaló con el dedo hacia el oeste, diciendo con alegre dignidad y graciosa majestad: «Venid, hermanos míos, vayamos a Jerusalén para recibir allí lo que nos aguarda; así cumpliremos con la voluntad del Padre celestial en todas las cosas».

Así pues Jesús y sus apóstoles reanudaron este, el último viaje del Maestro a Jerusalén en la semejanza de la carne mortal.

DOCUMENTO 172

LA ENTRADA A JERUSALÉN

JESÚS y los apóstoles llegaron a Betania poco después de las cuatro de la tarde del viernes 31 de marzo del año 30 d. de J.C. Lázaro, sus hermanas y sus amigos los aguardaban; como venían tantas personas todos los días para hablar con Lázaro de su resurrección, le dijeron a Jesús que habían arreglado que pernoctara con un creyente vecino, un tal Simón, que desde la muerte del padre de Lázaro, era el caudillo de la pequeña aldea.

Esa tarde Jesús recibió a muchos visitantes, y la gente común de Betania y Betfagé hizo todo lo que pudo para que se sintiera que era bienvenido. Aunque muchos pensaban que Jesús iba ahora a Jerusalén desafiando abiertamente el decreto de muerte del sanedrín para proclamarse rey de los judíos, la familia betaniana —Lázaro, Marta y María— se daba cuenta más plenamente de que el Maestro no era esa clase de rey; sentían vagamente que ésta podía ser su última visita a Jerusalén y Betania.

Los altos sacerdotes fueron informados de que Jesús estaba en Betania, pero decidieron que era mejor no intentar tratar de arrestarlo cuando se encontraba entre sus amigos; decidieron aguardar su venida a Jerusalén. Jesús sabía todo esto, pero estaba majestuosamente calmo; sus amigos no lo habían visto nunca tan compuesto y congenial; aun los apóstoles estaban sorprendidos de que se le viera tan poco preocupado, en el momento mismo en que el sanedrín había pedido a todos los judíos que se lo entregaran. Mientras el Maestro dormía esa noche, los apóstoles lo vigilaban de dos en dos, y muchos de ellos estaban armados con espada. A la mañana siguiente temprano, los despertaron cientos de peregrinos que venían de Jerusalén, aun siendo sábado, para ver a Jesús y a Lázaro, a quien aquel había resucitado después de muerto.

1. EL SÁBADO EN BETANIA

Los peregrinos que provenían de fuera de Judea, así como también las autoridades judías, se preguntaban: «¿Qué pensáis? ¿Vendrá Jesús a las festividades?» Por lo tanto, cuando el pueblo oyó que Jesús estaba en Betania, se alegraron, pero los altos sacerdotes y los fariseos estaban un tanto perplejos. Se alegraban de tenerlo bajo su jurisdicción, pero estaban un tanto desconcertados por su audacia; recordaban que en su previa visita a Betania, resucitó a Lázaro del mundo de los muertos, y Lázaro se estaba volviendo un problema serio para los enemigos de Jesús.

Seis días antes de la Pascua, al atardecer después del sábado, todo el pueblo de Betania y Betfagé se reunió para celebrar la llegada de Jesús con un banquete público en la casa de Simón. Esta cena era en honor tanto de Jesús como de Lázaro; se la celebró en desafío del sanedrín. Marta dirigía a los que servían la comida; su hermana María estaba entre las mujeres espectadoras puesto que no era costumbre de los judíos que las mujeres se sentaran en los banquetes públicos. También estaban presentes los agentes del sanedrín, pero temían apresar a Jesús en medio de sus amigos.

Jesús conversó con Simón sobre el antiguo Josué, cuyo nombre él mismo llevaba, y recitó la historia de cómo habían venido Josué y los israelitas a Jerusalén a través de Jericó. Al comentar sobre la leyenda de los muros de Jericó que se derrumbaron, Jesús dijo: «No me preocupan los muros de ladrillos y piedras; pero quisiera derrocar los muros del prejuicio, la mojigatería, y el odio que se alzan frente a esta predicación del amor del Padre por todos los hombres».

El banquete prosiguió en forma alegre y normal excepto que todos los apóstoles estaban insólitamente taciturnos. Jesús estaba excepcionalmente alegre y jugó con los niños hasta el momento de sentarse a la mesa.

No pasó nada fuera de lo ordinario hasta cerca del cierre del festín, cuando María, la hermana de Lázaro, se separó del grupo de mujeres espectadoras, adelantándose adonde Jesús estaba reclinado en el sitio de honor, abrió una gran vasija de alabastro que contenía un ungüento muy raro y costoso. Después de ungir la cabeza del Maestro, empezó a aplicar el ungüento sobre los pies de Jesús soltándose luego el cabello y secándole los pies con su cabello. El olor del ungüento impregnó todo el edificio, y todos los presentes se sorprendieron de lo que María había hecho. Lázaro no dijo nada, pero al comenzar a murmurar algunos de los presentes manifestando indignación de que un ungüento tan caro se usara de esa manera, Judas Iscariote se dirigió adonde Andrés estaba reclinado y dijo: «¿Por qué no se vendió este ungüento y el dinero no se donó para alimentar a los pobres?» Debes hablar con el Maestro, para que él censure este derroche».

Jesús, sabiendo lo que ellos pensaban y oyendo lo que decían, apoyó la mano sobre la cabeza de María que estaba arrodillada a su lado, y con una expresión compasiva en su rostro, dijo: «Dejadla, cada uno de vosotros. ¿Por qué queréis molestarla, cuando veis que ella ha hecho una buena cosa en su corazón? A vosotros, los que murmuráis y decís que este ungüento se ha debido vender y el dinero donar a los pobres, yo os digo que los pobres estarán siempre con vosotros, y podréis ministrarles en cualquier momento que os parezca apropiado, pero yo no siempre estaré con vosotros; pronto iré a mi Padre. Esta mujer viene guardando este ungüento desde hace mucho tiempo, para ungir mi cuerpo en su entierro; si ahora le parece bien ungirme, en anticipación de mi muerte, esa satisfacción no le será negada. Con esta acción María os censura a todos vosotros porque ella manifiesta así su fe en lo que yo he dicho sobre mi muerte y ascensión a mi Padre en el cielo. Esta mujer no será censurada por lo que ha hecho esta noche, más bien yo os digo que en todas las eras por venir, dondequiera que se predique este evangelio en el mundo entero, se relatará lo que ella ha hecho en su memoria».

Fue a causa de este reproche, el que Judas Iscariote lo interpretó como censura personal, y finalmente decidió vengar sus sentimientos heridos. Muchas veces había tenido subconscientemente estas ideas, pero ahora se atrevía a pensar estos pensamientos malvados en su mente consciente y abierta. Muchos otros lo alentaron en esta actitud, puesto que el costo de este ungüento era una suma equivalente a lo que ganaba un hombre durante un año —suficiente para proveer pan a cinco mil personas. Pero María amaba a Jesús; ella había proveído este precioso ungüento para embalsamar su cuerpo a la hora de su muerte, porque creía en sus palabras cuando él les anticipó que debía morir, y si ella cambiaba de idea y elegía otorgar esta ofrenda al Maestro mientras él aún estaba vivo, nadie debía impedírselo.

Tanto Lázaro como Marta sabían que María había ahorrado por mucho tiempo el dinero con el cual compró la vasija de espicanardo, y aprobaban de todo corazón su anhelo en este asunto porque eran ricos y podían permitirse fácilmente esta ofrenda.

Cuando los altos sacerdotes se enteraron de esta cena en Betania en honor de Jesús y Lázaro, consultaron entre ellos para ver que debían hacer con Lázaro. Y finalmente decidieron que Lázaro también debía morir. Concluyeron atinadamente que sería inútil matar a Jesús si permitían que Lázaro, a quien Jesús había resucitado de entre los muertos, siguiera viviendo.

2. DOMINGO POR LA MAÑANA CON LOS APÓSTOLES

Este domingo por la mañana, en el hermoso jardín de Simón, el Maestro llamó a su alrededor a sus doce apóstoles y les impartió sus instrucciones finales de preparación antes de entrar a Jerusalén. Les dijo que él probablemente pronunciaría varios discursos y enseñaría muchas lecciones antes de volver al Padre, pero exhortó a los apóstoles que no realizaran obra pública durante la estadía de Pascua en Jerusalén. Les instruyó que permanecieran cerca de él y que «vigilaran y oraran». Jesús sabía que muchos de sus apóstoles y seguidores inmediatos ceñían espadas bajo el manto aun en ese momento, pero no se refirió en nada a este hecho.

Estas instrucciones matutinas comprendieron un breve repaso del ministerio de ellos desde el día de su ordenación cerca de Capernaum hasta este día en que se preparaban para entrar a Jerusalén. Los apóstoles escucharon en silencio, sin hacer preguntas.

Esa mañana temprano David Zebedeo entregó a Judas los fondos obtenidos de la venta del equipo del campamento de Pella, y Judas a su vez colocó la mayor parte de este dinero en las manos de Simón, su anfitrión, para que lo custodiara en anticipación de las exigencias de dinero cuando fueran a Jerusalén.

Después de la conferencia con los apóstoles, Jesús conversó con Lázaro y lo amonesto a que no sacrificara su vida al espíritu vengativo del sanedrín. Por obedecer esta admonición Lázaro, pocos días después, huyó a Filadelfia, cuando los oficiales del sanedrín enviaron varios hombres para que lo arrestaran.

En cierto modo, todos los seguidores de Jesús tenían la sensación de una crisis inminente, pero no se percataron plenamente la seriedad de la situación, debido al tono inusitadamente alegre y al excepcional buen humor del Maestro.

3. LA PARTIDA A JERUSALÉN

Betania estaba a unos tres kilómetros del templo, y era la una y media de la tarde de ese domingo cuando Jesús se preparó para salir a Jerusalén. Tenía un sentimiento de afecto profundo por Betania y su pueblo sencillo. Nazaret, Capernaum y Jerusalén lo habían rechazado, pero Betania lo había aceptado, había creído en él. Fue en esta pequeña aldea, en la cual prácticamente todo hombre, mujer y niño era creyente, donde eligió realizar la obra más grande de su autootorgamiento terrenal: la resurrección de Lázaro. No hizo resucitar a Lázaro para que creyeran los aldeanos, sino más bien porque ellos ya creían.

Durante toda la mañana, Jesús pensó en su llegada a Jerusalén. Hasta ese momento había procurado siempre suprimir toda aclamación pública del que él fuera el Mesías, pero ahora la situación era distinta. Se estaba acercando al fin de su carrera en la carne, el sanedrín había decretado su muerte, y no había peligro en permitir que sus discípulos dieran libre expresión a sus sentimientos, cosa que ocurriría si él elegía hacer una entrada formal y pública a la ciudad.

Jesús no decidió realizar esta entrada pública a Jerusalén como su último intento por conseguir el favor popular, ni tampoco en un intento final de obtener el poder. Tampoco lo hizo para satisfacer los deseos humanos de sus discípulos y apóstoles. Jesús no se hacía las ilusiones de soñador quimérico; él bien sabía cual sería la conclusión de su visita.

Habiendo decidido hacer una entrada pública a Jerusalén, el Maestro se enfrentó con la necesidad de elegir un método apropiado para ejecutar esta decisión. Jesús reflexionó sobre todas las así llamadas profecías mesiánicas más o menos contradictorias, pero parecía que había una sola que fuera apropiada para sus fines. La mayoría de estas declaraciones proféticas hablaban de un rey, el hijo y sucesor de David, un libertador temporal audaz y agresivo que liberaría a Israel del yugo de la dominación extranjera. Pero había una Escritura, asociada a veces con el Mesías por los que tenían un concepto más espiritual de su misión, que Jesús consideró la más apropiada como guía para su proyectada entrada a Jerusalén. Esta Escritura se encontraba en Zacarías y decía: «Alégrate mucho, oh hija de Sion; da voces de júbilo, oh hija de Jerusalén. He aquí tu rey vendrá a ti. Es justo y trae salvación. Viene como viene el humilde, cabalgando sobre un asno, sobre un pollino hijo de asna».

Un rey guerrero siempre entraba a una ciudad montado a caballo, un rey en misión de paz y amistad siempre entraba cabalgando un asno. Jesús no quería entrar a Jerusalén a caballo, pero estaba dispuesto a entrar en paz y con buena voluntad como el Hijo del Hombre, cabalgando un jumento.

Durante mucho tiempo y mediante una enseñanza directa, Jesús trató de convencer a sus apóstoles y a sus discípulos que su reino no era de este mundo, que era un asunto puramente espiritual; pero no había tenido éxito en este esfuerzo. Ahora, lo que no había conseguido hacer mediante una enseñanza clara y personal, lo intentaría realizar con un gesto simbólico. Por lo tanto, inmediatamente después del almuerzo, Jesús llamó a Pedro y Juan, y después de decirles que fueran a Betfagé, una aldea vecina un tanto retirada de la carretera principal y a corta distancia al noroeste de Betania, agregó: «Id a Betfagé y cuando lleguéis al empalme de los caminos encontraréis el potro de un jumento allí atado. Desatadlo y traedlo con vosotros. Si alguien os pregunta por qué hacéis esto, decid simplemente 'el Maestro lo necesita'». Cuando los dos apóstoles fueron a Betfagé tal como les había pedido el Maestro, encontraron el potro atado cerca de su madre en la calle, junto a una casa de esquina. Cuando Pedro comenzó a desatar al potro, vino el dueño y preguntó por qué hacían ellos eso, y cuando Pedro le respondió tal como Jesús les había indicado, el hombre dijo: «Si vuestro Maestro es Jesús de Galilea, que se lleve al potro». Así pues ellos volvieron trayendo al potro.

Ya varios cientos de peregrinos se habían reunido alrededor de Jesús y de sus apóstoles. Desde media mañana se habían detenido muchos visitantes que pasaban camino a la Pascua. Mientras tanto David Zebedeo y algunos de sus ex asociados mensajeros decidieron dirigirse de prisa a Jerusalén, donde eficazmente difundieron la nueva entre los gentíos de peregrinos visitantes alrededor del templo de que Jesús de Nazaret entraría triunfalmente a la ciudad. Por consiguiente, varios miles de estos visitantes se congregaron para recibir a este profeta y hacedor de portentos del cual tanto se hablaba, quien algunos creían ser el Mesías. Esta multitud, al salir de Jerusalén, encontró a Jesús y a la multitud que iba a la ciudad poco después de que franquearan la cima del Oliveto, y habían comenzando su descenso hacia la ciudad.

Al comenzar la procesión en Betania había gran entusiasmo en las multitudes festivas de discípulos, creyentes y peregrinos visitantes, muchos provenientes de Galilea y Perea. Justo antes de partir, las doce mujeres del cuerpo original de mujeres, acompañadas por algunas de sus asociadas, llegaron al lugar y se unieron a esta singular procesión que procedía jubilosamente hacia la ciudad.

Antes de empezar, los gemelos Alfeo pusieron sus mantos sobre el asno y lo sostuvieron mientras se subía el Maestro. A medida que la procesión procedía hacia la cima del Oliveto, el gentío festivo arrojaba sus indumentos al suelo y traía ramas de los árboles cercanos para hacer una alfombra de honor para el jumento que traía al Hijo real, el Mesías prometido. Al proceder la multitud jubilosa hacia Jerusalén, comenzaron a cantar, es decir a gritar al unísono el salmo, «Hosanna al hijo de David; bendito sea aquel que viene en el nombre del Señor. Hosanna en las alturas. Bendito sea el reino que baja del cielo».

Jesús se mostró alegre y despreocupado hasta que llegaron a la cumbre del Oliveto, donde se abría la vista panorámica de la ciudad con las torres del templo; allí el Maestro detuvo la procesión y un gran silencio cayó sobre todos mientras lo contemplaban llorar. Bajando los ojos a la vasta multitud que venía de la ciudad para recibirlo, el Maestro, con mucha emoción y con la voz entrecortada dijo: «¿Oh Jerusalén, si tan sólo hubieras conocido, aun tú, por lo menos en este, tu día, las cosas que pertenecen a tu paz, que podrías haber tenido tan libremente! Pero ya están para ocultarse de tus ojos estas glorias. Estás por rechazar al Hijo de la Paz y volver la espalda al evangelio de la salvación. Pronto llegarán los días en que tus enemigos abrirán trincheras alrededor de ti, y serás sitiada por doquier; te destruirán completamente, pues no quedará piedra sobre piedra. Y todo esto caerá sobre ti porque no supiste reconocer el momento de tu visitación divina. Estás por rechazar el don de Dios, y todos los hombres te rechazarán a ti».

Cuando terminó de hablar, comenzaron el descenso del Oliveto y finalmente se reunieron con la multitud de visitantes que venía de Jerusalén con ramas de palma, gritando hosannas, y de otras maneras expresando regocijo y sentimientos de comunidad. El Maestro no había planeado que estas multitudes salieran de Jerusalén a su encuentro, ésa fue obra de otros. El nunca premeditaba nada que fuera de efecto dramático.Juntamente con la multitud que salió para recibir al Maestro, también había muchos fariseos y otros enemigos de él. Tan perturbados estaban por esta explosión repentina e inesperada de aclamación popular que temieron arrestarlo, por no precipitar actos abiertos de revuelta de la plebe. Mucho temían la actitud de los grandes números de visitantes que tanto habían oído hablar de Jesús, y que, muchos de ellos, creían en él.

A medida que se acercaban a Jerusalén, la multitud se volvió más expresiva, tanto que algunos de los fariseos se abrieron paso hasta donde estaba Jesús y dijeron: «Instructor, debes censurar a tus discípulos y exhortarlos a que su conducta sea más digna». Jesús respondió: «Es justo que estos niños le den la bienvenida al Hijo de la Paz, a quien han rechazado los altos sacerdotes. Sería inútil pararlos no sea que estas piedras junto al camino griten quejándose».

Los fariseos se adelantaron de prisa a la cabeza de la procesión para volver al sanedrín, que estaba en sesión en ese momento en el templo, e informaron a sus asociados: «He aquí que todo lo que hacemos es en vano; estamos confundidos por este galileo. La gente se vuelve loca por él, si no paramos a estos ignorantes, todo el mundo le seguirá».

No se puede en realidad asignar un significado profundo a esta explosión superficial y espontánea de entusiasmo popular. Esta recepción, aunque jubilante y sincera, no indicaba una convicción real ni profunda en el corazón de esta multitud festiva. Estas mismas multitudes estuvieron igualmente dispuestas a rechazar de inmediato a Jesús más tarde en esa semana, cuando el sanedrín tomó una posición firme y decidida contra él, y cuando se desilusionaron —cuando se dieron cuenta de que Jesús no iba a establecer el reino de acuerdo con sus expectativas largamente acariciadas.

Pero toda la ciudad estaba altamente agitada, puesto que todos preguntaban: «¿Quién es este hombre?» Y la multitud contestaba: «Éste es el profeta de Galilea, Jesús de Nazaret».

4. LA VISITA AL TEMPLO

Mientras los gemelos Alfeo devolvían el asno a su dueño, Jesús y los diez apóstoles se separaron de sus asociados inmediatos y anduvieron caminando por el templo, observando las preparaciones para la Pascua. No hubo intento alguno de molestar a Jesús, puesto que el sanedrín mucho temía al pueblo, y ésa era, después de todo, una de las razones por las cuales Jesús había permitido que la multitud lo aclamara de esa manera. Los apóstoles no comprendían que era éste el único procedimiento humano que podía resultar eficaz en prevenir el inmediato arresto de Jesús a su entrada a la ciudad. El Maestro deseaba dar a los habitantes de Jerusalén, poderosos y humildes, así como también a las decenas de miles de visitantes de la Pascua, una oportunidad más, la última, de escuchar el evangelio y recibir, si lo quisieran, al Hijo de la Paz.

Ahora pues, mientras progresaba la tarde y las multitudes se iban en busca de alimentos, Jesús y sus seguidores inmediatos quedaron solos. ¡Qué día tan extraño había sido! Los apóstoles estaban pensativos, pero enmudecidos. Nunca, en todos los años de asociación con Jesús, habían ellos visto un día como éste. Por un momento se sentaron junto al tesoro, observando a la gente que entregaba sus contribuciones: los ricos echaban mucha cantidad en el arca de las ofrendas y todos daban algo de acuerdo con sus posibilidades. Finalmente llegó una pobre viuda, vestida pobremente, y observaron que ella echó dos blancas (monedas pequeñas de cobre) en el arca. Dijo Jesús, llamando la atención de los apóstoles sobre la viuda: «Prestad atención a lo que acabáis de ver. Esta pobre viuda echó más que todos los demás, porque todos los demás de lo que les sobraba, echaron una pequeña parte como don, pero esta pobre mujer, aunque esté necesitada, dio todo lo que tenía, aun su sustento».

A medida que progresaba la tarde, anduvieron por los patios del templo en silencio, y una vez que Jesús observó otra vez estas escenas familiares, recordando sus emociones relacionadas con sus visitas previas, sin exceptuar la primera, dijo: «Vayamos a Betania para descansar». Jesús, con Pedro y Juan, fueron a la casa de Simón, mientras que los demás apóstoles se alojaron con sus amigos de Betania y Betfagé.

5. LA ACTITUD DE LOS APÓSTOLES

Este domingo por la tarde al volver a Betania, Jesús caminaba a la cabeza de los apóstoles. No se habló una sola palabra hasta que se separaron al llegar a la casa de Simón. Nunca hubo doce seres humanos que experimentaran emociones tan diversas e inexplicables como las que surgían ahora en la mente y en el alma de estos embajadores del reino. Estos robustos galileos estaban confusos y desconcertados; no sabían qué esperar del futuro; estaban demasiado asombrados para alimentar temores. Nada sabían de los planes del Maestro para el día siguiente, y no hicieron ninguna pregunta. Fueron a su alojamiento, aunque poco durmieron, excepto los gemelos. Pero no hicieron una vigilia armada de Jesús en la casa de Simón.

Andrés estaba totalmente confundido, atormentado. El fue el único apóstol que no se dedicó a evaluar seriamente la explosión popular de aclamación. Estaba demasiado preocupado con sus responsabilidades como jefe del cuerpo apostólico como para pensar seriamente en el sentido o el significado de los entusiastas hosannas de la multitud. Andrés se ocupó en cambio de vigilar a algunos de sus asociados, que temía sucumbieran a sus emociones durante la conmoción, especialmente Pedro, Santiago, Juan y Simón el Zelote. A lo largo de este día y de los que siguieron inmediatamente, Andrés se vio atormentado por serias dudas, pero nunca expresó ninguno de estos sentimientos a sus asociados apostólicos. Le preocupaba la actitud de algunos de los doce que sabía que se habían armado de espada; pero no sabía que su propio hermano, Pedro, también llevaba un arma. Así pues, la procesión a Jerusalén causó en Andrés una impresión comparativamente superficial; estaba demasiado metido en las responsabilidades de su posición para ser afectado de otra manera.

Simón Pedro estuvo al principio casi afuera de sí mismo por el entusiasmo de esta manifestación popular; pero al tiempo de su regreso a Betania esa noche, ya se había calmado bastante. Pedro simplemente no alcanzaba a percatarse de qué lo era que el Maestro intentaba. Estaba terriblemente desilusionado de que Jesús no hubiese aprovechado esta oleada de favor popular haciendo algún tipo de declaración. Pedro no podía entender por qué Jesús no habló a las multitudes cuando llegaron al templo, ni tampoco permitió que hablara uno de los apóstoles. Pedro era un gran predicador, y le desagradaba ver que se desperdiciara un público tan grande, receptivo y entusiasta. Le hubiera gustado tanto predicar el evangelio del reino a ese gentío allí en el templo; pero el Maestro les había advertido específicamente que no debían enseñar ni predicar en Jerusalén durante esta semana de Pascua. La reacción después de esta procesión espectacular a la ciudad fue desastrosa para Simón Pedro; cuando llegó la noche, estaba meditabundo y entrañablemente triste.

Para Santiago Zebedeo, este domingo fue un día de perplejidad y de confusión profunda; no conseguía captar la esencia de lo que estaba ocurriendo; no podía comprender el propósito del Maestro al permitir esta aclamación entusiasta y luego negarse a decir una palabra a la gente cuando llegaron al templo. A medida que la procesión bajaba por el Oliveto hacia Jerusalén, más particularmente cuando se encontraron con los miles de peregrinos que habían salido al encuentro del Maestro, Santiago estaba cruelmente dividido por sus emociones contradictorias de entusiasmo y gratificación ante ese espectáculo, acompañadas por un profundo sentimiento de temor por lo que podría ocurrir cuando llegaran al templo. Se deprimió luego y lo sobrecogió la desilusión cuando Jesús desmontó del asno y anduvo caminando tranquilamente por los patios del templo. Santiago no podía entender la razón por la cual estaban desperdiciando una oportunidad tan magnífica para proclamar el reino. Por la noche, su mente estaba dominada por una incertidumbre desconcertante y terrible.

Juan Zebedeo estuvo cerca de comprender el por qué Jesús había hecho esto; por lo menos captó en parte el significado espiritual de esta así llamada entrada triunfal a Jerusalén. A medida que la multitud proseguía hacia el templo, y que Juan contemplaba a su Maestro sentado sobre el asnillo, recordó haber oído cierta vez a Jesús citar el pasaje de la Escritura, las palabras de Zacarías, que describían la llegada del Mesías a Jerusalén como hombre de paz, cabalgando en un asno. A medida que Juan reflexionaba sobre esta Escritura, comenzó a comprender el significado simbólico de esta procesión de la tarde de domingo. Por lo menos, captó lo suficiente del significado de esta Escritura para que le permitiera disfrutar en cierto modo del episodio y para evitar deprimirse excesivamente por la conclusión aparentemente sin propósito de la procesión triunfal. Juan tenía un tipo de mente que tendía naturalmente a pensar y sentir en símbolos.

Felipe estaba completamente desconcertado por lo repentino de la manifestación y su espontaneidad. Mientras descendían del Oliveto, no pudo ordenar sus pensamientos lo suficiente como para determinar el significado de esta demostración. En cierto modo, disfrutó de este acontecimiento porque su Maestro estaba siendo honrado. Para cuando llegaron al templo, estaba perturbado por el pensamiento de que Jesús tal vez le pidiera que se ocupara de alimentar a la multitud, de modo que la conducta de Jesús al darle la espalda a la multitud, que tan duramente desilusionó a la mayoría de los apóstoles, fue un gran alivio para Felipe. Las multitudes habían constituido a veces una dura prueba para el mayordomo de los doce. Después de experimentar alivio por estos temores personales relativos a las necesidades materiales de las multitudes, Felipe se unió a Pedro en expresar su desilusión por no haberse hecho nada por enseñar a las multitudes. Esa noche Felipe se puso a reflexionar sobre estas experiencias y estuvo tentado a dudar de toda la idea del reino; se preguntaba honestamente qué significaban todas estas cosas, pero no le expresó sus dudas a nadie; amaba demasiado a Jesús. Tenía una gran fe personal en el Maestro.

Natanael, además de apreciar los aspectos simbólicos y proféticos, fue el que más acercó a comprender la razón del Maestro por reclutar el apoyo popular de los peregrinos pascuales. Se dio cuenta, antes de que llegaran al templo, que si no hubiera Jesús entrado a Jerusalén en forma tan espectacular habría sido arrestado por los oficiales del sanedrín y arrojado en una celda en cuanto diera los primeros pasos dentro de la ciudad. Por lo tanto no estuvo sorprendido en lo más mínimo cuando el Maestro, después de impresionar así a los líderes judíos para que no lo arrestaran inmediatamente, no hizo uso alguno de las multitudes aclamantes una vez que llegaron dentro de los muros de la ciudad. Comprendiendo la verdadera razón de esta manera de entrada del Maestro a la ciudad, Natanael naturalmente siguió con más donaire y estuvo menos perturbado y desilusionado por la conducta subsiguiente de Jesús que los otros apóstoles. Natanael tenía gran confianza en la habilidad de Jesús para comprender a los hombres, así como también en su sagacidad y agudeza al manejar situaciones difíciles.

Mateo al principio estuvo confundido por esta manifestación espectacular. No captaba el significado de lo que veían sus ojos, hasta que también recordó la Escritura de Zacarías donde el profeta aludía al regocijo de Jerusalén porque llegó su rey trayendo salvación y cabalgando un pollino de jumento. A medida que la procesión se iba acercando a la ciudad y luego en dirección al templo, Mateo entró en éxtasis; estaba seguro de que ocurriría algo extraordinario cuando el Maestro llegara al templo, a la cabeza de esta multitud vociferante. Cuando uno de los fariseos se mofó de Jesús diciendo: «¿Mirad, mirad todos, ved quién es el que aqui viene: el rey de los judíos cabalgando en un asno!» Mateo tuvo que hacer un gran esfuerzo para no atacarlo físicamente. Ninguno de los doce estuvo más deprimido que él en el camino de vuelta a Betania esa noche. Después de Simón Pedro y Simón el Zelote, él sufrió la tensión nerviosa más profunda y estuvo en un estado de cansancio extremo esa noche. Pero por la mañana, Mateo estaba mucho más animado; después de todo, era un buen perdedor.

Tomás era el hombre más confundido y pasmado de los doce. La mayor parte del tiempo simplemente siguió, contemplando el espectáculo y preguntándose honestamente cuál sería el motivo del Maestro al participar en una demostración tan peculiar. En las profundidades de su corazón consideraba la manifestación entera un tanto infantil, si no directamente tonta. No había visto nunca que Jesús hiciera una cosa semejante y no podía explicarse esta extraña conducta este domingo por la tarde. Cuando llegaron al templo, Tomás había deducido que el propósito de esta demostración popular era asustar al sanedrín para que no se atreviesen a arrestar inmediatamente al Maestro. Camino de vuelta a Betania, Tomás pensó mucho, pero nada dijo. Para la hora de ir a dormir, la sagacidad del Maestro al preparar esta entrada tumultuosa a Jerusalén había empezado a tener cierto encanto humorístico, y él se alegró reaccionando de esta manera.

Este domingo comenzó como un gran día para Simón el Zelote. Vio visiones de cosas extraordinarias en Jerusalén para los próximos días, y en eso tenía razón, pero Simón soñaba el establecimiento de un nuevo gobierno nacional de los judíos, con Jesús sentado en el trono de David. Simón veía a los nacionalistas volcarse a la acción en cuanto se anunciara el reino, y se veía a sí mismo en el mando supremo de las fuerzas militares que se reunirían en el nuevo reino. Durante el descenso del Oliveto aun llegó a imaginarse que el sanedrín y todos sus simpatizantes estarían muertos antes de la puesta del sol ese día. Realmente creía que iba a ocurrir algo extraordinario. Era él el varón más ruidoso de toda la multitud. Para las cinco de esa tarde, era un apóstol silenciosísimo, taciturno y desilusionado. No se recobró nunca enteramente de la depresión que lo dominó como resultado de las impresiones de este día; por lo menos, no hasta mucho después de la resurrección de su Maestro.

Para los gemelos Alfeo, éste fue un día perfecto. Realmente disfrutaron de todo, desde el principio hasta el fin, y como no estaban presentes durante la quietud del paseo por el templo, no tuvieron que pasar por la desilusión que siguió al entusiasmo popular. No podían comprender la conducta deprimida de los apóstoles al volver a Betania esa noche. En la memoria de los gemelos, éste fue siempre el día en que se sintieron más cerca del cielo en la tierra. Este día fue la culminación satisfactoria de su entera carrera como apóstoles. La memoria del entusiasmo de este domingo por la tarde los acompañó a lo largo de toda la tragedia de esta semana pletórica hasta el momento mismo de la crucifixión. Era el ingreso triunfal más apropiado del rey que podían concebir los gemelos; disfrutaron cada momento de toda la procesión. Aprobaban plenamente todo lo que veían y acariciaron largamente el recuerdo.

De todos los apóstoles, Judas Iscariote fue el que estuvo más adversamente afectado por esta entrada en procesión a Jerusalén. Su mente estaba en un fermento desagradable debido al reproche del Maestro el día anterior en relación con la unción de María en la casa de Simón. Judas estaba disgustado con todo el espectáculo. Le parecía infantil, aun directamente ridículo. Mientras este vengativo apóstol contemplaba los acontecimientos de este domingo por la tarde, Jesús le resultaba más parecido a un payaso que a un rey. Resentía de todo corazón el entero espectáculo. Compartía los puntos de vista de los griegos y de los romanos, que despreciaban a todo aquel que consintiera en cabalgar un asno o el pollino de un jumento. Para cuando la procesión triunfal hubo entrado a la ciudad, Judas prácticamente se había decidido a abandonar la idea de tal reino; estaba casi decidido a abandonar todo intento de establecer el reino del cielo si los intentos fueran de índole tan absurda. Pero cuando recordó la resurrección de Lázaro y muchas otras cosas, decidió quedarse con los doce, por lo menos por otro día. Además, llevaba la bolsa, y no quería desertar llevándose los fondos apostólicos. Camino de vuelta a Betania esa noche, su conducta no parecía extraña puesto que todos los apóstoles estaban igualmente deprimidos y taciturnos.

Judas estaba profundamente influido por la irrisión por parte de sus amigos saduceos. Ningún otro factor ejerció una influencia tan poderosa sobre él en su determinación final de abandonar a Jesús y a sus apóstoles, como el que le produjo cierto episodio que ocurrió justo cuando Jesús llegó a la puerta de la ciudad: Un saduceo prominente (amigo de la familia de Judas) corrió hacia él haciéndole burla y, dándole una palmada en la espalda, dijo: «¿Por qué se te ve tan preocupado, mi buen amigo? Regocíjate y reúnete con nosotros para aclamar a Jesús de Nazaret el rey de los judíos, que llega a la puerta de Jerusalén montado en un asno». Judas no había tenido nunca miedo de la persecución, pero no podía soportar este tipo de ridículo. Juntamente con la emoción de venganza largamente acariciada, se mezcló ahora este temor fatal del ridículo, ese sentimiento terrible y tremendo de avergonzarse de su Maestro y de sus compañeros apóstoles. En su corazón, este embajador del reino ya era un desertor; tan sólo le quedaba encontrar una excusa plausible para romper abiertamente con el Maestro.

DOCUMENTO 173

EL LUNES EN JERUSALÉN

ESTE lunes por la mañana temprano, como se había planeado, Jesús y los apóstoles se reunieron en la casa de Simón en Betania, y después de una breve conferencia emprendieron camino hacia Jerusalén. Los doce estaban extrañamente taciturnos durante este viaje hacia el templo; no se habían recuperado de la experiencia del día precedente. Estaban a la expectativa, temerosos y profundamente afectados por cierto sentimiento de desapego que surgía del repentino cambio de táctica del Maestro, combinado con su instrucción de que no hicieran ninguna enseñanza pública durante la semana de Pascua.

Al viajar este grupo por la ladera del Monte de los Olivos, Jesús iba adelante, y los apóstoles le seguían de cerca en silencio meditativo. Sólo un pensamiento dominaba la mente de todos ellos, excepto la de Judas Iscariote, y ese pensamiento era: ¿Qué hará el Maestro hoy? El pensamiento dominante de Judas era: ¿Qué haré yo? ¿He de seguir con Jesús y mis asociados, o debo separarme? Y si me separo, ¿de qué manera debo romper esta relación?

Eran aproximadamente las nueve de esta hermosa mañana cuando estos hombres llegaron al templo. Fueron inmediatamente al gran patio en el que Jesús tan frecuentemente había enseñado, y después de saludar a los creyentes que le estaban esperando a él, Jesús trepó a una de las plataformas de enseñanza y comenzó a hablar a la multitud que se estaba reuniendo allí. Los apóstoles se retiraron a corta distancia y esperaron los acontecimientos.

1. LA LIMPIEZA DEL TEMPLO

Se llevaban a cabo grandes negocios en asociación con los servicios y ceremonias del templo. Existía el comercio de proveer animales indicados para los distintos sacrificios. Aunque era permitido que un adorador proveyera su propio sacrificio, estaba el hecho de que este animal debía estar libre de todo «defecto» en el sentido de la ley levítica y según la interpretación de la ley por parte de los inspectores oficiales del templo. Muchos de los adoradores habían sufrido la humillación de que un animal supuestamente perfecto que traían, fuera rechazado por los examinadores del templo. Por consiguiente, se hizo práctica general adquirir los animales para el sacrificio en el templo mismo, y aunque había varios sitios en el cercano del Oliveto donde se podían comprar animales, se había vuelto costumbre comprarlos directamente de los corrales del templo. Gradualmente se había establecido esta costumbre de vender todo tipo de animales de sacrificio en los patios del templo. Se había desarrollado de esta manera un floreciente comercio, en el cual se obtenían enormes utilidades. Parte de estas ganancias se reservaba para el tesoro del templo, pero la porción más grande terminaba indirectamente en las manos de las familias de los altos sacerdotes.

Esta venta de animales en el templo prosperó porque, cuando el adorador compraba así un animal, aunque el precio fuera un tanto más alto, no tenía que pagar ningún otro honorario, y podía estar seguro de que la ofrenda no sería rechazada porque el animal tuviera defectos verdaderos o imaginados. En distintas épocas hubo prácticas de exorbitantes sobrecargos al pueblo, especialmente durante las grandes fiestas nacionales. En cierta época, algunos sacerdotes codiciosos llegaron hasta exigir el equivalente del valor de una semana de trabajo a cambio de un par de palomas que deberían haber sido vendidas a los pobres por unos pocos centavos. Los «hijos de Anás» ya habían empezado a establecer su bazar en los precintos del templo, mercados de abastecimiento que perduraron hasta el momento en que fueron finalmente arrojados por una turba de gente, tres años antes de la destrucción del templo mismo.

Pero el tráfico de animales sacrificatorios y de otras mercancías no era la única manera en la cual se profanaban los patios del templo. En esta época había un extenso sistema de intercambio bancario y comercial que se realizaba directamente dentro de los precintos del templo. Y todo esto se había establecido así: Durante la dinastía de los Asmoneos, los judíos acuñaban su propia moneda de plata, y se había vuelto práctica exigir que las tarifas del templo de medio siclo y todos los demás gravámenes del templo se pagaran en esta moneda judía. Esta reglamentación necesitaba la autorización de un número requisito de cambistas para intercambiar los muchos tipos de divisas en circulación por toda Palestina y las demás provincias del imperio romano con este siclo ortodoxo de acuñación judía. El impuesto del templo por persona, pagadero por todos excepto las mujeres, los esclavos y los menores, era de medio siclo, una moneda de tamaño de diez centavos de dólar, pero del doble de espesor. En la época de Jesús, los sacerdotes también habían sido eximidos del pago de las tarifas del templo. Por lo tanto, entre el 15 y el 25 del mes anterior a la Pascua, los cambistas acreditados erigían sus puestos en las principales ciudades de Palestina, con el fin de proveer a los judíos con el dinero apropiado para pagar las tarifas del templo al llegar a Jerusalén. Después de este período de diez días, estos cambistas se trasladaban a Jerusalén y montaban sus mesas de cambio de divisa en los patios del templo. Se les permitía cobrar una comisión del treinta, o aun, cuarenta por ciento, y en caso de monedas de mayor valor ofrecidas para cambio, les estaba permitido cobrar el doble. Del mismo modo, estos banqueros del templo ganaban sobre el cambio de toda moneda para la compra de animales sacrificatorios y para el pago de votos y de ofrendas.

Estos cambiadores de moneda del templo no sólo conducían un comercio regular de banquero para fines lucrativos en el intercambio de más de veinte tipos de dinero que traían periódicamente a Jerusalén los peregrinos visitantes, sino que también hacían todos los demás tipos de transacciones correspondientes al negocio banquero. Tanto el tesoro del templo como los rectores del mismo ganaban enormes utilidades en estas actividades comerciales. No era infrecuente que el tesoro del templo contuviera el equivalente de más de diez millones de dólares, mientras que la gente común languidecía en la pobreza y seguía pagando estas contribuciones injustas.

En el medio de esta multitud ruidosa de cambistas, mercaderes, y vendedores de ganado, este lunes por la mañana, Jesús, intentó enseñar el evangelio del reino del cielo. No era el único en resentir esta profanación del templo; la gente común, especialmente los visitantes judíos provenientes de las provincias extranjeras, también resentían de todo corazón esta profanación interesada de su templo nacional de culto. En esta época el sanedrín mismo celebraba reuniones regulares en un aposento sumergido en el ruido y la confusión de este comercio e intercambio.

Cuando Jesús se disponía a comenzar su discurso, sucedieron dos cosas que llamaron su atención. Junto a la mesa de uno de los cambistas situada allí cerca, surgió un violento y excitado altercado porque supuestamente se le había cobrado demasiado a un judío de Alejandría; al mismo tiempo se llenó la atmósfera de los mugidos de una manada de alrededor de cien bueyes que eran conducidos de una sección de los corrales a otra. Al pausar Jesús, contemplando silenciosa pero pensativamente esta escena de comercio y confusión, vio ahí cerca a un galileo de mente sencilla, un hombre con el cual había hablado él cierta vez en Irón, que estaba siendo ridiculizado y burlado por ciertos judeanos supuestamente superiores y elitistas; todo esto se combinó para que surgiera en el alma de Jesús una de esas extrañas descargas periódicas de indignada emoción.

Ante el asombro de sus apóstoles, que estaban cerca, y que se refrenaron de participar en lo que tan pronto ocurriría, Jesús bajó de la plataforma de enseñanza y, acercándose al muchacho que conducía el ganado a través del patio, le quitó el látigo de cuerdas y rápidamente sacó del templo a los animales. Pero eso no fue todo; ante la mirada sorprendida de los miles reunidos en el patio del templo, se dirigió majestuosamente al corral de ganado más alejado, y procedió a abrir las puertas de cada uno de los establos y sacar de allí a los animales aprisionados. A esta altura, los peregrinos allí reunidos estaban electrificados, y con gritos retumbantes se abalanzaron a los bazares, volcando las mesas de los cambistas. En menos de cinco minutos todo el comercio había sido barrido del templo. En el momento en que aparecieron los guardias romanos, que estaban cerca del templo, ya reinaba la calma y las multitudes habían vuelto al orden; Jesús, volviendo a la plataforma de los oradores, habló a la multitud: «Habéis presenciado este día lo que está escrito en las Escrituras: 'Mi casa será llamada casa de oración para todas las naciones, mas vosotros la habéis hecho cueva de ladrones'».

Pero antes de que pudiera pronunciar otras palabras, la gran congregación estalló en hosannas de alabanza, y surgió un grupo de jóvenes de la multitud cantando himnos de gratitud por haber sido echados del templo sagrado los mercaderes profanos e interesados. A esta altura habían llegado algunos sacerdotes a la escena, y uno de ellos dijo a Jesús: «¿Acaso no oyes lo que dicen los hijos de los levitas?» Y el Maestro replicó: «Has leído alguna vez, 'de la boca de los niños y de los que maman se ha perfeccionado la alabanza?'» Durante el resto del día, mientras Jesús enseñaba, los guardianes, puestos por la misma gente a que vigilaran, estuvieron de centinela en cada galería, y no permitieron que nadie llevara ni siquiera una vasija vacía por los patios del templo.

Cuando los altos sacerdotes y los escribas se enteraron de estos acontecimientos, estuvieron confundidos. Temían aun más al Maestro, y aun más estaban decididos a destruirlo. Pero estaban anonadados. No sabían cómo disponer su muerte, porque mucho temían a las multitudes, que ya habían expresado abiertamente su aprobación de la acción de Jesús de echar del templo a los comerciantes profanos. Durante todo ese día, un día de calma y paz en los patios del templo, el pueblo escuchó las enseñanzas de Jesús y literalmente pendía de sus labios.

Esta sorprendente acción de Jesús estaba más allá de la comprensión de sus apóstoles. Estaban ellos tan sorprendidos por este acto repentino e inesperado de su Maestro que permanecieron todos juntos, cerca de la plataforma del orador, durante todo el episodio; ni siquiera levantaron un dedo para colaborar en esta limpieza del templo. Si este acontecimiento espectacular hubiera ocurrido el día anterior, en el momento de la llegada triunfal de Jesús al templo, como culminación de la tumultuosa procesión a través de las puertas de la ciudad, aclamado durante todo ese tiempo por las multitudes, habrían estado preparados, pero así como se dieron los eventos no estaban de ninguna manera listos para participar.

Esta limpieza del templo revela la actitud del Maestro hacia la comercialización de las prácticas de la religión, así como también el hecho de que detestaba toda forma de injusticia y aprovechamiento a expensas de los pobres y de los ignorantes. Este episodio también demuestra que Jesús no consideraba con aprobación la actitud de no emplear la fuerza cuando se trataba de proteger a una mayoría de determinado grupo humano contra las prácticas injustas y esclavizantes de una minoría injusta, posiblemente afianzada en el poder político, financiero o eclesiástico. No se debe permitir a los hombres astutos, malvados e intrigantes que se organicen para la explotación y opresión de los que, debido a su idealismo, no están dispuestos a recurrir a la fuerza para protegerse ni para fomentar sus proyectos laudables de vida.

2. EL DESAFÍO A LA AUTORIDAD DEL MAESTRO

El domingo la entrada triunfal del Maestro a Jerusalén tanto sobrecogió a los líderes judíos que no se atrevieron a arrestar a Jesús. Hoy, esta espectacular limpieza del templo del mismo modo pospuso efectivamente el prendimiento del Maestro. Día tras día los potentados de los judíos se tornaban más y más convencidos de su decisión de destruirlo, pero estaban sobrecogidos por dos temores que se conjugaron para postergar la hora del ataque. Los altos sacerdotes y los escribas no estaban dispuestos a arrestar a Jesús en público, porque temían que la multitud se volviera contra ellos en furioso resentimiento; también temían la posibilidad de que hubiera que llamar a los guardias romanos para ahogar una revuelta popular.

En la sesión del mediodía del sanedrín, ya que no había ningún amigo del Maestro asistiendo a esta reunión, se acordó unánimemente que Jesús debía ser destruido rápidamente. Pero no podían ponerse de acuerdo en cuanto a cuándo y cómo debía ser arrestado. Finalmente, acordaron nombrar cinco grupos para que salieran entre la gente e intentaran enredarlo en una trampa en sus enseñanzas o de otra manera desacreditarlo a los ojos de los que escuchaban sus enseñanzas. Por lo tanto, a eso de las dos de la tarde, cuando Jesús acababa de comenzar su discurso sobre «la libertad de la filiación», un grupo de estos ancianos de Israel se abrió paso hasta llegar cerca de Jesús e, interrumpiéndolo de su manera acostumbraba, hicieron esta pregunta: ¿«Por cuál autoridad haces estas cosas? ¿Quién te dio esta autoridad?»

Era completamente apropiado que los rectores del templo y los funcionarios del sanedrín judío hicieran esta pregunta al que presumiera enseñar y actuar de la manera extraordinaria que había sido característica de Jesús, especialmente en cuanto se refería a su reciente conducta al limpiar el templo de todo comercio. Estos mercaderes y cambistas operaban por licencia directa de los líderes más altos, y un porcentaje de sus ganancias supuestamente iba directamente al tesoro del templo. No os olvidéis que *autoridad* era el lema clave de todo el pueblo judaico. Los profetas siempre provocaban problemas porque presumían tan audazmente enseñar sin autoridad, sin haber sido debidamente instruidos en las academias rabínicas y posteriormente con regularidad ordenados por el sanedrín. La falta de esta autoridad en la enseñanza pretenciosa pública se consideraba como indicación de presunción ignorante o de rebeldía abierta. En esta época, sólo el sanedrín podía ordenar a un anciano o a un instructor, y la ceremonia debía celebrarse en presencia de por lo menos tres personas que hubieran sido previamente ordenadas de la misma manera. Tal ordenación confería el título de «rabino» al maestro y también lo calificaba para actuar como juez, «atando o soltando los asuntos que pudieran traerse ante él para su adjudicación».

Los rectores del templo se presentaron ante Jesús en esta hora de la tarde desafiando no sólo sus enseñanzas sino sus acciones. Jesús bien sabía que estos mismos hombres habían enseñado durante mucho tiempo públicamente que la autoridad de él para enseñar era satánica, y que todas sus obras poderosas habían sido forjadas por poder del príncipe de los diablos. Por consiguiente, el Maestro comenzó su respuesta a esta pregunta haciéndoles a su vez una pregunta. Dijo Jesús: «También me gustaría haceros a vosotros una pregunta que, si queréis contestarla, yo del mismo modo os diré por cuál autoridad hago estas obras. El bautismo de Juan, ¿de dónde vino? ¿Recibió Juan su autoridad del cielo o de los hombres?»

Cuando los que lo interrogaban oyeron esto, se apartaron para asesorarse entre ellos en cuanto a qué respuesta debían dar. Habían planeado colocar a Jesús en una situación incómoda ante la multitud, pero ahora se encontraban ellos altamente confusos frente a todos los que estaban congregados en ese momento en el patio del templo. Su derrota fue aun más aparente cuando volvieron ante Jesús, diciendo: «En cuanto al bautismo de Juan, no podemos responder; no sabemos». Contestaron así al Maestro porque habían razonado entre ellos: si decimos 'del cielo', entonces él dirá, 'por qué no creísteis en él', y tal vez agregará que él recibió su autoridad de Juan; y si decimos que de los hombres, entonces la multitud tal vez se vuelva contra nosotros, porque la mayoría de ellos piensa que Juan fue un profeta; de manera que se vieron obligados a presentarse ante Jesús y la multitud, y confesar que ellos, los enseñantes y líderes religiosos de Israel, no podían (o no querían) expresar una opinión sobre la misión de Juan. Y cuando así hablaron, Jesús, bajando la mirada sobre ellos dijo: «Tampoco os diré yo por qué autoridad hago estas cosas».

Jesús nunca tuvo la intención de apelar a Juan para su autoridad. El sanedrín nunca ordenó a Juan. La autoridad de Jesús estaba en él mismo y en la supremacía eterna de su Padre.

Al emplear este método de trato con sus adversarios, Jesús no tenía la intención de evitar la pregunta. A primera vista, podría parecer que él fue culpable de una evasión maestra, pero no fue así. Jesús no estaba nunca dispuesto a sacar injusta ventaja ni siquiera de sus enemigos. En esta evasión aparente, él en realidad proveyó a sus oyentes la respuesta a la pregunta farisea en cuanto a qué autoridad había detrás de su misión. Ellos habían afirmado que él actuaba por autoridad del príncipe de los diablos. Jesús había afirmado repetidamente que todas sus enseñanzas y obras eran por poder y autoridad de su Padre en el cielo. Esto los líderes judíos se negaban a aceptar y estaban tratando de ponerlo contra la pared, para que admitiera que él era un maestro irregular puesto que no había sido sancionado nunca por el sanedrín. Al responderles como lo hizo, aunque no reclamó que su autoridad viniera de Juan, satisfizo de esta manera a la gente con una alusión de que el esfuerzo de sus enemigos por atraparlo estaba en realidad dirigido contra ellos mismos y los desacreditaba a ellos ante los ojos de todos los presentes.

Era este magistral trato del Maestro con sus adversarios, que tanto los asustaba. No intentaron hacer ninguna otra pregunta ese día; se retiraron para asesorarse ulteriormente entre ellos. Pero la gente no tardó en discernir la deshonestidad y falta de sinceridad en estas preguntas hechas por los dirigentes judíos. Aun la gente común no podía dejar de distinguir entre la majestad moral del Maestro y la hipocresía intrigante de sus enemigos. Pero la limpieza del templo atrajo a los saduceos a que se aliaran con los fariseos en el perfeccionamiento de un plan para destruir a Jesús. Los saduceos representaban ahora una mayoría en el sanedrín.

3. LA PARÁBOLA DE LOS DOS HIJOS

Mientras los capciosos fariseos estaban allí de pie en silencio ante Jesús, él bajó la mirada sobre ellos y dijo: «Puesto que dudáis de la misión de Juan y os disponéis en enemistad contra las enseñanzas y las obras del Hijo del Hombre, prestad oído mientras os relato una parábola: Cierto terrateniente respetado y en buena posición tenía dos hijos, y deseando la ayuda de sus hijos en el manejo de sus grandes posesiones fue a ver a uno de ellos, diciendo: 'Hijo, vete a trabajar hoy en mi viñedo'. Este hijo despreocupado respondió al padre diciendo: 'No iré'; pero después, se arrepintió y fue. Cuando encontró a su hijo mayor, del mismo modo le dijo: 'Hijo, vete a trabajar en mi viñedo'. Y este hijo hipócrita e infiel contestó: 'Sí, padre mío, iré'. Pero cuando su padre partió, no fue. Os pregunto ahora, cuál de los dos hijos realmente hizo la voluntad de su padre?»

Y la gente habló al unísono, diciendo: «El primero». Entonces dijo Jesús: «Aun así, ahora os digo que los publicanos y las rameras, aunque parezcan rechazar el llamado al arrepentimiento, verán el error en su estilo de vida e irán antes que vosotros al reino de Dios, que tanto pretendéis servir al Padre en el cielo y al mismo tiempo os negáis a hacer las obras del Padre. No fuisteis vosotros, fariseos y escribas, los creyentes de Juan sino más bien los publicanos y los pecadores; tampoco creéis vosotros en mis enseñanzas, pero la gente común escucha con deleite mis palabras».

Jesús no despreciaba personalmente a los fariseos y saduceos. Era su sistema de enseñanzas y sus prácticas los que él trataba de desacreditar. No mostraba hostilidad contra ningún hombre, pero se estaba desencadenando aquí el choque inevitable entre una religión del espíritu, nueva y viva, y la religión más antigua de la ceremonia, la tradición y la autoridad.

Durante todo este tiempo, los doce apóstoles permanecieron cerca del Maestro, pero no participaron de ninguna manera en estas transacciones. Cada uno de los doce reaccionó en su forma peculiar a los acontecimientos de estos últimos días del ministerio de Jesús en la carne, y cada uno del mismo modo permaneció obediente a la admonición del Maestro de no enseñar ni predicar públicamente durante esta semana de Pascua.

4. LA PARÁBOLA DEL AMO AUSENTE

Cuando los principales fariseos y escribas que habían tratado de hacer caer a Jesús en una trampa con sus preguntas, terminaron de escuchar la historia de los dos hijos, se retiraron para asesorarse ulteriormente entre ellos, y el Maestro, volviendo la atención a la multitud de oyentes, relató otra parábola:

«Había un buen hombre, propietario de tierras, y plantó él una viña. La cercó de seto vivo, cavó en ella un pozo para el lagar de vino, y edificó una torre para los guardias. Luego le arrendó la viña a unos arrendatarios y se fue en un largo viaje a otro país. Cuando se acercó la temporada de los frutos, envió sus siervos a los arrendatarios, para que recibiesen sus rentas. Mas los arrendatarios se aconsejaron entre ellos y se negaron a dar a los siervos los frutos que le debían al amo; en cambio, cayeron sobre los siervos, a uno golpearon, a otro apedrearon, y enviaron a los demás de vuelta con las manos vacías. Cuando el propietario oyó lo que había ocurrido, envió a otros siervos más de confianza para que trataran con esos arrendatarios malvados, y a éstos, los arrendatarios hirieron y también trataron de una manera vergonzosa. Y entonces el amo envió a su siervo favorito, su mayordomo, y ellos lo mataron. Aun así, con paciencia y buena voluntad, envió muchos otros siervos, pero a ninguno de ellos lo recibían. A algunos los apalearon, a otros los mataron, y cuando el amo así fue tratado, decidió enviar a su hijo para que tratara con estos arrendatarios ingratos, diciéndose: 'Puede que traten mal a mis siervos, pero con toda seguridad tendrán respeto a mi hijo amado'. Pero cuando los arrendatarios impenitentes y protervos vieron al hijo, razonaron para sus adentros: 'Éste es el heredero; venid, matémoslo y su herencia será nuestra'. Así pues lo tomaron, y después de echarlo fuera de la viña, lo mataron. Cuando el propietario de la viña oiga que ellos rechazaron y mataron a su hijo, ¿qué hará él a aquellos arrendatarios ingratos y perversos?'».

Y cuando la gente escuchó esta parábola y la pregunta de Jesús, contestaron: «Destruirá a estos hombres miserables y arrendará su viña a otros arrendatarios honestos que le entreguen los frutos a su tiempo». Y cuando algunos de los oyentes percibieron que esta parábola se refería a la nación judía, a su trato de los profetas y al inminente rechazo de Jesús y del evangelio del reino, dijeron con pesadumbre: «Quiera Dios que no sigamos haciendo estas obras».

Jesús vio a un grupo de saduceos y fariseos que se abrían paso en la multitud, y se calló un momento, hasta que llegaron junto a él, entonces dijo: «Vosotros sabéis cómo vuestros padres rechazaron a los profetas, y bien sabéis que habéis decidido en vuestro corazón rechazar al Hijo del Hombre». Luego, mirando fijo a los ojos de los sacerdotes y ancianos que estaban de pie cerca de él, Jesús dijo: «Acaso nunca leísteis en las Escrituras sobre la piedra que rechazaron los edificadores, y que, cuando la gente la descubrió, fue hecha cabeza del ángulo? Así pues otra vez os advierto que, si continuáis rechazando este evangelio, finalmente el reino de Dios se os quitará y se le entregará a un pueblo que desee recibir la buena nueva y rendir los frutos del espíritu. Hay un misterio en esta piedra, puesto que el que la tropiece y caiga sobre ella, aunque se quebrante, será salvado; pero sobre el que cayere ésta, será hecho polvo y sus cenizas serán esparcidas a los cuatro vientos».

Cuando los fariseos escucharon estas palabras, comprendieron que Jesús se refería a ellos mismos y a los demás líderes judíos. Mucho deseaban arrestarlo en ese mismo momento, pero temían la multitud. Sin embargo, estaban tan airados por las palabras del Maestro que se retiraron y nuevamente se asesoraron entre ellos sobre cómo provocar su muerte. Esa noche, tanto los saduceos como los fariseos se unieron para planear hacerlo caer en una trampa al día siguiente.

5. LA PARÁBOLA DEL FESTÍN DE BODA

Una vez que se retiraron los escribas y los rectores, Jesús nuevamente se dirigió a la multitud reunida y relató la parábola del festín de boda. Dijo:

«El reino del cielo es semejante a un rey que le hizo fiesta de boda a su hijo y envió mensajeros a llamar a los ya invitados al festín, diciendo: 'Está todo listo para la cena de boda en el palacio del rey'. Ahora pues, muchos de los que antes habían prometido asistir, no quisieron venir. Cuando el rey escuchó que rechazaban su invitación, envió a otros siervos y mensajeros, diciendo: 'Decid a todos los convidados, que vengan, porque, mirad, he preparado mi comida. Mis bueyes y mis cebones han sido matados, y todo está dispuesto para la celebración de la boda inminente de mi hijo'. Pero nuevamente estos invitados desconsiderados sin hacer caso de la convocatoria de su rey, se fueron por su camino, uno a su labranza, otro a su cerámica y otro a sus negocios. Y otros no se limitaron a despreciar así el llamado del rey, sino que en rebeldía abierta atacaron a los mensajeros del rey y los trataron vergonzosamente mal, aun matando a algunos de ellos. Cuando el rey percibió que sus huéspedes elegidos, aun los que habían aceptado su invitación preliminar y habían prometido asistir al festín de bodas, finalmente rechazaban su llamado y en rebeldía habían atacado, asaltado y matado a sus mensajeros elegidos, se airó extremadamente. Entonces este rey ofendido mandó sus ejércitos y los ejércitos de sus aliados y les instruyó que destruyeran a aquellos asesinos rebeldes y que incendiaran su ciudad.

«Y después de castigar así a los que habían despreciado su invitación, estableció otra fecha distinta para el festín de bodas y dijo a sus mensajeros: 'Los que invité en primer término a la boda no eran dignos; id ahora pues a las salidas de los caminos y a las carreteras y aun más allá de los límites de la ciudad, e invitad a cuantos halléis aun a los extranjeros, que vengan y que asistan a este festín de bodas'. Entonces los siervos salieron a las carreteras y a los lugares retirados, y juntaron a cuantos hallaron, buenos y malos, ricos y pobres, de modo que por fin la cámara nupcial estaba llena de convidados. Cuando todo estuvo listo, el rey se presentó ante sus huéspedes, y se sorprendió de encontrar allí a un hombre sin manto nupcial. El rey, puesto que había proveído generosamente mantos nupciales para todos sus huéspedes, dirigiéndose a este hombre, dijo: 'Amigo mío, ¿por qué vienes convidado en esta ocasión sin el manto nupcial'? Y este hombre que no estaba preparado enmudeció. Entonces dijo el rey a sus siervos: 'Arrojad a este convidado desconsiderado de mi casa para que corra la misma suerte de todos los otros que despreciaron mi hospitalidad y rechazaron mi llamado. No tendré aquí a nadie sino a los que se regocijan de aceptar mi invitación, y que me hacen el honor de llevar los mantos nupciales que tan generosamente se les han proveído'».

Después de relatar esta parábola, Jesús estaba a punto de despedir a la multitud cuando un creyente simpatizante, abriéndose camino entre la multitud hacia él, preguntó: «Pero, Maestro, ¿cómo nos enteraremos de estas cosas? ¿Cómo podremos estar listos para la invitación del rey? ¿Qué signo nos darás para que nosotros sepamos que tú eres el Hijo de Dios?» Y cando el Maestro oyó estas palabras, dijo: «Sólo un signo os será dado». Luego, indicando su propio cuerpo, siguió: «Destruid este templo, y en tres días yo volveré a levantarlo». Pero ellos no le comprendieron, y al dispersarse, hablaron entre ellos diciendo: «Por casi cincuenta años se ha estado construyendo este templo y sin embargo él dice que lo destruirá y lo volverá a edificar en tres días». Aun sus propios apóstoles no comprendieron el significado de esta declaración, pero posteriormente, después de su resurrección, recordaron sus palabras.

A eso de las cuatro de esta tarde Jesús señaló a sus apóstoles que deseaba salir del templo e ir a Betania para cenar y descansar por la noche. Mientras ascendían el Oliveto Jesús instruyó a Andrés, Felipe y Tomás que, al día siguiente, debían establecer un campamento cerca de la ciudad, para que lo ocuparan durante el resto de la semana pascual. De acuerdo con esta instrucción, a la mañana siguiente armaron las tiendas en una hondonada de la colina, desde la cual se veía el parque público del campamento de Getsemaní, sobre una parcela de tierra que pertenecía a Simón de Betania.

Nuevamente fue un grupo silencioso de judíos el que se abrió camino por la pendiente occidental del Monte de los Olivos este lunes por la noche. Estos doce hombres sentían, como nunca antes, que se avecinaba algo trágico. Aunque la limpieza dramática del templo esa mañana temprano había aumentado sus esperanzas de ver al Maestro imponerse él mismo y manifestar sus grandes poderes, los acontecimientos de la tarde sólo les producían desilusión, porque indicaban el rechazo certero de las enseñanzas de Jesús por parte de las autoridades judías. Los apóstoles eran presa del suspenso y prisioneros de una terrible incertidumbre. Se daban cuenta de que sólo unos pocos días podían pasar entre los acontecimientos del día recién transcurrido y el desencadenarse de la crisis inminente. Todos sentían que algo tremendo estaba por suceder, pero no sabían qué esperar. Fueron a sus distintos sitios de reposo, pero durmieron muy poco. Aun los gemelos Alfeo se apercibieron por fin de que los acontecimientos de la vida del Maestro se estaban acercando hacia su culminación final.

DOCUMENTO 174

EL MARTES POR LA MAÑANA EN EL TEMPLO

A ESO de las siete de este martes por la mañana Jesús se reunió con los apóstoles, el cuerpo de mujeres, y unas dos docenas de otros discípulos prominentes en la casa de Simón. En esta reunión se despidió de Lázaro, dándole esa instrucción que le llevó tan pronto después a huir a Filadelfia en Perea, donde más tarde se relacionó con el movimiento misionero que tenía su central en esa ciudad. Jesús también se despidió del anciano Simón, y dio sus consejos de despedida al cuerpo de mujeres, puesto que no volvió a dirigirse a ellas formalmente.

Esta mañana saludó a cada uno de lo doce con un saludo personal. A Andrés le dijo: «No te desanimes por los acontecimientos inminentes. Controla firmemente a tus hermanos y cuida de que no te vean deprimido». A Pedro le dijo: «No deposites tu confianza en el brazo ni en el acero. Establécete sobre los cimientos espirituales de las rocas eternas». A Santiago le dijo: «No titubees por las apariencias exteriores. Permanece fiel en tu fe, y pronto conocerás la realidad de aquello en lo que crees». A Juan le dijo: «Sé tierno; ama aun a tus enemigos; sé tolerante. Y recuerda que yo te he confiado muchas cosas». A Natanael le dijo: «No juzgues por las apariencias; permanece firme en tu fe aun cuando todo parezca esfumarse; sé fiel a tu misión de embajador del reino». A Felipe le dijo: «No te dejes conmover por los acontecimientos inminentes. Permanece inmutable, aun cuando no puedas ver el camino. Sé leal a tu juramento de consagración». A Mateo le dijo: «No olvides la misericordia que te recibió en el reino. Que ningún hombre te quite tu recompensa eterna. Así como has resistido las inclinaciones de la naturaleza mortal, dispónte a ser constante». A Tomás le dijo: «Aunque sea muy difícil, ahora debes caminar por lo que crees y no por lo que ves. No tengas dudas de mi habilidad para completar la obra que he comenzado, hasta que finalmente veré a todos mis fieles embajadores en el reino más allá». A los gemelos Alfeo les dijo: «No permitáis que las cosas que no podéis comprender os sobrecojan. Sed fieles al afecto de vuestro corazón y no coloquéis vuestra confianza ni en grandes hombres ni en la actitud cambiante de la gente. Aliaos con vuestros hermanos». A Simón el Zelote le dijo: «Simón, puedes estar sobrecogido por la desilusión, pero tu espíritu se elevará por sobre todas las cosas que te puedan suceder. Lo que no pudiste aprender de mí, mi espíritu te lo enseñará. Persigue las realidades verdaderas del espíritu y deja de ser atraído por las sombras irreales y materiales». Y a Judas Iscariote le dijo: «Judas, te he amado y he orado para que tú amaras a tus hermanos. No te canses de hacer el bien; y quiero advertirte que te cuides de los senderos resbalosos de las lisonjas y de los dardos envenenados del ridículo».

Y cuando hubo concluido estas salutaciones, partió hacia Jerusalén con Andrés, Pedro, Santiago y Juan mientras los demás apóstoles establecían el campamento de Getsemaní, a donde irían esa noche, y donde trasladaron su sede central por el resto de la vida en la carne del Maestro. Aproximadamente a mitad del camino bajando el Monte de los Olivos, Jesús pausó y conversó más de una hora con los cuatro apóstoles.

1. EL PERDÓN DIVINO

Ya durante varios días Pedro y Santiago habían discutido de sus diferencias de opinión sobre las enseñanzas del Maestro relativas al perdón de los pecados. Ambos habían acordado plantear el asunto a Jesús, y Pedro aprovechó esta ocasión como una oportunidad adecuada para obtener el consejo del Maestro. Por lo tanto, Simón Pedro interrumpió la conversación que trataba de las diferencias entre la alabanza y la adoración, preguntando: «Maestro, Santiago y yo no nos ponemos de acuerdo sobre tus enseñanzas relativas al perdón de los pecados. Santiago sostiene que tú enseñas que el Padre nos perdona aun antes de que nosotros se lo pidamos, y yo pienso que el arrepentimiento y la confesión deben preceder al perdón. ¿Quién de nosotros tiene razón? ¿Qué dices tú?»

Después de un corto silencio Jesús miró significativamente a los cuatro y contestó: «Hermanos míos, erráis en vuestras opiniones porque no comprendéis la naturaleza de esas relaciones íntimas y amantes entre la criatura y el Creador, entre el hombre y Dios. Falláis en captar esa compasión comprensiva que el padre sabio tiene para con su hijo inmaduro que, a veces, yerra. Es en verdad discutible si los padres inteligentes y afectuosos jamás se vean en una situación de perdonar a un hijo normal y corriente. Las relaciones comprensivas, asociadas con actitudes amantes, efectivamente previenen todas esas alienaciones que más tarde necesitan un reajuste mediante el arrepentimiento por parte del hijo y el perdón por parte del padre.

«Una parte de todo padre vive en el hijo. El padre disfruta de prioridad y superioridad de comprensión en todos los asuntos relacionados con la relación hijo-padre. El padre es capaz de ver la inmadurez del hijo a la luz de la madurez paterna más avanzada, la experiencia más madura del socio mayor. En el caso del hijo terrenal y el Padre celestial, el padre divino posee infinidad y divinidad de comprensión, y capacidad para una compasión amante. El perdón divino es inevitable; es inherente e inalienable a la infinita comprensión de Dios, en su conocimiento perfecto de todo lo que se relaciona con el juicio erróneo y la elección equivocada del hijo. La justicia divina es tan eternamente ecuánime que infaliblemente comprende una compasión misericordiosa.

«Cuando un hombre sabio comprende los impulsos interiores de sus semejantes, los amará. Y cuando amáis a vuestro hermano, ya le habéis perdonado. Esta capacidad de comprender la naturaleza humana y olvidar sus errores aparentes es deiforme. Si sois padres sabios, de esta manera amaréis y comprenderéis a vuestros hijos, aun les perdonaréis cuando una falta de comprensión pasajera os pueda aparentemente haber separado. El hijo, siendo inmaduro y faltándole la comprensión más plena de la profundidad de la relación hijo-padre, debe frecuentemente experimentar una sensación de separación culpable de la aprobación plena del padre, pero el verdadero padre no tiene nunca conciencia de una separación semejante. El pecado es una experiencia de la conciencia de la criatura; no es parte de la conciencia de Dios.

«Vuestra incapacidad o falta de deseo de perdonar a vuestros semejantes es la medida de vuestra inmadurez, de vuestra incapacidad para alcanzar una compasión adulta, comprensión y amor. Sois rencorosos y vengativos en proporción directa a vuestra ignorancia de la naturaleza interior y de los deseos verdaderos de vuestros hijos y de vuestros semejantes. El amor es la manifestación exterior del impulso divino e interior de la vida. Está fundado en la comprensión, alimentado por el servicio altruista, y perfeccionado en la sabiduría».

2. LAS PREGUNTAS DE LOS DIRIGENTES JUDÍOS

El lunes por la noche se celebró un concilio entre el sanedrín y unos cincuenta líderes adicionales, seleccionados entre los escribas, fariseos y saduceos. Fue consenso de esta reunión que sería peligroso arrestar a Jesús en público, debido al afecto con que contaba entre la gente común. También era opinión de la mayoría que debía hacerse un esfuerzo decidido por desacreditarlo a los ojos de la multitud antes de arrestarlo y llevarlo a juicio. Por lo tanto, varios grupos de hombres eruditos fueron designados para estar disponibles a la mañana siguiente en el templo con el objeto de hacerlo caer en la trampa de preguntas difíciles, y de otra manera tratar de ponerlo en una situación embarazosa ante la gente. Por fin, los fariseos, los saduceos y aun los herodianos estaban todos unidos en este esfuerzo dirigido a desacreditar a Jesús a los ojos de las multitudes pascuales.

El martes por la mañana, cuando Jesús llegó al patio del templo y comenzó a enseñar, apenas si había pronunciado unas pocas palabras cuando un grupo de los estudiantes más jóvenes de las academias, a quienes se había hecho ensayar con este propósito, se adelantaron y por medio de su portavoz se dirigieron a Jesús: «Maestro, sabemos que eres un instructor recto, y sabemos que proclamas los caminos de la verdad, y que tan sólo sirves a Dios, porque no temes a ningún hombre, y no haces acepción de personas. Somos tan sólo estudiantes, y nos gustaría conocer la verdad sobre un asunto que nos preocupa; nuestra dificultad es ésta: ¿Es legal para nosotros pagar tributo al césar? ¿Hemos de pagar tributo o no?» Jesús, percibiendo su hipocresía y artificio, les dijo: «¿Por qué venís de esta manera para tentarme? Mostradme el dinero del tributo, y yo os contestaré». Y cuando ellos le entregaron un denario, él lo miró y dijo: «¿Qué imagen e inscripción lleva esta moneda?» Cuando ellos le contestaron: «La del césar», Jesús dijo: «Dad al césar las cosas que son del césar y dad a Dios las cosas que son de Dios».

Cuando así hubo contestado, estos jóvenes escribas y sus cómplices herodianos, se retiraron de su presencia, y la gente, aun los saduceos, disfrutaron de su derrota. Aun los jóvenes que habían intentado hacerlo caer en la trampa, grandemente se maravillaron de la inesperada sagacidad de la respuesta del Maestro.

El día anterior, los líderes habían tratado de hacerlo tropezar ante la multitud en asuntos de autoridad eclesiástica, y habiendo fracasado, ahora intentaban enredarlo en una discusión dañina de la autoridad civil. Tanto Pilato como Herodes estaban en Jerusalén en ese momento, y los enemigos de Jesús conjeturaban que, si él se atrevía a aconsejar que no se pagara el tributo al césar, podrían ir inmediatamente ante las autoridades romanas y acusarlo de sedición. Por otra parte, si aconsejaba en muchas palabras explicativas el pago del tributo calculaban con justicia que dicha declaración heriría grandemente el orgullo nacional de sus oyentes judíos, alienando de esta manera la buena voluntad y el afecto de la multitud.

En todo esto, los enemigos de Jesús fueron derrotados puesto que era regla bien conocida del sanedrín, establecida para guiar a los judíos dispersos entre las naciones gentiles, que el «derecho de acuñar monedas conllevaba el derecho de cobrar impuestos». De esta manera Jesús había evitado la trampa. Haber contestado «no» a su pregunta habría sido equivalente a incitar a la rebelión; haber contestado «sí» habría chocado a los sentimientos nacionalistas profundamente arraigados de esa época. El Maestro no evadió la pregunta; meramente empleó la sabiduría de ofrecer una respuesta doble. Jesús nunca fue evasivo, pero siempre fue sabio en su trato con los que trataban de turbarlo y de destruirlo.

3. LOS SADUCEOS Y LA RESURRECCIÓN

Antes de que Jesús pudiera comenzar con su enseñanza, otro grupo se adelantó para hacerle preguntas, esta vez, un grupo de saduceos instruidos y astutos. Su portavoz, acercándosele, dijo: «Maestro, Moisés dijo que si un hombre casado moría sin dejar hijos, su hermano se casaría con la mujer y levantaría descendencia a su hermano muerto. Ahora bien, ocurrió que cierto hombre que tenía seis hermanos murió sin dejar hijos; el hermano siguiente se casó con su mujer, pero también murió muy pronto, sin dejar hijos. Del mismo modo el segundo hermano tomó a la mujer, pero también murió sin dejar descendencia. De la misma manera los seis hermanos se casaron con ella, y los seis murieron sin dejar hijos. Luego, después de todos ellos, murió también la mujer. Ahora bien, lo que nosotros quisiéramos preguntarte es esto: En la resurrección, ¿de quién será ella esposa, puesto que los siete hermanos la han poseído?»

Jesús sabía, y también lo sabía la gente, que estos saduceos no eran sinceros al hacer esta pregunta, porque no era probable que realmente pudiera ocurrir este caso; además, esta práctica de los hermanos de un muerto que tratan de hacer hijos en su nombre, estaba prácticamente abandonada en esta época entre los judíos. Sin embargo, Jesús condescendió a contestar esta pregunta maliciosa. Dijo: «Erráis al hacer estas preguntas, porque no conocéis ni las Escrituras ni el poder vivo de Dios. Sabéis que los hijos de este mundo pueden casarse y pueden ser dados en matrimonio, pero parece que no comprendéis que los que son considerados merecedores de alcanzar los mundos venideros, mediante la resurrección de los rectos, ni se casan ni son dados en matrimonio. Los que experimentan la resurrección de los muertos son más parecidos a los ángeles del cielo, y nunca mueren. Estos seres resurrectos son eternamente los hijos de Dios; son los hijos de la luz resucitados al progreso de la vida eterna. Y aun vuestro padre Moisés comprendió esto porque, en relación con sus experiencias junto a la zarza ardiente, él oyó al Padre decir: 'Yo soy el Dios de Abraham, el Dios de Isaac, y el Dios de Jacob'. Así pues, juntamente con Moisés, yo declaro que mi Padre no es el Dios de los muertos sino el de los vivos. En él todos vosotros vivís, os reproducís, y poseéis vuestra existencia mortal».

Cuando Jesús hubo terminado de contestar estas preguntas, los saduceos se retiraron, y algunos de los fariseos tanto se olvidaron de sí mismos como para exclamar: «Es verdad, es verdad, Maestro, has contestado bien a estos saduceos incrédulos». Los saduceos no se atrevieron a hacerle más preguntas, y la gente común se maravilló de la sabiduría de sus enseñanzas.

Jesús apeló tan sólo a Moisés en este encuentro con los saduceos sólo porque esta secta político-religiosa reconocía solamente la validez de los cinco así llamados libros de Moisés; ellos no creían que las enseñanzas de los profetas fueran admisibles como base para los dogmas de la doctrina. El Maestro en su respuesta, aunque afirmando positivamente el hecho de la sobrevivencia de las criaturas mortales por la técnica de la resurrección, no habló de ninguna manera con aprobación de las creencias fariseas de la resurrección del concreto cuerpo humano. El concepto que Jesús deseaba acentuar era: Que el Padre había dicho: 'Yo *soy* el Dios de Abraham, Isaac y Jacob', no yo *era* su Dios.

Los saduceos habían querido someter a Jesús a la influencia nefasta del *ridículo*, sabiendo muy bien que la persecución en público crearía con toda seguridad más simpatía hacia él en la mente de la multitud.

4. EL GRAN MANDAMIENTO

Otro grupo de saduceos había sido instruido para enredar a Jesús en preguntas sobre los ángeles, pero cuando contemplaron la suerte de sus compañeros que habían tratado de hacerlo caer en la trampa con las preguntas relativas a la resurrección, con mucho tino decidieron permanecer callados; se retiraron sin hacer preguntas. Era el plan premeditado de los confederados fariseos, escribas, saduceos y herodianos plantear preguntas engorrosas durante todo el día con la esperanza de desacreditar de esta manera a Jesús ante la gente y al mismo tiempo de prevenir efectivamente que él tuviera tiempo para la proclamación de sus enseñanzas perturbadoras.

Entonces se adelantó uno de los grupos de los fariseos para hacerle preguntas embarazosas y el portavoz, señalando hacia Jesús, dijo: «Maestro, soy abogado, y me gustaría preguntarte cuál, en tu opinión, es el mandamiento más grande». Jesús respondió: «Existe tan sólo un mandamiento, y ese mandamiento es el más grande de todos, y ese mandamiento es: 'Oye, Israel: el Señor nuestro Dios, el Señor uno es; y amarás al Señor tu Dios de todo tu corazón y con toda tu alma, con toda tu mente y con toda tu fuerza'. Éste es el primero y el gran mandamiento. Y el segundo mandamiento es como el primero; en efecto, de él surge directamente, y es: 'Amarás a tu prójimo como a ti mismo'. No hay otros mandamientos más grandes que estos; sobre estos dos mandamientos se apoyan toda la ley y los profetas».

Cuando el abogado percibió que Jesús había respondido no sólo de acuerdo con el concepto más elevado de la religión judía, sino que también había respondido sabiamente a los ojos de la multitud reunida, pensó que la mejor actitud era alabar abiertamente la respuesta del Maestro. Por lo tanto dijo: «En verdad, Maestro, bien has dicho que Dios es uno y que no hay otro fuera de él; y que amarlo de todo corazón, con toda comprensión y fuerza, y también amar al prójimo como a uno mismo, es el primero, y gran mandamiento; y estamos de acuerdo de que este gran mandamiento debe considerarse mucho más que todos los holocaustos y sacrificios». Cuando el abogado contestó de esta manera tan discreta, Jesús bajó la mirada sobre él y dijo: «Amigo mío, percibo que no estás muy lejos del reino de Dios».

Jesús habló la verdad cuando se refirió a este abogado diciendo «no estás muy lejos del reino», porque esa misma noche él fue al campamento del Maestro cerca de Getsemaní, profesó su fe en el evangelio del reino, y fue bautizado por Josías, uno de los discípulos de Abner.

Dos o tres otros grupos de escribas y fariseos estaban presentes y habían tenido la intención de hacer preguntas, pero se encontraban desarmados por la respuesta de Jesús al abogado o bien los disuadió la derrota de todos los que habían intentado enredarlo. Después de esto, ningún hombre se atrevió a hacerle pregunta alguna en público.

Como no hubo más preguntas, y como se estaba acercando el mediodía, Jesús no reanudó su enseñanza sino que se contentó con hacer una pregunta a los fariseos y a sus asociados. Dijo Jesús: «Puesto que no hacéis más preguntas, me gustaría preguntaros una. ¿Qué pensáis del Libertador? Es decir, ¿de quién es hijo?» Después de una breve pausa, uno de los escribas contestó: «El Mesías es el hijo de David». Puesto que Jesús sabía que había habido mucha discusión, aun entre sus propios discípulos, sobre si él era o no hijo de David, hizo otra pregunta: «Si en efecto el Libertador es hijo de David, ¿cómo puede ser que, en el salmo que acreditáis a David, él mismo, hablando en el espíritu, dice: 'El Señor dijo a mi señor: siéntate a mi diestra hasta que ponga a tus enemigos de escaño a tus pies'. Si David lo llama Señor, ¿cómo es posible que éste sea su hijo?». Aunque los líderes, los escribas y los altos sacerdotes no contestaron esta pregunta, tampoco le hicieron a él otras preguntas para enredarlo. No contestaron a esta pregunta que Jesús les había hecho, pero después de la muerte del Maestro intentaron obviar la dificultad cambiando la interpretación de este salmo para que se refiriera a Abraham en vez del Mesías. Otros trataron de escapar a este dilema diciendo que David no había sido el autor de este así llamado salmo mesiánico.

Poco tiempo antes, los fariseos habían disfrutado de la manera en la cual el Maestro había acallado a los saduceos; ahora estaban encantados los saduceos por el fracaso de los fariseos; pero esta rivalidad era tan sólo momentánea; rápidamente se olvidaron de sus diferencias tradicionales en un esfuerzo unido para impedir las enseñanzas y las obras de Jesús. Pero a lo largo de todas estas experiencias la gente común le escuchó con deleite.

5. LOS GRIEGOS INDAGADORES

Alrededor de mediodía, mientras Felipe compraba abastecimiento para el nuevo campamento que se estaba estableciendo ese día cerca de Getsemaní, se le acercó una delegación de extranjeros, un grupo de griegos creyentes de Alejandría, Atenas y Roma, cuyo portavoz dijo al apóstol: «Los que te conocen te han señalado; por eso, venimos a ti, Señor, con la petición de ver a Jesús, tu Maestro». Felipe fue tomado de sorpresa al encontrar así a estos gentiles griegos prominentes e indagadores en la plaza, y, puesto que Jesús había tan explícitamente encargado a los doce que no hicieran enseñanza pública alguna durante la semana de Pascua, estuvo un tanto perplejo en cuanto a cómo manejar este asunto. También estaba desconcertado porque estos hombres eran gentiles extranjeros. Si hubieran sido judíos o gentiles conocidos de la zona, no habría titubeado tan marcadamente. Lo que hizo fue: Les pidió a los griegos que permanecieran allí donde estaban. Cuando se alejó de prisa, supusieron que había ido en busca de Jesús, pero en realidad corrió a la casa de José, donde sabía que estaban almorzando Andrés y los demás apóstoles; y llamando afuera a Andrés, le explicó el propósito de su venida, y luego, acompañado por Andrés, retornó a donde esperaban los griegos.

Puesto que Felipe había prácticamente terminado de comprar los abastecimientos, él y Andrés volvieron con los griegos a la casa de José, donde Jesús los recibió; y se sentaron junto a él mientras hablaba a sus apóstoles y a un grupo de discípulos importantes reunidos en este almuerzo. Dijo Jesús:

«Mi Padre me envió a este mundo para revelar su comprensión amante a los hijos de los hombres, pero aquellos a quienes primero me dirigí se han negado a recibirme. Es verdad que muchos de vosotros habéis creído mi evangelio, pero los hijos de Abraham y sus líderes están por rechazarme, y al así hacer, ellos rechazan a Aquél que me envió. Yo he proclamado libremente el evangelio de la salvación a este pueblo; les he hablado de la filiación con felicidad, libertad y vida más abundante en el espíritu. Mi Padre ha hecho muchas obras maravillosas entre estos hijos del hombre dominados por el temor. Pero en verdad el profeta Isaías se refirió a este pueblo cuando escribió: 'Señor, ¿quién ha creído nuestras enseñanzas? ¿A quién ha sido revelado el Señor?' En verdad los líderes de mi pueblo deliberadamente han cegado sus ojos para no ver, y endurecido su corazón para no creer ni ser salvados. Todos estos años he tratado de curarlos de su incredulidad para que puedan recibir la salvación eterna del Padre. Sé que no todos me han fallado; algunos entre vosotros habéis en verdad creído mi mensaje. En este aposento ahora hay una veintena de hombres que fueron anteriormente miembros del sanedrín, o que ocupaban altas posiciones en los concilios de la nación, aunque algunos entre vosotros todavía os resistís a confesar abiertamente la verdad, para que no os expulsen de la sinagoga. Algunos entre vosotros están tentados de amar la gloria de los hombres más que la gloria de Dios. Pero yo me veo obligado a mostrar paciencia, puesto que temo por la seguridad y la lealtad aun algunos de los que han estado por tanto tiempo junto a mí, y que han vivido tan cerca a mi lado.

«En este aposento de banquetes percibo que hay judíos y gentiles en números aproximadamente iguales, y os dirigiré la palabra como a los primeros y a los últimos de tal grupo que yo pueda instruir en los asuntos del reino antes de ir a mi Padre».

Estos griegos habían asistido fielmente a las enseñanzas de Jesús en el templo. El lunes por la noche habían celebrado una conferencia en la casa de Nicodemo, que se prolongó hasta el amanecer del día, y treinta de entre ellos habían elegido entrar al reino.

Al estar Jesús de pie ante ellos en este momento, percibió el fin de una dispensación y el comienzo de otra. Volviendo su atención a los griegos, el Maestro dijo:

«El que cree en este evangelio, cree no solamente en mí sino en Aquél que me envió. Cuando me contempláis, veis no solamente al Hijo del Hombre, sino también a Aquél que me envió. Yo soy la luz del mundo, y el que crea mi enseñanza ya no vivirá en las tinieblas. Si vosotros los gentiles me escucháis, recibiréis las palabras de la vida y entraréis inmediatamente en la libertad regocijante de la verdad de la filiación de Dios. Si mis conciudadanos, los judíos, eligen rechazarme y rehúsan mis enseñanzas, no los juzgaré, porque no he venido para juzgar al mundo sino para ofrecerle salvación. Sin embargo, los que me rechazan y rehusan recibir mis enseñanzas serán llevados a juicio cuando la temporada sea propicia por mi Padre y por aquellos a quienes él ha nombrado para que juzguen a los que rechazan los dones de la misericordia y las verdades de la salvación. Recordad todos vosotros que hablo no por mí mismo, sino que he declarado fielmente a vosotros lo que el Padre mandó que yo debía revelar a los hijos de los hombres. Y estas palabras que el Padre me dijo que hablara al mundo son palabras de verdad divina, misericordia sempiterna y vida eterna.

«Pero tanto a los judíos como a los gentiles yo declaro que está por haber llegado la hora en la que el Hijo del Hombre será glorificado. Bien sabéis que, excepto que un grano de trigo caiga a la tierra y muera, permanece solo; pero si muere en buena tierra, surge nuevamente a la vida y rinde mucho fruto. Aquél que ama con egoísmo su vida, corre peligro de perderla; pero el que está dispuesto a dar su vida por mí y por el evangelio gozará de una existencia más abundante sobre la tierra y en el cielo, vida eterna. Si en verdad me seguís, aun después que yo haya ido al Padre, seréis mis discípulos y los siervos sinceros de vuestros semejantes mortales.

«Sé que mi hora se avecina, y estoy turbado. Percibo que mi pueblo está decidido a despreciar el reino, pero me regocija recibir a estos gentiles que buscan la verdad, que están aquí hoy preguntando por el camino de la luz. Sin embargo, mi corazón sufre por mi pueblo, y mi alma está atribulada por lo que me espera. ¿Qué debo decir al mirar al futuro y discernir lo que está por caer sobre mí? ¿Acaso diré: Padre, sálvame de esta hora espantosa? ¡No! Por este mismo propósito he venido al mundo y aun a esta hora. Más bien diré y oraré para que os unáis a mí: Padre, glorifica tu nombre; se hará tu voluntad».

Cuando Jesús habló así, su Ajustador Personalizado que había residido en él antes de su bautismo apareció ante él, y al hacer una pausa de manera evidente, este espíritu ahora poderoso de representación del Padre habló a Jesús de Nazaret, diciendo: «He glorificado mi nombre muchas veces en tus autootorgamientos, y una vez más lo glorificaré».

Aunque los judíos y gentiles allí reunidos no oyeron ninguna voz, no pudieron dejar de discernir que el Maestro había pausado en su discurso mientras le llegaba un mensaje de alguna fuente sobrehumana. Todos ellos dijeron, cada uno al que estaba al lado de él: «Un ángel le ha hablado».

Entonces Jesús continuó hablando: «Todo esto no ha ocurrido por mi bien, sino por el vuestro. Yo sé con certidumbre que el Padre me recibirá y aceptará mi misión en vuestro nombre, pero es necesario que seáis alentados y preparados para la prueba de fuego que se avecina. Dejadme aseguraros que la victoria eventualmente coronará vuestros esfuerzos unidos por esclarecer al mundo y liberar a la humanidad. El viejo orden se está enjuiciando a sí mismo; yo ya he expulsado al Príncipe de este mundo; y todos los hombres serán libres por la luz del espíritu que yo derramaré sobre toda carne después de ascender a mi Padre en el cielo.

«Y ahora pues, os declaro que, cuando sea elevado de la tierra y de vuestras vidas, atraeré a mí a todos los hombres, a la comunidad de mi Padre. Habéis creído que el Libertador moraría por siempre en la tierra, pero yo declaro que el Hijo del Hombre será rechazado por los hombres, y que volverá al Padre. Sólo por un corto tiempo estaré con vosotros; sólo por un corto tiempo estará la luz viva en el medio de esta generación en tinieblas. Caminad mientras tengáis esta luz para que las tinieblas y la confusión venideras no os sobrecojan. El que camina en las tinieblas no sabe adonde va; pero si elegís caminar en la luz, en verdad seréis, todos vosotros, hijos liberados de Dios. Ahora pues, todos vosotros, venid conmigo para volver al templo y yo les diré palabras de adiós a los altos sacerdotes, los escribas, los fariseos, los saduceos, los herodianos y los dirigentes de Israel sumidos en la ignorancia».

Habiendo hablado así, Jesús condujo al grupo por las angostas calles de Jerusalén, de vuelta al templo. Acababan de oír al Maestro decir que éste sería su discurso de adiós en el templo, y le siguieron en silencio y profunda meditación.

DOCUMENTO 175

EL ÚLTIMO DISCURSO EN EL TEMPLO

POCO después de las dos de la tarde de este martes, Jesús, acompañado por once apóstoles, José de Arimatea, los treinta griegos, y algunos discípulos específicos, llegó al templo y pronunció su último sermón en los patios del edificio sagrado. El propósito de este discurso era el dar su último llamado al pueblo judío y la acusación final contra los enemigos vehementes que buscaban su destrucción: los escribas, los fariseos, los saduceos y los líderes principales de Israel. A lo largo de la mañana, varios grupos habían tenido la oportunidad de hacer preguntas a Jesús; esta tarde, nadie le preguntó nada.

Cuando el Maestro comenzó a hablar, el patio del templo estaba silencioso y ordenado. Los cambistas de dinero y los mercaderes no se habían atrevido a volver a entrar al templo después de haber sido echados el día anterior por Jesús y una multitud tumultuosa. Antes de comenzar el discurso, Jesús miró tiernamente a este público que tan pronto escucharía su discurso de despedida, su mensaje de misericordia a la humanidad combinado con la última denuncia de los falsos maestros y los fanáticos líderes de los judíos.

1. EL DISCURSO

«He estado con vosotros este largo tiempo, yendo y viniendo por la tierra proclamando el amor del Padre por los hijos de los hombres, y muchos han visto la luz y, por la fe, han entrado al reino del cielo. En relación con esta enseñanza y predicación, el Padre ha hecho muchas obras maravillosas, aun hasta la resurrección de los muertos. Muchos enfermos y afligidos han sido curados porque han creído; pero toda esta proclamación de verdad y curación de las enfermedades no abrió los ojos de los que se niegan a ver la luz, los que están decididos a rechazar este evangelio del reino.

«De toda forma posible, que esté de acuerdo con el hacer la voluntad de mi Padre, yo y mis apóstoles nos hemos esforzado por vivir en paz con nuestros hermanos, por conformar con los requisitos razonables de las leyes de Moisés y de las tradiciones de Israel. Hemos persistentemente buscado la paz, pero los líderes de Israel no lo quieren así. Al rechazar la verdad de Dios y la luz del cielo, se están aliando con el error y con las tinieblas. No puede haber paz entre la luz y las tinieblas, entre la vida y la muerte, entre la verdad y el error.

«Muchos de vosotros os habéis atrevido a creer en mis enseñanzas y ya habéis entrado en la felicidad y libertad de la conciencia de la filiación de Dios. Y atestiguaréis que he ofrecido esta misma filiación de Dios a toda la nación judía, aun a aquellos mismos hombres que ahora buscan mi destrucción. Aun ahora mi Padre recibiría a estos maestros cegados y a estos líderes hipócritas si tan sólo se volvieran a él y aceptaran su misericordia. Aun ahora no es demasiado tarde para que reciba esta gente la palabra del cielo y dé la bienvenida al Hijo del Hombre.

«Mi Padre ha tratado por mucho tiempo con misericordia a esta gente. Generación tras generación enviamos nuestros profetas para enseñarles y advertirles, y generación tras generación ellos mataron a estos maestros enviados por el cielo. Y ahora, vuestros obstinados altos sacerdotes y vuestros potentados testarudos siguen haciendo la misma cosa. Así como Herodes ocasionó la muerte de Juan, vosotros del mismo modo os preparáis para destruir al Hijo del Hombre.

«Hasta tanto haya una posibilidad de que los judíos se vuelvan a mi Padre y busquen la salvación, el Dios de Abraham, Isaac y Jacob mantendrá tendidas sus manos de misericordia hacia vosotros; pero cuando ya hayáis llenado vuestra copa de impenitencia, y cuando ya hayáis rechazado finalmente la misericordia de mi Padre, esta nación será abandonada a sus propias luces, y rápidamente caerá en un fin ignominioso. Este pueblo fue llamado para ser la luz del mundo, para mostrar la gloria espiritual de una raza conocedora de Dios, pero tanto os habéis alejado del cumplimiento de vuestros privilegios divinos que vuestros líderes están a punto de cometer la suprema locura de todos los tiempos, porque están por rechazar finalmente el don de Dios a todos los hombres y a todos los tiempos —la revelación del amor del Padre en el cielo por todas sus criaturas en la tierra.

«Una vez que rechacéis esta revelación de Dios al hombre, el reino del cielo será entregado a otros pueblos, a aquellos que lo reciban con regocijo y felicidad. En nombre del Padre que me envió, yo os advierto solemnemente que estáis a punto de perder vuestra posición en el mundo como abanderados de la verdad eterna y custodios de la ley divina. Estoy en este momento ofreciéndoos vuestra última oportunidad de presentaros y arrepentiros para significar vuestra intención de buscar a Dios con todo vuestro corazón y de entrar, como niños y por la fe sincera, en la seguridad y salvación del reino del cielo.

Mi Padre por mucho tiempo ha laborado por vuestra salvación, y yo he descendido para vivir entre vosotros y mostraros personalmente el camino. Muchos, tanto entre los judíos como entre los samaritanos, y aun entre los gentiles, han creído el evangelio del reino, pero los que deberían ser los primeros en adelantarse y aceptar la luz del cielo se han negado repetidamente a creer la revelación de la verdad de Dios: Dios revelado en el hombre y el hombre elevado a Dios.

«Esta tarde mis apóstoles están aquí ante vosotros en silencio, pero pronto oiréis sus voces resonando con el llamado a la salvación y con la admonición de uniros con el reino celestial como hijos del Dios vivo. Ahora pues, llamo a testimonio a estos, mis discípulos y creyentes en el evangelio del reino, así como también a los mensajeros invisibles a su lado, de que una vez más he ofrecido a Israel y a sus dirigentes, liberación y salvación. Pero todos vosotros contempláis cómo la misericordia del Padre es despreciada y cómo son rechazados los mensajeros de la verdad. Sin embargo, os advierto que estos escribas y fariseos aún están sentados en el trono de Moisés, y por lo tanto, hasta que los Altísimos que gobiernan en los reinos de los hombres sobrecojan finalmente esta nación y destruyan el sitio de estos potentados, yo os exhorto a que cooperéis con estos ancianos de Israel. No se os requiere que os unáis con ellos en sus planes de destrucción del Hijo del Hombre, pero en todo lo que se relaciona con la paz de Israel, debéis someteros a ellos. En todos estos asuntos, haced lo que ellos os ordenan y cumplid con la esencia de la ley, pero no sigáis el ejemplo de sus malas obras. Recordad, éste es el pecado de estos gobernantes: Que dicen lo que es bueno, pero no lo hacen. Bien sabéis cómo estos líderes echan pesadas cargas sobre vuestros hombros, cargas difíciles de llevar, pero no están dispuestos ni de levantar un dedo para ayudaros a vosotros que lleváis cargas tan pesadas. Os han oprimido con ceremonias y esclavizado con tradiciones.

«Además, estos gobernantes egocéntricos se deleitan en hacer sus buenas obras para ser vistos por los hombres. Agrandan sus filaterías y ensanchan los bordes de su manto oficial. Anhelan los sitios principales en los festines y demandan las sillas de honor en las sinagogas. Codician las salutaciones laudatorias en las plazas públicas y quieren que todos los llamen rabinos. Aun mientras buscan ser así honrados por los hombres, en secreto se apoderan de las casas de las viudas y sacan provecho de los servicios del templo sagrado. Estos hipócritas oran pretenciosa y prolongadamente en público y dan limosna para atraer la atención de sus semejantes.

«Aunque vosotros debéis honrar a vuestros dirigentes y reverenciar a vuestros maestros, no debéis llamar Padre a ningún hombre en el sentido espiritual, porque hay uno solo que es vuestro Padre, aun Dios. No tratéis tampoco de dominar a vuestros hermanos en el reino. Recordad, os he enseñado que el que quiere ser más grande entre vosotros debe ser el siervo de todos. Si presumís exaltaros ante Dios, con certeza seréis humillados; pero los que verdaderamente se humillan, serán con certeza exaltados. Buscad en vuestra vida diaria, no la autoglorificación, sino la gloria de Dios. Someted inteligentemente vuestra propia voluntad a la voluntad del Padre en el cielo.

«No interpretéis mal mis palabras. No tengo malicia alguna contra los altos sacerdotes y los potentates que aun en este momento buscan mi destrucción; no tengo mala voluntad contra estos escribas y fariseos que rechazan mis enseñanzas. Yo sé que muchos de vosotros creen en secreto, y sé que profesaréis abiertamente vuestra lealtad al reino cuando llegue mi hora. Pero, ¿cómo podrán justificarse vuestros rabinos que profesan hablar con Dios y tienen la presunción de rechazar y destruir a aquél que viene para revelar al Padre a los mundos?

«¡Ay de vosotros, escribas y fariseos, hipócritas! Queréis cerrar las puertas del reino del cielo a los hombres sinceros, tan sólo porque ignoran los caminos de vuestra enseñanza. Os negáis a entrar en el reino y al mismo tiempo hacéis todo lo que podéis para prevenir que entren todos los demás. Estáis de pie dándole la espalda a las puertas de la salvación y peleáis con los que quieren entrar.

«¡Ay de vosotros, escribas y fariseos, hipócritas que sois! Porque en verdad recorréis mar y tierra para hacer un prosélito, y una vez hecho, no os conformáis hasta hacerle dos veces peor de lo que era como hijo de los paganos.

«¡Ay de vosotros, altos sacerdotes y rectores que os apropiáis de los bienes de los pobres y demandáis onerosos impuestos de los que quieren servir a Dios como piensan que ordenó Moisés! Vosotros que os negáis a mostrar misericordia, ¿podéis esperar misericordia en los mundos venideros?

«¡Ay de vosotros, falsos maestros, guías ciegos! ¿Qué se puede esperar de una nación cuando los ciegos conducen a los ciegos? Ambos tropezarán y caerán al abismo de la destrucción.

«¡Ay de vosotros que disimuláis al jurar! Sois tramposos porque enseñáis que si alguno jura por el templo no es nada; pero si alguno jura por el oro del templo, es deudor. Sois todos necios y ciegos. Ni siquiera sois uniformes en vuestra deshonestidad, porque, ¿cuál es mayor, el oro o el templo que supuestamente ha santificado al oro? También enseñáis que si un hombre jura por el altar, no es nada; pero que, si jura por la ofrenda que está sobre el altar, es deudor. Nuevamente sois ciegos ante la verdad, porque ¿cuál es mayor, la ofrenda o el altar que santifica la ofrenda? ¿Cómo podéis justificar tal hipocresía y deshonestidad a los ojos de Dios en el cielo?

«¡Ay de vosotros, escribas y fariseos y todos los demás hipócritas que se aseguran de diezmar la menta, el eneldo y el comino, y hacen caso omiso de los asuntos más serios de la ley: la fe, la misericordia y la justicia! Dentro de lo razonable, esto era necesario hacer sin dejar de hacer lo otro. De veras sois guías ciegos y maestros necios; coláis el mosquito y tragáis el camello.

«¡Ay de vosotros, escribas, fariseos e hipócritas! Escrupulosamente limpiáis la parte de afuera de la copa y del plato, pero adentro queda la suciedad de la extorsión, los excesos y la decepción. Sois espiritualmente ciegos. ¿Acaso no reconocéis cuánto mejor sería limpiar primero la parte de adentro de la copa, y luego el agua que derramare afuera limpiaría por sí mismo lo de afuera? ¡Vosotros, viciosos malvados! Hacéis que las manifestaciones exteriores de vuestra religión se conformen con la letra de vuestra interpretación de la ley de Moisés, mientras que vuestra alma está hundida en iniquidad y llena de asesinato.

«¡Ay de todos vosotros que rechazáis la verdad y os burláis de la misericordia! Muchos entre vosotros sois como sepulcros blanqueados, que por fuera aparecen hermosos pero por dentro están llenos de los huesos de hombres muertos y todo tipo de inmundicia. Aun así vosotros que rechazáis a sabiendas el consejo de Dios aparecéis por fuera como santos y rectos a los hombres, pero por dentro vuestro corazón está lleno de hipocresía e iniquidad.

«¡Ay de vosotros, falsos guías de una nación! Habéis construido más allá un monumento a los profetas mártires de antaño, mientras complotáis para destruir a aquel de quien ellos hablaban. Adornáis los monumentos de los justos y presumís que si hubierais vivido en los días de vuestros padres, no habríais matado a los profetas; y con este pensamiento santurrón en vuestra mente, os preparáis para asesinar a aquel de quien hablaban los profetas: el Hijo del Hombre. En cuanto hacéis estas cosas, dais por testimonio contra vosotros mismos, de que sois los hijos protervos de los que mataron a los profetas. ¡Id pues y llenad la copa de vuestra condenación hasta su plenitud!

«¡Ay de vosotros, hijos del mal! Juan en verdad os llamó los descendientes de las víboras, y yo os pregunto, ¿cómo podéis escapar al juicio que Juan pronunciara sobre vosotros?

«Pero aun ahora os ofrezco en nombre de mi Padre misericordia y perdón; aun ahora os tiendo la mano amante de la hermandad eterna. Mi Padre os ha enviado los sabios y los profetas; a unos vosotros perseguisteis, a otros matasteis. Luego llegó Juan y proclamó el advenimiento del Hijo del Hombre, y a él vosotros destruisteis después de que muchos habían creído sus enseñanzas. Ahora os preparáis a derramar aun más sangre inocente. ¿Acaso no comprendéis que llegará el día terrible del juicio, cuando el Juez de toda la tierra requerirá de este pueblo que rinda cuentas de la forma en que rechazaron, persiguieron y destruyeron a estos mensajeros del cielo? ¿Acaso no comprendéis que debéis rendir cuentas a todos de esta sangre justa, desde el primer profeta asesinado hasta los tiempos de Zacarías, a quien matasteis entre el templo y el altar? Si continuáis por este camino malvado, puede que este rendimiento de cuentas os sea requerida en esta misma generación.

«¡Oh Jerusalén, oh hijos de Abraham, vosotros que habéis apedreado a los profetas y matado a los maestros que os fueran enviados, aun ahora yo juntaría a vuestros hijos, como la gallina junta a sus polluelos debajo de las alas, pero vosotros no queréis!

«Ahora yo me despido de vosotros. Habéis oído mi mensaje y habéis tomado vuestra decisión. Los que creyeron mi evangelio están aun ahora a salvo en el reino de Dios. A vosotros, que habéis elegido rechazar la ofrenda de Dios, yo os digo que ya no me veréis enseñando en el templo. Mi obra para vosotros está hecha. ¡He aquí que ahora yo salgo con mis hijos, y vuestra casa os queda desolada!»

Y luego el Maestro señaló a sus seguidores que partieran del templo.

2. LA POSICIÓN DEL JUDÍO

El hecho de que los líderes espirituales y maestros religiosos de la nación judía en cierto momento rechazaron las enseñanzas de Jesús y conspiraron para ocasionar su muerte cruel, no afecta de ninguna manera la posición de cada judío ante los ojos de Dios. Este hecho no debe motivar a los que profesan seguir al Cristo, a que tengan prejuicios contra el judío, su semejante mortal. Los judíos, como nación, como grupo sociopolítico, pagaron plenamente el precio terrible de rechazar al Príncipe de la Paz. Hace mucho tiempo que cesaron de ser los abanderados espirituales de la verdad divina para las razas de la humanidad, pero no es ésta razón válida para que los descendientes de estos antiguos judíos deban sufrir las persecuciones que han caído sobre ellos a manos de los seguidores intolerantes, inmeritorios y prejuiciosos de Jesús de Nazaret, quien fue judío de nacimiento en la tierra.

Muchas veces esta persecución y este odio irrazonables que nada tienen que ver con la naturaleza de Cristo contra los judíos modernos acaba en sufrimiento y muerte de judíos inocentes y sin ofensa, cuyos antepasados mismos, en los tiempos de Jesús, aceptaron de todo corazón su evangelio y finalmente murieron sin vacilar por esa verdad en la cual creían tan sinceramente. ¡Qué escalofrío de horror corre por los seres celestiales cuando contemplan a los seguidores profesos de Jesús perseguir, atormentar y aun asesinar a los descendientes de Pedro, Felipe y Mateo, y de otros judíos palestinos que tan gloriosamente dieron sus vidas como los primeros mártires del evangelio del reino del cielo!

¡Cuán cruel e irrazonable es obligar a niños inocentes a que sufran por los pecados de sus progenitores, por malas acciones que ignoran por completo, sin tener responsabilidad alguna por aquellas! Además, ¡actuar tan cruelmente, en nombre de aquel que enseñó a sus discípulos a que amaran aun a sus enemigos! Ha sido necesario, en este relato de la vida de Jesús, ilustrar la manera en que algunos de sus compatriotas judíos lo rechazaron, conspirando para ocasionar su muerte ignominiosa; pero queremos advertir a todos los que lean esta narrativa que la presentación de este recital histórico no justifica de ninguna manera el odio injusto, ni perdona la inicua actitud mental que tantos cristianos profesos han manifestado durante tantos siglos contra los judíos. Los creyentes en el reino, los que siguen las enseñanzas de Jesús, deben dejar de maltratar a los judíos con el pretexto de que éstos fueron culpables de rechazar a Jesús y crucificarlo. El Padre y su Hijo Creador no han cesado nunca de amar a los judíos. Dios no hace acepción de personas, y la salvación es para los judíos tanto como para los gentiles.

3. LA FATÍDICA REUNIÓN DEL SANEDRÍN

A las ocho de la noche de este martes se convocó la fatídica reunión del sanedrín. En muchas ocasiones previas este supremo tribunal de la nación judía había decretado en forma casual la muerte de Jesús. Muchas veces este augusto cuerpo gobernante determinó poner punto final a su obra, pero nunca antes habían resuelto arrestarlo y ocasionar su muerte a toda costa. Fue justo antes de la medianoche de este martes 4 de abril del 30 d. de J.C. cuando el sanedrín, así como estaba compuesto en ese momento, votó oficial y *unánimemente* imponer la sentencia de muerte a Jesús y a Lázaro. Ésta fue la respuesta al último llamado del Maestro a los potentados de los judíos, llamado hecho sólo unas pocas horas antes en el templo; representó su reacción de amargo resentimiento ante la última y vigorosa acusación de Jesús contra estos mismos altos sacerdotes y saduceos y fariseos impenitentes. La resolución de condenar a muerte (aun antes de su juicio) al Hijo de Dios fue la respuesta del sanedrín a la última oferta de misericordia celestial que fuera extendida jamás a la nación judía como tal.

Desde este momento en adelante los judíos se encontraron solos para completar el breve y corto período que les quedaba de vida nacional, como cualquier otro grupo puramente humano entre las naciones de Urantia. Israel había repudiado al Hijo de aquel Dios, que hiciera un pacto con Abraham; y el plan de que los hijos de Abraham fueran los portadores de la luz de la verdad en el mundo, se hizo añicos. Se había abrogado el pacto divino, y se aproximó a pasos agigantados el fin de la nación hebrea.

Los funcionarios del sanedrín recibieron la orden de arrestar a Jesús temprano a la mañana siguiente, pero con instrucciones de que no debía ser arrestado en público. Se les dijo que planearan arrestarlo en secreto, preferiblemente en forma repentina y de noche. Comprendiendo que tal vez no volvería ese día (miércoles) para enseñar en el templo, ellos instruyeron a estos oficiales del sanedrín que «lo traigan ante el alto tribunal judío en algún momento antes de la medianoche del jueves.»

4. LA SITUACIÓN EN JERUSALÉN

Al concluir Jesús su último discurso en el templo, los apóstoles sufrieron una vez más un estado de confusión y consternación. Antes de que el Maestro comenzara su denuncia terrible contra los potentates judíos, regresó Judas al templo; todos los doce así oyeron la última mitad del último discurso de Jesús en el templo. Fue desafortunado que Judas Iscariote no hubiera podido oír la primera mitad de este discurso de despedida, que contenía la oferta de misericordia. Él no oyó esta última oferta de misericordia a los líderes judíos porque aún se encontraba conferenciando con cierto grupo de saduceos parientes y amigos con los cuales había almorzado, y con los cuales estaba discutiendo la forma más adecuada de desasociarse de Jesús y de sus hermanos apóstoles. Fue al escuchar la acusación final del Maestro contra los líderes y gobernantes judíos, cuando Judas final y plenamente decidió abandonar el movimiento del evangelio y lavarse las manos de todo el asunto. Sin embargo, abandonó el templo en compañía de los doce, fue con ellos al Monte de los Olivos, donde, con sus hermanos apóstoles, escuchó ese discurso fatídico sobre la destrucción de Jerusalén y el fin de la nación judía, y permaneció con ellos ese martes por la noche en el nuevo campamento cerca de Getsemaní.

La multitud que escuchó a Jesús pasar de su llamado compasivo a los líderes judíos al reproche subitáneo y ardiente que lindaba en una denuncia sin cuartel, se quedó pasmada y anonadada. Esa noche, mientras el sanedrín estaba sentado decidiendo la sentencia de muerte contra Jesús, y mientras el Maestro sentado con sus apóstoles y algunos de sus discípulos en el Monte de los Olivos estaba pronosticando la muerte de la nación judía, toda Jerusalén estaba involucrada en una discusión seria y callada de una sola pregunta: «¿Qué harán con Jesús?»

En la casa de Nicodemo, más de treinta judíos prominentes que eran creyentes secretos del reino, se reunieron y debatieron el curso de acción que debían de seguir en caso de una rotura abierta con el sanedrín. Todos los presentes acordaron que declararían abiertamente su alianza con el Maestro en la hora misma en que se enteraron de su arresto. Eso fue precisamente lo que hicieron.

Los saduceos, que ahora controlaban y dominaban el sanedrín, deseaban eliminar a Jesús por las siguientes razones:

1. Temían que el aumento del favor popular por parte de las multitudes pusiera en peligro la existencia de la nación judía, debido a una posible involucración con las autoridades romanas.

2. Su celo por la reforma en el templo ponía directamente en peligro los ingresos de ellos; la purificación del templo afectaba su bolsa.

3. Se sentían responsables de la preservación del orden social, y temían las consecuencias de una expansión ulterior de la extraña y nueva doctrina de Jesús de la hermandad de los hombres.

Los fariseos tenían motivos distintos por su deseo de ver que Jesús sea matado. Le temían porque:

1. Se había dispuesto en terminante oposición a la dominación tradicional que ellos ejercían sobre el pueblo. Los fariseos eran ultraconservadores, y resentían amargamente estos ataques supuestamente radicales a su prestigio establecido como maestros religiosos.

2. Sostenían que Jesús estaba en contravención de la ley; que exhibía un desprecio total por el sábado y por numerosos otros requisitos legales y ceremoniales.

3. Le acusaban de blasfemia porque aludía a Dios como su Padre.

4. Además, ahora estaban furiosos con él por su último discurso de amarga condena, pronunciado ese día mismo en el templo como punto final de su sermón de despedida.

El sanedrín, después de haber decretado formalmente la muerte de Jesús y emitido órdenes para su arresto, levantó la reunión este martes cerca de la medianoche, después de decidir una convocatoria para las diez de la mañana siguiente en la casa de Caifás el sumo sacerdote con el propósito de levantar las acusaciones para someter a Jesús a juicio.

Un pequeño grupo de saduceos había llegado a proponer que dispusieran de Jesús mediante el asesinato, pero los fariseos se negaron firmemente a este procedimiento.

Ésta era pues la situación en Jerusalén y entre los hombres en este día lleno de acontecimientos, mientras vastas huestes de seres celestiales contemplaban esta dramática escena en la tierra, ansiosos por hacer algo en ayuda de su amado Soberano pero sin poder actuar porque estaban bajo la efectiva prohibición de sus superiores.

DOCUMENTO 176

EL ANOCHECER DEL MARTES EN EL MONTE DE LOS OLIVOS

ESTE martes por la tarde, al pasar Jesús y los apóstoles por delante del templo camino del campamento de Getsemaní, Mateo, llamando la atención sobre la construcción del templo, dijo: «Maestro, observa qué edificios son éstos. Mira las piedras macizas y los bellos adornos; ¿es posible que estos edificios sean destruidos?» Mientras caminaban hacia el Oliveto, Jesús dijo: «Veis estas piedras y este templo masivo; de cierto, de cierto os digo: en los días que pronto llegarán no quedará piedra sobre piedra. Todas serán derribadas». Estas observaciones que ilustraban la destrucción del templo sagrado, estimularon la curiosidad de los apóstoles que caminaban detrás del Maestro; no podían concebir un evento, como no fuera el fin del mundo, que pudiera ocasionar la destrucción del templo.

Para evitar a las multitudes que pasaban a lo largo del valle de Cedrón hacia Getsemaní, Jesús y sus asociados decidieron trepar la pendiente occidental del Oliveto por una corta distancia y luego seguir un sendero que conducía a su campamento privado cerca de Getsemaní ubicado a corta distancia encima del campamento público. Mientras se volvían para abandonar el camino que conducía a Betania, vieron el templo, glorificado por los rayos del sol poniente; y al detenerse en el monte, vieron aparecer las luces de la ciudad y contemplaron la belleza del templo iluminado; y allí, bajo la suave luz de la luna llena, Jesús y los doce se sentaron. El Maestro conversaba con ellos, y de repente Natanael hizo esta pregunta: «Dinos Maestro, ¿cómo sabremos cuándo ocurrirán estos acontecimientos?»

1. LA DESTRUCCIÓN DE JERUSALÉN

Al responder a la pregunta de Natanael, Jesús dijo: «Sí, os diré de los tiempos en que este pueblo habrá llenado la copa de su iniquidad; cuando la justicia caerá súbitamente sobre esta ciudad y sobre nuestros padres. Estoy a punto de dejaros; iré adonde el Padre. Después que os deje, prestad atención que ningún hombre os engañe, porque muchos vendrán como liberadores y conducirán a muchos por el camino equivocado. Cuando escuchéis de guerras y rumores de guerras, no os preocupéis, porque aunque estas cosas sucederán, el fin de Jerusalén aún no habrá llegado. No os perturbéis por la escasez y los terremotos; tampoco debéis preocuparos cuando se os entregue a las autoridades civiles y seáis perseguidos a causa del evangelio. Seréis expulsados de la sinagoga e iréis a la prisión por mí, y algunos de vosotros seréis matados. Cuando seáis llevados ante los gobernadores y los gobernantes, será para atestiguar vuestra fe y para mostrar vuestra firme fidelidad al evangelio del reino. Y cuando estéis ante la presencia de los jueces, no os pongáis ansiosos de antemano por lo que debáis decir porque el espíritu os enseñará en esa misma hora lo que debéis contestar a vuestros adversarios. En estos días de congoja, aun vuestros parientes, bajo el liderazgo de los que han rechazado al Hijo del

Hombre, os entregarán a la prisión y a la muerte. Por un tiempo puede que todos los hombres os odien por mí, pero aun en estas persecuciones yo no os abandonaré; mi espíritu no os desertará. ¡Tened paciencia! No dudéis de que este evangelio del reino triunfará sobre todos los enemigos y finalmente será proclamado a todas las naciones».

Jesús hizo una pausa mientras contemplaba la ciudad. El Maestro se percataba de que el rechazo del concepto espiritual del Mesías, la determinación de aferrarse con persistencia y ciegamente a la misión material del libertador esperado, llevaría finalmente a los judíos a un conflicto directo con los poderosos ejércitos romanos, y que esa lucha tan sólo resultaría en la destrucción final y completa de la nación judía. Cuando su pueblo rechazó su autootorgamiento espiritual y se negó a recibir la luz del cielo que tan misericordiosamente brillaba sobre ellos, sellaron así su destino como pueblo independiente con una especial misión espiritual en la tierra. Aun los líderes judíos posteriormente reconocieron que fue esta idea secular del Mesías la que llevó directamente a la turbulencia que finalmente produjo su destrucción.

Puesto que Jerusalén sería la cuna del primitivo movimiento del evangelio, Jesús no quería que los maestros y predicadores de éste perecieran en la derrota terrible del pueblo judío en conexión con la destrucción de Jerusalén; por eso él dio estas instrucciones a sus seguidores. Mucho le preocupaba a Jesús que algunos de sus discípulos cayeran en las revueltas venideras y perecieran en la caída de Jerusalén.

Entonces preguntó Andrés: «Pero, Maestro, si la ciudad santa y el templo han de ser destruidos, y si tú no estarás aquí para guiarnos, ¿cuándo debemos abandonar Jerusalén?» Dijo Jesús: «Podéis permanecer en la ciudad después que yo me haya ido, aun a través de estos tiempos de congoja y persecución amarga, pero cuando veáis que Jerusalén está siendo rodeada por los ejércitos romanos después de la revuelta de los falsos profetas, entonces sabréis que su desolación está por llegar; entonces debéis huir a las montañas. Que nadie de los que están en la ciudad y a su alrededor se quede para tomar nada, y que nadie de los que están afuera se atreva a entrar. Habrá gran tribulación porque esos serán los días de la venganza gentil. Una vez que vosotros hayáis abandonado la ciudad, este pueblo desobediente caerá por la espada y será cautivo de todas las naciones; así destruirán los gentiles la ciudad de Jerusalén. Mientras tanto, os advierto, no os engañéis. Si alguien viene a vosotros diciendo: 'Mirad, aquí está el Libertador', o 'Mirad, allí está él', no le creáis, porque surgirán muchos falsos maestros y muchos serán conducidos por el camino erróneo; pero vosotros no debéis engañaros porque os he dicho esto por adelantado».

Los apóstoles permanecieron sentados en silencio a la luz de la luna durante un largo período, mientras estas predicciones sorprendentes del Maestro se iban asentando en sus mentes confusas. Y fue en conformidad con esta misma advertencia en conformidad con la que prácticamente todo el grupo de creyentes y discípulos huyó de Jerusalén en cuanto aparecieron las tropas romanas, y buscó amparo seguro en Pella al norte.

Aun después de esta advertencia explícita, muchos de los seguidores de Jesús interpretaron estas predicciones como refiriéndose a los cambios que obviamente ocurrirían en Jerusalén cuando la reaparición del Mesías resultara en el establecimiento de la Nueva Jerusalén y en la expansión de la ciudad que luego se tornaría la capital del mundo. En su mente estos judíos estaban decididos a relacionar la destrucción del templo con el «fin del mundo». Creían que esta Nueva Jerusalén llenaría toda Palestina; que el fin del mundo sería seguido por la aparición inmediata de los «nuevos cielos y la nueva tierra». Así pues no es extraño que Pedro dijera: «Maestro, sabemos que todas las cosas pasarán cuando aparezcan los nuevos cielos y la nueva tierra, pero, ¿cómo sabremos cuándo retornarás tú para que todo esto ocurra?»

Cuando Jesús oyó esto, permaneció pensativo por un tiempo y luego dijo: «Tú caes constantemente en el error porque siempre tratas de vincular la nueva enseñanza con la vieja; estás resuelto a tergiversar todas mis enseñanzas; insistes en interpretar el evangelio de acuerdo con tus creencias preestablecidas. Sin embargo, trataré de esclarecerte».

2. EL SEGUNDO ADVENIMIENTO DEL MAESTRO

En varias ocasiones había hecho declaraciones Jesús que condujeron a sus oyentes a deducir que, aunque él intentaba dejar este mundo dentro de poco, retornaría con toda certeza para consumar la obra del reino celestial. A medida que crecía en sus seguidores el convencimiento de que él los iba a dejar, y después de haber partido él de este mundo, era natural que todos los creyentes se aferraran firmemente de estas promesas de retorno. La doctrina del segundo advenimiento de Cristo se incorporó de este modo en fecha temprana en las enseñanzas de los cristianos, y casi todas las generaciones subsiguientes de discípulos creyeron devotamente en esta verdad y esperaron con confianza su llegada.

Si debían separarse de su Maestro e Instructor, tanto más estos primeros discípulos y apóstoles se aferraron a la promesa de su retorno, y no perdieron tiempo en asociar la destrucción prevista de Jerusalén con este segundo advenimiento prometido. Así continuaron interpretando sus palabras, a pesar de que, a lo largo de esta instrucción vespertina en el Monte de los Olivos, el Maestro puso particular cuidado en prevenir precisamente este error.

Respondiendo ulteriormente a la pregunta de Pedro, Jesús dijo: «¿Por qué persistís en considerar que el Hijo del Hombre se sentará en el trono de David y esperáis que se cumplan lo sueños materiales de los judíos? ¿Acaso no os he dicho en todos estos años que mi reino no es de este mundo? Las cosas que contempláis ahora a vuestros pies están llegando a su fin, pero éste será un nuevo comienzo del cual el evangelio del reino se expanderá a todo el mundo y esta salvación será para todos los pueblos. Cuando el reino haya llegado a su fruto pleno, estad seguros de que el Padre en el cielo no dejará de visitaros con una revelación ampliada de la verdad y con una enaltecida demostración de rectitud, aun como ya otorgó a este mundo a aquel que se convirtió en el príncipe de las tinieblas, y luego a Adán, que fue seguido por Melquisedek, y en estos días, el Hijo del Hombre. Así pues, mi Padre continuará manifestando su misericordia y mostrando su amor, aun a este mundo tenebroso y malvado. Así también yo, después que mi Padre me haya investido de todo poder y autoridad, continuaré siguiendo vuestra suerte y guiando los asuntos del reino mediante la presencia de mi espíritu que pronto será derramado sobre toda carne. Aunque así estaré presente con vosotros en espíritu, también os prometo que alguna vez volveré a este mundo, donde he vivido esta vida en la carne logrando la experiencia simultánea de revelar a Dios al hombre y conducir al hombre a Dios. Muy pronto debo abandonaros y emprender la obra que el Padre ha confiado en mis manos, pero seáis valerosos porque alguna vez retornaré. Mientras tanto, mi Espíritu de la Verdad de un universo os confortará y os guiará.

«Ahora me contempláis en debilidad y en la carne, pero cuando retorne, será con poder y en el espíritu. El ojo de la carne contempla al Hijo del Hombre en la carne, pero sólo el ojo del espíritu podrá contemplar al Hijo del Hombre glorificado por su Padre y apareciendo en la tierra en su propio nombre.

«Pero los tiempos de la reaparición del Hijo del Hombre tan sólo son conocidos en los concilios del Paraíso; ni siquiera los ángeles del cielo saben cuándo esto ocurrirá. Sin embargo, deberíais comprender que, cuando este evangelio del reino haya sido proclamado a todo el mundo para la salvación de todos los pueblos, y cuando la plenitud de la era haya acontecido, el Padre os enviará otro otorgamiento dispensacional, o si no, el Hijo del Hombre retornará para adjudicar la era.

«Ahora bien, en cuanto a las tribulaciones de Jerusalén, de las que os he hablado, no pasará esta generación hasta que se cumplan mis palabras; pero en cuanto a los tiempos del nuevo advenimiento del Hijo del Hombre, nadie en el cielo ni en la tierra puede presumir hablar. Pero conoced la maduración de una era; debéis estar alertas para discernir los signos de los tiempos. Sabéis que cuando ya la rama de la higuera está tierna y brotan sus hojas, el verano está cerca. Del mismo modo, cuando el mundo haya pasado el largo invierno de la mentalidad materialista y discernáis el advenimiento de la primavera espiritual de una nueva dispensación, sabréis que se acerca el verano de una nueva visitación.

«Pero, ¿cuál es el significado de esta enseñanza que tiene que ver con la venida de los Hijos de Dios? ¿Acaso no percibís que, cuando cada uno de vosotros sea llamado a abandonar la lucha de la vida y transponer la puerta de la muerte, estaréis en la inmediata presencia de la justicia, y que estáis cara a cara ante el hecho de una nueva dispensación de servicio en el plan eterno del Padre infinito? A lo que el mundo entero debe de hecho enfrentarse al final de una era, vosotros, como individuos, debéis enfrentaros con certeza, como experiencia personal, cuando alcancéis el fin de vuestra vida natural y por ello debéis pasar y enfrentarte a las condiciones y demandas inherentes a la próxima revelación de la progresión eterna del reino del Padre».

De todos los discursos que pronunció el Maestro a sus apóstoles, ninguno resultó nunca tan confuso en la mente de ellos como éste, pronunciado ese martes al anochecer en el Monte de los Olivos, referente al doble tema de la destrucción de Jerusalén y del segundo advenimiento del Maestro. Hubo por lo tanto poco acuerdo entre los relatos escritos subsiguientes, basados en los recuerdos de lo que había dicho el Maestro en esta extraordinaria ocasión. Como quedaron muchas lagunas en lo que posteriormente fue escrito sobre lo dicho este martes por la noche, surgieron muchas tradiciones; y muy pronto, en el segundo siglo, un escrito apocalíptico judío sobre el Mesías, originado por un tal Selta, empleado en la corte del emperador Calígula, fue enteramente copiado en el Evangelio según Mateo y posteriormente agregado (en parte) a los registros de Marcos y Lucas. Fue en estos escritos de Selta en los que apareció la parábola de las diez vírgenes. Ninguna parte del escrito evangélico sufrió nunca de la tergiversación tan desconcertante como sufrieran las enseñanzas de esta noche. Pero el apóstol Juan nunca se confundió de esta manera.

Mientras estos trece hombres reanudaban su viaje hacia el campamento, estaban mudos y bajo gran tensión emocional. Judas había finalmente confirmado su decisión de abandonar a sus asociados. Era tarde cuando David Zebedeo, Juan Marcos, y varios de los discípulos principales recibieron a Jesús y a los doce en el nuevo campamento, pero los apóstoles no querían dormir; querían saber más sobre la destrucción de Jerusalén, la partida del Maestro y el fin del mundo.

3. La conversación posterior en el campamento

Mientras se reunían alrededor del fuego, unos veinte de ellos, Tomás preguntó: «Puesto que has de volver para terminar la obra del reino, ¿cuál debe ser nuestra actitud mientras tú estás lejos, ocupado en los asuntos de tu Padre?» Jesús, mirándolos a la luz de las llamas, respondió:

«Tomás, tú tampoco comprendes lo que yo he estado diciendo. ¿Acaso no te he enseñado todo este tiempo que tu relación con el reino es espiritual e individual, que es totalmente un asunto de experiencia personal en el espíritu, mediante la comprensión por la fe de que tú eres un hijo de Dios? ¿Qué más he de decir? La caída de las naciones, la derrota de los imperios, la destrucción de los judíos incrédulos, el fin de una era, aun el fin del mundo, ¿qué tienen que ver todas estas cosas con el que cree en el evangelio y que ha refugiado su vida al amparo del reino eterno? Vosotros que sois conocedores de Dios y creyentes en el evangelio, ya habéis recibido la certeza de la vida eterna. Puesto que vuestras vidas han sido vividas en el espíritu y para el Padre, nada puede ser una preocupación seria para vosotros. Los constructores del reino, los ciudadanos acreditados de los mundos celestiales, no se molestan por los altibajos temporales ni se perturban por los cataclismos terrestres. ¿Qué importancia tiene, para vosotros que creéis en este evangelio del reino, de que caigan las naciones, que termine la era, que todas las cosas visibles se destruyan? en vista de que sabéis que vuestra vida es el don del Hijo, y que está eternamente segura en el Padre. Habiendo vivido la vida temporal por la fe y habiendo rendido los frutos del espíritu en forma de la rectitud que se manifiesta en servicio amoroso para con vuestros semejantes, podéis contemplar con confianza el próximo paso en la carrera eterna, con la misma fe de sobrevivencia que os ha llevado a través de vuestra primera y terrenal aventura en la filiación con Dios.

«Cada generación de creyentes debe continuar su obra, en vista del posible retorno del Hijo del Hombre, exactamente como cada creyente lleva hacia adelante su obra de vida en vista de la muerte natural inevitable y siempre amenazante. Cuando te hayas establecido de una vez por la fe como hijo de Dios, ninguna otra cosa importa en cuanto a la certeza de la sobrevivencia. Pero, ¡no os equivoquéis! Esta fe de sobrevivencia es una fe viva, y cada vez manifiesta más frutos de ese divino espíritu que la inspirara en primer término en el corazón humano. El que hayáis aceptado cierta vez la filiación en el reino celestial, no os salva si persistentemente y de sabiendas rechazáis aquellas verdades que tienen que ver con la rendición progresiva de frutos espirituales de los hijos de Dios en la carne. Vosotros que habéis estado conmigo en los trabajos del Padre sobre la tierra aun ahora podéis desertar el reino si halláis que no amáis el camino del servicio del Padre para con la humanidad.

«Como individuos, y como generación de creyentes, oídme cuando os digo una parábola: Hubo cierta vez un gran hombre que, antes de partir para un largo viaje a otro país, llamó a todos sus siervos de confianza y les entregó sus bienes. A uno dio cinco talentos, a otro dos y a otro uno. Y así sucesivamente a todo el grupo de mayordomos honrados le confió a cada uno sus bienes conforme a las varias habilidades de cada cual; y luego partió de viaje. Cuando su amo hubo partido, los siervos se pusieron a trabajar para hacer ganancias de la riqueza que él les había confiado. Inmediatamente el que había recibido cinco talentos fue y negoció con ellos y muy pronto ganó otros cinco talentos. Asimismo el que había recibido dos talentos poco después tenía dos más. Así pues todos los siervos lograron ganancias para su maestro excepto aquel que había recibido un solo talento. Él se fue por su cuenta y cavó un hoyo en la tierra y allí escondió el dinero de su señor. Dentro de poco el señor retornó inesperadamente y llamó a sus mayordomos para que le rindieran cuentas. Y cuando todos ellos fueron convocados ante su amo, el que había recibido los cinco talentos se adelantó con el dinero que se le había confiado y los cinco talentos adicionales, diciendo: 'Señor, cinco talentos me entregaste para invertir, y me regocija entregarte otros cinco talentos de ganancia'. Y entonces el amo le dijo: 'Bien hecho, mi buen y fiel siervo, sobre poco has sido fiel; ahora te nombraré mayordomo sobre muchas cosas; entra así en el gozo de tu señor'. Luego el que había recibido los dos talentos se adelantó diciendo: 'Señor, dos talentos me entregaste; he aquí que yo he ganado otros dos talentos adicionales'. Su señor entonces le dijo: 'Bien hecho, mi buen y fiel mayordomo; tú también has sido fiel sobre pocas cosas y ahora te pondré a cargo de muchas; entra en el gozo de tu señor'. Luego se presentó para rendir cuentas el que había recibido un talento. Este siervo se adelantó diciendo: 'Señor, yo te conocía y me daba cuenta de que eras un hombre duro porque esperas ganancias sin haber trabajado personalmente; por lo cual tuve miedo de arriesgar lo que se me había confiado. Escondí en lugar seguro tu talento en la tierra; aquí está; aquí tienes lo que es tuyo'. Pero su amo respondió: 'Tú eres un mayordomo indolente y holgazán. Por tus propias palabras tú confiesas que sabías que yo requeriría de ti una rendición de cuenta con una ganancia razonable, tal como tus diligentes semejantes me han rendido este día. Sabiendo esto, por lo menos debías haber dado mi dinero a los banqueros, y al venir yo, hubiera recibido lo que es mío con los intereses'. Entonces al mayordomo jefe este señor le dijo: 'Quitadle pues este talento a este siervo que no piensa en la ganancia y dadlo al que tiene los diez talentos'.

«Al que tiene, más le será dado, y tendrá en abundancia; pero al que no tiene, aun lo poco que tiene le será quitado. No podéis estaros quietos en los asuntos del reino eterno. Mi Padre requiere que todos sus hijos crezcan en la gracia y en el conocimiento de la verdad. Vosotros que conocéis estas verdades debéis rendir cada vez más los frutos del espíritu y manifestar una devoción creciente al servicio altruista de vuestros conservidores. Y recordad que, cuando ministréis aun al más humilde de mis hermanos, hacéis ese servicio para mí.

«Así pues deberíais proseguir en la obra de los asuntos del Padre, ahora y después, aun por siempre jamás. Continuad hasta que yo regrese. Haced fielmente lo que se os ha encomendado, así estaréis listos para el llamado de cuentas cuando la muerte os llegue. Habiendo vivido así para la gloria del Padre y la satisfacción del Hijo, entraréis con regocijo y enorme gozo al servicio eterno del reino sempiterno».

La verdad está viva; el espíritu de la verdad por siempre conduce a los hijos de la luz a nuevos dominios de realidad espiritual y servicio divino. No se os da la verdad para que la cristalicéis en formas establecidas, seguras y honradas. Vuestra revelación de la verdad tanto se ha de enaltecer al pasar por vuestra experiencia personal que se descubrirá nueva belleza y nuevos frutos espirituales ante todos los que contemplan vuestros frutos espirituales y por ello son conducidos a glorificar al Padre que está en el cielo. Sólo aquellos siervos fieles que crecen así en el conocimiento de la verdad, y que así desarrollan una capacidad de apreciación divina de las realidades espirituales, pueden esperar alguna vez «entrar plenamente eterno en el gozo de su Señor». Qué triste visión para las generaciones sucesivas de los seguidores profesos de Jesús decir, refiriéndose a su mayordomía de la verdad divina: «Aquí, Maestro, está la verdad que tú nos confiaste cien o mil años atrás. Nada perdimos; hemos conservado fielmente todo lo que nos diste; no hemos permitido que se haga ningún cambio en lo que nos enseñaste; aquí está la verdad que tú nos diste». Pero este llamado concerniente a la indolencia espiritual no justifica al mayordomo de verdad vacío en la presencia del Maestro. De acuerdo con la verdad entregada a vuestras manos, el Maestro de la verdad requerirá una rendición de cuentas.

En el próximo mundo se os pedirá que deis cuenta de los dones y mayordomías de este mundo. Sean los talentos inherentes pocos o muchos, es necesario enfrentarse con una rendición de cuenta justa y misericordiosa. Si los dones se usan tan sólo en empresas egoístas y no se presta atención alguna a los deberes más altos de obtener mayores frutos del espíritu, tal como se manifiestan en el servicio de los hombres cada vez más extenso y en la adoración de Dios, tales mayordomos egoístas deben aceptar las consecuencias de su elección deliberada.

¡Cuán semejante a todos los mortales egoístas fue este siervo infiel con un solo talento por cuanto culpó directamente a su señor de su propia indolencia! ¡Cuánta tendencia tiene el hombre, cuando se enfrenta con su propio fracaso, a culpar a otros, muchas veces a los que menos se lo merecen!

Dijo Jesús esa noche al dirigirse ellos a su reposo: «Libremente habéis recibido; por lo tanto, libremente debéis dar de la verdad del cielo, y esta verdad se multiplicará al ser dada, y se mostrará en una luz creciente de gracia salvadora, aun a medida que vosotros la ministráis».

4. EL RETORNO DE MICAEL

De todas las enseñanzas del Maestro ninguna fase fue tan completamente tergiversada como esta promesa de volver alguna vez en persona a este mundo. No es extraño que Micael estuviera interesado en retornar alguna vez al planeta en el que había experimentado su séptimo y último autootorgamiento como mortal del reino. Es tan sólo natural creer que Jesús de Nazaret, ahora gobernante soberano de un vasto universo, se interesara por volver, no sólo una sino aun muchas veces, al mundo en el cual vivió una vida tan singular y finalmente ganó del Padre para sí mismo el don ilimitado de poder y autoridad universales. Urantia será eternamente una de las siete esferas de natividad de Micael en su proceso de ganar la soberanía universal.

Jesús, en numerosas ocasiones y a muchas personas, declaró su intención de retornar a este mundo. A medida que sus seguidores despertaron al hecho de que su Maestro no funcionaría como libertador temporal, y a medida que escucharon sus predicciones sobre la caída de Jerusalén y de la nación judía, comenzaron de la manera más natural a asociar su retorno prometido con estos eventos catastróficos. Pero cuando los ejércitos romanos arrasaron los muros de Jerusalén, destruyeron el templo y dispersaron a los judíos de Judea, y aún el Maestro no se había revelado en poder y gloria, sus seguidores comenzaron a formular la creencia que eventualmente asoció el segundo advenimiento de Cristo con el fin de la era, aun con el fin del mundo.

Jesús prometió hacer dos cosas después de haber ascendido al Padre, y una vez que hubiese sido puesto en sus manos todo el poder en el cielo y en la tierra. Prometió en primer término enviar al mundo, y en su lugar, a otro maestro, el Espíritu de la Verdad; y esto lo hizo el día de Pentecostés. En segundo lugar, prometió de la forma más certera a sus seguidores que alguna vez él volvería personalmente a este mundo. Pero no dijo cómo, dónde ni cuándo volvería a visitar este planeta de su experiencia autootorgadora en la carne. En una ocasión sugirió que, como el ojo de la carne le había contemplado mientras vivía aquí en la carne, a su retorno (por lo menos en una de sus posibles visitas) tan sólo sería el discernido por el ojo de la fe espiritual.

Muchos de nosotros tienden a creer que Jesús retornará a Urantia muchas veces durante las eras venideras. No tenemos su promesa específica de tal pluralidad de visitas, pero parece lo más probable que el que lleva entre sus títulos universales el de Príncipe Planetario de Urantia, visitará muchas veces al mundo cuya conquista le confirió tan singular título.

Creemos muy positivamente que Micael volverá en persona a Urantia, pero no tenemos la menor idea de cuándo ni de qué manera elegirá hacerlo. ¿Se producirá este segundo advenimiento sobre la tierra en conexión con el juicio terminal de esta era corriente, sea, o no sea, con la aparición asociada del Hijo Magisterial? ¿Vendrá en relación con la terminación de alguna era urantiana subsiguiente? ¿Vendrá sin anuncio y como evento aislado? No lo sabemos. De una sola cosa estamos seguros, y ésa es, que cuando él retorne, muy probablemente todo el mundo lo sabrá, porque vendrá como el gobernante supremo de un universo y no como un oscuro recién nacido en Belén. Pero si todos los ojos lo han de contemplar, y si tan sólo los ojos espirituales pueden discernir su presencia, mucho se postergará su advenimiento.

Por lo tanto haríais bien en desasociar el retorno personal del Maestro a la tierra de todo evento establecido o época fijada. Estamos seguros solamente de una cosa: Prometió que volvería. No tenemos idea alguna de cuándo cumplirá con su promesa ni en relación con qué. Por lo que sabemos, puede aparecer en la tierra en cualquier momento, y puede no aparecer hasta que no hayan pasado eras tras eras y todas hayan sido debidamente adjudicadas por sus Hijos asociados del cuerpo del Paraíso.

El segundo advenimiento de Micael a la tierra es un evento de enorme valor sentimental tanto para los seres intermedios como para los humanos; pero por otra parte no es de inmediata importancia para los seres intermedios ni de mayor importancia práctica para todos los seres humanos que el acontecimiento común de la muerte natural, que precipita tan repentinamente al hombre mortal en el abrazo inmediato de esa sucesión de acontecimientos universales que conduce directamente a la presencia de este mismo Jesús, el gobernante soberano de nuestro universo. Los hijos de la luz están destinados a verlo, y no es preocupación seria que vayamos nosotros a él o que acaso él primero venga a nosotros. Estad pues vosotros siempre listos para recibirlo en la tierra, así como él está siempre listo para recibiros en el cielo. Anticipamos con confianza su gloriosa aparición, aun sus venidas repetidas, pero nuestra ignorancia es total en cuanto a cómo, cuándo, o en relación con qué está destinado a aparecer.

DOCUMENTO 177

EL MIÉRCOLES, DÍA DE DESCANSO

CUANDO no les apremiaba el trabajo de enseñar al pueblo, era costumbre de Jesús y sus apóstoles descansar de sus labores los miércoles. Este miércoles en particular desayunaron un tanto más tarde que de costumbre, y el campamento estaba impregnado de un silencio ominoso; poco se dijo durante la primera mitad de esta comida matutina. Por fin Jesús habló: «Deseo que descanséis hoy. Dedicad tiempo a pensar en todo lo que ha ocurrido desde que vinimos a Jerusalén y meditar en lo que se avecina, de lo cual os he hablado claramente. Aseguraos de que permanezca la verdad en vuestra vida, y de que crezcáis diariamente en la gracia».

Después del desayuno el Maestro informó a Andrés que tenía la intención de ausentarse por el día y sugirió que se les permitiera a los apóstoles pasar el tiempo según sus propios deseos, excepto que no entraran bajo ninguna circunstancia a Jerusalén.

Cuando Jesús se preparó para ir a las colinas a solas, David Zebedeo se le acercó diciendo: «Bien sabes, Maestro, que los fariseos y potentados desean destruirte, y sin embargo te preparas para ir solo a las colinas. Es una locura exponerse así; por lo tanto, enviaré a tres hombres contigo, bien preparados para que vigilen que no te ocurra nada malo». Jesús miró a los tres bien armados y robustos galileos y dijo a David: «Tienes buenas intenciones, pero te equivocas porque no llegas a comprender que el Hijo del Hombre no necesita a nadie para que lo defienda. Ningún hombre me atacará hasta la hora en que esté listo para dar mi vida en conformidad con la voluntad de mi Padre. Estos hombres no deben acompañarme. Deseo ir solo, para poder comulgar con el Padre».

Al escuchar estas palabras, David y sus guardianes armados se retiraron; pero al encaminarse Jesús solo, Juan Marcos se adelantó con una pequeña cesta, que contenía alimentos y agua, y sugirió que, si tenía el Maestro la intención de alejarse por todo el día, puede que tuviera hambre. El Maestro sonrió a Juan y tendió la mano para tomar la cesta.

1. UN DÍA A SOLAS CON DIOS

Jesús estaba a punto de tomar de las manos de Juan la cesta del almuerzo, pero el joven se aventuró a decir: «Pero, Maestro, es posible que dejes la cesta en el piso para ir a orar y te alejes sin llevártela. Además, si yo te acompaño para llevar el almuerzo, tú estarás más libre para adorar, y yo con toda seguridad me quedaré callado. No haré ninguna pregunta y me quedaré con la cesta cuando tu te apartes para orar».

Al hacer este discurso, cuya temeridad sorprendió a algunos de los oyentes que se encontraban allí, Juan se atrevió a seguir sosteniendo la cesta. Ahí estaban Juan y Jesús, ambos aferrados de la cesta. Dentro de poco el Maestro la soltó y, bajando la mirada sobre el muchacho, dijo: «Puesto que anhelas de todo corazón acompañarme, no se te negará. Nos iremos por nuestra cuenta y tendremos una buena charla. Podrás hacerme toda pregunta que surja de tu corazón, y nos consolaremos mutuamente. Puedes empezar llevando el almuerzo, y cuando te canses, te ayudaré. Sígueme pues».

Jesús no retornó al campamento esa noche hasta después de la puesta del sol. El Maestro pasó este su último día de quietud sobre la tierra, en compañía de este joven hambriento de verdad, y hablando con su Padre en el Paraíso. Este acontecimiento se conoció en lo alto como «el día que cierto joven lo pasó con Dios en las colinas». Por siempre esta ocasión ejemplifica el deseo del Creador de fraternizar con la criatura. Hasta un mancebo, si el deseo de su corazón es realmente supremo, puede obtener la atención y disfrutar de la compañía amante del Dios de un universo, experimentar realmente el éxtasis inolvidable de estar a solas con Dios en las colinas, y todo eso, por todo un día. Ésta fue la experiencia singular de Juan Marcos este miércoles en las colinas de Judea.

Jesús habló mucho con Juan, conversando libremente de los asuntos de este mundo y del próximo. Juan le dijo a Jesús cuánto lamentaba no haber tenido edad suficiente para ser uno de los apóstoles y expresó su gran apreciación por haberle sido permitido seguirlos, desde la primera predicación de ellos junto al vado del Jordán cerca de Jericó, exceptuando el viaje a Fenicia. Jesús le advirtió al joven que no se desalentara por los acontecimientos inminentes y le aseguró que viviría para transformarse en un poderoso mensajero del reino.

Juan Marcos estaba emocionado por el recuerdo de este día con Jesús en las colinas, pero nunca olvidó la admonición final del Maestro, pronunciada cuando estaban por retornar al campamento de Getsemaní, cuando dijo: «Bien, Juan, hemos tenido una buena conversación, un verdadero día de descanso, pero cuídate de no contar a nadie las cosas que te dije». Juan Marcos nunca reveló nada de lo que sucedió durante ese día que pasó con Jesús en las colinas.

A lo largo de las pocas horas restantes de la vida terrenal de Jesús, Juan Marcos no permitió que el Maestro se alejara por mucho tiempo de su vista. El muchacho estaba siempre oculto, pero cerca; sólo durmió cuando Jesús dormía.

2. LA VIDA HOGAREÑA DE LOS PRIMEROS AÑOS

En el curso de este día de compañerismo con Juan Marcos, Jesús pasó bastante tiempo comparando sus experiencias de la niñez y de la adolescencia. Aunque los padres de Juan poseían más bienes mundanos que los que habían poseído los padres de Jesús, había mucho de similar en sus experiencias juveniles. Jesús dijo muchas cosas que ayudaron a Juan a comprender mejor a sus padres y a los otros integrantes de su familia. Cuando el muchacho preguntó al Maestro cómo podía él saber que Juan se volvería un «poderoso mensajero del reino», Jesús dijo:

«Sé que demostrarás tú lealtad al evangelio del reino, porque puedo confiar en tu fe y amor presentes ya que estas cualidades están cimentadas en una capacitación tan temprana como ha sido la tuya en el hogar. Eres el producto de un hogar en el que los padres se tienen afecto sincero, y por lo tanto no has sido amado en exceso, como para que hubieras exaltado perjudicialmente el concepto de tu autoimportancia. Tampoco ha sufrido distorsiones tu personalidad como consecuencia de posibles maniobras sin amor de tus padres, el uno contra el otro por ganar tu confianza y lealtad. Has disfrutado de ese amor paterno que asegura una laudable autoconfianza y fomenta sentimientos normales de seguridad. Pero también has sido afortunado, porque tus padres poseían sabiduría a la vez que amor; fue su sabiduría la que los condujo a negarte la mayoría de las formas de indulgencia y los muchos lujos que puede comprar el dinero; te enviaron a la escuela de la sinagoga con tus compañeros de juegos del barrio en el que vivías, y también te alentaron a vivir en este mundo de modo tal que pudieras hacer una experiencia original. Viniste al Jordán, donde nosotros predicábamos y los discípulos de Juan bautizaban, con tu joven amigo Amós. Ambos deseabais ir con nosotros; cuando regresasteis a Jerusalén, tus padres consintieron; los padres de Amós se negaron; tanto amaban a su hijo que le negaron la experiencia bendita que tú has tenido, aun la que estás disfrutando hoy mismo. Amós podría haberse escapado de su casa para unirse a nosotros, pero si lo hubiera hecho, habría herido el amor y sacrificado la lealtad. Aun en el caso de que tal curso de acción fuera sabio, habría pagado un precio terrible para ganar experiencia, independencia y libertad. Padres sabios como los tuyos se aseguran de que sus hijos no se vean obligados a herir el amor ni a sofocar la lealtad para desarrollar su independencia y disfrutar de una libertad vigorizante al llegar a tu edad.

«El amor, Juan, es la realidad suprema del universo cuando proviene de seres totalmente sabios, pero puede ser un rasgo peligroso y aun casi egoísta tal como se manifiesta en la experiencia de los padres mortales. Cuando te cases y tengas tus hijos, asegúrate de que tu amor sea controlado por la sabiduría y guiado por la inteligencia.

«Tu joven amigo Amós cree en este evangelio del reino tanto como tú, pero no puedo confiar plenamente en él; no estoy seguro de lo que él hará en los años venideros. Su vida hogareña temprana no fue del tipo que pueda producir una persona completamente confiable. Amós se parece demasiado a uno de los apóstoles que no pudo disfrutar de un adiestramiento hogareño normal, amante y sabio. Toda tu vida futura será más feliz y confiable, porque pasaste tus primeros ocho años en un hogar normal y bien regulado. Posees un carácter fuerte y bien integrado, porque creciste en un hogar en el cual prevalecía el amor y reinaba la sabiduría. Este tipo de adiestramiento durante la infancia produce un tipo de lealtad que me da la certeza de que seguirás el curso de acción que has comenzado».

Por más de una hora Jesús y Juan continuaron esta conversación sobre la vida hogareña. El Maestro siguió explicándole a Juan cómo un niño depende totalmente de sus padres y de la asociada vida hogareña para formar sus primeros conceptos de todo lo que sea intelectual, social, moral y aun espiritual, puesto que la familia representa para el niño pequeño todo lo que él puede conocer de primera intención en cuanto a las relaciones humanas o divinas. El niño deriva sus primeras impresiones del universo, de los cuidados de su madre; depende completamente del padre terrenal para sus primeras ideas sobre el Padre celestial. La vida subsiguiente del niño será feliz o infeliz, fácil o difícil, según haya sido su vida mental y emocional temprana, condicionada por estas relaciones sociales y espirituales del hogar. La vida entera de un ser humano está enormemente influida por lo que sucede durante los primeros pocos años de su existencia.

Es nuestra creencia sincera que el evangelio contenido en las enseñanzas de Jesús, fundado como lo está en la relación padre-hijo, podrá difícilmente disfrutar de una aceptación mundial hasta el momento en que la vida hogareña de los pueblos modernos civilizados contenga más amor y más sabiduría. A pesar de que los padres del siglo veinte posean gran conocimiento y mayor verdad para mejorar el hogar y ennoblecer la vida hogareña, sigue siendo un hecho que muy pocos hogares modernos llegan a ser medios para la crianza de niños y niñas, tan buenos como lo fuera el hogar de Jesús en Galilea y el de Juan Marcos en Judea; sin embargo, la aceptación del evangelio de Jesús dará como resultado una mejora inmediata de la vida hogareña. La vida amorosa de un hogar sabio y la devoción leal de la verdadera religión ejercen una profunda influencia recíproca. Tal vida hogareña eleva la religión, y la religión genuina siempre glorifica el hogar.

Es verdad que muchas de las influencias objetables y paralizantes y otras características obstaculizantes de estos antiguos hogares judíos han sido virtualmente eliminadas de muchos de los hogares modernos mejor regulados. Existe en efecto mayor libertad espontánea y mucha más libertad personal, pero esa libertad no está equilibrada por el amor, motivada por la lealtad, ni dirigida por la disciplina inteligente de la sabiduría. Hasta tanto enseñemos al niño a rezar, «Padre nuestro que estás en los cielos», recae sobre todos los padres terrenales una tremenda responsabilidad, la de vivir y ordenar sus hogares de manera tal que la palabra *padre* quede glorificada en la mente y en el corazón de todos los niños que están creciendo.

3. EL DÍA EN EL CAMPAMENTO

Los apóstoles pasaron la mayor parte de este día caminando por el Monte de los Olivos y conversando con los discípulos que allí acampaban con ellos, pero por la tarde temprano ansiaban ver el retorno de Jesús. A medida que fue pasando el día, se pusieron cada vez más agitados pensando en su seguridad; se sentían inexpresablemente solos sin él. Hubo durante todo ese día mucho debate sobre si se le debería haber permitido al Maestro irse solo a las colinas, acompañado solamente por un muchacho mandadero. Aunque ningún hombre expresó sus pensamientos abiertamente, no había uno entre ellos, salvo Judas Iscariote, que no deseara estar en el lugar de Juan Marcos.

Fue a mediados de la tarde cuando Natanael dirigió su discurso sobre «el deseo supremo» a una media docena de apóstoles e igual número de discípulos; la conclusión de dicho discurso fue: «Lo que pasa con la mayoría de nosotros es que no nos dedicamos de todo corazón. No llegamos a amar al Maestro como él nos ama a nosotros. Si todos nosotros hubiéramos querido ir con él tanto como lo deseaba Juan Marcos, Jesús con toda seguridad nos habría llevado a todos. Nos quedamos mirando mientras el muchacho se acercaba al Maestro y le ofrecía la cesta, pero cuando el Maestro la tomó, el muchacho no la soltó. Así pues, el Maestro nos dejó aquí, yéndose a las colinas con cesta, mancebo y todo».

A eso de las cuatro de la tarde, llegaron corredores adonde David Zebedeo trayéndole un mensaje de su madre en Betsaida y de la madre de Jesús. Varios días antes, David había concluido que evidentemente los altos sacerdotes y dirigentes matarían a Jesús. David sabía que estaban decididos a destruir al Maestro, y estaba casi convencido de que Jesús no ejercería su poder divino para salvarse, ni permitiría a sus seguidores que emplearan la fuerza en su defensa. Habiendo llegado a estas conclusiones, no perdió tiempo en despachar a un mensajero a su madre, urgiéndola a que viniera enseguida a Jerusalén y que trajera a María, la madre de Jesús, y a todos los integrantes de su familia.

La madre de David hizo lo que le pidió su hijo, y los corredores volvían ahora a David, trayéndole el mensaje de que su madre y la familia entera de Jesús estaban camino de Jerusalén y llegarían en algún momento de la tarde del día siguiente o muy temprano a la mañana subsiguiente. Puesto que David había actuado de esta manera por su propia iniciativa, decidió que sería sabio mantener confidencial el asunto. Por lo tanto, no le dijo a nadie que la familia de Jesús estaba camino de Jerusalén.

Poco después de mediodía, llegaron al campamento más de veinte de los griegos que se habían encontrado con Jesús y los doce en la casa de José de Arimatea, y Pedro y Juan pasaron varias horas en conferencia con ellos. Estos griegos, por lo menos algunos de ellos, eran bien avanzados en el conocimiento del reino, pues habían sido instruidos por Rodán en Alejandría.

Esa noche, después de volver al campamento, Jesús se encontró y conversó con los griegos, y de no haber sido porque tal curso de acción hubiera turbado grandemente a sus apóstoles y a muchos de sus discípulos principales, él habría ordenado a estos veinte griegos, así como había ordenado a los setenta.

Mientras estaba ocurriendo todo esto en el campamento, en Jerusalén los altos sacerdotes y ancianos estaban sorprendidos de que Jesús no volviese para dirigirse a las multitudes. Aunque es cierto que el día anterior, al abandonar el templo, él había dicho, «os dejo vuestra casa desolada», ellos no podían entender que dejara de aprovechar la gran ventaja conseguida en el favor de las multitudes. Aunque temían que él pudiese producir un tumulto en el pueblo, las últimas palabras que dirigiera el Maestro a la multitud habían sido en forma de exhortación a que conformaran en maneras razonables a la autoridad de los «que se sientan en el trono de Moisés». Pero estaban muy ocupados ese día en la ciudad, puesto que se preparaban simultáneamente para celebrar la Pascua y para finiquitar los planes para la destrucción de Jesús.

No vino mucha gente al campamento, porque su ubicación era un secreto bien guardado por los que sabían que Jesús deseaba permanecer allí en vez de volver a Betania por las noches.

4. JUDAS Y LOS ALTOS SACERDOTES

Poco después que partieran Jesús y Juan Marcos del campamento, Judas Iscariote desapareció de entre sus hermanos y no volvió hasta tarde ese anochecer. Este apóstol confundido y descontento, a pesar de la admonición específica de su Maestro, de que no entraran a Jerusalén, concurrió de prisa a su cita con los enemigos de Jesús en la casa de Caifás, el sumo sacerdote. Era ésta una reunión informal del sanedrín y se la había planeado para poco después de las diez de esa mañana. Esta reunión se convocó para discutir la naturaleza de las acusaciones que deberían prepararse contra Jesús y decidir el procedimiento que se debía emplear para traerlo ante las autoridades romanas con el fin de asegurar la confirmación civil, necesaria para la sentencia de muerte que ellos ya habían decretado.

El día anterior, Judas reveló a algunos de sus parientes y a algunos amigos saduceos de la familia de su padre que había llegado a la conclusión de que, aunque fuera Jesús un soñador e idealista bien intencionado, no era, sin embargo, el libertador esperado de Israel. Judas declaró que mucho le gustaría encontrar una manera de retirarse discretamente del movimiento. Sus amigos le aseguraron halagadoramente que su retiro sería saludado por los líderes judíos como un gran acontecimiento, y que nada sería demasiado bueno para él. Lo llevaron a creer que recibiría inmediatamente altos honores del sanedrín, y que finalmente estaría en una posición que le permitiría borrar el estigma de su bien intencionada pero «desafortunada asociación con estos galileos ignorantes».

Judas no podía creer del todo que las obras poderosas del Maestro fueron forjadas por el poder del príncipe de los diablos, pero ya estaba plenamente convencido de que Jesús no ejercería su poder para engrandecerse; por fin se había convencido de que Jesús permitiría ser destruido por los potentados judíos, y él no podía soportar la idea humillante de que se le identificara con un movimiento de derrota. Se negaba a cobijar la idea de un fracaso aparente. Entendía completamente el carácter firme de su Maestro y la agudeza de esa mente majestuosa y misericordiosa, sin embargo derivaba cierto placer de una parcial aceptación de la sugerencia de uno de sus parientes, quien opinó que Jesús, aunque fuera un fanático con buenas intenciones, probablemente no estaba en sus cabales; que había sido siempre una persona extraña y mal entendida.

Ahora pues, Judas empezó a llenarse como nunca antes de un extraño resentimiento porque Jesús no le había asignado nunca una posición de mayor honor. Durante todo ese tiempo, había apreciado el honor de ser el tesorero apostólico, pero ahora comenzaba a sentir que no era apreciado; que sus habilidades no se le reconocían. Repentinamente lo sobrecogió la indignación porque Pedro, Santiago y Juan habían sido distinguidos en una asociación estrecha con Jesús, de modo que, camino de la casa del alto sacerdote, empezó a maquinar la forma de vengarse de Pedro, Santiago y Juan, más que preocuparse por pensar en traicionar a Jesús. Pero por sobre todas las cosas, en ese momento, una idea nueva y dominante comenzó a ocupar la atención máxima de su mente consciente: había salido para conseguir honores para sí mismo, y si podía conseguirlo vengándose al mismo tiempo de los que contribuyeron a la mayor desilusión de su vida, mejor así. Cayó presa de una terrible conspiración de confusión, orgullo, desesperación y determinación. Así pues, debe resultar claro que no fue por dinero que Judas se encaminó en ese momento a la casa de Caifás con el objeto de planear la traición de Jesús.

Al acercarse Judas a la casa de Caifás, llegó a la decisión final de abandonar a Jesús y a sus compañeros apóstoles; habiendo así decidido desertar la causa del reino del cielo, estaba decidido a asegurarse para sí mismo todo lo posible de esos honores y glorias que creía serían suyos algún día cuando por primera vez se identificó con Jesús y con el nuevo evangelio del reino. Todos los apóstoles compartieron, en cierto momento, esta ambición con Judas, pero a medida que pasaba el tiempo, aprendieron a admirar la verdad y a amar a Jesús, por lo menos, más que Judas.

El traidor fue presentado a Caifás y a los líderes judíos por su primo, quien les dijo que Judas, habiendo descubierto su error al dejarse llevar por mal camino por la sutil enseñanza de Jesús, había llegado a la conclusión de que deseaba hacer una renuncia pública y formal de su asociación con el galileo; al mismo tiempo, pedía que se restableciera la confianza y la camaradería de sus hermanos judeos. Este portavoz de Judas siguió explicando que Judas reconocía que sería mejor para la paz de Israel que Jesús fuera arrestado, y que, como prueba de su arrepentimiento por haber participado en este movimiento erróneo y de su sinceridad al regresar a las enseñanzas de Moisés, venía para ofrecer sus servicios al sanedrín para arreglar con el capitán encargado de arrestar a Jesús que se efectuara el arresto en forma secreta, evitando así el peligro de excitar a las multitudes o la necesidad de posponer la acción hasta después de la Pascua.

Cuando el primo terminó de hablar, presentó a Judas quien, adelantándose frente al sumo sacerdote dijo: «Todo lo que mi primo acaba de prometer lo haré yo, pero ¿qué estáis dispuestos a darme a mí por este servicio?» Judas no pareció discernir la expresión de desdén y aun de disgusto que inundó el rostro del vanaglorioso Caifás de corazón endurecido; demasiado ansiaba él su autoglorificación y anhelaba la satisfacción de la autoexaltación.

Entonces Caifás bajó la mirada sobre el traidor y dijo: «Judas, ve adonde el capitán de la guardia y arregla con ese oficial para traernos a tu Maestro esta noche o mañana por la noche y cuando nos lo entregues, recibirás tu recompensa por este servicio». Cuando Judas oyó esto, se despidió de los altos sacerdotes y líderes y fue a consultar con el capitán de los guardianes del templo en cuanto a la forma en que habían de apresar a Jesús. Judas sabía que Jesús estaba en ese momento ausente del campamento y no tenía idea ninguna a qué hora volvería esa noche, por consiguiente, acordaron entre ellos arrestar a Jesús la noche siguiente (jueves) después de que tanto el pueblo de Jerusalén como todos los peregrinos visitantes se hubieran retirado para descansar.

Judas volvió adonde sus asociados en el campamento, embriagado con ideas de grandeza y gloria tales como no había tenido por mucho tiempo. Se había asociado con Jesús esperando algún día volverse un gran hombre en el nuevo reino. Finalmente se había percatado de que no habría un nuevo reino tal como él lo había anticipado. Pero se regocijaba de su sagacidad al decidir que compensaría su desilusión por no poder alcanzar la gloria en un nuevo reino por venir con la obtención inmediata de honores y recompensas en el viejo orden; estaba él ahora seguro de que ese viejo orden sobreviviría y destruiría a Jesús y a todo lo que él representaba. En esta última motivación de intención consciente, la traición de Judas demostró ser el acto cobarde de un desertor egoísta, cuya única preocupación era su propia seguridad y glorificación, pese a las posibles consecuencias de su conducta sobre su Maestro y sobre sus ex asociados.

Pero así fue por siempre. Hacía mucho tiempo que Judas alimentaba consciente y progresivamente en su mente, en forma deliberada, persistente, egoísta y vengativa y que albergaba en su corazón, estos deseos odiosos y malvados de venganza y deslealtad. Jesús amaba a Judas y confiaba en él aun como amaba y confiaba en los otros apóstoles, pero Judas no llegó a desarrollar su confianza leal ni de experimentar amor sincero recíproco. ¡Cuán peligrosa puede llegar a ser la ambición cuando está totalmente ligada con la búsqueda de la satisfacción del yo y supremamente motivada por sentimientos de venganza largamente suprimidos y sombríos! ¡Cuán aplastante es el desencanto en la vida de aquellas personas necias que, porque fijan sus anhelos en las atracciones tenebrosas y desvanecientes del tiempo, se ciegan a las aspiraciones más altas y más reales de los alcances duraderos de los mundos eternos de valores divinos y realidades verdaderamente espirituales. Judas ansiaba en su mente los honores mundanos y llegó a amar este deseo con todo su corazón; los demás apóstoles del mismo modo anhelaban estos mismos honores mundanos en su mente, pero con el corazón amaban a Jesús y hacían lo que podían por aprender a amar las verdades que éste les enseñaba.

Judas no se lo percató en este momento, pero había criticado subconscientemente a Jesús, desde el momento en que Juan el Bautista fue decapitado por orden de Herodes. En las profundidades de su corazón, Judas siempre resintió el hecho de que Jesús no hubiera salvado a Juan. No debéis olvidar que Judas había sido discípulo de Juan mucho antes de seguir a Jesús. Esta acumulación de resentimiento humano y amargo desencanto que Judas guardaba en su alma en atuendos de odio, se organizó ahora en su mente subconsciente, lista para aflorar a la superficie e inundarlo en cuanto se atrevió a separarse de la influencia apoyadora de sus hermanos, exponiéndose al mismo tiempo a las astutas insinuaciones y al ridículo encubierto de los enemigos de Jesús. Cada vez que Judas permitía que se remontaran sus esperanzas y Jesús decía o hacía algo que las derrumbaba, dejaba en el corazón de Judas otra cicatriz de amargo resentimiento; y al multiplicarse estas cicatrices, finalmente su corazón tantas veces herido, perdió todo afecto real por el que infligiera estas experiencias desagradables a su personalidad bien intencionada, pero cobarde y egocéntrica. Judas no se daba cuenta, pero era un cobarde. Por eso, siempre intentaba atribuir a Jesús tendencias cobardes, como explicación de negarse a buscar el poder y la gloria que parecían estar a su alcance. Todo hombre mortal sabe muy bien que el amor, aunque al principio sea genuino, puede transformarse por el desencanto, los celos y el resentimiento constante, en odio verdadero.

Por fin podían respirar en paz por unas horas los altos sacerdotes y los ancianos. No tendrían que arrestar a Jesús en público, y el haberse granjeado a Judas como aliado traidor les aseguraba que Jesús no escaparía de su jurisdicción como lo había hecho tantas veces en el pasado.

5. LA ÚLTIMA HORA SOCIAL

Como era miércoles, esa noche hubo en el campamento una hora social. El Maestro intentó levantar el ánimo de sus apóstoles deprimidos, pero eso era casi imposible. Todos empezaban a percatarse de que se avecinaban acontecimientos desconcertantes y aplastantes. No podían alegrar su corazón, aun cuando el Maestro recordó con ellos sus años pletóricos y amantes de asociación. Jesús indagó cuidosamente sobre la familia de cada uno de los apóstoles y, volviendo la mirada hacia David Zebedeo, le preguntó si alguien sabía algo de su propia madre, su hermana menor u otros integrantes de su familia. David bajó la vista; y no se atrevió a responder.

Fue ésta la ocasión en la que Jesús advirtió a sus seguidores de que se cuidaran del apoyo de la multitud. Recordó sus experiencias en Galilea cuando una y otra vez, lo siguieron con entusiasmo grandes multitudes de gente que más adelante les volvieron la espalda, con el mismo entusiasmo volviendo a sus previas creencias y formas de vida. Luego dijo: «Así pues, no os dejéis engañar por las grandes multitudes que nos escucharon en el templo y que parecían creer nuestras enseñanzas. Estas multitudes escuchan la verdad y la creen superficialmente con la mente, pero pocos entre ellos permiten que la palabra de la verdad penetre su corazón y se arraigue en él. Cuando se presentan verdaderos problemas, no se puede contar con el apoyo de los que conocen el evangelio sólo en la mente, y no lo han experimentado en el corazón. Cuando los dirigentes de los judíos lleguen a un acuerdo para destruir al Hijo del Hombre, y cuando ataquen al unísono, veréis que la multitud huirá confusa o permanecerá allí, silenciosamente sorprendida, mientras estos líderes enloquecidos y cegados asesinan a los maestros de la verdad evangélica. Luego cuando os sobrecojan la adversidad y las persecuciones, aun otros, que os parezca a vosotros que aman la verdad, huirán, y algunos renunciarán al evangelio y os desertarán. Algunos de los que estuvieron muy cerca nuestro, ya han decidido la deserción en su mente. Hoy habéis descansado, en preparación para los tiempos inminentes. Vigilad pues y orad para que mañana podáis ser fortalecidos para los días que quedan por delante».

El ambiente del campamento estaba cargado de una tensión inexplicable. Mensajeros silenciosos iban y venían, comunicándose únicamente con David Zebedeo. Antes de que pasara la noche, supieron algunos que Lázaro había huido de prisa de Betania. Juan Marcos estaba siniestramente taciturno después de volver al campamento, a pesar de que había pasado el día entero en compañía del Maestro. Todo esfuerzo por persuadirlo a que hablara sólo indicó claramente que Jesús le había dicho que no hablara.

Aun el buen humor y la sociabilidad poco usual del Maestro, los llenaba de temor. Todos sentían la amenazante proximidad del terrible aislamiento que pronto descendería sobre ellos en forma repentina y aplastante y con terror ineludible. Sentían vagamente lo que estaba por ocurrir, y ninguno se sentía preparado para enfrentarse a la prueba. El Maestro había estado ausente todo el día; lo habían extrañado entrañablemente.

Ese miércoles por la noche señaló el punto de marea más baja del estado espiritual de ellos hasta la hora misma de la muerte del Maestro. Aunque el día siguiente estuvo más cerca del viernes trágico, aún él estaba con ellos, y pudieron pasar estas horas de ansiedad con más gracia.

Fue poco antes de la medianoche cuando Jesús, sabiendo que sería ésta la última noche que compartiría con su familia elegida en la tierra, dijo, al darles las buenas noches: «Id a dormir hermanos míos, y que la paz sea con vosotros hasta que os levantéis mañana, un día más para hacer la voluntad del Padre y experimentar el regocijo de saber que nosotros somos sus hijos».

DOCUMENTO 178

EL ÚLTIMO DÍA EN EL CAMPAMENTO

JESÚS pensaba pasar ese jueves, su último día libre en la tierra como Hijo Divino encarnado, con sus apóstoles y unos pocos discípulos leales y devotos. Poco después de la hora del desayuno de esa hermosa mañana, el Maestro los condujo a un sitio retirado a poca distancia, más alto que el campamento, y allí les enseñó muchas nuevas verdades. Aunque Jesús pronunció otros discursos a los apóstoles durante las horas tempranas de la tarde de ese día, esta conversación del jueves por la mañana fue su sermón de despedida al grupo combinado de apóstoles y discípulos elegidos que estaban en el campamento, tanto judíos como gentiles. Los doce estaban todos presentes, excepto Judas. Pedro y varios de los apóstoles mencionaron su ausencia, y algunos de ellos pensaron que Jesús lo había enviado a la ciudad para ocuparse de algún asunto, probablemente para arreglar los detalles de la inminente celebración de la Pascua. Judas no retornó al campamento hasta mediados de la tarde, poco tiempo antes de que Jesús condujera a los doce a Jerusalén para compartir la Última Cena.

1. LA DISERTACIÓN SOBRE LA FILIACIÓN Y LA CIUDADANÍA

Jesús habló a unos cincuenta de sus seguidores de confianza por casi dos horas y respondió a una veintena de preguntas sobre la relación del reino del cielo con los reinos de este mundo, sobre la relación de la filiación con Dios en cuanto a la ciudadanía en los gobiernos terrenales. Esta disertación, juntamente con sus respuestas a las preguntas, puede ser resumida y expresada en lenguaje moderno como sigue:

Los reinos de este mundo, siendo materiales, pueden enfrentarse con frecuencia con la necesidad de emplear la fuerza física en la ejecución de sus leyes y para mantener el orden. En el reino del cielo, los verdaderos creyentes no recurrirán al empleo de la fuerza física. El reino del cielo, siendo la hermandad espiritual de los hijos de Dios nacidos del espíritu, puede ser promulgado tan sólo por el poder del espíritu. Esta distinción de procedimientos se refiere a las relaciones del reino de los creyentes con los reinos de gobierno secular y no nulifica el derecho que tienen los grupos sociales de creyentes de mantener el orden en sus filas y administrar disciplina a sus miembros díscolos e indeseables.

No hay nada incompatible entre la filiación en el reino espiritual y la ciudadanía del gobierno civil o secular. Es deber del creyente dar al César las cosas que son del César y a Dios, las cosas que son de Dios. No puede haber desavenencia alguna entre esos dos requisitos, siendo uno material y otro espiritual, a menos que sucediera que un César presumiese usurpar las prerrogativas de Dios y demandar que se le rindiese homenaje espiritual y adoración suprema. En tal caso, adoraréis sólo a Dios tratando al mismo tiempo de esclarecer esos líderes terrenales descarriados conduciéndolos de esta manera a ellos también al reconocimiento del Padre en el cielo. No prestaréis adoración espiritual a los gobernantes terrenales; tampoco debéis emplear la fuerza física de gobiernos terrestres, cuyos líderes a la sazón se hayan hecho creyentes para avanzar la misión del reino espiritual.

La filiación en el reino, desde el punto de vista de la civilización en avance, debería ayudaros a volveros ciudadanos ideales de los reinos de este mundo, puesto que la hermandad y el servicio son el pilar del evangelio del reino. El llamado al amor del reino espiritual debería actuar como destructor eficaz del impulso al odio de los ciudadanos descreídos y propensos a las guerras de los reinos terrestres. Pero estos hijos que se preocupan de los bienes materiales y que se hallan en las tinieblas nunca van a saber nada de vuestra luz espiritual de la verdad, a menos que os acerquéis a ellos con ese servicio social altruista que es la consecuencia natural de rendir los frutos del espíritu en la experiencia de vida de cada creyente.

Como hombres mortales y materiales, vosotros sois efectivamente ciudadanos de los reinos terrestres, y deberíais ser buenos ciudadanos, mejores aun por haber renacido como hijos espirituales del reino celestial. Como hijos esclarecidos por la fe y liberados por el espíritu del reino del cielo, os enfrentáis con una doble responsabilidad de deber hacia el hombre y deber hacia Dios, mientras que voluntariamente asumís una tercera y sagrada obligación: el servicio a la hermandad de los creyentes conocedores de Dios.

No debéis adorar a vuestros gobernantes temporales, y no debéis emplear el poder temporal para el adelanto del reino espiritual; pero debéis manifestar a creyentes y no creyentes por igual el ministerio recto del servicio amante. En el evangelio del reino reside el poderoso Espíritu de la Verdad, y dentro de poco yo derramaré ese mismo espíritu sobre todos los seres humanos. Los frutos del espíritu o sea vuestro servicio sincero y amante, son la poderosa palanca social que eleva las razas de las tinieblas, y este Espíritu de la Verdad será vuestro fulcro multiplicador de poder.

Manifestad sabiduría y exhibid sagacidad en vuestro trato con los gobernantes civiles incrédulos. Por discreción, mostraos expertos en solucionar desacuerdos menores y en ajustar interpretaciones erróneas de poca importancia. De toda manera posible —en todo lo que no atañe a vuestra lealtad espiritual a los gobernantes del universo— tratad de vivir en paz con todos los hombres. Sed siempre sabios como serpientes pero inocuos como palomas.

Deberíais volveros ciudadanos mucho mejores del estado secular como resultado de volveros hijos esclarecidos del reino; del mismo modo los gobernantes de los estados terrestres deberían tornarse mejores gobernantes en los asuntos civiles como resultado de la fe en este evangelio del reino celestial. La actitud del servicio altruista a los hombres y la adoración inteligente de Dios hará que todos los creyentes del reino se vuelvan mejores ciudadanos del mundo; al mismo tiempo, la disposición de quedar un ciudadano honesto y la de la devoción sincera a los deberes temporales hará que ese ciudadano sea más receptivo al llamado espiritual de la filiación en el reino celestial.

Hasta tanto traten los gobernantes de los estados terrestres de ejercer la autoridad de dictadores religiosos, los que crean en este evangelio tan sólo podrán esperar dificultades, persecución y aun la muerte. Pero la luz misma que vosotros traéis al mundo, y aun la manera misma en la cual sufriréis y moriréis por este evangelio del reino, esclarecerán finalmente al mundo entero y llevarán gradualmente al divorcio de la política y la religión. La predicación persistente de este evangelio del reino traerá algún día una nueva e increíble liberación, libertad intelectual y libertad religiosa a todas las naciones.

Durante las inminentes persecuciones que sufriréis de parte de los que odian este evangelio de felicidad y libertad, vosotros floreceréis y el reino prosperará. Pero correréis graves peligros en tiempos subsiguientes, cuando la mayoría de la gente hablará bien de los creyentes del reino, y muchos en altas posiciones aceptarán nominalmente el evangelio del reino celestial. Aprended a ser fieles al reino, aun en tiempos de paz y prosperidad. No tentéis a los ángeles que os supervisan a que os conduzcan por inquietantes caminos como una disciplina amante diseñada para salvar vuestras almas que hayan caído en el camino de la fácil comodidad.

Recordad que estáis comisionados para predicar este evangelio del reino —el supremo deseo de hacer la voluntad del Padre combinado con la suprema felicidad de la comprensión mediante la fe de la filiación con Dios— y no debéis permitir que nada desvíe vuestra devoción de este deber único. Que la humanidad toda se beneficie en el desbordamiento de vuestro ministerio espiritual amante, vuestra comunión intelectual esclareciente, vuestro servicio social edificante; pero ninguna de estas labores humanitarias, ni todas éstas, deben tomar el lugar de la proclamación del evangelio. Estas ministraciones poderosas son los efectos sociales secundarios de las ministraciones aun más poderosas y sublimes y transformaciones forjadas en el corazón del creyente del reino por el Espíritu vivo de la Verdad y por la comprensión personal del hecho de que la fe de un hombre nacido del espíritu confiere la certeza de una hermandad viva con el Dios eterno.

No debéis tratar de promulgar la verdad ni de establecer la rectitud por el poder de los gobiernos civiles ni por la vigencia de las leyes seculares. Siempre podéis laborar para persuadir la mente de los hombres, pero no debéis atreveros nunca a forzarles. No debéis olvidar la gran ley de justicia humana que os he enseñado en forma positiva: Cualquiera que sea lo que queréis que los hombres hagan por vosotros, lo mismo haced por ellos.

Cuando un creyente del reino es llamado a servir al gobierno civil, que rinda ese servicio como ciudadano temporal de tal gobierno, en forma tal que ponga en evidencia la manera en que el esclarecimiento espiritual de la asociación ennoblecedora de la mente del hombre mortal con el espíritu residente del Dios eterno eleva los rasgos comunes de la buena ciudadanía. Si resulta que un no creyente puede calificar como un superior servidor civil habrá que investigar seriamente si las raíces de la verdad en vuestro corazón no se han secado por falta del agua viva de la comunión espiritual, combinada con el servicio social. La conciencia de la filiación de Dios debe estimular la entera vida de servicio de todo hombre, mujer y niño que posea tan poderoso estímulo para todos los poderes inherentes de una personalidad humana.

No debéis ser místicos pasivos ni ascetas insulsos; no debéis llegar a ser soñadores ni vagabundos, que confían supinamente en una Providencia ficticia para que provea aun sus necesidades vitales. Debéis en verdad ser tiernos en vuestro trato con los mortales que yerran, pacientes en vuestras relaciones con los ignorantes, serenos cuando se os provoque; pero también debéis ser valientes en la defensa de la rectitud, poderosos en la promulgación de la verdad y enérgicos en la predicación de este evangelio del reino, aun hasta los fines de la tierra.

Este evangelio del reino es una verdad viva. Yo os he dicho que es como levadura en la masa, como el grano de la semilla de mostaza; ahora os declaro que es como la semilla del ser vivo que, de generación en generación, aunque sigue siendo la misma simiente viva, se desarrolla infaliblemente en nuevas manifestaciones y crece aceptablemente en canales de nueva adaptación a las necesidades y condiciones particulares de cada generación sucesiva. La revelación que yo os he hecho es una *revelación viva*, y deseo que rinda los frutos apropiados en cada individuo y en cada generación de acuerdo con las leyes del crecimiento, el aumento y el desarrollo adaptativo espirituales. De generación en generación este evangelio debe mostrar una vitalidad en aumento y exhibir mayor profundidad de poder espiritual. No debe permitirse que se vuelva meramente un recuerdo sagrado, un mero relato tradicional sobre mí y los tiempos en los que vivimos ahora.

Y no olvidéis: no hemos atacado en forma directa ni las personas ni la autoridad de los que se sientan en el trono de Moisés; tan sólo les ofrecimos la nueva luz, que ellos tan vigorosamente rechazaron. Tan sólo los hemos asaltado con la denuncia de su deslealtad espiritual a las mismas verdades que profesan enseñar y salvaguardar. Tan sólo nos pusimos en conflicto con estos líderes establecidos y potentados reconocidos, cuando se interpusieron directamente en el camino de la predicación del evangelio del reino a los hijos de los hombres. Aun ahora, nosotros no los atacamos, sino que son ellos los que buscan nuestra destrucción. No os olvidéis que estáis comisionados para salir a predicar sólo la buena nueva. No debéis atacar las viejas costumbres; más bien habéis de mezclar hábilmente la levadura de la nueva verdad en la masa de las antiguas creencias. Dejad que el Espíritu de la Verdad realice su obra. Dejad que la controversia se produzca sólo cuando los que desprecian la verdad os fuercen a ello. Pero cuando os ataca el descreído obstinado, no titubeéis en defender vigorosamente la verdad que os ha salvado y santificado.

A lo largo de las vicisitudes de la vida, recordad siempre que debéis amaros unos a los otros. No luchéis con los hombres, ni siquiera con los incrédulos. Manifestad misericordia aun a los que con desprecio os insultan. Mostrad que sois ciudadanos leales, artesanos nobles, vecinos dignos de encomio, parientes devotos, padres comprensivos y creyentes sinceros en la hermandad del reino del Padre. Y mi espíritu estará sobre vosotros, ahora y aun hasta el fin del mundo.

Cuando Jesús hubo concluido sus enseñanzas, era casi la una, y volvieron inmediatamente al campamento, donde David y sus asociados tenían el almuerzo listo para ellos.

2. DESPUÉS DEL ALMUERZO

No muchos de los oyentes del Maestro pudieron comprender tan siquiera una parte de su disertación matutina. De todos los que lo oyeron, los griegos fueron los que más comprendieron. Aun los once apóstoles estaban confundidos por sus alusiones a futuros reinos políticos y a generaciones sucesivas de creyentes en el reino. Los seguidores más devotos de Jesús no podían reconciliar el fin inminente de su ministerio terrenal con estas referencias a un futuro lejano de actividades evangelísticas. Algunos de estos creyentes judíos estaban comenzando a percibir que estaba a punto de ocurrir la mayor tragedia de la tierra, pero no podían reconciliar tal desastre inminente ni con la actitud personal alegremente indiferente del Maestro, ni con su discurso matutino, en el cual aludió repetidas veces a transacciones futuras del reino celestial, que parecía abarcar amplios períodos de tiempo y comprendía relaciones con muchos y sucesivos reinos temporales en la tierra.

Para el mediodía de ese día todos los apóstoles y discípulos se habían enterado de la apresurada fuga de Lázaro desde Betania. Comenzaron a percibir la amarga determinación de los dirigentes judíos, decididos a exterminar a Jesús y sus enseñanzas.

David Zebedeo, mediante el trabajo de sus agentes secretos en Jerusalén, tenía información detallada sobre el progreso del plan de arrestar y matar a Jesús. Sabía plenamente el papel que representaba Judas en este complot, pero nunca reveló este conocimiento a los demás apóstoles ni a ninguno de los discípulos. Poco después del almuerzo, condujo a Jesús aparte, atreviéndose a preguntarle si él sabía —pero no pudo continuar su pregunta. El Maestro, levantando la mano, le interrumpió diciendo: «Si, David, lo sé todo, y sé que tú sabes, pero asegúrate de no decírselo a ningún hombre. Solamente, no dudes en tu corazón de que al fin triunfará la voluntad de Dios».

Esta conversación con David fue interrumpida por la llegada de un mensajero de Filadelfia que traía la noticia de que Abner había oído hablar de un complot para matar a Jesús y preguntaba si debía ir a Jerusalén. Este correo salió de prisa hacia Filadelfia con este mensaje para Abner: «Continúa con tu obra. Si yo te abandono en la carne, es sólo para que pueda retornar en el espíritu. No te abandonaré. Estaré contigo hasta el fin».

Alrededor de este momento Felipe se acercó al Maestro y preguntó: «Maestro, ya que la hora de la Pascua se acerca, ¿dónde quieres tú que nos preparemos para comer la cena?» Cuando Jesús oyó la pregunta de Felipe respondió: «Vete, trae a Pedro y a Juan, y os daré instrucciones sobre la cena que vamos a comer juntos esta noche. En cuanto a la Pascua, eso deberéis considerarlo después que hayamos hecho esto».

Cuando Judas oyó al Maestro hablando con Felipe sobre estos asuntos, se acercó para escuchar su conversación. Pero David Zebedeo, que estaba cerca, se le acercó y empezó con él una conversación, mientras Felipe, Pedro y Juan se apartaron para hablar con el Maestro.

Dijo Jesús a los tres: «Id inmediatamente a Jerusalén, y al entrar por la puerta encontraréis a un hombre que lleva un cántaro de agua. El os hablará y vosotros lo seguiréis. Cuando os conduzca a cierta casa, entrad detrás de él y decid al buen amo de esa casa: '¿Dónde está el aposento donde el Maestro va a comer la cena con sus apóstoles?' Cuando hayáis preguntado así, este señor de la casa os mostrará un gran aposento arriba ya dispuesto y listo para nosotros».

Cuando los apóstoles llegaron a la ciudad se encontraron con el hombre que llevaba el cántaro de agua junto a la puerta y lo siguieron hasta la casa de Juan Marcos, donde el padre del muchacho los encontró y les mostró el aposento de arriba listo para la cena.

Y todo esto ocurrió como resultado de un acuerdo al que habían llegado el Maestro y Juan Marcos el día anterior cuando se encontraban a solas en las colinas. Jesus quería estar seguro de que tendría esta última cena con sus apóstoles sin interrupciones y creyendo que si Judas conociera de antemano el lugar de encuentro dispondría con sus enemigos que lo arrestaran, hizo este arreglo secreto con Juan Marcos. Así pues, Judas no supo del lugar de encuentro hasta más tarde cuando llegó allí en compañía de Jesús y de los otros apóstoles.

David Zebedeo tenía muchas transacciones que discutir con Judas de modo que le resultó fácil impedir que siguiera a Pedro, Juan y Felipe, como deseaba hacerlo. Cuando Judas dio a David cierta suma de dinero para las provisiones, David le dijo: «Judas ¿no estaría bien, bajo las circunstancias, proveerme de un poco de dinero aun antes de que surjan las necesidades?» Después de reflexionar Judas un momento, respondió: «Sí, David, pienso que sería sensato. De hecho, en vista de las difíciles condiciones en Jerusalén, pienso que sería mejor que yo te diera a ti todo el dinero. Hay un complot contra el Maestro, y en caso de que pudiera sucederme algo a mí, no quedaríais desamparados».

Así pues David recibió todos los fondos apostólicos en efectivo y los recibos del dinero en depósito. Los apóstoles no supieron de esta transacción hasta la noche del día siguiente.

Fue a eso de las cuatro y media cuando los tres apóstoles retornaron e informaron a Jesús que todo estaba dispuesto para la cena. El Maestro se preparó inmediatamente para conducir a sus doce apóstoles por el sendero del camino a Betania, y de allí a Jerusalén. Este fue el último viaje que hizo con los doce.

3. CAMINO A LA CENA

Tratando nuevamente de evitar las multitudes que pasaban por el valle de Cedrón de ida y de vuelta entre el parque de Getsemaní y Jerusalén, Jesús y los doce caminaron por la cresta occidental del Monte de los Olivos para tomar el camino que conducía de Betania a la ciudad. Al acercarse al lugar en el que Jesús se había detenido la noche anterior para hablar de la destrucción de Jerusalén, pausaron inconscientemente, permaneciendo allí de pie, callados contemplando la ciudad. Como tenían tiempo, y puesto que Jesús no quería pasar por la ciudad antes de la caída del sol, él dijo a sus asociados:

«Sentaos y descansad mientras yo os hablo de lo que pronto ha de ocurrir. Todos estos años yo he vivido con vosotros como hermanos, os he enseñado la verdad sobre el reino del cielo y os he revelado los misterios del mismo. Mi padre ha hecho en verdad muchas obras maravillosas en relación con mi misión en la tierra. Habéis sido testigos de todo esto y habéis compartido la experiencia de laborar juntos con Dios. Y vosotros atestiguaréis que os vengo advirtiendo de que dentro de poco debo retornar a la obra que el Padre me ha dado para hacer; os he dicho claramente que debo dejaros en el mundo para continuar la obra del reino. Para este propósito os escogí en las colinas de Capernaum. La experiencia que habéis tenido conmigo, debéis prepararos ahora para compartirla con otros. Así como el Padre me envió a este mundo, ahora os enviaré a vosotros para que me representéis y terminéis la obra que he comenzado.

«Vosotros bajáis la mirada sobre esta ciudad con congoja, porque habéis oído mis palabras que os describieron el fin de Jerusalén. Os lo he advertido para que no perezcáis en su destrucción, postergando así la proclamación del evangelio del reino. Del mismo modo os advierto que os cuidéis para no exponeros sin necesidad al peligro cuando vengan a llevarse al Hijo del Hombre. Debo irme, pero vosotros debéis quedaros para dar testimonio de este evangelio cuando yo haya partido, aun como le advertí a Lázaro que huyera de la ira del hombre para vivir y hacer conocer así la gloria de Dios. Si es voluntad del Padre que yo parta, nada de lo que vosotros podáis hacer cambiará el plan divino. Cuidaos, para no os maten a vosotros también. Que vuestras almas sean valientes en defensa del evangelio por el poder del espíritu, pero no os confundáis en un intento necio de defender al Hijo del Hombre. No necesito defensa alguna de la mano del hombre; los ejércitos del cielo están aun en este momento junto a mí; pero estoy decidido a hacer la voluntad de mi Padre, y por consiguiente debemos someternos a lo que está por ocurrirnos.

«Cuando veáis esta ciudad destruida, no os olvidéis que ya habéis entrado en la vida eterna del servicio eterno en el reino del cielo en constante avance, aun del cielo de los cielos. Debéis saber que en el universo de mi Padre y en el mío hay muchas moradas, y que allí espera a los hijos de la luz la revelación de ciudades cuyo constructor es Dios y de mundos cuyas costumbres de vida son la rectitud y la felicidad en la verdad. Os he traído el reino del cielo a la tierra, pero os declaro, que todos vosotros que por la fe entráis allí y permanecéis allí por el servicio vivo de la verdad, con certeza ascenderéis a los mundos en lo alto y os sentaréis conmigo en el reino espiritual de nuestro Padre. Pero primero debéis prepararos y completar la obra que habéis comenzado conmigo. Primero debéis pasar por tribulaciones y soportar muchas penas —y estas pruebas ya están por sobrecogernos— y cuando hayáis terminado vuestra obra en la tierra, vendréis a mi felicidad, así como yo he terminado la obra de mi Padre en la tierra y estoy a punto de retornar a su abrazo».

Cuando el Maestro hubo hablado se levantó, y todos ellos le siguieron por el camino hacia abajo del Monte de los Olivos y entraron a la ciudad. Ninguno de los apóstoles, salvo tres, sabían adónde iban mientras se abrían camino por las estrechas calles cuando caía la oscuridad de la noche. Las multitudes los empujaban, pero nadie los reconoció ni supo que el Hijo de Dios estaba pasando por allí, camino de su último encuentro mortal con sus embajadores elegidos del reino. Tampoco sabían los apóstoles que uno de entre ellos ya estaba conspirando para traicionar al Maestro, entregándolo a las manos de sus enemigos.

Juan Marcos los había seguido todo el camino hasta la ciudad, y después de entrar ellos por la puerta, se dio prisa por otro camino para poder recibirlos en la casa de su padre cuando llegaran.

DOCUMENTO 179
LA ÚLTIMA CENA

DURANTE la tarde de este jueves, cuando Felipe recordó al Maestro que se acercaba la Pascua y preguntó sobre los planes para su celebración, pensaba en la cena de Pascua que debía comerse a la tarde del día siguiente, viernes. Era costumbre comenzar las preparaciones para la celebración de la Pascua no más tarde que el mediodía del día anterior. Puesto que los judíos consideraban que el día comenzaba a la puesta del sol, eso significaba que la cena de Pascua del sábado se comería el viernes por la noche, poco antes de la medianoche.

Los apóstoles, por lo tanto, no podían comprender el anuncio del Maestro de que celebrarían la Pascua un día antes. Pensaban, por lo menos algunos de ellos, que él sabía que sería arrestado antes de la hora de la cena pascual el viernes por la noche y, por consiguiente, los convocaba para una cena especial este jueves por la noche. Otros pensaban que ésta era simplemente una ocasión especial, que precedería a la celebración regular de la Pascua.

Los apóstoles sabían que Jesús había celebrado otras Pascuas sin cordero; sabían que personalmente no participaba en ninguno de los servicios del sistema judío que incluían sacrificios. Muchas veces había compartido el cordero pascual como huésped, pero en todos los casos en que él era el anfitrión, no se servía cordero. No habría sido para los apóstoles una gran sorpresa que se omitiera el cordero aun la noche de la Pascua, y puesto que esta cena se ofrecía un día antes, no les llamó la atención que faltara el cordero.

Después de recibir los saludos y la bienvenida del padre y de la madre de Juan Marcos, los apóstoles fueron inmediatamente al aposento de la parte alta, mientras Jesús se quedaba atrás para hablar con la familia de Marcos.

Se había acordado de antemano que el Maestro celebraría esta ocasión a solas con sus doce apóstoles; por lo tanto, no se había dispuesto que hubiera siervos para servirles.

1. EL ANHELO DE LA PREFERENCIA

Cuando los apóstoles fueron conducidos arriba por Juan Marcos, contemplaron una cámara amplia y cómoda que había sido completamente dispuesta para la cena, y observaron que el pan, el vino, el agua y las hierbas estaban listos a un extremo de la mesa. Excepto por el extremo en el que estaban dispuestos el pan y el vino, esta larga mesa estaba rodeada de trece triclinios de los que se proveían para la celebración de la Pascua en los hogares judíos de buena posición económica.

Cuando los doce entraron al cuarto superior, notaron, inmediatamente junto a la puerta, los cántaros de agua, las vasijas y las toallas para lavarse los pies polvorientos; puesto que no se habían proveído siervos para rendir este servicio, los apóstoles se miraron entre sí en cuanto Juan Marcos les dejó, y cada uno pensó para sus adentros, ¿quién lavará nuestros pies? y cada uno del mismo modo pensó que él no sería quién actuara de esta manera como siervo de los demás.

Mientras estaban allí parados con este dilema en el corazón, observaron el arreglo de los asientos junto a la mesa, tomando nota del diván más alto del anfitrión, con un triclinio a la derecha y los otros once dispuestos alrededor de la mesa, frente a este segundo asiento de honor a la derecha del anfitrión.

Esperaban que el Maestro llegara en cualquier momento, pero estaban en dudas si debían sentarse o esperar su llegada para que les asignara su sitio. Mientras titubeaban, Judas se dirigió al asiento de honor, a la izquierda del anfitrión, y manifestó que tenía la intención de reclinarse allí como huésped preferido. Esta acción de Judas inmediatamente produjo una disputa violenta entre los demás apóstoles. No acababa Judas de apropiarse el asiento de honor cuando Juan Zebedeo reclamó para sí el siguiente asiento preferido, el que estaba situado a la derecha del anfitrión. Simón Pedro tanto se airó por esta toma de posiciones preferidas de Judas y Juan que, mientras los demás apóstoles observaban enojados, dio la vuelta a la mesa y se ubicó en el triclinio más bajo, al final de la fila de asientos y frente al que había elegido Juan Zebedeo. Puesto que otros habían tomado los asientos altos, Pedro pensó en elegir el más bajo, y lo hizo, no solamente en protesta contra el orgullo poco elegante de sus hermanos, sino con la esperanza de que Jesús, cuando entrara y lo viera en el lugar menos honroso, lo llamara a uno más alto, desplazando así a aquel que había presumido honrarse a sí mismo.

Con las posiciones más altas y más bajas ya ocupadas, el resto de los apóstoles eligieron lugares, algunos junto a Judas y otros junto a Pedro, hasta que todos ellos se ubicaron. Se sentaron alrededor de la mesa en forma de U, en estos divanes, en el siguiente orden: a la derecha del Maestro, Juan; a la izquierda, Judas; Simón el Zelote, Mateo, Santiago Zebedeo, Andrés, los gemelos Alfeo, Felipe, Natanael, Tomás y Simón Pedro.

Están reunidos para celebrar, por lo menos en espíritu, una institución que antedataba aun a Moisés y se remontaba a los tiempos en los que sus padres eran esclavos en Egipto. Esta cena es su último encuentro con Jesús, y aun en tal ocasión solemne, bajo el liderazgo de Judas, los apóstoles se dejan llevar una vez más por su vieja predilección por el honor, la preferencia y la exaltación personal.

Aún estaban recriminándose airadamente unos a otros cuando apareció el Maestro en la puerta, permaneciendo allí un instante mientras su rostro se inundaba lentamente de una expresión de desencanto. Sin hacer comentario alguno se dirigió a su asiento, y no cambió la distribución de los asientos de ellos.

Ya estaban listos para empezar la cena, excepto que sus pies aún estaban sin lavar, y que estaban en un estado de ánimo que era de todo, menos agradable. Cuando el Maestro llegó, aún estaban discutiendo de forma poco halageña entre ellos; y no hablemos de los pensamientos de algunos de ellos que tenían suficiente control emocional como para no expresarlos públicamente.

2. EL COMIENZO DE LA CENA

Por unos momentos después de que el Maestro se sentó en su lugar, no se habló una palabra. Jesús los miró a todos y, aliviando la tensión con una sonrisa, dijo: «Mucho he deseado comer con vosotros esta Pascua. He deseado comer con vosotros una vez más antes de mi sufrimiento, y sabiendo que mi hora ha llegado, dispuse hoy esta cena con vosotros porque, en cuanto al mañana, estamos en las manos del Padre, cuya voluntad he venido a hacer. No volveré a comer con vosotros hasta que os sentéis conmigo en el reino que mi Padre me dará cuando haya terminado aquello para lo cual me envió a este mundo.»

Después de mezclar el agua y el vino, trajeron la copa a Jesús quien, cuando la hubo recibido de las manos de Tadeo, la levantó dando gracias. Y cuando hubo terminado de dar gracias, dijo: «Tomad esta copa y compartidla entre vosotros, y cuando compartáis de ésta, percataos de que no volveré a beber con vosotros el fruto de la vid, puesto que ésta es nuestra última cena. Cuando nos sentemos nuevamente de esta manera, lo será en el reino venidero».

Jesús así comenzó a hablar a sus apóstoles porque sabía que su hora había llegado. Comprendía que había llegado el momento en que tenía que retornar al Padre, y que su obra en la tierra estaba casi terminada. El Maestro sabía que había revelado el amor del Padre sobre la tierra y había mostrado su misericordia a la humanidad, y que había completado aquello para lo cual había venido al mundo, aun hasta recibir todo poder y autoridad en el cielo y en la tierra. Del mismo modo sabía que Judas Iscariote ya había resuelto entregarlo esta noche a las manos de sus enemigos. Se daba cuenta plenamente de que esta pérfida traición era trabajo de Judas, y que también le había dado placer a Lucifer, Satanás y Caligastia, el príncipe de las tinieblas. Pero no temía a ninguno de los que buscaban su caída espiritual, así como tampoco temía a los que buscaban su muerte física. El Maestro tenía una sola ansiedad, y ésa era por la seguridad y salvación de sus seguidores elegidos. Así pues, con el conocimiento pleno de que el Padre había puesto todas las cosas bajo su autoridad, el Maestro se preparaba ahora para promulgar la parábola del amor fraterno.

3. EL LAVADO DE LOS PIES DE LOS APÓSTOLES

Después de beber la primera copa de la Pascua, era costumbre judía que el anfitrión se levantara de la mesa y se lavara las manos. Más adelante en el curso de la comida y después de la segunda copa, todos los huéspedes del mismo modo se levantaban y se lavaban las manos. Puesto que los apóstoles sabían que su Maestro nunca observaba estos ritos de lavado ceremonial de las manos, tenían curiosidad por saber qué tenía intención de hacer cuando, después de compartir esta primera copa, se levantó de la mesa y silenciosamente se dirigió junto a la puerta, donde estaban dispuestos los cántaros de agua, las vasijas y las toallas. Y su curiosidad se transformó en asombro cuando vieron que el Maestro se quitaba su manto, se envolvía en una toalla y comenzaba a echar agua en una de las vasijas para los pies. Imaginad el asombro de estos doce hombres, que tan recientemente se habían negado a lavarse los pies unos a otros, y que se habían enredado en disputas tan poco elegantes sobre los sitios de honor en la mesa, cuando le vieron dar la vuelta alrededor del extremo no ocupado de la mesa, hasta el asiento más bajo del festín, en el que se reclinaba Simón Pedro y, arrodillándose en actitud de siervo, se preparó para lavarle los pies a Simón. En el momento en que se arrodilló el Maestro, los doce se pusieron de pie al unísono; aun el traidor Judas olvidó por un momento completamente su infamia y se levantó con sus compañeros apóstoles en esta expresión de sorpresa, respecto y asombro total.

Allí estaba pues Simón Pedro de pie, mirando hacia abajo al rostro levantado de su Maestro. Jesús no dijo nada; no era necesario que hablara. Su actitud revelaba claramente que estaba dispuesto a lavarle los pies a Simón Pedro. A pesar de la fragilidad de la carne, Pedro amaba al Maestro. Este pescador galileo fue el primer ser humano que creyó de todo corazón en la divinidad de Jesús e hizo una confesión plena y pública de esa fe. Y Pedro nunca había dudado, ni una sola vez, de la naturaleza divina del Maestro. Puesto que Pedro tanto reverenciaba y honraba a Jesús en su corazón, no es extraño que su alma se resintiera de la idea de Jesús arrodillado allí frente a él en actitud de siervo inferior, proponiéndose lavarle los pies como lo haría un esclavo. Cuando Pedro consiguió volver en sí lo suficiente como para dirigirse al Maestro, expresó los sentimientos sinceros de todos los demás apóstoles.

Después de algunos momentos de gran incomodidad, Pedro dijo: «Maestro, ¿es que realmente piensas lavarme los pies?» Luego, levantando la mirada al rostro de Pedro, Jesús dijo: «Tal vez no comprendas plenamente lo que estoy por hacer; pero más adelante sabrás el significado de todas estas cosas». Entonces Simón Pedro, respirando hondo, dijo: «Maestro, ¡jamás lavarás mis pies!» Cada uno de los apóstoles indicó con la cabeza su aprobación de la firme declaración de Pedro al negarse a permitir que Jesús se humillara de esta manera ante ellos.

La atracción dramática de este espectáculo insólito llegó a tocar al principio el corazón de Judas Iscariote; pero cuando su intelecto vanaglorioso juzgó el espectáculo, concluyó que este gesto de humildad era tan sólo otro episodio más que probaba conclusivamente que Jesús nunca sería calificado como el libertador de Israel, y que él no había cometido un error al decidir que desertaría la causa del Maestro.

Mientras estaban todos ellos allí de pie, anhelantes de asombro, Jesús dijo: «Pedro, yo declaro que, si no te lavo los pies, no participarás tú conmigo en lo que estoy a punto de realizar». Cuando Pedro escuchó esta declaración, juntamente con el hecho de que Jesús seguía de rodillas ahí a sus pies, tomó una de esas decisiones de aprobación ciega en cumplimiento del deseo de aquel a quien él tanto respetaba y amaba. Cuando empezó a ocurrírsele a Simón Pedro que en este propuesto acto de servicio había tal vez un significado que determinaba una conexión futura de uno con la obra del Maestro, no sólo se reconcilió con la idea de permitir que Jesús le lavara los pies sino que, con su manera característica e impetuosa, dijo: «Entonces, Maestro, lávame no sólo los pies sino también las manos y la cabeza.»

El Maestro, al aprontarse para comenzar a lavar los pies de Pedro, dijo: «El que ya está limpio, tan sólo necesita que le laven los pies. Vosotros que os sentáis conmigo esta noche estáis limpios —pero no todos. Pero el polvo de vuestros pies debería haber sido lavado antes de sentaros a comer conmigo. Además, haré yo este servicio por vosotros como una parábola para ilustrar el significado de un nuevo mandamiento que pronto os daré».

Del mismo modo el Maestro fue alrededor de la mesa, en silencio, lavando los pies de sus doce apóstoles, sin siquiera excluir a Judas. Cuando Jesús hubo terminado de lavar los pies de los doce, se puso el manto, retornó a su asiento de anfitrión, y después de mirar a sus apóstoles asombrados, dijo:

«¿Comprendéis realmente lo que os he hecho? Me llamáis Maestro, y me llamáis bien, porque eso soy. Si, pues, el Maestro os ha lavado los pies, ¿por qué vosotros no queríais lavaros los pies unos a otros? ¿Qué lección debéis aprender de esta parábola en la que el Maestro tan voluntariosamente hace este servicio que sus hermanos no se ofrecían hacer unos para con los otros? De cierto, de cierto os digo: Un siervo no es más grande que su amo; tampoco es más grande el que es enviado que el que lo envía. Habéis visto el camino del servicio en mi vida entre vosotros, y benditos sois vosotros que tendréis el coraje y la gracia de servir así. Pero, ¿por qué seréis tan lentos en aprender que el secreto de la grandeza en el reino espiritual difiere de los métodos del poder en el mundo material?

«Cuando entré a este aposento esta noche, no os conformabais con negaros orgullosamente a lavaros los pies unos a otros, sino que también caísteis en disputas entre vosotros sobre quiénes se merecían los sitios de honor en mi mesa. Esos honores los buscan los fariseos y los hijos de este mundo, pero no debería ser así entre los embajadores del reino celestial. ¿Acaso no sabéis que no puede haber sitio de preferencia en mi mesa? ¿Acaso no comprendéis que amo a cada uno de vosotros como a los demás? ¿Acaso no sabéis que el sitio junto a mí, que significa un honor entre los hombres, nada significa en cuanto a vuestro estado en el reino del cielo? Sabéis que los reyes de los gentiles tienen señorío sobre sus súbditos, y que los que ejercen esta autoridad son llamados a veces benefactores. Pero no será así en el reino del cielo. El que quiere ser grande entre vosotros, que sea como el más joven; y el que quiere ser jefe, que sea como el que sirve. ¿Quién es más grande, el que se sienta a comer, o el que sirve? ¿Acaso no se piensa comúnmente que el que se sienta comer es más grande? Pero observaréis que estoy entre vosotros como el que sirve. Si estáis dispuestos a ser consiervos conmigo para hacer la voluntad del Padre, en el reino venidero os sentaréis conmigo en poder, aún haciendo la voluntad del Padre en la gloria futura.»

Cuando Jesús terminó de hablar, los gemelos Alfeo trajeron el pan y el vino, con las hierbas amargas y la pasta de frutas secas, que eran el plato siguiente de la última cena.

4. LAS ÚLTIMAS PALABRAS AL TRAIDOR

Por unos minutos los apóstoles comieron en silencio, pero bajo la influencia de la conducta alegre del Maestro, pronto entraron en conversación, y en muy poco rato la cena procedía como si no hubiera ocurrido nada afuera de lo ordinario que pudiese interferir con el buen humor y la armonía social de esta extraordinaria ocasión. Después que hubo pasado cierto tiempo, hacia la mitad del segundo plato de la cena, Jesús los miró diciendo: «Os he dicho cuánto deseaba compartir esta cena con vosotros, y sabiendo de qué manera las fuerzas malignas de las tinieblas han conspirado para efectuar la muerte del Hijo del Hombre, decidí comer la cena con vosotros en este aposento secreto y un día antes de la Pascua, puesto que no estaré con vosotros a esta hora mañana por la noche. Repetidamente os he dicho que debo volver al Padre. Ahora ha llegado mi hora, pero no hacía falta que uno de vosotros me traicionara para entregarme a las manos de mis enemigos».

Cuando los doce oyeron estas palabras, después de haber perdido gran parte de su amor propio y autoconfianza debido a la parábola del lavado de los pies y al subsiguiente discurso del Maestro, se miraron unos a otros mientras preguntaban en tono desconcertado y en forma titubeante: «¿Soy yo?» Y cuando todos ellos así preguntaron, Jesús dijo: «Aunque es necesario que yo vaya al Padre, no hacía falta que uno de vosotros se volviera traidor para cumplir con la voluntad del Padre. Esto es la maduración del mal escondido en el corazón del que no supo amar la verdad con toda su alma. ¡Cuán engañoso es el orgullo intelectual que precede a la caída espiritual! Mi amigo de muchos años, el que aun ahora come mi pan, está dispuesto a traicionarme, aun como ahora moja el pan conmigo en el mismo plato».

Cuando Jesús hubo así hablado, todos ellos comenzaron nuevamente a preguntar: «¿Soy yo?». Y mientras Judas, sentado a la izquierda de su Maestro, nuevamente preguntó «¿Soy yo?» Jesús, mojando el pan en el plato de las hierbas, se lo entregó a Judas diciendo: «Tú lo has dicho». Pero los otros no oyeron la palabras de Jesús a Judas. Juan, que se reclinaba a la derecha de Jesús, se inclinó y preguntó al Maestro: «¿Quién es? Deberíamos saber quién se ha demostrado infiel a tu confianza». Jesús respondió: «Ya os lo he dicho, aquel a quien diere yo el pan mojado». Pero era tan natural para el anfitrión dar el pan mojado al que se sentaba a su lado izquierdo que ninguno de ellos prestó atención a esto, aunque el Maestro había hablado tan claramente. Pero Judas estaba dolorosamente consciente del significado de las palabras del

Maestro asociadas con su acción, y se llenó de pavor de que sus hermanos del mismo modo se dieran cuenta de que él era el traidor.

Pedro estaba altamente excitado por lo que se había dicho e, inclinándose hacia adelante sobre la mesa, se dirigió a Juan: «Pregúntale quién es, o si te lo ha dicho, dime, ¿quién es el traidor?»

Jesús puso fin a sus murmullos diciendo: «Me apena que este mal tuviera que ocurrir y esperé aun hasta esta hora que el poder de la verdad pudiera triunfar sobre las decepciones del mal, pero estas victorias no se ganan sin la fe basada en el amor sincero por la verdad. No quisiera haberos dicho estas cosas en ésta nuestra última cena, pero deseo advertiros de estas penas para prepararos así para lo que está por ocurrirnos. Os he dicho de esto porque deseo que vosotros recordéis, cuando yo me haya ido, que todo sabía de estos complotes malignos, y que os advertí por adelantado de la traición. Y hago todo esto, sólo para que podáis ser fortalecidos para las tentaciones y pruebas que os esperan».

Cuando Jesús habló así, se inclinó hacia Judas, y dijo: «Lo que has decidido hacer, hazlo en seguida». Y cuando Judas escuchó estas palabras, se levantó de la mesa y se alejó del aposento apresuradamente, saliendo en la noche para hacer lo que tenía decidido llevar a cabo. Cuando los otros apóstoles vieron que Judas salía de prisa después de que Jesús le hubo dirigido la palabra, pensaron que había ido a buscar algo más para la cena o para hacer una diligencia para el Maestro, puesto que suponían que él aún llevaba la bolsa.

Ahora Jesús sabía que ya nada podía hacerse para prevenir Judas tornarse en traidor. Había empezado con doce —ahora, tenía once. Eligió a seis de estos apóstoles, y aunque Judas estaba entre aquellos nombrados por sus apóstoles de primera elección, el Maestro aún lo aceptaba y había, hasta este momento, hecho todo lo posible por santificarlo y salvarlo, así como había luchado por la paz y salvación de los demás.

Esta cena, con sus tiernos episodios y toques suaves, fue el último llamado de Jesús a Judas que estaba desertando, pero fue en vano. Las advertencias, aun cuando se las administra de la manera más diplomática y con el espíritu más compasivo, como regla general, cuando el amor está realmente muerto tan sólo intensifica el odio y enciende la voluntad malvada de llevar a cabo hasta el fin los proyectos egoístas.

5. EL ESTABLECIMIENTO DE LA CENA DE CONMEMORACIÓN

Cuando le llevaron a Jesús la tercera copa de vino, la «copa de la bendición», se levantó del diván y, tomando la copa en sus manos, la bendijo, diciendo: «Tomad todos vosotros esta copa, y bebed de ella. Ésta será la copa de mi conmemoración. Ésta es la copa de la bendición de una nueva dispensación de gracia y verdad. Ésta será para vosotros el emblema del don y el ministerio del Espíritu divino de la Verdad. Yo no beberé otra vez de esta copa con vosotros hasta que la beba en forma nueva con vosotros en el reino eterno del Padre».

Todos los apóstoles, mientras bebían de esta copa de bendición en profunda reverencia y silencio perfecto sentían que estaba pasando algo fuera de lo ordinario. La vieja Pascua conmemoraba la salida de los padres, el pasaje, del estado de esclavitud racial, a libertad individual; ahora, el Maestro instituía una nueva cena de conmemoración como símbolo de la nueva dispensación en la cual el individuo esclarecido emerge de las cadenas del ceremonialismo y del egoísmo al gozo espiritual de la hermandad y la comunidad de los hijos de la fe liberados del Dios vivo.

Cuando terminaron de beber esta nueva copa de conmemoración, el Maestro tomó el pan y, después de dar gracias, lo rompió en pedazos y, diciéndoles que lo pasaran, dijo: «Tomad este pan de conmemoración y comedlo. Os he dicho que yo soy el pan de la vida. Este pan de la vida es la vida unida del Padre y del Hijo en un solo don. El verbo del Padre, tal como es revelado en el Hijo, es en verdad el pan de la vida». Cuando hubieron compartido el pan de la conmemoración, el símbolo del verbo vivo de la verdad encarnado en semejanza de carne mortal, se sentaron.

Al instituir esta cena de conmemoración, el Maestro recurrió, como siempre fue su costumbre, a las parábolas y a los símbolos. Empleó símbolos porque quería enseñar ciertas grandes verdades espirituales de manera tal que resultara difícil a sus sucesores darles interpretaciones precisas y significados definidos a sus palabras. De esta manera, trataba de prevenir que las generaciones venideras cristalizaran sus enseñanzas y vincularan los significados espirituales con las cadenas muertas de la tradición y del dogma. En el establecimiento de la única ceremonia o sacramento asociado con toda su misión en la vida, Jesús hizo grandes esfuerzos por *sugerir* sus significados más bien que recurrir a *definiciones precisas*. No quería destruir el concepto individual de la comunión divina estableciendo una forma precisa; tampoco deseaba limitar la imaginación espiritual del creyente, cortándole las alas por el formalismo. Más bien buscaba liberar el alma renacida del hombre y ponerla en las alas dichosas de una nueva y viviente libertad espiritual.

A pesar de los esfuerzos del Maestro por establecer así este nuevo sacramento de conmemoración, los que vinieron en los siglos sucesivos frustraron su deseo expreso porque este simple simbolismo espiritual de aquella última noche en la carne ha sido reducido a interpretaciones precisas y sujeto a la precisión casi matemática de una fórmula establecida. De todas las enseñanzas de Jesús, ninguna se ha vuelto tan normalizada por la tradición.

Esta cena de conmemoración, cuando es compartida por los que son creyentes en el Hijo y conocedores de Dios, no necesita asociar a su simbolismo ninguna de las interpretaciones erróneas y pueriles del hombre sobre el significado de la presencia divina, porque en tales ocasiones el Maestro está *realmente presente*, en cada una de estas ocasiones. La cena de conmemoración es el encuentro simbólico del creyente con Micael. Cuando os tornáis de este modo conscientes del espíritu, el Hijo está realmente presente, y su espíritu fraterniza con el fragmento residente de su Padre.

Después de meditar todos ellos por unos momentos, Jesús continuó hablando: «Cuando hagáis estas cosas, recordad la vida que he vivido en la tierra entre vosotros y regocijaos de que he de seguir viviendo en la tierra con vosotros y sirviendo a través de vosotros. Como individuos, no discutáis entre vosotros quién será el más grande. Sed todos vosotros como hermanos. Cuando el reino crezca hasta comprender grandes grupos de creyentes, tratad del mismo modo de no buscar la grandeza ni la preferencia entre estos grupos.»

Esta poderosa ocasión ocurrió en un aposento superior en la casa de un amigo. No hubo nada de formalismo sagrado ni de consagración ceremonial, ni en la cena ni en el edificio. La cena de conmemoración se estableció sin sanción eclesiástica.

Cuando Jesús hubo así establecido la cena de conmemoración, dijo a sus apóstoles: «Toda vez que hagáis esto, será en memoria mía. Cuando me recordéis, pensad primero en mi vida en la carne, recordad que estuve cierta vez con vosotros y luego, por la fe, discernid que todos vosotros vendréis alguna vez a cenar conmigo en el reino eterno del Padre. Esta es la nueva Pascua que os dejo: la memoria de mi vida autootorgadora, el verbo de la verdad eterna; y la memoria de mi amor por vosotros, el derramamiento de mi Espíritu de la Verdad sobre toda la carne».

Y cerraron esta celebración de la vieja Pascua, pero sin derramamiento de sangre, en relación con la inauguración de la nueva cena de conmemoración, cantando, todos juntos, el salmo ciento dieciocho.

DOCUMENTO 180

EL DISCURSO DE DESPEDIDA

DESPUÉS de cantar el salmo al concluir la última cena, los apóstoles pensaron que Jesús tenía la intención de volver inmediatamente al campamento, pero indicó que se sentaran. Dijo el Maestro:

«Bien recordáis cuando os envié sin bolsa ni billetera y aun os dije que no llevarais indumentos extra. Recordaréis que nada os faltó. Pero ahora son tiempos difíciles. Ya no podéis depender de la buena voluntad de las multitudes. De aquí en adelante, el que tenga una bolsa, que se la lleve con él. Cuando salgáis al mundo para proclamar este evangelio, disponed de la manera que os parezca más conveniente para vuestro sostén. He venido para traer paz, pero ésta no aparecerá por un tiempo.

«Ya ha llegado la hora para que el Hijo del Hombre sea glorificado, y el Padre será glorificado en mí. Amigos míos, estaré con vosotros tan sólo poco tiempo más. Pronto me buscaréis pero no me encontraréis, porque iré a un lugar al cual vosotros no podéis, por ahora, venir. Pero cuando hayáis completado vuestra obra en la tierra tal como ya he completado la mía, vendréis a mí así como ahora me preparo para ir al Padre. En muy corto tiempo os dejaré, ya no me veréis en la tierra, pero me veréis en la era venidera cuando ascendáis al reino que mi Padre me ha dado».

1. EL NUEVO MANDAMIENTO

Después de unos pocos minutos de conversación casual, Jesús se puso de pie y dijo: «Cuando os presenté una parábola indicando de qué manera debéis estar dispuestos a serviros los unos a los otros, dije que deseaba daros un nuevo mandamiento; así lo haré ahora que estoy a punto de dejaros. Vosotros bien conocéis el mandamiento que manda que os améis los unos a los otros; que ames a tu prójimo como te amas a ti mismo. Pero no estoy plenamente satisfecho aun con esa devoción sincera por parte de mis hijos. Quiero que hagáis actos de amor aún más grandes en el reino de la hermandad creyente. Así pues os doy este nuevo mandamiento: Que os améis los unos a los otros así como yo os he amado. Así todos los hombres sabrán que sois mis discípulos, si os amáis de esa manera.

«Al daros este nuevo mandamiento, no aflijo vuestra alma con una nueva carga; más bien os traigo nuevo gozo y hago posible para vosotros la experiencia de un nuevo goce al conocer las delicias de donar el afecto de vuestro corazón a vuestros semejantes. Estoy a punto de experimentar la felicidad suprema, aun soportando exteriormente gran congoja, en el acto de donar mi afecto a vosotros y vuestros semejantes.

«Cuando os invito a amaros unos a los otros, así como yo os he amado, os presento la medida suprema del verdadero afecto, porque el hombre no puede tener mayor amor que éste: el dar la vida por sus amigos. Y vosotros sois mis amigos; seguiréis siendo mis amigos si tan sólo estáis dispuestos a hacer lo que yo os he enseñado. Me habéis llamado Maestro, pero yo no os llamo siervos. Si tan sólo amáis unos a los otros tal como yo os amo, seréis mis amigos, y yo os hablaré por siempre de lo que el Padre me revela.

«No es sólo que vosotros me habéis elegido, sino que yo también os he elegido a vosotros, y os he ordenado para que salgáis al mundo para rendir el fruto del servicio amante a vuestros semejantes así como yo he vivido entre vosotros y os he revelado al Padre. El Padre y yo trabajaremos con vosotros, y vosotros experimentaréis la divina plenitud de felicidad si obedecéis mi mandamiento de amaros unos a los otros, aun como yo os he amado a vosotros».

Si quieres compartir la felicidad del Maestro, debes compartir su amor. Y compartir su amor significa que has compartido su servicio. Esa experiencia de amor no te libera de las dificultades de este mundo; no crea un mundo nuevo, pero con toda seguridad hace que el viejo mundo resulte nuevo.

Ten en cuenta: Es lealtad, no sacrificio, lo que demanda Jesús. La conciencia del sacrificio implica la ausencia de ese afecto sincero que hubiera hecho de ese servicio amante la felicidad suprema. La idea de *deber* significa que tienes la mentalidad del siervo, y por ende te falta el estímulo poderoso de hacer tu servicio como amigo y para un amigo. El impulso a la amistad trasciende todas las convicciones del deber, y el servicio a un amigo para un amigo no puede ser llamado nunca sacrificio. El Maestro enseñó a los apóstoles que ellos son hijos de Dios. Los ha llamado hermanos, y ahora, antes de irse, los llama sus amigos.

2. LA VID Y LAS RAMAS

Luego Jesús volvió a ponerse de pie y continuó enseñando a sus apóstoles: «Yo soy la verdadera vid, y mi Padre es el viñatero. Yo soy la vid, vosotros sois las ramas. El Padre requiere de mí tan sólo que vosotros rindáis mucho fruto. La vid se poda tan sólo para multiplicar los frutos de sus ramas. Toda rama que salga de mí, que no rinda fruto, el Padre la podará. Toda rama que rinda fruto, el Padre la limpiará para que rinda más fruto. Vosotros ya sois limpios por la palabra que yo he expresado, pero debéis continuar siendo limpios. Debéis permanecer en mí, y yo en vosotros; la rama muere si se la separa de la vid. Como la rama no puede rendir fruto a menos que permanezca en la vid, así tampoco podéis vosotros rendir fruto de servicio amante a menos que permanezcáis en mí. Recordad: Yo soy la vid verdadera, y vosotros sois las ramas vivas. El que vive en mí, y yo en él, rendirá mucho fruto del espíritu y experimentará la felicidad suprema de dar esta cosecha espiritual. Si mantenéis esta relación viva espiritual conmigo, rendiréis abundante fruto. Si permanecéis en mí y mis palabras viven en vosotros, podréis comulgar libremente conmigo, y entonces mi espíritu vivo de tal manera os imbuirá que vosotros podéis pedir lo que mi espíritu desea, y hacer todo esto con la seguridad de que el Padre nos otorgará nuestra petición. Así es glorificado el Padre: que la vid tenga muchas ramas vivientes, y que cada rama rinda mucho fruto. Y cuando el mundo vea estas ramas rendidoras de frutos —mis amigos que se aman unos a otros, así como yo los amé a ellos— todos los hombres sabrán que sois verdaderamente mis discípulos.

«Así como el Padre me ha amado, así os he amado yo. Vivid en mi amor aun como yo vivo en el amor del Padre. Si hacéis como yo os he enseñado, permaneceréis en mi amor así como yo he cumplido con la palabra del Padre y por siempre permanezco en su amor».

Los judíos habían enseñado desde hacía mucho tiempo que el Mesías sería «un brote de la vid» de los antepasados de David, y en conmemoración de esta antigua enseñanza un gran emblema de la uva y de su vid decoraba la entrada del templo de

Herodes. Todos los apóstoles recordaron estas cosas mientras el Maestro les hablaba esta noche en el aposento superior.

Pero gran congoja acompañó más adelante la interpretación errónea de las inferencias del Maestro sobre la oración. Habría habido muy poca dificultad en estas enseñanzas si sus palabras exactas se hubiesen recordado y posteriormente se las hubiera registrado fielmente. Pero así como se hicieron los registros, los creyentes llegaron a considerar la oración en nombre de Jesús como una especie de magia suprema, pensando que recibirían del Padre todo lo que pidieran. Durante siglos muchas almas honestas han destruido su fe al tropezar con esta interpretación errónea. ¿Cuánto le llevará al mundo de los creyentes comprender que la oración no es un proceso para conseguir lo que uno quiere, sino más bien un programa para aceptar el camino de Dios, una experiencia de aprendizaje para reconocer y cumplir la voluntad del Padre? Es enteramente verdad que, cuando tu voluntad esté verdaderamente aliada con su voluntad podrás pedir todo lo que sea concebido por esa unión de las voluntades, y te será otorgado. Tal unión de las voluntades se efectúa por Jesús y a través de él, así como la vida de la vid fluye por las ramas vivas y a través de éstas.

Cuando existe esta conexión viva entre divinidad y humanidad, si la humanidad impensadamente y en forma ignorante ora para obtener comodidades egoístas y alcances vanagloriosos, tan sólo puede haber una respuesta divina: mayor rendimiento de los frutos del espíritu en las ramas vivas. Cuando la rama de la vid está viva, tan sólo puede haber una respuesta a todas sus peticiones: más y más uvas. En efecto, la rama existe para rendir frutos, y no puede hacer sino rendir uvas. Así, el verdadero creyente existe tan sólo para el propósito de rendir los frutos del espíritu: amar a los hombres como él mismo ha sido amado por Dios —que nos amemos los unos a los otros, así como Jesús nos ha amado a nosotros.

Y cuando la mano de la disciplina del Padre se apoya sobre la vid, lo hace con amor para que las ramas puedan rendir mucho fruto. El viñatero sabio tan sólo poda las ramas muertas y las que no rinden frutos.

Jesús tuvo gran dificultad en inculcar aun en sus apóstoles que reconocieran que la oración es una función de los creyentes nacidos del espíritu en el reino dominado por el espíritu.

3. LA ENEMISTAD DEL MUNDO

Los once apenas si habían cesado sus discusiones sobre el discurso de la vid y de las ramas, cuando el Maestro, indicando que deseaba hablarles ulteriormente y sabiendo que le quedaba poco tiempo, dijo: «Cuando os haya dejado, no os desalentéis por la enemistad del mundo. No os deprimáis cuando aun los creyentes de corazón débil se vuelvan contra vosotros y se alíen con los enemigos del reino. Si el mundo os odia, debéis recordar que me odió a mí aun antes de odiaros a vosotros. Si fuerais de este mundo, entonces amaría el mundo a los suyos, pero porque no lo sois, el mundo se niega a amaros. Vosotros sois en este mundo, pero vuestra vida no debe ser mundana. Os he elegido en el mundo para representar el espíritu de otro mundo aun en este mundo en el cual vosotros habéis sido elegidos. Pero recordad siempre las palabras que os he hablado: El siervo no es más grande que su amo. Si se atreven a perseguirme, también os perseguirán a vosotros. Si mis palabras ofenden a los descreídos, así también vuestras palabras ofenderán a los impios. Y todo esto os harán a vosotros porque no creen en mí ni en Aquél que me envió; sufriréis mucho por mi evangelio; pero cuando sufráis estas tribulaciones, debéis recordar que yo también sufrí antes que vosotros por este evangelio del reino celestial.

«Muchos de los que os atacarán son ignorantes de la luz del cielo, pero esto no es verdad de algunos que ahora nos persiguen. Si no les hubiésemos enseñado la verdad, podrían hacer muchas cosas extrañas sin ser condenados, pero ahora, puesto que han conocido la luz y han tenido la presunción de rechazarla, no hay excusa para su actitud. El que me odie a mí, odia a mi Padre. No puede ser de otra manera; la luz que os salva si aceptada, tan sólo puede condenaros si de sabiendas es rechazada. ¿Qué les he hecho yo a estos hombres para que me odien con un odio tan terrible? Nada, excepto ofrecerles hermandad en la tierra y salvación en el cielo. Pero acaso no habéis leído en las Escrituras el dicho: 'Y me odiaron sin causa'?

«Pero no os dejaré solos en el mundo. Muy pronto, después que me haya ido, os enviaré un ayudante espiritual. Tendréis con vosotros al que tomará mi lugar entre vosotros, el que continuará enseñando el camino de la verdad, y que aun os consolará.

«Que no se turbe vuestro corazón. Vosotros creéis en Dios; continuad creyendo también en mí. Aunque os debo dejar, no estaré lejos de vosotros. Ya os he dicho que en el universo de mi Padre hay muchos sitios de estadía. Si esto no fuera verdad, no os habría hablado repetidamente de ellos. Yo volveré a estos mundos de luz, estaciones en el cielo del Padre a las que vosotros algún día ascenderéis. Desde estos lugares he venido a este mundo, y ahora ha llegado el momento en que debo regresar a la obra de mi Padre en las esferas en lo alto.

«Si así voy yo antes que vosotros al reino celestial de mi Padre, del mismo modo con certeza enviaré a buscaros para que podáis estar conmigo en los sitios que fueron preparados para los hijos mortales de Dios antes de que existiera este mundo. Aunque debo dejaros, estaré presente con vosotros en espíritu, y finalmente vosotros estaréis conmigo en persona cuando hayáis ascendido a mí en mi universo aun como yo estoy a punto de ascender a mi Padre en su universo más grande. Lo que os he dicho es verdad y es sempiterno, aunque no podáis comprenderlo plenamente. Yo voy al Padre, y aunque vosotros no podéis seguirme, con certeza me seguiréis en las eras venideras».

Cuando Jesús se sentó, Tomás se puso de pie y dijo: «Maestro, no sabemos adónde vas; por lo tanto, naturalmente, no conocemos el camino. Pero te seguiremos esta misma noche si tú nos muestras el camino».

Cuando Jesús escuchó a Tomás, contestó: «Tomás, yo soy el camino, la verdad y la vida. Ningún hombre va al Padre excepto a través de mí. Todos los que encuentran al Padre, primero me encuentran a mí. Si vosotros me conocéis, conocéis el camino al Padre. Y me conocéis, porque habéis vivido conmigo y ahora me veis».

Pero esta enseñanza era demasiado profunda para muchos de los apóstoles, especialmente para Felipe quien, después de hablar unas palabras con Natanael, se levantó y dijo: «Maestro, muéstranos al Padre, y todo lo que nos has dicho se aclarará».

Y cuando Felipe habló así, Jesús dijo: «Felipe, ¡por tanto tiempo he estado contigo y sin embargo tú ahora aun no me conoces! Nuevamente declaro: El que me ha visto a mí, ha visto al Padre; ¿cómo puedes tú pues decir: muéstranos al Padre? ¿Acaso no crees que yo estoy en el Padre y el Padre esta en mí? ¿Acaso no os he enseñado que las palabras que os hablo no son mis palabras, sino las palabras del Padre? Yo hablo por el Padre y no de mí mismo. Estoy en este mundo para hacer la voluntad del Padre, y eso he hecho. Mi Padre permanece en mí y trabaja a través de mí. Creedme cuando os dijo que el Padre está en mí, y que yo estoy en el Padre, o si no, creedme por lo menos por la vida que he vivido —por mi obra»

Mientras el Maestro se apartaba para refrescarse con agua, los once comenzaron una acalorada discusión sobre estas enseñanzas, y Pedro estaba empezando a pronunciar un largo discurso cuando Jesús volvió y les indicó que se sentaran.

4. EL AYUDANTE PROMETIDO

Jesús continuó enseñando, diciendo: «Cuando yo haya ido al Padre, y después de que él haya aceptado plenamente la obra que he hecho por vosotros en la tierra, y después de que haya recibido la soberanía final de mi propio dominio, le diré a mi Padre: Habiendo dejado a mis hijos solos en la tierra, es de acuerdo con mi promesa de enviarles a otro maestro. Y cuando el Padre apruebe, derramaré el Espíritu de la Verdad sobre toda la carne. Ya el espíritu de mi Padre está en vuestro corazón, y cuando llegue este día, también me tendréis a mí con vosotros aun como tenéis ahora al Padre. Este nuevo don es el espíritu de la verdad viva. Los descreídos no escucharán al principio las enseñanzas de este espíritu, pero los hijos de la luz lo recibirán con regocijo y de todo corazón. Y conoceréis a este espíritu cuando llegue, aun como me habéis conocido a mí, y recibiréis este don en vuestro corazón, y él permanecerá con vosotros. Así pues percibís que no os dejaré sin ayuda ni guía. No os dejaré desolados. Hoy tan sólo puedo estar con vosotros en persona. En los tiempos venideros estaré con vosotros y con todos los demás hombres que deseen mi presencia, donde sea que estaréis, y con cada uno de vosotros al mismo tiempo. ¿Acaso no discernís que es mejor para mí que me vaya; que os deje en la carne, para poder estar con vosotros mejor y más plenamente en el espíritu?

«Dentro de unas pocas horas, el mundo ya no me verá; pero vosotros seguiréis conociéndome en vuestro corazón aun hasta que yo envíe a este nuevo maestro, el Espíritu de la Verdad. Así como he vivido con vosotros en persona, entonces viviré en vosotros; seré uno con vuestra experiencia personal en el reino del espíritu. Cuando esto ocurra, vosotros conoceréis con certeza que yo estoy en el Padre, y que, aunque vuestra vida se oculta con el Padre en mí, yo también estoy en vosotros. Yo he amado al Padre y he cumplido con su palabra; vosotros me habéis amado, y vosotros cumpliréis con mi palabra. Así como mi Padre me ha dado de su espíritu, así os daré yo de mi espíritu. Este Espíritu de la Verdad que os donaré os guiará y os confortará y finalmente os conducirá a toda la verdad.

«Os digo estas cosas mientras aún estoy con vosotros para que estéis mejor preparados para soportar las pruebas que en este instante mismo se abalanzan sobre nosotros. Y cuando llegue este nuevo día, dentro de vosotros residirá tan el Hijo como el Padre. Y estos dones del cielo por siempre obrarán el uno con el otro así como el Padre y yo hemos trabajado a la tierra y ante vuestros mismos ojos como una persona: el Hijo del Hombre. Este amigo espiritual os hará recordar todo lo que os he enseñado».

Como el Maestro pausó por un momento, Judas Alfeo se atrevió a hacer una de las pocas preguntas que él o su hermano dirigieran jamás a Jesús en público. Dijo Judas: «Maestro, has vivido siempre entre nosotros como un amigo; ¿cómo te conoceremos cuando ya no te manifiestes a nosotros excepto por este espíritu? Si el mundo no te ve, ¿cómo podremos estar seguros de ti? ¿Cómo te mostrarás a nosotros?»

Jesús los contempló a todos ellos, sonrió, y dijo: «Mis pequeños, yo me voy, vuelvo al Padre. Dentro de muy poco tiempo, ya no me veréis como me veis aquí, como carne y hueso. Dentro de muy poco tiempo os enviaré mi espíritu, tal como yo, excepto por este cuerpo material. Este nuevo maestro es el Espíritu de la Verdad que vivirá con cada uno de vosotros, en vuestro corazón, y así todos los hijos de la luz serán uno y serán atraídos unos a los otros. Y de esta misma manera mi Padre y yo podremos vivir en el alma de cada uno de vosotros y también en el corazón de todos los demás hombres que nos aman y realizan ese amor en sus experiencias amándose los unos a los otros, aun como yo ahora os amo a vosotros».

Judas Alfeo no entendió plenamente lo que dijo el Maestro, pero captó la promesa de un nuevo maestro, y por la expresión del rostro de Andrés, percibió que su pregunta fue contestada satisfactoriamente.

5. EL ESPÍRITU DE LA VERDAD

El nuevo ayudante que Jesús prometió enviar al corazón de los creyentes, para esparcirlo sobre toda la carne, es el *Espíritu de la Verdad*. Este don divino no es la letra ni la ley de la verdad, tampoco ha de funcionar como una forma o expresión de la verdad. El nuevo maestro es la *convicción de la verdad*, la conciencia y certeza de los verdaderos significados de los niveles espirituales reales. Y este nuevo maestro es el espíritu de la verdad viva y creciente, que se expande, se despliega, y se adapta.

La verdad divina es una realidad viva discernida por el espíritu. La verdad existe sólo en los altos niveles espirituales de la comprensión de la divinidad y de la conciencia de la comunión con Dios. Puedes conocer la verdad, puedes vivir la verdad; puedes experimentar el crecimiento de la verdad en el alma y disfrutar de la libertad de su esclarecimiento de la mente, pero no puedes aprisionar la verdad en fórmulas, códigos, credos o esquemas intelectuales de conducta humana. Cuando intentas una formulación humana de la verdad divina, ésta muere rápidamente. El rescate postmórtem de la verdad aprisionada, aun en su mejor expresión, puede emanar tan sólo en la comprensión de una forma peculiar de sabiduría intelectualizada glorificada. La verdad estática es verdad muerta, y sólo la verdad muerta puede ser contenida en una teoría. La verdad viva es dinámica y tan sólo puede tener una existencia experiencial en la mente humana.

La inteligencia crece a partir de la existencia material iluminada por la presencia de la mente cósmica. La sabiduría comprende la conciencia del conocimiento elevada a nuevos niveles de significados y activada por la presencia de la dote universal del espíritu ayudante de la sabiduría. La verdad es un valor de la realidad espiritual experimentado tan sólo por los seres dotados de espíritu que funcionan a niveles supermateriales de conciencia universal y que, después de la comprensión de la verdad, hacen que reine y viva en sus almas su espíritu de activación.

El verdadero hijo del discernimiento universal busca el Espíritu vivo de la Verdad en toda palabra sabia. La persona conocedora de Dios está constantemente elevando la sabiduría a los niveles de la verdad viva de alcance divino; el alma espiritualmente no progresiva, mientras tanto, arrastra hacia abajo a la verdad viva hasta los niveles muertos de la sabiduría y el dominio del mero conocimiento exaltado.

La regla de oro, cuando se la despoja del esclarecimiento suprahumano del Espíritu de la Verdad, se torna tan sólo en una regla de conducta altamente ética. La regla de oro, cuando se la interpreta literalmente, puede ser un instrumento de gran ofensa para los propios semejantes. Sin un discernimiento espiritual de la regla de oro de la sabiduría, podrías razonar que, puesto que deseas que todos los hombres te hablen la verdad plena y franca de su mente, deberías hablar total y francamente el pleno pensamiento de tu mente a tus semejantes. Una interpretación tal, no espiritual, de la regla de oro podría dar como resultado infelicidad indescriptible y congoja sin fin.

Algunas personas disciernen e interpretan la regla de oro como una afirmación puramente intelectual de la fraternidad humana. Otras experimentan esta expresión de la relación humana como una gratificación emocional de los sentimientos tiernos de la personalidad humana. Otros mortales reconocen esta misma regla de oro como la vara para medir todas las relaciones sociales, la norma de la conducta social. Y aun otros la consideran la admonición positiva de un gran maestro moral que comprendió en esta declaración el más alto concepto de la obligación moral en cuanto a lo que se refiere a todas las relaciones fraternas. En la vida de tales seres morales, la regla de oro se torna el sabio centro y circunferencia de toda su filosofía.

En el reino de la hermandad creyente de los amantes de la verdad conocedores de Dios, esta regla de oro adquiere cualidades vivas de comprensión espiritual en aquellos niveles más altos de interpretación que hacen que los hijos mortales de Dios consideren esta admonición del Maestro como que se requiere de ellos que se relacionen con sus semejantes de una manera que permita el más alto bien posible como resultado del contacto de los creyentes con esos semejantes. Ésta es la esencia de la verdadera religión: amar a vuestro prójimo como a vosotros mismos.

Pero la comprensión más alta y la interpretación más verdadera de la regla de oro consiste en la consciencia del espíritu de la verdad de la realidad duradera y viva de esa declaración divina. El verdadero significado cósmico de esta regla de relación universal se revela solamente en su comprensión espiritual, en la interpretación de la ley de la conducta por el espíritu del Hijo al espíritu del Padre que reside en el alma del hombre mortal. Y cuando estos mortales conducidos por el espíritu se dan cuenta del verdadero significado de esta regla de oro, se llenan más de plenamente de la certeza de la ciudadanía en un universo cordial, y sus ideales de realidad espiritual son satisfechos sólo cuando aman a sus semejantes tal como Jesús nos amó a todos nosotros, y ésa es la realidad de la comprensión del amor de Dios.

Esta misma filosofía de la flexibilidad viva y de la adaptabilidad cósmica de la verdad divina a las necesidades individuales y a la capacidad de cada uno de los hijos de Dios, debe ser percibida antes de que puedas esperar comprender adecuadamente las enseñanzas del Maestro en la práctica de la no resistencia al mal. Las enseñanzas del Maestro son básicamente una declaración espiritual. Aun las implicaciones materiales de su filosofía no pueden considerarse en forma útil separadamente de sus correlaciones espirituales. El espíritu de la admonición del Maestro consiste en la no resistencia a todas las reacciones egoístas al universo, combinada con el alcance agresivo y progresivo de los niveles rectos de los verdaderos valores espirituales, la perfección divina, la virtud infinita y la verdad eterna —conocer a Dios y volverse cada vez más como él.

El amor, el altruismo, debe someterse a una interpretación constante y viva de readaptación de las relaciones de acuerdo con la guía del Espíritu de la Verdad. El amor debe así captar los conceptos constantemente cambiantes y ampliados del más alto bien cósmico del individuo que es amado. Luego el amor continúa con esta misma actitud relativa a todos los demás individuos que pudieran posiblemente ser influidos por la relación creciente y viva del amor por parte de un mortal conducido por el espíritu, hacia otros ciudadanos del universo. Y toda esta adaptación viviente del amor debe ser efectuada a la luz tanto del medio ambiente del mal presente como de la meta eterna de la perfección del destino divino.

Así pues debemos reconocer claramente que ni la regla de oro ni las enseñanzas de no resistencia pueden ser comprendidas adecuadamente como dogmas o preceptos. Tan sólo pueden ser comprendidas viviéndolas, percatándose de sus significados en la interpretación viva del Espíritu de la Verdad, que dirige el contacto amante de un ser humano con otro.

Y todo esto indica claramente la diferencia entre la vieja religión y la nueva. La vieja religión enseñaba la abnegación; la nueva religión enseña tan sólo olvidarse de sí mismo, elevar la autorrealización en una combinación de servicio social y comprensión del universo. La vieja religión era motivada por la conciencia del temor; el nuevo evangelio del reino está dominado por la convicción de la verdad, el Espíritu de la Verdad eterna y universal. Y ningún grado de piedad ni de lealtad al credo puede compensar la ausencia, en la experiencia de vida de los creyentes del reino, de esa amistad espontánea, generosa y sincera que caracteriza a los hijos nacidos del espíritu del Dios vivo. Ni la tradición ni los sistemas ceremoniales de la adoración formal pueden compensar la falta de compasión genuina hacia los propios semejantes.

6. LA NECESIDAD DE PARTIR

Después de que Pedro, Santiago, Juan y Mateo habían hecho numerosas preguntas al Maestro, él continuó su discurso de despedida diciendo: «Os digo todo esto antes de dejaros para que podáis estar preparados para lo que está por ocurrir y no tropecéis con errores graves. Las autoridades no se contentarán meramente con expulsaros de las sinagogas; os advierto que se acerca la hora en que los que os matarán, pensarán que hacen un servicio a Dios. Y todas estas cosas ellos os harán a vosotros y a los que conduzcáis al reino del cielo porque no conocen al Padre. Al negarse a recibirme se han negado a conocer al Padre; y se niegan a recibirme cuando os rechazan a vosotros, siempre y cuando hayáis cumplido con mi nuevo mandamiento, el de amaros unos a los otros aun como yo os he amado. Os estoy diciendo por adelantado todas estas cosas para que, cuando llegue vuestra hora, como ahora ha llegado la mía, podáis encontraros fortalecidos en el conocimiento de que todo esto yo lo sabía, y que mi espíritu estará con vosotros en todos vuestros sufrimientos por mí y por el evangelio. Es por este propósito que os he hablado tan claramente desde el comienzo mismo. Aun os he advertido que los enemigos de un hombre pueden ser aun los seres des su propia casa. Aunque este evangelio del reino nunca deja de traer gran paz al alma de cada creyente, no traerá paz a la tierra hasta que el hombre no esté dispuesto a creer de todo corazón en mis enseñanzas y a establecer la práctica de hacer la voluntad del Padre como propósito principal de vivir la vida mortal.

«Ahora que me estoy despidiendo, puesto que ha llegado la hora en que estoy a punto de ir al Padre, me sorprende que ninguno de vosotros me haya preguntado: ¿Por qué nos dejas? Sin embargo, sé que os hacéis estas preguntas en vuestro corazón. Os hablaré claramente, como un amigo a otro. Es realmente beneficioso para vosotros que me vaya. Si no me voy, no podrá entrar en vuestro corazón el nuevo maestro. Debo despojarme de este cuerpo mortal y ser restaurado a mi sitio en lo alto, antes de que pueda enviar a este maestro espiritual para que viva en vuestra alma y conduzca vuestro espíritu a la verdad. Cuando mi espíritu llegue para moraros, iluminará la diferencia entre el pecado y la rectitud y os permitirá juzgar sabiamente en vuestro corazón sobre estos asuntos.

«Mucho aún tengo que deciros, pero vosotros no podéis recibir más ahora. Pero cuando él, el Espíritu de la Verdad, venga, finalmente os guiará a toda la verdad, a medida que paséis a través de las muchas moradas en el universo de mi Padre.

«Este espíritu no hablará de sí mismo, pero os declarará lo que el Padre ha revelado al Hijo, y aun os mostrará las cosas por venir; me glorificará aun como yo he glorificado a mi Padre. Este espíritu sale de mí, y revelará mi verdad a vosotros. Todo lo que el Padre tiene en este dominio es ahora mío; por eso yo os dije que este nuevo maestro se ocupará de lo que es mío y os lo revelará.

«Dentro de muy poco tiempo os dejaré por un corto período. Después, cuando me veáis de nuevo, no será por mucho tiempo, porque ya estaré camino de mi Padre».

Al pausar él por un momento, los apóstoles comenzaron a hablar entre ellos: «¿Qué es lo que nos está diciendo? 'Dentro de muy poco tiempo os dejaré', y 'cuando me veáis de nuevo no será por mucho tiempo, porque estaré camino de mi Padre'. ¿Qué es lo que quiere decir con este 'poco tiempo' y 'no por mucho tiempo'? No podemos comprender lo que nos está diciendo».

Puesto que Jesús sabía que ellos se hacían estas preguntas, dijo: «Os preguntáis unos a otros qué quise decir cuando dije que dentro de muy poco ya no estaré con vosotros y que, cuando me veáis nuevamente, estaré camino de mi Padre. Os he dicho claramente que el Hijo del Hombre debe morir, pero que resucitará. ¿Acaso no podéis pues discernir el significado de mis palabras? Primero tendréis pena, pero luego os regocijaréis con muchos que comprenderán estas cosas después de que ocurran. La mujer sufre dolores y congojas en la hora de su alumbramiento, pero al dar a luz a su niño, olvida inmediatamente su angustia en el regocijo del conocimiento de que ha nacido un hombre al mundo. Igualmente sufriréis vosotros pesares por mi partida, pero yo os veré de nuevo muy pronto, y luego vuestra pena se volverá regocijo, y os traerá a una nueva revelación de la salvación de Dios, que ningún hombre podrá quitaros jamás. Y todos los mundos serán benditos en esta misma revelación de la vida al efectuar el derrumbamiento de la muerte. Hasta ahora habéis hecho todas vuestras peticiones en nombre de mi Padre. Después de que me veáis nuevamente, podréis también pedir en mi nombre, y yo os oiré.

«Aquí abajo os he enseñado en proverbios y os he hablado en parábolas. Así lo hice, porque erais tan sólo niños en el espíritu; pero está llegando el momento en el que os hablaré claramente sobre el Padre y su reino. Y así lo haré, porque el Padre mismo os ama y desea ser revelado más plenamente a vosotros. El hombre mortal no puede ver al Padre espiritual; por eso vine yo al mundo para mostrar al Padre a vuestros ojos del ser criado. Pero cuando vosotros os hayáis perfeccionado en crecimiento espiritual, podréis ver entonces al Padre mismo».

Cuando los once le oyeron hablar así, se dijeron unos a otros: «He aquí que nos habla claramente. Con seguridad el Maestro vino de Dios. Pero, ¿por qué dice que debe volver al Padre?» Jesús vio que aun entonces no le comprendían. Estos once hombres no podían liberarse de las ideas largamente acariciadas del concepto judío del Mesías. Cuanto más plenamente creían en Jesús como el Mesías, más problemáticas se tornaban estas nociones profundamente arraigadas de un glorioso triunfo material del reino en la tierra.

DOCUMENTO 181

LAS ADVERTENCIAS Y ADMONICIONES FINALES

DESPUÉS de la conclusión del discurso de despedida a los once, Jesús conversó casualmente con ellos y recordó muchas experiencias que se referían a ellos como grupo e individualmente. Por fin, estos galileos estaban empezando a darse cuenta de que su amigo y maestro iba a dejarlos, y su esperanza se aferró a la promesa de que después de poco tiempo, él nuevamente estaría con ellos; pero se inclinaban a olvidar que esta visita de retorno también sería por un corto tiempo. Muchos de los apóstoles y discípulos principales pensaban que esta promesa de retornar por una corta temporada (el corto intervalo entre la resurrección y la ascensión) indicaba que Jesús se iba tan sólo para hacer una breve visita a su Padre, después de la cual volvería para establecer el reino. Esta interpretación de sus enseñanzas se adaptaba bien tanto a sus creencias preconcebidas, como a sus esperanzas más ardientes. Puesto que sus creencias de toda una vida y sus esperanzas de satisfacer sus anhelos de esta manera concordaban, no les fue difícil interpretar las palabras del Maestro de un modo que justificara sus anhelos profundos.

Después de comentar sobre el discurso de despedida, y al comenzar sus palabras a asentarse en la mente de ellos, Jesús llamó nuevamente a los apóstoles al orden y comenzó a impartirles sus advertencias y admoniciones finales.

1. LAS ÚLTIMAS PALABRAS DE CONSUELO

Cuando los once tomaron asiento, Jesús se levantó y les dirigió la palabra: «Mientras yo esté con vosotros en la carne, tan sólo puedo ser una sola persona, en vuestro medio o en el mundo entero. Pero cuando me haya liberado de esta vestimenta de naturaleza mortal, podré retornar como espíritu residente en cada uno de vosotros y de todos los demás creyentes en el evangelio del reino. De esta manera, el Hijo del Hombre será la encarnación espiritual en el alma de todos los creyentes sinceros.

«Cuando haya retornado para vivir en vosotros y para obrar a través de vosotros, podré conduciros mejor por esta vida y guiaros a través de las muchas moradas de la vida futura en el cielo de los cielos. La vida en la creación eterna del Padre no significa un descanso sin fin en la holgazanería y facilidad egoísta, sino más bien una progresión sin cesar en gracia, verdad y gloria. Cada una de las muchas, muchas estaciones en la casa de mi Padre es una parada, una vida designada para prepararos para lo que os espera más adelante. Así pues, los hijos de la luz progresarán de gloria en gloria hasta alcanzar el estado divino en el cual sean perfeccionados espiritualmente así como el Padre es perfecto en todas las cosas.

«Cuando yo os deje, si queréis seguir mis pasos, esforzados sinceramente para vivir de acuerdo con el espíritu de mis enseñanzas y con el ideal de mi vida —hacer la voluntad de mi Padre. Haced esto en vez de tratar de imitar mi vida natural en la carne como yo, inevitablemente, me he visto obligado a vivirla en este mundo.

«El Padre me envió a este mundo, pero tan sólo pocos de vosotros habéis elegido plenamente recibirme. Yo derramaré mi espíritu sobre toda la carne, pero no todos los hombres elegirán recibir como guía y consejero del alma a este nuevo maestro. Pero todos los que lo reciban serán esclarecidos, limpiados y consolados. Y este Espíritu de la Verdad se convertirá en ellos en un manantial de agua viva que mana a la vida eterna.

«Ahora que ya pronto os dejaré, quiero decir palabras de consuelo. Dejo la paz con vosotros; mi paz os doy. Estos dones otorgo, no como los otorga el mundo —por medida— sino que a cada uno de vosotros otorgo lo todo que cada uno quiera recibir. Que no se atribule vuestro corazón, y no os dejéis dominar por el temor. Yo he superado el mundo, y en mí triunfaréis todos por la fe. Os he advertido que el Hijo del Hombre será matado, pero os aseguro que volveré antes de ir adonde mi Padre, aunque sea tan sólo por un corto tiempo. Y después de haber ascendido a mi Padre, con certeza os enviaré un nuevo maestro para que esté con vosotros y more en vuestro corazón mismo. Y cuando veáis que todo esto ocurre, no os atribuléis, sino más bien creed, puesto que lo sabíais todo de antemano. Yo os he amado con gran afecto, y no quisiera dejaros, pero es la voluntad de mi Padre. Mi hora ha llegado.

«No dudéis de ninguna de estas verdades, aun cuando estéis dispersos por el mundo debido a las persecuciones y sufráis por tanta congoja. Cuando sintáis que estáis solos en el mundo, yo sabré de vuestra soledad así como, cuando estéis vosotros dispersados, cada uno en su sitio, dejando al Hijo del Hombre en las manos de sus enemigos, vosotros sabréis de mi soledad. Pero nunca estoy solo; siempre el Padre está conmigo. Aun en tales momentos oraré por vosotros. Y todas estas cosas os las he dicho para que podáis tener paz y tenerla más abundantemente. En este mundo tendréis tribulaciones, pero permaneced de buen ánimo; yo he triunfado en el mundo y os he mostrado el camino a la felicidad eterna y al servicio sempiterno».

Jesús da la paz a sus compañeros que hacen la voluntad de Dios pero no es la paz de la felicidad y satisfacción de este mundo material. Los materialistas y los fatalistas descreídos tan sólo podrán disfrutar de dos tipos de paz y de consuelo del alma: o bien son estoicos, resueltos firme y decididamente a enfrentarse a lo inevitable y soportar lo peor; o bien deben ser optimistas, dejándose llevar por la esperanza que siempre mana del pecho humano, anhelando en vano una paz que en verdad nunca llega.

Cierta medida de estoicismo así como de optimismo resulta útil en el curso de la vida en la tierra, pero ninguno de los dos tiene nada que ver con esta paz excelsa que otorga el Hijo de Dios a sus hermanos en la carne. La paz que otorga Micael a sus hijos en la tierra es esa misma paz que llenaba su propia alma cuando él mismo vivió la vida mortal en la carne y en este mismo mundo. La paz de Jesús es la felicidad y satisfacción de una persona conocedora de Dios que ha alcanzado el triunfo de aprender plenamente cómo hacer la voluntad de Dios mientras vive la vida mortal en la carne. La paz mental de Jesús estaba cimentada en una absoluta fe humana en la realidad de los sabios y compasivos cuidados del Padre divino. Jesús tuvo problemas en la tierra, aun se le denominó falsamente el «varón de dolores», pero en todas estas experiencias y a través de ellas disfrutó el consuelo de esa confianza que le dio la fuerza para proceder con el propósito de su vida, en la certeza plena de que lograba cumplir con la voluntad del Padre.

Jesús era decidido, persistente y completamente dedicado al cumplimiento de su misión, pero no era un estoico sin sentimientos ni compasión. Siempre buscaba aspectos de alegría en sus experiencias de vida, pero no era un optimista ciego que se engañara a sí mismo. El Maestro sabía todo lo que le ocurriría, y no temía. Después de otorgar esta paz a cada uno de sus seguidores, podía decir en forma consecuente: «Que no se atribule vuestro corazón, y que no temáis».

La paz de Jesús es, pues, la paz y la certeza de un hijo que cree plenamente que su carrera en el tiempo y en la eternidad está total y certeramente bajo el cuidado y la vigilancia de un Padre espíritu omnisapiente, omniamante y omnipoderoso. Y ésta es, de veras, una paz que sobrepasa todo entendimiento de la mente mortal, pero que el corazón humano creyente podrá disfrutar plenamente

2. LAS ADMONICIONES PERSONALES DE DESPEDIDA

El Maestro había terminado de impartir sus instrucciones de despedida y sus admoniciones finales a los apóstoles como grupo. Luego se despidió de cada uno de ellos individualmente e impartió unas palabras personales de consejo a cada uno así como su bendición de adiós. Los apóstoles aún estaban sentados alrededor de la mesa como cuando se habían reunido para compartir la última cena, y el Maestro le fue dando la vuelta a la mesa hablando con cada uno. El apóstol a quien Jesús se dirigía se ponía de pie.

A Juan, Jesús le dijo: «Tú, Juan, eres el más joven de mis hermanos. Has estado muy cerca de mí, y aunque os amo a todos con el mismo amor que un padre tiene para con sus hijos, Andrés te encargó que fueras uno de los tres apóstoles que debían acompañarme siempre. Además, te has ocupado por mí de muchos asuntos relativos a mi familia terrenal y debes continuar haciéndolo. Yo voy al Padre, Juan, con la confianza plena de que tú continuarás cuidando de los que son míos en la carne. Asegúrate de que la confusión que ellos sufren actualmente sobre mi misión, no disminuya en modo alguno tu compasión para con ellos, aconséjales y ayúdalos como sabes que haría yo si permaneciera en la carne. Y cuando alcancen a ver la luz y entren plenamente en el reino, aunque todos vosotros los recibiréis con regocijo, dependo de ti, Juan, para que los recibas en mi nombre.

«Ahora bien, al vivir yo las últimas horas de mi carrera terrenal, permanece junto a mí para que pueda dejarte mensajes relativos a mi familia. En cuanto a la obra que mi Padre me encargó, ya está completada a excepción de mi muerte en la carne, y estoy listo para beber esta última copa. Pero en cuanto a las responsabilidades que me encargara mi padre terrenal, José, aunque me he ocupado de ésas durante mi vida, debo ahora confiar en ti para que actúes en mi nombre en todos estos asuntos. Y te he elegido a ti para hacer esto por mí, Juan, porque eres el más joven y por consiguiente muy probablemente vivirás más tiempo que los otros apóstoles.

«Cierta vez os llamamos, a ti y a tu hermano, hijos del trueno. Comenzaste con nosotros con actitud intolerante y voluntad fuerte, pero has cambiado mucho desde cuando querías que yo hiciera caer el fuego sobre la cabeza de los incrédulos ignorantes e impensantes. Y debes cambiar aún más. Debes ser el apóstol del nuevo mandamiento que os he dado esta noche. Dedica tu vida a enseñar a tus hermanos cómo amarse unos a otros, así como yo os he amado a vosotros».

Juan Zebedeo, de pie, en el aposento superior, con lágrimas que le rodaban por las mejillas, miró al Maestro a la cara y dijo: «Así lo haré, Maestro mío, pero, ¿cómo puedo aprender a amar más a mis hermanos?» Entonces respondió Jesús: «Aprenderás a amar más a tus hermanos, cuando aprendas, primero, a amar más a tu Padre en el cielo, y, cuando te intereses más profundamente por el bienestar de tus hermanos en el tiempo y en la eternidad. Y todos estos intereses humanos se fomentan mediante la compasión comprensiva, el servicio altruista y el perdón sin condiciones. Nadie debería despreciar tu juventud, pero te exhorto a que siempre consideres que, muchas veces, la edad significa experiencia, y que en los asuntos humanos nada puede tomar el lugar de la verdadera experiencia. Trata de vivir en paz con todos los hombres, especialmente con tus amigos en la hermandad del reino celestial. Y Juan, recuerda siempre, no te disgustes con las almas que quieras ganar para el reino».

Entonces el Maestro, pasando detrás de su propio asiento, se detuvo un momento junto al sitio de Judas Iscariote. Los apóstoles estaban un tanto sorprendidos de que Judas aún no hubiera regresado, y curiosos de conocer el significado de la expresión triste del rostro de Jesús, de pie junto al asiento vacío del traidor. Pero ninguno de ellos, excepto tal vez Andrés, tuvo el más leve presentimiento de que el tesorero de ellos se había ido para traicionar a su Maestro, según Jesús había sugerido previamente en la tarde y durante la cena. Tantos acontecimientos se estaban desencadenando que, por el momento, se olvidaron completamente de que el Maestro había anunciado que uno de ellos lo traicionaría.

Jesús se acercó entonces a Simón el Zelote, quien se puso de pie y escuchó esta admonición: «Tú eres un verdadero hijo de Abraham, pero que trabajo me ha dado tratar de hacer de ti un hijo de este reino celestial. Te amo y también te aman todos tus hermanos. Sé que tú me amas, Simón, y también que amas el reino, pero aún quieres hacer que este reino llegue de acuerdo con tus preferencias. Bien sé yo que finalmente captarás la naturaleza y el significado espirituales de mi evangelio, y que harás una obra valiente en su proclamación, pero me preocupa lo que te pueda suceder cuando yo parta. Me alegraría saber que no vacilarás; me haría feliz saber que, después que yo vaya al Padre, no dejarás de ser mi apóstol y te comportarás en forma aceptable como embajador del reino celestial».

Apenas si había Jesús terminado de hablar a Simón el Zelote, cuando el apasionado patriota, secándose los ojos, replicó: «Maestro, no temas, no dudes de mi lealtad. Le volví la espalda a todo para poder dedicar mi vida al establecimiento de tu reino en la tierra, y no titubearé. He sobrevivido hasta ahora toda desilusión, y no te abandonaré».

Entonces, apoyando la mano en el hombro de Simón, Jesús dijo: «Es en verdad un consuelo oírte hablar así, especialmente en este momento, pero, mi buen amigo, aún no sabes de qué estás diciendo. No dudo ni por un instante de tu lealtad, de tu devoción. Sé que no titubearías en salir a batallar y morir por mí, así como todos estos otros también lo harían» (y todos ellos hicieron un vigoroso signo de afirmación), «pero eso no se te pedirá. Repetidamente te he dicho que mi reino no es de este mundo, y que mis discípulos no harán batalla para establecerlo. Te he dicho esto tantas veces, Simón, pero tú te niegas a enfrentar la verdad. No me preocupa tu lealtad a mí ni al reino, pero ¿qué harás tú cuando me vaya y por fin despiertes a la realización de que no has sabido captar el significado de mis enseñanzas, y que debes ajustar tus conceptos erróneos a la realidad de otro orden de asuntos, un orden espiritual del reino?»

Simón quería hablar más, pero Jesús levantó la mano para indicarle que callara, diciéndole: «Ninguno de mis apóstoles es más sincero y honesto de corazón que tú, pero ninguno de ellos se desesperará ni se desilusionará tanto como tú después de mi partida. Durante este período de tu desencanto, mi espíritu permanecerá contigo, y estos, tus hermanos, no te abandonarán. No olvides lo que te he enseñado en cuanto a la relación entre la ciudadanía en la tierra y la filiación en el reino espiritual del Padre. Reflexiona bien sobre todo lo que te he dicho en cuanto a dar al César las cosas que son del César y a Dios las que son de Dios. Dedica tu vida, Simón, a mostrar cómo el hombre mortal puede satisfacer aceptablemente mi admonición referente al reconocimiento simultáneo del deber temporal ante los poderes civiles y del servicio espiritual en la hermandad del reino. Si te dejas guiar por el Espíritu de la

Verdad, no habrá nunca conflictos entre las exigencias de la ciudadanía sobre la tierra y las de la filiación en el cielo, a menos que los gobernantes temporales tengan la presunción de pedirte el homenaje y la adoración que sólo pertenecen a Dios.

«Ahora pues, Simón, cuando finalmente veas todo esto, y una vez que te hayas liberado de tu depresión y hayas salido proclamando este evangelio en gran poder, no olvides jamás que yo estaba contigo aun a través de tu temporada de desencanto, y que seguiré estando contigo hasta el fin. Siempre serás mi apóstol, y una vez que estés dispuesto a ver con el ojo del espíritu y a rendir más plenamente tu voluntad a la voluntad del Padre en el cielo, volverás a laborar como mi embajador, y nadie te quitará, porque hayas sido lento en comprender las verdades que te enseñé, la autoridad que yo te he conferido. Así pues, Simón, nuevamente te advierto que los que a espada luchan a espada mueren, mientras que los que laboran en el espíritu alcanzan vida eterna en el reino venidero, y gozo y paz en el reino que ahora existe. Cuando la obra que se te encargó haya terminado sobre la tierra, tú, Simón, te sentarás conmigo en el reino del más allá. En verdad verás el reino que tú has anhelado, pero no en esta vida. Continúa creyendo en mí y en lo que yo te he revelado, y recibirás el don de la vida eterna».

Cuando Jesús hubo terminado de hablar a Simón el Zelote, se acercó a Mateo Leví y dijo: «Ya no tendrás que preocuparte por abastecer el tesoro del grupo apostólico. Pronto, muy pronto, todos vosotros estaréis dispersos; no se te permitirá disfrutar del consuelo y apoyo de uno solo de tus hermanos. Mientras seguís predicando este evangelio del reino, tendréis que encontraros nuevos asociados. Yo os he enviado de dos en dos durante los tiempos de vuestra preparación, pero ahora que os dejo, cuando os hayáis recuperado de la congoja, saldréis solos, y hasta los confines de la tierra, proclamando esta buena nueva: que los mortales estimulados por la fe son hijos de Dios».

Entonces habló Mateo: «Pero, Maestro, ¿quién nos enviará, y cómo sabremos adónde ir? ¿Nos mostrará Andrés el camino?» Jesús respondió: «No, Leví, Andrés ya no os dirigirá en la proclamación del evangelio. Él en verdad seguirá siendo vuestro amigo y consejero hasta el día en que llegue el nuevo maestro, y entonces el Espíritu de la Verdad os guiará a cada uno de vosotros en la labor de expansión del reino. Muchos cambios te han ocurrido desde aquel día en la aduana en que saliste para seguirme; pero muchos más han de ocurrir antes de que puedas ver la visión de una hermandad en la cual los gentiles se sientan con los judíos, en asociación fraternal. Pero sigue tu impulso de ganar a tus hermanos judíos hasta que estés plenamente satisfecho, y luego dirígete con poder a los gentiles. De una cosa puedes estar seguro, Leví: Tú has ganado la confianza y el afecto de tus hermanos; todos ellos te aman». (Y los diez significaron su acuerdo con la palabra del Maestro).

«Leví, mucho sé de tus ansiedades, sacrificios y labores para mantener el tesoro provisto, cosas que tus hermanos no saben, y me regocija que, aunque el que llevaba la bolsa esté ausente, el embajador publicano está aquí, en mi reunión de despedida, con los mensajeros del reino. Oro para que tú puedas discernir el significado de mis enseñanzas con los ojos del espíritu. Y cuando el nuevo maestro llegue a tu corazón, vete adonde él te guíe y deja que tus hermanos vean —aun todo el mundo— qué es lo que puede hacer el Padre por un aborrecido recolector de impuestos que se atrevió a seguir al Hijo del Hombre y a creer en el evangelio del reino. Aun desde el principio, Leví, te amé, así como te amaron estos otros galileos. Bien sabiendo desde entonces que ni el Padre ni el Hijo hacen acepción de personas, asegúrate de no hacer tú ninguna distinción entre los que crean en el evangelio por tu ministerio. Así pues, Mateo, dedica todo tu servicio futuro de vida a mostrar a todos los hombres que Dios no hace acepción de personas; que, a los ojos de Dios y en la hermandad del reino, todos los hombres son iguales, todos los creyentes son hijos de Dios».

Jesús se dirigió entonces a Santiago Zebedeo, quien se puso de pie en silencio mientras el Maestro le decía: «Santiago, cuando tú y tu hermano menor vinieron a mí cierta vez, buscando preferencias en cuanto a las honores en el reino, yo os dije que estos honores sólo el Padre los podía otorgar, y os pregunté si erais capaz de beber de mi copa, y vosotros me respondisteis que sí. Aunque no hubieras sido capaz de hacerlo entonces, y aunque no seas capaz ahora, pronto estarás preparado para ese servicio, por la experiencia que estás por pasar. Por tu conducta desencadenaste el disgusto de tus hermanos en aquel momento. Si aún no te han perdonado plenamente, lo harán cuando te vean beber de mi copa. Sea tu ministerio largo o breve, deja dominar tu alma por la paciencia. Cuando venga el nuevo maestro, permite que él te enseñe el aplomo de compasión y tolerancia misericordiosa que nace de la confianza sublime en mí y de la sumisión perfecta a la voluntad del Padre. Dedica tu vida a la demostración de cómo se combina el afecto humano con la dignidad divina en el discípulo conocedor de Dios y creyente en el Hijo. Todos los que así viven, revelan el evangelio aun en cómo mueren. Tú y tu hermano Juan iréis por caminos distintos, y es posible que uno de vosotros se siente conmigo en el reino eterno, mucho antes que el otro. Mucho te ayudaría aprender que la verdadera sabiduría comprende discreción a la vez que valor. Debes aprender que tu agresividad vaya acompañada de sagacidad. Llegarán esos momentos sublimes en los que mis discípulos no titubearán en dar su vida por este evangelio, pero en todas las circunstancias ordinarias sería mucho mejor aplacar la ira de los descreídos para que tú puedas seguir viviendo y continuar predicando la buena nueva. Hasta donde esté en tu poder, vive largamente en la tierra, para que tu vida de muchos años pueda rendir frutos en almas ganadas para el reino celestial».

Cuando el Maestro terminó de hablar a Santiago Zebedeo, dio la vuelta hasta el extremo de la mesa donde estaba sentado Andrés y, fijando la mirada en los ojos de su fiel asistente, dijo: «Andrés, tú me has representado fielmente como jefe de los embajadores del reino celestial. Aunque en ocasiones has dudado y en otras ocasiones has manifestado una pusilanimidad peligrosa, a pesar de esto siempre has sido sinceramente justo y eminentemente ecuánime en tu trato con tus asociados. Desde tu ordenación y la de tus hermanos como mensajeros del reino, habéis sido independientes en todos los asuntos administrativos del grupo salvo que yo te designé como jefe de estos elegidos. En ningún otro asunto temporal os dirigí yo ni influí en vuestros decisiones. Así lo hice, para que el grupo contara con liderazgo en todas sus deliberaciones subsiguientes. En mi universo y en el universo de universos de mi Padre, nuestros hermanos-hijos son tratados como individuos en todas sus relaciones espirituales, pero en todas las relaciones de grupo infaliblemente proveemos un claro liderazgo. Nuestro reino es el reino del orden, y donde actúen en cooperación dos o más criaturas volitivas, siempre se facilita la autoridad del liderazgo».

«Ahora bien, Andrés, puesto que tú eres el jefe de tus hermanos por la autoridad de mi nombramiento, y puesto que así has servido como mi representante personal, y como estoy a punto de dejaros para ir a mi Padre, te libero de toda responsabilidad en cuanto a estos asuntos temporales y administrativos. De ahora en adelante no tendrás jurisdicción alguna sobre tus hermanos, excepto la que te granjees como líder espiritual, y que por lo tanto tus hermanos reconocen libremente. A partir de esta hora, ya no puedes ejercer autoridad alguna sobre tus hermanos a menos que ellos te den esa autoridad por medio de un claro acto legislativo después que yo haya vuelto al Padre. Al exonerarte así de las responsabilidades de jefe administrativo de este grupo, no te exonero de manera alguna de tu responsabilidad moral de hacer todo lo que esté a tu alcance para que tus hermanos no se separen, apoyándolos con mano firme y amante durante el período difícil que se avecina, los días interinos entre mi partida en la carne y el envío del nuevo maestro que vivirá en vuestro corazón y que, en último término, os conducirá a toda la verdad. Al prepararme a dejarte, quiero exonerarte de toda responsabilidad administrativa que se originó y derivó su autoridad de mi presencia entre vosotros como uno de vosotros. De ahora en adelante, ejerceré tan sólo autoridad espiritual sobre ti y entre vosotros.

«Si tus hermanos desean que tú sigas siendo su consejero, te exhorto a que, en todos los asuntos temporales y espirituales, hagas todo lo posible por promover la paz y la armonía entre los varios grupos de creyentes sinceros del evangelio. Dedica el resto de tu vida a promover los aspectos prácticos del amor fraterno entre tus hermanos. Sé tierno con mis hermanos en la carne cuando lleguen a creer plenamente en este evangelio; manifiesta amor y devoción imparcial a los griegos en el oeste y a Abner en el este. Aunque éstos, mis apóstoles, pronto se dispersarán a todos los rincones de la tierra para proclamar la buena nueva de la salvación por la filiación de Dios, debes mantenerlos juntos durante el período difícil inminente, esa temporada de dura prueba, durante la cual debéis aprender a creer en el evangelio sin mi presencia personal, esperando pacientemente la llegada del nuevo maestro, el Espíritu de la Verdad. Así pues, Andrés, aunque tal vez no te toque en suerte realizar grandes obras a los ojos de los hombres, confórmate con ser el maestro y consejero de los que hacen esas cosas. Continúa tu obra en la tierra hasta el fin, para luego continuar este ministerio en el reino eterno, porque ¿acaso no te he dicho muchas veces que tengo otras ovejas que no son de este redil?»

Jesús se acercó entonces a los gemelos Alfeo y, de pie entre los dos, dijo: «Hijitos míos, vosotros sois uno de los tres grupos de hermanos que eligieron seguirme. Los seis habéis hecho bien trabajando en paz con vuestra propia parentela, pero ningunos han hecho mejor que vosotros. Se avecinan duros tiempos. Tal vez no podáis comprender todo lo que os sucederá a vosotros y a vuestros hermanos, pero no dudéis jamás de que se os llamó cierta vez para hacer la obra del reino. Durante un tiempo no habrá multitudes para ocuparse de ellas, pero no os desalentéis; cuando terminéis la obra de vuestra vida, yo os recibiré en lo alto, donde en gloria relataréis vuestra salvación a las huestes seráficas y a las multitudes de los altos Hijos de Dios. Dedicad vuestra vida a la elevación de la tarea diaria y común. Mostrad a todos los hombres en la tierra y a los ángeles del cielo cómo alegre y valientemente el hombre mortal puede, después de haber sido llamado para trabajar por una temporada en el servicio especial de Dios, volver a las labores de los tiempos anteriores. Si, por ahora, vuestra obra en lo que concierne los asuntos visibles del reino está completa, debéis volver a vuestras labores anteriores con el nuevo esclarecimiento de la experiencia de la filiación de Dios y con una comprensión exaltada de que, para aquel que conoce a Dios, no hay labores comunes ni tareas seculares. Para vosotros, que habéis trabajado conmigo, todas las cosas se han vuelto sagradas, toda labor terrenal es aun un servicio a Dios el Padre. Y cuando escuchéis la nueva de las obras de vuestros ex asociados apostólicos, regocijaos con ellos y continuad vuestra labor diaria como los que aguardan a Dios y sirven mientras esperan. Habéis sido mis apóstoles, y siempre lo seréis, y yo os recordaré en el reino venidero».

Luego Jesús fue adonde Felipe, quien, poniéndose de pie, escuchó este mensaje de su Maestro: «Felipe, me has hecho muchas preguntas tontas, pero yo hice todo lo que pude por contestar cada una de ellas, y ahora deseo contestar la última de estas preguntas, surgida en tu mente sumamente honesta, pero no espiritual. Todo este tiempo, mientras me iba acercando a ti, has estado pensando para tus adentros: '¿Qué haré yo si el Maestro se va y nos deja solos en el mundo?' ¡Oh, tú de tan poca fe! Sin embargo tienes tanta como muchos de tus hermanos. Felipe, tú has sido un buen mayordomo. Tan sólo nos fallaste unas pocas veces, y una de esas faltas la utilizamos para manifestar la gloria del Padre. Tu trabajo de mayordomía está casi terminado. Pronto deberás hacer más plenamente la obra para la cual se te llamó: la predicación de este evangelio del reino. Felipe, tú siempre pedías que se te mostraran las cosas; muy pronto verás grandes cosas. Habría sido mucho mejor si todo esto hubieses visto por la fe, pero como fuiste sincero aun en tu visión material, vivirás para ver el cumplimiento de mi palabras. Y después, cuando tengas la bendición de la visión espiritual, sal para hacer tu obra, dedicando tu vida a la causa de conducir a la humanidad en la búsqueda de Dios y de buscar las realidades eternas con el ojo de la fe espiritual y no con los ojos de la mente material. Recuerda, Felipe, tú tienes una gran misión en la tierra porque el mundo está lleno de seres que ven la vida tal como tú tienes tendencia a hacerlo. Tienes una gran obra por hacer y cuando esté terminada en la fe, vendrás a mí en mi reino, y yo con gran regocijo te mostraré lo que el ojo no ha visto, el oído no ha oído y la mente mortal no ha concebido. Mientras tanto, vuélvete como un niño pequeño en el reino del espíritu y permíteme, en la forma del espíritu del nuevo maestro, conducirte hacia adelante en el reino espiritual. Así podré hacer por ti mucho de lo que no pude hacer mientras viví con vosotros como un mortal del reino. Recuerda siempre, Felipe, que el que me ha visto a mí, ha visto al Padre».

Entonces fue el Maestro adonde Natanael. Al ponerse Natanael de pie, Jesús lo invitó a que se sentara y, sentándose a su lado, le dijo: «Natanael, tú has aprendido a vivir por encima del prejuicio y a practicar una tolerancia cada vez mayor desde que te volviste apóstol mío. Pero hay mucho más que debes aprender. Has sido una bendición para tus compañeros, porque siempre han recibido tu asesoramiento por tu sinceridad constante. Cuando yo me haya ido, es posible que tu franqueza interfiera con tu habilidad para llevarte bien con tus hermanos, tanto los antiguos como los nuevos. Deberías aprender, que aun la expresión de un pensamiento bueno debe ser modulada de acuerdo con el estado intelectual y el desarrollo espiritual del oyente. La sinceridad cumple su mejor función en el trabajo del reino cuando está unida con la discreción.

«Si quieres aprender a trabajar con tus hermanos, es posible que realices cosas más permanentes, pero si te encuentras buscando a los que piensan como tú, en ese caso dedica tu vida a probar que el discípulo conocedor de Dios puede volverse un constructor del reino aun cuando está solo en el mundo y completamente aislado de los demás creyentes. Yo sé que serás fiel hasta el fin, y algún día te recibiré en el servicio ampliado de mi reino en lo alto».

Entonces habló Natanael, haciéndole a Jesús esta pregunta: «He escuchado tus enseñanzas desde cuando me llamaste al servicio de este reino, pero yo honestamente no puedo comprender el significado pleno de todo lo que nos dices. No sé qué debo esperar, y pienso que la mayoría de mis hermanos están del mismo modo perplejos, aunque titubean en confesar su confusión. ¿Puedes ayudarme?» Jesús, apoyando la mano sobre el hombro de Natanael, dijo: «Amigo mío, no es extraño que vaciles en captar el significado de mis enseñanzas espirituales puesto que te encuentras obstaculizado por los preconceptos que provienen de la tradición judía, y confundido por tu tendencia persistente a interpretar mi evangelio de acuerdo con las enseñanzas de los escribas y de los fariseos.

«Mucho os he enseñado por la palabra, y he vivido mi vida entre vosotros. He hecho todo lo que puede hacerse para esclarecer vuestra mente y liberar vuestra alma, y lo que no hayáis podido obtener de mis enseñanzas y de mi vida, ahora os debéis preparar para adquirirlo del maestro de todos los maestros: la experiencia real. Y en toda esta nueva experiencia que ahora te aguarda, yo caminaré delante de ti y el Espíritu de la Verdad estará contigo. No temas; lo que en este momento no puedes comprender, el nuevo maestro, cuando haya llegado, te lo revelará por el resto de tu vida en la tierra y más adelante en tu capacitación para las eras eternas».

Entonces el Maestro, volviéndose a todos ellos, dijo: «No os preocupéis si no conseguís captar el pleno significado del evangelio. Vosotros no sois sino finitos, hombres mortales, y lo que yo os he enseñado es infinito, divino y eterno. Sed pacientes y valerosos porque ante vosotros se abren las eras eternas en las que continuaréis vuestro logro progresivo de la experiencia de volveros perfectos, así como vuestro Padre en el Paraíso es perfecto».

Entonces Jesús se dirigió a Tomás quien, poniéndose de pie, le escuchó decir: «Tomás, muchas veces te ha faltado la fe; sin embargo, cuando tuviste temporadas de duda, nunca te faltó el coraje. Yo bien sé que los falsos profetas y los maestros impuros no te engañan. Después que yo me haya ido, tus hermanos apreciarán más aún tu forma crítica de ver las nuevas enseñanzas. Y cuando todos vosotros estéis dispersos hasta los confines de la tierra, en los tiempos venideros, recuerda que sigues siendo mi embajador. Dedica tu vida a la gran obra de mostrar cómo la mente material crítica del hombre puede triunfar sobre la inercia de la incertidumbre intelectual al enfrentarse con la demostración de la manifestación de la verdad viva tal como opera en la experiencia de los hombres y mujeres nacidos del espíritu, que rinden los frutos del espíritu en su vida, y que se aman unos a otros, aun como yo os he amado a vosotros. Tomás, me alegro que tú te unieras a nosotros, y sé que, después de un corto período de perplejidad, seguirás en el servicio del reino. Tus dudas han producido perplejidad en tus hermanos, pero a mí no me han preocupado jamás. Tengo confianza en ti, e iré delante de ti aun a los rincones más alejados de la tierra».

Luego el Maestro se dirigió a Simón Pedro, quien se puso de pie mientras Jesús le hablaba: «Pedro, yo sé que tú me amas, y que dedicarás tu vida a la proclamación pública de este evangelio del reino para judíos y gentiles, pero me preocupa que tus años de tan estrecha asociación conmigo no hayan hecho más para ayudarte a pensar antes de hablar. ¿Qué experiencias deberás vivir para que aprendas a poner un centinela a tu lengua? ¡Cuántos problemas nos has dado por tu hablar sin pensar, por tu autoconfianza presuntuosa! Y estás destinado a crear aún más problemas para ti si no aprendes a dominar esta debilidad. Sabes que tus hermanos te aman a pesar de esta debilidad, y también deberías comprender que este defecto no disminuye de ninguna manera mi afecto por ti, pero sí disminuye tu utilidad y no cesa de crear problemas para ti. Pero indudablemente mucho aprenderás de la experiencia que pasarás esta misma noche. Y lo que ahora te digo, Simón Pedro, del mismo modo lo digo a todos tus hermanos aquí reunidos: Esta noche, todos vosotros estaréis en gran peligro de caer por mí. Sabéis que está escrito: 'Matarán al pastor y serán dispersadas las ovejas'. Cuando yo esté ausente, hay gran peligro de que algunos de vosotros sucumban a las dudas y tropiecen por lo que me ocurre a mí. Pero yo os prometo ahora que volveré a vosotros por un corto tiempo, y que entonces iré delante de vosotros a Galilea».

Entonces dijo Pedro, apoyando la mano sobre el hombro de Jesús: «Aunque todos mis hermanos puedan sucumbir a la incertidumbre por ti, yo prometo que nunca tropezaré en todo lo que tú puedas hacer. Iré contigo y, si hace falta, moriré por ti».

Así estaba Pedro ante el Maestro, temblando de intensa emoción y desbordando de amor genuino por él, cuando Jesús le miró fijo a los ojos llenos de lágrimas y le dijo: «Pedro, de cierto, de cierto te digo, que esta noche no cantará el gallo hasta que tú no me hayas negado tres o cuatro veces. Así pues, lo que tú no has podido aprender por la asociación pacífica conmigo, lo aprenderás por graves problemas y grandes congojas. Una vez que hayas realmente aprendido esta lección necesaria, debes fortalecer a tus hermanos y seguir viviendo una vida dedicada a la predicación de este evangelio, aunque tal vez seas encarcelado y, tal vez, sigas mis pasos pagando el precio supremo del servicio amante en la edificación del reino del Padre.

«Pero recuerda mi promesa: Cuando yo sea elevado, permaneceré con vosotros por una temporada antes de ir al Padre. Aun esta noche suplicaré al Padre para que fortalezca a cada uno de vosotros en preparación de lo que tan pronto deberéis atravesar. Yo os amo a todos con el mismo amor con que el Padre me ama a mí, y por lo tanto, así de ahora en adelante debéis amaros vosotros los unos a los otros, así como yo os he amado a vosotros».

Luego, después de cantar un himno, partieron todos para el campamento en el Oliveto.

DOCUMENTO 182

EN GETSEMANÍ

ERAN alrededor de las diez de la noche de este jueves cuando Jesús condujo a los once apóstoles de la casa de Elías y María Marcos camino de vuelta al campamento de Getsemaní. Desde ese día en las colinas, Juan Marcos se había ocupado de vigilar constantemente a Jesús. Juan, que tenía necesidad de dormir, descansó varias horas mientras el Maestro estaba con sus apóstoles en el aposento superior, pero al oír que ellos bajaban, se levantó y, envolviéndose rápidamente en un manto de lino, los siguió a través de la ciudad, cruzando el arroyo Cedrón, y hasta el campamento privado adyacente al parque de Getsemaní. Juan Marcos permaneció tan cerca del Maestro a lo largo de esa noche y del día siguiente que presenció todo y escuchó mucho de lo que el Maestro dijo desde ese momento hasta la hora de la crucifixión.

Mientras Jesús y los once regresaban al campamento, los apóstoles comenzaron a preguntarse el significado de la prolongada ausencia de Judas, y hablaron entre sí sobre la predicción del Maestro de que uno de ellos lo traicionaría, y por primera vez sospecharon que no todo estaba bien respecto a Judas Iscariote. Pero no comentaron abiertamente sobre Judas hasta llegar al campamento y observar que él no estaba allí esperándolos. Cuando todos ellos acosaron a Andrés para saber qué le había pasado a Judas, su jefe tan sólo observó: «No sé donde está Judas, pero temo que nos haya desertado».

1. LA ÚLTIMA ORACIÓN EN GRUPO

Pocos momentos después de llegar al campamento, Jesús les dijo: «Amigos míos y hermanos, ya poco tiempo me queda con vosotros, y deseo que nos apartemos a solas mientras oramos a nuestro Padre en el cielo para pedirle la fuerza que nos sostenga en esta hora y de aquí en adelante en toda la obra que debemos hacer en su nombre».

Jesús, después de haber hablado así, los condujo a corta distancia por el Oliveto, y a plena vista de Jerusalén los invitó a que se arrodillaran en círculo sobre una gran roca plana, alrededor de él como lo habían hecho el día de su ordenación; luego, mientras estaba allí parado en el medio de ellos, glorificado por la suave luz de la luna, elevó los ojos al cielo y oró:

«Padre, ha llegado mi hora; glorifica ahora a tu Hijo para que el Hijo pueda glorificarte. Yo sé que me has dado autoridad plena sobre todos los seres vivos de mi reino, y daré vida eterna a todos los que se hagan hijos de Dios por la fe. Y la vida eterna significa que mis criaturas te conozcan como el único y verdadero Dios y Padre de todos, y crean en aquél a quien tú enviaste a este mundo. Padre, te he exaltado en la tierra y he cumplido la obra que me encargaste. Casi he terminado mi autootorgamiento sobre los hijos de nuestra creación; tan sólo me queda dar mi vida en la carne. Ahora, ¡oh! Padre mío, glorifícame con la gloria que tuve contigo antes de que este mundo fuera y recíbeme nuevamente a tu diestra.

«Te he revelado a los hombres que tú elegiste en el mundo para darme. Ellos son tuyos —así como toda la vida está en tus manos— tú me los diste, y yo he vivido entre ellos, les he enseñado el camino de la vida, y ellos han creído. Estos hombres están aprendiendo que todo lo que tengo viene de ti, y que la vida que vivo en la carne es para hacer conocer a mi Padre en los mundos. La verdad que tú me has dado, se la he revelado a ellos. Estos, mis amigos y embajadores, han querido sinceramente recibir tu palabra. Les he dicho que vine de ti, que tú me enviaste a este mundo, y que estoy a punto de volver a ti. Padre, oro por estos hombres elegidos. Y oro por ellos no como oraría por el mundo, sino como por aquellos a quienes he elegido del mundo para representarme ante el mundo después de que vuelva a tu obra, aun como te he representado en este mundo durante mi estadía en la carne. Estos hombres son míos; tú me los diste; pero todas las cosas que son mías son por siempre tuyas, y todo lo que era tuyo tú ahora has hecho mío. Tú has sido exaltado en mí, y yo ahora oro para que pueda ser honrado en estos hombres. Ya no puedo estar en este mundo; estoy por volver a la obra que tú me has dado para hacer. Debo dejar atrás a estos hombres para que nos representen a nosotros y a nuestro reino entre los hombres. Padre, mantén fieles a estos hombres mientras me preparo para dejar mi vida en la carne. Ayuda a éstos, amigos míos, para que sean uno en el espíritu, aun como nosotros somos uno. Mientras pude estar con ellos, pude vigilarlos y guiarlos, pero ahora estoy por irme. Permanece cerca de ellos, Padre, hasta que podamos enviar al nuevo maestro para que los consuele y los fortalezca.

«Tú me diste doce hombres, y los tengo a todos menos a uno, el hijo de la venganza, que ya no quiso tener hermandad con nosotros. Estos hombres son débiles y frágiles, pero sé que podemos confiar en ellos; los he puesto a prueba; me aman, así como tienen reverencia por ti. Aunque mucho habrán de sufrir por mí, deseo que también puedan experimentar la plena medida de la felicidad en la certeza de la filiación en el reino celestial. He dado a estos hombres tu palabra y les he enseñado la verdad. El mundo puede odiarlos, aun como me ha odiado a mí, pero no pido que los saques del mundo, sino tan sólo que los protejas del mal en el mundo. Santifícalos en la verdad; tu palabra es la verdad. Y así como tú me enviaste a este mundo, aun así estoy por enviar a estos hombres al mundo. Por el bien de ellos he vivido entre hombres y he consagrado mi vida a tu servicio para poder inspirarlos a que se purifiquen por la verdad que les he enseñado y el amor que les he revelado. Bien sé, Padre mío, que no hay necesidad de que te pida que vigiles a estos hermanos después de mi partida; sé que tú los amas así como yo, pero hago esto para que ellos puedan darse mejor cuenta de que el Padre ama a los hombres mortales así como los ama el Hijo.

«Ahora, Padre mío, quiero orar no sólo por estos once hombres sino también por todos los otros que ahora creen, o que más adelante puedan creer en el evangelio del reino por la palabra de su ministerio futuro. Quiero que todos ellos sean uno, así como tú y yo somos uno. Tú estás en mí, y yo estoy en ti, y deseo que estos creyentes del mismo modo estén en nosotros; que nuestros dos espíritus residan en ellos. Si mis hijos son uno como nosotros somos uno, y si ellos se aman los unos a los otros como los he amado a ellos, todos los hombres creerán entonces que he venido de ti y estarán dispuestos a recibir la revelación de la verdad y de la gloria que he hecho. La gloria que tú me diste la he revelado a estos creyentes. Así como tú has vivido conmigo en espíritu, así he vivido yo con ellos en la carne. Así como tú has sido uno conmigo, así he sido yo uno con ellos, así será uno el nuevo maestro con ellos y en ellos. Todo esto he hecho para que mis hermanos en la carne puedan conocer que el

Padre los ama así como los ama el Hijo, y que tú los amas así como me amas a mí. Padre, obra conmigo para salvar a estos creyentes para que en el presente lleguen a estar conmigo en la gloria y luego proseguir y unirse a ti en el abrazo del Paraíso. A los que sirven conmigo en humildad, los quiero tener conmigo en la gloria para que puedan ver todo lo que tú has puesto en mis manos como la cosecha eterna de la sembradura del tiempo en la semejanza de la carne mortal. Anhelo mostrar a mis hermanos terrestres la gloria que tenía contigo antes de la fundación de este mundo. Este mundo muy poco sabe de ti, Padre recto, pero yo te conozco, y te he hecho conocer por estos creyentes, y ellos harán conocer tu nombre a las generaciones venideras. Ahora les prometo que tú estarás con ellos en el mundo aun como has estado conmigo —aun así».

Los once permanecieron arrodillados en este círculo alrededor de Jesús por varios minutos antes de levantarse y volver en silencio al campamento cercano.

Jesús oró pidiendo *unidad* entre sus seguidores, pero no deseaba uniformidad. El pecado crea un nivel muerto de inercia maligna, pero la rectitud alimenta el espíritu creador de la experiencia individual en las realidades vivas de la verdad eterna y en la comunión progresiva de los espíritus divinos del Padre y del Hijo. En la comunidad espiritual del hijo-creyente con el Padre divino nunca puede haber finalidad doctrinal ni superioridad sectaria de conciencia grupal.

El Maestro, durante el curso de esta oración final con sus apóstoles, aludió al hecho de que él había manifestado el *nombre* del Padre al mundo. Y eso es en verdad lo que él hizo, al revelar a Dios mediante su vida perfeccionada en la carne. El Padre en el cielo trató de revelarse a Moisés, pero sólo consiguió causar que se dijera: «YO SOY». Y cuando se le suplicó una mayor revelación de sí mismo, tan sólo se reveló: «YO SOY el que YO SOY». Pero, una vez terminada la vida terrenal de Jesús, este nombre del Padre se había revelado de tal manera que el Maestro, que era el Padre encarnado, podía en verdad decir:

Yo soy el pan de la vida.

Yo soy el agua viva.

Yo soy la luz del mundo.

Yo soy el anhelo de todas las eras.

Yo soy la puerta abierta a la salvación eterna.

Yo soy la realidad de la vida sin fin.

Yo soy el buen pastor.

Yo soy el camino a la perfección infinita.

Yo soy la resurrección y la vida.

Yo soy el secreto de la sobrevivencia eterna.

Yo soy el camino, la verdad y la vida.

Yo soy el Padre infinito de mis hijos finitos.

Yo soy la verdadera vid, vosotros sois las ramas.

Yo soy la esperanza de todos los que conocen la verdad viva.

Yo soy el puente vivo entre un mundo y otro.

Yo soy el vínculo vivo entre tiempo y eternidad.

Así pues amplió Jesús la revelación viva del nombre de Dios para todas las generaciones. Así como el amor divino revela la naturaleza de Dios, la verdad eterna revela su nombre en proporciones por siempre en expansión.

2. LA ÚLTIMA HORA ANTES DE LA TRAICIÓN

Cuando los apóstoles regresaron al campamento se quedaron grandemente sorprendidos al darse cuenta de que Judas estaba ausente. Mientras los once discutían acaloradamente el asunto de este apóstol traidor, David Zebedeo y Juan Marcos apartaron a Jesús y le revelaron que habían estado observando a Judas por varios días, y que sabían que tenía la intención de traicionarlo entregándolo a manos de sus enemigos. Jesús los escuchó pero tan sólo dijo: «Amigos míos, nada puede suceder al Hijo del Hombre a menos que sea la voluntad del Padre en el cielo. Que no se atribule vuestro corazón; todas las cosas laborarán juntas para la gloria de Dios y la salvación de los hombres».

El estado jovial de Jesús se estaba desvaneciendo. A medida que pasaba la hora se tornó más y más serio, aun acongojado. Los apóstoles, que estaban muy agitados, no querían volver a sus tiendas aunque así se lo hubiera pedido el Maestro mismo. Volviendo de su conversación con David y Juan, dirigió sus últimas palabras a los once, diciendo: «Amigos míos, id a descansar. Preparaos para la tarea de mañana. Recordad, todos debemos someternos a la voluntad del Padre en el cielo. Mi paz os dejo con vosotros». Habiendo hablado así, les indicó que fueran a sus tiendas, pero al irse ellos, llamó a Pedro, Santiago y Juan, diciendo: «Deseo que vosotros permanezcáis conmigo por un corto tiempo».

Los apóstoles se quedaron dormidos tan sólo porque estaban literalmente exhaustos. Habían dormido poco desde su llegada a Jerusalén. Antes de que fueran a sus tiendas privadas, Simón el Zelote los condujo a todos a su propia tienda, donde guardaba las espadas y otras armas, y entregó a cada uno de ellos este equipo de lucha. Todos ellos recibieron estas armas y se las ciñeron a la cintura allí mismo, excepto Natanael. Natanael, al rehusar el arma, dijo: «Hermanos míos, el Maestro nos ha dicho repetidamente que su reino no es de este mundo, y que sus discípulos no deben pelear con la espada para establecerlo. Yo creo en esto; no creo que el Maestro necesite que usemos la espada para defenderlo. Todos hemos visto su gran poder y sabemos que él puede defenderse de sus enemigos si así lo desea. Si él no quiere resistir a sus enemigos, debe ser porque tal curso representa su intención de satisfacer la voluntad de su Padre. Yo oraré, pero no blandiré la espada». Cuando Andrés oyó estas palabras de Natanael, devolvió su espada a Simón el Zelote. Así pues, nueve de ellos estaban armados cuando se separaron para ir a su reposo.

Por el momento, el resentimiento por la traición de Judas eclipsó todo lo demás en la mente de los apóstoles. El comentario del Maestro con referencia a Judas, hablado en el curso de su última oración, les abrió los ojos al hecho de que él los había abandonado.

Cuando los ocho apóstoles finalmente volvieron a sus tiendas, y mientras Pedro, Santiago y Juan estaban esperando para recibir las órdenes del Maestro, Jesús llamó a David Zebedeo y le dijo: «Envíame tu mensajero más veloz y confiado». Cuando David condujo ante el Maestro a un tal Jacobo, anteriormente corredor del servicio de mensajería nocturna entre Jerusalén y Betsaida, Jesús, dirigiéndose a él, dijo: «Vete a toda prisa adonde Abner en Filadelfia y di: ‘El Maestro te envía salutaciones de paz y dice que ha llegado la hora en que será él entregado a las manos de sus enemigos, quienes lo matarán, pero que él se levantará de entre los muertos y aparecerá ante ti pronto, antes de ir al Padre, y que entonces te guiará hasta el momento en que el nuevo maestro venga a morar en tu corazón'». Después de repetir Jacobo este mensaje a satisfacción del Maestro, Jesús lo envió en su misión, diciendo: «No temas a ningún hombre, Jacobo, ya que esta noche un mensajero invisible correrá a tu lado».

Luego Jesús se volvió al jefe del grupo de griegos que estaban acampados con ellos y dijo: «Hermano mío, no te turbes por lo que está por suceder, puesto que ya te he avisado de antemano. El Hijo del Hombre será matado por instigación de sus enemigos, los altos sacerdotes y los potentados de los judíos, pero me levantaré para estar con vosotros un corto tiempo antes de ir al Padre. Y cuando hayas visto todo esto, glorifica a Dios y fortalece a tus hermanos».

En circunstancias ordinarias los apóstoles le hubieran deseado personalmente las buenas noches al Maestro, pero esta noche estaban tan preocupados por la realización repentina de la deserción de Judas y tan sobrecogidos por la naturaleza insólita de la oración de despedida del Maestro que escucharon su salutación de adiós y se alejaron en silencio.

Fue esto lo que Jesús le dijo a Andrés al alejarse éste de su lado esa noche: «Andrés, haz lo que puedas para mantener juntos a tus hermanos hasta que yo vuelva adonde vosotros después de haber bebido esta copa. Fortalece a tus hermanos, ya que te lo he dicho todo. Que la paz sea contigo».

Ninguno de los apóstoles esperaba que pasara nada fuera de lo ordinario durante esa noche puesto que ya era muy tarde. Trataron de dormirse para poder levantarse temprano por la mañana y estar preparados para lo peor. Pensaban que los altos sacerdotes tratarían de arrestar al Maestro por la mañana temprano porque no se realizaba tarea secular alguna después del mediodía del día de preparación para la Pascua. Sólo David Zebedeo y Juan Marcos comprendieron que los enemigos de Jesús vendrían con Judas esa misma noche.

David había dispuesto que él vigilaría esa noche en el sendero alto que conducía al camino de Betania a Jerusalén, mientras que Juan Marcos vigilaría junto al camino que subía de Cedrón a Getsemaní. Antes de ir David a su tarea autoimpuesta de centinela, se despidió de Jesús diciendo: «Maestro, he conocido gran felicidad al servir contigo. Mis hermanos son tus apóstoles, pero yo me he regocijado en las cosas menores que se debían hacer, y te echaré de menos con todo mi corazón cuando tú te hayas ido». Entonces dijo Jesús a David: «David, hijo mío, otros han hecho lo que se les indicó que hicieran, pero este servicio tú lo has hecho de tu propio corazón, y conozco tu devoción. Tú también algún día servirás conmigo en el reino eterno».

Luego, al prepararse para ir a su puesto de centinela en el sendero alto, David le dijo a Jesús: «Sabes Maestro que envié por tu familia, y tengo noticias por un mensajero de que ellos están esta noche en Jericó. Estarán aquí mañana temprano antes del mediodía puesto que sería peligroso para ellos recorrer el camino sangriento por la noche». Y Jesús, bajando la mirada hacia David, sólo dijo: «Que así sea, David».

Cuando David se hubo ido por el Oliveto, Juan Marcos tomó su lugar de vigilia junto al camino que corría a lo largo del río hacia Jerusalén. Juan habría permanecido en su puesto si no hubiese sido por su gran deseo de estar cerca de Jesús y de saber qué estaba sucediendo. Poco después de que David lo dejara, y al observar Juan Marcos que Jesús se retiraba, con Pedro, Santiago y Juan, a una hondonada cercana, se apoderó de él una mezcla de devoción y curiosidad hasta tal punto que abandonó su puesto de centinela y los siguió, ocultándose entre los arbustos, desde donde vio y escuchó todo lo que sucedió durante estos últimos momentos en el jardín y justo antes de que Judas y los guardias armados aparecieran para arrestar a Jesús.

Mientras todo esto ocurría en el campamento del Maestro, Judas Iscariote conferenciaba con el capitán de los guardianes del templo, quien había reunido a sus hombres preparándose para salir, bajo el liderazgo del traidor, a arrestar a Jesús.

3. A solas en Getsemaní

Cuando todo era quietud y silencio en el campamento, Jesús, llevándose a Pedro, Santiago y Juan, se alejó a una corta distancia hacia una hondonada cercana donde solía ir en ocasiones anteriores para orar y comulgar. Los tres apóstoles no podían dejar de ver que el Maestro estaba dolorosamente oprimido. Nunca antes lo habían observado tan acongojado y apenado. Cuando llegaron al lugar de sus devociones, los invitó a que se sentaran y velarían por él mientras se alejaba a una corta distancia para orar. Se postró en la tierra y oró: «Padre mío, he venido a este mundo para hacer tu voluntad, y así lo he hecho. Sé que ha llegado la hora de dar esta vida en la carne, y no me resisto a hacerlo, pero quiero saber que es tu voluntad que yo beba esta copa. Envíame la certeza de que te complazco en mi muerte aun como lo hice en mi vida».

El Maestro permaneció en estado de oración por unos momentos, y luego, acercándose a los apóstoles, los encontró profundamente dormidos, ya que tenían los párpados pesados y no conseguían permanecer despiertos. Al despertarlos Jesús, les dijo: «¡Qué pasa! ¿Acaso no podéis velar conmigo por lo menos una hora? ¿Acaso no veis que mi alma está extremadamente acongojada, aun hasta la muerte, y que anhelo vuestra compañía?» Cuando los tres se despertaron de su sueño, el Maestro nuevamente se alejó a solas y, cayendo al suelo, nuevamente oró: «Padre, yo sé que es posible evitar esta copa —todas las cosas son posibles para ti— pero he venido para hacer tu voluntad, y aunque esta copa sea amarga, la beberé si es tu voluntad». Y cuando hubo orado así, un ángel poderoso bajó a su lado y, hablándole, lo tocó y lo fortaleció

Cuando Jesús retornó para hablar con los tres apóstoles, otra vez los halló dormidos. Los despertó diciendo: «En esta hora necesito que vosotros veléis y oréis conmigo —tanto más vosotros necesitáis orar para no caer en la tentación— ¿por qué os dormís cuando os dejo?».

Entonces, por tercera vez el Maestro se retiró y oró: «Padre, tú ves a mis apóstoles dormidos, ten misericordia de ellos. El espíritu a la verdad está dispuesto, pero la carne es débil. Ahora pues, Padre, si no puede pasar de mi esta copa, la beberé. Que no se haga mi voluntad, sino la tuya». Y cuando hubo terminado de orar, permaneció postrado por un momento en el suelo. Cuando se levantó y regresó adonde sus apóstoles, una vez más los encontró dormidos. Los observó y, con un gesto de piedad, dijo tiernamente: «Dormid ahora y descansad; la hora de la decisión ha pasado. Ha llegado el momento en que el Hijo del Hombre será entregado a las manos de sus enemigos». Al inclinarse para sacudirlos y despertarlos, dijo: «Levantaos, volvamos al campamento, porque he aquí que el que me traiciona está cerca, y la hora ha llegado en que mi redil será dispersado. Pero ya os he hablado de estas cosas».

Durante los años que Jesús vivió entre sus seguidores, en efecto, tuvieron ellos muchas pruebas de su naturaleza divina, pero en este momento están a punto de presenciar nuevas pruebas de su humanidad. Justo antes de la más grande de todas las revelaciones de su divinidad, su resurrección, han de producirse las más grandes pruebas de su naturaleza mortal: su humillación y crucifixión.

Cada vez que oró él en el jardín, su humanidad se aferró más firmemente a su divinidad por la fe; su voluntad humana se tornó más completamente una con la voluntad divina de su Padre. Entre otras palabras dichas por el ángel poderoso fue el mensaje de que el Padre deseaba que su Hijo terminara su encarnación en la tierra pasando por la experiencia mortal de la criatura así como todas las criaturas mortales deben experimentar la disolución material al pasar de la existencia del tiempo a la progresión de la eternidad.

Más temprano esa noche no había parecido tan difícil el beber la copa, pero cuando el Jesús humano se despidió de sus apóstoles y los mandó a su reposo, la prueba se tornó más espantosa. Jesús experimentó esos altibajos de sentimientos que son comunes a toda experiencia humana, y en este momento estaba cansado del trabajo, agotado de las largas horas de labor esforzada y de ansiedad penosa sobre la seguridad de sus apóstoles. Aunque ningún mortal puede tener la presunción de entender los pensamientos y sentimientos del Hijo de Dios encarnado en un momento como éste, sabemos que soportó gran angustia y sufrió una congoja indescriptible, porque la transpiración bañaba su rostro a grandes gotas. Por fin estuvo convencido de que el Padre tenía la intención de permitir que los acontecimientos naturales siguieran su curso; estaba plenamente decidido a no emplear para salvarse ninguno de sus poderes soberanos como jefe supremo de un universo.

Las huestes reunidas de una vasta creación contemplan ahora esta escena bajo el mando conjunto temporal de Gabriel y del Ajustador Personalizado de Jesús. A los comandantes de división de estos ejércitos del cielo se les ha advertido repetidamente no interferir en estas transacciones sobre la tierra, a menos que Jesús mismo lo ordene así.

La experiencia de separarse de los apóstoles fue un esfuerzo muy grande para el corazón humano de Jesús; su pena de amor pesaba sobre su corazón e hizo más difícil el enfrentamiento a una muerte como la que él bien sabía que le aguardaba. Se daba cuenta de cuán débiles e ignorantes eran sus apóstoles, y tenía miedo de dejarlos. Bien sabía que había llegado la hora de su partida, pero su corazón humano deseaba descubrir si no existía la posibilidad de una vía legítima de escape de tan terrible sufrimiento y congoja. Y al buscar así una vía de escape, y fracasar, estuvo dispuesto a beber la copa. La mente divina de Micael sabía que había hecho todo lo posible por los doce apóstoles; pero el corazón humano de Jesús deseaba que se hubiera podido hacer más por ellos, antes de dejarlos solos en el mundo. El corazón de Jesús estaba deshecho; verdaderamente amaba a sus hermanos. Estaba aislado de su familia en la carne; uno de sus asociados elegidos lo estaba traicionando. El pueblo de su padre José lo había rechazado, arruinando así su destino de pueblo con una misión especial en la tierra. Su alma estaba atormentada por el amor despreciado y la misericordia rechazada. Fue uno de esos terribles momentos humanos en los que todo parece desencadenarse con crueldad destructora y agonía tremenda.

Lo humano en Jesús no era insensible a esta situación de soledad privada, vergüenza pública, y apariencia de fracaso de su causa. Todos estos sentimientos pesaban sobre él con un peso indescriptible. En esta gran pena su mente regresó a los días de su infancia en Nazaret y a su obra temprana en Galilea. En el momento de esta gran prueba muchas escenas agradables de su ministerio terrenal volvieron a su memoria. Y fue con estos viejos recuerdos de Nazaret, Capernaum, el Monte Hermón, y de los atardeceres y amaneceres reflejados en el mar de Galilea que calmó su mente y fortaleció su corazón humano preparándose para recibir al traidor que tan pronto lo traicionaría.

Antes de que llegaran Judas y los soldados, el Maestro ya había recobrado plenamente su entereza habitual; el espíritu había triunfado sobre la carne; la fe se había afirmado sobre todas las tendencias humanas al temor y a la duda incierta. La prueba suprema de la realización plena de la naturaleza humana había sido enfrentada y sobrepasada en forma aceptable. Una vez más, el Hijo del Hombre estaba preparado para enfrentarse a sus enemigos con ecuanimidad y en la plena certeza de su invencibilidad como hombre mortal dedicado sin reservas a hacer la voluntad de su Padre.

DOCUMENTO 183

LA TRAICIÓN Y EL ARRESTO DE JESÚS

CUANDO Jesús despertó por última vez a Pedro, Santiago y Juan, sugirió que se fueran a sus tiendas y reposaran para prepararse para los deberes del mañana. Pero a esta altura, los tres apóstoles estaban completamente despiertos; habían descansado con sus cortas siestas, y además, estaban estimulados y animados por la llegada de dos agitados mensajeros que preguntaron por David Zebedeo y se fueron de prisa a buscarlo en cuanto Pedro les indicó el lugar donde aquél estaba de centinela.

Aunque ocho de los apóstoles estaban profundamente dormidos, los griegos, acampados a su lado, estaban más preocupados por los posibles acontecimientos, tanto es así que habían apostado un centinela para que diera la alarma en caso de que hubiera peligro. Cuando estos dos mensajeros llegaron apresuradamente al campamento, el centinela griego inmediatamente despertó a sus conciudadanos, quienes emergieron de sus tiendas, completamente vestidos y armados. El campamento todo estaba despierto excepto los ocho apóstoles; Pedro deseaba llamar a sus asociados, pero Jesús se lo prohibió perentoriamente. El Maestro les advirtió tiernamente que se volviesen a sus tiendas, pero ellos no estaban dispuestos a cumplir con su sugerencia.

Como no pudo dispersar a sus seguidores, el Maestro los dejó y descendió al lagar, cerca de la entrada al parque de Getsemaní. Aunque los tres apóstoles, los griegos y otros acampantes titubearon en seguirlo inmediatamente, Juan Marcos cortó camino, corriendo entre los olivares y se metió en un pequeño cobertizo cerca del lagar. Jesús se retiró del campamento y se alejó de sus amigos, con el objeto de que los que venían a arrestarlo pudieran hacerlo, cuando llegaran, sin perturbar a sus apóstoles. El Maestro temía que se despertaran sus apóstoles y presenciaran su arresto, y que el espectáculo de la traición de Judas despertara de tal manera su animosidad como para impulsarlos a resistir a los soldados terminando así apresados con él. Temía que, si eran arrestados con él, también pudieran perecer con él.

Aunque Jesús sabía que el proyecto de matarlo se había originado en los concilios de los líderes de los judíos, también se daba cuenta de que estos esquemas nefastos tenían la plena aprobación de Lucifer, Satanás y Caligastia. Bien sabía él que estos rebeldes de los reinos tendrían sumo agrado en ver a todos los apóstoles destruidos con él.

Jesús se sentó a solas, sobre el lagar, y allí aguardó la llegada del traidor, y tan sólo fue visto en este momento por Juan Marcos y las innumerables huestes de observadores celestiales.

1. LA VOLUNTAD DEL PADRE

Se corre gran peligro de interpretar erróneamente el significado de numerosos dichos y muchos acontecimientos asociados con la terminación de la carrera del

Maestro en la carne. El tratamiento cruel de Jesús a manos de ignorantes criados y soldados endurecidos, la forma injusta en que se condujo su juicio, y la actitud fría de los profesos líderes religiosos, no se deben confundir con el hecho de que Jesús, al someterse pacientemente a este sufrimiento y humillación, estaba verdaderamente haciendo la voluntad del Padre en el Paraíso. Era, efectivamente y en verdad, voluntad del Padre que su Hijo bebiera hasta el fondo de la copa de la experiencia mortal, desde el nacimiento hasta la muerte, pero el Padre en el cielo nada tuvo que ver con la instigación de la conducta bárbara de aquellos supuestamente civilizados seres humanos que tan brutalmente torturaron al Maestro y tan horriblemente acumularon indignidades sucesivas sobre su persona que no ofrecía resistencia. Estas experiencias inhumanas y tremendas que Jesús tuvo que soportar en las horas finales de su vida mortal no fueron en ningún sentido parte de la voluntad divina del Padre, que su naturaleza humana había jurado tan triunfalmente llevar a cabo en el momento de la sumisión final del hombre a Dios, así como lo señaló en las tres oraciones que oró en el jardín mientras sus agotados apóstoles dormían el sueño del cansancio físico.

El Padre en el cielo deseaba que el Hijo autootorgador completara su carrera terrenal *en forma natural*, así como todos los mortales deben terminar su vida en la tierra y en la carne. Los hombres y mujeres comunes no pueden esperar dispensaciones especiales que faciliten sus últimas horas en la tierra y el episodio de su muerte. Por lo tanto, Jesús eligió dar su vida en la carne de la manera que estaba de acuerdo con el proceso de los acontecimientos naturales negándose en todo momento a liberarse de las garras crueles de la malvada conspiración de los acontecimientos inhumanos que se sucedieron con espantosa certeza hacia su humillación increíble y muerte ignominiosa. Cada átomo de esta asombrosa manifestación de odio y de esta demostración de crueldad sin precedentes fue obra de hombres malvados y mortales malignos. No fue voluntad de Dios en el cielo, tampoco fue dictada por los archienemigos de Jesús, aunque mucho hicieron ellos para asegurarse de que los mortales malvados y despreocupados rechazaran así al Hijo autootorgador. Hasta el padre del pecado volvió la cara lejos del dolorosísimo horror del espectáculo de la crucifixión.

2. JUDAS EN LA CIUDAD

Después de abandonar Judas tan abruptamente la mesa durante la última cena, fue directamente a casa de su primo, y de allí los dos fueron derecho a ver al capitán de los guardianes del templo. Judas le pidió al capitán que reuniera a los guardianes y le informó de que estaba listo para conducirlos a Jesús. Judas había aparecido en la escena un poco antes de lo que se esperaba, hubo cierta demora en partir para la casa de Marcos, donde Judas esperaba encontrar a Jesús aún en conversación con los apóstoles. El Maestro y los once salieron de la casa de Elías Marcos unos quince minutos antes de que llegaran el traidor y los guardianes. Para cuando llegaron los guardias a la casa de Marcos, Jesús y los once ya estaban fuera de los muros de la ciudad, camino al campamento en el Oliveto.

Judas se perturbó mucho por no haber encontrado a Jesús en la casa de Marcos y en compañía de los once, sólo dos de los cuales estaban armados para defenderse. El sabía que, por la tarde, cuando salieron del campamento, sólo Simón Pedro y Simón el Zelote ceñían espadas; Judas esperaba apresar a Jesús mientras la ciudad dormía, y había pocas posibilidades de resistencia. El traidor temía que, si esperaba que ellos volvieran al campamento, allí se encontrarían unos sesenta discípulos devotos; también sabía que Simón el Zelote tenía en su posesión una buena cantidad de armas. Judas se estaba poniendo cada vez más nervioso al meditar sobre cómo lo detestarían los once leales apóstoles y temía que intentaran destruirlo. No sólo era él desleal, sino que íntimamente era un verdadero cobarde.

Al no encontrar a Jesús en el aposento superior, Judas pidió al capitán de los guardianes que regresaran al templo. A esta altura los dirigentes habían empezado a reunirse en la casa del sumo sacerdote, preparándose para recibir a Jesús, puesto que habían acordado con el traidor que Jesús sería arrestado a la medianoche de ese día. Judas explicó a sus asociados que habían llegado tarde para encontrar a Jesús en la casa de Marcos, y que sería necesario ir a Getsemaní para arrestarlo. El traidor siguió diciendo que más de sesenta seguidores devotos estaban acampados con él, y que todos ellos estaban bien armados. Los dirigentes de los judíos recordaron a Judas que Jesús siempre había predicado la resistencia pasiva, pero Judas replicó que no podían confiar en que todos los seguidores de Jesús obedecieran esta enseñanza. Realmente temía por su vida, y por consiguiente se atrevió a pedir una compañía de cuarenta soldados armados. Puesto que las autoridades judías no contaban con una fuerza tan numerosa de hombres armados bajo su jurisdicción, fueron inmediatamente a la fortaleza de Antonia y pidieron al comandante romano que les diera esta compañía; pero cuando él oyó que tenían la intención de arrestar a Jesús, se negó inmediatamente a acceder a su solicitud y los refirió a su oficial superior. Así pues pasó más de una hora en la que fueron ellos de una autoridad a la otra hasta verse finalmente obligados a ir al mismo Pilato para obtener el permiso de emplear soldados armados romanos. Era tarde cuando llegaron a la casa de Pilato, y él ya se había retirado con su mujer a sus aposentos privados. No quería tener nada que ver con esta empresa, sobre todo porque su mujer le había pedido que no concediera esta petición. Pero, como el presidente oficial del sanedrín judío estaba presente para hacer una solicitud personal de ayuda, el gobernador decidió que le convenía concederle lo que quería razonando que, más adelante, podría él arreglar los posibles entuertos que acaso ellos ocasionaran.

Por lo tanto, cuando Judas Iscariote salió del templo, alrededor de media hora después de los once, iba acompañado por más de sesenta personas: guardianes del templo, soldados romanos, y siervos curiosos de los altos sacerdotes y de los líderes.

3. EL ARRESTO DEL MAESTRO

A medida que iba acercándose al jardín este grupo de soldados y guardianes armados con sus antorchas y linternas, Judas se adelantó al grupo con el objeto de identificar rápidamente a Jesús para facilitar su arresto antes de que sus asociados pudieran acudir en su defensa. También había otra razón por la cual Judas eligió ir adelante de los enemigos del Maestro: pensó que así, tal vez parecería que él había llegado a la escena antes que los soldados, de manera tal que los apóstoles y otros reunidos alrededor de Jesús no lo relacionaran directamente con los guardias armados que tan de cerca lo seguían. Aun pensó Judas que tal vez podía hacerse el que se había dado prisa para advertirles la llegada de los arrestadores, pero este plan fue desbaratado por la salutación desenmascaradora de Jesús al traidor. Aunque el Maestro habló a Judas con suavidad, lo saludó como a un traidor.

En cuanto vieron Pedro, Santiago y Juan, juntamente con unos treinta de los demás acampantes, el grupo armado y sus antorchas en la cresta de la colina, se percataron de que estos soldados venían a arrestar a Jesús, y todos ellos descendieron de prisa al lagar donde estaba el Maestro sentado solitario, iluminado por la luna. Por un lado se iba acercando el grupo de soldados y por el otro los tres apóstoles y sus asociados. Cuando se adelantó Judas acercándose al Maestro, los dos grupos se quedaron inmóviles, el Maestro situado entre ambos y Judas preparándose para impartirle el beso traicionero en la frente.

Había sido esperanza del traidor que podría, después de conducir a los guardias hasta Getsemaní, señalar simplemente a los soldados cuál era Jesús, o cuanto más llevar a cabo la promesa de saludarlo con un beso, y luego retirarse rápidamente de la escena. Judas mucho temía que estuvieran todos los apóstoles presentes, y que concentraran su ataque contra él en retribución por su atrevimiento al traicionar a su maestro amado. Pero cuando el Maestro lo saludó como a un traidor, tan confundido estuvo que no intentó escapar.

Jesús realizó un último esfuerzo para salvar a Judas del acto de traición en cuanto que antes de que el traidor pudiera llegar hasta él, se hizo a un lado, y dirigiéndose al soldado situado en el extremo izquierdo, el capitán de los romanos, dijo: «¿A quién buscáis?» El capitán respondió: «A Jesús de Nazaret». Entonces Jesús inmediatamente se presentó frente al oficial, e incorporándose con la calma majestad del Dios de toda esta creación dijo: «Yo soy». Muchos en este grupo armado habían escuchado a Jesús enseñar en el templo, otros sabían de sus obras poderosas, y cuando lo oyeron anunciar tan audazmente su identidad, los que estaban en primera fila retrocedieron. Los sobrecogió el asombro ante este calmo y majestuoso anuncio de su identidad. No había, pues, necesidad alguna de que Judas cumpliera con su plan de traición. El Maestro se había revelado audazmente a sus enemigos, y podrían haberlo ellos arrestado sin la ayuda de Judas. Pero el traidor tenía que hacer algo para justificar su presencia con este grupo armado y, además, quería dejar sentado que estaba cumpliendo su parte del convenio de traición con los potentados de los judíos, porque quería asegurarse la gran recompensa y los honores que él creía que se acumularían sobre su persona, como premio por su promesa de entregarles a Jesús.

Mientras se recuperaban los guardianes después de su impresión al ver por primera vez a Jesús y oír el sonido de su voz insólita, y mientras los apóstoles y discípulos se iban acercando cada vez más, Judas se enfrentó con Jesús y, besándole la frente, dijo: «Salve, Maestro e Instructor». Al abrazar así Judas a su Maestro, Jesús dijo: «Amigo, ¿acaso no basta con esto? ¿Aún quieres traicionar al Hijo del Hombre con un beso?»

Los apóstoles y discípulos quedaron literalmente paralizados por lo que vieron. Por un momento nadie se movió. Luego Jesús, desenredándose del abrazo traicionero de Judas, se acercó a los guardianes del templo y soldados y nuevamente preguntó: «¿A quién buscáis?» Nuevamente el capitán dijo: «A Jesús de Nazaret». Nuevamente contestó Jesús: «Ya os he dicho que yo soy. Si, por lo tanto, me buscáis, dejad que estos otros vayan por su camino. Estoy pronto para ir con vosotros».

Jesús estaba dispuesto a volver a Jerusalén con los guardianes, y el capitán y los soldados estaban dispuestos a permitir que los tres apóstoles y sus asociados se fueran en paz por su camino. Pero antes de que salieran, mientras Jesús estaba allí de pie esperando las órdenes del capitán, cierto Malco, el guardaespalda sirio del sumo sacerdote, se acercó a Jesús preparándose para atarle las manos a la espalda, aunque el capitán romano no había mandado que le ataran. Cuando Pedro y sus asociados vieron que su Maestro estaba siendo sometido a esta indignidad, ya no pudieron contenerse. Pedro desenfundó la espada y se abalanzó con los demás para destruir a Malco. Pero antes de que pudieran intervenir los soldados en defensa del siervo del sumo sacerdote, Jesús levantó la mano frente a Pedro en gesto de prohibición, y, con tono perentorio dijo: «Pedro, guarda tu espada. Los que a espada luchan, a espada mueren. ¿Acaso no comprendes que es voluntad de mi Padre que yo beba esta copa? Además, ¿acaso no sabes que, aun ahora, yo podría ordenar a más de doce legiones de ángeles y a sus asociados que me salven de las manos de estos pocos hombres?»

Aunque Jesús puso fin en forma eficaz a esta demostración de resistencia física de sus seguidores, ésta fue suficiente para despertar el temor del capitán de los guardianes, quien, con la ayuda de sus soldados, puso sus manos pesadas sobre Jesús y rápidamente lo ató. Mientras lo ataban las manos con fuertes cuerdas, Jesús les dijo: «¿Por qué me atacáis con espadas y palos como que si quisierais capturar a un ladrón? Yo estuve en el templo con vosotros todos los días, enseñando públicamente al pueblo, y no hicisteis esfuerzo alguno por apresarme».

Cuando Jesús estuvo atado, el capitán, temiendo que sus seguidores intentaran rescatarlo, dio órdenes de que fueran todos arrestados; pero los soldados no alcanzaron a llevar a cabo la acción porque, habiendo oído la orden de arresto del capitán, los seguidores de Jesús huyeron de prisa a la hondonada. Durante todo este tiempo, Juan Marcos había permanecido oculto en el cobertizo cercano. Cuando empezaron los soldados el camino de vuelta a Jerusalén con Jesús, Juan Marcos intentó salir de su cobertizo para unirse a los apóstoles y discípulos que habían huido; pero en cuanto se asomó, pasaba por ahí uno de los últimos de los soldados que volvía de perseguir a los discípulos en huida y, viendo al joven en su manto de lino, lo persiguió, llegando casi a apresarlo. En realidad, el soldado llegó tan cerca de Juan como para agarrar su manto, pero el joven se liberó del indumento, escapando desnudo mientras el soldado se quedaba con el manto vacío. Juan Marcos se abrió paso a gran prisa hasta donde estaba David Zebedeo, en el sendero alto. Cuando le dijo a David lo que había ocurrido, ambos se dieron prisa hasta las tiendas de los apóstoles dormidos e informaron a los ocho de la traición del Maestro y su arresto.

Mientras despertaban los ocho apóstoles, volvían los que habían huído a la hondonada, y se reunieron todos juntos cerca del lagar de aceitunas para discutir qué hacer. Mientras tanto, Simón Pedro y Juan Zebedeo, que se habían ocultado entre los olivos, ya se habían ido siguiendo a los soldados, guardianes y siervos que conducían a Jesús de vuelta a Jerusalén como si llevaran a un criminal desesperado. Juan los siguió de cerca mientras que Pedro se mantenía más distante. Después de escapar de las garras del soldado, Juan Marcos se consiguió un manto que encontró en la tienda de Simón Pedro y Juan Zebedeo. Sospechaba que los guardias llevarían a Jesús a la casa de Anás, el sumo sacerdote emérito; así pues, corrió a través de los olivares y llegó allí antes del grupo, ocultándose cerca de la entrada al portal del palacio del sumo sacerdote.

4. LA DISCUSIÓN JUNTO AL LAGAR

Santiago Zebedeo se encontró separado de Simón Pedro y de su hermano Juan, así pues él se unió a los demás apóstoles y a sus conacampantes junto al lagar para deliberar sobre qué debían hacer en vista del arresto del Maestro.

Andrés había sido liberado de toda responsabilidad de la dirección del grupo de sus compañeros apóstoles; por lo tanto, en ésta, la más grave crisis de sus vidas, permanecía él silencioso. Después de una corta conversación casual, Simón el Zelote se paró en el muro de piedra del lagar y, haciendo un apasionado llamado a la lealtad al Maestro y a la causa del reino, exhortó a los apóstoles y a los demás discípulos a que se fueran de prisa detrás del grupo y rescataran a Jesús. La mayoría de los oyentes estaba dispuesto a seguir su liderazgo agresivo sino hubiese sido por el consejo de Natanael quien se puso de pie en el momento en que Simón terminó de hablar y le llamó la atención sobre las enseñanzas frecuentemente repetidas de Jesús relativas a la resistencia pasiva. También les recordó que Jesús esa misma noche les había instruido que preservaran sus vidas para el tiempo en que ellos saldrían al mundo proclamando la buena nueva del evangelio del reino celestial. Natanael tuvo en esta posición el apoyo de Santiago Zebedeo, que relató ahora como Pedro y otros habían desenfundado la espada para defender al Maestro contra el arresto y cómo Jesús había exhortado a Simón Pedro y a los demás a que guardaran la espada. Mateo y Felipe también hicieron discursos, pero no salió nada definitivo de estas discusiones, hasta que Tomás, llamando la atención de ellos sobre el hecho de que Jesús había aconsejado a Lázaro de que no se expusiera a la muerte, les hizo observar que nada podían hacer ellos para salvar a su Maestro puesto que él se negaba a permitir a sus amigos que lo defendieran, y puesto que él persistía en no utilizar sus poderes divinos para frustrar a sus enemigos humanos. Tomás los persuadió a que se dispersaran, cada uno por su cuenta, con el arreglo de que David Zebedeo permanecería en el campamento para mantener un punto de comunicación y un centro para los mensajeros del grupo. A las dos y media de la mañana el campo estuvo desierto; sólo David permanecía allí con tres o cuatro mensajeros, habiendo enviado a los demás para informarse adonde habían llevado a Jesús y qué le harían.

Cinco de los apóstoles —Natanael, Mateo, Felipe y los gemelos— fueron a esconderse en Betfagé y Betania. Tomás, Andrés, Santiago y Simón el Zelote se escondieron en la ciudad. Simón Pedro y Juan Zebedeo siguieron hasta la casa de Anás.

Poco después del amanecer, Simón Pedro volvió al campamento de Getsemaní, pintura viva de la desesperación más profunda. David lo envió a cargo de un mensajero para que se reunirá con su hermano Andrés, quien estaba en la casa de Nicodemo en Jerusalén.

Hasta el fin mismo de la crucifixión, Juan Zebedeo permaneció, tal como Jesús se lo había indicado, siempre cerca, y él era el que suministraba información a los mensajeros de David de hora en hora, la cual llevaron ellos a David en el jardín del campamento, y que luego se transmitió a los apóstoles escondidos y a la familia de Jesús.

¡De veras, está herido el pastor y están dispersadas las ovejas! Aunque todos ellos se daban cuenta vagamente de que Jesús les había anticipado esta situación misma, estaban tan gravemente afectados por la súbita desaparición del Maestro como para hacer uso de su mente en forma normal.

Fue poco después del amanecer, y después de que Pedro fue enviado a unirse con su hermano, cuando Judá, el hermano en la carne de Jesús, llegó al campamento, casi sin aliento y delante del resto de la familia de Jesús, sólo para enterarse de que al Maestro ya lo habían arrestado, y nuevamente descendió corriendo al camino de Jericó para llevar esta información a su madre y a sus hermanos y hermanas. David Zebedeo envió un mensaje a la familia de Jesús, por intermedio de Judá, de que se reunieran en la casa de Marta y María en Betania y esperaran allí noticias que sus mensajeros les llevarían regularmente.

Ésta era la situación durante la última mitad del jueves por la noche y las primeras horas de la mañana del viernes en cuanto a los apóstoles, los discípulos principales, y la familia terrenal de Jesús. Todos estos grupos e individuos se mantuvieron en contacto mediante el servicio de mensajeros que David Zebedeo continuó operando desde su central en el campamento de Getsemaní.

5. CON RUMBO AL PALACIO DEL SUMO SACERDOTE

Antes de que se fueran del jardín con Jesús, surgió una disputa entre el capitán judío de los guardias del templo y el capitán romano de los soldados en cuanto a dónde debían llevar a Jesús. El capitán de los guardias del templo ordenó que se lo llevaran adonde Caifás, el sumo sacerdote. El capitán de los soldados romanos ordenó que Jesús fuera llevado al palacio de Anás, el ex sumo sacerdote y suegro de

Caifás. El hizo esto porque los romanos tenían por costumbre tratar directamente con Anás en todos los asuntos que tuvieran que ver con la imposición de las leyes eclesiásticas judías. Y las órdenes del capitán romano fueron obedecidas; llevaron a Jesús a la casa de Anás para someterlo a un examen preliminar.

Judas marchaba al lado de los capitanes, oyendo todo lo que se decía, pero no tomó parte en la disputa, porque ni el capitán judío ni el capitán romano se dignaban a hablar con el traidor —tanto lo despreciaban.

Alrededor de esta hora, Juan Zebedeo, recordando las instrucciones de su Maestro de permanecer siempre cerca, se acercó apresuradamente a Jesús que caminaba entre los dos capitanes. El comandante de los guardianes del templo, viendo a Juan a su lado, dijo a su asistente: «Agarra a este hombre y átalo. Es uno de los seguidores de este tipo». Pero cuando el capitán romano escuchó esto y, mirando a su alrededor, vio a Juan, dio órdenes de que el apóstol viniera a su lado, y que nadie debía molestarlo. Luego el capitán romano dijo al capitán judío: «Este hombre no es ni traidor ni cobarde. Lo vi en el jardín, y no desenfundó una espada para resistirnos. Tiene el coraje de presentarse para estar con su Maestro, y nadie le hará daño alguno. La ley romana permite que todo prisionero tenga por lo menos un amigo para que esté a su lado ante el juicio, y nadie impedirá que este hombre esté al lado de su Maestro, el prisionero». Cuando Judas escuchó esto, tanto se avergonzó y se sintió humillado que empezó a caminar más lentamente hasta terminar detrás del grupo, llegando solo al palacio de Anás.

Esto explica por qué Juan Zebedeo pudo permanecer cerca de Jesús todo el camino a través de sus difíciles experiencias de esa noche y del día siguiente. Los judíos temían decirle algo a Juan o molestarlo de cualquier manera porque tenía en cierto modo la posición del consejero romano designado para actuar como observador en las transacciones del tribunal eclesiástico judío. La posición de privilegio de Juan se aseguró aún más cuando, al entregar a Jesús al capitán de los guardias del templo junto al portal del palacio de Anás, el romano, dirigiéndose a su asistente dijo: «Vete con este prisionero y asegúrate de que los judíos no lo maten sin el consentimiento de Pilato. Vigila que no lo asesinen, y asegúrate de que se le permita a su amigo, el galileo, que esté a su lado y observe todo lo que sucede». Así pues, Juan pudo permanecer cerca de Jesús hasta el momento de su muerte en la cruz, aunque los otros diez apóstoles fueron obligados a permanecer ocultos. Juan actuaba bajo la protección romana, y los judíos no se atrevieron a molestarlo hasta después de la muerte del Maestro.

Durante todo el camino hasta el palacio de Anás, Jesús no abrió la boca. Desde el momento de su arresto hasta el momento de su aparición ante Anás, el Hijo del Hombre no habló una sola palabra.

DOCUMENTO 184

ANTE EL TRIBUNAL DEL SANEDRÍN

CIERTOS representantes de Anás habían instruido en secreto al capitán de los soldados romanos que trajera a Jesús al palacio de Anás inmediatamente después de arrestarlo. El sumo sacerdote emérito deseaba mantener su prestigio como autoridad eclesiástica máxima de los judíos. También tenía otro objeto al retener a Jesús en su casa durante varias horas, y ése era que se necesitaba tiempo para convocar legalmente el tribunal del sanedrín. No era legal convocar el tribunal del sanedrín antes de la hora de la ofrenda del sacrificio matutino en el templo, y este sacrificio se hacía a eso de las tres de la mañana.

Anás sabía que un tribunal de sanedristas estaba esperando en el palacio de su yerno, Caifás. Unos treinta miembros del sanedrín se habían reunido en la casa del sumo sacerdote a la medianoche para estar listos a enjuiciar a Jesús cuando éste fuera traído ante ellos. Sólo se habían reunido aquellos miembros que estaban fuerte y abiertamente opuestos a Jesús y a sus enseñanzas puesto que tan sólo se requerían veintitrés para constituir una corte de juicio.

Jesús pasó alrededor de tres horas en el palacio de Anás en el monte Oliveto no lejos del jardín de Getsemaní, donde fue arrestado. Juan Zebedeo estaba libre y a salvo en el palacio de Anás no sólo por la protección del capitán romano, sino también porque él y su hermano Santiago eran bien conocidos por los criados más antiguos puesto que habían sido muchas veces huéspedes en el palacio, ya que el ex sumo sacerdote era un pariente lejano de su madre, Salomé.

1. EL INTERROGATORIO DE ANÁS

Anás, enriquecido por los ingresos del templo, su yerno, en la posición de sumo sacerdote, y su relación con las autoridades romanas, hacían de él, el individuo más poderoso de todos los judíos. Él era intrigista y complotista, pero zalamero e ingenioso. Deseaba dirigir el asunto de la disposición de Jesús; temía confiar una empresa tan importante por completo a su brusco y agresivo yerno. Anás quería asegurarse de que el juicio del Maestro estuviese en las manos de los saduceos. Temía la posible simpatía de algunos de los fariseos, puesto que prácticamente todos aquellos miembros del sanedrín que habían abrazado la causa de Jesús, eran fariseos.

Anás no había visto a Jesús durante varios años, desde el tiempo en que el Maestro lo visitó en su casa, y se fue inmediatamente al observar su frialdad y reserva cuando lo recibió. Anás había pensado aprovechar esta temprana relación para intentar persuadir a Jesús de que repudiara sus declaraciones y se fuera de Palestina. No quería participar en el asesinato de un buen hombre y había razonado que Jesús tal vez elegiría dejar el país en vez de sufrir la muerte. Pero cuando Anás se encontró frente al firme y decidido galileo, supo inmediatamente que sería inútil hacer tales propuestas. Jesús estaba aún más majestuoso y solemne de lo que Anás lo recordaba.

Cuando Jesús era joven, Anás se había interesado grandemente por él, pero ahora sus ganancias se veían amenazadas por lo que Jesús había hecho tan recientemente al echar a los cambistas y a otros mercaderes del templo. Este acto despertó la enemistad del ex sumo sacerdote mucho más que las enseñanzas de Jesús.

Anás entró en su espacioso aposento de audiencias, se sentó en un amplio asiento, y mandó que trajeran a Jesús. Después de observar al Maestro en silencio unos momentos, dijo: «Te das cuenta que algo habrá que hacer con el asunto de tus enseñanzas porque pones en peligro la paz y el orden de nuestro país». Al mirar Anás interrogativamente a Jesús, el Maestro lo miró fijamente a los ojos pero no respondió. Nuevamente habló Anás: «¿Cuáles son los nombres de tus discípulos, además de Simón el Zelote, el agitador?» Nuevamente Jesús lo miró pero no respondió.

Anás estaba considerablemente molesto porque Jesús no contestaba a sus preguntas, tanto que le dijo: «¿Acaso no te preocupa si te trata amigablemente a ti o no? ¿Acaso no tienes en cuenta mi poder para decidir los asuntos de tu próximo juicio?» Cuando Jesús oyó estas palabras, dijo: «Anás, tú sabes que no podrías tener poder alguno sobre mí a menos que esto fuera permitido por mi Padre. Algunos quieren destruir al Hijo del Hombre porque son ignorantes; no saben de otra cosa, pero tú, amigo, sabes lo que estás haciendo. ¿Cómo puedes tú, por lo tanto, rechazar la luz de Dios?»

El tono amistoso de Jesús al hablarle a Anás lo dejó casi perplejo. Pero él ya había decidido que Jesús debía irse de Palestina o morir; así pues, juntó coraje y preguntó: «¿Qué es lo que tratas de enseñarle a la gente? ¿Qué dices tú que eres?» Jesús contestó: «Tú bien sabes que yo he hablado abiertamente al mundo. Enseñé en las sinagogas y muchas veces en el templo, donde todos los judíos y muchos de los gentiles me han escuchado. En oculto, nada he hablado; ¿por qué, pues, me preguntas de mis enseñanzas? ¿Por qué no llamas a los que me oyeron y les preguntas a ellos? He aquí que todo Jerusalén oyó lo que yo dije, aunque tú mismo no hayas escuchado estas enseñanzas». Pero antes de que Anás pudiera responder, el mayordomo jefe del palacio, que estaba cerca, abofeteó a Jesús en la cara, diciendo: «¿Cómo te atreves a contestar al sumo sacerdote con tales palabras?» Anás no habló palabras de censura a este mayordomo, pero Jesús se dirigió a él, diciendo: «Amigo mío, si he hablado mal, testifica en qué está el mal, pero si yo he hablado la verdad, ¿por qué entonces me golpeas?»

Aunque Anás lamentaba que su mayordomo hubiera abofeteado a Jesús, era demasiado orgulloso para hacer caso del asunto. En su confusión se fue a otro cuarto, dejando a Jesús a solas con los criados de la casa y los guardianes del templo por casi una hora.

Cuando volvió, poniéndose al lado del Maestro, dijo: «¿Es que afirmas que eres el Mesías, el liberador de Israel?» Dijo Jesús: «Anás, tú me conoces desde los tiempos de mi juventud. Sabes que nada afirmo excepto lo que mi Padre me ha encargado, y que he sido enviado a todos los hombres, gentiles y judíos». Entonces dijo Anás: «Me han dicho que tú afirmas que eres el Mesías; ¿es verdad?» Jesús miró a Anás pero tan sólo contestó: «Así lo has dicho».

Aproximadamente en este momento llegaron mensajeros del palacio de Caifás para preguntar a qué hora sería Jesús llevado ante el tribunal del sanedrín, y puesto que faltaba poco para el amanecer, Anás decidió que sería mejor enviar a Jesús, atado y custodiado por los alguaciles del templo, a Caifás. Él los siguió un poco más tarde.

2. PEDRO EN EL PATIO

Al acercarse la partida de guardias y soldados a la entrada del palacio de Anás, Juan Zebedeo marchaba al lado del capitán de los soldados romanos. Judas se había quedado rezagado, y Simón Pedro los seguía a la distancia. Una vez que Juan hubo entrado en el patio del palacio con Jesús y los guardianes, Judas se acercó al portón pero, al ver a Jesús y a Juan, siguió camino en dirección a la casa de Caifás, donde según él sabía se llevaría a cabo más tarde el verdadero juicio del Maestro. Poco después de la partida de Judas, llegó Simón Pedro, y como estaba de pie ante el portón, Juan lo vio en el momento en que estaban por llevar a Jesús adentro del palacio. La portera que estaba a cargo del portón conocía a Juan, y cuando éste le habló, pidiendo que dejara entrar a Pedro, ella asintió con placer.

Pedro, al entrar al patio, se acercó a un fuego de carbón para calentarse porque la noche estaba fría. Se sentía completamente fuera de lugar aquí entre los enemigos de Jesús, y efectivamente estaba fuera de lugar. El Maestro no le había pedido que se quedara cerca tal como se lo había pedido a Juan. Pedro debería haberse quedado con los demás apóstoles, a quienes les había sido advertido que no pusieran en peligro su vida durante esta temporada de juicio y crucifixión de su Maestro.

Pedro arrojó su espada poco antes de llegar al portón del palacio de modo que entró desarmado al patio de Anás. Su mente era un torbellino de confusión; apenas si podía darse cuenta de que Jesús había sido arrestado. No conseguía captar la realidad de la situación —que él estaba allí en el patio de Anás, calentándose junto a los criados del sumo sacerdote. Se preguntaba qué estarían haciendo los demás apóstoles y, al darle vuelta en la cabeza al hecho de que Juan había sido admitido al palacio, concluyó que la razón era que él era conocido de los criados, puesto que también le había pedido él a la portera que dejase entrar a Pedro.

Poco después de que la portera dejara entrar a Pedro, y mientras él estaba calentándose junto al fuego, ella se le acercó y maliciosamente le dijo: «¿Acaso no eres tú también uno de los discípulos de este hombre?» Ahora bien, Pedro no debería haberse sorprendido de ser reconocido, ya que Juan le había pedido a la muchacha que lo dejara entrar al palacio; pero estaba en tal estado de nerviosísmo que esta identificación como discípulo lo desequilibró, y con un solo pensamiento en su mente —la idea de escapar con vida— prontamente respondió a la pregunta de la muchacha diciendo: «No lo soy».

Poco después, otro criado se acercó a Pedro y preguntó: «¿Acaso no te vi en el jardín cuando arrestaron a este tipo? ¿Acaso no eres tú también uno de sus seguidores?» Ya a estas alturas Pedro estaba totalmente alarmado; no veía cómo podría escapar con vida de estos acusadores; por lo tanto, negó con vehemencia toda conexión con Jesús, diciendo: «No conozco a este hombre, ni soy uno de sus seguidores».

A eso de este momento la portera apartó a Pedro a un lado y dijo: «Estoy segura de que eres un discípulo de este Jesús, no sólo porque uno de sus seguidores me pidió que te dejara entrar al patio sino que mi hermana también te ha visto en el templo con este hombre. ¿Por qué lo niegas?» Cuando Pedro oyó la acusación de la muchacha, negó todo conocimiento de Jesús con muchos insultos y juramentos, diciendo nuevamente: «No soy seguidor de este hombre; ni siquiera lo conozco; nunca antes oí hablar de él».

Pedro se alejó del fuego por un momento, deambulando por el patio. Le hubiera gustado escaparse, pero temía atraer la atención. Sintiendo frío, volvió junto al fuego, y uno de los hombres de pie allí cerca dijo: «Con certeza tú eres uno de los discípulos de este hombre. Este Jesús es un galileo, y tu hablar te traiciona, pues hablas como un galileo». Y nuevamente Pedro negó toda conexión con su Maestro.

Pedro estaba tan perturbado que buscó escapar de sus acusadores alejándose del fuego y permaneciendo solo a un lado del pórtico. Después de más de una hora de retraimiento, la portera y su hermana lo encontraron por casualidad, y ambas nuevamente lo acusaron con malicia de ser un seguidor de Jesús. Nuevamente él negó la acusación. Justo cuando hubo negado otra vez toda conexión con Jesús, cantó el gallo, y Pedro recordó las palabras de advertencia que le dijera su Maestro más temprano esa misma noche. Mientras estaba allí de pie, con el corazón pesado y aplastado por la sensación de culpa, se abrieron las puertas del palacio, y los guardianes condujeron a Jesús fuera del palacio, adonde Caifás. Al pasar el Maestro junto a Pedro, vio, a la luz de las antorchas, la expresión de desesperación en el rostro de su apóstol, previamente tan seguro de sí mismo y superficialmente valiente, se volvió y lo miró. Pedro nunca olvidó esa mirada durante toda su vida. Era una mirada tan plena de piedad y amor a la vez como ningún hombre mortal había contemplado nunca en el rostro del Maestro.

Cuando Jesús y los guardias salieron del portón del palacio, Pedro los siguió, pero sólo por una corta distancia. No podía continuar. Se sentó a la orilla del camino y lloró amargamente. Después de derramar estas lágrimas de agonía, volvió al campamento con la esperanza de encontrar a su hermano Andrés. Al llegar al campamento, tan sólo encontró a David Zebedeo, quien envió a un mensajero a que lo llevara adonde se había refugiado su hermano en Jerusalén.

Toda esta experiencia de Pedro ocurrió en el patio del palacio de Anás en el monte Oliveto. No siguió a Jesús hasta el palacio del sumo sacerdote Caifás. El hecho de que Pedro cayó en la cuenta de que había negado repetidamente a su Maestro cuando cantó el gallo, indica que todo esto ocurrió fuera de Jerusalén, puesto que estaba contra la ley tener aves dentro de los límites de la ciudad.

Hasta el momento en que el canto del gallo lo hizo volver en sí, Pedro tan sólo pensaba, al ir y venir por el patio para entrar en calor, cuán sagazmente supo eludir las acusaciones de los criados, y cómo había frustrado sus propósitos de identificarlo con Jesús. Hasta ese momento, su único pensamiento fue que estos criados no tenían derecho moral ni legal de interrogarlo, y se congratulaba en verdad por la manera en la cual, según él, evitó ser identificado y posiblemente sometido al arresto y a la prisión. No se le ocurrió a Pedro que había negado a su Maestro, hasta el momento en que cantó el gallo. No se dio cuenta Pedro que había traicionado sus privilegios de embajador del reino, hasta el momento en que Jesús lo miró a la cara.

Habiendo dado los primeros pasos por el camino del compromiso y de la menor resistencia, no parecía quedarle nada a Pedro sino continuar con la conducta que había elegido. Hace falta carácter magnánime y noble para retomar el camino recto después de haber empezado mal. Muchas veces la mente tiende a justificar el seguir por el camino del error después de entrar en él.

Pedro nunca creyó del todo que podría ser perdonado hasta el momento en que volvió a encontrarse con su Maestro después de la resurrección, y se percató de que fue recibido como antes de las experiencias de esa trágica noche de negaciones.

3. ANTE EL TRIBUNAL DE LOS SANEDRISTAS

Eran alrededor de las tres y media de este viernes por la madrugada, cuando el sumo sacerdote, Caifás, llamó al orden al tibunal sanedrista de inquisición y pidió que Jesús fuera traído ante ellos para someterlo a juicio. En tres ocasiones previas el sanedrín, por gran mayoría de votos, había decretado la muerte de Jesús, había decidido que se merecía la muerte por acusaciones casuales de contravención a la ley, blasfemia y burla a las tradiciones de los padres de Israel.

No era ésta una reunión regular del sanedrín y no se la celebraba en el sitio usual, la cámara de piedras labradas del templo. Era ésta una corte especial de unos treinta sanedristas y se la convocó en el palacio del sumo sacerdote. Juan Zebedeo estuvo presente con Jesús durante todo el así llamado juicio.

¡De qué manera se congratulaban estos altos sacerdotes, escribas, saduceos y algunos de los fariseos de que ese Jesús que había comprometido su posición y desafiado su autoridad, ya estaba de seguro en sus manos! Y estaban decididos a que no viviría para que pudiera escaparse de sus garras vengativas.

Por lo común cuando los judíos enjuiciaban a un hombre por un delito capital, procedían con gran cautela y recurrían a las salvaguardas de la ecuanimidad en la selección de los testigos y en la conducta general del juicio. Pero en esta ocasión, Caifás fue más un acusador que un juez imparcial.

Jesús apareció ante este tribunal vestido en su ropa usual y con las manos atadas detrás de la espalda. Todo el tribunal estaba sobresaltado y algo confuso por su aspecto majestuoso. Nunca antes habían contemplado tal donaire en un prisionero ni habían presenciado tal comportamiento en un hombre que corría el peligro de la pena de muerte.

La ley judía requería que hubiera un acuerdo por lo menos entre dos testigos sobre cada acusación antes de que se pudiera hacer cargos contra un prisionero. Judas no podía ser usado como testigo contra Jesús, porque la ley judía prohibía específicamente el testimonio de un traidor. Se disponía de más de una veintena de falsos testigos para atestiguar contra Jesús, pero su testimonio era tan contradictorio y tan evidentemente fabricado que los sanedristas mismos mucho se avergonzaron del espectáculo. Jesús estaba allí de pie, mirando con benignidad a estos perjuros, y su aspecto mismo desconcertó a los testigos mentirosos. A lo largo de este falso testimonio el Maestro no dijo una sola palabra; no respondió a ninguna de sus muchas acusaciones falsas.

La primera vez que dos de los testigos se acercaron por lo menos a una semblanza de acuerdo fue cuando dos hombres atestiguaron que habían oído a Jesús decir, en el curso de uno de sus sermones en el templo, que él «Derribaría este templo hecho por las manos del hombre y en tres días edificaría otro templo sin emplear las manos del hombre». Eso no era exactamente lo que dijo Jesús, aparte del hecho de que, al decir estas palabras, él señaló su propio cuerpo.

Aunque el sumo sacerdote le gritó a Jesús: «¿No respondes a ninguna de estas acusaciones?», Jesús no abrió la boca. Permaneció allí en silencio mientras todos estos falsos testigos daban su testimonio. El odio, el fanatismo, y la exageración inescrupulosa caracterizaban de tal manera las palabras de estos perjuros que su testimonio cayó por su propio peso. La mejor refutación de estas acusaciones falsas fue el silencio calmo y majestuoso del Maestro.

Poco después del comienzo del testimonio de los falsos testigos, llegó Anás y tomó su asiento junto a Caifás. Ahora Anás se puso de pie y argumentó que esta amenaza de Jesús de derribar el templo era suficiente para justificar tres cargos contra él:

1. Que era un peligroso embaucador del pueblo. Que les enseñaba cosas imposibles y de otras maneras los engañaba.

2. Que era un revolucionario fanático, porque abogaba atacar con violencia el templo sagrado, pues, ¿de qué otra manera podría él derribarlo?

3. Que enseñaba magia puesto que prometía edificar un nuevo templo sin usar las manos del hombre.

Ya el sanedrín en pleno había acordado que Jesús era culpable de transgresiones de la ley judía merecedoras de la pena de muerte, pero ahora más les preocupaba el asunto de hacer cargos, basados en su conducta y enseñanzas, que justificaran ante Pilato la sentencia de muerte contra su prisionero. Sabían que necesitaban el consentimiento del gobernador romano antes de poder matar a Jesús legalmente. Anás se inclinaba a proceder en una forma que hiciera aparecer que Jesús era un maestro peligroso si se le permitía que siguiera enseñando al pueblo.

Pero Caifás ya no podía soportar la vista del Maestro de pie allí, tan compuesto y en tan absoluto silencio. Pensó que conocía por lo menos una manera de inducir al prisionero a que hablara. Por lo tanto, corrió al lado de Jesús y, sacudiendo un dedo acusador ante el rostro del Maestro, dijo: «Te suplico, en el nombre del Dios viviente, que nos digas si eres tú el Libertador, el Hijo de Dios». Jesús le contestó a Caifás: «Lo soy. Pronto iré al Padre, y dentro de poco, el Hijo del Hombre vestirá el manto del poder y nuevamente reinará sobre las huestes del cielo».

Cuando el sumo sacerdote escuchó a Jesús pronunciar estas palabras, se airó en forma excesiva, y rasgando sus vestiduras, exclamó: «¿Qué necesidad tenemos nosotros de testigos? He aquí, ahora todos habéis oído cómo blasfema este hombre. ¿Qué os parece ahora que debemos hacer con este blasfemo que transgrede la ley?» Y todos ellos respondieron al unísono: «Es reo de muerte; ¡que sea crucificado!»

Jesús no manifestó interés alguno en ninguna de las preguntas que le hicieron cuando estaba frente a Anás y los sanedristas, excepto la pregunta referente a su misión autootorgadora. Cuando se le preguntó si él era el Hijo de Dios, instantánea e inequívocamente contestó afirmativamente.

Anás deseaba que el juicio prosiguiera, y que se formularan cargos de naturaleza definida sobre la relación de Jesús con la ley romana y las instituciones romanas para presentarlos posteriormente ante Pilato. Los consejeros estaban ansiosos de llevar este asunto a una rápida conclusión, no sólo porque era el día de preparación antes de la Pascua y no se podía hacer trabajo secular después del mediodía, sino también porque temían que Pilato retornara en cualquier momento a la capital romana de Judea, Cesarea, puesto que estaba en Jerusalén tan sólo para la celebración pascual.

Pero Anás no pudo controlar el tribunal. Después de que Jesús contestara tan inesperadamente a Caifás, el sumo sacerdote se adelantó y lo abofeteó en la cara con su mano. Anás estaba verdaderamente escandalizado cuando otros miembros del tribunal, al salir del aposento, le escupieron a Jesús la cara, y muchos de ellos lo abofetearon burlonamente con la palma de la mano. Así pues, en increíble desorden y confusión, esta primera sesión del juicio sanedrista de Jesús finalizó a las cuatro y media de la mañana.

Treinta jueces falsos, cegados por los prejuicios y la tradición, con sus falsos testigos, tienen la presunción de sentarse en juicio del justo Creador de un universo. Estos acusadores apasionados se exasperan por el silencio majestuoso y la conducta soberbia de este Dios-Hombre. Es terrible soportar su silencio; su habla es intrépidamente desafiante. No le conmueven las amenazas, los asaltos no lo afectan. El hombre enjuicia a Dios, pero aun en ese momento, él los ama y querría salvaros si pudiera.

4. LA HORA DE LA HUMILLACIÓN

La ley judía requería que, en el asunto de decretar la pena de muerte, hubiera dos sesiones del tribunal. Esta segunda sesión se celebraba el siguiente día, y el tiempo intermedio lo pasaban los miembros de la corte ayunando y apesarándose. Pero estos hombres no podían esperar el día siguiente para confirmar su decisión de que Jesús debía morir. Esperaron tan sólo una hora. Mientras tanto, Jesús fue abandonado en la sala de audiencia, bajo la custodia de los guardias del templo, quienes, con los criados del sumo sacerdote, se divirtieron en acumular toda clase de indignidades contra el Hijo del Hombre. Se burlaron de él, lo escupieron, y se mofaron de él cruelmente. Lo golpeaban con un palo en la cara y luego decían: «Profetízanos, tú el Libertador, ¿quién fue el que te golpeó?» Así siguieron por una hora entera, envileciendo y maltratando a este hombre de Galilea que no ofrecía resistencia alguna.

Durante esta hora trágica de tribulaciones y juicios burlones a manos de guardianes y criados ignorantes y sin sentimientos, Juan Zebedeo aguardó en terror solitario en un cuarto adyacente. Cuando primero empezaron estos abusos, Jesús le indicó a Juan, con un gesto de la cabeza, que debía retirarse. El Maestro bien sabía que, si hubiera permitido que su apóstol permaneciera en el aposento presenciando estas indignidades, el resentimiento de Juan habría sido despertado de manera tal como para producir una explosión de indignación y protesta que probablemente le habría costado la vida.

Durante esta hora terrible, Jesús no habló una sola palabra. Para este alma humana compasiva y sensible, unida en una relación de personalidad con el Dios de todo este universo, no hubo experiencia más amarga, al beber él la copa de la humillación, que esta hora espantosa a merced de guardianes y criados ignorantes y crueles, que habían sido inducidos a abusar de él por el ejemplo de los miembros de este así llamado tribunal sanedrista.

El corazón humano no puede de manera alguna concebir el escalofrío de indignación que barrió un vasto universo, mientras las inteligencias celestiales presenciaban este espectáculo de su amado Soberano sometiéndose a la voluntad de estas criaturas ignorantes y desviadas, en la esfera de la infortunada Urantia, envuelta en las tinieblas del pecado.

¿Qué es esta tendencia animal en el hombre, que lo conduce a insultar y asaltar físicamente a lo que no puede ganar espiritualmente ni alcanzar intelectualmente? En el hombre civilizado a medias, aún se agazapa una malvada brutalidad que se abalanza contra los que son superiores en sabiduría y alcance espiritual. Así lo prueban la malvada brutalidad y la brutal ferocidad de estos hombres supuestamente civilizados, que derivaban cierta forma de placer animal de su ataque físico contra el Hijo del Hombre, quien no ofrecía resistencia alguna. Mientras caían sobre Jesús los insultos, golpes y bofetadas, él no se defendía, pero no estaba indefenso. Jesús no estaba derrotado, sino que no luchaba en el sentido material.

Éstos son los momentos de las mayores victorias del Maestro en su larga y pletórica carrera como hacedor, sostenedor y salvador de un vasto y extenso universo. Habiendo vivido hasta su plenitud una vida de revelación de Dios al hombre, Jesús está, en este momento, haciendo una revelación nueva y sin precedentes del hombre a Dios. Jesús está revelando ahora a los mundos el triunfo final sobre todos los temores del aislamiento de la personalidad de la criatura. El Hijo del Hombre finalmente ha realizado su identidad como Hijo de Dios. Jesús no titubea en afirmar que él y el Padre son uno; y sobre la base del hecho y verdad de esa experiencia suprema y excelsa, él exhorta a cada creyente en el reino que se vuelva uno con él aun como él y su Padre son uno. La experiencia viva de la religión de Jesús se vuelve así la técnica certera y segura mediante la cual los mortales de la tierra, espiritualmente aislados y cósmicamente solitarios, consiguen escapar al aislamiento de la personalidad, con todas sus consecuencias de temor y sentimientos asociados de desamparo. En las realidades fraternas del reino del cielo, los hijos de Dios por fe encuentran su liberación final del aislamiento del yo, tanto en el plano personal como en el plano planetario. El creyente conocedor de Dios experimenta cada vez más el éxtasis y la grandeza de la socialización espiritual a escala universal —la ciudadanía en lo alto en asociación con la realización eterna del destino divino en pos de la obtención de la perfección.

5. LA SEGUNDA REUNIÓN DEL TRIBUNAL

A las cinco y media de la mañana volvió a reunirse la corte, y Jesús fue conducido al cuarto adyacente, donde esperaba Juan. Aquí, el soldado romano y los guardianes del templo vigilaron a Jesús mientras el tribunal comenzó a formular los cargos que serían presentados a Pilato. Anás aclaró a sus asociados que el cargo de blasfemia no tendría peso alguno ante Pilato. Judas estuvo presente durante esta segunda reunión del tribunal, pero no dio testimonio alguno.

Esta sesión de la corte duró tan sólo media hora, y cuando levantaron la sesión para comparecer ante Pilato, habían preparado una acusación contra Jesús, declarándolo reo de muerte, bajo tres títulos:

1. Que era un pervertidor de la nación judía; que engañaba al pueblo y los incitaba a la rebelión.

2. Que enseñaba al pueblo a que no pagara tributo al César.

3. Que, al sostener que él era un rey y el fundador de un nuevo tipo de reino, incitaba a la traición contra el emperador.

Este procedimiento fue enteramente irregular y completamente contrario a las leyes judías. No hubo dos testigos que estuvieran de acuerdo en ningún asunto, excepto los que testificaron en cuanto a la declaración de Jesús sobre la destrucción del templo y su reconstrucción en tres días. Y aun sobre este punto, no habló ningún testigo en nombre de la defensa, tampoco se le pidió a Jesús que explicara lo que él había querido significar.

El único punto sobre el que el tribunal podría haberlo juzgado era el de la blasfemia, y eso habría sido enteramente sobre la base de su propio testimonio. Aun en cuanto a la blasfemia, no consiguieron votar formalmente la pena de muerte.

Tenían ahora la presunción de formular tres cargos, con los cuales irían ante Pilato, sin haber interrogado testigos, y habiéndolos discutido en ausencia del prisionero. Cuando esto ocurrió, tres de los fariseos se levantaron y se fueron; querían ver a Jesús destruido, pero no querían formular cargos contra él sin testigos y en su ausencia.

Jesús no volvió a aparecer ante la corte del sanedrín. No querían ellos contemplar nuevamente su rostro mientras juzgaban su vida inocente. Jesús no supo (como hombre) de los cargos levantados contra él hasta que los escuchó por boca de Pilato.

Cuando Jesús estaba en el cuarto con Juan y los guardias, y mientras la corte estaba en su segunda sesión, vinieron algunas de las mujeres del palacio del sumo sacerdote, juntamente con sus amigas, para contemplar al extraño prisionero, y una de ellas le preguntó: «¿Eres tú el Mesías, el Hijo de Dios?» Y Jesús respondió: «Si yo te lo digo, tú no me creerás; si te pregunto, no contestarás».

A las seis de esa mañana, Jesús fue llevado fuera de la casa de Caifás, para aparecer ante Pilato para que éste confirmara la sentencia de muerte que el tribunal de los sanedristas tan injusta e irregularmente había decretado.

DOCUMENTO 185

EL JUICIO ANTE PILATO

POCO después de las seis de la mañana de este viernes, 7 de abril del año 30 d. de J.C., Jesús fue llevado ante Pilato, el procurador romano que gobernaba Judea, Samaria e Idumea bajo la supervisión inmediata del legado de Siria. El Maestro fue llevado ante la presencia del gobernador romano por los guardias del templo, atado, y acompañado por unos cincuenta de sus acusadores, incluyendo el tribunal sanedrista (principalmente saduceo), Judas Iscariote, el sumo sacerdote Caifás, y el apóstol Juan. Anás no compareció ante Pilato.

Pilato estaba levantado y listo para recibir a este grupo de visitantes matutinos, pues había sido informado por los que habían conseguido su consentimiento, la noche anterior, para emplear soldados romanos en el arresto del Hijo del Hombre, de que Jesús sería traído ante su presencia temprano. Había sido arreglado que este juicio tuviera lugar frente al pretorio, una adición a la fortaleza de Antonia, donde Pilato y su mujer se hospedaban cuando estaban en Jerusalén.

Aunque Pilato dirigió gran parte del interrogatorio de Jesús dentro de las salas del pretorio, el juicio público fue celebrado afuera, sobre la escalinata que conducía a la entrada principal. Ésta fue una concesión a los judíos, que se negaban a entrar en un edificio gentil en el que tal vez se había usado levadura este día de preparación para la Pascua. Esa conducta los volvería, no solamente ceremonialmente impuros, impidiéndoles de este modo compartir la fiesta de acción de gracias de la tarde, sino que también deberían someterse a la ceremonia de purificación después de la caída del sol, antes de poder compartir la cena pascual.

Aunque a estos judíos no les remordía la conciencia por complotar para asesinar judicialmente a Jesús, eran sin embargo escrupulosos en cuanto a estos asuntos de limpieza ceremonial y regularidad tradicional. Y estos judíos no han sido los únicos en no llegar a reconocer las altas y santas obligaciones de naturaleza divina, mientras prestaban atención meticulosa a cosas de escasa importancia para el bienestar humano, tanto en el tiempo como en la eternidad.

1. PONCIO PILATO

Si Poncio Pilato no hubiese sido un gobernador razonablemente bueno de las provincias menores, Tiberio no le habría permitido que permaneciera como procurador de Judea durante diez años. Aunque era un administrador más o menos bueno, era un cobarde moral. No era hombre suficientemente grande como para comprender la naturaleza de su tarea como gobernador de los judíos. No captaba el hecho de que estos hebreos tenían una religión *verdadera*, una fe por la cual estaban dispuestos a morir, y que millones y millones de ellos, dispersados aquí y allá a lo largo y a lo ancho del imperio, consideraban que Jerusalén era el templo de su fe y respetaban al sanedrín por ser para ellos el más alto tribunal en la tierra.

Pilato no amaba a los judíos, y este odio profundo se manifestó muy pronto. De todas las provincias romanas, ninguna era más difícil de gobernar que Judea. Pilato nunca entendió realmente los problemas administrativos de los judíos y por consiguiente, muy pronto en su experiencia como gobernador, cometió una serie de errores casi fatales y prácticamente suicidas. Fueron estos errores los que dieron a los judíos mucho poder sobre él. Cuando querían influir sobre sus decisiones, todo lo que tenían que hacer era amenazar con una revuelta, y Pilato inmediatamente capitulaba. Esta aparente vacilación, o falta de valor moral, del procurador se debía principalmente al recuerdo de una serie de controversias que había tenido con los judíos, que en cada caso ellos habían ganado. Los judíos sabían que Pilato les tenía miedo, que temía por su posición ante Tiberio, y emplearon este conocimiento para gran desventaja del gobernador en numerosas ocasiones.

La desventaja de Pilato para con los judíos se produjo como resultado de una serie de encuentros desafortunados. En primer término, no supo tomar en serio el profundo prejuicio judío contra todas las imágenes como símbolos de adoración de ídolos. Por consiguiente, permitió que sus soldados entraran a Jerusalén sin quitar las imágenes del César de sus banderas, tal como había sido práctica de los soldados romanos bajo su predecesor. Una numerosa delegación de judíos esperó a Pilato por cinco días, implorándole que quitara esas imágenes de los estandartes militares. Se negó rotundamente a otorgar su petición y les amenazó de muerte instantánea. Pilato, siendo un escéptico, no comprendía que los hombres con fuertes sentimientos religiosos no vacilarían en morir por sus convicciones religiosas; por consiguiente, se anonadó cuando estos judíos se presentaron desafiantemente ante su palacio, de cara al suelo, y enviaron el mensaje de que estaban listos para morir. Pilato se dio entonces cuenta de que había hecho una amenaza que no quería cumplir. Capituló, y ordenó que las imágenes fueran quitadas de los estandartes de sus soldados en Jerusalén, y desde ese momento en adelante se encontró en alto grado sometido a los deseos de los líderes judíos, quienes habían descubierto de esta manera su debilidad, al hacer él amenazas que temía ejecutar.

Pilato posteriormente decidió volver a ganar su prestigio perdido y por lo tanto hizo colocar los escudos del emperador, del tipo de los que se usaban comúnmente para adorar a César, en los muros del palacio de Herodes en Jerusalén. Cuando los judíos protestaron, él se mantuvo firme. Cuando se negó a escuchar sus protestas, ellos apelaron prontamente a Roma, y el emperador con igual prontitud ordenó que se quitaran los escudos ofensivos. De ahí en adelante Pilato gozó de aun menos estima que antes.

Otra cosa que le granjeó la aversión de los judíos fue que se atrevió a tomar dinero del tesoro del templo para financiar la construcción de un nuevo acueducto que proveería mayor abastecimiento de agua para los millones de visitantes a Jerusalén en las épocas de las grandes fiestas religiosas. Los judíos sostenían que sólo el sanedrín podía desembolsar fondos del templo, y nunca cesaron de imprecar a Pilato por esta decisión presuntuosa. No menos de una veintena de revueltas y mucho derramamiento de sangre resultaron de esta decisión. La última de estas graves explosiones tuvo que ver con la matanza de un numeroso grupo de galileos en el momento mismo en que estaban adorando frente al altar.

Es significativo que, aunque este vacilante potentado romano sacrificó la vida de Jesús a su temor de los judíos y para salvaguardar su posición personal, fue finalmente depuesto como resultado de una matanza innecesaria de samaritanos en relación con las pretensiones de un falso Mesías que condujo a ciertas tropas al

Monte Gerizim, en el que éste decía que estaban enterradas las vasijas del templo; y se produjeron violentas escaramuzas cuando no pudo revelar el lugar en el que se habían escondido las vasijas sagradas, tal como lo había prometido. Como resultado de este episodio, el legado de Siria ordenó que Pilato volviese a Roma. Tiberio murió mientras Pilato estaba camino a Roma, y no se le nombró de nuevo procurador de Judea. No se recobró nunca plenamente de la condenación penosa de haber consentido a la crucifixión de Jesús. Como no gozaba de ningún favor a los ojos del nuevo emperador, se retiró a la provincia de Lausanne, donde posteriormente se suicidó.

Claudia Prócula, la mujer de Pilato, mucho había oído hablar de Jesús por boca de su criada, que era una fenicia creyente en el evangelio del reino. Después de la muerte de Pilato, Claudia fue prominentemente identificada con la difusión de la buena nueva.

Todo esto explica mucho de lo que ocurrió en esta trágica mañana del viernes. Es fácil comprender por qué los judíos tenían la presunción de dictaminar a Pilato —de hacer que se levantara a las seis de la mañana para enjuiciar a Jesús— y también por qué no vacilaron en decirle que lo acusarían de traición ante el emperador, si se atreviera a negarse a sus demandas de ejecutar a Jesús.

Un gobernador romano meritorio, que no se hubiera granjeado una posición de desventaja frente a los dirigentes de los judíos, jamás habría permitido que estos fanáticos religiosos sedientos de sangre pusieran a muerte a un hombre a quien él mismo había declarado inocente de los falsos cargos y sin faltas. Roma cometió un grave error, un error de serias consecuencias en los asuntos terrenales, al enviar a este Pilato, un administrador de segunda categoría, como gobernador de Palestina. Tiberio debería haber enviado a los judíos el mejor administrador provincial de su imperio.

2. JESÚS COMPARECE ANTE PILATO

Cuando Jesús y sus acusadores se reunieron frente a la sala de juicio de Pilato, el gobernador romano salió y, dirigiéndose a la compañía reunida, preguntó: «¿Qué acusación traéis contra este tipo?» Los saduceos y los consejeros que habían decidido ocuparse de eliminar a Jesús tenían decidido presentarse ante Pilato y pedirle la confirmación de la sentencia de muerte pronunciada contra él, sin voluntariamente mencionar ningún cargo definido. Por lo tanto, el portavoz del tribunal de los sanedristas contestó a Pilato: «Si éste hombre no fuera malhechor, no te lo habríamos traído».

Cuando Pilato observó que titubeaban en declarar sus acusaciones contra Jesús, aunque sabía que habían pasado toda la noche deliberando sobre sus culpas, les contestó: «Puesto que no estáis de acuerdo en ninguna acusación definida, ¿por qué no hacéis cargo de él y lo juzgáis según vuestras leyes?»

Entonces habló el escribano del tribunal del sanedrín a Pilato: «A nosotros no nos está permitido dar muerte a nadie, y este revoltoso de nuestra nación se merece morir por las cosas que ha dicho y hecho. Por lo tanto hemos venido ante ti para que confirmes este decreto».

Presentarse ante el gobernador romano con esta actitud tan evasiva revela tanto la mala voluntad y el odio de los sanedristas hacia Jesús como su falta de respeto por la justicia, honor y dignidad de Pilato. ¡Qué atrevimiento el de estos ciudadanos súbditos, al comparecer ante su gobernador provincial pidiendo un decreto de ejecución contra un hombre antes de permitirle un juicio justo y sin siquiera pronunciar acusaciones criminales definidas contra él!

Pilato algo sabía del trabajo de Jesús entre los judíos, y supuso que las acusaciones contra él tenían que ver con infracciones a las leyes eclesiásticas judías; por lo tanto, trató de referir el caso al propio tribunal de ellos. Otra vez más, Pilato se deleitaba en hacerles confesar públicamente que no tenían ellos el poder para pronunciar y llevar a cabo sentencias de muerte, aun contra uno de su propia raza que habían llegado a aborrecer con un odio tan amargo y envidioso.

A esto hacía pocas horas, cuando cerca de medianoche y después de haber dado permiso de usar soldados romanos para el arresto secreto de Jesús, había oído Pilato más hechos sobre Jesús y sus enseñanzas de labios de su mujer, Claudia, que era una conversa parcial al judaísmo, y que más tarde creyó plenamente en el evangelio de Jesús.

Pilato hubiera querido posponer esta audiencia, pero vio que los líderes judíos estaban decididos a proceder con el caso. Sabía que este día no era tan sólo la mañana de preparación para la Pascua, sino que también, siendo viernes, era el día de preparación para el sábado judío de reposo y adoración.

Pilato, siendo muy sensible a la falta de respeto de estos judíos para con él, no estaba deseoso de cumplir con sus demandas de que Jesús fuera sentenciado a muerte sin juicio. Por lo tanto, después de esperar unos momentos para que ellos pudieran presentar sus acusaciones contra el prisionero, se volvió hacia ellos y dijo: «No condenaré a este hombre a muerte sin juicio; tampoco lo interrogaré antes de que hayáis presentado por escrito vuestras acusaciones contra él».

Cuando el sumo sacerdote y los demás escucharon estas palabras de Pilato, hicieron una señal al escribano del tribunal, quien entonces entregó a Pilato las acusaciones escritas contra Jesús. Y estas acusaciones eran:

«Es decisión del tribunal sanedrista que este hombre es un malhechor y embaucador de nuestra nación porque es culpable de:

1. Pervertir a nuestra nación e incitar a nuestro pueblo a la rebelión.
2. Prohibir al pueblo que le pague tributo a César.
3. Llamarse a sí mismo rey de los judíos y enseñar la fundación de un nuevo reino».

Jesús no había sido enjuiciado en forma regular ni sentenciado legalmente de ninguna de estas acusaciones. Ni siquiera había escuchado las acusaciones cuando fueron declaradas por primera vez, pero Pilato lo hizo traer del pretorio, donde era vigilado por los guardianes, e insistió en que estas acusaciones se repitieran en presencia de Jesús.

Cuando escuchó Jesús estas acusaciones, bien sabía que no le habían pedido que declarara ante la corte judía sobre estos asuntos, así como también lo sabían Juan Zebedeo y sus acusadores, pero nada respondió él a estas falsas acusaciones. Aun cuando Pilato le ordenó que les respondiera a sus acusadores, él no abrió la boca. Pilato tanto se sorprendió de la injusticia del procedimiento y tanto se impresionó por el silencio de Jesús y su conducta noble, que decidió llevar al prisionero a la sala e interrogarlo privadamente.

La mente de Pilato estaba en estado de confusión, les temía él a los judíos en su corazón, y su espíritu estaba altamente desasosegado por el espectáculo de Jesús, majestuosamente de pie ante sus acusadores sanguinarios, contemplándolos, no con desprecio silencioso, sino con una expresión de piedad genuina y afecto acongojado.

3. EL INTERROGATORIO PRIVADO DE PILATO

Pilato llevó a Jesús y a Juan Zebedeo a su aposento privado, dejando afuera a los guardianes, e indicándole al prisionero que se sentara, se sentó a su lado y le hizo varias preguntas. Pilato comenzó su conversación con Jesús, asegurándole que no creía que la primera acusación contra él fuera verdad: que era él un pervertidor de la nación e incitador a la rebelión. Luego le preguntó: «¿Enseñaste alguna vez que se le ha de negar el tributo al César?» Jesús, indicando a Juan, dijo: «Pregúntale a él o a cualquier otro que haya oído mis enseñanzas». Entonces Pilato interrogó a Juan sobre el asunto del tributo y Juan atestiguó sobre las enseñanzas del Maestro y explicó que Jesús y sus apóstoles pagaban impuestos tanto al César como al templo. Cuando Pilato hubo interrogado a Juan, dijo: «Asegúrate de no decirle a nadie que yo hablé contigo». Y Juan jamás reveló este asunto.

Entonces Pilato se dio vuelta para preguntar a Jesús: «En cuanto a la tercera acusación contra ti, ¿eres tú el rey de los judíos?» Puesto que había un tono de interrogación posiblemente sincera en la voz de Pilato, Jesús sonrió al procurador y dijo: «Pilato, ¿dices tú esto por ti mismo, o tomas esta pregunta de los lábios de otros, los de mis acusadores?» Por lo cual, en tono parcialmente indignado, el gobernador respondió: «¿Soy yo acaso judío? Tu pueblo y los principales sacerdotes te han entregado a mí, y me han pedido que te sentencie a muerte. Yo pongo en duda la validez de sus acusaciones y tan sólo estoy tratando de averiguar por mí mismo qué has hecho. Dime, ¿has dicho tú que eres el rey de los judíos, y has tratado de fundar un nuevo reino?»

Entonces le dijo Jesús a Pilato: «¿Acaso no percibes que mi reino no es de este mundo? Si mi reino fuera de este mundo, con toda seguridad mis discípulos lucharían para que yo no fuera entregado a los judíos. Mi presencia aquí ante ti en estas ataduras es suficiente para mostrar a todos los hombres que mi reino es de un dominio espiritual, aun la hermandad de los hombres que, a través de la fe y por el amor, se han vuelto hijos de Dios. Y esta salvación es tanto para los gentiles como para los judíos».

«Luego, ¿eres tú rey después de todo?» dijo Pilato. Jesús respondió: «Sí, soy tal rey, y mi reino es la familia de los hijos por fe de mi Padre que está en el cielo. Para este fin nací yo en el mundo, aun para mostrar a mi Padre a todos los hombres y atestiguar la verdad de Dios. Y aun ahora te declaro que todo el que ama la verdad, oye mi voz».

Entonces dijo Pilato, medio en broma y medio sinceramente: «La verdad, ¿qué es la verdad —quién lo sabe?»

Pilato no podía comprender las palabras de Jesús, ni tampoco podía entender la naturaleza de su reino espiritual, pero estaba ahora seguro de que el prisionero nada había hecho que lo hiciera reo de muerte. Mirar a Jesús cara a cara, fue suficiente para convencer aun a Pilato de que este hombre tierno y agotado, pero majestuoso y recto, no era un revolucionario salvaje y peligroso que quería establecerse en el trono temporal de Israel. Pilato creyó entender algo de lo que Jesús significaba cuando se llamó a sí mismo rey porque conocía las enseñanzas de los estoicos, quienes declaran que «el sabio es rey». Pilato estaba plenamente convencido de que, en vez de ser un sedicioso peligroso, Jesús no era más ni menos que un visionario inocuo, un fanático inocente.

Después de interrogar al Maestro, Pilato regresó adonde los altos sacerdotes y los acusadores de Jesús y dijo: «He interrogado a este hombre, y no hallo en él ningún delito. No creo que sea culpable de las acusaciones que habéis dirigido contra él; creo que debe ser puesto en libertad». Cuando los judíos escucharon esto, se airaron grandemente, tanto que gritaron violentamente que Jesús debía morir; y uno de los sanedristas se adelantó atrevidamente al lado de Pilato, diciendo: «Este hombre revoluciona al pueblo, comenzando en Galilea y siguiendo por toda Judea. Es un malhechor y comete fechorías. Mucho te arrepentirás si dejas en libertad a este hombre protervo».

Pilato no sabía qué hacer con Jesús; por lo tanto, cuando les oyó decir que había empezado su trabajo en Galilea, pensó en sacarse de encima la responsabilidad de decidir el caso, por lo menos para ganar tiempo y pensar en el asunto, enviando a Jesús a que compareciera ante Herodes, quien estaba por ese entonces en la ciudad para asistir a la Pascua. Pilato también pensó que este gesto contribuiría tal vez a suavizar ciertos sentimientos amargos que existían desde hacía un tiempo entre él y Herodes, por numerosos malentendidos sobre asuntos de jurisdicción.

Pilato, después de llamar a los guardianes, dijo: «Este hombre es galileo. Llevadlo inmediatamente ante Herodes, y cuando él lo haya interrogado, informadme de lo que él halle». Entonces llevaron a Jesús ante Herodes.

4. JESÚS ANTE HERODES

Cuando Herodes Antipas iba a Jerusalén se hospedaba en el viejo palacio macabeo de Herodes el Grande, y fue a este palacio del anterior rey que Jesús fue llevado por los guardianes del templo, seguido por sus acusadores y una multitud en aumento. Herodes por mucho tiempo había oído hablar de Jesús, y tenía mucha curiosidad de verle. Cuando el Hijo del Hombre estuvo ante él, este viernes por la mañana, el malvado idumeo no recordó en ningún momento al muchacho de años anteriores que había aparecido ante él en Séforis, pidiéndole una decisión justa sobre el dinero que se le debía a su padre, quien había muerto accidentalmente mientras trabajaba en uno de los edificios públicos. Por lo que sabía Herodes, él nunca había visto a Jesús, aunque mucho se había preocupado por él cuando hacía su obra en Galilea. Ahora, con Jesús en la custodia de Pilato y de los judeos, Herodes ansiaba verlo, pues le parecía que ya no corría peligro de que surgieran problemas por él en el futuro. Herodes mucho había oído de los milagros forjados por Jesús, y realmente esperaba verlo realizar algún portento.

Cuando trajeron a Jesús ante Herodes, el tetrarca se sorprendió de su apariencia majestuosa y de la calma de su conducta. Durante unos quince minutos hizo Herodes preguntas a Jesús pero el Maestro no respondió. Herodes lo provocó, desafiándolo a que realizara un milagro, pero Jesús no respondió a sus muchas preguntas ni a sus desafíos.

Entonces Herodes se volvió a los altos sacerdotes y los saduceos y, prestando oído a sus acusaciones, oyó todo lo que Pilato había escuchado, y más, sobre las supuestas fechorías del Hijo del Hombre. Finalmente, convencido de que Jesús ni hablaría ni realizaría un portento para él, Herodes, después de burlarse de él por un tiempo, le envolvió en un viejo manto de púrpura real y lo mandó de vuelta a Pilato. Herodes sabía que no tenía jurisdicción sobre Jesús en Judea. Aunque se alegraba de creer que finalmente estaría libre de Jesús en Galilea, estaba agradecido de que fuera responsabilidad de Pilato condenarlo a muerte. Herodes no se había recobrado nunca plenamente del temor que lo perseguía por haber dado muerte a Juan el Bautista. Herodes en ciertos momentos temió que Jesús fuera Juan, resucitado de entre los muertos. Ahora pudo liberarse de ese temor, puesto que observó que Jesús era una persona muy distinta del extrovertido y apasionado profeta que se había atrevido a exponer y denunciar su vida privada.

5. JESÚS VUELVE ANTE PILATO

Cuando los guardianes trajeron a Jesús de vuelta ante Pilato, él salió a la escalinata del pretorio, donde se había colocado el asiento para el juicio, y, reuniendo a los altos sacerdotes y a los sanedristas, les dijo: «Habéis traído a este hombre ante mí, acusándolo de que pervierte al pueblo, prohibe el pago de los impuestos, y dice ser el rey de los judíos. Lo he interrogado y no lo encuentro culpable de estas acusaciones. De hecho, no encuentro falta alguna en él. Luego lo envié a Herodes, y el tetrarca debe de haber llegado a la misma conclusión, puesto que nos lo ha enviado de vuelta. De cierto este hombre no ha hecho nada merecedor de muerte. Si aún creéis que necesita ser disciplinado, estoy dispuesto a castigarle antes de ponerlo en libertad».

En el momento en que se disponían los judíos a expresar en alta voz su protesta ante la idea de poner a Jesús en libertad, se acercó una gran muchedumbre que marchaba al pretorio para pedir a Pilato que soltara a un prisionero en honor de la fiesta de Pascua. Había sido costumbre durante cierto tiempo de que los gobernadores romanos permitieran a la plebe seleccionar a un hombre encarcelado o condenado para amnistía al tiempo de la Pascua. Ahora pues, esta muchedumbre se presentaba ante él para pedir que soltaran a un prisionero, y puesto que Jesús tan recientemente había gozado de tanta popularidad con las multitudes, se le ocurrió a Pilato que tal vez podría salirse del lío proponiendo a este grupo que, puesto que Jesús era un prisionero en ese momento ante su asiento del juez, les soltaría a este hombre de Galilea como símbolo de la buena voluntad de la Pascua.

Al subir la multitud por las escalinatas del edificio, Pilato les oyó decir el nombre de un tal Barrabás. Barrabás era un conocido agitador político y ladrón asesino, hijo de un sacerdote, que recientemente había sido apresado en el acto de robar y asesinar en la carretera de Jericó. Este hombre había sido condenado a muerte y sería ejecutado en cuanto terminaran las festividades de la Pascua.

Pilato se puso de pie y explicó a la multitud que Jesús había sido traído ante él por los altos sacerdotes, quienes querían condenarlo a muerte por ciertas acusaciones, y que él no pensaba que el hombre fuera reo de muerte. Dijo Pilato: «¿A quién pues preferís que yo os suelte, a este Barrabás, el asesino, o a este Jesús de Galilea?» Cuando Pilato hubo hablado así, los altos sacerdotes y los consejeros del sanedrín gritaron a voz en cuello: «¡Barrabás, Barrabás!» Y cuando la gente vio que los altos sacerdotes estaban decididos a poner Jesús a muerte, en seguida se unieron al clamor vociferando que soltaran a Barrabás.

Pocos días antes, esta multitud había admirado a Jesús, pero la muchedumbre no admiraba al que, habiendo dicho que era Hijo de Dios, se encontraba ahora en la custodia de los altos sacerdotes y de los dirigentes ante él tribunal de Pilato, condenado a muerte. Jesús podía ser el héroe de la plebe cuando echaba a los cambistas y a los mercaderes del templo, pero no como prisionero sin resistencia en las manos de sus enemigos y enjuiciado a muerte.

Pilato se airó al observar a los altos sacerdotes pedir a voces el perdón de un asesino bien conocido y pidiendo al mismo tiempo la sangre de Jesús. Vio su malicia y su odio y percibió su prejuicio y envidia. Por lo tanto les dijo: «¿Cómo podéis vosotros elegir la vida de un asesino en vez de la de este hombre cuyo peor crimen es que se hace llamar figurativamente rey de los judíos?» Pero no fue ésta una declaración sabia por parte de Pilato. Los judíos eran un pueblo orgulloso, ahora sí sometido al yugo político de los romanos, pero esperanzados del advenimiento de un Mesías que los liberaría de su esclavitud gentil con gran muestra de poder y gloria. Resintieron mucho más de lo que Pilato podía darse cuenta, la sugerencia de que este maestro de maneras mansas y de extrañas doctrinas, arrestado ahora y acusado de delitos dignos de muerte, podía ser considerado «el rey de los judíos». Reaccionaron a esta observación como un insulto a todo lo que ellos consideraban sagrado y honorable en su existencia nacional, y por lo tanto todos ellos a voces pidieron que se soltara a Barrabás y que se matara a Jesús.

Pilato sabía que Jesús era inocente de las acusaciones traídas contra él, y si hubiese sido un juez justo y valiente, lo habría exonerado y puesto en libertad. Pero tenía miedo de desafiar a estos judíos airados, y mientras titubeaba antes de cumplir con su deber, llegó un mensajero y le dio un mensaje sellado de su mujer, Claudia.

Pilato indicó a los que estaban congregados ante él que deseaba leer esta comunicación que acababa de recibir antes de proceder con el asunto ante a él. Cuando Pilato abrió la carta de su mujer, leyó: «Te ruego que nada tengas que ver con este hombre justo e inocente a quien llaman Jesús. Mucho he padecido esta noche en sueños por causa de él». Esta nota de Claudia no sólo preocupó grandemente a Pilato por lo que postergó así la adjudicación de este asunto, sino que desafortunadamente proporcionó tiempo suficiente para que los líderes judíos circularan libremente entre la multitud y urgieran al pueblo a que pidiese que soltaran a Barrabás y que crucificaran a Jesús.

Finalmente, Pilato se dirigió nuevamente a solucionar el problema que enfrentaba, preguntando al grupo mezclado de potentados judíos y multitud buscadora de perdón: «¿Qué he de hacer con el que se llama rey de los judíos?». Y todos ellos gritaron al unísono: «¡Crucifícalo! ¡Crucifícalo!». La unanimidad de esta demanda de la multitud mezclada sorprendió y alarmó a Pilato, el juez injusto y temeroso.

Nuevamente Pilato dijo: «¿Por qué queréis crucificar a este hombre? ¿Qué mal ha hecho? ¿Quién se presentará para atestiguar contra él?». Pero cuando oyeron a Pilato hablar en defensa de Jesús, tan sólo gritaron nuevamente: «¡Crucifícalo! ¡Crucifícalo!».

Nuevamente Pilato apeló a ellos sobre el asunto de soltar un prisionero para la Pascua, diciendo: «Nuevamente os pregunto, ¿cuál de estos prisioneros debo soltaros en esta vuestra Pascua?» Nuevamente la multitud gritó: «¡Danos a Barrabás!»

Entonces dijo Pilato: «Si suelto al asesino Barrabás, ¿qué he de hacer con Jesús?» Nuevamente la multitud gritó al unísono: «¡Crucifícalo! ¡Crucifícalo!»

Pilato estaba aterrorizado por el clamor insistente de la plebe, que actuaba bajo el liderazgo directo de los altos sacerdotes y de los consejeros del sanedrín; sin embargo, decidió hacer un último intento de apaciguar a la multitud y salvar a Jesús.

6. EL ÚLTIMO LLAMADO DE PILATO

En todo lo que está ocurriendo este viernes temprano en la mañana ante Pilato, tan sólo participan los enemigos de Jesús. Sus muchos amigos aún no saben de su arresto durante la noche y de su juicio temprano por la mañana o bien están escondidos para evitar ser arrestados también y adjudicados reos de muerte porque creen en las enseñanzas de Jesús. En la multitud que clama por la muerte del Maestro tan sólo se encuentran sus enemigos jurados y la plebe despreocupada, fácilmente voluble.

Pilato quería hacer un último llamado a la piedad de ellos. Pero como teme desafiar el clamor de esta plebe enardecida que quiere la sangre de Jesús, ordena a los guardianes judíos y a los soldados romanos que se lleven a Jesús y lo azoten. Éste fue un acto de procedimiento injusto e ilegal, ya que la ley romana permitía que únicamente aquellos condenados a muerte por crucifixión fueran azotados. Los guardianes llevaron a Jesús al patio abierto del pretorio para este castigo. Aunque sus enemigos no presenciaron los azotes, Pilato sí los presenció, y antes de que ellos terminaran su abuso malvado, ordenó a los azotadores que desistiesen e indicó que Jesús debía ser traído ante él. Antes de que los azotadores golpearan a Jesús con sus cuerdas anudadas, atándole a un poste, nuevamente le pusieron el manto de púrpura, y trenzando una corona de espinas, se la colocaron en la frente. Después de ponerle en la mano una caña como cetro, hincando la rodilla lo escarnecían, diciendo: «¡Salud, rey de los judíos!» Y lo escupieron y le dieron de bofetadas en la cara. Y uno de ellos, antes de devolverlo a Pilato, le quitó la caña de la mano y lo golpeó con ésta en la cabeza.

Entonces Pilato condujo a este prisionero sangrante y lacerado y, presentándoselo a la multitud mezclada, dijo: «¡He aquí el hombre! Nuevamente os digo que no hallo delito en él, y habiéndolo azotado, quiero soltarlo».

Allí estaba pues Jesús el Nazareno, envuelto en un viejo manto de púrpura real con una corona de espinas que le hería su compasiva frente. Su rostro estaba cubierto de sangre y su cuerpo encorvado bajo el peso del sufrimiento y la congoja. Pero nada conmueve el corazón insensible de los que son víctimas de un intenso odio emocional y esclavos del prejuicio religioso. Esta visión hizo correr un poderoso escalofrío por los reinos de un vasto universo, pero no tocó el corazón de los que habían decidido destruir a Jesús.

Cuando las multitudes se recuperaron de la primera impresión de ver el sufrimiento del Maestro, tan sólo gritaron más fuerte y por más tiempo: «¡Crucifícalo! ¡Crucifícalo! ¡Crucifícalo!»

Ahora comprendió Pilato que era fútil apelar a sus supuestos sentimientos de piedad. Se adelantó y dijo: «Percibo que estáis decididos a que este hombre muera, ¿pero qué ha hecho él para merecerse la muerte? ¿Quién declarará su crimen?»

Entonces el alto sacerdote se adelantó y, acercándose a Pilato, declaró airadamente: «Nosotros tenemos una ley sagrada, y según esa ley él debe morir, porque se llamó a sí mismo Hijo de Dios». Cuando Pilato oyó esto, se atemorizó aun más, no sólo de los judíos sino que recordando la nota de su mujer y la mitología griega de los dioses que bajaban a la tierra, se puso a temblar ante la idea de que Jesús posiblemente fuera un personaje divino. Señaló a la multitud que se calmara mientras llevó a Jesús del brazo y nuevamente lo condujo adentro del edificio para interrogarlo ulteriormente. Pilato estaba confundido por el temor, perplejo por la superstición y atormentado por la actitud testaruda de la plebe.

7. LA ÚLTIMA ENTREVISTA CON PILATO

Pilato, temblando de emoción temerosa, se sentó al lado de Jesús, y le preguntó: «¿De dónde vienes? Realmente, ¿quién eres tú? ¿Qué es esto que dicen ellos, que tú eres el Hijo de Dios?»

Pero Jesús no podía contestar estas preguntas planteadas por un juez temeroso de los hombres, un juez débil y vacilante que tan injustamente lo hizo azotar aun cuando le había declarado inocente de todo delito, y antes de haber sido debidamente sentenciado a muerte. Jesús miró directamente a los ojos a Pilato, pero no le contestó. Entonces dijo Pilato: «¿Te niegas a hablarme? ¿No te das cuenta que aún tengo autoridad para soltarte o crucificarte?». Entonces dijo Jesús: «Ninguna autoridad tendrías tú sobre mí si no fuese dada de arriba. No puedes ejercer autoridad alguna sobre el Hijo del Hombre a menos que el Padre en el cielo lo permita. Pero tú no tienes tanta culpa puesto que eres ignorante del evangelio. El que me traicionó y el que me entregó a ti, el pecado de ellos es mayor».

Esta última conversación con Jesús aterrorizó del todo a Pilato. Este cobarde moral y débil juez estaba ahora bajo el doble peso del temor supersticioso de Jesús y del temor mortal de los líderes judíos.

Nuevamente Pilato apareció ante el gentío diciendo: «Estoy seguro de que este hombre es tan sólo un ofensor religioso. Deberíais tomarlo y juzgarlo por vuestra ley. ¿Por qué esperáis que yo consienta con su muerte por haber él transgredido vuestras tradiciones?»

Pilato estaba casi listo para soltar a Jesús cuando Caifás, el sumo sacerdote, se acercó al cobarde juez romano y, sacudiendo un dedo vengativo en la cara de Pilato, dijo con palabras airadas que toda la multitud podía oír: «Si sueltas a este hombre, no eres amigo del César, y yo me aseguraré de que el emperador se entere de todo». Esta amenaza pública fue demasiado para Pilato, el temor por su fortuna individual eclipsó en ese momento toda otra consideración, y el cobarde gobernador ordenó que Jesús fuera traído ante el asiento del juez. Mientras el Maestro estaba allí frente a ellos, Pilato lo señaló con el dedo y dijo burlonamente: «He aquí vuestro rey». Y los judíos respondieron: «¡Crucifícalo! ¡Crucifícalo!» Y entonces Pilato dijo, con mucha ironía y sarcasmo: «¿Es que debo crucificar a vuestro rey?» Y los judíos respondieron: «Sí, ¡crucifícalo! No tenemos más rey que al César». Entonces Pilato se dio cuenta de que no había esperanza alguna de salvar a Jesús, puesto que no estaba dispuesto él a desafiar a los judíos.

8. LA TRÁGICA DERROTA DE PILATO

Aquí estaba el Hijo de Dios encarnado como Hijo del Hombre. Había sido arrestado sin denuncia; acusado sin prueba; juzgado sin testigos; castigado sin veredicto; y ahora, pronto sería condenado a muerte por un juez injusto que había confesado que no hallaba delito en él. Si Pilato creyó apelar al patriotismo de ellos al referirse a Jesús como el «rey de los judíos», se equivocó completamente. Los judíos no querían semejante rey. La declaración de los altos sacerdotes y los saduceos: «No tenemos más rey que al César», impresionó aun a la plebe despreocupada, pero era demasiado tarde para salvar a Jesús aunque se hubiese atrevido la plebe a abrazar la causa del Maestro.

Pilato temía un tumulto o una revuelta. No se atrevía a arriesgar disturbios durante la semana de Pascua en Jerusalén. Recientemente había sido censurado por el César, y no quería arriesgar otra censura. La plebe aplaudió cuando ordenó que soltaran a Barrabás. Luego mandó que le trajeran un cántaro y agua, y allí ante la multitud se lavó las manos, diciendo: «Yo soy inocente de la sangre de este hombre. Vosotros habéis decidido que debe morir, pero yo no hallé delito en él. Allá vosotros. Los soldados se lo llevarán». Y la plebe aplaudió y replicó: «Que su sangre se derrame sobre nosotros, y sobre nuestros hijos».

DOCUMENTO 186

POCO ANTES DE LA CRUCIFIXIÓN

CUANDO Jesús y sus acusadores salieron para ver a Herodes, el Maestro se volvió al apóstol Juan y dijo: «Juan, ya no puedes hacer nada más por mí. Vete adonde mi madre y tráela para que me vea antes de morir». Cuando Juan oyó la petición del Maestro, aunque no quería dejarle solo entre sus enemigos, se apresuró a Betania, donde estaba reunida toda la familia de Jesús aguardando en la casa de Marta y María, las hermanas de Lázaro a quien Jesús había resucitado de entre los muertos.

Varias veces durante la mañana, los mensajeros habían llevado noticias a Marta y María sobre el progreso del juicio de Jesús. Pero la familia de Jesús no llegó a Betania hasta pocos minutos antes de la llegada de Juan, que traía la petición de Jesús de ver a su madre antes de ser puesto a muerte. Una vez que Juan Zebedeo les relató todo lo que había ocurrido desde el arresto de Jesús a la medianoche, María su madre fue inmediatamente, en compañía de Juan, a ver a su hijo mayor. Cuando María y Juan llegaron a la ciudad, Jesús, acompañado por los soldados romanos que iban a crucificarlo, ya había llegado al Gólgota.

Cuando María la madre de Jesús salió con Juan para ver a su hijo, su hermana Ruth se negó a quedarse atrás con el resto de la familia. Puesto que estaba decidida a acompañar a su madre, su hermano Judá fue con ella. El resto de la familia del Maestro permaneció en Betania bajo la dirección de Santiago, y prácticamente cada hora los mensajeros de David Zebedeo les llevaban noticias sobre el progreso del terrible acontecimiento de la sentencia de muerte de su hermano mayor, Jesús de Nazaret.

1. EL FIN DE JUDAS ISCARIOTE

Eran alrededor de las ocho y media de este viernes por la mañana cuando terminó la audiencia de Jesús ante Pilato y el Maestro fue puesto en manos de los soldados romanos que iban a crucificarlo. En cuanto los romanos tomaron posesión de Jesús, el capitán de los guardias judíos marchó con sus hombres de vuelta a su cuartel en el templo. El sumo sacerdote y sus asociados sanedristas siguieron de cerca a los guardianes, yendo directamente a su sitio usual de reunión en la sala de piedras labradas del templo. Aquí encontraron a muchos otros miembros del sanedrín que aguardaban para saber qué se había hecho con Jesús. Mientras Caifás presentaba su informe al sanedrín sobre el juicio y la condenación de Jesús, Judas apareció ante ellos para reclamar su recompensa por el papel que había representado en el arresto y sentencia de muerte de su Maestro.

Todos estos judíos detestaban a Judas; miraban al traidor sólo con sentimientos de gran desprecio. A lo largo del juicio de Jesús ante Caifás y durante su aparición ante Pilato, a Judas le remordía la conciencia por su conducta traicionera. Al mismo tiempo ya no se hacía tantas ilusiones sobre la recompensa que recibiría como pago a sus servicios de traidor de Jesús. No le gustaba la frialdad y altanería de las autoridades judías; sin embargo, esperaba ser recompensado ampliamente por su conducta cobarde. Esperaba que lo llamaran ante el plenario del sanedrín y que lo honraran allí mientras le conferían honores apropiados como símbolo del gran servicio que, según él, había rendido a su nación. Imaginad por lo tanto la gran sorpresa de este traidor egoísta cuando un siervo del sumo sacerdote, tocándole en el hombro, lo llamó fuera de la sala y dijo: «Judas, se me ha encargado que te pague por la traición de Jesús. Aquí está tu recompensa». Hablando así, el siervo de Caifás le entregó a Judas una bolsa que contenía treinta piezas de plata —en aquel tiempo, el precio de un buen esclavo en buena salud.

Judas estaba anonadado, pasmado. Se abalanzó de vuelta a la sala, pero el centinela no lo dejó entrar. Quería apelar al sanedrín, pero ellos no quisieron admitirlo. Judas no podía creer que estos líderes de los judíos permitieran que él traicionara a sus amigos y a su Maestro y luego le ofrecieran como recompensa treinta piezas de plata. Estaba humillado, desilusionado, y totalmente destruido. Se alejó del templo, en realidad, como en un trance. Automáticamente se metió la bolsa de dinero en el amplio bolsillo, el mismo bolsillo en el cual por tanto tiempo había llevado la bolsa que contenía los fondos apostólicos. Y deambuló por las calles de la ciudad, tras de las multitudes que iban a presenciar las crucifixiones.

A cierta distancia vio Judas que levantaban el travesaño con Jesús clavado en él; al ver esto, volvió corriendo al templo y, forcejeando con el centinela consiguió entrar y pararse ante el sanedrín, que aún estaba reunido. El traidor estaba casi sin aliento y altamente conmovido, pero consiguió balbucear estas palabras: «He pecado entregando sangre inocente. Vosotros me habéis insultado. Me habéis ofrecido dinero como recompensa de mis servicios —el precio de un esclavo. Me arrepiento de haber hecho esto; he aquí vuestro dinero. Quiero liberarme de la culpa de esta acción».

Cuando los potentados de los judíos escucharon a Judas, se burlaron de él. El que estaba sentado más cerca del sitio donde se encontraba Judas de pie, le indicó con un gesto que se fuera de la sala, diciéndole: «Tu Maestro ya ha sido puesto a muerte por los romanos, y en cuanto a tu culpa, ¿qué nos importa a nosotros? Ocúpate tú mismo de ella —y ¡fuera de aquí!»

Al abandonar Judas el aposento del sanedrín, sacó las treinta piezas de plata de la bolsa y las arrojó al piso del templo. Cuando el traidor abandonó el templo, estaba casi fuera de sí. Judas ahora experimentaba la comprensión de la verdadera naturaleza del pecado. Ya se habían desvanecido el atractivo, la fascinación y la ebriedad de las malas acciones. Ahora el malhechor estaba a solas, frente a frente con el veredicto de enjuiciamiento de su alma desilusionada y desencantada. El pecado fue atractivo y aventuroso mientras lo cometía, pero ahora tenía él que enfrentarse con los frutos de los hechos y a desnudos y despojados de romanticismo.

El que fuera embajador del reino del cielo en la tierra, caminaba ahora por las calles de Jerusalén, solo y abandonado. Su desesperación era total y absoluta. Así anduvo por la ciudad y fuera de sus muros, hasta descender a la terrible soledad del valle de Hinom, donde trepó por las rocas abruptas y, quitándose el cinto, ató un extremo a un pequeño árbol y el otro extremo alrededor del cuello, y se arrojó al precipicio. Antes de morir, el nudo que sus manos nerviosas habían atado se soltó, y el cuerpo del traidor se reventó en pedazos al caer a las ásperas rocas.

2. LA ACTITUD DEL MAESTRO

Cuando Jesús fue arrestado, sabía que su trabajo en la tierra, en la semejanza de la carne mortal, estaba terminado. El comprendía plenamente la manera como moriría, y poco le preocupaban los detalles de los así llamados juicios.

Ante el tribunal de los sanedristas, Jesús se negó a responder al testimonio de los testigos perjuros. Tan sólo había una pregunta que siempre tendría respuesta, fuera amigo o enemigo el que la preguntara, y ésa era la que se refería a la naturaleza y divinidad de su misión en la tierra. Cuando se le preguntaba si él era el Hijo de Dios, respondía infaliblemente. Se negó firmemente a hablar en presencia del curioso y malvado Herodes. Ante Pilato habló sólo cuando pensó que podría ayudar a Pilato o a algún otro ser sincero para que alcanzaran un conocimiento mejor de la verdad de lo que él decía. Jesús había enseñado a sus apóstoles que era inútil echar perlas a los cerdos; ahora, se atrevía a practicar lo que enseñara. Su conducta durante este tiempo ejemplificó la sumisión paciente de la naturaleza humana combinada con el silencio majestuoso y la dignidad solemne de la naturaleza divina. Estaba dispuesto a conversar con Pilato de cualquier asunto relacionado con las acusaciones políticas contra él —toda pregunta que reconocía pertinente a la jurisdicción del gobernador.

Jesús estaba convencido de que era voluntad del Padre que se sometiera al curso natural y ordinario de los eventos humanos como debe hacerlo cualquier otra criatura mortal, y por lo tanto se negó a emplear siquiera sus poderes puramente humanos de elocuencia persuasiva para influir sobre el resultado de las maquinaciones de sus semejantes mortales socialmente miopes y espiritualmente ciegos. Aunque Jesús vivió y murió en Urantia, toda su carrera humana, desde el principio hasta el fin, fue un espectáculo diseñado para influir e instruir al universo entero de su creación y permanente sostenimiento.

Estos judíos miopes pidieron a gritos la muerte del Maestro mientras él estuvo allí de pie en un silencio solemne, contemplando el espectáculo de la muerte de una nación —el pueblo de su propio padre terrenal.

Jesús había desarrollado tal carácter humano que podía mantener la serenidad y afirmar su dignidad aun frente a los insultos persistentes y sin causa. No podía ser amilanado. Cuando fue atacado por primera vez por el criado de Anás, tan sólo había sugerido que sería apropiado llamar testigos que pudieran atestiguar debidamente contra él.

Desde el principio hasta el fin, durante el así llamado juicio ante Pilato, las huestes celestiales que presenciaban los hechos no pudieron contenerse de transmitir al universo la descripción del espectáculo de «Pilato enjuiciado ante Jesús».

Cuando se encontró frente a Caifás, y todo el falso testimonio fue inservible, Jesús no titubeó en responder a la pregunta del alto sacerdote, proporcionando así su propio testimonio de lo que ellos deseaban usar para condenarlo por blasfemia.

El Maestro nunca demostró el menor interés por los esfuerzos, bien intencionados pero apenas tibios, de Pilato para soltarlo. Realmente tuvo piedad de Pilato y sinceramente trató de iluminar su mente oscurecida. Se mantuvo totalmente pasivo ante los llamados del gobernador romano para que los judíos retiraran sus acusaciones criminales contra él. Durante toda esta prueba dolorosa, se comportó con singular dignidad y majestad sin ostentación. No proyectó ni siquiera reflejos de insinceridad sobre aquellos que luego se tornaran en sus asesinos, cuando éstos preguntaron si él era «el rey de los judíos». Con un mínimo de explicación calificativa aceptó esa denominación, sabiendo que, aunque eligieron rechazarlo, él sería en efecto el último que pudiera proporcionarles un verdadero liderazgo nacional, aun en sentido espiritual.

Poco dijo Jesús durante estos juicios, pero dijo lo suficiente como para mostrar a todos los mortales el carácter humano que un hombre puede perfeccionar en sociedad con Dios, y para revelar a todo el universo la forma en la que Dios puede manifestarse en la vida de la criatura cuando dicha criatura verdaderamente elige hacer la voluntad del Padre, tornándose así hijo activo del Dios vivo.

Su amor por los mortales ignorantes se revela plenamente en su paciencia y gran autodominio frente a las burlas, bofetadas y mofas de los burdos soldados y de los siervos despreocupados. Ni siquiera se enojó cuando le vendaron los ojos y, abofeteándolo burlonamente, exclamaron: «Profetízanos, quién fue el que te golpeó».

Pilato dijo más verdad de la que él sabía cuando, después de haber hecho azotar a Jesús, lo presentó ante la multitud exclamando: «¡He aquí el hombre!» En efecto, el temeroso gobernador romano no se imaginaba que precisamente en ese momento el universo estaba atento, contemplando este espectáculo único de su amado Soberano sometido así a la humillación de las burlas y los golpes de sus súbditos mortales oscurecidos y degradados. Y al hablar Pilato, se transmitió un eco por todo Nebadon: «¡He aquí a Dios y al Hombre!» Por todo un universo, millones incalculables desde ese día han seguido contemplando a ese hombre, mientras que el Dios de Havona, el gobernante supremo del universo de universos, accepta al hombre de Nazaret como satisfacción del ideal de las criaturas mortales de este universo local en el tiempo y el espacio. En su vida incomparable, él nunca dejó de revelar Dios al hombre. Ahora, en estos episodios finales de su carrera mortal y su muerte subsiguiente, hizo una nueva y conmovedora revelación del hombre a Dios.

3. EL CONFIABLE DAVID ZEBEDEO

Poco después de que fuera Jesús entregado a los soldados romanos al fin de la audiencia ante Pilato, un grupo de guardianes del templo se dirigió de prisa a Getsemaní para dispersar o arrestar a los seguidores del Maestro. Pero mucho antes de su llegada, estos seguidores se habían dispersado. Los apóstoles se habían retirado a lugares designados para ocultarse; los griegos se habían separado y se habían dirigido a distintas casas en Jerusalén; los demás discípulos habían desaparecido del mismo modo. David Zebedeo creía que los enemigos de Jesús retornarían; por lo tanto en seguida quitó unas cinco o seis tiendas en la parte alta de la hondonada, junto al sitio al que tan frecuentemente el Maestro se retiraba para orar y adorar. Aquí él pensaba ocultarse y al mismo tiempo mantener un centro, o estación coordinadora, para sus servicios de mensajería. Apenas David había abandonado el campamento, cuando llegaron los guardianes del templo. Como no encontraron allí a nadie, se conformaron con incendiar el campamento y luego se apresuraron a volver al templo. Al escuchar su informe, el sanedrín estuvo satisfecho de que los seguidores de Jesús estaban tan totalmente asustados y preocupados que ya no habría peligro de revueltas ni intento alguno de rescatar a Jesús de las manos de sus ajusticiadores. Por fin pudieron respirar en paz, y así levantaron la sesión, y cada uno fue a prepararse para la Pascua.

Tan pronto como Pilato entregó a Jesús a los soldados romanos para su crucifixión, un mensajero se fue de prisa a Getsemaní para informar a David, y a los cinco minutos ya habían corredores camino de Betsaida, Pella, Filadelfia, Sidón, Siquem, Hebrón, Damasco y Alejandría. Todos estos mensajeros llevaban la noticia de que Jesús estaba a punto de ser crucificado por los romanos por pedido insistente de los potentados de los judíos.

A lo largo de este día trágico, hasta que finalmente llegó el mensaje de que el Maestro había sido colocado en el sepulcro, David envió mensajeros aproximadamente cada media hora con informes para los apóstoles, los griegos, y la familia terrenal de Jesús, reunida en la casa de Lázaro en Betania. Cuando los mensajeros partieron con la noticia de que Jesús había sido sepultado, David despidió a su cuerpo de corredores locales para la celebración de la Pascua y para el sábado de reposo, con instrucciones de que volvieran a él en secreto el domingo por la mañana, concurriendo a la casa de Nicodemo, en donde pensaba esconderse por unos días con Andrés y Simón Pedro.

Este David Zebedeo de mente tan peculiar fue el único de los principales discípulos de Jesús que tomó literalmente y como cosa normal la declaración del Maestro de que él moriría y «resucitaría al tercer día». David le había escuchado una vez esta predicción y, siendo de mente literal, se proponía reunir a sus mensajeros el domingo por la mañana temprano en la casa de Nicodemo, para que estuvieran disponibles para difundir la noticia, en caso de que Jesús se levantara de los muertos. Pronto descubrió David que ninguno de los seguidores de Jesús esperaba que él volviese tan pronto de la tumba; por lo tanto, poco dijo de su creencia, y nada sobre la movilización de sus mensajeros para el domingo por la mañana temprano, excepto a los corredores que habían sido enviados en la mañana del viernes a ciudades y centros de creyentes distantes.

Así pues estos seguidores de Jesús, dispersados por todo Jerusalén y sus alrededores, esa noche compartieron la Pascua y al día siguiente permanecieron en retiro.

4. La preparación para la crucifixión

Una vez que Pilato se hubo lavado las manos ante la multitud, buscando así escapar a la culpa de entregar un hombre inocente a que fuera crucificado, sólo porque temía resistirse a los reclamos de los dirigentes de los judíos, ordenó que el Maestro fuera entregado a los soldados romanos e instruyó al capitán que se lo crucificara inmediatamente. Al hacerse cargo de Jesús, los soldados lo condujeron de vuelta al patio del pretorio, y después de quitarle el manto que le había puesto Herodes, lo vistieron con sus propios indumentos. Estos soldados se burlaron y se mofaron de él, pero no le infligieron castigo físico. Jesús estaba ahora a solas con estos soldados romanos. Sus amigos estaban escondidos; sus enemigos se habían ido por su camino; aun Juan Zebedeo ya no estaba a su lado.

Fue poco después de las ocho que Pilato entregó a Jesús a los soldados, y poco después de las nueve partieron ellos para el lugar de la crucifixión. Durante este período de más de media hora Jesús no habló una sola palabra. El departamento ejecutivo de un gran universo se encontraba prácticamente parado. Gabriel y los altos gobernantes de Nebadon se hallaban reunidos aquí en Urantia, o siguiendo de cerca los informes espaciales de los arcángeles para mantenerse al tanto de lo que le estaba ocurriendo al Hijo del Hombre en Urantia.

Al aprontarse los soldados para llevar a Jesús al Gólgota, ya se encontraban ellos bajo la influencia de su insólita serenidad y dignidad extraordinaria, de su silencio sin quejas.

Buena parte de la demora en salir con Jesús para el lugar de la crucifixión se debió a que el capitán decidió a último minuto llevarse a dos criminales que habían sido condenados a muerte; puesto que Jesús sería crucificado esa mañana, el capitán romano pensó que estos dos podían también morir con él en vez de esperar hasta el fin de las festividades de la Pascua.

En cuanto prepararon a estos ladrones, se los condujo al patio, donde contemplaron a Jesús, uno de ellos por primera vez, pero el otro le había oído hablar muchas veces, tanto en el templo como, muchos meses antes, en el campamento de Pella.

5. La muerte de Jesús en relación con la Pascua

No existe una relación directa entre la muerte de Jesús y la Pascua judía. Es verdad que el Maestro entregó su vida en la carne en este día, el día de preparación para la Pascua judía, y alrededor de la hora en que se sacrificaba los corderos pascuales en el templo. Pero este acontecimiento coincidente no indica de ninguna manera que la muerte del Hijo del Hombre en la tierra tenga relación alguna con el sistema sacrificatorio judío. Jesús era judío, pero como Hijo del Hombre era un mortal de los reinos. Los acontecimientos ya narrados que condujeron a esta hora de crucifixión inminente del Maestro son suficientes para indicar que su muerte aproximadamente en ese momento fue un asunto puramente natural y en manos de los hombres.

Fue el hombre y no Dios quien planeó y ejecutó la muerte de Jesús en la cruz. Es verdad que el Padre se negó a interferir en la marcha de los acontecimientos humanos en Urantia, pero el Padre en el Paraíso no decretó, no demandó, ni requirió la muerte de su Hijo de la manera como se la llevó a cabo en la tierra. Es un hecho que de alguna forma, tarde o temprano, Jesús habría tenido que despojarse de su cuerpo mortal, dando fin a su encarnación, pero podría haberlo hecho de maneras incontables, sin morir en una cruz entre dos ladrones. Todo esto fue obra del hombre, no de Dios.

A la hora del bautismo del Maestro, él ya había cumplido con la técnica de la experiencia requisita en la tierra y en la carne, necesaria para que concluyera su séptimo y último autootorgamiento en el universo. Se cumplió en este mismo momento el deber de Jesús en la tierra. Toda la vida que vivió después de eso, y aun la forma de su muerte, fue un ministerio puramente personal de su parte para bienestar y elevación de las criaturas mortales en este mundo y en otros mundos.

El evangelio de la buena nueva de que el hombre mortal puede, por la fe, llegar a ser consciente espiritualmente de que él es hijo de Dios, no depende de la muerte de Jesús. Es verdad, en efecto, que este evangelio del reino ha sido enormemente iluminado por la muerte del Maestro, pero lo fue aun más por su vida.

Todo lo que el Hijo del Hombre dijo o hizo en la tierra embelleció grandemente las doctrinas de la filiación con Dios y de la hermandad de los hombres, pero estas relaciones esenciales de Dios y de los hombres son inherentes en los hechos universales del amor de Dios por sus criaturas y de la misericordia innata de sus Hijos divinos. Estas relaciones conmovedoras y divinamente hermosas entre el hombre y su Hacedor en este mundo y en todos los otros a lo largo y a lo ancho del universo de los universos, han existido desde la eternidad; y no son en sentido alguno dependientes de esas actuaciones periódicas de autootorgamiento de los Hijos Creadores de Dios, quienes así toman la naturaleza y semejanza de las inteligencias creadas por ellos, como parte del precio que deben pagar para adquirir finalmente la soberanía ilimitada de sus respectivos universos locales.

El Padre en el cielo amaba de igual manera al hombre mortal en la tierra antes de la vida y muerte de Jesús en Urantia que después de esta exhibición trascendental de asociación de hombre y Dios. Esta poderosa transacción de la encarnación del Dios de Nebadon como hombre en Urantia no podía aumentar los atributos del Padre eterno, infinito y universal, pero sí enriqueció y esclareció a todos los demás administradores y criaturas del universo de Nebadon. Aunque el Padre en el cielo no nos ama más por esta encarnación de Micael, todas las demás inteligencias celestiales sí lo hacen. Y esto se debe a que Jesús reveló, no solamente a Dios al hombre, sino asimismo hizo una nueva revelación del hombre a los Dioses y a las inteligencias celestiales del universo de los universos.

Jesús no está a punto de morir como sacrificio por el pecado. El no expía la culpa moral innata de la raza humana. La humanidad no tiene tal culpa racial ante Dios. La culpa es puramente una cuestión de pecado personal y rebeldía deliberada y de sabiendas contra la voluntad del Padre y la administración de sus Hijos.

El pecado y la rebelión nada tienen que ver con el plan fundamental de autootorgamientos de los Hijos de Dios Paradisiacos, aunque nos parezca que el plan de salvación es una característica provisional del plan autootorgador.

La salvación de Dios para los mortales de Urantia habría sido igualmente eficaz y perfectamente certera si Jesús no hubiese sido puesto a muerte por las manos crueles de mortales ignorantes. Si los mortales de la tierra hubieran recibido favorablemente al Maestro y si él hubiera partido de Urantia por abandono voluntario de su vida en la carne, el hecho del amor de Dios y de la misericordia del Hijo —el hecho de la filiación con Dios— de ninguna manera habría sido afectado. Vosotros los mortales sois hijos de Dios, y sólo una cosa se requiere para que esta verdad se vuelva un hecho en vuestra experiencia personal, y ésa es: vuestra fe nacida del espíritu.

DOCUMENTO 187

LA CRUCIFIXIÓN

UNA vez que se hubo preparado a los dos bandidos, los soldados, bajo el mando de un centurión, salieron hacia el sitio de la crucifixión. El centurión a cargo de estos doce soldados era el mismo capitán que la noche anterior había conducido a los soldados romanos al arresto de Jesús en Getsemaní. Era costumbre romana asignar cuatro soldados a cada uno de los que serían crucificados. Los dos bandidos fueron debidamente azotados antes de que se los llevara para la crucifixión, pero Jesús no recibió golpes adicionales; indudablemente el capitán pensó que ya había sido azotado bastante, aun antes de su condena.

Los dos ladrones crucificados con Jesús eran cómplices de Barrabás y habrían sido puestos a muerte más tarde con su líder de no haber sido éste soltado por Pilato como el perdón pascual. Jesús pues fue crucificado en lugar de Barrabás.

Lo que Jesús está a punto a hacer, sometiéndose a la muerte en la cruz, lo hace él por su libre albedrío. Al pronosticar esta experiencia, él dijo: «El Padre me ama y me sostiene porque estoy dispuesto a ofrendar mi vida. Pero tomaré posesión de ella de nuevo. Nadie me quita la vida, —por mí mismo la ofrendo. Tengo poder para ofrendarla, y tengo poder para tomar posesión de ella. Este mandamiento recibí de mi Padre».

Eran apenas antes de las nueve de esta mañana cuando los soldados condujeron a Jesús del pretorio, camino al Gólgota. Muchos de entre los que caminaban tras de esta procesión eran simpatizantes en secreto de Jesús, pero la mayor parte de este grupo de unos doscientos o más, estaba formado de sus enemigos y de holgazanes curiosos que simplemente deseaban disfrutar del espectáculo chocante de las crucifixiones. Sólo unos pocos de los líderes judíos fueron a presenciar la muerte de Jesús en la cruz. Sabiendo que Pilato lo había entregado a los soldados romanos y que estaba condenado a muerte, se ocuparon más bien de su reunión en el templo, en la que discutieron qué habrían de hacer con los seguidores de Jesús.

1. EN CAMINO AL GÓLGOTA

Antes de salir del patio del pretorio, los soldados colocaron sobre los hombros de Jesús el travesaño. Era costumbre obligar al condenado a que llevara el travesaño hasta el sitio de la crucifixión. El condenado no llevaba toda la cruz, sino tan sólo esta viga más corta. Las piezas más largas y verticales de las tres cruces de madera ya se habían transportado al Gólgota y, cuando llegaron los soldados con sus prisioneros, ya estaban plantadas firmemente en la tierra.

De acuerdo con la costumbre, el capitán conducía la procesión, llevando pequeñas tablillas blancas en las que se había escrito con carbón el nombre de los criminales y la naturaleza de los crímenes por los cuales habían sido condenados. Para los dos ladrones, el centurión tenía leyendas con su nombre, y debajo del nombre había una sola palabra, «bandido». Era costumbre, después de clavar la víctima al travesaño e izarla hasta su lugar sobre la viga vertical, clavar esta leyenda en el extremo superior de la cruz, justo encima de la cabeza del criminal, para que todos los espectadores pudieran enterarse por cuál crimen se crucificaba al condenado. La leyenda que llevaba el centurión para colocar en la cruz de Jesús había sido escrita por Pilato mismo en latín, griego y aramaico, y decía: «Jesús de Nazaret —rey de los judíos».

Algunas de las autoridades judías que aún estaban presentes cuando Pilato escribió esta leyenda protestaron vigorosamente, porque no querían que se llamara a Jesús «rey de los judíos». Pero Pilato les recordó que esa acusación era parte de los cargos que llevaron a su condena. Cuando los judíos vieron que no podían convencer a Pilato de que cambiara de idea, le rogaron que por lo menos modificara la leyenda como sigue: «Él dijo: 'yo soy el rey de los judíos'». Pero Pilato se mantuvo firme; no quiso modificar su leyenda. Ante todas las súplicas él tan sólo contestó: «Lo que he escrito, he escrito».

Generalmente era costumbre viajar al Gólgota por el camino más largo, para que mayor número de personas pudieran ver al condenado, pero este día fueron por el camino más directo, saliendo por la puerta de Damasco, que se abría al norte de la ciudad, y siguiendo este camino, pronto llegaron al Gólgota, el sitio oficial de Jerusalén para las crucifixiones. Más allá del Gólgota estaban las villas de los pudientes, y del otro lado de la carretera estaban las tumbas de muchos judíos ricos.

La crucifixión no era un tipo de condena de los judíos. Tanto los griegos como los romanos habían aprendido este método de ejecución de los fenicios. Aun Herodes, a pesar de su gran crueldad, no llegó nunca a practicar la crucifixión. Los romanos nunca crucificaron a un ciudadano romano; este tipo deshonorable de muerte se usaba tan sólo para los esclavos y los pueblos súbditos. Durante el sitio de Jerusalén, tan sólo cuarenta años después de la crucifixión de Jesús, el Gólgota entero se cubrió de miles y miles de cruces sobre las que, día tras día, pereció la flor de la raza judía. En verdad una cosecha trágica, de lo que se sembrara en ese día.

A medida que pasaba la procesión de muerte por las angostas calles de Jerusalén, muchas judías de corazón tierno que habían oído las palabras de buen ánimo y compasión de Jesús, y que conocían su vida de ministerio amante, no pudieron contener el llanto al verlo conducido a una muerte tan innoble. A su paso pues, muchas de estas mujeres lloraban y se lamentaban. Cuando algunas de ellas se atrevieron a caminar a su lado, el Maestro volvió hacia ellas la cabeza y dijo: «Hijas de Jerusalén, no lloréis por mí, sino más bien por vosotras y por vuestros hijos. Mi obra está casi terminada —pronto iré a mi Padre— pero los tiempos de tribulaciones tremendas recién empiezan para Jerusalén. He aquí que vendrán días en que diréis: Bienaventuradas las estériles y las de pechos que no amamantaron jamás a sus pequeños. En aquellos días, imploraréis que caigan sobre vosotras las rocas de las colinas para libraros de los terrores de vuestras tribulaciones».

Estas mujeres de Jerusalén en verdad eran valientes al manifestar compasión por Jesús, porque estaba estrictamente prohibido por la ley mostrar sentimientos caritativos por el que iba hacia su crucifixión. Se permitía que el gentío se lo mofara al condenado, se burlara de él o lo ridiculizara, pero no se permitía que se expresara compasión alguna. Aunque Jesús apreciaba estas manifestaciones de compasión en esta hora oscura en la que sus amigos estaban escondidos, no quería que estas mujeres de buen corazón incitaran la ira de las autoridades por atreverse a mostrar misericordia por él. Aun en ese momento, Jesús poco pensaba en sí mismo, sino que pensaba en los días terribles de tragedia que caerían sobre Jerusalén y sobre toda la nación judía.

Mientras el Maestro trastabillaba camino de la crucifixión, estaba muy cansado; estaba casi exhausto. No había comido ni bebido desde la última cena en la casa de Elías Marcos. Tampoco le habían permitido que disfrutara de un momento de reposo. Además, hubo de soportar un interrogatorio tras otro hasta la hora de su condena, sin mencionar los azotes abusivos, el sufrimiento físico y la pérdida de sangre. Además de todo esto, estaba su extremada angustia mental, su aguda tensión espiritual, y un sentimiento terrible de soledad humana.

Poco después de pasar por la puerta de salida de la ciudad, al tropezar Jesús bajo el travesaño, la fuerza física le abandonó por un momento, y cayó bajo el peso de su enorme carga. Los soldados le gritaron y patearon, pero él no podía levantarse. Cuando el capitán vio esto, sabiendo todo lo que Jesús ya había soportado, mandó a sus soldados que desistiesen. Luego ordenó a uno que pasaba, un tal Simón de Cirene, que tomara el travesaño de los hombros de Jesús y lo obligó a llevarlo por el resto del camino hasta el Gólgota.

Este Simón había venido de Cirene, en el norte de África, para asistir a la Pascua. Paraba con otros cirineos en las afueras de los muros de la ciudad e iba camino del templo para asistir a los oficios cuando el capitán romano le mandó que llevara el travensaño de Jesús. Simón permaneció allí todas las horas que tardó el Maestro en morir en la cruz, hablando con muchos de sus amigos y con sus enemigos. Después de la resurrección y antes de irse de Jerusalén, él se convirtió valientemente al evangelio del reino, y cuando volvió a su hogar, condujo a toda su familia al reino celestial. Sus dos hijos, Alejandro y Rufo, fueron maestros muy eficaces del nuevo evangelio en África. Pero Simón nunca supo que Jesús, cuya carga él llevó, y el tutor judío que cierta vez había consolado a su hijo lesionado, eran la misma persona.

Fue poco después de las nueve cuando esta procesión de muerte llegó al Gólgota, y los soldados romanos se ocuparon de la tarea de clavar a los dos bandidos y al Hijo del Hombre en sus respectivas cruces.

2. LA CRUCIFIXIÓN

Los soldados ataron primero con sogas los brazos del Maestro al travensaño, y luego le clavaron las manos al leño. Izaron luego el travensaño al poste, y después de clavarlo firmemente al madero vertical de la cruz, le ataron y clavaron los pies a la madera, usando un clavo largo para penetrar los dos pies. La madera vertical llevaba una cuña grande, colocada a la altura apropiada, que funcionaba como soporte para aguantar el peso del cuerpo. La cruz no era alta, los pies del Maestro se encontraban tan sólo un metro por encima de la tierra. Por lo tanto, pudo oír todo lo que burlonamente se decía de él y pudo ver claramente la expresión de los rostros de todos los que tan impensadamente se mofaban de él. También los que estaban presentes pudieron oír fácilmente todo lo que dijo Jesús durante estas horas de constante tortura y muerte lenta.

Era costumbre quitar todas las vestimentas de los que debían ser crucificados, pero puesto que los judíos objetaban grandemente a que se mostrara el cuerpo humano desnudo en público, los romanos proveían un paño adecuado para los condenados a la crucifixión en Jerusalén. Por lo tanto, una vez que le quitaron a Jesús sus vestimentas, con eso lo cubrieron antes de colocarlo en la cruz.

Se recurría a la crucifixión como castigo particularmente cruel y lento, pues a veces tardaba varios días la víctima en morir. Había mucha oposición a la crucifixión en Jerusalén, y existía una asociación de mujeres judías, que siempre enviaban a una representante a las crucifixiones, con el objeto de ofrecer a la víctima vino drogado para aliviar sus sufrimientos. Pero cuando Jesús probó de este vino con narcótico, a pesar de la sed que tenía, se negó a beberlo. El Maestro eligió mantener la conciencia humana hasta el fin mismo. Deseaba enfrentarse con la muerte, aun en esta forma tan cruel e inhumana, y conquistarla mediante la sumisión voluntaria a la plena experiencia humana.

Antes de que Jesús fuera colocado en la cruz, ya se habían colocado en las cruces los dos bandidos, que no dejaban de insultar y escupir a sus verdugos. Las únicas palabras de Jesús, al clavarlo ellos al travensaño, fueron «Padre, perdónalos porque no saben qué están haciendo». No podría haber intercedido tan misericordiosa y amantemente en favor de sus verdugos si estos pensamientos de devoción afectuosa no hubiesen sido el manantial mismo de su vida de servicio altruista. Las ideas, motivos y anhelos de toda una vida se revelan abiertamente en una crisis.

Una vez que izaron al Maestro a la cruz, el capitán clavó la leyenda encima de su cabeza, y ésta leía en tres idiomas: «Jesús de Nazaret —el rey de los Judíos». Los judíos estaban furiosos por este supuesto insulto. Pero Pilato se había enfadado por la conducta irrespetuosa de los judíos; le parecía que lo habían intimidado y humillado, y eligió este método para obtener una mezquina venganza. Podría haber escrito «Jesús, un rebelde». Pero él bien sabía que estos judíos de Jerusalén detestaban el nombre mismo de Nazaret, y estaba decidido a humillarlos de esta manera. Sabía que también se resentirían mucho al ver que este galileo crucificado era llamado «el rey de los judíos».

Muchos de los líderes judíos, cuando supieron de cómo Pilato los trataba ridiculizar al poner esa inscripción en la cruz de Jesús, fueron de prisa al Gólgota, pero al llegar no se atrevieron a quitar la leyenda, puesto que los soldados romanos estaban de guardia. Como no pudieron quitar el título, estos líderes se mezclaron con la multitud e hicieron lo que pudieron para incitar a la burla y al ridículo, para que nadie tomara en serio la inscripción.

El apóstol Juan, con María la madre de Jesús, Ruth y Judá, llegaron a la escena poco después de que habían izado a Jesús a su posición en la cruz, y mientras estaba el capitán clavando la leyenda sobre la cabeza del Maestro. Juan fue el único de los once apóstoles que presenció la crucifixión, y aun él no estuvo presente todo el tiempo, puesto que corrió a Jerusalén para traer a su madre y a las amigas de ella, poco después de haber acompañado al Gólgota a la madre de Jesús.

Cuando Jesús vio a su madre, con Juan y su hermano y hermana, sonrió, pero no dijo nada. Mientras tanto los cuatro soldados que tenían a su cargo la crucifixión del Maestro, como era costumbre, se habían dividido entre ellos sus indumentos, llevando uno las sandalias, otro el turbante, otro el cinto, y el cuarto, el manto. Quedaba tan sólo la túnica, un indumento sin costuras que llegaba hasta cerca de las rodillas; los soldados iban a cortarla en cuatro pedazos, pero cuando vieron que se trataba de una vestimenta tan insólita, decidieron echar suertes por ésta. Jesús los miraba desde arriba mientras se dividían sus vestimentas, y la multitud desconsiderada se burlaba de él.

Fue una suerte de que los soldados romanos tomaran posesión de las ropas del Maestro. De no ser así, si sus seguidores hubieran conseguido estos indumentos, tal vez habrían caído en la tentación de adorar en forma supersticiosa estas reliquias. El Maestro deseaba que sus seguidores no pudieran tener ningún objeto material para asociarlo con su vida en la tierra. Quería dejar a la humanidad tan sólo el recuerdo de una vida humana dedicada al alto ideal espiritual de consagrarse a hacer la voluntad del Padre.

3. LOS QUE VIERON LA CRUCIFIXIÓN

Alrededor de las nueve y media por la mañana de este viernes, Jesús fue colgado de la cruz. Antes de las once, más de mil personas se habían reunido para presenciar este espectáculo de la crucifixión del Hijo del Hombre. A lo largo de estas horas espantosas las huestes invisibles de un universo estuvieron mirando, mudas, este fenómeno extraordinario del Creador que estaba padeciendo la muerte de la criatura, aun la más innoble muerte de un criminal condenado.

Junto a la cruz estuvieron en distintos momentos de la crucifixión María, Ruth, Judá, Juan, Salomé (la madre de Juan), y un grupo de mujeres, sinceras creyentes, que incluía a María la mujer de Clopas y la hermana de la madre de Jesús, a María Magdalena, y a Rebeca, anteriormente de Séforis. Estos y otros amigos de Jesús se mantuvieron en silencio, prsesenciando su gran paciencia y fortaleza y contemplando sus intensos sufrimientos.

Muchos de los que pasaban por ahí meneaban la cabeza y, burlándose de él, decían: «Tú que destruirías el templo y lo volverías a edificar en tres días, sálvate. Si eres el Hijo de Dios, ¿por qué no te bajas de tu cruz?» De la misma manera algunos de los líderes de los judíos se mofaban de él diciendo: «Salvó a otros, pero no se puede salvar a sí mismo». Otros decían: «Si eres el rey de los judíos, bájate de la cruz, y entonces creeremos en ti». Y más tarde se burlaron aun más, diciendo: «El confió en que Dios le libraría. Aun afirmó ser el Hijo de Dios —miradlo ahora— crucificado entre dos ladrones». Hasta los dos ladrones también se burlaban de él y lo reprochaban.

Como Jesús no respondía nada a sus burlas, y puesto que se estaba acercando el mediodía de este día especial de preparación, a eso de las once y media la mayoría de la multitud jocosa y vituperante se había ido por su camino; permanecieron allí menos de cincuenta personas. Los soldados se dispusieron a comer y beber su vino barato y agrio, preparándose para la larga vigilia de la muerte. Al compartir su vino, burlonamente brindaron a Jesús, diciendo: «¡Salud y buena fortuna! Al rey de los judíos». Y se asombraron ante la reacción tolerante del Maestro a sus burlas y mofas.

Cuando Jesús los vio comer y beber, bajó la mirada hacia ellos y dijo: «Tengo sed». Al oír el capitán de los guardias a Jesús decir «tengo sed», le llevó un poco del vino de su botella y, colocando una esponja saturada en el extremo de una jabalina, la levantó hasta Jesús para que se pudiese humedecer los labios resecos.

Jesús se había propuesto vivir sin recurrir a sus poderes sobrenaturales y del mismo modo eligió morir como un mortal común y corriente en la cruz. Había vivido como un hombre, y quería morir como un hombre —haciendo la voluntad del Padre.

4. EL LADRÓN EN LA CRUZ

Uno de los bandidos vituperó a Jesús diciendo: «Si eres el Hijo de Dios, ¿por qué no te salvas a ti mismo y nos salvas a nosotros?» Pero cuando terminó de reprochar así a Jesús, el otro ladrón, que muchas veces había oído las enseñanzas del Maestro, dijo: «¿Acaso no temes ni siquiera a Dios? ¿No ves que sufrimos con justicia por nuestras acciones, pero este hombre sufre injustamente? Mejor sería que buscásemos el perdón de nuestros pecados y la salvación de nuestra alma». Cuando Jesús oyó al ladrón hablar así, volvió la cara hacia él y sonrió con aprobación. Al ver el malhechor el rostro de Jesús vuelto hacia él, se llenó de valor, ventiló la pobre llamita de fe, y dijo: «Señor, acuérdate de mí cuando llegues a tu reino». Entonces Jesús dijo: «De cierto, de cierto hoy te digo que tú algún día estarás conmigo en el Paraíso».

El Maestro encontró tiempo, en medio de la tortura de la muerte, para escuchar la confesión de fe del bandido creyente. Una vez que este bandido iba en pos de la salvación, él encontró la liberación. Muchas veces antes, él había sentido el impulso de creer en Jesús, pero sólo en estas últimas horas de conciencia se volvió de todo corazón hacia las enseñanzas del Maestro. Cuando vio la forma en que Jesús se enfrentaba con la muerte en la cruz, este ladrón ya no pudo resistir la convicción de que el Hijo del Hombre era en verdad el Hijo de Dios.

Durante este episodio de la conversión y recepción del ladrón en el reino por Jesús, el apóstol Juan estaba ausente, porque había ido a la ciudad para recoger a su madre y a los amigos de ella y conducirlos a la escena de la crucifixión. Lucas posteriormente escuchó este relato de labios del capitán romano de la guardia, que se había convertido.

El apóstol Juan habló de la crucifixión tal como él recordaba el acontecimiento, dos tercios de siglo después de lo ocurrido. Los demás registros se basan en el relato del centurión romano que estaba a cargo, quien, por causa de lo que vio y oyó, posteriormente creyó en Jesús y entró a la hermandad plena del reino del cielo en la tierra.

Este joven, el bandido penitente, había caído en una vida de violencia y fechorías por influencia de los que encomiaban tal carrera criminal como eficaz protesta patriótica contra la opresión política y la injusticia social. Este tipo de enseñanza, sumado al anhelo de aventuras, conducía a muchos jóvenes, de otro modo bien intencionados, alistarse a estas atrevidas expediciones de robo. Este joven veía a Barrabás como héroe. Ahora, se daba cuenta de su error. Ahí, en la cruz, a su lado vio él a un verdadero gran hombre, un verdadero héroe. Vio él a un héroe que inflamaba su celo e inspiraba sus más altas ideas de dignidad moral y estimulaba todos sus ideales de valor, hombría y valentía. Al contemplar a Jesús, brotó en su corazón un sentimiento sobrecogedor de amor, lealtad y grandeza genuina.

Si otra persona en el gentío vituperante hubiera experimentado el nacimiento de la fe en su alma y hubiera apelado a la misericordia de Jesús, habría sido recibida con la misma consideración amante que él mostró hacia el bandido creyente.

Instantes después de prometer el Maestro al ladrón arrepentido que se encontrarían alguna vez en el Paraíso, retornó Juan de la ciudad, acompañado de su madre y un grupo de casi doce mujeres creyentes. Juan estuvo junto a María la madre de Jesús, confortándola. Su hijo Judá estaba de pie del otro lado. Al mirar la escena Jesús, era ya el mediodía, y dijo a su madre: «Mujer, he aquí a tu hijo» y hablando a Juan, le dijo: «¡Hijo mío, he aquí a tu madre!» Luego se dirigió a ambos, diciendo: «Deseo que os vayáis de este lugar». Así pues, Juan y Judá se llevaron a María del Gólgota. Juan llevó a la madre de Jesús al lugar donde él paraba en Jerusalén, y luego volvió de prisa a la escena de la crucifixión. Después de la Pascua, María volvió a Betsaida, donde vivió en la casa de Juan por el resto de su vida natural. María no llegó a vivir un año entero después de la muerte de Jesús.

Cuando María se fue, las otras mujeres se retiraron a corta distancia y permanecieron acompañando a Jesús hasta que éste expiró en la cruz, y aún estaban allí cuando bajaron de la cruz el cuerpo del Maestro para ser sepultado.

5. La última hora en la cruz

Aunque era un tanto temprano para la temporada en que semejantes fenómenos solían ocurrir, poco después de las doce del día, el cielo se oscureció por la presencia de arena fina en el aire. El pueblo de Jerusalén sabía que esto significaba la llegada de una de aquellas tormentas de viento caliente y arena que provenían del desierto árabe. Antes de la una, el cielo se puso tan oscuro que se ocultó el sol, y la gente que quedaba se dio prisa para volver a la ciudad. Cuando el Maestro expiró, poco después de esta hora, menos de treinta personas estaban presentes: sólo los trece soldados romanos y un grupo de unos quince creyentes. Los creyentes, eran todas mujeres excepto dos: Judá el hermano de Jesús, y Juan Zebedeo, que regresó justo antes de que expirara el Maestro.

Poco después de la una, en medio de las tinieblas en aumento por la tormenta de arena, Jesús comenzó a perder su conciencia humana. Ya había dicho sus últimas palabras de misericordia, perdón y admonición. Había expresado su último deseo —sobre el cuidado de su madre. Durante esta hora de muerte inminente, la mente humana de Jesús recurrió a la repetición de muchos pasajes de las escrituras hebreas, particularmente los salmos. La última actividad consciente del Jesús humano consistió en la repetición mental de una porción del libro de salmos, que se conoce ahora como salmos veinte, veintiuno y veintidós. Aunque sus labios se movían a menudo, estaba demasiado débil para pronunciar las palabras a medida que estos pasajes, que tan bien conocía de memoria, le cruzaban por la mente. Sólo de cuando en cuando los que estaban cerca lograron captar algunas palabras, como por ejemplo: «Conozco que el Señor salvará a su ungido», «Alcanzará tu mano a todos mis enemigos», y «Dios mío, Dios mío, ¿por qué me has desamparado?» Jesús no tuvo en ningún momento la menor duda de que había vivido de acuerdo con la voluntad del Padre; y nunca dudó que en ese momento él estaba ofreciendo su vida en la carne, de acuerdo con la voluntad del Padre. El no creía que el Padre le había desamparado o abandonado; estaba meramente recitando muchas escrituras en el momento de perder la conciencia, entre éstas este salmo veintidós, que comienza con «Dios mío, Dios mío, ¿por qué me has desamparado?» Y ocurrió que ésta fue una de las tres estrofas dichas con claridad suficiente como para que las oyeran los que estaban cerca.

La última solicitud que hizo el Jesús mortal a sus semejantes ocurrió alrededor de la una y media cuando, por segunda vez, dijo: «Tengo sed», y el mismo capitán de la guardia nuevamente le mojó los labios con la misma esponja mojada en el vino agrio, que en aquellos días se llamaba comúnmente vinagre.

La tormenta de arena aumentó en intensidad y los cielos se oscurecieron cada vez más. Aún permanecían allí los soldados y el pequeño grupo de creyentes. Los soldados estaban acuclillados cerca de la cruz, todos juntos para protegerse de la arena cortante. La madre de Juan y otros vigilaban a cierta distancia, bajo la escasa protección de una roca voladiza. Cuando el Maestro finalmente exhaló su último aliento, estaban al pie de su cruz Juan Zebedeo, su hermano Judá, su hermana Ruth, María Magdalena y Rebeca, anteriormente de Séforis.

Era poco antes de las tres cuando Jesús clamó a gran voz: «¡Consumado es! Padre, en tus manos encomiendo mi espíritu». Después de hablar así, bajó la cabeza y abandonó la lucha por la vida. Cuando el centurión romano vio como Jesús había muerto, se golpeó el pecho y dijo: «Éste era realmente un hombre justo; de cierto debe haber sido un Hijo de Dios». Desde ese momento empezó a creer en Jesús.

Jesús murió majestuosamente —tal como había vivido. Él admitió libremente su realeza y permaneció dueño de la situación durante todo ese día trágico. Él por su propia voluntad pasó por una muerte ignominiosa después de proveer la seguridad de sus apóstoles elegidos. Sabiamente refrenó la violencia peligrosa de Pedro y dispuso de que Juan permaneciera junto a él hasta el fin de su existencia mortal. Reveló su verdadera naturaleza al mortífero sanedrín y recordó a Pilato la fuente de su autoridad soberana como Hijo de Dios. Salió para el Gólgota cargando el travesaño de su cruz y terminó su autootorgamiento amante encomendando su espíritu de adquisición mortal al Padre del Paraíso. Después de semejante vida —y semejante muerte— el Maestro realmente podía decir: «Consumado es».

Porque este día era el día de preparación tanto para la Pascua como para el sábado, los judíos no querían que los cadáveres quedaran exhibidos en el Gólgota. Por lo tanto, fueron ante Pilato pidiendo que se le rompieran las piernas a estos tres hombres y fueran despachados y así pudieran ser bajados de la cruz y echados a las fosas de los criminales antes de la puesta del sol. Cuando Pilato escuchó esta solicitud, inmediatamente mandó a tres soldados a que les rompieran las piernas y terminaran con Jesús y con los dos bandidos.

Cuando estos soldados llegaron al Gólgota hicieron lo que se les había ordenado con los dos ladrones, pero encontraron que Jesús ya estaba muerto, y se sorprendieron. Sin embargo, para asegurarse de su muerte, uno de los soldados le metió la lanza en el costado izquierdo. Aunque era frecuente que las víctimas de la crucifixión permanecieran vivas en la cruz aun por dos o tres días, la sobrecogedora agonía emocional y la aguda angustia espiritual de Jesús trajo el fin de su vida mortal en la carne en menos de cinco horas y media.

6. DESPUÉS DE LA CRUCIFIXIÓN

En el medio de la oscuridad de la tormenta de arena, a eso de las tres y media, David Zebedeo envió a los últimos de los mensajeros, y ellos llevaron la noticia de la muerte del Maestro. Despachó al último de sus corredores a la casa de Marta y María en Betania, donde él suponía que estaba la madre de Jesús con el resto de la familia.

Después de la muerte del Maestro, Juan envió a las mujeres, a cargo de Judá, a la casa de Elías Marcos, donde permanecieron durante el sábado. Juan mismo, que ya para ese entonces era bien conocido del centurión romano, permaneció en el Gólgota hasta que llegaron José y Nicodemo con la orden de Pilato autorizándolos para hacerse cargo de los restos de Jesús.

Así terminó un día de tragedia y congoja para un vasto universo, cuyas miríadas de inteligencias presenciaron el espectáculo sobrecogedor de la crucifixión de la encarnación humana de su amado Soberano. Estaban anonadados por esta exhibición de maldad mortal y perversidad humana.

DOCUMENTO 188

EL PERÍODO EN LA TUMBA

EL DÍA y medio que yació el cuerpo mortal de Jesús en la tumba de José, el período entre su muerte en la cruz y su resurrección, constituye un capítulo de la carrera terrenal de Micael del cual poco sabemos. Podemos narrar la sepultura del Hijo del Hombre y poner en este registro los acontecimientos asociados con su resurrección, pero no podemos proporcionar mucha información de naturaleza auténtica sobre lo que realmente ocurrió durante este período de aproximadamente treinta y seis horas, desde las tres de la tarde del viernes hasta las tres de la mañana del domingo. Este período de la carrera del Maestro comenzó poco antes de que los soldados romanos lo bajaran de la cruz. Colgó de la cruz aproximadamente una hora después de su muerte. Hubiera sido bajado antes pero hubo demora en acabar con los dos bandidos.

Los líderes de los judíos habían planeado que el cuerpo de Jesús fuera arrojado en las fosas abiertas de Gehena, al sur de la ciudad; así se acostumbraba disponer de las víctimas de la crucifixión. Si se hubiera cumplido este plan, el cuerpo del Maestro habría estado expuesto a las bestias.

Mientras tanto, José de Arimatea, acompañado de Nicodemo, había ido ante Pilato pidiendo que les fuera entregado el cuerpo de Jesús para darle sepultura adecuada. No era infrecuente que los amigos de los crucificados sobornaran a las autoridades romanas para obtener el privilegio de disponer de los restos. José fue ante Pilato con una gran suma de dinero, en caso de que fuera necesario pagar por el permiso de trasladar el cuerpo de Jesús a un sepulcro privado. Pero Pilato no quiso aceptar dinero por esto. En cuanto oyó la solicitud, en seguida firmó la orden que autorizaba a José a ir al Gólgota y tomar posesión inmediata y plena de los restos del Maestro. Mientras tanto, habiendo amainado considerablemente la tormenta de arena, un grupo de judíos que representaban al sanedrín fue al Gólgota con el propósito de asegurarse de que el cadáver de Jesús fuera arrojado junto con los de los bandidos a la fosa pública abierta.

1. EL ENTIERRO DE JESÚS

Cuando José y Nicodemo llegaron al Gólgota, encontraron que los soldados estaban bajando a Jesús de la cruz y los representantes del sanedrín estaban de pie cerca para asegurarse de que ninguno de los seguidores de Jesús impidiera que su cadáver fuera llevado a las fosas comunes de los criminales. Al presentar José al centurión la orden de Pilato de que le entregara el cadáver del Maestro, los judíos levantaron un tumulto y clamaron por su posesión. En su ira intentaron apoderarse del cuerpo por la fuerza; ante esta acción, el centurión llamó junto a él a cuatro de sus soldados que, desenvainando las espadas, protegieron el cuerpo del Maestro que yacía sobre el suelo. El centurión ordenó que los otros soldados dejaran a los dos ladrones y controlaran a la multitud airada de judíos enfurecidos. Cuando se hubo restaurado el orden, el centurión leyó a los judíos el permiso de Pilato y, haciéndose a un lado, dijo a José: «Este cuerpo es tuyo para que hagas lo que creas conveniente. Yo y mis soldados permaneceremos aquí para asegurarnos de que nadie interfiera».

Una persona crucificada no podía ser enterrada en un cementerio judío; existía una ley estricta contra este procedimiento. José y Nicodemo conocían esta ley, y saliendo del Gólgota decidieron enterrar a Jesús en el nuevo sepulcro de la familia de José, forjado en roca sólida, ubicado a corta distancia al norte del Gólgota, del otro lado del camino que conducía a Samaria. Nadie yacía aún en este sepulcro, y pensaron que era apropiado que allí reposara el Maestro. José realmente creía que Jesús resucitaría de entre los muertos, pero Nicodemo tenía muchas dudas. Estos ex miembros del sanedrín habían mantenido su fe en Jesús más o menos en secreto, aunque sus consanedristas tenían sospechas desde hacía mucho tiempo, aun antes de que ellos se retiraran del concilio. De aquí en adelante, se convirtieron en los discípulos más francos de Jesús en todo Jerusalén.

A eso de las cuatro y media la procesión fúnebre de Jesús de Nazaret partió del Gólgota en dirección al sepulcro de José, del otro lado de la carretera. El cuerpo estaba envuelto en un sudario de lino y lo llevaban cuatro hombres, seguidos por las fieles mujeres de Galilea. Los mortales que llevaron el cuerpo material de Jesús a la tumba fueron: José, Nicodemo, Juan y el centurión romano.

Transportaron los restos hasta el sepulcro, una cámara de unos tres metros cuadrados, y allí rápidamente lo prepararon para la sepultura. Los judíos en realidad no sepultaban a sus muertos; los embalsamaban. José y Nicodemo habían traído grandes cantidades de mirra y aloe, y procedieron a envolver el cuerpo con vendajes saturados en estas soluciones. Cuando terminaron el proceso de embalsamamiento, ataron un paño alrededor de la cara, envolvieron el cuerpo en un sudario de lino, y con reverencia lo depositaron en un anaquel de la tumba.

Una vez que estuvieron los restos en la tumba, el centurión señaló a sus soldados que ayudaran a hacer rodar la piedra que sellaba la entrada del sepulcro. Después los soldados procedieron a Gehena con los cadáveres de los bandidos, mientras los demás volvían a Jerusalén, acongojados, para cumplir con la Pascua según las leyes de Moisés.

El entierro de Jesús se hizo de prisa y con apuro, porque era la vigilia del sábado. Los hombres se apresuraron de vuelta a la ciudad, pero las mujeres permanecieron junto a la tumba hasta que se hizo muy de noche.

Mientras ocurría todo esto, las mujeres estaban escondidas allí cerca, de modo que vieron todo y observaron adonde había sido sepultado el Maestro. Lo hicieron así, porque no les estaba permitido a las mujeres asociarse con los hombres en momentos como éste. Estas mujeres pensaban que Jesús no había sido preparado en forma adecuada para el entierro, y acordaron entre ellas regresar a la casa de José, descansar el sábado, preparar especias y ungüentos, y retornar el domingo por la mañana para preparar los restos del Maestro en forma adecuada para el reposo de la muerte. Las mujeres que así permanecieron junto a la tumba este viernes por la noche fueron: María Magdalena; María la mujer de Clopas; Marta, otra hermana de la madre de Jesús, y Rebeca de Séforis.

Aparte de David Zebedeo y José de Arimatea, muy pocos de los discípulos de Jesús comprendían ni lo creían realmente que él resucitaría de la tumba el tercer día.

2. LA VIGILANCIA DE LA TUMBA

Aunque los seguidores de Jesús no hicieron caso de su promesa de resucitar de la tumba el tercer día, sus enemigos sí la recordaron. Los altos sacerdotes, los fariseos y los saduceos recordaban que habían recibido informes según los cuales él había dicho que resucitaría de entre los muertos.

Este viernes por la noche, después de la cena pascual, alrededor de la media noche, un grupo de líderes judíos se reunió en la casa de Caifás, y allí discutieron sus temores sobre las afirmaciones del Maestro de que resucitaría de entre los muertos al tercer día. Esta reunión finalizó con el nombramiento de un comité de sanedristas con la misión de apersonarse ante Pilato temprano al día siguiente, llevando la solicitud oficial del sanedrín de que se apostara una guardia romana ante la tumba de Jesús para impedir que sus amigos la tocaran. El portavoz de este comité dijo a Pilato: «Señor, recordamos que este engañador, Jesús de Nazaret, dijo, cuando estaba vivo: 'Resucitaré al cabo de tres días'. Por lo tanto nos presentamos ante ti para solicitar que emitas órdenes para asegurar el sepulcro contra sus seguidores, por lo menos hasta después del tercer día. Mucho tememos que los discípulos vayan y se roben el cuerpo durante la noche afirmando luego ante el pueblo que él resucitó de entre los muertos. Si permitimos que esto suceda, este error podría ser mucho peor de lo que hubiera sido permitirle que siguiera viviendo».

Cuando Pilato oyó esta solicitud de los sanedristas, dijo: «Os daré una guardia de diez soldados. Id por vuestro camino y aseguraos de que la tumba esté a salvo». Volvieron al templo, juntaron a diez de sus propios guardianes, y se marcharon a la tumba de José, aunque era sábado por la mañana, con estos diez guardianes judíos y diez soldados romanos, para colocarlos de centinela ante la tumba. Estos hombres hicieron rodar una piedra más ante la tumba y colocaron el sello de Pilato alrededor de estas piedras y sobre ellas, para asegurarse de que nadie las moviese sin el conocimiento de ellos. Y estos veinte hombres permanecieron en vigilia hasta la hora de la resurrección, los judíos les traían alimentos y bebidas.

3. DURANTE EL SÁBADO

Durante todo este sábado los discípulos y los apóstoles permanecieron ocultos, mientras todo Jerusalén hablaba de la muerte de Jesús en la cruz. Había casi un millón y medio de judíos presentes en Jerusalén en ese momento, que provenían de todas partes del imperio romano y de Mesopotamia. Era éste el comienzo de la semana de Pascua, y todos estos peregrinos que estaban en la ciudad se enterarían de la resurrección de Jesús y llevarían la nueva a sus sitios de origen.

Ya avanzada la noche del sábado, Juan Marcos convocó en secreto a los once apóstoles para que fueran a la casa de su padre, donde, poco antes de la medianoche, se reunieron en el mismo aposento superior donde dos noches antes habían compartido la última cena con su Maestro.

María la madre de Jesús, junto con Ruth y Judá, volvió a Betania para reunirse con su familia este sábado por la tarde poco antes de la puesta del sol. David Zebedeo se quedó en la casa de Nicodemo, pues había hecho arreglos para que sus mensajeros se reuniesen allí temprano la mañana del domingo. Las mujeres de Galilea, que habían preparado especias para embalsamar mejor el cadáver de Jesús, estaban aún en la casa de José de Arimatea.

No podemos explicar con exactitud qué le ocurrió a Jesús de Nazaret durante el transcurso de ese día y medio en que supuestamente estuvo reposando en la nueva tumba de José de Arimatea. Aparentemente murió la misma muerte natural en la cruz que hubiese sufrido cualquier otro mortal en las mismas circunstancias. Le oímos decir: «Padre, en tus manos encomiendo mi espíritu». No comprendemos plenamente el significado de esa declaración puesto que su Ajustador del Pensamiento había sido personalizado con mucha anterioridad, y por consiguiente sostenía una existencia por separado del ser mortal de Jesús. El Ajustador Personalizado del Maestro no podía de ninguna manera ser afectado por su muerte física en la cruz. Lo que Jesús puso por ese momento en manos del Padre debe haber sido la contraparte espiritual del trabajo temprano del Ajustador al espiritizar la mente mortal para permitir la transferencia de la transcripción de la experiencia humana a los mundos de estancia. Debe haber habido cierta realidad espiritual en la experiencia de Jesús análoga a la naturaleza del espíritu, o alma, de los mortales de fe creciente en las esferas. Pero esto es simplemente nuestra opinión —no sabemos en verdad qué fue lo que Jesús encomendó a su Padre.

Sabemos que la forma física del Maestro reposó allí en la tumba de José hasta las tres de la mañana del domingo aproximadamente, pero estamos totalmente inciertos con respecto al estado de la personalidad de Jesús durante ese período de treinta y seis horas. En algunas ocasiones nos hemos atrevido a explicarnos a nosotros mismos estas cosas más o menos como sigue:

1. La conciencia de ser Creador Micael debe haber estado separada y totalmente libre de su mente mortal asociada a la encarnación física.

2. Sabemos que el ex Ajustador del Pensamiento de Jesús estuvo presente en la tierra durante este período y al mando personal de las huestes celestiales reunidas.

3. La identidad espiritual adquirida del hombre de Nazaret, que se fue desarrollando durante su vida en la carne, primero, mediante los esfuerzos directos de su Ajustador del Pensamiento, y más tarde, mediante su perfecto ajuste personal entre las necesidades físicas y los requisitos espirituales de la existencia mortal ideal, llevado a cabo a través de su constante decisión de cumplir la voluntad del Padre, debe haber sido confiada a la custodia del Padre en el Paraíso. No sabemos si esta realidad espiritual verdaderamente volvió para formar parte de la personalidad resucitada, pero creemos que sí. Pero existen en el universo los que sostienen que esta identidad de alma de Jesús reposa ahora en el «seno del Padre», y será después liberada para asumir el liderazgo del Cuerpo de la Finalidad de Nebadon en su destino desconocido en relación con los universos aun no creados de los reinos sin organizar del espacio exterior.

4. Creemos que la conciencia humana o mortal de Jesús durmió durante estas treinta y seis horas. Tenemos motivo para creer que el Jesús humano nada supo de lo ocurrido en el universo durante este período. Para la conciencia mortal no existió ese lapso; la resurrección de la vida siguió al sueño de la muerte como si fuera el mismo instante.

Y esto es casi todo lo que podemos afirmar sobre el estado de Jesús durante este período en la tumba. Existe una cantidad de hechos correlacionados a los que podemos aludir, aunque apenas si tenemos la suficiente capacidad para atrevernos a interpretarlos.

En el gran patio de las salas de resurrección del primer mundo de estancia de Satania, se puede observar actualmente una magnífica estructura material-morontial conocida con el nombre de «Monumento conmemorativo de Micael», que ahora lleva el sello de Gabriel. Este monumento fue creado poco después de la partida de Micael de este mundo, y lleva esta inscripción: «En memoria del paso mortal de Jesús de Nazaret de Urantia».

Existen registros que muestran que durante este período el concilio supremo de Salvingtón, constituido por cien miembros, celebró una reunión ejecutiva en Urantia bajo la presidencia de Gabriel. También hay registros que muestran que los Ancianos de los Días de Uversa se comunicaron con Micael sobre el estado del universo de Nebadon durante este período.

Sabemos que por lo menos se transmitió un mensaje entre Micael y Emanuel de Salvingtón mientras el cuerpo del Maestro yacía en la tumba.

Existen muy buenos motivos para que creamos que alguna personalidad se sentó en el trono de Caligastia en el concilio del sistema de los Príncipes Planetarios en Jerusém que se reunió mientras el cuerpo de Jesús reposaba en la tumba.

Los registros de Edentia indican que el Padre de la Constelación de Norlatiadek estaba en Urantia, y que recibió instrucciones de Micael durante este período de estadía en la tumba.

También existen muchas otras pruebas que indican que no toda la personalidad de Jesús estaba dormida e inconsciente durante este período de muerte física aparente.

4. EL SIGNIFICADO DE LA MUERTE EN LA CRUZ

A pesar de que Jesús no murió esta muerte en la cruz para expiar la culpa racial del hombre mortal ni para proporcionar algún tipo de acercamiento eficaz a un Dios, que en otro caso, se sentiría ofendido y que no perdonaría; aunque el Hijo del Hombre no se ofreció como sacrificio para apaciguar la ira de Dios y para abrir el camino para que el hombre pecador obtuviera la salvación; a pesar de que estas ideas de expiación y propiciación son erróneas, existen sin embargo significados en esta muerte de Jesús en la cruz que no deben ser pasados por alto. Es un hecho que Urantia se conoce entre otros planetas vecinos habitados como «el mundo de la cruz».

Jesús quiso vivir una vida mortal plena en la carne en Urantia. La muerte es, ordinariamente, parte de la vida. La muerte es el último acto del drama mortal. En vuestros esfuerzos bien intencionados para escapar a los errores supersticiosos de la falsa interpretación del significado de la muerte en la cruz, debéis evitar el grave error de no percibir el auténtico significado y la verdadera importancia de la muerte del Maestro.

El hombre mortal no fue nunca propiedad de los grandes embusteros. Jesús no murió para rescatar al hombre de las garras de los gobernantes apóstatas y de los príncipes caídos de las esferas. El Padre en el cielo nunca concibió una injusticia tan burda como la de condenar un alma mortal por las malas acciones de sus antepasados. Tampoco fue la muerte del Maestro en la cruz un sacrificio consistente en pagarle a Dios una deuda que la raza humana le debía.

Antes de que Jesús viviese en la tierra, tal vez podríais haber estado justificados en creer en un Dios semejante, pero no podéis pensar así desde que el Maestro vivió y murió entre vuestros semejantes mortales. Moisés enseñó la dignidad y la justicia de un Dios Creador; pero Jesús representó el amor y la misericordia de un Padre celestial.

La naturaleza animal —la tendencia al mal— puede ser hereditaria, pero el pecado no se transmite de padre a hijo. El pecado es el acto deliberado y consciente de rebeldía contra la voluntad del Padre y las leyes de los Hijos cometido por una criatura volitiva.

Jesús vivió y murió para todo un universo, no solamente para las razas de este mundo. Aunque los mortales de los reinos tenían salvación aun antes de que Jesús viviese y muriese en Urantia, es sin embargo un hecho de que su autootorgamiento en este mundo iluminó grandemente el camino de la salvación; su muerte mucho hizo por aclarar para siempre la certeza de la sobrevivencia mortal después de la muerte en la carne.

Aunque no sea adecuado hablar de Jesús como de uno que se sacrifica, un rescatador, o un redentor, es totalmente correcto referirse a él como un *salvador*. El hizo para siempre más claro y seguro el camino de la salvación (sobrevivencia); mostró mejor y más certeramente el camino de la salvación para todos los mortales de todos los mundos del universo de Nebadon.

Una vez que captéis la idea de Dios como Padre verdadero y amante, el único concepto que Jesús enseñó, para ser consistentes debéis de ahí en adelante, abandonar completamente todos esos conceptos primitivos sobre Dios como monarca ofendido, gobernante rígido y todopoderoso cuyo mayor deleite consiste en sorprender a sus súbditos en el error y en asegurarse de que sean castigados debidamente, a menos que otro ser casi igual a él mismo ofrezca sufrir por ellos, morir como substituto y en su lugar. Toda la idea del rescate y de la expiación es incompatible con el concepto de Dios tal como lo enseñó y ejemplificó Jesús de Nazaret. El amor infinito de Dios no es secundario a nada en la naturaleza divina.

Este concepto de expiación y salvación a base de sacrificios está arraigado y anclado en el egoísmo. Jesús enseñó que el *servicio* al prójimo es el concepto más alto de la hermandad de los creyentes espirituales. La salvación debe darse por sentado por los que creen en la paternidad de Dios. La mayor preocupación del creyente no debe ser el deseo egoísta de la salvación personal sino más bien el impulso altruista al amor, y por lo tanto al servicio del prójimo así como Jesús amó y sirvió a los hombres mortales.

Tampoco han de preocuparse mucho los creyentes genuinos por el futuro castigo del pecado. El verdadero creyente tan sólo se preocupa por su separación actual de Dios. Es verdad que los padres sabios pueden castigar a sus hijos, pero lo hacen por amor y con fines correctivos. No castigan porque estén airados, tampoco castigan como retribución.

Aunque fuera Dios el monarca rígido y legal de un universo en que gobernara supremamente la justicia, con certeza no estaría satisfecho con el esquema infantil de sustituir a un sufriente inocente por un ofensor culpable.

Lo extraordinario de la muerte de Jesús, tal como se relaciona con el enriquecimiento de la experiencia humana y la expansión del camino de la salvación, no es el *hecho* de su muerte sino más bien la manera superior y el espíritu incomparable con que se enfrentó a su muerte.

Toda esta idea del rescate de la expiación coloca la salvación en un plano de irrealidad; tal concepto es puramente filosófico. La salvación humana es *real*; está basada en dos realidades que pueden ser captadas por la fe de la criatura e incorporarse de esa manera a la experiencia humana de cada individuo: el hecho de la paternidad de Dios y su verdad correlacionada, la hermandad del hombre. Es verdad, después de todo, que se os «perdonarán vuestras deudas, aun como vosotros perdonáis a vuestros deudores».

5. LAS LECCIONES DE LA CRUZ

La cruz de Jesús retrata la medida plena de la devoción suprema del verdadero pastor aun por los miembros de su rebaño que no la merecen. Coloca para siempre todas las relaciones entre Dios y el hombre sobre la base de familia. Dios es el Padre; el hombre es su hijo. El amor, el amor de un padre por su hijo, se torna en la verdad central de las relaciones universales del Creador con la criatura —no la justicia de un rey que busca satisfacción en el sufrimiento y en el castigo de sus súbditos malvados.

La cruz por siempre muestra que la actitud de Jesús hacia los pecadores no fue ni de condenar ni de condonar, sino más bien de salvación eterna y amante. Jesús es en verdad un salvador en el sentido de que su vida y su muerte atraen a los hombres a la bondad y a la sobrevivencia recta. Jesús ama tanto a los hombres que este amor despierta la respuesta amorosa en el corazón humano. El amor es verdaderamente contagioso y eternamente creativo. La muerte de Jesús en la cruz ejemplifica un amor que es lo suficientemente fuerte y divino como para perdonar el pecado y absorber toda maldad. Jesús reveló a este mundo una calidad más alta de rectitud que la justicia —el mero concepto técnico del bien y del mal. El amor divino no solamente perdona las faltas; las absorbe y realmente las destruye. El perdón del amor trasciende enteramente el perdón de la misericordia. La misericordia pone a un lado la culpa del mal; pero el amor destruye para siempre el pecado y toda debilidad que de él resulte. Jesús trajo a Urantia un nuevo método de vivir. Nos enseñó a no resistir al mal sino a encontrar a través de él la bondad que destruye al mal eficazmente. El perdón de Jesús no es condonar; es la salvación de la condenación. La salvación no le resta importancia a la falta; *la enmienda*. El verdadero amor no transige con el odio ni lo condena, sino lo destruye. El amor de Jesús no está nunca satisfecho con el simple perdón. El amor del Maestro implica rehabilitación, sobrevivencia eterna. Es totalmente propio hablar de salvación como redención, si con eso significáis esta rehabilitación eterna.

Jesús, por el poder de su amor personal por los hombres, pudo romper la garra del pecado y del mal. De esa manera liberó al hombre para que éste pudiera elegir los mejores caminos del vivir. Jesús ilustró una liberación del pasado que en sí misma prometía el triunfo del futuro. El perdón proveyó así la salvación. La belleza del amor divino, una vez que entra plenamente en el corazón humano, destruye para siempre el encanto del pecado y el poder del mal.

Los sufrimientos de Jesús no se limitaron a su crucifixión. En realidad, Jesús de Nazaret pasó más de veinticinco años en la cruz de la existencia mortal real e intensa. El verdadero valor de la cruz consiste en el hecho de que fue la expresión suprema y final de su amor, la revelación completa y plena de su misericordia.

En millones de mundos habitados, incontables billones de criaturas evolutivas que podían haber sido tentadas a abandonar la lucha moral y la buena lucha de la fe, han visto nuevamente a Jesús en la cruz y entonces han procedido hacia adelante, inspirados por la vista de un Dios que da su vida encarnada devotamente al servicio altruista del hombre.

El triunfo de la muerte en la cruz queda resumido en el espíritu de la actitud de Jesús hacia los que lo atormentaban. Convirtió la cruz en el símbolo eterno del triunfo del amor sobre el odio y de la victoria de la verdad sobre el mal al orar: «Padre, perdónalos, porque no saben qué están haciendo». Esa devoción de amor fue contagiosa en todo un vasto universo; los discípulos se contagiaron de su Maestro. El primer maestro de este evangelio que tuvo que poner su vida al servicio del evangelio, dijo, mientras lo apedreaban a muerte: «No cargues este pecado a su cuenta».

La cruz hace el llamado supremo a lo mejor que hay en el hombre porque nos revela a aquél que estuvo dispuesto a ofrendar su vida al servicio de sus semejantes. El hombre no puede tener mayor amor que éste: estar dispuesto a dar la vida por sus amigos. Y Jesús tenía tal amor que estaba dispuesto a dar la vida por sus enemigos, el más grande amor que se había conocido hasta ese momento en la tierra.

Este sublime espectáculo de la muerte de Jesús humano en la cruz del Gólgota ha sobrecogido las emociones de los mortales, tanto en Urantia como en otros mundos, y ha producido al mismo tiempo una mayor devoción de los ángeles.

La cruz es el símbolo elevado del servicio sagrado, la dedicación de la propia vida al bienestar y salvación de los semejantes. La cruz no es el símbolo del sacrificio del Hijo de Dios inocente en sustitución de los pecadores culpables, ni para apaciguar la ira de un Dios ofendido, pero permanece para siempre en la tierra y en todo el vasto universo, como símbolo sagrado de los buenos que se autootorgan para los malos y que, al hacer así, los salvan mediante esta misma devoción de amor. La cruz es el símbolo de la forma más alta de servicio altruista, la devoción suprema del otorgamiento pleno de una vida recta en el servicio de un ministerio incondicionado, aun en la muerte, la muerte en la cruz. La presencia misma de este gran símbolo de la vida autootorgadora de Jesús nos inspira verdaderamente a todos nosotros a ir y hacer lo mismo.

Cuando los hombres y mujeres pensantes contemplan a Jesús ofreciendo su vida en la cruz, ya no se atreverán a quejarse nuevamente ni siquiera por los sufrimientos más grandes de la vida, y mucho menos por las pequeñas dificultades o por sus muchas penas puramente ficticias. Su vida fue tan gloriosa y su muerte tan triunfal que todos nos sentimos atraídos a querer compartir ambas. Hay un verdadero poder de atracción en todo el autootorgamiento de Micael, desde los días de su juventud hasta el espectáculo sobrecogedor de su muerte en la cruz.

Aseguraos pues de que cuando contempléis la cruz como revelación de Dios, no miréis con los ojos del hombre primitivo ni con el punto de vista del bárbaro posterior, pues ambos consideraban a Dios como un Soberano severo de dura justicia y rígida ley. Más bien aseguraos de que veis en la cruz la manifestación final del amor y de la devoción de Jesús en su misión de la vida en autootorgamiento a las razas mortales de su vasto universo. Ved en la muerte del Hijo del Hombre la cumbre del amor divino del Padre por sus hijos en las esferas de los mortales. La cruz retrata así la devoción del afecto voluntarioso y el otorgamiento de salvación voluntaria sobre los que están dispuestos a recibir estos dones y esta devoción. No hubo nada en la cruz que el Padre solicitara —sólo lo que Jesús tan voluntariamente dio, negándose a evitarlo.

Si el hombre no puede de otra manera apreciar a Jesús y comprender el significado de su autootorgamiento en la tierra, por lo menos puede comprender el compañerismo de sus sufrimientos mortales. Ningún hombre debe temer nunca que el Creador no sepa la naturaleza o grado de sus aflicciones temporales.

Sabemos que la muerte en la cruz no fue para reconciliar al hombre con Dios sino para estimular al hombre a la *comprensión* del amor eterno del Padre y de la misericordia sin fin de su Hijo, y para difundir estas verdades universales a todo un universo.

DOCUMENTO 189

LA RESURRECCIÓN

EL VIERNES por la tarde, poco después del entierro de Jesús, el jefe de los arcángeles de Nebadon, a la sazón presente en Urantia, convocó su concilio para la resurrección de las criaturas volitivas durmientes y empezó a considerar las posibles técnicas de restitución de Jesús. Estos hijos del universo local, las criaturas de Micael, reunidos tomaron esta decisión por sí solos; Gabriel no los había convocado. A medianoche ya habían llegado a la conclusión de que la criatura nada podía hacer para facilitar la resurrección del Creador. Estaban dispuestos a aceptar el consejo de Gabriel, quien les instruyó que, puesto que Micael había «dado su vida por su propio y libre albedrío, tiene también el poder de volver a tomar posesión de ésta según su propia decisión». Poco después de que se levantara este concilio de arcángeles, los Portadores de Vida, y sus varios asociados en la tarea de rehabilitación de la criatura y de creación morontial, el Ajustador Personalizado de Jesús, personalmente a cargo de las huestes celestiales reunidas en ese momento en Urantia, dijo estas palabras a los espectadores en ansiosa espera:

«Ninguno de vosotros puede hacer nada para ayudar a vuestro Padre-creador a retornar a la vida. Como mortal del reino él ha experimentado la muerte mortal; como Soberano de un universo, él vive. Lo que observáis es el tránsito mortal de Jesús de Nazaret de la vida en la carne a la vida en la morontia. El tránsito espiritual de este Jesús fue completado en el momento en que yo me separé de su personalidad y asumí el cargo de director temporal de vosotros. Vuestro Padre-creador ha elegido pasar a través de la experiencia total de sus criaturas mortales, desde el nacimiento en los mundos materiales, a través de la muerte natural y la resurrección morontial, hasta el estado de existencia espiritual verdadera. Estáis a punto de observar cierta fase de esta experiencia, pero no podéis participar en ésta. Esas cosas que vosotros ordinariamente hacéis por la criatura, no podéis hacerlas por el Creador. Un Hijo Creador tiene en sí mismo el poder de autootorgarse en semejanza de cualquiera de sus hijos creados; él tiene en sí mismo el poder de ofrendar su vida observable y de volver a poseerla; y él tiene este poder por mando directo del Padre del Paraíso, y yo sé de qué yo digo».

Cuando escucharon las palabras del Ajustador Personalizado, todos ellos, desde Gabriel hasta el querubín más humilde, adoptaron una actitud de ansiosa expectativa. Veían el cuerpo mortal de Jesús en el sepulcro; detectaban síntomas de la actividad universal de su Soberano amado; y como no comprendían estos fenómenos, esperaron pacientemente lo que sobrevendría.

1. EL TRÁNSITO MORONTIAL

A las dos cuarenta y cinco del domingo por la madrugada, la comisión de encarnación del Paraíso, formada de siete personalidades del Paraíso no identificadas, llegó al sitio, desplegándose inmediatamente alrededor del sepulcro. A las tres menos diez, comenzaron a emanar del nuevo sepulcro de José intensas vibraciones de actividades materiales y morontiales combinadas, y dos minutos después de las tres este domingo por la mañana, 9 de abril del año 30 d. de J.C., la forma y personalidad morontial resucitada de Jesús de Nazaret salió del sepulcro.

Cuando Jesús resucitado emergió de su tumba, el cuerpo de carne en el que había vivido y trabajado en la tierra por casi treinta y seis años aún yacía allí en el nicho del sepulcro, tal cual y envuelto en el sudario de lino, tal como lo dispusieran para su reposo José y sus asociados el viernes por la tarde. La piedra de la entrada del sepulcro tampoco fue movida para nada; el sello de Pilato permanecía intacto; los soldados aún estaban de centinela. Los guardianes del templo habían permanecido continuamente de guardia; la guardia romana fue reemplazada a la medianoche. Ninguno de estos seres vigilantes sospechó que el objeto de su vigila se había levantado, en una nueva y más alta forma de existencia, y que el cuerpo que ellos estaban vigilando ya no era sino un indumento exterior desechado, ya sin conexión alguna con la personalidad morontial entregada y resucitada de Jesús.

La humanidad es lenta en percibir que, en todo lo personal, la materia es el esqueleto de morontia, y que ambos constituyen la sombra reflejada de la realidad espiritual duradera. ¿Cuánto tiempo pasará hasta que lleguéis a considerar que el tiempo es la imagen móvil de la eternidad y el espacio la sombra huidiza de las realidades del Paraíso?

Por lo que podemos juzgar, ninguna criatura de este universo ni personalidad de otros universos tuvo nada que ver con esta resurrección morontial de Jesús de Nazaret. El viernes, él dio su vida como un mortal del reino; el domingo por la mañana, la volvió a poseer como un ser morontial del sistema de Satania en Norlatiadek. Mucho hay sobre la resurrección de Jesús que nosotros no comprendemos. Pero sí sabemos que ocurrió tal como lo hemos declarado y aproximadamente a la hora indicada. También podemos registrar que todos los fenómenos conocidos asociados con este tránsito mortal, o resurrección morontial, ocurrieron allí mismo, en el nuevo sepulcro de José, donde yacían los restos mortales de Jesús envueltos en las vendas fúnebres.

Sabemos que ninguna criatura del universo local participó en este despertar morontial. Percibimos las siete personalidades del Paraíso que rodean la tumba, pero no los vimos hacer nada en relación con el despertar del Maestro. En el momento en que Jesús apareció junto a Gabriel, encima del sepulcro, las siete personalidades del Paraíso indicaron su intención de partir inmediatamente para Uversa.

Aclaremos para siempre el concepto de la resurrección de Jesús con las siguientes declaraciones:

1. Su cuerpo material o físico no fue parte de la personalidad resurgida. Cuando Jesús salió de la tumba, sus restos carnales permanecieron sin cambios en el sepulcro. El emergió del sepulcro, sin desplazar las piedras que cerraban la entrada y sin romper los sellos de Pilato.

2. No salió de la tumba como espíritu ni como Micael de Nebadon; no apareció en forma de Soberano Creador, como había sido antes de su encarnación en la semejanza de carne mortal en Urantia.

3. Salió de esta tumba de José en la misma semejanza de las personalidades morontiales de los que, como seres ascendentes morontiales resucitados, emergen de las salas de resurrección del primer mundo de estancia de este sistema local de Satania.

Y la presencia del monumento a Micael en el centro del vasto patio de las salas de resurrección en el primer mundo de estancia nos lleva a conjeturar que la resurrección del Maestro en Urantia fue en cierto modo fomentada en éste, el primero de los mundos de estancia del sistema.

El primer acto de Jesús al levantarse de la tumba fue saludar a Gabriel e instruirlo que continuara con el cargo ejecutivo de los asuntos del universo bajo Emanuel; solicitó luego al jefe de los Melquisedek que transmitiera a Emanuel sus saludos fraternales. Entonces pidió él al Altísimo de Edentia la certificación de los Ancianos de los Días en cuanto a su tránsito mortal; y volviéndose hacia los grupos morontiales de los siete mundos de estancia, allí reunidos para saludar y dar la bienvenida a su Creador en semejanza de criatura de su orden, Jesús dijo las primeras palabras de su carrera postmortal. Dijo el Jesús morontial: «Habiendo completado mi vida en la carne, deseo permanecer aquí por un corto período de transición, para poder conocer más plenamente la vida de mis criaturas ascendentes y revelar ulteriormente la voluntad de mi Padre en el Paraíso».

Después que hubo hablado Jesús, hizo un gesto al Ajustador Personalizado, y todas las inteligencias de este universo que se habían reunido en Urantia para presenciar la resurrección fueron inmediatamente despachadas a sus respectivas asignaciones en el universo.

A continuación inició Jesús los contactos con el nivel morontial, siendo presentado, como criatura, a los requisitos de la vida que había elegido vivir, por un corto período, en Urantia. Esta iniciación en el mundo morontial requirió más de una hora de tiempo terrestre y fue interrumpida dos veces por su deseo de comunicarse con sus previas asociadas en la carne cuando éstas salieron de Jerusalén para espiar la tumba vacía y descubrir maravilladas lo que ellas consideraban prueba de su resurrección.

Ya se ha completado el tránsito mortal de Jesús: la resurrección morontial del Hijo del Hombre. La experiencia transitoria del Maestro como personalidad intermedia entre lo material y lo espiritual, ha comenzado. Él lo ha hecho todo mediante su poder inherente; ninguna personalidad le ha dado ayuda alguna. Ahora vive como Jesús de morontia, y al comenzar su vida morontial, su cuerpo material carnal yace tal cual en la tumba. Lo soldados siguen vigilando, y las piedras de la entrada permanecen selladas por el sello del gobernador.

2. EL CUERPO MATERIAL DE JESÚS

A las tres y diez, mientras el Jesús resurgido fraternizaba con las personalidades morontiales reunidas de los siete mundos de estancia de Satania, el jefe de los arcángeles —los ángeles de la resurrección— se acercó a Gabriel y pidió el cuerpo mortal de Jesús. Dijo el jefe de los arcángeles: «Se entiende que no participemos en la resurrección morontial de la experiencia autootorgadora de Micael nuestro soberano; pero quisiéramos que sus restos mortales fueran entregados a nuestra custodia para su disolución inmediata. No tenemos la intención de utilizar nuestra técnica de desmaterialización; simplemente queremos invocar el proceso del tiempo acelerado. Basta con que hayamos presenciado la vida y la muerte del Soberano en Urantia; las huestes celestiales querrían ahorrarse el recuerdo de soportar el espectáculo de la lenta putrefacción de la forma humana del Creador y Sostenedor de un universo. En nombre de las inteligencias celestiales de todo Nebadon, solicito un mandato que se me entregue la custodia de los restos mortales de Jesús de Nazaret y que nos dé la autoridad para proceder a su disolución inmediata».

Después de conferenciar Gabriel con el decano de los Altísimos de Edentia, el arcángel portavoz de las huestes celestiales recibió el permiso para disponer de los restos físicos de Jesús de la manera que él considerara apropiada.

Una vez que el jefe de los arcángeles obtuvo el permiso, llamó a muchos de sus semejantes para que le ayudaran, juntamente con numerosas huestes de representantes de todas las órdenes de las personalidades celestiales y, con la ayuda de los seres intermedios de Urantia, se hizo cargo del cuerpo físico de Jesús. Este cuerpo mortal era una creación puramente material; era físico y literal; no se lo podía sacar de la tumba en la forma en que escapara del sepulcro sellado la forma morontial de la resurrección. Con la ayuda de ciertas personalidades auxiliares morontiales, la forma morontial puede transformarse en cierto momento como en espíritu, volviéndose indiferente a la materia común, mientras que en otro momento puede ser discernible y accesible por los seres materiales, tales como los mortales del reino.

Para sacar el cuerpo de Jesús del sepulcro, en preparación para disponer de los restos digna y reverentemente mediante una disolución casi instantánea, a los seres intermedios secundarios de Urantia se les dio la tarea de hacer rodar las piedras de la entrada de la tumba. La más grande de las dos piedras era una gran roca redonda, semejante a una rueda de molino, y se movía dentro de una huella abierta en la roca, de modo que se la podía hacer rodar hacia atrás y hacia adelante para abrir o cerrar la tumba. Cuando los guardianes judíos y los soldados romanos, en la escasa luz de la madrugada, vieron que esa enorme piedra comenzaba a rodar abriendo la entrada de la tumba, aparentemente por sí sola —en ausencia de todo medio visible que explicara tal movimiento— los dominó el terror y el pánico, y huyeron del sitio de prisa. Los judíos huyeron a su casa, volviendo más tarde para relatar estas cosas a su capitán en el templo. Los romanos huyeron al fuerte de Antonia e informaron al centurión sobre lo que habían visto en cuanto él llegó al cuartel.

Los líderes judíos se metieron en la sórdida tarea de supuestamente deshacerse de Jesús, sobornando al traicionero Judas; ahora, al enfrentarse con esta situación embarazosa, en vez de pensar que castigaran a los guardianes por haber abandonado su puesto, ellos los sobornaron, así como también a los soldados romanos. Pagaron una suma de dinero a cada uno de estos veinte hombres y les instruyeron que dijeran a todos: «Durante la noche, mientras estábamos durmiendo, se precipitaron sobre nosotros los discípulos y se llevaron el cuerpo». Y los líderes judíos prometieron solemnemente a los soldados que los defenderían ante Pilato en caso de que alguna vez el gobernador se enterase de que ellos se habían dejado sobornar.

La creencia cristiana de la resurrección de Jesús se ha basado en el hecho de la «tumba vacía». Fue en verdad un *hecho* de que la tumba estaba vacía, pero ésta no fue la *verdad* de la resurrección. La tumba estaba realmente vacía cuando llegaron los primeros creyentes, y este hecho, asociado con el de la resurrección indudable del Maestro, llevó a la formulación de una creencia que no era verdad: la enseñanza de que el cuerpo material y mortal de Jesús había resucitado del sepulcro. La verdad relacionada con las realidades espirituales y los valores eternos, no siempre puede deducirse de la combinación de hechos aparentes. Aunque ciertos hechos pueden ser materialmente verdad, esto no significa que la asociación de un grupo de hechos deba necesariamente conducir a conclusiones espirituales verdaderas.

La tumba de José estaba vacía, no porque el cuerpo de Jesús hubiera sido rehabilitado ni resucitado, sino porque las huestes celestiales habían solicitado, y recibido el permiso, para realizar una disolución especial y singular, un retorno del «polvo al polvo» evitando la intervención del paso del tiempo y el efecto de los procesos ordinarios y visibles de la descomposición mortal y la corrupción material.

Los restos mortales de Jesús sufrieron el mismo proceso natural de desintegración de los elementos que caracteriza a todos los cuerpos humanos en la tierra, excepto que, en cuanto al paso del tiempo, este modo natural de disolución fue grandemente acelerado, hasta el punto en que se volvió casi instantáneo.

Las verdaderas pruebas de la resurrección de Micael son de naturaleza espiritual, aunque esta enseñanza haya sido corroborada por el testimonio de muchos mortales del reino que se encontraron con el Maestro morontial resucitado, lo reconocieron, y comulgaron con él. Él fue parte de la experiencia personal de casi mil seres humanos, antes de despedirse finalmente de Urantia.

3. La resurrección dispensacional

Poco después de las cuatro y media de este domingo por la madrugada, Gabriel convocó a su lado a los arcángeles y se preparó para inaugurar la resurrección general del fin de la dispensación adánica en Urantia. Cuando las vastas huestes de serafines y de querubines que participaban en este gran acontecimiento se organizaron en formación apropiada, apareció ante Gabriel, el Micael morontial diciendo: «Así como mi Padre tiene vida en sí mismo, también ha dado al Hijo el poder de tener vida en sí mismo. Aunque todavía no he vuelto a tomar plenamente el ejercicio de la jurisdicción universal, esta limitación autoimpuesta no restringe de ninguna manera el don de la vida sobre mis hijos dormidos; que se comience a pasar lista para la resurrección planetaria».

El circuito de los arcángeles operó entonces por primera vez desde Urantia. Gabriel y las huestes de arcángeles se trasladaron al sitio de la polaridad espiritual del planeta; y cuando Gabriel dio la señal, se transmitió su voz al primero de los mundos de estancia del sistema diciendo: «Por mandato de Micael, ¡dejad que se levanten los muertos de una dispensación de Urantia!» Entonces, todos los sobrevivientes de las razas humanas de Urantia que habían caído en el sueño desde los días de Adán, y que aún no habían sido juzgados, aparecieron en las salas de resurrección del grupo de mundos de estancia, prontos para la investidura morontial. En un instante de tiempo, los serafines y sus asociados se prepararon para partir hacia los mundos de estancia. Ordinariamente estos guardianes seráficos, anteriormente asignados a la custodia de grupo de estos mortales sobrevivientes, habrían estado presentes, en el momento del despertar, en las salas de resurrección del grupo de mundos de estancia, pero en este momento se encontraban en este mundo mismo porque la presencia de Gabriel era necesaria aquí en relación con la resurrección morontial de Jesús.

A pesar de que incontables seres con sus guardianes seráficos personales y los que habían alcanzado el nivel requerido de progreso de la personalidad espiritual habían progresado a los mundos de estancia en las eras subsiguientes a los tiempos de Adán y Eva, y aunque había habido muchas resurrecciones especiales y milenarias de los hijos de Urantia, ésta era la tercera ocasión en que se pasaba lista planetaria, o sea la tercera resurrección dispensacional completa. La primera ocurrió al tiempo de la llegada del Príncipe Planetario, la segunda durante los tiempos de Adán, y ésta, la tercera, señaló la resurrección morontial, el tránsito mortal, de Jesús de Nazaret.

Cuando el jefe de los arcángeles recibió la señal de la resurrección planetaria, el Ajustador Personalizado del Hijo del Hombre renunció a su autoridad sobre las huestes celestiales reunidas en Urantia, transfiriendo nuevamente a todos estos hijos del universo local a la jurisdicción de sus comandantes respectivos. Y cuando hubo hecho esto, él partió en dirección a Salvingtón para registrar ante Emanuel la culminación del tránsito mortal de Micael. Y fue seguido inmediatamente por todas las huestes celestiales que no hacían falta en Urantia. Pero, Gabriel permaneció en Urantia con el Jesús morontial.

Éste es pues el relato de los acontecimientos de la resurrección de Jesús visto por los que tuvieron la oportunidad de presenciarlos mientras realmente ocurrían, sin las limitaciones de una visión humana parcial y restringida.

4. EL DESCUBRIMIENTO DE LA TUMBA VACÍA

A medida que nos acercamos al momento de la resurrección de Jesús, este domingo por la madrugada, es bueno recordar que los diez apóstoles permanecían en la casa de Elías y María Marcos, durmiendo en el aposento superior, descansando en los mismos divanes en los que se habían reclinado durante la última cena con su Maestro. Este domingo por la mañana estaban todos allí reunidos, excepto Tomás. Tomás permaneció con ellos por unos minutos cuando se reunieron inicialmente tarde por la noche del sábado, pero, ver a los apóstoles, y pensando a la vez en lo que le había sucedido a Jesús, fue demasiado para él. Contempló a sus asociados e inmediatamente abandonó el cuarto, yéndose a la casa de Simón en Betfagé, donde pensaba lamentarse de sus tribulaciones a solas. Todos los apóstoles sufrían, no tanto por la duda y la desesperación sino más bien por el temor, la pena y la verguenza.

En la casa de Nicodemo se encontraban reunidos, con David Zebedeo y José de Arimatea, unos doce o quince de los más prominentes discípulos de Jesús en Jerusalén. En la casa de José de Arimatea había unas quince a veinte de las principales mujeres creyentes. Estas mujeres eran las únicas que moraban en la casa de José, y como se habían quedado adentro durante las horas del sábado y las de la noche después del sábado, no sabían que había una guardia militar vigilando la tumba; tampoco sabían que habían hecho rodar una segunda piedra frente a la tumba, y que ambas piedras habían sido selladas con el sello de Pilato.

Poco antes de las tres de la mañana de este domingo, cuando empezaron a aparecer los albores del día al este, cinco de estas mujeres salieron en dirección al sepulcro de Jesús. Habían preparado abundancia de lociones especiales para embalsamar, y llevaban muchos vendajes de lino con ellas. Querían preparar mejor el cuerpo de Jesús con los ungüentos fúnebres y envolverlo más cuidadosamente con vendajes nuevos.

Las mujeres que salieron en esta misión de ungir el cuerpo de Jesús fueron: María Magdalena, María la madre de los gemelos Alfeo, Salomé la madre de los hermanos Zebedeo, Joana la mujer de Chuza, y Susana la hija de Ezra de Alejandría.

Eran aproximadamente las tres y media cuando las cinco mujeres, cargadas con sus ungüentos, llegaron frente a la tumba vacía. Al salir por la puerta de Damasco, encontraron a un grupo de soldados que huía despavorido hacia la ciudad, y esto hizo que se detuvieran ellas por unos minutos; pero como no ocurrió nada más, prosiguieron.

Mucho se sorprendieron cuando vieron que la piedra de la entrada del sepulcro estaba corrida, puesto que al emprender el camino comentaron entre ellas: «¿Quién nos ayudará a hacer rodar la piedra?» Apoyaron su carga en el suelo, intercambiando miradas de temor y gran asombro. Titubearon allí de pie, temblando de miedo, María Magdalena se aventuró a asomarse, dándole la vuelta a la piedra más pequeña, hasta atreverse a entrar al sepulcro abierto. Este sepulcro de José estaba situado en su jardín, en la pendiente de la colina, sobre la vertiente este del camino, y también miraba al este. A esta hora temprana, apenas si había suficiente luz del amanecer del nuevo día para que María mirara hacia el sitio en donde yacían los restos del Maestro, y discerniera que ya no estaban allí. En el nicho de piedra donde había yacido Jesús, María vio tan sólo el paño doblado sobre el que reposara su cabeza y los vendajes que le habían envuelto, intactos, dispuestos sobre la laja tal cual lo habían estado antes de que las huestes celestiales sacaran el cuerpo. La sábana que lo cubría yacía al pie del nicho fúnebre.

Después de permanecer María en la entrada del sepulcro por unos momentos (inicialmente no pudo distinguir claramente dentro del sepulcro), vio que ya no estaba el cadáver de Jesús y que en su lugar tan sólo quedaban las envolturas fúnebres, y dio un grito de alarma y angustia. Todas las mujeres estaban enormemente nerviosas; estaban sobre ascuas desde que se toparon con los soldados despavoridos junto a la puerta de la ciudad, y cuando María gritó de angustia, cayeron presas del terror, huyendo de gran prisa. Corrieron sin detenerse para nada todo el camino hasta la puerta de Damasco. Allí, a Joana le remordió la conciencia por haber abandonado a María; reunió a sus compañeras, y se encaminaron nuevamente al sepulcro.

Se iban acercando a la tumba, cuando Magdalena, despavorida, aun más espantada porque al salir de la tumba descubrió que sus hermanas no la estaban esperando, corrió hacia ellas, exclamando agitadamente: «No está —¡se lo han llevado!» y las condujo de vuelta a la tumba, y todas ellas entraron y vieron que estaba vacía.

Las cinco mujeres se sentaron entonces sobre la piedra cerca de la entrada y discutieron la situación. Aún no se les había ocurrido que Jesús hubiera resucitado. Habían permanecido a solas todo el día sábado, y conjeturaron que el cuerpo había sido trasladado a otro lugar de reposo. Pero al reflexionar sobre tal solución de su dilema, no pudieron entender por qué los mantos fúnebres estaban tan ordenadamente dispuestos; ¿cómo podían haber sacado el cuerpo si los vendajes mismos en los que estaba envuelto habían quedado en la misma posición y aparentemente intactos sobre el anaquel fúnebre?

Mientras estas mujeres estaban allí sentadas en las horas tempranas del amanecer de este nuevo día, miraron hacia un lado y observaron a un extraño silencioso e inmóvil. Nuevamente se asustaron por un instante, pero María Magdalena, corriendo hacia él y dirigiéndosele como si pensara que tal vez fuera el jardinero, dijo: «¿Dónde habéis llevado al Maestro? ¿Dónde lo han enterrado? Dínoslo para que podamos ir y buscarlo». Como el extraño no le contestó a María, ella se puso a llorar. Entonces les habló Jesús, diciendo: «¿A quién buscáis?» María dijo: «Buscamos a Jesús, quien fue enterrado para reposar en el sepulcro de José, pero se ha ido. ¿Sabes tú adónde le han llevado?» Entonces dijo Jesús: «¿Acaso no os dijo este Jesús, aun en Galilea, que moriría, pero que volvería a resucitar?» Estas palabras asombraron a las mujeres, pero el Maestro tanto había cambiado, que ellas no le reconocieron cuando él se encontraba allí, de espaldas ante la escasa luz. Mientras ellas reflexionaban sobre sus palabras, él se dirigió a Magdalena con voz conocida, diciendo: «María». Cuando ella oyó esa palabra bien conocida de misericordia y salutación afectuosa, supo que era la voz del Maestro, y se arrojó de rodillas a sus pies exclamando: «¡Mi Señor, y mi Maestro!» Y todas las demás mujeres reconocieron que era el Maestro quien estaba de pie ante ellas en forma glorificada, y rápidamente se arrodillaron ante él.

Estos ojos humanos pudieron ver la forma morontial de Jesús debido al ministerio especial de los transformadores y de los seres intermedios, en asociación con algunas de las personalidades morontiales que en ese entonces acompañaban a Jesús.

Al intentar María abrazar sus pies, Jesús dijo: «No me toques, María, porque no soy como me conociste en la carne. En esta forma permaneceré con vosotros por una temporada antes de ascender al Padre. Pero id, todas vosotras, ahora y decid a mis apóstoles, y a Pedro, que yo he resucitado, y que habéis hablado conmigo».

Después de que estas mujeres se recobraron de la impresión y del asombro, se dieron prisa de vuelta a la ciudad y a la casa de Elías Marcos, donde relataron a los diez apóstoles todo lo que les había ocurrido; pero los apóstoles no estaban dispuestos a creerles. Pensaron primero que las mujeres habían visto una visión, pero cuando María Magdalena repitió las palabras que Jesús les había dicho, y cuando Pedro oyó su nombre, él salió corriendo del aposento alto, seguido de cerca por Juan, dándose gran prisa para llegar a la tumba y ver estas cosas por sí mismo.

Las mujeres repitieron a los otros apóstoles su relato de cómo habían hablado con Jesús, pero ellos no les creyeron; tampoco quisieron ir para ver con sus propios ojos, como lo habían hecho Pedro y Juan.

5. PEDRO Y JUAN JUNTO A LA TUMBA

Mientras los dos apóstoles corrían hacia el Gólgota en dirección a la tumba de José, los pensamientos de Pedro alternaban entre terror y esperanza; temía encontrar al Maestro, pero su esperanza resurgía, por el relato de que Jesús le había enviado un mensaje especial. Estaba casi persuadido de que Jesús estaba realmente vivo; recordó la promesa de que resucitaría al tercer día. Es extraño decirlo, pero hasta este momento, mientras corría él en dirección al norte, cruzando Jerusalén, no había pensado en esta promesa. Mientras Juan se daba prisa saliendo de la ciudad, un éxtasis extraño de regocijo y esperanza inundaba su alma. Estaba casi convencido de que las mujeres realmente habían visto al Maestro resucitado.

Juan, como era más joven que Pedro, corrió más rápido y llegó primero a la tumba. Juan permaneció en la entrada contemplando la tumba, que era tal como María la había descrito. Poco después llegó corriendo Simón Pedro y, entrando, vio la misma tumba vacía con los mantos fúnebres tan singularmente dispuestos. Cuando Pedro salió, Juan también entró y lo vio todo, y luego se sentaron en la piedra para reflexionar sobre el significado de lo que habían visto y oído. Mientras estaban allí, reflexionaron sobre todas las cosas que ellos habían oído sobre Jesús, pero no podían percibir claramente qué había sucedido.

Primero Pedro sugirió que la tumba había sido saqueado, que los enemigos habían robado los restos, tal vez sobornando a los centinelas. Pero Juan razonó que la tumba no habría quedado tan ordenada si se hubieran robado el cadáver, y también se preguntó cómo podía ser que los vendajes hubieran quedado aparentemente intactos. Nuevamente volvieron al sepulcro para examinar más cuidadosamente los mantos fúnebres. Al salir de la tumba la segunda vez encontraron a María Magdalena que había vuelto y lloraba junto a la entrada. María había ido a ver a los apóstoles, en la creencia de que Jesús había resucitado de la tumba pero cuando todos ellos se negaron a creer en su informe, se deprimió y no sabía qué pensar. Deseaba volver junto a la tumba, donde le pareció que había oído la voz familiar de Jesús.

Mientras María permanecía allí después de la partida de Pedro y Juan, el Maestro se le apareció nuevamente, diciendo: «No dudes; ten el valor de creer en lo que has visto y oído. Vuelve adonde mis apóstoles y nuevamente diles que yo he resucitado, que apareceré ante ellos, y que finalmente caminaré delante de ellos a Galilea como lo prometí».

María se dio prisa de vuelta a la casa de Marcos y dijo a los apóstoles que nuevamente había hablado con Jesús, pero ellos no quisieron creerle. Pero cuando volvieron Pedro y Juan, los demás ya no se mofaron de María, sino que se llenaron de temor y aprensión.

DOCUMENTO 190

LAS APARICIONES MORONTIALES DE JESÚS

EL JESÚS resucitado se prepara para pasar un corto período en Urantia, con el objeto de experimentar la carrera morontial ascendente de un mortal de los reinos. Aunque este tiempo de la vida morontial se pasará en el mundo de su encarnación mortal, será sin embargo en todos los aspectos la contraparte de la experiencia de los mortales de Satania que pasan a través de la vida morontial progresiva en los siete mundos de estancia de Jerusem.

Todo este poder inherente en Jesús —el don de vida— que le permitió levantarse de los muertos, es el don mismo de vida eterna que él otorga a los creyentes del reino, y que aun ahora proporciona la certeza de la resurrección de los vínculos de la muerte natural.

Los mortales de los reinos se levantarán en la mañana de la resurrección con el mismo tipo de cuerpo de transición o morontial que Jesús tenía cuando se levantó de la tumba ese domingo por la mañana. Estos cuerpos no tienen circulación sanguínea, ni comparten de los alimentos materiales comunes; sin embargo, estas formas morontiales son *reales*. Cuando los distintos creyentes vieron a Jesús después de su resurrección, realmente lo vieron, no fueron víctimas autoengañadas de visiones ni de alucinaciones.

La fe absoluta en la resurrección de Jesús fue la característica cardinal de la fe de todas las ramas de las primeras enseñanzas del evangelio. En Jerusalén, Alejandría, Antioquía y Filadelfia, todos los maestros del evangelio se unieron en esta fe implícita en la resurrección del Maestro.

Al considerar el papel prominente que jugó María Magdalena en la proclamación de la resurrección del Maestro, es importante notar que María era la portavoz principal del cuerpo de mujeres, así como Pedro lo era de los apóstoles. María no era la jefa de las mujeres, pero sí era su maestra jefa y su portavoz pública. María se había vuelto altamente circunspecta, de manera que su atrevimiento al dirigir la palabra a un hombre que ella consideraba ser el cuidador del jardín de José sólo indica cuán horrorizada estaba por haber encontrado vacía la tumba. Fue la profundidad y agonía de su amor, la plenitud de su devoción, lo que causó que ella olvidara, por un momento, las limitaciones convencionales impuestas a la forma en que una mujer judía podía dirigirse a un hombre extraño.

1. LOS HERALDOS DE LA RESURRECCIÓN

Los apóstoles no querían que Jesús los dejara. Por lo tanto no prestaron atención a todas sus declaraciones sobre la muerte así como también sus promesas de volver a levantarse. No esperaban la resurrección como ocurrió, y se negaron a creer hasta enfrentarse con la compulsión de una prueba indiscutible y la comprobación absoluta de su propia experiencia.

Cuando los apóstoles se negaron a creer en el informe de las cinco mujeres que dijeron que habían visto a Jesús y habían hablado con él, María Magdalena volvió al sepulcro, y las demás regresaron a la casa de José, donde relataron su experiencia a la hija de José y a las demás mujeres. Las mujeres creyeron en ese informe. Poco después de las seis, la hija de José de Arimatea y las cuatro mujeres que habían visto a Jesús fueron a la casa de Nicodemo, y allí relataron todos estos acontecimientos a José, Nicodemo, David Zebedeo, y los demás hombres que estaban allí reunidos. Nicodemo y los demás dudaron de este relato, dudaron de que Jesús hubiera resucitado de entre los muertos; conjeturaron que los judíos habían sacado el cadáver. José y David estaban dispuestos a creer en el informe, tanto que se fueron de prisa a inspeccionar la tumba, y encontraron que todo estaba tal como las mujeres lo habían descrito. Fueron los últimos en ver así el sepulcro, porque el sumo sacerdote envió al capitán de los guardianes del templo a la tumba, a las siete y media, para llevarse los mantos fúnebres. El capitán los envolvió en la sábana de lino y los arrojó a un precipicio cercano.

Desde la tumba, David y José fueron inmediatamente a la casa de Elías Marcos, donde conferenciaron con los diez apóstoles en el aposento superior. Sólo Juan Zebedeo estaba dispuesto a creer, aunque vagamente, que Jesús se había levantado de entre los muertos. Pedro lo había creído al principio pero, cuando no encontró al Maestro, comenzó a dudar seriamente. Estaban todos dispuestos a creer que los judíos se habían llevado el cadáver. David no quiso discutir con ellos, pero cuando se fue, dijo: «Vosotros sois los apóstoles y deberíais comprender estas cosas. Yo no voy a argüir con vosotros; sin embargo, ahora vuelvo a la casa de Nicodemo, donde, según nuestro acuerdo, me encontraré con los mensajeros esta mañana, y cuando se hayan reunido, los enviaré en su última misión, como heraldos de la resurrección del Maestro. Yo le oí al Maestro decir que, después de su muerte, se levantaría al tercer día, y le creo». Hablando así a los deprimidos y abandonados embajadores del reino, este autonombrado jefe de comunicaciones e inteligencia se despidió de los apóstoles. Camino del aposento superior dejó caer en el regazo de Mateo Leví la bolsa de Judas, que contenía todos los fondos apostólicos.

Eran aproximadamente las nueve y media cuando el último de los veintiséis mensajeros de David llegó a la casa de Nicodemo. David prontamente los reunió en el espacioso patio y les dirigió la palabra:

«Hombres y hermanos, todo este tiempo me habéis servido de acuerdo con vuestro juramento ante mí y ante vosotros mismos, y os llamo a testimonio de que no he enviado nunca falsa información por medio de vosotros. Estoy a punto de enviaros en vuestra última misión como mensajeros voluntarios del reino, y al hacer así os libero de vuestro juramento y por ello estoy disolviendo este cuerpo de mensajeros. Hombres, yo os declaro que hemos terminado nuestra obra. El Maestro ya no necesita de mensajeros mortales; él se ha levantado de entre los muertos. Él nos dijo antes de que lo arrestaran que moriría, y que se levantará al tercer día. Yo he visto el sepulcro: está vacío. He hablado con María Magdalena y otras cuatro mujeres, quienes hablaron con Jesús. Ahora yo disuelvo este grupo, me despido de vosotros, y os envío en vuestra tarea respectiva, y el mensaje que llevaréis a los creyentes es: 'Jesús se ha levantado de entre los muertos; la tumba está vacía'».

La mayoría de los que estaban presentes trataron de persuadir a David de que no lo hiciera. Pero no pudieron influir sobre él. Entonces, trataron de disuadir a los mensajeros, pero éstos no escuchaban expresiones de incertidumbre. Así pues, poco después de las diez de la mañana del domingo, estos veintiséis corredores salieron como primeros heraldos del poderoso verdad-hecho del Jesús resucitado. Y comenzaron esta misión como habían comenzado tantas otras, satisfaciendo su juramento ante David Zebedeo y ante ellos mismos. Estos hombres tenían gran confianza en David. Partieron en esta tarea sin siquiera detenerse para hablar con los que habían visto a Jesús; creyeron en la palabra de David. La mayoría de ellos creía en lo que David les había dicho, y aun los que dudaban un tanto, llevaron el mensaje de la misma manera certera y rápida.

Los apóstoles, el cuerpo espiritual del reino, están este día reunidos en el aposento superior, y allí manifiestan temor y expresan dudas, mientras que estos laicos, que representan el primer intento de socialización del evangelio del Maestro de la hermandad del hombre, bajo las órdenes de su líder audaz y eficiente, salen para proclamar al Salvador resucitado de un mundo y de un universo. Y emprenden este servicio pletórico aun antes de que sus representantes elegidos estén dispuestos a creer en su palabra o a aceptar la prueba de los testigos.

Estos veintiséis fueron despachados a la casa de Lázaro en Betania, y a todos los centros de creyentes, desde Beerseba en el sur hasta Damasco y Sidón en el norte; y desde Filadelfia en el este hasta Alejandría en el oeste.

Cuando David se hubo despedido de sus hermanos, fue a la casa de José a buscar a su madre, y salieron de Betania para reunirse con la familia de Jesús que aguardaba. David moró allí en Betania con Marta y María hasta después de disponer ellas de sus posesiones terrenales, y las acompañó cuando partieron para reunirse con su hermano Lázaro, en Filadelfia.

Aproximadamente una semana desde ese día, Juan Zebedeo llevó a María la madre de Jesús a su casa en Betsaida. Santiago, el hermano mayor de Jesús, permaneció con su familia en Jerusalén. Ruth se quedó en Betania con las hermanas de Lázaro. El resto de la familia de Jesús volvió a Galilea. David Zebedeo partió de Betania con Marta y María, camino a Filadelfia, en la primera parte de junio, el día siguiente de celebrar esponsales con Ruth, la hermana menor de Jesús.

2. LA APARICIÓN DE JESÚS EN BETANIA

Desde el momento de su resurrección morontial hasta la hora de su ascensión espiritual a lo alto, Jesús hizo diecinueve apariciones separadas en forma visible a sus creyentes en la tierra. No apareció ante sus enemigos ni tampoco ante los que no podían hacer uso espiritual de su manifestación en forma visible. Su primera aparición fue a las cinco mujeres junto al sepulcro; la segunda, a María Magdalena, también junto al sepulcro.

La tercera aparición ocurrió alrededor del mediodía de este domingo en Betania. Poco después del mediodía, el hermano mayor de Jesús, Santiago, estaba de pie en el jardín de Lázaro ante la tumba vacía del hermano resucitado de Marta y María, reflexionando sobre la noticia que el mensajero de David les había traído una hora antes. Santiago siempre tendió a creer en la misión de su hermano mayor en la tierra, pero desde hacía mucho había perdido el contacto con el trabajo de Jesús y se había dejado dominar por graves incertidumbres sobre las afirmaciones posteriores de los apóstoles de que Jesús era el Mesías. La familia entera estaba asombrada y prácticamente confundida por la noticia traída por el mensajero. Aun al estar Santiago de pie ante la tumba vacía de Lázaro, llegó María Magdalena para relatar a la familia con gran emoción sus experiencias de las primeras horas de la mañana junto a la tumba de José. Antes de que ella terminara, llegaron David Zebedeo y la madre de él. Ruth, por supuesto, creyó en el informe, como así también Judá, después de haber hablado con David y Salomé.

En el ínterin, mientras ellos buscaban a Santiago y antes de que lo encontraran, y mientras él estaba allí en el jardín cerca de la tumba, se apercibió de una presencia cercana, como si alguien le hubiera tocado el hombro; y cuando se volvió para mirar, contempló la aparición gradual de una forma extraña a su lado. Estaba demasiado asombrado para poder hablar y demasiado asustado para huir. Entonces, la extraña forma habló diciendo: «Santiago, he venido para llamarte al servicio del reino. Reúnete sinceramente con tus hermanos y sigue mis pasos». Cuando Santiago escuchó su nombre, supo que era su hermano mayor, Jesús, quien así le había hablado. Todos tenían mayores o menores dificultades en reconocer la forma morontial del Maestro, pero pocos de ellos tenían problema alguno en reconocer su voz o en identificar de otra manera su encantadora personalidad cuando él se comunicaba con ellos.

Cuando Santiago percibió que Jesús le estaba dirigiendo la palabra, quiso echarse a sus pies, exclamando: «Padre mío y hermano mío», pero Jesús le dijo que se pusiera de pie mientras él le hablaba. Caminaron por el jardín y conversaron casi tres minutos; hablaron de las experiencias de días pasados y pronosticaron los eventos del futuro cercano. Cuando se acercaron a la casa, Jesús dijo: «Adiós, Santiago, hasta que os reciba a todos juntos».

Santiago entró corriendo a la casa, mientras ellos lo buscaban en Betfagé, exclamando: «Acabo de ver a Jesús, y de hablar con él; yo conversé con él. No está muerto; ¡ha resucitado! Se desapareció de ante mí, diciendo, 'Adiós, hasta que os reciba a todos juntos'». Apenas acababa de hablar cuando retornó Judá, y volvió a relatar la experiencia de encontrar a Jesús en el jardín, para que la escuchara Judá. Todos ellos comenzaron a creer en la resurrección de Jesús. Santiago anunció seguidamente que no volvería a Galilea, y David exclamó: «Ya no sólo las emotivas mujeres lo ven; aún hombres de corazón fuerte han empezado a verlo. Espero verlo yo también».

David no tuvo que esperar mucho, porque la cuarta aparición de Jesús ante una presencia mortal ocurrió poco antes de las dos de la tarde en esta misma casa de Marta y María, cuando él apareció visiblemente ante su familia terrenal y sus amigos, veinte en total. El Maestro apareció junto a la puerta de atrás, que estaba abierta, diciendo: «Que la paz sea con vosotros. Salutaciones para los que estuvieron junto a mí en la carne, y hermandad para mis hermanas y hermanos en el reino del cielo. ¿Cómo pudisteis dudar? ¿Por qué habéis titubeado tanto antes de elegir seguir de todo corazón la luz de la verdad? Venid, por tanto, todos vosotros a la hermandad del Espíritu de la Verdad en el reino del Padre». Cuando ellos se recuperaron de la primera impresión y del asombro y se le acercaron con la intención de abrazarlo, él desapareció de su vista.

Todos querían correr a la ciudad para decir a los apóstoles incrédulos lo que había ocurrido, pero Santiago los detuvo. Tan sólo se le permitió a María Magdalena volver a la casa de José. Santiago prohibió que ellos difundieran el hecho de esta visita morontial, debido a ciertas cosas que Jesús le había dicho mientras conversaba con él en el jardín. Pero Santiago nunca reveló nada más de la conversación que tuvo con el Maestro resucitado este día en la casa de Lázaro en Betania.

3. EN LA CASA DE JOSÉ

La quinta manifestación morontial de Jesús ante ojos mortales ocurrió en presencia de unas veinticinco mujeres creyentes reunidas en la casa de José de Arimatea, aproximadamente quince minutos después de las cuatro de este mismo domingo por la tarde. María Magdalena había vuelto de la casa de José unos pocos minutos antes de esta aparición. Santiago, el hermano de Jesús, había solicitado que nada se dijera a los apóstoles sobre la aparición del Maestro en Betania. No le había pedido a María que no informara a sus hermanas creyentes de este hecho. Por lo tanto, una vez que María hizo prometer a todas las mujeres que mantendrían el secreto, procedió a relatar lo que tan recientemente había sucedido mientras ella estaba con la familia de Jesús en Betania. Estaban precisamente en el medio de este relato apasionante, cuando cayó sobre ellas un silencio súbito y solemne; contemplaron entonces en su medio, la forma enteramente visible del Jesús resucitado. Él las saludó diciendo: «Que la paz sea con vosotras. En la comunidad del reino no habrá judíos ni gentiles, ricos ni pobres, libres ni esclavos, hombres ni mujeres. También sois llamadas a difundir la buena nueva de la liberación de la humanidad mediante el evangelio de la filiación con Dios en el reino del cielo. Id a todo el mundo proclamando este evangelio y confirmando a los creyentes en la fe del mismo. Mientras hacéis esto, no olvidéis ministrar a los enfermos y fortalecer a los que son de corazón débil y que se dejan dominar por el temor. Y estaré con vosotras siempre, aun hasta los confines de la tierra». Y cuando hubo hablado así, desapareció de su vista, mientras las mujeres caían de bruces y adoraban en silencio.

De las cinco apariciones morontiales de Jesús que ocurrieron hasta ese momento, María Magdalena presenció cuatro.

Como resultado del envío de los mensajeros al mediodía y como consecuencia de la filtración inconsciente de sugerencias sobre la aparición de Jesús en la casa de José, se corrió entre los líderes de los judíos, durante el anochecer, el rumor de que en la ciudad se decía que Jesús se había levantado de entre los muertos, y que muchas personas decían haberlo visto. Los sanedristas estaban muy perturbados por estos rumores. Después de una apresurada consulta con Anás, Caifás convocó al sanedrín para que se reuniera a las ocho de esa noche. En esta reunión se tomó la decisión de echar de la sinagoga a toda persona que mencionara la resurrección de Jesús. Aun se sugirió, que el que dijera haberlo visto debía ser puesto a muerte. Esta propuesta, sin embargo, no llegó a votación puesto que la reunión se levantó en una confusión tan grande que lindaba en el verdadero pánico. Se habían atrevido a pensar que estaban libres de Jesús. Ahora estaban por descubrir que sus problemas reales con el varón de Nazaret recién empezaban.

4. LA APARICIÓN A LOS GRIEGOS

Alrededor de las cuatro y media, en la casa de un tal Flavio, el Maestro hizo su sexta aparición morontial a unos cuarenta creyentes griegos allí reunidos. Mientras estaban ellos discutiendo los informes sobre la resurrección del Maestro, él se manifestó en su medio, a pesar de que las puertas estaban cerradas con seguro, y les habló diciendo: «Que la paz sea con vosotros. Aunque el Hijo del Hombre apareció en la tierra entre los judíos, él vino para ministrar a todos los hombres. En el reino de mi

Padre no habrá ni judíos ni gentiles; seréis todos hermanos —los hijos de Dios. Id pues al mundo, proclamando este evangelio de salvación, así como lo habéis recibido de los embajadores del reino, y yo os recibiré en la comunión de la hermandad de los hijos de la fe y de la verdad del Padre». Cuando así les habló, se despidió, y no le volvieron a ver. Permanecieron dentro de la casa toda la noche, estaban demasiado sobrecogidos de pavor y temor para atreverse a salir. Tampoco durmieron estos griegos esa noche; permanecieron despiertos, discutiendo estas cosas y esperando que el Maestro los pudiera visitar nuevamente. En este grupo estaban muchos de los griegos que se encontraban en Getsemaní cuando los soldados arrestaron a Jesús después de que Judas le traicionó con un beso.

Los rumores de la resurrección de Jesús y los informes sobre las muchas apariciones a sus seguidores se estaban difundiendo rápidamente, y la ciudad entera estaba en un estado de tensa excitación. Ya el Maestro había aparecido ante su familia, las mujeres, y los griegos, y dentro de poco, se manifestaría entre los apóstoles. El sanedrín pronto está por empezar la discusión de estos nuevos problemas que tan repentinamente se han precipitado sobre los potentados judíos. Jesús piensa mucho acerca de sus apóstoles, pero desea que sigan estando solos por unas horas más, para que reflexionen solemnemente y consideren las cosas antes de que él los visite.

5. La caminata con los dos hermanos

En Emaús, a unos once kilómetros al oeste de Jerusalén, vivían dos hermanos, pastores, que habían pasado la semana de Pascua en Jerusalén asistiendo a los sacrificios, ceremonias y festividades. Cleofas, el mayor, era un creyente a medias de Jesús; por lo menos había sido expulsado de la sinagoga. Su hermano, Jacobo, no era creyente, aunque estaba muy perplejo por lo que había oído sobre las enseñanzas y obras del Maestro.

Este domingo por la tarde, a unos cinco kilómetros fuera de Jerusalén y pocos minutos antes de las cinco, al caminar estos dos hermanos por la carretera a Emaús, conversaban muy ensimismados sobre Jesús, sus enseñanzas, sus obras, y más específicamente de los rumores de que su tumba estaba vacía, y que ciertas mujeres habían hablado con él. Cleofas estaba casi decidido a creer en estos informes, pero Jacobo insistía en que se trataba probablemente de un engaño. Mientras así discutían y debatían camino a su casa, la manifestación morontial de Jesús, su séptima aparición, apareció caminando a su lado. Cleofas había escuchado muchas veces las enseñanzas de Jesús y había comido con él en las casas de los creyentes de Jerusalén en varias ocasiones, pero no reconoció al Maestro aun cuando éste le habló libremente.

Después de caminar un corto camino con ellos, Jesús dijo: «¿Cuáles son las palabras que estabais intercambiando con tanta intensidad al acercarme yo?» Cuando Jesús hubo hablado, se detuvieron y le miraron con triste sorpresa. Dijo Cleofas: «¿Es posible que tú vivas en Jerusalén y no sepas de las cosas que han ocurrido recientemente?» Entonces preguntó el Maestro: «¿Qué cosas?» Cleofas replicó: «Si tú no sabes de estos asuntos, eres el único en Jerusalén que no ha oído estos rumores sobre Jesús de Nazaret, que era un profeta poderoso de palabra y de hecho ante Dios y todo el pueblo. Los altos sacerdotes y nuestros líderes lo entregaron a los romanos y demandaron que se le crucificara. Ahora pues, muchos de nosotros teníamos la esperanza de que él fuera el que liberaría a Israel del yugo de los gentiles. Pero eso no es todo. Hoy es el tercer día desde que fue crucificado, y unas mujeres este día nos asombraron declarando que muy temprano esta mañana fueron a su tumba y la encontraron vacía. Y estas mismas mujeres insisten que ellas han hablado con este hombre; sostienen que ha resucitado de entre los muertos. Cuando las mujeres informaron de esto a los hombres, dos de sus apóstoles corrieron a la tumba y del mismo modo la encontraron vacía», y aquí Jacobo interrumpió a su hermano para decir: «Pero no vieron a Jesús».

Mientras seguían caminando, Jesús les dijo: «¡Cuán lentos sois en comprender la verdad! Cuando me decís que estáis discutiendo las enseñanzas y las obras de este hombre, tal vez yo os pueda esclarecer, puesto que estoy más que familiarizado con estas enseñanzas. ¿Acaso no recordáis que este Jesús siempre enseñó que su reino no era de este mundo, y que todos los hombres, siendo hijos de Dios, debían encontrar la libertad y la emancipación en el regocijo espiritual de ser miembros de la hermandad del servicio amante en este nuevo reino de la verdad del amor del Padre celestial? ¿Acaso no recordáis cómo este Hijo del Hombre proclamó la salvación de Dios para todos los hombres, ministrando a los enfermos y afligidos y liberando a los que estaban encadenados por el temor y esclavisados por el mal? ¿Acaso no sabéis que este hombre de Nazaret dijo a sus discípulos que él debía ir a Jerusalén, ser entregado a sus enemigos, quienes lo pondrían a muerte, y que luego resucitaría al tercer día? ¿Acaso no habéis escuchado esto? ¿Y no habéis leído nunca en las Escrituras sobre este día de salvación de judíos y gentiles, donde dice que en él todas las familias de la tierra serán benditas; que él oirá el llanto de los necesitados y salvará el alma de los pobres que lo busquen; que todas las naciones lo llamarán bendito? Que ese Libertador será como la sombra de una gran roca sobre una tierra cansada. Que alimentará al rebaño como un buen pastor, juntando a las ovejas en sus brazos y llevándolas tiernamente en su regazo. Que abrirá los ojos de los que son ciegos espiritualmente y que traerá a los prisioneros de la desesperación a la plena libertad y luz; que todos los que están sentados en las tinieblas, verán la gran luz de la salvación eterna. Que él vendará a los quebrantados de corazón, publicará libertad a los cautivos del pecado, y abrirá la prisión de los que están esclavizados por el temor y encadenados por el mal. Que confortará a los que están de luto y les otorgará el regocijo de la salvación en lugar de la pena y de la pesadumbre. Que será el deseo de todas las naciones y la felicidad eterna de los que buscan la rectitud. Que este hijo de la verdad y de la rectitud se elevará en el mundo con luz curativa y poder salvador; incluso que salvará a su pueblo de sus pecados; que realmente buscará y salvará a los que se han descarriado. Que no destruirá a los débiles sino que ministrará salvación a todos los que tienen hambre y sed de rectitud. Que los que crean en él tendrán vida eterna. Que él derramará su espíritu sobre toda la carne, y que este Espíritu de la Verdad será en cada creyente un manantial de agua, que llegará hasta la vida eterna. ¿Acaso no comprendisteis cuán grande era el evangelio del reino que os entregó este hombre? ¿No percibís acaso cuán grande es la salvación que os ha llegado?».

A estas alturas, habían llegado cerca de la aldea donde vivían los dos hermanos. Los dos hombres no habían hablado palabra alguna desde que Jesús empezó a enseñarles mientras caminaban por el camino. Pronto llegaron frente a su humilde morada, y Jesús estaba a punto de despedirse de ellos, para proseguir su camino, pero lo instaron a que entrara y morara con ellos. Insistieron que era casi de noche y que se quedara con ellos. Finalmente Jesús consistió, y muy poco después entraron en la casa, y se sentaron a comer. Le dieron el pan para que lo bendijera, y al empezar él a romperlo para compartirlo con ellos, se les abrieron los ojos y Cleofas reconoció que su huésped era el Maestro mismo. Y cuando dijo, «es el Maestro—», el Jesús morontial desapareció de su vista.

Entonces se dijeron uno al otro: «¡Con razón nuestro corazón nos ardía en el pecho mientras él nos hablaba al caminar por la carretera. Y mientras abría para nosotros la puerta de la comprensión de las enseñanzas de las Escrituras!

No comieron. Habían visto al Maestro morontial, y salieron corriendo de la casa, dándose prisa en dirección a Jerusalén para difundir la buena nueva del Salvador resucitado.

Aproximadamente a las nueve de esa noche y justo antes de que el Maestro apareciera a los diez, estos dos hermanos excitados se abalanzaron sobre los apóstoles en el aposento superior, declarando que habían visto a Jesús y habían hablado con él. Y les dijeron todo lo que Jesús les había dicho a ellos, y cómo ellos no discernieron quién era él hasta el momento en que rompió el pan.

DOCUMENTO 191

LAS APARICIONES A LOS APÓSTOLES Y A OTROS LÍDERES

EL DOMINGO de la resurrección fue un día terrible en la vida de los apóstoles; diez de ellos pasaron la mayor parte del día en el aposento superior tras puertas aseguradas. Podían haber huido de Jerusalén, pero tenían miedo de ser arrestados por los agentes del sanedrín si se los encontraban por la calle. Tomás estaba yendo a solas con sus problemas en Betfagé. Mejor habría sido que hubiese permanecido con los demás apóstoles, pues podría haberlos ayudado dirigiendo su discusión por caminos más útiles.

Durante todo ese día Juan sostuvo la idea de que Jesús había resucitado de entre los muertos. Recordó no menos de cinco veces distintas en las que el Maestro había afirmado que resucitaría nuevamente y por lo menos tres veces en las que aludió al tercer día. La actitud de Juan tenía considerable influencia sobre ellos, especialmente sobre su hermano Santiago y sobre Natanael. Juan podría haber tenido mayor influencia sobre ellos si no hubiese sido el más joven del grupo.

El aislamiento de los apóstoles mucho tuvo que ver con sus problemas. Juan Marcos los mantenía en contacto con los acontecimientos del templo y les informaba en cuanto a los muchos rumores que se difundían por la ciudad, pero no se le ocurrió allegar noticias de los diferentes grupos de creyentes ante los que Jesús ya había aparecido. Este tipo de servicio había sido realizado hasta ese momento por los mensajeros de David, pero estaban todos ausentes en su última misión como heraldos de la resurrección ante aquellos grupos de creyentes que moraban lejos de Jerusalén. Por primera vez en todos estos años, los apóstoles se dieron cuenta de cuanto habían confiado en los mensajeros de David para recibir información diaria sobre los asuntos del reino.

Durante todo este día Pedro, como siempre, vaciló emocionalmente entre la fe y la incertidumbre sobre la resurrección del Maestro. Pedro no podía olvidar la vista de las ropas fúnebres yaciendo allí en la tumba como si el cuerpo de Jesús se hubiese evaporado desde adentro. «Pero», razonaba Pedro, «si ha resucitado y puede aparecer a las mujeres, ¿por qué no se aparece antes nosotros, sus apóstoles?» Pedro se apenaba cuando pensaba que tal vez debido a su presencia entre los apóstoles Jesús no venía a ellos, ya que él lo negó esa noche en el patio de Anás. Al mismo tiempo se consolaba por el mensaje traído por las mujeres, «id y contad a mis apóstoles —y a Pedro». Pero, para poder obtener consolación de este mensaje presuponía que él debía creer que las mujeres realmente habían visto y oído al Maestro resucitado. Así pues, Pedro alternó entre la fe y la duda a lo largo de todo el día, hasta poco después de las ocho de la noche, cuando se atrevió a salir al patio. Pedro pensaba alejarse de los apóstoles para que su presencia no impidiera la venida de Jesús, debido a que él había negado al Maestro.

Santiago Zebedeo, quien sostuvo al principio que sería conveniente que fueran todos al sepulcro, estaba fuertemente a favor de hacer algo para esclarecer este misterio. Natanael fue quien les impidió que se mostraran en público fuera de la casa como lo preconizaba Santiago, y lo hizo recordándoles la advertencia de Jesús de que no pusieran en peligro su vida en estos momentos. Al mediodía, Santiago también se tranquilizó, y todos aguardaban. Él dijo muy poco; estaba terriblemente desilusionado porque Jesús no había aparecido ante ellos, y aún no sabía de las muchas apariciones del Maestro a otros grupos e individuos.

Ese día Andrés escuchó mucho. Estaba efectivamente perplejo por la situación y tenía más incertidumbre de la necesaria, pero por lo menos disfrutaba de cierta sensación de liberación de las responsabilidades de dirigir a los demás apóstoles. En efecto, estaba agradecido de que el Maestro le hubiera liberado de la carga del liderazgo antes de entrar ellos en estos períodos difíciles.

Más de una vez durante las largas y fatigantes horas de este día trágico, la única influencia positiva en el grupo fue la contribución frecuente del característico tono filosófico de Natanael. Fue en verdad quien controló a los diez a lo largo de todo ese día. No se expresó ni una vez sobre la creencia o la incredulidad en cuanto a la resurrección del Maestro. Pero a medida que pasaba el día, cada vez más tendía a creer que Jesús había cumplido su promesa de resucitar.

Simón el Zelote estaba demasiado anonadado para participar en las discusiones. La mayor parte del tiempo estaba echado en un diván en un rincón del cuarto, mirando a la pared; no habló ni media docena de veces en todo ese día. Su concepto del reino se había derrumbado, y no discernía que la resurrección del Maestro pudiera cambiar materialmente la situación. Su desencanto era muy personal y en líneas generales demasiado agudo para que se pudiera recuperar a corto plazo, aun frente a un hecho tan estupendo como la resurrección.

Aunque parezca extraño, Felipe, generalmente poco expresivo, habló mucho durante toda la tarde de este día. Poco tuvo que decir por la mañana, pero durante el curso de la tarde se pasó haciendo preguntas a los demás apóstoles. Pedro se irritó repetidamente por las preguntas de Felipe, pero los demás las tomaron con buen humor. Felipe estaba particularmente deseoso de saber si, suponiendo que Jesús realmente se hubiera levantado de la tumba, tendría su cuerpo las marcas físicas de la crucifixión.

Mateo estaba altamente confundido; escuchó las discusiones de sus hermanos, pero pasó la mayor parte del tiempo reflexionando sobre los problemas financieros que le deparaba el futuro. Aparte de la supuesta resurrección de Jesús, Judas ya no estaba, David le había entregado los fondos sin ceremonia, y no tenían ellos un líder con autoridad. Antes de que Mateo hubiera llegado a considerar seriamente las argumentaciones de los demás sobre la resurrección, ya había visto al Maestro, cara a cara.

Los gemelos Alfeo poco participaron en estas discusiones serias; estaban bastante ocupados en sus ministraciones habituales. Uno de ellos expresó la actitud de ambos al decir, respondiendo a una pregunta de Felipe: «No entendemos esto de la resurrección, pero nuestra madre dice que habló con el Maestro, y nosotros le creemos».

Tomás se encontraba en medio de uno de sus típicos ataques de depresión desesperante. Durmió parte del día y anduvo por las colinas el resto del tiempo. Sentía una gran necesidad de unirse con los demás apóstoles, pero era más fuerte el deseo de estar a solas.

El Maestro demoró su primera aparición morontial a los apóstoles por una serie de razones. En primer lugar, quería que tuvieran tiempo, después de enterarse de su resurrección, para reflexionar sobre todo lo que les había dicho en cuanto a su muerte y resurrección cuando aún estaba con ellos en la carne. El Maestro quería que Pedro venciera algunas de las dificultades peculiares antes de manifestarse él ante todos ellos. En segundo lugar, deseaba que Tomás estuviera con ellos al tiempo de su primera aparición. Juan Marcos ubicó a Tomás en la casa de Simón en Betfagé, temprano por la mañana del domingo, y trajo a los apóstoles esta noticia a eso de las once. En cualquier momento durante ese día, Tomás habría regresado si Natanael o cualesquiera dos de otros apóstoles hubiesen ido a buscarlo. Él realmente quería volver, pero habiéndose ido la noche antes como se había ido, era demasiado orgulloso como para volver tan pronto por su propia cuenta. Pero al día siguiente se encontró tan deprimido que le llevó por lo menos una semana decidirse a volver. Los apóstoles lo aguardaban, y él esperaba que sus hermanos lo fueran a buscar y le pidieran que volviese con ellos. Por eso Tomás permaneció lejos de sus asociados hasta el siguiente sábado por la noche, cuando, al caer la noche, Pedro y Juan fueron a Betfagé y lo trajeron de vuelta con ellos. Ésta es la razón por la cual no fueron enseguida a Galilea después de que Jesús apareciera por primera vez ante ellos; no querían irse sin Tomás.

1. La aparición a Pedro

Eran casi las ocho y media de la noche de este domingo, cuando Jesús apareció ante Simón Pedro en el jardín de la casa de Marcos. Fue ésta su octava manifestación morontial. Pedro había vivido bajo la pesada carga de incertidumbre y culpa desde el momento de su negación del Maestro. Durante todo el día sábado y ese domingo él se debatió en el temor de que, tal vez, ya no era un apóstol. Tembló al enterarse del hado de Judas y consideraba que él, también, había traicionado a su Maestro. Toda esa tarde pensó que tal vez fuera su presencia entre los apóstoles la que impedía que Jesús apareciera entre ellos; siempre y cuando, por supuesto, él hubiese de veras resucitado de entre los muertos. Fue ante Pedro, que estaba en ese estado de ánimo y de mente, ante el que Jesús apareció, mientras el deprimido apóstol deambulaba entre las flores y los arbustos.

Cuando Pedro pensó en la mirada amante del Maestro al pasar junto a Pedro en el portal de Anás, y al discurrir en el maravilloso mensaje traído, temprano por la mañana, por las mujeres que vinieron de la tumba vacía, «id y contadles a mis apóstoles —y a Pedro», al contemplar él estas muestras de misericordia, su fe empezó a superar sus dudas, y él se detuvo apretando los puños, mientras decía en voz alta: «Yo creo que ha resucitado de entre los muertos; iré y así les diré a mis hermanos». Al pronunciar él estas palabras, repentinamente apareció ante él la forma de un hombre, que le habló en un tono de voz familiar diciendo: «Pedro, el enemigo quería llevarte, pero yo no te abandonaré. Yo sabía que tu negación no provenía del corazón; por lo tanto, te perdoné aun antes de que me lo pidieras; pero ahora debes dejar de pensar en ti mismo y en los problemas del presente mientras te preparas para llevar la nueva buena del evangelio a los que están sentados en las tinieblas. Ya no debes preocuparte de lo que puedas obtener del reino, sino más bien debes ejercitarte en lo que tú puedes dar a los que viven en la más extrema pobreza espiritual. Prepárate, Simón, para la lucha del nuevo día, la batalla contra la obscuridad espiritual y las dudas malignas que habitan la mente natural de los hombres».

Pedro y el Jesús morontial anduvieron caminando por el jardín y hablaron de cosas pasadas, presentes y futuras por cerca de cinco minutos. Luego, el Maestro desapareció de su vista diciendo: «Adiós, Pedro, hasta que te vuelva a ver con tus hermanos».

Por un momento, Pedro fue sobrecogido por la comprensión de que había hablado con el Maestro resucitado, y de que podía tener la certeza de seguir siendo un embajador del reino. Acababa de oír al glorificado Maestro exhortarle a que fuera a predicar el evangelio. Con todo esto llenándole el corazón, corrió al aposento superior, adonde sus hermanos apóstoles, exclamando casi sin aliento: «Yo he visto al Maestro; estuvo en el jardín. Hablé con él, y me ha perdonado».

La declaración de Pedro de que había visto a Jesús en el jardín causó en sus hermanos apóstoles una profunda impresión, y estaban prontos a abandonar su incertidumbre cuando Andrés se levantó y les advirtió que no se dejaran influir tanto por el relato de su hermano. Andrés sugirió que ya en el pasado, Pedro había visto cosas que no existían. Aunque Andrés no aludió directamente a visión nocturna en el Mar de Galilea, cuando Pedro afirmó que había visto al Maestro caminando hacia ellos sobre el agua, dijo lo suficiente como para que todos los presentes se dieran cuenta de que él tenía en la mente este incidente. Simón Pedro se sintió muy herido por las insinuaciones de su hermano, e inmediatamente cayó en un silencio deprimido. Los gemelos mucho se apenaron por Pedro, y ambos se acercaron a expresarle su simpatía y decirle que ellos le creían, volviendo a repetir que la madre de ellos también había visto al Maestro.

2. LA PRIMERA APARICIÓN ANTE LOS APÓSTOLES

Poco después de las nueve de esa noche, después de la partida de Cleofas y Jacobo, mientras los gemelos Alfeo consolaban a Pedro y Natanael discutía con Andrés, los diez apóstoles estaban reunidos en el aposento superior, con todas las puertas cerradas con seguro por temor de que los arrestaran, el Maestro, en forma morontial, apareció de pronto en su medio, diciendo: «Que la paz sea con vosotros. ¿Por qué tanto os aterrorizáis cuando yo aparezco, como si vierais a un espíritu? ¿Acaso no os hablé yo de estas cosas cuando estaba presente entre vosotros en la carne? ¿Acaso no os dije que los altos sacerdotes y los líderes me entregarían para que sea matado; que uno de entre vosotros mismos me traicionaría, y que al tercer día resucitaría? ¿De dónde pues vienen todas vuestras incertidumbres y toda esta discusión sobre el relato de las mujeres, de Cleofas y Jacobo, y aun de Pedro? ¿Por cuánto tiempo seguiréis dudando de mis palabras y negándoos a creer en mis promesas? Ahora bien, ya que realmente me veis, ¿creeréis? Aun ahora uno de vosotros está ausente. Cuando estéis juntos nuevamente, y después que todos vosotros sepáis con certeza que el Hijo del Hombre se ha levantado de la tumba, id a Galilea. Tened fe en Dios; teneos fe mutuamente; así pues entraréis al nuevo servicio del reino del cielo. Yo me quedaré en Jerusalén con vosotros, hasta que estéis listos para ir a Galilea. Mi paz os dejo».

Cuando el Jesús morontial les hubo hablado, desapareció en un instante de su vista. Todos ellos cayeron de bruces, elevando loas a Dios y venerando a su desaparecido Maestro. Fue ésta la novena aparición morontial del Maestro.

3. CON LAS SERES MORONTIALES

El día siguiente, lunes, lo pasó Jesús enteramente con las criaturas morontiales que en ese momento estaban presentes en Urantia. Como participantes en la experiencia de transición morontial del Maestro, habían venido a Urantia más de un millón de directores y asociados morontiales juntamente con mortales en transición de varias órdenes desde los siete mundos de estancia de Satania. El Jesús morontial permaneció con estas espléndidas inteligencias por cuarenta días. Los instruyó y aprendió de sus directores la vida de transición morontial tal como la atraviesan los mortales de los mundos habitados de Satania al pasar ellos a través de las esferas morontiales del sistema.

Alrededor de la medianoche de este lunes, la forma morontial del Maestro fue ajustada para su transición a la segunda etapa de la progresión morontial. Cuando volvió a aparecer a sus hijos mortales en la tierra, se encontraba como ser morontial de la segunda etapa. Al progresar el Maestro en la carrera morontial, se volvía técnicamente cada vez más difícil para las inteligencias morontiales y sus asociados transformadores hacer que el Maestro pudiera ser visualizado ante ojos mortales y materiales.

Jesús realizó el tránsito a la tercera etapa morontial el viernes 14 de abril; a la cuarta etapa, el lunes 17; a la quinta etapa el sábado 22; a la sexta etapa el jueves 27; a la séptima etapa el martes 2 de mayo; a la ciudadanía de Jerusem, el domingo 7; y entró al abrazo de los Altísimos de Edentia, el domingo 14.

De esta forma Micael de Nebadon completó su servicio de experiencia universal; puesto que en conexión con sus autootorgamientos anteriores, ya había experimentado en pleno la vida de los mortales ascendentes del tiempo y del espacio, desde la estadía en la sede central de la constelación y aun hasta el servicio en la sede central del superuniverso y a través de éste. Y fue mediante estas mismas experiencias morontiales que el Hijo Creador de Nebadon realmente terminó y completó aceptablemente su séptimo y último autootorgamineto en el universo.

4. La décima aparición (en Filadelfia)

La décima aparición morontial de Jesús ante los ojos mortales ocurrió el martes 11 de abril poco antes de las ocho en Filadelfia, ocasión en que se apareció ante Abner y Lázaro y unos ciento cincuenta de sus asociados, incluyendo más de cincuenta pertenecientes al cuerpo de evangelistas de los setenta. Esta aparición ocurrió justo después de la apertura de una reunión especial en la sinagoga, convocada por Abner para discutir la crucifixión de Jesús y el relato más reciente de la resurrección, traído por un mensajero de David. Puesto que Lázaro resucitado era ahora miembro de ese grupo de creyentes, no se les presentaban dificultades para creer en el informe de que Jesús había resucitado de entre los muertos.

La reunión en la sinagoga era inaugurada por Abner y Lázaro, ambos de pie en el púlpito, cuando todos los creyentes reunidos vieron aparecer de súbito la forma del Maestro. Dio unos pasos hacia adelante desde el sitio en el que había aparecido, entre Abner y Lázaro, que no lo vieron, y saludando al grupo, dijo:

«Que la paz sea con vosotros. Todos vosotros sabéis que tenemos un Padre en el cielo y que hay un solo evangelio en el reino: la buena nueva del don de la vida eterna que reciben los hombres mediante la fe. Al regocijaros en vuestra lealtad al evangelio, orad al Padre de la verdad para que os otorgue en vuestro corazón un amor nuevo y más grande por vuestros hermanos. Debéis amar a todos los hombres, así como yo os he amado; debéis servir a todos los hombres, así como yo os he servido. Con compasiva comprensión y afecto fraterno, recibid en la comunión de hermandad a todos vuestros hermanos que se dedican a la proclamación de la buena nueva, sean ellos judíos o gentiles, griegos o romanos, persas o etíopes. Juan proclamó el reino por adelantado; vosotros habéis predicado el evangelio en poder; los griegos ya enseñan la buena nueva; y yo pronto enviaré el Espíritu de la Verdad al alma de todos estos, mis hermanos, que tan altruísticamente han dedicado su vida al esclarecimiento de sus semejantes que están sentados en las tinieblas espirituales. Todos vosotros sois los hijos de la luz; por eso, no tropecéis en marañas de malentendido causadas por sospechas mortales y la intolerancia humana. Si os ennoblecéis, por la gracia de la fe, para amar a los descreídos, ¿no debéis acaso igualmente amar a los que son vuestros concreyentes en la extensa familia de la fe? Recordad que, así como os amáis unos a otros, todos los hombres sabrán que sois mis discípulos.

«Id pues por todo el mundo proclamando el evangelio de la paternidad de Dios y de la hermandad de los hombres a todas las naciones y razas, y sed sabios en vuestra elección de los métodos para presentar la buena nueva a las diferentes razas y tribus de la humanidad. Libremente habéis recibido de este evangelio del reino, y libremente daréis la buena nueva a todas las naciones. No temáis la resistencia del mal, porque yo estoy siempre con vosotros, aun hasta el fin de los tiempos. Mi paz os dejo».

En el momento en que dijo: «Mi paz os dejo», desapareció de su vista. Con excepción de una de sus apariciones en Galilea, donde más de quinientos creyentes lo vieron al mismo tiempo, este grupo en Filadelfia fue el grupo más grande de mortales que le vio en una ocasión particular.

Temprano por la mañana siguiente, aunque los apóstoles permanecían en Jerusalén aguardando la recuperación emocional de Tomás, estos creyentes de Filadelfia salieron a proclamar que Jesús de Nazaret había resucitado de entre los muertos.

El día siguiente, miércoles, lo pasó Jesús sin interrupciones en compañía de sus asociados morontiales, y durante las horas tempranas de la tarde recibió a los delegados visitantes morontiales de los mundos de estancia de todos los sistemas locales de esferas habitadas de toda la constelación de Norlatiadek. Y todos se regocijaron de conocer a su Creador como uno de su propia orden de inteligencias universales.

5. LA SEGUNDA APARICIÓN ANTE LOS APÓSTOLES

Tomás pasó una semana solitaria, en las colinas cerca del Oliveto. Durante este tiempo vio solamente a los que estaban en la casa de Simón y a Juan Marcos. Eran alrededor de las nueve del sábado 15 de abril, cuando los dos apóstoles lo encontraron y se lo llevaron de vuelta a la casa de Marcos. Al día siguiente, Tomás escuchó el relato de las varias apariciones del Maestro, pero inquebrantablemente se resistió a creer. Sostenía que Pedro, por su entusiasmo, los había convencido de que habían visto al Maestro. Natanael razonó con él, pero en vano. Había una testarudez emocional, asociada con su habitual tendencia a dudar, y este estado mental, combinado con su pena por haberlos abandonado, se confabuló para crear una situación de aislamiento que aun Tomás mismo no podía entender completamente. Se había alejado de sus compañeros, se había ido por su cuenta, y ahora, aun cuando estaba de vuelta entre ellos, inconscientemente tendía a colocarse en una posición de desacuerdo. Era lento en rendirse. No le gustaba la derrota. Aunque no fuera su intención, realmente disfrutaba de la atención que le prestaban; derivaba una satisfacción inconsciente de los esfuerzos de todos sus hermanos por convenrcerlo y convertirlo. Los había extrañado durante una semana entera, y derivaba gran placer de sus persistentes atenciones.

Estaban compartiendo la cena poco después de las seis, con Pedro sentado a un lado y Natanael al otro lado de Tomás, cuando el apóstol incrédulo dijo: «No voy a creer a menos que vea el Maestro con mis propios ojos y pueda poner el dedo en la llaga de los clavos». Mientras estaban así sentados cenando, con las puertas cerradas con llave y con barras, el Maestro morontial apareció repentinamente dentro a la curvatura de la mesa, y deteniéndose directamente ante Tomás, dijo:

«Que la paz sea con vosotros. Durante una semana entera he permanecido aquí con la esperanza de poder aparecer nuevamente cuando estuvierais todos vosotros presentes, para que escuchéis una vez más la misión de ir al mundo y predicar este evangelio del reino. Nuevamente os digo: Así como el Padre me envió al mundo, así os envío yo. Así como yo he revelado al Padre, así revelaréis vosotros el amor divino, no sólo con palabras, sino en vuestra vida diaria. Os envío, no para que améis las almas de los hombres, sino más bien para *que améis a los hombres*. No debéis proclamar simplemente las felicidades del cielo, sino también mostrar en vuestra experiencia diaria esas realidades espirituales de la vida divina, puesto que vosotros ya tenéis vida eterna, como don de Dios, por medio de la fe. Cuando tengáis fe, cuando el poder de lo alto, el Espíritu de la Verdad, venga sobre vosotros, no ocultaréis vuestra luz aquí tras puertas cerradas. Haréis que toda la humanidad conozca el amor y la misericordia de Dios. Por el temor huís ahora de los hechos de una experiencia desagradable, pero cuando hayáis sido bautizados con el Espíritu de la Verdad, iréis hacia adelante, gallarda y jubilosamente para encontrar las nuevas experiencias de proclamar la buena nueva de la vida eterna en el reino de Dios. Podréis quedaros aquí y en Galilea por una corta temporada mientras os recobráis del golpe de la transición de la falsa seguridad de la autoridad del tradicionalismo, al nuevo orden de la autoridad de los hechos, de la verdad y la fe en las realidades supremas de la experiencia viva. Vuestra misión en el mundo se basa en el hecho de que yo viví una vida reveladora de Dios entre vosotros; en la verdad de que vosotros y todos los demás hombres, son hijos de Dios; y consistirá en la vida que vosotros viviréis entre los hombres —la experiencia real y viviente de amar a los hombres y servirlos, aun como yo os he amado y servido a vosotros. Dejad que la fe revele al mundo vuestra luz; dejad que la revelación de la verdad abra los ojos cegados por la tradición; dejad que vuestro servicio amante destruya efectivamente el prejuicio engendrado por la ignorancia. Acercándoos así a vuestros semejantes en compasiva comprensión y con devoción altruista, los conduciréis al conocimiento salvador del amor del Padre. Los judíos alabaron la bondad; los griegos exaltaron la belleza; los hindúes predican la devoción; los lejanos ascetas predican la reverencia; los romanos exigen lealtad; pero yo requiero de mis discípulos vida, aun una vida de servicio amante para vuestros hermanos en la carne».

Cuando el Maestro hubo hablado así, miró el rostro de Tomás y dijo: «Y tú, Tomás, que dijiste que no creerías a menos que me vieras y pusieras el dedo en las llagas de los clavos en mis manos, ahora me has contemplado y has escuchado mis palabras; y aunque no veas llagas de clavos en mis manos, puesto que he resucitado en una forma que tú también tendrás cuando te vayas de este mundo, ¿qué dirás a tus hermanos? Reconocerás la verdad, porque ya en tu corazón hubiste comenzado a creer, aun mientras tan testarudamente afirmaste tu descreimiento. Tus dudas, Tomás, siempre se afirman de la manera más testaruda en el momento mismo en que están por derrumbarse. Tomás, te ruego que no seas descreído sino creyente —y yo sé que tú creerás, aun con todo tu corazón».

Cuando Tomás escuchó estás palabras, cayó de rodillas ante el Maestro morontial y exclamó: «¡Yo creo! ¡Señor mío y Maestro mío!» Entonces le dijo Jesús a Tomás: «Tomás, tú has creído porque realmente me viste y me oíste. Benditos son los en las edades por venir que creerán aunque no me hayan visto con los ojos de la carne, ni me hayan oído con el oído mortal».

Luego, al moverse la forma del Maestro cerca de la cabecera de la mesa, se dirigió a todos ellos diciendo: «Ahora pues, id todos vosotros a Galilea, donde yo dentro de poco apareceré ante vosotros». Después de decir esto, desapareció de su vista.

Los once apóstoles ya estaban plenamente convencidos de que Jesús había resucitado de entre los muertos, y a la mañana siguiente muy temprano, antes del amanecer, salieron para Galilea.

6. LA APARICIÓN EN ALEJANDRÍA

Mientras los once apóstoles iban en camino a Galilea, acercándose al fin de su viaje, el martes 18 de abril, por la noche, a eso de las ocho y media, Jesús apareció ante Rodán y unos ochenta demás creyentes en Alejandría. Fue ésta la duodécima aparición del Maestro en forma morontial. Jesús apareció ante estos griegos y judíos al finalizar el relato de un mensajero de David sobre la crucifixión. Este mensajero, siendo el quinto de la serie de corredores camino de Jerusalén a Alejandría, había llegado a Alejandría en las últimas horas de esa tarde, y cuando hubo entregado su mensaje a Rodán, se decidió que se convocaría a los creyentes para recibir del mensajero mismo la noticia trágica. A eso de las ocho de la noche, el mensajero, Natán de Busiris, se presentó ante este grupo y les relató con detalle todo lo que el corredor precedente le había contado a él. Natán finalizó su emotivo relato con estas palabras: «Pero David, quien nos envía con esta noticia, informa que el Maestro, al pronosticar su muerte, declaró que volvería a resucitar». Aun mientras hablaba Natán, apareció allí el Maestro morontial a plena vista de todos. Y cuando Natán se sentó, Jesús dijo:

«Que la paz sea con vosotros. Lo que mi Padre me envió a este mundo para que yo estableciera pertenece, no a una raza, ni a una nación, ni a un grupo especial de maestros o predicadores. Este evangelio del reino pertenece tanto a los judíos como a los gentiles, a los ricos y a los pobres, a los libres y a los esclavos, a los hombres y a las mujeres, aun a los niños pequeños. Todos vosotros debéis proclamar este evangelio de amor y verdad mediante la vida que viváis en la carne. Os amaréis los unos a los otros con un afecto nuevo y sorprendente, aun como yo os he amado a vosotros. Serviréis a la humanidad con una devoción nueva y sorprendente, aun como yo os he servido a vosotros, y cuando los hombres vean que vosotros tanto los amáis, y cuando contemplen cuán fervientemente los servís, percibirán que vosotros sois hermanos de la fe en el reino del cielo, y seguirán al Espíritu de la Verdad al que verán en vuestras vidas, hasta encontrar la salvación eterna.

«Así como el Padre me envió a este mundo, aun así ahora yo os envío a vosotros. Todos vosotros sois llamados a llevar la buena nueva a los que están en las tinieblas. Este evangelio del reino, pertenece a todos los que en ése crean; no deberá ser confiado en las manos de meros sacerdotes. Pronto vendrá sobre vosotros el Espíritu de la Verdad, y él os conducirá a toda verdad. Salid pues al mundo, predicando este evangelio, y pensad que yo estoy con vosotros siempre, aun hasta el fin de los tiempos».

Cuando el Maestro hubo hablado así, desapareció de su vista. Durante toda esa noche, estos creyentes permanecieron allí juntos, recordando las experiencias como creyentes del reino y escuchando las muchas palabras de Rodán y de sus asociados. Todos ellos creyeron que Jesús había resucitado de entre los muertos. Imaginad la sorpresa del heraldo de la resurrección enviado por David, que llegó al segundo día después de este acontecimiento, cuando contestaron a su anuncio diciendo: «Sí, lo sabemos, porque lo hemos visto. Él apareció ante nosotros anteayer».

DOCUMENTO 192

LAS APARICIONES EN GALILEA

CUANDO los apóstoles se fueron de Jerusalén en dirección a Galilea, los líderes judíos ya se habían calmado considerablemente. Ya que Jesús tan sólo apareció ante su familia de creyentes en el reino, y puesto que los apóstoles estaban ocultos y no hacían predicación pública, los potentados de los judíos concluyeron que el movimiento del evangelio estaba, después de todo, efectivamente derrotado. Estaban por supuesto desconcertados por los rumores en aumento de que Jesús había resucitado de entre los muertos, pero dependían de los sobornos a los guardianes para que contrarrestaran en forma eficaz todos estos informes mediante la reiteración de la historia de que una banda de sus seguidores había robado el cadáver.

Desde ese momento en adelante, hasta que los apóstoles fueron dispersados por la marea de la persecución, en general Pedro fue reconocido como el jefe del cuerpo apostólico. Jesús no le otorgó nunca esa autoridad, y sus hermanos apóstoles nunca lo eligieron formalmente para esa posición de responsabilidad; él la tomó naturalmente y la mantuvo por consentimiento común y también porque era el predicador principal entre ellos. De ahí en adelante la predicación pública se volvió la principal labor de los apóstoles. Después de su retorno de Galilea, Matías, a quien seleccionaron para que tomara el lugar de Judas, fue el tesorero.

Durante la semana en que se quedaron en Jerusalén, María la madre de Jesús pasó mucho tiempo con las mujeres creyentes que se detenían en la casa de José de Arimatea.

Ese lunes por la mañana temprano cuando partieron los apóstoles para Galilea, Juan Marcos los acompañó. Los siguió al salir de la ciudad y después de pasar más allá de Betania, se les acercó atrevidamente, confiando en que ya no lo enviarían de vuelta.

Los apóstoles se detuvieron varias veces en el camino de Galilea para relatar la historia de su Maestro resucitado y por lo tanto no llegaron a Betsaida hasta muy tarde el miércoles por la noche. El jueves, no despertaron hasta el mediodía y estuvieron listos para compartir el desayuno juntos.

1. LA APARICIÓN JUNTO AL LAGO

A eso de las seis de la mañana del viernes 21 de abril, el Maestro morontial hizo su aparición decimotercera, la primera en Galilea, ante los diez apóstoles, en el momento en que se acercaba su barca a la orilla, cerca del sitio donde usualmente atracaban en Betsaida.

El jueves, después de pasar los apóstoles la tarde y las primeras horas de la noche en espera, en la casa de Zebedeo, Simón Pedro sugirió que fueran a pescar. Cuando Pedro propuso la pesca, todos los apóstoles decidieron ir. Echaron sus redes toda la noche, pero no pescaron nada. No se preocuparon gran cosa por no haber pescado nada, porque tenían muchas experiencias interesantes de las cuales hablaron, cosas que tan recientemente les habían sucedido en Jerusalén. Pero cuando llegó la luz del día, decidieron volver a Betsaida. Al acercarse a la orilla, vislumbraron una persona en la playa, cerca del amarradero, de pie junto a un fuego. Al principio pensaron que se trataba de Juan Marcos, dispuesto a recibirlos con su pesca, pero a medida que se acercaban, vieron que estaban equivocados —el hombre era demasiado alto para ser Juan. A nadie se le ocurrió que la persona en la playa fuera el Maestro. No entendían del todo por qué Jesús quería encontrarse con ellos en los sitios de sus actividades previas, al aire libre, en contacto con la naturaleza, lejos del ambiente cerrado de Jerusalén con su asociación trágica de temor, traición y muerte. Les había dicho que, si iban a Galilea, él se encontraría con ellos ahí, y estaba a punto de cumplir esa promesa.

Cuando echaron el ancla y se prepararon para trasladarse al bote pequeño que los llevaría hasta la orilla, el hombre en la playa les gritó: «Muchachos, ¿habéis pescado algo?» Al responderle ellos que no, volvió a hablar. «Echad la red a la derecha de la barca, encontraréis allí peces». Aunque no sabían que era Jesús quien les estaba hablando, al unísono echaron la red como se les había instruido, e inmediatamente estuvo llena, tanto que casi no podían cargarla de vuelta en la barca. Juan Zebedeo era de percepción rápida, y al ver la red llena de peces, percibió que era el Maestro quien les había hablado. Cuando ese pensamiento cruzó su mente, se inclinó y le susurró a Pedro: «Es el Maestro». Pedro fue siempre hombre de acción impensada y devoción impetuosa, de modo que, en cuanto Juan le susurró eso al oído, se levantó de golpe y se echó al agua para llegar más rápido junto al Maestro. Sus hermanos llegaron poco después de él, habiendo alcanzado la orilla en la barca pequeña, arrastrando la red llena de peces.

A esta altura ya se había levantado Juan Marcos y, viendo a los apóstoles que llegaban a la orilla con su red cargada, corrió a la playa para saludarlos; y cuando vio a once hombres en vez de diez, supuso que a quien no reconocía sería Jesús resucitado, y ante el asombro callado de los diez, el joven corrió junto al Maestro, e hincando la rodilla a sus pies, dijo: «Señor mío y Maestro mío». Y Jesús habló, no como lo había hecho en Jerusalén al saludarlos diciendo «que la paz sea con vosotros», sino en tono familiar, dirigiéndose a Juan Marcos: «Bien, Juan, me alegro de verte nuevamente, en la despreocupada Galilea, donde podemos tener una buena visita. Quédate con nosotros Juan, y desayuna».

Mientras Jesús hablaba con el joven, los diez estaban tan asombrados y sorprendidos que se olvidaron de traer la red llena de peces a la playa. Entonces habló Jesús: «Traed los peces y preparad algunos para el desayuno, el fuego ya está prendido, y tenemos bastante pan».

Mientras Juan Marcos estaba homenajeando al Maestro, Pedro contemplaba fijamente el fuego de carbón que brillaba allí en la playa; la escena le recordó vividamente el fuego de medianoche en el patio de Anás, allí donde él negó al Maestro. Pero se repuso al cabo de un momento y, arrodillándose a los pies del Maestro, exclamó: «¡Señor mío y Maestro mío!»

Luego, Pedro se unió a sus hermanos para traer la red. Cuando tuvieron su pesca sobre la playa contaron los peces, y había 153 grandes. Nuevamente, se cometió el error de decir que ésta había sido una pesca milagrosa. No hubo milagro alguno en este episodio. Fue simplemente un ejercicio del preconocimiento del Maestro. El sabía que los peces estaban allí y por consiguiente señaló a los apóstoles el sitio donde debían echar la red.

Jesús les habló diciendo: «Venid pues todos vosotros a desayunar. Aun los gemelos han de sentarse, mientras yo converso con vosotros; Juan Marcos preparará los pescados». Juan Marcos trajo siete peces de buen tamaño, que el Maestro puso al fuego, y cuando estuvieron cocidos el muchacho los sirvió a los diez. Entonces, Jesús rompió el pan y se lo entregó a Juan que, a su vez, sirvió a los hambrientos apóstoles. Cuando todos estuvieron servidos, Jesús indicó a Juan Marcos que se sentara mientras él mismo servía el pescado y el pan al muchacho, y mientras comían, Jesús habló con ellos rememorando muchas experiencias en Galilea junto a este mismo lago.

Ésta fue la tercera vez cuando Jesús se manifestó a los apóstoles como grupo. Cuando Jesús se dirigió a ellos por primera vez, preguntándoles si habían pescado, no sospecharon que fuera él, porque era experiencia común para estos pescadores en el Mar de Galilea, cuando se acercaban a la costa, que alguno de los mercaderes de pescados de Tariquea les dirigiera así la palabra, pues se encontraban generalmente allí para comprar la pesca fresca y entregarla a los establecimientos que se ocupaban del secado.

Jesús conversó con los diez apóstoles y Juan Marcos por más de una hora; luego, los condujo de a dos, paseando de ida y de vuelta por la playa mientras les hablaba —pero no eran las mismas parejas que él había formado para que salieran a enseñar. Los once apóstoles habían venido juntos de Jerusalén, pero Simón el Zelote se había puesto cada vez más deprimido a medida que se acercaban a Galilea, de manera que, cuando llegaron a Betsaida, dejó a sus hermanos y se fue a su casa.

Esta mañana, antes de despedirse de ellos, Jesús les aconsejó que dos de los apóstoles fueran adonde Simón el Zelote, y le trajeran de vuelta ese mismo día. Así lo hicieron Pedro y Andrés.

2. LAS CONVERSACIONES CON LOS APÓSTOLES DE DOS EN DOS

Cuando terminaron el desayuno y mientras los demás estaban sentados junto al fuego, Jesús señaló a Pedro y a Juan que le acompañaran caminando por la playa. Mientras iban caminando, Jesús le dijo a Juan: «Juan, ¿me amas?» Cuando Juan contestó: «Sí, Maestro, con todo mi corazón», el Maestro dijo: «Entonces, Juan, abandona tu intolerancia y aprende a amar a los hombres así como yo te he amado a ti. Dedica tu vida a la demostración de que el amor es la cosa más grande del mundo. Es el amor de Dios el que impulsa a los hombres a buscar la salvación. El amor es el antecesor de toda bondad espiritual, la esencia de lo verdadero y de lo bello».

Jesús se volvió entonces a Pedro y preguntó: «Pedro, ¿me amas?» Pedro contestó: «Señor, tú sabes que te amo con toda mi alma». Entonces dijo Jesús: «Si tú me amas, Pedro, apacienta a mis corderos. No olvides ministrar a los débiles, los pobres, los jóvenes y los niños. Predica el evangelio sin temor ni favor; siempre recuerda que Dios no hace acepción de personas. Sirve a tus semejantes aun como yo te he servido a ti; perdona a tus semejantes mortales aun como yo te he perdonado a ti. Que la experiencia te enseñe el valor de la meditación y el poder de la reflexión inteligente».

Después de caminar un poco más, el Maestro se volvió a Pedro y preguntó: «Pedro, ¿realmente me amas?» Y entonces dijo Simón: «Sí, Señor, tú sabes que te amo». Y nuevamente dijo Jesús: «Cuida bien de mi rebaño. Sé un pastor bueno y verdadero para con el rebaño. No traiciones su confianza en ti. No te dejes sorprender por la mano enemiga. Permanece alerta en todo momento —vigila y ora».

Después de caminar unos pasos más, Jesús se dirigió a Pedro por tercera vez y preguntó: «Pedro, ¿me amas verdaderamente?» Entonces Pedro, levemente herido por la aparente desconfianza del Maestro, dijo con gran emoción: «Señor, tú lo sabes todo, y por lo tanto, tú sabes que yo realmente y verdaderamente te amo». Entonces dijo Jesús: «Apacienta mis ovejas. No abandones el redil. Sé un ejemplo e inspiración para todos los demás pastores. Ama el redil así como yo te he amado a ti y dedícate a su bienestar así como yo he dedicado mi vida a tu bienestar. Y sigue mis pasos aun hasta el fin».

Pedro tomó esta declaración al pie de la letra —que debía seguirlo por la playa— y volviéndose a Jesús, señaló a Juan preguntando: «Si yo sigo tus pasos, ¿qué hará este varón?» Entonces, percibiendo que Pedro había entendido mal sus palabras, Jesús dijo: «Pedro, no te preocupes por lo que harán tus hermanos. Si yo deseo que Juan permanezca aquí después de que tú te hayas ido, aun hasta que yo vuelva, ¿qué te importa a ti? Asegúrate tan sólo de seguir mis pasos».

Esta observación se difundió entre los hermanos y fue interpretada como una declaración de que Juan no moriría antes de que volviese el Maestro, como muchos pensaban y esperaban, para establecer el reino en poder y gloria. Fue esta interpretación de lo que había dicho Jesús la que mucho tuvo que ver con traer a Simón el Zelote de vuelta al servicio, y a que perseverara en la tarea.

Cuando volvieron adonde estaban los demás, Jesús se fue a caminar y hablar con Andrés y Santiago. Después de caminar una corta distancia, Jesús dijo a Andrés: «Andrés, ¿confías en mí?» Y cuando el ex jefe de los apóstoles oyó la pregunta que le hacía Jesús, se detuvo y contestó: «Sí, Maestro, por cierto confío en ti, y tú sabes que es así». Entonces dijo Jesús: «Andrés, si tú confías en mí, confía aun más en tus hermanos —aun en Pedro. En el pasado yo te confié el liderazgo de tus hermanos. Ahora al dejarte yo para ir al Padre debes tú confiar en otros. Cuando tus hermanos comiencen a dispersarse por causa de las amargas persecuciones, sé un consejero comprensivo y sabio con Santiago mi hermano en la carne, cuando le pongan pesadas cargas sobre sus hombros, a los que él no está capacitado para sobrellevar por falta de experiencia. Sigue confiando, porque yo no te fallaré. Cuando hayas terminado tu tarea en la tierra, vendrás a mí».

Luego Jesús se volvió a Santiago, preguntando: «Santiago ¿confías en mí?» Y por supuesto Santiago replicó: «Sí, Maestro, confío en ti de todo corazón». Entonces dijo Jesús: «Santiago, si confías más en mí, serás menos impaciente con tus hermanos. Si confías en mí, serás más compasivo con la hermandad de los creyentes. Aprende a pesar las consecuencias de tus palabras y acciones. Recuerda que quien siembra recoge. Ora para pedir serenidad de espíritu y cultiva la paciencia. Estas gracias, juntamente con la fe viva, te sostendrán cuando llegue la hora de beber la copa del sacrificio. Pero no desmayes nunca; cuando hayas terminado en la tierra, también vendrás a mí».

Luego habló Jesús con Tomás y Natanael. Le dijo a Tomás: «Tomás, ¿me sirves?» Tomás contestó: «Sí, Señor, yo te sirvo ahora y siempre». Entonces dijo Jesús: «Si quieres servirme, sirve a mis hermanos en la carne aun como yo te he servido a ti. Y no te canses en esta obra de bien, sino que persevera como el que ha sido ordenado por Dios para este servicio de amor. Cuando hayas terminado tu servicio conmigo en la tierra, servirás conmigo en gloria. Tomás, debes dejar de dudar; debes crecer en la fe y en el conocimiento de la verdad. Cree en Dios como un niño, pero deja de actuar tan infantilmente. Ten coraje; sé fuerte en la fe y poderoso en el reino de Dios».

Entonces le dijo el Maestro a Natanael: «Natanael, ¿me sirves tú?» El apóstol respondió: «Sí, Maestro, y con afecto total». Entonces dijo Jesús: «Si tú, pues, me sirves de todo corazón, asegúrate de dedicarte con afecto incansable al bienestar de mis hermanos en la tierra. Agrega amistad a tu consejo y añade amor a tu filosofía. Sirve a tus semejantes aun como yo te he servido a ti. Sé fiel a los hombres así como yo he vigilado por ti. Sé menos crítico; no esperes tanto de algunos hombres, de este modo tendrás menos desilusiones. Y cuando el trabajo aquí haya terminado, tú servirás conmigo en lo alto».

Después de esto el Maestro habló con Mateo y Felipe. A Felipe le dijo: «Felipe, ¿Me obedeces?» Felipe respondió: «Sí, Señor, te obedeceré aun con mi vida». Entonces dijo Jesús: «Si quieres obedecerme, ve pues a las tierras de los gentiles y proclama este evangelio. Los profetas te han dicho que obedecer es mejor que sacrificar. Por la fe has llegado a ser un hijo del reino, que conoce a Dios. Tan sólo existe una ley que se ha de obedecer —y ésa es, el mandamiento de salir a proclamar el evangelio del reino. Deja de temer a los hombres; no tengas temor de predicar la buena nueva de la vida eterna a tus semejantes que languidecen en las tinieblas y tienen hambre de la luz de la verdad. Felipe, ya no tendrás que ocuparte de dinero ni de bienes; ya eres libre de predicar la buena nueva, como tus hermanos. Yo iré delante de ti y estaré contigo aun hasta el fin».

Y luego, hablando a Mateo, el Maestro preguntó: «Mateo, ¿albergas en tu corazón el deseo de obedecerme?» Mateo respondió: «Sí, Señor, estoy totalmente dedicado a hacer tu voluntad». Entonces dijo el Maestro: «Mateo, si quieres obedecerme, sal a enseñar a todos los pueblos este evangelio del reino. Ya no servirás más a tus hermanos en las cosas materiales de la vida; de ahora en adelante, tú también debes proclamar la buena nueva de la salvación espiritual. De ahora en adelante, pon tu atención sólo en obedecer tu encargo de predicar este evangelio del reino del Padre. Así como yo he hecho la voluntad del Padre en la tierra, así cumplirás tú la misión divina. Recuerda, tanto los judíos como los gentiles son tus hermanos. No temas a ningún hombre al proclamar las verdades salvadoras del evangelio del reino del cielo. Adonde yo voy, tú dentro de poco vendrás».

Después caminó y habló con los gemelos Alfeo, Jacobo y Judas, y dirigiéndose a ambos preguntó: «Jacobo y Judas, ¿creéis vosotros en mí?» Y cuando ambos respondieron: «Sí, Maestro, creemos», él dijo: «Pronto os dejaré. Veis que ya os he dejado en forma material. Permaneceré sólo un corto período en esta forma antes de ir al Padre. Creéis en mí —sois mis apóstoles y siempre lo seréis. Continuad creyendo y recordando vuestra asociación conmigo, cuando yo ya no esté, cuando acaso hayáis retornado al trabajo que hacíais antes de venir a vivir conmigo. No permitáis nunca que el ocuparos de una tarea exterior distinta influya sobre vuestra lealtad. Tened fe en Dios hasta el fin de vuestros días en la tierra. No olvidéis jamás que, una vez que seas un hijo de fe de Dios, todo trabajo honesto del reino es sagrado. Nada de lo que haga un hijo de Dios es ordinario. Haced pues vuestro trabajo, de aquí en adelante, como si fuera para Dios. Y cuando hayáis terminado en este mundo, yo tengo otros mundos mejores, donde igualmente trabajaréis para mí. En todo este trabajo, en este mundo y en los otros mundos, yo trabajaré con vosotros, y mi espíritu vivirá dentro de vosotros».

Eran casi las diez cuando Jesús volvió de su conversación con los gemelos Alfeo, y al dejar a los apóstoles dijo: «Adiós, hasta que os encuentre a todos en el monte de vuestra ordenación mañana al mediodía». Después de hablar así, desapareció de su vista.

3. EN EL MONTE DE LA ORDENACIÓN

Al mediodía del sábado 22 de abril, los once apóstoles se reunieron tal como indicado en la colina cerca de Capernaum, y Jesús apareció entre ellos. Este encuentro ocurrió en el mismo monte en que el Maestro los había apartado como sus apóstoles y como embajadores del reino del Padre en la tierra. Y era ésta la decimocuarta manifestación morontial del Maestro.

En esta ocasión los once apóstoles se arrodillaron formando un círculo alrededor del Maestro, le oyeron repetir los encargos y le vieron volver a representar la escena de la ordenación así como cuando fueron apartados por primera vez para el trabajo especial del reino. Todo esto fue para ellos como una recordación de su consagración al servicio del Padre, excepto por la oración del Maestro. Ahora, cuando el Maestro —el Jesús morontial— oró, fue en tonos de majestad y con palabras de poder tales como los apóstoles nunca habían oído antes. Su Maestro hablaba ahora con los gobernantes de los universos como el que, en su propio universo, tenía en sus manos pleno poder y autoridad. Estos once hombres no olvidaron nunca la experiencia de la rededicación morontial a las promesas previas de embajadores. El Maestro pasó tan sólo una hora en este monte con sus embajadores, y después de despedirse de ellos con afecto, desapareció de su vista.

Nadie vio a Jesús durante una semana entera. Los apóstoles realmente no sabían qué hacer, sin saber si el Maestro había ido al Padre. En este estado de incertidumbre, permanecieron en Betsaida. No se atrevían a irse de pesca por si él venía a visitarlos y ellos no lo veían. Durante toda esa semana, Jesús estuvo ocupado con las criaturas morontiales en la tierra y con los asuntos de la transición morontial que estaba experimentando en este mundo.

4. LA REUNIÓN JUNTO AL LAGO

La noticia de las apariciones de Jesús se estaba difundiendo por todo Galilea, y cada día llegaban más creyentes a la casa de Zebedeo para preguntar sobre la resurrección del Maestro y averiguar la verdad sobre estas supuestas apariciones. Pedro comunicó, a principios de la semana, que celebraría una reunión pública junto al lago, el próximo sábado a las tres de la tarde.

Por lo tanto, el sábado 29 de abril, a las tres de la tarde, más de quinientos creyentes de los alrededores de Capernaum se reunieron en Betsaida para escuchar a Pedro predicar su primer sermón público desde la resurrección. La elocuencia del apóstol fue notable, y después de terminar él su emocionante discurso, pocos de los oyentes dudaron de que el Maestro había resucitado de entre los muertos.

Pedro terminó su sermón diciendo: «Afirmamos que Jesús de Nazaret no está muerto, declaramos que se ha levantado de la tumba; proclamamos que lo hemos visto y hemos hablado con él». En el momento en que terminaba de pronunciar esta declaración de fe, allí, a su lado, a plena vista de toda la gente, apareció el Maestro en forma morontial y, hablándoles con voz conocida, dijo: «Que la paz sea con vosotros, y mi paz os dejo». Después de aparecer así y decir estas palabras, desapareció de su vista. Fue ésta la decimoquinta manifestación morontial de Jesús resucitado.

Debido a ciertas cosas que Jesús dijo a los once mientras estaban conferenciando con él en el monte de la ordenación, los apóstoles recibieron la impresión de que su Maestro haría finalmente una aparición pública ante un grupo de creyentes galileos y que, después de dicho acontecimiento, ellos debían regresar a Jerusalén. Por lo tanto, al día siguiente, domingo 30 de abril, los once partieron temprano de Betsaida en dirección a Jerusalén. Hicieron mucha enseñanza y predicación mientras bajaban a lo largo del Jordán, de modo que no llegaron a la casa de los Marcos en Jerusalén hasta tarde el día miércoles, 3 de mayo.

Éste fue un regreso triste a casa para Juan Marcos. Unas pocas horas antes de llegar él a su casa, su padre, Elías Marcos, murió repentinamente de una hemorragia cerebral. Aunque la idea de la certeza de la resurrección de los muertos, hizo mucho para consolar a los apóstoles en su dolor, al mismo tiempo lloraron sinceramente la pérdida de este buen amigo, que los había apoyado audazmente, aun en momentos de grandes problemas y desencantos. Juan Marcos hizo todo lo que pudo para consolar a su madre y, hablando por ella, invitó a los apóstoles a que siguieran considerando su casa la casa de ella. Y los once instalaron su centro de operaciones en el aposento superior hasta después del día de Pentecostés.

Los apóstoles premeditadamente habían entrado a Jerusalén después de la caída de la noche, para que no los vieran las autoridades judías. Tampoco aparecieron en público en relación con el funeral de Elías Marcos. Durante todo el día siguiente permanecieron en calma reclusión en este pletórico aposento superior.

El jueves por la noche los apóstoles tuvieron una estupenda reunión en este aposento superior y se prometieron a sí mismos salir a predicar públicamente el nuevo evangelio del Señor resucitado, excepto Tomás, Simón el Zelote y los gemelos Alfeo. Ya habían dado los primeros pasos que transformarían el evangelio del reino —filiación de Dios y hermandad del hombre— en una proclamación de la resurrección de Jesús. Natanael se opuso a este cambio de énfasis en el mensaje público, pero no pudo detener la elocuencia de Pedro y el entusiasmo de los discípulos, especialmente de las mujeres creyentes.

Así pues, bajo el vigoroso liderazgo de Pedro y antes de que el Maestro ascendiera al Padre, sus bien intencionados representantes comenzaron el sutil proceso de una transformación paulatina y certera de la religión *de* Jesús a una nueva forma modificada de religión *sobre* Jesús.

DOCUMENTO 193

LAS APARICIONES FINALES Y LA ASCENSIÓN

LA DECIMOSEXTA manifestación morontial de Jesús ocurrió el viernes 5 de mayo, en el patio de Nicodemo, a eso de las nueve de la noche. Esa noche los creyentes de Jerusalén intentaron reunirse por primera vez desde la resurrección. Estaban congregados aquí en este momento los once apóstoles, el cuerpo de mujeres y sus asociadas, y unos cincuenta discípulos importantes del Maestro, incluyendo a varios griegos. Este grupo de creyentes había estado conversando casualmente por más de media hora, cuando de pronto, el Maestro morontial apareció a plena vista e inmediatamente comenzó a instruirlos. Dijo Jesús:

«Que la paz sea con vosotros. Éste es el grupo más representativo de creyentes —apóstoles y discípulos, hombres y mujeres— ante el cual yo haya aparecido, desde el momento de mi liberación de la carne. Os llamo ahora a testimonio de que os dije de antemano que mi estadía entre vosotros tendría fin. Yo os dije que finalmente debo volver al Padre. Luego os dije claramente de qué manera me entregarían los altos sacerdotes y los líderes de los judíos, para que fuera yo puesto a muerte, y que me levantaría de la tumba. ¿Por qué, pues, os dejasteis perturbar por todo esto cuando sucedió? ¿Por qué tanto os sorprendisteis cuando me levanté del sepulcro al tercer día? Vosotros no creísteis en mí, porque escuchasteis mis palabras sin comprender su significado.

«Ahora pues debéis prestar oído a mis palabras, para no cometer nuevamente el error de oír mis enseñanzas con la mente mientras vuestro corazón no comprende el significado. Desde el comienzo de mi estadía como uno de vosotros, os enseñé que mi único propósito era revelar a mi Padre en el cielo a sus hijos en la tierra. He vivido el autootorgamiento revelador de Dios para que vosotros pudieseis experimentar la carrera del que conoce a Dios. He revelado a Dios, como vuestro Padre en el cielo; os he revelado a vosotros, como hijos de Dios en la tierra. Es un hecho de que Dios os ama a vosotors, a sus hijos. Por la fe en mi palabra, este hecho se torna una verdad eterna y viva en vuestro corazón. Cuando, por la fe viva, os tornéis divinamente conscientes de Dios, naceréis del espíritu como hijos de la luz y de la vida, aun la vida eterna en la cual ascenderéis al universo de los universos y alcanzaréis la experiencia de encontrar a Dios el Padre en el Paraíso.

«Os advierto que recordéis siempre que vuestra misión entre los hombres es la proclamación del evangelio del reino —la realidad de la paternidad de Dios y la verdad de la filiación del hombre. Proclamad toda la verdad de la buena nueva, no tan sólo una parte del evangelio salvador. Vuestro mensaje no ha de cambiar por mi experiencia de resurrección. La filiación con Dios por la fe sigue siendo la verdad salvadora del evangelio del reino. Debéis salir predicando el amor de Dios y el servicio al hombre. Lo que el mundo necesita más que nada saber es: los hombres son hijos de Dios, y por la fe pueden en verdad realizar, y diariamente experimentar, esta verdad ennoblecedora. Mi autootorgamiento debe ayudar a todos los hombres a conocer que ellos son hijos de Dios, pero ese conocimiento no es suficiente si personalmente no captan por la fe la verdad salvadora de que ellos son los hijos de espíritu vivientes del Padre eterno. El evangelio del reino comprende el amor del Padre y el servicio de sus hijos en la tierra.

«Entre vosotros, compartís aquí, el conocimiento de que yo he resucitado de entre los muertos, pero eso no es extraño. Yo tengo el poder de poner mi vida y tomarla nuevamente; el Padre otorga ese poder a sus Hijos del Paraíso. Más bien, que vuestro corazón se estremezca por el conocimiento de que los muertos de una era ingresaron a la ascensión eterna poco después de que yo salí de la nueva tumba de José. Viví mi vida en la carne para mostraros cómo vosotros podréis, mediante el servicio amante, tornaros reveladores de Dios a vuestros semejantes así como, amándoos a vosotros y sirviéndoos, yo me he tornado revelador de Dios a vosotros. He vivido entre vosotros como el Hijo del Hombre para que vosotros, y todos los demás hombres, podáis conocer que de veras sois hijos de Dios. Por lo tanto, id pues al mundo predicando este evangelio del reino del cielo a todos los hombres. Amad a todos los hombres así como yo os he amado; servid a vuestros semejantes mortales así como yo os he servido. Habéis recibido libremente, dad libremente. Permaneced aquí en Jerusalén solamente hasta que yo vaya al Padre y os envíe el Espíritu de la Verdad. Él os guiará a una verdad más amplia, y yo iré con vosotros a todo el mundo. Estoy con vosotros siempre, y mi paz os dejo».

Cuando el Maestro hubo hablado, desapareció de su vista. Era casi el alba cuando los creyentes se dispersaron; toda esa noche permanecieron juntos, discutiendo intensamente las admoniciones del Maestro y discurriendo todo lo que les había ocurrido. Santiago Zebedeo y otros de los apóstoles también relataron sus experiencias con el Maestro morontial en Galilea y recitaron cómo se les había aparecido tres veces.

1. LA APARICIÓN EN SICAR

A eso de las cuatro de la tarde del sábado 13 de mayo, el Maestro apareció ante Nalda y unos setenta y cinco creyentes samaritanos junto al pozo de Jacob en Sicar. Los creyentes acostumbraban a reunirse en este lugar, cerca del sitio donde Jesús habló a Nalda sobre el agua viva. Este día, en el momento en que terminaban su conversación sobre la noticia de la resurrección, Jesús apareció repentinamente ante ellos diciendo:

«Que la paz sea con vosotros. Os regocijáis de saber que yo soy la resurrección y la vida, pero esto de nada os servirá a menos que primero nazcáis del espíritu eterno, llegando así a poseer por la fe, el don de la vida eterna. Si sois hijos de mi Padre por la fe, no moriréis jamás, no pereceréis. El evangelio del reino os enseñó que todos los hombres son hijos de Dios. Y esta buena nueva sobre el amor del Padre celestial por sus criaturas en la tierra, debe ser difundida por todo el mundo. El momento ha llegado en que ya no adoraréis a Dios ni en Gerizim ni en Jerusalén, sino donde estéis, como estéis, en espíritu y en verdad. Es vuestra fe la que salva vuestra alma. La salvación es el don de Dios, para todos los que creen que son sus hijos. Pero no os engañéis; aunque la salvación es un don gratuito de Dios y es otorgada a los que la aceptan por la fe, lo que sigue es la experiencia de rendir los frutos de esta vida espiritual tal como se la vive en la carne. La aceptación de la doctrina de la paternidad de Dios implica que también aceptéis libremente la verdad asociada de la hermandad del hombre. Si el hombre es tu hermano, él es aun más que tu prójimo, a quien el Padre exige que ames como a ti mismo. Tu hermano pertenece a tu familia; así pues, lo amarás no sólo con el afecto familiar sino que también lo servirás como te servirías a ti mismo. Y amaréis y serviréis a vuestro hermano de este modo porque vosotros, siendo mis hermanos, así habéis sido amados y servidos por mí. Id pues por todo el mundo, difundiendo la buena nueva a todas las criaturas de todas las razas, tribus y naciones. Mi espíritu irá delante de vosotros, y yo estaré siempre con vosotros».

Estos samaritanos mucho se asombraron con esta aparición del Maestro, y de prisa se fueron a las ciudades y aldeas vecinas donde difundieron la nueva de que habían visto a Jesús, y que les había hablado. Y ésta fue la decimoséptima aparición morontial del Maestro.

2. LA APARICIÓN EN FENICIA

La aparición morontial decimoctava del Maestro fue en Tiro, el martes 16 de mayo, poco antes de las nueve de la noche. Nuevamente apareció al final de una reunión de creyentes que estaban a punto de dispersarse, diciendo:

«Que la paz sea con vosotros. Vosotros os regocijáis de saber que el Hijo del Hombre ha resucitado de entre los muertos porque así sabéis que vosotros y vuestros hermanos también sobreviviréis al fallecimiento mortal. Pero esa sobrevivencia depende de que hayáis nacido primero del espíritu de búsqueda de la verdad y descubrimiento de Dios. El pan y el agua de la vida se otorgan tan sólo a los que tienen hambre de verdad y sed de rectitud —de Dios. El hecho de que los muertos resucitan, no constituye el evangelio del reino. Estas grandes verdades y estos hechos del universo están todos relacionados con este evangelio en cuanto son una parte del resultado de creer la buena nueva y están comprendidos en la experiencia subsiguiente de los que, por la fe, se tornan, de hecho y en verdad, en hijos sempiternos del Dios eterno. Mi Padre me envió a este mundo para proclamar a todos los hombres esta salvación de filiación. Así yo os envío a que prediquéis esta salvación de filiación. La salvación es el don de Dios, pero los que nacen del espíritu, comienzan inmediatamente a rendir los frutos del espíritu en servicio amante de sus semejantes. Y los frutos del espíritu divino cosechados en la vida de los mortales nacidos del espíritu y conocedores de Dios son: servicio amante, devoción altruista, lealtad valiente, justicia sincera, honestidad esclarecida, esperanza sin fin, confianza incondicionada, ministerio misericordioso, bondad infalible, tolerancia clemente y paz duradera. Si los creyentes profesos no rinden estos frutos del espíritu divino en su vida, están muertos. El Espíritu de la Verdad no está en ellos; son ramas inútiles de una vid viva y pronto serán podadas. Mi Padre requiere que todos los hijos de la fe rindan muchos frutos del espíritu. Si por lo tanto vosotros no sois fructíferos, él cavará alrededor de vuestras raíces y podará vuestras ramas estériles. Cada vez más debéis rendir los frutos del espíritu, a medida que progresáis hacia el cielo en el reino de Dios. Podéis entrar al reino como un niño, pero el Padre requiere que crezcáis por la gracia, a la plena estatura del adulto espiritual. Cuando vayáis a decir a todas las naciones la buena nueva del evangelio, yo iré delante de vosotros, y mi Espíritu de la Verdad morará en vuestro corazón. Mi paz os dejo».

Entonces desapareció el Maestro de su vista. Al día siguiente salieron de Tiro los que llevaron este relato a Sidón y aún a Antioquía y Damasco. Jesús había estado con estos creyentes cuando vivía en la carne, y rápidamente le reconocieron en cuanto empezó a enseñarles. Aunque sus amigos no podían reconocer prontamente su forma morontial cuando ésta fue hecha visible, sí reconocían rápidamente su personalidad, en cuanto él les dirigía la palabra.

3. LA ÚLTIMA APARICIÓN EN JERUSALÉN

El jueves 18 de mayo por la mañana temprano, Jesús hizo su última aparición en la tierra como personalidad morontial. Cuando los once apóstoles estaban a punto de sentarse para compartir el desayuno en el aposento superior de la casa de María Marcos, Jesús apareció ante ellos y les dijo:

«Que la paz sea con vosotros. Os he pedido que os quedéis aquí en Jerusalén hasta que yo ascienda al Padre, aun hasta que yo os envíe el Espíritu de la Verdad, que pronto será derramado sobre toda la carne y que os dotará de poder desde lo alto.» Simón el Zelote interrumpió a Jesús, preguntando: «Entonces, Maestro, ¿restaurarás el reino, y veremos nosotros la gloria de Dios manifestada en la tierra?» Cuando Jesús hubo escuchado la pregunta de Simón, respondió: «Simón, aún te afierras a tus viejas ideas del Mesías judío y del reino material. Pero recibirás poder espiritual después de que el espíritu haya descendido sobre vosotros, y luego iréis a todo el mundo predicando este evangelio del reino. Así como el Padre me envió al mundo, así os envío yo. Y deseo que os améis unos a los otros y que confiéis los unos en los otros. Judas ya no está con vosotros, porque se enfrió su amor, y porque se negó a confiar en vosotros, sus leales hermanos. ¿Acaso no habéis leído en las Escrituras donde está escrito: 'No es bueno para el hombre estar solo. Ningún hombre vive para sí mismo'? Y también allí donde dice: ¿'el que quiere tener amigos debe mostrarse amigo'? Y ¿acaso no os envié a enseñar de dos en dos, para que no estuvierais solos y no cayerais en la maldad y las tristezas del aislamiento? También sabéis bien que, cuando vivía en la carne, no me permití a mí mismo estar a solas por largos períodos. Desde el comienzo mismo de nuestra asociación tuve siempre a dos o tres de vosotros constantemente a mi lado o muy cerca de mí, aun cuando comulgaba con el Padre. Confiad, pues, los unos en los otros. Y esto es aun más necesario ahora, puesto que este día yo os dejo solos en el mundo. La hora ha llegado; estoy por irme al Padre».

Cuando hubo hablado les indicó con un gesto que fueran con él, y los condujo afuera hasta el Monte de los Olivos, donde les dijo adiós preparándose para partir de Urantia. Fue éste un viaje solemne al Oliveto. Nadie habló una sola palabra desde el momento en que salieron del aposento superior hasta que Jesús se detuvo con ellos en el Monte de los Olivos.

4. LAS CAUSAS DE LA CAÍDA DE JUDAS

Fue en la primera parte del mensaje de adiós del Maestro a sus apóstoles en la que aludió él a la pérdida de Judas y mencionó el trágico hado de su traidor compañero de trabajo como solemne advertencia contra los peligros del aislamiento social y fraternal. Acaso sea útil para los creyentes, en esta era y en eras por venir, recordar brevemente las causas de la caída de Judas a la luz de las observaciones del Maestro y en vista del esclarecimiento acumulado a través de los siglos sucesivos.

Al considerar esta tragedia, concebimos que Judas se desvió, principalmente, porque era acentuadamente una personalidad autoaislada, una personalidad cerrada y alejada de los contactos sociales comunes. Persistentemente se negó a confiar en sus hermanos apóstoles y a fraternizar libremente con ellos. Pero su personalidad tendiente al aislamiento no habría desencadenado por sí sola tanta maldad en Judas de no ser por el hecho de que él no logró crecer en el amor y en la gracia espiritual. Además, para empeorar aun más las cosas, alimentó él persistentemente rencores y fomentó enemigos psicológicos tales como la venganza y el anhelo generalizado de «cobrárselas» a alguien por todas sus desilusiones.

Esta desafortunada combinación de características individuales y tendencias mentales se confabuló para destruir a un hombre bien intencionado, que no logró dominar estos males mediante el amor, la fe y la confianza. Está claro que la caída de Judas no era inevitable, tal como se demuestra en el caso de Tomás y de Natanael, quienes fueron azotes del mismo tipo de sentimientos de desconfianza y un superdesarrollo de tendencias individualísticas. Aun Andrés y Mateo tenían muchas tendencias de este tipo; pero todos estos hombres crecieron en un amor cada vez mayor por Jesús y sus hermanos apóstoles a medida que pasaba el tiempo. Crecieron en la gracia y en el conocimiento de la verdad. Confiaron cada vez más en sus hermanos y poco a poco desarrollaron la capacidad de fiarse en sus compañeros. Judas se negó persistentemente a fiarse de sus hermanos. Cuando se vio obligado, por una acumulación de sus conflictos emocionales, a buscar el alivio de la autoexpresión, invariablemente buscó el consejo y recibió el consuelo necio de sus parientes no espirituales o de aquellos conocidos casuales que eran no sólo indiferentes, sino verdaderamente hostiles, al bienestar y progreso de las realidades espirituales del reino celestial, del cual él era uno de los doce consagrados embajadores en la tierra.

Judas fue derrotado en sus batallas en la lucha terrenal debido a los siguientes factores de tendencias personales y debilidades de carácter:

1. Era un tipo de persona que tendía a aislarse. Era altamente individualista y eligió crecer tornándose cada vez menos sociable y más encerrado en sí mismo.

2. De niño, se le había hecho la vida demasiado fácil a él. Resentía amargamente la derrota. Siempre esperaba ganar; no sabía perder con donaire.

3. No adquirió nunca una técnica filosófica para enfrentarse con el desencanto. En vez de aceptar las desilusiones como características comunes y regulares de la existencia humana, infaliblemente recurrió a la práctica de culpar a una persona en particular o al grupo de sus asociados por todas sus dificultades y desilusiones personales.

4. Era rencoroso; constantemente alimentaba la idea de vengarse.

5. No le gustaba enfrentarse francamente con los hechos; era deshonesto en su actitud hacia las situaciones de la vida.

6. Le disgustaba hablar de sus problemas personales con sus asociados inmediatos; se negaba a hablar de sus dificultades con sus verdaderos amigos y con los que realmente lo amaban. Durante todos los años de su asociación, no recurrió ni una sola vez al Maestro con un problema puramente personal.

7. No aprendió nunca que las verdaderas recompensas de una vida noble son, en última instancia, los premios espirituales, que no siempre se distribuyen durante la corta vida en la carne.

Como resultado de su persistente aislamiento de personalidad, sus penas se multiplicaron, sus congojas crecieron, sus ansiedades aumentaron, y su desesperación se profundizó casi más allá de lo soportable.

Aunque este apóstol egocéntrico y ultraindividualista tenía muchos problemas psíquicos, emocionales y espirituales, sus dificultades principales eran: en personalidad, él se aislaba. Mentalmente, era suspicaz y vengativo. En temperamento, era agrio y vindictivo. Emocionalmente, no tenía ni amor ni perdón. Socialmente, no confiaba en nadie, era casi completamente contenido en sí mismo. En espíritu, se volvió arrogante, ambicioso y egoísta. En la vida ignoró a los que lo amaban y en la muerte, no tuvo amigo ninguno.

Éstos son pues los factores mentales e influencias del mal que, tomados todos juntos, explican por qué un creyente en Jesús con buenas intenciones y de otra manera previamente sincero, aun después de varios años de asociación íntima con la personalidad transformadora de Jesús, abandonó a sus hermanos, repudió una causa sagrada, renunció al sagrado llamado y traicionó a su divino Maestro.

5. LA ASCENSIÓN DEL MAESTRO

Eran casi las siete y media de este jueves 18 de mayo por la mañana, cuando Jesús llegó a la pendiente occidental del Monte Oliveto con sus once silenciosos y un tanto confundidos apóstoles. Desde esta ubicación, unos dos tercios del camino por la vertiente ascendente de la montaña, podían contemplar a Jerusalén y Getsemaní. Jesús se preparaba ahora para decir su último adiós a los apóstoles antes de despedirse de Urantia. Al estar él de pie entre ellos, sin que él les pidiera se arrodillaron a su alrededor en círculo, y el Maestro dijo:

«Os exhorté que os quedarais en Jerusalén hasta que recibierais el poder de lo alto. Ahora estoy por despedirme de vosotros; estoy por ascender a mi Padre, y pronto, muy pronto, enviaremos a este mundo de mi estadía el Espíritu de la Verdad; y cuando él haya llegado, comenzaréis la nueva proclamación del evangelio del reino, primero en Jerusalén y luego en todos los rincones de la tierra. Amad a los hombres con el amor con el cual yo os he amado a vosotros y servid a vuestros semejantes mortales así como yo os he servido. Mediante los frutos espirituales de vuestra vida, incitad a las almas a creer en la verdad de que el hombre es hijo de Dios, y que todos los hombres son hermanos. Recordad todo lo que yo os he enseñado y la vida que he vivido entre vosotros. Mi amor os sobrecogerá, mi espíritu morará con vosotros, y mi paz velará sobre vosotros. Adiós».

Después de hablar así el Maestro morontial desapareció de su vista. Esta así llamada ascensión de Jesús no fue de ninguna manera diferente de sus otras desapariciones de la visión mortal durante los cuarenta días de su carrera morontial en Urantia.

El Maestro fue a Edentia por el camino de Jerusem, donde los Altísimos, vigilados por el Hijo del Paraíso, liberaron a Jesús de Nazaret del estado morontial y, por los canales espirituales de la ascensión, lo restauraron al estado de filiación Paradisiaca y soberanía suprema en Salvingtón.

Eran aproximadamente las siete y cuarenta y cinco de esta mañana cuando el Jesús morontial desapareció de la vista de los once apóstoles para comenzar la ascensión a la diestra de su Padre, y allí recibir la confirmación formal de su soberanía completada del universo de Nebadon.

6. PEDRO CONVOCA UNA REUNIÓN

Actuando bajo instrucciones de Pedro, Juan Marcos y otros salieron para convocar a los discípulos principales a la casa de María Marcos. A las diez y media, ciento veinte de los principales discípulos de Jesús que vivían en Jerusalén se habían congregado para escuchar el relato del mensaje de adiós del Maestro y para enterarse de su ascensión. En esta compañía se encontraba María la madre de Jesús. Ella había vuelto a Jerusalén con Juan Zebedeo cuando los apóstoles retornaron de su reciente estadía en Galilea. Poco después de Pentecostés, ella volvió a la casa de Salomé en Betsaida. Santiago, el hermano de Jesús, también estaba presente en esta reunión, la primera conferencia de los discípulos del Maestro que fuera convocada después de la terminación de su carrera planetaria.

Simón Pedro se encargó de hablar en nombre de sus compañeros apóstoles, e hizo un relato emocionante de la última reunión de los once con su Maestro ilustrando de la manera más conmovedora el adiós final del Maestro y su desaparición en virtud de la ascensión. Fue una reunión como nunca había ocurrido en este mundo. Esta parte de la reunión no duró más de una hora. Pedro explicó entonces que había decidido elegir a un sucesor de Judas Iscariote, y que se dispondría de un intervalo para que los apóstoles decidieran entre los dos hombres que habían sido sugeridos para esta posición: Matías y Justo.

Los once apóstoles entonces fueron al piso de abajo, y allí acordaron echar la suerte para determinar cual de estos hombres se volvería un apóstol para servir en lugar de Judas. Matías fue quien ganó, y fue declarado el nuevo apóstol; fue debidamente puesto a cargo y luego nombrado tesorero. Pero Matías tuvo poco que ver con las actividades subsiguientes de los apóstoles.

Poco después de Pentecostés, los gemelos volvieron a sus casas en Galilea. Simón el Zelote permaneció en retiro cierto tiempo, antes de salir a predicar el evangelio. Tomás se preocupó por un período de tiempo más corto y luego reanudó sus enseñanzas. Natanael tuvo cada vez más diferencias de opinión con Pedro en cuanto a la predicación sobre Jesús en lugar de la proclamación del original evangelio del reino. Este desacuerdo se tornó tan agudo a mediados del mes siguiente, que Natanael se retiró, yendo a Filadelfia para visitar a Abner y Lázaro. Después de permanecer allí más de un año, prosiguió hasta las tierras más allá de la Mesopotamia predicando el evangelio tal como él lo entendía.

Todo esto significó que tan sólo quedaron seis de los doce apóstoles originales que se convirtieron en actores en el escenario de la primera proclamación del evangelio en Jerusalén: Pedro, Andrés, Santiago, Juan, Felipe y Mateo.

Alrededor del mediodía, los apóstoles volvieron con sus hermanos al aposento superior y anunciaron que Matías había sido elegido nuevo apóstol. Entonces Pedro invitó a todos los creyentes a orar, para que estuvieran preparados adecuadamente para recibir el don del espíritu, que el Maestro prometió enviar.

DOCUMENTO 194

EL ADVENIMIENTO DEL ESPÍRITU DE LA VERDAD

APROXIMADAMENTE a la una, mientras estaban unos ciento cincuenta creyentes orando, se apercibieron de una extraña presencia en el cuarto. Al mismo tiempo, estos discípulos tuvieron conciencia de una sensación nueva y profunda, de felicidad, seguridad y confianza espirituales. Esta nueva conciencia de fuerza espiritual fue seguida inmediatamente por un fuerte impulso a salir y proclamar públicamente el evangelio del reino y la buena nueva de que Jesús había resucitado de entre los muertos.

Pedro se puso de pie y declaró que éste debía ser el advenimiento del Espíritu de la Verdad que el Maestro les había prometido y propuso que fueran al templo y empezaran la proclamación que les había sido encomendada de la buena nueva. Y ellos hicieron lo que Pedro sugería.

Estos hombres habían sido entrenados e instruidos para que predicaran el evangelio de la paternidad de Dios y la filiación del hombre, pero en ese preciso momento de éxtasis espiritual y triunfo personal, lo que ellos consideraron la noticia más importante, la mejor nueva, era el *hecho* del Maestro resucitado. Así pues salieron, dotados del poder de lo alto, predicando buenas nuevas al pueblo —incluso la salvación a través de Jesús— pero inintencionalmente cayeron en el error de sustituir algunos de los hechos relacionados con el evangelio por el mensaje mismo del evangelio. Pedro sin querer inició este error, y otros lo siguieron hasta llegar a Pablo, quien creó una nueva religión basada en la nueva versión de la buena noticia.

El evangelio del reino es: el hecho de la paternidad de Dios, combinado con la verdad resultante de la filiación-hermandad de los hombres. El cristianismo, tal como se desarrolló de ese día en adelante, es: el hecho de Dios como Padre del Señor Jesús Cristo, en asociación con la experiencia de la comunidad de creyentes con el Cristo resucitado y glorificado.

No es extraño que estos hombres infusos por el espíritu se aferraran de esta oportunidad para expresar su sentimiento de triunfo sobre las fuerzas que habían tratado de destruir a su Maestro y poner fin a la influencia de sus enseñanzas. En un momento como éste, era más fácil recordar la asociación personal con Jesús y entusiasmarse con la certeza de que el Maestro aún vivía, que su amistad no había terminado y que en efecto el espíritu había descendido sobre ellos como él había prometido.

Estos creyentes se sentían de pronto trasladados a otro mundo, a una nueva existencia de gozo, poder y gloria. El Maestro les había dicho que el reino vendría con poder, y algunos de ellos pensaron que comenzaban a discernir lo que él quería decir.

Cuando se toma todo esto en consideración, no es difícil comprender como estos hombres llegaron a predicar un *nuevo evangelio sobre Jesús* en lugar de su mensaje anterior de la paternidad de Dios y de la fraternidad de los hombres.

1. EL SERMÓN DE PENTECOSTÉS

Los apóstoles habían permanecido ocultos durante cuarenta días. Ocurrió que este día era el festival judío de Pentecostés, y miles de visitantes de todas partes del mundo se encontraban en Jerusalén. Muchos habían llegado para esta festividad, pero la mayoría se había quedado en la ciudad desde la Pascua. Ahora, estos aterrados apóstoles emergieron de sus semanas de reclusión, apareciendo audazmente en el templo en el que comenzaron a predicar el nuevo mensaje de un Mesías resucitado. Y asimismo todos los discípulos tenían conciencia de haber recibido una nueva dote espiritual de discernimiento y poder.

Eran aproximadamente las dos cuando Pedro se puso de pie, en el mismo lugar en que su Maestro había enseñado por última vez en el templo, y pronunció ese llamado apasionado que resultó en la ganancia para el reino de más de dos mil almas. El Maestro ya no estaba, pero de pronto ellos descubrieron que el relato sobre él ejercía gran poder sobre el pueblo. No es de extrañar que fueron llevados a la proclamación ulterior de lo que reinvidicaba su previa devoción a Jesús y al mismo tiempo, tan fuertemente instaba a los hombres a creer en él. Seis de los apóstoles participaron en esta reunión: Pedro, Andrés, Santiago, Juan, Felipe y Mateo. Hablaron más de una hora y media y pronunciaron mensajes en griego, hebreo y aramaico, así como también algunas pocas palabras en otras lenguas de las que tenían un ligero conocimiento.

Los líderes de los judíos estaban estupefactos frente a la audacia de los apóstoles, pero tuvieron miedo de importunarlos debido al gran número de gente que creía en este relato.

Para las cuatro y media, más de dos mil nuevos creyentes siguieron a los apóstoles hasta el estanque de Siloé, donde Pedro, Andrés, Santiago y Juan los bautizaron en nombre del Maestro. Ya era de noche cuando terminaron de bautizar a la multitud.

Pentecostés era el gran festival del bautismo, la época en la que se aceptaban como miembros a los prosélitos de la puerta, aquellos gentiles que deseaban servir a Yahvé. Por lo tanto era más probable que grandes números de judíos y gentiles se sometieran al bautismo en este día. Al hacerlo, no se separaban de manera alguna de la fe judía. Aun por cierto tiempo después, los creyentes de Jesús constituyeron una secta dentro del judaísmo. Todos ellos, incluyendo los apóstoles, seguían siendo leales a los requisitos sustanciales del sistema ceremonial judío.

2. EL SIGNIFICADO DE PENTECOSTÉS

Jesús vivió en la tierra y enseñó un evangelio que redimía al hombre de la superstición de que él era hijo del mal y lo elevaba a la dignidad de ser hijo de Dios por la fe. El mensaje de Jesús, tal como él lo predicó y lo vivió en su época, fue una solución eficaz a las dificultades espirituales del hombre, en la época en que se lo propuso. Y ahora, puesto que él como persona se ha ido del mundo, envía en su lugar a su Espíritu de la Verdad, destinado a vivir en el hombre y, para cada nueva generación, formular de nuevo el mensaje de Jesús para que cada nuevo grupo de mortales que aparezca sobre la superficie de la tierra tenga una versión nueva y actualizada del evangelio, un esclarecimiento personal y una guía colectiva que sea una solución eficaz a las siempre cambiantes y variadas dificultades espirituales del hombre.

La primera misión de este espíritu es, por supuesto, fomentar y personalizar la verdad, puesto que la comprensión de la verdad es lo que constituye la forma más elevada de libertad humana. En segundo lugar es propósito de este espíritu destruir la sensación de orfandad del creyente. Siendo que Jesús estuvo entre los hombres, todos los creyentes experimentarían una sensación de soledad de no ser por el advenimiento del Espíritu de la Verdad, destinado a morar en el corazón de los hombres.

Este otorgamiento del espíritu del Hijo preparó eficazmente la mente de todos los hombres normales para el otorgamiento universal subsiguiente del espíritu del Padre (el Ajustador) sobre toda la humanidad. En cierto sentido, este Espíritu de la Verdad es el espíritu tanto del Padre Universal como del Hijo Creador.

No cometas el error de esperar que tendrás intelectualmente una poderosa conciencia del Espíritu de la Verdad derramado. El espíritu no crea nunca una conciencia de sí mismo, sino tan sólo una conciencia de Micael, el Hijo. Desde el principio, Jesús enseñó que el espíritu no hablaría de sí mismo. La prueba, por lo tanto, de tu asociación con el Espíritu de la Verdad no se puede encontrar en tu conciencia de este espíritu sino más bien en tu experiencia de una asociación enaltecida con Micael.

El espíritu también vino para ayudar a los hombres a recordar y comprender las palabras del Maestro, así como también para iluminar y volver a interpretar su vida en la tierra.

También, el Espíritu de la Verdad vino para ayudar al creyente a atestiguar las realidades de las enseñanzas de Jesús y de su vida tal como la vivió en la carne, y tal como él ahora nuevamente la vive otra vez en cada creyente de cada generación de hijos de Dios llenados del espíritu.

Así pues es evidente que el Espíritu de la Verdad viene en realidad para conducir a todos los creyentes a toda la verdad, al conocimiento cada vez más amplio de la experiencia de la conciencia espiritual viva y creciente de la realidad de la filiación con Dios eterna y ascendente.

Jesús vivió una vida que es una revelación del hombre sometido a la voluntad del Padre, no un ejemplo que cada hombre deba intentar seguir al pie de la letra. Su vida en la carne, juntamente con su muerte en la cruz y subsiguiente resurrección, terminaron por transformarse en un nuevo evangelio del rescate pagado como precio para liberar al hombre de las garras del malvado —de la condenación de un Dios ofendido. Sin embargo, aunque el evangelio fue grandemente distorsionado, sigue siendo un hecho que este nuevo mensaje sobre Jesús conllevaba muchas de las verdades y enseñanzas fundamentales de su previo evangelio del reino. Tarde o temprano, estas verdades ocultas de la paternidad de Dios y de la hermandad de los hombres emergerán para transformar eficazmente las civilizaciones de la humanidad entera.

Pero estos errores del intelecto no interfirieron de modo alguno con el gran progreso del creyente en crecimiento espiritual. En menos de un mes después del advenimiento del Espíritu de la Verdad, los apóstoles progresaron espiritualmente como individuos, más que durante los casi cuatro años de asociación personal y amante con el Maestro. Tampoco interfirió en modo alguno esta sustitución del evangelio salvador de la *verdad* de la filiación con Dios por el *hecho* de la resurrección de Jesús, con la rápida difusión de sus enseñanzas; al contrario, el hecho de que las nuevas enseñanzas sobre su persona y resurrección opacaron el mensaje de Jesús, pareció facilitar grandemente la predicación de la buena nueva.

El término «bautismo del espíritu», cuyo uso comenzó a generalizarse alrededor de esta época, significó simplemente la recepción consciente de este don del Espíritu de la Verdad y el reconocimiento personal de este nuevo poder espiritual, como acrecentamiento de todas las influencias espirituales previamente experimentadas por las almas conocedoras de Dios.

A partir del envío del Espíritu de la Verdad, el hombre está sujeto a la enseñanza y guía de una triple dote espiritual: el espíritu del Padre, el Ajustador del Pensamiento; el espíritu del Hijo, el Espíritu de la Verdad; el espíritu del Espíritu, el Espíritu Santo.

En cierto modo, la humanidad está sujeta a la doble influencia del llamado séptuplo de las influencias espirituales del universo. Las primeras razas evolucionarias de los mortales están sometidas al contacto progresivo de los siete espíritus ayudantes de la mente del Espíritu Materno del universo local. A medida que el hombre progresa hacia arriba en la escala de la inteligencia y de la percepción espiritual, ulteriormente llegan a él y moran en él las siete influencias de los espíritus superiores. Y estos siete espíritus de los mundos en avance son:

1. El espíritu otorgado por el Padre universal —los Ajustadores del Pensamiento.

2. La presencia espiritual del Hijo Eterno —la gravedad espiritual del universo de los universos y el canal certero de toda comunión espiritual.

3. La presencia espiritual del Espíritu Infinito —el espíritumente universal de toda la creación, la fuente espiritual del parentesco intelectual de todas las inteligencias progresivas.

4. El espíritu del Padre Universal y del Hijo Creador —el Espíritu de la Verdad, generalmente considerado el espíritu del Hijo del Universo.

5. El espíritu del Espíritu Infinito y del Espíritu Materno del Universo —el Espíritu Santo, generalmente considerado el espíritu del Espíritu del Universo.

6. El espíritu de mente del Espíritu Materno del Universo —los siete espíritus ayudantes de la mente en el universo local.

7. El espíritu del Padre, los Hijos y los Espíritus —el espíritu de nuevo nombre de los mortales ascendentes de los reinos después de la fusión del alma mortal nacida del espíritu con el Ajustador del Pensamiento del Paraíso, y después del subsiguiente alcance de la divinidad y la glorificación del estado del Cuerpo de Finalistas del Paraíso.

Así pues, el don del Espíritu de la Verdad trajo al mundo y a sus pobladores el último de los dones espirituales, cuyo propósito es ayudar a la búsqueda ascendente de Dios.

3. LO QUE OCURRIÓ EN PENTECOSTÉS

Muchas enseñanzas extrañas y raras se asociaron con las primeras narrativas del día de Pentecostés. En épocas subsiguientes, los sucesos de este día, en el cual vino el Espíritu de la Verdad, el nuevo maestro, a morar con la humanidad, se han confundido con explosiones necias de emocionalismo exagerado. La misión principal de este espíritu derramado del Padre y del Hijo consiste en enseñar a los hombres las verdades del amor del Padre y de la misericordia del Hijo. Éstas son las verdades de la divinidad que los hombres pueden comprender más plenamente que todos los demás rasgos divinos de carácter. El Espíritu de la Verdad se ocupa principalmente de la revelación de la naturaleza espiritual del Padre y del carácter moral del Hijo. El Hijo Creador, en la carne, reveló Dios a los hombres; el Espíritu de la Verdad, en el corazón, revela el Hijo Creador a los hombres. Cuando el hombre rinde los «frutos del espíritu» en su vida, simplemente exhibe los rasgos que el Maestro manifestó en su vida terrenal. Cuando Jesús estuvo en la tierra, vivió su vida como una personalidad —Jesús de Nazaret. Como espíritu residente del «nuevo maestro», el Maestro, desde

Pentecostés, ha podido vivir su vida nuevamente en la experiencia de cada creyente enseñado por la verdad.

Muchas cosas que pasan en el curso de la vida humana son difíciles de comprender, difíciles de reconciliar con la idea de que éste es un universo en el cual prevalece la verdad y la rectitud triunfa. Muy frecuentemente parecería que prevaleciesen el insulto, las mentiras, la deshonestidad y la falta de rectitud —el pecado. ¿Triunfa realmente, por fin, la fe sobre el mal, sobre el pecado y sobre la iniquidad? Sí. La vida y muerte de Jesús son prueba eterna de que la verdad de la bondad y la fe de la criatura conducida por el espíritu serán siempre reivindicadas. Se mofaron de Jesús en la cruz diciendo: «Veamos si viene Dios y lo libra». El día de la crucifixión estuvo oscuro, pero la mañana de la resurrección fue gloriosamente luminosa; el día de Pentecostés fue aun más luminoso y lleno de júbilo. Las religiones de la desesperación pesimista anhelan liberarse de las cargas de la vida; ansían la extinción en un sueño y un reposo sin fin. Éstas son las religiones de los temores y terrores primitivos. La religión de Jesús es un nuevo evangelio de fe que ha de ser proclamado a la humanidad forcejeante. Esta nueva religión está fundada en la fe, la esperanza y el amor.

La vida mortal golpeó a Jesús con dureza, crueldad y amargura; pero este hombre enfrentó estas ministraciones de desesperación con fe, coraje y la determinación inamovible de hacer la voluntad del Padre. Jesús aceptó el desafío de la vida en su realidad más terrible, y la conquistó —aun en la muerte. Él no utilizó la religión como liberación de la vida. La religión de Jesús no busca escapar de esta vida para disfrutar de la felicidad que aguarda en otra existencia. La religión de Jesús proporciona la felicidad y la paz de otra existencia espiritual para elevar y ennoblecer la vida que los hombres viven ahora en la carne.

Si la religión es el opio del pueblo, no es la religión de Jesús. En la cruz, él se negó a beber la droga adormecedora, y su espíritu, derramado sobre toda la carne, es una poderosa influencia mundial que conduce al hombre hacia las alturas y lo impulsa hacia adelante. El impulso espiritual hacia adelante es la más poderosa fuerza que existe en este mundo; el creyente que aprende la verdad es la verdadera alma progresiva y agresiva en la tierra.

El día de Pentecostés la religión de Jesús rompió todas las restricciones nacionales y las cadenas raciales. Es para siempre verdad que «donde se encuentra el espíritu del Señor, se encuentra la libertad». En este día, el Espíritu de la Verdad se tornó el don personal del Maestro para cada mortal. Este espíritu fue otorgado con el propósito de calificar a los creyentes para que prediquen más eficazmente el evangelio del reino, pero ellos confundieron la experiencia de recibir el espíritu derramado, con una parte del nuevo evangelio que inconscientemente estaban formulando.

No paséis por alto el hecho de que el Espíritu de la Verdad fue otorgado a todos los creyentes sinceros; este don del espíritu no vino solamente a los apóstoles. Los ciento veinte hombres y mujeres congregados en el aposento superior recibieron el nuevo maestro, así como lo hicieron también todos los de corazón honesto en todo el mundo. Este nuevo maestro fue otorgado a la humanidad, y todas las almas lo recibieron según su amor a la verdad y su capacidad de captar y comprender las realidades espirituales. Por fin, la religión verdadera se libera de la custodia de los sacerdotes y de todas las castas sagradas, y encuentra su manifestación real en el alma de cada hombre.

La religión de Jesús fomenta el tipo más alto de civilización humana porque crea el tipo más alto de personalidad espiritual y proclama la condición sagrada de esa persona.

La llegada del Espíritu de la Verdad en Pentecostés, posibilitó una religión que no es ni radical ni conservadora; ni antigua ni nueva; no esta dominada ni por los viejos ni por los jóvenes. El hecho de la vida terrenal de Jesús provee un punto fijo para el ancla del tiempo, mientras que el otorgamiento del Espíritu de la Verdad provee la expansión eterna y el crecimiento interminable de la religión que él vivió y del evangelio que él proclamó. El espíritu guía a toda la verdad; es el maestro de una religión en expansión y constante crecimiento, de progreso sin fin y desarrollo divino. Este nuevo maestro se revela por siempre para el creyente que busca la verdad, lo que estuvo tan divinamente contenido en la persona y naturaleza del Hijo del Hombre.

Las manifestaciones asociadas con el advenimiento del «nuevo maestro», y la recepción de la predicación de los apóstoles por parte de hombres de distintas razas y naciones, reunidos en Jerusalén, señalan la universalidad de la religión de Jesús; el evangelio del reino no debía identificarse específicamente con ninguna raza, cultura o idioma. Este día de Pentecostés presenció el gran esfuerzo del espíritu por liberar la religión de Jesús de las cadenas judaicas heredadas. Aun después de esta demostración del derramamiento del espíritu sobre toda la carne, los apóstoles al principio trataron de imponer los requisitos del judaísmo a sus conversos. Aun Pablo tuvo problemas con sus hermanos jerosolimitanos porque se negó a someter a los gentiles a estas prácticas judías. Ninguna religión revelada puede difundirse a todo el mundo si comete el serio error de dejarse imbuir de alguna cultura nacional o asociarse con prácticas raciales, sociales o económicas ya establecidas.

El otorgamiento del Espíritu de la Verdad aconteció independientemente de toda forma, ceremonia, lugar sagrado y conducta especial por parte de los que recibieron la plenitud de su manifestación. Cuando el espíritu descendió sobre los que se encontraban en el aposento superior, ellos simplemente estaban sentados allí, después de haber orado en silencio. El espíritu descendió tanto en el campo como en la ciudad. No fue necesario que los apóstoles se retiraran a un lugar aislado y que pasaran años de meditación solitaria para recibir el espíritu. Para siempre, Pentecostés disocia la idea de la experiencia espiritual del concepto de un medio ambiente particularmente favorable.

Pentecostés, con su don espiritual, fue concebido para liberar por siempre la religión del Maestro de toda dependencia de la fuerza física; los maestros de esta nueva religión ya cuentan con armas espirituales. Deben salir para conquistar el mundo con una capacidad infalible para perdonar, incomparable buena voluntad, y amor abundante. Están equipados para sobrecoger el mal con el bien, para vencer el odio con el amor, y para destruir el temor con la valiente y viva fe en la verdad. Jesús ya había enseñado a sus seguidores que su religión no era nunca pasiva; sus apóstoles debían tomar siempre una posición activa y positiva en su ministerio de misericordia y en sus manifestaciones de amor. Ya no consideraban estos creyentes a Yahvé como «el Señor de las Huestes». Ahora consideraban a la Deidad eterna como «Dios y Padre del Señor Jesús Cristo». Por lo menos hicieron ese progreso, aunque en cierta medida no supieron captar plenamente la verdad de que Dios es también el Padre espiritual de cada individuo.

Pentecostés dotó al hombre mortal con el poder para perdonar las injurias personales, para mantenerse dulce en medio de las injusticias más graves, para permanecer inamovible frente al peligro más tremendo, y para desafiar los males del odio y de la ira mediante actos audaces de amor y paciencia. Urantia ha pasado por la destrucción de tremendas guerras a través de su historia. Todos los participantes de estas grandes luchas fueron derrotados. Tan sólo hubo un vencedor. Tan sólo uno salió de estas luchas amargas con una mejor reputación elevada —ese fue Jesús de Nazaret y su evangelio de sobrecoger el mal con el bien. El secreto de una civilización mejor está encerrado en las enseñanzas del Maestro sobre la buena voluntad del amor y la confianza mutua.

Hasta Pentecostés, la religión tan sólo había revelado al hombre que buscaba a Dios; a partir de Pentecostés, el hombre aún está buscando a Dios, pero brilla sobre el mundo el espectáculo de Dios que también busca al hombre y que envía su espíritu para que more en él cuando lo haya encontrado.

Antes de las enseñanzas de Jesús que culminaron en Pentecostés, las mujeres prácticamente no tenían posición espiritual alguna en los dogmas de las religiones más viejas. Después de Pentecostés, en la hermandad del reino la mujer se encontró ante Dios en igualdad de condiciones que el hombre. Entre los ciento veinte que recibieron esta visitación especial del espíritu habían muchas de las discípulas, y ellas compartieron estas bendiciones en igual medida con los creyentes varones. El hombre ya no puede presumir monopolizar el ministerio del servicio religioso. El fariseo podrá seguir agradeciendo a Dios el no haber nacido «ni mujer, ni leproso, ni gentil», pero entre los seguidores de Jesús la mujer ha sido emancipada para siempre de toda discriminación religiosa basada en el sexo. Pentecostés obliteró toda discriminación religiosa fundada en la distinción racial, las diferencias culturales, las castas sociales, o los prejuicios en cuanto al sexo. No es de extrañar que estos creyentes de la nueva religión clamaran a gritos: «Allí donde se encuentra el espíritu del Señor, se encuentra la libertad».

Tanto la madre como un hermano de Jesús estaban presentes entre los ciento veinte creyentes, y como miembros de este grupo común de discípulos, también recibieron el espíritu esparcido. No recibieron mayor cantidad del buen don que sus semejantes. Los miembros de la familia terrenal de Jesús no recibieron dones especiales. Pentecostés marcó el fin de los sacerdocios especiales y toda creencia en las familias sagradas.

Antes de Pentecostés los apóstoles habían renunciado a mucho por Jesús. Habían sacrificado sus hogares, familias, amigos, bienes mundanos y posición. En Pentecostés se entregaron a Dios, y el Padre y el Hijo respondieron entregándose al hombre —enviando sus espíritus para que moraran en el hombre. Esta experiencia de perder el yo y encontrar el espíritu no fue una experiencia emocional; fue un acto de autoentrega inteligente y consagración sin reservas.

Pentecostés fue el llamado a la unidad espiritual entre los creyentes del evangelio. Cuando el espíritu descendió sobre los discípulos en Jerusalén, lo mismo sucedió en Filadelfia, en Alejandría y en todos los demás lugares donde vivían creyentes sinceros. Fue literalmente cierto que «había un solo corazón y una sola alma en la multitud de los creyentes». La religión de Jesús es la influencia unificadora más poderosa que el mundo haya conocido jamás.

Pentecostés tuvo el propósito de aminorar la presunción de individuos, grupos, naciones y razas. Este espíritu de presunción es lo que tanto aumenta las tensiones que periódicamente estallan en guerras destructivas. La humanidad tan sólo puede unificarse mediante el enfoque espiritual, y el Espíritu de la Verdad es una influencia mundial que influye uniformemente.

La llegada del Espíritu de la Verdad purifica el corazón humano y conduce al que lo recibe a formular un propósito de vida dedicado exclusivamente a hacer la voluntad de Dios y promover el bienestar de los hombres. El espíritu material del egoísmo ha sido neutralizado en este nuevo otorgamiento espiritual de altruismo. Pentecostés, entonces y ahora, significa que el Jesús de la historia se ha tornado en el Hijo divino de la experiencia viviente. La felicidad de este espíritu derramado, cuando se experimenta conscientemente en la vida humana, es tónico para la salud, estímulo para la mente, y energía infalible para el alma.

La oración no atrajo al espíritu en el día de Pentecostés, pero en mucho determinó la capacidad de receptividad que caracterizó a cada creyente. La oración no convence al corazón divino de la generosidad de su don, pero muy a menudo cava canales más amplios y profundos por los que pueden correr los dones divinos al corazón y al alma de los que de este modo recuerdan mantener ininterrumpida la comunión con su Hacedor mediante la oración sincera y la adoración verdadera.

4. LOS COMIENZOS DE LA IGLESIA CRISTIANA

Cuando Jesús fue tan repentinamente arrestado por sus enemigos y tan rápidamente crucificado entre dos ladrones, sus apóstoles y discípulos cayeron en una desmoralización total. La idea de su Maestro arrestado, atado con cuerdas, azotado y crucificado, fue demasiado aun para los apóstoles. Olvidaron sus enseñanzas y advertencias. Podía por cierto haber sido «un profeta poderoso en obra y en palabra delante de Dios y de todo el pueblo», pero difícilmente podía ser el Mesías que ellos esperaban que restaurara el reino de Israel.

Después viene la resurrección, que los delibera de la desesperanza y les devuelve su fe en la divinidad del Maestro. Una y otra vez lo ven y hablan con él, y él los lleva al Oliveto, en donde se despide de ellos y les dice que vuelve adonde el Padre. Les ha dicho que permanezcan en Jerusalén hasta que reciban el poder —hasta que llegue el espíritu de la Verdad. Y el día de Pentecostés llega este nuevo maestro, y ellos salen inmediatamente a predicar su evangelio con nuevo poder. Son los audaces y valientes seguidores de un Señor vivo, no de un líder muerto y derrotado. El Maestro vive en el corazón de estos evangelistas; Dios no es una doctrina en su mente; ha llegado a ser una presencia viva en su alma.

»Y perseverando unánimes cada día en el templo, y partiendo el pan en las casas, comían juntos con alegría y sensillez de corazón, alabando a Dios y teniendo favor con todo el pueblo. Todos fueron llenos del espíritu, y hablaban con denuedo la palabra de Dios. Las multitudes de los que creyeron estaban de un corazón y un alma; y ninguno decía ser suyo propio nada de lo que poseía, sino que tenían todas las cosas en común».

¿Que les ha ocurrido a estos hombres a quienes Jesús ordenó para que salieran a predicar el evangelio del reino: la paternidad de Dios y la hermandad del hombre? Poseen un nuevo evangelio; arden con una nueva experiencia; están llenos de una nueva energía espiritual. Su mensaje repentinamente ha pasado a la proclamación del Cristo resucitado: «Jesús Nazareno, un varón quien Dios aprobó por obras poderosas y prodigios; a él, entregado por el determinado consejo y anticipado conocimiento de Dios, crucificasteis y matasteis. Dios ha cumplido así lo que había antes anunciado por boca de todos sus profetas. A este Jesús rusucitó Dios. Dios lo ha hecho tanto Señor como Cristo. Exaltado a la diestra de Dios, habiendo recibido del Padre la promesa del espíritu, ha derramado esto que vosotros veis y oís. Arrepentíos, para que sean borrados vuestros pecados; para que el Padre envíe a Cristo, que os fue antes anunciado, incluso a Jesús, a quien el cielo ha de recibir hasta los tiempos de la restauración de todas las cosas».

El evangelio del reino, el mensaje de Cristo, súbitamente se ha transformado en el evangelio del Señor Jesucristo. Ahora, proclamaban los hechos de su vida, muerte y resurrección y predicaban la esperanza de su pronto retorno a este mundo, para terminar la obra que comenzó. Así el mensaje de los primeros creyentes tenía que ver con predicar los hechos de su primer advenimiento y con enseñar la esperanza de su segundo advenimiento, un acontecimiento que ellos consideraban ser muy próximo.

Cristo estaba a punto de volverse el credo de la iglesia en rápida formación. Jesús vive; él murió por los hombres; él dio el espíritu; él regresará de nuevo. Jesús colmaba todos sus pensamientos y determinaba todo su nuevo concepto de Dios y de todo lo demás. Estaban demasiado entusiasmados con la nueva doctrina de que «Dios es el Padre del Señor Jesús» para preocuparse por el antiguo mensaje de que «Dios es el Padre amante de todos los hombres», aun de cada persona. Es verdad que, de estas primeras comunidades de creyentes, brotó una maravillosa manifestación de amor fraternal y de inigualada buena voluntad. Pero fue una asociación de creyentes en Jesús, no una asociación de hermanos en la familia del reino del Padre en el cielo. Su buena voluntad brotaba del amor nacido del concepto del autootorgamiento de Jesús y no del reconocimiento de la hermandad de los hombres mortales, Sin embargo, estaban llenos de gozo y vivieron vidas tan nuevas y singulares que todos los hombres fueron atraídos a sus enseñanzas sobre Jesús. Cometieron el gran error de usar el comentario vivo e ilustrativo del evangelio del reino para ese evangelio, pero aun eso representó la religión más magnifica que la humanidad haya conocido jamás.

Sin lugar a dudas, una nueva comunidad surgía en el mundo. «La multitud creyente perseveraba en la enseñanza de los apóstoles, y en la comunión unos con otros, en el partimiento del pan y en las oraciones». Se llamaban unos a otros hermanos y hermanas; se estaban saludando con un beso sagrado; ministraban a los pobres. Era una comunidad de vida así como de adoración. No eran comunales por decreto, sino por el deseo de compartir sus bienes con sus concreyentes. Esperaban con confianza el retorno de Jesús, para que contemplara el establecimiento del reino del Padre durante su generación. Esta manera de compartir espontáneamente los bienes materiales no fue una característica directa de las enseñanzas de Jesús; ocurrió, porque estos hombres y mujeres tan sincera y confiadamente creían que él volvería en cualquier momento para terminar su obra y consumar el reino. Pero los resultados finales de este bien intencionado experimento de irreflexivo amor fraternal fueron desastrosos y trajeron mucha congoja. Miles de creyentes sinceros vendieron sus propiedades y dispusieron de todos sus bienes capitales y otros bienes productivos. Con el pasar del tiempo, los recursos menguantes del sistema cristiano de «compartir por igual» *se acabaron* —pero el mundo no. Muy pronto, los creyentes de Antioquía hicieron una colecta para que los creyentes de Jerusalén no se murieran de hambre.

En esos días, celebraban la Cena del Señor en la forma que fue establecida; o sea que se reunían socialmente para compartir una comida de buen compañerismo y compartían el sacramento al final de la comida.

Al principio bautizaron en nombre de Jesús; pasaron casi veinte años antes de que empezaran a bautizar «en el nombre del Padre, del Hijo y del Espíritu Santo». El bautismo era el único requisito para ser admitido a la sociedad de creyentes. Aún no tenían una organización; era simplemente, la hermandad de Jesús.

Esta secta de Jesús crecía rápidamente, y nuevamente los saduceos comenzaron a preocuparse. Los fariseos poco se molestaron por esta situación, ya que ninguna de las enseñanzas interfería de manera alguna con la observancia de la leyes judías. Pero los saduceos comenzaban a encarcelar a los líderes de la secta de Jesús, hasta ser convencidos por el consejo de uno de los rabinos principales, Gamaliel, quien les aconsejo: «Apartaos de estos hombres y dejadlos, porque si este consejo o esta obra es de los hombres, se derribará, mas si es de Dios, no los podréis derribar, no sea que seáis hallados luchando contra Dios». Decidieron seguir el consejo de Gamaliel, y sobrevino un período de paz y calma en Jerusalén, durante el cual el nuevo evangelio sobre Jesús se difundió rápidamente.

Así pues todo anduvo bien en Jerusalén hasta la época de la llegada de los griegos en grandes números desde Alejandría. Dos de los discípulos de Rodán llegaron a Jerusalén e hicieron muchos conversos entre los helenistas. Entre sus primeros conversos fueron Esteban y Barnabé. Estos hábiles griegos no compartían el punto de vista judío, y no se conformaban adecuadamente con el modo judío de adorar y con otras prácticas ceremoniales. Fueron las acciones de estos creyentes griegos las que dieron fin a las relaciones pacíficas entre la hermandad de Jesús y los fariseos y saduceos. Esteban y su asociado griego comenzaron a predicar más como había enseñado Jesús, y esto los llevó inmediatamente a un conflicto con los potentados judíos. En uno de los sermones públicos de Esteban, cuando llego a la porción objetable de su discurso, dispensaron con todas las formalidades de un juicio, y lo apedrearon a muerte allí mismo.

Esteban, el líder de la colonia griega de creyentes en Jesús en Jerusalén, fue así el primer mártir de la nueva fe y la causa específica de la organización formal de la iglesia cristiana inicial. Esta nueva crisis fue enfrentada mediante el reconocimiento de que los creyentes ya no podían seguir como secta dentro de la fe judía. Todos estuvieron de acuerdo en que debían separarse de los no creyentes; y dentro de un mes después de la muerte de Esteban, la iglesia de Jerusalén ya había sido organidada bajo el liderazgo de Pedro, y Santiago el hermano de Jesús, había sido nombrado jefe titular.

Entonces estallaron las nuevas y continuas persecuciones de los judíos, de manera tal que los instructores activos de la nueva religión sobre Jesús, que posteriormente en Antioquía fue llamada cristianismo, salieron a los confines del imperio proclamando a Jesús. Al llevar este mensaje, antes de los tiempos de Pablo, el liderazgo estaba en manos de los griegos; y estos primeros misioneros, así como también los posteriores, siguieron las huellas de la antigua marcha de Alejandro, yendo camino de Gaza y Tiro a Antioquía, luego a Asia Menor y Macedonia y de allí a Roma y a todos los confines del imperio.

DOCUMENTO 195

DESPUÉS DE PENTECOSTÉS

LOS resultados de la predicación de Pedro el día de Pentecostés fueron tales que decidieron la política futura y determinaron los planes, de la mayoría de los apóstoles en sus esfuerzos por proclamar el evangelio del reino. Pedro fue el verdadero fundador de la iglesia cristiana; Pablo llevó el mensaje cristiano a los gentiles, y los creyentes griegos lo llevaron a todo el imperio romano.

Aunque los hebreos, encadenados por la tradición e dominados por los sacerdotes, se negaron como pueblo a aceptar el evangelio de Jesús sobre la paternidad de Dios y la hermandad del hombre, así como también la proclamación de Pedro y Pablo sobre la resurrección y ascensión de Cristo (subsiguiente cristianismo), el resto del imperio romano se encontró receptivo a las enseñanzas cristianas en evolución. La civilización occidental era, en esta época, intelectual, estaba cansada de guerras y profundamente escéptica de todas las religiones y filosofías sobre el universo existentes. Los pueblos del mundo occidental, los beneficiarios de la cultura griega, tenían una tradición venerada de un magnífico pasado. Podían contemplar la heredad de los grandes logros en filosofía, arte, literatura y progreso político. Pero con todos estos logros, no tenían una religión que satisficiera el alma. Sus anhelos espirituales permanecían insatisfechos.

Sobre este foro de la sociedad humana fueron arrojadas de pronto las enseñanzas de Jesús, comprendidas en el mensaje cristiano. Un nuevo orden de vida se presentó así a los corazones hambrientos de estos pueblos occidentales. Esta situación significó un conflicto inmediato entre las viejas prácticas religiosas y la nueva versión cristianizada del mensaje de Jesús al mundo. Tal conflicto debe resolverse o en una victoria absoluta de lo nuevo o de lo antiguo, o en cierto grado de *transigencia*. La historia enseña que esta lucha terminó en una transigencia. El cristianismo presumió abarcar demasiado, para ser asimilado por un pueblo en una o dos generaciones. No era un sencillo llamado espiritual, tal como Jesús había presentado a las almas de los hombres; muy pronto adoptó una actitud decidida sobre ritos religiosos, educación, magia, medicina, arte, literatura, ley, gobierno, moral, reglamentación sexual, poligamia y, en forma limitada, incluso sobre la esclavitud. El cristianismo no vino solamente como una nueva religión —cosa que estaba esperando todo el imperio romano y el Oriente— sino como un *nuevo orden de sociedad humana*. Y siendo tal pretensión como era el cristianismo precipitó rápidamente el conflicto sociomoral de los siglos. Los ideales de Jesús, tal como fueron reinterpretados por la filosofía griega y socializados en el cristianismo, desafiaron audazmente las tradiciones de la raza humana, contenidas en la ética, moral y religiones de la civilización occidental.

Al principio, el cristianismo ganó conversos solamente en las capas sociales y económicas más bajas. Pero para el comienzo del segundo siglo lo más elevado de la cultura grecorromana tendió cada vez más hacia este nuevo orden de la creencia cristiana, este nuevo concepto del propósito de la vida y de la meta de la existencia.

¿Cómo pudo este nuevo mensaje de origen judío, que casi había fracasado en la tierra de su nacimiento, captar tan rápida y eficazmente las mejores mentes del imperio romano? El triunfo del cristianismo sobre las religiones filosóficas y los cultos de misterio se debió a:

1. La organización. Pablo fue un gran organizador y sus sucesores siguieron el mismo paso que él asentó.

2. El cristianismo estaba profundamente helenizado. Comprendía lo mejor de la filosofía griega, así como también la crema de la teología hebrea.

3. Pero, mejor aún, contenía un nuevo y gran ideal, el eco de la vida autootorgadora de Jesús y el reflejo de su mensaje de salvación para toda la humanidad.

4. Los líderes cristianos estaban dispuestos a hacer tales concesiones al mitraísmo que la mejor parte de sus seguidores fue granjeado para el culto de Antioquía.

5. Asimismo la siguiente generación de líderes cristianos y las generaciones subsiguientes hicieron concesiones con el paganismo hasta tal punto que se granjearon aun al emperador romano Constantino para la nueva religión.

Pero los cristianos hicieron un astuto convenio con los paganos, ya que adoptaron la pompa ritualista de éstos, forzándolos a la vez a que aceptaran la versión helenizada del cristianismo paulino. Hicieron un convenio mejor con los paganos que el que hicieron con el culto mitraico, pero en esa primer transigencia ellos resultaron aun más que conquistadores, porque consiguieron eliminar burdas inmoralidades y otras prácticas criticables del misterio persa.

Sabia o insensatamente, estos primeros líderes del cristianismo comprometieron deliberadamente los *ideales* de Jesús en un esfuerzo por salvar y fomentar muchas de sus *ideas*; y tuvieron un éxito enorme. ¡Pero no os equivoquéis! Estos ideales del Maestro que fueron sacrificados en aquellas transigencias aún están latentes en su evangelio, y con el tiempo afirmarán su pleno poder ante el mundo.

Por esta paganización del cristianismo, el viejo orden ganó muchas victorias menores de naturaleza ritualista, pero los cristianos ganaron ascendencia en cuanto:

1. Brotó una nota nueva y considerablemente más elevada de moral humana.

2. Se impartió al mundo un concepto de Dios nuevo y considerablemente amplificado.

3. La esperanza de la inmortalidad se volvió parte de las aseveraciones de una religión reconocida.

4. Jesús de Nazaret fue entregado al alma hambrienta del hombre.

Muchas de estas grandes verdades enseñadas por Jesús casi se perdieron en estas primeras transigencias, pero aún yacen adormecidas en esta religión de cristianismo paganizado, que a su vez fue la versión paulina de la vida y enseñanzas del Hijo del Hombre. El cristianismo, aun antes de haber sido paganizado, fue primero profundamente helenizado. El cristianismo debe mucho, muchísimo a los griegos. Fue un griego de Egipto quien con tanta valentía se puso de pie en Nicea y desafió a esta asamblea con tal intrepidez que ésta no se atrevió a enturbiar el concepto de la naturaleza de Jesús en tal forma que habría podido poner en peligro la verdad real de su autootorgamiento, la cual podría así haber desaparecido del mundo. El nombre de este griego era Atanasio, y si no hubiese sido por la elocuencia y la lógica de este creyente, habrían triunfado las persuasiones de Ario.

1. LA INFLUENCIA DE LOS GRIEGOS

La helenización del cristianismo comenzó intensamente en ese día memorable en el que el apóstol Pablo se puso de pie ante el concilio del Areópago en Atenas y habló a los atenienses sobre el «Dios Desconocido». Ahí, a la sombra de la Acrópolis, este ciudadano romano proclamó a los griegos su versión de la nueva religión que se había originado en la tierra judía de Galilea. Y había cierta extraña similitud entre la filosofía griega y muchas de las enseñanzas de Jesús. Tenían una meta común: ambas buscaban el *surgimiento del individuo*. Los griegos, en lo referente a un surgimiento social y político; Jesús, en lo referente a un surgimiento moral y espiritual. Los griegos enseñaban ese liberalismo intelectual que conducía hacia una libertad política; Jesús enseñaba ese liberalismo espiritual que conducía hacia una libertad religiosa. Estas dos ideas juntas constituyeron un nuevo y poderoso código para la libertad humana; presagiaron la libertad social, política y espiritual del hombre.

El cristianismo nació y triunfó sobre todas las otras religiones, debido principalmente a dos factores:

1. La mente griega estaba dispuesta a tomar prestadas ideas nuevas y buenas, incluso de los judíos.

2. Pablo y sus sucesores estaban dispuestos a negociar, y sabían hacerlo con astucia y sagacidad; eran hábiles traficantes teológicos.

Cuando Pablo se puso de pie en Atenas y predicó «Cristo, y el crucificado», los griegos estaban espiritualmente hambrientos; se hacían preguntas, estaban interesados y realmente buscaban la verdad espiritual. No olvidéis jamás que, al principio, los romanos lucharon contra el cristianismo, mientras que los griegos lo abrazaron, y fueron éstos quienes literalmente forzaron a los romanos, posteriormente, a la aceptación de esta nueva religión, con las modificaciones entonces adoptadas, como parte de la cultura griega.

Los griegos veneraban la belleza, los judíos, la santidad; pero ambos pueblos amaban la verdad. Durante siglos los griegos habían pensado seriamente y debatido con sinceridad sobre todos los problemas humanos —sociales, económicos, políticos y filosóficos— con excepción de la religión. Pocos entre los griegos se habían ocupado de la religión con profundidad; ni siquiera tomaban muy en serio su propia religión. Durante siglos, los judíos ignoraron estos otros campos del pensamiento, concentrándose en la religión. Tomaban su religión muy seriamente, demasiado en serio. Iluminado por el contenido del mensaje de Jesús, el producto conjunto de siglos del pensamiento de estos dos pueblos se convirtió en ese momento en el poder impulsor de un nuevo orden de la sociedad humana y, hasta cierto punto, de un nuevo orden de creencias y prácticas religiosas de la humanidad.

La influencia de la cultura griega ya había penetrado en las tierras del Mediterráneo occidental cuando Alejandro diseminó la civilización helenista por el mundo del cercano Oriente. Los griegos fueron bien con su religión y su política mientras estuvieron organizados en pequeñas ciudades-estado; pero cuando el rey macedonio se atrevió a extender Grecia hasta convertirla en un imperio que iba del Adriático al Indus, comenzaron los problemas. El arte y la filosofía de Grecia estaban a la altura de la expansión imperial, pero no así su administración política ni su religión. Una vez que las ciudades-estado de Grecia se expandieron hasta volverse un imperio, sus dioses un tanto parroquiales resultaron ligeramente raros. Los griegos estaban realmente buscando *un*

Dios, un Dios más importante y mejor, cuando recibieron la versión cristianizada de la religión judía más antigua.

El imperio helenista, como tal, no podía durar. Su influencia cultural continuó, pero perduró sólo después de adquirir del oeste el genio político romano para la administración de un imperio, y de obtener del este una religión cuyo único Dios poseía dignidad imperial.

En el primer siglo después de Cristo, la cultura helenista ya había alcanzado sus más altos niveles; su retrogresión ya había comenzado; el conocimiento avanzaba, pero el genio estaba declinando. Fue en este mismo momento en que las ideas e ideales de Jesús, que estaban parcialmente contenidos en el cristianismo, se integraron al salvamento de la cultura y el conocimiento griegos.

Alejandro había atacado al oriente con el don cultural de la civilización griega; Pablo asaltaba al occidente con la versión cristiana del evangelio de Jesús. Y donde quiera que prevalecía la cultura griega en occidente, allí echó raíces el cristianismo helenizado.

La versión oriental del mensaje de Jesús, aunque permaneció más fiel a sus enseñanzas, continuó siguiendo la actitud poco transigente de Abner. No progresó jamás como lo hizo la versión helenizada sino que finalmente se malogró dentro del movimiento islámico.

2. LA INFLUENCIA ROMANA

Los romanos se adueñaron físicamente de la cultura griega, reemplazando el gobierno por repartición con un gobierno representativo. Y este cambio pronto favoreció al cristianismo, ya que Roma introdujo en todo el mundo occidental una nueva tolerancia de idiomas y pueblos extranjeros y aun de religiones ajenas.

Muchas de las primeras persecuciones de los cristianos en Roma se debieron solamente a su uso desafortunado de la palabra «reino» en sus predicaciones. Los romanos toleraban todas las religiones, pero eran muy sensibles a todo lo que se asemejara a rivalidad política. Así pues, cuando amainaron estas primeras persecuciones, causadas principalmente por un malentendido, el campo de la propaganda religiosa estuvo plenamente abierto. Los romanos se interesaban por la administración política; el arte y la religión les importaban poco, pero eran inusitadamente tolerantes hacia los dos.

La ley oriental era rígida y arbitraria; la ley griega era fluida y artística; la ley romana tenía dignidad y fomentaba respeto. La educación romana producía una lealtad inusitada y sólida. Los primeros romanos eran individuos políticamente dedicados y sublimemente consagrados. Eran honestos, trabajadores, y leales a sus ideales, pero no tenían una religión que valiera la pena. No es de extrañar que sus maestros griegos pudieran persuadirlos a que aceptaran el cristianismo de Pablo.

Y estos romanos eran un gran pueblo. Podían gobernar el Occidente, porque sabían gobernarse a sí mismos. Tal incomparable honestidad, devoción y firme autocontrol constituía el terreno ideal para recibir y hacer crecer la semilla del cristianismo.

Fue fácil para estos grecorromanos volverse tan espiritualmente dedicados a una iglesia institucional como lo eran políticamente al estado. Los romanos tan sólo lucharon contra la iglesia cuando tuvieron miedo de que ésta compitiera con el estado. Roma, que tenía escasa filosofía nacional y cultura original, tomó la cultura griega como propia y audazmente adoptó a Cristo para su filosofía moral. El cristianismo se volvió la cultura moral de Roma, pero no en realidad su religión, en el sentido de una experiencia individual de crecimiento espiritual entre los que abrazaron esta nueva religión en forma tan masiva. Por cierto, es verdad que hubo muchos individuos capaces de franquear la superficialidad de esta religión estatal encontrando así, para alimento de su alma, los valores auténticos de los significados ocultos contenidos en las verdades latentes del cristianismo helenizado y paganizado.

Los estoicos, con su fuerte llamado a «la naturaleza y la conciencia», habían preparado a Roma aun mejor para recibir a Cristo, por lo menos en un sentido intelectual. El romano era abogado por naturaleza y adiestramiento; veneraba incluso las leyes de la naturaleza. Ahora, en el cristianismo, discernía en las leyes de la naturaleza las leyes de Dios. Un pueblo que pudo producir a Cicerón y a Virgilio, estaba maduro para el cristianismo helenizado de Pablo.

Así pues, estos griegos romanizados obligaron tanto a los judíos como a los cristianos a que filosofizaran su religión, coordinaran sus ideas y sistematizaran sus ideales, a fin de adaptar las prácticas religiosas a la corriente de vida existente. Todo este movimiento lo ayudó enormemente la traducción de las escrituras hebreas al griego y, más tarde, por la aparición en griego, del Nuevo Testamento.

Los griegos, contrariamente a los judíos y muchos otros pueblos, habían por largo tiempo creído provisionalmente en la inmortalidad, en alguna clase de sobrevivencia después de la muerte, y puesto que este concepto era el corazón mismo de las enseñanzas de Jesús, el cristianismo indudablemte ejerció un fuerte atractivo sobre ellos.

Una sucesión de victorias de la cultura griega y de la política romana había consolidado las tierras mediterráneas en un solo imperio, con un solo idioma y una sola cultura, y había preparado el mundo occidental para un solo Dios. El judaísmo proveyó este Dios, pero el judaísmo no era aceptable como religión para estos griegos romanizados. Filón ayudó a algunos mitigar sus objeciones, pero el cristianismo les reveló un concepto aun mejor de un solo Dios, y este fue prontamente aceptado.

3. BAJO EL IMPERIO ROMANO

Después de la consolidación del gobierno político romano y tras la diseminación del cristianismo, los cristianos se encontraron con un Dios único, un gran concepto religioso, pero sin imperio. Los grecorromanos a su vez se encontraron con un gran imperio, pero sin tener un Dios adecuado como concepto religioso para el culto imperial y la unificación espiritual. Los cristianos aceptaron el imperio; el imperio adoptó el cristianismo. Los romanos aportaron unidad de gobierno político; los griegos, unidad de cultura y conocimiento; el cristianismo, unidad de pensamiento y prácticas religiosas.

Roma se sobrepuso a la tradición nacionalista a través del universalismo imperial y fue posible por primera vez en la historia que diversas razas y naciones, por lo menos nominalmente, aceptaran una sola religión.

El cristianismo fue favorecido en Roma en la época de grandes debates entre las vigorosas enseñanzas de los estoicos y las promesas de salvación de los cultos de misterio. El cristianismo llegó como una brisa de refrescante consuelo y una fuerza liberadora para un pueblo espiritualmente hambriento en cuyo idioma no existía el vocablo por «altruísmo».

Lo que dio mayor poder al cristianismo fue la forma en que sus creyentes vivieron una vida de servicio y aun la forma en que murieron por su fe durante los primeros tiempos de las drásticas persecuciones.

La enseñanza sobre el amor de Cristo por los niños puso fin prontamente a la práctica común de poner a muerte a los niños no deseados, particularmente a las niñas.

La primera manera de adoración cristiana fue tomada en gran parte de la sinagoga judía, con modificaciones provenientes del rito mitraico; más adelante, se le sumó la pompa pagana. La base de esta primitiva iglesia cristiana fue constituida por griegos cristianizados prosélitos del judaísmo.

El segundo siglo después de Cristo, fue el mejor período en toda la historia mundial para que progresara una buena religión en el mundo occidental. Durante el primer siglo el cristianismo se preparó, luchando y transigiendo para arraigarse y difundirse rápidamente. El cristianismo adoptó al emperador; más tarde, éste adoptó el cristianismo. Ésta fue una gran época para la difusión de una nueva religión. Había libertad religiosa; se habían generalizado los viajes, y existía el libre pensamiento.

El ímpetu espiritual de aceptar nominalmente el cristianismo helenizado llegó a Roma demasiado tarde para prevenir la declinación moral ya bien empezada, o para compensar la degeneración racial ya bien establecida y empeorando. Esta nueva religión era una necesidad cultural para la Roma imperial, pero desafortunadamente no llegó a ser un medio de salvación espiritual en un sentido más amplio.

Ni siquiera una buena religión podía salvar a un gran imperio de los resultados inevitables de la falta de participación individual en los asuntos del gobierno, del excesivo paternalismo, del exceso de impuestos y los graves abusos en su recolección, de una balanza comercial no equilibrada con el Levante drenando el oro, de la locura por la diversión, de la estandardización romana, de la degradación de la mujer, de la esclavitud y la decadencia racial, de las pestes, y de una iglesia estatal que se volvió institucionalizada hasta llegar casi a la esterilidad espiritual.

Sin embargo las condiciones en Alejandría no eran tan malas. Las primeras escuelas continuaron manteniendo sin compromisos muchas de las enseñanzas de Jesús. Pantaenos enseñó a Clemente, procediendo luego en pos de Natanael, proclamando a Cristo en la India. Aunque algunos de los ideales de Jesús fueron sacrificados en la construcción del cristianismo, es justo registrar que, a fines del siglo segundo, prácticamente todas las grandes mentes del mundo grecorromano se habían vuelto cristianas. El triunfo estaba a punto de llegar a su culminación.

El imperio romano duró lo suficiente como para asegurar la sobrevivencia del cristianismo, aun después del colapso de la organización política. Pero frecuentemente hemos hecho conjeturas sobre qué hubiera sucedido en Roma y en el mundo si se hubiese aceptado el evangelio del reino en lugar del cristianismo griego.

4. LA EDAD DE LAS TINIEBLAS EN EUROPA

La iglesia, siendo adjunta a la sociedad y aliada de la política, estaba destinada a compartir la decadencia intelectual y espiritual de la así llamada «edad de las tinieblas» en Europa. Durante este período, la religión se volvió más y más monastizada, ascetizada y legalizada. En un sentido espiritual, el cristianismo estaba hibernando. A lo largo de este período existió, al lado de esta religión durmiente y secularizada, una corriente continua de misticismo, una fantástica experiencia espiritual que lindaba con la irrealidad y era filosóficamente semejante al panteísmo.

Durante estos siglos oscuros y desesperantes, la religión se volvió virtualmente de segunda mano. El individuo se perdió casi completamente dentro de la autoridad, tradición y dictadura sobrecogedoras de la iglesia. Una nueva amenaza espiritual surgió con la creación de una pléyade de «santos» que se suponía tenían una influencia especial en las cortes divinas y que, por consiguiente, si el suplicante se les dirigía en forma eficaz, podían interceder ante los Dioses en nombre del hombre.

Pero el cristianismo estaba suficientemente socializado y paganizado como para que, aunque estuvo impotente a impedir el advenimiento de la edad de las tinieblas, se encontrara mejor preparado para sobrevivir este largo período de tiniebla moral y estancamiento espiritual. Logró perdurar a través de la larga noche de la civilización occidental y aún estaba funcionando como influencia moral en el mundo cuando hizo su aparición el renacimiento. La rehabilitación del cristianismo, tras el paso de la época del oscurantismo, resultó en la aparición de numerosas sectas de enseñanzas cristianas, cuyas creencias fueron adaptadas para ciertos tipos intelectuales, emocionales y espirituales de la personalidad humana. Y muchos de estos grupos cristianos especiales, o familias religiosas, aún perduran en el momento en que hacemos esta presentación.

El cristianismo evidencia la historia de haberse originado de la transformación no intencionada de la religión de Jesús a una religión sobre Jesús. Además, su historia demuestra que experimentó helenización, paganización, secularización, institucionalización, deterioro intelectual, decadencia espiritual, hibernación moral, amenaza de extinción y un rejuvenecimiento posterior, fragmentación y rehabilitación relativa más reciente. Tales antecedentes indican una vitalidad inherente y la posesión de vastos recursos de recuperación. Y este mismo cristianismo está ahora presente en el mundo civilizado de los pueblos occidentales y se enfrenta con una lucha por su existencia que es aun más ominosa que esas crisis memorables que caracterizaron sus pasadas batallas por lograr el dominio.

La religión se enfrenta ahora con el desafío de una nueva era de mentes científicas y tendencias materialistas. En esta gigantesca lucha entre lo secular y lo espiritual, la religión de Jesús finalmente triunfará.

5. EL PROBLEMA MODERNO

El siglo veinte ha traído nuevos problemas para que resuelvan el cristianismo y todas las otras religiones. Cuanto más elevada se torna una civilización, más es necesario el deber de «buscar primero las realidades del cielo» en todos los esfuerzos del hombre por estabilizar la sociedad y facilitar la solución de sus problemas materiales.

La verdad se vuelve muchas veces confusa y aun engañosa cuando se la fragmenta, segrega, aísla y analiza demasiado. La verdad viva enseña el camino recto al buscador de la verdad sólo cuando es abrazada en su totalidad y como una realidad espiritual viva, no como un hecho de la ciencia material ni como una inspiración del arte interpuesto.

La religión es la revelación al hombre de su destino divino y eterno. La religión es una experiencia puramente personal y espiritual y debe por siempre ser distinta de las demás formas elevadas del pensamiento del hombre, tales como:

1. La actitud lógica del hombre hacia las cosas de la realidad material.
2. La apreciación estética del hombre de la belleza en contraste con la fealdad.
3. El reconocimiento ético del hombre de las obligaciones sociales y del deber político.
4. Incluso el sentido de la moral humana de cada hombre no es, en sí y por sí mismo, religioso.

La religión funciona para encontrar en el universo aquellos valores que estimulan la fe, la confianza y la certeza; la religión culmina en la adoración. La religión descubre para el alma aquellos valores supremos que contrastan con los valores relativos descubiertos por la mente. Tal visión sobrehumana tan sólo se puede obtener mediante una genuina experiencia religiosa.

Un sistema social duradero sin una moral predicada sobre las realidades espirituales no puede perdurar puesto que equivaldría pensar en el sistema solar sin gravedad.

No tratéis de satisfacer la curiosidad ni de gratificar los anhelos latentes de aventura que surgen del alma en una corta vida en la carne. ¡Sed pacientes! No caigáis en la tentación de zambulliros en una aventura barata y sórdida, sin ley. Controlad vuestras energías y frenad vuestras pasiones; tranquilízaos mientras aguardáis el despliegue majestuoso de una carrera sin fin de aventura progresiva y descubrimiento emocionante.

En la confusión sobre los orígenes del hombre, no perdáis de vista su destino eterno. No olvidéis que Jesús amó aun a los pequeños, y que por siempre aclaró el gran valor de la personalidad humana.

Al observar al mundo, recordad que las manchas negras del mal que veis se muestran contra un fondo blanco de bondad final. No veréis simples manchas blancas de bondad que se destacan contra un fondo negro de maldad.

Si hay tanta buena verdad para publicar y proclamar, ¿por qué deben los hombres ocuparse tanto del mal en el mundo, sólo porque parece ser un hecho? La belleza de los valores espirituales de la verdad es más placentera e inspiradora que este fenómeno del mal.

En la religión, Jesús abogó por el método de la experiencia, y lo aplicó, así como la ciencia moderna utiliza la técnica de la experimentación. Encontramos a Dios mediante la guía de la visión espiritual, pero nos acercamos a esta visión del alma mediante el amor por la belleza, la búsqueda de la verdad, la lealtad al deber, y la adoración de la bondad divina. Pero de todos estos valores, el amor es la guía auténtica de la verdadera visión espiritual.

6. EL MATERIALISMO

Los científicos han precipitado a la humanidad, sin intención, en un pánico materialista; han desencadenado sin quererlo un pánico bancario en el banco moral de las edades, pero este banco de experiencia humana tiene vastos recursos espirituales; puede aguantar las demandas que se le hagan. Sólo los hombres irreflexivos llegan al pánico sobre los recursos espirituales de la raza humana. Cuando se acabe el pánico materialista y secular, la religión de Jesús no estará en la bancarrota. El banco espiritual del reino del cielo pagará con fe, esperanza y certeza moral a todos los que pidan sus bienes «en Su nombre».

Sea cual fuere el conflicto aparente entre el materialismo y las enseñanzas de Jesús, podéis estar seguros de que en las eras por venir, las enseñanzas del Maestro triunfarán plenamente. En realidad, la verdadera religión no puede entrar en controversia con la ciencia; de ninguna manera le conciernen las cosas materiales. La religión sencillamente es indiferente, aunque simpatizante, a la ciencia; en cambio, se preocupa supremamente por el *científico*.

La búsqueda del mero conocimiento, sin la interpretación concomitante de la sabiduría y la visión espiritual de la experiencia religiosa, finalmente lleva al pesimismo y a la desesperanza humana. Un conocimiento limitado es verdaderamente desconcertante.

En el momento de la escritura de este documento, ya ha pasado lo peor de la era materialista; ya se asoma una era de mejor comprensión. Las mentes más elevadas del mundo científico ya no son totalmente materialistas en su filosofía, pero la gente común y corriente aún se inclina en esa dirección como resultado de enseñanzas anteriores. Pero esta era de realismo físico es tan sólo un episodio pasajero de la vida del hombre en la tierra. La ciencia moderna no ha tocado a la verdadera religión —las enseñanzas de Jesús tal como se traducen en la vida de sus creyentes. Todo lo que la ciencia ha hecho es destruir las ilusiones infantiles de las interpretaciones erróneas de la vida.

La ciencia es una experiencia cuantitativa, la religión una experiencia cualitativa, en lo que se refiere a la vida del hombre en la tierra. La ciencia se ocupa de los fenómenos; la religión, de los orígenes, valores y metas. Asignar *causas* como explicación de los fenómenos físicos equivale a confesar ignorancia de los factores últimos y por fin tan sólo conduce al científico directamente de vuelta a la primera gran causa: el Padre Universal del Paraíso.

El cambio violento de una era de milagros a una era de máquinas ha demostrado ser perturbador para el hombre. La ingeniosidad y dexteridad de las falsas filosofías mecanicistas traicionan sus mismos argumentos mecanicistas. La agilidad fatalista de la mente materialista por siempre refuta su afirmación de que el universo es un fenómeno energético ciego y sin sentido.

El naturalismo mecanicista de algunos hombres supuestamente instruidos y el secularismo sin raciocinio del hombre de la calle se ocupan exclusivamente de *cosas*; están vacíos de verdaderos valores, sanciones y satisfacciones de naturaleza espiritual, así como también están vacíos de fe, esperanza y certezas eternas. Uno de los grandes problemas de la vida moderna es que el hombre piensa que está demasiado ocupado para encontrar tiempo para la meditación espiritual y la devoción religiosa.

El materialismo reduce al hombre a un estado de autómata, sin alma, y lo transforma en un simple símbolo aritmético que halla un sitio desamparado en la fórmula matemática de un universo mecanicista sin romanticismo. Pero, ¿de dónde proviene este vasto universo matemático, si no existe un Maestro Matemático? La ciencia puede explayarse sobre la conservación de la materia, pero la religión valida la conservación del alma de los hombres —se interesa por su experiencia de las realidades espirituales y los valores eternos.

El sociólogo materialista de hoy estudia la comunidad, hace informe sobre ésa y deja a la gente tal como la encontró. Mil novecientos años atrás, ciertos galileos ignorantes observaron a Jesús dar su vida como contribución espiritual a la experiencia interior del hombre, y salieron luego y transformaron al imperio romano entero.

Pero los líderes religiosos cometen un grave error cuando intentan llamar al hombre moderno a la lucha espiritual con las trompetas de la Edad Media. Es necesario que la religión elabore nuevos lemas actualizados. Ni la democracia ni otras panaceas políticas pueden tomar el lugar del progreso espiritual. Las religiones falsas pueden representar una evasión de la realidad, pero Jesús en su evangelio llevó al hombre mortal a la puerta misma de la realidad eterna del progreso espiritual.

Decir que la mente «surgió» de la materia no explica nada. Si el universo fuera tan sólo un mecanismo y la mente, parte integrante de la materia, no tendríamos jamás dos interpretaciones distintas de ningún fenómeno observado. Los conceptos de verdad, belleza y bondad no son inherentes ni a la física ni a la química. Una máquina no puede *saber*, mucho menos saber la verdad, tener hambre de rectitud, y apreciar la bondad.

La ciencia puede ser física, pero la mente del científico que discierne la verdad es, a la vez, supermaterial. La materia no conoce la verdad, tampoco puede amar la misericordia ni regocijarse en las realidades espirituales. Las convicciones morales basadas en el esclarecimiento espiritual y arraigadas en la experiencia humana son tan reales y certeras como las deducciones matemáticas basadas en las observaciones físicas, pero se encuentran en otro nivel más elevado.

Si los hombres fueran tan sólo máquinas, reaccionarían más o menos uniformemente al universo material. No existirían ni la individualidad, y aún menos la personalidad.

El hecho del mecanismo absoluto del Paraíso en el centro del universo de los universos, en presencia de la volición incondicionada de la Segunda Fuente y Centro, hace por siempre certero el hecho de que el determinismo no constituye la ley exclusiva del cosmos. El materialismo está allí, pero no es exclusivo; el mecanismo está allí, pero no es incondicionado; el determinismo está allí, pero no está solo.

El universo finito de la materia con el tiempo se tornaría uniforme y determinista si no fuera por la presencia combinada de la mente y el espíritu. La influencia de la mente cósmica inyecta constantemente espontaneidad aun en los mundos materiales.

La libertad, la iniciativa, en cualquier reino de la existencia, es directamente proporcional al grado de influencia espiritual y control de la mente cósmica; o sea, en la experiencia humana, el grado de actualidad de hacer «la voluntad del Padre». Así pues, una vez que comencéis a encontrar a Dios, ésa será la prueba conclusiva de que Dios ya os ha encontrado a vosotros.

La búsqueda sincera de la bondad, la belleza y la verdad, conduce a Dios. Y todo descubrimiento científico demuestra a la vez la existencia de la libertad y de la uniformidad en el universo. El descubridor tuvo la libertad de hacer el descubrimiento. La cosa descubierta es real y aparentemente uniforme, de lo contrario no hubiera podido ser conocida como una *cosa*.

7. LA VULNERABILIDAD DEL MATERIALISMO

¡Qué actitud tan necia la del hombre de actitud materialista cuando permite que teorías tan vulnerables como las del universo mecanicista, le priven de los vastos recursos espirituales de una experiencia personal de la verdadera religión! Los hechos no están jamás en desacuerdo con la fe espiritual real; las teorías sí pueden estarlo. Sería mejor que la ciencia se dedicase a la destrucción de la superstición, en vez de intentar destruir la fe religiosa: la creencia humana en las realidades espirituales y los valores divinos.

La ciencia debería hacer para el hombre, materialmente, lo que la religión hace por él espiritualmente: extender el horizonte de la vida y ampliar su personalidad. La verdadera ciencia no puede mantenerse en desacuerdo con la verdadera religión. El «método científico» es simplemente una vara intelectual con el cual se miden las aventuras materiales y los logros físicos. Pero, como es material y totalmente intelectual, es completamente inútil en la evaluación de las realidades espirituales y de las experiencias religiosas.

La contradicción del mecanicista moderno es: si éste fuera simplemente un universo material y el hombre tan sólo una máquina, dicho hombre sería totalmente incapaz de reconocerse como máquina, y asimismo, tal hombre-máquina estaría totalmente inconsciente del hecho de la existencia de dicho universo material. El desmayo y la desesperación materialista de una ciencia mecanicista no han llegado a reconocer el hecho de la mente del científico, morada por el espíritu, cuya visión supermaterial misma formula estos *conceptos* erróneos y autocontradictorios de un universo materialista.

Los valores Paradisiacos de eternidad e infinidad, de verdad, belleza y bondad, se ocultan en los hechos de los fenómenos de los universos del tiempo y del espacio. Pero se requiere el ojo de la fe en el mortal nacido del espíritu para detectar y discernir estos valores espirituales.

Las realidades y valores del progreso espiritual no son una «proyección psicológica» —un simple ensueño glorificado de la mente material. Estas cosas son los pronósticos espirituales del Ajustador residente, el espíritu de Dios que vive en la mente del hombre. No permitáis que vuestra vaga percepción de los descubrimientos inciertos de la «relatividad» afecten vuestra concepción de la eternidad e infinidad de Dios. Y en todas vuestras solicitudes relativas a la necesidad de *autoexpresión*, no cometáis el error de ignorar la necesidad de la *expresión del Ajustador*, la manifestación de vuestro yo real y mejor.

Si fuera éste tan sólo un universo material, el hombre material jamás sería capaz de llegar al concepto del carácter mecanicista de tal existencia exclusivamente material. Este *concepto mecanicista* mismo del universo es, en sí mismo, un fenómeno no material de la mente, y toda mente es de origen no material, no importa cuan profundamente aparece estar condicionada materialmente y controlada mecanísticamente.

El mecanismo mental del hombre mortal, parcialmente evolucionado, no está dotado de gran lógica ni sabiduría. La vanidad del hombre sobrecoge a menudo su razón y elude su lógica.

El pesimismo del materialista más pesimista es, en sí mismo, prueba suficiente de que el universo del pesimista no es totalmente material. Tanto el optimismo como el pesimismo son reacciones conceptuales en una mente consciente de los *valores* así como de los *hechos*. Si el universo fuera realmente lo que el materialista lo considera ser, el hombre, como máquina humana, estaría vacío de todo reconocimiento consciente de ese mismo *hecho*. Sin la conciencia del concepto de los *valores*, dentro de la mente nacida del espíritu, el hecho del materialismo del universo y los fenómenos mecanicistas de la operación del universo no podrían, en lo más mínimo, ser reconocidos por el hombre. Una máquina no puede tener conciencia, ni de la naturaleza ni del valor de otra máquina.

Una filosofía mecanicista de la vida y del universo no puede ser científica, porque la ciencia tan sólo reconoce y trata la materia y los hechos. La filosofía es, inevitablemente, supercientífica. El hombre es un hecho material de la naturaleza, pero su *vida* es un fenómeno que trasciende los niveles materiales de la naturaleza, porque exhibe los atributos de control de la mente y las cualidades creadoras del espíritu.

El esfuerzo sincero del hombre por volverse un mecanicista representa el fenómeno trágico del fútil esfuerzo de ese hombre por cometer un suicidio intelectual y moral. Pero no consigue hacerlo.

Si el universo fuera tan sólo material y el hombre una máquina, no habría ciencia para instigar al científico a que postule esta mecanización del universo. Las máquinas no pueden medir, clasificar ni evaluarse a sí mismas. Semejante acción científica tan sólo puede ser ejecutada por una entidad de estado supermáquina.

Si la realidad del universo fuese tan sólo una vasta máquina, entonces el hombre tendría que estar fuera del universo y separado de él para poder reconocer semejante *hecho* y tener conciencia de la *visión* que se oculta en tal *evaluación*.

Si el hombre fuese tan sólo una máquina, ¿mediante qué técnica llega este hombre a *creer* o declarar que *sabe* que él es tan sólo una máquina? La experiencia de la evaluación autoconsciente del yo no es nunca el atributo de una mera máquina. Un mecanicista autoconsciente y dedicado es la mejor respuesta posible al mecanicismo. Si el materialismo fuera un hecho, no podría haber mecanicistas autoconscientes. También es verdad que hace falta ser una persona moral para poder realizar acciones inmorales.

El concepto mismo del materialismo implica una conciencia supermaterial de la mente que presume afirmar tales dogmas. Un mecanismo puede deteriorarse, pero jamás puede progresar. Las máquinas no piensan, no crean, no sueñan, no aspiran, no idealizan, no tienen hambre de verdad, ni sed de rectitud. No motivan su vida con la pasión de servir a otras máquinas ni de elegir como fin de una progresión eterna la tarea sublime de encontrar a Dios y de tratar de ser como él. Las máquinas no son nunca intelectuales, emocionales, estéticas, éticas, morales ni espirituales.

El arte prueba que el hombre no es mecanicista, pero no prueba que es espiritualmente inmortal. El arte es morontia mortal, el campo intermedio entre el hombre material, y el hombre espiritual. La poesía es el esfuerzo de huir de las realidades materiales a los valores espirituales.

En una civilización elevada, el arte humaniza a la ciencia, siendo espiritualizada a su vez por la verdadera religión: la visión de los valores eternos y espirituales. El arte representa una evaluación espacio-temporal de la realidad. La religión *es* el abrazo divino de los valores cósmicos y connota una progresión eterna en la ascensión y expansión espirituales. El arte temporal es peligroso sólo cuando se enceguece ante las normas espirituales de los modelos originales divinos que la eternidad refleja como sombras temporales de la realidad. El verdadero arte es la manipulación efectiva de las cosas materiales de la vida; la religión es la transformación ennoblecedora de los hechos materiales de la vida, y no cesa jamás en su evaluación espiritual del arte.

¡Qué necio es presumir que un autómata pueda concebir la filosofía del automatismo, y qué ridículo que presuma formar tal concepto relativo a otros autómatas semejantes!

Toda interpretación científica del universo material es inútil a menos que provea al *científico* de su debido reconocimiento. Ninguna apreciación del arte es genuina a menos que acuerde reconocimiento al *artista*. Ninguna evaluación de la moral es válida, a menos que incluya al *moralista*. Ningún reconocimiento de la filosofía es edificante si ignora al *filósofo*, y la religión no puede existir sin la experiencia real del *religioso* que, en esta misma experiencia y por la misma, trata de encontrar a Dios y de conocerlo. Asimismo, el universo de los universos no tiene significado aparte del YO SOY, el infinito Dios que lo hizo e incesantemente lo dirige.

Los mecanicistas —los humanistas— tienden a seguir las corrientes materiales. Los idealistas y los espiritistas se *atreven* a usar su remo con inteligencia y vigor, para modificar el aparente curso puramente material de las corrientes de la energía.

La ciencia vive por las matemáticas de la mente; la música expresa el ritmo de las emociones. La religión es el ritmo espiritual del alma, en armonía espacio-temporal con las medidas de melodía más elevadas y eternas de la Infinidad. La experiencia religiosa es, en la vida humana, algo que es verdaderamente supermatemático.

En el lenguaje, el alfabeto representa el mecanismo del materialismo, mientras que las palabras que expresan el significado de mil pensamientos, grandes ideas, y nobles ideales —amor y odio, cobardía y valor— representan la actuación de la mente dentro del alcance definido tanto por la ley material como por la espiritual, dirigida por la afirmación de la voluntad de la personalidad, y limitada por la dote situacional inherente.

El universo no es como las leyes, los mecanismos y las uniformidades que descubre un científico, y que llega a considerar ciencia, sino más bien como el *científico* curioso, pensante, seleccionador, creador, combinante y discriminante que así observa los fenómenos del universo y clasifica los hechos matemáticos inherentes a las fases mecanicistas de la faz material de la creación. Tampoco es el universo como el arte del artista, sino más bien como el *artista*, que lucha, sueña, aspira y avanza buscando trascender el mundo de las cosas materiales en un esfuerzo por alcanzar una meta espiritual.

El científico, y no la ciencia, percibe la realidad de un universo de energía y materia en evolución y avance. El artista, y no el arte, demuestra la existencia de un mundo morontial transitorio que interviene entre la existencia material y la libertad espiritual. El religioso, y no la religión, prueba la existencia de las realidades del espíritu y de los valores divinos que se han de encontrar en el progreso de la eternidad.

8. EL TOTALITARISMO SECULAR

Pero aun cuando el materialismo y el mecanicismo hayan sido más o menos derrotados, la influencia devastadora del secularismo del siglo veinte seguirá frustrando la experiencia espiritual de millones de almas desprevenidas.

El secularismo moderno ha sido fomentado por dos influencias mundiales. El padre del secularismo fue la actitud de la así llamada ciencia —ciencia atea— de miras estrechas y sin Dios, del siglo diecinueve y del siglo veinte. La madre del secularismo moderno fue la totalitaria iglesia cristiana medieval. El secularismo tuvo su comienzo como protesta contra la dominación casi completa de la civilización occidental por la iglesia cristiana institucionalizada.

En el momento de esta revelación, el clima intelectual y filosófico que prevalece tanto en la vida europea como en la americana es decididamente secular —humanístico. Por trescientos años, el pensamiento occidental se ha ido secularizando progresivamente. La religión se ha vuelto más y más una influencia nominal, en su mayor parte un ejercicio ritualista. La mayoría de los cristianos profesos de la civilización occidental son, en realidad, secularistas inconscientes.

Se requirió un gran poder, una influencia poderosa, para liberar el pensar y el vivir de los pueblos occidentales de la garra destructora de una totalitaria dominación eclesiástica. El secularismo rompió las cadenas del control de la iglesia, y ahora, a su vez, amenaza con establecer un nuevo dominio ateo en el corazón y la mente del hombre moderno. El estado político tiránico y dictatorial es la herencia directa del materialismo científico y del secularismo filosófico. El secularismo no bien libera al hombre de la dominación de la iglesia institucionalizada cuando lo vende al vínculo esclavizante del estado totalitario. El secularismo libra al hombre de la esclavitud eclesiástica tan sólo para traicionarlo entregándolo a la tiranía de la esclavitud política y económica.

El materialismo niega a Dios, el secularismo simplemente lo ignora; por lo menos ésa era la actitud previa. Más recientemente, el secularismo ha tomado una actitud más militante, teniendo la presunción de tomar el lugar de la religión cuya esclavitud totalitaria anteriormente combatía. El secularismo del siglo veinte tiende a afirmar que el hombre no necesita a Dios. Pero, ¡tened cuidado! Esta filosofía sin Dios de la sociedad humana tan sólo conducirá a la inquietud, la animosidad, la infelicidad, la guerra y a un desastre mundial.

El secularismo jamás traerá paz a la humanidad. Nada puede tomar el lugar de Dios en la sociedad humana. ¡Pero prestad atención! No os apresuréis a abandonar las ganancias beneficiosas de la rebelión secular a partir del totalitarismo eclesiástico. La civilización occidental disfruta hoy de muchas libertades y satisfacciones como resultado de la rebeldía secular. El gran error del secularismo fue éste: al sublevarse contra el control casi total de la vida por parte de la autoridad religiosa, y después de obtener la liberación de dicha tiranía eclesiástica, los secularistas prosiguieron, rebelándose contra Dios mismo, a veces tácitamente, otras veces abiertamente.

Debéis a la rebelión secularista la extraordinaria creatividad del industrialismo americano y el progreso material sin precedentes de la civilización occidental. Puesto que la sublevación secularista fue demasiado lejos y perdió de vista a Dios y a la religión *verdadera*, también produjo una cosecha no intencionada de guerras mundiales e inquietud internacional.

No es necesario sacrificar la fe en Dios para disfrutar de las bendiciones de la rebelión secularista moderna: tolerancia, servicio social, gobiernos democráticos, y libertades civiles. Tampoco fue necesario que los secularistas antagonizaran a la religión verdadera para promover la ciencia y avanzar la educación.

Pero el secularismo no es la única causa de todos estos avances recientes en la expansión del nivel de vida. Detrás de las ganancias del siglo veinte están, no solamente la ciencia y el secularismo, sino también los efectos espirituales no reconocidos y no conocidos de la vida y las enseñanzas de Jesús de Nazaret.

Sin Dios, sin religión, el secularismo científico no puede coordinar nunca sus fuerzas, armonizar sus intereses, razas, y nacionalismos divergentes y rivales. Esta sociedad humana secularista, a pesar de sus logros materialistas sin paralelo, se está desintegrando paulatinamente. La fuerza principal de cohesión que se resiste a esta desintegración del antagonismo es el nacionalismo. Y el nacionalismo es a la vez la principal barrera a la paz mundial.

La debilidad inherente del secularismo consiste en que desecha la ética y la religión a favor de la política y del poder. No se puede establecer la hermandad de los hombres si se ignora o niega la paternidad de Dios.

El optimismo secular social y político es una ilusión. Sin Dios, ni la libertad y la emancipación, ni la propiedad y la riqueza conducirán a la paz.

La secularización completa de la ciencia, la educación, la industria y la sociedad puede conducir tan sólo al desastre. Durante el primer tercio del siglo veinte los urantianos mataron a más seres humanos que los que fueron matados durante la entera dispensación cristiana hasta ese momento. Y éste es tan sólo el comienzo de la amarga cosecha del materialismo y el secularismo; destrucciones aún más terribles están por ocurrir.

9. EL PROBLEMA DEL CRISTIANISMO

No descuides el valor de vuestra heredad espiritual, el río de verdad que fluye por los siglos, aun hasta los tiempos estériles de una era materialista y secular. En todos vuestros esfuerzos valiosos por liberaros de los credos supersticiosos de las eras pasadas, aseguraos de conservar la verdad eterna. Pero, ¡sed pacientes! Cuando haya pasado la actual rebelión contra la superstición, las verdades del evangelio de Jesús persistirán gloriosamente para iluminar un camino nuevo y mejor.

Pero el cristianismo paganizado y socializado necesita un nuevo contacto con las enseñanzas no transigidas de Jesús; languidece por falta de una nueva visión de la vida del Maestro en la tierra. Una nueva y más plena revelación de la religión de Jesús está destinada a conquistar el imperio del secularismo materialista y a derrotar la influencia mundial del naturalismo mecanicista. En este momento, Urantia se tambalea en el borde mismo de una de las épocas más sorprendentes y cautivantes de reajuste social, aceleración moral y esclarecimiento espiritual.

Las enseñanzas de Jesús, aunque grandemente modificadas, sobrevivieron a los cultos de misterio en el tiempo de su nacimiento, a la ignorancia y la superstición de la edad de las tinieblas, y aún ahora están triunfando poco a poco sobre el materialismo, el mecanicismo y el secularismo del siglo veinte. Y estas eras de grandes pruebas y peligro de derrotas siempre son eras de grandes revelaciones.

La religión necesita nuevos líderes, hombres y mujeres espirituales que se atrevan a depender solamente de Jesús y de sus enseñanzas incomparables. Si el cristianismo persiste en desatender su misión espiritual, mientras sigue ocupándose de los problemas sociales y materiales, el renacimiento espiritual deberá esperar el advenimiento de estos nuevos maestros de la religión de Jesús, que se dedicarán exclusivamente a la regeneración espiritual de los hombres. Entonces, estas almas nacidas del espíritu proveerán rápidamente el liderazgo y la inspiración que se requieren para una reorganización social, moral, económica y política del mundo.

La era moderna se negará a aceptar una religión que no esté de acuerdo con los hechos y que no se armonice con los conceptos más elevados de verdad, belleza y bondad. Está llegando la hora del redescubrimiento de los verdaderos y originales cimientos del distorsionado y comprometido cristianismo de hoy: la verdadera vida y enseñanzas de Jesús.

El hombre primitivo vivió una vida de esclavitud supersticiosa al terror religioso. Los hombres modernos civilizados temen caer bajo el dominio de poderosas convicciones religiosas. El hombre pensante siempre temió *caer cautivo* de una religión. Cuando una religión poderosa y emocionante amenaza dominarlo, invariablemente trata de racionalizar, tradicionalizar e institucionalizar a dicha religión, con la esperanza de llegar a controlarla. Por medio de este procedimiento, aun una religión revelada se vuelve hecha y dominada por el hombre. Los hombres y mujeres modernos e inteligentes evaden la religión de Jesús, porque temen lo que les hará *a* ellos —y *con* ellos. Todos estos temores son bien fundados. La religión de Jesús en efecto domina y transforma a sus creyentes, exigiendo que los hombres dediquen la vida a buscar el conocimiento de la voluntad del Padre en el cielo y que las energías del vivir se consagren al servicio altruista de la hermandad del hombre.

Los hombres y mujeres egoístas francamente no quieren pagar este precio, ni siquiera para conseguir el tesoro espiritual más grande que se haya ofrecido jamás al hombre mortal. Sólo cuando el hombre se haya desilusionado suficientemente de las congojas y desencantos que acompañan a la búsqueda necia y engañosa del egoísmo, y haya posteriormente descubierto la esterilidad de la religión formalizada, estará dispuesto a volverse de todo corazón hacia el evangelio del reino, la religión de Jesús el Nazareno.

El mundo necesita más religión de primera mano. Incluso el cristianismo —la mejor de las religiones del siglo veinte— es no sólo una religión *sobre* Jesús, sino que también es, notablemente, una religión que los hombres experimentan de segunda mano. Ellos toman su religión tal como se la entregan sus maestros religiosos aceptados. ¡Qué despertar experimentaría el mundo si tan sólo pudiera ver a Jesús así como él realmente vivió en la tierra, y conocer, de primera mano, sus enseñanzas dadoras de vida! Las palabras que describen las cosas bellas no pueden emocionar tanto como el espectáculo de esas cosas bellas, tampoco pueden las palabras de fe inspirar la alma de los hombres tanto como la experiencia de conocer la presencia de Dios. Pero la fe esperanzada mantendrá por siempre abierta la puerta de la esperanza en el alma del hombre, para el ingreso en las realidades espirituales eternas de los valores divinos de los mundos del más allá.

El cristianismo se atrevió a disminuir sus ideales ante el desafío de la avidez humana, la locura de la guerra y el deseo de poderío; pero la religión de Jesús permanece en el lugar del llamado espiritual inmaculado y trascendente que evoca a lo mejor que hay en el hombre, para que éste se eleve por encima de todas estas herencias de evolución animal y, por la gracia, alcance las alturas morales del verdadero destino humano.

El cristianismo está amenazado con una muerte lenta a manos del formalismo, la organización excesiva, el intelectualismo y otras tendencias no espirituales. La iglesia cristiana moderna no es esa hermandad de creyentes dinámicos que Jesús comisionó para que continuamente realizaran la transformación espiritual de las generaciones sucesivas de la humanidad.

El así llamado cristianismo se ha vuelto un movimiento social y cultural así como también una creencia y práctica religiosa. La corriente del cristianismo moderno drena muchos antiguos pantanos paganos y muchas ciénagas bárbaras; muchos antiguos arroyos culturales vierten sus aguas en su río cultural de hoy, así como también los manantiales de las altas mesetas galileas que supuestamente son su fuente exclusiva.

10. EL FUTURO

El cristianismo rindió indudablemente un gran servicio a este mundo, pero a quien más se necesita ahora es a Jesús. El mundo necesita ver a Jesús vivir nuevamente en la tierra, en la experiencia de los mortales nacidos del espíritu que efectivamente revelen el Maestro a todos los hombres. Es fútil hablar de un renacimiento del cristianismo primitivo; debéis seguir hacia adelante desde donde os encontráis. La cultura moderna debe volverse espiritualmente bautizada con una nueva revelación de la vida de Jesús e iluminada con una nueva comprensión de su evangelio de salvación eterna. Y cuando Jesús así se eleve, él atraerá a todos los hombres hacia él. Los discípulos de Jesús deberían ser más que conquistadores, aun fuentes colmadas de inspiración y de un vivir elevado para todos los hombres. La religión es tan sólo un humanismo exaltado, hasta que se la haga divina mediante el descubrimiento de la realidad de la presencia de Dios en la experiencia personal.

La belleza y la sublimidad, la humanidad y la divinidad, la sencillez y la singularidad de la vida de Jesús en la tierra presentan un cuadro tan impresionante y atractivo de la salvación del hombre y de la revelación de Dios, que los teólogos y filósofos de todos los tiempos deberían reprimir el atrevimiento de formular credos o crear sistemas teológicos de esclavitud espiritual a partir de tal autootorgamiento trascendental de Dios en la forma del hombre. Con Jesús el universo produjo un hombre mortal en quien el espíritu del amor triunfó sobre las desventajas materiales del tiempo y trascendió el hecho del origen físico.

Recordad siempre —Dios y los hombres se necesitan mutuamente. Son mutuamente necesarios para el alcance pleno y final de la experiencia de la personalidad eterna en el destino divino de la finalidad universal.

«El reino de Dios está dentro de vosotros» fue probablemente la declaración más magnífica que Jesús hiciera jamás, después de la afirmación de que su Padre es un espíritu vivo y amante.

Al ganar almas para el Maestro, no es la primera milla de compulsión, deber o convención la que transformará al hombre y a este mundo, sino más bien la *segunda* milla de servicio libre y devoción amante de la libertad, que corresponde a los jesuísticos que salen para captar a su hermano en amor y guiarlo espiritualmente hacia el fin más alto y divino de la existencia mortal. El cristianismo aun ahora recorre voluntariosamente la *primera* milla, pero la humanidad languidece y tropieza en las tinieblas morales porque hay tan pocos corredores genuinos para la segunda milla — tan pocos seguidores profesos de Jesús que realmente viven y aman así como él enseñó a sus discípulos a vivir, amar y servir.

El llamado a la aventura de construir una sociedad humana nueva y transformada por medio del renacimiento espiritual de la hermandad jesuística del reino debería causar emoción a todos los que creen en él como nunca han estado emocionados los hombres, desde los días en que caminaban por la tierra como sus compañeros en la carne.

Ningún sistema social ni régimen político que niegue la realidad de Dios puede contribuir en forma constructiva y duradera al avance de la civilización humana. Pero el cristianismo, así como está subdividido y secularizado en el día de hoy, representa el mayor obstáculo para su propio avance ulterior; especialmente, esto es verdad en el oriente.

El eclesiasticismo es por siempre incompatible con la fe viva, con el espíritu en crecimiento, y con la experiencia directa de los socios de Jesús en la fe, dentro de la hermandad del hombre en la asociación espiritual del reino del cielo. El laudable deseo de preservar las tradiciones del logro pasado conduce a menudo a que se defiendan sistemas de adoracion obsoletos. El deseo bien intencionado de fomentar antiguos sistemas de pensamiento, impide eficazmente el patrocinio para crear medios y métodos nuevos y adecuados, para satisfacer los anhelos espirituales de las mentes en expansión y en avance del hombre moderno. Asimismo, las iglesias cristianas del siglo veinte son enormes obstáculos, pero totalmente inconscientes, al avance inmediato del verdadero evangelio —las enseñanzas de Jesús de Nazaret.

Muchas personas sinceras que ofrecerían con regocijo su lealtad al Cristo del evangelio, encuentran difícil apoyar con entusiasmo una iglesia que exhibe tan poco del espíritu de su vida y enseñanzas, y que erróneamente se considera fundada por él. Jesús no fundó la así llamada iglesia cristiana, pero ha *fomentado* en toda forma acorde con su naturaleza, dicha iglesia como el mejor exponente existente de su obra de vida en la tierra.

Si la iglesia cristiana se atreviese a abrazar el programa del Maestro, miles de jóvenes aparentemente indiferentes correrían a ingresar en dicha empresa espiritual, y no titubearían en recorrer todo el camino de esta gran aventura.

El cristianismo se enfrenta con el peligro mismo expresado en uno de sus lemas: «Una casa dividida contra sí misma no perdurará». El mundo nocristiano no capitulará ante una cristiandad dividida en sectas. El Jesús vivo es la única esperanza de una posible unificación del cristianismo. La verdadera iglesia —la hermandad jesuística— es invisible, espiritual, y está caracterizada por la *unidad*, no necesariamente por la *uniformidad*. La uniformidad es la característica del mundo físico de naturaleza mecanicista. La unidad espiritual es el fruto de la unión de la fe con el Jesús vivo. Ahora, la iglesia visible debería negarse a seguir dificultando el progreso de la hermandad invisible y espiritual del reino de Dios. Y esta hermandad está destinada a tornarse en un *organismo vivo*, en contraste con una organización social institucionalizada. Bien podría utilizar estas organizaciones sociales, pero no puede ser suplantada por ellas.

Pero el cristianismo, aun en el siglo veinte, no debe despreciarse. Es el producto del genio moral combinado de los hombres conocedores de Dios de muchas razas durante muchas épocas, y ha sido verdaderamente uno de los más grandes poderes en pos del bien en la tierra, y por lo tanto ningún hombre debe considerarlo con desprecio, a pesar de sus defectos inherentes y adquiridos. El cristianismo sigue tratando de llegar a la mente de los hombres reflexivos con fuertes emociones morales.

Pero el comprometimiento de la iglesia en el comercio y en la política no tiene excusa; estas alianzas profanas son una traición flagrante al Maestro. Y los verdaderos amantes de la verdad mucho tardarán en olvidar que esta poderosa iglesia institucionalizada frecuentemente se atrevió a sofocar una fe recién nacida, persiguiendo a los que llevaban la verdad si por azar aparecían envueltos en atavíos no ortodoxos.

También es muy cierto que esta iglesia no habría sobrevivido a menos que hubiese habido hombres en el mundo que preferían este estilo de culto. Muchas almas espiritualmente indolentes anhelan una religión antigua y autoritaria de rituales y tradiciones consagradas. La evolución humana y el progreso espiritual no son suficientes para permitir a todos los hombres a prescindir de la autoridad religiosa. Y la hermandad invisible del reino bien podría incluir a estos grupos familiares de distintas clases sociales y temperamentales si tan sólo éstas desean volverse hijos de Dios verdaderamente conducidos por el espíritu. Pero en esta hermandad de Jesús no hay lugar para rivalidades sectarias, resentimientos de grupo ni afirmaciones de superioridad moral e infalibilidad espiritual.

Estas varias agrupaciones de cristianos pueden servir para acomodar los numerosos tipos diferentes de creyentes potenciales entre los varios pueblos de la civilización occidental, pero esta división de la cristianidad presenta una grave debilidad cuando intenta llevar el evangelio de Jesús a los pueblos orientales. Estas razas aún no comprenden que existe una *religión de Jesús* separada, y en cierto modo apartada, del cristianismo, el cual se ha vuelto cada vez más una *religión sobre Jesús*.

La gran esperanza de Urantia yace en la posibilidad de una nueva revelación de Jesús, con una presentación nueva y ampliada de su mensaje salvador, que uniría espiritualmente en servicio amante a las numerosas familias de sus seguidores profesos actuales.

Aun la educación secular podría ayudar en este gran renacimiento espiritual si prestara más atención a la labor de enseñar a los jóvenes cómo se realiza la planificación de la vida y el progreso del carácter. El objeto de toda la educación debería ser fomentar y avanzar el propósito supremo de la vida, el desarrollo de una personalidad majestuosa y bien balanceada. Es muy necesario enseñar disciplina moral, en lugar de tanta autogratificación. Sobre tales cimientos, la religión podría contribuir su incentivo espiritual a la expansión y enriquecimiento de la vida mortal, aun a la certeza y engrandecimiento de la vida eterna.

El cristianismo es una religión improvisada, y por lo tanto debe operar a baja velocidad. Las actuaciones espirituales aceleradas deberán aguardar la nueva revelación y la aceptación más generalizada de la verdadera religión de Jesús. Pero el cristianismo es una religión poderosa teniendo en cuenta de que los discípulos comunes de un carpintero crucificado empezaron la carrera de acontecimientos que en trescientos años inundaron y conquistaron al mundo romano con estas enseñanzas; triunfando luego sobre los bárbaros que derrotaron a Roma. Este mismo cristianismo conquistó —absorbió y exaltó— toda la corriente de la teología hebrea y de la filosofía griega. Luego, tras caer esta religión cristiana en estado de coma por más de mil años como resultado de una dosis excesiva de misterios y paganismo, resucitó y virtualmente reconquistó a todo el mundo occidental. El cristianismo contiene lo suficiente de las enseñanzas de Jesús como para inmortalizarlo.

Si el cristianismo pudiera tan sólo captar más de las enseñanzas de Jesús, podría hacer mucho más para ayudar al hombre moderno a solucionar sus problemas nuevos y cada vez más complejos.

El cristianismo sufre de un gran obstáculo, porque se ha identificado en la mente de todo el mundo como parte del sistema social, la vida industrial, y las normas morales de la civilización occidental; así pues, el cristianismo parecería patrocinar, sin intención, una sociedad que se tambalea bajo el yugo de tolerar una ciencia sin idealismo, una política sin principios, una riqueza sin trabajo, un placer sin límites, un conocimiento sin carácter, un poder sin conciencia, y una industria sin moralidad.

La esperanza del cristianismo moderno consiste en que deje de patrocinar los sistemas sociales y las políticas industriales de la civilización occidental, inclinándose humildemente ante esa cruz, que tan valientemente ensalza, para aprender allí nuevamente de Jesús de Nazaret, las verdades más grandes que el hombre mortal puede escuchar jamás: el evangelio vivo de la paternidad de Dios y de la hermandad del hombre.

DOCUMENTO 196

LA FE DE JESÚS

JESÚS poseía una fe sublime y incondicionada en Dios. Él experimentó los estados de ánimo buenos y malos, típicos de la existencia mortal, pero, en el sentido religioso, no dudó nunca de la certeza de la vigilancia y la guía de Dios. Su fe fue la consecuencia de la visión interna, nacida de la actividad de su Ajustador residente, la presencia divina. Su fe no fue ni tradicional ni meramente intelectual. Fue totalmente personal y puramente espiritual.

El Jesús humano vio a Dios como santo, justo y grande, así como también verdadero, bello y bueno. Todos estos atributos de la divinidad él enfocó en su mente como «la voluntad del Padre en el cielo». El Dios de Jesús era al mismo tiempo «el Santo de Israel» y «el Padre vivo y amante en el cielo». El concepto de Dios como Padre no fue original de Jesús, sino que él exaltó y elevó la idea a una experiencia sublime al lograr una nueva revelación de Dios y al proclamar que toda criatura mortal es niño de este Padre del amor, es hijo de Dios.

Jesús no se aferró a la fe en Dios así como lo haría un alma en guerra con el universo y en lucha de muerte con un mundo hostil y pecaminoso; no recurrió a la fe como simple consuelo cuando estaba plagado de dificultades ni como alivio cuando lo amenazaba la desesperanza; su fe no fue tan sólo una compensación ilusoria de las realidades desagradables y de las congojas del vivir. Al enfrentarse con todas las dificultades naturales y las contradicciones temporales de la existencia mortal, él experimentó la tranquilidad de la confianza suprema y indiscutida en Dios y sintió la tremenda emoción de vivir, por la fe, en la presencia misma del Padre celestial. Esta fe triunfante fue una experiencia viva de real alcance espiritual. La gran contribución de Jesús a los valores de la experiencia humana no fue que revelara tantas nuevas ideas sobre el Padre en el cielo, sino más bien que tan magnífica y humanamente demostró un nuevo y más alto tipo de *fe viva en Dios*. Nunca en todos los mundos de este universo, en la vida de cualquier mortal, vino Dios a ser tal *realidad viva* como en la experiencia humana de Jesús de Nazaret.

En la vida del Maestro en Urantia, este mundo y todos los demás de la creación local descubren un nuevo tipo más elevado de religión, una religión basada en las relaciones espirituales personales con el Padre Universal y totalmente validada por la autoridad suprema de la experiencia personal genuina. Esta fe viva de Jesús fue más que una reflexión intelectual, y no fue una meditación mística.

La teología puede fijar, formular, definir y dogmatizar la fe, pero en la vida humana de Jesús la fe fue personal, viva, original, espontánea y puramente espiritual. Esta fe no fue reverencia por la tradición ni una mera creencia intelectual que él sostenía como un credo sagrado, sino más bien una experiencia sublime y una convicción profunda que *lo sostenía firmemente*. Su fe fue tan real y tan completa que eliminó en forma absoluta toda duda espiritual y destruyó en forma efectiva todo deseo contradictorio. Nada pudo arrancarlo del ancla espiritual de esta fe ferviente, sublime y impávida. Aun frente a la derrota aparente o en las garras del desencanto y de la desesperación amenazante, permaneció calmo en la presencia divina, libre de temores y plenamente consciente de su invencibilidad espiritual. Jesús disfrutó de la certeza vigorizadora de poseer una fe sin incertidumbres, y en cada una de las difíciles situaciones de la vida, infaliblemente exhibió una lealtad inamovible a la voluntad del Padre. Esta fe estupenda permaneció impávida aun frente a la amenaza cruel y sobrecogedora de una muerte ignominiosa.

En un genio religioso, muchas veces una poderosa fe espiritual lleva directamente al fanatismo desastroso, a la exageración del ego religioso, pero esto no le ocurrió a Jesús. No hubo influencias negativas de su extraordinaria fe y alcance espiritual en su vida práctica, porque esta exaltación espiritual era una expresión totalmente inconsciente y espontánea del alma de su experiencia personal con Dios.

La fe espiritual indomable y apasionada de Jesús no rayó jamás en el fanatismo porque su fe no llegó nunca a afectar su juicio intelectual equilibrado en cuanto a los valores proporcionales de las situaciones sociales, económicas y prácticas morales corrientes de la vida. El Hijo del Hombre era una personalidad humana espléndidamente unificada; era un ser divino de dones perfectos; también era magníficamente coordinado como ser humano y divino combinados, funcionando en la tierra como una sola personalidad. Siempre coordinó el Maestro la fe del alma con el juicio de la sabiduría de la experiencia. La fe personal, la esperanza espiritual y la devoción moral siempre estuvieron correlacionadas en una unidad religiosa incomparable de asociación armoniosa con una realización sagaz de la realidad y santidad de todas las lealtades humanas —honor personal, amor familiar, obligación religiosa, deber social y necesidad económica.

La fe de Jesús visualizaba todos los valores espirituales como se encuentran en el reino de Dios; por lo tanto dijo: «Buscad primero el reino del cielo». Jesús vio en la desarrollada e ideal comunidad del reino, el logro y la satisfacción de la «voluntad de Dios». El corazón mismo de la oración que enseñó a sus discípulos fue «venga tu reino; hágase voluntad tuya». Habiendo así concebido que el reino comprendía la voluntad e Dios, se dedicó a la causa de su realización con extraordinario autoolvido y entusiasmo sin límites. Pero en su extensa misión y a lo largo de su vida extraordinaria no se asomó nunca la furia del fanático ni la frivolidad del egocéntrico religioso.

La vida entera del Maestro estuvo constantemente condicionada por su fe viva, su experiencia religiosa sublime. Esta actitud espiritual dominó totalmente sus pensamientos y sentimientos, su creencia y su oración, su enseñanza y su predicación. Esta fe personal de un hijo en la certeza y seguridad de la guía y protección del Padre celestial impartió una profunda dote de realidad espiritual a su vida singular. Sin embargo, a pesar de la muy profunda conciencia de relación estrecha con la divinidad, este galileo, este Galileo de Dios, cuando se le apeló Buen Instuctor, replicó instantáneamente: «¿Por qué me llamáis bueno?» Cuando nos enfrentamos con un autoolvido tan esplendoroso comenzamos a comprender cómo el Padre Universal pudo tan plenamente manifestarse a él y revelarse a través de él a los mortales de los mundos.

Jesús llevó a Dios, como hombre del reino, la más grande de las ofrendas: la consagración y dedicación de su propia voluntad al servicio majestuoso de hacer la voluntad divina. Jesús interpretó la religión siempre y constantemente sólo en términos de la voluntad del Padre. Cuando estudiéis la carrera del Maestro, en lo que concierna a la oración o a cualquier otra característica de la vida religiosa, buscad no tanto lo que él enseñó sino lo que él hizo. Jesús no oraba jamás porque fuera un deber religioso hacerlo. Para él la oración era una expresión sincera de actitud espiritual, una declaración de lealtad del alma, un recital de devoción personal, una expresión de gratitud, un evitar de las tensiones emocionales, una prevención de los conflictos, una exaltación del intelecto, un ennoblecimiento de los deseos, una vindicación de la decisión moral, un enriquecimiento del pensamiento, una vigorización de las inclinaciones más elevadas, una consagración del impulso, una clarificación de un punto de vista, una declaración de fe, una rendición trascendental de la voluntad, una afirmación sublime de confianza, una revelación de coraje, la proclamación del descubrimiento, una confesión de devoción suprema, la validación de la consagración, una técnica para el ajuste de las dificultades y la poderosa movilización de los poderes combinados del alma para soportar las tendencias humanas hacia el egoísmo, el mal y el pecado. Él vivió una vida de consagración oracional de hacer la voluntad de su Padre y terminó su vida triunfalmente con esa oración. El secreto de su religión sin paralelo fue esta conciencia de la presencia de Dios; y la alcanzó mediante la oración inteligente y la adoración sincera —comunión constante con Dios— y no por medio de augurios, voces, visiones, apariciones o prácticas religiosas extraordinarias.

En la vida terrenal de Jesús la religión fue una experiencia viva, un pasaje directo y personal de la reverencia espiritual a la rectitud práctica. La fe de Jesús rindió los frutos trascendentales del espíritu divino. Su fe no era inmadura y crédula como la de un niño, pero de muchas maneras se asemejaba a la confianza sin sospechas de la mente de un niño; Jesús confiaba en Dios como un niño confía en su padre. Tenía una confianza profunda en el universo —como confía el niño en el medio ambiente de sus padres. La fe incondicionada de Jesús en la bondad fundamental del universo mucho se asemejaba a la confianza del niño en la seguridad de su medio ambiente terrenal. El dependía del Padre celestial, como un niño depende de su padre en la tierra, y su fe ferviente no puso nunca en duda, ni por un momento, la certeza de los grandes cuidados del Padre celestial. No lo perturbaron seriamente ni los temores, ni las dudas, ni los escepticismos. El descreimiento no inhibió la expresión libre y original de su vida. Combinó el coraje fuerte e inteligente de un hombre adulto con el optimismo sincero y confiado de un niño creyente. Su fe llegó a tales niveles de confianza que encontraba totalmente libre de temores.

La fe de Jesús llegó a la confianza pura de un niño. Su fe fue tan absoluta y certera que respondía al encanto de la relación con los semejantes y a las maravillas del universo. Su sentido de dependencia en lo divino fue tan completo y tan confiado que dio como fruto la felicidad y la certeza de una absoluta seguridad personal. No hubo ninguna pretensión de titubeo en su experiencia religiosa. En este gigantesco intelecto del hombre adulto reinaba suprema la fe de un niño en todos los asuntos relacionados con la conciencia religiosa. No es extraño que dijera cierta vez: «Si no os volvéis como niños, no entraréis al reino». Aunque la fe de Jesús era *como la de un niño*, no era, en ningún sentido *infantil.*

Jesús no requiere que sus discípulos crean en él sino más bien que crean con él, que crean en la realidad del amor de Dios y acepten con plena confianza la certeza de la seguridad de la filiación con el Padre celestial. El Maestro desea que todos sus seguidores compartan plenamente su fe trascendental. Jesús desafió en forma enternecedora a sus seguidores, no sólo a que creyeran *lo que* él creía, sino también a que creyeran *como* creía él. Éste es el significado pleno de su requisito supremo: «sígueme».

La vida terrenal de Jesús estuvo dedicada a un gran propósito: hacer la voluntad del Padre, vivir la vida humana religiosamente y por la fe. La fe de Jesús era confiada como la de un niño, pero estaba totalmente libre de presunción. Tomó decisiones fuertes y varoniles, se enfrentó valientemente con muchas desilusiones, franqueó resueltamente dificultades extraordinarias, atacó sin titubear los duros requisitos del deber. Se necesitó una voluntad fuerte y una confianza infalible para creer lo que Jesús creía, y *como* él creía.

1. JESÚS —EL HOMBRE

La devoción de Jesús a la voluntad del Padre y al servicio del hombre fue aun más que decisión mortal y determinación humana; fue una consagración total de sí mismo al otorgamiento de amor sin reservas. Por grande que fuera el hecho de la soberanía de Micael, no debéis quitarle a la humanidad el Jesús humano. El Maestro ascendió a lo alto, no sólo como Dios sino también como hombre; él pertenece a los hombres; los hombres le pertenecen a él. ¡Qué pena que se haya tan erróneamente interpretado la religión, quitándoles a los mortales atribulados el Jesús humano! Que las discusiones sobre la humanidad o la divinidad de Cristo no oculten la verdad salvadora de que Jesús de Nazaret fue un hombre religioso que, por la fe, llegó a conocer y hacer la voluntad de Dios; fue el hombre más verdaderamente religioso que jamás haya vivido en Urantia.

La época ya está madura para presenciar la resurrección figurativa del Jesús humano de su sepulcro, de entre las tradiciones teológicas y dogmas religiosos acumulados en diecinueve siglos. Ya no debéis sacrificar a Jesús de Nazaret ni siquiera al espléndido concepto del Cristo glorificado. ¡Qué servicio transcendental sería, si se recuperara al Hijo del Hombre mediante esta revelación de la tumba de la teología tradicional, y se lo presentara como el Jesús vivo a la iglesia que lleva su nombre, y a todas las demás religiones! Con seguridad la comunidad cristiana de creyentes no titubeará en hacer esos ajustes de fe y de prácticas de vivir que le permitan «seguir» al Maestro en la demostración de su vida real de devoción religiosa en hacer la voluntad del Padre y en consagrarse al servicio altruista del hombre. ¿Acaso temen los cristianos profesos poner al descubierto una comunidad autosuficiente y no consagrada de respetabilidad social y desajuste económico egoísta? ¿Acaso teme el cristianismo institucional que la autoridad eclesiástica tradicional esté en peligro, o aun sea derrocada, si Jesús de Galilea se restaura en la mente y en el alma de los hombres mortales como ideal de vida religiosa personal? En verdad los reajustes sociales, las transformaciones económicas, el rejuvenecimiento moral, y las revisiones religiosas de la civilización cristiana, serían drásticas y revolucionarias si la religión viviente de Jesús suplantara de pronto a la religión teológica sobre Jesús.

«Seguir a Jesús» significa compartir personalmente su fe religiosa y entrar en el espíritu de la vida del Maestro de servicio altruista al hombre. Una de las cosas más importantes del vivir humano es descubrir qué creía Jesús, cuáles eran sus ideales, y luchar por alcanzar este propósito excelso de la vida. De todo el conocimiento humano, el que tiene mayor valor es el conocer la vida religiosa de Jesús y como la vivió.

La gente común escuchaba a Jesús con deleite, y nuevamente responderán ellos a la presentación de su vida humana sincera de motivación religiosa consagrada, si estas verdades se proclaman nuevamente al mundo. El pueblo lo escuchaba con deleite, porque él era uno de ellos, un laico sin pretensiones; en efecto, el maestro religioso más grande del mundo fue laico.

No debe ser objetivo de los creyentes del mundo imitar literalmente la vida exterior de Jesús en la carne, sino más bien compartir su fe; confiar en Dios como él confió en Dios y creer en los hombres como él creyó en ellos. Jesús nunca discutió la paternidad de Dios ni la hermandad de los hombres; él fue una ilustración viviente de lo uno y una profunda demostración de lo otro.

Así como los hombres deben progresar de la conciencia de lo humano a la realización de lo divino, así Jesús ascendió de la naturaleza del hombre a la conciencia de la naturaleza de Dios. Y el Maestro hizo esta gran ascensión de lo humano a lo divino por la acción conjunta de la fe de su intelecto mortal y los actos de su Ajustador residente. La comprensión de hecho del logro de la totalidad de divinidad (manteniendo al mismo tiempo conciencia plena de la realidad humana) fue acompañada por siete etapas de la conciencia de fe de la divinización progresiva. Estas etapas de autocomprensión progresiva fueron demarcadas por los siguientes acontecimientos extraordinarios en la experiencia del autootorgamiento del Maestro:

1. La llegada del Ajustador del Pensamiento.

2. El mensajero de Emanuel que se le apareció en Jerusalén cuando tenía unos doce años.

3. Las manifestaciones que acompañaron su bautismo.

4. Las experiencias en el monte de la transfiguración.

5. La resurrección morontial.

6. La ascensión como ser de espíritu.

7 El abrazo final del Padre del Paraíso, que le entregó la soberanía ilimitada de su universo.

2. LA RELIGIÓN DE JESÚS

Tal vez algún día ocurra una Reforma de la iglesia cristiana tan profunda como para producir el regreso a las enseñanzas religiosas no modificadas de Jesús, el autor y acabador de nuestra fe. Podéis *predicar* una religión *sobre* Jesús, pero, por fuerza, debéis *vivir* la religión *de* Jesús. En el entusiasmo de Pentecostés, Pedro inintencionalmente inauguró una nueva religión, la religión del Cristo resucitado y glorificado. El apóstol Pablo más adelante transformó este nuevo evangelio en el cristianismo, una religión que abarca las opiniones teológicas de Pablo e ilustra su *experiencia personal* con el Jesús del camino a Damasco. El evangelio del reino está fundado en la experiencia religiosa personal de Jesús de Galilea; el cristianismo se basa casi exclusivamente en la experiencia religiosa personal del apóstol Pablo. Casi todo el Nuevo Testamento está dedicado, no a ilustrar la significativa e inspiradora vida religiosa de Jesús, sino más bien a exponer la experiencia religiosa de Pablo y a explicar sus convicciones religiosas personales. Las únicas excepciones notables a esta declaración, además de ciertas porciones de Mateo, Marcos y Lucas, son, el Libro de los Hebreos y la Epístola de Santiago. Aun Pedro, en sus escritos, sólo una vez se refirió a la vida personal religiosa de su Maestro. El Nuevo Testamento es un extraordinario documento cristiano, pero es sólo ligeramente jesuístico.

La vida de Jesús en la carne ilustra el crecimiento religioso trascendental partiendo de las ideas primitivas de temor y reverencia humana hasta los años de comunión espiritual personal y hasta finalmente llegar a ese estado avanzado y exaltado de la conciencia de su unidad con el Padre. Así, en una corta vida, Jesús atravesó esa experiencia de progresión religiosa espiritual que el hombre comienza en la tierra y generalmente alcanza tan sólo cuando termina su largo paso por las escuelas de capacitación espiritual de los niveles sucesivos de la carrera preparaíso. Jesús progresó desde la conciencia puramente humana de las certezas de fe de la experiencia religiosa personal a las alturas espirituales sublimes de la comprensión positiva de su naturaleza divina y de la conciencia de su asociación estrecha con el Padre Universal en el gobierno de un universo. Progresó del humilde estado de dependencia mortal que le llevó espontáneamente a decir al que le llamó Buen Instructor, «¿Por qué me llamas bueno? Nadie es bueno sino Dios», a la conciencia sublime de divinidad alcanzada que le condujo a exclamar: «¿Quién entre vosotros me condena de pecado?» Esta ascensión progresiva de lo humano a lo divino fue exclusivamente un logro mortal. Y cuando así alcanzó él la divinidad, él seguía siendo el mismo Jesús humano, el Hijo del Hombre así como también el Hijo de Dios.

Marcos, Mateo y Lucas retienen algunos aspectos del Jesús humano, empeñado en la lucha soberbia por discernir la voluntad divina y hacer esa voluntad. Juan retrata a un Jesús triunfador, que pasa por la tierra, plenamente consciente de su divinidad. El gran error de los que han estudiado la vida del Maestro, es que algunos le han concebido como enteramente humano, mientras que otros han discurrido en él como exclusivamente divino. A lo largo de toda esta experiencia, él fue verdaderamente tanto humano como divino, aun como todavía lo es.

Pero el error más grande se cometió cuando, aunque se reconocía que el Jesús humano *tenía* una religión, el Jesús divino (Cristo) se convirtió, prácticamente de la noche a la mañana, en una religión. El cristianismo de Pablo aseguró la veneración del Cristo divino, pero perdió de vista casi completamente al Jesús humano de Galilea, luchador y valiente, quien, por el valor de su fe personal religiosa y el heroísmo de su Ajustador residente, ascendió de los niveles bajos de la humanidad hasta hacerse uno con la divinidad, convirtiéndose así en el nuevo camino vivo por el cual todos los mortales podrán elevarse de la humanidad a la divinidad. Los mortales en todas las etapas de la espiritualidad y en todos los mundos pueden encontrar en la vida personal de Jesús lo que fortalece e inspira para su progreso desde los niveles espirituales más bajos a los más altos valores divinos, desde el comienzo hasta el fin de toda la experiencia personal religiosa.

En el momento de la escritura del Nuevo Testamento, los autores no sólo creían con toda profundidad en la divinidad del Cristo resucitado, sino que también creían devota y sinceramente en su retorno inmediato a la tierra para consumar el reino celestial. Esta poderosa fe en el retorno inmediato del Señor fue en gran parte responsable de la omisión de aquellas referencias que retrataban las experiencias y atributos puramente humanos del Maestro en los escritos de la época. Todo el movimiento cristiano fue abandonando la imagen humana del Jesús de Nazaret, en favor de la exaltación del Cristo resucitado, el Señor Jesucristo glorificado, que pronto retornaría.

Jesús fundó la religión de la experiencia personal al hacer la voluntad de Dios y servir a la hermandad humana; Pablo fundó una religión cuyo objeto de adoración fue el Jesús glorificado, y la hermandad estuvo constituida por los compañeros creyentes en el Cristo divino. En el autootorgamiento de Jesús estos dos conceptos eran potenciales en su vida divino-humana, y es en verdad una pena que estos seguidores no lograron crear una religión unificada capaz de reconocer adecuadamente tanto la naturaleza humana como la naturaleza divina del Maestro, tal cual estuvieron vinculadas inseparablemente en su vida terrenal y tan gloriosamente establecidas en el evangelio original del reino.

No tanto os impresionaríais ni os perturbaríais por algunas de las declaraciones más enérgicas de Jesús si tan sólo pudierais recordar que él fue el religionista más sincero y devoto del mundo. Fue un mortal totalmente consagrado, incondicionalmente dedicado a hacer la voluntad de su Padre. Muchos de sus refranes aparentemente duros fueron más una confesión personal de fe y un juramento de devoción que admoniciones para sus seguidores. Esta misma singularidad de propósito y devoción altruista le permitió efectuar un progreso tan extraordinario en la conquista de su mente humana en una corta vida. Muchas de sus declaraciones deben ser consideradas más como una confesión de lo que él exigía de sí mismo que como demandas a sus seguidores. En su devoción a la causa del reino, Jesús acabó con todo lo suyo; lo sacrificó todo por hacer la voluntad de su Padre.

Jesús bendijo a los pobres porque generalmente eran sinceros y píos; condenó a los ricos, porque estos usualmente eran embusteros y irreligiosos. Del mismo modo condenaría él al pobre irreligioso y alabaría al pudiente consagrado y venerante.

Jesús guió a los hombres a que se sintieran en el mundo como en su propia casa; los liberó de la esclavitud de los tabús y les enseñó que el mundo no es fundamentalmente malo. No anhelaba escapar de su vida terrenal; dominó la técnica de hacer la voluntad del Padre aceptablemente mientras estaba en la carne. Alcanzó una vida religiosa idealista en medio de un mundo realista. Jesús no compartía la opinión pesimista de Pablo sobre la humanidad. El Maestro consideraba a los hombres como hijos de Dios y anticipaba un futuro magnífico y eterno para los que eligieran la sobrevivencia. No era un escéptico moral; consideraba al hombre en forma positiva, no negativa. Veía a la mayoría de los hombres más como débiles que como malvados, más confundidos que depravados. Pero fuera cual fuese su estado, ellos eran hijos de Dios y sus hermanos.

Enseñó a los hombres a que se asignaran un alto valor, en el tiempo y en la eternidad. Como Jesús asignaba a los hombres un alto valor, estaba dispuesto a invertir en un servicio sin pausa a la humanidad. Y fue este valor infinito de lo finito que hizo que la regla de oro fuera un factor vital de su religión. ¿Qué mortal puede dejar de sentirse elevado por la fe extraordinaria que Jesús tiene en él?

Jesús no ofreció reglas para el avance social; la suya fue una misión religiosa, y la religión es exclusivamente una experiencia individual. El propósito último del alcance más avanzado de la sociedad no trascenderá jamás a la hermandad jesuística de los hombres, basada en el reconocimiento de la paternidad de Dios. El ideal de todo alcance social tan sólo se puede realizar en el advenimiento de este reino divino.

3. LA SUPREMACÍA DE LA RELIGIÓN

La experiencia personal religiosa espiritual, resuelve eficazmente la mayoria de las dificultades mortales; es un clasificador eficaz, un evaluador y ajustador de todos los problemas humanos. La religión no elimina ni destruye los problemas humanos, pero los disuelve, los absorbe, los ilumina y los trasciende. La verdadera religión unifica la personalidad para un ajuste efectivo a todos los requisitos mortales. La fe religiosa —la guía positiva de la presencia divina residente— permite infaliblemente al hombre que conoce a Dios llenar el vacío que existe entre la lógica intelectual que reconoce la Primera Causa Universal como *Eso* y las afirmaciones positivas del alma que atestiguan que la Primera Causa es *Él*, el Padre celestial del evangelio de Jesús, el Dios personal de la salvación humana.

Tan sólo hay tres elementos en la realidad universal: hecho, idea y relación. La conciencia religiosa identifica estas realidades como ciencia, filosofía y verdad. La filosofía tiende a considerar estas actividades como razón, sabiduría y fe —realidad física, realidad intelectual y realidad espiritual. Nosotros tenemos por costumbre designar estas realidades como cosa, significado y valor.

La comprensión progresiva de la realidad es el equivalente de acercarse a Dios. Encontrar a Dios, la conciencia de la identidad con la realidad, es el equivalente de experimentar el yo completo —el yo entero, el yo total. La experiencia de la realidad total es la realización plena de Dios, la finalidad de la experiencia conocedora de Dios.

La suma total de la vida humana es el conocimiento de que al hombre se le educa con los hechos, se ennoblece por la sabiduría, y se salva —se justifica— por la fe religiosa.La certeza física consiste en la lógica de la ciencia; la certeza moral, en la sabiduría de la filosofía; la certeza espiritual, en la verdad de una experiencia religiosa genuina.

La mente del hombre puede alcanzar altos niveles de visión espiritual y esferas correspondientes de valores de divinidad porque no es totalmente material. Existe en la mente del hombre un núcleo espiritual —el Ajustador de presencia divina. Hay tres evidencias distintas de la existencia de este espíritu en la mente humana:

1. La solidaridad humanitaria: amor. La mente puramente animal puede ser gregaria para autoprotegerse, pero sólo el intelecto con un espíritu residente es capaz de autoolvido y de altruismo y ama incondicionalmente.

2. La interpretación del universo: sabiduría. Sólo la mente con un espíritu residente puede comprender que el universo se muestra cordial hacia el individuo.

3. La evaluación espiritual de la vida: adoración. Sólo el hombre con un espíritu residente puede darse cuenta de la presencia divina y buscar el alcance de una experiencia más plena en y con esta anticipación de la divinidad.

La mente humana no crea valores verdaderos; la experiencia humana no permite un entendimiento del universo. En cuanto al entendimiento, el reconocimiento de los valores morales y el discernimiento de los significados espirituales, todo lo que la mente humana puede hacer es descubrir, reconocer, interpretar y *seleccionar*.

Los valores morales del universo se vuelven posesiones intelectuales mediante el ejercicio de tres juicios o selecciones básicas, de la mente mortal:

1. Autojuicio —selección moral.

2. Juicio social —selección ética.

3. Juicio de Dios —selección religiosa.

Así pues parece que todo progreso humano se efectúa mediante una técnica conjunta de la *evolución revelacional*.

El hombre no podría amar altruistica y espiritualmente si no viviera en su mente un amante divino. El hombre no podría comprender verdaderamente la unidad del universo si no viviera en su mente un intérprete. No podría estimar los valores morales y reconocer los significados espirituales si no viviera en su mente un evaluador. Y este amante surge de la fuente misma del amor infinito; este intérprete es parte de la Unidad Universal; este evaluador es el hijo del Centro y Fuente de todos los valores absolutos de la realidad divina y eterna.

La evaluación moral con significación religiosa —entendimiento espiritual— connota la elección del individuo entre el bien y el mal, la verdad y el error, lo material y lo espiritual, lo humano y lo divino, tiempo y eternidad. La sobrevivencia humana depende en gran parte de que la voluntad humana se consagre a elegir aquellos valores que este clasificador de valores espirituales —el intérprete y unificador residente— haya seleccionado. La experiencia religiosa personal consiste en dos fases: descubrimiento en la mente humana y revelación por el espíritu divino residente. Debido a una sofisticación excesiva o como resultado de la conducta irreligiosa de los religionistas profesos, un hombre o aun una generación de hombres, pueden elegir interrumpir sus esfuerzos para que descubran a Dios que vive en ellos; pueden dejar de progresar en la revelación divina y de alcanzarla. Pero estas actitudes de falta de progreso espiritual no pueden persistir por mucho tiempo, debido a la presencia e influencia de los Ajustadores del Pensamiento residentes.

Esta profunda experiencia de la realidad de la residencia divina trasciende por siempre la técnica materialista poco refinada de las ciencias físicas. No podéis colocar el gozo espiritual bajo un microscopio; no podéis pesar el amor en una balanza; no podéis medir los valores morales; tampoco podéis estimar la calidad de la adoración espiritual.

Los hebreos tenían una religión de sublimidad moral; los griegos desarrollaron una religión basada en la belleza; Pablo y sus asociados fundaron una religión de fe, esperanza y caridad. Jesús reveló y ejemplificó una religión de amor: seguridad en el amor del Padre, con regocijo y satisfacción consiguientes al compartir este amor en el servicio de la hermandad humana.

Cada vez que el hombre hace una elección moral reflexiva, al instante experimenta una invasión divina de su alma. La elección moral designa la religión como el motivo de respuesta interior a las condiciones exteriores. Pero esta religión real no es una experiencia puramente subjetiva. Significa el total de la subjetividad del individuo ocupado en una respuesta significativa e inteligente a la objetividad total —el universo y su Hacedor.

La experiencia exquisita y transcendental de amar y ser amado no es solamente una ilusión psíquica sólo porque es tan puramente subjetiva. La única realidad verdaderamente divina y objetiva asociada con los seres mortales, el Ajustador del Pensamiento, funciona aparentemente para la observación humana como un fenómeno subjetivo exclusivo. El contacto del hombre con la realidad objetiva más alta, Dios, es solamente a través de la experiencia puramente subjetiva de conocerlo, adorarlo y comprender la filiación con él.

La verdadera adoración religiosa no es un fútil monólogo de autodecepción. La adoración es comunión personal con lo que es divinamente real, con lo que es la fuente misma de la realidad. El hombre aspira a adorar para ser mejor, y de este modo por fin alcanza lo *óptimo*.

La idealización y el intento de servir la verdad, la belleza y la bondad no es un sustituto de la experiencia religiosa genuina —la realidad espiritual. La psicología y el idealismo no son equivalentes a la realidad religiosa. Las proyecciones del intelecto humano pueden en efecto originar dioses falsos —dioses a imagen del hombre— pero la verdadera conciencia de Dios no se origina de tal manera. La conciencia de Dios reside en el espíritu residente. Muchos de los sistemas religiosos del hombre vienen de las formulaciones del intelecto humano, pero la conciencia de Dios no es necesariamente parte de estos sistemas grotescos de esclavitud religiosa.

Dios no es una mera invención del idealismo del hombre; él es la fuente misma de tales visiones y valores superanimales. Dios no es una hipótesis formulada para unificar los conceptos humanos de verdad, belleza y bondad; él es la personalidad del amor del cual derivan todas las manifestaciones en el universo. La verdad, belleza y bondad del mundo del hombre están unificadas por la espiritualidad creciente de la experiencia de los mortales que ascienden hacia las realidades del Paraíso. La unificación de la verdad, la belleza y la bondad tan sólo se puede realizar en la experiencia espiritual de la personalidad conocedora de Dios.

La moralidad es el terreno esencial preexistente a la conciencia personal de Dios, la realización personal de la presencia interior del Ajustador, pero esta moralidad no es la fuente de la experiencia religiosa ni del entendimiento espiritual resultante. La naturaleza moral es superanimal pero subespiritual. La moralidad es equivalente al reconocimiento del deber, la comprensión de la existencia del bien y del mal. La zona moral interviene entre el tipo animal y el tipo humano de mente, así como funciona morontia entre las esferas materiales y espirituales en lo que una personalidad alcanza.

La mente evolucionaria es capaz de descubrir la ley, la moral y la ética; pero el espíritu otorgado, el Ajustador residente, revela a la mente evolutiva humana al dador de la ley, el Padre-fuente de todo lo que es verdad, bello y bueno; y un hombre así iluminado tiene una religión que está espiritualmente equipada para comenzar la larga y aventurosa búsqueda de Dios.

La moralidad no es necesariamente espiritual; puede ser total y puramente humana, aunque la verdadera religión enaltece todos los valores morales, haciéndolos más significativos. La moralidad sin religión no alcanza a revelar la bondad última y también fracasa en proveer la sobrevivencia aun de sus propios valores morales. La religión provee el enaltecimiento, la glorificación y la sobrevivencia certera de todo lo que la moralidad reconoce y aprueba.

La religión está por encima de la ciencia, el arte, la filosofía, la ética y la moral, pero no es independiente de éstas. Todos estos conceptos están indisolublemente interrelacionados en la experiencia humana, personal y social. La religión es la experiencia suprema del hombre en la naturaleza mortal; pero el lenguaje finito hace por siempre imposible para la teología ilustrar adecuadamente la verdadera experiencia religiosa.

El entendimiento religioso posee el poder de transformar la derrota en anhelos más altos y nuevas determinaciones. El amor es la motivación más alta que el hombre pueda utilizar en su ascensión en el universo. Pero el amor, si se lo despoja de la verdad, la belleza y la bondad, es tan sólo un sentimiento, una distorsión filosófica, una ilusión psíquica, una decepción espiritual. El amor debe ser siempre redefinido en los niveles sucesivos de progresión morontial y espiritual.

El arte resulta del intento del hombre de escapar a la falta de belleza en su medio ambiente material; es un gesto hacia el nivel morontial. La ciencia es el esfuerzo del hombre por solucionar las adivinanzas aparentes del universo material. La filosofía es el esfuerzo del hombre por unificar la experiencia humana. La religión es el gesto supremo del hombre, su alcance magnífico hacia la realidad final, su determinación de encontrar a Dios y de ser como él es.

En el reino de la experiencia religiosa, la posibilidad espiritual es realidad potencial. El impulso espiritual hacia delante del hombre no es una ilusión psíquica. Puede que no sea todo en el fantaseamiento del hombre sobre el universo un hecho, pero mucho, muchísimo en él es verdad.

La vida de algunos hombres es demasiado grande y noble para descender al nivel bajo del ser puramente exitoso. El animal debe adaptarse al medio ambiente, pero el hombre religioso transciende su medio y de esta manera escapa a las limitaciones del mundo material presente, mediante su visión del amor divino. Este concepto de amor genera en el alma del hombre ese esfuerzo superanimal por encontrar la verdad, la belleza y la bondad. Y cuando los encuentra, su abrazo lo glorifica a él; lo consume el deseo de vivirlos en su vida, de hacer la rectitud.

No os desalentéis; la evolución humana sigue progresando, y la revelación de Dios al mundo, en Jesús y por Jesús, no fracasará.

El gran desafío del hombre moderno consiste en alcanzar una mejor comunicación con el Monitor divino que reside en la mente humana. La aventura más grande del hombre en la carne consiste en un esfuerzo bien balanceado y sano por avanzar los límites de la autoconciencia hasta los ocultos reinos de la conciencia embriónica del alma en un esfuerzo sincero por alcanzar el terreno que linda con la conciencia espiritual —al contacto con la presencia divina. Esta experiencia constituye la conciencia de Dios, una experiencia poderosamente confirmadora de la verdad preexistente de la experiencia religiosa de conocer a Dios. Esta conciencia del espíritu equivale al conocimiento de la actualidad de la filiación de Dios. De otra manera, la certeza de la filiación es una experiencia de fe.

La conciencia de Dios es equivalente a la integración del yo con el universo, y en sus niveles más altos de la realidad espiritual. Sólo el contenido espiritual de cualquier valor es imperecedero. Aun lo que es verdadero, bello y bueno no puede perecer en la experiencia humana. Si el hombre no elige sobrevivir, el Ajustador sobreviviente conservará esas realidades nacidas del amor y alimentadas en el servicio. Todas estas cosas son parte del Padre Universal. El Padre es amor vivo, y esta vida del Padre reside en sus Hijos. Y el espíritu del Padre reside en los hijos de sus Hijos —los hombres mortales. Al fin y al cabo, la idea del Padre seguirá siendo el más alto concepto humano de Dios.

NOTAS

NOTAS

NOTAS

NOTAS

NOTAS

NOTAS

NOTAS

NOTAS

NOTAS

NOTAS

NOTAS

NOTAS

NOTAS

NOTAS